Ami lecteur

*Le présent volume représente la 82ᵉ édition
du Guide Michelin France.*

*Réalisée en toute indépendance,
sa sélection d'hôtels et de restaurants
est le fruit des recherches de ses inspecteurs,
que complètent
vos précieux courriers et commentaires.*

*Soucieux d'actualité et de service,
le Guide prépare déjà sa prochaine édition.
Seul le Guide de l'année
mérite ainsi votre confiance.*

Pensez à le renouveler...

Bon voyage avec Michelin

D0323568

Une *innovation* pratique :

Les cartes de voisinage

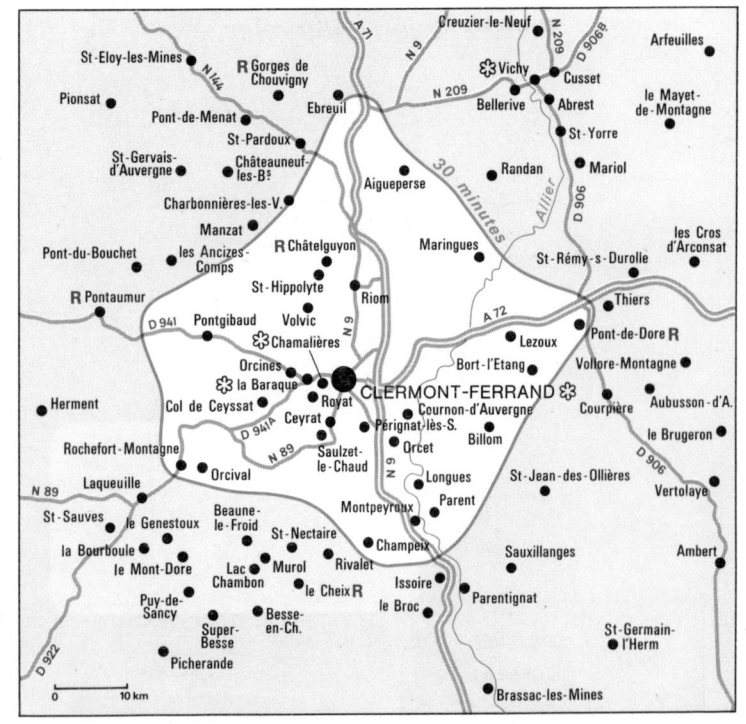

St-Eloy-les-Mines • Pionsat • St-Gervais-d'Auvergne • Pont-du-Bouchet • Herment • Rochefort-Montagne • Laqueuille • St-Sauves • la Bourboule • le Mont-Dore • Puy-de-Sancy • Super-Besse • Picherande •

Creuzier-le-Neuf • Arfeuilles • Vichy • Cusset • Bellerive • Abrest • le Mayet-de-Montagne • St-Yorre • Randan • Mariol • les Cros d'Arconsat • St-Rémy-s-Durolle • Thiers • Lezoux • Pont-de-Dore R • Vollore-Montagne • Bort-l'Etang • Aubusson-d'A. • Courpière • le Brugeron • St-Jean-des-Ollières • Vertolaye • Sauxillanges • Ambert • St-Germain-l'Herm • Brassac-les-Mines •

CLERMONT-FERRAND

Vous souhaitez trouver une bonne adresse, par exemple, aux environs de Clermont-Ferrand ?

Consultez désormais la carte qui accompagne le plan de la ville.

La « carte de voisinage » (ci-contre) attire votre attention sur toutes les localités citées au Guide autour de la ville choisie, et particulièrement celles qui sont accessibles en automobile en moins de 30 minutes (limite de couleur).

Les « cartes de voisinage » vous permettent ainsi le repérage rapide de toutes les ressources proposées par le Guide autour des métropoles régionales.

NOTA : lorsqu'une localité est présente sur une « carte de voisinage », sa métropole de rattachement est imprimée en BLEU sur la ligne des distances de ville à ville.

Exemple : CHÂTELGUYON **63140** P.-de-D. **73** ④ **G. Auvergne**
Voir Gorges d'Enval★ 3 km par ③
7 Office de Tourisme parc E.-Clementel
Paris 375 ① – ♦ Clermont-Fd **20** ② – Aubusson **99** ③

Vous trouverez CHATELGUYON sur la carte de voisinage de CLERMONT-FERRAND.

**Toutes les « Cartes de voisinage »
sont localisées sur l'Atlas en fin de Guide.**

Sommaire

Le choix
d'un hôtel, d'un restaurant

Ce guide vous propose une sélection d'hôtels et restaurants établie à l'usage de l'automobiliste de passage. Les établissements, classés selon leur confort, sont cités par ordre de préférence dans chaque catégorie.

CATÉGORIES

🏨	Grand luxe et tradition	XXXXX
🏨	Grand confort	XXXX
🏨	Très confortable	XXX
🏨	De bon confort	XX
🏠	Assez confortable	X
🏠	Simple mais convenable	
M	Dans sa catégorie, hôtel d'équipement moderne	
sans rest.	L'hôtel n'a pas de restaurant	
	Le restaurant possède des chambres	avec ch.

AGRÉMENT ET TRANQUILLITÉ

Certains établissements se distinguent dans le guide par les symboles rouges indiqués ci-après. Le séjour dans ces hôtels se révèle particulièrement agréable ou reposant.
Cela peut tenir d'une part au caractère de l'édifice, au décor original, au site, à l'accueil et aux services qui sont proposés, d'autre part à la tranquillité des lieux.

🏨 à 🏠	Hôtels agréables
XXXXX à X	Restaurants agréables
« Parc fleuri »	Élément particulièrement agréable
🐾	Hôtel très tranquille ou isolé et tranquille
🐾	Hôtel tranquille
≤ mer	Vue exceptionnelle
≤	Vue intéressante ou étendue.

Les localités possédant des établissements agréables ou très tranquilles sont repérées sur les cartes pages 28 à 35.

Consultez-les pour la préparation de vos voyages et donnez-nous vos appréciations à votre retour, vous faciliterez ainsi nos enquêtes.

L'installation

Les chambres des hôtels que nous recommandons possèdent, en général, des installations sanitaires complètes. Il est toutefois possible que dans les catégories 🏠, 🏠 et ⚘, certaines chambres en soient dépourvues.

30 ch	Nombre de chambres
🛗	Ascenseur
▦	Air conditionné
TV	Télévision dans la chambre
⇻	Établissement en partie réservé aux non-fumeurs
☏	Téléphone dans la chambre relié par standard
☎	Téléphone dans la chambre, direct avec l'extérieur
♿	Chambres accessibles aux handicapés physiques
☂	Repas servis au jardin ou en terrasse
🏋	Salle de remise en forme
⛉ ⛆	Piscine : de plein air ou couverte
🏖 🌳	Plage aménagée – Jardin de repos
✵	Tennis à l'hôtel
🏛 25 à 150	Salles de conférences : capacité des salles
🚗	Garage dans l'hôtel (généralement payant)
Ⓟ	Parking réservé à la clientèle
🐕	Accès interdit aux chiens (dans tout ou partie de l'établissement)
Fax	Transmission de documents par télécopie
mai-oct.	Période d'ouverture, communiquée par l'hôtelier
sais.	Ouverture probable en saison mais dates non précisées. En l'absence de mention, l'établissement est ouvert toute l'année.

La table

LES ÉTOILES

Certains établissements méritent d'être signalés à votre attention pour la qualité de leur cuisine. Nous les distinguons par **les étoiles de bonne table**.
Nous indiquons, pour ces établissements, trois spécialités culinaires et des vins locaux qui pourront orienter votre choix.

✿✿✿ 19	**Une des meilleures tables, vaut le voyage** Table merveilleuse, grands vins, service impeccable, cadre élégant... Prix en conséquence.
✿✿ 87	**Table excellente, mérite un détour** Spécialités et vins de choix... Attendez-vous à une dépense en rapport.
✿ 495	**Une très bonne table dans sa catégorie** L'étoile marque une bonne étape sur votre itinéraire. Mais ne comparez pas l'étoile d'un établissement de luxe à prix élevés avec celle d'une petite maison où à prix raisonnables, on sert également une cuisine de qualité.

REPAS SOIGNÉS A PRIX MODÉRÉS

Vous souhaitez parfois trouver des tables plus simples, à prix modérés ; c'est pourquoi nous avons sélectionné des restaurants proposant, pour un rapport qualité-prix particulièrement favorable, un repas soigné, souvent de type régional. Ces restaurants sont signalés par la lettre R en rouge. Ex. R 100/125.

Consultez les cartes des localités (étoiles de bonne table et R) *pages 36 à 43.*

Les vins et les mets : voir p. 26 et 27

Les prix

Les prix que nous indiquons dans ce guide ont été établis en automne 1990. Ils sont susceptibles de modifications, notamment en cas de variations des prix des biens et services. Ils s'entendent taxes et services compris. Aucune majoration ne doit figurer sur votre note, sauf éventuellement la taxe de séjour.

Les hôtels et restaurants figurent en gros caractères lorsque les hôteliers nous ont donné tous leurs prix et se sont engagés, sous leur propre responsabilité, à les appliquer aux touristes de passage porteurs de notre guide.

Entrez à l'hôtel le guide à la main, vous montrerez ainsi qu'il vous conduit là en confiance.

REPAS

enf. 55	Prix du menu pour enfants
◄	Établissement proposant un menu simple à **moins de 70 F**
R 65/120	**Menus à prix fixe** : minimum 65 maximum 120
65/120	Menu à prix fixe minimum 65 non servi les fins de semaine et jours fériés
bc	Boisson comprise
⌘	vin de table en carafe
R carte 120 à 285	**Repas à la carte** – Le premier prix correspond à un repas normal comprenant : hors-d'œuvre, plat garni et dessert. Le 2e prix concerne un repas plus complet (avec spécialité) comprenant : deux plats, fromage et dessert
⌐ 30	Prix du petit déjeuner (généralement servi dans la chambre)

CHAMBRES

ch 155/360	Prix minimum 155 pour une chambre d'une personne prix maximum 360 pour une chambre de deux personnes
29 ch ⌐ 165/370	Prix des chambres petit déjeuner compris

DEMI-PENSION

1/2 P 165/350	Prix minimum et maximum de la demi-pension par personne et par jour, en saison ; ces prix s'entendent pour une chambre double occupée par deux personnes. Une personne seule occupant une chambre double se voit parfois appliquer une majoration. La plupart des hôtels saisonniers pratiquent également, sur demande, la pension complète. Dans tous les cas, il est indispensable de s'entendre par avance avec l'hôtelier pour conclure un arrangement définitif.

LES ARRHES – CARTES DE CRÉDIT

Certains hôteliers demandent le versement d'arrhes. Il s'agit d'un dépôt-garantie qui engage l'hôtelier comme le client. Bien faire préciser les dispositions de cette garantie.
Demandez à l'hôtelier de vous fournir dans sa lettre d'accord toutes précisions utiles sur la réservation et les conditions de séjour.

AE ⓪ Ⅽ VISA | Cartes de crédit acceptées par l'établissement

Les villes

63300	Numéro de code postal de la localité (les deux premiers chiffres correspondent au numéro du département)
✉ **57130 Ars**	Numéro de code postal et nom de la commune de destination
℗ ◁ｓ̃ᴘ▷	Préfecture – Sous-préfecture
🄼🄾 ⑤	Numéro de la Carte Michelin et numéro du pli
G. Jura	Voir le Guide Vert Michelin Jura
1 057 h.	Population
alt. 75	Altitude de la localité
Stat. therm.	Station thermale
1 200/1 900	Altitude de la station et altitude maximum atteinte par les remontées mécaniques
2 ⛷	Nombre de téléphériques ou télécabines
14 ⛷	Nombre de remonte-pentes et télésièges
⛷	Ski de fond
BY **B**	Lettres repérant un emplacement sur le plan
┌₉	Golf et nombre de trous
※ ⋞	Panorama, point de vue
✈	Aéroport
🚘	Localité desservie par train-auto. Renseignements au numéro de téléphone indiqué
⛴	Transports maritimes
⛴	Transports maritimes pour passagers seulement
🛈 A.C.	Information touristique – Automobile Club

Les curiosités

INTÉRÊT

★★★	Vaut le voyage
★★	Mérite un détour
★	Intéressant
	Les musées sont généralement fermés le mardi

SITUATION

Voir	Dans la ville
Env.	Aux environs de la ville
N, S, E, O	La curiosité est située : au Nord, au Sud, à l'Est, à l'Ouest
② ④	On s'y rend par la sortie ② ou ④ repérée par le même signe sur le plan du Guide et sur la carte
2 km	Distance en kilomètres

La voiture, les pneus

GARAGISTES, RÉPARATEURS
FOURNISSEURS DE PNEUS MICHELIN

RENAULT	Concessionnaire (ou succursale) de la marque Renault.
PEUGEOT	Agent de la marque Peugeot.
Gar. de la Côte	Garagiste qui ne représente pas de marque de voiture.
ⓜ	Spécialistes du pneu.

Établissements généralement fermés samedi ou parfois lundi. Dans nos agences, nous nous faisons un plaisir de donner à nos clients tous conseils pour la meilleure utilisation de leurs pneus.

DÉPANNAGE

N	**La nuit** – Cette lettre désigne des garagistes qui assurent, la nuit, les réparations courantes.

Le dimanche – Il existe dans toutes les régions un service de dépannage le dimanche. La Police, la Gendarmerie peuvent en général indiquer le garagiste de service le plus proche ou le numéro téléphonique d'appel du groupement départemental d'assistance routière.

Les plans

□ ● **Hôtels**

■ ● **Restaurants**

Curiosités

Bâtiment intéressant et entrée principale

Édifice religieux intéressant :
  Catholique – Protestant

Voirie

Autoroute, double chaussée de type autoroutier
  échangeur : complet, partiel, numéro

Grande voie de circulation

Sens unique – Rue impraticable

Rue piétonne – Tramway

Pasteur Rue commerçante – Parc de stationnement

Porte – Passage sous voûte – Tunnel

Gare et voie ferrée

Funiculaire – Téléphérique, télécabine

Pont mobile – Bac pour autos

Signes divers

Information touristique

Mosquée – Synagogue

Tour – Ruines – Moulin à vent – Château d'eau

Jardin, parc, bois – Cimetière – Calvaire

Stade – Golf – Hippodrome – Patinoire

Piscine de plein air, couverte

Vue – Panorama – Table d'orientation

Monument – Fontaine – Usine – Centre commercial

Port de plaisance – Phare – Tour de télécommunications

Aéroport – Station de métro – Gare routière

Transport par bateau :
  passagers et voitures, passagers seulement

③ Repère commun aux plans et aux cartes Michelin détaillées

Bureau principal de poste restante et Téléphone

Hôpital – Marché couvert – Caserne

Bâtiment public repéré par une lettre :

A	C

Chambre d'agriculture – Chambre de commerce

G	H	J

Gendarmerie – Hôtel de ville – Palais de justice

M	P	T

Musée – Préfecture, sous-préfecture – Théâtre

U Université, grande école

POL Police (commissariat central)

4ᵐ4 18T ⑱ Passage bas (inf. à 4 m 50) – Charge limitée (inf. à 19 t)

Garage : Peugeot, Talbot, Citroën, Renault (Alpine)

Les plans de villes sont disposés le Nord en haut.

Dear Reader

*The present volume is the 82nd edition
of the Michelin Guide France.*

*The unbiased and independent selection
of hotels and restaurants
is the result of local visits and enquiries
by our inspectors.
In addition we receive considerable help
from our readers' invaluable letters
and comments.*

*It is our purpose
to provide up-to-date information
and thus render a service to our readers.
The next edition is already in preparation.*

*Therefore, only the guide of the year
merits your complete confidence,
so please remember to use the latest edition.*

Bon voyage

A practical *innovation*

Local
maps

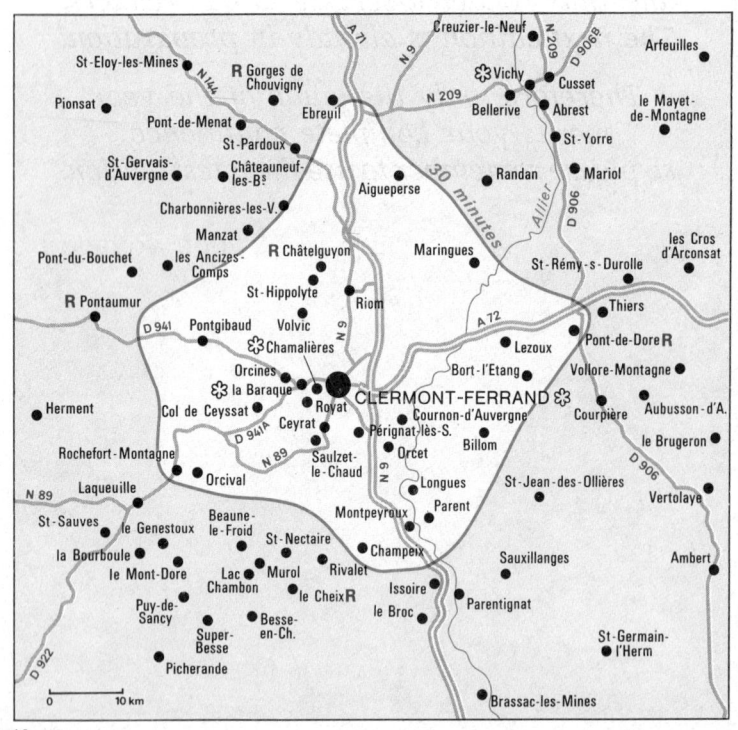

Should you be looking for a hotel or restaurant not too far from Clermont-Ferrand, for example, you can now consult the map along with the town plan.

The local map (opposite) draws your attention to all places around the town or city selected, provided they are mentioned in the Guide. Places located within a thirty minute drive are clearly identified by the use of a different coloured background.

The various facilities recommended near the different regional capitals can be located quickly and easily.

NOTE : Entries in the Guide provide information on distances to nearby towns. Whenever a place appears on one of the local maps, the name of the town or city to which it is attached is printed in BLUE.

Example : CHATELGUYON **63140** P.-de-D. 73 ④ G. Auvergne
Voir Gorges d'Enval★ 3 km par ③
🛈 Office de Tourisme parc E.-Clementel
Paris **375** ① – ♦ Clermont-Fd **20** ② – Aubusson **99** ③

CHATELGUYON is to be found on the local map CLERMONT-FERRAND.

All local maps are positioned on the Atlas at the end of the Guide.

Contents

Choosing
a hotel or restaurant

This guide offers a selection of hotels and restaurants to help the motorist on his travels. In each category establishments are listed in order of preference according to the degree of comfort they offer.

CATEGORIES

🏨	Luxury in the traditional style	XXXXX
🏨	Top class comfort	XXXX
🏨	Very comfortable	XXX
🏨	Comfortable	XX
🏠	Quite comfortable	X
🏡	Simple comfort	
M	In its category, hotel with modern amenities	
sans rest.	The hotel has no restaurant	
	The restaurant also offers accommodation	avec ch.

PEACEFUL ATMOSPHERE AND SETTING

Certain establishments are distinguished in the guide by the red symbols shown below.
Your stay in such hotels will be particularly pleasant or restful, owing to the character of the building, its decor, the setting, the welcome and services offered, or simply the peace and quiet to be enjoyed there.

🏨 to 🏠	Pleasant hotels
XXXXX to X	Pleasant restaurants
« Parc fleuri »	Particularly attractive feature
🦢	Very quiet or quiet, secluded hotel
🦢	Quiet hotel
≤ mer	Exceptional view
≤	Interesting or extensive view

The maps on pages 28 to 35 indicate places with such very peaceful, pleasant hotels and restaurants.
By consulting them before setting out and sending us your comments on your return you can help us with our enquiries.

Hotel facilities

In general the hotels we recommend have full bathroom and toilet facilities in each room. However, this may not be the case for certain rooms in categories 🏠, 🏠 and 🏠.

30 ch	Number of rooms
🛗	Lift (elevator)
▤	Air conditioning
TV	Television in room
⇤⇥	Hotel partly reserved for non-smokers
☏	Telephone in room : outside calls connected by the operator
☎	Direct-dial phone in room
♿	Rooms accessible to disabled people
🌂	Meals served in garden or on terrace
↳	Exercise room
⊿ ⊠	Outdoor or indoor swimming pool
🏖 ✿	Beach with bathing facilities – Garden
✗	Hotel tennis court
🏛 25 à 150	Equipped conference hall (minimum and maximum capacity)
🚗	Hotel garage (additional charge in most cases)
Ⓟ	Car park for customers only
🐕	Dogs are not allowed in all or part of the hotel
Fax	Telephone document transmission
mai-oct.	Dates when open, as indicated by the hotelier
sais.	Probably open for the season – precise dates not available. Where no date or season is shown, establishments are open all year round.

Cuisine

STARS

Certain establishments deserve to be brought to your attention for the particularly fine quality of their cooking. **Michelin stars** are awarded for the standard of meals served. For each of these restaurants we indicate three culinary specialities and a number of local wines to assist you in your choice.

෯෯෯ **19**	**Exceptional cuisine, worth a special journey** Superb food, fine wines, faultless service, elegant surrondings. One will pay accordingly !
෯෯ **87**	**Excellent cooking, worth a detour** Specialities and wines of first class quality. This will be reflected in the price.
෯ **495**	**A very good restaurant in its category** The star indicates a good place to stop on your journey. But beware of comparing the star given to an expensive « de luxe » establishment to that of a simple restaurant where you can appreciate fine cuisine at a reasonable price.

GOOD FOOD AT MODERATE PRICES

You may also like to know of other restaurants with less elaborate, moderately priced menus that offer good value for money and serve carefully prepared meals, often of regional cooking.
In the guide such establishments bear the letter ℝ just before the price of the menu, for example ℝ 100/125.

Please refer to the map of star-rated restaurants and good food at moderate prices ℝ *(pp 36 to 43).*

Food and wine : see pages 26 and 27

Prices

Prices quoted are valid for autumn 1990. Changes may arise if goods and service costs are revised. The rates include tax and service and no extra charge should appear on your bill, with the possible exception of visitors' tax.
Hotels and restaurants in bold type have supplied details of all their rates and have assumed responsability for maintaining them for all travellers in possession of this guide.
Your recommendation is self-evident if you always walk into a hotel Guide in hand.

MEALS

enf. 55	Price of children's menu
→	Establishment serving a simple menu **for less than 70 F**
R 65/120	**Set meals** – Lowest 65 and highest 120 prices for set meals
65/120	The cheapest set meal 65 is not served on Saturdays, Sundays or public holidays
bc	House wine included
♨	Table wine available by the carafe
R carte 120 à 285	« **A la carte** » meals – The first figure is for a plain meal and includes hors-d'œuvre, main dish of the day with vegetables and dessert The second figure is for a fuller meal (with « spécialité ») and includes 2 main courses, cheese, and dessert
⊆ 30	Price of continental breakfast (generally served in the bedroom)

ROOMS

ch 155/360	Lowest price 155 for a single room and highest price 360 for a double
29 ch ⊆ 165/370	Price includes breakfast

HALF BOARD

1/2 P 165/350	Lowest and highest prices per person, per day in the season. These prices are valid for a double room occupied by two people. When a single person occupies a double room he may have to pay a supplement. Most of the hotels also offer full board terms on request. It is essential to agree on terms with the hotelier before making a firm reservation.

DEPOSITS – CREDIT CARDS

Some hotels will require a deposit, which confirms the commitment of customer and hotelier alike. Make sure the terms of the agreement are clear.

Ask the hotelier to provide you, in his letter of confirmation, with all terms and conditions applicable to your reservation.

AE ⓞ E VISA | Credit cards accepted by the establishment

Towns

63300	Local postal number (the first two numbers represent the department number)
✉ **57130** Ars	Postal number and name of the postal area
Ⓟ ⊲SP▷	Prefecture – Sub-prefecture
80 ⑤	Number of the appropriate sheet and section of the Michelin road map
G. Jura	See the Michelin Green Guide Jura
1 057 h.	Population
alt. 75	Altitude (in metres)
Stat. therm.	Spa
Sports d'hiver	Winter sports
1 200/1 900	Altitude (in metres) of resort and highest point reached by lifts
2 ⚡	Number of cable-cars
14 ⚡	Number of ski and chair-lifts
⚡	Cross country skiing
BX B	Letters giving the location of a place on the town plan
⛳	Golf course and number of holes
☀ ⟨	Panoramic view. Viewpoint
✈	Airport
⛟	Places with motorail pick-up point. Further information from phone no. listed
⛴	Shipping line
⛵	Passenger transport only
🛈 A.C.	Tourist Information Centre – Automobile Club

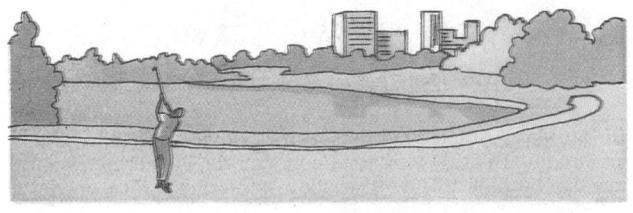

23

Sights

STAR-RATING

★★★	Worth a journey
★★	Worth a detour
★	Interesting
	Museums and art galleries are generally closed on Tuesdays

LOCATION

Voir	Sights in town
Env.	On the outskirts
N, S, E, O	The sight lies north, south, east or west of the town
② ④	Sign on town plan and on the Michelin road map indicating the road leading to a place of interest
2 km	Distance en kilometres

Car, tyres

CAR DEALERS, REPAIRERS AND MICHELIN TYRE SUPPLIERS

RENAULT	Renault main agent
PEUGEOT	Peugeot dealer
Gar. de la Côte	General repair garage
⑩	Tyre specialist

These workshops are usually closed on Saturdays and occasionally on Mondays.

The staff at our depots will be pleased to give advice on the best way to look after your tyres.

BREAKDOWN SERVICE

N	**At night** – Symbol indicating garage offering night breakdown service.

On Sunday – Each town has a breakdown service available on Sunday. In any event, the Gendarmerie, Police, etc., should usually be able to give the address of the garage on duty.

Town plans

□ ● **Hotels**

▪ ● **Restaurants**

Sights

■ ⊔ Place of interest and its main entrance

⚑ ‡ ⚑ ‡ Interesting place of worship :
    Catholic – Protestant

Roads

═══ Motorway, dual carriageway
  ◄►❶ ◄❶   Interchange : complete, limited, number

▬▬ ▭▭ Major through route

←─ ◄ ⌐≡≡≡⌐ One-way street – Unsuitable for traffic

⇌ ──► Pedestrian street – Tramway

Pasteur 🅿 Shopping street – Car park

╪ ╪╞ ╪╞ Gateway – Street passing under arch – Tunnel

▬🚃 Station and railway

○••••••○ ○••○ Funicular – Cable-car

△ 🅱 Lever bridge – Car ferry

Various signs

🛈 Tourist information Centre

☿ ☒ Mosque – Synagogue

○ ● ∴ ⅄ ⏚ Tower – Ruins – Windmill – Water tower

▓ ᵗᵗ ✝ Garden, park, wood – Cemetery – Cross

◯ ⬟ ✦ ✧ Stadium – Golf course – Racecourse – Skating rink

⚓ ⎐ 🏊 🏊 Outdoor or indoor swimming pool

◅ ☀ ▼ View – Panorama – Viewing table

▪ ◎ ☼ 🏭 Monument – Fountain – Factory – Shopping centre

⚓ ♠ Pleasure boat harbour – Lighthouse – Communications tower

✈ ◉ 🚌 Airport – Underground station – Coach station

⚓ ⛴ ⇒ Ferry services :
    passengers and cars, passengers only

③ Refence number common to town plans and Michelin maps

✉ ☎ Main post office with poste restante and telephone

✚ ▨ ⚔ Hospital – Covered market – Barracks

▩ ⊔ Public buildings located by letter :

A   C   Chamber of Agriculture – Chamber of Commerce

G 🏛   H   J   Gendarmerie – Town Hall – Law Courts

M   P   T   Museum – Prefecture or sub-prefecture – Theatre

     U   University, College

    POL   Police (in large towns police headquarters)

4ᵐ4 18ᵀ ⑱ Low headroom (15 ft. max.) – Load limit (under 19 t)

🗖 ⊕ 🗖 ◈ Garage: Peugeot, Talbot, Citroën, Renault (Alpine)

North is at the top on all town plans.

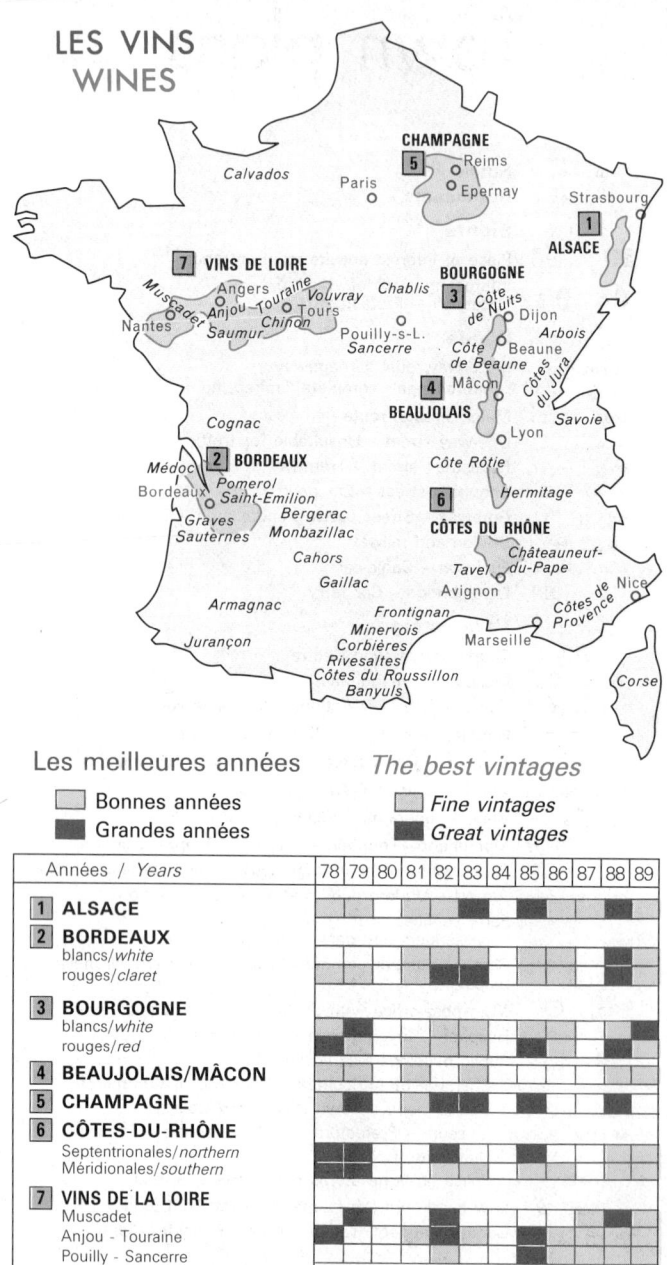

LES VINS
WINES

Les meilleures années — *The best vintages*

- ▢ Bonnes années / *Fine vintages*
- ■ Grandes années / *Great vintages*

Années / Years	78	79	80	81	82	83	84	85	86	87	88	89
1 ALSACE												
2 BORDEAUX blancs/*white*												
rouges/*claret*												
3 BOURGOGNE blancs/*white*												
rouges/*red*												
4 BEAUJOLAIS/MÂCON												
5 CHAMPAGNE												
6 CÔTES-DU-RHÔNE Septentrionales/*northern*												
Méridionales/*southern*												
7 VINS DE LA LOIRE Muscadet												
Anjou - Touraine												
Pouilly - Sancerre												

Rappel des « Grandes années du siècle »
1911 - 1921 - 1928 - 1929
1934 - 1945 - 1947 - 1949 - 1953 - 1955 - 1961

LES VINS et LES METS
FOOD and WINE

Quelques suggestions de vins selon les mets...
A few hints on selecting the right wine with the right dish...

Vins blancs secs
Dry white wines

1. Sylvaner, Riesling, Tokay, Pinot gris
2. Graves secs
3. Chablis, Meursault, Pouilly-Fuissé, Mâcon
5. Champagne (brut)
6. Condrieu, Hermitage, Provence
7. Muscadet, Pouilly-s-L., Sancerre, Vouvray sec, Montlouis

Vins rouges légers
Light red wines

1. Pinot noir, Riesling (blanc)
2. Graves, Médoc
3. Côte de Beaune, Mercurey
4. Beaujolais
5. Coteaux champenois
6. Tavel (rosé), Côtes de Provence
7. Bourgueil, Chinon

Vins rouges corsés
Full bodied red wines

2. Pomerol, St-Émilion
3. Chambertin, Côte-de-Nuits, Pommard...
6. Châteauneuf-du-Pape, Cornas, Côte-Rôtie

Vins de dessert
Sweet wines

1. Muscat, Gewurztraminer (vins secs)
2. Sauternes, Monbazillac
5. Champagne (demi-sec)
6. Beaumes-de-Venise
7. Anjou, Vouvray (demi-sec)
- Banyuls

Un mets préparé avec une sauce au vin s'accommode, si possible, du même vin. Vins et fromages d'une même région s'associent souvent avec succès.

En dehors des grands crus, il existe en maintes régions de France des vins locaux qui, bus sur place, vous réserveront d'heureuses surprises.

Dishes prepared with a wine sauce are best accompanied by the same kind of wine. Wines and cheeses from the same region usually go very well together.

In addition to the fine wines there are many French wines, best drunk in their region of origin and which you will find extremely pleasant.

L'AGRÉMENT

PEACEFUL ATMOSPHERE AND SETTING

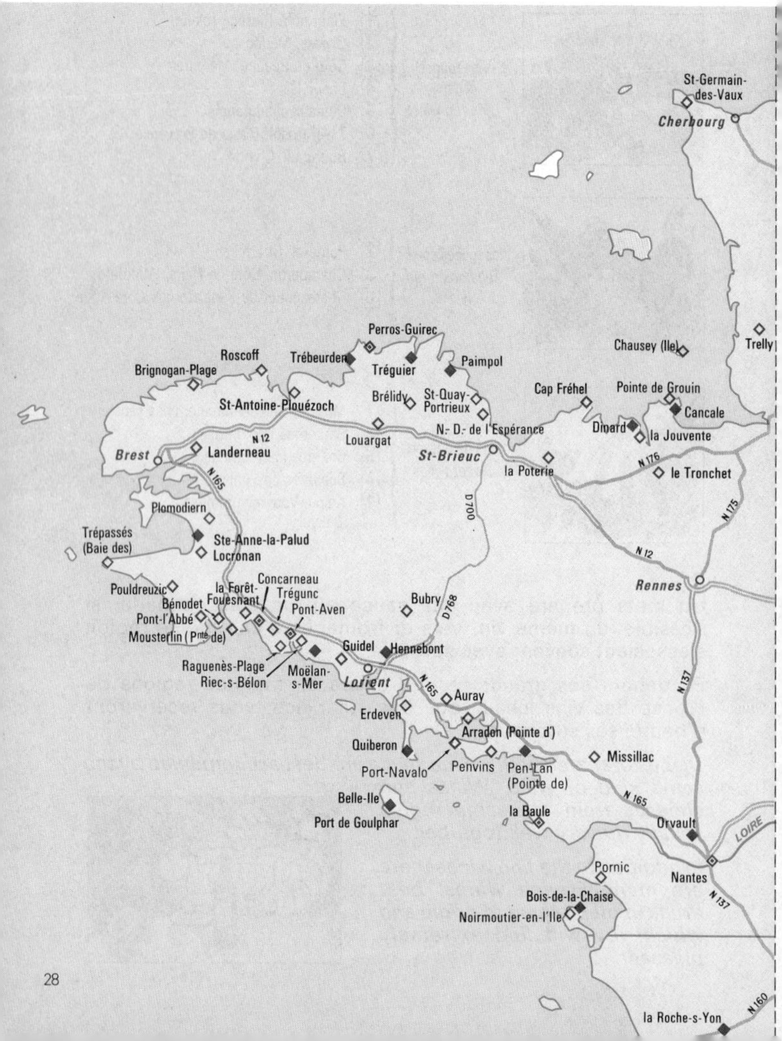

Map of Brittany region with locations marked:

St-Germain-des-Vaux
Cherbourg
Chausey (Ile) — Trelly
Perros-Guirec
Roscoff — Trébeurden — Tréguier — Paimpol
Brignogan-Plage — Cap Fréhel — Pointe de Grouin
Brélidy — St-Quay-Portrieux — Cancale
St-Antoine-Plouézoch — Dinard — la Jouvente
N.-D.-de l'Espérance
Louargat — St-Brieuc
Brest — Landerneau — la Poterie — le Tronchet
N 12
N 165
Plomodiern
Trépassés (Baie des) — Ste-Anne-la-Palud — Locronan
Rennes
N 12
Pouldreuzic — la Forêt-Fouesnant — Concarneau — Trégunc — Pont-Aven — Bubry
Bénodet — Pont-l'Abbé
Mousterlin (Pⁱᵉ de)
Guidel — Hennebont
Raguenès-Plage — Moëlan-s-Mer — Lorient
Riec-s-Bélon
Auray
Erdeven
Quiberon — Arradon (Pointe d') — Missillac
Port-Navalo — Penvins — Pen-Lan (Pointe de)
Belle-Ile — la Baule
Port de Goulphar — Orvault
Pornic — Nantes
LOIRE
Bois-de-la-Chaise
Noirmoutier-en-l'Ile
la Roche-s-Yon

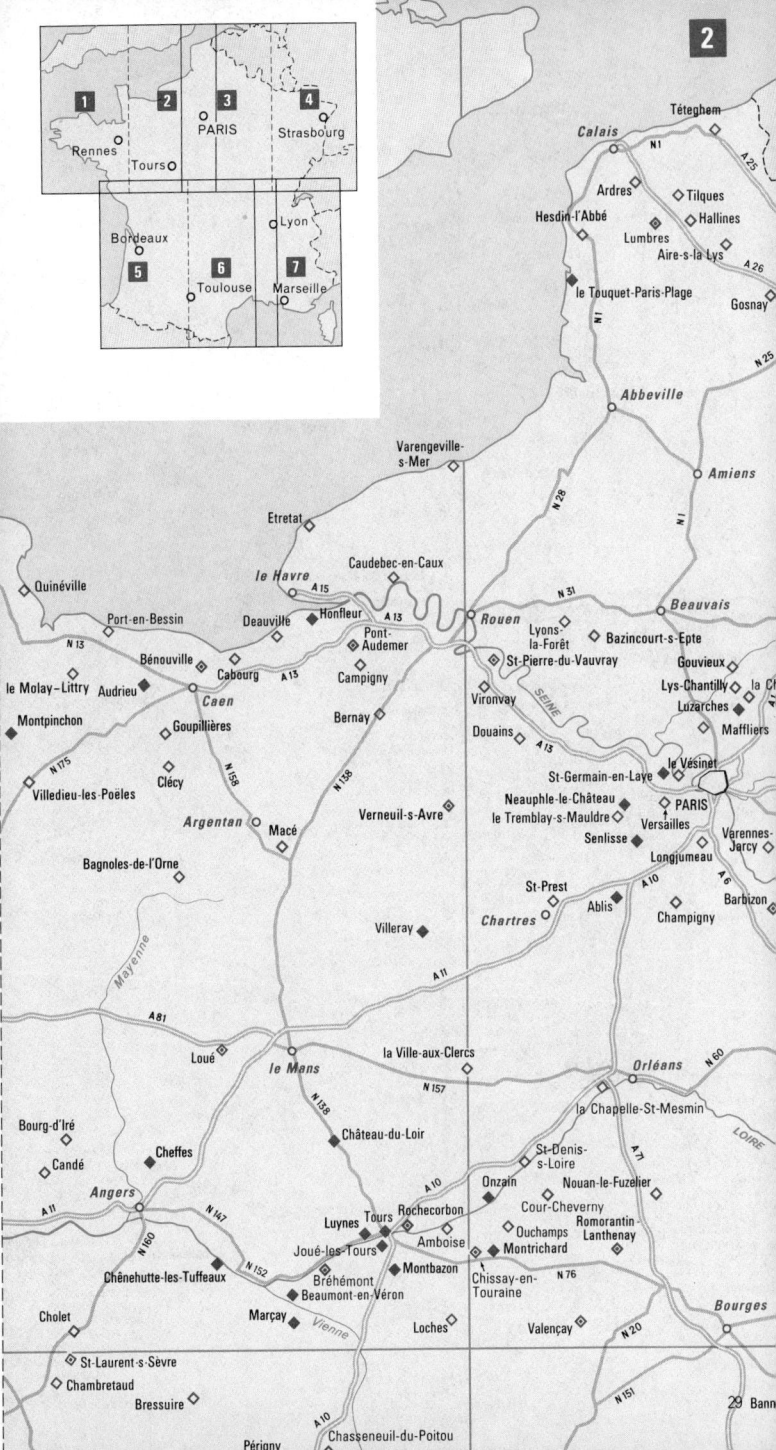

2

Calais   Téteghem   N1
Ardres   Tilques
Hesdin-l'Abbé   Hallines
Lumbres   Aire-s-la Lys   A 26
le Touquet-Paris-Plage   Gosnay
N 1   N 25

Abbeville

Varengeville-s-Mer   Amiens
Etretat
le Havre   Caudebec-en-Caux   N 31   Beauvais
A 15   Honfleur   Rouen   Lyons-   Bazincourt-s-Epte
Quinéville   Deauville   Pont-Audemer   la-Forêt   Gouvieux
Port-en-Bessin   A 13   St-Pierre-du-Vauvray   Lys-Chantilly   la Cl
N 13   Bénouville   Cabourg   Campigny   Vironvay   Luzarches
le Molay–Littry   Audrieu   A 13   Bernay   Douains   A 13   Maffliers
Montpinchon   Caen   Goupillières   SEINE   le Vésinet
Clécy   St-Germain-en-Laye   PARIS
N 175   N 158   Neauphle-le-Château   Versailles   Varennes-Jarcy
Villedieu-les-Poêles   N 158   Verneuil-s-Avre   le Tremblay-s-Mauldre   Senlisse   Longjumeau   A 6
Argentan   Macé   St-Prest   A 10   Champigny   Barbizon
Bagnoles-de-l'Orne   Ablis
Villeray   Chartres

Mayenne   A 11

A 81   la Ville-aux-Clercs   Orléans   N 60
Loué   le Mans   N 157   la Chapelle-St-Mesmin   LOIRE
Bourg-d'Iré   N 158   Château-du-Loir   St-Denis-s-Loire   A 71
Candé   Cheffes   Onzain   Nouan-le-Fuzelier
Angers   Luynes   Tours   Rochecorbon   Cour-Cheverny   Romorantin-Lanthenay
A 11   N 147   Joué-les-Tours   Amboise   Ouchamps   N 76
N 160   N 152   Bréhémont   Montbazon   Montrichard
Chênehutte-les-Tuffeaux   Beaumont-en-Véron   Chissay-en-Touraine   Bourges
Cholet   Marçay   Vienne   Loches   Valençay   N 20
St-Laurent-s-Sèvre
Chambretaud   N 151   29 Bann
Bressuire   A 10
Périgny   Chasseneuil-du-Poitou

1   2   3   4
PARIS
Rennes   Strasbourg
Tours
5   6   7
Bordeaux   Lyon
Toulouse   Marseille

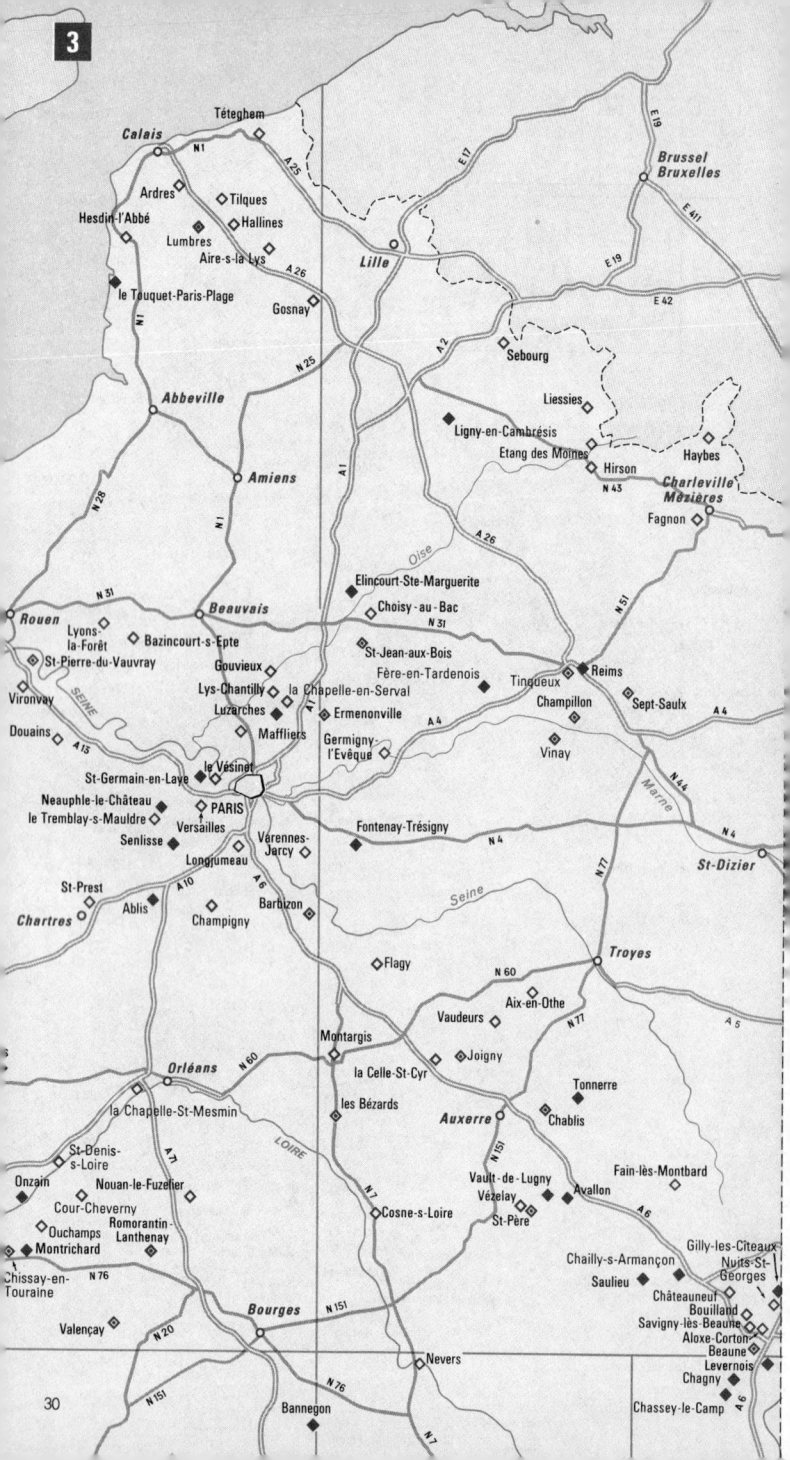

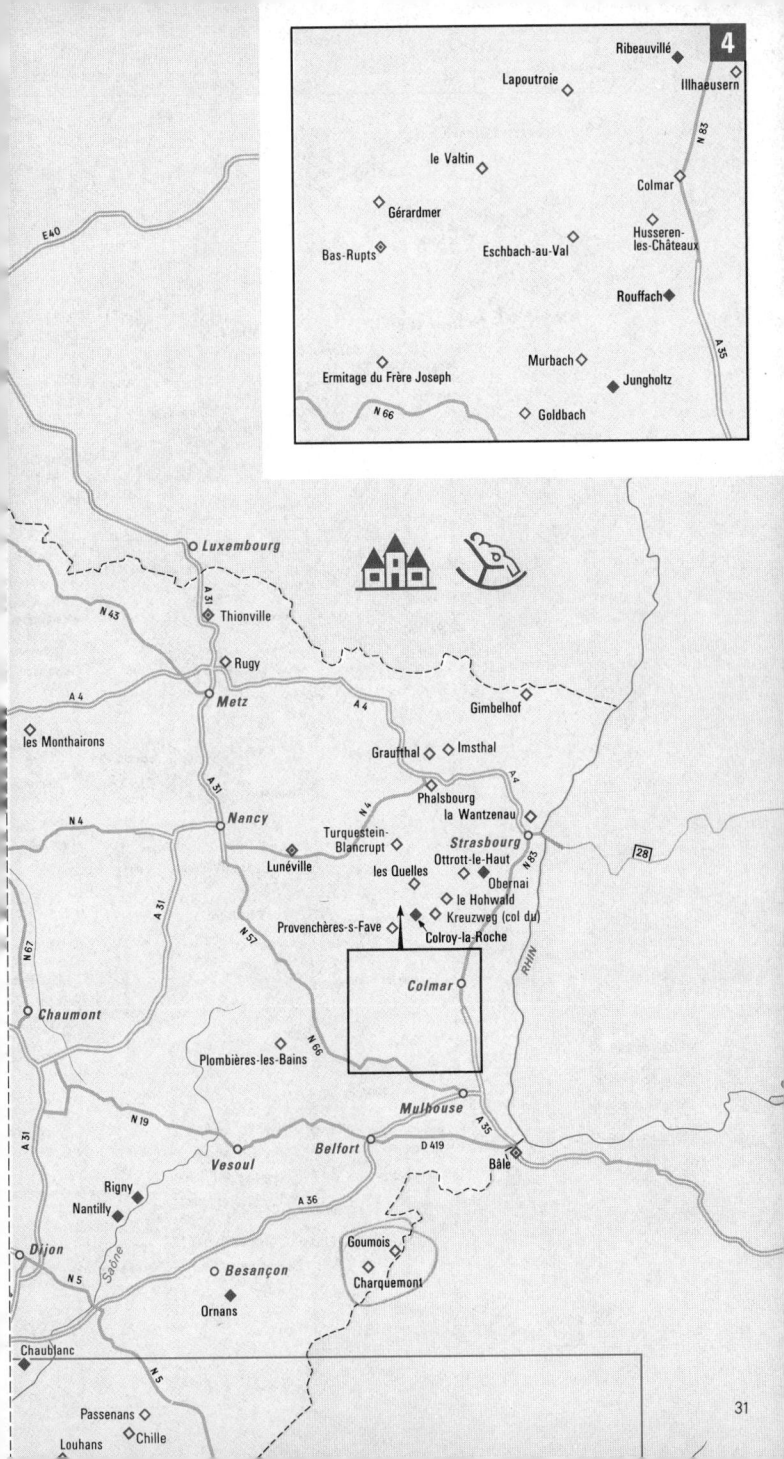

4

Ribeauvillé
Lapoutroie
Illhaeusern

N 83

le Valtin

Colmar

Gérardmer

Husseren-
les-Châteaux

Bas-Rupts
Eschbach-au-Val

Rouffach

A 35

Murbach
Jungholtz

Ermitage du Frère Joseph
Goldbach

N 66

Luxembourg

N 43

A 31

Thionville

Rugy

Metz

A 4

Gimbelhof

A 4

A 31

les Monthairons

Grauffthal
Imsthal

Phalsbourg
la Wantzenau

N 4

A 4

N 4

Nancy

Turquestein-
Blancrupt

Strasbourg

N 83

28

Lunéville

les Quelles

Ottrott-le-Haut

Obernai

A 31

le Hohwald

RHIN

N 57

Provenchères-s-Fave

Kreuzweg (col du)

Colroy-la-Roche

N 67

Colmar

Chaumont

N 66

Plombières-les-Bains

Mulhouse

A 35

N 19

Belfort

D 419

A 31

Vesoul

Bâle

Rigny

A 36

Nantilly

Dijon

Sabre

Besançon

Goumois

N 5

Charquemont

Ornans

Chaublanc

N 5

31

Passenans

Louhans
Chille

Chambretaud

Bressuire

la Roche-s-Yon

N 160

Périgny

A 10

Chasseneuil-du-Poitou

les Sables-d'Olonne

Poitiers

N 151

le Blanc

St-Maixent-l'École

N 148

Niort

Ré (Ile de)

la Flotte

N 11

N 10

Vienne

la Rochelle

Oléron (Ile d')

la Cotinière

la Remigeasse

St-Trojan-les-Bains

Mansle

Nieuil

N 141

Saintes

Chaillevette

Cognac

N 141

Montbron

Nauzan

Cierzac

Angoulême

N 21

Mosnac

Roullet

Champagnac-
de-Bélair

Vieux-Mareuil

Brantôme

Périgueux

N 89

Margaux

Blaye

St-Laurent-de-Manoire

Montignac

A 10

Montpon-Ménestérol

Tamniès

N 10

St-Emilion

N 89

Marquay

Bordeaux

Trémolat

Pessac

Dordogne

Bergerac

Mauzac

le Buisson-
Cussac

GARONNE

Montcabrier

Touzac

A 62

Castelnaud-
de-Gratecambe

Lot

Mauroux

Ruffiac

Tonneins

Pujols

St-Beauzeil

N 10

Agen

Puymirol

Boé

Poudenas

D 933

Gabarret

Barbaton

Mont-de-Marsan

Eauze

Labourgade

Soustons

Magescq

N 124

Montaigut

Eugénie-les-Bains

N 124

Cadours

A 63

St-Martin-d'Armagnac

Auch

Lévignac

Anglet

Port-de-Lanne

Segos

Gimont

N 124

Biarritz

Orthez

N 21

St-Jean-de-Luz

A 64

St-Pée-s-Nivelle

Lescar

Col de St-Ignace

Sare

Ainhoa

Cambo-les-Bains

Tarbes

N 117

St-Etienne-de-Baïgorry

Col d'Osquich

Nay

Villeneuve-de-Rivière

St-Jean-Pied-de-Port

Feas

Lestelle-Betharram

Estérencuby

Lurbe-St-Christau

Bagnères-de-Bigorre

Sauveterre-de-Comminges

Beaucens

Lesponne

St-Savin

Beyrède
(Col de)

Barbazan

Estaing

Lac de Payolle

Bourg-d'Oueil

la Fruitière

St-Lary-
Soulan

Montauban-
de-Luchon

Espiaube

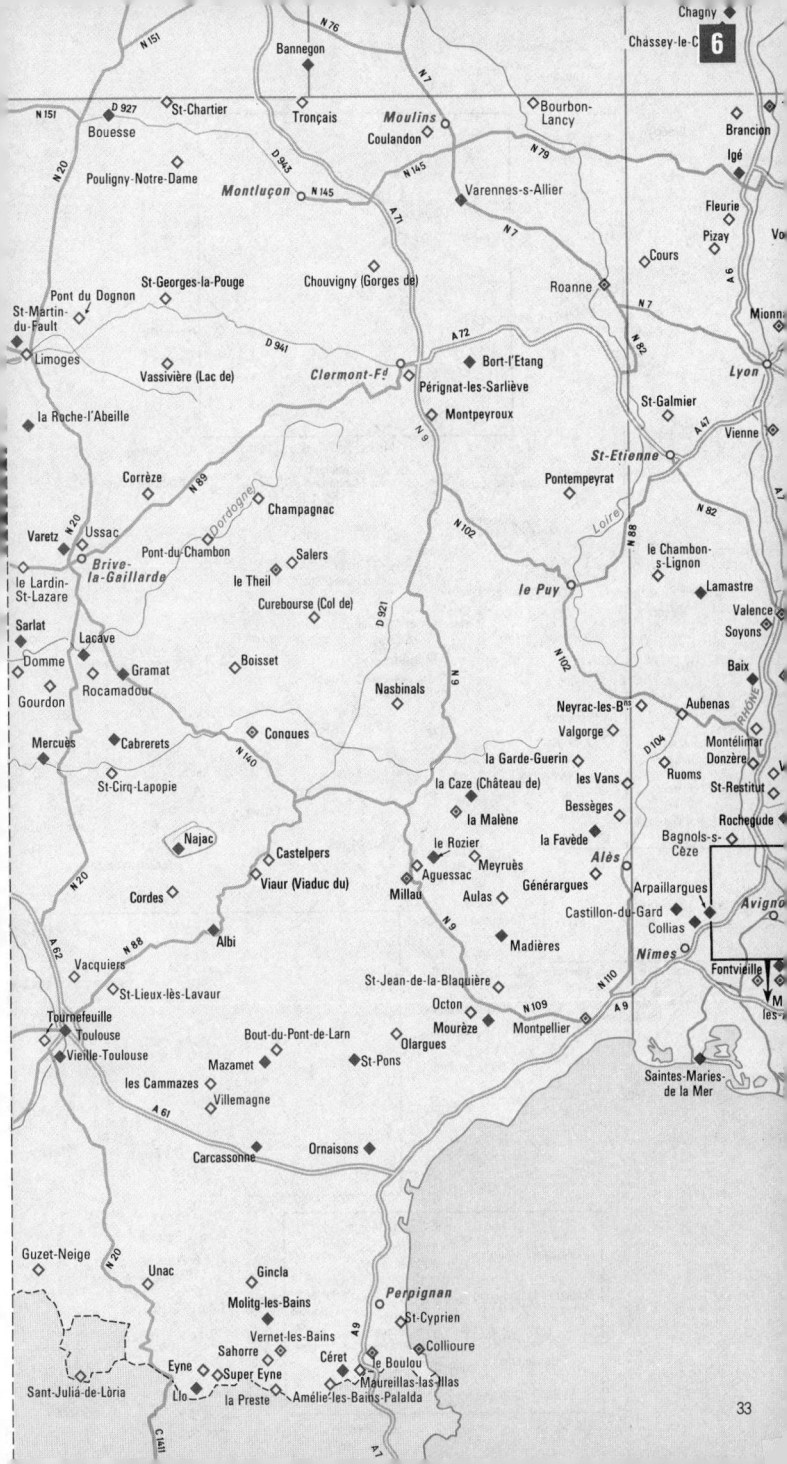

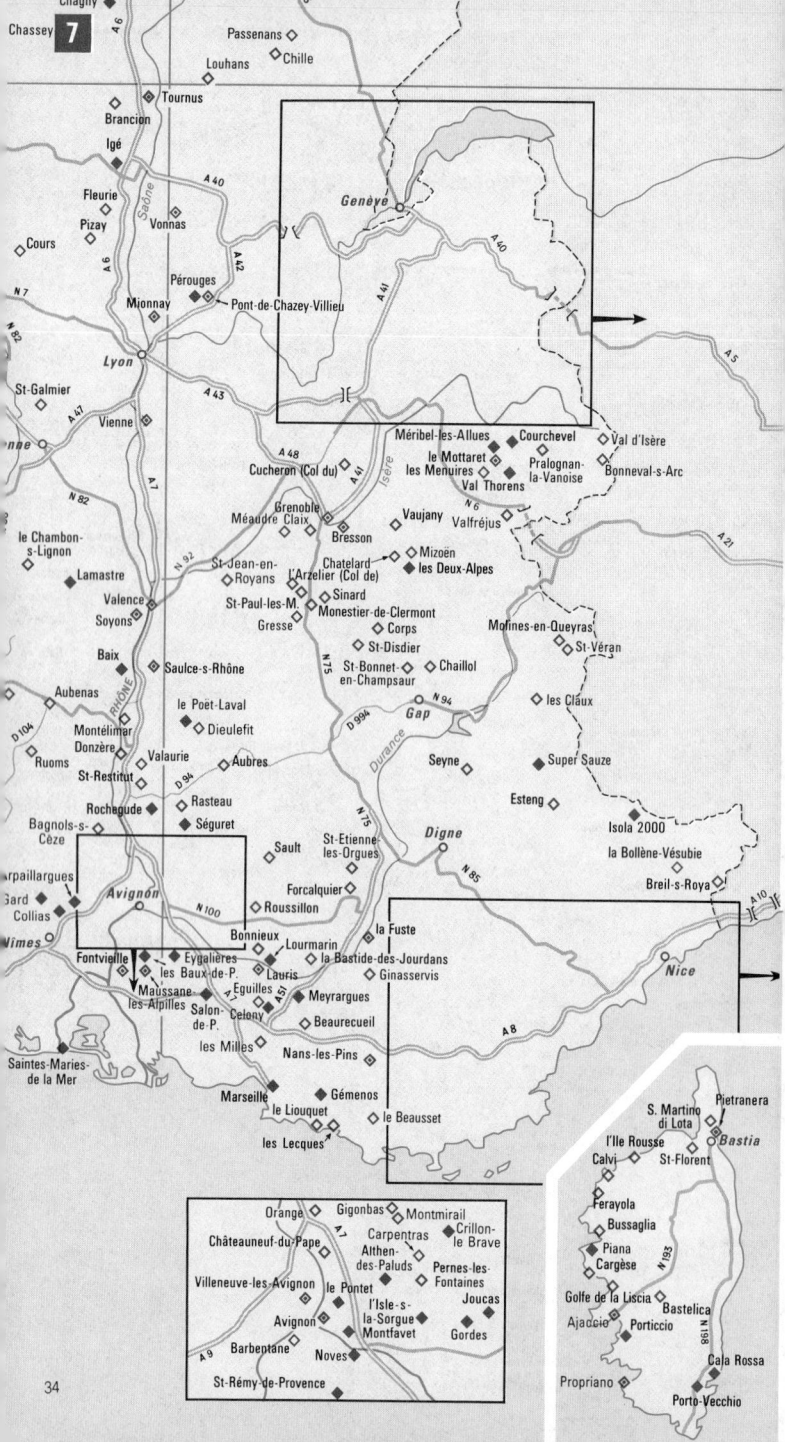

Chagny
Passenans
Chille
Louhans
Tournus
Brancion
Igé
A 40
Fleurie
Pizay
Vonnas
Cours
A 6
Pérouges
Mionnay
Pont-de-Chazey-Villieu
A 42
A 41
Lyon
A 43
St-Galmier
Vienne
N 7
N 82
A 47
Genève
A 40
A 5
le Chambon-s-Lignon
N 82
N 92
A 48
Cucheron (Col du)
A 41
Isère
Méribel-les-Allues
Courchevel
Val d'Isère
le Mottaret
les Menuires
Pralognan-la-Vanoise
Bonneval-s-Arc
Val Thorens
Grenoble
Méaudre Claix
Vaujany
Valfréjus
A 21
Bresson
Chatelard
Mizoën
les Deux-Alpes
St-Jean-en-Royans
L'Arzelier (Col de)
Lamastre
St-Paul-les-M.
Sinard
Valence
Gresse
Monestier-de-Clermont
Soyons
Corps
Mottnes-en-Queyras
Baix
St-Disdier
St-Véran
Saulce-s-Rhône
St-Bonnet-en-Champsaur
Chaillol
Aubenas
le Poët-Laval
Gap
les Cluax
N 94
D 104
Montélimar
Dieulefit
Durance
Donzère
Valaurie
Seyne
Super Sauze
Ruoms
St-Restitut
Aubres
D 94
Esteng
Rasteau
Isola 2000
Rochegude
N 75
la Bollène-Vésubie
Bagnols-s-Cèze
Séguret
Digne
Sault
St-Etienne-les-Orgues
Breil-s-Roya
A 10
arpaillargues
Avignon
Forcalquier
N 85
Gard
N 100
Roussillon
Collias
Bonnieux
la Fuste
Nimes
Lourmarin
Fontvieille
Eygalières
la Bastide-des-Jourdans
les Baux-de-P.
Lauris
Nice
Maussane
Eguilles
Ginasservis
les Alpilles
Meyrargues
Salon-de-P.
Celony
Beaurecueil
A 8
les Milles
Nans-les-Pins
Saintes-Maries-de la Mer
Marseille
Gémenos
le Liouquet
le Beausset
les Lecques

Orange
Gigondas
Montmirail
Châteauneuf-du-Pape
Carpentras
Crillon-le-Brave
Althen-des-Paluds
Pernes-les-Fontaines
A 7
Villeneuve-les-Avignon
le Pontet
Joucas
Avignon
L'Isle-s-la-Sorgue
Montfavet
Gordes
A 9
Barbentane
Noves
St-Rémy-de-Provence

S. Martino di Lota
Pietranera
L'Ile Rousse
Bastia
Calvi
St-Florent
Ferayola
Bussaglia
Piana
Cargèse
N 193
Golfe de la Liscia
Bastelica
Ajaccie
Porticcio
Cala Rossa
Propriano
Porto-Vecchio

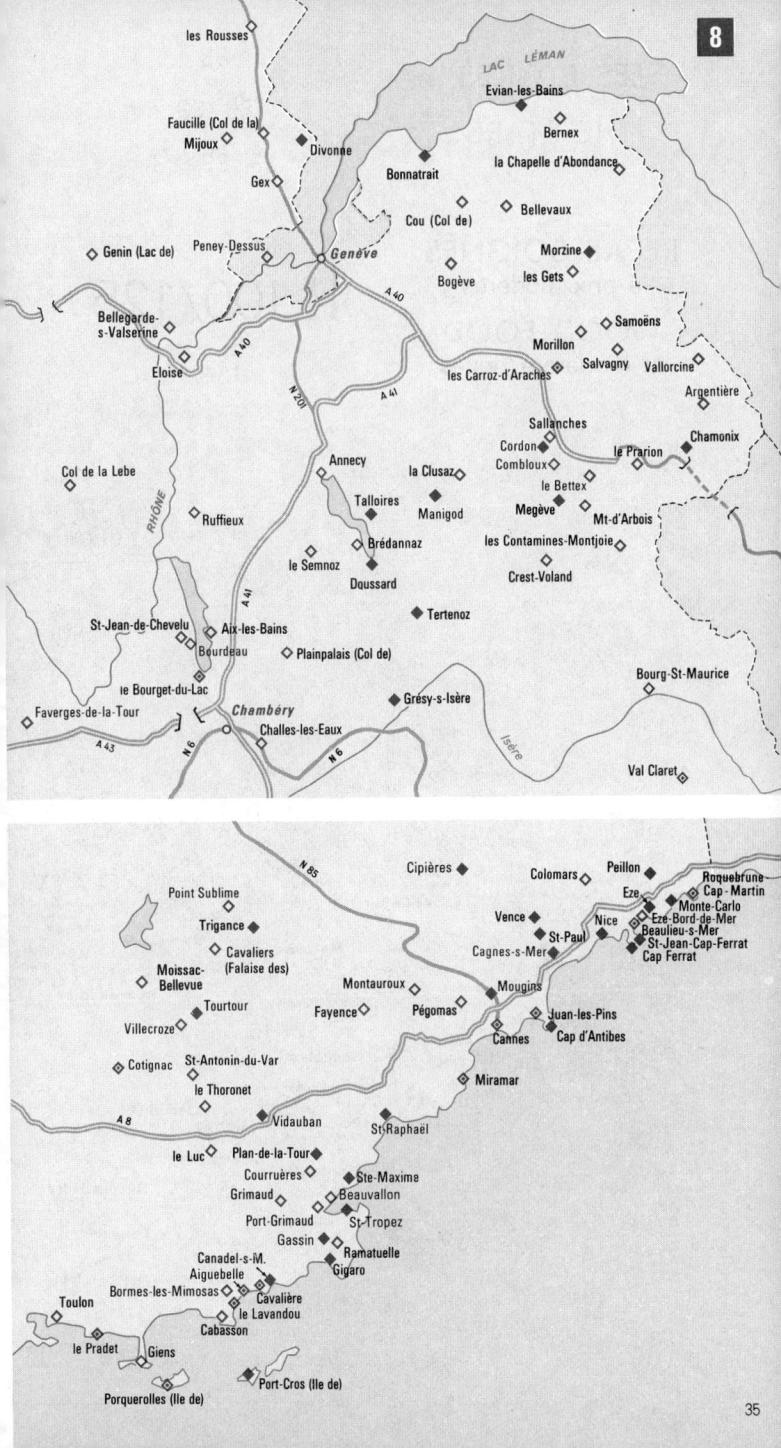

8

les Rousses

LAC LÉMAN

Evian-les-Bains

Bernex

Faucille (Col de la)
Mijoux
Divonne
Bonnatrait
la Chapelle d'Abondance

Gex

Cou (Col de)
Bellevaux

Genin (Lac de)
Peney-Dessus
Genève
Morzine
les Gets
Bogève

Bellegarde-s-Valserine

Samoëns
Morillon
Salvagny
Vallorcine
Eloise
les Carroz-d'Araches

Argentière

Sallanches
Cordon
Combloux
le Prarion
Chamonix

Col de la Lebe

Annecy
la Clusaz
le Bettex
Megève
Mt-d'Arbois

Ruffieux
Talloires
Manigod

Brédannaz
les Contamines-Montjoie

le Semnoz
Doussard
Crest-Voland

Tertenoz

St-Jean-de-Chevelu
Aix-les-Bains

Bourdeau
Plainpalais (Col de)

Bourg-St-Maurice

le Bourget-du-Lac

Faverges-de-la-Tour
Chambéry
Grésy-s-Isère

Challes-les-Eaux

Val Claret

Cipières
Colomars
Peillon
Roquebrune
Cap-Martin
Eze
Monte-Carlo
Eze-Bord-de-Mer
Beaulieu-s-Mer
St-Jean-Cap-Ferrat
Cap Ferrat

Point Sublime

Trigance
Vence
Nice

Cavaliers
(Falaise des)
St-Paul

Moissac-Bellevue
Cagnes-s-Mer

Tourtour
Montauroux
Mougins

Villecroze
Fayence
Pégomas

St-Antonin-du-Var
Juan-les-Pins

Cotignac
Cannes
Cap d'Antibes

le Thoronet
Miramar

Vidauban
St-Raphaël

le Luc
Plan-de-la-Tour

Courrures
Ste-Maxime

Grimaud
Beauvallon

Port-Grimaud
St-Tropez

Gassin
Ramatuelle

Canadel-s-M.
Gigaro

Aiguebelle
Bormes-les-Mimosas
Cavalière
le Lavandou

Toulon
Cabasson

le Pradet
Giens

Porquerolles (Ile de)
Port-Cros (Ile de)

35

LES ÉTOILES
THE STARS

REPAS SOIGNÉS
à prix modérés
GOOD FOOD
at moderate prices

R 100/125

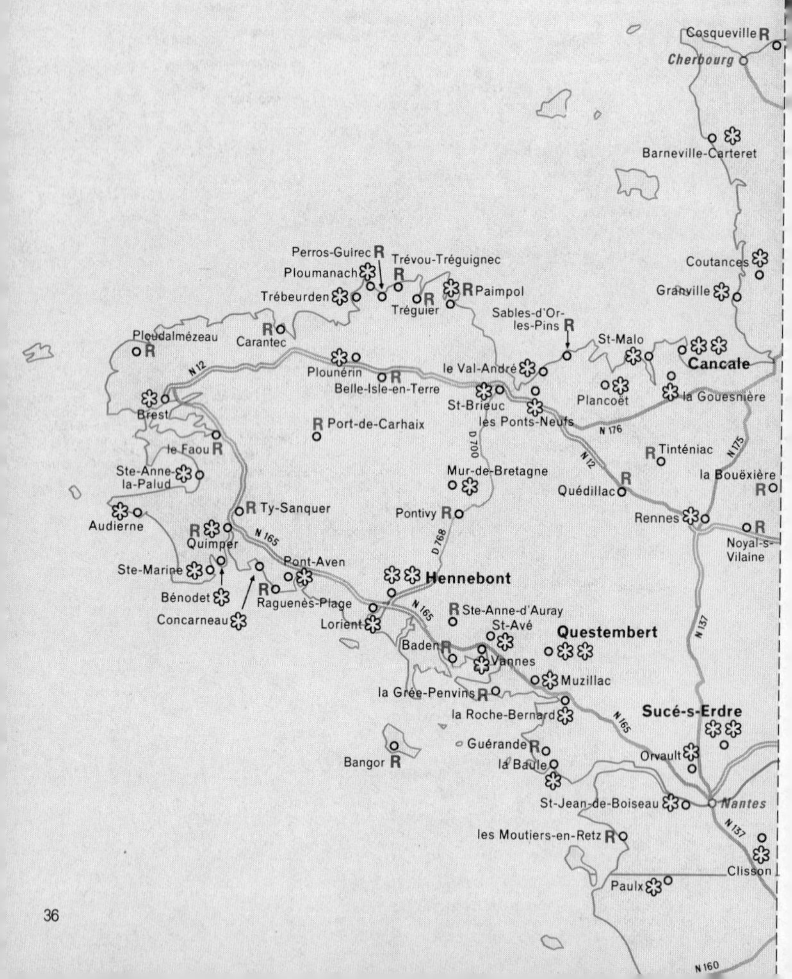

Cosqueville **R** ○
Cherbourg ○

○ ✿ Barneville-Carteret

Perros-Guirec **R**
Ploumanac'h ✿✿ ○ ○ Trévou-Tréguignec
Trébeurden ✿✿ ○ **R** ○ **R** Paimpol
○ ○ **R** Tréguier

Coutances ✿
○
Granville ✿✿ ○

Sables-d'Or-
les-Pins **R**
St-Malo
○ ✿✿
Cancale

Pleudalmézeau
○ **R**
Carantec

○ ✿ ○
Plounérin ✿✿ ○ **R** le Val-André ✿✿ ○
Belle-Isle-en-Terre
St-Brieuc ✿ Plancoët
les Ponts-Neufs ✿

○ ✿ ✿ la Gouesnière

R Port-de-Carhaix
○

N 176

✿ ✿ ○
Brest ○
le Faou **R**

Mur-de-Bretagne
○ ✿

R Tinténiac
○

la Bouëxière
R ○

Ste-Anne-
la-Palud ✿✿ ○
○ ✿ ○
Audierne

R ✿✿ ○ Ty-Sanquer
Quimper
N 165

Pontivy **R** ○

Quédillac ○

Rennes ✿✿ ○

○ **R**
Noyal-s-
Vilaine

Ste-Marine ✿✿ ○ ○ Pont-Aven
Bénodet
R ○
Concarneau ✿ Raguenès-Plage ○
Lorient ✿✿

✿ ✿ **Hennebont**

R Ste-Anne-d'Auray
○
St-Avé ✿✿
Baden ○
R ○ ✿✿ Vannes

Questembert
○ ✿✿ ✿

la Grée-Penvins **R** ○
la Roche-Bernard ✿✿

✿✿ ○ Muzillac

Sucé-s-Erdre
✿✿ ○

Bangor **R**

○ Guérande **R** ○
la Baule ○

Orvault ✿✿ ○

St-Jean-de-Boiseau ✿✿ ○ ○ *Nantes*

les Moutiers-en-Retz **R** ○

○
✿
Clisson

Paulx ✿✿ ○

N 160

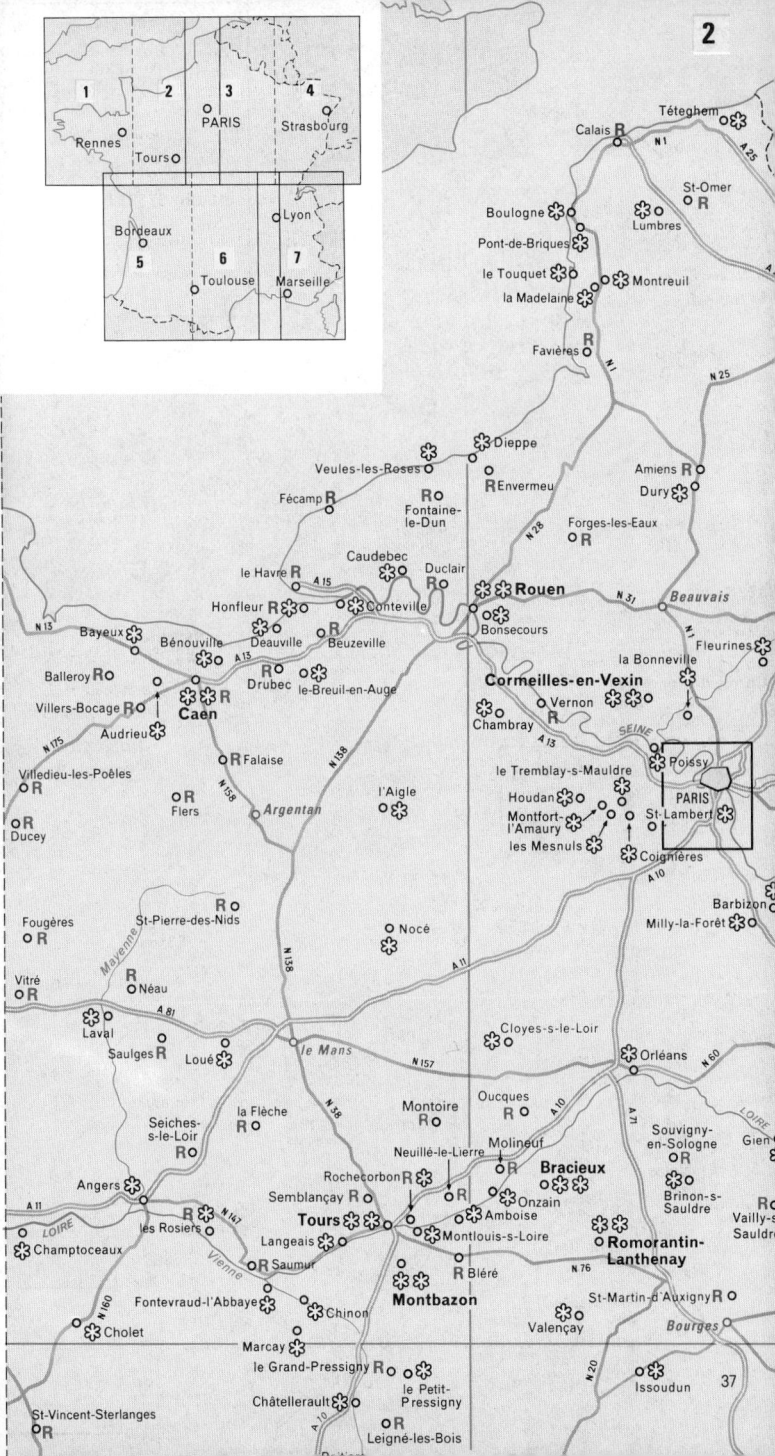

Téteghem

Calais **R**

N 1

A 25

St-Omer
R

Boulogne
Lumbres

Pont-de-Briques

le Touquet
Montreuil

la Madelaine

N 1

N 25

Favières **R**

Dieppe

Veules-les-Roses

Amiens **R**

Fécamp **R**

R Envermeu

Dury

Fontaine-
le-Dun **R**

Forges-les-Eaux
R

N 28

Caudebec

le Havre **R**

A 15

Duclair

Rouen

Beauvais

N 31

Honfleur **R**

Conteville

Bonsecours

Fleurines

R

Bayeux

Bénouville

Deauville

Beuzeville

la Bonneville

Cormeilles-en-Vexin

A 13

Balleroy **R**

Drubec

le-Breuil-en-Auge

Vernon

Chambray

Villers-Bocage **R**

Caen

SEINE

Poissy

Audrieu

R Falaise

PARIS

N 175

le Tremblay-s-Mauldre

N 158

A 13

Villedieu-les-Poêles

R

R
Flers

Argentan

l'Aigle

Houdan

Montfort-
l'Amaury

St-Lambert

R
Ducey

les Mesnuls

Coignières

A 10

Fougères

St-Pierre-des-Nids

R

R

Nocé

Barbizon

Milly-la-Forêt

Vitré

R

Mayenne

Néau

N 138

A 11

Laval

A 81

Saulges **R**

Loué

le Mans

Cloyes-s-le-Loir

Orléans

N 157

N 60

Seiches-
s-le-Loir

R

la Flèche

R

N 58

Montoire

R

Oucques

R

A 10

A 71

Souvigny-
en-Sologne

R

LOIRE

Gien

Neuillé-le-Lierre

Molineuf

R

Bracieux

Rochecorbon **R**

Angers

R

N 147

Semblançay **R**

Onzain

Brinon-s-
Sauldre

R

les Rosiers

Tours

Amboise

R

Vailly-s
Sauldre

Champtoceaux

Langeais

R Saumur

Montlouis-s-Loire

**Romorantin-
Lanthenay**

Vienne

R Bléré

N 76

Fontevrauld-l'Abbaye

Chinon

Montbazon

St-Martin-d'Auxigny **R**

N 160

Cholet

Marcay

Valençay

Bourges

le Grand-Pressigny **R**

St-Vincent-Sterlanges

R

Châtellerault

le Petit-
Pressigny

N 20

Issoudun

37

A 10

Leigné-les-Bois

1
2
3
4
PARIS
Rennes
Tours
Strasbourg
Bordeaux
Lyon
5
6
7
Toulouse
Marseille

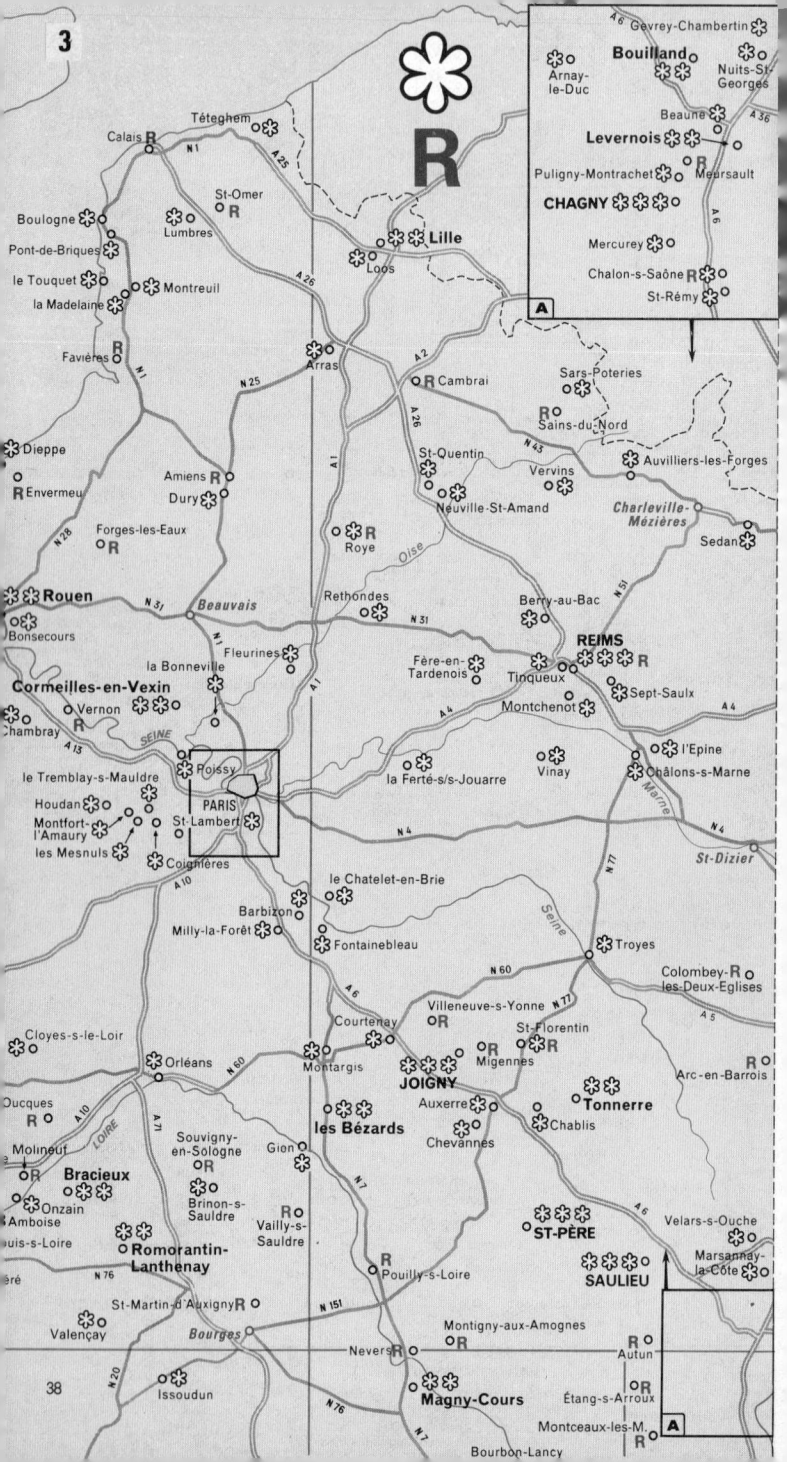

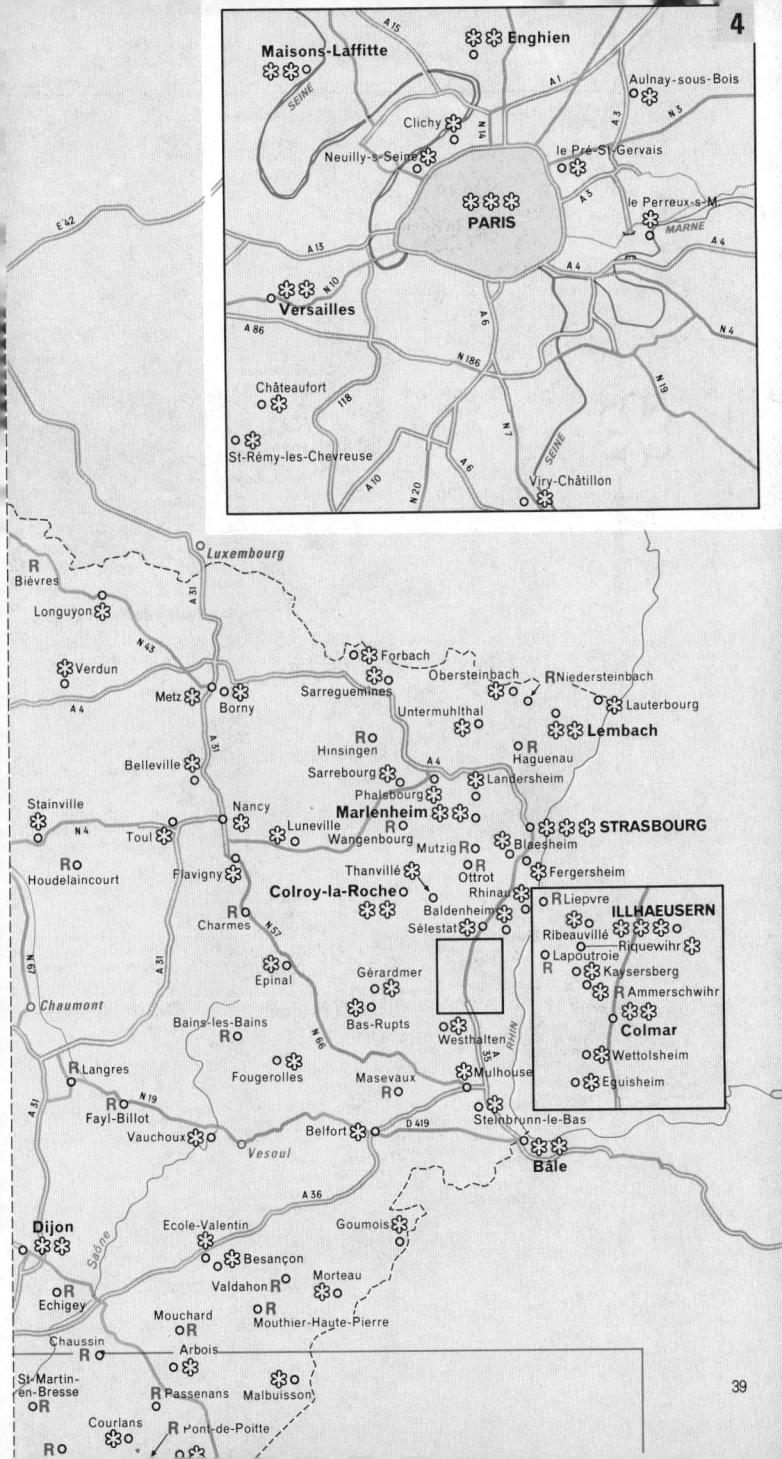

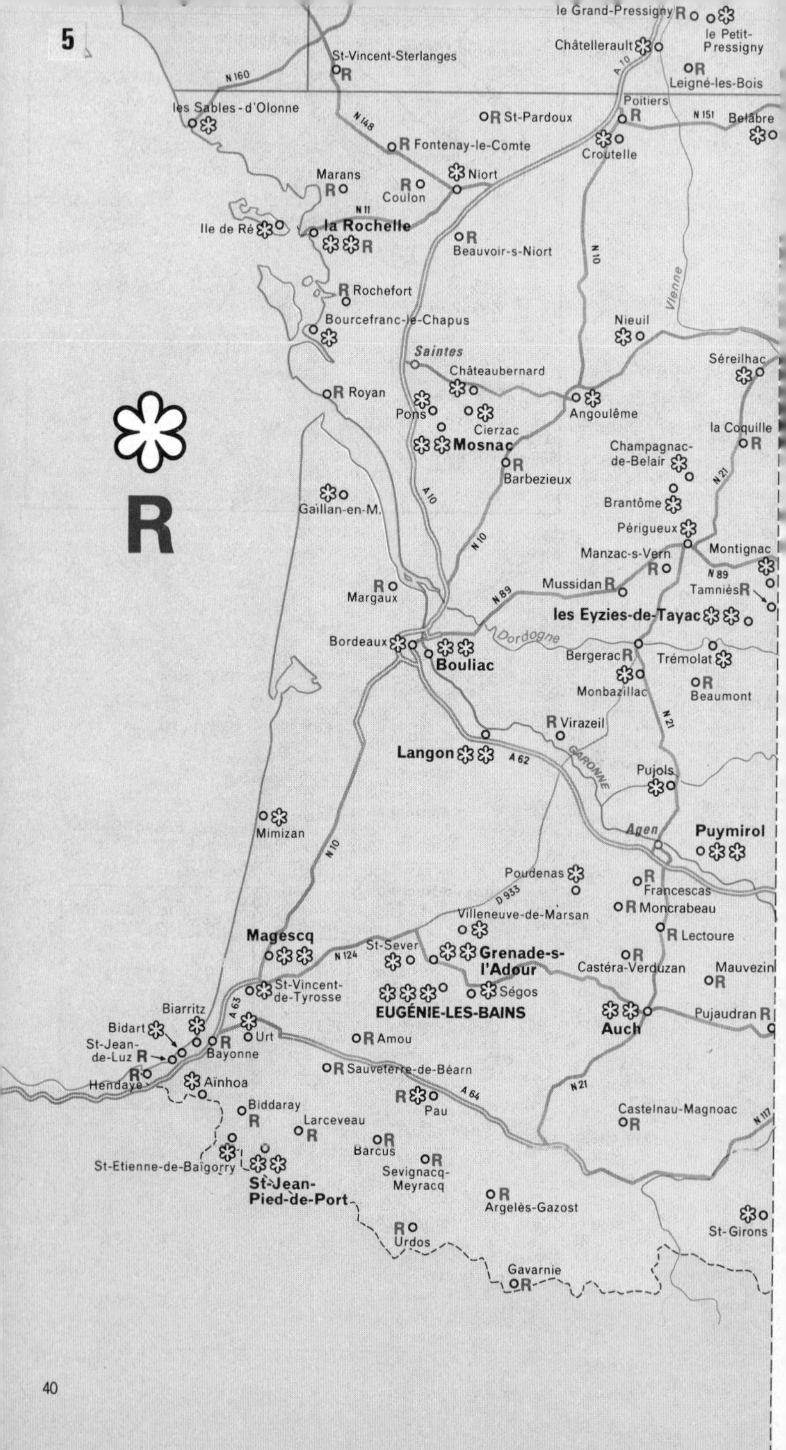

le Grand-Pressigny R○ ○✿
St-Vincent-Sterlanges
○R
Châtellerault ✿✿○
le Petit-Pressigny
○R
Leigné-les-Bois
N 160
les Sables-d'Olonne
○✿✿
N 148
○R St-Pardoux
Poitiers
✿○
○R
N 151
Belâbre
✿○
R Fontenay-le-Comte
Croutelle
Marans
R○
Coulon
○
Niort
✿
N 11
la Rochelle
✿✿R
○R
Beauvoir-s-Niort
Ile de Ré ✿○
R Rochefort
Bourcefranc-le-Chapus
Nieuil
✿○
Saintes
Séreilhac
✿○
Châteaubernard
○R Royan
Pons
○✿
Cierzac
○✿
Angoulême
la Coquille
○R
Mosnac ✿✿
R
Champagnac-
de-Belair ✿
Barbezieux
Gaillan-en-M.
✿○
Brantôme ✿
Périgueux ✿
Manzac-s-Vern
R○
Montignac ✿
N 89
Tamniès ✿○
Mussidan R
les Eyzies-de-Tayac ✿✿ ○
R○
Margaux
N 89
Dordogne
Bordeaux ✿
○✿✿
Bouliac
Bergerac R
Trémolat ✿
○R
Beaumont
Monbazillac
R Virazeil
Langon ✿ ✿
A 62
Pujols
✿○
Agen
Puymirol
○✿✿
Mimizan
Poudenas ✿
○
Francescas
○R
○R Moncrabeau
Villeneuve-de-Marsan
○✿
○R Lectoure
Magescq
○✿✿
St-Sever
○✿
Grenade-s-
l'Adour
○R
Castéra-Verduzan
Mauvezin
○R
St-Vincent-
de-Tyrosse
○✿○
○✿ Ségos
Pujaudran R
Biarritz
EUGÉNIE-LES-BAINS
✿✿○
Auch
Bidart ✿
St-Jean-
de-Luz R
○ Urt
○R
Bayonne
Hendaye
R○
✿ Aïnhoa
○R Amou
○R Sauveterre-de-Béarn
A 64
Biddaray
R ✿○
Pau
Larceveau
Castelnau-Magnoac
○R
St-Étienne-de-Baïgorry ✿✿
○R
Barcus
○R
Sévignacq-
Meyracq
St-Jean-
Pied-de-Port
○R
Argelès-Gazost
✿○
St-Girons
R○
Urdos
Gavarnie
○R

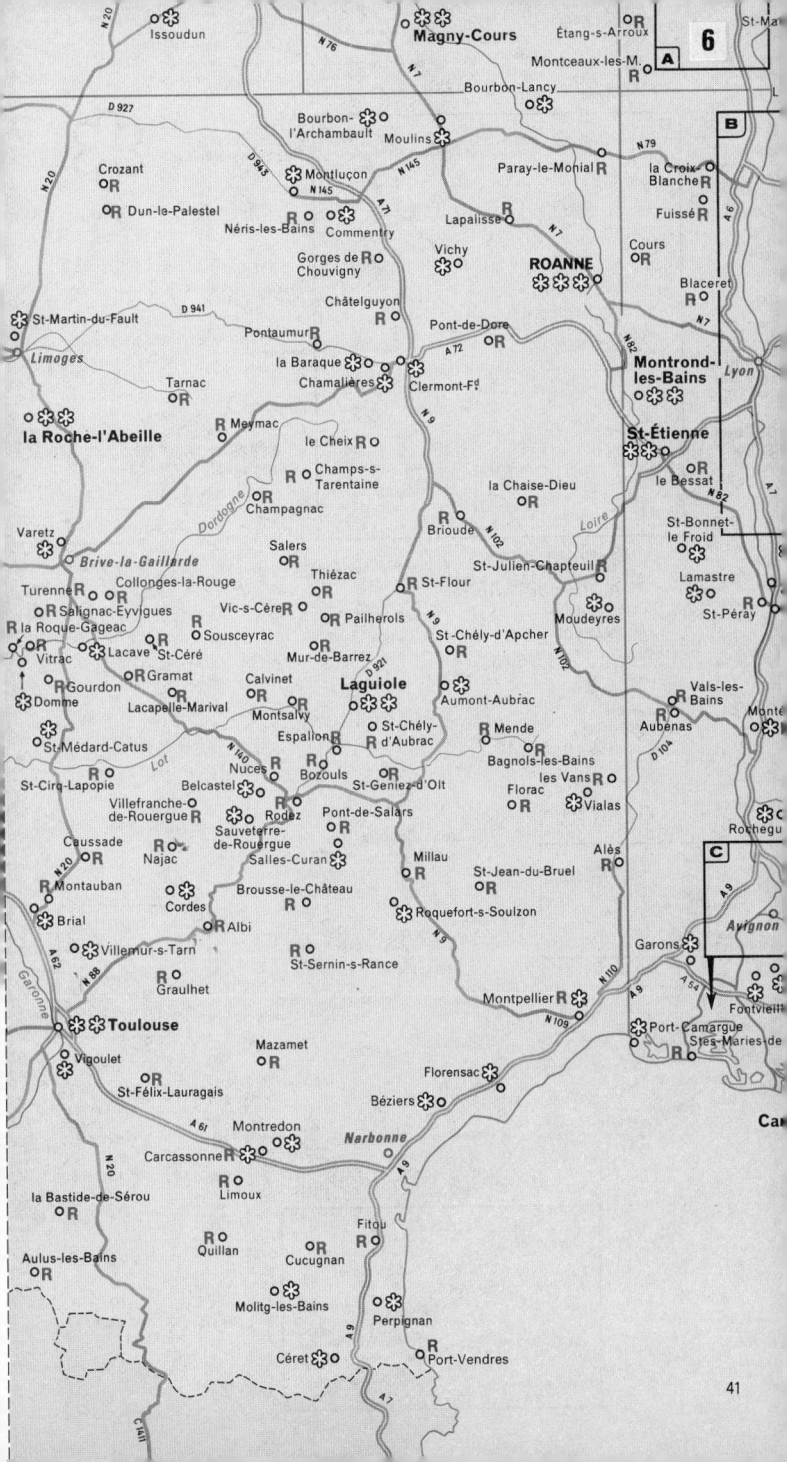

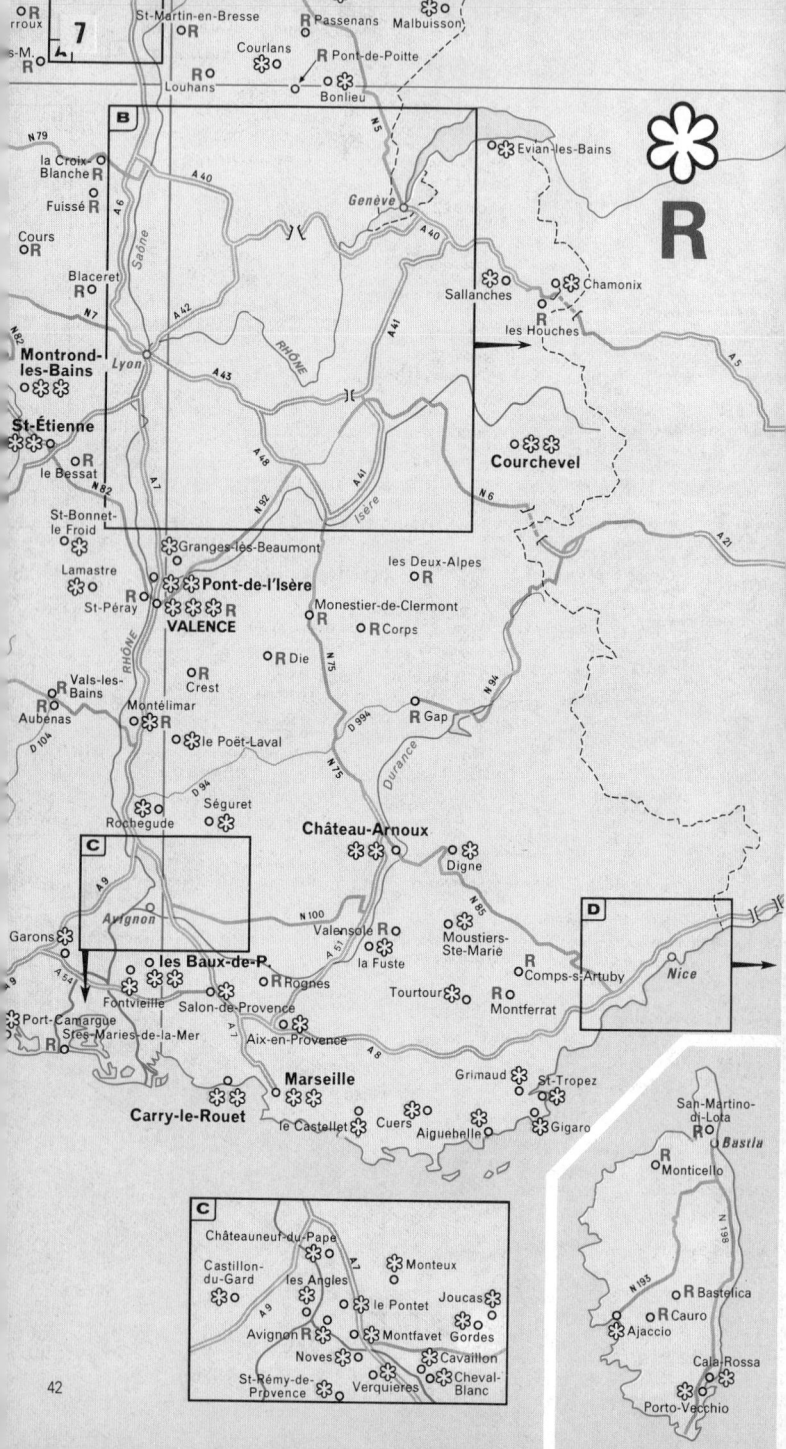

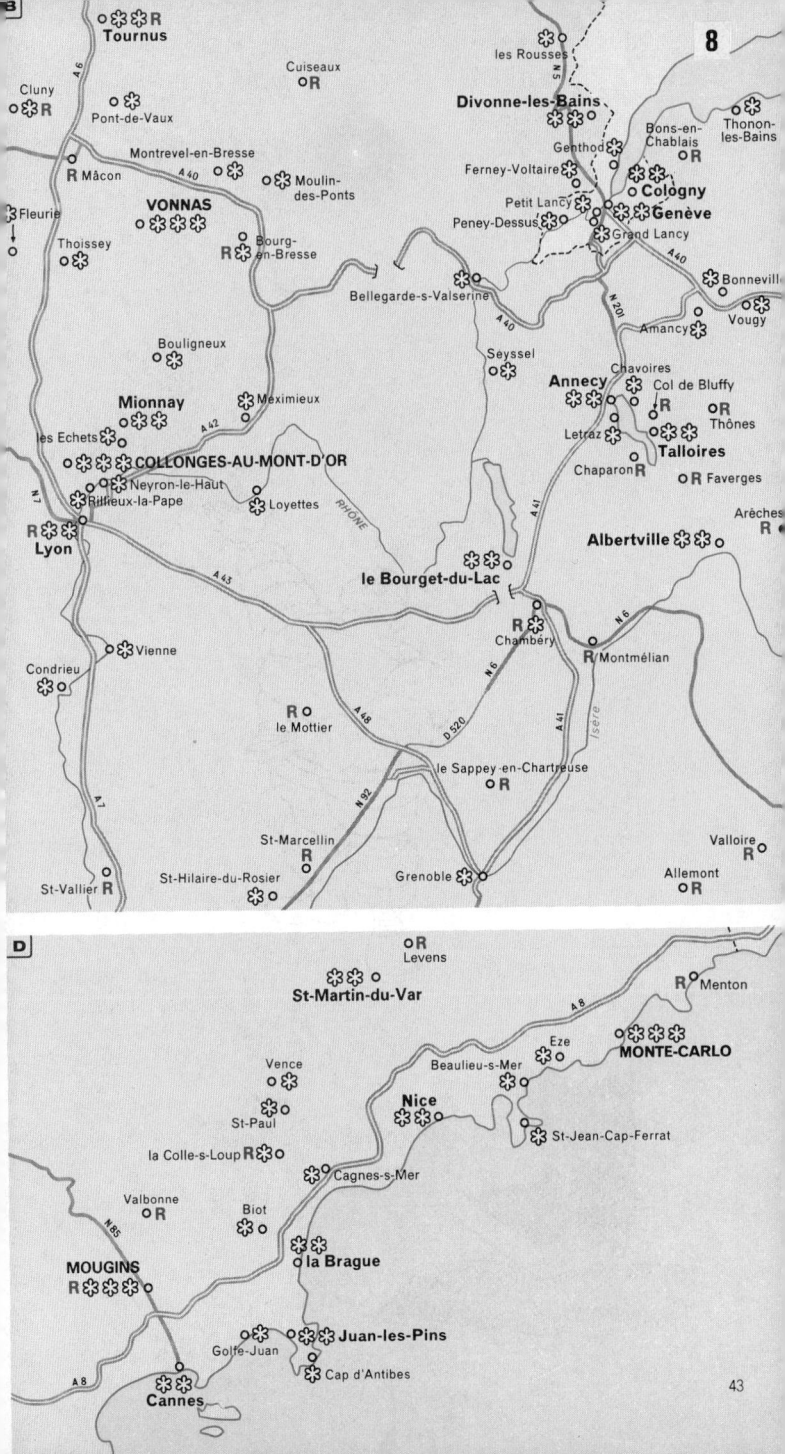

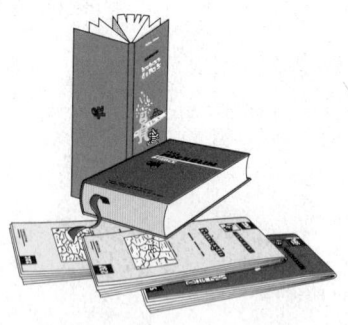

Localités
par ordre alphabétique

Places
in alphabetical order

Env. St-Riquier : intérieur★★ de l'église★ 9 km par ② – Vallée de la Somme★ par ⑤.

🛈 Office de Tourisme 1 pl. Amiral Courbet ⌀ 22 24 27 92, Télex 155881.

Paris 163 ④ – ♦Amiens 45 ③ – Arras 76 ② – Beauvais 87 ④ – Béthune 84 ② – Boulogne-sur-Mer 81 ① – Dieppe 64 ⑥ – ♦Le Havre 162 ⑤ – ♦Rouen 97 ⑤ – St-Omer 86 ①.

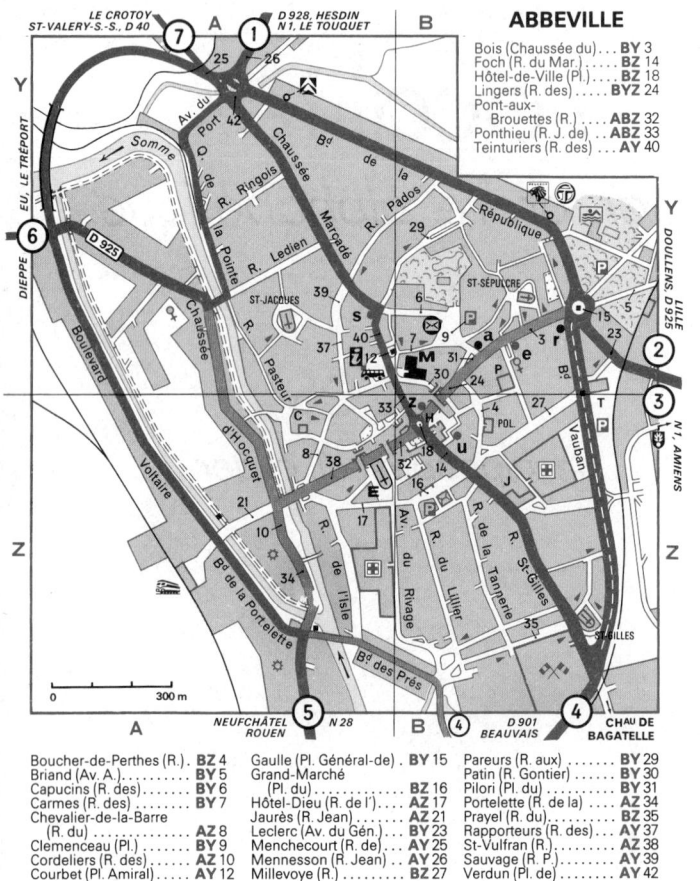

ABBEVILLE

Bois (Chaussée du) . . . **BY** 3
Foch (R. du Mar.) . . . . . **BZ** 14
Hôtel-de-Ville (Pl.) . . . . **BZ** 18
Lingers (R. des) . . . . . **BYZ** 24
Pont-aux-
   Brouettes (R.) . . . . **ABZ** 32
Ponthieu (R. J. de) . . **ABZ** 33
Teinturiers (R. des) . . **AY** 40

Boucher-de-Perthes (R.) . **BZ** 4
Briand (Av. A.) . . . . **BY** 5
Capucins (R. des) . . . . . . **BY** 6
Carmes (R. des) . . . . **BY** 7
Chevalier-de-la-Barre
   (R. du) . . . . **AZ** 8
Clemenceau (Pl.) . . . . . . **BY** 9
Cordeliers (R. des) . . . . **AZ** 10
Courbet (Pl. Amiral) . . . . **AY** 12

Gaulle (Pl. Général-de) . **BY** 15
Grand-Marché
   (Pl. du) . . . . **BZ** 16
Hôtel-Dieu (R. de l') . . . . **AZ** 17
Jaurès (R. Jean) . . . . . . **AZ** 21
Leclerc (Av. du Gén.) . . . **BY** 23
Menchecourt (R. de) . . . **AY** 25
Mennesson (R. Jean) . . . **AY** 26
Millevoye (R.) . . . . **BZ** 27

Pareurs (R. aux) . . . . . . **BY** 29
Patin (R. Gontier) . . . . . **BY** 30
Pilori (Pl. du) . . . . **BY** 31
Portelette (R. de la) . . . **AZ** 34
Prayel (R. du) . . . . **BZ** 35
Rapporteurs (R. des) . . **AY** 37
St-Vulfran (R.) . . . . **AZ** 38
Sauvage (R. P.) . . . . **AY** 39
Verdun (Pl. de) . . . . **AY** 42

🏨 **France,** 19 pl. Pilori ⌀ 22 24 00 42, Télex 155365, Fax 22 24 26 15 – 🛗 📺 ☎ 👤 – 🎪 35 à 60. 🆎 ⓞ 𝖤 𝘝𝘐𝘚𝘈, 🍴 rest   BY **a**
R (fermé 15 déc. au 10 janv., sam. midi et dim. midi de nov. à avril) 100 ⅄, enf. 50 – ⌣ 31 – **69 ch** 189/280.

🏠 **Relais Vauban** Ⓜ sans rest, 4 bd Vauban ⌀ 22 31 30 35 – 📺 ☎. 𝖤 𝘝𝘐𝘚𝘈. 🍴   BY **r**
⌣ 25 – **22 ch** 225/265.

XX **Aub. de la Corne,** 32 chaussée du Bois ⌀ 22 24 06 34 – 🆎 ⓞ 𝖤 𝘝𝘐𝘚𝘈   BY **e**
fermé 24 fév. au 17 mars, dim. soir et lundi – **R** 120/260.

XX **Au Châteaubriant,** 1 pl. Hôtel de Ville ⌀ 22 24 08 23 – 𝖤 𝘝𝘐𝘚𝘈   BYZ **z**
➡ fermé dim. soir et lundi – **R** 70/120 ⅄, enf. 35.

XX **L'Escale en Picardie,** 15 r. Teinturiers ⌀ 22 24 21 51, poissons et coquillages – 🆎 ⓞ 𝖤 𝘝𝘐𝘚𝘈. 🍴 – fermé 8 au 31 août, vacances de fév., dim. soir, fériés le soir et lundi – **R** 135/185 ⅄, enf. 55   AY **s**

X **Condé** avec ch, 14 pl. Libération ⌀ 22 24 06 33 – 𝖤 𝘝𝘐𝘚𝘈   BZ **u**
➡ fermé 31 août au 15 sept., 22 au 28 janv. et dim. – **R** 68/130 ⅄ – ⌣ 23 – **7 ch** 120/200 – ½ P 166/198.

par ③ : 2 km rte d'Amiens – ⊠ **80100** Abbeville :

🏠 **Ibis** ⤸, ℰ 22 24 80 80, Télex 145045 – 📺 ☎ 🕭 🅿 – 🏄 50. 🖪 𝖵𝖨𝖲𝖠
━ **R** 65 ♨, enf. 39 – ⏗ 30 – **45 ch** 229/279.

à Épagnette par ④ : 3 km – ⊠ **80580** Épagne Épagnette :

✗ **La Picardière**, ℰ 22 24 15 28, 🚗 , 🎋 – 🅿 ᴀᴇ ⓪ 🖪 𝖵𝖨𝖲𝖠
fermé mardi soir et merc. – **R** 65/135 ♨, enf. 45.

CITROEN S.N.G.R., 214 bd République
ℰ 22 24 30 80
FORD Abbeville-Autom., 29 chaussée Hocquet
ℰ 22 24 08 54
PEUGEOT-TALBOT Les Gds Gar. de l'Avenir, 8 bd
République ℰ 22 24 77 55
RENAULT Palais Autom., Zl, rte de Doullens par
② ℰ 22 24 29 80

V.A.G Bailly Automobiles, 53 av. Robert Schuman
ℰ 22 24 34 81
VOLVO Picard Automobiles, 145 ch. des Postes
ℰ 22 31 22 11

🛞 Lagrange-Pneus, 76 rte de Doullens
ℰ 22 24 14 72

L'ABER-WRAC'H 29 Finistère 🗺 ④ G. Bretagne – alt. 53 – ⊠ **29214** Landéda.
Paris 606 – •Brest 28 – Landerneau 35 – Landivisiau 44 – Morlaix 68 – Quimper 96.

🏦 **Baie des Anges** ⤸ sans rest, ℰ 98 04 90 04, ≤ – 🖭 🅿 🖪 𝖵𝖨𝖲𝖠
Pâques-vacances de nov. – ⏗ 45 – **17 ch** 170/285.

ABLIS 78660 Yvelines 🗺 ⑨ , 🗺 ⑯ – 1 367 h. alt. 178.
Paris 63 – Chartres 31 – Étampes 30 – Mantes 64 – •Orléans 76 – Rambouillet 14 – Versailles 45.

✗✗ **Croix Blanche**, ℰ (1) 30 59 10 31 – ᴀᴇ ⓪ 🖪 𝖵𝖨𝖲𝖠
fermé mi-fév. à mi-mars, mardi soir et merc. – **R** 130/200, enf. 38.

à l'Ouest : 6 km par D 168 – ⊠ **28700** Auneau :

🏰 **Château d'Esclimont** ⤸, ℰ 37 31 15 15, Télex 780560, Fax 37 31 57 91, ≤, « Parc,
étang, forêt », 🏊, ✷ – 🏮 📺 ☎ 🅿 – 🏄 130. 𝖵𝖨𝖲𝖠 ✷ rest
R 290/460 – ⏗ 78 – **48 ch** 545/1570, 6 appart. 2400 – ½ P 665/1150.

ABONDANCE 74360 H.-Savoie 🗺 ⑱ G. Alpes du Nord – 1 240 h. alt. 930 – Sports d'hiver : 1 400/
1 800 m ✂1 ✂14 ⤓.
Voir Abbaye★ : Fresques★★ du cloître.
🚩 Office de Tourisme à la Mairie (saison) ℰ 50 73 02 90.
Paris 596 – Thonon-les-Bains 28 – Annecy 102 – Évian-les-Bains 28 – Morzine 39.

🏠 **Les Touristes**, ℰ 50 73 02 15, 🚗 , 🎋 – 🖭 🅿 🖪 𝖵𝖨𝖲𝖠 ✷
1er juin-30 sept. et 22 déc.-vacances de printemps – **R** 80/120 – ⏗ 23 – **28 ch** 170/305 –
½ P 190/250.

à Richebourg NE : 3 km – ⊠ **74360** Abondance :

🏠 **Bel Air**, à Richebourg NE : 3 km ℰ 50 73 01 71, Fax 50 73 08 37, ≤ – ☎ 🅿 🖪 𝖵𝖨𝖲𝖠 ✷
━ *20 mai-15 sept. et 20 déc.-15 avril* – **R** *(fermé merc. hors sais.)* 58/130 ♨, enf. 40 – ⏗ 22 –
24 ch 130/190 – ½ P 170/205.

CITROEN Trincaz, à Richebourg ℰ 50 73 03 16

RENAULT-TOYOTA Gar. des Alpes ℰ 50 73 01 41
🆖

ABREST 03 Allier 🗺 ⑤ – rattaché à Vichy.

Les ABRETS 38490 Isère 🗺 ⑭ – 2 795 h. alt. 399.
Paris 517 – •Grenoble 49 – Aix-les-B. 41 – Belley 33 – Chambéry 35 – La Tour-du-Pin 12 – Voiron 22.

✗ **Savoy** avec ch, ℰ 76 32 03 54 – 📺 ☎, ᴀᴇ 🖪 𝖵𝖨𝖲𝖠
━ **R** *(fermé 3 au 18 juil., 3 au 18 janv. et merc.)* 65/200 ♨, enf. 45 – ⏗ 20 – **8 ch** 100/180 –
½ P 150/180.

FIAT Gar. Moderne ℰ 76 32 04 13

PEUGEOT, TALBOT Bosse-Platière ℰ 76 32 06 77

ACCOLAY 89460 Yonne 🗺 ⑤ – 384 h. alt. 125.
Paris 188 – Auxerre 22 – Avallon 30 – Tonnerre 41.

🏠 **Host. de la Fontaine** ⤸, ℰ 86 81 54 02, 🚗 , 🎋 – 🅿 ᴀᴇ 🖪 𝖵𝖨𝖲𝖠
fermé 15 janv. au 15 fév. et mardi de nov. à mars – **R** 130/245 ♨, enf. 55 – ⏗ 42 – **11 ch**
190/290 – ½ P 230/295.

ACQUIGNY 27 Eure 🗺 ⑰ – rattaché à Louviers.

ADÉ 65 H.-Pyr. 🗺 ⑧ – rattaché à Lourdes.

Les ADRETS-DE-L'ESTÉREL 83600 Var 🏠 ⑧ 🏠🏠🏠 ㉝ – 689 h. alt. 300.

Env. Mt Vinaigre ❄️*** S : 8 km puis 30 mn, G. Côte d'Azur

Paris 886 – Fréjus 18 – Cannes 28 – Draguignan 45 – Grasse 37 – Mandelieu 17 – St-Raphaël 21.

🏠 **La Verrerie** 🛏️ sans rest, ℘ 94 40 93 51, ☞ – 📺 ☎ 🅴 *VISA*
1er avril-30 sept. – ⊑ 32 – **7 ch** 260/290.

SE : 3 km par D 237 et N 7 – ⊠ **83600** Les Adrets-de-l'Esterel :

✗✗ **Aub. des Adrets,** ℘ 94 40 36 24, ☞, ↗ – 🅴 *VISA*
fermé lundi sauf fériés – **R** 200.

AGAY 83 Var 🏠 ⑧, 🏠🏠🏠 ㉝㉞ G. Côte d'Azur – ⊠ **83700** St-Raphaël.

🎫 Office de Tourisme bd Plage N 98 ℘ 94 82 01 85.

Paris 883 – Fréjus 16 – Cannes 31 – Draguignan 43 – ◆Nice 63 – St-Raphaël 9.

🏠🏠 **France-Soleil** sans rest, ℘ 94 82 01 93, ≤, 🏖️, ☞ – ☎ 🅿 🆎 🅴 *VISA*
Pâques-oct. – ⊑ 40 – **18 ch** 350/450.

🏠 **Beau Site,** à Camp Long SO : 1 km par N 98 ℘ 94 82 00 45, ☞ – 🚿 ch 📺 ☎ 🅿 🆎
🅾 🅴 *VISA* ✗ rest
fermé 15 nov. au 15 déc. – **R** *(fermé mardi et merc. du 15 oct. au 15 mars.)* (dîner seul.)
120 ⅄, enf. 70 – ⊑ 28 – **20 ch** 200/325 – ½ P 250/295.

AGDE 34300 Hérault 🏠🏠 ⑮⑯ G. Gorges du Tarn (plan) – 14 378 h. alt. 15.

Voir Ancienne cathédrale St-Étienne★.

🎫 Office de Tourisme r. L.-Bages ℘ 67 94 29 68.

Paris 809 – ◆Montpellier 58 – Béziers 22 – Lodève 60 – Millau 121 – Sète 23.

à La Tamarissière SO : 4 km par D 32E – ⊠ **34300** Agde :

🏠🏠🏠 **La Tamarissière,** ℘ 67 94 20 87, Télex 490225, Fax 67 21 38 40, ≤, ☞, ↗, ☞ – 📺 ☎.
🆎 🅾 🅴 *VISA*
15 mars-30 nov. et fermé dim. soir et lundi sauf du 15 juin au 31 août – **R** 140/305 – ⊑ 60
– **25 ch** 510/580 – ½ P 510/545.

au Cap d'Agde SE : 5 km par D 32E – ⊠ **34300** Agde :

🏠🏠🏠 **du Golf** 🅼, Ile des Loisirs ℘ 67 26 87 03, Télex 480709, Fax 67 26 26 89, ☞, ↗, 🏖️, ☞
– 🎱 ch 📺 ☎ 🅿 – ⚓ 70. 🆎 🅴 *VISA*
1er mars-15 nov. – **R** 130/350, enf. 65 – ⊑ 40 – **50 ch** 380/600 – ½ P 368/463.

🏠🏠🏠 **Capaô** 🅼, av. Corsaires ℘ 67 26 99 44, Télex 485414, Fax 67 26 03 90, ☞, 🏊, ↗, 🏖️,
☞ – 🎱 ch 📺 ☎ 🅿 – ⚓ 40 à 100. 🆎 🅾 🅴 *VISA*
23 mars-2 nov. – **R** 110/130 – ⊑ 40 – **51 ch** 560/660, 10 duplex – ½ P 430/460.

🏠🏠🏠 **St-Clair** 🅼 sans rest, pl. St-Clair ℘ 67 26 36 44, Télex 480464, ↗ – 🎱 🔲 📺 ☎ 🅿 –
⚓ 100. 🆎 🅾 🅴 *VISA*
1er avril-3 nov. – ⊑ 25 – **64 ch** 365/540, 18 duplex.

🏠🏠 **Les Pins** 🅼 sans rest, Mont-St-Martin ℘ 67 26 00 11, Télex 480942, ↗ – ☎ ♿ 🅿. 🆎
🅾 🅴 *VISA*
mars-oct. – ⊑ 40 – **40 ch** 340/410.

🏠 **Alizé** 🅼 sans rest, av. Alisés ℘ 67 26 77 80, ↗ – cuisinette 📺 ☎ ♿ 🅿. 🆎 🅴 *VISA*
Pâques-oct. – ⊑ 32 – **33 ch** 320/360.

🏠 **Azur** 🅼 sans rest, 18 av. Iles d'Amérique ℘ 67 26 98 22, Fax 67 26 48 14, ↗ – 📺 ☎ ♿
🅿. 🆎 🅴 *VISA*
⊑ 25 – **34 ch** 320/360.

✗✗✗ **Les Trois Sergents,** av. Sergents ℘ 67 26 73 13, ☞ – 🆎 🅾 🅴 *VISA*
1er avril-3 nov. et fermé dim. soir et lundi sauf juil.-août – **R** 100/350, enf. 80.

CITROEN Agde-Auto, 21 rte de Bessan
℘ 67 94 24 84
PEUGEOT Gar. Four, 12 av. Gén.-de-Gaulle
℘ 67 94 11 41

RENAULT Briffa, av. de Béziers à Vias
℘ 67 21 62 50 🅽

🅾 Gautrand-Pneus, rte de Sète ℘ 67 94 30 60

Les guides Michelin :

Guides Rouges (hôtels et restaurants) :
**Benelux - Deutschland - España Portugal - Main Cities Europe -
France - Great Britain and Ireland - Italia**

Guides Verts (Paysages, monuments et routes touristiques) :
**Allemagne - Autriche - Belgique - Canada - Espagne - Grèce -
Hollande - Italie - Londres - Maroc - New York -
Nouvelle Angleterre - Portugal - Rome - Suisse.**

et la collection sur la France.

Voir Musée★★ AYZ **M**.

🏌 Agen-Bon Encontre ✆ 53 96 95 78, par ③.

✈ d'Agen-la-Garenne : ✆ 53 96 22 50, SO : 3 km.

🛈 Office de Tourisme 107 bd Carnot ✆ 53 47 36 09.

Paris 647 ① – Albi 147 ⑤ – Auch 71 ④ – ◆Bayonne 209 ⑥ – ◆Bordeaux 140 ⑤ – Brive-la-Gaillarde 173 ① –
Pau 157 ⑥ – Périgueux 136 ① – Tarbes 144 ④ – ◆Toulouse 117 ⑤.

Plan page suivante

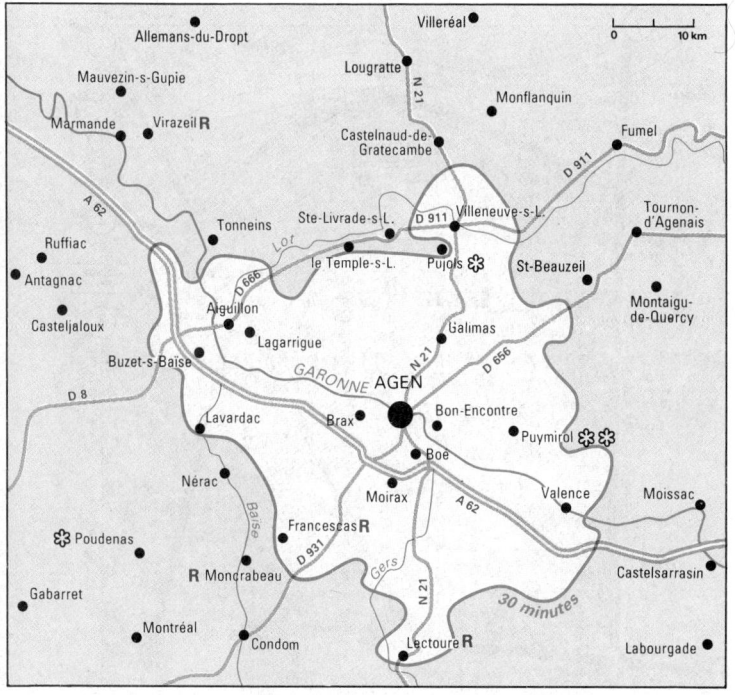

🏛 **Château H. des Jacobins** ⌇ sans rest, 1 ter pl. Jacobins ✆ 53 47 03 31, Télex 571162, Fax 53 47 02 80, « Décoré avec recherche, meubles anciens » – TV ☎ P. Æ E VISA ⌷ 50 – **15 ch** 280/550. AZ **f**

🏛 **Provence** M sans rest, 22 cours 14 Juillet ✆ 53 47 39 11, Fax 53 68 26 24 – ⬦ ▤ TV ☎ – 🛁 25. Æ E VISA ⌷ 30 – **25 ch** 250/300. BY **s**

🏛 **Atlantic H.** sans rest, 133 av. J. Jaurès par ③ ✆ 53 96 16 56, ⌇ – ⬦ TV ☎ 🚗 P – 🛁 30. Æ ① E VISA fermé 24 au 31 déc. – ⌷ 26 – **44 ch** 180/270.

🏠 **Campanile** M, par ⑤ : 3 km ✆ 53 68 08 08, Télex 573118, 🌫 – TV ☎ 🚗 P – 🛁 25. E VISA **R** 74 bc/98 bc, enf. 39 – ⌷ 27 – **50 ch** 248 – ½ P 225/249.

🏠 **Ibis** M, 105 bd Carnot ✆ 53 47 31 23, Télex 541331 – 🗌 TV ☎ 🚗 – 🛁 25. E VISA **R** (fermé sam. midi et dim. midi) 80 🍴, enf. 35 – ⌷ 29 – **57 ch** 250/270. BZ **a**

XX **Lamanguié**, 66 r. C. Desmoulins ✆ 53 66 24 35 – ▤. Æ E VISA fermé 11 au 18 août, sam. midi et dim. – **R** 160/220. BY **n**

X **L'Absinthe**, 29 bis r. Voltaire ✆ 53 66 16 94 – ▤. E VISA fermé sam. midi et dim. – **R** 135. AY **v**

à *Galimas* par ① : 11 km – ✉ **47340** Laroque-Timbaut :

🏛 **La Sauvagère**, ✆ 53 68 81 21, Fax 53 68 82 19, 🌫 – TV ☎ P. Æ ① E VISA. 🍴 ch fermé dim. sauf hôtel en sais. – **R** 98/218 🍴, enf. 78 – ⌷ 40 – **12 ch** 245/348.

AGEN

Président-Carnot (Bd) **BYZ**
République (Bd de la) **ABY**

Barbusse (Av. H.) . . . . . . **BY** 2
Banabéra (R.) . . . . **AY** 3
Beauville (R.) . . . . **AZ** 5
Chaudordy (R.) . . . . **AZ** 6
Colmar (Av. de) . . . . **BZ** 7
Cornières (R.) . . . . **AY** 8
Desmoulins (R. C.) . . . . . **BY** 9
Docteur P. Esquirol (Pl.) **AZ** 10
Dolet (R. E.) . . . . **AZ** 13
Durand (Pl. J.-B.) . . . . . . **AY** 14
Fallières (Pl. A.) . . . . **AZ** 15
Floirac (R.) . . . . **AY** 17
Garonne (R.) . . . . **AY** 18
Héros-de-la-Résistance
(R. des) . . . . **BY** 20
Jacquard (R.) . . . . **ABY** 21
Laitiers (Pl. des) . . . . **AY** 22
Lattre-de-Tassigny
(R. Maréchal de) . . . . **AZ** 24
Leclerc (Av. Mar.) . . . . . . **AZ** 25
Lomet (R.) . . . . **AZ** 27
Moncorny (R.) . . . . **AZ** 28
Monnet (Av. J.) . . . . **AZ** 29
Montesquieu (R.) . . . . . **AYZ** 30
Puits-du-Saumon (R.) . . **AY** 31
Rabelais (Pl.) . . . . **BY** 32
Richard-Cœur-de-
Lion (R.) . . . . **AZ** 34
Voltaire (R.) . . . . **AYZ** 35
Washington (Cours) . . . **BZ** 36
9e-de Ligne (Cours du) . **AZ** 38
14-Juillet (Cours du) . . . **BY** 39
14-Juillet (Pl. du) . . . . . . **BY** 41

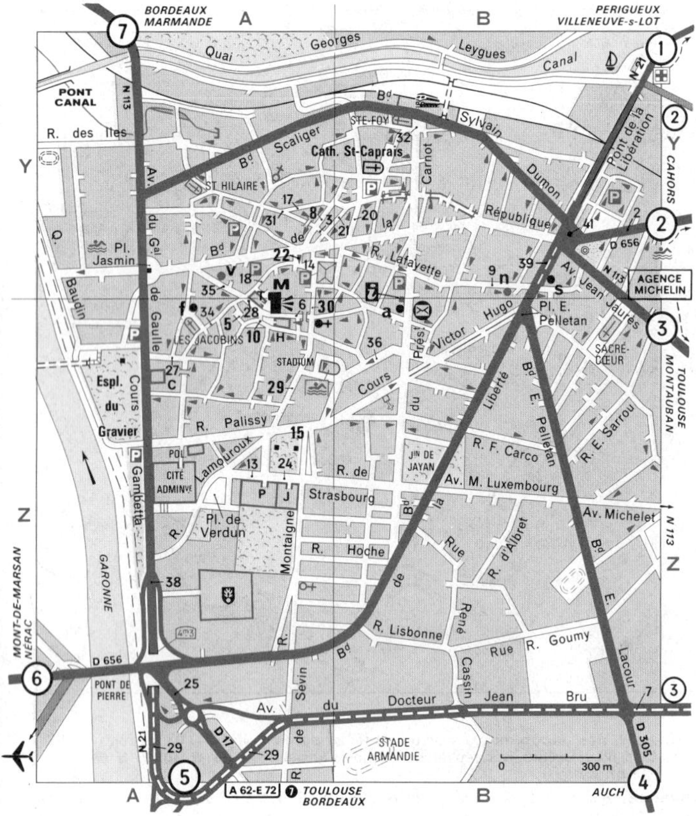

à *Bon-Encontre* par ③ : 5 km – 4 535 h. – ✉ **47240** :

XX **Parc** M avec ch, r. République ☎ 53 96 17 75, 🍽 – ▤ rest TV ☎ P. AE E VISA
R *(fermé dim. soir et lundi)* 90/220, enf. 50 – ☐ 27 – **10 ch** 185/255 – ½ P 230/238.

à *Boé* par ③ : 6 km – 3 966 h. – ✉ **47550** :

Château St Marcel M ⚲, ☎ 53 96 61 30, Télex 573113, Fax 53 96 94 33, ≤, 🍽, parc, 🚲, 🏊, 🎾 – ▤ TV ☎ ♿ P – 🏢 60. AE ◐ E VISA. ✗ rest
R 160/310, enf. 140 – ☐ 55 – **23 ch** 550/900 – ½ P 490/665.

à *l'Aéroport* SO : 3 km - AZ – ✉ **47000** Agen :

XX **Aéroport,** ☎ 53 96 38 95, 🍽 – ▤ P. AE ◐ E VISA
fermé août, dim. soir et sam. – **R** 150/160 ♁.

à *Moirax* par ⑤, N 21 et D 268 : 9 km – ✉ **47310** :

X **Aub. de Moirax,** ☎ 53 87 12 61 – E VISA
fermé 2 au 15 nov., dim. soir et lundi – **R** 85/195, enf. 48.

à Brax par ⑥ et D 119 : 6 km – ✉ **47310** :

La Renaissance de l'Étoile, ✆ 53 68 69 23, « Jardin fleuri » – TV ☎ P. AE E VISA
fermé dim. soir et lundi midi – **R** 89/268, enf. 59 – ☐ 32 – **9 ch** 195/275 – ½ P 239/279.

rte Bordeaux par ⑦ :

XXX **La Corne d'Or** avec ch, 1,5 km N 113 ✉ 47450 Colayrac ✆ 53 47 02 76, Fax 53 66 87 23 – ▤ rest TV ☎ P – 35. AE ⊙ E VISA
fermé 5 juil. au 1er août et dim. soir – **R** 90/240 ♖, enf. 60 – ☐ 30 – **14 ch** 230/280 – ½ P 210.

XX **Host. La Rigalette** avec ch, 2 km av. Véronne ✉ 47000 Agen ✆ 53 47 37 44, ≤, « Parc fleuri » – TV ☎ P – 60. AE ⊙ E VISA
fermé dim. soir d'oct. à mai et lundi – **R** 140/340 – ☐ 25 – **7 ch** 240/310.

MICHELIN, Agence, 4 r. D.-Papin, ZI J.-Malèze à Bon-Encontre par ③ ✆ 53 96 28 47

FORD SERVAUTO, 14 bd Liberté ✆ 53 96 87 90 N
JAGUAR Tastets, 182 bd Liberté ✆ 53 47 10 63
OPEL Palissy Garage, av. de Colmar ✆ 53 98 17 77 N ✆ 53 98 11 11
RENAULT S.A.V.R.A., 84 av. J.-Jaurès par ③ ✆ 53 66 81 75

Lacan, 95 av. Michelet ✆ 53 96 24 00

Périphérie et environs

BMW, Gar. Chollet, rte de Toulouse à Boé ✆ 53 96 29 55
CITROEN S.A.G.G., bd E.-Lacour prolongé, Boé par ④ ✆ 53 96 47 03 N
FIAT Pradat-Auto, bd E.-Lacour prolongé, Boé ✆ 53 96 43 78
MERCEDES-BENZ Gar. T.V.I., rte de Toulouse, Bon-Encontre ✆ 53 96 22 25 N ✆ 53 98 11 11

Central Pneu, rte de Layrac, Boé ✆ 53 96 46 43
Dalomis, N 113 à Las Pradines ✆ 53 96 39 83
Faure-Pneu, ZI J.-Malèze, Bon-Encontre ✆ 53 96 08 63
Pneu-Service, ZI J.-Malèze, Bon-Encontre ✆ 53 96 38 13
Techni-Pneus, Lafon N 113, Bon-Encontre ✆ 53 98 28 18

AGON-COUTAINVILLE 50230 Manche 54 ⑫ G. Normandie Cotentin – 2 327 h. alt. 35 – Casino.

9 ✆ 33 47 03 31.

Office de Tourisme pl. 28 Juillet 1944 ✆ 33 47 01 46.

Paris 347 – Barneville-Carteret 48 – Carentan 42 – Cherbourg 76 – Coutances 11 – Saint-Lô 42.

Neptune sans rest, ✆ 33 47 07 66, ≤ – ☎. AE ⊙ E VISA
22 mars-15 oct. – ☐ 38 – **11 ch** 320/375.

XX **Hardy** avec ch, ✆ 33 47 04 11 – TV ☎. AE ⊙ E VISA
fermé 10 janv. au 15 fév., dim. soir et lundi du 20 sept. au 30 avril (sauf vacances scolaires et fériés) – **R** 95/340 ♖, enf. 60 – ☐ 38 – **17 ch** 240/380 – ½ P 300/360.

PEUGEOT-TALBOT Huchet ✆ 33 47 08 55

AGOS 65 H.-Pyr. 85 ⑰⑱ – rattaché à Argelès-Gazost.

AGUESSAC 12520 Aveyron 80 ⑭ – 615 h. alt. 372.

Paris 635 – Mende 89 – Rodez 66 – Florac 76 – Millau 7 – Sévérac-le-Château 25.

Les Artys, 2 km par D 907 ✆ 65 59 85 42, Fax 65 59 86 45, ≤, parc, – P. E VISA
20 avril-29 sept. – **R** *(fermé merc. midi sauf juil.-août)* 89 ♖, enf. 53 – ☐ 27 – **25 ch** 230/285 – ½ P 230/255.

Le Rascalat, NO : 2 km N 9 ✆ 65 59 80 43, – ☎ P. E VISA
fermé janv. – **R** 80/170, enf. 50 – ☐ 20 – **22 ch** 110/210 – ½ P 150/205.

Ballon Rond, ✆ 65 59 80 18, – P
1er avril-30 sept. – **R** 70/130 ♖, enf. 30 – ☐ 23 – **20 ch** 110/140 – ½ P 170/180.

L'AIGLE 61300 Orne 60 ⑤ G. Normandie Vallée de la Seine – 10 182 h. alt. 209.

Office de Tourisme pl. F.-de-Beina (Pâques-oct.) ✆ 33 24 12 40.

Paris 139 – Alençon 59 – Chartres 79 – Dreux 58 – Évreux 55 – Lisieux 56.

✲ **Dauphin** (Bernard), pl. Halle ✆ 33 24 43 12, Télex 170979, Fax 33 34 09 28 – TV ☎ – 25 à 100. AE ⊙ E VISA
R 114/330, enf. 64 - **La Brasserie R** 57/76 ♖, enf.42 – ☐ 35 – **30 ch** 324/415 – ½ P 280/321
Spéc. Feuilleté d'oeufs brouillés aux escargots, Filets de sole à la normande, Coup de foudre au chocolat.

XX Aub. de la Jardinière, à Anglures E par rte Chartres, N 26 ✆ 33 24 26 65.

E : 3,5 km par rte Chartres, N 26 – ✉ **61300** L'Aigle :

XX **Aub. St-Michel,** ✆ 33 24 20 12, – P. E VISA
fermé 2 au 25 janv., merc. soir et jeudi – **R** 70/143 ♖, enf. 45.

    à Chandai E : 8,5 km par rte Chartres, N 26 – ✉ **61300** :

✗ **Le Trou Normand,** N 26 ✆ 33 24 08 54 – ⁅Ξ⁆ **E** *VISA*
�] *fermé janv., lundi soir et mardi sauf juil.-août* – **R** 70/230.

FIAT-LANCIA-ALFA ROMEO Bongiovanni, rte de
Paris, à St-Sulpice-sur-Risle ✆ 33 24 06 87
FORD Gar. de l'Avenir, 86 av. Perche
 ✆ 33 24 58 80
PEUGEOT-TALBOT Centre Autom., Aiglon, rte de
Paris à St-Sulpice-sur-Risle ✆ 33 24 14 66
RENAULT Pavard, rte de Paris à St-Sulpice-sur-
Risle ✆ 33 24 18 99 **N** ✆ 33 24 51 50

RENAULT Gar. Dano, 4 r. L.-Pasteur ✆ 33 24 00 34
V.A.G Poirier, rte de Paris à St-Michel-Tuboeuf
 ✆ 33 24 02 43

◍ Lallemand-Pneus, Anglures à St-Sulpice-sur-
Risle ✆ 33 24 48 24

AIGOUAL (Mont) **30** Gard ⁅80⁆ ⑯ G. Gorges du Tarn – alt. 1 567.

Voir Observatoire ⁂★★★.

Accès par le col de la Séreyrède ≼★.

AIGUEBELETTE-LE-LAC **73** Savoie ⁅74⁆ ⑮ G. Alpes du Nord – alt. 417.

Voir Lac★ – Site★ de la Combe.

D'Aiguebelette-le-Lac : Paris 537 – ◆Grenoble 59 – Belley 36 – Chambéry 21 – Voiron 42.

    à la Combe – ✉ **73610** Lépin-le-Lac :

✗ **de la Combe ''chez Michelon''** ⧏⧐ avec ch, ✆ 79 36 05 02, ≼, 🍴 – **℗** *VISA*
    ⧣⧧
  fermé nov., lundi soir et mardi – **R** 130/210, enf. 70 – ☲ 24 – **8 ch** 115/300 – ½ P 175/230.

    à Lépin-le-Lac : ✉ **73610** :

⛲ **Clos Savoyard** ⧏⧐, ✆ 79 36 00 15, ≼, 🍴, 🌳 – **℗** **E** *VISA*, ⧣⧧ rest
  1ᵉʳ juin-1ᵉʳ sept. – **R** 90/200, enf. 46 – ☲ 26 – **13 ch** 115/160 – ½ P 190.

    à Novalaise-Lac – alt. 427 – ✉ **73470** :

🏠 **Novalaise-Plage** ⧏⧐, ✆ 79 36 02 19,   lac, 🍴, ⛵ – ☎ **℗**. **E** *VISA*. ⧣⧧
  1ᵉʳ avril-1ᵉʳ oct. et fermé mardi – **R** 85/230, enf. 58 – ☲ 28 – **12 ch** 130/320 – ½ P 250/300.

    à St-Alban-de-Montbel – alt. 440 – ✉ **73610** :

🏠 **St-Alban-Plage** ⧏⧐ sans rest, NE : 1,5 km D 921 ✆ 79 36 02 05, ≼, ⛵, 🌳 – ☎ **℗**. **E**
  VISA. ⧣⧧
  1ᵉʳ mai-1ᵉʳ oct. – ☲ 28 – **16 ch** 200/360.

    à Attignat-Oncin S : 7 km par D 39 – ✉ **73610** :

✗✗ **Mont-Grêle** ⧏⧐ avec ch, ✆ 79 36 07 06, ≼, 🌳 – ☎ **℗** *VISA*. ⧣⧧ ch
➒ *1ᵉʳ mars-30 nov. et fermé lundi soir et mardi sauf juil.-août* – **R** 70/250, enf. 62 – ☲ 28 –
  11 ch 130/300 – ½ P 190/280.

AIGUEBELLE **73220** Savoie ⁅74⁆ ⑰ – 1 044 h. alt. 323.

Paris 575 – Albertville 26 – Allevard 31 – Chambéry 37 – St-Jean-de-Maurienne 34.

✗ **Soleil** avec ch, ✆ 79 36 20 29, 🍴 – **℗**. ◐ **E** *VISA*
➒ *fermé 15 au 30 nov., dim. soir et lundi* – **R** 60/180 ⅞ – ☲ 18 – **12 ch** 120/240 – ½ P 150/170.

AIGUEBELLE **83** Var ⁅84⁆ ⑰ – rattaché au Lavandou.

AIGUEPERSE **63260** P.-de-D. ⁅73⁆ ④ G. Auvergne – 2 740 h. alt. 355.

Voir Château de la Roche★ NO : 3 km.

Paris 357 – ◆Clermont-Ferrand 31 – Gannat 9 – Montluçon 74 – Riom 16 – Thiers 44 – Vichy 28.

✗ **Marché** avec ch, ✆ 73 63 61 96 – ☎. **E** *VISA*
➒ *fermé 1ᵉʳ au 25 oct. et 17 au 23 fév.* – **R** *(fermé vend. soir et dim. soir sauf juil.-août)*
  69/180, enf. 35 – ☲ 21 – **20 ch** 85/170

AIGUES-MORTES **30220** Gard ⁅83⁆ ⑧ G. Provence (plan) – 4 475 h. alt. 3.

Voir Remparts★★ et tour de Constance★★ : ⁂★★ – Tour Carbonnière ⁂★ NE : 3,5 km.

🚩 Office de Tourisme porte de la Gardette ✆ 66 53 73 00.

Paris 751 – ◆Montpellier 29 – Arles 47 – Nîmes 41 – Sète 63.

🏠 **St-Louis**, r. Amiral Courbet ✆ 66 53 72 68, Télex 485465, Fax 66 53 75 92, 🍴 – ⛛ ☎
  ⧏⧐, ⁅Ξ⁆ ◐ **E** *VISA*
  fermé 1ᵉʳ janv. au 15 mars – **L'Archère R** 100/190, enf. 50 – ☲ 38 – **22 ch** 335/380 –
  ½ P 318.

🏠 **Croisades** Ⓜ sans rest, 2 r. Port ✆ 66 53 67 85, Fax 66 53 72 95 – 🎦 ⛛ ☎ & **E** *VISA*
  ⧣⧧
  fermé 1ᵉʳ au 15 déc. et 15 au 30 janv. – ☲ 29 – **14 ch** 220/240.

✗✗ **Arcades** Ⓜ avec ch, 23 bd Gambetta ✆ 66 53 81 13, ⛱, « Demeure du 16ᵉ siècle » – 📺 ☎. AE ◑ E VISA. 🚫 ch
fermé fév. – **R** *(fermé lundi sauf le soir en juil.-août et fériés)* 105/190, enf. 55 – ☕ 35 – **6 ch** 460/520.

✗✗ **La Goulue,** 2 ter r. Denfert-Rochereau ✆ 66 53 69 45, ⛱
➜ *23 mars-29 sept.* – **R** 60/148.

rte de Nîmes NE : 1,5 km – ✉ **30220** Aigues-Mortes :

⌂ **Royal H.** Ⓜ, ✆ 66 53 66 40, Télex 490897, 🏊 – ▤ ch 📺 ☎ ♿ Ⓟ. E VISA
➜ *fermé 7 au 31 janv.* – **R** 57/150, enf. 36 – ☕ 26 – **34 ch** 250/270 – ½ P 213.

UGEOT Gar. SOVERA, 104 rte de Nîmes
66 53 61 92

RENAULT Gar. Guyon-Autom. ✆ 66 53 81 10 Ⓝ

IGUILLON 47190 L.-et-G. [79] ⑭ – 4 239 h. alt. 35.
ris 627 – Agen 30 – Houeillès 31 – Marmande 28 – Nérac 26 – Villeneuve-sur-Lot 33.

⌂ **Terrasse de l'Étoile,** cours A.-Lorraine ✆ 53 79 64 64, ⛱, 🏊 – 📺 ☎. AE E VISA
➜ **R** 65/185 🍼, enf. 45 – ☕ 30 – **9 ch** 190/240 – ½ P 260/280.

à Lagarrigue E : 4,5 km par D 278 et VO – ✉ **47190** :

✗✗ **Aub. des Quatre Vents,** ✆ 53 79 62 18, ⋖, ⛱, 🌳 – Ⓟ. AE ◑ VISA
fermé 1ᵉʳ au 28 fév. et lundi sauf juil.-août – **R** 85/190, enf. 40.

'AIGUILLON-SUR-MER 85460 Vendée [71] ⑪ G. Poitou Vendée Charentes – 2 152 h. alt. 4 – Casino
La Faute-sur-Mer.
ris 462 – La Rochelle 50 – La Roche-sur-Yon 53 – Luçon 21 – La Tranche-sur-Mer 11.

à la Faute-sur-Mer O : 0,5 km – ✉ **85460** :

⌂ **Les Chouans** sans rest, ✆ 51 56 45 56 – 🚗. E VISA
fermé 16 oct. au 20 déc. et lundi – ☕ 35 – **22 ch** 185/260.

IGUINES 83630 Var [84] ⑥ G. Alpes du Sud – 161 h. alt. 823.
ɔir Cirque de Vaumale ⋖★★ E : 4 km – Col d'Illoire ⋖★ E : 2 km.
ris 837 – Digne 65 – Castellane 57 – Draguignan 59 – Manosque 67 – Moustiers-Ste-Marie 17.

✗ **Altitude 823** avec ch, ✆ 94 70 21 09, ⋖, ⛱ – E VISA
fin mars-début nov. et fermé vend. hors sais. – **R** 72/180, enf. 45 – ☕ 28 – **13 ch** 85/240 – ½ P 180/250.

IGURANDE 36140 Indre [68] ⑲ – 2 182 h. alt. 425.
ris 314 – Argenton-sur-C. 33 – Châteauroux 48 – La Châtre 26 – Guéret 35 – La Souterraine 40.

✗ **Relais de la Marche** avec ch, ✆ 54 06 31 58 – 📺 ☎. E VISA
➜ **R** *(fermé 16 au 30 sept., 16 au 30 nov. et lundi hors sais.)* 60/195, enf. 50 – ☕ 30 – **7 ch** 170/247 – ½ P 220.

NCIA, AUTOBIANCHI FIAT Guillebaud
54 06 31 12 Ⓝ
UGEOT-TALBOT Buvat ✆ 54 06 33 15 Ⓝ

RENAULT Yvernault, 38 r. Marche ✆ 54 06 30 59 Ⓝ

⊛ Tisseron ✆ 54 06 30 54

ILEFROIDE 05 H.-Alpes [77] ⑰ – rattaché à Pelvoux (Commune de).

IME 73210 Savoie [74] ⑱ G. Alpes du Nord – 1 795 h. alt. 690.
ɔir Ancienne basilique St-Martin★.
Syndicat d'Initiative av. Tarentaise ✆ 79 09 79 79, Télex 980973.
ris 625 – Albertville 38 – Bourg-St-Maurice 13 – Chambéry 85 – Moutiers 11.

⌂ **La Tourmaline** Ⓜ, N 90 ✆ 79 55 62 93, Fax 79 55 52 48, ⛱, 🏋, 🏊 – 👥 40. AE E VISA
➜ **R** 68/135 🍼, enf. 40 – ☕ 40 – **29 ch** 370/410 – ½ P 310.

⌂ **Palanbo** Ⓜ sans rest, N 90 ✆ 79 55 67 55, 🌳 – ☎ Ⓟ. E VISA
☕ 25 – **20 ch** 190/270.

⌂ **Le Cormet** sans rest, N 90 ✆ 79 09 71 14 – ☎ Ⓟ. E VISA. 🚫
fermé dim. en mai, sept. et oct. – ☕ 25 – **14 ch** 180/240.

✗✗ **L'Atre,** N 90 ✆ 79 09 75 93 – E VISA
fermé 28 mai au 11 juin, 12 nov. au 3 déc. et mardi – **R** carte 140 à 200.

INAY-LE-VIEIL 18200 Cher [69] ⑪ G. Berry Limousin – 182 h. alt. 160.
ɔir Château★.
ris 291 – La Châtre 50 – Montluçon 42 – Moulins 73 – St-Amand-Montrond 11.

✗ **Crémaillère** avec ch, ✆ 48 63 50 14, ⛱ – AE ◑ E VISA
R 85/190 – ☕ 30 – **8 ch** 130/250 – ½ P 220.

3

AINCILLE 64 Pyr.-Atl. 🔢 ③ – rattaché à St-Jean-Pied-de-Port.

AINGERAY 54 M.-et-M. 🔢 ④ – rattaché à Liverdun.

AINHOA 64250 Pyr.-Atl. 🔢 ② G. Pyrénées Aquitaine – 544 h. alt. 124.

Voir Rue principale★.

Paris 797 – Biarritz 27 – ◆Bayonne 26 – Cambo-les-Bains 11 – Pau 124 – St-Jean-de-Luz 23.

🏠 **Argi-Eder** 🕊, 🖉 59 29 91 04, Télex 570067, Fax 59 29 74 33, ≼, 🍽, « Jardin », 🏊, 🎾
▤ rest 📺 ☎ 🅿 – 🛗 35. 🖭 ⓪ 🄴 𝘝𝘐𝘚𝘈. 🛇 ch
24 mars-14 nov. et fermé dim.soir et merc. hors sais. – **R** (dim. prévenir) 135/250, enf. 75
☷ 41 – **30 ch** 550/680, 6 appart. 580/690 – ½ P 520/565.

🏠 ❀ **Ithurria** (Isabal), 🖉 59 29 92 11, Fax 59 29 81 28, « Maison basque du 17e siècle, jardin
🏊 – ▤ rest 📺 ☎ 🅿 – 🛗 25. 🄴 𝘝𝘐𝘚𝘈. 🛇 ch
20 mars-11 nov. et fermé mardi soir et merc. de mi-sept. à juin sauf fériés – **R** (dir
prévenir) 145/250 – ☷ 40 – **26 ch** 450/520 – ½ P 420/480
Spéc. Foie gras des Landes au naturel, Escalope de morue fraîche à la tomate et basilic, Ragoût de queu
de langoustines aux pâtes fraîches. Vins Jurançon, Madiran.

🏠 **Oppoca,** 🖉 59 29 90 72, 🍽, 🚗 – ☎ 🅿 🄴 𝘝𝘐𝘚𝘈
22 mars-2 déc. – **R** 115/220, enf. 62 – ☷ 35 – **12 ch** 250/350 – ½ P 250/350.

à Dancharia S : 3 km – ⊠ 64250 Cambo-les-Bains :

🛖 **Ur Hegian,** 🖉 59 29 91 16 – 🅿 🄴 𝘝𝘐𝘚𝘈. 🛇 rest
fermé janv. et merc. sauf du 15 juin au 15 sept. – **R** 70/160 🍷, enf. 50 – ☷ 25 – **22 c**
140/210 – ½ P 190/220.

AIRAINES 80270 Somme 🔢 ⑦ G. Flandres Artois Picardie – 2 385 h. alt. 49.

Paris 142 – Abbeville 21 – ◆Amiens 28 – Deauvais 66 – Le Tréport 47.

❌ **Relais Forestier "Pont d'Hure",** 5 km sur rte d'Oisemont 🖉 22 29 42 10 – 🅿 – 🛗 3
🄴 𝘝𝘐𝘚𝘈
fermé 29 juil. au 14 août, 2 au 17 janv. et mardi – **R** 73/160 🍷, enf. 42.

RENAULT Gar. Mille, 33 av. Gén.-Leclerc 🖉 22 29 40 71 🅽

AIRE-SUR-L'ADOUR 40800 Landes 🔢 ①② G. Pyrénées Aquitaine – 7 216 h. alt. 80.

Voir Sarcophage de Ste-Quitterie★ dans l'église Ste-Quitterie B.

🅓 Office de Tourisme 🖉 58 71 64 70.

Paris 721 ⑤ – Mont-de-Marsan 31 ⑤ – Auch 82 ② – Condom 67 ② – Dax 76 ⑤ – Orthez 59 ④ – Pau 49 ③
Tarbes 69 ②.

🏠 **Adour H.** Ⓜ 🕊 sans rest, 28 av. 4
Septembre **(b)** 🖉 58 71 66 17,
Fax 58 71 87 66, 🏊 – ⇔ 📺 ☎ ૐ ⇔ 🅿.
🖭 ⓪ 🄴 𝘝𝘐𝘚𝘈
☷ 25 – **31 ch** 195/225.

🏠 **Les Platanes,** 2 pl. Liberté **(d)**
🖉 58 71 60 36 – 📺 ☎. 🄴 𝘝𝘐𝘚𝘈. 🛇 ch
fermé 30/4 au 10/5, 21/10 au 1/11 et vend.
sauf le soir du 1/7 au 15/9 et du 1/1 au 31/3
– **R** 60/150 🍷, enf. 45 – ☷ 18 – **12 ch**
130/230 – ½ P 135/185.

❌❌ **Commerce** avec ch, 3 bd Pyrénées **(a)**
🖉 58 71 60 06, 🚗 – ☎. 🄴 𝘝𝘐𝘚𝘈. 🛇 ch
fermé 2 au 20 janv., lundi (sauf hôtel) et dim.
– **R** 66/180 🍷 – ☷ 18 – **20 ch** 95/180 –
½ P 105/180.

❌ **Les Bruyères** avec ch, 🖉 58 71 80 90, 🍽
– 📺 ☎ ૐ 🅿 🖭 ⓪ 🄴 𝘝𝘐𝘚𝘈
fermé 15 au 30 oct. – **R** (fermé dim. soir)
65/195 🍷, enf. 35 – ☷ 25 – **8 ch** 180/220 –
½ P 165/195.

❌ **Chez l'Ahumat** avec ch, 2 r. Mendès-
France **(e)** 🖉 58 71 82 61 – ⓪ 🄴 𝘝𝘐𝘚𝘈
fermé 2 au 17 avril et 2 au 15 sept. – **R**
(fermé merc.) 44/120 🍷 – ☷ 17,50 – **13 ch**
75/125 – ½ P 130/145.

BORDEAUX
N 124

LE HOUG
AERODROM

AIRE-
SUR-L'ADOUR

D 2

GARE

0   500 m

R. du 4 Septembre

d

b

🅿 ARÈNES

Pl. de Gaulle

CATHÉDRAL

LE MAS

N 134, PAU

Carnot (R.)	
Daugé (R. C.)	
Despagnet (R. F.)	
Duprat (R. P.)	
Gambetta (R.)	
Labeyrie (R. H.)	
Mendès-France (R.)	
Verdun (Av. de)	

à Ségos (32 Gers) par ③, N 134 rte Pau et D 260 : 9 km – ⊠ 32400 :

🏠 ❀ **Domaine de Bassibé** (Capelle) 🕊, 🖉 62 09 46 71, Fax 62 08 40 15, ≼, 🍽, parc, 🏊
📺 ☎ 🅿 – 🛗 30. 🖭 ⓪ 🄴 𝘝𝘐𝘚𝘈. 🛇 rest
fermé 2 janv. au 15 mars – **R** (fermé lundi) 180/300, enf. 100 – ☷ 70 – **6 ch** 600/650,
appart. 900 – ½ P 600/850
Spéc. Soupe en croûte aux cèpes, Salade de couennes et jambonneau aux pommes de terre et truffes, Ail
de pigeon en pot-au-feu. Vins Côtes de Saint-Mont, Pacherenc.

par ⑤ : 4,5 km sur N 124 – ✉ **40270** Cazères-sur-l'Adour :

🏠 **Airotel** Ⓜ ⟆ sans rest, 𝒫 58 71 72 72, Fax 58 71 87 66, parc, ⃒, ⁕ – ⥊⥂ ☎ ⅙ 🅿 – 🔬 25. 🄴 *VISA*
☲ 25 – **34 ch** 195/225.

FORD Gar. Daudon-Sadra, 52 av. 4-Septembre 𝒫 58 71 60 64
PEUGEOT, TALBOT Labarthe, ZI Cap de la Coste, 124 par ⑤ 𝒫 58 71 71 95
RENAULT SADIA, rte de Bordeaux par ⑤ 𝒫 58 71 60 01 🅽 𝒫 58 06 73 20

V.A.G Perron, rte de Pau 𝒫 58 71 61 62

⑩ Central Pneu, 65 av. de Bordeaux 𝒫 58 71 62 14

AIRE-SUR-LA-LYS 62120 P.-de-C. 🗔 ⑭ G. Flandres Artois Picardie – 10 012 h. alt. 22.

Voir Bailliage★ B – Collégiale St-Pierre★ E.

🛈 Syndicat d'Initiative au Bailliage, Grand'Place (avril-1ᵉʳ nov. après-midi seul.) 𝒫 21 39 65 66.

Paris 236 ② – ✦Calais 62 ④ – Arras 56 ② – Béthune 25 ② – Boulogne 60 ③ – ✦Lille 57 ① – Montreuil 55 ③.

AIRE-SUR-LA-LYS

Arras (R. d')	4
Bourg (R. du)	7
Grand'Place	
St-Omer (R. de)	28
Vignette (R.)	37
Carmes (Pl. d')	3
Séguines (Pl des)	6
Carnot (Av.)	8
Château (Pl. du)	10
Château (R. du)	12
Clemenceau (Bd)	13
Doyen (R. du)	16
Fort Gassion (R. du)	17
Gaulle (Bd de)	18
Jehan-d'Aire (Pl.)	21
Leclerc (R. du Mar.)	23
Hardyck (R. de)	24
Notre-Dame (Pl.)	25
Paris (R. de)	26
St-Martin (R. de)	27
St-Pierre (Pl.)	29
St-Pierre (R.)	31
Tour Blanche (R. de la)	33
Vauban (Av.)	35

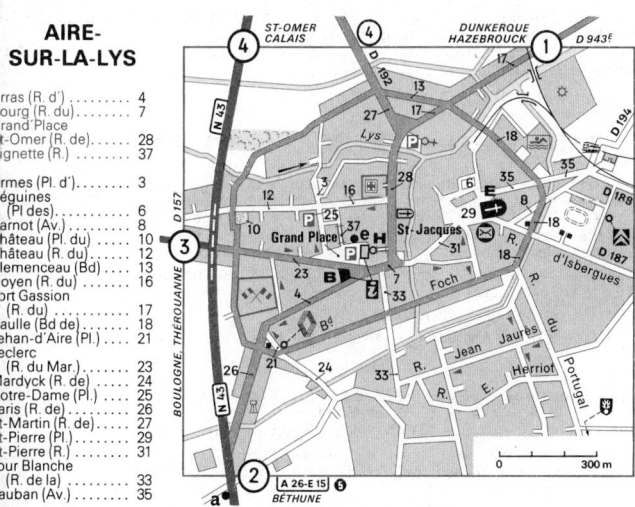

🏰 **Host. Trois Mousquetaires** ⟆, Château de la Redoute (a) 𝒫 21 39 01 11, Fax 21 39 50 10, ≼, « Parc » – Ⓣ🅥 ☎ 🅿 – 🔬 25. 🄰🄴 ⑩ 🄴 *VISA* ⁕ ch
fermé mi déc. à mi janv., dim. soir et lundi – **R** 85/280 ⅊, enf. 58 – ☲ 38 – **26 ch** 340/450.

🔆 **Europ H.** sans rest, 14 Gde Place (e) 𝒫 21 39 04 32 – Ⓣ🅥 ☎. 🄰🄴 🄴 *VISA*
fermé 21 fév. au 11 mars – ☲ 18 – **14 ch** 110/220.

AUDI VOLKSWAGEN Inglard Vambremeersch, RN 43 𝒫 21 38 00 11
CITROEN Warmé, 14 r. Lyderic 𝒫 21 39 00 31
LANCIA Gar. Cornuel, 3 pl. Castel 𝒫 21 39 06 65
NISSAN Gar. Barbara, RN 43, St-Martin par ④ 𝒫 21 39 00 76

RENAULT Gar. Delgery, 5 pl. Jéhan-d'Aire 𝒫 21 39 02 98

⑩ Auto-Pneu, 1 r. Alsace-Lorraine 𝒫 21 39 07 08

AISEY-SUR-SEINE 21400 Côte-d'Or 🗔 ⑧ – 147 h. alt. 256.

Paris 247 – Châtillon-sur-Seine 16 – ✦Dijon 68 – Montbard 28.

🏠 **Roy** ⟆, 𝒫 80 93 21 63, ⬅ – ☎ 🅿 – 🔬 50. 🄴 *VISA*
fermé 30 nov. au 3 janv. et mardi sauf juil.-août – **R** 60/150 ⅊ – ☲ 25 – **10 ch** 140/250 – ½ P 250/270.

Circulez en Banlieue de Paris avec les **Plans Michelin** à 1/15 000.

🔟 Plan Nord-Ouest
🔟 Plan Nord-Est
🔟 Plan Sud-Ouest
🔟 Plan Sud-Est

🔟 Plan et répertoire des rues Nord-Ouest
🔟 Plan et répertoire des rues Nord-Est
🔟 Plan et répertoire des rues Sud-Ouest
🔟 Plan et répertoire des rues Sud-Est

AIX (Ile d') ★ **17123** Char.-Mar. 🔟🔢 ⑬ G. Poitou Vendée Charentes – 173 h.

Accès par transports maritimes.

🚢 depuis la **Pointe de la Fumée** (2,5 km NO de Fouras). En saison, 12 services quotidiens hors saison, 6 à 8 services quotidiens - Traversée 20 mn - Tarifs 91 : se renseigner - Sociét Fouras-Aix, 14 cours des Dames (La Rochelle) ℰ 46 41 76 24.

🚢 depuis **La Rochelle**. En 1990 : juil.-août, 2 services quotidiens ; avril-juin, sept., 3 service hebdomadaires - Traversée 1 h - 120 F (AR). Renseignements : Croisières Inter Iles, 14 bis cou des Dames (La Rochelle) ℰ 46 50 55 54.

🚢 depuis **Boyardville** (Ile d'Oléron). En 1990 : en saison, 4 à 5 services quotidiens ; avril-jui sept., 1 à 2 services quotidiens suivant marées - Traversée 30 mn - 60 F (AR). Renseignements Croisières Inter Iles, 14 bis cours des Dames (La Rochelle) ℰ 46 50 55 54.

AIX-EN-OTHE **10160** Aube 🔢 ⑮ G. Champagne – 2 349 h. alt. 132.

Voir Jubé★ dans l'église de Villemaur-sur-Vanne N : 4,5 km.

Paris 144 – Nogent-sur-Seine 38 – St-Florentin 33 – Sens 40 – Troyes 31.

🏨 **Aub. de la Scierie** 🍴, à la Vove S : 1,5 km ℰ 25 46 71 26, ≤, 🍽, « En bordure d rivière dans un parc », ⅃ – 🔟 ☎ 🅿 🖭 ⓪ 🄴 *VISA*
fermé fév., lundi soir et mardi du 30 oct. au 15 avril – **R** 108/240, enf. 55 – ⊑ 38 – **14 c** 230/330 – ½ P 330/420.

RENAULT Gar. Carton ℰ 25 46 70 13 🄽 ℰ 25 46 64 55

AIX-EN-PROVENCE ◄🔷► **13100** B.-du-R. 🔢 ③, 🔢 ⑬ G. Provence – 124 550 h. alt. 177 – Stat. therm (travaux prévus) – Casino AY.

Voir Le Vieil Aix★★ BXY : Cours Mirabeau★★ BY, Cathédrale St-Sauveur BX (Triptyque du Buisso Ardent★★, baptistère★ et vantaux★ du portail) Musée des Tapisseries★ BX **M1**, Cloître S Sauveur★ BX **N**, Cour★ de l'Hôtel de Ville BY **H** – Fontaine des Quatre-Dauphins★ BY **S** – Eglis St-Jean de Malte : Nef★ CY – Musée Granet★ CY **M3** – Vierge★ et triptyque de l'Annonciation dans l'église Ste-Marie-Madeleine CY – Fondation Vasarely★ AV **M** O : 4 km.

🏌 de Marseille-Aix ℰ 42 24 20 41, par ④ et D 9 : 8,5 km ; 🏌 du Château d'Arc à Fuveau ℰ 4 53 28 38, SE : 16 km par ② et D 6.

🅱 Office de Tourisme pl. Gén.-de-Gaulle ℰ 42 26 02 93, Télex 430466 – A.C. 7 bd J.-Jaurès ℰ 42 23 33 7.

Paris 757 ⑤ – ✦ Marseille 31 ④ – Avignon 81 ⑤ – ✦Nice 176 ② – Nîmes 107 ⑤ – ✦Toulon 82 ②.

Plans page ci-contre

🏨 **Pullman Roi René** Ⓜ, 24 bd Roi René ℰ 42 37 61 00, Télex 403328, Fax 42 37 61 11, 🍽
– 🛗 🍽 🔟 ☎ ᕃ, 🚗 – 🔏 60. 🖭 ⓪ 🄴 *VISA*   BZ
R 145/360, enf. 100 – ⊑ 60 – **131 ch** 590/890, 3 appart. 1400 – ½ P 560/700.

🏨 **Mercure Paul Cézanne** Ⓜ sans rest, 40 av. V. Hugo ℰ 42 26 34 73, Télex 40315ᵖ
Fax 42 27 20 95, « Bel aménagement intérieur » – 🛗 🔌 🔟 ☎ 🖭 ⓪ 🄴 *VISA*   BZ
⊑ 60 – **54 ch** 900.

🏨 **Augustins** sans rest, 3 r. Masse ℰ 42 27 28 59, Télex 441052, Fax 42 26 74 87, « Ancie couvent » – 🛗 🍽 🔟 ☎. 🖭 ⓪ 🄴 *VISA*. 🛇   BY
⊑ 50 – **32 ch** 460/960.

🏨 **Gd H. Nègre Coste** sans rest, 33 cours Mirabeau ℰ 42 27 74 22, Télex 44018⁴
Fax 42 26 80 93 – 🛗 🔟 ☎ 🅿. 🖭 ⓪ 🄴 *VISA*   BY r
⊑ 50 – **37 ch** 350/550.

🏨 **Mozart** Ⓜ 🍴 sans rest, 49 cours Gambetta ℰ 42 21 62 86 – 🔟 ☎ 🚗 🅿. 🄴 *VISA*
48 ch ⊑ 253/326.   CZ

🏨 **St-Christophe**, 2 av. V. Hugo ℰ 42 26 01 24, Télex 403608, Fax 42 38 53 17 – 🛗 🔟 ☎
🚗 – 🔏 30. 🄴 *VISA*   BY
R 110/140 ᕃ, enf. 40 – ⊑ 34 – **56 ch** 245/320 – ½ P 275/300.

🏨 **Résidence Rotonde** sans rest, 15 av. Belges ℰ 42 26 29 88 – 🛗 🔟 ☎ 🅿 🖭 ⓪ 🄴 *Vℐ*
fermé 20 nov. au 15 janv. – ⊑ 30 – **42 ch** 250/375.   AZ

🏨 **Caravelle** sans rest, 29 bd Roi René ℰ 42 21 53 05, Télex 401015, Fax 42 96 55 46 – 🛗
🖭 ⓪ 🄴 *VISA*   CY
⊑ 28 – **32 ch** 180/360.

🏨 **Globe** sans rest, 74 cours Sextius ℰ 42 26 03 58 – 🛗 🔟 ☎. 🖭 ⓪ 🄴 *VISA*   AY
fermé 20 déc. au 1ᵉʳ fév. – ⊑ 28 – **45 ch** 200/330.

🏨 **Le Moulin** sans rest, 1 av. Schumann (près nouvelles facultés) ✉ 13090 ℰ 42 59 41 6
Fax 42 20 44 28 – 🛗 cuisinette 🔟 ☎ 🅿. 🖭 ⓪ 🄴 *VISA*   BV
fermé 15 déc. au 6 janv. – ⊑ 32 – **37 ch** 180/335.

🏨 **Le Manoir** 🍴 sans rest, 8 r. Entrecasteaux ℰ 42 26 27 20, Télex 441489, Fax 42 27 17 9
– 🛗 🔟 ☎ 🅿 🖭 ⓪ 🄴 *VISA*   AY
fermé 15 janv. au 22 fév. – ⊑ 37 – **43 ch** 281/468.

🏨 **Cardinal** sans rest, 24 r. Cardinale ℰ 42 38 32 30, Fax 42 21 52 48 – 🛗 cuisinette ☎.
VISA   CY
⊑ 25 – **24 ch** 170/420.

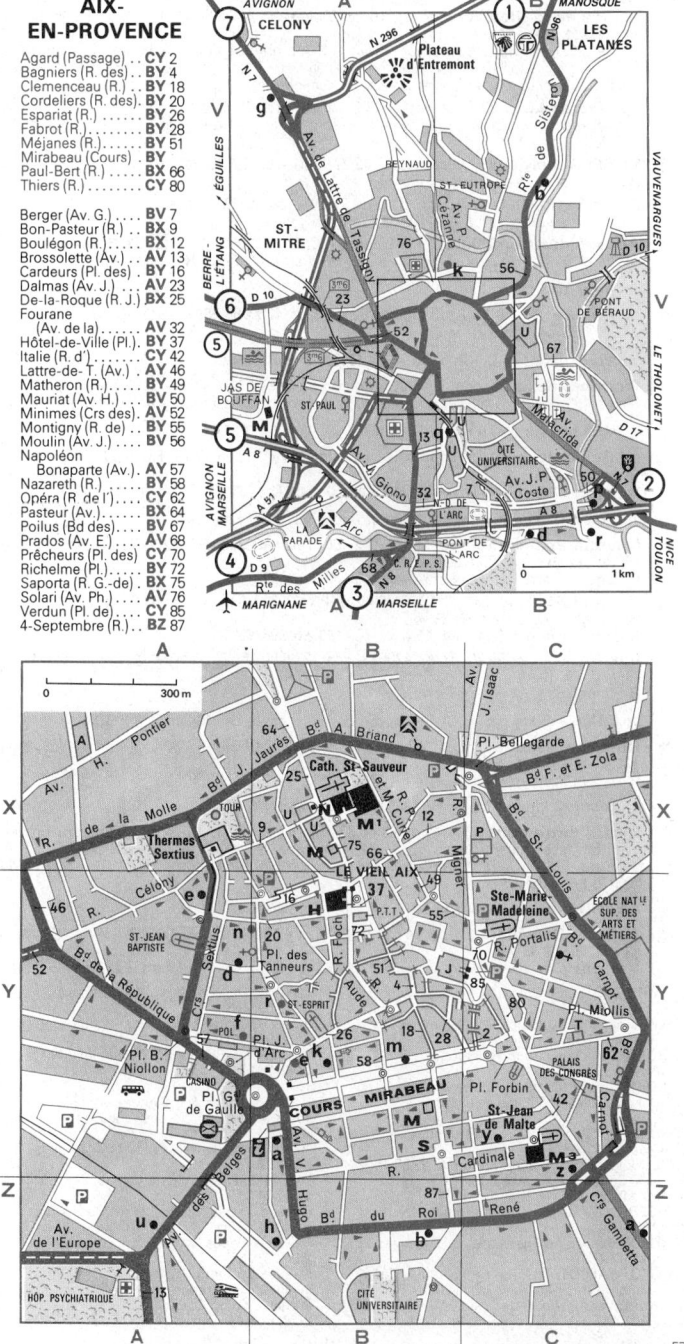

AIX-EN-PROVENCE

XXX ❀ **Clos de la Violette** (Banzo), 10 av. Violette ☎ 42 23 30 71, Fax 42 21 93 03, 🌸 , ☞
⊟, 🖭 VISA 🍷   BV
fermé 1er au 20 mars, lundi midi et dim. – **R** (nombre de couverts limité - prévenir) 270/38
Spéc. Rougets de roches aux caillettes et tartines au gratin, Tourin de volaille, Crème tiède à la lavande
gauffres au miel (juin à sept.). Vins Côteaux d'Aix-en-Provence.

XXX **Les Frères Lani**, 22 r. Leydet ☎ 42 27 76 16 – ⊟, 🖭 E VISA   AY
fermé vacances de fév., dim. (sauf le soir en juil. et fériés le midi) et lundi midi –
120/280.

XX **Vieille Auberge**, 63 r. Espariat ☎ 42 27 17 41 – 🖭 ◑ E VISA   BY
R fermé jeudi midi et merc. 150/280.

XX **Bistro Latin**, 18 r. Couronne ☎ 42 38 22 88 – ⊟, 🖭 ◑ E VISA   BY
fermé dim. soir et lundi – **R** 100/195, enf. 50.

XX **Abbaye des Cordeliers**, 21 r. Lieutaud ☎ 42 27 29 47, 🌸 – 🖭 ◑ E VISA   ABY
fermé dim. soir de sept. à juin et mardi midi en juil.-août – **R** 95/185, enf. 58.

au Nord par ① :

🏠 **Le Prieuré** 🍃 sans rest, 3 km rte Sisteron ☎ 42 21 05 23, ≤ – ☎ ⓟ. 🍷   BV
⌷ 28 – **25 ch** 145/340.

au Nord par ① et D 13 : 9 km – ✉ **13100** Aix-en-Provence :

XX **Puyfond**, rte St-Canadet, lieudit Rigoulon ☎ 42 92 13 77, 🌸 – 🖭 E VISA
fermé 19 août au 9 sept., fin fév. au 18 mars, dim. soir et lundi – **R** 100/180, enf. 60.

à Tholonet par ② : 5 km – ✉ **13100** :

🏠 **La Reine Jeanne** M, espace les Lavandières ☎ 42 66 82 18, Fax 42 66 83 81, 🌸 – ⓓ
☎ 🚗. E VISA
R (fermé dim. soir et lundi) 80/240, enf. 70 – ⌷ 45 – **31 ch** 310/340 – ½ P 285.

au Sud-Est 3 km ou par sortie d'autoroute Aix-Est-3 Sautets :

🏨 **Novotel Beaumanoir** M, ☎ 42 27 47 50, Télex 400244, Fax 42 38 46 41, 🌸 , ⬛ – 🛗
📺 ☎ 👪 ⓟ – 🏛 200. 🖭 ◑ E VISA   BV
R carte environ 130 🍷, enf. 50 – ⌷ 46 – **102 ch** 390/450.

🏨 **Novotel Aix Sud** M, ☎ 42 27 90 49, Télex 420517, Fax 42 26 00 09, 🌸 , ⬛ – 🛗 ⊟ ⓓ
☎ 👪 ⓟ – 🏛 80. 🖭 ◑ E VISA   BV
R carte environ 120 🍷, enf. 45 – ⌷ 46 – **80 ch** 395/450.

🏠 **Ibis** M, ☎ 42 27 98 20, Télex 420519, Fax 42 38 50 76, 🌸 , ☞ – 🛗 ⊟ rest 📺 ☎ 👪 ⓒ
– 🏛 60. E VISA   BV
R 90, enf. 35 – ⌷ 29 – **83 ch** 273/295.

aux Milles 5 km par ④, A 51 - sortie Luynes - et rte Les Milles – ✉ **13290** :

🏨 **Host. La Bastide** 🍃, ☎ 42 24 48 50, Fax 42 60 01 36, ≤, 🌸 , ⬛, ☞ – 📺 ☎ ⓟ
🏛 30. E VISA 🍷 rest
R (fermé dim. soir) 120 – ⌷ 40 – **17 ch** 270/290 – ½ P 225/400.

à Celony 3 km sur N 7 – ✉ **13090** Aix-en-Provence :

🏨 **Mas d'Entremont** 🍃, ☎ 42 23 45 32, Fax 42 21 15 83, ≤, 🌸 , « Demeure provença
avec terrasses dans un parc, ⬛ », 🍷 – 🛗 ⊟ ch 📺 ☎ ⓟ – 🏛 70. E VISA   AV
15 mars-1er nov. – **R** (fermé dim. soir et lundi midi sauf fériés) 180/210 – ⌷ 48 – **17 c**
500/750 – ½ P 510/585.

à Éguilles par D 17 AV : 11 km – 4 473 h. – ✉ **13510** :

🏨 **Aub. du Belvédère** 🍃, ☎ 42 92 52 92, Fax 42 92 31 03, ≤, 🌸 , ⬛, ☞ – 📺 ☎ ⓟ
🏛 60. 🖭 ◑ E VISA
R (fermé dim. de nov. à mars) 135/290, enf. 80 – ⌷ 39 – **19 ch** 250/380 – ½ P 292/34

ALFA-ROMEO SOCODIA, av. Club-Hippique, D 65
☎ 42 59 01 32
BMW Continental Automobiles, Celony les Pla-
trières ☎ 42 21 19 14
CITROEN Citroën, av. Club Hippique
☎ 42 59 22 22
CITROEN Citroën, 45 bd A. Briand ☎ 42 63 06 80
FORD Novo, Zéda-la Pioline, les Milles
☎ 42 20 17 17
FORD Novo, 62 av. de Nice à Gardanne
☎ 42 51 02 84
FORD Novo, 39 bd Aristide Briand ☎ 42 23 16 20
HONDA Cogédis, av. Club-Hippique
☎ 42 20 15 35
MERCEDES MASA, 40 r. Irma-Moreau
☎ 42 64 45 45
PEUGEOT Josserand Pneus, rte des Alpes les Pla-
tanes ☎ 42 21 17 55
PEUGEOT-TALBOT Gds Gar. de Provence, Zéda-
La Pioline, rte des Milles AV ☎ 42 20 01 45
RENAULT Verdun-Aix, 5 rte Galice AV
☎ 42 64 47 47

TOYOTA Gar. Bondil, av. Club-Hippique
☎ 42 59 59 34
V.A.G Touring-Autom., Zéda-la Pioline, les Milles
☎ 42 20 14 08
VOLVO Gar. Briand, ZA Pioline, les Milles
☎ 42 20 07 38

⊙ Cambi-Pneus, 9 r. Signoret ☎ 42 23 06 77
Josserand Pneus, rte des Alpes les Platanes
☎ 42 21 17 55
Jules-Pneus, Pont de l'Arc, rte des Milles
☎ 42 27 67 02
Les Milles Pneus, chem. Valette, ZI les Milles
☎ 42 24 30 90
Omnica, ZI des Milles, 128 av. Bessemer
☎ 42 24 46 56
Provence Pneus Sces, 13 bd J.-Jaurès
☎ 42 23 16 54
Pyrame, 66 cours Gambetta ☎ 42 21 49 16
Pyrame, r. A. Ampère, ZI les Milles ☎ 42 39 91 48
Sornin, 7 cours Gambetta ☎ 42 21 29 93
Station Pneumatic, 31 bd A.-Briand ☎ 42 23 32 28

Voir Esplanade au bord du Lac⋆ AX – Escalier⋆ de l'Hôtel de Ville CZ **H** – Musée Faure⋆ CY **M1**.

Env. Le tour du lac du Bourget⋆⋆ 51 km, en bateau⋆ : 4 h – Abbaye de Hautecombe⋆⋆ (Chant grégorien), en bateau : 2 h – ≤⋆⋆ sur lac du Bourget, à la Chambotte par ① : 14 km.

🏌 79 61 23 35, par ③ : 3 km.

🚉 de Chambéry-Aix-les-Bains : 🏌 79 54 46 05, au Bourget-du-Lac par ④ : 8 km.

Office de Tourisme pl. M.-Mollard 🏌 79 35 05 92 et Résidence les Belles Rives au Grand Port (juinsept.).

Paris 536 ④ – Annecy 34 ① – Bourg-en-Bresse 106 ④ – Chambéry 16 ④ – ♦Lyon 104 ④.

Plans page suivante

🏨 **Ariana et rest. Adélaïde** Ⓜ ≫, av. de Marlioz à Marlioz : 1,5 km 🏌 79 88 08 00, Télex 980266, Fax 79 88 87 46, ≤, 🍴, « Parc », 🔲 – 🛗 ≤ₓ ch 🍴 ch 📺 ☎ & 🅿 – 🔺 40 à 600. 🄰🄴 ⓞ 🄴 VISA
AX **a**
R 155/330, enf. 70 – 🍽 50 – **60 ch** 490/800 – ½ P 550/660.

🏨 **Acquaviva** Ⓜ ≫, av. Marlioz à Marlioz : 1,5 km 🏌 79 88 16 16, Télex 980266, Fax 79 88 87 46, ≤, « Parc » – 🛗 cuisinette ≤ₓ ch 🍴 rest 📺 ☎ & 🅿 🄰🄴 ⓞ 🄴. VISA
AX **s**
R 105/125 🦪, enf. 46 – 🍽 32 – **60 ch** 320/380 – P 402/432.

🏨 **Le Manoir** ≫, 37 r. Georges-1er 🏌 79 61 44 00, Télex 980793, Fax 79 35 67 67, 🌦 – 🛗 📺 ☎ 🍴 – 🔺 25 à 80. 🄴 🄴 VISA. 🕸 rest
CZ **r**
fermé mi-déc. à mi-janv. – **R** 125/235, enf. 85 – 🍽 45 – **73 ch** 295/495 – ½ P 288/438.

🏨 **Palais des Fleurs** Ⓜ ≫, 17 r. Isaline 🏌 79 88 35 08, 🍴, 🏊, 🌦 – 🛗 cuisinette 📺 ☎ 🍴 – 🔺 25. 🄴 VISA. 🕸 rest
CZ **m**
hôtel : 8 fév.-6 nov. ; rest. : 25 mars-30 oct. – **R** 86/120 🦪, enf. 48 – 🍽 27 – **40 ch** 245/330 – ½ P 238/265.

🏨 **Vendôme** Ⓜ, 12 av. Marlioz 🏌 79 61 23 16 – 🛗 📺 ☎ 🍴. 🄰🄴 🄴 VISA
CZ **b**
1er fév.-31 oct. – **R** 98/250 – 🍽 35 – **28 ch** 280/350 – P 335.

🏨 **Beaulieu,** 29 av. Ch. de Gaulle 🏌 79 35 01 02, 🌦 – 🛗 ☎. 🄴 VISA
BZ **r**
2 avril-15 déc. – **R** *(fermé dim. soir)* 90/250 – 🍽 28 – **31 ch** 200/240 – P 280/294.

🏨 **Paix,** 11 r. Lamartine 🏌 79 35 02 10, Télex 980940, Fax 79 35 64 18, 🍴 – 🛗 ☎ 🍴. 🄰🄴 ⓞ 🄴 VISA
CZ **d**
R 75/186, enf. 45 – 🍽 25 – **70 ch** 220/270 – ½ P 240/270.

🏨 **Eglantiers,** 20 bd Berthollet 🏌 79 61 43 21, 🍴 – 🛗 🍴 rest ☎ 🍴. 🄰🄴 ⓞ 🄴 VISA. 🕸 rest
CZ **h**
fermé 1er fév. au 15 mars – **Le Salon d'Elvire** *(fermé merc.)* **R** 140/400 – 🍽 30 – **30 ch** 210/230 – P 233/265.

🏨 **Parc,** 28 r. Chambéry 🏌 79 61 29 11, 🍴 – 🛗 ☎ 🍴. 🄴 VISA. 🕸 rest
CZ **n**
22 avril-20 oct. – **R** 90/150 – 🍽 30 – **48 ch** 170/265.

🏨 **Cottage H.,** 9 r. Davat 🏌 79 35 00 55, Télex 306254, Fax 79 88 22 85, 🍴 – 🛗 📺 ☎. 🄴 VISA. 🕸 rest
CZ **k**
18 mars-11 nov. – **R** 77/90 🦪 – 🍽 26 – **60 ch** 210/240 – P 255/280.

🏨 **Revotel** sans rest, 40 r. Genève 🏌 79 35 03 37 – 🛗 📺 🍴. VISA. 🕸
CZ **v**
fermé fin nov. à mi-janv. – 🍽 22 – **18 ch** 172/205.

🏨 **Cécil H.** sans rest, 20 av. Victoria 🏌 79 35 04 12 – 🛗 📺 🍴. 🄴 VISA. 🕸
CZ **a**
fermé 1er au 15 mars – 🍽 25 – **18 ch** 140/270.

🏨 **Croix du Sud** sans rest, 3 r. Dr Duvernay 🏌 79 35 05 87 – ☎
CZ **f**
15 avril-fin oct. – 🍽 23 – **16 ch** 130/205.

🏨 **Palma** sans rest, 19 bis square A. Boucher 🏌 79 35 01 10 – ☎. 🄴 VISA
BCY **n**
15 avril-fin oct. – 🍽 23 – **16 ch** 99/190.

🏨 **Central,** 6 r. H. Murger 🏌 79 35 21 19 – 🍴. 🄴 VISA. 🕸 ch
CZ **s**
R *(fermé merc. du 1er déc. au 1er mars)* 60/140 🦪 – 🍽 25 – **20 ch** 100/180 – P 180/205.

🍴🍴 **Au Temple de Diane,** 11 av. Annecy 🏌 79 88 16 61 – 🄰🄴 🄴 VISA
fermé fin juil. à fin août, dim. soir et lundi – **R** 98/200.

🍴🍴 **Brasserie Poste,** 32 av. Victoria 🏌 79 35 00 65 – 🄰🄴 🄴 VISA
BZ **t**
fermé nov. et lundi du 1er déc. au 30 avril – **R** 72/165 🦪, enf. 55.

par la sortie ① :

à *Grésy-sur-Aix* : 5 km – 🖂 **73100** :

🍴🍴 **Le Pont Neuf,** (près gare) 🏌 79 35 12 04 – 🅿. 🄰🄴 ⓞ 🄴 VISA
fermé 3 au 25 août, vacances de fév., dim. soir et sam. – **R** 70/200 🦪.

AIX-LES-BAINS

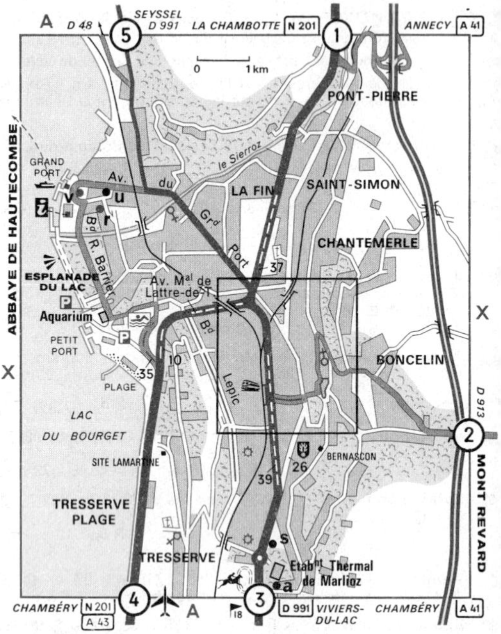

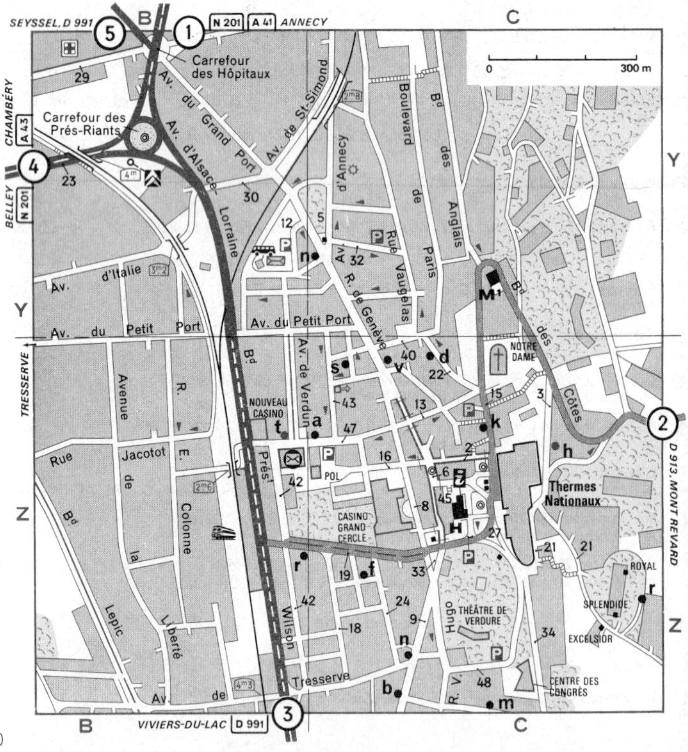

par la sortie ② :

à Pugny-Chatenod 4,5 km – ⊠ 73100 :

🏠 **Clairefontaine,** 𝒫 79 61 47 09, ≼, 🍽 , ⏬ , 🚗 , 🍴 – cuisinette 📺 ☎ & 🅿 𝐄 𝘝𝘐𝘚𝘈. ⏬ rest
1ᵉʳ avril-10 oct. – **R** *(fermé lundi soir et mardi)* 110/180, enf. 50 – ☞ 29 – **29 ch** 160/360 – P 200/370.

par la sortie ③ :

avenue du golf : 3 km :

🏠 **Campanile** ⏬, 𝒫 79 61 30 66, Télex 980090, 🍽 , 🚗 – 📺 ☎ & 🅿 – 🏛 25. 𝐄 𝘝𝘐𝘚𝘈
R 74 bc/98 bc, enf. 39 – ☞ 27 – **60 ch** 248 – ½ P 225/249.

à Viviers-du-Lac : 4 km : – ⊠ 73420 :

🏠 **Chambaix H.** sans rest, D 991 𝒫 79 61 31 11, Fax 79 88 43 69, ⏬ , 🚗 , 🍴 – 📻 📺 ☎ 🚗 🅿 𝐀𝐄 ⓞ 𝐄 𝘝𝘐𝘚𝘈
fermé 10 oct. au 5 nov. et 20 déc. au 5 janv. – ☞ 30 – **29 ch** 250/290.

par la sortie ④ :

sur N 201 : 5 km – ⊠ 73420 Viviers-du-Lac :

✕✕ **Week-end** ⏬ avec ch, 𝒫 79 54 40 22, ≼, 🍽 – 📻 rest 📺 ☎. 𝘝𝘐𝘚𝘈
fermé 15 nov. au 7 janv. et lundi sauf juil.-août – **R** 85/190, enf. 48 – ☞ 30 – **13 ch** 160/270 – ½ P 245/255.

par la sortie ⑤ :

au Grand Port : 3 km – ⊠ 73100 Aix-les-Bains :

🏩 **La Pastorale** Ⓜ, 221 av. Grand Port 𝒫 79 35 25 36, Télex 309709, Fax 79 35 05 49, 🍽 , « Jardin » – 📻 📺 ☎ 🅿 – 🏛 30. 𝐀𝐄 ⓞ 𝐄 𝘝𝘐𝘚𝘈   AX **u**
fermé 1ᵉʳ fév. au 20 mars – **R** *(fermé dim. soir et lundi d'oct. à Pâques)* 85/190, enf. 60 – **30 ch** ☞ 285/375 – ½ P 320/330.

✕✕✕ **Lille** avec ch, 𝒫 79 35 04 22, Fax 79 34 00 30, 🍽 , 🚗 – 📻 📺 ☎ & 🅿 – 🏛 25. 𝐀𝐄 ⓞ 𝐄 𝘝𝘐𝘚𝘈   AX **v**
fermé janv. – **R** *(fermé merc.)* (dim. et fêtes prévenir) 130/370, enf. 80 – ☞ 35 – **18 ch** 250/350 – P 500/550.

✕✕✕ **Davat** ⏬ avec ch, à 100 m Grand Port 𝒫 79 35 09 63, 🍽 , « Cadre de verdure, jardin fleuri » – 📻 ☎ 🅿 𝐄 𝘝𝘐𝘚𝘈   AX **r**
20 mars-2 nov. et fermé lundi soir (sauf hôtel) et mardi – **R** (dim. prévenir) 90/250, enf. 65 – **20 ch** ☞ 230/320 – P 290/320.

à Brison-les-Oliviers : 9 km D 991 – ⊠ 73100 Aix-les-Bains :

✕ **Bocquin,** 𝒫 79 54 21 81, 🍽 – 🅿 𝐄 𝘝𝘐𝘚𝘈
15 mars-1ᵉʳ oct. et fermé mardi – **R** 120/180.

ALFA-ROMEO-ROVER-TOYOTA Gar. de Savoie, 7 bd de Russie 𝒫 79 61 26 80 🅽
CITROEN Gar. Domenge, Les Prés Riants, 17 bd de Lattre-de-Tassigny 𝒫 79 35 07 89
FIAT-MERCEDES Rouchon, rond-point Lamartine 𝒫 79 61 41 35
FORD Seigle, 41 av. Marlioz 𝒫 79 61 09 55
LANCIA Coudurier-Curioz, 104 av. Marlioz 𝒫 79 35 39 82
NISSAN Gar. St-Christophe, 31 bd Lepic 𝒫 79 61 29 45

PEUGEOT-TALBOT Gar. du Golf, D 991 à Drumettaz par ③ 𝒫 79 61 12 88
PORSCHE-MITSUBISHI Gar. du Mt-Blanc, 1 square A.-Boucher 𝒫 79 35 22 60
SEAT-VOLVO Perrel, 11 square A.-Boucher 𝒫 79 35 01 66
V.A.G S.A.S., ZAC à Grésy-sur-Aix 𝒫 79 35 47 18

⑩ Aix Pneus, 205 av. de St-Simond 𝒫 79 88 11 56

AJACCIO 2A Corse-du-Sud 🔢 ⑰ – voir à Corse.

---

en français

Visitez la capitale avec le
guide Vert Michelin PARIS

in English

Visit the capital with the
Michelin Green Guide PARIS

in deutsch

Besuchen Sie die französische Hauptstadt mit dem
Grünen Michelin-Führer PARIS

Voir à Conflans : Bourg★, Porte de Savoie ≼★ Y **B** – **Env.** Route du fort du Mont ≼★★ E : 11 km
par D 105 Y – **🛈** Office de Tourisme pl. Gare ✆ 79 32 04 22.
Paris 584 ① – Annecy 45 ① – Chambéry 49 ③ – Chamonix 67 ① – ◆Grenoble 86 ③.

Plan page ci-contre

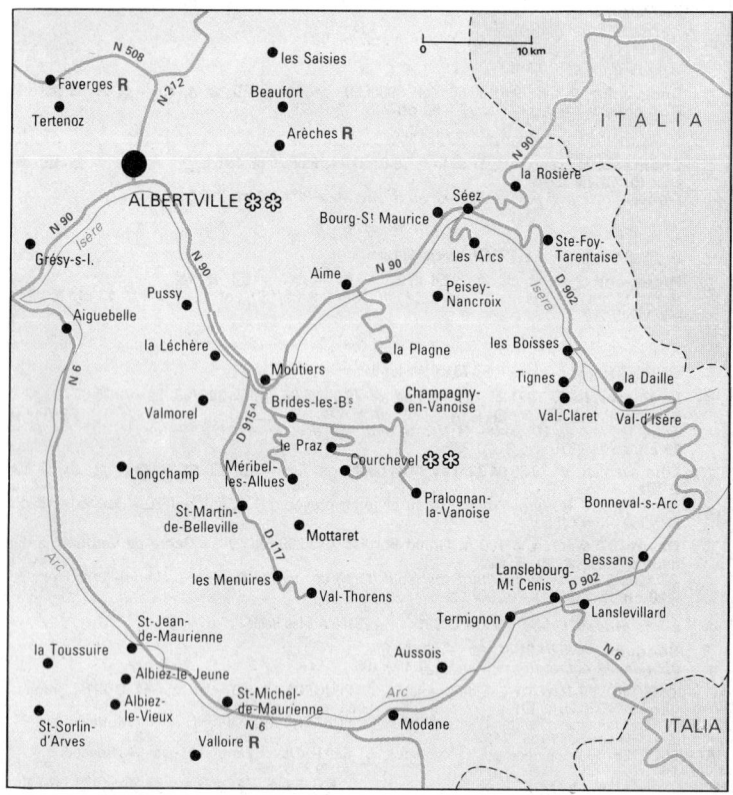

🏨🏨 ❀❀ **Million,** 8 pl. Liberté ✆ 79 32 25 15, Télex 306022, Fax 79 32 25 36, 🌧, 🎐 – 📶 🍽 ch
📺 ☎ 🚗 – 🛆 40. 🖭 🗲 𝓥𝓘𝓢𝓐   Y **a**
fermé 22 avril au 8 mai et 16 sept. au 1er oct. – **R** *(fermé lundi sauf le soir du 14 juil. au
1er sept. et dim. soir)* 170/470 et carte – 🖙 60 – **28 ch** 400/600
Spéc. Filets de perche fumés à la galette d'avoine et coriandre, Bouillon d'escargots à la ménagère (nov. à
avril), Fricandeau de veau à l'oseille. Vins Roussette de Seyssel, Mondeuse.

🏨🏨 **Le Roma** Ⓜ, rte Chambéry par ③ : 1 km ✆ 79 37 15 56, Télex 980140, Fax 79 37 01 31,
🌧, 🦢, 🎐, 🛶 – 📶 cuisinette 🍽 rest 📺 ☎ 🕭 🅿 – 🛆 500. 🖭 ⓞ 🗲 𝓥𝓘𝓢𝓐
R 90/300 🍷 – 🖙 35 – **140 ch** 270/600, 10 appart. – ½ P 295/425.

🏨 **La Berjann** ⌕, 33 rte Tours ✆ 79 32 47 88, Fax 79 37 74 09, 🌧, « Bel aménagement
intérieur », 🎐 – 📺 ☎ 🅿. 🗲 𝓥𝓘𝓢𝓐. 🕊 ch   Z **s**
R *(fermé dim. soir du 1er oct. au 30 juin)* 73/170 🍷, enf. 40 – 🖙 27 – **11 ch** 240/300 –
½ P 225/260.

🏨 **Ibis** Ⓜ, rte Chambéry par③ : 4 km ✆ 79 37 89 99, Fax 79 37 89 98 – 📶 📺 ☎ 🕭 🅿 –
🛆 60. 🗲 𝓥𝓘𝓢𝓐
R carte 80 à 120 – 🖙 30 – **75 ch** 270/320.

🏨 **Costaroche,** 1 chemin Pierre du Roy ✆ 79 32 02 02, 🎐 – ☎ 🅿. 🗲 𝓥𝓘𝓢𝓐. 🕊   Z **e**
fermé lundi midi et dim. du 1er oct. au 30 juin – **R** 75/150 🍷 – 🖙 24 – **20 ch** 175/250 –
½ P 185/200.

🍴🍴🍴 **Chez Uginet,** Pont des Adoubes ✆ 79 32 00 50, ≼, 🌧 – 🖭 ⓞ 🗲 𝓥𝓘𝓢𝓐   Y **d**
fermé 25 juin au 5 juil., 12 nov. au 5 déc. et mardi – **R** 110/315, enf. 60.

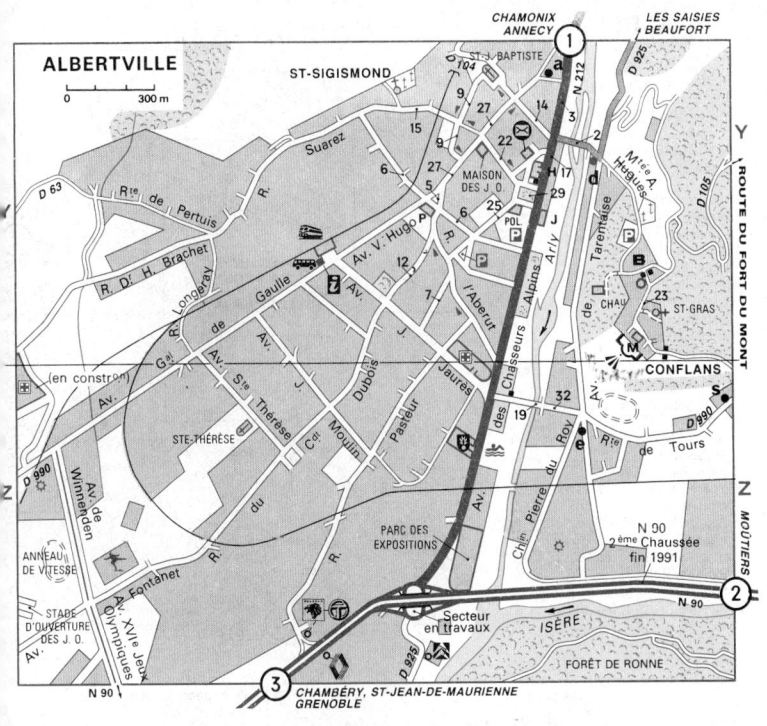

ALBERTVILLE

0   300 m

République (R. de la)........	**Y** 27	Clemenceau (R.)............	**Y** 7	Mirantin (Pont du).........	**Z** 19
		Coty (R. Président).........	**Y** 9	Pargoud (R.)...............	**Y** 22
Adoubes (Pont des)........	**Y** 2	Docteur Mathias (R. J.-B.)..	**Y** 12	Pérouse (R. G.)............	**Y** 23
Allobroges (Quai des).......	**Y** 3	Gambetta (R.).............	**Y** 14	Porraz (R. J.).............	**Y** 25
Bulle (Pl. Cdt).............	**Y** 5	Genoux (R. Cl.)............	**Y** 15	Soutiras (Square)..........	**Y** 29
Chautemps (R. F.).........	**Y** 6	Hôtel-de-Ville (Crs)........	**Y** 17	8 Mai 1945 (Av.)..........	**Z** 32

BMW Portier, rte de Moûtiers ☎ 79 32 23 32 **N**
CITROEN Albertville Auto Diffusion, 9 rte de Grignon, pt. Albertin par D 925 ☎ 79 32 47 37
FIAT, LANCIA-AUTOBIANCHI S.A.V.A., rte de Moûtiers ☎ 79 32 06 82
FORD Tarentaise-Auto, 1 rte de Grignon, carr. Pierre-du-Roy ☎ 79 32 04 98
PEUGEOT-TALBOT Arly-Auto, 113 r. Pasteur ☎ 79 32 23 75 **N** ☎ 79 37 49 81

RENAULT S.A.G.A.M., N 90 ☎ 79 32 45 70 **N**
V.A.G Gar. des Quatre Vallées, 1 r. R.-Piddat ☎ 79 32 31 97

Ⓠ Centrale du Pneu, ZI à La Bâthie ☎ 79 31 02 98
Piot-Pneu, ZI du Chiriac, r. A.-Croizat ☎ 79 32 56 15
Tessaro-Pneus, ZI du Chiriac, 156 r. L.-Armand ☎ 79 32 04 60

The **Michelin Road Atlas FRANCE** *offers :*

— *all of France, covered at a scale of 1:200 000, in one volume*

— *plans of principal towns and cities*

— *comprehensive index*

It makes the ideal navigator.

ALBI ⓟ **81000** Tarn ⑧② ⑩ **G. Pyrénées Roussillon** – 48 341 h. alt. 174.

Voir Cathédrale★★★ C – Palais de la Berbie★ : musée Toulouse-Lautrec★★ C **M** – Le vieil Albi★ C – Pont Vieux★ C.

Env. Église St-Michel de Lescure★ 5,5 km par ①.

Autodrome 2 km par ⑤.

✈ Le Séquestre : T.A.T. ☎ 63 54 45 28, par ⑤.

🛈 Office de Tourisme et Accueil de France (Informations, change et réservations d'hôtels, pas plus de 5 jours à l'avance) avec A.C. Palais de la Berbie, pl. Ste-Cécile ☎ 63 54 22 30, Télex 533404.

Paris 699 ⑤ – ◆Toulouse 77 ⑤ – Béziers 144 ④ – ◆Clermont-Ferrand 304 ① – ◆St-Étienne 339 ①.

ALBI

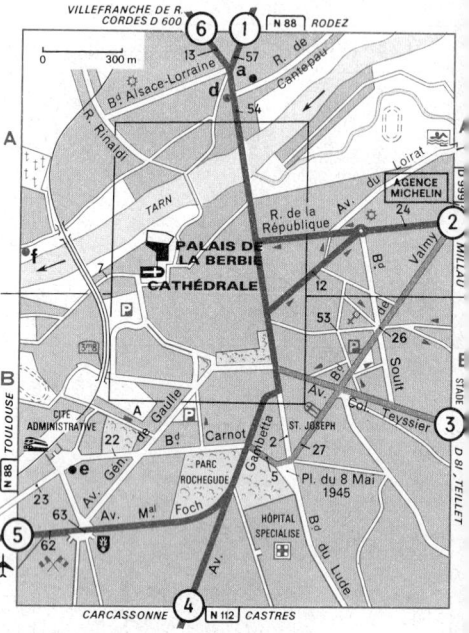

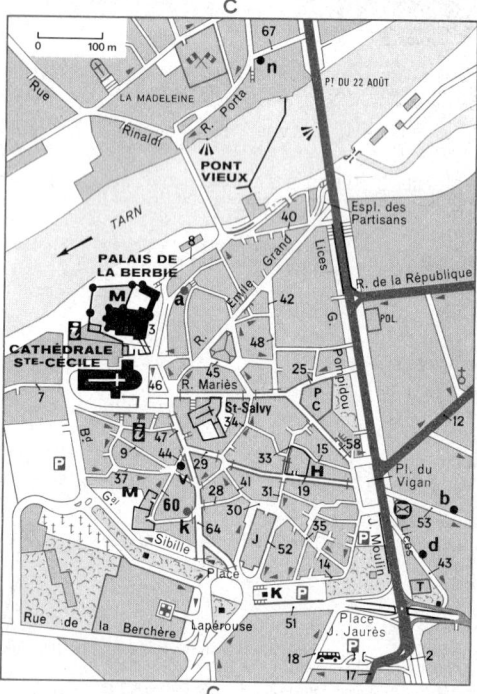

🏨 **La Réserve** Ⓜ ⚜, rte Cordes par ⑥ : 3 km ℰ 63 47 60 22, Fax 63 47 63 60, ≼, 🍴,
« Dans un parc au bord du Tarn », ⛴, ✗ – 🛏 📺 ☎ 🅿 – 🕍 50. 🆎 🅴 🆅🆂🅰. 🎾 rest
avril-oct. – **R** 160/300, enf. 90 – 🗌 60 – **24 ch** 480/1000 – ½ P 460/700.

🏨 **Host. St Antoine** Ⓜ ⚜, 17 r. St Antoine ℰ 63 54 04 04, Télex 520850, Fax 63 47 10 47,
« Jardin, meubles anciens » – 📶 🛏 📺 ☎ 🅿 – 🕍 30 à 50. 🆎 🅴 🆅🆂🅰   **C d**
R *(fermé dim. sauf le soir de mars à oct. et sam. midi)*↘150/260, enf. 70 – 🗌 55 – **50 ch**
360/950 – ½ P 380/580.

🏨 **Chiffre**, 50 r. Séré-de-Rivières ℰ 63 54 04 60, Fax 63 47 20 61 – 📶 🛏 rest 📺 ☎ ⟷ 🅿
– 🕍 25 à 100. 🆎 🅴 🆅🆂🅰. 🎾 rest   **C b**
R *(fermé dim. du 1er nov. au 31 mars)* 85/230, enf. 55 – 🗌 32 – **40 ch** 320/420 – ½ P 280/380.

🏨 **Altéa** Ⓜ ⚜, 41 bis r. Porta ℰ 63 47 66 66, Télex 532596, Fax 63 46 18 40, ≼ le Tarn et
cathédrale, 🐾 – 📶 🛏 📺 ☎ 🕭 🅿. 🆎 🅴 🆅🆂🅰   **C n**
R *(fermé sam.)* 120/160, enf. 55 – 🗌 50 – **56 ch** 310/520.

🏨 **Gd H. Orléans**, pl. Gare ℰ 63 54 16 56, Télex 521605, Fax 63 38 36 62 – 📶 🛏 rest 📺 ☎
🡆 – 🕍 30. 🆎 🅴 🅴 🆅🆂🅰   **B e**
hôtel : fermé 20 déc. au 7 janv. ; rest. : fermé dim. – **R** 70/200 🍷, enf. 50 – 🗌 30 – **48 ch**
180/380 – ½ P 230/285.

🏨 **Cantepau** sans rest, 9 r. Cantepau ℰ 63 60 75 80 – 📶 📺 ☎ 🅿. 🅴 🆅🆂🅰   **A a**
fermé 21 déc. au 8 janv. – 🗌 23 – **33 ch** 175/215.

🏨 **St Clair** sans rest, r. St Clair ℰ 63 54 25 66 – cuisinette 📺 ☎. 🆎 🅴 🆅🆂🅰   **C v**
15 mars-30 sept. – 🗌 25 – **12 ch** 185/280.

🍴🍴 **Bateau Ivre**, 17 r. Engueysses ℰ 63 38 08 06 – 🆎 🅴 🅴 🆅🆂🅰   **C a**
fermé 10 au 24 oct., 9 au 23 janv. et jeudi – **R** 80/290, enf. 50.

🍴🍴 **Jardin des Quatre Saisons**, 19 bd Strasbourg ℰ 63 60 77 76, 🍴 – 🆎 🅴 🆅🆂🅰. 🎾
fermé lundi – **R** 115/188, enf. 100.   **A d**

🍴🍴 **Moulin de la Mothe**, r. de la Mothe ℰ 63 60 38 15, ≼, 🍴, parc, « Au bord du Tarn » –
🛏 🅿. 🆎 🅴 🅴 🆅🆂🅰. 🎾   **A f**
fermé vacances de fév., dim. soir (sauf de juin à août) et merc. – **R** 100/195, enf. 45.

🍴🍴 **Le Vieil Alby** avec ch, 25 r. Toulouse-Lautrec ℰ 63 54 14 69, 🍴 – 🛏 rest. 🅴 🆅🆂🅰. 🎾 ch
*fermé 24 au 30 juin, 25 déc. au 24 janv., dim. soir (sauf hôtel en juil.-août) et lundi de sept.
à juin* – **R** 72/190 🍷, enf. 45 – 🗌 22 – **10 ch** 110/200 – ½ P 170/190   **C k**

à Marssac-sur-Tarn par ⑤ : 10 km – ✉ **81150** :

🍴🍴🍴 **Tilbury**, ℰ 63 55 41 90, 🍴, ⛴, 🌳 – 🛏 🅿 – 🕍 100. 🅴 🆅🆂🅰
fermé 2 au 15 sept., 2 au 15 janv., dim. soir et lundi du 15 sept. au 30 juin – **R** 120/280.

MICHELIN, Agence, ZI Val de Caussels, 12 r. J.-Rostand par ② ℰ 63 47 58 30

ALFA-ROMEO-SEAT Mauries Autom., 101 av.
Gambetta ℰ 63 54 06 75
BMW Viala, rte de Castres à Puygouzon
ℰ 63 72 51 23
CITROEN Gar. Marlaud, rte de Rodez, Lescure par
① ℰ 63 60 70 84
FIAT, MERCEDES S.A.T.A., rte de Castres
ℰ 63 54 03 02
FORD Albi Auto, 22 av. A.-Thomas ℰ 63 60 79 03
HONDA Gar. Auriol, 14 av. Gambetta
ℰ 63 54 06 51 🅽 ℰ 63 38 32 83
LADA, VOLVO Gar. Grimal, 128 av. A.-Thomas
ℰ 63 60 72 05

NISSAN A.C.A., 174 av. de Lattre-de-Tassigny
ℰ 63 60 35 00
OPEL Auto-Loisirs, rte de Millau ℰ 63 60 60 22
PEUGEOT, TALBOT Gd Gar. Albigeois, 15 r. J.-
Monod, Val de Caussels par ② ℰ 63 47 57 50
RENAULT Rossi Autom., 179 av. Gambetta par ④
ℰ 63 54 68 00

🔘 Bellet Pneus, rte de Castres ℰ 63 54 23 47
Central Pneu, 27 bd Lude ℰ 63 54 12 26
Central Pneu, r. Ampère, ZI de Jarlard
ℰ 63 46 01 07
Escoffier-Pneus, 101 av. F.-Verdier ℰ 63 54 04 99

ALBIEZ-LE-JEUNE 73300 Savoie 🗺 ⑦ – 78 h. alt. 1 350.

Paris 625 – Albertville 77 – Chambéry 87 – St-Jean-de-Maurienne 16 – St-Michel-de-Maurienne 26.

🍴 **L'Escale** ⚜ avec ch, ℰ 79 59 85 08, ≼ – 🆅🆂🅰
fermé 15 avril au 1er mai, 15 nov. au 15 déc. et merc. hors sais. – **R** 80/179, enf. 50 – 🗌 25
– **12 ch** 120 – ½ P 175.

ALBIEZ-LE-VIEUX 73300 Savoie 🗺 ⑦ – 275 h. alt. 1 522.

Voir Col du Mollard ≼★ S : 3 km, **G. Alpes du Nord**

Paris 625 – Albertville 75 – Chambéry 87 – St-Jean-de-Maurienne 16 – St-Sorlin-d'Arves 15.

🏨 **La Rua** ⚜, ℰ 79 59 30 76, ≼ – ☎ 🅿. 🅴 🆅🆂🅰. 🎾 rest
1er juin-30 sept. et 15 déc.-20 avril – **R** 70/180 – 🗌 22 – **22 ch** 140/200 – ½ P 170/250.

ALBIGNY-SUR-SAONE 69 Rhône 🗺 ① – rattaché à Neuville-sur-Saône.

Les ALBRES 12220 Aveyron 🗺 ① – 389 h.

Paris 598 – Rodez 48 – Decazeville 12 – Figeac 19 – Villefranche-de-Rouergue 35.

🏨 **Frechet** ⚜, ℰ 65 80 42 46, ⛴ – 📺. 🅴 🆅🆂🅰
fermé 25 au 31 août – **R** 55/160 🍷, enf. 40 – 🗌 25 – **18 ch** 145/286 – ½ P 200.

ALBY-SUR-CHÉRAN **74540** H.-Savoie 74 ⑯ **G. Alpes du Nord** – 1 014 h. alt. 399.
Paris 545 – Annecy 17 – Aix-les-Bains 19 – Chambéry 34.

Alb'H. M, ☎ 50 68 24 93, Fax 50 68 13 01, ✧, ⛱, ✧ – 🛗 TV ☎ ♿ P – 🏋 40. AE ⓓ E VISA
R grill *(fermé dim. sauf juil.-août)* 70 ⅄, enf. 50 – ☐ 28 – **37 ch** 250/280 – ½ P 238/248.

ALENÇON P **61000** Orne 60 ③ **G. Normandie Cotentin** – 32 526 h. alt. 135.
Voir Église N.-Dame★ (vitraux★) BZ – Musée des Beaux-Arts et de la Dentelle★ : collection de dentelles★★ AZ **M** – Musée de la Dentelle : collection de dentelles★★ BZ **M**¹.
Env. Forêt de Perseigne★ 9 km par ③.
ℹ Office de Tourisme Maison d'Ozé ☎ 33 26 11 36 – A.C. 2 cours Clemenceau ☎ 33 32 27 27.
Paris 191 ② – Chartres 116 ③ – Évreux 114 ② – Laval 92 ⑤ – ♦Le Mans 49 ④ – ♦Rouen 146 ①.

ALENÇON

Bercail (R. du) .... **BZ** 4
Clemenceau (Cours) ...... **ABZ**
Grande-Rue .... **ABZ** 15
Mans (R. du) .... **Y** 24
Pont-Neuf (R. du) . **BZ** 29
Sieurs (R. aux) .. **ABZ**

Argentan (R. d') .... **Y** 2
Basingstoke (Av. de) **Y** 3
Duchamp (Bd) ..... **Y** 8
Écusson (R. de l') ... **Y** 9
Fresnay (R. de) ... **AZ** 13
Grandes-Poteries (R. des) .... **AZ** 14
Halle-au-Blé (Pl. de la) ...... **AZ** 17
Lamagdelaine (Pl.) **BZ** 18
Lattre-de-Tassigny (R. du Mar.) .. **ABZ** 19
Leclerc (Av. du Gén.) **Y** 20
Marguerite-de-Lorraine (Pl. de) **AZ** 25
Porte-de-la-Barre (R.) **AZ** 30
Poterne (R. de la) .. **BZ** 33
Quakenbruck (Av. de) .... **Y** 34
Rhin et Danube (Av.) **Y** 35
Tisons (R. des) ..... **Y** 39
1er-Chasseur (Bd du) **Y** 40
14e-Hussards (R. du) **Y** 42

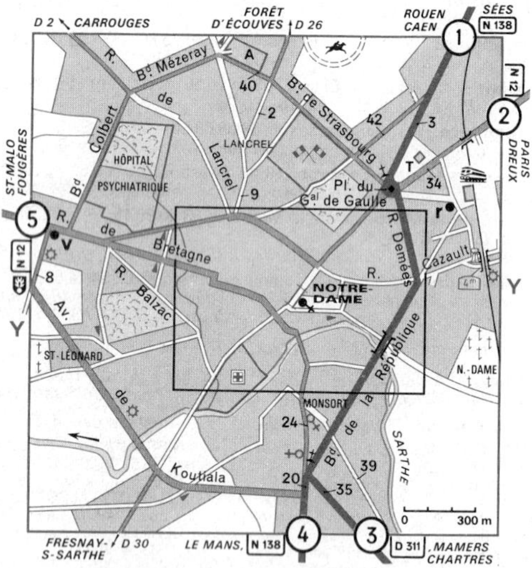

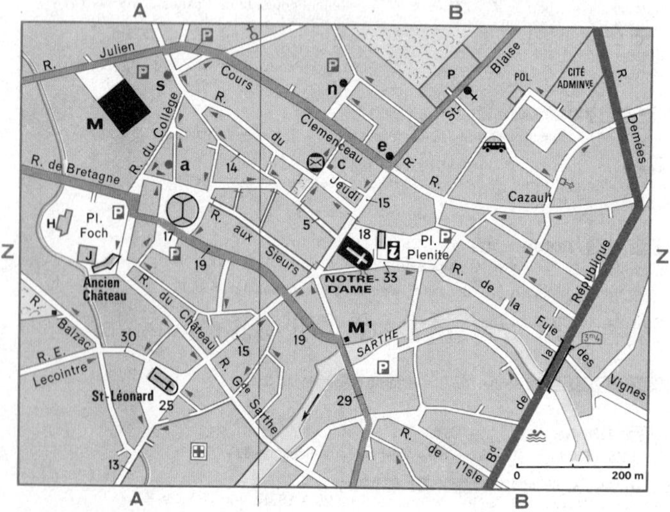

🏨 **Chapeau Rouge** sans rest, 1 bd Duchamp ℰ 33 26 20 23 – 📺 ☎ 🖂 𝚅𝙸𝚂𝙰   Y **v**
� 23 – **16 ch** 140/280.

🏨 **Urbis** Ⓜ sans rest, 13 pl. Poulet-Malassis ℰ 33 26 55 55, Télex 772323 – 🛗 📺 ☎ 🕭 🄰🄴
🖂 𝚅𝙸𝚂𝙰   BZ **n**
� 29 – **52 ch** 205/230.

🏠 **Gare**, 50 av. Wilson ℰ 33 29 03 93 – 📺 ☎ 🄿 🄰🄴 🖂 𝚅𝙸𝚂𝙰   Y **r**
← fermé 20 déc. au 5 janv. – **R** (fermé sam. du 15 nov. au 15 mai et dim. sauf le soir en juil.-
août) 55/115 🖁 – � 23 – **22 ch** 155/270.

🏠 **France** sans rest, 3 r. St Blaise ℰ 33 26 26 36 – 📺 ☎ 🖂 𝚅𝙸𝚂𝙰   BZ **e**
� 23 – **29 ch** 190/260.

🏠 **Campanile**, rte Paris par ② ℰ 33 29 53 85, Télex 171908, Fax 33 29 60 06, 🍽 – 📺 ☎
🄿 – 🏕 25 à 50. 🖂 𝚅𝙸𝚂𝙰
R 74 bc/98 bc, enf. 39 – � 27 – **35 ch** 248 – ½ P 225/249.

🏠 Marmotte, N 138 par ① ℰ 33 27 42 64 – 📺 ☎ 🕭 🄿
30 ch.

XXX **Petit Vatel**, 72 pl. Cdt Desmeulles ℰ 33 26 23 78 – 🍽. 🄰🄴 🄾 🖂 𝚅𝙸𝚂𝙰   AZ **s**
fermé 11 août au 3 sept., vacances de fév., merc. et dim. soir – **R** 118/218, enf. 58.

XX **Escargot Doré**, 183 av. Gén. Leclerc par ④ ℰ 33 28 67 67 – 🄿. 🖂 𝚅𝙸𝚂𝙰
← fermé dim. soir – **R** 70/240, enf. 60.

XX **Grand St-Michel** avec ch, 7 r. Temple ℰ 33 26 04 77, Télex 772252 – 📺 ☎ 🚗.
🖂 𝚅𝙸𝚂𝙰   AZ **a**
fermé juil. et vacances de nov. – **R** (fermé dim. soir d'oct. à juin et lundi) 82/142, enf. 45 –
� 25 – **13 ch** 95/280 – ½ P 175/230

Autres ressources hôtelières :

Voir **St-Denis-sur-Sarthon** par ③ : 12 km et **St-Léonard-des-Bois** par ⑤ : 20 km.

AUSTIN, ROVER Gar. do Brotagne, 141 r. de Bre-
tagne ℰ 33 26 08 27
BMW, OPEL Gar. de l'Europe, 160 av. Gén.-Le-
clerc ℰ 33 26 37 04
CITROEN Roques, N 138 rte du Mans par ④
ℰ 33 28 10 20 🅽
FIAT, LANCIA Kosellek, 45 av. de Quakenbruck
ℰ 33 29 40 67
FORD Legrand-Autos, 132 av. de Quakenbruck
ℰ 33 29 45 61 🅽 ℰ 33 28 21 86
MERCEDES Achille-Auto, rte de Bretagne à
Condé-sur-Sarthe ℰ 33 26 50 12 🅽 ℰ 39 54 10 10
NISSAN Guérin Autom., 21 r. Demées
ℰ 33 29 06 15
PEUGEOT, TALBOT Gds Gar. de l'Orne, 111 av.
de Basingstoke par ① ℰ 33 29 22 22 🅽

RENAULT SODIAC,
N 12, rte de Paris à Cerisé par ② ℰ 33 29 20 22
🅽 ℰ 33 28 24 19
RENAULT Chantepie, 37 r. Marchant-Saillant par r.
Cazault Y ℰ 33 29 21 60
TOYOTA Baroche, 136 av. Rhin-et-Danube
ℰ 33 31 00 00
V.A.G Gar. Poirier, 36 r. Ampère, ZI Nord
ℰ 33 31 10 74

🛞 Alençon-Pneus, 71 av. de Basingstoke
ℰ 33 29 16 22
Marsat Pneus, ZI Nord, 26 r. Lazare Carnot
ℰ 33 27 78 83

Avant de prendre la route,
consultez 36.15 MICHELIN sur votre Minitel :
votre meilleur itinéraire,
le choix de votre hôtel, restaurant, camping,
des propositions de visites touristiques.

ALES ⬠ **30100** Gard 🔠 ⑩⑱ G. Gorges du Tarn – 44 343 h. alt. 140.

Voir Musée-bibliothèque Pierre-André-Benoit★, O : 2 km par le pont de Rochebelle.

🅑 Office de Tourisme 2 r. Michelet (Chambre de Commerce) ℰ 66 78 49 10, Télex 490855 et pl. G.-Péri
(Pâques-Toussaint) ℰ 66 52 32 15 – A.C. quai J.-Jaurès ℰ 66 30 44 40.

Paris 707 ② – Albi 231 ④ – Avignon 71 ③ – ◆Montpellier 70 ④ – Nîmes 44 ③ – Valence 147 ②.

Plan page suivante

🏨 **Mercure** Ⓜ, r. E. Quinet ℰ 66 52 27 07, Télex 480830, Fax 66 52 36 33 – 🛗 🍽 📺 ☎ 🕭
🄿 – 🏕 30 à 100. 🄰🄴 🄾 🖂 𝚅𝙸𝚂𝙰   B **e**
R (fermé dim.) 80/120 🖁, enf. 40 – � 40 – **75 ch** 260/410.

XX **Le Riche** avec ch, 42 pl. Sémard ℰ 66 86 00 33, Fax 66 30 02 63, salle 1900 – 🍽 ch 📺
☎. 🄰🄴 🄾 🖂 𝚅𝙸𝚂𝙰   B **n**
R (fermé août) 80/260 🖁 – � 32 – **18 ch** 180/320 – ½ P 220.

XX **Parc** avec ch, 174 rte Nîmes par ③ : 2 km ℰ 66 30 62 33, 🍽, 🌲 – 📺 🚗 🄿 – 🏕 50 à
70. 🄰🄴 🖂 𝚅𝙸𝚂𝙰
R (fermé dim. soir et lundi) 85/280, enf. 50 – � 24 – **5 ch** 180/200 – ½ P 280/300.

rte de Nîmes par ③ 4 km sur N 106 – 🖂 **30560** St-Hilaire-de-Brethmas :

XX **Aub. St-Hilaire**, ℰ 66 30 11 42 – 🍽 🄿. 🖂 𝚅𝙸𝚂𝙰 🍴
fermé 26 août au 9 sept., dim. soir et lundi sauf fériés – **R** 130/350, enf. 60.

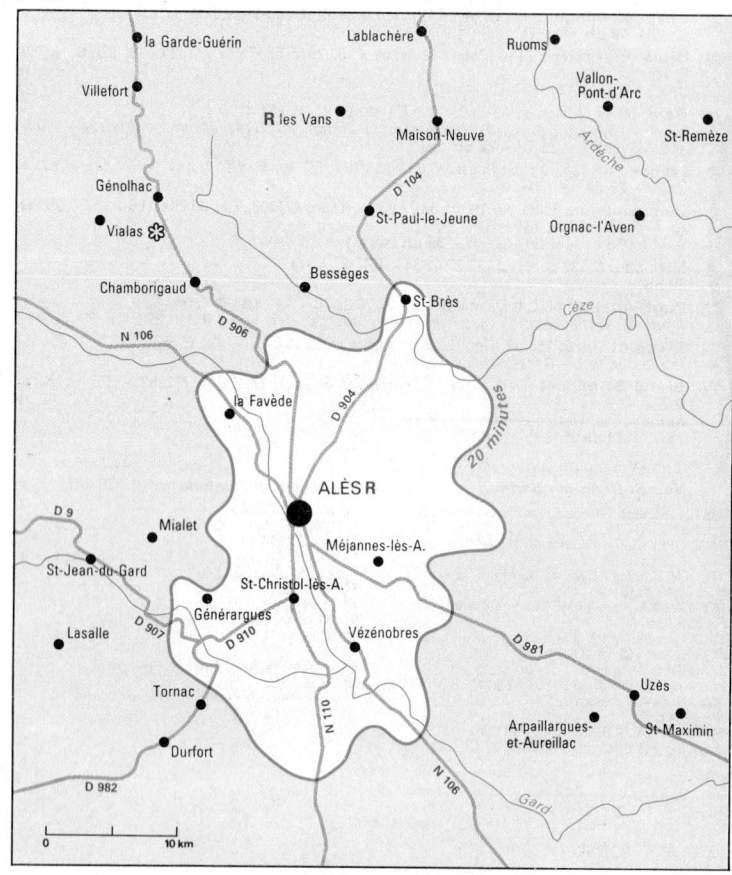

à Méjannes-lès-Alès par ③ et D 981 : 7,5 km – ⊠ **30340** Salindres :

✗✗ **Aub. des Voutins,** ✆ 66 61 38 03, ☆, ☞ , – **Ⓟ. ⓪ Ⓔ VISA**
fermé 1er au 7 sept., dim. soir et lundi sauf fériés – **R** 140/260.

à St-Christol-lès-Alès par ④ : 5 km – 3 981 h. – ⊠ **30380** :

🏠 **Ibis** Ⓜ, rte Anduze ✆ 66 60 75 75, Télex 485748, Fax 66 60 94 78, ⴝ – 🍽 rest Ⓣ ☎ ⴟ
Ⓟ – ⴖ 40. Ⓔ VISA
R 100 ♨, enf. 35 – ⴓ 27 – **44 ch** 210/250.

ALFA-ROMEO Paszek, 30 bd Gambetta
✆ 66 30 07 66
BMW Méridional Autos, 571 chem. de la Tour-
tugue ✆ 66 30 14 14
FIAT Cévennes-Autom.,
rte d'Aubenas à St-Martin-de-Valgalgues
✆ 66 30 22 46
FORD Morel, 15 av. Gibertine ✆ 66 86 44 73
HONDA LANCIA, Sud Auto, rte de Nîmes
à St-Hilaire-de-Brethmas ✆ 66 86 49 64
LADA Gar. Chauvet, 92 bis rte d'Alsace
✆ 66 30 13 80
OPEL Gar. SOGIR, rte de Nîmes à St-Hilaire-de-
Brethmas ✆ 66 61 32 97
PEUGEOT-TALBOT Guiraud,
1 165 rte d'Uzès par ③
✆ 66 86 41 87

RENAULT Auto-Christol, rte de Montpellier
à St-Christol-lès-Alès par N 110 B ✆ 66 60 86 44
Ⓝ ✆ 05 05 15 15
RENAULT Auto Christol, montée des Cyprès par
④ ✆ 66 52 20 88 Ⓝ ✆ 05 05 15 15
V.A.G Provence-Auto, Km 3, rte de Nîmes
à St-Hilaire-de-Brethmas ✆ 66 30 81 23

⊕ Ayme-Pneus, av. Rameau, ZI Croupillac
✆ 66 30 22 10
Escoffier Pneu Plus, 8 pl. H.-Barbusse
✆ 66 52 38 72
Escoffier Pneu Plus, ZI av. Frères-Lumière
✆ 66 56 77 77
Rouveyran, rte de Nîmes à St-Hilaire-de-Brethmas
✆ 66 61 33 30

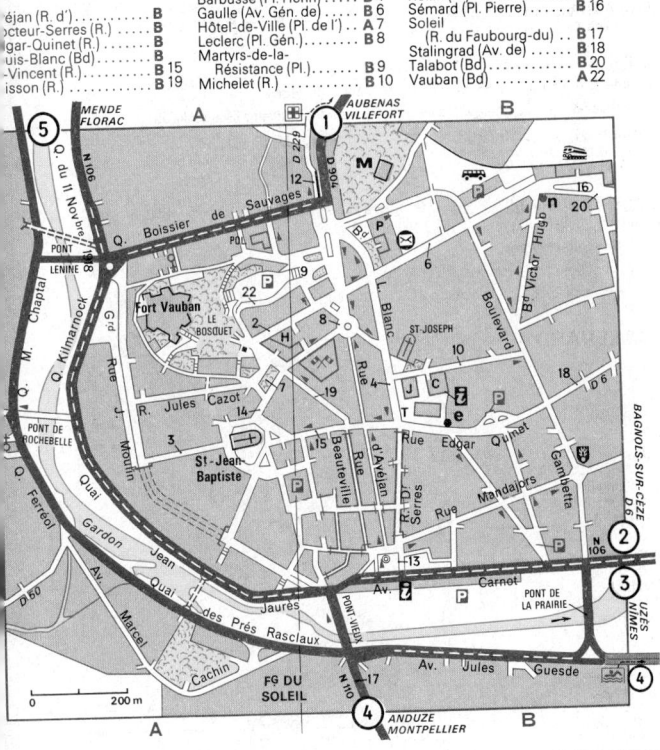

ALÈS

éjan (R. d') .... **B**
octeur-Serres (R.) ...... **B**
gar-Quinet (R.) .... **B**
uis-Blanc (Bd) .... **B**
-Vincent (R.) .... **B 15**
isson (R.) .... **B 19**

Albert-1er (R.) .... **A 2**
Audibert (R. Cdt) .... **A 3**
Barbusse (Pl. Henri) .... **B 4**
Gaulle (Av. Gén. de) .... **B 6**
Hôtel-de-Ville (Pl. de l') .. **A 7**
Leclerc (Pl. Gén.) .... **B 8**
Martyrs-de-la-
  Résistance (Pl.) ...... **B 9**
Michelet (R.) .... **B 10**

Paul (R. Marcel) .... **B 12**
Péri (Pl. Gabriel) .... **B 13**
Rollin (R.) .... **A 14**
Sémard (Pl. Pierre) ..... **B 16**
Soleil
  (R. du Faubourg-du) .. **B 17**
Stalingrad (Av. de) ..... **B 18**
Talabot (Bd) .... **B 20**
Vauban (Bd) .... **A 22**

ALFORTVILLE 94 Val-de-Marne 61 ①. 101 ㉖ – voir à Paris, Environs.

ALISSAS 07 Ardèche 76 ⑲. 77 ⑪. 93 ⑳ – rattaché à Privas.

ALIX 69380 Rhône 73 ⑨. 74 ① – 776 h. alt. 284.
Paris 446 – ◆Lyon 28 – L'Arbresle 11 – Villefranche-sur-Saône 12.

※ **Le Vieux Moulin,** ⋒ 78 43 91 66, 🔝 – **Ⓟ** 𝘝𝘐𝘚𝘈
  fermé 13 août au 10 sept., lundi et mardi – **R** 95/300.

ALLAIRE 56350 Morbihan 63 ⑤ – 2 686 h. alt. 66.
Paris 421 – Ploermel 47 – Redon 10 – ◆Rennes 75 – La Roche-Bernard 27 – Vannes 48.

🏠 **Gaudence** Ⓜ, rte Redon ⋒ 99 71 93 64 – **TV** ☎ **Ⓟ** **Ⓞ** **E** 𝘝𝘐𝘚𝘈
  ➡ **R** *(fermé 24 au 31 déc. et dim. soir)* 49/138 🍴 – � 25 – **18 ch** 175/242 – ½ P 191/230.

ALLASSAC 19240 Corrèze 75 ⑧ **G. Périgord Quercy** – 3 560 h. alt. 170.
Paris 483 – Brive-la-Gaillarde 16 – ◆Limoges 84 – Tulle 34.

🏠 **Midi,** av. V. Hugo ⋒ 55 84 90 35 – **E** 𝘝𝘐𝘚𝘈
  ➡ *fermé 15 déc. au 15 janv.* – **R** 70/90 🍴 – ⊟ 25 – **10 ch** 120/180 – ½ P 180/190.

ALLÈGRE 43270 H.-Loire 76 ⑥ **G. Vallée du Rhône** – 1 375 h. alt. 1 021.
Voir Ruines du château ☀★.
Paris 479 – Ambert 48 – Brioude 40 – Langeac 34 – Le Puy 28.

🏠 **Voyageurs,** ⋒ 71 00 70 12 – ☎ **Ⓟ** 𝘝𝘐𝘚𝘈
  ➡ *15 mars-15 déc.* – **R** 60/120 🍴, enf. 40 – ⊟ 25 – **25 ch** 100/220 – ½ P 130/170.

CITROEN Gar. J.-M.-Allès ⋒ 71 00 70 50   PEUGEOT-TALBOT Gar. Marrel ⋒ 71 00 70 62 🅽

Paris 586 – Agen 67 – Marmande 22 – Villefranche-sur-Lot 48.

🏠 **Étape Gasconne,** 𝒫 53 20 23 55, 🍴, 🛏 – 📺 ☎. 🅰🅴 Ε 𝘝𝘐𝘚𝘈
➡ **R** *(fermé vend. soir et sam. midi)* 55/210 🍷 – 🖵 30 – **20 ch** 165/240 – ½ P 180/220.

ALLEMONT 38114 Isère 🔟🔟 ⑥ – 1 207 h. alt. 820.

Voir Traverse d'Allemont ✳★★ O : 6 km, G. Alpes du Nord.

Paris 608 – ♦Grenoble 45 – Le Bourg-d'Oisans 11 – St-Jean-de-Maurienne 54 – Vizille 29.

🏠 **Giniès** 🐦, 𝒫 76 80 70 03, ≤, 🍽 , 🛏 – ☎ 🅿. 🅰🅴 Ε 𝘝𝘐𝘚𝘈 🕯
R *(vacances de printemps, 2 mai-20 sept. et vacances de fév.)* 90/165 🍷 – 🖵 30 – **29 c** 170/280 – ½ P 190/240.

ALLEVARD 38580 Isère 🔟🔟 ⑯, 🔟🔟 ⑥ G. Alpes du Nord – 2 391 h. alt. 475 – Stat. therm. (21 mai-29 sep – Sports d'hiver au Collet d'Allevard : 1 450/2 100 m ⭤15.

Voir Route du Collet★★ par ②.

🛈 Office de Tourisme pl. Résistance 𝒫 76 45 10 11.

Paris 573 ① – ♦Grenoble 38 ③ – Albertville 47 ① – Chambéry 35 ① – St-Jean-de-Maurienne 65 ①.

ALLEVARD

Rues piétonnes en saison thermale

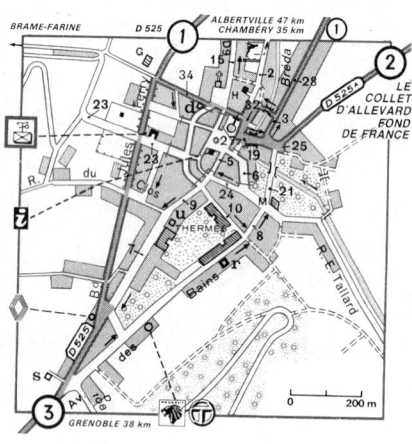

🏨 **Les Pervenches** 🐦, **(s)** 𝒫 76 97 50 73, Fax 76 45 09 52, ≤, parc, 🍴, ✻ – ☎ 🅿. 🔘 Ε 𝘝𝘐𝘚𝘈. ✻ rest
10 mai-15 oct. et 1ᵉʳ fév.-15 avril – **R** *(fermé le midi du 1ᵉʳ fév. au 15 avril sauf week-ends)* 98/210, enf. 50 – **30 ch** 🖵 220/295 – ½ P 237/285.

🏨 **Parc** 🐦 sans rest, **(u)** 𝒫 76 97 54 22, ≤, parc – 🛗 📺 ☎. Ε 𝘝𝘐𝘚𝘈
17 mai-30 sept. – 🖵 34 – **45 ch** 135/270.

🏠 **Speranza** 🐦, rte Mottaret 𝒫 76 97 50 56, ≤, 🍽 – cuisinette ☎ 🅿. 𝘝𝘐𝘚𝘈. ✻ rest
➡ *18 mai-30 sept. et 1ᵉʳ fév.-15 mars* – **R** *(résidents seul.)* 68/100 🍷, enf. 40 – 🖵 27 – **20 ch** 140/267 – ½ P 183/233.

🏠 **Continental, (r)** 𝒫 76 45 03 25, 🍽 – 🛗 ☎ 🚐 🅿. Ε 𝘝𝘐𝘚𝘈. ✻ rest
1ᵉʳ mai-fin sept. et vacances scolaires – **R** 81, enf. 45 – **40 ch** 🖵 101/202 – ½ P 210/220.

🏔 **Alpes, (d)** 𝒫 76 97 51 18 – ☎. Ε 𝘝𝘐𝘚𝘈
➡ *fermé 20 au 30 avril, 1ᵉʳ nov. au 15 déc., dim. soir et lundi midi hors sais.* – **R** 69/145 🍷, enf. 45 – 🖵 30 – **16 ch** 139/232 – ½ P 154/197.

à *Pinsot* S : 7 km par D 525 A – ✉ 38580 :

🏨 **Pic Belle Étoile,** 𝒫 76 97 53 62, Fax 76 97 55 47, ≤, 🍽 , 🔥, 🍴, 🍽 , ✻ – 🛗 📺 ☎ 🅿
– 🛁 30 à 100. Ε 𝘝𝘐𝘚𝘈. ✻ rest
fermé 27 avril au 5 mai, 21 oct. au 21 déc. – **R** 85/155, enf. 54 – 🖵 40 – **34 ch** 231/332 – ½ P 280/308.

CITROEN Auto B 2, par ① 𝒫 76 45 09 28
🔃 𝒫 76 45 08 31
PEUGEOT-TALBOT Gar. Tissot 𝒫 76 97 50 62

RENAULT Gar. des Alpes 𝒫 76 45 11 16
🔃 𝒫 76 97 56 27

ALLIGNY-EN-MORVAN 58230 Nièvre 🔟🔟 ⑰ – 709 h. alt. 454.

Paris 261 – Autun 32 – Château-Chinon 34 – Clamecy 79 – Nevers 100 – Saulieu 11.

🍴 **Aub. du Morvan** avec ch, 𝒫 86 76 13 90 – 𝘝𝘐𝘚𝘈. ✻ ch
➡ *fermé 18 nov. au 20 déc., 2 janv. au 1ᵉʳ mars, jeudi et le soir sauf sam. hors sais.* – **R** 69/187 – 🖵 22 – **5 ch** 120/158 – ½ P 160/170.

ALLONZIER-LA-CAILLE 74350 H.-Savoie 74 ⑥ – 661 h. alt. 643.

Voir Ponts de la Caille★ N : 1,5 km, G. Alpes du Nord

Paris 545 – Annecy 13 – Bellegarde-sur-Valserine 49 – Bonneville 31 – ♦Genève 30.

XX **Manoir** 🦢 avec ch, 𝒫 50 46 81 82, Fax 50 46 88 55, ≤, 😤 – 🔲 ☎ 🕰 🅿 – 🔏 40. 🅰🅴
 ⓞ 🅴 𝖵𝖨𝖲𝖠
 fermé nov., déc. et lundi sauf de juin à sept. – **R** 100/270, enf. 50 – 🖵 40 – **16 ch** 280/320
 – ½ P 320/350.

ALLOS 04260 Alpes-de-H.-P. 81 ⑧ G. Alpes du Sud – 888 h. alt. 1 425.

Env. 🌲★★ du col d'Allos NO : 15 km.

Paris 775 – Digne-les-Bains 79 – Barcelonnette 36 – Colmars 8.

 au Seignus O : 2 km par D 26 – alt. 1 500 – Sports d'hiver 1 500/2 400 m ⛄1 ⛷11 – ⊠ **04260**
 Allos.

 🚩 Office de Tourisme au Seignus 𝒫 92 83 02 81, Télex 405945.

♤ **Altitude 1500** 🦢, 𝒫 92 83 01 07, ≤, 😤 – 𝖵𝖨𝖲𝖠. 🌲 ch
 1er juil.-15 sept. et 20 déc.-10 mai – **R** 85/150, enf. 35 – 🖵 24 – **16 ch** 150/190 – ½ P 200.

 à la Foux d'Allos NO : 9 km par D 908 – alt. 1 800 – Sports d'hiver 1 800/2 600 m ⛄3 ⛷20 –
 ⊠ **04260** Allos.

 🚩 Office de Tourisme 𝒫 92 83 80 70, Télex 430684.

🏠 **du Hameau** 🅼 🦢, 𝒫 92 83 82 26, Fax 92 83 87 50, ≤, 😤, 🛝 – 🛗 🔲 ☎ 🕭 🅿 –
 🔏 35. 🅰🅴 🅴 𝖵𝖨𝖲𝖠
 fermé 6 oct. au 30 nov. et 10 mai au 8 juin – **R** 85/150, enf. 40 – 🖵 28 – **36 ch** 290/410 –
 ½ P 300/320.

ALOTZ 64 Pyr.-Atl. 78 ⑱ – rattaché à Biarritz.

ALOXE-CORTON 21420 Côte-d'Or 70 ① G. Bourgogne – 198 h. alt. 248.

Paris 320 – ♦Dijon 32 – Beaune 7 – Chalon-sur-Saône 37 – Dôle 73.

🏠 **Clarion** 🅼 🦢 sans rest, 𝒫 80 26 46 70, Fax 80 26 47 16, « Jardin » – 🔲 ☎ 🕭 🅿. 🅰🅴
 ⓞ 🅴 𝖵𝖨𝖲𝖠
 🖵 70 – **10 ch** 418/750.

L'ALPE D'HUEZ 38750 Isère 77 ⑥ G. Alpes du Nord – alt. 1 860 – Sports d'hiver : 1 100/3 350 m ⛄14
⛷72 ⛸ – Voir Pic du Lac Blanc 🌲★★★ NE par téléphérique B – Route de Villars-Reculas★ 4 km
par D 211B – **Altiport** 𝒫 76 80 41 60, SE : 1,5 km.

🚩 Office de Tourisme pl. Paganon 𝒫 76 80 35 41, Télex 320892.

Paris 627 ① – ♦ Grenoble 62 ① – Le Bourg-d'Oisans 14 ① – Briançon 79 ①.

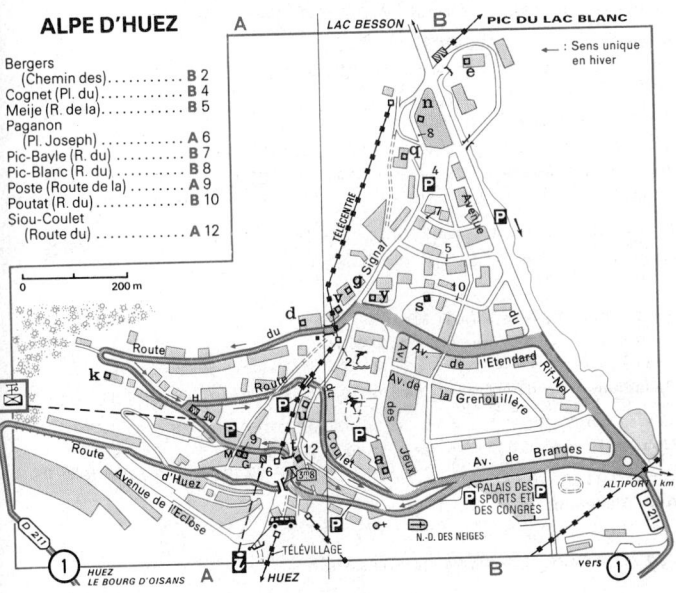

ALPE D'HUEZ

Bergers
 (Chemin des)............ **B 2**
Cognet (Pl. du)............ **B 4**
Meije (R. de la)........... **B 5**
Paganon
 (Pl. Joseph) .... **A 6**
Pic-Bayle (R. du)......... **B 7**
Pic-Blanc (R. du) .... **B 8**
Poste (Route de la) ...... **A 9**
Poutat (R. du)............ **B 10**
Siou-Coulet
 (Route du) .... **A 12**

71

Royal Ours Blanc M, ℰ 76 80 35 50, Fax 76 80 34 50, ≤ massif de l'Oisans, ☶, ⌂, [
– 劇 ⊡ ☎ ὂ ⇔ – 龯 60. 쬬 ◑ Ɛ 𝘝𝘐𝘚𝘈 ❀ rest
22 déc.-4 avril – **La Baratte** (brasserie) **R** 185/250 – ☷ 70 – **47 ch** 560/1100 – ½ P 845/117 B

Petit Prince ⧈, rte Poste ℰ 76 80 33 51, ≤ massif de l'Oisans, ☶ – 劇 ☎ Ⓟ – 龯 2
쬬 ◑ Ɛ 𝘝𝘐𝘚𝘈 ❀ rest
Noël-Pâques – **R** 155/200 – ☷ 45 – **40 ch** 420/650 – ½ P 450/610. A

Les Gdes Rousses, ℰ 76 80 33 11, Télex 308437, Fax 76 80 69 57, ≤ massif de l'Oisan
☵, ❀ – 劇 ⊡ ☎ – 龯 30. 쬬 Ɛ 𝘝𝘐𝘚𝘈
15 juin-15 sept. et 1ᵉʳ déc.-2 mai – **R** 195, enf. 105 – ☷ 65 – **45 ch** 660, 3 appart. 770 A
½ P 560/770.

Au Chamois d'Or M ⧈, ℰ 76 80 31 32, Fax 76 80 34 90, ≤ pistes et montagnes, ☶
☶, ❀ – 劇 ⊡ ☎ ὂ ⇔ Ⓟ. 𝘝𝘐𝘚𝘈
15 déc.-5 mai – **R** 150/240 – ☷ 60 – **42 ch** 580/920, 3 appart. 1350 – ½ P 530/730. B

Le Christina ⧈, ℰ 76 80 33 32, ≤ massif de l'Oisans, ☶, ❀ – 劇 ⊡ ☎ ⇔ Ⓟ ⌂
Ɛ 𝘝𝘐𝘚𝘈 ❀ rest
1ᵉʳ juil.-20 août et 15 déc.-fin avril – **R** 150 – ☷ 40 – **27 ch** 466/525 – ½ P 463/594. B

Le Dôme et rest Gd Tétras, ℰ 76 80 32 11, Fax 76 80 66 48, ≤ massif de l'Oisans, ☶
– 劇 ⊡ ☎ ὂ ⇔ Ⓟ – 龯 25. 쬬 ◑ Ɛ 𝘝𝘐𝘚𝘈 ❀ rest
1ᵉʳ juil.-25 août et mi déc.-fin avril – **R** 130/280 – ☷ 45 – **20 ch** 480/600 – ½ P 550/600. B

Bel Alpe M ⧈, sans rest, ℰ 76 80 32 33 – 劇 ⊡ ☎ ὂ ⇔. 쬬 Ɛ 𝘝𝘐𝘚𝘈
6 juil.-18 août et déc.-avril – ☷ 40 – **16 ch** 370/510. A

Belle Aurore, ℰ 76 80 33 17, ≤ – 劇 ⊛. Ɛ 𝘝𝘐𝘚𝘈 ❀ rest
20 déc.-15 avril – **R** 180 – ☷ 40 – **37 ch** 400/600 – ½ P 440/520. B

Alp'Azur sans rest, ℰ 76 80 34 02, ≤ – ☎. Ɛ 𝘝𝘐𝘚𝘈
fermé 15 mai au 15 juin – ☷ 35 – **21 ch** 295/395. B

Les Bruyères, ℰ 76 80 32 74, ≤, ☶ – ☎ Ⓟ. Ɛ 𝘝𝘐𝘚𝘈 ❀ rest
juil.-août et 15 déc.-25 avril – **R** 105/148 – ☷ 38 – **10 ch** 310/400 – ½ P 345/385. B

XX **L'Outa** avec ch, ℰ 76 80 34 56, ≤, ☶ – ☎ ◑ Ɛ 𝘝𝘐𝘚𝘈 ❀ rest
15 déc.-15 avril – **R** 130/170, enf. 58 – ☷ 35 – **11 ch** 500/530 – ½ P 300/385. B

X **Au Petit Creux**, ℰ 76 80 62 80 – ◑ Ɛ 𝘝𝘐𝘚𝘈
15 juin-11 nov., 5 déc.-1ᵉʳ mai et fermé dim. soir et lundi du 1ᵉʳ sept. au 11 nov. – A
R 120/150.

Gar. du Pic Blanc ℰ 76 80 32 20 Ⓝ ℰ 76 80 32 20

ALTENSTADT 67 B.-Rhin 57 ⑱ – rattaché à Wissembourg.

ALTHEN-DES-PALUDS 84 Vaucluse 81 ⑫ – rattaché à Carpentras.

ALTKIRCH ⬥ 68130 H.-Rhin 66 ⑨ G. Alsace Lorraine – 6 129 h. alt. 312.
Paris 530 – ♦Mulhouse 20 – ♦Bâle 35 – Belfort 34 – Montbéliard 49 – Thann 29.

à Hirtzbach S : 4 km – ✉ 68118 :

XX **Ottié-Baur** avec ch, à la bifurcation de D 432 et D 17 ℰ 89 40 93 22, ☶, ☞, – ⊛ ⇔
Ⓟ. Ɛ 𝘝𝘐𝘚𝘈 ❀ ch
fermé 20 juin au 1ᵉʳ juil., 20 déc. au 15 janv., lundi soir (sauf août) et mardi – **R** 75/230 ⅃
– ☷ 24 – **13 ch** 85/200 – ½ P 206/250.

à Wahlbach : E : 10 km par D 419 et D 19ᴮ – ✉ 68230 :

XX **Aub. de la Gloriette** avec ch, ℰ 89 07 81 49, ☶ – ⊡ Ⓟ. 쬬 Ɛ 𝘝𝘐𝘚𝘈 ❀ ch
fermé 4 au 22 sept., vacances de fév., lundi et mardi – **R** 180/350 ⅃, enf. 60 – ☷ 35 – **4 ch**
250/280.

PEUGEOT, TALBOT Maute gar. du Centre, 21 r.   ◉ Altkirch Pneus, 50 fg de Belfort ℰ 89 40 95 26
de l'Ill ℰ 89 40 01 15
RENAULT Gar. Fritsch, 29 r. 3ᵉ Zouaves
ℰ 89 40 01 07 Ⓝ ℰ 89 26 71 17

ALVIGNAC 46500 Lot 75 ⑱ – 566 h. alt. 390.
🛈 Syndicat d'Initiative r. Centrale (juil.-août) ℰ 65 33 66 42.
Paris 538 – Brive-la-Gaillarde 52 – Cahors 64 – Figeac 43 – Gourdon 41 – Rocamadour 9 – Tulle 78.

Palladium (Hôtel d'Application Hôtelière) ⧈, ℰ 65 33 60 23, Fax 65 33 67 83, ≤, ☶, ☵,
☞ – ⊡ ☎ Ⓟ 쬬 ◑ Ɛ 𝘝𝘐𝘚𝘈
15 avril-15 oct. – **R** 80/220, enf. 45 – ☷ 35 – **25 ch** 200/350 – ½ P 225/290.

Nouvel H., ℰ 65 33 60 30, ☶, ☞ – ☎ Ⓟ. Ɛ 𝘝𝘐𝘚𝘈
fermé 15 déc. au 1ᵉʳ mars, vend. soir, dim. soir et sam. du 15 nov. à Pâques – **R** 55/160 ⅃
– ☷ 22 – **13 ch** 135/190 – ½ P 150/195.

XX **Aub. Madeleine**, ℰ 65 33 61 47, ☶, ☞
Pâques- sept. et fermé le soir sauf juil.-août – **R** 50/120.

AMANCY 74 H.-Savoie 74 ⑦ – rattaché à La Roche-sur-Foron.

MBÉRIEUX-EN-DOMBES 01330 Ain 🔢 ①② – 1 198 h. alt. 300.

aris 445 – ◆Lyon 34 – Bourg-en-Bresse 39 – Mâcon 53 – Villefranche-sur-Saône 16.

🏠 **Aub. des Bichonnières** 🔗, rte Ars-sur-Formans ✆ 74 00 82 07, Fax 74 00 89 61, 🍴,
« Ancienne ferme bressane », 🌳 – ☎ 🅿 – 🔏 25. 🆎 ⑩ 🇪 💳
fermé janv., lundi (sauf hôtel) et dim. soir du 1er sept. au 31 mai – **R** 105/240, enf. 60 –
� 30 – **10 ch** 220/280 – ½ P 225.

EUGEOT-TALBOT Butillon ✆ 74 00 84 02 🅽   RENAULT Vacheresse ✆ 74 00 83 46 🅽

AMBERT ⟨SP⟩ 63600 P.-de-D. 🔢 ⑯ G. Auvergne – 8 026 h. alt. 537.

oir Église St-Jean★ Y – Vallée de la Dore★ N et S.

🏢 Office de Tourisme 4 pl. Hôtel de Ville ✆ 73 82 61 90 et pl. G.-Courtial (15 juin-15 sept.) ✆ 73 82 14 15.

aris 434 ① – ◆Clermont-Fd 91 ① – Brioude 69 ③ – Montbrison 46 ② – Le Puy 70 ③ – Thiers 54 ①.

AMBERT

Chabrier (Av. E.) . . . . **Z**
Château (R. du) . . . . **Z** 3
Cheix (Rue du Petit) . . . . . . **Z**
Clemenceau (Av. G.) . . . . . . **Y** 4
Courtial (Pl. G.) . . . . **Y** 6
Croves du Mas (Av. des) . . **Y**
Filéterie (R. de la) . . . . **Y** 7
Foch (Av. du Mar.) . . . . **Y** 8
Gaulle (Pl. Ch.-de) . . . . **Y** 12
Goye (R. de) . . . . **Z**
Henri IV (Bd) . . . . **Z**
Livradois (Pl. du) . . . . **Z** 13
Lyon (Av. de) . . . . **YZ**
Nord (Bd du) . . . . **Z** 16
Pontel (Pl. du) . . . . **Y** 17
Portette (Bd de la) . . . . **Y** 19
République (R. de la) . . . . . . **Y** 20
St-Jean (Pl.) . . . . **Z**
St-Joseph (R.) . . . . **Z** 21
Sully (Bd) . . . . **Z**
11 Novembre (Av. du) . . . . . **Z** 23

Michelin n'accroche pas

de panonceau

aux hôtels et restaurants

qu'il signale.

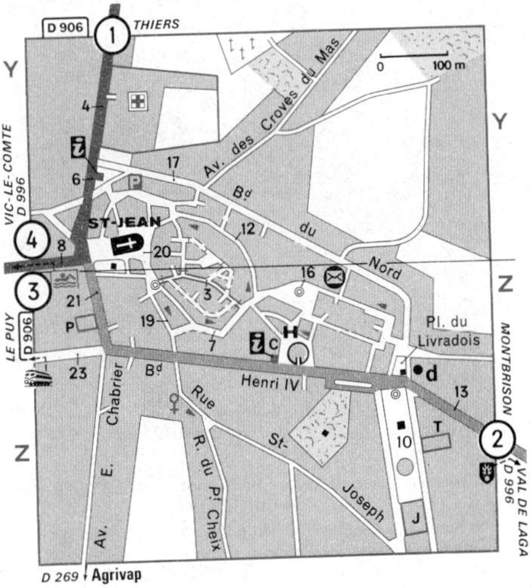

🏠 **Livradois**, 1 pl. Livradois ✆ 73 82 10 01 – 📺 ☎ ⟺ 🆎 ⑩ 🇪 💳   **Z d**
fermé 15 au 30 nov., dim. et lundi de sept. à mai – **R** 85/300 🍷 – � 25 – **14 ch** 115/275.

🏠 **Chaumière**, 41 av. Mar. Foch par ③ ✆ 73 82 14 94, Fax 73 82 33 52 – 📺 ☎ ♿ 🅿 🆎
⑩ 🇪 💳
hôtel : fermé janv. et sam. d'oct. à mai ; rest. : fermé janv., sam. (sauf août) et dim. soir –
R 100/180 🍷 – ⊟ 30 – **23 ch** 205/300 – ½ P 220/240.

CITROEN Rigaud, rte de Clermont par ①   ◉ Arcis-Pneus, 34 av. Dore ✆ 73 82 02 69
✆ 73 82 01 57
FORD Autos Livradois, rte de Clermont
✆ 73 82 01 28

AMBIALET 81340 Tarn 🔢 ⑫ G. Gorges du Tarn – 405 h. alt. 200.

Voir Site★.

Paris 694 – Albi 23 – Castres 54 – Lacaune 53 – Rodez 72 – St-Affrique 67.

🏠 **Pont**, ✆ 63 55 32 07, ≤, 🍴, 🏊, 🌳 – 🗐 rest ☎ 🅿 🆎 ⑩ 🇪 💳
1er mars-26 nov. – **R** 80/240, enf. 45 – ⊟ 25 – **14 ch** 205/260 – ½ P 220/240.

AMBOISE 37400 I.-et-L. 🔢 ⑯ G. Châteaux de la Loire – 11 415 h. alt. 57.

Voir Château★★ B : ≤★★ de la Terrasse, ≤★★ de la tour des Minimes – Clos-Lucé★ B **M1** –
Pagode de Chanteloup★ 3 km par ④.

🏢 Office de Tourisme quai Gén.-de-Gaulle ✆ 47 57 01 37.

Paris 221 ① – ◆Tours 25 ⑤ – Blois 35 ① – Loches 34 ④ – Vierzon 91 ③.

Plan page suivante

🏨 **Le Choiseul**, 36 quai Ch. Guinot ✆ 47 30 45 45, Télex 752068, Fax 47 30 46 10, ≤, 🍴,
parc, « Élégante installation », 🏊 – 📺 ☎ 🅿 – 🔏 50 à 200. 🇪 💳   **B v**
fermé 4 janv. au 9 mars – **R** 220/340 – ⊟ 70 – **32 ch** 500/1300 – ½ P 595/845.

🏨 **Novotel** Ⓜ 🔗, S : 2 km par ③ rte de Chenonceaux ✆ 47 57 42 07, Télex 751203,
Fax 47 30 40 76, ≤, 🍴, 🏊, 🌳, ❀ – 📺 ☎ ♿ 🅿 – 🔏 300. 🆎 ⑩ 🇪 💳
R carte environ 180 🍷, enf. 50 – ⊟ 50 – **121 ch** 485.

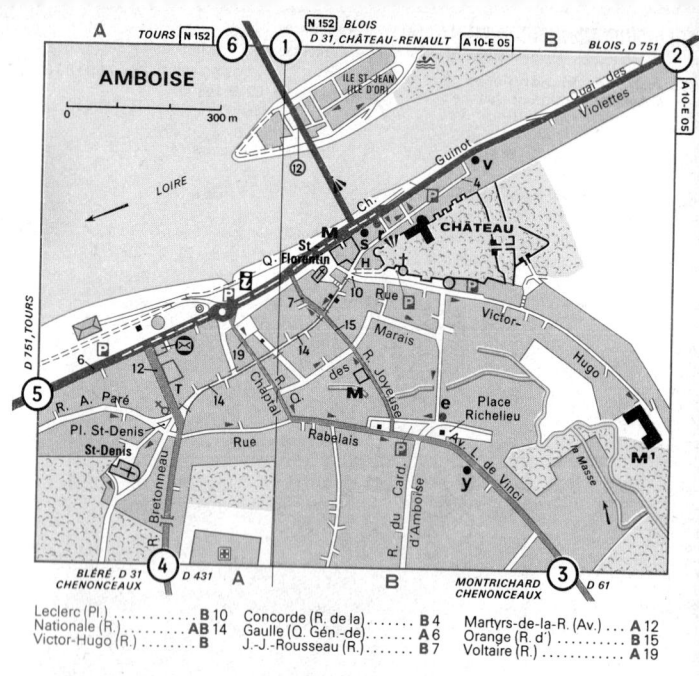

AMBOISE

Leclerc (Pl.) . . . . **B** 10	Concorde (R. de la) . . . . . . **B** 4	Martyrs-de-la-R. (Av.) . . . **A** 12
Nationale (R.) . . . . **AB** 14	Gaulle (Q. Gén.-de) . . . . . . **A** 6	Orange (R. d') . . . . **B** 15
Victor-Hugo (R.) . . . . **B**	J.-J.-Rousseau (R.) . . . . . . **B** 7	Voltaire (R.) . . . . **A** 19

🏨 **Belle Vue** sans rest, 12 quai Ch.-Guinot 𝒫 47 57 02 26 – ▩ 📺 ☎ 🖭 𝓥𝓘𝓢𝓐 ⋗⋖   **B s**
    15 mars-15 nov. – ⊆ 27 – **34 ch** 185/295.

🏨 **Parc**, 8 av. L. de Vinci 𝒫 47 57 06 93, ⋗⋖, ⋗ – ☎ 🅿 🖭 𝓥𝓘𝓢𝓐 ⋗⋖   **B y**
    hôtel : fermé 15 déc. au 15 janv. ; rest. : fermé 1ᵉʳ nov. au 28 fév. et dim. hors sais. – **R**
    (dîner seul.) 90/180, enf. 50 – ⊆ 35 – **19 ch** 220/410 – ½ P 195/315.

🏠 **Ibis** 🅼, E : La Boitardière par ② et D 31 : 3 km 𝒫 47 23 10 23, Télex 752414, Fax 47 57 31 41,
    ⋗⋖ – 📺 ☎ ⅋ 🅿 – 🔬 30 à 120. 🖭 𝓥𝓘𝓢𝓐
    R 100 ⅃, enf. 35 – ⊆ 29 – **70 ch** 260/310.

🏠 **Lion d'Or**, 17 quai Ch. Guinot 𝒫 47 57 00 23 – ☎ ⋙ 🖭 𝓥𝓘𝓢𝓐   **B r**
    fermé 4 janv. au 10 fév., dim. soir et lundi hors sais. – **R** 130/226, enf. 55 – ⊆ 30 – **22 ch**
    162/278 – ½ P 238/299.

🏠 **La Brèche**, 26 r. J. Ferry par ① 𝒫 47 57 00 79, ⋗⋖, ⋗ – ☎ ⋙ 🖭 𝓥𝓘𝓢𝓐 ⋗⋖ ch
    fermé 23 déc. au 12 fév., dim. soir et lundi du 1ᵉʳ oct. à Pâques – **R** 74/158 ⅃, enf. 51 –
    ⊆ 27 – **12 ch** 147/294 – ½ P 152/213.

🍴🍴🍴 ❀ **Le Manoir Saint Thomas** (Le Coz), pl. Richelieu 𝒫 47 57 22 52, Fax 47 30 44 71,
    « Elégant pavillon Renaissance, jardin » – 🖭 🅾 🖲 𝓥𝓘𝓢𝓐   **B e**
    fermé 15 janv. au 15 mars, dim. soir et lundi hors sais. – **R** 195/290, enf. 95
    Spéc. Matelote d'anguille (juin à nov.), Sandre "Val de Loire", Truffe de foie gras. Vins Vouvray, Chinon.

🍴🍴 **Aub. du Mail** avec ch, 32 quai Gén. de Gaulle par ⑤ 𝒫 47 57 60 39 – ☎ 🅿 🖭 🅾 🖲 🖭
    𝓥𝓘𝓢𝓐
    fermé 1ᵉʳ au 15 déc. et vend. d'oct. à mars – **R** 80/230, enf. 60 – ⊆ 35 – **15 ch** 140/240 –
    ½ P 260.

    à St-Ouen-les-Vignes par ① et D 431 : 6,5 km – ⊠ 37530 :

🍴🍴 **L'Aubinière**, 𝒫 47 30 15 29, ⋗ – 🅿 🖭 𝓥𝓘𝓢𝓐
    fermé 15 au 30 nov., vacances de fév., mardi soir et merc. sauf juil.-août – **R** 95/215,
    enf. 60.

    au NE par ② – ⊠ 37400 Amboise :

🏨 **Château de Pray** ⋙, à 3 km 𝒫 47 57 23 67, Fax 47 57 32 50, ≤, ⋗⋖, « Terrasse dominant
    la vallée, parc » – ☎ ⋙ 🅿 🖭 🖭 𝓥𝓘𝓢𝓐
    fermé 1ᵉʳ janv. au 15 fév. – **R** 195/215, enf. 60 – ⊆ 48 – **16 ch** 300/650 – ½ P 413/588.

🍴🍴 La Bonne Étape 🅼 avec ch, à 2,5 km 𝒫 47 57 08 09, ⋗⋖, ⋗ – 📺 ☎ 🅿 – **7 ch**.

    à Négron par ⑥ et rte de Tours : 3 km – ⊠ 37530 Nazelles-Négron :

🏠 **Petit Lussault** sans rest, N 152 𝒫 47 57 30 30, ⋗, ⋇ – 🅿
    15 mars-15 oct. – **22 ch** ⊆ 220/292.

TROEN Gar. Guérin, à Pocé-sur-Cisse
' 47 57 27 84

AT, V.A.G Gar. du Relais des Châteaux, rte de
henonceaux ℰ 47 57 07 64 🅽 ℰ 47 40 95 07

ORD Gar. A.-France, 41 r. de Blois ℰ 47 57 11 30

PEUGEOT-TALBOT C.G.F., 108 r. St-Denis par
D 83 ℰ 47 57 42 82

🅦 Nourry Pneus, 25 quai Gén.-de-Gaulle
ℰ 47 57 44 71

AMBONNAY 51150 Marne 🔢 ⑰ – 801 h. alt. 102.

aris 161 – ◆Reims 29 – Châlons-sur-Marne 22 – Épernay 19 – Vouziers 66.

🏠 **Aub. St Vincent,** ℰ 26 57 01 98 – 📺 ☎ 🍴 ℿ ⑩ ⅇ 𝘝𝘐𝘚𝘈. ⌘ ch
fermé dim. soir (sauf hôtel) et lundi – **R** 100/320, enf. 40 – ⌷ 30 – **10 ch** 250/350 –
½ P 245/260.

ITROEN Croizy ℰ 26 57 01 71

AMBRAULT 36120 Indre 🔢 ⑨ – 642 h. alt. 180.

aris 267 – Bourges 55 – Châteauroux 24 – La Châtre 24 – Issoudun 20 – St-Amand-Montrond 46.

✕ **Commerce,** ℰ 54 49 01 07 – 🅟. ⅇ 𝘝𝘐𝘚𝘈. ⌘
fermé 1er au 15 oct., 1er au 15 janv., dim. soir, fériés le soir et lundi – **R** (dim. prévenir)
60/180 ⅃.

AMÉLIE-LES-BAINS-PALALDA 66110 Pyr.-Or. 🔢 ⑯⑰ G. Pyrénées Roussillon – 3 779 h. alt. 230 –
Stat. therm. (21 janv.-21 déc.) – Casino. – **Voir** Vallée du Mondony★ S : voir plan.

🅘 Office du Tourisme et du Thermalisme quai du 8 Mai ℰ 68 39 01 98.

Paris 944 ② – ◆Perpignan 38 ② – Céret 8 ② – Prats-de-Mollo-la-Preste 23 ③ – Quillan 105 ②.

AMÉLIE-LES-BAINS PALALDA

Vallespir (Av. du)	18
Bosch (Quai)	2
Castellane (R.)	3
Corniche (Route de la)	4
Docteur-Bouix (Av. du)	6
Leclerc (Av. Général)	7
Palmiers (Av. des)	9
République (Pl. de la)	13
Thermes (R. des)	15
8-Mai (Av. du)	19

Pour aller loin rapidement,
utilisez
les cartes Michelin
des pays d'Europe à 1/1 000 000.

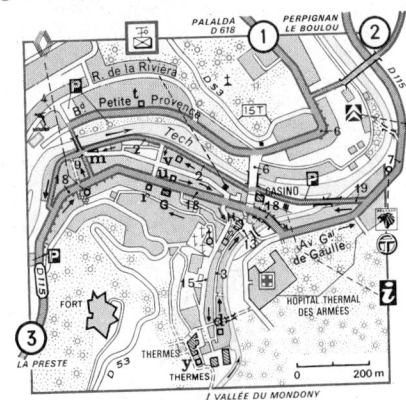

🏨 **Gd H. Reine-Amélie** 🅼, bd Petite Provence **(t)** ℰ 68 39 04 38, Fax 68 39 31 13, ≼ – 🛗
📺 ☎ 🍴 🅟 ℿ ⑩ ⅇ 𝘝𝘐𝘚𝘈
R 105/180, enf. 60 – ⌷ 33 – **69 ch** 265/380 – P 305/360.

🏨 **Palmarium H.** 🅼, av. Vallespir **(u)** ℰ 68 39 19 38, Fax 68 39 39 22 – 🛗 📺 ☎ 🍴 ⅇ
𝘝𝘐𝘚𝘈 – *fermé 8 déc. au 15 janv.* – **R** 90/150, enf. 55 – ⌷ 29 – **63 ch** 200/300 – P 250/275.

🏨 **Castel Émeraude** 🌴, par rte de la Corniche - ouest du plan ℰ 68 39 02 83, Télex
506260, Fax 68 39 03 09, ≼, 🌳, 🍴 – 🛗 ☎ 🅟 – 🔾 30. ⅇ 𝘝𝘐𝘚𝘈
fermé déc. et janv. – **R** 95/275, enf. 65 – ⌷ 35 – **59 ch** 215/325 – P 280/330.

🏠 **Martinet** 🌴, r. Hermabessière **(d)** ℰ 68 39 00 64, ≼ – 🛗 ☎. 𝘝𝘐𝘚𝘈. ⌘ rest
fermé 21 déc. au 1er fév. – **R** 90/120, enf. 60 – ⌷ 28 – **42 ch** 190/240 – ½ P 245/260.

🏠 **Gorges,** pl. Arago **(y)** ℰ 68 39 29 02 – 🛗 ☎
fermé 20 déc. au 1er mars – **R** 85/150, enf. 55 – ⌷ 28 – **44 ch** 200/260 – P 210/250.

🏠 **Le Roussillon** 🅼, av. Beau Soleil **(f)** ℰ 68 39 34 39, 🌊 – 🛗 📺 ☎ 🕭 🅟. ⅇ
fermé janv. et dim. soir sauf hôtel – **R** 79/155 ⅃, enf. 55 – ⌷ 35 – **30 ch** 200/240 –
P 275/295.

🏠 **Palm Tech** 🅼, quai G. Bosch **(v)** ℰ 68 83 98 00, Fax 68 39 39 22 – 🛗 ☎ 🕭 🍴 🅟. ⅇ
𝘝𝘐𝘚𝘈 – *fermé 10 déc. au 20 janv.* – **R** 85/125, enf. 45 – ⌷ 26 – **56 ch** 165/230 – P 230/260.

🏠 **Host. Toque Blanche,** av. Vallespir **(r)** ℰ 68 39 00 57 – 🛗 ☎. ⅇ 𝘝𝘐𝘚𝘈. ⌘ rest
fermé 15 déc. au 25 janv. – **R** 50/204 – ⌷ 23 – **43 ch** 129/193 – ½ P 226/284.

🏠 **Ensoleillade et Rive** sans rest, 70 r. J. Coste **(m)** ℰ 68 39 06 20, 🌳 – 🛗 cuisinette ☎
🅟. ⅇ 𝘝𝘐𝘚𝘈 – *1er avril-30 nov.* – ⌷ 23 – **19 ch** 170/220.

CITROEN Gar. Gusta ℰ 68 39 07 40
PEUGEOT-TALBOT Gar. Cédo ℰ 68 39 29 05

RENAULT Gar. du Vallespir ℰ 68 39 05 05

L'AMÉLIE-SUR-MER 33 Gironde 🔢 ⑯ – rattaché à Soulac-sur-Mer.

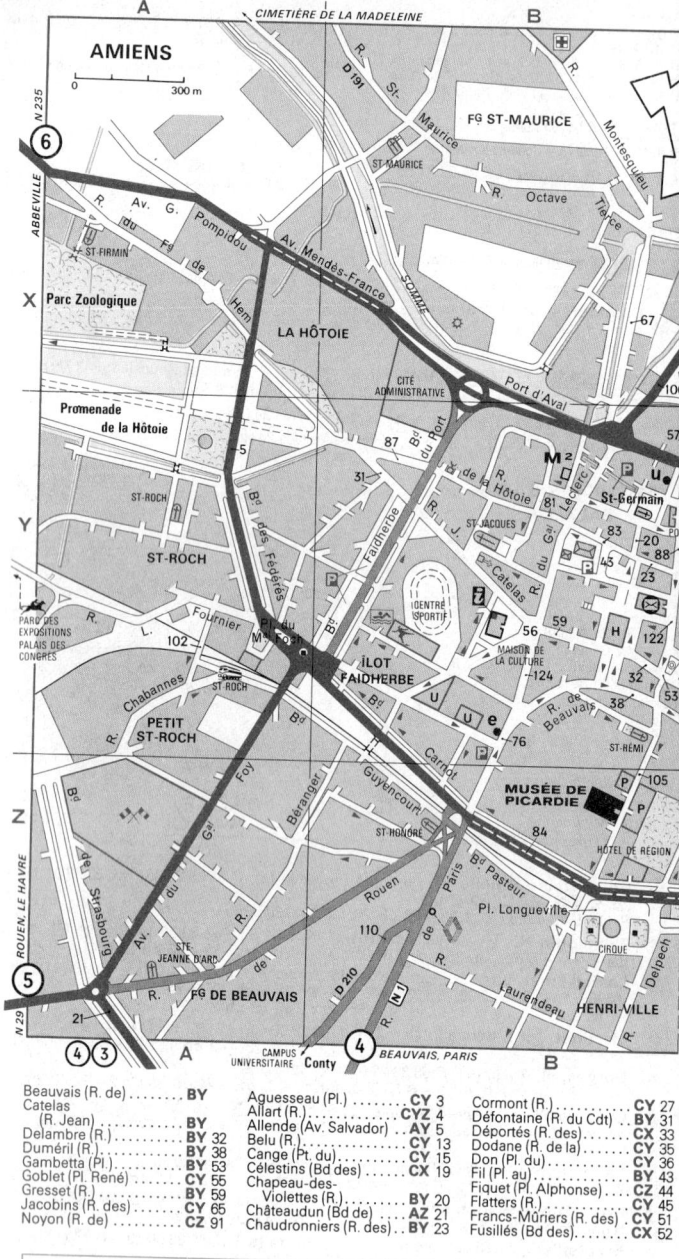

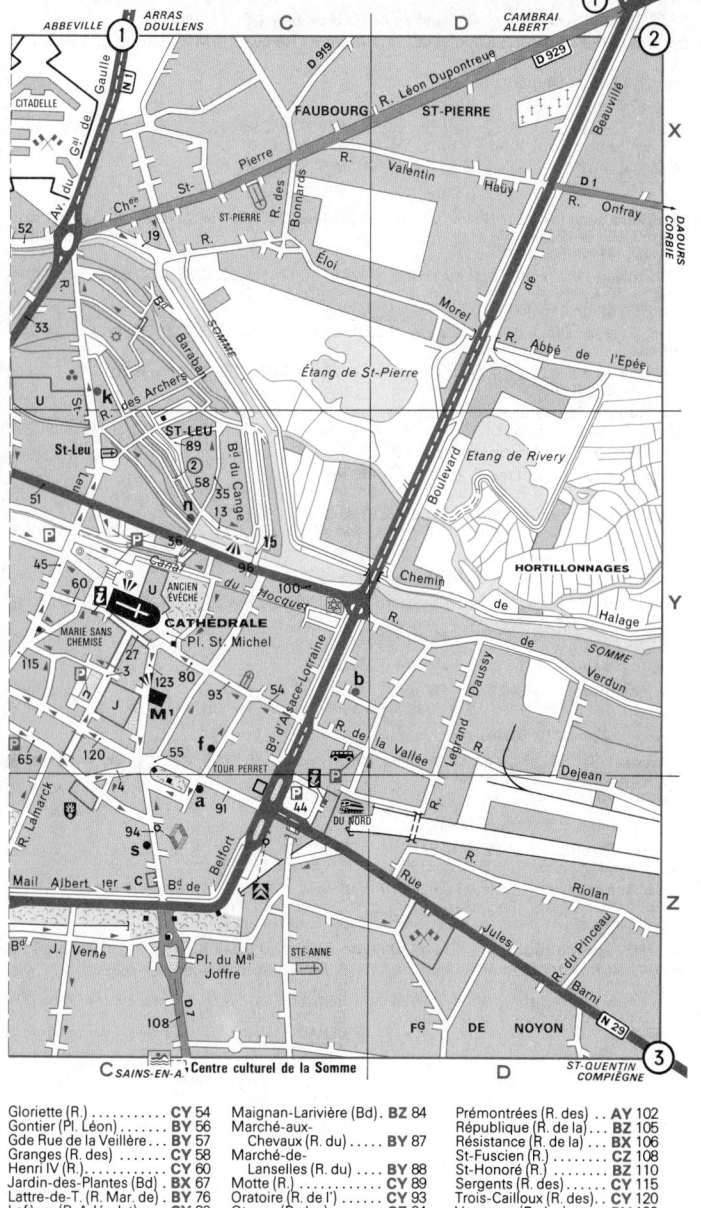

Voir Cathédrale★★★ CY – Hortillonnages★ DY – Hôtel de Berny★ CY M1 – Musée de Picardie★★ BZ.

🛬 (privé) ✆ 22 91 02 04, par ② : 7 km.

🚗 ✆ 22 92 50 50.

🅱 Office de Tourisme r. J.-Catelas (transfert prévu) ✆ 22 91 79 28, Gare SNCF ✆ 22 92 65 04 et pl. Notre-Dame (15 juin-sept) ✆ 22 91 16 16 – A.C. 15 r. M.-Sangnier ✆ 22 91 64 73.

Paris 148 ③ – ◆Lille 115 ② – ◆Reims 166 ③ – ◆Rouen 115 ⑤ – St-Quentin 74 ③.

Plan pages précédentes

🏨 **Univers** sans rest, 2 r. Noyon ✆ 22 91 52 51, Télex 145070, Fax 22 92 81 66 – 🛗 📺 ☎ –
🏨 60. 🆎 ◑ 🅴 𝚅𝙸𝚂𝙰   CZ **a**
🛏 45 – **41 ch** 330/440.

🏨 **Postillon** sans rest, 19 pl. au Feurre ✆ 22 91 46 17, Fax 22 91 86 57 – 🛗 ☎ 🚗 🅿 –
🏨 80. 🆎 🅴 𝚅𝙸𝚂𝙰   BY **u**
🛏 35 – **48 ch** 250/450.

🏨 Ibis, 4 r. Mar. de-Lattre-de-Tassigny ✆ 22 92 57 33, Télex 140765 – 🛗 📺 ☎ 🛆 – 🏨 25
94 ch   BY **e**

🏨 **Normandie** sans rest, 1 bis r. Lamartine ✆ 22 91 74 99 – 📺 ☎ 🚗. 🅴 𝚅𝙸𝚂𝙰   CY **f**
🛏 24 – **27 ch** 145/270.

🏨 **Le Rallye**, 24 r. Otages ✆ 22 91 76 03, Fax 22 91 16 77 – ☎ – 🏨 60. 🅴 𝚅𝙸𝚂𝙰   CZ **s**
↔ *fermé 5 au 24 août, sam. midi et dim.* – **R** 70/165 ⅓ – 🛏 19 – **20 ch** 100/210 – ½ P 185/206.

🍴🍴🍴 Le Mermoz, 7 r. J. Mermoz ✆ 22 91 50 63   CY **b**

🍴🍴 **Couronne**, 64 r. St Leu ✆ 22 91 88 57 – 🅴 𝚅𝙸𝚂𝙰   CX **k**
fermé 13 juil. au 12 août, 2 au 10 janv., dim. soir et sam. – **R** 80/150.

🍴🍴 **Les Marissons**, 68 r. Marissons ✆ 22 92 96 66 – ▦. 🅴 𝚅𝙸𝚂𝙰   CY **n**
fermé 6 au 13 mai, 19 août au 2 sept., 30 déc. au 6 janv., sam. midi, dim. soir et lundi – **R** 130/195.

ZI Nord par ① : 4 km – ✉ **80085** Amiens Cedex :

🏨 **Climat de France** Ⓜ, Vallée St Ladre ✆ 22 44 92 88, Télex 155400, �️ – 📺 ☎ 🛆 🅿
↔ – 🏨 120. 🆎 ◑ 🅴 𝚅𝙸𝚂𝙰
R 55/115 ⅓, enf. 38 – 🛏 25 – **44 ch** 225/250.

à Longueau par ③ : 6 km – 5 319 h. – ✉ **80330** :

🍴🍴 **La Potinière**, ✆ 22 46 22 83 – 🅴
fermé 22 au 29 avril, août, dim. soir, jeudi soir et lundi – **R** 115/180, enf. 50.

par ③ : 7 km – ✉ **80440** Boves :

🏨 **Novotel** Ⓜ ⌂, ✆ 22 46 22 22, Télex 140731, Fax 22 53 94 75, 🌳, ⊿, 🌲 – 📺 ☎ 🛆
🅿 – 🏨 25 à 50. 🆎 ◑ 🅴 𝚅𝙸𝚂𝙰
R carte environ 50 ⅓, enf. 50 – 🛏 50 – **94 ch** 405/465.

à Dury par ④ : 6 km – ✉ **80480** :

🏨 **Bonne Étoile**, N 1 ✆ 22 95 10 80, Télex 155437, 🌳 – 📺 ☎ 🛆 🅿. 🅴 𝚅𝙸𝚂𝙰
R *(fermé dim. soir)* 80/100 ⅓, enf. 35 – 🛏 25 – **41 ch** 190/290.

🍴🍴🍴 ⊛ **L'Aubergade** (Grandmougin), 78 rte Nationale ✆ 22 89 51 41, 🌲 – 🆎 🅴 𝚅𝙸𝚂𝙰
fermé 1er au 21 août, vacances de fév., dim. soir et lundi – **R** 95/180
Spéc. Salade de foie gras chaud et langoustines, Fricassée de homard, Nougat glacé.

MICHELIN, Agence régionale, 212 av. Défense-Passive, D 929 à Rivery par ② ✆ 22 92 47 28

ALFA-ROMEO-HONDA-MITSUBISHI La Bretèche,
6 r. Lenotre ✆ 22 52 04 61
BMW La Veillère, 12 r. Résistance ✆ 22 91 80 26
CITROEN Gds Gar. de Picardie, 3 bd de Belfort CZ
✆ 22 91 57 45 🅽
CITROEN Fournier, r. d'Australie par ⑥
✆ 22 43 01 16
FIAT Auto Picardie, 7 bd Beauville ✆ 22 44 53 12
FORD Èts Leroux, 92 r. Gaulthier-de-Rumilly
✆ 22 95 37 20
MERCEDES-BENZ-SEAT Gar. de l'Europe, 85 bd
Alsace-Lorraine ✆ 22 91 28 63
OPEL-GM Renel, N 1, Dury ✆ 22 95 42 42
OPEL-GM René-Autom., 33 av. Europe
✆ 22 43 58 15
PEUGEOT-TALBOT S.C.A. S.I.A.N., 35 N 1 Dury
par ④ ✆ 22 45 33 88

RENAULT Gueudet Auto, 19 r. Otages CZ
✆ 22 97 70 00
RENAULT SARVA, 7 rte de Paris BZ ✆ 22 95 17 60
🅽 ✆ 22 45 44 26
RENAULT Fleury, 654 r. de Paris, Dury par ④
✆ 22 95 36 49
TOYOTA Gar. Pruvost, ZAC Haute borne - av.
Défense Passive ✆ 22 44 86 20
V.A.G Gar. de la Croix de Fer, rte St-Quentin à
Longueau ✆ 22 46 12 91
VOLVO Gar. Picard, 235 r. J.-Moulin ✆ 22 95 66 26
Gar. Sueur, 1 r. Fg-Hem ✆ 22 43 14 44

⊛ Fischbach Pneu, 120 ch. J.-Ferry ✆ 22 53 95 50
Picardie-Pneus, 126 r. Gaulthier-de-Rumilly
✆ 22 95 33 89

AMILLY 45 Loiret 🔢 ② – rattaché à Montargis.

To sightsee in the capital
use the Michelin Green Guide **PARIS** (English edition).

AMMERSCHWIHR 68770 H.-Rhin 🔲 ⑱ ⑱ G. Alsace Lorraine– 1 927 h. alt. 230.

Voir Nécropole nationale de Sigolsheim ❄❄ ★ du terre-plein central N : 4 km.

Paris 435 – Colmar 7 – Gérardmer 55 – St-Dié 49 – Sélestat 25.

   🏠 **A l'Arbre Vert,** 🖈 89 47 12 23, « Salle à manger avec boiseries sculptées » – 📺 ☎ ⏣ ⑩ E 𝘝𝘐𝘚𝘈, ⚓ ch
      fermé 25 nov. au 6 déc., 15 fév. au 25 mars et mardi – **R** 75/300 ⚜, enf. 50 – ⌲ 30 – **13 ch**
      160/250 – ½ P 220/270.

   XXX ❀ **Aux Armes de France** (Gaertner) avec ch, 🖈 89 47 10 12, Fax 89 47 38 12 – ☎ ⓟ ⏣
      ⑩ E 𝘝𝘐𝘚𝘈, ⚓ ch
      fermé janv., jeudi midi et merc. – **R** (prévenir) 350/450, enf. 90 – ⌲ 35 – **10 ch** 300/450
      Spéc. Effeuillé de canard cru à l'huile d'olive, L'habit vert de sandre au jambon cru, Gibier (saison). Vins
      Riesling, Tokay-Pinot gris.

PEUGEOT-TALBOT Hiltenfinck 🖈 89 47 13 00 🅽

AMNÉVILLE 57360 Moselle 🔲 ③ – 8 951 h. alt. 163 – Stat. therm. (20 fév.-mi déc.) – Casino.

🏌 d'Amneville 🖈 87 71 30 13, S : 3 km.

🛈 Office de Tourisme Bois de Coulange (fermé déc.) 🖈 87 70 10 40.

Paris 318 – ♦ Metz 24 – Briey 14 – Thionville 16 – Verdun 65.

   🏠 **Diane H.** Ⓜ ⚓ sans rest, Parc de loisirs, bois de Coulange S : 2,5 km 🖈 87 70 16 33,
      Télex 861308 – 🛗 📺 ☎ ⚐ ⓟ – 🏛 50. ⏣ ⑩ E 𝘝𝘐𝘚𝘈
      fermé 21 déc. au 12 janv. – ⌲ 25 – **51 ch** 260/280, 4 appart. 400.

   🏠 **Orion** Ⓜ ⚓, Parc de loisirs, bois de Coulange, S : 2,5 km 🖈 87 70 20 20 – 📺 ☎ ⚐ –
  ◆ 🏛 80. ⏣ ⑩ E 𝘝𝘐𝘚𝘈
      fermé 22 au 31 déc. – **R** 65/100 ⚜, enf. 35 – ⌲ 25 – **44 ch** 210/230.

   XX **La Forêt,** Parc de loisirs, bois de Coulange S : 2,5 km 🖈 87 70 34 34, 🌳 – 🔲 ⏣ ⑩ E
      𝘝𝘐𝘚𝘈 – *fermé 23 déc. au 7 janv. et dim. soir* – **R** 100/200.

CITROEN Gar. du Centre, 17 r. Clemenceau 🖈 87 71 35 52

AMOU 40330 Landes 🔲 ⑦ – 1 462 h. alt. 41 – 🛈 Syndicat d'Initiative à la Mairie 🖈 58 89 00 22.

Paris 767 – Mont-de-Marsan 47 – Aire-sur-l'Adour 52 – Dax 31 – Hagetmau 18 – Orthez 14 – Pau 49.

   🏠 **Commerce,** 🖈 58 89 02 28, 🌳 – 📺 ☎ ⇐ ⚐ – 🏛 40. ⏣ ⑩ E 𝘝𝘐𝘚𝘈
  ◆ *fermé 12 nov. au 2 déc., 14 fév. au 1er mars et lundi hors sais.* – **R** 66/185, enf. 65 – ⌲ 25
      – **20 ch** 200/260 – ½ P 250.

AMPHION-LES-BAINS 74 H.-Savoie 🔲 ⑰ G. Alpes du Nord – alt. 375 – ✉ 74500 Évian-les-Bains.

🛈 Syndicat d'Initiative (juin-sept.) 🖈 50 70 00 63.

Paris 574 – Thonon-les-Bains 5,5 – Annecy 80 – Évian-les-Bains 3,5 – ♦ Genève 39.

   🏠 **Plage** ⚓, 🖈 50 70 00 06, ≤, 🌳, parc, 🏊, ⚓ – 📺 ☎ ⓟ. ⑩ E 𝘝𝘐𝘚𝘈, ⚓ rest
      18 mai-30 sept. – **R** 92/140 – ⌲ 27 – **38 ch** 245/315 – ½ P 200/325.

   🏠 **Princes,** 🖈 50 75 02 94, ≤, 🐾, 🌸 – 🛗 ☎ ⓟ. ⑩ E 𝘝𝘐𝘚𝘈, ⚓ rest
      15 mai-30 sept. – **R** 75/220, enf. 50 – ⌲ 28 – **35 ch** 170/370 – ½ P 290/370.

   🏠 **Parc et Beauséjour,** 🖈 50 75 14 52, ≤, 🌳, parc, 🐾, ⚓ – 🛗 ☎ ⓟ – 🏛 100. E 𝘝𝘐𝘚𝘈
  ◆ *fermé 15 nov. au 30 janv., dim. soir et lundi d'oct. à fin avril* – **R** 65/140, enf. 43 – ⌲ 28 –
      50 ch 140/270 – ½ P 265.

   🏠 **Tilleul,** 🖈 50 70 00 39, 🌸 – 🛗 📺 ☎ ⓟ. ⑩ E 𝘝𝘐𝘚𝘈, ⚓ rest
      fermé 22 déc. au 1er fév. – **R** (fermé dim. soir et lundi sauf juil.-août) 85/250 ⚜ – ⌲ 28 –
      28 ch 190/320.

   🏠 **Chablais,** à Publier S : 1 km ✉ 74500 Évian 🖈 50 75 28 06, ≤, 🌳, 🌸 – 📺 ☎ ⓟ. ⑩
      E 𝘝𝘐𝘚𝘈, ⚓ rest
      fermé du 20 janv. et dim. d'oct. au 15 mai – **R** 75/150 ⚜ – ⌲ 27 – **25 ch** 112/260
      – ½ P 120/230.

   XX **Le Relais,** 🖈 50 70 00 21, ≤, 🌳 – ⏣ ⑩ E 𝘝𝘐𝘚𝘈
      fermé 22 déc. au 1er fév., mardi de sept. à juin et lundi sauf le midi du 1er fév. au 30 juin –
      R 85/225 ⚜.

AMPUS 83111 Var 🔲 ⑥ G. Côte d'Azur – alt. 585.

Paris 843 – Castellane 58 – Draguignan 15 – ♦ Toulon 97.

   XX **Roche Aiguille,** 🖈 94 70 97 24 – E 𝘝𝘐𝘚𝘈
      fermé 15 nov. au 15 déc. – **R** (fermé dim. soir hors sais. et lundi) 90/175, enf. 58.

   X **Fontaine d'Ampus,** 🖈 94 70 97 74, 🌳 – E 𝘝𝘐𝘚𝘈
      fermé janv., fév., mardi sauf le soir en juil.-août et merc. midi – **R** (nombre de couverts
      limité, prévenir) 145/195.

ANCENIS ⟨SP⟩ 44150 Loire-Atl. 🔲 ⑱ G. Châteaux de la Loire – 7 263 h. alt. 13.

🛈 Office de Tourisme pl. Pont 🖈 40 83 07 44.

Paris 350 – ♦ Nantes 38 – Angers 54 – Châteaubriant 48 – Cholet 47 – Laval 98 – La Roche-sur-Yon 87.

   🏠 **Val de Loire** Ⓜ, Le Jarier d'Ancenis E : 2 km par rte Angers 🖈 40 96 00 03, Télex 711592
  ◆ – 📺 ☎ ⚐ ⓟ – 🏛 80. E 𝘝𝘐𝘚𝘈
      fermé 25 déc. au 1er janv. – **R** (fermé sam.) 64/177 ⚜, enf. 46 – ⌲ 23 – **40 ch** 205/285 –
      ½ P 189/203.

ANCENIS

XX **Aub. Bel Air,** E : 1 km rte Angers ✆ 40 83 02 87 – VISA
fermé 15 au 31 août, dim. soir et lundi – **R** 90/235, enf. 50.

CITROEN Gar. Moderne, 339 av. F.-Robert
✆ 40 83 28 06
RENAULT Gar. Leroux, ZI rte de Châteaubriant
✆ 40 83 23 20

🏵 Clinique du Pneu, 151 r. de Barème
✆ 40 83 27 73

Les ANCIZES-COMPS 63770 P.-de-D. 73 ③ G. Auvergne – 1 985 h. alt. 710.

Paris 400 – ◆Clermont-Ferrand 50 – Aubusson 61 – Montluçon 70 – Vichy 67 – Ussel 78.

🏠 **Vieille Ferme,** ✆ 73 86 81 25, 🐎 – ☎ 🅿 ℆ VISA
➔ **R** *(fermé dim. soir et lundi d'oct. à juin)* 52/200, enf. 35 – 🍽 20 – **14 ch** 90/145 – ½ P 130/180.

PEUGEOT-TALBOT Brousse ✆ 73 86 80 37 🅽 ✆ 73 86 80 37

ANCY-LE-FRANC 89160 Yonne 65 ⑦ G. Bourgogne – 1 063 h. alt. 193.

Voir Château★★.

Paris 217 – Auxerre 54 – Châtillon-sur-Seine 38 – Montbard 27 – Tonnerre 19.

🏠 **Centre,** ✆ 86 75 15 11 – 📺 ☎ 🅿 ℇ VISA
➔ *fermé 2 au 20 janv. –* **R** 70/200, enf. 40 – 🍽 30 – **14 ch** 175/300 – ½ P 240/270.

PEUGEOT Gar. Marquand ✆ 86 75 12 21   RENAULT Gar. Royer ✆ 86 75 15 29 🅽

ANDARD 49800 M.-et-L. 64 ⑪ – 2 121 h. alt. 24.

Paris 292 – Angers 14 – Baugé 26 – La Flèche 46 – Saumur 41 – Seiches-sur-le-Loir 18.

XX **Le Dauphin,** ✆ 41 80 41 59 – 🅿 ℇ VISA
fermé 31 juil. au 20 août, dim. soir, lundi soir et mardi – **R** 95/155, enf. 45.

ANDELOT-EN-MONTAGNE 39110 Jura 70 ⑤ – 555 h. alt. 604.

Voir Forêt de la Joux★★ : sapin Président★ E : 4 km, G. Jura

Paris 411 – Arbois 19 – Champagnole 16 – Lons-le-Saunier 50 – Pontarlier 38 – Salins-les-Bains 14.

🏦 **Bourgeois,** ✆ 84 51 43 77 – 🦌 rest
➔ *fermé 10 nov. au 10 déc. –* **R** 55/125 🛦, enf. 45 – 🍽 20 – **15 ch** 110/160 – ½ P 140/155.

Les ANDELYS ◁SP▷ 27700 Eure 55 ⑰ . 106 ① G. Normandie Vallée de la Seine – 8 214 h. alt. 23.

Voir Ruines du Château Gaillard★★ A – Église N.-Dame★ B.

🛈 Syndicat d'Initiative 24 r. Ph.-Auguste (fermé matin hors saison) ✆ 32 54 41 93.

Paris 92 ② – ◆Rouen 40 ① – Beauvais 63 ② –,Évreux 36 ③ – Gisors 31 ② – Mantes-la-Jolie 52 ③.

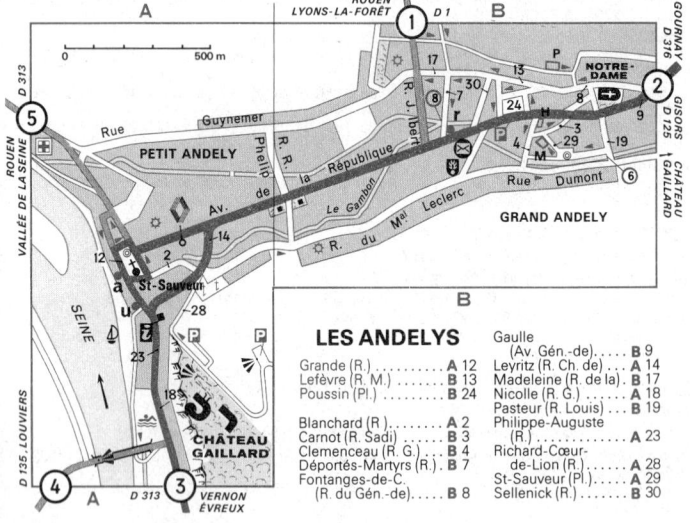

LES ANDELYS

Grande (R.) . . . . A 12
Lefèvre (R. M.) . . . . B 13
Poussin (Pl.) . . . . B 24

Blanchard (R.) . . . . A 2
Carnot (R. Sadi) . . . . . B 3
Clemenceau (R. G.) . . . . B 4
Déportés-Martyrs (R.) . . B 7
Fontanges-de-C.
   (R. du Gén.-de) . . . . B 8
Gaulle
   (Av. Gén.-de) . . . . . B 9
Leyritz (R. Ch. de) . . . A 14
Madeleine (R. de la) . B 17
Nicolle (R. G.) . . . . A 18
Pasteur (R. Louis) . . . B 19
Philippe-Auguste
   (R.) . . . . A 23
Richard-Cœur-
   de-Lion (R.) . . . . . . A 28
St-Sauveur (Pl.) . . . . . A 29
Sellenick (R.) . . . . B 30

XXX **Chaîne d'Or** 😊 avec ch, 27 r. Grande 🎯 32 54 00 31, ⩽ – 🕿 🅟. 🗲 𝘝𝘐𝘚𝘈. 🛇 A **a**
fermé 1er janv. au 2 fév., dim. soir et lundi d'oct. à mai – **R** 140/320 – ⯑ 45 – **8 ch** 340/480.

XX **Normandie** avec ch, 1 r. Grande 🎯 32 54 10 52, 🛋 – 🖵 🕿 🅟. 🗲 𝘝𝘐𝘚𝘈 A **u**
fermé 30 nov. au 30 déc., merc. soir et jeudi – **R** 100/250 – ⯑ 30 – **11 ch** 140/270.

X **Paris** avec ch, 10 av. République 🎯 32 54 00 33, �, 🛋, 🛋 – 🗲 𝘝𝘐𝘚𝘈 B **r**
fermé fév., merc. (sauf le midi de fin sept. au 31 mars) et dim. de fin sept. au 31 mars – **R**
60/145 🍴 – ⯑ 24 – **8 ch** 100/220.

AUSTIN ROVER Gar. J.F.C., 44 av. République
🎯 32 54 12 80
PEUGEOT, Gouedard, 27 r. Rémy par ②
🎯 32 54 11 36 🆗 🎯 32 54 34 05

RENAULT Consortium Autom., 75 av. République
🎯 32 54 21 49

ANDERNOS-LES-BAINS 33510 Gironde 🗆🗆 ① G. Pyrénées Aquitaine – 5 985 h. alt. 4 – Casino.
🛈 Office de Tourisme esplanade du Broustic 🎯 56 82 02 95.
Paris 627 – ◆Bordeaux 46 – Arcachon 40 – ◆Bayonne 172 – Mont-de-Marsan 118.

🏨 **Vitahôtel** 🅼, av. F. Cazenave 🎯 56 26 12 12, ⩽, 🌫, 🛋 – 🕿 🔥 🅟 – 🕿 25 à 80
saisonnier – **75 ch**.

🏨 **Aub. Le Coulin,** 3 av. d'Arès 🎯 56 82 04 35, 🌫 – 🕿 🅟 𝘝𝘐𝘚𝘈. 🛇 ch
fermé 20 déc. au 1er fév. et lundi sauf de juil. à sept. – **R** 60/170, enf. 50 – ⯑ 30 – **11 ch**
200/270 – ½ P 210/230.

CITROEN Millot, 108 av. de Bordeaux
🎯 56 82 13 05

RENAULT Gar. Beaudoin, 144 bd République
🎯 56 82 00 88

ANDLAU 67140 B.-Rhin 🗆🗆 ⑨ G. Alsace Lorraine – 1 760 h. alt. 246.
Voir Église ★ : porche ★★.
Paris 433 – ◆Strasbourg 39 – Erstein 23 – Le Hohwald 8 – Molsheim 22 – Sélestat 18.

🏨 **Kastelberg** 😊, 🎯 88 08 97 83, Télex 880143, 🛋 – 🖵 🕿 🅟 – 🕿 30. 🗲 𝘝𝘐𝘚𝘈
hôtel : fermé 20 au 28 déc. ; rest. : ouvert 1er avril-15 nov. – **R** (en sem. dîner seul.) 78/250
🍴, enf. 60 – ⯑ 30 – **28 ch** 260/310 – ½ P 260/285.

XX **Boeuf Rouge,** 🎯 88 08 96 26 – 🆎 ⓞ 🗲 𝘝𝘐𝘚𝘈
fermé 21 juin au 5 juil., 10 au 31 janv., merc. soir et jeudi – **R** 220 🍴, enf. 77.

ANDOLSHEIM 68 H.-Rhin 🗆🗆 ⑲ – rattaché à Colmar.

ANDORRE (Principauté d') ★★ 🗆🗆 ⑭⑮... 🗆🗆 ⑥⑦ G. Pyrénées Roussillon – 50 826 h. – 🟢 628 :
interurbain avec la France.

Andorre-la-Vieille (Andorra La Vella) capitale de la Principauté G. Pyrénées Roussillon (plan) –
alt. 1 029.
Voir Vallée du Valira del Orient ★ NE – Vallée du Valira del Nord ★ N.
🛈 Syndicat d'Initiative r. Dr-Vilanova 🎯 20 2 14 – A.C.A. Carrer Babot Camp n° 13 🎯 20 8 90.
Paris 889 – Barcelona 220 – Carcassonne 165 – Foix 103 – ◆Perpignan 166 – ◆Toulouse 185.

🏨 **Andorra Center,** 12 r. Dr Nequi 🎯 24 9 99, Télex 377, Fax 28 3 29, ☙ – 🛗 🖵 rest 🖵
🕿 🚗 – 🕿 100. 🆎 ⓞ 🗲 𝘝𝘐𝘚𝘈. 🛇 rest
El Rostit (buffet) **R** 96/139 – **La Floresta** (snack) **R** carte environ 80 – **La Dama Blanca R**
carte 180 à 230 – ⯑ 42 – **140 ch** 325/547, 10 appart. 775 – ½ P 417/454.

🏨 **Andorra Palace,** r. de la Roda 🎯 21 0 72, Télex 208, Fax 28 2 45, ⩽, 🖾, 🛎 – 🛗
cuisinette 🖵 🕿 🚗 🅟 – 🕿 150. 🆎 ⓞ 🗲 𝘝𝘐𝘚𝘈. 🛇 rest
La Truita R 230 – **El Jardi del Palace R** carte environ 160 – ⯑ 50 – **140 ch** 390/780,
24 appart. 670/1560 – ½ P 535/670.

🏨 **Andorra Park H.** 😊, Les Canals 🎯 20 9 79, Télex 377, Fax 20 9 83, ⩽, 🌫, 🖾, 🛋, 🛎
– 🛗 🛋 🖵 🕿 🅟 🆎 ⓞ 🗲 𝘝𝘐𝘚𝘈. 🛇 rest
R 278, enf. 194 – ⯑ 78 – **40 ch** 489/933 – ½ P 661/822.

🏨 **Novotel Andorra,** Prat de la Creu 🎯 61 1 16, Télex 208, Fax 61 1 20 – 🛗 🖾 rest 🖿 🖵
🕿 🚗 🅟 – 🕿 80 à 250. 🆎 ⓞ 🗲 𝘝𝘐𝘚𝘈. 🛇 rest
R carte environ 170 – ⯑ 50 – **102 ch** 285/316, 5 appart. 843/1053.

🏨 Mercure, 58 av. Méritxell 🎯 20 7 73, Télex 208, Fax 29 0 18, 🖾, 🛎 – 🛗 🖵 🕿 🚗 🅟 –
🕿 150
La Brasserie – 70 ch.

🏨 **Eden Roc,** av. Dr Mitjavila 🎯 21 0 00, Fax 60 3 19 – 🛗 🖵 🕿 🅟. 🆎 ⓞ 🗲 𝘝𝘐𝘚𝘈. 🛇
R 178 – ⯑ 47 – **56 ch** 416/694 – ½ P 467/525.

🏨 **Président,** 40 av. Santa Coloma 🎯 22 9 22, Télex 233, Fax 61 4 14, ⩽, 🖾 – 🛗 🖿 rest 🖵
🕿 🚗 – 🕿 35. ⓞ 🗲 𝘝𝘐𝘚𝘈. 🛇 rest
R 120 **La Nou** (brasserie) *(fermé dim.)* **R** carte environ 130 – **88 ch** ⯑ 550/690, 16 appart.
725/1165 – ½ P 490.

🏨 **Flora** sans rest, 25 Antic Carrer Major 🎯 21 5 08, Télex 209, Fax 62 0 85, 🖾, 🛎 – 🛗 🖵
🕿 🚗. ⓞ 🗲 𝘝𝘐𝘚𝘈. 🛇
⯑ 40 – **45 ch** 450.

🏨 **Cassany** sans rest, 28 av. Méritxell 🌮 20 6 36 – 🔳 📺 **E** 🆅🆂🅰
⌇ 33 – **54 ch** 275/350.

🏨 **Sasplugas** ⌇, av. del Co Princep Iglesias 🌮 20 3 11, ≤ – 🔳 📺 ☎ 🚗. 🆀🅴 **E** 🆅🆂🅰.
⌇ rest
R 78/105, enf. 55 – ⌇ 30 – **26 ch** 240/450 – ½ P 263/330.

🏠 **Pyrénées,** 20 av. Princep Benlloch 🌮 60 0 06, Télex 421, Fax 20 2 65, ⌇, ⌇ – 🔳 📺 ☎
🚗. 🅾 **E** 🆅🆂🅰. ⌇ rest
R 106 – ⌇ 37 – **74 ch** 224/323 – ½ P 239.

🏠 **Florida** sans rest, 11 r. Llacuna 🌮 20 1 05, Télex 262, Fax 61 9 25 – 🔳 📺 ☎. 🆀🅴 🅾 **E**
🆅🆂🅰
52 ch ⌇ 219/357.

🏠 **de l'Isard,** 36 av. Méritxell 🌮 20 0 92, Télex 377, Fax 28 3 29 – 🔳 📺 🚐 🚗. 🆀🅴 🅾 **E**
🆅🆂🅰. ⌇ rest
R 99 – ⌇ 28 – **55 ch** 233/289 – ½ P 271.

XX **Celler d'En Toni** avec ch, 4 Verge del Pilar 🌮 21 2 52 – 🔳 ☎. 🆀🅴 🅾 **E** 🆅🆂🅰. ⌇
R 150 – ⌇ 23 – **22 ch** 175/300 – ½ P 250/300.

AUTOBIANCHI-LANCIA Autom. Jordi, 107 av.
Santa Coloma 🌮 25 5 84
DATSUN-ROVER-LADA-SAAB-SKODA Gar. Au-
tom. Sport, 12 Verge del Pilar 🌮 20 1 44
FIAT 5 av. D.-F. Mitjavila 🌮 20 4 71
FORD Autos-Servei, 5 av. Princep Benlloch 🌮 20
0 23
HONDA 89 av. Princep Benlloch 🌮 21 2 95
OPEL-G.M. Motorauto, 50 av. Santa Coloma 🌮 20
4 23

PEUGEOT-TALBOT Gar. International, av. Tarra-
gona 🌮 21 4 92
PORSCHE-MITSUBISHI 4 av. Tarragone 🌮 29 2
35
SEAT 3 Dr. Vilanova 🌮 25 6 71
V.A.G (VOLKSWAGEN) 100 av. Meritxell 🌮 21 3
74

Arinsal – alt. 1 145 - ✉ La Massana – Sports d'hiver : 1 550/2 550 m ⌇15.
Andorre-la-Vieille 9.

🏨 **St. Gothard,** 🌮 36 0 20, ≤, ⌇ – 🔳 ☎ 🅿 – 🛁 150. 🆀🅴 **E** 🆅🆂🅰. ⌇ rest
R 92 ⌇ – **170 ch** (½ pens. seul.) – ½ P 283.

🏨 **Solana,** 🌮 35 1 27, Fax 37 3 95, ≤, ⌇ – 🔳 ☎ 🚗. 🆀🅴 🅾 **E** 🆅🆂🅰. ⌇ rest
fermé 15 oct. au 15 nov. – **R** 80/150 ⌇, enf. 50 – ⌇ 40 – **45 ch** 160/250 – ½ P 200/
230.

🏠 **Poblado,** 🌮 35 1 22, Fax 37174, ≤ – **E** 🆅🆂🅰. ⌇ rest
fermé 19 oct. au 4 nov. – **R** 65 ⌇ – ⌇ 25 – **30 ch** 85/235 – ½ P 176/220.

🏠 **Janet** sans rest, à Erts S : 1,5 km 🌮 35 0 88 – ⌇
fermé 15 oct. au 1er déc. – ⌇ 18 – **19 ch** 108/220.

Canillo – alt. 1 531 - ✉ Canillo.
Voir Crucifixion★ dans l'église de Sant Joan de Caselles NE : 1 km.
Andorre-la-Vieille 11.

🏨 **Bonavida,** plaça Major 🌮 51 3 00, ≤ – 🔳 ☎ 🚗. 🆀🅴 🅾 **E** 🆅🆂🅰. ⌇
fermé oct. et nov. – **R** 96 – **40 ch** ⌇ 270/370 – ½ P 270.

🏠 **Péllissé,** Sant Joan de Caselles 🌮 51 2 05, ≤ – 🔳 🚐 🅿
37 ch.

Encamp – alt. 1 313.
Voir Les Bons : site★ N : 1 km.
Andorre-la-Vieille 6.

🏨 **Coray,** cami dels Pasturesos 🌮 31 5 13, ≤, ⌇ – 🔳 🚐 🚗. 🆅🆂🅰. ⌇
fermé 4 au 30 nov. – **R** 55/60 – **85 ch** ⌇ 165/230 – ½ P 146/157.

🏠 **Univers** sans rest, 1 r. René Baulard 🌮 31 0 05 – 🔳 ☎ 🅿 **E** 🆅🆂🅰. ⌇
fermé 1er nov. au 1er déc. – **36 ch** ⌇ 184/260.

Les Escaldes-Engordany – alt. 1 105 - ✉ Andorre-la-Vieille.
Andorre-la-Vieille 1.

🏨🏨 **Roc Blanc,** (centre thermal), 5 pl. dels Co-Princeps 🌮 21 4 86, Télex 224, Fax 60 2 44,
⌇, ⌇, ⌇ – 🔳 📺 ☎ 🚗 🅿 – 🛁 30 à 800. 🆀🅴 🅾 **E** 🆅🆂🅰. ⌇ rest
El Pi **R** 253 enf.132 – L'Entrecôte (snack) **R** carte 120 à 240 – ⌇ 80 – **240 ch** 580/
980.

🏨🏨 **Delfos** ⌇, av. del Fener 🌮 24 6 42, Télex 242, Fax 61 6 42 – 🔳 ▤ rest 📺 ☎ 🚗 –
🛁 200. 🆀🅴 🅾 **E** 🆅🆂🅰. ⌇ rest
R 115/125 – ⌇ 36 – **200 ch** 296/366 – ½ P 319/328.

🏨 **Comtes d'Urgell,** 29 av. Escoles à Engordany ℰ 20 6 21, Télex 226, Fax 20 4 65 – 🛗 📺
🕿 ⟵. ⅄ⅇ ① 🅴 *VISA*. ⅀ rest
R 111 – **200 ch** ⊑ 280/355 – ½ P 265.

🏨 **Espel,** 1 pl. Creu Blanca à Engordany ℰ 20 8 55, Fax 28 0 56 – 🛗 📺 🕿 ⟵. ⅀
← fermé nov. – **R** 65 bc/80 bc – **102 ch** ⊑ 240/270 – ½ P 175/190.

🏨 **Les Closes** sans rest, 93 av. Carlemany ℰ 28 3 11 – 🛗 🕿 ⟵. ① 🅴 *VISA*. ⅀
44 ch ⊑ 288.

B.L.F.-CITROEN-AUSTIN-MG-MORRIS- MINI-
JAGUAR-TRIUMPH-ROVER 34 av. Carlemany
ℰ 20 5 01

INNOCENTI-MAZDA Gar. Cosmos, 10 av. de les
Escoles ℰ 21 2 66
TOYOTA 4 av. Fite i Rossell ℰ 24 4 13

La Massana – alt. 1 241 - ⊠ La Massana.
Andorre-la-Vieille 5.

🏨 **Rutllan,** ℰ 35 0 00, Fax 35 1 80, ≼, ⅄, ☞, ⅀ – 🛗 📺 🕿 ⟵. ⅄ⅇ ① 🅴 *VISA*.
⅀ rest
R 135/195 – ⊑ 50 – **100 ch** 330/440 – ½ P 330/440.

Ordino – alt. 1 304.
Andorre-la-Vieille 7.

🏨 **Coma** ⅏, ℰ 35 1 16, ≼, ⅄, ☞, ⅀ – 🛗 📺 🕿 ⟵ 🅿. 🅴 *VISA*. ⅀
fermé nov. – **R** 75/95, enf. 45 – **48 ch** ⊑ 190/385 – ½ P 260/290.

Pas-de-la-Case – alt. 2 091 – Sports d'hiver : 2 050/2 580 m ⅊28.
Voir Port d'Envalira ⅏★★ O : 4 km.
Andorre-la-Vieille 30.

🏨 **Sporting** Ⓜ, ℰ 55 4 55, Télex 255, Fax 55 0 12, ≼ – 🛗 📺 🕿 ⟵. ⅄ⅇ ① 🅴 *VISA*.
⅀ rest
15 déc.-20 avril – **R** 110, enf. 65 – **76 ch** (½ pens. seul.) – ½ P 460/485.

🏠 **Els Isards,** ℰ 55 1 55, Télex 289, Fax 55 1 59, ≼ – 🕿. ⅄ⅇ ① 🅴 *VISA*
R 85/132, enf. 50 – ⊑ 20 – **39 ch** 245/490 – ½ P 230/325.

Santa-Coloma – alt. 970 - ⊠ Andorre-la-Vieille.
Andorre-la-Vieille 3.

🏨 **Cerqueda** ⅏, Mossen Lluis Pujol ℰ 20 2 35, Fax 61 9 09, ≼, ⅄, ☞ – 🛗 🕿 🅿. ⅄ⅇ ①
🅴 *VISA*. ⅀ rest
fermé 7 janv. au 1er mars – **R** 97/102 ⅃ – ⊑ 27 – **70 ch** 190/310 – ½ P 255/271.

RENAULT Renault Servei, 142 av. d'Enclar ℰ 20 6 72

Sant-Julia-de-Loria – alt. 909.
Andorre-la-Vieille 7.

🏨 **Pol,** 52 av. Verge de Canolich ℰ 41 1 22, Télex 272, Fax 41 8 52, ⅏ – 🛗 ▤ rest 📺 🕿
🅿. 🅴 *VISA*. ⅀
R 105/129 – **75 ch** ⊑ 358/517 – ½ P 297/388.

🏠 **Coma Bella** ⅏, SE : 7 km par VO ℰ 41 2 20, ≼, alt. 1300, parc, « Dans la forêt de la
Rabassa », ⅃, – 📺 ⟵ 🅿. ⅄ⅇ 🅴 *VISA*
fermé 15 nov. au 20 déc. et 8 au 30 janv. – **R** 85 – ⊑ 25 – **28 ch** 275/350 – ½ P 190/225.

ALFA-ROMEO 59 av. Verge de Canolich ℰ 41 1
43
BMW-MERCEDES Automobiles Pyrénées, Prat de
la Tresa ℰ 41 9 64

VOLVO-FERRARI Auto-Diesel, 59 av. Verge de
Canolich ℰ 41 1 43

Soldeu – alt. 1 826 - ⊠ Soldeu – Sports d'hiver : 1 700/2 560 m ⅊22.
Andorre-la-Vieille 19.

🏨 **Del Tarter,** à El Tarter, O : 3 km ℰ 51 1 65, Fax 51 4 74, ≼ – 🛗 📺 🕿 ⟵ 🅿. ① 🅴
← *VISA*. ⅀
hôtel : fermé 15 oct. au 1er déc. ; rest. : fermé mai, juin et 15 sept. au 1er déc. – **R** 60/100
– ⊑ 33 – **37 ch** 190/300 – ½ P 255/320.

💥 **Sant Pere** ⅏, avec ch, à El Tarter, O : 3 km ℰ 51 0 87, Télex 234, ≼, ⅏ – 🅿. ⅄ⅇ ①
🅴 *VISA*. ⅀ rest
R carte 170 à 270, enf. 65 – ⊑ 33 – **6 ch** 435/490.

Zelten Sie gern ?
Haben Sie einen Wohnwagen ?
Dann benutzen Sie den Michelin-Führer
Camping Caravaning France.

ANDRÉSY 78570 Yvelines 55 ⑱, 106 ⑰ – 11 217 h..

XXX **Villa Hadrien,** 75 av. Gén. Leclerc ℰ (1) 39 74 10 00, Fax (1) 39 70 87 07, 斎, 牟 🅿
VISA
fermé dim.soir et lundi – **R** 150 (déj.)/330.

ANDRÉZIEUX BOUTHÉON 42 Loire 73 ⑱ – rattaché à St-Étienne.

ANDUZE 30140 Gard 80 ⑰ G. Gorges du Tarn – 2 787 h. alt. 131.
Voir Bambouseraie de Prafrance★ N : 3 km par D 129.
🛈 Syndicat d'Initiative plan de Brie ℰ 66 61 98 17.
Paris 718 – Alès 13 – Florac 67 – Lodève 86 – ♦Montpellier 67 – Nîmes 47 – Le Vigan 52.

au NO : 3 km par D 907 – ✉ **30140** Anduze :

🏨 **Porte des Cévennes** M ⌛, ℰ 66 61 99 44, Fax 66 61 73 65, ≤, 斎, 牟 – ☎ 🅿 AE ⓞ
E VISA 彩
1er avril-27 oct. – **R** (dîner seul.) 85/150 – ⌿ 30 – **41 ch** 205/225 – ½ P 195/205.

à Mialet : NO : 10 km par D 129 et D 50 – ✉ **30140** :
Voir Le Mas Soubeyran : musée du Désert★ (souvenirs protestants 17e-18e s.) S : 3 km.

⚕ **Grottes de Trabuc** ⌛, sur D 50 ℰ 66 85 02 81, ≤, 斎 – ☎ 🅿 彩 rest
➡ *27 mars-1er oct. et fermé mardi –* **R** 68/108 ⅜ – ⌿ 20 – **8 ch** 200 – ½ P 200/250.

X **Aub. du Fer à Cheval,** ℰ 66 85 02 80 – E VISA 彩
➡ *23 mars-30 sept., week-ends du 1er oct. au 30 nov. et fermé dim. soir (sauf juil.-août) et lundi –* **R** 70/95, enf. 45.

à Générargues : NO 5,5 km par D 129 et D 50 – ✉ **30140** :

🏨 **Trois Barbus** ⌛, ℰ 66 61 72 12, ≤ vallée des Camisards, 斎, 🛆 – 📺 ☎ 🅿 – 🏛 30.
AE ⓞ E VISA 彩
fermé 2 janv. au 5 mars, dim. soir et lundi du 1er nov. au 31 mars – **R** 140/300, enf. 80 –
⌿ 45 – **35 ch** 260/460 – ½ P 385/445.

à Tornac : SE : 6 km par D 982 – ✉ **30140** :

🏨 **Demeures du Ranquet** M, ℰ 66 77 51 63, Fax 66 77 55 62, 斎, parc, 🛆 – ⌿ ch 🖬 ch
📺 ☎ 🅟 🅿 AE E VISA 彩 rest
fermé 11 nov. au 20 déc., fév., mardi soir et merc. du 15 sept. au 15 juin) – **R** 138/265,
enf. 54 – ⌿ 60 – **10 ch** 600/800 – ½ P 510/550.

à Durfort SO : 12 km par D 982 – ✉ **30170** :

X **Le Real,** rte St-Hippolyte-du-Fort ℰ 66 77 50 68, 斎 – 🅿
fermé 23 au 30 juin, 22 au 30 sept., dim. soir et lundi – **R** (déj. seul. en hiver) 90 bc/180,
enf. 50.

ANET 28260 E.-et-L. 55 ⑰, 106 ⑬ – 2 431 h. alt. 71.
Voir Château★ G. Normandie Vallée de la Seine
Paris 79 – Chartres 51 – Dreux 16 – Évreux 37 – Mantes-la-Jolie 28 – Versailles 59.

🏠 **Dousseine** ⌛ sans rest, ℰ 37 41 49 93, 牟, 彩 – 📺 ☎ 🅿 – 🏛 50. E VISA
⌿ 35 – **20 ch** 220/250.

XX **Aub. de la Rose** avec ch, ℰ 37 41 90 64 – ☎. E VISA 彩 ch
fermé 24 au 27 août, 6 au 22 janv., dim. soir et lundi – **R** 90/240 – ⌿ 30 – **8 ch** 180/240.

XX Manoir d'Anet, ℰ 37 41 91 05.

à Ézy-sur-Eure (27 Eure) NO : 2 km – ✉ **27530** :

XXX **Maître Corbeau,** rte Ivry ℰ 37 64 73 29 – ⌿ 🅿 AE ⓞ E VISA
fermé mardi soir et merc. sauf juil.-août – **R** 140/300, enf. 80.

PEUGEOT-TALBOT Dafeur ℰ 37 41 91 02 🅽   RENAULT Ézy Auto, à Ézy-sur-Eure (27)
RENAULT Bonnin ℰ 37 41 90 51 🅽 ℰ 37 41 45 64   ℰ 37 64 74 33

ANGERS 🅿 49000 M.-et-L. 63 ⑳ G. Châteaux de la Loire – 141 143 h. alt. 47.
Voir Château★★★ AYZ : tenture de l'Apocalypse★★★, tapisseries mille-fleurs★★, tapisseries★ du
Logis du Gouverneur – Vieille ville★★ : cathédrale★★ BY, galerie romane★★ de la Préfecture★
BZ P, galerie David d'Angers★ BZ E, Maison d'Adam★ BYZ D, hôtel Pincé★ BY M2 – Chœur★★
de l'église St-Serge★ CY – Musée Jean Lurçat et de la Tapisserie contemporaine★★ dans l'ancien
hôpital St-Jean ABY – La Doutre★ AY
🏧 ℰ 41 91 96 56, par ④ : 8 km.
🛈 Office de Tourisme et Accueil de France (Informations et réservations d'hôtels, pas plus de 5 jours à
l'avance) pl. Kennedy ℰ 41 88 69 93, Télex 720930 – A.C. 21 bd Foch ℰ 41 88 40 22.
Paris 296 ① – ♦Caen 218 ⑥ – Laval 74 ⑥ – ♦Le Mans 96 ① – ♦Nantes 89 ⑤ – ♦Orléans 214 ① – Poitiers 136
④ – ♦Rennes 119 ⑥ – Saumur 45 ③ – ♦Tours 109 ①.

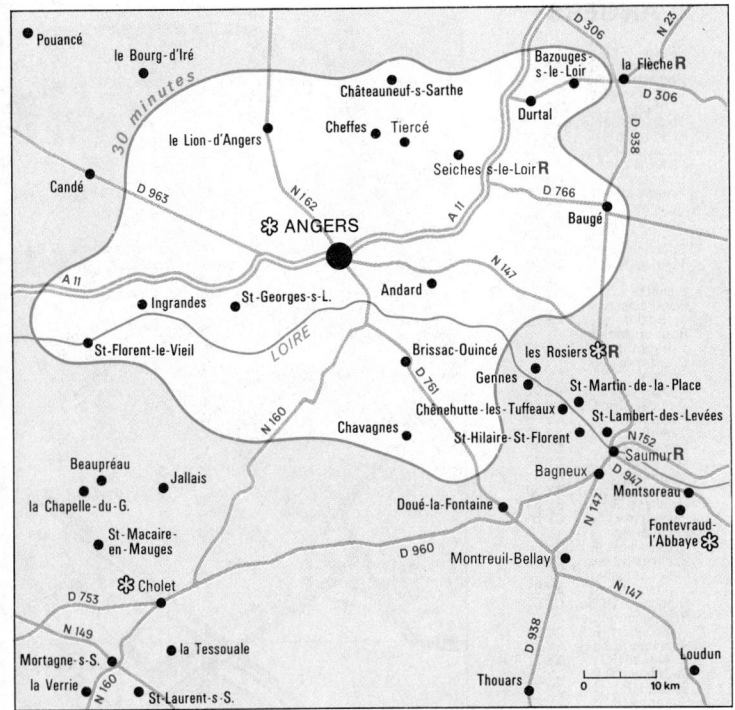

Pouancé
le Bourg-d'Iré
30 minutes
Châteauneuf-s-Sarthe
Bazouges-s-le-Loir
la Flèche **R**
D 306
D 306
D 338
le Lion-d'Angers
Cheffes Tiercé
Durtal
Seiches-s-le-Loir **R**
D 766
Candé
D 963
N 162
A 11
Baugé
❀ ANGERS
N 147
A 11
Ingrandes St-Georges-s-L.
Andard
St-Florent-le-Vieil
LOIRE
Brissac-Quincé
les Rosiers ❀**R**
D 761
Gennes
St-Martin-de-la-Place
N 160
Chênehutte-les-Tuffeaux
St-Lambert-des-Levées
Chavagnes
St-Hilaire-St-Florent
N 152
Saumur **R**
Beaupréau
Jallais
Bagneux
D 947
Montsoreau
la Chapelle-du-G.
Doué-la-Fontaine
N 147
Fontevraud-l'Abbaye ❀
St-Macaire-en-Mauges
D 960
Montreuil-Bellay
❀ Cholet
D 753
N 147
N 149
D 938
Mortagne-s-S.
la Tessoualle
Loudun
la Verrie
N 160
St-Laurent-s-S.
Thouars
0   10 km

🏨🏨 **Anjou et rest. Salamandre,** 1 bd Mar. Foch ⊠ 49100 ℰ 41 88 24 82, Télex 720521, Fax 41 87 22 21, « Belle décoration intérieure » – 📶 📺 ☎ 🚗 – 🔬 70. 🅰🅴 ⓪ 🗲 🆅🆂🅰. ✁ rest   CZ **h**
R *(fermé dim.)* 100/180, enf. 100 – 🍽 42 – **51 ch** 300/480.

🏨🏨 **Concorde** Ⓜ, 18 bd Mar. Foch ⊠ 49100 ℰ 41 87 37 20, Télex 720923, Fax 41 87 49 54 –
📶 📺 ☎ 🅿 – 🔬 25 à 200. 🅰🅴 ⓪ 🗲 🆅🆂🅰   CZ **u**
R *(brasserie)* 95/130 – 🍽 47 – **73 ch** 380/470.

🏨🏨 **Mercure** Ⓜ ⚭, pl. Mendès-France (Centre des Congrès) ⊠ 49100 ℰ 41 60 34 81, Télex 722139, Fax 41 60 57 84 – 📶 ⇆ ch 🖥 📺 ☎ & 🚗. 🅰🅴 ⓪ 🗲 🆅🆂🅰   CY **a**
R 90/135 ⅃, enf. 40 – 🍽 45 – **86 ch** 485/515.

🏨 **France et rest. Plantagenets,** 8 pl. Gare ⊠ 49100 ℰ 41 88 49 42, Télex 720895, Fax 41 88 57 01 – 📶 📺 ☎ 🅰🅴 ⓪ 🗲 🆅🆂🅰   AZ **t**
R *(fermé 25 déc. au 5 janv. et sam.)* 98 ⅃, enf. 45 – 🍽 42 – **57 ch** 300/420.

🏨 **Progrès** sans rest, 26 r. D. Papin ⊠ 49100 ℰ 41 88 10 14, Télex 720982, Fax 41 87 82 93 –
📶 📺 ☎ 🅰🅴 ⓪ 🗲 🆅🆂🅰   AZ **x**
fermé 21 déc. au 8 janv. – 🍽 30 – **41 ch** 275/330.

🏨 **Univers** sans rest, 16 r. Gare ⊠ 49100 ℰ 41 88 43 58, Télex 720930 – 📶 📺 ☎ 🅰🅴 ⓪
🗲 🆅🆂🅰 – 🍽 22 – **45 ch** 210/235   AZ **m**

🏨 **Europe** sans rest, 3 r. Château-Gontier ⊠ 49100 ℰ 41 88 67 45, Télex 722125 – 📺 ☎ 🅰🅴
⓪ 🗲 🆅🆂🅰 – 🍽 23 – **29 ch** 165/215   CZ **a**

🏨 **St Julien** sans rest, 9 pl. Ralliement ⊠ 49100 ℰ 41 88 41 62 – 📶 ⇆ 📺 ☎ 🗲 🆅🆂🅰
🍽 25 – **34 ch** 210/300.   CY **e**

🏨 **Champagne** sans rest, 34 r. D. Papin ⊠ 49100 ℰ 41 88 78 06, Fax 41 87 03 94 – 📶
☎ 🅰🅴 ⓪ 🗲 🆅🆂🅰   AZ **x**
fermé 21 déc. au 5 janv. – 🍽 22 – **30 ch** 139/260.

🏨 **Ibis** Ⓜ, r. Poissonnerie ⊠ 49100 ℰ 41 86 15 15, Télex 720916, Fax 41 87 10 41 – 📶 📺 ☎
& – 🔬 30 à 50. 🗲 🆅🆂🅰 **R** 77 ⅃, enf. 35 – 🍽 30 – **95 ch** 270/290.   BY **b**

🏨 **Fimotel,** 23 bis r. P. Bert ⊠ 49100 ℰ 41 88 10 10, Télex 722735, Fax 41 88 85 46 – 📶 📺
☎ & 🅿 – 🔬 150. 🅰🅴 ⓪ 🗲 🆅🆂🅰   s
R 72/92 ⅃, enf. 34 – 🍽 33 – **52 ch** 270/295 – ½ P 202.   CZ

ANGERS

Les rues
sont sélectionnées
en fonction
de leur importance
pour la circulation
et le repérage
des établissements
cités.
Les rues secondaires
ne sont qu'amorcées.

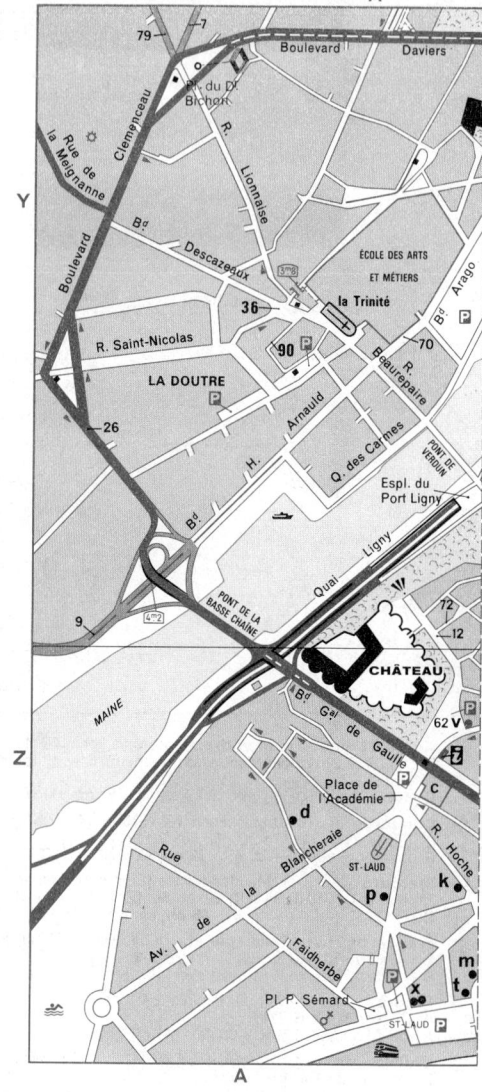

Mail ⚏ sans rest, 8 r. Ursules ⊠ 49100 ℰ 41 88 56 22 – 📺 ☎ 🅿. ⑩ 🗲 𝘝𝘐𝘚𝘈 CY **b**
⊡ 26 – **27 ch** 135/260.

Royal sans rest, 8 bis pl. Visitation ⊠ 49100 ℰ 41 88 30 25 – 🛗 ☎. ⑩ 🗲 𝘝𝘐𝘚𝘈 AZ **k**
fermé 27 déc. au 6 janv. – ⊡ 19 – **40 ch** 105/195.

Roi René sans rest, 16 r. Marceau ⊠ 49100 ℰ 41 88 88 62 – 🛗 📺 ☎. ⚘ AZ **p**
fermé août – ⊡ 27 – **26 ch** 160/290.

St Raphaël ⚏ sans rest, 13 r. de l'Esvière ⊠ 49100 ℰ 41 87 55 58 – 📺 ☎ 🄰🄴 ⑩ 🗲
𝘝𝘐𝘚𝘈 – ⊡ 20 – **10 ch** 160/240 AZ **d**

✕✕✕ **Le Toussaint**, 7 pl. Kennedy ⊠ 49100 ℰ 41 87 46 20 – ▤. 🄰🄴 ⑩ 🗲 𝘝𝘐𝘚𝘈 AZ **v**
fermé 26 au 31 août, vacances de fév., dim. soir et lundi – **R** 100/280.

✕✕✕ **La Rose d'Anjou**, 9 pl. Ralliement ⊠ 49100 ℰ 41 87 64 94 – ▤. ⑩ 🗲 𝘝𝘐𝘚𝘈 CY **e**
R 100 bc/250 bc, enf. 70.

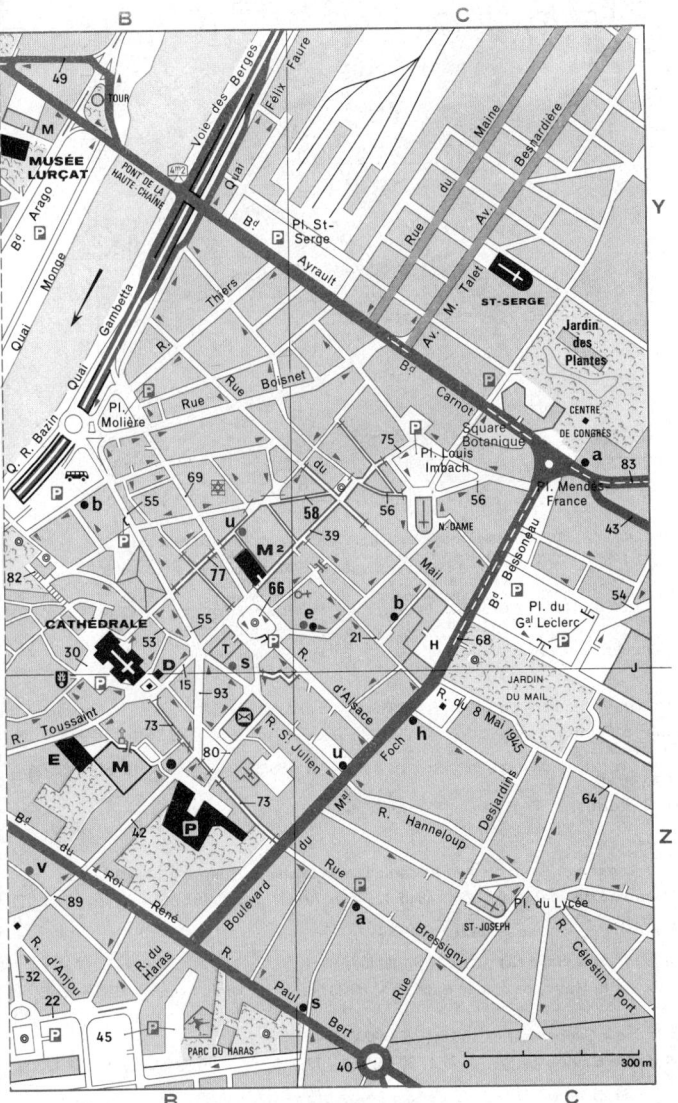

XX   **L'Entracte,** 9 r. L. de Romain ℘ 41 87 71 82   BY **s**

XX   ✿ **Le Logis** (Guinet), 17 r. St-Laud ⊠ 49100 ℘ 41 87 44 15, produits de la mer – 🆎 ⓪ **E**   BY **u**
VISA
    fermé 14 juil. au 5 août, sam. soir et dim. du 1ᵉʳ juin au 1ᵉʳ oct. et fêtes – **R** 100/300
    Spéc. Champignons farcis au crabe, Choucroute de poissons (nov. à mi-avril), Goujonnette de turbot au
    safran et bigorneaux.. Vins Savennières, Rosé de Loire.

X   **L'Entrecôte,** av. Joxé (M.I.N.) par av. M. Talet et av. Besnardière ⊠ 49100 ℘ 41 43 71 77
←   – *VISA*   EV **z**
    fermé 20 juil. au 20 août, 24 déc. au 1ᵉʳ janv., sam. et dim. – **R** (déj. seul.) 68/130.

X   **Rose d'Or,** 21 r. Delaage ⊠ 49100 ℘ 41 88 38 38 – ▤, *VISA*. ✁   BZ **v**
    fermé 8 juil. au 13 août, dim. soir et lundi – **R** 98/160.

tourner →

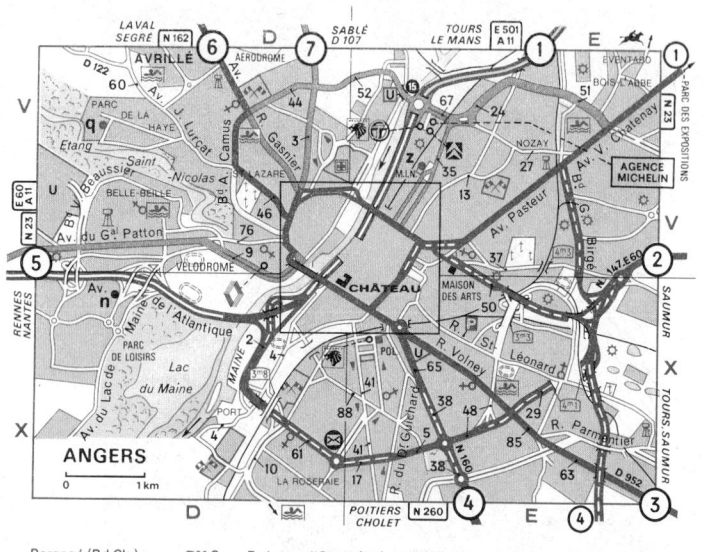

Barangé (Bd Ch.) . . . . **DX** 2	Estienne d'Orves (Bd) . . **EX** 29	Montplaisir (Bd de) . . . . **EV** 51
Barra (R.) . . . . **DV** 3	Joxé (Av. J.) . . . . **EX** 35	Moulin (Bd J.) . . . . . . **DEV** 52
Beaumette (Pr.) . . . . **DX** 4	Larevellière (R.) . . . . **EV** 37	Pompidou (Av. G.) . . . . **DV** 60
Bedier (Bd J.) . . . . **EX** 5	Lattre-de-Tassigny	Portet (Bd J.) . . . . **DX** 61
Bon-Pasteur (Bd) . . . . . . **DV** 9	(Av. du Mar. de) . . . . **EX** 38	Pyramide (Rte) . . . . **EX** 63
Bouchemaine (Rte de) . **DX** 10	Letanduère (R. de) . . . . **EX** 41	Rabelais (R.) . . . . **EX** 65
Chalouère (R.) . . . . **EV** 13	Lizé (R. du Gén.) . . . . . **DV** 44	Ramon (Bd G.) . . . . **EV** 67
Chaumin (Bd E.) . . . . . . **EX** 17	Meignanne (R. de la) . . **DV** 46	St-Jacques (R.) . . . . **DV** 76
Doyenné (Bd du) . . . . . . **EV** 24	Millot (Bd J.) . . . . **EX** 48	Saumuroise (R.) . . . . . . **EX** 85
Dunant (Bd H.) . . . . **EV** 27	Montaigne (Av.) . . . . . . **EX** 50	Strasbourg (Bd) . . . . . **DEX** 88

NE par ① : rte Paris : 6 km – ⊠ 49480 St Sylvain d'Anjou :

XXX **Aub. d'Éventard** avec ch, ℰ 41 43 74 25, Télex 722145, Fax 41 47 24 81, ⌂, ⌂ – 🖭 **P**. 🖭 ⓞ **E** 🗺 ✲
fermé vacances de fév., dim. soir et lundi – **R** 180/350 – ⊡ 45 – **10 ch** 190/290 – ½ P 350/395.

XX **Le Clafoutis,** ℰ 41 43 84 71, ⌂ – **P**. **E** 🗺
fermé 29 juil. au 25 août, vacances de fév., mardi soir, dim. soir et merc. – **R** 80/240, enf. 60.

vers ⑤ par autoroute de Nantes sortie Lac de Maine O : 2 km – ⊠ 49000 Angers :

🏨 **Altéa Lac de Maine** 🖭, ℰ 41 48 02 12, Télex 721111, Fax 41 48 57 51 – 🛗 ⥂ ch 🖵 📺
☎ & **P** – 🔬 200. 🖭 ⓞ **E** 🗺 DX **n**
R 142, enf. 60 – ⊡ 45 – **80 ch** 295/460.

au parc de la Haye NO : 4 km – ⊠ 49240 Avrillé :

XX **Aub. de la Haye,** parc de la Haye ℰ 41 69 33 58, ⌂, « Jardin fleuri » – 🖭 ⓞ **E** 🗺
fermé vacances de fév., dim. soir et lundi – **R** 80/170, enf. 45. DV **q**

à la Croix-Cadeau par ⑥ : 8 km – ⊠ 49240 Avrillé :

🏨 **Motel le Cavier** 🖭 ⅏, ℰ 41 42 30 45, Télex 723110, ⌂ – 📺 ☎ & **P**. 🖭 ⓞ **E** 🗺.
✲ rest
R *(fermé 28 juil. au 11 août, 22 déc. au 5 janv. et dim.)* 86, enf. 35 – ⊡ 35 – **29 ch** 220/270 – ½ P 206/221.

MICHELIN, Agence, 18 bd G.-Ramon, ZI St-Serge EV ℰ 41 43 65 52

AUSTIN-ROVER Gar. Rallye-Service, 4 bis r. St-Maurille ℰ 41 88 03 39
BMW Guitteny Automobiles, 2 av. Besnardière ℰ 41 43 72 88
CITROEN SOVAM, 3 r. Vaucanson EV ℰ 41 43 16 24 🆖 ℰ 41 66 82 66
MERCEDES-BENZ Gar. Bretagne, 107 bd Bedier ℰ 41 44 51 51 🆖 ℰ 41 66 82 66
PEUGEOT-TALBOT SIAA, 9 quai F.-Faure, ZI St-Serge EV ℰ 41 60 56 05
RENAULT Succursale, bd Bon-Pasteur DVX ℰ 41 48 35 34 🆖 ℰ 41 95 01 76

RENAULT Gar. Plessis, 5 pl. Dr Bichon AY ℰ 41 87 46 86
SAAB Gar. Lafayette-Messie, 21 pl. Lafayette EX ℰ 41 88 42 20

🛞 Cailleau, 9 r. Thiers ℰ 41 88 73 20
Perry Pneus, Les Ponts de Cé ℰ 41 69 96 16
Perry-Pneus, 4 av. Besnardières ℰ 41 43 67 49
Rodier-Pneu, 7 bd Romanerie ℰ 41 43 95 14

ANGERVILLE 91670 Essonne 🗺 ⑲ – 2 638 h. alt. 141.

Paris 69 – Ablis 29 – Chartres 45 – Étampes 18 – Évry 57 – ◆Orléans 49 – Pithiviers 26.

🏨 **France**, pl. Marché 𝒫 (1) 64 95 20 03, Fax (1) 64 95 39 59, 🏡 – 🛗 ☎. ᴀᴇ ⓞ ᴇ 𝘝𝘐𝘚𝘈
   R 130 – ⤶ 35 – **15 ch** 240/320.

   à La Poste de Boisseaux S : 7 km sur N 20 – ✉ **28310** (E.-et-L.) :

✕✕ **La Panetière**, 𝒫 38 39 58 26, 🎏 – ⓟ. ᴇ 𝘝𝘐𝘚𝘈
   fermé dim. soir et lundi – **R** 80/130, enf. 60.

Les ANGLES 30133 Gard 🗺 ⑪ – 5 570 h. alt. 66.

Paris 682 – Avignon 4 – Alès 67 – Nîmes 39 – Remoulins 18.

Voir plan de Avignon agglomération.

🏨 **Le Petit Manoir** ♨, av. J. Ferry 𝒫 90 25 03 36, Fax 90 25 49 13, 🏡, 🏊, 🎏 – ☎ ᴅ ⓟ
   – 🛗 70. ᴇ 𝘝𝘐𝘚𝘈. ✼ rest   AV **s**
   R 80/170, enf. 50 – ⤶ 28 – **46 ch** 180/300 – ½ P 220/255.

✕✕✕ ❀ **Ermitage-Meissonnier,** à Bellevue sur D 900 rte Nîmes 𝒫 90 25 41 68, Fax 90 25 11 68,
   🏡, 🏊 – ⓟ. ᴀᴇ ⓞ ᴇ 𝘝𝘐𝘚𝘈   AV **r**
   fermé 27 janv. au 10 fév., lundi(sauf le soir en juil. et août) et dim. soir de nov. à mars –
   R 230/400, enf. 120
   Spéc. Aïoli, Pot-au-feu (nov. à fév.), Lièvre à la Royale (saison). Vins Costières de Nîmes, Châteauneuf du
   Pape.
   Host. Ermitage Ⓜ, 𝒫 90 25 41 02, Fax 90 25 11 68, 🎏 – ▤ ch ☎ ⓟ. ᴀᴇ ⓞ ᴇ 𝘝𝘐𝘚𝘈
   fermé janv. et fév. – ⤶ 45 – **16 ch** 220/400 – ½ P 430/450.

✕✕ **Oustaou dou Terraie,** sur D 900, rte Nîmes 𝒫 90 25 49 26, 🏡 – ⓟ. ᴀᴇ ⓞ ᴇ 𝘝𝘐𝘚𝘈
   fermé dim. soir et lundi – **R** 140/225.

Les ANGLES 66210 Pyr.-Or. 🗺 ⑯ – 475 h. alt. 1 600 – Sports d'hiver : 1 600/2 400 m ⛷2 ⛷17 ⛷.

🛈 Office de Tourisme av. de l'Aude 𝒫 68 04 32 76, Télex 506073.

Paris 888 – Mont-Louis 13 – ◆Perpignan 92 – Quillan 59.

🏨 **Le Yaka**, 𝒫 68 04 46 46, ≤ – 📺 ☎ ⓟ. ⓞ ᴇ 𝘝𝘐𝘚𝘈. ✼ rest
   fermé mai et 14 oct. au 30 nov. – **R** 75/160 ♨, enf. 39 – ⤶ 28 – **35 ch** 230/250 –
   ½ P 230/260.

ANGLET 64600 Pyr.-Atl. 🗺 ⑱ G. Pyrénées Aquitaine – 33 529 h. alt. 28.

🏌 de Chiberta 𝒫 59 63 83 20, N : 5 km.

✈ de Biarritz-Parme : Air France 𝒫 59 23 93 82, SO : 2 km.

🛈 Office de Tourisme 1 av. Chambre-d'Amour 𝒫 59 03 77 01.

Paris 777 – Biarritz 4 – ◆Bayonne 3 – Cambo-les-Bains 19 – Pau 110 – St-Jean-de-Luz 19.

Plan : voir Biarritz-Anglet-Bayonne

🏨🏨 **Atlanthal** Ⓜ ♨, 153 bd Plages 𝒫 59 52 75 75, Télex 573428, Fax 59 52 75 13, ≤, 🏡,
   centre de thalassothérapie, 🏊, 🏊, ✼ – 🛗 ▤ rest 📺 ☎ ᴅ ⓟ – 🛗 30. ᴀᴇ ⓞ ᴇ 𝘝𝘐𝘚𝘈.
   ✼ rest
   R 190 bc, enf. 90 – ⤶ 60 – **50 ch** 525/940 – ½ P 580/710.

🏨🏨 **Novotel Biarritz Aéroport** Ⓜ, 64 av. Espagne 𝒫 59 03 50 70, Télex 572127,
   Fax 59 03 33 55, 🏡, 🏊, 🎏, ✼ – 🛗 ▤ 📺 ☎ ᴅ ⓟ – 🛗 200. ᴀᴇ ⓞ ᴇ 𝘝𝘐𝘚𝘈   BX **m**
   R carte environ 160 ♨, enf. 50 – ⤶ 47 – **85 ch** 430/490.

🏨🏨 **Chiberta et du Golf** ♨, 104 bd Plages - AX 𝒫 59 63 95 56, Télex 550637, Fax 59 63 57 84,
   ≤, 🏡, « En lisière du golf », 🏊, 🎏 – 🛗 ▤ rest 📺 ☎ ᴅ ⓟ – 🛗 180. ᴀᴇ ⓞ ᴇ 𝘝𝘐𝘚𝘈.
   ✼ rest
   R 140, enf. 90 – **54 ch** ⤶ 600/860 – ½ P 520/570.
   La Résidence sans rest, 𝒫 59 52 15 16, Télex 573412, Fax 59 52 11 23 – 🛗 ᴀᴇ ⓞ ᴇ
   𝘝𝘐𝘚𝘈
   ⤶ 43 – **45 ch** 680/740.

🏠 **Climat de France** Ⓜ, bd B.A.B. 𝒫 59 52 99 00, Télex 572140, Fax 59 52 29 11, 🏡 –
   ▤ rest 📺 ☎ ᴅ ⓟ – 🛗 25. ᴀᴇ ᴇ 𝘝𝘐𝘚𝘈   BX **f**
   R 75/130 ♨, enf. 37 – ⤶ 29 – **44 ch** 308 – ½ P 256.

✕✕ **Relais de Parme,** à l'aéroport SO : 2 km 𝒫 59 23 93 84, ≤ – ▤ ⓟ. ᴀᴇ ⓞ ᴇ
   𝘝𝘐𝘚𝘈   ABX
   fermé sam. – **R** carte 210 à 380.

   au lac de Brindos SO : 3,5 km par N 10 - voir à Biarritz

CITROEN Gd Gar. du Palais, bd B.A.B.   OPEL Gar. Lafontaine, BAB 2, les Pontots
𝒫 59 63 80 85   𝒫 59 52 26 46
FIAT Gar. Côte Basque, 44 av. de Bayonne   RENAULT Gar. Aylies Fres, 54 av. d'Espagne
𝒫 59 63 04 04   𝒫 59 03 98 13
FORD Auto-Durruty, ZI des Pontots, bd B.A.B.
𝒫 59 52 33 33

ANGOULÊME P 16000 Charente 72 ⑬⑭ G. Poitou Vendée Charentes – 50 151 h. alt. 72.

Voir Site★ – Promenade des Remparts★★ YZ – Cathédrale★ : façade★★ Y F.

🏇 de l'Hirondelle ℰ 45 61 16 94, S : 2 km X.

🛈 Office de Tourisme 2 pl. St-Pierre ℰ 45 95 16 84, Télex 792215 – A.C. 10 r. Prudent ℰ 45 95 16 14.

Paris 444 ① – Agen 198 ③ – ♦Bordeaux 116 ⑤ – Châteauroux 209 ② – ♦Limoges 103 ② – Niort 108 ① – Périgueux 85 ③ – Poitiers 110 ① – La Rochelle 141 ⑥ – Royan 108 ⑥.

Plans page ci-contre

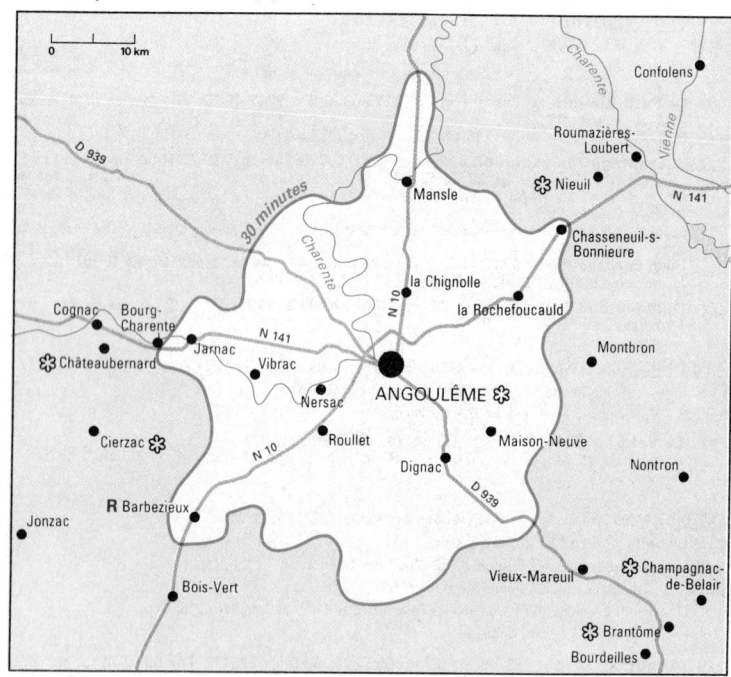

🏨 **Altéa H. de France** M, 1 pl. Halles ℰ 45 95 47 95, Télex 793191, Fax 45 92 02 70, 🚗 –
📶 ☎ 🚗 🅿 – 🕰 60. 🆎 ⓞ Ɛ 𝘝𝘐𝘚𝘈. 🛇 rest   Y e
R 150/180, enf. 60 – ☲ 48 – **90 ch** 405/515.

🏨 **Européen** M sans rest, pl. G. Pérot ℰ 45 92 06 42, Télex 793591 – 📶 ≪⊹≫ 📺 ☎ 🔊 🚗
– 🕰 25. 🆎 ⓞ Ɛ 𝘝𝘐𝘚𝘈   Y a
☲ 40 – **32 ch** 320/400.

🏨 **Épi d'Or** M sans rest, 66 bd René Chabasse ℰ 45 95 67 64, Fax 45 92 97 23 – 📶 📺 ☎
🅿. 🆎 ⓞ Ɛ 𝘝𝘐𝘚𝘈   X v
fermé 22 déc. au 2 janv. – ☲ 27 – **33 ch** 245/290.

🏨 **St Antoine** M, 31 r. St Antoine ℰ 45 68 38 21, Télex 790909, Fax 45 69 10 31 – 📶 📺 ☎
🔊 🅿 – 🕰 100. 🆎 ⓞ Ɛ 𝘝𝘐𝘚𝘈   X f
R *(fermé dim. soir du 15 oct. au 30 mars)* 55/138 ⅃ – ☲ 26 – **32 ch** 225/275 – ½ P 157/220.

🏨 **Le Flore,** 414 rte Bordeaux par ⑤ : 2 km ℰ 45 91 99 46, Télex 791573, 🚿 – 📺 ☎ 🔊
🚗 🅿 🆎 ⓞ 𝘝𝘐𝘚𝘈
R *(fermé sam. midi et dim.)* 110/270 ⅃, enf. 50 – ☲ 27 – **36 ch** 215/350 – ½ P 223/248.

🏨 **Palais** sans rest, 4 pl. F. Louvel ℰ 45 92 54 11, Télex 791683, Fax 45 92 01 83 – 📺 ☎
🆎 ⓞ Ɛ 𝘝𝘐𝘚𝘈   Y k
☲ 28 – **51 ch** 160/300.

🏨 **H. Terminus** sans rest, pl. Gare ℰ 45 92 39 00, Télex 790572, Fax 45 92 68 10 – 📶 📺 🆎
Ɛ 𝘝𝘐𝘚𝘈   Y n
☲ 24 – **33 ch** 153/215.

XX **La Ruelle,** 6 r. Trois Notre-Dame ℰ 45 95 15 19 – E VISA   Y x
fermé 28 juil. au 21 août, vacances de fév., sam. midi et dim. – R 130/250, enf. 80.

XX **Le Margaux,** 25 r. Genève ℰ 45 92 58 98 – AE VISA . ℰ   Y d
fermé 22 déc. au 4 janv., dim. et fêtes – R 85/190.

X **Les Halles,** 11 r. Massillon ℰ 45 92 65 24 – AE E VISA   Y b
fermé sam. midi et dim. – R 85/125 bc, enf. 35.

X **Le Palma,** 4 rampe d'Aguesseau ℰ 45 95 22 89 – E VISA   Y u
fermé 22 déc. au 6 janv. et dim. – R 52/160 ⅄, enf. 42.

X **Rest. Terminus,** pl. Gare ℰ 45 95 27 13 – AE E VISA   Y n
fermé sam. midi – R 66/190.

X **La Cité,** 28 r. St Roch ℰ 45 92 42 69 – E VISA   Y r
fermé vacances de fév., 15 au 28 juil., sam. midi, dim. et lundi midi – R 69/150 ⅄.

ANGOULÊME

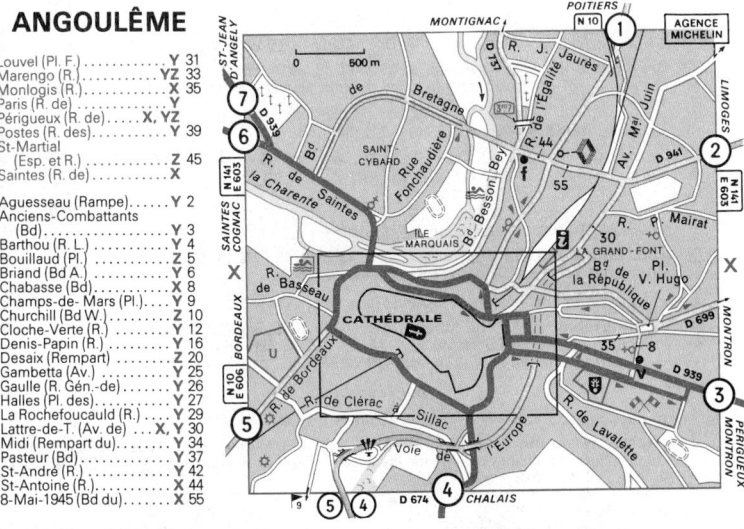

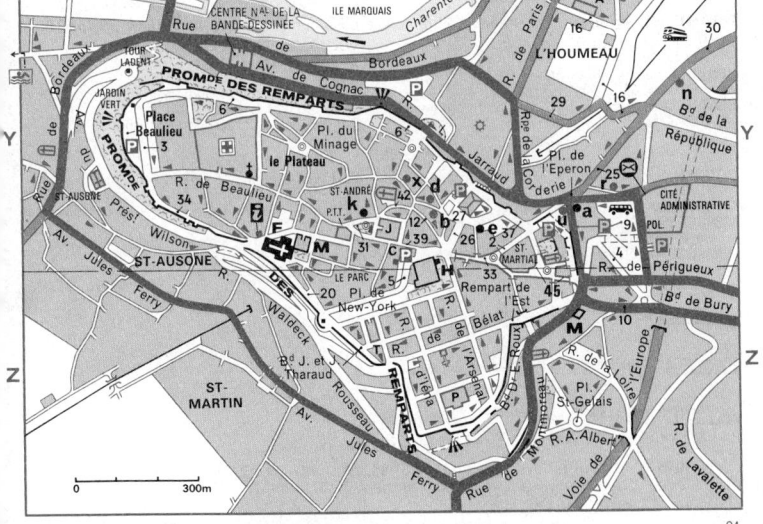

par la sortie ① :

rte de Poitiers – ✉ **16430** Champniers :

🏨 **Novotel** Ⓜ, à 6 km près échangeur Nord ℰ 45 68 53 22, Télex 790153, Fax 45 68 33 83,
�️, 🔟, 🐎 – 📳 🔄 📺 ☎ 🕭 🅿 – 🔬 50 à 200. 🖭 ⓪ 🗲 *VISA*
R carte environ 120 🚲, enf. 50 – 😅 45 – **100 ch** 395/460.

🏨 **Motel PM 16** Ⓜ sans rest, à 8 km ℰ 45 68 03 22, Télex 790345, Fax 45 69 07 67, 🐎 – 📺
☎ 🅿 – 🔬 50. 🖭 ⓪ 🗲 *VISA*
fermé sam. soir de nov. à mars – **R** voir rest. **Feu de Bois** ci-après – 😅 27 – **41 ch** 220/296.

🏨 **Ibis** Ⓜ, à 6 km près échangeur Nord ℰ 45 69 16 16, Télex 793598, Fax 45 68 20 77, 🌤 –
📺 ☎ 🕭 🅿 – 🔬 25. 🗲 *VISA*
R 95 🚲, enf. 35 – 😅 29 – **61 ch** 255/295.

🍴🍴 **Le Feu de Bois**, à 8 km ℰ 45 68 69 96 – 📳 🅿. 🖭 ⓪ 🗲 *VISA*
fermé 13 janv. au 3 fév. et lundi sauf fériés – **R** 70/190 🚲, enf. 45.

par la sortie ③ :

à Maison Neuve 17 km par D 939, D 4 et D 25 – ✉ **16410** Dignac :

🍴🍴🍴 **Orée des Bois** Ⓜ 🌤 avec ch, ℰ 45 24 94 38, 🐎, 🌳 – 📺 ☎ 🅿 ⓪ 🗲 *VISA*
fermé 4 au 24 nov., dim. soir et lundi de sept. à mai – **R** 90/240, enf. 60 – 😅 30 – **7 ch**
200/250 – ½ P 210/240.

à Dignac rte de Périgueux : 16 km – ✉ **16410** :

🏨 **La Marronnière** 🌤, ℰ 45 24 50 42, 🐎, 🌳 – 🅿 ⓪ – 🔬 30. 🖭 🗲 *VISA*. 🎇 ch
fermé dim. soir et lundi – **R** 65/125 🚲 – 😅 25 – **10 ch** 130/170 – ½ P 180.

par la sortie ⑤ :

à Nersac N 10 et D 699 : 10 km – ✉ **16440** :

🍴🍴 **Aub. Pont de la Meure,** rte Hiersac ℰ 45 90 60 48 – 🖭 ⓪ 🗲 *VISA*
fermé août, vend. soir et sam. – **R** 100/170.

à Roullet : 14 km – ✉ **16440** Roullet-St-Estèphe :

🏨 **Vieille Étable** Ⓜ 🌤, rte Mouthiers ℰ 45 66 31 75, Fax 45 66 47 45, 🌤, « A l'intérieur
d'un parc », 🔟, 🎇 – 📺 ☎ 🕭 🅿 – 🔬 25 à 80. 🗲 *VISA*. 🎇 rest
fermé dim. soir de fin sept. à mi-mai – **R** 70/240 🚲 – 😅 30 – **29 ch** 250/330 – ½ P 290.

par la sortie ⑥ :

rte de Cognac par N 141 et D 120 : 10 km – ✉ **16290** Hiersac :

🏨 ❀ **Host. du Moulin du Maine Brun** 🌤, ℰ 45 90 83 00, Télex 791053, Fax 45 96 91 14,
≤, 🐎, Parc animalier, « Élégante installation avec beau mobilier, 🔟 » – 📺 ☎ 🅿 –
🔬 25 à 250. 🖭 ⓪ 🗲 *VISA*
fermé 1ᵉʳ nov. au 30 déc. – **R** *(fermé dim. soir et lundi de janv. à mars)* 180/360, enf. 70 –
😅 55 – **20 ch** 450/750 – ½ P 560/680.
Spéc. Terrine de foie gras de canard, Pigeonneau en cocotte et rosabelle en soufflé d'herbes, Effeuillée de
poire et croûte de chocolat blanc.

MICHELIN, Agence, r. S.-Allende, ZI n° 3, Isle-d'Espagnac, par av. Mar.-Juin X ℰ 45 69 30 02

BMW Laujac Autom., 51 r. St-Antoine
ℰ 45 69 38 88
RENAULT Succursale, 11 rte de Paris X
ℰ 45 69 50 50 Ⓝ ℰ 45 24 76 12
SEAT Espace Autos, ZI n° 3, Le Gond Pontouvre
ℰ 45 68 70 55

VOLVO Gar. Bris, 340 rte de Bordeaux
ℰ 45 91 59 60

🛞 Piot-Pneu, Port L'Houmeau, 37 bd Besson-Bey
ℰ 45 92 06 04
Rogeon-Pneus, ZI de Rabion ℰ 45 91 35 36

Périphérie et environs

CITROEN Gar. Léger, rte N 10 à La Couronne par
⑤ ℰ 45 67 26 03
CITROEN DAC, à Puymoyen par ④ ℰ 45 95 79 64
MERCEDES-BENZ SAFI-16, ZI n° 3, Gond-Pontouvre ℰ 45 68 00 11
OPEL-GM Angoulême-Nord-Auto, Z.I. n° 3 à Isle
d'Espagnac ℰ 45 68 74 33

PEUGEOT Perga, ZI à l'Isle-d'Espagnac par ②
ℰ 45 68 78 33
PEUGEOT Gar. Bonetta, RN 10 à La Couronne par
⑤ ℰ 45 67 21 38
PEUGEOT-TALBOT Fetiveau, 250 bis av.
République à l'Isle-d'Espagnac par ②
ℰ 45 68 73 58

ANGRES 62 P.-de-C. 🗺 ⑮ – rattaché à Lens.

ANIANE 34 Hérault 🗺 ⑥ – rattaché à Gignac.

ANNEBAULT 14430 Calvados 🗺 ⑰ – 259 h. alt. 146.
Paris 207 – ◆Caen 35 – Cabourg 15 – Pont-L'Evêque 12.

🍴🍴 **Aub. Le Cardinal** avec ch, ℰ 31 64 81 96, 🐎, 🌳 – ☎ 🅿. 🖭 ⓪ 🗲 *VISA*. 🎇
fermé 15 au 30 nov., fév., mardi soir et merc. hors sais. – **R** 85/170, enf. 56 – 😅 27 – **7 ch**
180/300 – ½ P 250/280.

Voir Avenue d'Albigny★ CXY – Le Vieil Annecy★★ : Descente de Croix★ dans l'église St-Maurice BY **B**, Palais de l'Isle★ BY **R**, rue Ste-Claire★ ABY, pont sur le Thiou ≤★ BY **N** – Château★ BY – Jardin public★ CY – Musée de la Cloche★ CU **M** – Forêt du crêt du Maure★ : ≤★★ 3 km par D 41 CV – **Env.** Tour du lac★★★ 39 km (ou en bateau 1 h 30) – Gorges du Fier★★ : 11 km par ⑥ – Collections★ du château de Montrottier : 11 km par ⑥ – Crêt de Châtillon ✺★★★ S : 18,5 km par D 41 puis 15 mn.

↖ du lac d'Annecy ✆ 50 60 12 89, par ② : 10 km – ✈ d'Annecy-Meythet : ✆ 50 27 30 06, par ⑥ et D 14 : 4 km – 🛈 Office de Tourisme clos Bonlieu 1 r. J.-Jaurès ✆ 50 45 00 33, Télex 309347 – A.C. 15 r. Préfecture ✆ 50 45 09 12.

Paris 539 ⑥ – Aix-les-Bains 34 ⑤ – ♦Genève 43 ① – ♦Lyon 137 ⑤ – ♦St-Étienne 184 ⑤

Plans page suivante

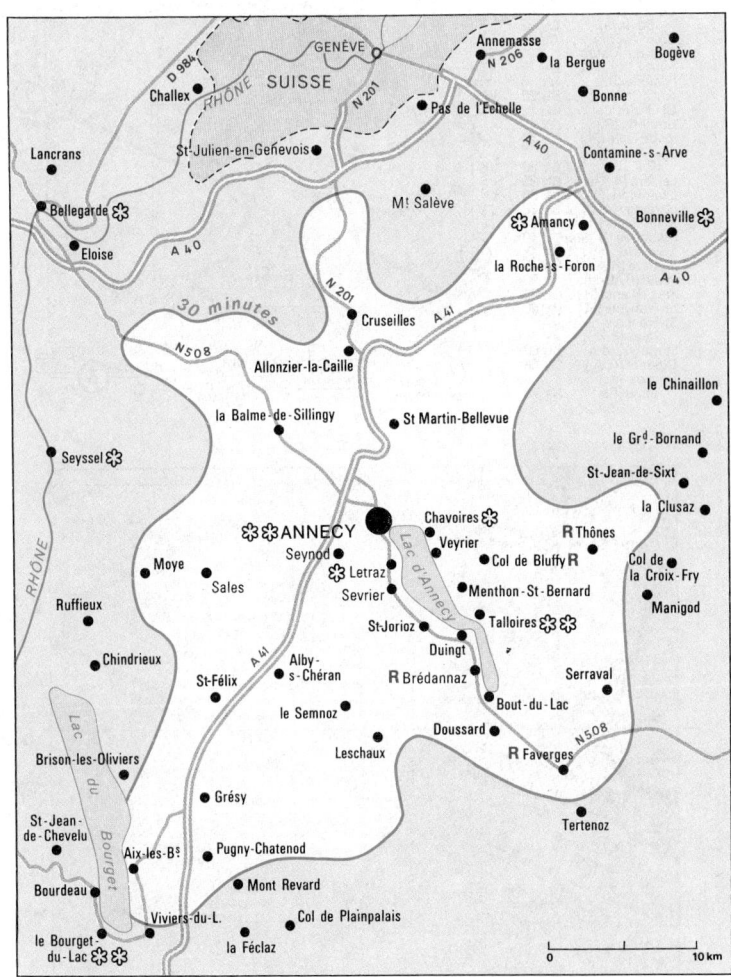

🏨 **Impérial Palace** Ⓜ, 32 av. Albigny ✆ 50 09 30 00, Télex 309402, Fax 50 09 33 33, ≤, 🍽
– ⑂ ▤ rest ⊡ ☎ ⅙, ⇔ 🅿 – 🔬 500, 🆎 ⓪ 🄴 𝚅𝙸𝚂𝙰, ✻ rest   CV **s**
R carte 350 à 460, enf. 90 – ⊇ 65 – **99 ch** 490/1250, 8 appart..

🏨 **L'Abbaye** 🌾, 15 chemin Abbaye à Annecy-le-Vieux ✆ 50 23 61 08, Fax 50 27 77 65, 🍽,
« Belle décoration intérieure », 🌳 – ⊡ ☎ 🅿 🆎 ⓪ 🄴 𝚅𝙸𝚂𝙰   CU **b**
R (fermé sam. midi et lundi) 160/310 – ⊇ 45 – **15 ch** 400/600, 3 appart. 1100 – ½ P 390/490.

ANNECY

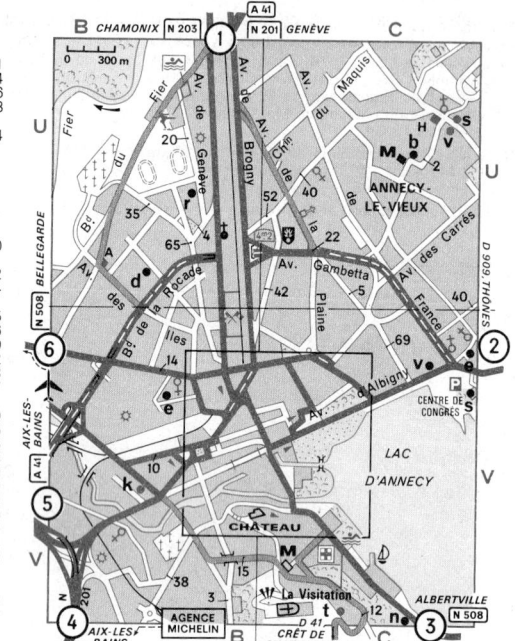

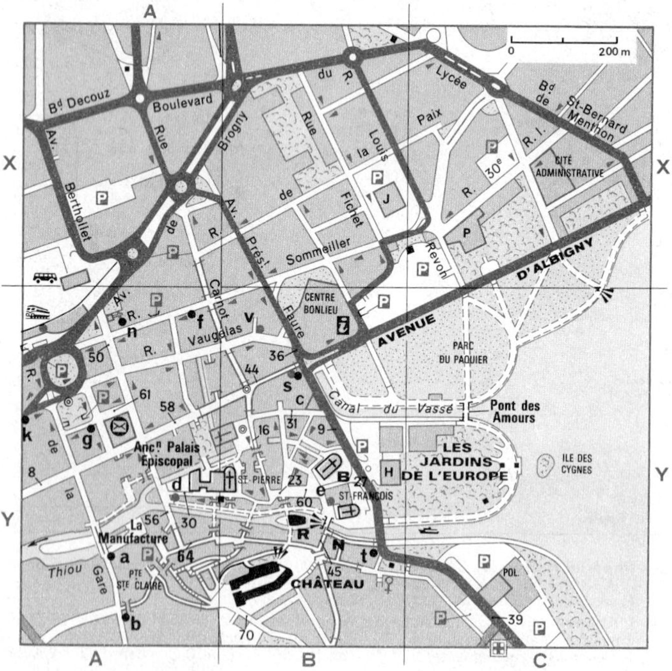

🏨 **Carlton** sans rest, 5 r. Glières *ℰ* 50 45 47 75, Télex 309472, Fax 50 51 84 54 – 🛗 📺 ☎
🚗, 🅰️ ⑩ ᴇ 𝗩𝗜𝗦𝗔 AY **g**
🖾 34 – **55 ch** 338/467.

🏨 **Mercure** Ⓜ, rte Aix-les-Bains *ℰ* 50 52 09 66, Télex 385303, Fax 50 69 29 32, 🛋, ⅃ –
🔆 ch 🍽 rest 📺 ☎ ♿ 🅿️ – 🛗 120. 🅰️ ⑩ ᴇ 𝗩𝗜𝗦𝗔
R 130 ᗡ, enf. 45 – 🖾 45 – **69 ch** 470/510.

🏨 **Splendid H.** sans rest, 4 quai E. Chappuis *ℰ* 50 45 20 00, Télex 385233, Fax 50 51 26 23 –
🛗 📺 ☎ ♿ ᴇ 𝗩𝗜𝗦𝗔 BY **s**
fermé 23 déc. au 2 janv. – 🖾 36 – **51 ch** 400/470.

🏨 **Allobroges** sans rest, 11 r. Sommeiller *ℰ* 50 45 03 11, Télex 309268, Fax 50 51 88 32 – 🛗
📺 ☎ ♿ 🅿️. 🅰️ ⑩ ᴇ 𝗩𝗜𝗦𝗔 AY **n**
🖾 45 – **51 ch** 430/540.

🏨 **Motel le Flamboyant** Ⓜ sans rest, 52 r. Mouettes à Annecy-le-Vieux par av. d'Albigny
et D129 -CU- 🖂 74940 *ℰ* 50 23 61 69, Télex 309284, Fax 50 27 97 23 – cuisinette 📺 ☎
🚗 🅿️. 🅰️ ⑩ ᴇ 𝗩𝗜𝗦𝗔
🖾 35 – **32 ch** 295/350.

🏨 **Faisan Doré**, 34 av. Albigny *ℰ* 50 23 02 46 – 🛗 📺 ☎ – 🛗 50. ᴇ 𝗩𝗜𝗦𝗔 CV **e**
fermé 8 déc. au 19 janv. – **R** (fermé dim. soir hors sais.) 100/180 – 🖾 35 – **40 ch** 240/380
– ½ P 310/340.

🏨 **Palais de l'Isle** Ⓜ sans rest, 13 r. Perrière *ℰ* 50 45 86 87, Fax 50 51 87 15 – 🛗 🛗 ☎. ᴇ
𝗩𝗜𝗦𝗔. 🛋 – 🖾 38 – **23 ch** 410/450 BY **t**

🏨 **Réserve**, 21 av. Albigny *ℰ* 50 23 50 24, ≤, 🛋 – 📺 ☎ 🅿️. ⑩ ᴇ 𝗩𝗜𝗦𝗔 CV **v**
fermé 23 juin au 6 juil., 20 déc. au 19 janv. – **R** 105/230 ᗡ – 🖾 35 – **12 ch** 260/350 –
½ P 290/330.

🏨 **Marquisats** 🏠 sans rest, 6 chemin Colmyr *ℰ* 50 51 52 34, Télex 385228, Fax 50 51 89 42,
≤ – 🛗 📺 ☎ 🅿️. 🅰️ ⑩ ᴇ 𝗩𝗜𝗦𝗔 CV **n**
🖾 35 – **25 ch** 280/405.

🏨 **Ibis** Ⓜ, 12 r. Gare *ℰ* 50 45 43 21, Télex 385585, Fax 50 52 81 08 – 🛗 📺 ☎ – 🛗 35. ᴇ
𝗩𝗜𝗦𝗔 – **R** 74 ᗡ, enf. 35 – 🖾 29 – **83 ch** 265/300 AY **a**

🏨 **d'Aléry** sans rest, 5 av. d'Aléry *ℰ* 50 45 24 75, Fax 50 51 26 90 – 📺 ☎. 🅰️ ⑩ ᴇ 𝗩𝗜𝗦𝗔
fermé 24 déc. au 10 janv. – 🖾 33 – **20 ch** 210/340. AY **k**

🏨 **Semnoz** sans rest, 1 fg Balmettes *ℰ* 50 45 04 12, Télex 319253 – 📺 ☎. 🅰️ ᴇ 𝗩𝗜𝗦𝗔. 🛋
fermé 20 déc. au 7 janv., sam. et dim. de nov. à janv. – 🖾 30 – **24 ch** 270/300. AY **b**

🏨 **Crystal H.** sans rest, 20 r. L. Chaumontel *ℰ* 50 57 33 90, Fax 50 67 86 43 – 🛗 📺 ☎.
ᴇ 𝗩𝗜𝗦𝗔 – 🖾 28 – **22 ch** 215/280 BV **e**

🏨 **Nord** sans rest, 24 r. Sommeiller *ℰ* 50 45 08 78, Fax 50 51 22 04 – 🛗 📺 ☎. ᴇ 𝗩𝗜𝗦𝗔
🖾 29 – **35 ch** 242/290. AY **f**

🏨 **du Parmelan** sans rest, 41 av. Romains *ℰ* 50 57 14 89, 🛋 – ☎ 🅿️. 🛋 BU **d**
1er avril- 1er oct. – 🖾 25 – **28 ch** 240/275.

🏨 **Parc** sans rest, 43 chemin des Fins, vers le parc des sports *ℰ* 50 57 02 98, 🛋 – 📺 ☎
🅿️. 𝗩𝗜𝗦𝗔 – fermé 9 au 24 juin et 25 nov. au 10 janv. – 🖾 25 – **24 ch** 140/210 BU **r**

🍴🍴🍴 ❀❀ **Aub. de l'Éridan** (Veyrat), 7 av. de Chavoires à Annecy-le-Vieux, Petit Port par ②
🖂 74940 *ℰ* 50 66 22 04, Fax 50 09 93 62, ≤, 🛋, 🛋 – 🅿️. 🅰️ ⑩ ᴇ 𝗩𝗜𝗦𝗔
15 janv.-15 août et fermé dim. soir et merc. – **R** 480/900 et carte
Spéc. Tomates farcies de lotte du lac au jus de verveine, Omble Chevalier (saison), Rognons de veau à la
gentiane bleue. Vins Roussette de Savoie, Pinot de Savoie.

🍴🍴🍴 ❀ **L'Amandier** (Cortési), 6 av. Mandallaz *ℰ* 50 51 74 50 – 🅰️ ⑩ ᴇ 𝗩𝗜𝗦𝗔 BV **k**
fermé 28 juil. au 15 août, sam. midi et dim. sauf fériés – **R** 170/420, enf. 100
Spéc. Farçon de pommes de terre au reblochon, Poissons du lac, Rissoles de poires et fruits secs. Vins
Chignin-Bergeron, Mondeuse d'Arbin.

🍴🍴🍴 **Belvédère** 🏠 avec ch, rte du Semnoz par ④ : 2 km *ℰ* 50 45 04 90, ≤ Annecy et lac, 🛋
– ☎ 🅿️. ᴇ 𝗩𝗜𝗦𝗔. 🛋 CV **t**
hôtel : ouvert 5 mai-15 oct. et rest. : fermé vacances de printemps, 20 oct. au 5 déc., dim.
soir et lundi – **R** 200/420 – 🖾 30 – **10 ch** 160/200 – ½ P 250/280.

🍴🍴🍴 **Didier Roque**, 13 r. J. Mermoz à Annecy-le-Vieux par av. France et rte Thônes 🖂 74940
ℰ 50 23 07 90, 🛋 – 🅰️ 𝗩𝗜𝗦𝗔. 🛋 CU **v**
fermé dim. soir (sauf juil.-août) et merc. – **R** 195/350, enf. 110.

🍴🍴 **La Ciboulette**, 10 r. Vaugelas - impasse Pré Carré *ℰ* 50 45 74 57, 🛋 – ᴇ 𝗩𝗜𝗦𝗔 BY **v**
fermé 14 au 15 juil, dim. soir et lundi – **R** 120/165 bc.

🍴🍴 **Le Pré de la Danse**, 16 r. J. Mermoz à Annecy-le-Vieux, par av. France et rte Thônes
🖂 74940 *ℰ* 50 23 70 41, 🛋 – 🅰️ ᴇ 𝗩𝗜𝗦𝗔 CU **s**
fermé merc. – **R** 95/235, enf. 55.

🍴🍴 **Aub. du Lyonnais** avec ch, 9 r. République *ℰ* 50 51 26 10, 🛋 – ☎. 🅰️ ᴇ 𝗩𝗜𝗦𝗔 AY **d**
fermé janv. et dim. soir sauf juil.-août – **R** 102/298 ᗡ – 🖾 26 – **9 ch** 220/280.

🍴🍴 **Le Parvis**, 1 pl. St-François *ℰ* 50 45 03 05 – 🍽. 🅰️ ⑩ ᴇ 𝗩𝗜𝗦𝗔 BY **e**
fermé 1er au 15 juil., 15 au 25 déc., lundi soir et mardi – **R** 130/320, enf. 70.

🍴🍴 **Buffet Gare T.G.V.**, *ℰ* 50 45 42 24 – ᴇ 𝗩𝗜𝗦𝗔 AY
R 75/110 ᗡ, enf. 35.

🍴 **Garcin**, 11 r. Paquier (1er étage) *ℰ* 50 45 20 94 – 🅰️ ⑩ ᴇ 𝗩𝗜𝗦𝗔 BY **s**
fermé 16 juin au 12 juil., mardi soir et merc. – **R** 75/160.

à St-Martin-Bellevue N : 11 km par ①, N 203, D 14 – ✉ **74370** :

Beau Séjour ⛰, à la gare : 1 km ☎ 50 60 30 32, Fax 50 60 38 44, ≤, ⛰ – 🛗 ☎ P – 🎤 25 à 40. VISA. ✗ rest
fermé 10 déc. au 15 mars – **R** *(fermé dim. soir et lundi sauf juil.-août)* 82/190 ♁ – ☕ 31 – **35 ch** 220/240 – ½ P 235/278.

à Chavoire par ② : 4,5 km – ✉ **74290** Veyrier :

Demeure de Chavoire M sans rest, 71 rte Annecy ☎ 50 60 04 38, Fax 50 60 05 36, ≤, « Élégante installation » – TV ☎ P. AE ⓓ E VISA
☕ 60 – **13 ch** 700/950, 3 appart. 1400.

XXX ✿ **Pavillon de l'Ermitage** (Tuccinardi) avec ch, ☎ 50 60 11 09, ⛱, « Jardin fleuri et belle vue sur le lac » – ☎ 🚗. AE ⓓ E VISA
début mars-fin oct. – **R** (nombre de couverts limité - prévenir) 190/380 – ☕ 42 – **11 ch** 350/480 – ½ P 350/530
Spéc. Omble chevalier meunière (mars à oct.), Soufflé de brochet "Ermitage", Poularde de Bresse chavoisienne. Vins Crépy, Seyssel.

rte du Semnoz par D 41 CV : 3,5 km – ✉ **74000** Annecy :

X **Super Panorama** avec ch, ☎ 50 45 34 86, ≤ lac et montagnes, ⛱, ⛰ – P. E VISA. ✗ rest
fermé 1ᵉʳ janv. au 10 fév., lundi soir et mardi – **R** 100/250 ♁ – ☕ 35 – **5 ch** 220.

à Seynod par ④ : 4 km – 13 175 h. alt. 530 – ✉ **74600** :

Altess M sans rest, 250 av. Aix-les-Bains (N 201) ☎ 50 69 11 05, Fax 50 69 20 13 – 🛗 TV ☎ P – 🎤 40. AE ⓓ E VISA
☕ 30 – **41 ch** 280/300.

MICHELIN, Agence régionale, ZI de Vovray, 5 r. Sansy, Seynod par av. de Loverchy ☎ 50 51 59 70

FIAT, LANCIA-AUTOBIANCHI Gar. Pont-Neuf, 1 av. Pont-Neuf ☎ 50 51 40 30
VOLVO Cochet, Le Grand Epagny à Epagny ☎ 50 22 63 51

Ⓟ Bruyère, 18 ch. des Fins ☎ 50 57 16 68
Dupanloup, 119 av. de Genève ☎ 50 57 03 81
Piot-Pneu, 3 r. de Rumilly ☎ 50 51 13 02

Périphérie et environs

BMW Aravis Automobile, 100 av. d'Aix, Seynod ☎ 50 52 02 71
CITROEN Dieu, rte d'Aix, Seynod par ④ ☎ 50 69 16 72
FORD S.A.E.M., 140 av. d'Aix, Seynod ☎ 50 69 15 04
INNOCENTI-MAZDA Cochet, le Grand Epagny à Epagny ☎ 50 22 63 50
MERCEDES-BENZ SEVI 74, ZAE des Césardes, ch. Croix-Seynod ☎ 50 69 17 40
OPEL Gar. du Parmelan Bosquet, 33 av. Petit-Port, Annecy-le-Vieux ☎ 50 23 12 85
PEUGEOT-TALBOT Gar. Central, 28 av. Carrés, Annecy-le-Vieux CU ☎ 50 09 20 20
RENAULT Savoie-Automobile, av. d'Aix, Seynod par ④ ☎ 50 45 82 13 N ☎ 05 05 15 15
ROVER JAGUAR Gar. Ducros, 72 av. d'Aix, Seynod ☎ 50 52 03 81
V.A.G SAT, ZI des Césardes, rte des Creuses à Seynod ☎ 50 69 06 79

Ⓟ Piot-Pneu, 6 r. Césière, ZI de Vovray à Seynod ☎ 50 51 72 85

ANNEMASSE 74100 H.-Savoie 74 ⑥ G. Alpes du Nord – 26 438 h. alt. 433.

🏌18 Country Club de Bossey ☎ 50 43 75 25, par ③.

ℹ Office de Tourisme r. de la Gare ☎ 50 92 53 03.

Paris 539 ③ – Annecy 51 ③ – Thonon-les-Bains 30 ① – Bonneville 22 ③ – ♦Genève 8 ③ – St-Julien-en-Genevois 15 ③.

Plan page ci-contre

Mercure M, au sud, par ③, r. des Jardins à Gaillard ✉ 74240 Gaillard ☎ 50 92 05 25, Télex 385815, Fax 50 87 14 57, ⛱, ⛱ – 🛗 ⇔ ch ▤ TV ☎ ♿ P – 🎤 25 à 100. AE ⓓ E VISA
R carte environ 150 ♁, enf. 42 – ☕ 46 – **78 ch** 460/550 – ½ P 340.

Parc M sans rest, 19 r. Genève ☎ 50 38 44 60, Télex 309034, Fax 50 92 75 71 – 🛗 TV ☎. AE ⓓ E VISA. ✗ Z **t**
fermé 23 déc. au 4 janv. – ☕ 35 – **30 ch** 250/370.

Hague sans rest, 42 r. Genève ☎ 50 38 47 14, Fax 50 37 36 10 – 🛗 TV ☎ P. AE ⓓ E VISA Y **s**
☕ 35 – **23 ch** 210/300.

National sans rest, pl. J. Deffaugt ☎ 50 92 06 44, Télex 319003 – 🛗 TV ☎ P. AE ⓓ E VISA Y **n**
☕ 30 – **45 ch** 225/270.

Pax H. sans rest, 22 av. Gare ☎ 50 38 25 46 – 🛗 TV ☎ 🚗. E VISA Y **a**
☕ 25 – **44 ch** 150/219.

Campanile M, pont d'Étrembières, échangeur A 40 par ③ ☎ 50 37 84 85, Télex 309511, Fax 50 37 02 04, ⛱ – TV ☎ ♿ P. E VISA
R 74 bc/98 bc, enf. 39 – ☕ 27 – **42 ch** 248 – ½ P 225/249.

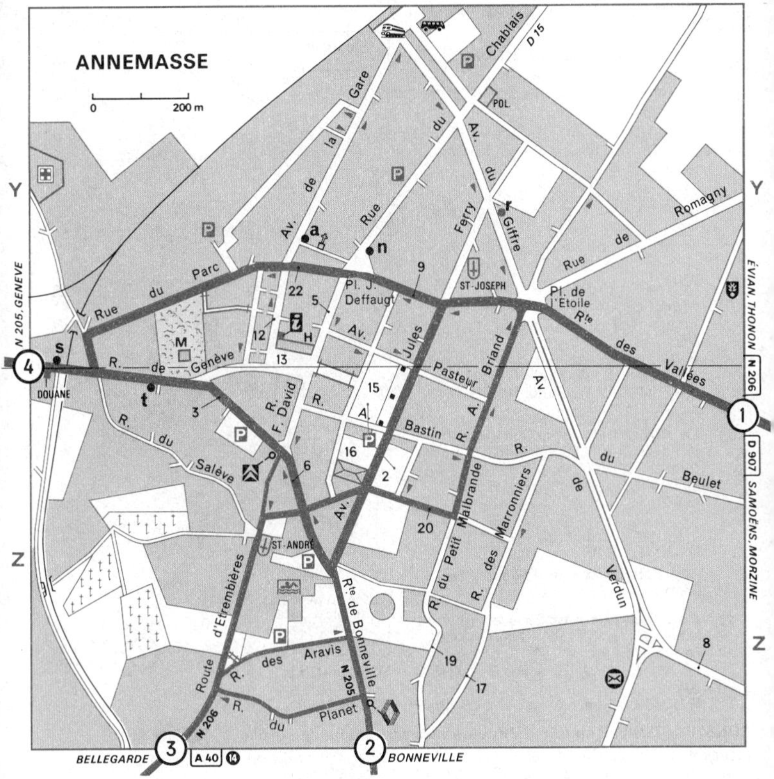

Commerce (R. du) . . . . Y 5
Gare (R. de la) . . . . Y 12

Clemenceau (Pl. G.) . . . . Z 2
Clos-Fleury (R. du) . . . . Z 3

Courriard (R. M.) . . . . Z 6
Dusonchet (R. Ph.) . . . . Z 8
Faucigny (R. du) . . . . Y 9
Hôtel-de-Ville (Pl. de l') . . . . Y 13
Libération (Pl. de la) . . . . Z 15

Marché-de-Gros (Pl. du) . . . . . . Z 16
Massenet (R.) . . . . Z 17
Saget (R. du) . . . . Z 19
Vaillat (R. L.) . . . . Z 20
Voirons (R. des) . . . . Y 22

XX **Gourmandins,** 2 km sur rte Thonon ✆ 50 95 53 50, Fax 50 95 53 65, ⛱ – ⓟ. AE ⓓ E VISA
fermé 15 juil. au 15 août, 23 déc. au 7 janv., sam. midi et dim.sauf fêtes – **R** 150/320.

XX **Jardin de l'Espicier,** 15 av. Giffre ✆ 50 37 13 86 – ▤. AE E VISA Y **r**
fermé 20 juil. au 20 août, dim. (sauf le midi de sept. à juin) et lundi – **R** 100/180.

XX **Le Temps de Vivre,** 47 chemin des Belosses à Ambilly par ④ et rte de Gaillard ✆ 50 92 36 06 – AE ⓓ E VISA
fermé 12 août au 1er sept., 23 déc. au 2 janv., sam. midi, dim. et lundi midi – **R** (prévenir) 125/260 ♨, enf. 60.

à Pas-de-l'Échelle par ③ : 4 km – ✉ **74100** Annemasse :

Tilleuls sans rest, N 206 ✆ 50 37 61 79 – ⓟ. ⛌
fermé août, sam. et dim. – ☕ 22 – **12 ch** 110/170.

à La Bergue E : 6 km par ① – ✉ **74380** Bonne :

X **La Pergola,** ✆ 50 39 30 27, ⛱ – ⓟ. E VISA
fermé 15 janv. au 15 fév. – **R** 90/245.

BMW, NISSAN Borgel, r. de Montréal, ZI, Ville-la-Grand ✆ 50 37 07 60 **N** ✆ 50 39 33 82
CITROEN SADAL, rte de Taninges à Vétraz-Monthoux par ① ✆ 50 36 78 78
CITROEN Gar. de Savoie, 4 r. Étrembières ✆ 50 92 11 75
PEUGEOT TALBOT Lemuet Genevois Faucigny, 57 rte de Thonon par ① ✆ 50 37 70 22

RENAULT Renault Annemasse, 2 av. du Léman ✆ 50 92 05 11
V.A.G Gar. Duchamp, 36 r. Résistance, ZI ✆ 50 37 13 43

Ⓟ Piot-Pneu, 75 rte des Vallées ✆ 50 37 27 11
Piot-Pneu, 3 av. Giffre ✆ 50 37 78 04

ANNONAY 07100 Ardèche 🔢 ① G. Vallée du Rhône – 20 085 h. alt. 357.

🏌 de Gourdan 🕿 75 67 03 84, par ① : 6 km.

🏢 Office de Tourisme pl. des Cordeliers 🕿 75 33 24 51.

Paris 532 ① – ●St-Étienne 43 ④ – Valence 52 ① – ◆Grenoble 103 ① – Tournon 35 ① – Vienne 43 ① – Yssingeaux 58 ③.

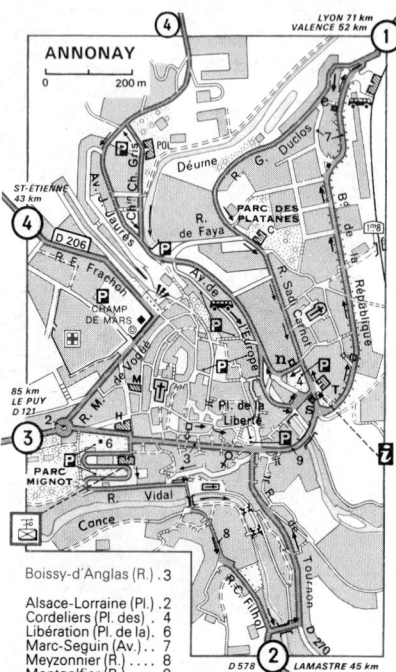

ANNONAY
0   200 m

Boissy-d'Anglas (R.) . 3

Alsace-Lorraine (Pl.) . 2
Cordeliers (Pl. des) . 4
Libération (Pl. de la). 6
Marc-Seguin (Av.) . . 7
Meyzonnier (R.) 8
Montgolfier (R.) 9

🏨 **Midi** sans rest, 17 pl. Cordeliers **(n)** 🕿 75 33 23 77 – 🛗 🕿 ⇦ 🟥 ⓘ 🄴 *VISA*
fermé 20 déc. au 20 janv. et dim. soir en hiver – 🖙 28 – **40 ch** 110/230.

🍴🍴🍴 **Marc et Christine,** 29 av. Marc Seguin **(e)** 🕿 75 33 46 97, 🕱 – *VISA*
R (fermé 5 au 20 août, 6 au 27 janv., dim. soir et lundi sauf fériés) 95/260, enf. 70 - **Le Patio R** 88/125 🍷 enf. 50.

🍴🍴 **Le Bilboquet,** 2 pl. Cordeliers **(s)** 🕿 75 33 30 20 – 🟥 ⓘ 🄴 *VISA*
fermé 2 au 17 janv., lundi (sauf le soir en sais.) et sam. midi – **R** 75/240, enf. 30.

à *Davézieux* par ① : 4,5 km sur D 82 – ✉ 07100 :

Voir Safari-parc★ de Peaugres NE : 3 km.

🏨 **Don Quichotte et Siesta,** rte Valence 🕿 75 33 11 99, Télex 346380, Fax 75 67 57 19, 🕱 , 🏊 , 🎾 – 🖭 rest 📺 🕿 🅿 – 🔬 35 à 80. 🟥 ⓘ 🄴 *VISA*
R 88/200 🍷, enf. 50 – 🖙 32 – **56 ch** 160/269 – ½ P 220.

CONSTRUCTEUR : Renault Véhicules Industriels, rte de Roanne 🕿 75 33 11 11

CITROEN Gar. du Vivarais, ZI La Lombardière, à Davézieux par ① 🕿 75 33 26 32 🅽 🕿 75 33 42 27
FIAT Gar. Dhennin, 47 bd République 🕿 75 33 24 43
FORD Caule, rte de Lyon, à Davézieux 🕿 75 33 22 98
PEUGEOT-TALBOT Desruol, N 82, St-Clair par ① 🕿 75 33 10 98

RENAULT Soverad, rte de Lyon à Davézieux 🕿 75 33 20 21
V.A.G Siterre, 33 bd République 🕿 75 33 42 10

🛢 Éyraud, 45 bd République 🕿 75 33 42 19
Jurdit, 47 r. G.-Duclos 🕿 75 33 27 49
Technique Auto, 7 av. M.-Seguin 🕿 75 33 10 53

ANNOT 04240 Alpes-de-H.-P. 🔢 ⑱ , 🔢 ⑫ G. Alpes du Sud – 1 062 h. alt. 700.

Voir Vieille ville★ – Clue de Rouaine★ S : 4 km.

🏢 Syndicat d'Initiative pl. Mairie (saison) 🕿 92 83 23 03.

Paris 815 – Digne 70 – Castellane 32 – Manosque 111.

🏨 **Avenue,** 🕿 92 83 22 07 – 📺 🕿 🟥 🄴 *VISA*
1er avril-4 nov. – **R** 80/195 – 🖙 25 – **13 ch** 250/270 – ½ P 200/260.

ANOST 71550 S.-et-L. 🔢 ⑦ G. Bourgogne – 848 h. alt. 550.

Voir ※★ de Notre-Dame de l'Aillant : 30 mn.

Paris 274 – Autun 24 – Château-Chinon 20 – Mâcon 136 – Montsauche 17.

🍴 **La Galvache,** 🕿 85 82 70 88 – 🄴 *VISA*
15 mars-1er déc. et fermé mardi soir et merc. sauf juil.-août – **R** 55/150 🍷, enf. 35.

L'Atlas Routier FRANCE de Michelin, c'est :

– *toute la cartographie détaillée (1/200 000) en un seul volume,*

– *des dizaines de plans de villes,*

– *un index de repérage des localités...*

Le copilote indispensable dans votre véhicule.

ANSE **69480** Rhône 🔢 ① – 3 745 h. alt. 176.

Paris 437 – ♦Lyon 26 – L'Arbresle 19 – Bourg-en-Bresse 56 – Mâcon 47 – Villefranche-sur-Saône 6.

🏨 **St-Romain** ⌂, rte Graves 🖉 74 68 05 89, Fax 74 67 12 85, 🍴, 🌳 – 📺 ☎ 🅿 – 🔏 30
à 60. 🖭 ⓞ 🗷 𝘝𝘐𝘚𝘈
fermé 2 au 9 déc., dim. soir du 3 nov. au 30 avril – **R** 75/186 🚼, enf. 52 – 🖵 25 – **24 ch**
186/248 – ½ P 205/220.

à Lachassagne SO : 4 km par D 39 – ⊠ **69480** :

XX **Paul Clavel,** 🖉 74 67 14 99, ≼, 🍴 – 🅿. 🖭 🗷 𝘝𝘐𝘚𝘈
fermé 15 juil. au 1er août, dim. soir, mardi soir et merc. – **R** 95/230.

ANTAGNAC **47** L.-et-G. 🔢 ⑬ – rattaché à Casteljaloux.

ANTHY-SUR-LÉMAN **74** H.-Savoie 🔢 ⑰ – rattaché à Thonon-les-Bains.

Alle im Michelin-Führer erwähnten Orte sind
auf den Michelin-Karten im Maßstab 1 : 200 000 rot unterstrichen ;
die aktuellsten Hinweise gibt nur die neuste Ausgabe.

ANTIBES **06600** Alpes-Mar. 🔢 ⑨, 𝟏𝟏𝟓 ㊱㊵ G. **Côte d'Azur** – 63 248 h. alt. 9 – Casino "la Siesta"
sur D 41.

Voir Vieille ville★ X : Av. Amiral-de-Grasse ≼★ – Château Grimaldi (Déposition de Croix★ Musée
Picasso★) X **B** – Marineland★ 4 km par ①.

🏌 de Biot 🖉 93 65 08 48, NO : 4 km.

🛈 Maison du Tourisme 11 pl. Gén.-de-Gaulle 🖉 93 33 95 64, Télex 970103.

Paris 914 ② – Cannes 11 ③ – ♦Nice 22 ① – Aix-en-Provence 158 ②.

Plans page suivante

🏨 **Royal et rest. Le Dauphin,** bd Mar. Leclerc 🖉 93 34 03 09, Fax 93 34 23 31, ≼, 🍴, 🏖
– 🛌 ch ☎. 🖭 🗷 𝘝𝘐𝘚𝘈. 🛠 rest X q
hôtel : fermé 1er nov. au 20 déc. – **R** *(fermé 1er nov. au 26 déc., dim. soir hors sais. et
lundi)* 135/240, enf. 50 – 🖵 40 – **38 ch** 390/550 – ½ P 370/440.

🏨 **Josse** sans rest, 8 bd James Wyllie 🖉 93 61 47 24, Fax 93 61 97 62, ≼ – 🛢 📺 ☎ ⟲. 🖭
ⓞ 🗷 𝘝𝘐𝘚𝘈. 🛠 Z f
🖵 38 – **26 ch** 429/539.

🏨 **L'Étoile** Ⓜ sans rest, 2 av. Gambetta 🖉 93 34 26 30, Télex 470673, Fax 93 34 41 48 – 🛌
🛢 📺 ☎ ⟲. 🖭 ⓞ 🗷 𝘝𝘐𝘚𝘈 X m
🖵 27 – **29 ch** 270/330.

🏨 **Mas Djoliba** ⌂, 29 av. Provence 🖉 93 34 02 48, Télex 461686, Fax 93 34 05 81, 🍴,
«Jardin», 🏊 – 📺 ☎ 🅿. 🖭 ⓞ 🗷 𝘝𝘐𝘚𝘈 Y h
R *(dîner seul.)(résidents seul.)* 135 – 🖵 40 – **13 ch** 350/640 – ½ P 430/460.

XXX **La Marguerite,** 11 r. Sadi Carnot 🖉 93 34 08 27 – 🛢. 🖭 🗷 𝘝𝘐𝘚𝘈 X s
fermé sam. midi, lundi et fériés – **R** 175/270, enf. 90.

XXX **L'Ecurie Royale,** 33 r. Vauban 🖉 93 34 76 20 – 🛢. 🖭 ⓞ 🗷 𝘝𝘐𝘚𝘈 X t
fermé 18 au 30 nov., 15 au 31 janv., midi de juin à sept., dim. soir d'oct. à mai et lundi –
R 120/280.

XXX **Les Vieux Murs,** av. Amiral de Grasse 🖉 93 34 06 73, 🍴 – 🖭 𝘝𝘐𝘚𝘈 X b
fermé 12 nov. au 20 déc. et merc. sauf juil.-août – **R** 190.

XX **Aub. Provençale** avec ch, pl. Nationale 🖉 93 34 13 24, 🍴 – 📺 ☎. 🖭 ⓞ 🗷 𝘝𝘐𝘚𝘈
fermé 15 avril au 15 mai, 15 nov. au 15 déc. et lundi – **R** 135/230 – **5 ch** 🖵 240/350. X k

XX **du Bastion,** 1 av. Gén. Maizière 🖉 93 34 13 88, Fax 93 34 72 13, 🍴 – 🖭 ⓞ 🗷 𝘝𝘐𝘚𝘈
fermé 11 au 29 mars, 21 au 31 oct., lundi (sauf le soir en sais.) et dim. soir – **R** 130/190
X p

X **Le Pichet d'Alsace,** 3 r. Migrainier 🖉 93 34 01 38 – 🛢. 🖭 ⓞ 🗷 𝘝𝘐𝘚𝘈 X n
fermé 6 au 20 janv. et mardi hors sais. – **R** *(dîner seul. du 15 juin au 15 sept.)* 95/190.

X **L'Armoise,** 2 r. Touraque 🖉 93 34 71 10 – 🛢. 𝘝𝘐𝘚𝘈 X u
fermé 15 nov. au 15 déc. et merc. sauf juil.-août – **R** 98/148.

X **Le Gouvernail,** 22 bd Gén. Leclerc 🖉 93 61 36 95 – 🗷 𝘝𝘐𝘚𝘈 X f
fermé 20 nov. au 15 déc., dim. soir et lundi – **R** 105/180.

X **L'Oursin,** 16 r. République 🖉 93 34 13 46, produits de la mer – 🛢. 𝘝𝘐𝘚𝘈 X z
fermé 22 juil. au 25 août, dim. soir et lundi – **R** carte 120 à 170 🚼.

X **Le Romantic,** 5 r. Rostan 🖉 93 34 59 39 – 🖭 ⓞ 🗷 𝘝𝘐𝘚𝘈 X v
fermé 3 au 13 mars, 25 nov. au 11 déc., le midi en juil.-août (sauf dim.), dim. soir et merc.
– **R** 95/165.

par ① et N7 – ⊠ **06600** Antibes :

🏨 **Bleu Marine** Ⓜ sans rest, chemin 4 Chemins 🖉 93 74 84 84, Fax 93 95 90 26 – 🛌 📺 ☎
🅿. 🖭 ⓞ 🗷 𝘝𝘐𝘚𝘈. 🛠
🖵 27 – **18 ch** 265/295.

ANTIBES

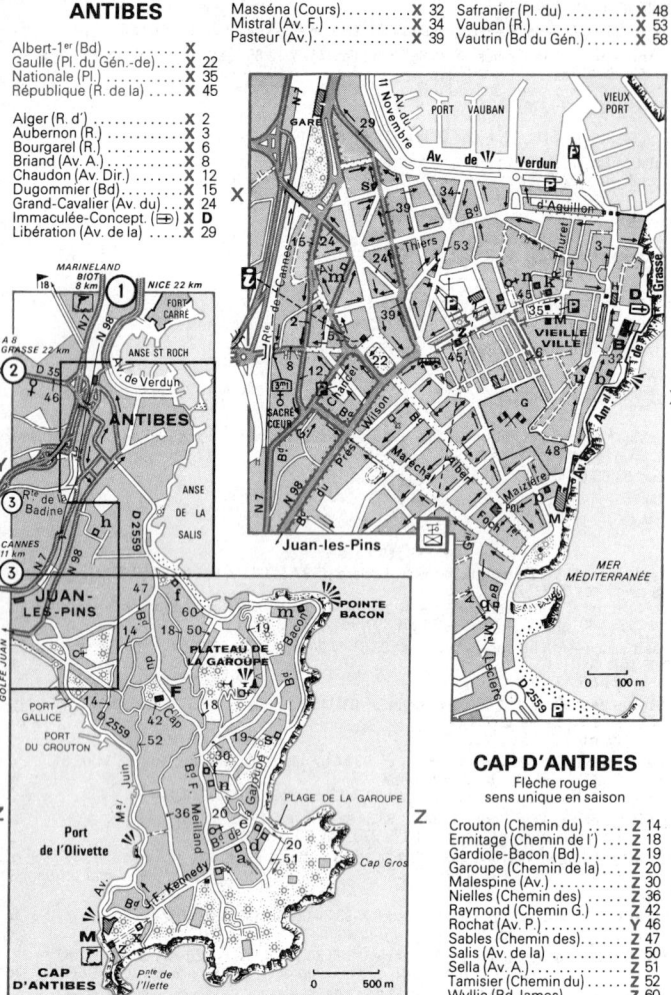

CAP D'ANTIBES
Flèche rouge
sens unique en saison

à **La Brague** N : 4 km par ① – ⌧ **06600** Antibes :

XXXX ❀❀ **La Bonne Auberge** (Rostang), ℰ 93 33 36 65, Télex 470989, Fax 93 33 48 52, ⇪,
« Agréable salle à manger provençale » – ▤ **ⓟ** ⒜ **E** *VISA*
fermé 15 nov. au 15 déc., merc. midi en juil.-août et lundi (sauf le soir d'avril à sept. et
fêtes) – **R** 410/580 et carte
Spéc. Salade de homard aux ravioles de chèvre, Minute de loup grillé au beurre de soja, Canard au sang.
Vins Bandol.

par ② 4,5 km – ⌧ **06600** Antibes :

🏨 **Apogia** Ⓜ, 2599 rte de Grasse (sortie péage Antibes) ℰ 93 74 46 36, Télex 461181,
Fax 93 74 53 04, ⇪, ⒊, ✼ – 📱 ▤ ch ⒯⒱ ☎ & **ⓟ** – 🔬 150. ⒜ ⓞ **E** *VISA*
R carte 125 à 230 ⒟ – �☲ 42 – **75 ch** 450/500.

CITROEN Gar. Riviera, bretelle autoroute par ②
ℰ 92 91 23 23 Ⓝ ℰ 93 65 41 75
GM Gge Dugommier, 172 rte de Nice La Fon-
tonne ℰ 93 74 59 99
PEUGEOT TALBOT Ortelli, rte de Grasse, bretelle
autoroute par ② ℰ 93 33 29 88

V.A.G Sport-Auto-Route, 2329 rte de Grasse
ℰ 93 33 28 59 Ⓝ ℰ 93 61 62 03

🛞 Massa-Pneus, 127 rte de Grasse ℰ 93 74 27 01

Cap d'Antibes – ⊠ **06600** Antibes.

Voir Plateau de la Garoupe ⚬⚬⚬** Z – Jardin Thuret* F – ⩽* Pointe Bacon Z – ⩽* de la plate-forme du bastion (musée naval) Z **M**.

🏨🏨 **du Cap** ⬏, bd Kennedy ℰ 93 61 39 01, Télex 470763, Fax 93 67 76 04, ⩽ littoral et le large, « Grand parc fleuri face à la mer », ⬈, ⬈⬈, ⬉ – ⊟ ▤ ch 🔲 ☎ ⇌ 🅿 – ⛾ 140. ⬈⬈
Z **x**
avril-oct. – **R** voir rest **Pavillon Eden Roc** ci-après – ⊃ 120 – **121 ch** 2300/3000, 9 appart.

🏨🏨 **Don César** Ⓜ, 40 bd Garoupe ℰ 93 67 15 30, Fax 93 67 18 25, ⩽, ⌂, ⬈, – ⊟ ▤ 🔲 ☎
ﯠ, ⇌, 🆀 ⓪ Ε 𝗩𝗜𝗦𝗔
Z **s**
R 150/200 – **18 ch** ⊃ 550/950 – ½ P 650/750.

🏨 **Levant** ⬏ sans rest, à la Garoupe, chemin plage ℰ 93 61 41 33, ⩽, ⬈⬈ – 🔲 ☎ 🅿
saisonnier – **27 ch**.
Z **e**

🏨 **La Gardiole et rest. Chez Gilles** ⬏, chemin La Garoupe ℰ 93 61 35 03, Fax 93 67 61 87, ⌂, ⬙ – ▤ ch ☎ 🅿 🆀 ⓪ Ε 𝗩𝗜𝗦𝗔
Z **n**
1ᵉʳ mars-5 nov. – **R** 130/180, enf. 70 – ⊃ 40 – **21 ch** 260/600 – ½ P 350/400.

🏨 **Manoir Castel Garoupe Axa** ⬏ sans rest, 959 bd la Garoupe ℰ 93 61 36 51, Fax 93 67 74 88, « Jardin fleuri », ⬈, ⬙ – cuisinette 🔲 ☎ 🅿 Ε 𝗩𝗜𝗦𝗔 ⬈⬈
Z **a**
22 ch ⊃ 585/630.

🏨 **La Garoupe et Réserve du Cap** sans rest, 81 bd F. Meilland ℰ 93 61 54 97, Fax 93 67 92 65, ⬙ – 🔲 ☎ 🅿 🆀 ⓪ Ε 𝗩𝗜𝗦𝗔
Z **f**
⊃ 40 – **24 ch** 280/750.

🏠 **Miramar** ⬏, à la Garoupe, chemin plage ℰ 93 61 52 58, ⌂ – ☎
Z **d**
1ᵉʳ mars-20 nov. – **R** (résidents seul.) 80/150, enf. 60 – ⊃ 35 – **14 ch** 395/450 – ½ P 350/390.

XXXX **Pavillon Eden Roc** – Hôtel du Cap, bd Kennedy ℰ 93 61 39 01, Télex 470763, Fax 93 67 76 04, ⩽ littoral et les îles, ⌂, parc, « Isolé sur un roc, en bordure de mer, ⬈ » – ▤ 🅿 ⬈⬈
Z **z**
avril-oct. – **R** carte 450 à 665.

XXXX ❀ **Bacon,** bd Bacon ℰ 93 61 50 02, ⩽ Antibes et baie des Anges, ⌂ – ▤ 🅿 🆀 ⓪
𝗩𝗜𝗦𝗔
Z **m**
1ᵉʳ fév.-15 nov. et fermé dim. soir (sauf juil.-août) et lundi – **R** 350/450 dîner à la carte
Spéc. Bouillabaisse, Fricassée de rougets à l'estragon, Poissons en papillote. **Vins** Bellet, Côtes de Provence.

Bonne route avec **36.15 MICHELIN**
Économies en temps, en argent, en sécurité.

ANTICHAN-DE-FRONTIGNES **31510** H.-Gar. 🔢 ① – 75 h. alt. 580.
Paris 823 – Bagnères-de-L. 25 – Lannemezan 34 – St-Girons 60 – ♦Toulouse 110.

X **La Palombière** ⬏ avec ch, carrefour D 9 et D 618 ℰ 61 79 67 01, ⩽, ⌂, ⬙ – 🅿 𝗩𝗜𝗦𝗔
⬤ fermé 1ᵉʳ nov. au 1ᵉʳ déc. et lundi de nov. à avril – **R** 50/135 ⅄ – ⊃ 20 – **6 ch** 165/220 –
½ P 162/190.

ANTONNE-ET-TRIGONANT **24** Dordogne 🔢 ⑥ – rattaché à Périgueux.

ANTONY **92** Hauts-de-Seine 🔢 ⑩, 🔢 ㉛ – Voir à Paris, Environs.

ANTRAIGUES-SUR-VOLANE **07530** Ardèche 🔢 ⑱ G. Vallée du Rhône – 523 h. alt. 471.
Paris 643 – Aubenas 14 – Lamastre 58 – Langogne 66 – Privas 42 – Le Puy 79.

X **La Remise,** au pont de l'Huile ℰ 75 38 70 74, « Authentique cadre rustique » – 🅿 ⬈⬈
fermé nov., dim. soir et vend. sauf juil.-août – **R** 100/200 ⅄.

AOSTE **38490** Isère 🔢 ⑭ – 1 537 h. alt. 225.
Paris 516 – ♦Grenoble 54 – Belley 26 – Chambéry 33 – ♦Lyon 69.

à la Gare de l'Est NE : 2 km sur N 516 – ⊠ **38490** Les Abrets :

🏨 **Vieille Maison,** ℰ 76 31 60 15, ⌂, ⬈, ⬙, ⌂ – 🔲 ☎ 🅿 Ε 𝗩𝗜𝗦𝗔 ⬈⬈ rest
fermé 1ᵉʳ au 21 sept., 24 déc. au 3 janv., dim. soir et merc. sauf juil.-août – **R** 95/240 –
⊃ 30 – **10 ch** 240/290 – ½ P 250.

🏨 **Au Coq en Velours,** ℰ 76 31 60 04, ⌂, « Jardin fleuri » – ☎ ⇌ 🅿 🆀 ⓪ Ε 𝗩𝗜𝗦𝗔.
⬈⬈ ch
fermé 2 au 25 janv., dim. soir et lundi – **R** 90/260 – ⊃ 24 – **16 ch** 190/230 – ½ P 210/230.
OPEL Gar. Carriot ℰ 76 31 64 51

AOUSTE-SUR-SYE **26** Drôme 🔢 ⑫ – rattaché à Crest.

APPOIGNY **89380** Yonne 🔢 ⑤ G. Bourgogne – 2 625 h. alt. 110.
Paris 163 – Auxerre 9,5 – Joigny 17 – St-Florentin 30.

XXX **Relais St-Fiacre,** ℰ 86 53 21 80, ⬈, – 🅿 🆀 Ε 𝗩𝗜𝗦𝗔
fermé 2 au 12 janv. – **R** 120 bc/320 bc, enf. 45.

XX **Aub. Les Rouliers,** ℰ 86 53 20 09 – 🅿 Ε 𝗩𝗜𝗦𝗔
R 78/175, enf. 40.

🛈 Office de Tourisme av. Ph.-de-Girard ℰ 90 74 03 18.

Paris 729 ③ – Digne 91 ① – Aix-en-P. 54 ② – Avignon 52 ③ – Carpentras 49 ③ – Cavaillon 31 ③.

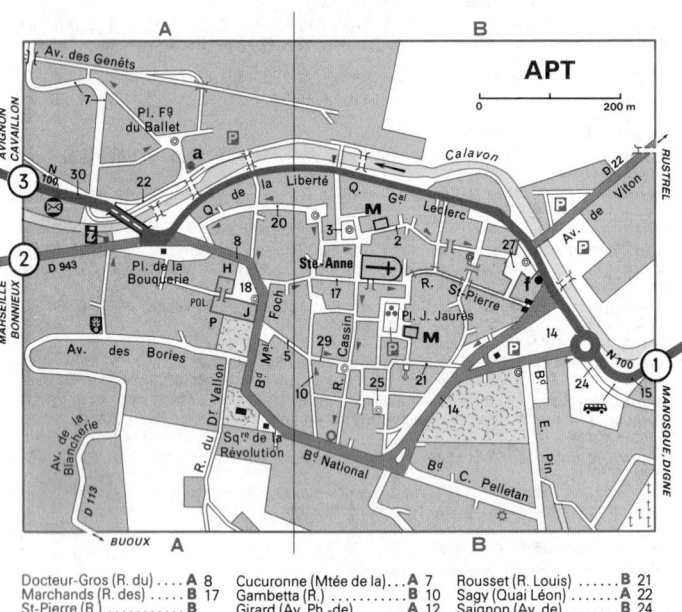

Docteur-Gros (R. du) .... **A** 8	Cucuronne (Mtée de la)... **A** 7	Rousset (R. Louis) ...... **B** 21
Marchands (R. des) ..... **B** 17	Gambetta (R.) .... **B** 10	Sagy (Quai Léon) .... **A** 22
St-Pierre (R.) .... **B**	Girard (Av. Ph.-de) ...... **A** 12	Saignon (Av. de) .... **B** 24
	Lauze-de-Perret (Crs et Pl.). **B** 14	St-Martin (Pl.) .... **B** 25
Amphithéâtre (R. de l') .. **B** 2	Libération (Av. de la) .... **B** 15	St-Pierre (Pl.) .... **B** 27
Carnot (Pl.) .... **B** 3	Péri (Pl. Gabriel) .... **A** 18	Scudéry (R.) .... **B** 29
Cély (R.) .... **AB** 5	République (R. de la) .... **A** 20	Victor-Hugo (Av.) ...... **A** 30

🏠 **Aptois H.** sans rest, 6 cours Lauze-de-Perret ℰ 90 74 02 02 – 📳 ☎. 🕸   B **f**
   fermé 15 fév. au 15 mars – ⌨ 26 – **26 ch** 120/240.

🍴🍴🍴 **Aub. du Luberon** avec ch, 17 quai Léon Sagy ℰ 90 74 12 50, Fax 90 04 79 49, 🏠 – 📺
☎. 🅰🅴 ⓪ 🇪 💳   A **a**
R *(fermé 1ᵉʳ au 7 juil., 15 nov. au 1ᵉʳ déc., dim. soir et lundi sauf vacances scolaires)*
(nombre de couverts limité, prévenir) 130/290, enf. 70 – ⌨ 40 – **16 ch** 240/450 – ½ P 280/535.

   par ① : 7 km sur N 100 – ✉ **84750** St-Martin-de-Castillon :

🏠 **Lou Caleu** Ⓜ, ℰ 90 75 28 88, 🏠, 🏊, 🎾 – 📺 ☎ 👍 🅿. 🅰🅴 ⓪ 🇪 💳
   R 77/150, enf. 40 – ⌨ 38 – **16 ch** 220/280 – ½ P 250.

   par ③ : 7 km par N 100 et VO – ✉ **84400** Apt :

🍴 **La Grasille,** ℰ 90 74 25 40, 🏠 – 🅿. ⓪ 🇪 💳
   fermé janv., dim. soir et lundi – **R** grill 78/160 ♧, enf. 55.

CITROEN Aymard, 53 av. V.-Hugo par ③
ℰ 90 74 04 39 🅽 ℰ 90 74 15 02
FORD Germain, 56 av. V.-Hugo ℰ 90 74 10 17
🅽 ℰ 90 74 15 02
PEUGEOT-TALBOT Splendid Gar., quartier
Lançon, N 100, rte d'Avignon par ③ ℰ 90 74 02 11

RENAULT Automobile Cavaillonnaise, quartier
Lançon, RN 100 par ③ ℰ 90 74 18 41

🔧 Apta-Pneus, quartier Lançon, N 100
ℰ 90 74 07 78
Aptalec, 41 av. V.-Hugo ℰ 90 74 31 04

ARAVIS (Col des) **74** H.-Savoie 🗺 ⑦ **G. Alpes du Nord** – alt. 1 498 – ✉ **74220** La Clusaz.

Voir ⇐ ★★.

Paris 578 – Chamonix 58 – Albertville 32 – Annecy 39 – Bonneville 34 – La Clusaz 7,5 – Megève 21.

🍴 **Rhododendrons,** ℰ 50 02 41 50, ⇐, 🏠 – 🇪 💳
   19 mai-16 sept. – **R** 75/130, enf. 42.

Routes enneigées
Pour tous renseignements pratiques, consultez
les cartes Michelin **« Grandes Routes »** 🗺🗺🗺, 🗺🗺🗺, 🗺🗺🗺 ou 🗺🗺🗺.

Voir Maison paternelle de Pasteur★ – Reculée des Planches★★ et grottes des Planches★ E : 4,5 km par D 107.

Env. Cirque du Fer à Cheval★★ S : 7 km par D 469 puis 15 mn.

🛈 Office de Tourisme à la Mairie (10 avril-15 nov.) ✆ 84 37 47 37.

Paris 399 – ◆Besançon 49 – Dole 35 – Lons-le-Saunier 38 – Salins-les-Bains 14.

🏨 ❀ **Le Paris** (Jeunet) M̄, r. de l'Hôtel de Ville ✆ 84 66 05 67, Télex 361033, Fax 84 66 24 20, 🍴 – 📳 📺 ⊞ ⇔ – 🔥 50. ◑ ℅ ⚌
    fermé déc., janv., mardi midi et merc. midi sauf vacances scolaires et sept. – **R** 200/500,
    enf. 80 – ⊇ 50 – **17 ch** 270/450
    Spéc. Pressé de foie gras de canard, Embeurrée d'escargots dans une nage à la réglisse, Gigot de poularde
    au vin jaune et morilles. Vins Arbois-Pupillin, Château-Chalon.

🏠 **Messageries** sans rest, r. Courcelles ✆ 84 66 15 45 – ☎ ⇔. ℅ ⚌
    fermé 15 déc. au 31 janv. – ⊇ 27 – **26 ch** 160/280.

🟵🟵 **Caveau d'Arbois,** 3 rte Besançon ✆ 84 66 10 70, Télex 361621, Fax 84 37 49 62 – 匝 ℅
    ← ⚌ ℅
    R 65/215.

PEUGEOT-TALBOT Ganeval ✆ 84 66 02 78   RENAULT Dupré ✆ 84 66 05 70

Paris 58 – Fontainebleau 11 – Évry 30 – Melun 10 – Nemours 24.

🟵🟵 **Aub. du Petit Corne Biche,** ✆ (1) 60 66 26 34, 🌳 – ℅ ⚌
    fermé 19 août au 12 sept., 23 déc. au 12 janv., mardi et merc. – **R** 98/165.

Voir Boulevard de la Mer★ AX.

🏌 ✆ 56 54 44 00, par ② : 4 km.

🛈 Office de Tourisme pl. F.-Roosevelt ✆ 56 83 01 69, Télex 570503.

Paris 652 ① – ◆Bordeaux 64 ① – Agen 193 ① – ◆Bayonne 162 ① – Dax 125 ① – Royan 165 ①.

Plans page suivante

🏨 **Arc Hôtel sur Mer** M̄ 🌿 sans rest, 89 bd Plage ✆ 56 83 06 85, Télex 571044,
    Fax 56 83 53 72, ≤, 🔟 – 📳 ☰ 📺 ☎ 🄿. 匝 ◑ ℅ ⚌. ℅
    ⊇ 49 – **30 ch** 390/830, 3 appart.   BZ **b**

🏨 **Les Vagues** M̄ 🌿, 9 bd Océan ✆ 56 83 03 75, Fax 56 83 77 16, ≤, 🌳 – 📳 📺 ☎ 🄿 –
    🔥 30. 匝 ◑ ℅ ⚌. ℅ rest   AZ **b**
    R (29 mars-15 sept.) (dîner seul.) (½ pens. seul.) 170, enf. 110 – ⊇ 47 – **29 ch** 470/680 –
    ½ P 452/557.

🏨 **Point France** M̄ sans rest, 1 r. Grenier ✆ 56 83 46 74, Télex 573049 – 📳 📺 ☎ ⇔. 匝
    ◑ ℅ ⚌   BZ **q**
    1er mars-14 nov. – ⊇ 40 – **34 ch** 370/580.

🏨 **Gd H. Richelieu** sans rest, 185 bd Plage ✆ 56 83 16 50, Télex 540043, Fax 56 83 47 78, ≤
    – 📳 📺 ☎ 🄿. 匝 ◑ ℅ ⚌   BZ **n**
    15 mars-1er nov. – ⊇ 35 – **43 ch** 350/560.

🏩 **Les Ormes** M̄ 🌿, 77 bd Plage ✆ 56 83 09 27, Télex 570503, Fax 56 54 97 10, ≤, 🌳 – 📳
    📺 ☎ 🄿 – 🔥 50. ◑ ℅ ⚌   BZ **d**
    R 110/170, enf. 54 – ⊇ 46 – **28 ch** 605/670 – ½ P 400/547.

🏩 **Sémiramis** 🌿, 4 allée Rebsomen ✆ 56 83 25 87 – ☎ 🄿. 匝 ◑ ℅ ⚌. ℅ rest   AZ **m**
    R 138/195, enf. 100 – ⊇ 45 – **11 ch** 445/684 – ½ P 400/540.

🏩 **Aquamarina** M̄ sans rest, 82 bd Plage ✆ 56 83 67 70, Fax 56 83 77 16 – 📳 📺 ☎ 🔥 ⇔
    – 🔥 30. 匝 ◑ ℅ ⚌   BZ **x**
    ⊇ 45 – **33 ch** 420/520.

🏩 **Le Nautic** M̄ sans rest, 20 bd Plage ✆ 56 83 01 48, Fax 56 83 04 67 – 📳 📺 ☎ 🄿. 匝
    ◑ ℅ ⚌   BX **y**
    ⊇ 33 – **43 ch** 330/380.

🏩 **Plage** M̄, 10 av. N. Deganne ✆ 56 83 06 23, Télex 572082, Fax 56 83 41 47, 🌳 – 📳 📺
    ☎ 🄿. ◑ ℅ ⚌   BZ **s**
    R (fermé lundi du 15 oct. au 1er avril) 80/135, enf. 50 – ⊇ 32 – **50 ch** 350/370 – ½ P 290/310.

🏩 **Roc Hôtel et Moderne,** 200 bd Plage ✆ 56 83 05 01, Fax 56 83 22 76, 🌳 – 📳 📺 ☎ –
    🔥 60. 匝 ◑ ℅ ⚌   BZ **e**
    fermé 1er déc. au 2 fév. – **R** (fermé lundi hors sais.) 90/160 ⅄, enf. 65 – ⊇ 36 – **54 ch**
    250/450.

🏩 **Le Novel** sans rest, 24 av. Gén. de Gaulle ✆ 56 83 40 11 – 📳 📺 ☎. 匝 ℅ ⚌   BZ **g**
    fermé 15 déc. au 15 janv. – ⊇ 30 – **22 ch** 260/330.

🏩 **Mimosas** sans rest, 77 bis av. République ✆ 56 83 45 86 – 📺 ☎ 🄿 ◑ ℅ ⚌   BZ **f**
    ⊇ 32 – **21 ch** 250/320.

🏠 **Marinette** sans rest, 15 allée J.-M. de Hérédia ✆ 56 83 06 67 – 📺 ⇔. 匝 ◑ ℅ ⚌
    28 mars-15 oct. – ⊇ 28 – **24 ch** 250/360.   BZ **k**

tourner →

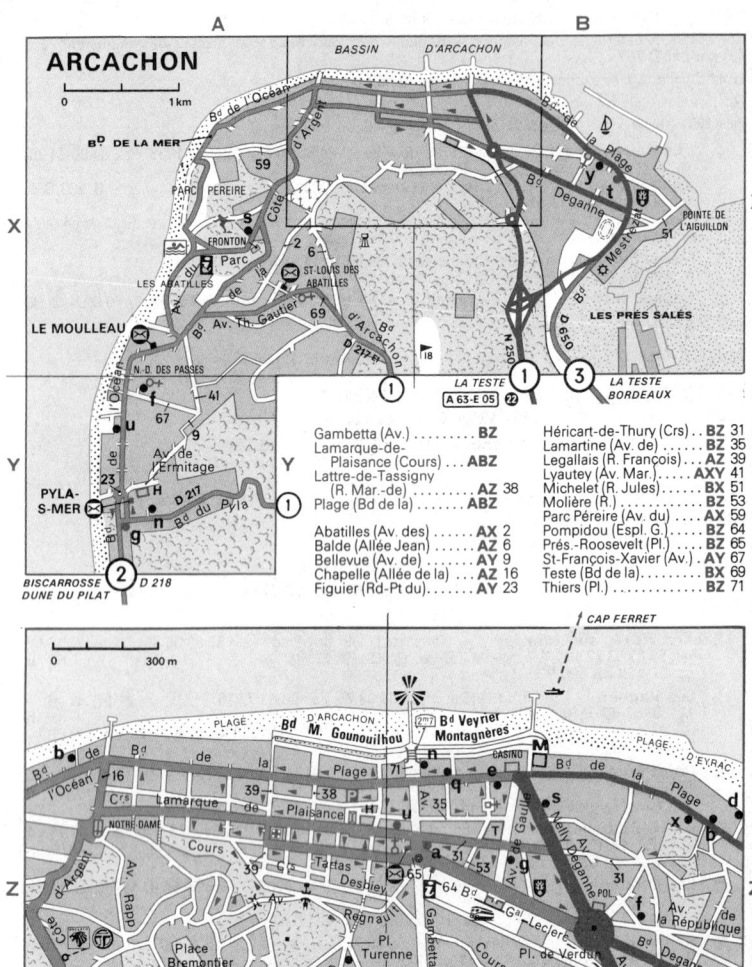

ARCACHON

Gambetta (Av.) . . . . **BZ**	Héricart-de-Thury (Crs) . . **BZ** 31
Lamarque-de-	Lamartine (Av. de) . . . . . **BZ** 35
Plaisance (Cours) . . . **ABZ**	Legallais (R. François) . . . **AZ** 39
Lattre-de-Tassigny	Lyautey (Av. Mar.) . . . . . **AXY** 41
(R. Mar.-de) . . . . **AZ** 38	Michelet (R. Jules) . . . . . **BX** 51
Plage (Bd de la) . . . . . . **ABZ**	Molière (R.) . . . . **BZ** 53
	Parc Péreire (Av. du) . . . **AX** 59
Abatilles (Av. des) . . . . . **AX** 2	Pompidou (Espl. G.) . . . . **BZ** 64
Balde (Allée Jean) . . . . . **AZ** 6	Prés.-Roosevelt (Pl.) . . . **BZ** 65
Bellevue (Av. de) . . . . . . **AY** 9	St-François-Xavier (Av.) . **AY** 67
Chapelle (Allée de la) . . . **AZ** 16	Teste (Bd de la) . . . . **BX** 69
Figuier (Rd-Pt du) . . . . . **AY** 23	Thiers (Pl.) . . . . **BZ** 71

   ✗✗ **Patio,** 10 bd Plage ℰ 56 83 02 72, 斋 – **E** 𝒱𝐼𝒮𝒜   BX **t**
     fermé fév. et mardi sauf juil.-août – **R** carte 200 à 290.

   ✗ **Chez Yvette,** 59 bd Gén. Leclerc ℰ 56 83 05 11, produits de la mer – 𝐴𝐸 ➊ **E** 𝒱𝐼𝒮𝒜
     fermé janv. – **R** carte 185 à 300, enf. 60.   BZ **a**

   ✗ **Bayonne** avec ch, 9 cours Lamarque ℰ 56 83 33 82 – 𝐓𝐕 ☎. 𝐴𝐸 ➊ **E** 𝒱𝐼𝒮𝒜   BZ **u**
     23 mars-20 oct. – **R** *(fermé lundi de mars à mai)* 90/230 – 😄 32 – **18 ch** 225/285 –
     ½ P 260/290.

     aux Abatilles SO : 2 km – ⊠ **33120** Arcachon :

   🏨 **Parc** ⑅ sans rest, 5 av. Parc ℰ 56 83 10 58, Fax 56 54 05 30 – ▐▌ 𝐓𝐕 ☎ **Ⓟ** 𝒱𝐼𝒮𝒜. ✼
     1er mai-15 oct. – 😄 38 – **30 ch** 390/450.   AX **s**

au Moulleau SO : 5 km – ✉ **33120** Arcachon :

🏨 **Les Buissonnets** ⚿, 12 r. L. Garros 𝒫 56 54 00 83, ㏚, ㊑ – 📺 ☎. **E** 𝘝𝘐𝘚𝘈. ✂
R 96/150 – ☲ 40 – **13 ch** 400 – ½ P 350.   AY **f**

PEUGEOT, TALBOT Gleizes, 36 bd Côte-d'Argent   V.A.G Dupin, 61 bd Mestrezat 𝒫 56 83 13 28
𝒫 56 83 06 43

ARCANGUES 64 Pyr.-Atl. ⁷⁸ ⑱ – rattaché à Biarritz.

ARC-EN-BARROIS 52210 H.-Marne ⁶⁶ ② **G. Champagne** – 835 h. alt. 270.
🛈 Syndicat d'Initiative r. A.-Gabeur (15 juin-15 sept. après-midi seul.) 𝒫 25 02 52 17.
Paris 274 – Bar-sur-Aube 48 – Châtillon-sur-Seine 42 – Chaumont 24 – Langres 30.

🏠 **Parc,** 𝒫 25 02 53 07 – ☎ – 🏸 80. **E** 𝘝𝘐𝘚𝘈
↠ *fermé 1ᵉʳ fév. au 15 mars, dim. soir et lundi hors sais.* – **R** 60/155 ⅄ – ☲ 20 – **19 ch**
90/230 – ½ P 180/310.

ARCENS 07310 Ardèche ⁷⁶ ⑱ – 484 h. alt. 610.
Paris 600 – Le Cheylard 16 – Privas 64 – St-Agrève 22.

🏠 **Chalet des Cévennes** ⚿, 𝒫 75 30 41 90, ≤, ㊑ – ☎️🚗 **P**. 🕮 **E** 𝘝𝘐𝘚𝘈. ✂ ch
↠ *fermé oct. et vend. hors sais.* – **R** 70/140 ⅄, enf. 40 – ☲ 25 – **16 ch** 130/260 – ½ P 170/280.

ARC-ET-SENANS 25610 Doubs ⁷⁰ ④ **G. Jura** – 1 303 h. alt. 232.
Voir Saline Royale★.
Paris 392 – ◆Besançon 34 – Pontarlier 61 – Salins-les-Bains 17.

🍴 **Le Relais** avec ch, pl. Église 𝒫 81 57 40 60 – **E** 𝘝𝘐𝘚𝘈
↠ *fermé 15 déc. au 15 janv. et dim. soir (sauf juil.-août et fériés)* – **R** 45/185 ⅄ – ☲ 20 –
11 ch 100/160 – ½ P 110/140.

RENAULT Gar. des Salines, r. de Rans 𝒫 81 57 40 77 **ℕ** 𝒫 81 57 43 62

ARCINS 33 Gironde ¹⁷¹ ⑧ – rattaché à Margaux.

ARCIS-SUR-AUBE 10700 Aube ⁶¹ ⑦ **G. Champagne** – 3 258 h. alt. 92.
Paris 158 – Châlons-sur-Marne 50 – Nogent-sur-Seine 52 – Troyes 27.

🍴 **Saint-Hubert,** quai Marine près du Pont 𝒫 25 37 86 93, Fax 25 37 01 50, ㏚ – **E** 𝘝𝘐𝘚𝘈
↠ *fermé 5 au 28 août, vacances de fév., vend. soir et sam. du 9 sept. au 23 juin* – **R** 55
bc/110 ⅄, enf. 37.

CITROEN Allais 𝒫 25 37 84 82 **ℕ** 𝒫 25 37 90 79   V.A.G Gar. Leroy 𝒫 25 37 84 52 **ℕ**

ARCOUEST (Pointe de) 22 C.-d'Armor ⁵⁹ ② – rattaché à Paimpol.

Les ARCS 73 Savoie ⁷⁴ ⑱ **G. Alpes du Nord** – alt. 1 600 – Sports d'hiver : 1 600/3 200 m ⚡1 ⚡64 –
✉ **73700** Bourg-St-Maurice.
Voir Arc 1800 ☀★★ – Arc 1600 ≤★.
🏌 des Arcs Le Chantel 𝒫 79 07 43 95, NO : 5 km.
🛈 Office de Tourisme (saison) 𝒫 79 41 55 55.
Paris 650 – Albertville 61 – Bourg-St-Maurice 12 – Chambéry 113 – Val-d'Isère 43.

🏨 Golf Ⓜ ⚿, S : 4 km - alt. 1 800 - 𝒫 79 07 25 17, Télex 980404, Fax 79 07 46 97,
≤ montagnes, ㏚, 🛁, ♨, ≋ – 🛗 📺 ☎ **P** – 🏸 400
saisonnier – - **Le Green** – **280 ch**.

🏨 **Latitudes** ⚿, S : 5 km - alt. 1 800 𝒫 79 07 49 79, Télex 309743, Fax 79 07 49 87, ㏚ – 🛗
☎ 🚗 – 🏸 100. 🕮. ⓿ **E** 𝘝𝘐𝘚𝘈. ⓿
1ᵉʳ juil.-31 août et 21 déc.-25 avril – **160 ch**, (½ pens. seul.) 616.

Les ARCS 83460 Var ⁸⁴ ⑦ **G. Côte d'Azur** – 3 915 h. alt. 74.
Voir Polyptyque★ dans l'église – Chapelle Ste-Roseline★ NE : 4 km.
🛈 Syndicat d'Initiative pl. Gén.-de-Gaulle 𝒫 94 73 37 30.
Paris 852 – Fréjus 26 – Brignoles 41 – Cannes 61 – Draguignan 10 – St-Raphaël 29 – Ste-Maxime 32.

🍴🍴 **Logis du Guetteur** ⚿ avec ch, au village médiéval, SE par D 57 𝒫 94 73 30 82,
Fax 94 73 39 95, ㏚, « Pittoresque installation dans un vieux fort » – ☎ **P**. 🕮 ⓿ **E**.
𝘝𝘐𝘚𝘈
fermé 15 nov. au 15 déc. et vend. sauf du 1ᵉʳ mai à fin sept. – **R** 110/280 ⅄ – ☲ 35 –
11 ch 320/390 – ½ P 305/450.

CITROEN Gar. Audibert 𝒫 94 73 31 41   RENAULT Gar. des 4 Chemins 𝒫 94 47 40 43 **ℕ**

ARCY-SUR-CURE 89270 Yonne 📖 ⑤ G. Bourgogne – 527 h. alt. 133.

Paris 197 –Auxerre 31 – Avallon 19 – Vézelay 20.

XX **Grottes** avec ch, N 6 ℘ 86 81 91 47, ☞ – **❷**. **E** *VISA*
↦ fermé 20 déc. au 25 janv. et merc. de fin sept. à fin mai – **R** 65/142 ⅃, enf. 44 – ⌖ 22 –
7 ch 110/180 – ½ P 165/220.

RENAULT Gar. Teissier ℘ 86 81 90 42

ARDÈCHE (Gorges de l') ★★★ 07 Ardèche 📖 ⑨ G. Provence

Ressources hôtelières : voir *Vallon Pont d'Arc.*

ARDENTES 36120 Indre 📖 ⑨ G. Berry Limousin – 3 287 h. alt. 163.

Paris 277 –Bourges 64 – Argenton 38 – Châteauroux 14 – La Châtre 22 – Issoudun 33 – St-Amand-Montrond 57.

XX **Gare,** ℘ 54 36 20 24 – **❷**. **E** *VISA*
fermé 8 au 28 juil., vacances de fév., dim. soir, lundi et soir de fêtes – **R** 110/155.

XX **Chêne Vert** avec ch, av. Verdun ℘ 54 36 22 40 – 📺 ☎. 🆎 **❶** **E** *VISA*
fermé 4 au 26 août, 5 au 20 janv., dim. soir et lundi – **R** 102/200, enf. 62 – ⌖ 28 – **8 ch**
110/285 – ½ P 161/316.

CITROEN Godiard, 46 av. de Verdun
℘ 54 36 20 26 **N** ℘ 54 36 20 26
PEUGEOT-TALBOT Gar. Bucheron, 33 av. de Verdun ℘ 54 36 21 40

RENAULT Gar. du Chêne Vert, 30 av. de Verdun
℘ 54 36 22 47
Gar. Marteau ℘ 54 36 22 95

ARDRES 62610 P.-de-C. 📖 ② G. Flandres Artois Picardie – 3 390 h. alt. 11.

Paris 275 – Calais 17 – Arras 100 – Boulogne-sur-Mer 37 – Dunkerque 41 – ◆Lille 87 – St-Omer 23.

🏨 **Clément** 🍴, espl. Mar. Leclerc ℘ 21 82 25 25, Fax 21 82 98 92, ☞ – ☎ 🛏 **❷** – 🔑 50.
🆎 **❶** **E** *VISA*
fermé 15 janv. au 15 fév., mardi midi d'oct. à mars et lundi – **R** 100/320 ⅃, enf. 70 – ⌖ 35
– **17 ch** 250/310.

🏠 **La Chaumière** sans rest, 67 av. Rouville ℘ 21 35 41 24, ☞ – ☜. **E** *VISA*
⌖ 25 – **12 ch** 150/300.

SE 8,5 km par N 43, D 217 et D 226 – ✉ **62890** Recques-sur-Hem :

🏨 **Château de Cocove** **M**, ℘ 21 82 68 29, Télex 810985, Fax 21 82 72 59, « 🍴 dans un
parc » – 🔑 ch 📺 ☎ ⅃ **❷** – 🔑 30. 🆎 **❶** **E** *VISA*
R 110/290 – **23 ch** ⌖ 370/595 – ½ P 305/623.

CITROEN Gar. Carpentier, 55 r. Cdt-Quéval
℘ 21 35 42 16

🛞 Fischbach Pneu, av. Alliés à Audruicq
℘ 21 82 75 81

ARÊCHES 73 Savoie 📖 ⑰ G. Alpes du Nord – alt. 1 080 – Sports d'hiver : 1 050/2 100 m ✂12 – ✉ **73270**
Beaufort-sur-Doron –Voir Hameau de Boudin★ E : 2 km.

🛈 Syndicat d'Initiative (saison) ℘ 79 38 15 33.

Paris 609 –Albertville 26 – Chambéry 75 – Mégève 47.

🏨 **Aub. du Poncellamont** **M** 🍴, ℘ 79 38 10 23, ≤, ☞ – ☎ **❷**. **E** *VISA*
20 mai-30 sept., 20 déc.-20 avril et fermé dim. soir et merc. hors sais. – **R** 87/300, enf. 52 –
⌖ 30 – **14 ch** 230/260 – ½ P 245/255.

ARÈS 33740 Gironde 📖 ⑱ G. Pyrénées Aquitaine – 3 051 h. alt. 6.

Paris 630 – ◆Bordeaux 47 – Arcachon 45.

XX **St Éloi** avec ch, 11 bd Aérium ℘ 56 60 20 46, ☞ – **E** *VISA*
fermé fév., dim. soir et lundi d'oct. à fin mars – **R** 95/280, enf. 55 – ⌖ 24 – **11 ch** 120/160
– ½ P 227/280.

ARETTE-PIERRE-ST-MARTIN 64570 Pyr.-Atl. 📖 ⑮ G. Pyrénées Aquitaine – Sports d'hiver : 1 650/
2 200 m ✂16 –Voir Site★.

🛈 Office de Tourisme à Pierre-St-Martin ℘ 59 66 20 09.

Paris 859 –Pau 75 – Lourdes 96 – Oloron-Ste-Marie 40.

🏨 **Pic d'Anie** **M** sans rest, ℘ 59 66 00 05, ≤ – 📺 ☎. 🆎 **❶** **E** *VISA*
fermé 15 mai au 30 juin et 15 oct. au 15 déc. – ⌖ 28 – **16 ch** 280/320.

ARFEUILLES 03640 Allier 📖 ⑥ – 881 h. alt. 424.

Paris 357 – ◆Clermont-Fd 85 –Roanne 38 – Lapalisse 15 – Moulins 65 – Thiers 59 – Vichy 41.

🏠 **Nord,** ℘ 70 55 50 22, ☞ – **❷**. **E** *VISA*
↦ fermé 4 au 17 mars, 11 nov. au 8 déc. et dim. soir du 1er sept. à Pâques – **R** 70/150 –
⌖ 20 – **9 ch** 100/210 – ½ P 150/170.

ARGEIN 09800 Ariège 📖 ② – 193 h. alt. 560.

Paris 817 – Foix 60 – St-Girons 16.

🏠 **Host. la Terrasse,** ℘ 61 96 70 11, ☞ – ☜
↦ fermé 15 déc. au 31 janv. – **R** 65/160, enf. 45 – ⌖ 25 – **10 ch** 120/200 – ½ P 170/180.

🟦🟦 ⑰ G. Pyrénées Aquitaine – 3 456 h. alt. 463
– Stat. therm. (10 mai-24 oct.).

Voir Route du Hautacam★ à l'Est par D 100
Y.

🅷 Syndicat d'Initiative Grande Terrasse 🖉 62 97
00 25.

Paris 815 ① – Pau 55 ① – Lourdes 13 ① – Tarbes
32 ①.

ARGELÈS-GAZOST

🏨 **Miramont,** r. Pasteur 🖉 62 97
➡ 01 26, « Jardin fleuri » – ☎ 🅿 VISA
🛇   Z n
fermé 25 oct. au 22 déc. – **R** *(fermé*
lundi de janv. à mars sauf vacances
scolaires) (nombre de couverts limité
- prévenir) 60/175 – ⲥ 24 – **29 ch**
150/230 – P 190/240.

🏨 **Les Cimes** 🛇, pl. Ourout
➡ 🖉 62 97 00 10, 🍴, 🌿 – 🛗 cuisinette 📺 ☎ 🅿 🅴 VISA 🛇 rest
fermé 15 oct. au 18 déc. – **R** 61/165,
enf. 37 – ⲥ 24 – **27 ch** 160/249,
4 studios 235 – P 220/235   Z a

🏨 **Host. Le Relais,** 25 r. Mar. Foch
➡ 🖉 62 97 01 27, 🍴 – ☎ 🅿 🅴
VISA   Y h
fermé 15 oct. au 1er fév. – **R** 65/200
– ⲥ 24 – **23 ch** 180/230 –
½ P 180/200.

🏨 **Bernède,** r. Mar. Foch
➡ 🖉 62 97 06 64, Télex 531040, 🌿 – 🛗
📺 ☎ 🅿 🅰🅴 ⓞ 🅴 VISA
🛇 rest   Y s
1er fév.-31 oct. – **R** *(fermé lundi hors*
sais.) 55/175, enf. 40 – ⲥ 30 – **40 ch**
200/295 – ½ P 175/180.

🏠 **Printania,** av. Pyrénées 🖉 62 97
➡ 06 57 – 🛗 📺 🌿 ♿ 🅿 – 🍴 30. 🛇
VISA   Y r
R 48/160, enf. 40 – ⲥ 22 – **23 ch**
195 – ½ P 185.

🏠 **Soleil Levant,** 17 av. Pyrénées 🖉 62 97 08 68, 🌿 – 🛗 ☎ 🅿 🅰🅴 ⓞ 🅴 VISA 🛇 rest
➡ *fermé 1er déc. au 15 janv. –* **R** 60/190, enf. 40 – ⲥ 28 – **37 ch** 160/190 – ½ P 170/190. Y t

🏠 **Gabizos,** av. Pyrénées 🖉 62 97 01 36, 🍴, 🌿 – 🍽 rest 🕾 🅿 🅴 VISA   Z x
➡ *22 mars-21 oct. et vacances de fév. –* **R** 55/135, enf. 50 – ⲥ 22 – **26 ch** 150/205 – P 220.

🍴🍴 **Brasero,** rte Lourdes par ① 🖉 62 97 05 12, 🍴 – 🅿 🅰🅴 🅴 VISA
1er avril-11 nov. – **R** *(fermé lundi sauf juil.-août)* 75/180, enf. 45.

à St-Savin S : 3 km par D 101 – Z – alt. 580 – ⊠ **65400** .

Voir Site★ de la Chapelle de Piétat S : 1 km.

🏨 **Rochers** 🛇, 🖉 62 97 09 52, ≤, 🍴, 🌿 – 📺 ☎ 🅿 VISA
➡ *fév.-15 oct. –* **R** 60/200, enf. 50 – ⲥ 25 – **29 ch** 150/220 – ½ P 160/210.

🏠 **Panoramic,** av. Pyrénées 🖉 62 97 08 22, ≤ vallée, 🍴, 🌿 – 🅰🅴 🅴 VISA
➡ *Pâques-10 oct. et fermé lundi de Pâques au 15 juin –* **R** 70/150, enf. 33 – ⲥ 24 – **20 ch**
140/210 – ½ P 150/210.

🍴🍴 **Viscos** avec ch, 🖉 62 97 02 28, 🍴 – 🕾 🅿 🅰🅴 🅴 VISA
fermé 2 au 27 déc. – **R** *(fermé lundi sauf vacances scolaires)* 92/200, enf. 42 – ⲥ 28 –
16 ch 205/230 – ½ P 194/210.

à Agos par ① : 5 km – ⊠ **65400** Agos-Vidalos :

🏠 **Chez Pierre d'Agos,** 🖉 62 97 05 07, 🍴, 🌿 – 🛗 📺 ☎ 🅿 🅰🅴 🅴 VISA
➡ **R** 46/165, enf. 40 – ⲥ 19,50 – **53 ch** 170/190 – ½ P 178/185.

à Beaucens SE : 5 km par D 100 - Y - et D 13 – Stat. therm. (juin-1er oct.) – ⊠ **65400** :

🏨 **Thermal** 🛇, 🖉 62 97 04 21, ≤, « Parc » – ☎ 🅿 🅴 VISA 🛇 rest
1er juin-1er oct. – **R** 75/130 – ⲥ 25 – **30 ch** 165/250 – ½ P 195/230.

CITROEN Gar. Ananos 🖉 62 97 00 41

RENAULT Gar. Cappeleto et Lafaille, par D 100 Y
🖉 62 97 02 06 🆖 🖉 62 97 00 76

Barère-de-
Vieuzac (R.) . . . . **Y** 2
Bourdette (R.) . . . . **Z** 3
Dambé (Av. Jules) . . . **Y** 4
Digoy (R. Capitaine) **YZ** 6
Hébrard
(Av. Adrien) . . . . . **YZ** 7
La Terrasse . . . . **Z** 8
Mairie (Pl. de la) . . . . . **Z** 10

Marne (Av. de la) . . . . **Y** 12
Russel (R. du Cte-H.) . **Y** 13
Sassère (R. Hector) . . **Y** 14
St-Orens (R.) . . . . **Z** 16
Sorbé-Bualé (R.) . . . . **Y** 17
Victoire (Pl. de la) . . . . **Y** 18
Victor-Hugo (Av.) . . . . **Z** 20

L'EUROPE en une seule feuille : carte Michelin n° 🟦🟦🟦.

Paris 928 – ◆Perpignan 21 – Céret 26 – Port-Vendres 10 – Prades 58.

🏨🏨 **Relais d'Arras de Grando** Ⓜ ⤳, O : 1 km par rte Sorède et VO 🕿 68 81 42 88, 🍴,
🏊, – 🛁 ⤏ 📺 🕿 🕭 ₲ – 🔏 40. 🆎 🕦 Ⓔ 𝘝𝘐𝘚𝘈
fermé janv. – **Aub. du Roua R** 150/220 Enf. 85 – ⊡ 56 – **20 ch** 640 – ½ P 490/520.

🏨 **Cottage** Ⓜ ⤳, r. A. Rimbaud 🕿 68 81 07 33, Fax 68 81 59 69, 🍴, 🏊, 🌳 – 🕿 ₲ ₲.
Ⓔ 𝘝𝘐𝘚𝘈
1ᵉʳ avril- 31 oct. – **R** (dîner seul.) 120/260, enf. 60 – ⊡ 38 – **30 ch** 185/395 – ½ P 225/330.

🏨 **Mouettes** Ⓜ, rte Collioure : 3 km 🕿 68 81 21 69, ≤, 🍴, 🏊 – 📺 🕭 ₲. 🆎 🕦 Ⓔ 𝘝𝘐𝘚𝘈
15 mars- 10 nov. – **R** 110 ₰ – ⊡ 33 – **28 ch** 330/490 – ½ P 270/390.

🏨 **Gd H. Commerce,** rte Nationale 🕿 68 81 00 33 – 🛁 🕿 ₲. 🆎 🕦 Ⓔ 𝘝𝘐𝘚𝘈
◆ *fermé 24 déc. au 5 fév., dim. soir et lundi du 1ᵉʳ oct. au 30 mai* – **R** 60/155 ₰, enf. 40 –
⊡ 27 – **38 ch** 185/250 – ½ P 180/237.
Annexe Le Parc Ⓜ ⤳, 🏊, 🌳 – 🛁 🕿 ₲ – 🔏 80. 🆎 🕦 Ⓔ 𝘝𝘐𝘚𝘈
1ᵉʳ juin-30 sept. – ⊡ 32 – **24 ch** 235/282 – ½ P 255/260.

🏠 **Soubirana,** rte Nationale 🕿 68 81 01 44, 🍴 – Ⓔ 𝘝𝘐𝘚𝘈
◆ *fermé 27 oct. au 12 nov., dim. soir et sam. du 15 sept. au 1ᵉʳ juin* – **R** 63/225 ₰, enf. 38 –
⊡ 28 – **17 ch** 135/195 – ½ P 170/185.

à Argelès-Plage E : 2,5 km G. Pyrénées Roussillon – ✉ **66700** Argelès-sur-Mer.

Voir SE : Côte Vermeille★★.

🅱 Office de Tourisme pl. de l'Europe 🕿 68 81 15 85, Télex 500911.

🏨🏨 **Lido** Ⓜ, bd Mer 🕿 68 81 10 32, Télex 505220, Fax 68 81 10 98, ≤, 🍴, 🏊, ▲⚲ – 🛁 🕿 ₲
₲. 🆎 Ⓔ 𝘝𝘐𝘚𝘈. 🛳 rest
18 mai-30 sept. – **R** 110/180, enf. 65 – ⊡ 40 – **73 ch** 360/590 – ½ P 325/450.

🏨🏨 **Plage des Pins** Ⓜ, 🕿 68 81 09 05, Télex 506134, Fax 68 81 12 10, ≤, 🏊, 🛳 – 🛁 🏢 ch
🕿 ₲. Ⓔ 𝘝𝘐𝘚𝘈. 🛳
1ᵉʳ juin-29 sept. – **R** 115/160 – ⊡ 40 – **49 ch** 396/440 – ½ P 360/382.

🏨 **Maritime** Ⓜ, bd Albères 🕿 68 81 50 00, 🍴, 🏊 – 🕿 ₲, 🔾. 🆎 Ⓔ 𝘝𝘐𝘚𝘈
25 mars-30 oct. – **R** 105 ₰, enf. 60 – ⊡ 32 – **24 ch** 235/290 – ½ P 250/275.

🏨 **Beau Rivage** sans rest, av. Plage 🕿 68 81 11 29 – 🕿. 🆎 Ⓔ 𝘝𝘐𝘚𝘈
15 mai-30 sept. – ⊡ 30 – **26 ch** 280/295.

⚱ **Solarium,** av. Vallespir 🕿 68 81 10 74 – 🖂. 🛳
1ᵉʳ mai-30 sept. – **R** (dîner seul.) 77 – ⊡ 26 – **18 ch** 115/236 – ½ P 188/240.

à Racou-Plage SE : 3 km – ✉ **66700** Argelès-sur-Mer :

⚱ **Val Marie** sans rest, 🕿 68 81 11 27, 🌳 – 🕿 ₲. 🛳
15 mai-30 sept. – ⊡ 21 – **29 ch** 110/207.

CITROEN Argelès-Autos, 76 rte de Collioure
🕿 68 81 45 45
PEUGEOT TALBOT Venzal, ZI rte de St-André
🕿 68 81 06 86 🔟 🕿 68 81 24 28

RENAULT Cadmas, 3 bis rte de Collioure
🕿 68 81 12 29

🛞 Mallau Pneus, 80 rte de Collioure 🕿 68 81 43 90

Voir Église St-Germain★.

🅱 Office de Tourisme pl. Marché 🕿 33 67 12 48.

Paris 193 ② – Alençon 45 ③ – ◆Caen 57 ⑤ – Chartres 133 ② – Dreux 112 ② – Évreux 117 ② – Flers 44 ④ –
Laval 108 ④ – Lisieux 58 ① – ◆Rouen 127 ②.

Plan page ci-contre

🏠 **France,** 8 bd Carnot **(r)** 🕿 33 67 03 65, 🌳 – 🕿. Ⓔ 𝘝𝘐𝘚𝘈
◆ *fermé 30 août au 10 sept., 25 fév. au 15 mars et dim. soir* – **R** 65/160 ₰, enf. 50 – ⊡ 26 –
13 ch 120/270 – ½ P 217/300.

🅇🅇🅇 **Renaissance** avec ch, 20 av. 2ᵉ-Division-Blindée **(n)** 🕿 33 36 14 20 – 📺 🕿 ₲ – 🔏 25.
🆎 🕦 Ⓔ 𝘝𝘐𝘚𝘈
fermé 23 déc. au 3 janv. et dim. sauf fériés – **R** 90/200, enf. 55 – ⊡ 28 – **15 ch** 180/290 –
½ P 205/250.

à Fontenai-sur-Orne par ④ : 4,5 km – ✉ **61200** :

🏨 **Faisan Doré,** 🕿 33 67 18 11 – 📺 🕿 ₲ – 🔏 100. Ⓔ 𝘝𝘐𝘚𝘈
fermé dim. soir – **R** 80/160 ₰, enf. 80 – ⊡ 35 – **20 ch** 180/320.

à Écouché par ④ : 9 km – ✉ **61150** :

🅇🅇 **Lion d'Or** avec ch, 1 r. Pierre Pigot 🕿 33 35 16 92, Fax 33 36 60 48 – 📺 🕿 ₲ – 🔏 60. 🆎
Ⓔ 𝘝𝘐𝘚𝘈
fermé dim. soir – **R** 85/320, enf. 65 – ⊡ 38 – **8 ch** 200/265 – ½ P 250/310.

CITROEN Brunet, 21 r. République 🕿 33 36 79 99
V.A.G Poirier Autom., rte de Falaise 🕿 33 36 19 19

🛞 Fischer-Pneus, 21 r. République 🕿 33 36 08 36
🔟 🕿 33 67 19 45
Marsat-Pneus Argentan-Pneus, 30 av. 2ᵉ-D.-B.
🕿 33 67 26 79

ARGENTAN

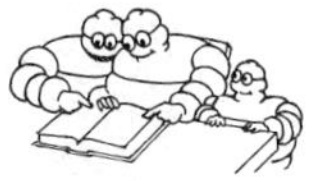

*Pour un bon usage
des plans de villes,
voir les signes
conventionnels
dans l'introduction*

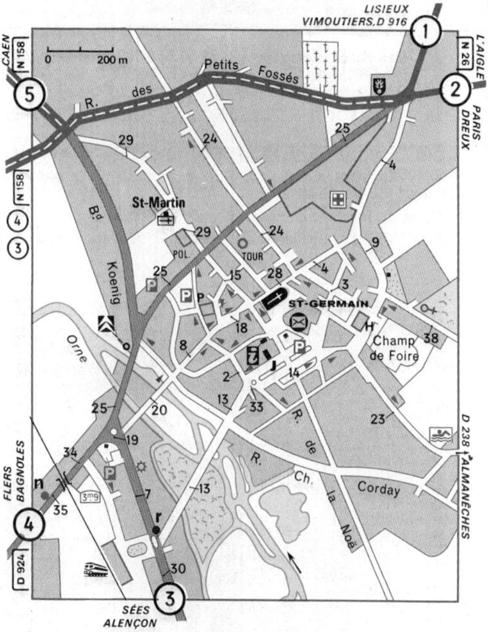

*Please avoid smoking during a meal :
you will spoil your palate and annoy your neighbours.*

ARGENTAT 19400 Corrèze 🔟 ⑩ G. Berry Limousin – 3 424 h. alt. 188.

Voir Site★.

🖪 Office de Tourisme av. Pasteur (15 juin-15 sept.) ℰ 55 28 16 05 et à la Mairie (hors saison) ℰ 55 28 10 91.

Paris 512 – Brive-la-Gaillarde 44 – Aurillac 53 – Mauriac 51 – St-Céré 43 – Tulle 28.

🏨 **Nouvel H. Gilbert**, r. Vachal ℰ 55 28 01 62, 😤, 🌧 – 🛏 🕿 🅿 – 🔏 30. ◑ 🇪 𝚅𝙸𝚂𝙰
  fermé 15 déc. au 15 mars, sam. midi et vend. du 1er oct. au 1er mai – **R** 75/200, enf. 45 –
  ☲ 28 – **26 ch** 130/300 – ½ P 155/240.

🍴 **Fouillade** avec ch, pl. Gambetta ℰ 55 28 10 17, 😤 – 🕿 🇪 𝚅𝙸𝚂𝙰
  fermé 4 nov. au 9 déc. et lundi du 16 sept. au 15 juin – **R** 60/145 ⅜ – ☲ 22 – **20 ch**
  110/195 – ½ P 150/195.

CITROEN Frizon, 25 av. Xaintries ℰ 55 28 10 79   ⊛ Corrèze-Pneus, 30 av. d'Aurillac ℰ 55 28 14 31
Ⓝ ℰ 55 28 16 50

ARGENTEUIL 95 Val-d'Oise 🌀 ⑳, 𝟭𝟬𝟭 ⑭ – voir à Paris, Environs.

ARGENTIÈRE 74 H.-Savoie 🗖 ⑨ G. Alpes du Nord – alt. 1 253 – Sports d'hiver : 1 200/3 300 m ➘3 ✚6
✚ – ⊠ 74400 Chamonix-Mont-Blanc.

Voir SE : Aiguille des Grands Montets ⩽★★ par téléphérique – Trélechamp ⩽★★ N : 2,5 km –
Réserve naturelle des Aiguilles Rouges★★ N : 3,5 km.

Paris 622 – Chamonix 8 – Annecy 104 – Vallorcine 7,5.

🏨 **Montana** Ⓜ, ℰ 50 54 14 99, Fax 50 53 17 03, ⩽ – 🛏 📺 🕿 🕭 🖘 🅿 🇪 𝚅𝙸𝚂𝙰
  fermé 15 mai au 15 juin et 15 oct. au 15 déc. – **R** (dîner seul.)(résidents seul.) 95/130 –
  ☲ 30 – **24 ch** 450 – ½ P 330/370.

🏨 **Grands Montets** ⑤, près téléphérique de Lognan ℰ 50 54 06 66, ⩽, 🌧 – 🛏 📺 🕿
  🅿 ◑ 🇪 𝚅𝙸𝚂𝙰 ⅞ rest
  15 juin-10 sept. et 21 déc.-5 mai – **R** 97/110 ⅜, enf. 67 – ☲ 29 – **40 ch** 510/546 –
  ½ P 280/388.

🍴🍴 **Dahu** avec ch, ℰ 50 54 01 55, ⩽, 😤 – 🕿 🅿 🆎 🇪 𝚅𝙸𝚂𝙰
  15 juin-15 oct. et 15 déc.-15 mai – **R** (fermé merc. du 15 sept. au 15 oct.) 50/130 ⅜ – ☲ 26
  – **20 ch** 120/260.

à Montroc-le-Planet NE : 2 km par N 506 et VO – ✉ **74400** Argentière :

🏨 **Les Becs Rouges** 🦢, ℰ 50 54 01 00, Fax 50 54 00 51, ≼vallée et chaîne du Mont-Blanc, ⌖, 🎄 – 🖳 🆃🆅 ☎ 🅿 – 🔬 35. ㏂ ⓞ 🄴 𝑉𝐼𝑆𝐴 ⅙ rest
R 108/168 – ⇌ 43 – **24 ch** 175/440 – ½ P 301/350.

PEUGEOT-TALBOT Gar. Costa ℰ 50 54 04 30 🅽

ARGENTON-SUR-CREUSE 36200 Indre 🔢 ⑰⑱ G. Berry Limousin – 6 141 h. alt. 108.

Voir Vieux pont ≼★ **K** – ≼★ de la terrasse de la chapelle N.-D.-des-Bancs **L** – Vallée de la Creuse★ SE par D 48.

🅱 Office de Tourisme pl. République ℰ 54 24 05 30.

Paris 301 ① – Châteauroux 31 ① – Guéret 67 ③ – ♦Limoges 94 ④ – Montluçon 101 ② – Poitiers 99 ⑤ – ♦Tours 125 ⑤.

ARGENTON-SUR-CREUSE

*Les plans de villes
sont orientés
le Nord en haut.*

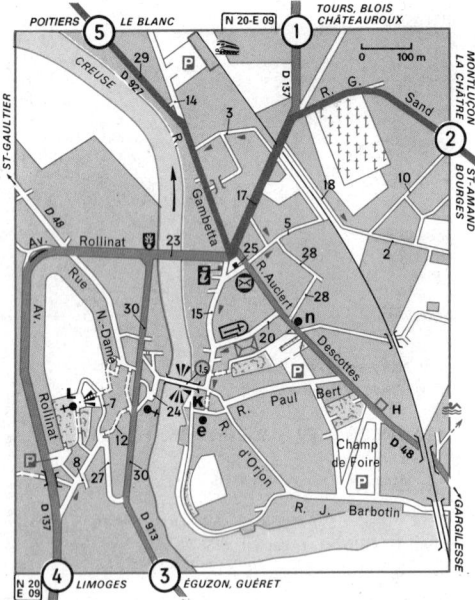

🏠 **Manoir de Boisvillers** 🦢 sans rest, 11 r. Moulin de Bord **(e)** ℰ 54 24 13 88, ⛲, 🎄 – ☎ 🅿 ㏂ 🄴 𝑉𝐼𝑆𝐴
fermé 3 au 20 janv. – ⇌ 34 – **14 ch** 195/295.

🏠 **Cheval Noir**, 27 r. Auclert-Descottes **(n)** ℰ 54 24 00 06, Télex 751183 – 🍽 rest 🆃🆅 ☎ 🅿. 🄴 𝑉𝐼𝑆𝐴
fermé janv. – **R** *(fermé dim. soir et lundi hors sais.)* 70/180, enf. 50 – ⇌ 30 – **30 ch** 110/230 – ½ P 260.

à St-Marcel par ① : 2 km – ✉ **36200** :

Voir Église★.

🏠 **Le Prieuré**, ℰ 54 24 05 19, ≼, ⌖, 🎄 – ☎ 🅿 – 🔬 30. 🄴 𝑉𝐼𝑆𝐴 ⅙
fermé 10 janv. au 15 fév., dim. soir d'oct. à mars et lundi – **R** 65/160 🍷, enf. 45 – ⇌ 26 – **12 ch** 150/230 – ½ P 250.

à Tendu par ① : 8 km – ✉ **36200** :

🍴🍴 **Moulin des Eaux Vives**, SE : 4 km par D 30 et VO ℰ 54 24 12 25, « Moulin du 18ᵉ siècle au bord de l'eau » – 𝑉𝐼𝑆𝐴
fermé 2 au 23 janv., lundi soir et mardi sauf juil.-août – **R** (dim. prévenir) 100/270, enf. 60.

à Bouesse par ② : 11 km – ✉ **36200** :

🏨 **Château de Bouesse** 🦢, ℰ 54 25 12 20, Fax 54 25 12 30, ≼, ⌖, « Château du 13ᵉ siècle dans un parc » – ☎ 🅿 ㏂ 🄴 𝑉𝐼𝑆𝐴 ⅙
fermé 6 janv. au 6 fév. – **R** *(fermé dim. soir et lundi du 1ᵉʳ nov. à Pâques)* 95/160, enf. 70 – ⇌ 40 – **5 ch** 350/450, 3 appart. 650 – ½ P 295/405.

CITROEN Gar. Besson, N 20 à Tendu par ①
🖉 54 24 12 26
PEUGEOT-TALBOT Chavegrand, rte de Limoges
par ④ 🖉 54 24 04 32 🆖

Gar. **Allignet**, 15 bis bd G.-Sand 🖉 54 24 07 01
🆖 🖉 54 24 24 95

🔘 Gebhard-Pneu, rte de Limoges, N 20
🖉 54 24 13 08

ARGENT-SUR-SAULDRE 18410 Cher 🗗🗗 ⑪ G. Châteaux de la Loire – 2 687 h. alt. 171.
Paris 173 – ♦Orléans 62 – Bourges 55 – Cosne-sur-Loire 46 – Gien 21 – Salbris 42 – Vierzon 52.

🏠 **Relais de la Poste**, 🖉 48 73 60 25 – 📺 ☎ 🖹 💳
fermé 20 au 25 juin, 15 janv. au 15 fév. et lundi hors sais. – **R** 80/320, enf. 55 – 🖵 30 –
10 ch 220/260 – ½ P 260/280.

🍴 **Relais du Cor d'Argent** avec ch, 🖉 48 73 63 49 – 🖹 💳
fermé 11 au 21 sept., 19 fév. au 14 mars, mardi soir et merc. sauf juil.-août – **R** 69/168 🍷
– 🖵 22 – **7 ch** 95/226 – ½ P 142/200.

PEUGEOT Gar. Léger 🖉 48 73 63 06   RENAULT Carlot 🖉 48 73 61 83

ARINSAL Principauté d'Andorre 🗗🗗 ⑭, 🛢🛢 ⑥ – voir à Andorre.

ARLEMPDES 43490 H.-Loire 🗖🗖 ⑰ G. Vallée du Rhône – 182 h. alt. 840 – Voir ≪★★ du château.
Paris 544 – Aubenas 59 – Langogne 28 – Le Puy 28.

🏠 **Manoir** 🦢, 🖉 71 57 17 14, ≤ – 🛇 ch
1er mars- 1er nov. – **R** 70/160 🍷 – 🖵 27 – **16 ch** 170/190 – ½ P 180/190.

ARLES ◁🅢🅟▷ 13200 B.-du-R. 🗗🗗 ⑩ G. Provence – 50 772 h. alt. 9.
Voir Arènes★★ YZ – Théâtre antique★★ Z – Cloître St-Trophime★★ et église★ Z : portail★★ – Les
Alyscamps★ X – Palais Constantin★ Y F – Hôtel de ville : voûte★ du vestibule Z H – Musées : Art
chrétien★★ et cryptoportiques★ Z M1, Arlaten★ Z M3, Art païen★ Z M2, Réattu★ Y M4 – Ruines
de l'abbaye de Montmajour★ 5 km par ①.

🅱 Office de Tourisme esplanade des Lices 🖉 90 96 29 35, Télex 440096 et à la Gare SNCF – A.C. 12 r.
Liberté 🖉 90 96 40 28.

Paris 727 ① – Avignon 37 ① – Aix-en-Provence 77 ② – Béziers 136 ⑤ – Cavaillon 44 ① – ♦Marseille 88 ② –
♦Montpellier 73 ⑤ – Nîmes 30 ⑥ – Salon-de-Provence 42 ② – Sète 103 ⑤.

Plans page suivante

🏨 **Jules César et rest. Lou Marquès,** bd Lices 🖉 90 93 43 20, Télex 400239,
Fax 90 93 33 47, 🌤, « Ancien couvent avec son cloître, jardins intérieurs », 🏊 – 🛗 ⬛ ch
📺 ☎ 🚗 – 🔥 50. 🆎 ⑩ 🖹 💳   Z b
fermé début nov. au 22 déc. – **R** 185/350, enf. 65 – 🖵 60 – **55 ch** 450/850, 3 appart. 1650
– ½ P 543/808.

🏨 **Mercure** Ⓜ, 45 av. Sadi-Carnot 🖉 90 99 40 40, Télex 403613, Fax 90 93 32 50, 🔲 – 🛗
🦢 ch ⬛ 📺 ☎ 🐧 🔥 70. 🆎 ⑩ 🖹 💳   X a
R carte 120 à 200, enf. 40 – 🖵 47 – **67 ch** 350/470 – ½ P 315/375.

🏨 **D'Arlatan** 🦢 sans rest, 26 r. Sauvage (près pl. Forum) 🖉 90 93 56 66, Télex 441203,
Fax 90 49 68 45, « Demeure du 15e, beau mobilier, vitrine de vestiges archéologiques », 🌳
– 🛗 ⬛ 📺 ☎ 🚗 – 🔥 25. 🆎 ⑩ 🖹 💳   Y f
🖵 48 – **31 ch** 385/620, 10 appart..

🏨 **Nord Pinus et rest. La Corrida** Ⓜ, pl. Forum 🖉 90 93 44 44, Fax 90 93 34 00 – 🛗 📺
☎ & 🚗. 🆎 ⑩ 💳   Z t
fermé 20 nov. au 19 déc. et 4 janv. au 28 fév. (sauf rest.) – **R** (fermé dim.) 150/220, enf. 80
– 🖵 50 – **21 ch** 600/1200.

🏨 **L'Atrium** Ⓜ, 1 r. E. Fassin 🖉 90 49 92 92, Télex 403903, Fax 90 93 38 59 – 🛗 ⬛ 📺 ☎
& 🚗 – 🔥 100. 🆎 ⑩ 🖹 💳   Z n
R 106/190 🍷, enf. 50 – 🖵 47 – **87 ch** 390/600 – ½ P 370/490.

🏠 **Mireille** Ⓜ, 2 pl. St Pierre 🖉 90 93 70 74, Télex 440308, Fax 90 93 87 28, 🌤, 🏊 – ⬛ 📺
☎. 🆎 ⑩ 🖹 💳   Y h
1er mars-15 nov. – **R** 120/170, enf. 90 – 🖵 45 – **34 ch** 295/550 – ½ P 310/440.

🏠 **Calendal** sans rest, 22 pl. Pomme 🖉 90 96 11 89, « Jardin ombragé » – ☎. 🆎 ⑩ 🖹 💳
8 fév.- 15 nov. – 🖵 29 – **27 ch** 170/280.   Z s

🏠 **St-Trophime** sans rest, 16 r. Calade 🖉 90 96 88 38 – 🛗 ☎. 🆎 ⑩ 🖹 💳   Z x
fermé 25 nov. au 15 déc. et 6 au 25 janv. – 🖵 25 – **22 ch** 150/270.

🏠 **La Roseraie** 🦢 sans rest, à Pont-de-Crau E : 2 km par N 453 - X 🖉 90 96 06 58, « Jardin
fleuri » – 🌤 🅿. 🛇
15 mars-15 oct. – 🖵 30 – **12 ch** 230/300.

🏠 **Mirador** sans rest, 3 r. Voltaire 🖉 90 96 28 05 – ☎. 🖹 💳   Y n
🖵 25 – **15 ch** 150/220.

🏠 **Le Cloître** sans rest, 18 r. Cloître 🖉 90 96 29 50 – 🌤. 🆎 🖹 💳. 🛇   Z a
🖵 28 – **33 ch** 220/255.

🏠 **Constantin** sans rest, 59 bd Craponne 🖉 90 96 04 05 – ☎. 🖹 💳. 🛇   Z k
15 mars- 15 nov. – 🖵 23 – **15 ch** 125/225.

tourner →

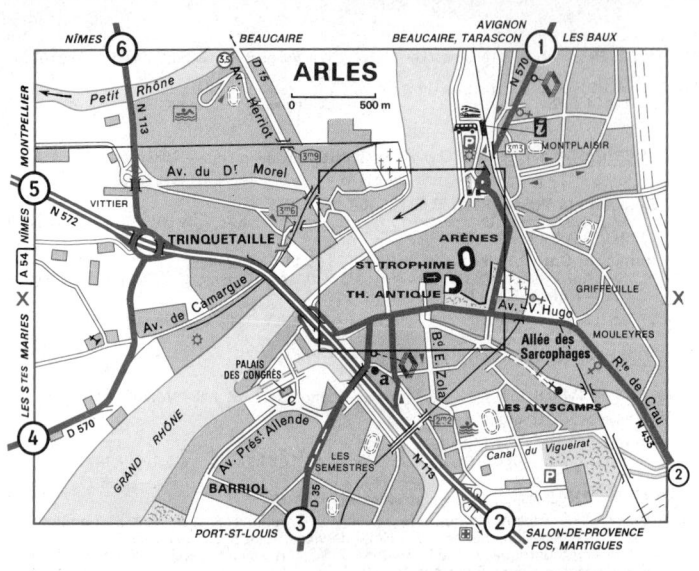

ARLES

0   500 m

NÎMES ⑥ — BEAUCAIRE — AVIGNON, BEAUCAIRE, TARASCON — LES BAUX ①

MONTPELLIER — N 113

⑤ N 572 — NÎMES — A 54

VITTIER

TRINQUETAILLE

Av. du Dr Morel

Petit Rhône

Av. Herriot

X — LES S TES MARIES — X

Av. de Camargue

GRAND RHÔNE

④ D 570

Av. Prést Allende

BARRIOL

PALAIS DES CONGRÈS

LES SEMESTRES

D 35

PORT-ST-LOUIS ③ — ② — SALON-DE-PROVENCE, FOS, MARTIGUES

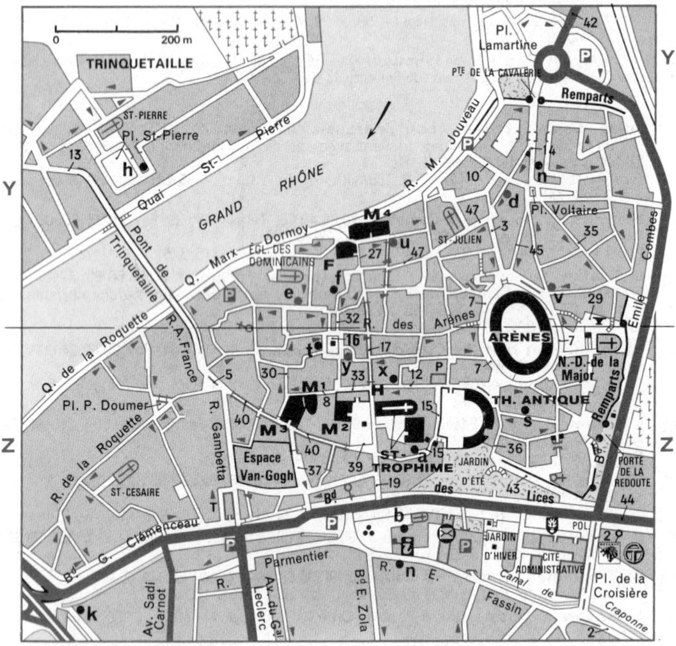

ARÈNES
ST-TROPHIME
TH. ANTIQUE

Av. V. Hugo

GRIFFEUILLE

MOULEYRES

Allée des Sarcophages

LES ALYSCAMPS

Bd E. Zola

Rte de Crau

N 453 ②

Canal du Vigueirat

---

0   200 m

TRINQUETAILLE

ST-PIERRE
Pl. St-Pierre

PONT DE TRINQUETAILLE

Quai St-Pierre

GRAND RHÔNE

Q. de la Roquette

Pl. P. Doumer

R. de la Roquette

R. Gambetta

ST-CESAIRE

Bd G. Clémenceau

Av. Sadi Carnot

Av. du Gal Leclerc

R. Parmentier

Q. Marx Dormoy

R. A. France

ÉGL. DES DOMINICAINS

Espace Van-Gogh

ST-TROPHIME

R. des Arènes

ARÈNES

N.-D. de la Major

TH. ANTIQUE

JARDIN D'ÉTÉ

Bd des Lices

R. M. Jouveau

Pl. Lamartine

PTE DE LA CAVALERIE

Remparts

Pl. Voltaire

ST-JULIEN

Remparts

R. Émile Combes

PORTE DE LA REDOUTE

Bd E. Zola

JARDIN D'HIVER

CITÉ ADMINISTRATIVE

Canal

R. Fassin

Pl. de la Croisière

Craponne

XXX **L'Olivier,** 1 bis r. Réattu 𝒫 90 49 64 88, ☞ – 🗉 **E** 𝗩𝗜𝗦𝗔. 🛇   Y **u**
fermé 3 au 21 nov., vacances de fév., dim. (sauf le soir en juil.) et lundi midi – **R** 168/248, enf. 78.

XX **Vaccarès,** pl. Forum (1er étage) 𝒫 90 96 06 17, ☞ – **E** 𝗩𝗜𝗦𝗔   Z **y**
fermé 2 janv. au 3 fév., dim. soir et lundi sauf fériés – **R** 170/300.

XX **Côté Cour,** r. A. Pichot 𝒫 90 49 77 76 – 🗉 🕮 ⓘ **E** 𝗩𝗜𝗦𝗔   Y **d**
fermé 30 juil. au 13 août et 2 au 21 janv. – **R** 145/160.

XX **La Paillote,** 28 r. Dr Fanton (près pl. Forum) 𝒫 90 96 33 15, ☞ – 🕮 ⓘ **E** 𝗩𝗜𝗦𝗔   Y **e**
fermé 1er au 15 déc. et mardi du 15 déc. au 15 mars – **R** 120/250.

X **Host. des Arènes,** 62 r. Refuge 𝒫 90 96 13 05, ☞ – **E** 𝗩𝗜𝗦𝗔   Y **v**
fermé 20 au 30 juin, 1er déc. au 1er fév., mardi soir hors sais. et merc. – **R** 70/95 🛇.

au Nord : 5 km par D 35 et VO :

🏨 **Mas de la Chapelle** ॐ, ✉ 13200 𝒫 90 93 23 15, Fax 90 96 53 74, ☞, « Ancienne chapelle du 16e siècle, parc », ⌿, ⚒ – 📺 ☎ 🅿 🕮 ⓘ **E** 𝗩𝗜𝗦𝗔. 🛇 rest
fermé fév. – **R** *(fermé dim. soir et lundi de nov. à mars)* 190/280 et carte dim. soir, enf. 90 – ☱ 50 – **16 ch** 440/690 – ½ P 480/580.

à l'Est : 7,5 km par N 453 et chemin privé - X – ✉ **13280** Raphèle-lès-Arles :

🏨 **Aub. la Fenière** ॐ, 𝒫 90 98 47 44, Télex 441237, Fax 90 98 48 39, ≤, « Jardin fleuri » – ⇌ rest 📺 ☎ ☜ 🅿 **E** 𝗩𝗜𝗦𝗔. 🛇 rest – **R** *(fermé 1er nov. au 20 déc., le midi du 19 mai au 1er nov. et sam. midi)* 152/220 – ☱ 41 – **25 ch** 278/580 – ½ P 300/456.

BMW Gar. de la Verrerie, 10 av. Dr.-Morel, Trinquetaille 𝒫 90 96 19 59
CITROEN Trébon Autos, 35 av. Libération par ① 𝒫 90 96 42 83
MERCEDES TOYOTA Provem, Gar. du Lion, 10 r. Verrerie, Trinquetaille 𝒫 90 93 53 55
PEUGEOT-TALBOT Roux, 3 av. V.-Hugo 𝒫 90 93 98 59
RENAULT Arles Autom. Services, 84 av. Stalingrad 𝒫 90 96 82 82 🗈 𝒫 90 96 53 13

RENAULT Lacoste, 27 av. Sadi-Carnot 𝒫 90 96 37 76
V.A.G Gar. de l'Avenir, 5 av. Libération, rte de Tarascon 𝒫 90 96 98 10

◉ Ayme-Pneus, ZI Nord, r. Cotton 𝒫 90 93 56 95
Jauffret-Pneus, 22 bd V.-Hugo 𝒫 90 93 50 14
Vulcania, 8 bd V.-Hugo 𝒫 90 96 02 03

ARLES-SUR-TECH 66150 Pyr.-Or. 🔢 ⑱ G. Pyrénées Roussillon – 2 921 h. alt. 270.
🛈 Syndicat d'Initiative r. Barjau 𝒫 68 39 11 99.

Paris 948 – ◆ Perpignan 42 – Amélie-les-Bains-Palalda 4 – Prats-de-Mollo-la-Preste 19.

🏨 **Glycines,** 𝒫 68 39 10 09, ☞, ⚘ – ☎ 🅿 🕮 **E** 𝗩𝗜𝗦𝗔
1er mars-15 nov. – **R** *(fermé lundi de mars à mai)* carte 140 à 230, enf. 60 – ☱ 30 – **32 ch** 155/250 – ½ P 160/220.

ARMBOUTS-CAPPEL 59 Nord 🔢 ③ – rattaché à Dunkerque.

ARMENTIÈRES 59280 Nord 🔢 ⑮ G. Flandres Artois Picardie – 25 992 h. alt. 19.
🛈 A.C. 26 pl. St-Vaast 𝒫 20 77 10 12.

Paris 236 ③ – ◆ Lille 19 ③ – Dunkerque 59 ⑥ – Kortrijk 36 ② – Lens 41 ③ – St-Omer 50 ⑥.

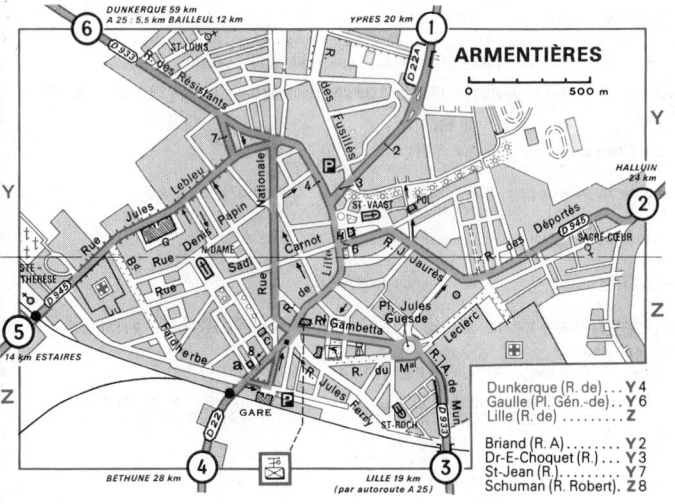

Dunkerque (R. de)...	**Y** 4
Gaulle (Pl. Gén.-de)...	**Y** 6
Lille (R. de)	**Z**
Briand (R. A.)........	**Y** 2
Dr-E-Choquet (R.)...	**Y** 3
St-Jean (R.)..........	**Y** 7
Schuman (R. Robert).	**Z** 8

🏠 **Albert 1er** sans rest, 28 r. Robert Schuman ℰ 20 77 31 02 – 📺 ⬛. 📧 **E** 𝐕𝐈𝐒𝐀　　　Z **a**
　🛏 27 – **20 ch** 180/270.

NISSAN Gar. Duretz, 1 r. J.-Ferry ℰ 20 77 09 52
RENAULT Gar. de la Lys, 1797 r. d'Armentières,
Nieppe par ⑥ ℰ 20 48 57 50 **N**
V.A.G Gar. Delabie, 37 r. J.-Ferry ℰ 20 77 09 57

⬤ Crépy-Pneus, 5 r. Mar.-Foch ℰ 20 77 10 88
Hennette, rte Nationale à Ennetières-Wez-
Macquart ℰ 20 35 85 28

▭ **ARMOY** 74 H.-Savoie 🔟 ⑰ – rattaché à Thonon-les-Bains.

▭ **ARNAC-POMPADOUR** 19230 Corrèze 🔟 ⑥ G. Berry Limousin – 1 474 h. alt. 421.
Paris 455 – Brive-la-Gaillarde 52 – ◆Limoges 59 – Périgueux 68 – St-Yrieix 24 – Uzerche 25.

🏠 **Aub. de la Marquise,** à la gare ℰ 55 73 33 98, ☞ – 📺 ☎ **P**. ⬤ **E** 𝐕𝐈𝐒𝐀. ⚘ ch
　avril-nov. – **R** (fermé dim. soir et mardi) 88/250, enf. 49 – 🛏 30 – **12 ch** 225/270 –
　½ P 250/280.

🏠 **Aub. de la Mandrie** ⬥, O : 4,5 km par D 7 ℰ 55 73 37 14, parc, ⬛ – 📺 ☎ ♿ **P** –
🛬　🔺 30. ⬤ **E** 𝐕𝐈𝐒𝐀
　fermé 18 nov. au 1er déc. et dim. soir de déc. à mars – **R** 65/180 ⚘, enf. 40 – 🛏 25 – **22 ch**
　184/205 – ½ P 169/189.

CITROEN Nouaille, à Pompadour ℰ 55 73 30 18 **N**
PEUGEOT-TALBOT Francolon P., 17 av. Midi
ℰ 55 73 94 03

RENAULT Debernard, à Pompadour ℰ 55 73 30 57

▭ **ARNAGE** 72 Sarthe 🔟 ③ – rattaché au Mans.

▭ **ARNAY-LE-DUC** 21230 Côte-d'Or 🔟 ⑱ G. Bourgogne – 2 431 h. alt. 374.
Paris 287 – ◆Dijon 57 – Autun 28 – Beaune 34 – Chagny 40 – Montbard 73 – Saulieu 28.

🏛 ❀ **Chez Camille** (Poinsot), ℰ 80 90 01 38, Fax 80 90 04 64, « Bel aménagement intérieur »
　– 📺 ☎ ⬅, 📧 ⬤ **E** 𝐕𝐈𝐒𝐀
　R 127 bc (sauf sam. soir)/345, enf. 70 – 🛏 50 – **14 ch** 350/800 – ½ P 470
　Spéc. Crème de grenouilles aux perles du Japon, Truffière de Charolais, Fricassée de chapon Archiduc. Vins
　Hautes Côtes de Beaune.

🏠 **Poste** sans rest, ℰ 80 90 00 76 – ⬛ **P**. **E** 𝐕𝐈𝐒𝐀. ⚘
　fin avril-oct. – 🛏 23 – **14 ch** 135/240.

✕ **Terminus** avec ch, N 6 ℰ 80 90 00 33 – **P**. **E** 𝐕𝐈𝐒𝐀
　fermé 1er au 15 oct., 6 janv. au 6 fév. et merc. – **R** 70/210, enf. 40 – 🛏 22 – **11 ch** 120/
　240.

PEUGEOT, TALBOT Gar. de l'Arquebuse
ℰ 80 90 05 16 **N**
RENAULT Gar. Contant ℰ 80 90 07 09

V.A.G Binet, à St-Prix ℰ 80 90 10 07
N ℰ 80 90 04 92

▭ **ARPAILLARGUES-ET-AUREILLAC** 30 Gard 🔟 ⑲ – rattaché à Uzès.

▭ **ARPAJON** 91290 Essonne 🔟 ⑩ – 8 028 h. alt. 50.
🅘 Syndicat d'Initiative pl. Hôtel de Ville ℰ (1) 60 83 36 51.
Paris 36 – Fontainebleau 53 – Chartres 70 – Évry 20 – Melun 41 – ◆Orléans 87 – Versailles 40.

🏛 **Arpège** Ⓜ, 23 bd J. Jaurès ℰ (1) 60 83 25 25, Télex 681083, Fax 60 83 09 00 – 🛗 📺 ☎
　P – 🔺 50. 📧 ⬤ **E** 𝐕𝐈𝐒𝐀
　R 100/150, enf. 42 – 🛏 30 – **46 ch** 280/310.

✕✕✕ **Saint Clément,** 16 av. Hoche ℰ (1) 64 90 21 01 – ▭. **E** 𝐕𝐈𝐒𝐀
　fermé 1er au 21 août, dim. soir et lundi soir – **R** 200/220.

✕✕ **Aub. de la Montagne,** 2 av. Div. Leclerc ℰ (1) 64 90 01 07 – 📧 **E** 𝐕𝐈𝐒𝐀
　fermé fin août à mi-sept., lundi soir et mardi – **R** 85/250.

⬤ Green-Autos, 56 r. Salvador Allende à La Norville ℰ (1) 60 83 03 55

▭ **ARPAJON-SUR-CÈRE** 15 Cantal 🔟 ⑫ – rattaché à Aurillac.

▭ **ARQUES-LA-BATAILLE** 76880 S.-Mar. 🔟 ④ G. Normandie Vallée de la Seine – 2 742 h. alt. 14.
Voir Ruines du château★.
Paris 163 – Dieppe 7 – Neufchâtel-en-Bray 28 – ◆ Rouen 60.

✕✕ **Host. Manoir d'Archelles** avec ch, sur D 1 ℰ 35 85 50 16 – 📺 ☎ **P**. 📧 **E** 𝐕𝐈𝐒𝐀 –
🛬　fermé 25 août au 8 sept., 27 janv. au 10 fév., dim. soir et lundi – **R** 65/190, enf. 50 – **8 ch**
　🛏 200/250 – ½ P 190/250.

▭ **ARRADON** 56 Morbihan 🔟 ③ – rattaché à Vannes.

ARRAS ℗ 62000 P.-de-C. 🔢 ② G. Flandres Artois Picardie – 45 364 h. alt. 72.

Voir Grand'Place★★ CY et Place des Héros★★ CY – Hôtel de Ville et beffroi★ BY **H** – Ancienne abbaye St-Vaast★ : musée★ BY.

🏢 Office de Tourisme à l'Hôtel de Ville 🖉 21 51 26 95 – A.C. r. H. Geiger 🖉 21 50 25 25.

Paris 178 ② – ◆Lille 52 ① – ◆Amiens 65 ④ – ◆Calais 112 ① – Charleville-Mézières 158 ② – Douai 26 ① – ◆Rouen 173 ④ – St-Quentin 74 ②.

🏨 **Univers,** 3 pl. Croix-Rouge 🖉 21 71 34 01, Fax 21 71 41 42 – 📺 ☎ 🚗 🅿 – 🔼 200. 🖭
E 𝚅𝙸𝚂𝙰, ✖ rest   BZ **k**
R 90/210, enf. 60 – ⊏⊐ 35 – **33 ch** 285/360 – ½ P 300/350.

🏨 **Moderne** sans rest, 1 bd Faidherbe 🖉 21 23 39 57, Télex 133701 – ▮ 📺 ☎. 🖭 ⓞ E
𝚅𝙸𝚂𝙰   CZ **u**
fermé 24 déc. au 2 janv. – ⊏⊐ 28 – **55 ch** 180/290.

🏨 **La Belle Etoile** Ⓜ, Z.A. Les Alouettes à St Nicolas par r. Michelet-BY ✉ 62223
🖉 21 58 59 00, ← – ← ch 📺 ☎ 🕭 🅿 – 🔼 400. 🖭 ⓞ E 𝚅𝙸𝚂𝙰
R (fermé dim. soir et fériés le soir) 62/160 🍷, enf. 42 – ⊏⊐ 28 – **36 ch** 235/266 – ½ P 200/230.

🏠 **Les 3 Luppars** Ⓜ sans rest, 49 Grand'Place 🖉 21 07 41 41, Télex 133007, Fax 21 24 24 80
– ▮ 📺 ☎ 🕭. 🖭 ⓞ E 𝚅𝙸𝚂𝙰   CY **r**
⊏⊐ 30 – **42 ch** 200/300.

🏠 **Astoria et rest. Carnot,** 12 pl. Foch 🖉 21 71 08 14, Télex 160768 – 📺 ☎. 🖭 ⓞ.
E 𝚅𝙸𝚂𝙰   CZ **s**
R 79/160 🍷, enf. 52 – ⊏⊐ 24 – **32 ch** 120/280 – ½ P 150/200.

XXX ❀ **La Faisanderie** (Dargent), 45 Grand'Place 🖉 21 48 20 76, « Cave du 17ᵉ siècle » – 🖭
ⓞ E 𝚅𝙸𝚂𝙰   CY **f**
fermé 5 au 19 août, 23 au 30 déc., vacances de fév., dim. soir et lundi – **R** 160/335, enf. 65
Spéc. Queues de langoustines grillées et petits boudins de crabe, Estouffade de homard et pied de veau,
Les trois gourmandises du pâtissier.

XXX **Ambassadeur** (Buffet Gare), 🖉 21 23 29 80 – 🖭 ⓞ E 𝚅𝙸𝚂𝙰   CZ
fermé dim. soir – **R** 115/270 🍷.

XXX **Victor Hugo,** 11 pl. V. Hugo 🖉 21 71 84 00 – 🖭 ⓞ E 𝚅𝙸𝚂𝙰   AZ **e**
fermé août, dim. soir et lundi – **R** (nombre de couverts limité - prévenir) 158/380.

XXX **Le Régent** avec ch, r. A. France à St-Nicolas ✉ 62223 🖉 21 71 51 09, �溫, 🛋 – ☎. E
𝚅𝙸𝚂𝙰   BY **d**
R 90/350, enf. 60 – ⊏⊐ 34 – **11 ch** 180/340 – ½ P 240/290.

XX **Chanzy** avec ch, 8 r. Chanzy 🖉 21 71 02 02, Télex 133010 – 📺 ☎. 🖭 ⓞ E 𝚅𝙸𝚂𝙰
✖ ch   CZ **n**
R 95/165 🍷, enf. 50 – ⊏⊐ 23 – **23 ch** 150/235 – ½ P 235/295.

XX **La Rapière,** 44 Gd'Place 🖉 21 55 09 92 – 🖭 ⓞ E 𝚅𝙸𝚂𝙰   CY **a**
fermé dim. soir – **R** 58/135 🍷, enf. 40.

XX **La Coupole,** 26 bd Strasbourg 🖉 21 71 88 44, brasserie – 🖭 ⓞ E 𝚅𝙸𝚂𝙰   CZ **x**
fermé lundi – **R** 85/165 🍷, enf. 75.

à Beaurains par ③ : 3 km – 4 732 h. – ✉ 62217 :

XX **L'Auberge,** 🖉 21 71 59 30 – 🅿. 🖭 ⓞ E 𝚅𝙸𝚂𝙰
fermé dim. soir – **R** 70/240 🍷, enf. 50.

à Écurie par ① et N 17 : 3 km – ✉ 62223 :

🏨 **Park H.,** 🖉 21 55 43 40, Télex 133454, Fax 21 24 91 33, 🛋 – ▮ 📺 ☎ 🅿 – 🔼 25. 🖭 ⓞ
E 𝚅𝙸𝚂𝙰, ✖
fermé 22 déc. au 7 janv. – **R** grill (fermé dim.) 88, enf. 50 – ⊏⊐ 30 – **65 ch** 180/280 –
½ P 220/270.

MICHELIN, Agence, rte de Béthune, D 63, Ste-Catherine-lès-Arras AY 🖉 21 71 12 08

BMW Centre Autom. Artésien, Port Fluvial à St-Laurent-Blangy 🖉 21 58 11 44
CITROEN SO. CA. AR., 2 r. des Rosati 🖉 21 55 39 10
DATSUN Gar. Kennedy, 22 av. Kennedy 🖉 21 51 06 98
FIAT Gar. Michonneau, 6 av. Michonneau 🖉 21 55 37 52
FORD Autovale Bleu, 16 av. Michonneau 🖉 21 55 42 42
LANCIA Specq, 21 r. Saumon 🖉 21 73 59 20
PEUGEOT-TALBOT Cyr-Leroy, 75 rte de Cambrai par ② 🖉 21 73 26 26
RENAULT Arras Sud-Autom., 134 rte de Cambrai par ② 🖉 21 55 46 15

RENAULT Nouv. Gar. de l'Artois, 40 voie Notre-Dame-de-Lorette 🖉 21 23 02 56
RENAULT Gar. Leclercq, 38 bd de Strasbourg 🖉 21 71 62 33
TOYOTA Auto Leader, 95 av. Winston Churchill 🖉 21 71 54 41
V.A.G Willerval, 13 bis r. G.-Clemenceau à St-Laurent-Blangy 🖉 21 55 30 75

⦿ Chamart, 245 av. Kennedy 🖉 21 71 31 95
Delit-Pneus, av. Michonneau prolongée, St-Nicolas 🖉 21 55 38 25
Pneus Sces Lamblin, 157 av. Winston Churchill 🖉 21 58 56 56
Pneus et Services DK, 8 r. Diderot 🖉 21 51 74 84

ARRAS

Welcome to France !
Remember,
keep to the right.

Un conseil Michelin :

pour réussir vos voyages, préparez-les à l'avance.
Les cartes et guides Michelin, vous donnent toutes indications utiles sur :
itinéraires, visite des curiosités, logement, prix, etc.

ARREAU 65240 H.-Pyr. 85 ⑲ G. Pyrénées Aquitaine – 816 h. alt. 704 – **Voir** Vallée d'Aure★ S.
Paris 848 – Auch 90 – Bagnères-de-Luchon 32 – Lourdes 60 – St-Gaudens 54 – Tarbes 57.

Angleterre, rte Luchon ℘ 62 98 63 30, ☞ – ☎ ❷ – ⚱ 30. Ⅎ 𝑉𝐼𝑆𝐴 ✄
1er juin-10 oct., 26 déc.-15 avril et fermé lundi hors sais. – **R** 67/175, enf. 39 – ☑ 26 – **25 ch**
190/230 – ½ P 198/220.

RENAULT Buetas ℘ 62 98 60 67 **N**

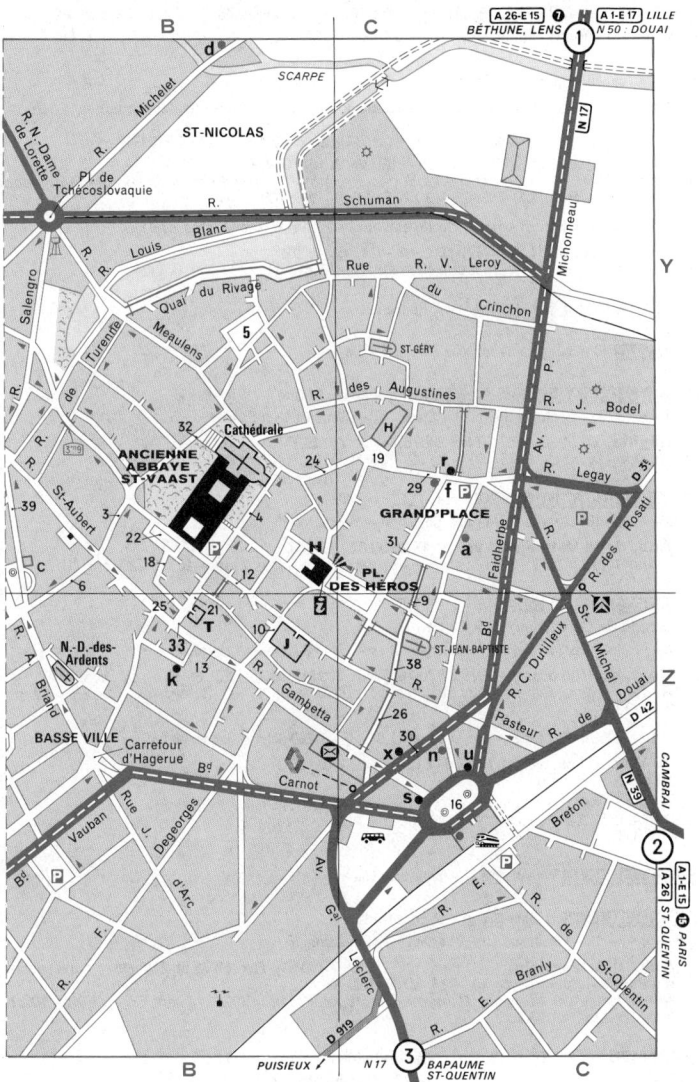

We suggest :

for a successful tour, that you prepare it in advance.

Michelin Maps and Guides, *will give you much useful information on route planning, places of interest, accommodation, prices etc.*

ARRENS-MARSOUS 65400 H.-Pyr. 🖫🖫 ⑰ G. Pyrénées Aquitaine – 827 h. alt. 878.

🛈 Syndicat d'Initiative ℘ 62 97 02 63.

Paris 827 – Pau 60 – Argelès-Gazost 12 – Laruns 36 – Lourdes 25 – Tarbes 45.

🏠 **Au Relais des Cols,** NE : 4 km sur D 918 ℘ 62 97 05 53, ≼, 🍴 – 🅿 **E** *VISA*
 1er mai-15 oct. et vacances scolaires – **R** 60/130, enf. 45 – **17 ch** ⌂ 110/165 – ½ P 140/ 180.

ARROMANCHES-LES-BAINS 14117 Calvados 54 ⑮ G. Normandie Cotentin – 395 h. alt. 15.

Voir Musée du débarquement – La Côte du Bessin★ O.

🛈 Syndicat d'Initiative r. Mar.-Joffre (avril-sept.) ℰ 31 21 47 56.

Paris 271 – ♦Caen 29 – Bayeux 10 – St-Lô 45.

🏨 **Marine** 🌊, ℰ 31 22 34 19, Fax 31 22 98 80, ≤ port artificiel du débarquement – 📺 ☎
🅿 ⚐ 🅴 𝘝𝘐𝘚𝘈
1er mars-15 nov. – **R** 75/260, enf. 50 – ⇌ 30 – **30 ch** 220/330 – ½ P 270/310.

🏨 **Mountbatten** 🅼, ℰ 31 22 59 70 – 📺 ☎ ⴟ 🅿 🅴 𝘝𝘐𝘚𝘈
↖ hôtel : 1er fév.-31 oct. et fermé lundi de sept. à mai ; rest. : 15 mars-30 sept. et fermé lundi
hors sais. – **R** 70/120 – ⇌ 26 – **9 ch** 210/240 – ½ P 200.

　　à la Rosière SO : 3 km par rte de Bayeux – ✉ 14117 Arromanches-les-Bains :

🏨 **La Rosière**, ℰ 31 22 36 17, ㊟, 🍴 – ☎ 🅿 🅴 𝘝𝘐𝘚𝘈
↖ 23 mars-4 nov. – **R** 65/160, enf. 40 – ⇌ 25 – **15 ch** 150/220 – ½ P 200/240.

ARS-EN-RÉ 17 Char.-Mar. 71 ⑫ – voir Ré (Ile de).

ARSONVAL 10 Aube 61 ⑱ – rattaché à Bar-sur-Aube.

ARS-SUR-FORMANS 01480 Ain 74 ① G. Vallée du Rhône – 719 h. alt. 250.

Paris 439 – ♦Lyon 36 – Bourg-en-Bresse 41 – Mâcon 46 – Villefranche-sur-Saône 9.

🏨 **Régina**, ℰ 74 00 73 67, Télex 305767 – ☜ 🅿 🅴 𝘝𝘐𝘚𝘈, ❄ ch
15 mars-15 nov. – **R** 78/160 – ⇌ 22 – **36 ch** 120/190 – ½ P 150/185.

ARTANNES-SUR-INDRE 37260 I.-et-L. 64 ⑭ – 1 402 h.

Paris 256 – ♦Tours 18 – Azay-le-Rideau 10 – Chinon 31 – Montbazon 10.

XX **Aub. de la Vallée du Lys**, ℰ 47 26 80 02 – 🅴 𝘝𝘐𝘚𝘈
fermé 16 août au 1er sept., vacances de fév., dim. soir et lundi – **R** 115/220, enf. 40.

ARTEMARE 01510 Ain 74 ④ – 914 h. alt. 258.

Voir Cascade de Cerveyrieu★ NO : 3 km, G. Jura.

Paris 504 – Aix-les-Bains 34 – Belley 17 – Bourg-en-Bresse 75 – ♦Genève 71 – Nantua 47.

🏨 **Host. du Valromey**, ℰ 79 87 30 10, Télex 309749, ㊟ – 📺 ☎ 🅿 – ⛛ 25. 🅴 𝘝𝘐𝘚𝘈
↖ **R** (fermé dim. soir et lundi du 1er sept. au 30 avril) 70/180 ⅄, enf. 40 – ⇌ 38 – **22 ch**
205/230.

　　à Luthézieu NO : 8 km par D 31 et D 8 – ✉ 01260 Belmont-Luthézieu :

🏨 Au Vieux Tilleul 🌊, ℰ 79 87 64 51, ≤, ㊟ – ☜ 🅿
10 ch.

CITROEN Mochon ℰ 79 87 30 14 🆖　　　　　　　　RENAULT Boléa ℰ 79 87 30 43
PEUGEOT-TALBOT Gar. Pochet ℰ 79 87 32 67
🆖 ℰ 79 87 41 58

ARTIGUELOUVE 64 Pyr.-Atl. 85 ⑥ – rattaché à Pau.

ARTZENHEIM 68320 H.-Rhin 62 ⑲ – 557 h. alt. 182.

Paris 450 – Colmar 16 – ♦Mulhouse 50 – Sélestat 20 – ♦Strasbourg 67.

XX **Aub. d'Artzenheim** 🌊 avec ch, ℰ 89 71 60 51, Fax 89 71 68 21, ㊟, « Joli décor
d'auberge, jardin » – ☎ 🅿 – ⛛ 50. 🅴 𝘝𝘐𝘚𝘈, ❄ ch
fermé 15 fév. au 15 mars – **R** (fermé lundi soir et mardi) 90/260 ⅄, enf. 65 – ⇌ 28 – **10 ch**
205/295 – ½ P 215/300.

ARUDY 64260 Pyr.-Atl. 85 ⑥ G. Pyrénées Aquitaine – 2 705 h. alt. 410.

Paris 796 – Pau 26 – Argelès-Gazost 56 – Lourdes 43 – Oloron-Ste-Marie 18.

🏨 **France**, pl. Hôtel de Ville ℰ 59 05 60 16 – ☜ 🅿 🅴 𝘝𝘐𝘚𝘈, ❄
↖ fermé mai et sam. (sauf été et vacances scolaires) – **R** 60/97 ⅄, enf. 50 – ⇌ 22 – **19 ch**
105/210 – ½ P 143/177.

CITROEN Rignol, ℰ 59 05 60 23 🆖 ℰ 59 05 72 34　　　　Versavaud, ℰ 59 05 60 70
RENAULT Orensanz ℰ 59 05 61 93

ARVERT 17530 Char.-Mar. 71 ⑭ – 2 543 h. alt. 23.

Paris 511 – Royan 21 – Marennes 13 – Rochefort 35 – La Rochelle 67 – Saintes 45.

🏨 **Villa Fantaisie** 🌊, ℰ 46 36 40 09, parc – ☎ 🅿 🅰🅴 🅴 𝘝𝘐𝘚𝘈
fermé 15 janv. au 15 fév., dim. soir et lundi hors sais. – **R** 120/250, enf. 60 – ⇌ 35 – **23 ch**
336/370 – ½ P 300/360.

ARZELIER (Col de l') 38 Isère 77 ④ – rattaché à Château-Bernard.

ASCAIN 64310 Pyr.-Atl. 🆅🅶 ② G. Pyrénées Aquitaine– 2 159 h. alt. 30.

🛈 Syndicat d'Initiative 𝒫 59 54 00 84.

Paris 798 – Biarritz 24 – Cambo-les-Bains 26 – Hendaye 21 – Pau 135 – St-Jean-de-Luz 7.

🏠 **Rhûne** (annexe Oberena 🅢 ⤢, parc, 15 ch, 4 bungalows, 🅟) 𝒫 59 54 00 04, Télex 570792, ≤, ⇔ – ☎ 🄴 🆅🅸🆂🅰 ❄ rest
fermé 15 janv. au 15 mars – **R** 80/130 – ⊈ 30 – **44 ch** 220/320 – ½ P 240/340.

🏠 **Parc Trinquet-Larralde,** 𝒫 59 54 00 10, ☆, ⇔ – ☎. 🄴 🆅🅸🆂🅰 ❄ ch
fermé 1ᵉʳ au 20 déc. et janv. – **R** (fermé lundi d'oct. à juin) 90/135, enf. 38 – ⊈ 32 – **28 ch** 240/310 – ½ P 255/275.

🏠 **Pont,** carrefour D 4-D 918 𝒫 59 54 00 40, ☆, ⇔ – ☎ 🅟. 🄴 🆅🅸🆂🅰
➤ **R** (fermé dim. soir et lundi d'oct. à avril) 62/135 ⅃, enf. 40 – ⊈ 30 – **28 ch** 136/255 – ½ P 200/230.

au col de St-Ignace SE : 3,5 km – ⊠ 64310 Ascain :

XX **Les Trois Fontaines** 🅢 avec ch, 𝒫 59 54 20 80, ☆, ⇔ – 🅟. ❄ ch
➤ hôtel : ouvert 1ᵉʳ juin-30 sept. ; rest. : fermé fév. et merc. hors sais. – **R** 65/110 – ⊈ 25 – **5 ch** 210/260 – ½ P 210/230.

ASNIÈRES-SUR-SEINE 92 Hauts-de-Seine 🆅🅶 ②⓪, 🄿🄾🄿 ⑮ – voir à Paris, Environs.

ASPIN (Col d') 65 H.-Pyr. 🆅🅶 ⑱ G. Pyrénées Aquitaine– alt. 1 489 – Voir ❄ ★★★.

Paris 836 – Arreau 13 – Bagnères-de-Bigorre 25.

ASPRES-SUR-BUËCH 05140 H.-Alpes 🆅🅱 ⑤ G. Alpes du Sud– 773 h. alt. 764.

Paris 661 – Gap 35 – ◆Grenoble 96 – Sisteron 45 – Valence 125.

🏠 **Parc,** 𝒫 92 58 60 01, ☆ – ☎ 🅟. 🄰🄴 ⑩ 🄴 🆅🅸🆂🅰
6 mai-30 sept. et fermé merc. sauf juil.-août – **R** 89/150 ⅃, enf. 52 – ⊈ 26 – **24 ch** 140/245 – ½ P 198/248.

ATHIS-MONS 91 Essonne 🆅🅱 ①, 🄿🄾🄿 ㉟ – voir à Paris, Environs.

ATTIGNAT 01340 Ain 🆅🄾 ⑫⑬ – 1 682 h. alt. 223.

Paris 402 – Mâcon 37 – Bourg-en-Bresse 11 – Lons-le-Saunier 65 – Louhans 44 – Tournus 43.

XXX **Dominique Marcepoil,** D 975 𝒫 74 30 92 24, ☆ – 🅟. 🄴 🆅🅸🆂🅰
fermé 7 au 21 oct., 6 au 20 janv. et lundi sauf juil.-août – **R** 90/280, enf. 70.

RENAULT Gar. des Prés 𝒫 74 30 92 28

ATTIGNAT-ONCIN 73 Savoie 🆅🄳 ⑮ – rattaché à Aiguebelette-le-Lac.

AUBAGNE 13400 B.-du-R. 🆅🄳 ⑬ G. Provence– 38 571 h. alt. 104.

Voir Musée de la Légion Étrangère ★ – 🛈 Office de Tourisme espl. Charles-de-Gaulle 𝒫 42 03 49 98.

Paris 793 – ◆ Marseille 18 – Aix-en-Provence 36 – Brignoles 47 – ◆Toulon 48.

à St-Pierre-lès-Aubagne N : 5 km par N 96 ou D 43 – ⊠ 13400 :

🏠 **Host. de la Source** 🏙 🅢, 𝒫 42 04 09 19, Fax 42 04 58 72, ≤, ☆, parc, ⤢, ❄ – 🆃🆅 ☎ 🅗 🅟 – 🔬 40 à 80. 🄾 🄴 🆅🅸🆂🅰
R (fermé lundi sauf le soir en été et dim. soir) 130/270 – ⊈ 45 – **26 ch** 350/900 – ½ P 325/600.

CITROEN Parascandola, CD 2, Camp Major 𝒫 42 03 47 14
FORD Gar. Gargalian, 31 av. Goums 𝒫 42 03 04 99
PEUGEOT-TALBOT Gar. Richelme, rte de la Ciotat 𝒫 42 82 13 10
RENAULT Viano St-Lambert, N 8, ZI St-Mitre 𝒫 42 03 60 50

V.A.G Auto-Sud, ZI les Paluds 𝒫 42 70 03 06

🅦 Chivalier, ZI St-Mitre 𝒫 42 03 29 33
Omnicia, N 8, quartier Fyols 𝒫 42 82 16 02
Pasero, ZI des Paluds 𝒫 42 84 36 06

AUBAZINE 19190 Corrèze 🆅🄴 ⑨ G. Périgord Quercy– 673 h. alt. 345.

Voir Église ★ : tombeau de St-Étienne ★★ – Puy de Pauliac ≤★ NE : 3,5 km puis 15 mn.

🏌 du Coiroux 𝒫 55 27 25 66, E : 4 km.

Paris 501 – Brive-la-Gaillarde 14 – Aurillac 86 – St-Céré 53 – Tulle 19.

🏠 **de la Tour,** 𝒫 55 25 71 17 – 🆃🆅. 🆅🅸🆂🅰
fermé fév., dim. soir et lundi midi hors sais. – **R** (dim. prévenir) 75/180 ⅃ – ⊈ 28 – **20 ch** 140/270 – ½ P 180/250.

🏠 **Le Coiroux,** 𝒫 55 25 75 22, ≤, ☆, ⇔ – 🔸 🆃🆅 ☎ 🅟. 🆅🅸🆂🅰
R 80/160 ⅃ – ⊈ 30 – **38 ch** 200/230 – ½ P 210.

🏠 **St-Étienne,** 𝒫 55 25 71 01, ☆, ⇔ – ☎ 🅟 – 🔬 40. 🄴 🆅🅸🆂🅰
1ᵉʳ mars-20 nov. – **R** 75/130 ⅃, enf. 45 – ⊈ 20 – **40 ch** 90/220 – ½ P 140/210.

X **Saut de la Bergère** 🅢 avec ch, E : 2 km par D 48 𝒫 55 25 74 09, ☆, ⇔ – ☎ 🅟 🄴
➤ 🆅🅸🆂🅰
fermé 1ᵉʳ déc. au 28 fév. – **R** 70/165 ⅃, enf. 40 – ⊈ 25 – **10 ch** 125/210 – ½ P 155/195.

AUBENAS **07200** Ardèche 76 ⑲ **G. Vallée du Rhône** – 13 134 h. alt. 300 – **Voir** Site★.

Office de Tourisme 4 bd Gambetta ✆ 75 35 24 87 – A.C. 49 rte Vals ✆ 75 93 47 83.

Paris 630 ② – Alès 74 ④ – Mende 112 ④ – Montélimar 43 ③ – Privas 30 ② – Le Puy 91 ①.

AUBENAS

Gambetta (Bd) .... Z
Gaulle (Pl. Gén.-de) ..... Z 7
Grande-Rue .... Y 8
Vernon (Bd de) .... Z 33

Bouchet (R. Auguste).... Y 2
Champ-de-Mars (Pl.).... Y 3
Couderc (R. G.) .... Z 5
Delichères (R.) .... Y 6
Grenette (P. de la) .... Y 9
Hoche (R.) .... Z 12
Hôtel-de-Ville (Pl.) ...... Y 13
Jaurès (R. Jean) .... Y 15
Jourdan (R.) .... Y 16
Laprade (Bd C.) .... Z 18
Lasin-Lacoste (R.) .... Y 19
Liberté (Av. de la) .... Z 20
Montlaur (R.) .... Y 21
Nationale (R.) .... Y 22
Paix (Pl. de la) .... Z 23
Radal (R.) .... Z 24
République (R. de la) ..... Y 26
Réservoirs (R. des) .... Y 27
Roure (Pl. Jacques) .... Y 29
St-Benoît (Rampe) .... Y 30
Silhol (R. Henri) .... Y 32
4-Septembre (R.) .... Y 35

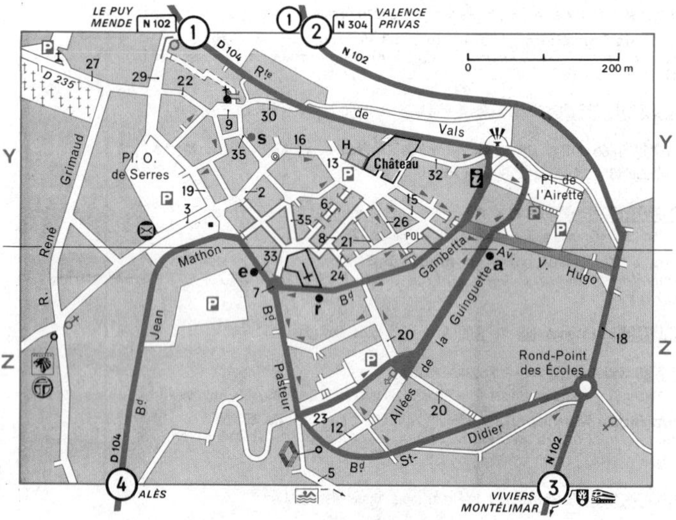

Le Cévenol sans rest, 77 bd Gambetta ✆ 75 35 00 10 – ☎ . VISA. 30 – **45 ch** 150/250. — Z r

La Pinède, NO : 1,5 km par D 235 ✆ 75 35 25 88, ← vallée, parc – . E VISA. rest
fermé 15 déc. au 15 janv. – **R** 78/130, enf. 38 – 38 – **31 ch** 200/260 – ½ P 210/250.

L'Orangerie sans rest, 7 allées Guinguette ✆ 75 35 30 42 – ☎ . VISA. 27 – **16 ch** 200/270. — Z a

Provence sans rest, 5 bd Vernon ✆ 75 35 28 43 – ☎. E VISA.
fermé 22 déc. au 5 janv. – 24 – **21 ch** 125/210. — Z e

Le Fournil, 34 r. 4-Septembre ✆ 75 93 58 68, – E VISA.
fermé 3 au 25 juin, 7 au 29 janv., dim. soir et lundi – **R** 100/160. — Y s

CITROEN Bonnet Autom., rte de Montélimar par ③ ✆ 75 35 05 77 N ✆ 75 35 09 82
FIAT, LANCIA Gounon, 22 bd St-Didier ✆ 75 35 08 21
PEUGEOT-TALBOT Vivarais Automobiles, 2 r. Dr Saladin ✆ 75 37 75 40
RENAULT Diffusion Automobiles, 4 bd St-Didier ✆ 75 93 70 88
VOLVO Coudène, 28 rte de Vals ✆ 75 35 22 05

Maison du Pneu Grange Fils, 36 rte de Vals ✆ 75 35 20 53
Pneurama, 12 bd Camille Laprade ✆ 75 93 67 61
R.I.P.A., rte de Vals ✆ 75 35 40 66

AUBIGNY-SUR-NÈRE **18700** Cher 65 ⑪ **G. Châteaux de la Loire** – 5 693 h. alt. 168.

Voir Maisons anciennes★.

Syndicat d'Initiative à la Mairie et r. Dames (juin-sept.) ✆ 48 58 00 09.

Paris 182 – Bourges 46 – Cosne 41 – Gien 30 – ♦Orléans 75 – Salbris 32 – Vierzon 43.

à Ste Montaine O : 9 km par D 13 – ✉ **18700** :

Le Cheval Blanc, ✆ 48 58 06 92 – ☎ . AE E VISA
fermé 2 au 23 janv., dim. soir et lundi – **R** 65/150 – 24 – **18 ch** 135/275 – ½ P 265/295.

FORD Bouchet ✆ 48 58 05 30 N
PEUGEOT TALBOT Devailly ✆ 48 58 00 43
RENAULT Petat ✆ 48 58 00 26 N
Guérard ✆ 48 58 00 64

AUBRAC 12 Aveyron 🔟🔟 ⑭ G. Gorges du Tarn – alt. 1 300 – ✉ **12470** St-Chély-d'Aubrac.

Paris 577 – Rodez 59 – Mende 67 – St-Flour 67.

  🏠 **Moderne** ⑤, 🖉 65 44 28 42 – ☎ 🅿. 🅴 𝗩𝗜𝗦𝗔. ⑤ rest
        1er mai-30 sept. et fév. – **R** *(fermé merc. sauf juil.-août)* 85/180 ⑤, enf. 50 – ⵦ 30 – **25 ch**
        190/250 – ½ P 160/220.

AUBREVILLE 55120 Meuse 🔟🔟 ⑳ – 359 h. alt. 186.

Paris 241 – Bar-le-Duc 54 – Dun-sur-Meuse 35 – Ste-Menehould 20 – Verdun 27.

  🏨 **Commerce,** 🖉 29 87 40 35 – 🚗 🅿. 🅴 𝗩𝗜𝗦𝗔. ⑤ rest
  ➡ *fermé 1er au 15 oct.* – **R** 60/90 ⑤ – ⵦ 18 – **10 ch** 80/200 – ½ P 135/210.

AUBRIVES 08320 Ardennes 🔟🔟 ⑧⑨ – 1 022 h. alt. 106.

Paris 261 – Charleville-Mézières 49 – Fumay 17 – Givet 7 – Rocroi 35.

  XX **Debette** avec ch, 🖉 24 41 64 72, �́, ⑤ – 📺 ☎. 🅐🅴 🅴 𝗩𝗜𝗦𝗔
  ➡ *fermé 20 déc. au 20 janv., dim. soir et lundi midi sauf fériés* – **R** 60/180 ⑤, enf. 50 – ⵦ 25
        – **19 ch** 110/260 – ½ P 195/240.

AUBUSSON ⬖ 23200 Creuse 🔟🔟 ① G. Berry Limousin – 6 153 h. alt. 430.

Voir Musée départemental de la Tapisserie★ **M**.

🛈 Syndicat d'Initiative r. Vieille 🖉 55 66 32 12.

Paris 380 ① – ◆Clermont-Ferrand 90 ③ – Guéret 44 ① – ◆Limoges 88 ④ – Montluçon 63 ① – Tulle 112 ③ –
Ussel 59 ③.

AUBUSSON

Chapitre (R. du)	2
Chateaufavier (R.)	4
Dayras (Pl. M.)	5
Déportés (R. des)	7
Espagne (Pl. Gén.)	8
Fusillés (R. des)	10
Iles (Quai des)	12
Libération (Pl. de la)	15
Lissiers (R. des)	16
Lurçat (Pl. J.)	18
Marché (Pl. du)	20
République (Av.)	23
St-Jean (R.)	24
Sandeau (R. J.)	26
Terrade (Pont de la)	27
Vaveix (R.)	29
Vieille (R.)	30

*Pour un bon usage
des plans de villes,
voir les signes
conventionnels
dans l'introduction.*

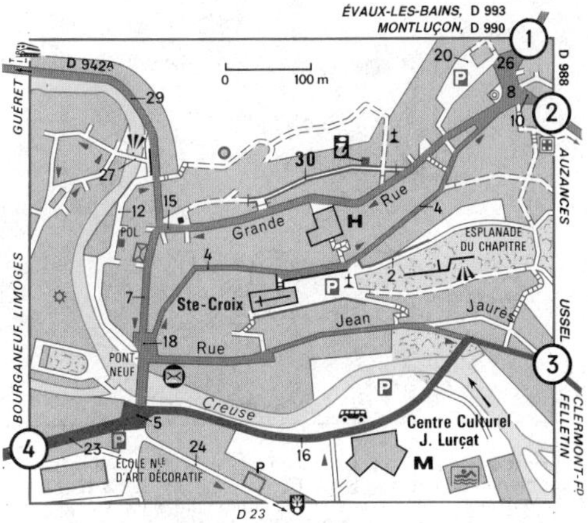

rte de Clermont-Ferrand par ③ : 2,5 km – ✉ 23200 Aubusson :

  🏨 **La Seiglière,** 🖉 55 66 37 22, Télex 590073, Fax 55 66 22 47, �́, 🏊, ⑤ – 🛗 📺 ☎ 🅿 –
    🅰 50
    fermé 15 déc. au 1er fév. – **R** 100/140 – ⵦ 30 – **42 ch** 300 – ½ P 250.

PEUGEOT-TALBOT Hirlemann, à Moutier-Rozeille
par ③ 🖉 55 66 29 33
PEUGEOT-TALBOT Barraud, Pont d'Alleyrat par D
942ᴬ 🖉 55 66 19 91

RENAULT Gar. Aubussonnais, av. d'Auvergne par
② 🖉 55 66 14 54 🅽 🖉 55 66 38 38

🛞 Loulergue, 2 av. d'Auvergne 🖉 55 66 10 50

AUBUSSON D'AUVERGNE 63120 P.-de-D. 🔟🔟 ⑯ – 194 h. alt. 418.

Paris 405 – ◆Clermont-Ferrand 59 – Ambert 39 – Thiers 24.

  X **Au Bon Coin** avec ch, 🖉 73 53 55 78 – 🅴 𝗩𝗜𝗦𝗔. ⑤ ch
    fermé 1er janv. au 1er fév. et lundi hors sais. – **R** 80/250 ⑤, enf. 50 – ⵦ 25 – **7 ch** 100/200
    – ½ P 180/200.

AUCAMVILLE 31 H.-Gar. 🔟🔟 ⑧ – rattaché à Toulouse.

Les **guides Rouges,** les **guides Verts** et les **cartes Michelin**
sont complémentaires.
Utilisez-les ensemble.

Voir Cathédrale Ste-Marie★ : stalles★★★, vitraux★★ AZ.

⌐ de Fleurance ♪ 62 06 26 26, par ① sur N 21 : 20 km.

🛈 Office de Tourisme avec A.C. pl. Cathédrale ♪ 62 05 22 89, Télex 532941.

Paris 728 ① – Agen 71 ① – ◆Bayonne 218 ④ – ◆Bordeaux 203 ① – Lourdes 92 ④ – Montauban 86 ② – Pau 104 ④ – St-Gaudens 76 ④ – Tarbes 73 ④ – ◆Toulouse 78 ②.

Plan page ci-contre

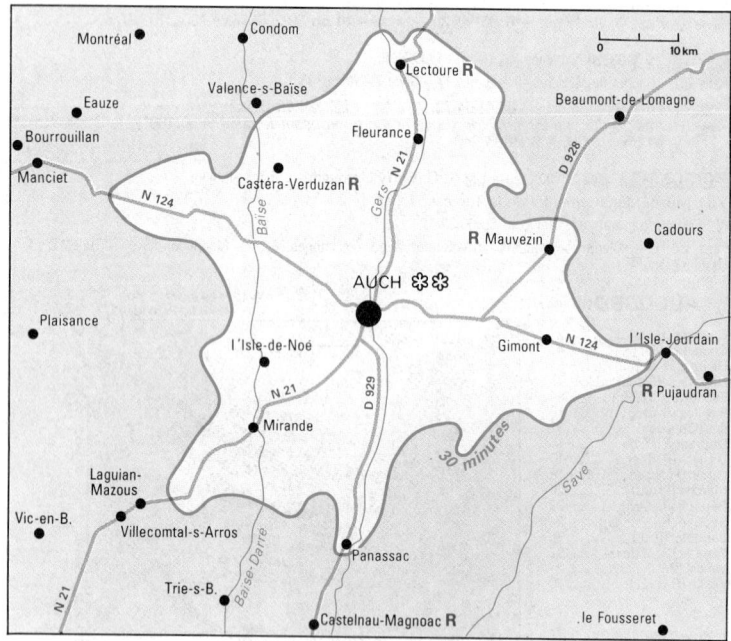

🏨 ✿✿ **France** (Daguin), pl. Libération ♪ 62 05 00 44, Télex 520474, Fax 62 05 88 44, « Belle décoration intérieure » – 🔋 🖵 📺 ☎ – 🚗 30. 🖭 ⓘ E VISA   AZ **a**
R *(fermé janv., dim. soir et lundi)* (dim. prévenir) 300 (déj.)/475 et carte - **Côté Jardin** *(mi avril-mi oct.)* **R** carte 130 à 210 – **Le Neuvième R** 140 – ⌧ 80 – **30 ch** 320/1400 – ½ P 680/930
Spéc. Foies gras chauds de canard aux fruits sauvages, Maigret au fumet de champignons, Pistache et chocolat. Vins Colombard, Bouchy.

🏨 **Relais de Gascogne**, 5 av. Marne ♪ 62 05 26 81 – 📺 ☎ 🚗. E VISA   BY **s**
fermé 22 déc. au 12 janv. – **R** 85/200 ⅃, enf. 65 – ⌧ 30 – **38 ch** 220/300 – ½ P 240/280.

💥 **Claude Laffitte**, 38 r. Dessoles ♪ 62 05 04 18 – 🖭 ⓘ E VISA   AY **e**
fermé lundi sauf le midi du 1ᵉʳ juil. au 14 sept. et dim. soir – **R** 125/350 ⅃, enf. 60.

par ① : 6 km – ✉ **32810** Auch :

💥 **Le Papillon**, N 21 ♪ 62 65 51 29, 🌣 – **P** E VISA
fermé merc. – **R** 85/180, enf. 35.

à Robinson par ④ : 2 km – ✉ **32000** Auch :

🏨 **Robinson** 🌤 sans rest, rte Tarbes ♪ 62 05 02 83 – 📺 ☎ **P** E VISA
⌧ 27 – **24 ch** 200/260.

ALFA-ROMEO, FIAT Beaulieu-Auto-Sce, rte de Tarbes ♪ 62 05 57 45
CITROEN Gd Gar. de Gascogne, ZI Nord rte d'Agen par ① ♪ 62 63 08 55
FORD Lamazouère, 52 av. des Pyrénées ♪ 62 05 63 07
OPEL G.D.A., 46 bis av. de l'Yser rte d'Agen ♪ 62 63 33 22
PEUGEOT, TALBOT Téchené, rte de Toulouse par ② ♪ 62 63 15 44

RENAULT S.A.D.A.G., rte de Toulouse par ② ♪ 62 63 11 33 N ♪ 62 63 50 79
RENAULT Rel. du Prieuré, 89 av. Sadi-Carnot BY ♪ 62 05 01 10
V.A.G Dambax, ZI du Sousson à Pavie ♪ 62 05 93 55

🛞 Central Pneu, ZI Nord, rte d'Agen ♪ 62 63 14 41
Central Pneu, 84 av. 1ère Armée ♪ 62 63 49 12
Rivière, 193 r. V.-Hugo ♪ 62 05 64 21

AUCH

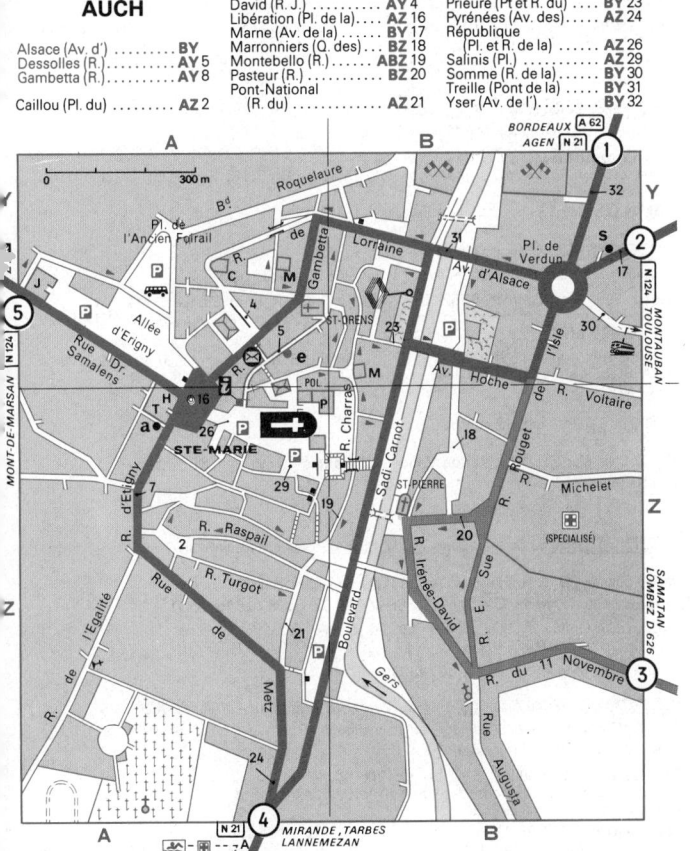

AUDIERNE 29770 Finistère 58 ⑬ G. Bretagne – 3 094 h – **Voir** Site★ – Chapelle de St-Tugen★ O : 4,5 km – ☐ Office de Tourisme pl. Liberté (fermé après-midi 15 sept.-14 juin) ℰ 98 70 12 20.

Paris 592 – Quimper 35 – Douarnenez 22 – Pointe du Raz 15 – Pont-l'Abbé 32.

Le Goyen (Bosser) M, sur le port ℰ 98 70 08 88, Télex 940422, ≤ – 🛗 📺 ☎ ❷ –
🔥 30. 🅰🅴 🄴 𝘷𝘪𝘴𝘢. ⚘
fermé mi-nov. à mi-déc., fin fév. à début mars, mardi midi et lundi hors saison sauf fériés
– **R** 165/390, enf. 68 – ☲ 45 – **20 ch** 270/410, 9 appart. – ½ P 325/560
Spéc. Poissons, Homard breton aux girolles et crème de basilic, Tarte chaude aux pommes caramélisées et crème d'amandes.

Roi Gradlon, sur la plage ℰ 98 70 04 51, ≤ – ☎ ❷. 🅰🅴 🄴 𝘷𝘪𝘴𝘢
fermé 18 au 26 mars et 8 janv. au 10 fév. – **R** (fermé lundi d'oct. à avril) 80/220, enf. 55 –
☲ 28 – **20 ch** 240/270 – ½ P 280/340.

Cornouaille sans rest, face au port ℰ 98 70 09 13, ≤ – ☜ ☜. ⚘
début juil.-fin sept. – ☲ 30 – **10 ch** 180/300.

AUDINCOURT 25400 Doubs 66 ⑧⑱ G. Jura – 17 580 h. alt. 322.

Voir Église du Sacré-Coeur★ AY **B** – ☐ Syndicat d'Initiative 73 Grande Rue ℰ 81 35 52 01.

Paris 485 – ◆Mulhouse 60 – ◆Bâle 66 – Baume-les-D. 45 – Belfort 21 – ◆Besançon 79 – Montbéliard 6.

Voir plan de Montbéliard agglomération.

à Taillecourt N : 1,5 km rte de Sochaux – ⊠ **25400** :

※※ Aub. La Gogoline, ℰ 81 94 54 82, 🥢 – ❷   AY **k**

FORD Gar. de l'Est, ZI à Exincourt ℰ 81 94 51 11
V.A.G S.M.D. Autom, ZI des Arbletiers
ℰ 81 35 59 68

● Equipneu Service, ZI des Arbletiers, r. de Belfort ℰ 81 35 56 32
Pneus et Services D.K., 33 r. d'Audincourt, Exincourt ℰ 81 94 51 36

AUDRESSELLES 62164 P.-de-C. 51 ① – 538 h. alt. 10.
Paris 258 – ◆Calais 29 – Boulogne-sur-Mer 13 – St-Omer 59.

✕ **Le Champenois,** ℰ 21 32 94 68 – E VISA
➥ fermé fév., lundi soir et mardi sauf de juin à sept. – **R** 65/140 ♣, enf. 50.

AUDRIEU 14 Calvados 55 ⑩ – rattaché à Bayeux.

AUDUN-LE-TICHE 57390 Moselle 57 ③ – 6 391 h. alt. 317.
Paris 331 – Longwy 23 – Luxembourg 23 – ◆Metz 57 – Thionville 28 – Verdun 62.

🏠 **Poste,** 59 r. Mar. Foch ℰ 82 52 10 40 – ☜ ☛ ℗ – 🚗 30. AE ① E VISA
➥ **R** (fermé 15 fév. au 15 mars, dim soir du 1er nov au 31 mars et lundi midi) 60/120 ♣, enf. 45 – ☲ 20 – **15 ch** 100/220 – ½ P 135/160.

CITROEN Doll, 610 r. S.-Allende ℰ 82 52 23 96 🅽
PEUGEOT-TALBOT Blasi, 467 r. Clemenceau
ℰ 82 52 21 63 🅽

RENAULT Rea, 152 r. Moulin ℰ 82 52 21 72
🅽 ℰ 82 89 19 94

AULAS 30 Gard 80 ⑯ – rattaché au Vigan.

AULNAY 17 Char.-Mar. 72 ② G. Poitou Vendée Charentes – 1 505 h. alt. 89.
Voir Église St-Pierre★★
Paris 425 – Poitiers 83 – St-Jean-d'Angély 18.

AULNAY-SOUS-BOIS 93 Seine-St-Denis 56 ⑪, 101 ⑰ – voir à Paris, Environs.

AULT 80460 Somme 52 ⑤ G. Flandres Artois Picardie – 2 058 h. alt. 21.
Paris 171 – Abbeville 30 – ◆Amiens 75 – Blangy-sur-Bresle 27 – Dieppe 38 – Le Tréport 11.

🏠 **Malvina,** à Onival ℰ 22 60 40 43 – ℗ ① E VISA
➥ 1er mars-15 nov. – **R** 65/100 ♣ – ☲ 24 – **30 ch** 90/200 – ½ P 165/270.

Gar. du Centre, 67 r. St-Valery ℰ 22 60 40 77 🅽 ℰ 22 60 46 15

AULUS-LES-BAINS 09140 Ariège 86 ③④ G. Pyrénées Aquitaine – 208 h. alt. 762.
Voir Vallée du Garbet★ N – 🛈 Syndicat d'Initiative allée des Thermes (juin-1er oct.) ℰ 61 96 01 79.
Paris 827 – Foix 77 – Oust 16 – St-Girons 33.

🏠 **Terrasse,** ℰ 61 96 00 98, ≤, ☂ – ☎ VISA ⅍ rest
1er juin-30 sept. et vacances de Noël, de fév. et de printemps – **R** 85/180, enf. 55 – ☲ 30 – **17 ch** 130/220 – ½ P 220/280.

🏠 **Beauséjour,** ℰ 61 96 00 06, ≤, ☞ – cuisinette ☎ ☛ ⅍ rest
hôtel : 15 avril-1er oct. ; rest. : 15 juin-1er sept. – **R** 90 – ☲ 30 – **30 ch** 150/220 – ½ P 250.

🏠 **France,** ℰ 61 96 00 90, ≤, ☞ – ℗ VISA ⅍ rest
fermé 10 oct. au 15 déc. – **R** 85/140, enf. 40 – ☲ 25 – **28 ch** 90/160 – ½ P 140/170.

AUMALE 76390 S.-Mar. 52 ⑯ G. Normandie Vallée de la Seine – 3 023 h. alt. 131.
Paris 125 ② – ◆Amiens 45 ② – Beauvais 48 ③ – Dieppe 62 ⑤ – Gournay-en-Bray 38 ③ – ◆Rouen 71 ⑤.

AUMALE

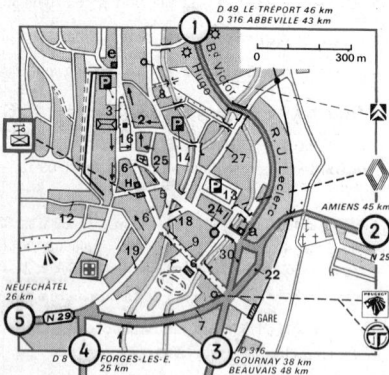

🏠 **Dauphin,** 27 r. St-Lazare **(a)** ℰ 35 93 41 92 – **☎**. ⅍ **E** 𝗩𝗜𝗦𝗔
fermé 17 juin au 1ᵉʳ juil., 23 déc. au 15 janv., dim. soir et lundi midi d'oct à juin – **R** 67/145
🍴 – ⌕ 25 – **14 ch** 120/195 – ½ P 135/160.

XX **Mouton Gras** avec ch, 2 r. Verdun **(e)** ℰ 35 93 41 32, « Maison normande fin 17ᵉ siècle,
bel intérieur », 🍴 – **❷**. ⅍ ⓞ **E** 𝗩𝗜𝗦𝗔 ⅍ ch
fermé 14 août au 13 sept., lundi soir et mardi – **R** 70/130, enf. 40 – ⌕ 27 – **8 ch** 150/250.

CITROEN Legrand ℰ 35 93 42 04 **Ⓝ**   ⓟ Parin, rte de Beauvais à Quincampoix-Fleuzy
PEUGEOT-TALBOT Gar. Fertun ℰ 35 93 41 21   ℰ 35 93 93 93
RENAULT Ducrocq ℰ 35 93 41 17 **Ⓝ**

AUMONT-AUBRAC 48130 Lozère 🔲🔲 ⑮ – 1 049 h. alt. 1 043.

Paris 546 – Mende 42 – Espalion 58 – Marvejols 23 – Le Puy 91 – St-Chély-d'Apcher 10.

🏨 ❀ **Gd H. Prouhèze,** ℰ 66 42 80 07, Fax 66 42 87 78, 🍴 – 📺 **☎** **❷** – 🏧 25. **E** 𝗩𝗜𝗦𝗔
fév.-oct. et fermé dim. soir et lundi sauf juil.-août – **R** 130/480, enf. 75 – ⌕ 60 – **29 ch**
200/370 – ½ P 270/320
Spéc. Ragoût d'escargots aux morilles, Queues de langoustines dans leur infusion au boudin noir, Pot-au-feu de foie gras aux jeunes légumes.

🏨 **Chez Camillou,** N 9 ℰ 66 42 80 22, 🍴, ⏚ – 🛏 **☎** **❷** – 🏧 80. **E** 𝗩𝗜𝗦𝗔
fermé 3 janv. au 1ᵉʳ mars – **R** 80/195 – ⌕ 32 – **44 ch** 221/315 – ½ P 240/280.

Gar. Benoit ℰ 66 42 80 17

AUNAY-SUR-ODON 14260 Calvados 🔲🔲 ⑮ G. Normandie Cotentin – 3 039 h. alt. 188.

🅱 Office de Tourisme pl. Hôtel de Ville ℰ 31 77 60 32.

Paris 275 – ◆Caen 29 – Falaise 40 – Flers 36 – St-Lô 39 – Vire 32.

XX **St-Michel** avec ch, r. Caen ℰ 31 77 63 16 – **☎**. **E** 𝗩𝗜𝗦𝗔
*fermé 12 au 29 nov., 15 au 30 janv., dim. soir de sept. à mai et lundi sauf le soir du 1ᵉʳ juin
au 31 août* – **R** 65/155 🍴, enf. 45 – ⌕ 22 – **7 ch** 150/180 – ½ P 180/200.

FIAT-LANCIA Gar. de l'Odon ℰ 31 77 62 88   RENAULT Aunay-Gar. ℰ 31 77 63 48
Ⓝ ℰ 31 77 63 25
PEUGEOT-TALBOT Aunay Automobiles
ℰ 31 77 62 10 **Ⓝ** ℰ 31 80 85 85

AUPS 83630 Var 🔲🔲 ⑥ G. Côte d'Azur – 1 652 h. alt. 505.

🅱 Office de Tourisme pl. F.-Mistral ℰ 94 70 00 80.

Paris 821 – Digne 84 – Aix-en-Provence 93 – Castellane 72 – Draguignan 29 – Manosque 60.

à Moissac-Bellevue NO : 7 km par D 9 – ⌧ **83630** :

🏨 **Le Calalou** ⌂, ℰ 94 70 17 91, Télex 461885, Fax 94 70 50 11, ≼, 🍴, ⏚, 🍴, ⅍ – 📺
☎ **❷**. ⅍ ⓞ **E** 𝗩𝗜𝗦𝗔
1ᵉʳ mars-1ᵉʳ nov. et fermé dim. soir et lundi d'oct. à Pâques – **R** 145/295, enf. 90 – ⌕ 57 –
39 ch 420/580 – ½ P 450/540.

AURAY 56400 Morbihan 🔲🔲 ② G. Bretagne – 10 185 h. alt. 36.

Voir Quartier St-Goustan★ – Promenade du Loch★ – Église St-Gildas★ B – Ste-Avoye : Jubé★ et
charpente★ de l'église 4 km par ①.

🔲🔲 de St-Laurent ℰ 97 56 85 18, par ③ : 11 km ; 🔲 de Baden ℰ 97 57 18 96, par ① puis
D 101 : 9 km.

🚗 ℰ 97 24 44 65.

🅱 Office de Tourisme pl. République ℰ 97 24 09 75 et quartier St-Goustan ℰ 97 56 27 36.

Paris 474 ① – Vannes 18 ① – Lorient 36 ④ – Pontivy 48 ④ – Quimper 97 ④.

Plan page suivante

🏨 **Loch et rest. La Sterne** Ⓜ ⌂, quartier Petite Forêt **(e)** ℰ 97 56 48 33, Télex 951025,
Fax 97 56 63 55, 🍴 – 🛏 📺 **☎** ♿ **❷** – 🏧 50. **E** 𝗩𝗜𝗦𝗔 ⅍
R *(fermé dim. soir de nov. à mars)* 84/230, enf. 50 – ⌕ 27 – **30 ch** 260/335 – ½ P 260/290.

🏠 **Le Branhoc** Ⓜ sans rest, 1,5 km par rte du Bono ℰ 97 56 41 55, 🍴 – **☎** ♿ **❷**. **E** 𝗩𝗜𝗦𝗔
⅍
⌕ 23 – **28 ch** 230/260.

🏠 **Mairie,** pl. Mairie **(r)** ℰ 97 24 04 65 – 📺 ⑯. 𝗩𝗜𝗦𝗔
fermé 1ᵉʳ au 20 oct., 1ᵉʳ au 13 janv., sam. soir et dim. hors sais. sauf fériés – **R** 65/120 –
⌕ 28 – **21 ch** 120/250.

XXX **La Closerie de Kerdrain,** 14 r. L. Billet ℰ 97 56 61 27, 🍴, 🍴 – **❷**. ⅍ ⓞ **E** 𝗩𝗜𝗦𝗔
fermé 5 au 31 janv. et mardi du 16 sept. au 14 juin – **R** 150/320, enf. 60.

XX **Le Chaudron,** 1,5 km par rte du Bono ℰ 97 56 39 74, Fax 97 56 29 08 – **❷**. **E** 𝗩𝗜𝗦𝗔
fermé 1ᵉʳ au 18 oct., vacances de fév., sam. midi et merc. – **R** 70/180, enf. 53.

X **Aub. La Plaine,** r. Lait **(a)** ℰ 97 24 09 40 – **E** 𝗩𝗜𝗦𝗔
fermé 1ᵉʳ au 20 mars, 15 au 31 oct. et mardi – **R** 70/180.

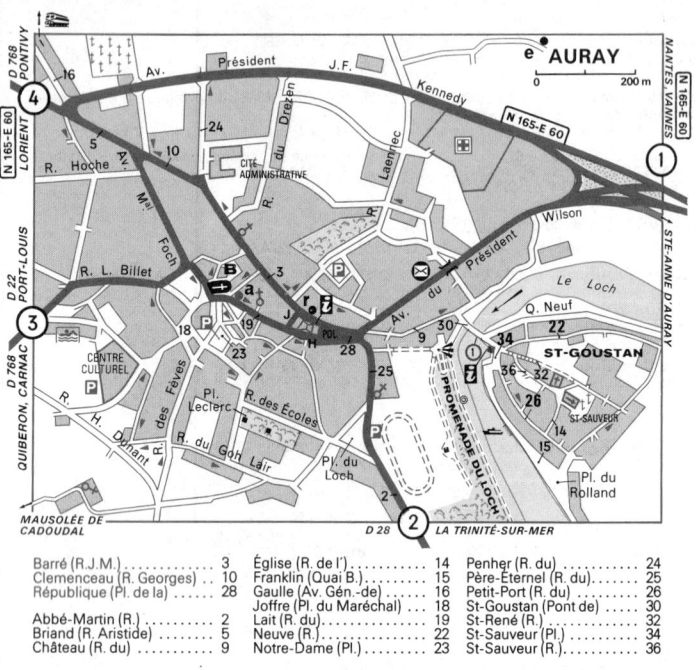

AURAY

0   200 m

Barré (R.J.M.)	3	Église (R. de l')	14	Penher (R. du)	24
Clemenceau (R. Georges)	10	Franklin (Quai B.)	15	Petit-Port (R. du)	25
République (Pl. de la)	28	Gaulle (Av. Gén.-de)	16	St-Goustan (Pont de)	26
		Joffre (Pl. du Maréchal)	18	St-Goustan (Pont de)	30
Abbé-Martin (R.)	2	Lait (R. du)	19	St-René (R.)	32
Briand (R. Aristide)	5	Neuve (R.)	22	St-Sauveur (Pl.)	34
Château (R. du)	9	Notre-Dame (Pl.)	23	St-Sauveur (R.)	36

à Baden par ① et D 101 : 9 km – ⊠ 56870 :

🏨 **Le Gavrinis** Ⓜ, à Toul-Broche E : 2 km *ℰ* 97 57 00 82, 栗 – 🖵 ☎ Ⓟ – 🔏 30. 🆎 ⓞ Ε ᵛⁱˢᵃ
fermé déc., janv. et lundi (sauf le soir en sais. et fériés) – **R** 125/300 – ⊇ 32 – **19 ch** 190/400 – ½ P 280/355.

au golf de St-Laurent O : 10 km par D 22 – ⊠ 56400 Auray :

🏨 **Fairway H.** Ⓜ ⑤, *ℰ* 97 56 88 88, Télex 951819, Fax 97 56 88 28, <, 斎, 丄, 栗 – 🖵 ☎ & Ⓟ – 🔏 60. 🆎 Ε ᵛⁱˢᵃ
R 110/135 – ⊇ 42 – **42 ch** (½ pens. seul.) – ½ P 395/455.

OPEL Océane Autom., Porte Océane
ℰ 97 24 12 12
PEUGEOT-TALBOT Gar. Laine, rte de Lorient par
④ *ℰ* 97 24 05 14 🅽 *ℰ* 97 46 00 00
RENAULT S.C.A.D.A., rte de Ste-Anne-d'Auray
Kerfontaine par ① *ℰ* 97 24 05 94
🅽 *ℰ* 97 01 68 69

V.A.G Kermorvant, rte de Quiberon, ZI
ℰ 97 24 11 73

🏍 Auray-Pneus, r. Paix *ℰ* 97 56 50 55
Auray-Pneus, ZI de Toul Garros *ℰ* 97 24 24 48

AUREC-SUR-LOIRE 43110 H.-Loire 🔟🔢 ⑧ – 4 563 h. alt. 432.
🛈 Office de Tourisme r. du Monument (juil.-15 sept.) *ℰ* 77 35 42 65.
Paris 532 – ♦St-Étienne 21 – Firminy 11 – Montbrison 42 – Le Puy 60 – Yssingeaux 33.

à Semène NE : 3 km par D 46 – ⊠ 43110 Aurec-sur-Loire :

🍴🍴 **Coste** avec ch, *ℰ* 77 35 40 15, 斎 – Ⓟ. Ε ᵛⁱˢᵃ
fermé 1er au 24 août, vacances de fév., dim. soir et lundi – **R** 78/170 ⓐ, enf. 50 – ⊇ 24 – **6 ch** 180/230 – ½ P 160/180.

PEUGEOT-TALBOT Verot, 15 av. de Firminy
ℰ 77 35 41 03 🅽

RENAULT Parrat, rte de Firminy *ℰ* 77 35 40 01
🅽 *ℰ* 77 35 36 27

AUREILLE 13930 B.-du-R. 🔢🔢 ① – 835 h. alt. 132.
Paris 718 – Avignon 40 – Arles 33 – ♦Marseille 76 – Salon-de-Provence 18.

🍴 **La Sartan,** pl. Église *ℰ* 90 59 95 16 – Ε ᵛⁱˢᵃ
fermé dim. soir et lundi – **R** 95/125 ⓐ, enf. 40.

AUREL 84 Vaucluse 🔢🔢 ⑭ – rattaché à Sault.

06810 Alpes-Mar. 84 ⑧. 195 ㉙ G. Côte d'Azur – 1 548 h. alt. 72.

Paris 910 – Cannes 14 – Draguignan 62 – Grasse 8,5 – ♦Nice 46 – St-Raphaël 40.

ХХХ **Aub. Vignette Haute** ⑤ avec ch, rte village ℰ 93 42 20 01, Fax 93 42 17 16, ≤, 🍽,
« Beau décor rustique », 🔆, 🎋 – 🔲 📺 ☎ 🅱 🅿 – 🔬 30. 🕮 🄴 📧 𝗩𝗜𝗦𝗔
*fermé 12 au 28 nov., 15 fév. au 7 mars – R (fermé mardi midi et lundi de sept. à juin sauf
fériés)* 290 bc/400 bc, enf. 50 – 🖵 70 – **7 ch** 700/900 – ½ P 540/740.

ХХ **Aub. Nossi-Bé** avec ch, au village ℰ 93 42 20 20, 🎋 – ☎. 🄴 𝗩𝗜𝗦𝗔
*fermé 10 janv. au 28 fév. – R (fermé lundi et merc. midi en sais., mardi soir et merc. hors
sais.)* 210 – 🖵 27 – **6 ch** 220.

31420 H.-Gar. 82 ⑯ G. Pyrénées Aquitaine – 1 128 h. alt. 394.

Voir Donjon ⚙️★.

🅱 Syndicat d'Initiative pl Mairie (juil.-août) ℰ 61 98 70 06.

Paris 780 – Auch 69 – Pamiers 83 – St-Gaudens 22 – St-Girons 45 – ♦ Toulouse 76.

🏨 **Cerf Blanc** M, r. St Michel ℰ 61 98 95 76, 🎋 – 🔲 rest 📺 ☎ 🅿. 🄴 𝗩𝗜𝗦𝗔
fermé lundi sauf juil.-août – R 78/220, enf. 45 – 🖵 28 – **11 ch** 130/240 – ½ P 240/380.

☞ *The numbered circles on the town plans ①, ②, ③
are duplicated on the Michelin maps at a scale of 1:200 000.
These references, common to both guide and map,
make it easier to change from one to the other.*

🅿 15000 Cantal 76 ⑫ G. Auvergne – 33 197 h. alt. 631.

Voir Maison des Volcans★★ (Château St-Étienne) CX – Route des Crêtes★★ NE par D 35 CX

🏌 de la Cère ℰ 71 46 50 00, par ③ : 8 km par N 122, D 153 et D 53.

🅱 Office de Tourisme pl. Square ℰ 71 48 46 58.

Paris 565 ② – Brive-la-G. 97 ④ – ♦Clermont-Fd 164 ② – Montauban 179 ③ – Montluçon 217 ④.

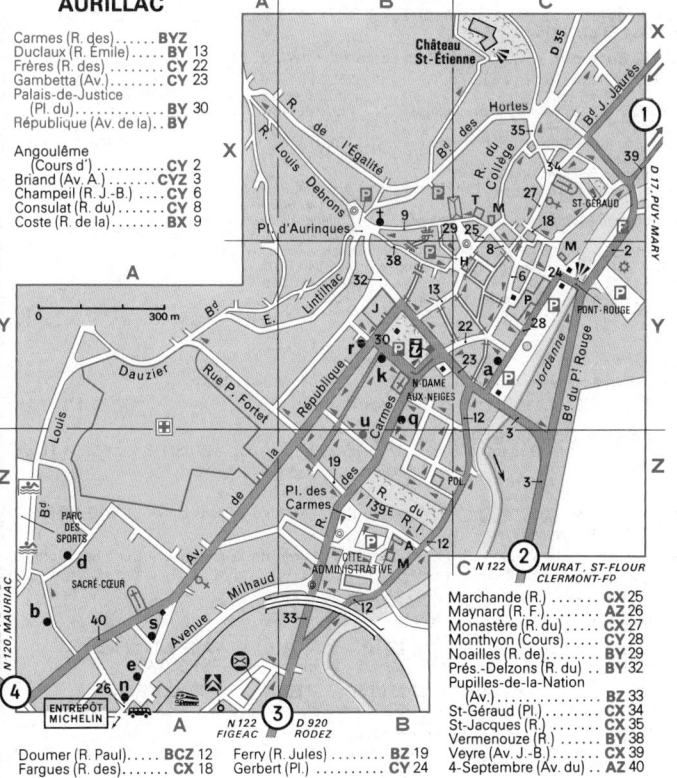

AURILLAC

Carmes (R. des)...... **BYZ**
Duclaux (R. Émile)..... **BY** 13
Frères (R. des)........ **CY** 22
Gambetta (Av.)........ **CY** 23
Palais-de-Justice
(Pl. du)............. **BY** 30
République (Av. de la).. **BY**

Angoulême
(Cours d') .... **CY** 2
Briand (Av. A.) .... **CYZ** 3
Champeil (R. J.-B.) .... **CY** 6
Consulat (R. du)...... **CY** 8
Coste (R. de la)....... **BX** 9

Marchande (R.) .... **CX** 25
Maynard (R. F.)....... **AZ** 26
Monastère (R. du) ..... **CX** 27
Monthyon (Cours)..... **CY** 28
Noailles (R. de)....... **BY** 29
Prés.-Delzons (R. du) .. **BY** 32
Pupilles-de-la-Nation
(Av.).............. **BZ** 33
St-Géraud (Pl.)....... **CX** 34
St-Jacques (R.) .... **CX** 35
Vermenouze (R.) ...... **BY** 38
Veyre (Av. J.-B.) ...... **CX** 39
4-Septembre (Av. du) .. **AZ** 40

Doumer (R. Paul)..... **BCZ** 12
Fargues (R. des)....... **CX** 18
Ferry (R. Jules) .... **BZ** 19
Gerbert (Pl.) .... **CY** 24

🏨 **St-Pierre,** 16 cours Monthyon ℰ 71 48 00 24, Fax 71 64 81 83 – 🛗 📺 ☎ 🚗 ஃ 🖭 ⓞ 🗲
　 VISA CY **a**
　 R 98/230, enf. 40 – ⟺ 32 – **29 ch** 220/350.

🏨 **La Thomasse** ⌂, r. Dr Mallet ℰ 71 48 26 47, parc – 📺 ☎ 🅿 🖭 ⓞ 🗲 *VISA* AZ **d**
　 R *(fermé dim.)* carte 90 à 170 🍷 – ⟺ 35 – **21 ch** 300/340.

🏨 **Bordeaux** Ⓜ sans rest, 2 av. République ℰ 71 48 01 84, Télex 990316, Fax 71 48 49 93 –
　 🛗 📺 ☎ 🚗 – ஃ 25 à 40. 🖭 ⓞ 🗲 *VISA* BY **r**
　 fermé 20 déc. au 15 janv. – ⟺ 34 – **37 ch** 280/390.

🏨 **La Ferraudie** Ⓜ ⌂ sans rest, 15 r. Bel Air ℰ 71 48 72 42 – 🛗 📺 ☎ 🅿 ⓞ 🗲 *VISA*
　 ⟺ 28 – **22 ch** 220/340. AZ **b**

🏨 **Renaissance,** pl. Square ℰ 71 48 09 80 – 🛗 📺 ☎ 🗲 *VISA* ஃ ch BY **k**
　 fermé 14 juil. au 1er août, 15 déc. au 7 janv. et dim. sauf juil.-août – **R** 73/175 🍷 – ⟺ 28 –
　 25 ch 170/265.

🏨 **Relax H.,** 113 av. Gén. Leclerc par rte Rodez ③ ℰ 71 63 60 00, 🌳 – 🛗 📺 ☎ 🅿 🗲 *VISA*
◆ 　 **R** *(fermé sam. midi et dim.)* 58/120 🍷 – ⟺ 30 – **28 ch** 200/280 – ½ P 185.

🏨 **Les Arcades,** 9 av. G. Pompidou par rte Clermont-Ferrand ℰ 71 64 15 11, Fax 71 64 28 54
◆ 　 – 📺 ☎ – ஃ 30. 🗲 *VISA*
　 R 68/90 🍷, enf. 30 – ⟺ 26 – **39 ch** 190/235.

🏨 **Univers,** 2 pl. P. Sémard ℰ 71 48 24 57 – 🛗 ☎ 🚗 🅿 🗲 *VISA* ஃ AZ **e**
　 R 80/130 🍷 – ⟺ 28 – **42 ch** 170/300.

🏨 **Delcher,** 20 r. Carmes ℰ 71 48 01 69 – ☎ 🚗 🅿 🖭 🗲 *VISA* BY **q**
◆ 　 *fermé 1er au 7 mai, 24 au 30 juin, 24 au 31 déc., dim. soir sauf juil.-août* – **R** 49/130 🍷,
　 enf. 30 – ⟺ 22 – **23 ch** 170/210 – ½ P 175.

🏨 **Terminus** sans rest, 8 r. Gare ℰ 71 48 01 17 – ☎ 🚗 🗲 *VISA* AZ **s**
　 ⟺ 25 – **22 ch** 100/250.

🍴 **Reine Margot,** 19 r. G. de Veyre ℰ 71 48 26 46, ☞ – 🍽 🗲 *VISA* BYZ **u**
　 fermé lundi – **R** 90/260.

　 à Arpajon-sur-Cère par ③ et 2 km sur D 920 – 5 909 h. – ✉ **15130** :

🏨 **Les Provinciales** Ⓜ sans rest, pl. Foirail ℰ 71 64 29 50, 🌳 – 📺 ☎ 🅻 🅿 🗲 *VISA*
　 ⟺ 24 – **20 ch** 190/230.

MICHELIN, Entrepôt, r. Gutenberg ZI de Lescudillier par r. F.-Meynard AZ ℰ 71 64 90 33

ALFA-ROMEO, HONDA Tachet, 24 av. Cdt-H.-
Monraisse ℰ 71 63 76 15
AUSTIN-ROVER Gar. du Centre, 46 av. Pupilles-
de-la-Nation ℰ 71 48 08 84
BMW SEAT Auvergne Auto, av. G.-Pompidou
ℰ 71 64 58 44 Ⓝ
CITROEN Daix, av. G.-Pompidou ℰ 71 64 14 82
CITROEN Auto Vialenc, av. Georges-Pompidou
ℰ 71 48 00 00
FIAT Gar. Moderne Ladoux, 70 av. Gén.-Leclerc
ℰ 71 48 37 86
FORD Gar. Dalbouze, bd Vialenc ℰ 71 64 14 43
MERCEDES-V.A.G Automobile Sce, av. G.-Pompi-
dou ℰ 71 63 41 83
OPEL-LADA Vidal, 47 av. Pupilles-de-la-Nation
ℰ 71 48 01 51

PEUGEOT-TALBOT Socauto, av. G.-Pompidou, ZI
de Sistrières par ③ ℰ 71 63 66 00
RENAULT Rudelle-Fabre, 100 av. Ch.-de-Gaulle
par r. F.-Maynard AZ ℰ 71 63 76 22
TOYOTA Gar. Arnaud, av. G.-Pompidou
ℰ 71 48 12 31

🛞 Cantal-Pneu, 8 r. Gutenberg, ZI de Lescudillier
ℰ 71 63 57 30
Collange-Guibert, r. Jacquart ℰ 71 48 09 01
Estager-Pneu, rte Conthe ℰ 71 63 40 60
Ladoux-France-Pneus, 1 bd de Verdun
ℰ 71 48 17 01
Laval, av. Gén.-Leclerc ℰ 71 63 61 42

▓ **AURIOL** 13390 B.-du-R. 🟦🟦 ⑭ – 5 222 h. alt. 192.
🎿 Sainte-Baume à Nans-les-Pins (83) ℰ 94 78 60 12, E par N 560 : 15 km.
Paris 784 – ◆Marseille 28 – Aix-en-Provence 27 – Brignoles 38 – ◆Toulon 56.

🍴 **Commerce** ⌂, ℰ 42 04 70 25, ☞ – 🅿
　 fermé 1er fév. au 10 mars, dim. soir et merc. sauf juil.-août – **R** 85/118 – ⟺ 22 – **11 ch**
　 140/180 – ½ P 155.

▓ **AURON** 06 Alpes-Mar. 🟦🟦 ⑨, 🟥🟥🟥 ④ G. Alpes du Sud – alt. 1 608 – Sports d'hiver : 1 600/2 450 m 🚠3
🚡24 – ✉ **06660** St-Étienne-de-Tinée.

Voir Décor peint★ de la chapelle St-Érige – ≤★ des abords de la chapelle – SO : Las Donnas
≤★★ par téléphérique – Vallée de la Tinée★★.
🖪 Office de Tourisme Immeuble la Ruade ℰ 93 23 02 66, Télex 470300.
Paris 805 – Barcelonnette 65 – Cannes 117 – ◆Nice 98 – St-Étienne-de-Tinée 7.

🏨 **Savoie,** ℰ 93 23 02 51, ≤, ☞ – 🛗 📺 ☎ 🚗 – ஃ 60. 🖭 ⓞ 🗲 *VISA* ஃ rest
　 21 déc.-15 avril – **R** 140/180, enf. 55 – ⟺ 35 – **22 ch** 310/450 – ½ P 380/490.

🏨 **Las Donnas,** ℰ 93 23 00 03, Fax 93 23 07 39, ≤ – 📺 ☞ – ஃ 40. 🗲 *VISA* ஃ
　 5 juil.-31 août et 20 déc.-15 avril – **R** 100/110, enf. 60 – ⟺ 22 – **48 ch** 200/360 – ½ P 200/350.

🏨 **St Érige,** ℰ 93 23 00 32, ≤, ☞ – 📺 ☎ 🖭 🗲 *VISA*
　 19 juin-1er oct., 1er déc.-10 mai, vend. et sam. en nov. – **R** carte 130 à 300 – ⟺ 35 – **16 ch**
　 420 – ½ P 370/400.

AUROUX 48600 Lozère 🔲🔲 ⑯ – 438 h. alt. 1 000.

Paris 555 – Mende 50 – Langogne 15 – Le Puy 54.

🕯 **France,** D 988 ℰ 66 69 55 02, ≼ – <u>VISA</u>
➡ fermé 15 déc. au 31 janv. – **R** 48/120 🍴 – 🖵 21 – **23 ch** 80/130 – ½ P 135/145.

AUSSOIS 73500 Savoie 🔲🔲 ⑧ G. Alpes du Nord – 501 h. alt. 1 489 – Sports d'hiver : 1 500/2 790 m ⚡11 ⚞ – Voir Site★ – Monolithe de Sardières★ NE : 3 km.

🖪 Office de Tourisme ℰ 79 20 30 80.

Paris 645 – Albertville 96 – Chambéry 108 – Lanslebourg-Mont-Cenis 16 – Modane 7 – St-Jean-de-Maurienne 38.

🏠 **Le Choucas,** ℰ 79 20 32 77, ≼, 🌧 , 🐴 – 🕾. ⓪ 🔳 <u>VISA</u>. 🎁 rest
juin-sept.et déc.-avril – **R** 90/120, enf. 60 – 🖵 25 – **28 ch** 165/250 – ½ P 230.

🏠 **Soleil,** ℰ 79 20 32 42 – 🕾 🄿. 🎁 rest
fermé 15 mai au 10 juin et 15 oct. au 10 déc. – **R** 80/95 🍴, enf. 60 – 🖵 25 – **30 ch** 130/240 – ½ P 195/210.

🏠 **Les Mottets,** ℰ 79 20 30 86, ≼ – 🕾 🄿. ⓪. 🎁 ch
R 80/140 – 🖵 27 – **34 ch** 160/260 – ½ P 220/240.

AUTERIVE 31190 H.-Gar. 🔲🔲 ⑱ – 5 436 h. alt. 186.

Paris 738 – ◆Toulouse 33 – Carcassonne 87 – Castres 82 – Muret 20 – St-Gaudens 74.

✕ **Pyrénées** avec ch, rte Espagne ℰ 61 50 61 43 – 🕾 ⟵. 🔳 <u>VISA</u>
➡ fermé 28 avril au 6 mai, 18 oct. au 18 nov. et lundi – **R** 60/210 🍴 – 🖵 20 – **16 ch** 110/170.

CITROEN Gimbrède, N 20 ℰ 61 50 76 76

AUTIGNY-LE-GRAND 52 H.-Marne 🔲🔲 ① – rattaché à Joinville.

AUTRANS 38880 Isère 🔲🔲 ④ – 1 595 h. alt. 1 050 – Sports d'hiver : 1 050/1 710 m ⚡19 ⚞.

🖪 Office de Tourisme rte de Méaudre ℰ 76 95 30 70, Télex 308495.

Paris 590 – ◆Grenoble 36 – Romans-sur-Isère 58 – St-Marcellin 45 – Villard-de-Lans 15.

🏠 **Poste,** ℰ 76 95 31 03, Fax 76 95 30 17, 🌧 , 🏊 , 🐴 – 📺 🕾 🔳 <u>VISA</u>. 🎁 rest
➡ fermé 25 avril au 8 mai et 25 oct. au 15 déc. – **R** 70/240, enf. 50 – 🖵 29 – **30 ch** 210/230 – ½ P 240/275.

🏠 **La Buffe,** ℰ 76 95 33 26, ≼, 🌧 , 🐴 – 📺 🕾 🄿. 🅰🅴 ⓪ 🔳 <u>VISA</u>. 🎁 rest
fermé 5 au 15 avril, 25 nov. au 15 déc. et merc. d'avril à juin et de sept. à nov – **R** 80/170, enf. 50 – 🖵 35 – **23 ch** 260/330 – ½ P 260/400.

🏠 **Feu de Bois,** ℰ 76 95 33 32, ≼, 🌧 , 🐴 – 🕾 🄿. 🔳 <u>VISA</u>
1er juil.-30 sept. et 20 déc.-30 mai – **R** 100/150 🍴, enf. 55 – 🖵 28 – **11 ch** 250 – ½ P 290.

🏠 **Montbrand** 🐾 sans rest, ℰ 76 95 34 58, ≼, 🐴 – 🕾. 🔳 <u>VISA</u>
juil.-août et Noël-Pâques – 🖵 27 – **8 ch** 180/230.

🏠 **La Tapia** sans rest, ℰ 76 95 33 00 – 🕾
fermé 15 mai au 15 juin et 1er au 30 oct. – 🖵 26 – **10 ch** 170/240.

à Méaudre S : 5,5 km – ✉ 38112 :

🏠 **Prairie** 🐾 , ℰ 76 95 22 55, ≼, 🌧 , 🏊 , 🐴 – 📺 🕾 🄿 – 🔬 30. 🔳 <u>VISA</u>
➡ fermé 16 avril au 3 mai, 21 oct. au 10 nov. et sam. midi hors sais. – **R** 65/140, enf. 35 – 🖵 26 – **23 ch** 220/250 – ½ P 190/270.

✕✕ **Pertuzon** avec ch, ℰ 76 95 21 17, 🌧 , 🐴 – 🕾 🄿. 🔳 <u>VISA</u>
➡ fermé 1er au 15 juin, 1er au 30 oct., mardi soir et merc. hors sais. – **R** 65/145, enf. 35 – 🖵 25 – **9 ch** 130/194 – ½ P 175/205.

CITROEN Gar. Bonnet, à Méaudre ℰ 76 95 20 74
PEUGEOT Gouy et Velay ℰ 76 95 30 04 🅽

RENAULT Joubert ℰ 76 95 30 22
🅽 ℰ 76 95 24 44

AUTREVILLE 88300 Vosges 🔲🔲 ④ – 119 h. alt. 310.

Paris 301 – ◆Nancy 44 – Neufchâteau 20 – Toul 23.

🏠 **Relais Rose,** ℰ 83 52 04 98, 🌧 , 🐴 – 🕾 ⟵ 🄿. 🅰🅴 🔳 <u>VISA</u>
R (fermé dim. soir du 1er oct. au 1er avril) 90/200 🍴, enf. 35 – 🖵 25 – **15 ch** 110/330 – ½ P 160/250.

Per viaggiare in Europa, utilizzate :

Le carte Michelin scala 1/1 000 000 **Le Grandi Strade ;**

Le carte Michelin dettagliate ;

Le guide Rosse Michelin (alberghi e ristoranti) :

Benelux, Deutschland, España Portugal, Main Cities Europe, France, Great Britain and Ireland, Italia.

Le guide Verdi Michelin che descrivono le curiosità e gli itinerari di visita : musei, monumenti, percorsi turistici interessanti.

AUTUN ⏍ **71400** S.-et-L. 🔟 ⑦ **G. Bourgogne** – 16 320 h. alt. 306.

Voir Cathédrale★★ : tympan★★★ BZ – Porte St-André★ BY – Grilles★ du lycée Bonaparte AZ **B** – Manuscrits★ (bibliothèque de l'Hôtel de Ville) BZ **H** – Musée Rolin★ : statuaire romane★★, Nativité★★ du Maître de Moulins et vierge★★ BZ **M1**.

Env. Croix de la Libération ⩽★ SO : 6 km par D 120 BZ.

🛫 du Vallon ℰ 85 52 09 28, par ③ : 3 km – 🚩 Office de Tourisme avec A.C. 3 av. Ch.-de-Gaulle ℰ 85 52 20 34 et pl. du Terreau (juin-sept.) ℰ 85 52 56 03.

Paris 291 ① – Chalon-sur-Saône 53 ③ – Auxerre 128 ① – Avallon 80 ① – ♦Dijon 85 ② – ♦Lyon 185 ③ – Mâcon 118 ③ – Moulins 98 ④ – Nevers 103 ⑤ – Roanne 122 ④.

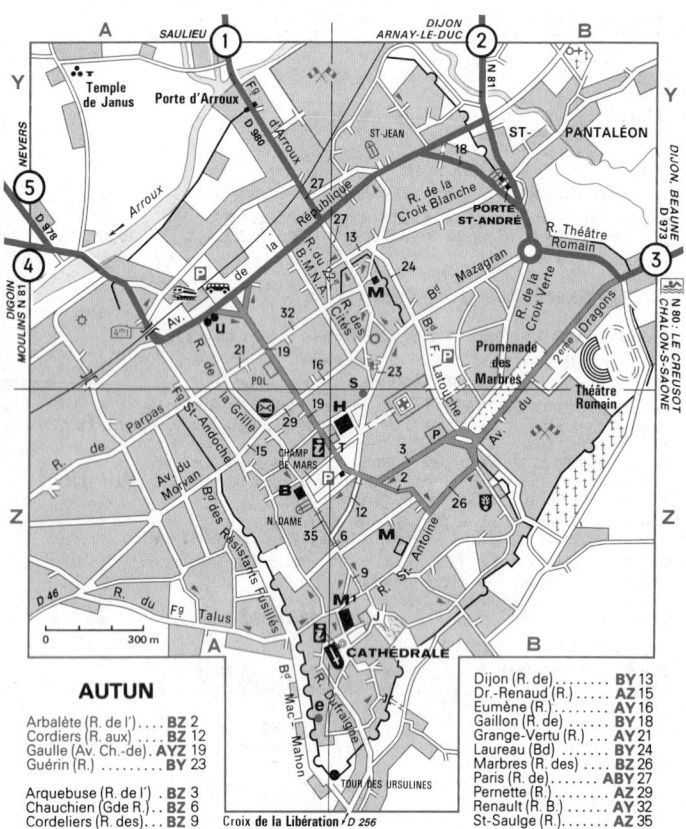

AUTUN

Arbalète (R. de l') .... **BZ** 2
Cordiers (R. aux) .... **BZ** 12
Gaulle (Av. Ch.-de). **AYZ** 19
Guérin (R.) .... **BY** 23

Arquebuse (R. de l') . **BZ** 3
Chauchien (Gde R.). **BZ** 6
Cordeliers (R. des)... **BZ** 9

Croix de la Libération ↙ D 256

Dijon (R. de)	**BY** 13
Dr.-Renaud (R.)	**AZ** 15
Eumène (R.)	**AY** 16
Gaillon (R. de)	**BY** 18
Grange-Vertu (R.) ...	**AY** 21
Laureau (Bd)	**BY** 24
Marbres (R. des) ...	**BZ** 26
Paris (R. de)	**ABY** 27
Pernette (R.)	**AZ** 29
Renault (R. B.)	**AZ** 32
St-Saulge (R.)........	**AZ** 35

🏨 **Ursulines** Ⓜ ⌖, 14 r. Rivault ℰ 85 52 68 00, Télex 801297, Fax 85 86 23 07, ⩽ – 🛗 📺
⌛ 🕭 ⟷ – 🔏 150. ◭ ⓵ 🇪 𝘝𝘐𝘚𝘈   AZ **e**
R 145/245, enf. 80 – ⊊ 40 – **37 ch** 340/510 – ½ P 390/490.

🏨 **Arcades** sans rest, 22 av. République ℰ 85 52 30 03 – 🕭. ◭ 🇪 𝘝𝘐𝘚𝘈   AY **u**
1er mars-1er déc. – ⊊ 23 – **40 ch** 125/260.

🏨 **Commerce et Touring**, 20 av. République ℰ 85 52 17 90 – 📺 🕭. ◭ 🇪 𝘝𝘐𝘚𝘈   AY **u**
⟷ fermé oct. – **R** (fermé lundi) 55/120 ⅞, enf. 45 – ⊊ 18 – **21 ch** 110/200.

🍴🍴 **Chalet Bleu**, 3 r. Jeannin ℰ 85 86 27 30 – ◭ ⓵ 🇪 𝘝𝘐𝘚𝘈   BZ **s**
fermé fév., lundi soir et mardi – **R** 80/180 ⅞, enf. 55.

au plan d'eau du Vallon par ③ : 2 km – ⊠ **71400** Autun :

🏨 **Golf H.** Ⓜ, N 80 ℰ 85 52 00 00, Fax 85 52 20 20, 🍴, 🌳 – 📺 🕭 ⌛ 🄿 – 🔏 40. ◭ ⓵
⟷ 🇪 𝘝𝘐𝘚𝘈
R (fermé dim. soir de nov. à fév.) 68/130, enf. 40 – ⊊ 26 – **44 ch** 220/240.

🏨 **Primevère**, N 80 ℰ 85 86 25 25, 🍴 – 📺 🕭 ⌛ 🄿 – 🔏 25. ◭ 🇪 𝘝𝘐𝘚𝘈
⟷ **R** 69/93 ⅞, enf. 38 – ⊊ 26 – **21 ch** 215/235.

BMW Bosset, 28 r. B.-Renault ℰ 85 52 30 21
CITROEN Auto-Gar. Lemaître, 56 rte d'Arnay, ZI
par ② ℰ 85 52 15 32 🅽
PEUGEOT, TALBOT S.A.V.A., ZI, rte d'Arnay par
② ℰ 85 52 13 10

⑩ Gaudry-Pneu, rte d'Étang-sur-Arroux, La Verrerie ℰ 85 52 16 62

AUVERS 77 S.-et M. 🖃 ⑪ – rattaché à Milly-la-Forêt (Essonne).

AUVERS-SUR-OISE 95430 Val-d'Oise 🖃 ⑳, 🖽 ⑥ G. Ile de France – 5 722 h. alt. 71.

🛈 Office de Tourisme Les Colombières, r. Sansonne ℰ (1) 30 36 10 06.

Paris 42 – Compiègne 70 – Beauvais 47 – Chantilly 29 – L'Isle-Adam 7 – Pontoise 6,5 – Taverny 6.

XX **Host. du Nord**, r. Gén. de Gaulle ℰ (1) 30 36 70 74, 🍽, 🍴 – 🅿 ⅁ 𝖵𝖨𝖲𝖠
fermé 16 août au 9 sept., 23 au 30 déc., vacances de fév., dim. soir et lundi – **R** 150/390.

AUVILLERS-LES-FORGES 08260 Ardennes 🖃 ⑰ – 800 h. alt. 210.

Paris 214 – Charleville-Mézières 31 – Hirson 24 – Laon 69 – Rethel 56 – Rocroi 14.

XXX ❀ **Host. Lenoir** 🦢 avec ch, ℰ 24 54 30 11, Fax 24 54 34 70, 🍴 – 🛏 🕿 ⅁ ⓸ ⅁ 𝖵𝖨𝖲𝖠
fermé 2 janv. au 1er mars, et vend. – **R** (nombre de couverts limité - prévenir) 190/410,
enf. 50 – 🖙 32 – **18 ch** 150/280, 3 appart. 390 – ½ P 265/420
Spéc. Mousse de pigeon au fois gras, Noisettes d'agneau aux morilles, Gratin aux fruits "Elodie".

AUXERRE 🅿 89000 Yonne 🖃 ⑤ G. Bourgogne – 40 698 h. alt. 127.

Voir Cathédrale★★ : trésor★ BY – Ancienne abbaye St-Germain★ BY.

Env. Gy-l'Évêque : Christ aux Orties★ de la chapelle 9,5 km par ③.

🛈 Office de Tourisme 1 et 2 quai République ℰ 86 52 06 19 – A.C. 9 r. E.-Dolet ℰ 86 46 25 15.

Paris 166 ⑤ – Bourges 139 ④ – Chalon-sur-Saône 174 ② – Chaumont 142 ② – ♦Dijon 149 ② – ♦Lyon 297 ② –
Nevers 112 ③ – ♦Orléans 150 ⑤ – Sens 57 ⑤ – Troyes 81 ①.

Plans page suivante

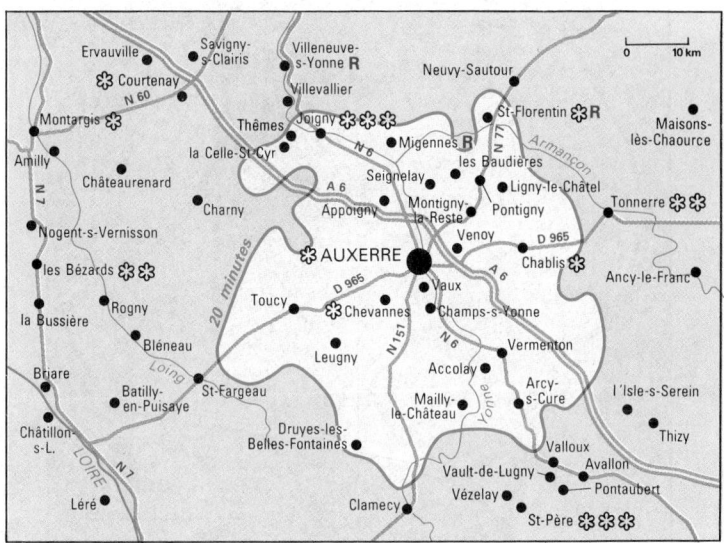

🏨 **H. Le Maxime** sans rest, 2 quai Marine ℰ 86 52 14 19, Fax 86 52 21 70 – 🛏 📺 🕿 🚗. ⅁
⓸ ⅁ 𝖵𝖨𝖲𝖠
🖙 34 – **25 ch** 350/520.
BY **e**

🏨 **Normandie** sans rest, 41 bd Vauban ℰ 86 52 57 80, Fax 86 51 54 33 – 🛏 📺 🕿 🚗 –
🛎 60. ⅁ ⓸ ⅁ 𝖵𝖨𝖲𝖠
🖙 22 – **47 ch** 240/280.
AY **b**

🏨 **Parc des Maréchaux** sans rest, 6 av. Foch ℰ 86 51 43 77, parc – 🛏 📺 🕿 🅿 ⅁ ⅁
𝖵𝖨𝖲𝖠
🖙 33 – **25 ch** 240/350.
AZ **u**

🏨 **Les Clairions** 🅼, av. Worms par ⑤ : 2 km ℰ 86 46 85 64, Télex 800039, Fax 86 48 16 38,
🏊, ❀ – 🛏 📺 🕿 ⅁ 🅿 – 🛎 250. ⅁ ⓸ ⅁ 𝖵𝖨𝖲𝖠
R 90/150 ⅃, enf. 40 – 🖙 25 – **60 ch** 250/280 – ½ P 245/270.

AUXERRE

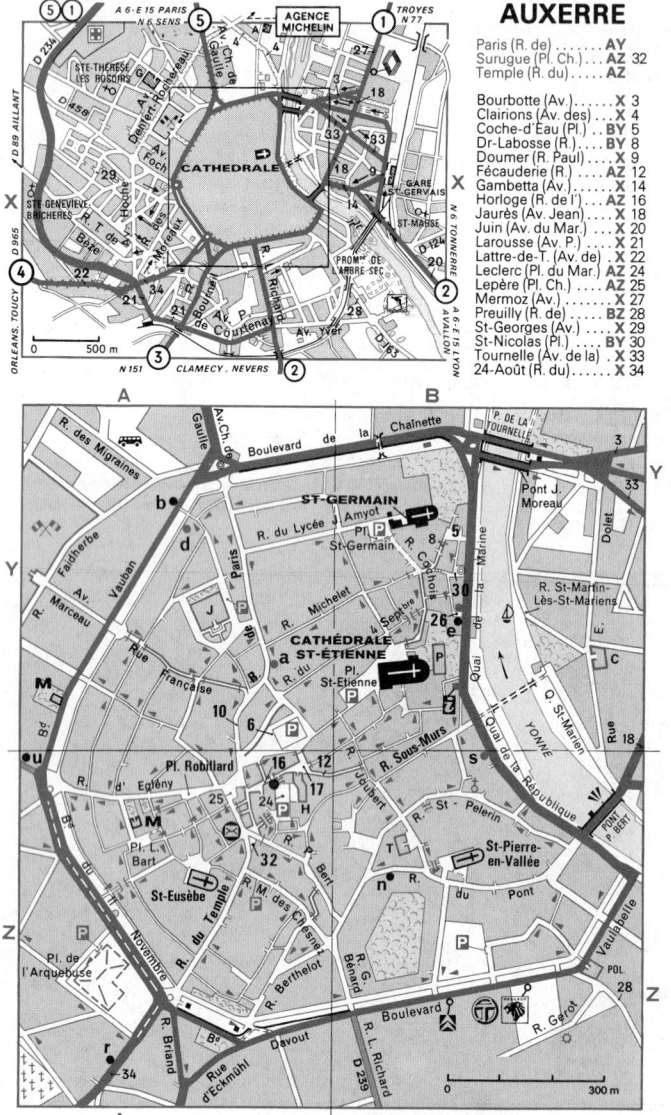

🏨 **Seignelay,** 2 r. Pont ℰ 86 52 03 48, ☂ – 📺 ☎ 🚗 E 𝘝𝘐𝘚𝘈 BZ **n**
➤ *fermé 15 fév. au 19 mars et lundi d'oct. à juin* – **R** 61/180 ⅃ – ⚏ 28 – **21 ch** 110/260 – ½ P 115/240.

🏨 **Cygne** sans rest, 14 r. 24-Août ℰ 86 52 26 51, Fax 86 51 68 33 – 📺 ☎ 🅿 E 𝘝𝘐𝘚𝘈 AZ **r**
⚏ 25 – **24 ch** 220/300.

XXX ❀ **Barnabet,** 14 quai République ℰ 86 51 68 88, ☂ – E 𝘝𝘐𝘚𝘈 BYZ **s**
fermé 22 déc. au 16 janv., dim. soir et lundi – **R** 170/250, enf. 95
Spéc. Sandre en meurette bourguignonne, Fricandeau de foie de veau en croûte, Nougat glacé aux pruneaux.

XXX **Rest. Maxime,** 5 quai Marine ℰ 86 52 04 41 – 🆎 ⓞ E 𝘝𝘐𝘚𝘈 BY **e**
fermé 28 avril au 12 mai, 21 déc. au 5 janv. et dim. de nov. à mai – **R** 160/380.

XX **Jardin Gourmand,** 56 bd Vauban 🍴 86 51 53 52, Fax 86 52 33 82, 🍽 – **E** *VISA*   AY **d**
fermé déc. et lundi de sept. à juin – **R** 120/250, enf. 75.

XX **Salamandre,** 84 r. Paris 🍴 86 52 87 87, produits de la mer – **AE E** *VISA*   AY **a**
fermé 22 déc. au 5 janv. et dim. soir – **R** 98/218.

à Venoy par ② : 7 km près échangeur A 6 Auxerre-Sud – ✉ **89290** :

XX **Le Moulin,** 🍴 86 40 23 79, Fax 86 40 23 55, 🍽 – **Q** – 🏊 30. **E** *VISA*
fermé 19 au 29 août, 17 au 27 fév., dim. soir et lundi – **R** 99/350, enf. 60.

à Champs-sur-Yonne par ② et N 6 : 11 km – ✉ **89290** :

XX **Les Rosiers,** 🍴 86 53 31 11 – *VISA*
fermé 15 juil. au 5 août, 20 déc. au 6 janv., le soir (sauf vend. et sam.) et merc. midi –
R 90/122.

à Vaux SE : 6 km par D 163 – ✉ **89290** Auxerre :

XXX **La Petite Auberge,** 🍴 86 53 80 08 – **Q. E** *VISA*
fermé dim. soir et lundi – **R** 140/190, enf. 70.

à Chevannes par ③ et D1 : 8 km – ✉ **89240** :

XXX ❀ **La Chamaille** (Siri), 🍴 86 41 24 80, 🌿 – **Q. AE ⓞ E** *VISA*
fermé 2 au 10 sept., 23 au 27 déc., janv., lundi et mardi – **R** (nombre de couverts limité,
prévenir) 140/240, enf. 72
Spéc. Coquilles Saint-Jacques au Noilly (oct. à avril), Civet de lièvre (mi-sept. à fin déc.), Grand dessert au
chocolat. Vins Coulanges-la-Vineuse, Epineuil.

à l'aérodrome par ⑤ et D 31 : 8 km – ✉ **89000** Auxerre :

🏨 **Les Bruyères** 🌲, 🍴 86 52 34 26, Fax 86 48 34 97, 🌿 – **TV** ☎ **Q** – 🏊 50 à 150. **E** *VISA*
R *(fermé lundi)* 65/120 🍷, enf. 50 – ☲ 25 – **36 ch** 200/230 – ½ P 205.

près échangeur Auxerre-Nord par ⑤ : 7 km – ✉ **89380** Appoigny :

🏨 **Mercure** Ⓜ, 🍴 86 53 25 00, Télex 800095, Fax 86 53 07 47, ⌕, 🌿 – ✎ ch **TV** ☎ 🕭 **Q**
– 🏊 80. **AE ⓞ E** *VISA*
R carte 130 à 200 🍷, enf. 40 – ☲ 44 – **82 ch** 385/425.

MICHELIN, Agence, r. Rozanoff, ZAC des Pieds-de-Rats X 🍴 86 46 98 66

CITROEN Auxerre Autos, 20 bd Vaulabelle
🍴 86 51 59 33
MERCEDES-BENZ Europe-Auto, r. du C. Rozanoff,
ZAC Pieds de Rats 🍴 86 46 90 23
NISSAN-VOLVO Carette, 34/36 av. Ch.-de-Gaulle
🍴 86 46 96 38
PEUGEOT-TALBOT Gar. Central, 24 bd Vaulabelle
🍴 86 51 47 47
RENAULT SODIVA, 2 av. J.-Mermoz
🍴 86 46 75 75

V.A.G Jeannin, 40-47 av. Ch.-de-Gaulle
🍴 86 46 95 86
Auto-Pôle, 11 r. du Moulin du Président
🍴 86 48 30 40 Ⓝ 🍴 86 52 38 48

🛞 Auxerre-Pneus, 7 av. Marceau 🍴 86 52 09 22
Pneu-Centre, 4 av. J.-Mermoz 🍴 86 46 58 94
S.O.V.I.C., 14 allée Frères-Lumière 🍴 86 46 93 57

AUXEY-DURESSES 21190 Côte-d'Or 🔟 ⑨ G. Bourgogne – 345 h. alt. 260.
Paris 321 – Chalon-sur-Saône 31 – Arnay-le-Duc 30 – Autun 40 – Beaune 8 – Chagny 12.

XX **La Crémaillère,** 🍴 80 21 22 60 – **Q. E** *VISA*
fermé 2 fév. au 13 mars, lundi soir et mardi – **R** 85/250.

AUXONNE 21130 Côte-d'Or 🔟 ⑬ G. Bourgogne – 7 868 h. alt. 188.
🏛 Office de Tourisme Porte du Comté 🍴 80 37 34 46.
Paris 345 – ♦Dijon 32 – Dole 16 – Gray 36 – Vesoul 80.

🏠 **Corbeau,** 1 r. Berbis 🍴 80 31 11 88 – **TV** ☎. **AE ⓞ E** *VISA*. 🍽
fermé 20 déc. au 10 janv. – **R** *(fermé dim. soir et lundi)* 80/210 🍷, enf. 60 – ☲ 27 – **10 ch**
165/240 – ½ P 165/195.

à Villers les Pots NO : 5 km par N 5 et D 976 – ✉ **21130** :

🏠 **Aub. du Cheval Rouge,** 🍴 80 31 44 88 – ☎ **Q. AE E** *VISA*. 🍽 rest
*fermé 21 oct. au 10 nov., 26 déc. au 4 janv., vend. soir, sam. midi et dim. soir sauf vacances
scolaires –* **R** 80/210, enf. 60 – ☲ 35 – **10 ch** 170/210 – ½ P 220/240.

aux Maillys S : 8 km par D 20 – ✉ **21130** :

XX **Virion,** 🍴 80 39 13 40 – **ⓞ E** *VISA*
fermé fév., dim. soir et lundi – **R** 100/165 🍷, enf. 60.

PEUGEOT, TALBOT Bourg, rte de Dijon
🍴 80 36 35 53
RENAULT Gar. de l'Aiglon, rte de Dole
🍴 80 37 32 20

🛞 Jurassienne du Pneumatique, 64 av. Gén. de
Gaulle 🍴 80 31 46 58

Voir Site★ – Ville fortifiée★ : Portails★ de l'église St-Lazare – Miserere★ du musée de l'Avallonnais
M – Vallée du Cousin★ S par D 427.

🇧 Syndicat d'Initiative 6 r. Bocquillot 🖉 86 34 14 19.

Paris 215 ③ – Auxerre 51 ⑤ – Beaune 107 ③ – Chaumont 133 ② – Nevers 101 ④ – Troyes 103 ①.

AVALLON

Pour visiter
la Bourgogne,
utilisez
le **guide vert**
Michelin.

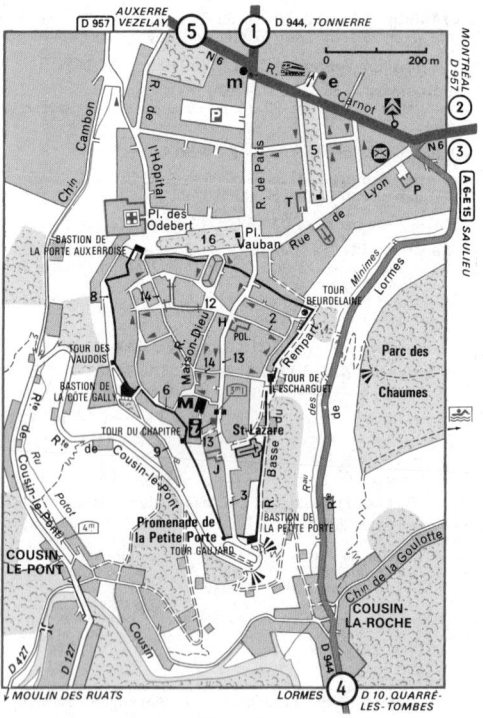

🏨🏨 **Relais Fleuri** 🅼 ≫, rte Saulieu N 6,5 km par ③ 🖉 86 34 02 85, Télex 800084,
Fax 86 34 09 98, 🔄, 🐎, 🎾 – 📺 ☎ ㅎ 🅿 – 🔬 25 à 100. 🖭 ⓞ 🖪 𝘝𝘐𝘚𝘈
R 135/175 – 🖙 38 – **48 ch** 320/390.

🏨🏨 **Vauban** sans rest, 53 r. Paris **(m)** 🖉 86 34 36 99, Fax 86 31 66 31, parc – 🔽 📺 ☎ 🅿
🖙 28 – **26 ch** 240/340.

🏨 **Dak'Hotel** 🅼 sans rest, rte Saulieu 🖉 86 31 63 20, Télex 352705, Fax 86 34 25 28, 🔄 –
📺 ☎ ㅎ 🅿. 🖭 🖪 𝘝𝘐𝘚𝘈
🖙 27 – **26 ch** 230/420.

🍴🍴🍴 **Morvan,** 7 rte de Paris (N 6) 🖉 86 34 18 20, 🌿, parc – 🅿. 🖭 ⓞ 🖪 𝘝𝘐𝘚𝘈
fermé 12 au 22 nov., 8 janv. au 25 fév., dim. soir et lundi sauf fériés – **R** 128/208, enf. 80.

🍴🍴 **Les Capucins** avec ch, 6 av. P. Doumer **(e)** 🖉 86 34 06 52, 🌿 – ☎ 🅿. 𝘝𝘐𝘚𝘈
fermé 15 nov. au 15 janv., mardi soir (hors sais.) et merc. – **R** 120/290 – 🖙 27 – **8 ch**
260/320 – ½ P 260.

à Pontaubert par ⑤ : 5 km – ✉ **89200** :

🍴🍴 **Les Fleurs** avec ch, 🖉 86 34 13 81, 🌿, 🐎 – ☎. 🖪 𝘝𝘐𝘚𝘈
fermé 15 nov. au 10 janv., jeudi midi d'oct. à juin et merc. – **R** 80/210 – 🖙 28 – **7 ch**
200/300 – ½ P 250/270.

dans la vallée du Cousin par ⑤, Pontaubert et D 427 – ✉ **89200** Avallon :

🏨🏨🏨 **Moulin des Ruats** ≫, à 6 km 🖉 86 34 07 14, Fax 86 31 65 47, ≪, 🌿, « Jardin au bord
de l'eau » – ☎ 🅿. ⓞ 🖪 𝘝𝘐𝘚𝘈
fermé 20 nov. au 20 déc., 15 janv. au 8 fév., mardi midi et lundi du 1er nov. au 30 avril –
R 240/340 – 🖙 40 – **26 ch** 280/580.

🏨 **Moulin des Templiers** ≫ sans rest, à 4 km 🖉 86 34 10 80, « Jardin au bord de l'eau »
– ☎ 🅿
15 mars-31 oct. – 🖙 30 – **14 ch** 210/310.

à Vault de Lugny par ⑤ et D 142 : 6 km – ✉ **89200** :

🏨 **Château de Vault de Lugny,** ℰ 86 34 07 86, Fax 86 34 16 36, ≤, 🌧, « Château du 16ᵉ siècle dans un grand parc, ⬰ », ✵ – 📺 ☎ ⓟ, Ɛ 𝘝𝘐𝘚𝘈
15 mars-17 nov. – **R** (résidents seul.) carte environ 270, enf. 80 – **5 ch** ⊑ 800/950, 6 appart.
– ½ P 530/1280.

à Valloux par ⑤ : 6 km sur N 6 – ✉ **89200** Avallon :

✕✕ **Chenêts,** ℰ 86 34 23 34 – ⅀Ɛ Ɛ 𝘝𝘐𝘚𝘈
fermé 12 nov. au 1ᵉʳ déc., 7 au 20 janv., lundi soir et mardi – **R** 80/280 ⅃, enf. 40.

CITROEN Éts Michot, 10 r. Carnot ℰ 86 34 01 23
MAZDA Fichot, rte de Paris ℰ 86 34 15 85
RENAULT Sodiva, RN 6 ℰ 86 34 19 27
V.A.G Jeannin, 2 rte de Paris ℰ 86 34 13 03

⊚ Éts Piot-Pneu, 10 rte de Paris ℰ 86 34 20 04
Comptoir du Pneu, ZI r. de l'Étang ℰ 86 34 16 19

▭ **AVEN ARMAND** ★★★ **48** Lozère 𝟠𝟘 ⑤ G. Gorges du Tarn.

▭ **Les AVENIÈRES** **38630** Isère 𝟟𝟜 ⑱ – 3 495 h. alt. 281.
Paris 509 – Belley 24 – Chambéry 40 – ◆Grenoble 65 – ◆Lyon 76 – La Tour du Pin 17.

🏨 **Relais Vieilles Postes,** Les Nappes : 2 km par D 40ᴮ ℰ 74 33 62 99, Fax 74 33 66 84,
🌧, 🌳 – 📺 ☎ ⓟ – 🅰 25. ⅀Ɛ ⓞ Ɛ 𝘝𝘐𝘚𝘈, ✵ rest
fermé 2 au 11 avril, 22 déc. au 16 janv., merc. (sauf hôtel) et mardi soir sauf juil.-août –
R 150/220, enf. 65 – ⊑ 30 – **17 ch** 200/270.

PEUGEOT-TALBOT Grégot ℰ 74 33 60 10 🅽   RENAULT Gar. du Parc ℰ 74 33 61 30 🅽

▭ **AVESNES-SUR-HELPE** ◈ **59440** Nord 𝟝𝟛 ⑥ G. Flandres Artois Picardie – 6 502 h. alt. 152.
Voir L'Avesnois★★ E par D 133.
🛈 Syndicat d'Initiative 41 pl Gén.-Leclerc ℰ 27 57 92 40.
Paris 207 ③ – Charleroi 52 ① – St-Quentin 66 ③ – Valenciennes 49 ⑤ – Vervins 33 ③.

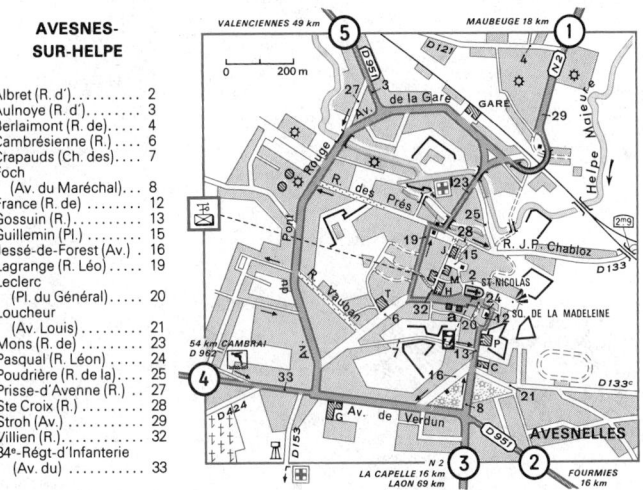

AVESNES-SUR-HELPE

✕✕✕ **Crémaillère,** 26 pl. Gén. Leclerc **(a)** ℰ 27 61 02 30 – ⅀Ɛ ⓞ Ɛ 𝘝𝘐𝘚𝘈
fermé lundi soir et mardi sauf fêtes – **R** 120/260 bc, enf. 55.

✕✕ **Bretagne,** 12 pl. Gén. Leclerc **(a)** ℰ 27 61 17 80 – Ɛ 𝘝𝘐𝘚𝘈
◆ *fermé fév., dim. soir et lundi* – **R** 55/298.

Autres ressources hôtelières :
Voir *Dourlers* par ① : 6,5 km.

CITROEN Gar. Roze, 8 bis r. d'Aulnoye
ℰ 27 57 92 00
PEUGEOT-TALBOT Éts Depret, 39 rte de Sains,
Avesnelles par ② ℰ 27 61 15 70

RENAULT Gar. Moderne, rte de Maubeuge par ①
ℰ 27 61 09 73 🅽

AVIGNON P 84000 Vaucluse 81 ⑪⑫ G. Provence – 91 474 h. alt. 23.

Voir Palais des Papes*** EY – Rocher des Doms ←** EY – Pont St-Bénézet** EY – Remparts* – Vieux hôtels* (rue Roi-René) FZ **K** – Coupole* de la cathédrale EY – Façade* de l'hôtel des Monnaies EY **B** – Vantaux* de l'église St-Pierre EY – Retable* et fresques* de l'église St-Didier EZ – Musées : Petit Palais** EY, Calvet* EZ **M¹**, Lapidaire* EZ **M²**, Louis Vouland (faïences*) DY **M⁴** – 9 18 Académie SA ☎ 90 33 39 08, par ③ : 12 km par N 100 et D 171.

✈ d'Avignon-Caumont : ☎ 90 88 43 49, par ④ et N 7 – 🚗 ☎ 90 82 50 50.

ℹ Office de Tourisme et Accueil de France (Informations et réservations d'hôtels, pas plus de 5 jours à l'avance), 41 cours J.-Jaurès ☎ 90 82 65 11, Télex 432877 et au Châtelet, Pont d'Avignon ☎ 90 85 60 16 – A.C. 185 rte Rémouleurs ☎ 90 86 28 71.

Paris 685 ② – Aix-en-Pr. 80 ④ – Arles 37 ⑤ – ♦Marseille 96 ④ – Nîmes 43 ⑥ – Valence 125 ②.

Plans pages suivantes

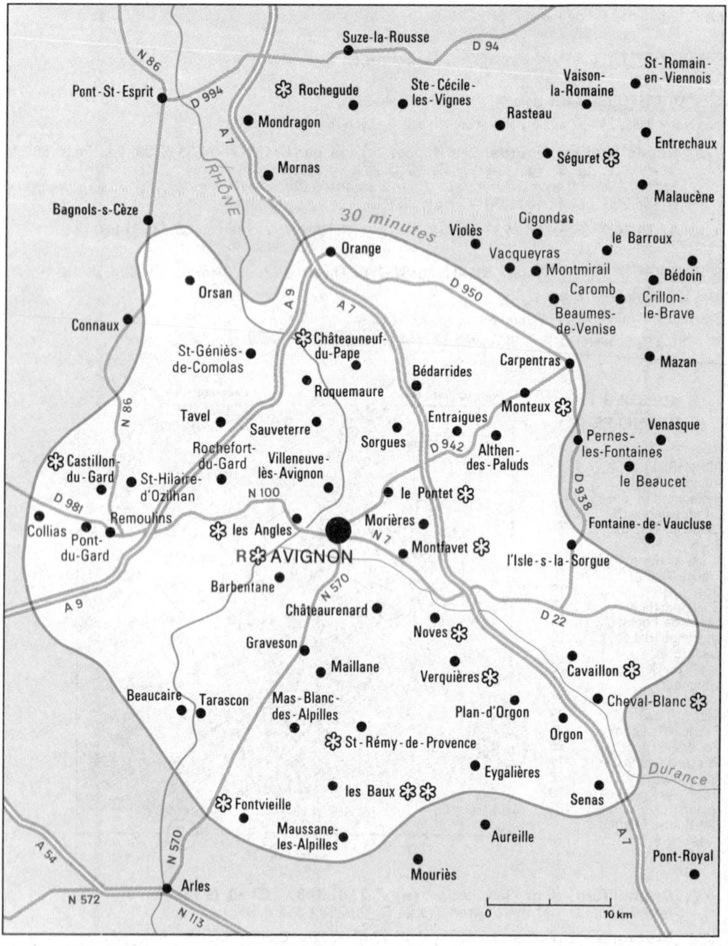

🏨 ✿ **Europe et rest. Vieille Fontaine** Ⓜ, 12 pl. Crillon ☎ 90 82 66 92, Télex 431965, Fax 90 85 43 66, 🍴, « Belle demeure du 16ᵉ siècle » – 🛗 ▤ TV ☎ 🚗 – 🏛 25 à 150. AE ⓓ E VISA EY **d**
R *(fermé 16 au 22 août, 2 au 7 nov., 2 au 22 janv., sam. midi et dim.)* 225/350 – ☕ 75 – **40 ch** 475/1050, 10 appart. 1050/1750
Spéc. Petits farcis des jardins de Provence, Tempura de langoustines, Risotto d'épeautre et pigeon.

🏨 **La Mirande** Ⓜ 🐎, 4 pl. Amirande ☎ 90 85 93 93, Fax 90 86 26 85, ←, 🍴, « Hôtel particulier du 17ᵉ siècle luxueusement aménagé » – 🛗 ▤ TV ☎ ♿ 🚗 Ⓟ. AE ⓓ E VISA
R 245/430 – ☕ 95 – **18 ch** 1300/1700. EY **g**

🏨🏨 **Mercure Avignon Sud** M, rte Marseille : 3 km ✐ 90 88 91 10, Télex 431994, Fax 90 87 61 88, 斎, ♨, – 劇 🗐 📺 ☎ ❺ **P** – 🏛 25 à 200. 亜 ⑩ Ε *VISA*   BX **m**
R carte 110 à 190 ♨, enf. 42 – 🖵 48 – **105 ch** 520.

🏨🏨 **Mercure Palais des Papes** M ⤸ sans rest, quartier Balance ✐ 90 85 91 23, Télex 431215, Fax 90 85 32 40 – 劇 🗐 📺 ☎ ❺ **P** – 🏛 30 à 120. 亜 ⑩ Ε *VISA*   EY **r**
🖵 46 – **86 ch** 530.

🏨🏨 **Novotel Avignon Sud** M, rte Marseille : 4 km ✐ 90 87 62 36, Télex 432878, Fax 90 88 38 47, 斎, ♨, 🛲 – 🏛 150. 亜 ⑩ Ε *VISA*   CX **n**
R carte environ 150 ♨, enf. 53 – 🖵 47 – **79 ch** 390/450.

🏨🏨 **Cité des Papes** sans rest, 1 r. J. Vilar ✐ 90 86 22 45, Télex 432734, Fax 90 27 39 21 – 劇 🗐 📺 ☎ ❺ **P** Ε *VISA*   EY **b**
fermé 18 déc. au 23 janv. – 🖵 35 – **65 ch** 315/440.

🏨🏨 **Primotel Horloge** M sans rest, 1 r. F. David (pl. Horloge) ✐ 90 86 88 61, Télex 431902, Fax 90 82 17 32 – 劇 🗐 📺 ☎ ♨ – 🏛 35. 亜 ⑩ Ε *VISA*   EY **t**
🖵 32 – **70 ch** 370/450.

🏨🏨 **Danieli** M ⤸ sans rest, 17 r. République ✐ 90 86 46 82, Fax 90 27 09 24 – 📺 ☎. 亜 ⑩ Ε *VISA*   EY **s**
🖵 35 – **29 ch** 350/370.

🏨🏨 **Bristol** sans rest, 44 cours J. Jaurès ✐ 90 82 21 21, Télex 432730, Fax 90 86 22 72 – 劇 ⤞ 📺 ☎ ⟬, 亜 ⑩ Ε *VISA*   EZ **m**
🖵 35 – **66 ch** 400/450.

🏨 **Ibis Centre Gare** M, 42 bd St-Roch (à la Gare) ✐ 90 85 38 38, Télex 432502, Fax 90 86 44 81 – 劇 📺 ☎ ♨ Ε *VISA*   EZ **v**
R 65/80 ♨, enf. 35 – 🖵 30 – **98 ch** 270/350.

🏨 **Fimotel** M, 8 bd St Dominique ✐ 90 82 08 08, Télex 432739, Fax 90 86 27 19, 斎 – 劇 🗐 📺 ☎ ♨ – 🏛 60. 亜 Ε *VISA*   DZ **e**
R 95 ♨, enf. 34 – 🖵 38 – **95 ch** 310/330 – ½ P 290.

🏨 **Angleterre** sans rest, 29 bd Raspail ✐ 90 86 34 31, Fax 90 86 86 74 – 劇 ☎ **P** – 🏛 25. Ε *VISA*. ⟰   DZ **a**
fermé 23 déc. au 28 janv. – 🖵 29 – **40 ch** 170/340.

🏨 **Garlande** sans rest, 20 r. Galante ✐ 90 85 08 85, Fax 90 25 16 58 – 📺 ☎. 亜 ⑩ Ε *VISA*   EY **f**
🖵 30 – **12 ch** 214/347.

🏨 **Médiéval** sans rest, 15 r. Petite Saunerie ✐ 90 86 11 06, Fax 90 88 42 09 – cuisinette 📺 ☎. Ε *VISA*   FY **e**
fermé 31 déc. au 1ᵉʳ mars – 🖵 25 – **20 ch** 165/240.

XXX ✸ **Christian Étienne**, 10 r. Mons ✐ 90 86 16 50, Fax 90 86 67 09, ≼, 斎, « Vieilles demeures des 13ᵉ et 14ᵉ s. accolées au Palais des Papes » – 🗐. 亜 ⑩ Ε *VISA*   EY **h**
R *(fermé dim. sauf juil.)* 250/400
Spéc. Crépinette de loup en vinaigrette, Râble de lapin aux olives noires, Tarte au chocolat.

XXX ✸ **Hiély**, 5 r. République (entresol) ✐ 90 86 17 07, Fax 90 86 32 38 – 🗐. Ε *VISA*   EY **n**
fermé 18 juin au 4 juil., 6 au 30 janv., lundi et mardi sauf juil. – **R** (nombre de couverts limité - prévenir) 180/290, enf. 120
Spéc. Flan de foie gras aux morilles, Nage de homard au basilic, Dos de saumon rôti au vin rouge. **Vins** Tavel, Châteauneuf-du-Pape.

XXX ✸ **Brunel**, 46 r. Balance ✐ 90 85 24 83, Télex 431938, Fax 90 86 26 67 – 🗐. 亜 Ε *VISA*
fermé 1ᵉʳ au 10 mai, 4 au 20 août, lundi de janv.à août et dim. – **R** 200/360, enf. 70   EY **e**
Spéc. Compotée de légumes Nyonsaise, Soupe de poissons de roche aux coquillages et seiches rôties, Noisettes d'agneau au piperade.. **Vins** Côtes-du-Rhône.

XXX **Le Grangousier**, 17 r. Galante ✐ 90 82 96 60 – Ε *VISA*   EY **v**
fermé 18 au 28 août, 22 au 27 déc. et dim. sauf juil. – **R** 148/190, enf. 80.

XX **Trois Clefs**, 26 r. Trois Faucons ✐ 90 86 51 53 – 🗐. Ε *VISA*. ⟰   EZ **f**
fermé 1ᵉʳ au 15 nov., 1ᵉʳ au 15 fév. et dim. – **R** 160, enf. 60.

XX **Jardin de la Tour**, 9 r. Tour ✐ 90 85 66 50, 斎 – 亜 ⑩ Ε *VISA*   GY **a**
fermé 15 au 31 août, dim. soir et lundi – **R** 135/185, enf. 60.

XX **L'Aquarelle**, 41 r. Saraillerie ✐ 90 86 33 79, 斎 – Ε *VISA*   EZ **a**
fermé 21 août au 4 sept., 20 fév. au 6 mars, mardi soir et merc. sauf juil.-août – **R** 120, enf. 70.

XX **Le Vernet**, 58 r. J. Vernet ✐ 90 86 64 53, Fax 90 85 98 14, 斎, « Jardin » – Ε *VISA*. ⟰
fermé sam. soir et dim. du 1ᵉʳ oct. au 30 avril sauf fêtes – **R** 170 ♨, enf. 80.   EZ **e**

XX **Au Pied de Boeuf**, 49 rte Marseille ✐ 90 82 16 52 – 🗐. 亜 ⑩ Ε *VISA*   BX **r**
fermé dim. – **R** 100/155 ♨, enf. 75.

XX **Les Mayenques**, 41 bis rte Lyon ✐ 90 82 45 98 – *VISA*   BV **s**
fermé merc. – **R** 110/260, enf. 60.

X **L'Isle Sonnante**, 7 r. Racine ✐ 90 82 56 01 – Ε *VISA*. ⟰   EY **k**
fermé 19 août au 5 sept., dim. et lundi – **R** 140.

X **La Fourchette II**, 17 r. Racine ✐ 90 85 20 93 – 🗐. Ε *VISA*   EY **u**
fermé 15 au 30 juin, sam. et dim. – **R** 130.

X **Les Domaines**, 28 pl. Horloge ✐ 90 82 58 86, 斎 – 🗐. Ε *VISA*   EY **b**
R carte 115 à 210 ♨.

AVIGNON

Si vous êtes retardé
sur la route, dès 18 h,
confirmez
votre réservation
par téléphone,
c'est plus sûr...
et c'est l'usage.

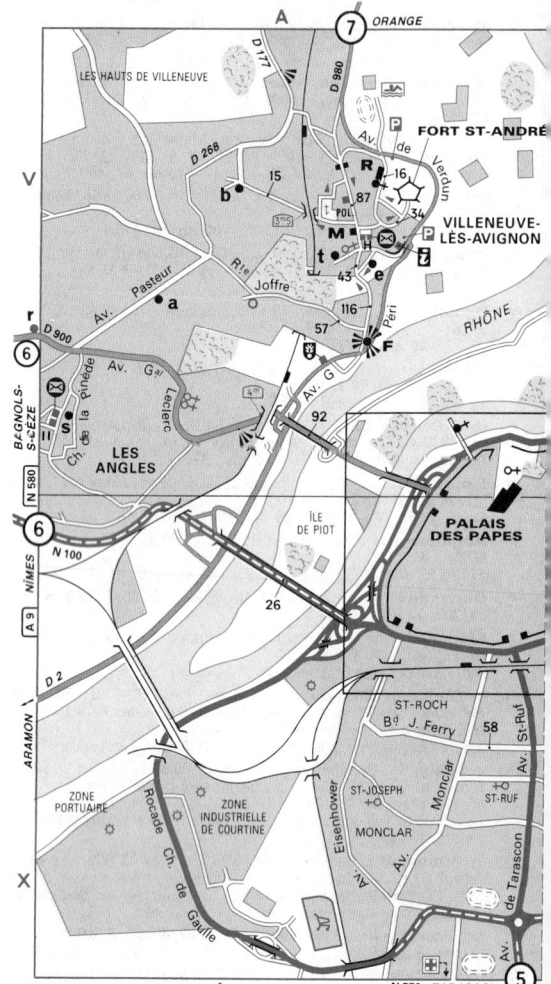

dans l'île de la Barthelasse N : 5 km par D 228 et VO – ⊠ **84000** Avignon :

🏠 **La Ferme** ⤳, chemin des Bois ℘ 90 82 57 53, 😂 – ⇆⊷ ch ☎ ⅋ ⊕ 🄴 𝗩𝗜𝗦𝗔
fermé 2 au 31 janv. et sam. midi – **R** 90/160, enf. 45 – ⚏ 40 – **20 ch** 300/350 – ½ P 270/290.

au Pontet NE : 5 km par N 7 – 13 137 h. – ⊠ **84130** :

🏨 **Les Agassins** Ⓜ ⤳, rte Lyon ℘ 90 32 42 91, Fax 90 32 08 29, 😂, « Jardin fleuri », 🛋
– ▮ ▤ 📺 ☎ ⊕ – 🔬 40. 🄰🄴 ⊙ 🄴 𝗩𝗜𝗦𝗔   CV **u**
fermé janv., fév. et sam. midi de nov. à avril – **R** 195/380, enf. 120 – ⚏ 60 – **25 ch** 300/850
– ½ P 545/695.

🏠 **Christina** sans rest, 34 av. G. Goutarel ℘ 90 31 13 62 – ▮ ▤ ☎ ⊕. ⌗   CV **d**
18 mars-10 oct. – ⚏ 15 – **46 ch** 160/195.

XXX ❀ **Aub. de Cassagne** Ⓜ ⤳ avec ch, 450 allée de Cassagne près échangeur Avignon-
Nord - CV – ℘ 90 31 04 18, Télex 432997, Fax 90 32 25 09, 😂, « Beau jardin, 🛋 » – ▤ 📺
☎ ⊕ 🄰🄴 ⊙ 🄴 𝗩𝗜𝗦𝗔
R 190/340, enf. 110 – ⚏ 65 – **14 ch** 400/880 – ½ P 665/865
Spéc. Terrine provençale au foie gras, Filets de rougets poêlés au citron vert, Emincé d'agneau et côtelettes
de lapereau panées. **Vins** Cairanne.

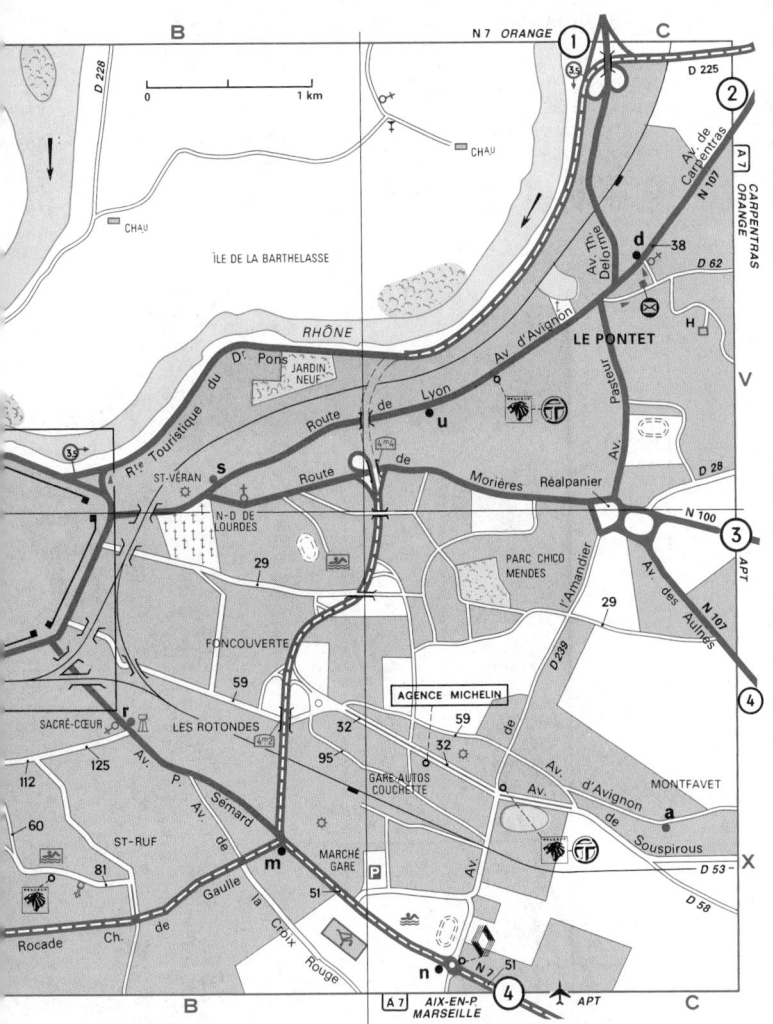

à *Montfavet* E : 5,5 km par av. Avignon - CX – ⊠ **84140** :

🏯 ❀ **Les Frênes** (Biancone) Ⓜ ⌘, av. Vertes Rives ✆ 90 31 17 93, Télex 431164,
Fax 90 23 95 03, 🏠 , « Mobilier ancien, parc, ⍓ » – 🛗 ▤ ch 📺 ☎ 🅿 – 🏄 35. ᴁ ➊ ᴇ
VISA. ❀ rest
hôtel : 1ᵉʳ mars-31 oct. ; *rest. :* 1ᵉʳ avril-31 oct. – **R** 330/380 – ⊑ 70 – **18 ch** 595/1300,
7 appart. 1600/2000 – ½ P 1670/2100
Spéc. Anchoïade aux langoustines, Sandre poêlé à la fondue de morilles (sept. à juil.), Fricassée de rognons
d'agneau et ris de veau à l'ail doux.. **Vins** Châteauneuf-du-Pape, Viognier.

✕ **Ferme St-Pierre,** av. Avignon ✆ 90 87 12 86, 🏠 – 🅿. ᴁ ➊ ᴇ *VISA*   CX **a**
fermé 27 juil. au 18 août, 21 déc. au 5 janv., sam. et dim. – **R** 120 ⅛.

à *l'échangeur A 7* Avignon Nord : 7 km par ② – ⊠ **84700** Sorgues :

🏯 **Novotel Avignon Nord** Ⓜ, ✆ 90 31 16 43, Télex 432869, Fax 90 32 22 21, 🏠 , ⍓, ⊸,
✕ – 🛗 ▤ 📺 ☎ & 🅿 – 🏄 200. ᴁ ➊ ᴇ *VISA*
R carte environ 140 ⅛, enf. 53 – ⊑ 47 – **100 ch** 390/450.

tourner →

AVIGNON

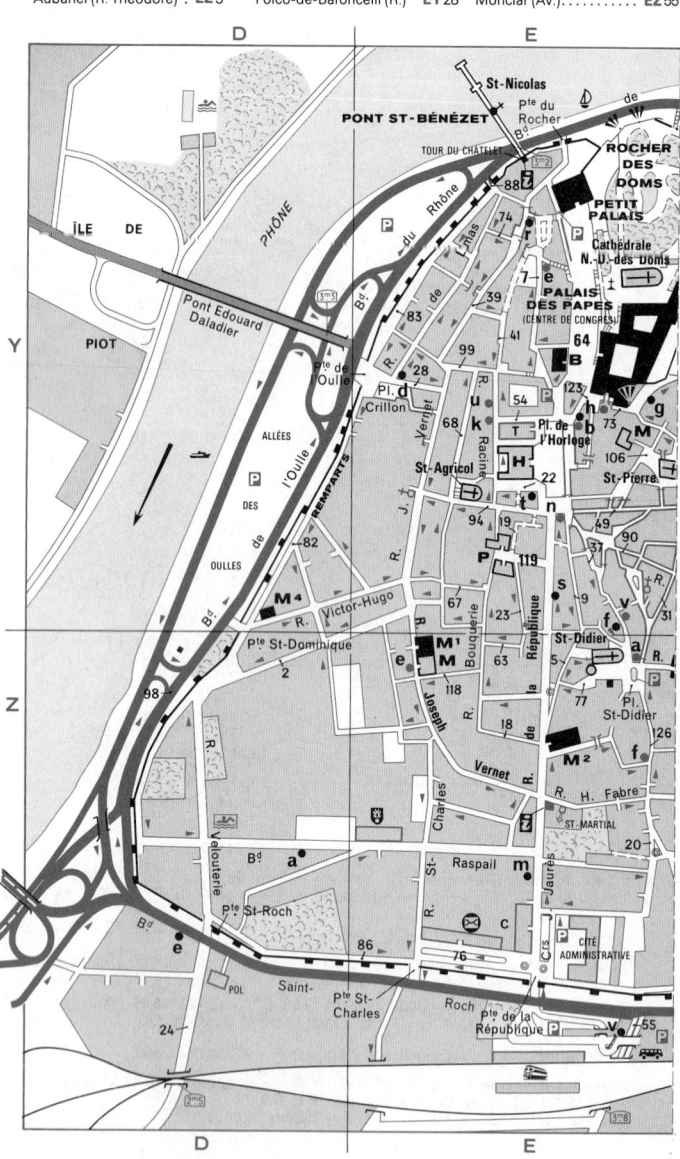

à Morières-lès-Avignon par ③ : 9 km – 6 091 h. – ✉ **84310** :

Le Paradou, N 100 ✆ 90 33 34 15, Télex 432407, 🏞, 🏊, 🌳 – 📺 ☎ ♿ 🅿 – 🏟 30. AE ⓓ E VISA
fermé dim. du 15 oct. au 15 mars – **R** 100/160, enf. 50 – ☕ 40 – **29 ch** 300/320 – ½ P 250/260.

à l'aéroport par ④ : 8 km – ✉ **84140** Montfavet :

Paradou-Avignon Ⓜ, ✆ 90 88 29 30, Fax 90 89 54 22, 🏞, 🏊, 🌳, 🎾 – ▤ 📺 ☎ ♿ 🅿 – 🏟 80. AE ⓓ E VISA
R 100/140, enf. 50 – ☕ 45 – **42 ch** 380/400 – ½ P 290/300.

par ① : 10 km – ✉ **84140** Montfavet :

XX **Aub. de Bonpas** avec ch, rte Cavaillon ✆ 90 23 07 64, Fax 90 23 07 00, 🏞, 🌳 – ☎ 🚗 🅿 – 🏟 40. AE ⓓ E VISA. ✻ rest
R 140/250, enf. 65 – ☕ 38 – **10 ch** 195/280 – ½ P 230/250.

MICHELIN, Agence régionale, 28 av. de Fontcouverte CX ✆ non connu

ALFA-ROMEO Sud-Autom., 30 bd St-Roch ✆ 90 86 28 33
BMW Foch Automobiles, ZI St-Tronquet au Pontet ✆ 90 32 60 60
CITROEN Sofidia, rte de Marseille, N 7 par ④ ✆ 90 87 05 45 🅽 ✆ 90 89 58 72
FIAT, LANCIA, AUTOBIANCHI Gar. Royal, 141 rte de Marseille ✆ 90 88 29 55
FORD Autom. du Centre, N 7, 1 bis rte de Morières ✆ 90 82 16 76
MERCEDES-BENZ Autom. Avignonnaise, centre commercial Cap Sud, rte de Marseille ✆ 90 88 01 35
NISSAN Gar. Danse, ZI de Courtine, r. Petit-Mas ✆ 90 86 48 37
PEUGEOT Gar. de l'Abbaye, 4/6 av. Reine-Jeanne ✆ 90 82 15 51
PEUGEOT-TALBOT Vaucluse-Auto, 35 av. Fontcouverte, ZI ✆ 90 88 07 61
PEUGEOT-TALBOT Vaucluse Auto, 36 av. Charles-de-Gaulle au Pontet ✆ 90 31 03 73
PORSCHE MITSUBISHI Auto-Service, 1 rte de Montfavet ✆ 90 86 39 58
RENAULT A.S.A., rte de Marseille, N 7 ✆ 90 87 08 51 🅽 ✆ 90 82 90 05
RENAULT Autom. des Remparts, SAR, 14 bd St-Michel ✆ 90 85 34 55 🅽 ✆ 90 82 90 05
V.A.G E.G.S.A., Centre des Affaires Cap Sud ✆ 90 87 63 22 🅽 ✆ 90 88 50 39
V.A.G E.G.S.A., RN 7 Zone Portuaire au Pontet ✆ 90 32 20 33 🅽 ✆ 90 88 50 39
VOLVO Gar. du Clos de Trams, 67 rte de Lyon ✆ 90 82 12 56
Gar. Coste, 19 av. de la Folie ✆ 90 82 18 37

Ⓜ Ayme Pneus, ZI av. de l'Étang ✆ 90 87 65 37
Ayme-Pneus, 32 bd St-Michel ✆ 90 82 71 38
Dibon Pneus, 1 rte de Marseille ✆ 90 86 31 65
Dibon Pneus, Le Pigeonnier RN 7 au Pontet ✆ 90 31 14 13
Maison du Pneu, 25 et 27 bd Limbert ✆ 90 86 00 80
Metifiot, 27 av. de Fontcouverte ✆ 90 87 56 48
Page-Pneus, 37 ter bd Sixte-Isnard ✆ 90 82 06 85
Perrot-Pneus, 31 av. du Grand Gigognan ✆ 90 86 22 21
Piot-Pneu, La Gauloise au Pontet ✆ 90 31 29 60

AVON

77 S.-et-M. 61 ⑫ – rattaché à Fontainebleau.

AVORIAZ

74 H.-Savoie 74 ⑧ – rattaché à Morzine.

AVRANCHES

50300 Manche 59 ⑧ **G. Normandie Cotentin** – 10 419 h. alt. 88.

Voir Manuscrits★★ du Mont-St-Michel (musée) AY **M** – Jardin des Plantes : ✻★ AZ – La "plate-forme" ✻★ AY.

ℹ Office de Tourisme r. Gén.-de-Gaulle ✆ 33 58 00 22 et pl. Carnot (juil.-août) ✆ 33 58 67 06.

Paris 343 ① – St-Malo 65 ③ – ♦Caen 101 ① – Dinan 67 ③ – Flers 69 ① – Fougères 41 ③ – ♦Rennes 75 ③ – St-Lô 56 ①.

Plan page ci-contre

Croix d'Or 🐦, 83 r. Constitution ✆ 33 58 04 88, « Décor rustique normand, jardin » – ☎ 🚗 🅿. E VISA. ✻ rest — BZ **s**
mi-mars à mi-nov. – **R** 90/300, enf. 60 – ☕ 35 – **30 ch** 110/450.

Les Abrincates Ⓜ, 37 bd Luxembourg ✆ 33 58 66 64, Fax 33 58 40 11 – 🛗 ☎ 🅿. E VISA. ✻ ch — BZ **e**
fermé 17 déc. au 7 janv. et dim. d'oct. à avril – **R** voir rest **Le Ménestrel** ci-après – ☕ 27 – **29 ch** 235/300.

Le Pratel 🐦 sans rest, 24 r. Vanniers par ③ ✆ 33 68 35 41, 🌳 – 📺 ☎ 🅿. AE E VISA
fermé vacances de fév. – ☕ 28 – **7 ch** 250/290.

Jardin des Plantes, 10 pl. Carnot ✆ 33 58 03 68, 🌳 – 📺 ☎. E VISA — AZ **u**
R *(fermé dim. soir du 15 sept. à Pâques)* 55/220 🍷 – ☕ 27 – **19 ch** 140/240 – ½ P 215/266.

Central sans rest, 2 r. Jardin des Plantes ✆ 33 58 16 59 – 📺 ☎. E VISA — AY **a**
fermé 15 au 30 nov. et 1er au 15 fév. – ☕ 24 – **10 ch** 120/230.

X **Le Ménestrel** -Hôtel Les Abrincates-, 37 bd Luxembourg ✆ 33 58 12 20 – VISA
fermé vacances de nov., 1er au 15 janv., dim. d'oct. à avril et sam. midi – **R** 55/168 🍷, enf. 32.

à St-Quentin-sur-le-Homme SE : 5 km par D 78 BZ – ✉ **50220** :

XX **Le Gué du Holme,** ✆ 33 60 63 76, 🏞, 🌳 – E VISA
fermé 1er au 12 juil., 21 déc. au 12 janv., dim. soir et lundi sauf fériés – **R** 135/290, enf. 60.

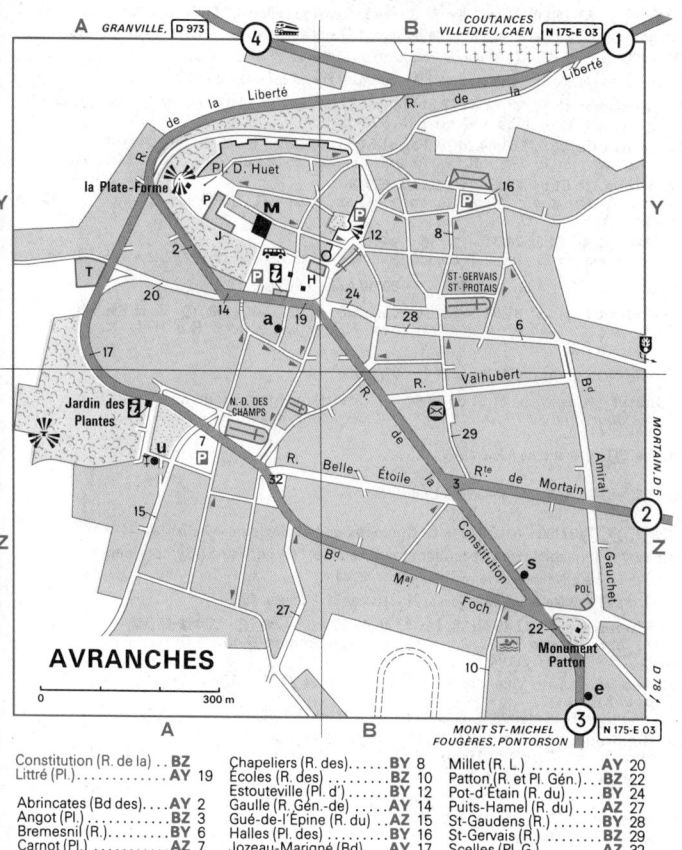

AVRANCHES

0   300 m

Constitution (R. de la) **BZ**	Chapeliers (R. des) **BY** 8	Millet (R. L.) **AY** 20
Littré (Pl.) **AY** 19	Écoles (R. des) **BZ** 10	Patton (R. et Pl. Gén.) **BZ** 22
	Estouteville (Pl. d') **BY** 12	Pot-d'Étain (R. du) **BY** 24
Abrincates (Bd des) **AY** 2	Gaulle (R. Gén.-de) **AY** 14	Puits-Hamel (R. du) **AZ** 27
Angot (Pl.) **BZ** 3	Gué-de-l'Épine (R. du) **AZ** 15	St-Gaudens (R.) **BY** 28
Bremesnil (R.) **BY** 6	Halles (Pl. des) **BY** 16	St-Gervais (R.) **BZ** 29
Carnot (Pl.) **AZ** 7	Jozeau-Marigné (Bd) **AY** 17	Scelles (Pl. G.) **AZ** 32

CITROEN Basse Normandie Auto,
38 bd du Luxembourg, Le Val-St-Père par ③
𝄞 33 58 23 15 **N**
FIAT Mauviel, 1 r. Valhubert 𝄞 33 58 01 74
N 𝄞 33 58 01 62
FIAT BMJ Onésime, 25/27 r. de Liberté
𝄞 33 58 61 61
FORD Gosselin, ZI de St-Senier
𝄞 33 68 38 61
OPEL Verdier, ZI, St-Martin-des-Champs
𝄞 33 58 12 41

PEUGEOT-TALBOT Pavie, D 911, Marcey-les-
Grèves par ④ 𝄞 33 58 04 22 **N**
RENAULT Poulain, 87 r. Cdt-Bindel par ②
𝄞 33 58 09 00
V.A.G Avranches-Autom., 3 av. du Quesnoy,
St-Martin-des-Champs 𝄞 33 58 14 96

⚙ Lefrançois, à St-Quentin-sur-le-Homme
𝄞 33 58 15 31 **N** 𝄞 33 60 49 71
Vallée-Pneus, 17 bd du Luxembourg
𝄞 33 58 04 24

AVRILLÉ 85440 Vendée **6**|**7** ⑬ – 940 h. alt. 20.

Paris 442 – La Rochelle 76 – La Roche-sur-Yon 26 – Luçon 25 – Les Sables-d'Olonne 24.

  XX **Relais de la Dinanderie,** 𝄞 51 22 32 15 – ⒶⒺ **E** *VISA*
  → *fermé 15 oct. au 1ᵉʳ avril (sauf rest.), dim. soir et lundi hors sais.* – **R** 55/275, enf. 35.

  X **Le Menhir,** 𝄞 51 22 32 18 – ⒶⒺ ⓄⒹ **E** *VISA*
  → *fermé 15 janv. au 27 fév., dim. soir et lundi du 15 sept. à Pâques* – **R** 63/250, enf. 45.

RENAULT Gar. de la Gare 𝄞 51 22 32 08 **N**

☛ *Le pastiglie numerate delle piante di città ①, ②, ③*
  sono riportate anche sulle **carte stradali Michelin** *in scala 1/200 000.*
  Questi riferimenti, comuni nella guida e nella carta stradale,
  facilitano il passaggio da una pubblicazione all'altra.

AX-LES-THERMES 09110 Ariège 🔲🔲 ⑮ G. Pyrénées Roussillon – 1 510 h. alt. 720 – Stat. therm. – Sports d'hiver au Saquet par route du plateau de Bonascre★ (8 km) et télécabine : 1 400/2 400 m ⛷1 ⛷16.

Voir Vallée d'Orlu★ au SE – 🖪 Office de Tourisme pl. du Breilh 🖉 61 64 20 64.

Paris 826 – Andorre-la-Vieille 61 – Carcassonne 104 – Foix 42 – Prades 112 – Quillan 53.

🏨 **Royal Thermal** M, 🖉 61 64 22 51, Télex 533311, Fax 61 64 37 77 – 🛗 📺 🕿 🖭 ⑩ 𝘝𝘐𝘚𝘈
R 90/180, enf. 45 – ⥎ 35 – **61 ch** 220/330 – ½ P 290.

🏨 **La Lauzeraie** M, 🖉 61 64 20 70, Fax 61 64 38 50, 🌧 – 🕿. 🖭 Ɛ 𝘝𝘐𝘚𝘈. 🍴 rest
fermé 20 nov. au 15 déc. – **R** 59/175, enf. 40 – ⥎ 35 – **33 ch** 220/280 – ½ P 200/220.

🏠 **Terminus,** 🖉 61 64 20 55 – 🕿. 🖭 ⑩ Ɛ 𝘝𝘐𝘚𝘈
fermé oct., dim. soir et lundi sauf vacances scolaires – **R** 75/200, enf. 35 – ⥎ 27 – **16 ch** 150/180 – ½ P 180/190.

🏠 **Chalet** 🍴, 🖉 61 64 24 31 – 🕿. 𝘝𝘐𝘚𝘈. 🍴
fermé 30 nov. au 31 janv. – **R** 65/130 🍴, enf. 35 – ⥎ 22 – **10 ch** 190/227 – ½ P 180/190.

au Castelet NO : 4 km – alt. 660 – 🖂 09110 Ax-les-Thermes :

🏨 **Le Castelet** 🍴, 🖉 61 64 24 52, Télex 533376, <, 🌧, 🌳 – 🕿 🅿 🖭 Ɛ 𝘝𝘐𝘚𝘈. 🍴 rest
15 mai-15 oct. et fermé mardi soir et merc. en mai, juin et oct. – **R** 88/174 – ⥎ 32 – **27 ch** 176/223 – ½ P 235/257.

à Unac NO : 9 km par N 20 et D 2 – 🖂 09250 :

🍴🍴🍴 **L'Oustal** 🍴 avec ch, 🖉 61 64 48 44, <, 🌧, « Auberge rustique », 🌳 – 🖭 Ɛ 𝘝𝘐𝘚𝘈
fermé début janv. au 10 fév. et lundi sauf juil.-août – **R** 175/350 – ⥎ 45 – **6 ch** 195/350.

AY 51 Marne 🔲🔲 ⑯ – rattaché à Épernay.

AYTRÉ 17 Char.-Mar. 🔲🔲🔲 ⑫ – rattaché à La Rochelle.

AZAY-LE-RIDEAU 37190 I.-et-L. 🔲🔲 ⑭ G. Châteaux de la Loire (plan) – 2 915 h. alt. 44.

Voir Château★★★ (spectacle son et lumière★★) – Façade★ de l'église St-Symphorien.

🖪 Syndicat d'Initiative r. Nationale (fermé déc.) 🖉 47 45 44 40.

Paris 258 – ♦Tours 28 – Châtellerault 60 – Chinon 21 – Loches 54 – Saumur 46.

🏨 **Gd Monarque,** 🖉 47 45 40 08, Fax 47 45 46 25, 🌧 – 🕿 🅿 🖭 ⑩ Ɛ 𝘝𝘐𝘚𝘈
hôtel : fermé 15 déc. au 15 janv. ; rest. : ouvert 15 mars-6 nov. – **R** 145/395 bc – ⥎ 35 – **28 ch** 285/490 – ½ P 260/400.

🏨 **Fitness** M 🍴, rte Villandry N : 1 km 🖉 47 45 24 24, Fax 47 45 33 66, 🌧, 🏋, 🏊 – 📺 🖦 🅿 Ɛ 𝘝𝘐𝘚𝘈
fermé janv.. – **R** 95/195 🍴, enf. 39 – ⥎ 29 – **21 ch** 280/340 – ½ P 246/280.

🏠 **De Biencourt** sans rest, 🖉 47 45 20 75 – 🕿. Ɛ 𝘝𝘐𝘚𝘈. 🍴
1er mars-15 nov. – ⥎ 30 – **16 ch** 190/300.

🍴🍴 **Aigle d'Or,** 🖉 47 45 24 58, 🌧 – Ɛ 𝘝𝘐𝘚𝘈
fermé 10 au 20 déc., 15 janv. au 15 fév., dim. soir et merc. – **R** (prévenir) 130/185, enf. 45.

🍴 **Grottes,** 🖉 47 45 21 04, 🌧 – Ɛ 𝘝𝘐𝘚𝘈
fermé 10 au 20 sept., 2 janv. au 2 fév., jeudi soir et lundi – **R** 74/155, enf. 42.

🍴 **L'Automate Gourmand,** à La Chapelle-St-Blaise S : 1 km 🖉 47 45 39 07 – Ɛ 𝘝𝘐𝘚𝘈
fermé 1er au 20 mars, 13 au 20 nov. et mardi – **R** 80/160.

RENAULT Gar. Martin, à la Chapelle-St-Blaise 🖉 47 45 42 02 🅽 🖉 47 45 30 11

AZERAILLES 54120 M.-et-M. 🔲🔲 ⑥ – 798 h. alt. 259.

Paris 354 – ♦Nancy 54 – Épinal 47 – Lunéville 19 – St-Dié 31 – Sarrebourg 42.

🍴🍴 **Gare** avec ch, 🖉 83 75 15 17, 🌳 – Ɛ 𝘝𝘐𝘚𝘈
fermé 2 au 8 juil., 24 au 30 déc., 15 janv. au 5 fév., dim. soir et lundi – **R** 55/180 🍴 – ⥎ 23 – **6 ch** 100/130 – ½ P 150/180.

Le BABORY-DE-BLESLE 43 H.-Loire 🔲🔲 ④ – rattaché à Blesle.

BACCARAT 54120 M.-et-M. 🔲🔲 ⑦ G. Alsace Lorraine – 5 437 h. alt. 274.

🖪 Syndicat d'Initiative pl. Arcades (juin-sept.) 🖉 83 75 13 37.

Paris 360 – ♦Nancy 60 – Épinal 41 – Lunéville 25 – St-Dié 26 – Sarrebourg 42.

🏠 **Renaissance,** 31 r. Cristalleries 🖉 83 75 11 31 – 🕿. 🖭 ⑩ Ɛ 𝘝𝘐𝘚𝘈
fermé 15 janv. au 15 fév., vend. soir et sam. hors sais. – **R** 45/155 🍴, enf. 35 – ⥎ 25 – **19 ch** 110/200 – ½ P 150/170.

PEUGEOT-TALBOT Ferry Auto, rte de Nancy à Gélacourt 🖉 83 75 12 25

BADEFOLS-SUR-DORDOGNE 24150 Dordogne 🔲🔲 ⑮⑯ G. Périgord Quercy – 150 h. alt. 50.

Env. Cloître★★ et église★ de Cadouin SE : 7,5 km.

Paris 542 – Périgueux 63 – Bergerac 27 – Sarlat-la-Canéda 47.

BADEN 56 Morbihan 🔲🔲 ② – rattaché à Auray.

144

⟨SP⟩ **65200** H.-Pyr. 🔢 ⑱ G. Pyrénées Aquitaine – 9 850 h. alt. 556 – Stat. therm. (15 avril-26 oct.) – Casino AZ.

Voir Parc thermal de Salut★ par D 153 AZ – Grotte de Médous★★ par ② : 2,5 km.

🛈 Office du Tourisme et du Thermalisme 3 allée Tournefort ℰ 62 95 50 71.

Paris 811 ③ – Pau 61 ③ – Lourdes 22 ③ – St-Gaudens 57 ① – Tarbes 21 ③.

BAGNÈRES-
DE-BIGORRE

Coustous (Allées des)	**BZ** 7
Foch (R. Maréchal)	**BY** 8
Lafayette (Pl.)	**ABY** 22
Strasbourg (Pl. de)	**BZ** 32
Thermes (R. des)	**AZ** 34
Victor-Hugo (R.)	**AZ** 35
Alsace-Lorraine (R. d')	**AZ** 2
Arras (R. du Pont d')	**AZ** 3
Belgique (Av. de)	**AY** 4
Costallat (R.)	**BY** 6
Frossard (R. Émilien)	**BZ** 12
Gambetta (R.)	**AY** 13
Joffre (Av. Mar.)	**AY** 17
Jubinal (Pl. A.)	**BZ** 20
Leclerc (Av. Gén.)	**AY** 23
Lorry (R. de)	**BZ** 25
Pasteur (R.)	**BY** 26
Pyrénées (R. des)	**BZ** 27
République (R. de la)	**AY** 28
Thermes (Pl. des)	**AZ** 33
Vigneaux	**BY** 37
3-Frères-Duthu (R.)	**BZ** 39

Pour aller loin rapidement,
utilisez
les cartes Michelin
des pays d'Europe à 1/1 000 000.

🏨 **La Résidence** ⌖, Parc Thermal de Salut ℰ 62 95 03 97, ≤, 🍴, ⌂, ☞, ✖ – ☎ 🄿 E
VISA ⌖ par av. P.-Noguès AZ
1er avril-15 oct. – **R** 110/160, enf. 65 – ⊻ 35 – **31 ch** 300 – ½ P 280/300.

🏨 **Host. d'Asté**, par ② : 4 km ℰ 62 91 74 27, Fax 62 91 76 74, ≤, ☞, ✖ – ☜ 🄿 – 🏊 50.
E VISA ⌖
fermé 12 nov. au 12 déc. – **R** 71/190, enf. 39 – ⊻ 29 – **22 ch** 173/260 – ½ P 181/241.

🏨 **Trianon** ⌖, pl. Thermes ℰ 62 95 09 34, parc, ⌂ – ☎ 🄿. VISA ⌖ rest   ABZ s
15 avril-28 oct. – **R** 75/130, enf. 45 – ⊻ 25 – **30 ch** 100/260 – ½ P 210/220.

🏠 **Gd H. Angleterre** sans rest, pl. la Fayette ℰ 62 95 22 24 – 🛗 TV ☎. E VISA   BZ v
fermé 12 nov. au 1er déc. – ⊻ 20 – **28 ch** 103/205.

🏠 **St-Vincent**, 31 r. Mar. Foch ℰ 62 91 10 00 – 🅿. AE E VISA   BY e
➜ *fermé 4 nov. au 4 déc. et lundi sauf vacances scolaires et fériés* – **R** 60/100 🍴, enf. 58 –
⊻ 20 – **20 ch** 170/195 – ½ P 195.

🏠 **Glycines** sans rest, 12 pl. Thermes ℰ 62 95 28 11 – ☎. AE ① E VISA   AZ t
⊻ 25 – **18 ch** 110/220.

à Lesponne par ②, S : 10 km par D 935 et D 29 – ✉ **65710** Campan :
Voir Vallée de Lesponne★.

🏠 **Domaine de Ramonjuan** ⌖, ℰ 62 91 75 75, Fax 62 91 74 54, ≤, 🍴, parc, ✖ – ☎ 🄿.
➜ AE E VISA ⌖ rest
fermé janv. – **R** (*fermé dim. soir et lundi*) 68/155, enf. 39 – ⊻ 30 – **14 ch** 210/230 – ½ P 245.

CITROEN Fourcade, rte des Cols par ②   PEUGEOT, TALBOT Laloubère, rte de Tarbes par
ℰ 62 95 26 68 🄽   ③ ℰ 62 95 26 84 🄽
FIAT Gar. Garcia, 1 r. J.-Meynier ℰ 62 95 26 03

31 H.-Gar. 🔢 ㉑ – voir à Luchon.

49 M.-et-L. 🔢 ⑫ – rattaché à Saumur.

Ne prenez pas la route au hasard
Michelin vous apporte à domicile
ses conseils routiers, touristiques, hôteliers :
36.15 MICHELIN sur votre Minitel

Voir Site★ – Lac★ A – Parc★ AB

🏌 ℰ 33 37 81 42, par ③ : 3 km.

🏢 Office de Tourisme pl. République (8 avril-28 oct.) ℰ 33 37 85 66.

Paris 238 ① – Alençon 48 ② – Argentan 39 ① – Domfront 19 ③ – Falaise 45 ① – Flers 27 ④

BAGNOLES-DE-L'ORNE	Château (Av. du) .... **A** 3	Hartog (R. G.) .... **A** 13
	Christophle (Bd. A.)	Le Meunier de la
	BAGNOLES .... **B** 4	Raillère (Bd) .... **B** 14
Casinos (R. des) .... **A** 2	Christophle (Av. A.)	Rozier (Av. Ph. du) ..... **A** 15
Dr-Poulain (Av. du) ..... **A** 8	TESSE .... **A** 7	Sergenterie-de-
	Gaulle (Pl. Général-de) ... **B** 9	Javains (Av.) .... **A** 18

🏨🏨 **Le Cetlos** 🅼, r. Casinos ℰ 33 38 44 44, Télex 772521, Fax 33 38 46 23, ≤, 🍴, 🔲 – 🛗
📺 ☎ ♿ 🅿 – 🔏 70. 🆎 ⓞ Ε 𝒱𝒾𝒮𝒜   A **k**
R 95/270, enf. 80 – 🖙 45 – **75 ch** 370/650 – ½ P 350/430.

🏨🏨 **Lutetia-Reine Astrid** 🌿, bd Paul Chalvet ℰ 33 37 94 77, 🌿 – 📺 ☎ 🅿 – 🔏 25. 🆎
ⓞ Ε 𝒱𝒾𝒮𝒜 ⚘ rest   B **n**
Pâques-début nov. – **R** 115/310, enf. 70 – 🖙 40 – **33 ch** 190/420 – P 675/950.

🏨🏨 **Capricorne** 🅼 🌿, allée Montjoie ℰ 33 37 96 99 – 🛗 📺 ☎ 🅿. 🆎 ⓞ Ε 𝒱𝒾𝒮𝒜 ⚘
Pâques- 15 oct. – **R** (dîner seul.) 98/160 – 🖙 32 – **21 ch** 280/420, 3 appart. 520 **v**
½ P 320/520.

🏨 **Bois Joli** 🌿, av. P. du Rozier ℰ 33 37 92 77, Télex 171782, 🕭, 🌿 – 🛗 📺 ☎ 🅿. 🆎
ⓞ Ε 𝒱𝒾𝒮𝒜 ⚘ rest   A **w**
R (fermé merc.) 95/240 – 🖙 35 – **20 ch** 275/485 – ½ P 295/460.

🏨 **Ermitage** 🌿 sans rest, 24 bd P.-Chalvet ℰ 33 37 96 22, Télex 772274, 🌿 – 🛗 📺 ☎ 🅿. Ε
𝒱𝒾𝒮𝒜   B **p**
1er mai-30 sept. – 🖙 35 – **39 ch** 205/330.

🏨 **Beaumont** 🌿, 26 bd Le Meunier-de-la-Raillère ℰ 33 37 91 77, « Jardin fleuri » – ⚘ rest
📺 ☎ 🅿 – 🔏 25. Ε 𝒱𝒾𝒮𝒜 ⚘ rest   B **f**
2 mai-30 sept. – **R** 78/190 ⚘, enf. 45 – 🖙 30 – **38 ch** 220/340 – P 252/375.

🏨 **Le Gd Veneur**, pl. République ℰ 33 37 86 79 – 🛗 ☎ 🅿 Ε 𝒱𝒾𝒮𝒜   A **r**
15 mars-15 nov. – **R** 72/170 – 🖙 31 – **23 ch** 166/288 – P 267/310.

🏨 **Gayot**, pl. République ℰ 33 37 90 22 – 🛗 📺 ☎ 🆎 ⓞ Ε 𝒱𝒾𝒮𝒜   B **e**
mi-avril-mi-oct. – **R** 82/175 – 🖙 30 – **17 ch** 220/320 – P 320/380.

🏨 **Normandie**, r. Dr Le Muet ℰ 33 30 80 16 – 📺 ☎ 🆎 ⓞ Ε 𝒱𝒾𝒮𝒜   B **a**
30 mars-3 nov. – **R** (fermé dim. soir et lundi midi) 80/220 – 🖙 27 – **25 ch** 160/240, 4 appart.
240 – P 220/330.

🏨 **Albert 1er**, av. Dr Poulain ℰ 33 37 80 97 – 🛗 📺 ☎ 🆎 ⓞ Ε 𝒱𝒾𝒮𝒜   A **m**
fermé 10 déc. au 15 janv. et 20 fév. au 1er mars – **R** 88/250, enf. 45 – 🖙 30 – **20 ch** 150/270
– ½ P 250/320.

🏠 **Terrasse** sans rest, pl. République ℰ 33 37 92 39, Fax 33 37 98 32 – ☎ 🅟 Ɛ 𝘝𝘐𝘚𝘈 🕸 A s
▭ 28 – **30 ch** 130/280.

🏠 **Camélias** 🕭, av. Chât. de Couterne ℰ 33 37 93 11, 🚗 – 🅿 🅟 🕸 rest A t
mai-sept. – **R** 88/90 – ▭ 28 – **35 ch** 250/255 – P 220/275.

🍴🍴 **Café de Paris,** av. R. Cousin ℰ 33 37 81 76, ≼ – 🆎 ⓿ Ɛ 𝘝𝘐𝘚𝘈 A h
26 mars-27 oct. et fermé lundi sauf fériés – **R** 101/200, enf. 73.

par ③ et D 235 : 3 km – ✉ 61140 Bagnoles-de-l'Orne :

🏛 **Manoir du Lys** 🕭, ℰ 33 37 80 69, Fax 33 30 05 80, 🌧, « Dans un parc fleuri », 🕸 – ☎
🅟 – 🔺 25. 🆎 ⓿ Ɛ 𝘝𝘐𝘚𝘈 🕸 rest
fermé 6 janv. au 28 fév., dim. soir et lundi de nov. à avril – **R** 100/350, enf. 70 – ▭ 40 –
11 ch 290/460 – ½ P 350/420.

à Tessé-la-Madeleine – ✉ 61140 :

🏠 **Nouvel H.,** av. A. Christophle ℰ 33 37 81 22, 🚗 – 🕭 ☎ 🅟 𝘝𝘐𝘚𝘈 🕸 rest A e
12 avril-28 oct. – **R** 77/200, enf. 40 – ▭ 25 – **30 ch** 208/280 – ½ P 232/267.

🏠 **Celtic,** av. A. Christophle ℰ 33 37 92 11, 🚗 – ☎ Ɛ 𝘝𝘐𝘚𝘈 🕸 A d
➔ *fermé janv., dim. soir et lundi du 15 oct. au 30 avril* – **R** 55/150 🍷, enf. 30 – ▭ 25 ÷ **13 ch**
190/250 – ½ P 390/460.

PEUGEOT-TALBOT Constant, 8 av. R.-Cousin ℰ 33 37 83 11

▬▬ **BAGNOLET** 93 Seine-St-Denis 🗺🗺 ⑪ , 🗺🗺🗺 ⑯ – voir à Paris, Environs.

▬▬ **BAGNOLS-LES-BAINS** 48190 Lozère 🗺🗺 ⑥ G. Gorges du Tarn – 240 h. alt. 913 – Stat. therm. (avril-
20 oct.).
Paris 606 – Mende 21 – Langogne 53 – Villefort 38.

🏠 **Modern'H. et Malmont,** ℰ 66 47 60 04, 🚗 – ☎ 🅟 Ɛ 𝘝𝘐𝘚𝘈
➔ *fermé 26 oct. au 22 déc.* – **R** 58/150 – ▭ 25 – **38 ch** 120/260 – ½ P 182/225.

🏠 **Commerce,** ℰ 66 47 60 07 – ☎ 🅟 🆎 Ɛ 𝘝𝘐𝘚𝘈 🕸 rest
➔ *mars-fin oct.* – **R** 60/120 – ▭ 25 – **28 ch** 130/220 – ½ P 135/180.

▬▬ **BAGNOLS-SUR-CÈZE** 30200 Gard 🗺🗺 ⑩ G. Provence (plan) – 17 777 h. alt. 51.
Voir Musée d'Art moderne★.
Env. Belvédère★★ du Centre d'Énergie Atomique de Marcoule SE : 9,5 km.
🅱 Office de Tourisme esplanade Mont-Cotton ℰ 66 89 54 61.
Paris 657 – Avignon 33 – Alès 50 – Nîmes 48 – Orange 35 – Pont-St-Esprit 11 :

🏛 **Mas de Ventadous** Ⓜ 🕭, rte Avignon ℰ 66 89 61 26, Télex 490949, Fax 66 79 99 88,
🌧, « Bungalows provençaux dans un parc, 🏊 », 🕸 – 🔳 ch 📺 ☎ 🅟 🅟 – 🔺 40. Ɛ
𝘝𝘐𝘚𝘈 🕸 rest
fermé 22 déc. au 9 janv. – **R** *(fermé vend. soir, dim. soir hors sais. et sam. midi)* 98/200,
enf. 70 – ▭ 55 – **22 ch** 475/675 – ½ P 550.

🍴🍴🍴 **Florence,** 16 pl. Bertin Boissin ℰ 66 89 58 24 – 🆎 Ɛ 𝘝𝘐𝘚𝘈
fermé 3 au 27 août, dim. (sauf le midi hors sais.) et lundi – **R** 145/350, enf. 50.

rte de Pont-St-Esprit N : 5,5 km par N 86 – ✉ 30200 Bagnols-sur-Cèze :

🏛 **Valaurie** Ⓜ sans rest, ℰ 66 89 66 22, Télex 490947, ≼, 🚗 – 🔳 📺 ☎ 🚗 🅟 Ɛ 𝘝𝘐𝘚𝘈
fermé 24 déc. au 24 janv. – ▭ 35 – **22 ch** 230/280.

à Orsan SE : 6 km par N 580 – ✉ 30200 :

🍴🍴 **La Cabre d'Or,** ℰ 66 90 12 17, 🌧 – 🅟 🆎 ⓿ Ɛ 𝘝𝘐𝘚𝘈
R 140/220.

à Connaux S : 8,5 km sur N 86 – ✉ 30330 :

🍴🍴 **Paul Itier,** ℰ 66 82 00 24, 🌧 – 🔳 🅟 🆎 ⓿ Ɛ 𝘝𝘐𝘚𝘈
R 95/350.

CITROEN Jeolas, 239 rte d'Avignon ℰ 66 89 60 43
FIAT Électro-Diesel, 29 rte de Nîmes
ℰ 66 89 61 20
OPEL Électronic-Auto, 731 rte d'Avignon
ℰ 66 89 56 07
PEUGEOT-TALBOT Pailhon, rte de Nîmes
ℰ 66 89 54 95

RENAULT Gar. Stolard, 252 av. A.-Daudet
ℰ 66 89 56 36
V.A.G Gar. Paulus et Fils, 37 av. L.-Blum
ℰ 66 89 60 30

🅦 Piot-Pneu, Rond-Point de l'Europe
ℰ 66 89 54 19

▬▬ **BAILLEAU-LE-PIN** 28120 E.-et-L. 🗺🗺 ⑰ – 1 187 h. alt. 174.
Paris 104 – Brou 23 – Châteaudun 38 – Chartres 15 – ♦Le Mans 105 – Nogent-le-Rotrou 40.

à Sandarville SE : 3,5 km par D 28 – ✉ 28120 :

🍴🍴 **Aub. de Sandarville,** près Église ℰ 37 25 33 18, « Ancienne ferme beauceronne » – 𝘝𝘐𝘚𝘈
fermé 16 août au 4 sept., 12 au 31 janv. dim. soir et lundi – **R** 130/220, enf. 70.

Voir ❄️❉★ du beffroi.

Paris 247 – ◆Lille 30 – Armentières 12 – Béthune 30 – Dunkerque 44 – Ieper 19 – St-Omer 36.

🏠 **Pomme d'Or,** 27 r. Ypres 𝒫 28 49 11 01 – ⓞ Ε ₪₪₪
R *(fermé 12 au 24 août, dim. soir et lundi soir)* 97 🍴, enf. 35 – 🖙 24 – **7 ch** 105/240 –
½ P 150/200.

BAINS-LES-BAINS 88240 Vosges 🗟 ⑮ G. Alsace Lorraine – 1 792 h. alt. 308 – Stat. therm. (avril-
19 oct.).

🚺 Office de Tourisme pl. Bain Romain 𝒫 29 36 31 75.

Paris 382 ④ – Épinal 30 ① – Luxeuil-les-Bains 29 ② – ◆Nancy 101 ① – Neufchâteau 71 ④ – Vesoul 50 ② –
Vittel 42 ④

BAINS-LES-BAINS

Hôtel-de-Ville (R. de l')	6
Chavane	
(Av. du Lieutenant-Colonel)	2
Demazure (Av.)	3
Docteur-Bailly (Av. du)	4
Docteur-Mathieu (Av. du)	5
Leclerc	
(R. du Général)	7
Poirot (R. Marie)	10
Verdun (R. de)	12
2ᵉ-D.-B. (Pl. de la)	14

*Les plans de villes
sont orientés
le Nord en haut.*

🏠 **Promenade, (r)** 𝒫 29 36 30 06, 🌾 – ☎ 🅿 Ε ₪₪₪ ❄️
1ᵉʳ mars-15 nov. et fermé lundi en mars – **R** 70/210 🍴, enf. 50 – 🖙 25 – **30 ch** 180/195 –
P 280.

🏠 **Poste, (e)** 𝒫 29 36 31 01 – ☎ Ε ₪₪₪ ❄️
hôtel : ouvert 1ᵉʳ avril-1ᵉʳ nov. – **R** *(fermé 15 déc. au 15 janv., sam. et dim. du 1ᵉʳ nov. au
1ᵉʳ avril)* 61/145 🍴 – 🖙 24 – **21 ch** 98/183 – P 204/269.

🏠 **Les Ombrées** ❄️, au Sud par r. Verdun 𝒫 29 36 31 85, 🌾 – ☎ ₪ Ε ❄️
mi avril-mi oct. – **R** 90/146 🍴, enf. 35 – 🖙 25 – **18 ch** 125/238 – P 359/473.

🏠 **Nouvel H., (t)** 𝒫 29 36 32 40 – ❄️ rest ☜ 🅿 ₪ ⓞ Ε ₪₪₪
1ᵉʳ avril-26 oct. – **R** 61/195 🍴, enf. 46 – 🖙 28 – **28 ch** 98/210 – ½ P 215/298.

BAIX 07210 Ardèche 🗟 ⑪ – 1 017 h. alt. 86.
Paris 592 – Valence 32 – Crest 28 – Montélimar 20 – Privas 20.

🏰 **La Cardinale et sa Résidence** ❄️, 𝒫 75 85 80 40, Télex 346143, Fax 75 85 82 07, ☜,
« Ancienne demeure seigneuriale » – 📺 ☎ 🅿 ₪ ⓞ Ε ₪₪₪
15 mars-1ᵉʳ nov. – **R** 250/295 – **5 ch** 🖙 650/1205 – ½ P 850/865.
La Résidence ❄️, 3 km, parc, 🏊 – 📺 ☎ 🅿 ₪ Ε ₪₪₪
15 mars-1ᵉʳ nov. – **R** voir rest. La Cardinale – 🖙 70 – **10 ch** 650/1385.

🏠 **Aub. des Quatre Vents** ❄️, rte Chomérac, NO : 2 km 𝒫 75 85 84 49 – 🖨 🅿 ₪₪₪
R 60/140, enf. 55 – 🖙 25 – **16 ch** 125/200 – ½ P 230/300.

BALARUC-LES-BAINS 34540 Hérault 🗟 ⑯ G. Gorges du Tarn – 5 047 h. alt. 4 – Stat. therm. (25 fév.-
14 déc.).

🚺 Office de Tourisme le Sevigné Thermal 𝒫 67 48 50 07.

Paris 784 – ◆Montpellier 29 – Agde 32 – Béziers 48 – Frontignan 8 – Lodève 66 – Sète 7.

🏠 **Arcadius** Ⓜ ❄️, quartier Pech Meja 𝒫 67 80 28 00, Télex 485625, Fax 67 48 55 52, ☜,
institut bio-marin, 🏊, 🌾 – 🛏 📺 ☎ & 🅿 – 🕍 40. ₪ ⓞ Ε ₪₪₪
R 110 🍴, enf. 50 – 🖙 40 – **58 ch** 210/335.

🏠 **Martinez et Moderne,** 2 r. M. Clavel 𝒫 67 48 50 22, ☜, 🌾 – 🍽 rest ☎ 🅿 Ε ₪₪₪ ❄️
fermé 15 janv. au 15 mars, dim. soir et lundi hors sais. – **R** 90/270 – 🖙 30 – **30 ch** 140/260.

❌❌ **St Clair,** quai Port 𝒫 67 48 48 91 – ₪ ₪₪₪
15 mars-15 déc. – **R** 95.

BALBIGNY 42510 Loire 🇫🇷 ⑱ – 2 469 h. alt. 334.

🎗 Syndicat d'Initiative à la Mairie ☎ 77 28 14 12.

Paris 420 – Roanne 30 – L'Arbresle 52 – ♦St-Étienne 47 – Thiers 62 – Villefranche-sur-Saône 63.

⚌ Paix avec ch, ☎ 77 28 11 49
7 ch.

BALDENHEIM 67 B.-Rhin 🇫🇷 ⑲ – rattaché à Sélestat.

BALDERSHEIM 68 H.-Rhin 🇫🇷 ⑩ – rattaché à Mulhouse.

Les nouveaux Guides Verts touristiques Michelin, c'est :

— *un texte descriptif plus riche,*

— *une information pratique plus claire,*

— *des plans, des schémas et des photos en couleurs,*

— *... et, bien sûr, une actualisation détaillée et fréquente.*

Utilisez toujours la dernière édition.

BÂLE (BASEL) 4000 Suisse 🇫🇷 ⑩ 🇫🇷 ④ G. Suisse– 180 463 h. alt. 273 – ✪ et les environs : de France 19-41-61, de Suisse 061.

Voir Cathédrale (Münster)** – <* CY – Jardin zoologique (Zoologischer Garten)*** AZ – Port (Hafen)🌂*, Exposition* T – Fontaine du Marché aux poissons (Fischmarktbrunnen)* BY – Vieilles rues* BY – Oberer Rheinweg <* CY – Musées : Beaux-Arts (Kunstmuseum)*** CY, Historique (Historisches Museum)* CY, d'Ethnographie (Museum für Völkerkunde)* CY M1, Kirschgarten (Haus zum Kirschgarten)* CZ, d'Art antique (Antikenmuseum)* CY – 🌂* de la tour de la Batterie (wasserturm) 3,5 km par ⑥ U.

🏌 privé ☎ 89 68 50 91 à Hagenthal-le-Bas (68-France) SO : 10 km.

🛬 de Bâle-Mulhouse ☎ 325 31 11, Bâle (Suisse) par la Zollfreie Strasse 8 km T et à Saint-Louis (68-France) ☎ 89 69 00 00.

🎗 Office de Tourisme Blumenrain 2/Schifflände ☎ 25 50 50 (à partir avril 1991 ☎ 261 50 50) Télex 963318 et à la Gare (Bahnhof) (mars-sept.) ☎ 22 36 84 – A.C. Suisse, Birsigstr. 4 ☎ 23 39 33 – T.C.S., Petrihof, Steinentorstr. 13 ☎ 23 19 55.

Paris 554 ⑧ – Bern 95 ⑤ – Freiburg 71 ① – ♦Lyon 400 ⑧ – ♦Mulhouse 35 ⑧ – ♦Strasbourg 145 ①.

Plans pages suivantes

Les prix sont donnés en francs suisses

🏨 **Trois Rois**, Blumenrain 8, ⌧ 4001 ☎ 261 52 52, Télex 962937, Fax 261 21 53, <, 🍴 –
🛗 ▤ 📺 ☎ 🅿 – 🔬 80. 🆎 ⓞ E 𝘝𝘐𝘚𝘈. 🍽 rest
BY **a**
Rôtisserie des Rois R 48/89 🍷 – **Rhy-Deck R** 15/35 🍷, enf. 12 – ⌤ 25 – **89 ch** 200/440, 8 appart.

🏨 **Plaza** Ⓜ, Riehenring 45 ⌧ 4058 ☎ 692 33 33, Télex 964439, Fax 691 56 33, 🔲 – 🛗 ⇆ ch
▤ 📺 ☎ 🕭 🛋 – 🔬 50. 🆎 ⓞ E 𝘝𝘐𝘚𝘈. 🍽 rest
DX **r**
Rôtisserie Plaza *(fermé dim.)* **R** carte 65 à 98 🍷, enf. 17 – **Grand Café R** carte 25 à 50 🍷 –
240 ch ⌤ 240/380, 3 appart.

🏨 **International** Ⓜ, Steinentorstrasse 25, ⌧ 4001 ☎ 281 75 85, Télex 962370, Fax 281 76
27, 🔲 – 🛗 ⇆ ch ▤ 📺 ☎ 🕭 – 🔬 230. 🆎 ⓞ E 𝘝𝘐𝘚𝘈
BZ **b**
Steinenpick R carte 40 à 80 🍷, enf. 11 – **Rôt. Charolaise R** carte 50 à 85 🍷 – **210 ch** ⌤ 190/375, 5 appart.

🏨 **Euler**, Centralbahnplatz 14, ⌧ 4002 ☎ 23 45 00, Télex 962215, Fax 22 50 00 – 🛗 ▤ rest
📺 ☎ 🛋 – 🔬 160. 🆎 ⓞ E 𝘝𝘐𝘚𝘈. 🍽 rest
CZ **a**
R carte 80 à 115 🍷 – ⌤ 16,50 – **55 ch** 225/395, 9 appart. 480/690.

🏨 **Hilton** Ⓜ, Aeschengraben 31, ⌧ 4002 ☎ 271 66 22, Télex 965555, Fax 271 52 20, 🔲 –
🛗 ⇆ ch ▤ 📺 ☎ 🕭 – 🔬 50 à 300. 🆎 ⓞ E 𝘝𝘐𝘚𝘈. 🍽 rest
CZ **d**
R 13/39 🍷 – ⌤ 19,50 – **217 ch** 185/310, 10 appart.

🏨 ✿ **Europe et rest. Quatre Saisons** Ⓜ, Clarastrasse 43, ⌧ 4005 ☎ 691 80 80, Télex
964103, Fax 691 82 01 – 🛗 ⇆ ch ▤ 📺 ☎ 🛋 – 🔬 40 à 100. 🆎 ⓞ E 𝘝𝘐𝘚𝘈.
🍽 rest
CX **k**
R *(fermé dim.)* 75/155 🍷 – **170 ch** ⌤ 135/250
Spéc. Crème d'artichauts et olives noires au carpaccio d'agneau, Blanc de turbot "Vaudoise", Pojarski de lapin à la truffe noire. Vins Maispracher.

🏨 **Schweizerhof**, Centralbahnplatz 1, ⌧ 4002 ☎ 271 28 33, Télex 962373, Fax 271 29 19,
🍴 – 🛗 ▤ 📺 ☎ 🅿 – 🔬 100. 🆎 ⓞ E 𝘝𝘐𝘚𝘈
CZ **n**
R carte 60 à 100 – **75 ch** ⌤ 140/250.

🏨 **Victoria** Ⓜ, Centralbahnplatz 3, ⌧ 4002 ☎ 271 55 66, Télex 962362, Fax 271 55 01 – 🛗
▤ rest 📺 ☎ 🅿 🆎 ⓞ E 𝘝𝘐𝘚𝘈
CZ **n**
R 30/50 🍷, enf. 12 –**110 ch** ⌤ 125/200.

tourner →

Mérian, Rheingasse 2 ⊠ 4058 ℘ 681 00 00, Télex 963537, Fax 681 11 01, ≼, 🖰 – |≡| 📺
🕿 ᕆ 🚗 – 🔬 25 à 100. 🖭 ⓪ 🖻 𝘝𝘐𝘚𝘈   CY **b**
R 25/45 ᕈ, enf. 9 – ⊆ 15 – **63 ch** 160/215.

Basel, Münzgasse 12, ⊠ 4051 ℘ 25 24 23, Télex 964199, Fax 25 25 95 – |≡| ≡ rest 📺
🕿. 🖭 ⓪ 🖻 𝘝𝘐𝘚𝘈   BY **x**
R carte 65 à 115 – **71 ch** ⊆ 145/280.

Métropol sans rest, Élisabethenanlage 5 ⊠ 4002 ℘ 22 77 21, Télex 962268, Fax 22 78 82
– |≡| 📺 🕿 – 🔬 40 à 120. 🖭 ⓪ 🖻 𝘝𝘐𝘚𝘈   CZ **a**
46 ch ⊆ 145/195.

Der Teufelhof Ⓜ, Leonhardsgraben 47 ⊠ 4051 ℘ 621 10 10, Fax 621 10 04, « Chambres
décorées par des artistes contemporains » – 🕿. 🖭 🖻 𝘝𝘐𝘚𝘈   BY **g**
fermé 1er au 14 janvier – **R** *(fermé 8 juil. au 18 août, 1er au 14 janv., dim. et lundi)* 85/155 –
8 ch ⊆ 155/240.

Krafft am Rhein ⏦, Rheingasse 12, ⊠ 4058 ℘ 691 88 77, Télex 964360, Fax 691 09 07,
≼, 🖰 – |≡| 📺 🕿. 🖭 ⓪ 🖻 𝘝𝘐𝘚𝘈   CY **z**
R 13/45 ᕈ, enf. 12 – **52 ch** ⊆ 90/240 – ½ P 95/155.

Muenchnerhof, Riehenring 75, ⊠ 4058 ℘ 691 77 80, Télex 964476, Fax 691 14 90 – |≡|
📺 🕿. 🖭 ⓪ 🖻 𝘝𝘐𝘚𝘈   CX **u**
R 12/60 ᕈ – ⊆ 8,50 – **40 ch** 50/240.

XXXX ✿✿ **Stucki,** Bruderholzallee 42, ⊠ 4059 ℘ 35 82 22, Fax 35 82 03, 🖈 , « Jardin fleuri »
– ⓟ. 🖭 ⓪ 🖻 𝘝𝘐𝘚𝘈   U **z**
fermé 29 juil. au 19 août, dim. et lundi – **R** 95/155 et carte, enf. 40
Spéc. Boudin noir aux reinettes (nov. à fév.). Côte de veau double ''crémolata''. Crêpe soufflée aux baies.
Vins Pinot noir de Pratteln.

XXX **Le Bourguignon,** Bachlettenstrasse 1 ⊠ 4054 ℘ 281 14 10, Fax 281 14 20 – ≡. 🖭 ⓪
🖻 𝘝𝘐𝘚𝘈. 🛠   BZ **t**
fermé 22 juil. au 12 août, sam. midi et dim. – **R** 65/110 ᕈ.

XXX **Zum Schützenhaus,** Schützenmattstrasse 56 ⊠ 4051 ℘ 272 67 60, Fax 272 65 86, 🖈 ,
« Ancien pavillon de chasse du 16e siècle » – ⓟ. 🖭 ⓪ 🖻 𝘝𝘐𝘚𝘈   AY **e**
fermé dim. et fêtes – **Garten Saal R** carte 75 à 120 – **Brasserie Le Schluuch R** carte environ
70.

XXX **Terrasse,** Haltingerstrasse 104 (5e étage) ⊠ 4057 ℘ 692 34 78 – ≡. 🖭 ⓪ 🖻 𝘝𝘐𝘚𝘈
fermé 15 juil. au 12 août, dim. et lundi – **R** 60/98.   CX **v**

XX **Donati,** St-Johannsvorstadt 48, ⊠ 4056 ℘ 322 09 19, 🖈 , cuisine italienne   BX **p**
fermé 10 juil. au 3 août, lundi et mardi – **R** carte 70 à 100 ᕈ.

XX **St Alban Eck,** St Alban Vorstadt 60 ⊠ 4052 ℘ 22 03 20, « Ambiance locale » – 🖭 ⓪
🖻 𝘝𝘐𝘚𝘈   CDY **t**
fermé 20 juil. au 12 août, 21 déc. au 6 janv., sam. et dim. – **R** carte 65 à 95 ᕈ.

X **Wirtshaus zum Schnabel,** Trillengässlein 2 ⊠ 4051 ℘ 261 49 09, « Bistrot typique » –
🖭 ⓪ 🖻 𝘝𝘐𝘚𝘈   BY **f**
fermé dim. et fêtes – **R** 10/36 ᕈ.

à Aesch par ⑥ : 10 km – ⊠ 4147 :

XX **Nussbaumer,** rte Klus-Rebberg : 1,5 km ℘ 78 16 85, Fax 78 37 04, 🖈 , « Au milieu des
vignes » – ⓟ. 🖭 ⓪ 🖻 𝘝𝘐𝘚𝘈
fermé 10 fév. au 12 mars, lundi et mardi – **R** 85/125 ᕈ, enf. 17.

à Binningen vers ⑦ : 2 km – ⊠ 4102 :

🛏 Schlüssel, Schlüsselgasse 1 ℘ 47 25 66, Fax 47 66 62, 🖈 – |≡| 🕿 ⓟ – 🔬 30   U **s**
27 ch.

XXX **Schloss Binningen,** Schlossgasse 5 ℘ 47 20 55, Fax 47 06 35, 🖈 , « Gentilhommière
du 16e siècle, bel intérieur, jardin » – ⓟ. 🖭 ⓪ 🖻 𝘝𝘐𝘚𝘈   U **r**
fermé 21 juil. au 12 août, dim. et lundi – **R** 88/120 ᕈ, enf. 28.

à Flüh par ⑦ : 10,5 km – ⊠ 4112 :

XX Martin, ℘ 75 10 02, 🖈 – ⓟ.

à Hofstetten par ⑦ : 13 km – ⊠ 4114 :

X **Landgasthof ''Rössli''** ⏦ avec ch, ℘ 75 10 47, 🖈 – ⓟ. 🖭 ⓪ 🖻 𝘝𝘐𝘚𝘈
fermé 15 janv. au 20 fév., merc. et jeudi – **R** 33/45 ᕈ, enf. 18 – **7 ch** ⊆ 40/80.

à l'aéroport de Bâle-Mulhouse par ⑧ : 8 km :

XX **Airport rest.,** 5e étage de l'aérogare, ≼ – ≡. 🖭 ⓪ 🖻 𝘝𝘐𝘚𝘈
Secteur Suisse, ⊠ 4030 Bâle ℘ 325 32 32, Fax 325 39 19 – 🖭 ⓪ 🖻 𝘝𝘐𝘚𝘈
R 54 ᕈ, enf. 10.
Secteur Français, ⊠ 68300 St-Louis ℘ 89 69 77 48, Fax 89 69 15 19 – 🖭 ⓪ 🖻 𝘝𝘐𝘚𝘈
R (en FF) 173 ᕈ, enf. 31.

Autres ressources hôtelières :

Voir *St-Louis* (France) NO : 5 km.

BASEL

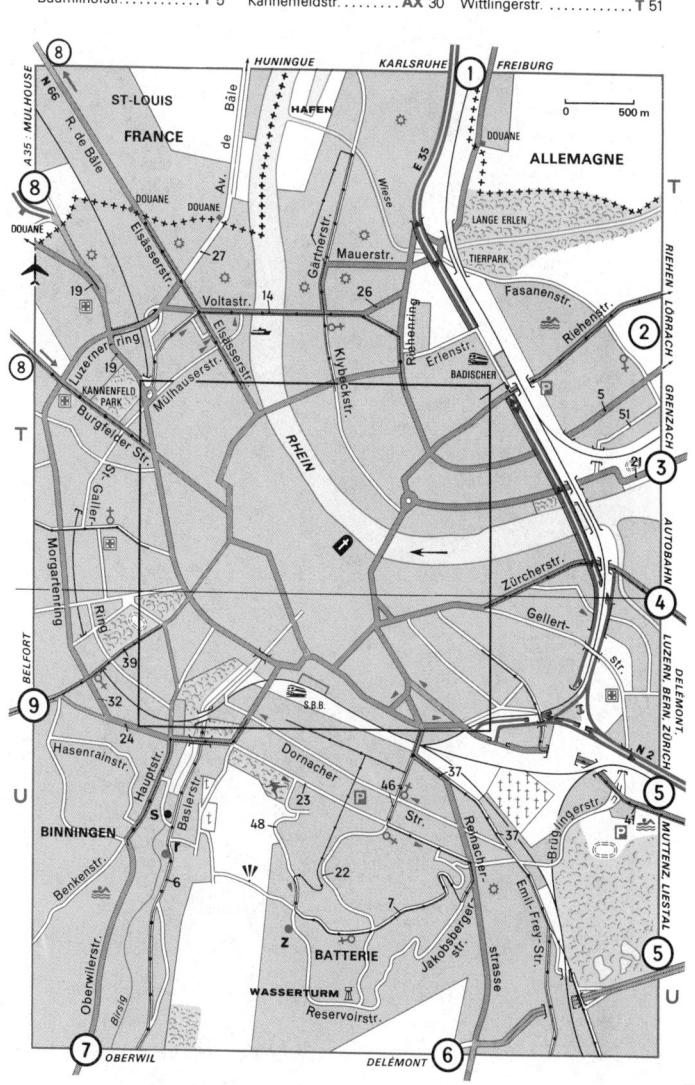

151

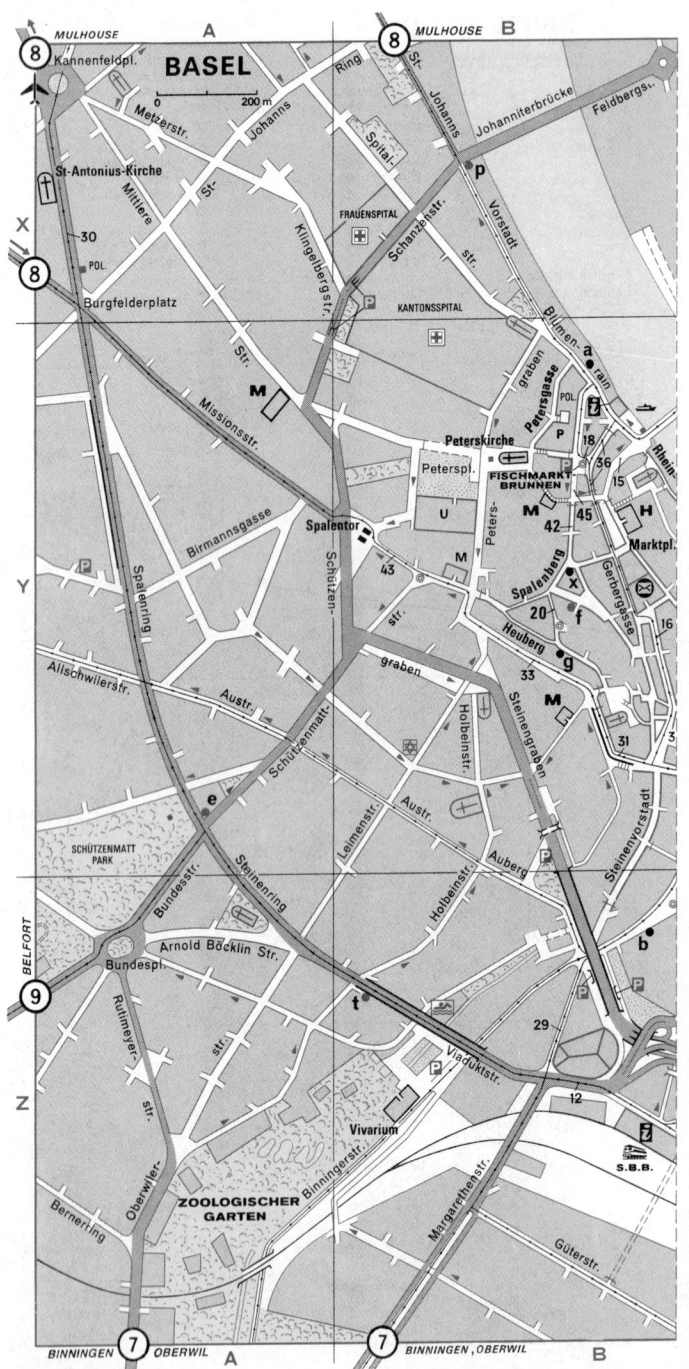

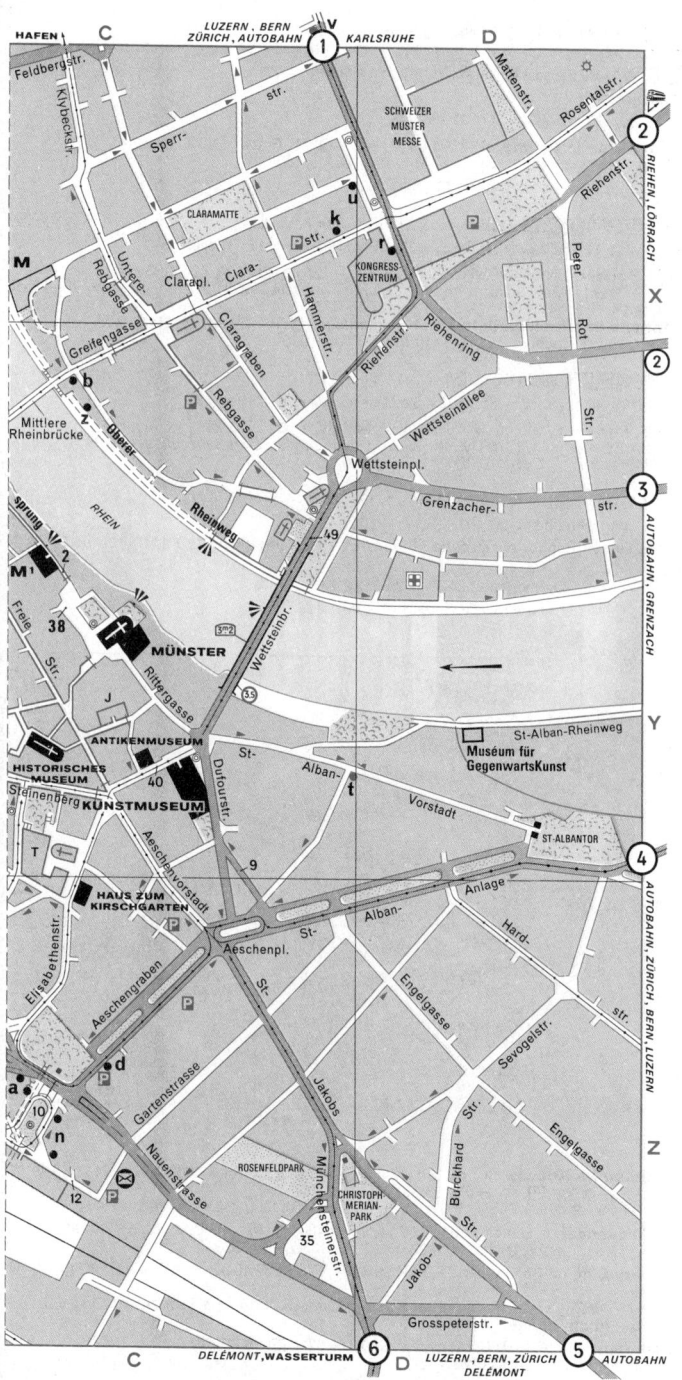

La BALEINE 50 Manche 🗺️ ⑧ – rattaché à Hambye.

BALLEROY 14490 Calvados 🗺️ ⑭ G. Normandie Cotentin – 780 h.

Voir Château★.

Paris 278 – Bayeux 15 – Caen 37 – St-Lô 21 – Vire 46.

XXX **Manoir de la Drôme,** 🞧 31 21 60 94, 🌫️ – 🅿️ 🝙 E 𝚅𝙸𝚂𝙰
fermé 7 janv. au 4 fév., dim. soir et lundi – **R** 115/180.

CITROEN Gar. du Bessin 🞧 31 21 60 11 🆖 🞧 31 21 69 59

La BALME-DE-SILLINGY 74330 H.-Savoie 🗺️ ⑥ – 1 996 h. alt. 487.

Paris 528 – Annecy 10 – Bellegarde-sur-Valserine 31 – Belley 59 – Frangy 15 – ◆Genève 45.

🏨 **Les Rochers,** N 508 🞧 50 68 70 07, ≤, 🌫️ – 📺 ☎ 🅿️ – 🔌 60, 🝙 E 𝚅𝙸𝚂𝙰
fermé 1ᵉʳ au 11 nov., janv., dim. soir et lundi hors sais. – **R** 80/240, enf. 42 – 🍽️ 34 – **26 ch**
190/270 – ½ P 210/280.
Annexe La Chrissandière,, ≤, « Jardin fleuri, 🏊 » – 📺 ☎ 🅿️. 🝙 E 𝚅𝙸𝚂𝙰
R voir H. **Les Rochers** – 🍽️ 34 – **10 ch** 320 – ½ P 310.

BAN-DE-LAVELINE 88520 Vosges 🗺️ ⑱ – 1 174 h. alt. 427.

Paris 402 – Colmar 49 – Épinal 62 – St-Dié 12 – Ste Marie-aux-Mines 15 – Sélestat 39.

X **Aub. Lorraine** avec ch, 🞧 29 51 78 17, 🌫️ , 🌫️ – ☎. 🝙 E 𝚅𝙸𝚂𝙰
fermé 23 sept. au 14 oct., 18 au 28 fév., dim. soir et lundi sauf juil.-août – **R** 85/158 🍴,
enf. 48 – 🍽️ 24 – **7 ch** 110/180 – ½ P 154/190.

BANDOL 83150 Var 🗺️ ⑭ G. Côte d'Azur – 6 713 h. alt. 1.

Voir Allées Jean-Moulin★ Z.

Accès dans l'Ile de Bendor par vedette 10 mn - En 1990 : voyageurs 18 F (AR) - 🞧 94 29 44 34
(Bandol).

🛈 Office de Tourisme allées Vivien 🞧 94 29 41 35, Télex 400383.

Paris 824 ① – ◆Toulon 17 ② – Aix-en-Provence 68 ② – ◆Marseille 51 ②.

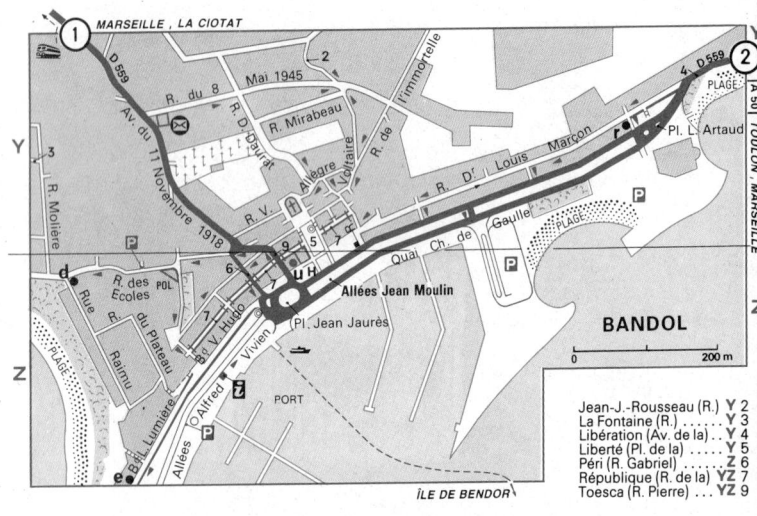

Jean-J.-Rousseau (R.)	**Y** 2
La Fontaine (R.)	**Y** 3
Libération (Av. de la)	**Y** 4
Liberté (Pl. de la)	**Y** 5
Péri (R. Gabriel)	**Z** 6
République (R. de la)	**YZ** 7
Toesca (R. Pierre)	**YZ** 9

🏨 **Pullman Ile Rousse** 🦪, bd L. Lumière 🞧 94 29 46 86, Télex 400372, Fax 94 29 49 49, ≤,
🌫️ , 🏊 – ☰ 📺 ☎ 🚐 – 🔌 60, 🝙 ⓞ E 𝚅𝙸𝚂𝙰   Z **e**
Les Oliviers R 185/340, enf. 100 – 🍽️ 75 – **53 ch** 760/1180 – ½ P 680/845.

🏨 **Le Provençal,** r. Écoles 🞧 94 29 52 11, Télex 400308, 🌫️ – 📺 ☎. 🝙 𝚅𝙸𝚂𝙰. 🍽️ ch
R *(Pâques-1ᵉʳ nov.)* 90 – 🍽️ 30 – **22 ch** 230/310 – ½ P 270/320.   Z **d**

🏨 **Réserve,** rte de Sanary par ② 🞧 94 29 42 71, Fax 94 32 48 92, ≤, 🌫️ – 📺 ☎ 🅿️. 🝙 ⓞ
E 𝚅𝙸𝚂𝙰
fermé 2 au 25 janv. – **R** *(fermé dim. soir et lundi du 1ᵉʳ nov. à Pâques)* 130/370, enf. 70 –
🍽️ 38 – **16 ch** 270/450 – ½ P 270/370.

🏨 **Baie** sans rest, 62 r. Dr L. Marçon 🞧 94 29 40 82 – 📺 ☎. E 𝚅𝙸𝚂𝙰   Y **r**
fermé janv. – 🍽️ 30 – **14 ch** 260/275.

154

🏠 **Les Galets,** par ② : 0,5 km *ℰ* 94 29 43 46, ≤, 🍽 – ☎ 🅿 ⓔ 𝑉𝐼𝑆𝐴 ⚘
hôtel : 25 mars-31 oct. ; rest. : 1er mai-30 sept. – **R** 115/186 – 🖵 25 – **21 ch** 126/220 –
½ P 203/250.

🏠 **Bel Ombra** ⚘, r. La Fontaine - Y *ℰ* 94 29 40 90, 🍽 – ☎, ⓔ 𝑉𝐼𝑆𝐴, ⚘ rest
hôtel : 1er avril-15 oct. ; rest. : 15 avril-15 oct. – **R** 95 – 🖵 34 – **21 ch** 220/260 – ½ P 225/260.

🏠 **Golf H.** sans rest, sur plage Rénecros par bd L. Lumière - Z *ℰ* 94 29 45 83, ≤ – ☎ 🅿, ⓔ
𝑉𝐼𝑆𝐴 ⚘
Pâques-fin oct. – 🖵 28 – **24 ch** 290/450.

XXX **Aub. du Port,** 9 allées J. Moulin *ℰ* 94 29 42 63, Fax 94 29 44 59, ≤, 🍽 – 🆎 ⓞ ⓔ 𝑉𝐼𝑆𝐴
R 165/295, enf. 70.   Z **u**

XX **Parc,** corniche Bonaparte par bd L. Lumière - Z *ℰ* 94 32 36 36, ≤, 🍽 – ⓔ 𝑉𝐼𝑆𝐴
fermé mi-janv. à mi-fév., mardi soir et merc. sauf le soir en juil.-août – **R** 82/228.

BANGOR 56 Morbihan 🄂🄃 ⑩ – voir à Belle-Ile-en-Mer.

BANNALEC 29380 Finistère 🄂🄂 ⑯ – 5 039 h. alt. 100.
Paris 529 – Quimper 35 – Carhaix-Plouguer 50 – Châteaulin 57 – Concarneau 25 – Pontivy 70.

au NE : 4,5 km par rte de St-Thurien et VO – ✉ **29380** Bannalec :

🏨 **Manoir du Ménec** Ⓜ, *ℰ* 98 39 47 47, Fax 98 39 46 17, « Manoir ⚘ dans la campagne »,
🖳 – 📺 ☎ 🅿 – 🏛 25 à 40. ⓔ 𝑉𝐼𝑆𝐴. ⚘
fermé 16 au 30 nov. et 15 au 29 fév. – **R** *(fermé dim. soir et lundi hors sais.)* 100/200,
enf. 65 – 🖵 30 – **10 ch** 400/450 – ½ P 550.

BANNEGON 18210 Cher 🄆🄉 ② – 297 h. alt. 180.
Paris 280 – Bourges 42 – Moulins 74 – St-Amand-Montrond 24 – Sancoins 18.

XXX **Aub. Moulin de Chaméron** ⚘ avec ch, SE : 3 km par D 76 et VO *ℰ* 48 61 83 80,
Fax 48 61 84 92, 🍽, « Moulin du 18e siècle et musée de la meunerie », 🏊, 🐎 – 📺 ☎
🕭 🅿 🆎 ⓔ 𝑉𝐼𝑆𝐴
5 mars-15 nov., 15 déc.-4 janv. et fermé mardi hors sais. – **R** 125/190 🍷, enf. 55 – 🖵 40 –
12 ch 280/400.

BANYULS-SUR-MER 66650 Pyr.-Or. 🄇🄅 ⑳ **G. Pyrénées Roussillon** – 4 250 h. alt. 1.
Voir ⚘** du cap Réderis E : 2 km.
🛈 Office de Tourisme av. République *ℰ* 68 88 31 58.
Paris 941 – ♦Perpignan 37 – Cerbère 10 – Port-Vendres 6.

🏨 **Le Catalan,** rte Cerbère *ℰ* 68 88 02 80, Fax 68 88 16 14, ≤ Banyuls et la côte, 🏊, 🎾 – 🛗
☎ 🅿, 🆎 ⓞ ⓔ 𝑉𝐼𝑆𝐴, ⚘ rest
1er mai-15 oct. – **R** 120/310, enf. 60 – 🖵 40 – **36 ch** 440 – ½ P 410.

🏨 **Solhotel** Ⓜ sans rest, Cap d'Osne *ℰ* 68 88 53 16, ≤ rner – 🛗 📺 ☎ 🔥 ⟷ 🅿
🖵 25 – **23 ch** 320/355.

🏨 **Les Elmes,** plage des Elmes *ℰ* 68 88 03 12, Fax 68 88 53 03, ≤, 🍽 – 🍽 ch 📺 ☎ 🅿. 🆎
ⓔ 𝑉𝐼𝑆𝐴
20 mars-15 oct. – **R** *(fermé merc. sauf du 15 juin au 15 sept.)* 80/235 🍷, enf. 45 – 🖵 38 –
21 ch 260/380 – ½ P 345/400.

XXX **Le Sardinal,** pl. Reig *ℰ* 68 88 30 07, 🍽 – 🍽, 🆎 ⓔ 𝑉𝐼𝑆𝐴
fermé nov., dim. soir et lundi du 15 sept. au 15 juin – **R** 90/300, enf. 55.

XX **La Pergola** avec ch, av. Fontaulé *ℰ* 68 88 02 10 – 🚗, 🆎 ⓔ 𝑉𝐼𝑆𝐴
◆ *hôtel : fermé 17 déc. au 1er avril ; rest. : fermé 17 déc. au 3 fév. –* **R** 70/240, enf. 30 – 🖵 25
– **17 ch** 190/300 – ½ P 230/250.

BAPAUME 62450 P.-de-C. 🄅🄃 ⑫ – 4 085 h. alt. 121.
Paris 155 – ♦Amiens 47 – Arras 27 – Cambrai 29 – Douai 42 – Doullens 49 – St-Quentin 48.

🏠 **Paix,** av. A.-Guidet *ℰ* 21 07 11 03 – ☎ ⟷ 🅿, 🆎 ⓞ ⓔ 𝑉𝐼𝑆𝐴, ⚘
◆ *fermé 1er au 15 août et 20 déc. au 4 janv. –* **R** *(fermé sam.)* 62/130 🍷, enf. 50 – 🖵 24 –
16 ch 125/240 – ½ P 150/200.

La BARAQUE 63 P.-de-D. 🄍🄃 ⑭ – rattaché à Clermont-Ferrand.

BARAQUEVILLE 12160 Aveyron 🄏🄀 ② – 2 589 h. alt. 791.
Paris 642 – Rodez 19 – Albi 59 – Millau 74 – Villefranche-de-Rouergue 43.

🏨 **Segala Plein Ciel** ⚘, rte Albi *ℰ* 65 69 03 45, Fax 65 70 14 54, ≤, 🏊, 🐎, 🎾 – 🛗 📺
☎ 🅿 – 🏛 300. ⓔ 𝑉𝐼𝑆𝐴, ⚘ ch
fermé vend. soir, dim. soir et lundi hors sais. – **R** 80/250 – 🖵 30 – **45 ch** 180/315 –
½ P 250/280.

PEUGEOT-TALBOT Sacrispeyre *ℰ* 65 69 00 43 🄽

BARBAZAN 31510 H.-Gar. 86 ① – 386 h. alt. 450.

Paris 810 – Bagnères-de-Luchon 31 – Lannemezan 24 – St-Gaudens 13 – Tarbes 59 – ♦Toulouse 103.

🏨 **Host. de l'Aristou** ॐ, rte Sauveterre ℰ 61 88 30 67, ≼, 🏤 – 📺 🕾 🅿 – 🚗 40. ஊ ⓞ ⋿ VISA
fermé nov. – **R** (fermé dim. soir du 1er déc. au 30 avril) 105/190, enf. 60 – ⌂ 35 – **9 ch** 350 – ½ P 250/350.

au hameau de Burs NO : 3 km par D 33 et VO – ⊠ 31510 Barbazan :

🏨 **Panoramique** M ॐ, ℰ 61 88 35 23, ≼ Pyrénées, 🏤, 🌾 – 🕾 🅿 – 🚗 30. ⋿ VISA. 🌿 rest
hôtel : fermé dim. soir sauf vacances scolaires ; rest. : fermé lundi sauf vacances scolaires – **R** 85/200 – ⌂ 30 – **20 ch** 220/250 – ½ P 220.

La BARBEN 13 B.-du-R. 84 ② – rattaché à Salon-de-Provence.

BARBENTANE 13570 B.-du-R. 83 ⑩ G. Provence – 3 249 h. alt. 52.

Voir Décoration intérieure★ du château – Abbaye St-Michel-de-Frigolet : boiseries★ de la chapelle N. -D.-du-Bon-Remède S : 5 km – 🛈 Syndicat d'Initiative à la Mairie ℰ 90 95 50 39.

Paris 695 – Avignon 9,5 – Arles 33 – ♦Marseille 105 – Nîmes 40 – Tarascon 15.

🏨 **Castel Mouisson** ॐ sans rest, quartier Castel-Mouisson, par rte Rognonas : 1,5 km ℰ 90 95 51 17, 🏊, 🌾, 🌿 – 🕾 🅿. 🌿
15 mars-15 oct. – ⌂ 28 – **16 ch** 230/260.

🏠 **Négociants** sans rest, ℰ 90 95 52 45
⌂ 25 – **10 ch** 135/170.

BARBEREY-ST-SULPICE 10 Aube 61 ⑯ – rattaché à Troyes.

BARBEZIEUX 16 Charente 72 ⑫ G. Poitou Vendée Charentes – 5 067 h. alt. 79 – ⊠ 16300 Barbezieux-St-Hilaire – 🛈 Syndicat d'Initiative pl. Château (15 juin-16 sept.) ℰ 45 78 02 54.

Paris 476 – Angoulême 33 – ♦Bordeaux 83 – Cognac 34 – Jonzac 23 – Libourne 67.

🏠 **Bon Repos** M sans rest, rte Angoulême, 1,5 km ℰ 45 78 01 92, Fax 45 78 89 81 – 📺 🕾 ⟺ 🅿 – 🚗 60. VISA
⌂ 25 – **16 ch** 220/260.

%% **La Boule d'Or** avec ch, 9 bd Gambetta ℰ 45 78 22 72, 🏤, 🌾 – 🕾 ⟺ – 🚗 40. ஊ ⓞ VISA
Z a
fermé 21 au 25 déc., dim. soir et sam. midi en hiver – **R** 75/230, enf. 60 – ⌂ 30 – **27 ch** 175/230 – ½ P 290/345.

% **Vieille Auberge**, 5 ter bd Gambetta ℰ 45 78 02 61 – ஊ ⓞ ⋿ VISA
➔ fermé lundi de sept. à juin – **R** 65/185 ⅊, enf. 40.

à Bois-Vert S : 11 km sur N 10 – ⊠ 16360 Baignes-Ste-Radegonde :

🏨 **La Venta**, ℰ 45 78 40 95, parc, 🏊, 🌾 – 🅿 – 🚗 30. ⋿ VISA
➔ fermé 20 déc. au 5 janv., vend. soir et sam. midi d'oct. à mars – **R** 55/110 ⅊ – ⌂ 25 – **23 ch** 130/190 – ½ P 153/173.

RENAULT Cholet, av. Vergnes ℰ 45 78 11 66   🛞 Charente-Pneus, St-Hilaire ℰ 45 78 03 58
🅽 ℰ 45 24 76 27

BARBIZON 77630 S.-et-M. 61 ①②, 106 ㊺ G. Ile de France – 1 273 h. alt. 80.

Voir Gorges d'Apremont★ : Grand Belvédère★ E : 4 km puis 15 mn.

🛈 Office de Tourisme Grande Rue ℰ (1) 60 66 41 87.

Paris 57 – Fontainebleau 9,5 – Étampes 39 – Melun 11 – Pithiviers 47.

🏨🏨 **Bas-Bréau** M ॐ, ℰ (1) 60 66 40 05, Télex 690953, Fax (1) 60 69 22 89, 🏤, parc, « Jardin fleuri », 🏊, 🌾 – 📺 🕾 ⟺ 🅿 – 🚗 30. ஊ ⋿ VISA
fermé 2 janv. au 2 fév. – **R** carte 400 à 600 – ⌂ 80 – **12 ch** 900/1400, 8 appart. 1600/2700
Spéc. Langouste "puce" rôtie au sel de Guérande, Grouse d'Ecosse rôtie (15 août au 31 déc.), Noisettes de chevreuil aux quatre garnitures (oct. à fév.).

%%% **Les Pléiades** ॐ avec ch, ℰ (1) 60 66 40 25, Télex 691753, 🏤, 🌾 – 📺 🕾 ⟺ 🅿 – 🚗 40. ஊ ⓞ ⋿ VISA
R 155/235, enf. 90 – ⌂ 45 – **22 ch** 320/420 – ½ P 450.

%%% **Host. Clé d'Or** ॐ avec ch, ℰ (1) 60 66 40 96, Télex 691636, Fax (1) 60 66 42 71, 🏤, 🌾 – 📺 🕾 🅿 – 🚗 25. ஊ ⓞ ⋿ VISA
fermé 16 au 30 déc. – **R** (fermé dim. soir et lundi midi d'oct. à avril) 165/215, enf. 80 – ⌂ – **15 ch** 350/430.

%% **L'Angélus**, ℰ (1) 60 66 40 30, 🏤 – 🅿. ஊ ⓞ ⋿ VISA
fermé 1er au 12 août, vacances de fév., mardi soir et merc. – **R** 145.

% **Le Relais de Barbizon**, ℰ (1) 60 66 40 28, 🏤 – ⋿ VISA
fermé 16 au 30 août, 17 déc. au 3 janv., mardi et merc. – **R** 125/155.

sur la N 7, à l'orée de la forêt E : 1,5 km – ⊠ 77630 Barbizon :

%%% **Grand Veneur**, ℰ (1) 60 66 40 44, « Ancien pavillon de chasse, cuisine à la broche » – 🅿. ஊ ⓞ ⋿ VISA
fermé 24 juil. au 23 août, merc. soir et jeudi sauf fériés – **R** carte 260 à 400.

BARBOTAN-LES-THERMES 32 Gers 🔢 ⑫ G. Pyrénées Aquitaine– alt. 136 – Stat. therm. (fin fév.-début déc.) – ⊠ **32150** Cazaubon.

🛈 Office de Tourisme pl. Armagnac 🕿 62 69 52 13.

Paris 713 – Mont-de-Marsan 44 – Aire-sur-l'Adour 36 – Auch 72 – Condom 36 – Marmande 70 – Nérac 43.

🏨 **La Bastide Gasconne** 🦢, 🕿 62 69 52 09, Télex 521009, Fax 62 69 51 97, 🍴, 🏊, 🎾, ⚄ – 📺 🕿 🅿 – 🔬 50. 🅰🅴 🅴 𝚅𝙸𝚂𝙰. ⚄ rest
  23 mars-31 oct. – **R** 190/300, enf. 80 – ⌧ 55 – **36 ch** 390/580.

🏨 **Château de Bégué** 🦢, SO : 2 km par D 656 🕿 62 69 50 08, Fax 62 69 57 25, parc, 🏊 – 📺 🕿 🅿 𝚅𝙸𝚂𝙰. ⚄ rest
  2 mai-30 sept. – **R** *(fermé lundi)* 90/140 – ⌧ 30 – **11 ch** 289/366 – ½ P 292/313.

🏨 **Paix,** 🕿 62 69 52 06, 🏊, 🍴 – 🕿 🅿 🅴 𝚅𝙸𝚂𝙰. ⚄
  4 avril-24 nov. – **R** 90/140 – ⌧ 26 – **32 ch** 250/340 – P 300/360.

🏨 **Aubergade** 🅼, 🕿 62 69 55 43, 🍴 – 📺 🕿. 🅰🅴 𝚅𝙸𝚂𝙰. ⚄ ch
  fermé 1er déc. au 31 janv. – **R** 90/250 – ⌧ 30 – **19 ch** 220/380 – P 295/375.

🏨 **Ambassade Gourmande,** 🕿 62 69 53 75, 🍴 – 🕿 🅿. 🅰🅴 🅾 🅴 𝚅𝙸𝚂𝙰. ⚄ rest
  1er mars-30 nov. – **R** *(fermé mardi)* 150/230, enf. 90 – ⌧ 30 – **17 ch** 240/290 – ½ P 240/250.

🏨 **Cante Grit,** 🕿 62 69 52 12 – 🕿 🅿. 🅰🅴 🅴 𝚅𝙸𝚂𝙰. ⚄ rest
  15 avril-31 oct. – **R** 95/110 – ⌧ 35 – **23 ch** 185/310 – P 345/400.

🏨 **Beauséjour,** 🕿 62 69 52 01, 🍴 – 🕿 🅿. ⚄
  avril-oct. – **R** 100, enf. 40 – ⌧ 25 – **31 ch** 150/250 – ½ P 260/310.

🏨 **Roseraie,** 🕿 62 69 53 26, 🍴, 🍴 – 📺 🕿 🅿 🅴 𝚅𝙸𝚂𝙰. ⚄ rest
  début avril-fin oct. – **R** 58/150 – ⌧ 29 – **30 ch** 155/235 – P 305/360.

  à Cazaubon SO : 3 km par D 626 – ⊠ **32150** :

🏨 **Château Bellevue** 🦢, 🕿 62 09 51 95, Télex 521429, 🍴, « Dans un parc », 🏊 – 📺 📺 🕿 🅿. 🅰🅴 🅾 🅴 𝚅𝙸𝚂𝙰. ⚄
  fermé 31 déc. au 1er mars, mardi soir et merc. en déc. – **R** 140/300 – ⌧ 40 – **20 ch** 210/420 – P 360/425.

Le BARCARÈS 66420 Pyr.-Or. 🔢 ⑩ – 2 221 h. alt. 1 – Casino à Port-Barcarès.

🛈 Office de Tourisme Front de Mer 🕿 68 86 16 56, Télex 506133 et Centre Culturel Cocteau/Marais (Pâques-sept.) 🕿 68 86 18 23.

Paris 895 – ♦ Perpignan 21 – Narbonne 64 – Quillan 84.

  à Port-Barcarès - G. Pyrénées Roussillon

🏨 Hélios 🅼, 🕿 68 86 32 82, Télex 506194, Fax 68 86 01 24, 🍴, centre de thalassothérapie, 🏊 – 📺 📺 🕿 ♿ 🅿 – 🔬 30
  50 ch.

RENAULT Gar. Castay, bd 14-Juillet 🕿 68 86 10 35

BARCELONNETTE ◆ 04400 Alpes-de-H.-P. 🔢 ⑧ G. Alpes du Sud – 3 314 h. alt. 1 132 – Sports d'hiver au Sauze SE : 4 km, à Super-Sauze SE : 10 km et à Pra-Loup SO : 8,5 km.

Voir Portail Sud★ de l'église de St-Pons NO : 2 km.

🛈 Office de Tourisme pl. F.-Mistral 🕿 92 81 04 71, Télex 401950.

Paris 739 – Gap 69 – Briançon 85 – Cannes 221 – Cuneo 100 – Digne 86 – ♦ Nice 209.

🏨 **Azteca** 🅼 sans rest, 3 r. F. Arnaud 🕿 92 81 46 36, Fax 92 81 43 92, « Mobilier et objets de l'artisanat mexicain » – 📺 🕿 ♿ 🅿 – 🔬 70. 🅰🅴 🅾 🅴 𝚅𝙸𝚂𝙰
  ⌧ 30 – **27 ch** 320/450.

🍴🍴 **Le Passe-Montagne,** SO : 3 km rte Cayolle 🕿 92 81 08 58, 🍴, 🍴 – 🅿. 🅰🅴 🅾 🅴 𝚅𝙸𝚂𝙰
  fermé 15 nov. au 15 déc. et merc. sauf fériés et vacances scolaires – **R** 102/190, enf. 45.

🍴🍴 **La Mangeoire,** pl. 4-Vents (près Église) 🕿 92 81 01 61, 🍴 – 🅴 𝚅𝙸𝚂𝙰
  fermé 7 au 20 janv. et lundi sauf vacances scolaires – **R** 75/245.

  au Sauze SE : 4 km par D 900 et D 209 – alt. 1 380 – Sports d'hiver : 1 400/2 450 m ⛷24 – ⊠ **04400** Barcelonnette

🏨 **Alp'H.** 🅼 🦢, 🕿 92 81 05 04, Télex 420437, Fax 92 81 45 84, ≼, 🍴, 🎿, 🏊, 🍴 – 📺 cuisinette 📺 🕿 🚗 🅿 – 🔬 30. 🅰🅴 🅾 🅴 𝚅𝙸𝚂𝙰
  fermé 12 au 25 mai et 26 oct. au 10 déc. – **R** 110/120, enf. 55 – ⌧ 40 – **24 ch** 385/425, 10 appart. 480 – ½ P 330/345.

🏨 **L'Équipe,** 🕿 92 81 05 12 – 🕿 🚗 🅿 𝚅𝙸𝚂𝙰. ⚄ rest
  20 juin-15 sept. et 20 déc.-15 avril – **R** 95/110 – ⌧ 30 – **24 ch** 200/260 – ½ P 230/260.

🏨 **Soleil des Neiges,** 🕿 92 81 05 01, Télex 405879, Fax 92 81 28 65, ≼, 🍴 – 🕿 🅿. 🅰🅴 🅾 🅴 𝚅𝙸𝚂𝙰. ⚄ rest
  15 juin-30 sept., 15 déc.-15 mai et week-ends fériés – **R** 130/180, enf. 65 – ⌧ 35 – **30 ch** 160/350 – ½ P 255/315.

🏨 **Les Flocons,** 🕿 92 81 05 03, ≼ – 🕿. 🅰🅴 🅴 𝚅𝙸𝚂𝙰
  1er juin-15 sept. et 1er déc.-1er mai – **R** 70/160, enf. 50 – ⌧ 30 – **20 ch** 220/250 – ½ P 220/260.

à Super-Sauze S : 10 km par D 9 et D 9A – alt. 1 700 – Sports d'hiver : voir au Sauze – ⊠ **04400** Barcelonnette :

🏨 **Pyjama** Ⓜ ⑤ sans rest, *&* 92 81 12 00, ≼ – 📺 ☎ 🅿 🕮 ⑩
25 juin-4 sept. et 20 déc.-20 avril – 😐 38 – **10 ch** 280/420, 4 studios 540.

🏠 **Op Traken** ⑤, *&* 92 81 05 22, ≼, 🛖 – 🐴. ⑩ 🖪 *VISA*
15 juin-15 sept. et 15 déc.-5 mai – **R** 75/115, enf. 40 – 😐 38 – **12 ch** 260/340 – ½ P 360/380.

à Pra-Loup SO : 8,5 km par D 902 et D 109 – alt. 1 600 – Sports d'hiver : 1 500/2 600 m ≼3 ≴25 – ⊠ **04400** Barcelonnette.

🅰 Office de Tourisme La Maison de Pra-Loup *&* 92 84 10 04.

🏠 **Le Prieuré de Molanès,** à Molanès *&* 92 84 11 43, 🛖 , ⟂, 🐴 – 📺 ☎. 🕮 🖪 *VISA*
fermé du 1er oct. au 30 nov. – **R** 79/198, enf. 45 – 😐 27 – **16 ch** 280/330 – ½ P 250/370.

✕ **La Tisane,** Chenonceau 1 *&* 92 84 10 55 – 🖪 *VISA*
20 juin-1er sept., vacances de nov. et 15 déc.-30 avril – **R** 105/145.

CITROEN Gar. de la Gravette *&* 92 81 01 66

PEUGEOT-TALBOT Gar. de l'Ubaye, ZI du Chazelas *&* 92 81 02 45 🇳 *&* 92 81 02 45

BARCUS 64130 Pyr.-Atl. 🔢 ⑤ – 916 h. alt. 210.

Paris 822 – Pau 49 – Mauléon-Licharre 15 – Oloron-Ste-Marie 16 – St-Jean-Pied-de-Port 55.

✕✕ **Chilo** avec ch, *&* 59 28 90 79, 🐴 – 🅿. 🖪 *VISA*
fermé janv. et merc. sauf du 14 juil. au 30 août – **R** 80/250 ⅄, enf. 55 – 😐 25 – **11 ch** 90/200 – ½ P 150/190.

BARÈGES 65120 H.-Pyr. 🔢 ⑱ G. Pyrénées Aquitaine – 344 h. alt. 1 250 – Stat. therm. (mi mai-mi oct.) – Sports d'hiver : 1 250/2 350 m ≴1 ≴22.

🅰 Office de Tourisme *&* 62 92 68 19, Télex 521995.

Paris 840 – Pau 80 – Arreau 54 – Bagnères-de-Bigorre 40 – Lourdes 38 – Luz-St-Sauveur 7 – Tarbes 58.

🏠 **Central,** *&* 62 92 68 05, Fax 62 92 66 40, 🛖 , 🐴 – 📺 ☎. 🕮 ⑩ 🖪 *VISA*. 🛠 rest
hôtel : 1er juin-15 déc. ; rest. : 25 juin-15 déc. – **R** 75/160 – 😐 28 – **20 ch** 220/280 – ½ P 260/285.

🏠 **Richelieu,** *&* 62 92 68 11, Fax 62 92 66 00 – 🛗 ☎. 🕮 🖪 *VISA*
15 juin-21 sept. et 23 déc.-1er avril – **R** 70/150, enf. 45 – 😐 42 – **34 ch** 200/250 – ½ P 195.

BAREMBACH 67 B.-Rhin 🔢 ⑧ – rattaché à Schirmeck.

BARENTIN 76360 S.-Mar. 🔢 ⑥ G. Normandie Vallée de la Seine – 12 776 h. alt. 75.

Paris 156 – ◆Rouen 17 – Dieppe 49 – Duclair 10 – Yerville 15 – Yvetot 19.

🏠 **Campanile,** N 15 *&* 35 92 64 04, Télex 771680 – ☎ ⅙ 🅿 – 🏛 25. 🖪 *VISA*
R 74 bc/98 bc, enf. 39 – 😐 27 – **49 ch** 248 – ½ P 225/249.

✕✕ **Aub. Gd Saint-Pierre,** 19 av. V. Hugo *&* 35 91 03 37 – 🅿. 🖪 *VISA*
fermé 29 juil. au 19 août, 20 janv. au 3 fév., dim. soir et lundi – **R** 85/145, enf. 45.

RENAULT Roussel, r. A.-Briand *&* 35 91 10 52 🇳
RENAULT Sellier, av. E.-Zola *&* 35 91 11 60

V.A.G Barbier, 32 av. V.-Hugo *&* 35 91 22 64

BARFLEUR 50760 Manche 🔢 ③ G. Normandie Cotentin – 630 h.

Voir Phare de la Pointe de Barfleur : 🌾★★ N : 4 km.

🅰 Office de Tourisme rond-point Guillaume le Conquérant *&* 33 54 02 48.

Paris 358 – ◆Caen 117 – Carentan 48 – Cherbourg 27 – St-Lô 76 – Valognes 25.

🏠 **Conquérant** sans rest, *&* 33 54 00 82, « Jardin à la française » – 📺 ☎. 🖪 *VISA*. 🛠
fermé 15 nov. au 15 déc. et 2 au 31 janv. – 😐 30 – **17 ch** 150/310.

✕ **Moderne** avec ch, *&* 33 23 12 44 – 🖪 *VISA*
fermé 1er fév. au 15 mars, mardi et merc. du 15 sept. au 31 janv. – **R** 70/165, enf. 56 – 😐 20 – **8 ch** 100/200 – ½ P 200.

CITROEN Pesnelle, à Anneville-en-Saire *&* 33 54 00 77 🇳

BARGEMON 83830 Var 🔢 ⑦ G. Côte d'Azur – 1 110 h. alt. 465.

Paris 881 – Castellane 43 – Comps-sur-Artuby 20 – Draguignan 21 – Grasse 44.

✕ **Maître Blanc,** *&* 94 76 60 24 – 🍽. 🕮 ⑩ 🖪 *VISA*
fermé 2 au 31 janv. – **R** 68/160.

BARJAC 48000 Lozère 🔢 ⑤ – 544 h. alt. 666.

Paris 584 – Mende 14 – Millau 83 – Rodez 95 – St-Flour 83.

✕ **Midi** avec ch, *&* 66 47 01 02 – ☎. 🖪 *VISA*
fermé 15 janv. au 15 fév., vend. soir et sam. du 15 sept. à Pâques – **R** 50/150 ⅄ – 😐 25 – **18 ch** 150/200 – ½ P 180.

BARJOLS 83670 Var 𝟾𝟺 ⑤ G. Côte d'Azur – 2 016 h. alt. 288.

🛈 Syndicat d'Initiative bd Grisolle (juin-sept.) ℘ 94 77 20 01 et à la Mairie ℘ 94 77 07 15.

Paris 813 – Aix-en-Provence 64 – Brignoles 22 – Digne 86 – Draguignan 45 – Manosque 51.

🏠 **Pont d'Or**, rte St-Maximin ℘ 94 77 05 23 – 📺 ☎ ⬚, 🅴 𝚅𝙸𝚂𝙰
fermé 1er déc. au 15 janv. – **R** *(fermé lundi du 1er oct. à mi-juin et dim. soir du 1er nov. au 12 avril)* 75/170 – 🖃 25 – **16 ch** 150/270 – ½ P 193/210.

RENAULT Penal ℘ 94 77 00 51   Inaudi ℘ 94 77 06 13

BAR-LE-DUC 🅿 55000 Meuse 𝟨𝟸 ① G. Champagne – 20 029 h. alt. 184.

Voir Ville haute★ : "le Squelette" (statue)★★ dans l'église St-Étienne AZ.

🛈 de Combles-en-Barrois ℘ 29 45 16 03, par ④ : 5 km – 🛈 Office de Tourisme 5 r. Jeanne d'Arc ℘ 29 79 11 13 et pl. St-Pierre (juin-sept.) ℘ 29 76 38 65 – A.C. 14 r. A.-Maginot ℘ 29 45 27 97.

Paris 218 ④ – Châlons-sur-Marne 70 ④ – Charleville-Mézières 140 ④ – Épinal 141 ② – ◆Metz 98 ① – ◆Nancy 83 ② – Neufchâteau 73 ② – ◆Reims 122 ④ – St-Dizier 24 ③ – Verdun 56 ①.

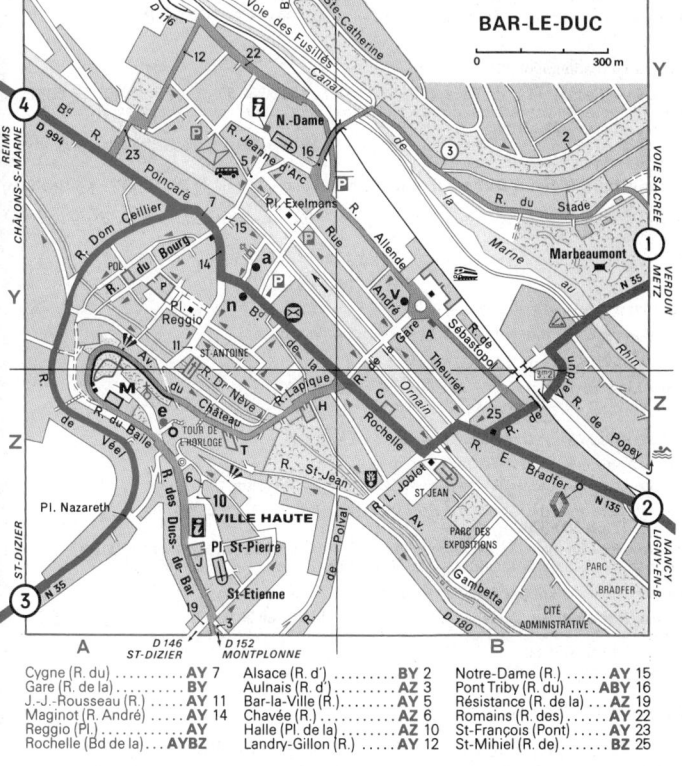

Cygne (R. du) .... **AY** 7	Alsace (R. d') .... **BY** 2	Notre-Dame (R.) ...... **AY** 15
Gare (R. de la) .... **BY**	Aulnais (R. d') .... **AZ** 3	Pont Triby (R. du) .... **ABY** 16
J.-J.-Rousseau (R.) ..... **AY** 11	Bar-la-Ville (R.) .... **AY** 5	Résistance (R. de la) ... **AZ** 19
Maginot (R. André) .... **AY** 14	Chavée (R.) .... **AZ** 6	Romains (R. des) ...... **AY** 22
Reggio (Pl.) .... **AY**	Halle (Pl. de la) .... **AZ** 10	St-François (Pont) ..... **AY** 23
Rochelle (Bd de la) ... **AYBZ**	Landry-Gillon (R.) ..... **AY** 12	St-Mihiel (R. de) .... **BZ** 25

🏠 **Gd. H. Metz et Commerce,** 17 bd La Rochelle ℘ 29 79 02 56, Fax 29 79 64 47, 🌳 – 📺
☎ – 🔏 40 à 100. 🅴 𝚅𝙸𝚂𝙰   AY **n**
fermé dim. (sauf le midi de sept. à juin) – **R** 85/180 – 🖃 28 – **45 ch** 115/230.

🏠 **Gare** Ⓜ, 2 pl. République ℘ 29 79 01 45, Fax 29 76 39 19 – 📺 ☎ ⬚ – 🔏 30 à 100. 🅰🅴
➡ 🅴 𝚅𝙸𝚂𝙰 ❄   BY **v**
R 60/150 ⅃ – 🖃 30 – **45 ch** 210/300.

XX **Meuse Gourmande,** 1 r. F. de Guise (Ville Haute) ℘ 29 79 28 40, �། – 🅰🅴 ⓪ 🅴 𝚅𝙸𝚂𝙰
R (nombre de couverts limité - prévenir) 98/158 ⅃.   AZ **e**

à Trémont-sur-Saulx par ③ et D 3 : 9,5 km – ⊠ **55000** :

🏠 **Aub. de la Source** Ⓜ ♨, ℘ 29 75 45 22, Fax 29 75 48 55, 🌳 – 📺 ☎ 🅿 – 🔏 30. 🅰🅴
🅴 𝚅𝙸𝚂𝙰, ❄ rest
fermé 4 au 25 août, 21 déc. au 7 janv., dim. soir et lundi midi – **R** 80/280 ⅃, enf. 60 – 🖃 28
– **25 ch** 235/430 – ½ P 300/350.

159

ALFA ROMEO TOYOTA Poincaré Automobile, 1 bis et 16 bd Poincaré ✆ 29 45 26 62
CITROEN Gd Gar. Lorrain, rte de Reims à Fains-Veel par ④ ✆ 29 45 30 22
FIAT Gar. Marinoni, 38 r. J.-d'Arc ✆ 29 76 22 65
FORD Goullet Autom., 41 bd R. Poincaré ✆ 29 45 36 36
PEUGEOT-TALBOT Gar. Billet, 83 r. Bradfer par ② ✆ 29 79 01 30
RENAULT Gar. Central, Parc Bradfer ✆ 29 79 40 66 🅽 ✆ 29 76 52 58

⊛ Barrois Pneus, 22 av. 94ème-RI ✆ 29 79 27 67
Barrois-Pneus, 31 r. Bradfer ✆ 29 79 13 01
Tiffay Pneus, r. Lieutenant-Levasseur ✆ 29 76 10 69

BARNEVILLE-CARTERET **50270** Manche 54 ① **G. Normandie Cotentin** (plan) – 2 327 h. alt. 43.

ℹ Office de Tourisme r. des Écoles ✆ 33 04 90 58 et à Carteret, pl. Flandres-Dunkerque (Pâques-sept.) ✆ 33 04 94 54.

Paris 353 – ◆Caen 113 – Carentan 43 – Cherbourg 37 – Coutances 48 – St-Lô 63.

à Barneville-Plage

Voir Décoration romane★ de l'église.

🏨 **Les Isles** ⛰, ✆ 33 04 90 76, <, 🌳 – ☏. AE E VISA
fermé 11 nov. au 5 fév. – **R** 79/230, enf. 38 – ☕ 30 – **34 ch** 250/285 – ½ P 200/265.

à Carteret.

Voir Table d'orientation <★.

🏨 ✿ **Marine** (Cesne), 11 r. de Paris ✆ 33 53 83 31, Fax 33 53 39 60, < – 📺 ☎ 🅿. ⓓ E VISA
7 fév.-7 nov. – **R** *(fermé lundi midi sauf juil.-août, dim. soir et lundi en oct. et fév.)* 105/350, enf. 65 – ☕ 35 – **29 ch** 320/420 – ½ P 315/355
Spéc. Saint-Pierre rôti et sa fondue d'endives (fév.-avril), Crème de lentilles truffée (fév.-mars), Foie gras poêlé au vinaigre de figues (sept.-nov.).

✕✕ **L'Hermitage-Maison Duhamel** avec ch, sur le port ✆ 33 04 96 29, <, ⛱ – cuisinette ⊘ ch. E VISA
fermé 15 nov. au 20 déc., 10 au 27 janv., 10 au 27 fév., merc. et vend. – **R** 74/200 – ☕ 30, 7 studios 300/600.

PEUGEOT, TALBOT Gar. de la Poste ✆ 33 04 95 22 🅽
RENAULT Gar. Dubost ✆ 33 53 80 14 🅽 ✆ 33 04 63 34

Le BARP **33114** Gironde 78 ② – 2 556 h. alt. 72.

Paris 624 – ◆Bordeaux 32 – Arcachon 42 – Belin 13 – Langon 58 – Villandraut 43.

à Lavignolle S : 4 km – ✉ **33770** Salles :

✕✕ **Chez Lisette** avec ch, ✆ 56 88 62 01, ⛱ – ☏ 🅿. VISA
➔ **R** 60/280 – ☕ 24 – **18 ch** 200/255 – ½ P 137/262.

BARR **67140** B.-Rhin 62 ⑨ **G. Alsace Lorraine** – 4 615 h. alt. 201.

ℹ Office de Tourisme (juil.-août) ✆ 88 08 94 24.

Paris 434 – ◆Strasbourg 35 – Colmar 39 – Le Hohwald 12 – Saverne 45 – Sélestat 17.

🏨 **Manoir** sans rest, 11 r. St-Marc ✆ 88 08 03 40 – 📺 ☎ 🅿. AE E VISA. ⊘
☕ 30 – **17 ch** 260/300.

✕ **Maison Rouge** avec ch, av. Gare ✆ 88 08 90 40, Fax 88 08 57 55 – ☎ 🚗. E VISA
➔ *fermé fév. et lundi* – **R** 70/180 🍷 – ☕ 30 – **13 ch** 100/200 – ½ P 220/250.

rte Ste-Odile : 2 km par D 854 – ✉ **67140** Barr :

🏨 **Château d'Andlau** ⛰ sans rest, ✆ 88 08 96 78, Fax 88 08 00 93, 🌳 – ☎ 🅿 – 👥 30 E VISA. ⊘
☕ 25 – **24 ch** 200/260.

PEUGEOT-TALBOT Gar. Karrer ✆ 88 08 94 48

BARRAGE voir au nom propre du barrage

Les BARRAQUES-EN-VERCORS **26** Drôme 77 ③④ – alt. 676 – ✉ **26420** La Chapelle-en-Vercors

Env. NO : Gorges des Grands-Goulets★★★, **G. Alpes du Nord**.

Paris 600 – ◆Grenoble 57 – Valence 58 – Die 45 – Romans-sur-Isere 40 – St-Marcellin 27 – Villard-de-Lans 23.

🏨 **Grands Goulets** ⛰, ✆ 75 48 22 45, <, ⛱, 🌳 – ☎ 🚗 🅿. E VISA
1er mai-30 sept., week-ends d'oct. et d'avril – **R** 75/150, enf. 45 – ☕ 21 – **30 ch** 110/260 – ½ P 148/225.

BARROUX **84** Vaucluse 81 ⑬ – rattaché à Caromb.

BARSAC **33720** Gironde 79 ①② **G. Pyrénées Aquitaine** – 2 085 h. alt. 10.

Paris 617 – ◆Bordeaux 38 – Langon 8 – Libourne 45 – Marmande 45.

🏨 **Host. du Château de Rolland** ⛰, ✆ 56 27 15 75, Fax 56 27 01 69, ⛱, parc, « Belle demeure dans les vignes » – ☎ 🅿 – 👥 30. AE ⓓ E VISA
fermé 23 au 29 déc. et merc. midi – **R** 150/220 – ☕ 45 – **9 ch** 350/650.

BAR-SUR-AUBE <SP> 10200 Aube 61 ⑱ G. Champagne – 7 146 h. alt. 165.

🛈 Syndicat d'Initiative à la Mairie ℰ 25 27 04 21.

Paris 214 – Châtillon-sur-Seine 59 – Chaumont 42 – Troyes 52 – Vitry-le-François 66.

à *Arsonval* NO : 6 km – ✉ **10200** :

XX **La Chaumière,** ℰ 25 27 91 02, �_____, ___, – 🅿. ÆE E VISA
fermé dim. soir et lundi sauf fériés – **R** 96/158, enf. 55.

à *Dolancourt* NO : 9 km par rte Troyes – ✉ **10200** :

🏨 **Moulin du Landion,** ℰ 25 27 92 17, Fax 25 27 94 44, ≤, « Parc » – 📺 ☎ 🅿 – 🔬 30. ÆE
① E VISA. ⅍ rest
fermé 1er déc. au 10 janv. – **R** 140/210 – ⌑ 35 – **16 ch** 260/290 – ½ P 270.

CITROEN Privé, 11 av. Gén.-Leclerc ℰ 25 27 01 23
Ⓝ ℰ 25 27 13 45
OPEL Gar. Damotte, à Proverville ℰ 25 27 04 47
PEUGEOT-TALBOT Vauthier, N 19 ℰ 25 27 15 03

RENAULT Maigrot, 18 av. Gén.-Leclerc
ℰ 25 27 01 29
Gar. Roussel, 2 fg de Belfort ℰ 25 27 14 00

Le BAR-SUR-LOUP 06620 Alpes-Mar. 84 ⑨ G. Côte d'Azur – 2 336 h. alt. 320.

Voir Site★ – Église St-jacques : danse macabre★ – Place de l'église : ≤★.

Paris 921 – Cannes 27 – Grasse 11 – ♦Nice 36 – Vence 16.

XX **Jarrerie,** N 210 ℰ 93 42 51 30, �_____, « Ancien monastère » – 🅿. ① E VISA
fermé 2 au 31 janv., lundi soir du 15 sept. au 15 juin, merc. midi du 15 juin au 15 sept. et mardi – **R** 135/250 ⅍, enf. 110.

☛ *Die auf den Michelin-Karten im Maßstab 1 : 200 000 rot unterstrichenen Orte sind in diesem Führer erwähnt. Nur eine neue Karte gibt Ihnen die aktuellsten Hinweise.*

BAR-SUR-SEINE 10110 Aube 61 ⑰⑱ G. Champagne – 3 851 h. alt. 152.

Voir Intérieur★ de l'église St-Étienne.

Paris 197 – Bar-sur-Aube 38 – Châtillon-sur-Seine 35 – St-Florentin 57 – Tonnerre 49 – Troyes 33.

🏠 **Barséquanais,** av. Gén. Leclerc ℰ 25 29 82 75, Fax 25 29 70 01, �_____ – 📺 ☎ 🅿. E VISA
→ *fermé 15 déc. au 15 janv., dim. soir et lundi midi –* **R** 55/150 ⅍, enf. 30 – ⌑ 25 – **26 ch** 100/300 – ½ P 145/190.

🏠 **Commerce,** r. République ℰ 25 29 86 36 – ☎ ___, E VISA. ⅍ ch
→ *fermé lundi (sauf hôtel et le soir en juil.-août) et dim. soir –* **R** 60/200 ⅍, enf. 35 – ⌑ 18 –
12 ch 90/185 – ½ P 140/210.

CITROEN Éts Lhenry ℰ 25 29 80 20 Ⓝ
PEUGEOT-TALBOT Gar. Lamoureux Panot
ℰ 25 29 87 08

RENAULT Jollois ℰ 25 29 87 45 Ⓝ

Ⓜ Pneumatik'Seine ℰ 25 29 86 12

BARTENHEIM 68870 H.-Rhin 66 ⑩ – 2 452 h. alt. 261.

Paris 551 – ♦Mulhouse 24 – Altkirch 21 – ♦Bâle 15 – Belfort 55 – Colmar 63.

XX **Aub. d'Alsace,** à la Gare E : 1 km ℰ 89 68 31 26, �_____ – 🅿. E VISA
fermé 1er au 15 juil., 1er au 15 fév., merc. soir et jeudi – **R** 80/220.

BASEL Suisse 66 ⑩, 216 ④ – voir à Bâle.

BAS-RUPTS 88 Vosges 62 ⑰ – rattaché à Gérardmer.

BASSE-GOULAINE 44 Loire-Atl. 67 ③④ – rattaché à Nantes.

BASTIA 2B H.-Corse 90 ③ – voir à Corse.

La BASTIDE 83840 Var 84 ⑦, 195 ㉒ – 115 h. alt. 1 000.

Paris 822 – Digne-les-Bains 78 – Castellane 24 – Comps-sur-Artuby 12 – Draguignan 44 – Grasse 49.

☝ **de Lachens** ⅍, ℰ 94 76 80 01, ___ – 🅿
→ *fermé déc., janv. et vend. –* **R** 65/125 – ⌑ 18 – **14 ch** 105/160.

La BASTIDE-DE-SÉROU 09240 Ariège 86 ④ G. Pyrénées Roussillon – 962 h. alt. 410.

Paris 800 – Foix 17 – Le Mas-d'Azil 18 – St-Girons 27.

X **Delrieu** avec ch, rte St-Girons ℰ 61 64 50 26, �_____ – 🅿. VISA. ⅍ ch
fermé janv., dim. soir et lundi hors sais. – **R** 98/145 ⅍, enf. 30 – ⌑ 20 – **10 ch** 95/120 –
½ P 160.

RENAULT Montané ℰ 61 64 50 06 Ⓝ

161

La BASTIDE-DES-JOURDANS 84240 Vaucluse 🔢 ④ – 724 h. alt. 420.

Paris 767 – Digne-les-Bains 75 – Aix-en-Provence 37 – Apt 39 – Manosque 16.

  XX **Le Mirvy** Ⓜ ⑤ avec ch, 𝒫 90 77 83 23, ≤, 🏠, parc, ♨ – 📺 ☎ ⓟ E 𝓥𝓘𝓢𝓐
       fermé 3 au 9 oct. et fév. – **R** *(fermé merc. midi en sais., mardi soir et merc. hors sais.)*
       138/400, enf. 65 – ☲ 38 – **10 ch** 250/320 – ½ P 278/300.

  XX **Cheval Blanc** avec ch, 𝒫 90 77 81 08, 🏠 – 📺 ☎. E 𝓥𝓘𝓢𝓐
       fermé 21 janv. au 2 mars, merc. soir de sept. à juin (sauf hôtel) et jeudi (sauf le soir en
       juil.-août) – **R** 100/170 ⅃, enf. 70 – ☲ 25 – **6 ch** 170/220 – ½ P 180/205.

BATILLY-EN-PUISAYE 45420 Loiret 🔢 ②③ – 123 h. alt. 180.

Paris 169 – Auxerre 64 – Gien 22 – Montargis 54 – ♦Orléans 86.

  X **Aub. de Batilly** ⑤ avec ch, 𝒫 38 31 96 12, 🍽 – ⇔ ch – 🏊 30
  ◆ *fermé août* – **R** 65/100 ⅃ – ☲ 15 – **8 ch** 125/150 – ½ P 170/200.

BATZ (Ile de) 29253 Finistère 🔢 ⑥ G. Bretagne – 744 h.

Accès par transports maritimes.

  ⛴ depuis **Roscoff**. En 1990 : juil.-10 sept., 13 services quotidiens ; hors saison, 8 services
quotidiens - Traversée 15 mn - 25 F (AR). Renseignements : Cie Finistérienne d'Aconnage 29253
Ile de Batz 𝒫 98 61 76 98.

BATZ-SUR-MER 44740 Loire-Atl. 🔢 ⑭ G. Bretagne – 2 591 h. alt. 10.

Voir ⁂★★ de l'église★ – Chapelle N.-D. du Mûrier★ – Rochers★ du sentier des douaniers – La
Côte Sauvage★.

Paris 461 – ♦Nantes 81 – La Baule 7 – Redon 60 – Vannes 71.

  XX **L'Atlantide**, 59 bd Mer 𝒫 40 23 92 20, ≤, produits de la mer – 🄰🄴 E 𝓥𝓘𝓢𝓐
       15 mars-1ᵉʳ nov. – **R** 150/200, enf. 50.

Les BAUDIÈRES 89 Yonne 🔢 ⑤ – ⊠ 89550 Héry.

Paris 177 – Auxerre 17 – Chablis 20 – Joigny 22 – St-Florentin 15 – Tonnerre 36.

  XX **Les Baudières** avec ch, 𝒫 86 40 11 51 – ⓟ E 𝓥𝓘𝓢𝓐
       fermé fév., dim. soir et lundi – **R** 105/231, enf. 55 – ☲ 35 – **8 ch** 185/195 – ½ P 180.

BAUDUEN 83630 Var 🔢 ⑥ G. Alpes du Sud – 184 h. alt. 483.

Voir Site★ – Lac de Ste Croix★★.

Paris 837 – Digne-les-Bains 66 – Draguignan 45 – Moustiers-Ste-Marie 33.

  🏠 **Aub. du Lac,** 𝒫 94 70 08 04, ≤ lac, 🏠 – 📺 ☎. E 𝓥𝓘𝓢𝓐, ⚠ ch
       15 mars-15 nov. – **R** 90/120, enf. 55 – ☲ 38 – **10 ch** 290/360 – ½ P 280/300.

BAUGÉ 49150 M.-et-L. 🔢 ⑫ G. Châteaux de la Loire (plan) – 3 906 h. alt. 56.

Voir Croix d'Anjou★★ dans la chapelle des Filles du Coeur de Marie – Pharmacie★ de l'hôpital
St-Joseph – Le Vieil-Baugé : choeur★ de l'église SO : 2 km par D 61 – Forêt de Chandelais★
SE : 3 km – Pontigné : peintures murales★ dans l'église E : 5 km par D 141.

🗓 Syndicat d'Initiative (15 juin-15 sept.) 𝒫 41 89 18 07 et à la Mairie 𝒫 41 89 18 07.

Paris 260 – Angers 38 – La Flèche 18 – ♦Le Mans 60 – Saumur 33 – ♦Tours 68.

  🏠 **Boule d'Or,** 4 r. Cygne 𝒫 41 89 82 12 – ⇔, 𝓥𝓘𝓢𝓐, ⚠ ch
       fermé 15 janv. au 15 fév., dim. soir sauf juil.-août et lundi – **R** 75/200, enf. 48 – ☲ 30 –
       14 ch 100/230 – ½ P 210/245.

CITROEN-VOLVO Michaud, 890 rte de Saumur   RENAULT Ahier, 5 r. Foulgues-Nerra
𝒫 41 89 18 12 🆅 𝒫 41 89 01 15   𝒫 41 89 10 46 🆅 𝒫 41 89 00 07
PEUGEOT-TALBOT Gar. Baugé Autom., 14 rte
d'Angers 𝒫 41 89 20 62 🆅

La BAULE 44500 Loire-Atl. 🔢 ⑭ G. Bretagne – 14 688 h. alt. 7 – Casino BZ.

Voir Front de mer★★ – Parc des Dryades★ FZ.

🏌 𝒫 40 60 46 18, par ② : 7 km.

✈ de St-Nazaire-Montoir-La Baule : T.A.T. 𝒫 40 90 15 89, par ③ : 24 km.

🗓 Office de Tourisme et Accueil de France (Informations et réservations d'hôtels, pas plus de 5 jours à
l'avance) 8 pl. Victoire 𝒫 40 24 34 44, Télex 710050 et 5 pl. Palmiers (juil.-août) 𝒫 40 60 22 13.

Paris 454 ② – ♦Nantes 74 ② – ♦Rennes 136 ② – St-Nazaire 17 ③ – Vannes 71 ①.

Plan page ci-contre

  🏨🏨🏨 **Hermitage** ⑤, espl. F. André 𝒫 40 60 37 00, Télex 710510, Fax 40 24 33 65, ≤, 🏠 , parc,
              ♨, ▲⚬, ✖ – 📳 🔲 📺 ☎ ⓟ – 🏊 30 à 100. 🄰🄴 ⓞ E 𝓥𝓘𝓢𝓐, ⚠ rest   BZ **h**
              avril- fin oct. – **R** 200 et carte 300 à 350, enf. 150 – ☲ 75 – **215 ch** 900/2000, 9 appart. –
              ½ P 1000/1300.

  🏨🏨🏨 **Royal** ⑤, espl. F. André 𝒫 40 60 33 06, Télex 701135, Fax 40 60 20 07, ≤, 🏠 , parc, ♨ –
              📳 ⇔ rest 📺 ☎ ♿ ⓟ – 🏊 100 à 150. 🄰🄴 ⓞ E 𝓥𝓘𝓢𝓐, ⚠ rest   BZ **t**
              R 210 – ☲ 70 – **93 ch** 850/1600, 6 appart. – ½ P 830/1080.

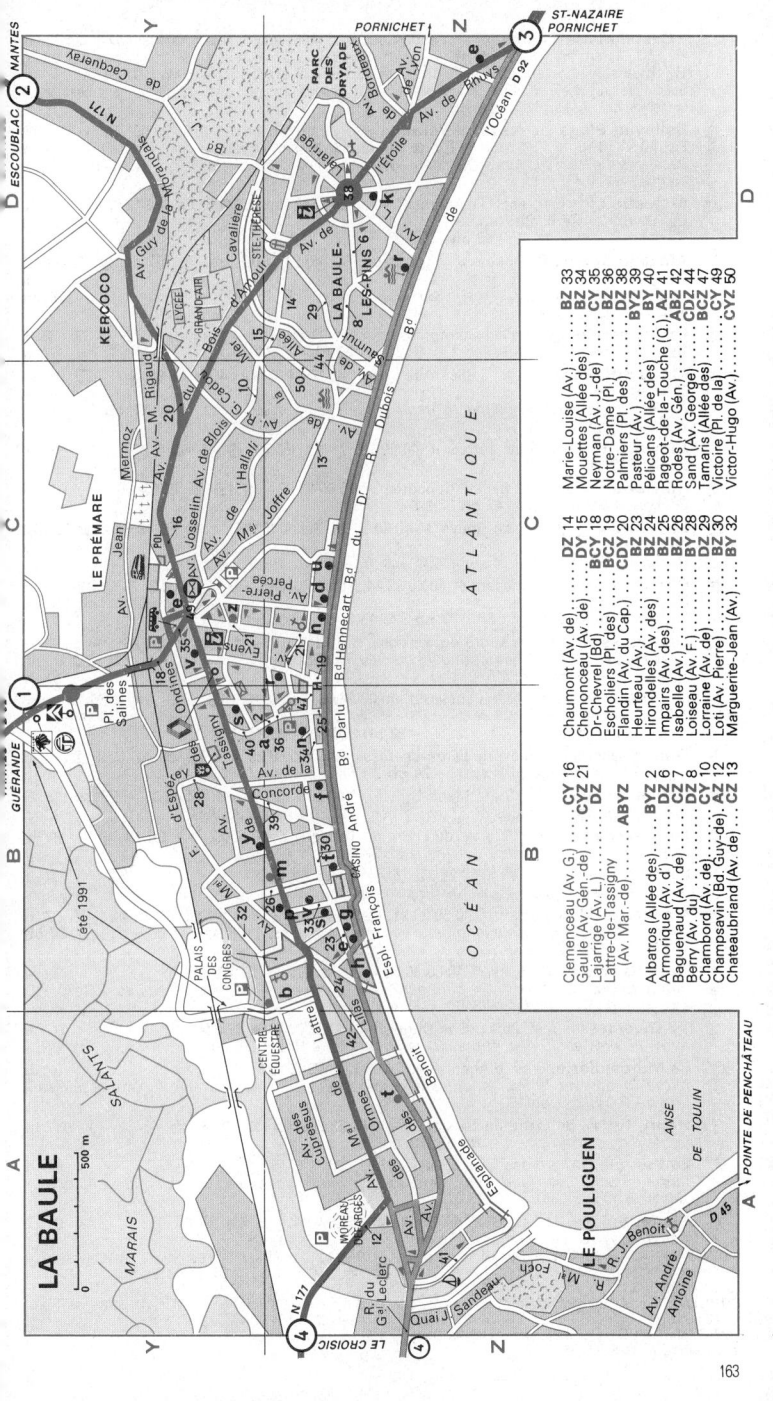

LA BAULE

500 m

163

🏛 ❀ 🛗 **Castel Marie-Louise** Ⓜ ⤳, espl. Casino 🕿 40 60 20 60, Télex 700408, Fax 40 24 33 65,
≼, 🍽, « Parc » – 🛗 📺 🕿 Ⓟ – 🏌 25. 🖭 ⓄⒺ 🎴 𝒱𝐼𝒮𝒜. ⅍ rest BZ **g**
R (en saison : prévenir) 315/370, enf. 85 – ⌻ 75 – **29 ch** 1215/1820 – ½ P 970/1230
Spéc. Foie gras poêlé au navet, St-Jacques au beurre demi-sel (oct. à mars), Filet de St-Pierre béarnaise à
la menthe fraîche. Vins Muscadet.

🏛 **Bellevue Plage et rest. La Véranda** Ⓜ, 27 bd Océan 🕿 40 60 28 55, Télex 710459,
Fax 40 60 10 18, ≼ – 🛗 ▤ rest 📺 🕿 Ⓟ 🖭 Ⓔ 𝒱𝐼𝒮𝒜. ⅍ rest DZ **v**
vacances de fév.-vacances de nov. – **R** (fermé mardi hors sais.) 160 – ⌻ 45 – **32 ch**
480/690 – ½ P 410/540.

🏛 **Majestic** sans rest, espl. F. André 🕿 40 60 24 86, Télex 701905, Fax 40 42 03 13, ≼ – 🛗
📺 🕿 Ⓟ 🖭 ⓄⒺ 𝒱𝐼𝒮𝒜 BZ **x**
27 mars-30 oct. – ⌻ 45 – **66 ch** 670/760, 6 appart. 1050.

🏨 **Alexandra**, 3 bd R. Dubois 🕿 40 60 30 06, Fax 40 24 57 09, ≼ – 🛗 📺 🕿 Ⓟ. 🖭 ⓄⒺ
𝒱𝐼𝒮𝒜. ⅍ rest CZ **u**
hôtel : 1er mars-1er oct. ; rest. : 20 avril-25 sept. – **R** 160/240, enf. 95 – ⌻ 38 – **36 ch**
450/550 – ½ P 500/550.

🏨 **La Palmeraie**, 7 allée Cormorans 🕿 40 60 24 41, « Cour fleurie » – 📺 🕿. 🖭 ⓄⒺ
𝒱𝐼𝒮𝒜 – fin mars-1er oct. – **R** 115/130 – ⌻ 30 – **23 ch** 260/340 BZ **n**

🏨 **Manoir du Parc** Ⓜ ⤳, 3 allée Albatros 🕿 40 60 24 52, Fax 40 60 55 96, 🌳 – 📺 🕿 🏌.
🖭 Ⓔ 𝒱𝐼𝒮𝒜 BYZ **a**
R (15 juin-15 sept. et fermé le midi) (1/2 pension seul.) – ⌻ 45 – **17 ch** 340/480 –
½ P 400/465.

🏨 **Alcyon** sans rest, 19 av. Pétrels 🕿 40 60 19 37 – 🛗 📺 🕿 Ⓟ. 🖭 ⓄⒺ 𝒱𝐼𝒮𝒜 BY **s**
⌻ 35 – **32 ch** 350/405.

🏨 **Concorde** sans rest, 1 bis av. Concorde 🕿 40 60 23 09 – 🛗 📺 🕿. Ⓔ 𝒱𝐼𝒮𝒜. ⅍ BZ **f**
28 mars-7 oct. – ⌻ 30 – **47 ch** 330/430.

🏨 **Les Alizés** Ⓜ, 10 av. de Rhuys 🕿 40 60 34 86, Télex 701961 – 🛗 📺 🕿. 🖭 ⓄⒺ 𝒱𝐼𝒮𝒜.
⅍ rest DZ **e**
R (ouvert juil.-août) 133/245, enf. 100 – ⌻ 36 – **30 ch** 439/515 – ½ P 415/426.

🏨 **Christina**, 26 bd Hennecart 🕿 40 60 22 44, Télex 701963, Fax 40 11 04 31, ≼ – 🛗 ▤ rest
📺 🕿 Ⓟ. Ⓔ 𝒱𝐼𝒮𝒜. ⅍ rest CZ **d**
mai-oct. – **R** 160/200 – ⌻ 35 – **36 ch** 320/450 – ½ P 400/450.

🏨 **Les Dunes**, 277 av. de Lattre-de-Tassigny 🕿 40 24 53 70 – 🛗 📺 🕿 Ⓟ. 𝒱𝐼𝒮𝒜. ⅍ ch
Le Maréchal 🕿 40 24 51 14 (fermé 15 nov. au 15 déc. et merc. de nov. à fév.) **R** 88/250 enf. CY **v**
35 – ⌻ 30 – **37 ch** 238/345

🏨 **La Mascotte**, 26 av. Marie Louise 🕿 40 60 26 55, Fax 40 60 15 67, 🍽, 🌳 – 📺 🕿 🚗.
Ⓔ 𝒱𝐼𝒮𝒜. ⅍ rest BZ **v**
1er mars-11 nov. – **R** 90/225 – ⌻ 32 – **22 ch** 326/386 – ½ P 320/350.

🏠 **Flepen** sans rest, 145 av. de Lattre-de-Tassigny 🕿 40 60 29 30 – 📺 🕿 Ⓟ. 🖭 Ⓔ 𝒱𝐼𝒮𝒜
fermé 25 nov. au 5 janv. – ⌻ 40 – **24 ch** 200/420. BZ **p**

🏠 **Delice H.** sans rest, 19 av. Marie-Louise 🕿 40 60 23 17, Fax 40 24 48 88 – 📺 🕿 Ⓟ. Ⓔ
𝒱𝐼𝒮𝒜 – vacances de Pâques et 27 avril-7 oct. – ⌻ 30 – **14 ch** 300/350 BZ **s**

🏠 **La Closerie** sans rest, 173 av. de Lattre-de-Tassigny 🕿 40 60 22 71 – 📺 🕿 Ⓟ BY **y**
15 mars-5 nov. et vacances de Noël – ⌻ 22 – **15 ch** 190/320.

🏠 **Lutétia**, 13 av. Evens 🕿 40 60 25 81, 🌳 – 🕿. 🖭 ⓄⒺ 𝒱𝐼𝒮𝒜 CZ **r**
fermé janv. et lundi du 15 oct. au 15 avril – **R** 100/210 – ⌻ 30 – **15 ch** 200/330.

🏠 **Mariza**, 22 bd Hennecart 🕿 40 60 20 21, Fax 40 24 57 09, ≼ – 🕿. 🖭 ⓄⒺ 𝒱𝐼𝒮𝒜 CZ **n**
10 fév.-1er nov. – **R** (fermé jeudi hors vacances scolaires) 110/200, enf. 65 – ⌻ 28 – **24 ch**
170/300 – ½ P 280/350.

🏠 **Le Paris**, 138 av. Ondines 🕿 40 60 30 53 – 📺 🕿. 🖭 ⓄⒺ 𝒱𝐼𝒮𝒜. ⅍ ch CY **e**
↠ fermé 15 oct. au 15 nov., 24 déc. au 2 janv. et week-ends d'oct. à Pâques – **R** 70/150,
enf. 45 – ⌻ 27 – **16 ch** 240/310 – ½ P 240/330.

🛖 **Ty-Gwenn** sans rest, 25 av. Gde Dune 🕿 40 60 37 07 – 🕿. Ⓔ 𝒱𝐼𝒮𝒜 DZ **k**
fermé 15 nov. au 15 déc. et 6 au 31 janv. – ⌻ 25 – **18 ch** 175/300.

XXX **La Marcanderie**, 5 av. d'Agen 🕿 40 24 03 12 – 🖭 𝒱𝐼𝒮𝒜 BZ **b**
fermé 15 janv. au 10 fév., lundi (sauf le soir en juil.-août) et dim. soir de sept. à juin sauf
fériés – **R** 145/360, enf. 80.

XXX **Henri**, 161 av. de Lattre-de-Tassigny 🕿 40 60 23 65 – ▤. 🖭 ⓄⒺ 𝒱𝐼𝒮𝒜 BYZ **m**
fermé dim. soir hors sais. – **R** 110/320, enf. 70.

XX **La Pergola**, 147 av. des Lilas 🕿 40 24 57 61, 🍽 – Ⓔ 𝒱𝐼𝒮𝒜 AZ **t**
fermé mi-oct à nov., lundi midi, merc. midi et vend. midi en sais., mardi midi et lundi hors
sais. – **R** 105, enf. 60.

XX **Chalet Suisse**, 114 av. Gén. de Gaulle 🕿 40 60 23 41 – Ⓔ 𝒱𝐼𝒮𝒜 CY **z**
fermé 15 au 28 fév., dim. soir et merc. sauf juil.-août – **R** 98/155.

BMW, LANCIA-AUTOBIANCHI Gar. Gilot, rte de
Guérande à la Baule 🕿 40 60 28 06
🆖 🕿 40 60 07 33
CITROEN Salines-Automobiles, pl. Salines
🕿 40 60 20 71
PEUGEOT, TALBOT Gar. Le Déan, rte de la Baule
à Guérande 🕿 40 24 08 57

RENAULT Richard, 206 av. Mar.-de-Lattre-de-Tas-
signy 🕿 40 60 20 30 🆖 🕿 40 90 75 92

🏵 Le Pneu Baulois, 79 av. Mar.-de-Lattre-de-Tas-
signy 🕿 40 24 22 46

BAUME-LES-DAMES 25110 Doubs 🖽 ⑯ G. Jura – 5 696 h. alt. 291.

🛏 du Château de Bournel à Rougemont 𝒫 81 86 00 10, N : 19 km par D 50.

🚩 Office de Tourisme r. Provence 𝒫 81 84 27 98.

Paris 446 – Belfort 63 – ◆Besançon 29 – Lure 45 – Montbéliard 47 – Pontarlier 62 – Vesoul 48.

🏠 **Central** sans rest, 3 r. Courvoisier 𝒫 81 84 09 64 – ☎. **E** **VISA**
fermé 3 au 25 nov., 3 au 20 janv. et dim. d'oct. à avril – 🖙 22 – **12 ch** 110/185.

🍴🍴🍴 **Host. Château d'As** avec ch, 𝒫 81 84 00 66, ≤ – ☎ 🅿. 🖭 **E** **VISA**
fermé 15 déc. à fin fév., lundi (sauf fériés le midi) et dim. soir – **R** (dim. et fêtes prévenir)
130/290 – 🖙 26 – **10 ch** 160/230.

à Pont-les-Moulins S : 6 km sur D 492 – ✉ **25110** :

🏠 **Levant**, rte Pontarlier 𝒫 81 84 09 99 – 📺 ☎ 🅿
15 ch.

à Hyèvre-Paroisse E : 7 km sur N 83 – ✉ **25110** :

🏠 **Ziss et rest. Crémaillère**, 𝒫 81 84 07 88, 🌫 – 🛋 ☎ 🛆 🅿. 🖭 **E** **VISA**
fermé oct., 24 déc. au 7 janv. et sam. sauf le soir du 15 mars au 1ᵉʳ oct. – **R** 60/180 🍸 –
🖙 30 – **21 ch** 230/250 – ½ P 240/260.

OPEL-GM Gar. Routhier, à Pont-les-Moulins   RENAULT Gar. Central, 10 av. Gén.-Leclerc
𝒫 81 84 02 15   𝒫 81 84 02 45 🅽 𝒫 81 32 93 17

BAUME-LES-MESSIEURS 39210 Jura 🔟 ④ G. Jura – 174 h. alt. 320.

Voir Retable à volets★ dans l'église – Belvédère des Roches de Baume ≤★★★ sur cirque★★★ et
grottes★ de Baume S : 3,5 km.

Paris 399 – Champagnole 27 – Dole 54 – Lons-le-Saunier 17 – Poligny 30.

🍴 **Grottes**, aux Grottes S : 3 km 𝒫 84 44 61 59, ≤, 🌫 – 🅿. 🌾
15 avril-30 sept. et fermé merc. sauf juil. et août – **R** (déj. seul.) 65/160 🍸.

BAUVIN 59221 Nord 🖾 ⑯ – 5 594 h. alt. 25.

Paris 210 – ◆Lille 27 – Arras 34 – Béthune 20 – Lens 14.

🍴🍴🍴 **Salons du Manoir**, 53 r. J. Guesde 𝒫 20 85 64 77, 🌫 – 🖾 🅿. 🖭 ⓄⒹ **E** **VISA**
fermé 5 au 29 août, 10 au 20 fév. et lundi – **R** 190/340, enf. 100.

CITROEN Franchi, 13 r. Ghesquière 𝒫 20 86 65 07

Les BAUX-DE-PROVENCE 13520 B.-du-R. 🖫 ① G. Provence (plan) – 433 h. alt. 280.

Voir Site★★★ – Château ⁂★★ – Monument Charloun Rieu ≤★★ – Place St-Vincent★ – Rue du
Trencat★ – Tour Paravelle ≤★ – Fête des Bergers (Noël, messe de minuit)★★ – Cathédrale
d'Images★ N : 1 km par D 27 – ⁂★★★ sur le village N : 2,5 km par D 27.

🚩 Office de Tourisme impasse du Château (Pâques-fin oct.) 𝒫 90 54 34 39 et à la Mairie (hors saison)
𝒫 90 54 34 03.

Paris 716 – Avignon 40 – Arles 19 – ◆Marseille 86 – Nîmes 44 – St-Rémy-de-Provence 9,5 – Salon-de-Provence 32.

au village :

🍴🍴 **Bérengère,** 𝒫 90 54 35 63, Fax 90 54 42 77 – 🖾. **E** **VISA**
fermé mardi soir et merc. sauf fêtes – **R** (nombre de couverts limité- prévenir) 180/300.

dans le Vallon :

🍴🍴🍴🍴🍴 ✿✿ **Oustaù de Baumanière** (Thuilier) 🌫 avec ch, 𝒫 90 54 33 07, Télex 420203,
Fax 90 54 40 46, ≤, « Demeures anciennes aménagées avec élégance, terrasses fleuries,
🌫, 🏊, club hippique », 🌾 – 🛋 ch 📺 ☎ 🅿 🖭 ⓄⒹ **E** **VISA**
fermé 20 janv. au 4 mars, jeudi midi et merc. du 1ᵉʳ nov. au 31 mars – **R** 520/640 et carte
– 🖙 85 – **11 ch** 750/900, 13 appart. 1250 – ½ P 1120/1275
Spéc. Pigeon farci au foie gras, Filets de rouget au basilic, Noisettes d'agneau Baumanière. **Vins** Coteaux
des Baux, Gigondas.

🍴🍴🍴 ✿ **La Riboto de Taven,** 𝒫 90 54 34 23, ≤, « Terrasse ombragée et jardin fleuri au pied
des rochers, 🌫 » – 🅿. 🖭 ⓄⒹ **E** **VISA**
fermé 15 janv. au 15 mars, dim. soir hors sais. et lundi – **R** 280/420
Spéc. Lasagne de homard, Filet de loup à la "Gueuse", Carpaccio d'agneau à la râpée de poutargue. **Vins**
Coteaux des Baux.

🍴🍴🍴 ✿ **La Cabro d'Or** 🅼 🌫 avec ch, 𝒫 90 54 33 21, Télex 401810, Fax 90 54 40 46, ≤, 🌫,
« Terrasses ombragées, jardin fleuri, pièce d'eau », 🏊, 🎾 – 🛋 ch 📺 ☎ 🅿 – 🛆 80. 🖭
ⓄⒹ **E** **VISA**
fermé 12 nov. au 21 déc., mardi midi et lundi du 31 oct. au 31 mars – **R** 290/360 – 🖙 58 –
22 ch 460/740 – ½ P 530/640
Spéc. Salade à l'antiboise, Filets de sole aux écrevisses, Noisettes d'agneau Cabro d'Or. **Vins** Coteaux des
Baux.

à l'Est sur D 27 A :

🏠 **Mas d'Aigret** 🌫, 𝒫 90 54 33 54, Fax 90 54 41 37, ≤, 🌫, 🏊, 🌾 – 📺 ☎ 🅿. 🖭 ⓄⒹ **E**
VISA. 🌾 rest
fermé 4 janv. au 28 fév. et merc. midi – **R** 160/380, enf. 100 – 🖙 50 – **14 ch** 410/700 –
½ P 475/620.

au Sud-Ouest sur D 78 F :

La Benvengudo ⛰, ☏ 90 54 32 54, Fax 90 54 42 58, ≤, ⛱, « Jardin fleuri », 🏊, 🎾 – ▤ ch 📺 ☎ 🚗 **P**. E VISA. ✗ rest
fév.-oct. – **R** *(fermé dim. soir)* (dîner seul.) 200/240, enf. 120 – ☐ 48 – **18 ch** 385/500, 3 appart. 760 – ½ P 450/500.

BAVAY **59570** Nord ⬛53 ⑤ **G. Flandres Artois Picardie** – 4 431 h. alt. 123.

Paris 227 – Avesnes 24 – Le Cateau 29 – Lille 76 – Maubeuge 14 – Mons 24 – Valenciennes 23.

XXX **Le Bourgogne,** porte Gommeries ☏ 27 63 12 58 – AE E VISA
fermé 22 juil. au 13 août, 11 au 25 fév., merc. soir, dim. soir et lundi sauf fériés – **R** 90/300 ♨.

XX **Bagacum,** r. Audignies ☏ 27 66 87 00, Fax 27 66 86 44 – **P**. AE ⓓ E VISA
fermé 1er au 21 juil., 1er au 15 janv., dim. soir et lundi sauf fériés – **R** 80/250 bc.

RENAULT Gar. Dal, N 49 ☏ 27 63 17 08

BAYEUX <SP> **14400** Calvados ⬛54 ⑮ **G. Normandie Cotentin** – 15 237 h. alt. 50.

Voir Tapisserie de la reine Mathilde★★★ Z – Cathédrale★★ Z – Maison à colombage★(rue St-Martin) ZD – **Env.** Brécy : portail★ et jardins★ du château SE : 10 km par D 126 Y – Port★ de Port-en-Bessin NO : 9 km par ⑦ – ⛳9 ⛳18 Omaha Beach Golf Club ☏ 31 21 72 94, 11 r. de Bayeux par ⑦ – ℹ Office de Tourisme 1 r. Cuisiniers ☏ 31 92 16 26, Télex 171704.

Paris 268 ② – ♦Caen 28 ② – Cherbourg 91 ⑥ – Flers 68 ③ – St-Lô 35 ④ – Vire 59 ③.

BAYEUX

St-Jean (R.) .... Z
St-Malo (R.) .... Z
St-Martin (R.) .... Z
St-Patrice (R. et Pl.) .... Z 30

Aure (Q. de l') .... Z 2
Bienvenu (R. du) .... Z 3
Bois (Pl. au) .... Z 4
Bouchers (R. des) .... Z
Bourbesneur (R.) .... Z 6
Chanoines (R. des) .... Z 7
Chartier (R. A.) .... Z 8
Churchill (Bd W.) .... Y
Clemenceau (Av. G.) .... Z
Courseulles (R. de) .... Y 9
Cuisiniers (R. des) .... Z 13
Dr-Michel (R.) .... Y 14
Eindhoven (Bd) .... Y
Foch (R. Mar.) .... Z 15
Franche (R.) .... Z
Gaulle (Pl. Ch.-de) .... Z
Larche (R.) .... Z
Leclerc (Bd Mar.) .... Y 18
Leforestier (R. Lambert) .... Z 19
Marché (R. du) .... Z 20
Montgomery (Bd Mar.) .... Y 23
Nesmond (R. de) .... Z
Pigache (R. de la) .... Y 24
Pont-Trubert (R. du) .... Y 25
Poterie (R. de la) .... Z 28
Royale (R.) .... Z
Sadi-Carnot (Bd) .... Y 29
St-Laurent (R.) .... Z
St-Loup (R.) .... Y
Tardif (R.) .... Z
Teinturiers (R. des) .... Z 32
Terres (R. des) .... Z 33
Tribunaux (Pl. des) .... Z 34
Vaucelles (Rond-Point de) .... Y 35
Verdun (R. de) .... Y 37
Ware (Bd F.) .... Y 38
6-Juin (Bd du) .... Y

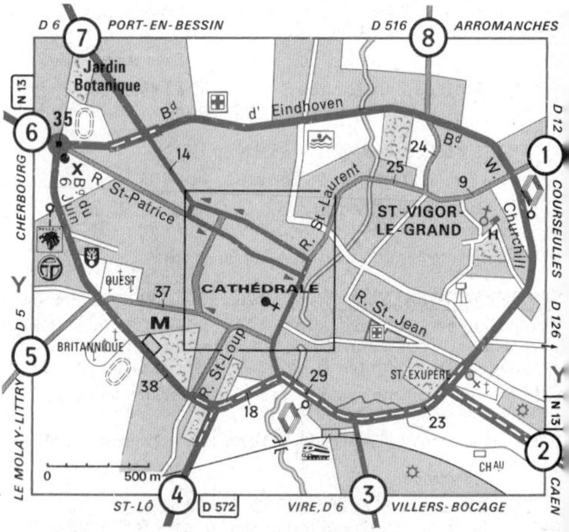

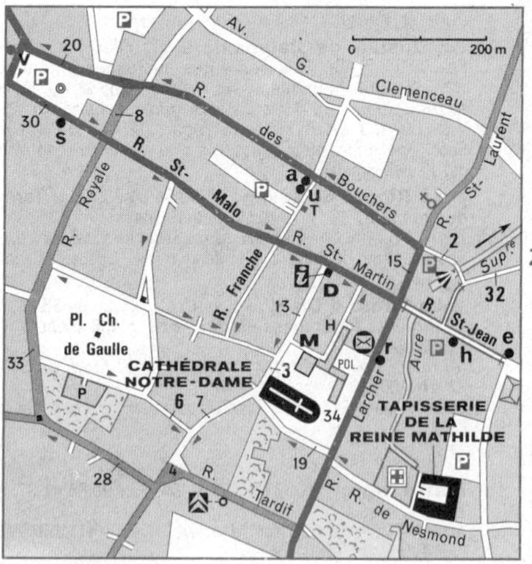

Les pastilles numérotées des plans de villes ①, ②, ③ sont répétées sur les cartes Michelin à 1/200 000. Elles facilitent ainsi le passage entre les cartes et les guides Michelin.

🏨 **Luxembourg** Ⓜ, 25 r. Bouchers ℰ 31 92 00 04, Télex 171663, Fax 31 92 54 26 – 🛗 🖪 rest
📺 ☎ 🅿 – 🔬 25, 🖭 🖻 𝖵𝖨𝖲𝖠, 🍽 rest   Z **a**
R 128/380, enf. 82 – 🖵 48 – **19 ch** 300/450, 3 appart. 800 – ½ P 330/550.

🏨 ❀ **Lion d'Or** 🍃, 71 r. St Jean ℰ 31 92 06 90, Télex 171143, Fax 31 22 15 64, « Ancien
relais de poste », – 📺 ☎ 🅿, 🖭 ⓞ 🖻 𝖵𝖨𝖲𝖠   Z **e**
fermé 20 déc. au 20 janv. – **R** 100/270 – 🖵 40 – **28 ch** 350/405 – ½ P 260/370
Spéc. Pannequet de truite de mer au céleri, Suprême de pigeonneau à la mousseline subisée, Pouding de
pommes et sa crème au miel.

🏨 **Novotel** Ⓜ, 117 r. St Patrice ℰ 31 92 16 11, Télex 170176, Fax 31 21 88 76, 🌫, 🏊, 🌳 –
🛗 🖪 rest 📺 ☎ 🕹 🅿 – 🔬 150, 🖭 ⓞ 🖻 𝖵𝖨𝖲𝖠   Y **x**
R carte environ 150 🍴, enf. 50 – 🖵 48 – **78 ch** 390/460.

🏨 **Argouges** 🍃 sans rest, 21 r. St Patrice ℰ 31 92 88 86, Télex 772402, Fax 31 92 69 16,
« Ancien hôtel particulier du 18ᵉ siècle », 🌳 – 📺 ☎ 🅿, 🖭 ⓞ 🖻 𝖵𝖨𝖲𝖠   Z **s**
🖵 29 – **25 ch** 250/350.

🏨 **Churchill** sans rest, 14 r. St Jean ℰ 31 21 31 80, Télex 171755, Fax 31 21 41 66 – 📺 ☎
🕹, 🖭 ⓞ 🖻 𝖵𝖨𝖲𝖠, 🍽   Z **h**
15 mars-11 nov. – 🖵 32 – **31 ch** 320/380.

🏨 **Brunville** Ⓜ, 9 r. G. Duhomme ℰ 31 21 18 00, Fax 31 92 54 26 – 🛗 📺 ☎ 🅿 🖭 🖻 𝖵𝖨𝖲𝖠
R 72/250 🍴, enf. 45 – 🖵 35 – **38 ch** 220/300 – ½ P 270/320.   Z **u**

🏨 **Reine Mathilde** sans rest, 23 r. Larcher ℰ 31 92 08 13 – 📺 ☎ 🖻 𝖵𝖨𝖲𝖠, 🍽   Z **r**
fermé 20 déc. au 1ᵉʳ fév. et dim. hors sais. – 🖵 28 – **16 ch** 220/280.

🍴 **Gourmets**, pl. St Patrice ℰ 31 92 02 02 – 🖻 𝖵𝖨𝖲𝖠   Z **v**
fermé 7 au 27 mars et 3 au 18 nov., merc. soir et jeudi – **R** 50/110 🍴.

à Audrieu par ② et D 158 : 13 km – ⊠ 14250 :

🏨 ❀ **Château d'Audrieu** Ⓜ 🍃, ℰ 31 80 21 52, Télex 171777, Fax 31 80 24 73, €, « Château
du 18ᵉ siècle, parc », 🏊 – ☎ 🅿, 🖻 𝖵𝖨𝖲𝖠, 🍽 rest
1ᵉʳ mars-30 nov. – **R** *(fermé jeudi midi et merc.)* 210/500 – 🖵 75 – **21 ch** 635/1100,
7 appart. 1750 – ½ P 711/920
Spéc. Croustade d'huîtres d'Isigny, Fricassée de homard aux épices douces, Parmentier d'andouille de Vire
aux œufs de caille.

rte de Port-en-Bessin par ⑦ : 4 km – ⊠ 14400 Bayeux :

🏨 **Château de Sully** Ⓜ, ℰ 31 22 29 48, Fax 31 22 64 77, Parc, « Demeure ancienne
élégamment aménagée » – 📺 ☎ 🕹 🅿 – 🔬 40, 🖭 ⓞ 🖻 𝖵𝖨𝖲𝖠
R 150/225, enf. 65 – 🖵 45 – **17 ch** 480/710.

CITROEN St-Patrice-Auto, rte de Cherbourg à
Vaucelles par ⑥ ℰ 31 92 18 35 🅽
CITROEN Gar. Danjou, 13 r. Tardif ℰ 31 92 07 31
🅽 ℰ 31 92 13 51
LADA, NISSAN, OPEL Agar. Bodin, 26 pl. au Bois
ℰ 31 92 02 51 🅽 ℰ 31 92 37 67
PEUGEOT, TALBOT Fortin, bd 6-Juin
ℰ 31 92 09 77 🅽 ℰ 31 21 51 00

RENAULT Gd Gar. de la Gare, 16 bd Carnot
ℰ 31 92 00 70 🅽
RENAULT Gar. James, ZA bd W.-Churchill à
St-Vigor-le-Grand ℰ 31 92 02 94

🛞 Bayeux Pneus, ZI rte de Caen ℰ 31 92 01 61
Schmitt-Pneus, bd Eindhoven ℰ 31 92 02 98

BAYONNE ⬮ **64100** Pyr.-Atl. 🔟 ⑱ G. Pyrénées Aquitaine – 42 970 h. alt. 5.

Voir Cathédrale⋆ AY et cloître⋆ AY **B** – Musée Bonnat⋆⋆ BY **M1** – Grandes fêtes⋆ (fin juil.-début
août).

Env. Route Impériale des Cimes⋆ au Sud-Est par ③ – Croix de Mouguerre ✳⋆ SE : 5,5 km par
D 52 BY – voir plan de Biarritz BX.

✈ de Biarritz-Parme : Air France ℰ 59 23 93 82, SO : 5 km par N 10 AZ.

🎫 Office de Tourisme pl. Liberté ℰ 59 59 31 31.

Paris 771 ⑦ – Biarritz 7 – ♦Bordeaux 184 ⑦ – Pamplona 118 ⑤ – ♦Perpignan 481 ② – San-Sebastián 54 ⑤ –
♦Toulouse 297 ②.

Accès et sorties : voir à Biarritz.

Plan page suivante

🏨 **Mercure** Ⓜ, av. J. Rostand ℰ 59 63 30 90, Télex 550621, Fax 59 42 06 64, 🌫 – 🛗 ⇆ ch
🖪 ch 📺 ☎ 🅿 – 🔬 180, 🖭 ⓞ 🖻 𝖵𝖨𝖲𝖠   AZ **e**
R 80 bc/200 bc, enf. 45 – 🖵 50 – **109 ch** 430/450.

🏨 **Gd H. Aux Deux Rivières** Ⓜ, 21 r. Thiers ℰ 59 59 14 61, Télex 570794, Fax 59 25 61 70 –
🛗 📺 ☎, 🖭 ⓞ 🖻 𝖵𝖨𝖲𝖠, 🍽 rest   AY **n**
R 110 🍴, enf. 45 – 🖵 37 – **62 ch** 330/450 – ½ P 330/360.

🏨 **Loustau**, 1 pl. République ℰ 59 55 16 74, Télex 570073, Fax 59 55 69 36, € – 🛗 📺 ☎ –
🔬 30, 🖭 ⓞ 🖻 𝖵𝖨𝖲𝖠, 🍽 rest   BY **u**
R *(fermé 20 déc. au 20 janv., sam. midi et dim. du 1ᵉʳ nov. au 1ᵉʳ avril)* 78/155, enf. 50 –
🖵 26 – **44 ch** 250/355 – ½ P 230/260.

🏨 **Basses-Pyrénées**, 14 r. Tour de Sault ℰ 59 59 00 29, Télex 541535 – 🛗 ☎, 🖭 ⓞ 🖻 𝖵𝖨𝖲𝖠
R *(fermé 15 déc. au 15 janv., dim. sauf le soir en sais. et lundi midi)* 80/140, enf. 45 – 🖵 27
– **40 ch** 140/290 – ½ P 177/252   AZ **s**

tourner →

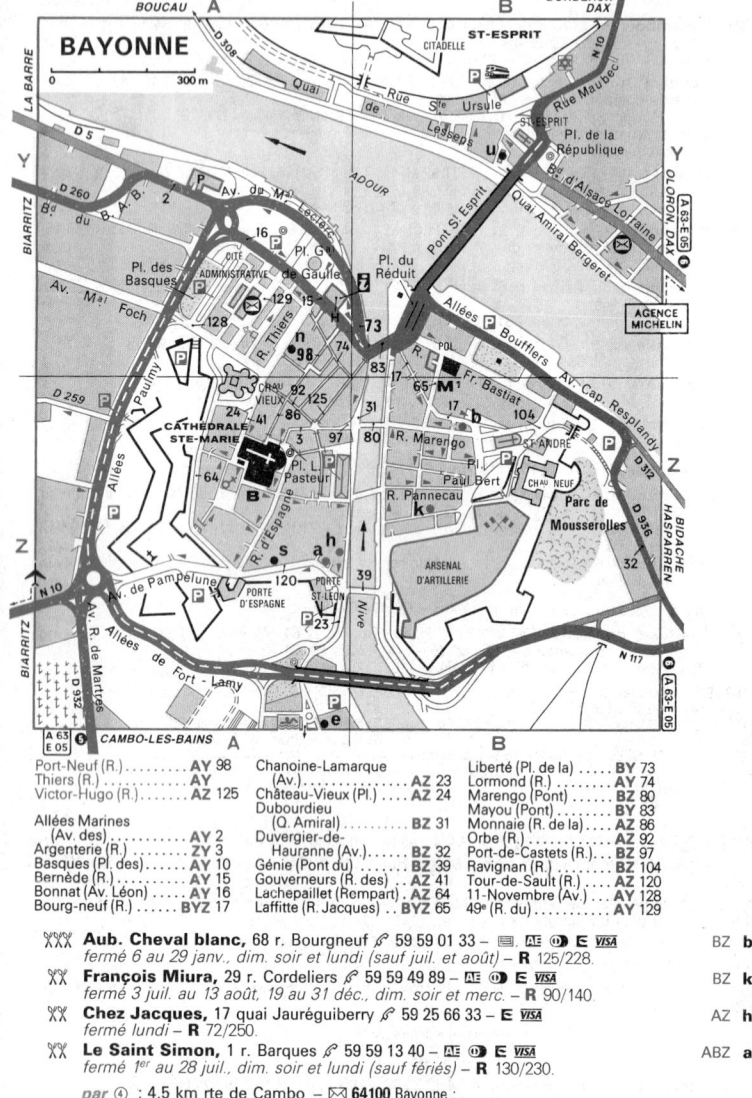

BAYONNE

BOUCAU · A · B · BORDEAUX DAX

0 · 300 m

XXX **Aub. Cheval blanc,** 68 r. Bourgneuf ℰ 59 59 01 33 – 🍽, 🖭 ⑩ 🖃 𝑽𝑰𝑺𝑨 — BZ **b**
fermé 6 au 29 janv., dim. soir et lundi (sauf juil. et août) – **R** 125/228.

XX **François Miura,** 29 r. Cordeliers ℰ 59 59 49 89 – 🖭 ⑩ 🖃 𝑽𝑰𝑺𝑨 — BZ **k**
fermé 3 juil. au 13 août, 19 au 31 déc., dim. soir et merc. – **R** 90/140.

XX **Chez Jacques,** 17 quai Jauréguiberry ℰ 59 25 66 33 – 🖃 𝑽𝑰𝑺𝑨 — AZ **h**
fermé lundi – **R** 72/250.

XX **Le Saint Simon,** 1 r. Barques ℰ 59 59 13 40 – 🖭 ⑩ 🖃 𝑽𝑰𝑺𝑨 — ABZ **a**
fermé 1er au 28 juil., dim. soir et lundi (sauf fériés) – **R** 130/230.

par ④ : 4,5 km rte de Cambo – ⊠ **64100** Bayonne :
🏠 **Aster "Les Genêts",** ℰ 59 42 24 24, Fax 59 42 24 26, 🍽 – 📺 ☎ & 🅿 – 🔬 25. 🖭 🖃
← 𝑽𝑰𝑺𝑨 – **R** 55/100 🍷, enf. 37 – 🍽 28 – **42 ch** 194/275 – ½ P 242/254.

MICHELIN, Agence, ZAC St-Frédéric II, 89 r. Chalibardon ℰ 59 55 13 73

AUSTIN, ROVER Morin, 117 r. Mar.-Juin
ℰ 59 55 05 61
BMW Gar. Durruty, ZI St-Étienne ℰ 59 55 88 77
FERRARI, JAGUAR Daverat, 7 quai Lesseps
ℰ 59 55 07 48 **N** ℰ 59 23 68 68
FIAT Gar. Côte Basque, 44 av. de Bayonne, Anglet
N 10 AZ ℰ 59 63 04 04
FORD Autom. Durruty, 15 r. Etcheverry
ℰ 59 55 13 34
PEUGEOT-TALBOT Gambade, av. Mar.-Soult, N
10 AZ ℰ 59 52 45 45

RENAULT Sté Basque Autom., 59 allées Marines
par D 5 AX ℰ 59 52 46 46 **N** ℰ 59 93 46 53
VOLVO Le Crom, 30 av. Dubrocq ℰ 59 59 25 57

🔧 Central Pneu, rte de Castera, quartier Ste-Croix
ℰ 59 55 84 55
Central-Pneu, 35 allées Marines ℰ 59 59 18 26
Comptoir du Pneu Plus, 4 av. Mar.-Foch
ℰ 59 59 11 73
Sud-Ouest Sécurité, 34-36 bd Alsace-Lorraine
ℰ 59 55 04 72 **N** ℰ 59 23 68 68

BAZAS **33430** Gironde 79 ② G. Pyrénées Aquitaine – 5 190 h.
Voir Cathédrale★.
Syndicat d'Initiative 1 pl. Cathédrale (mai-août) ✆ 56 25 25 84.
Paris 638 – ♦Bordeaux 60 – Agen 108 – Bergerac 95 – Langon 15 – Mont-de-Marsan 68.

- **Domaine de Fompeyre** ⑤, rte Mont-de-Marsan ✆ 56 25 98 00, Fax 56 25 16 25, parc, – | TV ☎ & – 40. AE VISA
  R *(fermé dim. soir)* 120/180 – ☐ 30 – **31 ch** 270/410, 4 appart. 490 – ½ P 352.
- **Relais Bazadais** M, O : 2 km sur D 932 ✆ 56 25 25 59, – TV ☎ & P. E VISA
  R 85/189 , enf. 34 – ☐ 28 – **18 ch** 185/292.

BAZEILLES **08** Ardennes 53 ⑲ – rattaché à Sedan.

BAZINCOURT-SUR-EPTE **27** Eure 55 ⑧⑨ – rattaché à Gisors.

BAZOUGES-SUR-LE-LOIR **72200** Sarthe 64 ② G. Châteaux de la Loire – 1 313 h. alt. 28.
Voir Pont ≤★.
Paris 249 – Angers 40 – ♦Le Mans 49 – La Flèche 7.

- **Croissant,** N 23 ✆ 43 45 32 08 – E VISA
  fermé 16 au 31 août, 7 au 28 janv., dim. soir et lundi – **R** 100/150 .

BEAUCAIRE **30300** Gard 81 ⑪ G. Provence – 13 015 h. alt. 18.
Voir Château★ : ✳★★ Y – Abbaye de St-Roman ≤★ 4,5 km par ⑤.
Maison du Tourisme 24 cours Gambetta ✆ 66 59 26 57.
Paris 707 ⑥ – Avignon 25 ① – Alès 67 ⑥ – Arles 20 ③ – Nîmes 24 ⑤ – St-Rémy-de-Pr. 17 ②.

BEAUCAIRE

Ledru-Rollin (R.) .... Z 17
Nationale (R.) .... Z

Barbès (R.) .... Z 2
Bijoutiers (R. des) .... YZ 3
Charlier (R.) .... Y 4
Château (R. du) .... Y 5
Clemenceau (Pl. Georges) .... Z 6
Danton (R.) .... YZ 7
Denfert-Rochereau (R.) .... Z 8
Écluse (R. de l') .... Z 9
Foch (Bd Maréchal) .... YZ 12
Gambetta (Cours) .... Z 13
Hôtel-de-Ville (R. de l') .... Z 14
Jaurès (Pl. Jean) .... Y 15
Jean-Jacques-Rousseau (R.) .... Y 16
N.-D.-des-Pommiers (⊟) .... Y
Pascal (R. Roger) .... Z 21
République (Pl. de la) .... Y 22
République (R. de la) .... Y 23
St-Paul (⊟) .... Z
Victor-Hugo (R.) .... Y 25

Une réservation confirmée par écrit est toujours plus sûre.

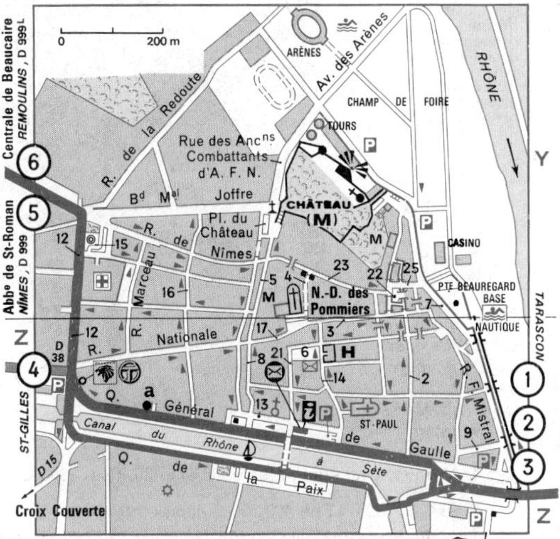

- **Les Doctrinaires,** quai Gén. de Gaulle et 32 r. Nationale ✆ 66 59 41 32, Télex 480706, Fax 66 59 31 97, , « Ancien collège du 17e siècle » – | TV ☎ P – 50. AE E VISA
  R *(fermé dim. soir de nov. à mars)* 95/250, enf. 60 – ☐ 47 – **34 ch** 320/370 – ½ P 350. Z **a**
- **Vignes Blanches,** rte Nîmes par ⑤ : 1 km ✆ 66 59 13 12, Télex 480690, Fax 66 59 40 97, – | rest TV ☎ P. AE E VISA
  27 mars-10 oct. – **R** (dîner seul.) 98/150, enf. 59 – ☐ 35 – **61 ch** 260/410 – ½ P 285/310.

PEUGEOT-TALBOT SOREVA, 41 r. des Marronniers par ④ ✆ 66 59 13 63

Ayme-Pneus, rte de St-Gilles ✆ 66 59 23 98

BEAUCENS **65** H.-Pyr. 85 ⑱ – rattaché à Argelès-Gazost.

Le BEAUCET **84210** Vaucluse 81 ⑬ – 187 h. alt. 300.
Paris 695 – Avignon 33 – Apt 41 – Carpentras 12 – Cavaillon 29 – Orange 35.

- **Aub. du Beaucet,** ✆ 90 66 10 82, ≤, – E VISA
  fermé 7 au 25 oct., 13 janv. au 31 déc., dim. soir et lundi – **R** 140, enf. 60.

🛈 Office de Tourisme pl. Mairie ♪ 79 38 37 57.

Paris 604 – Albertville 20 – Chambéry 69 – Megève 41.

🏠 **Gd Mont,** ♪ 79 38 33 36 – ☎. 🗉 𝘝𝘐𝘚𝘈
➡ *fermé 30 sept. au 6 nov., vend. soir et sam. midi de nov. au 15 déc.* – **R** 70/130 ♨, enf. 55 – ☌ 28 – **12 ch** 150/190 – ½ P 190/220.

🏠 **de la Roche,** ♪ 79 38 33 31, ⇆ – 🝗 🗉 𝘝𝘐𝘚𝘈
➡ *fermé nov. à mi-déc.* – **R** 52/150 ♨ – ☌ 23 – **17 ch** 110/210 – ½ P 180/240.

BEAUGENCY **45190** Loiret ⑥Ⅳ ⑧ G. Châteaux de la Loire – 7 339 h. alt. 106.

Voir Église N.-Dame★ – Donjon★ – Tentures★ dans l'hôtel de ville H – Musée de l'Orléanais★ dans le château.

🛈 Office de Tourisme 28 pl. Martroi ♪ 38 44 54 42.

Paris 151 ① – ♦Orléans 25 ① – Blois 31 ④ – Châteaudun 41 ⑥ – Vendôme 48 ⑤ – Vierzon 84 ②.

BEAUGENCY

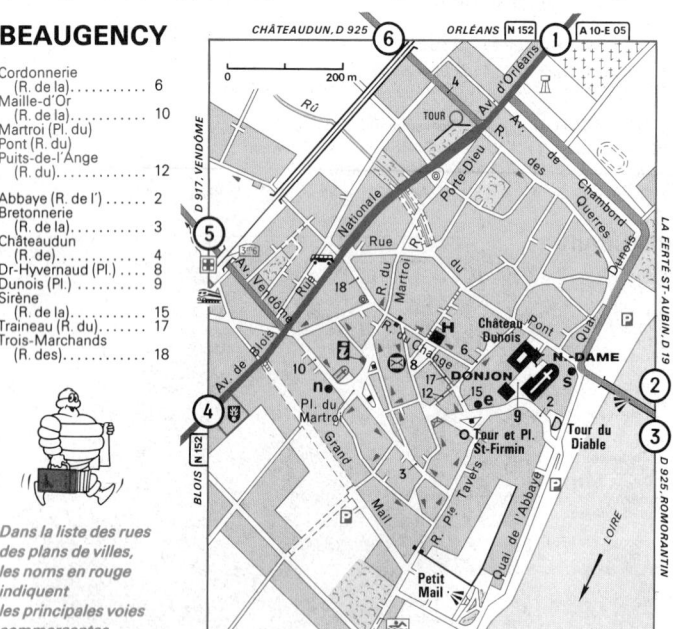

*Dans la liste des rues
des plans de villes,
les noms en rouge
indiquent
les principales voies
commerçantes.*

🏨 **L'Abbaye,** quai Abbaye (s) ♪ 38 44 67 35, Télex 780038, ≤, ⇜ – ⊡ ☎ 🅿 – 🔬 40. 🝗 ⓘ 🗉 𝘝𝘐𝘚𝘈
R 185 – ☌ 33 – **13 ch** 400/530, 5 duplex 660.

🏨 **Écu de Bretagne,** pl. Martroi (n) ♪ 38 44 67 60, Fax 38 44 05 09 – ☎ 🅿 🝗 ⓘ 🗉 𝘝𝘐𝘚𝘈
R 100/280, enf. 60 – ☌ 35 – **26 ch** 130/260 – ½ P 190/260.

🏠 **Sologne** sans rest, pl. St Firmin (e) ♪ 38 44 50 27 – ⊡ ☎. 🗉 𝘝𝘐𝘚𝘈. ⋇
fermé 20 déc. au 1ᵉʳ fév. et dim. soir du 1ᵉʳ nov. au 1ᵉʳ mars – ☌ 35 – **16 ch** 150/280.

à Tavers par ④ : 3 km – ⊠ **45190** :

🏨 **La Tonnellerie** ⑤, près Église ♪ 38 44 68 15, Télex 782479, Fax 38 44 10 01, ⇜, « Jardin fleuri, ⛲ » – ▯ ☎ 🅿 🗉 𝘝𝘐𝘚𝘈. ⋇
24 avril-13 oct. – **R** 204/399, enf. 78 – ☌ 47 – **23 ch** 580/790 – ½ P 505/630.

à Lailly-en-Val par ② : 5 km – ⊠ **45740** :

✗ **Aub. Trois Cheminées** avec ch, rte Blois : 2 km ♪ 38 44 74 20, ⇞ – ☎ 🅿 🗉 𝘝𝘐𝘚𝘈
fermé 15 fév. au 15 mars, dim. soir et lundi d'oct. à mai – **R** 80/220 ♨ – ☌ 30 – **12 ch** 120/350 – ½ P 150/250.

PEUGEOT Gar. Mahu, 49 av. de Blois par ④
♪ 38 44 53 20

RENAULT Gar. de la Mardelle, ZI, 63 av. d'Orléans par ① ♪ 38 44 50 40

BEAUJEU 69430 Rhône 🔟🔢 ⑨ G. Vallée du Rhône – 2 013 h. alt. 293.

🇧 Syndicat d'Initiative square Grand'Han (fin mars-mi déc., fermé matin sauf juil.-oct.) 🖉 74 69 22 88.

Paris 428 – Mâcon 39 – Roanne 64 – Bourg-en-Bresse 54 – ♦Lyon 59 – Villefranche-sur-Saône 26.

XX **Anne de Beaujeu** avec ch, 🖉 74 04 87 58, 🐎 – ☎ 🅿. 🖭 🗲 VISA
fermé 29 juil. au 12 août, 23 déc. au 25 janv., dim. soir et lundi – **R** 103/310 – ☲ 27 – **7 ch** 165/220 – ½ P 230/270.

CITROEN Gar. du Centre 🖉 74 04 87 64   V.A.G Gar. Daniel 🖉 74 04 87 14
PEUGEOT-TALBOT Gar. Desplace 🖉 74 69 21 56
🇳

BEAULAC 33 Gironde 🔟🔢 ② – alt. 66 – ✉ **33430** Bazas.

Paris 645 – ♦Bordeaux 66 – Mont-de-Marsan 60 – Langon 23 – Marmande 50 – Nérac 68.

XX **Mallet** avec ch, 🖉 56 25 40 77, 🏤 – 📺 🖭 🗲 VISA
♦ fermé 1er au 15 nov. – **R** 55/180 🐌, enf. 35 – ☲ 25 – **10 ch** 100/200 – ½ P 150/200.

BEAULIEU-EN-ARGONNE 55250 Meuse 🔟🔢 ⑳ G. Champagne – 46 h. alt. 273.

Voir Pressoir★ dans l'anc. abbaye.

Paris 244 – Bar-le-Duc 36 – Futeau 10 – Ste-Menehould 23 – Verdun 50.

🏨 **Host. Abbaye** ⑤, 🖉 29 70 72 81, ≤, %% – VISA. %% ch
fermé 15 déc. au 1er fév. et dim. soir du 1er oct. au 1er mars – **R** 75/140 🐌 – ☲ 19 – **10 ch** 90/160 – ½ P 135/175.

BEAULIEU-SUR-DORDOGNE 19120 Corrèze 🔟🔢 ⑲ G. Berry Limousin – 1 603 h. alt. 144.

Voir Église★ : portail méridional★★ et vierge romane★ du trésor.

🇧 Syndicat d'Initiative pl. Marbot (avril-15 sept.) 🖉 55 91 09 94.

Paris 522 – Brive-la-Gaillarde 43 – Aurillac 65 – Figeac 62 – Sarlat-la-Canéda 76 – Tulle 39.

🏠 **Le Turenne**, 🖉 55 91 10 16, 🏤 – ☎. 🖭 🕦 🗲 VISA
fermé 15 janv. au 15 fév., dim. soir et lundi du 1er oct. au 30 avril – **R** 95/200 🐌 – ☲ 28 – **22 ch** 190/260 – ½ P 210/220.

🏠 **Central H. Fournié**, 🖉 55 91 01 34, 🏤 – ☎ 🅿. 🗲 VISA
15 mars-15 nov. – **R** 75/220 🐌, enf. 48 – ☲ 25 – **30 ch** 130/250 – ½ P 190/240.

RENAULT Lavastroux 🖉 55 91 12 82

BEAULIEU-SUR-MER 06310 Alpes-Mar. 🔟🔢 ⑩, 🔟🔢 ㉗ G. Côte d'Azur – 4 302 h. alt. 10 – Casino .

Voir Site★ de la Villa Kerylos★ M – Baie des Fourmis★.

🇧 Office de Tourisme pl. G.-Clemenceau 🖉 93 01 02 21.

Paris 941 ④ – ♦Nice 10 ④ – Menton 20 ③.

Plan page suivante

🏨🏨 **La Réserve** ⑤, bd Mar. Leclerc **(w)** 🖉 93 01 00 01, Télex 470301, Fax 93 01 28 99, ≤, 🏤, « Intérieur luxueux en bordure de mer », 🏊, 🐎 – 🛗 🚭 ch 📺 ☎ 🚗 🅿. 🖭 🕦 🗲 VISA
fermé mi-nov. à mi-déc. – **R** 380/480 – ☲ 90 – **50 ch** 1550/2400, 3 appart. – ½ P 995/1695.

🏨🏨⊛ **Métropole** Ⓜ ⑤, bd Mar. Leclerc **(g)** 🖉 93 01 00 08, Télex 470304, Fax 93 01 18 51, ≤, 🏤, « Vaste terrasse sur mer, parc, 🏊, 🐾 » – 🛗 🚭 🚗 📺 ☎ 🅿. 🖭 🗲 VISA
fermé 31 oct. au 20 déc. – **R** 440/480 – ☲ 95 – **50 ch** 905/2450, 3 appart. – ½ P 1180/1760
Spéc. Filets de rougets à la pulpe d'olives, Foie de veau poêlé au miel des Alpes de Provence, Sabayon au vin de pêches et glace vanille. Vins Bellet, Côtes de Provence.

🏨🏨 **Royal Riviera** Ⓜ ⑤, av. J. Monnet **(m)** ✉ 06230 St-Jean-Cap-Ferrat 🖉 93 01 20 20, Télex 470302, Fax 93 01 23 07, ≤, 🏤, « Jardin fleuri, 🏊 », 🐎 – 🛗 🚭 📺 ☎ 🕹 🅿. 🖭 🕦 🗲 VISA. %% rest
Le Panorama **R** 295/350, enf. 120 – ☲ 85 – **76 ch** 900/2200 – ½ P 1215/1465.

🏨🏨 **Carlton** Ⓜ ⑤, av. E. Cavell **(b)** 🖉 93 01 14 70, Télex 970421, Fax 93 01 29 62, 🏤, 🏊, 🐎 – 🛗 🚭 📺 ☎ 🚗 🅿. 🖭 100. 🖭 🗲 🕦
hôtel : 26 mars-31 oct. ; rest. : 26 mars-30 sept. – **R** (fermé merc.) 120/350 – ☲ 60 – **33 ch** 500/1050 – ½ P 785.

🏨🏨 **Résidence Carlton** Ⓜ ⑤ sans rest, av. Albert 1er **(f)** 🖉 93 01 06 02, 🐎 – 🛗 🚭 📺 ☎ 🅿. 🖭 🕦 🗲 VISA
fermé 1er nov. au 31 déc. – ☲ 50 – **27 ch** 400/700.

🏨🏨 **Frisia** sans rest, bd Mar. Leclerc **(r)** 🖉 93 01 01 04, Fax 93 01 31 92, ≤ – 🛗 📺 ☎. 🖭 🗲 VISA
fermé 31 oct. au 20 déc. – ☲ 20 – **35 ch** 460/510.

🏨🏨 **Comté de Nice** Ⓜ sans rest, bd Marinoni **(a)** 🖉 93 01 19 70, Télex 461744, Fax 93 01 23 09, 🛗 – 🛗 📺 ☎ 🚗. 🖭 🕦 🗲 VISA. %%
☲ 40 – **33 ch** 360/430.

🏨🏨 **Frantour-Victoria** Ⓜ, bd Marinoni **(t)** 🖉 93 01 02 20, Télex 470303, Fax 93 01 32 67, 🏤, – 🛗 📺 🚭. 🖭 🕦 🗲 VISA. %% rest
1er fév.-13 oct. – **R** 95/115, enf. 55 – **80 ch** ☲ 285/480 – ½ P 265/315.

🏠 **Le Havre Bleu** sans rest, bd Mar. Joffre **(d)** 🖉 93 01 01 40, Fax 93 01 29 92 – ☎ 🅿. 🗲 VISA. %% – ☲ 24 – **22 ch** 233/286.

BEAULIEU-SUR-MER

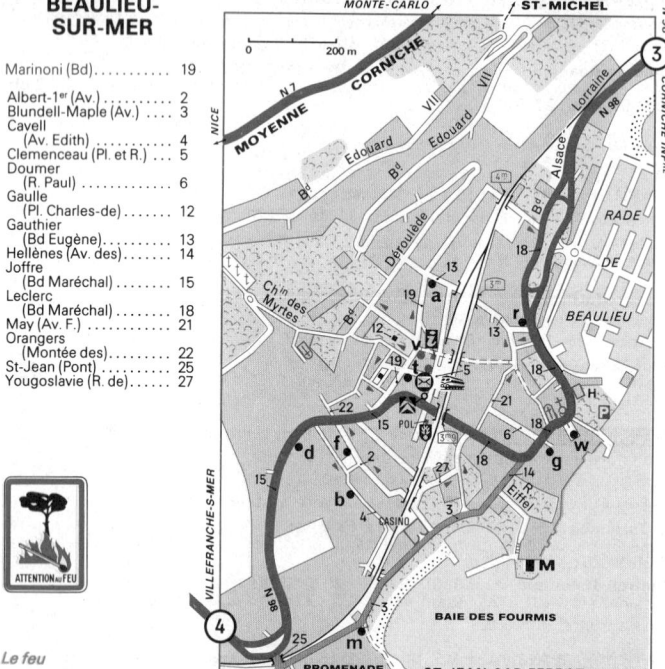

ATTENTION au FEU

*Le feu
est le plus terrible
ennemi de la forêt
Soyez prudent !*

XX **Le Maxilien,** bd Marinoni (v) ℘ 93 01 47 48 – 🗐. ⅍ ⓞ Ⅎ VISA – **R** 135/380.
   fermé 26 oct. au 6 nov., 20 fév. au 8 mars et mardi d'oct. à mai – **R** 135/380.

X **Les Agaves,** r. Mar. Foch (t) ℘ 93 01 12 90 – 🗐. ⅍ Ⅎ VISA
   fermé 11 au 30 nov. et lundi – **R** (nombre de couverts limité - prévenir) 130/180.

CITROEN Gar. de la Poste ℘ 93 01 00 13

BEAUMES-DE-VENISE 84190 Vaucluse 🗓 ⑫ G. Provence – 1 944 h. alt. 100.

Voir Clocher★ de la chapelle N.-D. d'Aubune O : 2 km.

🇪 Office de Tourisme cours Jean-Jaurès (fermé après-midi hors saison) ℘ 90 62 94 39.

Paris 672 – Avignon 32 – Nyons 39 – Orange 24 – Vaison-la-Romaine 23.

X **Aub. St-Roch** avec ch, ℘ 90 62 94 29 – ⇆ rest. Ⅎ VISA. ⅍ ch
   fermé 19 août au 9 sept., 1er au 15 fév., dim. soir et lundi du 20 août au 30 juin – **R** 95/160 ⅋, enf. 45 – ⊡ 20 – **4 ch** 135/205 – ½ P 157/192.

BEAUMESNIL 27410 Eure 🗓 ⑲ G. Normandie Vallée de la Seine – 526 h.

Voir Château★.

Paris 141 – ◆Rouen 62 – Bernay 13 – Dreux 68 – Evreux 39.

XX **L'Étape Louis XIII,** ℘ 32 44 44 72, 舘, 雨, – ⓟ. ⅍ Ⅎ VISA
   fermé 13 au 29 juin, 15 sept. au 1er oct., 1er au 15 fév., dim. soir, lundi et mardi – **R** 98.

BEAUMETTES 84220 Vaucluse 🗓 ⑬ – 206 h. alt. 126.

Voir ⇆★ du chevet de l'église de Ménerbes S : 3,5 km, **G.Provence.**

Paris 713 – Apt 17 – Avignon 35 – Carpentras 32 – Cavaillon 14.

🏨 **Le Moulin Blanc** ⅍, E : 0,5 km par N 100 ℘ 90 72 34 50, Télex 432926, Fax 90 72 25 41, ⇆, 舘, « Beaux aménagements dans un ancien moulin, parc », 🏊, ⅍ – 🗐 ☎ ⓟ. ⅍ ⓞ Ⅎ VISA
   R 190/300 – ⊡ 60 – **18 ch** 530/1000 – ½ P 475/670.

172

BEAUMONT 24440 Dordogne ⑦⑤ ⑮ G. Périgord Quercy – 1 302 h. alt. 160.

🎪 Syndicat d'Initiative (juin-sept.) 𝒫 53 22 39 12.

Paris 558 – Périgueux 68 – Bergerac 29 – Fumel 50 – Sarlat-la-Canéda 53 – Villeneuve-sur-Lot 47.

XX **Voyageurs** avec ch, 𝒫 53 22 30 11, 🍴
→ fermé mi-oct. à mi-nov., janv., fév., et lundi sauf juil.-août – **R** (dim. prévenir) 70/200 ⅃ –
□ 30 – **10 ch** 90/220.

RENAULT Delpech 𝒫 53 22 30 16

BEAUMONT 86490 Vienne ⑥⑧ ④ G. Poitou Vendée Charentes – 1 448 h. alt. 146.

Paris 317 – Poitiers 22 – Châtellerault 16.

X **Relais du Clain,** 𝒫 49 85 50 36 – ⓟ E 𝗩𝗜𝗦𝗔
→ fermé 1ᵉʳ au 8 juin, 15 au 22 nov., lundi soir et mardi – **R** 50/160 ⅃, enf. 38.

BEAUMONT-DE-LOMAGNE 82500 T.-et-G. ⑧② ⑥ G. Pyrénées Aquitaine – 3 949 h. alt. 102.

Paris 713 – Auch 52 – Agen 58 – Castelsarrasin 25 – Condom 61 – Montauban 36 – ◆Toulouse 57.

🏠 **Commerce,** r. Mar. Foch 𝒫 63 02 31 02, 🍴 – ☎ 🚗, 🅰🅴 ⓞ E 𝗩𝗜𝗦𝗔, ⌘ ch
→ fermé janv., dim. soir et lundi – **R** 58/185, enf. 45 – □ 26 – **14 ch** 115/200 – ½ P 170/
180.

CITROEN Daure 𝒫 63 02 35 76
PEUGEOT TALBOT Gar. Pons 𝒫 63 02 36 60

PEUGEOT, TALBOT Gar. Oustric 𝒫 63 02 41 18
Ⓝ 𝒫 63 02 25 58

BEAUMONT-EN-AUGE 14950 Calvados ⑤⑤ ③ G. Normandie Vallée de la Seine – 397 h. alt. 95.

Paris 202 – ◆Caen 40 – Lisieux 20 – Pont-l'Évêque 6 – Trouville-Deauville 12.

XX **Aub. de l'Abbaye,** 𝒫 31 64 82 31, « Cadre rustique » – E 𝗩𝗜𝗦𝗔
fermé 15 fév. au 7 mars, 8 au 12 juil., mardi et merc. du 2 sept. au 13 juil. – **R** 160/280,
enf. 100.

BEAUMONT-EN-VERON 37 I.-et-L. ⑥⑦ ⑨ – rattaché à Chinon.

BEAUMONT-LE-ROGER 27170 Eure ⑤⑤ ⑮ G. Normandie Vallée de la Seine – 2 738 h. alt. 91.

📍 du Champ de Bataille 𝒫 32 35 03 72, NE : 16 km par D 133 et D 39.

🎪 Syndicat d'Initiative à la Mairie (juil.-8 sept.) 𝒫 32 45 23 88 et pl. de Clercq (saison).

Paris 134 – ◆Rouen 51 – L'Aigle 41 – Bernay 17 – Évreux 32 – Louviers 35 – Verneuil 51.

XX **Le Paris sur Risle,** 𝒫 32 45 22 23 – E 𝗩𝗜𝗦𝗔
fermé 2 au 15 déc., 25 fév. au 10 mars, dim. soir et lundi sauf fêtes – **R** 75 bc (sauf
sam.)/158.

PEUGEOT-TALBOT Gar. du Centre 𝒫 32 45 20 49
RENAULT J.P.C. 𝒫 32 45 22 16 Ⓝ

RENAULT Gar. Pont aux Chèvres 𝒫 32 45 20 44

BEAUMONT-SUR-SARTHE 72170 Sarthe ⑥⓪ ⑬ – 1 938 h. alt. 85.

Paris 222 – ◆Le Mans 26 – Alençon 23 – La Ferté-Bernard 47 – Mamers 26 – Mayenne 62.

XX **Chemin de Fer** avec ch, à la Gare E : 1,5 km par D 26 𝒫 43 97 00 05, 🌲 – 📺 ☎ 🚗.
→ E 𝗩𝗜𝗦𝗔
fermé 20 oct. au 7 nov., 11 fév. au 6 mars, dim. soir et lundi hors sais. – **R** 65/184 ⅃,
enf. 44 – □ 21 – **15 ch** 122/215 – ½ P 160/244.

PEUGEOT, TALBOT Gar. Noyer 𝒫 43 97 01 14
PEUGEOT, TALBOT Thureau, à la Croix-Margot-
Juillé 𝒫 43 97 00 33 Ⓝ

RENAULT Gar. Despelchain 𝒫 43 97 00 03

BEAUMONT-SUR-VESLE 51360 Marne ⑤⑥ ⑰ – 654 h. alt. 100.

Voir Faux de Verzy★ S : 3,5 km, G. Champagne.

Paris 157 – ◆Reims 16 – Châlons-sur-Marne 28 – Épernay 34 – Ste-Menehould 62.

🏠 **La Maison du Champagne,** 𝒫 26 03 92 45, 🌲 – 🅿 🅰🅴 ⓞ E 𝗩𝗜𝗦𝗔.
→ ⌘ ch
fermé 1ᵉʳ au 15 oct., 1ᵉʳ au 15 fév., sam. midi et dim. sauf fériés – **R** (dim. et fêtes -
prévenir) 64/200, enf. 38 – □ 24 – **10 ch** 140/250 – ½ P 160/180.

RENAULT Gar. Lahante, 14 RN 𝒫 26 03 90 59 Ⓝ

Dans ce guide

un même symbole, un même caractère,

imprimés en couleur ou en noir, en maigre ou en **gras**

n'ont pas tout à fait la même signification

Lisez attentivement les pages explicatives.

173

Voir Hôtel-Dieu★★ et polyptyque du Jugement dernier★★★ AZ – Collégiale N.-Dame★ : tapisseries★★ AY **D** – Hôtel de la Rochepot★ AY **B** – Remparts★ AZ – Musée du vin de Bourgogne★ AYZ **M1**.

🛈 Office de Tourisme avec A.C. face Hôtel-Dieu ℘ 80 22 24 51.

Paris 315 ③ – Chalon-sur-Saône 30 ③ – Autun 48 ④ – Auxerre 151 ③ – ♦Dijon 45 ③ – Dole 68 ③

BEAUNE

Carnot (R.) .... **AZ** 3	Carnot (Pl.) .... **AZ** 4
Lorraine (R. de) .... **AY**	Château (R. du) .... **BY** 6
	Fleury (Pl.) .... **AZ** 7
Alsace (R. d') .... **AZ** 2	Fraysse (R.E.) .... **AZ** 8
	Halle (Pl. de la) ...... **AZ** 10
	Maufoux (R.) .... **AZ** 12
	Monge (Pl.) .... **AY** 13
	Monge (R.) .... **AZ** 14
	Perpreuil (Bd) .... **AZ** 16
	Poterne (R.) .... **AZ** 17
	Rousseau-Deslandes (R.) ...... **BY** 18
	St-Nicolas (R. du fg.) .... **AY** 20
	Tonneliers (R. des) ..... **AY** 22

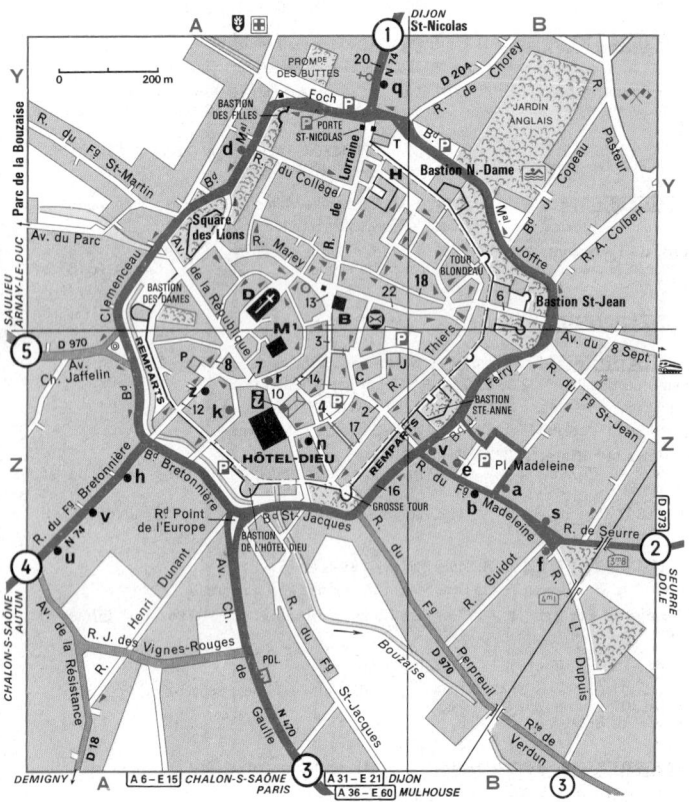

🏛 **Le Cep** ⟨⟩, 27 r. Maufoux ℘ 80 22 35 48, Télex 351256, Fax 80 22 76 80, « Ameublement de style » – 📶 📺 ☎ ⟨⟩ ⟨⟩ ℗ – 🔏 120. 🆎 ⓞ Ⓔ 𝘝𝘐𝘚𝘈   AZ **z**
R voir rest. **Bernard Morillon** ci-après – ⌂ 55 – **49 ch** 550/850, 3 appart. 1500.

🏛 **Henry II** Ⓜ sans rest, 12 fg St Nicolas ℘ 80 22 83 84, Télex 350217, Fax 80 24 15 13 – 📶 📺 ☎ ⟨⟩ ⟨⟩ – 🔏 30. 🆎 ⓞ Ⓔ 𝘝𝘐𝘚𝘈. ⟨⟩   AY **q**
⌂ 40 – **50 ch** 300/550.

🏛 **Belle Epoque** Ⓜ sans rest, 15 fg Bretonnière ℘ 80 24 66 15, Fax 80 24 17 49 – 📺 ☎ ⟨⟩ 🆎 ⓞ Ⓔ 𝘝𝘐𝘚𝘈   AZ **h**
⌂ 40 – **22 ch** 360/460.

🏛 **La Closerie** Ⓜ ⟨⟩ sans rest, par ④ rte Autun N 74 ℘ 80 22 15 07, Télex 351213, Fax 80 24 16 22, 🔳, ⟨⟩ – 📺 ☎ ℗ ⟨⟩ Ⓔ 𝘝𝘐𝘚𝘈
fermé 24 déc. au 1ᵉʳ janv. – ⌂ 35 – **46 ch** 320/475.

🏛 **Altéa Samotel** ⟨⟩, par ④ rte Autun N 74 ℘ 80 22 35 55, Télex 350596, Fax 80 22 91 74, ⟨⟩, 🔳, 🔳 – 📺 ☎ ℗ – 🔏 50. 🆎 ⓞ Ⓔ 𝘝𝘐𝘚𝘈
fermé 1ᵉʳ déc. au 2 janv. – **R** 95/200, enf. 55 – ⌂ 46 – **65 ch** 330/480.

🏨 **Central** Ⓜ, 2 r. V. Millot 🕿 80 24 77 24 – 📺 🕿 E VISA AZ **n**
fermé 5 au 25 janv., merc. du 1ᵉʳ nov. au 30 juin (sauf hôtel) et dim. soir du 1ᵉʳ nov. au 31 mars – **R** 130/300 – 🍽 38 – **20 ch** 310/470.

🏨 **Grillon** 🦆, 21 rte Seurre par ② : 1 km 🕿 80 22 44 25, 😤, 🛤 – 🕿 🅿 ﷼ ⓞ VISA
fermé 15 janv. au 15 fév. – **R** *(fermé merc.)* (dîner seul.) 95/130 – 🍽 25 – **18 ch** 200/280 –
½ P 220/300.

🏨 **Ibis** Ⓜ, av. Ch. de Gaulle par ③ : 1 km 🕿 80 22 46 75, Télex 351410, Fax 80 22 21 16, 😤,
🔄, 🛤 – 🛗 📺 🕿 🔥 🅿 – 🔬 25 à 150. E VISA
R carte 90 à 140, enf. 40 – 🍽 30 – **103 ch** 260/290.

🏨 **La Cloche,** 42 fg Madeleine 🕿 80 24 66 33, Fax 80 24 04 24 – 🍽 rest 📺 🕿 🅿 – 🔬 30 à
60. E VISA
BZ **b**
fermé 20 déc. au 25 janv. – **R** *(fermé mardi)* 85/195, enf. 70 – 🍽 30 – **15 ch** 250/350 –
½ P 280/325.

🏨 **Le Home** sans rest, 138 rte Dijon par ① 🕿 80 22 16 43, 🛤 – 🚗 🅿 ﷼ E VISA
🍽 30 – **22 ch** 255/295.

🏨 **Host. de Bretonnière** sans rest, 43 fg Bretonnière 🕿 80 22 15 77 – 📺 🕿 🅿 E VISA
🍽 29 – **27 ch** 155/330. AZ **v**

🏨 **Alésia** sans rest, av. Sablières, rte Dijon par ① : 1 km 🕿 80 22 63 27 – 🕿 🅿 E VISA
fermé 1ᵉʳ déc. au 6 janv. – 🍽 25 – **15 ch** 195/275.

🏨 **Beaun H.** sans rest, 55 bis fg Bretonnière 🕿 80 22 11 01 – 🕾 🅿 E VISA AZ **u**
fermé 30 nov. au 8 déc. et dim. soir hors sais. – 🍽 22 – **16 ch** 125/252.

XXX ⊛ **Jacques Lainé,** (ch. prévues en sept.) 10 bd Foch 🕿 80 24 76 10, Fax 80 22 77 78, 😤
– 🅿 ﷼ E VISA. 🍽 AY **d**
fermé dim. midi et mardi du 15 oct. au 15 juin – **R** 160/300, enf. 80
Spéc. Pommes de terre au lard et escargots sautés au persil, Pigeon de Bresse poêlé au vin rouge,
Aumônières de glace au miel. **Vins** Saint-Romain blanc, Beaune.

XXX ⊛ **Bernard Morillon,** 31 r. Maufoux 🕿 80 24 12 06, 😤 – ﷼ ⓞ E VISA AZ **z**
fermé mardi, mardi midi et lundi – **R** 170/350
Spéc. Petite marmite d'escargots, Volaille de Bresse à la bourguignonne, Cassolette de queues d'écrevisses
(mai à oct.). **Vins** Mercurey.

XXX **Aub. St-Vincent,** pl. Halle 🕿 80 22 42 34, Télex 352110, Fax 80 24 02 75 – ﷼ ⓞ E.
VISA AZ **r**
R 125/250, enf. 75.

XX ⊛ **L'Écusson** (Senelet), pl. Malmédy 🕿 80 24 03 82, Fax 80 24 74 02, 😤 – ﷼ ⓞ E VISA
Spéc. Vin chaud d'escargots Poularde aux grenouilles, Foie gras de marron à la gelée de thé. BZ **f**
fermé fév., lundi midi de déc. à avril et dim. – **R** 124/300

XX ⊛ **Relais de Saulx** (Monnoir), 6 r. Very 🕿 80 22 01 35 – E VISA AZ **k**
fermé 15 au 30 juin, 15 au 31 déc., dim. soir et lundi – **R** *(nombre de couverts limité -*
prévenir) 195/350
Spéc. Chou farci aux escargots de Bourgogne, Marguerite de saumon et langoustines sauce homardine,
Volaille de Bresse aux morilles à la crème.

XX **Rôtisserie La Paix** avec ch, 47 fg Madeleine 🕿 80 22 33 33, 😤 – ﷼ ⓞ E VISA BZ **s**
R *(fermé mardi midi et lundi)* 105/285 – 🍽 45 – **10 ch** 280/450.

XX **Aub. Bourguignonne** avec ch, 4 pl. Madeleine 🕿 80 22 23 53 – 🍽 rest 🕿 E VISA
fermé 10 déc. au 14 janv., dim. soir du 25 nov. au 20 janv. et lundi sauf fériés – **R** 84/189
– 🍽 27 – **8 ch** 230/260 BZ **a**

XX **Aub. Toison d'Or,** 4 bd J. Ferry 🕿 80 22 29 62, Télex 351301 – E VISA BZ **v**
fermé dim. soir et lundi – **R** 125/230, enf. 50.

X **Maxime,** 3 pl. Madeleine 🕿 80 22 17 82, 😤 – E VISA BZ **e**
fermé 6 au 27 janv. et lundi – **R** 72/150.

par ① (Beaune Nord) :

XXXX ⊛ **Ermitage de Corton** (Parra) avec ch, rte Dijon : 4 km 🕿 80 22 05 28, Télex 351189,
Fax 80 24 64 51, ≤, 😤, 🛤 – 📺 🕿 🚗 🅿 ﷼ ⓞ E VISA
fermé mi-janv à mi-fév. – **R** *(fermé dim. soir et lundi)* (nombre de couverts limité - prévenir)
165/550 – 🍽 75 – **2 ch** 650/950, 8 appart. 850/1250
Spéc. Langoustines rôties au beurre de curry, Salade de sot-l'y-laisse et foie gras, Canette poêlée aux
pêches de vigne (15 juil.-15 oct.). **Vins** Chorey-lès-Beaune blanc et rouge.

XX **Bareuzai,** rte de Dijon : 3,5 km 🕿 80 22 02 90, ≤, 😤 – 🍽 🅿 ﷼ E VISA
fermé 2 janv. au 15 fév. – **R** 128/265, enf. 35.

à Levernois SE : 5 km par rte Verdun sur le Doubs D 970 et D 111 - BZ - ✉ **21200** :

🏨 **Parc** 🦆 sans rest, 🕿 80 22 22 51, parc – 🕾 🅿
fermé 3 au 18 mars et 19 nov. au 9 déc. – 🍽 28 – **20 ch** 145/210.

XXXX ⊛⊛ **Host. de Levernois** (Crotet) Ⓜ 🦆 avec ch, 🕿 80 24 73 58, Télex 351468,
Fax 80 22 78 00, 😤, « Jardin fleuri et parc », 🍽 – 📺 🕿 🅿 ﷼ ⓞ E VISA 🍽 ch
fermé 29 juil. au 13 août, 22 déc. au 9 janv., merc. midi et mardi – **R** 350/480 et carte,
enf. 100 – 🍽 75 – **12 ch** 750/850 – ½ P 900
Spéc. Petits escargots de Bourgogne en cocotte lutée, Pigeon poêlé au fois gras, Morilles au poulet de
Bresse. **Vins** Bourgogne Aligoté.

à *Montagny-lès-Beaune* par ③ et D 113 : 3 km – ✉ 21200 :

🏠 **Les Genièvres** sans rest, ℰ 80 22 37 74, 🚗 – ☎ ⇔ 🅿 ⌹ 🖃 *VISA*
fermé 15 déc. au 1ᵉʳ fév. et dim. du 1ᵉʳ oct. au 28 fév. – ⌓ 23 – **19 ch** 140/200.

par ③ : 7 km sur Autoroute A6 – ✉ 21200 Beaune :

🏨 **Altéa** Ⓜ 🐾, ℰ 80 21 46 12, Télex 350627, Fax 80 21 46 57 – 📺 ☎ 🕭 🅿 ⌹ 🖃 ⓞ 🖃 *VISA*
R rest. d'autoroute sur place dont **La Bourguignotte R** 163/184, enf. 40 – ⌓ 42 – **150 ch**
325/346.

BMW Savy 21, r. J.-Germain ZI à Beaune-Savigny ℰ 80 22 88 69	**PEUGEOT, TALBOT** Champion, 42 rte de Pommard par ④ ℰ 80 22 12 30 🔃
CITROEN Gar. Champion, 1 rte de Pommard par ④ ℰ 80 22 28 14 🔃	**RENAULT** Beaune-Auto, 78 rte de Pommard par ④ ℰ 80 22 25 48 🔃 ℰ 80 22 87 04
CITROEN Gar. Chaffraix, 47 r. Fg-St-Nicolas par ① ℰ 80 22 17 55	**TOYOTA** Gar. Nello Cheli, ZI de Vignolles-les-Barbizottes ℰ 80 24 76 60
FIAT Bolatre, 40 fg Bretonnière ℰ 80 22 28 03 🔃	
FORD Gar. Moreau, 135 bis rte de Dijon ℰ 80 22 27 00 🔃	ⓦ Gaudry-Pneu, 148 rte de Dijon ℰ 80 22 14 21 Techni-Pneu, 4 bd Bretonnière ℰ 80 22 80 10

BEAUNE-LE-FROID 63 P.-de-D. 🎟 ⑬ – rattaché à Murol.

BEAUPRÉAU 49600 M.-et-L. 🎟 ⑤ **G. Châteaux de la Loire** – 6 195 h. alt. 86.

🅱 Office de Tourisme (saison) ℰ 41 63 06 49 et à la Mairie (hors saison) ℰ 41 63 00 47.

Paris 347 – Angers 51 – Ancenis 28 – Châteaubriant 74 – Cholet 18 – ◆Nantes 74 – Saumur 74.

🏠 **France,** pl. Gén. Leclerc ℰ 41 63 00 26 – ☎ 🅿 ⌹ *VISA*
✦ *fermé 1ᵉʳ au 15 août* – **R** *(fermé sam. soir et dim.)* 60/125 🍷, enf. 42 – **13 ch** ⌓ 135/230 –
½ P 200/235.

à la Chapelle-du-Genêt SO : 3 km – ✉ 49600 :

🍴🍴 **Aub. de la Source,** ℰ 41 63 03 89 – 🖃 *VISA*
fermé 19 août, sam. midi et dim. soir – **R** 98/250, enf. 50.

CITROEN Pineau, Les Ponts ℰ 41 63 00 15 🔃 ℰ 41 63 00 03

BEAURAINS 62 P.-de-C. 🎟 ② – rattaché à Arras.

BEAURAINVILLE 62990 P.-de-C. 🎟 ⑫ – 1 977 h. alt. 14.
Paris 203 – ◆Calais 76 – Arras 72 – Hesdin 14 – Montreuil 12 – St-Omer 53.

🍴 **Val de Canche** avec ch, ℰ 21 90 32 22, 🚗 – 🅿 🖃 *VISA* 🛳
✦ *fermé 1ᵉʳ au 15 janv., 15 au 30 sept., dim. soir et lundi* – **R** 65/120 🍷 – ⌓ 25 – **10 ch**
110/220 – ½ P 170/200.

V.A.G Gar. du Relais, RN 39 les Quatre Routes ℰ 21 90 30 33

BEAURECUEIL 13100 B.-du-R. 🎟 ③ – 458 h. alt. 254.
Paris 767 – ◆Marseille 41 – Aix-en-Provence 10 – Aubagne 31 – Brignoles 53.

🏨 **Mas de la Bertrande** 🐾, D 58 ℰ 42 66 90 09, Fax 42 66 82 01, 🍴, 🏊, 🚗 – 📺 ☎ 🅿
– 🔺 25. ⌹ ⓞ 🖃 *VISA*
hôtel : fermé 15 fév. au 15 mars et dim. ; rest. : ouvert Pâques-15 oct. et fermé dim. – **R**
200/285, enf. 90 – ⌓ 35 – **10 ch** 300/500 – ½ P 385/485.

🍴🍴🍴 **Relais Ste-Victoire** Ⓜ 🐾 avec ch, D 46 ℰ 42 66 94 98, ≤, 🍴, 🏊, 🚗 – 🖃 📺 ☎ 🅿
– 🔺 30. ⌹ ⓞ 🖃 *VISA*
*fermé vacances de nov., 2 au 8 janv., vacances de fév., dim. soir et lundi du 18 août au 30
juin* – **R** *(fermé lundi midi, mardi midi et merc. midi du 1ᵉʳ juil. au 18 août)* (week-ends
prévenir) 195/300, enf. 100 – ⌓ 45 – **4 ch** 300/380, 6 appart. 400/500 – ½ P 390/450.

BEAUREGARD 01 Ain 🎟 ① – rattaché à Villefranche-sur-Saône.

BEAUREPAIRE 38270 Isère 🎟 ② – 3 840 h. alt. 257.
Paris 520 – Annonay 39 – ◆Grenoble 64 – Romans 39 – ◆St-Étienne 78 – Tournon 55 – Vienne 30.

🍴🍴🍴 **Fiard** avec ch, av. Terreaux ℰ 74 84 62 02, Fax 74 84 71 13 – 🖃 rest 📺 ☎ – 🔺 25. ⌹
ⓞ 🖃 *VISA*
fermé janv. et dim. soir hors sais. – **R** 110/375 🍷 – ⌓ 30 – **15 ch** 200/330.

CITROEN Gar. des Alpes ℰ 74 84 60 13	**PEUGEOT TALBOT** Gar. Boyet ℰ 74 84 61 37
FORD Gar. Dumoulin ℰ 74 84 61 22	**RENAULT** Gar. des Terreaux ℰ 74 84 61 50 🔃

BEAUREPAIRE-EN-BRESSE 71 S.-et-L. 🎟 ⑬ – rattaché à Louhans.

BEAUSOLEIL 06 Alpes-Mar. 🎟 ⑩, 🎟🎟 ㉗ – rattaché à Monaco.

Le BEAUSSET 83330 Var 🎴🎴 ⑭ – 7 421 h. alt. 180.

Voir ⬗* de la chapelle N.-D. du Beausset-Vieux S : 4 km, **G. Côte d'Azur**

🛈 Syndicat d'Initiative pl. Ch.-de-Gaulle ℰ 94 90 55 10.

Paris 819 – ◆Toulon 17 – Aix-en-Provence 64 – ◆Marseille 47.

🏠 **Motel la Cigalière** Ⓜ ⤳, N : 1,5 km par N 8 et VO ℰ 94 98 64 63, Fax 94 98 66 04, ⬗, ⬛, ≾, 🏊, ❤️ – cuisinette ☎ 🅿 – ⚐ 35. 🎴🎴. ❤️
hôtel : fermé 18 au 30 oct., 20 au 27 fév. et dim. hors sais. ; rest. : ouvert 15 mai-30 sept. – **R** (dîner seul.) carte 120 à 170 – 🖵 31 – **14 ch** 285/350, 5 studios 580 – ½ P 275/320.

🍴 **Aub. Couchoua,** N : 3,5 km par N 8 et VO ℰ 94 98 72 24, 🍽️, viandes grillées, 🌳 – 🅿. ❤️
fermé 4 au 17 mars, 9 au 22 oct., dim. soir et merc. – **R** (dîner seul. en août) 125 🍷.

🍴 **La Miquelette,** S : 2 km par N 8 et VO ℰ 94 90 50 79, ≾, 🍽️, 🌳 – 🅿. 🇪 𝘝𝘐𝘚𝘈. ❤️
fermé début janv. à début mars, le midi en juil.-août (sauf sam.et dim.), dim. soir et lundi – **R** carte 130 à 210.

à Ste-Anne-d'Evenos S : 3 km par N 8 – ✉ **83330** Le Beausset :

🍴🍴 **Le Poivre d'Ane,** ℰ 94 90 37 88, 🍽️, 🌳 – 🅿. 🇪 𝘝𝘐𝘚𝘈
fermé lundi (sauf le soir en juil.-août) et dim. soir de sept. à juin – **R** 160/220.

RENAULT Central-Gar. ℰ 94 98 70 10   ◎ Michel Pneum. ℰ 94 90 44 70

BEAUVAIS 🅿 60000 Oise 🎴🎴 ⑨⑩ **G. Flandres Artois Picardie** – 54 147 h. alt. 64.

Voir Cathédrale★★★ : horloge astronomique★ – Église St-Étienne★ : vitraux★★ et arbre de Jessé★★★ – Musée départemental de l'Oise★ dans l'ancien palais épiscopal **M**.

✈ de Beauvais-Tillé : ℰ 44 45 01 06, par ② : 4 km.

🛈 Office de Tourisme r. Beauregard ℰ 44 45 08 18.

Paris 75 ④ – Compiègne 57 ③ – ◆Amiens 60 ② – Arras 125 ② – Boulogne-sur-Mer 168 ① – Dieppe 104 ⑦ – Évreux 98 ⑥ – ◆Reims 151 ③ – ◆Rouen 80 ⑦ – St-Quentin 113 ②.

Plan page suivante

🏠 **Chenal** Ⓜ sans rest, 63 bd Gén. de Gaulle **(a)** ℰ 44 45 03 55, Télex 145223, Fax 44 45 07 81 – 🛗 📺 ☎. 🆎 ⓞ 🇪 𝘝𝘐𝘚𝘈
🖵 37 – **29 ch** 300/320.

🏠 **Palais** ⤳ sans rest, 9 r. St Nicolas **(s)** ℰ 44 45 12 58 – 📺 ☎. 🆎 🇪
🖵 25 – **15 ch** 145/235.

🏠 **La Résidence** ⤳ sans rest, 24 r. L. Borel par ② et r. D. Maillart ℰ 44 48 30 98, Fax 44 45 09 42 – 📺 ☎ 🅿. 🆎 🇪 𝘝𝘐𝘚𝘈
🖵 32 – **23 ch** 155/225.

🏠 **Bristol** sans rest, 60 r. Madeleine **(k)** ℰ 44 84 33 85 – 📺 ☎. 🇪 𝘝𝘐𝘚𝘈
fermé 22 déc. au 5 janv. – 🖵 21 – **19 ch** 93/203.

🍴🍴🍴 **A la Côtelette,** 8 r. Jacobins **(e)** ℰ 44 45 04 42, Fax 44 45 09 95 – ⬗. 🆎 🇪 𝘝𝘐𝘚𝘈
fermé 1ᵉʳ au 15 août, 25 au 31 déc. et dim. (sauf fêtes) – **R** 180.

🍴🍴 **La Coquerie,** 1 r. St-Quentin **(b)** ℰ 44 84 01 93, 🍽️ – 🆎 🇪 𝘝𝘐𝘚𝘈
fermé 29 juil. au 14 août, sam. midi et dim. soir – **R** 160, enf. 50.

🍴🍴 **Marignan,** 1 r. Malherbe **(u)** ℰ 44 48 15 15 – 🆎 ⓞ 🇪 𝘝𝘐𝘚𝘈
fermé 5 au 18 août, dim. soir et lundi – **R** 105/150.

à Tillé par ② : 4 km – ✉ **60000** :

🍴🍴 **Le Pradou,** 45 r. Ile de France ℰ 44 45 66 14, Fax 44 45 56 47, 🍽️ – 🅿. 🇪 𝘝𝘐𝘚𝘈
fermé 4 au 18 mars, 5 août au 4 sept., dim. soir et lundi – **R** 118/225, enf. 60.

par ④ : 3 km, quartier St-Lazare – ✉ **60000** Beauvais :

🏠 **Mercure** Ⓜ sans rest, av. Montaigne ℰ 44 02 03 36, Télex 150210, Fax 44 02 12 50 – ⬗
🖵 📺 ☎ ♿ 🅿 – ⚐ 90. 🆎 ⓞ 🇪
🖵 43 – **60 ch** 395.

à l'ouest par ⑦ : 3,5 km – ✉ **60000** Beauvais :

🍴🍴🍴 **La Belle du Coin,** carrefour N 31 - D 981 ℰ 44 45 07 24 – 🇪 𝘝𝘐𝘚𝘈
fermé août, dim. soir et sam. – **R** 95/165.

BMW, TOYOTA Gar. du Franc-Marché, av. P.-et-M.-Curie ZAC St-Lazare ℰ 44 05 15 25
CITROEN Gd Gar. Paintré, 63 r. de Calais par ①
ℰ 44 45 62 37
FIAT Gar. Piscine, r. Becquerelle ℰ 44 05 16 00
FORD Automobiles du Thil, 11 r. N.-D.-du-Thil
ℰ 44 84 06 06
OPEL Beauvais-Autos, r. P.-et-M.-Curie ZAC St-Lazare ℰ 44 02 05 21
PEUGEOT-TALBOT Le Nouveau Gar., 2 r. Gay-Lussac, N 1 par ④ ℰ 44 05 20 40
RENAULT Gueudet, N 181, rte d'Amiens par ②
ℰ 44 48 25 78 🇳

ROVER Gar. Paris-Londres, r. Gay-Lussac
ℰ 44 02 21 42
V.A.G S.A.G.A. 60, r. de Clermont ℰ 44 05 45 47
VOLVO Mondial Garage, 22 fg St-Jacques et bd Ile-de-France ℰ 44 84 78 78

◎ Beauvais Pneum., 5 r. 51ᵉ R.-i. ℰ 44 45 91 23
Cacaux, 21 av. B.-Pascal, ZI n° 2 ℰ 44 05 21 60
Fischbach Pneu, 55 r. E.-de-St-Fuscien à Grandvilliers ℰ 44 46 54 95

BEAUVAIS

Carnot (R.)
Gambetta (R.)
Hachette (Pl. J.) 10
Madeleine (R. de la)
Malherbe (R. de) 18
St-Pierre (R.) 24

Beauregard (R.) 2
Brière (Bd J.) 3
Dr-Gérard (R.) 5
Dr-Lamotte (Bd du) 6
Grenier-à-Sel (R.) 8
Guéhengnies (R. de) 9
Halles (Pl. des) 12
Leclerc (R. Gén.) 13
Lignières (R. J. de) 15

Loisel (Bd A.) 16
Nully-d'Hécourt (R.) 19
République (Av. de la) 20
St-André (Bd) 22
St-Laurent (R.) 23
St-Vincent-de-Beauvais (R.) 26
Scellier (Cours) 27
Taillerie (R. de la) 29
Tapisserie (R. de la) 30

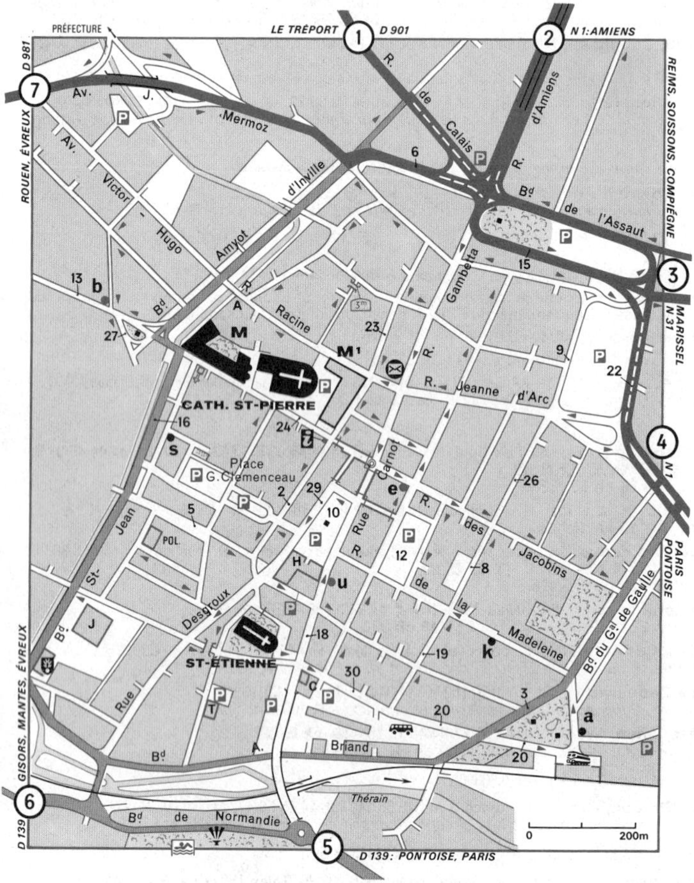

☒ *75001 75002...* ZIP (Postal) Code

BEAUVALLON **83** Var 84 ⑰ **G. Côte d'Azur** – ☒ **83120** Ste-Maxime.
⛳9 ✆ 94 96 16 98.

Paris 873 – Fréjus 26 – Hyères 50 – Le Lavandou 38 – St-Tropez 9,5 – Ste-Maxime 45 – ♦Toulon 69.

Richemond Golf H. M ⛰, ✆ 94 49 02 04, Télex 460703, Fax 94 49 02 06, ≤ St-Tropez et le Golfe, ☂, parc, ⛱, 🎾 – 🛗 ▤ TV ☎ ♿ P – 🏛 100. AE ① E VISA
Pâques-31 oct. – **R** 420, enf. 130 – ☕ 100 – **76 ch** 1700/4500, 9 appart..

BEAUVEZER **04370** Alpes-de-H.-P. 81 ⑧ **G. Alpes du Sud** – 237 h. alt. 1 150.

Paris 810 – Digne-les-Bains 66 – Annot 32 – Castellane 44 – Manosque 107 – Puget-Théniers 54.

Verdon, ✆ 92 83 44 44, ≤, ☂ – P. AE E VISA. ✂
juin-fin oct. et fév.-mi-mai – **R** 85 – ☕ 26 – **26 ch** 100/200 – ½ P 149/195.

BEAUVOIR **50** Manche 59 ⑦ – rattaché au Mont-St-Michel.

BEAUVOIR-SUR-MER 85230 Vendée 🖾 ① ② – 3 165 h. alt. 20.

🛈 Office de Tourisme r. Ch.-Gallet (juin-15 sept.) ℰ 51 68 71 13.

Paris 445 – ♦Nantes 60 – La Roche-sur-Yon 54 – Challans 16 – Noirmoutier-en-l'Ile 22 – Pornic 32 – La Rochelle 128.

🏨 **Touristes,** rte Gois ℰ 51 68 70 19, Fax 51 49 33 45 – ☎ ₺ 🅿 – 🖾 100. 🖾 ◑ Ε 𝗩𝗜𝗦𝗔
➡ fermé janv. – **R** 62/262 ₰, enf. 37 – ⊑ 25 – **38 ch** 160/282 – ½ P 210/289.

RENAULT Gar. Collin, ℰ 51 68 70 28

BEAUVOIR-SUR-NIORT 79360 Deux-Sèvres 🖾 ① – 759 h. alt. 66.

Paris 417 – La Rochelle 57 – Niort 17 – St-Jean-d'Angély 28.

🍴 **Aub. des Voyageurs,** ℰ 49 09 70 16 – Ε 𝗩𝗜𝗦𝗔
➡ fermé vacances de fév. et merc. sauf le midi en été – **R** 68/265 ₰, enf. 40.

RENAULT Gar. Savin ℰ 49 09 70 12

Le BEC-HELLOUIN 27800 Eure 🖾 ⑯ G. Normandie Vallée de la Seine – 476 h. alt. 70.

Voir Abbaye★★.

Paris 149 – ♦Rouen 42 – Bernay 21 – Évreux 47 – Pont-Audemer 24 – Pont-l'Évêque 45.

🍴 **Aub. de l'Abbaye** avec ch, ℰ 32 44 86 02, « Maison normande du 18ᵉ siècle » – ☎. Ε 𝗩𝗜𝗦𝗔
fermé 6 janv. au 21 fév., lundi soir et mardi du 1ᵉʳ nov. à Pâques – **R** 120/260 – ⊑ 35 – **8 ch** 320/350.

BÉDARRIDES 84370 Vaucluse 🖾 ⑫ – 4 238 h. alt. 26.

Paris 674 – Avignon 16 – Carpentras 17 – Cavaillon 34 – Orange 15.

🏨 Logis 7, ancienne N 7, quartier Duret Est ℰ 90 33 05 98, 😤, ⌁ – ☎ 🅿
20 ch.

BÉDOIN 84410 Vaucluse 🖾 ⑬ G. Provence et Alpes du Sud – 2 084 h. alt. 310.

Voir Le Paty ≤★ NO : 4,5 km.

🛈 Syndicat d'Initiative à la Mairie ℰ 90 65 63 95.

Paris 688 – Avignon 39 – Carpentras 15 – Nyons 38 – Sault 35 – Vaison-la-Romaine 22.

🏨 **Pins** Ⓜ 🏖, ℰ 90 65 92 92, 😤, 🛞 – 🖵 ☎ 🅿 Ε 𝗩𝗜𝗦𝗔
fermé janv. – **R** (fermé dim. soir du 15 sept. au 30 juin) (dîner seul.)(résidents seul.) 80/100 – ⊑ 30 – **25 ch** 240/260 – ½ P 230/240.

🍴 **L'Oustau d'Anaïs,** ℰ 90 65 67 43, 😤 – 🅿 🖾 Ε 𝗩𝗜𝗦𝗔
fermé 30 sept. au 1ᵉʳ nov., mardi (sauf le soir du 14 juil. à 15 août) et lundi sauf fériés – **R** 90/170 ₰, enf. 50.

à Ste-Colombe E : 4 km par rte du Mont Ventoux – ✉ 84410 :

🍴 **La Colombe,** ℰ 90 65 61 20, 😤 – Ε 𝗩𝗜𝗦𝗔. ⁄⁄
fermé 1ᵉʳ nov. au 15 mars, mardi soir, merc. soir et jeudi soir du 15 oct. à Pâques, dim. soir et lundi – **R** 120/240.

BEG-MEIL 29 Finistère 🖾 ⑮ G. Bretagne – ✉ 29170 Fouesnant.

🏌 de Quimper et de Cornouaille ℰ 98 56 97 09, NE : 9,5 km ; 🏌🏌 de l'Odet ℰ 98 54 87 88, N par D 45 puis D 44 et D 134 : 13 km.

🛈 Office de Tourisme (15 juin-15 sept.) ℰ 98 94 97 47.

Paris 552 – Quimper 21 – Carhaix-Plouguer 75 – Concarneau 19 – Pont-l'Abbé 25 – Quimperlé 44.

🏨 **Thalamot** 🏖, ℰ 98 94 97 38, 🛞 – ☎. 🖾 Ε 𝗩𝗜𝗦𝗔, ⁄⁄ rest
20 avril-5 oct. – **R** 89/245, enf. 60 – ⊑ 32 – **35 ch** 200/360 – ½ P 244/325.

BÉGUEY 33410 Gironde 🖾 ⑩ – 866 h. alt. 20.

Paris 608 – ♦Bordeaux 31 – Langon 14 – Libourne 38 – Marmande 51.

🏨 **Château de la Tour,** D 10 ℰ 56 76 92 00, Fax 56 62 11 59, ≤, 😤, parc, 🏊, ⁄⁄ – 🛗
🖵 rest 🖵 ☎ ₺ 🅿 – 🖾 25 à 60. 🖾 Ε 𝗩𝗜𝗦𝗔
R 90/175, enf. 40 – ⊑ 35 – **31 ch** 310/330 – ½ P 315.

@ Central Pneu, av. Libération ℰ 56 62 17 61
Comptoir Cadillacais du Pneu, ZA de Beguey ℰ 56 62 90 83

BÉLÂBRE 36370 Indre 🖾 ⑯ – 1 068 h. alt. 92.

Paris 326 – Poitiers 76 – Argenton-sur-Creuse 36 – Bellac 55 – Le Blanc 13 – Châteauroux 57 – Montmorillon 28.

🍴 ❀ **L'Écu** (Cotar) avec ch, ℰ 54 37 60 82 – ☎. 🖾 ◑ Ε 𝗩𝗜𝗦𝗔
fermé 16 au 30 sept., 13 janv. au 3 fév., dim. soir et lundi – **R** (dim. prévenir) carte 270 à 390, enf. 80 – ⊑ 30 – **6 ch** 180/250 – ½ P 300/350
Spéc. Marmite de poissons et coquillages, Escalope de sandre au vinaigre de cidre, Farandole de desserts.
Vins Reuilly, Menetou-Salon.

CITROEN Nibodeau ℰ 54 37 62 44

BELCAIRE 11340 Aude 🆇🆇 ⑥ – 421 h. alt. 1 002 – Voir Forêts★★ de la Plaine et Comus NO.

Env. Belvédère du Pas de l'Ours★★ E : 13 km puis 15 mn, G. Pyrénées Roussillon.

Paris 829 – Ax-les-Thermes 26 – Carcassonne 77 – Quillan 27.

X **Bayle** avec ch, ✆ 68 20 31 05, 🌿 – ☎ 🅿 🖃 𝑉𝐼𝑆𝐴. ✼
↦ *fermé 2 nov. au 15 déc., et lundi sauf en juin, sept. et vacances scolaires* – **R** 63/160 ♧, enf. 45 – ⊆ 20 – **14 ch** 85/225 – ½ P 140/195.

BELCASTEL 12390 Aveyron 🆇🅾 ① G. Gorges du Tarn – 249 h. alt. 407.

Paris 625 – Rodez 25 – Decazeville 30 – Villefranche de Rouergue 35.

X ✿ **Vieux Pont** (Fagegaltier), ✆ 65 64 52 29, ⇐ – ☒ 🖃 𝑉𝐼𝑆𝐴
fermé 9 au 14 sept., 1er janv. au 15 fév., dim. soir sauf juil.-août et lundi – **R** 120/290, enf. 65
Spéc. Craquant de cèpes, Ris d'agneau sautés et jus aux copeaux de truffes, Millefeuille glacé à la chicorée et sauce chocolat.

BELFORT 🅿 90000 Ter.-de-Belf. 🆇🆇 ⑧ G. Jura – 52 739 h. alt. 358.

Voir Le Lion★ Z – Château★ : ☀★ de la terrasse du fort Z.

🅱 Office de Tourisme passage de France ✆ 84 28 12 23 – A.C. 18 bis r. Marseillaise ✆ 84 28 00 30.

Paris 500 ④ – ♦Mulhouse 42 ③ – ♦Bâle 79 ③ – ♦Besançon 97 ④ – Colmar 74 ③ – ♦Dijon 191 ④ – Épinal 97 ⑥ – ♦Genève 243 ④ – ♦Nancy 163 ⑥ – Troyes 277 ⑥.

Plans page ci-contre

🏨 **Altéa H. du Lion,** 2 r. G. Clemenceau ✆ 84 21 17 00, Télex 360914, Fax 84 22 56 63 – 📶
📺 ☎ 🅿 – 🔼 25 à 55. 𝔸𝔼 🅾 🖃 𝑉𝐼𝑆𝐴 Y k
Les Saisons R 100/170bc, enf.45 – ⊆ 52 – **82 ch** 370/620.

🏨 **Boréal** Ⓜ sans rest, 2 rue Comte de la Suze ✆ 84 22 32 32, Fax 84 28 15 01 – 📶 📺 ☎ Z n
♧ 🚗 – 🔼 40. 𝔸𝔼 🖃 𝑉𝐼𝑆𝐴
⊆ 42 – **53 ch** 350/420.

🏨 **Modern H.** sans rest, 9 av. Wilson ✆ 84 21 59 45, Télex 360417 – 📶 ☎ 🚗 🅿 𝔸𝔼 VX a
𝑉𝐼𝑆𝐴. ✼
fermé 19 déc. au 9 janv. et dim. de nov. à avril – ⊆ 28 – **44 ch** 180/280.

🏨 **Capucins,** 20 fg Montbéliard ✆ 84 28 04 60, Fax 84 28 15 01 – 📶 📺 🖃 🅿. 🖃 𝑉𝐼𝑆𝐴 Z n
fermé 4 au 18 août, 21 déc. au 12 janv., sam., dim. et fériés – **R** 80/180 ♧, enf. 50 – ⊆ 30
– **35 ch** 210/300 – ½ P 180/230.

🏨 **Climat de France** Ⓜ, r. G. Deferre ✆ 84 22 09 84, Télex 361017 – 📶 📺 ☎ ♧ 🅿 –
🔼 30. 𝔸𝔼 🖃 𝑉𝐼𝑆𝐴 V d
R 75/110 ♧, enf. 36 – ⊆ 28 – **46 ch** 245/250.

XXX ✿ **Host. du Château Servin** 🌂 avec ch, 9 r. Gén. Négrier ✆ 84 21 41 85, ⌂, 🌿 – 📶 X r
📶 rest ☎ 🅿 𝔸𝔼 🅾 🖃 𝑉𝐼𝑆𝐴. ✼ ch
fermé 2 au 30 août, 18 au 25 fév., dim. soir et vend. – **R** (nombre de couverts limité -
prévenir) 180/320 – ⊆ 40 – **10 ch** 300/420
Spéc. Crépinette de turbot aux morilles, Foie gras de canard poêlé au vinaigre de framboise, Gibier (saison).
Vins Kaefferkopf, Pinot noir.

XXX ✿ **Le Sabot d'Annie** (Barbier), D 13 entrée Offemont -V- N : 3 km ✉ 90300 Valdoie
✆ 84 26 01 71 – 🖃 🅿. 𝔸𝔼 🖃 𝑉𝐼𝑆𝐴
fermé août, vacances de fév., sam. midi et dim. – **R** 150/300
Spéc. Ravioli de grenouilles, Rouget barbet aux lentilles, Ris de veau poêlé aux pistaches. Vins Gewurztraminer,
Côtes du Jura blanc.

XX **Le Pot au Feu,** 27 bis Grand'rue ✆ 84 28 57 84 – 🖃 𝑉𝐼𝑆𝐴 Y s
fermé 1er au 21 août, 1er au 9 janv., dim. et lundi – **R** 240/270 ♧, enf. 50.

X **Thiers** avec ch, 9 r. Thiers ✆ 84 28 10 24 – ☎. 🖃 𝑉𝐼𝑆𝐴 Z e
↦ *fermé 21 déc. au 2 janv., sam. soir, dim. et fériés* – **R** 70/247 ♧ – ⊆ 22 – **20 ch** 92/167 –
½ P 120/160.

à Valdoie par ① *: 5 km – 4 572 h. –* ✉ 90300 :

XXX **Orée du bois,** sur D 465 ✆ 84 26 18 49, ⌂, « Cadre de verdure », 🌿 – 🅿. 𝔸𝔼 🅾 🖃
𝑉𝐼𝑆𝐴
fermé 1er au 25 août, dim. soir et lundi – **R** 105/280.

à Offemont par ① *et D 13 : 6 km –* ✉ 90300 :

🏨 **Mon Village** Ⓜ, 53 r. A. Briand ✆ 84 26 65 66, Fax 84 26 18 50 – 📶 ⇆ ch 📺 ☎ ♧ 🅿
↦ – 🔼 25 à 150. 𝔸𝔼 🅾 🖃 𝑉𝐼𝑆𝐴
R 60/195 ♧, enf. 45 – ⊆ 25 – **32 ch** 165/246 – ½ P 155/195.

par ② *: 4 km sur N 83, rte de Colmar –* ✉ 90000 Belfort :

X **La Petite Auberge,** ✆ 84 29 82 91, ⌂ – 🅿. 🖃 𝑉𝐼𝑆𝐴
↦ *fermé fév., dim. soir, lundi et mardi* – **R** 65/160 ♧, enf. 40.

à Danjoutin : 3 km X – 3 451 h. – ✉ 90400 :

🏨 **Mercure** Ⓜ 🌂, ✆ 84 57 88 88, Télex 360801, Fax 84 21 32 12, ⌂, 🎐 – 📶 ⇆ ch 🖃 rest X f
📺 ☎ ♧ 🅿 – 🔼 25 à 200. 𝔸𝔼 🅾 🖃 𝑉𝐼𝑆𝐴
R 130/170 bc, enf. 55 – ⊆ 48 – **80 ch** 450/500.

XXX **Pot d'Étain,** ✆ 84 28 31 95 – 🅿. 🖃 𝑉𝐼𝑆𝐴 X v
fermé 1er au 23 juil., 2 au 16 janv., sam. midi, dim. soir et lundi – **R** 130/250, enf. 90.

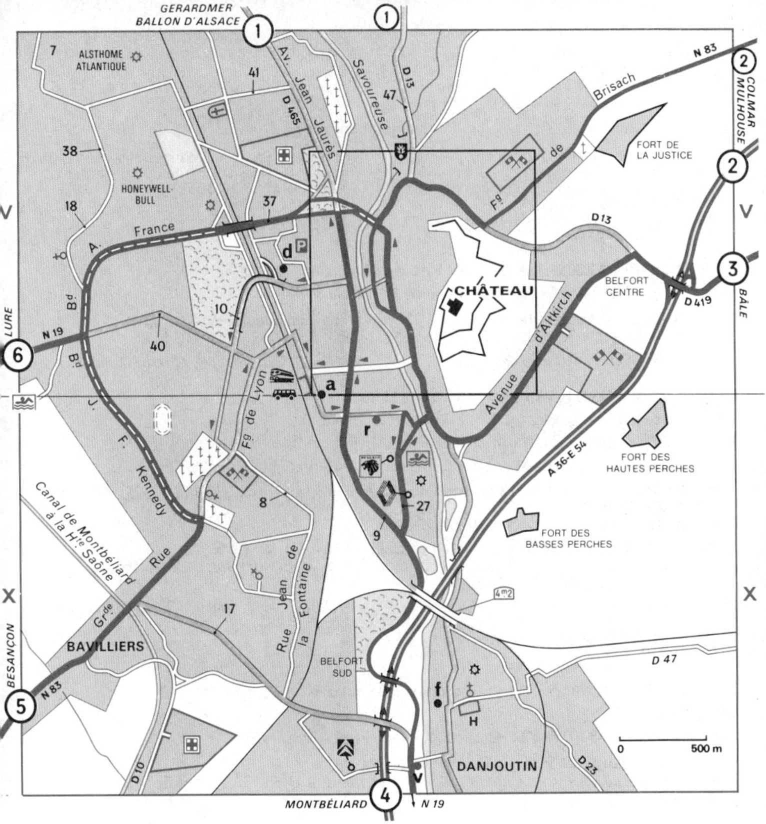

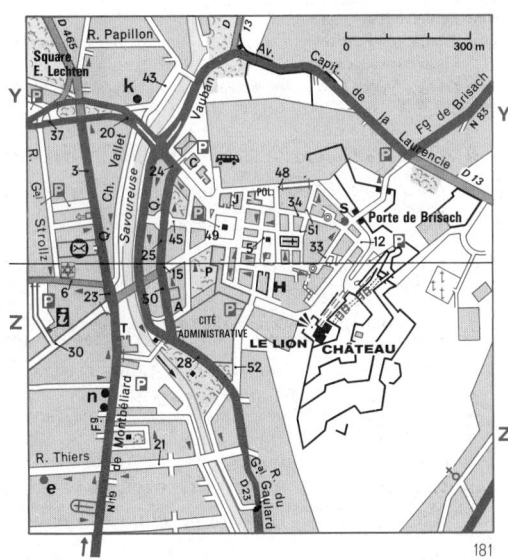

BELFORT

181

PEUGEOT S.I.A. de Belfort, 10 r. du Rhône   🏍 Chapuis-Pneus, 58 r. 1ʳᵉ-Armée ℰ 84 26 42 00
𝒫 84 21 53 23 🆖 𝒫 84 56 01 51   Salomon, 23 r. Brasse 𝒫 84 21 60 50
RENAULT Gd Gar. Belfortain, bd H.-Dunant par   Toupneu, 86 fg de Montbéliard 𝒫 84 21 43 05
bd Richelieu BZ 𝒫 84 21 46 90 🆖 𝒫 84 54 93 26

Périphérie et environs

CITROEN Citroën Est ZI, Danjoutin par ④   🏍 Equipneu Service, ZI d'Argiesans 𝒫 84 22 25 08
𝒫 84 21 22 08   Pneus et Services D.K., 1 rte de Montbéliard,
FIAT Autom. Valdoyenne, 37 r. de Turenne, Val-   Andelnans 𝒫 84 28 03 55
doie 𝒫 84 26 54 31
MERCEDES-BENZ Gar. Etoile 90, 29 av. d'Alsace,
à Denney 𝒫 84 29 81 02

BELIN-BÉLIET **33830** Gironde 🗔🗔 ③ G. Pyrénées Aquitaine – 2 439 h. alt. 44.

Paris 637 – ◆Bordeaux 45 – Arcachon 44 – ◆Bayonne 133 – Mont-de-Marsan 78.

🏨 **Aliénor d'Aquitaine,** 𝒫 56 88 01 23, « Intérieur rustique », 🛋 – 🕿 🅿
   R 90/110 – ⊆ 30 – **12 ch** 180/230 – ½ P 210/250.

CITROEN Gar. Souleyreau 𝒫 56 88 00 63   **RENAULT** Gar. Dubourg 𝒫 56 88 00 84 🆖

BELLAC ◁🖙▷ **87300** H.-Vienne 🗔🗔 ⑦ G. Berry Limousin – 5 465 h. alt. 242.

Voir Châsse★ dans l'église.

🅱 Office de Tourisme 1 bis r. L.-Jouvet 𝒫 55 68 12 79.

Paris 380 – ◆Limoges 41 – Angoulême 106 – Châteauroux 110 – Guéret 74 – Poitiers 78.

🏨🏨 **Châtaigniers** Ⓜ, O : 2 km rte Poitiers 𝒫 55 68 14 82, Fax 55 68 77 56, 🏊, 🛋 – 📺 🕿
    & 🅿 ⒶⒺ Ⓔ 𝖵𝖨𝖲𝖠
    R 98/212, enf. 55 – ⊆ 32 – **27 ch** 206/345.

🏨 **Central,** 7 av. Denfert-Rochereau 𝒫 55 68 00 34 – 📺 🕿. ⒶⒺ Ⓔ 𝖵𝖨𝖲𝖠
    fermé 1ᵉʳ au 15 janv., 1ᵉʳ au 21 oct., dim. soir et lundi hors sais. – **R** 75/165 ♨, enf. 45 –
    15 ch ⊆ 185/280 – ½ P 200/220.

CITROEN Lachaise, 7 r. F.-Foureau 𝒫 55 68 07 13   **RENAULT** Gar. Sauteraud, Les Gatines à Blanzac
🆖   𝒫 55 68 94 48
PEUGEOT, TALBOT Nogaret, rte de Poitiers
𝒫 55 68 00 10

BELLEGARDE **45270** Loiret 🗔🗔 ① G. Châteaux de la Loire – 1 582 h. alt. 114.

Voir Château★

Paris 110 – ◆Orléans 48 – Gien 40 – Montargis 23 – Nemours 39 – Pithiviers 27.

🏛 **Agriculture,** 𝒫 38 90 10 48 – 🕿 🅿. Ⓔ 𝖵𝖨𝖲𝖠
◆   fermé 7 au 24 oct., 17 fév. au 12 mars et mardi – **R** 56/137 ♨, enf. 35 – ⊆ 21 – **18 ch**
   74/190.

BELLEGARDE-SUR-VALSERINE **01200** Ain 🗔🗔 ⑤ G. Jura – 11 787 h. alt. 350.

Voir La Valserine ★★ par ⑤.

Env. Défilé de l'Écluse★★ 10 km par ② – Barrage de Génissiat★★ 16 km par ③.

🅱 Syndicat d'Initiative 24 pl. V.-Bérard 𝒫 𝒫 50 48 48 68.

Paris 498 ⑤ – Annecy 41 ③ – Aix-les-Bains 57 ③ – Bourg-en-Bresse 81 ⑤ – ◆Genève 41 ③ – ◆Lyon 121 ⑤ –
St-Claude 46 ⑤.

Plan page ci-contre

🏨🏨 ❀ **La Belle Époque** (Sévin), 10 pl. Gambetta 𝒫 50 48 14 46, Fax 50 56 01 71 – 🖃 🕿 🚗.
    Ⓔ 𝖵𝖨𝖲𝖠   Y **b**
    fermé 2 au 17 juil., 12 nov. au 4 déc., lundi (sauf hôtel) et dim. soir hors sais. – **R** 110 (sauf
    week-ends)/280 – ⊆ 35 – **20 ch** 220/400
    Spéc. Salade de carpe royale, Quenelle de brochet sauce Nantua, Poularde de Bresse en pot-au-feu. Vins
    Roussette de Seyssel, Pinot du Bugey.

🏨 **Europa** Ⓜ sans rest, 19 r. J. Bertola 𝒫 50 56 04 74, Télex 319030, Fax 50 48 19 11 – 📳 📺
    🕿 🚗. ⒶⒺ ⓞ Ⓔ 𝖵𝖨𝖲𝖠   Y **a**
    ⊆ 30 – **24 ch** 240.

🏨 **La Colonne,** 1 r. J. Bertola 𝒫 50 48 10 45, Télex 319019 – 📳 🕿 – ⚐ 35. ⒶⒺ ⓞ Ⓔ 𝖵𝖨𝖲𝖠
    fermé dim. soir – **R** 73/195 ♨, enf. 35 – ⊆ 20 – **28 ch** 120/220 – ½ P 165.   Z **e**

à Lancrans par ① : 3 km – alt. 500 – 🖂 **01200** :

🏨 **Sorgia** 🦢, 𝒫 50 48 15 81, 🛋 – 🕿 🅿. Ⓔ 𝖵𝖨𝖲𝖠
◆   fermé 24 août au 17 sept., 4 au 15 janv., lundi midi et dim. soir – **R** 64/160 ♨ – ⊆ 22 –
    17 ch 150/220 – ½ P 135/180.

à Éloise (74 H.-Savoie) par ③ : 5 km – 🖂 **01200** (Ain) :

🏨🏨 **Le Fartoret** 🦢, 𝒫 50 48 07 18, Fax 50 48 23 85, ≤, �, parc, 🏊, 🎾 – 📳 📺 🕿 🅿 –
    ⚐ 40. ⒶⒺ ⓞ Ⓔ 𝖵𝖨𝖲𝖠
    R 165/280, enf. 115 – ⊆ 42 – **40 ch** 240/460 – ½ P 315/430.

BELLEGARDE-SUR-VALSERINE

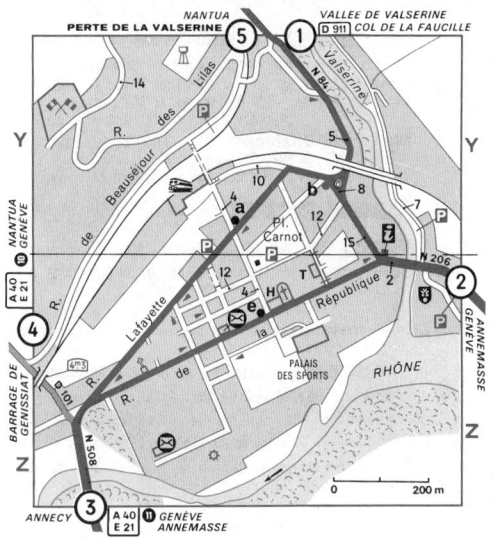

Avec votre guide Rouge
Utilisez la carte
et le guide Vert.

Ils sont inséparables.

à Ochiaz O : 5 km par D 101 – ⊠ **01200** Châtillon-en-Michaille :

XX **Aub. de la Fontaine** ⑤ avec ch, ℰ 50 56 57 23, 🏠, 🍴 – 🕿 🅿 🖭 ⑩ ㄷ *VISA*
fermé 1er au 10 juin, janv., dim. soir de sept. à juin et lundi – **R** 120/280 – ⊇ 25 – **7 ch**
150/170.

route du Plateau de Retord O : 12 km par Ochiaz D 101 – ⊠ **01200** Bellegarde-sur-
Valserine :

X **Aub. Le Catray** ⑤ avec ch, ℰ 50 48 02 25, ≤ Mt Blanc et les Alpes, 🏠, 🍴 – 🕿 🅿
ㄷ *VISA*
fermé 1er au 15 sept., 1er au 15 nov., lundi soir et mardi – **R** 75/135, enf. 40 – ⊇ 22 – **9 ch**
140/170 – ½ P 180/200.

NISSAN Gar. du Centre, 20 rte de Vouvray
ℰ 50 48 38 31
RENAULT Gar. de la Michaille, r. Mar.-Leclerc par
D 101 E, ZUP Musinens ℰ 50 48 27 21 🆖
ℰ 50 42 50 76

🔧 Norsa-Pneu, av. Mar.-Leclerc, ZI Musinens
ℰ 50 48 20 37

*Si vous êtes retardé sur la route, dès 18 h,
confirmez votre réservation par téléphone,
c'est plus sûr... et c'est l'usage.*

BELLE-ILE-EN-MER ★★ **56** Morbihan 🖸🖸 ⑪⑫ G. Bretagne (plan).

Accès par transports maritimes, pour **Le Palais** (en été **réservation indispensable** pour le passage
des véhicules).

🚢 depuis **Quiberon** (Port-Maria). En 1990 : Pâques-Toussaint, 8 à 12 services quotidiens ; hors
saison, 4 services quotidiens - Traversée 45 mn – Voyageurs 73 F (AR), autos (AR) 300 à 700 F.
Renseignements : Cie Morbihannaise et Nantaise de Navigation ℰ 97 31 80 01 (Le Palais).

L'Apothicairerie (Grotte de) ★★ – NO de l'île.

Bangor – alt. 49 – ⊠ **56360** Le Palais.

🕿 de Belle-Ile ℰ 97 31 64 65, N par D 190A puis D 25 : 9 km.

🏠 **La Désirade** Ⓜ ⑤ sans rest, rte Port Goulphar ℰ 97 31 70 70, Fax 97 31 89 63, ⊒, 🍴 –
🖂 🕿 🅿 🖭 ⑩ ㄷ *VISA*
fermé 4 janv. au 19 mars – ⊇ 40 – **24 ch** 480.

XX **La Forge,** rte Port-Goulphar ℰ 97 31 51 76, Fax 97 31 63 69, 🏠 – 🅿 🖭 ⑩ ㄷ *VISA*
fermé 4 janv. au 15 mars et merc. sauf vacances scolaires – **R** 98 (déj. seul.)/250, enf. 50.

Port-Donnant .
Voir Site★★, 30 mn.

Port-Goulphar – ⊠ **56360** Le Palais – **Voir** Site★, 15 mn – Aiguilles de Port-Coton★★ NO : 1 km – Grand Phare : ⁂★★ N : 2,5 km.

🏨 **Castel Clara** Ⓜ 🦢, 𝒫 97 31 84 21, Télex 730750, Fax 97 31 51 69, ≼ crique et falaises, �╗, ☃, 🦵, ❄ – ▤ TV ☎ ℗ Ε VISA 🍴 rest
fermé 15 déc. au 15 fév. – **R** 215/350, enf. 85 – ☲ 55 – **43 ch** 780/950 – ½ P 625/745.

🏨 **Manoir de Goulphar** 🦢, 𝒫 97 31 80 10, Fax 97 31 51 69, ≼ crique et falaises, 🌤, 🦵 – TV ☎ ℗ Ε VISA 🍴 rest
15 mars-15 nov. – **R** carte 160 à 220, enf. 50 – ☲ 28 – **67 ch** 280/490 – ½ P 340/380.

Poulains (Pointe des) ★ – **Voir** ⁂★, 30 mn.

Sauzon – 563 h. alt. 23 – ⊠ **56360** – **Voir** Site★.

✗ **Contre Quai,** 𝒫 97 31 60 60, Fax 97 31 60 60 – Ε VISA
15 juin-15 sept. – **R** carte 170 à 250.

Une réservation confirmée par écrit est toujours plus sûre.

BELLE-ISLE-EN-TERRE 22810 C.-d'Armor 🗺 ① G. Bretagne – 1 216 h. alt. 99.

Voir Loc-Envel : jubé★ et voûte★ de l'église S : 4 km.

🛈 Syndicat d'Initiative à la Mairie (fermé après-midi) 𝒫 96 43 30 38.

Paris 503 – St-Brieuc 51 – Guingamp 20 – Lannion 28 – Morlaix 36.

✗✗ **Relais de l'Argoat** avec ch, 𝒫 96 43 00 34 – ☎ ℗ – 🛏 50. Ε VISA 🍴
← *fermé fév., dim. soir et lundi* – **R** 70/220 – ☲ 32 – **10 ch** 155/185 – ½ P 240/310.

RENAULT Le Quenven, r. Guic 𝒫 96 43 30 45 🅽

BELLÊME 61130 Orne 🗺 ⑭⑮ G. Normandie Vallée de la Seine (plan) – 1 849 h. alt. 225.

Voir N : Forêt★ – 🏌 de Bellême-St-Martin 𝒫 33 73 15 35, SO : 1 km.

Paris 167 – ◆Le Mans 54 – Alençon 41 – Chartres 75 – La Ferté-Bernard 23 – Mortagne-au-Perche 17

✗✗ **Paix,** 𝒫 33 73 03 32 – VISA
← *fermé 15 janv. au 15 fév., dim. soir et lundi* – **R** 70/280 🦪, enf. 55.

BELLERIVE-SUR-ALLIER 03 Allier 🗺 ⑤ – rattaché à Vichy.

BELLES-HUTTES 88 Vosges 🗺 ⑰ – rattaché à La Bresse.

BELLEVAUX 74470 H.-Savoie 🗺 ⑰ G. Alpes du Nord – 1 086 h. alt. 907 – Sports d'hiver : 1 100/1 800 m ⚡ 23 – **Voir** Site★ – 🛈 Syndicat d'Initiative 𝒫 50 73 71 53.

Paris 578 – Thonon-les-Bains 24 – Annecy 72 – Bonneville 33 – ◆Genève 43.

🏠 **Les Moineaux** Ⓜ 🦢, 𝒫 50 73 71 11, ≼, ☃, 🦵, ❄ – cuisinette TV ☎
saisonnier – **14 ch**.

🏔 **La Cascade,** 𝒫 50 73 70 22, 🦵 – ℗, VISA 🍴 rest
← *1er juin-20 sept. et 20 déc.-20 avril* – **R** 60/120 🦪, enf. 50 – ☲ 25 – **23 ch** 80/150 – ½ P 155/190.

au SO : 5 km par D 26, D 32 et VO – ⊠ **74470** Bellevaux :

🏠 **Gai Soleil** 🦢, 𝒫 50 73 71 52, ≼, 🦵 – ℗, 🍴 rest
← *26 juin-20 sept. et 15 déc.-25 avril* – **R** 60/75 🦪 – ☲ 22 – **20 ch** 180 – ½ P 160.

à Hirmentaz SO : 7 km par D 26 et D 32 – ⊠ **74470** Bellevaux :

🏨 **Panoramic** Ⓜ 🦢, 𝒫 50 73 70 34, ≼, ☃ – ☎ ℗, 🍴
15 juin-10 sept. et 20 déc.-20 avril – **R** 90, enf. 80 – ☲ 25 – **30 ch** 200/230 – ½ P 190/250.

🏨 **Christania** 🦢, 𝒫 50 73 70 77, ≼, ☃ – ☎ ℗, 🍴 rest
15 juin-15 sept. et 20 déc.-20 avril – **R** 85/105, enf. 50 – ☲ 28 – **29 ch** 220/250 – ½ P 205/260.

🏨 **Excelsa** 🦢, 𝒫 50 73 73 22, ≼, 🌤 – ▤ ☎ ℗, VISA 🍴 rest
25 juin-5 sept. et Noël-Pâques – **R** 80/100 – ☲ 30 – **21 ch** 130/200.

🏠 **Skieurs** 🦢, 𝒫 50 73 70 46, ≼ – ℗, VISA 🍴 rest
← *15 juin-15 sept. et 20 déc.-1er mai* – **R** 50/130 🦪, enf. 55 – ☲ 24 – **22 ch** 190/200 – ½ P 195/225.

BELLEVILLE 54940 M.-et-M. 🗺 ⑬ – 1 165 h. alt. 191.

Paris 308 – ◆Nancy 20 – ◆Metz 40 – Pont-à-Mousson 13 – Toul 28.

✗✗✗ ❀ **Bistroquet** (Ponsard), 𝒫 83 24 90 12, Fax 83 24 04 01 – ▤ ℗, ㏂ ⓞ Ε VISA
fermé 22 déc. au 15 janv., sam. midi, dim. soir et lundi – **R** (nombre de couverts limité, prévenir) 180/350
Spéc. Ravioli de langoustines, Foie gras de canard poêlé, Rosace de ris et rognon de veau au vinaigre de Banyuls. Vins Côtes de Toul.

✗✗ **La Moselle,** face gare 𝒫 83 24 91 44, Fax 83 24 99 38, 🌤 – ▤ ℗, ㏂ ⓞ Ε VISA
fermé 19 août au 5 sept., 17 fév. au 4 mars., mardi soir et merc – **R** 110/230 🦪, enf. 80.

🖪 Syndicat d'Initiative à la Mairie ✆ 74 66 17 10 – Maison du Beaujolais (fermé lundi soir et mardi) à St-Jean-d'Ardières sur N 6 : 1,5 km ✆ 74 66 16 46 – vin : dégustations et à emporter, spécialités beaujolaises.

Paris 417 – Mâcon 25 – Bourg-en-Bresse 39 – ◆Lyon 45 – Villefranche-sur-Saône 18.

- 🏠 **Charme** Ⓜ, péage A 6 ✆ 74 69 61 69, Fax 74 66 58 04, 🌿 – 🖵 ☎ & ℗. ㊒ 🗷
  - **R** 55/120 &, enf. 39 – ☐ 25 – **40 ch** 210/230 – ½ P 220.

- 🏠 **Ange Couronné**, 18 r. République ✆ 74 66 42 00 – ☎ ⟷. ㊌ ⓞ 🗷
  - fermé vacances de nov., de fév. et dim. soir du 15 sept. à Pâques – **R** (fermé dim. soir et lundi) 50/170 &, enf. 40 – ☐ 25 – **20 ch** 140/300 – ½ P 170/210.

- 🏠 **La Route des Vins** sans rest, 1 pl. Gare ✆ 74 66 34 68, Fax 74 66 19 00 – 🖵 ☎ ℗. ㊌
  - ☐ 30 – **31 ch** 140/300.

- 🏛🏛 **Beaujolais**, 40 r. Mar. Foch ✆ 74 66 05 31 – 🔳. ㊌ 🗷 🗷
  - fermé mardi soir et merc. – **R** 70/190 &, enf. 50.

  à Taponas NE : 3 km – ⊠ 69220 :

- 🏠 **Aub. des Sablons** ⊛, ✆ 74 66 34 80, Fax 74 66 35 22, 🌿 – ☎ ℗. 🗷 🗷
  - fermé 15 déc. au 15 janv. et mardi hors sais. – **R** 98/220, enf. 50 – ☐ 28 – **15 ch** 200/280 – ½ P 230/250.

  à Pizay NO : 5 km par D18 et D69 – ⊠ 69220 Belleville :

- 🏰🏰 **Château de Pizay** Ⓜ ⊛, ✆ 74 66 51 41, Télex 305772, Fax 74 69 65 63, 🌿, « Au milieu des vignobles », ⅃, 🌿, ⅌ – 🔳 ch 🖵 ☎ & ℗ – 🔬 250. ㊌ ⓞ 🗷 🗷
  - **R** 165/290, enf. 90 – ☐ 45 – **48 ch** 430/565 – ½ P 410/435.

RENAULT Dépérier, 172 r. République ✆ 74 66 17 15

Voir Chœur★ de la cathédrale St-Jean – 🖪 Office de Tourisme pl. Victoire ✆ 79 81 29 06.

Paris 505 – Aix-les-Bains 33 – Bourg-en-Bresse 75 – Chambéry 35 – ◆Lyon 91.

- 🏠 **Urbis** Ⓜ sans rest, îlot Baudin ✆ 79 81 01 20, Télex 319107 – 🖨 🖵 ☎ & 🗷 🗷
  - ☐ 29 – **36 ch** 230/250.

- 🏛🏛🏛 **Pavillon Bellevue** Ⓜ avec ch, 1 av. Hoff ✆ 79 81 01 02, Fax 79 81 15 66, 🌿 – 🖵 ☎. ㊌ 🗷 🗷
  - fermé 2 au 8 sept., 1er au 6 janv., dim. soir et lundi sauf juil.-août – **R** 120/330 – ☐ 40 – **3 ch** 350/550.

  SE : 2 km sur rte Chambéry – ⊠ 01300 Belley :

- 🏛🏛 **Aub. Fine Fourchette**, N 504 ✆ 79 81 59 33, ≤, 🌿 – ℗. 🗷 🗷
  - fermé lundi soir – **R** 98/250, enf. 60.

  à Contrevoz NO : 9 km sur D 32 – ⊠ 01300 :

- 🏛 **Aub. la Plumardière,** ✆ 79 81 82 54, 🌿, 🌿 – ⅍ ℗. 🗷 🗷
  - fermé 24/6 au 5/7, 2 au 7/9, 22/12 à début fév., mardi hors sais. et lundi – **R** 70/220, enf. 50.

CITROEN Gar. Callet, rte de Lyon ✆ 79 81 06 43
PEUGEOT-TALBOT Belley Automobiles, ZI du Coron ✆ 79 81 05 53

⊛ CDP Ayme Pneus, rte de Bourg ✆ 79 81 20 09

Paris 489 – Vannes 33 – Auray 14 – Lorient 30 – Quiberon 26.

- 🏛🏛 **Relais de Kergou** avec ch, rte Auray ✆ 97 55 35 61, 🌿 – ☎ ℗. ㊌ 🗷 🗷 ⅌ rest
  - fermé vacances de nov., fév. et merc. du 15 oct. à Paques – **R** 55/170 – ☐ 26 – **12 ch** 170/275 – ½ P 150/223.

Voir Phare ✳★ – Pont de Cornouaille ≼★ NO : 1 km – **Excurs.** L' Odet★★ en bateau (1 h 30).

⛳ de Quimper et Cornouaille ✆ 98 56 97 09, NE : 12 km ; ⛴⛴ de l'Odet ✆ 98 54 87 88, N par D 34, puis VC : 4 km.

🖪 Office de Tourisme av. Plage ✆ 98 57 00 14.

Paris 555 – Quimper 16 – Concarneau 22 – Fouesnant 9 – Pont-l'Abbé 12 – Quimperlé 48.

- 🏛🏛 **Gwel-Kaër**, av. Plage ✆ 98 57 04 38, Fax 98 57 14 15, ≤, 🌿 – 🖨 ☎ ℗. 🗷 🗷 ⅌
  - fermé 15 déc. au 31 janv., dim. soir et lundi hors sais. sauf fériés – **R** 120/350, enf. 75 – ☐ 35 – **24 ch** 250/455 – ½ P 340/400.

- 🏛🏛 **Ker Moor** ⊛, av. Plage ✆ 98 57 04 48, Télex 941182, Fax 98 57 17 96, « Parc, ⅃, ⅌ » – 🖨 🖵 ☎ ℗ – 🔬 80. 🗷 🗷 ⅌ rest
  - Pâques-fin sept. – **R** 160/380, enf. 80 – ☐ 38 – **60 ch** 350/500 – ½ P 400/470.

- 🏛🏛 **Kastel Moor** sans rest, av. Plage ✆ 98 57 05 01, Télex 941182, Fax 98 57 17 96, ≤, ⅃, 🌿, ⅌ – 🖨 🖵 ☎ ℗ – 🔬 25 à 80. 🗷 🗷
  - Pâques-fin sept. – ☐ 38 – **23 ch** 350/500.

- 🏛🏛 **Menez-Frost** ⊛ sans rest, près poste ✆ 98 57 03 09, « Jardin fleuri, ⅃ », ⅌ – ☎ ⟷ ℗ – 🔬 25 à 100. 🗷 🗷 ⅌
  - Pâques-1er oct. – ☐ 35 – **51 ch** 380/480.

Host. Abbatiale, r. Odet ℰ 98 57 05 11, Télex 941865, Fax 98 57 14 41 – 📶 📺 ☎ ⅙ 🅿 – 🔬 30. 🔳 VISA
fermé 2 janv. au 28 fév. – **R** 100/250 – 🖵 40 – **53 ch** 250/420 – ½ P 325.

Ker Vennaïk 🅼, av. Plage ℰ 98 57 15 40, Télex 941818 – 📺 ☎ ⅙ 🚗 🅿 ⅍ ⓞ 🔳 VISA – *15 mars-15 nov.* – **R** voir **H. Poste** 🖵 37 – **16 ch** 335/390 – ½ P 305/325.

Le Minaret 🔊, corniche de l'Estuaire ℰ 98 57 03 13, ≤, ⊶ – 📶 📺 ⓐ 🅿 🔳 VISA ⅍ rest
30 mars-14 oct. – **R** *(fermé mardi en avril, mai et oct. sauf fériés)* 85/185 – 🖵 32 – **21 ch** 280/360 – ½ P 280/340.

Poste, r. Église ℰ 98 57 01 09 – 📺 ☎. ⅍ ⓞ 🔳 VISA
R 72/230 ⅙, enf. 55 – 🖵 35 – **19 ch** 200/305 – ½ P 230/285.

Bains de Mer, r. Kerguelen ℰ 98 57 03 41, ⛴ – 📶 📺 ☎ 🅿 ⅍ 🔳 VISA
16 mars-16 nov. – **R** *(fermé lundi d'oct. à mai)* 70/200, enf. 45 – 🖵 30 – **32 ch** 230/300 – ½ P 260.

⅍ **Ferme du Letty** (Guilbault), au Letty SE : 2 km par D 44 et VO ℰ 98 57 01 27 – ⅍ ⓞ 🔳 VISA ⅍
1/3-15/11 et fermé jeudi midi du 1/3 au 30/9, mardi soir du 1/10 au 15/11 et merc. sauf le soir en juil.-août – **R** 193/360, enf. 65
Spéc. Galette de sarrasin au saumon mi-fumé, Demoiselles de Loctudy, Crème brûlée aux coeurs de laitue.

Ancre de Marine avec ch, au Port ℰ 98 57 05 29, ≤ – ⅍. ⅍ 🔳 VISA
Pâques-fin oct. – **R** *(fermé lundi sauf juil.-août)* carte 155 à 260 – 🖵 32 – **10 ch** 240/290.

rte de Quimper NE : 2,5 km par D 34 et VO – ✉ **29950** Bénodet :

Domaine de Kereven 🔊, ℰ 98 57 02 46, ⊶ – ☎ 🅿. ⅍
hôtel : Pâques-30 sept.; rest. : 1ᵉʳ mai-30 sept. – **R** *(dîner seul.)(résidents seul.)* 100 ⅙, enf. 50 – 🖵 32 – **16 ch** 270/345 – ½ P 265/300.

à Clohars-Fouesnant NE : 3 km par D 34 – ✉ **29950** :

La Forge d'Antan, ℰ 98 54 84 00, ⊶ – 🅿 🔳 VISA
fermé 25 fév. au 22 mars, dim. soir (sauf juil.-août) et lundi – **R** 125/295, enf. 65.

BENON 17 Char.-Mar. 𝟙𝟟𝟙 ② – rattaché à La Laigne.

BÉNONCES 01470 Ain 𝟟𝟦 ⑭ – 274 h. alt. 484.
Paris 486 – Belley 28 – Bourg-en-Bresse 55 – ♦Lyon 66 – Nantua 69 – La Tour du Pin 38.

⅍ **Aub. Terrasse** 🔊 avec ch, ℰ 74 36 73 56, ⛩, ⊶ – ☎ 🅿 ⅍ VISA
1ᵉʳ avril-31 déc. – **R** *(fermé dim. soir et lundi)* 92/220 ⅙, enf. 40 – 🖵 21 – **7 ch** 155/250 – ½ P 165/220.

BÉNOUVILLE 14 Calvados 𝟨𝟨 ② – rattaché à Caen.

BERCK-SUR-MER 62600 P.-de-C. 𝟧𝟙 ⑪
G. Flandres Artois Picardie – 15 671 h. alt. 10.

Voir Phare ⅍★ **B** – Parc d'attractions de Bagatelle★ 5 km par ①.

📷 de Nampont-St-Martin (80) ℰ 22 29 92 90, par ③ : 15 km – 🎫 Office de Tourisme pl. Entonnoir ℰ 21 09 50 00.

Paris 208 – ♦Calais 72 – Abbeville 43 – Arras 94 – Boulogne-sur-Mer 39 – Montreuil 14 – St-Omer 71 – Le Touquet-Paris-Plage 16.

à Berck-Plage :

Neptune 🅼, esplanade Parmentier **(a)** ℰ 21 09 21 21, Fax 21 09 29 29, ≤ – 📶 📺 ☎ ⅙ 🅿 – 🔬 70. ⅍ 🔳 VISA ⅍ rest
R 75/180, enf. 40 – 🖵 27 – **63 ch** 183/316 – ½ P 233/260.

Banque, 43 r. Division-Leclerc **(s)** ℰ 21 09 01 09 – ☎ ⅍ 🔳 VISA
R 68/170, enf. 50 – **14 ch** 🖵 165/255.

⅍ **Aub. du Bois,** 149 av. Quettier ℰ 21 09 03 43 – ⅍ ⓞ 🔳 VISA
fermé 4 janv. au 3 fév. et lundi sauf juil.-août – **R** 88/200 ⅙, enf. 30.

CITROEN Artois-Autom., ZI, rte d'Abbeville par ③ ℰ 21 09 26 42 🅽 ℰ 21 84 30 39
PEUGEOT-TALBOT Damour, ZI, rte d'Abbeville par ③ ℰ 21 09 43 50
RENAULT Campion-Berck, pl. Fontaine par ② ℰ 21 09 04 11

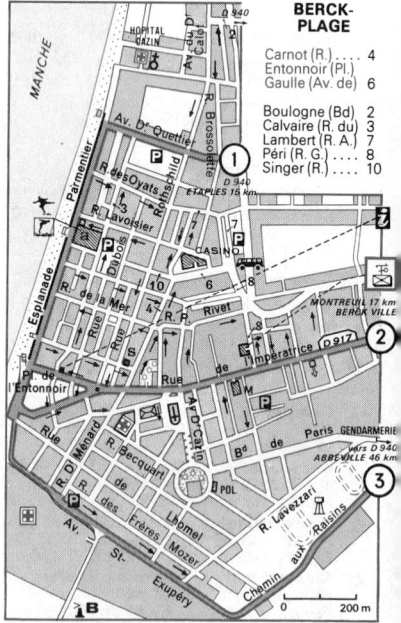

BERCK-PLAGE

Carnot (R.) 4
Entonnoir (Pl.)
Gaulle (Av. de) 6

Boulogne (Bd) 2
Calvaire (R. du) 3
Lambert (R. A.) 7
Péri (R. G.) 8
Singer (R.) 10

Voir Le Vieux Bergerac* : musée du Tabac** (maison Peyrarède*) AZ – Musée du Vin, de la Batellerie et de la Tonnellerie* AZ **M2.**🅱 Office de Tourisme 97 r. Neuve-d'Argenson ℘ 53 57 03 11.

Paris 558 ⑥ –Périgueux 47 ① – Agen 89 ③ – Angoulême 109 ⑥ – ◆Bordeaux 87 ⑤ – Pau 214 ④.

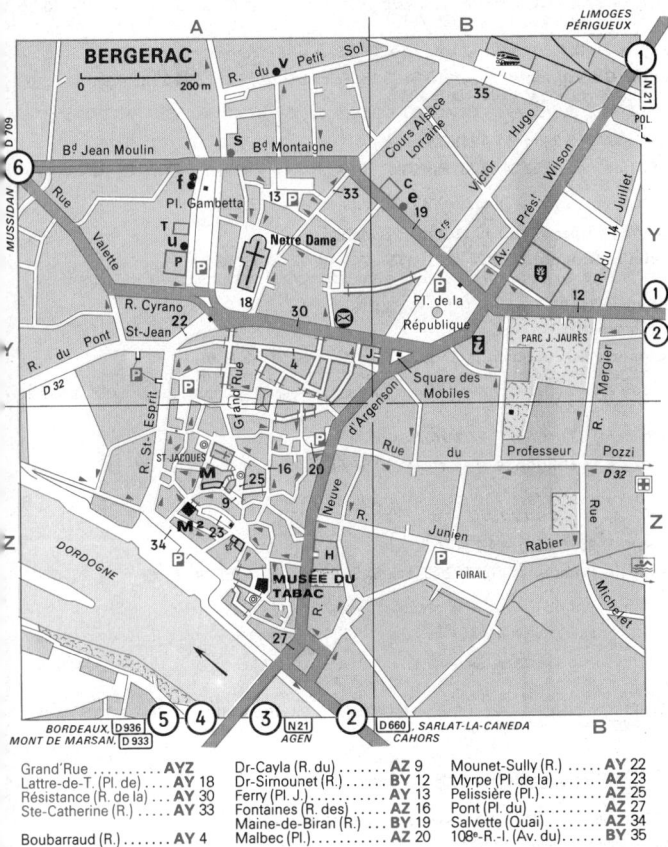

Grand'Rue . . . . **AYZ**	Dr-Cayla (R. du) . . . . . . **AZ** 9	Mounet-Sully (R.) . . . . . **AY** 22
Lattre-de-T. (Pl. de) . . . . **AY** 18	Dr-Simounet (R.) . . . . . . **BY** 12	Myrpe (Pl. de la). . . . . . . **AZ** 23
Résistance (R. de la) . . . **AY** 30	Ferry (Pl. J.) . . . . **AY** 13	Pelissière (Pl.). . . . . **AZ** 25
Ste-Catherine (R.) . . . . . **AY** 33	Fontaines (R. des) . . . . . **AZ** 16	Pont (Pl. du) . . . . **AZ** 27
	Maine-de-Biran (R.) . . . **BY** 19	Salvette (Quai) . . . . **AZ** 34
Boubarraud (R.) . . . . **AY** 4	Malbec (Pl.). . . . . **AZ** 20	108ᵉ-R.-I. (Av. du). . . . . **BY** 35

🏨 **La Flambée,** rte Périgueux par ① : 3 km ℘ 53 57 52 33, 🍴, « Parc fleuri, ⊒ », ⚅ – 📺 ☎ 🅿 – 🛎 70. 🆎 ⑥ ⋿ 𝘝𝘐𝘚𝘈
    fermé 2 janv. au 31 mars – **R** *(fermé dim. soir et lundi sauf du 15 juin au 15 sept.)* 95/240, enf. 70 – ⊇ 32 – **21 ch** 220/420 – ½ P 290/350.

🏨 **Bordeaux,** 38 pl. Gambetta ℘ 53 57 12 83, Télex 550412, Fax 53 57 72 14, 🍴, ⊒, 🌳 – 📱 ☰ rest 📺 ☎ – 🛎 50. 🆎 ⑥ ⋿ 𝘝𝘐𝘚𝘈   AY **f**
    fermé 20 déc. au 30 janv. – **R** 85/190, enf. 50 – ⊇ 38 – **41 ch** 265/425 – ½ P 285/305.

🏨 **Commerce,** 36 pl. Gambetta ℘ 53 27 30 50, Télex 541888 – 📱 ☰ ch 📺 ☎ – 🛎 50. 🆎 ⑥ ⋿ 𝘝𝘐𝘚𝘈   AY **f**
    fermé 15 au 25 fév. et dim. soir du 3 fév. au 24 mars et du 17 nov. au 29 déc. – **R** 87/135, enf. 50 – ⊇ 31 – **35 ch** 250/330 – ½ P 220/280.

🏨 **Europ H.** sans rest, 20 r. Petit Sol ℘ 53 57 06 54, ⊒, 🌳 – 📺 ☎ 🅿. ⋿ 𝘝𝘐𝘚𝘈   AY **v**
    ⊇ 27 – **22 ch** 205/255.

🏨 **France** sans rest, 18 pl. Gambetta ℘ 53 57 11 61 – 📺 ☎. 🆎 ⑥ ⋿ 𝘝𝘐𝘚𝘈   AY **u**
    ⊇ 37 – **20 ch** 215/285.

✕✕✕ **Le Cyrano** avec ch, 2 bd Montaigne ℘ 53 57 02 76 – ☰ rest 📺 ☎. 🆎 ⑥ ⋿ 𝘝𝘐𝘚𝘈   AY **s**
    fermé 26 juin au 10 juil., 10 au 27 déc., dim. soir et lundi de sept. à juin – **R** 90/200, enf. 60 – ⊇ 27 – **11 ch** 220/240.

✕✕ **La Gourmandise,** 10 bd Maine de Biran ℘ 53 27 20 95, 🍴 – 🆎 ⑥ ⋿ 𝘝𝘐𝘚𝘈   BY **e**
    fermé 27 mai au 3 juin, vacances de nov., vacances de fév., sam. midi, dim. soir et lundi – **R** 95/235, enf. 50.

à Campsegret par ① et N 21 : 13 km – ⊠ **24140** :

🏠 **La Gentilhommière** ⑤, N : 2,5 km par VO ℘ 53 24 23 04, ⓡ, 🔟, ⚘ – ☎ Ⓟ. ⅇ.
🛏 *VISA*
Pâques-30 sept. – **R** *(fermé le midi sauf juil., août, dim. et fêtes)* 68/170 – ⬚ 28 – **10 ch**
220/250 – ½ P 210/230.

*par*① N 21, D 107 et VO : 12 km – ⊠ **24140** St-Julien-de-Crempse :

🏨 **Manoir Gd Vignoble** ⑤, ℘ 53 24 23 18, Télex 541629, Fax 53 24 20 89, ⓡ, parc, 🔟,
👙 – 🔟 Ⓟ – 🚗 40. 🖭 ⓪ ⅇ *VISA*
fermé 22 déc. au 13 janv. – **R** 140/260, enf. 70 – ⬚ 45 – **37 ch** 380/580 – ½ P 390/455.

*par*③ et N 21 : 3 km – ⊠ **24100** Bergerac :

🏠 **Le Prince** Ⓜ, ℘ 53 24 89 76, Fax 53 57 72 24, 🔟 – 🛗 cuisinette 🔲 ch 🔟 ☎ & Ⓟ –
🚗 50. 🖭 ⅇ *VISA*
R 89, enf. 35 – ⬚ 32 – **38 ch** 270/310, 12 duplex 420 – ½ P 260.

à St-Nexans par ③ et D 19 : 6 km – ⊠ **24520** :

✕✕ **La Vieille Grange,** ℘ 53 24 32 21, ⓡ, ⚘ – Ⓟ. 🖭 ⓪ ⅇ *VISA*
fermé 14 sept. au 4 oct., 10 au 29 fév., mardi soir hors sais. et merc. – **R** 95/195, enf. 50.

à Monbazillac S : 7 km par D 13 – ⊠ **24240**.
Voir Château★.

✕✕✕ ❀ **Closerie St-Jacques,** ℘ 53 58 37 77, ⓡ – ⤞. 🖭 ⓪ ⅇ *VISA*
fermé 2 janv. au 7 fév., dim. soir et lundi du 1ᵉʳ oct. au 31 mai – **R** 185/230, enf. 75
Spéc. Foie et ris de veau en feuilleté, Rougets en écailles de pommes de terre, Duo de pintade fermière..
Vins Monbazillac, Bergerac.

*par*④ sur D 933 : 6 km – ⊠ **24240** Monbazillac :

✕✕ **Relais de la Diligence** avec ch, ℘ 53 58 30 48, ◁ vignoble, ⓡ – ☎ Ⓟ. 🖭 ⅇ *VISA*.
👙 ch
fermé vacances de fév., 17 au 30 juin, mardi soir et merc. sauf du 1ᵉʳ juil. au 30 sept. – **R**
98/250 – ⬚ 30 – **8 ch** 200/260 – ½ P 280.

*par*⑤ et D 936 : 4 km – ⊠ **24100** Bergerac :

🏠 **Climat de France,** ℘ 53 57 22 23, Fax 53 58 25 24, ⓡ – 🔟 ☎ & Ⓟ – 🚗 25. 🖭 ⅇ.
🛏 *VISA*
R 55/115 ♫, enf. 48 – ⬚ 28 – **46 ch** 260.

CITROEN Cazes, rte de Bordeaux ℘ 53 57 73 77
Ⓝ
FIAT, LANCIA Gar. de Naillac, 39 av. de Bordeaux
℘ 53 57 36 08
FORD Centre Autom. Pecou, rte de Périgueux
℘ 53 57 27 41 Ⓝ
PEUGEOT-TALBOT Géraud, 117 r. Clairat par ②
℘ 53 57 62 72

RENAULT Bergerac-Autos, N 21 rte de Périgueux
par ① ℘ 53 57 42 11 Ⓝ ℘ 53 63 91 47
V.A.G Gar. Wilson, 26 av. Wilson ℘ 53 27 20 08

⊚ P. Soubzmaigne, rte d'Eymet ℘ 53 57 19 54
S.I.A.B. Interpneu, 112 av. Pasteur ℘ 53 57 46 77

BERGÈRES-LÈS-VERTUS 51 Marne 🔟 ⑯ – rattaché à Vertus.

BERGHEIM 68750 H.-Rhin 🔟 ⑲ G. Alsace Lorraine – 1 774 h. alt. 235.
Voir Cimetière militaire allemand ⚘★.
Paris 430 – Colmar 16 – Ribeauvillé 3,5 – Selestat 9.

✕ **Wistub du Sommelier,** ℘ 89 73 69 99, restaurant à vins – ⅇ *VISA*. 👙
fermé vacances de fév., lundi d'oct. à avril (sauf fériés) et dim. – **R** carte 120 à 180 ♫.

La BERGUE 74 H.-Savoie 🔟 ⑥ – rattaché à Annemasse.

BERGUES 59380 Nord 🔟 ④ G. Flandres Artois Picardie – 4 743 h.
Voir Couronne d'Hondschoote★.
🅱 Office de Tourisme à la Mairie ℘ 28 68 60 44.
Paris 282 – ✦Calais 49 – Bourbourg 18 – Dunkerque 8 – Hazebrouck 34 – ✦Lille 65 – St-Omer 31.

🏠 **Au Tonnelier,** près église ℘ 28 68 70 05 – ☎ – 🚗 25. ⅇ *VISA*. 👙 ch
🛏 fermé 22 août au 10 sept. et 1ᵉʳ au 15 janv. – **R** *(fermé vend.)* 70/180 ♫ – ⬚ 24 – **11 ch**
145/240 – ½ P 180.

🏠 **Commerce** sans rest, près église ℘ 28 68 60 37 – ☎. *VISA*
⬚ 25 – **18 ch** 110/220.

✕✕ **Cornet d'Or,** 26 r. Espagnole ℘ 28 68 66 27 – ⅇ *VISA*
fermé 17 juin au 8 juil., dim. soir et lundi – **R** 170/235.

PEUGEOT-TALBOT Gar. Moderne Desmidt, à Es-
quelbecq ℘ 28 65 61 44

RENAULT Houtland Autom, à Wormhout
℘ 28 62 99 00 Ⓝ

BERNAY <SP> **27300** Eure 55 ⑮ G. Normandie Vallée de la Seine (plan) – 10 952 h. alt. 108.

Voir Boulevard des Monts★.

🛈 Syndicat d'Initiative 29 r. Thiers (fermé matin) ✆ 32 43 32 08.

Paris 150 – ◆Rouen 58 – Argentan 69 – Évreux 48 – ◆Le Havre 85 – Louviers 51.

XX **La Marigotière,** SO : 1,5 km par rte Broglie et D 704 ✆ 32 45 28 88, 🌿 – **Ⓟ**. ⓄⒹ **E** **VISA**
   fermé dim. soir et lundi – **R** 140/300.

   au Sud : 4 km par D 33 et VO :

XXX **Moulin Fouret** ⑤ avec ch, ✆ 32 43 19 95, 🌡, « Parc en bordure de rivière » – **Ⓟ**. **E**
   VISA
   fermé dim. soir et lundi sauf fériés – **R** 95/250 – 🍴 40 – **8 ch** 150/200.

   au SO : 3,5 km sur rte de Broglie – ✉ **27300** Bernay :

🏠 **Acropole H.** Ⓜ sans rest, ✆ 32 46 06 06, Télex 771290 – **TV** ☎ ఱ **Ⓟ** – 🏛 30 à 70. **E**
   VISA
   🍴 25 – **51 ch** 200/330.

CITROEN Lauvrière, 36 r. B.-Gombert
✆ 32 43 22 78
MAZDA Levard, rte de Rouen à Menneval
✆ 32 43 44 43
NISSAN Edouin, carr. Malbrouck, N 13 à Carsix
✆ 32 46 23 59
OPEL Gar. Robillard, rte de Broglie, ZI
✆ 32 43 09 99

PEUGEOT-TALBOT Lefèvre, N 138, rte de Broglie,
ZI ✆ 32 43 34 28 Ⓝ ✆ 32 45 95 15
RENAULT Modern Gar. Bernayen, 9 r. M.-Le-
moing ✆ 32 43 01 17

🅖 Subé-Pneurama, 5 r. L.-Gillain ✆ 32 43 37 78

BERNEX **74500** H.-Savoie 70 ⑱ G. Alpes du Nord – 638 h. alt. 1 000 – Sports d'hiver : 1 000/1 900 m
🎿16 ⌖.

🛈 Syndicat d'Initiative ✆ 50 73 60 72.

Paris 592 – Thonon-les-Bains 16 – Annecy 91 – Évian-les-Bains 14 – Morzine 36.

🏠 **Chez Tante Marie** ⑤, ✆ 50 73 60 35, ≤, 🌡, 🌿 – ☎ **Ⓟ**. ⓄⒹ **E** **VISA**. 🍴 ch
   fermé 8 au 20 avril et du 15 oct. au 15 déc. – **R** 80/170 🍴, enf. 50 – 🍴 32 – **28 ch** 280/305
   – ½ P 265/290.

   à La Beunaz NO : 1,5 km par D 52 – alt. 1 000 – ✉ **74500** Évian-les-Bains :

🏠 **Bois Joli** ⑤, ✆ 50 73 60 11, Fax 50 73 65 28, ≤, 🌿, 🍴 – ☎ ఱ **Ⓟ**. ⓄⒹ **E** **VISA**. 🍴 rest
   fermé avril et 15 nov. au 15 déc. – **R** (fermé merc. sauf juil.-août) 100/220 – 🍴 35 – **24 ch**
   250/290 – ½ P 230/260.

🏠 **Renardière** ⑤, ✆ 50 73 60 02, ≤, 🌡, ⬛, 🌿 – ⬍≪ ch ☎ **Ⓟ** – 🏛 30. **E** **VISA**. 🍴 ch
   fermé 30 sept. au 31 oct., 6 au 30 janv. et jeudi – **R** 120/270 – 🍴 32 – **17 ch** 195/320 –
   ½ P 270/340.

X **Relais Savoyard** avec ch, ✆ 50 73 60 14, ≤, 🌡 – **TV** **Ⓟ** ⓄⒹ **E** **VISA**
➜ fermé nov. – **R** 58/160, enf. 38 – 🍴 23 – **10 ch** 140/210 – ½ P 170/210.

BERRY-AU-BAC **02190** Aisne 56 ⑥ – 388 h. alt. 56.

Paris 160 – ◆Reims 20 – Laon 27 – Rethel 44 – Soissons 47 – Vouziers 64.

XXX ❀ **Rest. Cote 108** (Courville), ✆ 23 79 95 04, 🌿 – **Ⓟ**. ⒶⒺ **E** **VISA**
   fermé 15 au 24 juil., 26 déc. au 21 janv., dim. soir et lundi – **R** (dim. prévenir) 150/450
   Spéc. Médaillons de foie chaud en croque au sel, Coquilles Saint-Jacques rôties (15 oct.-15 avril), Crépinettes
   de pieds de porc champenoise. **Vins** Coteaux champenois rouges.

BERRY-BOUY **18** Cher 68 ⑩ – rattaché à Bourges.

BERTHOLÈNE **12310** Aveyron 80 ③ – 974 h. alt. 592.

Paris 616 – Rodez 22 – Espalion 26 – Pont-de-Salars 21 – Sévérac-le-Château 27.

🏠 **Bancarel,** ✆ 65 69 62 10, 🌡, 🌿 – ⬇ **Ⓟ**. ⒶⒺ ⓄⒹ **E** **VISA**
➜ fermé 25 sept. au 15 oct. – **R** 47/120 🍴 – **13 ch** 🍴 120/200 – ½ P 160/180.

BERVEN **29** Finistère 58 ⑤ G. Bretagne – ✉ **29440** Plouzévédé.

Voir Église★ : clôture★ du choeur.

Paris 561 – ◆Brest 43 – Landivisiau 14 – Morlaix 24 – St-Pol de Léon 14.

XX **Voyageurs** avec ch, ✆ 98 69 98 17 – **Ⓟ**. **E** **VISA**. 🍴
➜ fermé mi-sept. à mi-oct. – **R** (fermé dim. soir et lundi) 55/140 🍴, enf. 45 – 🍴 22 – **6 ch**
   100/140 – ½ P 170.

Reis in de omgeving van Parijs met de **Michelinkaarten**

   nrs. 101 (schaal 1:50 000) Banlieue de Paris
           196 (schaal 1:100 000) Environs de Paris
           237 (schaal 1:200 000) Ile de France

Voir Site★★ – Citadelle★★ BZ : ≤★★ des chemins de ronde, musée d'Histoire naturelle★, musée Populaire comtois★, musée de la Résistance et de la Déportation★, Section d'Agriculture★ – Vieille ville★ ABYZ : Palais Granvelle★, Vierge aux Saints★ et Rose de Saint-Jean★ (Cathédrale) horloge astronomique★ – Préfecture★ AZ **P** – Bibliothèque municipale★ BZ **X** – Promenade Micaud★ BY – Grille★ de l'Hôpital St-Jacques AZ – Musée des Beaux-Arts★ : section d'horlogerie★ AY – Fort Chaudanne ≤★ S : 2 km puis 15 mn BX – **Env.** N.-D.-de-la-Libération ≤★ SE : 5,5 km BX – Belvédère de Montfaucon ≤★ 8 km par D 111 BX.

🛈 ℰ 81 55 73 54, par ② : 13 km – 🖪 Office de Tourisme et Accueil de France (Informations, change et réservations d'hôtels, pas plus de 5 jours à l'avance) 2 pl. 1ère Armée Française ℰ 81 80 92 55, Télex 360242 – A.C. 7 av. E.-Cusenier ℰ 81 81 26 11.

Paris 413 ⑥ – ♦Bâle 151 ⑥ – Bern 157 ② – ♦Dijon 104 ⑥ – ♦Genève 177 ② – ♦Grenoble 281 ③ – ♦Lyon 249 ⑥ – ♦Nancy 199 ⑥ – ♦Reims 324 ⑤ – ♦Strasbourg 241 ⑥.

BESANÇON

Belfort (R. de)...............	**BX**	
Carnot (Av.).................	**BX** 10	
Allende (Bd S.).............	**AX** 2	
Brulard (Bd Gén.)..........	**AX** 8	Jouchoux (R. A.)........... **AX** 24
Chaillot (R.)..............	**BX** 12	Montrapon (Av. de)....... **AX** 33
Clemenceau		Observatoire (Av. de l')... **AX** 34
(Bd George).............	**AX** 14	Ouest (Bd de l')......... **AX** 37
Clerc (R. F.).............	**BX** 15	Paix (Av. de la)......... **BX** 38
Fontaine-		Vaite (R. de la)......... **BX** 43
Argent (Av. de)..........	**BX** 17	Voirin (R.)............... **BX** 44

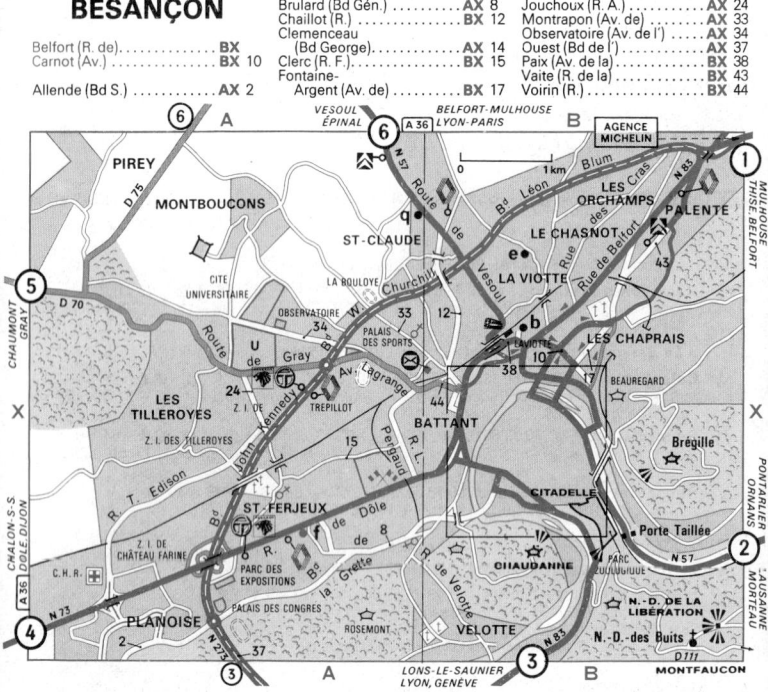

🏨🏨 **Altéa Parc Micaud** Ⓜ, av. E. Droz ℰ 81 80 14 44, Télex 360268, Fax 81 53 29 83 – 📶
🍴 rest 📺 ☎ 🅿 – 🔼 75 à 220. 🆀 ① E 𝑽𝑰𝑺𝑨   BY **d**
Le Vesontio **R** 105/155, enf. 50 – ⚏ 50 – **95 ch** 350/550.

🏨🏨 **Novotel** Ⓜ, r. Trey ℰ 81 50 14 66, Télex 360009, Fax 81 53 51 57, ╤, ⤨, 🐎 – 📶 🍴 📺
☎ 🕭 🅿 – 🔼 130. 🆀 ① E 𝑽𝑰𝑺𝑨   BX **e**
R carte environ 150 🍴, enf. 50 – ⚏ 45 – **107 ch** 370/415.

🏨 **Mercure** Ⓜ, 4 av. Carnot ℰ 81 80 33 11, Télex 361276, Fax 81 88 11 14, ╤ – 📶 📺 ☎
🅿 – 🔼 40 à 60. 🆀 ① E 𝑽𝑰𝑺𝑨   BY **a**
R 95/125 🍴, enf. 40 – ⚏ 44 – **67 ch** 450/500.

🏨 **Urbis** Ⓜ, 5 av. Foch (face gare) ℰ 81 88 27 26, Télex 361576, Fax 81 80 07 65 – 📶 📺 ☎
🕭 – 🔼 40. E 𝑽𝑰𝑺𝑨   BX **b**
R Brasserie 75 🍴, enf. 35 – ⚏ 29 – **96 ch** 250/270.

🏨 **Siatel** Ⓜ, 3 chemin des Founottes par N 57 : 3 km ℰ 81 80 41 41 – 📺 ☎ 🕭 🅿 – 🔼 35.
♦ 𝑽𝑰𝑺𝑨   AX **q**
R 56/85 🍴, enf. 36 – ⚏ 22 – **28 ch** 226/246 – ½ P 180.

🏨 **Nord** sans rest, 8 r. Moncey ℰ 81 81 34 56, Télex 361582, Fax 81 81 85 96 – 📶 📺 ☎ ⇔
🆀 ① E 𝑽𝑰𝑺𝑨   BY **r**
⚏ 25 – **44 ch** 145/239.

🏨 **Arcade** sans rest, 21 r. Gambetta ℰ 81 83 50 54, Télex 361247, Fax 81 81 89 65 – 📶 ⇔
📺 📺 🕭 🅿 – 🔼 25. 🆀 E 𝑽𝑰𝑺𝑨   BY **k**
⚏ 35 – **49 ch** 291/330.

BESANÇON

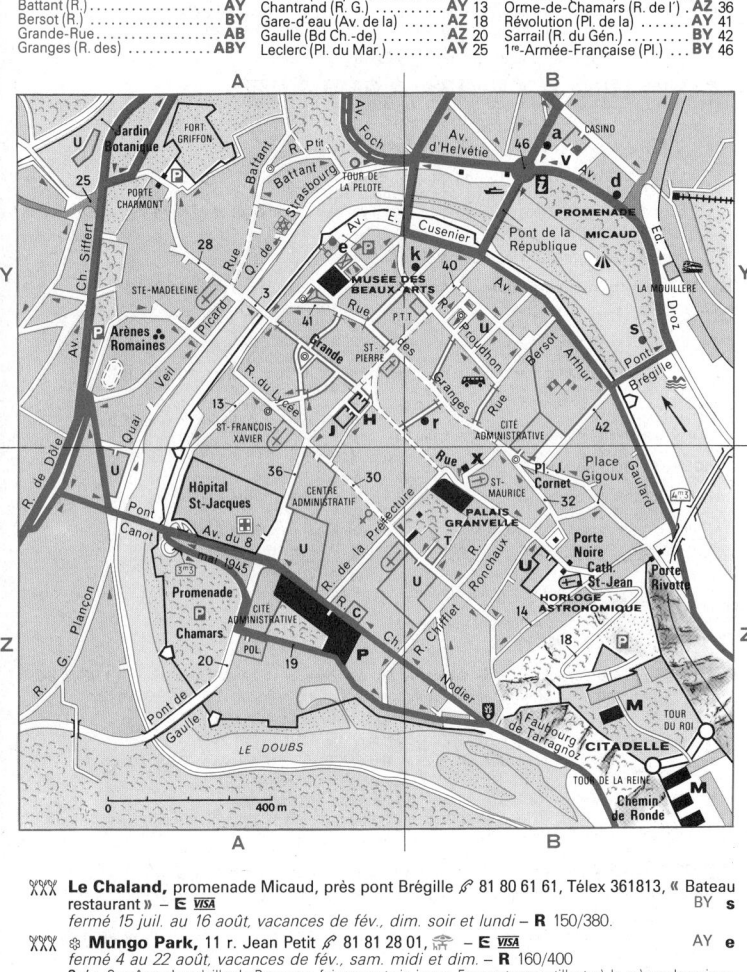

XXX **Le Chaland,** promenade Micaud, près pont Brégille ℰ 81 80 61 61, Télex 361813, « Bateau
restaurant » – E 𝘷𝘪𝘴𝘢   BY s
fermé 15 juil. au 16 août, vacances de fév., dim. soir et lundi – **R** 150/380.

XXX ❀ **Mungo Park,** 11 r. Jean Petit ℰ 81 81 28 01, 🍴 – E 𝘷𝘪𝘴𝘢   AY e
fermé 4 au 22 août, vacances de fév., sam. midi et dim. – **R** 160/400
Spéc. Suprême de volaille de Bresse au fois gras et vin jaune, Escargots croustillants à la crème de pois au
Pontarlier, Crème brûlée aux noix et vin jaune. **Vins** Côtes du Jura, L'Etoile.

XX **Poker d'As,** 14 square St-Amour ℰ 81 81 42 49, sculptures sur bois – 🄰🄴 ⓞ E 𝘷𝘪𝘴𝘢
fermé 7 au 29 juil., 22 déc. au 2 janv., dim. soir et lundi – **R** 85/220 ⅃, enf. 65.   BY u

XX **Tour de la Pelote,** 41 quai Strasbourg ℰ 81 82 14 58, « Tour du 16e s. » – 🄰🄴 ⓞ E 𝘷𝘪𝘴𝘢
fermé 2 au 8 janv. et lundi – **R** 95 bc/195 bc.   AY

XX **Daniel Achard,** 95 r. Dôle ℰ 81 52 06 13, 🍴 – ℗. E 𝘷𝘪𝘴𝘢   AX f
fermé 3 au 18 août, vacances de Noël, vacances de fév., sam. et dim. – **R** 72/300 ⅃,
enf. 48.

XX **Relais de la Mouillère,** parc du Casino ℰ 81 80 61 01, 🍴 – ℗. 🄰🄴 ⓞ E 𝘷𝘪𝘴𝘢   BY v
fermé 12 au 18 août et mardi sauf fériés – **R** 108/280 ⅃, enf. 50.

à Chalezeule par ① et D 217 : 5,5 km – ✉ **25220** :

🏠 **Trois Iles** ⤨ sans rest, ℰ 81 61 00 66, ☞ – ☎ ℗. E 𝘷𝘪𝘴𝘢
☲ 25 – **16 ch** 185/250.

à Roche-lez-Beaupré par ① : 8 km – ✉ **25220** :

✕ **Aub. des Rosiers,** ℰ 81 57 05 85 – ℗. E 𝘷𝘪𝘴𝘢
⬱ *fermé vacances de fév., merc soir et mardi* – **R** 50/240 ⅃, enf. 47.

à Montfaucon par ②, D 464 et D 111 : 9 km – ✉ **25660** :

XX **La Cheminée,** rte Belvédère ✆ 81 81 17 48, ≤, 🐀 – 🅿 🕥 E 𝗩𝗜𝗦𝗔
fermé 9 au 15 sept., fév., dim. soir et lundi sauf fériés – **R** 110/240, enf. 65.

à Pugey par ③ et D 473 : 10 km – ✉ **25720** :

🏛 **Champ Fleuri** 🐾, ✆ 81 57 21 54 – ☎ 🅿 – 🛏 25. E 𝗩𝗜𝗦𝗔
🔸 *fermé 12 au 26 août et 20 déc. au 12 janv.* – **R** *(fermé dim. sauf le midi d'oct. à avril et sam. sauf de mai à sept.)* 58/160 ⅃ – ⌘ 30 – **35 ch** 130/230 – ½ P 160/190.

à École Valentin par ⑥ : 5 km – ✉ **25480** :

XX ❀ **Le Valentin** (Maire), 19 rte Épinal ✆ 81 80 03 90, 🐀, 🐾 – 🅿. 🖭 🕥 E 𝗩𝗜𝗦𝗔
fermé 29 juil. au 19 août, dim. soir et lundi – **R** 99/325
Spéc. Harmonie de homard et d'escargots, Ragoût de ris et de rognon de veau aux morilles, Gibier (saison).
Vins Gy, Arbois Pupillin blanc et rosé.

Autres ressouces hôtelières : Voir *Étuz* par ⑥ et D 1 : 6km.

MICHELIN, Agence régionale, r. Vallières Sud à Chalezeule BX ✆ 81 80 24 53

ALFA-ROMEO Tarallo, ZI de Thise à Thise
✆ 81 80 68 31
BMW Gar. Loux, ZAC Valentin à École-Valentin
✆ 81 88 48 48
CITROEN Succursale, 228 rte de Dole par ④
✆ 81 51 16 66
CITROEN Cassard Auto Service, 123 r. de Vesoul
✆ 81 50 45 24
CITROEN Gar. des Maisonnettes, à École-Valentin
par ⑥ ✆ 81 80 09 64
CITROEN Gar. Auto Détente, 124 r. de Belfort
✆ 81 80 11 90
DATSUN-NISSAN Mécanique, Loisirs, Autos, 72 r.
de Belfort ✆ 81 88 29 23
FIAT Bever, 4 r. Pergaud ✆ 81 52 46 41
FORD Est-Auto, 18 av. Carnot ✆ 81 80 85 11
MERCEDES-BENZ C.M.B., ZAC de Valentin
✆ 81 50 47 34
OPEL GM-VOLVO J.C.L. Autos, ch. des Graviers
Blancs ✆ 81 53 74 44
PEUGEOT-TALBOT Sté Ind. Autom. Besançon, bd
Kennedy, ZI Trépillot ✆ 81 80 50 44

PEUGEOT-TALBOT Gar. Girard, 129 r. de Dole
✆ 81 52 05 39
RENAULT Succursale, bd Kennedy, ZI Trépillot
✆ 81 54 25 25 🅽 ✆ 05 05 15 15
RENAULT Gar. Betteto, 148 r. de Belfort
✆ 81 80 41 70
RENAULT Masson, 91 r. de Dole ✆ 81 52 05 22
RENAULT Gar. Salmer, 5 r. Grands-Bas
✆ 81 50 26 19
V.A.G Gar. Simonin, 20 av. Fontaine-Argent
✆ 81 80 89 33

🛞 Eco-Pneu, 17 rte d'Épinal à École-Valentin
✆ 81 53 32 44
La Maison du Pneu, Mariotte, 10 r. de Dole
✆ 81 81 23 89
Pneus et Services D.K., 8 bd L.-Blum
✆ 81 50 29 30
Pneus et Services D.K., 6 r. Weiss ✆ 81 50 05 54

▬▬ **BESSANS** 73480 Savoie ⑦⑦ ⑧ **G. Alpes du Nord** – 273 h. alt. 1 700 – Sports d'hiver : 1 750/2 200 m
⚡4 ⚹ – **Voir** Peintures★ de la chapelle St-Antoine – 🚩 Syndicat d'Initiative ✆ 79 05 96 52.
Paris 673 – Albertville 125 – Chambéry 136 – Lanslebourg-Mont-Cenis 12 – Val-d'Isère 37.

🏛 **Vanoise** 🐾, ✆ 79 05 96 79, ≤ – ☎ 🅿. 𝗩𝗜𝗦𝗔 🍴
🔸 *20 juin-30 sept. et 1er déc.-30 avril* – **R** 60/120 ⅃, enf. 45 – ⌘ 35 – **30 ch** 150/260 –
½ P 200/250.

🏛 **Mont-Iseran** 🐾, ✆ 79 05 95 97 – 📺 ☎ 🚗. 𝗩𝗜𝗦𝗔 🍴 rest
🔸 *20 juin-1er oct. et 10 déc.-vacances de printemps* – **R** 58/130 ⅃, enf. 58 – ⌘ 30 – **19 ch**
185/285 – ½ P 180/240.

▬▬ **Le BESSAT** 42660 Loire ⑦⑥ ⑨ – 214 h. alt. 1 160 – Sports d'hiver : 1 174/1 434 m ⚡3 ⚹.
Paris 519 – ♦St-Étienne 18 – Annonay 30 – Bourg-Argental 15 – St-Chamond 19 – Yssingeaux 64.

🏛 **France,** ✆ 77 20 40 99, 🐀 – ☎ – 🛏 30. 🖭 E 𝗩𝗜𝗦𝗔
🔸 *fermé nov., dim. soir et lundi (sauf juil.-août)* – **R** 50/150 ⅃ – ⌘ 20 – **30 ch** 130/180 –
½ P 150/190.

XX **La Fondue** avec ch, ✆ 77 20 40 09 – ☎ 🚗. 🖭 🕥 E 𝗩𝗜𝗦𝗔 🍴 rest
fermé 21 janv. au 8 mars – **R** 72/230 – ⌘ 24 – **9 ch** 150/240 – ½ P 180/215.

▬▬ **BESSE-EN-CHANDESSE** 63610 P.-de-D. ⑦③ ⑬⑭ **G. Auvergne** (plan) – 1 742 h. alt. 1 050 – Sports
d'hiver à Super Besse.
Voir Église St-André★ – Rue de la Boucherie★ – Porte de ville★ – Lac Pavin★★ et Puy de
Montchal★★ SO : 4 km par D 978 – **Env.** Vallée de Chaudefour★★ NO : 11 km.
🚩 Office de Tourisme pl. Dr-Pipet (20 juin-10 sept., 20 déc.-20 avril) ✆ 73 79 52 84.
Paris 450 – ♦Clermont-Ferrand 51 – Condat 28 – Issoire 35 – Le Mont-Dore 25.

🏨 **Charmilles** 🎄 sans rest, rte Super-Besse ✆ 73 79 50 79 – 🚗 🅿. E 𝗩𝗜𝗦𝗔
15 juin-15 sept. et vacances de fév. – ⌘ 25 – **20 ch** 190/240.

🏨 **Levant,** ✆ 73 79 50 17, 🐀 – 📺 ☎ 🚗. 🖭 E 𝗩𝗜𝗦𝗔 🍴 rest
20 juin-20 sept. et 20 déc.-20 avril – **R** 75/125 – ⌘ 28 – **16 ch** 180/210 – ½ P 215.

🏨 **Le Clos** 🎄 🐾, rte Mont Dore : 0,5 km ✆ 73 79 52 77, Fax 73 79 56 67, 🔲, 🐀 – ☎ 🅿.
E 𝗩𝗜𝗦𝗔
20 avril-11 mai, 15 juin-28 sept. et 21 déc.-9 mai – **R** 85/150, enf. 38 – ⌘ 27 – **25 ch**
155/215 – ½ P 220/265.

à Super-Besse O : 7 km – alt. 1 350 – Sports d'hiver : 1 320/1 850 m ≮1 ≮20 ≰ – ⊠ **63610** Besse-en-Chandesse :

🛈 Office de Tourisme rond-point des Pistes (20 juin-10 sept., 20 déc.-20 avril) ℰ 73 79 60 29.

🏨 **Gergovia** ⌂, ℰ 73 79 60 15, Télex 394021, Fax 73 79 61 43, ≤, ₤₫ – 📺 ☎ 📍. ᴁ E 𝗩𝗜𝗦𝗔. ⋘ rest
30 juin-1ᵉʳ sept. et 21 déc.-Pâques – **R** 90/135, enf. 55 – ⊡ 30 – **53 ch** 180/350 – ½ P 477/555.

LADA-PEUGEOT-TOYOTA Gar. Fabre ℰ 73 79 51 10

BESSÈGES **30160** Gard 🎇 ⑧ – 4 358 h. alt. 170.

🛈 Office de Tourisme r. A.-Chambonnet (fermé après-midi 16 sept.-14 juin) ℰ 66 25 08 60.
Paris 691 – ALès 30 – Aubenas 66 – Mende 91.

🏠 **Aub. des Combes** ⌂, E : 4 km par D 51 et VO ℰ 66 25 06 78, 🍽, « Ancien mas cévenol », ⊿, 🛥 – ☎ 📍 ⓪ E 𝗩𝗜𝗦𝗔. ⋘ ch
R *(fermé mardi)* 80/160 ₰, enf. 40 – ⊡ 30 – **10 ch** 240/330 – ½ P 260/300.

BESSENAY **69690** Rhône 🎇 ⑲ – 1 617 h. alt. 390.
Paris 465 – Roanne 71 – ♦Lyon 36 – Montbrison 51 – ♦St-Étienne 63.

🍴 **Aub. de la Brevenne** avec ch, N 89 ℰ 74 70 80 01, 🍽 – 📍. ᴁ E 𝗩𝗜𝗦𝗔. ⋘ ch
fermé dim. soir et lundi – **R** 95/220 ₰, enf. 60 – ⊡ 35 – **20 ch** 220/280 – ½ P 250.

BESSÉ-SUR-BRAYE **72310** Sarthe 🎇 ⑤ – 2 919 h. alt. 76.

🛈 Syndicat d'Initiative r. Val-de-Braye (saison) ℰ 43 35 31 13 et à la Mairie (hors saison) ℰ 43 35 30 29.
Paris 195 – ♦Le Mans 55 – La-Ferté-Bernard 42 – ♦Tours 59 – Vendôme 34.

🏨 **La Chaumière,** ℰ 43 35 30 59, Télex 723838 – 📺 ☎ ♿ 📍. E 𝗩𝗜𝗦𝗔
fermé 15 déc. au 5 janv. et dim. soir – **R** 85/165, enf. 50 – ⊡ 20 – **15 ch** 180/220 – ½ P 145/220.

CITROEN Gar. Legeay Yves ℰ 43 35 32 63   RENAULT Gar. Bouttier ℰ 43 35 30 70
PEUGEOT-TALBOT Gar. Ched'homme
ℰ 43 35 30 42

BESSINES-SUR-GARTEMPE **87250** H.-Vienne 🎇 ⑧ – 2 593 h. alt. 344.
Paris 360 – ♦Limoges 37 – Argenton-sur-Creuse 58 – Bellac 32 – Guéret 48 – La Souterraine 21.

🏠 **Vallée,** N 20 ℰ 55 76 01 66, Fax 55 76 60 16 – 📺 ☎ ⌫ 📍. E 𝗩𝗜𝗦𝗔
fermé dim. soir – **R** 57/170, enf. 45 – ⊡ 25 – **20 ch** 115/192 – ½ P 136/174.

🍴 **Centre,** ℰ 55 76 03 17 – 📍. 𝗩𝗜𝗦𝗔. ⋘ rest
24 mars-30 sept., 1ᵉʳ au 15 nov. et fermé dim. hors sais. – **R** (dîner seul.) 58/150, enf. 58 – ⊡ 25 – **13 ch** 120/250 – ½ P 150/170.

✕ **Bellevue,** N 20 ℰ 55 76 01 99 – 📍. E 𝗩𝗜𝗦𝗔
fermé 10 fév. au 10 mars et lundi de sept. à fin juin sauf fêtes – **R** 44/125 ₰.

à la Croix-du-Breuil N : 3 km sur N 20 – ⊠ **87250** Bessines-sur-Gartempe :

🏨 **Manoir Henri IV,** ℰ 55 76 00 56, 🛥 – 📺 ☎ 📍. E 𝗩𝗜𝗦𝗔
fermé Noël au Jour de l'An, lundi du 1ᵉʳ oct. au 1ᵉʳ mai et dim. soir – **R** 100/250, enf. 60 – ⊡ 30 – **14 ch** 180/250.

BÉTHARRAM (Grottes de) ★★ **64** Pyr.-Atl. 🎇 ⑰ G. Pyrénées Aquitaine.
Ressources hôtelières : voir à Lestelle-Bétharram.

BÉTHUNE ◉ **62400** P.-de-C. 🎇 ⑭ G. Flandres Artois Picardie – 26 105 h. alt. 25.

🛈 Office de Tourisme avec A.C. 34 Grand'Place ℰ 21 68 26 29.
Paris 213 ② – ♦Lille 41 – ♦Amiens 87 ④ – Arras 33 ④ – Boulogne 91 ⑤ – Douai 41 ② – Dunkerque 67 ⑥.

🏨 **France II** Ⓜ ⌂, à Beuvry par ② : 4 km rte Lille ⊠ 62660 Beuvry ℰ 21 65 11 00, Télex 110691, Fax 21 65 09 30, 🍽, parc – 🚻 📺 ☎ 📍 – 🛆 25 à 90. ᴁ ⓪ E. 𝗩𝗜𝗦𝗔
R 100/218, enf. 80 – ⊡ 37 – **60 ch** 285/380.

✕✕✕ **Le Meurin,** 15 pl. République ℰ 21 68 88 88 – ᴁ E 𝗩𝗜𝗦𝗔   Y **a**
fermé août, dim. soir et lundi – **R** 130 bc/250.

à Gosnay SO : 5 km par ④, N 41 et D 181 – ⊠ **62199** :

🏨 **Chartreuse du Val St-Esprit** ⌂, ℰ 21 62 80 00, Télex 134418, Fax 21 62 42 50, parc, ⋘ – 📺 ☎ 📍 – 🛆 25. ᴁ E 𝗩𝗜𝗦𝗔
R 110/350, enf. 100 – ⊡ 45 – **23 ch** 300/490.

BÉTHUNE

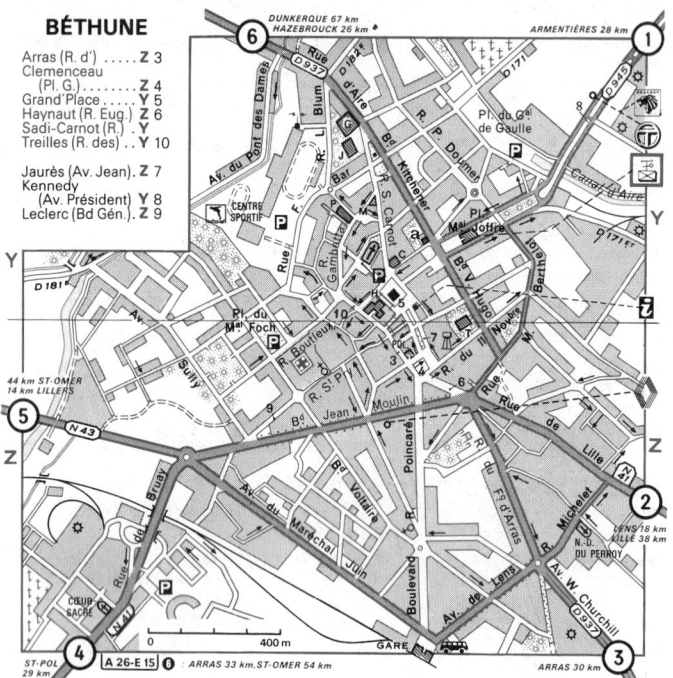

CITROEN SO.CA.BE., 1 220 av. W.-Churchill par ③
🖉 21 57 65 70 🅽 🖉 21 57 16 83
FIAT Gar. du Beffroi, 66 r. Sadi-Carnot
🖉 21 56 68 85
FORD St.-Vaast Autom., ZI av. Kennedy
🖉 21 56 19 19
LANCIA Gar. Cornuel, rte de Lille à Beuvry
🖉 21 65 09 60
OPEL Plantaz-Dubois, 189 bd Kitchener
🖉 21 57 65 88
PEUGEOT-TALBOT Mizon, 329 av. Kennedy
🖉 21 57 12 05 🅽 🖉 21 56 16 83

PEUGEOT-TALBOT Bondu, 136 rte Nationale, Beuvry par ② 🖉 21 65 15 06
RENAULT Dist.-Autom.-Béthunoise, 255 r. J.-Moulin 🖉 21 57 24 30
TOYOTA Éts Duhem, 4 av. W.-Churchill
🖉 21 57 20 60

⑩ Équipneu, RN 43, r. Martyrs Prolongés à Lillers
🖉 21 02 24 87
La Maison du Pneu, 371 r. Aire 🖉 21 57 02 10

En haute saison, et surtout dans les stations,
il est prudent de retenir à l'avance.

BEUIL 06470 Alpes-Mar. 🕮 ⑨, 🕮 ④ **G. Alpes du Sud** – 387 h. alt. 1 450 – Sports d'hiver : 1 400/2 000 m ✄6.

Voir Site★.

Paris 863 – Barcelonnette 83 – Digne 115 – ◆Nice 79 – Puget-Théniers 30 – St-Martin-Vésubie 53.

  🏠 **L'Escapade,** 🖉 93 02 31 27, ≤, 🍴 – 📺 ☎ 🄴 *VISA*
    fermé 1er oct. au 25 déc. – **R** 85/125, enf. 50 – ⊡ 50 – **11 ch** 285 – ½ P 190/280.

  ✗ **Bellevue** avec ch, 🖉 93 02 30 04, ≤, 🍴 – *VISA* ✄
    hôtel : 20 juin-1er oct. et 20 déc.-10 mai ; rest. : 20 juin-30 oct. et 20 déc.-10 juin – **R** 80/120 🍷 – ⊡ 26 – **6 ch** 190/300 – ½ P 190/230.

La BEUNAZ 74 H.-Savoie 🕮 ⑱ – rattaché à Bernex.

BEUVRON-EN-AUGE 14430 Calvados 🕮 ⑰ **G. Normandie Vallée de la Seine** – 276 h.

Voir Village★ – ⌖★ de l'église de Clermont-en-Auge NE : 3 km.

Paris 224 – ◆Caen 31 – Cabourg 15 – Lisieux 28 – Pont-l'Évêque 32.

  ✗✗ **Pavé d'Auge,** 🖉 31 79 26 71, 🍴, « Halles anciennes » – 🄴 *VISA*
    fermé 25 nov. au 10 déc., 15 au 31 janv., lundi soir et mardi – **R** 125/250.

BEUZEVILLE 27210 Eure 55 ④ G. Normandie Vallée de la Seine – 2 536 h. alt. 125.

Paris 184 – Bernay 40 – Deauville 24 – Évreux 79 – Honfleur 15 – ♦Le Havre 48 – Pont-l'Évêque 14.

🏠 **Petit Castel** [M] sans rest, 🍴 32 57 76 08 – ☎. **E** VISA. ❄️
  fermé 15 déc. au 15 janv. – **R** voir rest. **Aub. Cochon d'Or** ci-après – ⊑ 30 – **16 ch** 210/290.

XX **Aub. Cochon d'Or** avec ch, 🍴 32 57 70 46 – **E** VISA. ❄️
  ➤ fermé 15 déc. au 15 janv. et lundi – **R** 70 (sauf sam. soir)/200 – ⊑ 30 – **5 ch** 140/200.

CITROEN Perrin 🍴 32 57 70 52
FIAT Maillet, r. Libération 🍴 32 57 70 34
🅽 🍴 32 57 77 83
PEUGEOT Bulloché, à Boulleville 🍴 32 41 21 31
🅽 🍴 32 57 75 27

PEUGEOT Gar. Normandy 🍴 32 57 70 94
RENAULT Coquerel 🍴 32 57 70 26
🅽 🍴 32 42 33 77

BEYNAC et CAZENAC 24220 Dordogne 75 ⑰ G. Périgord Quercy – 460 h. alt. 60.

Voir Château★★ : site★★, ❄️★★ – Calvaire ❄️★★ – Château de Castelnaud★ : site★★, ❄️★★★ S : 4 km.

Paris 550 – Brive-la-Gaillarde 74 – Périgueux 64 – Sarlat-la-Canéda 11 – Bergerac 63 – Fumel 64 – Gourdon 33.

🏠 **Bonnet,** 🍴 53 29 50 01, ≼, 🍴, 🍴 – ☎ 🍴 🅿 **E** VISA. ❄️ ch
  18 avril-15 oct. – **R** 110/210, enf. 60 – ⊑ 26 – **22 ch** 195/260 – ½ P 260/285.

à Vézac SE : 2 km – ✉ 24220 :

🏠 **Oustal de Vézac** ❄️, 🍴 53 29 54 21, ≼, 🍴, 🍴 – ☎ 🅿. **E** VISA. ❄️ rest
  Pâques-1ᵉʳ nov. – **R** grill (juil.-août) carte environ 100 🍴 – ⊑ 35 – **20 ch** 300/330.

XX **Le Souqual,** 🍴 53 29 50 59, 🍴, 🍴, 🍴 – 🅿. VISA
  1ᵉʳ juil.-15 oct. et fermé mardi sauf juil.-août – **R** 85/280 🍴, enf. 45.

BEYRÈDE-JUMET 65 H.-Pyr. 85 ⑲ – alt. 1 417 – ✉ 65710 Campan.

Paris 850 – Auch 92 – Bagnères-de-Bigorre 23 – Lannemezan 29 – St-Gaudens 56 – Tarbes 59.

au col de Beyrède :

X **du Col** ❄️ avec ch, 🍴 62 91 83 70, ≼, 🍴 – 🅿. ❄️
  ➤ 15 juin-15 nov. – **R** 70/95 🍴, enf. 45 – ⊑ 23 – **5 ch** 120 – ½ P 145.

Les BÉZARDS 45 Loiret 65 ② – alt. 163 – ✉ 45290 Boismorand.

Paris 136 – Auxerre 76 – Cosne-sur-Loire 50 – Gien 16 – Joigny 58 – Montargis 23 – ♦Orléans 69.

🏠 ❄️❄️ **Auberge des Templiers** [M] ❄️, 🍴 38 31 80 01, Télex 780998, Fax 38 31 84 51, ≼,
  🍴, « Bel ensemble hôtelier dans un parc », 🍴, 🍴 – 📺 ☎ 🍴 🍴 🅿 – 🍴 30. 🅰🅴 ⓞ
  E VISA
  fermé 27 janv. au 7 mars – **R** 350/520 et carte, enf. 120 – ⊑ 72 – **22 ch** 550/1200, 8 appart.
  – ½ P 680/1000
  Spéc. Marbré de pigeonneau aux noisettes, Gibier de Sologne (saison), Entremets de l'Auberge. Vins
  Pouilly-Fumé, Reuilly.

BÉZAUDUN-LES-ALPES 06510 Alpes-Mar. 81 ㉙, 195 ㉙ – 80 h. alt. 800.

Paris 863 – ♦Nice 46 – Castellane 65 – Grasse 42 – St-Martin-Vésubie 59 – Vence 24.

X **Les Lavandes** ❄️ avec ch, 🍴 93 59 11 08, ≼
  hôtel : ouvert 1ᵉʳ juil.-30 sept. ; rest. : ouvert toute l'année et fermé jeudi – **R** 120, enf. 65
  – ⊑ 35 – **9 ch** 200 – P 250.

BÉZIERS ⟨SP⟩ 34500 Hérault 83 ⑮ G. Gorges du Tarn – 78 477 h. alt. 70.

Voir Anc. cathédrale St-Nazaire★ BZ : terrasse ≼★.

✈ de Béziers-Vias : 🍴 67 90 99 10, par ③ : 18 km.

🅱 Office de Tourisme Hôtel du Lac, 27 r. Quatre-Septembre 🍴 67 49 24 19.

Paris 822 ③ – ♦Montpellier 67 ③ – ♦Clermont-Fd 373 ③ – ♦Marseille 225 ③ – ♦Perpignan 93 ⑥.

Plans pages suivantes

🏠 **Nord** sans rest, 15 pl. Jaurès 🍴 67 28 34 09, Télex 485686 – 🍴 📺 ☎ – 🍴 60. 🅰🅴 ⓞ
  E VISA   BCZ **z**
  ⊑ 30 – **43 ch** 250/400.

🏠 **Imperator** sans rest, 28 allées P. Riquet 🍴 67 49 02 25 – 🍴 📺 ☎ 🍴. 🅰🅴 ⓞ **E**.
  VISA   CY **n**
  ⊑ 29 – **45 ch** 200/340.

🏠 **Poètes** sans rest, 80 allées P. Riquet 🍴 67 76 38 66 – 📺 ☎ 🍴. **E** VISA   CZ **e**
  ⊑ 26 – **14 ch** 170/270.

🏠 **Lux H.** sans rest, 3 r. Petits Champs 🍴 67 28 48 05 – 📺 ☎. **E** VISA   CY **v**
  ⊑ 20 – **22 ch** 110/210.

tourner →

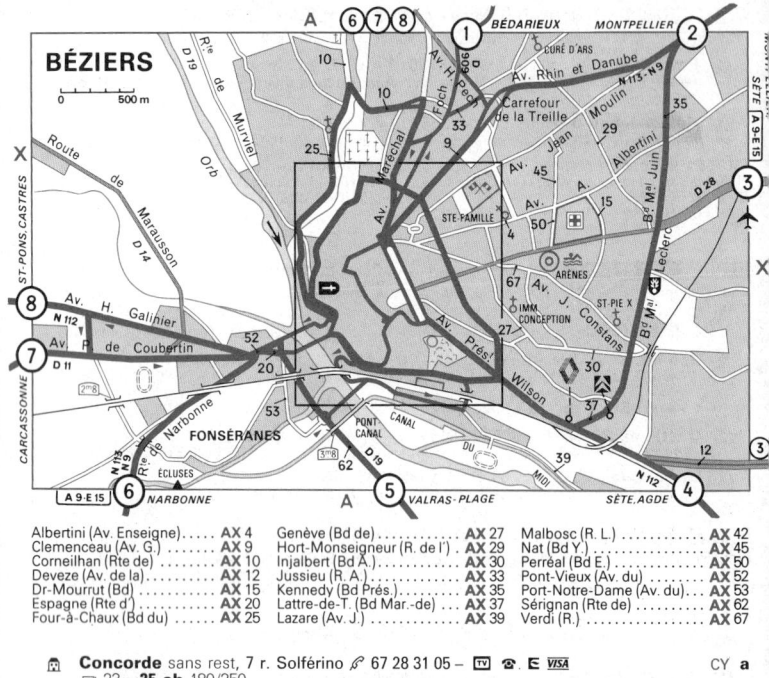

BÉZIERS

0   500 m

Albertini (Av. Enseigne)	**AX** 4
Clemenceau (Av. G.)	**AX** 9
Corneilhan (Rte de)	**AX** 10
Deveze (Av. de la)	**AX** 12
Dr-Mourrut (Bd)	**AX** 15
Espagne (Rte d')	**AX** 20
Four-à-Chaux (Bd du)	**AX** 25

Genève (Bd de)	**AX** 27
Hort-Monseigneur (R. de l')	**AX** 29
Injalbert (Bd A.)	**AX** 30
Jussieu (R. A.)	**AX** 33
Kennedy (Bd Prés.)	**AX** 35
Lattre-de-T. (Bd Mar.-de)	**AX** 37
Lazare (Av. J.)	**AX** 39

Malbosc (R. L.)	**AX** 42
Nat (Bd Y.)	**AX** 45
Perréal (Bd E.)	**AX** 50
Pont-Vieux (Av. du)	**AX** 52
Port-Notre-Dame (Av. du)	**AX** 53
Sérignan (Rte de)	**AX** 62
Verdi (R.)	**AX** 67

🏠 **Concorde** sans rest, 7 r. Solférino ℰ 67 28 31 05 – 📺 ☎ 🅔 𝘝𝘐𝘚𝘈   CY **a**
　 ⌷ 23 – **25 ch** 180/250.

🏠 **Splendid H.** sans rest, 24 av. du 22-Août ℰ 67 28 23 82 – 🛗 📺 ☎ 🅔 𝘝𝘐𝘚𝘈   CY **w**
　 ⌷ 25 – **24 ch** 120/240.

XXX ❀ **Le Framboisier** (Yagues), 12 r. Boeildieu ℰ 67 49 90 00 – 🍽. 🅰🅴 ⓞ 🅔.
　 𝘝𝘐𝘚𝘈   CZ **q**
　 fermé 10 août au 3 sept., vacances de fév., dim. et lundi – **R** (nombre de couverts limité,
　 prévenir) 130/190
　 Spéc. Salade de langue de veau au pistou, Fricassée de sole au blanc de poireau, Pigeonneau "Maria
　 Angel".

XX **Le Jardin**, 37 av. J. Moulin ℰ 67 36 41 31 – 🍽. 🅰🅴 ⓞ 🅔 𝘝𝘐𝘚𝘈   CY **k**
　 fermé 24 fév. au 18 mars, 30 juin au 15 juil., dim. soir et lundi – **R** 110/250, enf. 60.

X **Cigale**, 60 allées P. Riquet ℰ 67 28 21 56 – 🍽. 🅴 𝘝𝘐𝘚𝘈   CZ **r**
　 fermé 20 juin au 8 juil., 20 nov. au 8 déc., lundi soir et mardi – **R** 90/150 ⅜.

X **Chez Soi**, 10 r. Guilhemon ℰ 67 28 63 34 – 🅰🅴 𝘝𝘐𝘚𝘈   CY **t**
　 fermé 28 juil. au 4 août, 25 août au 1er sept. et dim. – **R** 50/139 ⅜.

par ③ : 6 km à l'échangeur A9-Béziers-Est – ☒ 34420 Villeneuve-lès-Béziers :

🏠 **Climat de France** Ⓜ, 1 km, rte Valras ℰ 67 39 40 00, Télex 485912, Fax 67 39 39 61, 🌤,
　 ⇄ 🞐 – 🍽 📺 ☎ ⅗ 🅿 – 🔬 40. 🅰🅴 ⓞ 🅔 𝘝𝘐𝘚𝘈
　 R 60/118 ⅜, enf. 42 – ⌷ 28 – **79 ch** 260 – ½ P 194/234.

rte de Narbonne par ⑥ : 4 km sur N 113-N 9 – ☒ 34500 Béziers :

🏨 **Castelet**, ℰ 67 28 82 60, Télex 485509, 🌤, 🞐, 🞐 – 🍽 ch 📺 ☎ 🅿 🅰🅴 ⓞ 🅔.
　 𝘝𝘐𝘚𝘈
　 fermé dim. soir et lundi – **R** 95/160, enf. 75 – ⌷ 25 – **27 ch** 210/310 – ½ P 195/
　 260.

ALFA-ROMEO Gar. Gayraud, 18 bd Kennedy
ℰ 67 30 36 28
CITROEN Éts Tressol, rte d'Agde ℰ 67 76 90 90 Ⓝ
FORD SAVAB, rte de Bessan ℰ 67 76 55 34
MERCEDES-BENZ-SEAT S.A.B.V.I., le Manteau
Bleu, rte de Narbonne ℰ 67 28 86 04
OPEL France-Auto, rte de Bessan ℰ 67 62 07 21
PEUGEOT-TALBOT Gds Gar. du Biterrois, rte de
Bessan par ③ ℰ 67 35 49 00
RENAULT Succursale, 121 av. Prés.-Wilson
ℰ 67 35 64 00 Ⓝ ℰ 67 36 96 77
V.A.G Capiscol-Auto, 11 r. Artisans ℰ 67 76 50 25

VOLVO SOCRA, 49 bd de Verdun ℰ 67 76 57 54

🛞 Estournet, 65 bd Mistral ℰ 67 28 22 82
Fogues, 135 av. Foch ℰ 67 31 18 65
Gautrand-Pneu, 48 av. Rhin-et-Danube
ℰ 67 30 63 88
Langlois, 115 av. Prés.-Wilson ℰ 67 76 19 46
Longuelanes, 16 av. Pont-Vieux ℰ 67 49 00 47
Pagès, 27 quai Port-Notre-Dame ℰ 67 28 61 53
Piot-Pneu, av. de la Devèze, ZI du Capiscole
ℰ 67 76 11 15
Piot-Pneu, 102 bd Liberté ℰ 67 76 47 98

BÉZIERS

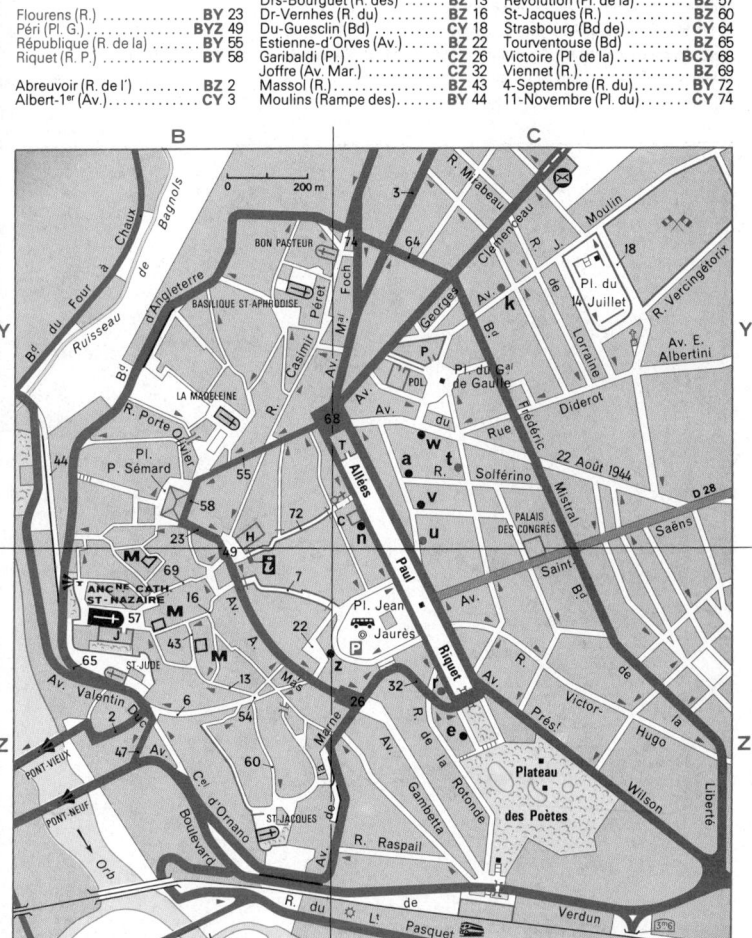

Pour vous diriger dans Paris : **le plan Michelin**

        transports (n° = 🄹)

        en une feuille (n° = 🄸🄾)

        avec répertoire des rues (n° = 🄸🄽)

        un atlas avec répertoire des rues
        et adresses utiles (n° = 🄸🄸)

        un atlas avec répertoire des rues (n° = 🄸🄴)

Pour visiter Paris : **le guide Vert Michelin**

Ces ouvrages se complètent utilement.

– **Voir** ≤★★ de la Perspective DZ **E** – ≤★ du phare et de la Pointe St-Martin AX – Rocher de la
Vierge★ DY – Musée de la mer★ DY **M**.

⫪ ℰ 59 03 71 80, NE : 1 km AX ; ⫪ de Chiberta ℰ 59 63 83 20, N : 5 km.

⫲ de Biarritz-Parme : Air France ℰ 59 23 93 82, 2 km ABX – 🚗 ℰ 59 55 50 50.

🅱 Office de Tourisme square d'Ixelles ℰ 59 24 20 24, Télex 570032.

Paris 781 ⑦ – ◆Bayonne 7 – ◆Bordeaux 194 ⑦ – Pau 118 ② – S.-Sebastiàn 50 ⑤.

Plans pages suivantes

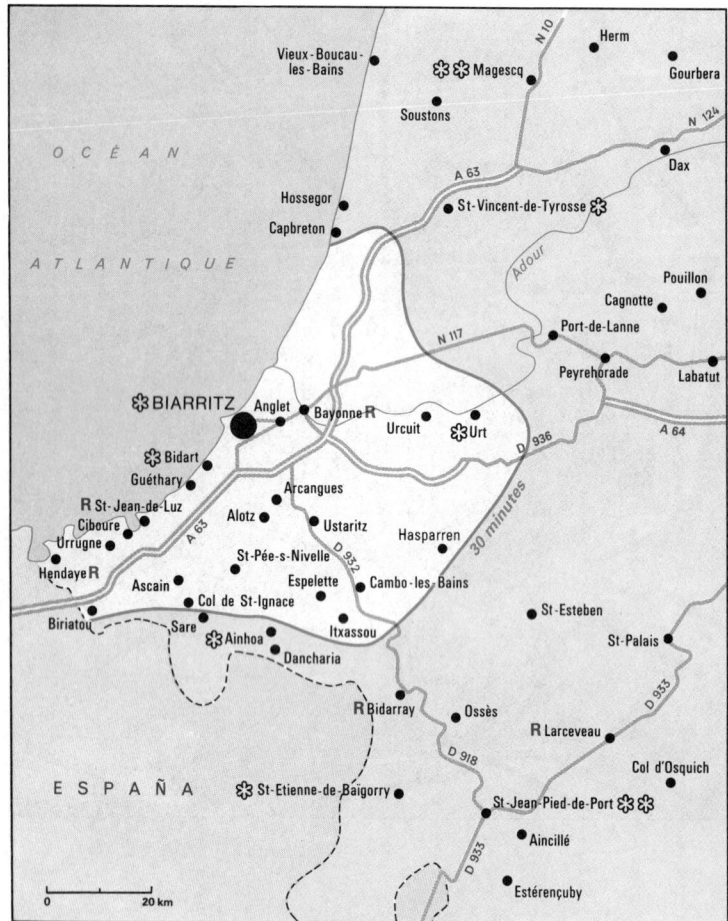

🏨❋ **Palais** 🏊, 1 av. Impératrice ℰ 59 24 09 40, Télex 570000, Fax 59 24 36 84, ≤, 🌤, « Belle
piscine avec grill », 🌳 – ⧲ 📺 rest 📺 ☎ 🅿 – 🔬 250. 🆎 ⓪ 🅴 🆅🆂🅰 ❋ rest   EY **k**
fermé fév. – **Le Grand Siècle R** carte 350 à 500 – **La Rotonde R** carte 330 à 490, enf. 150 –
L'Hippocampe *(1er mai-31 oct.)* **R** (déj. seul.) 235/290, enf.150 – 😐 90 – **128 ch** 1250/2500,
25 appart. – ½ P 1200/1600
     Spéc. Soupe mousseuse de langoustines au bouillon de girolles (sept. à avril), Etuvée de louvine au vin
     rouge (sept. à mars), Agnelet aux épices. Vins Jurançon, Madiran.

🏨 ❋ **Miramar** Ⓜ 🏊, av. Impératrice ℰ 59 41 30 00, Télex 540831, Fax 59 24 77 20, ≤, 🌤,
centre de thalassothérapie, 🔲, 🛁 – ⧲ 📺 ☎ ⓖ, 🚗 – 🔬 80 à 300. 🆎 ⓪ 🅴 🆅🆂🅰
❋ rest   AX **k**
Relais Miramar R 240/380 – 😐 90 – **109 ch** 1135/1980, 17 appart. 1650/2800 – ½ P 810/1125
     Spéc. Dos de merlu grillé, Filet de daurade poêlé à la sauge, Filet de canette cuit à la peau craquelée. Vins
     Irouleguy, Jurançon.

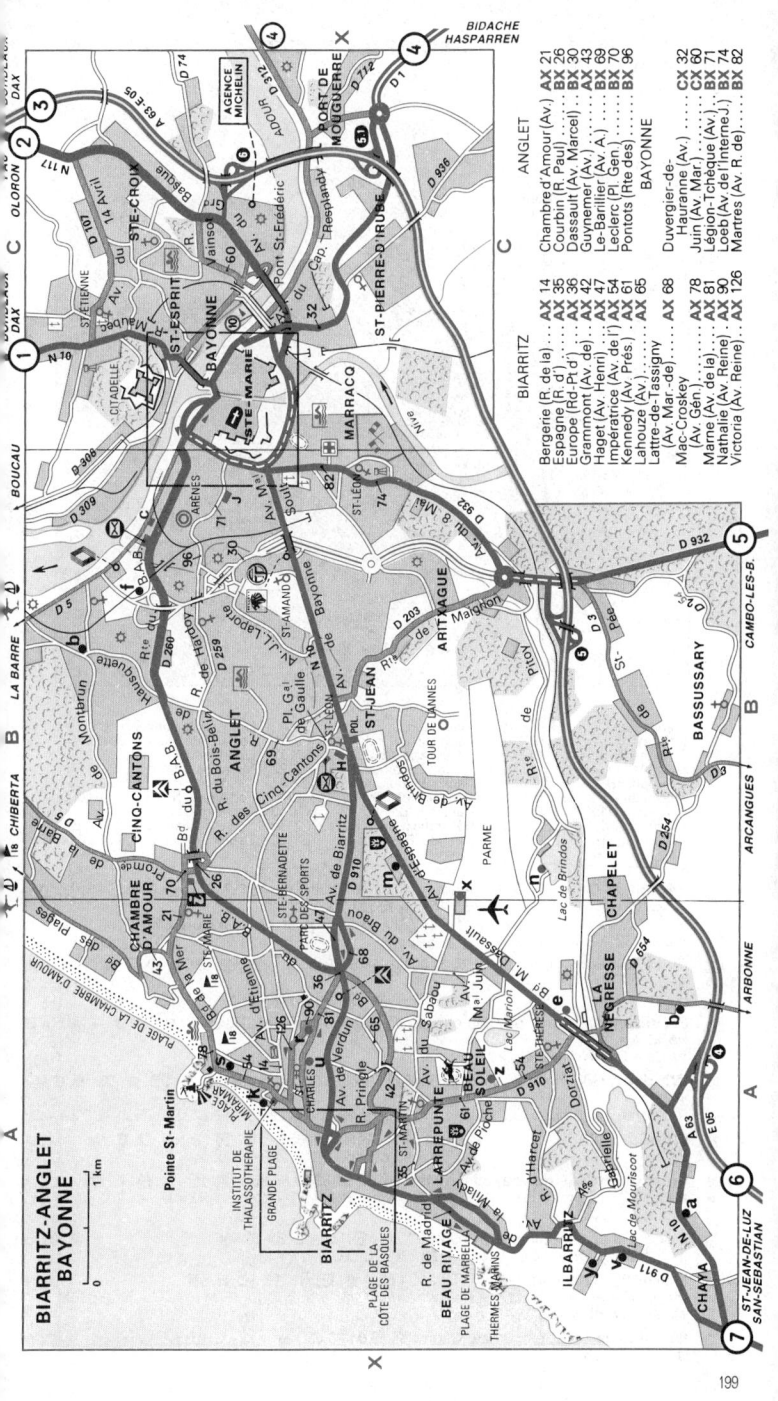

BIARRITZ-ANGLET BAYONNE

0   1 km

199

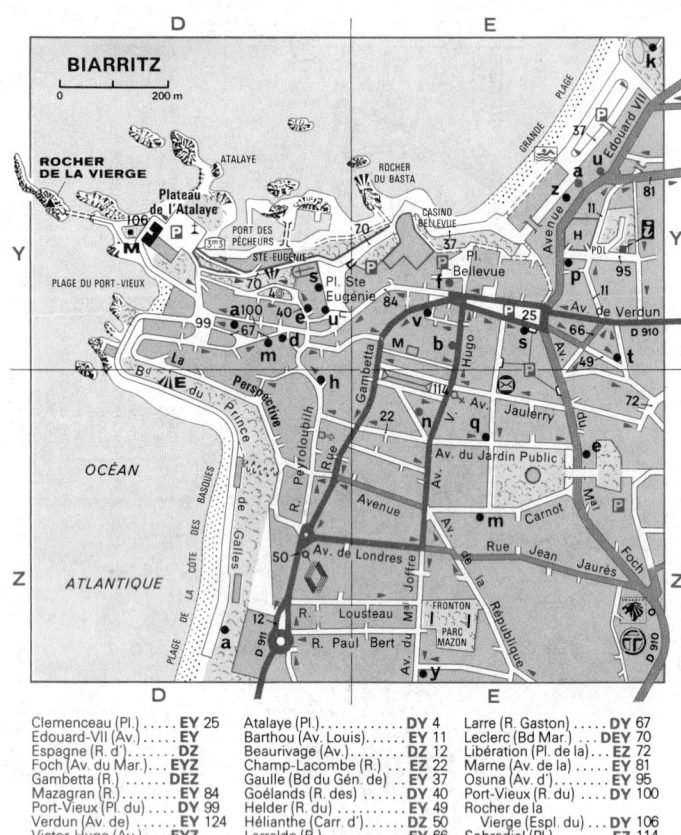

BIARRITZ

0   200 m

ROCHER DE LA VIERGE

ATALAYE

ROCHER DU BASTA

CASINO BELLEVUE

Plateau de l'Atalaye

PORT DES PÊCHEURS

STE-EUGÉNIE

PLAGE DU PORT-VIEUX

Pl. Ste Eugénie

Pl. Bellevue

Av. de Verdun

D 910

OCÉAN

Bd E. Perspective de la

Av. du Jardin Public

ATLANTIQUE

Av. de Londres

Av. du Mal Joffre

FRONTON PARC MAZON

R. Lousteau

R. Paul Bert

Rue Jean Jaurès

Rue Carnot

🏨 **Régina et Golf,** 52 av. Impératrice ℰ 59 41 33 00, Télex 541330, Fax 59 41 33 99, ≤, ⤶ –
│🛗│ ≼ ch 📺 ☎ ♿ ℗ – 🎦 35. 🖭 ⓞ E 𝘝𝘐𝘚𝘈. 🍽 rest   AX **s**
fermé 20 nov. au 23 déc. – **R** 190/240, enf. 95 – ☲ 90 – **60 ch** 855/1060, 18 appart.
1208/2112 – ½ P 715/765.

🏨 **Plaza,** av. Édouard VII ℰ 59 24 74 00, Télex 570048, ≤ – │🛗│ 📺 ☎ ♿ ℗ – 🎦 30. 🖭 ⓞ.
🍽   EY **p**
R *(fermé janv. et dim. hors sais.)* 180 – ☲ 48 – **60 ch** 300/615 – ½ P 530.

🏨 **Président** sans rest, pl. Clemenceau ℰ 59 24 66 40, Télex 573446 – │🛗│ 📺 ☎ – 🎦 50. 🖭
ⓞ E 𝘝𝘐𝘚𝘈 🍽   EY **s**
☲ 39 – **64 ch** 410/580.

🏨 **Windsor,** Gde Plage ℰ 59 24 08 52, Fax 59 24 98 90, 😋 – │🛗│ ▤ rest 📺 ☎. 🖭 ⓞ E 𝘝𝘐𝘚𝘈.
🍽 rest   EY **z**
R *(fermé janv. et dim. du 15 nov. au 15 mars)* 85/150 – ☲ 40 – **53 ch** 320/650 – ½ P 270/475.

🏨 **Florida,** 3 pl. Ste-Eugénie ℰ 59 24 01 76, Télex 560654 – │🛗│ 📺 ☎. 🖭 ⓞ E 𝘝𝘐𝘚𝘈. 🍽 rest
29 mars-3 nov. – **R** 90/170 – ☲ 38 – **45 ch** 460/620 – ½ P 450/560.   DY **u**

🏨 **Fronton et Résidence,** 35 av. Mar. Joffre ℰ 59 23 09 36 – │🛗│ 📺 ☎ ℗. E 𝘝𝘐𝘚𝘈   EZ **y**
← *fermé 22 oct. au 26 nov. et 1er au 15 mars* – **R** 61/112 – ☲ 26 – **42 ch** 275/290 – ½ P 225/
245.

🏨 **Océan,** 9 pl. Ste-Eugénie ℰ 59 24 03 27 – 📺 ☎. 🖭 ⓞ E 𝘝𝘐𝘚𝘈   DY **s**
fermé janv. – **R** 88/180 – ☲ 35 – **22 ch** 470/600 – ½ P 410/490.

🏨 **Marbella,** 11 r. Port Vieux ℰ 59 24 04 06 – │🛗│ 📺 ☎. 🖭 ⓞ E 𝘝𝘐𝘚𝘈   DY **a**
← *fermé 15 déc. au 20 janv.* – **R** *(fermé dim. soir et lundi du 15 oct. au 15 avril)* 60/90 🍷 –
☲ 29 – **28 ch** 230/320 – ½ P 255/285.

🏨 **Maïtagaria** sans rest, 34 av. Carnot ℰ 59 24 26 65, 🌳 – ☎. E 𝘝𝘐𝘚𝘈   EZ **m**
☲ 25 – **17 ch** 165/285.

🏠 **Palacito** sans rest, 1 r. Gambetta ☎ 59 24 04 89, Fax 59 24 33 43 – 🛗 📺 ☎. 🖭 ⑩ 🖃 VISA
fermé 4 au 30 janv. – 🖵 30 – **28 ch** 205/315.   EY **v**

🏠 **Etche Gorria** sans rest, 21 av. Mar. Foch ☎ 59 24 00 74, 🛋 – ☜. 🖃 VISA. ⚘
fermé 22 déc. au 15 janv. – 🖵 26 – **11 ch** 150/270.   EZ **e**

🏠 **Malouthéa** sans rest, 3 av. Jardin Public ☎ 59 24 06 00 – 🛗 📺 ☎. VISA
fermé vacances de fév. – 🖵 28 – **27 ch** 160/280.   EZ **q**

🏠 **Atalaye** sans rest, 6 r. Goëlands ☎ 59 24 06 76 – 🛗 ☎. 🖃 VISA   DY **e**
🖵 30 – **24 ch** 270/330.

🏠 **Central** sans rest, 8 r. Maison Suisse ☎ 59 22 02 06 – 📺 ☎. 🖃 VISA   EY **t**
🖵 25 – **16 ch** 180/280.

🏠 **Monguillot** sans rest, 3 r. G. Larre ☎ 59 24 12 23 – ⚘   DY **m**
fermé 5 janv. au 1ᵉʳ mars – 🖵 23 – **14 ch** 170/270.

🏠 **Argi-Eder** sans rest, 13 r. Peyroloubilh ☎ 59 24 22 53 – ☎. ⚘   DZ **h**
🖵 27 – **19 ch** 210/270.

🏠 **Port Vieux** sans rest, 43 r. Mazagran ☎ 59 24 02 84 – ☜. ⚘   DY **d**
15 mars-15 nov. – **18 ch** 🖵 158/256.

XXXX **Café de Paris** (chambres prévues), 5 pl. Bellevue ☎ 59 24 19 53, Fax 59 24 18 20 – 🍽. 🖭
⑩ 🖃 VISA   EY **f**
R 230/500.

XXX **Le Galion**, 17 bd Gén. de Gaulle ☎ 59 24 20 32, ≤, 🌿 – 🍽. 🖃 VISA   EY **a**
fermé fév., dim. soir et lundi sauf juil.-août – **R** 135.

XX **Belle Epoque**, av. V. Hugo ☎ 59 24 66 06 – 🖭 ⑩ 🖃 VISA   EY **b**
fermé lundi sauf juil.-août – **R** carte 130 à 220 🍷.

XX **L'Operne**, 17 av. Edouard VII ☎ 59 24 30 30, ≤ océan, 🌿 – 🍽. 🖭 ⑩ 🖃 VISA   EY **u**
fermé 10 au 31 janv. – **R** 145/170.

XX **Le Vaudeville**, 5 r. Centre ☎ 59 24 34 66 – 🍽. 🖭 🖃 VISA   EZ **n**
fermé 1ᵉʳ au 16 juin, 28 oct. au 17 fév., mardi midi et lundi – **R** (nombre de couverts limité
- prévenir) 150.

XX **Aub. de la Négresse**, 10 bd M. Dassault (sous viaduc) ☎ 59 23 15 83, 🌿 – 🍽. 🖃 VISA
➡ *fermé oct. et lundi sauf le soir en juil.-août* – **R** 52/145 🍷.   AX **e**

XX **Aub. du Relais** avec ch, 44 av. Marne ☎ 59 24 85 90 – 🍽 rest ☎. 🖃 VISA   AX **u**
fermé 31 janv. au 1ᵉʳ mars – **R** 95/210 – 🖵 12 ch 145/350 – ½ P 210/280.

XX **Le Petit Doyen**, 87 av. Marne ☎ 59 24 01 61 – 🍽. 🖭 🖃 VISA   AX **r**
fermé 6 au 14 mars et lundi du 1ᵉʳ oct. au 30 juin – **R** 120/210.

X **Les Platanes,** 32 av. Beausoleil ☎ 59 23 13 68 – 🖃 VISA   AX **z**
fermé 15 au 9 juin, 25 au 30 nov., mardi midi et lundi – **R** 160 bc (déj.)/260.

   rte d'Arbonne S : 4 km par Pont de la Négresse et D 255 – ✉ 64200 Biarritz :

🏰 **Château du Clair de Lune** ⤷ sans rest, ☎ 59 23 45 96, ≤, « Parc » – 📺 ☎. 🅿. 🖭
⑩ 🖃 VISA   AX **b**
🖵 45 – **14 ch** 400/550.

   au lac de Brindos SE : 5 km - BX – ✉ 64600 Anglet :

XXXX **Château de Brindos** 🅼 ⤷ avec ch, près aéroport ☎ 59 23 17 68, Télex 541428,
Fax 59 23 48 47, « Belle décoration intérieure, bord du lac, parc », ≤, 🏊, ⚒ – 📺 ☎ 🅿
– 🔱 30 à 60. 🖭 ⑩ 🖃 VISA   BX **n**
R carte 250 à 450 – 🖵 80 – **12 ch** 850/1300 – ½ P 1000.

   à Arcangues S : 7 km par D 254 et D 3 - BX – ✉ 64200 :

   Voir ⚘⋆ du cimetière.

🏠 **Marie-Eder** sans rest, ☎ 59 43 05 61, 🛋 – 📺 ☎ 🅿. 🖃 VISA. ⚘
fermé oct. et mardi hors sais. – 🖵 25 – **8 ch** 170/280.

   à Alotz S : 8 km par Pont de la Négresse, D 255 et VO – ✉ 64200 Biarritz :

XX **Moulin d'Alotz**, ☎ 59 43 04 54, 🌿, 🛋 – VISA
fermé 15 janv. au 15 fév., mardi hors sais. et lundi – **R** (nombre de couverts limité -
prévenir) carte 210 à 300, enf. 70.

CITROEN Artola, 88 av. Marne ☎ 59 41 01 30 🆖   RENAULT Central-Auto-Gar., 1 carr. Hélianthe
PEUGEOT-TALBOT Gar. Victoria, 48 av. Foch   ☎ 59 24 92 32 🆖 ☎ 59 93 48 22
☎ 59 23 16 24

                                      🅰 Perisse Pneu, 18 av. Beau-Rivage ☎ 59 23 02 76

BIDARRAY 64780 Pyr.-Atl. 🔢 ③ G. Pyrénées Aquitaine – 631 h. alt. 71.

Paris 805 – Biarritz 37 – Cambo-les-Bains 16 – Pau 122 – St-Étienne-de-Baïgorry 16 – St-Jean-Pied-de-Port 19.

🏠 **Pont d'Enfer** ⤷, ☎ 59 37 70 88, ≤, 🌿, 🛋 – 🅿
Pâques-1ᵉʳ nov. – **R** 100/180, enf. 60 – 🖵 30 – **17 ch** 110/300 – ½ P 170/250.

🏠 **Erramundeya**, ☎ 59 37 71 21, ≤, 🌿, 🛋 – 🅿
fermé 30 nov. au 1ᵉʳ mars et mardi hors sais. – **R** (résidents seul.) – 🖵 20 – **10 ch** 135/190
– ½ P 170/190.

🏠 **Noblia,** ☎ 59 37 70 89, 🌿 – 🅿. 🖭 🖃 VISA
➡ *fermé 15 déc. au 15 janv. et merc.* – **R** 55/140 – 🖵 22 – **18 ch** 140/230 – ½ P 140/230.

64210 Pyr.-Atl. 78 ⑪⑱ G. **Pyrénées Aquitaine** – 3 052 h. alt. 60.

Voir Chapelle Ste-Madeleine ※★.

🏢 Office de Tourisme r. Grande-Plage (juin-sept., fermé oct.-déc. et après-midi janv.-mai) ℰ 59 54 93 85.

Paris 785 – Biarritz 6 – ♦Bayonne 14 – Pau 121 – St-Jean-de-Luz 9.

🏨🏨 **Bidartea**, NE : 3 km sur N 10 ℰ 59 54 94 68, Télex 573441, ⤳, ☞ – 🛗 📺 ☎ 🅿 –
🏤 100. 🆎 ⓞ 🅴 𝗩𝗜𝗦𝗔
plan Biarritz AX **a**
fermé 1er au 5 janv. – **R** *(fermé dim. soir et lundi du 1er oct. au 30 avril)* 80/250 🍷 – ⧖ 38
– **32 ch** 296/396 – ½ P 320/360.

🏨 **Itsas-Mendia**, ℰ 59 54 90 23, ≤, ☞ – ☜ 🅿 ※
15 mars-30 sept. – **R** 100, enf. 50 – ⧖ 30 – **18 ch** 130/190 – ½ P 200/240.

🏨 **Pénélope** ⏀, à Ilbarritz N : 3 km, av. Château ℰ 59 23 00 37, ≤, ☞ – 🅿
♦ **R** *(fermé 30 oct. au 30 avril)* (résidents seul.) 65/70 🍷 – ⧖ 17 – **23 ch** 200 – ½ P 175/
185
plan Biarritz AX **y**

⛲ **Les Dunes**, à Ilbarritz N : 3 km sur D 911 ℰ 59 23 00 28, ☞, ☞ – ☞ 🅿
𝗩𝗜𝗦𝗔
plan Biarritz AX **v**
Pâques-15 oct. et fermé lundi sauf juil. à sept. – **R** 61/105 🍷, enf. 30 – ⧖ 21 – **17 ch**
100/200 – ½ P 150/200.

XXX ⊛ **La Table des Frères Ibarboure**, S par N 10, rte Ahetze et VO : 4 km ℰ 59 54 81 64,
☞, parc – 🔳 🅿 🆎 🅴 𝗩𝗜𝗦𝗔
fermé 15 au 30 nov., merc. d'oct. à juin et merc. midi en sept. – **R** 200/350, enf. 130
Spéc. Ravioles de morue à la biscayenne, Duo de foie gras ''chaud-froid'', Pigeon rôti aux piquillos. Vins
Irouléguy, Jurançon.

X **Élissaldia**, pl. Église ℰ 59 54 90 03 – 🅿 🅴 𝗩𝗜𝗦𝗔
R 80/120.

RENAULT Gar. Cazenave ℰ 59 54 92 57

07 Ardèche 80 ⑨ G. **Vallée du Rhône** – 59 h. – ✉ **07700** Bourg-St-Andéol.

Voir Aven de Marzal★★ O : 2 km G. Provence.

Paris 642 – Montélimar 38 – Pierrelatte 16 – Pont-St-Esprit 18 – Privas 65 – Vallon-Pont-d'Arc 20.

68 H.-Rhin 62 ⑲ – rattaché à Neuf-Brisach.

08370 Ardennes 56 ⑩ – 87 h. alt. 210.

Paris 257 – Charleville-Mézières 57 – Longuyon 39 – Sedan 35 – Verdun 61.

XX **Relais de St-Walfroy**, ℰ 24 22 61 62 – 🅿 🅴 𝗩𝗜𝗦𝗔
fermé mardi – **R** 75/140 🍷.

56 Morbihan 63 ③ – rattaché à Locminé.

56 Morbihan 63 ⑭ – rattaché à Muzillac.

63160 P.-de-D. 73 ⑮ G. **Auvergne** (plan) – 4 164 h. alt. 355.

Voir Église St-Cerneuf★.

🏢 Syndicat d'Initiative r. Carnot (juin-15 sept.) ℰ 73 68 39 85 et à la Mairie ℰ 73 68 40 22.

Paris 417 – ♦Clermont-Ferrand 27 – Ambert 51 – Issoire 32 – Le Mont-Dore 66 – Thiers 28 – Vichy 55.

⛲ **Centre** sans rest, pl. A Thomas ℰ 73 68 41 04
⧖ 18 – **7 ch** 120/150.

06410 Alpes-Mar. 84 ⑨, 195 ㉘ G. **Côte d'Azur** – 3 680 h. alt. 80.

Voir Musée Fernand Léger★★ – Retable du Rosaire★ dans l'église.

📐₈ ℰ 93 65 08 48, S : 1,5 km.

🏢 Office de Tourisme pl. de la Chapelle (fermé matin) ℰ 93 65 05 85.

Paris 920 – Cannes 18 – Nice 22 – Antibes 8 – Cagnes-sur-Mer 10 – Grasse 18 – Vence 19.

XXX ⊛ **Les Terraillers**, au pied du village (D 4) ℰ 93 65 01 59, ☞, « Ancienne poterie du
XVIe siècle » – 🅿 🆎 🅴 𝗩𝗜𝗦𝗔
fermé 28 oct. au 28 nov. et jeudi midi en juil.-août – **R** 160/340, enf. 80
Spéc. Ravioles de foie gras en méli-mélo de champignons des bois, Ballotine de pigeon au salpicon de
tomates, Assiette de poissons du pays. Vins Bellet.

XX ⊛ **Aub. du Jarrier** (Métral), au village ℰ 93 65 11 68, ☞ – 🆎 🅴 𝗩𝗜𝗦𝗔
*fermé 25/11 au 10/12, merc. midi en juil.-août, lundi soir de sept. à juin et mardi (sauf le
soir en juil.-août)* – **R** 190/320
Spéc. Fleur de courgette farcie (saison), Daurade royale rôtie en écaille de pommes de terre, Millefeuille
caramélisé aux figues fraîches (1/9 au 15/11). Vins Bellet, Côtes de Provence.

X **Plat d'Etain**, au village ℰ 93 65 09 37 – 🆎 🅴 𝗩𝗜𝗦𝗔
fermé 20 nov. au 2 déc., 5 au 15 janv., dim soir et lundi du 1er sept. au 30 juin – **R** 145/205,
enf. 95.

X **Chez Odile**, au village ℰ 93 65 15 63, ☞
fermé 15 nov. au 15 déc. et jeudi sauf juil.-août – **R** 140.

Le BIOT **74430** H.-Savoie 70 ⑱ – 286 h. alt. 820.
Paris 590 – Thonon-les-Bains 21 – Annecy 95 – Chamonix 81 – •Genève 54.

Tilleuls ⛰, ✆ 50 72 13 41, Fax 50 72 14 57 – ☎ 🅟. AE ⓓ E VISA
fermé 15 au 31 mai, 1er au 15 oct. et lundi hors sais. – **R** 65/165 🍷 – ☕ 25 – **17 ch** 175/220 – ½ P 240.

BIRIATOU **64** Pyr.-Atl. 85 ① – rattaché à Hendaye.

BISCARROSSE **40600** Landes 78 ⑬ **G. Pyrénées Aquitaine** – 8 979 h. alt. 24.
ℹ Office de Tourisme pl. Marsan (juil.-août) ✆ 58 78 80 92.
Paris 660 – •Bordeaux 72 – Arcachon 39 – •Bayonne 132 – Dax 95 – Mont-de-Marsan 87.

à Biscarrosse-Bourg :

Atlantide Ⓜ sans rest, pl. Marsan ✆ 58 78 08 86, Fax 58 78 75 98 – 🛗 TV ☎ ♿ 🅟. AE ⓓ E VISA. ✗
fermé 21 au 12 janv. – ☕ 26 – **33 ch** 205/330.

St-Hubert ⛰ sans rest, 588 av. G. Latécoère ✆ 58 78 09 99, 🌳 – TV ☎ ♿ 🅟. E VISA. ✗
☕ 28 – **16 ch** 255/290.

Le Relais sans rest, rte Parentis ✆ 58 78 10 46, Fax 58 82 80 04 – ☎ 🅟. E VISA. ✗
fermé 23 déc. au 5 janv. – ☕ 27 – **24 ch** 195/255.

à Navarrosse N : 3,5 km par D 652 et D 305 – ✉ **40600** Biscarrosse :

Transaquitain ⛰ sans rest, ✆ 58 78 13 13 – ☎. ✗
week-ends d'avril et mai et 1er juin-30 sept. – ☕ 29 – **12 ch** 220/310.

à Ispes N : 6 km par D 652 et D 305 – ✉ **40600** Biscarrosse :

La Caravelle ⛰, ✆ 58 78 02 67, ←, 🍽 – ☎ 🅟. E VISA. ✗ ch
R *(15 fév.-mi-nov. et fermé lundi midi d'oct. à mai)* 70/180, enf. 37 – ☕ 30 – **11 ch** 240/300 – ½ P 220/250.

à la Plage NO : 9,5 km par D 146 – ✉ **40600** Biscarrosse :
ℹ Office de Tourisme av. Plage ✆ 58 78 20 96.

Aub. Régina, av. Libération ✆ 58 78 23 34, 🍽 – ☎. E VISA
25 mars-25 sept. – **R** 70/175, enf. 38 – ☕ 31 – **11 ch** 126/300 – ½ P 230/295.

CITROEN Atlantic Autos, 68 r. E.-Branly ✆ 58 78 13 63
PEUGEOT-TALBOT Labarthe, N 652, ZI ✆ 58 78 12 46

BISCHWIHR **68** H.-Rhin 62 ⑲, 87 ⑦ – rattaché à Colmar.

BITCHE **57230** Moselle 57 ⑱ **G. Alsace Lorraine** – 7 768 h. alt. 243.
Voir Citadelle★ – Fort du Simserhof★ O : 4 km – ℹ Office de Tourisme à la Mairie ✆ 87 06 16 16.
Paris 429 – •Strasbourg 72 – Haguenau 42 – Sarrebourg 63 – Sarreguemines 34 – Saverne 49 – Wissembourg 47.

Relais des Châteaux Forts Ⓜ, 6 quai E. Branly ✆ 87 96 14 14, 🍽 – ▤ rest TV ☎ ♿ 🅟. E VISA
R *(fermé 29 août au 5 sept., 25 janv. au 14 fév., vend. midi et jeudi)* 98/150 🍷, enf. 50 – ☕ 35 – **30 ch** 200/270 – ½ P 235/250.

Strasbourg avec ch, 24 r. Teyssier ✆ 87 96 00 44 – TV ☎ 🚗 – 🏛 30. E VISA
fermé 15 au 29 sept., 1er au 15 janv., dim soir et lundi – **R** 98/220 🍷, enf. 50 – ☕ 25 – **11 ch** 105/250 – ½ P 210/230.

Aub. de la Tour, 3 r. Gare ✆ 87 96 29 25 – ▤. E VISA. ✗
fermé 27 fév. au 16 mars – **R** 70/240 🍷.

CITROEN Riwer, 1 r. Bastion ✆ 87 96 00 08 N
FORD-LADA Bitche Autos, 40 r. de Sarreguemines ✆ 87 96 05 26 N
PEUGEOT-TALBOT Feger, pl. Gare ✆ 87 96 04 57 N
RENAULT Gar. Rébmeister, 47 r. Pasteur ✆ 87 09 70 36 N
RENAULT Gar. Hemmer, 52 r. d'Ingwiller à Goetzenbruck ✆ 87 96 80 96 N ✆ 87 96 80 61

BLACERET **69** Rhône 73 ⑨ – alt. 250 – ✉ **69460** St Étienne-des-Oullières.
Paris 425 – Mâcon 35 – Bourg-en-Bresse 47 – Chauffailles 46 – •Lyon 42 – Villefranche-sur-S. 9,5.

Beaujolais, ✆ 74 67 54 75, 🍽

RENAULT Bénétullière, Le Perréon ✆ 74 03 22 67

In questa guida
uno stesso simbolo, uno stesso carattere
stampati a colori o in nero, in magro o in **grassetto**
hanno un significato diverso.
Leggete attentamente le pagine esplicative.

BLAESHEIM 67113 B.-Rhin 🗺️ ⑨ ⑩ – 934 h. alt. 162.

Paris 491 – ◆Strasbourg 19 – Erstein 15 – Molsheim 15 – Obernai 14 – Sélestat 34.

XXX ❀ **Au Boeuf** (Voegtling), ✐ 88 68 81 31 – 🍽 🄿 🄰🄴 ⓞ 🄴 𝗩𝗜𝗦𝗔 𝒮𝒦
 fermé 1ᵉʳ au 11 août, 1ᵉʳ au 23 fév., dim. soir et lundi sauf fériés – **R** 220/320 dîner à la carte 🍴
 Spéc. Filets de sole "Charles Victor", Jambon à la façon des "Dames du Couvent", Faisan sur choucroute (mi-sept. à mi-déc.). Vins Riesling, Pinot blanc.

XX **Schadt,** ✐ 88 68 86 00 – 🄰🄴 ⓞ 🄴 𝗩𝗜𝗦𝗔
 fermé 15 au 31 juil., 1ᵉʳ au 10 janv., dim. soir et jeudi – **R** 150/170 🍴.

BLAGNAC 31 H.-Gar. 🗺️ ⑧ – rattaché à Toulouse.

Le BLANC 🆚 36300 Indre 🗺️ ⑯ G. Berry Limousin – 8 051 h. alt. 81.

🄱 Office de Tourisme pl. Libération (juin-sept.) ✐ 54 37 05 13.

Paris 299 – Poitiers 60 – Bellac 61 – Châteauroux 60 – Châtellerault 51.

🏨 **Théâtre** M sans rest, 2 bis av. Gambetta ✐ 54 37 68 69 – 📺 ☎ 🄰🄴 ⓞ 🄴 𝗩𝗜𝗦𝗔
 ☲ 30 – **18 ch** 170/220.

🏨 **Ile d'Avant,** rte Châteauroux : 2 km ✐ 54 37 01 56, 😾 – 📺 ☎ 🄿 – 🄰 30. 🄰🄴 ⓞ 🄴
 𝗩𝗜𝗦𝗔
 fermé dim. soir et lundi hors sais. – **R** 60/250 – ☲ 28 – **15 ch** 180/230 – ½ P 145/230.

 par rte de Belâbre, D 10 et VO : 6 km : – ✉ 36300 Le Blanc :

🏨 **Domaine de l'Étape** 🌭, ✐ 54 37 18 02, parc – ☎ 🄿 – 🄰 100. 🄰🄴 ⓞ 🄴 𝗩𝗜𝗦𝗔
 R (dîner seul.) (résidents seul.) 105 🍴 – ☲ 36 – **30 ch** 185/380.

CITROEN SAVRA, rte de Châteauroux
✐ 54 37 05 75
PEUGEOT-TALBOT AUTO AGRI, 28 r. A.-Chichery
✐ 54 37 06 38

⊚ Perry-Pneus, 72 bis r. République ✐ 54 37 00 39

Le BLANC-MESNIL 93 Seine-St-Denis 🗺️ ⑪, 🗺️ ⑰ – voir Paris, Environs (Le Bourget).

BLANQUEFORT 33 Gironde 🗺️ ⑨ – rattaché à Bordeaux.

BLAYE 🆚 33390 Gironde 🗺️ ⑦⑧ G. Pyrénées Aquitaine (plan) – 4 750 h. alt. 8.

Voir Citadelle★.

Bac: renseignements ✐ 57 42 04 49.

🄱 Office de Tourisme cours Vauban (fermé matin oct.-mai) ✐ 57 42 12 09.

Paris 541 – ◆Bordeaux 49 – Cognac 81 – Libourne 44 – Royan 82.

🏨 **La Citadelle** M 🌭, dans la citadelle ✐ 57 42 17 10, Fax 57 42 10 34, ≤ estuaire, 😾, 🏊
 – 📺 ☎ 🄿 🄰🄴 ⓞ 🄴 𝗩𝗜𝗦𝗔
 R 98/240 🍴, enf. 55 – ☲ 37 – **21 ch** 265/340 – ½ P 375.

XX **Caneton d'Argent,** 31 r. St Romain ✐ 57 42 81 00 – 🄰🄴 ⓞ 🄴 𝗩𝗜𝗦𝗔
 fermé 20 déc. au 5 janv., dim. soir et lundi sauf juil.-août – **R** (nombre de couverts limité - prévenir) 98 🍴, enf. 50.

 au Nord sur D 255 : 1,5 km – ✉ 33390 Blaye :

🏨 **Château La Grange de Luppé** 🌭 sans rest, ✐ 57 42 80 20, « Château du 19ᵉ siècle au milieu d'un parc » – 📺 ☎ 🄿 – 🄰 30 à 50. 🄰🄴 ⓞ 🄴 𝗩𝗜𝗦𝗔
 ☲ 30 – **12 ch** 190/280.

FORD Gar. Fouchereau, ZI cours Bacalan
✐ 57 42 08 09
PEUGEOT-TALBOT Ferandier-Sicard, à St-Martin-Lacaussade ✐ 57 42 03 41

RENAULT Soulat ✐ 57 42 02 20
V.A.G Gar. Menaud, ZI, 30 cours Bacalan
✐ 57 42 12 80

BLÉNEAU 89220 Yonne 🗺️ ③ – 1 697 h. alt. 171.

Paris 154 – Auxerre 52 – Bonny-sur-Loire 20 – Briare 19 – Clamecy 73 – Gien 29 – Montargis 41.

XX **Aub. du Point du Jour,** ✐ 86 74 94 38, 😾 – 🍽 ⓞ 🄴 𝗩𝗜𝗦𝗔
 fermé 1ᵉʳ au 7 sept., fév., le soir (sauf sam.) et lundi sauf fériés – **R** 120/250.

BLÉNOD-LÈS-PONT-A-MOUSSON 54 M.-et-M. 🗺️ ⑬ – rattaché à Pont-à-Mousson.

BLÉRANCOURT 02300 Aisne 🗺️ ③ G. Flandres Artois Picardie – 1 207 h. alt. 68.

Voir Musée national de la coopération franco-américaine.

Paris 115 – Compiègne 33 – Chauny 14 – Laon 46 – Noyon 14 – St-Quentin 45 – Soissons 23.

🏨 **Host. Le Griffon** 🌭, Château de Blérancourt ✐ 23 39 60 11, Fax 23 39 69 29, 😾, parc
 – 😾 rest 📺 ☎ 🄿 – 🄰 30. 🄰🄴 ⓞ 🄴 𝗩𝗜𝗦𝗔 𝒮𝒦
 fermé 23 au 20 déc., vacances de fév., dim. soir et lundi – **R** 90/250 🍴, enf. 65 – ☲ 35 –
 23 ch 280/300 – ½ P 285/365.

BLÉRÉ 37150 I.-et-L. 🔲 ⑯ G. Châteaux de la Loire – 4 060 h. alt. 60.

🛈 Syndicat d'Initiative r. J.-J.-Rousseau (saison) 🖉 47 57 93 00.

Paris 230 – ◆Tours 27 – Blois 45 – Château-Renault 35 – Loches 25 – Montrichard 16.

🏨 **Cheval Blanc,** pl. Église 🖉 47 30 30 14, Fax 47 23 52 80, 🍽 – 📺 ☎ 🅿 ❶ 🅴 𝖵𝖨𝖲𝖠
fermé janv. – **R** *(fermé lundi midi en juil.-août, dim. soir et lundi de sept. à juin)* (prévenir)
95/230 – ⛁ 35 – **13 ch** 240/280 – ½ P 240/255.

🏠 **Cher,** r. Pont 🖉 47 57 95 15, 🍽 – 📺 ☎ 🅿 🅴 𝖵𝖨𝖲𝖠 ❄
R 76/176 🍷, enf. 45 – ⛁ 25 – **19 ch** 150/215 – ½ P 170/193.

CITROEN Caillet 🖉 47 30 26 26

PEUGEOT-TALBOT Gar. Vigean, ZAC la Vinerie, La
Croix-en-Touraine 🖉 47 23 55 55 🔃 🖉 47 23 55 55

BLÉRIOT-PLAGE 62 P.-de-C. 🔲 ② – rattaché à Calais.

BLESLE 43450 H.-Loire 🔲 ④ G. Auvergne (plan) – 851 h. alt. 500.

Voir Église St-Pierre★ – Gorges de l'Alagnon★ NE.

Paris 466 – Brioude 23 – Issoire 34 – Murat 44 – Le Puy 83 – St-Flour 39 – St-Germain-Lembron 26.

au Babory-de-Blesle SE : 1,5 km N 9 – alt. 500 – ✉ **43450** Blesle :

🏠 **Gare,** N 9 🖉 71 76 25 02 – ☎ 🅿 🅴 𝖵𝖨𝖲𝖠
fermé 1er oct. au 11 nov. et sam. d'oct. à juin – **R** 70/120 – ⛁ 22 – **16 ch** 120/150.

Entrez à l'hôtel ou au restaurant le Guide à la main,
vous montrerez ainsi qu'il vous conduit là en confiance.

BLETTERANS 39140 Jura 🔲 ③ – 1 380 h. alt. 201.

Paris 379 – Chalon-sur-Saône 48 – Dole 50 – Lons-le-Saunier 13 – Poligny 26.

🏠 **Chevreuil,** 🖉 84 85 00 83 – 🅴 𝖵𝖨𝖲𝖠
fermé 2 au 30 janv., dim. soir et lundi du 15 sept. à fin juin – **R** 75/200 🍷 – ⛁ 23 – **16 ch**
100/300 – ½ P 175/190.

CITROEN Gar. Central 🖉 84 85 00 89

RENAULT Gar. Moderne 🖉 84 85 00 31 🔃

BLIGNY-SUR-OUCHE 21360 Côte-d'Or 🔲 ⑧ G. Bourgogne – 776 h. alt. 362.

Paris 291 – ◆Dijon 47 – Autun 43 – Beaune 19 – Pouilly-en-Auxois 21 – Saulieu 43.

🍽🍽 **Host. Trois Faisans** avec ch, 🖉 80 20 10 14, 🍽 – 🅿 🄰🄴 ❶ 🅴 𝖵𝖨𝖲𝖠 ❄ rest
fermé 20 déc. au 31 janv., dim. soir et mardi d'oct à juin – **R** 50 bc/150 🍷, enf. 50 – ⛁ 25
– **7 ch** 150/210 – ½ P 160/205.

BLOIS 🅿 41000 L.-et-Ch. 🔲 ⑦ G. Châteaux de la Loire – 49 422 h. alt. 73.

Voir Château★★★ Z : musée des Beaux-Arts★ – Pavillon Anne de Bretagne★ Z **B** – Église
St-Nicolas★ Z – Hôtel d'Alluye★ YZ **E** – jardins de l'Evêché ⩽★ Y – Jardin du Roi ⩽★ Z.

🛈 Office de Tourisme et Accueil de France (Informations et réservations d'hôtels, pas plus de 5 jours à
l'avance) Pavillon Anne-de-Bretagne, 3 av. J.-Laigret 🖉 54 74 06 49, Télex 750135 – A.C. 3 pl. Louis-XII
🖉 54 74 58 92.

Paris 181 ① – ◆Orléans 59 ① – ◆Tours 63 ① – Angers 165 ① – ◆Le Mans 109 ⑧.

🏨🏨 **L'Horset La Vallière** Ⓜ, 26 av. Maunoury 🖉 54 74 19 00, Télex 752328, Fax 54 74 57 97 – 🛗
▤ rest 📺 ☎ 🅼 🅿 – 🔬 50 à 70 Y **t**
78 ch.

🏨 **Monarque,** 61 r. Porte Chartraine 🖉 54 78 02 35, Télex 752327, Fax 54 74 82 76 – ☎. 🅴
𝖵𝖨𝖲𝖠 Y **v**
fermé 20 déc. au 15 janv. – **R** *(fermé dim.)* 75/155 🍷 – **25 ch** ⛁ 180/330 – ½ P 280/
430.

🏠 **Urbis** Ⓜ sans rest, 3 r. Porte Côte 🖉 54 74 01 17, Télex 752287, Fax 54 74 85 69 – 🛗 📺
☎. 🄰🄴 🅴 𝖵𝖨𝖲𝖠 Z **u**
⛁ 30 – **56 ch** 250/320.

🏠 **Anne de Bretagne** sans rest, 31 av. J. Laigret 🖉 54 78 05 38 – 📺 ☎. 🄰🄴 ❶ 🅴.
𝖵𝖨𝖲𝖠 Z **k**
fermé 1er au 17 mars et 15 au 28 fév. – ⛁ 28 – **29 ch** 200/320.

🏠 **Savoie** sans rest, 6 r. Ducoux 🖉 54 74 32 21, Fax 54 74 29 58 – 📺 ☎. 🄰🄴 🅴 𝖵𝖨𝖲𝖠 X **s**
fermé 20 déc. au 4 janv., vend. et sam. du 15 nov. au 15 mars – ⛁ 23 – **26 ch** 160/
250.

🏠 **Le Lys** sans rest, 3 r. Cordeliers 🖉 54 74 66 08 – ☎ 🅴 𝖵𝖨𝖲𝖠 ❄ Y **b**
fermé 20 déc. au 6 janv. et sam. soir du 15 oct. au 1er avril – ⛁ 23 – **15 ch** 180/240.

tourner →
205

BLOIS

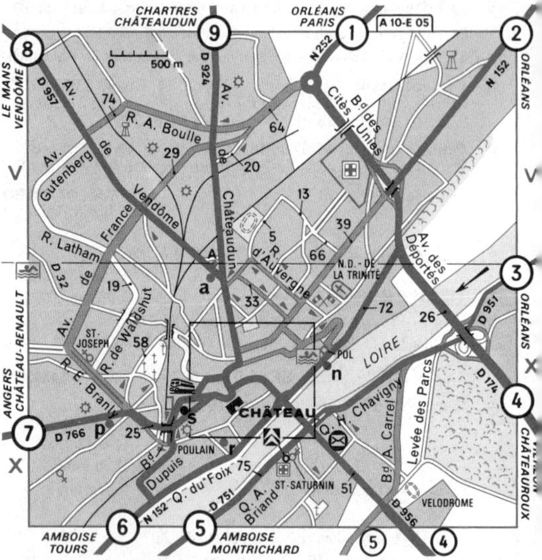

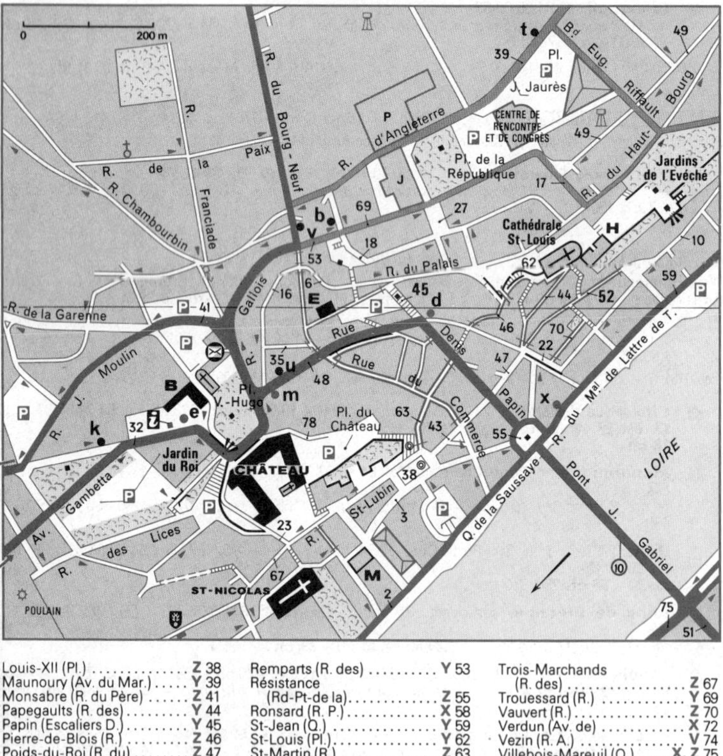

XXX **L'Orangerie du Château,** 1 av. Dr J. Laigret ✆ 54 78 05 36, Fax 54 78 22 78, ☂ – E VISA
fermé vacances de fév., dim. soir et lundi d'oct. à mai – **R** 140/270, enf. 70. Z **e**

XX **Le Médicis** Ⓜ avec ch, 2 allée François 1er ✆ 54 43 94 04, Fax 54 42 04 05 – ▤ TV ☎. AE E VISA. ✻ ch X **p**
fermé 2 au 30 janv. et dim. soir hors sais. – **R** 95/300, enf. 60 – ☕ 35 – **12 ch** 320/600 – ½ P 330/450.

XX **Bocca d'Or,** 15 r. Haute ✆ 54 78 04 74, « Caveau du 15e s. » – AE E VISA. ✻ YZ **d**
fermé fév., lundi midi et dim. – **R** 140/185, enf. 60.

XX **La Péniche,** promenade Mail ✆ 54 74 37 23, péniche aménagée – ▤. AE ⓓ E VISA. ✻
fermé dim. sauf fériés – **R** 140. X **n**

XX **Claude de France,** 22 r. Porte Côté ✆ 54 78 20 24, Télex 752333 – E VISA Z **m**
fermé janv., lundi (sauf hôtel de mars à oct.), sam. midi d'avril à oct. et dim. soir de nov. à mars – **R** 100/250, enf. 50.

XX **Noë,** 10 bis av. Vendôme ✆ 54 74 22 26 – E VISA X **a**
fermé mardi soir et dim. soir en hiver et sam. midi – **R** 80/180, enf. 50.

X **Rendez-vous des Pêcheurs,** 27 r. Foix ✆ 54 74 67 48 – E VISA. ✻ X **r**
R 120 ⅋.

à La Chaussée-St-Victor par ② : 4 km – 3 402 h. – ✉ **41260** :

🏨 **Novotel** Ⓜ ⛰, ✆ 54 78 33 57, Télex 750232, Fax 54 74 25 13, ☂, ⛱, ⛰ – ⎕ ▤ rest TV ☎ ♿ Ⓟ – 🏢 150. AE ⓓ E VISA
R carte environ 130 ⅋, enf. 50 – ☕ 47 – **116 ch** 370/450.

XX **La Tour,** N 152 ✆ 54 78 98 91, ☂ – Ⓟ. E VISA
fermé dim. soir et lundi sauf fériés – **R** 100/190, enf. 70.

à St-Denis-sur-Loire par ② : 6 km – ✉ **41000** :

XXX **Host. La Malouinière** Ⓜ ⛰ avec ch, ✆ 54 74 76 81, Fax 54 74 85 96, ☂, « Jardin ombragé », ⛱ – TV ☎ Ⓟ. E VISA. ✻
fermé 3 janv. au 8 fév., dim. soir et lundi – **R** carte 310 à 470 – ☕ 75 – **8 ch** 1000/1200.

à St-Gervais-la-Forêt par ④ : 4 km – ✉ **41350** :

🏨 **Primevère,** 320 r. Fédération ✆ 54 42 77 22, ☂ – Ⓟ. E VISA
R 71/95 ⅋, enf. 39 – ☕ 28 – **42 ch** 220/240 – ½ P 219/243.

à Vineuil par ④ : 4 km par D 956 ou par déviation Vierzon – 5 267 h. – ✉ **41350** :

🏨 **Climat de France** Ⓜ, 48 r. Quatre Vents ✆ 54 42 70 22, Télex 752302, Fax 54 42 43 81 – TV ☎ ♿ Ⓟ – 🏢 60. AE E VISA. ✻ rest
R 80/105 ⅋, enf. 44 – ☕ 29 – **58 ch** 255/325.

à Chailles par ⑤ : 8 km – ✉ **41120** :

XX **Aub. de Chailles,** D 751 ✆ 54 79 43 85, ☂ – AE ⓓ E VISA
◆ *fermé 9 sept. au 4 oct., 28 janv. au 14 fév., merc. soir et jeudi de sept. à mai* – **R** 70/180 ⅋, enf. 45.

par ⑥ : 2,5 km sur N 152 – ✉ **41000** Blois :

XX **L'Espérance,** par ⑤ : 2 km N 152 ✆ 54 78 09 01, ≤ – ▤ Ⓟ. AE ⓓ E VISA. ✻
fermé 20 fév. au 6 mars, 22 août au 4 sept., dim. soir et lundi – **R** 115/205, enf. 60.

à Molineuf par ⑦ : 9 km – ✉ **41190** :

XX **Poste,** ✆ 54 70 03 25 – ▤ Ⓟ. AE ⓓ E VISA
fermé 4 au 11 sept., fév., merc. et dim. soir – **R** 75/175, enf. 45.

par ① : 2 km - Z.A. Vallée Maillard, près échangeur A 10 – ✉ **41100** Blois :

🏨 **Ibis** Ⓜ, ✆ 54 74 60 60, Télex 750959, Fax 54 74 85 71 – TV ☎ Ⓟ. E VISA
R 80 ⅋, enf. 35 – ☕ 30 – **61 ch** 250/320.

🏨 **Campanile,** ✆ 54 74 44 66, Télex 751628, Fax 54 74 02 40, ☂ – TV ☎ ♿ Ⓟ. E VISA
R 74 bc/98 bc, enf. 39 – ☕ 27 – **54 ch** 248.

🏨 **Cottage H.** ⛰, ✆ 54 78 89 90, Télex 752242, Fax 54 56 02 27 – TV ☎ ♿ Ⓟ. AE ⓓ E VISA
R 72/90 ⅋, enf. 35 – ☕ 25 – **42 ch** 235/250 – ½ P 222/240.

BMW Gar. Papon, 44 r. Mar.-de-Lattre-de-Tassigny ✆ 54 78 77 06
CITROEN Alteam 2, ZA Gds Champs, bd Jos Paul Boncour ✆ 54 78 42 22
FIAT Blanc, 42 av. Mar.-Maunoury ✆ 54 78 04 62
MERCEDES-BENZ Malard, rte de Paris, La Chaussée-St-Victor ✆ 54 78 34 40
PEUGEOT-TALBOT Sté Autom. Blésoise, 11 R Nle, La Chaussée-St-Victor par ① ✆ 54 55 22 00
RENAULT Blois les Saules Autom., carrefour Schuman ✆ 54 74 02 99 **N** ✆ 54 45 05 69
V.A.G Auto-Service, av. R.-Schuman ✆ 54 78 67 84
VOLVO Gar. Ribout, 6 r. Berthonneau ✆ 54 20 07 09
Gar. de l'Hermitage, 46 bis RN 152 à La Chaussée-St-Victor ✆ 54 74 10 47

Ⓜ Perry-Pneus, av. de Châteaudun ✆ 54 78 18 74
Terovulca Blois Pneus, 14 av. Wilson ✆ 54 78 20 55
Terovulca Blois Pneus, 44 av. de Vendôme ✆ 54 43 48 40

BLONVILLE-SUR-MER 14910 Calvados 55 ③ G. Normandie Vallée de la Seine – 889 h.

🛈 Office de Tourisme av. République ℰ 31 87 91 14.

Paris 211 – ♦Caen 38 – Cabourg 14 – Deauville 5 – Lisieux 32.

🏠 **H. de la Mer** sans rest, ℰ 31 87 93 23 – ☎ 🅿 🖪 VISA. ✋
1ᵉʳ mars-15 nov. – ⌷ 30 – **20 ch** 110/270.

BLUFFY (Col de) 74 H.-Savoie 74 ⑥ – rattaché à Veyrier-du-Lac.

BOBIGNY 93 Seine-St-Denis 55 ⑪, 101 ⑰ – voir à Paris, Environs.

BOÉ 47 L.-et-G. 79 ⑮ – rattaché à Agen.

BOERSCH 67 B.-Rhin 62 ⑨ – rattaché à Obernai.

BOGÈVE 74250 H.-Savoie 74 ⑦ – 624 h. alt. 925.

Paris 560 – Annecy 57 – Thonon-les-Bains 29 – Bonneville 27 – Genève 31 – Morzine 43.

🏨 **Le Jorat** ⍩, SE : 1 km par rte Brasses ℰ 50 36 61 15, Fax 50 36 63 41, ≤, ☞, ☞ – 🕮
☎ 🅿 ⍲ ⍟ 🖪 VISA
fermé 15 nov. au 15 déc. et lundi sauf vacances scolaires – **R** 125/300 🍷, enf. 55 – ⌷ 28
– **12 ch** 235/270 – ½ P 240/280.

BOGNY-SUR-MEUSE 08120 Ardennes 53 ⑱ – 6 262 h. alt. 145.

Voir N : Rocher des Quatre Fils Aymon★, G. Champagne.

Paris 244 – Charleville-Mézières 18 – Givet 41 – Monthermé 3,5 – Rocroi 33.

🏯 **Micass' H,** pl. République ℰ 24 32 02 72 – ☎. 🖪 VISA
➜ fermé 10 au 31 août – **R** (fermé dim. soir) 53/115 🍷, enf. 53 – ⌷ 20 – **13 ch** 140/170.

BOIS DE LA CHAIZE 85 Vendée 67 ① – voir à Noirmoutier (Ile de).

BOIS-DU-FOUR 12 Aveyron 80 ④ – alt. 800 – ✉ 12780 Vézins-de-Lévézou.

Paris 636 – Rodez 50 – Aguessac 16 – Millau 21 – Pont-de-Salars 25 – Sévérac-le-Château 18.

🏠 **Relais du Bois du Four** ⍩, ℰ 65 61 86 17, parc – ☞ ⇔ 🅿. ✋ rest
➜ 15 mars-30 nov. et fermé merc. hors sais. – **R** 58/140 🍷 – ⌷ 24 – **27 ch** 95/200 –
½ P 205/240.

Les BOISSES 73 Savoie 74 ⑱ – rattaché à Tignes.

BOISSET 15600 Cantal 76 ⑪ – 756 h. alt. 425.

Paris 569 – Aurillac 29 – Calvinet 17 – Entraygues-sur-Truyère 49 – Figeac 36 – Maurs 14.

NE : 3 km par D 64 – ✉ 15600 Boisset :

🏠 **Aub. de Concasty** ⍩ (annexe 🏨 Ⓜ 6 ch), ℰ 71 62 21 16, Fax 71 62 22 22, ≤, ☞,
🔟, ☞ – 📺 ☎ 🅿 ⍲ ⍟ 🖪 VISA
R (fermé dim. soir et merc. hors vacances scolaires) (nombre de couverts limité - prévenir)
110/180 – ⌷ 32 – **12 ch** 160/280 – ½ P 250/295.

BOISSEUIL 87220 H.-Vienne 72 ⑰⑱ – 1 239 h. alt. 383.

Paris 406 – ♦Limoges 10 – Bourganeuf 45 – Nontron 71 – Périgueux 96 – Uzerche 47.

🏠 **Le Relais,** ℰ 55 06 90 06, ☞ – ☎. 🖪 VISA. ✋
fermé 1ᵉʳ au 6 mai, 22 juil. au 12 août, 23 déc. au 2 janv., dim. soir et merc. – **R** grill carte
135 à 215 🍷 – ⌷ 20 – **10 ch** 140/250.

BOISSY-LE-CHÂTEL 77 S.-et-M. 56 ⑬, 61 ③ – rattaché à Coulommiers.

BOIS-VERT 16 Char.-Mar. 72 ② – rattaché à Barbezieux.

BOLBEC 76210 S.-Mar. 55 ④ – 12 578 h. alt. 51.

Paris 189 – Fécamp 25 – ♦Le Havre 30 – ♦Rouen 56 – Yvetot 21.

🏠 **Fécamp** sans rest, 15 r. J. Fauquet ℰ 35 31 00 52 – 🖪 VISA. ✋
fermé 15 janv. au 1ᵉʳ fév. et dim. soir du 15 oct. au 1ᵉʳ avril – ⌷ 23 – **25 ch** 140/225,
17 appart. 190/265.

CITROEN Gar. du Viaduc, 125 r. G.-Clemenceau
ℰ 35 31 01 62
PEUGEOT, TALBOT Gar. Quesnel, 484 av. Mar.-
Joffre ℰ 35 31 07 11 🅽

RENAULT Périer, 3 r. P.-Bert ℰ 35 31 06 47

🅦 Vulcanisation Normande, 81 bis et 83 r. G.-
Clemenceau ℰ 35 31 06 87

208

BOLLENBERG 68 H.-Rhin 62 ⑱ ⑲ — rattaché à Rouffach.

La BOLLÈNE-VÉSUBIE 06 Alpes-Mar. 84 ⑯, 195 ⑰ G. Côte d'Azur – 262 h. alt. 690 – ⊠ **06450** Lantosque.

Voir Chapelle St-Honorat ≤★ S : 1 km.

Paris 971 – ◆Nice 54 – Puget-Théniers 58 – Roquebillière 6,5 – St-Martin-Vésubie 16 – Sospel 37.

　🏠 **Gd H. du Parc** ♨, D 70 ℘ 93 03 01 01, 佘, parc – 🕎 ☜ **P** 碝 ⬤ ⬤. ✼ rest
　　1ᵉʳ mai-30 sept. – **R** 85/160 – ☑ 30 – **42 ch** 140/330 – ½ P 265/375.

BOLLEZEELE 59470 Nord 51 ③ – 1 500 h. alt. 38.

Paris 273 – ◆ Calais 47 – Dunkerque 24 – ◆Lille 68 – St. Omer 19.

　🏠 **Host. St-Louis** ♨, ℘ 28 68 81 83, Fax 28 68 01 17, 굗 – 🕎 ☎ **P** – 🄐 90. 碝 **E**.
　VISA
　　R *(fermé dim. soir et lundi)* 140/280, enf. 80 – ☑ 40 – **17 ch** 250/450 – ½ P 300/400.

BONDUES 59 Nord 51 ⑯ — rattaché à Lille.

BON-ENCONTRE 47 L.-et-G. 79 ⑮ — rattaché à Agen.

Le BONHOMME 68 H.-Rhin 62 ⑱ G. Alsace Lorraine – 612 h. alt. 700 – Sports d'hiver : 830/1 230 m ⭤9 ⭤ – ⊠ **68650** Lapoutroie.

Paris 417 – Colmar 24 – Gérardmer 38 – St-Dié 32 – Ste-Marie-aux-Mines 16 – Sélestat 39.

　🏠 **Poste,** ℘ 89 47 51 10, Fax 89 47 23 85, 굗 – ☎ **P** 碝 **E** **VISA** ✼ rest
　◆　*fermé 5 nov. au 22 déc.* – **R** *(fermé mardi soir et merc. sauf vacances scolaires)* 60/180,
　　enf. 40 – ☑ 26 – **21 ch** 100/215 – ½ P 170/230.

Please avoid smoking during a meal :
you will spoil your palate and annoy your neighbours.

BONLIEU 39130 Jura 70 ⑮ G. Jura – 158 h. alt. 780.

Voir Belvédère de la Dame Blanche ≤★ NO : 2 km puis 30 mn.

Paris 425 – Champagnole 24 – Lons-le-Saunier 32 – Morez 25 – St-Claude 41.

　🏠 **Lac** ♨, E : 2 km par N 78 et VO ℘ 84 25 57 11, ≤, 굗 – **P** – 🄐 25. 碝 ⬤ **E** **VISA**
　　✼ rest
　　fermé 15 nov. au 20 déc. – **R** 79/149, enf. 35 – ☑ 25 – **39 ch** 280/350.

　✕✕✕ ✿ **La Poutre** (Moureaux) avec ch, ℘ 84 25 57 77 – 📺 ☎ **P**. **E** **VISA**
　　fermé 15 nov. au 1ᵉʳ fév. – **R** 120/400 – ☑ 30 – **10 ch** 110/300 – ½ P 300/350
　　Spéc. Ragoût d'écrevisses aux morilles (juil. à nov.), Ravioles de champignons aux dés de truite, Millefeuille
　　aux poires et sauce chocolat. Vins L'Étoile, Côtes du Jura.

BONNATRAIT 74 H.-Savoie 70 ⑰ — rattaché à Thonon-les-Bains.

BONNE 74380 H.-Savoie 74 ⑥⑦ – 1 639 h. alt. 493.

Paris 550 – Annecy 44 – Thonon-les-Bains 30 – Bonneville 13 – ◆Genève 19 – Morzine 44.

　🏠 **Hexagone,** ℘ 50 39 20 19, Fax 50 36 27 80 – 📺 ☎ & **P**. **E** **VISA**
　　fermé 22 déc. au 7 janv. et dim. (sauf juil.-août et vacances scolaires) – **R** *(fermé dim. sauf*
　　le soir en sais.) 76/205 🛠 – ☑ 28 – **36 ch** 168/294 – ½ P 200.

　✕✕ **Baud** avec ch, ℘ 50 39 20 15, 佘, 굗 – ☎ **P**. **E** **VISA**
　　fermé 15 juin au 6 juil. – **R** 80/300 – ☑ 26 – **12 ch** 160/260 – ½ P 190/260.

BONNEUIL-SUR-MARNE 94 Val-de-Marne 61 ①, 101 ㉗ — Voir à Paris, Environs.

BONNEVAL-SUR-ARC 73480 Savoie 74 ⑱ G. Alpes du Nord – 211 h. alt. 1 800 – Sports d'hiver : 1 850/3 000 m ⭤10.

Voir Vieux village★.

🄱 Maison du Tourisme ℘ 79 05 95 95.

Paris 680 – Albertville 131 – Chambéry 145 – Lanslebourg 19 – Val-d'Isère 30.

　🏠 **La Marmotte** M ♨, ℘ 79 05 94 82, ≤, 佘 – ☎ 굗 碝 **P** ⬤ **E** **VISA** ✼
　　20 juin-20 sept. et 20 déc.-30 avril – **R** 92/170 🛠, enf. 55 – ☑ 30 – **28 ch** 260/280 –
　　½ P 245/255.

　🏠 **La Bergerie** ♨, ℘ 79 05 94 97, ≤ – ☎ **P**. **E** **VISA** ✼
　◆　*10 juin-30 sept. et 20 déc.-11 mai* – **R** 59/115 🛠, enf. 45 – ☑ 25 – **22 ch** 160/230 –
　　½ P 220/235.

　✕✕ **Aub. Le Pré Catin,** ℘ 79 05 95 07, ≤, 굗 – 碝 **E** **VISA**
　　22 juin-29 sept et 21 déc.-6 mai – **R** *(fermé lundi)* 87/155 🛠, enf. 51.

⟨SP⟩ **74130** H.-Savoie 74 ⑦ G. Alpes du Nord – 9 106 h. alt. 450.

🔼 Syndicat d'Initiative pl. Hôtel de Ville ℰ 50 97 38 37.

Paris 559 –Annecy 39 –Chamonix 56 – Thonon 45 – Albertville 73 – Nantua 86.

🏛 ⊛ **Sapeur H. et rest. L'Eau Sauvage** (Guénon), pl. Hôtel de Ville ℰ 50 97 20 68, Fax 50 25 73 48 – ⬛ 📺 ☎ – ⚖ 25 ⁇ ⓪ Ⅽ VISA. ⁇ ch
fermé 26 août au 11 sept., 2 au 15 janv., dim. soir et lundi du 26/8 au 14/7 et lundi midi du 15/7 au 25/8 – **R** 200/300, enf. 100 – **18 ch** ⌑ 220/300 – ½ P 230/270
Spéc. Chartreuse de homard, Fantaisie de mignon de veau aux truffes, Marquise aux trois chocolats. Vins Roussette de Seyssel, Gamay.

🏨 **Arve,** r. Pont ℰ 50 97 01 28, ⚲ – 📺 ☎ ⇔ ⁇ ⓪ Ⅽ VISA ⁇
fermé sept., vend. soir et sam. sauf août – **R** 72/195 – ⌑ 22 – **15 ch** 180/230 – ½ P 196.

🏠 **Aub. du Coteau,** à Ayse, E : 2,5 km par D 6 ℰ 50 97 25 07, ⚞ , ⚲ – 📺 ☎ 🅿. Ⅽ. VISA
R *(fermé 6 au 12 mai, 15 août au 3 sept., 1er au 16 janv., lundi midi et dim.)* 75/120, enf. 45 – ⌑ 28 – **9 ch** 240/305 – ½ P 210/220.

🏠 **Bellevue,** à Ayse E : 2,5 km par D 6 ℰ 50 97 20 83, ≤, ⚲ – ☎ 🅿. Ⅽ VISA ⁇ rest
16 juin-14 sept. – **R** 80/120 – ⌑ 24 – **22 ch** 205/230 – ½ P 185/195.

PEUGEOT-TALBOT Andréoléty, 403 av. Glières ℰ 50 97 20 93
⓪ Barret, 744 av. de Genève ℰ 50 97 02 22

95 Val-d'Oise 55 ⑳ , 106 ⑥ – rattaché à Cergy-Pontoise (Pontoise).

78270 Yvelines 55 ⑱ , 106 ② – 3 362 h. alt. 20.

Paris 72 – ◆Rouen 68 – Évreux 34 – Magny-en-Vexin 25 – Mantes-la-Jolie 13 – Vernon 12 – Versailles 56.

XXX **Host. Bon Accueil,** rte Vernon : 1,5 km ℰ (1) 30 93 01 00 – 🅿. ⁇ ⓪ Ⅽ VISA
fermé août, vacances de fév., mardi soir et merc. – **R** 95/280.

84480 Vaucluse 81 ⑬ G. Provence (plan) – 1 385 h. alt. 400.

Voir Tableaux★ dans l'église neuve – Terrasse ≤★.

🔼 Syndicat d'Initiative Intercommunal pl. Carnot ℰ 90 75 91 90.

Paris 724 – Aix-en-Provence 48 – Apt 13 – Avignon 47 – Carpentras 43 – Cavaillon 26.

🏨 **Host. du Prieuré** ⚑, ℰ 90 75 80 78, ≤, ⚞ , « Ancien prieuré », ⚲ – ⚟. Ⅽ VISA
15 fév.-5 nov. – **R** *(fermé merc. midi et mardi hors sais. et de juil. à sept.)* 130/210 – ⌑ 36 – **10 ch** 320/460 – ½ P 316/386.

au SE : 6 km par D 36, D 943 et chemin privé – ✉ **84480** Bonnieux :

🏨 **L'Aiguebrun** ⚑, ℰ 90 74 04 14, ≤, ⚞ , « Dans un vallon du Lubéron », ⚲ – ☎ 🅿. ⁇
Ⅽ VISA
fermé 15 nov. au 15 déc. et 5 janv. au 1er mars – **R** *(fermé merc.)* 220/350 – ⌑ 50 – **9 ch** 460/500.

76 S.-Mar. 55 ⑥ – rattaché à Rouen.

74890 H.-Savoie 70 ⑰ – 2 781 h. alt. 548.

Paris 554 –Thonon-les-Bains 15 – Annecy 60 – Thonon 29 – ◆Genève 22.

🏨 **Progrès** Ⓜ, ℰ 50 36 11 09, ⚲ – ⬛ 📺 ☎ ⅃ ⇔. Ⅽ VISA
fermé 24 juin au 9 juil., 2 au 22 janv., dim. soir et lundi de sept. au 15 juil. – **R** 80/255 – ⌑ 30 – **10 ch** 280/300 – ½ P 240.

42160 Loire 73 ⑱ – 2 566 h. alt. 485.

Voir Sury-le-Comtal : décoration★ du château NO : 3 km – St-Rambert-sur-Loire : église★, bronzes★ du musée SE : 3,5 km, G. Vallée du Rhône.

Paris 515 – ◆St-Etienne 20 – Feurs 31 – Montbrison 15.

X **Voyageurs** avec ch, à la Gare ℰ 77 55 16 15, Fax 77 36 76 33, ⚞ – 📺 ☎ 🅿. ⁇ ⓪ Ⅽ
◆ VISA
fermé 3 au 25 août, vacances de fév., vend. soir du 1er oct. au 30 avril et sam. – **R** 70/150 ⅃ – ⌑ 25 – **7 ch** 140/215.

Besonders angenehme Hotels oder Restaurants sind im Führer rot gekennzeichnet.

Sie können uns helfen, wenn Sie uns die Häuser angeben, in denen Sie sich besonders wohl gefühlt haben.

Jährlich erscheint eine komplett überarbeitete Ausgabe aller Roten Michelin-Führer.

🏛🏛 … 🏠

XXXXX … X

BORDEAUX ⊞ 33000 Gironde 📖 ⑨ G. Pyrénées Aquitaine – 211 197 h. **Communauté urbaine 617 705 h** alt. 5 – **Voir** Grand Théâtre★★ DX – Cathédrale St-André★ et tour Pey Berland★ DY **E** – Place de la Bourse★ EX – Basilique St-Michel★ EY – Place du Parlement★ EX **66** – Église Notre-Dame★ DX – Façade★ de l'église Ste-Croix FZ – Fontaines★ du monument aux Girondins DX **R** – Grosse cloche★ EY **Q** – Cour d'honneur★ de l'hôtel de ville DY **H** – Balcons★ du cours Xavier-Arnozan AU **5** – Musées : des Beaux-Arts★★ CDY **M¹**, des Arts décoratifs★ DY **M²**, d'Aquitaine★ DY **M³** – Établissement monétaire★ de Pessac AV **K**.

🏌 Golf Bordelais ℘ 56 28 56 04, NO par D 109 : 4 km AU ; 🏌🏌 de Bordeaux Lac ℘ 56 50 92 72, N par D 2 : 10 km R ; 🏌🏌 de Cameyrac ℘ 56 72 96 79, par ② : 18 km ; 🏌🏌🏌 International Bordeaux-Pessac ℘ 56 36 24 47, par ⑦ : 16 km – ✈ de Bordeaux-Mérignac : Air France ℘ 56 34 32 32, par ⑧ : 11 km – 🚗 ℘ 56 92 50 50.

🅱 Office de Tourisme et Accueil de France (Informations, change et réservations d'hôtels, pas plus de 5 jours à l'avance) 12 cours 30-Juillet ℘ 56 44 28 41, Télex 570362, à la Gare St-Jean ℘ 56 91 64 70 et à l'Aéroport, hall arrivée ℘ 56 34 39 39 – A.C. 8 pl. Quinconces ℘ 56 44 22 92 – Maison du vin de Bordeaux, 3 cours 30-juillet (Informations, dégustation - fermé week-end 16 oct.-14 mai) ℘ 56 00 22 66 DX **z**.

Paris 579 ① – ◆Lyon 550 ② – ◆Nantes 326 ① – ◆Strasbourg 922 ① – ◆Toulouse 245 ⑤.

Plans : BORDEAUX p. 2 à 5

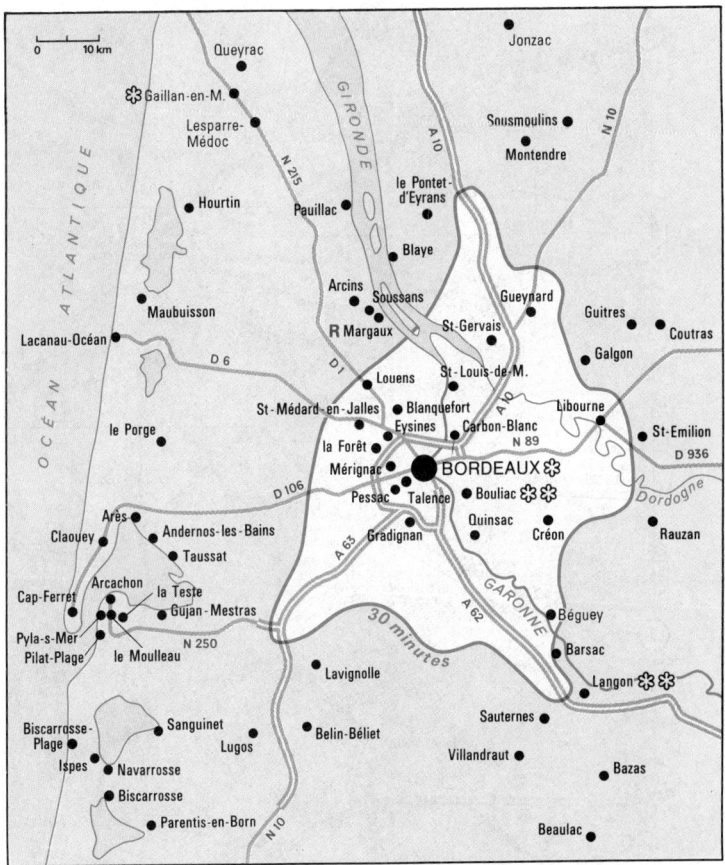

🏨 **Burdigala** Ⓜ, 115 r. G. Bonnac ℘ 56 90 16 16, Télex 572981, Fax 56 93 15 06 – 📶 🖥 📺 🕿 ⅋ 🛏 – 🕍 100. ᴀᴇ ⓪ ᴇ 𝘝𝘐𝘚𝘈 CX **r**
R 130/320, enf. 100 – ⏤ 60 – **64 ch** 620/880, 7 duplex 1050.

🏨 **Pullman Mériadeck** Ⓜ, 5 r. R. Lateulade ℘ 56 56 43 43, Télex 540565, Fax 56 96 50 59 – 📶 🖥 📺 🕿 – 🕍 350. ᴀᴇ ⓪ ᴇ 𝘝𝘐𝘚𝘈 ⌀ rest CY **w**
Le Mériadeck **R** 130bc/190bc – ⏤ 60 – **194 ch** 480/895.

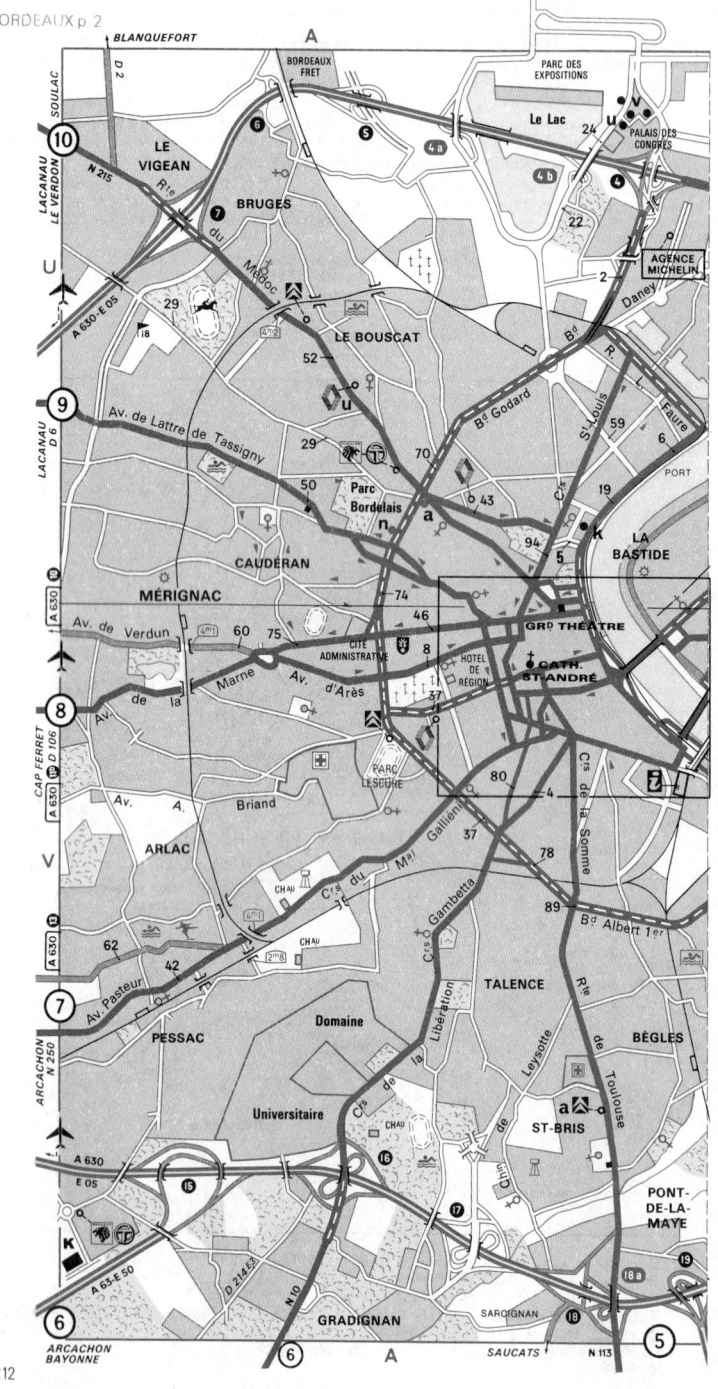

BORDEAUX

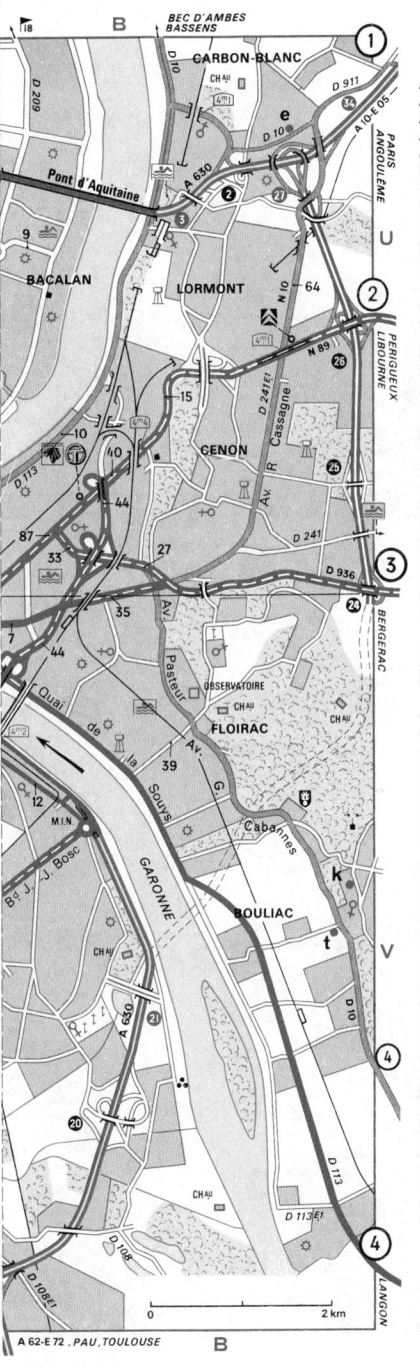

Les cartes Michelin
sont constamment
tenues à jour.

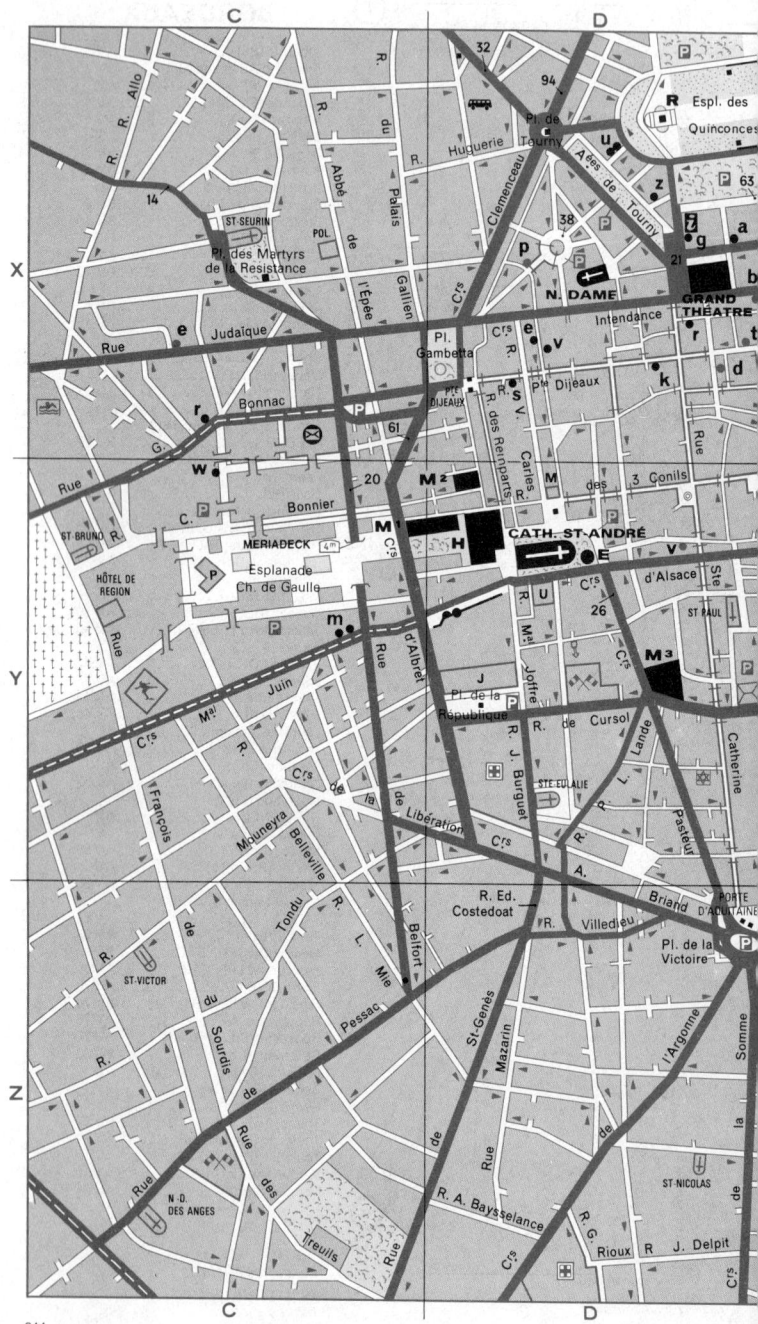

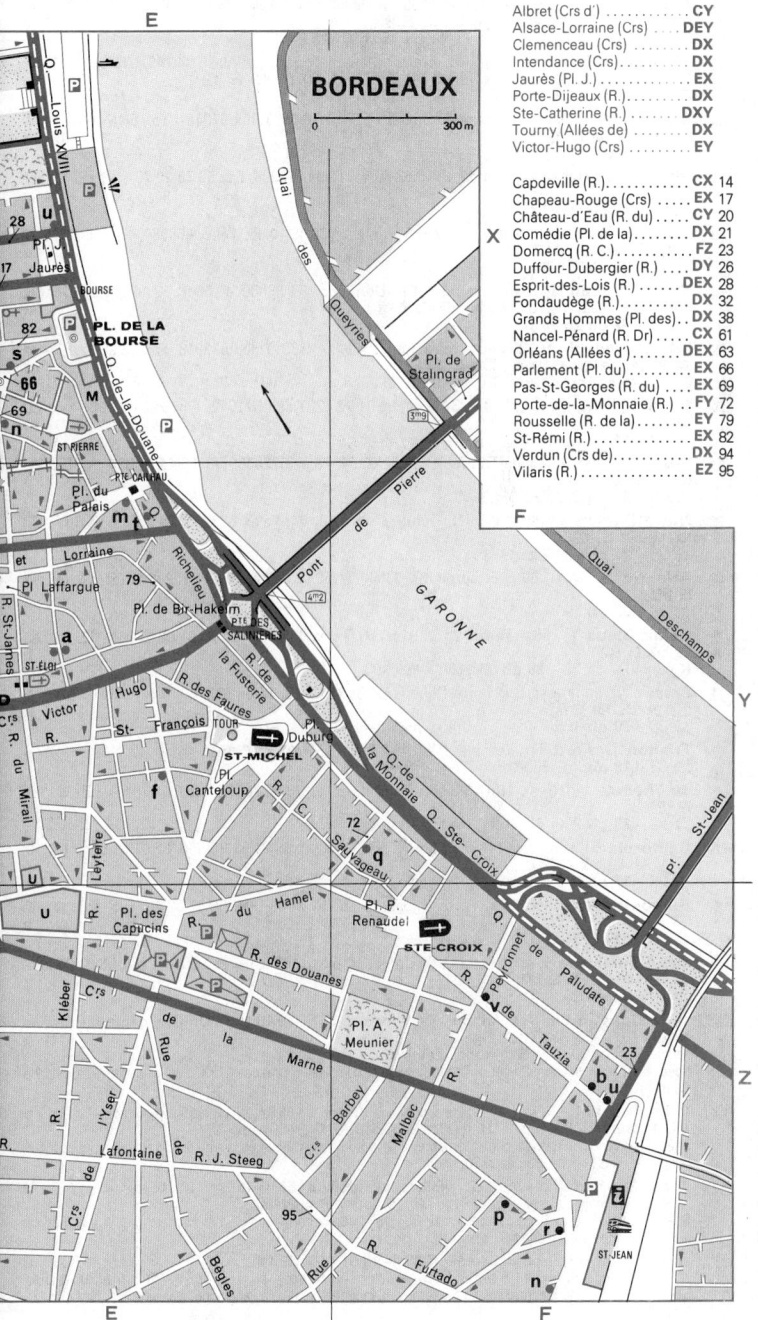

BORDEAUX

0   300 m

🏨 **Alliance** Ⓜ, 30 r. de Tauzia ⊠ 33800 ✆ 56 92 21 21, Télex 573848, Fax 56 91 08 06, ☎
– ⅙ ch 🗐 🎬 📺 ☎ ⇔ – 🏖 80. 🕮 ⋿ 𝑉𝐼𝑆𝐴 FZ **v**
R *(fermé dim.)* 80/120 – ⌓ 45 – **90 ch** 450/500 – ½ P 475.

🏨 **Novotel Mériadeck** Ⓜ, 45 cours Maréchal Juin ✆ 56 51 46 46, Télex 573749,
Fax 56 98 25 56, ☎ – 🎬 🗐 🗐 📺 ☎ ⇔ – 🏖 80. 🕮 ① ⋿ 𝑉𝐼𝑆𝐴 CY **m**
R carte environ 120, enf. 50 – ⌓ 48 – **136 ch** 470/520.

🏨 **Normandie** sans rest, 7 cours 30-Juillet ✆ 56 52 16 80, Télex 570481, Fax 56 51 68 91 – 🎬
📺 ☎. 🕮 ① ⋿ 𝑉𝐼𝑆𝐴 DX **z**
⌓ 34 – **100 ch** 260/470.

🏨 **Majestic** sans rest, 2 r. Condé ✆ 56 52 60 44, Télex 572938, Fax 56 79 26 70 – 🎬 📺 ☎. 🕮
① ⋿ 𝑉𝐼𝑆𝐴 DX **a**
⌓ 30 – **49 ch** 290/400.

🏨 **Gd H. Français** Ⓜ sans rest, 12 r. Temple ✆ 56 48 10 35, Télex 550587, Fax 56 81 76 18
– 🎬 📺 ☎. 🕮 ① ⋿ 𝑉𝐼𝑆𝐴 DX **v**
⌓ 40 – **35 ch** 350/480.

🏨 **Royal St Jean** Ⓜ sans rest, 15 r. Ch. Domercq ⊠ 33800 ✆ 56 91 72 16, Télex 570468,
Fax 56 91 08 32 – 🎬 📺 ☎ ⅙. 🕮 ① ⋿ 𝑉𝐼𝑆𝐴 FZ **u**
⌓ 40 – **37 ch** 250/410.

🏨 **Ibis Mériadeck** Ⓜ, 35 cours Mar. Juin ✆ 56 90 10 33, Télex 572918, Fax 56 96 33 15 – 🎬
🗐 ch 📺 ☎ ⅙. Ⓟ – 🏖 350. ⋿ 𝑉𝐼𝑆𝐴 CY **m**
R 80/160 ⅛, enf. 40 – ⌓ 320 – **210 ch** 290/350.

🏨 **Royal Médoc** sans rest, 3 r. Sèze ✆ 56 81 72 42, Télex 571042, Fax 56 51 74 98 – 🎬 📺
☎. 🕮 ① ⋿ 𝑉𝐼𝑆𝐴 DX **u**
⌓ 30 – **45 ch** 230/360.

🏨 **Sèze** sans rest, 23 allées Tourny ✆ 56 52 65 54, Télex 572808, Fax 56 44 31 83 – 🎬 📺 ☎.
🕮 ① ⋿ 𝑉𝐼𝑆𝐴 DX **u**
⌓ 36 – **24 ch** 280/420.

🏨 **Notre Dame** sans rest, 36 r. N.-Dame ✆ 56 52 88 24, Télex 573788, Fax 56 51 65 78 – 📺
☎. 🕮 ① ⋿ 𝑉𝐼𝑆𝐴 AU **k**
⌓ 25 – **21 ch** 200/280.

🏨 **Atlantic** sans rest, 69 r. E. Leroy ⊠ 33800 ✆ 56 92 92 22, Télex 572248 – 📺 ☎. 🕮 ①
⋿ 𝑉𝐼𝑆𝐴 FZ **r**
⌓ 32 – **36 ch** 190/260.

🏨 **Relais Bleus** Ⓜ, 68 r. Tauzia ✆ 56 91 55 50, Télex 651422, Fax 56 91 08 41 – 🎬 📺 ☎ ⅙.
🕮 ① ⋿ 𝑉𝐼𝑆𝐴 FZ **b**
R 68/110 – ⌓ 32 – **89 ch** 260/350 – ½ P 195.

🏨 **Presse** Ⓜ sans rest, 6 r. Porte Dijeaux ✆ 56 48 53 88, Télex 573259, Fax 56 01 05 82 – 🎬
📺 ☎. 🕮 ① ⋿ 𝑉𝐼𝑆𝐴 DX **k**
⌓ 28 – **30 ch** 195/330.

🏨 **Trianon** sans rest, 5 r. Temple ✆ 56 48 28 35 – 📺 ☎. 🕮 ⋿ 𝑉𝐼𝑆𝐴. ❄ DX **e**
⌓ 32 – **19 ch** 260/360.

🏨 **du Théâtre** sans rest, 10 r. Maison Daurade ✆ 56 79 05 26, Fax 56 81 15 64 – 📺 ☎. ①
⋿ 𝑉𝐼𝑆𝐴 DX **r**
⌓ 28 – **23 ch** 290.

🏨 **California** Ⓜ sans rest, 47 r. E. Leroy ⊠ 33800 ✆ 56 91 58 97, Fax 56 91 61 90 – 📺 ☎
– 🏖 30. 🕮 ① ⋿ 𝑉𝐼𝑆𝐴 FZ **p**
⌓ 28 – **17 ch** 240/260.

🏨 **Gambetta** sans rest, 66 r. Porte Dijeaux ✆ 56 51 21 83, Fax 56 81 00 40 – 🎬 📺 ☎. 🕮
① ⋿ 𝑉𝐼𝑆𝐴 DX **s**
⌓ 28 – **31 ch** 240/280.

🏨 **des 4 Soeurs** sans rest, 6 cours 30-Juillet ✆ 56 48 16 00, Télex 560334, Fax 56 01 04 28 –
🎬 📺 ☎. 🕮 ① ⋿ 𝑉𝐼𝑆𝐴 DX **g**
⌓ 30 – **37 ch** 200/310.

XXXX ❀ **Le Chapon Fin** (Garcia), 5 r. Montesquieu ✆ 56 79 10 10, « Original décor de rocaille
1900 » – 🗐. 🕮 ① ⋿ 𝑉𝐼𝑆𝐴 ❄ DX **p**
fermé dim. et lundi – **R** 140 (déj. seul)/400
Spéc. Gaspacho de homard (été). Lamproie à la bordelaise, Tournedos ″1900″. Vins Premières Côtes de
Bordeaux-Bouliac.

XXX ❀ **Le Rouzic** (Gautier), 34 cours Chapeau Rouge ✆ 56 44 39 11 – 🕮 ① ⋿ 𝑉𝐼𝑆𝐴 DX **b**
fermé sam. midi et dim. – **R** 150 (déj.) et carte 290 à 450, enf. 70
Spéc. Ravioles d'huîtres au curry, Lamproie à la bordelaise, Côtelettes d'agneau de Pauillac grillées à la
tapenade. Vins Graves, Bordeaux Supérieur.

XXX ❀ **La Chamade** (Carrère), 20 r. Piliers de Tutelle ✆ 56 48 13 74 – 🗐. ⋿ 𝑉𝐼𝑆𝐴 DX **d**
fermé dim. midi et sam. du 14 juil. au 15 août – **R** 180/450
Spéc. Escalope de foie gras de canard poêlée aux lardons de magret séché, Homard breton rôti, Rôti de
filets de canette au farci de foie gras.

XXX ❀ **Jean Ramet**, 7 pl. J. Jaurès ✆ 56 44 12 51 – 🗐. ⋿ 𝑉𝐼𝑆𝐴 EX **u**
fermé 29 avril au 5 mai, 5 au 25 août, 29 déc. au 5 janv., sam. et dim. – **R** carte 250 à 400
Spéc. Petite marmite d'écrevisses au Sauternes, Blanquette de veau à l'ancienne, Desserts de ″Tante Dolly″.
Vins Moulis.

XXX ❀ **Pavillon des Boulevards** (Franc), 120 r. Croix de Seguey ℰ 56 81 51 02, ☆ – ▤. ﷼
⓪ ⴹ 𝘝𝘐𝘚𝘈 AU **a**
fermé 29 avril au 12 mai, 12 au 18 août, sam. midi, dim. et fériés – **R** 200/320
Spéc. Consommé de homard au cumin, Filets de rougets au lard, Chinoiserie de pigeonneau. Vins Premières
Côtes de Bordeaux, Cadillac.

XXX **Le Cailhau,** 3 pl. Palais ℰ 56 81 79 91 – ▤. ﷼ ⓪ ⴹ 𝘝𝘐𝘚𝘈. 🛇 EY **m**
fermé 29 juil. au 19 août, sam. midi et dim. – **R** 160/350.

XXX **Villa Carnot,** 335 bd Wilson ✉ 33200 ℰ 56 08 04 21, ☆ – ﷼ ⓪ ⴹ 𝘝𝘐𝘚𝘈. 🛇 AU **n**
fermé 1er au 20 sept., dim. et lundi – **R** 150/295.

XX ❀ **Le Vieux Bordeaux** (Bordage), 27 r. Buhan ℰ 56 52 94 36 – ﷼ 𝘝𝘐𝘚𝘈 EY **a**
fermé 1er au 21 août, vacances de fév., sam. midi, dim. et fériés – **R** 130/230, enf. 60
Spéc. Escalope de foie de canard à la pêche, Turbot en braisade de Sauternes, Cocotte de veau "Vieux
Bordeaux".

XX **Les Provinces,** 41 r. St-Rémi ℰ 56 81 74 30, Fax 56 48 05 05 – ﷼ ⓪ ⴹ 𝘝𝘐𝘚𝘈 DX **t**
➜ *fermé dim.* – **R** 70 bc/250 bc.

XX **Didier Gélineau,** 26 r. Pas St Georges ℰ 56 52 84 25 – ⓪ ⴹ 𝘝𝘐𝘚𝘈 EX **n**
fermé dim. (sauf le midi du 16 oct. au 14 avril) et sam. midi – **R** 89/230, enf. 65.

XX **Les Plaisirs d'Ausone,** 10 r. Ausone ℰ 56 79 30 30 – ﷼ ⴹ 𝘝𝘐𝘚𝘈 EY **t**
fermé vacances de printemps, 1er au 8 janv., lundi midi, sam. midi et dim. – **R** 150 bc/280.

XX **l'Alhambra,** 111 bis r. Judaïque ℰ 56 96 06 91 – ▤. ⴹ 𝘝𝘐𝘚𝘈. 🛇 CX **e**
fermé 14 juil. au 15 août, sam. midi, dim. et fériés – **R** 200.

XX **Le Buhan,** 28 r. Buhan ℰ 56 52 80 86 – ⴹ 𝘝𝘐𝘚𝘈 EY **a**
fermé lundi – **R** 130/220.

XX **La Ferme St Michel,** 21 r. Menuts ℰ 56 91 54 77 – ﷼ ⓪ ⴹ 𝘝𝘐𝘚𝘈 EY **f**
fermé 1er au 20 août, sam. midi et dim. – **R** 120/260.

XX **Le Clavel Barnabet,** 44 r. Ch. Domercq ✉ 33800 ℰ 56 92 91 52 – ▤. ⴹ 𝘝𝘐𝘚𝘈 FZ **n**
fermé lundi midi et dim.

X **Le Loup,** 66 r. Loup ℰ 56 48 20 21 – ﷼ ⓪ ⴹ 𝘝𝘐𝘚𝘈 DY **v**
fermé 5 au 20 août, sam. midi et dim. – **R** 105/270, enf. 70.

X **La Tupina,** 6 r. Porte de la Monnaie ℰ 56 91 56 37, Fax 56 31 92 11, cuisine typique du
Sud-Ouest – ﷼ ⓪ 𝘝𝘐𝘚𝘈 – *fermé dim. et fériés* – **R** carte 170 à 280 FY **q**

X **La Ténarèze,** 18 pl. Parlement ℰ 56 44 43 29, ☆ – ⴹ 𝘝𝘐𝘚𝘈 EX **s**
fermé 4 au 11 nov., dim. de mai à oct. et merc. de nov. à avril – **R** 98/230.

au Parc des Expositions : Bordeaux-le-Lac – ✉ 33300 Bordeaux :

🏨 **Sofitel Aquitania** Ⓜ, ℰ 56 50 83 80, Télex 570557, Fax 56 39 73 75, ≤, ⌁, ⌇ – ▯ ⇆ ch ▤
📺 ☎ & ⓟ – 🔬 25 à 600. ﷼ ⓪ ⴹ 𝘝𝘐𝘚𝘈 AU **u**
Le Flore **R** carte 140 à 210 – ⌼ 65 – **204 ch** 545, 8 appart..

🏨 **Mercure Pont d'Aquitaine** Ⓜ, ℰ 56 50 90 14, Télex 540097, Fax 56 50 23 95, ☆, ⌁,
🛇 – ▯ ⇆ ch ▤ 📺 ☎ & ⓟ – 🔬 80 à 120. ﷼ ⓪ ⴹ 𝘝𝘐𝘚𝘈 AU **v**
R 98 ⅃, enf. 40 – ⌼ 45 – **100 ch** 530.

🏨 **Novotel-Bordeaux le Lac** Ⓜ, ℰ 56 50 99 70, Télex 570274, Fax 56 43 00 66, ☆, ⌁,
▯ ⇆ ch ▤ 📺 ☎ & ⓟ – 🔬 350. ﷼ ⓪ ⴹ 𝘝𝘐𝘚𝘈 AU **v**
R carte environ 150 – **176 ch** 430/480.

🏨 **Mercure Bordeaux le Lac** Ⓜ, ℰ 56 50 90 30, Télex 540077, Fax 56 43 07 55, ☆ – ▯
⇆ ch ▤ 📺 ☎ & ⓟ – 🔬 250. ﷼ ⓪ ⴹ 𝘝𝘐𝘚𝘈 AU **v**
R 100/200, enf. 45 – ⌼ 48 – **108 ch** 450/470.

à Carbon-Blanc NE : 8 km - BU - vers ① – 5 733 h. – ✉ 33560 :

XXX **Marc Demund,** av. Gardette ℰ 56 06 14 55, ☆, parc – ⓟ. ﷼ ⓪ ⴹ 𝘝𝘐𝘚𝘈 BU **e**
fermé 14 au 26 août, dim. soir et lundi – **R** 150/330.

à Bouliac vers ④ – ✉ 33270 :

🏨 ❀❀ **Le St-James** (Amat) Ⓜ 🛇, pl. C. Hostein, près église ℰ 56 20 52 19, Télex 573001,
Fax 56 20 92 58, ≤, ☆, « Original décor contemporain », ⌖ – 📺 ☎ ⓟ. ﷼ ⓪ 𝘝𝘐𝘚𝘈. 🛇
R 250 bc/420 et carte, enf. 80 - **Le Bistroy R** carte environ 150 – ⌼ 70 – **18 ch** 750/1200 **k**
½ P 570/850 BV
Spéc. Fondant d'aubergines au cumin, Homard sauté aux pommes de terre, Civet de canard au fumet de
cèpes. Vins Entre-Deux-Mers, Premières Côtes de Bordeaux.

XX **Aub. du Marais,** 22 rte de Lastresne ℰ 56 20 52 17, ☆ – ⓟ. 𝘝𝘐𝘚𝘈 BV **t**
fermé 14 au 28 fév., 3 au 24 août et merc. – **R** 140/230, enf. 80.

par la sortie ⑥ :

à Talence : 6 km – 36 392 h. – ✉ 33400 :

🏨 **Guyenne** (Lycée Hôtelier), av. F. Rabelais ℰ 56 80 75 08, Fax 56 37 53 17, ☆ – ▯ 📺 ☎
ⓟ. ﷼ ⓪ ⴹ 𝘝𝘐𝘚𝘈. 🛇 rest
fermé vacances de printemps, 15 juin au 1er oct., vacances de Noël et de fév. – **R** *(fermé
sam. et dim.)* 85/135 – ⌼ 35 – **27 ch** 250/280, 3 appart. 385.

à Gradignan : 8 km – ✉ 33170 :

🏠 **Châlet Lyrique,** 169 cours Gén. de Gaulle ℰ 56 89 11 59, Fax 56 89 53 37 – 📺 ☎ & ⓟ.
⓪ ⴹ 𝘝𝘐𝘚𝘈
R *(fermé 1er au 29 août, dim. soir et merc.)* carte 135 à 280 ⅃ – ⌼ 35 – **40 ch** 255/350.

par la sortie ⑦ :

à Pessac : par la sortie n° 13 de la rocade – 50 543 h. – ✉ **33600** :

🏨 **La Réserve** Ⓜ ⌕, av. Bourgailh ℰ 56 07 13 28, Télex 560585, Fax 56 07 13 28, 🍴, « Parc », ⤵, ⚒ – ⚑ ❷ – 🏛 60. 🖭 ⓪ **E** 𝚅𝙸𝚂𝙰
28 fév.-15 nov. – **R** 250/330 – � 58 – **19 ch** 520/890 – ½ P 600/800.

🏨 **Royal Brion** sans rest, 10 r. Pin Vert ℰ 56 45 07 72, Fax 56 46 13 75 – 📺 ☎ ⬅ ❷. 🖭 ⓪ **E** 𝚅𝙸𝚂𝙰
fermé 2 au 20 janv. – ⊿ 33 – **26 ch** 260/340.

par la sortie ⑧ :

à Mérignac : par la sortie n° 10 de la rocade – ✉ **33700** :

🏨 **Interhôtel,** r. Chataigniers ℰ 56 47 89 50, Télex 571241, Fax 56 13 00 81, 🍴, ⤵, ⚒ – 📺 ☞ ♿ ❷ – 🏛 30 à 100. 🖭 ⓪ **E** 𝚅𝙸𝚂𝙰
R 80, enf. 40 – ⊿ 30 – **50 ch** 240/260 – ½ P 215.

à Mérignac : 5 km par D 106 et D 213 – 52 785 h. – ✉ **33700** :

✗✗ **Charmilles,** 408 av. Verdun ℰ 56 97 53 01, 🍴, 🌳 – ❷. **E** 𝚅𝙸𝚂𝙰
fermé août, 22 au 28 fév., sam. soir et dim. sauf fêtes – **R** 90/195, enf. 50.

à l'Aéroport : par la sortie n°11ᴬ de la rocade – ✉ **33700** Mérignac :

🏨 **Novotel-Mérignac** Ⓜ, av. Kennedy ℰ 56 34 10 25, Télex 540320, Fax 56 55 99 64, 🍴, ⤵, 🌳 – ▤ 📺 ☎ ☞ ❷ – 🏛 25 à 200. 🖭 ⓪ **E** 𝚅𝙸𝚂𝙰
R carte environ 150, enf. 50 – ⊿ 48 – **137 ch** 430/460.

🏨 **Le Patio** Ⓜ, av. J.-F. Kennedy à Mérignac ℰ 56 55 93 42, Télex 540183, Fax 56 47 64 94, 🍴, ⤵ – 🖥 ⇆ ch ▤ rest 📺 ☎ ☞ ❷ – 🏛 60. 🖭 ⓪ **E** 𝚅𝙸𝚂𝙰
R 115/180 – ⊿ 45 – **80 ch** 370/420 – ½ P 340/360.

🏨 **Fimotel** Ⓜ, 97 av. J.-F. Kennedy ℰ 56 34 33 08, Télex 541315, Fax 56 34 01 90, 🍴, ⤵ – 🖥 📺 ☎ ☞ – 🏛 40. 🖭 ⓪ **E** 𝚅𝙸𝚂𝙰
R 70/110 ⚘, enf. 34 – ⊿ 33 – **60 ch** 285/300 – ½ P 234.

par la sortie ⑨ :

par la sortie n° 9 de la rocade – ✉ **33700** Mérignac :

🏨 **Dotel** Ⓜ, av. Magudas à Mérignac ℰ 56 34 24 05, Télex 541355, Fax 56 47 60 41, 🍴, ⤵, 🌳 – 📺 ☎ ☞ ⬅ ❷ – 🏛 30 à 60. 🖭 ⓪ **E** 𝚅𝙸𝚂𝙰
R 86/250 – ⊿ 38 – **48 ch** 400/500 – ½ P 260.

à la Forêt : 8,5 km par ⑨ – ✉ **33320** Eysines :

✗✗ **Les Tilleuls,** ℰ 56 28 04 56, 🍴 – ❷. **E** 𝚅𝙸𝚂𝙰
fermé août, sam. du 1ᵉʳ juil. au 30 sept. et dim. – **R** 95/140.

à Eysines : 10 km – ✉ **33320** :

🏨 **Alizés** Ⓜ sans rest, 15 av. St-Médard ℰ 56 28 36 52 – 📺 ☎ ☞ ❷. **E** 𝚅𝙸𝚂𝙰
⊿ 24 – **40 ch** 195/250.

à St-Médard-en-Jalles : 15 km – 18 665 h. alt. 13 – ✉ **33160** :

🏨 **Le Montaigne** Ⓜ, av. La Boëtie ℰ 56 95 81 33, Fax 56 05 88 97 – 🖥 ▤ rest 📺 ☎ ☞ ⬅ – 🏛 30 à 50. 🖭 **E** 𝚅𝙸𝚂𝙰
R 140/240 – ⊿ 38 – **40 ch** 270/330.

🏨 **La Chaumière** ⌕, rte Lacanau : 1 km ℰ 56 05 07 64, 🍴, 🌳 – 📺 ☎ ❷ – 🏛 30 à 60. **E** 𝚅𝙸𝚂𝙰 ✗ ch
R *(fermé dim. soir, fériés le soir et lundi)* 85/200, enf. 60 – ⊿ 20 – **20 ch** 185/230.

✗ **Tournebride,** rte Porge : 2 km ℰ 56 05 09 08 – ⇆ ❷. 𝚅𝙸𝚂𝙰
fermé 5 au 26 août, 17 au 24 fév., dim. soir et lundi – **R** 90/193.

par la sortie ⑩ :

à Blanquefort : 11 km par la sortie n° 6 de la rocade et D 210 – ✉ **33290** :

✗✗✗ **Host. des Criquets** avec ch, 130 av. 11-nov. ℰ 56 35 09 24, Fax 56 57 13 83, 🍴, ▨ – 📺 ☎ ❷ 🖭 ⓪ **E** 𝚅𝙸𝚂𝙰
R *(fermé dim. soir)* 120/360 – ⊿ 40 – **20 ch** 300/350 – ½ P 335.

MICHELIN, Agence régionale, Zone d'Entrepôts A.-Daney, av. de Tourville AU ℰ 56 39 94 95

AUTOBIANCHI, LANCIA, FIAT Gar. d'Aquitaine, 19 pl. Victoire ℰ 56 91 60 54
BMW Brienne Auto, 23 quai Brienne ℰ 56 49 43 43 🅽 ℰ 56 87 20 99
CITROEN Gar. Parc Sports, 2 av. Parc-Lescure AV ℰ 56 98 65 63
HONDA Mondial Autos, 147 cours Médoc ℰ 56 39 45 78
PEUGEOT, TALBOT S.I.A.S.O., 350 av. Thiers BU ℰ 56 86 84 02
RENAULT Richard, 62 r. Héron AV ℰ 56 96 61 52
RENAULT Atlantique Autos, 11-13 r. Arsenal AU ℰ 56 44 32 73

TOYOTA Berrous, 157 r. G.-Bonnac ℰ 56 96 38 50

❂ Bouyssalet-Pneu Plus, 83 r. Tauzia ℰ 56 91 49 54
Casanave, r. Lamothe-Piquey, Zone d'Entrepôts A.-Daney ℰ 56 43 11 84
Central Pneu, 226 av. Thiers ℰ 56 86 24 13
Central-Pneu, 80 cours Dupré-de-St-Maur ℰ 56 50 84 58
Comet, 91 av. République ℰ 56 02 43 80
Comptoir Aquitain du Pneu, 56 quai Paludate ℰ 56 85 61 53
Interpneus, 63 r. F.-de-Sourdis ℰ 56 24 00 78

Périphérie et environs

CITROEN Citroën Sud Ouest, 357 av. Libération,
Le Bouscat AU ℰ 56 42 46 46
CITROEN Citroën Sud Ouest, N 10, les 4 Pavillons,
Lormont BU ℰ 56 74 25 00
CITROEN Citroën Sud Ouest, 411 rte de Toulouse,
Villenave-d'Ornon AV a ℰ 56 37 37 37
FIAT Bordeaux Sud Autos, 114-118 av. Pyrénées à
Villenave-d'Ornon ℰ 56 75 47 94
FIAT, LANCIA Auto-Port, 83 bd Godard, Le Bous-
cat ℰ 56 50 84 84
FORD Palau, 423 rte de Médoc, Bruges
ℰ 56 57 43 43
FORD SAFI 33, 486 rte de Toulouse à Bègles
ℰ 56 37 80 08
LANCIA, FERRARI Gar. Lopez, ZI du phare Ro-
cade sortie n° 10 à Mérignac ℰ 56 34 28 80
MERCEDES BENZ SO.BO.VA., 262 av. de la
Libération, Le Bouscat ℰ 56 08 78 85
MERCEDES-BENZ SO.BO.VA., 7 av. Rivière, Ce-
non ℰ 56 86 14 09
OPEL A.V.I., 363 rte de Toulouse à Villenave-d'Or-
non ℰ 56 37 30 00
PEUGEOT, TALBOT Auto-Pessac, av. G.-Eiffel,
Pessac AV ℰ 56 46 66 30

PEUGEOT, TALBOT S.I.A.S.O, 84 av. Libération,
Le Bouscat AU ℰ 56 42 42 42
PEUGEOT, TALBOT S.I.A.S.O., 327 rte de Tou-
louse à Villenave-d'Ornon par ⑤ ℰ 56 80 80 00
RENAULT SAPA, Alouette Rocade sortie n° 13,
Pessac par ⑦ ℰ 56 36 25 64 🆖 ℰ 56 36 25 80
RENAULT Succursale, 253 av. Libération, Le
Bouscat AU ℰ 56 57 48 00
RENAULT Succursale Pont-de-la-Maye, 50 av.
Pyrénées, à Villenave-d'Ornon par ⑤
ℰ 56 87 84 60 🆖 ℰ 56 04 58 58
ROVER Stewart et Ardern, 39 av. Marne Mérignac
ℰ 56 96 86 62
V.A.G Gar. Chambéry, rte de Mont-de-Marsan,
Villenave-d'Ornon ℰ 56 87 02 41

🔘 Central Pneu, 65/69 rte de Toulouse à Talence
ℰ 56 37 40 97
Comptoir Aquitain du Pneu, 7 r. Marceau à Ta-
lence ℰ 56 04 31 42
Pneu Plus Ouest, ZI de Pinel, av. G.-Cabannes à
Floirac ℰ 56 86 40 62
Relais du Pneu, 228 av. de Tivoli, le Bouscat
ℰ 56 08 84 05

During the season, particularly in resorts, it is wise to book in advance.

Les BORDES 45 Loiret 🆖 ① – rattaché à Sully-sur-Loire.

BORMES-LES-MIMOSAS 83230 Var 🆖 ⑯ G. Côte d'Azur – 3 841 h. alt. 120.

Voir Site★ – ≤★ du château – Forêt domaniale du Dom★ N : 4 km.

🏌 de Valcros ℰ 94 66 81 02, NO : 12 km.

🛈 Office de Tourisme r. J.-Aicard ℰ 94 71 15 17 et bd de la Plage La Favière ℰ 94 64 82 57.

Paris 878 – Fréjus 60 – Hyères 22 – Le Lavandou 5 – St-Tropez 35 – Ste-Maxime 39 – ♦Toulon 40.

🏨 **Le Mirage** 🅼 ⃫, rte Stade ℰ 94 71 09 83, Télex 404603, Fax 94 64 93 03, ≤ baie et les
îles, 🍴, 🍸, �───, 🖥 – 📺 ☎ 🅟 – 🔏 30. 🆎 ⓞ 🅴 𝑉𝐼𝑆𝐴. 🧇
Balcon des Iles R 210/390 Enf. 110 – ⊑ 58 – **35 ch** 680 – ½ P 578.

🏨 **Palma** sans rest, D 559 ℰ 94 71 17 86, Fax 94 71 83 52, 🍸, �───, – 🖥 📺 ☎ 🅟 🆎 ⓞ 🅴
𝑉𝐼𝑆𝐴
⊑ 38 – **20 ch** 390/480.

🏠 **Paradis** ⃫ sans rest, Mt des Roses, quartier du Pin ℰ 94 71 06 85, ≤, �─── – ☎ 🅟 🧇
1er avril-10 oct. – ⊑ 25 – **20 ch** 168/320.

XX **Tonnelle des Délices,** pl. Gambetta ℰ 94 71 34 84 – 🅴 𝑉𝐼𝑆𝐴
24 mars-27 oct. – **R** 144/215, enf. 69.

X **La Cassole,** ruelle Moulin ℰ 94 71 14 86 – 🆎
*fermé 11/11 au 31/1, dim. soir, mardi soir et merc. de fév. à Pâques, mardi midi et lundi
sauf juil.-août et fêtes* – **R** *(dîner seul. de juil. à sept. sauf dim. et fêtes)* 150/280, enf. 80.

X **Lou Portaou,** r. Cubert des Poètes ℰ 94 64 86 37, 🍴 – 🖥. 🅴 𝑉𝐼𝑆𝐴
fermé 15 nov. au 15 déc., mardi (sauf le soir en sais.) et merc. – **R** 110/180, enf. 80.

à Cabasson S : 8 km par D 41 – ✉ **83230** Bormes-les-Mimosas :

🏨 **Palmiers** ⃫, ℰ 94 64 81 94, 🍴, �─── – 🛎 ☎ 🅟 🆎 ⓞ 🅴 𝑉𝐼𝑆𝐴
R 135/180 – ⊑ 60 – **21 ch** 500/1000 – ½ P 420/800.

BORNY 57 Moselle 🆖 ⑭ – rattaché à Metz.

BORT-LES-ORGUES 19110 Corrèze 🆖 ② G. Auvergne – 4 950 h. alt. 430.

Voir Barrage★★ N : 1 km – Orgues de Bort★ : ※★★ SO : 3 km puis 15 mn.

🛈 Office de Tourisme pl. Marmontel ℰ 55 96 02 49.

Paris 468 – ♦Clermont-Fd 84 – Mauriac 30 – Le Mont-Dore 48 – St-Flour 88 – Tulle 71 – Ussel 31.

🏠 **Gare,** av. Gare ℰ 55 96 00 47 – 📺 ☎ 🚗 🅟 🆎 ⓞ 🅴 𝑉𝐼𝑆𝐴
↗ *fermé 20 au 29 déc., vend. soir et sam. midi d'oct. à juin* – **R** 70/180 🍴, enf. 40 – ⊑ 24 –
25 ch 195/220 – ½ P 140/200.

à Veillac (15 Cantal) N : 5 km sur D 922 – ✉ **15270** Champs-sur-Tarentaine.

Voir Musée de la radio et du phonographe★ N : 3 km – Site★★ du château de Val★
N : 4 km.

CITROEN Serre, à Lanobre ℰ 71 40 30 06 🆖
CITROEN Gar. Theil, 570 av. de la Gare
ℰ 55 96 72 83
FIAT, LANCIA-AUTOBIANCHI Gar. du Pont Neuf
ℰ 55 96 00 75 🆖

FORD Gar. Rouel, à Lanobre ℰ 55 96 71 40
PEUGEOT Vergeade, 843 av. Gare ℰ 55 96 74 78
PEUGEOT, TALBOT Monteil, à Lanobre
ℰ 71 40 30 05 🆖

BORT-L'ÉTANG **63** P.-de-D. 73 ⑮ – rattaché à Lezoux.

Les BOSSONS **74** H.-Savoie 74 ⑧ – rattaché à Chamonix.

BOUAYE **44830** Loire-Atl. 67 ③ – 3 445 h. alt. 19.
Paris 403 – ♦Nantes 18 – Challans 41 – St-Nazaire 61.

à la Roderie NE : 2,5 km – ✉ **44830** Bouaye :

✕ **Aub. de la Grignotière,** ✆ 40 65 46 11, 🌳 – E VISA
fermé 17 juil. au 13 août, dim. soir et lundi – **R** 74/165, enf. 50.

BOUC-BEL-AIR **13320** B.-du-R. 84 ③⑬ – 8 964 h.
Paris 767 – ♦Marseille 21 – Aix-en-Provence 12 – Aubagne 39 – St-Maximin-la-Ste-Beaume 46 – Salon-de-Provence 45.

🏨 **L'Étape Lani,** au Sud sur D 6 ✆ 42 22 61 90, Télex 403639, Fax 42 22 68 67, 🏊 – ▤ rest TV ☎ P. AE ⓓ E VISA
fermé 7 au 28 août (sauf hôtel), 23 au 31 déc., lundi (sauf hôtel) et dim. soir – **R** 135/255, enf. 75 – ☕ 40 – **40 ch** 180/320 – ½ P 228/330.

CITROEN Gar. Laugier, RN 8 Plan Marseillais ✆ 42 22 20 90

BOUESSE **36** Indre 68 ⑱ – rattaché à Argenton-sur-Creuse.

LA BOUEXIERE **35** I.-et-V. 59 ⑰ – rattaché à Liffré.

BOUGIVAL **78** Yvelines 55 ⑳, 101 ⑬ – voir à Paris, Environs.

BOUILLAND **21420** Côte-d'Or 66 ⑪ G. Bourgogne – 136 h. alt. 410.
Paris 325 – ♦Dijon 44 – Autun 55 – Beaune 16 – Bligny-sur-Ouche 12 – Saulieu 55.

✕✕✕ ✿✿ **Host. du Vieux Moulin** (Silva) M 🐕 avec ch, ✆ 80 21 51 16, Fax 80 21 59 90, ≤, 🌳 – ☎ ♿ P. E VISA
fermé 16 déc. au 16 janv., 17 fév. au 13 mars, jeudi midi et merc. sauf fériés – **R** (nombre de couverts limité - prévenir) 190/400 et carte – ☕ 65 – **12 ch** 380/800
Spéc. Estouffade de jeunes poireaux et jambonnettes de grenouilles en meurette, Mijoté de lentilles au pied de cochon, Pigeonneau rôti dans son jus. Vins Saint-Romain blanc, Savigny-lès-Beaune.

La BOUILLE **76530** S.-Mar. 55 ⑥ G. Normandie Vallée de la Seine – 550 h. alt. 5.
Voir Château de Robert le Diable★ : ☀★ SE : 3 km – Moulineaux : vitrail★ de l'église E : 3 km.
Bac: renseignements ✆ 35 18 01 76.
Paris 136 – ♦Rouen 20 – Bernay 41 – Elbeuf 15 – Louviers 30 – Pont-Audemer 35.

🏨 **Bellevue,** ✆ 35 18 05 05, Fax 35 18 00 92 – |ᵷ| ☎. E VISA
fermé vacances de Noël et de fév. – **R** 95/210 – ☕ 28 – **20 ch** 160/320 – ½ P 220/280.

✕✕✕ **St-Pierre** avec ch, ✆ 35 18 01 01, ≤, 🌳 – ☎. E VISA. ✻
fermé mardi soir et merc. de nov. à mars – **R** 160/240 – ☕ 40 – **7 ch** 300/400.

✕✕ **Les Gastronomes,** ✆ 35 18 02 07, 🌳 – AE ⓓ E VISA
fermé merc. soir et jeudi – **R** 130/200.

✕✕ **Poste,** ✆ 35 18 03 90, 🌳 – VISA
fermé 20 déc. au 12 janv., lundi soir et mardi – **R** 150/200.

✕✕ **Maison Blanche,** ✆ 35 18 01 90, ≤ – E VISA
fermé 15 juil. au 3 août, 2 au 7 janv., dim. soir et lundi – **R** 100/250.

BOUIN **85230** Vendée 67 ② – 2 292 h.
Paris 437 – ♦Nantes 51 – La Roche-sur-Yon 64 – Challans 24 – Noirmoutier-en-l'Ile 30 – St-Nazaire 53.

🏨 **Martinet** 🐕 sans rest, ✆ 51 49 08 94, « Jardin fleuri » – ☎ ♿ P. AE ⓓ E VISA
☕ 24 – **16 ch** 175/270.

✕✕ **Le Courlis,** ✆ 51 68 64 65, 🌳 – P. E VISA
fermé 24 au 30 juin, 1er au 7 oct., 2 au 24 janv., vend. soir et lundi sauf juil.-août – **R** 86/170 ♪, enf. 38.

BOULIAC **33** Gironde 171 ⑨ – rattaché à Bordeaux.

BOULIGNEUX **01** Ain 74 ② – rattaché à Villars-les-Dombes.

BOULOGNE-BILLANCOURT **92** Hauts-de-Seine 55 ⑳, 101 ㉔ – voir à Paris, Environs.

Pour visiter la région parisienne,
utilisez le guide Vert Michelin **Ile-de-France,**
les cartes 101, 106, 237 et les plans de Banlieue 17, 19, 21 et 23.

Voir Ville haute★★ YZ : coupole★, crypte et trésor★ de la basilique Y **B**, ≤★ du Beffroi Y **H** – perspectives★ des remparts YZ – Calvaire des marins ≤★ Y – Colonne de la Grande Armée★ : ※★★ 5 km par ① – Côte d'Opale★ par ①.

Env. St-Étienne-au-Mont ≤★ 7 km par ①.

🚠 de Wimereux ♪ 21 32 43 20, par ① : 8 km – 🚤 ♪ 21 80 50 50.

🛈 Office de Tourisme quai de la Poste ♪ 21 31 68 38 et Espl. Mariette Haute Ville ♪ 21 31 57 67.

Paris 245 ③ – ♦Calais 34 ② – ♦Amiens 123 ④ – Arras 118 ④ – ♦Le Havre 243 ④ – ♦Lille 115 ③ – ♦Rouen 179 ④.

Plans page suivante

🏨 **Métropole** sans rest, 51 r. Thiers ♪ 21 31 54 30, Fax 21 30 45 72, 🛋 – 🛗 📺 ☎ 🅰🅴 🗲
  🆅🅸🆂🅰   Z **e**
  fermé 21 déc. au 5 janv. – 🖵 26 – **27 ch** 260/310.

🏨 **Urbis** 🅼 sans rest, 168 bd Sainte-Beuve ♪ 21 32 15 15, Télex 135248, Fax 21 30 47 97 – 🛗
  🌬 📺 ☎ 🕭 🗲 🆅🅸🆂🅰   X **a**
  🖵 28 – **42 ch** 245/298.

🏨 **Climat de France**, pl. Rouget de Lisle, face gare ♪ 21 80 14 50, Télex 135570,
  Fax 21 80 45 62 – 🛗 📺 ☎ 🕭 🅿 🗲 🆅🅸🆂🅰   Z **a**
  R 83/100 🍷, enf. 40 – 🖵 29 – **47 ch** 245/270.

🏨 **Lorraine** sans rest, 7 pl. Lorraine ♪ 21 31 34 78 – 📺 ☎ 🅰🅴 🗲 🆅🅸🆂🅰   Y **v**
  fermé 15 déc. au 15 janv. – 🖵 24 – **20 ch** 130/235.

🏨 **Londres** sans rest, 22 pl. France ♪ 21 31 35 63 – 🛗 📺 ☎. 🗲 🆅🅸🆂🅰   Z **n**
  20 ch 🖵 120/210.

✕✕✕ ❀ **La Matelote** (Lestienne), 80 bd Ste Beuve ♪ 21 30 17 97, Fax 21 83 29 24 – 🗲 🆅🅸🆂🅰
  fermé 15 au 30 juin, 23 déc. au 15 janv. et dim. soir – **R** 160/335   Y **q**
  Spéc. Saint-Jacques en papillote (oct. à avril), Homard aux petits légumes, Carré amandine et sa mousse
  glacée aux fruits confits.

✕✕✕ **La Liégeoise**, 10 r. A. Monsigny ♪ 21 31 61 15 – ⓞ 🗲 🆅🅸🆂🅰   YZ **s**
  fermé 15 au 31 juil., dim. soir et merc. – **R** 160/220.

✕ **Plage** avec ch, 124 bd Ste Beuve ♪ 21 31 45 35 – 🅰🅴 🗲 🆅🅸🆂🅰   Y **r**
  fermé 21 déc. au 7 janv. – **R** *(fermé dim. soir sauf juil.-août et lundi)* 70/160 🍷, enf. 65 –
  9 ch 🖵 130/190.

au Portel SO : 5 km – 11 074 h. – ✉ **62480** :

🛈 Office de Tourisme pl. Poincaré *(juin-sept.)* ♪ 21 31 45 93.

⇞ **Beau Rivage**, pl. Mgr Bourgain, quartier plage ♪ 21 31 59 82 – 🍽. 🅰🅴 🗲 🆅🅸🆂🅰
  R *(fermé vend. soir et dim. soir du 1ᵉʳ oct. au 31 mars)* 55/120 🍷, enf. 40 – **10 ch** 🖵 95/195
  – ½ P 150.

✕ **Gd Large**, r. Mar. Foch, quartier plage ♪ 21 31 71 51 – 🆅🅸🆂🅰
  fermé janv. et lundi – **R** 70/130 🍷.

à Wimille NE : 5 km par ② – 4 222 h. – ✉ **62126** :

✕✕✕ **Relais de la Brocante**, près église ♪ 21 83 19 31 – 🅰🅴 🗲 🆅🅸🆂🅰
  fermé dim. soir et lundi – **R** 145/180, enf. 85.

à Pont-de-Briques par ④ : 5 km – ✉ **62360** Pont-de-Briques St-Étienne :

Voir St-Etienne-au-Mont ≤★ du cimetière SO : 2 km.

✕✕✕ ❀ **Host. de la Rivière** (Martin) avec ch, 17 r. Gare ♪ 21 32 22 81, Fax 21 87 45 48 – ☎.
  🗲 🆅🅸🆂🅰. 🌬 ch
  fermé 16 août au 12 sept., vacances de fév., dim. soir et lundi – **R** 130/270, enf. 100 – 🖵 35
  – **8 ch** 270/300 – ½ P 320/380.
  Spéc. Foie gras chaud au miel et aux pommes, Rognon rôti dans sa graisse au genièvre, Suprême de
  volaille farci.

à Hesdin-l'Abbé SE : 9 km par ④ et N 1 – ✉ **62360** :

🏨 **Cléry** 🅼 🌊 sans rest, ♪ 21 83 19 83, Télex 135349, « Parc », 🌊 – 📺 ☎ 🅿 – 🔬 25. 🅰🅴
  🗲 🆅🅸🆂🅰. 🌬
  fermé 15 déc. au 15 janv. – 🖵 50 – **19 ch** 250/485.

ALFA-ROMEO Éts Cornuel-Boulogne, 13 r.
Quéhen ♪ 21 91 10 56
BMW P.B.M., ZI de la Liane à St-Léonard.
♪ 21 80 95 15
CITROEN Liane Automobiles, ZI de la Liane ④
♪ 21 92 21 11 🅽 ♪ 21 83 12 60
FIAT Gar. Avenue, bd Liane à St-Léonard
♪ 21 80 86 80
FORD Gar. de Paris, ZI de la Liane à St-Léonard
♪ 21 92 05 22 🅽 ♪ 21 91 02 11
MERCEDES Autom. Lecucq, 1 rte de Calais à St-
Martin-les-Boulogne ♪ 21 92 18 24
OPEL Europ'Auto, ZI de la Liane à St-Léonard
♪ 21 80 94 10

PEUGEOT-TALBOT Gar. St-Christophe, bd Liane,
ZI à St-Léonard par ④ ♪ 21 92 09 11
RENAULT Legrand Boulogne, bd Liane par bd
Industriel, ZI à St-Léonard ♪ 21 91 18 44 🅽
V.A.G Sté Nlle des Autos Boulonnaises, 122 ZI de
la Liane ♪ 21 80 66 80

⦿ Fischbach-Pneu, r. P.-Martin, ZI Inqueterie à St-
Martin-les-Boulogne ♪ 21 80 72 72
Peuvion-Pneus, 12 r. Constantine ♪ 21 31 85 62
Pneu Fauchille, 10 r. Gerhard-Hansen
♪ 21 91 04 44

BOULOGNE-SUR-MER

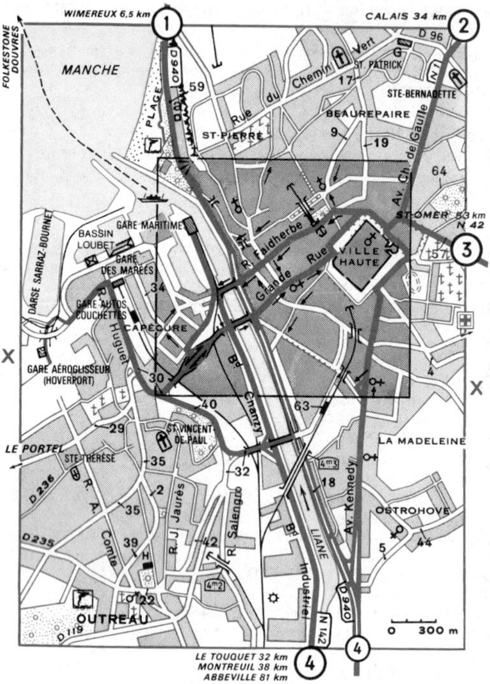

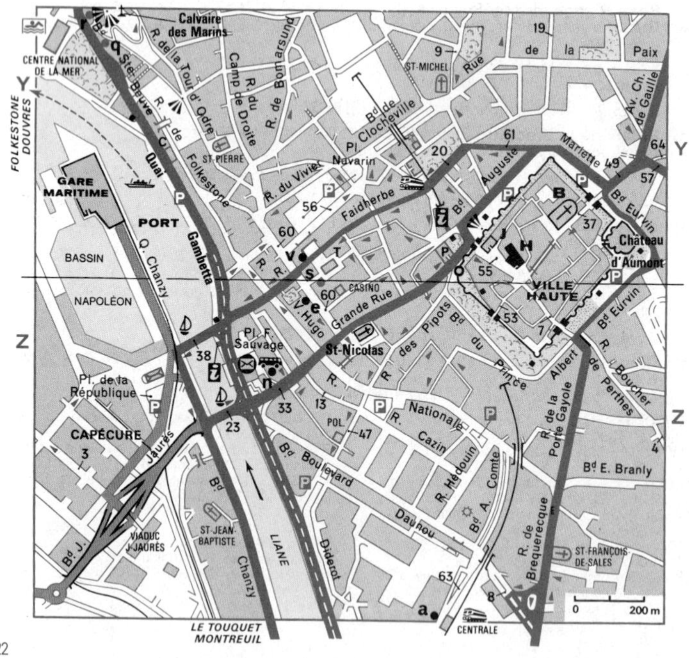

Le BOULOU 66160 Pyr.-Or. 🔟🔟 ⑲ G. Pyrénées Roussillon – 4 292 h. alt. 89 – Stat. therm. (25 fév.-23 nov.)
– Casino.

🛈 Office de Tourisme r. Écoles ℘ 68 83 36 32.

Paris 929 – ✦ Perpignan 24 – Amélie-les-Bains 16 – Argelès-sur-Mer 19 – Barcelona 165 – Céret 9.

🏨 **Le Domitien** Ⓜ, aux Thermes ℘ 68 83 49 50, Fax 68 83 45 90, 🏊, 🖈, 🛠 – 📶 📺 ☎ 🕭
　　🚗 🅿 – 🔏 80. 🝙 Ε 𝗩𝗜𝗦𝗔
　　R 90/150, enf. 50 – **L'Amphore R** carte 190 à 260 – 🖙 35 – **40 ch** 320/350, 8 appart. 350/400
　　– ½ P 295.

🏨 **Relais des Chartreuses** Ⓜ ⌘, SE : 4,5 km par N 9, D 618 et VO ℘ 68 83 15 88,
　　Fax 68 83 26 62, ≼, 🍴, 🖈 – 🅿 Ε 𝗩𝗜𝗦𝗔
　　fermé lundi sauf le soir en juil.-août – **R** (prévenir) carte 240 à 300 – 🖙 52 – **10 ch** 400/585.

🏨 **Néoulous** Ⓜ, près échangeur ℘ 68 83 38 50, Fax 68 83 13 40, 🏊, 🛠 – 📶 ▦ rest ☎ 🕭
　　🅿 – 🔏 30. Ε 𝗩𝗜𝗦𝗔
　　R 75/190, enf. 55 – 🖙 30 – **47 ch** 215/380 – ½ P 200/240.

🏠 **H. Grillon d'Or,** r. République ℘ 68 83 03 60, 🏊 – 📶 ☎ 🅿 Ε 𝗩𝗜𝗦𝗔
　　fermé 7 janv. au 7 fév. – **rest. Grillon d'Or** ℘ 68 83 06 49 (fermé 3 janv. au 28 fév. et lundi
　　en mars et du 15 oct. au 31 déc.) **R** 65/165 ?Kf enf. 37 – 🖙 23 – **35 ch** 130/210 –
　　½ P 165/190.

🏠 **Canigou,** r. Bousquet ℘ 68 83 15 29, 🍴 – ☎ 🅿 🝙 𝗩𝗜𝗦𝗔 🖈 rest
　　hôtel : 1ᵉʳ avril-31 oct. ; rest. : 1ᵉʳ mai-31 oct. – **R** 75/205, enf. 40 – 🖙 34 – **17 ch** 140/260
　　– ½ P 240/250.

　　aux Cluses S : 4 km par N 9 – ✉ **66400** Céret :

🏨 **Mas de l'Écluse,** ℘ 68 83 15 70, 🍴, 🏊, 🖈, 🛠 – 📺 ☎ 🅿 – 🔏 25. 🝙 ⓞ Ε 𝗩𝗜𝗦𝗔
　　R 110/340, enf. 60 – 🖙 50 – **21 ch** 450/800 – ½ P 335/500.

　　à Vivès O : 5 km par D 115 et D 13 – ✉ **66400** :

✗ **Hostalet de Vivès,** ℘ 68 83 05 52, spécialités catalanes – 𝗩𝗜𝗦𝗔
　　fermé 15 janv. au 9 mars, mardi hors sais. et merc. – **R** carte environ 150.

V.A.G Auto Center, 18 Z.I. ℘ 68 83 44 00　　　　ⓦ Sénéchal-Pneus, 11 r. République
　　　　　　　　　　　　　　　　　　　　　　　　　℘ 68 83 40 00

BOULOURIS 83 Var 🔟🔟 ⑧, 🔟🔟🔟 ㊳ – rattaché à St-Raphaël.
　　　　　　　　　　　　　　　　　　　　₄

BOUNIAGUES 24560 Dordogne 🔟🔟 ⑮ – 462 h. alt. 140.

Paris 571 – Périgueux 60 – Beaumont 23 – Bergerac 13 – Filleneuve-sur-Lot 47.

✗ **Voyageurs** avec ch, ℘ 53 58 32 26, 🍴, 🖈 – ☎ 🅿 Ε 𝗩𝗜𝗦𝗔
✦　fermé 4 au 18 nov., 7 au 25 janv., dim. soir et lundi hors sais. – **R** 65/160 🍷, enf. 40 – 🖙 25
　　– **10 ch** 128/225 – ½ P 170/200.

PEUGEOT Gouyou ℘ 53 58 32 32

BOURBON-LANCY 71140 S.-et-L. 🔟🔟 ⑯ G. Bourgogne – 6 507 h. alt. 276 – Stat. therm. (4 avril-11 oct.).

Voir Maison de bois et tour de l'horloge✶ B.

🛈 Office de Tourisme avec A.C. pl. Aligre (fermé matin nov.-mars) ℘ 85 89 18 27.

Paris 310 ④ – Moulins 36 ④ – Autun 62 ① – Mâcon 112 ③ – Montceau-les-M. 53 ② – Nevers 72 ④.

BOURBON-LANCY

Pour un bon usage
des plans de villes,
voir les signes conventionnels
dans l'introduction.

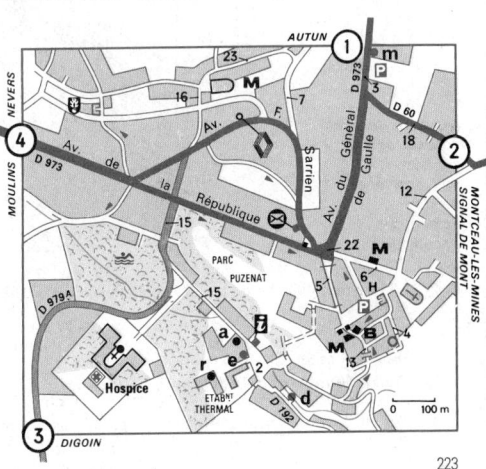

🏨 **Gd Hôtel** ॐ, **(r)** ℰ 85 89 08 87, parc – 🏢 cuisinette ☎ ℗ 🄴 ⅦⅬⅫ
mi-avril-mi-oct. – **R** 75/142, enf. 53 – ⏤ 23 – **30 ch** 118/232.

🏨 **Agriculture,** 8 r. Autun **(m)** ℰ 85 89 28 85 – ☎ ℗ 🄴 ⅦⅬⅫ, ॐ rest
➡ fermé 15 nov. au 15 déc., dim. soir hors sais., sam. midi et vend. – **R** 55/110 ⅃ – ⏤ 30 –
19 ch 110/230 – ½ P 160/200.

🏨 **Thermes,** 2 r. Parc **(e)** ℰ 85 89 19 06 – 📺 ☎ 🄴 ⅦⅬⅫ
1ᵉʳ mars-15 déc. – **R** 78/168 ⅃, enf. 35 – ⏤ 25 – **28 ch** 110/250.

🏨 **La Roseraie** sans rest, r. Martyrs-de-la-Libération **(a)** ℰ 85 89 07 96, ☞ – ☎ 🄴 ⅦⅬⅫ
fermé 20 déc. au 15 janv. – ⏤ 27 – **11 ch** 200/215.

XXX ❀ **Manoir de Sornat** (Raymond) ॐ, avec ch, allée Platanes, rte Moulins par ④
ℰ 85 89 17 39, Fax 85 89 29 47, ☞ , parc – ☎ ℗ 🄰🄴 ⓞ 🄴 ⅦⅬⅫ ॐ rest
fermé 15 au 31 janv. – **R** (fermé lundi d'oct. à mai) 140/320, enf. 80 – ⏤ 45 – **13 ch** 300/600
– ½ P 350/500
Spéc. Galette d'escargots aux pieds de porc, Pigeon du Bourbonnais laqué au jus de gentiane, Assortiment
de desserts. Vins Saint-Pourçain.

XX **Villa Vieux Puits** avec ch, 7 r. Bel Air **(d)** ℰ 85 89 04 04, ☞ – ℗ ⅦⅬⅫ
Pâques-mi-déc. et fermé dim. soir et lundi du 1ᵉʳ oct. au 15 déc. – **R** 90/250 ⅃ – ⏤ 32 –
17 ch 110/210 – ½ P 195/220.

CITROEN Blanc, 47 av. Puzenat par ④   RENAULT Ségaud, 30 av. F.-Sarrien ℰ 85 89 19 38
ℰ 85 89 11 07 🄽   🄽

BOURBON-L'ARCHAMBAULT 03160 Allier 🲶🮲 ⑬ G. Auvergne – 2 550 h. alt. 260 – Stat. therm.
(15 janv.-14 déc.) – **Voir** Allées Montespan ≼★ Y – Château ≼★ Y – **Env.** St-Menoux : choeur★★ de
l'église★ 9 km par ② '– 🄱 Office de Tourisme 1 pl. Thermes (saison) ℰ 70 67 09 79.
Paris 289 ① – Moulins 23 ② – Montluçon 48 ③ – Nevers 51 ① – St-Amand-Montrond 55 ③.

BOURBON-
L'ARCHAMBAULT

*Les noms des rues
sont soit écrits
sur le plan
soit répertoriés
en liste
et identifiés
par un numéro.*

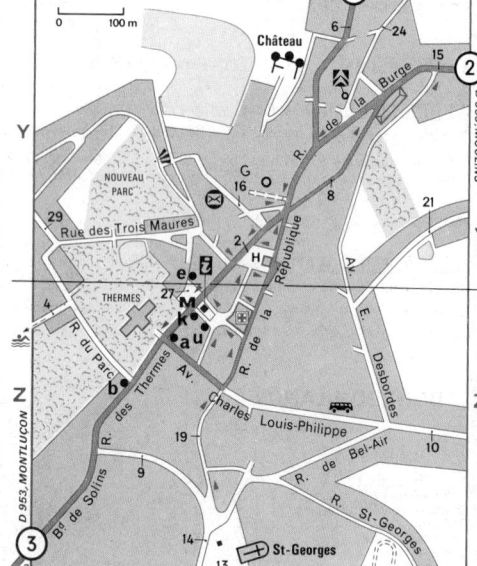

🏨 ❀ **Thermes** (Barichard), av. Ch.-Louis-Philippe ℰ 70 67 00 15, ☞, ☞ – 🍽 rest ☎ ☜, 🄰🄴
🄴 ⅦⅬⅫ ॐ rest   Z **a**
22 mars-31 oct. – **R** 87/295, enf. 60 – ⏤ 30 – **21 ch** 125/283 – P 280/340
Spéc. Foie gras d'oie poêlé aux morilles farcies, Filet mignon d'agneau à la "Connétable", Délices des
Thermes. Vins Sancerre, Saint-Pourçain.

🏨 **Gd H. Montespan-Talleyrand,** pl. Thermes ℰ 70 67 00 24, ☞ – 🏢 🄴 ⅦⅬⅫ, ॐ rest
4 avril-21 oct. – **R** 75/120, enf. 47 – ⏤ 28 – **58 ch** 127/250 – P 220/300.   YZ **e**

🏨 **Gd H. Parc et Établissement,** r. Parc ℰ 70 67 02 55, ☞ – 🏢 ☜ ℗ ॐ rest   Z **b**
5 avril- 20 oct. – **R** 85/140, enf. 60 – ⏤ 22 – **59 ch** 155/220 – P 365/470.

🏠 **Sources,** av. Thermes ☏ 70 67 00 15, ☞ – 🏖. 🅰🅴 **E** 𝗩𝗜𝗦𝗔, 🦐 rest   Z **k**
   22 mars-31 oct. – **R** 71/126 – ⊡ 22 – **20 ch** 115/200.

🏕 **Trois Puits,** r. Trois Puits ☏ 70 67 08 35 – 🦐 rest   Z **u**
   5 avril-27 oct. – **R** 70/90, enf. 55 – ⊡ 26 – **30 ch** 62/140 – P 150/220.

XX **L'Oustalet,** av. E. Guillaumin Z ☏ 70 67 01 48 – 🅿. **E** 𝗩𝗜𝗦𝗔
   fermé 11 au 17 mars, 19 au 31 oct., vend. soir, dim. soir et soirs de fêtes – **R** 93/245.

BOURBONNE-LES-BAINS 52400 H.-Marne 🖫🖫 ⑬⑭ **G.** Alsace Lorraine – 2 926 h. alt. 260 – Stat. therm. (mars-nov.).

🅗 Office de Tourisme Centre Borvo, pl. Bains (mars-nov.) ☏ 25 90 01 71.

Paris 310 ④ – Chaumont 53 ④ – ◆Dijon 120 ④ – Langres 43 ④ – Neufchâteau 53 ① – Vesoul 56 ②.

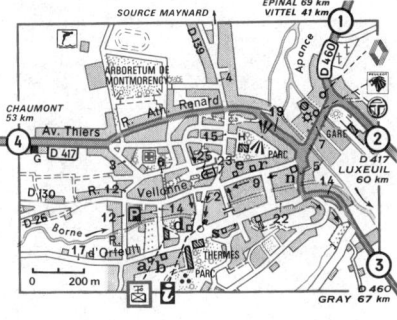

BOURBONNE-LES-BAINS

🏨 **Jeanne d'Arc,** r. Amiral Pierre **(s)** ☏ 25 90 12 55, ☂ – 🏢 🛏 ch 📺 ☎ ⟷ 🅿. 🅰🅴 ⓞ
   E 𝗩𝗜𝗦𝗔, 🦐 rest
   fermé 30 nov. au 1er fév., dim. soir et lundi en nov. (sauf hôtel) et en fév. – **R** (dîner seul. en semaine en nov. et fév.) 90/180, enf. 60 – ⊡ 30 – **34 ch** 240/285 – P 280/320.

🏠 **Hérard,** Gde Rue **(e)** ☏ 25 90 13 33, ☞ – 🏢 📺 ☎ ⟷ 🅰🅴 ⓞ **E** 𝗩𝗜𝗦𝗔
   R 65/175 🍷, enf. 50 – ⊡ 29 – **43 ch** 180/235 – ½ P 210/260.

🏠 **Lauriers Roses,** pl. Bains **(d)** ☏ 25 90 00 97 – 🏢 cuisinette ☎ 🚻. **E** 𝗩𝗜𝗦𝗔
   31 mars-19 oct. – **R** 60/98, enf. 35 – ⊡ 22 – **80 ch** 110/300 – P 400/500.

🏠 **Orfeuil,** r. Orfeuil **(a)** ☏ 25 90 05 71, ☂, parc – 🏢 cuisinette ☎. 🅰🅴 ⓞ **E** 𝗩𝗜𝗦𝗔
   🦐 rest
   31 mars-27 oct. – **R** 50/104 🍷, enf. 37 – ⊡ 22 – **56 ch** 71/185 – P 184/285.

🏠 **Beau Séjour,** r. Orfeuil **(b)** ☏ 25 90 00 34 – 🏢. **E** 𝗩𝗜𝗦𝗔
   21 avril-19 oct. – **R** 60/98, enf. 35 – ⊡ 20 – **64 ch** 110/185 – P 315/400.

🏠 **Régina,** pl. Libération **(n)** ☏ 25 90 06 24 – 📺 ☎. 🅰🅴 **E** 𝗩𝗜𝗦𝗔
   R 50/100 🍷, enf. 30 – ⊡ 25 – **15 ch** 110/190 – ½ P 280/330.

🏠 **A l'Étoile d'Or,** Gde Rue **(r)** ☏ 25 90 06 05 – 🍽 rest ☎ 🅿. 🅰🅴 ⓞ **E** 𝗩𝗜𝗦𝗔
   15 avril-15 oct. – **R** 65/100 🍷, enf. 48 – ⊡ 20 – **41 ch** 90/165 – ½ P 150/185.

CITROEN Michaud, par ① ☏ 25 90 03 12   RENAULT Beau, 13 av. Lieutenant-Gouby
PEUGEOT-TALBOT André ☏ 25 90 00 56   ☏ 25 90 00 72 🅽

La BOURBOULE 63150 P.-de-D. 🖫🖫 ⑬ **G.** Auvergne – 2 403 h. alt. 852 – Stat. therm.

Voir Parc Fenêstre★ ABZ – Roche Vendeix ☀★ 4 km par ② puis 30 mn.

🅗 Office de Tourisme pl. Hôtel de Ville ☏ 73 81 07 99, Télex 393554.

Paris 450 ③ – ◆Clermont-Ferrand 53 ③ – Aubusson 86 ③ – Mauriac 70 ③ – Ussel 53 ③.

Plan page suivante

🏨 **Régina,** av. Alsace-Lorraine ☏ 73 81 09 22, ☞ – 📺 ☎ 🅿. **E** 𝗩𝗜𝗦𝗔, 🦐 rest   BY **v**
   fermé 3 nov. au 25 déc. et 2 janv. au 2 fév. – **R** 68/150, enf. 45 – ⊡ 28 – **25 ch** 220/290 –
   ½ P 220/250.

🏨 **International,** av. Angleterre ☏ 73 81 05 82 – 🛏 rest 📺 ☎. 🅰🅴 ⓞ **E** 𝗩𝗜𝗦𝗔, 🦐   BZ **e**
   fermé 3 nov. au 20 déc. – **R** 75, enf. 38 – ⊡ 25 – **15 ch** 200/240 – ½ P 220/240.

🏨 **Le Charlet,** bd L. Choussy ☏ 73 65 51 84 – 🏢 ☎. **E** 𝗩𝗜𝗦𝗔, 🦐 rest   AZ **g**
   fermé 10 oct. au 20 déc. – **R** 79/150, enf. 55 – ⊡ 26 – **38 ch** 155/270 – ½ P 165/230.

🏨 **Parc,** quai Mar. Fayolle ☏ 73 81 01 77, ☞ – 🏢 🛏 rest 🏖. 🅰🅴 ⓞ **E** 𝗩𝗜𝗦𝗔, 🦐 rest   AZ **z**
   15 mai-26 sept. – **R** 78/120 – ⊡ 26 – **52 ch** 120/290 – ½ P 160/240.

🏨 **Aviation,** r. Metz ☏ 73 65 50 50 – 🏢 ☎ ⟷. 𝗩𝗜𝗦𝗔, 🦐 rest   BZ **b**
   fermé 1er oct. au 26 déc. – **R** 72/120, enf. 50 – ⊡ 25 – **43 ch** 150/290 – ½ P 160/250.

LA BOURBOULE

Clemenceau (Bd G.) ... **ABY**
Féron (Quai) .... **BY**
Foch (Bd Mar.) .... **AY** 6

Alsace-Lorraine (Av.) .. **BY** 2

États-Unis
(Av. des) .... **BY** 3
Gambetta (Quai) ...... **AZ** 7
Guéneau-de-Mussy
(Av.) .... **AY** 8
Hôtel-de-Ville (Q.) .... **AY** 10
Jeanne-d'Arc (Q.) ..... **BY** 12
Jet-d'eau (Sq. du) .... **AY** 13

Joffre (Sq. du Mar.) ... **BY** 15
Lacoste (Pl. G.) .... **AY** 16
Libération (Q. de la) ... **AZ** 17
Mangin
(Av. du Gén.) ..... **AZ** 19
République (Pl. de la) .. **AZ** 21
Souvenir (Pl. du) ...... **BX** 22
Victoire (Pl. de la) .... **AY** 23

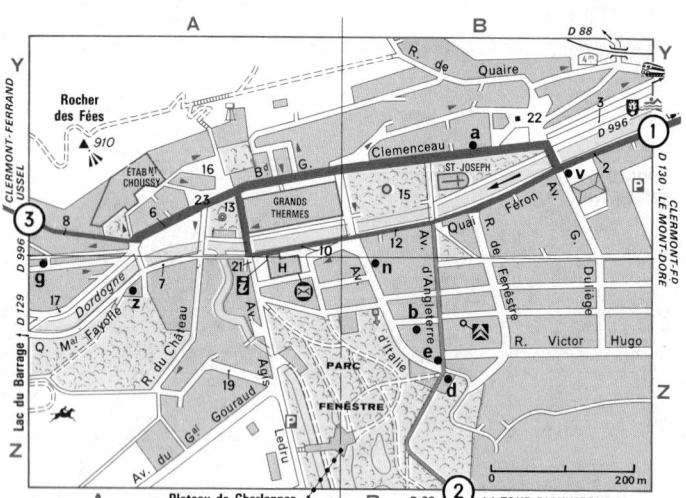

🏨 **Les Fleurs,** av. Guéneau de Mussy par ③ ℰ 73 81 09 44, ≈ – TV ☎ P. E VISA ⁑ rest
➡ hôtel: fermé 10 oct. au 31 déc.; rest.: ouvert 1er fév. au 10 oct. – **R** 68/140, enf. 40 – ⊑ 26
– **24 ch** 250/260 – ½ P 140/240.

🏨 **Valsesia,** av. Italie ℰ 73 81 06 29 – TV ☎ VISA ⁑   BZ **n**
➡ 1er avril-fin nov. et fév.-16 mars – **R** 75/156 – ⊑ 26 – **12 ch** 185/235 – ½ P 238.

🏨 **Pavillon,** av. Angleterre ℰ 73 65 50 18, ≈ – 🛁 P. E VISA ⁑   BZ **d**
➡ 27 avril-31 oct. et 1er fév.-15 mars – **R** 60/80, enf. 58 – ⊑ 26 – **26 ch** 140/250 – ½ P 170/195.

🏨 **Genève,** bd G. Clemenceau ℰ 73 81 04 85 – VISA   BY **a**
➡ 1er mai-30 sept. – **R** 58/75 🍴, enf. 28 – ⊑ 20 – **40 ch** 85/165 – ½ P 120/145.

au NE : 2 km par D 996 :

🏨 **L'Horizon** M, av. Mar. Leclerc ℰ 73 81 08 40, ≈ – ⇔ ch P. E VISA ⁑ rest
➡ fermé 15 oct. au 20 déc. et 21 au 31 mars – **R** 59/105, enf. 40 – ⊑ 22 – **18 ch** 179/200 –
½ P 185/200.

à St-Sauves-d'Auvergne par ③ : 4,5 km – ✉ 63950 :

🏨 **Poste,** pl. Église ℰ 73 81 10 33 – ☎ P. E VISA
➡ **R** (fermé 15 nov. au 20 déc.) 58/160 🍴, enf. 40 – ⊑ 22 – **18 ch** 100/220 – P 160/200.

CITROEN Gar. Aviation, r. de Metz ℰ 73 81 02 88

BOURBOURG 59630 Nord 🗺 ③ – 7 341 h. alt. 5.

Paris 284 – ♦ Calais 28 – Cassel 28 – Dunkerque 18 – ♦ Lille 83 – St-Omer 26.

XXX **La Gueulardière,** 4 pl. Hôtel de Ville ℰ 28 22 20 97 – E VISA
fermé août – **R** 90/280.

BOURCEFRANC-LE-CHAPUS 17 Char.-Mar. 🗺 ⑭ – rattaché à Marennes.

BOURDEAU 73 Savoie 🗺 ⑮ – rattaché au Bourget-du-Lac.

BOURDEAUX 26460 Drôme 🗺 ⑬ – 578 h. alt. 407.

🅱 Syndicat d'Initiative pl. de la Lève ℰ 75 53 35 90.

Paris 614 – Valence 52 – Crest 24 – Montélimar 40 – Nyons 44 – Pont-St-Esprit 74.

🏯 **Trois Châteaux,** rte Nyons sur D 70 ℰ 75 53 33 92 – E VISA
fermé 24 au 30 déc., dim. soir et lundi – **R** 75/120 🍴 – ⊑ 24 – **15 ch** 75/160 – ½ P 140/170.

BOURDEILLES 24 Dordogne 75 ⑤ – rattaché à Brantôme.

BOURGANEUF 23400 Creuse 72 ⑨ G. Berry Limousin – 4 030 h. alt. 446.

Voir Charpente★ de la tour Zizim – Tapisserie★ dans l'Hôtel de Ville.

Syndicat d'Initiative Tour Lastic ☏ 55 64 12 20.

Paris 387 – ♦Limoges 49 – Aubusson 39 – Guéret 33 – Tulle 104 – Uzerche 85.

- **Commerce,** r. Verdun ☏ 55 64 14 55 – TV ☎ . E VISA
  fermé 22 déc. au 15 fév., dim. soir et lundi (sauf juil.-août) et fêtes – **R** 65/250, enf. 50 – 25 – **14 ch** 140/300.
- **Coupole,** av. Turgot ☏ 55 64 08 99 – P. AE
  fermé nov. et sam. – **R** 55/100 – 15 – **13 ch** 94/120 – ½ P 160/190.

CITROEN Lacourie ☏ 55 64 00 23
PEUGEOT-TALBOT Barlet ☏ 55 64 08 76
Pradillon ☏ 55 64 22 79

BOURG-ARGENTAL 42220 Loire 76 ⑨ G. Vallée du Rhône – 3 202 h. alt. 534.

Syndicat d'Initiative pl. Liberté (15 juin-15 sept.) ☏ 77 39 63 49.

Paris 543 – ♦St-Étienne 28 – Annonay 15 – Le Puy 76 – Vienne 54 – Yssingeaux 49.

- France, pl. 11-Novembre ☏ 77 39 60 28, – TV ☎ P
  10 ch.

Gar. Moderne ☏ 77 39 62 14 N

BOURG-CHARENTE 16 Charente 72 ⑫ – rattaché à Jarnac.

BOURG-DE-PÉAGE 26 Drôme 77 ② – rattaché à Romans-sur-Isère.

Le BOURG-D'IRÉ 49 M.-et-L. 63 ⑨ – rattaché à Segré.

Le BOURG-D'OISANS 38520 Isère 77 ⑥ G. Alpes du Nord – 3 071 h. alt. 719.

Voir Cascade de la Sarennes★ NE : 1 km puis 15 mn – Gorges de la Lignarre★ NO : 3 km.

Office de Tourisme quai Girard ☏ 76 80 03 25.

Paris 614 – ♦Grenoble 49 – Briançon 67 – Gap 118 – St-Jean-de-Maurienne 94 – Vizille 32.

- **l'Oberland,** ☏ 76 80 24 24, , – ☎ P. AE E VISA. rest
  15 mai-15 sept. et 1er déc.-15 avril – **R** 78/115, enf. 32 – 25 – **30 ch** 220 – ½ P 220.

au Châtelard NE : 12 km par D 211, D 211A et VO – alt. 1 450 – ✉ **38520** Bourg d'Oisans :

- **La Forêt de Maronne** , ☏ 76 80 00 06, ≤, , – P. E VISA. rest
  15 juin-20 sept. et 20 déc.-20 avril – **R** 82/166, enf. 46 – 27 – **13 ch** 160/270 – ½ P 189/250.

CITROEN Gar. Bonnenfant, Les Sables-en-Oisans ☏ 76 80 07 00 N
RENAULT Gar. St-Laurent ☏ 76 80 26 97

BOURG-D'OUEIL 31110 H.-Gar. 85 ⑳ – 21 h. alt. 1 350.

Voir Vallée d'Oueil★ au SE – Kiosque de Mayrègne ★ SE : 5 km, G. Pyrénées Aquitaine.

Paris 885 – Luchon 15 – St-Gaudens 61 – Tarbes 105 – ♦Toulouse 151.

- **Sapin Fleuri** , ☏ 61 79 21 90, ≤ – ☎ P. rest
  1er juin-10 oct. et 22 déc.-20 avril – **R** 110/300, enf. 90 – 30 – **22 ch** 150/240 – ½ P 150/200.

BOURG-DUN 76 S.-Mar. 52 ③ – rattaché à Fontaine-le-Dun.

BOURG-EN-BRESSE P 01000 Ain 74 ③ G. Bourgogne – 43 675 h. alt. 240.

Voir Église de Brou★★ : tombeaux★★★, chapelles et oratoires★★★ X B – Monastère★ : musée de Brou★ X E – Stalles★ de l'église N.-Dame Y K.

Office de Tourisme 6 av. Alsace-Lorraine ☏ 74 22 49 40 et 168 ter bd de Brou (juil.-août) ☏ 74 22 27 76 – A.C. 15 av. Alsace-Lorraine ☏ 74 22 43 11.

Paris 425 ⑦ – Annecy 112 ④ – ♦Besançon 148 ② – Chambéry 108 ④ – ♦Dijon 156 ⑦ – ♦Genève 111 ④ – ♦Lyon 62 ⑤ – Mâcon 34 ⑦ – Roanne 118 ⑥.

Plans page suivante

- **Prieuré** M sans rest, 49 bd Brou ☏ 74 22 44 60, Fax 74 22 71 07, « Bel aménagement intérieur », – TV ☎ P. AE E VISA — X a
  40 – **14 ch** 360/510.
- **Terminus** sans rest, 19 av. A. Baudin ☏ 74 21 01 21, Télex 380844, Fax 74 21 36 47, « Parc » – TV ☎ – 30. AE E VISA — X t
  35 – **50 ch** 250/350.
- **Ariane** M, bd Kennedy ☏ 74 22 50 88, Télex 305801, Fax 74 22 51 57, , , – TV ☎ P – 30. E VISA — X s
  R *(fermé dim. et fériés)* 110/250 – 35 – **40 ch** 265/320.

BOURG-
EN-BRESSE

*Utilisez toujours
les **cartes Michelin** récentes.
Pour une dépense minime
vous aurez
des informations sûres.*

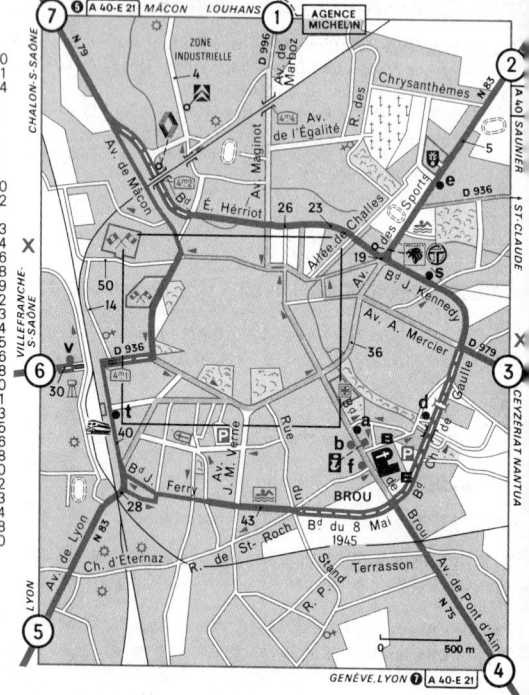

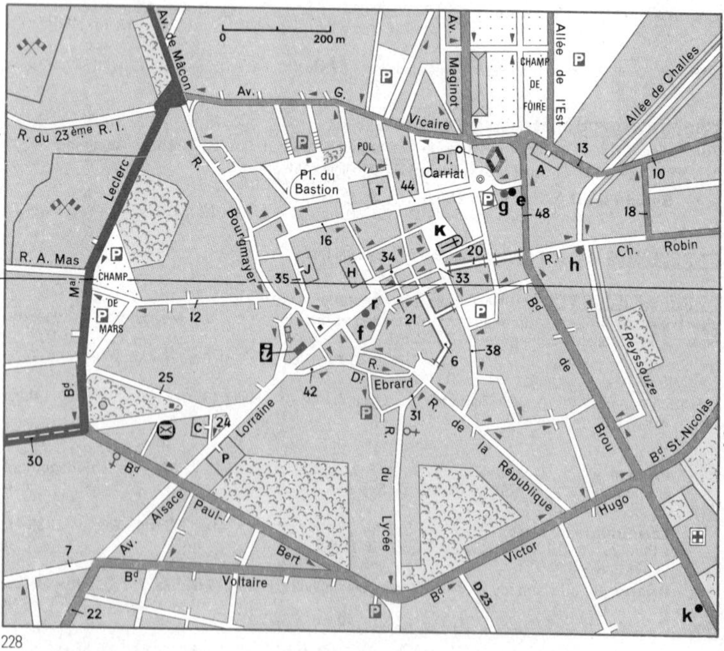

228

🏨 **Mercure-Chantecler** Ⓜ, 10 av. Bad-Kreuznach, rte Strasbourg par ② 𝒫 74 22 44 88, Télex 380468, Fax 74 23 43 57, 🍽, 🌳 – ▤ ch ☎ 🅿 – 🛣 50. 🖭 ⓞ 🖻 𝘝𝘐𝘚𝘈. ※ rest
R 110/280 🍴, enf. 52 – ☷ 40 – **60 ch** 275/400 – ½ P 300/350.

🏨 **Le Logis de Brou** sans rest, 132 bd Brou 𝒫 74 22 11 55, Fax 74 22 37 30 – 📶 📺 ☎ 🚗
🅿 – 🛣 30. 🖭 ⓞ 🖻 𝘝𝘐𝘚𝘈   Z   k
☞ 32 – **30 ch** 250/350.

🏨 **France,** 19 pl. Bernard 𝒫 74 23 30 24, Télex 330740, Fax 74 23 69 90 – 📶 📺 ☎ 🚗 –
🛣 25. 🖭 ⓞ 🖻 𝘝𝘐𝘚𝘈   Y   e
R voir rest. **Jacques Guy** ci-après – ☞ 32 – **46 ch** 200/335.

🏠 **Ibis** Ⓜ, bd Ch. de Gaulle 𝒫 74 22 52 66, Télex 900471, Fax 74 23 09 58, 🍽 – 📺 ☎ ⅙
🅿 – 🛣 50. 🖭 🖻 𝘝𝘐𝘚𝘈   X   d
R 95 🍴, enf. 39 – ☞ 29 – **63 ch** 260/295.

XXX **Auberge Bressane,** face église de Brou 𝒫 74 22 22 68, 🍽 – 🅿. 🖭 ⓞ 🖻 𝘝𝘐𝘚𝘈   X   f
fermé lundi soir et mardi – **R** 138/460, enf. 100.

XXX ❀ **Jacques Guy,** 19 pl. Bernard 𝒫 74 45 29 11 – 🖭 ⓞ 🖻 𝘝𝘐𝘚𝘈   Y   g
fermé 5 au 18 mars, 1ᵉʳ au 14 oct., 24 au 30 déc., dim. soir et lundi – **R** 130/320
Spéc. Foie gras de canard en croûte, Sandre à la crème de poireaux et jambonnettes de grenouilles, Volaille
de Bresse pochée. Vins Brouilly, Seyssel.

XX **Mail** avec ch, 46 av. Mail 𝒫 74 21 00 26 – ▤ rest ☎ 🚗 🅿. 🖭 ⓞ 𝘝𝘐𝘚𝘈   X   v
fermé 12 au 26 juil., 23 déc. au 14 janv., dim. soir et lundi – **R** 120/290, enf. 80 – ☞ 28 –
9 ch 190/280 – ½ P 250/320.

XX **La Galerie,** 4 r. Th. Riboud 𝒫 74 45 16 43 – 🖻 𝘝𝘐𝘚𝘈   Z
fermé 1 au 15 août, sam. midi et dim. – **R** 110/180.

XX **Le Français,** 7 av. Alsace-Lorraine 𝒫 74 22 55 14, brasserie – 🖭 🖻 𝘝𝘐𝘚𝘈   Z   r
fermé 5 au 26 août, 23 au 31 déc., sam. soir et dim. – **R** 100/220 🍴, enf. 60.

XX **Chalet de Brou,** face église de Brou 𝒫 74 22 26 28, 🍽 – 🖻 𝘝𝘐𝘚𝘈   X   f
➡ *fermé 1ᵉʳ au 15 juin, 23 déc. au 23 janv., jeudi soir et vend. –* **R** 65/210 🍴.

XX **Reyssouze** avec ch, 20 r. Ch. Robin 𝒫 74 23 11 50 – ▤ rest. 🖻 𝘝𝘐𝘚𝘈. ※ ch   Y   h
fermé 5 au 20 août, 21 au 30 janv., dim. soir et lundi – **R** 90/220, enf. 60 – ☞ 28 – **8 ch**
130/200.

XX **Ermitage,** 142 bd de Brou 𝒫 74 22 19 00 – 🖭 ⓞ 🖻 𝘝𝘐𝘚𝘈   X   b
fermé 14 juil. au 15 août, dim. soir et lundi – **R** 85/190 🍴.

X **Rest. de l'Église de Brou,** face église de Brou 𝒫 74 22 15 28 – ▤. 🖻 𝘝𝘐𝘚𝘈   X   f
➡ *fermé 24 juin au 23 juil., 22 au 31 déc., mardi et merc. –* **R** 70/165 🍴.

rte de Lons-le-Saunier par ② : 6,5 km ℕ 83 – ✉ **01370** St-Étienne-du-Bois :

X **Les Mangettes,** 𝒫 74 22 70 66, 🍽 – 🅿 🖭 🖻 𝘝𝘐𝘚𝘈
fermé 24 juil. au 14 août, dim. soir, lundi soir et mardi – **R** 88/180.

à St-Just par ③ : 3 km sur D 979 – ✉ **01250** :

XXX **La Petite Auberge,** 𝒫 74 22 30 04, 🍽, « Auberge fleurie », 🌳 – 🅿. 🖻 𝘝𝘐𝘚𝘈
fermé 28 oct. au 5 nov. 15 janv. au 15 fév., dim. soir (sauf juil.-août) lundi soir et mardi –
R (prévenir) 100/200, enf. 60.

CONSTRUCTEUR : Renault Véhicules Industriels, rte de Ceyzeriat 𝒫 74 22 82 00

MICHELIN, Agence, rte de Marboz, ZI Extention-Nord par ① 𝒫 74 23 21 43

ALFA-ROMEO, SEAT Bourg Auto 2 000, 22 r.
4-Septembre 𝒫 74 23 19 34
BMW Bresse Auto Sport, r. Gay Lussac à Viriat
𝒫 74 22 62 55
CITROEN D.A.R.A. ZI Nord av. Arsonval par ⑦
𝒫 74 22 36 44 ℕ 𝒫 74 45 12 12
FIAT S.E.R.M.A., N 79 Bourg-en-Bresse Nord à
Viriat 𝒫 74 23 19 55 ℕ
FORD Gar. du Bugey, rte de Pont-d'Ain, face Parc
des Expositions 𝒫 74 22 32 66
HONDA, LANCIA-AUTOBIANCHI Rignanese, 32
rte de Pont-d'Ain 𝒫 74 22 15 21
MERCEDES-BENZ, TOYOTA DBA, 24 av. de Pont-
d'Ain 𝒫 74 22 65 46

PEUGEOT, TALBOT S.I.C.M.A., 19 bd J.-Curie
𝒫 74 23 14 55 ℕ 𝒫 74 23 35 55
RENAULT A.R.N.O., bd Ed.-Herriot, ZI Nord
𝒫 74 23 35 55 ℕ
RENAULT Gar. Carriat, 11 pl. Carriat 𝒫 74 22 17 11
ROVER Meunier, rte de Strasbourg N 83 à Viriat
𝒫 74 22 20 80
V.A.G Europe-Gar., av. A.-Mercier 𝒫 74 23 31 12

🞔 CDP Ayme Pneus, r. F.-Arago, ZI Nord
𝒫 74 23 34 41
Gaudry Pneu, rond-point Fleyriat-les-Vareys
à Viriat 𝒫 74 45 05 04

Planen Sie Ihre Fahrtroute in Frankreich mit der
Michelin-Karte Nr. 🯰🯱🯱 *„FRANCE – Grands Itinéraires''*
Sie ersehen daraus
  – die Kilometerzahl Ihrer Strecke
  – Ihre Fahrzeit
  – die Zonen mit Staus und die Entlastungsstrecken
  – die Lage der Tag und Nacht geöffneten Tankstellen
Sie fahren billiger und sicherer.

Voir Cathédrale★★★ Z – Palais Jacques-Coeur★★ Y – Jardins des Prés-Fichaux★ Y – Hôtel Lallemant★ Y **B** – Jardins de l'Archevêché★ Z – Tour octogonale★ de l'Hôtel des Échevins Y **D** – Maisons anciennes★ YZ – Musée du Berry dans l'hôtel Cujas★ : collections gallo-romaines★, prophètes★, pleurants du tombeau du duc de Berry★ Y **E**.

🏌🏌 ℰ 48 21 20 01, S : 5 km par D 106.

🅱 Office de Tourisme 21 r. V.-Hugo ℰ 48 24 75 33 – A.C. 40 av. J.-Jaurès ℰ 48 24 01 36.

Paris 238 ⑧ – Châteauroux 67 ⑥ – ◆Dijon 246 ② – Nevers 69 ③ – ◆Orléans 114 ⑧ – ◆Tours 147 ⑧.

Plans pages suivantes

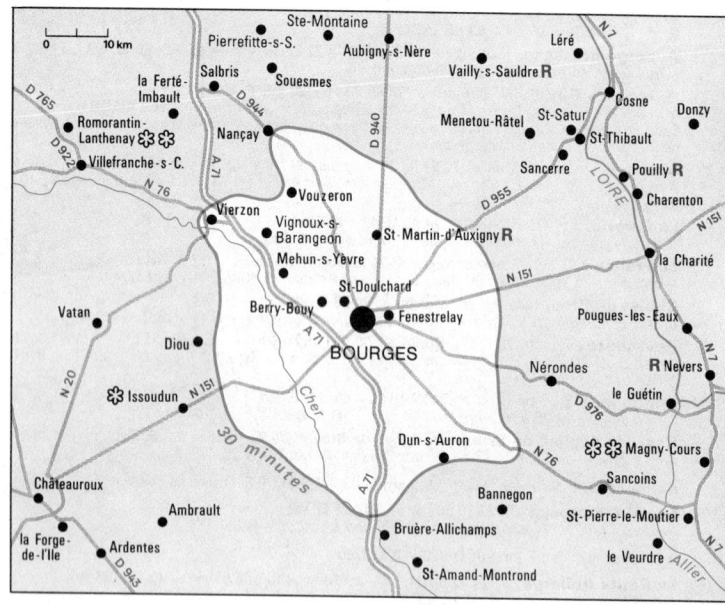

🏨 **Le d'Artagnan,** 19 pl. Séraucourt ℰ 48 21 51 51, Télex 780312, Fax 48 50 37 88 – 🛗 📺
➡ ☎ – 🏋 100. 🖭 ℰ *VISA*
   R 69/119, enf. 45 – 😅 30 – **74 ch** 220/310 – ½ P 250.
   X **b**

🏨 **Angleterre,** 1 pl. Quatre Piliers ℰ 48 24 68 51 – 🛗 📺 ☎ ⬅ – 🏋 25. 🖭 ⓪ ℰ *VISA*
   ❄ rest
   Y **a**
   R (fermé 23 juin au 7 juil., 20 déc. au 20 janv., lundi midi et dim.) 78/126 – 😅 30 – **31 ch**
   304/373 – ½ P 284/303.

🏨 **Olympia** sans rest, 66 av. Orléans ℰ 48 70 49 84 – 🛗 📺 ☎ ⬅ 🅿. 🖭 ℰ *VISA*
   V **t**
   fermé 23 déc. au 2 janv. – 😅 25 – **42 ch** 185/235.

🏨 **Monitel et rest. La Braisière,** 73 r. Barbès ℰ 48 50 23 62, Télex 783397, Fax 48 50 48 96
➡ – 🛗 📺 ☎ 🅿 – 🏋 40. 🖭 ⓪ ℰ *VISA*
   X **u**
   fermé 23 déc. au 2 janv. – **R** (fermé sam. midi et dim. soir) 70/195 ⅄, enf. 45 – 😅 30 –
   48 ch 210/260.

🏨 **Tilleuls** sans rest, 7 pl. Pyrotechnie ℰ 48 20 49 04, Télex 782026, Fax 48 50 61 73, ☞ – 📺
   ☎ ⬅ 🅿. 🖭 ℰ *VISA*
   X **s**
   😅 25 – **30 ch** 155/230.

🏨 **Christina** sans rest, 5 r. Halle ℰ 48 70 56 50, Fax 48 70 58 13 – 🛗 📺 ☎ – 🏋 50. 🖭 ℰ
   VISA
   Z **m**
   😅 23 – **73 ch** 160/250.

🏨 **Ibis** Ⓜ, quartier Prado ℰ 48 65 89 99, Télex 782243, Fax 48 65 18 47, ☞ – 🛗 📺 ☎ ⅃
   🅿 – 🏋 25 à 60. ℰ *VISA*
   Z **v**
   R 77 ⅄, enf. 39 – 😅 29 – **86 ch** 275/310.

🏨 **Host. Gd Argentier** sans rest, 9 r. Parerie ℰ 48 70 84 31 – ☎. 🖭 ⓪ ℰ *VISA*
   Y **k**
   fermé 22 déc. au 31 janv. et dim. hors sais. – 😅 29 – **14 ch** 280/350.

🏨 **St-Jean** sans rest, 23 av. Marx Dormoy ℰ 48 24 13 48 – 🛗 📺 ☎ ⬅ ℰ *VISA*
   V **m**
   fermé 31 janv. au 1er mars – 😅 17 – **24 ch** 110/230.

BOURGES

Baffier (R. J.) . . . . X 3
Deux-Ponts (R. des) . . . . V 16
Dormoy (Av. M.) . . . . V 19
Farman (Rd-Pt H.) . . . . X 21
Foch (Bd du Mar.) . . . . X 23
Frères-Voisin (Av. des) . . . . . . X 25
Industrie (Bd de l') . . . . X 30
J.-J.-Rousseau (R.) . . . . X 33
Joffre (Bd du Mar.) . . . . X 34
Laudier (Av. H.) . . . . V 38
Liberté (Bd de la) . . . . X 41
Nevers (Av. de) . . . . X 46
Orléans (Av. d') . . . . V 48
Orléans (Rte d') . . . . V 49
Pignoux (R. de) . . . . X 51
Prés-le-Roi (Av. des) . . . . V 53
Prospective (Av. de la) . . . . . . V 56
Pyrotechnie (Pl. de la) . . . . X 57
Santos-Dumont (Bd) . . . . X 65
Sellier (R. H.) . . . . X 66
Sémard (Av. P.) . . . . V 68

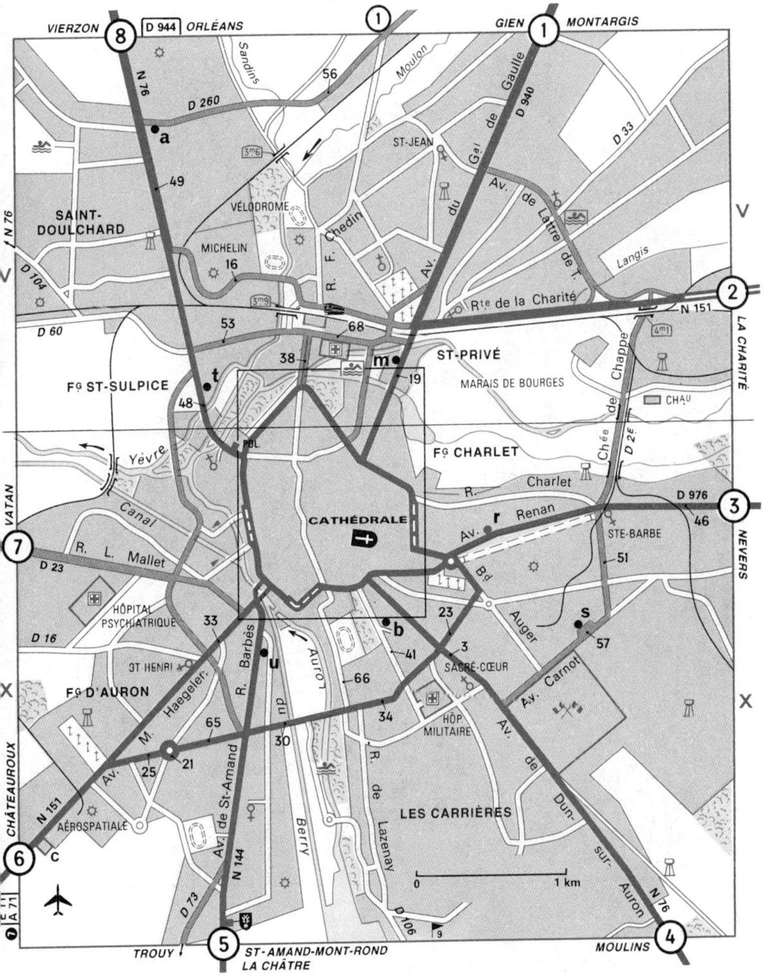

XXX **Le Jardin Gourmand,** 15 bis av. E. Renan ✆ 48 21 35 91 – AE E VISA. — X **r**
fermé 15 au 22 juil., 15 déc. au 15 janv., dim. soir et lundi – **R** 95/220.

XXX **Jacques Coeur,** 3 pl. J. Coeur ✆ 48 70 12 72 – AE ⓓ E VISA — Y **n**
fermé 19 juil. au 19 août, 25 déc. au 2 janv., dim. soir et sam. – **R** 145/180.

XX **Ile d'Or,** 39 bd Juranville ✆ 48 24 29 15 – AE ⓓ E VISA — Y **q**
fermé 1er au 15 sept., 1er au 15 mars., lundi midi et dim. – **R** 97/265.

à Fenestrelay E : 5 km par av. Renan, chaussée de la Chappe (XV) et ② – ✉ **18390** St-Germain-du-Puy :

XX **Aub. du Vieux Moulin,** ✆ 48 24 60 45, – Ⓟ. E VISA
fermé 1er au 21 août dim. soir et lundi – **R** 95/240, enf. 50.

BOURGES

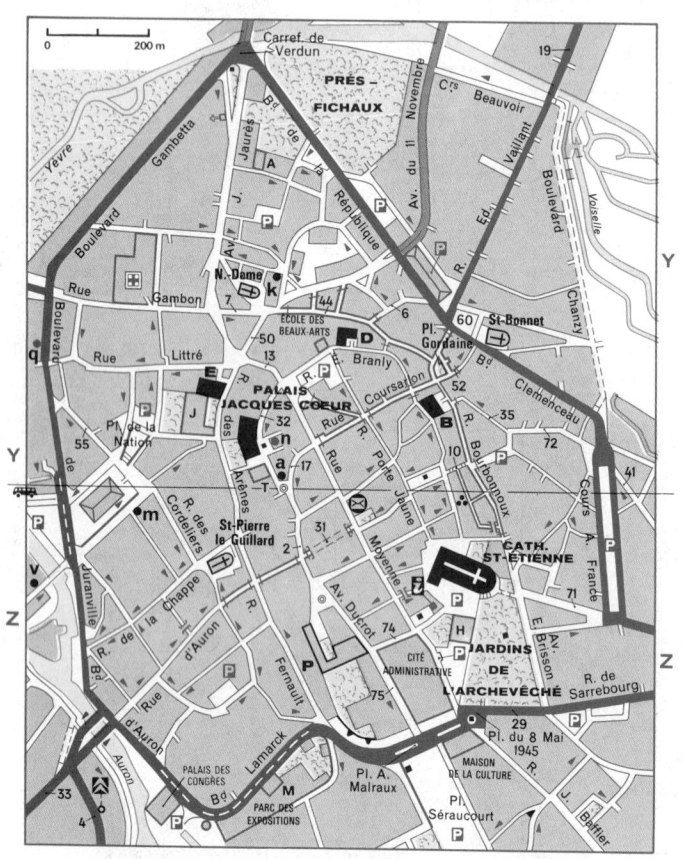

rte de Châteauroux par ⑥ : 3 km – ✉ **18000** Bourges :

🏨 **Confortel** [M], 𝒫 48 67 00 78, Télex 760280, 🍽 – 📺 ☎ ⅖ 🅿 Ⅽ *VISA*
R 75/95 ⅄, enf. 37 – ☐ 28 – **42 ch** 220 – ½ P 198.

à St-Doulchard NO : 3 km – 7 928 h. – ✉ **18230**

🏨 **Logitel** sans rest., 𝒫 48 70 07 26, Fax 48 24 59 94, ⚒ – 📺 ☎ 🅿 Ⅽ *VISA*   **V a**
☐ 22 – **30 ch** 200/225.

à Berry-Bouy NO : 8 km par D 60 – ✉ **18500** :

XX **La Gueulardière,** 𝒫 48 26 81 45, 🍽 – 🆎 ⓓ Ⅽ *VISA*
fermé 29 janv. au 12 fév., lundi soir et mardi – **R** 170/310.

BMW Gar. Vergès, av. Prospective, Asnières-lès-
Bourges 𝒫 48 70 47 20
CITROEN Générale-Auto, rte de la Charité,
ZI St-Germain-du-Puy 𝒫 48 24 65 29 🔟
𝒫 48 24 44 44

CITROEN Gar. Bonnet, 13 r. Barbès 𝒫 48 50 03 44
LADA-SKODA Gar. Salmon, 40 av. d'Orléans
𝒫 48 65 79 40
MERCEDES-BENZ SAVIB, r. L.-Mallet
𝒫 48 21 24 04 🔟 𝒫 48 72 00 94

OPEL Gar. Barbellion, rte d'Orléans, St-Doulchard
   🅿 48 24 24 30
PEUGEOT-TALBOT Gds Gar. du Cher, rte
d'Orléans, St-Doulchard 🅿 48 24 72 01
RENAULT S.C.A.C., 259 av. Gén.-de-Gaulle
   🅿 48 70 99 97 **N** 🅿 48 57 53 01
ROVER Gar. Berthot, 136 bis rte de Nevers
   🅿 48 50 42 10 **N** 🅿 48 50 29 46
V.A.G Laudat, 99 rte de la Charité 🅿 48 70 15 17
N 🅿 48 24 19 90
La Fourchette Autom., 207 rte la Charité
   🅿 48 65 80 61

⓪ Berry-Pneus, 99 av. Dun 🅿 48 20 34 24
Gar. Gaudichon et Thiault, à St-Florent-sur-Cher
   🅿 48 55 65 92
Interpneus, 58 bd Avenir 🅿 48 50 19 30
Perry Pneus, rte la Charité à St-Germain-du-Puy
   🅿 48 65 02 34
Pneu Plus Mathe, ZI n° 2, r. L. Armand
   🅿 48 50 51 76
Pneu Plus, 21 r. Parmentier 🅿 48 70 19 91

Le BOURGET 93 Seine-St-Denis 📶 ⑪. **101** ⑦⑰ – voir à Paris, Environs.

*Restaurants, die sorgfältig zubereitete,
preisgünstige Mahlzeiten anbieten, sind
durch das Zeichen* ◆ *kenntlich gemacht.*

Le BOURGET-DU-LAC 73370 Savoie. 📶 ⑮ G. Alpes du Nord – 3 126 h. alt. 262.

Voir Église : frise sculptée★ du choeur – Lac★★.

Env. Chapelle de l'Étoile ⩽★★ N : 9 km puis 15 mn.

🅱 Office de Tourisme pl. Gén.-Sevez (saison) 🅿 79 25 01 99.

Paris 527 – Annecy 42 – Aix-les-Bains 9 – Belley 25 – Chambéry 11 – La Tour-du-Pin 48.

🏨 ❀ **Ombremont,** N : 2 km par N 504 🅿 79 25 00 23, Télex 980832, Fax 79 25 25 77, 🍴,
« ⩽ lac et montagnes 🌳 dans un parc », ⌧ – ☎ 🅿 – 🛎 60. 🖭 **E** 𝘝𝘐𝘚𝘈
fermé 15 nov. au 1ᵉʳ fév. – **R** *(fermé sam. midi et merc. hors sais.)* 195/420 – 🖙 60 – **27 ch**
750/1550 – ½ P 730/955
Spéc. Salade de magret de canard et foie gras, Aumônière de langoustines et champignons sauvages, Selle
d'agneau en croûte de sel. Vins Chignin-Bergeron, Mondeuse.

🏨 **Orée du Lac** M, 🅿 79 25 24 19, Télex 309773, Fax 79 25 08 51, « Parc », ⌧, ❈ – **TV** ☎
🕭 🅿 🖭 ⓪ **E** 𝘝𝘐𝘚𝘈. ❈ rest
fermé 15 nov. au 15 janv. – **R** *(résidents seul.)* 150, enf. 90 – 🖙 55 – **9 ch** 630/820, 3 duplex
– ½ P 515/615.

🏨 **Port,** 🅿 79 25 00 21, ⩽, 🍴 – 📲 **TV** ☎ 🅿 – 🛎 30. **E** 𝘝𝘐𝘚𝘈. ❈
fermé 1ᵉʳ déc. au 1ᵉʳ fév. – **R** *(fermé dim. soir d'oct. à juin et jeudi)* 110/250 – 🖙 35 –
30 ch 280/340 – ½ P 300/330.

🍴🍴🍴 ❀❀ **Le Bateau Ivre** (Jacob), 🅿 79 25 02 66, Télex 309162, Fax 79 25 25 03, 🍴, « Ancienne
grange à sel, jardin fleuri » – 🅿. 🖭 ⓪ **E** 𝘝𝘐𝘚𝘈
début mai-fin oct. – **R** 195/460 et carte
Spéc. Omble chevalier meunière, Parmentier de ris de veau, Aumônières d'abricots et crème pistachée. Vins
Chignin-Bergeron, Marestel.

🍴🍴🍴 ❀ **Aub. Lamartine** (Marin), N : 3,5 km par N 504 🅿 79 25 01 03, ⩽ lac, 🍴, 🌲 – 🅿. **E**
𝘝𝘐𝘚𝘈
fermé 1ᵉʳ déc. au 20 janv., dim. soir et lundi sauf fériés – **R** 200/340
Spéc. Omble chevalier du lac farci à la truite saumonée, Gibier (saison), Parfait à la Chartreuse verte sauce
chocolat. Vins Chignin-Bergeron, Mondeuse.

🍴🍴 **Beaurivage** 🌳 avec ch, 🅿 79 25 00 38, ⩽, 🍴 – 🅿. **E** 𝘝𝘐𝘚𝘈. ❈ ch
fermé fév. et merc. – **R** 120/320, enf. 45 – 🖙 30 – **10 ch** 170/190.

aux Catons NO : 2,5 km par D 42 – ✉ 73370 Le Bourget-du-Lac :

🍴 **La Cerisaie** 🌳 avec ch, 🅿 79 25 01 29, ⩽ lac et montagnes, 🍴 – 🅿. **E** 𝘝𝘐𝘚𝘈
fermé 31 janv. au 10 mars et lundi – **R** 130/260, enf. 90 – 🖙 30 – **7 ch** 190.

à Bourdeau N : 4 km par D 14 – ✉ 73370 :

🏠 **Terrasse** M 🌳, au village 🅿 79 25 01 01, Fax 79 25 09 97, ⩽, 🌲 – **TV** ☎ 🅿. **E** 𝘝𝘐𝘚𝘈.
❈ ch
1ᵉʳ mars-15 oct., et fermé dim. soir hors sais., mardi midi en saison et lundi – **R** 93/297,
enf. 55 – 🖙 38 – **12 ch** 330/370 – ½ P 300/330.

BOURG-LES-VALENCE 26 Drôme 📶 ⑫ – rattaché à Valence.

BOURG-MADAME 66760 Pyr.-Or. 📶 ⑯ G. Pyrénées Roussillon – 1 346 h. alt. 1 130.

🅱 Syndicat d'Initiative pl. de Catalogne (juil.-août) 🅿 68 04 53 35.

Paris 884 – Andorre-la-Vieille 66 – Ax-les-Thermes 65 – Carcassonne 139 – Foix 97 – ◆Perpignan 100.

🏨 **Celisol** sans rest, 🅿 68 04 53 70, 🌲 – ☎ 🛋 🅿. **E** 𝘝𝘐𝘚𝘈
🖙 27 – **14 ch** 210/230.

🏠 **Paix** M sans rest, 5 av. E. Brousse 🅿 68 04 53 10 – ☎ 🅿. **E** 𝘝𝘐𝘚𝘈. ❈
🖙 22 – **22 ch** 180/200.

CITROEN Gar. Cerdane 🅿 68 04 51 53   RENAULT Gar. Pallarès 🅿 68 04 50 01

⓪ ♠ 74 43 28 84, à l'Isle-d'Abeau par ⑥ : 5,5 km.🅱 Office de Tourisme pl. Carnot ♠ 74 93 47 50.

Paris 503 ⑦ – ♦Lyon 41 ⑦ – Bourg-en-Bresse 72 ① – ♦Grenoble 64 ③ – La Tour-du-Pin 15 ③ – Vienne 39 ⑥.

BOURGOIN-JALLIEU

Belmont (R. Robert) . . . . . **B** 3	St-Michel (Pl.) . . . . **B** 22
Libération (R. de la) . . . . **B** 12	23-Août (Pl. du) . . . . **B** 31
Liberté (R. de la) . . . . . . **B** 13	Alsace-Lorraine (Av. d') . . **A** 2
Pontcottier (R.) . . . . **B**	Carnot (Pl.) . . . . **B** 4
République (R. de la) . . **AB** 20	Clemenceau
	(R. Georges) . . . . **A** 6
	Gambetta (Av.) . . . . **A** 7
	Génin (R. Ambroise) . . . . . . **A** 8

Halle (Pl. de la) . . . . **B** 10	
Moulin (R. J.) . . . . **B** 14	
Moulins (R. des) . . . . **B** 15	
Paix (R. de la) . . . . **A** 16	
Pouchelon (R. de) . . . . . . **B** 17	
République (Pl. de la) . . . . **A** 18	
Seigner (R. Joseph) . . . **AB** 23	
Victor-Hugo (R.) . . . . **B** 26	
19-Mars-62 (R. du) . . . **AB** 29	

🏠 **Climat de France** M, par ⑦ : 2 km ♠ 74 28 52 29, Fax 74 43 94 81, 📶 – 📺 ☎ 🅐 🅿
  – 🛏 25. 🆀 ⓪ ☒ 🆅🆂🅰
  R 78/95 ♫, enf. 40 – ⌷ 30 – **42 ch** 255 – ½ P 210.

🏠 **Ménestret,** par ⑥ : 1 km ♠ 74 93 13 01 – 📺 ☎ 🅿. ☒ 🆅🆂🅰
  fermé dim. – **R** 75/180 ♫, enf. 40 – ⌷ 25 – **10 ch** 190/240 – ½ P 180/205.

XXX **Chavancy,** av. Tixier ♠ 74 93 63 88 – 🍽. 🆀 ⓪ ☒ 🆅🆂🅰 . . . . B r
  fermé 15 juil. au 20 août, fériés le soir, dim. soir et lundi – **R** 120/300, enf. 60.

XX **Gérard Potherat,** pl. République ♠ 74 43 94 95 – 🆀 ☒ 🆅🆂🅰. ✂ . . . . A e
  fermé 1er au 10 juil., jeudi soir et sam. midi – **R** 120/185.

XX **La Table Gourmande,** quartier Champarey ♠ 74 93 25 70 – 🆅🆂🅰 . . . . B s
  ➡ fermé août, dim. soir et lundi – **R** 65 bc/170 ♫, enf. 50.

  par ② : 2 km par N 6 et D 54c – ⊠ **38300** Bourgoin-Jallieu :

XXX **Laurent Thomas - les Séquoias** M ⌂ avec ch, Vie de Boussieu ♠ 74 93 78 00,
  Fax 74 28 60 90, 📶, « Demeure bourgeoise dans un parc », 🏊, – 🍽 rest 📺 ☎ 🅿 🆀 ⓪
  ☒ 🆅🆂🅰 – fermé 16 août au 4 sept., vacances de fév., dim. soir et merc. – **R** 190/340, enf. 80
  – ⌷ 55 – **5 ch** 500/700.

  à la Combe par ④ : 7 km – ⊠ **38300** Bourgoin-Jallieu :

🏠 **L'Auberge,** sur N 85 ♠ 74 92 01 17 – 🆀 ⓪ ☒ 🆅🆂🅰
  ➡ fermé 5 au 26 août, 23 au 31 déc., dim. soir et lundi – **R** 60/178 ♫, enf. 36 – ⌷ 21 – **10 ch**
  98/180 – ½ P 155/175.

  par ⑥ – ⊠ **38300** Bourgoin-Jallieu :

🏠 **Ibis** M sans rest, aire de l'Isle-d'Abeau, 6,5 km ♠ 74 27 27 91, Télex 308239, Fax 74 27 01 45
  – 📺 ☎ 🅿 🅿 🅐
  ⌷ 29 – **33 ch** 245/270.

XX **Bernard Lantelme,** N 6 - la Grive : 4 km ♠ 74 28 19 12 – ☒ 🆅🆂🅰
  fermé 1er au 22 août, dim. soir et merc. – **R** 125/240.

  à l'Isle-d'Abeau nouveau par ⑥ et N 6 : 13 km – ⊠ **38090** Villefontaine :

🏨 **Mercure** M. ♠ 74 96 80 00, Télex 308100, Fax 74 96 80 99, 📶, 🏊, 🏊, 🎾, ✂, – 🛏
  cuisinette ⟵ ch 🍽 📺 ☎ 🅿 🅿 – 🛏 150. 🆀 ⓪ ☒ 🆅🆂🅰
  R 95/170, enf. 60 – ⌷ 45 – **146 ch** 530.

234

à l'Isle-d'Abeau village par ⑦ et D 208 : 4,5 km – ⊠ 38080 l'Isle-d'Abeau :

🏨 **Otelinn,** ℰ 74 27 13 55, Télex 308179, 🍴 – 📺 ☎ ᕒ 🅿 – 🔏 40. 🆎 Ⓞ E 💳
R *(fermé 12 au 18 août et dim. midi en été)* 80/150 ⅃, enf. 40 – ⊡ 36 – **45 ch** 250/280 –
½ P 230/250.

🏠 **Relais du Catey,** ℰ 74 27 02 97, 🍴, – 🚿 – 🅿. E 💳, ⅍ ch
fermé 1er au 31 août – **R** *(fermé dim. soir et sam.)* 85/175 ⅃ – ⊡ 29 – **10 ch** 120/180.

CITROEN J.-B. Pellet, 5 av. Alsace-Lorraine
ℰ 74 93 25 63
CITROEN Cruizille, à Villefontaine ℰ 74 96 52 30
NISSAN-VOLVO Blondet, N 6, Ruy ℰ 74 93 43 24
PEUGEOT-TALBOT Pellet, ZAC la Maladière av.
E.-Zola par ⑦ ℰ 74 93 00 90
RENAULT Girard, quai Bourbre par D 522 A
ℰ 74 93 08 36 Ⓝ

RENAULT Gar. Pin, 63 r. République
ℰ 74 93 18 04

◑ Mathieu-Pneus, 14 bis r. Funas ℰ 74 28 00 22
Piot-Pneu, ZI la Maladière, 4 r. Isaac-Asimov
ℰ 74 93 66 31
Prieur-Pneus, 17 av. Alsace-Lorraine ℰ 74 93 31 34
Tessaro-Pneus, 74 av. Prof.-Tixier ℰ 74 28 33 10

BOURG-ST-ANDÉOL 07700 Ardèche 🎗️ ⑨⑩ G. Vallée du Rhône (plan) – 7 665 h. alt. 68.

Voir Église★ – 🇧 Syndicat d'Initiative pl. Champ-de-Mars ℰ 75 54 54 20.

Paris 632 – Montélimar 28 – Nyons 51 – Pont-St-Esprit 15 – Privas 55 – Vallon-Pont-d'Arc 30.

🏠 **Moderne,** pl. Champ de Mars ℰ 75 54 50 12 – ☎ 🍴. 🆎 E 💳, ⅍ rest
1er mars-1er déc. – **R** *(fermé dim. soir hors sais. et sam. midi)* 70/165, enf. 47 – ⊡ 25 –
21 ch 110/225 – ½ P 145/205.

CITROEN Goussard, 13 fg Notre-Dame
ℰ 75 54 50 27 Ⓝ

RENAULT Provence-Gar., av. F.-Chalamel
ℰ 75 54 51 88

BOURG-STE-MARIE 52150 H.-Marne 🎗️ ⑬ – 125 h. alt. 329.

Paris 286 – Chaumont 39 – Langres 45 – Neufchâteau 24 – Vittel 38.

🏠 **St-Martin,** ℰ 25 01 10 15 – 📺 ☎ 🅿 – 🔏 30. 🆎 Ⓞ E 💳
fermé 20 déc. au 10 janv. – **R** *(fermé dim. soir)* 63/160 ⅃, enf. 45 – ⊡ 28 – **14 ch** 140/250
– ½ P 165/190.

BOURG-ST-MAURICE 73700 Savoie 🎗️ ⑱ G. Alpes du Nord – 6 712 h. alt. 840 – Sports d'hiver aux
Arcs : 1 600/3 200 m ⑮ 1 ⑭ 64.

🅟ᵢₛ des Arcs Le Chantel ℰ 79 07 43 95, S : 20 km – 🇧 Office de Tourisme pl. Gare ℰ 79 07 04 92.

Paris 638 – Albertville 54 – Aosta 87 – Chambéry 101 – Chamonix 83 – Moûtiers 27 – Val d'Isère 31.

🏨 **L'Autantic** Ⓜ ⅍ sans rest., rte Hauteville ℰ 79 07 01 70, ≼, 🚿 – 📺 ☎ ᕒ 🍴 🅿 –
🔏 40. 💳
⊡ 30 – **23 ch** 290.

🏠 **Host. Petit St-Bernard,** av. Stade ℰ 79 07 04 32, Fax 79 07 32 80, 🍴 – ☎ 🍴 🅿. 🆎
ⓄE 💳 – *fermé 28 avril au 15 mai et 31 oct. au 1er déc. –* **R** 85/150, enf. 50 – ⊡ 35 –
24 ch 240/310 – ½ P 210/280.

🏠 **Bon Repos** sans rest., r. Centenaire ℰ 79 07 01 78 – 📺 ☎. ⅍
fermé 20 mai au 5 juin et 1er au 15 oct. – ⊡ 22 – **11 ch** 145/275.

XX **Le Montagnole,** 26 av. Stade ℰ 79 07 11 52 – E 💳
fermé 27 mai au 13 juin, 12 au 28 sept., mardi soir hors sais. et merc. – **R** 130.

X **Edelweiss,** face gare ℰ 79 07 05 55 – E 💳
fermé juin et 1er au 15 nov. – **R** 55/130.

PEUGEOT-TALBOT Martin A., pl. Gare
ℰ 79 07 01 44 Ⓝ ℰ 79 07 03 06

RENAULT Gar. Guyon, 70 av. Haute-Tarentaise
ℰ 79 07 27 11

BOURGUEIL 37140 I.-et-L. 🎗️ ⑱ G. Châteaux de la Loire – 4 185 h. alt. 42 – 🇧 Syndicat d'Initiative
pl. Halles (saison) ℰ 47 97 91 39 – Paris 279 – ◆Tours 45 – Angers 63 – Chinon 17 – Saumur 22.

🏫 **Le Thouarsais** sans rest., pl. Hublin ℰ 47 97 72 05, 🚿 – ⅍ – *fermé 6 au 14 avril,
vacances de Noël, vacances de fév. et dim. d'oct. à Pâques –* ⊡ 22 – **29 ch** 90/260.

XX **Germain,** r. A. Chartier ℰ 47 97 72 22 – E 💳
fermé 30 sept. au 22 oct., dim. soir et lundi sauf fériés – **R** 89/250, enf. 42.

au N 4 km par D 749 – ⊠ 37140 Bourgueil :

XX **Aub. de Touvois,** ℰ 47 97 88 81, 🍴 – 🅿. E 💳
fermé 1er au 15 oct., 22 déc. au 15 janv. et lundi – **R** 95/240 ⅃, enf. 50.

PEUGEOT-TALBOT Delafuye, av. St-Nicolas, la
Villatte ℰ 47 97 70 48

RENAULT Pigeon, à St-Nicolas-de-Bourgueil
ℰ 47 97 71 03

La BOURNE (Gorges de) ★★★ 38 Isère 🎗️ ④ G. Alpes du Nord.

BOURROUILLAN 32 Gers 🎗️ ③ – rattaché à Eauze.

BOURTH 27580 Eure 🎗️ ⑤ – 1 013 h. alt. 192 – Paris 126 – l'Aigle 14 – Évreux 43 – Verneuil sur Avre 10.

XX **Aub. Chantecler,** face église ℰ 32 32 61 45 – E 💳
fermé 1er au 10 mars, 4 août au 4 sept., dim. soir et lundi sauf fériés – **R** 63/190 ⅃, enf. 50.

BOUSSAC 23600 Creuse 🔲 ⓩ G. Berry Limousin – 1 954 h. alt. 334.

Voir Site★ du château – Env. Toulx Ste-Croix : ⛻★★ de la tour S : 11 km.

🏛 Syndicat d'Initiative à la Mairie ℰ 55 65 01 09 et pl. Hôtel de Ville (15 juin-15 sept.).

Paris 335 – Aubusson 47 – La Châtre 36 – Guéret 41 – Montluçon 34 – St-Amand-Montrond 52.

XX **Relais Creusois,** ℰ 55 65 02 20 – E 𝚅𝙸𝚂𝙰
    fermé fév., mardi soir et merc. hors sais. – **R** 110/350, enf. 60.

    à Nouzerines NO : 11 km par D 97 – ✉ **23600** Boussac :

🏠 **La Bonne Auberge** ⑳, ℰ 55 82 01 18 – ☜. 𝚅𝙸𝚂𝙰. ⛻ ch
→ *fermé 20 août au 10 sept., vacances de fév., vend. soir (sauf hôtel) et sam.* – **R** 50/140 ⅃,
    enf. 30 – ☲ 18 – **8 ch** 105/150 – ½ P 120/143.

PEUGEOT-TALBOT Chauvet ℰ 55 65 04 11   RENAULT Chaubron ℰ 55 65 01 32

BOUT-DU-LAC 74 H.-Savoie 🔲 ⑯ – alt. 448 – ✉ 74210 Faverges.

Voir Combe d'Ire★ S : 3 km, G. Alpes du Nord

Paris 556 – Annecy 17 – Albertville 28 – Megève 43.

    au Bord du Lac :

XX **Chappet** avec ch, ℰ 50 44 30 19, ⩽, 🍴, « Terrasse au bord de l'eau », ⛿ – ☎ 🅿. E
    𝚅𝙸𝚂𝙰
    1er fév. au 11 nov. et fermé jeudi soir et lundi sauf juil-août – **R** 100/280 – ☲ 32 – **11 ch**
    140/320 – ½ P 220/300.

XX **Sautreau** avec ch, ℰ 50 44 30 02, ⩽, 🍴, ⛿, 🚤 – 🅿. E 𝚅𝙸𝚂𝙰
    1er mars-fin sept. et fermé mardi soir et merc. du 1er mars au 1er juin – **R** 100/180 – ☲ 35
    – **12 ch** 170/250 – ½ P 175/270.

    à Doussard S : 3 km par N 508 et VO – ✉ 74210 :

🏨 **Marceau** ⑳, à Marceau-Dessus O : 2 km par N 508 et VO ℰ 50 44 30 11, Télex 309346,
    Fax 50 44 39 44, ⩽, 🍴, 🚤, ⛻ – 📺 ☎ ⇔ 🅿. 🖭 🛈 E 𝚅𝙸𝚂𝙰
    fermé 15 déc. au 15 janv. – **R** *(fermé dim. soir et merc. hors sais.)* 120/320, enf. 70 – ☲ 42
    – **15 ch** 400/600 – ½ P 430/550.

🏠 **Arcalod,** ℰ 50 44 30 22, 🚤 – ⛾ 📺 ☎ 🅿. E 𝚅𝙸𝚂𝙰
    Pâques-fin sept. et fév. – **R** 80/130 ⅃, enf. 50 – ☲ 30 – **25 ch** 250/310 – ½ P 220/270.

BOUT-DU-PONT-DE-LARN 81 Tarn 🔲 ⑫ – rattaché à Mazamet.

BOUTENAC-TOUVENT 17120 Char.-Mar. 🔲 ⑥ – 231 h. alt. 45.

Paris 504 – Royan 29 – Blaye 55 – Jonzac 30 – Pons 22 – Saintes 33.

XX **Le Relais** avec ch, à Touvent ℰ 46 94 13 06, 🍴, 🚤 – 🅿. E 𝚅𝙸𝚂𝙰. ⛻
    fermé 15 oct. au 1er nov., 8 au 14 avril, dim. soir et lundi sauf du 14 juil. au 25 août –
    R 85/230, enf. 50 – ☲ 30 – **12 ch** 250/280 – ½ P 250/280.

BOUXWILLER 67330 B.-Rhin 🔲 ⑱ G. Alsace Lorraine – 2 766 h. alt. 220.

Env. Tapisseries★★ dans l'église St-Pierre et St-Paul★ de Neuwiller-les Saverne O : 7 km.

Paris 447 – ♦Strasbourg 42 – Bitche 34 – Haguenau 25 – Sarrebourg 38 – Saverne 15.

🏠 **Heintz,** ℰ 88 70 72 57, 🍴, 🔟, 🚤 – ☎ 🅿. E 𝚅𝙸𝚂𝙰. ⛻
    fermé 19 juin au 3 juil., 2 au 22 janv., dim. soir et lundi – **R** 95/235 ⅃, enf. 40 – **16 ch**
    ☲ 185/230 – ½ P 360/390.

RENAULT Gar. Braunecker, à Ingwiller ℰ 88 89 43 78 🅽

BOUZIÈS 46330 Lot 🔲 ⑧ – 74 h. alt. 136.

Paris 590 – Cahors 27 – Figeac 50 – Gourdon 48 – Villefranche-de-Rouergue 40.

🏠 **Les Falaises** ⑳, ℰ 65 31 26 83, Fax 65 30 23 87, 🍴, 🔟, 🚤, ⛻ – ☎ & 🅿 – ⛾ 40. E
→ 𝚅𝙸𝚂𝙰
    1er avril-31 oct. – **R** 67/260, enf. 40 – ☲ 29 – **39 ch** 204/256 – ½ P 225/250.

BOUZIGUES 34 Hérault 🔲 ⑯ – rattaché à Mèze.

BOYARDVILLE 17 Char.-Mar. 🔲 ⑬ – voir à Oléron (Ile d').

BOZOULS 12340 Aveyron 🔲 ③ G. Gorges du Tarn – 2 032 h. alt. 610.

Voir Trou de Bozouls★.

Paris 600 – Rodez 22 – Espalion 11 – Mende 95 – Sévérac-le-Château 41.

🏠 **A la Route d'Argent,** sur D 988 ℰ 65 44 92 27, 🔟 – ☎ & 🅿. E 𝚅𝙸𝚂𝙰
→ *fermé 24 au 30 juin, 1er au 15 fév. et dim. soir hors sais.* – **R** 65/170 ⅃, enf. 50 – ☲ 25 –
    18 ch 100/180 – ½ P 140/160.

XX **Le Belvédère** ⑳ avec ch, ℰ 65 44 92 66, ⩽ Trou de Bozouls, 🍴 – 📺 ☎. 🖭 E 𝚅𝙸𝚂𝙰
→ *fermé 24 déc. au 20 janv., dim. soir et sam.* – **R** 65/150 – ☲ 24 – **11 ch** 200/230 –
    ½ P 190/200.

BRACIEUX 41250 L.-et-Ch. 🖳 ⑱ G. Châteaux de la Loire – 1 150 h. alt. 81.

Paris 182 – ◆Orléans 53 – Blois 18 – Châteauroux 91 – Montrichard 40 – Romorantin-Lanthenay 32.

   🏠 **Bonnheure** ॐ sans rest, ℘ 54 46 41 57, 🌿 – cuisinette ☎ ᜚ 🅿. 🖪 𝘝𝘐𝘚𝘈
     🗁 30 – **11 ch** 250/300.

XXXX ❀❀ **Bernard Robin**, 1 av. Chambord ℘ 54 46 41 22, Fax 54 46 03 69, 🌿 – 🖪 𝘝𝘐𝘚𝘈
     fermé 23 déc. au 30 janv., mardi soir et merc. – **R** (nombre de couverts limité - prévenir)
     280/480 et carte
     Spéc. Salade de pigeon et homard, Dorade rôtie à la coriandre, Queue de boeuf en hachis Parmentier. Vins
     Cheverny, Chinon.

RENAULT Gar. Warsemann ℘ 54 55 33 34

La BRAGUE 06 Alpes-Mar. 🖳 ⑨, 🔢 ㉙㊵ – rattaché à Antibes.

BRANCION 71 S.-et-L. 🖳 ⑪ – rattaché à Tournus.

BRANDÉRION 56 Morbihan 🖳 ① – rattaché à Hennebont.

BRANTÔME 24310 Dordogne 🖳 ⑤ G. Périgord Quercy – 2 101 h. alt. 103.

Voir Site* – Clocher** de l'église abbatiale – Bords de la Dronne**.

🗐 Syndicat d'Initiative Pavillon Renaissance (Pâques-15 oct.) ℘ 53 05 80 52.

Paris 502 – Angoulême 58 – Périgueux 27 – ◆Limoges 90 – Nontron 22 – Ribérac 37 – Thiviers 26.

🏯 ❀ **Moulin de l'Abbaye** 🖳 ॐ, ℘ 53 05 80 22, Télex 560570, Fax 53 05 75 27, ⬳, 🌿,
     « Terrasse au bord de l'eau », 🌿 – 📺 🖪 🖪 𝘝𝘐𝘚𝘈
     4 mai-25 oct. – **R** (fermé lundi midi) 195/390, enf. 100 – 🗁 65 – **9 ch** 650/800, 3 appart.
     1100 – ½ P 690/915
     Spéc. Foie gras en terrine, Croustillant d'agneau aux cèpes et truffes, Gratin de fruits rouges. Vins
     Pécharmant, Bergerac,.

🏯 ❀ **Chabrol** (Charbonnel), ℘ 53 05 70 15, 🌿, « Terrasse surplombant la rivière » – 📺 ☎.
     🖪 🕦 🖪 𝘝𝘐𝘚𝘈. 🌿 – fermé 15 nov. au 15 déc. 5 au 23 fév., dim. soir et lundi du 1er oct. au
     30 juin – **R** 140/400 – 🗁 45 – **19 ch** 260/420
     Spéc. Salade "tout canard", Ragoût du pêcheur, Rossini de pigeonneau. Vins Montravel, Pécharmant.

🏠 **Fernand'el**, ℘ 53 05 70 58, 🌿 – 📺 ☎ ᜚ 🅿. 🗁 30. 🖪 𝘝𝘐𝘚𝘈. 🌿
     R (fermé dim. soir et vend. du 11 nov. au 28 fév.) 85/180, enf. 45 – 🗁 35 – **16 ch** 200/260
     – ½ P 195/270.

X **Aub. du Soir** avec ch, ℘ 53 05 82 93, 🌿 – 🖪 🕦 🖪 𝘝𝘐𝘚𝘈
     fermé 15 janv. au 10 fév. et lundi du 15 oct. au 31 mars – **R** 98/190, enf. 38 – 🗁 28 – **8 ch**
     150/245 – ½ P 195/230.

     à **Champagnac de Belair** NE : 6 km par D 78 et D 83 – ✉ **24530** :

🏯 ❀ **Moulin du Roc** (Mme Gardillou) 🖳 ॐ, ℘ 53 54 80 36, Télex 571555, Fax 53 54 21 31,
     ⬳, 🌿, « Ancien moulin à huile au bord de l'eau », 🔍, 🌿, 🌿 – 📺 ☎ 🅿. 🖪 🕦 🖪 𝘝𝘐𝘚𝘈
     fermé 15 nov. au 15 déc., 15 janv. au 15 fév. – **R** (fermé merc. midi et mardi) 200/350,
     enf. 100 – 🗁 60 – **10 ch** 400/620, 4 appart. 680 – ½ P 550/680
     Spéc. Tourte périgourdine, Croustillant d'agneau persillé aux noix, Marguerite de pommes et glace au
     Cognac. Vins Pécharmant, Bergerac.

     à **Bourdeilles** SO : 10 km – ✉ **24310**.

     Voir château* : mobilier**, cheminée** de la salle à manger.

🏠 **Griffons**, ℘ 53 03 75 61, ⬳, 🌿, « Bel intérieur rustique » – ☎. 🖪 🕦 🖪 𝘝𝘐𝘚𝘈
     23 mars-6 oct. – **R** (fermé mardi midi) 150/295, enf. 80 – 🗁 40 – **10 ch** 360.

CITROEN Desvergne ℘ 53 05 70 29 🅽 ℘ 53 05 83 93

BRASSAC-LES-MINES 63570 P.-de-D. 🖳 ⑤ – 4 108 h. alt. 409.

Env. Auzon : site*, statue de N.-D.-du-Portail** dans l'église SE : 6,5 km, G. Auvergne

Paris 451 – ◆Clermont-Ferrand 57 – Brioude 17 – Issoire 20 – Murat 60 – Le Puy 77 – St-Flour 59.

🏠 **Le Limanais**, rte Lempdes ℘ 73 54 13 98 – ☎ 🅿. 🖪 𝘝𝘐𝘚𝘈. 🌿 rest
➡ fermé 2 au 28 janv., vend. soir et sam. midi sauf juil.-août – **R** 65/220 ᜚, enf. 50 – 🗁 24 –
     18 ch 130/220 – ½ P 175/230.

FORD Gar. Jourdes, 3 pl. Musée ℘ 73 54 10 02

BRAX 47 L.-et-G. 🖳 ⑮ – rattaché à Agen.

BRÉDANNAZ 74 H.-Savoie 🖳 ⑥⑯ – alt. 450 – ✉ **74210** Faverges.

Paris 554 – Annecy 15 – Albertville 30 – Megève 45.

🏠 **Port et Lac**, ℘ 50 68 67 20, ⬳, 🌿, ॐ, 🌿 – ☎ 🅿. 🖪 𝘝𝘐𝘚𝘈
     fermé 15 nov. au 31 janv. – **R** 85/200 – 🗁 30 – **19 ch** 130/300 – ½ P 170/275.

     à **Chaparon** S : 1,5 km par VO – ✉ **74210** Faverges :

🏯 **La Châtaigneraie** ॐ, ℘ 50 44 30 67, Fax 50 44 83 71, ⬳, 🌿, « Jardin ombragé », 🌿 –
     cuisinette 📺 ☎ 🅿. 🗁 25. 🖪 🕦 🖪 𝘝𝘐𝘚𝘈. 🌿 rest
     8 fév.-20 oct., et fermé dim. soir et lundi du 1er oct. au 1er mai – **R** 85/245, enf. 48 – 🗁 35
     – **25 ch** 240/350 – ½ P 285/330.

50290 Manche 🗺️ ⑦ – 2 392 h. alt. 52.

🏨 🗼 33 51 58 88, O : 5 km.

Paris 343 – Coutances 19 – Granville 10 – St-Lô 46 – Villedieu-les-Poêles 26.

🏢 **Gare,** 🗼 33 61 61 11 – **📞** 🅴 VISA
➤ fermé 28 mai au 10 juin, 24 déc. au 1ᵉʳ fév., dim. soir et lundi sauf juil.-août et fêtes –
R 56/176 🍴, enf. 42 – ⬜ 28 – **9 ch** 240/260 – ½ P 210.

CITROEN Gar. Bréhalais 🗼 33 61 61 30   RENAULT Lainé 🗼 33 61 62 52 🅽

37 I.-et-L. 🗺️ ⑭ – rattaché à Langeais.

06540 Alpes-Mar. 🗺️ ⑳, 🗺️ ⑱ 🅶 Côte d'Azur – 2 159 h. alt. 286.

Env. Saorge : site★★, ≤★, Madonna del Poggio★, couvent des Franciscains ≤★ N : 9 km –
Gorges de Saorge★★ N : 9 km.

Paris 900 – Menton 36 – ◆Nice 60 – Tende 21 – Ventimiglia 25.

🏨 **Castel du Roy** ⤴, N : 1 km par N 204 🗼 93 04 43 66, ≤, 🍽️, parc, 🏊, – 📺 ☜ **📞** 🅰🅴
🅴 VISA
1ᵉʳ mars-30 oct. – **R** (fermé mardi hors sais.) 100/185, enf. 70 – ⬜ 30 – **15 ch** 290/320 –
½ P 250/265.

🏨 **Roya,** pl. Biancheri 🗼 93 04 48 10 – 📺 ☎ 🅰🅴 🅴 VISA
➤ hôtel: fermé nov.; rest.: fermé 1ᵉʳ nov. au 15 déc. et vend. sauf juil.-août – **R** 70 bc/145 🍴,
enf. 50 – ⬜ 25 – **13 ch** 220/260 – ½ P 220/240.

68 H.-Rhin 🗺️ ⑱ – rattaché à Munster.

22140 C.-d'Armor 🗺️ ② – 336 h. alt. 100.

Voir Église de Runan★ NE : 4 km, 🅶 Bretagne.

Paris 498 – St-Brieuc 46 – Carhaix-Plouguer 62 – Guingamp 15 – Lannion 26 – Morlaix 55 – Plouaret 23.

🏨 **Château du Brelidy** ⤴, 🗼 96 95 69 38, Fax 96 95 18 03, ≤, parc, « Demeure du
16ᵉ siècle » – ☎ 🅰 **📞** – 🅐 25. 🅴 VISA 🛇 rest
22 mars-4 nov. – **R** (dîner seul.)(résident seul.) 160, enf. 90 – ⬜ 40 – **10 ch** 390/580.

88250 Vosges 🗺️ ⑰ 🅶 Alsace Lorraine – 5 370 h. alt. 650 – Sports d'hiver : 900/1 350 m.
🚠30 🎿.

🅱 Office de Tourisme 21 quai Iranées 🗼 29 25 41 29.

Paris 413 – Colmar 54 – Épinal 60 – Gérardmer 14 – Remiremont 33 – Thann 42 – Le Thillot 19.

🏨 **Vallées et sa Résidence** M ⤴, 31 r. P. Claudel 🗼 29 25 41 39, Télex 960573,
Fax 29 25 64 38, ≤, « Parc », 🏊, 🍽️ – 🛗 📺 ☎ 🅰 ⟺ **📞** – 🅐 25 à 200. 🅰🅴 🅾 🅴 VISA
R 80/200 🍴, enf. 50 – ⬜ 54 – **54 ch** 270/340, 60 studios 300/400 – ½ P 290/340.

🏨 **du Chevreuil Blanc,** 5 r. P. Claudel 🗼 29 25 41 08 – 📺 ☎ **📞**. 🅴 VISA
➤ fermé 10 au 25 mai et 15 au 31 oct. – **R** 55/130 🍴, enf. 35 – ⬜ 25 – **10 ch** 170/200 –
½ P 200.

au NE : 6,5 km par D 34 et D 34D – ⌧ **88250** La Bresse :

🍴🍴 **Aub. du Pêcheur,** 🗼 29 25 43 86, ≤ – **📞**. 🅰🅴 🅾 🅴 VISA
➤ fermé 15 au 30 juin, 1ᵉʳ au 15 déc., mardi soir et merc. – **R** 65/120 🍴, enf. 42.

à Belles-Huttes NE : 8 km par D 34 et D 34D – ⌧ **88250** La Bresse :

🍴 **Le Slalom,** 🗼 29 25 41 71, Fax 29 25 64 38, ≤ – **📞**. 🅰🅴 🅾 🅴 VISA
➤ fermé 12 nov. au 1ᵉʳ déc. – **R** (libre-service en saison d'hiver) 70/190 🍴, enf. 50.

CITROEN Gar. Jeangeorge 🗼 29 25 40 41
PEUGEOT-TALBOT Gar. du Pont de la Plaine 23
rte de Cornimont 🗼 29 25 40 88
RENAULT Gar. Bertrand 🗼 29 25 40 69
🅽 🗼 29 25 55 06

V.A.G Gar. Deybach, 52 rte de Vologne
🗼 29 25 46 91

38 Isère 🗺️ ⑤ – rattaché à Grenoble.

⬅️🆂🅿️➡️ **79300** Deux-Sèvres 🗺️ ⑰ 🅶 Poitou Vendée Charentes – 12 040 h. alt. 184.

🅱 Office de Tourisme avec A.C. pl. Hôtel de Ville 🗼 49 65 10 27.

Paris 358 – Angers 82 ① – Cholet 46 ① – Niort 62 ③ – Poitiers 81 ② – La Roche-sur-Yon 82 ④.

Plan page ci-contre

🏨 **Sapinière** M ⤴, SE : 2,5 km par ③ et rte Boismé par rocade Niort-Poitiers 🗼 49 74 24 22,
➤ Télex 793556, ≤, 🍽️, « Au bord d'un étang » – 📺 ☎ 🅰 **📞** – 🅐 200. 🅰🅴 🅴 VISA 🛇
R 60/180 🍴, enf. 50 – ⬜ 30 – **30 ch** 230/350 – ½ P 225/260.

🏨 **Boule d'Or,** 15 pl. É. Zola (a) 🗼 49 65 02 18 – ☎ ⟺ **📞** – 🅐 30. 🅴 VISA
➤ fermé août, 1ᵉʳ au 15 fév., dim. soir et lundi midi – **R** 58/165 🍴 – ⬜ 24 – **20 ch** 150/250 –
½ P 150/200.

BRESSUIRE

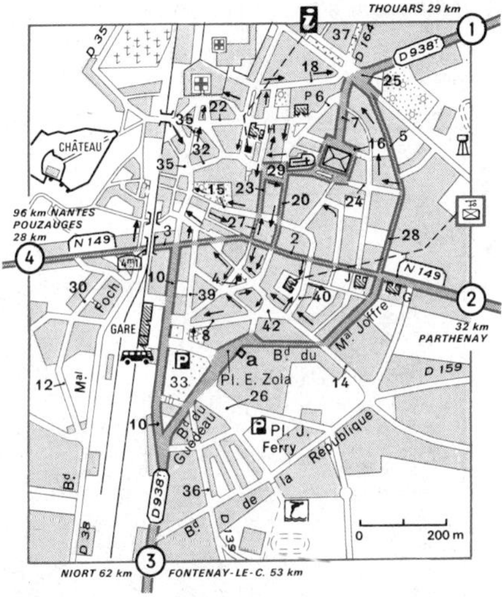

LANCIA Chauvin-Besse, rte de Nantes ✆ 49 74 33 20 🅽 ✆ 49 74 21 86
PEUGEOT-TALBOT Gar. Cornu, bd de Thouars par ① ✆ 49 74 20 44

V.A.G Chollet, rte de Nantes ✆ 49 65 04 00

Bressuire-Pneus, 89 bd de Poitiers ✆ 49 74 13 86

BREST SP **29200** Finistère 58 ④ **G. Bretagne** – 160 355 h. **Communauté urbaine 223 854 h** alt. 34.

Voir Cours Dajot ≤★★ EZ – Traversée de la rade★ et promenade en rade★ – Visite arsenal et base navale ★ DZ – Musée des Beaux-Arts★ EZ **M** – Océanopolis★★ par ⑤.

Env. Pont Albert-Louppe ≤★ 7,5 km par ⑤.

9 18 Brest-Iroise ✆ 98 85 16 17, par ④ : 25 km.

✈ de Brest-Guipavas : Air Inter ✆ 98 84 73 33, par ③ : 10 km.

ℹ Office de Tourisme 1 pl. Liberté ✆ 98 44 24 96, Télex 940955 – A.C. 9 r. Siam ✆ 98 44 32 89.

Paris 596 ② – Lorient 136 ⑤ – Quimper 72 ⑤ – ♦Rennes 245 ② – St-Brieuc 143 ②.

Plans pages suivantes

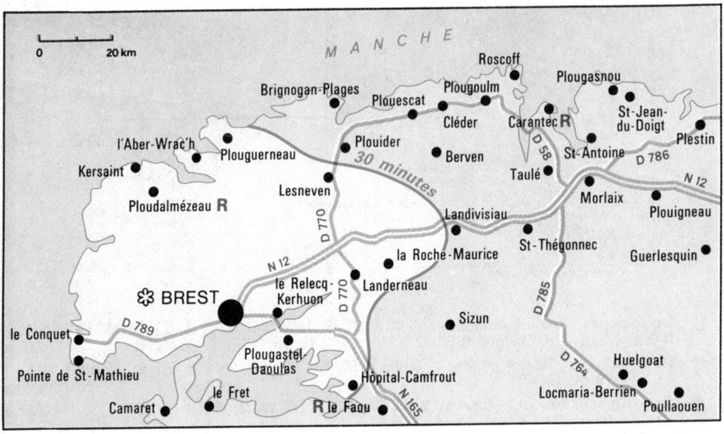

Océania M, 82 r. Siam ✆ 98 80 66 66, Télex 940951, Fax 98 80 65 50 – ⎕ ⇔ ch ▤ rest TV ☎ ♿ – 🏛 200. AE ① E VISA — EY **r**
R 95/140 🍷, enf. 58 – ☕ 45 – **82 ch** 430/650.

Altéa Continental, square La Tour d'Auvergne ✆ 98 80 50 40, Télex 940575, Fax 98 43 17 47 – ⎕ TV ☎ – 🏛 200. AE ① E VISA — EY **f**
R *(fermé sam. midi et dim.)* 85/120 🍷, enf. 40 – ☕ 42 – **75 ch** 280/520.

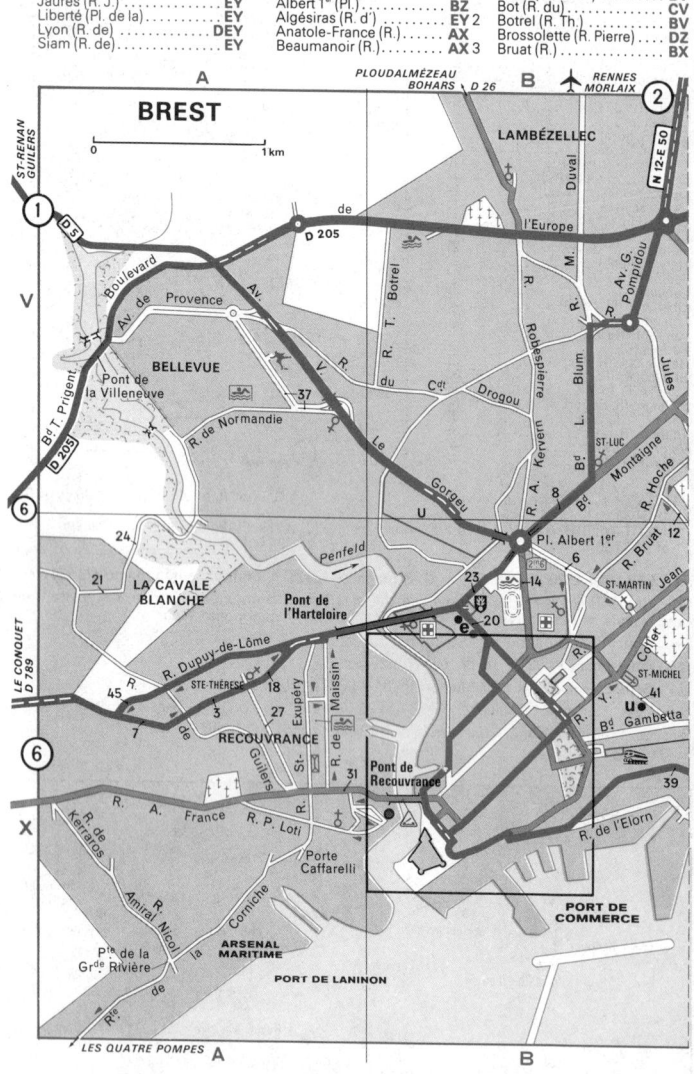

BREST

🏨 **Voyageurs**, 15 av. Clemenceau ℘ 98 80 25 73, Télex 941512 – 🛗 📺 ☎ 🅰🅴 ⓓ 🄴 🆅🅸🆂🅰
R 205/255 ⅃, enf. 51 - **grill R** 51/72 ⅃ – 🖵 30 – **40 ch** 178/335 – ½ P 230.
EY **n**

🏨 **Paix** sans rest, 32 r. Algésiras ℘ 98 80 12 97, Fax 98 43 30 95 – 🛗 📺 ☎ 🅰🅴 ⓓ 🄴 🆅🅸🆂🅰
🖵 25 – **25 ch** 190/275.
EY **a**

🏠 **Astoria** sans rest, 9 r. Traverse ℘ 98 80 19 10 – 📺 ☎ 🅰🅴 🄴 🆅🅸🆂🅰
🖵 22 – **25 ch** 93/200.
EZ **e**

🏠 **Agena** Ⓜ sans rest, r. Frégate La Belle Poule ℘ 98 44 23 88 – 📺 ☎ 🄴 🆅🅸🆂🅰
🖵 24 – **21 ch** 160/240.
EZ **u**

🏠 **Bellevue** sans rest, 53 r. V. Hugo ℘ 98 80 51 78 – 🛗 ☎ 🄴 🆅🅸🆂🅰 ⌔
🖵 25 – **25 ch** 120/205.
BX **u**

🏠 **Bretagne** sans rest, 24 r. Harteloire ℘ 98 80 41 18, Fax 98 44 72 27 – 📺 ☎ 🅰🅴 🄴 🆅🅸🆂🅰 ⌔
fermé 23 déc. au 2 janv. – 🖵 23 – **21 ch** 150/240.
BX **e**

Caffarelli (Porte) .... AX
Château (R. du) ..... EZ
Colbert (R.) .... EY 5
Collet (R. Yves) ..... BX
Corniche (Rte de la) . AX
Dajot (Cours) .... EZ
Denver (R.) .... EZ
Desmoulins (Av. C.) . BX 6
Dr-Kerrien (R. du) ... AX 7
Doumer (R. Paul) ... BV 8

Dourjacq (Rte du) CV
Drogou (R. Com.) .... BV
Dupuy-de-Lôme (R.) .... AX
Duquesne (R.) .... EY
Duval (R. Marcellin) .... BV
Eau-Blanche (R. de l') CV
Elorn (R. de l') .... BX
Europe (Bd de l') .... BV
Ferry (R. J.) .... BCX 12
Foch (Av. Mar.) .... BX 14
Frégate-La-Belle-Poule (R. de la) .... EZ 17
Gallieni (R. du Mar.) .... AX 18
Gambetta (Bd) .... BX
Gouesnou (Rte de) CV
Grande-Rivière (Porte de la) .... AX
Guilers (R. de) .... AX
Harteloire (Pt de l') .... AX
Harteloire (R. de l') .... AX 20
Hoche (R.) .... BV
Kent (R. de) .... AX 21
Kérabécam (R. de) .... EY 22
Kerraros (R. de) .... AX
Kervern (R. Auguste) .... BV
Kiel (Av. de) CX
Lamotte-Picquet .... BX 23
Le Bris (R. J.-M.) .... EZ
Le Gorgeu (Av. Victor) .... AV
Lesven (R. Jules) .... BCV
Libération (Av. de la) .... AX 24
Loti (R. Pierre) .... AX
Louppe (R. Albert) CV
Macé (R. Jean) .... EZ
Maissin (R. de) .... AX
Marine (Bd de la) .... DZ 25
Michelet (R.) .... DY
Montaigne (Bd) .... BV
Mouchotte (Bd Cdt) .... AX 27
Moulin (Bd Jean) .... DY
Nicol (R. de l'Amiral) .... AX
Normandie (R. de) .... AV
Paris (R. de) CV
Pompidou (R. G.) .... BV
Porte (R. de la) .... AX 31
Prigent (Bd T.) .... AV
Provence (Av. de) .... AV
Quimper (Rte de) CV
Recouvrance (Pt de) .... DZ
Réveillère (Av. Amiral) .... EY 33
Richelieu (R.) CX
Robespierre (R.) .... BY
Roosevelt (Av. Fr.) .... DZ 34
St-Exupéry (R.) .... AX
St-Marc (R.) CX
Salaün-Penquer (Av.) .... EZ
Sébastopol (R.) .... CVX 35
Sémard (R. Pierre) CX
Strasbourg (Pl. de) CV
Tarente (Av. de) .... AV 37
Tourville (Porte) .... DZ
Tourbihan (R. de) .... CV 38
Tritshler (R. du) CX
Troude (R. Amiral) .... BX 39
Valmy (R. de) .... CX 40
Verdun (R. de) CX
Victor-Hugo (R.) .... BX 41
Vieux-St-Marc (R. du) CX
Villeneuve (R. de la) CV
Voltaire (R.) .... EZ
Wilson (Pl.) .... EZ
Zédé (R. G.) CV
Zola (R. Émile) .... EY
2e-R.C.I. (R. du) .... DY
8-Mai-1945 (R. du) CV
11-Martyrs (R. des) .... EY 42
19-Mars-1962 (R. du) .... AX 45

XXX ✿ **Frère Jacques** (Peron), 15 bis r. Lyon ✆ 98 44 38 65 – E VISA — EY **q**
fermé 1er au 15 juil., sam. midi et dim. – **R** 145/270
Spéc. Demoiselles de Loctudy (avril à oct.), Saint-Jacques à l'émietté de tourteau (oct. à mai). Dessert "Frère Jacques".

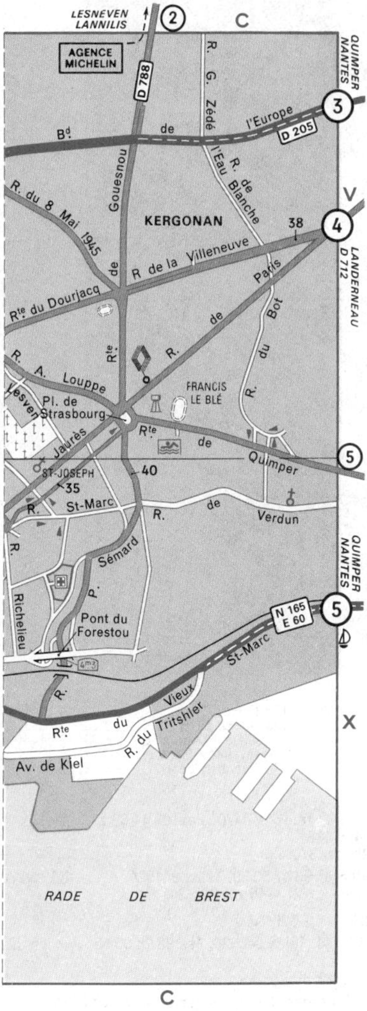

XXX **Le Vatel,** 23 r. Fautras ✆ 98 44 51 02 – AE ⓓ E VISA — EY **a**
fermé 1er au 9 mai, 4 au 18 août, sam. midi et dim. – **R** 78/280.

XX **Le Rossini,** 16 r. Amiral Linois ✆ 98 80 10 00 – E VISA — DZ **v**
fermé 20 juin au 20 sept., dim. soir et lundi – **R** 98/300.

X **Le Domyves,** 10 r. Harteloire ✆ 98 44 70 71 – E VISA — BX **e**
fermé lundi – **R** 65/195 ♁, enf. 45.

X **Ruffé,** 1 r. Y. Collet ✆ 98 46 07 70 – AE E VISA — EY **k**
fermé dim. – **R** 72/170 ♁, enf. 49.

tourner →

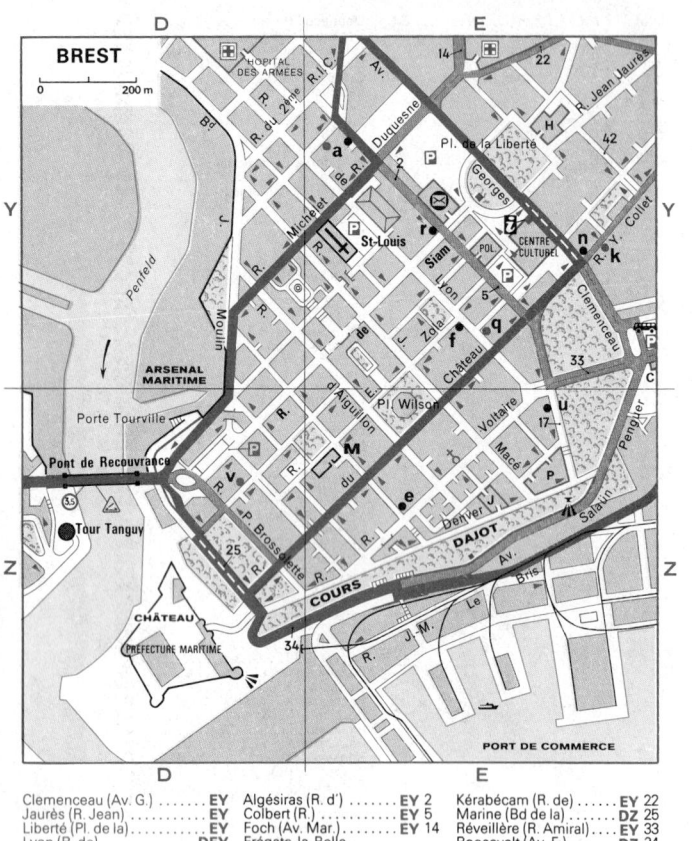

BREST

HÔPITAL DES ARMÉES

ARSENAL MARITIME

Porte Tourville

Pont de Recouvrance

Tour Tanguy

CHÂTEAU

PRÉFECTURE MARITIME

St-Louis

Pl. de la Liberté

CENTRE CULTUREL

Pl. Wilson

DAJOT

COURS

PORT DE COMMERCE

au Nord par D 788 : 5 km – ⊠ **29200** Brest :

🏨 **Novotel** Ⓜ, Z.A Kergaradec 🖉 98 02 32 83, Télex 940470, Fax 98 41 69 27, ☞, ⴜ, ⟋
≡ rest 🅣 🕿 ⅍ 🅟 – ⚒ 25 à 200. 🅰🅴 ⓞ 🅴 𝑽𝑰𝑺𝑨
R carte environ 130 ⅃, enf. 48 – ⴑ 45 – **85 ch** 370/420.

🏨 **Climat de France** Ⓜ, près ZA Kergaradec 🖉 98 47 50 50, Télex 941524, ☞ – 🅣 🕿 ⅍
✦ 🅟 – ⚒ 30. 🅰🅴 🅴 𝑽𝑰𝑺𝑨 – **R** 61/110 ⅃, enf. 38 – ⴑ 27 – **45 ch** 225/245.

au Relecq-Kerhuon par ⑤ : 7,5 km – 9 286 h. – ⊠ **29480** :

🏨 **Cottage H.** Ⓜ, Z.A. de Kerjean 🖉 98 28 28 44, Télex 940925, Fax 98 28 05 65 – ⅍ ch 🅣
✦ 🕿 ⅍ 🅟 – ⚒ 45. 🅰🅴 🅴 𝑽𝑰𝑺𝑨 ⅏ rest
R 65/120, enf. 25 – ⴑ 25 – **42 ch** 220/240 – ½ P 185.

MICHELIN, Agence, bd G.-Lippmann par ② ZA Kergaradec à Gouesnou 🖉 98 02 21 08

ALFA-ROMEO, TOYOTA Brest Autom., 84 rte de
Gouesnou 🖉 98 02 21 82
AUSTIN-ROVER Sébastopol-Autom., ZI Kergonan
angle bd Europe et rte de Gouesnou
🖉 98 42 05 55 🅽 🖉 98 40 65 75
BMW Ouest-Autom., r. G.-Plante, ZA Kergaradec
à Gouesnou 🖉 98 02 11 15 🅽 🖉 98 40 65 75
CITROEN Succursale., r. G.-Zédé, ZI de Kergonan
par ② 🖉 98 02 23 96 🅽 🖉 98 40 65 75
FIAT G.A.O., 16 r. Villeneuve 🖉 98 02 64 44
FORD Herrou et Lyon, rte de Gouesnou à Ker-
guen 🖉 98 02 35 62
MERCEDES-BENZ Gar. de l'Étoile, ZAC de l'Her-
mitage 🖉 98 41 80 80
OPEL Europe Motors, bd de l'Europe
🖉 98 41 70 40

PEUGEOT-TALBOT Sté Brestoise des Gges de
Bretagne Lavallot, rte de Guipavas par ④
🖉 98 02 14 06 🅽 🖉 98 40 65 75
RENAULT Filiale, 20 rte de Paris 🖉 98 02 20 20
🅽 🖉 05 05 15 15
SEAT Brittany Motors, 159 rte de Gouesnou
🖉 98 40 65 75 🅽
V.A.G Gar. St-Christophe, 132 rte de Gouesnou
🖉 98 02 19 80 🅽 🖉 98 40 65 75

🛞 Lorans-Pneus, 7 r. Villeneuve 🖉 98 02 02 11
Madec-Pneus, 19 r. Kerjean-Vras 🖉 98 44 43 13
Pneus Service, 183 rte de Gouesnou
🖉 98 02 35 26
Simon-Pneus, 64 rte de Gouesnou 🖉 98 02 38 66

242

BRETENOUX 46130 Lot 🎯 ⑲ G. Périgord Quercy – 1 213 h. alt. 126.

Voir Château de Castelnau-bretenoux★★ : ⩽★ SO : 3,5 km.

🛈 Syndicat d'Initiative av. Libération (Pâques-sept.) ✆ 65 38 59 53.

Paris 531 – Brive-la-Gaillarde 45 – Cahors 85 – Figeac 51 – Sarlat-la-Canéda 67 – Tulle 49.

au Port de Gagnac NE : 6 km par D 940 et D 14 – ✉ 46130 Bretenoux :

🏠 **Host. Belle Rive,** ✆ 65 38 50 04, ⩽, 🍽 – ☎ 🅿. 𝘝𝘐𝘚𝘈. ⋙ ch
➡ *1ᵉʳ mars-31 oct.* – **R** 65/180 🦞, enf. 40 – 🛏 22 – **14 ch** 170/250 – ½ P 190/230.

CITROEN Gar. Croix Blanche, à St-Michel-
Loubéjou ✆ 65 38 11 88
PEUGEOT-TALBOT Bretenoux-Auto ✆ 65 38 45 60

RENAULT Bassat ✆ 65 38 45 84

🅾 Biars-Pneus, à Biars-sur-Cère ✆ 65 38 58 34

BRETEUIL 60120 Oise 🗺 ⑱ – 3 875 h. alt. 83.

Paris 103 – Compiègne 56 – ◆Amiens 32 – Beauvais 28 – Clermont 34 – Montdidier 21.

🏨 **Cap Nord** Ⓜ, r. Paris ✆ 44 07 10 33 – ☎ 🅿 – 🚲 60. 🖪 𝘝𝘐𝘚𝘈
➡ *fermé 20 déc. au 7 janv.* – **R** *(fermé vend. soir et sam.)* 61 🦞 – 🛏 25 – **38 ch** 190/230.

XX **Globe,** r. République ✆ 44 07 01 78, 🍽 – 🖪 𝘝𝘐𝘚𝘈
fermé 31 juil. au 12 août, 7 au 18 janv., mardi soir et lundi – **R** 75/245 🦞.

CITROEN Minard, 2 r. de Paris ✆ 44 07 00 36

PEUGEOT TALBOT Gilbert, 55 av. du Gén.-Frère
✆ 44 07 00 13

L'atlante stradale Michelin della FRANCIA è :

— *tutta la cartografia dettagliata (1/200 000) in un solo volume,*

— *decine di piante di città,*

— *un indice alfabetico delle località…*

Lo strumento di viaggio indispensabile nel vostro veicolo.

Le BREUIL 71 S.-et-L. 🗺 ⑧ – rattaché au Creusot.

Le BREUIL-EN-AUGE 14130 Calvados 🗺 ⑰ – 751 h. alt. 38.

Paris 202 – ◆Caen 55 – Deauville 20 – Lisieux 34.

XX ❀ **Aub. Dauphin** (Lecomte), ✆ 31 65 08 11 – 𝘝𝘐𝘚𝘈. ⋙
➡ *fermé dim. soir et lundi* – **R** 160/210 (sauf sam. soir)
Spéc. Barbecue d'huîtres spéciales, Fleurs de courgettes farcies homardine (juin à sept.), Pigeonneau rôti et
sa galette d'abats.

BREUILLET 17 Char.-Mar. 🗺 ⑮ – rattaché à St-Palais-sur-Mer.

BRÉVANS 39 Jura 🗺 ③ – rattaché à Dole.

BRÉVIANDES 10 Aube 🗺 ⑯⑰ – rattaché à Troyes.

BRÉVILLE-SUR-MER 50 Manche 🗺 ⑦ – rattaché à Granville.

BRÉVONNES 10220 Aube 🗺 ⑰⑱ – 655 h. alt. 116.

Paris 188 – Bar-sur-Aube 31 – St-Dizier 58 – Troyes 26 – Vitry-le-François 52.

X **Vieux Logis** avec ch, ✆ 25 46 30 17, 🍽 – 📺 🅿. 🖪 𝘝𝘐𝘚𝘈. ⋙ ch
➡ *fermé 15 au 30 nov. et dim. soir d'oct. à avril* – **R** 62/193, enf. 40 – 🛏 25 – **5 ch** 153/210 –
½ P 160/178.

BREZOLLES 28270 E.-et-L. 🗺 ⑥ – 1 429 h. alt. 162.

Paris 105 – Alençon 88 – Argentan 90 – Chartres 43 – Dreux 23.

🏠 **Le Relais,** ✆ 37 48 20 84 – 📺 ☎. 🅾 🖪 𝘝𝘐𝘚𝘈
➡ *fermé août, vend. soir (du 1ᵉʳ janv. au 31 mars) et dim. soir* – **R** 68/145 🦞, enf. 45 – 🛏 21
– **21 ch** 120/230 – ½ P 150/170.

BRIAL 82 T.-et-G. 🗺 ⑦ – rattaché à Montauban.

BRIANÇON ⬦ 05100 H.-Alpes 🗺 ⑱ G. Alpes du Sud – 11 544 h. alt. 1 321 – Sports d'hiver à Serre-
Chevalier par ④ : 6 km, puis téléphérique.

Voir Ville haute★★ : Grande Gargouille★, Pont d'Asfeld★, Remparts ⩽★, Statue "La France"★ **B**
– Puy St-Pierre ⋙★★ de l'église SO : 3 km par Rte de Puy St-Pierre.

Env. Croix de Toulouse ⩽★★ par Av. de Toulouse et D232ᵀ : 8,5 km.

🚗 ✆ 92 51 50 50.

🛈 Office de Tourisme Porte de Pignerol ✆ 92 21 08 50, Télex 410898 et au Prorel ✆ 92 21 28 11.

Paris 681 ④ – Digne 145 ③ – Gap 87 ③ – ◆Grenoble 116 ④ – ◆Nice 263 ③ – Torino 108 ①.

243

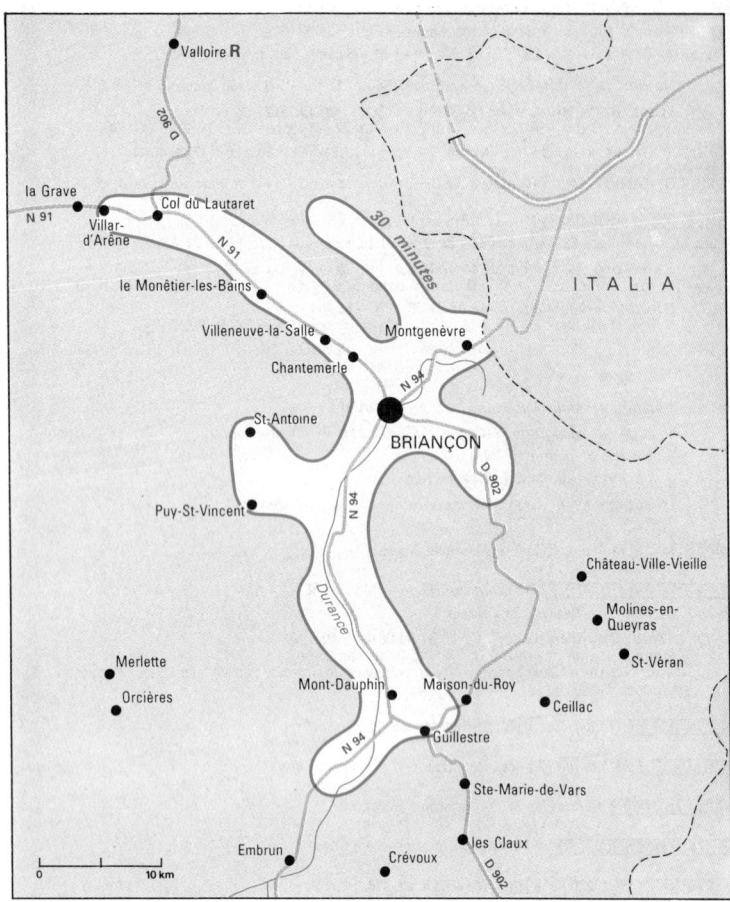

🏨🏨 **Altéa Grand'Boucle** Ⓜ, av. Dauphiné **(f)** ✉ 05100 ℰ 92 20 11 51, Télex 405937, Fax 92 20 46 50, ☞ – 📶 ☎ 🔥 🅿 – 🏛 40. 🆎 ⓪ 🅴 𝗩𝗜𝗦𝗔
L'Épicurien R 95/230 🍷, enf. 35 – 🍽 45 – **140 ch** 280/530.

🏨🏨 **Vauban,** 13 av. Gén. de Gaulle **(n)** ℰ 92 21 12 11, ⩽, 🍴 – 📶 ☎ 🅿. 🅴 𝗩𝗜𝗦𝗔
fermé 6 nov. au 18 déc. – **R** 110/120, enf. 70 – 🍽 30 – **44 ch** 210/385 – ½ P 250/330.

🏨 **Parc H.** Ⓜ sans rest, Central Parc **(d)** ℰ 92 20 37 47, Télex 405932 – 📶 📺 ☎ 🔥 🅿 – 🏛 50. 🆎 🅴 𝗩𝗜𝗦𝗔
🍽 40 – **60 ch** 350/500.

🏨 **Le Cristol,** 6 rte Italie **(x)** ℰ 92 20 20 11 – ☎. 🆎 ⓪ 🅴 𝗩𝗜𝗦𝗔
R 85/130, enf. 60 – 🍽 30 – **18 ch** 240/270 – ½ P 230/250.

🏨 **Edelweiss** sans rest, 32 av. République **(r)** ℰ 92 21 02 94, 🍴 – ☎ 🅿. 𝗩𝗜𝗦𝗔. ✂
fermé 1er nov. au 15 déc. – 🍽 30 – **22 ch** 190/320.

🏨 **Mont-Brison** sans rest, 3 av. Gén. de Gaulle **(s)** ℰ 92 21 14 55 – 📶 ☎ 🅿. 🅴. 𝗩𝗜𝗦𝗔
fermé 3 nov. au 20 déc. – 🍽 30 – **45 ch** 200/260.

🏨 **Paris,** 41 av. Gén. de Gaulle **(a)** ℰ 92 20 15 30 – 📶 ☎ 🅿. 🆎 ⓪ 🅴 𝗩𝗜𝗦𝗔. ✂ rest
R 80/180 🍷, enf. 50 – 🍽 25 – **22 ch** 130/220 – ½ P 150/195.

✕✕ **Le Péché Gourmand,** 2 rte Gap **(e)** ℰ 92 20 11 02 – 🅿. 🆎 𝗩𝗜𝗦𝗔
fermé 12 au 28 nov., dim. soir et lundi sauf juil.-août – **R** 180/250, enf. 65.

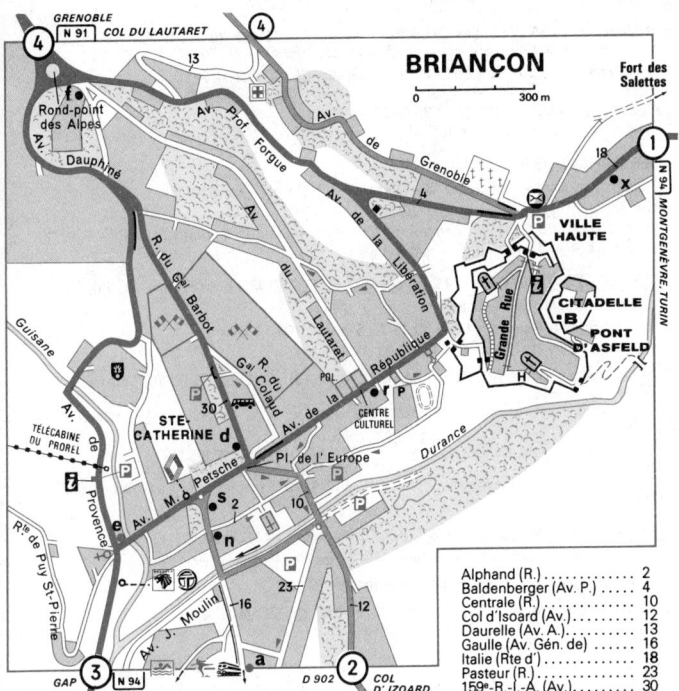

BRIANÇON

Fort des Salettes

Alphand (R.)	2
Baldenberger (Av. P.)	4
Centrale (R.)	10
Col d'Isoard (Av.)	12
Daurelle (Av. A.)	13
Gaulle (Av. Gén. de)	16
Italie (Rte d')	18
Pasteur (R.)	23
159e-R.-I.-A. (Av.)	30

ALFA-ROMEO-OPEL-RENAULT Jullien, 21-23 av. M.-Petsche ✆ 92 21 30 00 **N** ✆ 92 21 30 15
CITROEN Durance Automobiles, Z.A. Briançon Sud par av. Gén.-de-Gaulle ✆ 92 20 14 00

FORD Gar. Gignoux, av. Gén.-de-Gaulle ✆ 92 21 11 56
PEUGEOT-TALBOT S.E.P.R.A., 3 rte de Gap ✆ 92 21 10 02

BRIARE 45250 Loiret 🔢 ② G. Bourgogne – 6 327 h. alt. 144 – Voir Pont-canal★.

🛈 Office de Tourisme pl. Église (saison) ✆ 38 31 24 51.

Paris 155 – Auxerre 77 – Cosne-sur-Loire 31 – Montargis 42 – ◆Orléans 77.

🏠 **Host. Canal,** 19 quai Pont-Canal ✆ 38 31 22 54, 🔝 – 📺 ☎ 🅿 🖭 ⋿ 𝚅𝙸𝚂𝙰
fermé 15 déc. au 20 janv. – **R** (fermé dim. soir et lundi d'oct. au 1ᵉʳ avril) 95/210, enf. 55 – ☑ 28 – **18 ch** 220/350 – ½ P 300/320.

BRICQUEBEC 50260 Manche 🔢 ② G. Normandie Cotentin – 3 750 h. alt. 34.

Voir Donjon★ du Château.

Paris 351 – Barneville-Carteret 16 – Cherbourg 22 – Coutances 54 – St-Lô 69 – Valognes 13.

🏠 **Vieux Château** 🦢, ✆ 33 52 24 49 – ☎ 🅿 ⋿ 𝚅𝙸𝚂𝙰
fermé 20 déc. au 26 janv. – **R** 75/175 🍴, enf. 50 – ☑ 35 – **25 ch** 120/315 – ½ P 175/245.

PEUGEOT Gar. Legarand ✆ 33 52 27 72 **N**
RENAULT Lecocq ✆ 33 52 27 91 **N**

BRIDES-LES-BAINS 73570 Savoie 🔢 ⑰⑱ G. Alpes du Nord – 583 h. alt. 572 – Stat. therm. (avril-30 oct.) – Casino – 🛈 Syndicat d'Initiative ✆ 79 55 20 64, Télex 980405.

Paris 616 – Albertville 31 – Annecy 77 – Chambéry 79 – Courchevel 18 – Moûtiers 6.

🏨 **Gd H. Thermes,** ✆ 79 55 29 77, Télex 319137 – 🛗 📺 ☎ 🅿 🖭 𝚅𝙸𝚂𝙰. ⅏ rest
1ᵉʳ juin-30 oct. et 15 déc.-29 fév. – **R** 140/150, enf. 60 – **97 ch** ☑ 550/980, 4 appart. 1050 – P 1080/1180.

🏨 **Golf,** ✆ 79 55 28 12, Fax 79 55 24 78, ≤ – 🛗 📺 ☎ 🅿 ⋿ 𝚅𝙸𝚂𝙰. ⅏ rest
1ᵉʳ avril-25 oct. – **R** 140/155 – ☑ 52 – **45 ch** 330/580 – P 420/578.

🏨 **Savoy,** ✆ 79 55 20 55, ≤, 🔝, 🏊 – 🛗 📺 ☎ 🅿 ⋿ 𝚅𝙸𝚂𝙰. ⅏ rest
1ᵉʳ avril-30 oct. – **R** 150, enf. 100 – ☑ 40 – **40 ch** 220/450 – P 360/475.

🏨 **Verseau** 🅼 🦢, ✆ 79 55 27 44, ≤, 🔝, 🏊 – 🛗 📺 ☎ 🅿 ⋿ 𝚅𝙸𝚂𝙰. ⅏ rest
1ᵉʳ avril-31 oct. – **R** 97/113 – ☑ 38 – **41 ch** 310/540 – P 380/490.

🏨 **Bains** 🦢, ✆ 79 55 22 05, ≤, 🔝, 🏊 – 🛗 📺 ☎ 🚐 🅿 🅞 𝚅𝙸𝚂𝙰. ⅏ rest
7 avril-22 oct. et week-ends en fév.-mars – **R** 90/125 – ☑ 40 – **34 ch** 300/320 – P 410/460.

7

🏠 **Val Vert**, ℰ 79 55 22 62, Fax 79 55 29 12, 🍽, 🌳 – 📺 ☎ 🅿, 🆔 🖃 𝑉𝐼𝑆𝐴, 🛇
fermé nov. – **R** 100/135, enf. 65 – 🖃 35 – **25 ch** 185/380 – P 275/375.

🏠 **Fontaines** 🛇, ℰ 79 55 22 53, ≤, 🌳 – 📺 ☎ 🅿, 𝑉𝐼𝑆𝐴, 🛇 rest
mi-mai-30 oct. et 20 déc.-mi avril – **R** 90 – 🖃 27 – **26 ch** 180/280 – P 227/315.

🍴 **La Grillade**, résid. Le Royal ℰ 79 55 20 90, 🍽
fermé 30 oct. au 15 déc. – **R** 85/120.

BRIEC 29510 Finistère 🖫🖫 ⑮ – 4 711 h. alt. 158.

Paris 548 – Carhaix-Plouguer 43 – Châteaulin 18 – Morlaix 65 – Pleyben 17 – Quimper 16.

🏨 **Midi**, ℰ 98 57 90 10 – 🅿 🖃 𝑉𝐼𝑆𝐴, 🛇 ch
fermé 14 sept. au 1er oct., vacances de fév., dim. soir et sam. sauf juil.-août – **R** 62/190 ⅄,
enf. 40 – 🖃 27 – **13 ch** 110/160 – ½ P 140.

BRIE-COMTE-ROBERT 77170 S.-et-M. 🖫🖫 ②, 🖫🖫🖫 ㉝, 🖫🖫🖫 ㉟ G. Ile de France – 11 761 h. alt. 88.

Voir Verrière★ du chevet de l'église.

🖓 la Croix des Anges à Réau ℰ (1) 60 60 18 76,S par N 105 : 9,5 km.

Paris 32 – Brunoy 9,5 – Évry 21 – Melun 18 – Provins 56.

🏨 **A la Grâce de Dieu** 🅼, 79 r. Gén. Leclerc (N 19) ℰ (1) 64 05 00 76, Télex 690452, 🍽
– 📺 ☎ 🅿, 🖃 𝑉𝐼𝑆𝐴
fermé 5 août au 1er sept., lundi (sauf hôtel) et dim. soir – **R** 95/170 ⅄ – 🖃 28 – **23 ch**
280/320.

CITROEN Gar. Pasquier, 43 av. Gén.-Leclerc
ℰ (1) 64 05 00 94
FORD Zélus Autom., 70 r. Gén.-Leclerc
ℰ (1) 64 05 03 10

PEUGEOT, TALBOT Éts Lespourci,
7 r. Gén.-Leclerc ℰ (1) 64 05 50 50
RENAULT Escoffier-Brie, 7 av. Gén.-Leclerc
ℰ (1) 64 05 21 18

BRIENNE-LE-CHÂTEAU 10500 Aube 🖫🖫 ⑱ G. Champagne – 4 112 h. alt. 126.

Paris 192 – Bar-sur-Aube 24 – Châtillon 72 – St-Dizier 45 – Troyes 40 – Vitry-le-François 42.

à la Rothière S : 5 km par D 396 – 🖂 10500 :

🍴 **Aub. de la Plaine** avec ch, ℰ 25 92 21 79 – ☎ 🅿, 🆔 ⓞ 🖃 𝑉𝐼𝑆𝐴
fermé 21 déc. au 5 janv. et vend. soir hors sais. – **R** 65/180 ⅄, enf. 55 – 🖃 28 – **18 ch**
100/200 – ½ P 170/250.

FORD Gar. Blavot ℰ 25 92 80 39
PEUGEOT-TALBOT Gar. Prugnot, 4 r. Voltaire
ℰ 25 92 83 57

RENAULT Consigny ℰ 25 92 80 48
RENAULT Millon, ℰ 25 92 80 59

BRIGNAC 87 H.-Vienne 🖫🖫 ⑱ – rattaché à St-Léonard-de-Noblat.

BRIGNAIS 69 Rhône 🖫🖫 ⑪ – rattaché à Lyon.

BRIGNOGAN-PLAGES 29890 Finistère 🖫🖫 ④⑤ G. Bretagne – 881 h. alt. 60.

Voir Clocher★ de l'église de Goulven SE : 3,5 km.

🗓 Syndicat d'Initiative r. de l'Église (saison) ℰ 98 83 41 08.

Paris 588 – ◆Brest 37 – Carhaix-Plouguer 95 – Landerneau 26 – Morlaix 56 – St-Pol-de-Léon 31.

🏨 **Castel Régis** 🛇, plage Garo ℰ 98 83 40 22, Fax 98 83 44 71, ≤ Baie, 🏖, 🐚, 🌳 – ☎
🅿, 🖃 𝑉𝐼𝑆𝐴, 🛇 rest
24 mars-30 sept. – **R** *(fermé merc.)* (prévenir), 115/205, enf. 70 – 🖃 32 – **21 ch** 235/360 –
½ P 420/450.

BRIGNOLES ◀℗▶ 83170 Var 🖫🖫 ⑮ G. Côte d'Azur (plan) – 10 894 h. alt. 215.

Voir Sarcophage de la Gayole★ dans le musée.

🖓 Sainte-Baume à Nans-les-Pins ℰ 94 78 60 12, O par N 7 et D 1 : 23 km ; 🖓 de Barbaroux
(privé) ℰ 94 59 07 43, E : 4 km par N 7 puis D 79.

🗓 Office de Tourisme avec A.C. pl. Augustins ℰ 94 69 01 78.

Paris 812 – Aix-en-Provence 57 – Cannes 98 – Draguignan 53 – ◆Marseille 64 – ◆Toulon 50.

🏨 **Ibis** 🅼, N : rte du Val, 1 km sur D 554 et VO ℰ 94 69 19 29, Télex 404556, Fax 94 69 19 90,
🍽, 🏊, – 🗐 📺 ☎ 🅿, – 🏛 25. 🖃 𝑉𝐼𝑆𝐴
R 80/130 ⅄, enf. 45 – 🖃 35 – **41 ch** 320/350.

au Sud : 2,5 km par D 554 rte de Toulon – 🖂 83170 Brignoles :

🍴 **Mas la Cascade** avec ch, ℰ 94 69 01 49, 🍽, « Bel aménagement intérieur » – ☎ 🅿 –
🏛 25. 🖃 𝑉𝐼𝑆𝐴
fermé fin janv. à fin fév. – **R** *(fermé mardi soir et merc. de sept. à mai)* 110/280, enf. 60 –
🖃 45 – **10 ch** 280/420.

PEUGEOT-TALBOT Blanc et Rochebois, N 7, rte
d'Aix ℰ 94 69 21 23
RENAULT S.A.D.A.P., ZI ℰ 94 69 23 28
🅽 ℰ 94 22 29 35

🛞 Aude, ZI ℰ 94 69 34 13
Santa-Pneus, Vulcopneu, rte de Marseille N 7
ℰ 94 59 28 43

La BRIGUE **06430** Alpes-Mar. 84 ⑳, 195 ⑨ **G. Côte d'Azur** – 495 h. alt. 765.

Voir Collégiale St-Martin★ : retable de l'Adoration de l'Enfant★, Notre-Dame des Neiges★ (triptyque) – Fresques★★ de la chapelle N.-D.-des-Fontaines E : 4 km.

Paris 881 – ♦Nice 82 – Sospel 39.

Mirval ⑤, ☎ 93 04 63 71, ←, – . AE ⓓ E VISA. ch
1er avril-31 oct. – **R** 80/130, enf. 45 – ☐ 30 – **18 ch** 160/250 – ½ P 185/230.

La BRILLANNE **04** Alpes-de-H.-P. 81 ⑮ – 573 h. alt. 349 – ✉ **04700** Oraison.

Paris 739 – Digne-les-Bains 43 – Forcalquier 11 – Manosque 16.

XXX **Les Templiers,** pl. Mairie ☎ 92 78 68 00, Fax 92 78 71 74 – AE ⓓ E VISA
fermé 9 au 15 sept., dim. soir et lundi – **R** 145/295.

RENAULT Mazzoleni ☎ 92 78 67 00 N

BRINON-SUR-SAULDRE **18410** Cher 64 ⑳ – 1 249 h. alt. 138.

Paris 191 – ♦Orléans 57 – Bourges 64 – Cosne-sur-Loire 59 – Gien 36 – Salbris 30.

✿ **La Solognote** (Girard) ⑤, ☎ 48 58 50 29, Fax 48 58 56 00, – TV ☎ . E VISA. ch
fermé 14 fév. au 14 mars, 21 au 30 mai, 10 au 26 sept., mardi soir du 1er oct. au 30 juin et merc. – **R** 150/300, enf. 90 – ☐ 40 – **13 ch** 220/330
Spéc. Tarte chaude aux pommes et foie gras, Pigeonneau et ris de veau aux choux (mars à oct.), Gibier (saison). **Vins** Quincy, Sancerre.

XX **Le Dauphin** avec ch, ☎ 48 58 52 90 – E VISA. rest
fermé 1er au 22 mars, 22 déc. au 2 janv., merc. soir et jeudi – **R** 65/170 – ☐ 20 – **12 ch** 120/190.

PEUGEOT Gar. Duval, 8 r. Gare ☎ 48 58 53 17
RENAULT Gar. de la Jacque ☎ 48 58 50 37 N

BRIONNE **27800** Eure 55 ⑮ **G. Normandie Vallée de la Seine** (plan) – 5 038 h. alt. 57.

18 du Champ de Bataille ☎ 32 35 03 72, O : 18 km par D 137 et D 39.

Syndicat d'Initiative pl. Église (juil.-août) ☎ 32 45 70 51.

Paris 143 – ♦Rouen 43 – Bernay 15 – Évreux 41 – Lisieux 39 – Pont-Audemer 28.

XXX **Le Logis de Brionne** avec ch, pl. St Denis ☎ 32 44 81 73 – rest TV ☎. AE ⓓ E VISA
fermé 2 au 16 janv., lundi midi de Pâques à fin sept., dim. soir et lundi d'oct. à Pâques – **R** 135/350, enf. 60 – ☐ 40 – **13 ch** 300/400 – ½ P 325/375.

XX **Aub. Vieux Donjon** avec ch, r. Soie ☎ 32 44 80 62, – . E VISA
fermé 1er au 22 nov., 21 fév. au 10 mars, dim. soir du 15 oct. à Pâques et lundi – **R** 75/200 – ☐ 28 – **8 ch** 175/240.

CITROEN Rotrou, à Aclou ☎ 32 44 83 66
FIAT Gar. Leroy, 1 rte de Cormeilles ☎ 32 44 88 32 N
PEUGEOT-TALBOT Gar. Leroy, 19 bd République ☎ 32 44 80 16 N
RENAULT Maulion, 24 r. Tragin ☎ 32 44 82 02

BRIOUDE SP **43100** H.-Loire 76 ⑤ **G. Auvergne** – 7 854 h. alt. 434.

Voir Basilique St-Julien★★.

Env. Lavaudieu : fresques★ de l'église et cloître★ de l'ancienne abbaye 9,5 km par ①.

Office de Tourisme pl. Champanne (fermé après-midi hors saison) ☎ 71 50 05 35.

Paris 463 ④ – Aurillac 108 ③ – ♦Clermont-Fd 69 ④ – Issoire 32 ④ – Le Puy 61 ② – St-Flour 51 ③.

BRIOUDE

Commerce (R. du) 9
Maigne (R. J.) 16
St-Jean (Pl.) 20
Sébastopol (R.) 21
4-Septembre (R. du) 27

Assas (R. d') 2
Blum (Av. Léon) 3
Briand (Bd Aristide) 4
Chambriard (Av. P.) 5
Chapitre (R. du) 7
Chèvrerie (R. de la) 8
Gilbert (Pl. É.) 10
Grégoire-de-Tours (Place) 12
Lamothe (Av. de) 13
Liberté (Pl. de la) 14
Lyon (R. de) 15
Michel-de-l'Hospital (Rue) 17
République (R. de la) 19
Séguret (R.) 23
Talairat (R.) 24
Vercingétorix (Bd) 25
Victor-Hugo (R.) 26
14-Juillet (R. du) 28

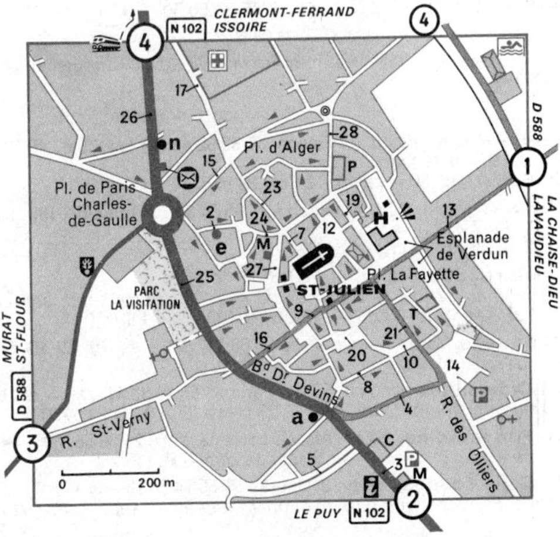

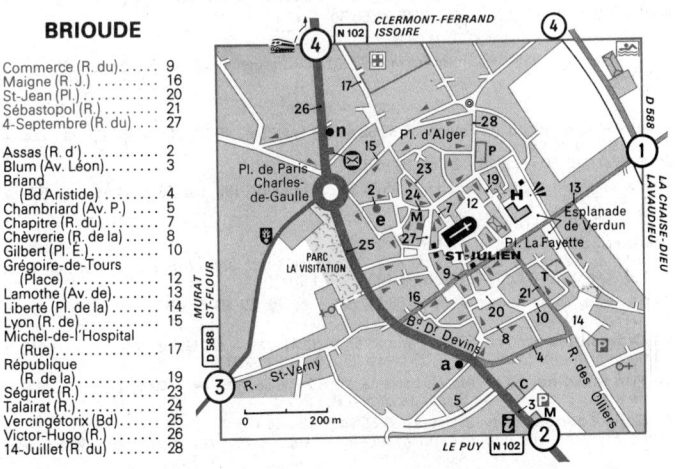

Le Brivas, rte Puy par ② 🖋 71 50 10 49, Fax 71 74 90 69, ⌛, � – 🛏 📺 ☎ ⑫ – 🔼 40.
AE ⓪ E VISA
fermé 1ᵉʳ déc. au 2 janv., vend. soir (sauf sais.) et sam. midi sauf juil.-août – **R** 80/300,
enf. 50 – ☲ 30 – **30 ch** 200/250.

Moderne, 12 av. V. Hugo **(n)** 🖋 71 50 07 30, Fax 71 50 22 35 – 📺 ☎ 🚙 ⑫. AE ⓪ E
VISA
fermé 27 déc. au 10 fév., dim. soir et lundi midi sauf juil.-août et fériés – **R** 75/200 – ☲ 32
– **17 ch** 220/300 – ½ P 240/280.

Poste et Champanne, 1 bd Dr Devins **(a)** 🖋 71 50 14 62 – 📺 ☎ ⑫
fermé 1ᵉʳ au 20 janv. et dim. soir d'oct. à mai – **R** 60/90 ⅃ – ☲ 25 – **20 ch** 120/220 –
½ P 180.

La Chaumine sans rest, 13 av. Gare par ④ 🖋 71 50 14 10
fermé 1ᵉʳ au 15 mai, 15 oct. au 1ᵉʳ nov. et dim. – ☲ 20 – **17 ch** 80/180.

Continental, 35 pl. Gare par ④ 🖋 71 50 09 11, Télex 392584 – E VISA
fermé fév. – **R** *(fermé dim. du 15 oct. au 15 avril sauf fériés)* 55/130 ⅃, enf. 35 – ☲ 22 –
11 ch 75/100 – ½ P 140/160.

Julien Chabaud, 7 r. Assas **(e)** 🖋 71 50 00 03 – E VISA
fermé 3 au 10 juin, oct., dim. soir et lundi hors sais. – **R** 55/100 ⅃.

CITROEN Delmas, av. d'Auvergne 🖋 71 50 12 06
N
FIAT, LANCIA-AUTOBIANCHI Legrand, rte de
Clermont Cohade 🖋 71 50 08 54 **N**
PEUGEOT-TALBOT Gar. d'Auvergne, av. d'Au-
vergne 🖋 71 50 06 05
RENAULT Fournier, rte de Clermont 🖋 71 50 02 01

RENAULT Moncel, av. du Velay par ②
🖋 71 50 00 63

⑧ Da-Silva-Pneu, av. d'Auvergne 🖋 71 50 10 86
Estager-Pneu, av. d'Auvergne ZI St-Ferréol
🖋 71 50 37 01

BRIOUZE 61220 Orne ⑥⓪ ① – 1 813 h. alt. 200.
Paris 220 – Alençon 59 – Argentan 27 – La Ferté-Macé 13 – Flers 17.

Sophie, 🖋 33 66 00 30 – E VISA
fermé 1ᵉʳ au 7 août, vacances de fév. et merc. – **R** 60/150, enf. 50.

CITROEN Gar. Boutrois 🖋 33 66 00 28

RENAULT Gar. Tolerie le Chesnay, Le Chesnay à
Pointel 🖋 33 66 01 34

BRISON-LES-OLIVIERS 73 Savoie ⑦④ ⑮ – rattaché à Aix-les-Bains.

BRISSAC-QUINCÉ 49320 M.-et-L. ⑥④ ⑪ G. Châteaux de la Loire – 2 072 h. alt. 59.
Voir Château★★ – 🛈 Syndicat d'Initiative pl. du Tertre 🖋 41 91 21 50.
Paris 314 – Angers 18 – Cholet 55 – Saumur 39.

Le Castel sans rest, 🖋 41 91 24 74, � – ☎. E VISA
fermé 11 au 26 fév. – ☲ 24 – **11 ch** 230/270.

*Les pages explicatives de l'introduction
vous aideront à mieux profiter de votre guide Michelin.*

BRIVE-LA-GAILLARDE ◁SP▷ 19100 Corrèze ⑦⑤ ⑧ G. Périgord Quercy – 54 032 h. alt. 142.
Voir Hôtel de Labenche★ BZ X – 🚉, 🖋 55 23 50 50.
🛈 Office de Tourisme pl. 14-Juillet 🖋 55 24 08 80.
Paris 487 ① – Albi 212 ⑤ – ◆Clermont-Ferrand 178 ② – ◆Limoges 91 ① – ◆Montpellier 341 ⑤ –
◆Toulouse 220 ⑤.

Plans pages suivantes

Truffe Noire, 22 bd A. France 🖋 55 92 45 00, Fax 55 92 45 13, 🏤 – 🛏 📺 ☎ 🚙 –
🔼 30. AE ⓪ E VISA
AY **r**
R 150/350, enf. 80 – ☲ 45 – **25 ch** 330/550, 4 appart. 650.

Urbis sans rest, 32 r. M. Roche 🖋 55 74 34 70, Télex 590195, Fax 55 23 54 41 – 🛏 📺 ☎
– 🔼 30. VISA
AY **u**
☲ 31 – **55 ch** 300/330.

Champanatier, 15 r. Dumyrat 🖋 55 74 24 14
AZ **e**
fermé 8 au 22 juil. et vacances de fév. – **R** *(fermé vend. soir et dim. soir sauf juil.-août)*
71/125 ⅃, enf. 45 – ☲ 24 – **12 ch** 69/190 – ½ P 140/170.

l'Ermitage, 25 bd Koenig 🖋 55 23 63 11, 🏤 – 🍽 ⑫. AE ⓪ E VISA
AY **k**
R 125/280, enf. 85.

La Crémaillère avec ch, 53 av. Paris 🖋 55 74 32 47, 🏤 – ☎. E VISA. 🍴
AY **z**
fermé dim. soir et lundi – **R** 140/230 – ☲ 27 – **9 ch** 210/250.

La Périgourdine, 15 av. Alsace-Lorraine 🖋 55 24 26 55, 🏤, � – AE E VISA
BZ **a**
fermé 15 au 21 avril, 1ᵉʳ au 9 sept. et dim. – **R** 115/280.

La Belle Époque, 27 av. J. Jaurès 🖋 55 74 08 75 – E VISA
AZ **t**
fermé 15 au 30 août, dim. midi du 1ᵉʳ juin au 1ᵉʳ sept., sam. midi et dim. soir – **R** 100/180.

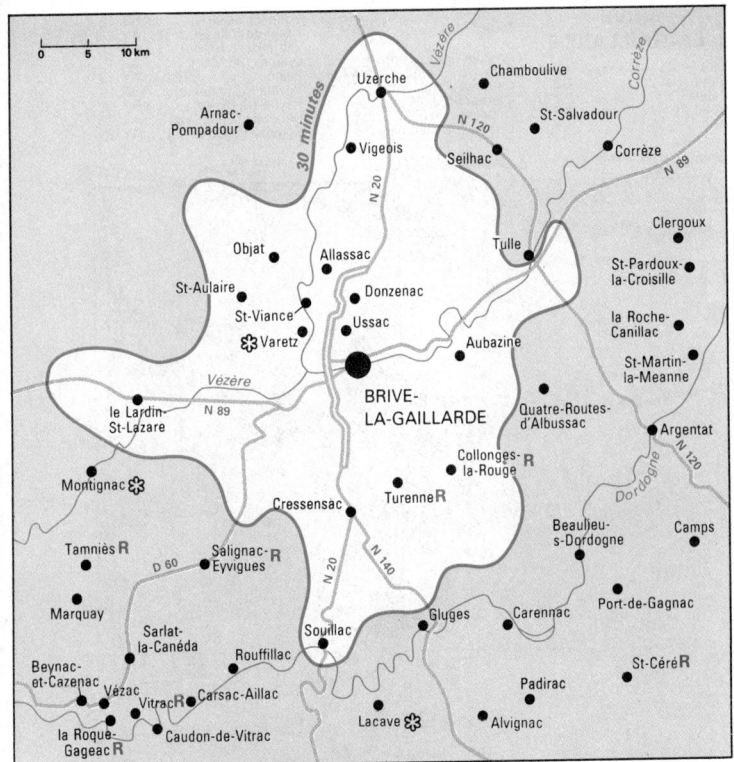

à Ussac par ① et D 57 : 5 km – ⊠ **19270** :

Aub. St-Jean ⌂ ⌿, ℰ 55 88 30 20 – 📺 ☎ ⇦ 🅴 *VISA*
R 68/220, enf. 40 – ⌷ 28 – **13 ch** 200/300 – ½ P 280/300.

✕✕ **La Borderie** Ⓜ ⌂ avec ch, au Pouret ℰ 55 87 74 45, Fax 55 86 97 91, ⌇, « Authentique maison corrézienne », ⌁, 🞐 – 📺 ☎ 🅿 🅴 *VISA*
R *(fermé dim. soir et lundi sauf fériés)* 125/350, enf. 85 – ⌷ 48 – **7 ch** 425/675 – ½ P 375/400.

rte d'Argentat par ③ : 3 km – ⊠ **19360** Malemort :

Aub. des Vieux Chênes, ℰ 55 24 13 55 – 📺 ☎ 🅿 🅰🅴 ⓪ 🅴 *VISA* ⌘
fermé 4 au 24 août et dim. – **R** 53/150 ⌁ – ⌷ 24 – **14 ch** 130/225 – ½ P 180/235.

à l'aérodrome par ⑥ : 6 km – ⊠ **19100** Brive-la-Gaillarde :

Campanile, ℰ 55 86 88 55, Télex 590838, ⌇ – ▤ rest 📺 ☎ 🅰 🅿 – ⌂ 25. 🅴 *VISA*
R 74 bc/98 bc, enf. 39 – ⌷ 27 – **42 ch** 248 – ½ P 225/249.

rte de Varetz par ⑦ et D170 : 5,5 km – ⊠ **19100** Brive-la-Gaillarde :

Mercure Ⓜ, ℰ 55 87 15 03, Télex 590096, Fax 55 87 04 40, ⌇, ⌁, 🞐, ✕✕ – 🔾 📺 ☎
🅿 – ⌂ 120. 🅰🅴 ⓪ 🅴 *VISA* – **R** 100/240 ⌁, enf. 45 – ⌷ 45 – **57 ch** 430/480.

à Varetz par ⑦ et D152 : 10 km – ⊠ **19240** :

✿ **Château de Castel Novel** ⌂, ℰ 55 85 00 01, Télex 590065, Fax 55 85 09 03, ≼, ⌇,
« Demeure ancienne isolée dans un grand parc », ⌁, 🞐 – 🔾 📺 ☎ 🅿 – ⌂ 100. 🅰🅴 ⓪
🅴 *VISA*
27 avril-13 oct. – **R** 215/430, enf. 90 – ⌷ 60 – **32 ch** 360/1050, 5 appart. 1520 – ½ P 655/960
Spéc. Foie gras d'oie et canard en terrine, Croustillant d'églefin aux orties et beurre d'échalotes, Filet de canard rôti au vin de noix. **Vins** Cahors.

à St-Viance par ⑦, D 901 et D 148 : 10 km – ⊠ **19240** :

Aub. des Prés de la Vézère, ℰ 55 85 00 50, ⌇ – 📺 ☎ 🅿 🅰🅴 🅴 *VISA*
fermé janv., dim. soir et lundi midi d'oct. à mai – **R** 95/220 ⌁, enf. 50 – ⌷ 25 – **11 ch**
150/220 – ½ P 205/235.

BRIVE-LA-GAILLARDE

Faro (R. du Lt-Colonel) . **AZ** 8
Gambetta (R.) . . . . **BZ**
Gaulle (Pl. Ch.-de) . . . . . **AY** 9
Hôtel-de-Ville (R. de l') . **AZ** 10
Paris (Av. de) . . . . **AY**

République (R. de la) . . . **AZ** 23
Toulzac (R.) . . . . **AY** 26

Anatole-France (Bd) . . **ABY** 2
Blum (Av. Léon) . . . . . . **AZ** 3
Cardinal (Pont) . . . . **AY** 4
Dauzier (Pl. J.-M.) . . . . . **AY** 5
Dr-Massénat (R.) . . . . . . **BY** 6
Dubois (Bd Cardinal) . . . **BY** 7

Halle (Pl. de la) . . . . **ABY** 12
Hôtel-de-Ville (Pl. de l') . **AY** 13
Lattre-de-T. (Pl. de) . . . . **AZ** 14
Lyautey (Bd Mar.) . . . . . **AZ** 15
Pasteur (Av.) . . . . **AY** 18
Puyblanc (Bd de) . . . . . **ABZ** 19
Raynal (R. Blaise) . . . . . **BZ** 20
République (Pl. de la) . . . **AY** 22
Segeral-Verninac (R.) . . . **AZ** 25

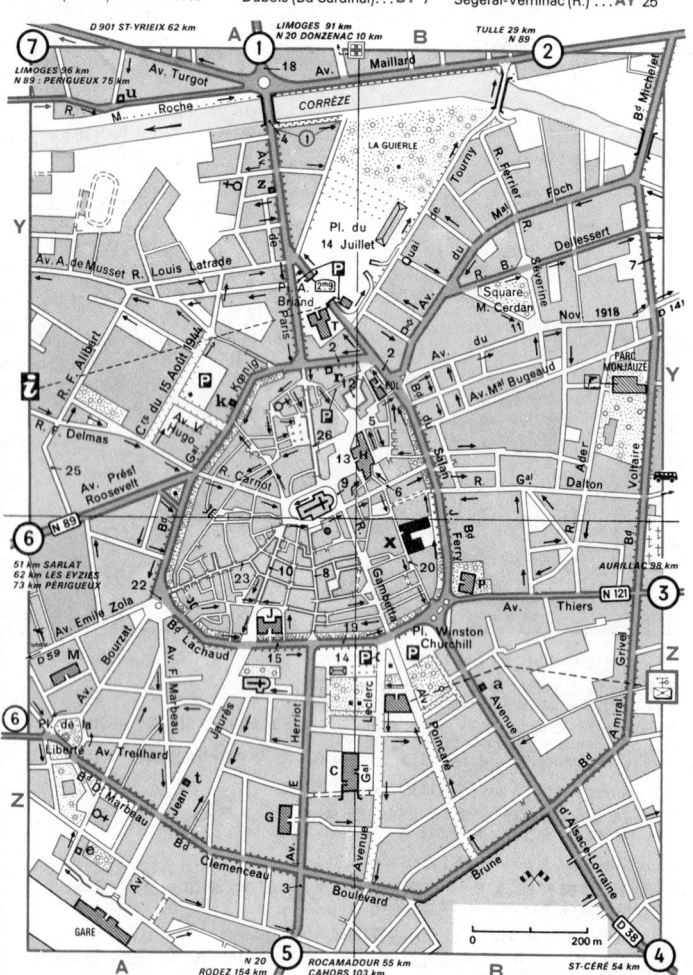

BMW Taurisson, 23 av. Ed.-Herriot ✆ 55 74 25 42
CITROEN Midi-Auto, av. J.-Ch.-Rivet par ⑥
✆ 55 87 90 55
FIAT, LANCIA, AUTOBIANCHI Auto-Sport, Palisse
à Malemort-sur-Corrèze ✆ 55 74 24 71
NISSAN Gar. Pouget, 47-49 rte de Bordeaux
✆ 55 86 92 92
OPEL Cournil, 147 av. Ribot ✆ 55 87 02 99
PEUGEOT-TALBOT Morance, ZI Cana, rte d'Objat
par ⑦ ✆ 55 88 04 06 Ⓝ ✆ 55 86 99 99
RENAULT Gar. Beauregard, N 89, av. de Bordeaux
par ⑥ ✆ 55 86 74 74 Ⓝ ✆ 55 92 52 85

RENAULT Mournetas, 51 Abbé J.-Alvistre Estavel
par ⑥ ✆ 55 86 92 91
V.A.G S.O.C.O.D.A., Riante-Borie à Malemort
✆ 55 74 07 31
VOLVO Gar. Valenti, 61 av. 11-Novembre
✆ 55 23 77 64

🚗 Brive-Pneus, 44 av. P.-Sémard ✆ 55 87 27 58
Estager-Pneu, 26 av. J.-Ch.-Rivet, Zone de Beaure-
gard ✆ 55 86 89 60
Pneu 2000, 115 av. G.-Pompidou ✆ 55 74 07 61
SIAB, à Malemort ✆ 55 92 11 43

Le BROC 63 P.-de-D. 🔟🔢 ⑭⑮ – rattaché à Issoire.

BROGLIE 27270 Eure 55 ⑭ G. Normandie Vallée de la Seine – 1 126 h. alt. 142.

Paris 161 – L'Aigle 35 – Alençon 76 – Argentan 58 – Bernay 11 – Évreux 54 – Lisieux 31.

XX Poste, ℰ 32 44 60 18.

CITROEN Chéron ℰ 32 44 60 67

BRON 69 Rhône 74 ⑫ – rattaché à Lyon.

BROQUIÈS 12480 Aveyron 80 ⑬ – 755 h. alt. 388.

Paris 698 – Albi 62 – Lacaune 69 – Rodez 57 – St-Affrique 30.

☆ **Le Pescadou** ⬧, S : 2,5 km rte St-Izaire ℰ 65 99 40 21, ≤, 🥖 – **ⓟ**
↔ 15 mars-15 oct. – **R** 65/168 ⅃ – ⌂ 23 – **14 ch** 76/160 – ½ P 168/200.

BROU 01 Ain 74 ③ G. Bourgogne – alt. 235.

Curiosités*** et ressources hôtelières : rattachées à Bourg-en-Bresse.

BROUSSE-LE-CHÂTEAU 12480 Aveyron 80 ⑫ G. Gorges du Tarn – 225 h. alt. 232.

Voir Village perché*.

Paris 701 – Albi 54 – Cassagnes-Bégonhès 34 – Lacaune 54 – Rodez 60 – St-Affrique 39.

☆ **Relays du Chasteau** ⬧, ℰ 65 99 40 15, ≤ – **ⓟ**. **E** 𝘝𝘐𝘚𝘈
↔ fermé 15 déc. au 15 janv., vend. soir et sam. midi du 1er oct. au 1er mai – **R** 60/145 ⅃,
enf. 30 – ⌂ 20 – **14 ch** 97/150 – ½ P 130/210.

BRUAY-EN-ARTOIS 62700 P.-de-C. 51 ⑭ – 23 200 h. alt. 40.

Paris 216 – ♦ Calais 89 – Arras 36 – Béthune 9 – Lens 26 – ♦ Lille 47 – St-Omer 40 – St-Pol-sur-Ternoise 20.

🏠 Univers, 30 r. H. Cadot ℰ 21 62 40 31 – ☎ – **18 ch**.

🏠 **Park H.** sans rest, pl. Cdt L'Herminier ℰ 21 62 40 28, 🥖 – 📺 **ⓟ**. **E** 𝘝𝘐𝘚𝘈
⌂ 20 – **20 ch** 135/200.

à Gauchin-Légal S : 8 km par D 341 – ✉ 62150.

Voir Château* d'Olhain NE : 3 km, G. Flandres Artois Picardie.

XX Hatton, ℰ 21 22 10 02 – 𝘝𝘐𝘚𝘈
fermé le soir (sauf vend. et sam.) d'oct. à mai, dim. soir et lundi – **R** 95/250 ⅃.

FIAT Catteau, 45 rte Nationale à Labuissière   RENAULT Gar. Lourme, 6 r. Aire à Labuissière
ℰ 21 53 44 45   ℰ 21 52 28 19 **N**
PEUGEOT-TALBOT Gar. Ste-Barbe, 1 r. A.-France   V.A.G Auto Expo, N 41, Labuissière ℰ 21 53 57 30
à Labuissière ℰ 21 53 44 19   **N** ℰ 21 52 05 00

BRUÈRE-ALLICHAMPS 18 Cher 69 ① – rattaché à St-Amand-Montrond.

Le BRUGERON 63880 P.-de-D. 73 ⑯ – 411 h. alt. 850.

Paris 424 – ♦ Clermont-Ferrand 70 – Ambert 35 – ♦ St-Étienne 97 – Thiers 35.

☆ **Gaudon**, ℰ 73 72 60 46, ≤, 🥖 – 𝘝𝘐𝘚𝘈
↔ fermé 1er déc. au 10 janv., lundi soir et mardi hors sais. – **R** 63/200 – ⌂ 20 – **8 ch** 160 –
½ P 128.

BRUMATH 67170 B.-Rhin 57 ⑲ – 7 702 h. alt. 150.

Paris 470 – ♦ Strasbourg 17 – Haguenau 11 – Molsheim 30 – Saverne 30.

🏠 **Ville de Paris,** 13 r. Gén. Rampont ℰ 88 51 11 02 – 📶 🚿 rest ☎ **ⓟ** – 🏛 30. **E** 𝘝𝘐𝘚𝘈
fermé 22 juin au 14 juil., vend. et dim. soir – **R** 80/230 ⅃ – ⌂ 30 – **14 ch** 100/220 –
½ P 135/180.

XXX **Écrevisse** avec ch, 4 av. Strasbourg ℰ 88 51 11 08, Fax 88 51 89 02, 🥖 – 📺 ☎ 🚗 **ⓟ**
– 🏛 30. **AE** ⓪ **E** 𝘝𝘐𝘚𝘈
fermé 15 juil. au 7 août, lundi soir et mardi – **R** 155/340 ⅃, enf. 55 – ⌂ 26 – **22 ch** 110/290.

à Mommenheim NO : 6 km par D 421 – ✉ 67670 :

XX **Le Manoir** avec ch, 165 rte Brumath ℰ 88 51 61 78, Fax 88 51 59 96, �ンテ, 🥖 – 📺 ☎ **ⓟ**.
AE ⓪ **E** 𝘝𝘐𝘚𝘈
fermé fév., dim. soir d'oct. à mars (sauf hôtel) et lundi – **R** 88/250 ⅃, enf. 40 – **7 ch**
⌂ 160/280 – ½ P 210/250.

BRUNOY 91 Essonne 61 ①, 101 ㊲ – voir à Paris, Environs.

Le BRUSC 83 Var 84 ⑭ – rattaché à Six-Fours-les-Plages.

BRUSQUE 12360 Aveyron 83 ④ – 527 h. alt. 465.

Paris 708 – Albi 91 – Béziers 75 – Lacaune 35 – Lodève 50 – Rodez 107 – St-Affrique 35.

🏠 **La Dent de St-Jean** ⬧, ℰ 65 99 52 87, ≤ – **ⓟ**. **AE** ⓪ **E** 𝘝𝘐𝘚𝘈. 🚿 ch
3 mars-1er nov. et fermé dim. soir et lundi sauf de juin à sept. – **R** 78/170 ⅃ – ⌂ 21 –
20 ch 140/180 – ½ P 176/186.

BUAIS **50640** Manche 59 ⑨⑲ – 776 h. alt. 231.

Paris 279 – Domfront 27 – Fougères 34 – Laval 58 – Mayenne 44 – St-Hilaire-du-H. 11 – St-Lô 80.

XX **Rôtisserie Normande,** ✆ 33 59 41 10 – Ⓟ. AE E VISA
fermé 20 janv. au 20 fév. et lundi du 15 sept. à Pâques – **R** 50/125.

BUBRY **56310** Morbihan 63 ② – 2 563 h. alt. 183.

Paris 479 – Vannes 53 – Carhaix-Plouguer 56 – Lorient 34 – Pontivy 22 – Quimperlé 32.

Coet Diquel ⛰, O : 1 km par VO ✆ 97 51 70 70, « Parc », ⛱, ⚔ – ☎ Ⓟ. E VISA
fermé 1er déc. au 15 mars – **R** 78/185, enf. 78 – ⊏ 28 – **20 ch** 250/300 – ½ P 265/290.

BUC **78** Yvelines 60 ⑩, 101 ㉓ – Voir à Paris, Environs.

BUCHÈRES **10** Aube 61 ⑰ – rattaché à Troyes.

BUCHY **76750** S.-Mar. 55 ⑦ – 1 160 h. alt. 192.

Paris 127 – Rouen 27 – Les Andelys 43 – Dieppe 46 – Neufchâtel-en-Bray 23 – Yvetot 54.

X **Nord,** gare de Buchy NO : 3 km par D 41 ✆ 35 34 40 16 – Ⓟ. AE ⓓ E VISA. ✕
fermé 5 au 25 nov., dim. soir et lundi – **R** 75/140 ♁, enf. 49.

CITROEN Gar. Guérard ✆ 35 34 40 33
RENAULT Lucas ✆ 35 34 40 30

Le BUGUE **24260** Dordogne 75 ⑯ G. Périgord Quercy – 2 784 h. alt. 68.

Voir Musée Pierre Baudin : collection d'insectes★ – Gouffre de Proumeyssac★ S : 3 km.

Paris 530 – Périgueux 41 – Sarlat-la-Canéda 32 – Bergerac 48 – Brive-la-Gaillarde 73 – Cahors 84.

Royal Vézère, pl. H. de Ville ✆ 53 07 20 01, Télex 540710, ←, ⛱, « Au bord de la Vézère » – |⇕| ☎ 🚗 – 🏛 30 à 150. AE ⓓ E VISA
30 avril-1er oct. – **L'Albuca** *(1er mai-30 sept. et fermé mardi midi et lundi)* **R** 120/280 – ⊏ 38 – **49 ch** 300/476, 4 appart. 656 – ½ P 320/400.

à Campagne SE : 4 km – ✉ **24260** :

Château, ✆ 53 07 23 50, ⛱ – ☎ Ⓟ. E VISA. ✕ ch
24 mars-15 oct. – **R** 70/300 – ⊏ 28 – **17 ch** 200/250 – ½ P 235/260.

BUIS-LES-BARONNIES **26170** Drôme 81 ③ G. Alpes du Sud – 1 957 h. alt. 370.

ℹ Syndicat d'Initiative pl. Champ-de-Mars ✆ 75 28 04 59.

Paris 691 – Carpentras 40 – Nyons 30 – Orange 49 – Sault 37 – Sisteron 75 – Valence 130.

Sous l'Olivier, ✆ 75 28 01 04, Fax 75 28 16 49, ⛱, ⛱, ⛱, ⚔ – ☎ Ⓟ – 🏛 25. E VISA
1er mars-15 nov. – **R** 85/130, enf. 55 – ⊏ 30 – **36 ch** 220/280 – ½ P 235/250.

Lion d'Or ⛰ sans rest, ✆ 75 28 11 31 – ☎ 🚗. E VISA. ✕
fermé 15 oct. au 15 nov. – ⊏ 25 – **14 ch** 150/230.

CITROEN Gar. Aubery ✆ 75 28 10 08
PEUGEOT Enguent ✆ 75 28 09 97
RENAULT Gar. des Platanes ✆ 75 28 04 92
V.A.G Mathieu ✆ 75 28 05 80

Le BUISSON-CUSSAC **24480** Dordogne 75 ⑯ – 1 538 h.

Env. Cadouin : cloître ★★, église ★ SO : 6 km, **G.Périgord Quercy**.

Paris 542 – Périgueux 52 – Sarlat-la-Canéda 36 – Bergerac 39 – Villefranche-du-Périgord 35.

Manoir de Bellerive ⛰ sans rest, rte Siorac ✆ 53 27 16 19, Fax 53 22 09 05, ←, « Élégant manoir dans un parc fleuri », ⛱, ⚔ – TV ☎ Ⓟ. AE E VISA. ✕
15 avril-31 oct. – ⊏ 38 – **16 ch** 350/590.

BUJALEUF **87460** H.-Vienne 72 ⑱⑲ G. Berry Limousin – 1 079 h. alt. 380 – Voir Pont ←★.

Paris 421 – Limoges 36 – Aubusson 64 – Guéret 61 – Tulle 87.

Touristes, ✆ 55 69 50 01, ⛱ – E VISA – *fermé 23 déc. au 2 janv. et vacances de fév.* – **R** 55/130 ♁ – ⊏ 20 – **12 ch** 75/135 – ½ P 120/180.

BUSSANG **88540** Vosges 66 ⑧ G. Alsace Lorraine – 1 920 h. alt. 599 – Env. Petit Drumont ☀★★ NE : 9 km puis 15 mn – ℹ Syndicat d'Initiative r. d'Alsace ✆ 29 61 50 37.

Paris 419 – Mulhouse 49 – Belfort 43 – Épinal 61 – Gérardmer 44 – Thann 27.

Tremplin, ✆ 29 61 50 30 – ☎ Ⓟ. AE ⓓ E VISA
fermé oct., dim. soir et lundi sauf vacances scolaires et fêtes – **R** 65/200 ♁, enf. 45 – ⊏ 27 – **20 ch** 110/270 – ½ P 150/200.

Sources ⛰, NE : 2,5 km par D 89 ✆ 29 61 51 94, ←, ⛱ – TV ☎ Ⓟ. E VISA. ✕
R 83/340, enf. 43 – ⊏ 26 – **11 ch** 220/265 – ½ P 210/240.

Deux Clefs, ✆ 29 61 51 01, ⛱ – 🚗. AE ⓓ E VISA
fermé 1er au 15 déc. – **R** 58/128 ♁ – ⊏ 22 – **12 ch** 105/235 – ½ P 135/160.

BUSSEAU **23** Creuse 72 ⑩ – ✉ **23150** Ahun – Env. Moutier d'Ahun : boiseries★★ de l'église SE : 5,5 km, G. Berry Limousin – Paris 361 – Aubusson 30 – Guéret 18.

XX **Viaduc** avec ch, ✆ 55 62 40 62, Fax 55 62 55 80, ← – ☎ Ⓟ – 🏛 30. E VISA. ✕ ch
fermé 15 au 30 nov., 2 au 31 janv., dim. soir et lundi – **R** 78/245 ♁, enf. 55 – ⊏ 28 – **7 ch** 155/225 – ½ P 255.

La BUSSIÈRE 45230 Loiret ⒃ ② G. Bourgogne – 656 h. alt. 161.

Paris 143 – Auxerre 71 – Cosne-sur-Loire 43 – Gien 14 – Montargis 29 – Orléans 79.

🏨 **Motel le Nuage** Ⓜ ≶, r. Briare 𝒫 38 35 90 73, Fax 38 35 90 62, 🍽 – 📺 ☎ ᕫ Ⓟ –
🔼 🏊 25. ⓞ Ⓔ 𝚅𝙸𝚂𝙰. ⅏ rest – **R** 65/145, enf. 38 – 🍽 28 – **16 ch** 245/265 – ½ P 198.

BUSSIÈRES 71960 S.-et-L. ⒍⒐ ⑲ G. Bourgogne – 482 h. alt. 255.

Paris 407 – Mâcon 13 – Charolles 46 – Cluny 17 – Roanne 89.

🍴🍴 **Relais Lamartine** Ⓜ avec ch, 𝒫 85 36 64 71 – ☎ Ⓟ. ᴀᴇ ⓞ Ⓔ 𝚅𝙸𝚂𝙰. ⅏
fermé 1er déc. au 15 janv., dim. soir et lundi d'oct. à juin et lundi midi de juil. à sept. –
R 155/245, enf. 65 – 🍽 35 – **8 ch** 310/335.

BUSSY-ST-GEORGES 77 S.-et-M. ⒌⒍ ⑫ – rattaché à Lagny-sur-Marne.

BUTHIERS 77 S.-et-M. ⒍⒈ ⑪ – rattaché à Malesherbes (Loiret).

BUXY 71390 S.-et-L. ⒎⓪ ① – 1 857 h. alt. 300.

Paris 355 – Chalon-sur-Saône 18 – Autun 54 – Chagny 24 – Mâcon 62 – Montceau-les-Mines 33.

🏨 **Relais du Montagny** Ⓜ ≶ sans rest, 𝒫 85 92 19 90, Fax 85 92 07 19, 🏊, 🌳 – 📺 ☎
ᕫ Ⓟ – 🏊 60. Ⓔ 𝚅𝙸𝚂𝙰 – 🍽 30 – **30 ch** 250/350.

RENAULT Bombardella 𝒫 85 92 16 12

BUZANÇAIS 36500 Indre ⒍⒏ ④ – 4 972 h. alt. 122 – Paris 274 – Le Blanc 48 – Châteauroux 25 – ◆Tours 64.

🏨 **Hermitage** ≶, rte d'Argy 𝒫 54 84 03 90, 🌳 – 📺 ☎ 🚗 Ⓟ. Ⓔ 𝚅𝙸𝚂𝙰
fermé 15 au 31 janv., dim. soir et lundi (sauf hôtel juil.-août) – **R** 70/235 ⅋,
enf. 62 – 🍽 24 – **15 ch** 98/275 – ½ P 170/225.

🏨 **Le Croissant**, 53 r. Grande 𝒫 54 84 00 49, Fax 54 84 20 60, 🍽 – 📺 ☎. Ⓔ 𝚅𝙸𝚂𝙰. ⅏ rest
fermé 1er fév. au 5 mars, vend. soir et sam. sauf juil.-août – **R** 70/190 ⅋, enf. 50 – 🍽 24 –
14 ch 200/245 – ½ P 200/230.

CITROEN Gar. Fontaine, 38 rte de Châteauroux   ◆ Éts Chirault, 41 r. Hervault, 𝒫 54 84 12 87
𝒫 54 84 08 39

BUZET-SUR-BAÏSE 47160 L.-et-G. ⒎⒐ ⑭ – 1 317 h. alt. 47.

Paris 634 – Agen 30 – ◆Bordeaux 111 – Mont-de-Marsan 88 – Nérac 18 – Villeneuve-sur-Lot 41.

🍴🍴 **Le Vigneron**, bd République 𝒫 53 84 73 46 – ⓞ Ⓔ 𝚅𝙸𝚂𝙰
fermé lundi – **R** 65/198 ⅋, enf. 65.

CABASSON 83 Var ⒏⒋ ⑯ – rattaché à Bormes-les-Mimosas.

CABOURG 14390 Calvados ⒌⒌ ② G. Normandie Vallée de la Seine – 3 249 h. alt. 3 – Casino A.

⛳ 𝒫 31 91 25 56, par ⑤ : 3 km ; ⛳ 𝒫 31 91 70 53, 1 km par av. de la Mer A.
🅱 Office de Tourisme Jardins du Casino 𝒫 31 91 01 09.

Paris 225 ③ – ◆Caen 24 ④ – Deauville-Trouville 19 ① – Lisieux 33 ② – Pont-l'Évêque 27 ②.

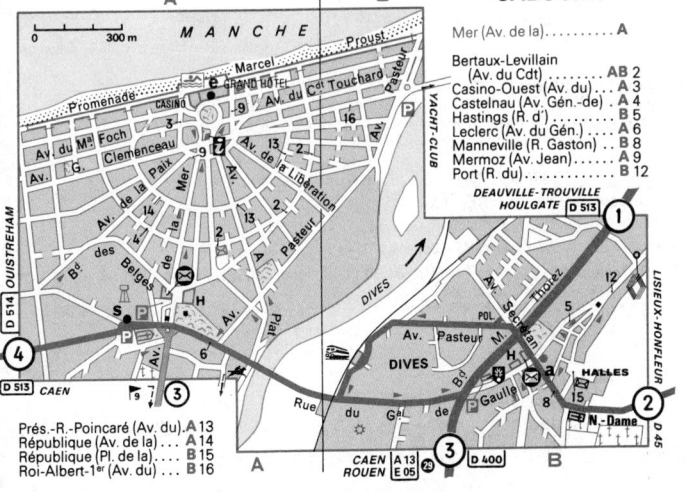

CABOURG

Mer (Av. de la) . . . . **A**

Bertaux-Levillain
(Av. du Cdt) . . . . **AB** 2
Casino-Ouest (Av. du) . . . **A** 3
Castelnau (Av. Gén.-de) . **A** 4
Hastings (R. d') . . . . **B** 5
Leclerc (Av. du Gén.) . . . **A** 6
Manneville (R. Gaston) . . **B** 8
Mermoz (Av. Jean) . . . . . **A** 9
Port (R. du) . . . . **B** 12

Prés.-R.-Poincaré (Av. du) . **A** 13
République (Av. de la) . . . **A** 14
République (Pl. de la) . . . . **B** 15
Roi-Albert-1er (Av. du) . . . **B** 16

🏨🏨🏨 **Pullman Grand Hôtel** ⚜️, prom. M. Proust 🏤 31 91 01 79, Télex 171364, Fax 31 24 03 20, ≤, 🌲 – 🛗 📺 ☎ 🅿 – 🔬 25 à 300. 🖭 ⓪ Ε 𝘝𝘐𝘚𝘈   A e
R 180/320, enf. 90 – 🍽 68 – **68 ch** 950/1200.

🏨🏨 **Altéa H. Agora** Ⓜ ⚜️, av. Hippodrome 🏤 31 24 04 04, Télex 772328, Fax 31 91 03 99, 🏊
– 📺 ☎ 🕭 🅿 – 🔬 30 à 100. 🖭 ⓪ Ε 𝘝𝘐𝘚𝘈
R 130/170, enf. 60 – 🍽 48 – **81 ch** 400/510 – ½ P 408/433.

🏠 **Le Cottage** sans rest, 24 av. Gén. Leclerc 🏤 31 91 65 61 – 📺 ☎. Ε 𝘝𝘐𝘚𝘈   A s
🍽 35 – **11 ch** 250/350.

    à Dives-sur-Mer : Sud du plan – 5 732 h. – ✉ **14160**.

Voir Halles★ B B.

XX **Guillaume le Conquérant,** 2 r. Hastings 🏤 31 91 07 26, 🌧, « Ancien relais de poste
du 16ᵉ siècle » – 🖭 Ε 𝘝𝘐𝘚𝘈   B a
fermé 24 nov. au 17 déc., dim. soir et lundi hors sais. et fériés – **R** 138/300, enf. 70.

    par ④, D 513 et rte de Gonneville-en-Auge : 7 km – ✉ **14860** Ranville :

XXX **Host. Moulin du Pré** ⚜️ avec ch, 🏤 31 78 83 68, parc – ☎ 🅿. 🖭 ⓪ Ε 𝘝𝘐𝘚𝘈. % ch
fermé oct., 1ᵉʳ au 15 mars, dim. soir et lundi du 1ᵉʳ sept. au 30 juin sauf fériés – **R** 240/285
– 🍽 33 – **10 ch** 170/285.

    au Hôme par ⑤ : 2 km – ✉ **14390** Cabourg :

XX **Pied de Cochon,** 🏤 31 91 27 55 – Ε 𝘝𝘐𝘚𝘈
fermé 8 au 25 oct., 15 au 31 janv., lundi soir et mardi sauf juil.-août et fériés – **R** 100/240.

RENAULT Couesnon, 15 r. Port, à Dives-sur-Mer 🏤 31 91 04 51

CABRERETS 46330 Lot 🔢 ⑨ G. Périgord Quercy – 213 h. alt. 130.

Voir Château de Gontaut-Biron★ – ≤★ sur village de la rive gauche du Célé – Grotte du Pech
Merle★★ NO : 3 km – Musée de Cuzals★ NE : 5 km.

Paris 596 – Cahors 33 – Figeac 44 – Gourdon 44 – St-Céré 64 – Villefranche-de-Rouergue 42.

🏠 **Grottes** ⚜️, 🏤 65 31 27 02, ≤, 🌧, « Terrasse sur la rivière », 🏊 – ☎ 🅿. Ε 𝘝𝘐𝘚𝘈. % ch
← *1ᵉʳ mai-1ᵉʳ oct.* – **R** *(fermé sam. midi sauf juil.-août)* 70/214 &, enf. 52 – 🍽 25 – **18 ch**
125/225 – ½ P 160/210.

🏠 **Aub. de la Sagne** ⚜️, 🏤 65 31 26 62, 🌧, 🏊, 🌲 – ☎ 🅿. 🖭 ⓪ Ε 𝘝𝘐𝘚𝘈. %
2 mai-30 sept. – **R** *(fermé merc. midi et vend. midi sauf juil.-août)* 80/125 – 🍽 23 – **10 ch**
185/260 – ½ P 199/236.

    à la Fontaine de la Pescalerie NE : 2 km rte de Figeac – ✉ **46330** Cabrerets :

🏨🏨 **La Pescalerie** Ⓜ ⚜️, 🏤 65 31 22 55, Fax 65 31 23 11, ≤, 🌧, parc – 📺 ☎ 🅿. 🖭 ⓪ Ε
𝘝𝘐𝘚𝘈
30 mars-1ᵉʳ nov. – **R** *(fermé mardi midi)* (nombre de couverts limité - prévenir) 200/250 –
🍽 60 – **10 ch** 480/700.

CABRIS 06 Alpes-Mar. 🔢 ⑧ . 🔢 ㉔ – rattaché à Grasse.

CADENET 84160 Vaucluse 🔢 ③ G. Provence – 2 640 h. alt. 234.

Voir Fonts baptismaux★ de l'église.

Env. Abbaye de Silvacane★★ SO : 6,5 km.

Paris 737 – Digne-les-Bains 107 – Aix-en-Provence 32 – Apt 23 – Avignon 60 – Manosque 48 – Salon-de-
Provence 31.

🏠 **Mas du Colombier** Ⓜ, Rte Pertuis 🏤 90 68 29 00, 🌧, 🏊 – ☎ 🕭 🅿. Ε 𝘝𝘐𝘚𝘈
← *fermé fév.* – **R** 70/145, enf. 42 – 🍽 25 – **15 ch** 230/290 – ½ P 235/245.

XX **Aux Ombrelles,** 🏤 90 68 02 40, 🌧 – ☎ 🅿. Ε 𝘝𝘐𝘚𝘈
fermé 15 déc. au 1ᵉʳ fév., dim. soir et lundi d'oct. à avril – **R** 80/150 &, enf. 55.

La CADIÈRE-D'AZUR 83740 Var 🔢 ⑭ G. Côte d'Azur – 2 411 h. alt. 144.

Voir ≤★ – Le Castelet : village★ NE : 4 km.

🆔 Syndicat d'Initiative rond-point R.-Salengro (saison) 🏤 94 90 12 56.

Paris 821 – ◆Toulon 22 – Aix-en-Provence 63 – Brignoles 53 – ◆Marseille 46.

🏨🏨 **Host. Bérard** Ⓜ ⚜️, près Poste 🏤 94 90 11 43, Télex 400509, Fax 94 90 01 94, ≤, 🏊, 🌲
– 📺 ☎ 🚐 – 🔬 40. 🖭 Ε 𝘝𝘐𝘚𝘈. %
fermé 6 janv. au 22 fév. – **R** 160/390, enf. 80 – 🍽 60 – **40 ch** 400/1500 – ½ P 460/635.

CITROEN Jansoulin 🏤 94 29 30 36   RENAULT Gar St-Éloi, av. Libération
                                        🏤 94 90 12 47

CADOURS 31480 H.-Gar. 🔢 ⑥ – 687 h.

Paris 694 – Auch 43 – ◆Toulouse 39 – Montauban 46.

🏨🏨 **Demeure d'En Jourdou** ⚜️, NO : 1 km par D 29 🏤 61 85 77 77, ≤, 🌧, parc, « Ancienne
ferme du 18ᵉ siècle » – 📺 ☎ 🅿. 🖭 Ε 𝘝𝘐𝘚𝘈
R *(fermé lundi sauf fériés)* 77/377 – 🍽 35 – **7 ch** 250/390 – ½ P 265/325.

CAEN P **14000** Calvados 55 ⑪⑫ G. **Normandie Cotentin** – 117 119 h. alt. 8.

Voir Abbaye aux Hommes★★ CY – Abbaye aux Dames EX : Église de la Trinité★★ – Chevet★★, frise★★ et voûtes★★ de l'Église St-Pierre★ DY **L** – Église et cimetière St-Nicolas★ CY **E** – Tour-lanterne★ de l'église St-Jean EZ **D** – Hôtel d'Escoville★ DY **B** – Vieilles maisons★ (n° 52 et 54 rue St-Pierre) DY **K** – Musée des Beaux-Arts★★ dans le château★ DX **M1** – Musée de Normandie★★ DX **M2** – Mémorial★★ AV – **Env.** Ruines de l'abbaye d'Ardenne★ AV 6 km par ⑩.

18 ✆ 31 94 72 09, N par D 60 : 5 km.

Office de Tourisme et Accueil de France (Informations, change et réservations d'hôtels, pas plus de 5 jours à l'avance) pl. St-Pierre ✆ 31 86 27 65, Télex 170353 et Gare SNCF (juin-août) – A.C.O. 20 av. 6-juin ✆ 31 85 47 35.

Paris 240 ④ – Alençon 102 ⑥ – ♦Amiens 239 ④ – ♦Brest 373 ⑧ – Cherbourg 119 ⑩ – Évreux 121 ⑤ – ♦Le Havre 107 ④ – ♦Lille 344 ④ – ♦Le Mans 151 ⑥ – ♦Rennes 177 ⑧.

Plans pages suivantes

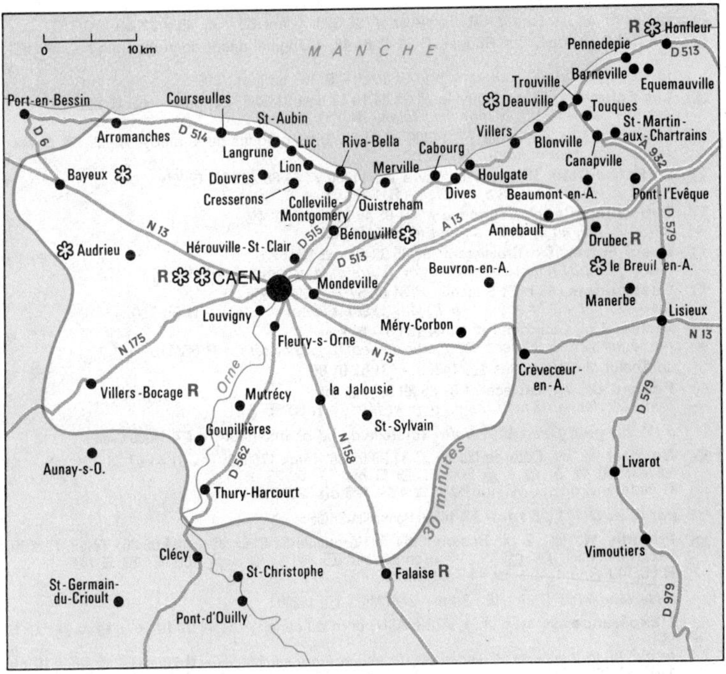

Relais des Gourmets, 15 r. Geôle ✉ 14300 ✆ 31 86 06 01, Télex 171657, Fax 31 39 06 00 – 🛗 📺 ☎ – 🏛 45. AE ⦿ E VISA — DY **t**
R 140/240 bc – ☕ 42 – **30 ch** 295/650 – ½ P 452.

Mercure Ⓜ, 1 r. Courtonne ✆ 31 93 07 62, Télex 171890, Fax 31 47 43 88 – 🛗 ▤ rest 📺 ☎ ♿ 🅟 – 🏛 120. AE ⦿ E VISA — EY **b**
R 150/250, enf. 42 – ☕ 48 – **101 ch** 460/475.

Moderne sans rest, 114 bis bd Mar. Leclerc ✆ 31 86 04 23, Télex 171106, Fax 31 85 37 93 – 🛗 📺 ☎ – 🏛 25. AE ⦿ E VISA — DY **d**
☕ 45 – **40 ch** 310/610.

Malherbe sans rest, pl. Foch ✉ 14300 ✆ 31 84 40 06, Télex 170555, Fax 31 78 39 18 – 🛗 📺 ☎ – 🏛 35. AE ⦿ E VISA — DZ **z**
mars-oct. – ☕ 40 – **42 ch** 250/450.

France sans rest, 10 r. Gare ✉ 14300 ✆ 31 52 16 99, Fax 31 83 23 16 – 🛗 📺 ☎ ♿ 🅟 – 🏛 30. AE ⦿ E VISA — EZ **h**
☕ 25 – **47 ch** 170/300.

Quatrans sans rest, 17 r. Gemare ✉ 14300 ✆ 31 86 25 57, Télex 772535 – 🛗 ☎. E VISA — DY **p**
☕ 25 – **36 ch** 135/240.

Urbis sans rest, 33 r. Bras (centre P. Doumer) ✆ 31 50 00 00, Télex 170368 – 🛗 📺 ☎ ♿. E VISA — DY **s**
☕ 29 – **59 ch** 265/285.

🏨 **Bristol** sans rest, 31 r. 11-Novembre ✉ 14300 ☎ 31 84 59 76 – 🛗 TV ☎. AE E VISA
☕ 25 – **25 ch** 130/194. EZ **v**

🏨 **Royal** sans rest, 1 pl. République ✉ 14300 ☎ 31 86 55 33, Fax 31 79 89 44 – 🛗 TV ☎. E VISA
fermé 1er au 15 janv. – ☕ 30 – **42 ch** 230/290. DY **e**

🏨 **Central** sans rest, 23 pl. J. Letellier ✉ 14300 ☎ 31 86 18 52 – ☎. E VISA
☕ 25 – **25 ch** 120/250. DY **u**

XXX ✿✿ **La Bourride** (Bruneau), 15 r. Vaugueux ☎ 31 93 50 76, Fax 31 93 29 63, « Maison du vieux Caen » – AE ⓓ E VISA DX **x**
fermé 15 au 30 août, 3 au 25 janv., dim. et lundi – **R** (nombre de couverts limité-prévenir) 266/493 et carte
Spéc. Huîtres au fumet d'algues, Turbot aux olivettes (oct. à avril), Jambonneau au cidre.

XXX **Le Dauphin** avec ch, 29 r. Gemare ✉ 14300 ☎ 31 86 22 26, Télex 171707 – 🛗 TV ☎ Ⓟ. AE ⓓ E VISA DY **a**
fermé 15 juil. au 5 août – **R** *(fermé sam.)* 90/320, enf. 65 – ☕ 45 – **22 ch** 270/370.

XXX **Daniel Tuboeuf,** 8 r. Buquet ☎ 31 43 64 48, « Original décor contemporain » – ▤. VISA. ✻ DY **y**
fermé 28 juil. au 20 août, dim. soir et lundi – **R** 168 bc (déj.)/290.

XXX **Les Echevins,** 35 rte Trouville ☎ 31 84 10 17, Fax 31 84 53 22, parc – Ⓟ. E VISA BV **s**
fermé 1er au 25 août, et dim. sauf fêtes – **R** 150/285, enf. 70.

XX **L'Écaille,** 13 r. de Geôle ✉ 14300 ☎ 31 86 49 10, produits de la mer – ▤. AE ⓓ E VISA
fermé sam. midi et lundi – **R** 140 bc. DY **t**

XX **La Petite Cale,** 18 quai Vendeuvre ✉ 14300 ☎ 31 86 29 15 – E VISA EY **n**
fermé 1er au 25 août, dim. et fêtes – **R** 120/165.

XX **Pub William's,** pl. Courtonne ☎ 31 93 45 52 – ▤. E VISA EY **e**
fermé 27 juil. au 20 août, dim. et fériés – **R** 70 bc.

XX **Boeuf Ferré,** 10 r. Croisiers ☎ 31 85 36 40 – E VISA DY **z**
fermé 14 au 31 juil., vacances de fév., sam. midi et dim. – **R** (prévenir) 95/170.

XX **Gastronome,** 43 r. St Sauveur ☎ 31 86 57 75 – AE E VISA CY **r**
fermé 29 juil. au 11 août, 2 au 10 janv., sam. midi et dim. soir – **R** 95/150.

XX **Alcide,** 1 pl. Courtonne ☎ 31 44 18 06 – E VISA EY **e**
fermé juil., 21 au 30 déc., vend. soir de sept. à juin et sam. – **R** 65/115.

X Le Chalut, 3 r. Vaucelles ✉ 14300 ☎ 31 52 01 06 EZ **q**

X **Poêle d'Or,** 7 r. Laplace ☎ 31 85 39 86 – E VISA EZ **r**
fermé 22 déc. au 7 janv., sam., dim. et fériés – **R** 50/65.

à l'échangeur Caen-Université (bretelle du bd périphérique) – ✉ **14000** Caen :

🏨 **Novotel** M, av. Côte de Nacre ☎ 31 93 05 88, Télex 170563, Fax 31 44 07 28, , – 🛗 ▤ rest TV ☎ ♿ Ⓟ – 🔔 200. AE ⓓ E VISA AV **b**
R carte environ 150, enf. 50 – ☕ 47 – **126 ch** 390/450.

par ① et D 401 : 5 km – ✉ **14200** Hérouville-St-Clair :

🏨 **Friendly H.** M, 2 pl. Boston Citis à Hérouville-St-Clair ☎ 31 44 05 05, Télex 772500, Fax 31 44 95 94, , , – ch ▤ rest TV ☎ ♿ Ⓟ – 🔔 150. AE ⓓ E VISA
R 85/140, enf. 45 – ☕ 44 – **90 ch** 360/450 – ½ P 345.

à Hérouville St-Clair NE : 3 km – 24 470 h. – ✉ **14200** :

X **L'Espérance** avec ch, r. Abbé Allix, bord du canal ☎ 31 44 97 10, ← – Ⓟ – 🔔 50. E VISA BV **e**
fermé 16 août au 9 sept., vacances de fév. et lundi sauf fériés – **R** 70/190 – ☕ 26 – **10 ch** 110/140 – ½ P 170.

à Bénouville par ② : 10 km – ✉ **14970** :

Voir Château★ : escalier d'honneur★★.

XXX ✿ **Manoir d'Hastings et la Pommeraie** (Scaviner) M avec ch, ☎ 31 44 62 43, Télex 171144, « Prieuré du 17e siècle, jardin » – TV ☎ ♿ Ⓟ. AE ⓓ E VISA
fermé 1er au 15 fév. – **R** 180/420 – **11 ch** ☕ 620/900 – ½ P 675/735
Spéc. Fleurs de courgettes farcies à la mousse de saumon (juin à sept.), Homard au cidre vert, "Sot l'y laisse" et mignons de canard au suprême de noix.

XX **Luc Joignant,** ☎ 31 44 62 26 – E VISA
fermé 15 fév. au 3 mars, dim. soir et lundi – **R** 90/190.

à Mondeville E : 3,5 km – 9 629 h. – ✉ **14120** :

XX **Les Gourmets,** 41 r. E. Zola ☎ 31 82 37 59 – AE E VISA BV **r**
fermé sam. midi et dim. – **R** 112/245.

à La Jalousie par ⑥ : 13 km – ✉ **14540** Bourguébus :

XX **Aub. de la Jalousie** avec ch, N 158 ☎ 31 23 51 69 – ☎ Ⓟ. VISA. ✻ rest
fermé fév., dim. soir et lundi de sept à mai sauf fériés – **R** 72/200, enf. 40 – ☕ 25 – **12 ch** 120/250 – ½ P 170/260.

à Fleury-sur-Orne par ⑦ : 4 km – 3 709 h. – ✉ **14123** :

XX **Ile Enchantée,** au bord de l'Orne ☎ 31 52 15 52, ← – E VISA
fermé 12 au 24 août, vacances de fév., dim. soir et lundi – **R** 120/250, enf. 50.

CAEN

Baladas (Bd des) .... AV 3
Clemenceau (Av. G.) ...... BV 6
Côte-Fleurie (Rte de la) .... AV 8
Délivande (R. de la) .... AV 12
Demi-Lune (Pl. de la) .... BV 13
Lyautey (Bd Mar.) .... AV 29
Montalivet (Cours) .... BV 30
Pasteur (R.) .... BV 33
Père-Ch.-de-Foucault (Av.) .... AV 34
Poincaré (Bd R.) .... BV 38
Rethel (Bd de) .... BV 42
Richemond (Bd de) .... AV 43

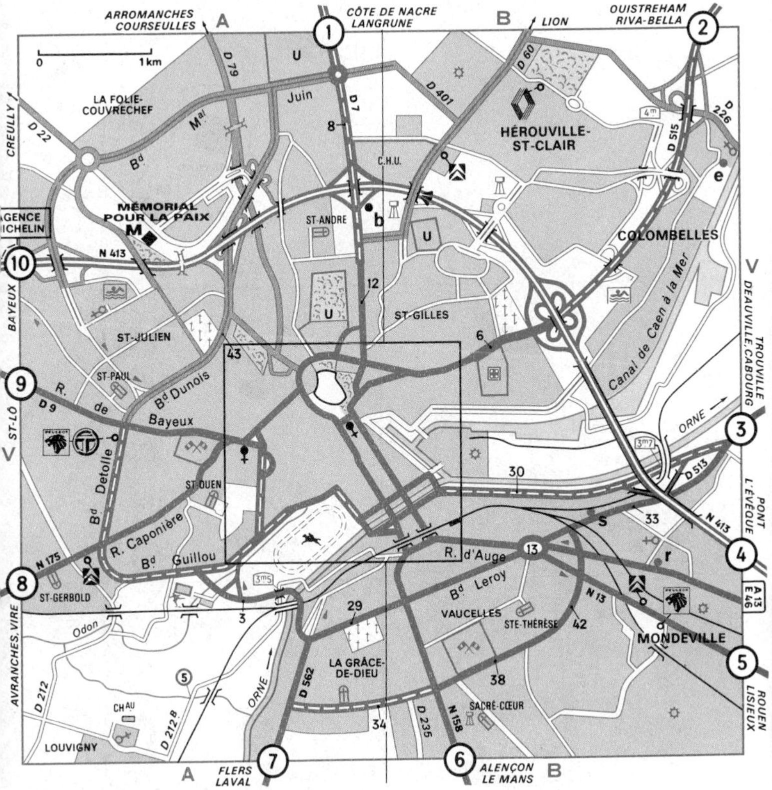

à Louvigny S : 4,5 km par D 212B – ✉ **14111** :

XXX **Aub. de l'Hermitage,** au bord de l'Orne ✆ 31 73 38 66 – E VISA
fermé 25 août au 15 sept., vacances de fév., dim. soir et lundi – **R** (nombre de couverts limité, prévenir) 120/175.

à la Folie Couvrechef (près Mémorial) NE : 4 km – ✉ **14000** Caen :

Otelinn M, av. Mar. Montgomery ✆ 31 44 34 20, Télex 772191 – TV ☎ ♿ P – 30 à 60. AE ① E VISA
R *(fermé dim. soir du 14 oct. au 17 mars)* 76/148 ♁, enf. 45 – ☕ 36 – **50 ch** 245/295.

MICHELIN, Agence régionale, ZI Carpiquet, rte de Bayeux par ⑩ ✆ 31 26 68 19

CONSTRUCTEUR : RENAULT Véhicules Industriels, à Blainville-sur-Orne ✆ 31 84 81 33

BMW Regnault, 19 prom. du Fort ✆ 31 86 17 61
CITROEN Succursale, rte de Lion-sur-Mer ✆ 31 47 52 82 N
CITROEN Lenrouilly, 35 av. Chéron ✆ 31 74 55 98
MERCEDES Gar. Ame 14, 30 av. de Paris ✆ 31 82 38 42 N ✆ 88 72 00 94
PEUGEOT, TALBOT Sté Ind. Auto de Normandie, 36 bd A.-Detolle ✆ 31 74 55 50
RENAULT Gar. Allais, 554 rte de Falaise à Ifs par ⑥ ✆ 31 82 33 31 N ✆ 31 82 45 55
RENAULT Gar. Université, 18 r. Bosnières ✆ 31 85 49 63
ROVER-JAGUAR Gar. J.F.C., 96 bd Yves Guillou ✆ 31 75 40 00
V.A.G Auto-Technic, ZI Nord-Est rte de Lion-sur-Mer ✆ 31 44 09 90
VOLVO Modern'Gar., 79 et 81 av. H.-Chéron ✆ 31 74 53 09
Gar. St-Michel, 13 r. Puits-de-Jacob ✆ 31 82 37 51

Clabeaut-Pneu, 13 prom. du Fort ✆ 31 86 12 05
Vallée-Pneus, 2 r. Chemin-Vert ✆ 31 74 44 09

tourner →

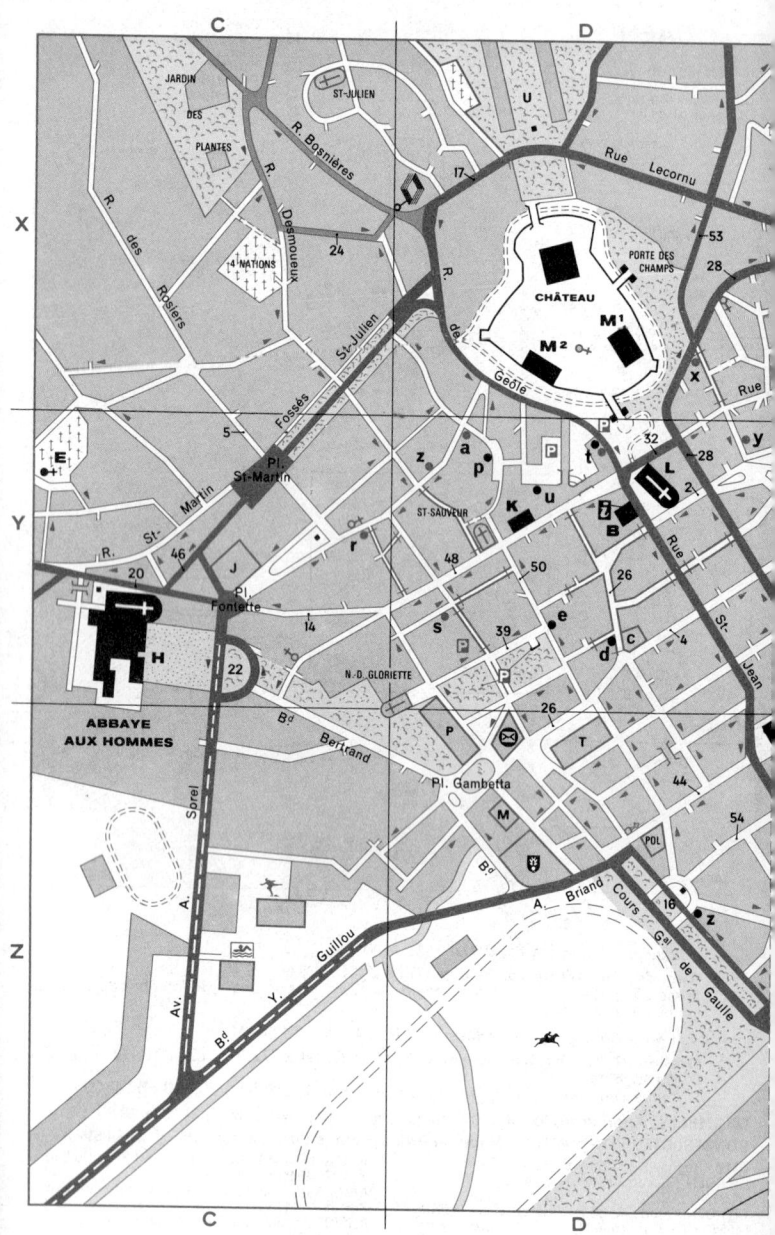

Pour traverser Paris et vous diriger en banlieue,
utilisez la carte Michelin **Banlieue de Paris** n° **101** à 1/50 000
et les plans de banlieue n°s **17-18**, **19-20**, **21-22**, **23-24** à 1/15 000.

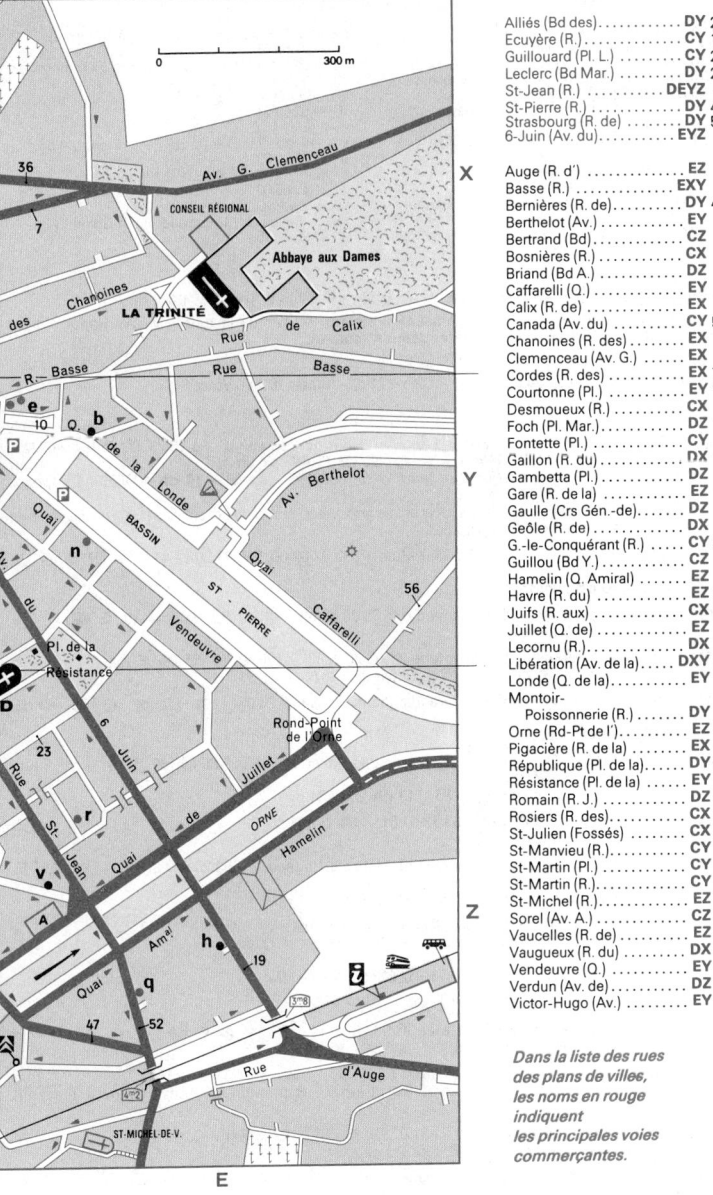

CAEN

Dans la liste des rues des plans de villes, les noms en rouge indiquent les principales voies commerçantes.

Périphérie et environs

ALFA-ROMEO, TOYOTA Inter-Auto,
ZI de la Sphère à Hérouville
☎ 31 47 52 31
CITROEN Petit Gar., 8 rte de Paris, Mondeville
☎ 31 82 20 28 **N** ☎ 31 52 14 36
FIAT JM Auto, 40 rte de Paris à Mondeville
☎ 31 84 10 01
FORD Viard, Technopole Cités à Hérouville
☎ 31 47 03 03
NISSAN, OPEL Transac-Auto, ZI de la Sphère à
Hérouville ☎ 31 47 64 23
PEUGEOT Gar. Marie, 42 rte de Paris à Monde-
ville ☎ 31 52 19 32
PEUGEOT TALBOT Gar. Caen Sud, 619 r. de Caen
à Ifs par ⑥ ☎ 31 82 32 33

RENAULT Succursale, r. Pasteur à Hérouville
☎ 31 47 59 65
RENAULT Gar. Varon, ZAC Lazzaro à Colombelles
par D 226 ☎ 31 72 41 19
Gar. de l'Étoile, 7 rte de Paris à Mondeville
☎ 31 52 02 34

● Clabeaut-Pneu, ZI rte de Paris, Mondeville
☎ 31 82 30 93
Laguerre, ZI de la Sphère à Hérouville
☎ 31 47 65 00
Lagueste Pneus, à Ifs ☎ 31 52 08 39
Vallée-Pneus, ZI Mondeville-Sud à Grentheville
☎ 31 82 37 15

CAGNES-SUR-MER 06800 Alpes-Mar. 84 ⓬ , 195 ⓭ G. Côte d'Azur – 35 426 h. alt. 77.

Voir Haut-de-Cagnes★ X – Château-musée★ X : patio★★, ※★ de la tour – Musée Renoir Y **M¹** :
Paysages des Collettes★, dans le jardin Vénus★ (statue).

🛈 Office de Tourisme 6 bd Mar.-Juin ☎ 93 20 61 64.

Paris 919 ⑤ – •Nice 13 ② – Antibes 10 ④ – Cannes 21 ⑤ – Grasse 26 ⑥ – Vence 9 ①.

Plans page ci-contre

🏯 ✳ **Le Cagnard** ➡, r. Pontis-Long au Haut-de-Cagnes ☎ 93 20 73 21, Télex 462223,
Fax 93 22 06 39, ≤, ☂ – 🛗 📺 ☎ Ⓟ 🅽 🅾 **E** 💳. ※ ch   X **e**
R (fermé 1ᵉᵣ nov. au 18 déc. et jeudi midi) 360/490 – 🛏 60 – **16 ch** 400/760, 10 appart.
800/1300
Spéc. Gateau d'aubergines aux artichauts et foie gras, Croustillant de turbot au parmesan, Pomme de ris de
veau et jus acidulé aux épices. **Vins** Bellet.

🏨 **Splendid** M sans rest, 41 bd Mar. Juin ☎ 93 22 02 00, Fax 93 20 12 44 – 📺 ☎ ♿ Ⓟ.
🅽 **E** 💳   Y **x**
🛏 35 – **26 ch** 295/370.

🏨 **Tiercé H.** sans rest, 33 bd Kennedy ☎ 93 20 02 09 – 🛗 📺 ☎ 🚘 Ⓟ. **E** 💳   Y **v**
🛏 28 – **23 ch** 280/420.

🏨 **Chantilly** sans rest, 31 r. Minoterie ☎ 93 20 25 50 – 📺 ☎ Ⓟ. 🅽 🅾 **E** 💳   Y **b**
fermé 15 oct. au 15 déc. – 🛏 27 – **15 ch** 225/357.

🏨 **Brasilia** sans rest, chemin Grands Plans ☎ 93 20 25 03 – 🛗 📺 ☎ Ⓟ. 🅽 🅾 **E**.
💳   Y **r**
🛏 26 – **18 ch** 298/320.

🏨 **Les Collettes** ➡ sans rest, 38 chemin des Collettes ☎ 93 20 80 66, ≤, ⬇, ※ – cuisinette
🚘 Ⓟ. 🅽 🅾 **E** 💳   Y **f**
fermé 15 nov. au 26 déc. – 🛏 33 – **13 ch** 298/401.

ⅩⅩ **Le Picadero,** 3 bd Plage ☎ 93 73 57 81 – 📺. **E** 💳   Y **h**
fermé lundi – **R** 180.

ⅩⅩ **Peintres,** 71 montée Bourgade au Haut-de-Cagnes ☎ 93 20 83 08, ≤ – 📺. 🅽 **E**.
💳   X **s**
fermé 15 nov. au 15 déc. et merc. – **R** 120/170.

Ⅹ **Josy-Jo,** 4 pl. Planastel ☎ 93 20 68 76, ☂ – **E** 💳   X **a**
fermé 14 juil. au 15 août, sam. midi et dim. – **R** carte 200 à 290.

à Cros-de-Cagnes SE : 2 km – ✉ **06800** Cagnes-sur-Mer.

🛈 Syndicat d'Initiative 20 av. des Oliviers ☎ 93 07 67 08.

🏨 **Mas d'Azur** sans rest, 42 av. Nice ☎ 93 20 19 19 – 📺 ☎ Ⓟ. **E** 💳   Y **d**
fermé dim. du 1ᵉᵣ nov. au 1ᵉᵣ mars – 🛏 27 – **15 ch** 235/365.

ⅩⅩ **Villa du Cros,** port du Cros ☎ 93 07 57 83, ☂ – ⬇ 📺. 🅽 🅾 **E** 💳   Y **s**
fermé nov., vacances de fév., dim. soir et lundi – **R** (nombre de couverts limité, prévenir)
140/250.

ⅩⅩ **La Bourride,** port du Cros ☎ 93 31 07 75, ≤, ☂ – 🅽 **E** 💳   Y **e**
fermé 1ᵉᵣ au 16 juil. et dim. – **R** 195/300, enf. 60.

ⅩⅩ **Aub. du Port** avec ch, 93 bd Plage ☎ 93 07 25 28, ☂ – cuisinette 📺 🚙. 🅽 🅾 **E**.
💳   Y **t**
R 100/155 – 🛏 25 – **4 ch** 230/250 – ½ P 280.

au Hameau du Soleil NO : 3,5 km par D 6 - Y – ✉ **06270** Villeneuve-Loubet :

🏨 **Hamotel** ➡ sans rest, ☎ 93 20 86 60, Télex 970944, Fax 93 73 33 94 – 🛗 📺 ☎ 🚘 Ⓟ
– 🛁 25. 🅽 🅾 **E** 💳
🛏 30 – **30 ch** 300/320.

CAGNES-SUR-MER-VILLENEUVE-LOUBET

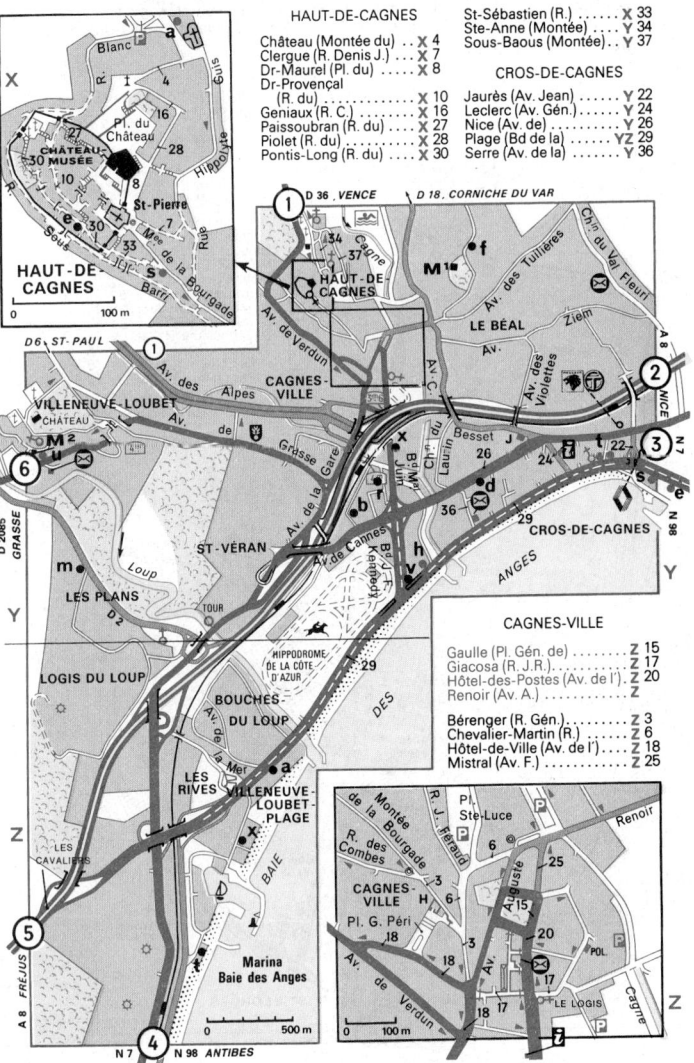

FORD Coll-Auto-Sce, 81 bis av. Gare
℘ 93 20 98 26
LADA-SEAT Gar. du Stade, 5 av. de Nice
℘ 93 73 26 06
PEUGEOT-TALBOT Ortelli, rte de St-Paul par ① Y
℘ 93 20 30 40
PEUGEOT-TALBOT Gar. des Tritons, 115 av. Nice
à Cros-de-Cagnes ℘ 93 31 06 78 **N** ℘ 93 22 60 99

RENAULT Succursale de Nice, 104 bd Plage à
Cros-de-Cagnes ℘ 93 14 20 20 **N** ℘ 05 05 15 15

🛞 Massa-Pneus, 40 av. des Alpes ℘ 93 20 94 01
Pneu-Service, 156 rte de Nice, N 7 ℘ 93 31 17 07

CAGNOTTE **40300** Landes **78** ⑦ – 472 h.

Paris 748 – Biarritz 47 – Mont-de-Marsan 65 – ♦Bayonne 43 – Dax 14 – Pau 76.

🏠 **Boni,** ℘ 58 73 03 78, Fax 58 73 13 48, ☎, **⌁**, – ☎ 🅿 – 🔬 40. ⅀ **E** 🆅🅸🆂🅰. 🎇 rest
 fermé janv., dim. soir et lundi du 1ᵉʳ mars au 15 juin et du 1ᵉʳ oct. au 28 fév. – **R** 110/200 –
 ⥀ 30 – **10 ch** 160/190 – ½ P 170/190.

CAHORS P 46000 Lot 79 ⑧ G. Périgord Quercy – 20 774 h. alt. 128.

Voir Pont Valentré★★ AZ – Portail Nord★★ et cloître★ de la cathédrale★ BY **E** – ⩽★ du pont Cabessut BY – Croix de Magne ⩽★ O : 5 km par D27 AZ – Barbacane et tour ST-Jean★ ABY **K**.

Env. Mont-St-Cyr ⩽★ BZ 7 km par D 6.

🛈 Office de Tourisme pl. A.-Briand ℘ 65 35 09 56 – A.C. 107 quai Cavaignac ℘ 65 35 24 97.

Paris 590 ① – Agen 104 ① – Albi 108 ④ – Aurillac 133 ② – Bergerac 105 ① – ◆Bordeaux 218 ① – Brive-la-Gaillarde 103 ① – Castres 138 ④ – Montauban 61 ④ – Périgueux 123 ①.

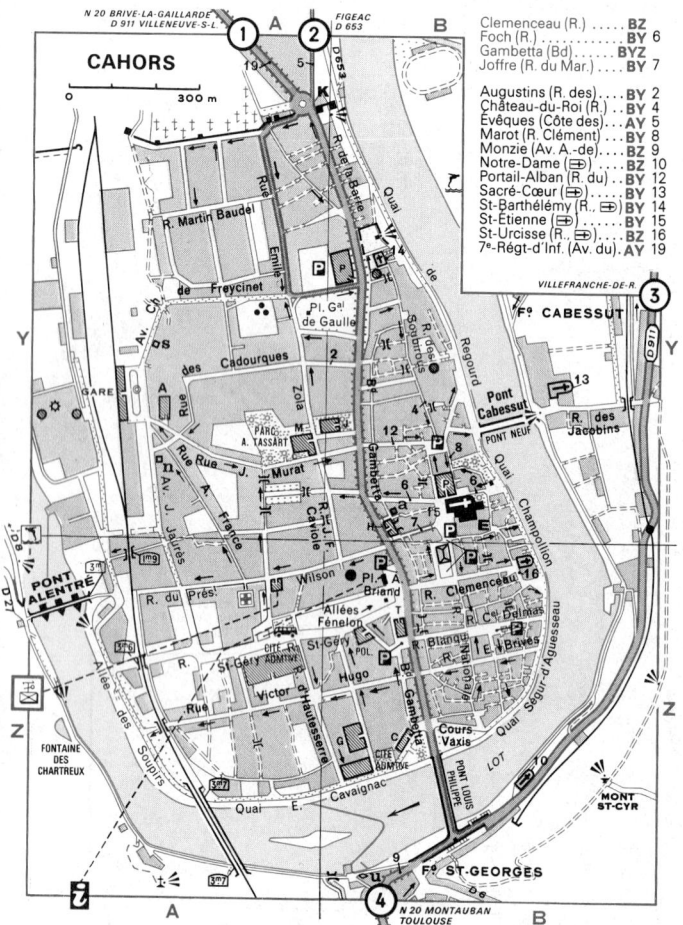

Clemenceau (R.)	**BZ**
Foch (R.)	**BY** 6
Gambetta (Bd)	**BYZ**
Joffre (R. du Mar.)	**BY** 7
Augustins (R. des)	**BY** 2
Château-du-Roi (R.)	**BY** 4
Évêques (Côte des)	**AY** 5
Marot (R. Clément)	**BY** 8
Monzie (Av. A.-de)	**BZ** 9
Notre-Dame (⇥)	**BZ** 10
Portail-Alban (R. du)	**BY** 12
Sacré-Cœur (⇥)	**BY** 13
St-Barthélémy (R., ⇥)	**BY** 14
St-Étienne (⇥)	**BY** 15
St-Urcisse (R., ⇥)	**BZ** 16
7e-Régt-d'Inf. (Av. du)	**AY** 19

🏨 **France** Ⓜ sans rest, 252 av. J. Jaurès ℘ 65 35 16 76, Télex 520394, Fax 65 22 01 08 –
▤ 🔟 ☎ ⟷ 🅿 – 🔬 50. ⚠ ⓪ 🅴 🆅🆂🅰
fermé 21 déc. au 6 janv. – ⇌ 35 – **80 ch** 165/350.
AY **n**

🏨 **La Chartreuse,** fg St Georges ℘ 65 35 17 37, Fax 65 22 30 03, ⩽ – ▤ ☎ 🅿 – 🔬 120. 🅴
🆅🆂🅰
R *(fermé lundi midi)* 65/180, enf. 40 – ⇌ 40 – **51 ch** 170/260 – ½ P 200/230.
BZ **u**

🏨 **Terminus,** 5 av. Ch. de Freycinet ℘ 65 35 24 50, Fax 65 22 06 40 – ▤ 🔟 ☎ 🅴 🆅🆂🅰 ⌾ ch
R voir rest. Le Balandre ci-après – ⇌ 30 – **31 ch** 225/360.
AY **s**

🍴🍴🍴 **Le Balandre,** 5 av. Ch. de Freycinet ℘ 65 30 01 97, 🌣 – ⚠ 🅴 🆅🆂🅰 ⌾
fermé 25 juin au 1er juil., 17 fév. au 3 mars, sam. midi du 12 juil. au 15 sept., dim. soir et lundi hors sais. – **R** 100/275.
AY **s**

🍴🍴 **La Taverne,** 1 r. J.-B. Delpech ℘ 65 35 28 66 – ⚠ 🅴 🆅🆂🅰
fermé merc. de sept. à juin et dim. sauf le midi de sept. à juin – **R** 89/260, enf. 60.
BY **a**

rte de Luzech par ① : 3,5 km à Labéraudie – ✉ **46090** Cahors :

🏠 **Le Clos Grand** ⏴, 𝒫 65 35 04 39, 🍽, ⌫, 🐎 – 📺 ☎ 🅿. E VISA 🐾 ch
R *(fermé 4 au 12/3, 27/4 au 7/5, 5 au 22/10, 22/12 au 3/1, lundi midi en juil.-août, dim. soir et lundi hors sais.)* 70/220 ⅃, enf. 45 – � 25 – **21 ch** 150/220 – ½ P 175/195.

rte de Brive par ① : 3 km – ✉ **46000** Cahors :

🏠 **Campanile,** 𝒫 65 22 20 21, Télex 533795, 🍽, ⌫ – 📺 ☎ 🕭 🅿 – 🔬 25. E VISA
R 74 bc/98 bc, enf. 39 – ⊐ 27 – **48 ch** 248 – ½ P 225/249.

à St-Henri par ① et N 20 : 7 km – ✉ **46090** Cahors :

XX **La Garenne,** 𝒫 65 35 40 67, 🍽, ⌫ – 🅿. E VISA
fermé 7 au 31 janv., 25 fév. au 9 mars, mardi soir et merc. sauf juil.-août – **R** 85/250, enf. 50.

à Mercuès par ① : 9 km – ✉ **46090**

🏰 **Château de Mercuès** ⏴, 𝒫 65 20 00 01, Télex 521307, Fax 65 20 05 72, ≼ vallée du Lot, 🍽, parc, ⌫, 🎾 – 📶 📺 ☎ 🅿 – 🔬 60. 🖭 ⓪ E VISA
15 mars-15 nov. – **R** 195/285, enf. 75 – ⊐ 57 – **25 ch** 550/1300, 7 appart. 1000/1800 – ½ P 610/1300.

🏠 **Les Cèdres** ⏴, 𝒫 65 30 95 65, Fax 65 20 05 72, ⌫, 🎾 – ☎ 🅿. 🖭 ⓪ E VISA
15 mars-15 nov. – **R** voir **Château de Mercuès** – ⊐ 57 – **13 ch** 400/450.

à Lamagdelaine par ② : 7 km – ✉ **46090** :

XXX **Marco,** 𝒫 65 35 30 64, 🍽, ⌫, ⌫ – 🅿. 🖭 ⓪ E VISA
fermé 24 oct. au 3 nov., 9 janv. au 5 mars, dim. soir et lundi du 15 sept. au 15 juin – **R** 100/250, enf. 70.

au Montat par ④ et D 47 : 8,5 km – ✉ **46090** :

XXX **Les Templiers,** 𝒫 65 21 01 23, « Belle salle voûtée » – 🖭 VISA
fermé 1er au 12 juil., 12 au 30 janv., dim. soir. à juin et lundi – **R** 105/235, enf. 60.

rte de Toulouse par ④ : 13 km – ✉ **46230** Lalbenque :

🏰 **H. Aquitaine** Ⓜ, 𝒫 65 21 00 51, Télex 532570, ≼, ⌫, ⌫, 🎾 – 📶 ≼→ ch 📺 ☎ 🅿 – 🔬 50. 🖭 ⓪ E VISA
R voir rest. **Aquitaine** ci-après – ⊐ 33 – **44 ch** 245/340 – ½ P 245/290.

XX **Rest. Aquitaine,** 𝒫 65 21 00 53, ≼, 🍽 – 🅿. E VISA
fermé vacances de nov., vacances de Noël, dim. et lundi de début sept. à Pâques – **R** 68/175 ⅃, enf. 50.

CITROEN Quercy Autom., rte de Toulouse par ④
𝒫 65 35 27 61
MERCEDES-BENZ Socadia, rte de Toulouse
𝒫 65 35 77 00
PEUGEOT-TALBOT Gd Gar. du Boulevard, rte de
Toulouse par ④ 𝒫 65 35 16 57

RENAULT Renault Cahors, rte de Toulouse par ④
𝒫 65 35 15 95 🅽 𝒫 65 20 72 19

🛞 Central Pneu, rte de Toulouse 𝒫 65 35 09 02
Desprat, 129 bd Gambetta 𝒫 65 35 04 36
Vidaillac A., av. de Paris 𝒫 65 35 06 36
Vidaillac J.-L., 68 bd Gambetta 𝒫 65 35 32 17

CAJARC **46160** Lot 🄇🄤 ⑨ G. Périgord Quercy – 1 184 h. alt. 152.
🄴 Syndicat d'Initiative pl. Foirail (15 juin-15 sept.) 𝒫 65 40 72 89.
Paris 602 – Cahors 51 – Figeac 25 – Villefranche-de-Rouergue 26.

au NE : 9 km sur D 662 – ✉ **46160** Cajarc :

XX **La Ferme de Montbrun** avec ch, 𝒫 65 40 67 71, ≼, 🍽 – 🅿. E VISA
Pâques-1er oct. et fermé merc. sauf juil.-août – **R** 140 ⅃ – ⊐ 35 – **3 ch** 190/260.

CALAIS ⏴☞ **62100** P.-de-C. 🄅🄠 ② G. Flandres Artois Picardie – 76 935 h. alt. 5 – Casino .
Voir **Monument des Bourgeois de Calais**★★ Y – **Phare** ※★★ X E – **Musée**★ X M.
✈ 𝒫 21 80 50 50.
🄴 Office de Tourisme et Accueil de France (Informations et réservations d'hôtels, pas plus de 5 jours à l'avance) 12 bd Clemenceau 𝒫 21 96 62 40, Télex 130886.
Paris 292 ② – ◆Amiens 155 ③ – Boulogne-sur-Mer 34 ③ – Dunkerque 43 ① – ◆Le Havre 283 ③ – ◆Lille 112 ① – Oostende 98 ① – ◆Reims 272 ② – ◆Rouen 219 ③ – St-Omer 40 ①.

Plans pages suivantes

🏰 **Holiday Inn Garden Court** Ⓜ, bd Alliés 𝒫 21 34 69 69, Télex 135655, Fax 21 97 09 15, ≼ – 📶 📺 ☎ 🕭 ⇔ – 🔬 35. 🖭 ⓪ E VISA X **a**
R 65 bc/140 bc, enf. 30 – ⊐ 40 – **63 ch** 340/400.

🏰 **Pacary** Ⓜ, av. de Lattre-de-Tassigny 𝒫 21 96 68 00, Télex 135273, Fax 21 34 21 31 – 📶 🖭
📺 ☎ 🕭 🅿 – 🔬 130. 🖭 ⓪ E VISA X **f**
R 70/220, enf. 45 – ⊐ 30 – **109 ch** 310 – ½ P 230.

🏰 **Meurice** ⏴ sans rest, 5 r. E. Roche 𝒫 21 34 57 03, Télex 135671, ⌫ – 📶 📺 ☎ ⇔. 🖭
⓪ E VISA X **v**
⊐ 30 – **40 ch** 280/350.

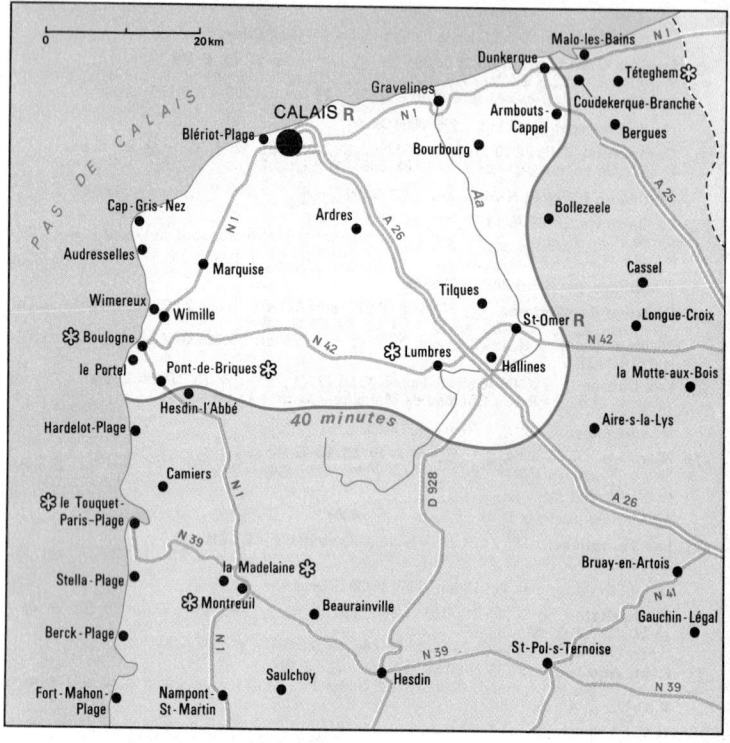

🏨 **George V,** 36 r. Royale ℰ 21 97 68 00, Télex 135159, Fax 21 97 34 73 – 🛗 📺 ☎ 🅿 –
⬚ 40. 🆔 ⓞ 🇪 𝘝𝘐𝘚𝘈
R *(fermé 23 déc. au 5 janv., sam. midi et dim. soir)* 140/245 bc ⬚, enf. 45 – ⬚ 35 – **45 ch**
190/260 – ½ P 245/285.
X **d**

🏨 **Métropol H.** ⬚ sans rest, 45 quai du Rhin ℰ 21 97 54 00, Télex 135219, Fax 21 96 69 70
– 🛗 📺 ☎ ⬚ ⬚. 🆔 ⓞ 🇪 𝘝𝘐𝘚𝘈
fermé 21 déc. au 5 janv. – ⬚ 30 – **40 ch** 200/320.
Y **h**

🏨 **Bellevue** sans rest, 23 pl. Armes ℰ 21 34 53 75, Télex 136702, Fax 21 97 09 15 – 🛗 📺 ☎
⬚ ⬚ 🅿. 🆔 ⓞ 🇪 𝘝𝘐𝘚𝘈
⬚ 28 – **56 ch** 170/380.
X **a**

🏨 **Climat de France** ⬚, plage de Calais ℰ 21 34 64 64, Télex 135300, Fax 21 34 35 39 – 📺
☎ ⬚ 🅿 – ⬚ 30. 🆔 ⓞ 🇪 𝘝𝘐𝘚𝘈, ⬚ rest
R *(fermé dim. soir du 1ᵉʳ oct. au 1ᵉʳ avril)* 85/145 ⬚, enf. 35 – ⬚ 30 – **44 ch** 260 –
½ P 235/300.
V **b**

🏨 **Ibis,** ZUP Beau Marais, r. Greuze ℰ 21 96 69 69, Télex 135004, Fax 21 97 89 99 – 📺 ☎ ⬚
🅿 – ⬚ 30. 🇪 𝘝𝘐𝘚𝘈
R 77 ⬚, enf. 35 – ⬚ 30 – **55 ch** 260/280.
V **n**

🏨 **Windsor** sans rest, 2 r. Cdt Bonningue ℰ 21 34 59 40 – ☎ ⬚. 🆔 ⓞ 🇪 𝘝𝘐𝘚𝘈
⬚ 25 – **15 ch** 130/270.
X **z**

🏨 **Albert 1ᵉʳ** sans rest, 53 r. Mer ℰ 21 34 36 08 – ☎. 🆔 🇪 𝘝𝘐𝘚𝘈
⬚ 20 – **20 ch** 140/220.
X **e**

🏨 **Richelieu** sans rest, 17 r. Richelieu ℰ 21 34 61 60 – 📺 ☎. 🆔 ⓞ 🇪 𝘝𝘐𝘚𝘈
⬚ 20 – **15 ch** 210/230.
XY **k**

🍴 **Le Channel,** 3 bd Résistance ℰ 21 34 42 30 – ▤. 🆔 ⓞ 🇪 𝘝𝘐𝘚𝘈
fermé 4 au 13 juin, 20 déc. au 19 janv., dim. soir et mardi – **R** 75/280.
X **e**

🍴 **La Duchesse,** 44 r. Duc de Guise ℰ 21 97 59 69 – 🆔 ⓞ 🇪 𝘝𝘐𝘚𝘈
fermé sam. midi – **R** 175.
X **v**

à Blériot-Plage par ④ : 2 km – ✉ **62231** Sangatte :

🍴 **Dunes** avec ch, ℰ 21 34 54 30 – 🅿. 🆔 ⓞ 🇪 𝘝𝘐𝘚𝘈
fermé dim. soir et lundi hors sais. – **R** 85/220 – ⬚ 25 – **13 ch** 130/230 – ½ P 230.

CALALIS

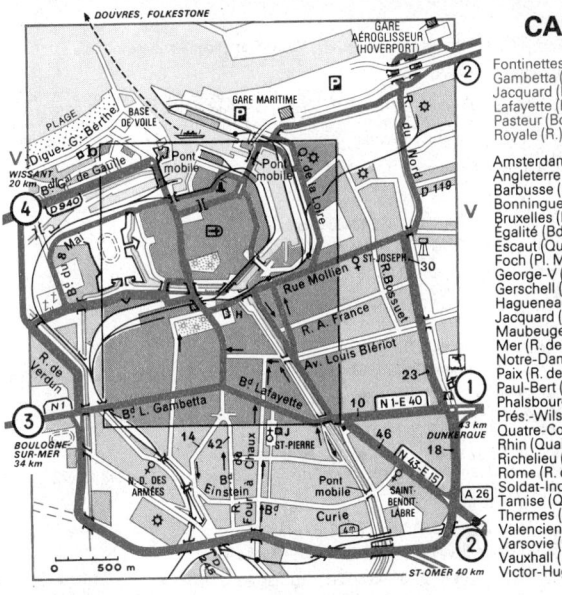

265

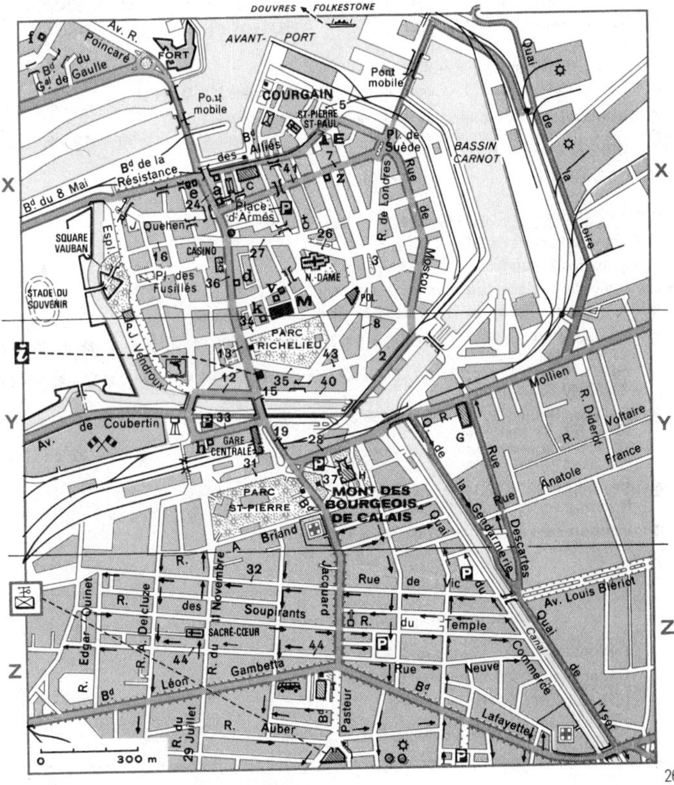

BMW Gar. Lengaigne, 229 bis bd V.-Hugo
☎ 21 97 23 96
FORD Gar. Europe, 58 rte de St-Omer
☎ 21 34 35 75
PEUGEOT-TALBOT Calais Nord Autom., 361 av.
A.-de-St-Exupéry par ① ☎ 21 96 72 42 Ⓝ
RENAULT D.A.C., 56/60 av. A.-de-St-Exupéry par
① ☎ 21 97 20 99 Ⓝ
ROVER Littoral Auto Calais, r. G.-Courbet
☎ 21 96 14 41

V.A.G Gar. Ricquart, ZI Beau Marais, r. Courbet
☎ 21 97 34 32

ⓘ Argot, 62 av. A.-de-St-Exupéry ☎ 21 96 58 34
Fischbach Pneu, 6/8 r. d'Oran ☎ 21 97 37 07
Pneu Fauchille, 155 rte de St-Omer ☎ 21 34 68 17
Pneu François, r. C.-Ader, ZI ☎ 21 96 42 36

CALAS 13 B.-du-R. 🎑 ③ ⑬ – alt. 209 – ✉ 13480 Cabriès.

Paris 754 – ♦Marseille 21 – Aix-en-Provence 12 – Marignane 15 – Salon-de-Provence 43.

XXX **Aub. Bourrelly** avec ch, ☎ 42 69 13 13, Télex 403706, Fax 42 69 13 40, �, 🏊, 🌳 – 📺
🕿 🄿 – 🔦 40 à 100. 🄰🄴 🄾 🄴 🆅🅸🆂🅰
R 159/330, enf. 110 – ☲ 40 – **11 ch** 380/460 – ½ P 400/440.

CALÈS 46350 Lot 🎐 ⑱ – 130 h. alt. 271.

Paris 538 – Sarlat-la-Canéda 46 – Brive-la-Gaillarde 60 – Cahors 57 – Gourdon 20 – Rocamadour 16 – St-Céré 41.

🏠 **Pagès,** ☎ 65 37 95 87, 🌇, parc – 🕿 🄿. 🄴 🆅🅸🆂🅰. 🛦 rest
fermé 1ᵉʳ au 29 oct., 3 janv. au 3 fév. et mardi du 15 nov. à Pâques – **R** 85/220, enf. 40 –
☲ 28 – **15 ch** 160/300 – ½ P 200/280.

🏠 **Petit Relais,** ☎ 65 37 96 09, 🌇 – 🕿 🄿. 🄰🄴 🄴 🆅🅸🆂🅰
➜ *fermé 20 déc. au 10 janv.* – **R** *(fermé sam. midi du 15 sept. au 15 mars)* 63/220, enf. 38 –
☲ 28 – **9 ch** 155/185 – ½ P 218/230.

CALLAC 22160 C.-d'Armor 🎒 ⑪ G. Bretagne – 2 957 h. alt. 170.

Paris 510 – St-Brieuc 58 – Carhaix-Plouguer 20 – Guingamp 28 – Morlaix 40.

X **Garnier** avec ch, face gare ☎ 96 45 50 09 – 🄿. 🄰🄴 🄾 🄴 🆅🅸🆂🅰. 🛦
➜ *fermé 15 sept. au 15 oct.* – **R** *(fermé lundi)* 70/150 🖏, enf. 50 – **10 ch** ☲ 90/140 – ½ P 190.

CITROEN Gar. Laurent ☎ 96 45 50 30 Ⓝ   PEUGEOT Gar. Perrot ☎ 96 45 50 45

CALVINET 15340 Cantal 🎐 ⑪ – 408 h. alt. 600.

Paris 601 – Rodez 61 – Aurillac 39 – Entraygues-sur-Truyère 32 – Figeac 39 – Maurs 17.

🕋 **Beauséjour,** ☎ 71 49 91 68 – 📺 🕿 🄿. 🄴 🆅🅸🆂🅰. 🛦 rest
➜ *mars-15 nov. et vacances scolaires* – **R** 65/175, enf. 45 – ☲ 30 – **10 ch** 220/250 –
½ P 200/220.

PEUGEOT-TALBOT Lavigne ☎ 71 49 91 57

CAMARET-SUR-MER 29570 Finistère 🎒 ③ G. Bretagne – 3 064 h.

Voir Pointe de Penhir★★★ SO : 3,5 km.

Env. Pointe des Espagnols★★ NE : 13 km.

🄱 Syndicat d'Initiative quai Toudouze (15 juin-15 sept.) ☎ 98 27 93 60.

Paris 597 – ♦Brest 66 – Châteaulin 43 – Crozon 8,5 – Morlaix 85 – Quimper 64.

🏨 **Thalassa** Ⓜ, ☎ 98 27 86 44, Télex 941729, Fax 98 27 88 14, ≤, 🏊 – 📶 🕿 🕭 🄿 – 🔦 25.
🄰🄴 🄾 🄴 🆅🅸🆂🅰
hôtel : 1ᵉʳ avril-30 sept.; rest. : 1ᵉʳ juil.-30 sept. – **R** 100/190, enf. 60 – ☲ 40 – **45 ch** 240/480
– ½ P 240/380.

🏨 **France,** 19 quai G. Toudouze, ☎ 98 27 93 06, Télex 941727, Fax 98 27 88 14, ≤ – 📶 🕿. 🄰🄴
🄾 🄴 🆅🅸🆂🅰. 🛦 rest
1ᵉʳ avril-4 nov. et fermé vend. hors sais. – **R** 95/280, enf. 58 – ☲ 30 – **22 ch** 250/420 –
½ P 230/420.

🏠 **Styvel,** ☎ 98 27 92 74, ≤ – 🄴 🆅🅸🆂🅰
R *(fermé vend.)* 80/250, enf. 40 – ☲ 25 – **14 ch** 160/210 – ½ P 195/215.

🏠 **Vauban** sans rest, ☎ 98 27 91 36, ≤ – 🄴 🆅🅸🆂🅰
fermé 30 nov. au 1ᵉʳ fév. – ☲ 25 – **14 ch** 120/180.

Some useful weights and measures

1 kilogram (1,000 grams) = 2.2 lb.

1 kilometer (1,000 meters) = 0.621 mile

10°C = 50°F   21°C = 70°F

1 liter = 1³/₄ pints   10 liters = 2.62 U.S. gals.

CAMBO-LES-BAINS **64250** Pyr.-Atl. 85 ③ **G. Pyrénées Aquitaine** – 5 051 h. alt. 65 – Stat. therm. (4 fév.-15 déc.).

Voir Arnaga★ (villa d'Edmond Rostand) **M** – Vallée de la Nive★ au Sud.

Office de Tourisme parc St-Joseph ✆ 59 29 70 25.

Paris 790 ④ – Biarritz 24 ④ – ♦Bayonne 19 ④ – Pau 113 ① – St-Jean-de-Luz 31 ③ – St-Jean-Pied-de-Port 34 ② – San Sebastián 63 ③.

CAMBO-LES-BAINS

Chiquito de Cambo 2
Espagne (Av. d') 3
Mairie (Av. de la) 4
Marronniers (Allée des) 5
Navarre (Av. de) 6
Neubourg (Allées A.-de) 7
Professeur-Grancher (Bd du) 8
Rostand (Allées) 9
Terrasses (R. des) 12
Thermes (Av. des) 13

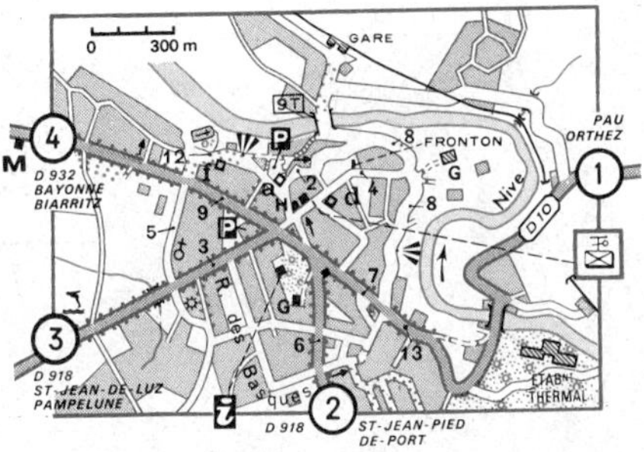

To go a long way quickly, use Michelin maps at a scale of 1:1 000 000.

Relais de la Poste, pl. Mairie **(d)** ✆ 59 29 73 03, ≤, ☀ – ⇹ TV ☎ P. AE ⓓ E VISA. ✂
fermé 20 déc. au 31 janv., dim. soir et lundi sauf juil.-août – **R** 150/320, enf. 50 – ☐ 30 – **10 ch** 230/300 – ½ P 250/280.

Bellevue, r. Terrasses **(f)** ✆ 59 29 73 22, ≤, ☀ – TV ☎ P. VISA. ✂ rest
fermé 15 nov. au 31 janv. et lundi sauf juil.-août – **R** 97/210, enf. 50 – ☐ 26 – **28 ch** 160/294 – ½ P 177/244.

Trinquet sans rest, r. Trinquet **(a)** ✆ 59 29 73 38
fermé 15 nov. au 15 déc. et mardi d'oct. à juin – ☐ 18 – **12 ch** 90/116.

CAMBRAI ⟨SP⟩ **59400** Nord 53 ③④ **G. Flandres Artois Picardie** – 36 618 h. alt. 75.

Voir Mise au tombeau★★ de Rubens dans l'église St-Géry AY **F**.

Office de Tourisme 48 r. de Noyon ✆ 27 78 36 15 – A.C. 17 mail St-Martin ✆ 27 81 30 75.

Paris 177 ⑧ – ♦Amiens 77 ⑧ – Arras 36 ⑥ – ♦Lille 65 ⑦ – St-Quentin 39 ⑤ – Valenciennes 32 ①.

Plan page suivante

Château de la Motte Fénelon et rest. Les Douves ♨, square Château (par allée St Roch - Nord du plan) ✆ 27 83 61 38, Télex 120285, Fax 27 83 71 61, parc, ✂ – |♦| TV ☎ P – 🏛 200. AE ⓓ E VISA
R *(fermé dim. soir et soirs de fêtes)* 145/195, enf. 95 – ☐ 32 – **28 ch** 260/490.

Beatus ♨ sans rest, 718 av. Paris par ⑤ : 1,3 km ✆ 27 81 45 70, Télex 820597 – TV ☎ P. AE ⓓ E VISA
☐ 35 – **26 ch** 280/310.

Mouton Blanc, 33 r. Alsace-Lorraine ✆ 27 81 30 16, Télex 133365 – |♦| TV ☎ – 🏛 40. AE E VISA BY **a**
R *(fermé 1er au 14 août, dim. soir et lundi)* 100/195 – ☐ 28 – **36 ch** 180/300 – ½ P 210/250.

Poste sans rest, 58 av. Victoire ✆ 27 81 34 69 – |♦| ☎ P. E VISA AZ **f**
☐ 27 – **33 ch** 190/250.

France sans rest, 37 r. Lille ✆ 27 81 38 80 – ☎. AE E VISA BY **d**
fermé 5 au 26 août – ☐ 23 – **24 ch** 90/205.

✗✗ **Le Crabe Tambour,** 52 r. Cautimpré ✆ 27 83 10 18 – E VISA AY **r**
fermé 22 juil. au 22 août, 2 au 10 janv., dim. soir, lundi et fériés le soir – **R** 95/150.

✗✗ **L'Escargot,** 10 r. Gén. de Gaulle ✆ 27 81 24 54, Fax 27 83 95 21 – AE ⓓ E VISA BZ **e**
fermé 19 août au 8 sept., vacances de fév., merc. soir et lundi sauf fériés – **R** 65/205 ♂.

par ③ sur N 43, E : 10 km – ✉ **59157** Beauvois-en-Cambrésis :

✗✗ **La Buissonnière,** ✆ 27 85 29 97 – P. E VISA
fermé août, dim. soir et lundi sauf fériés – **R** 90/175, enf. 55.

à Ligny-en-Cambrésis SE : 17 km par N 43 et D 74 – ✉ **59191** Ligny-Haucourt :

Château de Ligny ♨, ✆ 27 85 25 84, Télex 820211, ☀, parc – cuisinette ☎ P. AE ⓓ E VISA. ✂ rest
fermé 23 au 27 déc., 7 janv. au 20 fév., lundi sauf le soir d'avril à sept. et sam. midi – **R** 300, enf. 70 – ☐ 45 – **9 ch** 460/1100.

CAMBRAI

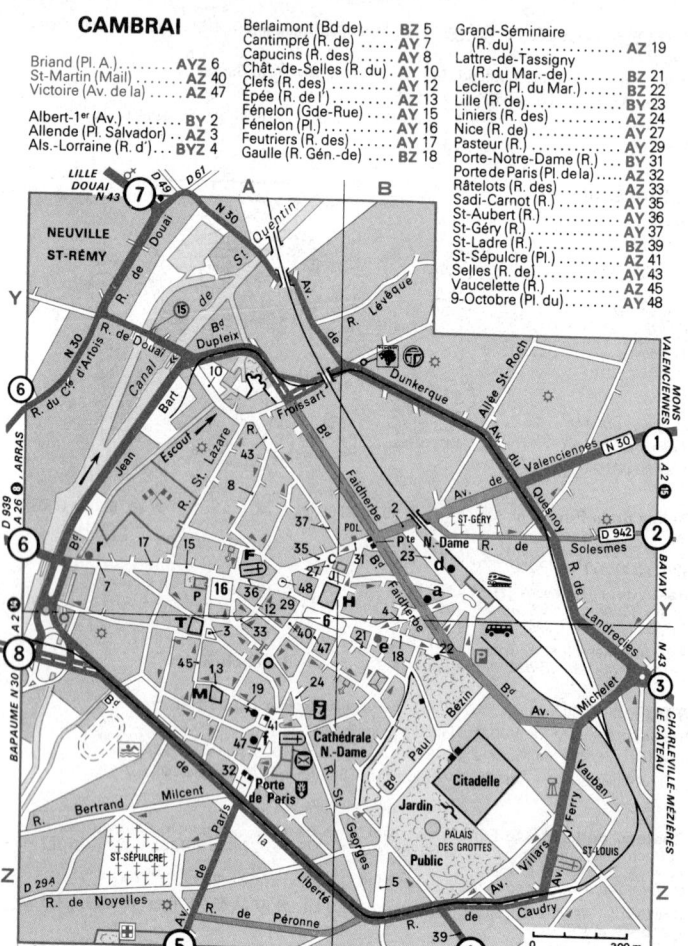

à l'échangeur A2 par ⑧ : 3 km – ⊠ **59400** Cambrai :

🏨 **Ibis** 🅼, ℘ 27 83 54 54, Télex 135074 – 📺 ☎ & 🅿 – 🔏 30. ☰ 𝘝𝘐𝘚𝘈
R 77/95 bc &, enf. 35 – ⊇ 29 – **51 ch** 235/250.

🏨 **Campanile,** ℘ 27 81 62 00, Télex 820992, Fax 27 83 07 87 – 📺 ☎ & 🅿 – 🔏 30. ☰ 𝘝𝘐𝘚𝘈
R 74 bc/98 bc, enf. 39 – ⊇ 27 – **42 ch** 248 – ½ P 225/249.

BMW S.O.D.A.C., 40, r. Cantimpré ℘ 27 83 05 90
CITROEN Marissal Autom., 2 095 av. de Paris par
⑤ ℘ 27 83 68 45 🅽 ℘ 27 83 27 17
FIAT S.A.G.A., 26 r. Cantimpré ℘ 27 83 88 76
FORD Gar. Chandelier, 101 bd Faidherbe
℘ 27 83 82 31
NISSAN Dumon, rte d'Arras à Sailly-lez-Cambrai
℘ 27 81 79 27 🅽
OPEL Auto-Vente, 132 bd Faidherbe
℘ 27 81 57 05

PEUGEOT-TALBOT Auto du Cambrésis, 80 av. de
Dunkerque ℘ 27 83 84 23
RENAULT S.A.N.A.C., 200 rte de Solesmes par ②
℘ 27 83 82 56 🅽 ℘ 28 02 07 66

⌾ François-Pneus, 14 av. V.-Hugo ℘ 27 83 70 54
Lesage-Pneus, 28 bd Faidherbe ℘ 27 83 84 85
Multy-Pneus, Centre Routier International
℘ 27 78 05 22

CAMIERS 62176 P.-de-C. 🗺 ⑪ – 2 126 h. alt. 21.
Paris 223 – ◆ Calais 53 – Arras 99 – Boulogne-sur-Mer 19 – Le Touquet 12.

🏨 **Cèdres** 🅼 ⚜, ℘ 21 84 94 54, Fax 21 09 23 29, 🍽 🥂 – ☎ & 🅿 🅰🅴 ① ☰ 𝘝𝘐𝘚𝘈
fermé 15 déc. au 15 janv. – **R** 77/190, enf. 40 – ⊇ 28 – **29 ch** 145/280 – ½ P 270.

Les CAMMAZES 81540 Tarn 🗺 ⑳ – 174 h. alt. 620.
Paris 753 – ♦Toulouse 62 – Carcassonne 35 – Castres 37.

　　☓　**Sanègre** 🌳 avec ch, SE : 2,5 km par D 629 et D 903 🖉 63 74 11 79, 🌤, 🍴 – 🄿. 𝑽𝑰𝑺𝑨
　　➡　*fermé mardi du 1ᵉʳ nov. au 30 mars –* **R** 60/180, enf. 37 – 🖙 22 – **10 ch** 128/225 –
　　½ P 160/200.

CAMOËL 56 Morbihan 🗺 ⑭ – rattaché à La Roche-Bernard.

CAMORS 56330 Morbihan 🗺 ② – 2 321 h. alt. 113.
Paris 464 – Vannes 32 – Auray 22 – Lorient 36 – Pontivy 26.

　　🏠　**Les Bruyères** Ⓜ sans rest, 🖉 97 39 29 99 – 📺 ☎ 🅰 🄿. 🄴 𝑽𝑰𝑺𝑨. 🌿
　　🖙 26 – **15 ch** 220/260.

　　🏠　**Ar Brug,** 🖉 97 39 20 10 – ☎. 🄴 𝑽𝑰𝑺𝑨
　　➡　**R** 60/140 – 🖙 25 – **20 ch** 118/236 – ½ P 138/163.

CAMPAGNE 24 Dordogne 🗺 ⑯ – rattaché au Bugue.

CAMPAN 65 H.-Pyr. 🗺 ⑱⑲ – rattaché à Ste-Marie-de-Campan.

CAMPIGNY 27 Eure 🗺 ④ – rattaché à Pont-Audemer.

CAMP-LAURENT 83 Var 🗺 ⑭ – rattaché à Toulon.

CAMPS 19 Corrèze 🗺 ⑳ – 265 h. alt. 546 – ⊠ **19430** Mercoeur.
Voir Rocher du Peintre ⩽★ S : 1 km, G. Berry Limousin.
Paris 530 – Brive-la-Gaillarde 68 – Aurillac 44 – St-Céré 28 – Tulle 54.

　　🏠　**Lac** Ⓜ 🌳, 🖉 55 28 51 83, ⩽ – ☎ 🅰 🄿. 🄴 𝑽𝑰𝑺𝑨
　　➡　*fermé vacances de nov., de fév., dim. soir et lundi d'oct. à Paques –* **R** 62/200 🍷, enf. 40 –
　　🖙 22 – **11 ch** 180/200 – ½ P 168/200.

CAMPSEGRET 24 Dordogne 🗺 ⑮ – rattaché à Bergerac.

CANADEL-SUR-MER 83 Var 🗺 ⑰ G. Côte d'Azur – alt. 25 – ⊠ **83240** Cavalaire-sur-Mer.
Voir Col du Canadel ⩽★★ NE : 4,5 km – Site★ du Rayol E : 2 km.
Paris 892 – Fréjus 52 – Draguignan 67 – Le Lavandou 11 – St-Tropez 27 – Ste-Maxime 31 – ♦Toulon 52.

　　🏨　**Karlina** 🌳, 🖉 94 05 61 65, ⩽, 🌤, 🏊, 🍴 – ☎ 🄿. ⓪ 🄴 𝑽𝑰𝑺𝑨
　　hôtel : 15 avril-10 oct. ; rest. : 1ᵉʳ mai-30 sept. – **R** 230/270 – 🖙 55 – **10 ch** 350/750 –
　　½ P 685/740.

CANAPVILLE 14 Calvados 🗺 ③ – rattaché à Deauville.

CANCALE 35260 I.-et-V. 🗺 ⑥ G. Bretagne – 4 693 h. alt. 50. **Voir** Site★ du port★ – 🔭★ de la tour
de l'église St-Méen Z **B** – Pointe du Hock ⩽★ Z.🄱 Office de Tourisme r. du Port 🖉 99 89 63 72.
Paris 361 ① – St-Malo 14 – Avranches 59 ① – Dinan 34 ① – Fougères 74 ① – Le Mont-St-Michel 46 ①.

　　　　　　　　　　　　　Plan page suivante

　　🏨　**Continental,** au port 🖉 99 89 60 16, Fax 99 89 69 58, ⩽ – 🍴 📺 ☎. 🄰🄴 ⓪ 🄴 𝑽𝑰𝑺𝑨. 🌿 rest　　　　　　Z **s**
　　fermé 1ᵉʳ janv. au 8 mars – **R** *(fermé mardi midi et lundi)* 134/248 – 🖙 40 – **19 ch** 380/600
　　– ½ P 325/460

　　🏠　**Le Chatellier** Ⓜ sans rest, par ② : 1 km sur D 355 🖉 99 89 81 84, 🍴 – 📺 ☎ 🅰 🄿. 🄴　　Z **t**
　　𝑽𝑰𝑺𝑨 – 🖙 27 – **13 ch** 240/270.

　☓☓☓　❀❀ **de Bricourt** (Roellinger), 1 r. Duguesclin 🖉 99 89 64 76, Fax 99 89 88 47, 🍴 – 🄰🄴 ⓪　　　　　　　　　　　Y **n**
　　🄴 𝑽𝑰𝑺𝑨
　　fermé 15 déc. au 15 mars, merc. sauf juil.-août et mardi – **R** *(nombre de couverts limité –*
　　prévenir) carte 290 à 390, enf. 130
　　Spéc. Petit homard aux saveurs de "l'Ile aux épices", Saint-Pierre "retour des Indes", Carré d'agneau de pré
　　salé.
　　H. de Bricourt 🏨 Ⓜ 🌳 sans rest, NE : 0,5 km par r. Gallais et r. Rimains
　　🖉 99 89 64 76, Fax 99 89 88 47, ⩽ baie Mont-St-Michel, 🍴 – 📺 ☎ 🄿. 🄰🄴 ⓪ 🄴 𝑽𝑰𝑺𝑨　　　　　　Y **n**
　　fermé janv. et fév. – 🖙 65 – **6 ch** 650.

　☓☓　**Le Cancalais** avec ch, quai Gambetta 🖉 99 89 61 93, ⩽ – 🄴 𝑽𝑰𝑺𝑨　　　　　　　　　　　　　Z **u**
　　fermé 15 déc. au 20 janv. – **R** carte 115 à 240 – 🖙 26 – **8 ch** 130/240.

　☓☓　**Phare** avec ch, au port 🖉 99 89 60 24, ⩽ – ☎. 🄴 𝑽𝑰𝑺𝑨　　　　　　　　　　　　　　　　Z **a**
　　fermé déc., janv., jeudi midi hors sais. et merc. – **R** 110/260 – 🖙 27 – **8 ch** 240/300 –
　　½ P 240/270.

　☓☓　**L'Armada,** quai Thomas 🖉 99 89 60 02, ⩽, 🌤 – 🄴 𝑽𝑰𝑺𝑨　　　　　　　　　　　　　　　　Z **v**
　　fermé 3 au 14 juin, 4 fév. au 1ᵉʳ mars, le soir de nov. à Pâques, dim. et lundi sauf juil.-août
　　et fériés – **R** 95/180.

　☓　**Ti Breiz,** quai Gambetta 🖉 99 89 60 26, ⩽ – 🄰🄴 ⓪ 𝑽𝑰𝑺𝑨　　　　　　　　　　　　　　　Z **e**
　　1ᵉʳ mars-15 nov. et fermé mardi hors sais. – **R** 92/275.

CANCALE

Leclerc (R. Gén.) . . . . Y 20
Port (R. du) . . . . Z

Bricourt (Pl.) . . . . Y 3
Calvaire (Pl. du) . . . . Z 4
Du-Guesclin (R.) . . . . Y 8
Duguay-Trouin (Quai) . . . . Z 9
Duquesne (R.) . . . . Y 10
Fenêtre (Jetée de la) . . . . Z 12
Gallais (R.) . . . . Y 13
Gambetta (Quai) . . . . Z 14
Hock (R. du) . . . . Z 16
Jacques-Cartier (Quai) . . . . Z 17
Juin (R. du Mar.) . . . . Z 18
Kennedy (Quai) . . . . Z 19
Mennais (R. de la) . . . . Y 22
République (Pl. de la) . . . . Z 23
Roulette (R. de la) . . . . Z 24
Rimains (R. des) . . . . Y 25
Saint-Meen (⊕) . . . . Z B
Stade (R. du) . . . . Y 27
Surcouf (R.) . . . . Z 28
Thomas (Quai) . . . . Z 30

Les principales voies commerçantes figurent en rouge au début de la liste des plans de villes.

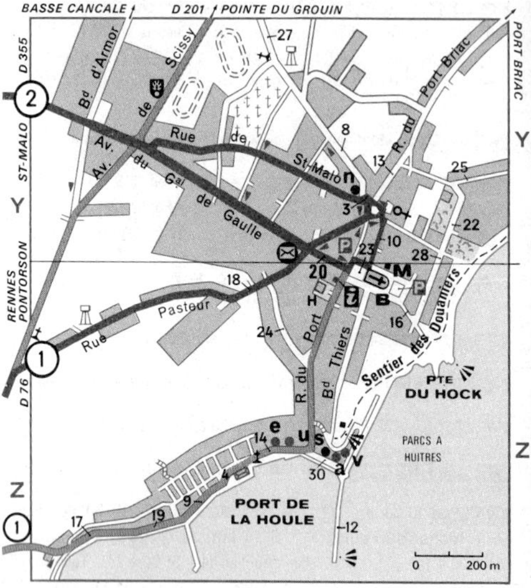

à la Pointe du Grouin ★★ N : 4,5 km par D 201 – ✉ **35260** Cancale :

Pointe du Grouin ⛰, ✆ 99 89 60 55, ≤ îles et baie du Mt-St-Michel – TV ☎ P. E VISA. ✗
23 mars- 30 sept – **R** *(fermé mardi)* 100/280 – ☕ 35 – **18 ch** 220/350 – ½ P 300/350.

CANCON **47290** L.-et-G. 79 ⑤ – 1 334 h. alt. 158.

9 18 de Castelnaud ✆ 53 01 74 64, Sud N 21 : 6,5 km.

Paris 599 – Agen 48 – Bergerac 41 – Cahors 81 – Marmande 42.

à Lougratte N : 6 km par N 21 – ✉ **47290** :

XX **Host. du Domaine de Valprès,** N : 1 km par N 21 et VO ✆ 53 01 65 56, 🌳, ⛱ – P. E VISA
fermé 26 oct. au 10 nov., fév., et merc. – **R** 90/140 ♨.

CANDÉ **49440** M.-et-L. 63 ⑲ – 2 662 h.

Paris 334 – Angers 39 – Ancenis 26 – Château-Gontier 40 – La Flèche 76.

Relais Plaisance ⛰ sans rest, E : 1,5 km par VO ✆ 41 92 04 25, 🌳 – ☎ P. E VISA. ✗
fermé dim. soir de nov. à mars – ☕ 20 – **11 ch** 175/190.

CANDÉ-SUR-BEUVRON **41120** L.-et-Ch. 64 ⑰ – 916 h. alt. 86.

Paris 195 – ♦Tours 49 – Blois 14 – Chaumont-sur-Loire 6,5 – Montrichard 23.

Lion d'Or, ✆ 54 44 04 66, 🌳 – TV ☎ P. E VISA. ✗
fermé 4 au 12 juin et 10 déc. au 10 janv. – **R** *(fermé mardi)* 56/149 ♨, enf. 40 – ☕ 20 – **10 ch** 94/235 – ½ P 122/198.

XXX **Host. de la Caillère** avec ch, rte Montils ✆ 54 44 03 08, 🌳 – ⇔ ch P. ⊙ E VISA
fermé 15 janv. au 1er mars – **R** *(fermé dim. soir et merc. du 1er nov. au 1er mars)* 98/265, enf. 70 – ☕ 38 – **12 ch** 180/380 – ½ P 338/428.

CANET-EN-ROUSSILLON **66140** Pyr.-Or. 86 ⑳ **G. Pyrénées Roussillon** – 7 336 h. alt. 12 – Casino.

ℹ Office de Tourisme pl. Méditerranée ✆ 68 73 25 20, Télex 500997.

Paris 908 – ♦Perpignan 13 – Argelès-sur-Mer 16 – Narbonne 72.

Althéa M, 120 prom. Côte Vermeille ✆ 68 80 28 59, Télex 505098, Fax 68 73 37 27, ≤ – |♦| ▤ TV ☎ – 🏛 40. E VISA
avril-1er nov. – **R** 85/145, enf. 55 – ☕ 35 – **48 ch** 380/420 – ½ P 270/315.

Europa M, av. Hauts de Canet ✆ 68 80 51 80, Fax 68 80 56 33, 🌳, ⛱, 🎾 – |♦| ▤ TV ☎ ♿ P – 🏛 80. AE E VISA
R 90/250 ♨ – ☕ 37 – **78 ch** 148/375 – ½ P 250/295.

Clos des Pins M sans rest, 34 av. Roussillon ✆ 68 80 32 63, 🌳 – ☎ P. AE ⊙ E VISA. ✗
avril-oct. – ☕ 31 – **20 ch** 275/335.

🏨 **Les Sables,** 25 r. Vallée du Rhône ✆ 68 80 23 63, Télex 505213, Fax 68 80 26 23, ⌇ – ▨
➡ 📺 🅿 🖭 ⓪ 🄴 𝗩𝗜𝗦𝗔
R carte 60 à 120 ⅃ – ⌷ 30 – **41 ch** 280/340.

🏨 **Galion** Ⓜ, 20 bis av. Gd Large ✆ 68 80 28 23, ⌇, 🛥 – ▨ 🅿 🖭 🄴 𝗩𝗜𝗦𝗔
➡ *1er mars-30 oct.* – **R** 70/150, enf. 45 – ⌷ 32 – **24 ch** 320/360, 4 appart. 460 – ½ P 280/325.

🏨 **Aquarius** Ⓜ, 40 av. Roussillon ✆ 68 73 30 00, 🍽, ⌇ – ▨ 📺 ☎ 🅿 🄴 𝗩𝗜𝗦𝗔. 🕸
➡ *1er avril-30 sept.* – **R** 85 bc, enf. 65 – ⌷ 30 – **50 ch** 235/335 – ½ P 210/280.

🏨 **du Port** Ⓜ, 21 bd Jetée ✆ 68 80 62 44 – ▨ 🛥 🕹 🛥 🅿 🄴 𝗩𝗜𝗦𝗔. 🕸 rest
➡ *1er avril-30 sept.* – **R** 65/85 ⅃, enf. 40 – ⌷ 28 – **36 ch** 330 – ½ P 245.

🏠 **Frégate** Ⓜ, 12 r. Cerdagne ✆ 68 80 22 87 – 🛁 ch 📺 ☎ 🅿 🄴 𝗩𝗜𝗦𝗔
R (1/2 pens. seul.) – ⌷ 30 – **27 ch** 280/320 – ½ P 260/280.

🏠 **La Chalosse** sans rest, 41 av. Méditerranée ✆ 68 80 35 69 – ▨ 📺 ☎ 🅿 🄴 𝗩𝗜𝗦𝗔. 🕸
fermé 15 nov. au 15 déc. – ⌷ 25 – **15 ch** 200/360.

✕ **La Rascasse,** 38 bd Tixador ✆ 68 80 20 79 – ▤. 🄴 𝗩𝗜𝗦𝗔
1er mars-30 sept. et fermé jeudi du 1er mars au 30 juin – **R** 90/150, enf. 38.

CANILLO Principauté d'Andorre 🎞 ⑭ – voir à Andorre.

CANNES **06400** Alpes-Mar. 🎞 ⑨, ⅒⅑ ㉟㊱ G. Côte d'Azur – 72 787 h. alt. 2 – Casinos Carlton Casino BYZ, Palm Beach X, Municipal BZ.

Voir Site⋆⋆ – Le front de Mer⋆⋆ : boulevard⋆⋆ BCDZ et pointe⋆ X de la Croisette – ⩹⋆ de la tour du Mont-Chevalier AZ **V** – Musée de la Castre⋆ AZ **M** – Chemin des Collines⋆ NE : 4 km V – La Croix des Gardes X **E** ⩹⋆ O : 5 km puis 15 mn.

🏌 Country-Club de Cannes-Mougins ✆ 93 75 79 13, par ⑤ : 9 km ; 🏌🏌 Golf Club de Cannes-Mandelieu ✆ 93 49 55 39, par ② : 6,5 km ; 🏌 de Biot ✆ 93 65 08 48, par ⑤ : 14 km ; 🏌 Opio-Valbonne ✆ 93 42 00 08, par ⑤ : 15 km ; 🏌 du Val Martin ✆ 93 42 07 98, par ⑤ : 12 km par N 285, D 3 et D 103.

🅱 Direction Générale du Tourisme et des Congrès et Accueil de France (Informations, change et réservations d'hôtels, pas plus de 5 jours à l'avance) espl. Prés.-Georges Pompidou ✆ 93 39 01 01, Télex 470749(Bureau d'Accueil ✆ 93 39 24 53) et à la Gare SNCF ✆ 93 99 19 77, Télex 470795 – A.C. 12bis rue L.-Blanc ✆ 93 39 38 94.

Paris 906 ⑤ – Aix-en-Provence 151 ⑤ – ♦Grenoble 316 ⑤ – ♦Marseille 163 ⑤ – ♦Nice 32 ⑤ – ♦Toulon 128 ⑤.

Plans pages suivantes

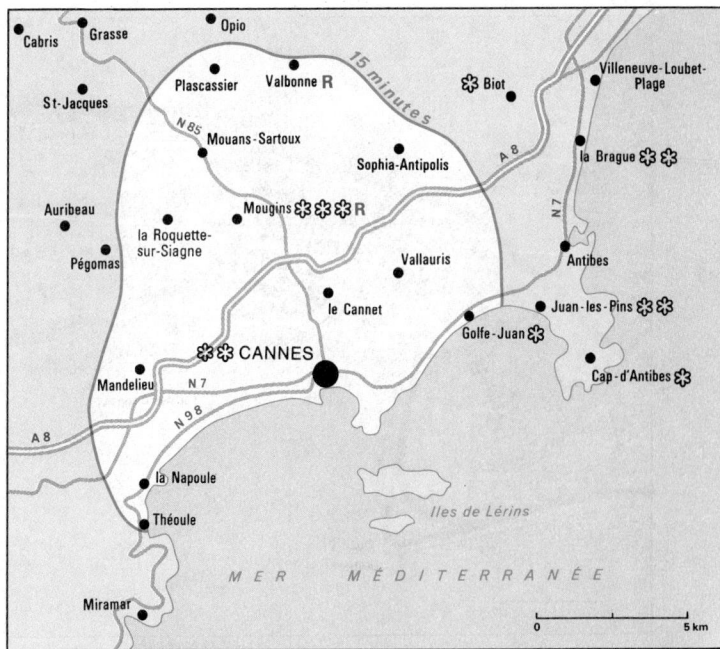

CANNES - LE CANNET - VALLAURIS

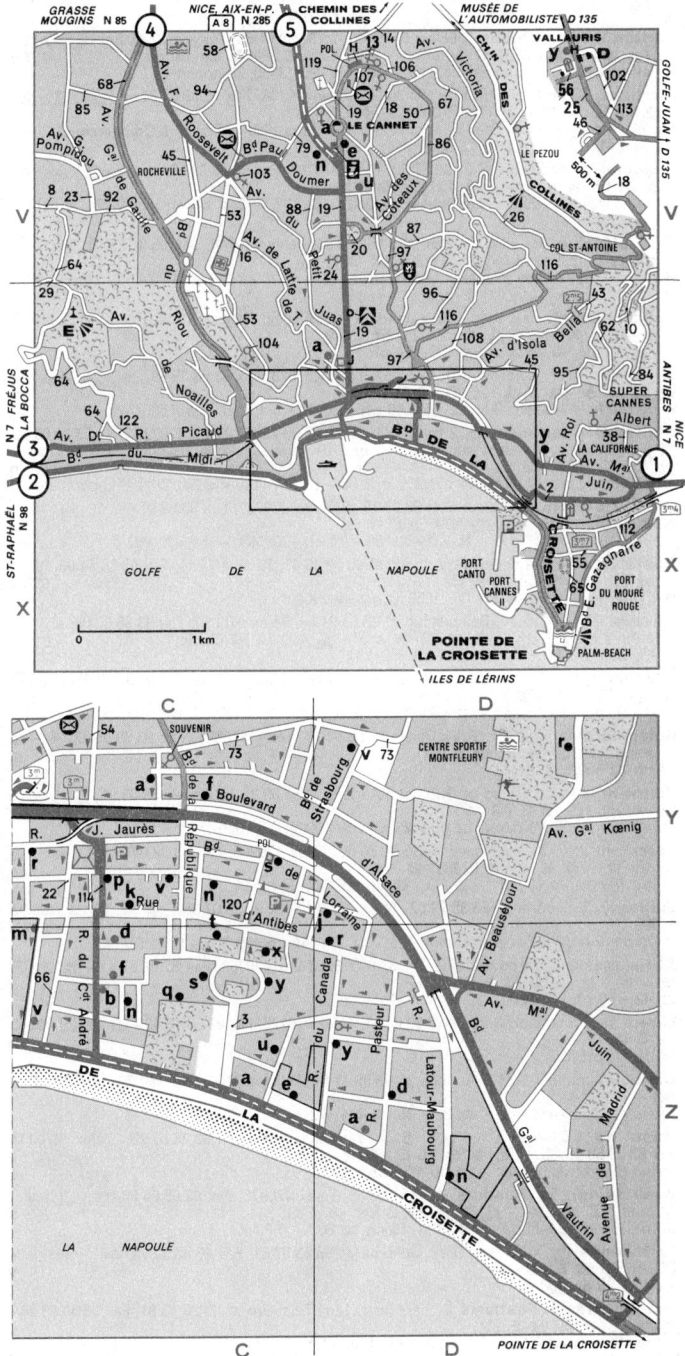

Carlton Intercontinental, 58 bd Croisette ♌ 93 68 91 68, Télex 470720, Fax 93 38 20 90, ≤, ₤₅, ♨ – ⊜ 📺 ☎ & ♧ 30 à 250. 🆎 ⓞ 🅴 𝗩𝗜𝗦𝗔 ℅ rest   CZ **e**
R voir rest **La Côte** ci-après – ⊆ 120 – **300 ch** 1900/3050, 28 appart.

Martinez, 73 bd Croisette ♌ 93 94 30 30, Télex 470708, Fax 93 39 67 82, ≤, 🍴, 🏊, ♨
– ⎸⊜ 📺 ☎ & ⓟ – ♧ 60 à 1 000. 🆎 ⓞ 🅴 𝗩𝗜𝗦𝗔   DZ **n**
fermé fin nov. à début janv. – **R** voir rest **La Palme d'Or** ci-après- **L'Orangeraie R** 200 –
⊆ 90 – **417 ch** 1190/3090, 13 appart.

Majestic, bd Croisette ♌ 92 98 77 00, Télex 470787, Fax 93 38 97 90, ≤, 🍴, 🏊, ♨
– ⎸⊜ 📺 ☎ & ♧ 400. 🆎 ⓞ 🅴 𝗩𝗜𝗦𝗔   BZ **n**
fermé 1er au 20 déc. – **Le Sunset R** 230 – ⊆ 95 – **258 ch** 950/3250, 24 appart. –
½ P 860/1645.

Gray d'Albion Ⓜ, 38 r. Serbes ♌ 93 68 54 54, Télex 470744, Fax 93 99 26 10, ♨ – ⎸⊜
℅⊸ ch ⎸ ch 📺 ☎ & – ♧ 30 à 200. 🆎 ⓞ 🅴 𝗩𝗜𝗦𝗔   BZ **d**
R voir rest **Royal Gray** ci-après - **Les 4 Saisons R** carte 180 à 240 – ⊆ 70 – **172 ch** 850/1500,
14 appart..

Pullman Beach sans rest, 13 r. Canada ♌ 93 94 50 50, Télex 470034, Fax 93 68 35 38, 🏊,
– ⎸⊜ 📺 ☎ & ♧ 30 à 60. 🆎 ⓞ 🅴 𝗩𝗜𝗦𝗔   DZ **y**
fermé 20 nov. au 26 déc. – ⊆ 75 – **94 ch** 770/1550.

Savoy Ⓜ, 5 r. F. Einessy ♌ 93 99 57 57, Télex 461873, Fax 93 68 25 59, 🍴, 🏊, ♨ – ⎸⊜
⎸ 📺 ☎ & ♧ – ♧ 120. 🆎 ⓞ 🅴 𝗩𝗜𝗦𝗔   CZ **u**
R *(fermé fév.)* 145, enf. 90 – ⊆ 65 – **96 ch** 490/1100, 5 appart. – ½ P 500/700.

Sofitel Méditerranée Ⓜ, 2 bd J. Hibert ♌ 93 99 22 75, Télex 470728, Fax 93 39 68 36,
🍴, « Piscine et terrasses sur le toit, ≤ baie de Cannes » – ⎸⊜ ℅⊸ ch ⎸ 📺 ☎ ♧
♧ 150. 🆎 ⓞ 🅴 𝗩𝗜𝗦𝗔   AZ **n**
fermé 18 nov. au 19 déc. – **R** 155/205, enf. 80 – ⊆ 80 – **150 ch** 780/1230, 5 appart. 1800.

Grand Hôtel, 45 bd Croisette ♌ 93 38 15 45, Télex 470727, Fax 93 68 97 45, ≤, ♨, ♨
– ⎸⊜ ch 📺 ☎ ⓟ – ♧ 30. 🆎 🅴 𝗩𝗜𝗦𝗔 ℅ rest   CZ **q**
fermé 1er nov. au 1er déc. – **R** 175 – ⊆ 60 – **74 ch** 730/1460 – ½ P 690/960.

Cristal Ⓜ, 15 rd-pt Dubboys d'Angers ♌ 93 39 45 45, Télex 470844, Fax 93 38 64 66, 🍴
– ⎸⊜ 📺 ☎ & ♧. 🆎 ⓞ 🅴 𝗩𝗜𝗦𝗔   CZ **s**
R 135/300 – ⊆ 65 – **51 ch** 715/1650, 5 appart. 2000.

Novotel Ⓜ 🐾, 25 av. Beauséjour ♌ 93 68 91 50, Télex 470039, Fax 93 38 37 08, ≤, 🍴,
« Jardin », ₤₅, 🏊, 🎾 – ⎸⊜ 📺 ☎ & – ♧ 400. 🆎 ⓞ 🅴 𝗩𝗜𝗦𝗔   DY **r**
R 150/200, enf. 60 – ⊆ 55 – **181 ch** 850/1100.

Fouquet's Ⓜ sans rest, 2 rd-pt Dubboys-d'Angers ♌ 93 38 75 81, Fax 93 39 92 93 – ⎸ 📺
☎ ♧. 🆎 ⓞ 🅴 𝗩𝗜𝗦𝗔   CZ **y**
fermé 1er nov. au 26 déc. – ⊆ 60 – **10 ch** 890/1200.

Splendid sans rest, 4 r. F. Faure ♌ 93 99 53 11, Télex 470990, Fax 93 99 55 02, ≤ – ⎸
cuisinette ⎸ 📺 ☎. 🆎 ⓞ 🅴 𝗩𝗜𝗦𝗔   BZ **a**
63 ch ⊆ 550/930.

Victoria Ⓜ sans rest, rd-pt Dubboys d'Angers ♌ 93 99 36 36, Fax 93 38 03 91, 🏊 – ⎸ ⎸
📺 ☎. 🆎 ⓞ 🅴 𝗩𝗜𝗦𝗔 ℅   CZ **x**
fermé 10 nov. au 20 déc. – ⊆ 40 – **25 ch** 650/1000.

Paris sans rest, 34 bd Alsace ♌ 93 38 30 89, Télex 470995, Fax 93 39 04 61, 🏊, 🎾 – ⎸
⎸ 📺 ☎ – ♧ 40. 🆎 ⓞ 🅴 𝗩𝗜𝗦𝗔 ℅   CY **a**
fermé 10 nov. au 16 janv. – ⊆ 50 – **45 ch** 280/760, 5 appart..

Embassy, 6 r. Bône ♌ 93 38 79 02, Télex 470081, Fax 93 99 07 98 – ⎸⊜ ⎸ 📺 ☎. 🆎 ⓞ
🅴 𝗩𝗜𝗦𝗔   DY **j**
R *(fermé lundi midi et mardi midi)* 105 – ⊆ 35 – **60 ch** 430/700 – ½ P 362/460.

Abrial sans rest, 24 bd Lorraine ♌ 93 38 78 82, Télex 470761, Fax 92 98 67 41 – ⎸ ⎸ 📺
☎ ♧. – ♧ 30. 🆎 🅴 𝗩𝗜𝗦𝗔   CY **s**
⊆ 42 – **50 ch** 542/580.

Ligure sans rest, 5 pl. Gare ♌ 93 39 03 11, Télex 970275, Fax 93 39 19 48 – ⎸ ⎸ 📺 ☎. 🆎
ⓞ 🅴 𝗩𝗜𝗦𝗔   BY **n**
36 ch ⊆ 595/650.

Century sans rest, 133 r. Antibes ♌ 93 99 37 64, Télex 470090 – ⎸ ⎸ 📺 ☎ ♧. 🆎 🅴
𝗩𝗜𝗦𝗔   DZ **r**
fermé 1er déc. au 7 janv. – ⊆ 38 – **35 ch** 494/672.

Host. de l'Olivier sans rest, 5 r. Tambourinaires ♌ 93 39 53 28, Télex 970902,
Fax 93 39 55 85, 🏊 – 📺 ☎ ⓟ. 🆎 🅴 𝗩𝗜𝗦𝗔. ℅   AZ **e**
fermé 23 nov. au 28 déc. – ⊆ 35 – **23 ch** 470/570.

Beau Séjour, 5 r. Fauvettes ♌ 93 39 63 00, Télex 470975, Fax 92 98 64 66, 🍴, 🏊, 🎾 –
⎸ ⎸ ch 📺 ☎ ♧. – ♧ 30. 🆎 ⓞ 🅴 𝗩𝗜𝗦𝗔. ℅ rest   AZ **d**
fermé nov. au 15 déc. – **R** 140 – **46 ch** ⊆ 600 – ½ P 460.

La Madone 🐾 sans rest, 5 av. Justinia ♌ 93 43 57 87, Fax 93 43 22 79, 🎾 – cuisinette
📺 🐾. 🆎 ⓞ 🅴 𝗩𝗜𝗦𝗔   X **y**
⊆ 42 – **25 ch** 400/620.

Des Congrès et Festivals Ⓜ sans rest, 12 r. Teisseire ♌ 93 39 13 81, Fax 93 39 56 28 –
⎸ ⎸ 📺 ☎. 🆎 ⓞ 🅴 𝗩𝗜𝗦𝗔   CY **p**
fermé 1er nov. au 20 janv. – ⊆ 35 – **20 ch** 420/590.

Ruc H. sans rest, 15 bd Strasbourg ℰ 93 38 64 32, Télex 970033, Fax 93 39 54 18 – ⧈ ⟨⟩
🖳 TV ☎. ⅀ 🄴 VISA. ⍋   DY v
fermé 25 nov. au 24 déc. – ⌷ 30 – **30 ch** 270/710.

Château de la Tour ⍋, 10 av. Font-de-Veyre par ③ ⊠ 06150 Cannes-La-Bocca
ℰ 93 47 34 64, Télex 470906, Fax 93 47 86 61, ⓛ – ⧈ TV ☎ 🄿. ⅀ 🄾 🄴 VISA.
⍋ rest
R *(fermé 15 nov. au 25 déc.)* 110, enf. 40 – ⌷ 35 – **42 ch** 520/680 – ½ P 405/485.

France sans rest, 85 r. Antibes ℰ 93 39 23 34, Fax 93 68 53 43 – ⧈ 🖳 TV ☎. ⅀ 🄾 🄴
VISA   CY k
⌷ 30 – **34 ch** 250/390.

Régina sans rest, 31 r. Pasteur ℰ 93 94 05 43, Fax 93 43 20 54 – ⧈ TV ☎ 🄿. ⅀ 🄴 VISA
⍋   DZ d
fermé 15 nov. au 15 déc. – ⌷ 40 – **20 ch** 400/660.

Athénée sans rest, 6 rue Lecerf ℰ 93 38 69 54, Télex 470978, Fax 92 98 68 30 – 🖳 TV ☎.
⅀ 🄾 🄴 VISA   CY n
fermé nov. et déc. – ⌷ 30 – **15 ch** 520/685.

Étrangers sans rest, 10 pl. P. Sémard ℰ 93 38 82 82, Télex 970048 – ⧈ TV ☎. ⅀ 🄴.
VISA   BY n
⌷ 30 – **53 ch** 350/450.

Corona sans rest, 55 r. d'Antibes ℰ 93 39 69 85 – ⧈ 🖳 TV ☎. ⅀ 🄾 🄴 VISA   BY v
⌷ 30 – **20 ch** 280/380.

Molière sans rest, 5 r. Molière ℰ 93 38 16 16, Fax 93 68 29 57 – ⧈ 🖳 TV ☎. ⅀ 🄴 VISA.
⍋   CYZ t
fermé 15 nov. au 20 déc. – ⌷ 25 – **45 ch** 240/500.

Select sans rest, 16 r. H. Vagliano ℰ 93 99 51 00, Fax 92 98 03 12 – ⧈ 🖳 TV ☎. ⅀ 🄴
VISA. ⍋   CY r
⌷ 26 – **30 ch** 280/410.

Vendôme sans rest, 37 bd Alsace ℰ 93 38 34 33, Fax 93 68 98 69, ⪪ – TV ☎ 🄿. ⅀ 🄴
VISA   CY f
fermé 5 nov. au 20 déc. – ⌷ 30 – **18 ch** 300/800.

Arcade sans rest, 8 r. Marceau ℰ 92 98 96 96, Télex 461459, Fax 92 98 05 68 – ⧈ 🖳 TV
☎ ⅃ – ⌸ 25. ⅀ 🄴 VISA   CY v
⌷ 35 – **60 ch** 360/390.

Campanile ⍋, Aérodrome de Cannes-Mandelieu par ③ : 6 km ⊠ 06150 ℰ 93 48 69 41,
Télex 461570, Fax 93 90 40 42, ⪪, ⓛ, ⪪ – 🖳 rest TV ☎ 🄿 – ⌸ 30. 🄴 VISA
R 74 bc/98 bc, enf. 39 – ⌷ 27 – **98 ch** 275 – ½ P 225/249.

Dauphins Verts sans rest, 9 r. J. Dollfus ℰ 93 39 45 82, ⪪ – ⧈ 🖳 TV ⊛. ⅀ 🄾 🄴
VISA   AZ b
fermé 31 oct. au 15 janv. – ⌷ 27 – **17 ch** 220/390.

Cheval Blanc sans rest, 3 r. Maupassant ℰ 93 39 88 60 – TV ⊛. 🄴 VISA   AY a
⌷ 25 – **16 ch** 190/260.

Roches Fleuries sans rest, 2 r. Fauvettes ℰ 93 39 28 78, ⪪ – ⧈ ⊛. ⍋   AZ q
fermé 14 nov. au 28 déc. – ⌷ 20 – **24 ch** 125/260.

Modern sans rest, 11 r. Serbes ℰ 93 39 09 87 – ⧈ TV ☎   BZ b
fermé 4 nov. au 28 déc. – ⌷ 25 – **20 ch** 220/550.

XXXXX ⊛ **La Belle Otéro**, 58 bd Croisette, au 7e étage de l'hôtel Carlton ℰ 93 39 69 69,
Fax 92 98 90 92 – 🖳 ⅀ 🄾 🄴 VISA
fermé 27 oct. au 15 nov., 10 fév. au 15 mars et dim. du 15 sept. au 31 mars – **R** *(dîner
seul.)* carte 480 à 650
Spéc. Poêlée de langoustines aux farcis de légumes, Pistou de langouste aux haricots "cocos" et macaroni,
Poitrine de pigeonneau rôtie au miel de romarin.

XXXXX ⊛ **La Côte** - Hôtel Carlton Intercontinental, 58 bd Croisette ℰ 93 68 91 68, Télex 470720,
Fax 93 38 20 90, ⪪ – 🖳 ⅀ 🄾 🄴 VISA. ⍋   CZ e
fermé à mi-déc., mardi et merc. – **R** carte 310 à 700
Spéc. Macédoine de cigale de Méditerranée, Anchoïade de loup et marinière de coquillages, Canette de
Bresse rôtie en deux services. **Vins** Côtes de Provence.

XXXXX ⊛⊛ **La Palme d'Or** - Hôtel Martinez, 73 bd Croisette ℰ 92 98 30 18, Télex 470708,
Fax 93 39 67 82, ⪪ – 🖳 🄿. ⅀ 🄾 🄴 VISA   DZ n
fermé fin nov. à début janv., mardi (sauf le soir du 15 mai au 15 sept.) et lundi – **R** 290/500
et carte
Spéc. Turbot en croustille de pommes de terre, Homard à la vapeur et ravigote au verjus, Coeur de
pigeonneau en cocotte aux pignons. **Vins** Bellet..

XXXX ⊛⊛ **Royal Gray** - Hôtel Gray d'Albion, 6 r. États-Unis ℰ 93 99 04 59, Télex 470744,
Fax 93 99 26 10, ⪪, « Elégant décor contemporain » – 🖳 ⅀ 🄾 🄴 VISA   CYZ m
fermé 1er fév. au 6 mars, lundi (sauf le soir en juil.-août) et dim. – **R** 340/500 et carte
Spéc. Ravioli de caviar au saumon fumé, Agneau rôti aux petits artichauts et fèvettes, Dentelle de réglisse
et coulis de pêche. **Vins** Cadière d'Azur.

tourner →

XXX ❀ **Poêle d'Or** (Leclerc), 23 r. États-Unis ✆ 93 39 77 65 – ▤. AE ⓓ E VISA CZ **v**
fermé 4 au 12 mars, 12 nov. au 13 déc., mardi midi et lundi – **R** (week-ends prévenir) 180/290
Spéc. Escalope de turbot aux girolles (saison), Pigeonneau rôti à la tapenade, Crème brûlée à la pistache. **Vins** Côtes de Provence, Bellet.

XXX **Le Festival,** 52 bd Croisette ✆ 93 38 04 81, Fax 93 38 13 82, ☂ – ▤. AE ⓓ E VISA
fermé 18 nov. au 26 déc., dim. soir et lundi de fin déc. à Pâques – **R** 185/210. CZ **a**

XXX Rescator, 7 r. Mar. Joffre ✆ 93 39 44 57 – ▤ BYZ **e**

XXX **Gaston et Gastounette,** 7 quai St-Pierre ✆ 93 39 47 92, ☂ – AE ⓓ E VISA AZ **v**
fermé 3 au 20 janv. – **R** carte 215 à 410.

XX **La Mirabelle,** 24 r. St Antoine ✆ 93 38 72 75 – ▤. AE E VISA AZ **a**
fermé 15 nov. au 5 déc., 15 fév. au 1er mars et mardi – **R** (diner seul.) 195/255.

XX **Le Mesclun,** 16 r. St Antoine ✆ 93 99 45 19 – ▤. AE ⓓ E VISA AZ **t**
fermé 1er au 15 mars, 1er au 20 déc. et merc. hors sais. – **R** (dîner seul.) 165.

XX **Relais des Semailles,** 9 r. St Antoine ✆ 93 39 22 32 – E VISA AZ **t**
fermé nov., mars et dim. – **R** (dîner seul.) 210/320.

XX **Mère Besson,** 13 r. Frères Pradignac ✆ 93 39 59 24. AE ⓓ E VISA CZ **f**
fermé dim. sauf juil.-août et fériés – **R** carte 170 à 240.

XX Corsaire Croisette, 62 bd Croisette ✆ 93 43 09 54, Fax 93 43 08 52, ☂ – ▤ DZ **a**

XX **St-Benoit,** 9 r. Bateguier ✆ 93 39 04 17 – AE E VISA CZ **n**
fermé 15 nov. au 15 déc., mardi midi et lundi – **R** 120/155.

XX **Cap Esterel,** 18 bd J. Hibert ✆ 93 39 39 79 – ▤. ⓓ E VISA AZ **u**
fermé 1er au 15 nov., vacances de fév. et merc. d'oct. à juin – **R** (dîner seul. en juil.-août) 97/238, enf. 70.

XX **Caveau 30,** 45 r. F. Faure ✆ 93 39 06 33, ☂ – ▤. AE ⓓ E VISA AZ **f**
R 100/160.

XX **La Cigale,** 1 r. Florian ✆ 93 39 65 79 – ▤. AE ⓓ E VISA CZ **d**
fermé nov., dim. soir du 1er déc. au 30 avril et lundi – **R** 92/140 ♃.

X **L'Olivier,** 9 r. Rouguière ✆ 93 39 91 63 – AE ⓓ E VISA BY **e**
fermé 15 déc. au 15 janv. et lundi – **R** 85/140, enf. 55.

X **Aux Bons Enfants,** 80 r. Meynadier – ⚘ AZ **r**
fermé août, 20 déc. au 5 janv., sam. soir hors sais. et dim. – **R** 80.

X **Côté Jardin,** 12 av. St-Louis ✆ 93 38 60 28, ☂ – ▤. AE E VISA X **a**
fermé fév. à mi-mars, lundi (sauf le soir d'avril à oct.) et dim. – **R** 145 ♃.

X **La Croisette,** 15 r. Cdt André ✆ 93 39 86 06 – AE ⓓ E VISA CZ **b**
fermé 15 déc. au 15 janv. et mardi – **R** 84/92 bc.

X **Le Monaco,** 15 r. 24-août ✆ 93 38 37 76 BY **b**
fermé 10 nov. au 20 déc. et dim. – **R** 75/95.

CITROEN Carnot Autom., 48 bd Carnot ✆ 93 68 20 25
CITROEN Carnot Autom., 205 av. F. Tonner à La Bocca par ③ ✆ 93 47 24 00

Ⓜ Massa-Pneu, 9 bd Vallombrosa ✆ 93 39 25 22
Sud-Est-Pneus, 20 r. Cdt-Vidal ✆ 93 38 58 14

Le CANNET 06110 Alpes-Mar. 84 ⑨, 195 ㉟㊳ G. Côte d'Azur – 37 430 h. alt. 110.

ℹ Office de Tourisme av. Campon ✆ 93 45 34 27.

Paris 906 – Cannes 3 – Antibes 13 – Grasse 15 – ♦Nice 31 – Vence 28.

Voir plan d'agglomération de Cannes-le-Cannet

🏨 **Grande Bretagne** sans rest, bd Sadi Carnot ✆ 93 45 66 00, Télex 470918, Fax 93 45 83 30 – cuisinette ▤ TV ☎ Ⓟ. AE ⓓ E VISA V **a**
fermé déc. – ☕ 35 – **34 ch** 450/720.

🏨 **Sunset H.** Ⓜ sans rest, av. Campon (bretelle autoroute) ✆ 93 45 35 35, Fax 93 45 60 68 – ▤ TV ☎ Ⓟ. AE E VISA V **n**
☕ 29 – **25 ch** 350/495.

🏨 **Résidence d'Assemont** Ⓜ, 6 av. Tignes ✆ 93 69 47 70 – ⧉ TV ☎. E VISA
R *(fermé 5 au 20 nov., 15 au 30 juin, dim. soir et lundi)* 125/185, enf. 70 – **11 ch** ☕ 380/520 – ½ P 300/320.

Le CANNET-DES-MAURES 83340 Var 84 ⑯ – 2 570 h. alt. 127.

Paris 837 – Fréjus 39 – Brignoles 25 – Cannes 73 – Draguignan 26 – St-Tropez 38 – ♦Toulon 55.

🏨 **Mas de Causserène et rest. l'Oustalet,** N 7 ✆ 94 60 74 87, Fax 94 60 95 97, ☂, 🏊 – TV ☎ ♿ Ⓟ – 🏛 50 à 150. AE E VISA
R 110/160 ♃, enf. 35 – ☕ 40 – **48 ch** 260/310 – ½ P 310/360.

Vous aimez le camping ?
Utilisez le guide Michelin
Camping Caravaning France.

La CANOURGUE 48500 Lozère 🎍🔟 ④⑤ G. Gorges du Tarn – 1 391 h. alt. 563.

Voir Sabot de Malepeyre★ SE : 4 km.

🛈 Syndicat d'Initiative (15 juin-15 sept.) ℰ 66 32 83 67 et à la Mairie (hors saison) ℰ 66 32 81 47.

Paris 591 –Mende 46 – Espalion 54 – Florac 53 – Rodez 67 – Sévérac-le-Château 22.

  🏠 **Commerce** Ⓜ, ℰ 66 32 80 18 – 📶 ☎ 🚗 Ⓟ – 🎗 30 à 50. ⋿ 𝗩𝗜𝗦𝗔
    1ᵉʳ mars-15 nov. et fermé sam. hors sais. – **R** 60/115 ⅃ – 🖵 22 – **28 ch** 175/225 –
    ½ P 200/225.

PEUGEOT-TALBOT Condomines ℰ 66 32 80 16 Ⓝ

CAPBRETON 40130 Landes 🞷🞸 ⑰ G. Pyrénées Aquitaine – 4 703 h. alt. 6 – Casino .

🛈 Office de Tourisme av. G.-Pompidou ℰ 58 72 12 11.

Paris 755 –Biarritz 25 –Mont-de-Marsan 84 – ◆Bayonne 22 – St-Vincent-de-Tyrosse 12 – Soustons 21.

    quartier de la plage :

  🏠 **Océan** sans rest, av. G. Pompidou ℰ 58 72 10 22, ≤ – 📶 ☎ Ⓟ. ⑩ ⋿ 𝗩𝗜𝗦𝗔
    mars-oct. – 🖵 30 – **52 ch** 200/400.

  🏠 **Atlantic,** av. de Lattre de Tassigny ℰ 58 72 11 14, ⅃ – 📺 🐾. ❄ rest
    1ᵉʳ juin-30 sept. – **R** *(1ᵉʳ juin-15 sept.)* (dîner seul.) 125/150 – 🖵 28 – **30 ch** 200/350 –
    ½ P 275/325.

  🏠 **Miramar,** front de Mer ℰ 58 72 12 82, ≤ – ☎ Ⓟ. ⋿ 𝗩𝗜𝗦𝗔. ❄
    18 mai-22 sept. – **R** (dîner seul.) 100/160 – 🖵 30 – **44 ch** 260/390 – ½ P 260/320.

  🏠 **Aquitaine,** av. de Lattre-de-Tassigny ℰ 58 72 38 11, 🌣, ⅃ – ☎ Ⓟ. 𝖠𝖤 ⋿ 𝗩𝗜𝗦𝗔. ❄ rest
    R 110/150, enf. 45 – 🖵 26 – **24 ch** 230/270 – ½ P 250/270.

  XX **Café Bellevue** avec ch, av. G. Pompidou ℰ 58 72 10 30, ≤, 🌣 – 📺 ☎ Ⓟ. 𝖠𝖤 ⑩ ⋿
    𝗩𝗜𝗦𝗔
    fermé 2 janv. au 4 fév. et lundi d'oct. à fin mars sauf vacances scolaires – **R** 130/155,
    enf. 45 – 🖵 28 – **15 ch** 200/260.

    quartier la Pêcherie :

  XX **Le Regalty,** quai Pêcherie ℰ 58 72 22 80, 🌣 – 𝖠𝖤 ⑩ ⋿ 𝗩𝗜𝗦𝗔
    fermé 15 au 30 nov., 15 janv. au 10 fév., dim. soir et lundi de sept. à juin sauf fêtes –
    R 180.

  XX **Le Bateau Ivre,** quai Pêcherie ℰ 58 72 26 65, 🌣 – ⑩ ⋿ 𝗩𝗜𝗦𝗔
    1ᵉʳ avril-15 oct., vacances scolaires, week-ends sauf janv.-fév. et fermé lundi en sept.-oct.
    – **R** 150/200.

CITROEN Barbe ℰ 58 72 10 15   RENAULT Gar. Puyau ℰ 58 72 10 52

☛ *Le pastiglie numerate delle piante di città ① ② ③*
    *sono riportate anche sulle **carte stradali Michelin** in scala 1/200 000.*
    Questi riferimenti, comuni nella guida e nella carta stradale,
    facilitano il passaggio da una pubblicazione all'altra.

CAP COZ 29 Finistère 🞮🞯 ⑮ – rattaché à Fouesnant.

CAP D'AGDE 34 Hérault 🞳🞴 ⑯ – rattaché à Agde.

CAP D'AIL 06320 Alpes-Mar. 🞺🞻 ⑩ , 🏙🏙🏙 ㉗ G. Côte d'Azur – 4 650 h. alt. 96.

🛈 Office de Tourisme 104 av. 3-Septembre ℰ 93 78 02 33.

Paris 948 –Monaco 2.5 – Menton 12 – Monte-Carlo 3 – ◆Nice 17.

  🏠 **Miramar** sans rest, av. 3-Septembre ℰ 93 78 06 60 – 🔲 🐾 Ⓟ. 𝗩𝗜𝗦𝗔
    fermé 4 au 25 janv. – 🖵 28 – **27 ch** 170/260.

La CAPELLE 02260 Aisne 🞯🞰 ⑯ G. Flandres Artois Picardie – 2 265 h. alt. 228.

Voir Pierre d'Haudroy (monument de l'Armistice 1918) NE : 3 km par D 285.

Paris 191 – Avesnes-sur-Helpe 16 – Le Cateau 30 – Fourmies 11 – Guise 23 – Laon 53 – Vervins 17.

  XX **Gd Cerf,** ℰ 23 97 20 61 – ⋿ 𝗩𝗜𝗦𝗔
    fermé juil., dim. soir du 1ᵉʳ oct. au 31 mars et lundi sauf fériés – **R** 100/300, enf. 60.

CAPESTANG 34310 Hérault 🞳🞴 ⑭ – 2 679 h. alt. 22.

Paris 838 – ◆Montpellier 84 – Béziers 15 – Carcassonne 63 – Narbonne 18 – St-Pons 40.

    à Poilhes SE par D 11 : 5 km – ✉ **34310** :

  XXX **La Tour Sarrasine,** ℰ 67 93 41 31, 🌣 – 🔲. ⋿ 𝗩𝗜𝗦𝗔
    fermé janv., fév., dim. soir de mars à mai et lundi de mars à sept. – **R** 170/295, enf. 100.

CAP FERRAT 06 Alpes-Mar. 🞺🞻 ⑩⑲ – rattaché à St-Jean-Cap-Ferrat.

CAP-FERRET 33970 Gironde ⑦⑧ ⑫ **G. Pyrénées Aquitaine** – alt. 11.

Voir ☼★ du phare.

🛈 Office de Tourisme 12 av. Océan (saison) ℰ ℰ 56 60 63 26.

Paris 647 – ◆Bordeaux 71 – Arcachon 69 – Lacanau-Océan 58 – Lesparre-Médoc 86.

  🏠 **La Frégate,** av. Océan ℰ 56 60 41 62, ⤵, – ☎ ℗, Ɛ VISA, ⅍ rest
    hôtel : Pâques-oct. et fermé dim. soir ; rest. : Pâques-oct., week-ends du 15 janv. à Pâques
    et fermé dim. soir – **R** 80/150 – �ê 25 – **26 ch** 183/350.

  🏠 **Pins** sans rest, r. Fauvettes ℰ 56 60 60 11, 🖼 – ⅍
    1er juin-30 sept. – �ê 38 – **14 ch** 202/295.

CITROEN Gar. du Phare ℰ 56 60 61 20   PEUGEOT, TALBOT Gava ℰ 56 60 64 20

CAP FREHEL 22 C.-d'Armor ⑤⑨ ⑤ **G. Bretagne** – alt. 57 – ✉ 22240 Fréhel.

Voir Site★★★ – ☼★★★ – Fort La Latte : site★★, ☼★★ SE : 5 km.

Paris 451 – St-Malo 46 – Dinan 45 – Dinard 38 – Lamballe 36 – ◆Rennes 97 – St-Brieuc 49.

  🏠 **Le Fanal** ⑤, sans rest, S : 2,5 km par D 16 ℰ 96 41 43 19, 🖼 – ☎ ℗, Ɛ VISA,
    ⅍
    1er avril-30 sept. et vacances de nov. – �ê 29 – **9 ch** 250/270.

  🏠 **Relais de Fréhel** ⑤, S : 2,5 km par D 16 et VO ℰ 96 41 43 02, 🖼, ⅍ – ℗, Ɛ,
    VISA ⅍
    25 mars-5 nov. – **R** 60/160, enf. 45 – �ê 30 – **13 ch** 210/240 – ½ P 245/280.

CAP GRIS-NEZ ★★ 62 P.-de-C. ⑤① ① **G. Flandres Artois Picardie** – alt. 50 – ✉ 62179 Wissant.

Paris 309 – ◆Calais 29 – Arras 131 – Boulogne-sur-Mer 20 – Marquise 13 – St-Omer 58.

  🏠 **Mauves** ⑤, ℰ 21 32 96 06, 🖼 – 📺 ☎ ℗, Ɛ VISA, ⅍
    28 mars-15 nov. – **R** 93/210 – �ê 30 – **16 ch** 220/370 – ½ P 265/370.

  ⅩⅩ **La Sirène,** ℰ 21 32 95 97, ≤ mer – ℗, Ɛ VISA
    fermé mi-déc. à mi janv. et lundi sauf juil.-août – **R** 90/235.

CAPINGHEM 59 Nord ⑤① ⑮ – rattaché à Lille.

CAPVERN-LES-BAINS 65130 H.-Pyr. ⑧⑤ ⑨ **G. Pyrénées Aquitaine** – 952 h. alt. 450 – Stat. therm.
(23 avril-22 oct.).

Voir Donjon du château de Mauvezin ☼★ O : 4,5 km.

🛈⑧ de Lannemezan et Capvern-les-Bains ℰ 62 98 01 01, E : 12 km.

🛈 Office de Tourisme r. Thermes (15 avril-22 oct.) ℰ 62 39 00 46.

Paris 817 – Arreau 31 – Bagnères-de-Bigorre 20 – Lannemezan 9 – Tarbes 27.

  🏠 **Lemoine,** ℰ 62 39 02 18, ≤, parc – ☎ ℗, ⅍
    2 mai-22 oct. – **R** 70/90 ⅃, enf. 50 – �ê 20 – **16 ch** 90/200 – ½ P 125/175.

  🏠 **St-Paul,** ℰ 62 39 03 54, 🖼 – 🛗 ☎ ℗, VISA, ⅍ rest
    1er mai-18 oct. – **R** 65/70, enf. 40 – **29 ch** 135/190 – P 165/225.

  🏠 **Bellevue** ⑤, rte Mauvezin ℰ 62 39 00 29, ≤, 🖼 – 🖤 ℗, VISA, ⅍ rest
    2 mai-6 oct. – **R** 76/120 – �ê 20 – **34 ch** 65/168 – P 153/203.

  à Gourgue NO : 4 km par D 81 – ✉ 65130 :

  Ⅹ **Relais des Bandouliers** avec ch, ℰ 62 39 02 21, 🏡, 🖼 – ☎ ℗, Ɛ VISA, ⅍ ch
    hôtel : fermé oct. à mars ; rest. : fermé janv., mardi soir et merc. hors sais. – **R** 68/150 –
    �ê 25 – **9 ch** 100/170 – ½ P 130/160.

CARANTEC 29660 Finistère ⑤⑧ ⑥ **G. Bretagne** – 2 522 h. alt. 45.

Voir Croix de procession★ dans l'église – "Chaise du Curé" (plate-forme) ≤★ – Pointe de Pen-
al-Lann ≤★ E : 1,5 km puis 15 mn.

🛈 Office de Tourisme r. Pasteur ℰ 98 67 00 43.

Paris 554 – ◆Brest 71 – Lannion 53 – Morlaix 15 – Quimper 90 – St-Pol-de-Léon 10.

  🏠 **Falaise** ⑤, sans rest, ℰ 98 67 00 53, ≤ Baie de Morlaix, 🖼 – ☎ ℗
    Pâques-20 sept. – �ê 25 – **24 ch** 178/215.

  🏠 **Pors Pol** ⑤, plage Pors-Pol ℰ 98 67 00 52, ≤, 🖼 – ☎ ℗, Ɛ VISA, ⅍ rest
    20 avril-4 mai et 21 mai-20 sept. – **R** 72/215, enf. 42 – �ê 24 – **30 ch** 181/210 – ½ P 207.

  ⅩⅩ **le Cabestan,** le port ℰ 98 67 01 87, ≤ – Ɛ VISA
    fermé 5 nov. au 20 déc., lundi soir (sauf juil.-août) et mardi – **R** 97/210.

CITROEN Gar. Jacq ℰ 98 67 01 67   RENAULT Kerrien ℰ 98 67 01 71

CARBON-BLANC 33 Gironde ⑰① ⑨, ⑦⑤ ⑪ – rattaché à Bordeaux.

            Repas à prix fixes :

R 70/145   des menus à prix intermédiaires à ceux indiqués sont
             généralement proposés.

CARCASSONNE P 11000 Aude 83 ⑪ G. Pyrénées Roussillon – 42 450 h. alt. 111.

Voir La Cité★★★ (embrasement 14 juil.) CZ – Basilique St-Nazaire★ : vitraux★★, statues★★ CZ **L** – Musée du château Comtal : calvaire★ de Villanière CZ **M1**.

Office de Tourisme et Accueil de France (Informations, change et réservations d'hôtels, pas plus de 5 jours à l'avance) 15 bd Camille-Pelletan ☎ 68 25 07 04, Télex 505234 et Porte Narbonnaise (mars-oct.) ☎ 68 25 68 81.

Paris 799 ④ – ♦Perpignan 113 ② – ♦Toulouse 92 ④ – Albi 107 ① – Andorra-la-Vella 165 ③ – Béziers 90 ② – Narbonne 61 ②.

CARCASSONNE

Armagnac (R.)............ AYZ 2
Barbès (R.)............ BZ 5
Chartran (R.)............ BZ 9
Clemenceau (R. G.)............ BYZ 20
Courtejaire (R.)............ BZ 22
Dr-A.-Tomey (R.)............ BZ 26

Barbès (Bd)............ AZ
Bringer (R. Jean)............ BYZ 6
Bunau-Varilla (Av.)............ AZ 7
Carnot (Pl.)............ BZ
Davilla (Pl.)............ AZ
Études (R. des)............ AYZ 27
Gambetta (Square)............ BZ
Gout (Av. Henri)............ AZ 29
Iéna (Allée d')............ AYZ
Jaurès (Bd Jean)............ BYZ
Joffre (Av. du Mar.)............ BY 32
Marcou (Bd)............ AZ 36
Marly (R. A.)............ BY
Minervoise (Route)............ BY 37
Mullot (Av. Arthur)............ BZ 38
Pelletan (Bd C.)............ BZ 40
Pont-Vieux (R. du)............ BZ 41
République (R. de la)............ ABZ 43
Roosevelt (Av. F.)............ AY
Roumens (Bd du Cdt)............ BZ 44
Sarraut (Bd Omer)............ ABY
Semard (Av. Pierre)............ AY 48
Trivalle (R.)............ BZ 49
Varsovie (Bd de)............ AYZ
Verdun (R. de)............ ABZ
Victor-Hugo (R.)............ BZ 52
4-Septembre (R. du)............ ABY 54

Cros-Mayrevieille (R.)...... 2
St-Jean (R.)...... 3
St-Sernin (R.)...... 4
Viollet-le-Duc (R.)...... 5

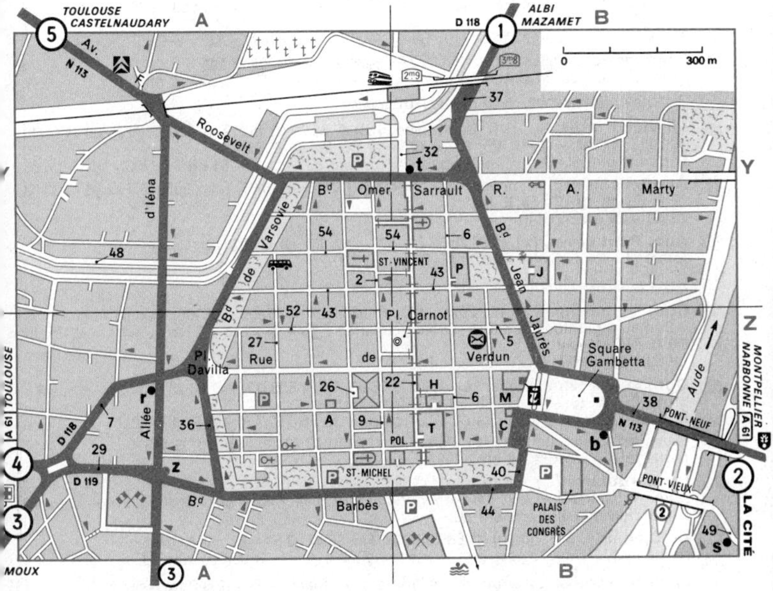

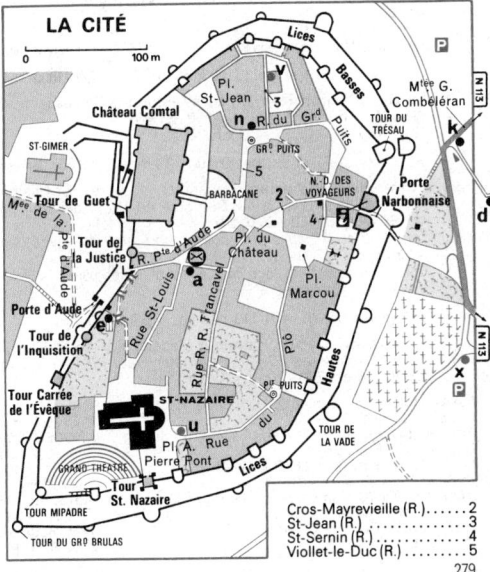

🏨 **Terminus**, 2 av. Mar. Joffre 🖉 68 25 25 00, Télex 500198, Fax 68 72 53 09 – |🛗| 🖳 ch 📺
🕿 ⇔ – 🔏 30 à 200. 🖭 ⚫ 🗲 *VISA*   BY t
Relais de l'Écluse 🖉 68 25 13 77 **R** 75/170 🍴 – 🖙 35 – **112 ch** 250/420.

🏨 **Montségur**, 27 allée léna 🖉 68 25 31 41, Télex 505261, Fax 68 47 13 22, « Mobilier ancien »
– |🛗| 📺 🕿 🅿 🖭 ⚫ 🗲 *VISA*   AZ r
R voir rest. Languedoc ci-après – 🖙 40 – **21 ch** 260/420 – ½ P 400/450.

🏨 **Pont Vieux** sans rest, 32 r. Trivalle 🖉 68 25 24 99, Fax 68 47 62 71 – 📺 🕿 ⇔. 🖭 🗲 *VISA*
fermé janv. – 🖙 32 – **20 ch** 250/360.   BZ s

🏩 **Arcade** Ⓜ, 5 square Gambetta 🖉 68 72 37 37, Télex 505227, Fax 68 25 38 39 – |🛗| 📺 🕿
🕭 – 🔏 30. 🖭 🗲 *VISA*   BZ b
R snack (dîner seul) carte environ 80 🍴 – 🖙 37 – **48 ch** 275/300 – ½ P 257.

XXX **Languedoc**, 32 allée léna 🖉 68 25 22 17, 😤 – 🔳. 🖭 ⚫ 🗲 *VISA*   AZ z
fermé 20 déc. au 20 janv., dim. soir hors sais. et lundi – **R** 125/240 🍴, enf. 70.

à l'entrée de la Cité, près porte Narbonnaise :

🏨 **La Vicomté** Ⓜ 🛁, r. C. Saint-Saens **(d)** 🖉 68 71 45 45, Télex 500303, Fax 68 71 11 45,
≤, 😤, 🐟, 🛎 – |🛗| 🔳 📺 🕿 🕭 🅿 – 🔏 50. 🖭 ⚫ 🗲 *VISA*
R *(fermé dim. du 1er oct. au 31 mai)* 130/160, enf. 85 – 🖙 40 – **61 ch** 345/700 – ½ P 410/550.

🏨 **Aragon** sans rest, 15 montée Combéléran **(k)** 🖉 68 47 16 31, Télex 505076, Fax 68 47 33 53,
🔳 – 📺 🅿 🖭 ⚫ 🗲 *VISA*
🖙 39 – **29 ch** 340/440.

XXX **Aub. Pont Levis**, **(x)** 🖉 68 25 55 23, 😤 – 🔳. 🖭 ⚫ 🗲 *VISA*. ⚛
fermé fév., dim. soir et lundi – **R** (1er étage) 180/260.

dans la Cité - Circulation réglementée en été :

🏨 **Cité** 🛁 (rest. prévu), pl. Église **(e)** 🖉 68 25 03 34, Télex 505296, Fax 68 71 50 15, ≤,
« Demeure gothique et jardin sur les remparts », 🔳 – |🛗| 🔳 ch 📺 🕿 🕭 ⇔ – 🔏 35. 🖭
⚫ 🗲 *VISA*. ⚛ rest
🖙 60 – **23 ch** 650/950, 3 appart. 1500.

🏨 **Donjon**, 2 r. Comte Roger **(a)** 🖉 68 71 08 80, Télex 505012, Fax 68 25 06 60, ≤, 😤, 🍽 –
|🛗| 🔳 🅿 – 🔏 50. 🖭 ⚫ 🗲 *VISA*. ⚛ rest
R *(fermé dim. soir)* (dîner seul.) 120 – 🖙 50 – **36 ch** 280/470 – ½ P 340/410.

🏠 **Remparts** sans rest, 3 pl. Gd Puits **(n)** 🖉 68 71 27 72, ≤ – 🕿 🅿. 🗲 *VISA*
fermé janv. – 🖙 32 – **18 ch** 260/330.

XX **La Marquière**, 13 r. St Jean **(v)** 🖉 68 71 52 00 – 🖭 🗲 *VISA*
fermé 15 janv. au 15 fév., lundi midi et mardi midi sauf juil.-août – **R** (nombre de couverts
limité, prévenir) 130/280, enf. 60.

XX **La Crémade**, 1 r. Plô **(u)** 🖉 68 25 16 64, Fax 68 47 33 53 – 🖭 ⚫ 🗲 *VISA*
fermé janv., 12 au 20 nov., dim. soir et lundi hors sais. – **R** 90/200, enf. 60.

au hameau de Montredon NE : 4 km par r. A. Marly – ⊠ **11090** Carcassonne :

XXX ❀ **Château St Martin "Trencavel"** (Rodriguez), 🖉 68 71 09 53, 😤, 🍽 – 🅿 🖭 ⚫
🗲 *VISA*
fermé merc. – **R** 150/300
Spéc. Millefeuille lauragais, Pavé de loup au "Brut de Limoux", Saupiquet de pigeonneau.

à Trèbes par ② et N 113 : 5 km – 5 607 h. – ⊠ **11800** :

🏠 **La Gentilhommière** Ⓜ, accès autoroute Carcassonne-Est 🖉 68 78 74 74, Fax 68 78 65 80,
🔳 – 📺 🕿 🕭 🅿 – 🔏 30. 🗲 *VISA*
R 67/180 🍴 – 🖙 32 – **31 ch** 260.

au Sud par ③ et Est par D 104 : 3 km – ⊠ **11000** Carcassonne :

🏨 ❀ **Domaine d'Auriac** (Rigaudis) 🛁, rte St-Hilaire 🖉 68 25 72 22, Télex 500385,
Fax 68 47 35 54, ≤, 😤, « Demeure du 19e s. dans un parc, golf », 🔳, ⚛ – |🛗| 🔳 ch 📺
🕿 🅿 – 🔏 80. 🖭 ⚫ 🗲 *VISA*
fermé 10 au 31 janv., dim. soir et lundi midi de nov. à Pâques – **R** 170/350, enf. 120 – 🖙 70
– **23 ch** 650/1200 – ½ P 700/900
Spéc. Foie de canard, Joue de boeuf et oreille de porc à la carcassonnaise, Cassoulet au confit maison.
Vins Limoux, Corbières.

à Pézens par ⑤ et N 113 : 10 km – ⊠ **11170** :

X **Réverbère** avec ch, carrefour Madelaine 🖉 68 24 92 53, 😤 – 📺 🅿. 🖭 ⚫ 🗲 *VISA*
fermé 20 janv. au 20 fév., lundi soir (sauf juil.-août) et mardi – **R** 64 bc/180 🍴, enf. 42 –
🖙 20 – **6 ch** 200/220 – ½ P 250.

ALFA-ROMEO Gar. Debien, ZI de Félines, rte de
Toulouse 🖉 68 47 09 49
AUSTIN, ROVER Autos 11, ZI de Félines, rte de
Toulouse 🖉 68 47 99 62
CITROEN Ménard, 30 av. F.-Roosevelt
🖉 68 25 75 36 Ⓝ 🖉 68 78 00 69
DATSUN, VOLVO Campagnaro, plateau de Gra-
zailles 🖉 68 25 33 34
FIAT-LANCIA Gar. Ital, rte de Montréal
🖉 68 25 81 31

FORD Salvaza, ZI rte de Montréal Aéroport
🖉 68 25 11 50 Ⓝ 🖉 68 79 04 67
INNOCENTI-MAZDA Gar. Aubertin, 22 r. Jean
Monnet 🖉 68 25 38 54
LADA Autos J.C.E., ZI La Bouriette, 55 bd D.
Papin 🖉 68 47 15 15
MERCEDES-BENZ Bary, RN 113 à Trèbes
🖉 68 78 61 28
OPEL Bourguignon, 79/81 av. F.-Roosevelt
🖉 68 25 10 43

PEUGEOT-TALBOT Auto Cité, ZI St-Jean-l'Ar-
nouze, rocade Ouest par ④ ♒ 68 47 84 36
RENAULT Alaux et Gestin, rte de Narbonne par ②
♒ 68 77 77 68 Ⓝ ♒ 68 79 68 81
SEAT Gar. Spanauto, Zone Com. de Félines, rte
de Toulouse ♒ 68 71 23 10
TOYOTA Gar. de l'Avenir, ZI Félines ♒ 68 47 04 77

V.A.G Cathala, rte de Narbonne ♒ 68 25 90 01

⑩ Central-Pneu, ZI Arnouzette rte de Bram
♒ 68 25 46 66
Gastou, ZI la Bouriette ♒ 68 25 35 42
Grulet, 58 av. F.-Roosevelt ♒ 68 25 09 46
Laguzou-Pneus, 20 av. F.-Roosevelt ♒ 68 25 25 88

CARDAILLAC 46 Lot 🎯 ⑩ – rattaché à Figeac.

CARENNAC 46110 Lot 🎯 ⑲ **G.** Périgord Quercy – 376 h. alt. 126.

Voir Portail⋆ de l'église – Mise au tombeau⋆ dans la salle capitulaire.

🟦 Syndicat d'Initiative au Château (saison) ♒ 65 39 73 75.

Paris 526 – Brive-la-Gaillarde 40 – Cahors 73 – Martel 18 – St-Céré 18 – Sarlat 62 – Tulle 58.

🏠 **Aub. Vieux Quercy** 🦢, ♒ 65 38 69 00, Fax 65 38 42 38, 🍽, 🏊, 🎾 – ☎ 🅿 **E** 𝗩𝗜𝗦𝗔
➡️ *fermé 30 nov. au 15 fév. et lundi hors sais.* – **R** 70/210, enf. 60 – 🔲 28 – **24 ch** 200/270 –
½ P 250/270.

🏠 **Host. Fénelon** 🦢, ♒ 65 38 67 67, 🍽, 🏊, – 📺 ☎ 🅿 ፱ **E** 𝗩𝗜𝗦𝗔
fermé 8 janv. au 10 mars, sam. midi et vend. d'oct. à avril – **R** 75/260, enf. 45 – 🔲 30 –
16 ch 200/240 – ½ P 230/250.

CARENTAN 50500 Manche 🎯 ⑬ **G.** Normandie Cotentin – 6 939 h. alt. 6.

🟦 Office de Tourisme à la Mairie ♒ 33 42 05 87.

Paris 310 – Avranches 84 – ♦Caen 70 – Cherbourg 50 – Coutances 35 – St-Lô 28.

🏠 **Le Vauban** Ⓜ sans rest, 7 r. Sébline ♒ 33 71 00 20 – 📺 ☎ **E** 𝗩𝗜𝗦𝗔. 🛰
🔲 25 – **14 ch** 230/250.

🍴🍴🍴 **Aub. Normande,** bd Verdun ♒ 33 42 02 99 – 🅿. ፱ **E** 𝗩𝗜𝗦𝗔
fermé dim. soir et lundi – **R** 85/290.

CITROEN Gar. Godefroy, Le Mesnil à St-Hilaire-
Petitville ♒ 33 42 02 78
FORD Santini, ZI, bd de Verdun ♒ 33 42 02 66 Ⓝ

PEUGEOT-TALBOT, MECATOL, ZI Pommenauque,
rte de Cherbourg ♒ 33 42 23 73

CARHAIX-PLOUGUER 29270 Finistère 🎯 ⑰ **G.** Bretagne – 9 100 h. alt. 140.

🟦 Syndicat d'Initiative r. Brizeux ♒ 98 93 04 42.

Paris 503 – Quimper 60 – ♦Brest 81 – Concarneau 65 – Guingamp 47 – Lorient 75 – Morlaix 50 – Pontivy 58 –
St-Brieuc 77.

🏨 **Gradlon** Ⓜ, 12 bd République ♒ 98 93 15 22 – 🛗 🍽 rest 📺 ☎ 🅿 – 🔺 80. ፱ 🅾 **E**
𝗩𝗜𝗦𝗔
fermé 15 déc. au 15 janv. – **R** *(fermé vend. soir et sam. midi de début oct. à fin avril)*
78/150, enf. 45 – 🔲 33 – **36 ch** 220/255, 8 duplex 400 – ½ P 240/250.

🏠 **D'Ahès** sans rest, 1 r. F. Lancien ♒ 98 93 00 09 – ፱ 🅾 **E** 𝗩𝗜𝗦𝗔
🔲 25 – **10 ch** 160/220.

à Port de Carhaix SO : 6,5 km par rte Châteaulin et D 769 – ✉ **29270** Carhaix-Plouguer :

🍴🍴 **Aub. du Poher,** ♒ 98 99 51 18 – 🅿. **E** 𝗩𝗜𝗦𝗔
fermé 1ᵉʳ au 15 sept., 1ᵉʳ au 21 fév., dim. soir et lundi – **R** 72/168 🍴.

RENAULT Autom. Centre Bretagne, rte de Rennes
♒ 98 93 18 22 Ⓝ

⑩ Desserrey-Pneus, rte de Rostrenen
♒ 98 93 05 84
Thomas-Pneus, rte de Callac ♒ 98 93 05 41

CARLING 57490 Moselle 🎯 ⑮ **G.** Alsace Lorraine – 3 422 h. alt. 240.

Voir Centrale Emile Huchet⋆.

Paris 370 – ♦Metz 45 – Sarreguemines 32 – Saarbrucken 30 – St Avold 7.

🍴🍴 **Péché Mignon,** 159 r. Principale ♒ 87 82 58 21 – ፱ 🅾 **E** 𝗩𝗜𝗦𝗔
fermé lundi soir, vend. soir et sam. midi – **R** 129 bc/159 bc.

CARMAUX 81400 Tarn 🎯 ⑪ – 12 230 h. alt. 241.

🟦 Syndicat d'Initiative à la Mairie ♒ 63 76 76 67.

Paris 670 – Rodez 62 – Albi 16 – St-Affrique 87 – Villefranche-de-Rouergue 64.

à Mirandol-Bourgnounac N : 13 km par N 88 et D 905 – ✉ **81190** :

🏠 **Voyageurs** 🦢, ♒ 63 76 90 10 – ☎. 🛰 rest
➡️ *fermé 22 août au 8 sept., vacances de fév. et le soir du 7 oct. au 1ᵉʳ au avril* – **R** 60 bc/140 🍴
– 🔲 25 – **11 ch** 120/188 – ½ P 160/180.

CITROEN Gar. Ste-Cécile, 19 av. de Rodez
♒ 63 76 50 93
PEUGEOT, TALBOT Rey, 173 av. A.-Thomas
♒ 63 76 51 52

RENAULT Carmaux Autom., N 88 Pont de Blaye
♒ 63 36 48 67 Ⓝ ♒ 63 47 84 74
RENAULT Castro, 97 av. A.-Thomas ♒ 63 76 63 55

Voir Musée préhistorique★★ Y **M** – Église St-Cornély★ Y **E** – Tumulus St-Michel★ : ≼★ Y **F** – Alignements du Ménec★★ par D 196 Y : 1,5 km, de Kermario★ par ② : 2 km, de Kerlescan★ par ② : 4,5 km – Tumulus de Kercado★ par ② : 4,5 km – Dolmens de Mané-Kérioned★ N : 4 km.

🅱 🅱 de St-Laurent, ⌀ 97 56 85 18, N : 8 km par D 196.

🅱 Office de Tourisme av. Druides ⌀ 97 52 13 52 et pl. Église (Pâques-sept.).

Paris 487 ② – Vannes 31 ② – Auray 13 ② – Lorient 37 ① – Quiberon 18 ① – Quimperlé 56 ①.

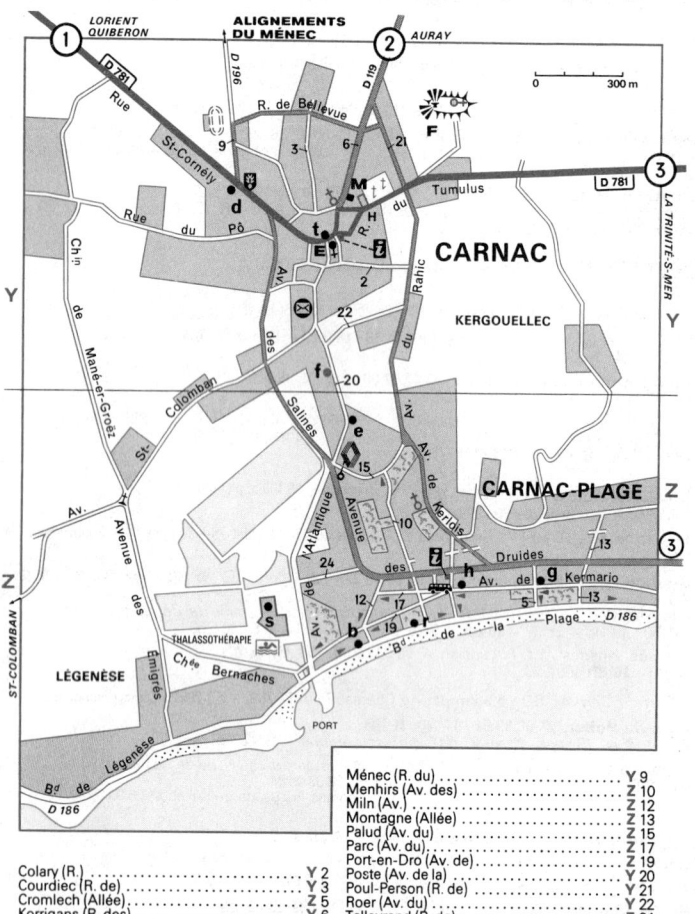

Colary (R.)		Y 2
Courdiec (R. de)		Y 3
Cromlech (Allée)		Z 5
Korrigans (R. des)		Y 6
Ménec (R. du)		Y 9
Menhirs (Av. des)		Z 10
Miln (Av.)		Z 12
Montagne (Allée)		Z 13
Palud (Av. du)		Z 15
Parc (Av. du)		Z 17
Port-en-Dro (Av. de)		Z 19
Poste (Av. de la)		Y 20
Poul-Person (R. de)		Y 21
Roer (Av. du)		Y 22
Talleyrand (R. de)		Z 24

🏨 **Diana** Ⓜ, 21 bd Plage ⌀ 97 52 05 38, Télex 951035, ≼, 😱, 🔟, ⚓ – 🛗 📺 ☎ 🅿. ⓪ Ⓔ 📇
Z **r**
hôtel : 28 mars-13 oct. et vacances de nov. ; rest. : 28 mars-6 oct. et fermé merc. midi hors sais. – **R** 220/300, enf. 100 – ⊡ 70 – **32 ch** 690/990 – ½ P 635/785.

🏨 **Novotel** Ⓜ ⚓, av. Atlantique ⌀ 97 52 53 00, Télex 950324, Fax 97 52 53 55, ≼, centre de thalassothérapie, 🔟 – 🛗 ⤢ rest 🍽 rest 📺 ☎ & 🅿 ⒶⒺ ⓪ Ⓔ 📇
Z **s**
fermé janv. – **R** carte environ 150, enf. 45 – ⊡ 50 – **110 ch** 525/650 – ½ P 495.

🏨 **Plancton,** 12 bd Plage ⌀ 97 52 13 65, Fax 97 52 87 63, ≼ – 🛗 📺 ☎ & 🅿 Ⓔ 📇
⚓ rest
Z **b**
23 mars-4 nov. – **R** 110/175 ⅊, enf. 60 – ⊡ 37 – **23 ch** 380/435 – ½ P 355/401.

🏨 **Ibis** Ⓜ, av. de l'Atlantique ⌀ 97 52 54 00, Télex 951827, Fax 97 52 53 55, centre de thalassothérapie – 🛗 📺 ☎ & 🅿 – 🔔 30. Ⓔ 📇
R 110 ⅊, enf. 40 – ⊡ 35 – **96 ch** 430/515, 23 duplex 650.

CARNAC

🏨 **Bateau Ivre,** 71 bd Plage par ③ ✆ 97 52 19 55, Fax 97 52 84 94, ≼, « Jardin fleuri », ⤳ –
cuisinette 📺 ☎ ⇔, 🖭 🄴 𝘝𝘐𝘚𝘈. ✖ rest
R *(15 mars-15 nov.)* (résidents seul.) 190/250, enf. 120 – ⌕ 40 – **20 ch** (½ pens. seul.) –
½ P 395/530.

🏨 **Alignements,** 45 r. St Cornély ✆ 97 52 06 30 – ⧈ ↷ ch 🕾. 🄴 𝘝𝘐𝘚𝘈. ✖   Y **d**
24 mars-30 sept. – **R** 95/195 ♌, enf. 60 – ⌕ 35 – **27 ch** 225/315 – ½ P 247/292.

🏨 **Armoric,** av. Poste ✆ 97 52 13 47, ⪪, ✖ – ⧈ ☎ 🄿 🄴 𝘝𝘐𝘚𝘈. ✖ rest   Z **e**
1er mai-15 sept. – **R** 130/170 ♌, enf. 60 – ⌕ 30 – **25 ch** 230/300 – ½ P 312.

🏨 **Marine,** pl. Chapelle ✆ 97 52 07 33, Télex 951974, Fax 97 52 85 70, ⪪ – 📺 ☎. 🄰🄴 ⓞ 🄴
𝘝𝘐𝘚𝘈   Y **t**
15 fév.-15 nov. et fermé dim. soir et lundi du 15 sept. au 15 avril – **R** 115, enf. 55 – ⌕ 35
– **28 ch** 310/550 – ½ P 310/380.

🏨 **Genêts,** av. Kermario ✆ 97 52 11 01, ⪪, ⪪ – ☎. 🄰🄴 🄴 𝘝𝘐𝘚𝘈. ✖ rest   Z **g**
hôtel : 20 avril-31 août ; rest. : 1er juin-31 août – **R** 140/180 – ⌕ 30 – **28 ch** 185/430.

🍴🍴 **Lann Roz** avec ch, 12 av. Poste ✆ 97 52 10 48, « Jardin fleuri » – ☎ 🄿. 🄰🄴 ⓞ 🄴 𝘝𝘐𝘚𝘈
✖   Y **f**
fermé 2 janv. au 1er fév. et merc. hors sais. sauf vacances scolaires – **R** 120/250 – ⌕ 30 –
15 ch 290/350 – ½ P 290/320.

à Plouharnel par ① : 3 km – ✉ **56720** :

🍴🍴 **Aub. de Kérank,** rte Quiberon ✆ 97 52 35 36, ≼, ⪪ – 🄿 🄴 𝘝𝘐𝘚𝘈
fermé 15 nov. au 15 déc., 8 janv. au 15 fév., dim. soir et lundi sauf vacances scolaires –
R 130/290.

PEUGEOT-TALBOT Dréan, rte de Carnac à Plou-   RENAULT Gar. Steunou ✆ 97 52 12 08
harnel par ① ✆ 97 52 08 53

▆▆▆ **CAROMB** 84330 Vaucluse 🎛 ⑬ – 2 266 h. alt. 192.
Paris 680 – Avignon 33 – Carpentras 9 – Nyons 35 – Vaison-la-Romaine 19.

🏠 **Le Beffroi** ⪪, ✆ 90 62 45 63, ⪪ – 🕾 – ⚰ 40. 🄴 𝘝𝘐𝘚𝘈
fermé janv. et lundi hors sais. – **R** 120/240, enf. 60 – ⌕ 35 – **10 ch** 150/300 – ½ P 250/
280.

au Barroux N : 3 km par D 13 et D 938 G. Provence – ✉ **84330** :

🏨 **Géraniums** ⪪, ✆ 90 62 41 08, Fax 90 62 56 48, ≼, ⪪, ⪪ – ☎ 🄿. 🄰🄴 ⓞ 🄴.
𝘝𝘐𝘚𝘈
fermé 4 janv. au 15 fév. (sauf hôtel) et merc. hors sais. – **R** 70/230 ♌, enf. 40 – ⌕ 30 –
22 ch 180/210 – ½ P 190/210.

CITROEN Gar. Morard ✆ 90 62 43 82   RENAULT Gar. Morin ✆ 90 62 42 98

▆▆▆ **CARPENTRAS** ⟨🆂🅿⟩ 84200 Vaucluse 🎛 ⑫⑬ G. Provence – 25 886 h. alt. 102.
Voir Ancienne cathédrale St-Siffrein★ : trésor★ Z.
🅱 Office de Tourisme 170 av. J.-Jaurès ✆ 90 63 00 78.
Paris 678 ① – Avignon 24 ③ – Aix-en-Provence 87 ② – Digne 140 ② – Gap 150 ① – ♦Marseille 102 ② –
Montélimar 74 ① – Salon-de-Provence 52 ② – Valence 118 ①.

Plan page suivante

🏨 **Safari** 🄼, rte Avignon par ③ ✆ 90 63 35 35, Télex 431553, Fax 90 60 49 99, ⪪, ⤳, ⪪,
✖ – ⧈ cuisinette 📺 ☎ 🄿 – ⚰ 25 à 40. 🄰🄴 ⓞ 🄴 𝘝𝘐𝘚𝘈. ✖ rest
R *(fermé dim. soir du 1er oct. au 1er avril)* 90/250 – ⌕ 45 – **42 ch** 340/365, 14 studios
450/550 – ½ P 320.

🏨 **Fiacre** ⪪ sans rest, 153 r. Vigne ✆ 90 63 03 15 – ☎. 🄰🄴 ⓞ 🄴 𝘝𝘐𝘚𝘈. ✖   Z **a**
⌕ 30 – **20 ch** 230/340.

🍴🍴 **Vert Galant,** 12 r. Clapies ✆ 90 67 15 50 – ▤. 🄴 𝘝𝘐𝘚𝘈   Y **b**
fermé 4 au 21 août, 2 au 16 janv., sam. midi et dim. – **R** 150/230.

🍴 **Orangerie,** 26 r. Duplessis ✆ 90 67 27 23, ⪪ – ▤. 🄰🄴 ⓞ 🄴 𝘝𝘐𝘚𝘈   Z **e**
fermé sam. midi – **R** 78/190.

à Mazan par D 942 : 7 km – 3 729 h. – ✉ **84380** :
Voir Cimetière ≼★.

🏠 **Le Siècle** ⪪ sans rest, ✆ 90 69 75 70 – 🄴 𝘝𝘐𝘚𝘈
fermé vacances de Noël, de fév. et dim. hors sais. – ⌕ 25 – **12 ch** 130/250.

au SE rte d'Apt par D 4, D 1 et VO : 9 km – ✉ **84380** Mazan :

🍴🍴 **Le Secret des Malauques** 🄼 ⪪ avec ch, ✆ 90 69 86 12, ≼ Mont-Ventoux, ⪪,
« Ancien mas au milieu des vignes », ⤳, ⪪ – 📺 ☎ 🄿. 🄴 𝘝𝘐𝘚𝘈
fermé nov. – **R** *(fermé mardi soir et merc.)* 130/180 ♌, enf. 60 – **7 ch** ⌕ 350/500 –
½ P 270/390.

tourner →

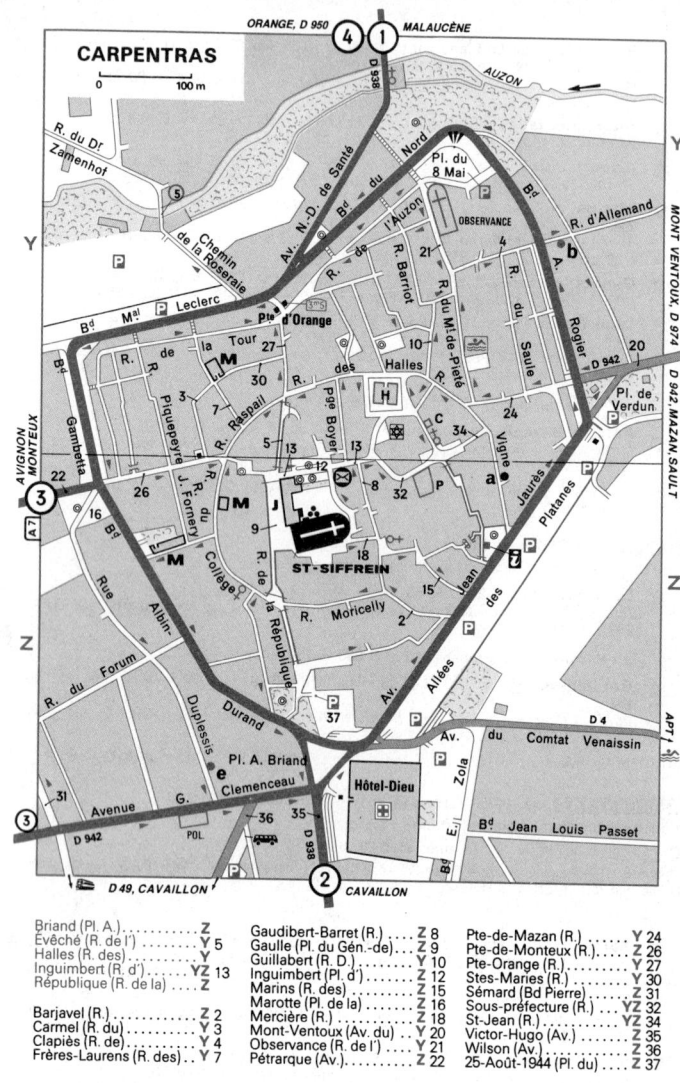

CARPENTRAS

0 — 100 m

à Monteux par ③ : 4,5 km – 7 552 h. – ⊠ **84170** :

🏨 **Blason de Provence,** ℰ 90 66 31 34, Fax 90 66 83 05, 🌴, **⌁**, 🌳, ✵ – 📺 ☎ 🄿, 🅰🄴
ⓓ 🄴 𝘝𝘐𝘚𝘈
fermé 15 déc. au 15 janv. – **R** *(fermé sam. midi et dim. soir hors sais.)* 89/300, enf. 45 –
⊡ 38 – **20 ch** 270/350 – ½ P 305/320.

🏨 **Select,** ℰ 90 66 27 91, 🌴, **⌁**, 🌳 – 📺 🄿 🄴 𝘝𝘐𝘚𝘈, ✵
fermé 20 déc. au 8 janv. et sam. sauf le soir du 1er mai au 15 oct. – **R** 90/160, enf. 65 –
⊡ 30 – **8 ch** 260/290 – ½ P 295/315.

XXX ✿ **Saule Pleureur** (Philibert), rte d'Avignon O : 2 km ℰ 90 62 01 35, 🌴, 🌳 – 🄿, 🅰🄴 🄴
𝘝𝘐𝘚𝘈
fermé 27 fév. au 20 mars, 28 oct. au 13 nov., mardi soir (sauf juil.-août) et merc. –
R 180/360, enf. 50
Spéc. Foie gras poêlé au vinaigre de cidre, Pigeon rôti à l'ail et basilic, Truffes fraîches (1er déc. au 1er mars).
Vins Gigondas, Viognier.

à Althen-des-Paluds par ③ et D 89 : 12 km – ⊠ **84210** :

🏰 **Host. du Moulin de la Roque** Ⓜ ⤵, rte de la Roque ✆ 90 62 14 62, Télex 431095, Fax 90 62 18 50, 🌳, parc, ⊐, ✕ – ⬛ 🍽 📺 ☎ 🅿. 🅰🅴 ⓞ 🄴 𝘝𝘐𝘚𝘈. ✕ rest
20 avril-31 oct. – **R** 220/290, enf. 100 – ⊐ 65 – **25 ch** 400/1100 – ½ P 450/850.

CITROEN Gar. Bernard, rte de Pernes-les-Fontaines par ② ✆ 90 63 33 18
FIAT Meunier, rte de Pernes-les-Fontaines ✆ 90 63 23 80
FORD Ventoux-Autos, ZA Automobile, rte de Pernes ✆ 90 63 16 79
PEUGEOT-TALBOT Grimaud, rte de St-Didier par D 4 Z ✆ 90 67 16 22

RENAULT S.O.V.A., rte d'Avignon par ③ ✆ 90 63 07 72
V.A.G S.I.A.B., rte de Pernes-les-Fontaines ✆ 90 63 27 36

🚗 Ayme Pneus, 131 bd Gambetta ✆ 90 63 59 27
Ayme-Pneus, ZI Marché Gare, av. Marchés ✆ 90 63 11 73

CARQUEFOU 44 Loire-Atl. 🖳 ③ – rattaché à Nantes.

CARQUEIRANNE 83320 Var 🄼 ⑮ – 6 199 h. alt. 30.

🄗 Office de Tourisme pl. Libération ✆ 94 58 60 78.
Paris 851 – ◆Toulon 14 – Draguignan 82 – Hyères 10.

🏨 **Plein Sud** sans rest, av. Gén. de Gaulle ✆ 94 58 52 86 – 📺 ☎ 🅿. 🄴 𝘝𝘐𝘚𝘈. ✕
fermé 5 janv. au 10 fév. – ⊐ 30 – **17 ch** 208/300.

✕ **Les Pins Penchés**, av. Gén. de Gaulle ✆ 94 58 60 25, 🌳 – 🅰🅴 ⓞ 🄴 𝘝𝘐𝘚𝘈
fermé 1er au 7 oct. et jeudi sauf juil.-août et fériés – **R** 95/260.

CARROS 06510 Alpes-Mar. 🄼 ⑨ – 8 457 h. alt. 387.
Paris 937 – ◆Nice 19 – Antibes 27 – Cannes 38 – Grasse 41 – St-Martin-Vésubie 48.

🏨 **Promotel** Ⓜ, 1e avenue ✆ 93 08 77 80, Télex 460130, Fax 93 08 73 96, ⊐, ✕ – 🖼 📺 ☎ 🅰 🅿 – 🅰 25 à 60. 🅰🅴 🄴 𝘝𝘐𝘚𝘈
R grill carte environ 150 – ⊐ 30 – **50 ch** 280 – ½ P 220/250.

CARROUGES 61320 Orne 🄿 ② G. Normandie Cotentin – 787 h. alt. 328.
Voir Château★ SO : 1 km.
Paris 219 – Alençon 29 – Argentan 23 – Domfront 39 – La Ferté-Macé 17 – Mayenne 54 – Sées 26.

✕✕ **St-Pierre** avec ch, ✆ 33 27 20 02 – ⇦ 🅿. 🄴 𝘝𝘐𝘚𝘈
→ *fermé fév. et lundi* – **R** 65/250 ∮ – ⊐ 22 – **5 ch** 90/195.

CITROEN Lehec ✆ 33 27 20 13 🄽

Les CARROZ-D'ARÂCHES 74300 H.-Savoie 🄽 ⑧ G. Alpes du Nord – alt. 1 140 – Sports d'hiver : 1 140/2 100 m ⼦4 ✚53 ⛷.
🄗 de Flaine ✆ 50 90 85 44, 12 km par D 106 – 🄗 Office de Tourisme ✆ 50 90 00 04, Télex 385281.
Paris 589 – Chamonix 51 – Thonon-les-Bains 72 – Annecy 73 – Bonneville 27 – Cluses 13 – Megève 34 – Morzine 33.

🏨 **Arbaron** ⤵, ✆ 50 90 02 67, Fax 50 90 37 60, ≤, 🌳, parc, ⊐ – 📺 ☎ 🅿 – 🅰 30. 🅰🅴 ⓞ 🄴 𝘝𝘐𝘚𝘈. ✕ rest
15 juin-30 sept. et 15 déc.-10 mai – **R** 150/250, enf. 85 – **30 ch** ⊐ 325/490 – ½ P 403/413.

🏠 **Bois de la Char** Ⓜ ⤵, ✆ 50 90 06 18, ≤ – 🖼 ☎ 🅰 🅿 – 🅰 25. 🄴 𝘝𝘐𝘚𝘈. ✕ rest
R *(ouvert juil.-août et 25 déc.-15 avril)* (½ pens. seul.) – ⊐ 25 – **30 ch** 280/450 – ½ P 270/380.

🏠 **Croix de Savoie** ⤵, 1 km rte Flaine ✆ 50 90 00 26, ≤ montagnes et vallée, 🌳 – ⇨ 🅿. 🄴 𝘝𝘐𝘚𝘈. ✕ ch
→ *15 juin-15 sept. et 14 déc.-fin avril* – **R** 47/140 – ⊐ 29 – **19 ch** 195/265 – ½ P 250/300.

CARRY-LE-ROUET 13620 B.-du-R. 🄼 ⑫ G. Provence – 4 570 h. alt. 4 – Casino.
🄗 Office de Tourisme av. A.-Briand ✆ 42 45 49 72.
Paris 774 – ◆Marseille 27 – Aix-en-Provence 40 – Martigues 16 – Salon-de-Provence 51.

🏠 **Modern'H.,** pl. C. Pelletan ✆ 42 45 00 12, 🌳 – 📺 ☎ 🅿. 🄴 𝘝𝘐𝘚𝘈. ✕ ch
fermé 16 déc. au 31 janv. – **R** 95/115, enf. 50 – ⊐ 30 – **19 ch** 250/285 – ½ P 260/285.

✕✕✕✕ ✿✿ **L'Escale** (Clor), ✆ 42 45 00 47, Fax 42 44 72 69, 🌳, « Terrasses surplombant le port, belle vue », 🌳 – 𝘝𝘐𝘚𝘈
début fév.-début nov. et fermé lundi (sauf le soir en juil.-août) et dim. soir – **R** (dim. prévenir) carte 350 à 470
Spéc. Rougets de roche en nage de camoun et foie iodé, Dos de loup grillé aux épices, Homard rôti au beurre de corail. Vins Cassis, Coteaux d'Aix en Provence.

✕✕✕ **La Brise,** quai Vayssière ✆ 42 45 30 55, ≤ port, 🌳 – 🅰🅴 ⓞ 🄴 𝘝𝘐𝘚𝘈
fermé janv., dim. soir et mardi hors sais. – **R** 170.

CITROEN Gar. Merotte ✆ 42 45 23 43

CARSAC-AILLAC 24 Dordogne 🄷 ⑰ – rattaché à Sarlat-la-Canéda.

CARTERET 50 Manche 🄔 ① – voir à Barneville-Carteret.

CASSEL 59670 Nord 🖼️ ④ **G. Flandres Artois Picardie** – 2 351 h. alt. 176.

Voir Site★ – Jardin public ※★★.

Paris 252 – ♦Calais 69 – Dunkerque 14 – Hazebrouck 14 – ♦Lille 53 – St-Omer 21.

SO : 3,5 km sur D 916 – ✉ **59670** Cassel :

ⅩⅩ **Au Petit Bruxelles,** 🕿 28 42 44 64, 🚗 – **🅿**. **E** 🆅🅸🆂🅰
   fermé fév., dim. soir et merc. – **R** 160 bc/250, enf. 80.

PEUGEOT-TALBOT Lescieux, 1 rte de St-Omer à Bavinchove 🕿 28 42 44 16

CASSIS 13260 B.-du-R. 🖼️ ⑬ **G. Provence** – 6 318 h. alt. 4 – Casino .

Voir Site★ – O : les Calanques★★ : de Port-Miou, de Port-Pin★, d'En-Vau★★ (à faire de préférence en bateau : 1 h) – Mt de la Saoupe ※★★ E : 2 km par D 41A.

Env. Cap Canaille ≼★★★ E : 9 km par D 41A – Corniche des Crêtes★★ de Cassis à la Ciotat E : 16 km par D 41A.

🖼️ Office Municipal du Tourisme pl. Baragnon 🕿 42 01 71 17, Télex 441287.

Paris 803 ① – ♦Marseille 23 ① – Aix-en-Provence 46 ② – La Ciotat 11 ② – ♦Toulon 44 ②.

CASSIS

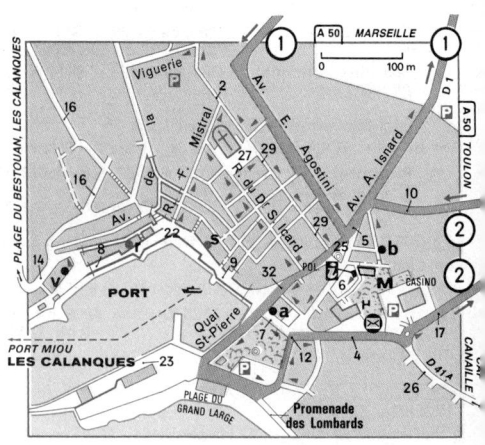

*Le Guide change,
changez de guide tous les ans.*

🏨 **Roches Blanches** 🔱, rte Port-Miou par av. Dardanelles 🕿 42 01 09 30, Fax 42 01 94 23,
   �️, « Jardins en terrasses avec ≼ mer et Cap Canaille », 🏊 – ☎ 📺 🕿 **🅿** – 🅰 60. 🅰🅴
   ① **E** 🆅🅸🆂🅰. ※ rest
   fermé 15 déc. à fin janv. – **R** 200/350, enf. 70 – ⊑ 55 – **34 ch** 350/650 – ½ P 285/525.

🏨 **Plage du Bestouan,** plage Bestouan SO : 1 km 🕿 42 01 05 70, Fax 42 01 34 82, ≼, 🌳 –
   ☎ 📺 🕿. 🅰🅴 ① **E** 🆅🅸🆂🅰. ※ ch
   24 mars-4 nov. – **Le Bestouan** 🕿 42 01 24 30 **R** carte 200 à 280 – ⊑ 35 – **29 ch** 280/530 –
   ½ P 330/410.

🏨 **Jardins du Campanile,** r. A. Favier par ① : 1 km 🕿 42 01 84 85, Fax 42 01 32 38, 🌳,
   🏊, 🚗 – ☎ 🛁 **🅿** – 🅰 25 à 50. 🅰🅴 ① **E** 🆅🅸🆂🅰. ※
   hôtel : 15 mars-15 oct. ; rest. : 1er juin-30 sept. – **R** (déj. seul.) 140/220, enf. 70 – ⊑ 43 –
   36 ch 510/590.

🏨 **Liautaud,** 2 r. V. Hugo **(a)** 🕿 42 01 75 37, ≼ port – ☎ 📺 🕿 🚗. **E** 🆅🅸🆂🅰. ※ ch
   fermé 1er nov. au 15 déc. – **R** 95/190 – ⊑ 28 – **32 ch** 230/285 – ½ P 228/255.

🏨 **Gd Jardin** sans rest, 2 r. P. Eydin **(b)** 🕿 42 01 70 10, Fax 42 01 33 75 – 📺 🕿 🚗. 🅰🅴 ①
   E 🆅🅸🆂🅰. ※
   ⊑ 30 – **28 ch** 260/295.

🏠 **Golfe** sans rest, quai Barthélemy **(v)** 🕿 42 01 00 21, ≼ port – 🕿. 🅰🅴 ① **E** 🆅🅸🆂🅰. ※
   1er avril-31 oct. – ⊑ 28 – **30 ch** 200/300.

ⅩⅩⅩ **La Presqu'île,** rte Port-Miou par av. Dardanelles 🕿 42 01 03 77, ≼, 🌳 – 🅰🅴 ① **E** 🆅🅸🆂🅰
   fermé janv., fév., dim. soir de sept. à juin et lundi sauf le soir en juil.-août – **R** 195.

ⅩⅩ **Gilbert,** quai Baux **(s)** 🕿 42 01 71 36, ≼, 🌳 – 🅰🅴 ① **E** 🆅🅸🆂🅰
   15 fév.-15 nov. et fermé mardi (sauf le midi de juin à sept.) et dim. soir d'oct. à mai –
   R 165/240.

Ⅹ **Nino,** quai Barthélemy **(r)** 🕿 42 01 74 32, ≼ – 🅰🅴 ① **E** 🆅🅸🆂🅰
   fermé 15 déc. au 31 janv., dim. soir (hors sais.) et lundi – **R** carte 160 à 260.

CASTAGNÈDE 64 Pyr.-Atl. 🖼️ ② – rattaché à Salies-de-Béarn.

CASTAGNIERS 06670 Alpes-Mar. 84 ⑨. 195 ㉘ – 1 076 h. alt. 340.

Voir Aspremont : ⁂★ de la terrasse de l'ancien château SE : 4 km, G. Côte d'Azur.

Paris 941 – ◆Nice 18 – Antibes 35 – Cannes 44 – Contes 25 – Levens 15 – Vence 23.

  🏨 **Chez Michel** ⚘, ℰ 93 08 05 15, <, ♨, – ▥ ☎ ℗, Æ E ᴠɪꜱᴀ
    fermé nov. et merc. – **R** 90/155, enf. 50 – ☲ 25 – **20 ch** 190/250 – ½ P 210/230.

    à Castagniers-les-Moulins O : 6 km – ⊠ 06670 :

  🏨 **Servotel** Ⓜ, N 202 ℰ 93 08 22 00, Télex 461547, Fax 93 29 03 66, ♨, ≈≈, ⁒ – 🛗 ▤ rest
    ▥ ☎ 🅯, ⇔ ℗ – 🔏 40. Æ E ᴠɪꜱᴀ
    Les Moulins ℰ 93 08 10 62 *(fermé 10 au 25 mars, 10 oct. au 3 nov. et merc. en hiver)*
    R 90/200, enf. 60 – ☲ 40 – **42 ch** 240/320, 30 studios 400/600 – ½ P 230/260.

CITROEN Ciossa-Autos ℰ 93 08 13 48

CASTEIL 66 Pyr.-Or. 86 ⑰ – rattaché à Vernet-les-Bains.

Le CASTELET 09 Ariège 86 ⑮ – rattaché à Ax-les-Thermes.

CASTELJALOUX 47700 L.-et-G. 79 ⑬ G. Pyrénées Aquitaine – 5 257 h. alt. 69.

🏌 de Casteljaloux ℰ 53 93 51 60, S : 4 km par D 933.

Paris 622 – Agen 55 – Mont-de-Marsan 73 – Langon 40 – Marmande 23 – Nérac 30.

  🏨 **Cordeliers** sans rest, r. Cordeliers ℰ 53 93 02 19 – 🛗 ▥ ☎ ₺, ⇔ ℗. E ᴠɪꜱᴀ
    fermé 7 au 31 oct. – ☲ 30 – **24 ch** 120/280.

  ❌❌ **Vieille Auberge**, 11 r. Posterne ℰ 53 93 01 36 – E ᴠɪꜱᴀ
    fermé 25 juin au 8 juil., 2 au 8 déc., vacances de fév., dim. soir et lundi sauf fêtes –
    R 95/200, enf. 60.

    à Antagnac NO : 8 km par D 655 – ⊠ 47700 :

  ❌ **Host. d'Antagnac**, ℰ 53 93 53 93 – ℗. E ᴠɪꜱᴀ
    fermé 4 au 18 nov., 3 au 17 fév. et lundi sauf de juin à sept. – **R** 80/175, enf. 60.

    à Ruffiac NO : 10 km par D 655 et D 106 – ⊠ 47700 Antagnac : .

  🏨 **Château de Ruffiac** ⚘, ℰ 53 93 18 63, <, ☎, parc, « Ancien prieuré », ♨ – ☎ ℗ –
    🔏 30. E ᴠɪꜱᴀ
    fermé 15 au 30 oct. et fév. – **R** 130/220, enf. 50 – ☲ 40 – **10 ch** 320/480 – ½ P 350/400.

CITROEN S.E.G.A.D., 44 av. Lac ℰ 53 93 01 59

CASTELLANE ⟨ＳＰ⟩ 04120 Alpes-de-H.-P. 81 ⑱ G. Alpes du Sud – 1 406 h. alt. 724.

Voir Site★ – Lac de Chaudanne★ 4 km par ① – 🛈 Office de Tourisme r. Nationale ℰ 92 83 61 14.

Paris 799 ③ – Digne 54 ③ – Draguignan 60 ② – Grasse 63 ① – Manosque 94 ②.

CASTELLANE

Nationale (R.) 8
Sauvaire (Pl. M.) 14

Blondeau (R. du Lt) 3
Liberté (Pl. de la) 4
Mazeau (R. du) 5
Mitan (R. du) 7
République (Bd de la) 9
Roc (Chemin du) 10
St-Michel (Bd) 12
St-Victor (R.) 15
11-Novembre (R. du) 16

Michelin
n'accroche pas de panonceau
aux hôtels et restaurants
qu'il signale.

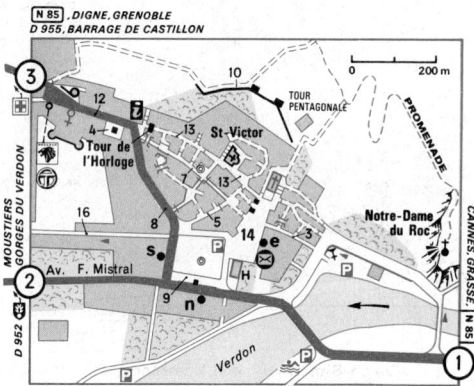

  🏨 **Nouvel H. Commerce**, pl. Église **(e)** ℰ 92 83 61 00, Fax 92 83 72 14, ☎, ≈≈ – 🛗 ▥
    ☎ ℗ Æ ⓞ E ᴠɪꜱᴀ. ⁒ rest
    27 mars-4 nov. – **R** 85/200, enf. 40 – ☲ 35 – **44 ch** 250/310 – ½ P 290/415.

  🏨 **Ma Petite Auberge**, **(n)** ℰ 92 83 62 06, ☎ – ☎. E ᴠɪꜱᴀ. ⁒ rest
    1ᵉʳ avril-31 oct. et fermé merc. sauf juil.-août – **R** 70/220, enf. 40 – ☲ 30 – **18 ch** 120/220
    – ½ P 180/230.

  🏨 **Gd H. du Levant**, pl. M. Sauvaire **(s)** ℰ 92 83 60 05, Fax 92 83 72 14, ☎ – 🛗 ▥ ☎
    ⇔. Æ E ᴠɪꜱᴀ
    15 avril-15 oct. – **R** 68/170 – ☲ 27 – **30 ch** 150/275 – ½ P 190/260.

CASTELLANE

à la Garde par ① : 6 km sur N 85 – ⊠ 04120 :

XX **Aub. du Teillon** avec ch, ℰ 92 83 60 88 – 📺 ☎ 🅿 E 𝓥𝓘𝓢𝓐
fermé 2 au 24 janv., mardi soir et merc. d'oct. à Pâques – **R** 80/150, enf. 35 – � 25 – **9 ch** 135/210 – ½ P 170/210.

PEUGEOT-TALBOT Castellane-Gar. ℰ 92 83 61 62

Le **CASTELLET** 83330 Var 84 ⑭ G. Côte d'Azur – 2 332 h. alt. 283.
Circuit automobile permanent N : 11 km.
Paris 825 – ◆Toulon 20 – Brignoles 50 – La Ciotat 18 – ◆Marseille 45.

XXX ❀ **Castel Lumière** (Laffargue) ⌘ avec ch, au village ℰ 94 32 62 20, Fax 94 32 70 33,
< montagnes et vallées, ☞ – 📺 ☎ 🆀 ⓪ 𝓥𝓘𝓢𝓐 ✂ ch
fermé 12 nov. au 15 déc., dim. soir et lundi – **R** 200/400, enf. 100 – ⊏ 55 – **6 ch** 380 –
½ P 400/420
Spéc. Foie gras au vieux Banyuls, Suprême de loup aux truffes, Soufflés aux liqueurs. **Vins** Côtes de Provence, Bandol.

CASTELNAUDARY 11400 Aude 82 ⑳ G. Pyrénées Roussillon – 11 381 h. alt. 165.
🛈 Office de Tourisme pl. République ℰ 68 23 05 73.
Paris 762 ④ – ◆Toulouse 59 ④ – Carcassonne 41 ④ – Foix 65 ④ – Pamiers 49 ⑤.

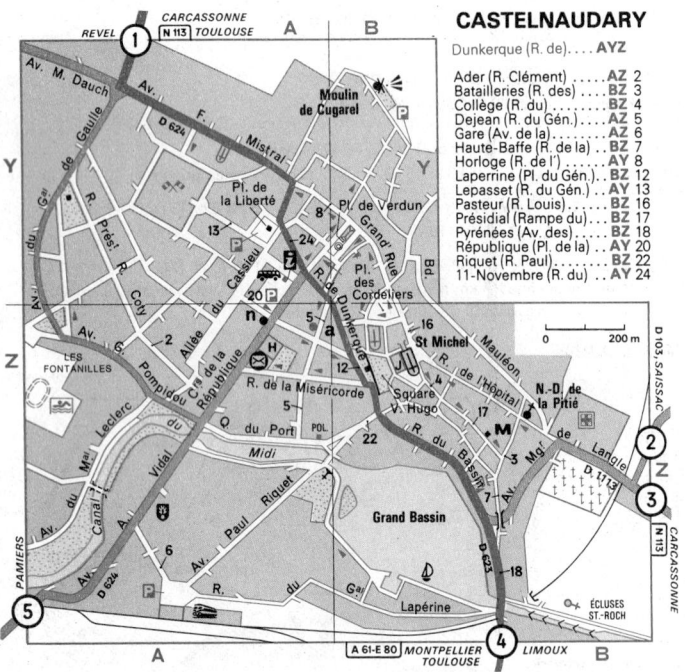

CASTELNAUDARY

🏠 **Clos St-Siméon** M, rte Carcassonne par ③ ℰ 68 94 01 20, Fax 68 94 05 47, ☞, ⚓, – 📺
✦ ㆑ 🅿 – 🔏 30. E 𝓥𝓘𝓢𝓐
R 70/160, enf. 38 – ⊏ 25 – **31 ch** 210/240 – ½ P 225/250.

🏠 **Centre et Lauragais,** 31 cours République ℰ 68 23 25 95, Fax 68 94 01 66 – 📺 ☎ E
𝓥𝓘𝓢𝓐   AY n
fermé 1er nov. au 10 déc. – **R** 75/230 ⅃ – ⊏ 25 – **17 ch** 190/290.

X **Belle Epoque,** 55 r. Gén. Dejean ℰ 68 23 39 72 – ▤ E 𝓥𝓘𝓢𝓐   AZ a
✦ *fermé 15 janv. au 2 fév., merc. soir et jeudi sauf vacances scolaires* – **R** 50/170 ⅃, enf. 40.

à Peyrens par ① : 5 km – ⊠ 11400 :

X **Aub. La Calèche,** ℰ 68 60 40 13 – E 𝓥𝓘𝓢𝓐
✦ *fermé 4 au 17 fév., mardi soir et merc.* – **R** 70/180, enf. 35.

CITROEN Lauragais-Automobiles, rte de Toulouse par ⑥ ℰ 68 23 00 78 🅽 ℰ 68 23 07 50
OPEL-G.M. Général Autom. de l'Aude, rte de Carcassonne ℰ 68 23 13 36
PEUGEOT-TALBOT S.N.G.L., ancienne rte de Toulouse par ⑥ ℰ 68 23 13 08
RENAULT Franco, av. Monseigneur-de-Langle par ③ ℰ 68 23 18 82 🅽 ℰ 63 72 75 73

Gar. Serres, 16 quai Port ℰ 68 23 01 52

🖉 Central Pneu, ZI En Tourre ℰ 68 23 11 28
Central-Pneu, av. Monseigneur de Langle ℰ 68 23 11 44

CASTELNAUD-DE-GRATECAMBE 47 L.-et-G. 🔟🔢 ⑤ – rattaché à Villeneuve-sur-Lot.

CASTELNAU-MAGNOAC 65230 H.-Pyr. 🔢🔢 ⑩ – 950 h. alt. 350.

Paris 769 – Auch 41 – Lannemezan 26 – Mirande 34 – St-Gaudens 43 – Tarbes 45 – ◆Toulouse 94.

🏨 **Dupont** (annexe à 1,5 km - 9 ch 🚗 🦌 🔟), ℰ 62 39 80 02, ≤ – 🕿 – 🔏 40. 🗉 𝘝𝘐𝘚𝘈
R 50/120 🖑, enf. 35 – 🖙 22 – **30 ch** 120/180 – ½ P 150/170.

CASTELNOU 66300 Pyr.-Or. 🔢🔢 ⑲ 🄶 **Pyrénées Roussillon** – 152 h. alt. 350.

Paris 926 – ◆Perpignan 19 – Argelès-sur-Mer 32 – Céret 29 – Prades 37.

𝖷 **L'Hostal**, ℰ 68 53 45 42, ≤, 🏛, spécialités catalanes
fermé 3 janv. au 1ᵉʳ mars, merc. soir et lundi – **R** 96 bc/200.

CASTELPERS 12 Aveyron 🔟🔟 ⑫ – rattaché à Naucelle.

CASTELSARRASIN 82100 T.-et-G. 🔟🔢 ⑰ – 12 148 h. alt. 85.

🚪 Office de Tourisme pl. Liberté ℰ 63 32 14 88.

Paris 660 – Agen 52 – Auch 72 – Cahors 71 – ◆Toulouse 66.

🏨 **Félix** 🦢, rte Moissac : 2 km ℰ 63 32 14 97, ≤, 🏛, parc, décor Far-West – 📺 🕿 🄿. 🗚
↩ 🗉 𝘝𝘐𝘚𝘈. 🦌 ch
fermé 1ᵉʳ au 15 janv. – **R** (fermé 1ᵉʳ au 15 juil., 1ᵉʳ au 15 juin et lundi) 63/138 🖑 – 🖙 24 –
10 ch 200/340 – ½ P 180/220.

à **Labourgade** S : 14 km par D 45, D 14 et VO – ⊠ **82100** :

🏰 **Château de Terrides** 🄼 🦢, ℰ 63 95 61 07, Télex 533593, ≤, 🏛, « Ancienne forteresse du 14ᵉ siècle », 🔟 – 🛏 📺 🕿 🕭 🄿 – 🔏 50. 🗚 🕥 🗉 𝘝𝘐𝘚𝘈. 🦌
R 115/210, enf. 65 – 🖙 45 – **53 ch** 390/550 – ½ P 375/415.

CITROEN Gar. Martin, 46 av. Mar.-Leclerc ℰ 63 32 34 18
PEUGEOT-TALBOT Dujay, RN 113 lieu-dit Fleury ℰ 63 95 16 16

RENAULT Gar. Dupart, av. de Toulouse ℰ 63 32 33 31

🖉 Castel Pneus, rte de St-Aignan, ℰ 63 32 33 25

CASTÉRA-VERDUZAN 32410 Gers 🔢🔢 ④ – 753 h. alt. 180 – Stat. therm. (mai-oct.).

Paris 693 – Agen 59 – Auch 25 – Condom 19.

🏨 **Thermes**, ℰ 62 68 13 07, Télex 532915, Fax 62 68 10 49, 🏛 – 🕿. 🗚 🕥 🗉 𝘝𝘐𝘚𝘈
↩ fermé 2 janv. au 4 fév. et sam. du 1ᵉʳ nov. au 31 mars – **R** 64/192 🖑, enf. 40 – 🖙 24 –
47 ch 159/204 – ½ P 170/182.

🏠 **Ténarèze** sans rest, ℰ 62 68 10 22 – 🕿 – 🔏 30. 🗉 𝘝𝘐𝘚𝘈
fermé fév., dim. soir et lundi soir d'oct. à mai – 🖙 26 – **24 ch** 148/172.

𝖷𝖷 **Florida**, ℰ 62 68 13 22, 🏛 – 🗚 🕥 🗉 𝘝𝘐𝘚𝘈
↩ fermé fév., dim. soir et lundi d'oct. à mai – **R** 62/200.

CASTILLON-DU-GARD 30 Gard 🔢🔢 ⑩, 🔢🔢 ⑪ – rattaché à Pont-du-Gard.

CASTILLON-EN-COUSERANS 09800 Ariège 🔢🔢 ② 🄶 **Pyrénées Aquitaine** – 373 h. alt. 563.

Paris 812 – Foix 58 – St-Girons 14.

𝖷 **Aub. d'Audressein** avec ch, rte Luchon ℰ 61 96 11 80, 🏛 – 🕿. 🗚 🗉 𝘝𝘐𝘚𝘈
↩ fermé 10 au 31 janv., merc. soir et jeudi d'oct. à mai – **R** 68/195, enf. 45 – 🖙 25 – **9 ch**
120/170 – ½ P 170/230.

CASTRES ◁🕭▷ 81100 Tarn 🔢🔢 ① 🄶 **Gorges du Tarn** – 46 877 h. alt. 172.

Voir Musée★ : oeuvres de Goya★★ BZ – Hôtel de Nayrac★ AY.

Env. Le Sidobre★ 9 km par ①.

🚪 Syndicat d'Initiative Théâtre Municipal, pl. République ℰ 63 59 92 44 et Gare Routière pl. Soult (juil.-août).

Paris 729 ⑧ – ◆Toulouse 71 ④ – Albi 42 ⑦ – Béziers 102 ③ – Carcassonne 65 ③.

Plan page suivante

🏨 **Occitan** 🄼 sans rest, 201 av. Ch. de Gaulle par ③ ℰ 63 35 34 20, Fax 63 35 70 32 – 📺
🕿 🖙 🄿. 🗉 𝘝𝘐𝘚𝘈
🖙 27 – **44 ch** 240/360.

𝖷𝖷 **Rive Gauche**, 7 r. Empare ℰ 63 35 68 49 – 🕥 🗉 𝘝𝘐𝘚𝘈   BY **a**
↩ fermé sam. midi et dim. sauf fériés – **R** 70/195 🖑, enf. 45.

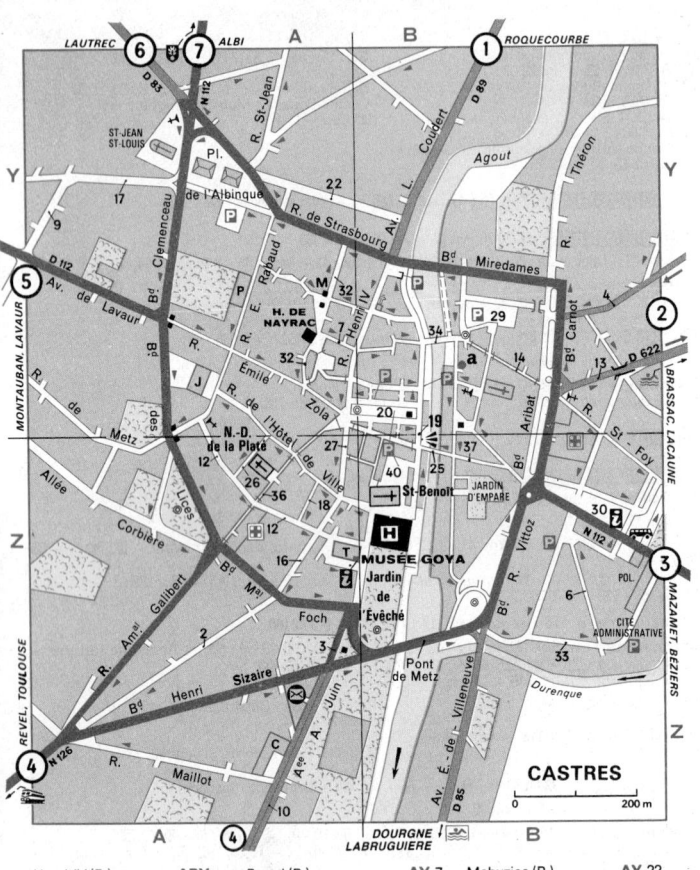

CASTRES

0   200 m

Les Salvages par ② : 5 km – ⊠ **81100** Castres :

🍴🍴 **Café du Pont** avec ch, 𝒫 63 35 08 21, 🍽, – 𝖠𝖤 ① 𝖤 𝗩𝗜𝗦𝗔, 🍴
   fermé fév., dim. soir et lundi – **R** 85/220 🍷 – 🖵 25 – **5 ch** 150/420 – ½ P 230/230.

à *Saïx* par ④ : 5 km sur N 126 – ⊠ **81710** :

🏨 **Bel Roc** Ⓜ, 𝒫 63 74 81 81, Télex 533417, Fax 63 74 73 18, 🍽, ☒, 🍴 – 📶 🍽 rest 📺
   → ☎ 🕭 🅿 – 🔏 100. 𝖠𝖤 ① 𝖤 𝗩𝗜𝗦𝗔
   R (fermé 21 au 28 déc., le midi du 5 au 17 août, dim. soir et fêtes) 70/180 🍷, enf. 38 –
   🖵 35 – **50 ch** 285/310 – ½ P 220.

par ④ rte de Toulouse : 4,5 km – ⊠ **81100** Castres :

🏠 **Fimotel** Ⓜ, ZI La Chartreuse 𝒫 63 59 82 99, Fax 63 59 63 06 – 🍽 rest 📺 ☎ 🕭 🅿 – 🔏 25
   40 ch.

ALFA-ROMEO, HONDA Gar. Pirola, 126 av. Si-
dobre 𝒫 63 35 07 10
BMW Viala, rte de Toulouse 𝒫 63 72 51 23
CITROEN Sud Auto, ZAC de la Chartreuse, rte de
Toulouse par ⑥ 𝒫 63 59 92 10
FIAT S.A.T.A., 111 av. Albert-1er 𝒫 63 59 26 22

MERCEDES Autom. Téoulet, ZI de la Chartreuse
𝒫 63 59 99 99
OPEL Gd Gar. de Mélou, rte de Toulouse
𝒫 63 59 11 12
PEUGEOT-TALBOT Gar. Maurel, r. Crabié
𝒫 63 35 74 64

RENAULT Gds Gges de Castres, rte de Toulouse, Mélou par ⑥ ℰ 63 59 41 17
V.A.G Gar. Négrier, rte de Toulouse, ZI de la Chartreuse ℰ 63 59 30 55

◉ Bellet-Pneus, Le Verdier, rte de Toulouse ℰ 63 72 25 25

Bernard, 52 bd P.-Mendès-France ℰ 63 59 07 26
Deldossi-Pneus, 88 rte de Toulouse, ZI Mélou ℰ 63 59 33 83
Escoffier-Pneus, 215 av. Albert-1er ℰ 63 59 27 00

CASTRIES 34160 Hérault 🔢 ⑦ G. Gorges du Tarn – 4 057 h. alt. 50.
Voir Château★.

Paris 751 – ♦Montpellier 12 – Lunel 15 – Nîmes 46.

✗ **L'Art du Feu,** ℰ 67 70 05 97 – 🄰🄴 ⓞ 🄴 𝘝𝘐𝘚𝘈. ✳
fermé août, vacances de fév., mardi soir et merc. – **R** 75/130 🥄, enf. 50.

Le CATEAU-CAMBRÉSIS 59360 Nord 🔢 ⑭⑮ G. Flandres Artois Picardie – 8 311 h. alt. 123.
🄱 Office de Tourisme Palais Fénelon, pl. Cdt E. Richez ℰ 27 84 10 94.

Paris 201 – Avesnes-sur-Helpe 30 – Cambrai 24 – Hirson 45 – ♦Lille 80 – St-Quentin 36 – Valenciennes 31.

✗✗ **Le Relais Fénelon** avec ch, 21 r. Mar. Mortier ℰ 27 84 25 80, parc – ☎. 𝘝𝘐𝘚𝘈
fermé 1er au 25 août – **R** *(fermé dim. soir et lundi sauf fériés)* 92/163 – 🍽 25 – **3 ch** 190 – ½ P 170.

CITROEN Ribeiro, 13 r. Mar.-Mortier ℰ 27 84 07 76
PEUGEOT-TALBOT Gar. Cheneaux, 17 fg de Cambrai ℰ 27 84 05 41
RENAULT Legrand, ZI av. Mar.-Leclerc ℰ 27 77 89 33

Éts Leclercq, 84 r. Faidherbe ℰ 27 84 26 50

◉ Le Cateau Pneus, 61/63 r. Louise-Michel ℰ 27 84 07 71

Le CATELET 02420 Aisne 🔢 ⑬⑭ – 243 h. alt. 92.
Paris 168 – Cambrai 21 – Le Cateau 26 – Laon 64 – Péronne 28 – St-Quentin 18.

✗✗ **Croix d'Or,** ℰ 23 66 21 71, 🍴 – 🄴 𝘝𝘐𝘚𝘈
fermé 5 au 26 août, 2 au 14 janv., dim. soir et lundi – **R** 75/185.

CATUS 46150 Lot 🔢 ⑦ G. Périgord Quercy – 775 h. alt. 168.
Paris 584 – Cahors 16 – Gourdon 28 – Villeneuve-sur-Lot 65.

à St-Médard SO : 5 km – ✉ **46150** :

✗✗ ✿ **Gindreau** (Pelissou), ℰ 65 36 22 27, ≤, 🍴 – 🄰🄴 🄴 𝘝𝘐𝘚𝘈
fermé 1er au 10 mars, 25 oct. au 12 nov., 20 au 28 fév., dim. soir hors sais. et lundi sauf fériés – **R** *(dim. et fêtes prévenir)* 125/270, enf. 65
Spéc. Escalope de foie gras poêlé au vinaigre de Xérès, Rosette d'agneau fermier au jus d'ail, Gâteau au chocolat et crème à la noix.

CAUDEBEC-EN-CAUX 76490 S.-Mar. 🔢 ⑤ G. Normandie Vallée de la Seine (plan) – 2 477 h. alt. 7.
Voir Église★ – Vallon de Rançon★ NE : 2 km – Pont de Brotonne★ : péage : véhicule jusqu'à 3,5 t. : 10 F, plus de 3,5 t. : 14 à 22 F. Gratuit pour les résidents de Seine-Maritime. E : 1,5 km.
🄱 Syndicat d'Initiative pl. Ch.-de-Gaulle ℰ 35 96 20 65.

Paris 166 – ♦Rouen 36 – Lillebonne 16 – Yvetot 12.

🏨 **Normotel,** quai Guilbaud ℰ 35 96 20 11, Télex 770404, Fax 35 56 54 40, ≤ – 🛗 ☎ 🅿 – 🔏 30. 🄰🄴 🄴 𝘝𝘐𝘚𝘈
fermé 2 au 26 janv., lundi (sauf hôtel) et dim. soir du 15 nov. au 15 mars – **R** 88/195 🥄 – 🍽 30 – **29 ch** 235/395 – ½ P 205/290.

🏨 **Normandie,** quai Guilbaud ℰ 35 96 25 11, Télex 771684, ≤ – 📺 ☎ 🅿. 🄰🄴 ⓞ 🄴 𝘝𝘐𝘚𝘈
⬤ *fermé fév.* – **R** *(fermé dim. soir sauf fêtes)* 59/165 – 🍽 28 – **16 ch** 179/305.

✗✗✗ ✿ **Manoir de Rétival** (Tartarin) 🌿 avec ch, rte St Clair ℰ 35 96 11 22, ≤ vallée de la Seine – ☎ 🅿. 🄰🄴 ⓞ 🄴 𝘝𝘐𝘚𝘈. ✳
hôtel : fermé 15 nov. au 28 fév., dim. soir et lundi ; rest : fermé 18 au 30 nov., mardi midi et lundi – **R** 275 – 🍽 50 – **8 ch** 300/600 – ½ P 350/500
Spéc. Duo de terrines de canard, Pigeonneau aux deux façons, Entremet chocolat-noisette.

RENAULT Gar. Lopéra ℰ 35 96 23 88 🅽

V.A.G Caudebec Autom. ℰ 35 96 13 44 🅽 ℰ 35 96 20 39

CAUDON-DE-VITRAC 24 Dordogne 🔢 ⑰ – rattaché à Vitrac.

CAULIÈRES 80 Somme 🔢 ⑰ – rattaché à Poix-de-Picardie.

CAUREL 22530 C.-d'Armor 🔢 ⑫ – 376 h. alt. 188.
Paris 461 – St-Brieuc 48 – Carhaix-Plouguer 43 – Guingamp 47 – Loudéac 25 – Pontivy 20.

✗✗ **Beau Rivage** Ⓜ 🌿 avec ch, au lac de Guerlédan S : 2 km par D 111 ℰ 96 28 52 15, Fax 96 26 01 16, ≤, 🍴 – 📺 ☎ – 🔏 30. 🄴 𝘝𝘐𝘚𝘈
fermé 5 janv. au 15 fév., lundi soir et mardi sauf juil.-août – **R** 85/260 – 🍽 28 – **8 ch** 180/300 – ½ P 300/380.

Env. Montpezat-de-Quercy : tapisseries★★, gisants★ et trésor★ de la collégiale, NO : 12 km.

Paris 630 – Albi 70 – Cahors 39 – Montauban 22 – Villefranche-de-Rouergue 51.

🏠 **Dupont**, r. Recollets 🕿 63 65 05 00, Fax 63 65 12 62 – 📺 ☎ 🅿. **E** VISA
fermé 4 au 17 nov., 2 au 17 mars, sam. midi et dim. midi en juil.-août, vend. soir et sam.
de sept. à juin – **R** 73/220 – ⌷ 27 – **31 ch** 140/250 – ½ P 170/215.

🛢 Caussade Pneu. pl. Douches 🕿 63 93 18 30   Taquipneu, à Monteils 🕿 63 93 10 91

Paris 798 – ◆Montpellier 38 – Le Vigan 36.

XX **Vieux Chêne** 🦢 avec ch, 🕿 67 73 11 00, 😊, 🌳 – 📺 ☎ 🅿. 🆎 **E** VISA
fermé 20 au 31 déc., 15 nov. au 15 mars (sauf week-ends), lundi soir et mardi du 15 sept.
au 15 juin – **R** 140/260, enf. 70 – ⌷ 40 – **3 ch** 310/400 – ½ P 385.

Voir Cascade★★ et vallée★ de Lutour S : 2,5 km par D 920 – Route et site du pont d'Espagne★★
(chutes du Gave) au Sud par D 920.

Env. SO : Site★★ du lac de Gaube accès du pont d'Espagne par télésiège puis 1h.

🛈 Office de Tourisme pl. Hôtel de Ville 🕿 62 92 50 27, Télex 530337.

Paris 832 ① – Pau 72 ① – Argelès-Gazost 17 ① – Lourdes 30 ① – Tarbes 50 ①.

🏛 **Aladin** M, av. Gén. Leclerc **(z)**
🕿 62 92 60 00, Télex 532951,
Fax 62 92 63 30, 🎣 – 🛗 📺 ☎
🕭 – 🔼 30 à 100. **E** VISA
🍽 rest
fermé 12 mai au 1er juin et 1er oct.
au 15 déc. – **R** 130, enf. 45 – ⌷ 47
– **62 ch** 400/680, 8 duplex 770 –
½ P 330/490.

🏛 **Bordeaux**, r. Richelieu **(f)**
🕿 62 92 52 50, Télex 521425,
Fax 62 92 63 29, 😊 – 🛗 📺 ☎ 🚗
🅿. 🆎 ⓞ **E** VISA 🍽 rest
hôtel : fermé 1er nov. au 1er déc. –
R (fermé 10 oct. au 15 déc. et
merc.) 110/170 – ⌷ 40 – **16 ch**
250/375, 8 appart. 375/485 –
½ P 305/325.

🏠 **Le Sacca**, bd Latapie-Flurin **(a)**
🕿 62 92 50 02 – 🛗 📺 ☎ 🕭 🅿 –
🔼 40. **E** VISA 🍽 rest
fermé 11 nov. au 22 déc. – **R** 65/138,
enf. 42 – ⌷ 25 – **45 ch** 180/250 –
½ P 190/220.

🏠 **Etche Ona**, r. Richelieu **(d)**
🕿 62 92 51 43 – 🛗 ☎. 🆎 **E** VISA
mai-15 oct. et 20 déc.-15 avril –
R 65/170, enf. 40 – ⌷ 26 – **32 ch**
130/270 – ½ P 190/250.

🏠 **Ste Cécile**, bd Latapie-Flurin **(b)** 🕿 62 92 50 47 – 🛗 ↔ ch 🛏 rest ☎. 🆎 ⓞ VISA.
🍽 rest
fermé 15 oct. au 20 déc. – **R** 70/120, enf. 45 – ⌷ 25 – **36 ch** 195/255 – ½ P 195/215.

🏠 **Paris** sans rest, pl. Mar. Foch **(k)** 🕿 62 92 53 85 – 🛗 cuisinette 📺 🚗. 🍽
4 mai-3 nov. et 15 déc.-15 avril – ⌷ 22 – **12 ch** 180/230.

🏠 **Centre et Poste**, r. Belfort **(m)** 🕿 62 92 52 69 – 🛗 🚗. 🍽 rest
8 mai-22 sept. et 23 déc.-10 avril – **R** 62/95 – ⌷ 20 – **38 ch** 90/180 – ½ P 135/170.

🏠 **Welcome**, r. Église **(t)** 🕿 62 92 50 22
2 mai-15 oct. et 15 déc.-15 avril – **R** 85/110 ⬗ – ⌷ 25 – **31 ch** 100/210 – ½ P 170/210.

🏠 **Le Peguère**, r. Raillère **(s)** 🕿 62 92 51 08, ⬗ – 🍽
1er juin-30 sept. et vacances scolaires – **R** 65/75 – ⌷ 20 – **16 ch** 150/170 – ½ P 150/165.

X **Le Grand Tétras**, r. Gén. Leclerc **(e)** 🕿 62 92 59 18 – **E** VISA
fermé 5 au 26 janv. et mardi sauf vacances scolaires – **R** 62/205, enf. 38.

à La Fruitière S : 6 km par D 920 et RF – alt. 1 400 – ✉ **65110** Cauterets :

X **Host. La Fruitière** 🦢 avec ch, 🕿 62 92 52 04, ⬗, 😊 – 🅿
15 mai-1er oct. et 15 déc.-15 avril – **R** (fermé dim. soir) (dim. prévenir) 75/190 – ⌷ 25 –
8 ch 145/180 – ½ P 180/200.

CITROEN Dansaut 🕿 62 92 51 01

CAUTERETS

Clemenceau (Pl. G.)   5
Richelieu (R. de) . . .   10

Dr-Domer (R. du) . .   6
Foch (Pl. Mar.) . . .   7
Latapie-Flurin (Bd)   8
Mamelon-Vert (Av)   9

CAVAILLON **84300** Vaucluse 81 ⑫ G. Provence – 20 830 h. alt. 75.

Voir **Musée : collection archéologique★ M.**

Académie SA ✆ 90 33 39 08, par ① : 15 km par D 973 et D 171.

Office de Tourisme 79 r. Saunerie ✆ 90 71 32 01, Télex 431311.

Paris 703 ④ – Avignon 24 ① – Aix-en-Provence 57 ④ – Arles 44 ④ – Manosque 71 ②.

CAVAILLON

- Bournissac (Cours) 3
- Castil-Blaze (Pl.) 5
- Clos (Pl. du) 7
- République (R. de la) 37
- Victor-Hugo (Cours) 43

- Berthelot (Av.) 2
- Clemenceau (Av. G.) 6
- Coty (Av. R.) 9
- Crillon (Bd) 10
- Diderot (R.) 12
- Donné (Chemin) 13
- Doumer (Av. P.) 14
- Dublé (Av. Véran) 15
- Durance (R. de la) 17
- Gambetta (Cours L.) 18
- Gambetta (Pl. L.) 19
- Gaulle (Av. Gén.-de) 22
- Grand-Rue 23
- Jaurès (Av. Jean) 24
- Joffre (Av. Mar.) 26
- Kennedy (Av. J.F.) 27
- Lattre-de-T. (R.P.J de) 29
- Pasteur (R.) 30
- Péri (Av. Gabriel) 31
- Pertuis (Rte de) 32
- Raspail (R.) 34
- Renan (Cours E.) 35
- Sarnette (Av. Abel) 38
- Saunerie (R.) 40
- Sémard (Av. P.) 41
- Tourel (Pl. F.) 42

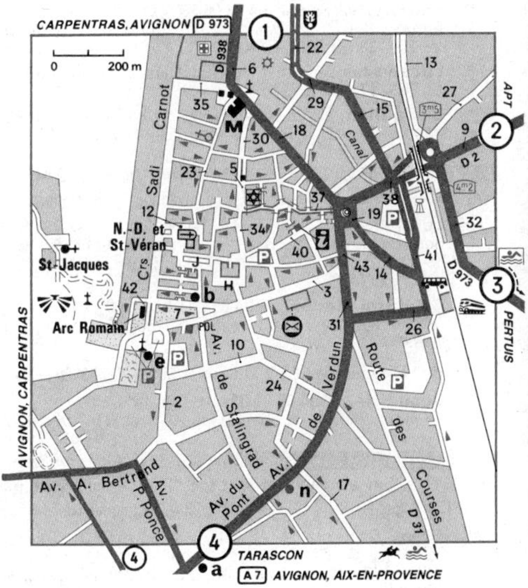

Christel, par ④ : 2 km ✆ 90 71 07 79, Télex 431547, Fax 90 78 27 94, ... – 150. AE ① E VISA
R *(fermé sam. midi et dim. midi du 1er nov. au 31 mars)* 140/180 – ☕ 40 – **105 ch** 310/420 – ½ P 310/330.

Parc sans rest, pl. Clos **(e)** ✆ 90 71 57 78, Fax 90 76 10 35 – TV ☎ . E VISA
☕ 28 – **40 ch** 135/230.

Arilys M, 175 av. Pont **(a)** ✆ 90 76 11 11, Télex 431618, Fax 90 78 26 89, – TV ☎ – 30. AE ① E VISA
R *(fermé dim. soir)* 80/130, enf. 55 – ☕ 28 – **35 ch** 240/280 – ½ P 230.

XXX ✿ **Prévot,** 353 av. Verdun **(n)** ✆ 90 71 32 43 – . ① E VISA
fermé 24 juin au 16 juil., dim. soir et lundi – **R** 150/330, enf. 100
Spéc. Pannequet de foie de canard chaud au Beaumes-de-Venise Agneau "Cavare" en millefeuille de courgette, Mignon de lapereau farci grillé de Beaufort.

XX **Fin de Siècle,** 46 pl. Clos (1er étage) **(b)** ✆ 90 71 12 27 – . ① E VISA
fermé 25 août au 20 sept. et merc. – **R** 75/250, enf. 50.

à Cheval-Blanc par ③ et D 973 : 5 km – ✉ **84460** :

XXX ✿ **Nicolet,** ✆ 90 78 01 56, – . AE ① E VISA.
fermé dim. soir et lundi – **R** 150/300, enf. 80
Spéc. Feuilleté d'asperges au foie gras (avril-juin), Escalopines de turbotin à la compote de poireaux (été), Colvert rôti au Châteauneuf-du-Pape (oct. à déc.). **Vins** Côtes du Lubéron, Côtes du Ventoux.

CITROEN Chabas, rte d'Avignon par ①, quartier Grand-Grès ✆ 90 71 27 40 N ✆ 90 71 14 11
FORD Gar. Reding, 86 av. P.-Doumer ✆ 90 71 14 80
PEUGEOT-TALBOT Gar. Berbiguier, rte de l'Isle-sur-la-Sorgue par ① ✆ 90 71 39 23

RENAULT Autom. Cavaillonnaise, 287 av. G.-Clemenceau par ① ✆ 90 71 34 96 N

Anrès, 154 av. Stalingrad ✆ 90 78 03 91
Ayme Pneus, 305 allée des Temps Perdus ✆ 90 71 36 18
Omnica, 225 av. Ch.-Delaye ✆ 90 71 41 00

🔁 Office de Tourisme square de Lattre-de-Tassigny ℘ 94 64 08 28.

Paris 883 – Fréjus 43 – Draguignan 58 – Le Lavandou 21 – St-Tropez 18 – Ste-Maxime 22 – ♦Toulon 61.

🏨 **Calanque** Ⓜ ⤴, r. Calanque ℘ 94 64 04 27, Télex 400293, Fax 94 64 66 20, ≤ mer, ⴺ, ⁛ – 🗐 ☎ 🅿. 🖭 ⓪ 🗲 𝘝𝘐𝘚𝘈,
15 mars-15 oct. – **R** 110/220 – ⴺ 50 – **33 ch** 520/690 – ½ P 520/600.

🏨 **Pergola,** av. Port ℘ 94 64 06 86, 㘣, ☞ – 🆀 ☎. 🖭 ⓪ 🗲 𝘝𝘐𝘚𝘈, ⤴ rest
fermé 1ᵉʳ nov. au 20 déc. et 4 janv. au 4 fév. – **R** *(fermé lundi hors sais.)* 138/235, enf. 95 – ⴺ 35 – **23 ch** 280/340 – ½ P 360/410.

🏨 **Eucalyptus** sans rest, au NE : 1 km ℘ 94 64 01 90 – 🕾 🅿. 🖭 ⓪ 🗲 𝘝𝘐𝘚𝘈
ⴺ 25 – **17 ch** 255/315.

🏨 **Golfe Bleu,** av. St Raphaël, NE : 1 km ℘ 94 64 07 56, 㘣 – 🆀 ☎ 🅿. 🗲 𝘝𝘐𝘚𝘈, ⤴
Pâques-30 sept. – **R** 70/99 – ⴺ 25 – **11 ch** 260/320 – ½ P 245/275.

Paris 886 – Fréjus 56 – Draguignan 71 – Le Lavandou 7 – St-Tropez 31 – Ste-Maxime 35 – ♦Toulon 48.

🏨 **Le Club** Ⓜ, ℘ 94 05 80 14, Télex 420317, Fax 79 08 58 38, ≤, 㘣, « Élégant ensemble au bord de la mer, ⴺ, ⴺ₀ », ☞, ⁛ – 🗐 🗐 ch 🆀 ☎ 🅿. 🖭 ⓪ 🗲 𝘝𝘐𝘚𝘈, ⤴ rest
19 mai-15 oct. – **R** 300, enf. 120 – **30 ch** ⴺ 1400/2000, 7 appart. 2000/2400, 6 bungalows – ½ P 1100/1400.

🏨 **Gd Hôtel Moriaz,** ℘ 94 05 80 01, ≤, 㘣, ⴺ₀ – 🗐 ☎. ⤴ rest
hôtel : Pâques-8 oct. ; rest. : 25 mai-30 sept. – **R** 140/200 – ⴺ 36 – **27 ch** 390/460 – ½ P 300/440.

à Pramousquier E : 2 km sur D 559 – ⊠ 83980 Le Lavandou :

🏨 **Beau Site,** ℘ 94 05 80 08 – ☎ 🅿. ⤴ rest
15 mars-15 oct. – **R** 85/115, enf. 45 – ⴺ 31 – **25 ch** 270/320 – ½ P 260/285.

Voir ≤★★ – Tunnels de Fayet ≤★★★ E : 2 km – Falaise de Baucher ≤★ O : 2 km.

Paris 815 – Digne-les-Bains 79 – Castellane 39 – Draguignan 53 – Manosque 79.

🏨 **Grand Canyon** Ⓜ ⤴, D 71 ℘ 94 76 91 31, Télex 462390, ≤ canyon du Verdon, 㘣 – 🆀 ☎ 🕻 🅿. 🖭 ⓪ 🗲 𝘝𝘐𝘚𝘈, ⤴ ch
1ᵉʳ mai-15 oct. et fermé merc. du 15 sept. au 15 oct. – **R** 120/210, enf. 60 – ⴺ 39 – **16 ch** 380/420 – ½ P 280/350.

Paris 769 – Barcelonnette 30.

Ressources hôtelières : **Voir** *Estenc* (Alpes-Mar.).

⛳ des Roucous à Sauveterre ℘ 63 95 83 70, NE : 9 km par D 57.

Paris 635 – Agen 61 – Cahors 47 – Montauban 38.

🏨 **L'Atre,** ℘ 63 95 81 61 – 🗐 rest. 🗲 𝘝𝘐𝘚𝘈
fermé 22 avril au 14 mai, 21 oct. au 10 nov., lundi soir et mardi soir hors sais. – **R** 100/180 ⴺ, enf. 35 – ⴺ 18 – **7 ch** 120/180 – ½ P 130/180.

Paris 729 – Briançon 49 – Gap 74 – Guillestre 14.

🏨 **Cascade** ⤴, au pied du Mélezet SE : 2 km ℘ 92 45 05 92, ≤, 㘣 – ☎ 🅿. 🗲 𝘝𝘐𝘚𝘈, ⤴
1ᵉʳ juin-8 sept. et 21 déc.-27 avril – **R** 66/157 – ⴺ 27 – **25 ch** 160/300 – ½ P 196/273.

Voir Portail★ de l'église N-Dame.

🔁 Syndicat d'Initiative square de la Poste (juil.-août) ℘ 49 32 92 28 et à la Mairie ℘ 49 79 80 17.

Paris 404 – Poitiers 63 – Angoulême 91 – ♦Limoges 139 – Niort 21 – St-Jean-d'Angély 53.

🏨 **Host. de l'Abbaye** Ⓜ, pl. Église ℘ 49 32 93 32, ☞ – 🆀 ☎ 🅿 – 🖾 25. 🖭 🗲 𝘝𝘐𝘚𝘈
R *(fermé dim. soir du 1ᵉʳ nov. au 1ᵉʳ fév.)* 64/150, enf. 47 – ⴺ 22 – **16 ch** 190/260 – ½ P 255/330.

La CELLE-ST-CYR 89970 Yonne 🏵 ④ – 623 h. alt. 112.

Paris 142 – Auxerre 36 – Joigny 9 – Montargis 52 – Nemours 66 – Sens 39.

🏨 **Aub. de la Fontaine aux Muses** 🐾, 🕾 86 73 40 22, Fax 86 73 48 66, 🍴, parc, 🏊, 🎾
– 🕾 **P**. **E** **VISA**. 🛠
fermé mardi midi et lundi – **R** carte 155 à 285 – 🖵 32 – **14 ch** 310/360 – ½ P 360/390.

CELONY 13 B.-du-R. 🏵 ③ – rattaché à Aix-en-Provence.

CERBÈRE 66290 Pyr.-Or. 🏵 ⑳ **G. Pyrénées Roussillon** – 1 726 h. alt. 3.

🛈 Syndicat d'Initiative Front de Mer (15 juin-15 sept.) 🕾 68 88 42 36.

Paris 951 – ◆Perpignan 47 – Port-Vendres 16.

🏨 **Vigie,** rte Espagne 🕾 68 88 41 84, ≤ mer et côte, 🍴 – 🕾. **AE** **E** **VISA**. 🛠
1ᵉʳ avril-31 oct. – **R** 60/90 ⅃, enf. 40 – 🖵 24 – **20 ch** 200/230 – ½ P 200.

🏨 **Dorade,** 🕾 68 88 41 93, 🍴 – 🕾. **⓪** **E** **VISA**
hôtel: 15 mars-15 oct.; rest.: 20 mars-15 oct. et fermé mardi sauf du 15 juin au 15 sept. –
R 75/140 ⅃ – 🖵 28 – **23 ch** 195/240 – ½ P 230/250.

CERCY-LA-TOUR 58340 Nièvre 🏵 ⑤ – 2 372 h. alt. 219.

Paris 281 – Moulins 51 – Châtillon-en-Bazois 24 – Luzy 31 – Nevers 45 – St-Honoré-les-Bains 19.

🏨 **Val d'Aron,** r. Écoles 🕾 86 25 60 66, Fax 86 25 64 24, 🍴, 🏊, 🌳 – 🖵 🕾 **P**. **E** **VISA**
R 70/210 ⅃, enf. 55 – 🖵 30 – **13 ch** 200/300 – ½ P 220/250.

CITROEN Gar. Guérin 🕾 86 50 53 11
FIAT Gar. Aurousseau 🕾 86 50 01 45

PEUGEOT Gar. Baudot 🕾 86 50 51 77
RENAULT Gar. Boissier 🕾 86 50 52 88

CERDON 01450 Ain 🏵 ④ – 647 h. alt. 299.

Paris 460 – Belley 67 – Bourg-en-Bresse 34 – Lyon 74 – Nantua 23 – La Tour-du-Pin 73.

à Labalme N : 6 km N 84 – ⊠ **01450** Poncin :

🏨 **Carrier,** 🕾 74 39 97 22 – 🖵 🕾 **P**. **AE** **⓪** **E** **VISA**
fermé vacances de nov., 2 au 31 janv., mardi soir et merc. – **R** 60/190 ⅃, enf. 45 – 🖵 22 –
18 ch 150/225 – ½ P 175/220.

CERDON 45620 Loiret 🏵 ① – 1 005 h. alt. 145.

Paris 154 – ◆Orléans 48 – Aubigny-sur-Nère 21 – Gien 25 – Sully-sur-Loire 16.

🍴🍴 **Relais de Cerdon,** 🕾 38 36 02 15 – **E** **VISA**
fermé 3 au 11 juil., 23 au 31 déc., 17 au 29 fév., mardi soir et merc. – **R** 90/155 ⅃, enf. 65.

CÉRESTE 04110 Alpes-de-H.-P. 🏵 ⑭ **G. Alpes du Sud** – 862 h. alt. 388.

Paris 747 – Digne 73 – Aix-en-Provence 50 – Apt 18 – Forcalquier 24.

🍴🍴 **Aiguebelle** avec ch, 🕾 92 79 00 91, 🍴 – 🕾. **E** **VISA**
fermé janv., fév., dim. soir et lundi sauf juil.-août et fêtes – **R** 95/160, enf. 35 – 🖵 24 –
14 ch 120/210 – ½ P 160/190.

CÉRET ⟨➤⟩ 66400 Pyr.-Or. 🏵 ⑲ **G. Pyrénées Roussillon** (plan) – 6 909 h. alt. 171.

Voir Vieux pont★ – Musée d'Art Moderne★

🛈 Syndicat d'Initiative 1 av. G.-Clemenceau (saison) 🕾 68 87 00 53.

Paris 936 – ◆Perpignan 31 – Gerona 75 – Port-Vendres 36 – Prades 55.

🏨 **La Terrasse au Soleil** 🐾, rte Fontfrède O : 1,5 km par D 13F 🕾 68 87 01 94,
Fax 68 87 39 24, ≤ Canigou et plaine, 🍴, 🏊, 🌳, 🎾 – 🖵 🕾 **P**. 🍴 30. **E** **VISA**
fermé 7 janv. au 3 mars – **R** 200/300, enf. 70 – 🖵 60 – **25 ch** 440/605 – ½ P 450/533.

🏨 **La Châtaignraie** 🐾, rte Fontfrède O : 2 km par D 13F 🕾 68 87 03 19, ≤ plaine et
Canigou, 🍴, ambiance guest house, « Villa dans la verdure et les rochers », 🏊, 🌳 – 🕾
P. **E** **VISA**. 🛠
27 avril-15 oct. – **R** *(fermé dim.)* (dîner pour résidents seul) carte 160 à 250 – 🖵 50 – **8 ch**
350/525 – ½ P 395/508.

🏨 **Les Arcades** **M** sans rest, 1 pl. Picasso 🕾 68 87 12 30 – 🛗 cuisinette 🕾 ⟵⟶ **AE** **⓪**
VISA. 🛠
fermé 15 au 30 nov. – 🖵 23 – **26 ch** 190/290.

🏨 **Sors** **M**, 18 r. St Ferréol 🕾 68 87 01 40, 🍴 – 🛗 🕾 ⅃ **P**. **E** **VISA**. 🛠 ch
fermé fév. – **R** 70/95 ⅃ – 🖵 21 – **24 ch** 180/220 – ½ P 170/200.

🍴🍴🍴 ❀ **Les Feuillants** (Banyols) avec ch, 1 bd La Fayette 🕾 68 87 37 88, Fax 68 87 44 68, 🍴
– 🛗 🖵 🕾 **P**. **AE** **⓪** **E** **VISA**. 🛠
fermé fév., dim. soir (sauf juil.-août) et lundi – **R** 200/320, enf. 80 – 🖵 60 – **3 ch** 600/950
Spéc. Poissons de Méditerranée et ravioli de homard, Escalope de foie gras aux framboises et pignons,
Assortiment "tout chocolat".

CITROEN Gar. Coll, 8 pl. Pont 🕾 68 87 00 75
FORD Gar. Mach, av. Aspres 🕾 68 87 05 30 🆕
PEUGEOT-TALBOT Gar. la Bergerie, 3 av. Gare
🕾 68 87 18 59

RENAULT Guillamet, 104 r. St-Ferreol
🕾 68 87 02 26

Le CERGNE 42460 Loire 🔠 ⑧ – 598 h. alt. 673.

Paris 400 – Mâcon 71 – Roanne 32 – Charlieu 16 – Chauffailles 16 – ◆Lyon 81 – ◆St-Étienne 109.

※※ **Bel'Vue** avec ch, ☎ 74 89 87 73, ←, 🍴 – 🝿 ⓞ 🗲 🎫. ஜ ch
fermé 1ᵉʳ au 7 oct., 15 au 31 janv., dim. soir et lundi – **R** 72/250 ⅃, enf. 50 – ⇆ 22 – **8 ch**
80/145 – ½ P 165.

CERGY-PONTOISE 🅿 95 Val-d'Oise 🔠 ②. 🔟🔟 ⑤. 🔟🔟 ② G. Ile de France – 132 773 h.

Cergy – 35 266 h. – ☒ **95000**.

Paris 36 – Pontoise 4.

🏨 **Novotel** Ⓜ ⑤, près préfecture ☎ (1) 30 30 39 47, Télex 607264, Fax (1) 30 30 90 46,
🍴, ⋤, ⊶ – 📶 🗏 📺 ☎ ὅ 🅿 – 🛦 25 à 200. 🝿 ⓞ 🗲 🎫
R carte environ 150 ⅃, enf. 50 – ⇆ 47 – **191 ch** 435/460.

🏨 **Ibis** Ⓜ, 28 av. Grouettes, quartier Paradis ☎ (1) 34 22 11 44, Télex 609774 – 📶 📺 ☎ ὅ
🅿 – 🛦 30. 🗲 🎫
R 77 bc, enf. 37 – ⇆ 32 – **80 ch** 270/290.

quartier St-Christophe secteur Nord – ☒ **95800** Cergy Pontoise :

🏨 **Campanile**, sortie échangeur nº 11 ☎ (1) 34 24 02 44, Télex 688153, Fax (1) 30 73 99 96,
🍴 – 📺 ☎ ὅ 🅿 – 🛦 25. 🗲 🎫
R 74 bc/98 bc, enf. 39 – ⇆ 27 – **50 ch** 248.

Osny – 10 928 h. alt. 27 – ☒ **95520**.

Paris 41 – Pontoise 3.5.

※※※ **Moulin de la Renardière**, rte Gisors ☎ (1) 30 30 21 13, « Parc, rivière » – 🅿. 🝿 ⓞ 🗲
🎫
fermé 1ᵉʳ au 18 août, dim. soir et lundi – **R** 180/260.

CITROEN Rousseau, 2 ch. J.-César par ⑥ ☎ (1) 30 31 00 00

PEUGEOT-TALBOT Cergy-Pontoise-Autom., 8 ch. J.-César par ⑥ ☎ (1) 30 30 12 12

Pontoise ⦻ – 29 411 h. alt. 27 – ☒ **95300**.

🇧 Office de Tourisme 6 pl. Petit-Martroy ☎ (1) 30 38 24 45.

Paris 35 ③ – Beauvais 55 ① – Dieppe 135 ⑦ – Mantes 39 ⑤ – ◆Rouen 91 ⑥.

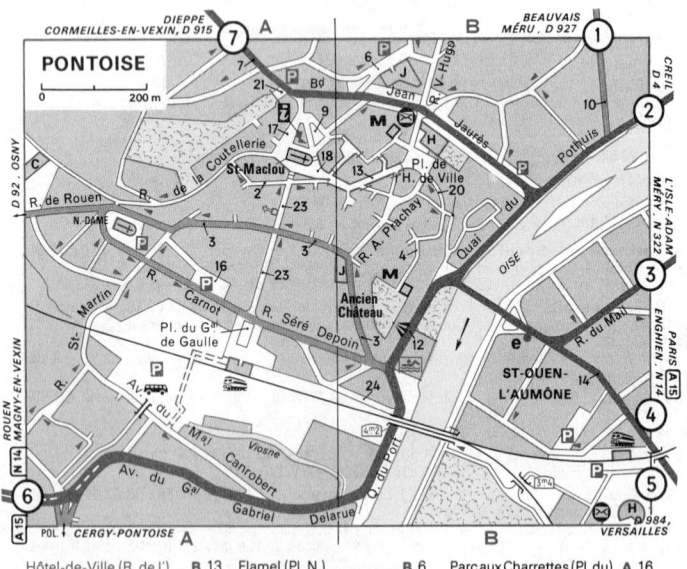

Hôtel-de-Ville (R. de l')	**B** 13	Flamel (Pl. N.)	**B** 6	Parc aux Charrettes (Pl. du)	**A** 16
Thiers (R.)	**A** 23	Gisors (R. de)	**A** 7	Petit-Martroy (Pl. du)	**A** 17
		Grand-Martroy (Pl. du)	**A** 9	Pierre-aux-Poissons (R.)	**A** 18
Bretonnerie (R. de la)	**A** 2	Hermitage (R. de l')	**B** 10	Roche (R. de la)	**B** 20
Butin (R. Pierre)	**A** 3	Hôtel-Dieu (R. de l')	**B** 12	Souvenir (Pl. du)	**A** 21
Château (R. du)	**B** 4	Leclerc (Av. du Gén.)	**B** 14	Vert-Buisson (R. du)	**B** 24

🏛 **Campanile**, r. P. de Coubertin par ⑥ 𝒫 (1) 30 38 55 44, Télex 608515, Fax (1) 30 30 48 87, 🍽 – 📺 ☎ 🅿 – 🅰 25. **E** 𝚅𝙸𝚂𝙰
R 74 bc/98 bc, enf. 39 – ⌷ 27 – **80 ch** 248.

XX **Host. du Maupertu**, 25 rte Auvers, NE : 2 km par ② 𝒫 (1) 30 38 08 22 – 🅿. 𝚅𝙸𝚂𝙰
fermé sam. midi et dim. – **R** 190.

X **Aub. du Chou**, rte Auvers NE : 1,5 km par ② 𝒫 (1) 30 38 03 68, 🍽 – 🅿. **E** 𝚅𝙸𝚂𝙰
fermé dim., lundi soir et mardi – **R** 160.

à Cormeilles-en-Vexin par ⑦ : 9,5 km – ✉ **95830** :

XXX ❀❀ **Relais Ste-Jeanne** (Cagna), sur D 915 𝒫 (1) 34 66 61 56, 🍽, « Jardin » – 🅿. 𝙰𝙴 ⓪ 𝚅𝙸𝚂𝙰
fermé août, 20 au 27 déc., vacances de fév., dim. soir, mardi soir et lundi – **R** 250 (déj.)/480 et carte, enf. 130
Spéc. Coquilles St-Jacques à la crème d'ail et olives noires (oct. à mai), Pintade truffée aux tagliatelles de céleri, Fondant au praliné "Mathilde de France".

à la Bonneville : par ③ : 5,5 km, N 322 – ✉ **95540** Méry-sur-Oise :

XXX ❀ **Le Chiquito** (Mihura), 𝒫 (1) 30 36 40 23 – ▤ 🅿. 𝙰𝙴 ⓪ 𝚅𝙸𝚂𝙰. ❀❀
fermé 30 mars au 8 avril, 5 au 25 août, 21 déc. au 2 janv., sam. midi et dim. – **R** carte 275 à 410
Spéc. Farcis de petits gris au coulis de persil, Filets de rouget à la vanille, Pot-au-feu de langue et joue d'agneau.

AUSTIN, ROVER, VOLVO SOGEL, 10 r. Séré-Depoin 𝒫 (1) 30 32 55 55
FORD Gar. Marzet, 87 r. P.-Butin 𝒫 (1) 30 32 56 04

V.A.G Pontoise Cergy Autos, 21 ch. J.-César 𝒫 (1) 30 30 28 29

St-Ouen-l'Aumône – 17 213 h. – ✉ **95310** .

Paris 35 – Pontoise 1.

XX **Gd Cerf** avec ch, 59 r. Gén. Leclerc 𝒫 (1) 34 64 03 13 – ☎. 𝙰𝙴 ⓪ 𝚅𝙸𝚂𝙰   B **e**
fermé 5 au 26 août, dim. soir et lundi – **R** 150 – ⌷ 20 – **10 ch** 160/210.

XX **Villa du Parc**, 1 av. Gén. Leclerc 𝒫 (1) 30 37 43 82 – 🅿. 𝙰𝙴 𝚅𝙸𝚂𝙰
fermé dim. – **R** 130/170, enf. 100.

BMW DAP, 10-14 r. Mail 𝒫 (1) 30 37 72 72
OPEL Valdoise Motors, 31 r. de Paris 𝒫 (1) 30 37 20 78
RENAULT Hinaux, 57 et 76 r. Gén.-Leclerc 𝒫 (1) 30 37 14 14

🛞 La Centrale du Pneu, 1 av. de Verdun 𝒫 (1) 34 64 07 50

CERIZAY 79140 Deux-Sèvres ⑥⑦ ⑮ – 4 881 h. alt. 173.

Paris 371 – Bressuire 14 – Cholet 37 – Niort 66 – La Roche-sur-Yon 68.

🏩 **Cheval Blanc**, av. 25-Août 𝒫 49 80 05 77, 🍽 – 📺 ☎ 🅿 – 🅰 30. 𝙰𝙴 **E** 𝚅𝙸𝚂𝙰
◆ *fermé 20 déc. au 12 janv., dim. soir et sam. hors sais.* – **R** 60/105 ♨ – ⌷ 23 – **25 ch** 85/285 – ½ P 145/248.

CITROEN Gar. Coulais-Gaboriau 𝒫 49 80 51 51 🆖 𝒫 49 80 01 55

PEUGEOT-TALBOT Gar. Cocandeau Daniel 𝒫 49 80 50 19

CERNAY 68700 H.-Rhin ⑥⑥ ⑨ G. Alsace Lorraine – 10 334 h. alt. 275.

🅱 Office de Tourisme 1 r. Latouche (juil.-sept.) 𝒫 89 75 50 35.

Paris 452 – Altkirch 25 – Belfort 39 – Colmar 36 – Guebwiller 15 – ◆Mulhouse 19 – Thann 6.

🏩 **Belle-Vue**, 10 r. Mar. Foch 𝒫 89 75 40 15 – ☎ 🕭 🅿. **E** 𝚅𝙸𝚂𝙰
◆ *fermé 22 déc. au 23 janv., vend. soir de sept. à juin (sauf hôtel) et dim.* – **R** 60/250 ♨, enf. 50 – ⌷ 35 – **25 ch** 170/350 – ½ P 230/250.

XX **Host. d'Alsace** avec ch, 61 r. Poincaré 𝒫 89 75 59 81 – ☎ 🅿. 𝙰𝙴 ⓪ **E** 𝚅𝙸𝚂𝙰
fermé 15 au 31 juil., 23 au 31 déc., dim. soir et lundi – **R** 90/275, enf. 60 – ⌷ 35 – **11 ch** 195/240 – ½ P 245.

PEUGEOT-TALBOT Soriano, 84 r. de Wittelsheim 𝒫 89 75 44 85 🆖

RENAULT Courtois, fg de Belfort 𝒫 89 75 48 27 🆖 𝒫 89 26 71 23

CESSIEU 38 Isère ⑦④ ⑬ – rattaché à la Tour-du-Pin.

CESSON-SÉVIGNÉ 35 I.-et-V. ⑤⑨ ⑰ – rattaché à Rennes.

Circulez autour de Paris avec les **cartes Michelin**

⓪⓪① à 1/50 000 - Banlieue de Paris

①⑨⑥ à 1/100 000 - Environs de Paris

②③⑦ à 1/200 000 - Ile de France

CEYRAT 63122 P.-de-D. 🔢 ⑭ – 5 524 h. alt. 560 – 🏢 Syndicat d'Initiative à la Mairie 🖉 73 61 42 55.
Paris 405 – ◆Clermont-Ferrand 6 – Issoire 39 – Le Mont-Dore 41 – Royat 6.

Voir plan de Clermont-Ferrand agglomération

🏨 **La Châtaigneraie** 🦌 sans rest, av. Châtaigneraie 🖉 73 61 34 66, ← – ☎ 🅿 E 𝘝𝘐𝘚𝘈
    fermé 4 au 13 mai, 29 juil. au 19 août, sam. et dim. – ⌿ 24 – **16 ch** 180/320.   AZ **p**

🏨 **Promenade,** av. Wilson 🖉 73 61 40 46, 🍴 – ☎ ⇔ – 🔏 40. 🆎 E 𝘝𝘐𝘚𝘈   AZ **r**
    fermé 2 au 10 janv., dim. soir et lundi – **R** 72/250, enf. 55 – ⌿ 22 – **12 ch** 100/210 –
    ½ P 130/170.

    à Saulzet-le-Chaud S : 2 km par N 89 – ✉ **63540** Romagnat :

XX **Aub. de Montrognon,** 🖉 73 61 30 51 – 🍽 🅿 E 𝘝𝘐𝘚𝘈
    fermé 2 au 14 août, mardi soir et merc. – **R** 95/250, enf. 50.

CEYSSAT (Col de) 63 P.-de-D. 🔢 ⑬ – rattaché à Clermont-Ferrand.

CEYZÉRIAT 01250 Ain 🔢 ③ – 1 982 h. alt. 320.
Paris 433 – Mâcon 45 – Bourg-en-Bresse 8 – Nantua 32.

🏨 **Relais de la Tour** 🅼, 🖉 74 30 01 87, Fax 74 25 03 36 – 📺 ☎ 🆎 E 𝘝𝘐𝘚𝘈
    fermé 14 oct. au 12 nov., dim. soir et lundi hors sais. – **R** 80/250 ⅄ – ⌿ 27 – **10 ch**
    210/270 – ½ P 230.

RENAULT Gar. Froment 🖉 74 30 03 97 🔲 🖉 74 30 03 82

CHABLIS 89800 Yonne 🔢 ⑥ G. Bourgogne – 2 414 h. alt. 140.
Paris 182 – Auxerre 19 – Avallon 47 – Tonnerre 16 – Troyes 75.

🏨 **Les Lys** 🅼 sans rest, rte Auxerre 🖉 86 42 49 20 – 📺 ☎ ⅓ 🅿 E 𝘝𝘐𝘚𝘈
    ⌿ 28 – **38 ch** 180/250.

XXX ❀ **Host. des Clos** (Vignaud) 🅼 🦌 avec ch, 🖉 86 42 10 63, Télex 351752, Fax 86 42 17 11,
    🌺 – |§| 🍴 rest ☎ ⇔ 🅿 – 🔏 30. E 𝘝𝘐𝘚𝘈
    fermé 11 déc. au 11 janv., jeudi midi et merc. du 1er oct. au 31 mai – **R** 150/370, enf. 75 –
    ⌿ 48 – **26 ch** 210/560 – ½ P 450/650
    Spéc. Dos de sandre au Chablis, Fricassée de queues d'écrevisses au céleri perpétuel (juil. à fév.), Pièce de
    Charolais aux champignons. **Vins** Chablis, Irancy.

XX **L'Étoile** avec ch, 4 r. Moulins 🖉 86 42 10 50 – ⇔ 🆎 E 𝘝𝘐𝘚𝘈
◆   fermé 1er fév. au 1er mars, mardi midi et lundi – **R** 60/195 ⅄, enf. 39 – ⌿ 25 – **14 ch**
    105/215 – ½ P 125/160.

X **Vieux Moulin,** 🖉 86 42 47 30 – 🆎 E 𝘝𝘐𝘚𝘈
    fermé 14 au 25 janv., lundi soir et mardi d'oct. à avril – **R** 67/143, enf. 48.

CITROEN Chablis Autos 🖉 86 42 14 20   LANCIA-AUTOBIANCHI Chablisienne Expl. Ind.
                                                    🖉 86 42 40 86

CHABRELOCHE 63250 P.-de-D. 🔢 ⑥ – 1 421 h. alt. 620.
Paris 402 – ◆Clermont-Ferrand 57 – Roanne 45 – Montbrison 54 – Noirétable 10 – Thiers 14.

    aux Cros d'Arconsat N : 4 km par D 86 et D 64 – ✉ **63250** Chabreloche :

🏨 **Aub. du Montoncel** 🦌, 🖉 73 94 20 96, 🌺 – ☎ 🅿 E 𝘝𝘐𝘚𝘈. 🛁 ch
◆   fermé 15 sept. au 15 oct. et lundi hors sais. – **R** 60/120 ⅄, enf. 50 – ⌿ 20 – **10 ch** 120/160
    – ½ P 140/180.

CHAGNY 71150 S.-et-L. 🔢 ⑨ G. Bourgogne – 5 604 h. alt. 216 – **Env.** Mont de Sène ❄✶✶ O :
10 km.

🏢 Office de Tourisme 2 r. Halles (fermé janv.-fév.) 🖉 85 87 25 95.
Paris 328 ① – Chalon-s-Saône 17 ② – Autun 43 ① – Beaune 15 ① – Mâcon 75 ② – Montceau 44 ④.

Plan page ci-contre

🏨 ❀❀❀ **Lameloise** 🅼, pl. d'Armes 🖉 85 87 08 85, Télex 801086, Fax 85 87 03 57, « Ancienne
    maison bourguignonne aménagée avec élégance » – |§| 📺 ☎ ⇔ 🆎 E 𝘝𝘐𝘚𝘈   Z **e**
    fermé 18 déc. au 23 janv., jeudi midi et merc. – **R** (prévenir) carte 300 à 450 – ⌿ 75 –
    20 ch 320/850
    Spéc. Ravioli d'escargots dans leur bouillon d'ail doux, Pigeon de Bresse en vessie, Assiette du chocolatier.
    Vins Chassagne-Montrachet rouge, Rully blanc.

🏨 **La Ferté** sans rest, bd Liberté 🖉 85 87 07 47, 🌺 – ☎ 🅿 E 𝘝𝘐𝘚𝘈   Z **u**
    fermé 2 janv. au 8 fév. – ⌿ 23 – **14 ch** 120/230.

🏨 **Poste** 🦌 sans rest, r. Poste 🖉 85 87 08 27, 🌺 – 🌐 ⇔ 🅿 E 𝘝𝘐𝘚𝘈. 🛁   Z **s**
    15 mars-25 nov. et fermé dim. hors sais. – ⌿ 26 – **11 ch** 210/250.

    rte de Chalon par ② – ✉ **71150** Chagny :

🏨 **Host. Château de Bellecroix** 🦌, à 2 km par N 6 et VO 🖉 85 87 13 86, Fax 85 91 28 62,
    🍴 , parc, 🏊 – 📺 ☎ 🅿 – 🔏 40. 🆎 ⓞ E 𝘝𝘐𝘚𝘈
    fermé 20 déc. au 1er fév. et merc. sauf hôtel en juil.-août – **R** 195/295 – ⌿ 45 – **19 ch**
    450/850 – ½ P 470/630.

🏨 **Bonnard,** à 2 km sur N 6 🖉 85 87 21 49 – 🌐 🅿 E 𝘝𝘐𝘚𝘈
    fermé 1er janv. au 1er mars et lundi d'oct. à juin – **R** 75/175 ⅄, enf. 40 – ⌿ 24 – **20 ch**
    190/255 – ½ P 220/240.

CHAGNY

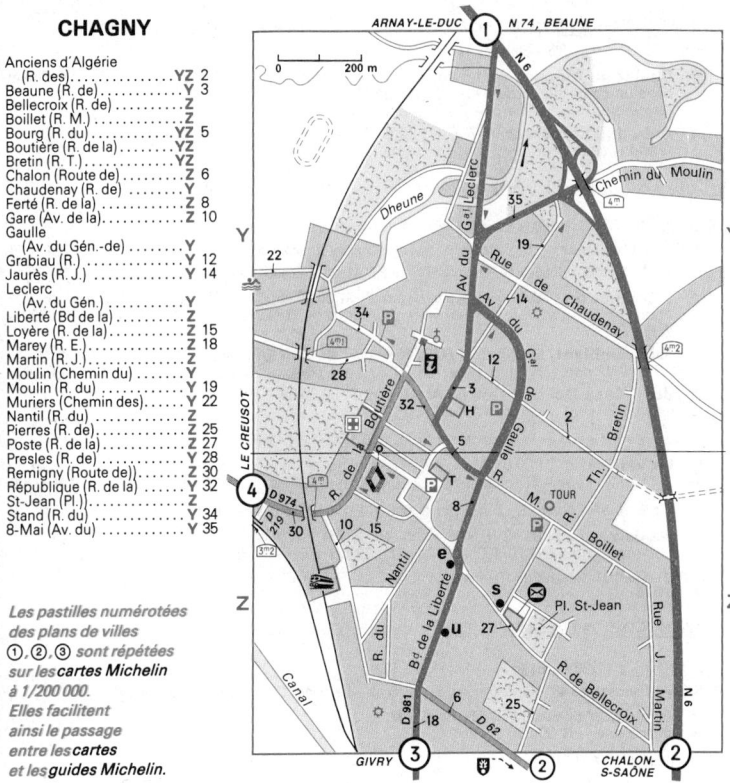

*Les pastilles numérotées
des plans de villes
①, ②, ③ sont répétées
sur les cartes Michelin
à 1/200 000.
Elles facilitent
ainsi le passage
entre les cartes
et les guides Michelin.*

à *Chassey-le-Camp* par ④ et D 109 : 6 km – ⊠ **71150** :

Aub. du Camp Romain ⬱, ℰ 85 87 09 91, Télex 801583, Fax 85 87 11 51, ≼, ≋, ⊥,
⚄ – ⅣⅤ ☎ ⅙ ⇔ ℗, Ε 𝘝𝘐𝘚𝘈
fermé janv. – **R** 95/152, enf. 43 – ☑ 28 – **22 ch** 125/275, 5 duplex 350 – ½ P 200/300.

RENAULT Chagny Auto, N 6 par ① ℰ 85 87 22 28 **N**

*Können Sie wegen Verkehrsstauungen erst nach 18 Uhr
in Ihrem Hotel sein, bestätigen Sie
telefonisch Ihre Zimmerreservierung ;
Sie gehen sicherer... und es ist Gepflogenheit.*

CHAILLES 41 L.-et-Ch. ⑥④ ⑰ – rattaché à Blois.

CHAILLES 73 Savoie ⑦④ ⑮ – rattaché aux Échelles.

CHAILLEVETTE 17890 Char.-Mar. ⑰① ⑭ – 1 019 h. alt. 17.
Paris 510 – Royan 17 – Marennes 20 – Rochefort 41 – La Rochelle 73 – Saintes 43.

La Brousse ⬱, ℰ 46 36 60 93, parc, « Ancienne ferme aménagée », ⊥ – ☎ ℗ ⚄
1ᵉʳ juil.-31 août – **R** (résidents seul.) – **14 ch** (½ pens. seul.) – ½ P 275.

CHAILLOL 05 H.-Alpes ⑦⑦ ⑯ – alt. 1 450 – ⊠ **05260** Chabottes.
Paris 664 – Gap 25 – Orcières 22 – St-Bonnet 9.

L'Étable ⬱, ℰ 92 50 48 35, ≼ – ☎ ℗
25 juin-15 sept. et 20 déc.-15 avril – **R** 72/110 – ☑ 20 – **14 ch** 130/160 – ½ P 155/165.

à *Chaillol 1600* N : 2 km – ⊠ **05260** Chabottes :

La Louzière ⬱, ℰ 92 50 48 44, ≼ montagnes, ≋ – ⓵ ☎
saisonnier – **29 ch**.

CHAILLY-EN-BIÈRE 77960 S.-et-M. 𝟞𝟙 ② , 𝟙𝟘𝟞 ㊺ G. Ile de France – 1 757 h. alt. 64.

Paris 53 – Fontainebleau 9,5 – Étampes 41 – Melun 9.

XXX **Chalet du Moulin**, S : 1,5 km par N 7 et VO ℘ (1) 60 66 43 42, ≤, 🍽 , parc, « Chalet dans un cadre de verdure » – **P**. 🆎 ⓪ **E** 𝐕𝐈𝐒𝐀
fermé lundi soir et mardi – **R** carte 250 à 360.

XX **Aub. de l'Empereur**, N 7 ℘ (1) 60 66 43 38, 🍽 – ⇔. 🆎 ⓪ **E** 𝐕𝐈𝐒𝐀
fermé vacances de fév., dim. soir et merc. sauf fériés – **R** 95/275, enf. 50.

CHAILLY-SUR-ARMANÇON 21 Côte-d'Or 𝟞𝟝 ⑱ – rattaché à Pouilly-en-Auxois.

La CHAISE-DIEU 43160 H.-Loire 𝟟𝟞 ⑥ G. Auvergne (plan) – 953 h. alt. 1 082.

Voir Église abbatiale** : tapisseries*** – 🇧 Syndicat d'Initiative pl. Mairie ℘ 71 00 01 16.

Paris 464 – Ambert 33 – Brioude 40 – Issoire 57 – Le Puy 41 – ♦St-Étienne 57.

🏨 **L'Écho et de l'Abbaye** ⌂, pl. Écho ℘ 71 00 00 45, 🍽 – 🆃🆅 ☎. 🆎 ⓪ **E** 𝐕𝐈𝐒𝐀. ⌘
Pâques-5 nov. et fermé lundi midi hors sais. – **R** 80/220 – � 32 – **11 ch** 260/300 – ½ P 260/285.

🏠 **Au Tremblant**, D 906 ℘ 71 00 01 85, 🍃 – ☎ ⇔ **P**. **E** 𝐕𝐈𝐒𝐀
18 avril-12 nov. – **R** (dim. prévenir) 80/200, enf. 60 – ⊑ 25 – **27 ch** 120/300 – ½ P 200/260.

🏠 **de la Casa Deï** sans rest, pl. Abbaye ℘ 71 00 00 58 – ☎. 🆎 ⓪ **E** 𝐕𝐈𝐒𝐀
10 juin-30 sept. – ⊑ 32 – **11 ch** 150/270.

au plan d'eau de la Tour N : 2 km par D 906 – ⊠ 43160 La Chaise-Dieu :

🏠 **Le Vénéré**, ℘ 71 00 01 08, ≤, 🍃 – cuisinette ☎ ⇔ **P**. **E** 𝐕𝐈𝐒𝐀. ⌘
🔸 *27 avril-30 sept.* – **R** (dîner seul.) 65/115 🍷, enf. 48 – ⊑ 24 – **14 ch** 140/280 – ½ P 168/200.

à Sembadel Gare S : 6 km par D 906 – ⊠ 43160 La Chaise-Dieu :

🏠 **Moderne**, ℘ 71 00 90 15, 🍃 – ⇔ **P**. **E** 𝐕𝐈𝐒𝐀. ⌘ rest
🔸 *Pâques-11 nov.* – **R** 70/130 🍷 – ⊑ 20 – **23 ch** 150/190 – ½ P 160/180.

PEUGEOT-TALBOT Gar. Rodier-Pumin ℘ 71 00 00 62   RENAULT Fayet ℘ 71 00 00 88 🅽

Les CHAISES 78 Yvelines 𝟞𝟘 ⑧ , 𝟙𝟘𝟞 ㉗ – rattaché à Rambouillet.

CHALABRE 11230 Aude 𝟠𝟞 ⑤ – 1 441 h. alt. 372.

Paris 804 – Carcassonne 48 – Castelnaudary 51 – Foix 48 – Lavelanet 21 – Pamiers 43 – Quillan 24.

X **France**, ℘ 68 69 20 15 – 🆎 ⓪ **E** 𝐕𝐈𝐒𝐀
🔸 *fermé nov.* – **R** 60/220 🍷, enf. 45.

CITROEN Pierron ℘ 68 69 20 37

CHALAIS 16210 Charente 𝟟𝟝 ③ G. Poitou Vendée Charentes – 2 214 h. alt. 100.

Paris 493 – Angoulême 46 – ♦Bordeaux 81 – Périgueux 64.

XX **Relais du Château**, au château ℘ 45 98 23 58, 🍽 – **P**. **E** 𝐕𝐈𝐒𝐀
fermé vacances de nov., de fév., mardi soir et merc. sauf juil.-août – **R** 78/195, enf. 40.

PEUGEOT Gadrat-Blancheton ℘ 45 98 21 16

CHALAMONT 01320 Ain 𝟟𝟜 ②③ G. Vallée du Rhône – 1 415 h. alt. 293.

Paris 440 – ♦Lyon 43 – Belley 62 – Bourg-en-Bresse 24 – Nantua 55 – Villefranche-sur-Saône 40.

XX **Clerc**, ℘ 74 61 70 30 – **P**. **E** 𝐕𝐈𝐒𝐀
fermé 1er au 10 juil., 12 au 29 nov., vacances de fév., mardi (sauf le midi en hiver) et merc. – **R** 100/250 🍷.

RENAULT Berlie ℘ 74 61 70 27

CHALEZEULE 25 Doubs 𝟞𝟞 ⑮ – rattaché à Besançon.

CHALLANS 85300 Vendée 𝟞𝟟 ⑫ G. Poitou Vendée Charentes – 13 060 h. alt. 11.

🇧 Office de Tourisme r. de Lattre-de-Tassigny ℘ 51 93 19 75.

Paris 437 ② – La Roche-sur-Yon 40 ③ – Cholet 83 ② – ♦Nantes 57 ① – Les Sables-d'Olonne 43 ④.

🏠 **Rocotel**, 9 bd Gare ℘ 51 93 07 48, Fax 51 93 15 44 – 🆃🆅 ☎ **P**. 𝐕𝐈𝐒𝐀   B e
🔸 **R** 60/80 🍷, enf. 35 – ⊑ 25 – **21 ch** 200/260 – ½ P 210.

🏠 **Antiquité** ⌂ sans rest, 14 r. Gallieni ℘ 51 68 02 84, Fax 51 35 55 74, 🍃 – 🆃🆅 ☎ **P**. 🆎 ⓪ **E** 𝐕𝐈𝐒𝐀   B a
fermé 24 déc. au 2 janv. – ⊑ 25 – **12 ch** 180/260.

🏠 **Commerce** sans rest, 17 pl. A. Briand ℘ 51 68 06 24 – 🆃🆅 ☎ – 🔩 40. **E** 𝐕𝐈𝐒𝐀   A r
⊑ 27 – **21 ch** 200/300.

🏠 **Champ de Foire**, 10 pl. Champ de Foire ℘ 51 68 17 54, Fax 51 35 06 53 – 🆃🆅 ☎. 🆎 ⓪
🔸 **E** 𝐕𝐈𝐒𝐀   B s
fermé 20 déc. au 31 janv., vend. soir et sam. sauf juil.-août – **R** 68/260, enf. 50 – ⊑ 28 – **11 ch** 180/270 – ½ P 190/200.

CHALLANS

Dodin (Bd L.) . . . . B
Gambetta (R.) . . . . B
Gaulle (Pl. de) . . . . A 7

Baudry (R. P.) . . . . A
Bazin (Bd R.) . . . . A
Biochaud (Av.) . . . . B
Bois-de-Céné (R. de) . . . . . A 2
Bonne-Fontaine (R.) . . . . . . B
Briand (Pl. A.) . . . . A 3
Carnot (Rue) . . . . A
Cholet (R. de) . . . . B 4
Clemenceau (Bd) . . . . A
F.F.I. (Bd des) . . . . A 6
Gare (Bd de la) . . . . B
Guérin (Bd) . . . . B
Leclerc (R. du Gén.) . . . . . . A 8
Lézardière (R. P. de) . . . . . . A 10
Lorraine (R. de) . . . . A 12
Marzelles (R. des) . . . . B 13
Monnier (R. P.) . . . . A 15
Nantes (R. de) . . . . AB
Roche-sur-Yon (R. de la) . . . . B 16
Sables (R. des) . . . . B 17
Strasbourg (Bd de) . . . . A
Viaud Grand-Marais (Bd) . . . . . B
Yole (Bd J.) . . . . AB

Pas de publicité payée dans ce guide.

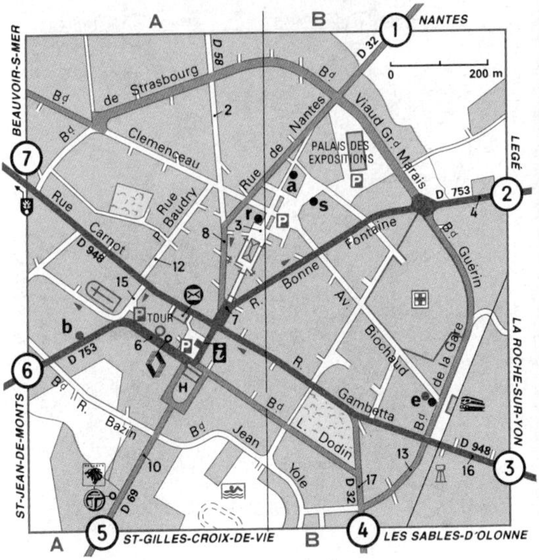

XX **Le Dauphin,** av. Biochaud ☎ 51 93 11 52 – E VISA — B e
fermé en fév., dim. soir et lundi du 1er sept. au 14 juin – **R** 90/220.

XX **Le Pavillon Gourmand,** 4 r. St-Jean-de-Mont ☎ 51 49 04 52 – AE E VISA — A b
fermé 28 juin au 11 juil., vacances de Noël, dim. soir (sauf juil.-août) et lundi – **R** carte 175 à 245.

par ⑤ : 3 km rte Soullans – ✉ **85300** Challans :

XXX **La Gite du Tourne-Pierre,** ☎ 51 68 14 78 – P. AE ① E VISA
fermé 8 au 23 mars, 27 sept. au 12 oct., vend. soir, sam. midi et dim. soir sauf juil.-août – **R** (prévenir) 130/285.

par ⑦ : 6 km sur D 948 – ✉ **85300** Challans :

Relais des Quatre Moulins, ☎ 51 68 11 85 – TV ☎ P. AE E VISA.
fermé 27 sept. au 21 oct., 24 déc. au 8 janv. et dim. du 21 oct. au 1er juin – **R** 57/180 – ☕ 27 – **12 ch** 170/250 – ½ P 210.

CITROEN Atlantic-Autom., 52 rte de St-Jean-de-Monts par ⑥ ☎ 51 93 15 99
PEUGEOT-TALBOT Gar. Retail, rte de Soullans ☎ 51 93 16 52
RENAULT S.N.V.A., 29 r. de St-Jean-de-Monts par ⑥ ☎ 51 49 52 22 N

RENAULT Pontoizeau, 3 bd des F.F.I. ☎ 51 68 11 55

Challans Pneus, ZA allée Jariettes ☎ 51 35 16 43

CHALLES-LES-EAUX

73190 Savoie 74 ⑮ **G. Alpes du Nord** – 2 744 h. alt. 310 – Stat. therm. (2 avril-5 oct.) – Casino.

Office de Tourisme av. Chambéry ☎ 79 72 86 19.

Paris 544 – ♦Grenoble 50 – Albertville 44 – Chambéry 6 – St-Jean-de-Maurienne 66.

Château de Challes ⑤, ☎ 79 72 86 71, Télex 309756, Fax 79 72 83 83, «Terrasse fleurie, parc», ⌂, ✕ – TV ☎ ♿ P – 🏃 100. AE ① E VISA. ✻ rest
R 125/310, enf. 65 – ☕ 45 – **63 ch** 220/615 – ½ P 280/415.

Nieder H. sans rest, av. Chambéry ☎ 79 72 86 52 – |♦| TV ☎ P. AE E VISA
☕ 28 – **25 ch** 170/230.

CHALLEX

01630 Ain 74 ⑤ – 948 h. alt. 509.

Paris 520 – Annecy 50 – Bellegarde-sur-Valserine 22 – Bourg-en-Bresse 93 – ♦Genève 19.

XX **Aub. Challaisienne,** ☎ 50 56 35 71, ≤, ⌂. E VISA
fermé vacances de fév. et lundi – **R** 190/305.

☞ *Les localités dont les noms sont soulignés de rouge sur les* cartes Michelin *à 1/200 000 sont citées dans ce guide. Utilisez une carte récente pour profiter de ce renseignement.*

CHÂLONS-
SUR-MARNE

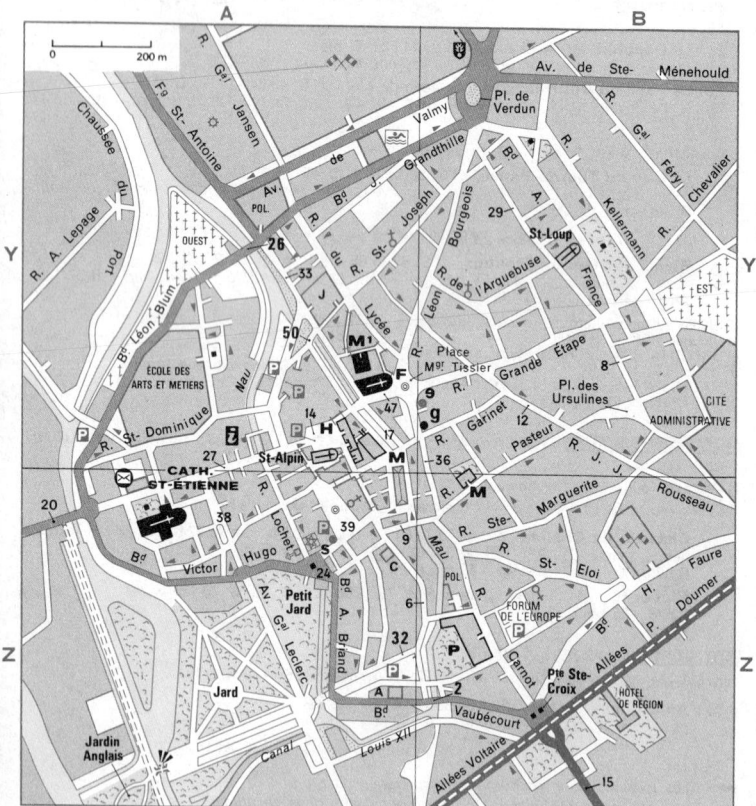

CHÂLONS-SUR-MARNE P 51000 Marne 🆔 ⑦ G. Champagne – 54 359 h. alt. 83.

Voir Cathédrale★★ AZ – Église N.-D.-en-Vaux★ : intérieur★★ AY F – Musée du cloître de N.-D.-en-Vaux★★ AY M1.

🛈 Office de Tourisme 3 quai des Arts ℘ 26 65 17 89.

Paris 163 ⑥ – ♦Reims 45 ① – Charleville-Mézières 103 ② – ♦Dijon 239 ④ – ♦Metz 156 ② – ♦Nancy 160 ④ – ♦Orléans 245 ⑤ – Troyes 77 ⑤.

Plans page ci-contre

🏨 ❀ **Angleterre et rest. Jacky Michel,** 19 pl. Mgr Tissier ℘ 26 68 21 51, Télex 842078 – 📺 🅿 🄿. 🆎 ⓘ E 𝘝𝘐𝘚𝘈. ❀ ch BY **g**
fermé 21 juil. au 12 août, vacances de Noël, sam. midi et dim. sauf fériés – **R** 170/400, enf. 70 – 🖵 45 – **18 ch** 370/550
Spéc. Pithiviers de langoustines à la cardamone, Blanc de turbot homardine, Rognon de veau au Bouzy rouge. Vins Cumières rouge, Champagne.

🏨 **Bristol** sans rest, 77 av. P. Sémard ℘ 26 68 24 63 – 📺 ☎ 🚗 🅿. E 𝘝𝘐𝘚𝘈. ❀ X **a**
fermé vacances de Noël – 🖵 24 – **24 ch** 175/215.

🏨 **Campanile,** rte Reims ✉ 51520 St-Martin-sur-le-Pré ℘ 26 70 41 02, Télex 842137, Fax 26 66 87 85, ☞ – 📺 ☎ 🅿 – 🕍 25. E 𝘝𝘐𝘚𝘈 X **n**
R 74 bc/98 bc, enf. 39 – 🖵 27 – **47 ch** 248.

🍴🍴 **Les Ardennes,** 34 pl. République ℘ 26 68 21 42 – 🆎 E 𝘝𝘐𝘚𝘈 AZ **s**
fermé lundi (sauf le midi de juin à juin) et dim. soir – **R** 90/275, enf. 42.

🍴 **Carillon Gourmand,** 15 bis r. Mgr Tissier ℘ 26 64 45 07 – ▤. 𝘝𝘐𝘚𝘈 BY **e**
fermé 30 juil. au 19 août, vacances de fév., dim. soir et lundi – **R** 85/120 ♨.

à l'Épine par ③ : 8,5 km – ✉ 51460.

Voir Basilique N.-Dame★★.

🏨 ❀ **Aux Armes de Champagne,** ℘ 26 66 96 79, Télex 830998, Fax 26 66 92 31, ☞ – ☎ 🅿 – 🕍 100. E 𝘝𝘐𝘚𝘈. ❀
fermé 5 janv. au 10 fév., dim. soir et lundi de nov. à mars – **R** 220/450, enf. 80 – 🖵 48 – **38 ch** 450/725
Spéc. Tourte chaude d'anguille et ris de veau (avril-sept.), Potée de saumon et navets confits (sept.-avril), Melon soufflé à la fleur de lavande (juin-sept.). Vins Bouzy rouge, Champagne.

CITROEN Ardon, 19 av. W.-Churchill par ④
℘ 26 64 42 42 🄽 ℘ 26 21 01 58
CITROEN Gar. Chauffert, 34 RN à Courtisols par
③ ℘ 26 66 60 23 🄽 ℘ 26 66 90 95
FORD Hall Automobiles, 34 av. W.-Churchill
℘ 26 64 49 37
LADA-SKODA Gar. Auto Pro, 17 r. Camp-d'Attila
℘ 26 68 36 08
MAZDA Gar. Grandjean, 57 fg St-Antoine
℘ 26 64 60 35
OPEL Gar. de l'Avenue, 1 r. Oradour
℘ 26 68 11 63

PEUGEOT Guyot, 170 av. Gén.-Sarrail
℘ 26 68 38 86
RENAULT S.D.A.C., av. 106e-R.-I., ZI ℘ 26 21 12 12
🄽 ℘ 26 70 75 86
VOLVO-TOYOTA Poiret, av. Plateau Glières
St-Memmie ℘ 26 70 41 13

⍟ Auto-Pneu-Marché, 14 r. Martyrs-de-la-Résistance ℘ 26 68 26 57
Chalons-Pneus, 44-46 pl. République
℘ 26 68 07 17

Si vous cherchez un hôtel tranquille,
consultez d'abord les cartes thématiques de l'introduction
ou repérez dans le texte les établissements indiqués avec le signe ॐ.

CHALON-SUR-SAÔNE 🔷 71100 S.-et-L. 🆔 ⑨ G. Bourgogne – 57 967 h. alt. 179.

Voir Réfectoire★ de l'hôpital CZ **B** – Musées : Denon★ BZ **M1**, Nicéphore Niepce★ BZ **M2** – Roseraie St-Nicolas★ SE : 4 km X.

🛆 ℘ 85 93 49 65, NE : 3 km X.

🛈 Office de Tourisme square Chabas, bd République ℘ 85 48 37 97 – A.C. 95 av. Boucicaut ℘ 85 46 48 89 – Maison des Vins de la Côte Chalonnaise (unique en Bourgogne dégustations commentées à la carte) promenade Sainte-Marie ℘ 85 41 64 00.

Paris 337 ⑦ – ♦Besançon 124 ① – Bourg-en-Bresse 76 ② – ♦Clermont-Fd 214 ⑤ – ♦Dijon 68 ⑦ – ♦Genève 189 ① – ♦Lyon 125 ④ – Mâcon 58 ④ – Montluçon 211 ⑤ – Roanne 134 ⑤.

Plans pages suivantes

🏨 ❀ **St-Georges** (Choux) Ⓜ, 32 av. J. Jaurès ℘ 85 48 27 05, Télex 800330, Fax 85 93 23 88 – 🛗 ❀ ch 🄴 📺 ☎ 🚗 🅿 – 🕍 40. 🆎 ⓘ E 𝘝𝘐𝘚𝘈 AZ **s**
R (fermé sam. midi) 120/380, enf. 75 – 🖵 43 – **48 ch** 250/400 – ½ P 300
Spéc. Ravioli de homard aux gambas et basilic, Pigeon de Bresse rôti en bécasse, Croustillant de chocolat noir. Vins Montagny, Rully.

🏨 **St-Régis** Ⓜ, 22 bd République ℘ 85 48 07 28, Télex 801624, Fax 85 48 90 88 – 🛗 ▤ 📺 ☎ 🚗. 🆎 ⓘ E 𝘝𝘐𝘚𝘈 BZ **v**
R (fermé dim.) 95/270 ♨, enf. 45 – 🖵 40 – **40 ch** 235/440 – ½ P 280/360.

🏨 **St-Hubert** sans rest, 35 pl. Beaune ℘ 85 46 22 81, Télex 801177, Fax 85 46 47 80 – 📺 ☎. 🆎 ⓘ E 𝘝𝘐𝘚𝘈 BY **r**
fermé 20 déc. au 2 janv – 🖵 36 – **52 ch** 212/302.

🏨 **St-Jean** sans rest, 24 quai Gambetta ℘ 85 48 45 65 – 📺 ☎. E 𝘝𝘐𝘚𝘈 BZ **s**
🖵 22 – **25 ch** 120/215.

tourner →

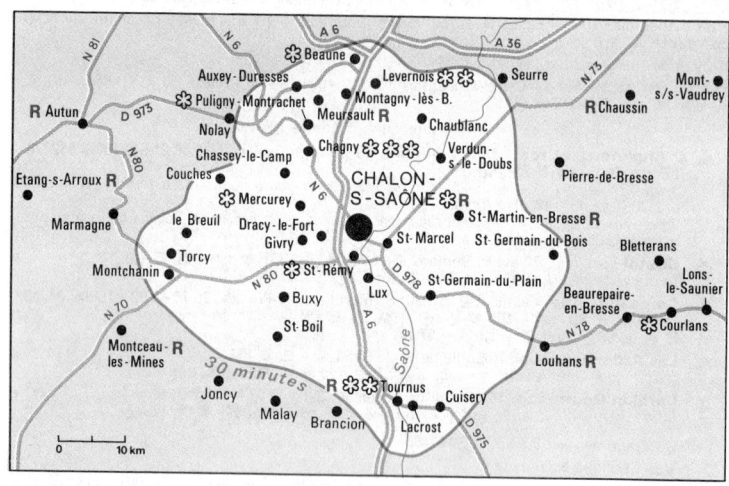

XXX **Didier Denis,** 1 r. Pont ℰ 85 48 81 01, Fax 85 48 15 71 – E VISA
fermé 5 au 22 août, dim. soir et lundi – **R** 120/300, enf. 70.

CZ **b**

XXX **Le Bourgogne,** 28 r. Strasbourg ℰ 85 48 89 18, « Maison du 17ᵉ siècle, caveau » – AE E VISA
fermé 15 nov. au 8 déc. et dim. soir sauf juil.-août – **R** 90/214.

CZ **r**

XX **Le Provençal,** 22 pl. Beaune ℰ 85 48 03 65 – E VISA
fermé 8 au 22 mars, 5 au 27 juil., sam. midi (sauf fêtes) et vend. – **R** 95/245 ⅄.

BY **n**

XX **La Réale,** 8 pl. Gén. de Gaulle ℰ 85 48 07 21 – ▦ E VISA
fermé dim. soir et lundi – **R** 98/200 ⅄.

BZ **m**

XX **L'Ile Bleue,** 3 r. Strasbourg ℰ 85 48 39 83, produits de la mer – E VISA
← *fermé 1ᵉʳ au 22 août, sam. midi et merc.* – **R** 70/120.

CZ **a**

XX **Marché,** 7 pl. St Vincent ℰ 85 48 62 00 – AE ⓞ E VISA
fermé 15 au 31 août, dim. soir et lundi – **R** 74/155 ⅄.

CZ **d**

XX **Gourmets,** 15 av. J. Jaurès ℰ 85 48 37 25 – E VISA
fermé vacances de printemps et sam. – **R** 78/155, enf. 49.

AZ **b**

X **Ripert,** 31 r. St Georges ℰ 85 48 89 20 – VISA
fermé 6 au 13 mai, 4 au 23 août, 1ᵉʳ au 7 janv., dim. et lundi – **R** 80/130.

BZ **k**

près Échangeur A6 Chalon-Nord – ✉ 71100 Chalon-sur-Saône :

🏨 **Mercure** M, av. Europe ℰ 85 46 51 89, Télex 800132, Fax 85 46 08 96, 😊, ⅃, 🚿 – 🏢
🚿 ch ▦ TV 🕿 🕭 ⑭ – 🔬 180. AE ⓞ E VISA. 🌣 rest
R carte 120 à 190 ⅄, enf. 40 – ☷ 45 – **85 ch** 420.

X **a**

🏨 **Ibis** M sans rest, carrefour des Noirots ℰ 85 46 64 62, Télex 800381 – TV 🕿 🕭 E VISA
☷ 29 – **61 ch** 260/300.

X **u**

à Lux S : 5 km par N 6 - X - ✉ 71100 :

🏨 **Charmilles,** ℰ 85 48 58 08, 😊 – TV 🕿 ⇦ 🕭 E VISA. 🌣 rest
fermé 22 au 26 déc., lundi midi et dim. soir du 20 oct. au 16 mars – **R** 74/185 ⅄ – ☷ 23 –
32 ch 175/235 – ½ P 200/220.

X **q**

à St-Rémy SO – 6 145 h. – ✉ 71100 :

XXX 🌣 **Moulin de Martorey** (Gillot), 4 km par N 6, N 80 et VO ℰ 85 48 12 98, Fax 85 48 73 67,
😊, « Bel aménagement intérieur » – 🕭 E VISA
fermé 4 au 27 août, vacances de fév., dim. soir et lundi – **R** 165/350
Spéc. Escargots au vin rouge, Sandre rôti aux épices et jus de viande, Tarte aux pommes et amandes (oct.-avril). Vins Givry, Rully.

X **k**

rte Givry O : 4 km sur D 69 - X - ✉ 71880 Châtenoy-le-Royal :

X **Aub. des Alouettes,** ℰ 85 48 32 15, 😊 – 🕭 E VISA
fermé 15 juil. au 11 août, dim. soir et jeudi – **R** (dim. prévenir) 75/185.

X **e**

à St-Marcel par ① et D 978 : 3 km – 4 006 h. – ✉ 71380 :

XX **Jean Bouthenet,** ℰ 85 96 56 16 – 🕭 ⓞ VISA
fermé 1ᵉʳ au 15 août, vacances de fév., dim. soir et lundi – **R** 185/290 ⅄, enf. 50.

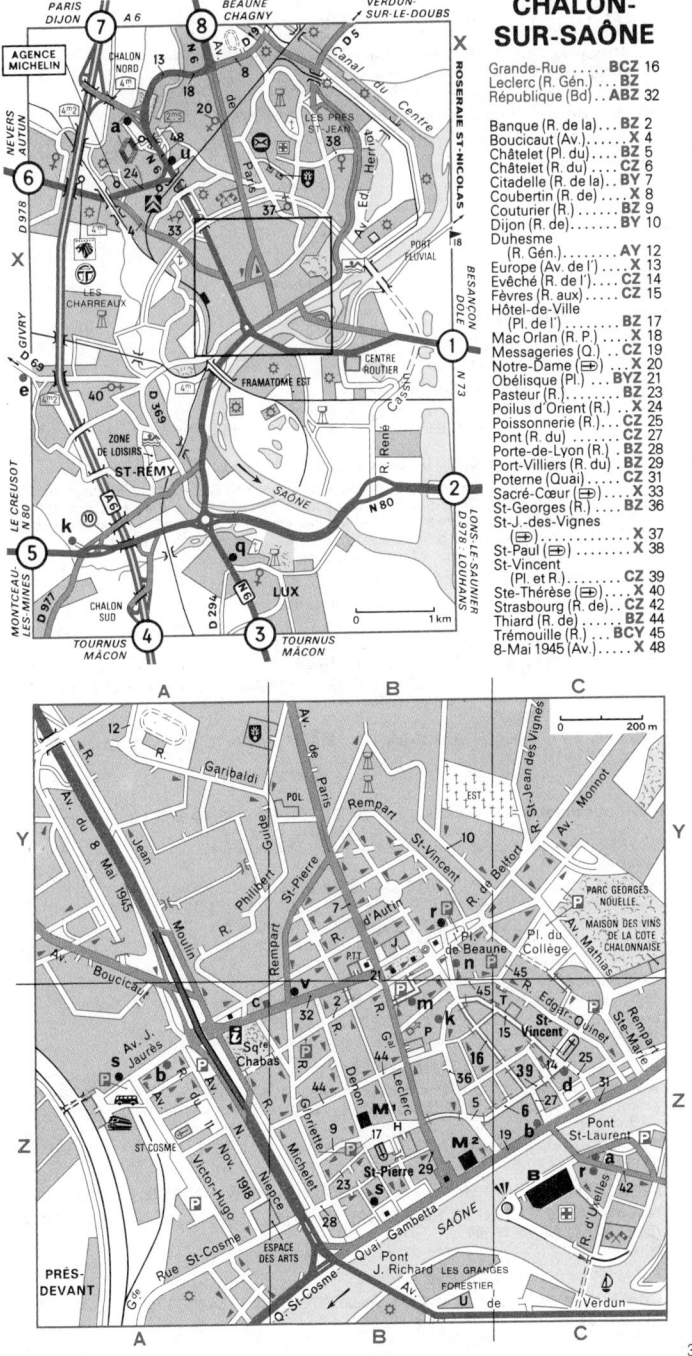

CHALON-SUR-SAÔNE

à Dracy-le-Fort par ⑥ : 6 km sur D 978 – ✉ **71640** :

🏨 **Le Dracy** M 🔊, ℰ 85 87 81 81, Télex 801102, Fax 85 87 95 12, 🍴, parc, 🎐, ✱ – 📺
☎ ♿ ℗ – 🕸 30 à 100. 🖭 ⓞ Ε ₪
R 90/170 ♣, enf. 55 – ☷ 35 – **40 ch** 290/380 – ½ P 270.

MICHELIN, Agence, ZI de Châtenoy-le-Royal X ℰ 85 46 22 51

BMW Gar. République, 8 pl. République
ℰ 85 48 16 90
CITROEN Gar. Moderne de Chalon-sur-Saône, r.
Poilus-d'Orient ℰ 85 46 52 12
FORD Soreva, 4 av. Kennedy ℰ 85 46 49 45
PEUGEOT-TALBOT Nedey, rte d'Autun à
Châtenoy-le-Royal ℰ 85 87 88 00

RENAULT SODIRAC, av. Europe, centre commercial de la Thalie ℰ 85 47 85 47 Ⓝ ℰ 05 05 15 15

⊕ Chalon-Pneus ZI Verte à Châtenoy-le-Royal
ℰ 85 46 45 77
Perret-Pneus, 40 rte de Lyon, N 6 à St-Rémy
ℰ 85 48 22 03
Piot-Pneu, r. P.-de-Coubertin, ZI ℰ 85 46 50 12

CHAMALIÈRES 63 P.-de-D. 🗺 ⑭ – rattaché à Clermont-Ferrand.

CHAMBERET 19370 Corrèze 🗺 ⑱ – 1 470 h.

Env. Mont Gargan ※★★ NO : 9 km, **G. Berry Limousin.**

🛈 Syndicat d'Initiative pl. Mairie ℰ 55 98 34 92.

Paris 461 – ♦Limoges 59 – Guéret 86 – Tulle 52 – Ussel 73.

🏠 **France,** ℰ 55 98 30 14 – 📃 rest ☎ ℗ Ε ₪, ✱ rest
← *fermé 13 janv. au 2 fév.* – **R** 65/160 ♣, enf. 50 – ☷ 23 – **15 ch** 150/220 – ½ P 160/180.

CHAMBÉRY ℗ 73000 Savoie 🗺 ⑮ **G. Alpes du Nord** – 54 896 h. alt. 272.

Voir Vieille ville★ AB : Ste-Chapelle★ A **B** du château★ A, place St-Léger★ B, grilles★ de l'hôtel
de Châteauneuf – (rue de la Croix-d'Or)B – Diptyque★ dans la Cathédrale métropolitaine B –
Crypte★ de l'église St-Pierre de Lémenc B – Musée savoisien★ B **M¹** – ⩘ de Chambéry-Aix-les-
Bains : ℰ 79 54 46 05, au Bourget-du-Lac par ④ : 8 km – 🛈 Office de Tourisme 24 bd de la Colonne
ℰ 79 33 42 47 – A.C. "Le Comte-Rouge" 222 av. Comte-Vert ℰ 79 69 14 72.

Paris 538 ④ – Annecy 49 ④ – ♦Grenoble 55 ② – ♦Lyon 98 ④ – Torino 202 ② – Valence 125 ③.

Plan page ci-contre

🏨 **Au Prince Eugène de Savoie** M, esplanade Curial ℰ 79 85 06 07, Télex 319104,
Fax 79 85 61 01 – 📶 📺 ☎ ♿ 🚗 – 🕸 100. 🖭 ⓞ Ε ₪   B **b**
R voir rest. **Roubatcheff** ci-après – ☷ 44 – **44 ch** 320/495, 6 appart. 540/990.

🏨 **Le France** sans rest, 22 fg Reclus ℰ 79 33 51 18, Télex 309689, Fax 79 85 06 30 – 📶 ⥥
📺 ☎ 🚗 – 🕸 40 à 150. 🖭 ⓞ Ε ₪
☷ 40 – **48 ch** 280/390.   B **z**

🏨 **Princes,** 4 r. Boigne ℰ 79 33 45 36, Télex 319148, Fax 79 70 31 47 – 📶 📃 rest 📺 ☎. 🖭
ⓞ Ε ₪   B **r**
R *(fermé 13 juil. au 5 août et dim. soir)* 160/310, enf. 90 – ☷ 31 – **45 ch** 240/380 –
½ P 330/350.

XXX ❀ **Roubatcheff,** esplanade Curial ℰ 79 33 24 91, 🍴 – 🖭 ⓞ Ε ₪   B **u**
R *(nombre de couverts limité - prévenir)* 170/420
Spéc. Terrine de foie gras et pigeon, Sauté de grenouilles au Bergeron, Lapin aux épices. **Vins** Bugey,
Mondeuse.

XXX **St-Réal,** 10 r. St Réal ℰ 79 70 09 33 – 🖭 ⓞ Ε ₪   B **x**
fermé dim. sauf fériés – **R** 160/360.

XX **Chaumière,** 14 r. Denfert-Rochereau ℰ 79 33 16 26 – Ε ₪   B **f**
*fermé 18 au 24 mars, 3 au 28 août, merc. soir de sept. à fin mai, sam. soir de juin à sept.
et dim.* – **R** 79/137 ♣.

XX **La Vanoise,** 44 av. P. Lanfrey ℰ 79 69 02 78 – ₪   A **e**
fermé 14 au 29 juil. et dim. sauf fêtes – **R** *(nombre de couverts limité, prévenir)* 75/280 ♣.

X **Le Tonneau,** 2 r. St Antoine ℰ 79 33 78 26 – 🖭 ⓞ Ε ₪. ✱   AB **a**
fermé 1er au 18 août, 23 déc. au 2 fév., dim. soir et lundi – **R** 85/150 ♣.

SE : 2 km par D 4 - B – ✉ **73000** Chambéry :

🏠 **Aux Pervenches** 🔊, aux Charmettes ℰ 79 33 34 26, <, 🍴, 🌳 – ☎ ℗ Ε ₪ ✱
fermé 16 août au 1er sept. et 15 au 31 janv. – **R** *(fermé dim. soir et merc.)* 100/220 – ☷ 20
– **13 ch** 90/130.

XXX **Mont Carmel,** à Barberaz ℰ 79 70 06 63, 🍴, 🌳 – ⥥ ℗ Ε ₪
fermé 10 au 17 sept., 13 au 26 fév., dim. soir et lundi – **R** 85/125, enf. 65.

par ④ : 3 km sur N 201 (sortie la Motte-Servolex) – 7 762 h. – ✉ **73000** Chambéry :

🏨 **Novotel** M, ℰ 79 69 21 27, Télex 320446, Fax 79 69 71 13, 🍴, 🎐, 🌳 – 📶 📃 📺 ☎ ♿
℗ – 🕸 200. 🖭 ⓞ Ε ₪
R carte environ 150 ♣, enf. 50 – ☷ 45 – **103 ch** 370/420.

à Voglans : par ④ : 9 km – ✉ **73420** :

🏨 **Cerf Volant** M 🔊, ℰ 79 54 40 44, Télex 980074, Fax 79 54 46 73, 🍴, 🎐, 🌳, ✱ – 📺
☎ ℗ – 🕸 40 à 80. 🖭 ⓞ Ε ₪, ✱ rest
R 130/290 – ☷ 45 – **30 ch** 380/480 – ½ P 390.

CHAMBÉRY

Boigne (R. de) .... **B**
Colonne (Bd de la) ...... **B** 12
Juiverie (R.) .... **A**
St-Léger (Pl.) .... **B**

Allobroges (Q. des) ..... **A** 2
Banque (R. de la) ...... **B** 3

Basse-du-Château (R.) .. **A** 4
Bernardines (Av. des) ... **A** 6
Borrel (Q. A.) .... **B** 7
Charvet (R. F.) .... **B** 9
Château (Pl. du) .... **A** 10
Ducis (R.) .... **B** 14
Ducs-de-Savoie (Av. des) **B** 15
Italie (R. d') .... **B** 17
Jaurès (Av. J.) .... **A** 18
Jeu-de-Paume (Q. du) .. **A** 19

Lans (R. de) .... **A** 20
Libération (Pl. de la) .... **B** 22
Maché (Pl.) .... **A** 23
Martin (R. Cl.) .... **B** 24
Métropole (Pl.) .... **B** 26
Ravet (Q. Ch.) .... **B** 27
St-Antoine (R.) .... **A** 28
St-François (R.) .... **B** 30
Théâtre (Bd du) .... **B** 31
Vert (Av. du Comte) .... **A** 32

ALFA ROMEO-INNOCENTI-MAZDA Chambéry Nord Auto, 83 r. E.-Ducret par ⑤ ℰ 79 62 36 37
AUSTIN-ROVER Falletti, 35 pl. Caffe ℰ 79 33 63 45
CITROEN S.A.D., ZI des Landiers voie rapide urbaine nord par ④ ℰ 79 62 25 90
🅽 ℰ 79 54 41 77
CITROEN Gar. du Château, 11 av. de Lyon ℰ 79 69 39 08

MERCEDES Etoile Service 73, Z.I. des Landiers ℰ 79 69 72 16
PEUGEOT-TALBOT Comtet, ZI des Landiers par ④ ℰ 79 96 15 32
V.A.G Jean Lain, ZI des Landiers, voie rapide urbaine nord ℰ 79 62 37 91

🅰 Equip'Auto, r. E.-Ducret ℰ 79 96 34 40

Périphérie et environs

BMW Europe, 780 r. P. et M. Curie, La Ravoire ℰ 79 85 09 00
CITROEN Gar. Schiavon, av. de Turin, Bassens par N 512 B ℰ 79 33 03 53
FIAT Max Dubois, RN 6 rte de Challes, La Ravoire ℰ 79 72 73 73
FORD Madelon, 70 rte de Lyon, Cognin ℰ 79 69 09 27
HONDA Gar. Bonomi, N 6 à La Ravoire ℰ 79 72 95 06
LANCIA Coudurier-Curioz, r. P. et M. Curie, La Ravoire ℰ 79 85 18 98
OPEL Savauto, av. de Chambéry à St-Alban-Leysse ℰ 79 33 30 63
RENAULT SOGARAL, 282 av. de Chambéry à St-Alban-Leysse par N 512 B ℰ 79 33 21 45
🅽 ℰ 79 65 56 39

SAAB, TOYOTA Espace Automobiles r. P.-et-M.-Curie, La Ravoire ℰ 79 72 95 20
V.A.G Jean Lain, Z.I. la Trousse, La Ravoire ℰ 79 85 20 19
VOLVO Alpes Automobiles, r. de la Francon à Voglans ℰ 79 54 42 76

🅰 Comptoir du Pneu, 340 chemin des Carrières à St-Alban-Leysse ℰ 79 75 21 03
Piot-Pneu, ZI de la Trousse, N 6, La Ravoire ℰ 79 72 96 02
Savoy-Pneus, av. Houille-Blanche, ZI Bissy ℰ 79 69 30 72
Tessaro-Cavasin, N 6 à St-Alban-Leysse ℰ 79 33 20 09

CHAMBON (Lac) ★★ 63 P.-de-D. 🔢 ⑬ G. Auvergne – alt. 877 – Sports d'hiver : 1 200/1 760 m ⚡9 –
✉ **63790** Murol.

De la plage : Paris 435 – ◆Clermont-Ferrand 37 – Condat 41 – Issoire 33 – Le Mont-Dore 18.

- 🏠 **Grillon,** 🍴 73 88 60 66, 🌳 – ☎ ❷ Ε 💳
  ➡ *1er mars-5 nov.* – **R** 55/150, enf. 35 – 🍽 25 – **20 ch** 160/180 – ½ P 170/190.

- 🏠 **Beau Site,** 🍴 73 88 61 29, ≤, 🌤 – ☎ ❷ 🅰Ε ⓞ Ε 💳
  vacances de fév.-30 sept. – **R** 80/160, enf. 50 – 🍽 28 – **17 ch** 180/250 – ½ P 180/210.

- 🏠 **Bellevue** sans rest, 🍴 73 88 61 06, ≤ – ☎ ❷
  Pâques-30 sept. – 🍽 24 – **21 ch** 185/196, 4 appart. 291.

Le CHAMBON-SUR-LIGNON 43400 H.-Loire 🔢 ⑥ G. Vallée du Rhône – 3 039 h. alt. 960.

🎿 🍴 71 59 28 10, SE par D 103, D 155 : 5 km.

🛈 Office de Tourisme 1 la Place 🍴 71 59 71 56.

Paris 568 – Annonay 50 – Lamastre 32 – Privas 84 – Le Puy 46 – ◆St-Étienne 62 – Yssingeaux 28.

- 🏨 **Bel Horizon** 🦢, chemin de Molle 🍴 71 59 74 39, ≤, 🌤, 🏊, 🌳, 💈 – ❷ Ε 💳
  💈 rest
  fermé au 21 oct., 7 au 21 janv., dim. soir et lundi midi – **R** 85/150 🍷, enf. 60 – 🍽 35 –
  19 ch 190/320 – ½ P 260/300.

- 🏠 **Central,** 🍴 71 59 70 67 – ☎
  ➡ *fermé oct., lundi soir et mardi du 1er nov. au 15 juin* – **R** 70/200 – 🍽 28 – **25 ch** 115/230 –
  ½ P 160/210.

  au Sud 3 km par D 151, rte de la Suchère et VO – ✉ **43400** Chambon-sur-Lignon :

- 🏠 **Bois Vialotte** 🦢, 🍴 71 59 74 03, ≤, parc – ☎ ❷ 💳 💈 rest
  ➡ *20 avril-20 mai et 10 juin-30 sept.* – **R** 70/110 – 🍽 33 – **17 ch** 145/250 – ½ P 175/245.

  à l'Est : 3,5 km par D 157 et D 185 – ✉ **43400** Chambon-sur-Lignon :

- 🏨 **Clair Matin** 🦢, 🍴 71 59 73 03, Fax 71 65 87 66, ≤, parc, 🌤, 🏊, 💈 – 📺 ☎ 🚗 ❷ –
  🔥 30. 🅰Ε ⓞ Ε 💳 💈 rest
  fermé mi-nov. à mi-déc. et 15 au 31 janv. – **R** *(fermé merc. d'oct. à avril)* 110/160, enf. 60
  – 🍽 40 – **30 ch** 300/380 – ½ P 300/340.

CITROEN Grand, 27/29 rte de St-Agrève   RENAULT Roux Ch., à le Sarzier 🍴 71 59 74 31
🍴 71 59 76 18   🅽 🍴 71 59 72 80

CHAMBORD 41250 L.-et-Ch. 🔢 ⑦⑧ – 206 h. alt. 71.

Voir Château★★★ (spectacle son et lumière★), G. Châteaux de la Loire.

Paris 174 – ◆Orléans 45 – Blois 18 – Châteauroux 99 – Romorantin-Lanthenay 40 – Salbris 54.

- 🏨 **Gd St-Michel** 🦢, 🍴 54 20 31 31, ≤, 🌤, « Face au château », 💈 – ☎ ❷ Ε 💳 💈 ch
  fermé 12 nov. au 20 déc. – **R** (dim. et fêtes prévenir) 105/180 – **38 ch** 🍽 210/360.

CHAMBORIGAUD 30530 Gard 🔢 ⑦ – 874 h. alt. 300.

Paris 707 – Alès 29 – Florac 54 – La Grand-Combe 19 – Nîmes 73 – Villefort 26.

- 🍴 **Les Camisards** avec ch, 🍴 66 61 47 93 – 📺 rest ❷ Ε 💳 💈
  fermé vacances de fév., mardi et merc. sauf juil.-août – **R** 75/200 🍷, enf. 50 – 🍽 25 – **3 ch**
  160 – ½ P 160.

CHAMBOULIVE 19450 Corrèze 🔢 ⑨ G. Berry Limousin – 1 218 h. alt. 435.

Paris 478 – Brive-la-Gaillarde 42 – Aubusson 92 – Bourganeuf 80 – Seilhac 9 – Tulle 23 – Uzerche 16.

- 🏠 **Deshors Foujanet,** 🍴 55 21 62 05, 🏊, 🌳 – ☎ ❷ ⓞ Ε 💳
  ➡ *fermé oct. et vacances de fév.* – **R** 65/180 🍷, enf. 45 – 🍽 20 – **29 ch** 120/220 – ½ P 160/220.

CITROEN Gar. Meyrignac 🍴 55 21 60 42   FIAT Gar. Constanty 🍴 55 21 61 54

CHAMBRAY 27120 Eure 🔢 ⑰ – 383 h. alt. 49.

Paris 95 – ◆Rouen 52 – Évreux 18 – Louviers 22 – Mantes-la-Jolie 37 – Vernon 18.

- 🍴🍴🍴 ❀ **Le Vol au Vent,** 🍴 32 36 70 05 – ⓞ Ε 💳
  fermé 9 au 23 sept., 7 au 28 janv., dim. soir., mardi midi et lundi – **R** 160/190
  Spéc. Belles de Normandie en sabayon de cidre, Feuilleté de ris de veau aux morilles, Millefeuille aux fruits.

CHAMBRAY-LÈS-TOURS 37 I.-et-L. 🔢 ⑮ – rattaché à Tours.

CHAMBRETAUD 85 Vendée 🔢 ⑤ – rattaché aux Herbiers.

Pour vos voyages,

en complément indispensable de ce guide

utilisez

les **cartes Michelin** détaillées à 1/200 000.

Env. E : Mer de glace★★★ et le Montenvers★★★ par chemin de fer électr. AY – SE : Aiguille du midi ※★★★ par téléphérique AY (station intermédiaire : plan de l'Aiguille★★ BZ) – NO : Le Brévent★★★ par téléphérique (station intermédiaire : Planpraz★★) AZ.

🏳 ✆ 50 53 06 28, N : 3 km BZ.

Tunnel du Mont-Blanc : **Péage en 1990** aller simple : autos 75 à 145 F, camions 365 à 730 F – Tarifs spéciaux AR pour autos et camions.

🛈 Office de Tourisme pl. Triangle de l'Amitié ✆ 50 53 00 24 et réservation hôtelière ✆ 50 53 23 33, Télex 385022.

Paris 614 ② – Albertville 67 ② – Annecy 94 ② – Aosta 62 ② – Bern 172 ① – Bourg-en-Bresse 186 ② – ♦Genève 83 ② – Lausanne 114 ① – Mont-Blanc (Tunnel du) 7 ② – Torino 175 ②.

Plans pages suivantes

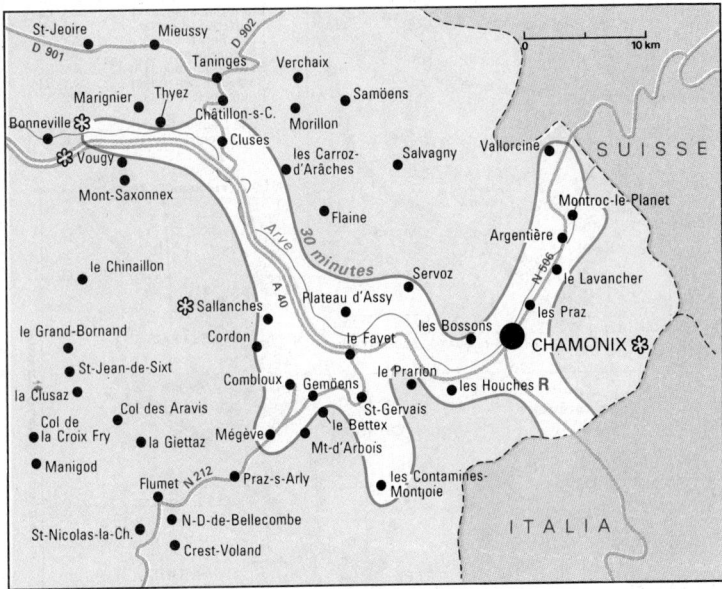

🏨 **Mont-Blanc et rest. Le Matafan,** pl. Église ✆ 50 53 05 64, Télex 385614, Fax 50 53 41 39, ≼, ⌖, « Jardin », ⛲, ⛷ – 🛗 ⛷ rest 📺 ☎ ⟺ 🅿 🆎 ⓞ Ɛ 𝗩𝗜𝗦𝗔 AY **g**
fermé 9 au 20 avril et 16 oct. au 19 déc. – **R** 160/350 ⑤, enf. 70 – ☲ 60 – **31 ch** 535/830, 13 appart. 1230 – ½ P 487/605.

🏨 **Alpina** Ⓜ, 79 av. Mt-Blanc ✆ 50 53 47 77, Télex 385090, Fax 50 55 98 99, ≼, ♨ – 🛗 ⛷ ch 📺 ☎ ♿ ⟺ – 🔺 150. 🆎 ⓞ Ɛ 𝗩𝗜𝗦𝗔 AX **t**
15 juin-10 oct. et 15 déc.-5 mai – **R** 130/220 ⑤, enf. 55 – ☲ 45 – **125 ch** 361/676, 9 appart. 822/976 – ½ P 416/493.

🏨 **Aub. du Bois Prin** Ⓜ ♨, aux Moussoux ✆ 50 53 33 51, Fax 50 53 48 75, ≼ massif du Mont-Blanc, ⌖, « Chalet fleuri », ⛲ – 🛗 ⛷ ch 📺 ☎ ⟺ 🅿 🆎 ⓞ Ɛ 𝗩𝗜𝗦𝗔 AZ **a**
fermé 21 mai au 6 juin, 21 oct. au 12 déc. – **R** (fermé merc. midi) 160/350, enf. 75 – ☲ 60 – **11 ch** 545/875 – ½ P 530/640.

🏨 ❀ **Albert I**er (Carrier) Ⓜ, 119 impasse du Montenvers ✆ 50 53 05 09, Télex 380779, Fax 50 55 95 48, ≼, ⌖, « Jardin fleuri », ♨, ⛲, ⛷ – 🛗 📺 ☎ ⟺ 🅿 🆎 ⓞ Ɛ 𝗩𝗜𝗦𝗔 AX **f**
⛷ rest
fermé 13 au 31 mai et 21 oct. au 5 déc. – **R** (fermé merc.) 170/420 – ☲ 60 – **17 ch** 400/650, 12 appart. 700/900 – ½ P 500/680.
Spéc. Boudin de canard au chou, Fondant de truite rose, Selle d'agneau aux beignets savoyards. **Vins** Marin, Mondeuse.

🏨 **Les Aiglons** Ⓜ, av. Courmayeur ✆ 50 55 90 93, ≼, ⌖ – 🛗 📺 ☎ ♿ ⟺ 🅿 – 🔺 50. 🆎 Ɛ 𝗩𝗜𝗦𝗔 ⛷ rest AY **m**
1er juin-15 oct. et 15 déc.-20 avril – **R** 120/350 – ☲ 60 – **52 ch** 800/1320, 4 appart. 1480 – ½ P 620/720.

tourner →

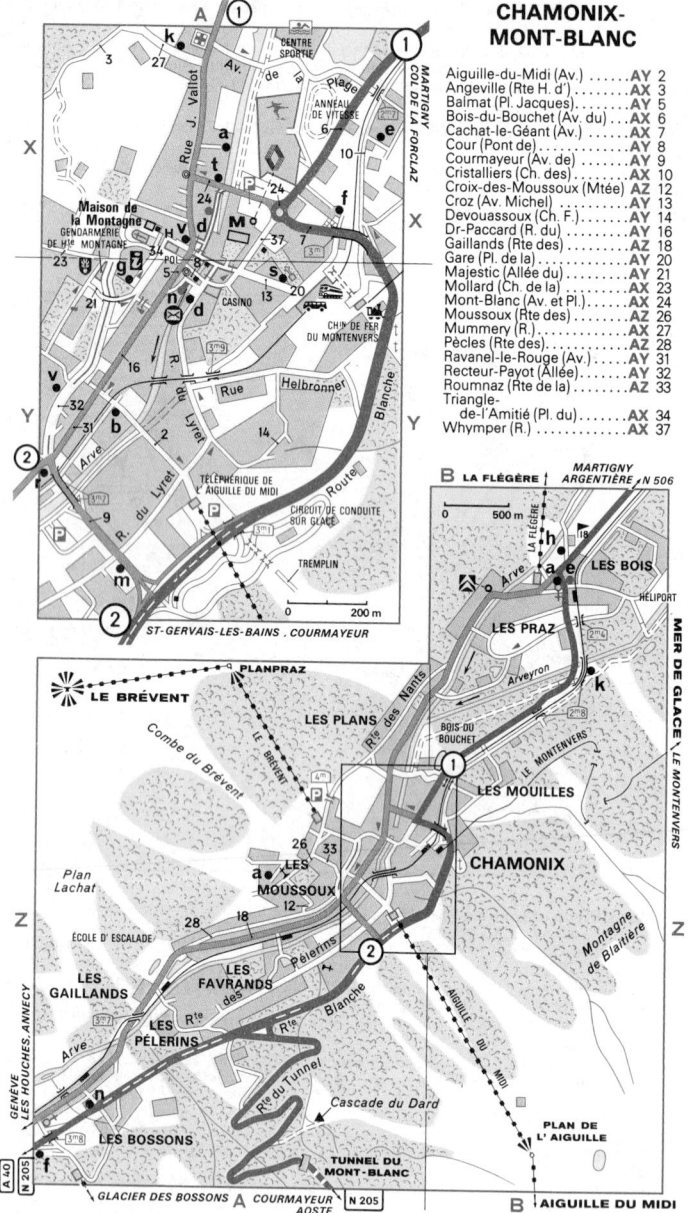

CHAMONIX-MONT-BLANC

Routes enneigées

Pour tous renseignements pratiques, consultez
les cartes Michelin « Grandes Routes » **998**, **999**, **916** ou **989**

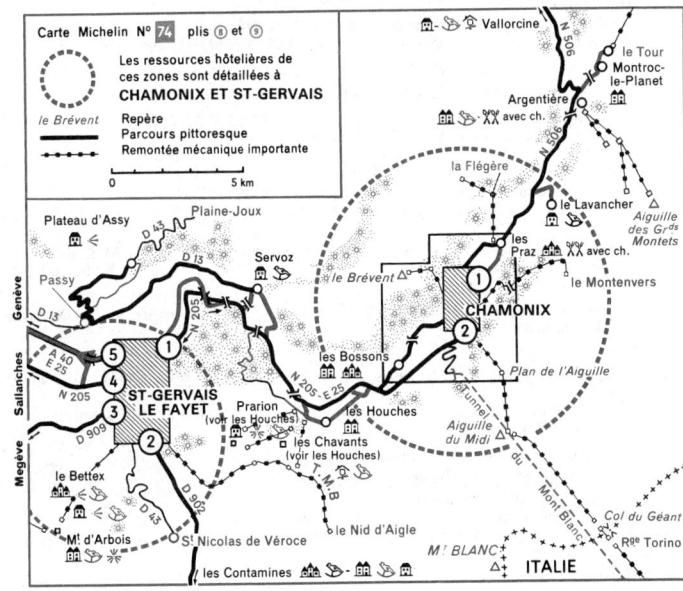

RESSOURCES HÔTELIÈRES
AUX ENVIRONS DE CHAMONIX ET SAINT GERVAIS

Carte Michelin N° **74** plis ⑧ et ⑨

Les ressources hôtelières de ces zones sont détaillées à **CHAMONIX ET ST-GERVAIS**

Repère
Parcours pittoresque
Remontée mécanique importante

0 .... 5 km

🏨 **Hermitage et Paccard** ⤴, r. Cristalliers 🕿 50 53 13 87, Fax 50 55 98 14, ≤, 🐴 – 🛗 📺
🕿 🅿 🖭 ⑩ 🄴 𝗩𝗜𝗦𝗔   AX **e**
1ᵉʳ juin-30 sept. et 18 déc.-30 avril – **R** 100/150, enf. 60 – 🖙 40 – **33 ch** 300/480, 3 appart.
700 – ½ P 320/360.

🏨 **Le Prieuré** Ⓜ, allée Recteur Payot 🕿 50 53 20 72, Fax 50 55 87 41, ≤, 🐴 – 🛗 cuisinette
📺 🕿 🅿 – 🔬 100. 🖭 ⑩ 🄴 𝗩𝗜𝗦𝗔   AY **v**
4 juin-1ᵉʳ oct. et 15 déc.-12 mai – **R** 105/135 &, enf. 60 – 🖙 38 – **89 ch** 312/496 –
½ P 320/376.

🏨 **Croix Blanche,** 87 r. Vallot 🕿 50 53 00 11, Fax 50 53 41 39, ≤, 🍽 – 🛗 🕿 🅿 🖭 ⑩ 🄴
𝗩𝗜𝗦𝗔   AX **v**
fermé 2 mai au 22 juin (sauf rest.) – **R** brasserie carte 115 à 175 &, enf. 45 – 🖙 32 – **35 ch**
238/396.

🏨 **La Sapinière-Montana** ⤴, 102 r. Mummery 🕿 50 53 07 63, Fax 50 53 10 14, 🐴 – 🛗
📺 🕿 🅿 🖭 🄴 𝗩𝗜𝗦𝗔. ⚯   AX **k**
8 juin-25 sept. et 20 déc.-25 avril – **R** 130/140 – 🖙 40 – **30 ch** 390/510 – ½ P 335/360.

🏠 **Vallée Blanche** sans rest, 36 r. Lyret 🕿 50 53 04 50, Fax 50 55 97 85, ≤ – 🛗 cuisinette
🖙 30 – **18 ch** 290/340.   AY **d**

🏠 **International** Ⓜ sans rest, 255 av. M. Croz 🕿 50 53 00 60, Télex 319238 – 🛗 📺 🕿
🚗, 🖭 ⑩ 🄴 𝗩𝗜𝗦𝗔   AY **s**
fermé 15 mai au 1ᵉʳ juin et 11 nov. au 7 déc. – 🖙 35 – **32 ch** 282/354.

🏠 **Arveyron,** av. du Bouchet par ① : 2 km 🕿 50 53 18 29, Fax 50 53 06 43, ≤, 🍽, 🐴 – 🕿
🅿. 🄴 𝗩𝗜𝗦𝗔. ⚯ rest   BZ **k**
8 juin-28 sept. et 20 déc.-vacances de printemps – **R** 72/96 – 🖙 27 – **28 ch** 144/311 –
½ P 188/250.

🏠 **Roma** sans rest, 289 r. Ravanel-le-Rouge 🕿 50 53 00 62, ≤, 🐴 – 🕿 🅿 ⑩ 🄴 𝗩𝗜𝗦𝗔. ⚯
fermé 12 oct. au 23 déc. – 🖙 30 – **30 ch** 250/310.   AY **r**

🏠 **Arve,** 60 impasse Anémones 🕿 50 53 02 31, Fax 50 53 56 92, ≤, 🐴 – 🛗 📺 🕿 🅿 🖭 ⑩
🄴 𝗩𝗜𝗦𝗔. ⚯ rest   AX **a**
hôtel : fermé 11 nov. au 20 déc. ; rest. : ouvert 15 juin-15 sept. et 21 déc.-8 avril – **R** 80/95
&, enf. 48 – 🖙 28 – **39 ch** 198/441 – ½ P 205/329.

🏠 **Au Bon Coin** sans rest, 80 av. Aiguille-du-Midi 🕿 50 53 15 67, Fax 50 53 51 51, ≤, 🐴 –
🕿 🅿. 🄴 𝗩𝗜𝗦𝗔. ⚯   AY **b**
1ᵉʳ juil.-1ᵉʳ oct. et 20 déc.-20 avril – 🖙 25 – **20 ch** 175/294.

tourner →

XX **Atmosphère,** 123 pl. Balmat ℘ 50 55 97 97 – AE ① E VISA — AY **n**
R 90/119, enf. 50.

XX **La Tartiffle,** 87 r. Moulins ℘ 50 53 20 02 – AE E VISA — AX **d**
fermé 15 mai au 15 juin, 15 au 30 oct., mardi midi et lundi hors sais. – **R** 90/150 &, enf. 50.

aux Praz-de-Chamonix N : 2,5 km – alt. 1 060 – ✉ **74400** Chamonix.

Voir La Flégère ⩽★★ par téléphérique BZ.

🏨 **Le Labrador et rest. La Cabane** M, au golf ℘ 50 55 90 09, Télex 319222, Fax 50 53 15 85,
⩽, 🎣 – 🛗 TV ☎ ℗ – ⚓ 30. AE ① E VISA — BZ **h**
R *(fermé 1er au 14 avril, 18 nov. au 20 déc., jeudi midi et merc. du 20 déc. au 30 avril sauF
fériés)* 160/360, enf. 70 – ☲ 50 – **32 ch** 670/720 – ½ P 350/510.

🏨 **Rhododendrons,** ℘ 50 53 06 39, ⩽, 🍴 – 🕾 ℗. E VISA. ℅ rest — BZ **a**
5 juin-20 sept. et 20 déc.-vacances de printemps – **R** 66/110 & – ☲ 28 – **19 ch** 160/280 –
½ P 190/230.

XX **Eden** M avec ch, ℘ 50 53 06 40, Fax 50 53 51 50, ⩽ – TV ☎ ℗. AE ① E VISA. ℅ ch — BZ **e**
fermé 1er au 15 juin, 5 nov. au 12 déc., lundi soir et mardi hors sais. – **R** 130/360 – ☲ 43 –
10 ch 380/480 – ½ P 340/360.

au Lavancher par ①, N 506 et VO : 6 km – alt. 1 100 – Sports d'hiver : voir à Chamonix –
✉ **74400** Chamonix.

Voir ⩽★★.

🏨 **Beausoleil** ⑤, ℘ 50 54 00 78, ⩽, 🍴, « Jardin fleuri », ℅ – TV ☎ ⇐ ℗. E VISA.
℅ rest
fermé 20 sept. au 20 déc. et le midi du 15 avril au 15 juin – **R** 90/170, enf. 55 – ☲ 32 –
15 ch 320/400 – ½ P 270/310.

aux Bossons par ② S : 3,5 km – alt. 1 005 – ✉ **74400** :

🏨 **Novotel** M, ℘ 50 53 26 22, Télex 385372, Fax 50 53 31 31, ⩽, 🍴, 🏊, 🌲 – 🛗 TV ☎ ⚒
⇐ ℗ – ⚓ 60. AE ① E VISA — AZ **f**
R carte environ 150 &, enf. 45 – ☲ 46 – **89 ch** 370/425.

🏨 **Aiguille du Midi,** ℘ 50 53 00 65, Fax 50 55 93 69, ⩽, 🍴, « Parc ombragé et fleuri », 🏊,
℅ – 🛗 TV ☎ ℗. E VISA. ℅ rest — AZ **n**
20 avril-20 sept., 20 déc.-6 janv., 20 fév.-16 mars – **R** 110/210, enf. 65 – ☲ 42 – **47 ch**
309/410 – ½ P 232/352.

CITROEN Greffoz, 1 273 rtes des Praz
℘ 50 53 18 32
CITROEN Gar. du Glacier, 220 rte des Rives les
Bossons ℘ 50 55 95 55

RENAULT Gar. du Bouchet, pl. du Mont-Blanc
℘ 50 53 01 75

Un conseil Michelin :

pour réussir vos voyages, préparez-les à l'avance.
Les cartes et guides Michelin, vous donnent toutes indications utiles sur :
itinéraires, visite des curiosités, logement, prix, etc.

CHAMPAGNAC 15350 Cantal 🟊🟊 ② – 1 411 h. alt. 620.

Paris 480 – Aurillac 78 – ◆Clermont-Ferrand 96 – Mauriac 22 – Ussel 43.

🏨 **Le Lavendès** ⑤, Château de Lavendès ℘ 71 69 62 79, 🏊, 🌲 – TV ☎ ℗. AE E VISA.
℅
*fermé 20 déc. au 10 mars, lundi sauf le soir du 15 juin au 15 sept. et dim. soir du 15 sept.
au 15 juin* – **R** 135/230, enf. 60 – ☲ 40 – **8 ch** 340/460 – ½ P 350/400.

CHAMPAGNAC-DE-BELAIR 24 Dordogne 🟊🟊 ⑤ – rattaché à Brantôme.

CHAMPAGNE-AU-MONT-D'OR 69 Rhône 🟊🟊 ⑪ – rattaché à Lyon.

CHAMPAGNEY 70 H.-Saône 🟊🟊 ⑦ – rattaché à Ronchamp.

CHAMPAGNOLE 39300 Jura 🟊🟊 ⑤ G. Jura – 10 076 h. alt. 538.

Voir Musée archéologique : plaques-boucles★ M.

🄵 Office de Tourisme Annexe Hôtel-de-Ville ℘ 84 52 43 67.

Paris 424 ④ – ◆Besançon 74 ④ – Dole 60 ④ – ◆Genève 89 ② – Lons-le-Saunier 34 ③ – Pontarlier 43 ① –
St-Claude 52 ②.

Plan page ci-contre

🏨 **La Vouivre** M ⑤, NO : 2 km par D 5 et VO ℘ 84 52 10 44, 🍴, « Parc », 🏊, ℅ – TV
☎ ℗. E VISA. ℅ rest
1er mai-15 déc. – **R** 93/150 – ☲ 30 – **20 ch** 240/310 – ½ P 215/250.

🏨 **Ripotot,** 54 r. Mar. Foch (e) ℘ 84 52 15 45, 🌲, ℅ – 🛗 ☎ ⇐. AE ① E VISA
12 avril-15 oct. – **Belle Époque** ℘ 84 52 28 86 (1er mai-fin sept. et fermé mardi soir et
merc.sauf juil.-août) **R** 98/250 & Enf.50 – ☲ 26 – **50 ch** 120/270 – ½ P 240/300.

🏚 **Parc,** 13 r. P. Cretin **(v)** ℰ 84 52 13 20,
Fax 84 52 27 62 – 📺 ☎ 🚐 🅿 🆎 ⓪ 🗧
🗧
fermé nov. et dim. hors sais. – **R** (dîner
seul.) 65/160 🍴, enf. 40 – ⊑ 26 – **20 ch**
190/260.

🏚 **Pont de Gratteroche,** par ④ : 5 km sur
N 5 ℰ 84 51 70 46, 😤, 🖼 – 📺 ☎ 🅿 🆎
⓪ 🗧 🗧
*fermé 23 sept. au 8 oct., 22 déc. au 8 janv.,
dim. soir et lundi du 1er sept. au 30 juin* –
R 65/110 🍴, enf. 40 – ⊑ 26 – **22 ch** 210/250
– ½ P 190.

XX **Château d'Eau,** 31 r. Baronne Delort **(f)**
ℰ 84 52 60 14, 😤 – 🗧 🗧
R 70/160 🍴, enf. 45.

X **Taverne de l'Epée,** 2 r. Pont de l'Epée **(a)**
ℰ 84 52 03 85 – 🗧 🗧
fermé lundi – **R** 55/115 🍴, enf. 30.

CHAMPAGNOLE
République (Av. de la) . . 4
Lattre-de-T. (Av. de) . . . 3
3-Septembre (Pl. du) . . 5

rte de Genève par ② : 7,5 km – ✉ **39300** Champagnole :

XXX **Aub. des Gourmets** avec ch, ℰ 84 51 60 60, ≤, 😤 – 📺 ☎ 🅿 🆎 ⓪ 🗧
fermé 15 nov. au 20 déc., 5 au 25 janv., dim. soir et lundi sauf vacances scolaires –
R 79/320, enf. 48 – ⊑ 30 – **7 ch** 240/280 – ½ P 300.

ALFA-ROMEO Gar. Cuynet, r. Baronne-Delort
ℰ 84 52 09 78
PEUGEOT-TALBOT Ganeval, av. de Lattre-de-Tas-
signy ℰ 84 52 07 78

RENAULT Gar. Poix-Daude, à Pont-du-Navoy par
③ ℰ 84 51 21 80

🛢 Girardot Pneus, r. Égalité ℰ 84 52 21 52
Pneus-Maréchal, 44 r. Liberté ℰ 84 52 07 96

CHAMPAGNY-EN-VANOISE 73350 Savoie 🗗 ⑱ G. Alpes du Nord – 444 h. alt. 1 250.

Voir Retable★ dans l'église.

Paris 628 – Albertville 43 – Chambéry 32 – Moûtiers 19.

🏨 **Bellevue** M ⟍, ℰ 79 55 05 00, Télex 309770, ≤ Vanoise, 😤 – 📳 📺 ☎ 🕭 🚗 –
🍸 40. 🗧 🗧
6 juil.-1er sept. et 21 déc.-3 mai – **R** 90/220, enf. 60 – **32 ch** ⊑ 450/590 – ½ P 390/490.

🏚 **Les Glières,** ℰ 79 55 05 52, ≤ – ☎ 🅿 🗧 🗧
hôtel : 15 juin-15 sept. et 15 déc.-30 avril ; rest. : 1er juil.-31 août et 15 déc.-30 avril –
R 85/140 🍴 – ⊑ 32 – **20 ch** 231/363 – ½ P 314/356.

CHAMPDIEU 42 Loire 🗗 ⑰ – rattaché à Montbrison.

CHAMPEAUX 50530 Manche 🗗 ⑦ – 324 h. alt. 78.

Paris 360 – St-Malo 83 – Avranches 17 – Granville 14 – St-Lô 70.

XX **Marquis de Tombelaine et H. les Hermelles** M ⟍ avec ch, sur D 911 ℰ 33 61 85 94,
≤, 😤, 🖼 – ☎ 🅿 🗧 🗧
fermé janv., mardi soir et merc. du 21 sept. au 30 juin – **R** 95/250 🍴, enf. 45 – ⊑ 22 –
6 ch 280 – ½ P 255/350.

CHAMPEIX 63320 P.-de-D. 🗗 ⑭ G. Auvergne – 1 166 h. alt. 456.

Paris 428 – ✦ Clermont-Ferrand 30 – Condat 50 – Issoire 13 – Le Mont-Dore 38 – Thiers 56.

X **Promenade,** ℰ 73 96 70 24 – 🗧 🗧
fermé merc. sauf du 1er juil. au 15 sept. – **R** 70/200, enf. 45.

PEUGEOT Gar. Thiers ℰ 73 96 73 18

CHAMPIGNY 89370 Yonne 🗗 ⑬ – 1 741 h. alt. 59.

Paris 99 – Fontainebleau 34 – Auxerre 76 – Montereau-faut-Yonne 17 – Nemours 37 – Sens 19.

XXX **Vieille France,** au Petit Chaumont O : 2,5 km ℰ 86 96 62 08, 😤, 🖼 – 🅿 ⓪
🗧 🗧
fermé 20 au 28 août, 15 au 30 janv., dim. soir, mardi soir et merc. – **R** 100/180, enf. 60.

CHAMPIGNY 91 Essonne 🗗 ⑩ – rattaché à Étampes.

CHAMPIGNY 51 Marne 🗗 ⑥ – rattaché à Reims.

CHAMPILLON 51 Marne 🗗 ⑯ – rattaché à Épernay.

CHAMPROSAY 91 Essonne 🗗 ①, 🗗 ㊼ – voir à Paris, Environs.

CHAMPS-SUR-MARNE 77 S.-et-M. 🗗 ⑫, 🗗 ⑲ – Voir à Paris, Environs.

Env. Gorges de la Rhue★★ SE : 9 km, **G. Auvergne**.

Paris 476 – Aurillac 93 – ♦Clermont-Ferrand 92 – Condat 24 – Mauriac 37 – Ussel 37.

🏨 **Aub. du Vieux Chêne** ⟘, ℰ 71 78 71 64, ☞ – ☎ **P**. **E** 𝐕𝐈𝐒𝐀
◆ *fermé 1ᵉʳ janv. au 15 mars, dim. soir et lundi sauf juil.-août* – **R** 65/190 – ⊇ 30 – **20 ch**
190/240 – ½ P 210/220.

CHAMPS-SUR-YONNE 89 Yonne 65 ⑤ – rattaché à Auxerre.

CHAMPTOCEAUX 49270 M.-et-L. 63 ⑱ **G. Châteaux de la Loire** – 1 396 h. alt. 70 – ✪ (Loire-Atlantique).

Voir Site★ – Promenade de Champalud ≤★★.

🛈 Syndicat d'Initiative à la Mairie (juil.-août) ℰ 40 83 52 31.

Paris 360 – ♦Nantes 31 – Ancenis 10 – Angers 64 – Beaupréau 30 – Cholet 50 – Clisson 34.

🏠 **Chez Claudie**, Le Cul du Moulin NO : 1 km sur D 751 ℰ 40 83 50 43 – ☎ **P**. **E** 𝐕𝐈𝐒𝐀
fermé 7 au 14 mai, 1ᵉʳ au 15 juin, 5 au 20 fév., dim. soir et lundi – **R** 80/190 – ⊇ 25 –
10 ch 170/200.

🏠 **Voyageurs**, ℰ 40 83 50 09 – ☎. **E** 𝐕𝐈𝐒𝐀
◆ *fermé 16 déc. au 26 janv.* – **R** *(fermé merc.)* 49 bc/180 ⚶, enf. 45 – ⊇ 20 – **17 ch** 140/170
– ½ P 120/140.

XXX ✿ **Les Jardins de la Forge** (Pauvert), pl. Piliers ℰ 40 83 56 23 – 𝔸𝔼 ⓞ **E** 𝐕𝐈𝐒𝐀
fermé 8 au 23 oct., vacances de fév., dim. soir, mardi soir et merc. – **R** 145/355
Spéc. Poêlée de St-Jacques et croustade de cèpes (nov. à avril), Pavé de turbot rôti au Bonnezeaux,
Pigeonneau rôti au jus de truffes.

CHAMROUSSE 38 Isère 77 ⑤ **G. Alpes du Nord** – 607 h. alt. 1 650 – Sports d'hiver : 1 650/2 250 m ⟜1
⟝25 ⟞ – ⊠ **38410** Uriage.

Env. E : Croix de Chamrousse ⁂★★★ par téléphérique.

🛈 Office de Tourisme Le Recoin ℰ 76 89 92 65, Télex 308347.

Paris 596 – ♦Grenoble 29 – Allevard 59 – Chambéry 80 – Uriage-les-Bains 19 – Vizille 28.

🏨 **Hermitage**, le Recoin ℰ 76 89 93 21, ≤ – ☎ ⟷ – ⟛ 30. 𝔸𝔼 **E** 𝐕𝐈𝐒𝐀
20 déc.-8 avril – **R** 110/150 – ⊇ 33 – **48 ch** 375/455 – ½ P 330/410.

CHANAC 48230 Lozère 80 ⑤ – 976 h. alt. 650.

Paris 592 – Mende 21 – Espalion 77 – Florac 46 – Rodez 90 – Sévérac-le-Château 46.

🏯 **Voyageurs**, ℰ 66 48 20 16, ☞ – ☎ **P**. **E** 𝐕𝐈𝐒𝐀
◆ *fermé 20 déc. au 6 janv., vend. soir et sam. du 10 nov. au 15 mars* – **R** 54/120 ⚶, enf. 40 –
⊇ 22 – **17 ch** 110/180 – ½ P 145/180.

aux Salelles O : 6 km par N 88 – ⊠ **48230** Chanac :

XX **La Lauze** ⟘ avec ch, ℰ 66 48 21 80, ≤, ⟨⟩, ☞ – **P**
23 mars-30 sept. et fermé mardi, merc. et jeudi du 23 mars au 31 mai sauf fériés – **R** 120
– ⊇ 40 – **4 ch** 220/300.

RENAULT Daudé ℰ 66 48 20 99

CHANAS 38150 Isère 76 ⑩ , 77 ① – 1 486 h. alt. 150.

Paris 516 – ♦Grenoble 85 – ♦Lyon 55 – ♦St-Étienne 74 – Valence 47.

🏨 **Halte OK** Ⓜ, à l'échangeur A 7 ℰ 74 84 27 50, Télex 308975, Fax 74 84 36 61, ⟨⟩ – ⟦⟧ ⟠
📺 ☎ ⚶ **P** – ⟛ 25 à 100. **E** 𝐕𝐈𝐒𝐀
R *(fermé sam. midi et dim.)* 85/140 ⚶ – ⊇ 38 – **42 ch** 230/280.

RENAULT Rolland ℰ 75 31 00 37   ✸ Dorcier ℰ 74 84 28 73

CHANDAI 61 Orne 60 ⑤ – rattaché à L'Aigle.

CHANGÉ 72 Sarthe 65 ⑬ – rattaché au Mans.

CHANTELLE 03140 Allier 73 ④ **G. Auvergne** – 1 084 h. alt. 324.

🛈 Syndicat d'Initiative pl. Oscambre (juin-15 sept.) ℰ 70 56 62 37.

Paris 337 – Moulins 45 – Aubusson 109 – Gannat 17 – Montluçon 54 – St-Pourçain-sur-Sioule 14.

🏯 **Poste**, ℰ 70 56 62 12, ☞ – ☎ **P**. **E** 𝐕𝐈𝐒𝐀
◆ *fermé 27 sept. au 15 oct., 10 au 25 fév. et merc. hors sais.* – **R** 50/105 ⚶, enf. 48 – ⊇ 19 –
12 ch 95/160 – ½ P 157/198.

RENAULT Touzain ℰ 70 56 61 55

CHANTEMERLE 05 H.-Alpes 77 ⑱ – rattaché à Serre-Chevalier.

CHANTEPIE 35 I.-et-V. 59 ⑰ – rattaché à Rennes.

CHANTILLY 60500 Oise 📖 ⑪ . 📖 ⑧ G. Ile de France – 10 208 h. alt. 57.

Voir Château*** B : musée**, parc**, jardin anglais* – Grandes Écuries** B : musée vivant du Cheval*.

Env. Site* du château de la Reine-Blanche S : 5,5 km.

🏌🏌 ℰ 44 57 04 43, N : 1,5 km par D 44 B ; 🏌🏌 du Lys (privé) ℰ 44 21 26 00, à Lys-Chantilly par ③ – 🅱 Office de Tourisme 23 av. Mar.-Joffre ℰ 44 57 08 58.

Paris 50 ② – Compiègne 44 ① – Beauvais 44 ⑤ – Clermont 25 ⑤ – Meaux 48 ② – Pontoise 35 ④.

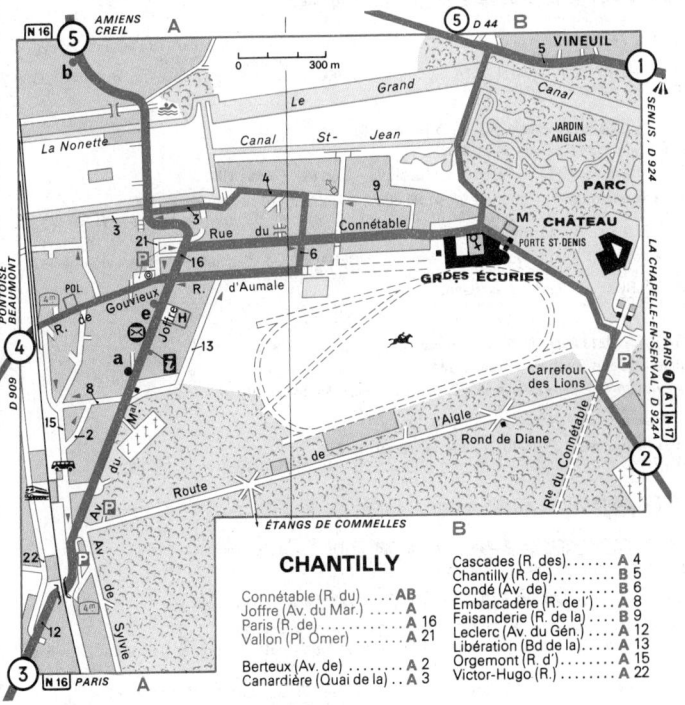

CHANTILLY

Connétable (R. du) .... **AB**	Cascades (R. des)........ **A 4**
Joffre (Av. du Mar.) ..... **A**	Chantilly (R. de)......... **B 5**
Paris (R. de)........... **A 16**	Condé (Av. de) .... **B 6**
Vallon (Pl. Omer) .... **A 21**	Embarcadère (R. de l')... **A 8**
	Faisanderie (R. de la).... **B 9**
Berteux (Av. de) .... **A 2**	Leclerc (Av. du Gén.).... **A 12**
Canardière (Quai de la) .. **A 3**	Libération (Bd de la).... **A 13**
	Orgemont (R. d')........ **A 15**
	Victor-Hugo (R.) .... **A 22**

🏨 **Parc** Ⓜ sans rest, 36 av. Mar. Joffre ℰ 44 58 20 00, Télex 155007, Fax 44 57 31 10, 🍴 –
📺 🕿 & 🅿 – 🔬 30 à 80. ◯⊡ 🄴 𝘝𝘐𝘚𝘈   A a
🍽 55 – **58 ch** 380/550.

🏨 **Campanile,** rte Creil par ⑤ ℰ 44 57 39 24, Télex 140065 – 📺 🕿 & 🅿 – 🔬 30. 🄴 𝘝𝘐𝘚𝘈
R 74 bc/98 bc, enf. 39 – 🍽 27 – **50 ch** 248 – ½ P 225/249.

🍴🍴🍴 **Relais du Coq Chantant,** 21 rte Creil ℰ 44 57 01 28 – 🄰🄴 ◯ 🄴 𝘝𝘐𝘚𝘈   A b
R 105/325, enf. 62.

🍴🍴 **Tipperary,** 6 av. Mar. Joffre ℰ 44 57 00 48, Fax 44 58 15 38 – 🄰🄴 ◯ 🄴 𝘝𝘐𝘚𝘈   A e
R 148/260.

à *Montgrésin* par ② : 5 km – ✉ 60560 Orry-la-Ville :

🏨 **Relais d'Aumale** Ⓜ 🔖, ℰ 44 54 61 31, Télex 155103, Fax 44 54 69 15, 🍴, 🌳, ✵ – 📶
📺 🕿 & 🅿 – 🔬 50. 🄰🄴 ◯ 🄴 𝘝𝘐𝘚𝘈
R (fermé 22 déc. au 2 janv.) 180/195 – 🍽 40 – **22 ch** 410/450 – ½ P 420/440.

🍴🍴 **Forêt,** ℰ 44 60 61 26, Télex 155582, 🍴, parc – 🅿. 🄰🄴 🄴 𝘝𝘐𝘚𝘈
fermé lundi et mardi – **R** 170 bc, enf. 85.

à *Coye-la-Forêt* par ② et D 118 : 8,5 km – ✉ 60580 :

🍴🍴🍴 **Les Étangs,** ℰ 44 58 60 15, 🍴, 🌳 – ✂. 🄰🄴 🄴 𝘝𝘐𝘚𝘈
fermé du 11 au 11 sept., 15 janv. au 15 fév., lundi soir et mardi – **R** 140/190.

à *Lys-Chantilly* par ③ : 7 km – ✉ 60260 Lamorlaye.

Voir Abbaye de Royaumont** S : 1,5 km.

🏨 **Host. du Lys** 🔖, rond-point Reine ℰ 44 21 26 19, Télex 150298, Fax 44 21 28 19, 🍴, 🌳
– 📺 🕿 🅿 – 🔬 100. 🄰🄴 ◯ 🄴 𝘝𝘐𝘚𝘈
R (fermé 20 déc. au 2 janv.) 171/300, enf. 54 – 🍽 40 – **35 ch** 385/470 – ½ P 250/415.

à Gouvieux par ④ : 3,5 km – 9 345 h. – ✉ **60270** :

🏨 **Château de la Tour** ♠, ℘ 44 57 07 39, Télex 155014, ≼, « Parc boisé », ✗ – ☎ 🅿 – ⚐ 40. 🖭 E 💳
R 98/250 – ➷ 40 – **43 ch** 400/690.

rte de Creil par ⑤ : 3,5 km – ✉ **60740** St-Maximin :

XXX **Le Verbois**, N 16 ℘ 44 24 06 22, 🌥, 🎋 – 🅿, ⓞ E 💳
fermé 15 au 29 fév., dim. soir et lundi – **R** 170, enf. 125.

BMW-HONDA Saint-Merri Chantilly, ZA du Coq
Chantant RN 16 ℘ 44 57 49 45
CITROEN Terrasse Autom. Creil, N 16 ZA du Coq
Chantant à Gouvieux par Chantilly ℘ 44 57 02 98

CITROEN Gar. Desbois, 37 r. du Havre à Précy-
sur-Oise par ④ ℘ 44 27 71 28
OPEL Gar. Sadell, 33 av. Mar.-Joffre ℘ 44 57 05 09

CHANTONNAY 85110 Vendée 🖳 ⑮ – 6 470 h. alt. 65.

🏢 Office de Tourisme pl. Liberté ℘ 51 94 46 51.

Paris 409 – La Roche-sur-Yon 33 – Cholet 52 – ◆Nantes 73 – Niort 69 – Poitiers 118.

🏨 **Le Mouton**, 31 r. Nationale ℘ 51 94 30 22 – ↜ rest 📺 ☎ 🅿. 🖭 E 💳
➡ *fermé 12 au 28 nov., dim. soir et lundi du 10 sept. au 12 juil. sauf fêtes* – **R** 59/175 ♨,
enf. 55 – ➷ 29 – **11 ch** 170/275 – ½ P 168/198.

CITROEN Auto Sce-Chantonnaysien, 55 av. Mar.-
de-Lattre-de-Tassigny ℘ 51 94 80 83
PEUGEOT-TALBOT Gar. Réau, 42 av. Batiot
℘ 51 94 30 23 🅽

RENAULT Gar. Paquiet, r. Mar.-de-Lattre-de-Tassi-
gny ℘ 51 94 31 03

CHAOURCE 10210 Aube 🖳 ⑰ G. Champagne – 1 106 h. alt. 149.

Voir Église St-Jean-Baptiste : sépulcre★★.

Paris 185 – Auxerre 68 – Bar-sur-Aube 56 – Châtillon-sur-Seine 46 – St-Florentin 37 – Tonnerre 30.

à Maisons-lès-Chaource – ✉ **10210** :

🏠 **Aux Maisons**, ℘ 25 70 07 19 – ☎ ♿ 🅿. E 💳
➡ **R** *(fermé dim. soir)* 68/140 ♨, enf. 50 – ➷ 25 – **16 ch** 110/195 – ½ P 135/190.

La CHAPELLE 19 Corrèze 🖳 ⑪ – rattaché à Meymac.

La CHAPELLE-BASSE-MER 44450 Loire-Atl. 🖳 ⑱, 🖳 ④ – 3 560 h. alt. 50.

Paris 369 – ◆ Nantes 23 – Ancenis 21 – Clisson 17.

à la Pierre Percée NO : 4 km par D 53 – ✉ **44450** La Chapelle-Basse-Mer :

XX **Pierre Percée** avec ch, D 751 ℘ 40 06 33 09, ≼, 🌥 – E 💳
fermé 15 au 29 oct., 1er au 8 fév., dim. soir et lundi – **R** 115/297, enf. 64 – ➷ 22 – **5 ch**
130/150.

RENAULT Gar. Terrien ℘ 40 06 31 52 🅽

RENAULT Gar. Central ℘ 40 06 33 79
🅽 ℘ 40 03 64 04

La CHAPELLE-D'ABONDANCE 74360 H.-Savoie 🖳 ⑱ G. Alpes du Nord – 552 h. alt. 1 020 – Sports
d'hiver : 1 000/1 800 m ✜1 ✚11 🎿.

🏢 Office de Tourisme ℘ 50 73 51 41.

Paris 602 – Thonon-les-Bains 34 – Annecy 109 – Châtel 5,5 – Évian-les-Bains 34 – Morzine 45.

🏨 **Cornettes** Ⓜ, ℘ 50 73 50 24, Fax 50 73 54 16, 🔲, 🎋 – 🛗 cuisinette 📺 ☎ 🚗 🅿 –
⚐ 40. E 💳
fermé 20 avril au 15 mai et 20 oct. au 15 déc. – **R** 90/300 ♨, enf. 60 – ➷ 35 – **40 ch**
240/300 – ½ P 225/310.

🏨 **L'Ensoleillé**, ℘ 50 73 50 42, 🎋 – 🛗 📺 ☎ 🅿. E 💳
début juin-15 sept. et Noël-Pâques – **R** 85/260 – **34 ch** ➷ 210/260 – ½ P 220/280.

🏨 **Le Chabi** ♠, ℘ 50 73 50 14, ≼, 🌊 – 📺 ☎ 🅿. E 💳
20 juin-15 sept. et 20 déc.-11 mai – **R** 95/135, enf. 65 – ➷ 31 – **21 ch** 210/270 – ½ P 225/290.

🏠 **L'Alpage** Ⓜ, ℘ 50 73 50 25, Fax 50 73 52 43, 🎋 – 🛗 📺 ☎ 🅿 – ⚐ 40. E 💳
✗ rest
début mai-fin sept. et 15 déc.-15 avril – **R** 85/190, enf. 52 – ➷ 30 – **32 ch** 230/300 –
½ P 250/290.

🏠 **Vieux Moulin** ♠, rte Chevenne ℘ 50 73 52 52 – 📺 ☎ 🅿. E 💳
16 mai-15 oct. et 24 déc.-15 avril – **R** *(fermé dim. soir et lundi hors sais.)* 85/200, enf. 60 –
➷ 25 – **14 ch** 240 – ½ P 190/260.

🏠 **Le Rucher** ♠, à la Pantiaz E : 1,5 km ℘ 50 73 50 23, ≼, 🎋 – ☎ 🅿. E 💳
➡ ✗ rest
15 juin-15 sept. et 20 déc.-20 avril – **R** 65/70, enf. 40 – ➷ 22 – **22 ch** 140/300 – ½ P 190/
260.

CHAPELLE-DES-BOIS 25240 Doubs 70 ⑯ – 217 h. alt. 1 080 – Sports d'hiver : ✦.

🚗 des Mélèzes ✆ 81 69 21 82, sortie de ville.

Paris 464 – Genève 70 – Lons-le-Saunier 69 – Pontarlier 50.

🏠 **Les Mélèzes**, ✆ 81 69 21 82, ≤ – ☎
  fermé 13 au 30 mai, 15 nov. au 20 déc., mardi et merc (hors sais.) – **R** 75/170 ⚓, enf. 35 –
  ⬜ 35 – **10 ch** 180/240 – ½ P 175/240.

La CHAPELLE-DU-GENÊT 49 M.-et-L. 67 ⑤ – rattaché à Beaupréau.

La CHAPELLE-EN-SERVAL 60520 Oise 56 ⑪ – 1 386 h. alt. 66.

Paris 37 – Compiègne 41 – Beauvais 54 – Chantilly 10 – Lagny 73 – Meaux 35 – Senlis 10.

🏨 **Mont-Royal** Ⓜ ⬆, E : 2 km par D 118 ✆ 44 60 61 62, Télex 155696, Fax 44 60 63 63, ≤,
  🍴, parc, 🔲, ⚺ – 📶 ☰ 📺 ☎ ⚄ ☎ – 🛎 150. ⚙ Ⓔ Ⓔ 𝑉𝐼𝑆𝐴
  R 230 et carte 200 à 320 – ⬜ 90 – **102 ch** 1250/1350.

La CHAPELLE-EN-VALGAUDEMAR 05800 H.-Alpes 77 ⑯ G. Alpes du Nord – 184 h. alt. 1 100.

Voir Les Portes ≤★ sur le pic d'Olan – Les Oulles du Diables★ – Cascade du Casset★ NE :
3,5 km.

Env. Chalet-hôtel du Gioberney : cirque★★, cascade "voile de la mariée"★ E : 9 km.

🏛 Syndicat d'Initiative (saison) ✆ 92 55 23 21.

Paris 656 – Gap 48 – ◆Grenoble 91 – La Mure 53.

🏠 **Mont-Olan**, ✆ 92 55 23 03, ≤, 🍴, 🌳 – ☎. Ⓔ 𝑉𝐼𝑆𝐴
  11 avril-4 oct. – **R** 62/104 ⚓, enf. 45 – ⬜ 21 – **36 ch** 104/220 – ½ P 175/215.

La CHAPELLE-EN-VERCORS 26420 Drôme 77 ⑭ G. Alpes du Nord – 728 h. alt. 945 – Sports d'hiver
au Col de Rousset : 1 255/1 700 m ⚡9 ✦.

🏛 Office de Tourisme à la Mairie ✆ 75 48 22 54.

Paris 605 – ◆Grenoble 62 – Valence 63 – Die 40 – Romans-sur-Isère 45 – St-Marcellin 32.

🏨 **Bellier** ⬆, ✆ 75 48 20 03, Télex 306022, Fax 75 48 25 31, 🍴, 🌳 – 📺 ☎ ☎. ⚙ ⚄ Ⓔ
  𝑉𝐼𝑆𝐴
  22 juin-22 sept. – **R** 87/205, enf. 67 – ⬜ 35 – **12 ch** 220/380 – ½ P 260/320.

🍴 **Sports,** ✆ 75 48 20 39 – ☎ 🚗. Ⓔ 𝑉𝐼𝑆𝐴. 🐾 ch
  fermé 12 nov. au 15 janv., dim. soir sauf vacances scolaires et fériés – **R** 68/120 – ⬜ 22 –
  15 ch 105/210 – P 140/192.

🍴 **Nouvel H.,** ✆ 75 48 20 09 – ☎ 🚗. 🐾 rest
  1er fév.-20 oct. – **R** 72/112 ⚓ – ⬜ 22 – **35 ch** 108/260 – ½ P 148/218.

CITROEN Gar. Duclot ✆ 75 48 21 26 Ⓝ   RENAULT Gar. Dherbassy ✆ 75 48 21 59

La CHAPELLE-ST-MESMIN 45 Loiret 64 ⑨ – rattaché à Orléans.

La CHAPELLE-VENDOMOISE 41330 L.-et-Ch. 64 ⑦ – 623 h. alt. 116.

Paris 194 – ◆Orléans 72 – Blois 13 – ◆Tours 76 – Vendôme 32.

🍴🍴 **La Flambée,** ✆ 54 20 16 04 – Ⓔ 𝑉𝐼𝑆𝐴
  fermé 1er au 15 juil., vacances de fév., mardi soir, dim. soir et merc. – **R** 80/185, enf. 60.

CHARAVINES 38850 Isère 74 ⑭ G. Vallée du Rhône – 1 189 h. alt. 510.

Voir Lac de Paladru★ N : 1 km.

🏛 Syndicat d'Initiative (juin-15 sept.) ✆ 76 06 60 31.

Paris 532 – ◆Grenoble 40 – Belley 49 – Chambéry 52 – La Tour-du-Pin 22 – Voiron 13.

🏨 **Poste,** ✆ 76 06 60 41, 🍴 – 📺 ☎. ⚙ Ⓔ 𝑉𝐼𝑆𝐴
  fermé 11 au 30 nov., 2 au 18 janv., dim. soir et lundi – **R** 93/220, enf. 50 – ⬜ 30 – **20 ch**
  175/265 – ½ P 225/250.

  au Nord : 1,5 km par D 50 – ⬅ **38850** Charavines :

🏨 **Beau Rivage,** ✆ 76 06 61 08, ≤, 🍴, 🛶 – ☎ ☎. Ⓔ 𝑉𝐼𝑆𝐴. 🐾 ch
  fermé 25 oct. au 5 nov., 15 déc. au 15 fév., dim. soir de sept. à juin et lundi (sauf hôtel) en
  juil.-août – **R** 70/260, enf. 60 – ⬜ 35 – **27 ch** 140/230 – ½ P 180/200.

PEUGEOT, TALBOT Gar. Lambert ✆ 76 06 60 43

CHARBONNIÈRES-LES-BAINS 69 Rhône 74 ⑪ – rattaché à Lyon.

*If you are held up on the road - from 6pm onwards -
confirm your hotel booking by telephone.
It is safer and quite an accepted practice.*

CHARBONNIÈRES-LES-VIEILLES 63410 P.-de-D. 🔟🗿 ④ – 866 h. alt. 618.

Voir Gour (lac) de Tazenat★ S : 2 km, **G. Auvergne**.

Paris 376 – ◆Clermont-Ferrand 36 – Aubusson 84 – Montluçon 72 – Riom 21 – Vichy 48.

🏛 **Parc,** 𝒫 73 86 63 20, 🚗 – 𝑽𝑰𝑺𝑨. 🛇
↠ **R** *(fermé jeudi soir hors sais.)* 55/140 ᐖ, enf. 50 – 🖙 21 – **8 ch** 80/110 – ½ P 180.

MAZDA Gar. Marchand 𝒫 73 86 63 05

CHARENTON 58 Nièvre 🔢 ⑬ – rattaché à Pouilly-sur-Loire.

Évitez de fumer au cours du repas :
vous altérez votre goût et vous gênez vos voisins.

La CHARITÉ-SUR-LOIRE 58400 Nièvre 🔢 ⑬ **G. Bourgogne** – 6 422 h. alt. 175.

Voir Église N.-Dame★★ : ≤★★ sur le chevet.

🅱 Office de Tourisme pl. Ste-Croix (saison) 𝒫 86 70 15 06 et à l'Hôtel de Ville (hors saison) 𝒫 86 70 16 12

Paris 214 ① – Bourges 51 ④ – Autun 127 ③ –
Auxerre 95 ② – Montargis 101 ① – Nevers
24 ③.

🏛 **Terminus,** 23 av. Gambetta **(s)**
↠ 𝒫 86 70 09 61 – 🕿 🅿 🄴 𝑽𝑰𝑺𝑨. 🛇
fermé 17 au 24 juin, 22 déc. au 22
janv. et lundi – **R** 60/155 – 🖙 27 –
10 ch 120/220.

🟈🟈 **Gd Monarque** avec ch, 33 quai
Clémenceau **(e)** 𝒫 86 70 21 73, ≤,
🚗 – 🕿 🚗 🚙, 🄰🄴 🄾 🄴 𝑽𝑰𝑺𝑨
fermé vacances de fév. et vend. du
10 nov. au 31 mars – **R** 95/280 –
🖙 28 – **9 ch** 180/250 – ½ P 280/290.

rte de Paris par ① : 5 km sur N 7
– ⊠ **58400** La Charité-sur-Loire :

🏛 **Castor Motel** sans rest, 𝒫 86 70
10 80 – 📺 🕿 🅿 🄰🄴 🄴 𝑽𝑰𝑺𝑨
🖙 27 – **12 ch** 180/220.

CITROEN Gar. de la Mairie,
pl. Gén.-de-Gaulle 𝒫 86 70 18 00
PEUGEOT-TALBOT Merlin,
N 7, rte de Nevers par ③ 𝒫 86 70 13 03
PEUGEOT-TALBOT Gar. St-Lazare,
53 av. Gambetta par ② 𝒫 86 70 05 07
🄽 𝒫 86 70 23 71
RENAULT Gar. de Figueiredo, 26 av. Gambetta
par ② 𝒫 86 70 04 78

🛢 Pasquette, 21 r. Gén.-Auger 𝒫 86 70 15 93

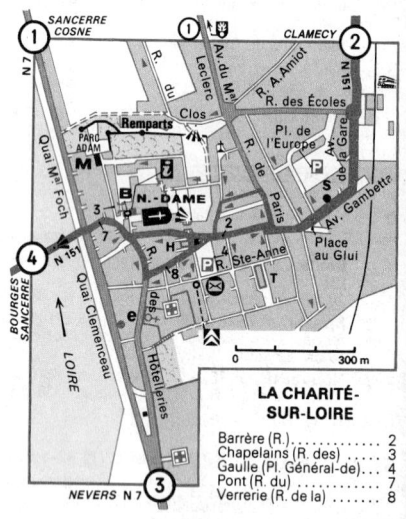

**LA CHARITÉ-
SUR-LOIRE**

Barrère (R.) 2
Chapelains (R. des) 3
Gaulle (Pl. Général-de). . . 4
Pont (R. du) 7
Verrerie (R. de la) 8

CHARLEVILLE-MÉZIÈRES 🅿 08000 Ardennes 🔢 ⑱ **G. Champagne** – 61 588 h. alt. 150.

Voir Place Ducale★★ à Charleville ABX.

🅱 Bureau Municipal du Tourisme 4 pl. Ducale 𝒫 24 33 00 17 – A.C. 10 cours A.-Briand 𝒫 24 33 35 89.

Paris 226 ⑦ – Charleroi 89 ⑥ – Liège 153 ① – Luxembourg 128 ⑦ – ◆Metz 169 ⑦ – Namur 109 ⑥ – ◆Nancy
213 ⑦ – ◆Reims 83 ⑦ – St-Quentin 118 ⑥ – Sedan 24 ⑦.

Plan page ci-contre

🏛 **Le Relais du Square** sans rest, 3 pl. Gare 𝒫 24 33 38 76, Télex 841196 – 📶 📺 🕿 🄰🄴
🄾 🄴 𝑽𝑰𝑺𝑨
🖙 27 – **49 ch** 240/260. BY **d**

🏛 **Campanile,** par ⑤ : 2 km sur N 51 𝒫 24 37 54 55, Télex 842821, � – 📺 🕿 🕭 🅿 –
🔏 60. 🄴 𝑽𝑰𝑺𝑨
R 74 bc/98 bc, enf. 39 – 🖙 27 – **51 ch** 248 – ½ P 225/249.

🏛 **Fleuritel,** par ⑤ : 2 km par RN 51 𝒫 24 37 41 11 – 📺 🕿 🕭 🅿 – 🔏 40. 🄰🄴 🄾 🄴
↠ 𝑽𝑰𝑺𝑨
R *(fermé dim. soir en hiver)* 40/130 ᐖ, enf. 38 – 🖙 24 – **35 ch** 225 – ½ P 190.

🏛 **Paris** sans rest, 24 av. G. Corneau 𝒫 24 33 34 38 – ↝ 📺 🕿 🅿 🄰🄴 🄴 𝑽𝑰𝑺𝑨 BY **n**
🖙 25 – **27 ch** 190/300.

🟈🟈 **La Cigogne,** 40 r. Dubois-Crancé 𝒫 24 33 25 39 – 🄴 𝑽𝑰𝑺𝑨 AY **a**
fermé 4 au 12 août, dim. soir et lundi – **R** 75/180, enf. 60.

🟈🟈 **Aub. de la Forest,** par ② : 4 km sur D 1 rte Nouzonville ⊠ 08090 Montcy-Notre-Dame
↠ 𝒫 24 33 37 55 – 🅿 𝑽𝑰𝑺𝑨 🛇
fermé dim. soir et lundi sauf le midi de sept. à juin – **R** 68/160.

🟈🟈 **Côte à l'Os,** 𝒫 24 59 20 16 – 🄰🄴 🄴 𝑽𝑰𝑺𝑨 AY **e**
R 75/165 bc, enf. 40.

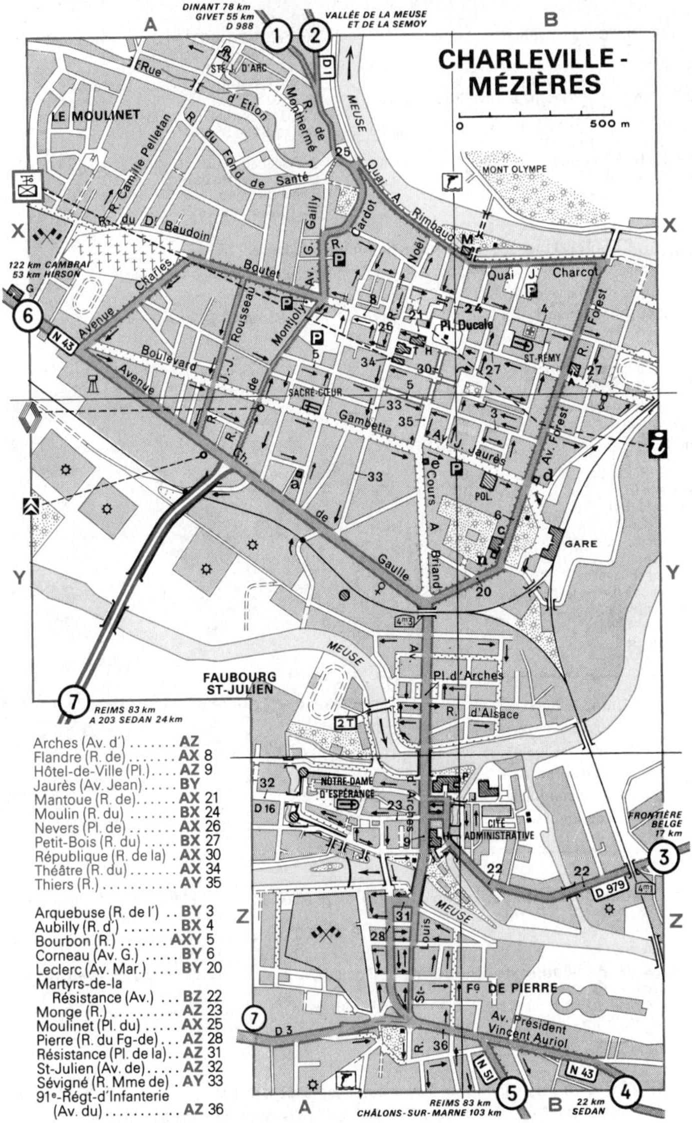

Arches (Av. d') . . . . AZ
Flandre (R. de) . . . . AX 8
Hôtel-de-Ville (Pl.) . . . . AZ 9
Jaurès (Av. Jean) . . . . . BY
Mantoue (R. de) . . . . . . AX 21
Moulin (R. du) . . . . BX 24
Nevers (Pl. de) . . . . AX 26
Petit-Bois (R. du) . . . . . BX 27
République (R. de la) . AX 30
Théâtre (R. du) . . . . AX 34
Thiers (R.) . . . . AY 35

Arquebuse (R. de l') . . BY 3
Aubilly (R. d') . . . . BX 4
Bourbon (R.) . . . . AXY 5
Corneau (Av. G.) . . . . . BY 6
Leclerc (Av. Mar.) . . . . BY 20
Martyrs-de-la Résistance (Av.) . . . BZ 22
Monge (R.) . . . . AZ 23
Moulinet (Pl. du) . . . . . AX 25
Pierre (R. du Fg-de) . . . AZ 28
Résistance (Pl. de la) . . AZ 31
St-Julien (Av. de) . . . . . AZ 32
Sévigné (R. Mme de) . AY 33
91e-Régt-d'Infanterie (Av. du) . . . . AZ 36

à Villers-Semeuse par ④ : 5 km – 3 076 h. – ✉ **08340** :

Mercure M, ☎ 24 37 55 29, Télex 840076, Fax 24 57 39 43, ⛱, ⛱, ⛱ – ⇔ ch ▤ rest ▣ ☎ ♿ **P** – 🚶 25 à 160. AE ⓓ E VISA
R 90/195 ♩, enf. 38 – ☕ 45 – **68 ch** 380/430.

à Fagnon par ⑦ et D 139 : 6 km – ✉ **08090** :

Abbaye de Sept Fontaines ♘, ☎ 24 37 38 24, Fax 24 37 58 75, ≤, ⛱, parc – ▣ ☎ **P** – 🚶 40. AE ⓓ E VISA. ⚘ rest
fermé 22 au 30 déc. et 15 au 30 janv. – **R** *(fermé dim. soir et lundi)* 120/350 ♩, enf. 60 – ☕ 48 – **23 ch** 365/750 – ½ P 360/545.

tourner →

ALFA-ROMEO Gar. Tamburrino, 148 av. Ch.-Boutet ℘ 24 56 00 44
BMW, OPEL Ardennes Motors, centre commercial Ayvelles à Villers-Semeuse ℘ 24 58 22 73
CITROEN Gar. Froussart, 129 av. Ch.-de-Gaulle ℘ 24 59 22 33 N
FORD Cailloux, ZAC du Bois-Fortant, parking Euromarché ℘ 24 57 01 01
MERCEDES Covema, r. C.-Didier ZI de Mohon ℘ 24 58 17 65

PEUGEOT-TALBOT S.I.G.A., rte de Warnecourt à Prix-lès-Mézières par D 3 AZ ℘ 24 37 37 45 N ℘ 24 33 40 35
RENAULT Amerand, 63 bd Gambetta ℘ 24 33 37 59
V.A.G Gar. Petit, 60 bd Pierquin rte d'Hirson à Warcq ℘ 24 56 40 07

Fischbach Pneu, 13 r. M.-Sembat ℘ 24 57 02 44
Legros, 87 r. Bourbon ℘ 24 33 31 13
Palais-du-Pneu, 7 av. Ch.-de-Gaulle ℘ 24 33 28 32
SO.NE.GO., rte de Paris ℘ 24 37 23 45

CHARLIEU 42190 Loire 73 ⑧ G. Vallée du Rhône – 4 380 h. alt. 265.

Voir Ancienne abbaye★ : grand portail★★ – Cloître★ du couvent des Cordeliers.

Syndicat d'Initiative pl. St-Philibert ℘ 77 60 12 42.

Paris 384 ④ – Roanne 19 ④ – Digoin 45 ④ – Lapalisse 56 ④ – Mâcon 77 ② – ♦St-Étienne 96 ④.

CHARLIEU

Entrez à l'hôtel
ou au restaurant
le Guide à la main
vous montrerez ainsi
qu'il vous conduit là
en confiance.

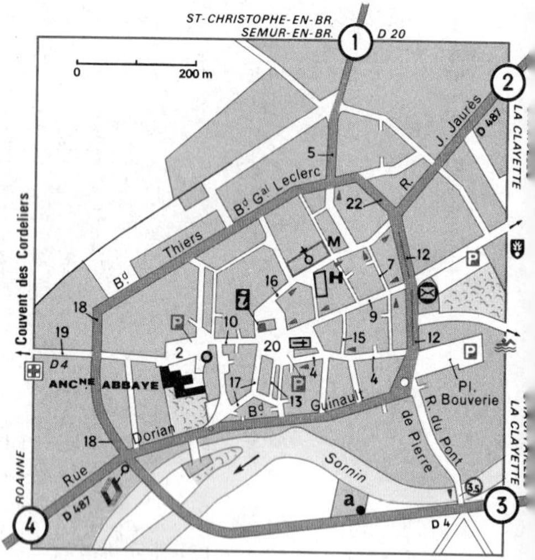

🏠 **Relais de l'Abbaye,** La Montalay **(a)** ℘ 77 60 00 88, Télex 307599, Fax 77 69 04 90 – TV ☎ P – 100. VISA
fermé janv. et dim. soir hors sais. – **R** 80/180 , enf. 55 – 28 – **27 ch** 205/260 – ½ P 250.

XX **Aub. du Moulin de Rongefer,** rte Pouilly O : 2 km par D 487 et VO ℘ 77 60 01 57, , – P. VISA
fermé 16 août au 6 sept., 2 au 17 janv., dim. soir du 16 août au 30 juin, lundi soir et mardi – **R** 95/250, enf. 80.

RENAULT Saunier ℘ 77 60 07 55

CHARMES 88130 Vosges 62 ⑤ G. Alsace Lorraine – 5 457 h. alt. 283.

Paris 335 – ♦Nancy 44 – Épinal 24 – Lunéville 35 – Neufchâteau 58 – St-Dié 59 – Toul 54 – Vittel 41.

XX **Dancourt** M avec ch, 6 Pl. Henri Breton ℘ 29 38 80 80 – TV ☎. E VISA
fermé 1er au 15 janv., sam. midi et vend. – **R** 90/265 , enf. 55 – 27 – **15 ch** 165/240 – ½ P 185/210.

XX **Vaudois** avec ch, r. Capucins ℘ 29 38 02 40, , – ☎ . E VISA
fermé 1er au 18 nov., dim. soir et lundi – **R** 90/305 , enf. 65 – 30 – **7 ch** 185/235 – ½ P 190/215.

à Vincey SE : 4 km par N 57 – ✉ **88450** :

🏠 **Relais de Vincey,** ℘ 29 67 40 11, Fax 29 67 36 66, , , – ch TV ☎ P. E. VISA
fermé 25 août au 1er sept. – **R** *(fermé dim. soir et sam.)* 90/230 , enf. 50 – 28 – **24 ch** 170/250 – ½ P 230/310.

CHARMES-SUR-RHÔNE 07800 Ardèche 🗺 ⑪⑫ – 1 550 h. alt. 111.

Paris 575 – Valence 11 – Crest 25 – Montélimar 38 – Privas 28 – St-Péray 11.

XX **La Vieille Auberge** avec ch, ℰ 75 60 80 10, Fax 75 60 87 47 – 🔲 ☎ 🚗. ⚫ ⓞ 🄴 𝗩𝗜𝗦𝗔
fermé 10 août au 3 sept., 21 au 28 nov., 2 au 9 janv., dim. soir et merc. – **R** 95/290, enf. 60
– ☲ 28 – **16 ch** 200/260.

CHARMOIS 54360 M.-et-M. 🗺 ⑤ – 160 h. alt. 255.

Paris 335 – ♦Nancy 28 – Épinal 55 – Lunéville 13 – St-Dié 62 – Sarrebourg 65.

X **La Petite Auberge,** ℰ 83 75 79 65 – ⓞ 🄴 𝗩𝗜𝗦𝗔
fermé 4 au 18 mars, 9 au 30 sept., dim. soir et lundi – **R** 90/290 🍴.

CHARNY 89120 Yonne 🗺 ③ – 1 620 h. alt. 139.

Paris 140 – Auxerre 49 – Cosne-sur-Loire 78 – Gien 47 – Joigny 27 – Montargis 35 – Sens 46.

🏠 **Cheval Blanc,** ℰ 86 63 60 66 – ☎. 🄴 𝗩𝗜𝗦𝗔
R *(fermé merc.)* 70/250, enf. 70 – ☲ 30 – **9 ch** 195/290.

🏠 **Gare** 🦢, ℰ 86 63 61 59 – ☎ 🚗. 🄴 𝗩𝗜𝗦𝗔. ✄ ch
fermé 2 au 9 sept., 16 déc. au 13 janv., dim. soir et lundi – **R** 57/145 🍴 – ☲ 30 – **12 ch**
159/264 – ½ P 159/181.

PEUGEOT-TALBOT Guérin ℰ 86 63 61 81 🅽   RENAULT Hivon ℰ 86 63 65 12
PEUGEOT-TALBOT Gar. Carpentier ℰ 86 63 65 99
🅽

CHAROLLES ⬗ 71120 S.-et-L. 🗺 ⑰⑱ **G. Bourgogne** – 3 758 h. alt. 282.

🛈 Office de Tourisme Ancien Couvent des Clarisses, r. Baudinot ℰ 85 24 05 95.

Paris 369 – Mâcon 53 – Autun 78 – Chalon-sur-Saône 69 – Moulins 83 – Roanne 59.

🏨 **Moderne,** av. Gare ℰ 85 24 07 02, 🏊, 🌿 – 🔲 ☎ 🚗. ⚫ ⓞ 🄴 𝗩𝗜𝗦𝗔
*fermé fin déc. à début fév., dim. soir de sept. à juin et lundi sauf le soir du 1er juil. au
30 sept.* – **R** 100/260, enf. 65 – ☲ 34 – **18 ch** 198/350 – ½ P 280/320.

🏠 **France** sans rest, av. J. Furtin ℰ 85 24 06 66 – ☎. 🄴 𝗩𝗜𝗦𝗔
fermé 15 déc. au 22 janv. et sam. soir de nov. à fév. – ☲ 26 – **12 ch** 150/260.

🏠 **Lion d'Or,** 6 r. Champagny ℰ 85 24 08 28, Fax 85 88 37 90, 🏊, 🌿 – 🔲 ☎ 🅿. ⚫ ⓞ 🄴
𝗩𝗜𝗦𝗔 – *fermé 2 au 15 nov., 15 au 28 fév., dim. soir et lundi sauf juil.-août* – **R** 80/250 🍴,
enf. 42 – ☲ 28 – **17 ch** 120/270 – ½ P 235/295.

XXX **Poste** avec ch, av. Libération ℰ 85 24 11 32 – 🔲 ☎. ⚫ 🄴 𝗩𝗜𝗦𝗔
fermé 15 nov. au 16 déc., dim. soir et lundi – **R** 110/360, enf. 80 – ☲ 35 – **9 ch** 190/250.

à Viry NE : 7 km – ✉ **71120** :

X **Le Monastère,** ℰ 85 24 14 24 – 🄴 𝗩𝗜𝗦𝗔
fermé 15 au 30 nov., mardi soir et merc. sauf du 1er juin au 30 sept. – **R** 52/115, enf. 33.

CITROEN Moulin ℰ 85 24 01 10 🅽

CHARQUEMONT 25140 Doubs 🗺 ⑱ – 2 265 h. alt. 900.

Paris 488 – Bâle 102 – Belfort 66 – ♦Besançon 75 – Montbéliard 48 – Pontarlier 60.

🏠 **Haut Doubs H.,** ℰ 81 44 00 20, Fax 81 44 09 18, 🔲 – 🖇 🅿. 🄴 𝗩𝗜𝗦𝗔
fermé nov., dim. soir et lundi sauf vacances scolaires – **R** 58/150 🍴, enf. 48 – ☲ 26 –
32 ch 210/250 – ½ P 220.

X **Bois de la Biche** 🦢 avec ch, SE : 4,5 km par D 10ᴱ ℰ 81 44 01 82, ≤, 🌿 – 🔲 🅿. 🄴
𝗩𝗜𝗦𝗔 – *fermé 11 nov. au 12 déc. et lundi sauf juil.-août* – **R** 82/150, enf. 50 – ☲ 20 – **3 ch**
170 – ½ P 165/170.

PEUGEOT-TALBOT Gar. Central ℰ 81 44 00 27   RENAULT Gar. Binetruy ℰ 81 44 01 29 🅽
🅽 ℰ 81 68 68 78

CHARROUX 86250 Vienne 🗺 ④ **G. Poitou Vendée Charentes** – 1 552 h. alt. 165.

Voir Abbaye St-Sauveur★ : tour★★, sculptures★★ du cloître, trésor★.

Paris 395 – Confolens 27 – Niort 75 – ♦Poitiers 53.

PEUGEOT-TALBOT Gar. Meunier ℰ 49 87 50 05

Pour circuler sur les autoroutes

procurez-vous

AUTOROUTES DE FRANCE n° 🕘🕐🕓

Cartographie simplifiée en atlas

Renseignements pratiques : aires de repos,

stations-service, péage, restaurants...

CHARTRES ⓟ **28000** E.-et-L. **60** ⑦⑧, **106** ⑰ **G. Ile de France** – 39 243 h. alt. 142 Grand pèlerinage des étudiants (fin avril-début mai).

Voir Cathédrale*** Y – Vieux Chartres* YZ – Église St-Pierre* Z – ≼* sur l'église St-André, des bords de l'Eure Y – ≼* du Monument des Aviateurs militaires Y Z – Musée des Beaux-Arts : émaux* Y **M**.

🚲 🚲 de Maintenon ℘ 37 27 18 09, par ① : 19 km.

🚹 Office de Tourisme pl. Cathédrale ℘ 37 21 50 00 – A.C.O. 10 av. Jehan-de-Beauce ℘ 37 21 03 79.

Paris 88 ② – Évreux 77 ① – ♦Le Mans 115 ④ – ♦Orléans 77 ③ – Tours 140 ④.

Plan page ci-contre

🏨 **Grand Monarque,** 22 pl. Épars ℘ 37 21 00 72, Télex 760777, Fax 37 36 34 18 – 🛗 🆃🆅 ☎
　　🚲 – 🏧 25 à 100. ℀ ⓪ ∈ 𝓥𝓘𝓢𝓐　　　　　　　　　　　　　　　　　　　　　　Z **e**
　　R 186/278, enf. 70 – **49 ch** ⊑ 410/600, 5 appart. 970.

🏨 **Poste,** 3 r. Gén. Koenig ℘ 37 21 04 27, Télex 760533, Fax 37 36 42 17 – 🛗 ↳← 🍽 rest 🆃🆅
　　☎ ⓟ – 🏧 30. ℀ ⓪ ∈ 𝓥𝓘𝓢𝓐　　　　　　　　　　　　　　　　　　　　　　　　Y **v**
　　R 68/135 🍴 – ⊑ 34 – **60 ch** 205/260 – ½ P 225/250.

🏨 **Ibis** 🅼, 14 pl. Drouaise ℘ 37 36 06 36, Télex 783533, Fax 37 36 17 20, 🔝 – 🛗 🆃🆅 ☎ 🅹
　　ⓟ – 🏧 35. ∈ 𝓥𝓘𝓢𝓐　　　　　　　　　　　　　　　　　　　　　　　　　　　　X **b**
　　R 70/90 🍴, enf. 39 – ⊑ 30 – **79 ch** 265/305.

🏰🏰🏰 **La Vieille Maison,** 5 r. au Lait ℘ 37 34 10 67 – ℀ ⓪ ∈ 𝓥𝓘𝓢𝓐　　　　　　Y **s**
　　fermé dim. soir et lundi soir – **R** carte 205 à 365.

🏰🏰🏰 **Henri IV,** 31 r. Soleil d'Or ℘ 37 36 01 55 – ℀ ⓪ ∈ 𝓥𝓘𝓢𝓐　　　　　　　Y **a**
　　fermé en août, mi-janv. à mi-fév., lundi soir et mardi sauf fériés – **R** 165 bc/285,
　　enf. 50.

🏰🏰 **Buisson Ardent,** 10 r. au Lait ℘ 37 34 04 66 – ℀ ⓪ ∈ 𝓥𝓘𝓢𝓐　　　　　Y **s**
　　fermé dim. soir – **R** 92/210.

🏰 **Le Minou,** 4 r. Mar. de Lattre de Tassigny ℘ 37 21 10 68 – ∈ 𝓥𝓘𝓢𝓐. 🍴　　　YZ **u**
　　fermé 14 juil. au 20 août, 10 au 25 fév., dim. soir et lundi – **R** 95/180 🍴.

à St-Prest par ① et D 6 : 8 km – 🖂 **28300** :

🏰 **Manoir du Palomino** 🅼 🍴, ℘ 37 22 27 27, ≼, « Dans un parc au bord de l'Eure », 🍴
　　– 🛗 🆃🆅 ☎ ⓟ, ∈ 𝓥𝓘𝓢𝓐
　　fermé 25 au 30 déc. et 15 janv. au 15 fév. – **R** (fermé dim. soir et lundi) 135/220 – ⊑ 40 –
　　12 ch 180/550 – ½ P 380/480.

par ② et N 10 : 4 km – 🖂 **28630** Chartres :

🏨 **Novotel,** ℘ 37 34 80 30, Télex 781298, Fax 37 30 29 56, 🔝, 🏊, 🎾 – 🛗 🍽 rest 🆃🆅 ☎ 🅹
　　ⓟ – 🏧 30 à 200. ℀ ⓪ ∈ 𝓥𝓘𝓢𝓐
　　R carte environ 130, enf. 45 – ⊑ 45 – **78 ch** 380/420.

Z.A. de Barjouville par ④ : 4 km – 🖂 **28630** Barjouville :

🏨 **Climat de France** 🅼, ℘ 37 35 35 55, Télex 760459, Fax 37 34 72 12, 🔝 – 🆃🆅 ☎ 🅹 🅹
　　– 🏧 40 à 80. ℀ ∈ 𝓥𝓘𝓢𝓐
　　R 82/110 🍴, enf. 35 – ⊑ 28 – **54 ch** 250/295.

🏨 **Aster,** près rocade ℘ 37 34 47 47, Télex 760192 – 🆃🆅 ☎ 🅹 🅹 – 🏧 25. ∈ 𝓥𝓘𝓢𝓐
　　fermé 21 déc. au 2 janv. – **R** 49/95 🍴, enf. 35 – ⊑ 24 – **40 ch** 164.

à Thivars par ④ : 7,5 km N 10 – 🖂 **28630** :

🏰🏰🏰 **La Sellerie,** ℘ 37 26 41 59 – 🅹 ∈ 𝓥𝓘𝓢𝓐
　　fermé 1er au 21 août, 9 au 24 janv., dim. soir de nov. à mars, lundi soir et mardi –
　　R 125/265.

BMW Thireau, Parc des Propylées RN 10 ℘ 37 34 82 76
CITROEN S.E.R.A.C., 49 bis av. d'Orléans par ③ ℘ 37 34 57 80 🅽
FIAT Gar. Saussereau, 84 r. Grand-Faubourg ℘ 37 34 01 33
RENAULT Gar. Chartrains, ZUP Madeleine av. M.-Proust par ② ℘ 37 30 20 20 🅽

RENAULT Ruelle, 104 r. Fg-la-Grappe par ③ ℘ 37 28 51 19
V.A.G Gar. Electric-Auto, 46 av. d'Orléans, N 154 ℘ 37 28 07 35

🛞 Breton, 26 r. G.-Fessard ℘ 37 21 18 98

Périphérie et environs

AUSTIN, ROVER Chartres-Auto-Sport, rte d'Illiers à Lucé ℘ 37 35 24 79
FORD Gar. Paris-Brest, r. Mar.-Leclerc à Lucé ℘ 37 28 13 88
MERCEDES-BENZ-SEAT B.S.A., 158 r. République à Lucé ℘ 37 35 88 80
OPEL Gar. Ouest, 43 r. Château-d'Eau à Mainvilliers ℘ 37 36 37 87
PEUGEOT-TALBOT Gar. St-Thomas, rte d'Illiers à Lucé par ⑤ ℘ 37 34 26 41

RENAULT Gd Gar. de Luce, 23 r. Kennedy à Lucé par ⑤ ℘ 37 34 00 99 🅽
TOYOTA Socalu, 5 r. de Fontenay à Lucé ℘ 37 28 02 40

🛞 Breton, 13 r. de Fontenay ZI à Lucé ℘ 37 28 28 80
Marsat-Pneus Chartres-Pneus, 14 r. République à Lucé ℘ 37 35 86 94

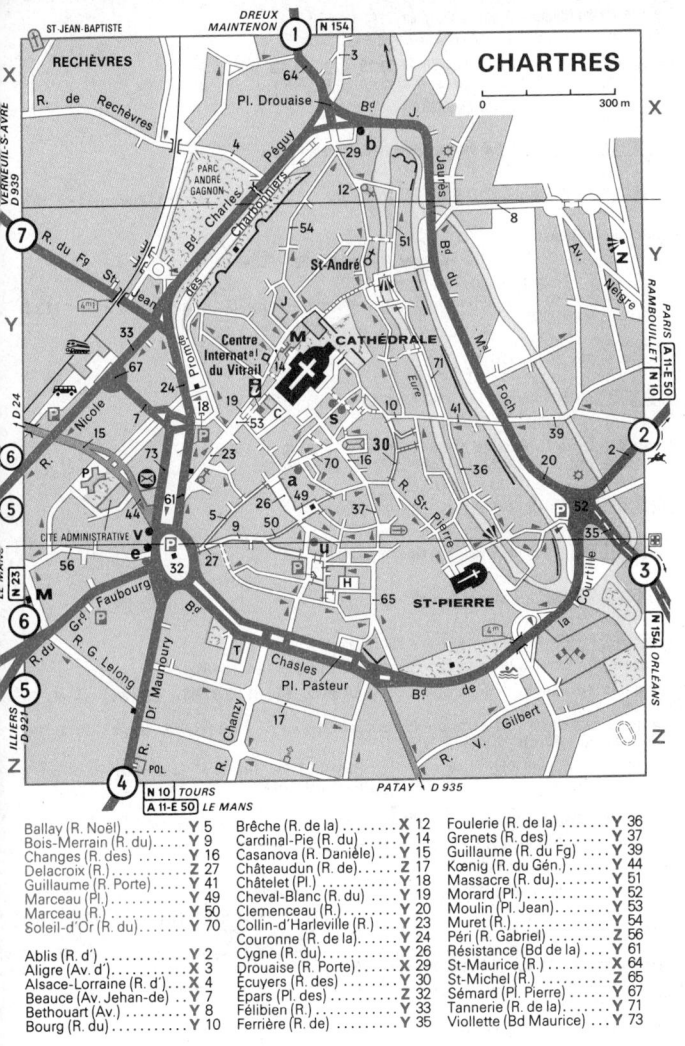

CHARTRES

0   300 m

Come districarsi nei sobborghi di Parigi?
Utilizzando la carta stradale Michelin n. 101
e le piante n. 17-18, 19-20, 21-22, 23-24 : chiare, precise ed aggiornate.

CHARTRES-DE-BRETAGNE 35 I.-et-V. 63 ⑥ – rattaché à Rennes.

La CHARTRE-SUR-LE-LOIR 72340 Sarthe 64 ④ G. Châteaux de la Loire – 1 791 h. alt. 57.

Env. Escalier★★ du château de Poncé NE : 8 km.

🛈 Syndicat d'Initiative (15 juin-15 sept.) ⌀ 43 44 40 04.

Paris 214 – ◆Le Mans 46 – La Flèche 57 – St-Calais 29 – ◆Tours 40 – Vendôme 43.

🏠 **France,** ⌀ 43 44 40 16, Fax 43 79 62 20, ☞ – 📺 ☎ 🅟 – 🔬 30. **E** 𝗩𝗜𝗦𝗔
◆ fermé 15 nov. au 15 déc. – **R** (dim. prévenir) 65/250 🍴 – 🛏 28 – **28 ch** 125/250 –
½ P 160/220.

PEUGEOT-TALBOT Gar. Vallée du Loir ⌀ 43 44 41 12

CHASSELAY 69380 Rhône 73 ⑩ – 2 006 h. alt. 211.
Paris 446 – ◆ Lyon 21 – L'Arbresle 14 – Villefranche-sur-Saône 15.

XX **Lassausaie,** ✆ 78 47 62 59, Fax 78 47 06 19 – **P**. AE ⓓ VISA
fermé août, 15 au 25 fév., mardi soir et merc. – **R** 140/320, enf. 80.

CITROEN Gar. du Mont-Verdun ✆ 78 47 62 23

CHASSENEUIL-DU-POITOU 86 Vienne 68 ⑭ – rattaché à Poitiers.

CHASSENEUIL-SUR-BONNIEURE 16260 Charente 72 ⑭⑮ G. Poitou Vendée Charentes – 3 185 h. alt. 120.
Voir Mémorial de la Résistance.
Paris 436 – Angoulême 33 – Confolens 30 – ◆Limoges 70 – Nontron 52 – Ruffec 40.

XX **Gare** avec ch, ✆ 45 39 50 36 – ☎. E VISA
◆ *fermé 1er au 20 juil., 2 au 15 janv., dim. soir et lundi* – **R** 60/260 ♁, enf. 45 – ☕ 22 – **11 ch** 110/230 – ½ P 150/200.

CITROEN Grugeau ✆ 45 39 50 17
RENAULT Gar. Livertoux ✆ 45 39 50 19
RENAULT Linlaud ✆ 45 39 57 09

CHASSERADES 48250 Lozère 80 ⑦ – 188 h. alt. 1 174.
Paris 588 – Mende 41 – Langogne 30 – Villefort 39.

🏠 **Sources** 🐎, rte La Bastide ✆ 66 46 01 14, ≤ – ☎ **P**. E VISA
◆ **R** 61/126 ♁, enf. 38 – ☕ 22 – **11 ch** 120/210 – ½ P 160/175.

CHASSE-SUR-RHÔNE 38 Isère 74 ⑪ – rattaché à Vienne.

CHASSEY-LE-CAMP 71 S.-et-L. 69 ⑨ – rattaché à Chagny.

CHASSIEU 69 Rhône 74 ⑫ – rattaché à Lyon.

La CHATAIGNERAIE 85120 Vendée 67 ⑯ – 3 079 h. alt. 171.
Paris 389 – Bressuire 32 – Fontenay-le-Comte 22 – Parthenay 42 – La-Roche-sur-Yon 58.

🏨 **Aub. de la Terrasse,** r. Beauregard ✆ 51 69 68 68, Fax 51 52 67 96 – TV ☎ – 🏛 40. AE
◆ ⓓ E VISA. ✻ rest
fermé vacances de fév. et sam. du 15 sept. au 15 juin sauf week-ends fériés – **R** 56/186, enf. 36 – ☕ 26 – **13 ch** 170/220 – ½ P 215.

PEUGEOT-TALBOT Gar. Arnaud à la Tardière ✆ 51 69 66 69
RENAULT Gar. Boinot ✆ 51 52 66 66 **N** ✆ 51 69 60 10

CHÂTEAU-ARNOUX 04160 Alpes-de-H.-P. 81 ⑯ G. Alpes du Sud – 5 662 h. alt. 440.
Voir ✻★ de la chapelle St-Jean S : 2 km puis 15 mn.
i Office de Tourisme 1 r. V.-Maurel ✆ 92 64 02 64.
Paris 719 – Digne 25 – Forcalquier 30 – Manosque 39 – Sault 74 – Sisteron 14.

🏨 ✿✿ **La Bonne Étape** (Gleize) 🐎, Chemin du lac ✆ 92 64 00 09, Fax 92 64 37 36, « Bel aménagement intérieur », 🏊, 🌳 – ▤ TV ☎ **P**. AE ⓓ E VISA
fermé 1er au 9 déc., 5 janv. au 16 fév., dim. soir et lundi du 15 sept. au 15 juin – **R** 190/490 et carte – ☕ 75 – **11 ch** 450/800, 7 appart. 950
Spéc. Ravioli de blettes au basilic et cèpes sautés, Baudroie au romarin, Agneau des Alpes de Provence. Vins Palette, Vacqueyras.

à St-Auban SO : 3,5 km par N 96 – ✉ **04600**.
Voir Site★ de Montfort S : 2 km.

🏨 **Villiard** sans rest, ✆ 92 64 17 42, Fax 92 64 23 29, 🌳 – TV ☎ **P**. E VISA
fermé 20 déc. au 6 janv. et sam. sauf fériés – ☕ 38 – **20 ch** 218/420.

PEUGEOT-TALBOT Plantevin, 70 av. Gén.-de-Gaulle ✆ 92 64 06 15 **N**
VOLVO Gar. de la Durance, N 96 à St-Auban ✆ 92 64 17 37

CHÂTEAU-BERNARD 38650 Isère 77 ⑭ – 131 h. alt. 855.
Paris 601 – ◆ Grenoble 36 – Monestier-de-Clermont 12.

au col de l'Arzelier N : 4 km – ✉ **38650** Monestier-de-Clermont.
Voir Site★ de Prélenfrey N : 4 km, G. Alpes du Nord.

🏨 **Deux Soeurs** 🐎, ✆ 76 72 37 68, Fax 76 72 20 25, ≤, 🌳 – ☎ 🚗 **P**. E VISA
R 75/170, enf. 50 – ☕ 25 – **24 ch** 150/185 – ½ P 195/215.

CHÂTEAUBERNARD 16 Charente 72 ⑤ – rattaché à Cognac.

Paris 328 – ◆Rennes 21 – Angers 109 – Châteaubriant 56 – Fougères 44 – Laval 53.

血血 **Ar Milin'** 多, ℰ 99 00 30 91, Fax 99 00 37 56, « Ancien moulin dans un parc au bord de la Vilaine », 梁 – ⬛ 📺 ☎ 🅟 – 🛄 60. 🄰🄴 ⓞ 🄴 𝗩𝗜𝗦𝗔
fermé 20 déc. au 2 janv. et dim. de nov. à fév. – **R** 90/162, enf. 65 – ⌷ 40 – **30 ch** 240/468 – ½ P 343.

à la Peinière E : 6 km par D 857 et D 106 – ✉ **35220** Châteaubourg :

血 **Pen'Roc** Ⓜ 多, ℰ 99 00 33 02, Télex 741457, Fax 99 62 30 89, 斉, 禾, 禾 – ⬧ 📺 ☎ 点 🅟 – 🛄 30. 🄰🄴 ⓞ 🄴 𝗩𝗜𝗦𝗔
fermé vacances de nov. et de fév. – **R** (fermé dim. soir hors sais.) 132/223, enf. 60 – ⌷ 35 – **33 ch** 218/308 – ½ P 275/275.

CITROEN Gar. Brunet ℰ 99 00 31 16

PEUGEOT TALBOT Gar. Chevrel ℰ 99 00 31 12

Les principales voies commerçantes figurent en rouge
au début de la liste des rues des plans de villes.

Voir Château★.

🄱 Office de Tourisme 22 r. de Couéré ℰ 40 28 20 90.

Paris 354 ① – Ancenis 48 ③ – Angers 71 ③ – La Baule 100 ④ – Cholet 92 ③ – Fougères 81 ① – Laval 67 ② – ◆Nantes 70 ④ – ◆Rennes 55 ⑤ – St-Nazaire 87 ④.

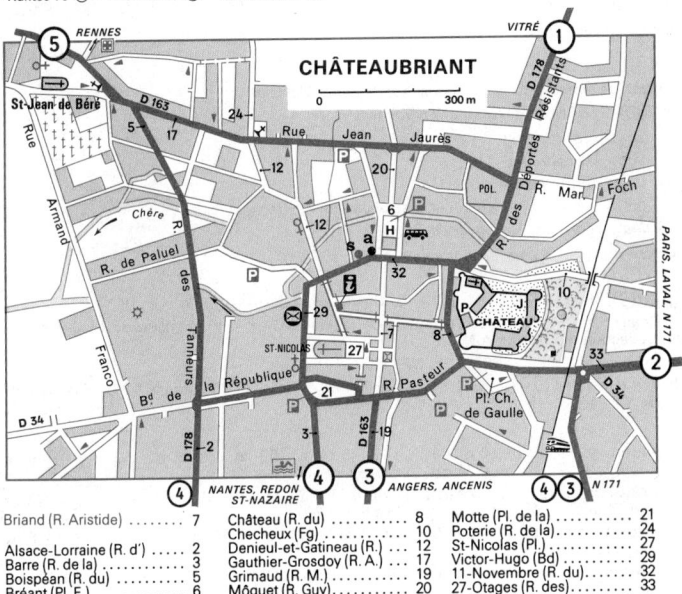

Briand (R. Aristide) 7	Château (R. du) 8	Motte (Pl. de la) 21
	Checheux (Fg) 10	Poterie (R. de la) 24
Alsace-Lorraine (R. d') .. 2	Denieul-et-Gatineau (R.) .. 12	St-Nicolas (Pl.) 27
Barre (R. de la) 3	Gauthier-Grosdoy (R. A.) .. 17	Victor-Hugo (Bd) 29
Boispéan (R. du) 5	Grimaud (R. M.) 19	11-Novembre (R. du) 32
Bréant (Pl. E.) 6	Môquet (R. Guy) 20	27-Otages (R. des) 33

血 **Châteaubriant** Ⓜ sans rest, 30 r. 11-Novembre (a) ℰ 40 28 14 14, Fax 40 28 26 49 – ⬧ 📺 ☎ 🅟 – 🛄 30. 🄰🄴 ⓞ 🄴 𝗩𝗜𝗦𝗔
⌷ 26 – **37 ch** 300.

血 **Host. La Ferrière** 多, par ④ : 1,5 km ℰ 40 28 00 28, Télex 701353, Fax 40 28 29 21, « Jardin fleuri » – 📺 ☎ 🅟 – 🛄 50 à 150. 🄰🄴 ⓞ 🄴 𝗩𝗜𝗦𝗔
fermé 23 au 26 déc. et dim. soir de nov. à mars – **R** 100/165, enf. 70 – ⌷ 37 – **25 ch** 260/360 – ½ P 265/305.

❌❌ **Le Poêlon d'Or**, 30 bis r. 11-Novembre (s) ℰ 40 81 43 33 – 🄰🄴 🄴 𝗩𝗜𝗦𝗔
fermé 11 au 20 fév., dim. soir et lundi – **R** 90/200.

CITROEN Gar. Pinel Charles, rte de St-Nazaire, ZI
par ④ ℰ 40 81 00 07
FORD Mérel, ZI, 65 rte d'Ancenis ℰ 40 81 15 29
PEUGEOT-TALBOT Gar. Bareteau, 42 r. M.-Gri-maud par ③ ℰ 40 81 01 05

RENAULT SADAC, rte de St-Nazaire, ZI par ④
ℰ 40 81 26 84 🄽 ℰ 40 81 23 32

CHÂTEAU-CHINON 58120 Nièvre 69 ⑥ G. Bourgogne – 2 679 h. alt. 534.

Voir Site★ – Calvaire ✻★★ – Promenade du château★ – Vallée du Touron★ E.

Office de Tourisme r. Champlain (vacances scolaires) ✆ 86 85 06 58.

Paris 281 – Autun 37 – Avallon 62 – Clamecy 68 – Moulins 92 – Nevers 66 – Saulieu 49.

Lion d'Or, 10 r. Fossés ✆ 86 85 13 56 – TV ☎. E VISA
fermé dim. soir et lundi – **R** 55/130, enf. 35 – ☕ 19 – **8 ch** 115/180.

PEUGEOT-TALBOT Jeannot-Roblin, 6 r. de Nevers ✆ 86 85 02 76

RENAULT Gar. Cottet, rte de Lormes ✆ 86 85 06 01

CHÂTEAU D'IF (Ile du) 13 B.-du-R. 84 ⑬ G. Provence.

au départ de **Marseille** pour le château d'If★★ (✻★★★) 1 h 30.

CHÂTEAU-D'OLÉRON 17 Char.-Mar. 71 ⑭ – voir à Oléron (Ile d').

CHÂTEAU-DU-LOIR 72500 Sarthe 64 ④ G. Châteaux de la Loire – 5 891 h. alt. 50.

Syndicat d'Initiative 2 av. J.-Jaurès (juin-15 sept.) ✆ 43 44 56 68 et à la Mairie (hors saison) ✆ 43 44 00 38.

Paris 238 – ♦Le Mans 40 – Château-la-Vallière 20 – La Flèche 41 – ♦Tours 42 – Vendôme 59.

Manoir du Riablay M, E : 0,5 km par rte St-Jean ✆ 43 79 45 86, Fax 43 79 44 06, « Maison Renaissance dans un parc », – TV ☎ P – 35. AE E. VISA
R 250/400, enf. 70 – ☕ 80 – **9 ch** 900.

PEUGEOT-TALBOT Boutellier, rte du Mans à Luceau ✆ 43 44 00 67

RENAULT Gar. Cosnier, rte du Mans à Luceau ✆ 43 44 00 92 N

Nourry-Pneus, 7 av. du Mans ✆ 43 44 36 16

Avant de prendre la route, consultez la carte Michelin n° 911 "FRANCE – Grands Itinéraires".
Vous y trouverez :
- *votre kilométrage,*
- *votre temps de parcours,*
- *les zones à "bouchons" et les itinéraires de dégagement,*
- *les stations-service ouvertes 24 h/24...*

Votre route sera plus économique et plus sûre.

CHÂTEAUDUN 28200 E.-et-L. 60 ⑰ G. Châteaux de la Loire – 16 094 h. alt. 140.

Voir Château★★ A – Vieille ville★ A: église de la Madeleine★ – Promenade du Mail <★ A – Musée : Collection d'oiseaux★ A **M**.

Office de Tourisme 1 r. de Luynes ✆ 37 45 22 46.

Paris 131 ① – ♦Orléans 48 ② – Alençon 115 ⑤ – Argentan 150 ⑤ – Blois 57 ③ – Chartres 44 ① – Fontainebleau 121 ② – ♦Le Mans 104 ⑤ – Nogent-le-Rotrou 55 ⑤ – ♦Tours 96 ③.

Plan page ci-contre

Beauce sans rest, 50 r. Jallans ✆ 37 45 14 75 – TV ☎. E VISA — B **s**
fermé 20 déc. au 4 janv. – **24 ch** ☕ 115/250.

St-Michel sans rest, 5 r. Péan ✆ 37 45 15 70 – TV ☎. AE E VISA. — A **a**
fermé 24 déc. au 1er janv. – ☕ 23 – **19 ch** 145/270.

Armorial sans rest, 59 r. Gambetta ✆ 37 45 19 57 – ☎. AE E VISA — B **u**
☕ 22 – **16 ch** 95/190.

La Rose avec ch, 12 r. Lambert-Licors ✆ 37 45 21 83 – rest TV ☎. E VISA. ch — B **w**
fermé dim. soir et lundi sauf fériés – **R** 75/220, enf. 60 – ☕ 30 – **7 ch** 205/245 – ½ P 240/300.

L'Arnaudière, 4 r. St-Lubin ✆ 37 45 98 98, – . VISA — A **b**
fermé dim. soir et lundi – **R** 120/220, enf. 60.

La Licorne, 6 pl. 18-Octobre ✆ 37 45 32 32 – E VISA — A **e**
fermé 10 au 20 juin, 1er au 10 oct., 23 déc. au 18 janv., mardi soir et merc. – **R** 68/180, enf. 48.

à Marboué par ① sur N 10 : 5 km – ✉ **28200** :

Toque Blanche, ✆ 37 45 12 14 – AE E VISA
fermé 3 au 26 juil., vacances de Noël, mardi soir et merc. – **R** 75/220, enf. 40.

CITROEN Gar. Mourice-Rebours, 91 bd Kellermann par ② ✆ 37 45 10 87

PEUGEOT-TALBOT Gar. Lemasson, rte de Chartres par ① ✆ 37 45 20 98

RENAULT Giraud, rte de Tours à la Chapelle-du-Noyer par ③ ✆ 37 45 10 74 N

Central Pneu, N 10 ✆ 37 45 11 17
La Centrale du Pneu, 98 r. Varize ✆ 37 45 68 54

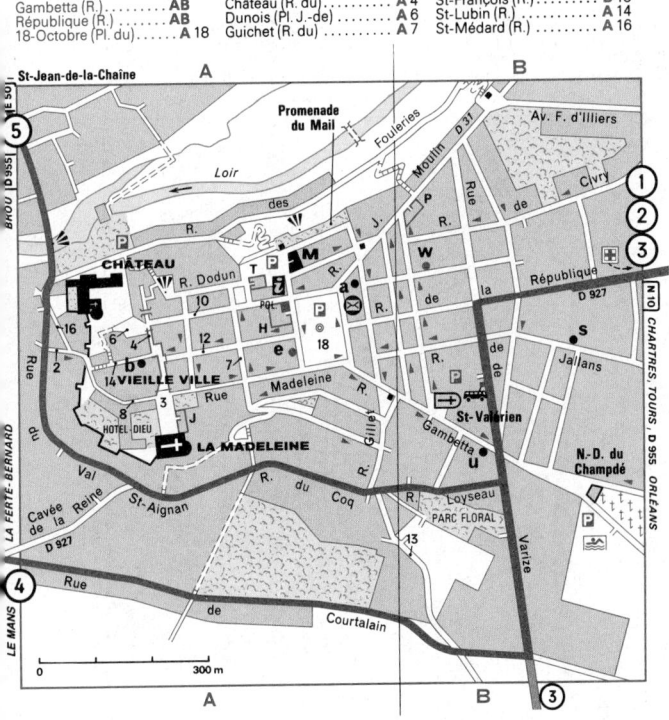

CHÂTEAUDUN

CHÂTEAUFORT 78 Yvelines 🔟 ⑩ 🔟 ㉒ – voir à Paris, Environs.

CHÂTEAUGIRON 35410 I.-et-V. 🔢 ⑦ G. Bretagne – 4 083 h. alt. 60.
Paris 337 – Angers 107 – Châteaubriant 42 – Fougères 51 – Nozay 64 – ◆Rennes 16 – Vitré 27.

  Cheval Blanc et Château, ℘ 99 37 40 27 – 📺 ☎ 🅿 ⋿ 💳
  fermé dim. soir et soirs fériés – **R** 68/145 ⅜, enf. 50 – 🖵 22 – **20 ch** 115/225 – ½ P 150/200.

  ✕✕ **Aubergade**, ℘ 99 37 41 35 – ⓪ ⋿ 💳
  fermé 30 août au 17 sept., vacances de fév., dim soir de sept. à mai et lundi soir –
  R 115/158.

CHÂTEAU-GONTIER ⬦ 53200 Mayenne 🔢 ⑩ G. Châteaux de la Loire – 8 352 h. alt. 43.
Voir Intérieur★ de l'église St-Jean A – 🅱 Syndicat d'Initiative à l'Hôtel de Ville ℘ 43 07 07 10 et Péniche
l'Élan quai Alsace (15 juin-15 sept.) ℘ 43 70 42 74.
Paris 283 ② – Angers 43 ③ – Châteaubriant 56 ⑤ – Laval 31 ① – ◆Le Mans 80 ② – ◆Rennes 86 ⑤.

Plan page suivante

  🏨 **Jardin des Arts** M 🌳, 5 r. A. Cahour ℘ 43 70 12 12, Fax 43 70 12 07, ≤, 🍽, « Jardin »
  – 📺 ☎ 🅿 – 🔏 60. ⋿ 💳   A e
  fermé 10 au 30 déc. et dim. soir – **R** (fermé sam. midi, dim. soir et lundi midi) 70/220 ⅜,
  enf. 55 – **20 ch** 🖵 260/450 – ½ P 200/330.

  🏨 Parc H. sans rest, 46 av. Joffre ℘ 43 07 28 41, parc, 🛁, ⚒ – 📺 ☎ 🅿 – 🔏 25   A s
  22 ch.

  🏨 **Host. Mirwault** 🌳, N : 2 km par r. Basse-du-Rocher ℘ 43 07 13 17, Fax 43 07 82 96,
  🍽, « Au bord de la Mayenne », 🚤 – ☎ 🅿 🖭 ⋿ 💳
  fermé 28 déc. au 15 janv. – **R** (fermé dim. soir et lundi) 125/195, enf. 40 – 🖵 35 – **12 ch**
  230/300 – ½ P 220/250.

  🏨 **Cerf** sans rest, 31 r. Garnier ℘ 43 07 25 13, Fax 43 07 02 90 – 📺 ☎ 🅿. ⓪ ⋿ 💳   A b
  🖵 20 – **22 ch** 118/180.

CHÂTEAU-GONTIER

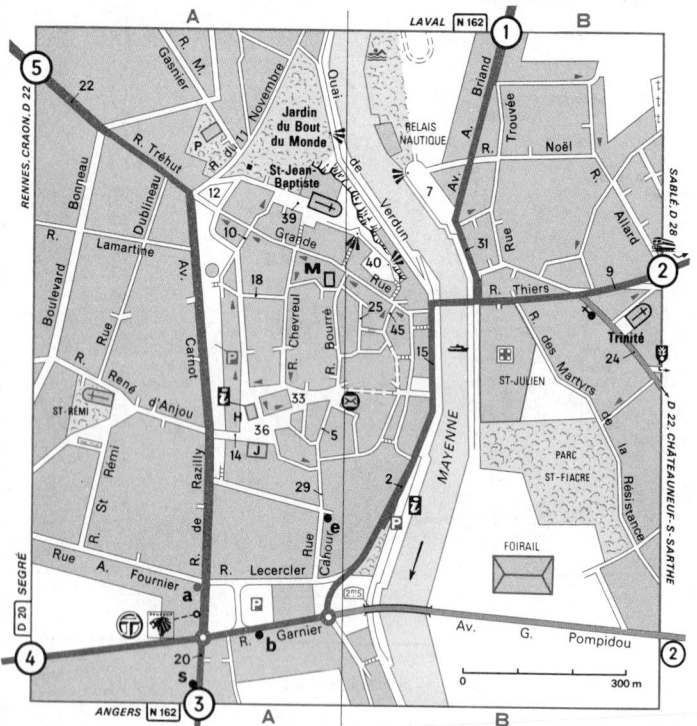

XX **Prieuré**, à Azé, SE : 2 km par D 22, près Église ℰ 43 70 31 16, 斉, 床 – ☰. **E** 𝚅𝙸𝚂𝙰
◆ fermé lundi sauf juil.-août – **R** 65/185, enf. 45.

XX **La Brasserie**, av. Joffre ℰ 43 07 10 80

A **a**

PEUGEOT-TALBOT Gar. Fourmond, 8 av. Mar.- | ⑩ Cailleau, rte d'Angers à St-Fort ℰ 43 70 31 09
Joffre ℰ 43 70 16 00

CHÂTEAULIN ⬱ **29150** Finistère 👿 ⑮ G. Bretagne – 6 102 h. alt. 8.

Env. Enclos paroissial★★ de Pleyben E : 10 km.

🅱 Office de Tourisme quai Cosmao (Pâques-sept.) ℰ 98 86 02 11.

Paris 550 – Quimper 31 – ◆Brest 49 – Carhaix-Plouguer 46 – Concarneau 53 – Douarnenez 26 – Landerneau 40 –
Lorient 95 – Morlaix 56.

🏠 **Au Bon Accueil**, à Port Launay NE : 2 km par D 770 ℰ 98 86 15 77, ≤, 床 – 🛗 ☎ ♿
◆ 🅿 – 🍴 100. **E** 𝚅𝙸𝚂𝙰. ⚓ ch
fermé 1ᵉʳ janv. au 1ᵉʳ fév., dim. soir et lundi du 1ᵉʳ oct. au 30 avril – **R** 62/185, enf. 37 –
⌐ 28 – **53 ch** 140/296 – ½ P 177/249.

XX **Aub. Ducs de Lin** 🌳 avec ch, S: 1,5 km par ancienne rte Quimper ℰ 98 86 04 20, ≤,
斉, 床 – ☎ 🅿. **E** 𝚅𝙸𝚂𝙰
fermé 2 au 7 janv. – **R** 145/310 – ⌐ 40 – **6 ch** 300/380.

CITROEN Gar. de Cornouaille, rte de Pleyben | RENAULT Gar. de l'Aulne, 22-28 av. de Quimper
ℰ 98 86 04 40 | ℰ 98 86 12 08 🅽
PEUGEOT-TALBOT Ind. Autos Chateaulinoises, rte |
de Pleyben ℰ 98 86 06 50 | ⑩ Simon-Pneus 33 r. Graveran rte de Crozon
| ℰ 98 86 16 09

CHATEAUNEUF 21320 Côte-d'Or 🗺️ ⑲ G. Bourgogne – 62 h. alt. 475.

Voir Site★ du village★ – Château★.

Paris 283 – ♦Dijon 42 – Avallon 76 – Beaune 35 – Montbard 69.

  🏠 **Host. du Château** ⑅, ℰ 80 49 22 00, Fax 80 49 21 27, ≤, 😤, ☞ – ☎. 🅰🅴 ⑩ 🄴 𝑽𝑰𝑺𝑨
    fermé fin nov. au 31 janv., lundi soir et mardi du 16 sept. au 14 juin – **R** 105/160, enf. 42 –
    ⊑ 35 – **16 ch** 170/450 – ½ P 250/350.

CHATEAUNEUF 71 S.-et-L. 🗺️ ⑧ – rattaché à Chauffailles.

CHATEAUNEUF-DE-GALAURE 26330 Drôme 🗺️ ② – 1 674 h. alt. 340.

Paris 538 – Valence 38 – Beaurepaire 18 – Romans-sur-Isère 26 – St-Marcellin 41 – Tournon-sur-Rhône 30.

  💥 **Yves Leydier**, ℰ 75 68 68 02, 😤, ☞ – 𝑽𝑰𝑺𝑨
    fermé 1er au 21 fév., mardi soir et merc. – **R** 90/250, enf. 50.

Gar. Léorat, ℰ 75 68 61 81 🄽

CHATEAUNEUF-DU-FAOU 29520 Finistère 🗺️ ⑯ G. Bretagne – 4 048 h. alt. 130.

🄱 Office de Tourisme r. de la Mairie (15 juin-15 sept.) ℰ 98 81 83 90.

Paris 527 – Quimper 36 – ♦Brest 65 – Carhaix-Plouguer 23 – Châteaulin 24 – Morlaix 51.

  🏠 **Relais de Cornouaille**, rte Carhaix ℰ 98 81 75 36 – 🗋 📺 ☎ 🄴 𝑽𝑰𝑺𝑨
  ➡ *fermé oct.* – **R** *(fermé dim. soir et sam.)* 50/160 ⅞, enf. 45 – ⊑ 20 – **29 ch** 120/200 –
    ½ P 165/185.

CHATEAUNEUF-DU-PAPE 84230 Vaucluse 🗺️ ⑫ G. Provence – 2 060 h. alt. 117.

Voir ≤★★ du château des Papes – 🄱 Office de Tourisme pl. Portail ℰ 90 83 71 08.

Paris 672 – Avignon 18 – Alès 78 – Carpentras 24 – Orange 13 – Roquemaure 10.

  💥💥💥 ❀ **Host. Château des Fines Roches** (Estevenin) Ⓜ ⑅ avec ch, S : 3 km par D 17 et
    voie privée ℰ 90 83 70 23, Fax 90 83 78 42, « *Dans un domaine viticole, belle vue* », ☞ –
    🗋 rest 📺 ☎ 🄿 – 🄖 50 à 80. 🄴 𝑽𝑰𝑺𝑨 🛇
    fermé 23 déc. à fin fév., dim. soir d'oct. à juin et lundi (sauf hôtel de juil. à sept.) –
    R (nombre de couverts limité - prévenir) 195/250 – ⊑ 65 – **7 ch** 640/820
    Spéc. Escabèche tiède de rougets aux légumes, Tian d'agneau au petit épeautre, Tarte au vin rouge et aux
    raisins. Vins Châteauneuf-du-Pape.

CHATEAUNEUF-EN-THYMERAIS 28170 E.-et-L. 🗺️ ⑦ – 2 339 h. alt. 212.

Paris 103 – Chartres 25 – Châteaudun 64 – Dreux 21 – ♦Le Mans 115 – Verneuil-sur-Avre 31.

  💥💥 **Écritoire** avec ch, ℰ 37 51 60 57 – 🅰🅴 🄴 𝑽𝑰𝑺𝑨 🛇
    fermé 20 août au 5 sept., 28 janv. au 14 fév., mardi soir et merc. – **R** 100/250, enf. 60 –
    ⊑ 35 – **5 ch** 200/240.

    à St-Jean-de-Reberville ∙ N : 4 km par D 928 – ✉ **28170** :

  💥💥💥 **Aub. St-Jean**, ℰ 37 51 62 83, Télex 760189, 😤, ☞ – 🄿 🅰🅴 ⑩ 🄴 𝑽𝑰𝑺𝑨
    fermé 12 sept. au 4 oct., 12 fév. au 4 mars, jeudi soir et vend. – **R** (nombre de couverts
    limité - prévenir) 200.

CHATEAUNEUF-LE-ROUGE 13790 B.-du-R. 🗺️ ③ – 1 071 h. alt. 230.

Paris 767 – ♦Marseille 35 – Aix-en-Provence 12 – Aubagne 30 – Brignoles 52 – Rians 30.

  🏨 **La Galinière**, N 7 ℰ 42 53 32 55, Télex 403553, Fax 42 53 29 47, ☞ – 📺 ☎ 🄿 – 🄖 30.
    🅰🅴 ⑩ 🄴 𝑽𝑰𝑺𝑨
    R 100/380, enf. 85 – ⊑ 50 – **17 ch** 230/450 – ½ P 290/395.

CHATEAUNEUF-LES-BAINS 63390 P.-de-D. 🗺️ ③ G. Auvergne – 374 h. alt. 390 – Stat. therm.
(2 mai-sept.) – 🄱 Syndicat d'Initiative (mai-sept.) ℰ 73 86 67 86.

Paris 383 – ♦Clermont-Ferrand 49 – Aubusson 82 – Montluçon 55 – Riom 34 – Ussel 96.

  🏠 **Château**, ℰ 73 86 67 01, 😤 – 🄴 𝑽𝑰𝑺𝑨
  ➡ *27 avril-29 sept.* – **R** 68/145, enf. 32 – ⊑ 24 – **38 ch** 140/200 – ½ P 150/210.

CHATEAUNEUF-SUR-LOIRE 45110 Loiret 🗺️ ⑩ G. Châteaux de la Loire – 6 029 h. alt. 135.

Voir Mausolée★ dans l'église St-Martial – Germigny-des-Prés : mosaïque★★ de l'église★ SE :
4,5 km – 🄱 Office de Tourisme 1 pl. A.-Briand ℰ 38 58 44 79.

Paris 132 – ♦Orléans 30 – Bourges 102 – Gien 39 – Montargis 46 – Pithiviers 39 – Vierzon 86.

  🏨 **Parc et rest. La Capitainerie**, Gde Rue ℰ 38 58 42 16, Télex 760712, Fax 38 58 46 81,
    😤 – 📺 ☎ 🄿 ⑩ 🄴 𝑽𝑰𝑺𝑨
    fermé fév., dim. soir et lundi sauf fériés – **R** 110/248, enf. 73 – ⊑ 29 – **14 ch** 178/320 –
    ½ P 305/375.

  🏠 **Nouvel H. du Loiret**, pl. A. Briand ℰ 38 58 42 28, Fax 38 58 43 99 – 📺 ☎ 🅰🅴 ⑩ 🄴 𝑽𝑰𝑺𝑨
  ➡ *fermé 22 déc. au 5 janv. et dim. soir du 1er oct. au 1er mai* – **R** 69/165 – ⊑ 25 – **20 ch**
    196/240 – ½ P 192/218.

  💥💥 **Aub. des Fontaines**, 1 r. Fontaines (rte Orléans) ℰ 38 58 44 10, 😤 – 🄴 𝑽𝑰𝑺𝑨
    fermé 15 au 30 avril, 9 au 24 sept., dim. soir et le soir du 1er oct. au 31 mars – **R** (nombre
    de couverts limité, prévenir) carte 160 à 330 ⅞.

🚩 Syndicat d'Initiative quai de la Sarthe (fermé matin hors saison) ℘ 41 69 82 89.

Paris 277 – Angers 31 – Château-Gontier 26 – La Flèche 33.

🏠 **Ondines**, ℘ 41 69 84 38, Fax 41 69 83 59, 😊 – 🔄 📺 ☎ 🅿 – 🔥 50. 🖭 **E** 𝗩𝗜𝗦𝗔
➡ fermé dim. soir du 15 nov. au 15 mars – **R** 62/180, enf. 42 – � 27 – **30 ch** 109/296 –
½ P 159/215.

🏠🏠 **Sarthe** avec ch, ℘ 41 69 85 29, ≤, 😊 – **E** 𝗩𝗜𝗦𝗔. ❄ ch
➡ fermé 7 au 28 oct., vacances de fév., dim. soir et lundi sauf juil.-août – **R** 70/185 🍷, enf. 50
– � 25 – **7 ch** 145/225.

RENAULT Gar. Grosbois, 53 r. Dr-Chailloux à Champigné ℘ 41 42 00 25

Voir Château féodal : ❄★ de la tour du Griffon.

🚩 Office de Tourisme 1 r. R.-Salengro ℘ 90 94 23 27.

Paris 695 – Avignon 10 – Carpentras 34 – Cavaillon 21 – ◆Marseille 96 – Nîmes 44 – Orange 41.

🏠 **Provence**, 10 av. G. Perrier ℘ 90 94 01 20, Fax 90 94 63 38 – ❀. **E** 𝗩𝗜𝗦𝗔
fermé 15 au 30 nov., 24 déc. au 7 janv., sam. midi et vend. soir – **R** 80/205 🍷, enf. 40 –
� 24 – **16 ch** 170/210 – ½ P 180/200.

🏠 **Les Glycines** avec ch, 14 av. V. Hugo ℘ 90 94 10 66 – 🔲 rest ☎. **E** 𝗩𝗜𝗦𝗔. ❄ ch
R (fermé 15 au 28 fév. et lundi) 76/160, enf. 38 – � 28 – **10 ch** 170/195 – ½ P 200/240.

PEUGEOT-TALBOT Barde, 10 av. F.-Mistral
℘ 90 94 04 80
PEUGEOT-TALBOT Lafon, 10 r. H.-Brisson
℘ 90 94 12 04

RENAULT Châteaurenard-Autom., bd Genevet
℘ 90 94 24 98

🛞 Ayme Pneus, Bd Ernest Genevet ℘ 90 94 54 81
Chato-Pneus, 37 av. J.-Jaurès ℘ 90 94 71 87

🚩 Syndicat d'Initiative à la Mairie ℘ 38 95 21 84.

Paris 130 – Auxerre 60 – Gien 40 – Montargis 17 – Sens 43.

🏠🏠 **Le Sauvage** avec ch, ℘ 38 95 23 55 – 🚗. **E** 𝗩𝗜𝗦𝗔
fermé 26 août au 9 sept., vacances de fév., dim. soir et lundi – **R** 130/270, enf. 70 – � 35
– **7 ch** 110/160 – ½ P 230.

Voir ≤★ des terrasses du château.

🚩 Syndicat d'Initiative Parc de Vauchevrier (Pâques-fin sept.) ℘ 47 29 54 43.

Paris 215 – ◆Tours 30 – Angers 118 – Blois 34 – Loches 60 – ◆Le Mans 86 – Vendôme 26.

🏠 **Lurton** sans rest, 37 pl. J. Jaurès ℘ 47 56 80 26 – ☎ 🅿. **E** 𝗩𝗜𝗦𝗔. ❄
fermé 15 oct. au 5 nov. – � 35 – **10 ch** 200/300.

🏠🏠 **Écu de France** avec ch, 37 pl. J.-Jaurès ℘ 47 29 50 72 – 📺 ☎. 🖭 **E** 𝗩𝗜𝗦𝗔
fermé janv., dim. soir et lundi midi sauf juil.-août – **R** 90/160 🍷, enf. 65 – � 30 – **7 ch**
250/300.

🏠🏠 **Lion d'Or** avec ch, 166 r. République ℘ 47 29 66 50 – ❀ 🚗. ⓄⒹ **E** 𝗩𝗜𝗦𝗔
fermé 1er au 15 nov., vacances de fév., dim. soir et lundi hors sais. – **R** 90/265, enf. 75 –
� 25 – **10 ch** 130/220 – ½ P 180/225.

au NE : 7 km sur N 10 – ✉ 41310 St Amand Longpré (L.-et-Ch.) :

🏠 **Le Gastinais**, ℘ 54 80 33 30, 😊 – 🅿. ⓄⒹ 𝗩𝗜𝗦𝗔
➡ **R** (dim. et fêtes prévenir) 58/159 🍷, enf. 40.

RENAULT Tortay, 19 r. Gambetta ℘ 47 29 50 97

RENAULT Gar. Thorin, 20 r. Michelet
℘ 47 56 90 90 Ⓝ ℘ 47 56 88 99

Voir Déols : clocher★ de l'ancienne abbaye X, sarcophage★ dans l'église St-Etienne X.

🚩 Office de Tourisme pl. de la Gare ℘ 54 34 10 74 – A.C. 57 r. Belle-Isle ℘ 54 22 92 24.

Paris 267 ① – Bourges 67 ② – Blois 100 ⑨ – Châtellerault 99 ⑦ – Guéret 83 ⑤ – ◆Limoges 126 ⑥ – Montluçon
98 ④ – ◆Orléans 143 ① – Poitiers 120 ⑥ – ◆Tours 111 ⑧.

Plans page suivante

🏠🏠 **Elysée H.** Ⓜ sans rest, 2 r. République ℘ 54 22 33 66 – 🔄 📺 ☎. 🖭 ⓄⒹ **E** 𝗩𝗜𝗦𝗔.
❄
� 40 – **18 ch** 260/350.　　　　　　　　　　　　　　　　　　　　　　　　　　AY s

🏠🏠 **Mercure** Ⓜ, 16 r. V. Hugo ℘ 54 34 61 61, Télex 752543, Fax 54 27 69 51 – 🔄 ❄ ch 📺
☎ 🔥 – 🔥 25 à 100. 🖭 ⓄⒹ **E** 𝗩𝗜𝗦𝗔　　　　　　　　　　　　　　　　　　　　　　BY u
R 100/130 🍷, enf. 40 – � 42 – **60 ch** 380/400.

🏠🏠 **Boischaut** sans rest, 135 av. La Châtre par ④ ℘ 54 22 22 34 – 🔄 📺 ☎ 🅿. **E** 𝗩𝗜𝗦𝗔
� 22 – **27 ch** 165/245.

CHÂTEAUROUX

*Pas de publicité payée
dans ce guide.*

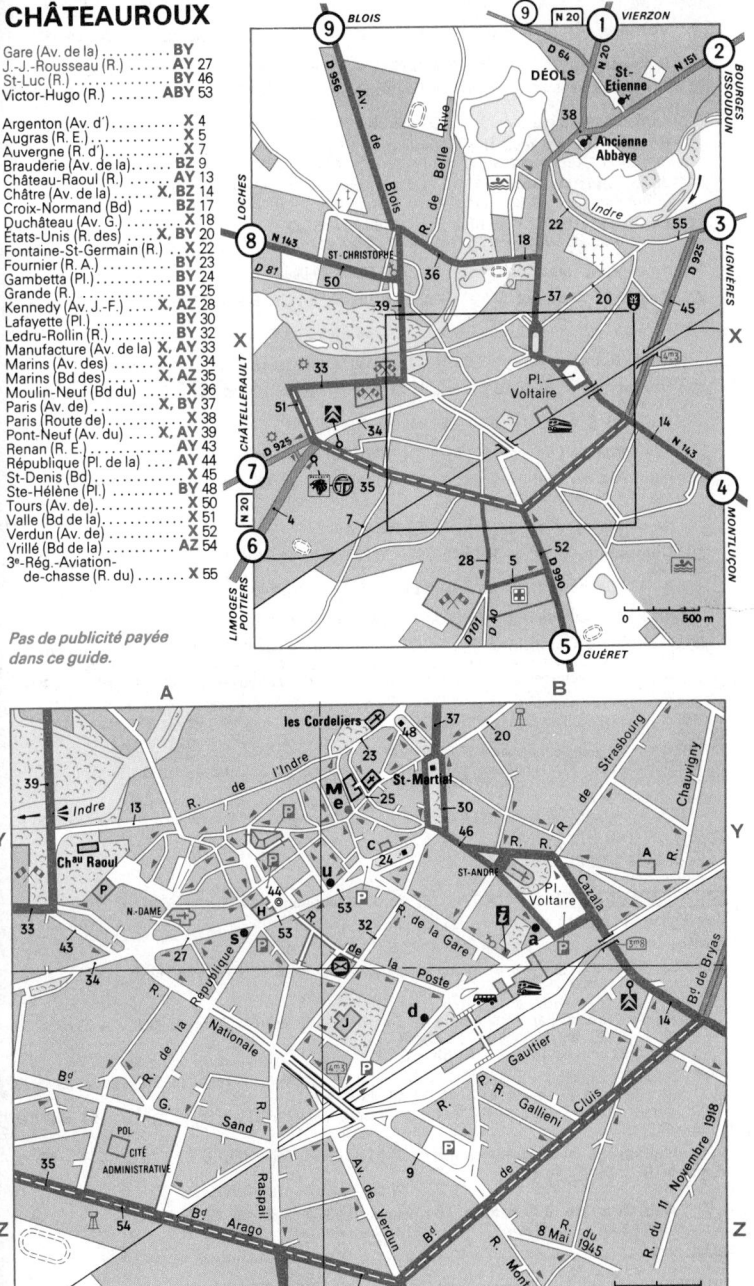

🏠 **Voltaire,** 42 pl. Voltaire ℰ 54 34 17 44, Télex 750091 – ⬛ 📺 ☎ ৬. ⒜Ⓔ ⓞ ⒠.
➡ VISA
                BY **a**
R *(fermé dim. soir)* (dîner seul.) 65/90 🍷 – ⊑ 30 – **37 ch** 175/275 – ½ P 249/309.

🏠 **Christina** sans rest, 250 av. La Châtre par ④ ℰ 54 34 01 77 – ⬛ 📺 ☎ ⇦ ⓟ. ⒜Ⓔ ⓞ
Ⓔ VISA
fermé 21 déc. au 2 janv. – ⊑ 20 – **33 ch** 164/208.

🏠 **Boule d'Or** sans rest, 18 r. Bourdillon ℰ 54 34 29 41 – 📺 ☎ Ⓔ VISA
                BZ **d**
fermé sam. du 1er oct. au 1er avril – ⊑ 22 – **20 ch** 120/230.

XXX **Jean-Louis Dumonet,** 1 r. J. J. Rousseau ℰ 54 34 82 69 – ⒜Ⓔ ⓞ Ⓔ VISA
                AY **s**
fermé 4 au 20 août, dim. soir, lundi et soirs fériés – **R** 165/330, enf. 85.

XX **La Ciboulette,** 42 r. Grande ℰ 54 27 66 28 – Ⓔ VISA
                BY **e**
➡ *fermé au 22 août, 5 au 29 janv., dim., lundi et fériés* – **R** 65/145 🍷, enf. 35.

    rte de Paris près Céré par ① : 6 km – ✉ **36130** Déols :

🏨 **Relais St-Jacques** Ⓜ, ℰ 54 22 87 10, Télex 751176, Fax 54 22 59 28, ⇶ – 📺 ☎ ⓟ –
🔺 60 à 120. ⒜Ⓔ ⓞ Ⓔ VISA
R *(fermé dim.)* 95/230, enf. 80 – ⊑ 40 – **46 ch** 290/320.

    rte de Bourges par ② : 7,5 km – ✉ **36130** Moutierchaume :

🏠 **Boréal** Ⓜ, ℰ 54 26 93 93, Fax 54 26 93 85 – ⇥⇤ch 📺 ☎ ৬. – 🔺 30. ⒜Ⓔ ⓞ Ⓔ VISA
🍴 rest
R 82/128 🍷, enf. 51 – ⊑ 34 – **53 ch** 252/284.

    à la Forge de l'Ile par ④ : 6 km – ✉ **36330** Le Poinçonnet :

🏠 **Aub. Arc en Ciel** sans rest, ℰ 54 34 09 83 – 📺 ☎ ⓟ – 🔺 25 à 120. Ⓔ VISA
⊑ 19 – **24 ch** 135/199.

    rte de Limoges par ⑥ : 6 km – ✉ **36250** St-Maur :

🏠 **Campanile** Ⓜ, ℰ 54 34 28 40, Télex 752522, Fax 54 07 17 09 – 📺 ☎ ৬. ⓟ – 🔺 30. Ⓔ
VISA
R 74 bc/98 bc, enf. 39 – ⊑ 27 – **45 ch** 248 – ½ P 225/249.

    rte de Châtellerault par ⑦ : 3 km – ✉ **36000** Châteauroux :

🏨 **Manoir du Colombier** ⑂, D 925 ℰ 54 29 30 01, Fax 54 27 70 90, « Ancienne demeure
bourgeoise dans un parc au bord de l'Indre » – 📺 ☎ ⓟ – 🔺 25. ⒜Ⓔ ⓞ Ⓔ VISA
R *(fermé vacances de fév., dim. soir et lundi)* 180/295 – ⊑ 40 – **11 ch** 280/450 –
½ P 450.

CITROEN Maublanc, 28 av. Châtre ℰ 54 22 29 68
Ⓝ ℰ 54 34 30 28
CITROEN Gar. Bisson, 76 bd Marins ℰ 54 34 12 66
MERCEDES SAVIB, 150 r. Ampère ℰ 54 27 63 63
PEUGEOT-TALBOT Gd Gar. du Berry, 9 av. d'Ar-
genton ℰ 54 22 35 88
RENAULT Brocard, RN 20 les Aubrys à St-Maur
par ⑤ ℰ 54 22 22 22 Ⓝ
RENAULT Gar. Tourisme Poids Lourds, 38 av. de
Tours ℰ 54 34 15 06 Ⓝ ℰ 54 22 51 91

🅦 Central Pneu, 86 bd Cluis ℰ 54 34 12 22
Chirault, ZI allée Maisons-Rouges ℰ 54 27 99 04
et r. Folie-Comtois ℰ 54 34 40 78
Fredon, Les Écharbeaux RN 20 à St-Maur
ℰ 54 34 23 30
Leseche, 1 bis av. Ambulance ℰ 54 22 36 03
Récup-Auto, rte d'Issoudun à Déols ℰ 54 34 91 90

CHÂTEAU-THIERRY ⟨SP⟩ **02400** Aisne 🈯🈯 ⑭ G. Champagne – 14 920 h. alt. 63.

Voir Église St-Ferréol★ d'Essômes 2,5 km par ⑤.

🔋 Office de Tourisme 12 pl. Hôtel de Ville ℰ 23 83 10 14.

Paris 96 ① – ✦Reims 58 ① – Épernay 48 ③ – Meaux 50 ⑥ – Soissons 41 ① – Troyes 110 ④.

Plan page ci-contre

🏨 **Ile de France,** par ① : 2 km rte de Soissons ℰ 23 69 10 12, Télex 150666, Fax 23 83 49 70,
⇶ – ⬛ 📺 ☎ ⓟ – 🔺 40. ⒜Ⓔ Ⓔ VISA
R 90/160, enf. 60 – ⊑ 40 – **53 ch** 270/350.

🏠 **Ibis** Ⓜ, av. Gén. de Gaulle (rte de Paris) ℰ 23 83 10 10, Télex 140616, Fax 23 83 45 23,
⇷, 🍴 – ⬛ 📺 ☎ ৬. ⓟ – 🔺 50. ⒜Ⓔ ⓞ Ⓔ VISA
fermé 1er au 8 janv. – **R** *(fermé dim. soir)* 77/160 🍷, enf. 38 – ⊑ 29 – **53 ch** 250/
280.

🏠 **Hexagone,** 50 av. Essomes par ⑥ ℰ 23 83 69 69, Télex 150799, Fax 23 83 64 17 – 📺 ☎
✦ ⓟ – 🔺 25. Ⓔ VISA
fermé dim. – **R** 65/160 🍷 – ⊑ 22 – **44 ch** 190/260 – ½ P 185/205.

XX **Aub. Jean de la Fontaine,** 10 r. Filoirs ℰ 23 83 63 89 – ⒜Ⓔ ⓞ Ⓔ VISA
                B **a**
fermé 29 juil. au 19 août, 2 au 21 janv., dim. soir et lundi – **R** 120/350.

BMW-OPEL Gar. Bachelet, av. Gén.-de-Gaulle à
Essômes ℰ 23 83 21 78
CITROEN Aisne-Auto, 8 av. Montmirail par ④
ℰ 23 83 23 80
FIAT Royal Auto Service, av. Gustave Eiffel
ℰ 23 83 03 32

FORD Gar. Desaubeau, N 3 à Chierry
ℰ 23 83 00 86
MERCEDES-BENZ Gar. Compagnon Aisne, 8 r.
Plaine, ZI ℰ 23 83 45 88
PEUGEOT-TALBOT Verdel, 18 av. Essômes par ⑤
ℰ 23 83 20 25

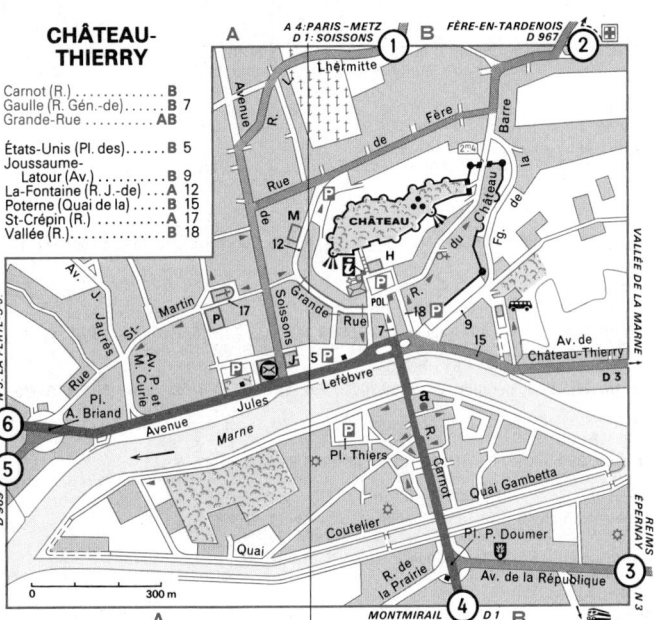

CHÂTEAU-THIERRY

Carnot (R.) . . . . **B**
Gaulle (R. Gén.-de) . . . . . . **B** 7
Grande-Rue . . . . **AB**

États-Unis (Pl. des) . . . . . . **B** 5
Joussaume-
   Latour (Av.) . . . . **B** 9
La-Fontaine (R. J.-de) . . . **A** 12
Poterne (Quai de la) . . . . **B** 15
St-Crépin (R.) . . . . **A** 17
Vallée (R.) . . . . **B** 18

RENAULT Gds Gar. de l'Avenue, 51-58 av.
Essômes par ⑤ ℰ 23 83 14 48 🅽 ℰ 23 83 14 48
V.A.G Gar. de la Prairie, ZI av. de l'Europe
ℰ 23 83 24 42

🖲 Centrale du Pneu, ZI rte de Châlons à Montmirail ℰ 26 81 22 14
La Centrale du Pneu, 38 av. de Paris par ⑥
ℰ 23 83 02 79

CHÂTEAU-VILLE-VIEILLE (Commune de) 🗺️🔟 05350 H.-Alpes 🔢🔢 ⑲ – 268 h. alt. 1 400.

Voir Site★ de Château-Queyras, O : 2,5 km.

Env. Sommet-Bucher ⋇★★ S : 13,5 km, **G. Alpes du Sud**.

Paris 721 – Briançon 40 – Gap 81 – Guillestre 21 – col d'Izoard 18.

  🏠 **Guilazur**, à Ville-Vieille ℰ 92 46 74 09, ≤, 🚗 – 🕿 🅿. 🖻 𝒱𝐼𝑆𝐴. 🛇 rest
  ➡ 10 mai-30 sept. et 10 déc.-25 avril – **R** 60/150 🦴, enf. 48 – 🖙 25 – **18 ch** 220 – ½ P 213.

RENAULT Gar. Berge ℰ 92 46 73 63 🅽

CHÂTEL 🗺️ 74390 H.-Savoie 🔟🔟 ⑱ **G. Alpes du Nord** – 1 024 h. alt. 1 235 – Sports d'hiver : 1 100/2 200 m ⋞2 ⋞44 🎿.

Voir Site★ – Pas de Morgins★ S : 3 km.

🅱 Office de Tourisme (saison) ℰ 50 73 22 44, Télex 385856.

Paris 570 – Thonon-les-Bains 39 – Annecy 114 – Évian-les-Bains 40 – Morzine 50.

  🏨🏨 **Macchi** Ⓜ, ℰ 50 73 24 12, Fax 50 73 27 25, ≤, 🚗 – 🛗 📺 🕿 ⇦ 🅿. 🖻 𝒱𝐼𝑆𝐴. 🛇 rest
  15 juin-31 août et 15 déc.-15 avril – **R** 95/115, enf. 35 – 🖙 38 – **32 ch** 200/600 – ½ P 430/460.

  🏨 **Fleur de Neige**, ℰ 50 73 20 10, Télex 309029, Fax 50 73 24 55, ≤, 🍽, 🚗 – 🛗 🕿 🅿. 🖻 𝒱𝐼𝑆𝐴
  1er juin-15 sept. et 21 déc.-19 avril – **R** 180/400 – 🖙 40 – **40 ch** 250/500 – ½ P 290/550.

  🏨 **Panoramic** Ⓜ, ℰ 50 73 22 15, Fax 50 73 36 79, ≤, 🚗 – 🛗 cuisinette 🕿 🅿. 🖻 𝒱𝐼𝑆𝐴. 🛇 rest
  13 juil.-24 août (sans rest.) et 21 déc.-Pâques – **R** 83/145 – 🖙 32 – **28 ch** 360/420, 8 studios – ½ P 425/455.

  🏠 **Kandahar** ⌂, SO : 1,5 km par rte Béchigne ℰ 50 73 30 60, ≤, 🍽, 🚗 – cuisinette 📺 🕿 🅿. 🖻 𝒱𝐼𝑆𝐴. 🛇 ch
  fermé 16 avril au 8 mai, 5 nov. au 20 déc. – **R** (fermé dim. soir hors sais.) 80/160, enf. 48 – 🖙 35 – **22 ch** 150/300 – ½ P 270/310.

  🏠 **Lion d'Or** Ⓜ, ℰ 50 73 22 27, Fax 50 73 29 07 – 🛗 🕿. 🖻 𝒱𝐼𝑆𝐴. 🛇 ch
  1er juil.-31 août et 21 déc.-18 avril – **R** 87/190 – 🖙 33 – **35 ch** 208/417 – ½ P 311.

  🏠 **Belalp**, ℰ 50 73 24 39, ≤ – 🕿 🅿. 🖻 𝒱𝐼𝑆𝐴
  1er juil.-31 août et 20 déc.-1er avril – **R** 75/180, enf. 50 – 🖙 32 – **31 ch** 240/400 – ½ P 285/315.

tourner →

Triolets ⚲, rte Petit Chatel ✆ 50 73 20 28, Fax 50 73 24 10, ← – ☎ P. E VISA
1er juil.-31 août et vacances de Noël-vacances de printemps – **R** 88/160, enf. 50 – ▭ 33 – **20 ch** 244/408 – ½ P 280/311.

Choucas sans rest, ✆ 50 73 22 57 – ☎ P. E VISA. ✻
fermé mai et nov. – ▭ 30 – **14 ch** 200/235.

Ripaille, au Linga ✆ 50 73 32 14 – E VISA
15 juin-15 sept., 1er déc.-20 avril et fermé lundi sauf vacances scolaires – **R** 75/225 ♁, enf. 48.

PEUGEOT-TALBOT Gar. Premat ✆ 50 73 24 87 N

CHÂTELAILLON-PLAGE **17340** Char.-Mar. 71 ⑬ **G. Poitou Vendée Charentes** – 5 469 h. alt. 4 – Casino.

ℹ Office de Tourisme 1 allées du Stade ✆ 46 56 26 97.

Paris 477 – La Rochelle 12 – Niort 62 – Rochefort 21 – Surgères 28.

Les Trois Iles M ⚲, à la Falaise ✆ 46 56 14 14, Télex 791813, Fax 46 56 23 70, ←, ☂, parc, ⛱, ✂ – cuisinette TV ☎ ♿ P – ⚑ 160. AE ◑ E VISA. ✻ rest
R 110/160, enf. 50 – ▭ 40 – **61 ch** 395/495, 17 duplex 600 – ½ P 420.

Majestic H., bd Libération ✆ 46 56 20 53, Fax 46 56 29 24 – ☎ ⇐. AE ◑ E VISA. ✻ rest
fermé 26 oct. au 4 nov., 14 déc. au 6 janv., sam. et dim. d'oct. à mars – **R** 90/120 ♁, enf. 45 – ▭ 30 – **29 ch** 180/270 – ½ P 220/250.

St-Victor, 35 bd Mer ✆ 46 56 25 13, Fax 46 30 01 92, ← – ☎. AE E VISA
fermé 15 au 18 avril, 15 oct. au 4 nov., 11 fév. au 1er mars, dim. soir et lundi hors sais. sauf fêtes – **R** 78/180, enf. 48 – ▭ 26 – **12 ch** 210/270 – ½ P 225/245.

Centre sans rest, 45 r. Marché ✆ 46 56 23 57 – ☎ P. E VISA
fermé lundi soir et dim. hors sais. – ▭ 26 – **19 ch** 120/250.

Océan avec ch, 121 bd République ✆ 46 56 25 91 – E VISA
fermé mi-déc. à mi-janv., dim. soir et lundi hors sais. – **R** 70/325 ♁ – ▭ 24 – **24 ch** 125/285 – ½ P 200/285.

Armor, au port de Plaisance ✆ 46 56 27 91, ☂ – P
15 mars-15 oct. et fermé mardi – **R** 250/450 ♁, enf. 140.

CHÂTELARD **38** Isère 77 ⑥ – rattaché à Bourg d'Oisans.

Le CHÂTELET-EN-BRIE **77820** S.-et-M. 61 ② – 3 772 h. alt. 89.

Paris 61 – Fontainebleau 14 – Melun 12 – Montereau-Faut-Yonne 18 – Provins 42.

✿ **Aub. Briarde** (Guichard), aux Ecrennes par D 213 : 6 km ✆ (1) 60 69 47 32 – AE ◑ E VISA
fermé 1er au 20 août, 15 au 28 fév., merc. soir, dim. soir et lundi – **R** 190/390
Spéc. Soupière de ris de veau, Jambon à l'os cuit au foin, Gibier (sept. à janv.).

CHÂTELGUYON **63140** P.-de-D. 73 ④ **G. Auvergne** – 3 649 h. alt. 409 – Stat. therm. (25 avril-12 oct.) – Casino B.

Voir Gorges d'Enval★ 3 km par ③ puis 30 mn.

ℹ Office de Tourisme parc E.-Clementel (fermé nov.) ✆ 73 86 01 17.

Paris 375 ① – ♦Clermont-Fd 20 ② – Aubusson 99 ③ – Gannat 28 ① – Vichy 47 ① – Volvic 12 ③.

Plan page ci-contre

Pullman Splendid ⚲, r. Angleterre ✆ 73 86 04 80, Télex 990585, Fax 73 86 17 56, ←, ☂, « Jardin ombragé en terrasses, thermes », ⛱ – |♦| TV ☎ P – ⚑ 70. AE ◑ E VISA. ✻ rest — A **x**
1er avril-31 oct. – **R** 135/300, enf. 50 – ▭ 52 – **80 ch** 400/815 – ½ P 940/1240.

International ⚲, r. Punett ✆ 73 86 06 72, ←, ☂ – |♦| TV ☎. AE ◑ E VISA. ✻ rest — AB **k**
27 avril-3 oct. – **R** 160/170, enf. 62 – ▭ 37 – **68 ch** 200/340 – P 325/457.

Mont Chalusset ⚲, r. Punett ✆ 73 86 00 17, ←, ☂ – |♦| TV ☎ – ⚑ 30. AE ◑ E VISA. ✻ rest — B **q**
2 mai-5 oct. – **R** 110/180, enf. 80 – ▭ 34 – **68 ch** 210/310 – P 327/375.

Paris, 1 r. Dr Levadoux ✆ 73 86 00 12, ☂ – |♦| TV ☎. E VISA. ✻ rest — B **u**
fermé 15 mars au 1er avril, 15 oct. au 15 nov., fériés le soir et dim. soir – **R** (prévenir) 100/200 – ▭ 33 – **62 ch** 185/285 – P 275/320.

Printania ⚲, av. Belgique ✆ 73 86 15 09, ☂ – |♦| TV ☎ P. E VISA. ✻ rest — A **z**
24 avril-6 oct. – **R** 99/130 – ▭ 26 – **40 ch** 150/286 – P 203/343.

Hirondelles, av. États-Unis ✆ 73 86 09 11, ☂ – ☎ P. AE E VISA. ✻ rest — B **p**
20 avril-15 oct. – **R** 80/170 ♁, enf. 60 – ▭ 32 – **52 ch** 150/280 – P 230/350.

Thermalia, av. Baraduc ✆ 73 86 00 11, ☂ – |♦| ☎. E VISA — B **m**
2 mai-8 oct. – **R** 100/130, enf. 60 – ▭ 32 – **46 ch** 210/283 – P 257/313.

Bains, av. Baraduc ✆ 73 86 07 97, ☂ – |♦| TV ☎. E VISA. ✻ rest — B **m**
25 avril-6 oct. – **R** 85/120, enf. 35 – ▭ 25 – **37 ch** 175/250 – P 270/385.

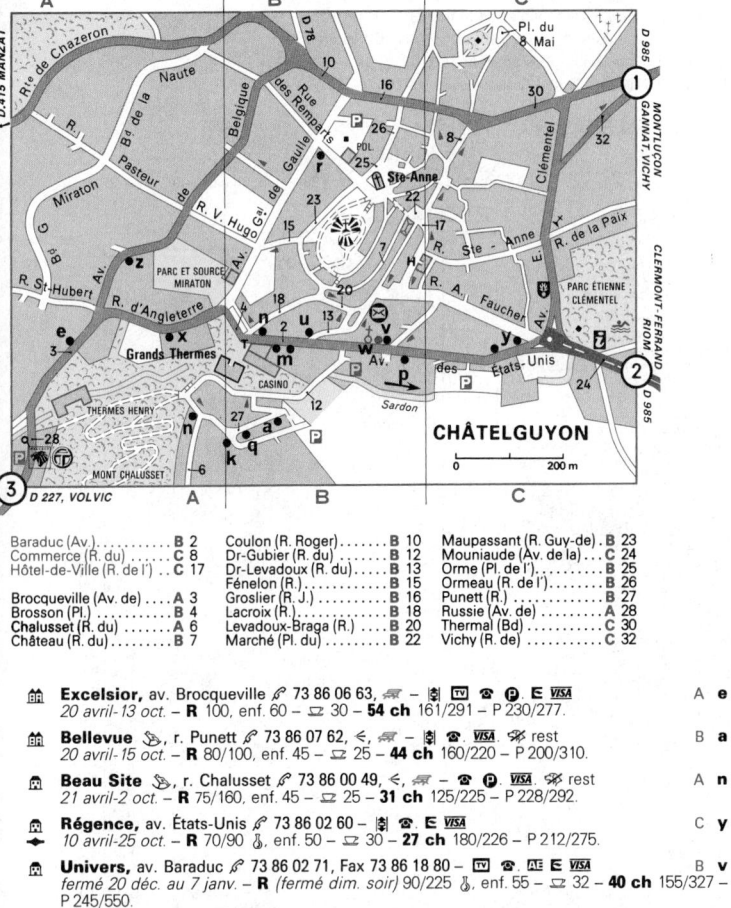

CHÂTELGUYON

0   200 m

🏛 **Excelsior,** av. Brocqueville ℰ 73 86 06 63, 🌿 – 🛗 📺 ☎ 🅿 E VISA .... A e
20 avril-13 oct. – **R** 100, enf. 60 – ⊆ 30 – **54 ch** 161/291 – P 230/277.

🏛 **Bellevue** ⓢ, r. Punett ℰ 73 86 07 62, ≤, 🌿 – 🛗 ☎ VISA ✻ rest .... B a
20 avril-15 oct. – **R** 80/100, enf. 45 – ⊆ 25 – **44 ch** 160/220 – P 200/310.

🏠 **Beau Site** ⓢ, r. Chalusset ℰ 73 86 00 49, ≤, 🌿 – ☎ 🅿 VISA ✻ rest ... A n
21 avril-2 oct. – **R** 75/160, enf. 45 – ⊆ 25 – **31 ch** 125/225 – P 228/292.

🏠 **Régence,** av. États-Unis ℰ 73 86 02 60 – 🛗 ☎ E VISA .... C y
10 avril-25 oct. – **R** 70/90 ⅃, enf. 50 – ⊆ 30 – **27 ch** 180/226 – P 212/275.

🏠 **Univers,** av. Baraduc ℰ 73 86 02 71, Fax 73 86 18 80 – 📺 ☎ AE E VISA ..... B v
fermé 20 déc. au 7 janv. – **R** (fermé dim. soir) 90/225 ⅃, enf. 55 – ⊆ 32 – **40 ch** 155/327 –
P 245/550.

🏠 **Bérénice,** av. Baraduc ℰ 73 86 09 86 – 📺 rest 📺 ☎ AE E VISA .... B n
15 mars-15 oct. – **R** 69/103 ⅃, enf. 39 – ⊆ 26 – **11 ch** 240/250 – P 260.

🏠 **Paix,** av. États-Unis ℰ 73 86 06 90, 🍽, 🌿 – ☎. VISA .... C y
24 avril-10 oct. – **R** 69/140, enf. 42 – ⊆ 22 – **44 ch** 80/190 – P 165/245.

🏠 **Chante-Grelet,** av. Gén. de Gaulle ℰ 73 86 02 05, 🌿 – ☎ E VISA ✻ rest ... B r
22 avril-10 oct. – **R** 75/110, enf. 45 – ⊆ 25 – **35 ch** 150/220 – P 240/280.

✕ **La Grilloute,** av. Baraduc ℰ 73 86 04 17 – VISA .... B v
5 mai-5 oct. et fermé mardi – **R** 90/120, enf. 50.

à St-Hippolyte par ② et bd Desaix : 2 km – ⊠ **63140** Châtelguyon :

🏠 **Le Cantalou,** ℰ 73 86 04 67, ≤, 🌿 – ☎ 🅿 E VISA ✻ rest
hôtel : 1er mars-2 nov. ; rest. : Pâques-15 oct. et fermé lundi midi – **R** 56/100 ⅃, enf. 42 –
⊆ 20 – **33 ch** 150/185 – P 185/225.

PEUGEOT-TALBOT Gar. Thermal ℰ 73 86 08 77

CHÂTELLERAULT ⟨SP⟩ **86100** Vienne 68 ④ G. Poitou Vendée Charentes – 36 110 h. alt. 60.

Voir Musée de l'automobile et de la technique★ AZ **M1**.

9 18 du Haut-Poitou ✆ 49 62 53 62, par ④ N 10 : 16 km.

Office de Tourisme bd Blossac ✆ 49 21 05 47.

Paris 304 ① – Poitiers 35 ④ – Châteauroux 99 ② – Cholet 130 ⑤ – ♦Tours 70 ①.

CHÂTELLERAULT

Blossac (Bd de) .... **BY**
Cygne-Châteauneuf (R. du) .... **AY** 3
Dupleix (Pl.) .... **BY** 6
Grande-Rue de Châteauneuf .... **AZ** 8

Clemenceau (Av. G.) .... **BY** 2
Deschazeaux (R.) .... **BY** 4
Gaudeau-Lerpinière (R.) .... **AY** 7
Kennedy (Av. J.F.) .... **BZ** 10
Leclerc (Av. Mar.) .... **BY** 12
Napoléon-1er (Quai) .... **AY** 13
Prés.-Roosevelt (Av.) .... **AZ** 15
St-Jacques (R. du Fg) .... **BZ** 16
St-Jacques (⛪) .... **BZ** 17
St-Jean-Baptiste (⛪) .... **BY**
St-Jean-l'Évangéliste (⛪) .... **AZ**
Sully (Rue) .... **AZ** 21
Thuré (R. de) .... **AY** 23
Treuille (Av.) .... **BY** 24
Trois-Pigeons (R. des) .... **BZ** 25
Villeneuve (R. Chanoine-de) .... **AZ** 27

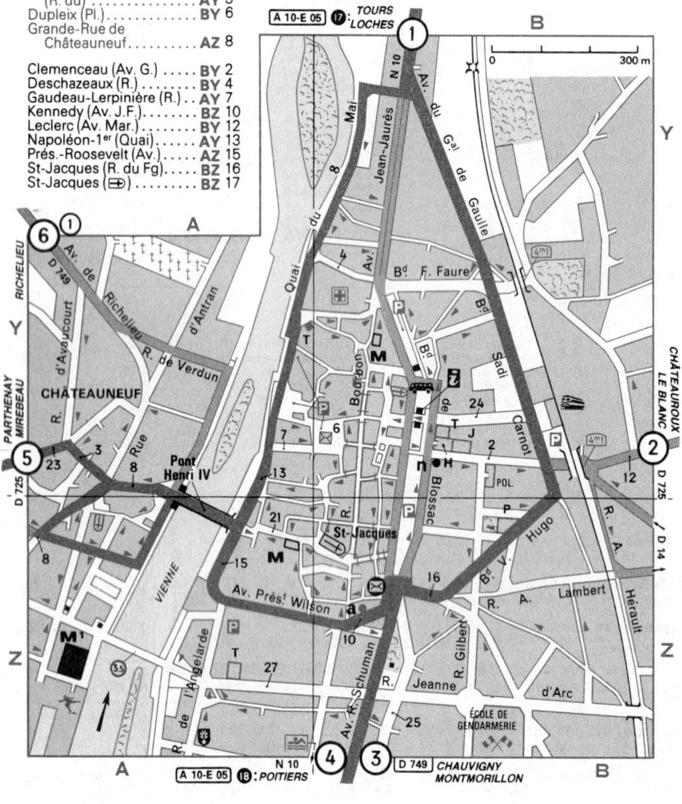

🏨 ✿ **Gd H. Moderne et rest. La Charmille** (Proust), 74 Bd Blossac ✆ 49 21 30 11, Télex 791801, Fax 49 93 25 19 – ⛫ ▤ rest TV ☎ 🚗. AE ⓓ E VISA BY **n**
R *(fermé 20 au 30 oct, 30 janv. au 26 fév. et merc.)* 160/230 - **Grill** *(fermé 20 déc. au 15 janv., dim. et fériés)* **R** 70/110 ⅓ – ▭ 40 – **30 ch** 210/460
Spéc. Salade "La Charmille", Poêlée de filet de turbot aux feuilles de laurier, Millefeuille de fruits frais. Vins Bourgueil, Vouvray.

🏨 **Ibis** M, av. C. Page, carrefour D 1-N 10 par ④ : 3 km ✆ 49 21 75 77, Télex 791488, Fax 49 02 01 79 – ⛫ TV ☎ Ⓟ – 🏛 30 à 80. E VISA
R 130 ⅓, enf. 39 – ▭ 30 – **72 ch** 244/282.

🏨 **Campanile,** par ① : 2 km sur N 10 ✆ 49 21 03 57, Télex 793038 – ⛫ TV ☎ ♿ Ⓟ. E VISA
R 74 bc/98 bc, enf. 39 – ▭ 27 – **50 ch** 248 – ½ P 225/249.

XX **Croissant** avec ch, 19 av. J.-F. Kennedy ✆ 49 21 01 77 – TV ☎. E VISA BZ **a**
fermé 28 avril au 13 mai, 22 déc. au 2 janv., lundi (sauf hôtel) et dim. soir sauf juil.-août – **R** 70/180 ⅓, enf. 46 – ▭ 26 – **19 ch** 120/270.

à Naintré-les-Barres par ④ : 9 km sur N 10 – ✉ **86530** Naintré :

XX **La Grillade,** ✆ 49 90 03 42, ☂, 🌳 – Ⓟ. AE ⓓ E VISA
fermé dim. soir – **R** 78/105 ⅓.

CITROEN Raison, 3 av. H.-de-Balzac
℘ 49 21 32 22
FIAT, TOYOTA Touzalin, 107 r. d'Antran
℘ 49 21 14 29
FORD Tardy, 40 bd d'Estrées ℘ 49 21 48 44
PEUGEOT-TALBOT Georget, 17 av. H.-de-Balzac,
N 10, sortie Sud par bd d'Estrées AZ
℘ 49 21 08 32
RENAULT SODAC-Chatellerault, l'Orée du Bois, N
10 zone Sud par bd d'Estrées AZ ℘ 49 21 30 90

V.A.G Prestige Autos, 3 bis av. H.-de-Balzac
℘ 49 21 69 15

⚙ Comptoir du Pneu, 31 av. d'Argenson
℘ 49 23 36 07
Interpneus, 15 r. Paix ℘ 49 21 56 66
Interpneus, 124 av. C.-Page ℘ 49 21 58 22
Leroux, 44 bd V.-Hugo ℘ 49 21 11 42

CHÂTILLON 92 Hauts-de-Seine ⬛⬛ ⑩, ⬛⬛⬛ ㉓ – voir à Paris, Environs.

CHÂTILLON-EN-BAZOIS 58110 Nièvre ⬛⬛ ⑤ G. Bourgogne – 1 179 h. alt. 235.
🛈 Syndicat d'Initiative à la Mairie ℘ 86 84 14 76.
Paris 265 – Autun 62 – Clamecy 57 – Moulins 67 – Nevers 41.

🏠 **France,** r. Dr Duret ℘ 86 84 13 10 – **℗. E** 𝘝𝘐𝘚𝘈
fermé 15 déc. au 1er fév. et dim. soir du 1er oct. au 1er mars – **R** 110/160 ⅃, enf. 60 – ⊐ 26
– 14 ch 130/220 – ½ P 170/220.

RENAULT Gar. Liger ℘ 86 84 10 77

TOYOTA Gar. Gravier-Barbara ℘ 86 84 14 41

CHÂTILLON-EN-DIOIS 26410 Drôme ⬛⬛ ⑭ G. Alpes du Sud – 562 h. alt. 570.
Env. Cirque d'Archiane★★ N : 11 km.
🛈 Syndicat d'Initiative square J.-Giono ℘ 75 21 10 07.
Paris 641 – Valence 79 – Die 14 – Gap 97 – ♦Grenoble 99.

XX **Le Moulin,** ℘ 75 21 10 73, 🌤 – 𝗔𝗘 ⓞ **E** 𝘝𝘐𝘚𝘈
fermé 15 au 30 oct. et mardi du 1er nov. au 1er mars – **R** 98/180.

CHÂTILLON-SUR-CHALARONNE 01400 Ain ⬛⬛ ② G. Vallée du Rhône – 3 687 h. alt. 230.
Voir Triptyque★ dans l'Hôtel de Ville.
🛈 de la Bresse ℘ 74 51 42 09, NE : 12 km par D 936 et D 64.
🛈 Office de Tourisme pl. Champ-de-Foire ℘ 74 55 02 27.
Paris 417 – Mâcon 25 – Bourg-en-Bresse 24 – ♦Lyon 54 – Meximieux 34 – Villefranche-sur-Saône 27.

XX **de la Tour** avec ch, pl. République ℘ 74 55 05 12 – 📺 🕸. **E** 𝘝𝘐𝘚𝘈
fermé 1er au 15 mars, 1er au 15 déc., dim. soir d'oct. à juin et merc. – **R** 95/260 ⅃ – ⊐ 28
– 12 ch 150/280.

route de Marlieux SE : 2 km sur D 7 – ✉ 01400 Châtillon-sur-Chalaronne :

XX **Aub. de Montessuy,** ℘ 74 55 05 14, ≼, 🌤 – **℗. E** 𝘝𝘐𝘚𝘈
fermé 26 déc. au 1er fév., lundi soir et mardi – **R** 85/220, enf. 60.

à Relevant S : 4 km par D 82 – ✉ 01990 :

🏠 **Chez Noëlle** 🦐, ℘ 74 55 32 90, 🌤, 🌳 – 🕿 **℗. E** 𝘝𝘐𝘚𝘈
fermé 15 janv. au 15 fév., dim. et merc. d'oct à mai – **R** 60/178 – ⊐ 30 – **7 ch** 190/230 –
½ P 200/270.

CITROEN Gar. de l'Hippodrome ℘ 74 55 26 27
RENAULT Galland ℘ 74 55 03 23
🆗 ℘ 05 05 15 15

V.A.G Petit ℘ 74 55 00 73 🆗

CHÂTILLON-SUR-CLUSES 74300 H.-Savoie ⬛⬛ ⑦ – 858 h. alt. 730.
Paris 579 – Chamonix 50 – Thonon-les-Bains 53 – Annecy 63 – Cluses 6,5 – ♦Genève 51 – Morzine 21 – St-Gervais-
les-Bains 33.

🏠 **Bois du Seigneur,** au col de Châtillon ℘ 50 34 27 40, ≼ – 📺 🕿 **℗. E** 𝘝𝘐𝘚𝘈
R *(fermé 4 au 26 juin, 26 nov. au 17 déc., dim. soir et lundi)* 82/220, enf. 52 – ⊐ 32 – **10 ch**
240/260 – ½ P 240/260.

CHÂTILLON-SUR-INDRE 36700 Indre ⬛⬛ ⑥ G. Berry Limousin (plan) – 3 560 h. alt. 88.
🛈 Syndicat d'Initiative pl. Champfoire (juin-sept.) ℘ 54 38 74 19 et rte de Tours (hors saison) ℘ 54 38
81 16.
Paris 256 – ♦Tours 66 – Le Blanc 43 – Blois 76 – Châteauroux 48 – Châtellerault 64 – Loches 22.

X **Auberge de la Tour** avec ch, ℘ 54 38 72 17 – 📺 🕿 **E** 𝘝𝘐𝘚𝘈
fermé 16 déc. au 31 janv., dim. soir d'oct. à juin et lundi – **R** 75/195 ⅃, enf. 53 – ⊐ 25 –
10 ch 170/280 – ½ P 185/240.

CITROEN Cholet ℘ 54 38 75 04
RENAULT Goullier ℘ 54 38 71 09

Gar. Foussier, 20 bd Gén.-Leclerc ℘ 54 38 70 60
Gar. Moderne ℘ 54 38 75 27

CHATILLON-SUR-LOIRE **45360** Loiret 65 ② – 2 512 h. alt. 135.
Paris 161 – Auxerre 75 – Cosne-sur-Loire 29 – •Orléans 79 – Montargis 49.

Le Marois M sans rest, ✆ 38 31 11 40 – ☎. VISA. ✻
fermé 15 fév. au 1er mars – ☕ 20 – **9 ch** 160/180.

CHÂTILLON-SUR-SEINE **21400** Côte-d'Or 65 ⑧ **G. Bourgogne** (plan) – 7 963 h. alt. 224.
Voir Source de la Douix★ – Musée★ : trésor de Vix★★.
ℹ Syndicat d'Initiative avec A.C. pl. Marmont ✆ 80 91 13 19.
Paris 232 – Auxerre 84 – Avallon 75 – Chaumont 58 – •Dijon 84 – Langres 72 – Saulieu 80 – Troyes 68.

Côte d'Or ⑤, r. Ronot ✆ 80 91 13 29, Fax 80 91 29 15, ☂, « Jardin ombragé » – TV ☎ 🚗. E VISA
R 80/320 – ☕ 35 – **10 ch** 200/600.

Sylvia H. sans rest, 9 av. Gare par rte Troyes ✆ 80 91 02 44, Fax 80 91 40 98, ☂ – TV ☎ ♿ P. E VISA
☕ 25 – **21 ch** 82/250.

CITROEN Folléa Auto., av. E.-Hériot ✆ 80 91 19 63
FIAT Gar. Châtillonnais, 20 av. Gare ✆ 80 91 11 13
FORD Gar. Centre, 3 r. Marmont ✆ 80 91 15 41
OPEL Gar. du Val-de-Seine, 13 av. E.-Herriot ✆ 80 91 06 84
PEUGEOT-TALBOT Gar. Couasse, rte de Troyes ✆ 80 91 05 60
RENAULT SOCA, 14 bis av. E.-Herriot ✆ 80 91 14 04 N
V.A.G Gar. des Quatre Vallées, ZI, rte de Troyes ✆ 80 91 12 82

Ⓜ Pneus-Service, 17 r. Courcelles-Prévoir ✆ 80 91 05 34

La CHÂTRE ⟨SP⟩ **36400** Indre 68 ⑲ **G. Berry Limousin** – 5 142 h. alt. 222 – 9 18 des Dryades ✆ 54 30 28 00, par ④ D 940 : 12 km – ℹ Office de Tourisme square G.-Sand ✆ 54 48 22 64.
Paris 299 ① – Bourges 68 ② – Châteauroux 36 ① – Guéret 54 ④ – Montluçon 62 ③ – Poitiers 138 ⑤ – St-Amand-Montrond 49 ②.

LA CHÂTRE

Abbaye (Pl. de) 2
Beaufort (R. de) 3
Belgique (R. de) 4
Carmes (Pl. des) 5
Fleury (R. A.) 6
Galliéni (R.) 7
Gambetta (Av.) 8
George-Sand (Av.) 9
Lion d'Argent (R. du) 12
Maget (Pl.) 13
Maquis (R. du) 14
Marché (Pl. du) 15
Nationale (Rue) 17
Pacton (R. J.) 18
Périgois (R. E.) 19
Prés-Burat (R. des) 22
République (Pl. de la) 23
Rollinat (R. M.) 25
14 Juillet (R. du) 26

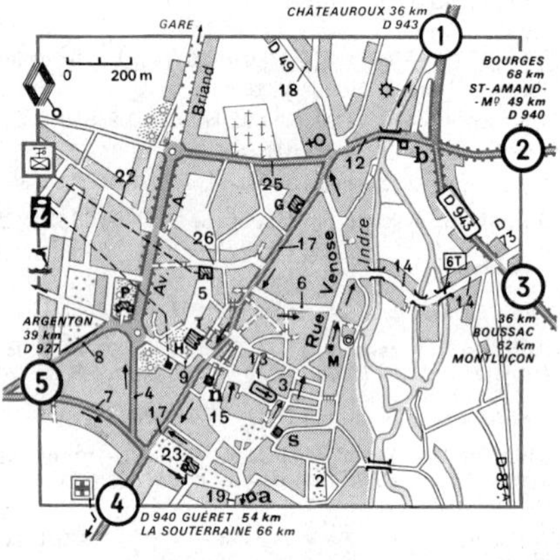

Le guide change, changez de guide tous les ans

Les Tanneries M ⑤, pont Lion d'Argent **(b)** ✆ 54 48 21 00, Télex 751650, Fax 54 06 02 24, ☂ – TV ☎ P. AE ⓓ E VISA
1er mars-11 nov. – **R** *(fermé jeudi midi et merc.)* 100/300 bc, enf. 35 – ☕ 27 – **10 ch** 240/290 – ½ P 250/350.

Notre Dame ⑤ sans rest, 4 pl. N.-Dame **(a)** ✆ 54 48 01 14, Fax 54 06 04 43 – TV ☎ P. AE ⓓ E VISA. ✻
☕ 26 – **17 ch** 155/240.

A l'Escargot, pl. Marché **(s)** ✆ 54 48 03 85 – AE ⓓ E VISA
fermé vacances de fév., lundi soir et mardi – **R** 95/240.

Jardin de la Poste, 10 r. Basse-du-Mouhet **(n)** ✆ 54 48 05 62 – AE ⓓ E VISA
fermé 17 au 23 juin, 1er au 6 oct., 24 déc. au 15 janv., dim. soir et lundi – **R** 95/220 ♁.

Aub. du Moulin Bureau, S : 1 km par pl. Abbaye ✆ 54 48 04 20, ☂ – E VISA
fermé 15 nov. à fin janv., mardi soir et merc. sauf fériés – **R** 88/170, enf. 39.

à St-Chartier par ① et D 918 : 9 km – ✉ **36400**.
Voir Vic : fresques★ de l'église SO : 2 km.

Château Vallée Bleue ⑤, rte Verneuil ✆ 54 31 01 91, Fax 54 31 04 48, ☂, parc – TV ☎ P. AE E VISA
fermé fév., dim. soir et lundi d'oct. au 13 avril – **R** 110/350, enf. 60 – ☕ 42 – **14 ch** 270/425 – ½ P 295/350.

à Pouligny-Notre-Dame par ④ et D 940 : 12 km – ✉ **36160** :

Les Dryades Ⓜ ⛰, ☏ 54 30 28 00, Télex 750945, Fax 54 30 10 24, ≤, « Complexe de loisirs et de remise en forme, golf, ≤ Vallée Noire », ⛱, ▢, 🌳, 🎾 – |ǂ| ▤ TV ☎ 🅿 – 🏛 25 à 150. AE ⓓ E VISA
R 180/320, enf. 100 – ☕ 50 – **85 ch** 600/700 – ½ P 550.

CITROEN Gar. Patry, par ④ ☏ 54 48 04 83 N
FORD Gar. Butte, 2 av. d'Auvergne ☏ 54 48 04 61
PEUGEOT-TALBOT Gar. de la Vallée Noire, rte de Châteauroux par ① ☏ 54 48 09 09 N
RENAULT Gar. des Huchettes, Chemin des Huchettes ☏ 54 48 38 38 N ☏ 54 48 38 38
Chirault ☏ 54 48 04 10
Récup-Auto ☏ 54 48 04 62

CHAUBLANC **71** S.-et-L. 70 ② – rattaché à Verdun-sur-le-Doubs.

CHAUDES-AIGUES **15110** Cantal 76 ⑭ G. Auvergne (plan) – 1 267 h. alt. 750 – Stat. therm. (28 avril-19 oct.).
ℹ Office de Tourisme av. G.-Pompidou (mai-15 oct.) ☏ 71 23 52 75.
Paris 533 – Aurillac 94 – Entraygues-sur-T. 62 – Espalion 56 – St-Chély-d'Apcher 29 – St-Flour 32.

Beauséjour Ⓜ, ☏ 71 23 52 37, ≤, 🌳 – |ǂ| TV ☎ 🅿 – 🏛 60. E VISA
17 mars-30 nov. et fermé vend. soir et sam. hors sais. sauf vacances scolaires – **R** 60/180, enf. 40 – ☕ 28 – **40 ch** 200/280 – P 240/350.

Thermes, ☏ 71 23 51 18 – |ǂ| ☎ 🚗. E VISA
24 avril-20 oct. – **R** 60/160, enf. 50 – ☕ 25 – **35 ch** 125/240 – ½ P 150/195.

Aux Bouillons d'Or Ⓜ avec ch, ☏ 71 23 51 42 – |ǂ| TV ☎. AE ⓓ E VISA. 🚫 ch
Pâques-fin oct. et fermé lundi soir et mardi hors sais. – **R** 80/180 – ☕ 24 – **12 ch** 220/240 – P 230/260.

CITROEN Gar. Moderne ☏ 71 23 52 52
RENAULT Gascuel ☏ 71 23 52 82

CHAUFFAILLES **71170** S.-et-L. 73 ⑧ – 4 868 h. alt. 405.
ℹ Syndicat d'Initiative au Château (juin-15 sept.) ☏ 85 26 07 06.
Paris 401 – Mâcon 68 – Roanne 35 – Charolles 32 – ♦Lyon 78.

à Châteauneuf O : 7 km par D 8 G. Bourgogne – ✉ **71740** :

La Fontaine, ☏ 85 26 26 87 – 🅿. E VISA
fermé 10 au 19 juin, 21 janv. au 19 fév., mardi soir et merc. – **R** 98/240, enf. 60.

CHAUFFRY **77** S.-et-M. 61 ③ – rattaché à Coulommiers.

CHAUFOUR-LÈS-BONNIÈRES **78270** Yvelines 55 ⑱, 106 ① – 300 h. alt. 158.
Paris 76 – ♦Rouen 64 – Bonnières-sur-Seine 8 – Évreux 25 – Mantes-la-Jolie 19 – Vernon 10 – Versailles 61.

Au Bon Accueil avec ch, N 13 ☏ (1) 34 76 11 29 – 🅿. E VISA
fermé 14 juil. au 14 août et sam. – **R** 65/170 🍷, enf. 50 – ☕ 20 – **15 ch** 100/180.

Le Relais, N 13 ☏ (1) 34 76 11 33 – 🅿. E VISA
R 70/130 🍷, enf. 40.

CHAUMONT Ⓟ **52000** H.-Marne 62 ⑪ G. Champagne – 28 429 h. alt. 314.
Voir Viaduc★ Z – Basilique St-Jean-Baptiste★ Y E.
ℹ Office de Tourisme pl. Gén-de-Gaulle ☏ 25 03 80 80 – A.C. Ancien Octroi, bd Thiers ☏ 25 32 38 77.
Paris 256 ⑤ – Auxerre 142 ④ – Épinal 125 ② – Langres 35 ③ – St-Dizier 74 ① – Troyes 94 ⑤.

Plan page suivante

Terminus-Reine, pl. Gén. de Gaulle ☏ 25 03 66 66, Télex 840920, Fax 25 03 28 95 – |ǂ| TV ☎ 🚗 – 🏛 80. AE ⓓ E VISA — Z a
fermé dim. soir du 1er nov. à Pâques – **R** 75/300 🍷, enf. 70 – ☕ 26 – **62 ch** 240/370 – ½ P 260.

Le Grand Val, rte Langres par ③ : 2,5 km ☏ 25 03 90 35, Fax 25 32 11 80 – |ǂ| TV ☎ 🚗 🅿. AE ⓓ E VISA
fermé 23 au 31 déc. – **R** 55/155 – ☕ 23 – **56 ch** 220/300.

Étoile d'Or, rte Langres par ③ : 2 km ☏ 25 03 02 23, Fax 25 32 52 33 – ☎ ♿ 🅿 – 🏛 60. E VISA
fermé oct., dim. soir et lundi midi – **R** 59/170 🍷, enf. 59 – ☕ 30 – **15 ch** 295/360.

Remparts, 72 r. Verdun ☏ 25 32 64 40 – ▤ rest TV ☎. AE E VISA — Z e
R 69/210 🍷, enf. 42 – ☕ 35 – **15 ch** 210/260.

Royal sans rest, 31 r. Maréchal ☏ 25 03 01 08 – 🅿. E VISA — Z b
fermé août et dim. – ☕ 19 – **19 ch** 86/158.

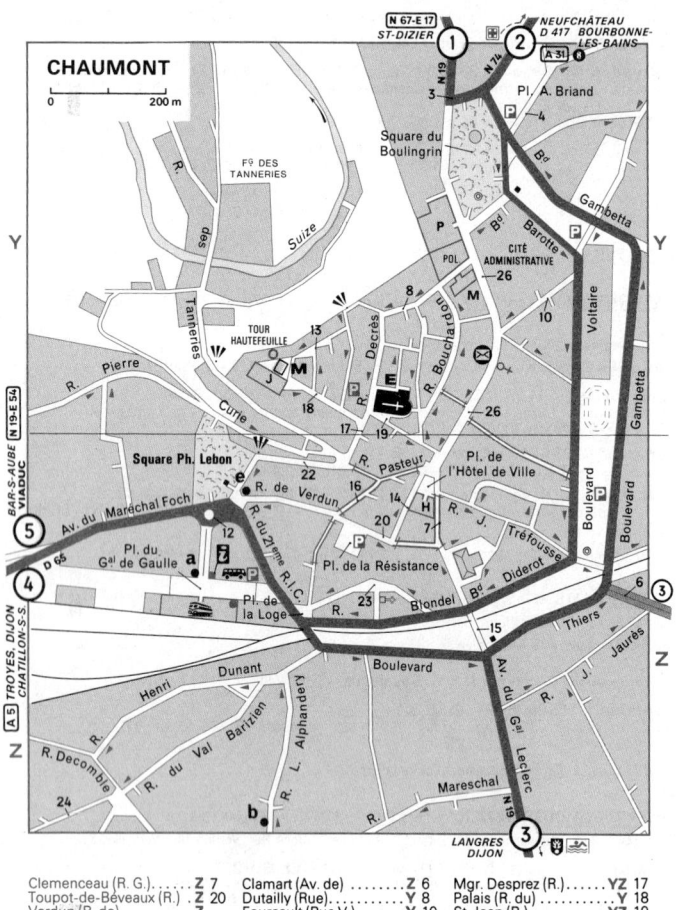

CHAUMONT

0   200 m

BMW, TOYOTA SODECO, 9 rte de Neuilly
☎ 25 03 49 04
PEUGEOT-TALBOT Gar. Lorinet, rte de Neuilly par
③ ☎ 25 32 67 00
RENAULT Relais Paris-Bâle, rte de Langres par ③,
km 3 ☎ 25 03 72 22

V.A.G Petitprêtre, 5 rte de Choignes
☎ 25 32 19 86

☉ D. G. Pneus, 60 av. République ☎ 25 32 21 54
Garcia, 9 fg de la Maladière ☎ 25 03 12 52 **N**

CHAUMONT-EN-VEXIN 60240 Oise 🗺🗺 ⑥ **G. Ile de France** – 2 697 h. alt. 69.

Voir Église★.

🏌 de Bertichères (privé) ☎ 44 49 00 81, NO : 2 km.

🛈 Syndicat d'Initiative 45 r. de l'Hôtel-de-Ville ☎ 44 49 00 46.

Paris 67 – Compiègne 86 – Beauvais 29 – Gisors 9 – Magny-en-Vexin 18 – Mantes-la-Jolie 40 – Pontoise 32.

✃✃ **Gd Cerf,** ☎ 44 49 00 57 – **E** 𝖵𝖨𝖲𝖠
➔ *fermé août, 8 au 21 janv. et lundi* – **R** (déj. seul.) 58/160 ♻, enf. 47.

PEUGEOT-TALBOT Gar. du Vexin, 7 r. République
☎ 44 49 00 01

RENAULT Gar. Chaumontois ☎ 44 49 00 10

CHAUMONT-SUR-THARONNE 41600 L.-et-Ch. 64 ⑨ G. Châteaux de la Loire – 905 h. alt. 126.
Paris 166 – ♦Orléans 35 – Blois 51 – Romorantin-Lanthenay 33 – Salbris 26.

🏨 **Croix Blanche** 🍴, 𝒫 54 88 55 12, Fax 54 88 60 40, 🌳 – 'ᯤ rest 📺 ☎ 🅿 – 🏛 25. 🖭
① 🌿 𝒱𝒮𝒜
fermé 26 janv. au 14 fév. – **R** 145/350, enf. 100 – 🖙 45 – **11 ch** 250/500 – ½ P 420/500.

CHAUMOUSEY 88 Vosges 62 ⑮ – rattaché à Épinal.

CHAUNAY 86510 Vienne 72 ③ – 1 281 h. alt. 131.
Paris 380 – Poitiers 48 – Angoulème 64 – Confolens 52 – Niort 56.

🏠 **Central**, 𝒫 49 59 25 04, ⚓, – 📺 ☎ 🅿 🖭 𝒱𝒮𝒜
♦ 🌿 ch
fermé fév. et dim. soir du 1er nov. au 31 mars – **R** 58/130 🍷 – 🖙 24 – **14 ch** 95/210 –
½ P 160/195.

CHAUNY 02300 Aisne 56 ③④ – 14 016 h. alt. 47.
Paris 123 – Compiègne 39 – Laon 36 – Noyon 17 – St-Quentin 30 – Soissons 32.

🗙🗙🗙 **Toque Blanche** Ⓜ 🍴 avec ch, 24 av. V. Hugo 𝒫 23 39 98 98, parc, 🌿 – 📺 ☎ 🅿 🖭
𝒱𝒮𝒜
fermé 22 juil. au 12 août, 2 au 13 janv., sam. midi, dim. soir et lundi – **R** 165/270, enf. 80 –
🖙 40 – **5 ch** 290/450.

à Ognes O : 1 km par D 338 – ⊠ 02300 :

🗙🗙 **Relais Saint-Sébastien**, 𝒫 23 52 15 77 – 🖭 𝒱𝒮𝒜
fermé 20 juil. au 20 août, dim. soir et lundi soir – **R** 78 bc/199 🍷.

RENAULT Charbonnier, 137 r. Pasteur   🔘 Dupont-Pneus, 43 rte de Chauny à Condren
𝒫 23 52 31 47 🅽   𝒫 23 57 00 58

CHAUSEY (Iles) 50 Manche 59 ⑦ G. Normandie Cotentin – alt. 19.
Voir Grande Ile★.

Accès par transports maritimes.

🛥 depuis **Granville**. En 1990 : juin-août, 2 services quotidiens ; avril-mai, sept., 1 service
quotidien - Traversée 50 mn – 74 F (AR) par Emeraude Lines 1 r. Le Campion 𝒫 33 50 16 36
(Granville).

- de mai au 1er oct., 1 service quotidien ; hors saison, 2 à 3 services hebdomadaires - Traversée
1 h - 70 F (AR) par Vedette Jolie France Gare Maritime 𝒫 33 50 31 81 (Granville).

🛥 depuis **St-Malo**. En 1990 : fin avril à fin sept., 3 à 5 services hebdomadaires - Traversée
2 h 30 mn – 105 F (AR) par Emeraude Lines, Boîte Postale 16 𝒫 99 40 48 40 (Saint-Malo).

🏠 **Fort et des Iles** 🍴, 𝒫 33 50 25 02, ← archipel, 🌳
fin avril-mi sept. – **R** *(fermé lundi)* (en saison, prévenir) 90/130 – **8 ch** (½ pens. seul.) –
½ P 225.

La CHAUSSÉE-ST-VICTOR 41 L.-et-Ch. 64 ⑦ – rattaché à Blois.

CHAUSSIN 39120 Jura 70 ③ – 1 487 h. alt. 191.
Paris 364 – Chalon-sur-S. 55 – Beaune 53 – ♦Besançon 78 – ♦Dijon 52 – Dole 20 – Lons-le-Saunier 43.

🏨 **Voyageurs "Chez Bach"** 🍴, pl. Ancienne Gare 𝒫 84 81 80 38, Fax 84 81 83 80, 🌳 –
📺 ☎ 🅿 🖭 🖭 𝒱𝒮𝒜
fermé 2 au 15 janv., vend. soir et dim. soir sauf juil.-août – **R** 88/210 🍷, enf. 55 – 🖙 25 –
22 ch 180/260 – ½ P 200/230.

CITROEN Gar. Pernin, 𝒫 84 81 85 82 🅽 𝒫 84 81 83 90

CHAUVIGNY 86300 Vienne 68 ⑭⑮ G. Poitou Vendée Charentes (plan) – 6 426 h. alt. 67.
Voir Ville haute★ – Église St-Pierre★ : chapiteaux du choeur★★.
🛈 Syndicat d'Initiative à la Mairie 𝒫 49 46 30 21 et 5 r. St-Pierre (mai-15 sept.) 𝒫 49 46 39 01.
Paris 334 – Poitiers 23 – Bellac 63 – Le Blanc 37 – Châtellerault 30 – Montmorillon 26 – Ruffec 74.

🏨 **Lion d'Or**, 8 r. Marché 𝒫 49 46 30 28 – ☎ 🅿 🖭 𝒱𝒮𝒜
fermé 15 déc. au 15 janv. et sam. de nov. à mars – **R** 76/190, enf. 46 – 🖙 26 – **27 ch**
140/240.

🏠 **Beauséjour**, 18 r. Vassalour 𝒫 49 46 31 30, 🌳 – 🅿 🖭 𝒱𝒮𝒜
♦ *fermé 22 déc. au 4 janv.* – **R** *(fermé vend. soir)* 60/120 🍷, enf. 35 – 🖙 24 – **21 ch** 110/240.

CITROEN Gar. Menu, 48 rte de St-Savin   RENAULT Chauvigny Automobiles, 49 rte de Poi-
𝒫 49 46 37 88   tiers 𝒫 49 46 32 25

CHAVAGNES 49380 M.-et-L. 64 ⑪ – 702 h. alt. 86.
Paris 323 – Angers 28 – Cholet 45 – Saumur 35.

🏠 **Faisan**, 𝒫 41 54 31 23 – ☎ 🖭 𝒱𝒮𝒜
♦ *fermé 22 au 30 oct., 15 nov. au 20 déc., dim. soir et lundi* – **R** 53/150 🍷, enf. 37 – 🖙 23 –
10 ch 180/250 – ½ P 170/200.

9   341

CHAVANAY **42410** Loire 77 ① – 1 858 h. alt. 154.
Paris 509 – Annonay 27 – ♦St-Étienne 50 – Serrières 12 – Tournon 49 – Vienne 18.

XX **Alain Charles** avec ch, rte Nationale ✆ 74 87 23 02, 🌳, 🚗 – 📖 TV ☎. E VISA
fermé 16 août au 4 sept., 2 au 9 janv., dim. soir et lundi sauf fériés – **R** 78/268 – ☕ 30 – **4 ch** 200/250 – ½ P 240.

CITROEN Gar. Milamant ✆ 74 87 23 37 🅽 | Rond-Pont du Pneu ✆ 74 87 03 79

CHAVILLE **92** Hauts-de-Seine 101 ㉓ – voir à Paris, Environs.

CHAVOIRE **74** H.-Savoie 74 ⑥ – rattaché à Annecy.

CHEFFES **49125** M.-et-L. 64 ① – 811 h. alt. 20.
Voir Plafond★★★ de la salle des Gardes du château★ de Plessis-Bourré O : 4,5 km, **G. Châteaux de la Loire**.
Paris 288 – Angers 24 – Château-Gontier 33 – La Flèche 37.

Château de Teildras 🐎, ✆ 41 42 61 08, Télex 722268, Fax 41 42 17 01, ←, « Demeure du 16e siècle dans un parc » – TV 🅿. AE ⓓ E VISA. ✖ rest
1er mars-1er déc. – **R** *(fermé mardi midi)* 195/280 – ☕ 62 – **11 ch** 585/950 – ½ P 585/695.

Le CHEIX **63** P.-de-D. 73 ⑭ – alt. 682 – ✉ **63320** St-Diéry.
Voir Gorges de Courgoul★ SE : 5 km, **G. Auvergne**.
Paris 441 – ♦Clermont-Ferrand 43 – Besse-en-Chandesse 8,5 – Issoire 27 – Le Mont-Dore 33.

Relais des Grottes, ✆ 73 96 77 65, 🌳 – ☎ 🅿. E VISA
fermé 8 au 15 avril, 9 au 16 sept., déc., dim. soir et merc. sauf vacances scolaires – **R** 93/200 🍷, enf. 50 – ☕ 20 – **10 ch** 113/165 – ½ P 140/145.

CHELLES **77** S.-et-M. 56 ⑫, 101 ⑲ – voir à Paris, Environs.

CHÉNAS **69840** Rhône 74 ① **G. Vallée du Rhône** – 328 h. alt. 250.
Paris 409 – Mâcon 17 – Chauffailles 50 – Juliénas 5 – ♦Lyon 62 – Villefranche-sur-Saône 35.

XX **Daniel Robin,** aux **Deschamps** ✆ 85 36 72 67, Télex 351004, ←, 🌳, « Terrasse et jardin ouvrant sur le vignoble » – AE ⓓ E VISA
fermé 15 fév. au 15 mars, merc. et le soir sauf vend. et sam. – **R** 185/340.

CHÊNEHUTTE-LES-TUFFEAUX **49** M.-et-L. 64 ⑫ – rattaché à Saumur.

CHÉNÉRAILLES **23130** Creuse 73 ① **G. Berry Limousin** – 860 h. alt. 558.
Voir Haut-relief★ dans l'église.
Paris 361 – Aubusson 19 – La Châtre 62 – Guéret 32 – Montluçon 44.

X **Coq d'Or** avec ch, ✆ 55 62 30 83 – 🚗. VISA
fermé 21 déc. au 27 janv., vend. soir et sam. – **R** 58/120 🍷 – ☕ 20 – **7 ch** 90/200 – ½ P 133/150.

CHENNEVIÈRES-SUR-MARNE **94** Val-de-Marne 61 ①, 101 ㉘ – voir à Paris, Environs.

CHENONCEAUX **37150** I.-et-L. 64 ⑯ – 361 h. alt. 62.
Voir Château de Chenonceau★★★, **G. Châteaux de la Loire**.
🅸 Syndicat d'Initiative r. Château (Pâques-sept.) ✆ 47 23 94 45.
Paris 234 – ♦Tours 35 – Amboise 12 – Château-Renault 35 – Loches 32 – Montrichard 9,5.

Bon Laboureur et Château, ✆ 47 23 90 02, Fax 47 23 82 01, 🌳, 🏊, 🚗 – ☎ 🅿. AE ⓓ E VISA
mi-mars-fin nov. – **R** 175/290, enf. 75 – ☕ 40 – **37 ch** 260/500 – ½ P 350/440.

Ottoni, ✆ 47 23 90 09, Fax 47 23 91 59, 🌳, 🚗 – TV ☎ 🚗 🅿. AE ⓓ E VISA
16 mars-11 nov. – **R** 95/250 – ☕ 35 – **18 ch** 230/440 – ½ P 215/360.

Renaudière 🐎, ✆ 47 23 90 04, parc – ☎ 🅿. E VISA. ✖
début-mars-mi-nov. et fermé dim. soir et lundi midi – **R** 85/190, enf. 45 – ☕ 26 – **13 ch** 200/290 – ½ P 205/325.

Gar. Bodin, à Civray ✆ 47 23 92 03 🅽 ✆ 47 23 93 32

CHENÔVE **21** Côte-d'Or 66 ⑫ – rattaché à Dijon.

CHÉPY **80210** Somme 52 ⑥ – 348 h.
Paris 160 – Abbeville 16 – ♦Amiens 56 – Le Tréport 25.

Aub. Picarde M 🐎, pl. Gare ✆ 22 26 20 78 – TV ☎ ♿ 🅿 – 🏛 30. AE E VISA
R *(fermé dim. soir)* 65/220 🍷 – ☕ 25 – **25 ch** 220/350.

CITROEN Gar. Picardie, rte de Feuquières à Tours-en-Vimeu ✆ 22 26 20 36
PEUGEOT Gar. Turle ✆ 22 26 20 19
Leclère, r. d'Emonville ✆ 22 26 24 44

Voir Fort du Roule ⚡★ BZ – Château de Tourlaville : parc★ 5 km par ①.

🐚 ℰ 33 44 45 48, par ② et D 122 : 7 km.

✈ de Cherbourg-Maupertus : ℰ 33 22 91 32, par ① : 13 km – 🄳 Office de Tourisme 2 quai Alexandre-III ℰ 33 93 52 02 avec A.C. ℰ 33 93 97 95 et à la Gare Maritime (15 juin-15 sept.) ℰ 33 44 39 92.

Paris 359 ② – ◆Brest 392 ② – ◆Caen 119 ② – Laval 213 ② – ◆Le Mans 266 ② – ◆Rennes 200 ②.

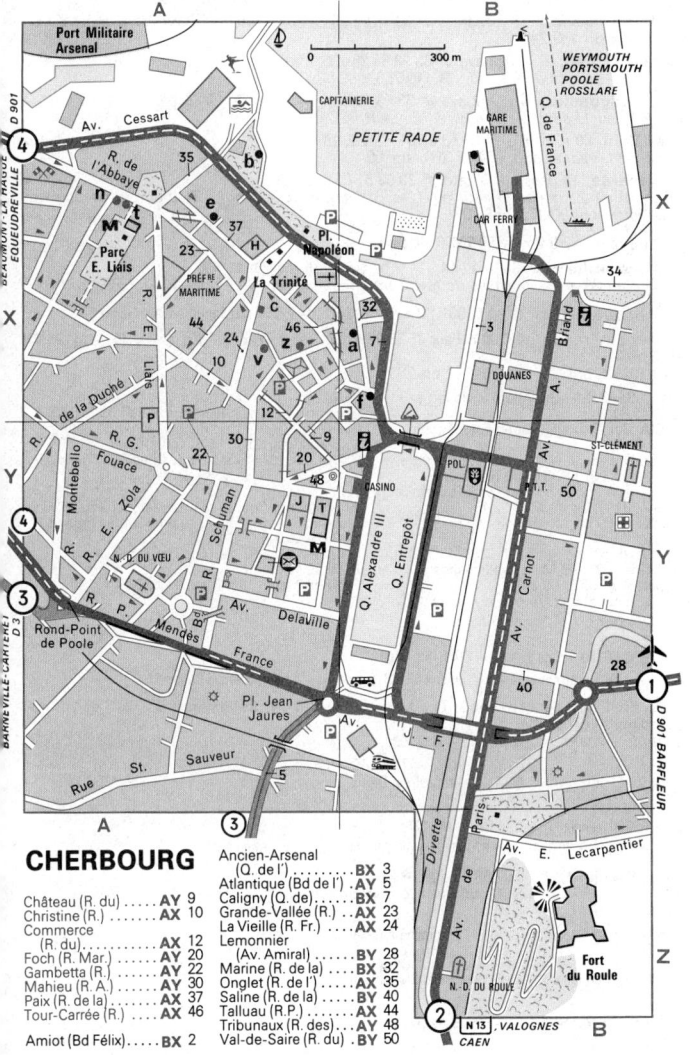

CHERBOURG

Château (R. du)		**AY** 9
Christine (R.)		**AX** 10
Commerce (R. du)		**AX** 12
Foch (R. Mar.)		**AY** 20
Gambetta (R.)		**AY** 22
Mahieu (R. A.)		**AY** 30
Paix (R. de la)		**AX** 37
Tour-Carrée (R.)		**AX** 46

Amiot (Bd Félix) ... **BX** 2

Ancien-Arsenal (Q. de l')	**BX** 3
Atlantique (Bd de l')	**AY** 5
Caligny (Q. de)	**BX** 7
Grande-Vallée (R.)	**AX** 23
La Vieille (R. Fr.)	**AX** 24
Lemonnier (Av. Amiral)	**BY** 28
Marine (R. de la)	**BX** 32
Onglet (R. de l')	**AX** 35
Saline (R. de la)	**BY** 40
Talluau (R.P.)	**AX** 44
Tribunaux (R. des)	**BY** 48
Val-de-Saire (R. du)	**BY** 50

🏨🏨 **Mercure** Ⓜ ⚶, gare maritime ℰ 33 44 01 11, Télex 170613, Fax 33 44 51 00, ⇌ – 🛗 📺
☎ – 🔥 25 à 50 ᴁ ⓞ ᴇ 𝘝𝘐𝘚𝘈
R 98/120 ⬧, enf. 40 – ⇌ 42 – **84 ch** 520/540.
BX **s**

🏨🏨 **Liberty Must** Ⓜ, r. G. Sorel par av. E. Lecarpentier - BZ ℰ 33 20 18 00, Fax 33 20 01 32 –
🛗 ⇆ch 📺 ☎ & 🅿 – 🔥 40 à 260. ᴁ ⓞ ᴇ 𝘝𝘐𝘚𝘈
R (fermé dim. soir et lundi midi) 98/190 ⬧, enf. 65 – ⇌ 38 – **80 ch** 320/450.

🏨 **Chantereyne** Ⓜ sans rest, port de plaisance 𝒫 33 93 02 20, Télex 171137, Fax 33 93 45 29 – 🔟 ☎ 🕭, 🆎 ⓪ 🗲 𝘝𝘐𝘚𝘈. ❀ AX **b**
fermé 20 déc. au 5 janv. – ⌑ 31 – **50 ch** 285/320.

🏨 **Louvre** sans rest, 2 r. H. Dunant 𝒫 33 53 02 28, Télex 171132, Fax 33 53 43 88 – ▐🛗▌ 🔟 ☎ 🕭, ⟲, 🗲 𝘝𝘐𝘚𝘈 AX **e**
fermé 24 déc. au 1ᵉʳ janv. – ⌑ 24 – **42 ch** 135/300.

🏨 **Le Vauban** Ⓜ, 22 quai Coligny 𝒫 33 44 28 45, Télex 772472, ≼ – ▐🛗▌ 🔟 ☎ 🕭 🅟 – ◆— 🔏 25. 🗲 𝘝𝘐𝘚𝘈 BX **f**
R *(fermé vend. sauf juil.-août)* 68/146 – ⌑ 27 – **43 ch** 210/300 – ½ P 230.

🏨 **Moderna** sans rest, 28 r. Marine 𝒫 33 43 05 30, Télex 772201 – 🔟 ☎. 🆎 🗲 𝘝𝘐𝘚𝘈. ❀ ⌑ 25 – **25 ch** 160/245. BX **a**

💥 **L'Ancre Dorée**, 27 r. Abbaye 𝒫 33 93 98 38 – 🗲 𝘝𝘐𝘚𝘈 AX **n**
fermé fév., sam. midi et lundi – **R** 110/250, enf. 52.

💥 **Le Grandgousier**, 21 r. Abbaye 𝒫 33 53 19 43, ☞ – 🍽, 🆎 ⓪ 🗲 𝘝𝘐𝘚𝘈 AX **t**
fermé 1ᵉʳ au 15 sept., sam. midi et dim. – **R** 95/215.

💥 **Chez Pain**, 59 r. au Blé 𝒫 33 53 67 64 – 🆎 🗲 𝘝𝘐𝘚𝘈 AX **z**
fermé sam. midi et dim. – **R** 95/250, enf. 50.

💥 **La Cendrée**, 18 passage Digard 𝒫 33 93 67 04 – 🗲 𝘝𝘐𝘚𝘈 AX **v**
fermé 10 au 21 mars, 25 août au 12 sept., dim. soir et lundi – **R** (nombre de couverts limité, prévenir) 90/170, enf. 70.

au Pont par ③ : 5 km – ✉ **50690** Martinvast :

💥 **La Mare Aubert**, 𝒫 33 52 11 14, ☞, ⌕, ☞ – 🅟. 🆎 ⓪ 🗲 𝘝𝘐𝘚𝘈
fermé 4 au 26 août, vacances de fév., sam. midi, dim. soir et lundi – **R** 125/280, enf. 75.

à Équeurdreville par ④ et D 901 : 3 km – 13 546 h. – ✉ **50120** Équeurdreville Hainneville :

🏨 **Climat de France** Ⓜ, 200 r. Paix 𝒫 33 93 42 94, Télex 772570 – 🔟 ☎ 🕭, 🅟 – 🔏 25. 🆎 ⓪ 🗲 𝘝𝘐𝘚𝘈
R 79/102 🍷, enf. 38 – ⌑ 28 – **42 ch** 263.

ALFA-ROMEO-SEAT Manche Alfa, 7 r. de la Saline 𝒫 33 43 45 30
BMW-LANCIA Gar. Renouf, bd de l'Est à Tourlaville 𝒫 33 20 44 78
CITROEN Gar. Ozenne, r. M.-Sambat à Équeurdreville-Hainneville par ④ 𝒫 33 03 49 70
CITROEN Chanel Auto, ZI, bd de l'Est à Tourlaville par ① 𝒫 33 23 01 01 🆕 𝒫 33 23 22 48
FORD Lemasson, 60 bd Amiral-Lemonnier ZI 𝒫 33 43 05 22
NISSAN Relet, 15 cité Fougères 𝒫 33 20 43 01
RENAULT Coipel, 427 r. 8-Mai Les Flamands à Tourlaville par ① 𝒫 33 22 00 27 🆕
RENAULT Gar. Ecourtemer, 76 r. Sadi-Carnot, Octeville par ③ 𝒫 33 53 27 35

RENAULT Gar. Marie, 95 r. Gén.-de-Gaulle, Équeurdreville-Hainneville par ④ 𝒫 33 03 58 97
RENAULT Gar. Dessoude Lyons, bd de l'Est à Tourlaville par ① 𝒫 33 44 00 01 🆕
V.A.G Gar. du Stade, r. Industries ZI à Tourlaville 𝒫 33 20 36 23

🛞 Cherbourg-Pneus, 12 r. Loysel 𝒫 33 53 06 49
Cotentin Pneumatiques, 74 bd Mendès France 𝒫 33 04 26 04
Francis-Pneus, bd de l'Est ZI à Tourlaville 𝒫 33 20 45 60
Schmitt-Pneus, 13 r. Maupas 𝒫 33 44 05 42

Les CHÈRES 69380 Rhône 👪 ① – 814 h. alt. 210.
Paris 443 – ◆Lyon 21 – L'Arbresle 14 – Meximieux 45 – Trévoux 10 – Villefranche-sur-Saône 11.

💥 **Aub. du Pont de Morancé**, O : 1 km par D 100 ✉ 69480 Anse 𝒫 78 47 65 14, ☞, « Jardin » – 🅟. 🗲 𝘝𝘐𝘚𝘈
fermé fév., mardi soir et merc. – **R** 90/250 🍷.

CHERISY 28 E.-et-L. 🗺 ⑦, 🗺 ㉙ – rattaché à Dreux.

CHÉROY 89690 Yonne 🗺 ⑬ – 1 024 h. alt. 127.
Paris 104 – Fontainebleau 40 – Auxerre 67 – Montargis 39 – Nemours 24 – Sens 22.

💥 **Tour d'Argent**, 𝒫 86 97 53 43, ☞ – 𝘝𝘐𝘚𝘈
fermé 23 au 30 juin, fév., lundi (sauf le midi en juil.-août) et mardi – **R** 76/155 🍷.

CHEVAL-BLANC 84 Vaucluse 🗺 ⑫ – rattaché à Cavaillon.

Le CHEVALON 38 Isère 🗺 ④ – rattaché à Grenoble.

CHEVANNES 89 Yonne 🗺 ⑤ – rattaché à Auxerre.

CHEVIGNEY 25 Doubs 🗺 ⑯ – rattaché à Valdahon.

CHEVIGNY-FENAY 21 Côte-d'Or 🗺 ⑫ – rattaché à Dijon.

CHEVRY 01 Ain 🗺 ⑮ – rattaché à Gex.

CHEYLADE 15400 Cantal 76 ③ G. Auvergne – 424 h. alt. 950.

Voir Voûte★ de l'église – Cascade du Sartre★ S : 2,5 km.

Paris 507 – Aurillac 82 – Mauriac 51 – Murat 31 – St-Flour 56.

　🏨 **Gd H. de la Vallée,** ℰ 71 78 90 04, ≤ – **🅟**. 🕮 E _VISA_. ⚘
　　fermé au 15 avril et 5 au 30 nov. – **R** 55/100 ⅃, enf. 38 – ⬓ 20 – **15 ch** 80/140 –
　　½ P 135/165.

Le CHEYLARD 07160 Ardèche 76 ⑲ – 4 381 h. alt. 449.

Paris 602 – Valence 62 – Aubenas 51 – Lamastre 21 – Privas 48 – Le Puy 77 – St-Agrève 25.

　🏠 **Provençal,** av. Gare ℰ 75 29 02 08 – 🍽 rest ☎. E _VISA_
　　fermé 23 août au 3 sept., 18 oct. au 1ᵉʳ nov., 20 déc. au 7 janv., dim. soir et lundi –
　　R 70/170 ⅃ – ⬓ 30 – **8 ch** 160/190 – ½ P 200.

CITROEN Gar. des Cévennes ℰ 75 29 05 10 Ⓝ　　　Gar. Chambert et Noyer, à Mariac ℰ 75 29 14 26
　　　　　　　　　　　　　　　　　　　　　　　　　　Ⓝ ℰ 75 29 00 37

CHÉZERY-FORENS 01410 Ain 74 ⑤ – 337 h. alt. 582.

Paris 504 – Bellegarde-sur-Valserine 17 – Bourg-en-Bresse 88 – Gex 40 – Nantua 31 – St-Claude 44.

　🏨 **Commerce** ⚘, ℰ 50 56 90 67 – E _VISA_
　　fermé 15 sept. au 10 oct. et merc. hors sais. – **R** 60/140 ⅃ – ⬓ 24 – **10 ch** 120/180 –
　　½ P 140/210.

La CHIGNOLLE 16 Charente 72 ⑭ – alt. 71 – ✉ 16430 Champniers.

Paris 434 – Angoulême 11 – Cognac 51 – Limoges 97 – Niort 97 – St-Jean-d'Angély 66.

　XX **Logis d'Argence,** N 10 ℰ 45 69 99 93, 😊, 🚗 – **🅟** E _VISA_
　　fermé 15 août au 10 sept., dim. soir et lundi – **R** 120/245, enf. 45.

CHILLE 39 Jura 70 ④ – rattaché à Lons-le-Saunier.

CHINAILLON 74 H.-Savoie 74 ⑦ – rattaché au Grand-Bornand.

CHINDRIEUX 73310 Savoie 74 ⑮ – 1 077 h. alt. 282.

Env. Abbaye de Hautecombe★★ (chant grégorien) SO : 10 km, G. Alpes du Nord.

Paris 522 – Annecy 37 – Aix-les-Bains 17 – Bellegarde-sur-Valserine 38 – Bourg-en-Bresse 92 – Chambéry 33.

　🏨 **Relais de Chautagne,** ℰ 79 54 20 27 – ☎ **🅟** E _VISA_
　　fermé 20 déc. au 15 fév. et lundi sauf juil.-août – **R** 85/180 ⅃, enf. 60 – ⬓ 26 – **15 ch**
　　170/185 – ½ P 240/250.

　XX **Aub. du Colombier,** ℰ 79 54 20 13, 😊 – **🅟** E _VISA_
　　fermé 1ᵉʳ au 15 déc., dim. soir et lundi – **R** (week-ends prévenir) 80/190 ⅃.

CHINON ⬦🆂🅿 37500 I.-et-L. 67 ⑨ G. Châteaux de la Loire – 8 873 h. alt. 37.

Voir Vieux Chinon★★ : Grand Carroi★★ A B – Château★★ : ≤★★ A – Quai Danton ≤★★ A.

Env. Château d'Ussé★★ 14 km par ①.

🅱 Office de Tourisme 12 r. Voltaire ℰ 47 93 17 85 et route de Tours (15 juin-15 sept.) ℰ 47 93 39 66.

Paris 280 ① – ◆Tours 48 ① – Châtellerault 51 ③ – Poitiers 83 ③ – Saumur 29 ③ – Thouars 44 ③.

Plan page suivante

　🏨 **Chéops** Ⓜ ⚘, centre St-Jacques (près piscine), par quai Danton - A ℰ 47 98 46 46,
　　Télex 752547, Fax 47 98 35 44, 😊 – 🛗 📺 ☎ ⅓ **🅟** – 🕿 30 à 80. 🕮 ⓪ E _VISA_
　　fermé 1ᵉʳ au 10 janv. – **R** (fermé dim. soir du 1ᵉʳ nov. au 29 fév.) – ⬓ 40 – **55 ch** 320/385
　　– ½ P 332.

　🏨 **France** sans rest, 47 pl. Gén. de Gaulle ℰ 47 93 33 91, Fax 47 98 37 03 – ☎ 🚗 🕮 ⓪
　　E _VISA_. ⚘　　　　　　　　　　　　　　　　　　　　　　　　　　　　　　A s
　　1ᵉʳ mars-30 nov. et fermé dim. soir en oct., sam. et dim. de nov. à mars – ⬓ 30 – **27 ch**
　　260/320.

　🏨 **Chris'Hôtel** sans rest, 12 pl. Jeanne d'Arc ℰ 47 93 36 92, Fax 47 98 48 92, 🚗 – ☎. 🕮
　　⓪ E _VISA_　　　　　　　　　　　　　　　　　　　　　　　　　　　　　　　　B e
　　⬓ 30 – **40 ch** 190/300.

　🏠 **Diderot** ⚘ sans rest, 4 r. Buffon ℰ 47 93 18 87 – ☎ ⅓ **🅟**. 🕮 ⓪ E _VISA_. ⚘　　　B n
　　fermé 20 déc. au 10 janv. – ⬓ 30 – **25 ch** 190/320.

　XXX ❀ **Au Plaisir Gourmand** (Rigollet), quai Charles VII ℰ 47 93 20 48 – 🍽. E _VISA_　　A a
　　fermé 12 au 28 nov., 3 au 26 fév., dim. soir et lundi – **R** (nombre de couverts limité,
　　prévenir) 170/300
　　Spéc. Emincé tiède de saumon aux courgettes, Sandre au beurre blanc, Parfait glacé aux marrons confits.
　　Vins Chinon, Vouvray.

　XX **Host. Gargantua** avec ch, 73 r. Haute St-Maurice ℰ 47 93 04 71, ≤, 😊, « Ancien Palais
　　du Baillage (15ᵉ siècle) » – ☎ 🕮 ⓪ E _VISA_. ⚘　　　　　　　　　　　　　　　　　　A v
　　fermé 1ᵉʳ au 1ᵉʳ fév., jeudi midi et merc. d'oct. à mai – **R** 130/160 – ⬓ 40 – **10 ch**
　　160/550 – ½ P 250/445.

　X **Orangerie,** 79 bis r. Voltaire ℰ 47 98 42 00 – E _VISA_　　　　　　　　　　　　　A d
　　fermé déc., janv., dim. soir et lundi – **R** 78/110, enf. 40.

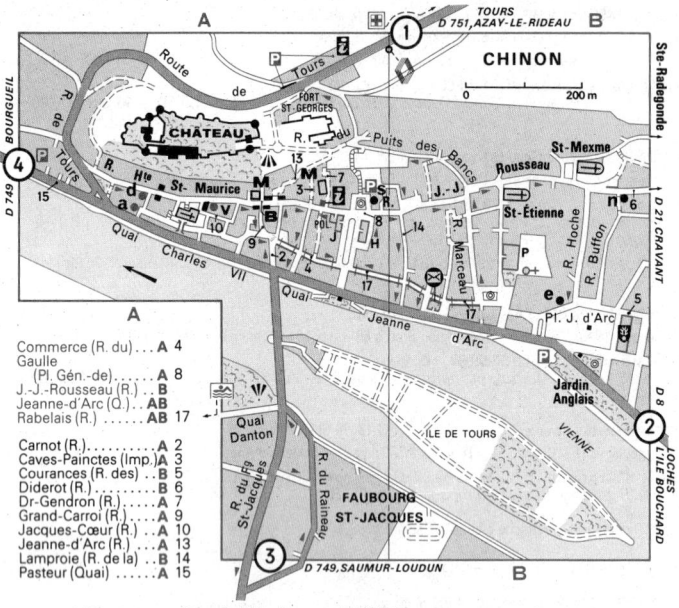

à Marçay par ③ et D 116 : 7 km – ⊠ **37500**.

🏰 ⚜ **Château de Marçay** ⑊, 𝒫 47 93 03 47, Télex 751475, Fax 47 93 45 33, ≼, 🌁,
« Château du 15ᵉ siècle, parc », ⌂, ℀ – 劇 ☑ ☎ ℗ – 🛦 40 à 150. E 𝘝𝘐𝘚𝘈
fermé mi-janv. à mi-mars – **R** *(fermé dim. soir et lundi de nov. à mars sauf fêtes)* 220/360,
enf. 95 – ⊡ 70 – **34 ch** 825/1300, 4 appart. 1600 – ½ P 685/1150
Spéc. Croustillant de langoustines (saison), Pigeonneau rôti dans son jus, Chariot de pâtisseries. Vins Chinon
Azay-le-Rideau.

à Beaumont-en-Véron par ④ : 5 km – ⊠ **37420** :

🏰 **Château de Danzay** ⑊, 𝒫 47 58 46 86, ≼, parc, « Château du 15ᵉ siècle » – ☎ ℗. E
𝘝𝘐𝘚𝘈 ℀ rest
25 mars-3 nov. – **R** *(dîner seul.)*(résidents seul.) 250 – ⊡ 60 – **10 ch** 650/1200.

🏠 **La Giraudière** ⑊, 𝒫 47 58 40 36, Fax 47 58 46 06, 🌁, parc – cuisinette ☎ ℗ – 🛦 30.
Æ ① E 𝘝𝘐𝘚𝘈 ℀ rest
fermé janv. – **R** *(fermé mardi)* 85/180, enf. 45 – ⊡ 24 – **21 ch** 180/330, 4 appart. 400 –
½ P 220/320.

CITROEN S.A.R.V.A., 10 r. A.-Correch par r. Cou-
rances 𝒫 47 93 06 58 Ⓝ 𝒫 47 93 27 36
FIAT Hallie, rte de Tours 𝒫 47 93 28 29
PEUGEOT-TALBOT Gd Gar. du Chinonais, à St-
Louans par ④ 𝒫 47 93 28 29
RENAULT S.I.V.A., rte de Tours 𝒫 47 93 05 27 Ⓝ
RENAULT Gar. de la Gare, 8 pl. Gare
𝒫 47 93 03 67

V.A.G Gar. du Château, rte de Tours
𝒫 47 93 04 65

⚙ Nourry Pneus, 6 pl. Denfert-Rochereau
𝒫 47 93 32 08

CHISSAY-EN-TOURAINE 41 L.-et-Ch. 👀 ⑯ – rattaché à Montrichard.

CHITENAY 41120 L.-et-Ch. 👀 ⑰ – 919 h. alt. 88.

Voir Galerie des Illustres★★ du château de Beauregard★ N : 5 km, G. Châteaux de la Loire.

Paris 191 – Orléans 70 – ◆Tours 74 – Blois 12 – Châteauroux 88 – Contres 12 – Montrichard 24 – Romorantin-
Lanthenay 38.

🏨 **Aub. du Centre**, 𝒫 54 70 42 11, Fax 54 70 35 03, 🌁, 🌳 – ☎ ℗. E 𝘝𝘐𝘚𝘈
fermé fév. et lundi hors sais. – **R** 75/250 ⅄, enf. 50 – ⊡ 26 – **22 ch** 220/300 – ½ P 200/240.

℀ **La Clé des Champs** avec ch, 𝒫 54 70 42 03, 🌁, 🌳 – ℗. E 𝘝𝘐𝘚𝘈
fermé 12 au 23 nov., 2 au 31 janv., lundi soir et mardi – **R** 130/170 ⅄, enf. 40 – ⊡ 22 –
10 ch 110/180.

CHOISY-AU-BAC 60 Oise 👀 ②, 👀 ⑩ – rattaché à Compiègne.

Voir Musée d'Histoire et des guerres de Vendée★ Y **M**[1] – Musée des Arts★ Y **M**[2].

🏌 ☏ 41 71 05 01, par ⑥ puis D 752 : 3,5 km – 🛈 Office de Tourisme avec A.C. pl. Rougé ☏ 41 62 22 35, Télex 306022 et aire d'accueil, rte d'Angers (juil.-août) ☏ 41 58 66 66.

Paris 357 ① – Angers 61 ① – La Roche-sur-Yon 65 ④ – Ancenis 47 ⑥ – ♦Nantes 57 ⑤ – Niort 101 ②.

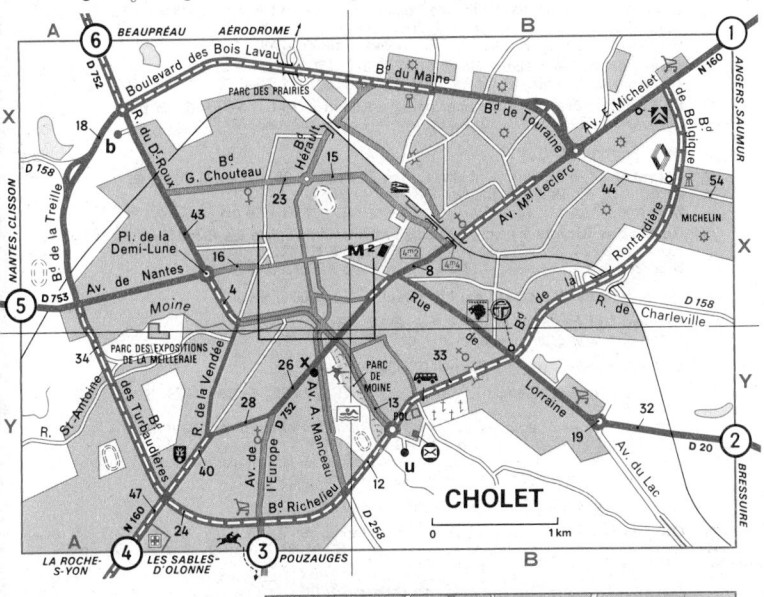

🏨 **Fimotel** Ⓜ, av. Sables-d'Olonne par ④ ☏ 41 62 45 45, Fax 41 58 23 45 – 🛗 📺 ☎ 🅿 – 🔬 40 à 80. 🖭 ⓪ 🅴 *VISA*
R 72/95 🍴, enf. 34 – 🗂 33 – **42 ch** 220/270 – ½ P 120/140.

🏨 **Gd H. Poste,** 26 bd G.-Richard ☏ 41 62 07 20, Télex 722707, Fax 41 58 54 10 – 🛗 🍽 rest 📺 ☎ 🚐 🅿 – 🔬 25. 🖭 ⓪ 🅴 *VISA*   Z 🅴
R (fermé 28 juil. au 16 août, sam. soir hors sais. et dim.) 92/270 🍴 – 🗂 30 – **54 ch** 250/360.

🏨 **Europe** (rest. prévu), 15 pl. Gare 🖋 41 62 00 97 – 📺 ☎ 🚗. 🆎 ☰ 𝗩𝗜𝗦𝗔   BX **n**
🛏 25 – **21 ch** 220/270.

🏨 **Parc** sans rest, 4 av. A. Manceau 🖋 41 62 65 45 – 🛗 ☎ 🚗 🅿 – 🏊 40. 🆎 ⓞ 𝗩𝗜𝗦𝗔
🛏 35 – **51 ch** 175/268.   AY **x**

🏠 **Campanile**, square Nvelle France (rocade sud) par bd Delhumeau-Plessis-Z 🖋 41 62 86 79,
Télex 720318 – 📺 ☎ 🅿 – 🏊 25. ☰ 𝗩𝗜𝗦𝗔   BY **u**
R 74 bc/98 bc, enf. 39 – 🛏 27 – **43 ch** 248 – ½ P 225/249.

🏠 **Commerce**, 194 r. Nationale 🖋 41 62 08 97 – 📺 ☎. 🆎 ⓞ ☰ 𝗩𝗜𝗦𝗔   Z **a**
↦ *fermé 19 août* – **R** (*fermé sam. et dim.*) 55/70 🍴 – 🛏 22 – **14 ch** 110/238.

XX **La Touchetière**, rd-pt St Léger par ⑥ : 1,5 km 🖋 41 62 55 03 – 🅿. ☰ 𝗩𝗜𝗦𝗔   AX **b**
↦ *fermé 3 au 26 août et vacances de fév.* – **R** (dim. prévenir) 68/170.

rte d'Angers par ① :

🏨 **Atlantel** Ⓜ, à 3,5 km ✉ 49300 Cholet 🖋 41 71 08 08, Fax 41 71 96 96, 😊 , 🌳 – 📺 ☎
↦ 🕭 🅿 – 🏊 40. 🆎 ⓞ ☰ 𝗩𝗜𝗦𝗔
R (*fermé 29 juil. au 16 août*) 70/150 🍴, enf. 40 – 🛏 33 – **34 ch** 250/290 – ½ P 220/230.

XX **Relais des Biches** avec ch, à Nuaillé : 7,5 km – près Église ✉ 49340 Nuaillé 🖋 41 62 38 99,
Fax 41 62 96 24, 😊 , ⛵, 🌳 – 📺 ☎ 🅿. 🆎 ⓞ ☰ 𝗩𝗜𝗦𝗔
R 90/250, enf. 55 – 🛏 32 – **13 ch** 250/350 – ½ P 235/290.

à l'aérodrome N : 2,5 km par bd Hérault – ✉ 49300 Cholet :

XXX **Arnaud Vallée**, 🖋 41 62 03 14, ← – 🅿. ☰ 𝗩𝗜𝗦𝗔
fermé dim. soir et sam. – **R** 98/250, enf. 70.

au Lac de Ribou par ② : 5 km – ✉ 49300 Cholet :

XXX 🕸 **Le Belvédère** (Inagaki) 🦐 avec ch, 🖋 41 62 14 02, ←, 😊 – 📺 ☎ 🅿 – 🏊 25. 🆎
ⓞ ☰ 𝗩𝗜𝗦𝗔. 🍴 rest
fermé 22 juil. au 21 août, vacances de fév., dim. soir et lundi midi sauf fériés – **R** (prévenir)
110/250, enf. 55 – 🛏 29 – **8 ch** 275/320
Spéc. Nems de homard en salade, Ragoût de coquillages aux langoustines (oct. à mars), Lapereau cuit sur
l'os aux oignons glacés. Vins Savennières, Saumur-Champigny.

à La Tessoualle S : 6,5 km par D 258 – ✉ 49280 :

🏨 **Garden H.**, 1 r. Industrie 🖋 41 56 38 95 – ←, ch 🅿 – 🏊 30. ⓞ ☰ 𝗩𝗜𝗦𝗔 🍴 rest
↦ *fermé 1er au 20 août, sam. soir et dim. soir* – **R** 59/160 🍴, enf. 35 – 🛏 25 – **25 ch** 185/230
– ½ P 350/370.

par ④ rte de la Roche-sur-Yon – ✉ 49300 Cholet :

🏠 **Cormier** sans rest, à 4,5 km 🖋 41 62 46 24, 🌳 – 📺 ☎ 🅿. ☰ 𝗩𝗜𝗦𝗔. 🍴
fermé 15 déc. au 10 janv. et dim. – 🛏 25 – **14 ch** 150/220.

XXX **Château de la Tremblaye**, à 5,5 km 🖋 41 58 40 17, parc – 🅿. 𝗩𝗜𝗦𝗔
fermé 28 juil. au 18 août, dim. soir et lundi sauf fériés – **R** 84/265, enf. 68.

ALFA-ROMEO Hall des Sports, 1 pl. République
🖋 41 62 85 21
CITROEN Cholet Automobiles, 34 av. E.-Michelet
par ① 🖋 41 65 42 77 Ⓝ 🖋 41 58 15 44
MERCEDES-MAZDA Gar. Crochet Cholet, ZI, 13
bd du Poitou 🖋 41 65 92 66
PEUGEOT-TALBOT Gar. Bussereau, 169 r. de Lorraine 🖋 41 62 41 42

RENAULT Autom. Choletaise, 17 bd du Poitou par
① 🖋 41 62 25 91 Ⓝ 🖋 41 64 02 11

🔘 Bossard, 15 r. St-Martin 🖋 41 62 29 53
Cailleau, 13 bd de Belgique 🖋 41 58 58 74
Cholet-Pneus, 49 bd Rontardière 🖋 41 58 22 75
Perry-Pneus, 17 r. Jominière 🖋 41 58 33 14

▰▰▰ **CHOMELIX** ▰ 43500 H.-Loire 🔟🔟 ⑦ – 438 h. alt. 894.
Paris 524 – Ambert 42 – Brioude 52 – La Chaise-Dieu 17 – Le Puy 30 – ♦St-Étienne 69.

XX **Aub. de l'Arzon** avec ch, 🖋 71 03 62 35, 🌳 – ☎. ☰ 𝗩𝗜𝗦𝗔
Pâques-15 nov. et fermé lundi soir et mardi sais. – **R** 90/215 – 🛏 28 – **12 ch** 190/250
– ½ P 235/260.

▰▰▰ **CHONAS-L'AMBALLAN** ▰ 38 Isère 🔟🔟 ⑪ – rattaché à Vienne.

▰▰▰ **CHOUVIGNY (Gorges de)** ▰ 03 Allier 🔟🔟 ④ – rattaché à Pont-de-Menat.

▰▰▰ **CIBOURE** ▰ 64 Pyr.-Atl. 🔟🔟 ② – voir à St-Jean-de-Luz.

▰▰▰ **CIERP-GAUD** ▰ 31440 H.-Gar. 🔟🔟 ① – 1 053 h. alt. 500.
Paris 814 – Lannemezan 38 – Luchon 16 – St-Gaudens 30 – ♦Toulouse 120.

X **La Bonne Auberge** avec ch, 🖋 61 79 54 47 – ☰ 𝗩𝗜𝗦𝗔
fermé oct. – **R** 90, enf. 45 – 🛏 25 – **5 ch** 100/150 – ½ P 150.

Gar. Fernandez, à Gaud 🖋 61 79 50 26

▰▰▰ **CIERZAC** ▰ 17 Char.-Mar. 🔟🔟 ⑫ – rattaché à Cognac.

▰▰▰ **CINQ CHEMINS** ▰ 74 H.-Savoie 🔟🔟 ⑰ – rattaché à Thonon-les-Bains.

La CIOTAT 13600 B.-du-R. 84 ⑭ G. Provence – 31 727 h. alt. 3 – Casino.

Voir Calanque de Figuerolles★ SO : 1,5 km puis 15 mn AZ – Chapelle N.-D. de la Garde ≤★★ O : 2,5 km puis 15 mn AZ – **Env.** Sémaphore ≤★★★ O : 5,5 km AZ – **Excurs.** à l'Île Verte ≤★ en bateau 30 mn BZ – **🛈** Office Municipal de Tourisme bd A.-France ℰ 42 08 61 32. Télex 420656.

Paris 805 ⑤ – ◆Marseille 32 ⑤ – ◆Toulon 37 ③ – Aix-en-Provence 49 ⑤ – Brignoles 60 ⑤.

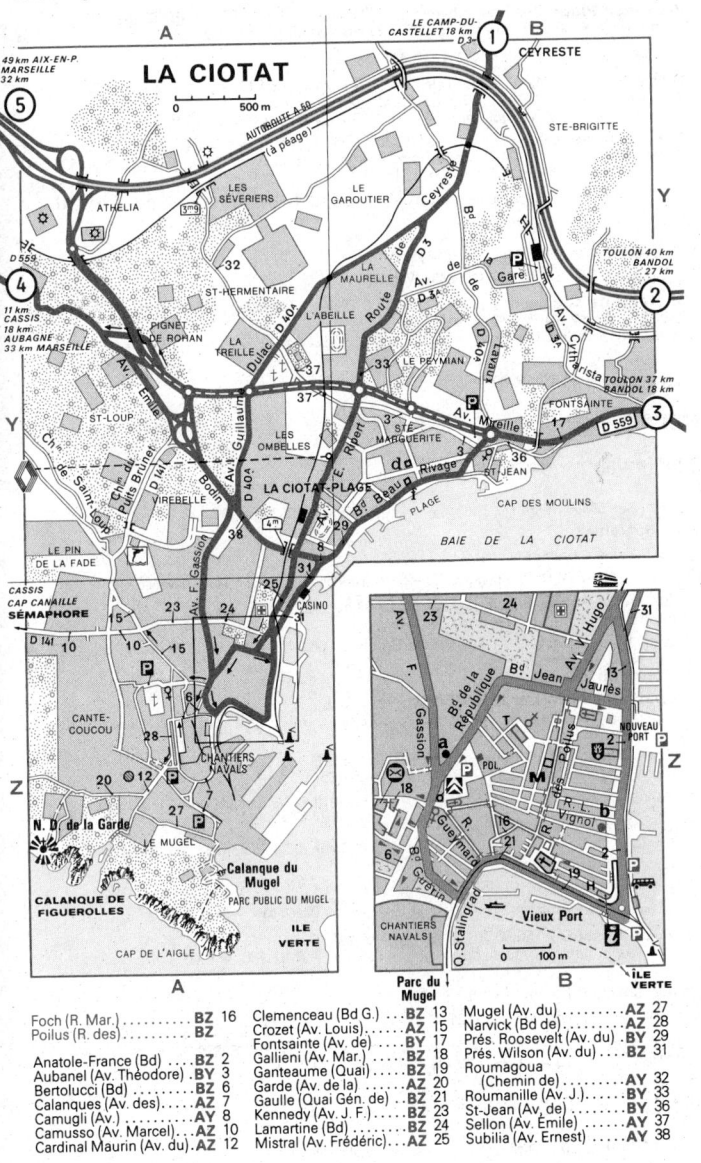

LA CIOTAT

Foch (R. Mar.)	**BZ** 16	Clemenceau (Bd G.)	**BZ** 13	Mugel (Av. du)	**AZ** 27

Foch (R. Mar.) . . . . **BZ** 16
Poilus (R. des) . . . . **BZ**

Anatole-France (Bd) . . . . **BZ** 2
Aubanel (Av. Théodore) . . **BY** 3
Bertolucci (Bd) . . . . **BZ** 6
Calanques (Av. des) . . . . **AZ** 7
Camugli (Av.) . . . . **AY** 8
Camusso (Av. Marcel) . . . **AZ** 10
Cardinal Maurin (Av. du). **AZ** 12

Clemenceau (Bd G.) . . . **BZ** 13
Crozet (Av. Louis). . . . . **AZ** 15
Fontsainte (Av. de) . . . . **BY** 17
Gallieni (Av. Mar.) . . . . **BY** 18
Ganteaume (Quai) . . . . **BZ** 19
Garde (Av. de la) . . . . . **AZ** 20
Gaulle (Quai Gén. de) . . **BZ** 21
Kennedy (Av. J. F.) . . . . **BZ** 23
Lamartine (Bd) . . . . **BZ** 24
Mistral (Av. Frédéric) . . . **AZ** 25

Mugel (Av. du) . . . . **AZ** 27
Narvick (Bd de) . . . . **AZ** 28
Prés. Roosevelt (Av. du) . **BY** 29
Prés. Wilson (Av. du) . . . **BZ** 31
Roumagoua
(Chemin de) . . . . **AY** 32
Roumanille (Av. J.) . . . . **BY** 33
St-Jean (Av. de) . . . . . . **BY** 36
Sellon (Av. Émile) . . . . . **AZ** 37
Subilia (Av. Ernest) . . . . **AY** 38

🏨 **La Rotonde** sans rest, 44 bd République ℰ 42 08 67 50 – 🛗 ☎ ÆE Ⓔ 𝖵𝖨𝖲𝖠   **BZ a**
☑ 28 – **32 ch** 165/240.

🍴 **Golfe**, 14 bd A. France ℰ 42 08 42 59, 🍽   **BZ b**
fermé 1ᵉʳ nov. au 12 déc. et mardi sauf juil.-août – **R** 92/140.

349

à La Ciotat-Plage NE : 1,5 km par D 559 - ABY – ✉ **13600** La Ciotat :

🏨🏨 **Miramar** Ⓜ, 3 bd Beaurivage ℰ 42 83 33 79, Fax 42 83 09 54, ≤ – ▤ 📺 ☎ Ⓟ – 🛄 60. ⚕ ⓄⒹ E 𝗩𝗜𝗦𝗔, ℛℰ rest
BY **f**
L'Orchidée R 120/260 – ☑ 50 – **25 ch** 550/750 – ½ P 425/525.

🏨 **Provence Plage** Ⓜ, 3 av. Provence ℰ 42 83 09 61, 🍴 – 📺 ☎ Ⓟ, E 𝗩𝗜𝗦𝗔, ℛℰ ch
fermé fév. – **R** 98/230, enf. 60 – ☑ 35 – **20 ch** 290/450 – ½ P 280/350.
BY **d**

au Liouquet par ③ : 6 km – ✉ **13600** La Ciotat :

🏨🏨 **Ciotel** Ⓜ 🦢, ℰ 42 83 90 30, Télex 441390, Fax 42 83 04 17, ≤, 🍴, « Jardin fleuri, ⅃ », ℛℰ – ▤ rest 📺 ☎ Ⓟ – 🛄 50. ⚕ ⓄⒹ E 𝗩𝗜𝗦𝗔, ℛℰ rest
R *(fermé dim. soir sauf juil.-août)* 145 bc/295 – ☑ 50 – **43 ch** 670/710.

✕✕ **Aub. Le Revestel** 🦢 avec ch, ℰ 42 83 11 06, ≤, 🍴 – 🕾, E 𝗩𝗜𝗦𝗔, ℛℰ ch
fermé 4 fév. au 2 mars – **R** *(fermé dim. soir du 1er oct. au 1er juin et merc. midi)* 120/160, enf. 85 – ☑ 28 – **6 ch** 223/256 – ½ P 245.

CITROEN Gar. Léger, 53 bd République
ℰ 42 08 41 69

RENAULT Gimenes, 87 av. E.-Ripert ℰ 42 83 90 10

CIPIÈRES 06620 Alpes-Mar. 🎆 ⑧ – 179 h. alt. 750.
Paris 853 – Castellane 56 – Grasse 26 – ♦Nice 43 – Vence 27.

🏨🏨 **Château de Cipières** 🦢, ℰ 93 59 98 00, Télex 470395, Fax 93 59 98 02, ≤, 🍴, parc, ♨, ⅃ – 📺 ☎ Ⓟ ⚕ ⓄⒹ E 𝗩𝗜𝗦𝗔, ℛℰ
fermé nov. – **R** *(résidents seul.)* 200, 6 appart. 2200/4500 – ½ P 2400/4700.

CIRQUE Voir au nom propre du cirque.

CIVAUX 86 Vienne 🎆 ⑭⑮ – rattaché à Lussac-les-Châteaux.

CLAIX 38 Isère 🎆 ④ – rattaché à Grenoble.

CLAMECY ◁⑧▷ 58500 Nièvre 🎆 ⑮ G. Bourgogne (plan) – 5 826 h. alt. 160.
Voir Église St-Martin★.
🅱 Office de Tourisme r. Grand Marché ℰ 86 27 02 51.
Paris 209 – Auxerre 43 – Avallon 38 – Bourges 103 – Cosne-sur-Loire 54 – ♦Dijon 143 – Nevers 69.

🏨 **Host. de la Poste,** 9 pl. É. Zola ℰ 86 27 01 55 – 📺 ☎ E 𝗩𝗜𝗦𝗔
R 85/160, enf. 35 – ☑ 35 – **8 ch** 240/310.

🏨 **Anval** 🦢 sans rest, O : 1 km sur rte Brinon ℰ 86 24 42 40, Fax 86 27 06 87, 🌿 – 📺 ☎ 🛆 Ⓟ, ⚕ E 𝗩𝗜𝗦𝗔
☑ 25 – **9 ch** 300/350.

✕✕ **L'Opaline,** 9 bd Misset ℰ 86 27 06 21, 🍴 – E 𝗩𝗜𝗦𝗔
➡ *fermé 24 au 30 juin, 2 au 9 sept., 23 au 30 déc., 3 au 17 fév., dim. soir et lundi sauf juil.-août* – **R** 68/180 ⅃, enf. 35.

✕ **Grenouillère,** 6 r. J. Jaurès ℰ 86 27 31 78 – E 𝗩𝗜𝗦𝗔
fermé fév., dim. soir et lundi – **R** 80/140 ⅃, enf. 35.

CITROEN Rougeaux, av. H.-Barbusse
ℰ 86 27 11 87
RENAULT S.A.M.A.S., 22 rte de Pressures
ℰ 86 27 02 78 Ⓝ

RENAULT Gar. Duque, rte de Pressures
ℰ 86 27 13 54

⚙ Coignet, Le Foulon, ℰ 86 27 19 38

CLAOUEY 33 Gironde 🎆 ①⑪ – ✉ **33950** Lège.
Paris 634 – ♦Bordeaux 56 – Arcachon 54 – Cap-Ferret 15 – Lacanau-Océan 43.

✕ **Aub. du Bassin,** ℰ 56 60 70 22, ≤, 🍴 – E 𝗩𝗜𝗦𝗔
➡ *fermé 2 au 31 janv. et merc. du 1er nov. au 28 fév.* – **R** 62/160, enf. 40.

Le CLAUX 15400 Cantal 🎆 ③ – 341 h. alt. 1 060.
Paris 514 – Aurillac 50 – Mauriac 57 – Murat 24.

🏨 **Peyre-Arse** Ⓜ 🦢, ℰ 71 78 93 32, ≤, 🍴, 🌿 – ☎ 🛆 Ⓟ, E 𝗩𝗜𝗦𝗔
R 75/185 ⅃, enf. 38 – ☑ 25 – **29 ch** 120/185 – ½ P 170/190.

Les CLAUX 05 H.-Alpes 🎆 ⑱ – rattaché à Vars.

CLAYE-SOUILLY 77410 S.-et-M. 🎆 ⑫, 🎆 ㉑ – 8 334 h. alt. 50.
Paris 33 – Meaux 15 – Melun 52 – Senlis 48.

🏨 **I. D. F.** Ⓜ, à Souilly par D 212 ℰ (1) 60 26 18 00, Télex 690212, Fax (1) 60 26 44 48 – 🛗 📺 ☎ 🛆 Ⓟ – 🛄 40 à 200
Jardin d'Iris – **Grill** – **80 ch.**

La CLAYETTE 71800 S.-et-L. 69 ⑰⑱ G. Bourgogne – 2 712 h. alt. 369.
Voir Château de Drée★ N : 4 km.
Syndicat d'Initiative pl. Fossés (mai-15 sept., fermé matin sauf juil.-août) ℘ 85 28 16 35.
Paris 388 – Mâcon 57 – Charolles 19 – Lapalisse 62 – ♦Lyon 97 – Roanne 41.

- **Poste et Dauphin,** ℘ 85 28 02 45 – ☎
  15 ch.
- **Gare** avec ch, ℘ 85 28 01 65, – ☎ **P**. E VISA. rest
  fermé 25 fév. au 10 mars, vend. soir et dim. soir de sept. à mai et lundi midi – **R** 85/260 , enf. 50 – 28 – **8 ch** 220/340 – ½ P 200/310.

PEUGEOT-TALBOT Gar. Jugnet, à Varennes-sous-Dun ℘ 85 28 03 60
RENAULT Éts Hermey ℘ 85 28 04 81
N ℘ 85 77 32 60
Matequip ℘ 85 28 11 46

CLÉCY 14570 Calvados 55 ⑪ G. Normandie Cotentin – 1 197 h. alt. 81.
18 de Clécy-Cantelou ℘ 31 69 72 72, SO par D 133A : 4 km.
Paris 275 – ♦Caen 37 – Condé-sur-Noireau 9,5 – Falaise 30 – Flers 21 – Vire 35.

- **Moulin du Vey** Annexes Manoir du Placy à 400 m et Relais de Surosne à 3 km E : 2 km par D 133 ℘ 31 69 71 08, ≤, , « Parc au bord de l'eau » – ☎ **P** – 100. AE E VISA. rest
  fermé 30 nov. au 28 déc. – **R** 122/340 – 40 – **25 ch** 385/450 – ½ P 400/450.

Delandre ℘ 31 69 71 40

CLÉDEN-CAP-SIZUN 29113 Finistère 58 ⑬ – 1 422 h. alt. 45.
Voir Pointe de Brézellec ≤★ N : 2 km, G. Bretagne
Paris 602 – Quimper 45 – Audierne 10 – Douarnenez 32.

- **L'Étrave,** pl. Église ℘ 98 70 66 87 – VISA.
  25 mars-30 sept. et fermé merc. – **R** (prévenir) 72/185, enf. 32.

CLÉDER 29233 Finistère 58 ⑤ – 3 928 h. alt. 46.
Paris 567 – ♦Brest 48 – Brignogan-Plage 22 – Morlaix 30 – St-Pol-de-Léon 9,5.

- **Le Baladin,** 9 r. Armorique ℘ 98 69 42 48 – AE E VISA
  fermé janv., fév., mardi soir et lundi sauf juil.-août – **R** 62/225.

CLELLES 38930 Isère 77 ⑭ – 319 h. alt. 766.
Paris 614 – Gap 75 – Die 50 – ♦Grenoble 49 – La Mure 32 – Serres 58.

- **Ferrat** , ℘ 76 34 42 70, ≤, , , – ☎ **P**. E VISA.
  1er mars-15 nov. et fermé mardi hors sais. – **R** 100/150 – 28 – **16 ch** 240/290 – ½ P 240.

RENAULT Gar. du Trièves ℘ 76 34 40 35 N

CLERGOUX 19320 Corrèze 75 ⑩ – 390 h. alt. 540.
Paris 506 – Brive-la-Gaillarde 47 – Mauriac 46 – St-Céré 74 – Tulle 24 – Ussel 47.

- **Lac** , NE : 2 km par D 10 ℘ 55 27 77 60, ≤, étang – **P**. VISA. ch
  fermé janv. (sauf rest.), fév. et merc. de nov. à avril – **R** 75/135, enf. 65 – 21 – **18 ch** 140/220 – ½ P 190/220.
- **Chammard,** ℘ 55 27 76 04, – **P**. ch
  15 juin-15 sept. – **R** 90/130 , enf. 65 – 20 – **18 ch** 140/150 – ½ P 190.

CLERMONT SP 60600 Oise 56 ① G. Flandres Artois Picardie – 8 724 h. alt. 119.
Voir Église★ d'Agnetz O : 2 km par N 31.
Office de Tourisme Hôtel-de-Ville ℘ 44 50 40 25.
Paris 78 – Compiègne 35 – ♦Amiens 66 – Beauvais 26 – Mantes-la-Jolie 98 – Pontoise 55.

- **Clermotel,** NO : 1 km par rte Beauvais ℘ 44 50 09 90, Fax 44 50 13 00, , – ch ☎ **P** – 30. E VISA
  R *(fermé 21 déc. au 6 janv.)* 75/135 , enf. 40 – 44 – **37 ch** 235/280.

PEUGEOT-TALBOT Carlier, av. Déportés, rte de Compiègne ℘ 44 50 00 94
RENAULT SOCLA, imp. H.-Barbusse ℘ 44 50 08 73
Distripneus, ZI Choisy au Bac ℘ 44 78 43 18
Fischbach Pneu, 64 r. de Paris à St-Just-en-Chaussée ℘ 44 78 51 36
Pneus Pour Tous, 134 r. de Paris à St-Just-en-Chaussée ℘ 44 78 68 09

Pour vos voyages, en complément de ce guide utilisez :
– Les **guides Verts Michelin** régionaux
paysages, monuments et routes touristiques.
– Les **cartes Michelin** à 1/1 000 000 grands itinéraires
1/200 000 cartes détaillées.

Ⓟ **63000** P.-de-D. 🃏 ⑭ G. Auvergne – 151 092 h. alt. 401.

Voir Le Vieux Clermont★★ EFVX : Basilique de N.-D.-du-Port★★ (chœur★★★) FV, Cathédrale★★ (vitraux★★) EV, Fontaine d'Amboise★ EV E, cour★ de la maison de Savaron EV **B** – Musée du Ranquet★ EV **M¹** – Section d'archéologie★ au musée Bargoin FX **M²** – Escalier★ dans la rue des Petits-Gras (n° 6) EV 53 – Le Vieux Montferrand★★ BCY : Hôtel de Fontfreyde★, Hôtel de Lignat★, Hôtel de Fontenilhes★, cour★ de l'Hôtel Regin, Porte★ de l'Hôtel d'Albiat, Bas-relief★ de la Maison d'Adam et d'Ève – Belvédère de la D 941ᴬ ≼★★ AY – Av. Thermale ≼★ AY.

Env. Puy de Dôme ☀★★★ 15 km par ⑥.

🏌🏌 des Volcans à Orcines ℘ 73 62 15 51, par ⑥ : 9 km.

Circuit automobile de Clermont-Charade AZ.

✈ de Clermont-Ferrand-Aulnat : ℘ 73 62 71 00 par ② et D 54 : 6 km.

🚂 ℘ 73 92 50 50.

🄳 Office Municipal de Tourisme 69 bd Gergovia ℘ 73 93 30 20, à la Gare SNCF ℘ 73 91 87 89 et pl. de Jaude (saison) – A.C. Résidence Arverne, 62 r. Bonnabaud ℘ 73 93 47 67.

Paris 400 ① – ◆Bordeaux 372 ⑥ – ◆Grenoble 286 ② – ◆Lyon 178 ② – ◆Marseille 455 ② – ◆Montpellier 363 ③ – Moulins 105 ① – ◆Nantes 452 ⑥ – ◆St-Étienne 147 ② – ◆Toulouse 398 ③.

Plans pages suivantes

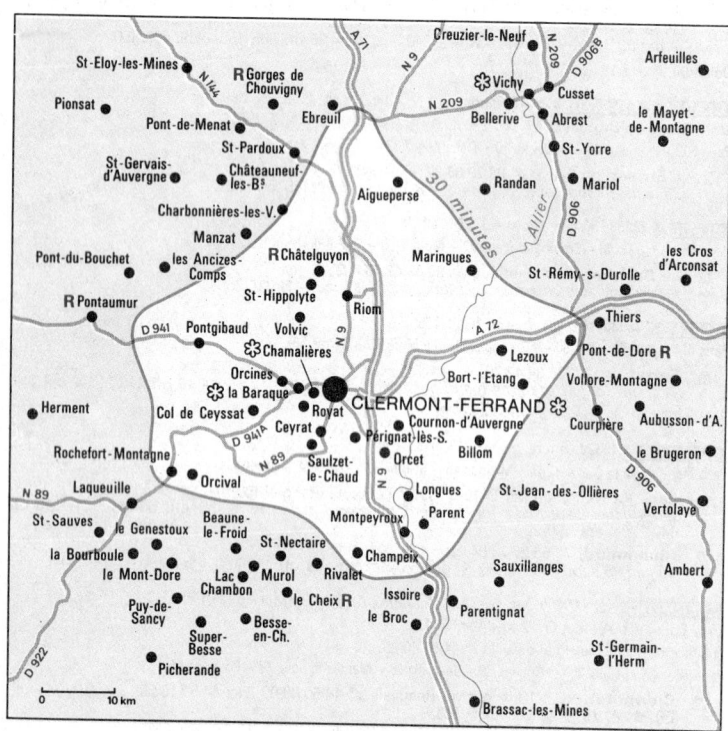

🏨 **Altéa Gergovie** Ⓜ, 82 bd Gergovia ℘ 73 93 05 75, Télex 392658, Fax 73 35 25 48 – 🛗 🍽 rest 📺 ☎ 🚗 – 🔏 240. 🖭 ⑩ 🄴 ⑫₅₆ EX **v**
La Retirade *(fermé 24 déc. au 2 janv.)* **R** 135/210, enf. 50 – ⊑ 48 – **124 ch** 375/550.

🏨 **Mercure Arverne** Ⓜ, pl. Delille ℘ 73 91 92 06, Télex 392741, Fax 73 91 60 25 – 🛗 🍽 rest 📺 ☎ 🚗 – 🔏 150. 🖭 ⑩ 🄴 ⑫₅₆ FV **m**
R 85/145 ₰, enf. 40 – ⊑ 39 – **57 ch** 385/440.

🏨 **Coubertin** Ⓜ, 25 av. Libération ℘ 73 93 22 22, Télex 990096, Fax 73 34 88 66, ≋ – 🛗 🍽 📺 ☎ ♿ – 🔏 25 à 300. 🖭 ⑩ 🄴 ⑫₅₆ EX **m**
R 55/130 – ⊑ 30 – **81 ch** 270/300, 9 appart. – ½ P 230/270.

🏨 **Gallieni**, 51 r. Bonnabaud ℘ 73 93 59 69, Télex 392779, Fax 73 34 89 29 – 🛗 📺 ☎ 🚗 – 🔏 150. 🖭 ⑩ 🄴 ⑫₅₆ EX **t**
Le Charade *(fermé sam. et dim.)* **R** 105bc/190 – **80 ch** ⊑ 240/390.

🏨🏨 **Marmotel** Ⓜ, Plateau St Jacques près du CHRU, bd W. Churchill ☎ 73 26 24 55, Télex
392204, Fax 73 27 99 57, ㊝, 𝓕ᵇ, 🐎 – 🛎 🍽 rest 📺 ☎ ᵬ 🄿 – 🔬 60 à 200. 🄰🄴 ⓪ 🄴
🔒*VISA*
                                                        BZ **h**
R *(fermé sam. midi et dim. soir)* 125 – ⊡ 28 – **80 ch** 240/310, 6 appart. 550 – ½ P 309/354.

🏨🏨 **République** Ⓜ, 97, av. République ☎ 73 91 92 92, Fax 73 90 21 88 – 🛎 📺 ☎ ᵬ ⇔ 🄿
– 🔬 50. 🄰🄴 🄴 *VISA*
                                                       BY **n**
R *(fermé dim. du 15 juin au 15 sept.)* 80/160 ᵬ, enf. 45 – ⊡ 35 – **55 ch** 240/280 –
½ P 225/250.

🏨🏨 **Lafayette** sans rest, 53 av. Union Soviétique ☎ 73 91 82 27, Télex 393706, Fax 73 37 29 40
– 🛎 📺 ☎ 🄿 🄰🄴 🄴 *VISA*
                                                  GV **a**
⊡ 28 – **50 ch** 245/300.

🏨🏨 **St-André**, 27 av. Union Soviétique ☎ 73 91 40 40, Télex 392479, Fax 73 92 29 41 – 🛎
🍽 rest 📺 ☎. ⓪ 🄴 *VISA*
                                                  GV **d**
L'Auvergnat *(fermé sam. midi et dim.)* **R** 71/130 bc, enf. 35 – ⊡ 23 – **25 ch** 205/250 –
½ P 220/260.

🏨🏨 **Lyon**, 16 pl. Jaude ☎ 73 93 32 55, Fax 73 93 54 33 – 🛎 🍽 rest ☎. 🄴 *VISA*   EX **b**
R carte 110 à 200 – ⊡ 35 – **32 ch** 260/340.

🏨🏨 **Bordeaux** Ⓜ sans rest, 39 av. F. Roosevelt ☎ 73 37 32 32 – 🛎 🍽 ⇔. 🄰🄴 🄴 *VISA*. ㊝
⊡ 24 – **32 ch** 165/260.   DX **w**

🏨 **Le Parc** Ⓜ sans rest, rd-pt Pardieu ☎ 73 27 47 47 – 🛎 📺 ☎ ᵬ 🄿 – 🔬 35. 🄴 *VISA*
⊡ 26 – **38 ch** 200/220.   CZ **r**

🏨 **Albert-Élisabeth** sans rest, 37 av. A. Élisabeth ☎ 73 92 47 41 – 🛎 ☎. 🄰🄴 ⓪ 🄴 *VISA*
⊡ 25 – **40 ch** 130/250.   GV **v**

🏨 **Gd H. Midi**, 39 av. Union Soviétique ☎ 73 92 44 98 – 🛎 🍽 rest 📺 ☎. ⓪ 🄴 *VISA*
R 50/115 ᵬ, enf. 34 – ⊡ 23 – **39 ch** 140/220 – ½ P 210/230.   GV **s**

🏨 **Floride II** Ⓜ sans rest, cours R. Poincaré ☎ 73 35 00 20 – 🛎 📺 ☎ ⇔ 🄿 🄴 *VISA*
⊡ 22 – **29 ch** 185/210.   FX **e**

🏨 **Régina** sans rest, 14 r. Bonnabaud ☎ 73 93 44 76 – ☎
fermé 15 déc. au 2 janv. – ⊡ 21 – **26 ch** 100/230.   DEX **x**

🏨 **Le Damier** sans rest, 47 bd J.-B. Dumas ☎ 73 91 87 52 – ☎. 🄴 *VISA*   FV **a**
⊡ 26 – **22 ch** 135/200.

XXX ⊛ **Jean-Yves Bath,** pl. Marché St Pierre (1ᵉʳ étage) ☎ 73 31 23 23, ㊝ – 🍽. 🄴.
VISA   EV **a**
fermé 20 oct. au 10 nov., vacances de fév., lundi midi et dim. – **R** carte 210 à 310
Spéc. Salade de saucisson de coq au vin (été), Omble chevalier du lac Pavin (nov. et déc.), Ravioli de Cantal
au jus de viande. Vins Côtes d'Auvergne.

XXX ⊛ **Vacher et Brasserie Gare Routière**, 69 bd Gergovia ☎ 73 93 13 32 – 🄰🄴 🄴.
VISA   EX
fermé vend. soir et sam. en juil.-août – **R** (1ᵉʳ étage) 160/250 - **Snack R** carte environ 90 ᵬ.

XXX ⊛ **Clavé**, 10 r. St Adjutor ☎ 73 36 46 30 – 🄴 *VISA*   EV **k**
fermé sam. midi et dim. – **R** 150/320, enf. 60
Spéc. Salade tiède de caille aux deux foies gras, Pied de veau en crépine sauce Périgord (oct. à avril),
Tournedos de saumon à la moëlle et au Chanturgue. Vins Côtes d'Auvergne rosé et rouge.

XXX **Gérard Anglard**, 17 r. Lamartine ☎ 73 93 52 25, ㊝ – 🄴   EX **r**
fermé 5 au 13 mai, 4 au 20 août, 22 déc. au 1ᵉʳ janv., lundi midi, dim. et fériés – **R** 160/280.

XX **Gérard Truchetet**, rd-pt Pardieu ☎ 73 27 74 17 – 🄿. 🄴 *VISA*. ㊝   CZ **r**
fermé août, 2 au 7 janv., sam. midi et dim. – **R** 150/210, enf. 50.

X **Le Brezou**, 51 r. St Dominique ☎ 73 93 56 71 – 🄿. ⓪ 🄴 *VISA*   DV **n**
fermé 1ᵉʳ au 20 août, sam. midi et dim. – **R** 70/160, enf. 50.

X **Clos St-Pierre**, pl. Marché St-Pierre (rez-de-chaussée) ☎ 73 31 23 22, bistrot – 🄴 *VISA*
fermé 20 oct. au 10 nov., vacances de fév., lundi soir et dim. – **R** carte 140 à 200 ᵬ. EV **e**

    à Chamalières – 17 905 h. – ✉ **63400** :

🏨🏨 ⊛ **Radio** (Mioche) Ⓜ ⚘, 43 av.P.-Curie ☎ 73 30 87 83, Fax 73 36 42 44, ≼, « Cadre "Art
Déco" », – 🛎 🍽 rest 📺 ☎ 🄿 🄰🄴 ⓪ 🄴 *VISA*   Plan de Royat   B **w**
1ᵉʳ mars-30 nov. – **R** *(fermé dim. soir et lundi)* 250/500 – ⊡ 60 – **25 ch** 390/750
Spéc. Civet gourmand de homard aux angéliques clermontoises, Ravioles de volaille de l'Allier, Crème
brûlée en chaud-froid de fruits rouges. Vins Boudes, Côtes d'Auvergne.

🏨🏨 **Europe H.** sans rest, 29 av. Royat ☎ 73 37 61 35, Fax 73 31 16 59 – 🛎 📺 ☎ ⇔. ⓪ 🄴
VISA   DX **a**
⊡ 33 – **34 ch** 210/330.

🏨🏨 **Chalet Fleuri** ⚘, 37 av. Massenet ☎ 73 35 09 60, 🐎 – ☎ 🄿. 🄰🄴 🄴 *VISA*. ㊝ rest
R 92/250, enf. 70 – ⊡ 30 – **39 ch** 170/260.   AZ **e**

    à l'aéroport d'Aulnat par ② et D 54ᴱ – ✉ **63510** Aulnat :

🏨 **Climat de France** Ⓜ, ☎ 73 92 72 02, Fax 73 90 12 33 – 📺 ☎ ᵬ 🄿 – 🔬 25. 🄰🄴 ⓪ 🄴
VISA
R 75/100 ᵬ, enf. 45 – **42 ch** 250.

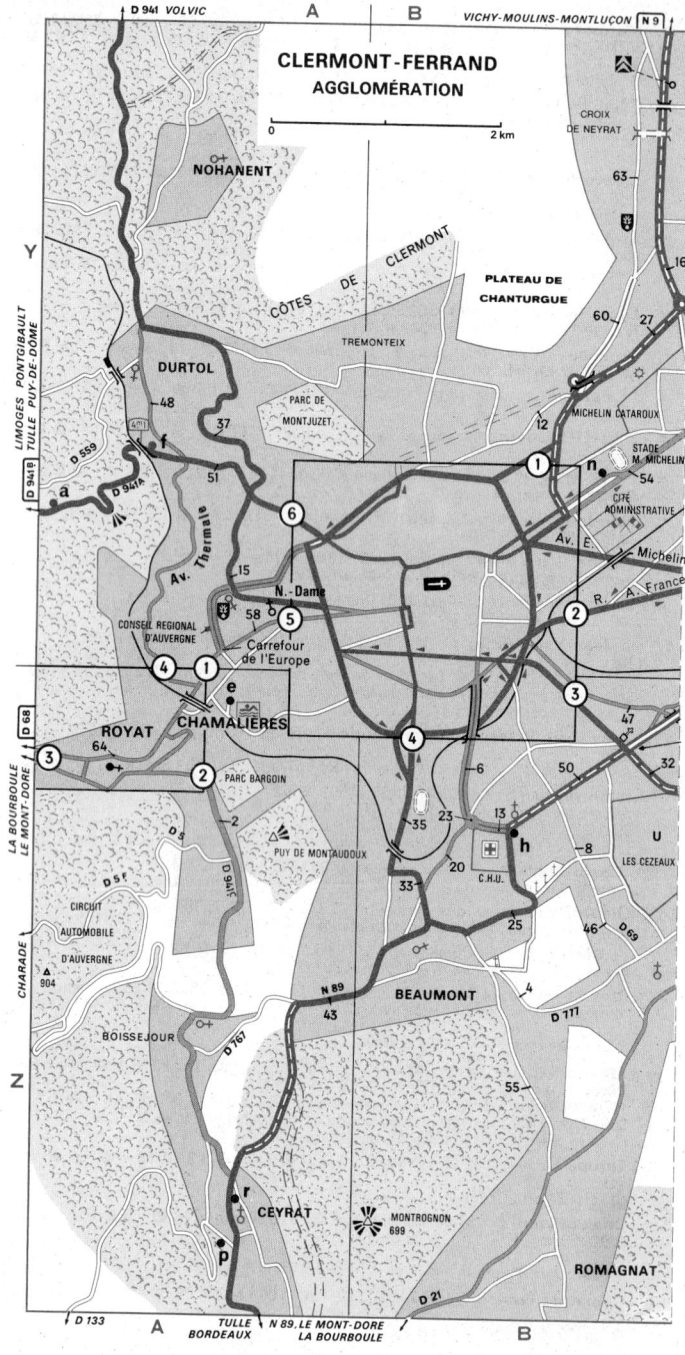

CLERMONT-FERRAND
AGGLOMÉRATION

0   2 km

D 941 VOLVIC

CROIX DE NEYRAT

NOHANENT

63

16

Y

CÔTES DE CLERMONT

PLATEAU DE CHANTURGUE

LIMOGES PONTGIBAULT TULLE PUY-DE-DÔME

D 941B

TREMONTEIX

60

27

D 559

DURTOL

48

37

PARC DE MONTJUZET

12

MICHELIN CATAROUX

f

a

D 941A

51

STADE M. MICHELIN

n

54

CITÉ ADMINISTRATIVE

Av. Thermale

6

15

Av. E.

Michelin

N.-Dame

58

5

R. A. France

CONSEIL RÉGIONAL D'AUVERGNE

Carrefour de l'Europe

2

4

1

e

3

D 68

CHAMALIÈRES

ROYAT

64

47

3

2

PARC BARGOIN

4

U

LA BOURBOULE LE MONT-DORE

D 5

6

50

32

2

35

23

13

h

LES CEZEAUX

PUY DE MONTAUDOUX

8

33

20

C.H.U.

D 69

CHARADE

CIRCUIT AUTOMOBILE D'AUVERGNE

904

25

46

4

D 777

Z

BOISSEJOUR

D 767

N 89

43

BEAUMONT

55

MONTROGNON 699

r

CEYRAT

p

ROMAGNAT

D 133

354

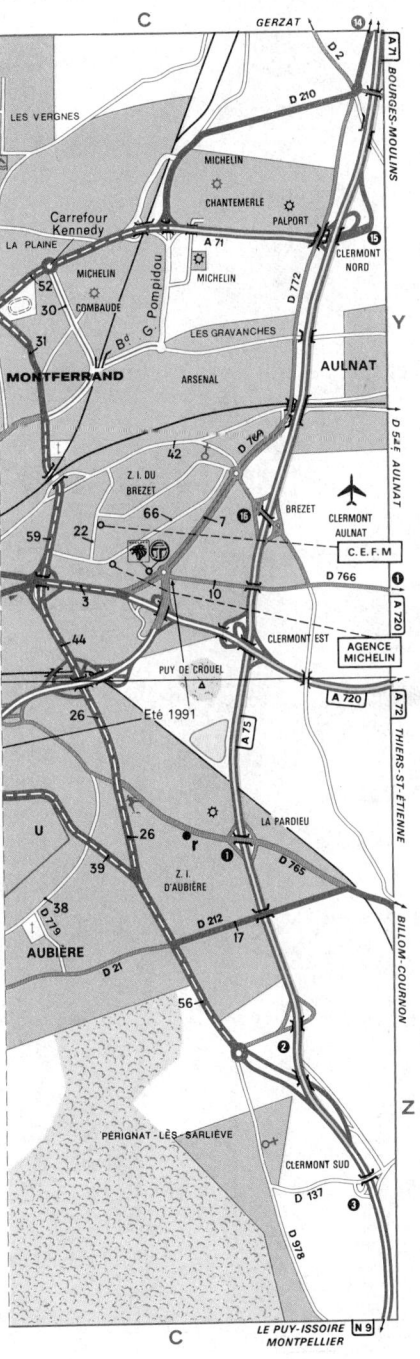

*Au moment de chercher
un hôtel ou un restaurant,
soyez efficace.
Sachez utiliser les noms
soulignés en rouge sur les
cartes Michelin à 1/200 000.
Mais ayez une carte à jour.*

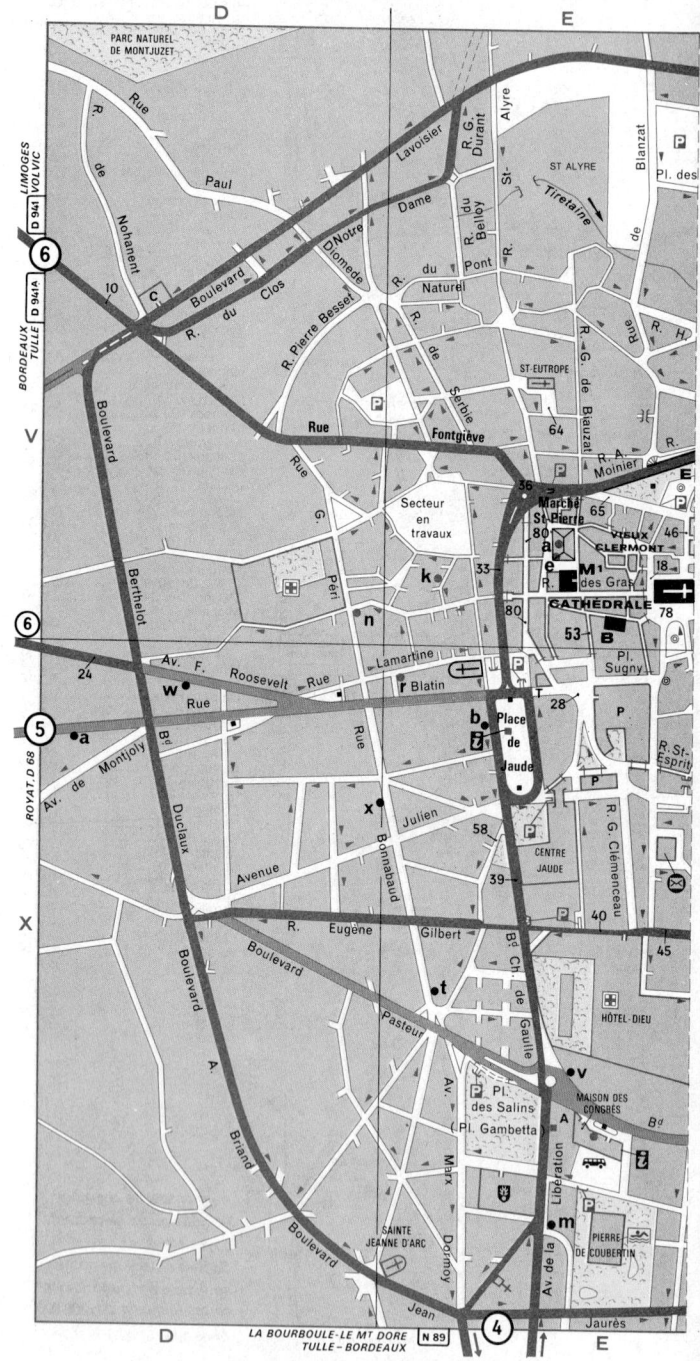

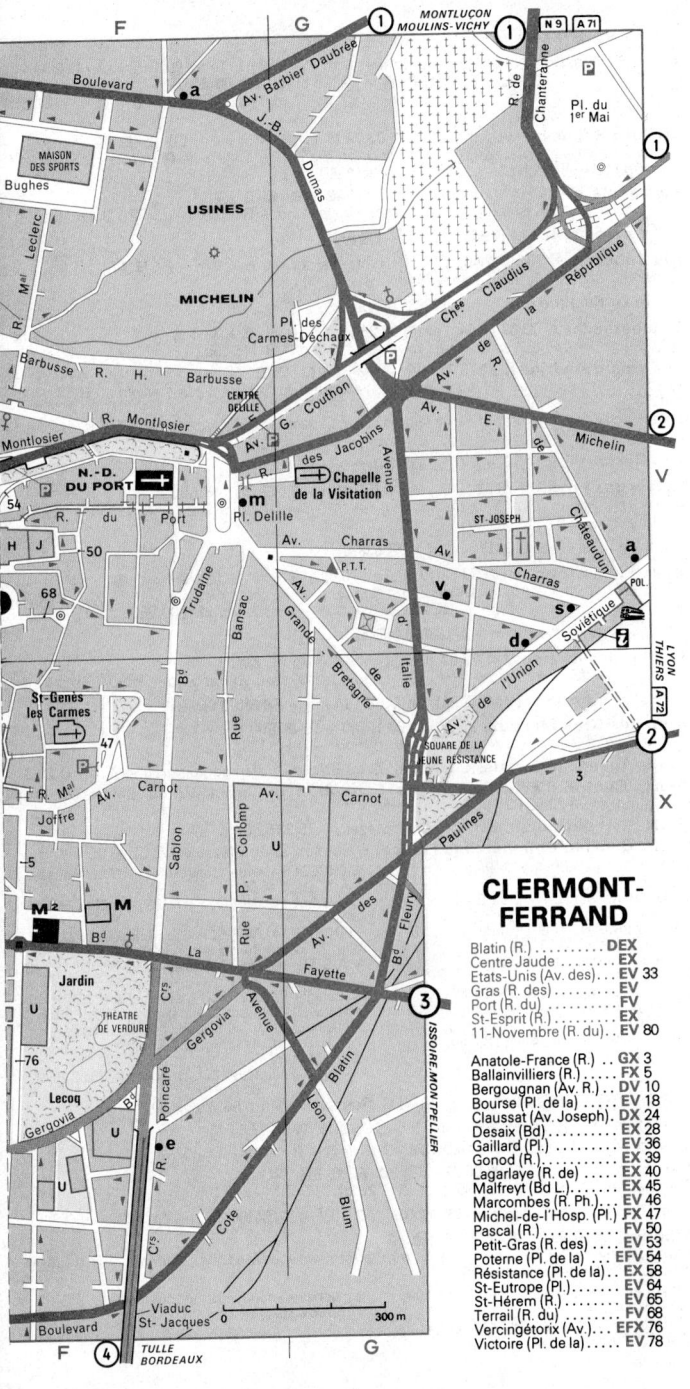

CLERMONT-FERRAND

357

à Pérignat-lès-Sarliève par ③ : 8 km – ✉ 63170 :

🏨 **Host. St Martin** 🦢, Château de Bonneval 𝒸 73 79 12 41, Télex 990915, Fax 73 28 00 44,
≤, �, « Parc », 🦯, ✵ – 🛗 📺 ☎ 🅿 – 🚗 25 à 150. 🆎 ⓞ 🇪 𝗩𝗜𝗦𝗔
R *(fermé 24 au 31 déc. et dim. soir du 15 oct. au 1ᵉʳ avril)* 170/290, enf. 75 – � 45 – **21 ch**
210/570 – ½ P 425/475.

XX **Le Petit Bonneval** avec ch, D 978 𝒸 73 79 11 11, ≤, 🌫, 🍽 – 📺 🅿 🇪 𝗩𝗜𝗦𝗔
fermé 24 avril au 2 mai, 22 juil. au 10 août et 25 déc. au 31 janv. – **R** *(fermé merc. soir et
dim. soir)* 90/245, enf. 65 – ⊑ 25 – **6 ch** 160/240.

XX **Pescalune** avec ch, r. J. Jaurès 𝒸 73 79 11 22 – ☎. 🆎 🇪 𝗩𝗜𝗦𝗔
fermé 4 au 21 août, vacances de fév., dim. soir et lundi – **R** 91/200 – ⊑ 22 – **3 ch** 150/190.

à Orcet par ③, N 9 et D 978 : 13 km – ✉ 63670 :

XX **Ma Bohême,** 𝒸 73 79 12 46, 🌫, « Roulottes aménagées », 🍽 – 🅿 🇪 𝗩𝗜𝗦𝗔
fermé 1ᵉʳ au 15 août, dim. soir et lundi – **R** 150/280.

rte de La Baraque par ⑥ – ✉ 63830 Durtol :

XXX **L'Aubergade,** 𝒸 73 37 84 64, Fax 73 30 95 57, 🌫 – 🅿 🇪 𝗩𝗜𝗦𝗔   AY **a**
fermé 4 au 26 mars, 2 au 24 sept., dim. soir et lundi – **R** 115/235.

XXX ✿ **Bernard Andrieux,** 𝒸 73 37 00 26 – 📶 ▤ 🅿 🆎 𝗩𝗜𝗦𝗔 ⨯   AY **f**
fermé 29 avril au 5 mai, 13 juil. au 5 août, vacances de fév., sam. midi et dim. – **R** 170/400,
enf. 70
Spéc. Frivolité de homard et pomme de terre au caviar, Cuissot de lapin aux pieds de porc, Moelleux chaud
au chocolat. **Vins** Chanturgue.

à La Baraque par ⑥ : 7 km – ✉ 63870 Orcines :

🏨 **Relais des Puys,** 𝒸 73 62 10 51, 🍽 – 📺 ☎ 🅿 🆎 🇪 𝗩𝗜𝗦𝗔 ⨯ rest
fermé déc., janv., dim. soir du 15 sept. au 1ᵉʳ juin et lundi midi – **R** 73/148 – **29 ch**
⊑ 162/280 – ½ P 194/244.

à Orcines par ⑥ et D 941ᴮ : 8 km – ✉ 63870 :

XX **Chez Pichon** avec ch, 𝒸 73 62 10 05, Fax 73 62 13 69, 🍽 – 📺 ☎ 🚗 🅿 – 🚗 35. 🆎
ⓞ 🇪 𝗩𝗜𝗦𝗔 ⨯ rest – *hôtel : fermé 2 au 26 janv. et dim. soir ; rest. : fermé 2 au 10 sept., 2
au 26 janv., dim. soir et lundi* – **R** 160/290, enf. 75 – ⊑ 30 – **15 ch** 200/260 – ½ P 240/260.

par ⑥ *sur D 941ᴬ* : 10 km – ✉ 63870 Orcines :

XX **La Clef des Champs,** 𝒸 73 62 10 69, 🌫, 🍽 – 🅿 🇪 𝗩𝗜𝗦𝗔
fermé 1ᵉʳ au 13 sept., 2 au 9 janv., 19 fév. au 4 mars, dim. soir et lundi – **R** 90/205.

au Col de Ceyssat par ⑥, D 941ᴬ et D 68 : 14 km – ✉ 63870 Orcines :

XX **Aub. des Gros Manaux,** 𝒸 73 62 15 11, 🌫 – 🆎 🇪 𝗩𝗜𝗦𝗔
fermé 3 au 30 janv., mardi soir en hiver et merc. – **R** 95/170.

MICHELIN, Agence régionale, r. J.-Verne, ZI du Brézet CY plan agglomération 𝒸 73 91 29 31
MICHELIN, Centre d'Échanges et de Formation r. Cugnot, ZI du Brézet CY plan
d'agglomération 𝒸 73 23 53 00
MICHELIN, Compétition, r. Cugnot, ZI du Brézet 𝒸 73 23 52 67
MICHELIN, Division Commerciale France, r. Cugnot, ZI du Brézet 𝒸 73 32 00 20

ALFA-ROMEO Domes-Auto, rte de Paris
𝒸 73 24 67 72
AUSTIN-ROVER Kennings, 11-13 bd G.-Flaubert
𝒸 73 92 43 39
BMW Gar. Gergovie, N 9, rte d'Issoire
𝒸 73 79 11 41 ℕ 𝒸 73 23 23 23
FIAT Gar. de la Source, bd J.-Moulin
𝒸 73 91 02 02
FORD Dugat, 23 av. Agriculture 𝒸 73 91 17 67
LADA, TOYOTA Bonald, 36 av. de Cournon, ZI à
Aubière 𝒸 73 26 34 48
LANCIA-AUTOBIANCHI Gar. Buire, 157 bd. G.-
Flaubert 𝒸 73 26 44 25

MERCEDES Centre Étoile Autom., 33 av. Roussillon 𝒸 73 26 46 05
OPEL Auvergne-Auto, 3 r. B.-Palissy, ZI du Brézet
𝒸 73 91 76 56
PEUGEOT-TALBOT SCA Clermontoise Automobile, 27 av. du Brézet CY 𝒸 73 92 14 12
V.A.G Gar. Carnot, 10 r. Bien-Assis 𝒸 73 91 70 46

🛞 Estager-Pneu, 238 bd Clémentel 𝒸 73 23 15 15
et 11 av. J.-Claussat, Chamalières 𝒸 73 37 36 05
Piot-Pneu, 80 av. du Brézet 𝒸 73 92 13 50
Piot-Pneu, r. Gutenberg, ZI du Brézet
𝒸 73 91 10 20
Poughon-Pneu Plus, 15 r. Dr-Nivet 𝒸 73 92 12 48

▬▬▬ **CLERMONT-L'HÉRAULT** 34800 Hérault ⑧⑧ ⑤ G. Gorges du Tarn – 5 926 h. alt. 90.

Voir Église St-Paul★ – 🅸 Office de Tourisme 9 r. R.-Gosse 𝒸 67 96 23 86.
Paris 803 – ◆Montpellier 41 – Béziers 44 – Lodève 21 – Pézenas 21 – St-Pons 74 – Sète 52.

🏨 **Sarac,** rte Béziers 𝒸 67 96 06 81 – 📺 ☎ 🅿 🇪 𝗩𝗜𝗦𝗔 ⨯ rest
➡ **R** *(dîner seul)* 70/100 🍷, enf. 35 – ⊑ 25 – **22 ch** 195/215 – ½ P 185.

à St-Guiraud N : 7,5 km par N 9, N 109 et D 103ᴱ – ✉ 34150 :

XX **Mimosa,** 𝒸 67 96 67 96, 🌫 – 🇪 𝗩𝗜𝗦𝗔 ⨯
fermé 2 janv. au 28 fév., le midi (sauf en juil.-août et fériés) et lundi soir – **R** *(nombre
de couverts limité, prévenir)* 250.

PEUGEOT-TALBOT Ryckwaert, rte de Montpellier
N 9 𝒸 67 96 07 31 ℕ
RENAULT Diffusion-Auto-Clermontaise, rte de
Montpellier 𝒸 67 96 03 42

🛞 Luchaire-Pneum., av. de Montpellier
𝒸 67 96 00 62

CLICHY 92 Hauts-de-Seine **55** ⑳, **101** ⑮ – voir à Paris, Environs.

CLIMBACH 67510 B.-Rhin **57** ⑱ – 514 h. alt. 354.

Paris 467 – ◆Strasbourg 60 – Bitche 38 – Haguenau 28 – Wissembourg 9.

🏠 **A L'Ange**, ℰ 88 94 43 72 – ☎ **℗**. ℅ ch
fermé 2 au 17 août et 15 nov. au 7 déc. – **R** *(fermé merc. soir et jeudi)* carte 115 à 180 ⅃
– ⌿ 20 – **15 ch** 120/150 – ½ P 170.

✕✕ **Cheval Blanc** avec ch, ℰ 88 94 41 95, ⌿ – ☎ **℗**. **E** **VISA**. ℅ ch
fermé 1er au 11 juil., 15 janv. au 15 fév., mardi soir et merc. – **R** 78/160 ⅃ – ⌿ 26 – **12 ch**
165/210 – ½ P 195/210.

CLISSON 44190 Loire-Atl. **67** ④ **G. Poitou Vendée Charentes** – 5 032 h. alt. 42.

🛈 Office de Tourisme pl. Minage (juil.-août) ℰ 40 54 02 95.

Paris 375 ⑤ – ◆Nantes 28 ⑤ – Niort 124 ② – Poitiers 150 ① – La Roche-sur-Yon 52 ②.

CLISSON

*Ne cherchez pas au hasard
un hôtel agréable et tranquille
mais consultez les cartes
de l'introduction.*

🏠 Gare, pl. Gare **(a)** ℰ 40 36 16 55 – ☎
36 ch.

🏠 **Aub. de la Cascade** ⌂, 28 rte Gervaux **(h)** ℰ 40 54 02 41, ≼, ⌿ – **℗**. **E** **VISA**. ℅ rest
fermé 28 oct. au 11 nov., lundi (sauf hôtel) et dim. soir – **R** 65/150 – ⌿ 20 – **10 ch** 85/155.

✕✕✕ ❀ **Bonne Auberge** (Poiron), 1 r. O. de Clisson **(e)** ℰ 40 54 01 90 – **AE** **VISA**
fermé 11 août au 4 sept., 15 au 28 fév., dim. soir, lundi et fériés – **R** 150/330, enf. 90
Spéc. Millefeuille de homard, Sandre rôti au Chinon, Sauvageon de Vendée aux figues. Vins Muscadet,
Saumur-Champigny.

✕✕ **La Vallée**, 1 r. La Vallée **(s)** ℰ 40 54 36 23, ≼, ⌂ – **AE** **VISA**
fermé 7 au 22 oct., 6 au 28 janv., lundi soir et mardi – **R** 68/159, enf. 51.

CITROEN Méchinaud ℰ 40 54 41 10   🚲 Perry Pneus, à Gétigné ℰ 40 36 12 82
PEUGEOT-TALBOT Baudu ℰ 40 54 00 67
RENAULT Clisson-Autos, à Gorges ℰ 40 54 30 55
N

CLOHARS-FOUESNANT 29 Finistère **58** ⑮ – rattaché à Bénodet.

CLOYES-SUR-LE-LOIR 28220 E.-et-L. **60** ⑯⑰ **G. Châteaux de la Loire** – 2 653 h. alt. 105.

Paris 143 – ◆Orléans 61 – Blois 53 – Chartres 56 – Châteaudun 12 – ◆Le Mans 92.

🏠 ❀ **Host. St-Jacques** ⌂, r. Nationale ℰ 37 98 40 08, Fax 37 98 32 63, ⌂, ⌿ – 🛗 **TV**
☎ ⅃ **℗** – ⅃ 30. **E** **VISA**
fermé 17 déc. au 31 janv., dim. soir et lundi d'oct. à avril sauf fériés – **R** 225/385 – ⌿ 45 –
21 ch 335/460 – ½ P 380/480
Spéc. Oeuf poché au salpicon de homard et saumon aux herbes, Escalopes de saumon poêlées au vin
rouge, Poitrail de canard à la gentiane et pommes caramélisées. Vins Vouvray, Chinon.

FIAT Gar. Val de Loir ℰ 37 98 54 42 **N**   RENAULT Gar. Chopard ℰ 37 98 53 32
PEUGEOT-TALBOT Cassonnet ℰ 37 98 51 90
N ℰ 37 98 62 71

*Avant de prendre la route,
consultez 36.15 MICHELIN sur votre Minitel :
votre meilleur itinéraire,
le choix de votre hôtel, restaurant, camping,
des propositions de visites touristiques.*

Voir Anc. abbaye★ : clocher de l'Eau Bénite★★ – Clocher★ de l'église St-Marcel **B** – Musée Ochier★ **M** – **Env.** Château de Cormatin★★ 13 km par ① – Mt St-Romain ✳︎★★15 km par ② – Prieuré★ de Blanot 10 km par ② – 🖪 Office de Tourisme r. Mercière ℘ 85 59 05 34.

Paris 389 ① – Mâcon 25 ③ – Chalon-sur-Saône 52 ① – Charolles 38 ③ – Montceau-les-Mines 42 ④ – Roanne 79 ③ – Tournus 37 ②.

🏠 ❀ **Bourgogne,** pl. Abbaye **(n)** ℘ 85 59 00 58, Fax 85 59 03 73, « Face à l'abbaye » – ☎ ⇦ ⅍ ⓪ ᴇ 𝘝𝘐𝘚𝘈, ❀ rest
fermé 12 déc. au 12 fév., mardi (sauf le soir du 15 juin au 15 oct. et fêtes) et merc. midi – **R** 200/390, enf. 100 – ☲ 42 – **15 ch** 446, 3 appart. – ½ P 465
Spéc. Foie gras de canard, Ravioles d'escargots au beurre vigneron, Chariot de desserts. Vins Givry, Mercurey.

🏠 **Moderne,** par ③ : 1 km au pont de l'Etang ℘ 85 59 05 65, Fax 85 59 19 43 – 🇹🇻 ☎ – 🔬 60. ⅍ ⓪ ᴇ 𝘝𝘐𝘚𝘈
R *(fermé 17 au 30 nov., fév., jeudi midi et merc.)* 115/230 ♨, enf. 60 – ☲ 30 – **14 ch** 230/270 – ½ P 220/355.

🏠 **St Odilon** M sans rest, rte Azé **(y)** ℘ 85 59 25 00, Fax 85 59 06 18 – 🇹🇻 ☎ ♿ ⅍ ᴇ 𝘝𝘐𝘚𝘈
fermé 20 déc. au 5 janv. – ☲ 30 – **36 ch** 240.

✕ **Cheval Blanc,** 1 r. Porte de Mâcon **(a)** ℘ 85 59 01 13 – ᴇ 𝘝𝘐𝘚𝘈
fermé 2 au 18 nov., 22 déc. au 2 janv., vend. soir et sam. – **R** 72/175 ♨, enf. 50.

✕ **Potin Gourmand,** pl. Champ de Foire **(b)** ℘ 85 59 02 06 – ᴇ 𝘝𝘐𝘚𝘈
fermé 24 au 29 juin, 3 au 7 sept., 3 janv. au 5 fév., dim. soir et lundi – **R** 78/130, enf. 45.

CITROEN Bay ℘ 85 59 08 85
PEUGEOT Ponceblanc ℘ 85 59 09 72
PEUGEOT Forest et Simon, à Salornay-sur-Guye par ④ ℘ 85 59 43 11
RENAULT Pechoux et Couratin, par ② ℘ 85 59 04 61 N
RENAULT Beaufort ℘ 85 59 11 76

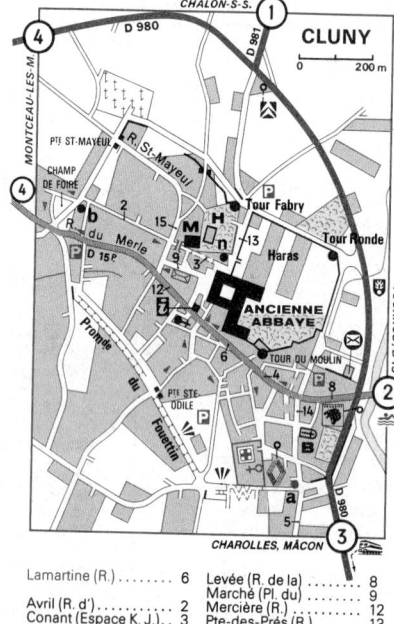

Lamartine (R.)	6	Levée (R. de la)	8	
Avril (R. d')	2	Marché (Pl. du)	9	
Conant (Espace K. J.).	3	Mercière (R.)	12	
Filaterie (R.)	4	Pte-des-Prés (R.)	13	
Gare (Av. de la)	5	Prud'hon (R.)	14	
		République (R.)	15	

La CLUSAZ 74220 H.-Savoie 🔢 ⑦ G. Alpes du Nord – 1 687 h. alt. 1 100 – Sports d'hiver : 1 100/2 600 m ⚶5 ⚶51 ✶ – **Voir** E : Vallon des Confins★ – Col de la Croix-Fry★ : ✳︎ SO : 5 km.

Env. Col des Aravis ✳︎★ SE : 7,5 km – 🖪 Office de Tourisme ℘ 50 02 60 92, Télex 385125.

Paris 570 – Annecy 32 – Chamonix 66 – Albertville 40 – Bonneville 26 – Megève 29 – Morzine 65.

🏠 **Le Panorama** ⟟ sans rest, ℘ 50 02 42 12, ≤ montagnes – 📵 cuisinette 🇹🇻 ☎ ⇦ ℗. ᴇ 𝘝𝘐𝘚𝘈 ♨
1er juil.-31 août et 20 déc.-15 avril – ☲ 32 – **14 ch** 200/380, 13 studios.

🏠 **Vita H.** M, ℘ 50 02 58 96, Fax 50 02 57 49, ≤, 🏖, 🔲 – 📵 🇹🇻 ☎ ♿ ⇦ ℗ – 🔬 25 à 40. ⅍ ⓪ ᴇ 𝘝𝘐𝘚𝘈. ❀ rest
1er juin-fin sept. et 15 déc.-fin avril – **R** 110 – ☲ 45 – **103 ch** (½ pens. seul.) – ½ P 285/540.

🏠 **Alp'H.** M, ℘ 50 02 40 06, Fax 50 02 60 16, 🔲 – 📵 🇹🇻 ☎ ℗. ᴇ 𝘝𝘐𝘚𝘈
fermé 15 nov. au 15 déc. et lundi hors sais. – **R** 95/140, enf. 55 – ☲ 42 – **15 ch** 300/400 – ½ P 320/450.

🏠 **Christiania,** ℘ 50 02 60 60, 🏖 – 📵 ☎ ᴇ 𝘝𝘐𝘚𝘈. ❀
29 juin-22 sept. et 20 déc.-15 avril – **R** 85/170 – ☲ 32 – **30 ch** 225/370 – ½ P 225/355.

🏠 **Sapins** ⟟, ℘ 50 02 40 12, ≤, 🔥 – 📵 🇹🇻 ☎ ℗. ᴇ 𝘝𝘐𝘚𝘈. ❀ rest
15 juin-12 sept. et 20 déc.-vacances de printemps – **R** 85/100, enf. 60 – ☲ 38 – **27 ch** 220/400 – ½ P 250/360.

🏠 **Nouvel H.,** ℘ 50 02 40 08 – 📵 ☎. ᴇ 𝘝𝘐𝘚𝘈. ❀
➔ *1er juil.-15 sept. et Noël-Pâques –* **R** *(fermé 1er au 15 sept.)* 70/142 – ☲ 30 – **27 ch** 180/460 – ½ P 232/308.

🏠 **Floralp,** ℘ 50 02 41 46 – 📵 ☎. 𝘝𝘐𝘚𝘈. ❀ rest
➔ *28 juin-18 sept. et 20 déc.-Pâques –* **R** 65/120 ♨ – ☲ 35 – **20 ch** 180/300 – ½ P 250/300.

🏠 **Aravis,** ℘ 50 02 60 31, ≤, 🔥, ❀ – 📵 ⇦. ᴇ 𝘝𝘐𝘚𝘈. ❀ rest
18 juin-2 sept. et 21 déc.-Pâques – **R** 70/175 ♨ – ☲ 32 – **40 ch** 180/345 – ½ P 220/320.

🏠 Savoie, ℘ 50 02 40 51 – 🇹🇻 ⇦ – *saisonnier –* **14 ch.**

✕✕ **Vieux Chalet** ⟟ avec ch, rte Crêt du Merle ℘ 50 02 41 53, ≤, 🏖, 🔥 – 🇹🇻 ⇦. ᴇ 𝘝𝘐𝘚𝘈 ❀ ch – *fermé 17 juin au 4 juil., 14 au 31 oct., merc. et jeudi hors sais. –* **R** 90/225 ♨, enf. 40 – ☲ 33 – **7 ch** 240/300 – ½ P 290.

aux Étages S : 3 km par D 909 – ⊠ **74220** La Clusaz :

🏨 **Les Chalets de la Serraz** Ⓜ ⑤, rte Col des Aravis : 1 km ♪ 50 02 48 29, ≤, ⊠, ♯,
   ✗ – cuisinette 🆅 ☎ ☻, ⑫, ⒜Ⓔ ⑩ Ⓔ 🗺
   20 juin-10 sept. et 15 déc.-30 avril – **R** (résidents seul.) – ⊊ 45 – **10 ch** 450/510, 3 appart.
   880 – ½ P 410/440.

RENAULT Gar. du Rocher ♪ 50 02 40 38

▬▬ **Les CLUSES** 66 Pyr.-Or. 🎱 ⑲ – rattaché au Boulou.

▬▬ **CLUSES** 74300 H.-Savoie 🎴 ⑦ Ⓖ **Alpes du Nord** – 15 906 h. alt. 485.

🔰 Syndicat d'Initiative 16 pl. Allobroges ♪ 50 98 31 79.
Paris 572 – Chamonix-Mont-Blanc 41 – Thonon-les-Bains 59 – Annecy 54 – ♦Genève 38 – Morzine 28.

🏨 **Le Bargy et rest. le Cercle des Songes** Ⓜ, 28 av. Sardagne ♪ 50 98 01 96, 🍴 – 📶
   🆅 ☎ ☻, ⑫, Ⓔ 🗺
   R *(fermé sam. midi sauf en hiver et dim.)* 90/150 ⅙ – ⊊ 40 – **30 ch** 285/340.

🏨 **Le 4 C** Ⓜ, 301 bd Chevran ♪ 50 98 01 00, Télex 319262, Fax 50 98 32 20, 🍴 – 📶 🆅 ☎
   ☻, ⑫ – ⒜ 70. ⒜Ⓔ ⑩ Ⓔ 🗺, ✗
   R 98/250, enf. 90 – ⊊ 39 – **39 ch** 370/440.

▬▬ **COCHEREL** 27 Eure 🎢 ⑰ – rattaché à Pacy-sur-Eure.

▬▬ **COCURES** 48 Lozère 🎱 ⑥ – rattaché à Florac.

▬▬ **COGNAC** ◇ 16100 Charente 🎴 ⑱ Ⓖ **Poitou Vendée Charentes** – 20 995 h. alt. 27.
🏌 du Cognac ♪ 45 32 18 17, par ① : 8 km.
🔰 Office de Tourisme 19 pl. J.-Monnet ♪ 45 82 10 71.
Paris 479 ⑥ – Angoulême 44 ① – ♦Bordeaux 119 ④ – Libourne 93 ③ – Niort 83 ⑥ – Poitiers 128 ① – La Roche-sur-Yon 174 ⑥ – Saintes 26 ⑤.

🏨 **Relais Bleus** Ⓜ, carrefour Trache par ① et N 141 ♪ 45 35 42 00, Télex 790615,
   Fax 45 35 45 02, ⑤, ⊠, ♯ – 📶 🆅 ☎ ☻, ⑫ – ⒜ 80. ⒜Ⓔ ⑩ Ⓔ 🗺
   R 75/145, enf. 45 – ⊊ 32 – **55 ch** 295 – ½ P 255/280.

🏨 **Le Valois** Ⓜ sans rest, 35 r. 14-Juillet ♪ 45 82 76 00, Télex 790987, Fax 45 82 76 00 – 📶
   ✗ 🆅 ☎ ☻, ⑫ – ⒜ 25. ⒜Ⓔ ⑩ Ⓔ 🗺   Z **a**
   fermé 22 déc. au 2 janv. – ⊊ 33 – **44 ch** 330/360.

🏨 **Domaine du Breuil** ⑤, 104 av. R. Daugas par r. République Y ♪ 45 35 32 06, Télex
   793510, 🍴, « Demeure du 19ᵉ siècle dans un parc » – 📶 🆅 ☎ ☻, ⑩ Ⓔ 🗺
   R *(fermé dim. soir et lundi midi sauf juil.-août)* 75/190, enf. 35 – ⊊ 30 – **24 ch** 230/385 –
   ½ P 400/525.

🏨 **Urbis** sans rest, 24 r. E. Mousnier ♪ 45 82 19 53, Télex 793105, Fax 46 93 33 39 – 📶 🆅
   ☎ ☻, ⑫, ⒜Ⓔ ⑩ Ⓔ 🗺   Z **b**
   ⊊ 30 – **39 ch** 230/265.

🏨 **François 1ᵉʳ** sans rest, 3 pl. François 1ᵉʳ ♪ 45 32 07 18 – 📶 🆅 ☎ ⇔. ⒜Ⓔ ⑩ Ⓔ 🗺
   ⊊ 35 – 31 ch 200/285.   Z **s**

🏨 **L'Étape**, 2 av. Angoulême par ① et N 141 ♪ 45 32 16 15 – ☎ ⑫, ⑩ Ⓔ 🗺
   fermé dim. du 20 déc. au 10 janv. – **R** 65/135 ⅙, enf. 40 – ⊊ 24 – **22 ch** 98/220 –
   ½ P 130/220.

🍴🍴🍴 **Pigeons Blancs** avec ch, 110 r. J.-Brisson ♪ 45 82 16 36, Fax 45 82 29 29, 🍴, ♯ – 🆅
   ☎ ⑫, ⒜Ⓔ ⑩ Ⓔ 🗺, ✗ ch   Y **d**
   fermé 7 au 31 janv. – **R** *(fermé dim. soir)* 118/295, enf. 75 – ⊊ 38 – **7 ch** 260/400 –
   ½ P 295/355.

à Châteaubernard par ① et D 15 : 3 km – 4 688 h. – ⊠ **16100** :

🏨 ❀ **L'Échassier** (Lambert) ⑤, ♪ 45 32 29 04, Télex 790798, Fax 45 32 22 43, 🍴, ⊠, ♯ –
   🆅 ☎ ☻, ⑫ – ⒜ 25. ⒜Ⓔ ⑩ Ⓔ 🗺
   hôtel : *fermé dim. soir du 15 nov. au 15 fév.* – **R** *(fermé dim.)* (nombre de couverts limité,
   prévenir) 130/165, enf. 60 – ⊊ 50 – **19 ch** 345/690 – ½ P 450/480
   Spéc. Millefeuille d'huîtres au foie gras, Ragoût de homard au Pineau des Charentes, Pigeon au caramel
   d'oignons. Vins Charentais rouge.

à Cierzac (17 Char.-Mar.) par ③ : 13 km D 731 – ⊠ **17520** :

🍴🍴🍴 ❀ **Moulin de Cierzac** avec ch, ♪ 45 83 01 32, 🍴, « Au bord de l'eau, parc » – ☎ ⑫
   – ⒜ 40. ⒜Ⓔ Ⓔ 🗺
   fermé 25 janv. au 28 fév., dim. soir de nov. à mars et lundi – **R** 160/210 – ⊊ 60 – **10 ch**
   250/490
   Spéc. Petits gris d'Aunis et de Saintonge (avril à nov.), Turbot aux moules et au melon (juin à sept.), Assiette
   gourmande.

COGNAC

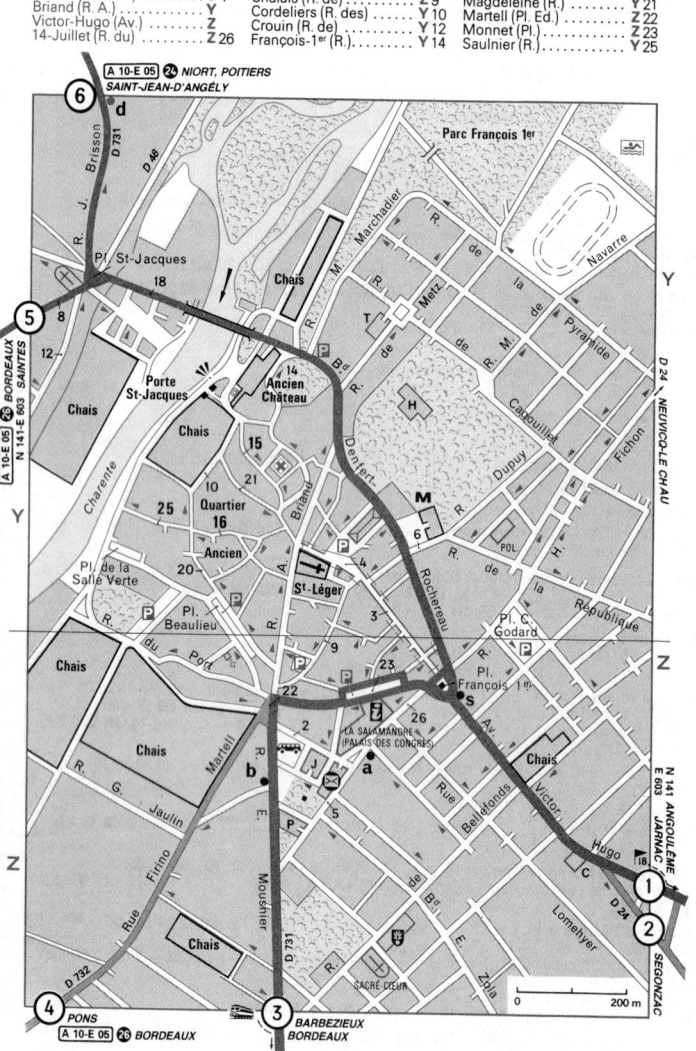

BMW Gar. Grammatico, rte d'Angoulême
ℰ 45 32 50 93
CITROEN Socodia, rte d'Angoulême à
Châteaubernard par ① ℰ 45 32 27 50
Ⓝ ℰ 45 32 30 88
MERCEDES-BENZ Savia, 21 av. d'Angoulême à
Châteaubernard ℰ 45 32 27 77
PEUGEOT-TALBOT Coga, Le Buisson Moreau à
Châteaubernard par ① ℰ 45 32 25 29

RENAULT G.A.M.C., 242 av. V.-Hugo par ①
ℰ 45 35 36 36 Ⓝ ℰ 45 24 74 03

⦿ Cognac-Pneu Plus, 44 bd de Chatenay
ℰ 45 35 08 96
Moyet-Pneus, rte de Barbezieux ℰ 45 82 24 66
Rogeon-Pneus, rte d'Angoulême à
Châteaubernard ℰ 45 35 32 50

Plans de villes : Les rues sont sélectionnées en fonction de leur importance
pour la circulation et le repérage des établissements cités.
Les rues secondaires ne sont qu'amorcées.

COGOLIN 83310 Var 84 ⑰ G. Côte d'Azur – 5 647 h. alt. 14.

🛈 Office de Tourisme pl. République ℰ 94 54 63 18.

Paris 868 – Fréjus 34 – Hyères 42 – Le Lavandou 31 – St-Tropez 9 – Ste-Maxime 13 – ♦Toulon 60.

🏠 **Coq H.,** pl. Gén. de Gaulle ℰ 94 54 63 14, Fax 94 54 03 06, 🏤, – 📺 ☎ 🅿. E ⅤⅠⅤⅠⅤⅠⅤⅠ
Coq Assis (fermé 15 déc. au 31 janv. et merc. sauf de juin à sept.) **R** 80/110 – ⌔ 37 –
17 ch 350.

ⅩⅩ **Lou Capoun,** r. Marceau ℰ 94 54 44 57 – ⅤⅠⅤⅠ
fermé janv., merc.(sauf le soir en juil.-août), dim. soir du 1/9 au 30/6 et lundi midi en juil.-
août – **R** 90/170.

🏮 Aude, N 98, Valensole ℰ 94 54 54 21

COIGNIÈRES 78 Yvelines 60 ⑨ – voir à St-Quentin-en-Yvelines.

COL voir au nom propre du col.

COLIGNY 01270 Ain 70 ⑬ – 1 132 h. alt. 291.

Paris 412 – Mâcon 45 – Bourg-en-Bresse 21 – Lons-le-Saunier 40 – Tournus 54.

à Moulin-des-Ponts S : 5,5 km sur N 83 – ⌧ 01270 Coligny :

🏠 ⚙ **Solnan** (Marguin) Ⓜ, ℰ 74 51 50 78, Fax 74 51 56 22, 🐎 – 📺 ☎ 🚙 🅿 – 🛖 30. E
ⅤⅠⅤⅠ
fermé 12 au 26 nov., 15 au 29 janv., dim. soir et lundi hors sais. – **R** 110/350, enf. 70 –
⌔ 35 – **16 ch** 280/380 – ½ P 285
Spéc. Salade de jambonnettes de grenouilles, Blanquette de ris de veau, Croustelle de pigeon de Bresse.
Vins Côtes du Jura, Saint-Amour.

La COLLE-SUR-LOUP 06480 Alpes-Mar. 84 ⑨, 195 ㉟ G. Côte d'Azur – 4 749 h. alt. 96.

Paris 930 – ♦Nice 19 – Antibes 15 – Cagnes-sur-Mer 6 – Cannes 26 – Grasse 19 – Vence 8.

🏠 **Marc Hély** 🦢 sans rest, SE : 0,8 km par D 6 ℰ 93 22 64 10, Fax 93 22 93 84, ≤, « Jardin »
– 📺 ☎ 🅿. 丄E ⅤⅠⅤⅠ
fermé 10 nov. au 5 déc. – ⌔ 30 – **13 ch** 260/390.

ⅩⅩⅩ ⚙ **Host. de l'Abbaye** (Plumail), av. Libération ℰ 93 32 66 77, Fax 93 32 61 28, 🏤, 丄,
🐎 – 🅿 ⑩ E ⅤⅠⅤⅠ
fermé janv. – **R** (fermé mardi soir en hiver, jeudi midi en sais. et merc.) 180/290, enf. 90
Spéc. Cannelloni aux truffes et fin ragoût d'abats, Croustillant de lapin à la sariette, Crème brûlée à la fleur
d'orange.

ⅩⅩ **La Belle Époque,** SE : 2 km par D 6 ℰ 93 20 10 92, 🏤, 🐎 – 🅿. 丄E ⅤⅠⅤⅠ
fermé 5 janv. au 10 fév., mardi midi et merc. midi en juil.-août et mardi de sept. à juin –
R 105/200, enf. 70.

Ⅹ **La Stréga,** SE : 1,5 km par D 6 ℰ 93 22 62 37, 🏤 – 🅿. E ⅤⅠⅤⅠ
fermé 2 janv. au 3 mars, dim. soir (sauf juil.-août) et lundi – **R** 160, enf. 60.

Ⅹ **Clos du Loup,** O : 1,5 km par D 6 ℰ 93 32 88 76, 🏤 – 🅿. 丄E ⅤⅠⅤⅠ
fermé janv. et lundi d'oct. à juin – **R** 148.

COLLEVILLE-MONTGOMERY 14 Calvados 54 ⑯ – rattaché à Ouistreham.

COLLIAS 30 Gard 80 ⑲ – rattaché à Pont-du-Gard.

COLLIOURE 66190 Pyr.-Or. 86 ⑳ G. Pyrénées Roussillon (plan) – 2 741 h. alt. 3.

Voir Site** – Retables* dans l'église.

🛈 Syndicat d'Initiative pl. 18-Juin ℰ 68 82 15 47.

Paris 931 – ♦Perpignan 27 – Argelès-sur-Mer 6 – Céret 32 – Port-Vendres 4 – Prades 64.

🏨 **Relais des Trois Mas et rest. La Balette** Ⓜ 🦢, rte Port-Vendres ℰ 68 82 05 07,
Télex 506112, Fax 68 82 38 08, 🏤, « Terrasses et ≤ vieux port », 丄 – 🔲 📺 ☎ 🅿. E
ⅤⅠⅤⅠ
R 165/295 – ⌔ 56 – **19 ch** 495/795, 4 appart. 1395 – ½ P 513/613.

🏨 **Casa Païral** 84 🦢 sans rest, impasse Palmiers ℰ 68 82 05 81, Fax 66 82 52 10, « Bel
aménagement intérieur et jardin fleuri », 丄 – 📺 ☎ ⅏ 🅿. 丄E ⅤⅠⅤⅠ
30 mars-30 oct. – ⌔ 40 – **28 ch** 330/750.

🏠 **Mas des Citronniers** Ⓜ sans rest, 22 av. République ℰ 68 82 04 82 – ☎ 🅿. 丄E.
ⅤⅠⅤⅠ
23 mars-5 nov. – ⌔ 32 – **30 ch** 225/390.

🏠 **Madeloc** 🦢 sans rest, r. R.-Rolland ℰ 68 82 07 56, ≤, 🐎 – ☎ 🅿. 丄E ⑩ E ⅤⅠⅤⅠ
Pâques-15 oct. – ⌔ 32 – **21 ch** 240/330.

🏠 **Ambeille** sans rest, rte Port-d'Avail ℰ 68 82 08 74, ≤ – 🚬 🅿. E ⅤⅠⅤⅠ. ⚗
1ᵉʳ avril-15 oct. – ⌔ 26 – **21 ch** 210/300.

tourner →

🏠 **Les Caranques** ♿, rte Port-Vendres 𝒫 68 82 06 68, « Terrasses et ⩽ vieux port » – ☎.
E 𝗩𝗜𝗦𝗔. ⅏
hôtel : 1er avril-10 oct. ; rest. : 1er juin-30 sept. – **R** (résidents seul.) – 🍽 30 – **16 ch** 160/285
– ½ P 280.

🏠 **Triton** sans rest, r. Jean Bart 𝒫 68 82 06 52, ⩽ – 📺 ☎. **E** 𝗩𝗜𝗦𝗔
🍽 26 – **20 ch** 160/260.

🏠 **Boramar** sans rest, r. Jean Bart 𝒫 68 82 07 06, ⩽ – ☎. ⅏
25 mars-5 nov. – 🍽 25 – **14 ch** 170/280.

✕ **Chiberta**, av. Gén. de Gaulle 𝒫 68 82 06 60 – 𝗩𝗜𝗦𝗔. ⅏
⬥ *fermé 15 déc. au 31 janv. et jeudi du 1er oct. au 14 juin* – **R** 65/150.

✕ **Le Puits**, r. Arago 𝒫 68 82 06 24 – 𝗔𝗘 ⓞ **E** 𝗩𝗜𝗦𝗔
fermé 15 nov. au 15 fév., dim. soir et lundi du 15 sept. au 15 juin – **R** 98.

RENAULT Gar. Daider 𝒫 68 82 08 34

COLLONGES-AU-MONT-D'OR 69 Rhône 🎇 ⑪ – rattaché à Lyon.

COLLONGES-LA-ROUGE 19500 Corrèze 🎇 ⑨ G. Périgord Quercy (plan) – 379 h. alt. 230.
Voir Village★★ – Saillac : tympan★ de l'église S : 4 km.
Paris 510 – Brive-la-Gaillarde 21 – Aurillac 88 – Martel 19 – St-Céré 41 – Tulle 45.

🏠 **Relais St-Jacques de Compostelle** ♿, 𝒫 55 25 41 02, ㋡, 🌳 – ☎ **P**. 𝗔𝗘 ⓞ **E**
𝗩𝗜𝗦𝗔
fermé 1er déc. au 31 janv., mardi soir et merc. d'oct. aux vacances de printemps –
R 110/260, enf. 50 – 🍽 35 – **12 ch** 140/260 – ½ P 180/260.

COLMAR **P** 68000 H.-Rhin 🎇 ⑱ G. Alsace Lorraine – 63 764 h. alt. 193.
Voir Retable d'Issenheim★★★ (musée d'Unterlinden★★) BY – Ville ancienne★★ BY : Maison
Pfister★★ BY **K**, Église St-Martin★ BY **F**, Maison des Arcades★ BY **E**, Maison des Têtes★ BY **Y**,
Ancienne Douane★ BY **N**, Ancien Corps de Garde★ BY **L** – Vierge au buisson de roses★★ et
vitraux★ de l'église des Dominicains BY **B** – Quartier de la Krutenau★ BZ : Tribunal civil★ BY **J** –
⩽★ du pont St-Pierre BZ **V** sur "la petite Venise" – Vitrail de la crucifixion★ de l'église St-Matthieu
CY **D**.

🟦 🟦 d'Ammerschwihr 𝒫 89 47 17 30, par ⑥ : 9 km, N 415 puis D 11[1].

🅱 Office de Tourisme et Accueil de France (Informations, change et réservations d'hôtels, pas plus de
5 jours à l'avance) 4 r. Unterlinden 𝒫 89 41 02 29, Télex 880242 – A.C. 1 pl. Gare 𝒫 89 41 31 56.
Paris 441 ⑥ – ♦Bâle 68 ③ – Freiburg 52 ② – ♦Nancy 140 ⑥ – ♦Strasbourg 71 ①.

Plan page suivante

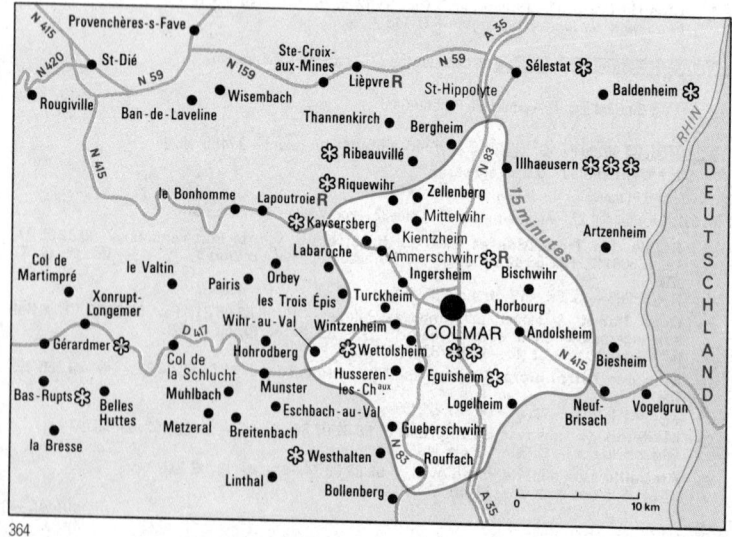

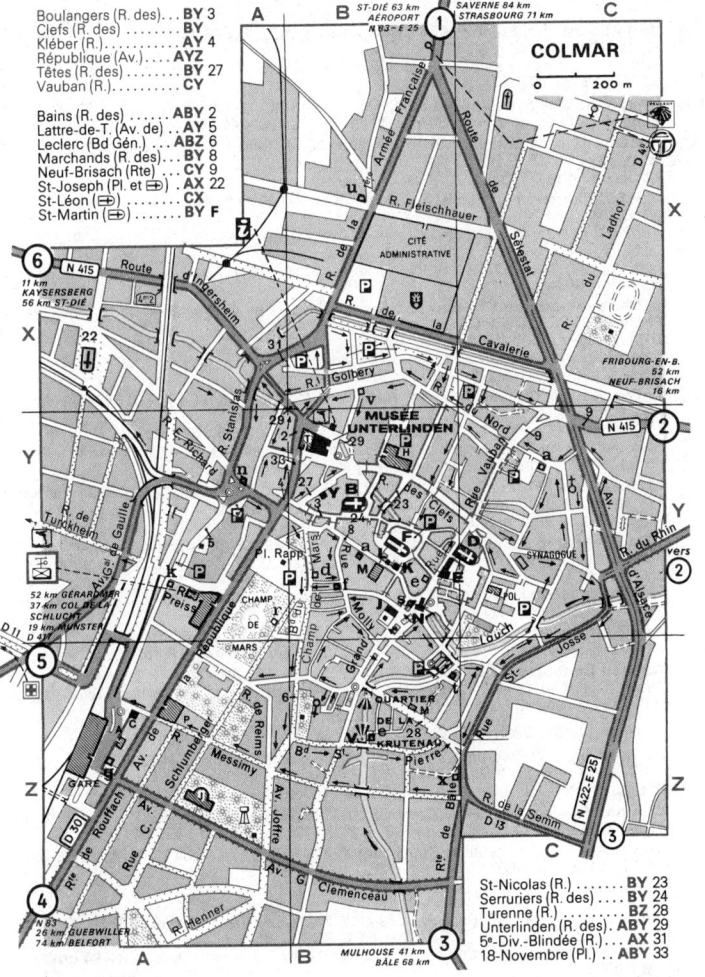

COLMAR

Terminus-Bristol, 7 pl. Gare 𝒫 89 23 59 59, Télex 880248, Fax 89 23 92 26 – 🛗 📺 ☎ – AZ **g**
🔼 30. 🆎 ⑩ E 𝘝𝘐𝘚𝘈
R voir rest. **Rendez-vous de Chasse** ci-après - **L'Auberge R** 85/150 ⅊ – ☲ 48 – **70 ch** 350/800 – ½ P 450/480.

Altea Champ de Mars sans rest, 2 av. Marne 𝒫 89 41 54 54, Télex 880928, Fax 89 23 93 76 – 🛗 📺 ☎ & ⟷ – 🔼 50 à 250. 🆎 ⑩ E 𝘝𝘐𝘚𝘈 AY **r**
☲ 50 – **75 ch** 410/550.

Mercure Ⓜ, r. Golberg 𝒫 89 41 71 71, Télex 870398, Fax 89 23 82 71, 🏤 – 🛗 ⇐⇒ ch 🗏 📺 ☎ & ⟷ – 🔼 90. 🆎 ⑩ E 𝘝𝘐𝘚𝘈 BX **v**
R 110/120 ⅊, enf. 45 – ☲ 50 – **72 ch** 485/535.

Amiral Ⓜ sans rest, 11e bd Champ de Mars 𝒫 89 23 26 25, Télex 880852, Fax 89 23 83 64 – 🛗 📺 ☎ & ⟷ – 🔼 60. 🆎 ⑩ E 𝘝𝘐𝘚𝘈 BY **d**
☲ 46 – **44 ch** 320/600.

Turenne Ⓜ sans rest, 10 rte Bâle 𝒫 89 41 12 26, Télex 880959, Fax 89 41 27 64 – 🛗 📺 ☎ ⟷. 🆎 ⑩ E 𝘝𝘐𝘚𝘈 – ☲ 30 – **83 ch** 220/320. BZ **x**

St Martin sans rest, 38 Gd'rue 𝒫 89 24 11 51 – 🛗 📺 ☎. 🆎 ⑩ E 𝘝𝘐𝘚𝘈 BY **e**
8 mars-20 nov., week-ends et fériés sauf janv. – ☲ 38 – **24 ch** 320/580.

Majestic, 1 r. Gare 𝒫 89 41 45 19, Fax 89 24 08 62 – 🛗 ☎. 🆎 ⑩ E 𝘝𝘐𝘚𝘈 AY **k**
R 80/160 ⅊, enf. 40 – ☲ 30 – **40 ch** 215/250 – ½ P 230.

🏢 **de la Fecht**, 1 r. Fecht ℰ 89 41 34 08, Télex 880650, Fax 89 23 80 28 – 📶 ✉ 📺 ☎ 🔥
🅿 🖭 ⓞ 🄴 𝘝𝘐𝘚𝘈 ⚡ rest   BX **u**
fermé 15 nov. au 15 déc. – **R** *(fermé dim. soir et sam. de nov. à avril)* 75/200 ⚖, enf. 45 –
➳ 30 – **39 ch** 260/340 – ½ P 260/300.

🏢 **Rapp**, 1 r. Weinemer ℰ 89 41 62 10, Fax 89 24 13 58 – 📶 ▤ rest 📺 ☎ 🔥. 🖭 ⓞ 🄴 𝘝𝘐𝘚𝘈
R *(fermé 20 déc. au 5 janv.)* 90/250 ⚖, enf. 45 – ➳ 30 – **44 ch** 240/280 – ½ P 260.   BY **f**

🏢 **Arcade** 🅼 sans rest, 10 r. St Eloi ℰ 89 41 30 14, Télex 870553, Fax 89 24 51 49 – 📶 📺
☎ 🔥 – 🔩 60. 🖭 🄴 𝘝𝘐𝘚𝘈   CY **a**
➳ 38 – **63 ch** 300/450.

✕✕✕✕ ❀❀ **Schillinger**, 16 r. Stanislas ℰ 89 41 43 17, Fax 89 24 28 87, « Décor élégant » – ▥. 🖭
ⓞ 🄴 𝘝𝘐𝘚𝘈   AY **n**
fermé 12 juil. au 1ᵉʳ août, 25 fév. au 4 mars, dim. soir et lundi sauf fériés – **R** 250/450 et
carte ⚖
Spéc. Foie gras frais à la cuillère, Filet de sandre en grappe de raisin, Aiguillettes de canard au citron. Vins
Pinot blanc, Riesling.

✕✕✕ ❀ **Rendez-vous de Chasse** - Hôtel Terminus Bristol, 7 pl. Gare ℰ 89 41 10 10, Télex 880248,
Fax 89 23 92 26 – 🖭 ⓞ 🄴 𝘝𝘐𝘚𝘈   AZ **g**
R *(fermé mardi)* 190/400 ⚖
Spéc. Foie gras de canard fumé et gelée de choucroute, Baeckaoffa de grenouilles, Selle de chevreuil rôtie
aux airelles (15 avril au 15 déc.). Vins Pinot blanc, Tokay-Pinot gris.

✕✕✕ ❀ **Fer Rouge** (Fulgraff), 52 Gd' Rue ℰ 89 41 37 24, Fax 89 23 82 24, « Vieille maison
alsacienne » – 🖭 ⓞ 🄴 𝘝𝘐𝘚𝘈   BY **s**
fermé 1ᵉʳ au 12 août, 5 au 31 janv., dim. soir et lundi – **R** 330/450, enf. 100
Spéc. Matelotte en feuille de brick au Riesling, Poitrine de canard sauvage et raviole aux choux (saison),
Bourse aux fruits et glace aux épices (oct. à avril). Vins Tokay-Pinot gris, Pinot noir.

✕✕✕ **Maison des Têtes**, 19 r. Têtes ℰ 89 24 43 43, Fax 89 24 58 34, ☕, « Belle maison du
17ᵉ siècle, atmosphère locale » – 🖭 ⓞ 🄴 𝘝𝘐𝘚𝘈   BY **y**
fermé 1ᵉʳ au 7 juil., mi janv. à mi fév., dim. soir et lundi – **R** 95/280.

✕✕ ❀ **Da Alberto** (Bradi), 24 r. Marchands ℰ 89 23 37 89, ☕, cuisine italienne, ⟵ – 🄴 𝘝𝘐𝘚𝘈
fermé 27 avril au 13 mai, 15 au 18 août, 21 déc. au 13 janv., sam. midi, dim. et fériés – **R**
250 bc/450 ⚖   BY **a**
Spéc. Salade de langouste à la sarde (mai à juil.), Agnolotti aux crustacés, Tripes à la ''Parmigiana'' (oct. à
mars).

✕✕ **Aux 3 poissons**, 15 quai Poissonnerie ℰ 89 41 25 21 – 🖭 ⓞ 🄴 𝘝𝘐𝘚𝘈   BZ **t**
fermé 24 juin au 16 juil., 21 déc. au 4 janv., mardi soir et merc. – **R** 160/250 ⚖.

✕ **Caveau St-Pierre**, 24 r. Herse ℰ 89 41 99 33, ☕ – 🄴 𝘝𝘐𝘚𝘈   BZ **e**
fermé 27 juin au 12 juil., 22 déc. au 6 janv., vacances de fév., dim. soir et lundi – **R** carte
100 à 190 ⚖, enf. 45.

au Nord par ① : 2 km – ✉ 68000 Colmar :

🏨 **Novotel** 🅼, à l'Aérodrome ℰ 89 41 49 14, Télex 880915, Fax 89 41 22 56, ≼, ☕, ⬛, ⟵
– 📺 ☎ 🔥 🅿 – 🔩 30 à 60. 🖭 ⓞ 🄴 𝘝𝘐𝘚𝘈
R carte environ 150 ⚖, enf. 50 – ➳ 45 – **66 ch** 350/410.

🏢 **Campanile**, direction Centre Commercial ℰ 89 24 18 18, Télex 880867 – 📺 ☎ 🔥 🅿 –
🔩 25. 🄴 𝘝𝘐𝘚𝘈 **R** 74 bc/98 bc, enf. 39 – ➳ 27 – **42 ch** 248 – ½ P 225/249.

🏢 **Motel Azur** sans rest, 50 rte Strasbourg ℰ 89 41 32 15, ⟵ – cuisinette ☎ 🅿. 🄴 𝘝𝘐𝘚𝘈. ⚡
➳ 19 – **21 ch** 107/198.

à Horbourg par ② – 3 582 h. – ✉ 68000 Horbourg Wihr :

🏨 **Europe** 🅼, 15 rte Neuf-Brisach ℰ 89 41 26 27, Télex 870242, Fax 89 41 27 50, ☕, parc –
📶 ✉ ch 📺 ☎ 🔥 🅿 – 🔩 30 à 350. 🖭 🄴 𝘝𝘐𝘚𝘈
R *(fermé 1ᵉʳ au 15 janv., dim. soir et lundi)* carte 240 à 315, enf. 60 – ➳ 38 – **94 ch** 350/450
– ½ P 300.

🏤 **Cerf**, ℰ 89 41 20 35, Fax 89 24 24 98, ⟵ – ☎ 🅿. 🖭 🄴 𝘝𝘐𝘚𝘈. ⚡
fermé 15 janv. au 10 mars, mardi soir (sauf hôtel) et merc. de mai à sept. – **R** 85/220 ⚖,
enf. 55 – ➳ 28 – **27 ch** 200/310 – ½ P 240/290.

à Ingersheim par ⑥, rte St Dié : 4 km – 4 271 h. – ✉ 68000 :

🏤 **Kuehn** 🅼 ⚓, quai Fecht ℰ 89 27 38 38, Fax 89 27 00 77, ≼, ⟵ – 📶 ☎ 🔥 🅿 – 🔩 40.
🄴 𝘝𝘐𝘚𝘈. ⚡ rest
*fermé 1ᵉʳ au 12 juil., 11 nov. au 8 déc., mardi et merc. de déc. au 15 mars et merc. midi
du 16 mars au 11 nov. –* **R** 105/360 – ➳ 35 – **28 ch** 255/360 – ½ P 335/350.

✕✕ **Taverne Alsacienne**, 99 r. République ℰ 89 27 08 41 – 🅿. 🄴 𝘝𝘐𝘚𝘈
fermé 15 au 29 juil. et lundi – **R** 90/240 ⚖, enf. 50.

à Wettolsheim par ⑤ et D 1bis II : 4,5 km – ✉ 68000 :

✕✕✕ ❀ **Aub. Père Floranc** avec ch, ℰ 89 80 79 14, Fax 89 79 77 00 – 📺 ☎ ⟵ 🅿. 🖭 ⓞ 🄴
𝘝𝘐𝘚𝘈. ⚡ ch
fermé 1ᵉʳ au 16 juil., 12 nov. au 16 déc., dim. soir hors sais. et lundi – **R** 95/350 ⚖, enf. 70
– ➳ 40 – **13 ch** 120/260 – ½ P 290/370
Spéc. Les quatre foies gras de l'Auberge, Symphonie de la mer à la crème d'oursins, Venaison (juin à mars).
Vins Riesling, Tokay-Pinot gris.
Annexe : Le Pavillon 🏨 🅼 ⚓, « Collection de coquillages », ⟵ – 📺 ☎ 🔥 ⟵
🅿. 🖭 ⓞ 🄴 𝘝𝘐𝘚𝘈. ⚡ ch – ➳ 40 – **18 ch** 280/450 – ½ P 360/460.

à Andolsheim par ② : 6 km – ✉ **68280** :

🏠 **Soleil** 📍, 🛵 89 71 40 53, ☞ – ☎ 🚗 **🅿**. 🖭 ⑩ **E** *VISA*
fermé fév., mardi soir (du 1ᵉʳ déc. au 31 janv.) et merc. – **R** 100/320 🍴, enf. 70 – ☲ 25 –
18 ch 95/200 – ½ P 220/320.

à Bischwihr par ② et D 111 : 8 km – ✉ **68320** :

🏠 **Relais du Ried** M 📍, 🛵 89 47 47 06, Télex 870592, Fax 89 47 72 58, ☞ – 🖸 ☎ **🅿**. 🖭
⑩ **E** *VISA*. 🍴 rest
fermé 20 nov. au 15 janv. – **R** *(fermé dim. soir du 15 janv. au 30 mars)* 85/185 🍴, enf. 38 –
☲ 30 – **60 ch** 230/250 – ½ P 235.

à Wintzenheim par ⑤ : 6 km – 6 740 h. – ✉ **68000** :

✗ **Au Bon Coin**, 4 r. Logelbach 🛵 89 27 48 04 – 🖭 **E** *VISA*
✦ fermé 2 au 19 juil., 15 au 28 fév., mardi soir et merc. – **R** 67/205 🍴, enf. 40.

à Logelheim SE par D 13 et D 45 - CZ - 9 km – ✉ **68280** :

✗ **Stoffel "A la Vigne"** 📍 avec ch, 🛵 89 22 08 40 – 🖭 ⑩ **E** *VISA*. 🍴
fermé 18 juin au 8 juil., mardi soir et merc. – **R** 98/170 dîner à la carte – ☲ 25 – **7 ch**
100/180 – ½ P 200.

au Sud, rte d'Herrlisheim : 10 km par N 422 et D 1 – ✉ **68420** Herrlisheim-près-Colmar :

🏠 **Au Moulin** M 📍 sans rest, 🛵 89 49 31 20, ☞ – 🛗 ☎ 🖕 **🅿** – 🏛 25. *VISA*
23 mars-12 nov. – ☲ 30 – **14 ch** 190/300.

BMW J.M.S. Auto, 124 rte de Neuf-Brisach
🛵 89 24 25 53
CITROEN Alsauto, 4 r. Timken, ZI Nord par ①
🛵 89 24 29 24 🅽
FIAT Auto-Market-Colmar, 124 rte de Neuf-Bri-
sach 🛵 89 41 57 80
FORD Bolchert, 77 r. Morat 🛵 89 79 11 25
HONDA-LADA-SKODA Europe-Autos-Colmar, 101
rte de Rouffach par ④ 🛵 89 41 10 13
LANCIA Sem' Autos, r. Gay Lussac 🛵 89 24 11 42
MERCEDES Gar. Dietrich, à Ingersheim
🛵 89 27 04 77
OPEL Gangloff, 15 r. Stanislas 🛵 89 41 19 50
PEUGEOT-TALBOT Gar. Colmar Autom., 2A rue
Timken 🛵 89 24 66 66
RENAULT Gar. du Stade, 122 r. du Ladhof CX
🛵 89 23 99 43 🅽 🛵 05 44 03 09

RENAULT Gar. Reech, 1 Grande-Rue, Horbourg-
Wihr par ② 🛵 89 41 26 40 🅽 🛵 89 24 44 41
TOYOTA H et M Automobiles, 138 rte de Neuf-
Brisach 🛵 89 24 12 22
V.A.G Gar. Dittel, r. J.-M. Hausmann, ZI Nord
🛵 89 24 76 00
VOLVO Auto-Hall Distribution, 84 rte de Neuf-
Brisach 🛵 89 41 81 10

⑩ Kautzmann, 64 r. Papeteries 🛵 89 41 06 24
Pneus et Services D.K., 5 r. J.-Preiss
🛵 89 41 26 01
Pneus et Services D.K., 11 r. des Frères Lumière,
Z.I. Nord 🛵 89 41 94 72

à Wintzenheim :

CITROEN Gar. Schaffhauser, 25 rte de Rouffach
par ⑤ 🛵 89 80 60 18 🅽

RENAULT Gar. Lauber, 6 r. Clemenceau par ⑤
🛵 89 27 02 02

COLMARS 04370 Alpes-de-H.-P. 🗺 ⑧ **G. Alpes du Sud** (plan) – 314 h. alt. 1 235.
Paris 815 – Digne-les-Bains 71 – Barcelonnette 44 – Cannes 129 – Draguignan 109 – ◆Nice 124.

🏠 **Le Chamois,** 🛵 92 83 43 29, ≤, ☞ – ☎ **🅿**. **E** *VISA*. 🍴 rest
19 mai-oct. et Noël-Pâques – **R** 82/101, enf. 58 – ☲ 28 – **26 ch** 213/236 – ½ P 191/240.

COLOMARS 06670 Alpes-Mar. 🗺 ⑨, 🗺 ㉖ – 1 714 h. alt. 334.
Paris 951 – ◆Nice 17 – Antibes 32 – Cannes 43 – Grasse 49 – Levens 22 – Vence 22.

🏠 **Rédier** M 📍, 🛵 93 37 94 37, Télex 470330, ≤, 🍴, « Jardin fleuri, 🏊 » – 🖸 ☎ **🅿** –
🏛 150. 🖭 ⑩ **E** *VISA*
R 110/165 – ☲ 30 – **28 ch** 350/400 – ½ P 340/360.

COLOMBEY-LES-DEUX-ÉGLISES 52330 H.-Marne 🗺 ⑲ **G. Champagne** – 347 h. alt. 352.
Voir Mémorial du Général-de-Gaulle et la Boiserie (musée).
Paris 229 – Bar-sur-Aube 15 – Châtillon-sur-Seine 62 – Chaumont 27 – Neufchâteau 70.

🏠 **Dhuits** M, N 19 🛵 25 01 50 10, Fax 25 01 56 22 – 🛏 ch 🖸 ☎ 🚗 **🅿** – 🏛 50. 🖭 ⑩
E *VISA*
fermé 20 déc. au 5 janv. – **R** 75/185 🍴, enf. 50 – ☲ 32 – **30 ch** 250/310 – ½ P 300/350.

✗✗ **Aub. Montagne** 📍 avec ch, 🛵 25 01 51 69, Fax 25 01 53 20, ☞ – **🅿**. 🖭 **E** *VISA*. 🍴
fermé 16 au 27 déc., mi-janv. à mi-fév., lundi soir et mardi – **R** 110 (sauf sam.)/300 🍴,
enf. 80 – ☲ 30 – **9 ch** 110/260.

PEUGEOT Gar. Archambaux 🛵 25 01 51 43

COLOMIERS 31 H.-Gar. 🗺 ⑦ – rattaché à Toulouse.

COLPO 56390 Morbihan 🗺 ③ – 1 648 h. alt. 117.
Paris 449 – Vannes 19 – Auray 28 – Josselin 28 – Locminé 9 – Plumelec 14 – Pluvigner 18.

🏠 **Aub. Korn er Hoët,** 🛵 97 66 82 02 – ☎ **🅿**
17 ch.

COLROY-LA-ROCHE 67420 B.-Rhin 62 ⑧ – 431 h. alt. 424.

Paris 400 – ◆Strasbourg 62 – Lunéville 65 – St-Dié 31 – Sélestat 30.

🏡🏡 ❀❀ **Host. La Cheneaudière** Ⓜ ⑤, *ℰ* 88 97 61 64, Télex 870438, Fax 88 47 21 73, ≤, 🌤, « Élégante hostellerie dans un jardin », 斤, 🔲, ⅍ – ▤ rest Ⓣ ☎ Ⓟ. ◭ ⓪ Ε 𝘝𝘐𝘚𝘈
fermé janv. et fév. – **R** 350/490 et carte, enf. 50 – ⌷ 90 – **25 ch** 500/900, 6 appart. –
½ P 690/1000
Spéc. Foie gras fumé, Ravioles de Munster au persil frit, Filet de chevreuil en strudel de chou vert (mai à déc.). Vins Riesling, Gewürztraminer.

RENAULT Gar. Wetta, St-Blaise-la-Roche *ℰ* 88 97 60 84 Ⓝ

La COMBE 73 Savoie 74 ⑮ – rattaché à Aiguebelette-le-Lac.

La COMBE 38 Isère 74 ⑬ – rattaché à Bourgoin-Jallieu.

COMBEAUFONTAINE 70120 H.-Saône 66 ⑤ – 490 h. alt. 252.

Paris 351 – Bourbonne-les-B. 37 – Épinal 85 – Gray 40 – Langres 51 – Luxeuil-les-B. 47 – Vesoul 24.

🏠 **Balcon,** *ℰ* 84 92 11 13 – ☎ ⇐⇒. ◭ ⓪ Ε 𝘝𝘐𝘚𝘈 ⅍
fermé 1ᵉʳ au 9 juil., 26 déc. au 12 fév., dim. soir et lundi – **R** 140/300, enf. 60 – ⌷ 30 –
20 ch 120/360 – ½ P 200/250.

COMBE-LAVAL ★★★ 26 Drôme 77 -③⑬ G. Alpes du Nord

COMBLOUX 74920 H.-Savoie 74 ⑧ G. Alpes du Nord – 1 421 h. alt. 1 000 – Sports d'hiver : 1 100/ 1 853 m ⛷1 ⛷24 – Voir La Cry ⅍★★ O : 3 km.

🛈 Office de Tourisme *ℰ* 50 58 60 49, Télex 385550.

Paris 595 – Chamonix 35 – Annecy 65 – Bonneville 37 – Megève 5 – Morzine 52 – St-Gervais-les-B. 8.

🏡 **Ducs de Savoie** ⑤, au Bouchet *ℰ* 50 58 61 43, Télex 319244, ≤ Mt-Blanc, 斤, 🔲 – 🛗
Ⓣ ☎ ⇐⇒ – 🏠 30. ◭ ⓪ Ε 𝘝𝘐𝘚𝘈. ⅍ rest
8 juin-30 sept. et 20 déc.-20 avril – **R** 135/200 – ⌷ 40 – **50 ch** 370/480 – ½ P 340/440.

🏠 **Cœur des Prés** ⑤, *ℰ* 50 93 36 55, ≤ Aravis et Mt-Blanc, ⏛, ⅍ – 🛗 ☎ ⇐⇒ Ⓟ. Ε
𝘝𝘐𝘚𝘈. ⅍ rest
1ᵉʳ juin-22 sept. et 20 déc.-22 avril – **R** 100/180 – ⌷ 35 – **34 ch** 370 – ½ P 280/325.

🏠 **Idéal-Mont-Blanc** ⑤, *ℰ* 50 58 60 54, Fax 50 58 64 50, ≤ Mt-Blanc, 🔲, ⏛ – 🛗 Ⓣ ☎
Ⓟ. ◭ ⓪ Ε 𝘝𝘐𝘚𝘈
20 juin-30 sept. et 20 déc.-11 mai – **R** 143/170, enf. 80 – ⌷ 42 – **28 ch** 250/420 –
½ P 322/400.

🏠 **Feug** Ⓜ ⑤, *ℰ* 50 93 00 50, Télex 319229, ≤, 斤, ⏛ – 🛗 Ⓣ ☎ ⑄ ⇐⇒ Ⓟ. ◭ ⓪ Ε
𝘝𝘐𝘚𝘈. ⅍ rest
fermé 15 nov. au 7 déc. – **R** 115/165 – ⌷ 35 – **28 ch** 440/520 – ½ P 415/435.

🏠 **Plein Soleil** ⑤, *ℰ* 50 58 60 81, ≤ Mt-Blanc, 🔲, ⏛ – 🛗 Ⓣ ☎ Ⓟ. Ε 𝘝𝘐𝘚𝘈. ⅍ rest
15 juin-25 sept. et Noël-vacances de printemps – **R** 126/175 – ⌷ 42 – **27 ch** 347/395 –
½ P 280/350.

🏠 **Aiguilles de Warens,** *ℰ* 50 93 36 18 – 🛗 ☎. ◭ ⓪ Ε 𝘝𝘐𝘚𝘈. ⅍ rest
25 juin-9 sept., 21 déc.-15 avril – **R** 120/160 – ⌷ 40 – **34 ch** 330/380 – ½ P 295/340.

🏠 **L'Fredi,** *ℰ* 50 93 30 19 – ☎ Ⓟ. 𝘝𝘐𝘚𝘈. ⅍ rest
15 juin-20 sept. et 20 déc.-31 mars – **R** 105/125 – ⌷ 32 – **18 ch** 160/275 – ½ P 220/250.

à Gemoëns SE : 2 km – alt. 1 050 – ✉ **74920** Combloux :

🏠 **Caprice des Neiges** ⑤, D 909 *ℰ* 50 58 63 22, ≤ Aravis, ⏛ – Ⓣ ☎ ⇐⇒ Ⓟ. 𝘝𝘐𝘚𝘈.
⅍ rest
12 juin-20 sept. et 20 déc.-15 avril – **R** 75/140 – **20 ch** ⌷ 180/285 – ½ P 200/270.

au Haut-Combloux O : 3,5 km – ✉ **74290** Combloux :

🏠 **Rond-Point des Pistes,** ⑤, *ℰ* 50 58 68 55, ≤ Mt-Blanc, 斤 – 🛗 Ⓣ ☎ Ⓟ. Ε 𝘝𝘐𝘚𝘈
15 juin-15 sept. et 20 déc.-15 avril – **R** 103/162 – ⌷ 33 – **29 ch** 250/450 – ½ P 245/420.

PEUGEOT-TALBOT Gar. des Cimes *ℰ* 50 93 00 60

COMBOURG 35270 I.-et-V. 59 ⑯ G. Bretagne – 4 763 h. alt. 66 – Voir Château★.

🏌🏌 de St-Malo *ℰ* 99 58 96 69, au N par D 73 : 14 km ; 🏌 Château des Ormes *ℰ* 99 48 40 27,
N par D 795 : 13 km – 🛈 Syndicat d'Initiative pl. A.-Parent (juin-15 sept.) *ℰ* 99 73 13 93 et à la Mairie (hors saison) *ℰ* 99 73 00 18.

Paris 384 – St-Malo 36 – Avranches 50 – Dinan 24 – Fougères 47 – ◆Rennes 37 – Vitré 56.

🏠 **Château et Voyageurs,** pl. Châteaubriand *ℰ* 99 73 00 38, Télex 740901, Fax 99 73 25 79,
⏛ – ☎ Ⓟ. 🏠 35. ◭ ⓪ Ε 𝘝𝘐𝘚𝘈
hôtel : *fermé 15 déc. au 20 janv., dim soir et lundi du 15 nov. au 15 mars* – **R** (*fermé déc. au 20 janv., dim. soir du 1ᵉʳ oct. au 15 mai et lundi sauf le soir du 16 mai au 30 sept.*) 81/300, enf. 44 – ⌷ 28 – **34 ch** 230/400 – ½ P 210/350.

🏠 **Lac,** pl. Châteaubriand *ℰ* 99 73 05 65, Fax 99 73 23 34, ≤ – Ⓣ ☎ Ⓟ. ◭ ⓪ Ε 𝘝𝘐𝘚𝘈
⟿ *fermé nov., vend. (sauf le soir en sais.) et dim. soir hors sais.* – **R** 65/210 ⅙, enf. 55 – ⌷ 32
– **30 ch** 92/265 – ½ P 150/220.

COMBREUX 45530 Loiret 🗺 ⑩ **G. Châteaux de la Loire** – 183 h. alt. 127.

Voir Étang de la Vallée* NO : 2 km.

Paris 120 – ◆Orléans 35 – Châteauneuf-sur-Loire 13 – Gien 49 – Montargis 36 – Pithiviers 29.

🏨 **L'Auberge de Combreux** 🦢, 🖉 38 59 47 63, Fax 38 59 36 19, « Cadre campagnard »,
🏊, 🎾, 🛎 – 📺 ☎ 🅿 – 🔬 30. E 🚾
fermé 20 déc. au 20 janv. – **R** 90/200, enf. 35 – 🖙 30 – **20 ch** 270/350 – ½ P 310/350.

🍽 **Croix Blanche** 🦢 avec ch, 🖉 38 59 47 62, 🎪, 🌾 – ☎ 🅿. E 🚾
fermé 23 sept. au 2 oct., lundi soir et mardi sauf fériés – **R** 98/198 – 🖙 32 – **7 ch** 185/205
– ½ P 245.

COMMENTRY 03600 Allier 🗺 ③ **G. Auvergne** – 9 399 h. alt. 385.

Paris 337 – Moulins 67 – Aubusson 78 – Gannat 49 – Montluçon 15 – Riom 68.

🏨 **St-Christophe** sans rest, 30 bis r. Lavoisier 🖉 70 64 31 27 – ☎ 🅿. E 🚾
fermé 22 déc. au 3 janv. – 🖙 22 – **22 ch** 150/185.

🍽🍽 ✿ **Michel Rubod**, 47 r. J.-J. Rousseau 🖉 70 64 45 31 – E 🚾
fermé 2 au 23 déc., vacances de fév., dim. soir et lundi sauf juil.-août – **R** 120/320,
enf. 60
Spéc. Grillade de rougets et d'aubergines, Salade de betteraves aux langoustines et lard fumé.

CITROEN Gauvin, 16 r. Danton 🖉 70 64 33 32   Almeida-Pneus Service, 7 r. Dr Paul Fabre
                                                     🖉 70 64 48 33

COMPIÈGNE ◁🆂🅿▷ 60200 Oise 🗺 ②, 🗺 ⑩ **G. Flandres Artois Picardie** – 43 311 h. alt. 41.

Voir Palais** : musée de la voiture** – Hôtel de ville* H – Musée de la Figurine historique* M
– Musée Vivenel : vases grecs** M¹ – **Env.** Forêt** – Clairière de l'Armistice**: statue du
Maréchal Foch, dalle commémorative wagon historique (reconstitution) 8 km par ② – Château
de Pierrefonds** 14 km par ③ – 🚈 🖉 44 40 15 73 – 🅱 Office de Tourisme et Accueil de France
(Informations, change et réservations d'hôtels, pas plus de 5 jours à l'avance) pl. Hôtel de Ville 🖉 44 40 01
00, Télex 145923 – Paris 82 ⑨ – ◆Amiens 76 ⑦ – Arras 106 ⑦ – Beauvais 57 ⑥ – Douai 121 ⑦ – St-Quentin
64 ① – Soissons 38 ②.

Plan page suivante

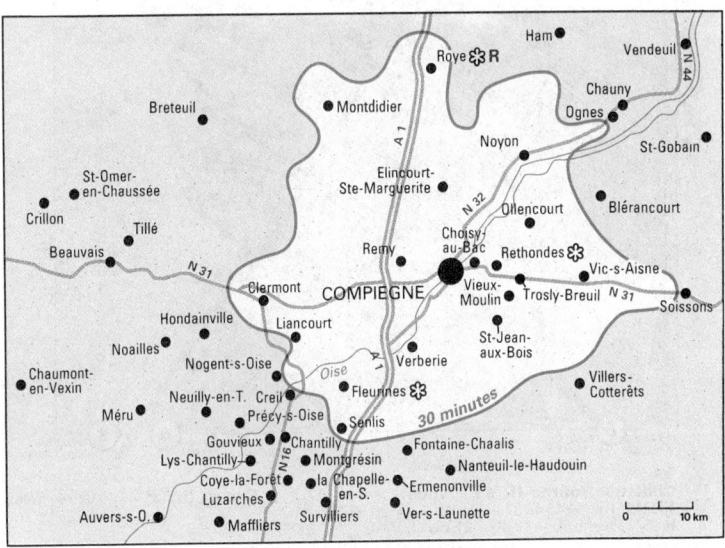

🏨 **Université** 🅼 sans rest, 24 r. N.-D. Bonsecours **(s)** 🖉 44 23 27 27, Télex 155074,
Fax 44 86 06 53 – 📳 ✖ 📺 🦽 🅿 – 🔬 30 à 100. 🅰🅴 ① E 🚾
🖙 44 – **50 ch** 265/385.

🏨 **de Harlay** sans rest, 3 r. Harlay **(a)** 🖉 44 23 01 50 – 📳 📺 ☎. 🅰🅴 ① E 🚾
fermé 14 déc. au 6 janv. – 🖙 35 – **20 ch** 250/330.

🍽🍽🍽 **Host. Royal Lieu** 🦢 avec ch, à Royallieu par ⑤ : 2 km, 9 r. Senlis 🖉 44 20 10 24, 🎪,
parc, « Terrasse fleurie » – 📺 ☎ 🅿 – 🔬 30. 🅰🅴 ① E 🚾. ✖ ch
R 150/300, enf. 60 – 🖙 35 – **17 ch** 345, 3 appart. 450 – ½ P 358/398.

🍽🍽🍽 **Le Badinguet**, 13 cours Guynemer **(h)** 🖉 44 40 22 85, Fax 44 40 01 93 – 🅰🅴 ① E 🚾
fermé 12 au 18 août, vacances de fév., sam. midi et dim. – **R** 170/320.

🍽🍽🍽 **R. Laudigeois-H. du Nord** avec ch, pl. Gare **(b)** 🖉 44 83 22 30 – 📳 📺 ☎ 🚗 –
🔬 30. E 🚾
fermé août et dim. soir – **R** 180/240 – **20 ch** 🖙 240/285.

COMPIÈGNE

Chat qui Tourne-H. de France avec ch, 17 r. E. Floquet **(n)** ℰ 44 40 02 74, Télex 150211, Fax 44 40 48 37 – 📺 ☎ – 🔏 30. 🖪 𝘝𝘐𝘚𝘈
R 95/198, enf. 60 – ⊈ 40 – **21 ch** 150/310 – ½ P 230/310.

Golden Horse, 2 r. Bouvines **(e)** ℰ 44 23 20 56 – 🍴. 🖪 𝘝𝘐𝘚𝘈. ⨯
fermé 10 août au 1er sept., 24 au 30 déc., sam. midi et dim. – R 85/200 ⅃, enf. 45.

Z.A.C. de Mercières par ⑤ et D 200 : 6 km – ⊠ **60200** Compiègne :

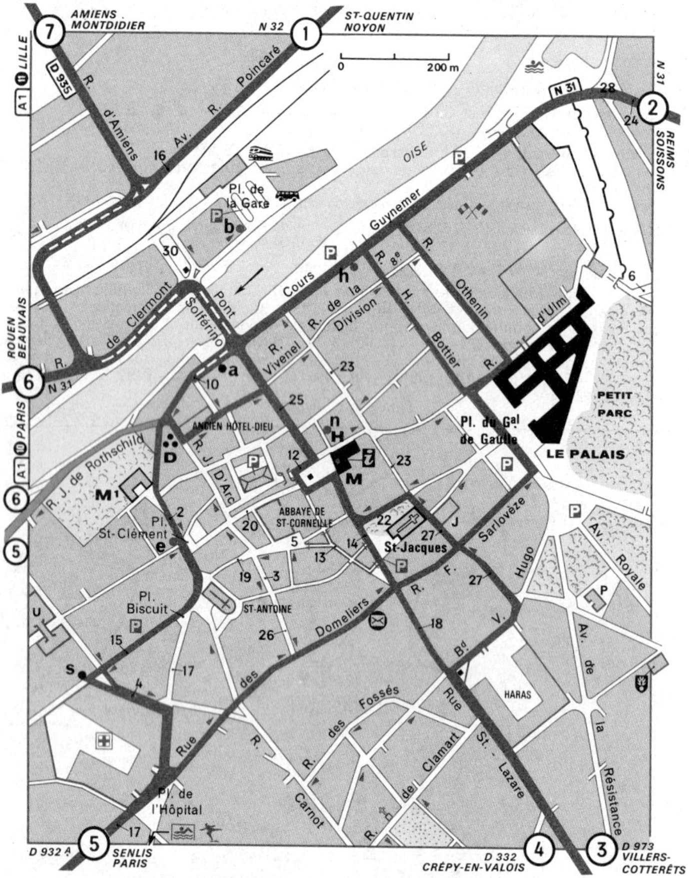

Relais Impérial Ⓜ, av. Berthelot ℰ 44 20 11 11, Télex 155122, Fax 44 20 41 60 – 🍴 rest 📺 ☎ 🅱 🅿 – 🔏 50 à 100. 🄰🄴 ① 🖪 𝘝𝘐𝘚𝘈
R *(fermé dim. soir)* 95/130 ⅃, enf. 60 – ⊈ 36 – **48 ch** 270/320.

Ibis Ⓜ, 18 r. É. Branly ℰ 44 23 16 27, Télex 145991 – 📺 ☎ 🅱 🅿 – 🔏 30 à 70. 🖪 𝘝𝘐𝘚𝘈
R 94 ⅃, enf. 41 – ⊈ 33 – **58 ch** 280/320.

à Élincourt-Ste-Marguerite par ① et D 142 : 15 km – ⊠ **60157** :

Château de Bellinglise Ⓜ, N : 1 km ℰ 44 76 04 76, Télex 155048, Fax 44 76 54 75, ≤, « Demeure du 16e siècle dans un parc », ⨯ – 🛎 📺 ☎ 🅿 – 🔏 60. 🄰🄴 ① 🖪 𝘝𝘐𝘚𝘈. ⨯
R 185/420, enf. 100 – ⊈ 85 – **55 ch** 470/1320 – ½ P 515/650.

à Choisy-au-Bac par ② : 5 km – ✉ **60750** :

XX **Aub. des Étangs du Buissonnet,** ✆ 44 40 17 41, ←, 🏞, parc – E VISA
fermé 23 déc. au 15 janv., lundi (sauf fériés le midi) et dim. soir – **R** carte 240 à 350.

à Ollencourt par ②, D 66 et D 130 : 15 km – ✉ **60170** Tracy-le-Mont :

XX **Aub. de Quennevières,** ✆ 44 75 28 57, 🏞, 🏡 – AE E VISA
fermé 1er au 30 août, lundi soir et mardi – **R** 135.

à Rethondes par ② : 10 km – ✉ **60153**.

Voir St-Crépin-aux-Bois : mobilier★ de l'église NE : 4 km.

XXX ✿ **Aub. du Pont** (Blot), ✆ 44 85 60 24 – ◑ VISA. ✂
fermé 2 au 24 sept., 6 au 21 janv., sam. midi, dim. soir et lundi – **R** (nombre de couverts limité, prévenir) 190/430
Spéc. Filet de lieu jaune poêlé à la mousseline d'artichaut, Parmentier de ris de veau aux truffes (saison), Millefeuille glacé au chocolat et à la chicorée.

à Trosly-Breuil par ② : 11 km – ✉ **60350** :

XX **Aub. de la Forêt,** Pl. Fêtes ✆ 44 85 62 30 – E VISA
fermé 1er au 20 août, mardi soir et merc. – **R** 170.

à Vieux-Moulin par ③ et D 14 : 9,5 km – ✉ **60350**.

Voir Mont St-Marc★ N : 2 km – Les Beaux-Monts★★ : ←★ NO : 7 km.

XXX **Aub. du Daguet,** face Église ✆ 44 85 60 72 – E VISA
fermé 1er au 8 mars, 15 au 26 juil., mardi soir du 15 nov. au 15 mai et merc. – **R** 165/250.

XX **Aub. Mont St Pierre,** ✆ 44 85 60 70 – P. AE E VISA
fermé 16 au 31 août, 2 au 20 janv., lundi soir et mardi – **R** 70/198 ⚗, enf. 70.

à St-Jean-aux-Bois par ④ et D 85 : 11 km – ✉ **60350**.

Voir Église★.

XXX **A la Bonne Idée** ⚲ avec ch, ✆ 44 42 84 09, Télex 155026, 🏡 – ▤ rest TV ☎ ♿ P – 🏛 30. E VISA
fermé mi-janv. à mi-fév. – **R** 180/420 – ☕ 55 – **24 ch** 360/420 – ½ P 500.

à Remy par ⑥ et D 36 : 10 km – ✉ **60190** :

XX **Manoir St Charles** (ch. prévues), pl. Église ✆ 44 42 45 28, 🏞, « Parc » – AE E VISA
fermé 13 au 26 janv., dim. soir et lundi – **R** 140, enf. 87.

ALFA-ROMEO St Germain Auto, 2 bis r. Chevreuil ✆ 44 20 29 94
BMW-HONDA Saint Merri Auto, ZAC de Mercières av. H.-Adenot ✆ 44 86 50 00
CITROEN S.A.D.A.C., r. Fonds-Pernant ZAC de Mercières par r. Abattoir ⑥ ✆ 44 20 26 00
N ✆ 44 41 17 09
FIAT SOVA, ZAC de Jaux Venette ✆ 44 90 06 06
MERCEDES-BENZ SAFI 60, ZAC de Mercières ✆ 44 23 08 22 N ✆ 44 72 03 79
PEUGEOT-TALBOT Safari-Compiègne, r. C.-Bayard par r. Abattoir ✆ 44 20 19 63
RENAULT Guinard, av. Gén.-Weigand par r. Abattoir ✆ 44 20 32 57
V.A.G. Éts Thiry, centre commercial de Venette ✆ 44 83 29 92

◍ Bouvet Hurand, 6 r. d'Austerlitz ✆ 44 23 22 17
Charlier Pneu, 177 r. V.-Hugo à Margny-lès-Compiègne ✆ 44 83 38 69
Fischbach-Pneu, r. J.-de Vaucanson, ZAC de Mercières ✆ 44 20 20 22

COMPS-SUR-ARTUBY 83840 Var 84 ⑦ G. Alpes du Sud – 271 h. alt. 898.

Env. Balcons de la Mescla★★★ NO : 14,5 km.

Paris 893 – Digne-les-Bains 82 – Castellane 28 – Draguignan 32 – Grasse 60 – Manosque 99.

🏠 **Gd H. Bain,** ✆ 94 76 90 06, ← – ☎ 🚗 P. E VISA. ✂ ch
fermé 12 nov. au 24 déc., merc. soir et jeudi du 1er oct. au 1er avril – **R** 65/158, enf. 48 – ☕ 28 – **17 ch** 140/270 – ½ P 185/220.

CONCARNEAU 29900 Finistère 58 ⑪⑮ G. Bretagne – 18 225 h. alt. 6.

Voir Ville Close★★ C – Musée de la Pêche★ C **M1** – Pont du Moros ←★ B – Fête des Filets bleus★ (fin août).

⛳9 de Quimper et de Cornouaille ✆ 98 56 97 09, par ① : 8 km ; ⛳9⛳18 de l'Odet ✆ 98 54 87 88, par ② D 783 puis D 44 et D 134 : 20 km – 🅸 Office de Tourisme quai d'Aiguillon ✆ 98 97 01 44.

Paris 541 ① – Quimper 24 ① – ♦Brest 94 ① – Lorient 54 ① – St-Brieuc 131 ① – Vannes 103 ①.

Plans page suivante

🏨 **Ty Chupen Gwenn** ⚲ sans rest, plage Sables Blancs ✆ 98 97 01 43, ← – 🛗 ☎. ◑ VISA
fermé 29 avril au 5 mai, 1er déc. au 5 janv., sam. soir et dim. de nov. à mars – ☕ 40 – **15 ch** 230/365 A **d**

🏨 **Océan** M, plage Sables Blancs ✆ 98 50 53 50, Fax 98 50 84 16, ←, 🏞, 🏊 – TV ☎ ♿ P – 🏛 30. AE ◑ E VISA. ✂ rest A **r**
R 95/260, enf. 55 – ☕ 39 – **70 ch** 350/450 – ½ P 315/360.

🏨 **Gd Hôtel** sans rest, 1 av. P. Guéguin ✆ 98 97 00 28, ← – ☎ P. E VISA C **a**
16 avril-14 oct. – ☕ 27 – **33 ch** 140/286.

tourner →

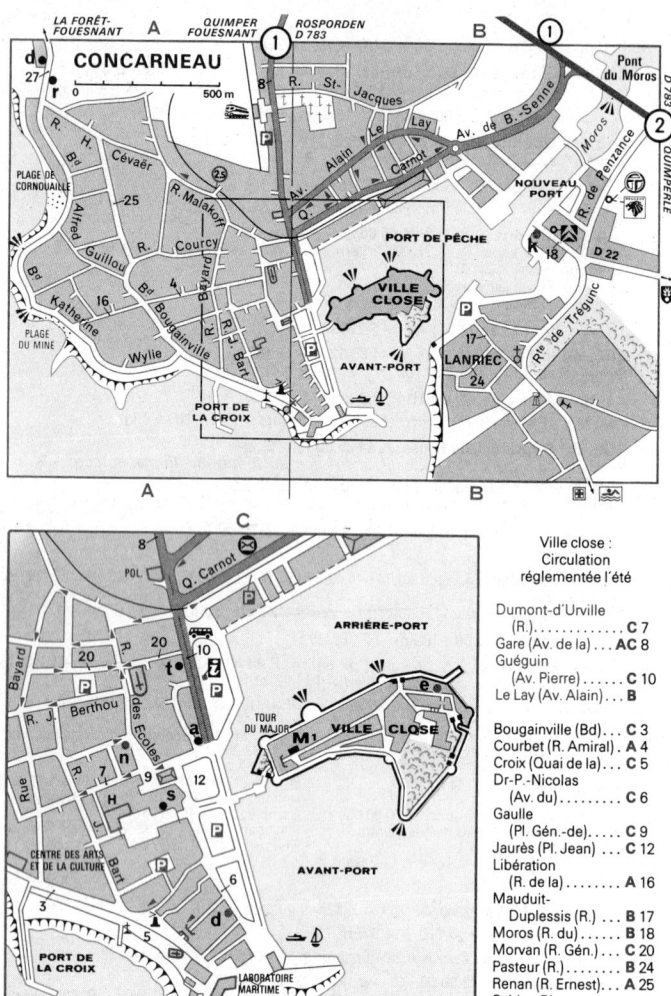

CONCARNEAU

A · LA FORÊT-FOUESNANT · QUIMPER FOUESNANT · ROSPORDEN D 783 · B

Ville close :
Circulation
réglementée l'été

Dumont-d'Urville
(R.) . . . . **C 7**
Gare (Av. de la) . . . **AC 8**
Guéguin
(Av. Pierre) . . . . . . **C 10**
Le Lay (Av. Alain) . . . **B**

Bougainville (Bd) . . . **C 3**
Courbet (R. Amiral) . . **A 4**
Croix (Quai de la) . . . **C 5**
Dr-P.-Nicolas
(Av. du) . . . . **C 6**
Gaulle
(Pl. Gén.-de) . . . . . **C 9**
Jaurès (Pl. Jean) . . . **C 12**
Libération
(R. de la) . . . . **A 16**
Mauduit-
Duplessis (R.) . . . **B 17**
Moros (R. du) . . . . . . **B 18**
Morvan (R. Gén.) . . . **C 20**
Pasteur (R.) . . . . **B 24**
Renan (R. Ernest) . . . **A 25**
Sables-Blancs
(R. des) . . . . **A 27**

🏠 **Les Halles** sans rest, enclos de Servigny 🞕 98 97 11 41 – 📺 ☎. 🇪 𝒱𝐼𝑆𝐴   **C s**
fermé dim. hors sais. – ⌸ 24 – **23 ch** 215/270.

🏠 **Jockey** sans rest, 11 av. P. Guéguin 🞕 98 97 31 52 – ☏. ➀ 🇪 𝒱𝐼𝑆𝐴   **C t**
⌸ 25 – **14 ch** 160/210.

🞨🞨🞨 ⊛ **Le Galion** (Gaonac'h) avec ch, 15 r. St-Guénolé "Ville Close" 🞕 98 97 30 16,
Fax 98 50 67 88 – 📺 ☎. 🇦🇪 ➀ 🇪 𝒱𝐼𝑆𝐴   **C e**
*fermé 18 au 30 nov., 20 janv. à début fév., lundi (sauf le soir du 15/7 au 29/9) et dim. soir
du 20/9 au 15/6* – **R** 150/340 – ⌸ 38 – **5 ch** 400
Spéc. Salade Marie-Louise, Blanquette de langoustines aux asperges (avril-mai), Soufflés aux fruits.

🞨🞨 **La Coquille,** au nouveau port 🞕 98 97 08 52, ≼ – 🇦🇪 ➀ 🇪 𝒱𝐼𝑆𝐴   **B k**
fermé 20 mai au 3 juin, 2 au 23 janv., dim. soir hors sais. et lundi – **R** 140/250.

🞨🞨 **La Gallandière,** 3 pl. Gén. de Gaulle 🞕 98 97 16 34 – 🇪 𝒱𝐼𝑆𝐴   **C n**
fermé dim. soir et jeudi – **R** 90/300.

🞨 **Chez Armande,** 15 bis av. Dr Nicolas 🞕 98 97 00 76 – 🇦🇪 ➀ 🇪 𝒱𝐼𝑆𝐴   **C d**
fermé 1ᵉʳ au 12 juin, 15 nov. au 15 déc., mardi soir (sauf juil.-août) et merc – **R** 75/162 ♨.

CITROEN Gar. Duquesne, 4 r. Moros
☎ 98 97 48 00
FORD Tilly, 106 av. Gare ☎ 98 97 35 00 **N**
PEUGEOT-TALBOT Gar. Nedelec, ZI du Moros
☎ 98 97 46 33

RENAULT Gar. de Penanguer, rte de Quimper par
① ☎ 98 97 36 06

CONCHES-EN-OUCHE 27190 Eure 55 ⑯ G. Normandie Vallée de la Seine (plan) – 3 856 h. alt. 144.

Voir Église Ste-Foy★.

Paris 120 – L'Aigle 37 – Bernay 34 – Dreux 47 – Évreux 18 – ♦Rouen 60.

XX **La Grand'Mare** avec ch, 13 av. Croix de Fer ☎ 32 30 23 30, 綠 – **E** *VISA*
　 fermé dim. soir et lundi d'oct. à mars – **R** 89/270, enf. 70 – ☲ 28 – **9 ch** 85/145.

XX **Toque Blanche**, 18 pl. Carnot ☎ 32 30 01 54 – **AE E** *VISA*
　 fermé mardi soir et lundi – **R** 98/190, enf. 45.

PEUGEOT-TALBOT Peuret ☎ 32 30 23 09 **N**　　　RENAULT Marie ☎ 32 30 23 50 **N**

CONDÉ-STE-LIBIAIRE 77 S.-et-M. 56 ⑫ , 106 ㉑ – rattaché à Esbly.

CONDÉ-SUR-L'ESCAUT 59163 Nord 53 ⑤ G. Flandres Artois Picardie – 13 672 h. alt. 22.
Paris 221 – ♦Lille 53 – Gent 74 – Valenciennes 13.

X **Host. du Berry**, ☎ 27 40 07 97 – **E** *VISA*
　 fermé 12 au 25 août et sam. – **R** (déj. seul.) 70/150 ♊.

CITROEN Gar. Kot. 211 rte de Bonsecours ☎ 27 40 09 46 **N**

CONDÉ-SUR-NOIREAU 14110 Calvados 55 ⑪ G. Normandie Cotentin – 7 257 h. alt. 84.

Ę de Clécy-Cantelou ☎ 31 69 72 72, NO par D 36 : 9 km.

Paris 283 – ♦Caen 45 – Argentan 49 – Falaise 31 – Flers 12 – Vire 26.

à St-Germain-du-Crioult O : 4,5 km sur rte Vire – ⊠ 14110 :

X **Aub. St-Germain** avec ch, ☎ 31 69 08 10 – **☎**. **E** *VISA*. ✼
　 fermé 1er au 8 août, 2 au 16 janv., vend. soir du 1er oct. au 31 mars et dim. soir – **R** 66/
　 125 ♊ – ☲ 17 – **9 ch** 140/190 – ½ P 120/150.

CONDOM ⟨SP⟩ 32100 Gers 79 ⑭ G. Pyrénées Aquitaine (plan) – 7 836 h. alt. 81.

Voir Cathédrale St-Pierre★ : Cloître★.

&#x1F; Syndicat d'Initiative pl. Bossuet ☎ 62 28 00 80.

Paris 674 – Agen 40 – Auch 44 – Mont-de-Marsan 80 – ♦Toulouse 109.

🏨 **Trois Lys** sans rest, 38 r. Gambetta ☎ 62 28 33 33, Fax 62 28 41 85, ⚊, – **TV** **☎** **P**. **AE E**
　 VISA
　 ☲ 35 – **10 ch** 350/500.

🏨 **Logis des Cordeliers** sans rest, r. des Cordeliers ☎ 62 28 03 68, Fax 62 68 29 03, ⚊ –
　 TV **☎** **P**. **E** *VISA*
　 ☲ 35 – **21 ch** 220/350.

PEUGEOT-TALBOT Durrieu, bd St-Jacques
☎ 62 28 00 53
RENAULT Rottier, allées de Gaulle ☎ 62 28 22 55
N ☎ 62 67 33 55

ɋ Central Pneu, 7 av. Armagnac ☎ 62 28 01 91
Rivière, 21 av. Pyrénées ☎ 62 28 01 20

CONDRIEU 69420 Rhône 74 ⑪ G. Vallée du Rhône – 3 158 h. alt. 150.

Voir Calvaire ≼★.

Paris 502 – ♦Lyon 40 – Annonay 34 – Rive-de-Gier 21 – Tournon 52 – Vienne 11.

🏨 ✿ **Hôt. Beau Rivage**, ☎ 74 59 52 24, Télex 308946, Fax 74 59 59 36, 綠 , « Terrasse avec
　 vue agréable sur le Rhône », 綠 – **TV** **☎** **P**. **AE ⓞ E** *VISA*
　 R 260/385 – ☲ 57 – **24 ch** 500/790
　 Spéc. Quenelle de brochet au salpicon de homard, Fleurs de courgettes farcies aux champignons des bois
　 (15 mai au 15 oct.), Côte de boeuf aux échalotes confites. Vins Crozes Hermitage, Saint-Joseph blanc.

Gar. Baronnier ☎ 74 59 50 16

LES GUIDES VERTS MICHELIN

Paysages, monuments
Routes touristiques
Géographie
Histoire, Art
Itinéraires de visite
Plans de villes et de monuments

CONFLANS-STE-HONORINE 78700 Yvelines 55 ⑳. 101 ② G. Ile de France (plan) – 29 003 h.
alt. 28 – Pardon national de la Batellerie (fin juin) – **Voir** ≤★ de la terrasse du parc.

🖪 Office de Tourisme 23 r. M.-Berteaux ℘ (1) 39 72 66 91.

Paris 31 – Mantes-la-Jolie 40 – Poissy 11 – Pontoise 8 – St-Germain-en-Laye 13 – Versailles 28.

🏨 **Campanile,** 91 r. Cergy - RN 184 ℘ (1) 39 19 21 00, Télex 699149, 🍴, 🚗 – 📺 ☎ ♿
　　⬛ – 🗝 25. 🖬 VISA
　　R 74 bc/98 bc, enf. 39 – 🏮 27 – **50 ch** 248 – ½ P 225/249.

✕ **Au Confluent de l'Oise,** 15 cours Chimay ℘ (1) 39 72 60 31, ≤ – ⬛. 🖭 🖬 VISA
　　fermé août, vacances de fév., dim. soir de nov. à Pâques, merc. soir et lundi sauf fériés –
　　R 79/149, enf. 79.

✕ **Au Bord de l'Eau,** 15 quai Martyrs-de-la-Résistance ℘ (1) 39 72 86 51
　　fermé 2 au 6 mai, 5 au 26 août, lundi et le soir sauf sam. – **R** 147.

PEUGEOT-TALBOT Conflans-Auto, 123 av. Carnot ℘ (1) 39 19 78 78

CONFOLENS ≤SP≥ 16500 Charente 72 ⑤ G. Berry Limousin (plan) – 3 320 h. alt. 152.
Voir Le vieux Confolens★ : Pont Vieux★, maison du duc d'Epernon★.

🖪 Office de Tourisme pl. Marronniers ℘ 45 84 00 77.

Paris 414 – Angoulême 63 – Bellac 38 – ◆Limoges 57 – Niort 103 – Périgueux 119 – Poitiers 72.

🏨 **Émeraude,** r. E.-Roux ℘ 45 84 12 77 – ☎ 🚗 – 🏊 30. ⓪ 🖬 VISA
⬧　fermé vacances de fév. – **R** (fermé sam. soir et dim. du 1er nov. au 1er mars) 55/125 ⅃,
　　enf. 35 – 🏮 30 – **18 ch** 120/180 – ½ P 156/205.

✕✕ **Aub. Tour de Nesle,** r. Côte ℘ 45 84 03 70 – ⓪ 🖬 VISA
　　fermé mi-fév. à mi-mars, lundi soir et mardi – **R** 90/160, enf. 38.

CITROEN David ℘ 45 84 12 42　　　　　　　　　PEUGEOT Gar. Roulon ℘ 45 84 10 86
CITROEN Gar. Soulat ℘ 45 84 00 27　　　　　　RENAULT Confolens Autos, ℘ 45 84 07 00

CONLEAU 56 Morbihan 63 ③ – rattaché à Vannes.

CONNAUX 30 Gard 80 ⑲⑳ – rattaché à Bagnols-sur-Cèze.

CONNERRÉ 72160 Sarthe 60 ⑭ G. Châteaux de la Loire – 2 636 h. alt. 76.

Paris 182 – ◆ Le Mans 25 – Châteaudun 75 – Mamers 43 – Nogent-le-Rotrou 40 – St-Calais 27.

✕✕ **Aub. Tante Léonie,** ℘ 43 89 06 54 – 🖬 VISA
⬧　fermé 6 au 28 fév. et merc. – **R** 68/180, enf. 55.

✕ **Gare** avec ch, N : 1,5 km par D 33 ℘ 43 89 00 02 – ⬛. 🖬 VISA
⬧　fermé 15 au 31 août, dim. soir (sauf hôtel) et vend. – **R** 70/130 ⅃, enf. 35 – 🏮 20 – **11 ch**
　　95/160 – ½ P 95/160.

　　à Thorigné-sur-Dué SE : 4 km par D 302 – ✉ 72160 :

✕✕ **St-Jacques** avec ch, ℘ 43 89 95 50, Fax 43 76 58 42, 🚗 – 📺 ☎ ♿ ⬛. ⓪ VISA
　　fermé 5 janv. au 5 fév., dim. soir et lundi d'oct. à juin – **R** 85/260 ⅃, enf. 60 – 🏮 35 –
　　16 ch 165/340 – ½ P 190/290.

CITROEN Gar. Guérin ℘ 43 89 00 51

CONQUES 12320 Aveyron 80 ①② G. Gorges du Tarn (plan) – 404 h. alt. 250.
Voir Site★★ – Église Ste-Foy★★ : tympan du portail Ouest★★★ et trésor★★★ – Le Cendié
≤★ O : 2 km par D 232 – Site du Bancarel ≤★ S : 3 km par D 901.

Paris 620 – Rodez 37 – Aurillac 57 – Espalion 50 – Figeac 54.

🏨 **Host. de l'Abbaye** M ≼, ℘ 65 72 80 30, 🍴 – 📺 ☎. 🖭 🖬 VISA. ❀
　　fermé 15 au 31 mars – **R** 130, enf. 60 – 🏮 38 – **8 ch** 280/420.

🏨 **Ste-Foy** ≼, ℘ 65 69 84 03, Fax 65 72 81 04, 🍴 – 🔔 📺 ☎. 🖭 🖬 VISA. ❀ rest
　　22 mars-11 nov. – **R** (nombre de couverts limité - prévenir) 130/210, enf. 60 – 🏮 38 –
　　34 ch 220/600 – ½ P 260/430.

🏨 **Aub. St-Jacques** ≼, ℘ 65 72 86 36, 🍴 – ☎. 🖭 🖬 VISA. ❀ rest
⬧　fermé janv. et lundi du 15 nov. au 1er mars – **R** 65/135 ⅃, enf. 35 – 🏮 23 – **14 ch** 135/250
　　– ½ P 200.

Le CONQUET 29217 Finistère 58 ③ G. Bretagne – 2 011 h. alt. 30 – **Voir** Site★.

🖪 Syndicat d'Initiative Beauséjour (15 juin-août) ℘ 98 89 11 31 et à la Mairie (hors saison) ℘ 98 89 00 07.

Paris 622 – ◆ Brest 24 – Brignogan-Plage 57 – St-Pol-de-Léon 78.

🏨 **Pointe Ste-Barbe,** ℘ 98 89 00 26, ≤ mer et les îles – 📺 ☎ ⬛. 🖭 ⓪ 🖬 VISA. ❀ rest
　　fermé 1er janv. au 6 fév. – **R** (fermé lundi sauf de juil. à mi-sept.) 80/379, enf. 53 – 🏮 26 –
　　49 ch 150/400 – ½ P 259/372.

　　à la Pointe de St-Mathieu S : 4 km – ✉ 29217 Le Conquet.

　　Voir Phare ❀★★ – Ruines de l'église abbatiale★.

✕✕ **Pointe St-Mathieu,** ℘ 98 89 00 19 – 🖭 🖬 VISA
⬧　fermé 12 au 24 nov., fév., mardi (sauf juil.-août) et dim. soir – **R** 50/280.

RENAULT Gar. Taniou-le Goff ℘ 98 89 00 29

CONSOLATION (Cirque de) ★★ 25 Doubs 🖪🖪 ⑰ G. Jura – alt. 793.

Voir La Roche du Prêtre ≼★★★ de la D 41, 15 mn – Vallée du Dessoubre★ N.

Paris 468 – Baume-les-Dames 53 – ◆Besançon 56 – Montbéliard 63 – Morteau 13.

Les CONTAMINES-MONTJOIE 74190 H.-Savoie 🖪🖪 ⑧ G. Alpes du Nord – 1 027 h. alt. 1 164 – Sports d'hiver : 1 164/2 500 m ≼3 ≤22 ≰.

Voir ≼★ sur gorges de la Gruvaz NE : 5 km.

🖪 Office de Tourisme pl. Mairie ℰ 50 47 01 58, Télex 385730.

Paris 607 – Chamonix 34 – Annecy 96 – Bonneville 50 – Megève 20 – St-Gervais-les-B. 8,5.

🏨 **La Chemenaz et rest. la Trabla** ⑆, ℰ 50 47 02 44, ≼, 🐾, ⌶, 🍃 – 🔊 📺 ☎ 🄿 Ᏼ
VISA
15 mai-15 sept. et 20 déc.-20 avril – **R** 100/120, enf. 60 – ⌸ 45 – **38 ch** 500 – ½ P 340/395.

🏨 **Gai Soleil** ⑆, ℰ 50 47 02 94, ≼, 🍃 – ☎ 🄿 Ᏼ **VISA**. ⌀ rest
15 juin-18 sept. et 20 déc.-fin avril – **R** 90/160 – ⌸ 19 ch 230/315 – ½ P 230/280.

🏨 **Le Miage** ⑆, ℰ 50 47 01 63, ≼, 🐾, 🍃 – cuisinette 📺 ☎ 🄿 ⑩ Ᏼ **VISA**
15 juin-10 sept. et 15 déc.-30 avril – **R** (fermé 15 au 30 avril) 100/300, enf. 40 – ⌸ 30 –
15 ch 300/400 – ½ P 300.

🏨 **Le Chamois,** ℰ 50 47 03 43, ≼, 🍃 – cuisinette 📺 ☎ 🄿. **VISA**
fin juin-fin août et vacances de Noël-Pâques – **R** (en été dîner seul.) 105/170 – ⌸ 36 –
17 ch 255/365 – ½ P 315/350.

🏠 **Le Christiania,** ℰ 50 47 02 72, ≼, 🐾, ⌶, 🍃 – ☎ 🄿. Ᏼ **VISA**. ⌀ ch
25 juin-10 sept. et 22 déc.-15 avril – **R** 105 🖑, enf. 36 – ⌸ 30 – **16 ch** 160/350 – ½ P 230/260.

CONTAMINE-SUR-ARVE 74130 H.-Savoie 🖪🖪 ⑦ – 1 000 h. alt. 449.

Paris 550 – Annecy 43 – Thonon-les-Bains 37 – Bonneville 8 – Chamonix 64 – ◆Genève 19 – Megève 50 –
Morzine 49.

XX **Tourne Bride** avec ch, ℰ 50 03 62 18 – 🄿. Ᏼ **VISA**
fermé 11 au 25 juin, 11 au 25 nov., dim. soir et lundi – **R** 92/160 – ⌸ 22 – **8 ch** 160/220 –
½ P 180/240.

CONTEVILLE 27120 Eure 🖪🖪 ④ – 580 h. alt. 30.

Paris 180 – Évreux 85 – ◆Le Havre 42 – Honfleur 13 – Pont-Audemer 13 – Pont-l'Évêque 27.

XXX ❀ **Aub. Vieux Logis** (Louet) ℰ 32 57 60 16 – 🕮 ⑩ Ᏼ **VISA**
fermé 23 sept. au 4 oct., fév., merc. soir et jeudi – **R** (nombre de couverts limité - prévenir)
carte 210 à 320
Spéc. Brochettes de Coquilles Saint-Jacques (15 oct. au 30 avril), Persillade d'ailes de pigeon et ses cuisses
en croûte, Charlotte à l'ananas.

CONTIS-PLAGE 40 Landes 🖪🖪 ⑮ – ⌧ **40170** St-Julien-en-Born.

Paris 719 – Mont-de-Marsan 76 – ◆Bayonne 87 – Castets 30 – Mimizan 24.

🏠 **Neptune** sans rest, ℰ 58 42 85 28 – 🐾 🄿. **VISA**
1er mai-30 sept. – ⌸ 24 – **16 ch** 140/250.

CONTRES 41700 L.-et-Ch. 🖪🖪 ⑰ – 2 929 h. alt. 100.

Paris 201 – ◆Tours 61 – Blois 21 – Châteauroux 77 – Montrichard 21 – Romorantin-Lanthenay 26.

🏨 **France,** ℰ 54 79 50 14, Télex 750826, Fax 54 79 02 95, 🐾, ⌶ – ⌀🖂 🗏 rest 📺 ☎ ዿ ⇔
🄿 – 🔌 30. Ᏼ **VISA**. ⌀
fermé 1er fév. au 11 mars et vend. du 15 oct. au 24 mars – **R** 100/230 – ⌸ 35 – **37 ch**
240/450 – ½ P 250/350.

X **La Botte d'Asperges** avec ch, ℰ 54 79 50 49 – 📺. Ᏼ **VISA**
fermé vacances de nov., vacances de fév. et merc. – **R** 72/190, enf. 50 – ⌸ 30 – **3 ch**
180/200 – ½ P 160/180.

RENAULT Gar. Réunis ℰ 54 79 50 70   RENAULT Dubreuil Autom., RN à Chémery
N ℰ 54 71 32 71   ℰ 54 71 80 06

CONTREVOZ 01 Ain 🖪🖪 ⑭ – rattaché à Belley.

CONTREXÉVILLE 88140 Vosges 62 ⑭ G. Alsace Lorraine

4 582 h. alt. 337 – Stat. therm. (4 avril-10 oct.) – Casino Y

🖪 Office de Tourisme et de Thermalisme r. du Shah de Perse
𝒫 29 08 08 68.

Paris 339 ③ – Épinal 48 ① – Langres 67 ② – Luxeuil 71 ② – ◆Nancy
76 ① – Neufchâteau 28 ③.

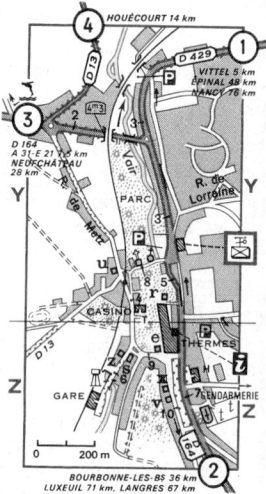

🏨🏨 **Cosmos,** r. Metz 𝒫 29 08 15 90, Télex 850583,
Fax 29 08 68 67, 🍴, parc, ⤳ – 📶 📺 ☎ 🅿 – 🕮 25.
🕮 ⓪ 🖅 𝐕𝐈𝐒𝐀. ⅜ rest
avril-oct. – **R** 144/185, enf. 115 – ⌑ 40 – **81 ch** 304/361.
6 appart. 578/685 – ½ P 384/397.
     Y u

🏨🏨 **Gd H. Établissement,** 𝒫 29 08 17 30, Télex 850583,
Fax 29 08 24 19 – 📶 📺 ☎. 🕮 ⓪ 🖅 𝐕𝐈𝐒𝐀. ⅜ rest
avril-30 sept. – **R** 144/185 - **Rest. du Casino** (10 mai-
20 sept. et fermé lundi) **R** 105/115 ⅂ – ⌑ 36 – **29 ch**
137/347 – ½ P 361/372
     Z e

🏨 **Souveraine,** dans le parc 𝒫 29 08 09 59,
Fax 29 08 68 67 – 📺 📶 ☎. 🅿. 🕮 ⓪ 🖅 𝐕𝐈𝐒𝐀.
⅜ rest
avril-30 sept. – **R** voir Gd H. Etablissement – ⌑ 36 –
31 ch 137/347 – ½ P 361/372.
     Y r

🏨 **Paris et Thermes,** av. Gde Duchesse Wladimir
𝒫 29 08 13 46 – 📶 cuisinette ☎ 🅿. 🖅 𝐕𝐈𝐒𝐀.
⅜ rest
4 avril-31 oct. – **R** 100/200 – ⌑ 30 – **78 ch** 150/320 –
½ P 210/320.
     Z s

🏨 **Sources,** r. Ziwer-Pacha 𝒫 29 08 04 48 – ☎. 🕮 🖅 𝐕𝐈𝐒𝐀.
⅜ rest
avril-oct. – **R** 100/180, enf. 50 – ⌑ 29 – **40 ch** 120/280
– ½ P 254/334.
     Z x

🏨 **France,** av Roi Stanislas 𝒫 29 08 04 13 – ☎ 🅿. 🖅.
𝐕𝐈𝐒𝐀
fermé 15 déc. au 15 janv. – **R** 75/170 ⅂, enf. 45 – ⌑ 28
– **35 ch** 145/245 – ½ P 170/250.
     Z z

🏨 **Beauséjour,** r. Ziwer-Pacha 𝒫 29 08 04 89, 🍴 – ☎. 🕮
📍 𝐕𝐈𝐒𝐀. ⅜ rest
10 avril-1ᵉʳ oct. – **R** 70/160 ⅂, enf. 48 – ⌑ 25 – **31 ch**
120/200.
     Z v

par ③ et rte du Lac de la Folie : 1,2 km – ⊠ 88140 Contrexéville :

🏨 **Campanile** ⌂, 𝒫 29 08 03 72, Télex 960333, ≼, 🍴 – 📺 ☎ & 🅿 – 🕮 25. 🖅
𝐕𝐈𝐒𝐀
R 74 bc/98 bc, enf. 39 – ⌑ 27 – **31 ch** 248 – ½ P 225/249.

La COQUILLE 24450 Dordogne 72 ⑯ – 1 578 h. alt. 340.
Paris 443 – ◆Limoges 48 – Brive-la-Gaillarde 98 – Nontron 31 – Périgueux 53 – St-Yrieix-la-Perche 23.

🏨 **Voyageurs,** N 21 𝒫 53 52 80 13, 🍴, – 📺 ☎ ⇦ 🅿. 🕮 ⓪ 🖅 𝐕𝐈𝐒𝐀
20 avril-31 oct. et fermé dim. soir et lundi midi du 20 sept. au 31 oct. – **R** 80/210 ⅂, enf. 60
– ⌑ 30 – **10 ch** 160/280 – ½ P 225/270.

PEUGEOT-TALBOT Fauriat 𝒫 53 52 80 60   RENAULT Gar. Fayol 𝒫 53 52 81 35

CORBEIL-ESSONNES 91 Essonne 61 ①, 106 ㉒ – voir à Évry.

CORBIGNY 58800 Nièvre 65 ⑮ G. Bourgogne – 2 190 h. alt. 197.
Paris 239 – Autun 75 – Avallon 45 – Clamecy 30 – Nevers 61.

🏨 **La Buissonière,** pl. St-Jean 𝒫 86 20 02 13 – 📺 ☎ & 🅿. 🖅 𝐕𝐈𝐒𝐀
R (fermé 15 janv. au 15 fév., dim. soir et lundi) 98/160 ⅂, enf. 35 – ⌑ 28 – **23 ch** 200/240
– ½ P 180/195.

✗✗ **La Grange aux Loups,** 𝒫 86 20 01 86, 🍴 – 🖅 𝐕𝐈𝐒𝐀
fermé dim. soir et lundi sauf juil.-août et fériés – **R** 80/165 ⅂.

CITROEN Gar. Phiuzot 𝒫 86 20 00 34   RENAULT Gar. Burguière 𝒫 86 20 15 91
PEUGEOT Gar. Poinsard 𝒫 86 20 10 88

Ferienreisen wollen gut vorbereitet sein.

Die Straßenkarten und Führer von **Michelin**

geben Ihnen Anregungen und praktische Hinweise zur Gestaltung Ihrer Reise :
Streckenvorschläge, Auswahl und Besichtigungsbedingungen
der Sehenswürdigkeiten, Unterkunft, Preise... u. a. m.

CORDES 81170 Tarn 👓 ⑳ G. Pyrénées Roussillon (plan) – 1 044 h. alt. 274.

Voir Site★★ – Maisons gothiques★ (maison du Grand-Fauconnier★, maison du Grand-Veneur★).

🅱 Syndicat d'Initiative à la Mairie (Pâques-fin oct.) ℰ 63 56 00 52 et pl. Bouteillerie (juil.-15 sept.) ℰ 63 56 14 11.

Paris 679 – ♦Toulouse 78 – Albi 25 – Montauban 71 – Rodez 85 – Villefranche-de-Rouergue 47.

　🏨 ❀ **Grand Écuyer** (Thuriès) Ⓜ ⤬, ℰ 63 56 01 03, Fax 63 56 16 99, ≤ vallée, 🍴, « Demeure gothique, bel intérieur » – 📺 ☎ – 🕍 30. ⚶ ⓞ Ⓔ 𝘝𝘐𝘚𝘈
16 mars-20 oct. – **R** (fermé lundi sauf juil.-août et fériés) 180/360, enf. 100 – ☲ 50 – **12 ch** 540/790 – ½ P 580/660
Spéc. Saucisson de foie de canard aux langoustines, Filet de Saint-Pierre à la crème d'oursin, Canette de Barbarie à la fleur de courgette. Vins Gaillac.

　🏨 **Host. du Vieux Cordes** Ⓜ ⤬, ℰ 63 56 00 12, 🍴 – 📺 ☎. ⚶ ⓞ Ⓔ 𝘝𝘐𝘚𝘈
fermé janv. – **R** 75/260, enf. 60 – ☲ 35 – **21 ch** 265/400 – ½ P 275.

PEUGEOT-TALBOT Barrié ℰ 63 56 02 61

CORDON 74 H.-Savoie 🔢 ⑦ ⑧ – rattaché à Sallanches.

CORENC 38 Isère 🔢 ⑤ – rattaché à Grenoble.

CORMEILLES-EN-PARISIS 95 Val-d'Oise 🔢 ⑳, 🔢 ③ ④ – voir à Paris, Environs.

CORMEILLES-EN-VEXIN 95 Val-d'Oise 🔢 ⑲, 🔢 ⑤ – rattaché à Cergy-Pontoise.

CORMONTREUIL 51 Marne 🔢 ⑯ – rattaché à Reims.

CORMERY 37320 I.-et-L. 🔢 ⑮ G. Châteaux de la Loire – 1 169 h. alt. 88.

Paris 245 – ♦Tours 22 – Blois 58 – Château-Renault 47 – Loches 21 – Montrichard 31.

　XX **Aub. du Mail**, pl. Mail ℰ 47 43 40 32, 🍴 – ⚶ Ⓔ 𝘝𝘐𝘚𝘈
fermé 21 juin au 5 juil., 15 nov. au 1er déc., jeudi soir et vend. – **R** 90/220, enf. 50.

CORNAS 07 Ardèche 🔢 ⑳ – rattaché à St-Péray.

CORNEVILLE-SUR-RISLE 27 Eure 🔢 ⑤ – rattaché à Pont-Audemer.

CORNY-SUR-MOSELLE 57680 Moselle 🔢 ⑬ – 1 496 h. alt. 176.

Paris 323 – ♦Metz 15 – ♦Nancy 47 – Pont-à-Mousson 16 – Verdun 63.

　XX **Au Gourmet Lorrain**, r. Moselle ℰ 87 52 81 56 – ⓞ Ⓔ 𝘝𝘐𝘚𝘈 – **R** 125/175 🍴.
fermé mi-juil. à mi-août, fériés le soir, dim. soir et jeudi – **R** 125/175 🍴.

CORPS 38970 Isère 🔢 ⑮⑯ G. Alpes du Nord – 505 h. alt. 937.

Voir Barrage★★, pont★ et lac★ du Sautet O : 4 km.

🅱 Office de Tourisme (15 juin-15 sept.) ℰ 76 30 03 85.

Paris 628 – Gap 40 – ♦Grenoble 63 – La Mure 25.

　🏨 **Le Tilleul**, ℰ 76 30 00 43, 🍴 – ☎ 🚗 🅿. ⚶ ⓞ Ⓔ 𝘝𝘐𝘚𝘈
　　fermé 1er nov. au 15 déc. – **R** 65/135 🍴 – ☲ 25 – **10 ch** 170/250 – ½ P 190/210.

　🏨 **Nouvel H.**, rte Mens ℰ 76 30 00 35, ≤, 🍴 – ⤬ ch ☎ 🅿. ⚶ ⓞ Ⓔ 𝘝𝘐𝘚𝘈. ❀ rest
　　fermé nov. – **R** 80/150, enf. 50 – ☲ 25 – **20 ch** 200/250 – ½ P 220/220.

　🏨 **Napoléon** sans rest, ℰ 76 30 00 42 – ☎. Ⓔ 𝘝𝘐𝘚𝘈
　　15 fév.-31 oct. – ☲ 28 – **22 ch** 195/260.

　XXX **Poste** avec ch, ℰ 76 30 00 03, 🍴 – 📺 ☎ 🚗. Ⓔ 𝘝𝘐𝘚𝘈
　　fermé 1er déc. au 30 janv. – **R** 85/270, enf. 62 – ☲ 28 – **20 ch** 220/400 – ½ P 210/335.

　　au NE : 4 km par rte La Salette et D 212c – alt. 1 260 – ✉ 38970 Corps :

　🏨 **Boustigue H.** ⤬, ℰ 76 30 01 03, ≤, ⤬, 🍴, ❀ – 🅿 Ⓔ 𝘝𝘐𝘚𝘈
　　20 avril-mi-nov. – **R** 90/250, enf. 55 – ☲ 37 – **30 ch** 220/315 – ½ P 270/305.

CITROEN Gar. du Dauphiné ℰ 76 30 01 10　　　　RENAULT Rivière ℰ 76 30 01 13 🅽
🅽 ℰ 76 30 00 28

CORRENÇON-EN-VERCORS 38 Isère 🔢 ④ – rattaché à Villard-de-Lans.

CORRÈZE 19800 Corrèze 🔢 ⑨ G. Berry Limousin – 1 414 h. alt. 450.

Paris 486 – Brive-la-Gaillarde 45 – ♦Limoges 91 – Tulle 20 – Ussel 51.

　🏨 **Seniorie** Ⓜ ⤬, ℰ 55 21 22 88, Fax 55 21 24 00, 🍴, ⤬, ⤬, ❀ – 🛗 cuisinette 📺 ☎
　　🚗 🅿 – 🕍 30. Ⓔ 𝘝𝘐𝘚𝘈
　　fermé fév. – **R** (fermé vend. soir et sam. midi du 1er oct. au 30 avril) 130/200, enf. 50 –
　　☲ 45 – **29 ch** 380/490.

377

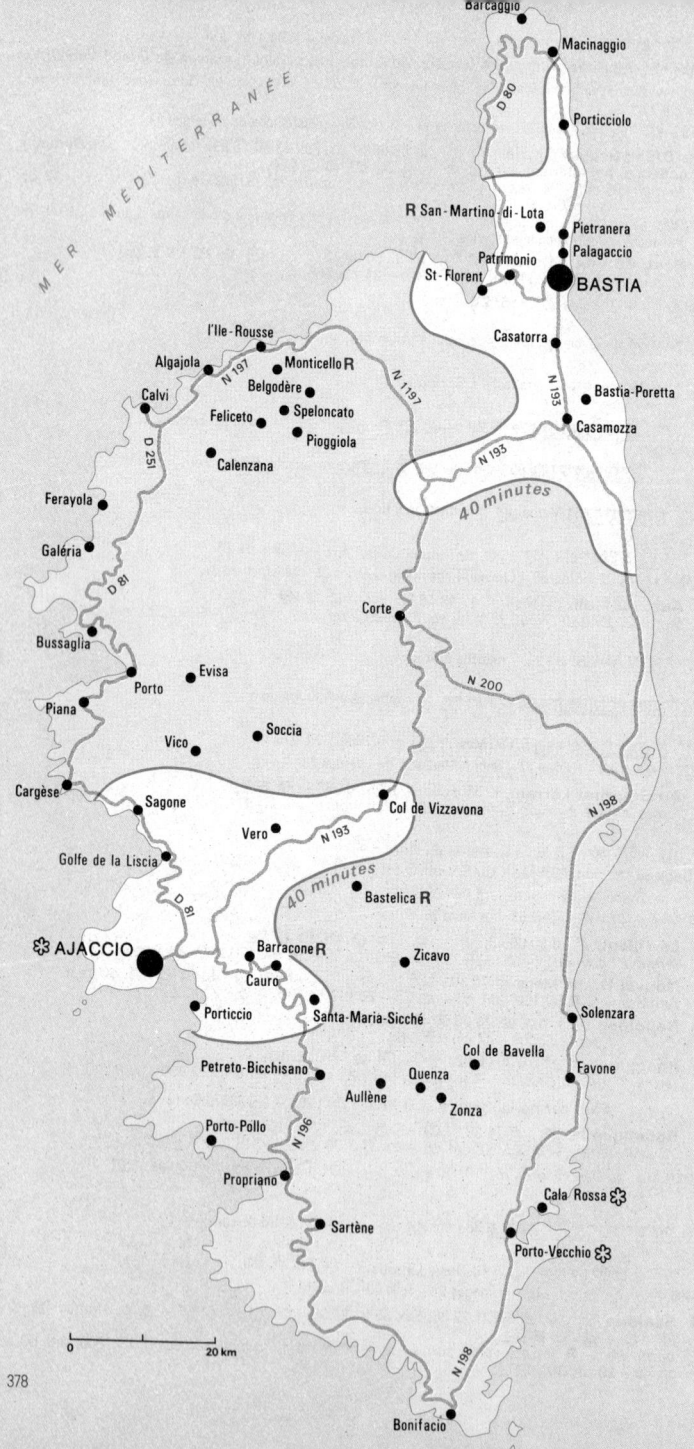

MER MÉDITERRANÉE

Barcaggio
Macinaggio
D 80
Porticciolo

R San-Martino-di-Lota
Pietranera
Patrimonio
Palagaccio
St-Florent
BASTIA

Casatorra

l'Ile-Rousse
Algajola
N 197
Monticello R
Calvi
Belgodère
Speloncato
Feliceto
Pioggiola
N 1197
Bastia-Poretta
Casamozza
Calenzana
N 193
N 193
40 minutes

Ferayola
Galéria
D 251
D 81

Corte

Bussaglia
Evisa
Porto
N 200
Piana
Vico
Soccia

Cargèse
Sagone
Col de Vizzavona
Vero
N 193
Golfe de la Liscia
40 minutes
N 198
D 81
Bastelica R

✿ AJACCIO
Barracone R
Zicavo
Cauro
Porticcio
Santa-Maria-Sicché
Solenzara
Col de Bavella
Petreto-Bicchisano
Quenza
Favone
Aullène
Zonza
Porto-Pollo
N 196
Propriano
Cala Rossa ✿
Sartène
Porto-Vecchio ✿

0   20 km

378

N 198

Bonifacio

🚢 Relations avec le continent : 50 mn env. par avion, 5 à 10 h par bateau (voir à Marseille, Nice, Toulon).

Ajaccio 🅿️ **2A** Corse-du-Sud 🏳️🏳️ ⑰ – 55 279 h. alt. 18 – Casino Z – ✉️ **20000** Ajaccio.

Voir Maison Bonaparte★ Z – Place d'Austerlitz Y 3 : monument de Napoléon Ier★ Y N – Jetée de la Citadelle ≤★ YZ – Place Gén.-de-Gaulle ≤★ Z.

Env. S : golfe d'Ajaccio★★ – Pointe de la Parata ≤★★ 12 km par ② puis 30 mn.

Excurs. aux Iles Sanguinaires★★.

🛩️ d'Ajaccio-Campo dell'Oro : 𝒫 95 21 03 64, par ① : 7 km.

🚉 Office de Tourisme 1 pl. Foch 𝒫 95 21 40 87 – A.C. 65 cours Napoléon 𝒫 95 23 15 01.

Bastia 153 ① – Bonifacio 140 ① – Calvi 159 ① – Corte 83 ① – L'Ile-Rousse 155 ①.

Plans page suivante

🏨 **Campo dell'Oro** Ⓜ, rte aéroport par ① : 5 km 𝒫 95 22 32 41, Télex 460087, Fax 95 20 60 21, ≤, 🌧️, « Jardin fleuri », 🏊, 🐎, 🎾 – 🛗 🖥️ 📺 ☎ 🅿️ – 🔬 250. 🅰️🅴 ⓞ 🔇 🗄️ *rest*
fermé 10 nov. au 5 janv. – **R** 220, enf. 130 – **133 ch** 🛏️ 570/1300 – ½ P 570/850.

🏨 **Albion** Ⓜ sans rest, 15 av. Gén. Leclerc 𝒫 95 21 66 70, Télex 460846, Fax 95 21 17 55 – 🛗 📺 ☎ 🅿️ 🅰️🅴 ⓞ 🗄️   Y k
fermé 1er fév. au 24 mars – 🛏️ 37 – **62 ch** 340/468.

🏨 **Costa** 🍃 sans rest, 2 bd Colomba 𝒫 95 21 43 02, Télex 468080, Fax 95 21 59 82 – 🛗 📺 ☎, 🅰️🅴 🗄️ 🔇 🗄️   Y x
🛏️ 35 – **53 ch** 316/484.

🏨 **Napoléon** Ⓜ sans rest, 4 r. Lorenzo Vero 𝒫 95 21 30 01, Télex 460625, Fax 95 21 80 40 – 🛗 📺 ☎ – 🔬 60. 🅰️🅴 ⓞ 🔇 🗄️   Z s
fermé 20 déc. au 15 janv. – 🛏️ 40 – **62 ch** 285/460.

🏨 **Impérial**, 6 bd Albert 1er 𝒫 95 21 50 62, Télex 460269, Fax 95 21 15 20, 🐎, 🌧️ – 🛗 📺 ☎. 🅰️🅴 ⓞ 🔇 🗄️ 🔇 *rest*   Y e
R 120, enf. 60 – 🛏️ 32 – **57 ch** 352/488 – ½ P 375/406.

🏨 **San Carlu** sans rest, 8 bd Casanova 𝒫 95 21 13 84, Télex 460158 – 🛗 📺 ☎. 🅰️🅴 ⓞ 🔇 🗄️ 🔇   Z f
fermé 20 déc. au 1er fév. – 🛏️ 34 – **44 ch** 288/429.

🏨 **Fesch** sans rest, 7 r. Fesch 𝒫 95 21 50 52, Télex 460640 – 🛗 📺 ☎. 🅰️🅴 ⓞ 🔇 🗄️   Z y
fermé 20 déc. au 15 janv. – 🛏️ 32 – **77 ch** 270/375.

🏨 **Golfe** sans rest, 5 Bd Roi Jérôme 𝒫 95 21 47 64, Télex 460371, Fax 95 21 71 05 – 🛗 🖥️ 📺 ☎. 🅰️🅴 ⓞ 🔇 🗄️   Z u
fermé fév. – 🛏️ 35 – **50 ch** 350/450.

🏨 **Spunta Di Mare,** rte aéroport par ① 𝒫 95 22 41 42, Fax 95 20 80 02 – 🛗 📺 ☎ 🅿️ – 🔬 30. 🅰️🅴 ⓞ 🔇 🗄️ 🔇 *rest*
fermé 25 déc. au 31 janv. – **R** 75 🍴 – 🛏️ 30 – **61 ch** 273/338 – ½ P 247/274.

XX L'Amore Piattu, 8 pl. Gén. de Gaulle 𝒫 95 51 00 53, 🌧️   Z h

XX Point "U", 59 bis r. Fesch 𝒫 95 21 59 92 – 🖥️. 🅰️🅴 ⓞ 🔇 🗄️   Z t
fermé avril et dim. – **R** 100/299.

XX Côte d'Azur, 12 cours Napoléon (1er étage) 𝒫 95 21 50 24 – 🖥️. 🅰️🅴 ⓞ 🔇 🗄️   Z b
fermé 20 juin au 20 juil. et dim. – **R** 95/185.

XX Petit St Germain, 10 r. Mar. Ornano 𝒫 95 51 18 14 – 🖥️   Z e

X France, 59 r. Fesch 𝒫 95 21 11 00 – 🅰️🅴 ⓞ 🔇 🗄️   Z n
fermé nov. et dim. – **R** 90 🍴, enf. 70.

rte des Iles Sanguinaires par ② – ✉️ **20000** Ajaccio :

🏨 **Eden Roc** Ⓜ 🍃, à 8 km 𝒫 95 52 01 47, Télex 460486, Fax 95 52 05 03, ≤ golfe, 🌧️, centre de thalassothérapie, 🏊, 🐎, 🌧️ – 🛗 🖥️ 📺 ☎ 🅿️ – 🔬 100. 🅰️🅴 ⓞ 🔇 🗄️. 🔇 *rest*
R 220/380 – 🛏️ 60 – **40 ch** 810/1720, 6 appart. 1180/2840 – ½ P 850/1070.

🏨 ✴️ **Dolce Vita et rest. La Mer** Ⓜ 🍃, à 8 km 𝒫 95 52 00 93, Télex 460854, Fax 95 52 07 15, 🌧️, « Terrasse en bord de mer, 🏊, ≤ Iles Sanguinaires et le golfe », 🐎, 🌧️ – ≤✈️ *rest* 🛏️ ch 📺 ☎ 🅿️. 🅰️🅴 🔇 🗄️ 🔇 *rest*
15 mars-10 nov. – **R** carte 270 à 380, enf. 95 – 🛏️ 45 – **32 ch** 430/830 – ½ P 595/780
Spéc. Ravioli au bruccio et fricassée de langouste, Suprême de denti à la pigne de pin, Roulade de langouste aux pétales de courgettes. Vins Coteaux du Cap Corse, Calvi.

🏨 **Cala di Sole** 🍃, à 6 km 𝒫 95 52 01 36, Fax 95 52 00 20, ≤, 🏊, 🐎, 🎾 – 🛗 🖥️ ch ☎ 🅿️. 🅰️🅴 🔇 🗄️. 🔇 *rest*
1er avril-15 oct. – **R** carte 150 à 300 – **31 ch** (½ pens. seul.) – ½ P 440/520.

XX Nausicaa, à 7 km 𝒫 95 52 01 42, ≤, 🌧️ – 🅿️. 🅰️🅴 🔇 🗄️
fermé merc. d'oct. à avril – **R** carte 160 à 260.

à Bastelicaccia par ①, N 196 et D 3 : 11 km – ✉️ **20129** Bastelicaccia :

XX Aub. Seta, 𝒫 95 20 00 16 – 🅰️🅴 ⓞ 🔇 🗄️
fermé merc. – **R** carte 160 à 250.

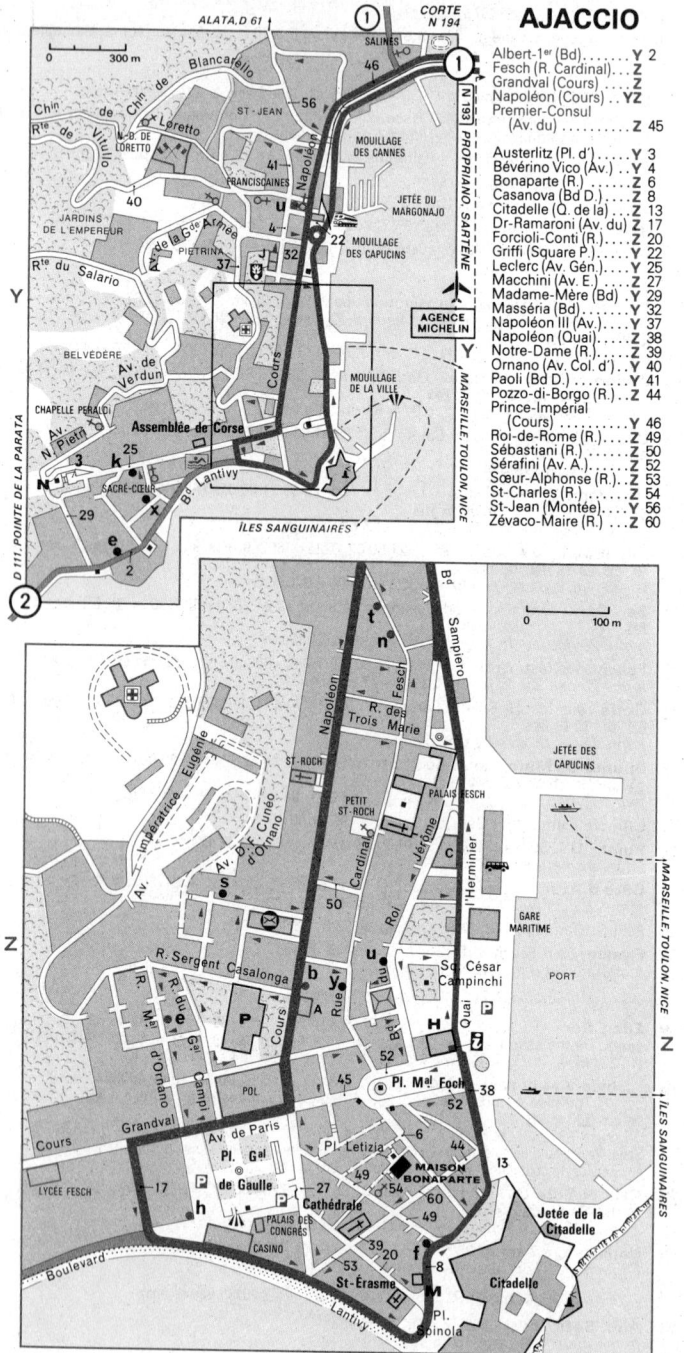

AJACCIO

MICHELIN, Agence, D 503, Parc Ind. Vazzio par ① Y ✆ 95 20 30 55

ALFA-ROMEO, DATSUN-NISSAN Ajaccio-Tech-
nic-Autom., Résidence 1er Consul, r. Mar.-Lyautey
✆ 95 22 15 83
CITROEN Ajaccio-Nord-Autos, N 194, rte de Mezzavia par ① ✆ 95 20 46 46
LADA Gar. Lombardi, 7 r. Bonardi ✆ 95 22 43 85
PEUGEOT S.D.A.C., ZI de Baléone à Sarrola-Car-
copino par ① ✆ 95 20 25 40

RENAULT Ajaccio Autom., N 196, Vignetta,
Campo del Oro ✆ 95 22 38 00 Ⓝ ✆ 95 22 40 17
TOYOTA Gar. Emmanuelli, av. Prince-Impérial
✆ 95 22 09 76

🕸 Autos-Pneus-Sce, rte de Mezzavia, km 3
✆ 95 22 64 40
Maison du Pneu, 6 r. M.-Bozzi ✆ 95 23 38 88

Algajola 2B H.-Corse 🔟 ⑬ – 228 h. – ⊠ 20220 L'Ile-Rousse.
Voir Citadelle★ – Descente de Croix★ dans l'église.
Ajaccio 164 – Calvi 15 – L'Ile-Rousse 9.

🏠 **Beau Rivage** Ⓜ, ✆ 95 60 73 99, ≤, 🍽 – ☎ ⓟ. E 𝗩𝗜𝗦𝗔. ❄️
15 avril-30 oct. – **R** 95/110 – **36 ch** (½ pens. seul.) – ½ P 235/280.

🏠 **Plage,** ✆ 95 60 72 12, ≤ – ⓟ. 𝗩𝗜𝗦𝗔. ❄️
2 mai-30 sept. – **R** 80 – **36 ch** ⊆ 300 – ½ P 215/240.

Asco 2B H.-Corse 🔟 ⑭ – 116 h. alt. 620 – ⊠ 20276 Asco.
Voir E : Gorges★★.
Ajaccio 125 – Bastia 64 – Corte 42.

Aullène 2A Corse-du-Sud 🔟 ⑦ – 176 h. alt. 850 – ⊠ 20116 Aullène.
Ajaccio 70 – Bonifacio 88 – Corte 107 – Porto-Vecchio 61 – Propriano 43 – Sartène 34.

♨ **Poste,** ✆ 95 78 61 21, ≤ – 𝗩𝗜𝗦𝗔. ❄️ rest
➡ *1er mai-30 sept.* – **R** 70/100 ⅃ – ⊆ 24 – **20 ch** 115/200 – ½ P 155/170.

Barcaggio 2B H.-Corse 🔟 ① – 78 h. – ⊠ 20275 Ersa.
Ajaccio 210 – Bastia 57 – St-Florent 67.

🏠 **La Giraglia** ⌂ sans rest, ✆ 95 35 60 54, ≤ La Giraglia – 🎥. ❄️
15 avril-20 sept. – **22 ch** ⊆ 300/370.

Barracone 2A Corse-du-Sud 🔟 ⑰ – rattaché à Cauro.

Bastelica 2A Corse-du-Sud 🔟 ⑥ – 796 h. alt. 770 – ⊠ 20119 Bastelica.
Voir Route panoramique★★ du plateau d'Ese.
Env. A 400 m du col de Mercujo : belvédère★★ et cirque★★ SO : 13,5 km.
Ajaccio 41 – Corte 62 – Propriano 71 – Sartène 84.

🏠 **U Castagnetu** ⌂, ✆ 95 28 70 71, ≤, 🍽 – 🎥 ⓟ. ⒶⒺ ① E 𝗩𝗜𝗦𝗔
fermé 1er nov. au 1er janv. et mardi hors sais. – **R** 80/140 – ⊆ 30 – **15 ch** 200/320 –
½ P 230/250.

✕ Chez Paul, ✆ 95 28 71 59, ≤.

Bastelicaccia 2A Corse-du-Sud 🔟 ⑰ – rattaché à Ajaccio.

Bastia Ⓟ 2B H.-Corse 🔟 ③ – 45 081 h. – ⊠ 20200 Bastia.
Voir Terra-Vecchia★ Y : le vieux port★★ Z, chapelle de l'Immaculée Conception★ Y – Terra-
Nova★ Z : chapelle Ste-Croix★ Z – Assomption de la Vierge★★ dans l'église Ste-Marie Z.
Env. Église Ste-Lucie ≤★★ 6 km NO par D 31 X – 🌲★★★ de la Serra di Pigno 14 km par
③ – ≤★★ du col de Teghime 10 km par ③.
🛫 de Bastia-Poretta : ✆ 95 54 54 54, par ② : 20 km.
🛈 Office Municipal de Tourisme pl. St-Nicolas ✆ 95 31 00 89 – A.C. pl. Vincetti ✆ 95 33 25 80.
Ajaccio 153 ② – Bonifacio 170 ② – Calvi 93 ③ – Corte 70 ② – Porto 135 ②.

Plan page suivante

🏨 **Ostella** Ⓜ, 4 km rte Ajaccio par ② ⊠ 20600 ✆ 95 33 51 05, Télex 468762, 🍽 – 🕴 📺
☎ ⓟ. ⒶⒺ ① E 𝗩𝗜𝗦𝗔
R *(mars-oct.)* 80/120, enf. 40 – ⊆ 35 – **30 ch** 350/550 – ½ P 310/360.

🏠 **Posta Vecchia** sans rest, r. Posta Vecchia ✆ 95 32 32 38, Télex 460737 – 🕴 📺 ☎. ⒶⒺ
① E 𝗩𝗜𝗦𝗔   Y s
⊆ 30 – **49 ch** 380.

🏠 **Bonaparte** sans rest, 45 bd Gén. Graziani ✆ 95 34 07 10, Télex 460445, Fax 95 32 35 62 –
📺 ☎. ⒶⒺ ① E 𝗩𝗜𝗦𝗔   X u
⊆ 25 – **31 ch** 220/420.

✕✕ **La Citadelle,** 6 r. Dragon ✆ 95 31 44 70 – 🍽. ⒶⒺ E 𝗩𝗜𝗦𝗔   Z a
fermé sam. midi et lundi – **R** carte 210 à 320, enf. 130.

✕✕ **Bistrot du Port,** r. Posta Vecchia ✆ 95 32 19 83 – 🍽   Y u
fermé oct. et dim. – **R** 150 bc/250 bc.

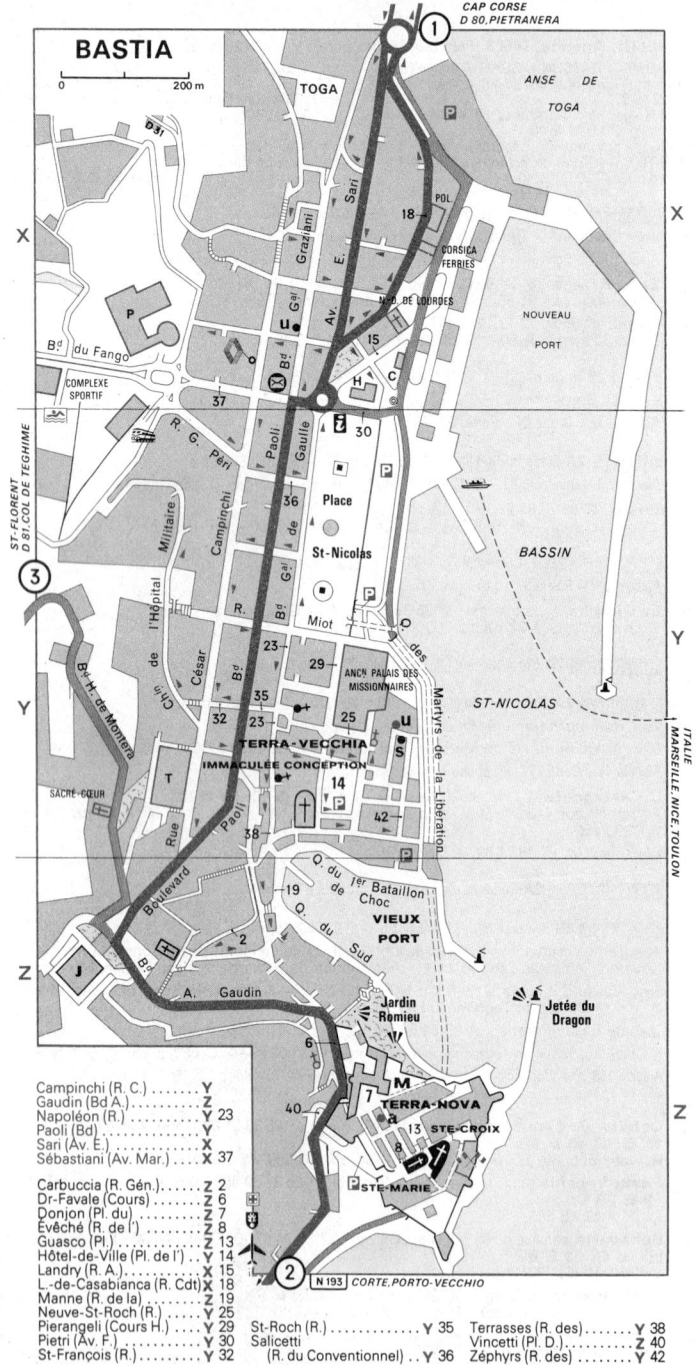

BASTIA

0   200 m

CAP CORSE
D 80, PIETRANERA

TOGA

ANSE DE
TOGA

NOUVEAU
PORT

POL

CORSICA
FERRIES

N.D. DE LOURDES

COMPLEXE
SPORTIF

B^d du Fango

B^d

ST-FLORENT
D 81, COL DE TEGHIME

Place
St-Nicolas

BASSIN

ITALIE
MARSEILLE, NICE, TOULON

ANC^N PALAIS DES
MISSIONNAIRES

ST-NICOLAS

TERRA-VECCHIA
IMMACULÉE CONCEPTION

SACRÉ-CŒUR

VIEUX
PORT

Jardin
Romieu

Jetée du
Dragon

A. Gaudin

TERRA-NOVA
STE-CROIX

STE-MARIE

N 193   CORTE, PORTO-VECCHIO

382

à Palagaccio par ① : 2,5 km – ✉ **20200** Bastia :

🏨 **L'Alivi** Ⓜ ⑂ sans rest, ℰ 95 31 61 85, Télex 468349, ≤ mer et jardin, 🐎 – 🛗 📺 ☎ Ⓟ – 🚗 60. E 𝓥𝓘𝓢𝓐
☲ 35 – **35 ch** 370/562.

à Pietranera par ① : 3 km – ✉ **20200** Bastia :

🏨 **Pietracap** Ⓜ ⑂ sans rest, sur D 131 ℰ 95 31 64 63, Télex 460254, ≤, ⌁, parc – 🖳 📺 ☎ ⴟ Ⓟ – 🚗 30. AE ⓞ E 𝓥𝓘𝓢𝓐
fermé 15 déc. au 15 janv. – ☲ 35 – **40 ch** 300/590.

🏨 **Cyrnea** sans rest, ℰ 95 31 41 71, ≤, 🐎 – 🕭 ⇦ Ⓟ. E 𝓥𝓘𝓢𝓐. ⑂
fermé 23 déc. au 1er fév. – ☲ 15 – **20 ch** 150/300.

à San Martino di Lota par ① et D 31 : 13 km – ✉ **20200** Bastia :

🏨 **La Corniche** ⑂, ℰ 95 31 40 98, ≤ mer et vallée, 🍴 – ☎ Ⓟ. AE E 𝓥𝓘𝓢𝓐. ⑂ ch
fermé janv., dim. soir et lundi sauf d'avril à sept. – **R** 90/110, enf. 60 – ☲ 30 – **16 ch**
230/320 – ½ P 270.

à Casatorra par ② : 9 km – ✉ **20600** Biguglia.

Voir Défilé de Lancone★ SO – Col de San Stefano ⚹★★ SO : 9 km.

🏨 **Ibis** Ⓜ ⑂, N 193 ⑂ ℰ 95 30 27 27, Télex 468744, ≤, 🍴, ⌁, 🐎, ⑂ – 🛗 🖳 📺 ☎ ⴟ Ⓟ – 🚗 80. AE E 𝓥𝓘𝓢𝓐. ⑂ rest
R 90, enf. 39 – ☲ 30 – **60 ch** 380/420.

à l'aéroport de Bastia-Poretta par ② : 20 km par N 193 et D 507 – ✉ **20290** Lucciana :

🏨 **Poretta** Ⓜ ⑂ sans rest, ℰ 95 36 09 54, Fax 95 36 15 32 – 🖳 📺 ☎ Ⓟ. AE 𝓥𝓘𝓢𝓐. ⑂
☲ 35 – **32 ch** 330.

à Casamozza par ② : 20 km – ✉ **20290** Borgo.

Voir La Canonica : Église Cathédrale★★, église San Parteo★ E : 6 km.

🏨 **Chez Walter** Ⓜ, ℰ 95 36 00 09, Télex 468141, Fax 95 36 18 92, 🍴, ⌁, 🐎, ⑂ – 🖳 ch 📺 ☎ Ⓟ – 🚗 30. AE ⓞ E 𝓥𝓘𝓢𝓐
R *(fermé dim. du 1er oct. au 1er avril)* 100/150, enf. 65 – ☲ 35 – **32 ch** 260/420 – ½ P 325/375.

CITROEN Corcitra, N 193, sortie Sud par ②
ℰ 95 33 36 09
FORD Éts Schmitt, ZI ℰ 95 33 50 41
PEUGEOT-TALBOT Insulaire-Auto, N 193 Lupino
à Furiani par ② ℰ 95 33 50 31
ℕ ℰ 95 31 53 89
RENAULT Doria-Autom., N 193 Lupino par ②
ℰ 95 33 09 28

RENAULT Ginanni, 35 r. C.-Campinchi
ℰ 95 31 09 02 ℕ ℰ 95 31 46 86

⑩ Ferrari, N 193 Précojo à Furiani ℰ 95 33 51 29
Ferrari, 7 av. E.-Sari ℰ 95 31 06 46
Marcelli, N 193 à Casamozza-Lucciana
ℰ 95 36 00 28 ℕ ℰ 95 36 27 75
Seddas-Pneus, N 193 à Furiani ℰ 95 33 50 49

▪ Bavella (Col de) ▪ 2A Corse-du-Sud 𝟗𝟎 ⑦ – alt. 1 243 – ✉ **20124** Zonza.
Voir ⚹★★★ – E : Forêt de Bavella★★.
Env. Col de Larone ≤★★ NE : 13 km.
Ajaccio 100 – Bastia 132 – Bonifacio 76 – Porto-Vecchio 49 – Propriano 48 – Sartène 46.

✗ **Aub. du Col de Bavella,** ℰ 95 57 43 87, 🍴 – AE E 𝓥𝓘𝓢𝓐
➥ *15 avril-15 oct.* – **R** 65/95 🍷, enf. 42.

▪ Belgodère ▪ 2B H.-Corse 𝟗𝟎 ⑬ – 453 h. alt. 390 – ✉ **20226** Belgodère.
Voir ≤★ du vieux fort.
Ajaccio 141 – Calvi 41 – Corte 58 – L'Ile-Rousse 17.

🏨 **Niobel,** ℰ 95 61 34 00, ≤ vallée, 🍴 – ☎ Ⓟ
➥ *mi mars-fin nov.* – **R** 70/98 🍷 – ☲ 26 – **11 ch** 210/260 – ½ P 253.

▪ Bonifacio ▪ 2A Corse-du-Sud 𝟗𝟎 ⑨ G. Corse (plan) – 2 736 h. alt. 70 – ✉ **20169** Bonifacio.
Voir Site★★★ – Ville haute★★ : église St-Dominique★ – La Marine★ : Col St-Roch ≤★★ – Phare de Pertusato ⚹★ SE : 5 km.
Env. Ermitage de la Trinité ≤★★ NO : 6,5 km – Grotte du Sdragonato★ et tour des falaises★★ 45 mn en bateau.
⇅ de Figari : ℰ 95 71 00 22, N : 21 km.
Ajaccio 140 – Bastia 170 – Corte 148 – Sartène 54.

🏨 **Genovese** Ⓜ ⑂ sans rest, ville haute ℰ 95 73 12 34, Fax 95 73 09 03, ≤ – 🖳 📺 ☎ Ⓟ – 🚗 25. AE ⓞ E 𝓥𝓘𝓢𝓐
☲ 90 – **14 ch** 1200/1600.

🏨 **Solemare** sans rest, ℰ 95 73 01 06, ≤, ⌁ – 🛗 ⇦ ☎ Ⓟ. E 𝓥𝓘𝓢𝓐. ⑂
24 mars-30 sept. – ☲ 35 – **58 ch** 383/496.

✗✗ **Le Voilier,** à la Marine ℰ 95 73 07 06, 🍴 – AE ⓞ E 𝓥𝓘𝓢𝓐
fermé 1er janv. au 28 fév.,dim. soir et lundi d'oct. à fév. – **R** 95/160.

Bussaglia 2A Corse-du-Sud 🐓 ⑯ – rattaché à Porto.

Calacuccia 2B H.-Corse 🐓 ⑮ – 418 h. alt. 830 – ✉ 20224 Calacuccia.
Voir Site★★ – Tour du lac de barrage★★ – Défilé de la Scala di Santa Régina★★ NE : 5 km
– Casamaccioli ≤★ SO : 3 km – Chapelle St-Pancrace ≤★ NE : 4 km puis 15 mn.

Cala-Rossa 2A Corse-su-Sud 🐓 ⑧ – rattaché à Porto-Vecchio.

Calenzana 2B H.-Corse 🐓 ⑭ – 1 623 h. alt. 300 – ✉ 20214 Calenzana.
Voir Église Ste-Restitude★ NE : 1 km.
Ajaccio 164 – Calvi 13 – L'Ile Rousse 28 – Porto 81.

⚐ **Bel Horizon** sans rest, ☏ 95 62 71 72, ≤ – cuisinette. ✖
avril-sept. – ☲ 25 – **15 ch** 190/220.

Calvi ◁☞ 2B H.-Corse 🐓 ⑬ – 3 636 h. alt. 29 – ✉ 20260 Calvi.
Voir Citadelle★ : fortifications★ – La Marine★.
Env. Belvédère N.-D. de-la-Serra ≤★★★ 6 km par ② – ☀★★ de la terrasse de l'église de
Montemaggiore 11 km par ①.
Excurs. en bateau : Calvi-Girolata★★★.
✈ de Calvi-Ste-Catherine : Air Inter ☏ 95 65 08 09, par ① : 7 km.
🛈 Office Municipal du Tourisme port de Plaisance ☏ 95 65 16 67, Télex 460314.
Ajaccio 159 ① – Bastia 93 ① – Corte 96 ① – L'Ile-Rousse 24 ① – Porto 76 ①.

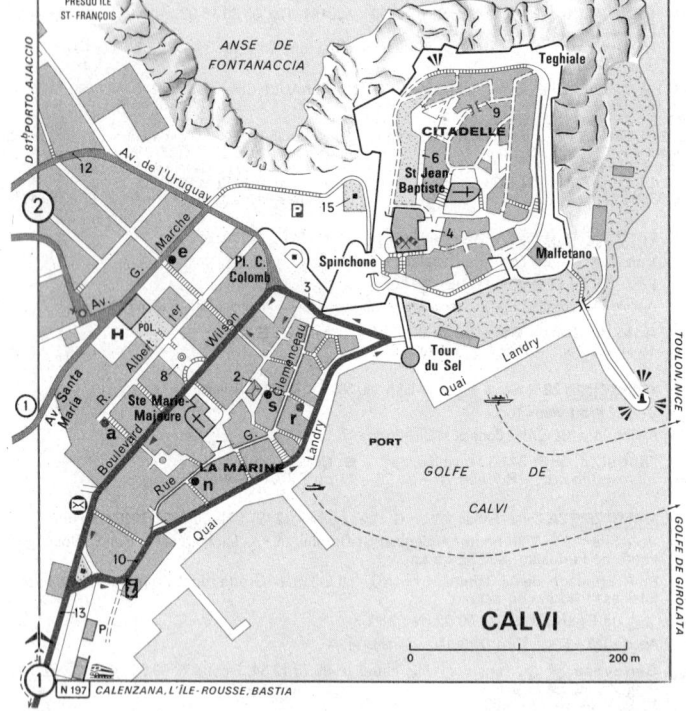

CALVI

Clemenceau (R. G.)	Anges (R. des) 3	Fil (R. du) 9
Joffre (R.) 10	Armes (Pl. d') 4	Napoléon (Av.) 12
Wilson (Bd)	Colombo (R.) 6	République (Av. de la) 13
	Crudelli (Pl.) 7	1ᵉ Bataillon de Choc
Alsace-Lorraine (R.) 2	Dr-Marchal (Pl. du) 8	(Espl. du) 15

Le Magnolia Ⓜ ⌖, pl. Marché **(s)** ℰ 95 65 19 16, Fax 95 65 34 52, 🗐 – 🗏 ch 📺 ☎. 🆎 ⓪ 🅴 𝑽𝑰𝑺𝑨. ⌗
fermé janv. et fév. – **R** voir rest.Ile de Beauté ci-après – ☷ 50 – **14 ch** 320/750 – ½ P 650/750.

Meridiana Ⓜ sans rest, av. Santa Maria ℰ 95 65 31 38, Fax 95 65 32 72, ⩽ – 🛗 🗏 ☎ ℗. 🆎 🅴 ⌗
☷ 35 – **38 ch** 360/1000.

Balanea Ⓜ ⌖ sans rest, 6 r. Clemenceau **(n)** ℰ 95 65 00 45, Télex 460540, Fax 95 65 29 71, ⩽ – 🛗 🗏 📺 ☎. 🆎 🅴 𝑽𝑰𝑺𝑨
☷ 45 – **37 ch** 500/1100.

L'Onda Ⓜ sans rest, par ① : 1 km sur N 197 ℰ 95 65 35 00, Fax 95 65 16 26, ⩽ – 🛗 🗏 📺 ☎ ℗. 🆎 🅴 𝑽𝑰𝑺𝑨
25 mars-15 oct. – ☷ 30 – **24 ch** 350/700.

Corsica Ⓜ ⌖ sans rest, par ①, N 197 et rte Pietra Major : 2,5 km ℰ 95 65 03 64, Fax 95 65 35 00, ⩽, 🗐 – 🕾 ℗. 𝑽𝑰𝑺𝑨. ⌗
1er mai-30 sept. – ☷ 20 – **48 ch** 310.

Kallisté, av. Cdt Marche **(e)** ℰ 95 65 09 81, ⩽, 🍽, 🗐 – 🛗 ☎. 🆎 ⓪ 🅴 𝑽𝑰𝑺𝑨
mai-fin sept. – **R** 100/135 – ☷ 35 – **28 ch** 242/368 – ½ P 305/368.

Revellata, av. Napoléon, rte d'Ajaccio par ② : 0,5 km ℰ 95 65 01 89, Télex 460739, ⩽ – 🕾 ℗. ⌗
hôtel : 15 avril-15 oct.; rest : 2 mai-15 oct. – **R** (dîner seul.)(résidents seul.) 95/110 – ☷ 30 – **43 ch** 500 – ½ P 375/400.

St-Érasme sans rest, rte Ajaccio par ② : 0,8 km ℰ 95 65 04 50, ⩽, 🗐 – ☎ ℗. 🆎 ⓪
1er avril-10 oct. – **30 ch** ☷ 210/390.

Résidence des Aloës ⌖ sans rest, quartier Donatéo SO : 1,5 km par av. Santa Maria ℰ 95 65 01 46, ⩽ golfe, 🗐 – ☎ ℗. 🆎 ⓪ 🅴 𝑽𝑰𝑺𝑨
20 avril-1er oct. – ☷ 30 – **26 ch** 275/470.

Les Arbousiers ⌖ sans rest, par ① : 0,5 km ℰ 95 65 04 47, Fax 95 65 26 14, ⩽ – ☎ 🚗 ℗. 🆎 ⓪ 🅴 𝑽𝑰𝑺𝑨. ⌗
mai-oct. – ☷ 25 – **40 ch** 220/280.

Caravelle ⌖, à la plage par ① : 0,5 km ℰ 95 65 01 21, Fax 95 65 00 03, 🍽 – ☎. 🆎 🅴 𝑽𝑰𝑺𝑨. ⌗
6 mai-15 oct. – **R** 100/130, enf. 65 – ☷ 30 – **34 ch** 240/380 – ½ P 275/350.

Ile de Beauté, quai Landry **(r)** ℰ 95 65 00 46, ⩽, 🍽 – 🗏. 🆎 ⓪ 🅴 𝑽𝑰𝑺𝑨. ⌗
24 mars-30 sept. et fermé merc. midi du 24 mars au 1er juil. – **R** 105/350.

Cesario, Maison Bertoni **(a)** ℰ 95 65 29 46, 🍽 – 🆎 🅴 𝑽𝑰𝑺𝑨
fermé 15 oct. au 15 nov. et dim. du 15 sept. au 1er juin – **R** carte 175 à 240.

par ① rte de l'aéroport et chemin privé – ✉ 20260 Calvi :

La Signoria ⌖ avec ch, ℰ 95 65 23 73, Télex 460551, Fax 95 65 33 20, « Ancienne demeure du 17e siècle dans un parc », ⊼ – 📺 ☎ ℗. 🆎 🅴 𝑽𝑰𝑺𝑨
6 avril-15 oct. – **R** *(fermé le midi en juil.-août sauf week-ends)* 320/350, enf. 130 – ☷ 70 – **11 ch** 600/960.

Cargèse 2A Corse-du-Sud 🈩 ⑯ – 898 h. alt. 82 – ✉ 20130 Cargèse.
Voir Église latine ⩽★.
Ajaccio 51 – Calvi 108 – Corte 106 – Piana 20 – Porto 32.

La Spelunca sans rest, ℰ 95 26 40 12, ⩽ – 🚡 🚗. ⌗
Pâques-fin oct. – ☷ 30 – **20 ch** 280/330.

Thalassa ⌖, plage du Pero N : 1,5 km ℰ 95 26 40 08, ⩽, 🛥, 🗐 – ℗. ⌗ rest
15 mai-15 oct. – **R** (½ pens. seul.) – ☷ 25 – **22 ch** 300 – ½ P 260.

Casamozza 2B H.-Corse 🈩 ③ – rattaché à Bastia.

Cauro 2A Corse-du-Sud 🈩 ⑰ – 595 h. alt. 356 – ✉ 20117 Cauro.
Ajaccio 22 – Sartène 64.

Napoléon, ℰ 95 28 40 78 – 🆎 🅴 𝑽𝑰𝑺𝑨
1er mai-15 oct., week-ends du 15 oct. au 30 avril, et fermé merc. – **R** 102.

à Barracone O : 3 km sur N 196 – ✉ 20117 Cauro :

U Barracone, ℰ 95 28 40 55, 🍽, « Cadre de verdure » – ℗. 🆎 ⓪ 🅴 𝑽𝑰𝑺𝑨
fermé 10 janv. au 25 fév. et lundi du 15 sept. au 15 avril – **R** 112.

Centuri-Port 2B H.-Corse 🈩 ① – 195 h. – ✉ 20238 Centuri.
Voir La Marine★.
Ajaccio 212 – Bastia 59 – St-Florent 60.

Corte ⬇ **2B** H.-Corse 🔲🔲 ⑤ G. Corse (plan) – 5 446 h. alt. 396 – ⊠ **20250** Corte.

Voir Ville haute★ : chapelle Ste-Croix★, citadelle ≼★, belvédère ⋇★ – Mosaïques★ dans l'hôtel de ville.

Env. ⋇★★ du Monte Cecu N : 7 km – SO : Vallée★★ et forêt★ de la Restonica – SE : Vallée du Tavignano★ – Col de Bellagranajo⋇★★ S : 9,5 km.

Ajaccio 83 – Bastia 70 – Bonifacio 148 – Calvi 96 – L'Ile-Rousse 72 – Porto 86 – Sartène 141.

🏠 **Sampiero Corso** sans rest, av. Prés.-Pierucci ℰ 95 46 09 76 – 🛗 ☎
15 avril-30 sept. – ⊊ 28 – **31 ch** 250.

Évisa **2A** Corse-du-Sud 🔲🔲 ⑮ – 248 h. alt. 830 – ⊠ **20126** Évisa.

Voir Forêt d'Aïtone★★ – Cascades d'Aïtone★★ NE : 3 km puis 30 mn.

Env. Col de Vergio ≼★★ NE : 10 km.

Ajaccio 72 – Calvi 99 – Corte 63 – Piana 33 – Porto 23.

🏠🏠 **Aïtone,** ℰ 95 26 20 04, ≼ vallée, 🛋, 🝤 – ☎ 🅿. 🆎 Ɛ 𝖵𝖨𝖲𝖠
fermé 10 nov. à mi-janv. – **R** 85/140, enf. 45 – ⊊ 38 – **32 ch** 240/600 – ½ P 280/400.

🏠 **Scopa Rossa,** ℰ 95 26 20 22, ≼, 🝤 – 🚗 🅿
25 ch.

Favone **2A** Corse-du-Sud 🔲🔲 ⑦ – ⊠ **20144** Ste Lucie-de-Porto-Vecchio.

Ajaccio 143 – Bastia 114 – Bonifacio 56.

🏠🏠 **U Dragulinu** 🝤, ℰ 95 73 20 30, Fax 95 73 22 06, ≼, 🝤, 🏖, 🝤 – ☎ 🅿. 🆎 Ɛ 𝖵𝖨𝖲𝖠.
🍽 rest
hôtel : 15 avril-30 oct. ; rest. : 7 mai-15 oct. – **R** 130/150, enf. 45 – ⊊ 35 – **32 ch** 300/425 – ½ P 390/420.

Feliceto **2B** H.-Corse 🔲🔲 ⑭ – 145 h. alt. 370 – ⊠ **20225** Muro.

Ajaccio 156 – Calvi 26 – Corte 73 – L'Ile-Rousse 19.

🏠 **Gd H. "Mare E Monti"** 🝤, ℰ 95 61 73 06, Fax 95 60 17 51, ≼, 🝤, parc – 🚗 🅿. 🆎 ⑩ Ɛ 𝖵𝖨𝖲𝖠
1er mai-30 sept. – **R** 100/160 🍷, enf. 70 – ⊊ 30 – **18 ch** 200/300 – ½ P 230/270.

Ferayola **2B** H.-Corse 🔲🔲 ⑭ – rattaché à Galéria.

Galéria **2B** H.-Corse 🔲🔲 ⑭ – 306 h. alt. 35 – ⊠ **20245** Galéria.

Voir Golfe★.

Ajaccio 133 – Calvi 33 – Porto 50.

à Ferayola N : 14 km par D 351 et D 81 – ⊠ **20260** Calvi :

🏠 **Aub.de Ferayola** 🝤, ℰ 95 65 25 25, ≼, 🝤, 🝤, 🍽 – ☎ 🅿. 𝖵𝖨𝖲𝖠. 🍽
1er juin-30 sept. – **R** 85/120, enf. 55 – ⊊ 30 – **10 ch** 160/265 – ½ P 250/275.

L'Ile-Rousse **2B** H.-Corse 🔲🔲 ⑬ – 2 632 h. alt. 6 – ⊠ **20220** L'Ile-Rousse.

Voir Ile de la Pietra : phare ≼★ N : 2 km.

🅱 Syndicat d'Initiative pl. Paoli (avril-oct.) ℰ 95 60 04 35.

Ajaccio 155 – Bastia 69 – Calvi 24 – Corte 72.

🏠🏠 **La Pietra** 🝤 sans rest, rte Port ℰ 95 60 01 45, Fax 95 60 15 92, ≼ mer et montagne – 🖳 ☎ 🅿. 🆎 ⑩ Ɛ 𝖵𝖨𝖲𝖠
avril-oct. – ⊊ 40 – **40 ch** 400/600.

🏠🏠 **Funtana Marina** Ⓜ 🝤 sans rest, 1 km par rte Monticello ℰ 95 60 16 12, Fax 95 60 35 44, ≼les îles, 🛋, – ☎ 🅿. 🆎 ⑩ Ɛ 𝖵𝖨𝖲𝖠. 🍽
fermé janv. et fév. – ⊊ 35 – **29 ch** 250/405.

🏠🏠 **Cala di l'Oru** 🝤 sans rest, bd Fogata ℰ 95 60 14 75, ≼ – ☎ 🅿. Ɛ 𝖵𝖨𝖲𝖠
⊊ 25 – **24 ch** 260/450.

🏠🏠 **Amiral** Ⓜ 🝤 sans rest, bd Ch.-Marie Savelli ℰ 95 60 28 05, ≼ – ☎ 🅿. Ɛ 𝖵𝖨𝖲𝖠. 🍽
15 avril-31 oct. – ⊊ 35 – **26 ch** 160/500.

🏠 **Le Grillon,** av. P. Doumer ℰ 95 60 00 49 – 🅿. 🆎
fermé 1er déc. au 31 janv. – **R** 85/95 🍷, enf. 70 – ⊊ 30 – **16 ch** 240/280 – ½ P 245/270.

✖✖ **Le Laetitia,** sur le Port ℰ 95 60 01 90, ≼, 🝤 – Ɛ 𝖵𝖨𝖲𝖠
15 mars-30 oct. et fermé merc. sauf juil.-août – **R** 180, enf. 85.

à Monticello SE : 3 km – ⊠ **20220** L'Ile-Rousse :

🏠 **A Pastorella** 🝤, ℰ 95 60 05 65, ≼, 🝤 – 🖳 rest ☎. 𝖵𝖨𝖲𝖠
fermé 1er nov. au 1er déc. – **R** *(fermé dim. soir du 1er nov. au 30 mars)* 110/150 – ⊊ 33 – **15 ch** 230/280 – ½ P 280.

Liscia (Golfe de La) 2A Corse-du-Sud 90 ⑮ – ✉ 20111 .
Voir Calcatoggio ≤★ SE : 5 km.
Ajaccio 26 – Calvi 137 – Corte 96 – Vico 26.

🏠 **Castel d'Orcino** ⤿, à la pointe de Palmentojo ℰ 95 52 20 63, ≤ golfe, 🍴, 🐎 – 📺 🕿 🅿. 🎇 rest
1er avril-30 oct., et 1er déc.-28 fév. – **R** grill (dîner seul.) (résidents seul.) 100, enf. 50 – ⊆ 30 – **38 ch** 262/525 – ½ P 342/392.

Macinaggio 2B H.-Corse 90 ① – ✉ 20248 Macinaggio.
Bastia 39.

🏠 **U Libecciu** ⤿, ℰ 95 35 43 22, Fax 95 35 46 08, 🍴, 🐎 – 🕿 🅿. 🖭 ᴇ 𝘝𝘐𝘚𝘈. 🎇
mars-nov. – **R** 75/150 – ⊆ 30 – **40 ch** 220/270 – ½ P 280/300.

🏠 **U Ricordu** ⤿ sans rest, ℰ 95 35 40 20 – 🕿 🅿. 🖭 ᴇ 𝘝𝘐𝘚𝘈
fermé 1er au 26 fev. – ⊆ 25 – **37 ch** 200/320.

Monticello 2B H.-Corse 90 ⑬ – rattaché à l'Ile-Rousse.

Palagaccio 2B H.-Corse 90 ②③ – rattaché à Bastia.

Patrimonio 2B H.-Corse 90 ③ – 455 h. – ✉ 20253 .
Paris 00 – Bastia 00 – San-Michele-de-Murato 51 – Saint-Florent 20.

✗ **Osteria di San Martino,** ℰ 95 30 11 93, 🍴 – 🅿. 🖭 ᴇ 𝘝𝘐𝘚𝘈. 🎇
fermé 12 nov. au 15 déc. et merc. sauf de juin à sept. – **R** 120 ⅃, enf. 40.

Petreto-Bicchisano 2A Corse-du-Sud 90 ⑰ – 643 h. alt. 412 – ✉ 20140 Petreto-Bicchisano.
Ajaccio 50 – Sartène 36.

✗✗ **France** avec ch, à **Bicchisano** ℰ 95 24 30 55, 🍴 – 🚗 🅿. ᴇ 𝘝𝘐𝘚𝘈. 🎇
15 mars-15 nov. – **R** 85/250, enf. 50 – **7 ch** ⊆ 330/360 – ½ P 325.

Piana 2A Corse-du-Sud 90 ⑮ – 511 h. alt. 435 – ✉ 20115 Piana.
Voir Col de Lava ≤★★ S : 1 km – Route de Ficajola ≤★★ NO.
Env. Capo Rosso ≤★★ O : 9 km.
Ajaccio 71 – Calvi 92 – Évisa 33 – Porto 12.

🏠 **Capo Rosso** ⤿, ℰ 95 27 82 40, Télex 460178, Fax 95 27 80 00, ≤ mer et calanche, 🏊, 🐎 – 📺 🕿 🅿. 🖭 ⓞ ᴇ 𝘝𝘐𝘚𝘈. 🎇 ch
1er avril-15 oct. – **R** 115/260, enf. 40 – ⊆ 45 – **57 ch** 250/500 – ½ P 445/475.

🏠 **L'Horizon,** rte Cargèse ℰ 95 27 80 07, ≤, 🍴 – 🅿. 🖭 ⓞ ᴇ 𝘝𝘐𝘚𝘈. 🎇 rest
hôtel : Pâques-30 nov. ; rest. : 1er juin-25 août – **R** (dîner seul.) 85/150 – ⊆ 30 – **17 ch** 170/260 – ½ P 225/250.

🏠 **Continental** sans rest, ℰ 95 27 82 02, 🐎 – 🅿
1er avril-30 sept. – ⊆ 28 – **17 ch** 140/250.

Pietranera 2B H.-Corse 90 ②③ – rattaché à Bastia.

Pioggiola 2B H.-Corse 90 ⑬ – 34 h. alt. 880 – ✉ 20259 Pioggiola.
Calvi 48.

🏠 **Aub. Aghjola** ⤿, ℰ 95 61 90 48, 🍴, 🏊 – 🖭 ⓞ ᴇ 𝘝𝘐𝘚𝘈. 🎇 rest
mars-oct., vacances scolaires et fermé lundi sauf de juin à sept. – **R** carte environ 180, enf. 50 – ⊆ 30 – **12 ch** (½ pens. seul.) – ½ P 310.

Porticcio 2A Corse-du-Sud 90 ⑰ – alt. 5 – ✉ 20166 Porticcio.
Ajaccio 17 – Sartène 80.

🏩 **Sofitel** Ⓜ ⤿, ℰ 95 29 40 40, Télex 460708, Fax 95 25 00 63, ≤ golfe, 🍴, centre de thalassothérapie, 🏊, 🏖, 🐎, ✗ – 📶 ⇔ch 🍽 ch 📺 🕿 🅿 – ⚿ 150. 🖭 ⓞ ᴇ 𝘝𝘐𝘚𝘈. 🎇 rest
Le Caroubier *(fermé 1 déc. au 7 janv.)* **R** 220/250 – **94 ch,** (½ pens. seul) 4 appart. – ½ P 1105/1455.

🏩 **Le Maquis** ⤿, ℰ 95 25 05 55, Télex 460597, Fax 95 25 11 70, ≤ Ajaccio et mer, 🍴, « Élégantes installations en bord de mer », 🏊, 🏊, 🏖, 🐎, ✗ – 📶 🍽 ch 📺 🕿 🅿 – ⚿ 60. 🖭 ⓞ ᴇ 𝘝𝘐𝘚𝘈. 🎇 rest
R carte 300 à 450, enf. 150 – ⊆ – **25 ch** (½ pens. seul.), 5 appart. – ½ P 1390/1580.

🏠 **Isolella,** à Agnarello S : 4,5 km ℰ 95 25 41 36, ≤, 🍴 – 🍽 ch 🕿 🅿. ⓞ ᴇ 𝘝𝘐𝘚𝘈
R *(1er avril- 1er oct.)* 85 ⅃ – ⊆ 28 – **30 ch** 287/309 – ½ P 327/340.

Porticciolo 2B H.-Corse 90 ② – ✉ 20228 Luri.
Ajaccio 178 – Bastia 25.

🏠 Caribou ⤿, à la Marine de Porticciolo ℰ 95 35 02 33, ≤, 🍴, 🏊, 🏖, 🐎, ✗ – 📺 🕿 🅿 – **20 ch.**

Porto 2A Corse-du-Sud 🔟 ⑤ – ✉ **20150** Ota.

Voir La Marine★ – Tour génoise★ – **Env.** Golfe de Porto★★★ : les Calanche★★★ – en vedette : SO : les Calanche★★, NO : réserve de Scandola★★★, site★ de Girolata.

🛈 Syndicat d'Initiative Golfe de Porto 𝒫 95 26 10 55.

Ajaccio 83 – Bastia 135 – Calvi 76 – Corte 86 – Évisa 23.

🏨 **Capo d'Orto**, 𝒫 95 26 11 14, ≤, ⌣ – ☎ 🅿 🗉 𝐕𝐈𝐒𝐀 ⅍ rest
1ᵉʳ avril-15 oct. – **R** 75/95 – ⊑ 27 – **30 ch** 240/285 – ½ P 242/265.

🏨 **Porto,** 𝒫 95 26 11 20, ≤, 斎 – ☎ 🅿 🗛 ⓪ 🗉 𝐕𝐈𝐒𝐀 ⅍
1ᵉʳ mai-30 sept. – **R** 85/125, enf. 50 – ⊑ 30 – **28 ch** 160/400 – ½ P 200/350.

🏠 **Bella Vista** sans rest, 𝒫 95 26 11 08, ≤, 斎 – cuisinette 🅿. 🗉 𝐕𝐈𝐒𝐀
30 avril-10 oct. – ⊑ 25 – **20 ch** 130/250.

🏠 **Cyrnée,** à la Marine 𝒫 95 26 12 40, ≤, 斎 – 鐙. 🗉 𝐕𝐈𝐒𝐀
7 avril-7 oct. – **R** 75/95 – ⊑ 30 – **8 ch** 250/300 – ½ P 260/270.

✗ **Le Romantique** Ⓜ ⌣ avec ch, à la Marine 𝒫 95 26 10 85, ≤ plage, 斎 – 🗐 ☎. 🗉
𝐕𝐈𝐒𝐀. ⅍ ch
1ᵉʳ avril-10 oct. – **R** 80/120 – ⊑ 28 – **8 ch** 400 – ½ P 260/350.

vers la plage de Bussaglia N : 6 km par D 81 et VO – ✉ **20147** Partinello :

🏠 **L'Aiglon** ⌣, 𝒫 95 26 10 65, 斎, « Dans le maquis », 斎 – 鐙 🅿. 🗛 🗉 𝐕𝐈𝐒𝐀
1ᵉʳ mai-30 sept. – **R** 90/280, enf. 50 – ⊑ 28 – **18 ch** 190/260 – ½ P 190/240.

Porto-Pollo 2A Corse-du-Sud 🔟 ⑱ – alt. 140 – ✉ **20140** Petreto-Bicchisano.

Ajaccio 60 – Sartène 33.

🏠 **Les Eucalyptus** ⌣, 𝒫 95 74 01 52, ≤, 斎, 斎, ⅍ – ☎ 🅿. 🗛 ⓪ 🗉 𝐕𝐈𝐒𝐀. ⅍
15 mai-30 sept. – **R** 85/130, enf. 42 – ⊑ 30 – **27 ch** 220/275 – ½ P 220/260.

🏠 **Kallisté,** 𝒫 95 74 02 38, ≤, 斎 – ☎ 🅿
1ᵉʳ avril-15 oct. – **R** 85/110 – ⊑ 35 – **11 ch** 180/280 – ½ P 270/320.

Porto-Vecchio 2A Corse-du-Sud 🔟 ⑧ – 8 613 h. alt. 70 – ✉ **20137** Porto-Vecchio.

Env. Golfe de Porto-Vecchio★★ – Castello★ d'Arraggio ≤★★ N : 7,5 km.

✈ de Figari : 𝒫 95 71 00 22, SO : 23 km.

🛈 Office de Tourisme pl. Hôtel de Ville (saison) 𝒫 95 70 09 58.

Ajaccio 131 – Bastia 143 – Bonifacio 27 – Corte 121 – Sartène 63.

🏨 ❀ **du Roi Théodore** Ⓜ ⌣, rte Bastia : 2 km 𝒫 95 70 14 94, Télex 460253, Fax 95 70 41 34,
斎, ⌣, 斎, ⅍ – cuisinette 📺 ☎ 🅿 – 🔄 60. 🗛 ⓪ 🗉 𝐕𝐈𝐒𝐀. ⅍ rest
1ᵉʳ mars-16 nov. – **Régina** *(fermé dim. en mars et avril)(dîner seul.)* **R** 210/360, enf. 90 –
⊑ 50 – **37 ch** 400/960, 11 studios – ½ P 720
Spéc. Filet de chapon braisé en écailles de pommes de terre, Tian de râble de lapereau en rognonnade,
Soufflé chaud au chocolat amer et farine de châtaignes.

🏨 **La Rivière** ⌣, rte Muratello O : 6 km par D 368, VO et D 159 𝒫 95 70 10 21,
Fax 95 70 56 13, 斎, parc, ⌣, ⅍ – ☎ 🅿. 🗛 ⓪ 🗉 𝐕𝐈𝐒𝐀. ⅍ rest
avril-oct. *(dîner seul.)* 120 – **35 ch** ⊑ 420/525 – ½ P 399.

🏠 **San Giovanni** ⌣, rte Arca SO : 3 km par D 659 𝒫 95 70 22 25, Fax 95 70 20 11, ≤, 斎,
« Parc fleuri », ⌣, ⅍ – ☎ 🅿. 🗛 ⓪ 🗉 𝐕𝐈𝐒𝐀. ⅍
1ᵉʳ avril-30 oct. – **R** 130, enf. 90 – **29 ch** ⊑ 335/430 – ½ P 330.

🏠 **Holzer,** r. J. Jaurès 𝒫 95 70 05 93, Fax 95 70 47 82 – ☎ 🚗. 🗛 ⓪ 🗉 𝐕𝐈𝐒𝐀
hôtel : fermé 20 déc. au 20 janv. ; rest. : ouvert 15 avril-30 sept. – **R** *(dîner seul.)* 75/120 ⅍
– ⊑ 35 – **27 ch** 300/700 – ½ P 350/450.

🏠 **Le Goéland** sans rest, à la Marine 𝒫 95 70 14 15, ≤, 🚤, 斎 – 鐙 🅿. ⅍
⊑ 25 – **22 ch** 220/400.

✗✗✗ **Le Baladin,** 13 r. Gén. Leclerc 𝒫 95 70 08 62 – 🗐. 🗛 ⓪ 🗉 𝐕𝐈𝐒𝐀
fermé 15 nov. au 1ᵉʳ janv., sam. midi et dim. – **R** *(dîner seul. du 15 juin au 15 sept.)* carte
220 à 330.

✗✗ **Orée du Maquis,** à la Trinité N : 5 km et chemin de la Lézardière 𝒫 95 70 22 21, ≤, 斎,
⌣ – 🅿. 🗛 ⓪ 🗉 𝐕𝐈𝐒𝐀
fermé fév. et dim. – **R** *(dîner seul)* 280/350.

✗✗ **Roches Blanches** ⌣ avec ch, à la Marine 𝒫 95 70 06 96, ≤, 斎 – 鐙 🅿. ⅍
1ᵉʳ mai-30 nov. – **R** 110 – ⊑ 28 – **15 ch** 144/474 – ½ P 282/415.

✗✗ **Lucullus,** r. Gén. de Gaulle 𝒫 95 70 10 17 – 🗐 🗛 ⓪ 🗉 𝐕𝐈𝐒𝐀
fermé 15 janv. au 28 fév., lundi midi et dim. du 1ᵉʳ oct. au 1ᵉʳ juin – **R** *(dîner seul. de juin
à sept.)* 90 et carte 160 à 220.

à Cala Rossa NE : 10 km par N 198, D 568 et D 468 – ✉ **20137** Porto-Vecchio :

🏨 ❀ **Gd H. Cala Rossa** Ⓜ ⌣, 𝒫 95 71 61 51, Télex 460394, Fax 95 71 60 11, ≤, 斎, « Dans
les pins, jardin, plage aménagée », ⅍ – 🗐 rest 📺 ☎ 🅿. 🗛 ⓪ 🗉 𝐕𝐈𝐒𝐀. ⅍
1ᵉʳ avril-30 sept. – **R** 180/350, enf. 120 – **50 ch** ⊑ 430/1200, 3 appart. 1800 – ½ P 475/1300
Spéc. Queues de langoustines en soupe de tomates glacée, Chapon braisé à la bonifacienne, Croustillant
d'agneau rôti au jus de thym.

au golfe de Santa Giulia S : 8 km par N 198 et VO – ⊠ **20137** Porto-Vecchio :

🏨 **Moby Dick** Ⓜ ⌷, ℰ 95 70 43 23, Fax 95 70 46 66, ≤, ㈜, 🚣 – 📺 ☎ ⅙ 🅿. ㏂ ⓪ Ε 𝗩𝗜𝗦𝗔, ⅞
15 avril-30 oct. – **R** 150/180 – ⊑ 45 – **44 ch** (½ pens. seul.) – ½ P 670/900.

🏨 **Castell'Verde** Ⓜ ⌷, ℰ 95 70 44 79, Télex 462293, Fax 95 70 46 66, ≤ golfe, ㈜, ⊒, ⅞ – 📺 ☎ 🅿 ㏂ ⓪ Ε 𝗩𝗜𝗦𝗔, ⅞
hôtel : 15 avril-15 oct. ; rest. : 15 mai-30 sept. – **R** 130/200 – ⊑ 45 – **30 ch** 920 – ½ P 550/650.

PEUGEOT-TALBOT Piétri-Auto, rte de Bonifacio   RENAULT Balesi-Auto, N 198, La Poretta
ℰ 95 70 07 32 🆖   ℰ 95 71 21 21   ℰ 95 70 15 55 🆖   ℰ 95 70 21 43

Propriano 2A Corse-du-Sud ⑨⓪ ⑱ – 3 098 h. – Stat. therm. (fermé déc.) aux Bains de Baracci – ⊠ **20110** Propriano – **Voir** Port★.

🛈 Syndicat d'Initiative 17 r. Gén.-de-Gaulle ℰ 95 76 01 49.

Ajaccio 73 – Bonifacio 67 – Corte 138 – Sartène 13.

🏨 **Miramar** Ⓜ ⌷, ℰ 95 76 06 13, Télex 460907, Fax 95 76 13 14, ≤ golfe, ⊒, ㎡ – ▤ ch 📺 ☎ 🅿. ㏂ ⓪ Ε 𝗩𝗜𝗦𝗔, ⅞
mai-sept. – **R** 220/330, enf. 130 – **28 ch** ⊑ 1100/1600 – ½ P 750/1000.

🏨 **Roc é Mare** sans rest, ℰ 95 76 04 85, Télex 460962, Fax 95 76 09 29, ≤ golfe, 🚣 – 🛗 ☎ 🅿. ㏂ ⓪ Ε 𝗩𝗜𝗦𝗔
16 avril-14 oct. – ⊑ 40 – **62 ch** 400/890, 4 appart. 890.

🏨 **Lido Beach** Ⓜ sans rest, av. Napoléon ℰ 95 76 17 74, ≤, – 📺 ☎. ㏂ ⓪ Ε 𝗩𝗜𝗦𝗔, ⅞
⊑ 32 – **18 ch** 430.

🏨 **Ollandini** ⌷, rte Barraci NE : 2 km ℰ 95 76 05 10, Télex 460918, Fax 95 76 13 36, ㈜, ⊒, ㎡, ⅞ – ☎ 🅿. ㏂ Ε 𝗩𝗜𝗦𝗔, ⅞ rest
1er avril-31 oct. – **R** 90 – ⊑ 30 – **51 ch** 310/540 – ½ P 340/355.

🏠 **Loft H.** Ⓜ sans rest, 3 r. Pandolfi ℰ 95 76 17 48 – 🛗 📺 ☎ ⅙ 🅿. Ε 𝗩𝗜𝗦𝗔, ⅞
⊑ 25 – **25 ch** 320/340.

🏧 **Lido** ⌷, avec ch, ℰ 95 76 06 37, ≤, ㈜, « Au bord de l'eau » – ☎. ㏂ ⓪ Ε 𝗩𝗜𝗦𝗔
mai-fin sept. – **R** carte 200 à 330 – ⊑ 30 – **17 ch** (½ pens. seul.) – ½ P 288/305.

🍽 **Le Cabanon**, av. Napoléon ℰ 95 76 07 76, ≤, ㈜ – ㏂ Ε 𝗩𝗜𝗦𝗔
1er avril-1er nov. – **R** carte 145 à 235, enf. 45.

🍽 **La Rascasse**, r. Pêcheurs ℰ 95 76 13 84, ㈜ – ㏂ ⓪ Ε 𝗩𝗜𝗦𝗔
fermé 23 déc. au 31 janv., dim. soir et lundi du 1er oct. au 15 avril – **R** 90/195.

PEUGEOT Casabianca, rte Corniche ℰ 95 76 00 91   RENAULT Vesperini, N 196 Arconcello
ℰ 95 76 04 08

Quenza 2A Corse-du-Sud ⑨⓪ ⑦ – 229 h. alt. 800 – ⊠ **20122** Quenza.
Ajaccio 84 – Bonifacio 74 – Porto-Vecchio 47 – Sartène 44.

🏠 **Sole e Monti**, ℰ 95 78 62 53, ≤, ㈜, ㎡ – ☎. ㏂ ⓪ Ε 𝗩𝗜𝗦𝗔, ⅞ rest
15 mars-5 nov. et vacances de fév. – **R** 120/180 – ⊑ 40 – **20 ch** 400/600 – ½ P 275/450.

Sagone 2A Corse-du-Sud ⑨⓪ ⑯ – ⊠ **20118** Sagone – **Voir** Golfe de Sagone★.
Ajaccio 38 – Piana 33 – Porto 45.

🏨 **U Libbiu** Ⓜ, ℰ 95 28 06 06, Fax 95 28 06 23, ≤, ㈜, ⊒, ㎡ – cuisinette 📺 ☎ ⅙ 🅿. ㏂ Ε 𝗩𝗜𝗦𝗔
fermé 4 janv. au 15 mars – **R** 95/135 ⅃, enf. 55 – **22 ch** ⊑ 295/530 – ½ P 255/390.

St-Florent 2B H.-Corse ⑨⓪ ③ – 1 217 h. alt. 10 – ⊠ **20217** St-Florent.
Voir Église Santa Maria Assunta★★ – Vieille Ville★.
Ajaccio 176 – Bastia 23 – Calvi 70 – Corte 93 – L'Ile-Rousse 46.

🏨 **Tettola** Ⓜ sans rest, N : 1 km sur D 81 ℰ 95 37 08 53, ≤, ⊒, 🚣, ㎡ – cuisinette ☎ 🅿. Ε 𝗩𝗜𝗦𝗔
⊑ 27 – **31 ch** 380/500.

🏨 **Dolce Notte** Ⓜ ⌷, sans rest, ℰ 95 37 06 65, ≤, 🚣, ㎡ – ☎ 🅿. ⓪ Ε 𝗩𝗜𝗦𝗔
Pâques-nov. – ⊑ 32 – **25 ch** 320/460.

🍽 **La Rascasse**, promenade des Quais ℰ 95 37 06 99, ≤, ㈜, « Terrasse panoramique sur le port » – ▤. ㏂ ⓪ Ε 𝗩𝗜𝗦𝗔
15 mars-30 sept. et fermé lundi du 15 mars au 31 mai et du 15 au 30 sept. – **R** carte 150 à 260.

🍽 **A Lumaga**, au Port ℰ 95 37 00 35, ≤, ㈜, rest. de plein air – ㏂ ⓪ Ε 𝗩𝗜𝗦𝗔
1er mai-30 sept. – **R** 195 ⅃, enf. 60.

au Nord : 2 km par D 81 et voie privée – ⊠ **20217** St-Florent :

🏠 **Motel Treperi** ⌷, sans rest, ℰ 95 37 02 75, ≤, ⊒, ㎡, ⅞ – 🅿. ㏂
1er mars-30 oct. – ⊑ 25 – **14 ch** 150/380.

San-Martino-di-Lota 2B H.-Corse ⑨⓪ ② – rattaché à Bastia.

Santa-Maria-Sicché 2A Corse-du-Sud 90 ⑰ – 439 h. alt. 500 – ⊠ 20190 Santa-Maria-Sicché.
Ajaccio 34 – Sartène 53.

🏠 **Santa Maria,** ℰ 95 25 70 29, Fax 95 25 72 65, ≤, – ⊕. ℀ ⊙ Ε 𝘝𝘐𝘚𝘈, ℀
R 82/135 ⅃, enf. 65 – ☲ 30 – **22 ch** 235/330 – ½ P 255/288.

Sant'Antonino 2B H.-Corse 90 ⑬ – 79 h. alt. 497 – ⊠ 20269 Aregno.
Voir ≤★★ – Village★ – Aregno : église de la Trinité★ S : 5 km – Lavatoggio : ≤★ de la
terrasse de l'église SO : 5 km – **Env.** Col de Salvi ≤★★ SO : 6 km.

Sartène ≤⑫ 2A Corse-du-Sud 90 ⑱ **G. Corse** (plan) – 3 184 h. alt. 305 – ⊠ 20100 Sartène.
Voir Vieille ville★★ – Procession de Catenacciu★★ (vend. Saint).
Ajaccio 86 – Bastia 178 – Bonifacio 54 – Corte 141.

🏠 **Villa Piana** Ⓜ sans rest, rte Propriano ℰ 95 77 07 04, ≤, parc, ℀ – ☎ ℗. ℀ ⊙ Ε 𝘝𝘐𝘚𝘈.
℀
6 mai-26 sept. – ☲ 28 – **32 ch** 300/370.

💢 **Aub. Santa Barbara,** rte de Propriano ℰ 95 77 09 06, ≤, 😤, ◿ – ℗. ℀ ⊙ Ε 𝘝𝘐𝘚𝘈
Pâques-fin oct. – **R** 145/280 ⅃.

💢 **La Chaumière,** 39 r. Capit. Benedetti ℰ 95 77 07 13 – ℀ ⊙ Ε 𝘝𝘐𝘚𝘈
fermé 10 mars au 4 janv. et lundi sauf du 15 juin au 15 sept. – **R** 85.

RENAULT Gar. Le Rond-Point, r. J.-Nicoli ℰ 95 77 02 14

Soccia 2A Corse-du-Sud 90 ⑮ – 172 h. alt. 700 – ⊠ 20125 Soccia.
Ajaccio 70 – Calvi 139 – Corte 99 – Vico 18.

🏠 **U Paese** ℀, ℰ 95 28 31 92, ≤, 😤 – 🛗 ⊕ ℗. ℀
fermé 20 nov. au 20 déc. – **R** 85/130 ⅃ – ☲ 23 – **31 ch** 210 – ½ P 200.

Solenzara 2A Corse-du-Sud 90 ⑦ – ⊠ 20145 Solenzara.
Ajaccio 131 – Bastia 103 – Bonifacio 67 – Sartène 77.

🏨 **Maquis et Mer** sans rest, ℰ 95 57 42 37, Télex 460467, Fax 95 57 46 85 – 🛗 ☎ ℗ –
🔬 25. ℀ ⊙ Ε 𝘝𝘐𝘚𝘈
1er mars-31 oct. – ☲ 40 – **50 ch** 350/650.

🏠 **Solenzara** sans rest, ℰ 95 57 42 18, ◿ – ⊕ ℗. ℀ Ε 𝘝𝘐𝘚𝘈
1er avril-15 oct. – ☲ 20 – **33 ch** 160/300.

Speloncato 2B H.-Corse 90 ⑬ – 191 h. alt. 550 – ⊠ 20226 Belgodère – **Voir** ≤★.
Ajaccio 150 – Calvi 32 – Corte 67 – L'Ile-Rousse 19.

🏠 A Spelunca ℀ sans rest, ℰ 95 61 50 38
saisonnier – **18 ch.**

Vero 2A Corse-du-Sud 90 ⑯ – 241 h. alt. 430 – ⊠ 20133 Ucciani.
Ajaccio 27 – Cargèse 65 – Corte 62.

💢 **Aub. Mamy,** à La Vignole SO : 5 km sur N 193 ℰ 95 52 80 37
fermé fév., nov. et dim. soir – **R** (prévenir) carte 125 à 210.

Vico 2A Corse-du-Sud 90 ⑮ – 1 312 h. alt. 385 – ⊠ 20160 Vico.
Voir Couvent St-François : christ en bois★ dans l'église conventuelle.
Ajaccio 52 – Calvi 121 – Corte 81.

🏠 **U Paradisu** ℀, ℰ 95 26 61 62, Fax 95 26 67 01 – ☎ ⟺. ℀ ⊙ Ε 𝘝𝘐𝘚𝘈
fermé janv. et fév. – **R** 95/135 ⅃, enf. 50 – ☲ 25 – **21 ch** 245 – ½ P 268.

Vizzavona (Col de) 2B H.-Corse 90 ⑥ – alt. 1 161 – ⊠ 20219 Vivario – **Voir** Forêt★★.
Ajaccio 49 – Bastia 104 – Bonifacio 144 – Corte 34.

🏔 **Monte d'Oro,** ℰ 95 47 21 06, ≤, ℀ en forêt, ◿, ℀ – 🍽 rest ℗ – 🔬 40 à 60. Ε 𝘝𝘐𝘚𝘈
℀ rest
1er mai-30 sept. – **R** 105/220 ⅃, enf. 50 – ☲ 27 – **56 ch** 150/300 – ½ P 230/290.

Zicavo 2A Corse-du-Sud 90 ⑦ – 269 h. alt. 730 – ⊠ 20132 Zicavo.
Ajaccio 63 – Bonifacio 114 – Corte 81 – Porto-Vecchio 87 – Sartène 60.

🏔 **Tourisme,** ℰ 95 24 40 06, ≤ – Ε 𝘝𝘐𝘚𝘈. ℀ ch
R 60/100 ⅃, enf. 50 – ☲ 20 – **15 ch** 140/190 – ½ P 180/200.

Zonza 2A Corse-du-Sud 90 ⑦ – 1 503 h. alt. 784 – ⊠ 20124 Zonza.
Ajaccio 91 – Aleria 56 – Bonifacio 67 – Corte 128 – Porto-Vecchio 40 – Sartène 37.

🏠 **Incudine,** ℰ 95 78 67 71, 😤 – ☎ ℗. ℀ 𝘝𝘐𝘚𝘈
Pâques-15 oct. – **R** 95/120, enf. 50 – ☲ 30 – **18 ch** 240/270 – ½ P 230/260.

COSNES-ET-ROMAIN 54 M.-et-M. 𝟻𝟽 ② – rattaché à Longwy.

COSNE-SUR-LOIRE <⊕> **58200** Nièvre 𝟨𝟨 ③ **G. Bourgogne** – 11 084 h. alt. 148.

𝖙𝟷𝟾 du Sancerrois ⚲ 48 54 11 22 par ④ puis D 955 : 10 km.

🛈 Office de Tourisme pl. Hôtel de Ville (15 juin-15 sept.) ⚲ 86 28 11 85.

Paris 186 ① – Bourges 62 ④ – Auxerre 73 ① – Montargis 73 ① – Nevers 52 ③ – ♦Orléans 105 ①.

COSNE-SUR-LOIRE

St-Jacques (R. et ⮑)	22
Baudin (R. Alphonse)	2
Buchet-Desforges (R.)	4
Clemenceau (Pl. G.)	5
Donzy (R. de)	7
Frères-Gambon (R. des)	8
Gambetta (R.)	9
Gaulle (R. du Général-de)	12
Leclerc (R. du Général)	13
Moineau (Pl. J.)	14
Pêcherie (Pl. de la)	15
Pelletan (R. Eugène)	16
République (Bd de la)	17
Rousseau (R. W.)	18
St-Agnan (R.)	21
Victor-Hugo (R.)	24
Vieille-Route (R.)	25
14-Juillet (R. du)	26

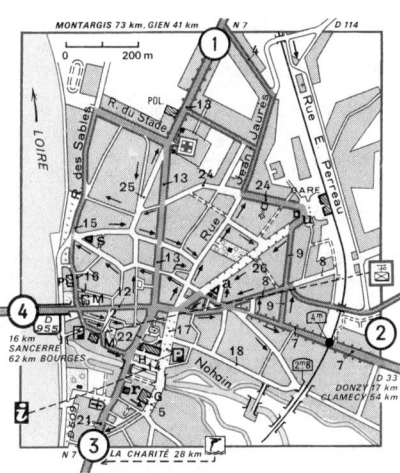

Pour un bon usage
des plans de villes,
voir les signes conventionnels
dans l'introduction.

🏠 **Saint-Christophe,** pl. Gare **(u)** ⚲ 86 28 02 01 – 📺 ☎ 𝐄 𝑉𝐼𝑆𝐴. ✀ ch
📍 *fermé 29 juil. au 23 août, lundi (sauf hôtel) et dim. soir* – **R** 65/130, enf. 45 – ☲ 25 – **8 ch** 190/240 – ½ P 220.

✕✕ **Sévigné,** 16 r. 14 Juillet **(a)** ⚲ 86 28 27 50 – 𝐄 𝑉𝐼𝑆𝐴
fermé 1ᵉʳ au 21 oct., dim. soir et lundi – **R** 125/170.

✕✕ **Vieux Relais** avec ch, 11 r. St Agnan **(r)** ⚲ 86 28 20 21, ☂ – 📺 ☎ ⇦, 𝔸𝔼 ⓞ 𝐄 𝑉𝐼𝑆𝐴
fermé 15 fév. au 15 mars et vend. du 1ᵉʳ oct. au 30 avril – **R** 90/300, enf. 55 – ☲ 30 – **10 ch** 215/280 – ½ P 250/270.

✕✕ **La Panetière,** 18 pl. Pêcherie **(s)** ⚲ 86 28 01 04 – 𝔸𝔼 ⓞ 𝐄 𝑉𝐼𝑆𝐴
fermé lundi (sauf le mardi de mai à sept. et fériés) et dim. soir – **R** 95/170, enf. 45.

rte de Cours NE : 2 km par D114 :

🏠 **Aub. à la Ferme** ⑊, ⚲ 86 28 15 85, ☂ – ⅊ 🅿 – 𝔸 30. 𝔸𝔼 ⓞ 𝐄 𝑉𝐼𝑆𝐴
fermé 15 déc. au 15 fév. – **R** 95/150, enf. 45 – ☲ 30 – **15 ch** 202/260.

ALFA-ROMEO AUSTIN-ROVER Lacroix, 20 r. 14-Juillet ⚲ 86 28 19 09
CITROEN Gar. GR.V., chemin rural du Grand Champ N 7 par ③ ⚲ 86 28 53 66
PEUGEOT TALBOT Grands Garages du Cher, N 7 ⚲ 86 26 60 18

RENAULT Éts Simonneau, 80 av. 85ème par ③ ⚲ 86 28 27 34
Doubre, 235 r. Frères-Gambon ⚲ 86 28 27 31

🅖 Cosne-Pneus, av. 85ème-de-Ligne ⚲ 86 28 23 70

COSQUEVILLE **50330** Manche 𝟧𝟦 ② – 485 h. alt. 15.

Paris 360 – ♦Caen 122 – Carentan 49 – Cherbourg 21 – St-Lô 77 – Valognes 26.

✕✕ **Au Bouquet de Cosqueville** ⑊, avec ch, ⚲ 33 54 32 81, ☂ – ⇦. 𝑉𝐼𝑆𝐴
fermé 18 au 29 nov., 2 au 24 janv., mardi soir et merc. hors sais. – **R** 85/300, enf. 45 – ☲ 28 – **7 ch** 160/200 – ½ P 200.

Le COTEAU 42 Loire 𝟽𝟹 ⑦ – rattaché à Roanne.

La CÔTE-ST-ANDRÉ **38260** Isère 𝟽𝟽 ③ **G. Vallée du Rhône** (plan) – 4 374 h. alt. 374.

Paris 531 – ♦Grenoble 49 – ♦Lyon 65 – La Tour-du-Pin 36 – Valence 84 – Vienne 41 – Voiron 30.

✕✕ **France** avec ch, pl. Église ⚲ 74 20 25 99 – ▤ rest 📺 ☎ ⇦, 𝐄 𝑉𝐼𝑆𝐴
fermé 5 au 12 août, 12 au 18 nov., 6 au 27 janv., dim. soir et lundi sauf fériés – **R** 100/380 🍴, enf. 80 – ☲ 45 – **15 ch** 180/360 – ½ P 270/360.

CITROEN Mary ⚲ 74 20 50 99

PEUGEOT-TALBOT Marazzi ⚲ 74 20 32 33

COTIGNAC 83570 Var 🎄 ⑤⑥ **G. Côte d'Azur** – 1 628 h. alt. 260.

🛈 Syndicat d'Initiative cours Gambetta (15 juin-15 sept.) 𝒫 94 04 61 87.

Paris 836 – Brignoles 24 – Draguignan 36 – St-Raphaël 66 – Ste-Maxime 68 – ◆Toulon 70.

🏨 **Lou Calen** ⤢, 1 cours Gambetta 𝒫 94 04 60 40, Télex 400287, ≼, 🍽, 🔟, 🐎 – 📺 ☎.
AE ① E 𝘝𝘐𝘚𝘈
1er avril-1er janv. – **R** *(fermé merc. sauf juil.-août)* 121/253, enf. 75 – 🍽 48 – **16 ch** 315/431 – ½ P 306/452.

COTINIÈRE 17 Char.-Mar. 🎄 ⑬⑭ – rattaché à Oléron (Ile d').

COU (Col de) 74 H.-Savoie 🎄 ⑰ – rattaché à Habère-Poche.

COUCHES 71490 S.-et-L. 🎄 ⑧ **G. Bourgogne** – 1 532 h. alt. 350.

Paris 325 – Chalon-sur-Saône 28 – Autun 25 – Beaune 34 – Le Creusot 16.

🍴 **Tour Bajole,** 𝒫 85 45 54 54 – **E** 𝘝𝘐𝘚𝘈
fermé 2 au 15 janv., dim. soir et lundi – **R** 75/260, enf. 40.

COUCHEY 21 Côte d'Or 🎄 ⑫ – rattaché à Dijon.

COUCOURON 07470 Ardèche 🎄 ⑰ **G. Vallée du Rhône** – 671 h. alt. 1 139.

Paris 565 – Langogne 25 – Privas 86 – Le Puy 48.

🏨 **Carrefour des Lacs,** 𝒫 66 46 12 70 – ☎ ⓟ. **E** 𝘝𝘐𝘚𝘈
fermé 3 au 20 janv. – **R** 65/155 – 🍽 21 – **20 ch** 115/250 – ½ P 165/185.

COUDEKERQUE BRANCHE 59 Nord 🎄 ④ – rattaché à Dunkerque.

Le COUDRAY-MONTCEAUX 91 Essonne 🎄 ① – rattaché à Évry Corbeil-Essonnes (Corbeil-Essonnes).

COUHÉ 86700 Vienne 🎄 ⑬ – 2 004 h. alt. 130.

Paris 370 – Poitiers 36 – Confolens 65 – Montmorillon 61 – Niort 56 – Ruffec 30.

🏨 **Chêne Vert,** r. Bons Enfants 𝒫 49 59 20 42 – ⇦. **E** 𝘝𝘐𝘚𝘈
R 72/95, enf. 40 – 🍽 20 – **7 ch** 110/150 – ½ P 160/170.

CITROEN Senelier 𝒫 49 59 22 30

COULANDON 03 Allier 🎄 ⑭ – rattaché à Moulins.

COULOMMIERS 77120 S.-et-M. 🎄 ③, 🎄 ㉔ **G. Ile de France** – 12 251 h. alt. 73.

🛈 Office de Tourisme 11 r. Gén.-de-Gaulle 𝒫 (1) 64 03 88 09.

Paris 61 – Châlons-sur-Marne 107 – Château-Thierry 42 – Créteil 54 – Meaux 29 – Melun 46 – Provins 38 – Sens 76.

à Boissy-le-Châtel E : 5 km par D 222 – ✉ **77169** :

🏨 **Place,** 𝒫 (1) 64 03 84 00, Fax (1) 64 03 94 08 – ☜. **E** 𝘝𝘐𝘚𝘈. ✾ rest
R *(fermé dim.)* 85 🍷 – 🍽 30 – **7 ch** 130/200.

à Chauffry E : 8 km par D 222 et D 66 – ✉ **77169** :

🍴 **Taverne du Pot d'Étain,** 𝒫 (1) 64 20 42 08, Fax (1) 64 04 42 39, 🍽 – 𝘝𝘐𝘚𝘈
fermé vacances de fév., lundi soir et mardi – **R** 120/280, enf. 50.

CITROEN Gar. République, 11 av. République
𝒫 (1) 64 03 81 00
PEUGEOT-TALBOT Riester, bd de la Marne, ZI
𝒫 (1) 64 03 01 92
PEUGEOT-TALBOT Gar. Dehus, 2 av. de la Marne
à Rebais 𝒫 (1) 64 04 50 28 **N**
RENAULT Metz, av. L.-Blum 𝒫 (1) 64 03 32 33
N 𝒫 (1) 64 03 03 81

V.A.G Coulommiers Auto, ZI bd de la Marne
𝒫 (1) 64 20 74 33

⚫ La Centrale du Pneu, 22 av. V.-Hugo
𝒫 (1) 64 03 01 77

COULON 79510 Deux-Sèvres 🎄 ② **G. Poitou Vendée Charentes** – 1 662 h. alt. 15.

Voir Marais poitevin★ (promenade en barque★★, 1 h à 1 h 30).

🛈 Syndicat d'Initiative pl. Église (15 mai-sept.) 𝒫 49 35 99 29.

Paris 417 – La Rochelle 59 – Fontenay-le-Comte 26 – Niort 11 – St-Jean-d'Angély 46.

🍴 **Central** avec ch, 𝒫 49 35 90 20, 🍽 – **E** 𝘝𝘐𝘚𝘈. ✾ ch
fermé 16 sept. au 10 oct., 14 janv. au 14 fév., dim. soir et lundi – **R** 79/168, enf. 47 – 🍽 22 – **7 ch** 185/200 – ½ P 162/180.

🍴 **Au Marais** ⤢ avec ch, 𝒫 49 35 90 43, Fax 49 35 81 98, ≼ – 📺 ☎. **E** 𝘝𝘐𝘚𝘈
15 mars-15 nov. – **R** *(fermé lundi sauf le soir en juil.-août et dim. soir)* 160 – 🍽 45 – **11 ch** 290 – ½ P 345.

à la Sotterie SO : 3 km par rte d'Irteau D 123 – ⊠ **79510** Coulon :

XX **Aub. de l'Écluse,** ℰ 49 35 90 42 – **Ⓟ**. **E** 𝑉𝐼𝑆𝐴
fermé 1ᵉʳ au 21 janv., 15 au 30 nov., dim. soir et lundi sauf fêtes – **R** 90/155, enf. 55.

à la Garette S : 3 km par D 1 – ⊠ **79270** Frontenay-Rohan-Rohan :

XX **Mangeux de Lumas,** ℰ 49 35 93 42, 😤 – **E** 𝑉𝐼𝑆𝐴
fermé 2 au 17 janv., vacances de fév. au 9 mars, lundi soir et mardi sauf juil.-août –
R 88/230, enf. 50.

COULONGES-SUR-L'AUTIZE 79160 Deux-Sèvres 📖📖 ① – 2 029 h. alt. 1.
Paris 418 – La Rochelle 63 – Bressuire 47 – Fontenay-le-Comte 18 – Niort 22 – Parthenay 35.

X **Citronnelle,** ℰ 49 06 17 67, 😤 – **E** 𝑉𝐼𝑆𝐴
← *fermé dim. soir et lundi soir* – **R** 50 bc/159.

RENAULT Gar. Bouteiller ℰ 49 06 11 09 **N**

COURBEVOIE 92 Hauts-de-Seine 📖📖 ⑳. 📖📖 ⑭ – voir à Paris, Environs.

COURCELLES-SUR-VESLE 02220 Aisne 📖📖 ⑤ – 224 h.
Paris 122 – ◆Reims 36 – Fère-en-Tardenois 19 – Laon 36 – Soissons 20.

🏯 **Château de Courcelles** M 🗣, ℰ 23 74 13 53, Fax 23 74 06 41, « Parc », 🎾 – **TV** ☎
Ⓟ – 🔥 25 à 50. **E** 𝑉𝐼𝑆𝐴
fermé 23 au 26 déc., dim. soir et lundi – **R** 240 – ⊊ 55 – **12 ch** 550/1450 – ½ P 515/965.

COURCHEVEL 73120 Savoie 📖📖 ⑱ G. Alpes du Nord – Sports d'hiver : 1 300/2 700 m ≴10 ≴58 ≴.
De Courchevel 1850 :Paris 634 ① – Albertville 50 ① – Chambéry 97 ① – Moûtiers 24 ①.

à Courchevel 1850.

Voir ❄❄★.

🇭 Office de Tourisme La Croisette ℰ 79 08 00 29, Télex 980083.

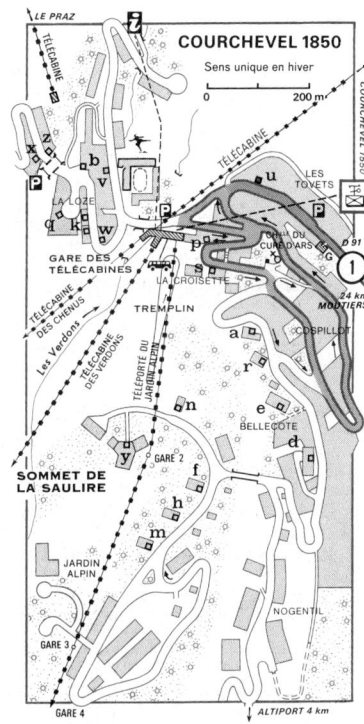

🏨 **Byblos des Neiges** M 🗣, au jardin
Alpin **(y)** ℰ 79 08 12 12, Télex 980580,
Fax 79 08 19 38, ≤, 😤, 🔲 – 🛗 ☎
🍽 **Ⓟ** – 🔥 40. 🆎 ⓞ **E** 𝑉𝐼𝑆𝐴. 🍽 rest
18 déc.-15 avril – **La Clairière R**
270(déj.)/310 – **Les Arches** produits de la
mer **R** (dîner seul.) 340 – ⊊ 95 – **61 ch**
1470/3350, 8 appart. – ½ P 1300/2000.

🏨 **Annapurna** M 🗣, rte Altiport ℰ 79 08
04 60, Télex 980324, Fax 79 08 15 31,
≤ la Saulire, 😤, 🖌, 🔲 – 🛗 **TV** ☎
🍽 **Ⓟ** – 🔥 70. 🆎 ⓞ **E** 𝑉𝐼𝑆𝐴. 🍽 rest
15 déc.-avril – **R** 295 (déj.)/315, enf. 150
– **53 ch** ⊊ 1250/2500, 4 appart. –
½ P 1060/1500.

🏨 **Airelles** M 🗣, au Jardin Alpin **(h)**
ℰ 79 09 38 38, Télex 980190, Fax 79 08
38 69, ≤, 😤, 🖌, 🔲 – 🛗 **TV** ☎ 🏊
🍽 – 🔥 80. 🆎 ⓞ **E** 𝑉𝐼𝑆𝐴. 🍽 rest
Noël-Pâques – **R** 260 (déj.)/350, enf. 130
– **51 ch** (½ pens. seul.), 5 appart. –
½ P 1400/2500.

🏨 **H. Pralong 2000** M 🗣, rte Altiport
ℰ 79 08 24 82, Télex 980231, Fax 79 08
36 41, ≤ cirque de montagnes, 😤, 🔲 –
🛗 **TV** ☎ 🍽 **Ⓟ** – 🔥 40. 🆎 ⓞ **E** 𝑉𝐼𝑆𝐴
21 déc.-début avril – **R** 260 (déj.)/330 –
68 ch (½ pens. seul.), 4 appart. –
½ P 685/1455.

🏨 **Lana** M 🗣, **(p)** ℰ 79 08 01 10, Télex
980014, Fax 79 08 36 70, ≤, 😤, 🖌, 🔲
– 🛗 **TV** ☎ 🍽 🆎 ⓞ **E** 𝑉𝐼𝑆𝐴. 🍽 rest
20 déc.-15 avril – **R** 280/350, enf. 180 –
66 ch (½ pens. seul.), 10 appart. –
½ P 1100/2100.

🏨 **Bellecôte** 🗣, **(d)** ℰ 79 08 10 19, Télex
980421, Fax 79 08 17 16, ≤ vallée, 😤, 🔲
– 🛗 🍴 ch **TV** ☎ **Ⓟ**. 🆎 ⓞ **E** 𝑉𝐼𝑆𝐴 🍽
2 déc.-12 mai – **R** 250 (déj.)/310 – **56 ch**
(½ pens. seul.) – ½ P 1125/1625.

Neiges ⬆, **(e)** 𝒞 79 08 03 77, Télex 980463, Fax 79 08 18 70, ≼, 🍴 – 🛗 📺 ☎ 🚗 🅿.
🏰 ⑩ 🖂 𝘝𝘐𝘚𝘈. ⚙
18 déc.-15 avril – **R** (résidents seul.) 295 – **45 ch** (½ pens. seul.) – ½ P 1230/1530.

Carlina ⬆, **(a)** 𝒞 79 08 00 30, Télex 980248, Fax 79 08 04 03, ≼, 🍴, 🛒, 🛌, 🛗 📺 ☎
🚗 🅿. 🏰 ⑩ 🖂 𝘝𝘐𝘚𝘈. ⚙ rest
20 déc.-20 avril – **R** 240 (déj.)/290, enf. 125 – **55 ch** (½ pens. seul.) – ½ P 975/1575.

Gd H. Rond-Point des Pistes, (b) 𝒞 79 08 02 69, Télex 980847, Fax 79 08 28 47, ≼, 🍴 – 🛗
📺 ☎ 🚗 🅿
saisonnier – **55 ch**.

Les Grandes Alpes 🅼 ⬆, sans rest, **(s)** 𝒞 79 08 03 35, Fax 79 08 12 52, ≼, 🛒 – 🛗 📺
☎ 🚗. 🏰 𝘝𝘐𝘚𝘈
1er juil.-31 août et 15 déc.-15 avril – **La Pira R** 95/130, enf. 55 – ⚏ 50 – **31 ch** 800/1700,
6 appart. 2900/3300.

Le Chabichou (Rochedy) 🅼 ⬆, **(z)** 𝒞 79 08 00 55, Télex 980416, Fax 79 08 33 58, ≼,
🍴 – 🛗 📺 ☎. 🏰 ⑩ 🖂 𝘝𝘐𝘚𝘈
déc.-avril – **R** 220 (déj.)/520 et carte – **39 ch** ⚏ 1000/3000 – ½ P 1040/1800
Spéc. Riso de cèpes en fricassée de langoustines, Filet d'agneau en croûte, Nonnette de pommes chaudes.
Vins Chignin-Bergeron, Gamay de Chautagne.

La Sivolière 🅼 ⬆, NO : 1 km 𝒞 79 08 08 33, Télex 309169, Fax 79 08 15 73, ≼ – 📺 ☎
🚗. 𝘝𝘐𝘚𝘈. ⚙
1er déc.-13 mai – **R** 120/280 – ⚏ 70 – **28 ch** 600/1450.

Trois Vallées 🅼 ⬆, **(q)** 𝒞 79 08 00 12, Télex 309194, Fax 79 08 17 98 – 🛗 📺 ☎ 🚗
🚗. 🏰 🖂 𝘝𝘐𝘚𝘈. ⚙
1er déc.-1 mai – **R** 200 (déj.)/350 – **30 ch** ⚏ 2200 – ½ P 1300.

Pomme de Pin 🅼 ⬆, **(x)** 𝒞 79 08 02 46, Télex 309162, Fax 79 08 38 72, ≼ vallée et
montagnes, 🍴 – 🛗 📺 ☎ 🚗 – 🏨 50. 🖂 𝘝𝘐𝘚𝘈. ⚙ rest
mi déc.-mi avril – **R** (voir aussi rest. **Le Bateau Ivre** ci-après) 200/280 – ⚏ – **49 ch**
(½ pens. seul.) – ½ P 946/1017.

Savoy ⬆, **(r)** 𝒞 79 08 01 33, Télex 309187, Fax 79 08 08 96, ≼, 🍴 – 🛗 ☎ 🅿. 🏰 𝘝𝘐𝘚𝘈.
⚙
20 déc.-20 avril – **R** (dîner seul.) 200/280, enf. 120 – **26 ch** ⚏ 1030/1760 – ½ P 880/1030.

La Loze sans rest, **(w)** 𝒞 79 08 28 25, Télex 309695, Fax 79 08 36 62 – 🛗 📺 ☎. 🏰 ⑩ 🖂
𝘝𝘐𝘚𝘈
Noël-avril – **26 ch** ⚏ 860/1480.

Ducs de Savoie 🅼 ⬆, au Jardin Alpin **(f)** 𝒞 79 08 03 00, Télex 980360, Fax 79 08 16 30,
≼, 🍴, 🛒 – 🛗 ☎ 🚗 🅿 – 🏨 50. 𝘝𝘐𝘚𝘈. ⚙
20 déc.-20 avril – **R** 160 (déj.)/220, enf. 110 – **70 ch** (½ pens. seul.) – ½ P 525/1070.

Crystal 2000 🅼 ⬆, rte Altiport 𝒞 79 08 28 22, Télex 309170, Fax 79 08 28 39,
≼ montagnes, 🍴 – 🛗 📺 ☎ 🚗 🅿 🏰 ⑩ 🖂 𝘝𝘐𝘚𝘈
21 déc.-début avril – **R** 290 (déj.)/310 – **44 ch** (½ pens. seul.), 7 appart. – ½ P 550/
930.

Caravelle 🅼 ⬆, au Jardin Alpin **(m)** 𝒞 79 08 02 42, Télex 980821, Fax 79 08 33 55, ≼,
🍴, 🛒 – 📺 ☎ 🚗 🅿 – 🏨 50. 🖂 𝘝𝘐𝘚𝘈. ⚙
hôtel: 1er juil.-30 sept. et 1er déc.-4 mai; rest: août et 1er déc.-4 mai – **R** 110 (déj.)/260,
enf. 60 – **75 ch** (½ pens. seul.) – ½ P 490/1200.

Le Dahu, (v) 𝒞 79 08 01 18, Télex 309189, Fax 79 08 11 98, ≼ – 🛗 ☎. 🖂 𝘝𝘐𝘚𝘈. ⚙
15 déc.-fin avril – **R** 220/400 – ⚏ 75 – **38 ch** 450/600 – ½ P 560/710.

New Solarium ⬆, au Jardin Alpin **(n)** 𝒞 79 08 02 01, Télex 309167, Fax 79 08 38 52, ≼,
🍴, 🛒 – 🛗 📺 ☎ 🚗. 🏰 ⑩ 𝘝𝘐𝘚𝘈. ⚙ rest
18 déc.-25 avril – **R** 180 (déj.)/210 – ⚏ 60 – **68 ch** 650/750, 5 appart. 1250 – ½ P 600/
1100.

Courcheneige 🅼 ⬆, r. Nogentil **(g)** 𝒞 79 08 02 59, Télex 980432, Fax 79 08 11 79,
≼ montagnes, 🍴 – 🛗 ☎ 🅿. 🖂 𝘝𝘐𝘚𝘈. ⚙ rest
20 déc.-3 mai – **R** 125/140 ⚖ – ⚏ 55 – **86 ch** (½ pens. seul.) – ½ P 500/600.

Tournier sans rest, **(k)** 𝒞 79 08 03 19, Télex 309702 – 📺 ☎. 🏰 ⑩ 🖂 𝘝𝘐𝘚𝘈
juil.-août et 20 déc.-15 avril – ⚏ 60 – **24 ch** 750/950.

Le Chamois sans rest, **(k)** 𝒞 79 08 01 56, Télex 309962, ≼ – 🛗 cuisinette 📺 ☎
20 déc.-20 avril – **30 ch** ⚏ 520/950, 8 studios.

Les Anémones 🅼, **(p)** 𝒞 79 08 03 05, Fax 79 08 08 85 – 📺 ☎. 🏰 ⑩ 🖂 𝘝𝘐𝘚𝘈. ⚙ rest
15 déc.-25 avril – **R** (dîner seul.) 190 – ⚏ 50 – **30 ch**, (½ pens. seul.) – ½ P 650/750.

Le Bateau Ivre - hôtel Pomme de Pin - (Jacob), **(x)** 𝒞 79 08 02 46, Télex 309162,
Fax 79 08 38 72, « Restaurant panoramique, ≼ massif de la Vanoise » – 🏰 ⑩ 🖂 𝘝𝘐𝘚𝘈
mi déc.-mi avril – **R** 340/460 et carte
Spéc. Queues de langoustines dorées au jus d'épices, Filet mignon de brochet rôti, Truffes glacées au pain
d'épices. Vins Chignin-Bergeron, Mondeuse.

La Datcha des Neiges, (u) 𝒞 79 08 02 07, Fax 79 08 39 52 – 🏰 𝘝𝘐𝘚𝘈
20 déc.-31 mars – **R** (dîner seul.) carte 260 à 400.

à Courchevel 1650 (Moriond) par ① : 3,5 km – ✉ **73120** Courchevel :
Office de Tourisme (saison) ℰ 79 08 03 29.

🏨 **du Golf de Courchevel** [M], ℰ 79 08 22 26, Fax 79 08 19 93, ≤, 😤, *ƒ₆* – 🛗 📺 ☎ 🕭
🚗 – 🏡 30 à 50. 🖭 ◑ **E** 𝘝𝘐𝘚𝘈. ⁂ rest
15 déc.-20 avril – **R** carte 150 à 220, enf. 60 – **41 ch**, (½ pens. seul.) – ½ P 680/850.

🏨 **Portetta** ⑊, ℰ 79 08 01 47, ≤, 😤 – 🛗 ☎. 𝘝𝘐𝘚𝘈. ⁂
15 déc.-fin avril – **R** 160 – **52 ch** (pension seul.) – P 470/565.

🏠 **Le Signal**, ℰ 79 08 26 36, ← – ☎. **E** 𝘝𝘐𝘚𝘈. ⁂
fermé 25 avril au 20 juin – **R** *(sam. et dim. du 15 sept. au 15 déc.)* 120/170 – **28 ch**
⊐ 280/370 – ½ P 295/365.

XX **La Poule au Pot**, ℰ 79 08 33 97 – **E** 𝘝𝘐𝘚𝘈
fermé 15 avril au 15 juin, sam. et dim. sauf l'hiver et juil.-août – **R** 80/145.

à Courchevel 1550 par ① : 5,5 km – ✉ **73120** Courchevel :

🅱 Office de Tourisme (saison) ℰ 79 08 04 10.

🏨 **L'Adret d'Ariondaz** ⑊, ℰ 79 08 00 01, Télex 309168, Fax 79 08 37 95, ≤ – 🛗 📺 ☎ 🕭.
◑ **E** 𝘝𝘐𝘚𝘈. ⁂
déc.-avril – **R** 120 – **33 ch** (½ pens. seul.) – ½ P 505.

🏠 **Les Flocons** ⑊, ℰ 79 08 02 70, Télex 309631, Fax 79 08 11 29, ≤, 😤 – 📺 ☎ 🕭. **E**
𝘝𝘐𝘚𝘈. ⁂ – *15 déc.-15 mai* – **R** (dîner seul.) 130 – **29 ch** (½ pens. seul.) – ½ P 440/510.

au Praz par ① : 8 km – alt. 1 300 – ✉ **73120** Courchevel :

🏨 **Peupliers**, ℰ 79 08 41 47, Fax 79 08 45 05, ≤, 😤 – 🛗 📺 ☎ 🕭. **E** 𝘝𝘐𝘚𝘈. ⁂ rest
fermé oct. et nov. – **R** 85/280, enf. 58 – ⊐ 40 – **30 ch** 250/480 – ½ P 370/500.

COUR-CHEVERNY 41700 L.-et-Ch. 🔟 ⑰⑱ – 2 130 h. alt. 89 – **Voir** Château de Cheverny★★★ S :
1 km – Porte★ de la chapelle du Château de Troussay SO : 3,5 km, G, Châteaux de la Loire.
Paris 193 – ♦Orléans 62 – Blois 13 – Bracieux 9 – Châteauroux 87 – Montrichard 28 – Romorantin-Lanthenay 28.

🏨 **Château du Breuil** ⑊, SO : 4 km par D 52 et voie privée ℰ 54 44 20 20, Fax 54 44 30 40,
😤, « Dans un parc » – 📺 ☎ 🕭. 🖭 ◑ **E** 𝘝𝘐𝘚𝘈. ⁂ rest
*fermé 15 déc. au 20 janv., lundi (sauf hôtel) et dim. soir du 29 sept. au 1ᵉʳ juin sauf week-
ends et fériés* – **R** 175/340 – ⊐ 50 – **16 ch** 525/790 – ½ P 440/520.

🏠 **Trois Marchands**, ℰ 54 79 96 44, Fax 54 79 25 60 – 📺 ☎ 🕭 – 🏡 30. 🖭 ◑ **E** 𝘝𝘐𝘚𝘈
fermé fin janv. au 10 mars, lundi midi de Pâques à fin juin et lundi d'oct. à Pâques – **R**
100/280, enf. 50 – ⊐ 35 – **38 ch** 150/300 – ½ P 190/260.

🏠 **St-Hubert**, ℰ 54 79 96 60, 😤 – ☎ 🕭 – 🏡 50. **E** 𝘝𝘐𝘚𝘈. ⁂
fermé 20 déc. au 1ᵉʳ fév. dim. soir et merc. hors sais. – **R** 90/250, enf. 55 – ⊐ 35 – **20 ch**
230/270 – ½ P 280/330.

X **Pousse Rapière**, à Cheverny S : 1 km ℰ 54 79 94 23 – **E** 𝘝𝘐𝘚𝘈. ⁂
fermé 15 déc. au 1ᵉʳ janv., dim. soir de nov. à mars et lundi – **R** 90/250.

à la Gaucherie SE : 7 km sur D 765 – ✉ **41250** Bracieux :

XX **Aub. Fontaine aux Muses**, ℰ 54 79 98 80, 😤 – **E** 𝘝𝘐𝘚𝘈
fermé vacances de fév., mardi soir et merc. sauf juil.-août – **R** 150/300, enf. 60.

CITROEN Beaugrand ℰ 54 79 96 41   PEUGEOT-TALBOT Duceau ℰ 54 79 98 67

COURLANS 39 Jura 🗖🗓 ⑭ – rattaché à Lons-le-Saunier.

COURLON-SUR-YONNE 89140 Yonne 🔟 ⑬ – 917 h. alt. 69.
Paris 103 – Fontainebleau 137 – Montereau-Faut-Yonne 20 – Auxerre 79 – Nemours 40 – Sens 23.

X **Aub. Bord de l'Yonne**, ℰ 86 66 84 82, 😤 – 🖭 **E** 𝘝𝘐𝘚𝘈
fermé 15 oct. au 15 nov., dim. soir, lundi soir et mardi – **R** 135/195.

COURNON-D'AUVERGNE 63800 P.-de-D. 🔟 ⑭ – 17 013 h. alt. 400.
Paris 406 – ♦Clermont-Ferrand 11 – Issoire 29 – Le Mont-Dore 52 – Thiers 38 – Vichy 53.

🏠 **Cep d'Or**, au pont SE : 1,5 km rte Billom ℰ 73 84 80 02, 😤 – ☎ 🕭. **E** 𝘝𝘐𝘚𝘈. ⁂
fermé vend. soir et dim. soir du 20 sept. au 30 avril – **R** 70/160 – ⊐ 25 – **25 ch** 140/230 –
½ P 200/260.

PEUGEOT Gar. du Lac, 58 av. Libération   RENAULT Gar. Bony, 23 av. Liberté ℰ 73 84 80 31
ℰ 73 84 47 41

COURPIÈRE 63120 P.-de-D. 🔟 ⑯ G. Auvergne – 5 029 h. alt. 331 – **Voir** Église★.
Paris 395 – ♦Clermont-Ferrand 50 – Ambert 39 – Issoire 53 – Lezoux 21 – Thiers 16.

XX **Clef des Champs**, S : 3,5 km sur D 906 ℰ 73 53 01 83 – 🕭. **E** 𝘝𝘐𝘚𝘈
*fermé 24/6 au 1/7, fév., mardi soir, merc. soir et jeudi soir du 10/9 au 1/7, dim. soir du 1/7
au 10/9 et lundi* – **R** 70/250 🦪, enf. 48.

CITROEN Gar. Brouillet, à Néronde-sur-Dore   PEUGEOT-TALBOT Fédide, 11 rte d'Ambert
ℰ 73 53 17 28   ℰ 73 53 10 88 🅽

COURRUÈRES 83 Var 84 ⑰ – rattaché à Plan de la Tour.

COURS 69470 Rhône 73 ⑧ – 4 676 h. alt. 553.
Paris 404 – Mâcon 68 – Roanne 29 – L'Arbresle 53 – Chauffailles 17 – ♦Lyon 78 – Villefranche-sur-Saône 55.

🏨 **Le Pavillon** ⑤, au **Col du Pavillon** E : 4 km par D 64 ♪ 74 89 83 55, Télex 301715,
→ Fax 74 89 67 14, 🍴, 🐎 – 📺 ☎ 👃 🅿 ᴇ 𝘝𝘐𝘚𝘈
R 69/235 ♣ – ☲ 28 – **23 ch** 85/300 – ½ P 160/234.

🍴 **Chalets des Tilleuls**, à Thel NE : 8 km par D 64 ⊠ 69470 ♪ 74 89 61 53, ≤, 🍴 – 🅿.
⑩
fermé sept. – **R** 180, enf. 45.

CITROEN Central Gar. ♪ 74 89 75 91 🅽   PEUGEOT-TALBOT Pothier ♪ 74 89 98 98 🅽
CITROEN Gar. Moderne ♪ 74 89 75 50 🅽   RENAULT Jalabert ♪ 74 89 71 10

COUR-ST-MAURICE 25380 Doubs 66 ⑰⑱ – 175 h. alt. 520.
Paris 484 – Baume-les-Dames 45 – ♦Besançon 65 – Montbéliard 44 – Maiche 11 – Morteau 40.

🍴 **La Truite du Moulin**, à Moulin Bas E : 2 km sur D 39 ♪ 81 44 30 59, ≤ – 🅿. 𝘝𝘐𝘚𝘈
fermé 8 au 23 juil., 17 oct. au 10 nov. et merc. – **R** 83/130.

COURSAN 11 Aude 83 ⑭ – rattaché à Narbonne.

COURSEULLES-SUR-MER 14470 Calvados 55 ① G. Normandie Cotentin – 2 992 h. alt. 4.
Voir Clocher★ de l'église de Bernières-sur-Mer E : 2,5 km – Tour★ de l'église de Ver-sur-Mer
O : 5 km par D 514.
Env. Château★★ de Fontaine-Henry S : 6,5 km.
🛈 Office de Tourisme r. Mer ♪ 31 37 46 80.
Paris 258 – ♦Caen 18 – Arromanches-les-Bains 13 – Bayeux 20 – Cabourg 34.

🏨 **Crémaillère**, ♪ 31 37 46 73, Télex 171952, Fax 31 37 19 31, ≤ – ☎. ⑩ ᴇ 𝘝𝘐𝘚𝘈
R 90/270, enf. 48 – ☲ 35 – **10 ch** 135/500 – ½ P 195/295.
Annexe Gytan 🏨 Ⓜ ⑤ sans rest, ♪ 31 37 95 96, Fax 31 37 19 31, 🐎 – 📺 ☎ 👃 🅿
– ☲ 30. ⑩ ᴇ 𝘝𝘐𝘚𝘈
☲ 35 – **34 ch** 295/330.

🏨 **Paris**, ♪ 31 37 45 07, Télex 170656 – ☎ 🅿. ᴀᴇ ⑩ ᴇ 𝘝𝘐𝘚𝘈
→ *1ᵉʳ avril-1ᵉʳ oct.* – **R** 70/230, enf. 45 – ☲ 32 – **29 ch** 250/280 – ½ P 160/210.

🍴🍴🍴 **Pêcherie**, ♪ 31 37 45 84, 🍴 – ⑩ ᴇ 𝘝𝘐𝘚𝘈
R 85/285, enf. 48.

COURTENAY 45320 Loiret 61 ⑬ – 3 150 h. alt. 161.
🏌 de Clairis à Savigny-sur-Clairis (89) ♪ 86 86 33 90, N : 7,5 km.
🛈 Syndicat d'Initiative pl. du Mail ♪ 38 97 00 60.
Paris 120 – Auxerre 54 – Nemours 44 – ♦Orléans 96 – Sens 26.

🏨 **Gd H. de l'Étoile**, 1 r. Nationale ♪ 38 97 41 71 – ☜ 🚗 🅿. ᴇ 𝘝𝘐𝘚𝘈
fermé 27 oct. au 8 nov. – **R** *(fermé mardi soir et merc.)* 88/135, enf. 33 – ☲ 25 – **15 ch**
155/270.

🍴🍴 **Le Relais** avec ch, 26 r. Nationale ♪ 38 97 41 60, Fax 38 97 30 43, 🍴 – 📺 ☎ 🅿. ᴀᴇ ⑩
ᴇ 𝘝𝘐𝘚𝘈
fermé 12 au 30 nov., 5 au 12 fév., dim. soir et lundi sauf sais. – **R** 90/195, enf. 50 – ☲ 33 –
8 ch 225/350 – ½ P 270/335.

🍴 **Le Raboliot**, pl. Marché ♪ 38 97 44 52 – ᴇ 𝘝𝘐𝘚𝘈
fermé lundi soir et jeudi soir – **R** 80/125.

Les Quatre Croix SE : 1,5 km par D 32 – ⊠ 45320 Courtenay :

🍴🍴🍴 ❀ **Aub. Clé des Champs** (Delion), ♪ 38 97 42 68 – 🅿. ᴇ 𝘝𝘐𝘚𝘈
fermé 16 sept. au 3 oct., 9 au 30 janv., mardi soir et merc. – **R** (nombre de couverts limité
- prévenir) 160/380
Spéc. Fricassée de ris de veau à la crème de vanille, Pigeon rôti, Filet de boeuf poché au bouillon de poule.
Vins de l'Orléanais, Chardonnay.

à Ervauville NO : 9 km par N 60, D 32 et D 34 – ⊠ 45320 :

🍴🍴 **Le Gamin**, ♪ 38 87 22 02 – ᴇ 𝘝𝘐𝘚𝘈
fermé 3 au 18 juin, 7 au 15 oct., 2 au 16 fév., dim. soir , lundi et mardi – **R** (nombre de
couverts limité - prévenir) 180 bc/350 bc.

COUSSAC-BONNEVAL 87500 H.-Vienne 72 ⑰⑱ G. Berry Limousin – 1 605 h. alt. 343.
Voir Château★ – Lanterne des morts★.
Paris 448 – ♦Limoges 43 – Brive-la-Gaillarde 67 – St-Yrieix 11 – Uzerche 32.

🍴🍴 **Voyageurs** avec ch, ♪ 55 75 20 24, 🐎 – 📺 ☎. ᴇ 𝘝𝘐𝘚𝘈
→ *fermé janv., dim. soir et lundi du 1ᵉʳ oct. au 30 avril* – **R** 60/200 ♣, enf. 50 – ☲ 26 – **9 ch**
200 – ½ P 200.

Voir Cathédrale★★★ Z – Jardin public★ YZ.

🇧 Office de Tourisme 2 r. Quesnel Morinière ℰ 33 45 17 79.

Paris 332 ② – Avranches 50 ③ – Cherbourg 75 ⑤ – St-Lô 27 ② – Vire 59 ③.

COUTANCES

St-Nicolas (R.) .... **Y** 30
Tancrède (R.) .... **Y** 32
Tourville (R.) .... **Y** 33

Albert-1ᵉʳ (Av.) .... **Z** 2
Croûte (R. de la) .... **Z** 3
Daniel (R.) .... **Y** 5
Davy (Pl. G.) .... **Z** 6
Écluse-Chette (R.) .... **Y** 8
Encoignard (Bd) .... **Z** 9
Foch (R. Mar.) .... **Z** 10
Gambetta (R.) .... **Y** 12
Herbert (R. G.) .... **Y** 13
Leclerc (Av. Division) .... **Y** 15
Legentil-de-la-
  Galaisière (Bd) .... **Z** 17
Milon (R.) .... **Y** 18
Montbray (R. G.-de) .... **Z** 20
Normandie (R. de) .... **Y** 21
Palais-de-Justice (R.) .... **Y** 23
Paynel (Bd J.) .... **Y** 24
Quesnel-
  Morinière (R.) .... **Z** 26
République (Av. de la) .... **Y** 27
St-Dominique (R.) .... **Y** 29

*Dans la liste
des rues
des plans de villes,
les noms en rouge
indiquent
les principales
voies commerçantes.*

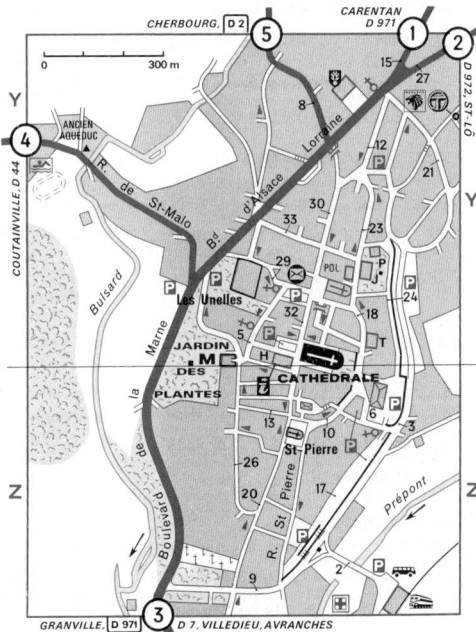

🏨 **Cositel** M ⟨⟩, par ④ : 1 km sur D44 ℰ 33 07 51 64, Télex 772003, Fax 33 07 06 23, ⟨ –
📺 ☎ & 🅿 – 🔺 200. ⒜ ⓘ 🅴 *VISA*
R 90/200 ⓵, enf. 52 – 🖂 33 – **54 ch** 250/310 – ½ P 267.

à Gratot par ④ et D 244 : 4 km – 🖂 50200.
Voir Château★.

✗ **Le Tourne-Bride,** ℰ 33 45 11 00 – 🅿. 🅴 *VISA*
fermé dim. soir et lundi – **R** 75/225, enf. 40.

à Montpinchon SE : 13 km par ③, D 7 et D 27 - Z - 🖂 50210 :

🏨 ❀ **Château de la Salle** ⟨⟩, ℰ 33 46 95 19, Fax 33 46 44 25, « Demeure ancienne dans un
parc » – 📺 ☎ 🅿. ⒜ ⓘ 🅴 *VISA*
22 mars-5 nov. – **R** 160/240 – 🖂 49 – **10 ch** 580/650 – ½ P 549/584
Spéc. Escalope de foie gras d'oie au caramel de framboises, Noix de ris de veau braisée aux échalotes
confites, Feuillantine de pommes au caramel de cidre.

AUSTIN, ROVER Bernard, rte de Lessay
ℰ 33 45 16 33 🔃
CITROEN Lebouteiller, rte de St-Lô, ZI par ②
ℰ 33 45 12 70
PEUGEOT-TALBOT Lebailly-Horel, r. Acacias
ℰ 33 45 02 44

RENAULT Sodiam, rte de St-Lô par ②
ℰ 33 07 42 55 🔃

◍ Chanut, av. Division-Leclerc ℰ 33 45 59 96

COUTRAS 33230 Gironde 75 ② – 6 440 h. alt. 14.
Paris 527 – ◆ Bordeaux 49 – Bergerac 67 – Blaye 55 – Jonzac 54 – Libourne 18 – Périgueux 77.

🏨 **Henri IV** M sans rest, pl. 8 Mai 1945 ℰ 57 49 34 34 – 📺 ☎ 🅿. ⒜ 🅴 *VISA*
🖂 30 – **14 ch** 210/250.

✗ **Tivoli,** r. Gambetta ℰ 57 49 04 97, 🈂 – 🅴 *VISA*
fermé dim. du 15 sept. au 15 juin – **R** 64/174 ⓵.

CITROEN Debenat, rte de Montpon, ZI
ℰ 57 49 19 36 🔃

PEUGEOT-TALBOT Billard, rte d'Angoulême
ℰ 57 49 12 67

COYE-LA-FORÊT **60** Oise [56] ⑪, [106] ⑧ – rattaché à Chantilly.

CRANSAC **12110** Aveyron [80] ① **G. Gorges du Tarn** (plan) – 2 583 h. alt. 279 – Stat. therm. (15 avril-21 oct.).

Syndicat d'Initiative pl. J.-Jaurès ✆ 65 63 06 80.

Paris 611 – Rodez 37 – Aurillac 75 – Espalion 57 – Figeac 33 – Villefranche de Rouergue 37.

- **Parc** ⚐, r. Gén. Artous ✆ 65 63 01 78, ≤, parc, ⛱ – ☎ **P**. E VISA
  15 avril-21 oct. – **R** 70/150 &, enf. 25 – ☕ 25 – **25 ch** 95/200 – ½ P 145/216.
- **Host. du Rouergue,** av. J. Jaurès ✆ 65 63 02 11, ⛱, ☂ – TV ☎ **P**. E VISA
  fermé déc., janv., dim. soir et lundi de nov. à mars – **R** 59/190 &, enf. 48 – ☕ 30 – **14 ch** 130/220 – ½ P 175/220.

CRAON **53400** Mayenne [63] ⑨ **G. Châteaux de la Loire** – 5 021 h. alt. 48.

Syndicat d'Initiative r. A.-Gerbault (juil.-août après-midi seul.) ✆ 43 06 10 14.

Paris 308 – Angers 56 – Châteaubriant 37 – Château-Gontier 19 – Laval 30 – ♦Rennes 67.

- XX **Ancre d'Or,** 2 av. Ch. de Gaulle ✆ 43 06 14 11 – ⊙ E VISA
  fermé 13 au 27 janv., dim. soir et lundi – **R** 65/210 &.

CITROEN Gar. de la Gare ✆ 43 06 17 88
FORD Lucat Automobile ✆ 43 06 17 29
PEUGEOT-TALBOT Boisseau ✆ 43 06 10 94
RENAULT Gar. Lebascle ✆ 43 06 17 29

CRÈCHES-SUR-SAÔNE **71** S.-et-L. [74] ① – rattaché à Mâcon.

CRÉCY-EN-PONTHIEU **80150** Somme [52] ⑦ **G. Flandres Artois Picardie** – 1 457 h. alt. 36.

Paris 178 – Abbeville 19 – ♦Amiens 55 – Montreuil 32 – St-Omer 72.

- **Maye,** ✆ 22 23 54 35 – **P**. E VISA
  fermé vacances de fév., dim. soir et lundi du 1er sept. au 30 juin – **R** 60/150 – ☕ 23 – **11 ch** 150/220.

CRÉHEN **22130** C.-d'Armor [59] ⑤ – 1 476 h. alt. 51.

Paris 419 – St-Malo 25 – Dinan 20 – Dinard 18 – St-Brieuc 50.

- **Deux Moulins,** D 768 ✆ 96 84 15 40, ☂ – **P**. E VISA. ✂ ch
  fermé vacances de Noël, vacances de fév., dim. soir et lundi sauf juil.-août – **R** 60/200 &, enf. 40 – ☕ 25 – **14 ch** 160/180 – ½ P 200/240.

CREIL **60100** Oise [56] ①⑪ **G. Ile de France** – 36 128 h. alt. 30.

Office de Tourisme pl. Gén.-de-Gaulle ✆ 44 55 16 07.

Paris 62 ③ – Compiègne 38 ② – Beauvais 41 ① – Chantilly 8 ④ – Clermont 16 ①.

CREIL

Barluet (R. H.) 3
Berteaux (R. M.) 4
Carnot (Pl.) 8
Dugué (Pl.) 12
Duguet (R. Ch.-A.) 13
Faubourg (Pl. du) 14
Gaulle (Pl. Gén.-de) 16
Marl (R. de) 17
Philippe (R. M.) 21
Ribot (R.) 23
Uhry (Av. J.) 27
8-Mai (Pl. du) 28

Pour un bon usage des plans de villes, voir les signes conventionnels dans l'introduction.

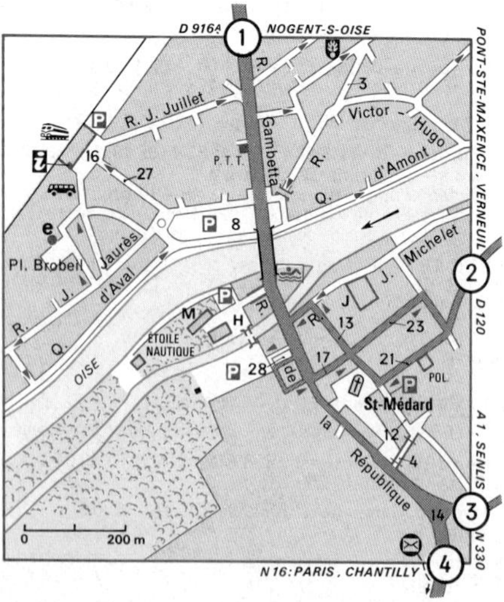

XX **Petite Alsace,** 8 pl. Ch. Brobeil **(e)** ☎ 44 55 28 89 – ⚏ E 𝗩𝗜𝗦𝗔
fermé août, dim. soir et lundi – **R** 85/145 ⌾.

à Nogent-sur-Oise par ① : 2 km – 17 369 h. – ✉ **60180** :

🏨 **Sarcus** Ⓜ, 7 r. Châteaubriand ☎ 44 74 01 31, Télex 150047, Fax 44 71 58 85 – ▤ 📺 ☎
Ⓟ – 🏊 50 à 200. ⚏ ⓘ E 𝗩𝗜𝗦𝗔
fermé 23 juil. au 19 août – **R** *(fermé sam. midi et dim.)* 150 bc ⌾ – � 45 – **62 ch** 300/360
– ½ P 375.

X **Host. des Trois Rois,** 113 r. Gén. de Gaulle ☎ 44 71 63 23, 😊, 🌳 – **Ⓟ**. ⚏ E.
𝗩𝗜𝗦𝗔
fermé 1ᵉʳ au 15 août, dim. soir et lundi – **R** 78 bc/180 ⌾, enf. 40.

ALFA-ROMEO, VOLVO Lemaire-Napoléon, 10 r.
Clos-Barrois, ZI Nogent-Villers ☎ 44 25 85 40
CITROEN Terrasse Autom. Creil, 38 av. 8-Mai, No-
gent-sur-Oise par ① ☎ 44 71 72 62
FORD Gar. Brie et Picardie, r. Marais Sec, ZI No-
gent-sur-Oise ☎ 44 55 39 40
PEUGEOT-TALBOT Gar. de la Cote, 83 r. R.-Schu-
man par ③ ☎ 44 25 54 84

RENAULT Palais Autom., ZI r. Marais-Sec à Nogent-sur-Oise par ① ☎ 44 55 02 42
Ⓝ ☎ 44 24 99 47
V.A.G Gar. Debuquoy, rte de Chantilly
☎ 44 25 11 50 Ⓝ

◉ Piot-Pneu, Z.A.E.T. St-Maximin ☎ 44 24 47 18
Sitec, 2 rte de Creil, St-Leu-d'Esserent
☎ 44 56 62 56

▬▬ **CRÉMIEU** 38460 Isère 🔢 ⑬ G. Vallée du Rhône (plan) – 2 466 h. alt. 212.
🖪 Office de Tourisme r. du Four Banal (15 avril-15 oct.) ☎ 74 90 45 13.
Paris 484 – ♦Lyon 37 – Belley 48 – Bourg-en-Bresse 59 – ♦Grenoble 83 – La Tour-du-Pin 34 – Vienne 40.

X **Aub. de la Chaite,** ☎ 74 90 76 63, 😊 – **Ⓟ**. ⚏ ⓘ E 𝗩𝗜𝗦𝗔
← *fermé 18 au 25 mars, 2 au 31 janv., dim. soir du 1ᵉʳ sept. au 15 avril et lundi* – **R** 58/150 ⌾,
enf. 34.

▬▬ **CRÉON** 33670 Gironde 🔢 ⑨ G. Pyrénées Aquitaine – alt. 103.
Paris 595 – ♦Bordeaux 23 – Bergerac 74 – Libourne 21 – La Réole 40.

XX **Le Prévot,** 1 r. Ch. Dopter ☎ 56 23 08 08 – E 𝗩𝗜𝗦𝗔
fermé 24 au 30 juin, 1ᵉʳ au 8 sept., mardi soir et merc. – **R** 100/200.

▬▬ **CRESSENSAC** 46600 Lot 🔢 ⑱ – 639 h. alt. 309.
Paris 507 – Brive-la-Gaillarde 20 – Sarlat-la-Canéda 46 – Cahors 83 – Gourdon 46 – Larche 17.

🏨 **La Truffière,** S : 5 km par N 20 ☎ 65 37 88 95, 😊, parc, 🏊, 🎾 – 📺 ☎ 🚗 **Ⓟ**. E
𝗩𝗜𝗦𝗔
15 avril-15 oct. et fermé dim. soir et lundi hors sais. sauf fêtes – **R** 80/200 – ⊡ 32 – **17 ch**
150/280 – ½ P 225/265.

XX **Chez Gilles** avec ch, N 20 ☎ 65 37 70 06 – ☎ 🚗. ⚏ ⓘ E 𝗩𝗜𝗦𝗔
R 90/220 ⌾ – ⊡ 33 – **25 ch** 145/275 – ½ P 200/270.

▬▬ **CRESSERONS** 14 Calvados 🔢 ⑯ – rattaché à Douvres-la-Délivrande.

▬▬ **CREST** 26400 Drôme 🔢 ⑫ G. Vallée du Rhône – 7 844 h. alt. 192.
Voir Donjon★ : ※★ Y.
🖪 Office de Tourisme pl. Dr M.-Rozier (fermé après-midi janv.-fév.) ☎ 75 25 11 38.
Paris 590 ④ – Valence 28 ④ – Die 37 ① – Gap 132 ① – ♦Grenoble 117 ④ – Montélimar 38 ②.

Plan page suivante

🏨 **Gd Hôtel,** 60 r. Hôtel de Ville ☎ 75 25 08 17 – ☎. E 𝗩𝗜𝗦𝗔   Y **a**
*fermé 22 déc. au 20 janv., vacances de fév., dim. soir du 11 sept. au 14 juin et lundi sauf
le soir d'avril à oct.* – **R** 79/185, enf. 42 – ⊡ 27 – **22 ch** 110/275 – ½ P 150/230.

XX **Porte Montségur** avec ch, par ① : 0,5 km ☎ 75 25 41 48, 😊, 🌳 – 📺 ☎ **Ⓟ**. ⚏ ⓘ
E 𝗩𝗜𝗦𝗔
fermé 28 oct. au 8 nov., 15 fév. au 10 mars, lundi soir et merc. – **R** 75/250, enf. 55 – ⊡ 35
– **9 ch** 240/260 – ½ P 350/370.

XX **Kléber** avec ch, cours Joubernon ☎ 75 25 11 69 – ☎. E 𝗩𝗜𝗦𝗔   Z **e**
fermé 1ᵉʳ au 15 sept., 13 au 26 janv., dim. soir et lundi sauf fériés – **R** 75/240, enf. 45 –
⊡ 25 – **7 ch** 140/220.

à Aouste-sur-Sye rte de Saou, par ① : 3,5 km par D 93 – ✉ **26400** :

🏨 **Gare,** ☎ 75 25 14 12, 😊, 🌳 – 📺 ☎ **Ⓟ** 𝗩𝗜𝗦𝗔. ✂ ch
fermé sam. – **R** 70/190, enf. 45 – ⊡ 30 – **12 ch** 120/260 – ½ P 160/250.

CITROEN Rolland, rte de Grane ☎ 75 25 01 13 Ⓝ
CITROEN Gar. Bouvat, 26 quai Latune
☎ 75 25 11 94
RENAULT Gar. Cunzi, av. A.-Fayolle par r. de la
Calade ☎ 75 25 10 85

◉ Relais du Pneu, av. F.-Rozier, rte de Valence
☎ 75 25 44 51

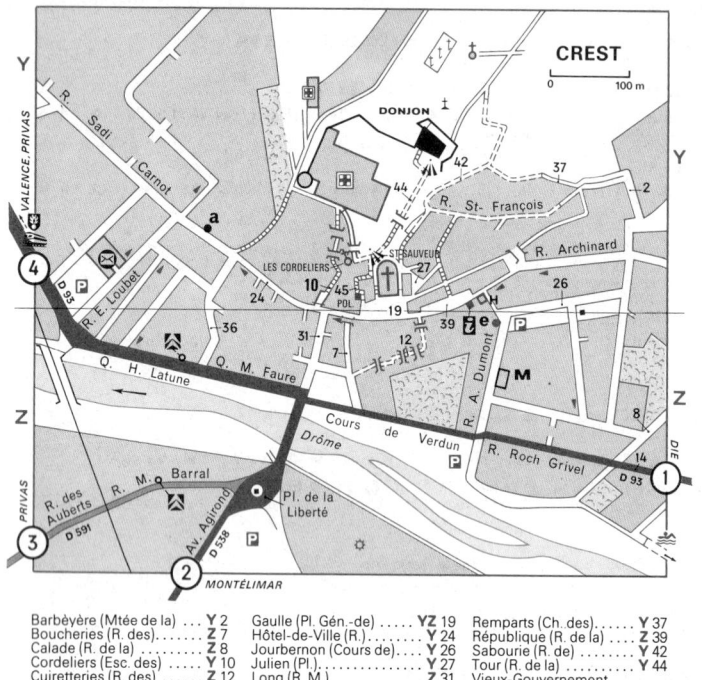

CREST-VOLAND 73590 Savoie 📖 ⑰ G. Alpes du Nord – 310 h. alt. 1 230 – Sports d'hiver : 1 230/ 1 950 m ⚡11 ⚞.

🛈 Office de Tourisme ☎ 79 31 62 57.

Paris 595 – Chamonix 52 – Albertville 27 – Annecy 56 – Bonneville 51 – Chambéry 77 – Megève 14.

🏠 **Caprice des Neiges** ⟲, rte Saisies : 1 km ☎ 79 31 62 95, ≤, 🚗, 🎾 – ☎ 🅿 🗲 𝖵𝖨𝖲𝖠.
　❋ rest
　29 juin-15 sept. et Noël-Pâques – **R** 65/105, enf. 35 – ☲ 26 – **16 ch** 290/315 – ½ P 250/280.

🏠 **Mont Charvin,** au Cernix S : 1,5 km par VO ☎ 79 31 61 21, ≤, 🚗 – ☎ 🅿 𝖵𝖨𝖲𝖠
　fermé 11 au 25 mai et 23 nov. au 8 déc. – **R** 75/100, enf. 50 – **23 ch** ☲ 115/220 – ½ P 210.

🏠 **Aravis** ⟲, Au Cernix, S : 1,5 km par VO ☎ 79 31 63 81, ≤ Aravis, 🚗 – ☎ 🅿
　10 juil.-30 août, 20 déc.-2 janvier et 1er fév.-15 avril – **R** (résidents seul.) 75 ⅃ – ☲ 20 –
　17 ch 200/230 – ½ P 221/237.

CRÉTEIL 94 Val-de-Marne 📖 ①, 📖 ㉗ – voir à Paris, Environs.

Le CREUSOT 71200 S.-et-L. 📖 ⑧ G. Bourgogne – 32 309 h. alt. 347.

🛈 Office de Tourisme avec A.C. 1 r. Mar.-Foch ☎ 85 55 02 46 et Château de la Verrerie ☎ 85 80 14 15.

Paris 320 ② – Chalon-sur-Saône 39 ② – Autun 29 ③ – Beaune 47 ① – Mâcon 90 ②.

Plan page ci-contre

🏨 **la Petite Verrerie,** 4 r. J. Guesde ☎ 85 55 31 44, Télex 801347 – 📺 ☎ 🕭 – 🍴 40. 🖭
　🗲 𝖵𝖨𝖲𝖠　　　　　　　　　　　　　　　　　　　　　　　　　　　　　　A e
　R 95/195, enf. 60 – ☲ 40 – **39 ch** 270/380 – ½ P 300/350.

　au Breuil par ① : 3 km – 3 415 h. – ✉ 71670 :

🏨 **Moulin Rouge** ⟲, ☎ 85 55 14 11, Télex 305551, Fax 85 55 53 37, 🍽, 🗲, 🚗 – ⤜ ch
　📺 ☎ 🅿 – 🍴 40. 🖭 ⑩ 🗲 𝖵𝖨𝖲𝖠
　fermé 20 déc. au 10 janv., vend. soir et sam midi – **R** 100/250, enf. 80 – ☲ 35 – **32 ch**
　200/350 – ½ P 260/310.

　à Torcy par ② : 4 km – 4 867 h. – ✉ 71210 :

🍴🍴 **Vieux Saule,** ☎ 85 55 09 53, 🍽 – 🗲 𝖵𝖨𝖲𝖠
　fermé dim. soir et lundi – **R** 140/300 ⅃, enf. 55.

400

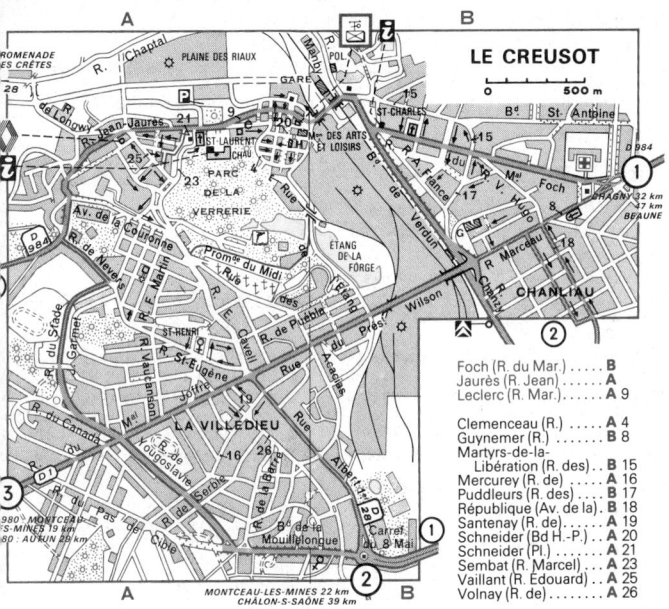

LE CREUSOT

0 — 500 m

à Montchanin par ② : 8 km – 6 303 h. – ⊠ **71210** :

Novotel Ⓜ, ℰ 85 78 55 55, Télex 800588, Fax 85 78 08 88, 😤 , ⊿ , 🐎 – 🛗 🗐 rest 📺 ☎ & 🅿 – 🔬 150. 🖭 ⓞ 🗉 *VISA*
R carte environ 150 ⅃, enf. 50 – ⊑ 43 – **87 ch** 365/395.

CITROEN Broin, 77 rte de Montcenis par D 984 A
ℰ 85 55 20 09
CITROEN Gar. Moderne, r. de Chanzy
ℰ 85 80 88 51
FORD Gar. Auto Fuchey, 13 r. Mar.-Joffre
ℰ 85 55 27 06
PEUGEOT-TALBOT Nedey-Guillemier, 57 r. de
Chanzy ℰ 85 55 20 63

RENAULT Creusot-Gar., pl. Bozu ℰ 85 56 10 44
N ℰ 85 77 32 74
V.A.G Gar. du Vieux Saule, 124 r. Coudraie à
Torcy ℰ 85 57 23 81

⚙ Creusot-Pneus, 55 av. Abattoirs ℰ 85 55 60 93
Goesin, 35 av. République ℰ 85 55 44 17

CREUTZWALD 57150 Moselle ⓖⓩ ⑤ – 15 157 h. alt. 219.
Paris 375 – ◆Metz 50 – Forbach 26 – Saarbrücken 35 – Sarreguemines 38 – Saarlouis 17.

✗ **Faisan d'Or,** rte Saarlouis NE : 2 km N 33 ℰ 87 93 01 36 – 🅿. 🗉 *VISA*
  fermé 1er août au 1er sept. et lundi – **R** 90/210 ⅃.

✗ **Aub. du Vieux Cerf,** 23 r. Houve ℰ 87 93 04 17 – 🖭 ⓞ 🗉 *VISA*
➥ *fermé lundi soir, mardi soir et merc.* – **R** 70/130 ⅃.

CREUZIER-LE-NEUF 03 Allier ⓖⓒ ⑤ – rattaché à Cusset.

CRÉVECOEUR-EN-AUGE 14340 Calvados ⓖⓓ ⑰ **G. Normandie Vallée de la Seine** – 614 h. alt. 60.
Voir Manoir★.
Paris 191 – ◆Caen 29 – Falaise 32 – Lisieux 17.

✗ **La Galetière,** ℰ 31 63 04 28, 😤 – *VISA*
➥ *fermé lundi soir et mardi sauf juil.-août* – **R** 68/160 ⅃, enf. 37.

CREVOUX 05200 H.-Alpes ⓖⓩ ⑱ **G. Alpes du Sud** – 115 h. alt. 1 577 – Sports d'hiver : 1 600/2 100 m ⅀3.
Paris 723 – Briançon 59 – Gap 54 – Embrun 16 – Guillestre 32.

🏠 **Parpaillon** 🦺, ℰ 92 43 18 08, ≼– ☎ 🅿. 🖭 ⓞ 🗉 *VISA*. 🦌 rest
   fermé 10 au 30 nov. – **R** 75/110 ⅃, enf. 50 – ⊑ 24 – **27 ch** 110/240 – ½ P 170/210.

CRILLON 60112 Oise ⓖⓩ ⑰ – 420 h. alt. 82.
Paris 93 – Compiègne 74 – Aumale 36 – Beauvais 16 – Breteuil 34 – Gournay-en-Bray 18.

✗✗ **La Petite France,** 7 rte Gisors ℰ 44 81 01 13 – 🅿. *VISA*
➥ *fermé 15 août au 10 sept., vacances de fév., dim. soir, lundi soir et mardi* – **R** 70/130 ⅃.

401

CRILLON-LE-BRAVE 84410 Vaucluse 🗺️ ⑬ – 265 h. alt. 345.

Paris 687 – Avignon 39 – Carpentras 14 – Nyons 42 – Vaison-la-Romaine 26.

🏨🏨 **Host. de Crillon le Brave** ⟂, pl. Église 𝒫 90 65 61 61, Fax 90 65 62 86, ⩽ plaine et
Mont Ventoux, ☆ – ☎ ♿ 📧 *VISA*
  fermé janv. – **R** 190/240 – ⊡ 75 – **16 ch** 650/1050, 4 appart. 1450 – ½ P 575/775.

CRISENOY 77 S.-et-M. 🗺️ ② – rattaché à Melun.

Les CROS D'ARCONSAT 63 P.-de-D. 🗺️ ⑥ – rattaché à Chabreloche.

Le CROISIC 44490 Loire-Atl. 🗺️ ⑭ **G. Bretagne** – 4 365 h. alt. 5.

Voir Mont-Esprit ⩽★ – Côte d'Amour★ – ⩽★ du Mont-Lénigo.

🖪 Office de Tourisme pl. Gare (juil.-août) 𝒫 40 23 00 70.

Paris 464 – ♦Nantes 84 – La Baule 10 – Guérande 10 – Le Pouliguen 7 – Redon 63 – Vannes 75.

🏨🏨 **Les Vikings** 🅼 ⟂ sans rest, à **Port Lin** 𝒫 40 62 90 03, Fax 40 23 28 03, ⩽ côte et mer –
  📺 ☎ ♿ ⟷ – ⚿ 80. 📧 *VISA*
  ⊡ 37 – **24 ch** 340/500.

🏨 **Les Nids** ⟂, 83 bd Gén. Leclerc à **Port-Lin** 𝒫 40 23 00 63, « Jardin fleuri » – 🅿. 📧 *VISA*
  29 mars-Pâques et 18 avril-fin sept. – **R** 140/290 – ⊡ 32 – **28 ch** 145/311 – ½ P 210/293.

🏠 **L'Estacade**, 4 quai Lénigo 𝒫 40 23 03 77, Fax 40 23 24 32 – 📺 ☎ 📧 ⓞ 📧 *VISA*
↤ *fermé 5 au 28 mars et 28 nov. au 20 déc.* – **R** *(fermé mardi soir et merc. du 15 sept. au*
  30 mars sauf vacances scolaires) 65/300, enf. 50 – ⊡ 28 – **13 ch** 220/280 – ½ P 210/240.

XXX **Océan** avec ch, à **Port-Lin** 𝒫 40 62 90 03, Fax 40 23 28 03, ⩽ côte et mer, produits de la
  mer – 📺 ☎ 📧 *VISA*
  R carte 200 à 350 – ⊡ 37 – **14 ch** 400/500.

XX **Bretagne**, sur le port 𝒫 40 23 00 51, Fax 40 23 18 32 – 📧 ⓞ 📧 *VISA*
  fermé 12/11 au 15/12, janv. et fév. sauf week-ends, mardi soir et merc. de sept. à juin,
  lundi midi en juil.-août – **R** 100/360, enf. 75.

X **Le Lénigo**, quai du Lénigo 𝒫 40 23 00 31 – ⓞ 📧 *VISA*
  1ᵉʳ mars-15 nov. et fermé mardi sauf juil. et août – **R** 78/170, enf. 38.

CITROEN Gar. Rochard 𝒫 40 62 90 32   RENAULT Propice, 𝒫 40 23 02 09

CROISSY-BEAUBOURG 77183 S.-et-M. 🗺️ ② – 1 555 h.

Paris 28 – Lagny-sur-Marne 10 – Meaux 30 – Melun 34.

XXX **Host. de l'Aigle d'Or**, 𝒫 (1) 60 05 31 33, Fax (1) 64 62 09 39, ☆, ☆ – 🅿. 📧 ⓞ 📧
  VISA
  fermé dim. soir et lundi – **R** 200/360, enf. 100.

CROIX (Col des) 88 Vosges 🗺️ ⑦ – rattaché au Thillot.

La CROIX-BLANCHE 71 S.-et-L. 🗺️ ⑲ – alt. 204 – ✉ 71960 Pierreclos – Voir Berzé-la-Ville :
peintures murales★ de la chapelle aux Moines E : 2 km – Château★ de Berzé-le-Châtel N : 3 km,
G. **Bourgogne** – Paris 407 – Mâcon 14 – Charolles 41 – Cluny 12 – Roanne 84.

XX **Relais du Mâconnais** avec ch, ancienne N 79 𝒫 85 36 60 72 – ☎ 🅿. 📧 ⓞ 📧 *VISA*
  fermé 6 janv. au 4 fév., dim. soir et lundi hors sais. – **R** 120/350, enf. 60 – ⊡ 28 – **12 ch**
  150/270 – ½ P 215/275.

XX **Moulin du Gastronome**, 𝒫 85 37 71 61, ☆ – 🅿 ⓞ 📧 *VISA*
  fermé 13 au 28 nov., 19 fév. au 4 mars, merc. soir et jeudi midi – **R** 95/260, enf. 60.

CROIX-FRY (Col de la) 74 H.-Savoie 🗺️ ⑦ – rattaché à Marrigod.

CROIX-MARE 76 S.-Mar. 🗺️ ⑬ – rattaché à Yvetot.

La CROIX-VALMER 83420 Var 🗺️ ⑰ **G. Côte d'Azur** – 2 260 h. alt. 120.

Paris 877 – Fréjus 37 – Brignoles 65 – Draguignan 52 – Le Lavandou 27 – Ste-Maxime 16 – ♦Toulon 62.

🏨 **Parc** ⟂ sans rest, E : 1 km par D 93 𝒫 94 79 64 04, ⩽, parc – 📺 ☎ 🅿. ⓞ *VISA*. ✂
  1ᵉʳ avril-1ᵉʳ oct. – ⊡ 35 – **33 ch** 260/410.

  à **Gigaro** SE : 5 km par D 93 et VO – ✉ 83420 La Croix-Valmer :

🏨🏨 ⚙ **Souleias** 🅼 ⟂, 𝒫 94 79 61 91, Télex 970032, Fax 94 54 36 23, ⩽ mer et îles, ☆, « Au
  faîte d'une colline dominant le littoral », ⟂, ☆, ✗ – 📺 🗏 ch 📺 ☎ 🅿 – ⚿ 25. 📧 *VISA*.
  ✂ rest
  15 mars-5 nov. – **R** 205/310 – ⊡ 60 – **48 ch** 750/1800 – ½ P 560/910
  Spéc. Ravioles à la nage et foie gras de canard, Blanc de loup poêlé en peau, Pigeonneau fermier en
  cocotte. Vins Côtes de Provence.

🏨🏨 **Les Moulins de Paillas** 🅼, 𝒫 94 79 71 11, Télex 970987, Fax 94 54 37 05, ☆, ⟂, ⛴,
  ✗ – 🗏 ch 📺 ☎ 🅿. *VISA*
  15 mai-30 sept – **R** (½ pens. seul.) **- La Brigantine** 𝒫 94 79 67 16 **R** 87(déj)/195 ♨ – **30 ch**
  (½ pens. seul.) – ½ P 450/590.

🏨 **Gigaro** 🅼 ⟂, 𝒫 94 79 60 35, ⟂, ⛴, ☆, ✗ – ☎ 🅿. *VISA*
  15 mai-30 sept. – **R** voir **Les Moulins de Paillas** – ⊡ – **30 ch** (½ pens. seul.) – ½ P 420/580.

CROS-DE-CAGNES 06 Alpes-Mar. 84 ⑨, 195 ㉖ – rattaché à Cagnes.

CROUTELLE 86 Vienne 67 ⑱ – rattaché à Poitiers.

CROZANT 23160 Creuse 68 ⑱ G. Berry Limousin – 732 h. alt. 277 – **Voir** Site★.
Paris 329 – Argenton-sur-C. 32 – La Châtre 48 – Guéret 40 – Montmorillon 76 – La Souterraine 30.

⚐ **Lac** ⌂, E : 1 km par D 72 et D 30 🖉 55 89 81 96, ≼ – **⬤**. ⌘ ch
🔸 *1er mai-30 sept. et fermé mardi sauf juil.-août* – **R** 55/125 ⅃ – ⌷ 27 – **10 ch** 160/220 –
½ P 170/195.

🍴🍴 **Aub. de la Vallée,** 🖉 55 89 80 03 – *VISA*
🔸 *fermé 2 janv. au 1er fév., lundi soir et mardi du 1er oct. au 30 juin* – **R** (dim. prévenir) 67/260.

CROZON 29160 Finistère 58 ④ G. Bretagne – 7 904 h. alt. 81.
Voir Retable★ de l'église – **Env.** Pointe de Dinan ⩽★★ SO : 6 km.
🛈 Syndicat d'Initiative 🖉 98 27 29 49 et bd de la Plage à Morgat (juil.-août) 🖉 98 27 07 92.
Paris 588 – ◆Brest 57 – Châteaulin 34 – Douarnenez 46 – Morlaix 76 – Quimper 55.

    au Fret N : 5,5 km par D 155 et D 55 – ✉ **29160** Crozon :

🏩 **Host. de la Mer,** 🖉 98 27 61 90, ≼, ⌗ – ☏. *AE* **E** *VISA*
    fermé 19 janv. au 1er fév. – **R** 98/195, enf. 50 – ⌷ 40 – **25 ch** 210/370 – ½ P 249/287.

    Autres ressources hôtelières :
    Voir *Morgat* S : 3 km par D 887.

🅿 Prat-Pneus, rte de Châteaulin 🖉 98 27 12 51

CRUAS 07350 Ardèche 76 ⑳ G. Vallée du Rhône – 3 001 h. alt. 76.
🛈 Syndicat d'Initiative r. G.-Péri (15 juin-15 sept.) 🖉 75 51 43 90 et à la Mairie 🖉 75 51 40 88.
Paris 599 – Valence 38 – Montélimar 14 – Privas 26.

🍴 **Le Chrystel,** r. Mercoyrol 🖉 75 51 43 10 – **E** *VISA*
    fermé sam. midi et dim. soir – **R** 98/235, enf. 50.

CRUSEILLES 74350 H.-Savoie 74 ⑥ G. Alpes du Nord – 2 533 h.
Paris 541 – Annecy 19 – Thonon-les-Bains 56 – Bellegarde-sur-Valserine 45 – Bonneville 36 – ◆Genève 25.

🍴🍴 **L'Ancolie,** au parc des Dronières 🖉 50 44 28 98, ⍩ – *AE* **E** *VISA*
    fermé 23 au 29 déc., vacances de fév. et merc. sauf juil.-août – **R** 125/265, enf. 50.

CUCHERON (Col de) 38 Isère 77 ⑤ – rattaché à St-Pierre-de-Chartreuse.

CUCUGNAN 11350 Aude 86 ⑧ – 113 h. alt. 320.
Voir Col Grau de Maury ⩽★★ S : 2,5 km – Site★★ du château de Quéribus★ SE : 3 km.
Env. Château de Peyrepertuse★★★ NO : 7 km, G. Pyrénées Roussillon.
Paris 915 – ◆Perpignan 40 – Carcassonne 100 – Limoux 77 – Quillan 50.

🍴 **Aub. de Cucugnan,** 🖉 68 45 40 84, « Grange aménagée » – **⬤**. **E** *VISA*
    fermé 1er au 15 sept. et merc. du 1er janv. au 31 mars – **R** 90 bc/225 bc, enf. 45.

CUCURON 84160 Vaucluse 84 ③ G. Provence – 1 409 h. alt. 350.
Paris 745 – Digne-les-Bains 94 – Aix-en-Provence 34 – Apt 26 – Avignon 67 – Manosque 35.

🏠 **L'Étang,** 🖉 90 77 21 25, ⍩ – **TV** ☎
    fermé 20 déc. au 10 janv. et merc. hors sais. – **R** 130/200 – ⌷ 25 – **8 ch** 200 – ½ P 250.

CUERS 83390 Var 84 ⑮ – 6 599 h. alt. 132.
Paris 844 – ◆Toulon 21 – Brignoles 31 – Draguignan 67 – ◆Marseille 85.

🍴🍴🍴 ✿ **Le Lingousto** (Ryon), E : 2 km par rte Pierrefeu 🖉 94 28 69 10, ⍩ – **⬤**. *AE* **①** **E** *VISA*
    fermé fév., dim. soir (sauf juil.-août) et lundi – **R** 210/360, enf. 80
    Spéc. Salade tiède du ''Lingousto'', Mesclun de poissons aux oursins (oct. à janv.), Tarte tatin de légumes
    (en été). Vins Côtes de Provence, Bandol.

CUISEAUX 71480 S.-et-L. 70 ⑬ – 1 816 h. alt. 273.
Paris 398 – Mâcon 57 – Chalon-sur-S. 57 – Lons-le-Saunier 25 – Tournus 47.

🍴🍴 **Nord** avec ch, 🖉 85 72 71 02 – ☎ ⇦ **⬤**. **E** *VISA*. ⌘ rest
🔸 *fermé 30 avril au 10 mai, 30 oct. au 15 nov., jeudi (sauf le soir en juil.-août) et vend. midi*
    – **R** 70/190 – ⌷ 25 – **19 ch** 95/300.

🍴🍴 **Commerce** avec ch, 🖉 85 72 71 79 – **TV** ☎ ⇦ **⬤**. **E** *VISA*
    fermé 22 juin au 2 juil., 29 sept. au 6 oct., dim. hors sais. et lundi – **R** 74/190 ⅃, enf. 38 –
    ⌷ 23 – **16 ch** 120/210 – ½ P 170/195.

PEUGEOT Gar. Berger 🖉 85 72 71 39

CUISERY 71290 S.-et-L. 70 ⑫ – 1 678 h. alt. 211.

Paris 370 – Chalon-sur-Saône 31 – Bourg-en-Bresse 46 – Lons-le-Saunier 48 – Mâcon 37 – St-Amour 39 – Tournus 8.

XXX **Host. Bressane** avec ch, ℰ 85 40 11 63, ≈ – TV ☎ ⅙ **P**. AE E VISA
fermé 3 au 14 juin, 10 déc. au 10 janv., mardi soir (sauf juil.-août) et merc. – **R** 100/320, enf. 70 – ⊑ 35 – **15 ch** 180/360.

PEUGEOT-TALBOT Gar. Guyonnet ℰ 85 40 14 36 **N**

La CURE 39 Jura 70 ⑯ – rattaché aux Rousses.

CUREBOURSE (Col de) 15 Cantal 76 ⑫ ⑬ – rattaché à Vic-sur-Cère.

Le CURTILLARD 38 Isère 77 ⑥ – alt. 1 012 – Sports d'hiver à Sept Laux-Le Pleynet : 1 450/2 150 m ⚡9 – ⊠ **38580** Allevard.

Paris 588 – ♦Grenoble 53 – Allevard 15 – Pinsot 8.

🏨 **Curtillard** M ⊗, ℰ 76 97 50 82, Télex 308583, ≤, ≋, ⊾, ≈, ⚒ – cuisinette **P** – 🔼 60. E VISA ⚒
17 mai-30 sept. et 20 déc.-30 avril – **R** 83/190, enf. 53 – ⊑ 36 – **21 ch** 220/305 – ½ P 230/285.

🏨 **Baroz** ⊗, ℰ 76 97 50 81, ≤, ≋, ⊾, ≈, ⚒ – ☎ **P**. VISA ⚒ ch
hôtel : 22 juin-6 sept. et 26 déc.-Pâques ; rest. : mai-sept. et 26 déc.-Pâques – **R** 80/120 ⅍ – ⊑ 25 – **21 ch** 190/240, 3 chalets – ½ P 180/190.

CUSSAY 37 I.-et-L. 68 ⑤ – rattaché à Ligueil.

CUSSET 03300 Allier 73 ⑤ **G. Auvergne** – 14 876 h. alt. 274.

🛈 Syndicat d'Initiative 2 r. S.-Arloing (fermé après-midi hors saison) ℰ 70 31 39 41.

Paris 346 ② – ♦Clermont-Fd 57 ① – Lapalisse 23 ① – Moulins 54 ② – Vichy 3 ①.

CUSSET

Arloing (R. S.) 2
Constitution (R. de la) 6
Gambetta (R.) 9
Rocher-Favyé (R.) 19

Barge (R. de la) 3
Bru (R. J. B.) 4
Centenaire (Pl. du) 5
Cornil (Pl. F.) 7
Cureyras (R. H.) 8
Drapeau (Av. du) 12
Prés.-Wilson (R. du) 13
Radoult-de-la-Fosse
(Pl.) 16
Raynal (R. du Gén.) 17
République (Pl. de la) 18
Sausheim (R. de) 20
Victor-Hugo (Pl.) 21
29-Juillet (R. du) 22

*Pas de publicité payée
dans ce guide.*

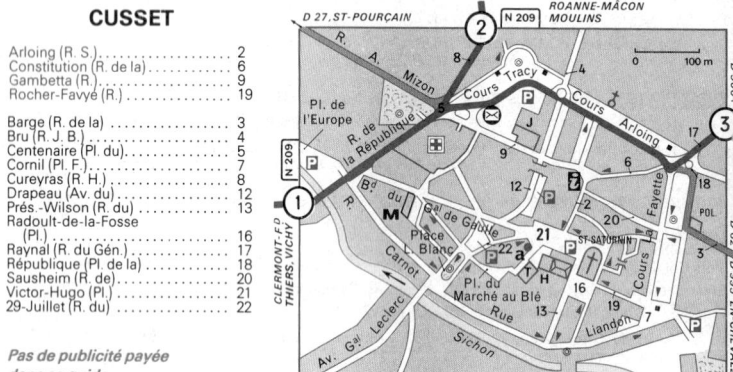

XX **Taverne Louis XI,** près église ℰ 70 98 39 39, maison du 15e siècle – VISA   **a**
fermé vacances de fév., dim. soir et lundi sauf fériés – **R** (nombre de couverts limité, prévenir) 140/240.

à Creuzier-le-Neuf par ② : 5,5 km – ⊠ 03300 :

X **Bon Accueil** avec ch, N 209 ℰ 70 98 06 01 – **P**. E VISA
→ *fermé 20 janv. au 20 fév., dim. soir et merc. du 20 oct. au 20 mars* – **R** 50/160, enf. 45 – ⊑ 16,50 – **6 ch** 110/150.

🏭 Gaudrypneu, 26-28 r. Bartins ℰ 70 97 63 63

DABISSE 04 Alpes-de-H.-P. 81 ⑯ – ⊠ 04190 Les Mées.

Paris 733 – Digne-les-Bains 33 – Forcalquier 19 – Manosque 24 – Sisteron 30.

XX **Vieux Colombier,** La Bastide Blanche ℰ 92 34 32 32, ≈ – **P**. AE E VISA
fermé 15 au 30 oct., 15 au 30 janv. et merc. – **R** 130/260, enf. 70.

DABO 57850 Moselle 62 ⑧ **G. Alsace Lorraine** – 2 946 h. alt. 450.

Voir Site★ – Rocher de Dabo ⚡★ SE : 2 km – 🛈 Syndicat d'Initiative pl. Église (vacances scolaires, week-end) ℰ 87 07 47 51 et à la Mairie (hors saison) ℰ 87 07 40 12.

Paris 452 – ♦Strasbourg 49 – Haguenau 63 – ♦Metz 116 – Sarrebourg 21 – Saverne 25.

🏨 Belle Vue ⊗, ℰ 87 07 40 21, ≤ – **P**
saisonnier – **15 ch**.

DACHSTEIN **67120** B.-Rhin [62] ⑨ – 936 h. alt. 175.

Paris 477 – ♦Strasbourg 21 – Molsheim 5 – Saverne 28 – Sélestat 36.

✕✕ **Aub. de la Bruche,** ☏ 88 38 14 90, 🍽 – Ⓟ. E VISA. ⊘
fermé 27 août au 6 sept., 21 janv. au 3 fév., sam. midi et mardi – **R** 120/185 ♁.

La DAILLE **73** Savoie [74] ⑲ – rattaché à Val-d'Isère.

DAMBACH-LA-VILLE **67650** B.-Rhin [62] ⑨ **G. Alsace Lorraine** – 1 907 h. alt. 215 – ℹ Syndicat d'Initiative pl. Marché (15 juin-15 sept.) ☏ 88 92 61 00 et à la Mairie (hors saison) ☏ 88 92 41 05.

Paris 428 – ♦Strasbourg 46 – Obernai 19 – Saverne 58 – Sélestat 9.

⌂ **Au Raisin d'Or,** ☏ 88 92 40 08, Fax 88 92 61 42 – ☎ Ⓟ. ⓓ E VISA. ⊘
fermé 15 déc. au 1er fév., merc. soir et jeudi d'oct. à juin, lundi midi et jeudi midi de juil. à sept. – **R** carte 120 à 225 ♁, enf. 36 – ☕ 28 – **11 ch** 206/220 – ½ P 173/183.

RENAULT Gar. Elter ☏ 88 92 40 57 Ⓝ | Gar. Mangin ☏ 88 92 40 40

DAMGAN **56750** Morbihan [63] ⑬ – 905 h. alt. 6.

Paris 456 – Vannes 26 – Muzillac 9,5 – Redon 47 – La Roche-Bernard 25.

⌂ **L'Albatros,** ☏ 97 41 16 85, ≤ – ☎ Ⓟ. VISA. ⊘
✦ *1er avril-30 sept.* – **R** 70/150 – ☕ 22 – **24 ch** 160/310 – ½ P 165/240.

DAMMARIE-LES-LYS **77** S.-et-M. [61] ②, [106] ㊺ – rattaché à Melun.

DAMPRICHARD **25450** Doubs [66] ⑱ – 1 907 h. alt. 825.

Paris 503 – ♦Bâle 95 – Belfort 67 – ♦Besançon 82 – Montbéliard 49 – Pontarlier 67.

⌂⌂ **Lion d'Or,** ☏ 81 44 22 84, Fax 81 44 23 10 – 📺 ☎ Ⓟ – 🏛 100. AE ⓓ E VISA
fermé 3 nov. au 3 déc. et dim. soir – **R** 80/180, enf. 40 – ☕ 28 – **16 ch** 230/360 – ½ P 210/240.

DAMVILLERS **55150** Meuse [57] ① – 717 h. alt. 208.

Paris 288 – ♦Metz 75 – Bar-le-Duc 82 – Longuyon 27 – Sedan 66 – Verdun 26.

✕ **Croix Blanche** avec ch, ☏ 29 85 60 12 – ☎ Ⓟ. AE ⓓ E VISA
✦ *fermé 1er au 7 oct., vacances de fév., dim. soir hors sais. et lundi sauf le soir en sais.* – **R** 55/170 ♁, enf. 40 – ☕ 25 – **9 ch** 100/200 – ½ P 140/170.

CITROEN Gar. Iori ☏ 29 85 60 25 Ⓝ

DANCHARIA **64** Pyr.-Atl. [85] ② – rattaché à Aïnhoa.

DANGÉ-ST-ROMAIN **86220** Vienne [68] ④ – 2 877 h. alt. 48.

Paris 291 – Poitiers 49 – Le Blanc 59 – Châtellerault 16 – Chinon 53 – Loches 40 – ♦Tours 57.

✕ **La Crémaillère,** ☏ 49 86 40 24 – Ⓟ. ⓓ E VISA
✦ *fermé 1er au 15 oct. et merc.* – **R** 69/145 ♁, enf. 50.

CITROEN Ory ☏ 49 86 42 76 | RENAULT Judes ☏ 49 86 40 39

DANJOUTIN **90** Ter.-de-Belf. [66] ⑧ – rattaché à Belfort.

DANNEMARIE **68210** H.-Rhin [66] ⑨ – 1 939 h. alt. 317.

Paris 520 – ♦Mulhouse 27 – ♦Bâle 43 – Belfort 24 – Colmar 59 – Thann 27.

✕ **Ritter,** face gare ☏ 89 25 04 30, 🍽, 🏊, 🌳 – Ⓟ. E VISA
✦ *fermé 15 au 31 déc., vacances de fév., lundi soir et mardi* – **R** 50/200 ♁.

✕ **Wach,** ☏ 89 25 00 01 – E VISA
✦ *fermé 16 au 25 août, 26 déc. au 12 janv. et lundi* – **R** 52/150 ♁, enf. 45.

FORD Gar. Central ☏ 89 25 00 33 Ⓝ

DAVÉZIEUX **07** Ardèche [76] ⑩ – rattaché à Annonay.

DAX ⟨SP⟩ **40100** Landes [78] ⑥⑦ **G. Pyrénées Aquitaine** – 19 636 h. alt. 12 – Stat. therm. : Atrium.
ℹ Office de Tourisme avec A.C. pl. Thiers ☏ 58 74 82 33.

Paris 734 ① – Biarritz 57 ④ – Mont-de-Marsan 52 ② – ♦Bayonne 53 ⑤ – ♦Bordeaux 146 ① – Pau 80 ③.

Plan page suivante

⌂⌂⌂ **Splendid,** cours Verdun ☏ 58 56 70 70, Télex 573616, Fax 58 74 96 31, ≤, 🏊, 🌳 – 🛗 📺 ☎ – 🏛 50 à 100. AE ⓓ E VISA. ⊘ rest — B **a**
3 mars- 1er déc. – **R** 150, enf. 70 – ☕ 34 – **162 ch** 335/390, 6 appart. 435/505 – ½ P 374.

⌂⌂⌂ **du Lac** Ⓜ ♨, au lac de Christus à St-Paul-lès-Dax ✉ 40990 St Paul-lès-Dax ☏ 58 91 84 84, Télex 560690, Fax 58 74 88 31, 🍽, 🌳 – 🛗 cuisinette 📺 ☎ ♿ Ⓟ – 🏛 30 à 300. ⓓ E VISA. ⊘ – **R** 90/155, enf. 44 – ☕ 30 – **250 ch** 213/306 – ½ P 233/302 — A **t**

⌂⌂⌂ **Gd Hôtel,** r. Source ☏ 58 74 15 03, Fax 58 74 88 31 – 🛗 cuisinette 📺 ☎ Ⓟ – 🏛 50 à 120. ⓓ E VISA. ⊘ — B **d**
R 84/168, enf. 50 – ☕ 23 – **131 ch** 200/273, 7 appart. 401 – ½ P 215/229.

DAX

B

A

B

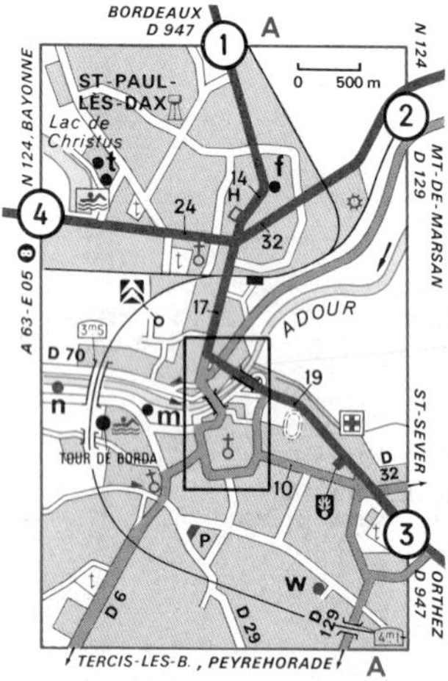

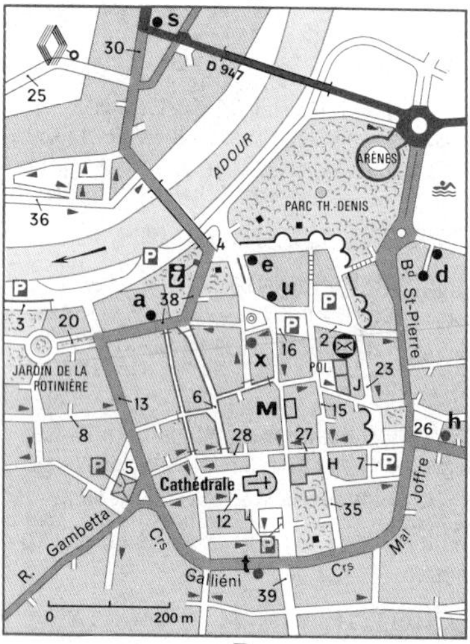

🏨 **Parc**, 1 pl. Thiers 🖉 58 74 86 17, Télex 540481, ≼ – ⧉ **40 ch** · · · · · · · · · · · B **e**

🏨 **Dax-Thermal** Ⓜ ⌔, bd Carnot 🖉 58 90 19 40, Fax 58 74 96 31, ≼, ☂ – ⧉ �📺 ☎ ⅙ ℗ – ⚙ 40. ⅍ 🅴 𝑽𝑰𝑺𝑨 . ⅏ rest · · · · · · · · · · · · · · · A **m**
R 95/160 ⅋, enf. 60 – ⅗ 22 – **128 ch** 240/285 – ½ P 255.

🏨 **Régina et Tarbelli,** bd Sports 🖉 58 74 84 58, Télex 540516, Fax 58 74 88 31 – ⧉ cuisinette ☎ ℗ – ⚙ 30. ⓘ 🅴 𝑽𝑰𝑺𝑨 . ⅏ · · · · · · · · · · · B **d**
1er mars-30 nov. – **R** 79/168, enf. 50 – ⅗ 23 – **149 ch** 163/329 – ½ P 186/246.

🏨 **Relais des Thermes** Ⓜ, av. Mar. Foch à St-Paul-lès-Dax ⊠ 40990 St Paul-les-Dax 🖉 58 91 64 37, Fax 58 91 93 54, ⌁, ☂ – ▤ rest 📺 ☎ ℗ – ⚙ 100. ⅍ 🅴 ⓘ 🅴 𝑽𝑰𝑺𝑨 . ⅏ ch · · · A **f**
fermé 22 déc. au 1er fév., dim. soir (sauf rest.) et lundi (sauf hôtel) du 14 oct. au 31 mai –
R 75/200, enf. 50 – ⅗ 28 – **20 ch** 200/300 – ½ P 250/280.

🏠 **Vascon**, pl. Fontaine Chaude 🖉 58 74 12 14 – ⧉ 📺 ☎ – **30 ch** · · · · · · · · · · · B **u**

🏠 **Climat de France** ⌔, au lac de Christus à St-Paul-lès-Dax ⊠ 40990 St-Paul-lès-Dax 🖉 58 91 70 70, Télex 573634, Fax 58 91 90 00, ☂, ☂ – 📺 ☎ ⅙ ℗ – ⚙ 35. ⅍ 🅴 𝑽𝑰𝑺𝑨 · · · A **t**
R 82/133 ⅋, enf. 39 – ⅗ 27 – **42 ch** 275 – ½ P 390/405.

🏠 **Nord** sans rest, 68 av. St-Vincent-de-Paul 🖉 58 74 19 87 – 📺 ☎ ℗. 🅴 𝑽𝑰𝑺𝑨 · · · · · · · B **s**
fermé 20 déc. au 13 janv. – ⅗ 25 – **19 ch** 140/180.

❌❌❌ **Moulin de Poustagnac,** à St-Paul-lès-Dax ⊠ 40100 St-Paul-lès-Dax 🖉 58 91 31 03, ☂ – ℗. ⅍ ⓘ 🅴 𝑽𝑰𝑺𝑨 · B **u**
fermé 3 au 19 mars, dim. soir et lundi – **R** 120/270.

❌❌ **Bois de Boulogne,** O : 1 km par allée des Baignots 🖉 58 74 23 32, ☂ – ℗. 🅴 𝑽𝑰𝑺𝑨 · · · A **n**
fermé 23 oct. au 1er fév., dim. soir (sauf juil.-août) et lundi – **R** 150, enf. 65.

❌❌ **Aub. des Pins** avec ch, 86 av. F. Planté 🖉 58 74 22 46, ☂, ☂ – ☎ ℗ 🅴 𝑽𝑰𝑺𝑨 · · · · · A **w**
✦ fermé fév. – **R** 57/115 ⅋, enf. 43 – ⅗ 27 – **14 ch** 116/220 – ½ P 139/173.

❌❌ **Fin Gourmet**, 3 r. Pénitents 🖉 58 74 04 26 – 🅴 𝑽𝑰𝑺𝑨 · B **x**
✦ fermé 15 déc. au 15 fév. – **R** 65/185 ⅋.

❌❌ **Taverne Karlsbraü,** 11 av. G. Clemenceau 🖉 58 74 19 60 – ▤. ⅍ ⓘ 🅴 𝑽𝑰𝑺𝑨 · · · · B **h**
✦ fermé lundi – **R** 48/85 ⅋.

❌❌ **L'Amphitryon,** 38 cours Galliéni 🖉 58 74 58 05 – 🅴 𝑽𝑰𝑺𝑨 · · · · · · · · · · · · · · · · · B **t**
fermé dim. soir – **R** 100, enf. 45.

rte Bayonne : par ④ – ✉ **40990** St Paul-lès-Dax :

XX **Relais des Plages** avec ch, à 3 km ✆ 58 91 78 86, ⤵ – 📺 ☎ ⇔ 🅿 VISA
fermé 15 au 31 mars et 1er au 15 déc. – **R** *(fermé lundi)* 80/250 ⅃, enf. 50 – � 28 – **10 ch**
200/280 – ½ P 195/250.

XX **La Chaumière**, à 7 km ✆ 58 91 79 81, ♨ – 🅿 🗲 VISA
fermé 1er au 18 mars, 1er au 15 nov., lundi soir et mardi hors sais. – **R** 100/200.

CITROEN S.A.A.D., ZAC du Sablar, r. Prairies
✆ 58 74 62 22
FIAT Debibié, 145 av. V.-de-Paul ✆ 58 74 88 74
OPEL-GM Duprat-Desclaux, rte de Bayonne, St-
Paul-lès-Dax ✆ 58 91 78 04
PEUGEOT-TALBOT Dax-Auto, rte de Bayonne, St-
Paul-lès-Dax par ④ ✆ 58 91 77 42

RENAULT Autom. Landaises, av. du Sablar
✆ 58 74 83 44 🅽 ✆ 58 91 22 90
V.A.G Gar. Ducasse, rte d'Orthez à Narrosse
✆ 58 74 44 58

⓪ Central Pneu, 122 av. V.-de-Paul ✆ 58 74 08 40
Morès, ZI n° 1, rte de St-Pandelon ✆ 58 74 94 66

DEAUVILLE 14800 Calvados 🅱🅱 ③ G. Normandie Vallée de la Seine – 4 769 h. alt. 6 – Casino.

Voir Mont Canisy ≤★ 5 km par ③ puis 20 mn.

🏌🏌🏌 New-Golf ✆ 31 88 20 53, S : 3 km par D 278 AZ ; 🏌🏌 de St-Gatien-Deauville ✆ 31 65 19
99, E : 10 km par D 74 BZ ; 🏌🏌 de St-Julien ✆ 31 64 30 30, S par N 177 : 15 km.

✈ de Deauville-St-Gatien : ✆ 31 88 31 28, S : 3 km BY.

🛈 Office de Tourisme pl. Mairie ✆ 31 88 21 43, Télex 170220.

Paris 207 ② – ◆Caen 47 ③ – Évreux 102 ② – ◆Le Havre 74 ② – Lisieux 30 ② – ◆Rouen 91 ②.

DEAUVILLE	Morny (Pl. de) . . . . **BZ** 28	Gaulle (Av. Gén.-de) . . . **AZ** 10
	République (Av. de la) . **ABZ**	Gontaut-Biron (R.) . . . . **AYZ** 13
Fracasse (R. A.) . . . . . . **AZ**	Blanc (R. E.) . . . . **AZ** 4	Hoche (R.) . . . . **AZ** 20
Gambetta (R.) . . . . **BY** 9	Colas (R. E.) . . . . **AZ** 5	Laplace (R.) . . . . **AZ** 23
Le-Hoc (R. D.) . . . . **BZ** 24	Fossorier (R. R.) . . . . **AZ** 8	Le Marois (R.) . . . . **AZ** 25
		Marine (Q. de la) . . . . . . **BY** 26

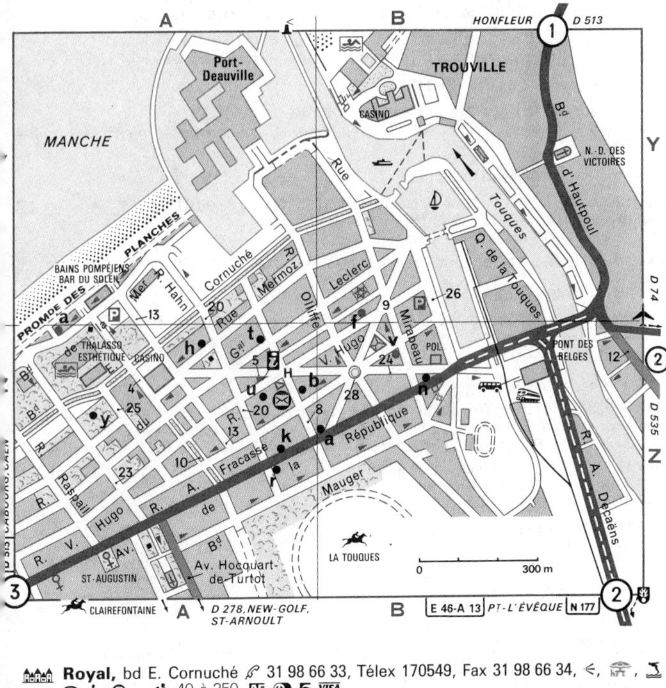

🏨🏨🏨 **Royal,** bd E. Cornuché ✆ 31 98 66 33, Télex 170549, Fax 31 98 66 34, ≤, ♨, ⤵ – 🛗 📺
☎ & 🅿 – 🔬 40 à 250. 🆈 🆈 🗲 VISA
13 mars-2 déc. – **R** 250 – **L'Etrier R** 150/250 enf. 120 – ⊒ 70 – **298 ch** 1500/1800, 16 appart.   AZ **y**

🏨🏨🏨 **Normandy,** 38 r. J. Mermoz ✆ 31 98 66 22, Télex 170617, Fax 31 98 66 23, ≤, ♨, 🔲, ☂
– 🛗 📺 ☎ & – 🔬 160. 🆈 ⓪ 🗲 VISA. ⁂ rest   AZ **h**
La Potinière R carte 250 à 450 – **La Belle Époque** *(1er juil.-14 sept., vacances scolaires et
week-ends hors sais.)* **R** carte 200 à 400, enf. 120 – ⊒ 70 – **293 ch** 1500/1800, 27 appart.

407

🏨 **Hélios** sans rest, 10 r. Fossorier ℰ 31 88 28 26, Fax 31 88 53 87, ⅃ – 劇 🆑 ☎ &. 🆊 ①
⌕ 𝐸 𝑽𝑰𝑺𝑨 ⚙
⌕ 39 – **44 ch** 410.　　　　　　　　　　　　　　　　　　　　　　　　AZ **t**

🏨 **Le Trophée** Ⓜ, 81 r. Gén. Leclerc ℰ 31 88 45 86, Télex 306022, Fax 31 88 07 94, 🍴 – 劇
🆑 ☎ &. 🆊 ① 𝐸 𝑽𝑰𝑺𝑨　　　　　　　　　　　　　　　　　　　　　　　　　AZ **u**
R 130/230 – ⌕ 40 – **22 ch** 500/600.

🏨 **Marie-Anne** sans rest, 142 av. République ℰ 31 88 35 32 – 🆑 ☎. 🆊 ① 𝐸 𝑽𝑰𝑺𝑨　　AZ **k**
⌕ 36 – **24 ch** 330/490.

🏨 **Continental** sans rest, 1 r. Désiré Le Hoc ℰ 31 88 21 06, Fax 31 98 93 67 – 劇 🆑 ☎. 🆊
① 𝐸 𝑽𝑰𝑺𝑨　　　　　　　　　　　　　　　　　　　　　　　　　　　　　BZ **n**
fermé 12 nov. au 20 déc. et 6 janv. au 27 fév. – ⌕ 30 – **48 ch** 254/334.

🏠 **Pavillon de la Poste** sans rest, 25 r. R. Fossorier ℰ 31 88 38 29 – 🆑 ☎. 𝐸.
𝑽𝑰𝑺𝑨　　　　　　　　　　　　　　　　　　　　　　　　　　　　　　　AZ **b**
⌕ 30 – **15 ch** 330/370.

🏠 **Le Chantilly** sans rest, 120 av. République ℰ 31 88 79 75 – 🆑 ☎. 🆊 ① 𝐸 𝑽𝑰𝑺𝑨　BZ **a**
fermé 12 au 29 nov. – ⌕ 30 – **17 ch** 150/460.

XXXX **Ciro's,** prom. Planches ℰ 31 88 18 10, ≤, 🍴 – 🆊 ① 𝐸 𝑽𝑰𝑺𝑨　　　　　AZ **a**
R 175/290.

XX ❀ **Le Spinnaker** (Angenard), 52 r. Mirabeau ℰ 31 88 24 40 – 🆊 𝑽𝑰𝑺𝑨. ⚙　　BZ **v**
fermé 5 au 20 nov., 5 au 20 fév., jeudi en hiver et merc. – **R** 160/260
Spéc. Tartare de tourteau à l'avocat, Homard rôti au vinaigre de cidre, Feuillantine aux pommes en chaud-
froid.

XX **Le Yearling,** 38 av. Hocquart-de-Turtot ℰ 31 88 33 37 – 🆊 ① 𝐸 𝑽𝑰𝑺𝑨
fermé mars, nov., lundi et mardi sauf juil.-août et fêtes – **R** 115/185.

X **L'Espérance** avec ch, 32 r. V. Hugo ℰ 31 88 26 88, 🍴 – 🆑 𝐸 𝑽𝑰𝑺𝑨. ⚙ ch　　BY **f**
fermé 6 au 13 juin et 9 au 15 janv. – **R** (fermé merc. et jeudi sauf juil.-août et fériés)
105/130 – ⌕ 25 – **10 ch** 195/270 – ½ P 230/290.

à l'aéroport Deauville-St-Gatien E : 7 km par D 74 – ⊠ **14130** Pont-l'Évêque :

XX **Rest. Aéroport,** 1ᵉʳ étage ℰ 31 88 38 75, ≤ – 🆊 ① 𝐸 𝑽𝑰𝑺𝑨
fermé 10 janv. à fin fév., mardi soir et merc. sauf août – **R** 140/190, enf. 80.

à Canapville par ② : 6 km – ⊠ **14800** :

XX **Jarrasse,** sur N 177 ℰ 31 65 21 80, 🍴, 🌲 – 𝐸 𝑽𝑰𝑺𝑨
fermé 15 juin au 10 juil., 15 nov. au 10 déc., 15 au 30 janv., mardi et merc. sauf août –
R 140/260.

à Touques par ② : 2,5 km – ⊠ **14800** :

🏨 **L'Amirauté** Ⓜ, N 177 ℰ 31 88 90 62, Télex 171665, Fax 31 88 90 62, 🍴, ⅃, ⚎ – 劇 🆑
☎ &. ❶ – 🔏 80 à 400. 🆊 ① 𝐸 𝑽𝑰𝑺𝑨
R 150 – ⌕ 47 – **115 ch** 655/720, 6 appart. 1095.

XX **Relais du Haras** avec ch, 23 r. Louvel et Brière ℰ 31 88 43 98, Fax 31 98 92 31 – ☎. 🆊
① 𝐸 𝑽𝑰𝑺𝑨
R 138/260 – ⌕ 40 – **7 ch** 460/660.

XX **Le Village** avec ch, 64 r. Louvel et Brière ℰ 31 88 01 77 – 🆑 ☎. 𝐸 𝑽𝑰𝑺𝑨
fermé 3 janv. au 3 fév., mardi soir de nov. à avril et merc. d'oct. à juin – **R** 98/185, enf. 48
– ⌕ 28 – **8 ch** 300/350 – ½ P 275/325.

au New Golf S : 3 km par D 278 - BAZ – ⊠ **14800** Deauville :

🏨 **Golf** ≫, ℰ 31 88 19 01, Télex 170448, Fax 31 88 75 99, alt. 100, 🍴, « Au milieu du golf,
≤ campagne deauvillaise », ⅃, ⚎ – 劇 🆑 ☎ ❶ – 🔏 30 à 150. 🆊 ① 𝐸 𝑽𝑰𝑺𝑨
1ᵉʳ mars-1ᵉʳ déc. – **R** carte 250 à 380, enf. 95 – ⌕ 70 – **165 ch** 760/970, 10 appart. 1940.

🏠 **Open H.** Ⓜ ≫, rte Deauville ℰ 31 98 16 16, Fax 31 98 16 01, ≤, 🍴, ⅃, 🌲 – 劇 🆑 ☎
&. ❶ – 🔏 25 à 40. 🆊 𝐸 𝑽𝑰𝑺𝑨
R 55/107 – ⌕ 29 – **53 ch** 285.

ALFA-ROMEO-FORD Gar. de la Plage, 26 r. Gén.-
Leclerc ℰ 31 88 28 67 Ⓝ
CITROEN SDA, 40 rte de Paris par ②
ℰ 31 88 85 44
PEUGEOT-TALBOT SODEVA, rte de Paris par ②
ℰ 31 88 66 22

RENAULT Les Autom. Deauvillaises, rte de Paris
par ② ℰ 31 88 21 34 Ⓝ

⑩ Ollitrault-Pneus, ZI r. Tonneliers à Touques
ℰ 31 88 46 13

DECAZEVILLE 12300 Aveyron 🅖🅞 ① G. Gorges du Tarn – 9 204 h. alt. 225.
🄱 Office de Tourisme square J.-Ségalat ℰ 65 43 06 27.
Paris 605 – Rodez 37 – Aurillac 68 – Figeac 28 – Villefranche-de-Rouergue 38.

🏨 **France,** pl. Cabrol ℰ 65 43 00 07 – 劇 🖹 rest 🆑 ☎. 🆊 𝐸 𝑽𝑰𝑺𝑨
R 60/160 &. enf. 35 – ⌕ 22 – **24 ch** 190/250.

PEUGEOT-TALBOT Cassan, 47 av. P.-Ramadier
ℰ 65 43 06 06 Ⓝ ℰ 65 43 20 94

⑩ Sigal, pl. G.-Abraham ℰ 65 43 02 33

DECIZE 58300 Nièvre 🔢 ④⑤ G. Bourgogne – 7 522 h. alt. 197.

🅱 Office de Tourisme à la Mairie ℘ 86 25 03 23 et pl. St-Just (juil.-août).

Paris 272 – Moulins 33 – Autun 78 – Bourbon-Lancy 38 – Château-Chinon 53 – Clamecy 75 – Digoin 66 – Nevers 34.

XX **Le Charolais**, 33 bis rte Moulins ℘ 86 25 22 27 – 🔲 **E** 𝚅𝙸𝚂𝙰
fermé 24 au 31 janv., 24 au 30 juin, 16 au 30 sept., dim. soir et lundi – **R** 120/195 ⅄.

CITROEN Dallois, 109 bis av. de Verdun
℘ 86 25 15 88
FORD Ronsin Autom. 50 av. de Verdun
℘ 86 25 08 91
OPEL Gar. Girault Roy, 12 bd Voltaire
℘ 86 25 01 58
PEUGEOT-TALBOT Becouse-Autom., rte de Moulins ℘ 86 25 13 32

RENAULT SAVRAL, N 81 à St-Léger-des-Vignes
℘ 86 25 09 73 🅽 ℘ 86 77 11 11
V.A.G Gar. Boiteau, 8 av. 14-Juillet ℘ 86 25 06 12

⊕ Bill Pneum, Les Champs Monares rte de Moulins ℘ 86 25 14 39

DELLE 90100 Ter.-de-Belf. 🔢 ⑧ – 6 898 h. alt. 360.

🅱 Office de Tourisme av. Gén.-de-Gaulle ℘ 84 36 03 06.

Paris 501 – ♦Mulhouse 42 – ♦Bâle 51 – Belfort 19 – Montbéliard 18.

XXX **National** avec ch, à la Gare ℘ 84 36 03 97, 🐎 – 🔲 ☎ 🅿 – 🔥 30. **E** 𝚅𝙸𝚂𝙰 ✻
R *(fermé dim. soir et lundi)* 85/220 ⅄, enf. 60 – ⊡ 28 – **8 ch** 170/240 – ½ P 200/230.

DELME 57590 Moselle 🔢 ⑭ – 698 h. alt. 221.

Paris 363 – ♦Metz 32 – ♦Nancy 35 – Château-Salins 13 – Pont-à-Mousson 32 – St-Avold 41.

🏠 **A la Douzième Borne**, ℘ 87 01 30 18 – 🛉 🔲 ☎ 🆎 ⓞ **E** 𝚅𝙸𝚂𝙰
➤ **R** 50/165 ⅄ – ⊡ 23 – **20 ch** 105/165 – ½ P 150.

⊕ Pneus Diffusion ℘ 87 01 36 83

DEMOISELLES (Grottes des) ★★★ 34 Hérault 🔢 ⑯⑰ G. Gorges du Tarn.

DÉSAIGNES 07 Ardèche 🔢 ⑲ – rattaché à Lamastre.

DESCARTES 37160 I.-et-L. 🔢 ⑤ G. Poitou Vendée Charentes – 4 357 h. alt. 51.

🅱 Syndicat d'Initiative à la Mairie ℘ 47 59 70 50.

Paris 290 – ♦Tours 56 – Châteauroux 91 – Châtellerault 23 – Chinon 52 – Loches 31.

🏠 **Moderne**, 15 r. Descartes ℘ 47 59 72 11 – 🔲 ☎ – 🔥 25. ⓞ **E** 𝚅𝙸𝚂𝙰
fermé 1er oct., vacances de fév., vend. soir en hiver et dim. soir – **R** 75/150, enf. 55 – ⊡ 26 – **11 ch** 200/250 – ½ P 190.

⬆ **Aub. de l'Islette**, à Lilette (86 Vienne) O : 3 km par D58 et D5 ✉ 37160 Descartes
➤ ℘ 47 59 72 22 – 🅿 – 🔥 30. **E** 𝚅𝙸𝚂𝙰
fermé 15 déc. au 1er janv. et sam. hors sais. – **R** 49/165 – ⊡ 22 – **17 ch** 80/182 – ½ P 140/160.

RENAULT Chabauty, 12 av. Gare ℘ 47 59 70 40

Les DEUX-ALPES (Alpes de Mont-de-Lans et de Vénosc) 38860 Isère 🔢 ⑥ G. Alpes du Nord – alt. 1 644 Alpe de Vénosc, 1 660 m Alpe de Mont-de-Lans – Sports d'hiver : 1 650/3 500 m ✂7 ✂55.

Voir Belvédère de la Croix★.

🅱 Office de Tourisme ℘ 76 79 22 00, Télex 320883.

De l'Alpe de Vénosc : Paris 639 ① – ♦Grenoble 74 ① – Le Bourg-d'Oisans 25 ① – La Grave 26 ① – Col du Lautaret 37 ①.

Plan page suivante

🏨 **La Bérangère** ⌂, (a) ℘ 76 79 24 11, Télex 320878, Fax 76 79 55 08, ≤, ⊿, 🔲 – 🛉 🔲
☎ 🅿 – 🔥 25. 🆎 **E** 𝚅𝙸𝚂𝙰 ✻ rest
juil.-août et 15 déc.-3 mai – **R** 195/290 – ⊡ 45 – **59 ch** 450/650 – ½ P 450/650.

🏨 **Ariane** Ⓜ ⌂, ℘ 76 79 29 29, Télex 308315, Fax 76 79 25 21, ≤, 🏡 – 🛉 🔲 ☎ 🅿 –
🔥 300. 🆎 ⓞ **E** 𝚅𝙸𝚂𝙰 ✻ rest
R 120/160, enf. 80 – ⊡ 40 – **101 ch** 550/950 – ½ P 540/650.

🏨 **La Farandole** ⌂, (b) ℘ 76 80 50 45, Télex 320029, Fax 76 79 56 12, ≤ massif de la Muzelle, 🏡, 🔲, 🐎 – 🛉 ⇆ ch 🔲 ☎ ⇦ 🅿 – 🔥 50. 🆎 ⓞ **E** 𝚅𝙸𝚂𝙰
22 juin-8 sept. et 1er déc.-6 mai – **R** 200/300, enf. 120 – **46 ch** ⊡ 450/950, 14 appart. 950/1600 – ½ P 470/730.

🏨 **Les Marmottes**, (d) ℘ 76 79 21 91, Télex 320700, Fax 76 79 25 79, ≤, ⌢, 🔲, ✻ – 🛉
🔲 ☎ 🚿 – 🔥 50. ✻ rest
20 juin-8 sept. et 20 déc.-15 avril – **R** 180/230 – ⊡ 50 – **40 ch** 350/450 – ½ P 420/610.

🏨 **L'Adret** ⌂, (e) ℘ 76 79 24 30, Fax 76 79 57 08, ≤, ⌢, ⊿, 🐎, ✻ – 🛉 🔲 ☎ ⇦ 🅿.
E 𝚅𝙸𝚂𝙰 ✻ rest
15 juin-7 sept., vacances de nov. et 21 nov.-3 mai – **R** 150, enf. 70 – ⊡ 30 – **27 ch** 340/520, 4 appart. 650 – ½ P 340/520.

tourner →

LES DEUX-ALPES

0   300 m

GRENOBLE ① BRIANÇON

LES CIMES

BELVÉDÈRE DES CIMES

L'ALPE-DE-MONT-DE-LANS

JANDRI-EXPRESS

SUPER VENOSC

ST-BENOIT

L'ALPE-DE-VENOSC

LE DIABLE

VENOSC

BELVÉDÈRE DE LA CROIX

🏨 **Chalet Mounier, (n)**
⚲ 76 80 56 90, Télex 308411,
Fax 76 79 56 51, ⌇, ⚒ – ▮
📺 ☎ 🅿 – 🔬 25 à 40. 𝘝𝘐𝘚𝘈.
⍀ rest
28 juin-10 sept. et 14 déc.-
10 mai – **R** 105/140 – **48 ch**
⌷ 258/560 – ½ P 235/450.

🏨 **Souleil'Or** Ⓜ ⌇, (t) ⚲ 76
79 24 69,   Fax 76 79 20 64,
≼, ⚒ – ▮ ☎ – 🔬 25. 🔋
𝘝𝘐𝘚𝘈 ⍀ rest
22 juin-8 sept. et 20 déc.-
1er mai – **R** 140/155 – ⌷ 40
– **42 ch** 350/415 – ½ P 320/
470.

🏨 **La Mariande** ⌇, (f)
⚲ 76 80 50 60, ≼ massif de
la Muzelle, ⚒, ⌇, ⍽ – 📺
☎ 🅿 𝘝𝘐𝘚𝘈 ⍀ rest
1er juil.-31 août et 21 déc.-
20 avril – **R** 160/180 – ⌷ 42
– **26 ch** 300/520 – ½ P
205/312.

🏨 **Edelweiss, (k)** ⚲ 76 79
21 22, Fax 76 79 24 63, ≼,
⍽, ⚒ – ▮ ☎ ⇔ – 🔬 30.
🔋 𝘝𝘐𝘚𝘈 ⍀ rest
23 juin-8 sept. et 14 déc.-
3 mai – **R** 115/195, enf. 85 –
⌷ 40 – **33 ch** 335/515 –
½ P 295/467.

🏨 **Aalborg** ⌇, (u) ⚲ 76 80
54 11,   Fax 76 79 57 82, ≼,
⍽ – ▮ 📺 ☎ 🅿 🄰🄴 🔋
𝘝𝘐𝘚𝘈 –20juin-10sept. et 15déc.-
1er mai – **R** 125, enf. 60 –
⌷ 37 – **25 ch** 280/480 –
½ P 325/405.

🏨 **Muzelle-Sylvana, (r)** ⚲ 76
80 50 93, Télex 308332 – ▮
📺 ☎ ⇔ 🅿 🔋 𝘝𝘐𝘚𝘈. ⍀ rest
15 déc.-15 avril – **R** 145/155
– ⌷ 45 – **30 ch** 275/380 –
½ P 270/450.

🏨 **Mélèzes, (s)** ⚲ 76 80 50 50,
≼ – ☎ 🅿 𝘝𝘐𝘚𝘈. ⍀ rest
16 déc.-10 mai – **R** 110/200 – ⌷ 40 – **32 ch** 270/380 – ½ P 270/390.

🏨 **Le Provençal, (v)** ⚲ 76 80 52 58 – ☎ 🅿 🔋 𝘝𝘐𝘚𝘈. ⍀ rest
25 juin-10 sept. et 20 déc.- 1er mai – **R** (résidents seul.) – ⌷ 30 – **18 ch** 300 – ½ P 340.

DHUIZON 41220 L.-et-Ch. 🗗 ⑧ – 1 057 h. alt. 130.

Paris 173 – ◆Orléans 43 – Beaugency 22 – Blois 28 – Romorantin-Lanthenay 27.

🍴🍴 **Aub. Gd Dauphin** avec ch, ⚲ 54 98 31 12, 🏡 – ☎ 🅿 🅾 🔋 𝘝𝘐𝘚𝘈 – fermé fév., dim. soir
et lundi sauf fériés – **R** 85/220 ⚖, enf. 50 – ⌷ 28 – **9 ch** 180/250 – ½ P 175/210.

DIE ⬛ 26150 Drôme 🗗 ⑬⑭ **G. Alpes du Sud** (plan) – 4 047 h. alt. 410.

Voir Mosaïque★ dans l'hôtel de ville – 🄴 Office de Tourisme pl. St-Pierre ⚲ 75 22 03 03.

Paris 627 – Valence 65 – Gap 95 – ◆Grenoble 99 – Montélimar 75 – Nyons 83 – Sisteron 99.

🏨 **La Petite Auberge,** av. Sadi-Carnot (face gare) ⚲ 75 22 05 91, 🏡 – 📺 ☎ 🅿. 𝘝𝘐𝘚𝘈
*fermé 23 au 29 sept., 15 déc. au 15 janv., dim. soir et merc. de sept. à juin et lundi (sauf
hôtel) en juil.-août* – **R** 85/220 – ⌷ 28 – **11 ch** 120/230 – ½ P 180/250.

🏨 **Relais de Chamarges,** rte Valence : 1 km ⚲ 75 22 00 95, ≼, 🏡, 🌲 – ☎ 🅿 🔋 𝘝𝘐𝘚𝘈
➡ *fermé 25 janv. au 1er mars, dim. soir et lundi sauf juil.-août* – **R** 70/200 ⚖, enf. 58 – ⌷ 30
– **10 ch** 180 – ½ P 225.

FORD Gar. du Vercors ⚲ 75 22 04 97 🄽
PEUGEOT-TALBOT Gar. du Viaduc ⚲ 75 22 01 47
PEUGEOT-TALBOT Querol ⚲ 75 22 06 47
🄽 ⚲ 75 22 22 12

RENAULT Favier ⚲ 75 22 02 11
Gar. Bouffier ⚲ 75 22 01 55

DIEFFMATTEN 68780 H.-Rhin 🗗 ⑨ – 232 h. alt. 300.

Paris 532 – ◆Mulhouse 21 – Belfort 24 – Colmar 49 – Thann 17.

🍴🍴🍴 **Cheval Blanc,** ⚲ 89 26 91 08, 🏡, 🌲 – 🅿. 🄰🄴 🅾 🔋 𝘝𝘐𝘚𝘈
fermé 15 au 31 juil., dim. soir, lundi et mardi soir – **R** 150/380 ⚖, enf. 60.

DIENNE 15300 Cantal ⁷⁶ ③ G. Auvergne – 396 h. alt. 1 050.

Paris 517 – Allanche 22 – Aurillac 56 – Condat 31 – Mauriac 52 – Murat 10 – St-Flour 35.

🕿 **Poste**, ℰ 71 20 80 40 – **P**. 🖭 **⊙** **E** 𝘝𝘐𝘚𝘈. ❄ ch
fermé 10 nov. au 20 déc. – **R** 90/110 ⅃ – ⌴ 22 – **10 ch** 150/220 – ½ P 155/175.

DIEPPE ◁ℛ▷ 76200 S.-Mar. ⁵² ④ G. Normandie Vallée de la Seine – 35 360 h. alt. 7 – Casino Municipal AY – **Voir** Église St-Jacques★ BY – Boulevard de la Mer ≼★ par ⑤ – Chapelle N.-D.-de-Bon-Secours ≼★ BY – Musée du château : ivoires★ AZ – 🖿ᵦ ℰ 35 84 25 05, par ⑥ : 2 km.

🅱 Office de Tourisme bd Gén.-de-Gaulle ℰ 35 84 11 77 et Rotonde de la Plage (juil.-août) ℰ 35 84 28 70.

Paris 169 ③ – Abbeville 64 ① – Beauvais 104 ③ – ✦Caen 168 ③ – ✦Le Havre 104 ③ – ✦Rouen 61 ③.

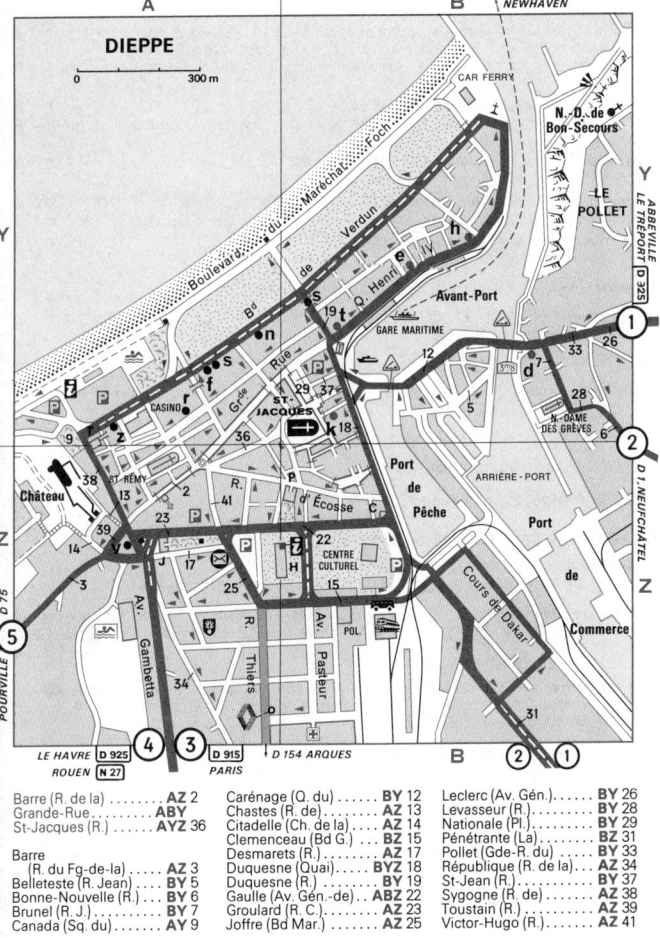

Barre (R. de la) .... **AZ** 2	Carénage (Q. du) ...... **BY** 12
Grande-Rue .... **ABY**	Chastes (R. de) .... **AZ** 13
St-Jacques (R.) .... **AYZ** 36	Citadelle (Ch. de la) ... **AZ** 14
	Clemenceau (Bd G.) ... **BZ** 15
Barre	Desmarets (R.) .... **AZ** 17
(R. du Fg-de-la) ..... **AZ** 3	Duquesne (Quai) ...... **BYZ** 18
Belleteste (R. Jean) .... **BY** 5	Duquesne (R.) .... **BY** 19
Bonne-Nouvelle (R.) ... **BY** 6	Gaulle (Av. Gén.-de) .. **ABZ** 22
Brunel (R. J.) .... **BY** 7	Groulard (R. C.) .... **AZ** 23
Canada (Sq. du) .... **AY** 9	Joffre (Bd Mar.) .... **AZ** 25

Leclerc (Av. Gén.) ...... **BY** 26
Levasseur (R.) .... **BY** 28
Nationale (Pl.) .... **BY** 29
Pénétrante (La) .... **BZ** 31
Pollet (Gde-R. du) ..... **BY** 33
République (R. de la) ... **AZ** 34
St-Jean (R.) .... **BY** 37
Sygogne (R. de) .... **AZ** 38
Toustain (R.) .... **AZ** 39
Victor-Hugo (R.) .... **AZ** 41

🏨🏨 **La Présidence** 🖩, 1 bd Verdun ℰ 35 84 31 31, Télex 180865, Fax 35 84 86 70, ≼ – ▮❙
▤ rest 🅃🅅 ☎ ♿ ⇔ – 🔥 150. 🖭 **⊙** **E** 𝘝𝘐𝘚𝘈 AY **z**
R (4ᵉ étage) grill carte 165 à 250 ⅃ – ⌴ 45 – **88 ch** 305/510.

🏨🏨 **Aguado** 🖩 sans rest, 30 bd Verdun ℰ 35 84 27 00, Fax 35 06 17 61, ≼ – ▮❙ 🅃🅅 ☎. **E** 𝘝𝘐𝘚𝘈.
❄ – ⌴ 34 – **56 ch** 312/395 BY **s**

🏨🏨 **Univers**, 10 bd Verdun ℰ 35 84 12 55, Télex 770771, Fax 35 40 20 40, ≼ – ▮❙ 🅃🅅 ☎ –
🔥 30. 🖭 **⊙** **E** 𝘝𝘐𝘚𝘈 AY **f**
R 165/285, enf. 45 – ⌴ 40 – **30 ch** 280/465 – ½ P 350/400.

🏨 **Epsom** sans rest, 11 bd Verdun ℘ 35 84 10 18, Fax 35 40 03 00, ≤ – |≑| 🅣🅥 ☎ – 🔬 40. 🄰🄴
Ε 𝘝𝘐𝘚𝘈   AY **s**
⌑ 28 – **28 ch** 230/285.

🏨 **Plage** sans rest, 20 bd Verdun ℘ 35 84 18 28, Télex 180485, Fax 35 82 36 82, ≤ – |≑| 🅣🅥
☎. 🄰🄴 ⓞⓓ Ε 𝘝𝘐𝘚𝘈. ✷   AY **n**
⌑ 33 – **40 ch** 250/290.

🏨 **Select H.** sans rest, 1 r. Toustain ℘ 35 84 14 66 – |≑| 🅣🅥 ⊚. 🄰🄴 Ε 𝘝𝘐𝘚𝘈   AZ **v**
⌑ 30 – **25 ch** 195/300.

🏠 **Ibis** ✷, par ④ le Val Druel ℘ 35 82 65 30, Télex 180067 – 🅣🅥 ☎ ⓟ. Ε 𝘝𝘐𝘚𝘈
R 76/95 bc, enf. 35 – ⌑ 29 – **45 ch** 250/275.

🏠 **Tourist H.** sans rest, 16 r. Halle au Blé ℘ 35 06 10 10 – ☎. 🄰🄴 𝘝𝘐𝘚𝘈   AY **r**
⌑ 25 – **29 ch** 140/220.

XX ⊛ **La Mélie** (Brachais), 2 Gde rue du Pollet ℘ 35 84 21 19 – 🄰🄴 ⓞⓓ Ε 𝘝𝘐𝘚𝘈   BY **d**
fermé 10 sept. au 10 oct., dim. soir et lundi – **R** 150 et carte 175 à 265
Spéc. Goujonnettes de sole et merlan au sauté d'aubergines, Filet de boeuf en chevreuil, Crêpou à la
normande.

XX **Marmite Dieppoise**, 8 r. St Jean ℘ 35 84 24 26 – Ε 𝘝𝘐𝘚𝘈   BY **k**
fermé 20 juin au 2 juil., 24 déc. au 7 janv., jeudi soir hors sais., dim. soir et lundi – **R**
115/190.

XX **Armorique**, 17 quai Henri IV ℘ 35 84 28 14 – Ε 𝘝𝘐𝘚𝘈   BY **t**
fermé 14 au 27 oct., dim. soir et lundi – **R** carte 170 à 285.

X **La Musardière**, 61 quai Henri IV ℘ 35 82 94 14 – Ε 𝘝𝘐𝘚𝘈   BY **e**
fermé dim. soir et lundi midi du 1er oct. au 31 mars et jeudi soir d'avril à sept. – **R** 102/145.

X **Port**, 99 quai Henri IV ℘ 35 84 36 64 – 🄰🄴 Ε 𝘝𝘐𝘚𝘈   BY **h**
fermé janv. – **R** 85/230, enf. 48.

aux Vertus par ④ : 3,5 km sur N 27 – ✉ **76550** Offranville :

XXX **La Bucherie**, ℘ 35 84 83 10 – ⓟ. 𝘝𝘐𝘚𝘈
fermé dim. soir et lundi – **R** 120/240.

CITROEN Éts Leprince, ZI, voie La Pénétrante BZ   RENAULT Gds Gar. Normandie, 33 r. Thiers
℘ 35 84 16 77 🄽   ℘ 35 82 23 40
FORD Gar. de la Plage, 4 r. Bouzard ℘ 35 84 10 36   V.A.G Picard, ZI à Neuville-lès-Dieppe
LANCIA, MAZDA MERCEDES Thiers Auto, 2 r.   ℘ 35 82 02 16 🄽 ℘ 35 84 90 28
Thiers ℘ 35 84 00 35
NISSAN-DATSUN Gar. Gosse, 1 r. J.-Flouest   ⓦ Central Pneu, ZI rte d'Envermeu à Neuville
℘ 35 84 21 49   ℘ 35 82 50 76
PEUGEOT-TALBOT Laffillé, ZI, voie La Pénétrante   Léveillard Pneus, 7 quai Trudaine ℘ 35 84 17 00
BZ ℘ 35 82 24 50
CONSTRUCTEUR : Alpine, av. de Bréauté ℘ 35 82 37 21

DIEULEFIT 26220 Drôme 🄱🄱 ② **G. Vallée du Rhône** – 2 990 h. alt. 386.

🄱 Office de Tourisme pl. Abbé-Magnet (saison) ℘ 75 46 42 49.

Paris 633 – Valence 72 – Crest 37 – Montélimar 27 – Nyons 31 – Orange 58 – Pont-St-Esprit 61.

🏨 **Domaine de Réjaubert** Ⓜ ✷, ℘ 75 00 40 00, Fax 75 46 83 41, ≤, 🍴, centre de
balnéothérapie, « Parc », ⊼, 🏊, ✷ – |≑| ✄ ch ▤ rest 🅣🅥 ☎ & ⓟ – 🔬 120. 🄰🄴 ⓞⓓ Ε
𝘝𝘐𝘚𝘈. ✷ rest
R 190 – ⌑ 40 – **86 ch** 500/645 – ½ P 500.

XX **Relais du Serre** avec ch, rte Nyons : 3 km ℘ 75 46 43 45, 🍴 – ☎ ⓟ. 🄰🄴 ⓞⓓ Ε 𝘝𝘐𝘚𝘈
⬥ *fermé 2 au 10 sept., vacances de fév., dim. soir et lundi sauf juil.-août* – **R** 65/220 ⚬, enf. 50
– ⌑ 37 – **7 ch** 195/265 – ½ P 220/235.

au Poët-Laval O : 5 km par D 540 – ✉ **26160**.

Voir Site★.

🏨 ⊛ **Les Hospitaliers** Ⓜ ✷, ℘ 75 46 22 32, ≤ vallée, 🍴, « Au vieux village », ⊼, 🌳 –
☎ ⓟ – 🔬 30. 🄰🄴 ⓞⓓ Ε 𝘝𝘐𝘚𝘈
1er mars-15 nov. – **R** 200/420 – ⌑ 75 – **22 ch** 460/840
Spéc. Feuilleté aux pointes d'asperges (1er avril-15 juin), Carré d'agneau, Gâteau chocolat fourré aux
framboises. Vins Coteaux du Tricastin.

CITROEN Chauvin ℘ 75 46 44 47 🄽   RENAULT S.E.G.B. ℘ 75 46 32 33
PEUGEOT Henry ℘ 75 46 43 59 🄽 ℘ 75 46 33 31

DIGNAC 16 Charente 🄷🄷 ⑭ – rattaché à Angoulême.

In questa guida
uno stesso simbolo, uno stesso carattere
stampati a colori o in nero, in magro o in **grassetto**
hanno un significato diverso.

Leggete attentamente le pagine esplicative.

Env. Courbons : ≤★ de l'église, 6 km par ③ – ≤★ du Relais de Télévision, 8 km par ③.

🖻 ♂ 92 32 38 38, par ② : 7 km par N 85 puis D 12.

🖪 Office de Tourisme et Accueil de France (Informations et réservations d'hôtels, pas plus de 5 jours à l'avance) le Rond-Point ♂ 92 31 42 73, Télex 430605.

Paris 744 ③ – Aix-en-Provence 112 ③ – Antibes 139 ② – Avignon 143 ③ – Cannes 134 ② – Carpentras 140 ③ – Gap 86 ③ – ♦Grenoble 182 ③ – ♦Nice 152 ② – Valence 203 ③.

Plan page suivante

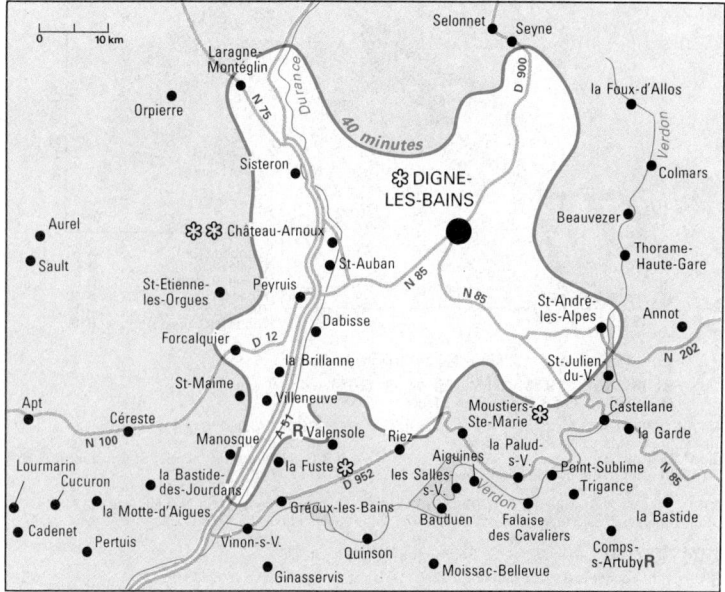

▲▲ ❀ **Grand Paris** (Ricaud), 19 bd Thiers ♂ 92 31 11 15, Fax 92 32 32 82, ⛶ – 🛗 TV ☎ ⟵⟶.
🎟 ⓪ 🖪 *VISA*   A **a**
R *(fermé 15 déc. au 1er mars, dim. soir et lundi hors sais.)* 150/350, enf. 85 – 🖙 50 – **26 ch** 350/430, 5 appart. 660 – P 440/550
Spéc. Terrine de lentilles et groin de porc, Pièce d'agneau braisée au Châteauneuf, Dauphin sauce chocolat. **Vins** Lirac, Châteauneuf-du-Pape.

▲▲ **Tonic H.** Ⓜ ⍦, rte Thermes : 2 km par av. 8-Mai ♂ 92 32 20 31, Fax 92 32 44 54 – 🛗 TV ☎ ⑂ – 🔄 90. 🎟 🖪 *VISA*. ⌘ rest
R 75/150, enf. 50 – 🖙 30 – **60 ch** 360/450 – P 330/370.

🏚 **Ermitage Napoléon,** bd Gambetta par ② ♂ 92 31 01 09, ⛶ – 🛗 TV ☎ ⑂ 🅿. 🎟 ⓪ 🖪 *VISA*
10 mars-10 nov. – **R** 95/250 – 🖙 35 – **53 ch** 250/490 – P 300/420.

🏚 **Mistre,** 63 bd Gassendi ♂ 92 31 00 16 – TV ☎ ⟵⟶ – 🔄 80. 🎟 🖪 *VISA*   A **n**
fermé 10 déc. au 10 janv. – **R** *(fermé sam. sauf juil.-août)* 140/285 ⑂ – 🖙 34 – **19 ch** 285/400 – P 440/480.

🏠 **Central** sans rest, 26 bd Gassendi ♂ 92 31 31 91 – ☎. 🖪 *VISA*   A **t**
🖙 3 – **20 ch** 100/230.

🏡 **Le Petit St-Jean,** 14 cours Arès ♂ 92 31 30 04 – ⟵⟶. *VISA*   B **u**
fermé 15 déc. au 20 janv. et dim. soir du 21 janv. au 30 mars – **R** 65/130, enf. 50 – 🖙 22 – **18 ch** 100/200 – P 230/250.

XX **L'Olivier,** 1 r. Monges ♂ 92 32 46 06 – 🍽. 🖪 *VISA*   A **d**
fermé août, sam. midi et dim. – **R** 140 bc (déj. seul.)/200, enf. 50.

XX **L'Origan** avec ch, 6 r. Pied-de-Ville ♂ 92 31 62 13, ⛶ – 🎟 🖪 *VISA*   A **r**
fermé 24 au 31 mars, 3 au 25 nov. et dim – **R** (nombre de couverts limité - prévenir) 95/195, enf. 45 – 🖙 22 – **9 ch** 90/140 – ½ P 150/170.

tourner →

DIGNE-LES-BAINS

Gassendi (Bd) . . . . **AB**
Hubac (R. de l') . . . . **A** 7
Pied-de-Ville (R.) . . . . . . **A** 12

Arès (Cours des) . . . . **B** 2
Capitoul (R.) . . . . **B** 3
Dr-Romieu
(R. du) . . . . **B** 4

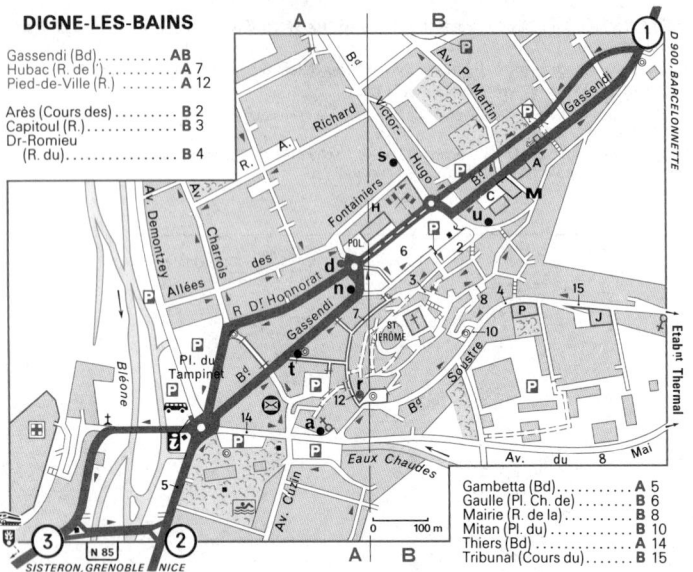

Gambetta (Bd) . . . . **A** 5
Gaulle (Pl. Ch. de) . . . . . . **B** 6
Mairie (R. de la) . . . . **B** 8
Mitan (Pl. du) . . . . **B** 10
Thiers (Bd) . . . . **A** 14
Tribunal (Cours du) . . . . . . **B** 15

aux Sieyes par ③ : 2 km – ⊠ **04000** Digne-les-Bains :

🏨 **St-Michel**, ℰ 92 31 45 66 – 📺 ☎ 🅿. 🄴 VISA. ⅌ rest
R 75/130 ⅃, enf. 50 – ⊏ 30 – **21 ch** 180/260.

ALFA-ROMEO-FIAT-LANCIA Liotard, quartier des
Sieyes, rte de Marseille ℰ 92 31 05 56
🅽 ℰ 92 32 18 55
CITROEN Digne Autom. Diffusion, quartier de la
Tour, rte de Marseille par ③ ℰ 92 31 31 24
FORD SOVRA, ZI St-Christophe ℰ 92 32 09 13
OPEL Meyran, 77 av. de Verdun ℰ 92 31 02 47

PEUGEOT-TALBOT S.D.A.D., quartier St-Chris-
tophe, rte de Marseille par ③ ℰ 92 31 06 11
V.A.G Digne-Autos, quartier St-Christophe, N 85
ℰ 92 31 12 48

🅦 Ayme-Pneus, ZI St-Christophe ℰ 92 31 34 67
Gilles Pneus, 29 av. des Charrois ℰ 92 32 01 45

🟦 **DIGOIN** 71160 S.-et-L. 🔟🔟 ⑯ G. **Bourgogne** – 11 341 h. alt. 236.

🇮 Office de Tourisme 8 r. Guilleminot ℰ 85 53 00 81 et pl. de la Grève ℰ 85 88 56 12.

Paris 338 ① – Moulins 56 ④ – Autun 67 ① – Charolles 25 ② – Roanne 55 ③ – Vichy 71 ④.

🏨 **Gare**, 79 av. Gén. de Gaulle (s) ℰ 85 53 03 04,
🚃 – 📺 ☎ 🅿. ⓪ 🄴 VISA
*fermé mi-janv. à mi-fév. et merc. sauf juil.-
août* – **R** 120/330, enf. 65 – ⊏ 33 – **14 ch**
260/290 – ½ P 270/310.

🏨 **Rond Point**, 24 pl. Grève (e) ℰ 85 53 38 04
◆ – ☎ 🅿. 🄴 VISA
R 58/155 ⅃, enf. 40 – ⊏ 24 – **18 ch** 160/250 –
½ P 200.

XX **Diligences**, 14 r. Nationale (a) ℰ 85 53 06 31
– 🅿. 🄰🄴 ⓪ 🄴 VISA. ⅌
*fermé 18 nov. au 11 déc., lundi soir et mardi
sauf juil.-août* – **R** (dim. et fêtes prévenir)
90/300, enf. 50.

à Neuzy par ① : 4 km – ⊠ **71160** Digoin :

🏨 **Merle Blanc**, ℰ 85 53 17 13, Fax 85 88 91 71
◆ – 📺 ☎ ⅃ 🅿 – 🔬 40. 🄴 VISA. ⅌ ch
R 65/180 ⅃ – ⊏ 28 – **12 ch** 190/220 –
½ P 155/170.

X **Aub. des Sables**, ℰ 85 53 07 64 – 🅿. 🄴 VISA
fermé 1er au 8 sept., vacances de fév. et lundi – **R** 95/270 ⅃.

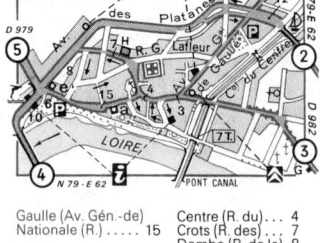

DIGOIN

Gaulle (Av. Gén.-de)
Nationale (R.) 15

Bartoli (R.) 2
Bisefranc (R. de) . . . 3

Centre (R. du) . . . 4
Crots (R. des) . . . 7
Dombe (R. de la) . 8
Grève (Pl. de la) . 10
Launay (Av. de) . . 12

CITROEN Gar. Central, 2 av. Gén.-de-Gaulle
ℰ 85 53 08 37
CITROEN Martel, rte de Vichy à Molinet (Allier)
par ④ ℰ 85 53 11 04
FORD Narbot, 68 r. Bartoli ℰ 85 53 04 38
🅽 ℰ 85 88 57 39

PEUGEOT Brechat, Chavannes à Molinet (Allier)
par ④ ℰ 85 53 01 10
PEUGEOT-TALBOT Jugnet et Fils, 19 av. Platanes
ℰ 85 53 03 15

🅦 Gaudrypneu, La Fontaine St-Martin Molinet
ℰ 85 53 12 21

DIJON ℗ 21000 Côte-d'Or 🗺 ⑩ **G. Bourgogne** – 145 569 h. alt. 247.

Voir Palais des Ducs et des États de Bourgogne★ DY : Tour Philippe-le-Bon ⩽★, Musée des Beaux-Arts★★ (salle des Gardes★★★) – Rue des Forges★ DY – Église N.-Dame★ DY – plafonds★ du Palais de Justice DY **J** – Chartreuse de Champmol★ : Puits de Moïse★★ A **V** – Église St-Michel★ DY – Jardin de l'Arquebuse★ CY – Rotonde★★ de la crypte★ dans la cathédrale CY – Musée Archéologique★ CY **M2**.

🗻🗻 de Dijon Bourgogne ℰ 80 35 71 10, par ① : 10 km.

🗓 Office de Tourisme et Accueil de France (Informations, change et réservations d'hôtels, pas plus de 5 jours à l'avance) pl. Darcy ℰ 80 43 42 12, Télex 350912 et 34 r. Forges ℰ 80 30 35 39, Télex 351444 – A.C. 4 r. Montmartre ℰ 80 41 61 35.

Paris 313 ⑦ – Auxerre 149 ⑦ – ◆Bâle 244 ③ – ◆Besançon 104 ③ – ◆Clermont-Ferrand 282 ④ – ◆Genève 199 ③ – ◆Grenoble 298 ④ – ◆Lyon 192 ④ – ◆Reims 284 ① – ◆Strasbourg 335 ③.

Plans pages suivantes

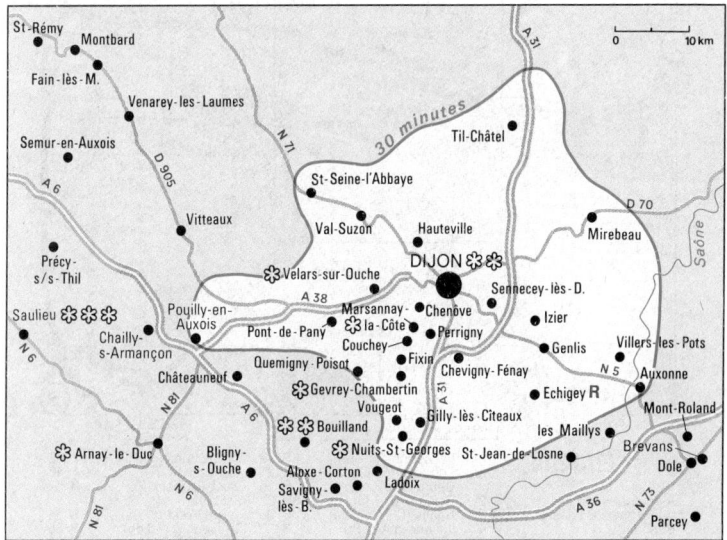

🏨🏨 **La Cloche** Ⓜ, 14 pl. Darcy ℰ 80 30 12 32, Télex 350498, Fax 80 30 04 15 – 🛗 ⇜ ch 🍴 ch 📺 📶 ☎ 🅰 ⓘ ⊜ 𝑽𝑰𝑺𝑨   CY **f**
R voir rest. **Jean-Pierre Billoux** ci-après – ⊑ 55 – **76 ch** 495/600, 4 duplex 1200.

🏨🏨 **Altéa Château Bourgogne** Ⓜ, 22 bd Marne ℰ 80 72 31 13, Télex 350293, Fax 80 73 61 45, 📶, 🏊, ⬛ – 🛗 ⇜ ch 🍴 📺 ☎ 🅿 – 🔏 40 à 350. 🅰 ⓘ ⊜ 𝑽𝑰𝑺𝑨   EX **z**
R 158 bc/250, enf. 50 – ⊑ 45 – **116 ch** 395/495.

🏨🏨 ✿ **Chapeau Rouge,** 5 r. Michelet ℰ 80 30 28 10, Télex 350535, Fax 80 30 33 89 – 🛗 🍴 rest 📺 ☎ 🅰 ⓘ ⊜ 𝑽𝑰𝑺𝑨 ✿ rest   CY **a**
R 140 bc/210 bc – ⊑ 52 – **30 ch** 415/780 – ½ P 480/520
Spéc. Croustade d'escargots à la crème de basilic, Pigeonneau farci en civet "Bourguignonne", Soufflé chaud aux fruits rouges (juil. à sept.). Vins Saint-Romain, Santenay.

🏨 **Wilson** Ⓜ sans rest, 1 r. Longvic ℰ 80 66 82 50, « Ancien relais de poste du 17ᵉ siècle » – 🛗 📺 ☎ 🅰 🅿 ⊜ 𝑽𝑰𝑺𝑨   DZ **k**
⊑ 42 – **27 ch** 350/410.

🏨 **Jura** sans rest, 14 av. Mar. Foch ℰ 80 41 61 12, Télex 350485, Fax 80 41 51 13, 📶 – 🛗 📺 ☎ 🅰 ⟷ – 🔏 35. 🅰 ⓘ ⊜ 𝑽𝑰𝑺𝑨   CY **r**
fermé 20 déc. au 13 janv. – ⊑ 45 – **79 ch** 250/420.

🏨 **Central Urbis** Ⓜ, 3 pl. Grangier ℰ 80 30 44 00, Télex 350606, Fax 80 30 77 12 – 🛗 📺 ☎ 🅰 – 🔏 40. 🅰 ⓘ ⊜ 𝑽𝑰𝑺𝑨   CY **e**
R Rôtisserie (fermé dim.) 150/230, enf. 65 – ⊑ 34 – **90 ch** 255/310.

🏨 **Nord et rest. de la Porte Guillaume,** pl. Darcy ℰ 80 30 58 58, Télex 351554, Fax 80 30 61 26 – 🛗 📺 ☎ 🅰 ⓘ ⊜ 𝑽𝑰𝑺𝑨   CY **w**
fermé 23 déc. au 10 janv. – **R** 100/185, enf. 50 – ⊑ 42 – **29 ch** 180/350 – ½ P 290/350.

🏨 **Relais Arcade** Ⓜ, 15 av. Albert 1ᵉʳ ℰ 80 43 01 12, Télex 350515, Fax 80 41 69 48 – 🛗 🍴 rest 📺 ☎ 🅰 🅿 – 🔏 180. 🅰 ⓘ ⊜ 𝑽𝑰𝑺𝑨   CY **n**
R 90 bc (dîner)/155 bc (dim.) et carte, enf. 40 – ⊑ 35 – **128 ch** 275/295.

🏨 **Grésill'H.** sans rest, 16 av. R. Poincaré ℰ 80 71 10 56, Télex 350549, Fax 80 74 34 89 – 🛗 📺 ☎ 🅿 – 🔏 25. 🅰 ⓘ ⊜ 𝑽𝑰𝑺𝑨   B **t**
⊑ 29 – **47 ch** 240/320.

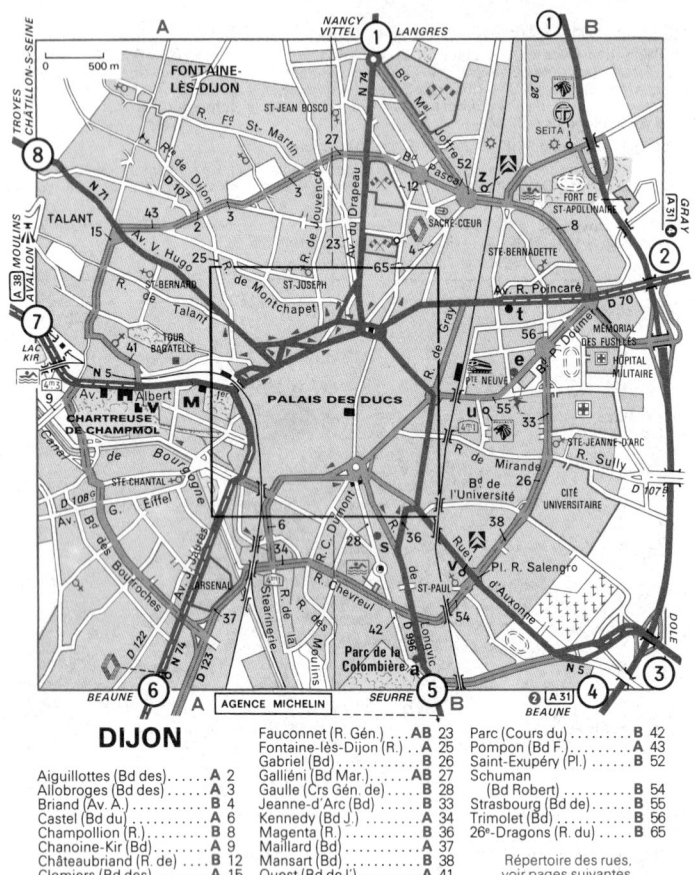

DIJON

🏠 **Jacquemart** sans rest, 32 r. Verrerie ℰ 80 73 39 74, Fax 80 73 20 99 – 📺 ☎ 🅴 🆅🆂🅰
⌚ 28 – **30 ch** 145/290.   DY **h**

🏠 **Victor Hugo** sans rest, 23 r. Fleurs ℰ 80 43 63 45 – ☎ 🚗 🅴 🆅🆂🅰 ⋇   CX **b**
⌚ 22 – **23 ch** 120/220.

🏠 **Parc de la Colombière,** 49 cours Parc ℰ 80 65 18 41, Télex 351482, 🍽 – 🔌 📺 ☎ ♿
🅿 – 🔬 150. 🅰🅴 🅴 🆅🆂🅰   B **a**
R 148/198 – ⌚ 40 – **36 ch** 250/340.

🏠 **Allées** sans rest, 27 cours Gén. de Gaulle ℰ 80 66 57 50, Fax 80 41 84 84 – 🔌 ☎ 🅰🅴 🅴
🆅🆂🅰   B **s**
⌚ 21 – **37 ch** 172/208.

XXXX ❀❀ **Jean-Pierre Billoux** - Hôtel la Cloche, 14 pl. Darcy ℰ 80 30 11 00, Télex 351445,
Fax 80 49 94 89, 🍽 – 🍴 🅿 🅰🅴 🅾 🅴 🆅🆂🅰   CY **f**
fermé 4 au 19 août, vacances de fév., dim. soir et lundi – **R** 250 (sauf vend. et sam.)/480
et carte
Spéc. Paupiette de homard aux aubergines confites, Pigeon rôti et gâteau de semoule aux raisins, Poire rôtie
au citron et glace au pain d'épices. **Vins** Saint-Romain, Pernand-Vergelesses rouge.

XXX ❀ **Thibert,** 10 pl. Wilson ℰ 80 67 74 64 – 🍴 🅰🅴 🅴 🆅🆂🅰   DZ **k**
fermé 28 juil. au 18 août, vacances de fév., lundi midi et dim. – **R** 115/380
Spéc. Petits choux verts farcis aux escargots Filets de sandre aux griaudes de lapin, Pigeon rôti et paillasson
de pommes de terre aux noix.. **Vins** Hautes-Côtes-de-Nuits, Ladoix.

XXX ❀ **La Chouette** (Breuil), 1 r. la Chouette ℰ 80 30 18 10, Fax 80 30 59 93 – 🅰🅴 🅾 🅴 🆅🆂🅰
fermé lundi soir et mardi – **R** 148/390   DY **v**
Spéc. Petits escargots à la crème et aux herbes, Dos de saumon rôti au beurre rouge, Rognon de veau
émincé à la moutarde et pâtes fraîches.. **Vins** Mercurey, Santenay.

XXX **Pré aux Clercs et Trois Faisans,** 13 pl. Libération ℰ 80 67 11 33, Télex 350394, Fax 80 66 85 29 – 🖭 ⓞ 🗲 𝚅𝙸𝚂𝙰 DY **x**
R 98/300, enf. 70.

XXX **La Toison d'Or,** 18 r. Ste Anne ℰ 80 30 73 52, Télex 351681, « Demeures anciennes, caveau-musée » – 🅿. 🖭 ⓞ 🗲 𝚅𝙸𝚂𝙰 DY **p**
fermé dim. soir sauf fériés et vacances scolaires – **R** 125/240.

XXX **Le Rallye,** 39 r. Chabot-Charny ℰ 80 67 11 55 – 🖭 ⓞ 🗲 𝚅𝙸𝚂𝙰 DY **d**
fermé 29 juil. au 19 août, 25 fév. au 12 mars, dim. et fériés – **R** 90/200, enf. 60.

XX ⚜ **Le Petit Vatel** (Lespagnol), 73 r. Auxonne ℰ 80 65 80 64 – ▤. 🗲 𝚅𝙸𝚂𝙰. ⚘ EZ **a**
R 95 (déj.)/130
Spéc. Fricassée d'escargots à l'ail doux, Magret de canard aux baies de cassis, Escalope de ris de veau à la crème d'échalote.

XX **Ma Bourgogne,** 1 bd P. Doumer ℰ 80 65 48 06, 😊 – 🗲 𝚅𝙸𝚂𝙰 B **e**
fermé 12 au 31 août, dim. soir et lundi – **R** 100/245, enf. 70.

XX **La Dame d'Aquitaine,** 23 pl. Bossuet ℰ 80 30 36 23, Fax 80 49 90 41, « Aménagé dans une crypte du 13e siècle » – 🖭 ⓞ 🗲 𝚅𝙸𝚂𝙰 CY **m**
fermé lundi midi et dim. – **R** 115/280.

X Saint Jean, 13 r. Monge ℰ 80 30 06 64 CY **v**

au Parc de la Toison d'Or par ① : 5 km – ✉ **21000** Dijon :

🏨 **Garden Court Holiday Inn** 🕅, 1 pl. Marie de Bourgogne ℰ 80 72 20 72, Télex 352180, Fax 80 72 32 72 – 🛗 ⇖ ch ▤ rest 🆃🆅 ☎ ⚹ 🅿 – 🔬 50. 🖭 ⓞ 🗲 𝚅𝙸𝚂𝙰
R carte environ 180 – ☲ 45 – **104 ch** 320/400.

à Sennecey-lès-Dijon SE : 5 km sur N 5 par rte de Neuilly-lès-Dijon – ✉ **21800** :

🏥 **La Flambée,** ℰ 80 47 35 35, Télex 350273, Fax 80 47 07 08, 😊, ⚘ – 🛗 ▤ 🆃🆅 ☎ 🅿 – 🔬 25. 🖭 ⓞ 🗲 𝚅𝙸𝚂𝙰
R grill 89/95 ⅃ – ☲ 37 – **22 ch** 345/445 – ½ P 305/320.

à Chevigny Fenay par ⑤ et D 996 : 9 km – ✉ **21600** Longvic :

🏠 **Relais de la Sans-Fond,** ℰ 80 36 61 35, Fax 80 36 94 89, 😊, ⚘ – 🆃🆅 ☎ 🅿 – 🔬 80. 🖭 🗲 𝚅𝙸𝚂𝙰
fermé 24 déc. au 15 janv. – **R** 80/250, enf. 46 – ☲ 35 – **17 ch** 220/280 – ½ P 230/290.

à Chenôve par ⑥ et D 122^A : 7 km – 19 528 h. – ✉ **21300** :

🏠 **Fimotel** 🕅, vers accès autoroute Lyon ℰ 80 52 20 33, Télex 351312 – 🛗 🆃🆅 ☎ 🔥 🅿 – 🔬 30. 🖭 ⓞ 🗲 𝚅𝙸𝚂𝙰
fermé dim. – **R** 72/95 ⅃, enf. 34 – ☲ 35 – **40 ch** 260/280 – ½ P 245/268.

à Marsannay-la-Côte par ⑥ : 8 km – 5 942 h. – ✉ **21160** :

🏨 **Novotel** 🕅, rte Beaune ℰ 80 52 14 22, Télex 350728, Fax 80 51 02 28, 😊, 🏊 – 🛗 ▤ rest 🆃🆅 ☎ 🔥 🅿 – 🔬 120. 🖭 ⓞ 🗲 𝚅𝙸𝚂𝙰
R carte environ 150 ⅃, enf. 50 – ☲ 44 – **124 ch** 375/425.

XXX ⚜ **Gourmets** (Perreaut), 8 r. Puits de Têt (près église) ℰ 80 52 16 32, Télex 352113, Fax 80 52 03 01, 😊, ⚘ – 🖭 ⓞ 🗲 𝚅𝙸𝚂𝙰
fermé 30 juil. au 13 août., 7 au 31 janv. dim. soir et lundi – **R** 150/420
Spéc. Poêlée de langoustines sauce acidulée, Sandre rôti et oreille de porc croquante, Fricassée de ris et rognon de veau. Vins Marsannay.

à Perrigny-lès-Dijon par ⑥ – ✉ **21160** :

🏠 **Ibis** 🕅, à 9 km ℰ 80 52 86 45, Télex 351510 – 🆃🆅 ☎ 🔥 🅿 – 🔬 25. 🗲 𝚅𝙸𝚂𝙰
R 77 ⅃, enf. 35 – ☲ 32 – **48 ch** 245/280.

🏠 **Cottage H.** 🕅, à 10 km ℰ 80 51 10 00, 😊 – ⇖ ch 🆃🆅 ☎ 🔥 🅿 – 🔬 40. 🖭 ⓞ 🗲 𝚅𝙸𝚂𝙰
R 68/92 ⅃, enf. 35 – ☲ 28 – **41 ch** 220/270 – ½ P 238.

à Couchey par ⑥ et N 74 : 11 km – ✉ **21160** :

XX **L'Écuyer de Bourgogne,** ℰ 80 52 03 14 – 🅿. 🖭 🗲 𝚅𝙸𝚂𝙰
fermé dim. soir et lundi – **R** 95/230, enf. 60.

au Lac Kir par ⑦ : 4 km – ✉ **21370** Plombières-lès-Dijon :

XX **Le Cygne,** ℰ 80 41 02 40, ≤ – ▤ 🅿. 🗲 𝚅𝙸𝚂𝙰
R 70/110 ⅃.

à Velars-sur-Ouche O : 12 km par ⑦, N 5 et A 38 – ✉ **21370** :

XXX ⚜ **Aub. Gourmande** (Barbier), ℰ 80 33 62 51, 😊 – 🅿. 🗲 𝚅𝙸𝚂𝙰
fermé 28 fév. au 7 mars, dim. soir et lundi – **R** 98/210
Spéc. Escalope de saumon à la crème de fines herbes, Coq au vin, Nougat glacé. Vins Marsannay rosé, Nuits-Saint-Georges.

tourner →

DIJON

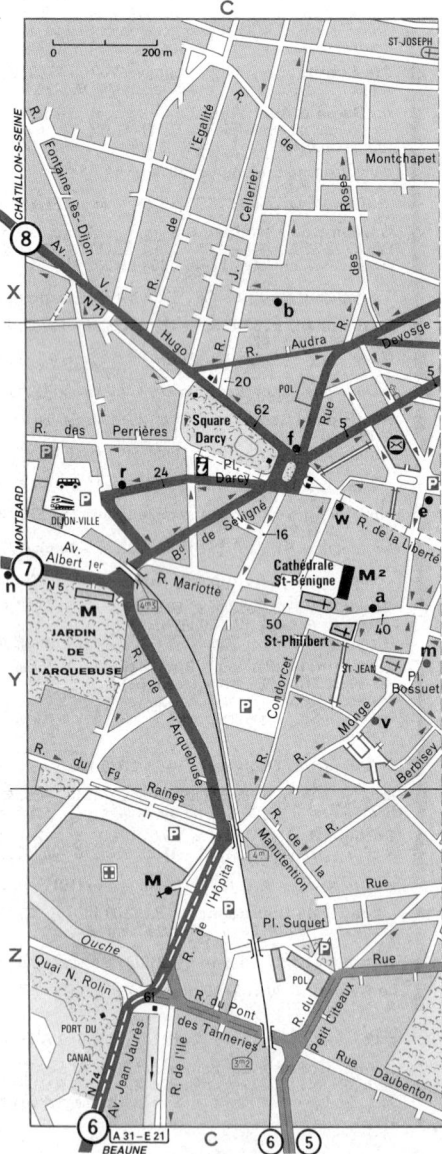

au NO par ⑧ :

🏨 **Castel Burgond** Ⓜ, à 4 km sur N 71 – ✉ 21121 Fontaines-lès-Dijon – ℰ 80 56 59 72, Fax 80 57 69 48, 佘 – 劌 📺 ☎ 丙 ❼ – 🅰 80. ⒶⒺ ❿ 𝖵𝖨𝖲𝖠
Trois Ducs ℰ 80 56 59 75 *(fermé dim. soir et lundi)* **R** 135bc/250, enf. 70 – 🖙 30 – **38 ch** 220/260.

🏨 **La Bonbonnière** ⌂ sans rest, à Talant : 3 km, 24 r. Orfèvres (près église) ✉ 21240 Talant ℰ 80 57 31 95, 佘 – 劌 📺 ☎ 丙 ❼ Ⓔ 𝖵𝖨𝖲𝖠
1er mars- 1er nov. – 🖙 26 – **18 ch** 210/260.

à Hauteville-lès-Dijon par ⑧ et D 107F : 6 km – ✉ 21121 :

✕✕ **La Musarde** avec ch, ℰ 80 56 22 82, 佘, 佘 – 📺 ☎ 丙 ❼ Ⓔ 𝖵𝖨𝖲𝖠
fermé 28 juil. au 7 août, 15 janv. au 15 fév., dim. soir et lundi – **R** 90/250 – 🖙 35 – **11 ch** 200/250.

MICHELIN, Agence régionale, 10 r. de Romelet à Longvic par ⑤ A ℰ 80 67 35 38

CITROEN Succursale, impasse Chanoine-Bardy B z ℰ 80 71 81 42
CITROEN Gar. Bartman, 154 r. d'Auxonne B v ℰ 80 66 46 73
FIAT Gar. Sodia, 2 av. R.-Poincaré ℰ 80 71 14 12
FORD Gar. Montchapet, 12 r. Gagnereaux ℰ 80 73 41 11
FORD Gar. Lignier, 3 r. Grands-Champs ℰ 80 66 39 05 Ⓝ
PEUGEOT Gar. Château-d'Eau, 1 bd Fontaine-des-Suisses B u ℰ 80 65 40 34 Ⓝ ℰ 80 31 35 41

PEUGEOT-TALBOT Bourgogne Autom. Nord, r. de Cracovie ZI Nord B ℰ 80 73 81 16
RENAULT Succursale, 139 av. J.-Jaurès A ℰ 80 51 51 51 Ⓝ
RENAULT Segelle, 5 bd de l'Europe à Quetigny par D 107B B ℰ 80 46 02 54
V.A.G Gd gar. Diderot, 4 r. Diderot ℰ 80 65 46 01
VOLVO Gar. du Transvaal, 21 r. Transvaal ℰ 80 67 71 51

Périphérie et environs

BMW Gar. Massoneri, r. Charrières à Quetigny ℰ 80 46 01 51
CITROEN Succursale, rte de Beaune à Marsannay-la-Côte par ⑥ ℰ 80 52 11 20
FIAT Sodia, 125 rte de Beaune à Chenôve ℰ 80 52 60 02
LANCIA, MERCEDES-BENZ Gar. Gremeau, 65 rte de Beaune à Chenôve ℰ 80 52 11 66
OPEL Gar. Heinzlé, r. Prof.-L.-Neel, ZI à Longvic ℰ 80 66 52 78
PEUGEOT-TALBOT Bourgogne Autom. Sud, 5 rte de Beaune à Chenôve par ⑥ ℰ 80 52 21 20
PORSCHE-MITSUBISHI Auto Sélection, 67 rte de Beaune à Chenôve ℰ 80 52 60 12
RENAULT Auto Leader Bourgogne, 47 RN 74 à Marsannay-la-Côte par ⑥ ℰ 80 52 12 15

RENAULT Succursale, 11 bd Grand-Marché à Quetigny ℰ 80 46 04 15 Ⓝ ℰ 80 51 51 51
TOYOTA Gar. Neilo Cheli, 5 r. du Clos Mutant à Chenôve ℰ 80 52 51 78
V.A.G Gd Gar. Diderot, r. P.-Langevin à Chenôve ℰ 80 52 33 52
V.A.G Gd Gar. Diderot, ZAC de la Charmette, r. des Ruchottes à Ahuy ℰ 80 70 19 70

⬤ Briday Pneus, 11 r. A.-Becquerel, ZI à Chenôve ℰ 80 52 54 70
Métifiot, 1 r. de l'Escaut, ZI à St-Apollinaire ℰ 80 71 21 40
Piot-Pneu, rte de Gray, St-Apollinaire ℰ 80 71 36 66

▮▮▮▮▮ **DINAN** ⬩⬤⬩ **22100** C.-d'Armor 🄵🄹 ⑮ G. Bretagne – 14 157 h. alt. 76.

Voir Vieille ville★★ BY : Tour de l'Horloge ⚘★★ BZ E, Jardin anglais ⇐★★ BY, Place des Merciers★ BZ 33, rue du Jerzual★ BY 28, Promenade de la Duchesse Anne ⇐★ BZ – Château★ : ⚘★ AZ – Lanvallay ⇐★ 2 km par ②.

🟥🟥 de St-Malo ℰ 99 58 96 69, par ② N 176 : 19 km.

🛈 Office de Tourisme 6 r. Horloge ℰ 96 39 75 40.

Paris 397 ② – St-Malo 29 ① – Avranches 67 ② – Fougères 71 ② – ◆Rennes 51 ② – St-Brieuc 60 ③ – Vannes 118 ③.

Plan page ci-contre

🏨 **D'Avaugour,** 1 pl. Champ Clos ℰ 96 39 07 49, 佘, 佘 – 劌 📺 ☎. ⒶⒺ ❿ Ⓔ 𝖵𝖨𝖲𝖠 AZ r
R *(fermé 19 au 31 janv., et lundi du 7 janv. au 18 mars)* 140/230 ⅋, enf. 80 – 🖙 43 – **27 ch** 300/450 – ½ P 350/380.

🏨 **Bretagne,** 1 pl. Duclos ℰ 96 39 46 15, Fax 96 85 44 03 – 劌 ☎. ⒶⒺ ❿ Ⓔ 𝖵𝖨𝖲𝖠 AYZ e
R 60/250 – 🖙 25 – **46 ch** 230/320 – ½ P 245/295.

🏨 **Les Alleux** Ⓜ, rte Ploubalay par ④ : 1 km ℰ 96 85 16 10, Télex 741280 – ☎ 丙 ❼ Ⓔ 𝖵𝖨𝖲𝖠
R 60/150 ⅋, enf. 40 – 🖙 26 – **36 ch** 230/270 – ½ P 210/220.

🏠 **Tour de l'Horloge** ⌂ sans rest, 5 r. Chaux ℰ 96 39 96 92, Fax 96 85 06 99 – cuisinette 📺 ☎. ⒶⒺ ❼ Ⓔ 𝖵𝖨𝖲𝖠 ABZ a
🖙 29 – **12 ch** 250/320.

🏠 **France,** 7 pl. 11-Novembre par ④ ℰ 96 39 22 56 – 📺 ☎ ⬅. ⒶⒺ ❿ Ⓔ 𝖵𝖨𝖲𝖠
fermé 19 au 31 août (sauf hôtel), 22 déc. au 3 janv. et sam. hors sais. – **R** 65/185 ⅋ – 🖙 28 – **14 ch** 110/255 – ½ P 180/255.

✕✕ **Mère Pourcel,** 3 pl. Merciers ℰ 96 39 03 80, 佘, « Maison bretonne du 15e siècle » – ⒶⒺ ❿ Ⓔ 𝖵𝖨𝖲𝖠 BZ t
fermé dim. soir et lundi sauf juil.-août – **R** 85/350, enf. 60.

✕✕ **Caravelle,** 14 pl. Duclos ℰ 96 39 00 11 – ⒶⒺ ❿ Ⓔ 𝖵𝖨𝖲𝖠 AY s
fermé 12 nov. au 3 déc., dim. soir et merc. sauf juil. à oct. – **R** 110/250.

✕✕ **Relais des Corsaires,** Le Port ℰ 96 39 40 17, 佘 – ⒶⒺ ❿ Ⓔ 𝖵𝖨𝖲𝖠 BY b
fermé 10 janv. au 28 fév., dim. soir et lundi du 1er oct. au 31 mai – **R** 90/185, enf. 55.

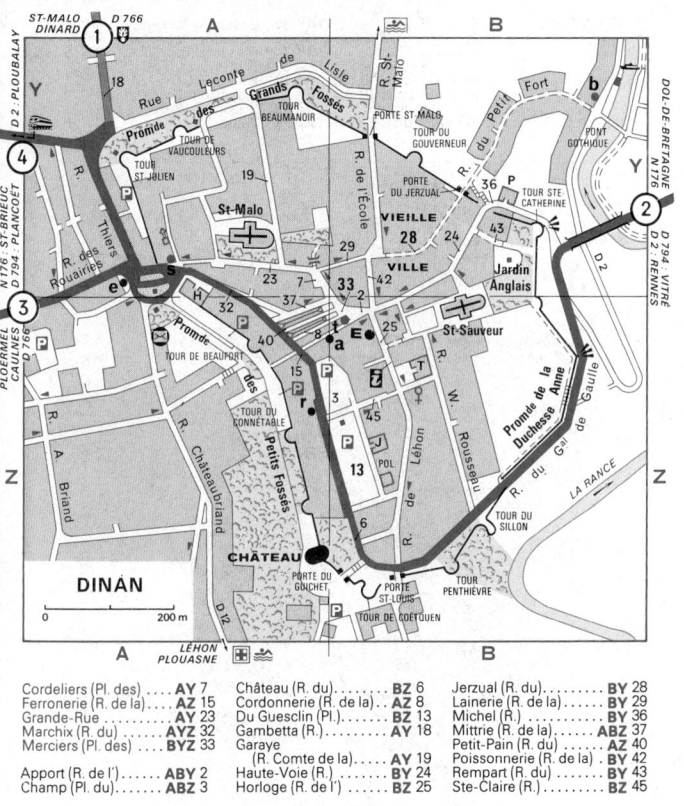

DINAN

CITROEN Gar. Jago, ZI de Quevert par ④
℘ 96 39 04 91
FORD Dinannaise-Autom., rte de Ploubalay
℘ 96 39 64 95 **N** ℘ 96 39 57 48
RENAULT Lemenant J-P, rte de Ploubalay à Taden ℘ 96 39 34 83 **N**

V.A.G Meyer, rte de Ploubalay à Taden
℘ 96 39 12 72

⊕ Desserey-Pneus, ZA des Alleux, rte de Ploubalay à Taden ℘ 96 39 61 18
La Station du Pneu, ZI ℘ 96 85 10 62

DINARD 35800 I.-et-V. **59** ⑤ G. Bretagne – 10 016 h. alt. 18 – Casino Municipal BY.

Voir Pointe du Moulinet ⩽⋆⋆ BY – Grande Plage ou Plage de l'Écluse⋆ BY – Promenade du Clair de Lune⋆ BYZ – La Rance⋆⋆ en bateau – St-Lunaire : pointe du Décollé ⩽⋆⋆ et grotte des Sirènes⋆ 4,5 km par ② – Usine marémotrice de la Rance : digue ⩽⋆ SE : 4 km.

Env. Pointe de la Garde Guérin⋆ : ⹊⋆⋆ par ② : 6 km puis 15 mn.

🏌 de St-Briac-sur-Mer ℘ 99 88 32 07, par ② : 7,5 km.

✈ de Dinard-Pleurtuit-St-Malo : T.A.T. ℘ 99 46 15 76, par ① : 5 km.

🛈 Office de Tourisme 2 bd Féart ℘ 99 46 94 12, Télex 950470.

Par ① : Paris 417 – St-Malo 11 – Dinan 22 – Dol-de-Bretagne 27 – Lamballe 47 – ♦Rennes 72.

Plan page suivante

🏨🏨🏨 **Gd Hôtel et rest. le George V,** 46 av. George V ℘ 99 46 10 28, Télex 740522, Fax 99 46 20 61, ⩽, 🌊 – 🛗 📺 ☎ 🅿 – 🛦 80. 🆎 ⊙ E 𝘝𝘐𝘚𝘈 BY **v**
R 160/400 – 🍽 75 – **80 ch** 450/1300, 3 appart. – ½ P 670/1220.

🏨🏨 **Novotel Thalassa** Ⓜ ⬧, av. Château Hébert ℘ 99 88 78 10, Télex 741990, Fax 99 82 78 29, ⩽, ⌖, centre de thalassothérapie, 🏊, ☞, ⚹ – 🛗 ⭾ch 🍴 📺 ☎ 🅿 – 🛦 80. 🆎 ⊙ E 𝘝𝘐𝘚𝘈 AY **r**
R 135/145 🍴, enf. 52 – 🍽 50 – **104 ch** 540/590 – ½ P 455.

🏨🏨 **Reine Hortense** ⬧ sans rest, 19 r. Malouine ℘ 99 46 54 31, Fax 99 88 15 88, ⩽ St-Malo, 🏖, ☞ – 📺 ☎ 🅿 🆎 ⊙ E 𝘝𝘐𝘚𝘈 BY **e**
25 mars-15 nov. – 🍽 55 – **10 ch** 750/1200.

421

DINARD

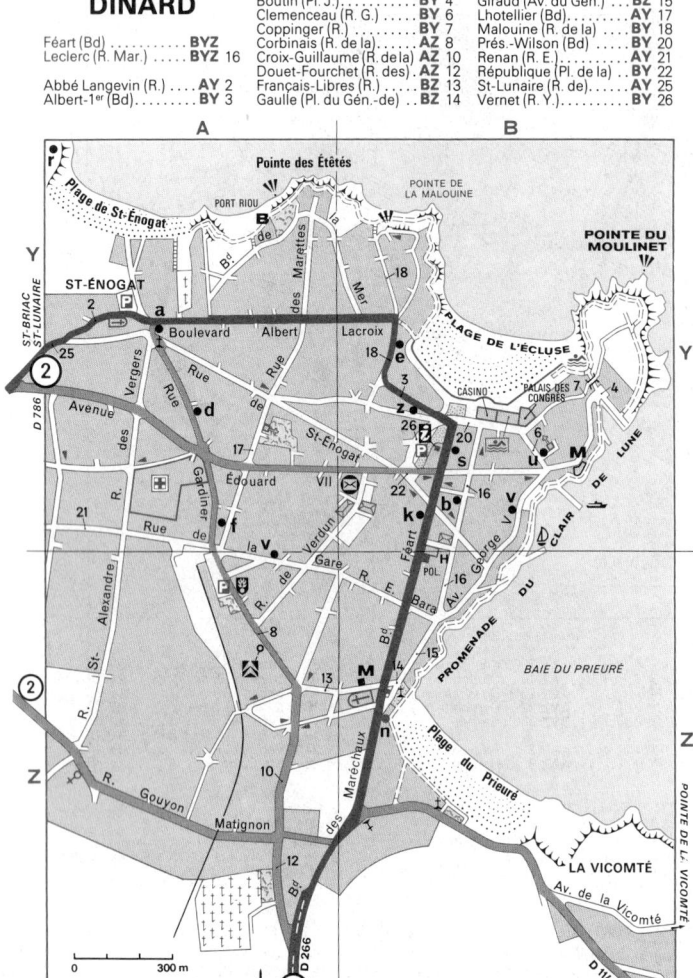

🏨 **Émeraude-Plage,** 1 bd Albert 1er ☎ 99 46 15 79, Fax 99 88 15 31 – 📶 📺 ☎ 🚗. 🛎
30 mars-6 oct. – **R** *(dîner seul.)* 95/125 – 🍴 27 – **59 ch** 230/480 – ½ P 260/375.   BY **z**

🏨 **Plage et rest. Le Trezen,** 3 bd Féart ☎ 99 46 14 87, Fax 99 46 55 52 – 📶 📺 ☎. 🅰🅴 ⓞ
E 𝚅𝙸𝚂𝙰 – *fermé 5 au 24 mars et 5 janv. au 15 fév.* – **R** *(fermé merc.)* 110/240, enf. 60 – 🍴 30
– **18 ch** 255/380 – ½ P 242/312   BY **s**

🏨 **Roche Corneille,** 4 r. G. Clemenceau ☎ 99 46 14 47, Fax 99 46 55 52 – 📶 📺 ☎. 🅰🅴 ⓞ
E 𝚅𝙸𝚂𝙰 – *15 mars-15 oct.* – **R** *(fermé lundi)* (en sem. dîner seul.) 110/240, enf. 60 – 🍴 30 –
27 ch 190/395 – ½ P 227/285   BY **u**

🏨 **Balmoral** sans rest, 26 r. Mar. Leclerc ☎ 99 46 16 97, Fax 99 46 85 34 – 📶 📺 ☎. 🅰🅴 ⓞ
E 𝚅𝙸𝚂𝙰 – *fermé janv., dim. et lundi hors sais.* – 🍴 32 – **31 ch** 240/370   BY **b**

🏨 **Vieux Manoir** 🦢 sans rest, 21 r. Gardiner ☎ 99 46 14 69, Fax 99 46 87 87, « Jardin » –
📺 ☎ 🅿 E 𝚅𝙸𝚂𝙰. 🛎   AY **d**
15 mars-1er nov. et vacances scolaires – 🍴 28 – **37 ch** 220/330.

🏨 **Altaïr,** 18 bd Féart ☎ 99 46 13 58, 🍴 – 📺 ☎. 🅰🅴 ⓞ E 𝚅𝙸𝚂𝙰   BY **k**
fermé 15 nov. au 15 déc., dim. soir et lundi hors sais. – **R** 115/310, enf. 60 – 🍴 33 – **21 ch**
270/340 – ½ P 258/297.

🏠 **Mont-St-Michel,** 54 bd Lhotelier ℰ 99 46 10 40, Fax 99 88 17 47 – 📺 ☎ 🅟 🖪 𝑽𝑰𝑺𝑨.   ❄   AY **f**
15 mars-15 nov. – **R** *(fermé dim. soir)* 85/150 ⓛ – ⌷ 27 – **27 ch** 260/280 – ½ P 200/260.

🏠 **Les Tilleuls,** 36 r. Gare ℰ 99 82 77 00, Fax 99 82 77 55, ⇆ – 📺 ☎ 🅟 ❿ 🖪 𝑽𝑰𝑺𝑨. ❄   **R** *(fermé 15 nov. au 15 janv., dim. soir et lundi du 15 sept. au 15 avril)* 72/180 ⓛ, enf. 50 –
⌷ 30 – **53 ch** 320/400 – ½ P 270/300   AZ **v**

🏠 **Améthyste** sans rest, pl. Calvaire ℰ 99 46 61 81 – 📺 ☎. 🖪 𝑽𝑰𝑺𝑨   AY **a**
24 mars-30 nov. – ⌷ 23 – **15 ch** 209/268.

XX **Prieuré** avec ch, 1 pl. Gén. de Gaulle ℰ 99 46 13 74, ≼ – ☎. 🖪 𝑽𝑰𝑺𝑨   BZ **n**
fermé 15 déc. au 30 janv., dim. soir hors sais. et lundi – **R** 78/130 – ⌷ 25 – **8 ch** 200/250
– ½ P 250.

XX **Host. Le Petit Robinson** avec ch, SE : 3 km sur D 114 ✉ 35780 La Richardais
➡ ℰ 99 46 14 82 – 📺 ☎ 🅟. 🖭 ❿ 🖪 𝑽𝑰𝑺𝑨
fermé 15 nov. au 10 déc., 14 au 28 fév., dim. soir (sauf juil.-août) et lundi – **R** 70/160 ⓛ,
enf. 45 – ⌷ 25 – **7 ch** 260 – ½ P 220/240.

à la Jouvente SE : 7 km par D 11 - BZ et D 5 - - ✉ **35730** Pleurtuit :

🏰 **Manoir de la Rance** ⏳ sans rest, ℰ 99 88 53 76, ≼, « Parc fleuri » – ☎ 🅟. 🖪 𝑽𝑰𝑺𝑨
fermé janv. et fév. – ⌷ 40 – **7 ch** 320/600.

AUSTIN, ROVER, TRIUMPH Gar. Parc, ZA l'Hermi-   RENAULT Martin, ZA l'Hermitage par ①
tage à La Richardais ℰ 99 46 13 38   ℰ 99 46 10 69
CITROEN Gar. Kopp, 21 r. de la Corbinais,
ℰ 99 46 13 43   ⓦ Emeraude Pneumatiques, La Fourberie à St-
PEUGEOT-TALBOT Gar. de la Rive Gauche, ZA   Lunaire ℰ 99 46 11 26
l'Hermitage à La Richardais par ① ℰ 99 46 75 78
Ⓝ ℰ 99 88 44 27

▣ **DIOU** 36 Indre 🈚 ⑨ – rattaché à Issoudun.

▣ **DISSAY** 86130 Vienne 🈚 ⑭ **G. Poitou Vendée Charentes** – 2 466 h. alt. 73.

Voir Peintures murales★ du château.

Paris 321 – Poitiers 16 – Châtellerault 19.

XX **Le Binjamin** avec ch, N 10 ℰ 49 52 42 37 – 📺 ☎ 🅟. 🖪 𝑽𝑰𝑺𝑨
fermé 1ᵉʳ au 15 août, 2 au 8 janv., sam. midi, dim. soir et lundi – **R** 95/220 – ⌷ 28 – **12 ch**
165/235 – ½ P 170.

CITROEN Gar. Pinaudeau ℰ 49 52 42 31

▣ **DIVES-SUR-MER** 14 Calvados 🈕 ⑰ – rattaché à Cabourg.

▣ **DIVONNE-LES-BAINS** 01220 Ain 🈚 ⑯ **G. Jura** (plan) – 4 783 h. alt. 500 – Stat. therm. (fév.-déc.) –
Casino – ⛳ ℰ 50 20 07 19, O : 2 km.

🛈 Office de Tourisme r. des Bains ℰ 50 20 01 22.

Paris 499 – Thonon-les-Bains 52 – Bourg-en-Bresse 112 – ✦Genève 19 – Gex 7,5 – Lausanne 50 – Nyon 13.

🏨 **Les Grands Hôtels** ⏳, ℰ 50 40 34 36, Télex 385716, Fax 50 40 34 24, ≼, ⛲, « Parc
ombragé », ⅀, ⚘ – 🛗 📺 ☎ 🅟 – 🔼 120. 🖭 ❿ 🖪 𝑽𝑰𝑺𝑨. ❄ rest
R *(fermé 15 nov. au 31 mars)* 190 – ⌷ 65 – **147 ch** 680/1080, 6 appart. 1600 – ½ P 635/785.

🏨 ❀❀ **Château de Divonne** ⏳, ℰ 50 20 00 32, Télex 309033, Fax 50 20 03 73, ≼ lac et Mt-
Blanc, ⛲, « Dans un parc ombragé » – 🛗 🖃 rest 📺 ☎ 🅟 – 🔼 60. 𝑽𝑰𝑺𝑨
fermé début janv. à début mars – **R** *(fermé merc. midi et mardi sauf juil.-août)* 240/470 et
carte, enf. 120 – ⌷ 70 – **22 ch** 490/1020, 5 appart. 1550 – ½ P 760/1145
Spéc. Escargots petits gris en robe de pommes d'amour, Poissons du lac, Gâteau de fromage blanc aux
fruits rouges. **Vins** Apremont, Mondeuse.

🏠 **Beau Séjour,** 1 pl. Perdtemps ℰ 50 20 06 22, Télex 309052, Fax 50 20 71 87, ⛲, ⚘ –
📺 ☎ 🖭 ❿ 🖪 𝑽𝑰𝑺𝑨. ❄ ch
R *(fermé merc. sauf en été et mardi soir)* 100/200 ⓛ, enf. 65 – ⌷ 30 – **28 ch** 180/270 –
½ P 220/265.

🏠 **Coccinelle** sans rest, rte Lausanne ℰ 50 20 06 96, Fax 50 20 01 18, ≼, ⚘ – 🛗 ☎ 🅟 🖪
𝑽𝑰𝑺𝑨 – ⌷ 25 – **24 ch** 110/250.

🏠 **Jura** ⏳ sans rest, rte Arbère ℰ 50 20 05 95, Fax 50 20 21 21, ⚘ – ☎ ⇦ 🅟. 🖭 🖪 𝑽𝑰𝑺𝑨
fermé 16 nov. au 20 déc. – ⌷ 28 – **24 ch** 155/250.

XX **Champagne,** av. Genève ℰ 50 20 13 13, ≼, ⛲ – 🅟. 𝑽𝑰𝑺𝑨
fermé 20 au 30 juin, 2 au 11 oct., 22 déc. au 15 janv., jeudi midi et merc. – **R** carte 150 à
240.

XX **Bellevue-rest. Marquis** ⏳ avec ch, par av. d'Arbère ℰ 50 20 02 16, ≼, ⛲, ⚘ – 📺
☎ 🅟. 🖭 ❿ 🖪 𝑽𝑰𝑺𝑨
1ᵉʳ mars-1ᵉʳ déc. et fermé mardi midi et lundi – **R** 160/280 – ⌷ 30 – **15 ch** 210/350 –
½ P 280/320.

XX **Provençal,** r. Genève ℰ 50 20 01 87, ⛲ – 🖭 ❿ 🖪 𝑽𝑰𝑺𝑨
fermé 1ᵉʳ au 21 juil., vacances de fév. – **R** 130/230.

X **Aub. Vieux Bois,** rte Gex : 1 km ℰ 50 20 01 43, ⛲, ⚘ – 🅟. 🖭 🖪 𝑽𝑰𝑺𝑨
fermé dim. soir et lundi – **R** 85/250 ⓛ, enf. 75.

RENAULT Clatot ℰ 50 20 07 05

DOCELLES 88460 Vosges 62 ⑯ – 1 081 h. alt. 383.

Paris 381 – Épinal 20 – Gérardmer 24 – Remiremont 17 – St-Dié 39.

  XX **Le Parchemin,** ℰ 29 66 30 40 – AE ⓞ E VISA
  ⟶ *fermé 7 au 21 oct. et lundi* – **R** 58/160 ⅋, enf. 35.

DOLANCOURT 10 Aube 61 ⑱ – rattaché à Bar-sur-Aube.

DOL-DE-BRETAGNE 35120 I.-et-V. 59 ⑥ G. Bretagne (plan) – 4 974 h. alt. 16.

Voir Cathédrale★★ – Promenade des Douves★ : ≼★ – Mont-Dol ✳★ 4,5 km NO par D 155.

⌂⌂ de St-Malo ℰ 99 58 96 69, O sur N 176 : 11 km ; ⌂ Château des Ormes ℰ 99 48 40 27, S par D 795 : 9 km.

🛈 Office de Tourisme Grande Rue des Stuarts (juin-15 sept.) ℰ 99 48 15 37 et à la Mairie ℰ 99 48 00 17.

Paris 374 – St-Malo 24 – Alençon 154 – Dinan 26 – Fougères 51 – ◆Rennes 54.

  🏠 **Bretagne,** pl. Châteaubriand ℰ 99 48 02 03 – ☎. E VISA
  ⟶ *fermé 1ᵉʳ au 25 oct. vacances de fév. et sam. du 1ᵉʳ oct. à fin mars* – **R** 56/135 ⅋, enf. 30 – ☲ 20 – **29 ch** 85/220 – ½ P 164/221.

  XX **La Bresche Arthur** avec ch, 36 bd Deminiac ℰ 99 48 01 44, Fax 99 48 16 32, ☞ – TV ☎
  ⟸ ⓟ E VISA
  fermé 12 au 29 nov., 13 au 31 janv. – **R** *(fermé dim. soir et lundi du 24 sept. au 4 juil.)* 115/280 – ☲ 32 – **24 ch** 220/240 – ½ P 260.

  XX **Gare** avec ch, 21 av. A. Briand ℰ 99 48 00 44, ☞ – AE ⓞ E VISA
  ⟶ **R** *(fermé lundi d'oct. à mars)* 65/195 ⅋, enf. 44 – ☲ 25 – **13 ch** 135/250 – ½ P 180/200.

RENAULT Gar. Hocquart Claude ℰ 99 48 02 12

DOLE ◁ SP ▷ 39100 Jura 70 ③ G. Jura – 27 694 h. alt. 231.

Voir Le Vieux Dole★ BZ – Grille★ en fer forgé de l'église St-Jean-l'Évangéliste AZ.

⌂ Val d'Amour ℰ 84 71 04 23, par ③ : 9 km par D 405 et N 5.

🛈 Office de Tourisme 6 pl. Grévy ℰ 84 72 11 22 et rte Paris (juil.-août après-midi seul.) ℰ 84 72 05 41 – A.C. Zone Portuaire ℰ 84 72 30 62.

Paris 369 ① – ◆Dijon 48 ⑤ – ◆Besançon 58 ① – Chalon-sur-Saône 63 ④ – ◆Genève 149 ③ – Lons-le-Saunier 51 ③.

Plan page ci-contre

  🏨 **Gd H. Chandioux,** pl. Grévy ℰ 84 79 00 66, Télex 360498, Fax 84 72 76 97 – TV ☎ ⟸
  ⓟ – ⅍ 70. AE ⓞ E VISA   BY **s**
  R 100/350, enf. 70 – **30 ch** ☲ 270/490 – ½ P 235/345.

  🏨 **La Chaumière** ⟆, 346 av. Mar. Juin par ③ : 3 km ℰ 84 79 03 45, Fax 84 79 25 60, ⟱,
  ☞ – TV ☎ ⓟ – ⅍ 25. E VISA
  fermé 15 au 24/6, 14/12 au 15/1, dim. (sauf hôtel du 1/7 au 15/9) et sam. du 15/9 au 30/6 – **R** 100/310, enf. 65 – ☲ 30 – **18 ch** 270/400 – ½ P 300/350.

  🏨 **Cloche** ⓜ, 1 pl. Grévy ℰ 84 82 00 18, Fax 84 72 73 82, ☞ – 🛗 TV ☎. AE E VISA   BY **v**
  Grévy ℰ 84 82 44 42 *(fermé nov., dim. soir et sam. en hiver)* **R** 70/210 – ☲ 28 – **29 ch** 210/270.

  XXX **Les Templiers,** 35 Gde Rue ℰ 84 82 78 78, « Ancienne chapelle du 13ᵉ siècle » – ▤. ⓞ
  E VISA   BZ **u**
  fermé 24 fév. au 11 mars, lundi (sauf le soir de mai à oct.) et dim. soir – **R** 85 (sauf sam. soir)/200, enf. 50.

  XX **La Romanée,** 13 r. Vieilles Boucheries ℰ 84 79 19 05, « Salle voûtée » – AE ⓞ E VISA
  ⟶ *fermé mardi* – **R** 67/250, enf. 40.   BZ **n**

  X **Buffet Gare,** ℰ 84 82 00 48, ☞ – E VISA   AY **e**
  ⟶ **R** 59/170 ⅋, enf. 31.

à Rochefort-sur-Nenon par ② *: 7 km par N 73 – ✉ 39700 :*

  🏠 **Fernoux** ⟆, r. Barbière ℰ 84 70 60 45, ☞ – TV ☎ ⓟ. E VISA. ✻ rest
  ⟶ *fermé 22 déc. au 7 janv.* – **R** *(fermé sam. midi et dim. d'oct. à avril)* 56/150 ⅋, enf. 32 – ☲ 35 – **20 ch** 190/250 – ½ P 190/200.

à Brévans par ② *: 2 km sur D 244 – ✉ 39100 :*

  🏠 **Au Village** ⟆, ℰ 84 72 56 40, ☞ – TV ☎ ⓟ – ⅍ 25. E VISA
  R *(fermé 25 déc. au 1ᵉʳ janv., 2 au 9 fév., vend. soir hors saison, sam. midi et dim. soir)* 80/175 ⅋, enf. 65 – ☲ 28 – **16 ch** 165/305 – ½ P 260/330.

à Parcey par ③ *: 10 km sur N 5 – ✉ 39100 :*

  XX **As de Pique,** S : 1,5 km ℰ 84 71 00 76, ☞, ☞ – ⓟ. AE ⓞ E VISA
  ⟶ *fermé 2 au 12 janv., dim. soir et lundi hors sais.* – **R** 90/230.

à Mont-Roland par ⑤, *N 5 et VO : 5 km – ✉ 39100 :*

  🏠 **Chalet du Mont-Roland** ⟆, ℰ 84 72 04 55, ≼ – TV ☎ ⓟ – ⅍ 30. E VISA
  ⟶ *fermé 6 au 20 janvier* – **R** *(fermé dim. soir)* 60 *(sauf sam.)*/130 ⅋, enf. 40 – ☲ 20 – **16 ch** 115/275 – ½ P 140/205.

DOLE

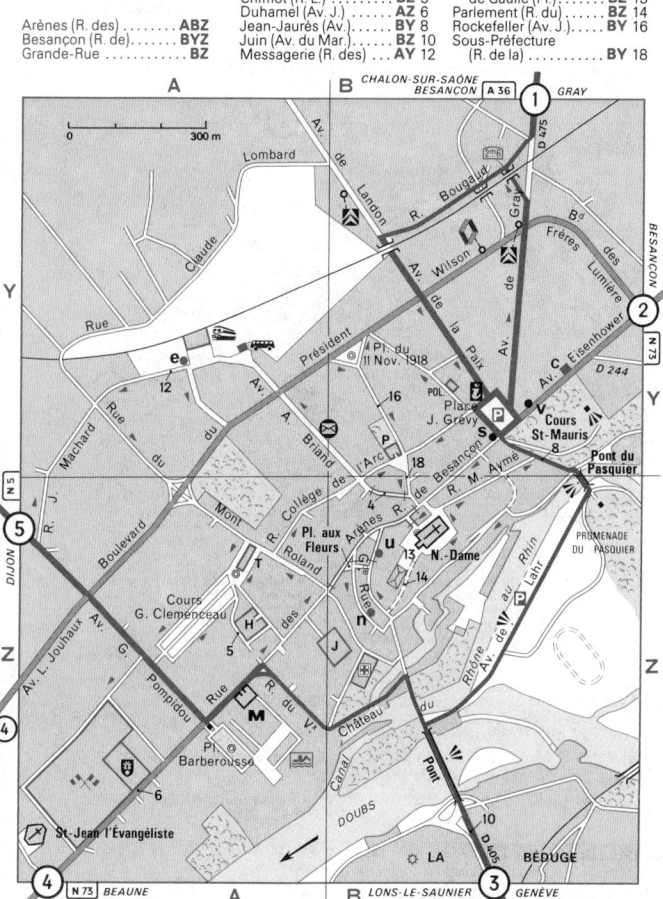

BMW-NISSAN Gar. Jacquot, 53 av. G.-Pompidou
𝄐 84 72 37 55
CITROEN Jeanperin, 2 av. de Gray 𝄐 84 82 34 23
CITROEN Bongain, 8 av. Landon 𝄐 84 72 07 97
FIAT Est-Autom., 155 av. Eisenhower
𝄐 84 82 19 01
FORD Gar. Sussot, 52 av. Eisenhower
𝄐 84 82 12 06

PEUGEOT, TALBOT S.C.A.D., 32 av. de Lattre-de-
Tassigny par ① 𝄐 84 82 07 79
RENAULT Cone Autom., 8 bd Wilson
𝄐 84 82 67 67 🆖 𝄐 84 82 82 53
Jeanblanc, 34 av. Eisenhower 𝄐 84 72 27 44

🔘 R.-Lehmann, 42 av. Mar.-Juin 𝄐 84 72 61 77

DOLUS D'OLÉRON 17 Char.-Mar. 📖📖📖 ⑭ – voir à Oléron (Ile d').

☞ *The numbered circles on the town plans* ①, ②, ③
  *are duplicated on the **Michelin maps** at a scale of 1:200 000.*
  These references, common to both guide and map,
  make it easier to change from one to the other.

☞ *Le pastiglie numerate delle piante di città* ①, ②, ③
  *sono riportate anche sulle **carte stradali Michelin** in scala 1/200 000.*
  Questi riferimenti, comuni nella guida e nella carta stradale,
  facilitano il passaggio da una pubblicazione all'altra.

DOMFRONT 61700 Orne 🔢 ⑩ **G. Normandie Cotentin** – 4 553 h. alt. 209.

Voir Site★ – Église N.-D-sur-l'Eau★ A – Jardin du donjon ❄★ A – Croix du Faubourg ❄★ B E – Centre ancien★.

🛈 Syndicat d'Initiative r. Dr Barrabé (avril-oct.) ✆ 33 38 53 97.

Paris 251 ③ – Argentan 53 ② – Avranches 66 ⑤ – Fougères 58 ⑤ – Mayenne 35 ④ – Vire 40 ⑦.

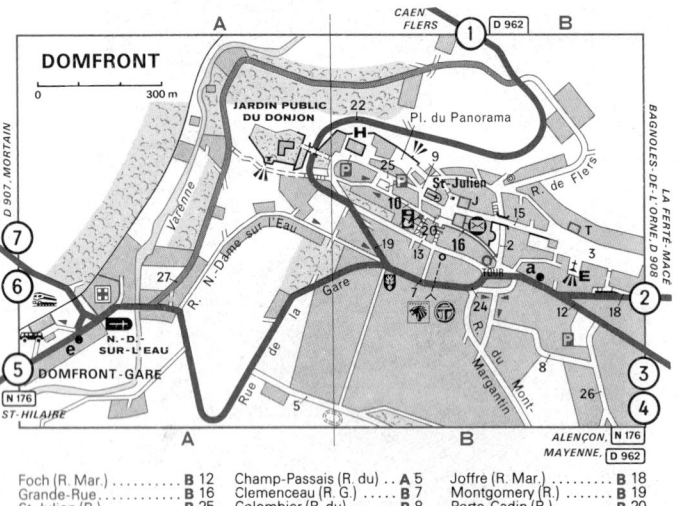

🏠 **Poste**, r. Foch ✆ 33 38 51 00 – 🕾 ⟵ 🅿️ 🖭 ⓞ 🄴 VISA   B **a**
fermé fin janv. au 10 mars, dim. soir et lundi du 1er oct. au 15 juin sauf fériés – **R** 72/152 ♨ – ⇨ 24 – **27 ch** 115/250 – ½ P 200/260.

🏠 **France**, r. Mt-St-Michel ✆ 33 38 51 44, Fax 33 30 49 59, 🐎, ❄ – 🖭 🕾 🅿️ 🄴 VISA   A **e**
← **R** 70/160 ♨, enf. 42 – ⇨ 28 – **22 ch** 120/260 – ½ P 245/290.

PEUGEOT-TALBOT Champ, 22 r. Fossés-Plissons   RENAULT Fossey, par ③, 86 r. Mar.-Foch
✆ 33 38 42 35   ✆ 33 38 53 35 🅽

DOMFRONT-EN-CHAMPAGNE 72240 Sarthe 🔢 ⑬ – 720 h. alt. 132.
Paris 214 – ◆Le Mans 18 – Alençon 44 – Laval 76 – Mayenne 56.

%% **Midi**, D 304 ✆ 43 20 52 04 – 🄴 VISA
fermé fév., dim. soir, mardi soir et lundi – **R** 78/220 ♨, enf. 45.

DOMMARTIN-LÈS-REMIREMONT 88 Vosges 🔢 ⑯ – rattaché à Remiremont.

DOMME 24250 Dordogne 🔢 ⑰ **G. Périgord Quercy** (plan) – 910 h. alt. 212.
Voir Promenade des Falaises ❄★★★ – La bastide★.

🛈 Syndicat d'Initiative pl. Halle (fermé matin oct.- 1er avril) ✆ 53 28 37 09.

Paris 551 – Sarlat-la-Canéda 13 – Cahors 52 – Fumel 57 – Gourdon 26 – Périgueux 75.

🏨 ✿ **Esplanade** (Gillard) ❄, ✆ 53 28 31 41, Fax 53 28 49 92, ≤, – 🖃 rest 🕿 🖭 🄴 VISA
15 fév.-12 nov. et fermé dim. soir et lundi hors sais. – **R** 150/320 – ⇨ 45 – **19 ch** 230/500 – ½ P 320/455
Spéc. Tourtière aux cèpes périgordine, Escalope de foie de canard au verjus, Rosace de filet d'agneau à la truffe. Vins Cahors, Pécharmant.

🏨 **Host. de la Guérinière** ❄, S : 4 km par D 46 ✆ 53 28 22 44, Fax 53 28 26 79, 🐎, parc – 🖭 🕿 ♿ 🅿️ – 🔏 30. 🖭 🄴 VISA. ❄
fermé merc. hors sais. – **R** 280/350, enf. 60 – ⇨ 70 – **15 ch** 400/710.

DOMPAIRE 88270 Vosges 🔢 ⑮ – 881 h. alt. 303.
Paris 350 – Épinal 19 – Lunéville 63 – Luxeuil-les-Bains 60 – ◆Nancy 63 – Neufchâteau 55 – Vittel 24.

%% **Commerce** avec ch, ✆ 29 36 50 28 – 🕿 🄴 VISA
← *fermé 2 au 20 janv., dim. soir sauf juil.-août et lundi* – **R** 59/148 ♨, enf. 45 – ⇨ 23 – **11 ch** 135/190 – ½ P 145/165.

DOMPIERRE-LES-ORMES 71970 S.-et-L. 69 ⑱ – 844 h. alt. 426.

Paris 411 – Mâcon 36 – Charolles 24 – Cluny 22 – Roanne 62.

Relais du Haut Clunysois, NE : 4 km par D 41 ✆ 85 50 27 67, Fax 85 50 25 11, – TV ☎ P – 30. E VISA
fermé nov., dim. soir et lundi sauf juil.-août – **R** 75/185, enf. 50 – ☕ 25 – **18 ch** 180/260 – ½ P 185/205.

DOMPIERRE-SUR-BESBRE 03290 Allier 69 ⑮ – 4 050 h. alt. 234.

Voir Vallée de la Besbre★, G. Auvergne.

Paris 322 – Moulins 32 – Bourbon-Lancy 18 – Decize 45 – Digoin 26 – Lapalisse 36.

Aub. de l'Olive avec ch, r. Gare ✆ 70 34 51 87 – TV ☎. E VISA
fermé 22 nov. au 13 déc., vacances de fév. et vend. du 16 sept. au 30 juin – **R** 60/210 – ☕ 18 – **11 ch** 95/200 – ½ P 120/155.

CITROEN Gar. Burtin, 223 r. Nat ✆ 70 34 50 37 N
FORD Cannet 78 r. Nationale ✆ 70 34 51 61
PEUGEOT-TALBOT Bujon, 172 r. Nat ✆ 70 34 50 10
RENAULT Bailly ✆ 70 34 52 34 N
Gar. Cartier, Sept-Fons ✆ 70 34 54 84 N ✆ 70 34 58 08

DOMPIERRE-SUR-MER 17 Char.-Mar. 71 ⑫ – rattaché à La Rochelle.

DOMPIERRE-SUR-VEYLE 01240 Ain 74 ③ – 745 h. alt. 355.

Paris 441 – Mâcon 47 – Belley 72 – Bourg-en-Bresse 16 – ♦Lyon 53 – Nantua 50 – Villefranche-sur-Saône 50.

Aubert, ✆ 74 30 31 19, – E VISA
fermé 18 au 26 juil., fév., dim. soir, merc. soir et jeudi – **R** 95/180.

DOMRÉMY-LA-PUCELLE 88630 Vosges 62 ③ G. Alsace Lorraine.

Voir Maison natale de Jeanne d'Arc★.

Paris 284 – ♦Nancy 58 – Neufchâteau 11 – Toul 35.

Jeanne d'Arc sans rest, ✆ 29 06 96 06 – .
1er avril-15 nov. – **7 ch** 140/190.

DONGES 44480 Loire-Atl. 63 ⑮ G. Bretagne – 6 988 h. alt. 12.

Voir Église★.

Paris 431 – ♦Nantes 51 – La Baule 28 – Redon 43 – St-Nazaire 16.

La Closerie des Tilleuls, N : 1 km par D 4 et V O ✆ 40 91 07 82, « Jardin fleuri » – P. E VISA.
fermé 13 août au 3 sept., 24 déc. au 2 janv. et dim. – **R** 130/180.

DONON (Col du) 67 B.-Rhin 62 ⑧ G. Alsace Lorraine – ✉ 67130 Schirmeck.

Paris 397 – ♦Strasbourg 59 – Lunéville 56 – St-Dié 50 – Sarrebourg 40 – Sélestat 53.

Donon, ✆ 88 97 20 69, ←, , , – ☎ P. E VISA
fermé 18 nov. au 8 déc. et jeudi hors sais. – **R** 62/200, enf. 42 – ☕ 26 – **20 ch** 170/225 – ½ P 200/225.

DONZENAC 19270 Corrèze 75 ⑧ G. Périgord Quercy – 1 947 h. alt. 204.

ℹ Syndicat d'Initiative av. de Paris (juil.-août).

Paris 477 – Brive-la-Gaillarde 9,5 – ♦Limoges 83 – Tulle 28 – Uzerche 26.

rte de Limoges sur N 20 :

Soph' Motel, à 10 km ✆ 55 84 51 02, , parc, , – ch TV ☎ P – 30. AE ⓓ E VISA
R 85/200, enf. 45 – ☕ 35 – **25 ch** 310/350 – ½ P 260/280.

Relais Bas Limousin, à 6 km ✆ 55 84 52 06, – ☎ P. E VISA
R *(fermé dim. soir du 25 sept. au 25 juin)* 65/200 – ☕ 24 – **24 ch** 110/250 – ½ P 144/250.

La Maleyrie, à 5 km ✆ 55 84 50 67, – ☎ P. AE E VISA
15 mars-5 nov. – **R** 52/135, enf. 40 – ☕ 24 – **15 ch** 85/200 – ½ P 140/200.

PEUGEOT-TALBOT Gar. Chanourdie ✆ 55 85 78 76 N ✆ 55 85 65 56

DONZÈRE 26290 Drôme 81 ① G. Vallée du Rhône – 4 322 h. alt. 64.

Paris 621 – Aubenas 47 – Montélimar 13 – Nyons 41 – Orange 39 – Pont-St-Esprit 23 – Valence 60.

N : 2,5 km par D 144 et VO – ✉ 26780 Malataverne :

Host. Mas des Sources avec ch, ✆ 75 51 74 18, Fax 75 51 74 63, ←, , – TV ☎ P. E VISA
fermé 1er au 8 nov., 9 janv. au 28 fév., merc. du 1er sept. au 30 avril et mardi soir – **R** 200/250, enf. 75 – ☕ 60 – **6 ch** 450/650.

DONZY 58220 Nièvre 🖫🖫 ⑬ G. Bourgogne – 1 890 h. alt. 188.

Paris 203 – Bourges 74 – Auxerre 65 – Château-Chinon 87 – Clamecy 37 – Cosne-sur-Loire 17 – Nevers 49.

🏠 **Ermitage** sans rest, ℰ 86 39 30 62 – ☞ 🄿. 𝓥𝓘𝓢𝓐. ⚞
    fermé vacances de nov., de Noël, de fév. et vend. sauf juil.-août – ☲ 35 – **20 ch** 220/280.

✕✕ **Gd Monarque** avec ch., près église ℰ 86 39 35 44 – 📺 ☎ 🄿, 🄴 𝓥𝓘𝓢𝓐
    R (fermé dim. soir et lundi) 90/180, enf. 50 – ☲ 30 – **16 ch** 120/240 – ½ P 220.

✕ **La Talvanne,** ℰ 86 39 30 03 – 𝓥𝓘𝓢𝓐
🡒 fermé 20 fév. au 15 mars, jeudi soir et vend. midi – **R** 60/145 ⅃, enf. 35.

CITROEN Gar. Petit ℰ 86 39 30 93   RENAULT Gar. Rouleau P., 43 r. Gén.-Leclerc
PEUGEOT TALBOT Gar. de la Poste, 6 r. d'Os-   ℰ 86 39 35 34
mond ℰ 86 39 33 91

Le DORAT 87210 H.-Vienne 😍😍 ⑦ G. Berry Limousin – 2 421 h. alt. 209.

Voir Collégiale St-Pierre★★.

🅱 Office de Tourisme pl. Collégiale (avril-oct.) ℰ 55 60 76 81.

Paris 374 – ♦ Limoges 53 – Bellac 12 – Le Blanc 49 – Guéret 68 – Poitiers 74.

🌤 **Bordeaux,** 39 pl. Ch. de Gaulle ℰ 55 60 76 88 – 𝓥𝓘𝓢𝓐. ⚞ ch
🡒 fermé 24 au 30 sept., 1er au 21 juin et dim. soir – **R** 58/160 ⅃, enf. 40 – ☲ 22 – **10 ch**
    95/168 – ½ P 95/168.

✕ **La Promenade** avec ch, 3 av. Verdun ℰ 55 60 72 09 – 📺 ☎ ⇔ 🄿, 🄴 𝓥𝓘𝓢𝓐. ⚞ ch
🡒 fermé 1er au 21 sept., dim. soir et lundi – **R** 55/170 ⅃ – ☲ 20 – **8 ch** 100/140 – ½ P 180/220.

CITROEN Laguzet ℰ 55 60 72 79

DORDIVES 45680 Loiret 🖢🖢 ⑫ – 1 951 h. alt. 71.

Paris 95 – Fontainebleau 30 – Montargis 18 – Nemours 15 – ♦ Orléans 89 – Sens 45.

🏠 **César** ⚞ sans rest, 8 r. République ℰ 38 92 73 20 – cuisinette 📺 ☞ ₺ 🄿, 🄰🄴 🄾 🄴
    𝓥𝓘𝓢𝓐
    ☲ 30 – **24 ch** 120/280.

DORRES 66760 Pyr.-Or. 🞡🞡 ⑯ G. Pyrénées Roussillon – 156 h. alt. 1 450.

Voir Angoustrine : Retables★ dans l'église O : 5 km.

Paris 886 – Ax-les-Thermes 58 – Bourg-Madame 10 – ♦ Perpignan 110 – Prades 67.

🌤 **Marty** ⚞, ℰ 68 30 07 52, ⇐ – ☎ 🄿, 🄴
🡒 fermé 5 nov. au 20 déc. – **R** 63 bc/140 ⅃ – ☲ 23 – **34 ch** 131/187 – ½ P 151/172.

DOUAI ◁🅂🄿▷ 59500 Nord 🖫🖫 ③ G. Flandres Artois Picardie – 44 515 h. alt. 24.

Voir Beffroi★ BY D – Musée★ dans l'ancienne Chartreuse★ AX M.

Env. Centre historique minier de Lewarde★ SE : 8 km par ②.

🕳 de Thumeries ℰ 20 86 58 98, par ① et D 8 : 15 km.

🅱 Office de Tourisme 70 pl. d'Armes ℰ 27 88 26 79 – A.C. 155 pl. Armes ℰ 27 88 90 79.

Paris 193 ④ – ♦ Lille 38 ⑤ – ♦ Amiens 89 ④ – Arras 26 ④ – Charleville-Mézières 148 ③ – Lens 22 ⑤ –
St-Quentin 73 ③ – Tournai 38 ① – Valenciennes 44 ①.

Plan page ci-contre

🏨 **La Terrasse,** 36 terrasses St Pierre ℰ 27 88 70 04, Fax 27 88 36 05 – 🍽 rest 📺 ☎ –
    🔺 30. 𝓥𝓘𝓢𝓐   BY **a**
    R 164/375, enf. 95 – ☲ 35 – **24 ch** 295/600.

🏠 **Urbis** 🄼, pl. St-Amé ℰ 27 87 27 27, Télex 820220 – 📳 📺 ☎ ₺ 🄿 – 🔺 50. 🄴 𝓥𝓘𝓢𝓐
    R (fermé dim. midi du 15 juil. au 16 août, sam. midi, dim. soir et fêtes le soir) 90/145 ⅃,   AY **a**
    enf. 45 – ☲ 30 – **42 ch** 265/280

✕✕ **Au Turbotin,** 9 r. Massue ℰ 27 87 04 16 – 🄰🄴 🄾 🄴 𝓥𝓘𝓢𝓐   AY **s**
    fermé août, dim. soir et lundi – **R** 85/250, enf. 50.

✕ **Buffet Gare,** ℰ 27 88 99 26 – 🄰🄴 🄴 𝓥𝓘𝓢𝓐   BY
🡒 fermé sam. soir, dim. soir et lundi soir – **R** 68/160 ⅃.

    par ④ : 7 km sur N 50 – ✉ 62117 Brebières :

✕✕✕ **Air Accueil,** ℰ 21 50 02 66 – 🄿, 🄰🄴 🄴 𝓥𝓘𝓢𝓐
    R (fermé dim. soir) 200 bc/400 bc.

CITROEN Cabour, 884 r. République   RENAULT Gd Gar. Douaisien, rte de Cambrai par
ℰ 27 87 36 22   ③ ℰ 27 87 29 72
FIAT C.A.D.O., 124 av. R.-Salengro à Sin-le-Noble   V.A.G Gar. Carlier, 36 N 17 à Lambres-lez-Douai
ℰ 27 88 82 28   ℰ 27 98 50 65
FORD Paty, N 17 Le Raquet à Lambres
ℰ 27 87 30 63   🛞 Europneus, 59 r. de Warenghien ℰ 27 87 00 63
OPEL Car Center, 388 r. de Cambrai ℰ 27 97 74 74   Europneus, 174 av. R.-Salengro à Sin-le-Noble
PEUGEOT-TALBOT Nord Distribution Autos, 537   ℰ 27 88 69 70
rte de Cambrai par ③ ℰ 27 87 22 76

DOUAINS 27 Eure 🖫🖫 ⑰, 🝢🝢🝢 ① – rattaché à Pacy-sur-Eure.

428

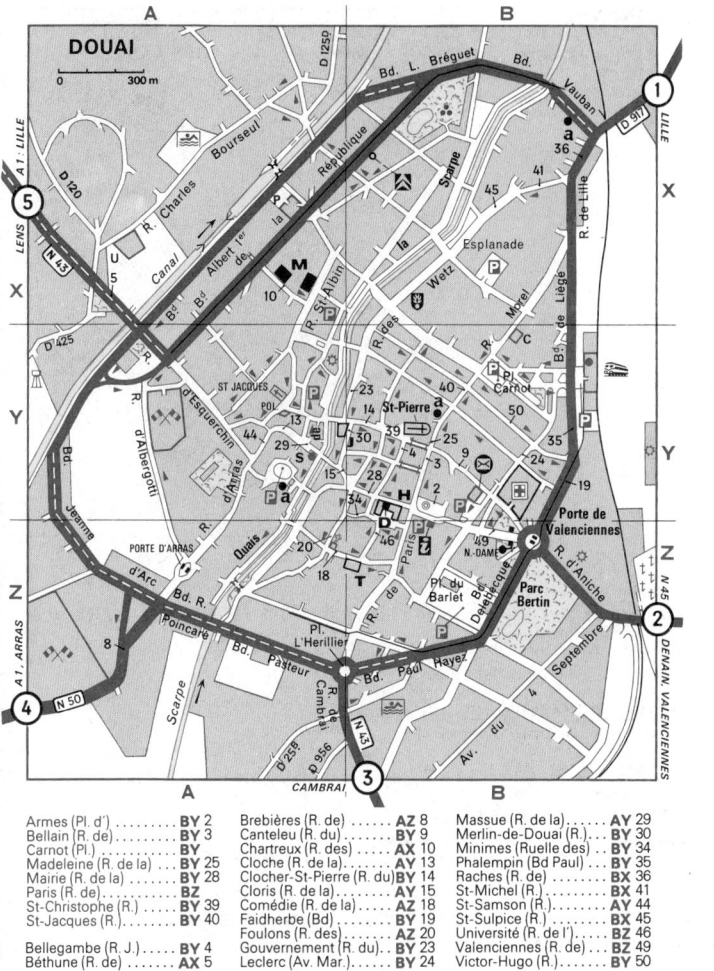

DOUAI

Scale 0 300 m

DOUARNENEZ 29100 Finistère 58 ⑭ G. Bretagne – 17 813 h. alt. 37.

Voir Boulevard Jean-Richepin et jetée du Nouveau Port ≤★ Y – Port du Rosmeur★ Y – Musée du Bateau★ YZ – Ploaré : tour★ de l'église S : 1 km – Pointe de Leydé ≤★ NO : 5 km.

🛈 Office de Tourisme 2 r. Dr-Mével ⁄ 98 92 13 35.

Paris 577 ① – Quimper 23 ② – ◆Brest 75 ① – Châteaulin 26 ① – Lorient 89 ② – Vannes 138 ②.

Plan page suivante

🏠 **Clos de Vallombreuse** Ⓜ ⑤, 7 r. E. d'Orves ⁄ 98 92 63 64, Fax 98 92 13 12, ≤, ⒋, 🖈 – 📺 ☎ ⓫ Ⓟ. ⓪ Ⓔ 𝗩𝗜𝗦𝗔. 🛇 rest Y **a**
fermé 13 janv. au 9 mars – **R** *(fermé lundi sauf le soir de juin au 15 sept.)* 90/260, enf. 75 – ⒓ 45 – **20 ch** 370/490 – ½ P 420.

🏠 **Bretagne** sans rest, 23 r. Duguay-Trouin ⁄ 98 92 30 44 – 📳 ☜. Ⓔ 𝗩𝗜𝗦𝗔 Z **e**
⒓ 19,50 – **27 ch** 103/190.

SE par ② rte Quimper, D 765 et VO : 5 km – ⊠ **29100** Douarnenez :

🏠 **Aub. de Kervéoc'h** ⑤, ⁄ 98 92 07 58, parc – ☜ Ⓟ. Ⓔ 𝗩𝗜𝗦𝗔. 🛇
vacances de printemps-15 oct., vacances de nov. et de Noël – **R** 95/230, enf. 65 – ⒓ 30 – **14 ch** 225/285 – ½ P 270/280.

DOUARNENEZ

Sens unique en saison :
flèche noire

Anatole-France (R.) ...... Y 2
Duguay-Trouin (R.) .... Y 15
Jaurès (R. Jean) .... YZ
Jean-Bart (R.) .... Y 24
Voltaire (R.) .... Y 62

Baigneurs (R. des) .... Y 5
Barré (R. J.) .... YZ 7
Berthelot (R.) .... Z 8
Centre (R. du) .... Y 10
Croas-Talud (R.) .... Z 14
Enfer (Pl. de l') .... YZ 16
Grand-Port
(Quai du) .... Y 20
Kerivel (R. E.) .... YZ 21
Laënnec (R.) .... Z 25
Lamennais (R.) .... Z 27
Marine (R. de la) .... Y 32
Michel (R. L.) .... Y 36
Monte-au-Ciel (R.) .... Z 37
Péri (Pl. Gabriel) .... Y 42
Petit-Port (Quai du) ..... Y 43
Plomarc'hs (R. des) ..... YZ 44
Port (R. du) .... Y 47
Stalingrad (Pl.) .... Z 56
Vaillant (Pl. E.) .... Y 59
Victor-Hugo (R.) .... Z 60

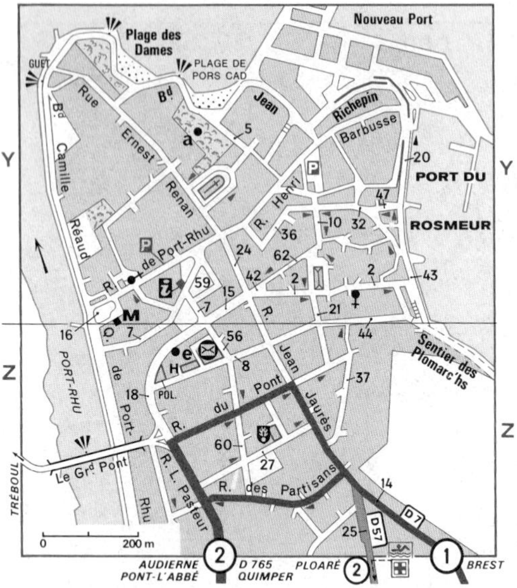

à Tréboul NO : 3 km – ✉ **29100** :

🏨 **Thalasstonic** Ⓜ, r. des Professeurs Curie ☎ 98 74 45 45, Fax 98 74 30 97 – ⊞ TV ☎ ♿ ⓟ. AE E VISA. ✂ rest
L'Armor R 120/180, enf. 50 – ▭ 30 – **50 ch** 240/390 – ½ P 325/345.

⊚ Simon Pneus, ZA de Brehuel ☎ 98 92 15 99

DOUBS (Vallée du) ★★ **25** Doubs 66 ⑱ **G. Jura**.
Voir Gorges★★ – Lac de Chaillexon★★ et saut du Doubs★★★.

DOUCIER **39130** Jura 70 ⑭⑮ **G. Jura** – 202 h. alt. 528.
Voir Lac de Chalain★★ N : 4 km.
Paris 418 – Champagnole 21 – Lons-le-Saunier 26.

XX **Sarrazine,** ☎ 84 25 70 60, ⛱ – ⓟ. E VISA
fermé 15 nov. au 15 fév., merc. soir et jeudi hors sais. – **R** 90/210 ₰, enf. 58.

RENAULT Gar. Gaillard ☎ 84 25 70 94

DOUÉ-LA-FONTAINE **49700** M.-et-L. 67 ⑧ **G. Châteaux de la Loire** – 6 855 h. alt. 76.
Voir Parc zoologique des Minières★★ O : 2 km.
ℹ Office de Tourisme pl. Champ de Foire ☎ 41 59 20 49.
Paris 310 – Angers 41 – Châtellerault 84 – Cholet 49 – Saumur 17 – Thouars 26.

XX **France** avec ch, 17 pl. Champ de Foire ☎ 41 59 12 27 – ☎. VISA
✦ *fermé 20 avril au 6 mai, 20 déc. au 20 janv., dim. soir et lundi sauf juil.-août* – **R** 65/180, enf. 45 – ▭ 24 – **18 ch** 120/250 – ½ P 200/230.

PEUGEOT, TALBOT Gar. Darteuil-lesaint, 20 r. de Cholet ☎ 41 59 11 00
RENAULT Chaillou, 49 r. de Cholet ☎ 41 59 10 55 N ☎ 41 59 12 16

DOULLENS **80600** Somme 52 ⑧ **G. Flandres Artois Picardie** – 7 897 h. alt. 64.
Voir Mise au tombeau★ dans l'église Notre-Dame – Vallée de l'Authie★ NO par D 925.
ℹ Office de Tourisme Beffroi, r. Bourg (juin-sept.) ☎ 22 32 54 52.
Paris 177 – Abbeville 41 – ♦Amiens 30 – Arras 35 – Péronne 54 – St-Omer 83.

XX **Aux Bons Enfants** avec ch, 23 r. Arras ☎ 22 77 06 58 – ⓟ. AE E VISA. ✂ ch
✦ **R** *(fermé sam.)* 70/135 ₰, enf. 60 – ▭ 22 – **8 ch** 90/140 – ½ P 220/250.

XX **Le Sully** avec ch, 45 r. Arras ☎ 22 77 10 87 – ☎. E VISA
✦ *fermé 19 juin au 3 juil. et lundi* – **R** 59/125 ₰ – **7 ch** ▭ 95/180 – ½ P 160/200.

PEUGEOT-TALBOT Vasseur, ZI Le Marais Sec ☎ 22 77 08 04
RENAULT Gar. Moderne, 55 av. Flandres-Dunkerque ☎ 22 77 02 77
RENAULT Roger, 32 r. A.-Tempez ☎ 22 77 08 42

DOURDAN 91410 Essonne 🗺️ ⑨, 🗺️ ④ **G. Ile de France** – 8 057 h. alt. 117.

Voir Place du Marché aux grains★ – Vierge au Perroquet★ au musée.

🎫 Office de Tourisme pl. Gén.-de-Gaulle ✆ (1) 64 59 86 97.

Paris 54 – Chartres 42 – Étampes 18 – Évry 41 – ♦Orléans 79 – Rambouillet 22 – Versailles 37.

🏨 **Host. Blanche de Castille**, pl. Halles ✆ (1) 64 59 68 92, Télex 604902, Fax (1) 64 59 42 54, 🗐 – 📶 📺 ☎ 🄿 – 🔬 40 à 100. 🆎 ⓞ 🄴 𝑉𝐼𝑆𝐴
R 190/250 – 🖙 45 – **40 ch** 420/500.

CITROEN Ménard, ZI de la Gaudrée ✆ (1) 64 59 64 00
LANCIA Huberty, rte d'Étampes, D 836 ✆ (1) 64 59 66 65

PEUGEOT Gar. Côte de Liphard, 10 rte Liphard ✆ (1) 64 59 71 86
RENAULT Lesage, 30 av. de Paris ✆ (1) 64 59 70 83

DOURLERS 59228 Nord 🗺️ ⑥ – 623 h. alt. 171.

Paris 214 – Avesnes-sur-Helpe 8 – ♦Lille 95 – Maubeuge 13 – Le Quesnoy 26 – Valenciennes 42.

🍴🍴 **Aub. du Châtelet,** Les Haies à Charmes S : 1 km sur N 2 ⊠ 59440 Avesnes-sur-Helpe ✆ 27 61 06 70, 🌿 – 🄿 🆎 ⓞ 🄴 𝑉𝐼𝑆𝐴
fermé 16 août au 13 sept., 2 au 10 jan., dim. et fêtes le soir et merc. – **R** (nombre de couverts limité - prévenir) 230/400 🍷, enf. 70.

DOUSSARD 74 H.-Savoie 🗺️ ⑯ – rattaché à Bout-du-Lac.

DOUVAINE 74140 H.-Savoie 🗺️ ⑯ – 2 740 h. alt. 429.

Paris 557 – Thonon-les-Bains 16 – Annecy 62 – Annemasse 17 – Bonneville 31 – ♦Genève 17.

🍴🍴🍴 **Aub. Gourmande,** à Massongy E : 2 km par N5 et VO ⊠ 74140 Douvaine ✆ 50 94 16 97, ≼, 🌿, 🍸, 🎾 – 🄿 🆎 ⓞ 🄴 𝑉𝐼𝑆𝐴
fermé vacances de nov., de fév., jeudi midi et merc. – **R** 98/240, enf. 80.

🍴🍴 **Couronne** avec ch, ✆ 50 94 10 62, 🌿 – 📺 ☎ 🄿 🆎 𝑉𝐼𝑆𝐴
fermé 10 au 27 sept. et lundi (sauf vacances scolaires et fériés) – **R** 95/260, enf. 60 – 🖙 24 – **13 ch** 180/210 – ½ P 245.

🍴 **Écaille d'Argent** 🌿 avec ch, à **Tougues** NO : 4 km par D 20 ⊠ 74140 Douvaine ✆ 50 94 04 16, ≼, 🌿 – 🄿. 🄴 𝑉𝐼𝑆𝐴
1er mars-30 oct. et fermé mardi et merc. sauf juil.-août – **R** carte 145 à 220 – 🖙 20 – **7 ch** 90/100.

DOUVRES LA DÉLIVRANDE 14440 Calvados 🗺️ ⑯ – 3 910 h. alt. 19.

Paris 250 – ♦Caen 16 – Bayeux 26 – Deauville 44.

🍴🍴 **Jacques Quirié,** 1 pl. Ancienne Mairie ✆ 31 37 20 04 – 🄿. 🄴 𝑉𝐼𝑆𝐴
fermé 27 août au 13 sept., vacances de fév., dim. soir et lundi – **R** 98/200, enf. 60.

🍴🍴 **Aub. du Relais,** rte Caen ✆ 31 37 29 82 – 🄴 𝑉𝐼𝑆𝐴
fermé dim. soir et lundi sauf fériés – **R** 85/210, enf. 55.

à **Cresserons** E : 3 km par D 35 – ⊠ 14440 :

🍴🍴 **La Maison Gourmande,** rte Lion sur Mer ✆ 31 37 39 10, 🌿, « Elégante demeure bourgeoise », 🌿 – 🄿. 🄴 𝑉𝐼𝑆𝐴
fermé 1er au 15 oct., merc. midi et mardi – **R** 105/250.

DRACY-LE-FORT 71 S.-et-L. 🗺️ ⑨ – rattaché à Chalon-sur-Saône.

DRAGUIGNAN ◁🆎▷ 83300 Var 🗺️ ⑦ **G. Côte d'Azur** – 28 194 h. alt. 181.

Voir Musée des Arts et Traditions populaires★ Z M².

🎫 Office de Tourisme avec A.C. 9 bd Clemenceau ✆ 94 68 63 30.

Paris 861 ② – Fréjus 29 ② – Aix-en-Provence 106 ② – Cannes 64 ② – Digne 113 ④ – Grasse 56 ① – Manosque 89 ③ – ♦Marseille 118 ② – ♦Nice 89 ① – ♦Toulon 82 ②.

Plan page suivante

🏨 **Victoria** 🅼, 54 bd Carnot ✆ 94 47 24 12, Fax 94 68 31 69 – 🔳 📺 ☎ 🄴 𝑉𝐼𝑆𝐴   Z **b**
R (fermé sam. midi) 95/220 🍷, enf. 65 – 🖙 30 – **22 ch** 260/500 – ½ P 220/370.

🏨 **Host. du Moulin de la Foux** 🌿, par ② : 2,4 km par N 555 et VO, quartier de la Foux ✆ 94 68 55 33, Fax 94 68 70 10, 🌿 – 📺 ☎ 🄿 – 🔬 30. 🆎 🄴 𝑉𝐼𝑆𝐴
R 110/350, enf. 75 – 🖙 30 – **29 ch** 270 – ½ P 240.

🏨 **Parc** sans rest, 21 bd Liberté ✆ 94 68 53 84 – 📺 ☎ 🄿 🄴 𝑉𝐼𝑆𝐴   Y **a**
🖙 30 – **20 ch** 230/300.

🍴🍴 **Les 2 Cochers,** 7 bd G. Péri ✆ 94 68 13 97, 🌿 – 🆎 ⓞ 🄴 𝑉𝐼𝑆𝐴   Z **v**
fermé 2 au 12 janv., lundi et le soir hors sais. sauf sam. – **R** 95/150 🍷.

par bd J. Jaurès - Z - et rte de La Motte : 5 km – ⊠ 83300 Draguignan :

🍴🍴 **Côté Jardin,** 773 av. Mar. Galliéni ✆ 94 47 05 55, 🌿 – 🔳 🄿. 🆎 🄴 𝑉𝐼𝑆𝐴
fermé fév. et merc. sauf juil.-août – **R** 120/250, enf. 36.

DRAGUIGNAN

Cisson (R.) . . . . YZ 3
Clemenceau (Bd) . . . . Z
Clément (R. P.) . . . . Z 5
Gay (Pl. C.) . . . . Y 6
Grasse (Av. de) . . . . Y 8
Joffre (Bd Mar.) . . . . Z 9
Juiverie (R. de la) . . . . Y 12
Kennedy (Bd J.) . . . . Z 13
Leclerc (Bd Gén.) . . . . Z 14
Marchands (R. des) . . . . . Y 15
Marché (Pl. du) . . . . Y 16
Martyrs-de-la-R. (Bd des) Z 17
Marx-Dormoy (Bd) . . . . . . Z 18
Mireur (R. F.) . . . . Y 19
Observance (R. de l') . . . . Y 20
République (R. de la) . . . . Z 23
Rosso (Av. P.) . . . . Z 24

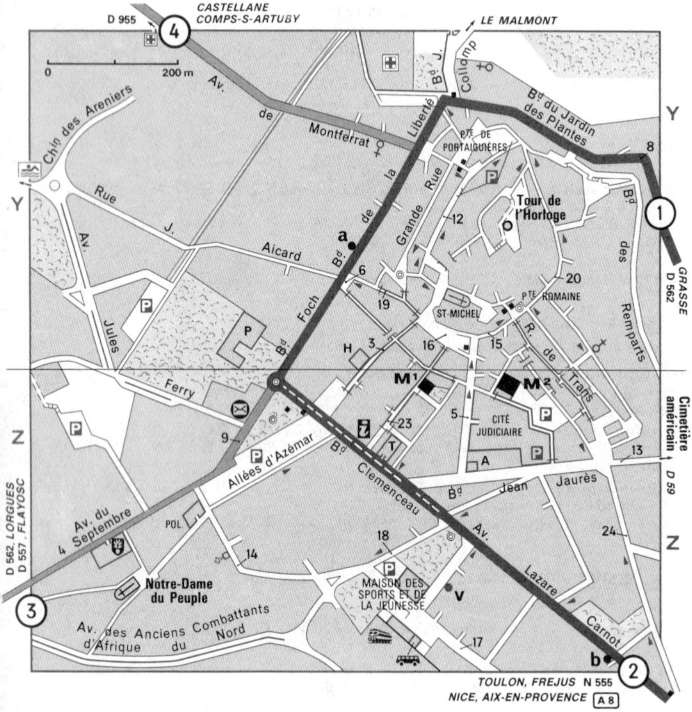

par ③ : 4 km sur D 557 – ✉ **83300** Draguignan :

Les Oliviers M sans rest, ✆ 94 68 25 74 – TV ☎ ♿ P. AE E VISA
☕ 25 – **12 ch** 230/300.

à Flayosc par ③ et D 557 : 7 km – ✉ **83780** :

Oustaou, ✆ 94 70 42 69, – E VISA
fermé 12 au 26 juin, 9 au 23 oct., mardi soir et merc. – **R** 65/130 🍷.

CITROEN Gar. Piaget, à Salernes ✆ 94 70 60 44
N ✆ 94 70 70 53
PEUGEOT-TALBOT Gar. Labrette, rte de Draguignan à Trans-en-Provence ✆ 94 47 18 58
RENAULT S.A.M.V.A., quartier de la Foux par ② ✆ 94 68 15 64 N
RENAULT Gar. Garabedian, à Salernes ✆ 94 70 72 38

Aude, Quartier St-Léger ✆ 94 47 14 31
Forni Pneu Vulcopneu, ZI Les Incapis, ✆ 94 67 13 53
Forni-Pneu, Vulcopneu, 24 bd Carnot ✆ 94 68 06 83

DRAVEIL **91** Essonne 61 ①, 101 ㊱ – voir à Paris, Environs.

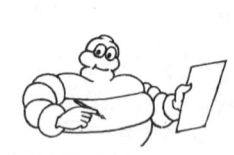

DREUX `<SP>` 28100 E.-et-L. 🗺 60 ⑦. 106 ⑮ G. Normandie Vallée de la Seine – 33 760 h. alt. 104.

Voir Beffroi★ AY **B** – Vitraux★ de la chapelle royale AY.

🛈 Office de Tourisme 4 r. Porte-Chartraine ℰ 37 46 01 73.

Paris 82 ② – Alençon 110 ⑥ – Argentan 112 ⑥ – ◆Caen 165 ⑥ – Chartres 35 ④ – Évreux 42 ⑥ – ◆Le Havre 154 ⑥ – ◆Le Mans 140 ④ – Mantes-la-Jolie 44 ① – ◆Orléans 112 ④.

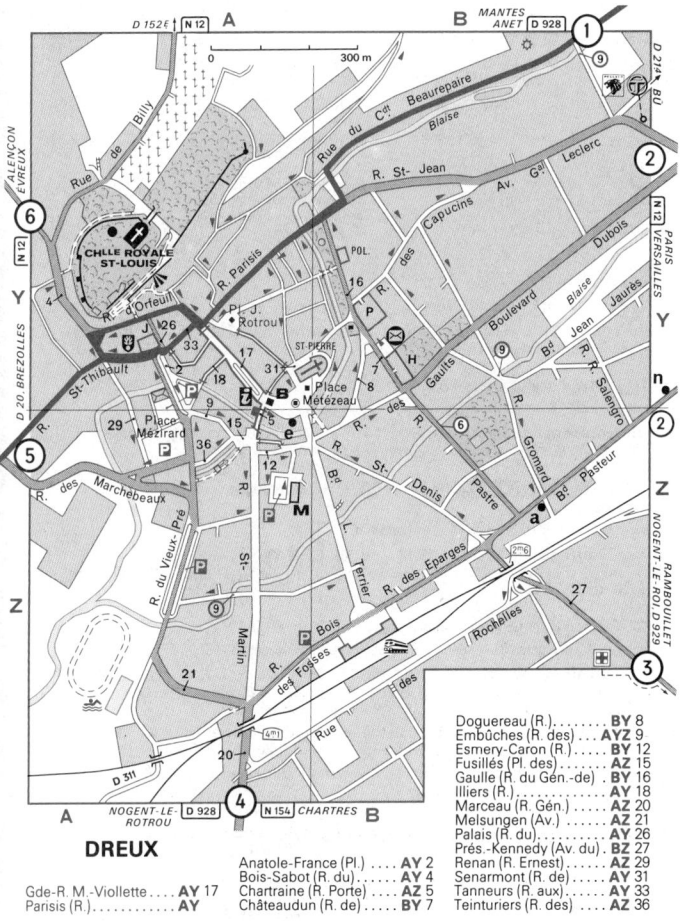

DREUX

Gde-R. M.-Viollette . . . . **AY** 17	Anatole-France (Pl.) . . . . **AY** 2
Parisis (R.) . . . . **AY**	Bois-Sabot (R. du) . . . . . . **AY** 4
	Chartraine (R. Porte.) . . . . **AZ** 5
	Châteaudun (R. de) . . . . . **BY** 7

Doguereau (R.) . . . . **BY** 8
Embûches (R. des) . . . **AYZ** 9
Esmery-Caron (R.) . . . . . **BY** 12
Fusillés (Pl. des) . . . . . . **AZ** 15
Gaulle (R. du Gén.-de) . **BY** 16
Illiers (R.) . . . . **AY** 18
Marceau (R. Gén.) . . . . . **AZ** 20
Melsungen (Av.) . . . . . . **AZ** 21
Palais (R. du) . . . . **AY** 26
Prés.-Kennedy (Av. du) . **BZ** 27
Renan (R. Ernest) . . . . . . **AZ** 29
Senarmont (R. de) . . . . . **AY** 31
Tanneurs (R. aux) . . . . . **AY** 33
Teinturiers (R. des) . . . . **AZ** 36

🏠 **Au Bec Fin,** 8 bd Pasteur ℰ 37 42 04 13 – 📺 ☎. 🖻 *VISA*   BZ **a**
➡ **R** *(fermé vacances de fév., sam. soir et dim. de nov. à Pâques)* 65/125 ⅃, enf. 40 – ⌷ 30 – **23 ch** 140/300 – ½ P 200/280.

🏠 **Le Beffroi** sans rest, 12 pl. Métézeau ℰ 37 50 02 03 – 📺 ☎. 🖭 ⓄⒹ 🖻 *VISA*   AZ **e**
⌷ 35 – **16 ch** 247/343.

🏠 **Campanile,** av. W. Churchill ℰ 37 42 64 84, Télex 783578, Fax 37 42 86 99 – 📺 ☎ ⓰. 🅿.
🖻 *VISA*   BY **n**
R 74 bc/98 bc, enf. 39 – ⌷ 27 – **42 ch** 248 – ½ P 225/249.

🍽🍽 **Vallée Verte** avec ch, à Vernouillet par D 311 - AZ - ✉ 28500 Vernouillet ℰ 37 46 04 04 – 📺 ☏. 🖭 🖻 *VISA*. ❀ ❀
fermé 3 août au 2 sept., 26 déc. au 3 janv., dim. soir et lundi – **R** 140/260, enf. 60 – ⌷ 26 – **10 ch** 170/200 – ½ P 190.

par rte de Montreuil ①, D 928 et D 116 : 8,5 km – ✉ **28500** Vernouillet :

🍽🍽🍽 **Aub. Gué des Grues,** ℰ 37 43 50 25, 🌳, « Jardin fleuri » – 🅿. 🖭 ⓄⒹ 🖻 *VISA*
R *(fermé lundi soir et mardi)* 150/230, enf. 80.

à Cherisy par ② : 4,5 km – ⊠ 28500 :

XX **Vallon de Chérisy,** ℰ 37 43 70 08, 🍽

à Ste-Gemme-Moronval par ② N 12 puis D 308² : 6 km – ⊠ 28500 :

XX **L'Escapade,** ℰ 37 43 72 05, Télex 760189 – 🅿 🖭 E VISA
fermé 17 juil. au 1er août, 12 fév. au 4 mars, lundi soir et mardi – **R** 160.

à Écluzelles par ③ : 5,5 km – ⊠ 28500 :

XX **L'Aquaparc,** ℰ 37 43 74 75, ≤, 🍽 – 🅿, 🖭 🕦 E VISA
fermé 20 fév. au 15 mars, dim. soir et lundi – **R** 145/175, enf. 65.

AUSTIN-ROVER Gar. de l'Ouest, 51 av. Fenots
ℰ 37 46 11 45
BMW, OPEL-GM Dreux Autom., 6 bd de l'Europe
à Vernouillet ℰ 37 46 37 43
CITROEN C.O.D.A.C., 64 av. Fenots par ⑥
ℰ 37 46 12 51 🄽 🖉 37 82 97 55
FORD Perrin, bd de l'Europe à Vernouillet
ℰ 37 46 23 31
MERCEDES-BENZ Gar. Avenue, ZI Nord
ℰ 37 46 17 98

PEUGEOT-TALBOT Touchard et Girot, 49 av. Gén.-
Leclerc ℰ 37 42 12 72
RENAULT Chanoine, N 12, Les Fenots par ⑥
ℰ 37 46 17 35 🄽

🕭 Boin, N 154 à Serazereux ℰ 37 65 22 22
Dubreuil Pneus, 9 pl. Vieux-Pré ℰ 37 50 03 60
Marsat-Pneus Dreux-Pneus, 27 av. Fenots
ℰ 37 46 71 28

DRUBEC 14130 Calvados 🟧🟦 ⑦ – 85 h. alt. 131.
Paris 205 – ◆Caen 42 – Cabourg 22 – Pont-l'Évêque 10.

XX **La Haie Tondue,** à la Haie Tondue N : 1,5 km sur N 175 ℰ 31 64 85 00 – 🅿. E VISA
fermé 4 au 19 mars, 24 juin au 4 juil., 1er au 16 oct., lundi soir et mardi – **R** 100/170.

DRUSENHEIM 67410 B.-Rhin 🟧🟦 ⑳ – 4 309 h. alt. 125.
Paris 492 – ◆Strasbourg 27 – Brumath 21 – Haguenau 17 – Saverne 52.

XXX **Aub. du Gourmet,** rte Strasbourg SO : 1 km ℰ 88 53 30 60, 🍽 – 🅿. E VISA
fermé 15 au 31 juil., vacances de fév., mardi soir et merc. – **R** 95/175.

DRUYES-LES-BELLES-FONTAINES 89 Yonne 🟦🟦 ⑭ G. Bourgogne – 309 h. alt. 148 – ⊠ 89560
Druyes-Belles-Fontaines.
Paris 199 – Auxerre 33 – Clamecy 20 – Gien 74 – Montargis 86.

🏠 **Aub. des Sources** ≫, ℰ 86 41 55 14 – 🕿 🅿. 🖭 E VISA
fermé 10 au 20 déc., 1er au 30 janv. et lundi sauf du 15 juil. au 31 août – **R** 73/170, enf. 42 –
⊡ 25 – **18 ch** 170/240 – ½ P 174/196.

DUCEY 50220 Manche 🟦🟦 ⑧ G. Normandie Cotentin – 2 165 h. alt. 15.
Paris 306 – Avranches 11 – Fougères 37 – ◆Rennes 71 – St-Hilaire-du-Harcouët 16 – St-Lô 67.

🏨 **Moulin de Ducey** Ⓜ ≫ sans rest, ℰ 33 60 25 25, Télex 772318, Fax 33 60 26 76, ≤,
« Ancien moulin sur la Sélune » – 📳 📺 🕿 ⅗ 🅿. 🖭 🕦 E VISA
⊡ 40 – **28 ch** 320/430.

🏠 **Aub. de la Sélune,** ℰ 33 48 53 62, « Jardin en bordure de rivière » – 🕿. 🕦 E VISA. ✻
◆ *fermé lundi du 1er oct. au 1er mars* – **R** 68/160 – ⊡ 28 – **20 ch** 220/240 – ½ P 230/240.

PEUGEOT-TALBOT Gar. Pautret Hebert
ℰ 33 48 50 74 🄽 🖉 33 60 42 50

RENAULT Gar. Lefort ℰ 33 48 51 11

DUCLAIR 76480 S.-Mar. 🟦🟦 ⑥ G. Normandie Vallée de la Seine – 3 487 h. alt. 8.
Bac: renseignements ℰ 35 37 53 11.
Paris 159 – ◆Rouen 20 – Dieppe 59 – Lillebonne 32 – Yvetot 20.

XX **Parc,** rte Caudebec ℰ 35 37 50 31, ≤, 🍽, parc – 🅿. 🖭 🕦 E VISA
fermé 1er au 5 août, janv., dim. soir et lundi – **R** 140/215.

XX **Poste** avec ch, ℰ 35 37 50 04, Fax 35 37 39 19, ≤ – cuisinette 📺 🕿 – 🏛 25. 🖭 🕦 E
VISA. ✻
fermé au 11 mars, 15 au 28 juil., vacances de nov. et dim. soir – **R** 80/180 – ⊡ 28 –
20 ch 180/260 – ½ P 240/260.

DUINGT 74410 H.-Savoie 🟦🟦 ⑥ G. Alpes du Nord – 446 h. alt. 450.
Voir Site★.
Paris 552 – Annecy 12 – Albertville 33 – Megève 48 – St-Jorioz 3,5.

🏠 **Lac** Ⓜ, ℰ 50 68 90 90, ≤, 🍽, 🛥, 🍽 – 📳 📺 🕿 🅿. E VISA. ✻
fermé 4 nov. au 17 janv., lundi soir et mardi midi hors sais. – **R** 90/175, enf. 52 – ⊡ 32 –
15 ch 350 – ½ P 310.

🏠 **Clos Marcel,** ℰ 50 68 67 47, ≤, 🍽, « Jardin au bord du lac », 🖢 – 🕿 🅿. E VISA.
✻ rest
Pâques-30 sept. – **R** 110/165, enf. 60 – ⊡ 28 – **15 ch** 205/320.

Voir Port★★ : ≼★★ du phare – Musées : Art Contemporain★★ CDY, Beaux-Arts★ CDZ **M¹**.

🏌 Dunkerque-Fort-Vallières 𝄞 28 61 07 43, par ② : 6 km.

🛈 Office de Tourisme Beffroi 𝄞 28 66 79 21, Télex 132011 et 48 Digue de Mer 𝄞 28 63 20 60 – A.C. 2 r. Amiral-Ronarc'h 𝄞 28 66 70 68.

Paris 291 ② – ♦Calais 43 ③ – ♦Amiens 144 ② – Ieper 54 ② – ♦Lille 73 ② – Oostende 55 ①.

DUNKERQUE

Berteaux (Av. M.) . . . . . . **AX** 10	Cambon (Bd P.) . . . . **BX** 17	Littoral (Av. du) . . . . **BX** 46
Bonpain (Pl. de l'Abbé) . **BX** 13	Clemenceau (R.) ST-POL **AX** 22	Malo (R. Célestin) . . . . . **BX** 50
	Darses (Chaussée des) . . **AX** 25	Pasteur (R.) . . . . **BX** 56
	Jaurès (R. Jean) . . . . **BX** 39	République (R. de la) . . . . **AX** 61
	Lille (R. de) . . . . **BX** 45	Waldeck-Rousseau (R.) **BX** 73

🏨🏨 **Europ'H.,** 13 r. Leughenaer 𝄞 28 66 29 07, Télex 120084, Fax 28 63 67 87 – 🛗 ▤ rest 📺
🕿 🚗 – 🔏 25 à 300. 🖭 ◎ 🗲 𝖁𝖎𝖘𝖆 CY **s**
Le Mareyeur (fermé dim. soir et lundi) **R** 75/210 🍴 enf. 45 – **Europ Grill** (fermé dim.) **R**
75/105, enf.45 – 🖵 42 – **120 ch** 264/344.

🏨🏨 **Altéa Reuze** sans rest, 2 r. J. Jaurès 𝄞 28 59 11 11, Télex 110587, Fax 28 63 09 69, ≼ ville
et port – 🛗 📺 🕿 – 🔏 40 à 120. 🖭 ◎ 🗲 𝖁𝖎𝖘𝖆 CZ **r**
🖵 47 – **122 ch** 335/575.

🏨 **Borel** Ⓜ sans rest, 6 r. L'Hermitte 𝄞 28 66 51 80, Télex 820050, Fax 28 59 33 82 – 🛗 📺
🕿. 🖭 🗲 𝖁𝖎𝖘𝖆 CY **u**
🖵 32 – **48 ch** 300/350.

🏨 **Welcome H.,** 37 r. Poincaré 𝄞 28 59 20 70, Télex 132263, Fax 28 21 03 49 – 🛗 🙀 rest
▤ rest 📺 🕿 &. 🖭 𝖁𝖎𝖘𝖆 CZ **e**
Relais d'Alsace R carte 115 à 185 🍴 – 🖵 42 – **40 ch** 302/352.

🍴🍴🍴 **Richelieu** (Buffet gare), pl. Gare 𝄞 28 66 52 13 – 🖭 ◎ 🗲 𝖁𝖎𝖘𝖆 CZ
fermé dim. et fériés le soir – **R** 125/185 🍴.

à Malo-les-Bains : – ⊠ 59240 Dunkerque :

🏨 **Hirondelle,** 46 av. Faidherbe 𝄞 28 63 17 65, Télex 132138 – 📺 🕿 – 🔏 40. 🗲 𝖁𝖎𝖘𝖆
➥ **R** (fermé 16 août au 8 sept., vacances de fév., dim. soir et lundi) 55/245 🍴 – 🖵 30 – **33 ch**
220/260 DY **r**

🏨 Trianon 🦢 sans rest, 20 r. Colline 𝄞 28 63 39 15 – 🕿 DY **d**
12 ch.

🏨 **Au Rivage,** 7 r. Flandre 𝄞 28 63 19 62, Fax 28 66 38 59 – 📺 🕿 – 🔏 30. ◎ 🗲 𝖁𝖎𝖘𝖆
➥ fermé 19 sept. au 19 oct. et 2 au 8 janv. – **R** (fermé vend. de sept. à juin, lundi en juil.-
août et dim. soir) 52/200 🍴, enf. 45 – 🖵 25 – **15 ch** 130/220 – ½ P 150/200 DY **n**

à Coudekerque-Branche SE : 4 km sur D 916 – 24 133 h. – ⊠ 59210 :

🍴🍴🍴 **Le Soubise,** 49 rte Bergues 𝄞 28 64 66 00 – 🙀 🅿. 🖭 ◎ 🗲 𝖁𝖎𝖘𝖆 BX **a**
fermé sam. midi et dim. soir – **R** 95/198, enf. 45.

DUNKERQUE

436

à Téteghem par ① et D 204 : 6 km – 5 265 h. – ✉ **59229** :

XXXX ❀ **La Meunerie** (Delbé) M ⑤ avec ch, SE : 2 km par D 4 ☎ 28 26 01 80, Télex 132253, Fax 28 26 17 32 – ▤ rest TV ☎ ⇔ P. AE ⓓ E VISA
fermé 24 déc. au 24 janv. – **R** *(fermé dim. soir et lundi)* 250/430 – ☕ 55 – **8 ch** 450/750
Spéc. Croustillant de crabe au pistou, Escalope de foie gras de canard aux légumes de pot au feu, Palet de guanaja aux fruits de saison.

au Lac d'Armbouts-Cappel S : 7 km par D 916 et D 252B - A – ✉ **59380** Armbouts-Cappel :

Mercure ⑤, ☎ 28 60 70 60, Télex 820916, Fax 28 61 06 39 – ⇔ ch TV ☎ ♿ P – 🏛 30 à 120. AE ⓓ E VISA
R 90 bc/130 bc, enf. 40 – ☕ 44 – **64 ch** 440/490.

Campanile, ☎ 28 64 64 70, Télex 132294, Fax 28 60 53 12, 🌳 – ☎ ♿ P – 🏛 30. E VISA
R 74 bc/98 bc, enf. 39 – ☕ 27 – **42 ch** 248 – ½ P 225/249.

ALFA-ROMEO, HONDA Diffusion Auto Dunkerquoise, 69 r. Bel-Air ☎ 28 20 42 00
FIAT GE.DIS. Auto, 9 r. Leughenaer ☎ 28 66 51 12
LANCIA-AUTOBIANCHI Malesieux et Fils, r. Hilaire-Vanmairis-Rosendaël ☎ 28 63 58 17
RENAULT Renault-Dunkerque, 561 av. Villette ☎ 28 62 73 00
V.A.G Marinauto, 15/17 pl. Jeanne d'Arc ☎ 28 63 92 58

Ⓜ Fischbach Pneu, 47 r. Abbé-Choquet ☎ 28 24 36 15
La Clinique du Pneu, 12 quai 4-Écluses ☎ 28 64 62 70

Périphérie et environs

CITROEN Sté Dunkerquoise-Cabour, 715 av. Petite-Synthe ☎ 28 61 64 00 N ☎ 28 68 61 44
PEUGEOT-TALBOT Gar. Dubus, av. Maurice Berteaux à St-Pol-sur-Mer ☎ 28 60 34 34
ROVER Littoral-Autom., r. Samaritaine, ZI à St-Pol-sur-Mer ☎ 28 64 66 20
TOYOTA Gibon, 7 quai Wilson à St-Pol-sur-Mer ☎ 28 64 39 07
V.A.G Marinauto, à St-Pol-sur-Mer ☎ 28 63 92 58
V.A.G Marinauto, ZI Samaritaine à St-Pol-sur-Mer, ☎ 28 64 16 55

Ⓜ Hamez, 98 r. A.-Mahieu ☎ 28 63 52 01 et 11 rte de Mardyck à Grande-Synthe ☎ 28 27 41 55
Littoral Pneus Service, r. A.-Carrel à Petite-Synthe ☎ 28 60 02 00
Pneus et Services D.K., 16 r. Samaritaine à St-Pol-sur-Mer ☎ 28 64 76 74
Réform-Pneus, r. Albeck, ZI à Petite-Synthe ☎ 28 61 43 10

DUN-LE-PALESTEL **23800** Creuse 68 ⑱ – 1 293 h. alt. 366.

Syndicat d'Initiative r. des Sabots (15 juin-15 sept.) ☎ 55 89 00 75 et à la Mairie ☎ 55 89 01 30.

Paris 340 – Aigurande 22 – Argenton-sur-Creuse 39 – La Châtre 48 – Guéret 27 – La Souterraine 18.

Joly, ☎ 55 89 00 23 – ☎. E VISA. ✂ rest
fermé 1er au 20 mars, 5 au 25 oct., dim. soir et lundi midi – **R** 48/210 ♁, enf. 35 – ☕ 25 – **13 ch** 90/250 – ½ P 145/215.

France, ☎ 55 89 07 72 – ☎. E VISA
fermé 1er au 15 fév. et sam. sauf juil.-août – **R** 55/160 – ☕ 25 – **12 ch** 95/220 – ½ P 130/160.

PEUGEOT TALBOT Gar. Colas, Chabannes à St-Sulpice-le-Dunois ☎ 55 89 16 48

DUN-SUR-AURON **18130** Cher 69 ① **G. Berry Limousin** – 4 246 h. alt. 186.

Syndicat d'Initiative Hôtel de Ville ☎ 48 59 50 40.

Paris 265 – Bourges 27 – Issoudun 49 – Montluçon 70 – Moulins 79 – Nevers 62.

Beffroy, ☎ 48 59 50 72 – TV ☎. E VISA. ✂ rest
fermé 15 janv. au 15 fév., dim. soir et lundi du 15 oct. à Pâques – **R** 68/200, enf. 68 – ☕ 22 – **12 ch** 110/240 – ½ P 140/205.

CITROEN Gar. Migeon, pl. Libération ☎ 48 59 50 18
PEUGEOT Gar. Rousseau, bd Mar.-Foch ☎ 48 59 51 49
RENAULT Gar. Dupont, 6 r. Abreuvoir ☎ 48 59 50 06

DURAS **47120** L.-et-G. 75 ⑬ **G. Pyrénées Aquitaine** – 1 244 h. alt. 122.

Paris 575 – Périgueux 85 – Agen 81 – Marmande 23 – Ste-Foy-la-Grande 21.

Host. des Ducs, ☎ 53 83 74 58, Fax 53 83 75 03, 🌳, ⛱, 🌳 – TV ☎ P. E VISA
fermé lundi (sauf hôtel) et dim. soir de sept. à juin – **R** 65/260 ♁, enf. 50 – ☕ 28 – **15 ch** 186/290 – ½ P 220/260.

Aub. du Château, ☎ 53 83 70 58, 🌳 – ☎. AE ⓓ E VISA
fermé 1er au 15 déc. et merc. du 1er sept. au 30 juin – **R** 65/200 ♁, enf. 45 – ☕ 25 – **10 ch** 150/220 – ½ P 180/200.

DUREIL **72** Sarthe 64 ② – rattaché à Malicorne-sur-Sarthe.

DURFORT **30** Gard 80 ⑰ – rattaché à Anduze.

Les localités dont les noms sont soulignés de rouge sur les cartes Michelin à 1/200 000 sont citées dans ce guide. Utilisez une carte récente pour profiter de ce renseignement.

DURTAL 49430 M-et-L. ᠍᠍ ② G. Châteaux de la Loire – 3 240 h. alt. 28.

🮲 Syndicat d'Initiative à la Mairie ℘ 41 76 30 24.

Paris 261 – Angers 34 – ◆Le Mans 61 – La Flèche 13 – Laval 65 – Saumur 51.

XX **Boule d'Or,** 19 av. d'Angers ℘ 41 76 30 20 – **Ө. E** 𝑽𝑰𝑺𝑨
⇌ *fermé 4 au 30 août, 17 fév. au 1ᵉʳ mars, dim. soir, mardi soir et merc.* – **R** 58/170 ⅃, enf. 38.

DURY 80 Somme ᠍᠍ ⑱ – rattaché à Amiens.

DUTTLENHEIM 67120 B.-Rhin ᠍᠍ ⑨ – 2 036 h. alt. 162.

Paris 484 – ◆Strasbourg 19 – Molsheim 8 – Saverne 36 – Sélestat 32.

XX Guy Schall, à la Gare N : 2,5 km ℘ 88 38 45 92, 🕮

CITROEN Gar. Rohfritsch ℘ 88 50 80 07

EAUZE 32800 Gers ᠍᠍ ③ G. Pyrénées Aquitaine – 4 338 h. alt. 141.

🮲 Syndicat d'Initiative pl. Cathédrale (juin-sept.) ℘ 62 09 85 62 et à la Mairie (hors saison).

Paris 718 – Auch 52 – Mont-de-Marsan 52 – Aire-sur-l'Adour 38 – Condom 29.

X **Aub. de Guinlet** ⊱ avec ch, NE : 7 km par D 931, D 29 et VO ℘ 62 09 85 99, golf, ⛴,
⇌ 🐎, ✘ – 🆃🆅 ☎ **Ө** – 🜷 30. **E** 𝑽𝑰𝑺𝑨. ✘ ch
fermé vend. soir hors saison – **R** 55/150 ⅃ – 🖃 20 – **8 ch** 195 – ½ P 195.

à Manciet SO : 9 km par D 931 – 🖂 32370 :

XX **La Bonne Auberge** avec ch, ℘ 62 08 50 04, Fax 62 08 58 84 – 🆃🆅 ☎. 🅰🅴 ⓪ **E** 𝑽𝑰𝑺𝑨.
✘
R *(fermé dim. soir)* 75/240 – 🖃 35 – **13 ch** 200/250 – ½ P 220/240.

à Bourrouillan SO : 15 km par D 931 et D 109 – 🖂 32370 :

XX **Moulin du Comte** avec ch, ℘ 62 09 06 72, ⛴, 🐎 – 🆃🆅 ☎ **Ө**. 🅰🅴 **E** 𝑽𝑰𝑺𝑨
fermé janv., fév., lundi et mardi du 1ᵉʳ nov. à Pâques – **R** 100/180, enf. 65 – 🖃 28 – **10 ch**
250/300 – ½ P 210/240.

CITROEN Fitte J.P., à Manciet ℘ 62 08 50 15   RENAULT Junca ℘ 62 09 83 23 🅽 ℘ 62 09 71 01
CITROEN Réquena ℘ 62 09 95 90   RENAULT Gourgues ℘ 62 09 93 15
FIAT Fourteau ℘ 62 09 80 04
PEUGEOT, TALBOT Ducos ℘ 62 09 86 21   🖉 Central Pneu, ℘ 62 09 81 52

ÉBERSHEIM 67600 B.-Rhin ᠍᠍ ⑲, ᠍᠍ ⑥ – 1 597 h. alt. 166.

Paris 435 – ◆Strasbourg 41 – Colmar 30 – Sélestat 6,5 – St Dié 49.

XX **Relais des Vosges,** ℘ 88 85 70 01 – **Ө**. 🅰🅴 **E** 𝑽𝑰𝑺𝑨
fermé 29 juil. au 15 août, 15 au 28 fév., dim. soir et lundi – **R** 190/270, enf. 50.

EBREUIL 03450 Allier ᠍᠍ ④ G. Auvergne – 1 224 h. alt. 316.

Voir Église St-Léger★.

🮲 Syndicat d'Initiative à la Mairie ℘ 70 90 71 33.

Paris 354 – ◆Clermont-Ferrand 48 – Aigueperse 18 – Aubusson 105 – Gannat 10 – Montluçon 58 – Moulins 66 –
Riom 31.

🏠 **Commerce,** ℘ 70 90 72 66, 🐎 – ☎. **E** 𝑽𝑰𝑺𝑨. ✘ ch
fermé oct. et lundi – **R** 80/190 ⅃ – 🖃 22 – **20 ch** 120/330 – ½ P 250.

CITROEN Jarles ℘ 70 90 71 88   PEUGEOT-TALBOT Pouzadoux ℘ 70 90 72 05

ECHALLON 01490 Ain ᠍᠍ ④⑤ – 462 h. alt. 760.

Voir Site★ du lac Génin O : 3 km, G. Jura.

Paris 491 – Bellegarde-sur-V. 17 – Bourg-en-Bresse 62 – Nantua 18 – Oyonnax 13 – St-Claude 29.

🏠 **Poncet** ⊱, au Crêt N : 1,5 km ℘ 74 76 48 53, ≤, 🐎 – ☎ **Ө**. **E** 𝑽𝑰𝑺𝑨. ✘ ch
⇌ *fermé 2 au 23 mars, 3 nov. au 23 déc., 9 au 20 janv. et mardi hors vacances scolaires* –
R 70/250, enf. 45 – 🖃 27 – **17 ch** 95/280 – ½ P 165/225.

X **Aub. de la Semine** avec ch, ℘ 74 76 48 75, 🕮 – **Ө**. **E** 𝑽𝑰𝑺𝑨
fermé 1ᵉʳ au 20 déc., mardi hors sais. et dim. soir – **R** 90/180, enf. 50 – 🖃 25 – **11 ch**
120/140 – ½ P 160/180.

Some useful weights and measures

1 kilogram (1,000 grams) = 2.2 lb.

1 kilometer (1,000 meters) = 0.621 mile

10°C = 50°F   21°C = 70°F

1 liter = 1³/₄ pints   10 liters = 2.62 U.S. gals.

LES ÉCHELLES 73360 Savoie ⁷⁴ ⑮ G. Alpes du Nord – 1 145 h. alt. 386.

🛈 Syndicat d'Initiative à la Mairie ℘ 79 36 60 49.

Paris 539 – ◆Grenoble 40 – Chambéry 23 – ◆Lyon 97 – Valence 108.

à Chailles N : 5 km – ⊠ 73360 Les Échelles :

🏠 **Aub. du Morge**, N 6 ℘ 79 36 62 76, Fax 79 36 51 65, ㈑ , ☞ – **P**. **E** *VISA*. ℀ ch
fermé 1ᵉʳ déc. au 15 janv. et merc. sauf vacances scolaires – **R** 85/200, enf. 50 – � 25 –
8 ch 140/190 – ½ P 200/220.

LES ÉCHETS 01 Ain ⁷⁴ ② – alt. 276 – ⊠ 01700 Miribel.

Paris 457 – ◆Lyon 17 – L'Arbresle 28 – Bourg-en-Bresse 45 – Meximieux 28 – Villefranche-sur-S. 26.

XXX ✿ **Douillé** avec ch, ℘ 78 91 80 05, Fax 78 91 00 69, ㈑ , ☞ – ☎ ⟹ **P**. **AE** **E** *VISA*
fermé 5 au 28 août, vacances de fév., lundi soir et mardi – **R** 160/310 – � 5 – **8 ch** 280/360
Spéc. Galette de saumon et d'aubergines, Croustillant de rascasse, Ravioli de foie gras. Vins Beaujolais-
Villages, Chenas.

XXX **Marguin** avec ch, ℘ 78 91 80 04, Fax 78 91 06 83, ㈑ , ☞ – ☎ **P**. **AE** ① **E** *VISA*. ℀ ch
fermé 27 août au 5 sept., 2 au 23 janv., mardi soir et merc. – **R** 140/400, enf. 70 – � 35 –
9 ch 155/310.

ÉCHIGEY 21 Côte-d'Or ⁶⁶ ⑫ – rattaché à Genlis.

ÉCHIROLLES 38 Isère ⁷⁷ ⑤ – rattaché à Grenoble.

ÉCLUZELLES 28 E.-et-L. ⁶⁰ ⑦ , ¹⁰⁶ ㉘ – rattaché à Dreux.

ÉCOLE VALENTIN 25 Doubs ⁶⁶ ⑮ – rattaché à Besançon.

ÉCOUCHÉ 61 Orne ⁶⁰ ② – rattaché à Argentan.

ÉCURIE 62 P.-de-C. ⁵³ ② – rattaché à Arras.

ÉGLETONS 19300 Corrèze ⁷⁵ ⑩ – 5 912 h. alt. 650.

🛈 Syndicat d'Initiative 9 r. B.-de-Ventadour (15 juin-15 sept.) ℘ 55 93 04 34.

Paris 456 – Aubusson 77 – ◆Limoges 101 – Mauriac 53 – Tulle 31 – Ussel 29.

🏠 **Ibis** Ⓜ, rte Ussel par N 89 : 1,5 km ℘ 55 93 25 16, Télex 590946, ☞ , ℀ – ☎ ☎ & **P**
– ⚥ 30. **E** *VISA*
R 98 ♨, enf. 35 – ⊠ 29 – **41 ch** 250/280.

XX **Au Relais d'Égletons** avec ch, 117 av. Ventadour ℘ 55 93 21 16 – ☎. **AE** **E** *VISA*. ℀
fermé 24 déc. au 15 janv., dim. soir et lundi – **R** 100/150, enf. 50 – ⊠ 20 – **7 ch** 150/170 –
½ P 160/170.

CITROEN Gar. Courteix, rte de Bordeaux N 89   FORD Gar. Lachaud, rte de Tulle ℘ 55 93 14 33
℘ 55 93 07 64

ÉGUILLES 13 B.-du-R. ⁸⁴ ③ – rattaché à Aix-en-Provence.

EGUISHEIM 68420 H.-Rhin ⁶² ⑱⑲ G. Alsace Lorraine – 1 438 h. alt. 204.

Voir Village★ – Route des Cinq Châteaux★ SO : 3 km.

Paris 445 – Colmar 6,5 – Belfort 71 – Gérardmer 52 – Guebwiller 21 – ◆Mulhouse 39 – Rouffach 10.

🏠 **Aub. Alsacienne** sans rest., ℘ 89 41 50 20 – ☎ **P**. *VISA*
fermé 15 déc. au 1ᵉʳ fév. – ⊠ 30 – **20 ch** 190/260.

XX ✿ **Le Caveau** (Schubnel), ℘ 89 41 08 89, Fax 89 23 79 99 – **AE** ① **E** *VISA*
fermé 6 au 18 juil., 15 janv. au 1ᵉʳ mars, mardi soir et merc. – **R** (nombre de couverts
limité, prévenir) 135/330 ♨, enf. 65
Spéc. Choucroute du Caveau, Cuisses de grenouilles au Riesling, Gibier (saison).. Vins Edelzwicker, Riesling.

ELBEUF 76500 S.-Mar. ⁵⁵ ⑥ G. Normandie Vallée de la Seine – 17 362 h. alt. 11.

🛈 Office de Tourisme 28 r. Henry ℘ 35 77 03 78.

Paris 130 ⑥ – ◆Rouen 20 ⑤ – Bernay 43 ④ – ◆Évreux 38 ② – ◆Le Havre 82 ⑤ – Lisieux 67 ④.

Plan page suivante

🏠 **Agriculture** sans rest, 7 r. Convention ℘ 35 77 15 09 – ☎. **AE** **E** *VISA*   AY **s**
⊠ 18 – **16 ch** 140/180.

CITROEN S.E.M.V.A., 40 bis r. Henry   V.A.G Gar. du Cours Carnot, rte de Tourville à
℘ 35 77 06 65   Cléon ℘ 35 81 68 77 **N** ℘ 35 64 70 63
FORD S.E.D.R.A., 40 r. J.-Jaurès ℘ 35 81 05 22
PEUGEOT S.E.C.A., 2 r. J.-Jaurès ℘ 35 77 46 87   🛞 Comptoir Elbeuvien du Pneu, 1 r. Mar.-de-
RENAULT Duval Autom., 44 r. J.-Jaurès   Lattre-de-Tassigny ℘ 35 81 06 22
℘ 35 81 31 55   Subé-Pneurama, 23 r. de Roanne ℘ 35 81 04 47

ÉLINCOURT-STE-MARGUERITE 60 Oise ⁵⁶ ② – rattaché à Compiègne.

439

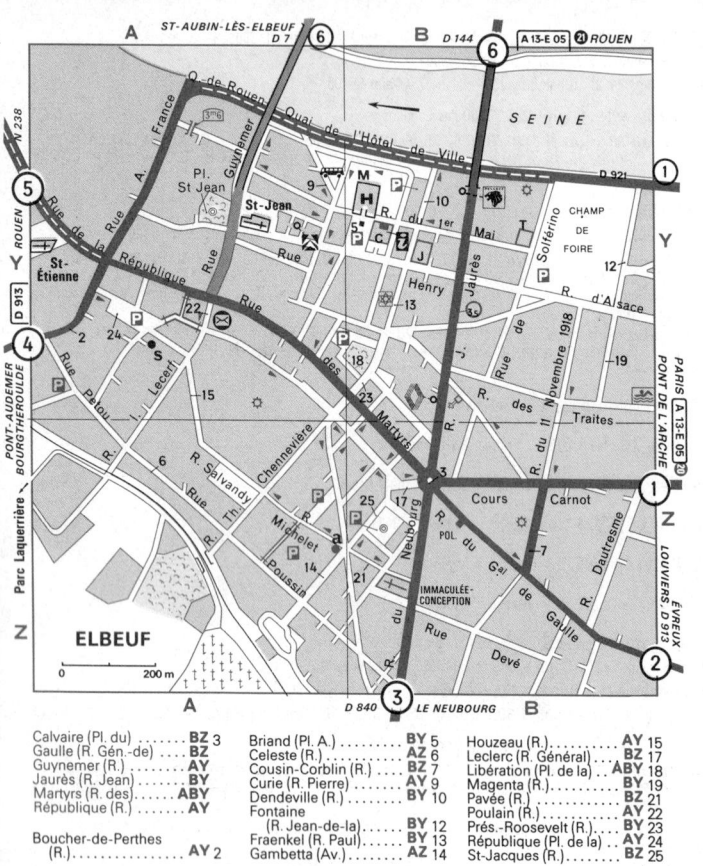

Calvaire (Pl. du) ...... **BZ** 3	Briand (Pl. A.) .... **BY** 5	Houzeau (R.) .... **AY** 15
Gaulle (R. Gén.-de) .... **BZ**	Celeste (R.) .... **AZ** 6	Leclerc (R. Général) ... **BZ** 17
Guynemer (R.) .... **AY**	Cousin-Corblin (R.) .... **BZ** 7	Libération (Pl. de la) .. **ABY** 18
Jaurès (R. Jean) ...... **BY**	Curie (R. Pierre) ...... **AY** 9	Magenta (R.) .... **BY** 19
Martyrs (R. des) ...... **ABY**	Dendeville (R.) .... **BY** 10	Pavée (R.) .... **BZ** 21
République (R.) .... **AY**	Fontaine	Poulain (R.) .... **AY** 22
	(R. Jean-de-la) ... **BY** 12	Prés.-Roosevelt (R.) ... **BY** 23
Boucher-de-Perthes	Fraenkel (R. Paul) .... **BY** 13	République (Pl. de la) . **AY** 24
(R.) .... **AY** 2	Gambetta (Av.) ...... **AZ** 14	St-Jacques (R.) .... **BZ** 25

ELNE 66200 Pyr.-Or. 🆎 ⑳ G. **Pyrénées Roussillon** – 6 202 h. alt. 52 – Voir Cloître★★.

🛈 Office de Tourisme à la Mairie ℘ 68 22 05 07.

Paris 921 – ◆Perpignan 14 – Argelès-sur-Mer 7 – Céret 29 – Port-Vendres 17 – Prades 51.

ALFA ROMEO Gar. Garin, 1 r. Denis Papin, Z.I.
℘ 68 22 75 93
CITROEN Gar. Falguéras, 8 bd Évadés-de-France
℘ 68 22 07 58

CITROEN Subiros, rte d'Alenya, ZI ℘ 68 22 07 02
N
RENAULT Martre, rte de Perpignan ℘ 68 22 23 00

ÉLOISE 74 H.-Savoie 🔟 ⑤ – rattaché à Bellegarde-sur-Valserine.

EMBRUN 05200 H.-Alpes 🔟 ⑰⑱ G. **Alpes du Sud** – 6 395 h. alt. 870.

Voir Cathédrale N.-Dame★ : trésor★ – Peintures murales★ dans la chapelle des Cordeliers.

🛈 Office de Tourisme pl. Gén.-Dosse ℘ 92 43 01 80.

Paris 707 – Briançon 49 – Gap 38 – Barcelonnette 56 – Digne 97 – Guillestre 22 – Sisteron 82.

🏨 **Lac** M, au Plan d'Eau SO : 1,5 km ℘ 92 43 11 08, Télex 405863, Fax 92 43 42 29, 🍴 , 🏖
– 📺 ☎ ♿ 🅿 🆎 ᴇ 𝚅𝙸𝚂𝙰
R (fermé dim. soir et lundi d'oct. à mai) 80/100, enf. 45 – 🖵 30 – **36 ch** 240/280 – ½ P 290.

🏠 **Mairie**, pl. Barthelon ℘ 92 43 20 65, 🍴 – 📺 ☎. 🆎 ⓘ ᴇ 𝚅𝙸𝚂𝙰
1er juin- 30 sept., 1er déc.-30 avril et fermé dim. soir et lundi de déc. à avril sauf vacances
scolaires – **R** 78/80 ♟ – 🖵 27 – **22 ch** 200/220 – ½ P 185/195.

🏚 **Notre-Dame**, av. Gén. Nicolas ℘ 92 43 08 36, 🍴 – 🆎 ⓘ ᴇ 𝚅𝙸𝚂𝙰
➕ fermé nov. et lundi sauf vacances scolaires – **R** 69 ♟, enf. 48 – 🖵 30 – **15 ch** 115/230 –
½ P 185/250.

rte de Gap SO : 3 km – ✉ **05200** Embrun :

🏨 **Les Bartavelles,** ☎ 92 43 20 69, Télex 401480, Fax 92 43 11 92, ←, 🏞, 🏊, 🌳, 🎾 – TV ☎ P – 🏛 35. AE ◑ E VISA
R 98/265, enf. 60 – ☕ 38 – **43 ch** 325/420 – ½ P 260/330.

PEUGEOT, TALBOT Gar. Esmieu rte de St-André ☎ 92 43 04 18 N
RENAULT Dusserre-Bresson, à Baratier ☎ 92 43 02 79 N
RENAULT Espitallier, rte du Lycée ☎ 92 43 02 49

ÉMERAINVILLE **77** S.-et-M. 61 ②, 101 ㉙ – voir à Paris, Environs.

ENCAMP Principauté d'Andorre 86 ⑭ – voir à Andorre.

ENCAUSSE-LES-THERMES **31160** H.-Gar. 86 ① – 523 h. alt. 363.
Paris 805 – Luchon 51 – St-Gaudens 11 – St-Girons 42 – Sauveterre 8 – ♦Toulouse 101.

XX **Marronniers** 🐦 avec ch, ☎ 61 89 17 12, 🏞, 🌳 – P. VISA
fermé 2 janv. au 1er fév., dim. soir et lundi hors sais. – **R** 60/140 🍷, enf. 30 – ☕ 22 – **10 ch** 105/135 – ½ P 135.

ENGENTHAL **67** B.-Rhin 62 ⑧ – rattaché à Wangenbourg.

ENGHIEN-LES-BAINS **95** Val-d'Oise 55 ⑳, 101 ⑤ – voir à Paris, Environs.

ENGLOS **59** Nord 51 ⑮ – rattaché à Lille.

ENSISHEIM **68190** H.-Rhin 66 ⑩ **G. Alsace Lorraine** – 5 780 h. alt. 217.
Paris 467 – ♦Mulhouse 15 – Colmar 24 – Guebwiller 13 – Thann 25.

XXX **Couronne** avec ch, 47 r. 1e Armée Française ☎ 89 81 03 72, Fax 89 26 40 04, « Maison du 17e s. » – TV ☎ P. AE ◑ E VISA
fermé 14 juil. au 8 août, 24 fév. au 2 mars (sauf hôtel), dim. soir et lundi – **R** 270/360, enf. 80 – ☕ 40 – **10 ch** 250/450.

ENTRAIGUES-SUR-SORGUES **84** Vaucluse 81 ⑫ – rattaché à Sorgues.

ENTRAYGUES-SUR-TRUYÈRE **12140** Aveyron 76 ⑫ **G. Gorges du Tarn** (plan) – 1 586 h. alt. 230.
Voir Pont gothique★ – Rue Basse★.
Env. SE : Gorges du Lot★★ – Barrage de Couesque★ N : 8 km.
ℹ Syndicat d'Initiative Tour-de-Ville ☎ 65 44 56 10.
Paris 612 – Rodez 47 – Aurillac 49 – Figeac 71 – Mende 128 – St-Flour 95.

🏨 **Truyère,** ☎ 65 44 51 10, Fax 65 44 57 78, ← – 🛗 ☎ P – 🏛 30. E VISA. 🚫 rest
1er avril-30 nov. – **R** *(fermé lundi)* 60/160 🍷, enf. 45 – ☕ 35 – **25 ch** 180/260 – ½ P 211/236.

🏨 **Deux Vallées,** ☎ 65 44 52 15 – 🛗 ☎ 🚗. E VISA
fermé janv. – **R** 55/100 🍷 – ☕ 26 – **18 ch** 170/200 – ½ P 190/200.

RENAULT Marty, 21 av. Pont-de-Truyère ☎ 65 44 51 14

ENTRECHAUX **84** Vaucluse 81 ③ – rattaché à Vaison-la-Romaine.

ENTZHEIM **67** B.-Rhin 87 ⑤ – rattaché à Strasbourg.

ENVEITG **66** Pyr.-Or. 86 ⑯ – 616 h. alt. 1 200 – ✉ **66760** Bourg-Madame.
Paris 875 – Andorre-la-Vieille 60 – Ax-les-Thermes 49 – Font-Romeu 17 – ♦Perpignan 106.

🏨 **Transpyrénéen** 🐦, ☎ 68 04 81 05, Fax 68 04 83 75, ←, 🌳 – 🛗 ☎ ♿ P. AE ◑ E VISA. 🚫 rest
10 juin-30 sept. et 15 déc.-20 mai – **R** 75/135, enf. 50 – ☕ 30 – **35 ch** 125/280 – ½ P 180/250.

ENVERMEU **76630** S.-Mar. 52 ⑤ **G. Normandie Vallée de la Seine** – 2 031 h. alt. 11.
Voir Choeur★ de l'église.
Paris 162 – Blangy 34 – Dieppe 15 – Neufchâtel-en-Bray 27 – ♦Rouen 72 – Le Tréport 28.

X **Aub. Caves Normandes,** rte St-Nicolas ☎ 35 85 71 28 – P. E VISA
fermé 24 déc. au 18 janv., dim. soir et lundi – **R** 65/98 🍷, enf. 45.

ÉPAGNETTE **80** Somme 52 ⑦ – rattaché à Abbeville.

ÉPERNAY <SP> **51200** Marne 56 ⑯ **G. Champagne** – 28 876 h. alt. 72.
Voir Caves de Champagne★ BYZ – Musée municipal★ BY **M** – Côte des Blancs★ par ③.
ℹ Office de Tourisme avec A.C. 7 av. Champagne ☎ 26 55 33 00.
Paris 141 ④ – ♦Reims 26 ① – Châlons-sur-Marne 34 ② – Château-Thierry 48 ④ – Meaux 95 ③ – Soissons 72 ① – Troyes 94 ③.

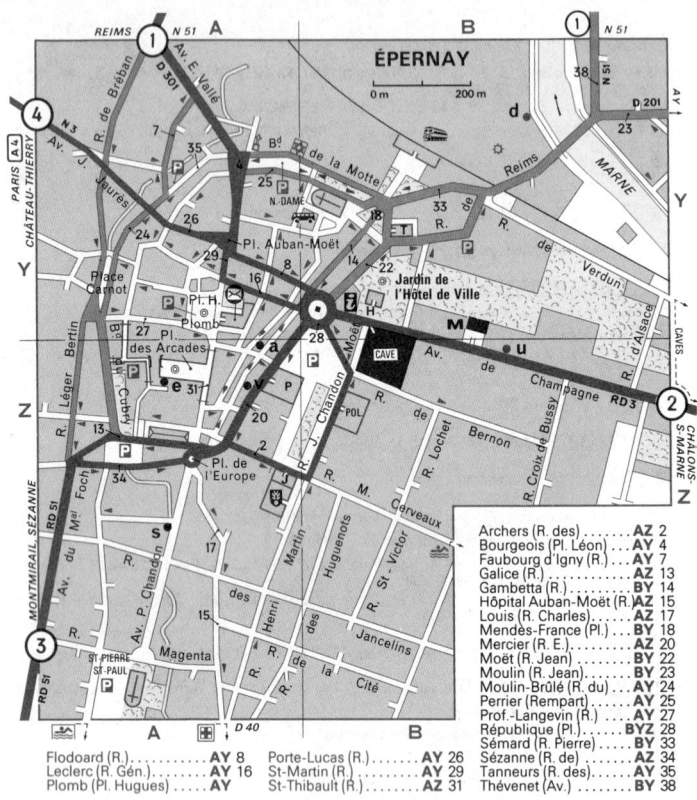

ÉPERNAY

0 m   200 m

Archers (R. des) .... **AZ** 2
Bourgeois (Pl. Léon) ..... **AY** 4
Faubourg d'Igny (R.) ..... **AY** 7
Galice (R.) .... **AZ** 13
Gambetta (R.) .... **BY** 14
Hôpital Auban-Moët (R.) **AZ** 15
Louis (R. Charles) .... **AZ** 17
Mendès-France (Pl.) .... **BY** 18
Mercier (R. E.) .... **AZ** 20
Moët (R. Jean) .... **BY** 22
Moulin (R. Jean) .... **BY** 23
Moulin-Brûlé (R. du) .... **AY** 24
Perrier (Rempart) .... **AY** 25
Prof.-Langevin (R.) ..... **AY** 27
République (Pl.) .... **BYZ** 28
Sémard (R. Pierre) ..... **BY** 33
Sézanne (R. de) .... **AZ** 34
Tanneurs (R. des) .... **AY** 35
Thévenet (Av.) .... **BY** 38

Flodoard (R.) .... **AY** 8   Porte-Lucas (R.) .... **AY** 26
Leclerc (R. Gén.) .... **AY** 16   St-Martin (R.) .... **AY** 29
Plomb (Pl. Hugues) ..... **AY**   St-Thibault (R.) .... **AZ** 31

🏨 **Berceaux**, 13 r. Berceaux ℰ 26 55 28 84, Télex 842717, Fax 26 55 10 36 – 📺 ☎ – 🛏 30.
🆎 ⓘ 🇪 𝗩𝗜𝗦𝗔   AZ **a**
R (fermé dim. soir) 150/320, enf. 60 – ☑ 33 – **29 ch** 295/380 – ½ P 385.

🏨 **Champagne** sans rest, 30 r. E.-Mercier ℰ 26 55 30 22, Télex 842068, Fax 26 51 94 63 – 🛗
📺 ☎. 🆎 ⓘ 🇪 𝗩𝗜𝗦𝗔   AZ **v**
☑ 35 – **32 ch** 240/260.

🏠 **Ibis** M, 19 r. Chocatelle ℰ 26 55 34 34, Télex 841032 – 🛗 📺 ☎ 🕭 🖙 – 🛏 40. 🅴
𝗩𝗜𝗦𝗔   AZ **e**
R 77 ♣, enf. 35 – ☑ 30 – **64 ch** 255/280.

🏠 **St Pierre** sans rest, 14 av. P. Chandon ℰ 26 54 40 80 – 📺 ☎. 🅴 𝗩𝗜𝗦𝗔   AZ **s**
☑ 21 – **15 ch** 89/165.

🍴🍴🍴 **Le Manoir de Champagne** avec ch, 19 av. Champagne ℰ 26 55 04 45, Fax 26 55 08 05,
🌳, parc – 📺 ☎ 🄿. 🆎 ⓘ 🇪 𝗩𝗜𝗦𝗔   BZ **u**
R 110/250, enf. 55 – ☑ 35 – **6 ch** 400.

🍴 **L'Étiquette**, 19 av. Champagne ℰ 26 55 04 45, Fax 26 55 04 45 – 🆎 ⓘ 🇪 𝗩𝗜𝗦𝗔   BZ **u**
R 80/130, enf. 55.

🍴 **La Terrasse**, 7 quai Marne ℰ 26 55 26 05, Fax 26 55 33 79 – 🆎 🅴 𝗩𝗜𝗦𝗔   BY **d**
⬥ fermé 1er au 21 fév., dim. soir et lundi sauf fériés – **R** 68/250 ♣, enf. 50.

à Champillon par ① : 6 km – alt. 180 – ⊠ 51160 :

🏨 **Royal Champagne** M ⧖, N 51 ℰ 26 52 87 11, Télex 830111, Fax 26 52 89 69,
≼ Épernay et vallée de la Marne, 🌳 – 📺 ☎ 🖙 🄿 🆎 ⓘ 🇪 𝗩𝗜𝗦𝗔
fermé 1er au 25 janv. – **R** 310/370, enf. 110 - **Les Sabretaches** (fermé août, 1er au 25 janv.,
sam. et dim.) **R** (déj. seul.) 150 – ☑ 68 – **25 ch** 650/1100.

à Ay NE par D 201 : 3 km – 4 773 h. – ⊠ 51160 :

🍴 **Au Vieux Pressoir**, r. R. Sondag ℰ 26 55 43 31 – 🅴 𝗩𝗜𝗦𝗔
fermé dim. soir, mardi soir et lundi – **R** 110/150 ♣, enf. 40.

à Vinay par ③ : 6 km – ✉ 51200 :

🏨 ※ **La Briqueterie** Ⓜ, rte. de Sézanne 𝒫 26 59 99 99, Télex 842007, Fax 26 59 92 10, ⌨,
🔄, ➳ – 📺 ☎ ᕼ ⇦ 𝗣 – 🅐 30. ⚿ ⓞ ᴇ 𝗩𝗜𝗦𝗔
R 350/380, enf. 115 – � 68 – **42 ch** 710/860
Spéc. Foie gras d'oie frais au ratafia, Potagère de langoustines au citron vert, Blanc de volaille au vieux vinaigre de Champagne. Vins Bouzy blanc, Cumières rouge.

à Vauciennes-la-Chaussée par ④ : 7 km – ✉ 51200 :

✗ **Aub. de la Chaussée** avec ch, sur N 3 ✉ 51480 𝒫 26 58 40 66 – 𝗣. ᴇ 𝗩𝗜𝗦𝗔
➔ *fermé 23 août au 13 sept. et 20 au 26 fév.* – **R** *(fermé lundi soir)* 55/120 ⅄, enf. 40 – ⊏ 17
– **9 ch** 80/200 – ½ P 125/160.

BMW-SEAT Guimier, 4-6 r. Placet 𝒫 26 55 32 25
Ⓝ 𝒫 26 55 39 39
CITROEN Gar. Ardon, rte de Reims à Dizy
𝒫 26 55 58 11
FIAT Magenta-Automobiles, 64 av. Thévenet à
Magenta 𝒫 26 51 04 56
FORD Rebeyrolle, 7 quai Villa 𝒫 26 55 59 65
MERCEDES, TOYOTA Gar. Ténédor, 1 pl. Martyrs-
Résistance 𝒫 26 51 97 77
OPEL Gar. Quénardel, 10 av. Thévenet à Magenta
𝒫 26 54 03 80

PEUGEOT-TALBOT Gar. Beuzelin, 75 av. Thévenet
à Magenta 𝒫 26 51 10 66
RENAULT Automotor, 100 av. Thévenet à Magenta 𝒫 26 55 67 11

⊚ Guillemin, 94 av. A.-Thévenet à Magenta
𝒫 26 55 27 47
La Centrale du Pneu, 25 av. de Champagne
𝒫 26 55 28 58

ÉPINAL Ⓟ 88000 Vosges 𝟨𝟤 ⑯ G. Alsace Lorraine – 40 954 h. alt. 340.

Voir Vieille ville★ : Basilique★ BZ **E** – Parc du château★ BZ – Musée : Vosges et Imagerie★★ AZ
⛳₁₈ 𝒫 29 34 65 97, par ② à 3 km du centre.

🛈 Office de Tourisme 13 r. Comédie 𝒫 29 82 53 32 – A.C. 10 r. C.-Gelée 𝒫 29 35 18 14.

Paris 361 ⑥ – Belfort 97 ④ – Colmar 94 ② – ✦Mulhouse 110 ④ – ✦Nancy 69 ⑥ – Vesoul 84 ④.

Plan page suivante

🏨 **Mercure** Ⓜ, 13 pl. E. Stein 𝒫 29 35 18 68, Télex 960277, Fax 29 35 12 11 – 📶 📺 ☎ 𝗣
– 🅐 30 à 150. ⚿ ⓞ ᴇ 𝗩𝗜𝗦𝗔   AZ **e**
Mouton Blanc *(fermé sam. midi)* **R** 115/180 ⅄, enf. 39 – ⊏ 40 – **46 ch** 440 – ½ P 350.

🏨 **Le Colombier** Ⓜ sans rest, 104 fg Ambrail BZ 𝒫 29 35 50 05, Fax 29 35 22 14 – 📶 ⟷
📺 ☎ 𝗣 – 🅐 30. ⚿ ⓞ ᴇ 𝗩𝗜𝗦𝗔
fermé 12 au 25 août et 21 déc. au 7 janv. – ⊏ 22 – **32 ch** 165/260.

🏨 **Bristol** sans rest, 12 av. Gén. de Gaulle 𝒫 29 82 10 74, Fax 29 35 35 14 – 📺 ☎ ⇦. ⚿
ⓞ ᴇ 𝗩𝗜𝗦𝗔   AY **b**
fermé 23 déc. au 2 janv. – ⊏ 28 – **46 ch** 170/260.

🏨 **Ibis** Ⓜ, quai Mar. de Contades 𝒫 29 64 28 28, Télex 850053 – 📶 📺 ☎ ᕼ ⇦ 𝗣 –
🅐 30 à 50. ᴇ 𝗩𝗜𝗦𝗔   BY **d**
R 76 ⅄, enf. 35 – ⊏ 30 – **60 ch** 250/275.

🏨 **Europe** sans rest, 16 rue F. Blaudez 𝒫 29 82 21 04, Fax 29 64 23 47 – 📶 📺 ☎. ⚿ ᴇ 𝗩𝗜𝗦𝗔
fermé 23 déc. au 2 janv. – ⊏ 22 – **36 ch** 120/260.   BZ **x**

🏨 **Azur** sans rest, 54 quai Bons Enfants 𝒫 29 64 05 25 – 📺 ☎. ᴇ 𝗩𝗜𝗦𝗔   AZ **r**
⊏ 22 – **20 ch** 75/220.

✗✗✗ ※ **Les Abbesses** (Aiguier), 23 r. Louvière 𝒫 29 82 53 69, �´ – ⚿ ᴇ 𝗩𝗜𝗦𝗔   BZ **k**
fermé 18 au 31 août, dim. soir et lundi – **R** 220/360
Spéc. Cuisses de grenouilles frites, Hachis Parmentier de pigeon à la crème de lentilles, Tarte soufflée au chocolat. Vins Côtes de Toul.

✗✗✗ ※ **Relais des Ducs de Lorraine** (Obriot), 16 quai Col. Sérot 𝒫 29 34 39 87 – 𝗩𝗜𝗦𝗔
fermé 4 au 11 mars, 5 au 23 août, dim. soir et lundi – **R** 185/365, enf. 100   BY **n**
Spéc. Tartare de Saint-Jacques (oct. à avril), Rognon rôti au poivre, Soufflé mirabelle. Vins Côtes de Toul.

✗ **Le Petit Robinson**, 24 r. R. Poincaré 𝒫 29 34 23 51 – 𝗩𝗜𝗦𝗔   BZ **s**
fermé 15 juil. au 15 août, sam. midi et dim. – **R** 95/170.

✗ **Les Ptit' Bouch'**, 6 r. Petites Boucheries 𝒫 29 82 54 70 – ⚿ ᴇ 𝗩𝗜𝗦𝗔   AZ **u**
fermé 8 au 14 avril, 5 au 25 août, 25 déc. au 1er janv., sam. midi et dim. – **R** 98/180 ⅄.

par ② : 5 km – ✉ 88000 Épinal :

🏨 **La Fayette** Ⓜ, parc économique Le Saut Le Cerf 𝒫 29 31 15 15, Télex 850590,
Fax 29 31 07 08, �´ – ⟷ ch 📺 ☎ ᕼ ⇦ 𝗣 – 🅐 100. ⚿ ⓞ ᴇ 𝗩𝗜𝗦𝗔
R 90/210 – ⊏ 35 – **48 ch** 320/450.

à Chaumousey par ⑤ et D 460 : 8,5 km – ✉ 88390 :

✗✗ **Le Calmosien,** 𝒫 29 66 80 77 – ⚿ ⓞ ᴇ 𝗩𝗜𝗦𝗔
fermé dim. soir et lundi – **R** 100/250, enf. 45.

à Golbey par ⑥ : 5 km sur N 57 – 8 900 h. – ✉ 88190 :

🏨 **Motel Côte Olie et rest La Mansarde** Ⓜ, 𝒫 29 34 28 28, Télex 961011, �´, ➳ – 📺
➔ ☎ 𝗣 – 🅐 40. ⚿ ⓞ ᴇ 𝗩𝗜𝗦𝗔
fermé sam. midi et dim. soir – **R** 70/160 ⅄, enf. 38 – ⊏ 25 – **24 ch** 235/248.

ÉPINAL

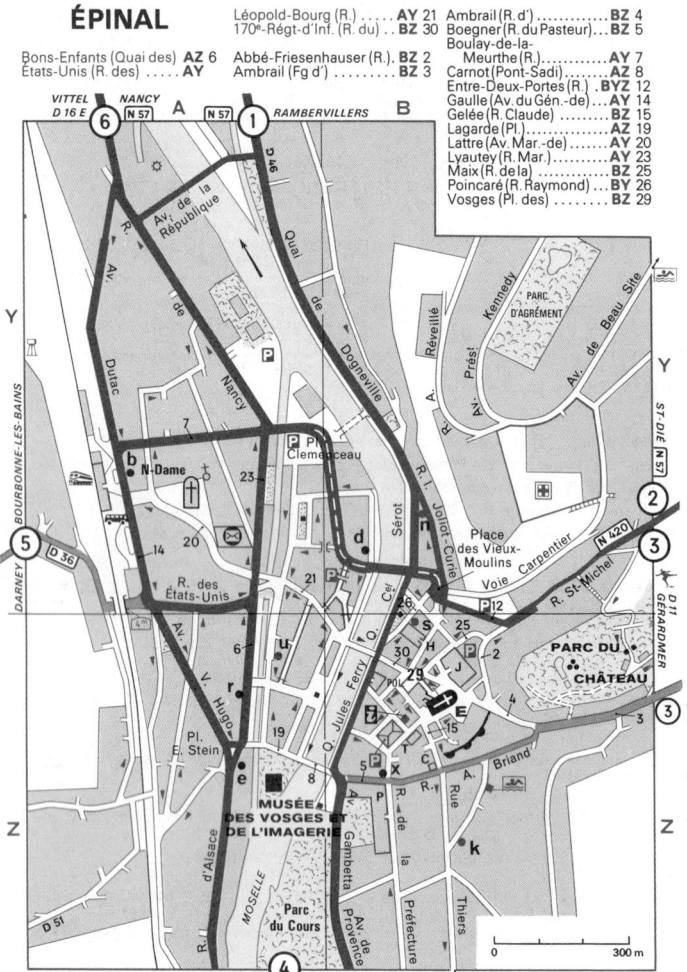

BMW Pré Droué, r. Barry, pôle d'Activité du Pré
Droué à Chavelot ℰ 29 31 35 34 **N** ℰ 29 34 55 54
CITROEN Anotin, av. de St-Dié par ②
ℰ 29 31 93 94
PEUGEOT-TALBOT Epinal-Autom., 91 r. d'Alsace
ℰ 29 82 05 94
PEUGEOT-TALBOT Habonnel Autom., 31 av. de
Beaulieu à Golbey par ⑥ ℰ 29 34 45 54 **N**

RENAULT SODISEP, 50 av. de St-Dié par ②
ℰ 29 68 44 44 **N** ℰ 29 64 54 51

⊛ Louis-Pneus, 15 r. Mar.-Lyautey ℰ 29 35 42 08
Louis-Pneus, Centre Commercial La Fougère à
Chavelot ℰ 29 34 02 12
Malnoy Pneus, Cote Olie à Golbey ℰ 29 31 24 13
Malnoy-Pneus, 13 av. Fontenelle ℰ 29 82 22 93

Demandez chez le libraire le catalogue des publications Michelin.

ERDEVEN 56410 Morbihan 🔢 ① – 2 169 h. alt. 18.

Paris 492 – Vannes 32 – Auray 14 – Carnac 8,5 – Lorient 28 – Quiberon 21 – Quimperlé 47.

🏨🏨 **Château de Keravéon** ⌖, NE : 1,5 km par D 105 ♬ 97 55 68 55, « Château du 18ᵉ s. dans un parc », ⌁ – 📶 **℗**. ㏂ ⓞ 🇪 *VISA*. ⚫ rest
hôtel : début mai-15 sept. ; rest. : début juin-15 sept. et fermé mardi midi et lundi –
R 185/245 – ⌷ 52 – **16 ch** 670/770, 3 appart. 1480 – ½ P 550/620.

🏨 **Le Narbon** Ⓜ ⌖, rte Plage ♬ 97 55 67 55 – ⚬ ch 📺 ☎ ♣ **℗**. ㏂ ⓞ 🇪 *VISA*
fermé au 21 janv. – **R** 75/150, enf. 30 – ⌷ 30 – **22 ch** 270/310 – ½ P 364/404.

🏨 **Voyageurs**, r. Océan ♬ 97 55 64 47 – ☎ **℗**. 🇪 *VISA*
Pâques, vacances de nov. et fermé mardi hors sais. – **R** 55/150, enf. 40 – ⌷ 25 – **20 ch** 145/250 – ½ P 236/247.

ERMENONVILLE 60950 Oise 🔢 ②, 🔢 ⑨ G. Ile de France – 778 h. alt. 92.

Voir Parc★ – Forêt d'Ermenonville★ – Abbaye de Chaalis★ N : 3 km – Mer de Sable★ N : 3 km – Clocher★ de l'église de Montagny-Ste-Félicité E : 4 km.

Paris 47 – Compiègne 45 – Beauvais 65 – Meaux 24 – Senlis 14 – Villers-Cotterêts 35.

🏨 **Le Prieuré** sans rest, ♬ 44 54 00 44, « Demeure du 18ᵉ siècle », ⚘ – 📺 ☎ **℗**. ㏂ 🇪 *VISA*
fermé fév. – ⌷ 40 – **11 ch** 450/500.

à **Ver-sur-Launette** S : 3 km par D 84 – ⌧ **60950** :

XX **Rabelais**, ♬ 44 54 01 70 – ㏂ 🇪 *VISA*
fermé 15 juil. au 23 août, 24 au 31 déc., dim. soir du 8 déc. au 29 mars, lundi soir et merc. – **R** 175/250 ⌀, enf. 75.

ERMITAGE DU FRÈRE JOSEPH 88 Vosges 🔢 ⑰ – rattaché à Ventron.

ERNÉE 53500 Mayenne 🔢 ⑩ G. Normandie Cotentin – 6 132 h. alt. 116.

Paris 303 – Domfront 46 – Fougères 20 – Laval 30 – Mayenne 24 – Vitré 29.

🏨 **Relais de Poste**, 1 pl. Église ♬ 43 05 20 33, Fax 43 05 18 23 – 📶 📺 ☎ ⓞ 🇪 *VISA*
fermé dim. soir sauf hôtel en juil.-août – **R** 66/210 ⌀, enf. 40 – ⌷ 30 – **35 ch** 160/260 – ½ P 215/245.

XX **Grand Cerf** avec ch, 19 r. A.-Briand ♬ 43 05 13 09, Télex 723412 – 📺 ☎. 🇪 *VISA*. ⚫ ch
fermé 15 au 31 janv., dim. soir et lundi hors sais. – **R** 78/149 – ⌷ 28 – **8 ch** 181/219 – ½ P 240.

CITROEN Gar. Lory, 14 bd Duvivier ♬ 43 05 11 89 🅽

PEUGEOT Garnier, 8 rte de Fougères ♬ 43 05 11 60
PEUGEOT-TALBOT Gar. Vele, rte de Laval ♬ 43 05 17 14

RENAULT Sadon, 29 av. A.-Briand ♬ 43 05 16 68 🅽

◉ Roulette Pneus, rte de St-Denis à Gastines ♬ 43 05 20 56

ERQUY 22430 C.-d'Armor 🔢 ④ G. Bretagne – 3 426 h.

Voir Cap d'Erquy ★ NO : 3,5 km puis 30 mn.

🅱 Office de Tourisme bd Mer (vacances scolaires, mai-juin, fermé après-midi hors saison) ♬ 96 72 30 12.

Paris 455 – St-Brieuc 35 – Dinan 47 – Dinard 40 – Lamballe 23 – ◆Rennes 102.

🏨 **Brigantin**, square Hôtel de Ville ♬ 96 72 32 14, ⌁ – ☎. 🇪 *VISA*. ⚫ rest
R 75/400 – ⌷ 26 – **22 ch** 260 – ½ P 220/240.

XX **L'Escurial**, bd Mer ♬ 96 72 31 56, ≤ – ㏂ ⓞ 🇪 *VISA*
fermé mardi soir et merc. sauf juil.-août – **R** 130/250, enf. 70.

CITROEN Gar. Clerivet ♬ 96 72 14 20
CITROEN Autoservice AD PRO ♬ 96 72 02 07

RENAULT Gar. Thomas ♬ 96 72 30 37

ERSTEIN 67150 B.-Rhin 🔢 ⑩ – 8 172 h. alt. 150.

Paris 513 – ◆Strasbourg 24 – Colmar 49 – Molsheim 27 – St-Dié 68 – Sélestat 25.

⚐ **Agneau**, 50 r. 28-Novembre ♬ 88 98 02 12 – ⚫ ch
fermé 8 au 27 juil. – **R** (fermé merc.) 48/60 ⌀ – ⌷ 20 – **9 ch** 120/150 – ½ P 140.

PEUGEOT, TALBOT Busche, r. de la Dordogne ♬ 88 98 23 87
PEUGEOT-TALBOT Gar. Louis, rte de Lyon ♬ 88 98 07 13

RENAULT Fechter, 10 r. Gén.-de-Lattre ♬ 88 98 04 24 🅽 ♬ 88 98 17 71
Garage Fritsch, 39 av. de la Gare ♬ 88 98 89 00 🅽

ERVAUVILLE 45 Loiret 🔢 ⑬ – rattaché à Courtenay.

ESBLY 77450 S.-et-M. 🔢 ⑫, 🔢 ㉒ – 4 227 h. alt. 50.

Paris 44 – Coulommiers 23 – Lagny 11 – Meaux 9 – Melun 50.

à **Condé-Ste-Libiaire** SE : 2,5 km – ⌧ **77450** :

XX **Vallée de la Marne**, quai Marne ♬ (1) 60 04 31 01, Fax (1) 64 63 15 83, ≤, ⌖, ⚘ – ㏂ 🇪 *VISA*
fermé 28 juil. au 23 août, vacances de fév., dim. soir du 15 oct. au 24 mars, lundi soir et mardi – **R** 130/200, enf. 60.

PEUGEOT, TALBOT Luce et Riester ♬ (1) 60 04 34 21

Les ESCALDES Principauté d'Andorre 86 ⑭ − voir à Andorre.

L'ESCARÈNE 06440 Alpes-Mar. 84 ⑲, 195 ⑰ G. Côte d'Azur − 1 424 h. alt. 357.

Voir Gorges du Paillon★ SE.

Env. Lucéram : site★, retables★★ et trésor★ dans l'église N : 7 km,.

Paris 953 − Contes 10 − ♦Nice 21 − St-Martin-Vésubie 54 − Sospel 22.

✗ **Host. Castellino** ⑤, avec ch, ✆ 93 79 50 11, ≼, 佘, 丄, 屛 − 匹 E VISA
   fermé merc. − **R** 110/175 − ⇌ 25 − **9 ch** 160/250 − ½ P 270/355.

ESCHBACH-AU-VAL 68 H.-Rhin 62 ⑱ − rattaché à Munster.

ESCRINET (Col de l') 07 Ardèche 76 ⑲ − rattaché à Privas.

ESNANDES 17137 Char.-Mar. 171 ⑫ G. Poitou Vendée Charentes − 1 370 h. alt. 12.

Voir Église★.

Paris 478 − La Rochelle 12 − Fontenay-le-Comte 40 − Luçon 28.

✗✗ **Paix,** ✆ 46 01 32 02, 佘, 屛 − ℗. E VISA
   fermé dim. soir et lundi sauf juil.-août − **R** 85/250 ⚲, enf. 30.

ESPALION 12500 Aveyron 80 ③ G. Gorges du Tarn (plan) − 4 883 h. alt. 343 − **Voir** Église de Perse★ SE : 1 km − Chapelle romane★ de St-Pierre-de-Bessuéjouls O : 4 km par D 556.

🅱 Office de Tourisme bd J.-Poulenc ✆ 65 44 10 63.

Paris 590 − Aurillac 76 − Figeac 92 − Mende 94 − Millau 79 − Rodez 30 − St-Flour 88.

🏨 **Moderne,** bd Guizard ✆ 65 44 05 11 − ⊠ ⚲ ⬨ ⇔. E VISA
   fermé 5 nov. au 10 déc., lundi de sept. à juin sauf hôtel et dim. soir sauf juil.-août −
   R 90/300 ⚲, enf. 50 − ⇌ 30 − **28 ch** 200/300 − ½ P 250/280.

✗ **Le Méjane,** r. Méjane ✆ 65 48 22 37 − 匹 ⓞ E VISA
   fermé 26 juin au 6 juil., vacances de fév., dim. soir et merc. sauf en août − **R** 90/210.

CITROEN Cadars, av. de St-Côme ✆ 65 44 00 73   Bourrel-Pneus, 57 bd J.-Poulenc ✆ 65 44 01 78

ESPELETTE 64540 Pyr.-Atl. 85 ③ G. Pyrénées Aquitaine − 1 703 h. alt. 80.

Paris 791 − Biarritz 23 − ♦Bayonne 20 − Cambo-les-Bains 5,5 − Pau 119 − St-Jean-de-Luz 25.

🏠 **Euzkadi,** ✆ 59 93 91 88, 丄, 屛 − ☎ E VISA
   fermé 15 nov. au 15 déc., 15 au 25 fév., mardi hors sais. et lundi − **R** 75/160, enf. 50 −
   ⇌ 30 − **32 ch** 160/200 − ½ P 230.

L'ESPÉROU 30 Gard 80 ⑯ G. Gorges du Tarn − alt. 1 230 − ✉ 30570 Valleraugue.

Paris 664 − Mende 85 − Alès 95 − Millau 69 − Nîmes 111 − Le Vigan 30.

🏠 **La Source** ⑤, ✆ 67 82 60 35, 佘 − ☏ ℗. 匹 E VISA. ✾
   juin-sept. et Noël-Pâques − **R** 85/120 − ⇌ 27 − **10 ch** 200/220 − ½ P 287/297.

ESPIAUBE 65 H.-Pyr. 85 ⑲ − rattaché à St-Lary-Soulan.

ESQUIÈZE-SÈRE 65 H.-Pyr. 85 ⑱ − rattaché à Luz-St-Sauveur.

ESTAING 12190 Aveyron 80 ③ G. Gorges du Tarn − 666 h. alt. 300.

🅱 Syndicat d'Initiative à la Mairie (15 juin-15 sept.) ✆ 65 44 72 72.

Paris 599 − Rodez 41 − Aurillac 66 − Conques 40 − Espalion 10 − Figeac 75.

🏠 **Aux Armes d'Estaing,** ✆ 65 44 70 02 − ☎ ⇔. E VISA
⬩ *1er mars-10 nov.* − **R** 55/150 ⚲ − ⇌ 18,50 − **44 ch** 120/190 − ½ P 150/180.

🏠 **Rainaldy,** ✆ 65 44 70 03, 屛 − ⇔. E VISA
⬩ *fermé 3 au 19 mars, 30 sept. au 22 oct., dim. soir et lundi d'oct. à avril* − **R** 55/110 ⚲,
   enf. 40 − ⇌ 20 − **17 ch** 155/165 − ½ P 160.

RENAULT Rigal ✆ 65 44 70 09

ESTAING 65400 H.-Pyr. 85 ⑰ G. Pyrénées Aquitaine − 91 h. alt. 1 000.

Voir Lac d'Estaing★ S : 4 km.

Paris 826 − Pau 66 − Argelès-Gazost 11 − Arrens 6,5 − Laruns 43 − Lourdes 24 − Tarbes 44.

✗ **Lac d'Estaing** ⑤ avec ch, au Lac S : 4 km ✆ 62 97 06 25, ≼, 佘 − ℗
   Pâques-30 nov. − **R** 75/140 − ⇌ 25 − **11 ch** 115/150 − ½ P 150/160.

ESTENC 06 Alpes-Mar. 81 ⑧⑨, 195 ② − alt. 1 800 − ✉ 06470 Guillaumes.

Paris 778 − Barcelonnette 39 − Castellane 81 − Digne 119 − ♦Nice 122 − St-Martin-Vésubie 97.

🏠 **Relais de la Cayolle** ⑤, ✆ 93 05 51 33, ≼, 佘 − ℗. VISA
   fermé nov. − **R** 75/100 ⚲ − ⇌ 30 − **18 ch** 130/180 − ½ P 170.

ESTÉRENÇUBY 64 Pyr.-Atl. 85 ③ − rattaché à St-Jean-Pied-de-Port.

ÉTABLES-SUR-MER 22680 C.-d'Armor 🗺 ③ G. Bretagne – 2 039 h. alt. 85.

🗺 des Ajoncs d'Or 🖉 96 71 90 74, O : 9 km.

🇧 Office de Tourisme r. République 🖉 96 70 65 41.

Paris 466 – St-Brieuc 17 – Guingamp 28 – Lannion 55 – Paimpol 28.

    à N. D.-de-l'Espérance N : 2,5 km sur D 786 – ✉ **22680** Étables-sur-Mer :

XX **La Colombière** 🔧 avec ch, bd du littoral 🖉 96 70 61 64, Fax 96 70 72 76, ≤, 🌳 , « Jardin
fleuri dominant la mer » – 📺 ☎ 🅿 🅴 VISA 🍽
fermé 30 sept. au 17 oct., dim. soir et lundi du 16 sept. au 14 juin – **R** 100/320, enf. 65 –
🍽 53 – **5 ch** 310/470 – ½ P 330/445.

ÉTAIN 55400 Meuse 🗺 ⑫ G. Alsace Lorraine – 3 811 h. alt. 205.

🇧 A.C. 7 pl. Martinique 🖉 29 87 11 12.

Paris 287 – Briey 24 – Longwy 46 – ◆Metz 47 – Stenay 55 – Verdun 20.

🏠 **Sirène,** r. Prud'homme-Havette 🖉 29 87 10 32, 🌳 , 🍽 – 🖨 🅿 🅴 VISA 🍽 ch
🍴 *fermé 23 déc. au 1ᵉʳ fév. et lundi (sauf hôtel en sais.)* – **R** 65/200 🍷 – 🍽 30 – **26 ch** 80/180
– ½ P 175/195.

RENAULT Beauguitte et Cao 🖉 29 87 12 90 🅽

ÉTAMPES <🚆> 91150 Essonne 🗺 ⑩, 🗺 ㊷ G. Ile de France – 19 491 h. alt. 90.

Voir Cathédrale N.-Dame★ A.

🇧 Service Municipal du Tourisme Hôtel Anne-de-Pisseleu 🖉 (1) 64 94 84 07.

Paris 50 ① – Fontainebleau 44 ② – Chartres 61 ⑦ – Évry 40 ① – Melun 43 ② – ◆Orléans 68 ⑤ – Versailles
52 ①.

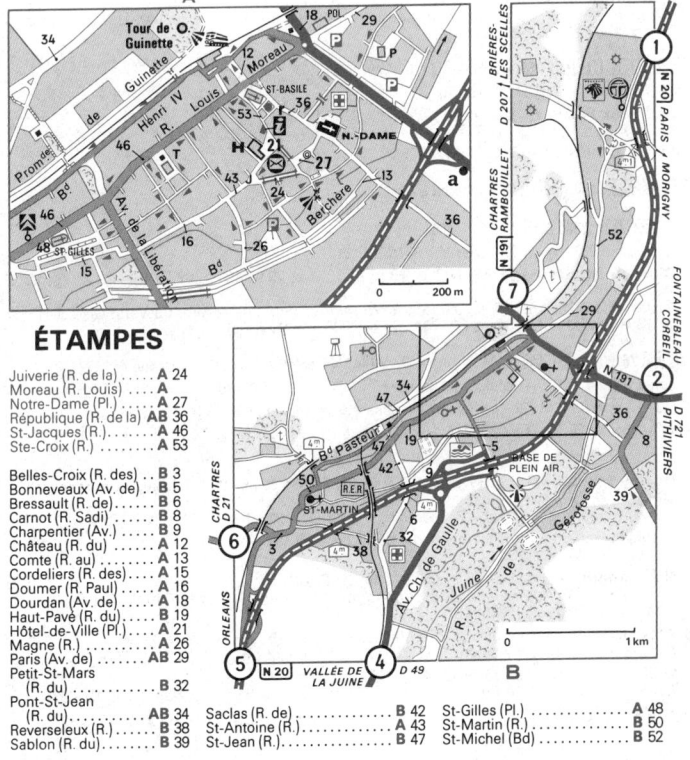

ÉTAMPES

Juiverie (R. de la) ..... **A** 24
Moreau (R. Louis) ..... **A**
Notre-Dame (Pl.) ..... **A** 27
République (R. de la) **AB** 36
St-Jacques (R.) ..... **A** 46
Ste-Croix (R.) ..... **A** 53

Belles-Croix (R. des) .. **B** 3
Bonneveaux (Av. de) .. **B** 5
Bressault (R. de) ..... **B** 6
Carnot (R. Sadi) ..... **B** 8
Charpentier (Av.) ..... **B** 9
Château (R. du) ..... **A** 12
Comte (R. au) ..... **A** 13
Cordeliers (R. des) .... **A** 15
Doumer (R. Paul) ..... **A** 16
Dourdan (Av. de) ..... **A** 18
Haut-Pavé (R. du) ..... **B** 19
Hôtel-de-Ville (Pl.) ... **A** 21
Magne (R.) ..... **A** 26
Paris (Av. de) ..... **AB** 29
Petit-St-Mars
  (R. du) ..... **B** 32
Pont-St-Jean
  (R. du) ..... **AB** 34
Reverseleux (R.) ..... **B** 38
Sablon (R. du) ..... **B** 39

Saclas (R. de) ..... **B** 42
St-Antoine (R.) ..... **A** 43
St-Jean (R.) ..... **B** 47

St-Gilles (Pl.) ..... **A** 48
St-Martin (R.) ..... **B** 50
St-Michel (Bd) ..... **B** 52

🏨 **Climat de France** Ⓜ, av. Coquerive 🅿 (1) 60 80 04 72, Télex 600400, 🛎 – 📺 ☎ ♿
　　🅿 ⚠ Ⓔ 𝗩𝗜𝗦𝗔 　　　　　　　　　　　　　　　　　　　　　　　　　　　　A a
　　R 85 ♨, enf. 40 – ⌁ 28 – **44 ch** 260.

🕱🕱 Le Gd Monarque, 1 pl. Romanet 🅿 (1) 64 94 29 90 　　　　　　　　　　A r

à Champigny N : 5 km par Morigny, D 17 et VO – ✉ **91150** Morigny :

🏨 **Host. de Villemartin** ⌂, 🅿 (1) 64 94 63 54, « Gentilhommière dans un parc », 🍴 –
　　📺 ☎ 🅿 – ♿ 80. ⚠ ⓪ 𝗩𝗜𝗦𝗔
　　fermé août, dim. soir et lundi – **R** 180/300 – ⌁ 40 – **14 ch** 260/390.

à Court-Pain par ② et D 721 : 9 km – ✉ **91690** Fontaine-la-Rivière :

🏨 **Aub. de Courpain**, 🅿 (1) 64 95 67 04, 🛎, « Intérieur rustique soigné », 🍴 – ⇙ ch ☎
　　🅿 – ♿ 25 à 50. ⚠ Ⓔ 𝗩𝗜𝗦𝗔
　　R 125/170, enf. 65 – ⌁ 36 – **15 ch** 350/650 – ½ P 380/480.

AUSTIN, ROVER Gar. St-Pierre, rte de Pithiviers
🅿 (1) 64 94 90 00
CITROEN Sté Ind. Autom., 146 r. St-Jacques
🅿 (1) 64 94 01 81
FORD G.D.S. Autom., ZI r. des Rochettes à Morigny-Champigny 🅿 (1) 64 94 59 27

PEUGEOT, TALBOT Auclert, ZI 12 r. Rochettes à Morigny-Champigny 🅿 (1) 64 94 16 72

🅿 Central Pneu, 9 r. Rochettes, ZI à Morigny-Champigny 🅿 (1) 64 94 94 44

ÉTANG-SUR-ARROUX 71190 S.-et-L. 🔟🔟 ⑦ – 1 874 h. alt. 277.

Paris 308 – Moulins 86 – Autun 17 – Chalon-sur-Saône 62 – Decize 66 – Digoin 50 – Mâcon 102.

🕱🕱 **Host. du Gourmet** avec ch, rte Toulon 🅿 85 82 20 88 – ☎. Ⓔ 𝗩𝗜𝗦𝗔
⟵　　*fermé janv., dim. soir et lundi sauf juil.-août* – **R** 65/210 ♨, enf. 45 – ⌁ 22 – **12 ch** 120/170
　　– ½ P 170/190.

RENAULT Gar. des Tuilleries, r. d'Autun 🅿 85 82 21 48 Ⓝ

ETEL 56410 Morbihan 🔟🔟 ① **G. Bretagne** – 2 699 h. alt. 21.

Voir Rivière d'Etel★ – Site★ de la chapelle St-Cado N : 5 km puis 15 mn.

Paris 494 – Vannes 35 – Lorient 30 – Quiberon 26.

🏨 **Trianon**, 🅿 97 55 32 41, 🍴 – 📺 ☎ 🅿 – ♿ 40. Ⓔ 𝗩𝗜𝗦𝗔
　　fermé 1er déc. au 1er fév., dim. soir et lundi de nov. à mars – **R** 80/160, enf. 55 – ⌁ 30 –
　　22 ch 260/320 – ½ P 240/270.

ÉTOILE-SUR-RHÔNE 26800 Drôme 🔟🔟 ⑫ – 2 897 h. alt. 107.

Paris 573 – Valence 12 – Crest 19 – Privas 33.

🕱🕱 **Le Vieux Four**, 🅿 75 60 72 21, 🛎 – ▦. Ⓔ 𝗩𝗜𝗦𝗔. 🍴
　　fermé 4 au 26 août, 2 au 8 janv., dim. soir et lundi – **R** 78/200 ♨.

RENAULT Gar. Gontard 🅿 75 60 60 03 Ⓝ 🅿 75 60 73 56

ÉTOUVELLES 02 Aisne 🔟🔟 ⑤ – rattaché à Laon.

ETRÉAUPONT 02580 Aisne 🔟🔟 ⑯ – 955 h. alt. 127.

Paris 182 – Avesnes 25 – Hirson 15 – Laon 44 – St-Quentin 51.

🏨 **Clos du Montvinage** Ⓜ, N 2 🅿 23 97 91 10, Fax 23 97 48 92, 🍴 – 📺 ☎ ♿ 🅿. ⚠ Ⓔ
　　𝗩𝗜𝗦𝗔. 🍴 ch
　　fermé 15 au 31 août, 23 au 28 déc., lundi midi et dim. soir – **Aub. du Val d'Oise** 🅿 23 97
　　40 18 **R** 70/200 enf. 60 – ⌁ 39 – **19 ch** 245/380 – ½ P 220/380.

ÉTRETAT 76790 S.-Mar. 🔟🔟 ⑪ **G. Normandie Vallée de la Seine** – 1 577 h. – Casino A.

Voir Falaise d'Aval★★★ A – Falaise d'Amont★★ B – 🔟 🅿 35 27 04 89 A.

🅱 Office de Tourisme pl. M.-Guillard (mars-oct., vacances scolaires) 🅿 35 27 05 21.

Paris 208 ③ – Bolbec 28 ③ – Fécamp 17 ② – ♦Le Havre 28 ④ – ♦Rouen 86 ②.

Plan page suivante

🏨 **Dormy House** ⌂, rte Havre 🅿 35 27 07 88, Fax 35 29 86 19, ≤ falaises et la mer, parc –
　　🅿 – ♿ 30. 𝗩𝗜𝗦𝗔. 🍴 rest 　　　　　　　　　　　　　　　　　　　　　　A m
　　fermé 1er mars au 15 avril – **R** 180, enf. 50 – ⌁ 50 – **92 ch** 410/525 – ½ P 450.

🏨 **Falaises** sans rest, bd R. Coty 🅿 35 27 02 77 – 📺 ☎. 🍴 　　　　　　B v
　　⌁ 26 – **24 ch** 190/320.

🏠 **Normandie**, pl. Foch 🅿 35 27 06 99 – ☎. ⚠ Ⓔ 𝗩𝗜𝗦𝗔 　　　　　　B b
　　fermé janv. – **R** *(fermé lundi soir et mardi du 1er oct. à Pâques)* 95/210 ♨, enf. 60 – ⌁ 35
　　– **16 ch** 220/350 – ½ P 235/300.

🏠 **Welcome** ⌂, av. Verdun 🅿 35 27 00 89, 🍴 – ☎ 🅿. Ⓔ 𝗩𝗜𝗦𝗔. 🍴 rest 　　B x
　　fermé fév., mardi soir et merc. – **R** 90/185 – ⌁ 30 – **22 ch** 290/315 – ½ P 265/300.

🕱🕱 **Galion**, bd R. Coty 🅿 35 29 48 74 – Ⓔ 𝗩𝗜𝗦𝗔 　　　　　　　　　　B e
　　fermé 4 au 15 déc., 21 janv. au 15 fév., merc. soir et jeudi sauf juil.-août – **R** 120/250.

CITROEN Gar. Enz 🅿 35 27 04 69 　　　　　　PEUGEOT, TALBOT Capron 🅿 35 27 03 98

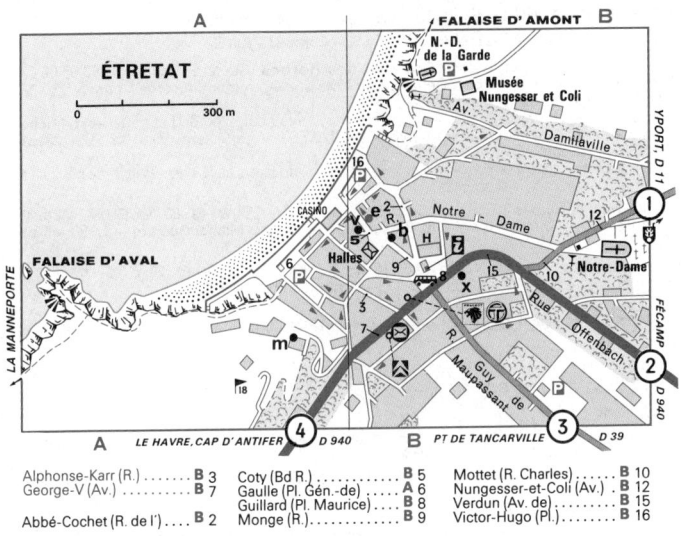

ÉTRETAT

FALAISE D'AMONT B

A

N.-D. de la Garde

Musée Nungesser et Coli

0   300 m

Av.

Damilaville

YPORT, D 11

FALAISE D'AVAL

CASINO

Notre - Dame

12

①

Halles

e 2 b

5 H

6

9

Notre-Dame

10

FÉCAMP

D 940

②

LA MANNEPORTE

3 7 4

15

X

m

18

Rue Offenbach

Guy de Maupassant de

③

④ LE HAVRE, CAP D'ANTIFER D 940   B PT DE TANCARVILLE D 39

A

Alphonse-Karr (R.)	**B** 3	Coty (Bd R.)	**B** 5	Mottet (R. Charles)	**B** 10
George-V (Av.)	**B** 7	Gaulle (Pl. Gén.-de)	**A** 6	Nungesser-et-Coli (Av.)	**B** 12
		Guillard (Pl. Maurice)	**B** 8	Verdun (Av. de)	**B** 15
Abbé-Cochet (R. de l')	**B** 2	Monge (R.)	**B** 9	Victor-Hugo (Pl.)	**B** 16

Besonders angenehme Hotels oder Restaurants sind im Führer rot gekennzeichnet.

Sie können uns helfen, wenn Sie uns die Häuser angeben, in denen Sie sich besonders wohl gefühlt haben.

Jährlich erscheint eine komplett überarbeitete Ausgabe aller Roten Michelin-Führer.

ⵏⵏⵏ ... ⵏ

XXXXX ... X

ETSAUT 64490 Pyr.-Atl. 85 ⑯ – 104 h. alt. 600.

Paris 858 – Pau 69 – Jaca 51 – Oloron-Ste-Marie 36.

🏠 **Pyrénées,** 𝒫 59 34 88 62, 🍴 – 🚗. **E** 𝘝𝘐𝘚𝘈
↔ fermé 6 au 20 janv. – **R** 68/125, enf. 50 – ☲ 25 – **16 ch** 140/230 – ½ P 170/220.

ÉTUZ 70150 H.-Saône 66 ⑮ – 382 h. alt. 210.

Paris 418 – ♦Besançon 15 – Combeaufontaine 46 – Gray 39 – Vesoul 41.

🏠 **Vieille Auberge,** à Cussey-sur-l'Ognon S : 1 km par D 1 ✉ 25870 𝒫 81 57 78 35 – 📺
☎ – 🍴 25. **E** 𝘝𝘐𝘚𝘈
fermé 28 oct. au 3 nov., 7 au 20 janv., lundi (sauf hôtel) et dim. soir – **R** 80/220, enf. 40 – ☲ 35 – **8 ch** 210/227 – ½ P 245/275.

XX **La Sablière,** rte Cussey-sur-l'Ognon 𝒫 81 57 78 50, 🍴, 🌳 – 🅿. ⓞ **E** 𝘝𝘐𝘚𝘈
fermé 2 au 8 sept., 18 au 26 déc., vacances de fév., dim. soir et merc. – **R** 90/215, enf. 60.

EU 76260 S.-Mar. 52 ⑤ G. Normandie Vallée de la Seine (plan) – 8 712 h. alt. 17.

Voir Église Notre-Dame et St-Laurent★ – Mausolées★ dans la chapelle du Collège.

🅱 Office de Tourisme 41 r. P.-Bignon 𝒫 35 86 04 68.

Paris 167 – Abbeville 32 – Blangy 21 – Dieppe 31 – ♦Rouen 92 – Le Tréport 4,5.

🏠 **Relais,** 1 pl. Albert 1er 𝒫 35 86 14 88 – ☎ 👌. 🆎 **E** 𝘝𝘐𝘚𝘈
↔ fermé 27 août au 16 sept., 11 au 25 fév., lundi (sauf hôtel) et dim. soir – **R** 65/108 👌, enf. 40 – ☲ 26 – **14 ch** 130/260 – ½ P 170/235.

CITROEN Amand, 18 pl. Gén.-de-Gaulle 𝒫 35 86 00 89
CITROEN Lechevin, 205 rte du Tréport 𝒫 35 86 30 13
OPEL Gar. de Picardie, 141 chaussée de Picardie 𝒫 35 86 11 99
PEUGEOT-TALBOT Laffille, rte de Mers 𝒫 35 86 56 44
RENAULT Carrosserie Eudoise, ZI rte de Mers 𝒫 35 86 11 44 🆖 𝒫 35 86 38 50

RENAULT Hardy, 2 bis r. Ch.-de-Gaulle à Gamaches (80) 𝒫 22 30 92 78
Vassard, 22 r. des Belges 𝒫 35 86 34 16
🆖 𝒫 35 86 33 04

⊚ Comptoir du Caoutchouc, 91 r. Ch.-de-Gaulle à Gamaches (80) 𝒫 22 26 11 23
Morelle Reparpneu, 7 r. des Belges 𝒫 35 86 29 12

449

EUGÉNIE-LES-BAINS **40320** Landes 82 ① – 408 h. alt. 90 – Stat. therm. (fév.-nov.).
Paris 731 – Mont-de-Marsan 26 – Aire-sur-l'Adour 14 – Dax 69 – Orthez 53 – Pau 53.

✿✿✿ **Les Prés d'Eugénie et le Couvent des Herbes** (Guérard) M, ☏ 58 05 06 07, Télex 540470, Fax 58 51 13 59, « Demeure du XIXe s. élégamment décorée - parc », – TV ☎ P. AE ① E VISA.
fermé 2 déc. au 14 fév. – **R** (menus minceur, résidents seul.) 260/350 et carte -**rest. Michel Guérard** (nbre de couverts limité-prévenir) **R** 420/560 et carte, enf. 90 – ☕ 90 – **28 ch** 1173/1380, 7 appart. 1564/1679
Spéc. Langoustines grillées en mesclun paysan, Tourte chaude de canard au foie gras, Pain perdu d'autrefois. Vins Tursan blanc, Côtes de Gascogne.

Le Couvent des Herbes M, « Couvent du 18e s. » – TV ☎ P. AE ① E VISA. rest
fermé 2 déc. au 14 fév. – **R** voir **Les Prés d'Eugénie** et rest. **Michel Guérard** – ☕ 90 – **5 ch** 1403/1610, 3 appart. 2070.

Relais des Champs M, ☏ 58 51 18 00, – TV ☎ P. AE E VISA. rest
15 fév-30 nov. – **R** 65/95, enf. 35 – ☕ 27 – **33 ch** 195/250 – ½ P 190/210.

ÉVIAN-LES-BAINS **74500** H.-Savoie 70 ⑰ **G. Alpes du Nord** – 6 133 h. alt. 374 – Stat. therm. (fév.-nov.) – Casino B.

Voir Lac Léman★★★.

18 Royal Hôtel ☏ 50 75 14 00, SO : 2,5 km.

☏ 50 66 50 50.

Office de Tourisme et Accueil de France (Informations et réservations d'hôtels, pas plus de 5 jours à l'avance) pl. d'Allinges ☏ 50 75 04 26, Télex 385661.

Paris 578 ③ – Thonon-les-Bains 9,5 ③ – Annecy 84 ③ – Chamonix 109 ③ – ♦Genève 42 ③ – Montreux 38 ①.

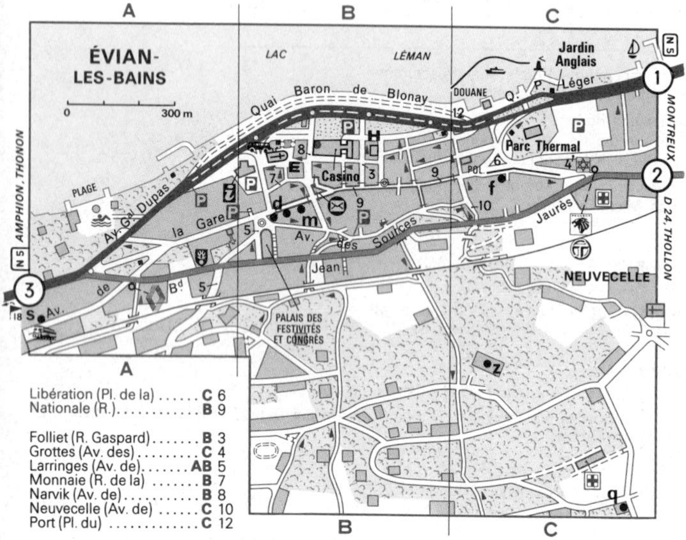

Libération (Pl. de la) . . . . . . **C** 6
Nationale (R.). . . . . **B** 9

Folliet (R. Gaspard) . . . . **B** 3
Grottes (Av. des) . . . . **C** 4
Larringes (Av. de). . . . . . . **AB** 5
Monnaie (R. de la) . . . . **B** 7
Narvik (Av. de). . . . . **B** 8
Neuvecelle (Av. de) . . . . . . **C** 10
Port (Pl. du) . . . . **C** 12

Royal , ☏ 50 75 14 00, Télex 385759, Fax 50 75 61 00, ≤ lac et montagnes, , parc, , , – TV ☎ P – 60. AE ① E VISA. rest C **z**
fermé 10 déc. au 10 fév. – **R** 330 – ☕ 90 – **129 ch** 1390/2420, 29 appart. – ½ P 1030/1430.

La Verniaz et ses Chalets , rte Abondance ☏ 50 75 04 90, Télex 385715, Fax 50 70 78 92, , parc, « Châlets isolés dans la verdure : jolie vue » – TV ☎ P. AE ① E VISA. rest C **q**
fermé 24 nov. au 7 fév. – **R** 200/380 – ☕ 55 – **35 ch** 550/950, 5 chalets 800/2000 – ½ P 650/775.

✿ **Bourgogne** (Riga) M, pl. Charles Cottet ☏ 50 75 01 05, Télex 309538, Fax 50 75 04 05 – TV ☎ – 40. AE ① E VISA B **d**
fermé 4 nov. au 11 déc. – **R** *(fermé dim. soir et lundi du 15 sept. au 30 juin)* 120/320 – ☕ 35 – **29 ch** 424/490 – ½ P 440
Spéc. Foie gras de canard, Poêlée de rognons et ris de veau, Omble chevalier (saison). Vins Crépy, Ripaille.

Bellevue, face au Port ☏ 50 75 01 13, Télex 319011, ≤, – TV ☎. AE E VISA. rest
Pâques-30 oct. – **R** 120/190, enf. 60 – ☕ 30 – **52 ch** 370/440 – ½ P 325/420. C **f**

🏠 **Continental** sans rest, 65 r. Nationale 𝒫 50 75 37 54 – 🛗 ☎. 🅰🅴 E 𝘝𝘐𝘚𝘈. ⚸ B m
1ᵉʳ avril-31 oct. – 🖙 25 – **32 ch** 195/280.

🏠 **Terminus,** pl. Gare 𝒫 50 75 15 07, ≤ – ☎. E 𝘝𝘐𝘚𝘈. ⚸ ch A s
↠ *fermé vacances de nov. et dim. de 16 sept. au 14 juin* – **R** (grill) 60/75 ⚸ – 🖙 24 – **15 ch**
160/260 – ½ P 190/230.

🅇🅇🅇🅇 ❀ **Toque Royale,** au Casino 𝒫 50 75 03 78, Fax 50 75 48 40, ≤ – 🍽 🅿. 🅰🅴 ⓪ E 𝘝𝘐𝘚𝘈. ⚸
R 170/320 B
Spéc. Langoustines royales rôties aux épices, Omble chevalier au beurre (15 janv. au 15 oct.), "Sambayon"
de framboises (1ᵉʳ août au 15 oct.). **Vins** Ripaille, Vin du Bugey.

à Grande-Rive par ① : 2 km :

🏠 **Panorama,** 𝒫 50 75 14 50, ≤, 🐎 – ☎. E 𝘝𝘐𝘚𝘈. ⚸ ch
↠ *30 avril-1ᵉʳ oct.* – **R** 68/145 – 🖙 25 – **29 ch** 250/300 – ½ P 220/250.

🏠 **Cygnes,** 𝒫 50 75 01 01, ≤, 🛋 – ☎
1ᵉʳ juin-15 sept. – **R** 90/145 – 🖙 28 – **45 ch** 227/285.

rte de Thollon par ② : 7 km – alt. 825 – ✉ 74500 Évian-les-Bains :

🏨 **Les Prés Fleuris sur Evian** M ⚸, 𝒫 50 75 29 14, Télex 309545, Fax 50 70 77 75, ≤ lac
et montagnes, 🛋, parc – 📺 ☎ 🅿 🅰🅴 E 𝘝𝘐𝘚𝘈. ⚸ rest
début mai-début oct. – **R** (nombre de couverts limité - prévenir) 220/350 – 🖙 60 – **12 ch**
780/1200.

OPEL Giroud, Petite-Rive, Maxilly-sur-Léman
𝒫 50 75 13 00
PEUGEOT, TALBOT Impérial-Gar., 9 av. d'Abon-
dance 𝒫 50 75 01 90 🅽 𝒫 50 26 27 99

RENAULT Gar. Sautenet, av. Gare 𝒫 50 75 00 32
V.A.G Évian Automobiles, 18 bd Jean-Jaurès
𝒫 50 75 13 99

ÉVREUX 🅿 27000 Eure 🇫🇷 ⑯ ⑰ G. Normandie Vallée de la Seine – 48 653 h. alt. 65.
Voir Cathédrale★ BZ – Châsse★★ dans l'église St-Taurin AZ **B** – Musée★★ BZ **M**.
🅱 Office de Tourisme 1 pl. Gén-de-Gaulle 𝒫 32 24 04 43 – A.C.O. 6 r. Borville-Dupuis 𝒫 32 33 03 84.
Paris 102 ② – ◆Rouen 55 ① – Alençon 114 ③ – Beauvais 98 ② – ◆Caen 121 ④ – Chartres 77 ③ – ◆Le Havre
111 ④ – Lisieux 72 ④.

Plan page suivante

🏨 **L'Orme** M ⚸ sans rest, 13 r. Lombards 𝒫 32 39 34 12 – 🛗 📺 ☎ – 🔬 40. 🅰🅴 E 𝘝𝘐𝘚𝘈.
⚸ BY t
🖙 32 – **42 ch** 180/350.

🏨 **Normandy,** 37 r. E. Feray 𝒫 32 33 14 40, Télex 770411 – 📺 ☎ 🅿 – 🔬 40. 🅰🅴 ⓪ E 𝘝𝘐𝘚𝘈
R *(fermé août et dim.)* 84/210 ⚸ – 🖙 35 – **24 ch** 300/350 – ½ P 450/500. BY n

🏠 **Gambetta** M sans rest, 61 bd Gambetta 𝒫 32 33 37 71 – 📺 ☎ 🅿. 🅰🅴 ⓪ E 𝘝𝘐𝘚𝘈
🖙 30 – **32 ch** 140/240. BZ a

🏠 **Grenoble** sans rest, 17 r. St Pierre 𝒫 32 33 07 31 – 🕭 🚗. E 𝘝𝘐𝘚𝘈. ⚸ BY d
fermé 26 avril au 12 mai, vacances de Noël et dim. soir du 1ᵉʳ nov. au 1ᵉʳ mars – 🖙 25 –
19 ch 120/272.

🏠 **Ibis** M, av. W. Churchill par ② : 3 km 𝒫 32 38 16 36, Télex 172748, Fax 32 39 22 29 – 📺
☎ 🅰 🅿 – 🔬 40. 🅰🅴 E 𝘝𝘐𝘚𝘈
R *(fermé dim. midi)* 75/130 ⚸, enf. 50 – 🖙 27 – **60 ch** 260/290.

🅇🅇🅇 **France** avec ch, 29 r. St Thomas 𝒫 32 39 09 25 – 📺 ☎. ⓪ E 𝘝𝘐𝘚𝘈. ⚸ ch AY e
R *(fermé dim. et lundi)* 195 bc/255 – 🖙 30 – **15 ch** 280/315 – ½ P 345.

🅇🅇 Le Kélan, 87 r. Joséphine 𝒫 32 33 05 70 AYZ u
- Brasserie.

🅇🅇 **Vieille Gabelle,** 3 r. Vieille Gabelle 𝒫 32 39 38 54 – E 𝘝𝘐𝘚𝘈 BY s
fermé dim. soir et lundi – **R** 90/210.

🅇 **Le Français,** pl. Clemenceau (marché) 𝒫 32 33 53 60 – ≤🚿 🍽 🅿. 🅰🅴 ⓪ E 𝘝𝘐𝘚𝘈 ABY r
fermé 14 juil. au 12 août et dim. – **R** 85/280, enf. 45.

🅇 **Le Bretagne,** 3 r. St-Louis 𝒫 32 39 27 38 – E 𝘝𝘐𝘚𝘈 BY v
↠ *fermé août, vacances de fév., merc. soir et lundi* – **R** 66/138 ⚸, enf. 35.

à Parville par ④ : 4 km – ✉ 27180 :

🅇🅇🅇 **Aub. de Parville,** rte Lisieux 𝒫 32 39 36 63, 🛋 – 🅿. E 𝘝𝘐𝘚𝘈
fermé dim. soir et lundi – **R** 145/260.

ALFA-ROMEO MAZDA Joffre-Autom., ZI nᵒ 1 r.
Gay-Lussac 𝒫 32 39 54 63 🅽 𝒫 32 34 92 65
CITROEN Succursale, rte d'Orléans par ③
𝒫 32 28 32 54 🅽 𝒫 32 23 10 24
FIAT Normandy-Gar., rte d'Orléans à Angerville-la-
Campagne 𝒫 32 28 81 31
FORD Gar. Hôtel de Ville, 4 r. G.-Bernard
𝒫 32 39 58 63
MERCEDES-BENZ A.M.E., à Angerville
𝒫 32 28 27 45
OPEL Gar. de Paix de Coeur, 101 av. A.-Briand à
Gravigny 𝒫 32 33 16 15

RENAULT Succursale, 2 r. Jacquard, ZI nᵒ 2 par
③ 𝒫 32 28 81 47
RENAULT Renault Succursale, 13 bis r. V.-Hugo
𝒫 32 28 81 47
Gar. Carrère, 16 bis r. Lepouze 𝒫 32 39 33 49

🅾 Dubreuil Pneus, 20 r. A.-Briand 𝒫 32 33 02 13
Marsat-Pneus Comptoir du Pneu, 54 av. Foch
𝒫 32 33 42 43
Royer, 23 r. G.-Bernard 𝒫 32 33 06 72

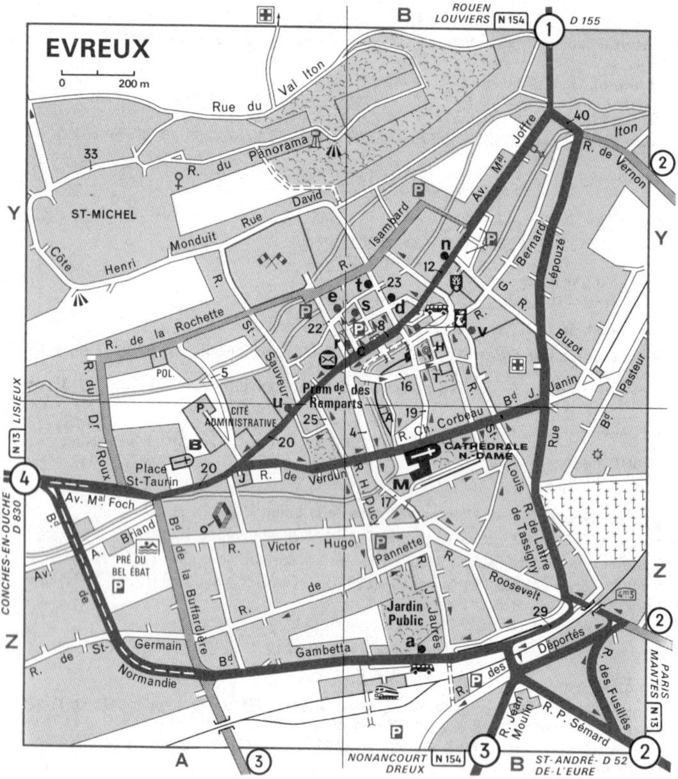

Chartraine (R.) . . . . **BZ** 4
Dr-Oursel (R.) . . . . **BY** 8
Grenoble (R. de) . . . . **BY** 16
Harpe (R. de la) . . . . **BZ** 17
Joséphine (R.) . . . . **AZ** 20
Chauvin (Bd G.) . . . . **AY** 5
Ferray (R. Édouard) . . . . **BY** 12
Horloge (R. de l') . . . . . . **BZ** 19
Leclerc (R. Mar.) . . . . . . **AY** 22
Lombards (R. des) . . . . . **BY** 23
Meilet (R. du) . . . . **AZ** 25
Résistance (Bd de la) . . . . **BZ** 29
St-Michel (R. de) . . . . . . **AY** 33
Vigor (R.) . . . . **BY** 40

Circulez autour de Paris avec les **cartes Michelin**

101 à 1/50 000 - Banlieue de Paris
196 à 1/100 000 - Environs de Paris
237 à 1/200 000 - Ile de France

ÉVRON **53600** Mayenne **60** ⑪ **G. Normandie Cotentin** – 6 774 h. alt. 114.
Voir Basilique★ : chapelle N.-D.-de l'Épine★★.
ℹ Syndicat d'Initiative pl. Basilique ✆ 43 01 63 75.
Paris 258 – ♦Le Mans 64 – Alençon 59 – La Ferté-Bernard 90 – La Flèche 66 – Laval 32 – Mayenne 24.

⌂ **Gare** Ⓜ, pl. Gare ✆ 43 01 60 29 – 📺 ☎. **E** *VISA*
R 72/130 ♿, enf. 65 – ☕ 24 – **8 ch** 185/205.

✕✕ **Les Coevrons** avec ch, pl. Basilique (4 r. Prés) ✆ 43 01 62 16 – 📺. **E** *VISA*. ✂
✦ **R** *(fermé vend. soir)* 58/150 ♿, enf. 40 – ☕ 25 – **7 ch** 135/170.

à Mézangers NO : 7 km par rte Mayenne – ✉ **53600**.
Voir Château du Rocher★ 30 mn.

⌂ **Relais du Gué de Selle** 🐦, ✆ 43 90 64 05, Télex 722615, Fax 43 90 60 82, ←, 🌳 – 📺 ☎ **P** – 🏢 70. **AE** **O** **E** *VISA*
fermé vac. de nov., de fév., 22 déc. au 2 janv. et dim. soir et lundi du 15 sept. au 15 juin – **R** 80/198, enf. 40 – ☕ 34 – **25 ch** 240/340 – ½ P 208/275.

PEUGEOT Gar. Rousseau ✆ 43 01 36 74 V.A.G Chauvat ✆ 43 01 60 44 **N**

ÉVRY CORBEIL-ESSONNES 91 Essonne 61 ①, 106 ⑫, 101 ㊲.

Paris 33 – Fontainebleau 30 – Chartres 81 – Créteil 22 – Étampes 40 – Melun 24 – Versailles 36.

Corbeil-Essonnes 91100 Essonne – 38 081 h. alt. 38.

St-Pierre-du-Perray ℰ (1) 60 75 17 47, NE : 5 km.

Office de Tourisme 4 pl. Vaillant-Couturier ℰ (1) 64 96 23 97.

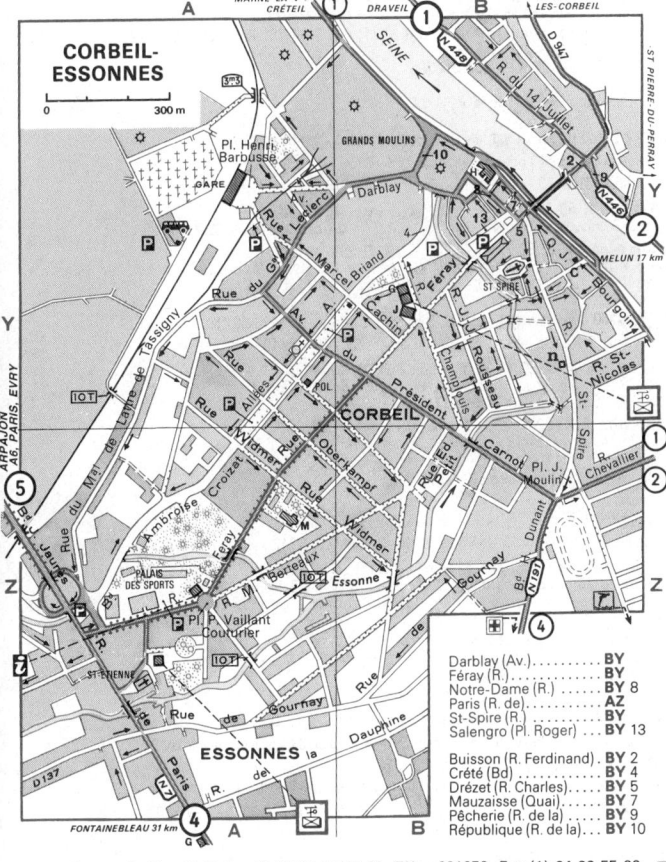

Darblay (Av.)	**BY**
Féray (R.)	**BY**
Notre-Dame (R.)	**BY** 8
Paris (R. de)	**AZ**
St-Spire (R.)	**BY**
Salengro (Pl. Roger)	**BY** 13
Buisson (R. Ferdinand)	**BY** 2
Crété (Bd)	**BY** 4
Drézet (R. Charles)	**BY** 5
Mauzaisse (Quai)	**BY** 7
Pêcherie (R. de la)	**BY** 9
République (R. de la)	**BY** 10

🏨 **Central,** 68 r. St Spire ℰ (1) 60 88 06 06, Télex 601650, Fax (1) 64 96 55 96, 🚗 – 📶 📺
🕿 ❽ – 🔬 80. 🖭 🖿 𝗩𝗜𝗦𝗔   BY **n**
R *(fermé août, sam. et dim.)* 85 bc/125 ⅄ – 🛏 29 – **48 ch** 200/450.

🏨 **Campanile,** O : 1,5 km par D 26, av. P. Maintenant ℰ (1) 60 89 41 45, Télex 600934, 🏞
– 📺 🕿 ❺ ❽ – 🔬 40. 🖿 𝗩𝗜𝗦𝗔
R 74 bc/98 bc, enf. 39 – 🛏 27 – **79 ch** 248 – ½ P 225/249.

XX **Aux Armes de France** avec ch, 1 bd J. Jaurès ℰ (1) 64 96 24 04, Fax 60 88 04 00 – 🕿
❽ 🖭 ❶ 🖿 𝗩𝗜𝗦𝗔   AZ **a**
fermé août et dim. soir – **R** 105/300 – 🛏 25 – **11 ch** 150/200 – ½ P 203.

au Coudray-Montceaux SE : 5 km par bord de Seine – ⊠ **91830** :

XX **Aub. du Barrage,** 40 ch. Halage ℰ (1) 64 93 81 16, <, 🏞 – 🖭 ❶ 🖿 𝗩𝗜𝗦𝗔
fermé 4 au 18 mars, 30 sept. au 21 oct., dim. soir et lundi – **R** 180/255.

CITROEN Corbeil-Essonnes Automobiles, 33 av. 8-
Mai-1945 par ⑤ N 446 ℰ (1) 60 89 21 10
PEUGEOT-TALBOT Desrues, 29 bd J.-Kennedy
par ④ ℰ (1) 60 88 20 90
RENAULT Gd Gar. Féray, 46 av. 8-Mai-1945 par ⑤
N 446 ℰ (1) 60 88 92 20 🅽 ℰ (1) 44 22 85 08

⬮ Coursaux-Pneus, 116 bd J.-Kennedy ℰ (1) 60
88 07 09
Piot-Pneu, 80 bd de Fontainebleau ℰ (1) 60 89 15
25

Évry Ⓟ **91000** Essonne **G. Ile de France** – 29 578 h. alt. 55.

Voir Agora★. ·

Ⓡ Ⓡ du Coudray ✎ (1) 64 93 81 76, par ④ : 7,5 km.

Paris 33 – Fontainebleau 32 – Chartres 82 – Créteil 22 – Étampes 39 – Melun 25 – Versailles 36.

🏨 **Novotel** Ⓜ, Z.I. Évry, quartier Bois Briard ✎ (1) 60 77 82 70, Télex 600685, Fax (1) 60 78 14 75, 🍽, ⅃, 🏊, 🐾 – 🛗 🖿 🖵 ☎ ℗ – 🔥 400. 🆎 ⓞ 🅴 𝗩𝗜𝗦𝗔
R carte environ 150 🍴, enf. 49 – 🖵 47 – **174 ch** 430/460.

🏨 **Ibis** Ⓜ, Z.I. Évry, quartier Bois Briard ✎ (1) 60 77 74 75, Télex 601728, Fax (1) 60 78 06 03 – 🛗 🖵 ☎ 🚿 ℗ – 🔥 100. 🅴 𝗩𝗜𝗦𝗔
R 89 🍴, enf. 39 – 🖵 29 – **132 ch** 290.

🏎 Vaysse, Centre Autoplex, Les Loges ✎ (1) 60 77 19 39

EXCENEVEX **74140** H.-Savoie 🗺 ⑰ **G. Alpes du Nord** – 461 h. alt. 375.

🏧 Syndicat d'Initiative (fermé après-midi) ✎ 50 72 89 22.

Paris 566 – Thonon-les-Bains 13 – Annecy 72 – Bonneville 41 – Douvaine 10 – ◆Genève 27.

🏨 **Plage** 🍽, ✎ 50 72 81 12, ≤, 🍽, 🏖, 🐾 – ℗. 🅴 𝗩𝗜𝗦𝗔. 🛴
20 mars-20 nov. – **R** 90/140, enf. 55 – 🖵 24 – **24 ch** 165/230 – ½ P 210/230.

🍴🍴 **Léman** avec ch, ✎ 50 72 81 17, 🐾 – ℗. 🅴 𝗩𝗜𝗦𝗔. 🛴
hôtel : fermé 15/11 au 1/3, mardi soir et merc. ; rest. : fermé 22/12 au 1/3 et merc. sauf juil.-août – **R** 75/160 – 🖵 29 – **22 ch** 210/270 – ½ P 220/240.

EXCIDEUIL **24160** Dordogne 🗺 ⑥⑦ **G. Périgord Quercy** – 1 584 h. alt. 150.

Paris 463 – Périgueux 35 – Brive-la-Gaillarde 63 – ◆Limoges 68 – Thiviers 19.

🏨 **Fin Chapon,** ✎ 53 62 42 38, Fax 53 62 04 79, 🐾 – 🕸. 🅴 𝗩𝗜𝗦𝗔
↔ fermé 20 déc. au 22 janv., dim. soir et lundi du 15 sept. au 1ᵉʳ juin – **R** 65/180 – 🖵 25 – **10 ch** 150/185 – ½ P 210/240.

🍴 **Le Rustic,** ✎ 53 62 42 35, 🍽 – 🅴 𝗩𝗜𝗦𝗔
fermé 25 sept. au 15 oct., dim. soir, et lundi d'oct. à juin – **R** 100/150, enf. 50.

EYBENS **38** Isère 🗺 ⑤ – rattaché à Grenoble.

EYGALIÈRES **13810** B.-du-R. 🗺 ① **G. Provence** – 1 427 h. alt. 105.

Paris 705 – Avignon 28 – Cavaillon 13 – ◆Marseille 81 – St-Rémy-de-Pr. 12 – Salon-de-Pr. 27.

🏨 **Mas de la Brune** 🍽, N : 1,5 km par D 74ᴬ ✎ 90 95 90 77, Fax 90 95 99 21, 🍽, « Belle demeure du 16ᵉ siècle, parc, ⅃ » – ↔ rest 🖿 ch 🖵 ☎ ℗. 🅴 𝗩𝗜𝗦𝗔. 🛴 rest
22 mars-2 nov. – **R** (fermé le midi et mardi) (nombre de couverts limité, prévenir) 285/370
– **9 ch** (½ pens. seul.) – ½ P 695/775.

🏨 **Crin Blanc** Ⓜ 🍽, E : 3 km sur D 24ᴮ ✎ 90 95 93 17, ≤, 🍽, ⅃, 🐾, 🎾 – 🕸 ℗
15 mars-31 oct. – **R** 150/250 – 🖵 40 – **10 ch** 340 – ½ P 300.

CITROEN Gar. Barrouyer ✎ 90 95 90 83

EYMET **24500** Dordogne 🗺 ⑭ **G. Périgord Quercy** – 2 493 h. alt. 50.

Paris 583 – Périgueux 72 – Bergerac 25 – ◆Bordeaux 95 – Marmande 33 – Villeneuve-sur-Lot 51.

🍴 **Bastide,** pl. Gambetta ✎ 53 23 71 37 – 🅴 𝗩𝗜𝗦𝗔
fermé 1ᵉʳ au 15 mars, 1ᵉʳ au 15 nov., dim. soir et lundi – **R** 90/230, enf. 45.

CITROEN Bello ✎ 53 23 80 31
PEUGEOT-TALBOT Jauberthie ✎ 53 23 80 46

RENAULT Toffoli ✎ 53 23 82 60

EYMOUTIERS **87120** H.-Vienne 🗺 ⑱ **G. Berry Limousin** – 2 635 h. alt. 417.

Voir Croix reliquaire★ dans l'église.

Paris 416 – ◆Limoges 45 – Aubusson 55 – Guéret 63 – Tulle 74 – Ussel 69.

🍴🍴 **Pré l'Anneau,** Pont de Nedde ✎ 55 69 12 77, ≤, 🍽, 🐾 – ℗. 🅴 𝗩𝗜𝗦𝗔. 🛴
fermé 12 nov. au 12 déc., dim. soir et lundi sauf fêtes – **R** 90/135 🍴.

PEUGEOT TALBOT Gar. Chemartin, bd V.-Hugo
✎ 55 69 14 79
PEUGEOT TALBOT Gar. Memery, 5 rte de Limoges ✎ 55 69 11 13

RENAULT Gar. Coignac, av. de la Paix
✎ 55 69 14 73

EYNE **66** Pyr.-Or. 🗺 ⑯ – rattaché à Saillagouse.

EYSINES **33** Gironde 🗺 ⑨ – rattaché à Bordeaux.

L'EUROPE en une seule feuille
carte Michelin n° 𝟵𝟳𝟬

Voir Musée national de Préhistoire★★ – Grotte du Grand Roc★★ : ≼★ – Grotte de Font-de-Gaume★.

🛈 Syndicat d'Initiative pl. Mairie (15 mars-oct.) 𝒫 53 06 97 05.

Paris 534 – Périgueux 45 – Sarlat-la-Canéda 21 – Brive-la-Gaillarde 62 – Fumel 64 – Lalinde 37.

🏨🏨 ❀❀❀ **Centenaire** (Mazère) Ⓜ, 𝒫 53 06 97 18, Télex 541921, Fax 53 06 92 41, 🍽, ⊥, 🌿 –
📺 🅟 ⓔ 𝘝𝘐𝘚𝘈
début avril-début nov. – **R** *(fermé mardi midi)* 230/450 et carte – � 60 – **18 ch** 350/800,
4 appart. 1500 – ½ P 650/950
Spéc. Risotto au foie gras, truffes et langoustines, Terrine chaude de cèpes et de gyromitres, Tournedos de pied de cochon au confit d'oie. **Vins** Bergerac, Cahors.

🏨🏨 ❀ **Cro-Magnon** Ⓜ, 𝒫 53 06 97 06, Télex 570637, Fax 53 06 95 45, 🍽, exposition d'objets
archéologiques, « Jardin fleuri, terrasse ombragée, ⊥ » – ☎ 🅟. ⒶⒺ ⓸ ⓔ 𝘝𝘐𝘚𝘈
fin avril-13 oct. – **R** *(fermé merc. midi sauf fériés)* 120/320 – � 45 – **20 ch** 300/450,
4 appart. 720 – ½ P 375/420
Spéc. Foie gras de canard confit, Goujonnettes de sole aux quenelles d'aubergines, Croustillant aux agrumes. **Vins** Prayssac, Sigoulès.

🏨 **Les Glycines,** 𝒫 53 06 97 07, Fax 53 06 92 19, ≼, 🍽, « Parc fleuri », ⊥ – ☎ 🅟. ⒶⒺ ⓔ
𝘝𝘐𝘚𝘈. ⧍ rest
mi-avril-début nov. et fermé sam. midi sauf fériés – **R** 115/330 – � 42 – **25 ch** 340 –
½ P 330/368.

🏨 **Moulin de la Beune** ⧔, 𝒫 53 06 94 33, 🍽, 🌿 – ☎ 🅟. ⓔ 𝘝𝘐𝘚𝘈
mars-début nov. – **R** *(fermé mardi midi)* 80/290, enf. 60 – � 36 – **20 ch** 250/330 –
½ P 300/320.

🏨 **Centre,** 𝒫 53 06 97 13, 🍽 – ☎. ⓔ 𝘝𝘐𝘚𝘈
➤ *15 mars-15 nov.* – **R** 70/315, enf. 54 – � 30 – **20 ch** 220/250 – ½ P 260.

🏨 **Les Roches** sans rest, rte Sarlat 𝒫 53 06 96 59, Fax 53 06 95 54, ⊥, 🌿 – ☎ 🅟. ⧍
avril-nov. – � 30 – **28 ch** 210/290.

CITROEN Gar. de la Patte-d'Oie 𝒫 53 06 97 29 🆖   RENAULT Dupuy 𝒫 53 06 97 32 🆖

Voir Site★★ (village perché) – Jardin exotique ⧍★★★ – Les rues d'Eze★ – "Belvédère" d'Eze ≼★★
O : 4 km.

🛈 Office de Tourisme pl. Gén.-de-Gaulle 𝒫 93 41 26 00.

Paris 944 – Monaco 7.5 – ◆Nice 12 – Cap-d'Ail 7 – Menton 18 – Monte-Carlo 8.

🏨🏨 ❀ **Château Eza** ⧔, (accès piétonnier) 𝒫 93 41 12 24, Télex 470382, Fax 93 41 16 64, ≼
côte et presqu'île, 🍽, « Terrasses dominant la baie » – 🍽 ch 📺 ☎ 🅟. ⒶⒺ ⓸ ⓔ 𝘝𝘐𝘚𝘈. ⧍
mars-oct. – **R** carte 445 à 655 – � 80 – **5 ch** 1000/2500, 3 appart. 3500
Spéc. Tarte potagère au lard croustillant (15 avril au 15 juil.), Papeton de pigeon aux olives et cèpes, Homard à la concassée de petits pois et macaroni truffés. **Vins** Bellet blanc et rouge.

🏨🏨 ❀ **Eze Country Club** Ⓜ ⧔, NE : direction la Turbie 1,5 km 𝒫 93 41 24 64, Télex 461301,
Fax 93 41 13 25, ≼ mer, 🍽, parc, ⊥, 🌿, ⧎ – ⧉ 🍽 📺 ☎ 🅟 – 🏛 120. ⒶⒺ ⓸ ⓔ 𝘝𝘐𝘚𝘈.
⧍ rest
fermé 4 nov. au 9 déc. – **R** carte 240 à 380 – � 85 – **75 ch** 1100/2500, 6 appart. 1700/2500
– ½ P 965/1165.

🏨 **Hermitage du Col d'Èze** ⧔, NO : 2,5 km par D 46 et Gde Corniche 𝒫 93 41 00 68, ≼
– ☎ 🅟. ⒶⒺ ⓸ ⓔ 𝘝𝘐𝘚𝘈. ⧍ rest
*hôtel : fermé 22 déc. au 3 janv. et 19 au 28 fév.; rest : fermé 12 nov. au 1ᵉʳ mars, merc.
midi et lundi* – **R** 90/170 – � 23 – **14 ch** 165/240.

✕✕✕✕ ❀ **Château de la Chèvre d'Or** ⧔ avec ch, r. Barri (accès piétonnier) 𝒫 93 41 12 12,
Télex 970839, Fax 93 41 06 72, ≼ côte et presqu'île, « Site pittoresque dominant la mer »,
⊥ – 🍽 📺 ☎ 🅟. ⒶⒺ ⓸ ⓔ 𝘝𝘐𝘚𝘈
1ᵉʳ mars-1ᵉʳ déc. – **R** *(fermé merc. hors sais.)* (prévenir) 350 (déj.) et carte 380 à 600 **Café
du Jardin** *(15 mars-15 oct. et fermé mardi)* **R** carte 150 à 260 – � 85 – **12 ch** 1000/2500, 3
appart. 2500
Spéc. Tortelloni de homard, Carré d'agneau des Alpilles au gratin dauphinois, Brandade et filets de rougets grillés aux épices de Provence. **Vins** Bandol, Côtes de Provence.

✕✕✕ ❀ **Richard Borfiga,** pl. Gén. de Gaulle 𝒫 93 41 05 23, Fax 93 41 26 79 – ⒶⒺ ⓸ ⓔ 𝘝𝘐𝘚𝘈
fermé 10 janv. à début fév. et lundi – **R** 180/350
Spéc. "Barbajuan" de rougets, Rouille de poissons safranée, Agneau de lait au jus de thym.

✕✕ **Le Grill du Château,** r. Barri (accès piétonnier) 𝒫 93 41 00 17, 🍽 – ⒶⒺ ⓔ 𝘝𝘐𝘚𝘈
fermé 12 nov. au 19 déc. et lundi (sauf fêtes) – **R** carte 175 à 260, enf. 65.

✕✕ **Troubadour,** (accès piétonnier) 𝒫 93 41 19 03 – ⓔ 𝘝𝘐𝘚𝘈
fermé 20 nov.au 20 déc., vacances de fév., lundi midi et dim. hors sais. – **R** 160.

Paris 944 – Monaco 6.5 – ◆Nice 13 – Beaulieu 3 – Cap d'Ail 5 – Menton 18.

🏨🏨 **Cap Estel** ⧔, 𝒫 93 01 50 44, Télex 470305, Fax 93 01 55 20, ≼, 🍽, « En bordure de
mer, parc, ⊥, ⊡, ⧎ » – ⧉ 🍽 ch ☎ ♿ 🅟 ⓔ 𝘝𝘐𝘚𝘈. ⧍ rest
22 mars-31 oct. – **R** 370/420 – � 90 – **37 ch** (½ pens. seul.), 9 appart. – ½ P 1200/1600.

✕ **Aub. Éric Rivot** avec ch, 𝒫 93 01 51 46, 🍽 – ☎. ⒶⒺ ⓔ 𝘝𝘐𝘚𝘈
fermé 15 nov. au 15 déc. et mardi – **R** 145/235, enf. 60 – � 30 – **10 ch** 250 – ½ P 230/250.

27 Eure 55 ⑰, 106 ⑬ – rattaché à Anet.

FAGNON 08 Ardennes 53 ⑱ – rattaché à Charleville-Mézières.

FAIN-LÈS-MONTBARD 21 Côte-d'Or 65 ⑦ – rattaché à Montbard.

FALAISE 14700 Calvados 55 ⑫ G. Normandie Cotentin – 8 820 h. alt. 132.

Voir Château★ A – Église de la Trinité★ A.

🄸 Office de Tourisme 32 r. G.-Clemenceau ℘ 31 90 17 26.

Paris 223 ③ – ◆Caen 34 ① – Argentan 23 ③ – Flers 43 ⑤ – Lisieux 49 ① – St-Lô 79 ①.

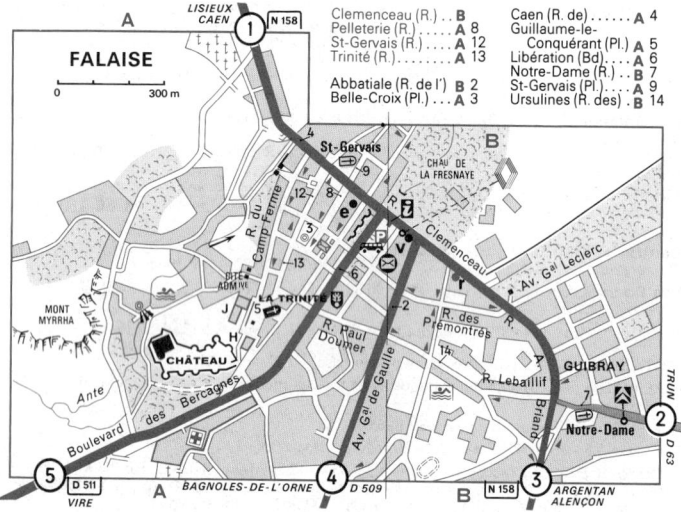

Clemenceau (R.) . . **B**	Caen (R. de) . . . . . . **A** 4
Pelleterie (R.) . . . . . **A** 8	Guillaume-le-
St-Gervais (R.) . . . . **A** 12	Conquérant (Pl.) **A** 5
Trinité (R.) . . . . **A** 13	Libération (Bd) . . . . **A** 6
	Notre-Dame (R.) . . **B** 7
Abbatiale (R. de l') **B** 2	St-Gervais (Pl.) . . . . **A** 9
Belle-Croix (Pl.) . . . **A** 3	Ursulines (R. des) . **B** 14

🄼 **Poste**, 38 r. G. Clemenceau ℘ 31 90 13 14 – ☎. 🄰🄴 ⓞ Ⓔ 𝚅𝙸𝚂𝙰 B v
➖ fermé 14 au 23 oct., 20 déc. au 15 janv., lundi (sauf hôtel) et dim. soir – **R** 68/185, enf. 50 – 🖙 26 – **22 ch** 110/260 – ½ P 150/235.

🄼 **Normandie**, 4 r. Amiral Courbet ℘ 31 90 18 26 – ☎ 🖙. Ⓔ 𝚅𝙸𝚂𝙰 A e
➖ fermé 25 nov. au 16 déc., dim. soir et vend. soir du 1er oct. au 30 avril – **R** 57/120 ♨ – 🖙 25 – **27 ch** 140/220 – ½ P 170/200.

✕✕ **La Fine Fourchette**, 52 r. G. Clemenceau ℘ 31 90 08 59 – Ⓔ 𝚅𝙸𝚂𝙰 B r
➖ fermé 28 sept. au 6 oct., 10 au 28 fév., mardi soir et merc. hors sais. – **R** 65/230, enf. 37.

✕ **L'Attache**, rte Caen par ① : 1,5 km ℘ 31 90 05 38 – Ⓔ 𝚅𝙸𝚂𝙰. ⪪
➖ fermé 15 au 31 juil. et merc. sauf août – **R** (nombre de couverts limité, prévenir) 60/170.

CITROEN Gar. Lepy, rte de Trun ℘ 31 90 16 25
FORD-VOLVO Cornu, pl. Reine-Mathilde ℘ 31 90 11 53 🄽 ℘ 31 40 75 11
PEUGEOT-TALBOT Falaise-Autos., rte d'Argentan Nle 158 par ③ ℘ 31 90 04 89
RENAULT Gar. Lanos, 34 r. G.-Clemenceau ℘ 31 90 01 00 🄽

V.A.G Lacoudrée, 51 av. Hastings ℘ 31 90 19 69

🄶 Laguerre-Pneus, rte de Putanges ℘ 31 90 10 60
Marsat-Pneus rte de Bretagne ℘ 31 40 06 40

Le FALGOUX 15380 Cantal 76 ② – 292 h. alt. 930 – Sports d'hiver : 1 050/1 350 m ⚡2.

Env. Cirque du Falgoux★★ SE : 6 km – Puy Mary ⪫★★★ : 1 h AR du Pas de Peyrol★★ SE : 12 km, G. Auvergne.

Paris 504 – Aurillac 51 – Mauriac 33 – Murat 34 – Salers 14.

🄰 **Voyageurs et Touristes**, ℘ 71 69 51 59, ⪪
➖ fermé 10 nov. au 10 déc. – **R** 65/110 ♨, enf. 50 – 🖙 20 – **20 ch** 80/100 – ½ P 135/140.

FALICON 06950 Alpes-Mar. 84 ⑩, 195 ㉖ G. Côte d'Azur – 1 065 h. alt. 307.

Voir Terrasse ⪪★.

Env. Mont Chauve d'Aspremont ⪫★★ N : 8,5 km puis 30 mn.

Paris 943 – ◆Nice 10 – Aspremont 10 – Colomars 15 – Levens 17 – Sospel 44.

✕✕ **Bellevue**, ℘ 93 84 94 57, ⪪, 🍽 – Ⓔ 𝚅𝙸𝚂𝙰
fermé oct., dim. soir du 1er juin au 30 sept. et lundi – **R** (déj. seul. du 1er nov. au 30 mai) 118/148, enf. 70.

Le FAOU 29580 Finistère 58 ⑤ **G. Bretagne** – 1 574 h. alt. 10.

Voir Site★ – Retables★ dans l'église de Rumengol E : 2,5 km – Quimerc'h ≼★ SE : 4,5 km.

🛈 Syndicat d'Initiative r. Gén.-de-Gaulle (juin-sept.) ℰ 98 81 06 85.

Paris 561 – ♦Brest 30 – Carhaix-P. 56 – Châteaulin 16 – Landerneau 22 – Morlaix 49 – Quimper 41.

🏨 **Aqualys** Ⓜ, à l'échangeur E : 1,5 km ℰ 98 81 05 01, Télex 941732, Fax 98 81 02 94 – 📺
➡ ☎ & 🅿 – 🔬 80. 🖭 E 𝘝𝘐𝘚𝘈
R 70/180 ₰, enf. 50 – ⊊ 30 – **34 ch** 220/260 – ½ P 260/290.

🏨 **Vieille Renommée,** pl. Mairie ℰ 98 81 90 31 – 🖭 📺 ☎ – 🔬 40 à 150. E 𝘝𝘐𝘚𝘈
fermé 15 oct. au 10 nov., 25 juin au 3 juil., dim. soir et lundi sauf juil.-août – **R** 80/220 ₰,
enf. 35 – ⊊ 26 – **38 ch** 198/270 – ½ P 190/230.

🏨 **Relais de la Place,** pl. Mairie ℰ 98 81 91 19 – ☎ – 🔬 40. E 𝘝𝘐𝘚𝘈
fermé 21 sept. au 13 oct. et sam. du 15 oct. au 1ᵉʳ juil. – **R** 80/200 ₰, enf. 60 – ⊊ 27 –
35 ch 120/220.

RENAULT Kervella ℰ 98 81 90 69 🆖

La FAUCILLE (Col de) ★★ 01 Ain 70 ⑮ **G. Jura** – alt. 1 323 – Sports d'hiver : 1 000/1 550 m ⛷1 ≰10 ⛷
– ⊠ **01170** Gex.

Voir Descente sur Gex (N 5) ≼★★ SE : 2 km – Mont-Rond ✳★★★ (accès par télécabine - gare à
500 m au SO du col).

Paris 485 – Bourg-en-Bresse 132 – ♦Genève 28 – Gex 11 – Morez 27 – Nantua 75 – Les Rousses 18.

🏨 **La Mainaz** ⑤, S : 1 km par N5 ℰ 50 41 31 10, Télex 309501, Fax 50 41 31 77, ≼ lac
Léman et les Alpes, ☞ – 🖭 📺 ☎ ⇔ 🅿 🖭 ⑩ E 𝘝𝘐𝘚𝘈
fermé 8 au 21 avril, 1ᵉʳ nov. au 20 déc. – **R** *(fermé merc. midi hors sais.)* 125/300, enf. 80 –
⊊ 48 – **24 ch** 330/420 – ½ P 395.

🏨 **Couronne** ⑤, ℰ 50 41 32 65, ≼, ☞ – 📺 ☎ 🅿. 🖭 ⑩ E 𝘝𝘐𝘚𝘈
fermé 15 oct. au 15 déc. – **R** 95/270 – ⊊ 35 – **21 ch** 150/300 – ½ P 250/300.

🏨 **La Petite Chaumière** ⑤, ℰ 50 41 30 22, Télex 309081, Fax 50 41 33 22, ≼ – ☎ 🅿. E
𝘝𝘐𝘚𝘈
5 mai-1ᵉʳ oct. et 20 déc.-15 avril – **R** 81/157 ₰ – ⊊ 26 – **34 ch** 190/235 – ½ P 285.

à Mijoux O : 8,5 km par D 936 – ⊠ **01410** :

🏨 **Gabelou,** ℰ 50 41 32 50, ≼ – ☎ 🅿 E 𝘝𝘐𝘚𝘈
➡ *10 juin-20 oct. et 20 déc.-25 avril* – **R** 65/150 – ⊊ 28 – **21 ch** 180/260 – ½ P 208/238.

🏨 **Vallée** ⑤, ℰ 50 41 32 13 – ☞ 🅿. E 𝘝𝘐𝘚𝘈
➡ *1ᵉʳ juin.-1ᵉʳ nov. et 20 déc.-30 avril* – **R** 60/150 ₰ – ⊊ 25 – **13 ch** 124/244 – ½ P 160/270.

🏨 **Egravines** ⑤, ℰ 50 41 30 65, ≼ – ☞ 🅿
saisonnier – **16 ch.**

FAUVILLE-EN-CAUX 76640 S.-Mar. 52 ⑫ – 1 751 h. alt. 141.
Paris 185 – ♦Rouen 50 – Bolbec 15 – Fécamp 20 – St Valéry-en-Caux 27 – Yvetot 13.

🍴 **Normandie,** ℰ 35 96 72 33 – 🅿. 🖭 E 𝘝𝘐𝘚𝘈
fermé 16 au 30 août, 7 au 31 janv. et mardi – **R** 85/150 ₰.

FAVERGES 74210 H.-Savoie 74 ⑯⑰ **G. Alpes du Nord** – 6 330 h. alt. 516.

Env. Col de la Forclaz ≼★★ NO : 15 km.

🛈 Office de Tourisme pl. M.-Piquand ℰ 50 44 60 24.

Paris 565 – Albertville 19 – Annecy 26 – Megève 34.

🏨 **Florimont** Ⓜ, NE : 2,5 km sur N 508 ℰ 50 44 50 05, Télex 309369, ≼, ☞, ☞ – 🖭 📺
☎ & 🅿 – 🔬 80. 🖭 ⑩ E 𝘝𝘐𝘚𝘈. ✻ rest
R 110/300 ₰, enf. 50 – ⊊ 37 – **27 ch** 250/350 – ½ P 300/350.

🏨 **Parc,** rte Albertville ℰ 50 44 50 25, ☞ – 📺 ☎ 🅿 E 𝘝𝘐𝘚𝘈 ✻
fermé 22 déc. au 14 janv. – **R** *(fermé sam. midi et dim. soir)* 80/200, enf. 50 – ⊊ 35 – **11 ch**
250/350 – ½ P 250/380.

🍴 **Carte d'autrefois,** 25 r. Gambetta ℰ 50 27 49 98 – E 𝘝𝘐𝘚𝘈
➡ *fermé 1ᵉʳ au 9 sept., 23 déc. au 8 janv., dim. soir et merc.* – **R** 67/150 ₰.

au Tertenoz SE : 4 km par D 12 et VO – ⊠ **74210** Faverges :

🏨 **Gay Séjour** ⑤, ℰ 50 44 52 52, Fax 50 44 49 52, ≼, ☞ – ☎ 🅿. 🖭 ⑩ E 𝘝𝘐𝘚𝘈 ✻
fermé 27 déc. au 1ᵉʳ fév., lundi (sauf vacances scolaires) et dim. soir – **R** 150/300 – ⊊ 50
– **12 ch** 280/380 – ½ P 320/360.

CITROEN Gar. de la Sambuy ℰ 50 44 53 04   RENAULT Gar. Fontaine ℰ 50 44 51 09
PEUGEOT-TALBOT Gar. de l'Étoile ℰ 50 27 43 27

FAVERGES-DE-LA-TOUR 38 Isère 74 ⑭ – rattaché à La Tour-du-Pin.

La FAVIÈRE 83 Var 84 ⑯ – rattaché au Lavandou.

FAVIÈRES 80120 Somme 52 ⑥ – 403 h.

Voir Le Crotoy : Butte du Moulin ≤★ SO : 5 km, G. Flandres Artois Picardie

Paris 185 – Abbeville 23 – ◆Amiens 66 – Berck-Plage 28 – Le Crotoy 5.

XX **La Clé des Champs**, ℰ 22 27 88 00 – **Ⓟ**. ⓄⒺ Ⓔ 𝘝𝘐𝘚𝘈
↦ fermé 9 au 20 sept., 2 janv. au 8 fév., dim. soir et lundi – **R** 68/148, enf. 50.

FAYENCE 83440 Var 84 ⑦, 195 ㉒ G. Côte d'Azur – 2 652 h. alt. 325.

Voir ≤★ de la terrasse de l'église.

Env. Mons : site★, ≤★★ de la place St-Sébastien N : 14 km par D 563.

🈯 Syndicat d'Initiative pl. L.-Roux ℰ 94 76 20 08.

Paris 901 – Castellane 55 – Draguignan 35 – Fréjus 34 – Grasse 27 – St-Raphaël 37.

🏠 **Moulin de la Camandoule** ⚘, O : 3 km par D 19 et chemin N.-D.-des-Cyprès
ℰ 94 76 00 84, ≤, 😐, parc, « Ancien moulin à huile », 🏊, 🎾 – 📺 🕿 Ⓟ Ⓔ 𝘝𝘐𝘚𝘈
R (fermé 1ᵉʳ nov. au 23 déc., 2 fév. au 15 mars et mardi midi) 175/255, enf. 150 – 🖵 45 –
11 ch 265/540, , (en sais. ½ pens. seul.) – ½ P 400/500.

🏠 **Les Oliviers** sans rest, quartier Ferrage ℰ 94 76 13 12 – 📺 🕿 Ⓟ Ⓔ 𝘝𝘐𝘚𝘈
fermé 15 au 25 mai, 5 nov. au 15 déc. et 15 au 30 janv. – 🖵 35 – **23 ch** 250/360.

XXX **Le Castellaras**, O : 4 km par D 19 et VO ℰ 94 76 13 80, ≤, 😐, 🏊, 🐎 – Ⓟ ⒶⒺ Ⓔ 𝘝𝘐𝘚𝘈
fermé merc. – **R** 168/250.

Le FAYET 74 H.-Savoie 74 ⑧ – voir à St-Gervais-les-Bains.

FAYL-BILLOT 52500 H.-Marne 66 ④ G. Jura – 1 524 h. alt. 333.

Voir École nationale d'Osiériculture et de Vannerie.

Paris 327 – Bourbonne-les-Bains 29 – Chaumont 61 – ◆Dijon 80 – Gray 46 – Langres 26 – Vesoul 49.

X **Cheval Blanc** avec ch, pl. Barre ℰ 25 88 61 44 – 🕿 Ⓔ 𝘝𝘐𝘚𝘈
fermé 15 au 31 oct., 14 au 27 janv., dim. soir de nov. à fév. (sauf hôtel) et lundi – **R** 75/150
👃, enf. 42 – 🖵 21 – **10 ch** 80/180 – ½ P 135/175.

FÉAS 64 Pyr.-Atl. 85 ⑤ – rattaché à Oloron-Ste-Marie.

Les pages explicatives de l'introduction
vous aideront à mieux profiter de votre guide Michelin.

FÉCAMP 76400 S.-Mar. 52 ⑫ G. Normandie Vallée de la Seine – 21 696 h. alt. 14 – Casino AZ.

Voir Église de la Trinité★★ BZ – Palais Bénédictine★ AY – Musée Centre-des-Arts★ BZ M¹ –
Musée des Terre-Neuvas★ AY M² – Chapelle N.-D.-du-Salut ⁂★ N : 2 km AY.

🈯 Office de Tourisme pl. Bellet ℰ 35 28 20 51 et quai Vicomté (Pâques-sept.) ℰ 35 29 16 34.

Paris 205 ③ – ◆Amiens 162 ② – ◆Caen 115 ③ – Dieppe 64 ① – ◆Le Havre 40 ③ – ◆Rouen 71 ②.

Plan page ci-contre

🏠 **Plage** sans rest, 87 r. Plage ℰ 35 29 76 51 – 🛗 📺 🕿 Ⓔ 𝘝𝘐𝘚𝘈   AY **f**
🖵 27 – **22 ch** 195/320.

🏠 **Poste**, 4 av. Gambetta ℰ 35 29 55 11, Télex 190900, Fax 35 27 48 74 – 📺 🕿 🚗 Ⓟ –
🔼 40. Ⓔ 𝘝𝘐𝘚𝘈   BY **v**
R (fermé janv., vend. et le midi sauf dim. et fêtes) 85/210, enf. 45 – 🖵 28 – **36 ch** 175/320
– ½ P 240/275.

🏠 **Mer** sans rest, 89 bd Albert 1ᵉʳ ℰ 35 28 24 64, ≤ – 📺 🕿 ❄   AYZ **r**
🖵 24 – **8 ch** 210/310.

XXX **Aub. de la Rouge** Ⓜ avec ch, par ③ : 2 km ℰ 35 28 07 59, 🐎 – 📺 🕿 Ⓟ ⒶⒺ ⓄⒺ Ⓔ
𝘝𝘐𝘚𝘈
fermé vacances de fév. – **R** (fermé dim. soir et lundi) 95/250 👃, enf. 55 – 🖵 28 – **8 ch**
280/350.

XXX **Viking**, 63 bd Albert 1ᵉʳ ℰ 35 29 22 92, Fax 35 29 45 24, ≤ – Ⓔ 𝘝𝘐𝘚𝘈   AY **n**
fermé lundi – **R** 105/250, enf. 60.

XX **Le Maritime**, 2 pl. N. Selles ℰ 35 28 21 71 – Ⓔ 𝘝𝘐𝘚𝘈   AY **s**
fermé mardi de nov. à fév. – **R** (🍽 1ᵉʳ étage) 95/200, enf. 55.

X **L'Escalier**, 101 quai Berigny ℰ 35 28 26 79   AY **e**

CITROEN Fécamp Autom., 45 bd République
ℰ 35 29 25 72
FORD Lefebvre, 15 r. Prés.-Coty ℰ 35 28 05 75
PEUGEOT, TALBOT Lachèvre, rte du Havre à St-
Léonard par ③ ℰ 35 28 20 30 Ⓝ ℰ 35 20 76 45
RENAULT S.E.L.C.O., 209 r. G.-Couturier par ②
ℰ 35 28 24 02 Ⓝ ℰ 35 27 50 65

V.A.G Ledoult, D 925 à St-Léonard ℰ 35 28 00 22
VOLVO Gar. Lair, 22 pl. Bigot ℰ 35 28 09 44

🏵 Brument, 6 rte de Valmont ℰ 35 28 28 81
Comptoir du Pneu, 8 et 10 r. Ch.-Le-Borgne
ℰ 35 28 14 99

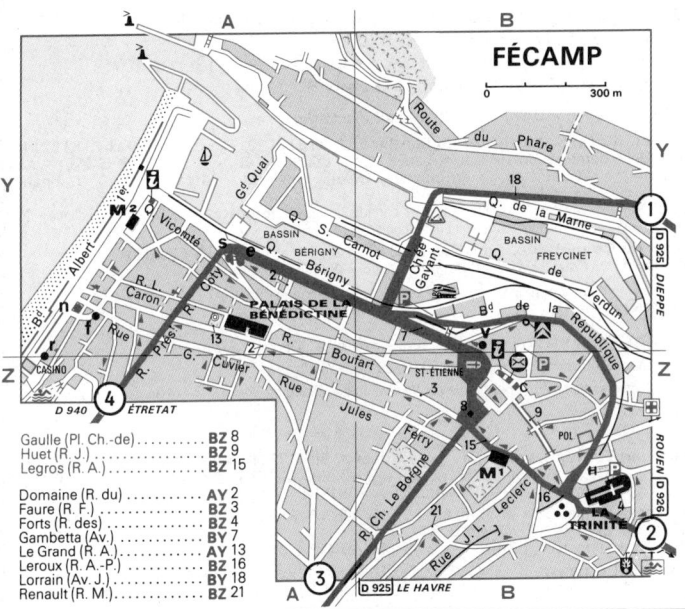

FÉCAMP

0 — 300 m

Gaulle (Pl. Ch.-de) .... **BZ** 8
Huet (R. J.) .... **BZ** 9
Legros (R. A.) .... **BZ** 15

Domaine (R. du) .... **AY** 2
Faure (R. F.) .... **BZ** 3
Forts (R. des) .... **BZ** 4
Gambetta (Av.) .... **BY** 7
Le Grand (R. A.) .... **AY** 13
Leroux (R. A.-P.) .... **BZ** 16
Lorrain (Av. J.) .... **BY** 18
Renault (R. M.) .... **BZ** 21

Utilisez toujours les **cartes Michelin** récentes.
Pour une dépense minime vous aurez des informations sûres.

La FÉCLAZ 73 Savoie 🎴 ⑮ G. Alpes du Nord – alt. 1 350 – Sports d'hiver : 1 350/1 550 m ⚡8 ⚡ –
✉ 73230 Les Déserts.

🏢 Syndicat d'Initiative Les Déserts ✆ 79 25 80 49.

Paris 557 – Annecy 40 – Aix-les-Bains 26 – Chambéry 19 – Lescheraines 14.

  🏨 **Bon Gîte** 🦢, ✆ 79 25 82 11, ≼, 🏊, ☞, ⚒ – 🛗 cuisinette ☎ 🚗 – 🔩 30. 🖪 **VISA**
    20 juin-15 sept. et Noël-Pâques – **R** 80/250 🍴, enf. 52 – ☖ 31 – **28 ch** 140/300 –
    ½ P 190/265.

  ✕ **Central et Terrasses Fleuries** avec ch, ✆ 79 25 81 68, ≼ – 🅿. **VISA** ⚙ rest
    15 déc.-15 avril – **R** 78/128 – ☖ 25 – **25 ch** 120/230 – ½ P 180/250.

  au Col de Plainpalais E : 4 km par D 913 et D 912 – Sports d'hiver 1 200/1 450 m ⚡2 –
  ✉ 73230 St-Alban-Leysse :

  🏠 **Plainpalais** 🦢, ✆ 79 25 81 79, ≼, ☞ – ☎ 🅿. 🖪 **VISA** ⚙ rest
    début juin-fin sept. et 20 déc.-15 avril – **R** 88/175, enf. 42 – ☖ 29 – **20 ch** 210/252 –
    ½ P 180/250.

FEGERSHEIM 67 B.-Rhin 🄾🄰 ⑩ – rattaché à Strasbourg.

FENESTRELAY 18 Cher 🄾🄰 ① – rattaché à Bourges.

La FÈRE 02800 Aisne 🄾🄰 ④ G. Flandres Artois Picardie – 3 925 h. alt. 51.

Voir Musée Jeanne-d'Aboville★.

🏢 Syndicat d'Initiative à la Mairie ✆ 23 56 29 05.

Paris 136 – Compiègne 52 – Laon 24 – Noyon 29 – St-Quentin 23 – Soissons 42 – Vervins 50.

  à Vendeuil N : 7 km sur N 44 – ✉ 02800 :

  🏨 **Aub. de Vendeuil**, ✆ 23 07 85 85, Fax 23 07 88 58 – 📺 ☎ 🚿 🅿 – 🔩 25. 🅰🅴 ① 🖪 **VISA**
    R 110/210, enf. 55 – ☖ 31 – **22 ch** 235/285 – ½ P 253/343.

RENAULT Gar. Central, 33 r. République ✆ 23 56 22 39

FÈRE-CHAMPENOISE 51230 Marne 🄾🄰 ⑥ – 2 435 h. alt. 110.

Paris 132 – Châlons-sur-Marne 36 – Épernay 37 – Sézanne 21 – Troyes 66 – Vitry-le-François 44.

  🏠 **France**, ✆ 26 42 40 24 – 🅿. 🖪 **VISA**
    fermé dim. soir (sauf hôtel) et lundi – **R** 51/155 🍴, enf. 40 – **10 ch** ☖ 100/180.

FÈRE-EN-TARDENOIS 02130 Aisne 🖫🖫 ⑭⑮ G. Champagne – 3 295 h. alt. 125.

Voir Château de Fère★ : Pont monumental★★ N : 3 km.

🖪 Syndicat d'Initiative r. E.-Moreau-Nélaton (15 avril-15 sept. après-midi seul.) ℘ 23 82 31 57.

Paris 110 – Château-Thierry 26 – Laon 54 – ◆Reims 45 – Soissons 26.

   au Nord 3 km par D 967 – ⊠ **02130** Fère-en-Tardenois :

🏨 ❀ **Host. du Château** 🦢 par rte forestière, ℘ 23 82 21 13, Télex 145526, Fax 23 82 37 81, ≼, « Belle demeure du 16ᵉ siècle, parc », 🛰 – 🖸 🕾 ᵭ **P** – 🏄 30. 🖭 ⓞ **E** 𝗩𝗜𝗦𝗔
R (nombre de couverts limité, prévenir) 290/480 – 🖙 80 – **14 ch** 800/1050, 9 appart. 1200/1730 – ½ P 960/1085
Spéc. Marinade de foie gras aux truffes et carottes, Filets de rougets panés au persil, Aiguillettes de pigeonneau à la crème. Vins Coteaux champenois.

🟢 **Aub. du Connétable,** sur D 967 ℘ 23 82 24 25, 🛰, ㉓ – **P**. 🖭 ⓞ **E** 𝗩𝗜𝗦𝗔
fermé 15 janv. au 15 mars, dim. soir et lundi – **R** 165/200, enf. 70.

RENAULT Huguenin, av. Courvoisier   🔧 Fischbach Pneu, 47 r. J.-Lefèbvre
℘ 23 82 21 85 🆒   ℘ 23 82 36 06

FERNEY-VOLTAIRE 01210 Ain 🖫🖫 ⑯ G. Jura – 6 400 h. alt. 436.

🛫 de Genève-Cointrin : Air France ℘ 50 31 33 30 S : 4 km.

Paris 535 – Thonon-les-Bains 45 – Bellegarde-sur-Valserine 36 – Bourg-en-Bresse 117 – ◆Genève 7 – Gex 10 – Nyon 23.

              Voir plan agglomération de Genève

🏨 **Pullman Ferney Genève** Ⓜ 🦢, av. Jura ℘ 50 40 77 90, Télex 309071, Fax 50 40 83 00, 🛰, ㉓, 🛰 – 🛗 🖿 rest 🖸 🕾 ᵭ **P** – 🏄 25 à 80. 🖭 ⓞ **E** 𝗩𝗜𝗦𝗔, 🛰 rest   BU **k**
R 250 ᵭ, enf.60 – 🖙 55 – **122 ch** 520/640 – ½ P 440/475.

🏨 **Novotel** Ⓜ, par D 35 ℘ 50 40 85 23, Télex 385046, Fax 50 40 76 33, 🛰, ㉓, 🛰, 🛰 – 🖿 🖸 ᵭ **P** – 🏄 120. 🖭 ⓞ **E** 𝗩𝗜𝗦𝗔   AU **x**
R carte environ 150 ᵭ, enf. 50 – 🖙 46 – **80 ch** 410/450.

🏠 **France,** 1 r. Genève ℘ 50 40 63 87, Fax 50 40 47 27, 🛰 – 🖸 🕾. **E** 𝗩𝗜𝗦𝗔   BU **n**
fermé 24 déc. au 8 janv., lundi midi et dim. – **R** 215, enf. 60 – 🖙 35 – **14 ch** 275/300 – ½ P 280.

🏠 **Campanile** Ⓜ, chemin Planche Brûlée ℘ 50 40 74 79, Télex 380957, Fax 50 42 97 29, 🛰 – 🖸 🕾 ᵭ **P** – 🏄 40. **E** 𝗩𝗜𝗦𝗔   AU **e**
R 74 bc/98 bc, enf. 39 – 🖙 27 – **61 ch** 248 – ½ P 225/249.

🟢 ❀ **Le Pirate** (Bechis), av. Genève ℘ 50 40 63 52, 🛰, produits de la mer – 🖭 ⓞ **E** 𝗩𝗜𝗦𝗔
fermé 14 juil. au 4 août, 22 déc. au 5 janv., lundi midi et dim. – **R** (nombre de couverts limité - prévenir) 260/320   BU **r**
Spéc. Velouté de homard au Porto, Île flottante au caviar, Sole soufflée du Pirate.

🟢 **Chanteclair,** 13 r. Versoix ℘ 50 40 79 55, 🛰 – **E** 𝗩𝗜𝗦𝗔
fermé 24 au 24 juil., 25 fév. au 7 mars, dim. et lundi – **R** 220.

PEUGEOT-TALBOT Gar. Chevalley, à Ornex   RENAULT Auto Service ℘ 50 40 59 52
℘ 50 41 65 29   V.A.G Gar. Dunand ℘ 50 40 61 94

FERRETTE 68480 H.-Rhin 🖫🖫 ⑨⑩ G. Alsace Lorraine – 727 h. alt. 470.

Voir Site★ – Ruines du Château ≼★.

🖪 Syndicat d'Initiative r. Château ℘ 89 40 40 01.

Paris 529 – ◆Mulhouse 37 – Altkirch 19 – ◆Bâle 27 – Belfort 47 – Colmar 79 – Montbéliard 46.

   à Moernach O : 5 km par D 473 – ⊠ **68480** :

🟢 **Au Raisin** avec ch, ℘ 89 40 80 73 – **P**. **E** 𝗩𝗜𝗦𝗔, 🛰 ch
fermé 25 fév. au 14 mars, 30 sept. au 16 oct. et merc. – **R** 72/195 ᵭ, enf. 40 – 🖙 30 – **4 ch** 100/150.

   à Lutter SE : 8 km par D 23 – ⊠ **68480** :

🟢 **Aub. Paysanne** avec ch, r. Principale ℘ 89 40 71 67 – 🖸 🕾 **P**. **E** 𝗩𝗜𝗦𝗔
fermé vacances de fév. – **R** (*fermé lundi*) 105/280 ᵭ, enf. 48 – 🖙 30 – **7 ch** 175/260 – ½ P 230.
Annexe Host. Paysanne 🏠 Ⓜ 🦢,, 🛰 – 🖸 🕾 **P**. **E** 𝗩𝗜𝗦𝗔
fermé 7 au 21 fév. – **R** voir Aub. Paysanne – 🖙 30 – **7 ch** 205/330 – ½ P 305.

RENAULT Fritsch ℘ 89 40 41 41 🆒 ℘ 05 05 15 15

La FERRIÈRE-AUX-ÉTANGS 61 Orne 🖫🖫 ① – rattaché à Flers.

La FERTÉ-BERNARD 72400 Sarthe 🖫🖫 ⑮ G. Châteaux de la Loire (plan) – 10 053 h. alt. 91.

Voir Église N.-D.-des Marais★★.

🟦 du Perche à Souancé-au-Perche (28) ℘ 37 29 17 33 ; NE : 21 km par N 23 et D 137[11].

🖪 Syndicat d'Initiative Cour du Sauvage, r. Carnot (15 juin-15 sept.) ℘ 43 93 25 85 et à la Mairie (hors saison) ℘ 43 93 04 42.

Paris 163 – ◆Le Mans 49 – Alençon 56 – Chartres 76 – Châteaudun 64 – Mortagne-au-Perche 40.

Climat de France, 43 bd. Gén. de Gaulle ✆ 43 93 84 70, Télex 723846, Fax 43 93 21 15, 🔲 – 📺 ☎ ও 🅿 – 🔄 50. 🆎 🗲 *VISA*
R 79/115 ⅃, enf. 39 – 🖵 29 – **50 ch** 245 – ½ P 210.

XXX **Perdrix** avec ch, 2 r. Paris ✆ 43 93 00 44 – ⅋ rest 📺 ☎ 🚗. 🗲 *VISA*
fermé mardi – **R** 87/180, enf. 67 – 🖵 22 – **10 ch** 190/280.

XX **Dauphin**, 3 r. Huisne ✆ 43 93 00 39 – 🗲 *VISA*
fermé mi-août à mi-sept., dim. soir et merc. – **R** 90, enf. 60.

CITROEN Brion, 2 r. Virette ✆ 43 93 00 37
RENAULT Gd Gar. Fertois, av. Verdun
✆ 43 93 05 10 🚫 ✆ 05 24 72 72

Ⓦ Perry Pneus, La Chapelle-du-Bois-La Petite Ci-
bole ✆ 43 93 90 44

La FERTÉ-IMBAULT 41300 L.-et-Ch. 🔠 ⑩ – 1 104 h. alt. 99.

Paris 192 – Bourges 59 – ♦Orléans 65 – Romorantin-Lanthenay 17 – Vierzon 23.

🏠 **Aub. A La Tête de Lard** Ⓜ, ✆ 54 96 22 32, Fax 54 96 06 22 – 🍽 rest 📺 ☎ 🅿. 🗲 *VISA*.
🐾 ch
fermé 25 août au 10 sept., 18 fév. au 11 mars, dim. soir et lundi sauf fériés – **R** 80/215 ⅃
– 🖵 35 – **11 ch** 240/430 – ½ P 480.

La FERTÉ-MACÉ 61600 Orne 🔠 ①② G. Normandie Cotentin – 7 391 h. alt. 111.

🚹 Office de Tourisme 13 r. Victoire ✆ 33 37 10 97.

Paris 236 ② – Alençon 46 ④ – Argentan 33 ② – Domfront 22 ⑤ – Falaise 39 ① – Flers 25 ⑥ – Mayenne 41 ④.

XX **Nouvel H. et rest. Céleste** avec
→ ch, 6 r. Victoire **(n)** ✆ 33 37 22 33 –
☎. 🗲 *VISA*
fermé 1er au 12 mars, 20 au 28 oct.,
dim. soir et lundi – **R** 60/185, enf. 45
– 🖵 25 – **18 ch** 85/240 –
½ P 180/240.

par ④ : 2 km par D 916 :

🏠 **Aub. d'Andaines** Ⓜ, ✆ 33 37
→ 20 28, 🌳 – ☎ 🅿 – 🔄 25 à 100. 🗲
VISA
fermé 15 au 31 déc. et dim. soir de
nov. à mars – **R** 65/250 – 🖵 30 –
15 ch 160/250 – ½ P 220/260.

à St-Michel-des-Andaines par⑤ :
4,5 km – ✉ 61600 :

🏠 **La Bruyère**, ✆ 33 37 22 26, 🌳 –
→ 🍽 🅿 🆎 🗲 *VISA*
fermé 1er au 15 déc., vacances de
fév., vend. soir et dim. soir hors
sais. – **R** 69/145, enf. 40 – 🖵 25 –
20 ch 140/260 – ½ P 240/250.

CITROEN Gar. Central, 74 r. Dr-Poulain
✆ 33 37 09 11
PEUGEOT-TALBOT Derouet, 76 r. Dr-Poulain
✆ 33 37 16 33
RENAULT Dubourg, 9 r Dr-Poulain
✆ 33 37 20 97
RENAULT Guillochin, rte de Paris par ②
✆ 33 37 07 11 🚫

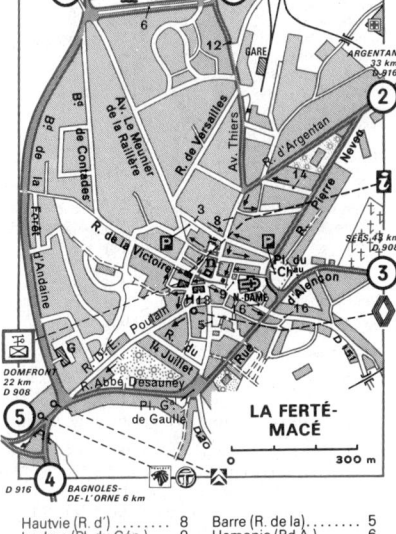

FLERS 25 km D 18 — FALAISE 39 km D 19
⑥ — ①
GARE
ARGENTAN 33 km N 916
②
R. d'Argentan
SÉES 43 km D 908
③
Av. d'Alençon
LA FERTÉ-MACÉ
300 m
DOMFRONT 22 km D 908
⑤
Pl. Gén. de Gaulle
④ BAGNOLES-DE-L'ORNE 6 km — D 916

Hautvie (R. d')	8	Barre (R. de la) 5
Leclerc (Pl. du Gén.)	9	Hamonic (Bd A.) 6
République (Pl.)	13	Prés.-Coty (Av. du) 12
		Sorbiers (Av. des) 14
Amand-Macé (R.)	3	Teinture (R. de la) 16

La FERTÉ-ST-AUBIN 45240 Loiret 🔠 ⑨ G. Châteaux de la Loire – 5 498 h. alt. 92.

🏌 🏌 de Sologne ✆ 38 76 57 33, sur D 18 à l'Ouest : 3,5 km.

🚹 Syndicat d'Initiative pl. Halle ✆ 38 64 67 93.

Paris 152 – ♦Orléans 21 – Blois 54 – Romorantin-Lanthenay 47 – Salbris 35.

🏠 **Perron**, 9 r. Gén. Leclerc ✆ 38 76 53 36, Télex 782485 – 📺 ☎ 🅿. 🆎 ⑪ 🗲 *VISA*
fermé 4 au 18 fév., dim. soir et lundi du 1er déc. au 15 mars – **R** 110/195 ⅃, enf. 55 – 🖵 35
– **24 ch** 250/310 – ½ P 246/272.

XXX **Ferme de la Lande**, NE : 2,5 km par rte Marcilly ✆ 38 76 64 37, 🌳, « Ferme aménagée »
– 🅿. 🗲 *VISA*
fermé 4 au 11 mars, 19 août au 2 sept., dim. soir et lundi – **R** 140/230, enf. 70.

XX **Les Brémailles en Sologne**, N : 3 km sur N 20 ✆ 38 76 56 60, 🌳, parc – 🅿. 🗲 *VISA*
fermé lundi soir et mardi – **R** 95/145, enf. 59.

FIAT, LANCIA, AUTOBIANCHI Gar. Gidoin, N 20
✆ 38 76 51 17

PEUGEOT Gar. Tremillon, 73 bd Mar.-Foch
✆ 38 76 64 09

Paris 165 – ♦Orléans 35 – Beaugency 14 – Blois 31 – Romorantin 35.

🏠 **St Cyr**, ℰ 54 87 90 51, 🔲 – 📺 ☎ 🄿 🄿 ⓞ 🄴 🆅🆂🅰, ※ rest
➡ *fermé 15 janv. au 15 mars, lundi (sauf le soir du 15 juin au 15 sept.) et dim. soir hors sais.* – **R** 68/175, enf. 38 – ☑ 25 – **20 ch** 160/220 – ½ P 170/220.

✕ **Jabotière**, ℰ 54 87 90 40, 🔲, parc – 🄴 🆅🆂🅰
➡ *fermé 1ᵉʳ au 15 sept., 1ᵉʳ au 15 janv., lundi soir du 15 nov. au 20 avril et mardi* – **R** 70/135 ♨, enf. 45.

Voir Jouarre : crypte★ de l'abbaye : 3 km par ⑤, G. Ile de France
🄴 Syndicat d'Initiative 26 pl. Hôtel de Ville ℰ (1) 60 22 63 43.
Paris 66 ⑥ – Melun 63 ⑤ – ♦Reims 82 ① – Troyes 117 ③.

LA FERTÉ-SOUS-JOUARRE

Faubourg (R. du)	5
Pelletiers (R. des)	17
Anglais (Q. des)	2
Chanzy (R.)	3
Clemenceau (Bd)	4
Fauvet (R. M.)	6
Gare (R. de la)	7
Jaurès (R. Jean)	8
Jouarre (R. de)	9
Leclerc (Av. du Gén.)	12
Marx (R. P.)	13
Montmirail (Av. de)	14
Pasteur (Bd)	16
Petit-Morin (R. du)	18
Planson (Q. André)	19
Reuil (R. de)	20
St-Nicolas (R.)	21
Ste-Beuve (Pl.)	22
Turenne (Bd)	24

*Ne cherchez pas au hasard
un hôtel agréable et tranquille
mais consultez les cartes
de l'introduction*

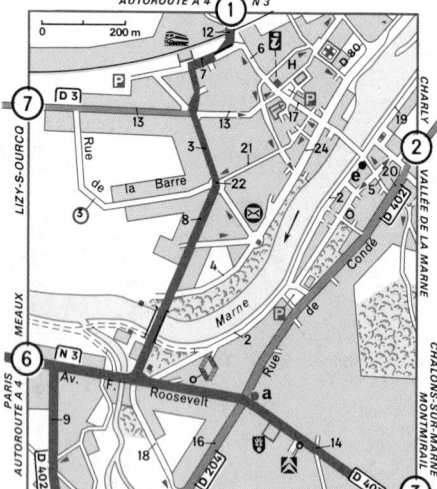

𝕏𝕏𝕏𝕏 ❀ **Aub. de Condé** (Tingaud), 1 av. Montmirail **(a)** ℰ (1) 60 22 00 07, Fax (1) 60 22 30 60 – ▦ 🄿 🄰🄴 ⓞ 🄴 🆅🆂🅰
fermé lundi soir et mardi – **R** 200/450, enf. 100
Spéc. Saumon fumé sur lit de pommes tièdes, Filets de sole"Vincent Bourel", Aiguillette de caneton de Challans au Champagne. **Vins** Bouzy.

𝕏𝕏 **Bec Fin** avec ch, 1 quai Anglais **(e)** ℰ (1) 60 22 01 27 – 📧. 🄰🄴 ⓞ 🄴 🆅🆂🅰
fermé août, 25 janv. au 6 fév., mardi soir et merc. – **R** 75/158 ♨, enf. 48 – ☑ 25 – **10 ch** 150/195.

𝕏𝕏 **Petit Morin**, à Mourette par ④ : 2 km ℰ (1) 60 22 02 39, 🔲 – 🄴 🆅🆂🅰
fermé 6 au 27 fév., dim. soir et lundi sauf fériés – **R** 98/220, enf. 60.

CITROEN Gar. du Parc, 10 av. Montmirail ℰ (1) 60 22 90 00
RENAULT SOGAL, 12 av. F.-Roosevelt ℰ (1) 60 22 39 57

⦿ Maassen, 29 av. Franklin Roosevelt ℰ (1) 60 22 09 95
Pezzetta Dememe, 42 av. F.-Roosevelt ℰ (1) 60 22 02 06

🄴 Syndicat d'Initiative 3 r. V.-de-Laprade (fermé matin) ℰ 77 26 05 27.
Paris 429 – Roanne 39 – ♦St-Étienne 39 – ♦Lyon 68 – Montbrison 27 – Thiers 68 – Vienne 89.

🏠 **L'Astrée** sans rest, 2 chemin du Bout du Monde ℰ 77 26 54 66, Fax 77 27 06 61 – 📺 ☎ ⮐ 🄿 🄰🄴 ⓞ 🄴 🆅🆂🅰
☑ 30 – **17 ch** 120/220.

𝕏𝕏 **La Boule d'Or**, rte Lyon ℰ 77 26 20 68, 🔲 – 🄿. 🄴 🆅🆂🅰
fermé 5 au 30 août, 1ᵉʳ au 12 fév., dim. soir et lundi sauf fériés – **R** 75/270.

𝕏𝕏 **Commerce**, 2 r. Loire ℰ 77 27 04 67 – ▦. 🄰🄴 🄴 🆅🆂🅰
fermé 15 nov. au 2 déc., mardi soir et merc. – **R** 72/220 ♨, enf. 50.

𝕏𝕏 **Au Deux Savoi**, 3 r. Camille Pariat ℰ 77 26 00 11
➡ *fermé 3 au 19 juin, dim. soir en hiver, lundi soir et mardi* – **R** 68/180 ♨.

ALFA-ROMEO, SEAT Gar. Cheminal, 15 r. de la
Loire ℰ 77 26 08 14 **N** ℰ 77 26 24 63
FIAT Boichon, 9 r. Minette ℰ 77 26 15 96
FORD Gar. du Forez, 6 r. V.-Hugo ℰ 77 26 15 14
PEUGEOT TALBOT Gar. Faure, 16 rte de Lyon
ℰ 77 26 03 65

RENAULT Rhône Loire Distribution Auto, rte de
St-Étienne ℰ 77 26 45 12 **N** ℰ 77 26 42 47
V.A.G Rel. du Soleil, rte de St-Étienne
ℰ 77 26 26 82

🅖 Feurs-Pneus, rte de Valeille, ZA ℰ 77 26 39 98

FEYTIAT 87 H.-Vienne ⁊⁊ ⑱ – rattaché à Limoges.

FEYZIN 69 Rhône ⁊⁊ ⑪ – rattaché à Lyon.

FIGEAC ◈ 46100 Lot ⁊⁊ ⑩ G. Périgord Quercy – 10 511 h. alt. 214.

Voir Le vieux Figeac★ : hôtel de la Monnaie★ M1 – Vallée du Célé★ par ⑤.

🅰 Office de Tourisme pl. Vival (fermé matin hors saison) ℰ 65 34 06 25.

Paris 577 ⑥ – Rodez 65 ② – Aurillac 67 ① – Brive-la-Gaillarde 91 ⑥ – Cahors 69 ⑤ – Villefranche-de-R. 36 ③.

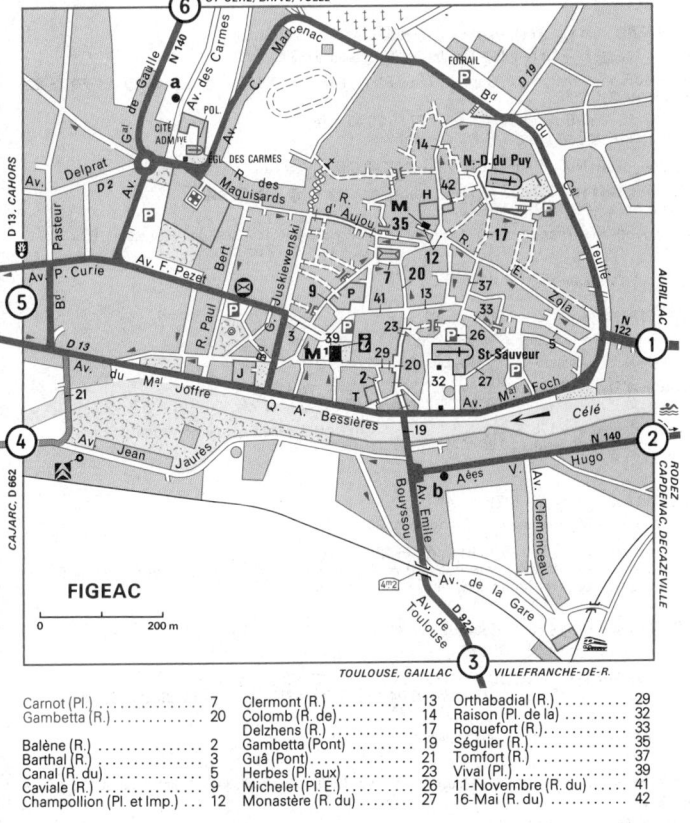

Carnot (Pl.)	7	Clermont (R.)	13	Orthabadial (R.)	29
Gambetta (R.)	20	Colomb (R. de)	14	Raison (Pl. de la)	32
		Delzhens (R.)	17	Roquefort (R.)	33
Balène (R.)	2	Gambetta (Pont)	19	Séguier (R.)	35
Barthal (R.)	3	Guâ (Pont)	21	Tomfort (R.)	37
Canal (R. du)	5	Herbes (Pl. aux)	23	Vival (Pl.)	39
Caviale (R.)	9	Michelet (Pl. E.)	26	11-Novembre (R. du)	41
Champollion (Pl. et Imp.)	12	Monastère (R. du)	27	16-Mai (R. du)	42

🏨 **des Carmes** Ⓜ, Enclos des Carmes **(a)** ℰ 65 34 20 78, Télex 520794, Fax 65 34 22 39,
🍴, ⅃, ✵ – 📲 🆃🆅 ☎ Ⓟ – 🅰 35. 🅰🅴 ⓪ 🅴 VISA
fermé 15 déc. au 15 janv., dim. soir et sam. du 1er oct. au 30 avril – **R** 100/260 ⅃, enf. 50 –
⌤ 40 – **40 ch** 275/355.

🏨 **Host. Champollion**, 51 allées V. Hugo **(b)** ℰ 65 34 10 16, ⅃ – ☎ ⬄ Ⓟ. 🅰🅴 ⓪ 🅴 VISA
🔸 *fermé 15 janv. au 5 fév. et dim. soir du 20 oct. au 30 avril sauf fériés* – **R** 70/240 ⅃ – ⌤ 28
– **30 ch** 185/250 – ½ P 185/250.

🏨 **Pont du Pin** sans rest, 3 allées V. Hugo par ② ℰ 65 34 12 60 – ☎. VISA
⌤ 30 – **23 ch** 180/305.

à St-Julien-d'Emparre par ② : 10 km – ✉ **12700** Capdenac-Gare (Aveyron).

Voir Capdenac : site★ et ≤★ d'une terrasse proche de l'église N : 4 km.

🏨 **Aub. la Diège** ♨, ℰ 65 64 70 54, ☞, 𝄃𝄃, ⤴, 🐾, ℀ – ☎ ⅚ 🄿 – 🏛 30. 🄴 𝖵𝖨𝖲𝖠
— *fermé 23 déc. au 3 janv. –* **R** *(fermé vend. soir, sam. midi et dim. soir du 1er oct. au 1er juin)* 65/200 ⅄, enf. 55 – ☲ 28 – **24 ch** 200/260 – ½ P 194/204.

à Cardaillac par ⑥ et D 15 : 9,5 km – ✉ **46100** :

✗ **Chez Marcel,** ℰ 65 40 11 16
— *fermé lundi sauf du 14 juil. au 25 août –* **R** 65/160 ⅄.

CITROEN Gar. Jean-Jaurès, 31 av. J.-Jaurès
ℰ 65 34 06 67
RENAULT S.A.F.D.A., rte de Cahors, ZI par ⑤
ℰ 65 34 00 23 🄽 ℰ 65 20 72 26
RENAULT Central Gar., 16 av. Ch.-de-Gaulle à
Capdenac-Gare par ② ℰ 65 64 74 78
V.A.G Reveillac, 38 av. J.-Loubet ℰ 65 34 18 78

Chabbaud, 9 av. F.-Pezet ℰ 65 34 24 03

🟤 Comptoir du Pneu, rte d'Aurillac ℰ 65 34 20 74
Figeac Pneus, 41 faubourg du Pin ℰ 65 34 64 64
Quercy-Auvergne-Pneus, 21 av. G.-Pompidou
ℰ 65 34 20 30
Tout Pour le Pneu, av. d'Aurillac ℰ 65 34 11 44

FILLE 72 Sarthe 🄶🄸 ③ – rattaché à Guécélard.

FIRMINY 42700 Loire 🄷🄶 ⑧ **G. Vallée du Rhône** – 24 356 h. alt. 473.
Paris 521 – ◆St-Étienne 12 – Ambert 85 – Montbrison 39 – Yssingeaux 39.

🏨 **Pavillon** sans rest, 4 av. Gare ℰ 77 56 91 11, Fax 77 61 80 60 – 🛗 📺 ☎ 🄿. 🄰🄴 ① 🄴 𝖵𝖨𝖲𝖠
22 ch ☲ 210/260.

✗✗ **Table du Pavillon,** 4 av. Gare ℰ 77 56 00 45 – 𝖵𝖨𝖲𝖠
fermé dim. soir et lundi – **R** 75/300, enf. 45.

au Pertuiset NO : 5 km par D 3 – ✉ **42240** Unieux :

✗✗ **Verdier Riffat,** ℰ 77 35 71 11, ≤ Loire, ☞, 🐾 – 🄿. ① 🄴 𝖵𝖨𝖲𝖠
fermé merc. – **R** 78/225, enf. 45.

RENAULT Durand, 16 r. Tour-de-Varan
ℰ 77 56 35 66

Technique Pneus, ZAC des Bruneaux, 78 r.
V.-Hugo ℰ 77 56 30 12

🟤 Saumet, 1 rte de Roche ℰ 77 56 04 78

FISMES 51170 Marne 🄶🄶 ⑤ – 4 818 h. alt. 62.
🄱 Office de Tourisme r. R.-Letilly ℰ 26 48 81 28.
Paris 129 – ◆Reims 26 – Château-Thierry 41 – Laon 34 – Soissons 30.

🏠 **Boule d'Or,** r. Hildevert Lefèvre ℰ 26 48 11 24 – ☎. 🄰🄴 ① 🄴 𝖵𝖨𝖲𝖠
fermé dim. soir et lundi – **R** 83/270 ⅄, enf. 45 – ☲ 29 – **7 ch** 120/215 – ½ P 165/215.

CITROEN Gar. Bagieu ℰ 26 78 06 82
PEUGEOT Crochet rte de Reims ℰ 26 48 05 46
🄽 ℰ 26 48 81 21

RENAULT Obert-Leroy, 7 r. Marie-Boivin
ℰ 26 78 18 04

FITOU 11510 Aude 🄶🄶 ⑨ ⑩ – 542 h. alt. 41.
Paris 881 – ◆Perpignan 27 – Carcassonne 87 – Narbonne 38.

✗ **Cave d'Agnès,** ℰ 68 45 75 91 – 🄿. 🄴 𝖵𝖨𝖲𝖠
24 mars-29 sept. et fermé merc., (sauf le soir en juil.-août) et mardi midi en juil.-août – **R**
(nombre de couverts limité, prévenir) 82/105 ⅄, enf. 44.

FIXIN 21220 Côte-d'Or 🄶🄶 ⑫ **G. Bourgogne** – 883 h. alt. 292.
Paris 317 – ◆Dijon 11 – Beaune 30 – Dole 64.

✗✗ **Chez Jeannette** avec ch, ℰ 80 52 45 49, ☞ – 🄰🄴 ① 🄴 𝖵𝖨𝖲𝖠
fermé 23 déc. au 25 janv. et jeudi – **R** 74/128 ⅄, enf. 42 – ☲ 24 – **11 ch** 86/180.

FLAGY 77 S.-et-M. 🄶🄸 ⑬ – rattaché à Montereau.

FLAINE 74 H.-Savoie 🄷🄸 ⑧ **G. Alpes du Nord** – alt. 1 600 – Sports d'hiver : 1 600/2 500 m ⤌3 ⤚26 –
✉ **74300** Cluses.
🄸🄸 ℰ 50 90 85 44, 4 km par D 106.
🄱 Office de Tourisme ℰ 50 90 80 01, Télex 385662.
Paris 604 – Annecy 79 – Chamonix 66 – Bonneville 42 – Cluses 28 – Megève 49 – Morzine 48 – Thonon-les-Bains 87.

🏨 **Totem** ♨, ℰ 50 90 80 64, Fax 50 90 86 26, ≤ – 🛗 ☎. 🄰🄴 ① 🄴 𝖵𝖨𝖲𝖠, ✂ rest
6 juil.-31 août et 21 déc.-20 avril – **R** 200/260 – ☲ 60 – **91 ch** 225/930, 4 appart. –
½ P 535/645.

🏨 **Gradins Gris** ♨, ℰ 50 90 81 10, ≤ – ☎
saisonnier – **49 ch**.

FLAVIGNY-SUR-MOSELLE 54 M.-et-M. 62 ⑥ – rattaché à Nancy.

FLAYOSC 83 Var 84 ⑦ – rattaché à Draguignan.

La FLÈCHE ⬡ **72200** Sarthe 64 ② G. Châteaux de la Loire – 16 421 h. alt. 30.

Voir Prytanée militaire★ Y – Boiseries★ de la chapelle N.-D.-des-Vertus Y – Parc zoologique du Tertre Rouge★ 5 km par ② puis D 104.

🅱 Syndicat d'Initiative à l'Hôtel de Ville ℘ 43 94 02 53 et Chalet du Tourisme prom. Foch (juin-août) ℘ 43 94 49 82.

Paris 242 ① – Angers 52 ④ – ♦Le Mans 42 ① – Châteaubriant 105 ④ – Laval 69 ⑤ – ♦Tours 72 ②.

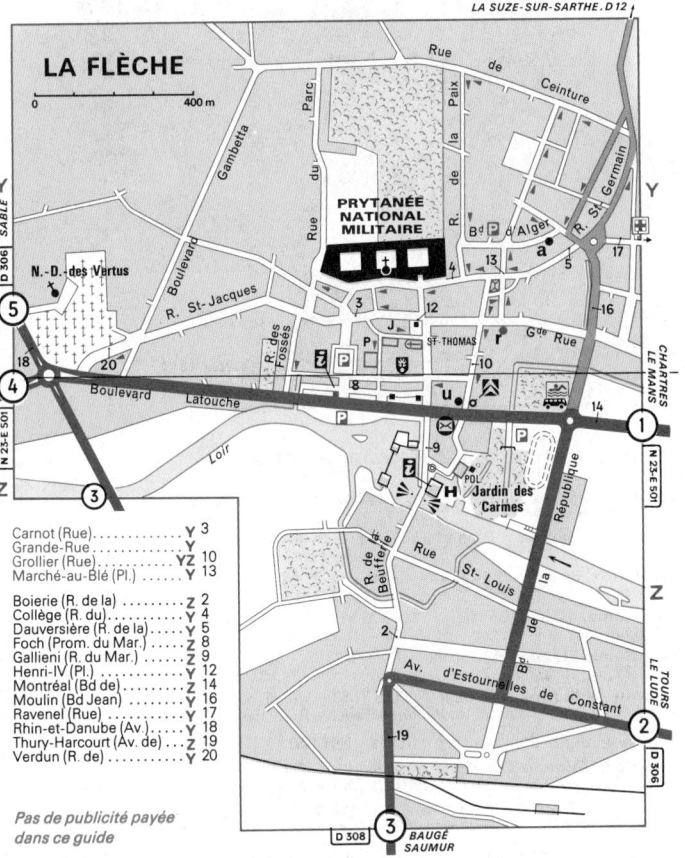

LA SUZE-SUR-SARTHE. D 12

Carnot (Rue) . . . . Y 3
Grande-Rue . . . . Y
Grollier (Rue) . . . . YZ 10
Marché-au-Blé (Pl.) . . . . . . Y 13

Boierie (R. de la) . . . . Z 2
Collège (R. du) . . . . Y 4
Dauversière (R. de la) . . . . Y 5
Foch (Prom. du Mar.) . . . . Z 8
Gallieni (R. du Mar.) . . . . . Z 9
Henri-IV (Pl.) . . . . Y 12
Montréal (Bd de) . . . . Y 14
Moulin (Bd Jean) . . . . Y 16
Ravenel (Rue) . . . . Y 17
Rhin-et-Danube (Av.) . . . . . Y 18
Thury-Harcourt (Av. de) . . . Z 19
Verdun (R. de) . . . . Y 20

Pas de publicité payée
dans ce guide

🏨 **Relais Cicero** ⟡ sans rest, 18 bd Alger ℘ 43 94 14 14, Fax 43 45 98 96, « Belle décoration intérieure », 🌳 – 📺 ☎ 占. AE E VISA   Y **a**
fermé 21 déc. au 6 janv. – 🖵 42 – **19 ch** 350/480.

🏨 **Image**, 50 r. Grollier ℘ 43 94 00 50, Fax 43 94 47 19, 🌳 – 📺 ☎ 🅿. ⓞ E VISA   Z **u**
fermé fév. – **R** 68/190 ♨, enf. 42 – 🖵 25 – **20 ch** 120/300 – ½ P 285/320.

✗✗ **Vert Galant** avec ch, 70 Gde Rue ℘ 43 94 00 51 – 📺 ☎ 🅿. E VISA. ✠   Y **r**
fermé 20 déc. au 15 janv. – **R** *(fermé jeudi)* 68/150, enf. 50 – 🖵 19 – **9 ch** 160/220 – ½ P 235/353.

AUSTIN, ROVER Gar. Gambetta, 51 bd Gambetta ℘ 43 94 06 20
CITROEN Bastard, bd de Montréal ℘ 43 94 01 41
FORD Bouttier, av. de Verdun ℘ 43 94 04 08
PEUGEOT-TALBOT Gar. Vadeble, av. Rhin-et-Danube par ⑤ ℘ 43 94 01 73

V.A.G Gar. Clerfond, la Jalêtre, av. Rhin-et-Danube ℘ 43 94 10 48

🛞 Gar. Robles, bd Rhin-et-Danube ℘ 43 45 20 38

FLERS 61100 Orne 60 ① G. Normandie Cotentin – 19 405 h. alt. 188.

Office de Tourisme pl. Gén.-de-Gaulle ☎ 33 65 06 75.

Paris 237 ② – Alençon 71 ③ – Argentan 44 ② – ♦Caen 57 ① – Fougères 79 ④ – Laval 87 ④ – Lisieux 95 ① – St-Lô 69 ① – St-Malo 138 ④ – Vire 31 ⑥.

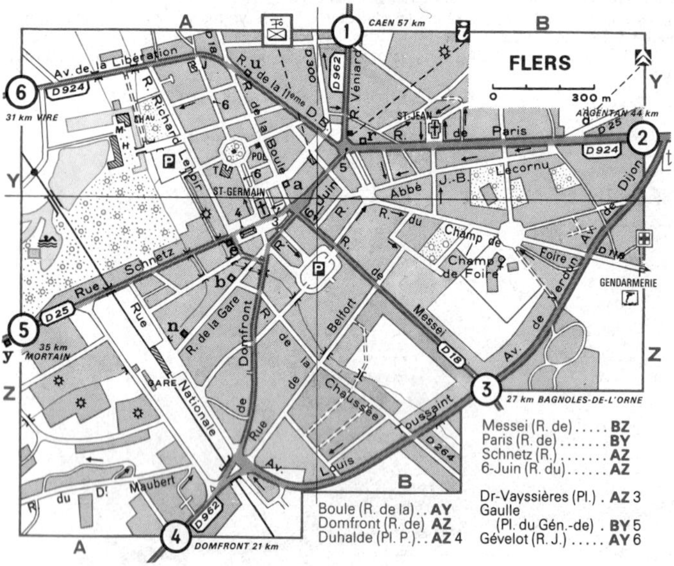

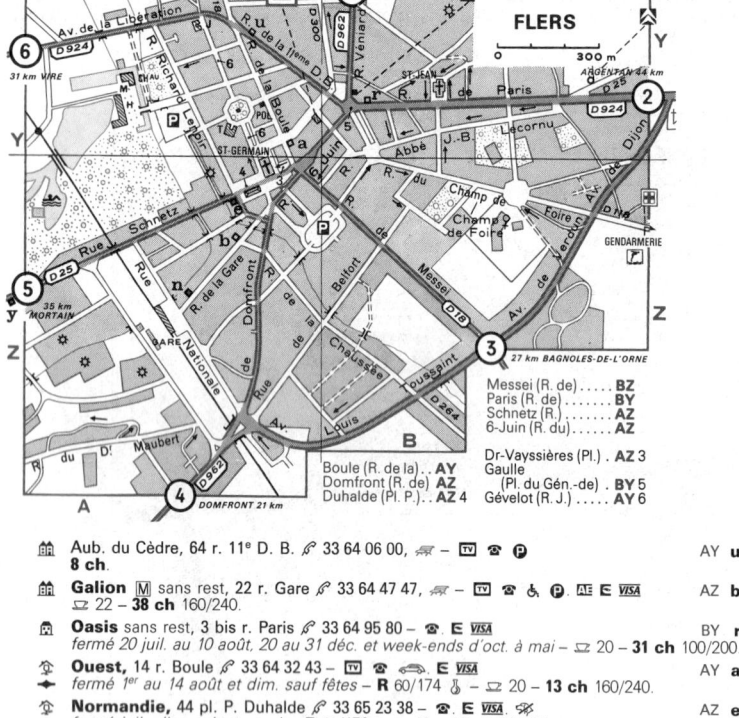

Messei (R. de) . . . . . BZ
Paris (R. de) . . . . BY
Schnetz (R.) . . . . AZ
6-Juin (R. du) . . . . . . AZ

Boule (R. de la) . . AY
Domfront (R. de) AZ
Duhalde (Pl. P.) . . AZ 4

Dr-Vayssières (Pl.) . AZ 3
Gaulle (Pl. du Gén.-de) . BY 5
Gévelot (R. J.) . . . . . AY 6

- Aub. du Cèdre, 64 r. 11e D. B. ☎ 33 64 06 00, – TV ☎ P — AY **u**
  8 ch.
- **Galion** M sans rest, 22 r. Gare ☎ 33 64 47 47, – TV ☎ & P. AE E VISA — AZ **b**
  22 – **38 ch** 160/240.
- **Oasis** sans rest, 3 bis r. Paris ☎ 33 64 95 80 – ☎. E VISA — BY **r**
  fermé 20 juil. au 10 août, 20 au 31 déc. et week-ends d'oct. à mai – 20 – **31 ch** 100/200.
- **Ouest,** 14 r. Boule ☎ 33 64 32 43 – TV ☎. E VISA — AY **a**
  fermé 1er au 14 août et dim. sauf fêtes – **R** 60/174 – 20 – **13 ch** 160/240.
- **Normandie,** 44 pl. P. Duhalde ☎ 33 65 23 38 – ☎. E VISA. — AZ **e**
  fermé juil., dim. soir et vend. – **R** 58/150 – 18 – **12 ch** 83/181.
- XX **Aub. Relais Fleuri,** 115 r. Schnetz ☎ 33 65 23 89 – VISA — AZ **y**
  fermé 21 juil. au 19 août, 2 au 9 janv. et dim. soir – **R** 110/190.
- XX **Au Bout de la Rue,** 60 r. Gare ☎ 33 65 31 53 – AE VISA — AZ **n**
  fermé 1er au 9 janv., 4 au 20 août, dim. et fériés – **R** 78/158, enf. 52.

à La Ferrière-aux-Étangs par ③ : 10 km – ✉ **61450** :

- XX **Aub. de la Mine,** le Gué-Plat ☎ 33 66 91 10 – E VISA
  fermé 29 juil. au 9 août, 8 fév. au 1er mars, dim. soir et merc. – **R** 80/150, enf. 50.

CITROEN S.A.C.O.A., 17 r. d'Athis ☎ 33 64 46 46
FORD Granger, ZA de la Minière, rte de Domfront ☎ 33 65 08 55
OPEL Bedouelle, 29 r. Abbé-Lecornu ☎ 33 65 22 21
RENAULT Manson, rte de Domfront, ZI par ④ ☎ 33 65 77 55 N

V.A.G Masseron, 184 r. H.-Véniard à St-Georges-des-Groseilliers ☎ 33 65 24 88

Alexandre, 58 bis r. Messei ☎ 33 65 02 15
Clabeaut-Pneu, av. L.-Toussaint ☎ 33 65 26 18
Grosos, Le Tremblay ☎ 33 65 29 60

FLÊTRE 59270 Nord 51 ④ – 662 h. alt. 47.

Paris 254 – ♦Lille 36 – Dunkerque 40 – St-Omer 33.

- XX **Vieille Poutre,** ☎ 28 40 19 52 – P. E VISA
  fermé dim. soir – **R** 175 bc/260, enf. 80.

FLEURANCE 32500 Gers 🔟 ⑤ G. Pyrénées Aquitaine – 6 089 h. alt. 98.

🏠 🎣 62 06 26 26, S par N 21 : 4 km.

🔋 Syndicat d'Initiative 100 r. Pasteur (18 juin-18 sept.) 🎣 62 06 27 80 et à la Mairie (hors saison) 🎣 62 06 10 01.

Paris 704 – Auch 24 – Agen 47 – Castelsarrasin 59 – Condom 29 – Montauban 70 – ♦Toulouse 83.

🏨 **Fleurance** 🔈 sans rest, rte Agen : 2 km 🎣 62 06 14 85, ≤, 🚗 – 📺 ☎ 🅿. 🆎 ⓞ 🗉 𝘝𝘐𝘚𝘈
  fermé 15 déc. au 20 janv. – 🖵 30 – **23 ch** 200/370.

🏨 **Le Relais** sans rest, rte Auch 🎣 62 06 05 08 – 🕾 🅿
  25 ch.

🟆🟆 **Bernard Cusinato,** 🎣 62 06 07 70, 🍴 – 🗉 𝘝𝘐𝘚𝘈
➡ fermé 15 déc. au 15 janv., dim. soir et lundi sauf juil.-août – **R** 55/160.

PEUGEOT-TALBOT Carol, av. Gén.-de-Gaulle   RENAULT Gar. Palacin, 🎣 62 06 11 69 🔟
🎣 62 06 11 81 🔟 🎣 62 06 00 90

FLEURIE 69820 Rhône 🔞 ① G. Vallée du Rhône – 1 151 h. alt. 295.

Env. La Terrasse ❋❋ près du col du Fût d'Avenas O : 10 km.

Paris 413 – Mâcon 21 – Bourg-en-Bresse 48 – Chauffailles 46 – ♦Lyon 58 – Villefranche-sur-Saône 31.

🏨 **Grands Vins** Ⓜ 🔈 sans rest, S : 1 km par D 119ᴱ 🎣 74 69 81 43, ≤, 🏊, 🚗 – ☎ 🔥
  🅿 🗉 𝘝𝘐𝘚𝘈. ❋
  fermé 30 juil. au 9 août et 1ᵉʳ déc. au 15 janv. – 🖵 40 – **20 ch** 290/350.

🟆🟆🟆 ❀ **Aub. du Cep,** pl. Église 🎣 74 04 10 77, 🍴 – 🔳, 🆎 🗉 𝘝𝘐𝘚𝘈
  fermé 5 au 12 mars, 1ᵉʳ au 8 août, 17 déc. au 9 janv., dim. soir, mardi midi et lundi sauf fériés – **R** (prévenir) 290/500 🍷
  Spéc. Cuisses de grenouilles rôties, Ecrevisses en petit ragoût, (juin à oct.), Volaille au vin de Fleurie. Vins Fleurie, Beaujolais blanc.

FLEURINES 60700 Oise 🔞 ① – 1 649 h. alt. 116.

Paris 55 – Compiègne 31 – Beauvais 51 – Clermont 26 – Roye 59 – Senlis 6,5.

🟆🟆🟆 ❀ **Vieux Logis** (Nivet), 🎣 44 54 10 13, Fax 44 54 12 47, 🍴, 🚗 – 🆎 ⓞ 🗉 𝘝𝘐𝘚𝘈. ❋
  fermé dim. soir et lundi – **R** 200/350
  Spéc. Foie gras au torchon, Homard grillé façon "Maurice Varin", Ris de veau aux langoustines et aux fèves.

FLEURVILLE 71260 S.-et-L. 🔞 ⑲⑳ – 464 h. alt. 177.

Paris 376 – Mâcon 17 – Cluny 24 – Pont-de-Vaux 5 – St-Amour 40 – Tournus 13.

🏨 **Château de Fleurville** 🔈, 🎣 85 33 12 17, 🍴, parc, 🏊, ❀ – ☎ 🅿. 🆎 ⓞ 🗉 𝘝𝘐𝘚𝘈.
  ❋ rest
  fermé 12 nov. au 25 déc. et vacances de fév. – **R** (fermé lundi midi) 110/250, enf. 65 –
  🖵 40 – **14 ch** 400.

🟆🟆 **Le Fleurvil** avec ch, 🎣 85 33 10 65 – ☎ 🅿. 🆎 🗉 𝘝𝘐𝘚𝘈
  fermé 5 au 11 juin, 15 nov. au 15 déc., lundi soir d'oct. à juil. et mardi – **R** 88/190 🍷 –
  🖵 23 – **10 ch** 150/240.

  à St-Oyen-Montbellet N : 3 km par N6 – 🖂 71260 Lugny :

🟆🟆 **La Chaumière** avec ch, 🎣 85 33 10 41, 🍴, 🚗 – ☎ 🅿. 🗉 𝘝𝘐𝘚𝘈
  fermé jeudi (sauf le soir en sais.) et merc. – **R** 110/220 🍷, enf. 50 – 🖵 25 – **11 ch**
  145/280.

FLEURY-SUR-ORNE 14 Calvados 🔞 ⑪ – rattaché à Caen.

FLÉVIEU 01 Ain 🔞 ⑭ – alt. 205 – 🖂 01470 Serrières-de-Briord.

Paris 488 – Belley 31 – Bourg-en-B. 56 – ♦Lyon 66 – Meximieux 33 – Nantua 71 – La Tour-du-Pin 34.

🟆 **Mille,** 🎣 74 36 71 20, 🍴 – 🅿. 𝘝𝘐𝘚𝘈
➡ fermé 1ᵉʳ oct. au 3 nov. – **R** 60/120 🍷, enf. 50.

FLORAC ⟨SP⟩ 48400 Lozère 🔟 ⑥ G. Gorges du Tarn (plan) – 2 104 h. alt. 545.

Voir S : Corniche des Cévennes ★★★.

🔋 Office de Tourisme av. J.-Monestier (fermé après-midi sauf juil.-août) 🎣 66 45 01 14.

Paris 622 – Mende 39 – Alès 71 – Millau 83 – Rodez 122 – Le Vigan 72.

🏨 **Gd H. Parc,** 🎣 66 45 03 05, ≤, « Parc » – 🔳 ☎ 🅿 – 🔥 80. 🆎 ⓞ 🗉 𝘝𝘐𝘚𝘈. ❋ ch
  15 mars-1ᵉʳ déc. et fermé lundi hors sais. – **R** 74/170 – 🖵 24 – **66 ch** 120/270 – ½ P 235/
  310.

🏨 **Central et Poste,** 🎣 66 45 00 01, 🍴 – 🔳 ☎. 🗉 𝘝𝘐𝘚𝘈. ❋
➡ fermé 8 janv. au 20 fév. et vend. d'oct. à juin – **R** 60/120, enf. 38 – 🖵 20 – **27 ch** 136/200
  – ½ P 148/160.

🏠 **Gorges du Tarn** sans rest, 🎣 66 45 00 63 – 🕾 🅿. 🗉 𝘝𝘐𝘚𝘈. ❋
  27 avril-30 sept. – 🖵 21 – **31 ch** 115/210.

à Cocurès NE : 5,5 km – alt. 600 – ⊠ 48400 :

🏠 **La Lozerette** ♨, par N 106 et D 998 ℘ 66 45 06 04 – **Ⓟ**. 🅰🅴 **E** 𝚅𝙸𝚂𝙰. ❀ rest
28 avril-1ᵉʳ nov. – **R** *(fermé mardi sauf du 1ᵉʳ juil. au 15 sept.)* 85/230, enf. 50 – ⊊ 24 –
21 ch 185/260 – ½ P 182/245.

CITROEN Gar. Peyre-Lapierre, ZA St-Julien, rte de
Mende ℘ 66 45 00 27
FIAT Gar. Baubrier ℘ 66 45 01 52

PEUGEOT-TALBOT Pascal ℘ 66 45 00 65
Gar. Covinhes, ZA ℘ 66 45 08 84

FLORENSAC 34510 Hérault 🎱🎱 ⑮ – 3 152 h. alt. 8.

Paris 804 – ◆Montpellier 50 – Agde 9,5 – Béziers 24 – Lodève 55 – Mèze 16 – Pezenas 14.

XXX ⊛ **Léonce** (Fabre) avec ch, pl. République ℘ 67 77 03 05 – 🍽 rest ☎ – 🅰 25. 🅰🅴 **Ⓓ E**
𝚅𝙸𝚂𝙰. ❀ rest
fermé dim. soir (hors sais.) et lundi – **R** (en saison prévenir) 210/300, enf. 70 – ⊊ 30 –
12 ch 240
Spéc. Tartine de poisson en feuille de saumon mariné, Carré d'agneau des Cévennes rôti à l'ail, Sublime
"Léonce". Vins Minervois, Coteaux du Languedoc.

FLORENT-EN-ARGONNE 51 Marne 🎲🎲 ⑱ – rattaché à Ste-Menehould.

La FLOTTE 17 Char.-Mar. 🎲🎲🎲 ⑫ – voir à Ré (Ile de).

FLUMET 73590 Savoie 🎲🎲 ⑦ **G. Alpes du Nord** – 727 h. alt. 1 000 – Sports d'hiver : 1 000/2 030 m ⚡13 ⚡.
🅱 Office de Tourisme "Le Dodécagone" ℘ 79 31 61 08.

Paris 589 – Chamonix 46 – Albertville 21 – Annecy 50 – Chambéry 71 – Megève 10.

🏠 **Host. Parc des Cèdres**, ℘ 79 31 72 37, ≤, 😊, « Parc » – cuisinette ☎ **Ⓟ**. 🅰🅴 **Ⓓ E**
𝚅𝙸𝚂𝙰
1ᵉʳ juin-14 oct., 20 déc.-23 mars et vacances de printemps – **R** 85/182, enf. 42 – ⊊ 30 –
23 ch 160/295 – ½ P 200/270.

à St-Nicolas-la-Chapelle SO : 1,2 km par N 212 – ⊠ 73590 :

🏠 **Vivier** Ⓜ, sur N212 ℘ 79 31 73 79, ≤, 😊, 🐎 – 📺 ☎ 🚗 **Ⓟ**. **E** 𝚅𝙸𝚂𝙰. ❀ rest
➤ *fermé 15 nov. au 15 déc.* – **R** 60/120, enf. 40 – ⊊ 26 – **20 ch** 180/220 – ½ P 185/270.

Gar. Joly ℘ 79 31 71 86

Évitez de fumer au cours du repas :
vous altérez votre goût et vous gênez vos voisins.

FOIX Ⓟ 09000 Ariège 🎱🎱 ④⑤ **G. Pyrénées Roussillon** – 10 064 h. alt. 380.
Voir Site★ – ☀★ de la tour du château A – Route Verte★★ O par D17 A.
Env. Rivière souterraine de Labouiche★ NO : 6,5 km par D1.
🅱 Office de Tourisme avec A.C. 45 cours G.-Fauré ℘ 61 65 12 12.

Paris 787 ① – Andorre-la-Vieille 103 ② – Auch 143 ① – Barcelona 264 ② – Carcassonne 80 ① – Castres 114 ①
– ◆Perpignan 136 ② – St-Gaudens 90 ③ – Tarbes 154 ① – ◆Toulouse 82 ①.

FOIX

Bayle (R.) . . . . **B**
Delcassé (R. Th.) . . . . . **B** 4
Marchands (R. des) . . . **B** 12
St-James (R.) . . . . **A** 22

Alsace-
Lorraine (Av.) . . . . . . **B** 2
Chapeliers (R. des) . . . **A** 3
Delpech (R. Lt P.) . . . . **A** 5
Duthil (Pl.) . . . . **B** 6
Fauré (Av. G.) . . . . **AB** 7
Labistour (R. de) . . . . . **B** 8
Lazéma (R.) . . . . **A** 9
Lérida (Av. de) . . . . . . **A** 10
Préfecture (R. de la) . . **A** 14
Rocher (R. du) . . . . **A** 20
St-Volusien (Pl.) . . . . . **A** 23
Salenques (R. des) . . . **A** 24

Les plans de villes
sont orientés
le Nord en haut.

🏠 **Pyrène** Ⓜ sans rest, par ② : 2 km sur N 20 ℰ 61 65 48 66, Fax 61 65 46 69, 🔟, 🚗, 🎾 – 📺 ☎ 🅿. 🄴 𝘝𝘐𝘚𝘈
fermé 20 déc. au 1ᵉʳ fév. – ☐ 27 – **21 ch** 270/320.

🏠 **Audoye-Lons**, 6 pl. G. Duthil ℰ 61 65 52 44, Fax 61 02 68 18, ≤, 🏡 – 🛗 ☎ – 🔬 40. 🄰🄴
◑ 🄴 𝘝𝘐𝘚𝘈   B **d**
fermé 15 déc. au 15 janv. et sam. en hiver – **R** 62/110, enf. 45 – ☐ 26 – **37 ch** 350 – ½ P 240.

🍴🍴 **Camp du Drap d'Or**, 21 r. N. Peyrevidal ℰ 61 02 87 87 – 🄴 𝘝𝘐𝘚𝘈   A **n**
fermé 1ᵉʳ au 7 oct., dim. soir et lundi – **R** 70/99.

au Sud par ② : 7 km bifurcation N 20 et D 117 – ☒ 09000 St-Paul-de-Jarrat :

🍴🍴 **La Charmille** avec ch, ℰ 61 64 17 03, 🚗 – ↳ rest 🐾 🅿. 🄴 𝘝𝘐𝘚𝘈. 🎾 ch
fermé 1ᵉʳ au 15 oct., 23 déc. au 4 fév. et lundi – **R** 55/250 – ☐ 20 – **10 ch** 130/250.

CITROEN Grau, N 20, Peyssales par ②
ℰ 61 65 50 66
PEUGEOT, TALBOT Stival-Auto, N 20, ZI de La-
barre par ① ℰ 61 65 42 22 🅽 ℰ 61 02 92 98
RENAULT Autorama, rte d'Espagne par ②
ℰ 61 65 32 22 🅽

V.A.G Marhuenda, 16 bis av. Mar.-Leclerc
ℰ 61 02 74 44

🛞 Central Pneu, 33 av. Mar.-Leclerc ℰ 61 65 01 68
Lautier Pneus, 16 av. de Barcelone ℰ 61 65 01 41

FOLLAINVILLE 78 Yvelines 55 ⑱, 106 ③ – rattaché à Mantes-la-Jolie.

FONSEGRIVES 31 H.-Gar. 82 ⑧ – rattaché à Toulouse.

FONTAINEBLEAU ⑰ 77300 S.-et-M. 61 ②⑫, 106 ㊺㊻ G. Ile de France – 18 753 h. alt. 77.

Voir Palais★★★ ABZ – Jardins★ ABZ – Musée napoléonien d'Art et d'Histoire militaire : collection de sabres et d'épées★ AY **M1** – Forêt★★★ – Gorges de Franchard★★ par ⑥ : 5 km.

🛝 ℰ (1) 64 22 22 95, par ⑤ : 1,5 km.

🄱 Office de Tourisme 31 pl. N.-Bonaparte ℰ (1) 64 22 25 68.

Paris 65 ⑦ – Auxerre 104 ④ – Châlons-sur-Marne 158 ③ – Chartres 114 ⑦ – Meaux 76 ① – Melun 18 ① – Montargis 51 ④ – ♦Orléans 88 ⑤ – Sens 53 ③ – Troyes 118 ③.

Plan page suivante

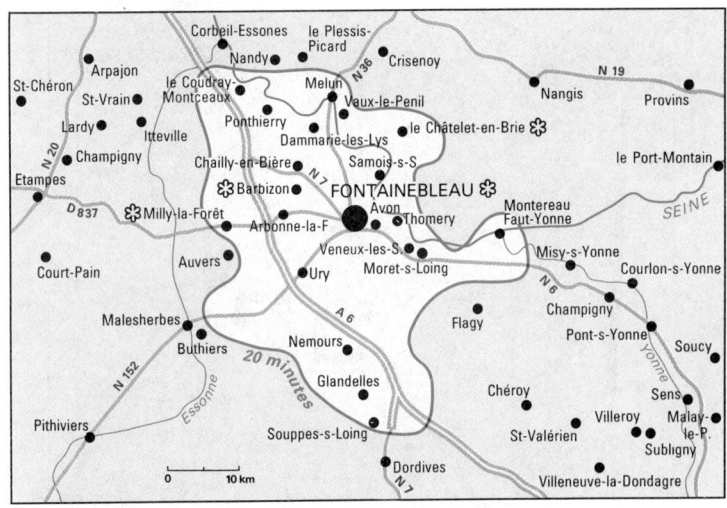

🏨 ❀ **Aigle Noir** Ⓜ, 27 pl. Napoléon ℰ (1) 64 22 32 65, Télex 694080, Fax (1) 64 22 17 33, 🏊, « Bel aménagement intérieur », 🔲 – 🛗 ↳ ch 📺 ☎ 🕭 🚗 – 🔬 100. 🄰🄴 ◑ 🄴
𝘝𝘐𝘚𝘈. 🎾 rest   AZ **a**
Le Beauharnais *(fermé 14 juil. au 13 août et 21 au 29 déc.)* **R** 200/290 – ☐ 75 – **51 ch** 800, 6 appart.
Spéc. Salade moulée de lentilles et saumon à l'aneth, Tourte de morue au persil et lard maigre, Charlotte de nougat à la pomme verte.

🏨 **Napoléon** Ⓜ, 9 r. Grande ℰ (1) 64 22 20 39, Télex 691652, Fax (1) 64 22 20 87, 🏡 – 🛗
📺 ☎ – 🔬 80. 🄰🄴 ◑ 🄴 𝘝𝘐𝘚𝘈   BZ **n**
R 160/290, enf. 75 – ☐ 60 – **56 ch** 630/790 – ½ P 445/495.

Legris et Parc, 36 r. Parc 𝒫 (1) 64 22 24 24, Fax 64 22 22 05, �については , 🌳 – TV ☎ – 🛠 25 à 100. E VISA
BZ **e**
fermé 21 déc. au 28 janv. – **R** (fermé dim. soir et lundi du 1er oct. au 30 avril) 90/150, enf. 55 – ⊆ 35 – **31 ch** 270/440 – ½ P 350/450.

Ibis M, 18 r. Ferrare 𝒫 (1) 64 23 45 25, Télex 692240, Fax (1) 64 23 42 22, 🌳 – 🔯 TV ☎ 𝄡 ⇔ – 🛠 25 à 80. E VISA
AZ **e**
R 90 ♣, enf. 39 – ⊆ 30 – **81 ch** 295/315.

Toulouse sans rest, 183 r. Grande 𝒫 (1) 64 22 22 73 – TV ☎ ⇔. E VISA
BY **h**
fermé 20 déc. au 20 janv. – ⊆ 25 – **18 ch** 110/255.

Londres, pl. Gén. de Gaulle 𝒫 (1) 64 22 20 21, Fax (1) 60 72 39 16, ≤, 🌳 – ☎ 🅿. AE ① E VISA
AZ **r**
fermé 20 déc. au 28 janv. – **R** 130/290 – ⊆ 38 – **22 ch** 210/480.

Richelieu, 4 r. Richelieu 𝒫 (1) 64 22 26 46, 🌳 – 🚫 rest TV ☎. AE ① E VISA
AZ **u**
R 60/80 ♣, enf. 35 – ⊆ 25 – **21 ch** 160/250 – ½ P 200/230.

XXX **François 1er,** 3 r. Royale 𝒫 (1) 64 22 24 68, 🌳 – AE ① E VISA
AZ **k**
fermé dim. soir – **R** 150/280, enf. 65.

XX **Croquembouche,** 43 r. France 𝒫 (1) 64 22 01 57 – E VISA. 🚫
AZ **b**
fermé août, vacances de fév., jeudi midi et merc. – **R** 105/180.

XX **Le Dauphin,** 24 r. Grande 𝒫 (1) 64 22 27 04 – E VISA
BZ **s**
fermé 4 au 11 sept., fév., mardi soir et merc. – **R** 76/140.

X **Le Grillardin,** 12 r. Pins 𝒫 (1) 64 22 36 83, cadre rustique – E VISA
BY **d**
fermé dim. soir et lundi – **R** 65 (sauf sam. soir)/115, enf. 65.

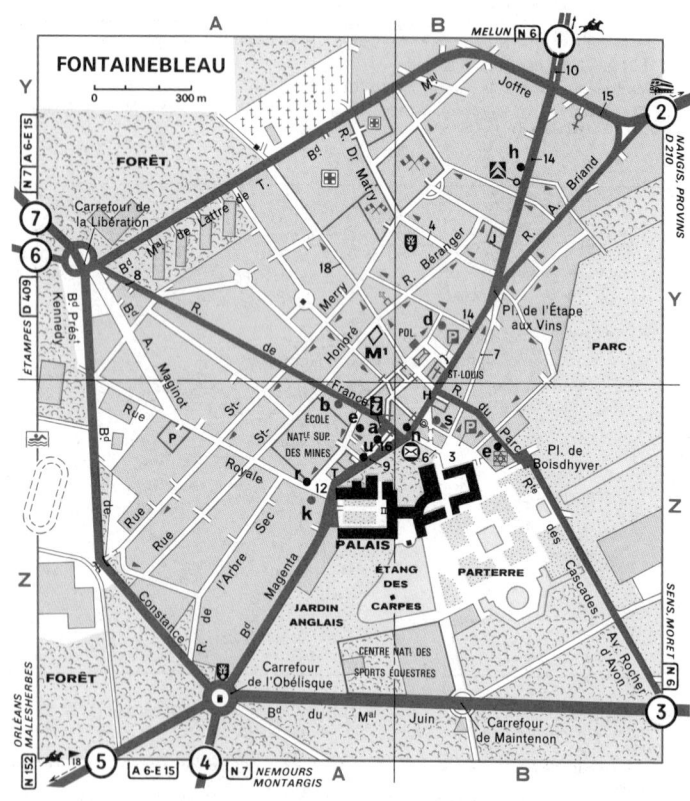

à Avon par ② – ⊠ 77210 :

🏨 **Fimotel** Ⓜ, 46 av. F. Roosevelt ☎ (1) 64 22 30 21, Télex 693072, Fax 64 22 43 76, 🔐 –
📶 📺 ☎ & Ⓟ – 🏛 25 à 80. 🆔 ⓪ 🇪 𝑉𝐼𝑆𝐴
R 82/100 ⅃, enf. 36 – ⊡ 38 – **67 ch** 305/325.

à Thomery E : 9 km par ③, N 6 et D 901 – ⊠ 77810 :

XXX **Le Vieux Logis** ⌂, avec ch, 5 r. Sadi Carnot ☎ (1) 60 96 44 77, Télex 692772, Fax (1) 60
96 42 71, 🔐 – 📶 📺 ☎ Ⓟ. 🆔 🇪 𝑉𝐼𝑆𝐴
R 120/220 – ⊡ 45 – **14 ch** 350 – ½ P 315/340.

à Ury par ⑤ : 10 km – ⊠ 77116 :

🏨 **Novotel** Ⓜ ⌂, NE par N 152 et VO ☎ (1) 64 24 48 25, Télex 694153, Fax (1) 64 24 46
92, ≼, 🔐, « En lisière de forêt », 🟰, 🌳, 🎾 – 📺 ☎ & Ⓟ – 🏛 110. 🆔 ⓪ 🇪 𝑉𝐼𝑆𝐴
R carte environ 150 ⅃, enf. 50 – ⊡ 47 – **127 ch** 440/480.

ALFA-ROMEO, TOYOTA, VOLVO Ile-de-France-
Auto, 86 r. de France ☎ (1) 64 22 31 59
BMW D.A.B., 72 av. de Valvins à Avon ☎ (1) 60
72 28 28
CITROEN Sud-Auto, 177 r. Grande ☎ (1) 64 22 10
60 🅽
FIAT Rucheton, 27 av. F.-Roosevelt à Avon ☎ (1)
64 22 20 34
FORD Gar. François 1ᵉʳ, 9 r. Chancellerie ☎ (1) 64
22 20 34
LANCIA, HONDA Gar. Europe, 2 av. F.-Roosevelt
à Avon ☎ (1) 64 22 38 71

PEUGEOT, TALBOT SCGC, 66 av. de Valvins à
Avon par ② ☎ (1) 60 72 21 79
RENAULT Gar. Centre, 56 av. de Valvins à Avon
par ② ☎ (1) 60 72 25 75
RENAULT Gar. du Viaduc, 40 r. du Viaduc à Avon
par ② ☎ (1) 64 22 37 78
ROVER, JAGUAR Gar. St-Antoine 111 r. de
France ☎ (1) 64 22 31 88

🅖 Forum Pneus, 65-67 r. de France ☎ (1) 64 22
25 85

FONTAINE-CHAALIS 60300 Oise 🆅🆅 ⑫, 🔟🔟🅖 ⑨ – 366 h. alt. 120.

Voir Boiseries★ de l'église de Baron E : 4 km, **G. Ile de France**.

Paris 49 – Compiègne 40 – Beauvais 62 – Meaux 31 – Senlis 9 – Villers-Cotterets 34.

XX **Aub. de Fontaine** ⌂, avec ch, ☎ 44 54 20 22, 🔐 – ☎. 🇪 𝑉𝐼𝑆𝐴. 🍴 ch
fermé vacances de fév., mardi soir et merc. – **R** 110/185, enf. 65 – ⊡ 26 – **8 ch** 230/285 –
½ P 248/285.

FONTAINE-DE-VAUCLUSE 84800 Vaucluse 🎱🎱 ⑬ **G. Provence** (plan) – 606 h. alt. 80.

Voir La Fontaine de Vaucluse★★★ 30 mn – Collection Casteret★ au Monde souterrain de Norbert
Casteret.

🅘 Syndicat d'Initiative pl. Église (saison) ☎ 90 20 32 22.

Paris 704 – Avignon 30 – Apt 33 – Carpentras 21 – Cavaillon 17 – Orange 48.

XX **Parc,** ☎ 90 20 31 57, ≼, 🔐, « Terrasse au bord de l'eau », 🌳 – 🅿️ Ⓟ. 🆔 ⓪ 🇪 𝑉𝐼𝑆𝐴
fermé 2 janv. au 15 fév. et merc. – **R** 110/220, enf. 40.

XX **Host. du Château,** ☎ 90 20 31 54, ≼, 🔐, « Au bord de l'eau » – 🆔 ⓪ 🇪 𝑉𝐼𝑆𝐴
fermé le soir en janv. et fév., lundi soir et mardi – **R** 85/168, enf. 60.

X **Philip,** ☎ 90 20 31 81, ≼, 🔐, « Au pied des cascades » – 🇪 𝑉𝐼𝑆𝐴
1ᵉʳ avril-30 sept. – **R** 100/210.

FONTAINE-LE-DUN 76740 S.-Mar. 🆅🆅 ⑬ – 831 h. alt. 8.

Paris 188 – Dieppe 24 – ◆Le Havre 79 – ◆Rouen 49 – St-Valéry-en-Caux 16 – Yvetot 28.

à Bourg-Dun N : 7 km par D 142 et D 237 **G. Normandie Vallée de la Seine** – ⊠ 76740 .

Voir Tour★ de l'église.

XX **Aub. du Dun,** sur D 925 ☎ 35 83 05 84 – Ⓟ. 🇪 𝑉𝐼𝑆𝐴. 🍴
fermé 1ᵉʳ au 10 juil., 4 au 17 fév., dim. soir et lundi sauf fériés – **R** 100/275 bc.

FONTENAI-SUR-ORNE 61 Orne 🅖🅾 ② – rattaché à Argentan.

FONTENAY-LE-COMTE ⬠SP⬠ 85200 Vendée 🔟🔟🔟 ① **G. Poitou Vendée Charentes** – 16 650 h. alt. 23.

Voir Clocher★ de l'église N.-Dame AY **B**.

🅘 Office de Tourisme quai Poey-d'Avant ☎ 51 69 44 99 et rte de Niort (15 juin-15 sept.) ☎ 51 53 00 09.

Paris 438 ① – La Rochelle 49 ④ – La Roche-sur-Yon 56 ⑤ – Cholet 76 ①.

Plan page suivante

🏨 **Rabelais,** rte Parthenay ☎ 51 69 86 20, Télex 701737, Fax 51 69 80 45, ≼, parc, 🟰 – 📺
📶 ☎ 🚗 Ⓟ – 🏛 100. 🆔 ⓪ 🇪 𝑉𝐼𝑆𝐴   BZ **a**
R grill 65/135 ⅃, enf. 39 – ⊡ 28 – **45 ch** 260/310 – ½ P 220/240.

XX **Chouans Gourmets,** 6 r. Halles ☎ 51 69 55 92 – 🆔 ⓪ 🇪 𝑉𝐼𝑆𝐴   AY **e**
fermé 2 au 12 juil., 2 au 13 janv., dim. soir et lundi sauf fêtes – **R** 87/210 ⅃, enf. 37.

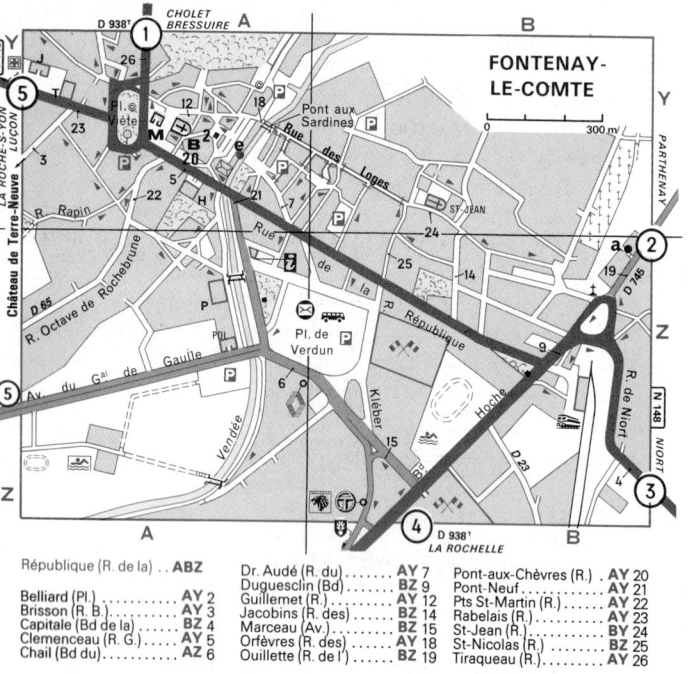

FONTENAY-LE-COMTE

République (R. de la) .. **ABZ**

Belliard (Pl.) . . . . **AY** 2	
Brisson (R. B.) . . . . **AY** 3	
Capitale (Bd de la) . . . . . **BZ** 4	
Clemenceau (R. G.) . . . . **AY** 5	
Chail (Bd du) . . . . **AZ** 6	

Dr. Audé (R. du) . . . . **AY** 7	
Duguesclin (Bd) . . . . **BZ** 9	
Guillemet (R.) . . . . **AY** 12	
Jacobins (R. des) . . . . . . **BZ** 14	
Marceau (Av.) . . . . **BZ** 15	
Orfèvres (R. des) . . . . . . **AY** 18	
Ouillette (R. de l') . . . . . . **BZ** 19	

Pont-aux-Chèvres (R.) . **AY** 20	
Pont-Neuf. . . . . **AY** 21	
Pts St-Martin (R.) . . . . **AY** 22	
Rabelais (R.) . . . . **AY** 23	
St-Jean (R.) . . . . **BY** 24	
St-Nicolas (R.) . . . . . . **BZ** 25	
Tiraqueau (R.) . . . . **AY** 26	

à St-Martin-de-Fraigneau par ③ et N 148 : 5 km – ⊠ 85200 :

🏠 **Eleis,** 𝒫 51 53 03 30, 😊, 🍴 – 📺 ☎ & 🅿 ⋿ 𝕍𝕀𝕊𝔸
— **R** *(fermé dim.)* 55/125 🛇 – ⊡ 24 – **30 ch** 170/220 – ½ P 190/240.

à Velluire par ④, D 938 ter et D 68 : 11 km – ⊠ 85770 :

XX **Aub. de la Rivière** 🌿 avec ch, 𝒫 51 52 32 15, ←, 📺 ☎, 𝕍𝕀𝕊𝔸
fermé 20 déc. au 30 janv., dim. soir (sauf hôtel) et mardi sauf juil.-août – **R** 75/200 – ⊡ 35 – **11 ch** 270/320 – ½ P 230/275.

CITROEN Les Gar. Murs, ZI, 67 r. Ancienne Capitale du Bas Poitou par ③ 𝒫 51 69 06 76
FIAT Gar. Lamy, 86 r. République 𝒫 51 69 30 98
PEUGEOT-TALBOT Fontenay-Automobiles, 24 r. Kléber 𝒫 51 69 05 77
RENAULT Fontenaysienne Diffusion Auto, allée du Chail 𝒫 51 69 49 74

V.A.G Gar. Couturier, av. Gén.-de-Gaulle 𝒫 51 69 92 67 N 𝒫 51 69 05 77

🖩 Aubert, rte de Niort 𝒫 51 69 30 79

FONTENAY-SOUS-BOIS 94 Val-de-Marne 🗗🗗 ⑪, 🗗🗗🗗 ⑰ – voir à Paris, Environs.

FONTENAY-TRÉSIGNY 77610 S.-et-M. 🗗🗗 ②, 🗗🗗🗗 ㊹㊺ – 4 608 h. alt. 130.
Paris 53 – Coulommiers 23 – Meaux 30 – Melun 32 – Provins 39 – Sézanne 66.

🏛 **Le Manoir** 🌿, E : 4 km par N 4 et D 402 𝒫 (1) 64 25 91 17, Télex 690635, Fax (1) 64 25 95 49, ←, 🍴, parc, « Belle décoration intérieure », 🏊, 🎾 – 📺 ☎ 🅿 – 🔬 30 à 150. 🖭 ⓞ ⋿ 𝕍𝕀𝕊𝔸
23 mars-15 nov. – **R** *(fermé mardi)* carte 230 à 350 – ⊡ 55 – **15 ch** 450/900, 5 appart. 1250 – ½ P 575/750.

FONTEVRAUD-L'ABBAYE 49590 M.-et-L. 🗗🗗 ⑨ G. Châteaux de la Loire – 1 850 h. alt. 80.
Voir Abbaye★★ – Église St-Michel★.
🏌 de Loudun (86) 𝒫 49 98 78 06, par D 947 : 3 km.
🛈 Syndicat d'Initiative Chapelle Ste-Catherine (juin-sept.) 𝒫 41 51 79 45.
Paris 296 – Angers 61 – Chinon 21 – Loudun 19 – Poitiers 74 – Saumur 16 – Thouars 36.

🏠 **Croix Blanche,** 𝒫 41 51 71 11, 🍴 – ▤ rest 📺 ☎ 🅿 ⋿ 𝕍𝕀𝕊𝔸
fermé 12 au 22 nov. et 12 janv. au 8 fév. – **R** 80/165 🛇, enf. 45 – ⊡ 30 – **24 ch** 162/380 – ½ P 191/265.

472

XXX ✿ **La Licorne,** ℰ 41 51 72 49, 🍽, 🍴 – 🆎 ⑩ E 𝗩𝗜𝗦𝗔
fermé 1ᵉʳ au 10 sept., fin janv. aux vacances de fév., dim. soir et lundi – **R** (nombre de couverts limité, prévenir) carte 220 à 330
Spéc. Ravioli de langoustines, Saumon rôti en peau (fév. à mai), Pommes caramélisées au beurre de vanille. Vins Chinon, Saumur-Champigny.

X **Abbaye,** ℰ 41 51 71 04 – ⓟ. E 𝗩𝗜𝗦𝗔
→ *fermé 1ᵉʳ au 26 oct., 2 au 27 fév., mardi soir et merc. –* **R** 65 bc/130, enf. 40.

▬▬ **FONT-ROMEU** 66120 Pyr.-Or. 🎇 ⑯ **G. Pyrénées Roussillon** – 3 136 h. alt. 1 800 – Sports d'hiver : 1 950/ 2 200 m ≼1 ≼21 ≼ – Casino .

Voir Ermitage★ (camaril★★) et calvaire ⚘★★ de Font-Romeu NE : 2 km puis 15 mn.

🅱 Office Municipal de Tourisme av. E.-Brousse ℰ 68 30 02 74, Télex 500802.

Paris 998 – Andorre-la-Vieille 77 – Ax-les-Thermes 66 – Bourg-Madame 18 – ♦Perpignan 88.

🏨 **Gd Tétras** sans rest, ℰ 68 30 01 20, 🏋, 🔲 – 🛗 📺 ☎ 🚗, 🆎 ⑩ E 𝗩𝗜𝗦𝗔
⊠ 27 – **36 ch** 185/280.

🏨 **Clair Soleil,** rte Odeillo : 1 km ℰ 68 30 13 65, ≼ montagnes et four solaire, ⅃, 🍴 – 🛗 📺 ☎ ⓟ. 𝗩𝗜𝗦𝗔
hôtel : 1ᵉʳ juin-15 oct., 28 oct.-5 nov., 20 déc.-6 janv. et 20 janv.-8 mai – **R** *(1ᵉʳ juin-15 oct., 20 déc.-6 janv. et 20 janv-31 mars)* 76/170, enf. 35 – ⊠ 25 – **31 ch** 150/280 – ½ P 180/260.

🏨 **Sun Valley,** ℰ 68 30 21 21, Fax 68 30 30 38 – 🛗 📺 ☎ 🚗. 🆎 ⑩ E 𝗩𝗜𝗦𝗔
fermé 15 oct. au 15 déc. – **R** 85/110 ⅃, enf. 50 – ⊠ 35 – **41 ch** 240/320 – ½ P 270/315.

🏨 **L'Orée du Bois** sans rest, ℰ 68 30 01 40, ≼ – 🛗 📺 ☎ ⅄ 🚗. 🆎 E 𝗩𝗜𝗦𝗔
⊠ 24 – **37 ch** 210/420.

🏨 **Pyrénées,** ℰ 68 30 01 49, ≼ Cerdagne, 🍽, 🔲, 🍴 – 🛗 📺 ☎. 🆎 E 𝗩𝗜𝗦𝗔
→ *1ᵉʳ juin-2 nov. et 5 déc.-10 mai –* **R** 68/90, enf. 48 – ⊠ 30 – **37 ch** 180/260 – ½ P 220/260.

🏨 **Y Sem Bé,** ℰ 68 30 00 54, ≼ Cerdagne, 🍽 – 🛗 📺 ☎. E 𝗩𝗜𝗦𝗔
8 juin-28 sept., vacances de nov. 20 déc.-10 mai – **R** 90 ⅃, enf. 55 – ⊠ 30 – **27 ch** 140/260 – ½ P 190/280.

X **La Chaumière,** ℰ 68 30 04 40, 🍽 – 🆎 𝗩𝗜𝗦𝗔
fermé 15 au 30 mai, 30 sept. au 15 oct. et vend. du 15 avril au 1ᵉʳ juil. et du 15 sept. au 15 déc. – **R** 71/200.

à Odeillo SO : 3 km par D 29 – alt. 1 596 – ⊠ **66120** Font-Romeu-Odeillo Via :

🏨 **Le Romarin,** ℰ 68 30 09 66, ≼ Cerdagne, 🍽 – ☎ ⓟ. 🆎 E 𝗩𝗜𝗦𝗔
fermé nov. – **R** 75/160 ⅃, enf. 35 – ⊠ 30 – **16 ch** 200/220 – ½ P 185/200.

à Targasonne O : 4 km par D 10ᶠ et D 618 – ⊠ **66120** :

🏨 **La Tourane** 🍽, ℰ 68 30 15 03, ≼ – 🚗 ⓟ. 𝗩𝗜𝗦𝗔
→ *fermé 15 nov. au 15 déc., sam. et dim. du 10 oct. au 15 nov. –* **R** 65/150 – ⊠ 30 – **25 ch** 120/160 – ½ P 155/170.

à Via S : 5 km par D 29 – ⊠ **66120** Font-Romeu :

🏨 **L'Oustalet** 🍽, ℰ 68 30 11 32, ≼, 🍽, ⅃, 🍴 – 🛗 📺 ☎ ⓟ. E 𝗩𝗜𝗦𝗔. 🍴 rest
20 mai-20 oct. et 15 déc.-30 avril – **R** 80/140, enf. 50 – ⊠ 30 – **28 ch** 200/260 – ½ P 210/260.

▬▬ **FONTVIEILLE** 13990 B.-du-R. 🎇 ⑩ **G. Provence** – 3 432 h. alt. 20.

Voir Moulin de Daudet ≼★ – Chapelle St-Gabriel★ N : 5 km.

🅱 Syndicat d'Initiative à la Mairie (juin-15 oct.) ℰ 90 54 70 01.

Paris 724 – Avignon 30 – Arles 10 – ♦Marseille 92 – St-Rémy-de-Pr. 18 – Salon-de-Pr. 37.

🏨🏨 ✿ **La Regalido** (Michel) 🍽, ℰ 90 54 60 22, Télex 441150, Fax 90 54 64 29, 🍽, « Jardin fleuri » – 🔲 📺 ☎ ⓟ. 🆎 ⑩ E 𝗩𝗜𝗦𝗔
fermé 1ᵉʳ déc. au 31 janv. – **R** *(fermé mardi midi et lundi)* (nombre de couverts limité - prévenir) 220/390, enf. 110 – ⊠ 70 – **14 ch** 800/1250 – ½ P 750/960
Spéc. Gratin de moules aux épinards, Nage de loup à l'huile d'olive et gros sel, Tranche de gigot aux gousses d'ail confites. Vins Coteaux-des-Baux, Châteauneuf-du-Pape.

🏨🏨 **Saint Victor** Ⓜ 🍽 sans rest, chemin des Fourques par rte Arles ℰ 90 54 66 00, ⅃, 🍴 – 🔲 📺 ☎ ⓟ. 🆎 ⑩ E 𝗩𝗜𝗦𝗔
⊠ 40 – **10 ch** 395/540.

🏨 **Valmajour** 🍽, rte Arles ℰ 90 54 62 33, Fax 90 54 61 67, ≼, 🍽, « Parc », ⅃, 🍴 – ☎ 🚗 ⓟ. 🆎 E 𝗩𝗜𝗦𝗔. 🍴 rest
hôtel : fermé 1ᵉʳ janv. au 2 mars ; rest. : fermé 1ᵉʳ janv. au 20 mars et merc. hors sais. – **R** 96/160 ⅃, enf. 68 – ⊠ 46 – **32 ch** 250/380 – ½ P 305/370.

🏨 **La Peiriero** sans rest, av. Baux ℰ 90 54 76 10, ⅃, 🍴 – 🔲 📺 ☎ ⓟ. 🆎 E 𝗩𝗜𝗦𝗔
15 mars-30 oct. et 20 déc.-5 janv. – ⊠ 47 – **36 ch** 360/580.

X **Le Homard,** r. Nord ℰ 90 54 75 34, 🍽 – 🆎 ⑩ E 𝗩𝗜𝗦𝗔. 🍴
fermé 20 juil. au 25 août, 15 nov. au 25 déc., vend. midi et jeudi hors sais. – **R** 115/260, enf. 60.

X La Cuisine au Planet, 144 Grand'rue ℰ 90 54 63 97, 🍽 .

X **Laetitia** avec ch, r. Lion ℰ 90 54 72 14, 🍽
hôtel : 1ᵉʳ mars-15 nov.; rest.: 1ᵉʳ mars-30 oct. et fermé le midi du 1ᵉʳ juin au 30 oct. – **R** 75/110 – ⊠ 20 – **9 ch** 160/190 – ½ P 150/195.

rte de Tarascon NO : 5,5 km, par D 33 – ⊠ 13150 Tarascon :

🏨 **Mazets des Roches** Ⓜ ⑤, ℘ 90 91 34 89, Fax 90 87 43 19, 斎 , parc, ⊐, ℀ – ▤ ch
☎ ❷ – 🕍 40. ﷼ ⊙ Ⓔ ﷼
Pâques–1ᵉʳ nov. – **R** *(fermé jeudi sauf juil.-août)* 120 ⅃, enf. 75 – ⊇ 42 – **24 ch** 410/620 –
½ P 365/450.

FORBACH ⊲🕭⊳ 57600 Moselle 🗗 ⑥ G. Alsace Lorraine – 27 321 h. alt. 210.

🇫 Office de Tourisme à l'Hôtel de Ville ℘ 87 85 02 43.

Paris 386 ② – ♦Metz 60 ② – St-Avold 23 ② – Sarreguemines 19 ② – Saarbrücken 9 ①.

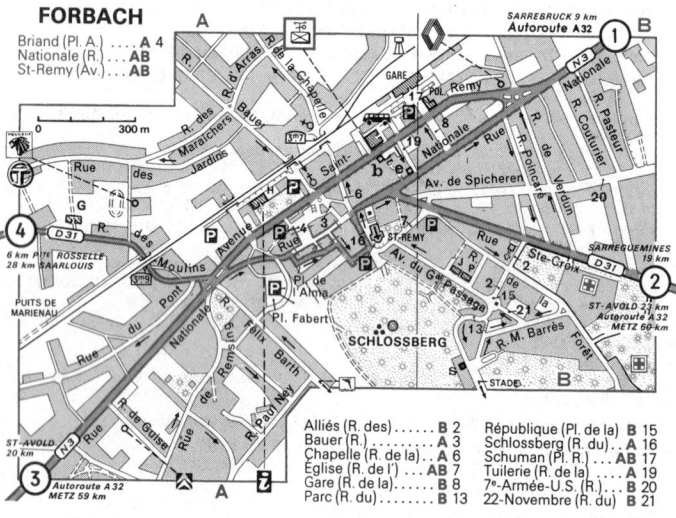

FORBACH

Briand (Pl. A.) .... **A 4**
Nationale (R.) ... **AB**
St-Remy (Av.) ... **AB**

Alliés (R. des) ...... **B 2**	République (Pl. de la) **B 15**
Bauer (R.) .... **A 3**	Schlossberg (R. du).. **A 16**
Chapelle (R. de la).. **A 6**	Schuman (Pl. R.) ... **AB 17**
Église (R. de l') ... **AB 7**	Tuilerie (R. de la) .... **A 19**
Gare (R. de la)...... **B 8**	7ᵉ-Armée-U.S. (R.)... **B 20**
Parc (R. du) .... **B 13**	22-Novembre (R. du) **B 21**

🏨 **Poste** sans rest, 57 r. Nationale ℘ 87 85 08 80 – 📺 ☎ ❷ Ⓔ ﷼ ℀
⊇ 25 – **29 ch** 190/230.   A **e**

🏨 **Berg** sans rest, 50 av. St-Rémy ℘ 87 85 09 12 – 📺 ☎ ❷ – 🕍 50. Ⓔ ﷼
⊇ 30 – **21 ch** 195/235.   A **b**

℀ **du Schlossberg**, 13 r. Parc ℘ 87 87 88 26, parc – ❷. ﷼ ⊙ Ⓔ ﷼. ℀
fermé 16 au 31 août, 14 au 21 fév., mardi soir et merc. – **R** 150/250.   B **s**

à Stiring-Wendel par ① : 3 km – 13 583 h. – ⊠ 57350 :

℀ ❀ **Bonne Auberge** (Mlle Egloff), 15 r. Nationale ℘ 87 87 52 78 – ▤ ❷ Ⓔ ﷼ ℀
fermé 7 au 31 juil., 24 déc. au 4 janv., lundi soir et mardi – **R** 240/360, enf. 100
Spéc. Vinaigrette de langoustines aux pommes de terre, Gratiné de lapin aux champignons, Crème brûlée à
la mirabelle.

à Rosbruck par ③ : 6 km – ⊠ 57800 :

℀ **Aub. Albert Marie,** 1 r. Nationale ℘ 87 04 70 76 – ❷ Ⓔ ﷼
fermé dim. soir et lundi sauf fériés – **R** 200/300 (dîner à la carte).

AUSTIN, ROVER, TRIUMPH Gar. du Centre, 105 r.
Nationale à Morsbach ℘ 87 85 06 70
CITROEN Gar. Herber, r. de Guise ℘ 87 85 11 89
Ⓝ
FORD Lehmann Autom., 143 r. Nationale à Sti-
ring-Wendel ℘ 87 87 42 10
MERCEDES Gar. de l'Europe et de l'Autoroute 294
et 300 r. Nationale ℘ 87 85 31 74
OPEL S.A.M.A., carrefour de l'Europe
℘ 87 87 87 14
PEUGEOT Est-Autom., r. Schoeser ℘ 87 85 11 23
RENAULT Moselle Automobile, 3 av. St-Rémy
℘ 87 85 40 65 Ⓝ

V.A.G Jacob, r. St-Guy ℘ 87 87 35 50

🛢 A.P.S., 4B r. Nationale à Stiring-Wendel
℘ 87 87 56 94
Berwald, ZI de la Heid à Stiring-Wendel
℘ 87 87 40 54
Leclerc-Pneus, carrefour du Schoeneck
℘ 87 85 78 40
Leclerc-Pneus, carrefour de l'Europe, ZI
℘ 87 85 46 26

EUROPE on a single sheet

Michelin map n° 🖻🖻🖻.

FORCALQUIER <SP> 04300 Alpes-de-H.-P. 81 ⑮ G. Alpes du Sud (plan) – 3 790 h. alt. 550.

Voir Site★ – Cimetière★ – ⁂★ de la terrasse N.-D. de Provence – Prieuré de Salagon★ S : 4 km.

🛈 Office de Tourisme pl. Bourguet ℰ 92 75 10 02.

Paris 771 – Digne 49 – Aix-en-Provence 67 – Apt 42 – Manosque 23 – Sisteron 44.

🏨 **Host. des Deux Lions,** 11 pl. Bourguet ℰ 92 75 25 30, Fax 92 75 33 30 – 📺 ☎ 🚘. **E** *VISA*
　　fermé 1ᵉʳ janv. au 28 fév., dim. soir et lundi hors sais. – **R** 100/190, enf. 62 – 🖙 35 – **17 ch** 200/320 – ½ P 250/280.

🏠 **Aub. Charembeau** ◈, E : 3,5 km par N 100 ℰ 92 75 05 69, ≤, 🏊, 🛲, ❀, ✗ – ☎ 🅿. **E** *VISA*. ❀ rest
　　fermé 15 nov. au 15 fév. et lundi sauf juil.-août – **R** (résidents seul.) 105 – 🖙 32 – **12 ch** 210/381 – ½ P 223/247.

🏠 **Colombier** ◈, S : 3 km par D 16 et VO ℰ 92 75 03 71, ≤, 🏡, 🏊, ❀ – ☎ 🅿. **E** *VISA*
　　1ᵉʳ mars-17 nov. – **R** *(fermé merc. midi et mardi sauf juil.-août)* 100/180 – 🖙 30 – **18 ch** 220/320 – ½ P 240/300.

FORÊT voir au nom propre de la forêt.

La FORÊT 33 Gironde 71 ⑨ – rattaché à Bordeaux.

La FORÊT-FOUESNANT 29940 Finistère 58 ⑮ G. Bretagne – 2 149 h. alt. 20.

🏌 de Quimper et de Cornouaille ℰ 98 56 97 09 ; 🏌🏌 de l'Odet ℰ 98 54 87 88, O par D 44 puis D 134 : 11 km.

🛈 Office de Tourisme pl. de l'Église ℰ 98 56 94 09.

Paris 543 – Quimper 16 – Carhaix-Plouguer 66 – Concarneau 9,5 – Pont-l'Abbé 23 – Quimperlé 35.

🏨 **Manoir du Stang** ◈, N : 1,5 km accès par D 783 et chemin privé ℰ 98 56 97 37, « Beau manoir dans un parc fleuri, étangs », ✗ – 🖂 ☎ 🅿 – ⚒ 50. ❀
　　hôtel : 2 mai-20 sept. ; rest. : 10 mai-5 sept. – **R** (dîner seul.) (résidents seul.) 160/170 – **26 ch** 🖙 340/800 – ½ P 410/540.

🏠 **Espérance,** pl. Église ℰ 98 56 96 58, ❀ – ☎ 🅿. **E** *VISA*. ❀ rest
　　15 avril-3 nov. – **R** (fermé merc. midi) 72/235 ⅊, enf. 50 – 🖙 30 – **30 ch** 128/295 – ½ P 184/260.

✗ **Aub. St-Laurent,** E : 2,5 km rte Concarneau (par la côte) ℰ 98 56 98 07, ❀ – 🅿
　　fermé vacances de fév. et lundi hors sais. – **R** 65/150 ⅊.

FORÊT-SUR-SÈVRE 79380 Deux-Sèvres 67 ⑯ – 796 h. alt. 157.

Paris 374 – Bressuire 16 – ♦Nantes 95 – Niort 61 – La Roche-sur-Yon 73.

✗ **Aub. du Cheval Blanc,** ℰ 49 80 86 35 – **E** *VISA*
　　fermé 20 août au 3 sept. et lundi – **R** 65/140 ⅊, enf. 45.

La FORGE-DE-L'ILE 36 Indre 68 ⑧ – rattaché à Châteauroux.

FORGES-LES-EAUX 76440 S.-Mar. 55 ⑧ G. Normandie Vallée de la Seine – 3 756 h. alt. 161 – Casino .

🛈 Office de Tourisme parc Hôtel de Ville ℰ 35 90 52 10.

Paris 115 – ♦Rouen 42 – Abbeville 71 – ♦Amiens 70 – Beauvais 50 – ♦Le Havre 118.

✗✗ **Aub. du Beau Lieu** Ⓜ avec ch, SE : 2 km sur D 915 ℰ 35 90 50 36, 🏡 – ❀ rest 📺 ☎ 🅿. 🆎 ⓞ **E** *VISA*
　　fermé 12 au 19 nov., 16 au 31 janv., dim. soir et merc. du 1ᵉʳ nov. au 30 avril – **R** 230 bc/260, enf. 110 – 🖙 38 – **3 ch** 270/335.

✗✗ **Paix** avec ch, 17 r. Neufchatel ℰ 35 90 51 22, ❀ – 🅿. 🆎 ⓞ **E** *VISA*
　　fermé 15 déc. au 10 janv., lundi (sauf le soir en sais.) et dim. soir hors sais. sauf fériés – **R** 63/137 ⅊, enf. 49 – 🖙 20 – **5 ch** 110/150 – ½ P 118/153.

aux Thermes et Casino :

🏨 **Continental,** ℰ 35 09 80 12, Fax 35 09 61 15 – ☎ 🅿. 🆎 ⓞ **E** *VISA*. ❀ rest
　　R voir rest. **Le Cardinal** ci-après – 🖙 30 – **47 ch** 200/260.

✗✗✗ **Le Cardinal** -Hôtel Continental-, au Casino ℰ 35 09 80 12, Fax 35 09 61 15, parc – 🅿. 🆎 ⓞ **E** *VISA*. ❀
　　R 155/350 bc.

par rte de Dieppe :

🏨 **Relais du Bois des Fontaines,** ℰ 35 09 85 09, 🏡, parc – 📺 ☎ 🅿. 🆎 ⓞ **E** *VISA*
　　fermé 16 au 23 sept. (sauf hôtel) et 1ᵉʳ au 15 fév. – **R** *(fermé lundi du 15 sept. au 15 juin)* 85/165 – 🖙 35 – **10 ch** 250/400.

RENAULT Gar. du Parc ℰ 35 90 52 83　　　　🛞 Parin Pneus ℰ 35 90 51 17
Ⓝ ℰ 35 90 58 94

FORT-MAHON-PLAGE 80790 Somme 🗺 ⑪ G. Flandres Artois Picardie – 962 h. alt. 5 – Casino

Env. Parc ornithologique du Marquenterre★★ S : 15 km.

Paris 200 – ◆Calais 87 – Abbeville 35 – ◆Amiens 82 – Berck-sur-Mer 20 – Étaples 29 – Montreuil 28.

🏨 **Terrasse,** ℰ 22 23 37 77, ≼ – 🛗 🕿 🅿. 🕮 E 🆚🆂🅰
    fermé 5 janv. au 1er mars – **R** 70/150 – ⊡ 25 – **32 ch** 200/250 – ½ P 175/215.

🏡 **Victoria,** ℰ 22 27 71 05 – 🆚🆂🅰
    fermé jeudi et dim. soir hors sais. – **R** 65/180, enf. 40 – ⊡ 20 – **16 ch** 120/240 – ½ P 190/240.

🍴🍴 **Aub. du Fiacre,** à Routhiauville Nord : 2 km par rte de Rue ⊠ 80120 Rue ℰ 22 27 76 30,
    🌲, « Ancienne ferme aménagée », 🐎 – 🅿. E 🆚🆂🅰
    fermé 20 au 30 sept., vacances de fév., mardi soir et merc. sauf juil.-août – **R** 90/190.

FOS-SUR-MER 13270 B.-du-R. 🗺 ⑪ G. Provence – 9 446 h. alt. 157.

Voir Bassins de Fos★.

🛈 Office de Tourisme pl. Hôtel de Ville ℰ 42 47 71 96 et av. du Sable d'Or (saison) ℰ 42 05 34 38.

Paris 755 – ◆Marseille 47 – Aix-en-Provence 56 – Arles 41 – Martigues 11 – Salon-de-Provence 32.

🏨🏨 **Altéa Provence** M, rte Istres ℰ 42 05 00 57, Télex 410812, Fax 42 05 51 00, ≼, 🌲, 🟰,
    🎾 – 🗏 📺 🕿 🖘 – 🔥 150. 🕮 🛈 E 🆚🆂🅰
    R (fermé sam. midi) 130, enf. 100 – ⊡ 50 – **64 ch** 345/620 – ½ P 330/445.

🏨 **Mas de Cantegrillet** 🈴 sans rest, N : 2,5 km par N 568 ℰ 42 05 03 27, « Jardin fleuri »
    – 🛇 🔥 🅿. E 🆚🆂🅰
    fermé août et 23 déc. au 3 janv. – ⊡ 32 – **14 ch** 155/255.

🏨 **Azur** sans rest, 20 av. J. Moulin ℰ 42 05 20 50, Fax 42 05 55 25 – 📺 🕿 🅿. E 🆚🆂🅰 🛇
    fermé 22 déc. au 3 janv. – ⊡ 35 – **16 ch** 240/280.

🍴🍴 **Au Loup d'Argent** M avec ch, gde plage ℰ 42 05 46 80, Fax 42 05 03 28, ≼ – 🗏 rest 📺
    🕿. 🕮 E 🆚🆂🅰
    fermé août, vacances de Noël, sam. et dim. – **R** 130 – ⊡ 40 – **10 ch** 260/310.

FOUDAY 67 B.-Rhin 🗺 ⑧ G. Alsace Lorraine – 253 h. alt. 447 – ⊠ 67130 Le Ban-de-la-Roche.

Paris 401 – ◆Strasbourg 57 – St-Dié 32 – Saverne 61 – Sélestat 35.

🏨 **Chez Julien,** N 420 ℰ 88 97 30 09, 🌲, 🐎 – 🕿 🅿. E 🆚🆂🅰
    fermé vacances de fév., 1er au 7 juil., merc. soir et mardi – **R** 100/180 🍷, enf. 45 – ⊡ 25 –
    15 ch 152/182 – ½ P 195.

FOUESNANT 29170 Finistère 🗺 ⑮ G. Bretagne – 5 430 h. alt. 30.

🛈 Office de Tourisme 5 r. Armor ℰ 98 56 00 93.

Paris 546 – Quimper 15 – Carhaix-Plouguer 69 – Concarneau 13 – Quimperlé 39 – Rosporden 18.

🏨 **Armorique** (annexe : 🏨🈴 - 12 ch), 33 r. de Cornouaille ℰ 98 56 00 19, 🐎 – 🕿 🅿. E
    🆚🆂🅰
    fin mars-fin sept. et fermé lundi sauf vacances scolaires – **R** 70/170 – ⊡ 32 – **20 ch**
    140/260 – ½ P 215/270.

🏨 **Le Roudou,** rte St-Evarzec ℰ 98 56 01 26, 🐎 – 🅿. 🅿 E 🆚🆂🅰. 🛇 rest
    vacances de printemps-30 sept. – **R** 60/140, enf. 35 – ⊡ 25 – **20 ch** 190/235 – ½ P 200/230.

🏨 **Orée du Bois** sans rest, 4 r. Kergoadic ℰ 98 56 00 06 – E 🆚🆂🅰
    fermé 15 déc. au 15 fév., sam. et dim. en hiver – ⊡ 26 – **13 ch** 110/225.

🏨 **Arvor,** pl. Église ℰ 98 56 00 35, 🐎 – 🅿. 🅿 E 🆚🆂🅰
    fermé nov. et jeudi d'oct. à avril – **R** (d'oct. à avril déj. seul.) 59/205 – ⊡ 24 – **12 ch**
    110/220 – ½ P 170/180.

    au Cap Coz SE : 2,5 km par VO – ⊠ 29170 Fouesnant :

🏨 **Bellevue,** ℰ 98 56 00 33, ≼, 🐎 – 🕿 🅿. E 🆚🆂🅰. 🛇
    hôtel : 25 mars-30 sept. ; rest. : vacances de printemps, 1er juin-20 sept. et fermé mardi
    sauf juil.-août – **R** 70/105, enf. 62 – ⊡ 30 – **20 ch** 116/254 – ½ P 190/254.

🏨 **Pointe Cap Coz** 🈴, ℰ 98 56 01 63, ≼ – 🖘. E 🆚🆂🅰. 🛇
    fermé 2 janv. au 15 fév. et merc. – **R** 90/180, enf. 55 – ⊡ 30 – **19 ch** 190/350 – ½ P 210/290.

    à la Pointe de Mousterlin SO : 6 km par D 145 et D 134 – ⊠ 29170 Fouesnant :

🏨🏨 **Pointe Mousterlin** 🈴, ℰ 98 56 04 12, Fax 98 56 61 02, ≼, 🐎, 🎾 – 🕿 🅿. 🕮 E 🆚🆂🅰
    🛇
    13 avril-30 sept. – **R** 130/380, enf. 58 – ⊡ 32 – **62 ch** 140/380 – ½ P 185/380.

PEUGEOT-TALBOT Gar. Merrien ℰ 98 56 00 17   RENAULT Bourhis ℰ 98 56 02 65
                                                🔧 ℰ 98 56 81 81

FOUGÈRES ⬌ 35300 I.-et-V. 🗺 ⑱ G. Bretagne – 25 131 h. alt. 134.

Voir Château★★ AY – Église St-Sulpice★ AY – Jardin public★ : ≼★ AY – Vitraux★ de l'église
St-Léonard AY.

🛈 Office de Tourisme pl. A.-Briand ℰ 99 94 12 20 et pl. P.-Simon (saison) ℰ 99 99 79 59.

Paris 323 ③ – Avranches 41 ⑤ – Laval 50 ② – ◆Le Mans 129 ② – ◆Rennes 48 ④ – St-Malo 76 ⑤.

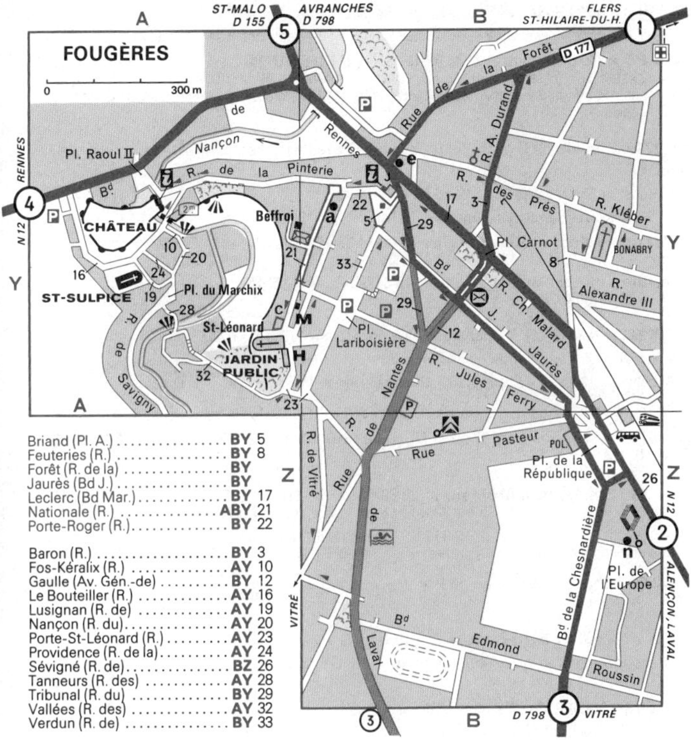

Briand (Pl. A.) .... BY 5
Feuteries (R.) .... BY 8
Forêt (R. de la) .... BY
Jaurès (Bd J.) .... BY
Leclerc (Bd Mar.) .... BY 17
Nationale (R.) .... ABY 21
Porte-Roger (R.) .... BY 22

Baron (R.) .... BY 3
Fos-Kéralix (R.) .... AY 10
Gaulle (Av. Gén.-de) .... BY 12
Le Bouteiller (R.) .... AY 16
Lusignan (R. de) .... AY 19
Nançon (R. du) .... AY 20
Porte-St-Léonard (R.) .... AY 23
Providence (R. de la) .... AY 24
Sévigné (R. de) .... BZ 26
Tanneurs (R. des) .... AY 28
Tribunal (R. du) .... BY 29
Vallées (R. des) .... AY 32
Verdun (R. de) .... BY 33

Mainotel M, par ② : 1,5 km sur N 12 ☏ 99 99 81 55, Télex 730956, Fax 99 99 98 45, – TV ☎ ♿ P – 25 à 300. E VISA
R *(fermé dim. soir)* 66/220, enf. 42 – ☕ 35 – **50 ch** 200/360 – ½ P 240/280.

Balzac sans rest, 15 r. Nationale ☏ 99 99 42 46 – TV ☎. E VISA BY **a**
☕ 25 – **20 ch** 159/259.

H. Voyageurs sans rest, 10 pl. Gambetta ☏ 99 99 18 21, Fax 99 99 99 04 – TV ☎. AE E VISA BY **e**
fermé 23 déc. au 3 janv. – ☕ 22 – **37 ch** 145/190.

Commerce, pl. Europe ☏ 99 94 40 40 – ☎. AE E VISA. BZ **n**
fermé 22 déc. au 3 janv. et dim. soir sauf juil.-août – **R** 60/100 ♨, enf. 39 – ☕ 22 – **25 ch** 130/260 – ½ P 160/230.

Rest. Voyageurs, 10 pl. Gambetta ☏ 99 99 14 17 – . AE E VISA BY **e**
fermé 17 août au 3 sept., sam. (sauf juil.-août) et dim. soir – **R** (nombre de couverts limité -prévenir) 90/200, enf. 45.

à Landéan par ① : 8 km – ✉ **35133** :

Au Cellier, D 177 ☏ 99 97 20 50 – E VISA
fermé 19 juil. au 8 août, merc. et dim. soir – **R** 73/160 ♨, enf. 38.

à la Templerie par ② : 11 km – ✉ **35133** Fougères :

Chez Galloyer "La Petite Auberge", sur N 12 ☏ 99 95 27 03 – P. E VISA
fermé août, dim. et lundi – **R** 95/198.

CITROEN Gar. S.A.D.R.A.F., 17 bis r. Pasteur ☏ 99 99 11 92 N ☏ 99 99 40 88
FIAT Gar. Gillemot, ZA le Parc, rte de Rennes à Lécousse ☏ 99 94 42 00
FORD Gilbert Automobiles, ZAC La Guénaudière II ☏ 99 99 66 95
RENAULT Gar. Guilmault, pl. de l'Europe ☏ 99 94 40 20 N ☏ 99 74 91 55
V.A.G Gar. Mouton, 3 r. Gén.-Chanzy ☏ 99 94 31 31
VOLVO Gar. Gaillard, 26 r. Dr-Bertin ☏ 99 99 07 60

Maison du Pneu, 10 et 12 bd St-Germain ☏ 99 99 01 70
SOS Pneus, ZAC la Guénaudière rte de Paris ☏ 99 99 44 92

Une réservation confirmée par écrit est toujours plus sûre.

FOUGEROLLES 70220 H.-Saône 🟦🟦 ⑥ – 4 328 h. alt. 301.

Paris 367 – Épinal 47 – Luxeuil-les-Bains 9 – Plombières-les-Bains 11 – Remiremont 24 – Vesoul 37.

🕱🕱🕱 ⊛ **Au Père Rota** (Kuentz), ✆ 84 49 12 11 – **Ꟁ**. 🝙 ⓪ 🄴 𝘝𝘐𝘚𝘈
fermé 23 déc. au 18 janv., dim. soir et lundi sauf fériés – **R** 145/275
Spéc. Petite nage de turbot et crustacés, Noix de ris de veau au jambon cru, Crêpes fourrées aux griottines.
Vins Champlitte.

FOURAS 17450 Char.-Mar. 🟦🟦🟦 ⑬ 🄶 **G. Poitou Vendée Charentes** – 3 297 h. alt. 40 – Casino .

Voir Donjon ❊★.

🚩 Office de Tourisme Fort Vauban ✆ 46 84 60 69.

Paris 484 – La Rochelle 27 – Châtelaillon-Plage 17 – Rochefort 14.

🏠 **Gd H. des Bains**, r. Gén.-Bruncher ✆ 46 84 03 44, 🛲 – ☎ 🖘. 🄴 𝘝𝘐𝘚𝘈. ❄ rest
30 mars.-31 oct. – **R** 80/170 ⅄, enf. 43 – **35 ch** ⊑ 200/280 – ½ P 220/260.

🏠 **Roseraie** sans rest, av. Port-Nord ✆ 46 84 64 89, 🛲 – 🄴 𝘝𝘐𝘚𝘈
⊑ 25 – **20 ch** 190/260.

FOURMIES 59610 Nord 🟦🟦 ⑯ 🄶 **G. Flandres Artois Picardie** – 15 599 h. alt. 202.

🚩 Office de Tourisme pl. Verte (fermé matin hors saison) ✆ 27 60 40 97.

Paris 202 – Avesnes-sur-Helpe 16 – Charleroi 61 – Guise 34 – Hirson 13 – ♦Lille 116 – Vervins 28.

à l'Etang des Moines E : 2 km par D 964 et VO – ✉ **59610** Fourmies :

🏠 **Ibis** M ⦿ sans rest, ✆ 27 60 21 54, Télex 810172, Fax 27 57 40 44, ≼ – 📺 ☎ **Ꟁ** –
🔼 40. 🄴 𝘝𝘐𝘚𝘈
⊑ 31 – **29 ch** 245/282.

🕱 **Aub. des Étangs des Moines,** ✆ 27 60 02 62, ≼ – **Ꟁ**. 🄴 𝘝𝘐𝘚𝘈
◆ *fermé 15 août au 10 sept., 15 au 31 déc., dim. soir et vend.* – **R** 65/170 ⅄.

CITROEN Losson, 13 r. A.-Renaud ✆ 27 59 90 27
CITROEN La Centrale Automobile, chemin des
Blés ✆ 27 60 22 21
PEUGEOT TALBOT Coulon Pardini, 4 av. du Pdt-
Kennedy ✆ 27 60 02 23

RENAULT Gar. Cohidon, 51 r. Étangs
✆ 27 60 43 27

Entrez à l'hôtel ou au restaurant le Guide à la main,
vous montrerez ainsi qu'il vous conduit là en confiance.

Le FOUSSERET 31430 H.-Gar. 🟦🟦 ⑯ – 1 375 h. alt. 319.

Paris 759 – Auch 68 – ♦Toulouse 56 – Foix 74 – Pamiers 63 – St-Gaudens 41 – St-Girons 51.

🕱 **Voyageurs** ⦿, ✆ 61 98 53 06, 🕱, 🛲 – 🄴 𝘝𝘐𝘚𝘈. ❄
fermé 6 août au 6 sept., dim. soir et sam. – **R** 85/200 ⅄, enf. 45 – ⊑ 25 – **8 ch** 90/120 –
½ P 160/180.

La FOUX D'ALLOS 04 Alpes-de H.-P. 🟦🟦 ⑧ – rattaché à Allos.

FRANCESCAS 47600 L.-et-G. 🟦🟦 ⑭ – 601 h. alt. 127.

Paris 665 – Agen 31 – Condom 18 – Nérac 13 – ♦Toulouse 129.

🕱🕱 **Relais de la Hire,** ✆ 53 65 41 59 – 🝙 🄴 𝘝𝘐𝘚𝘈
fermé 1er au 15 nov., sam. midi et lundi sauf juil.-août et fériés – **R** (prévenir) 90/130.

FRANCEVILLE-PLAGE 14 Calvados 🟦🟦 ② – voir à Merville.

La FRANQUI 11 Aude 🟦🟦 ⑩ **G. Pyrénées Roussillon** – ✉ **11370** Leucate.

Paris 880 – ♦Perpignan 39 – Carcassonne 86 – Leucate 5 – Narbonne 37 – Port-la-Nouvelle 19.

🏠 **Plage,** face plage ✆ 68 45 70 23, ≼, 🕱 – 🖘. 🄴 𝘝𝘐𝘚𝘈
◆ *hôtel : 1er mai-30 sept. ; rest. : 1er juin-30 sept.* – **R** 59/130 ⅄ – ⊑ 28 – **32 ch** 200/215 –
½ P 225.

La FREISSINOUSE 05 H.-Alpes 🟦🟦 ⑥ – rattaché à Gap.

FRÉJUS 83600 Var 🟦🟦 ⑧, 🟦🟦🟦 ㉝ **G. Côte d'Azur** – 32 698 h. alt. 21.

Voir Quartier épiscopal★★ C : baptistère★★, cloître★★, cathédrale★ – Ville romaine★ A : arènes★
– Parc zoologique★ N : 5 km par ③.

📗 de Valescure ✆ 94 82 40 46, NE : 8 km ; 📗 de Roquebrune ✆ 94 82 92 91, O : 7 km par D 8
et D 7.

🚗 ✆ 93 99 50 50.

🚩 Office Municipal de Tourisme r. J.-Jaurès ✆ 94 51 54 14 et pl. Calvini ✆ 94 51 53 87.

Paris 886 ③ – Brignoles 63 ③ – Cannes 36 ④ – Draguignan 29 ③ – Hyères 75 ②.

Plans pages suivantes

478

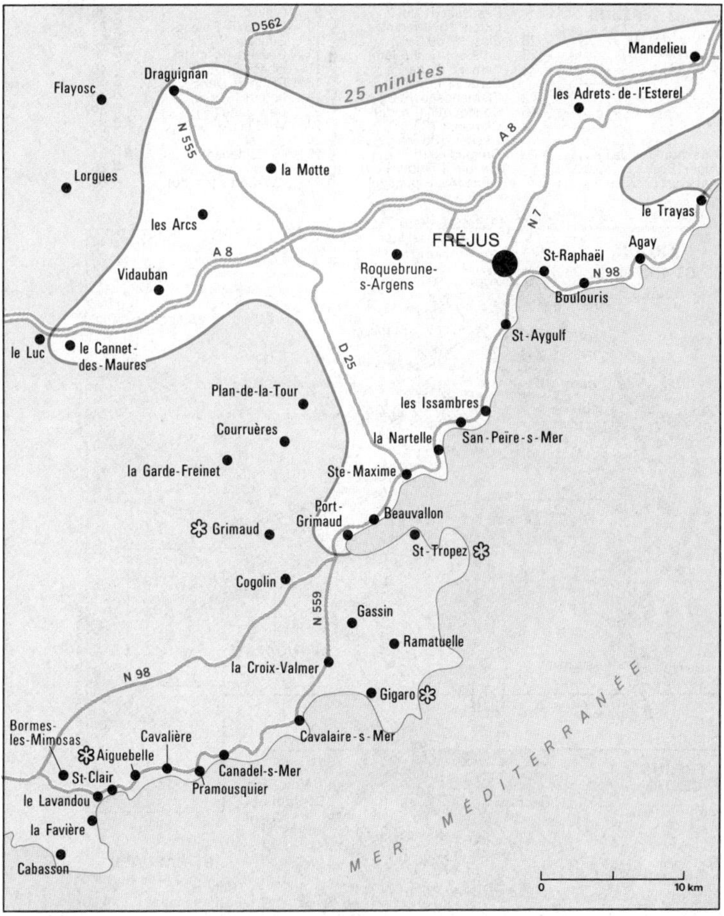

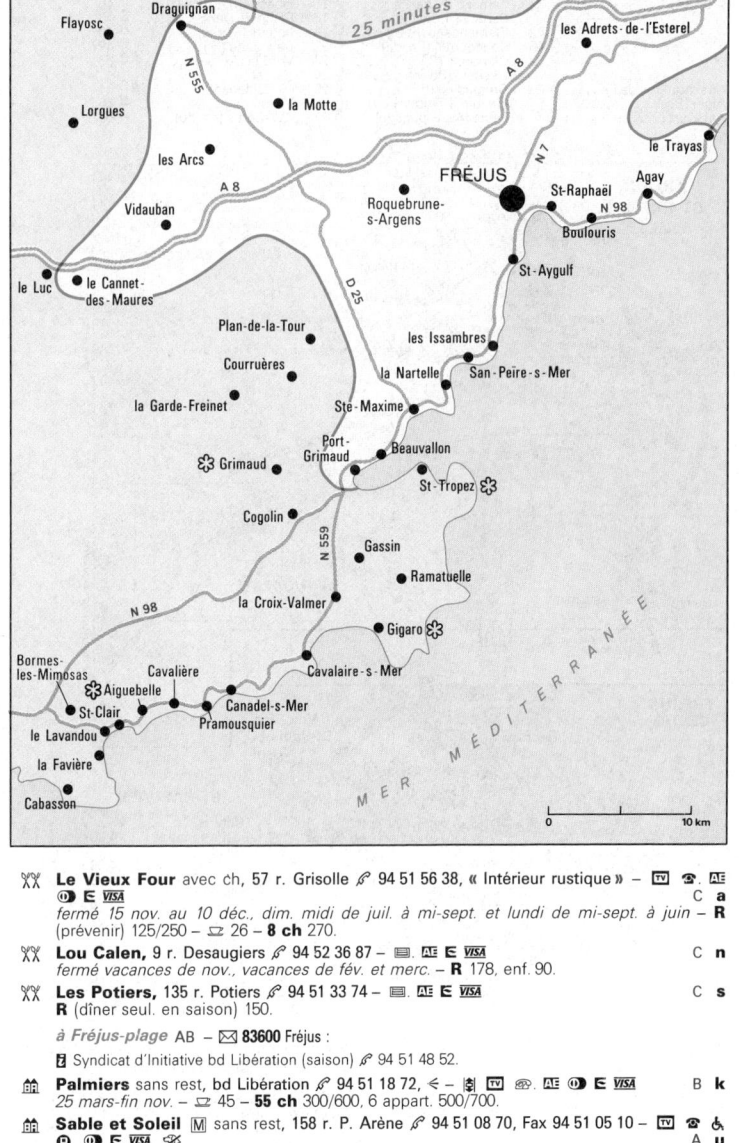

XX **Le Vieux Four** avec ch, 57 r. Grisolle ✆ 94 51 56 38, « Intérieur rustique » – TV ☎. AE ⓓ E VISA — C **a**
fermé 15 nov. au 10 déc., dim. midi de juil. à mi-sept. et lundi de mi-sept. à juin – **R** (prévenir) 125/250 – ☕ 26 – **8 ch** 270.

XX **Lou Calen,** 9 r. Desaugiers ✆ 94 52 36 87 – ▤. AE E VISA — C **n**
fermé vacances de nov., vacances de fév. et merc. – **R** 178, enf. 90.

XX **Les Potiers,** 135 r. Potiers ✆ 94 51 33 74 – ▤. AE E VISA — C **s**
R (dîner seul. en saison) 150.

à Fréjus-plage AB – ✉ **83600** Fréjus :

ℹ Syndicat d'Initiative bd Libération (saison) ✆ 94 51 48 52.

Palmiers sans rest, bd Libération ✆ 94 51 18 72, ← – |♦| TV ☎. AE ⓓ E VISA — B **k**
25 mars-fin nov. – ☕ 45 – **55 ch** 300/600, 6 appart. 500/700.

Sable et Soleil M sans rest, 158 r. P. Arène ✆ 94 51 08 70, Fax 94 51 05 10 – TV ☎ ♿ **P**. ⓓ E VISA. ✻ — A **u**
☕ 30 – **20 ch** 220/340.

H. Oasis ⚘ sans rest, r. H. Fabre ✆ 94 51 50 44 – TV ☎ **P**. E VISA. ✻ — B **h**
fermé fév. – ☕ 25 – **27 ch** 250/290.

Lion d'Or sans rest, 164 r. Priol et Laporte ✆ 94 52 17 31 – ☎. AE E VISA. ✻ — B **t**
☕ 23 – **11 ch** 230/250.

XX **Toque Blanche,** 394 av. V. Hugo ✆ 94 52 06 14 – ▤. AE ⓓ E VISA — B **v**
fermé 15 nov. au 10 déc., dim. soir du 15 nov. au 15 mars et lundi – **R** 150/270.

FRÉJUS

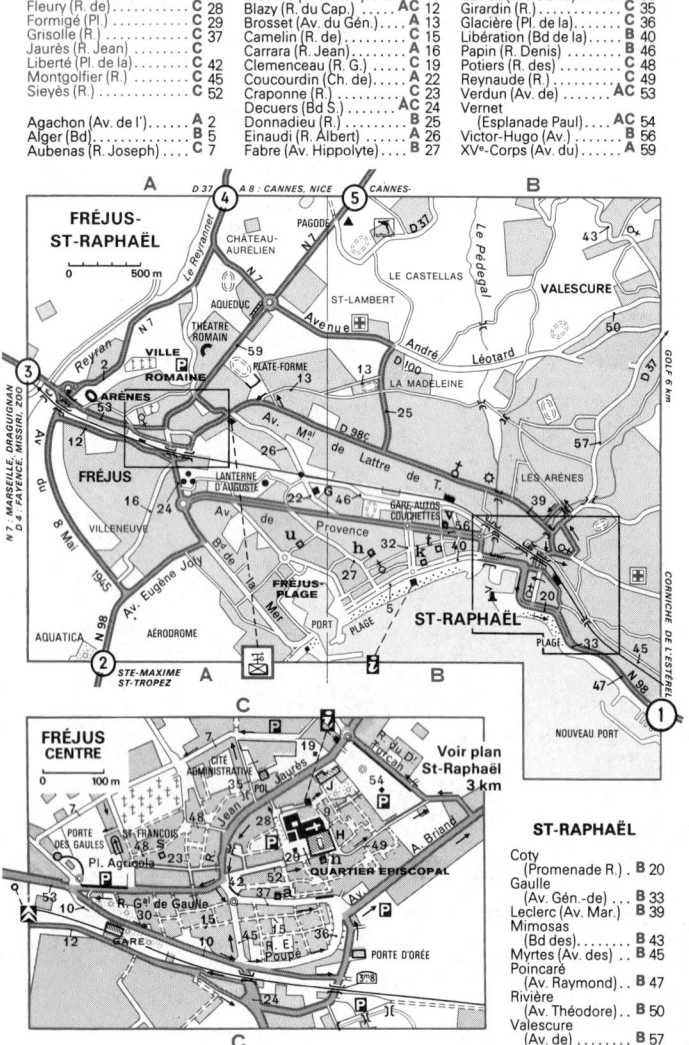

BMW JPV Autom., N 7 à 83 Puget-sur-Argens
℘ 94 45 20 21 **N** ℘ 94 53 71 21
CITROEN Gar. Bacchi, 151 av. de Verdun
℘ 94 51 52 65
FORD Gar. Vagneur, 449 bd Mer ℘ 94 51 38 39

PEUGEOT Dejean, rte Nle 7 Z.I. la Palud par ③
℘ 94 44 20 40 **N** ℘ 94 51 03 56

⊕ Omnica, 238 av. de Verdun ℘ 94 51 01 54
Piot-Pneu, Lotissement Ind. La Palud
℘ 94 51 29 20

L'Atlas Routier FRANCE de Michelin, c'est :

– *toute la cartographie détaillée (1/200 000) en un seul volume,*

– *des dizaines de plans de villes,*

– *un index de repérage des localités...*

Le copilote indispensable dans votre véhicule.

Le FRENEY-D'OISANS 38142 Isère 77 ⑥ – 180 h. alt. 900.

Voir Barrage du Chambon★★ SE : 2 km – Gorges de l'Infernet★ SO : 2 km, G. Alpes du Nord

Paris 625 – Bourg-d'Oisans 12 – La Grave 16 – ♦Grenoble 61.

- 🏠 **Cassini,** 🕿 76 80 04 10, ≤, 🍽, 🚗, – ☎ 🚗. E VISA
  27 avril-7 oct. et 20 déc.- 1ᵉʳ mai – **R** 85/200, enf. 50 – ⊒ 28 – **13 ch** 148/285 – ½ P 200/250.

  à Mizoën NE : 3 km – ⊠ 38142 :

- 🏠 **Panoramique** M ≫, 🕿 76 80 06 25, ≤ montagne et vallée, 🍽, 🚗 – ☎ ❷. 🖭 E VISA.
  ✻ rest
  1ᵉʳ juin-30 sept. et 26 déc.- 1ᵉʳ mai – **R** 85/150, enf. 57 – ⊒ 26 – **10 ch** 210/240 – ½ P 200/230.

FRESNAY-EN-RETZ 44580 Loire-Atl. 67 ② – 877 h. alt. 5.

Paris 424 – ♦Nantes 39 – La Roche-sur-Yon 58 – Challans 25 – St-Nazaire 39.

- 🏴 **Le Colvert,** 🕿 40 21 46 79 – 🖭 ❶ E VISA. ✻
  fermé 24 déc. au 4 janv., vacances de fév., mardi soir, dim. soir et merc. – **R** 97/210,
  enf. 65.

FRESNAY-SUR-SARTHE 72130 Sarthe 60 ②③ G. Normandie Cotentin – 2 692 h. alt. 81.

🛈 Syndicat d'Initiative pl. de Bassum (juin-août) 🕿 43 33 28 04.

Paris 234 – ♦Le Mans 38 – Alençon 20 – Laval 71 – Mamers 30 – Mayenne 58.

- 🏠 **Ronsin,** 5 av. Ch. de Gaulle 🕿 43 97 20 10 – 📺 ☎ 🚗. 🖭 ❶ E VISA
  fermé lundi (sauf hôtel) et dim. soir du 5 sept. au 25 juin sauf fériés – **R** 65/180 ⅃, enf. 40
  – ⊒ 24 – **12 ch** 165/260 – ½ P 190/240.

CITROEN Goupil 🕿 43 97 20 08   Baloche 🕿 43 97 20 85 🆕

Le FRET 29 Finistère 58 ④ – rattaché à Crozon.

FRÉVENT 62270 P.-de-C. 51 ⑬ G. Flandres Artois Picardie – 4 301 h.

Paris 192 – Abbeville 41 – ♦Amiens 43 – Arras 39 – St Pol-sur-Ternoise 13.

- 🏠 **Amiens,** rte Doullens 🕿 21 03 65 43 – 📺 ☎. 🖭 E VISA
  R 60/180 ⅃, enf. 40 – ⊒ 23 – **10 ch** 120/190 – ½ P 185/250.

  à Monchel-sur-Canche NO : 7 km par D 340 – ⊠ 62270 :

- 🏨 **Vert Bocage** ≫, 🕿 21 47 96 75, 🍽, parc – ☎ ❷. E VISA
  fermé dim. soir et lundi de nov. à mars – **R** 130/200, enf. 50 – ⊒ 35 – **10 ch** 220/310 –
  ½ P 250.

RENAULT Frevent Gar. 🕿 21 03 61 97 🆕

FROENINGEN 68 H.-Rhin 66 ⑨ – rattaché à Mulhouse.

FROMENTINE 85 Vendée 67 ① – alt. 3 – ⊠ 85550 La Barre-de-Monts.

Paris 457 – ♦Nantes 69 – La Roche-sur-Yon 63 – Challans 24 – Noirmoutier-en-l'Ile 24 – Pornic 41.

- 🏠 **Plage,** 🕿 51 68 52 05 – ☎. E VISA
  *hôtel: 26 mars-22 sept. et fermé lundi de sept. à juin; rest.: 1ᵉʳ juin-8 sept. et fermé lundi
  de sept. à juin* – **R** 60/165 – ⊒ 28 – **17 ch** 115/260 – ½ P 190/250.

FRONTIGNAN 34110 Hérault 83 ⑯⑰ G. Gorges du Tarn – 16 508 h. alt. 4.

🛈 Office de Tourisme rond-point de l'Esplanade 🕿 67 48 33 94.

Paris 782 – ♦Montpellier 22 – Lodève 72 – Sète 7.

  à La Peyrade SO : 3 km sur N 112 – ⊠ 34110 Frontignan :

- 🏠 **Vila** sans rest, 🕿 67 48 77 42 – 📺 ☎ ❷. 🖭 E VISA
  ⊒ 23 – **30 ch** 125/220.

  au Nord-Est : 4 km sur N 112 – ⊠ 34110 Frontignan :

- 🏨 **Host. de Balajan,** 🕿 67 48 13 99, Fax 67 43 06 62, ⌇, 🍽 – 📺 ☎ 🚗 ❷. E VISA. ✻ rest
  fermé 24 déc. au 3 janv., 3 fév. au 3 mars et sam. midi – **R** 73/230 – ⊒ 30 – **20 ch** 149/375
  – ½ P 189/290.

  à l'Est : 7,5 km par rte littorale D 60 – ⊠ 34110 Frontignan :

- 🍴 **L'Escale,** Les Aresquiers 🕿 67 78 14 86, ≤, 🍽 – E VISA
  1ᵉʳ avril-2 janv. – **R** *(déj. seul. en avril, nov. et déc.)* 125/210.

CITROEN Vernhet, ZA La Peyrade 🕿 67 48 87 63

FROTEY-LÈS-VESOUL 70 H.-Saône 66 ⑥ – rattaché à Vesoul.

La FRUITIÈRE 65 H.-Pyr. 85 ⑰ – rattaché à Cauterets.

FUANS 25 Doubs 66 ⑰ – rattaché à Orchamps-Vennes.

FUISSÉ 71960 S.-et-L. 69 ⑱ G. Bourgogne – 355 h. alt. 250.

Voir Roche de Solutré★ NO : 4 km.

Paris 402 – Mâcon 8,5 – Charolles 55 – Chauffailles 59 – Villefranche-sur-Saône 45.

 XX **Pouilly Fuissé,** 📞 85 35 60 68, 🍽 – **E** 𝗩𝗜𝗦𝗔
   fermé 30 juil. au 7 août, 20 janv. à mi-fév., mardi soir et merc. – **R** (sam. et dim. prévenir)
   70/180, enf. 42.

FUMEL 47500 L.-et-G. 79 ⑥ – 6 659 h. alt. 72.

Voir Église★ de Monsempron O : 2 km, G. Pyrénées Aquitaine

Env. Château de Bonaguil★★ NE : 8 km, G. Périgord Quercy

🛈 Syndicat d'Initiative pl. G.-Escande 📞 53 71 13 70.

Paris 592 – Agen 56 – Bergerac 74 – Cahors 48 – Montauban 76 – Villeneuve-sur-Lot 27.

 🏠 **Climat de France** M, pl. Église 📞 53 40 93 93, Télex 571197, 🍽, 🌳 – 📺 ☎ 🔁 🚗
   – 🛎 50. 🆎 **E** 𝗩𝗜𝗦𝗔
   R 85/98 🍴, enf. 40 – 🖵 27 – **31 ch** 245/350 – ½ P 210/235.

 🍲 **Vistorte** (annexe 🏠 - 8 ch.), 77 av. E. Zola 📞 53 71 01 21, 🍽, 🌳 – **E** 𝗩𝗜𝗦𝗔
   fermé vacances de Noël et sam. du 1er oct. au 1er juin – **R** 50/160 🍴, enf. 40 – 🖵 25 –
   19 ch 100/180 – ½ P 160/210.

 XX **72 Avenue** avec ch, av. Usine 📞 53 71 80 22, 🍽 – 📺 ☎ 🅿 – 🛎 35. **E** 𝗩𝗜𝗦𝗔
   fermé 15 au 30 août – **R** *(fermé lundi)* 55/200 🍴, enf. 50 – 🖵 30 – **8 ch** 200/220.

CITROEN Calassou, rte de Périgueux, ZI   🔧 Central Pneu, ZI Clos Bardy, rte de Périgueux
📞 53 71 01 80   📞 53 71 01 50
PEUGEOT-TALBOT Cousset, Montayral
📞 53 71 03 58

La FUSTE 04 Alpes-de-H.-P. 81 ⑮ – rattaché à Manosque.

FUTEAU 55120 Meuse 56 ⑲ – 160 h. alt. 181.

Paris 234 – Bar-le-Duc 42 – Ste-Ménehould 13 – Verdun 40.

 XXX **L'Orée du Bois** 🏠 avec ch, à Courupt S : 1 km 📞 29 88 28 41, Fax 29 88 24 52, ≤, 🌳 –
   📺 ☎ 🅿. **E** 𝗩𝗜𝗦𝗔
   fermé 24 au 30 nov., vacances de fév., dim. soir et mardi – **R** 100/320, enf. 75 – 🖵 35 –
   7 ch 245/320.

CITROEN Gar. Noël-Bievelot, aux Islettes 📞 29 88 28 20

GABARRET 40310 Landes 79 ⑬ – 1 532 h. alt. 153.

🛈 Syndicat d'Initiative pl. Mairie 📞 58 44 34 95.

Paris 699 – Agen 67 – Mont-de-Marsan 46 – Auch 73 – ◆Bordeaux 137 – Pau 91.

 🏠🏠 **Château de Buros** 🏠, NE : 4 km par D 656 et VO 📞 58 44 34 30, Fax 58 44 35 35, 🍽,
   parc, 🏊, 🎾 – ⛙ 📺 ☎ 🅿 – 🛎 30. 🆎 **E** 𝗩𝗜𝗦𝗔
   23 mars-3 nov. – **R** *(fermé mardi sauf juil.-août)* 150/260 – 🖵 35 – **17 ch** 320/420 –
   ½ P 335/385.

 🏠 **Glycines** sans rest, 📞 58 44 92 90 – 📺 ☎ 🔁. 🆎 **E** 𝗩𝗜𝗦𝗔
   🖵 30 – **10 ch** 180/250.

RENAULT Lescure 📞 58 44 90 27 🆖

GABRIAC 12340 Aveyron 80 ③ – 470 h. alt. 575.

Paris 602 – Rodez 27 – Espalion 13 – Mende 88 – St-Geniez-d'Olt 19 – Sévérac-le-Château 34.

 🏠 **Bouloc,** 📞 65 44 92 89, 🍽, 🏊, 🌳 – 🚗 🅿. 🆎 **E** 𝗩𝗜𝗦𝗔
   fermé oct. et merc. sauf juil.-août – **R** 60/160 🍴, enf. 42 – **12 ch** 🖵 200/220 – ½ P 210.

GACÉ 61230 Orne 60 ④ – 2 352 h. alt. 198.

🛈 Office de Tourisme à la Mairie 📞 33 35 50 24.

Paris 170 – L'Aigle 27 – ◆Alençon 46 – Argentan 27 – Bernay 42 – Falaise 41 – Lisieux 45.

 🏠🏠 **Le Morphée** sans rest, r. Lisieux 📞 33 35 51 01, Fax 33 35 20 62, 🌳 – 📺 ☎ 🅿. ⓞ **E**
   𝗩𝗜𝗦𝗔
   fermé 4 janv. au 15 mars – 🖵 28 – **10 ch** 250/340.

PEUGEOT-TALBOT Gar. Anjou 📞 33 35 53 35   RENAULT Gar. Duchesne 📞 33 35 60 84

La GACILLY 56200 Morbihan 63 ⑤ – 2 164 h. alt. 20.

Paris 404 – Châteaubriant 66 – Dinan 87 – Ploërmel 30 – Redon 16 – ◆Rennes 58 – Vannes 55.

 🏠 **France** (Annexe Square 🏠🏠), 📞 99 08 11 15 – ☎ 🅿. **E** 𝗩𝗜𝗦𝗔
   fermé 24 déc. au 3 janv. – **R** 58/120 – 🖵 24 – **40 ch** 100/240 – ½ P 120/190.

RENAULT Gar. Roblin 📞 99 08 10 17 🆖 📞 99 08 84 72

GAILLAC **81600** Tarn 82 ⑨ ⑩ G. Pyrénées Roussillon (plan) – 10 654 h. alt. 143.

🛈 Office de Tourisme pl. Libération ✆ 63 57 14 65.

Paris 680 – ♦Toulouse 54 – Albi 22 – Cahors 89 – Castres 49 – Montauban 50.

🏨 **Occitan** sans rest, pl. Gare ✆ 63 57 11 52 – ☎ 🅿. 🖭 E 𝑉𝐼𝑆𝐴
☲ 28 – **13 ch** 110/220.

XX Le Vigneron, rte Toulouse : 1,5 km ✆ 63 57 07 20, 🍴 – 🅿.

CITROEN Joulié, 40 av. St-Exupéry ✆ 63 57 11 88
PEUGEOT-TALBOT Capmartin, 83 av. Ch.-de-Gaulle ✆ 63 57 08 48
RENAULT Gaillac-Auto, av. St-Exupéry ✆ 63 57 17 50 🗓 ✆ 63 42 70 18

⬢ Deldossi, 92 r. J.-Rigal ✆ 63 57 03 29
François, 24 bd Gambetta ✆ 63 57 13 96

GAILLAN-EN-MÉDOC **33** Gironde 171 ⑰ – rattaché à Lesparre-Médoc.

GAILLON **27600** Eure 55 ⑰ G. Normandie Vallée de la Seine – 5 856 h. alt. 22.

Paris 98 – Rouen 44 – Les Andelys 13 – Évreux 25 – Vernon 15.

à Vieux-Villez O : 4 km par N 15 – ✉ **27600** :

🏨 **Host. Clos Corneille** 🕅 🏞, ✆ 32 53 88 00, Télex 770887, 🎾 – 🛗 📺 ☎ 🚻 🅿. E 𝑉𝐼𝑆𝐴
fermé 1er au 15 août, 1er au 15 fév., dim. soir et lundi – **R** 92/140 – ☲ 35 – **25 ch** 250/285
– ½ P 235.

RENAULT Gar. Gaillonnais ✆ 32 53 14 35

GALGON **33** Gironde 171 ⑧, 75 ⑫ – rattaché à Libourne.

GALIMAS **47** L.-et-G. 79 ⑮ – rattaché à Agen.

GALLARDON **28320** E.-et-L. 60 ⑧, 106 ㊳ G. Ile de France – 2 101 h. alt. 140.

Voir ″Silhouette″ (église et tour)★ – Chœur★ de l'église.

Paris 76 – Ablis 13 – Chartres 21 – Dreux 37 – Épernon 11 – Maintenon 12 – Rambouillet 18.

XX **Commerce,** pl. Église ✆ 37 31 00 07 – 🖭 E 𝑉𝐼𝑆𝐴
fermé 26 août au 8 sept., 7 au 22 janv., mardi soir, dim. soir et merc. de sept. à juin –
R 110/200, enf. 60.

GAP 🅿 **05000** H.-Alpes 77 ⑯ G. Alpes du Sud – 31 271 h. alt. 733 – 🚗 ✆ 92 51 50 50.

🛈 Office de Tourisme 15 r. Faure du Serre ✆ 92 51 57 03 – A.C. 6 r. Silos ✆ 92 51 22 12.

Paris 670 ① – Alès 212 ④ – Avignon 169 ④ – ♦Grenoble 105 ① – Montélimar 152 ④.

Plan page suivante

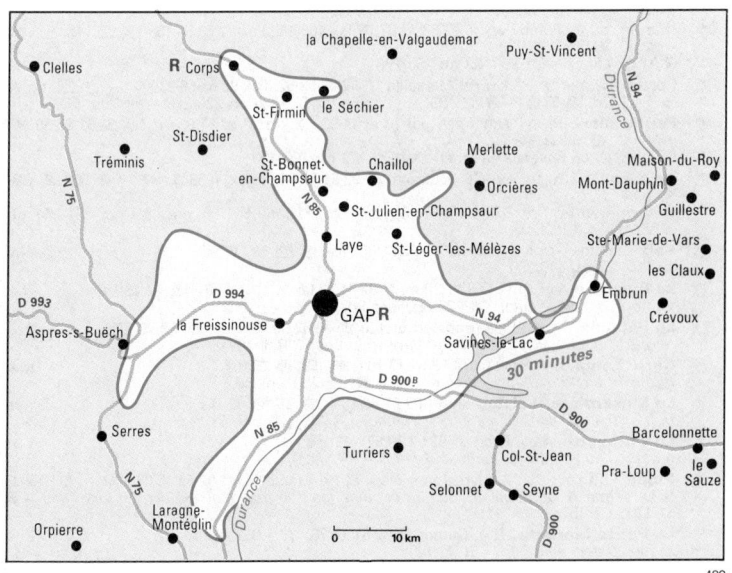

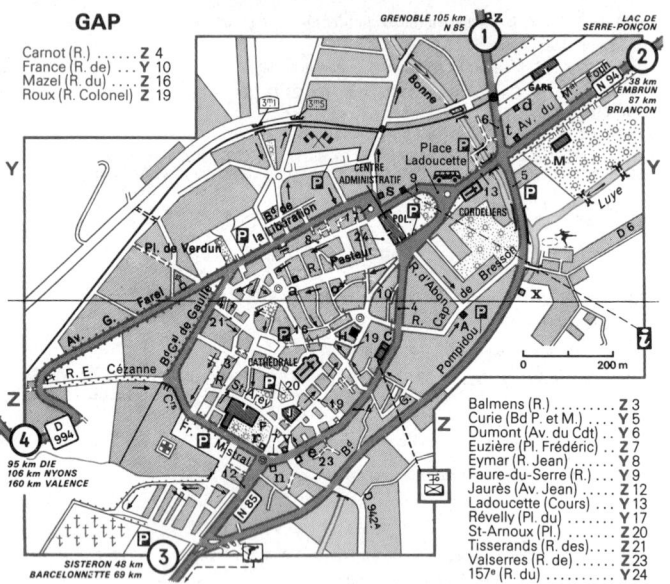

GAP

Carnot (R.) . . . . **Z** 4
France (R. de) . . . **Y** 10
Mazel (R. du) . . . . **Z** 16
Roux (R. Colonel) **Z** 19

GRENOBLE 105 km
N 85

LAC DE
SERRE-PONÇON

38 km
EMBRUN
87 km
BRIANÇON

Balmes (R.) . . . . **Z** 3
Curie (Bd P. et M.) . . . **Y** 5
Dumont (Av. du Cdt) . **Y** 6
Euzière (Pl. Frédéric) . **Z** 7
Eymar (R. Jean) . . . . . **Y** 8
Faure-du-Serre (R.) . . **Y** 9
Jaurès (Av. Jean) . . . . **Z** 12
Ladoucette (Cours) . . **Y** 13
Révelly (Pl. du) . . . . . **Z** 17
St-Arnoux (Pl.) . . . . . . **Z** 20
Tisserands (R. des) . . . **Z** 21
Valserres (R. de) . . . . . **Z** 23
157ᵉ (R. du) . . . . **Y** 24

95 km DIE
106 km NYONS
160 km VALENCE

SISTERON 48 km
BARCELONNETTE 69 km

🏨 **Gapotel** Ⓜ, av. Embrun par ② ℰ 92 52 37 37, Fax 92 52 06 46, 佘, ⊅ – 劇 ⅋ ☎ ₺
⇌ Ⓟ – 🏛 40. 🆎 E 🚾
R 70/200, enf. 45 – � 40 – **60 ch** 295/410 – ½ P 270.

🏨 **Porte Colombe** Ⓜ, 4 pl. F. Euzières ℰ 92 51 04 13, Télex 405834 – 劇 ⅋ ☎ ⇌. ⓪ E
🚾 – **R** (fermé 29 déc. au 18 janv., vend. soir et sam. sauf vacances scolaires d'été) 85/180,
enf. 55 – ⊊ 30 – **26 ch** 190/350 – ½ P 210/230
Z n

🏨 **La Grille**, 2 Pl. F. Euzière ℰ 92 53 84 84, Télex 405896 – 劇 ⅋ ☎. 🆎 ⓪ E 🚾   Z r
⇌ fermé vacances de Noël – **R** (fermé dim. soir et lundi sauf vacances scolaires) 70/145 ₺,
enf. 50 – ⊊ 35 – **28 ch** 200/315 – ½ P 245/265.

🏨 **Mokotel** Ⓜ sans rest, par ③ : 2,5 km (près piscine), rte Marseille ℰ 92 51 57 82,
Fax 92 51 56 52 – ⅋ ₺ Ⓟ. 🆎 ⓪ E 🚾
⊊ 21 – **27 ch** 190/250.

🏨 **Ibis** Ⓜ, bd G. Pompidou ℰ 92 53 57 57, Télex 405906, Fax 92 53 38 15 – 劇 ⅋ ☎ ₺ ⇌
– 🏛 70. E 🚾   Y x
R 91 ₺, enf. 35 – ⊊ 29 – **63 ch** 250/275.

🏨 **Forum** Ⓜ, par ③ : 2 km rte Marseille ℰ 92 53 53 52, Fax 92 53 56 23, 佘 – 劇 ⅋ ☎ ₺.
Ⓟ – 🏛 25. 🆎 E 🚾 – **R** 82/180 ₺, enf. 45 – ⊊ 30 – **40 ch** 220/270 – ½ P 205/220.

🏨 **Ferme Blanche** ⑊ sans rest, par ① et D 92 : 2 km ℰ 92 51 03 41, Fax 92 51 35 39, ≼,
佘 – ☎ Ⓟ. 🆎 E 🚾
R voir rest. **La Roseraie** ci-après – ⊊ 25 – **29 ch** 100/300.

🏨 **Le Clos** ⑊, 20 ter av. Cdt Dumont ℰ 92 51 37 04, Télex 405943, 佘 – ☎ Ⓟ. E 🚾.
 rest
R (fermé 26 oct. au 26 nov. et dim. soir d'oct. à juil.) 80/155, enf. 45 – ⊊ 28 – **41 ch**
110/235 – ½ P 160/200   Y z

🏨 **Paix** sans rest, 1 pl. F. Euzière ℰ 92 51 03 29 – 劇 ⅋ ☎. E 🚾   Z v
⊊ 25 – **23 ch** 140/250.

XX **La Roseraie**, par ① et D 92 : 2 km ℰ 92 51 43 08, ≼, 佘 – Ⓟ. 🆎 ⓪ E 🚾
fermé dim. soir et lundi – **R** 120/350, enf. 50.

XX **Le Patalain**, 7 av. Alpes (transfert prévu) ℰ 92 52 30 83 – ▤. 🆎 ⓪ E 🚾   Y d
fermé 1ᵉʳ au 18 juil. sam. midi, et dim. sauf fériés – **R** 100/240.

XX **Carré Long**, 32 r. Pasteur ℰ 92 51 13 10 – ▤. 🆎 ⓪ E 🚾   Y a
fermé 1ᵉʳ au 15 mai, lundi midi et dim. – **R** 125/250, enf. 60.

X **La Musardière**, 3 pl. Révelly ℰ 92 51 56 15 – ▤. 🆎 ⓪ E 🚾   Y s
fermé 15 au 30 juin, 15 au 30 oct. et lundi – **R** 115/175, enf. 60.

X **La Grangette**, 1 av. Foch ℰ 92 52 39 82 – E 🚾   Y t
fermé 10 au 31 janv. et lundi sauf fériés – **R** 85/120.

X **Pique Feu**, par ③ : 2,5 km, (près piscine) rte Marseille ℰ 92 52 16 06, 佘 – Ⓟ. ⓪ E
⇌ 🚾 – fermé 1ᵉʳ au 5 mai, 1ᵉʳ au 13 oct., dim. (sauf le midi d'avril à oct.) et lundi midi – **R**
67/170, enf. 45.

X **La Petite Marmite**, 79 r. Carnot ℰ 92 51 14 20, 佘 – E 🚾.
fermé 20 déc. au 3 janv. – **R** 75/105.   Z e

à la Freissinouse par ④ : 9 km – ⊠ **05000** :

🏠 **Azur,** D 994 ℰ 92 57 81 30, Fax 92 57 92 37, ≤, ⌱, ☞ – 🔟 ☎ ⇌ 🅿 Ɛ 𝗩𝗜𝗦𝗔
↝ *fermé 3 au 10 janv.* – **R** 70/130 ⚇ – ⌷ 25 – **45 ch** 130/250 – ½ P 170/250.

ALFA-ROMEO, DATSUN Alpes-Sport-Autom., ZI les Fauvins ℰ 92 51 18 65
AUSTIN, ROVER Gar. de Verdun, 25 av. J.-Jaurès ℰ 92 51 26 18
BMW, FIAT Transalp-Auto, av. d'Embrun ℰ 92 52 02 57
CITROEN Autom. Gap et Alpes, Tokoro Leplan de Gap par ② ℰ 92 53 88 11
FORD Gar. Europ-Auto, rte de Briançon ℰ 92 52 05 46
LANCIA Gar. Rouit, 52 av. de Provence Fontreyne ℰ 92 51 18 26
OPEL T.A.G., Zone Tokoro ℰ 92 52 09 99

PEUGEOT-TALBOT France-Alpes, rte de Marseille par ③ ℰ 92 52 15 17
RENAULT Gap-Autom., 90 av. d'Embrun par ② ℰ 92 53 96 96 🆗
SEAT Gar. Real, 25 rte de la Justice ℰ 92 53 40 43
V.A.G Gar. Alpes-Service, rte de Briançon ℰ 92 52 25 56

🛢 Barneaud Pneus, rte de Barcelonnette ℰ 92 51 00 59
Meizenq-Pneus, 74 av. d'Embrun ℰ 92 52 22 33
Piot-Pneu, av. d'Embrun ℰ 92 52 20 28

GARABIT (Viaduc de) ✶✶ **15** Cantal 🔢 ⑭ G. Auvergne – alt. 835 – ⊠ **15390** Loubaresse.
Env. Maison du paysan✶ à Loubaresse S : 7 km – Belvédère de Mallet ≤✶✶ SO : 13 km puis 10 mn.

Paris 513 – Aurillac 88 – Mende 71 – Le Puy 100 – St-Flour 12.

🏨 **Panoramic,** N 9 rte de Clermont ⊠ 15100 St-Flour ℰ 71 23 40 24, Fax 71 23 48 93, ≤ lac, ⌖, ⌱, ☞, ⁎ – 📲 ☎ 🅿 – ⨪ 35. 𝗔Ɛ Ɛ 𝗩𝗜𝗦𝗔
↝ *vacances de printemps-2 nov.* – **R** 60/180, enf. 45 – ⌷ 25 – **35 ch** 160/260 – ½ P 200/240

🏨 **Garabit H.,** ℰ 71 23 42 75, Fax 71 23 49 60, ≤, ⌖, ⌱ – 📲 ☎ 🅿 – ⨪ 35. ⓪ Ɛ 𝗩𝗜𝗦𝗔
↝ *1er avril-15 oct.* – **R** 63/180, enf. 50 – ⌷ 25 – **47 ch** 175/320 – ½ P 180/265.

🏠 **Beau Site,** N 9 ℰ 71 23 41 46, ≤ viaduc et lac, ⌱, ☞, ⁎ – ☎ ⇌ Ɛ 𝗩𝗜𝗦𝗔
↝ *Pâques-5 nov.* – **R** 58/170 ⚇, enf. 40 – ⌷ 25 – **16 ch** 165/190, 3 studios 220/360 – ½ P 165/200.

🏠 **Viaduc,** ℰ 71 23 43 20, ≤, ⌱ – ☎ 🅿. Ɛ 𝗩𝗜𝗦𝗔
↝ *1er avril-1er nov.* – **R** 61/158, enf. 40 – ⌷ 25 – **25 ch** 110/210 – ½ P 145/210.

GARCHES **92** Hauts-de-Seine 🔢 ⑳. 🔢 ⑬ – voir à Paris, Environs.

La GARDE **04** Alpes-de-H.-P. 🔢 ⑱ – rattaché à Castellane.

La GARDE **48** Lozère 🔢 ⑮ – rattaché à St-Chély-d'Apcher.

La GARDE-FREINET **83310** Var 🔢 ⑰ G. Côte d'Azur – 1 402 h. alt. 405.
Paris 855 – Fréjus 44 – Brignoles 47 – Hyères 55 – ✦Toulon 73 – St-Tropez 20 – Ste-Maxime 23.

✗ **La Faücado,** ℰ 94 43 60 41, ⌖ – 𝗔Ɛ Ɛ 𝗩𝗜𝗦𝗔
fermé 20 janv. au 6 mars, et mardi (sauf vacances scolaires et fériés) – **R** 147/255.

GARDE-GUÉRIN **48** Lozère 🔢 ⑦ – rattaché à Villefort.

La GARENNE-COLOMBES **92** Hauts-de-Seine 🔢 ⑳. 🔢 ⑭ – voir à Paris, Environs.

GARETTE **79** Deux-Sèvres 🔢 ② – rattaché à Coulon.

GARONS **30** Gard 🔢 ⑱ – rattaché à Nîmes.

GASSIN **83580** Var 🔢 ⑰ G. Côte d'Azur – 2 017 h. alt. 201.
Voir Boulevard circulaire ≤✶ – Moulins de Paillas ⁂✶✶ SE : 3,5 km.
Paris 875 – Fréjus 36 – Brignoles 67 – Le Lavandou 32 – St-Tropez 7,5 – Ste-Maxime 15 – Toulon 73.

🏨🏨🏨 **Villa de Belieu** Ⓜ ⌂, N : 2 km par rte St-Tropez ℰ 94 56 40 56, Télex 461694, Fax 94 43 43 34, ≤, ⌖, « *Dans un domaine viticole demeure provençale décorée avec raffinement* », 🛁, ⌱, 🔲, ⁎ – 🔳 ch 🔟 ☎ 🅿. 𝗔Ɛ Ɛ 𝗩𝗜𝗦𝗔. ⁑ ch
R carte 580 à 750 – ⌷ 90 – **15 ch** 2500/4400, 5 appart..

✗✗ **Aub. la Verdoyante,** N : 2 km ℰ 94 56 16 23, ≤, ⌖ – 𝗩𝗜𝗦𝗔
mi-mars-6 nov. et fermé merc. sauf le soir en juil.-août – **R** 140.

GATTIÈRES **06510** Alpes-Mar. 🔢 ⑨. 🔢 ⑳ G. Côte d'Azur – 2 051 h. alt. 295.
Env. Carros village : site✶, ⁂✶✶ du vieux moulin N : 6 km.
🛈 Syndicat d'Initiative r. Torrin-et-Grassi ℰ 93 08 60 09.
Paris 940 – ✦Nice 24 – Antibes 32 – Cannes 43 – La Gaude 7 – St-Martin-Vésubie 51 – Vence 10.

✗✗ **Aub. de Gattières,** ℰ 93 08 60 05 – Ɛ 𝗩𝗜𝗦𝗔
fermé 15 janv. au 28 fév. et merc. – **R** 95/200.

✗ **Panoramic,** au N : 1,5 km par D 2209 ℰ 93 08 60 56, ≤, ⌖, ⌱, ☞ – 🅿
R *(fermé lundi)* (déj. seul.) 125/150.

La GAUCHERIE 41 L.-et-Ch. 64 ⑱ – rattaché à Cour-Cheverny.

GAUCHIN-LEGAL 62 P.-de-C. 53 ① – rattaché à Bruay-en-Artois.

La GAUDE 06610 Alpes-Mar. 84 ⑨ G. Côte d'Azur – 3 097 h.

🏢 Syndicat d'Initiative pl. Victoires (mai-sept.) ℘ 93 24 47 26.

Paris 928 – ♦Nice 22 – Antibes 19 – Vence 9.

rte St-Jeannet : 2 km – ⊠ **06610** La Gaude :

🏨 **Le César** M ⤳, (face IBM) ℘ 93 24 47 77, Télex 461243, Fax 93 24 85 84, 🌤, 🛉 – 🛗
 ⤳ ch 🗏 📺 ☎ ૐ 🅿 – 🛦 40. ㎒ ⑩ ㊿ 𝘝𝘐𝘚𝘈. ⅝ rest
 R 80/190 – � 50 – **50 ch** 450/520 – ½ P 420.

GAVARNIE 65120 H.-Pyr. 85 ⑱ G. Pyrénées Aquitaine – 169 h. alt. 1 357.

Voir Cirque de Gavarnie★★★ S : 3 h 30 – Pic de Tantes ⚒★★ SO : 11 km.

🏢 Office de Tourisme (juil.-sept., 15 déc.-avril) ℘ 62 92 49 10, Télex 533765.

Paris 853 – Pau 93 – Lourdes 51 – Luz-St-Sauveur 20 – Tarbes 71.

🏨 **Vignemale** M ⤳, ℘ 62 92 40 00, ≤, 🌤 – 🛗 📺 ☎ 🅿 – 🛦 25. ㎒. ⅝
 R *(fermé lundi sauf vacances scolaires)* 120/340 – ⊠ 48 – **24 ch** 295/360 – ½ P 348.

🏠 **Le Marboré,** ℘ 62 92 40 40, Télex 532877, ≤, 🌤 – ☎ 🅿 – 🛦 30. ㊿ 𝘝𝘐𝘚𝘈
 fermé 1ᵉʳ au 15 nov. – **R** 71/155 ⚖, enf. 38 – ⊠ 29 – **24 ch** 220/270 – ½ P 230.

✕ **La Ruade,** ℘ 62 92 48 49, « Décor montagnard » – ㊿ 𝘝𝘐𝘚𝘈
 1ᵉʳ juin-6 oct. – **R** 70/90 ⚖, enf. 40.

à Gèdre N par D 921 : 8,5 km – ⊠ **65120** :

🏠 **Brèche de Roland,** ℘ 62 92 48 54, Télex 306022, Fax 62 92 46 05, ≤, – ☎ 🅿. ⅝ rest
 1ᵉʳ mai-30 sept. et 15 déc.-20 avril – **R** 77, enf. 35 – ⊠ 26 – **28 ch** 215/235 – ½ P 210.

GAVRINIS (Ile) 56 Morbihan 63 ⑫ G. Bretagne.

Voir Cairn★★ 15 mn en bateau de Larmor-Baden.

GÈDRE 65 H.-Pyr. 85 ⑱ – rattaché à Gavarnie.

GÉMENOS 13420 B.-du-R. 84 ⑭ G. Provence – 4 548 h. alt. 150.

Voir Parc de St-Pons★ E : 3 km – Aubagne : musée de la Légion Etrangère★ O : 5 km – Forêt de la Ste-Baume★★ NE.

Paris 792 – ♦Marseille 23 – ♦Toulon 50 – Aix-en-Provence 36 – Brignoles 48.

🏨 **Relais de la Magdeleine** ⤳, ℘ 42 82 20 05, 🌤, « Elégante demeure avec mobilier ancien, parc », 🛴 – 📺 ☎ 🅿 – 🛦 45. ㎒ ㊿ 𝘝𝘐𝘚𝘈
 15 mars-1ᵉʳ nov. – **R** carte 220 à 335 – ⊠ 60 – **20 ch** 395/650 – ½ P 450/595.

GEMOËNS 74 H.-Savoie 74 ⑧ – rattaché à Combloux.

GENAS 69 Rhône 74 ⑫ – rattaché à Lyon.

GENÇAY 86160 Vienne 68 ⑭ G. Poitou Vendée Charentes – 1 709 h. alt. 128.

Paris 367 – Poitiers 25 – Confolens 47 – Montmorillon 39 – Niort 77.

♨ **Du Guesclin,** r. Carnot ℘ 49 59 33 53 – ৬. 𝘝𝘐𝘚𝘈. ⅝
 fermé 17 au 23 juin, 20 déc. au 5 janv. et dim. soir – **R** 53/105 ⚖ – ⊠ 20 – **10 ch** 100/180.

CITROEN Maillet, ℘ 49 59 31 11

GÉNÉRARGUES 30 Gard 80 ⑰ – rattaché à Anduze.

Le GENESTOUX 63 P.-de-D. 73 ⑬ – rattaché au Mont-Dore.

LES GUIDES VERTS MICHELIN

Paysages, monuments

Routes touristiques

Géographie

Histoire, Art

Itinéraires de visite

Plans de villes et de monuments

GENÈVE Suisse 74 ⑥, 217 ⑪ **G. Suisse** – 239 517 h. **Communauté urbaine 613 120 h** alt. 375 – Casino – ✪ Genève et les environs : de France 19-41-22 ; de Suisse 022.

Voir Bords du Lac ←★★★ – Parcs★★ BU **B** : Mon Repos, la Perle du Lac et Villa Barton – Jardin botanique★ : jardin de rocaille★★ BV **E** – Cathédrale★ : ☀★★ FY – Monument de la Réformation★ FYZ **D** – Maison Tavel★ FY – Palais des Nations★★ ← ★★ BU – Parc de la Grange★ GY – Parc des Eaux-Vives★ CV – Vaisseau★ de l'église du Christ-Roi BV **N** – Musées : Art et Histoire★★ GZ, Ariana★★ BU **M2**, Histoire Naturelle GZ, Petit-Palais – musée d'Art Moderne★ GZ – collection Baur★ (dans hôtel particulier) GZ, Instruments de musique★ GZ **M** – Musée international de la Croix-Rouge et du Croissant-Rouge★ BU **M3** – Musée des Suisses à l'étranger★ BU **M4**.

Excurs. en bateau sur le lac. Rens. Cie Gén. de Nav., Jardin Anglais ℰ 21 25 21 – Mouettes genevoises, 8 quai du Mt-Blanc ℰ 732 29 44 – Swiss Boat, 4 quai du Mont-Blanc ℰ 736 79 35.

18 à Cologny ℰ 735 75 40 - CU ; Country Club de Bossey ℰ 50 43 75 25, par rte de Troinex - BV.

✈ de Genève-Cointrin ℰ 799 31 11 AU.

i Office de Tourisme gare Cornavin ℰ 738 52 00, Télex 412679 – A.C. Suisse, 21 r. de la Fontenette ℰ 42 22 33 – T.C. Suisse, 9 r. P.-Fatio ℰ 737 12 12.

Paris 538 ⑦ – Thonon-les-Bains 33 ④ – Bern 154 ② – Bourg-en-Bresse 101 ⑦ – Lausanne 63 ② – ♦Lyon 151 ⑦ – Torino 252 ⑥.

Plans : Genève p. 2 à 5.

Les prix sont donnés en francs suisses

Rive droite (Gare Cornavin - Les Quais) :

Richemond, jardin Brunswick, ⊠ 1211 ℰ 731 14 00, Télex 412560, Fax 731 67 09, ←, – ch – 250. AE ⓓ E VISA FY **u**
R voir rest. **Le Gentilhomme** ci-après - **Le Jardin R** carte 60 à 90 – 25 – **68 ch** 360/530, 31 appart. 800.

Rhône, quai Turrettini, ⊠ 1201 ℰ 731 98 31, Télex 22213, Fax 732 45 58, ←, – ch & – 40 à 150. AE ⓓ E VISA. ✻ rest EY **r**
R (voir aussi **Le Neptune** ci-après) carte 70 à 110 – 23 – **220 ch** 220/560, 8 appart..

Les Bergues, 33 quai Bergues, ⊠ 1201 ℰ 731 50 50, Télex 412540, Fax 732 19 89, ←, – ch & – 40 à 350. AE ⓓ E VISA FY **k**
R voir rest **Amphitryon** ci-après- **Le Pavillon R** 35/50 – 23 – **123 ch** 270/500, 10 appart.

Noga Hilton M, 19 quai Mt-Blanc ⊠ 1201 ℰ 731 98 11, Télex 412337, Fax 738 64 32, ←, – ch & – 850. AE ⓓ E VISA. ✻ rest GY **y**
R voir rest. **Le Cygne** ci-après- **La Grignotière R** carte 55 à 75 – **Le Bistroquai R** 16 – 25 – **377 ch** 315/525, 36 appart..

Beau Rivage, 13 quai Mt-Blanc ⊠ 1201 ℰ 731 02 21, Télex 412539, Fax 738 98 47, ←, – – 30 à 350. AE ⓓ E VISA FY **d**
R voir rest. **Le Chat Botté** ci-après – **Le Quai 13** ℰ731 31 82 **R** carte 50 à 75 – 21 – **97 ch** 290/600, 7 appart.

Président M, 17 quai Wilson ⊠ 1211 ℰ 731 10 00, Télex 412328, Fax 731 22 06, ← lac – ch ch & – 25 à 80. AE ⓓ E VISA. ✻ rest GX **d**
R (déj. seul.) 28/45 – 25 – **152 ch** 225/355, 28 appart.

Paix, 11 quai Mt-Blanc ⊠ 1201 ℰ 732 61 50, Télex 412554, Fax 738 87 94, ← – – 70. AE ⓓ E VISA – **R** 36/52 – 21 – **86 ch** 210/470, 14 appart. FY **s**

Ramada Renaissance M, 19 r. Zurich, ⊠ 1201 ℰ 731 02 41, Télex 412557, Fax 738 75 14 – ch & – 150. AE ⓓ E VISA FX **s**
La Cortille R 30/55 – **Café Ragueneau R** 30/55 – 22 – **219 ch** 235/335, 7 appart. – ½ P 208/246.

Bristol M, 10 quai Mt-Blanc ⊠ 1201 ℰ 732 38 00, Télex 412544, Fax 738 90 39 – rest & – 30 à 100. AE ⓓ E VISA FY **w**
R carte 60 à 105 – 23 – **100 ch** 225/330, 5 appart. 530.

Pullman Rotary M, 18 r. Cendrier ⊠ 1201 ℰ 731 52 00, Télex 412704, Fax 731 91 69, – . AE ⓓ E VISA. ✻ FY **t**
R *(fermé sam. et dim.)* 40/60 – 18 – **84 ch** 220/270, 10 duplex 460.

Warwick M, 14 r. Lausanne ⊠ 1201 ℰ 731 62 50, Télex 412731, Fax 738 99 35 – ch – 25 à 300. AE ⓓ E VISA. ✻ rest FY **n**
Les 4 Saisons *(fermé 22 juil. au 18 août, sam., dim. et fériés)* **R** 65/100 – 19 – **169 ch** 255/330.

Rex, 44 av. Wendt ⊠ 1203 ℰ 45 71 50, Télex 415890, Fax 44 04 20, – rest – 40. AE ⓓ E VISA DX **e**
Le Régent *(fermé août, sam. et dim.)* **R** 27/82 – **74 ch** 160/310.

Berne, 26 r. Berne ⊠ 1201 ℰ 731 60 00, Télex 412542, Fax 731 11 73 – – 30 à 100. AE ⓓ E VISA. ✻ rest FY **x**
R 14/32 – **84 ch** 180/250, 4 appart. – ½ P 122/142.

Cornavin sans rest, 33 bd James Fazy ⊠ 1211 ℰ 732 21 00, Télex 412548, Fax 732 88 43 – . AE ⓓ E VISA – **125 ch** 125/260 EY **t**

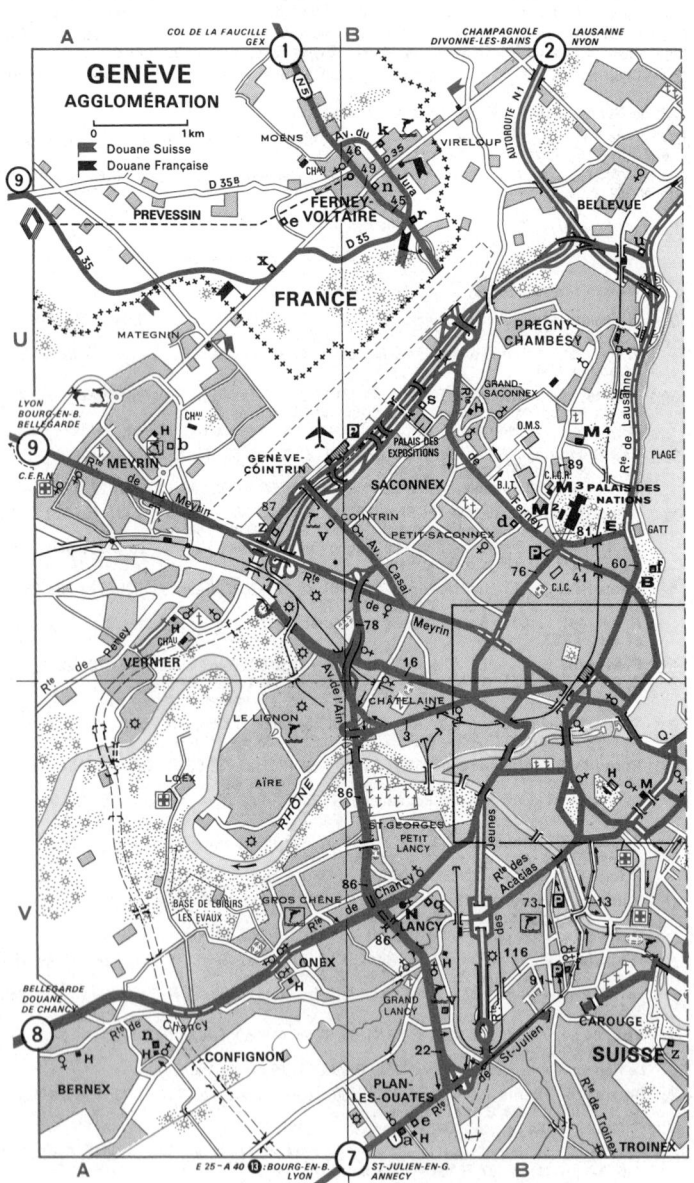

DU PLAN DE GENÈVE

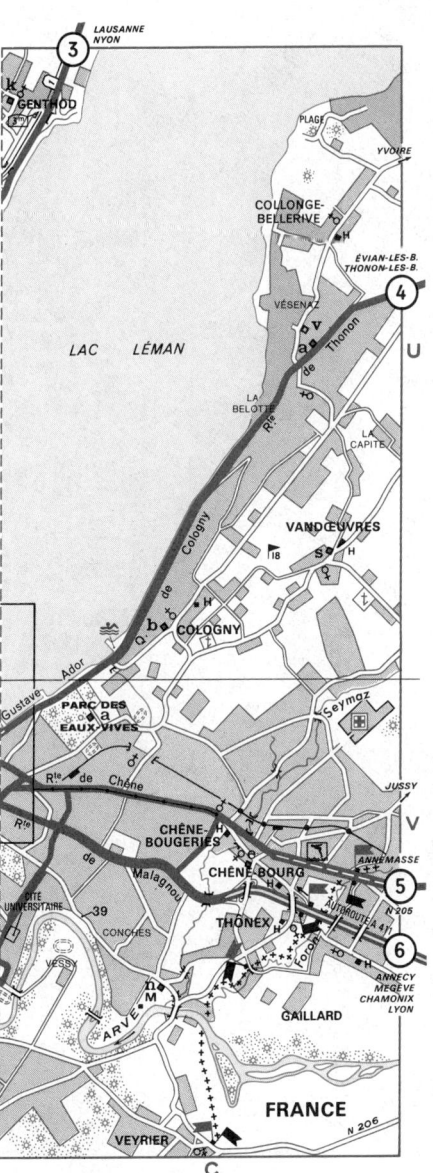

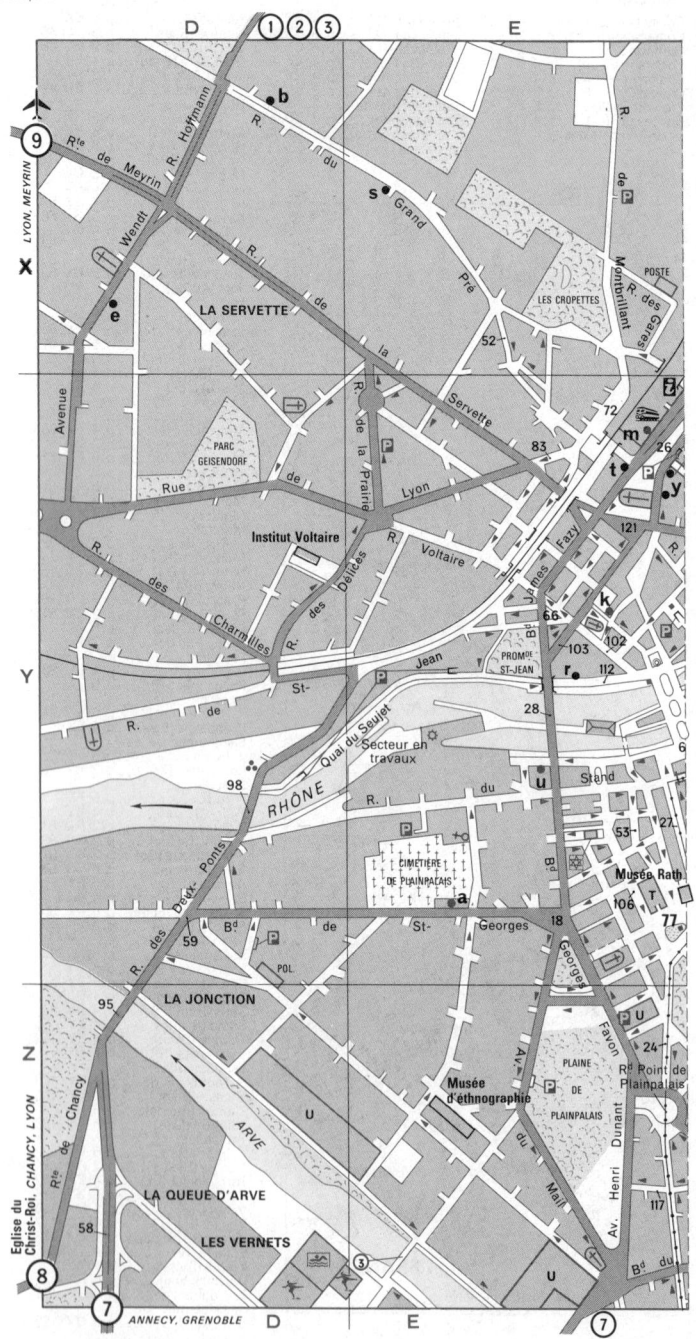

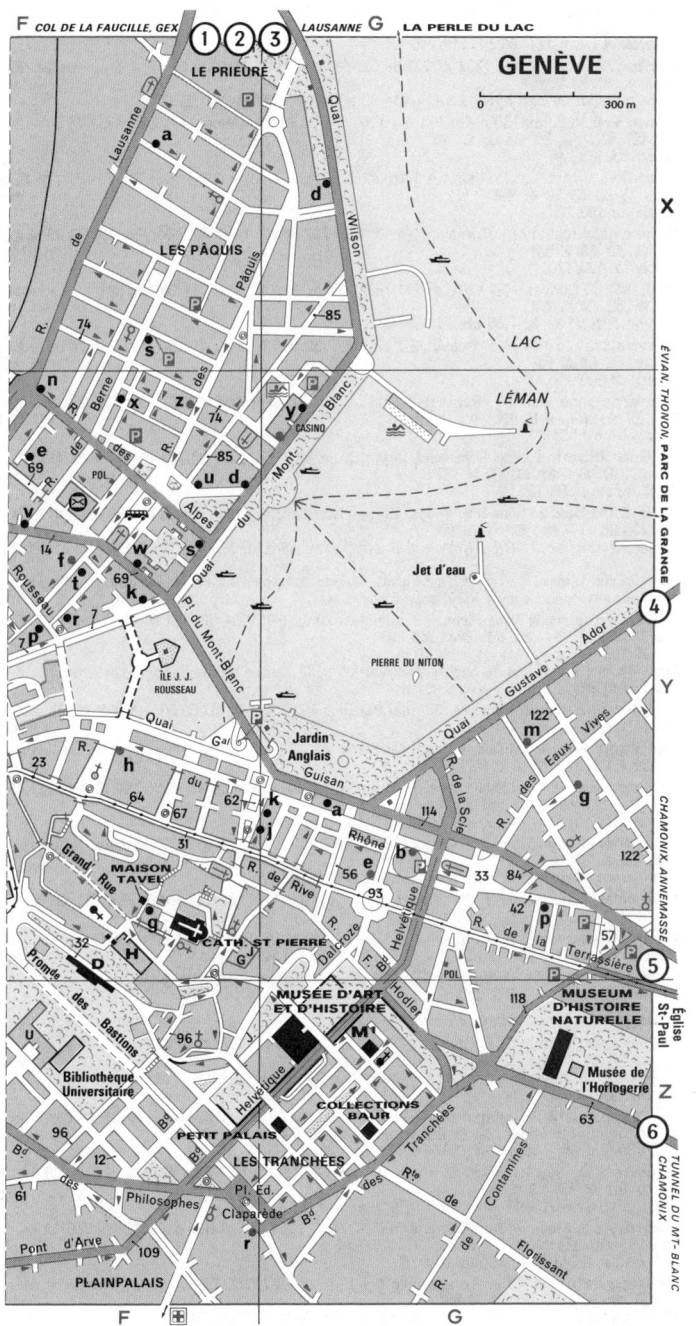

Ambassador, 21 quai Bergues ⊠ 1201 ℰ 731 72 00, Télex 412533, Fax 738 90 80, 👄 –
📶 🖦 ch 📺 ☎ – 🔬 40. 🖭 ⓞ 𝐄 𝑉𝐼𝑆𝐴 FY **p**
R 40/50 🍴 – 🖾 12 – **86 ch** 115/245.

Carlton, 22 r. Amat ⊠ 1202 ℰ 731 68 50, Télex 412546, Fax 732 82 47 – 📶 cuisinette 📺
☎ 🚗. 🖭 ⓞ 𝐄 𝑉𝐼𝑆𝐴 FX **a**
R *(fermé sam. et dim.)* (déj. seul.) carte 30 à 45 🍴 – **123 ch** 🖾 155/270.

Grand Pré sans rest, 35 r. Gd Pré ⊠ 1202 ℰ 733 91 50, Télex 414210, Fax 734 76 91 – 📶
✨ 📺 ☎ – 🔬 30. 🖭 ⓞ 𝐄 𝑉𝐼𝑆𝐴 EX **s**
80 ch 🖾 165/245.

Cristal sans rest, 4 r. Pradier ⊠ 1201 ℰ 731 34 00, Télex 412549, Fax 731 70 78 – 📶 📺
☎ – 🔬 30. 🖭 ⓞ 𝐄 𝑉𝐼𝑆𝐴 FY **e**
79 ch 🖾 130/155.

Suisse sans rest, 10 pl. Cornavin ⊠ 1201 ℰ 732 66 30, Télex 412564, Fax 732 62 39 – 📶
📺 ☎. 🖭 ⓞ 𝐄 𝑉𝐼𝑆𝐴 EY **y**
60 ch 🖾 120/170.

Midi Ⓜ, pl. Chevelu ⊠ 1201 ℰ 731 78 00, Télex 412552, Fax 731 00 20, 👄 – 📶 🖦 rest
📺 ☎. 🖭 ⓞ 𝐄 𝑉𝐼𝑆𝐴 FY **r**
R *(fermé dim.)* 22 🍴 – **85 ch** 🖾 135/190.

Astoria sans rest, 6 pl. Cornavin ⊠ 1211 ℰ 732 10 25, Télex 412536, Fax 731 76 90 – 📶
📺 ☎. 🖭 ⓞ 𝐄 𝑉𝐼𝑆𝐴 EY **y**
62 ch 🖾 105/155.

Moderne sans rest, 1 r. Berne ⊠ 1211 ℰ 732 81 00, Télex 412553, Fax 738 26 58 – 📶
✨ 📺 🚗. 🖭 ⓞ 𝐄 𝑉𝐼𝑆𝐴 FY **v**
🖾 7 – **54 ch** 55/140.

XXXX **Le Gentilhomme** -Hôtel Richemond, jardin Brunswick ⊠ 1211 ℰ 731 14 00, Télex 412560,
Fax 731 67 09 – 🖦. 🖭 ⓞ 𝐄 𝑉𝐼𝑆𝐴 FY **u**
R *(dîner seul.)*

XXXX ❀ **Le Chat Botté** - Hôtel Beau Rivage, 13 quai Mt-Blanc ⊠ 1201 ℰ 731 65 32, Télex 412539,
Fax 738 98 47 – 🖦. 🖭 ⓞ 𝐄 𝑉𝐼𝑆𝐴 FY **d**
fermé 23 mars au 7 avril, 21 déc. au 6 janv., sam., dim. et fériés – **R** 85/115 et carte 80 à
110
Spéc. Pétales de tomates au caviar d'aubergines, Rouelles de homard à la mousseline d'artichaut, Suprême
de volaille à la vapeur de thym. Vins Peissy, Féchy.

XXXX ❀ **Le Cygne** -Hôtel Noga Hilton, 19 quai Mt-Blanc ⊠ 1201 ℰ 731 98 11, Télex 412337,
Fax 738 64 32, ≤ – 🖦. 🖭 ⓞ 𝐄 𝑉𝐼𝑆𝐴. ✻ GY **y**
R 130/150
Spéc. Bar cuit à la fumée de bois et vinaigrette de truffe, Grouse d'Ecosse (août à déc.), Gratinée de
poularde au beurre de truffes. Vins Dardagny.

XXXX **Amphitryon** -Hôtel Les Bergues, 33 quai Bergues ⊠ 1201 ℰ 731 50 50 – 🖭 ⓞ 𝐄 𝑉𝐼𝑆𝐴. ✻
fermé sam. et dim. – **R** 65/80. FY **k**

XXX **Tsé Yang** -Hôtel Noga Hilton, 19 quai Mt-Blanc ⊠ 1201 ℰ 732 50 81, ≤, cuisine chinoise –
🖦. 🖭 ⓞ 𝐄 𝑉𝐼𝑆𝐴. ✻ – **R** 65/125 🍴 GY **y**

XXX **Le Neptune** - Hôtel du Rhône, quai Turrettini ⊠ 1201 ℰ 731 98 31, Télex 22213, Fax 732 45
58, 👄 – 🖦. 🖭 ⓞ 𝐄 𝑉𝐼𝑆𝐴. ✻ EY **r**
fermé sam., dim. et fériés. – **R** carte 95 à 120.

XXX **Aub. Mère Royaume,** 9 r. Corps Saints ⊠ 1201 ℰ 732 70 08, « Style vieux genevois »
– 🖭 ⓞ 𝑉𝐼𝑆𝐴 EY **k**
fermé sam. (sauf le soir hors sais.) et dim. – **R** 75/110 🍴.

XX **Mövenpick-Cendrier,** 17 r. Cendrier (1er étage) ⊠ 1201 ℰ 732 50 30, Fax 731 93 41 –
🖦 FY **f**

XX **Buffet Cornavin,** 3 pl. Cornavin ⊠ 1201 ℰ 732 43 06, Fax 731 61 82 – ⓞ 𝐄 𝑉𝐼𝑆𝐴
Rest. Français R carte 42 à 95 🍴 – **Buffet (1ère classe) R** carte 40 à 60 🍴. EY **m**

X **Boeuf Rouge,** 17 r. A. Vincent ⊠ 1201 ℰ 732 75 37, cuisine lyonnaise FY **z**
fermé sam. et dim. – **R** 22/55 🍴.

Rive gauche (Centre des affaires) :

Métropole, 34 quai Gén. Guisan ⊠ 1204 ℰ 21 13 44, Télex 421550, Fax 21 13 50, 👄 –
📶 🖦 📺 ☎ – 🔬 50 à 200. 🖭 ⓞ 𝐄 𝑉𝐼𝑆𝐴. ✻ rest GY **a**
R voir rest. **L'Arlequin** ci-après- **Le Grand Quai R** carte 55 à 95 – **121 ch** 🖾 230/550, 6
appart. 800/900.

La Cigogne, 17 pl. Longemalle ⊠ 1204 ℰ 21 42 42, Télex 421748, Fax 21 40 65, « Bel
aménagement intérieur » – 📶 📺 ☎ – 🔬 25. 🖭 ⓞ 𝐄 𝑉𝐼𝑆𝐴. ✻ rest FGY **j**
R 65/95, enf. 45 – **45 ch** 🖾 228/395, 5 appart. 720.

Armures Ⓜ 🦌, 1 r. Puits St Pierre ⊠ 1204 ℰ 28 91 72, Télex 421129, Fax 28 98 46 –
📶 🖦 📺 ☎. 🖭 ⓞ 𝐄 𝑉𝐼𝑆𝐴 FY **g**
R carte 45 à 65 🍴 – **28 ch** 🖾 210/410, 4 appart. 420.

Century sans rest, 24 av. Frontenex ⊠ 1207 ℰ 736 80 95, Télex 413246, Fax 786 52 74 –
📶 cuisinette 📺 ☎ 🅿 – 🔬 35. 🖭 ⓞ 𝐄 𝑉𝐼𝑆𝐴 GY **p**
125 ch 🖾 180/315, 14 appart. 315/360.

Touring Balance, 13 pl. Longemalle ⊠ 1204 ℰ 28 71 22, Télex 427634, Fax 28 51 41 –
📶 📺 ☎ – 🔬 40. 🖭 ⓞ 𝐄 𝑉𝐼𝑆𝐴 GY **k**
R *(fermé sam. et dim.)* 41/50 🍴 – **60 ch** 🖾 130/200 – ½ P 125/141.

XXXX **Parc des Eaux-Vives,** 82 quai G. Ador ✉ 1207 ℘ 735 41 40, Fax 786 87 65, « Agréable situation dans un grand parc, belle vue » – Ⓟ. AE ⓞ E VISA CV **a**
fermé 1er janv. au 15 fév., dim. soir du 1er nov. au 30 avril et lundi – **R** 78/130 🍷.

XXXX **L'Arlequin** - Hôtel Métropole, 34 quai Gén. Guisan ✉ 1204 ℘ 21 13 44, Télex 421550, Fax 21 13 50 – ▤. AE ⓞ E VISA. ⛌ GY **a**
fermé août, sam. et dim. – **R** 90/110.

XXX ❋❋ **Le Béarn** (Goddard), 4 quai Poste ✉ 1204 ℘ 21 00 28 – ▤. ⓞ E VISA EY **u**
fermé 20 juil. au 26 août, 16 au 23 fév., sam. (sauf le soir d'oct. à avril) et dim. – **R** 95/140 et carte
Spéc. Ravioli de saumon et huître en nage glacée, Soufflé de truffe (15 déc. au 15 fév.), Oursin fourré de coquille Saint-Jacques. **Vins** Dardagny, Côtes de Russin.

XXX **Baron de la Mouette (Mövenpick Fusterie),** 40 r. Rhône ✉ 1204 ℘ 21 88 55, Fax 28 93 22, ☂ – ▤. AE ⓞ E VISA FY **h**
R carte 55 à 95 🍷.

XXX **Roberto,** 10 r. P. Fatio ✉ 1204 ℘ 21 80 33, cuisine italienne – ▤. AE E VISA GY **e**
fermé sam. soir et dim. – **R** carte 65 à 100 🍷.

XX **La Coupole,** 116 r. Rhône ✉ 1204 ℘ 735 65 44, Fax 736 75 46 – ▤. AE ⓞ E VISA GY **b**
fermé sam. midi, dim. et fériés – **R** 30/56 🍷.

XX **Le Sénat,** 1 r. E. Yung ✉ 1205 ℘ 46 58 10, ☂ – AE ⓞ E VISA FZ **r**
fermé sam. et dim. – **R** 37/68 🍷, enf. 20.

XX **Cavalieri,** 7 r. Cherbuliez ✉ 1207 ℘ 735 09 56, cuisine italienne – ▤. AE ⓞ E VISA GY **g**
fermé juil. et lundi – **R** carte 45 à 65 🍷.

X **L'Esquisse,** 7 r. Lac ✉ 1207 ℘ 786 50 44, ☂ – E VISA GY **m**
fermé 15 juil. au 15 aout, 22 déc au 3 janv., sam. et dim. – **R** 49/65 🍷.

Environs

au Nord :

Palais des Nations :

🏨 **Intercontinental** Ⓜ, 7 petit Saconnex ✉ 1211 ℘ 734 60 91, Télex 412921, Fax 734 28 64, ←, ☂, ⛱ – 🛗 ▤ 📺 ☎ 🚗 Ⓟ – 🎤 25 à 600. AE ⓞ E VISA. ⛌ rest BU **d**
R voir rest. **Les Continents** ci-après - **La Pergola R** carte 50 à 75 kf – ☕ 19 – **353 ch** 300/400, 64 appart.

XXXX ❋ **Les Continents** - Hôtel Intercontinental, 7 petit Saconnex ✉ 1211 ℘ 734 60 91, Télex 412921, Fax 734 28 64 – ▤ Ⓟ. AE ⓞ E VISA BU **d**
fermé dim. midi et sam. – **R** carte 71 à 120
Spéc. Foie gras de canard poêlé, Carpaccio de saumon et tartare de dorade, Homard braisé au jus d'olives et ravioli de cèpes.

XXX **Perle du Lac,** 128 r. Lausanne ✉ 1202 ℘ 731 79 35, Fax 731 49 79, ←, ☂ – AE ⓞ E VISA. ⛌ BU **f**
fermé 22 déc. au 22 janv. et lundi – **R** 95/130.

Palais des Expositions : 5 km – ✉ **1218** Grand Saconnex :

🏨 **Holiday Inn Crowne Plaza** Ⓜ, 26 voie Moëns ℘ 791 00 11, Télex 415695, Fax 798 92 73, 🏊 – 🛗 ⇔ ▤ 📺 ☎ ♿ 🚗 – 🎤 40 à 160. AE ⓞ E VISA BU **s**
R carte 50 à 90 🍷, enf. 15 – ☕ 20 – **288 ch** 220/330, 17 appart..

à Bellevue par ③ et rte de Lausanne : 6 km - BU – ✉ **1293** Bellevue :

🏨 **La Réserve** Ⓜ 🐎, 301 rte Lausanne ℘ 774 17 41, Télex 419117, Fax 774 25 71, ←, ☂, « Dans un parc près du lac, port aménagé », 🏋, ⛱, 🏊, 🎾 – 🛗 ▤ 📺 ☎ ♿ 🚗 Ⓟ – 🎤 80. AE ⓞ E VISA BU **u**
R voir rest. **Tsé Fung** ci-après - **La Closerie** carte 85 à 125 – ☕ 25 – **113 ch** 250/450, 9 appart.

XXX **Tsé Fung** - Hôtel La Réserve, 301 rte Lausanne ℘ 774 17 41, Télex 419117, Fax 774 25 71, ☂, cuisine chinoise – ▤ Ⓟ. AE ⓞ E VISA BU **u**
R 75/125.

à Genthod par ③ et rte de Lausanne : 7 km - CU – ✉ **1294** Genthod :

XX ❋ **Rest. du Château de Genthod** (Leisibach), 1 rte Rennex ℘ 774 19 72, ☂ – E VISA CU **k**
fermé 12 au 18 août, 20 déc. au 10 janv., dim. et lundi – **R** 42/65
Spéc. Mousse de foie de poularde aux pignons, Terrine de brochet au basilic (fév. à juin et oct. au 15 déc.), Noisettes de chevreuil Saint-Hubert (saison). **Vins** Côtes de Russin, Féchy.

à l'Est par route d'Évian :

à Cologny : 3,5 km - CU – ✉ **1223** Cologny :

XXXX ❋❋ **Aub. du Lion d'Or** (Large), au village ℘ 736 44 32, ←, ☂, « Situation dominant le lac et Genève » – Ⓟ. AE ⓞ E VISA CU **b**
fermé 25 mars au 2 avril, 20 déc. au 20 janv., sam. et dim. – **R** 120/160 et carte 🍷
Spéc. Rosette de lotte maraîchère, Daurade royale grillée à l'ail, Chariot de pâtisseries. **Vins** Lully, Pinot noir du Valais.

à *Vandoeuvres* : 5,5 km - CU – ✉ **1253** Vandoeuvres :

%%% **Cheval Blanc,** 𝒫 750 14 01, 🍴, cuisine italienne – ⅄ Ɛ 𝘝𝘐𝘚𝘈. ⚓   CU **s**
fermé 8 au 31 juil., 24 déc. au 3 janv., dim. et lundi – **R** 35/60 ᕗ.

à *Vésenaz* : 6 km - CU – ✉ **1222** Vésenaz :

🏠 **La Tourelle** sans rest, 26 rte Hermance 𝒫 752 16 28, Fax 752 54 93, parc – ☎ ℗ ⊙ Ɛ
𝘝𝘐𝘚𝘈   CU **v**
fermé 26 déc. au 5 fév. – **22 ch** 😴 100/160.

à *Anières* par ④ et rte d'Yvoire : 11 km - CU – ✉ **1247** Anières :

%%% Le Léman, 287 rte Hermance 𝒫 751 20 20, ≤lac et Jura, 🍴, 🌴 – ℗.

à l'Est par route d'Annemasse :

à *Chêne-Bourg* : 4,5 km - CV – ✉ **1225** Chêne-Bourg :

%% Le Gabelou, 16 r. Gothard 𝒫 48 62 57   CV **e**

à *Conches* : 5 km - CV – ✉ **1234** Conches :

% **Le Vallon,** 182 rte Florissant 𝒫 47 11 04, 🍴 – ⅄   CV **n**
fermé 29 mars au 7 avril, 1ᵉʳ au 15 juil., 24 déc. au 6 janv., sam. et dim. – **R** carte 55 à
80 ᕗ.

à *Jussy* : par ⑤ : 11 km - CV – ✉ **1254** Jussy :

% **Aub. Vieux Jussy,** 𝒫 759 11 10, 🍴, 🌴 – ⅄ ⊙ Ɛ 𝘝𝘐𝘚𝘈
fermé merc. – **R** 48 ᕗ.

au Sud :

à *Vessy* par rte de Veyrier : 6 km - BV – ✉ **1234** Vessy :

%% **La Guinguette,** 130 rte de Veyrier 𝒫 784 26 26, Fax 784 13 34, 🍴 – ℗. Ɛ 𝘝𝘐𝘚𝘈   BV **z**
fermé 20 juil. au 12 août, 21 déc. au 6 janv, sam. et dim. – **R** 59/79.

à *Carouge* : 3 km - BV – ✉ **1227** Carouge :

%% **La Cassolette,** 31 r. J. Dalphin 𝒫 42 03 18, Fax 43 77 84 – Ɛ 𝘝𝘐𝘚𝘈   BV **f**
fermé 29 mars au 7 avril, 27 juil. au 18 août, sam. et dim. – **R** 68/105.

au Petit Lancy : 3 km - BV – ✉ **1213** Petit Lancy :

🏰🏰 **Host. de la Vendée,** 28 chemin Vendée 𝒫 792 04 11, Télex 421304, Fax 792 05 46, 🍴
– 🛗 📺 ☎ ℗ – ᕗ 80. ⅄ ⊙ Ɛ 𝘝𝘐𝘚𝘈   BV **q**
fermé 23 déc. au 6 janv. – **R** *(fermé sam. midi et dim.)* 48 (déj. seul.)/105 ᕗ – **33 ch**
😴 140/245 – ½ P 143/163
Spéc. Feuilleté de légumes et ris de veau au Sauternes, Papillote de filets de rougets "Provençale", Soufflé
chaud à la vanille (mai à sept.). Vins Pinot gris, Pinot noir.

au Grand-Lancy : 3 km - BV – ✉ **1212** Lancy :

%%% ❀ **Marignac** (Pelletier), 32 av. E. Lance 𝒫 794 04 24, 🍴, parc – ▤ ℗. Ɛ 𝘝𝘐𝘚𝘈   BV **v**
fermé 4 au 20 août, sam. midi, lundi midi et dim. – **R** 75/110
Spéc. Saumon cru mariné et son tartare, Escalopes de foie gras poêlées sur purée de pommes. Vins Côtes
de Russin, Lully.

au Plan-les-Ouates : 5 km - BV – ✉ **1228** Plan-les-Ouates :

🏠 **Plan-les-Ouates** sans rest, 135 rte St-Julien 𝒫 794 92 44 – 🛗 ☎. ⅄ ⊙ Ɛ 𝘝𝘐𝘚𝘈   BV **e**
fermé 23 déc. au 13 janv. – 😴 8 – **22 ch** 46/120.

%% **Café de la Place,** 143 rte St Julien 𝒫 794 96 98   BV **a**
fermé 9 au 26 août, 21 déc. au 6 janv., sam. et dim. – **R** *(prévenir)* 70/75.

à l'Ouest :

à *Confignon* : par ⑧ : 6 km - AV – ✉ **1232** Confignon :

% **Aub. de Confignon,** 6 pl. Église 𝒫 757 19 44, 🍴 – Ɛ 𝘝𝘐𝘚𝘈   AV **n**
R *(fermé lundi)* 38/77 ᕗ.

à *Cartigny* par ⑧ : 12 km – ✉ **1236** Cartigny :

%% **L'Escapade,** 31 r. Trabli 𝒫 756 12 07, 🍴, 🌴 – ℗. ⅄ ⊙ Ɛ 𝘝𝘐𝘚𝘈
fermé 2 au 15 sept., 20 déc. au 15 janv., dim. et lundi – **R** 65/100.

à *Peney-Dessus* : 10 km par rte de Peney - AUV – ✉ **1242** Staigny :

%%% ❀ **Aub. de Châteauvieux** ⚓ avec ch, 𝒫 753 15 11, Fax 753 19 24, ≤, 🍴, « Ancienne
ferme seigneuriale », 🌴 – 📺 ☎ ℗ – ᕗ 30. ⊙ Ɛ 𝘝𝘐𝘚𝘈
fermé 28 juil. au 12 août et 22 déc. au 7 janv. – **R** *(fermé dim. et lundi)* 85/98 – **19 ch**
😴 115/185
Spéc. Pavé de saumon croustillant et fin ragoût de supions, Râble de lapereau en casserole, Chariot de
pâtisseries.

à Cointrin par rte de Lyon : 4 km - ABU – ⊠ **1216** Cointrin :

🏨 **Mövenpick Radisson** Ⓜ, 20 rte Pré Bois ☏ 798 75 75, Télex 415701, Fax 791 02 84 – ▮▮
✦ ▤ ▦ ᴋ ⟲ – ﹩ 270. ◭ ◉ ᴇ 𝘝𝘐𝘚𝘈
AU z
R carte 50 à 80 – **La Belle Époque** *(fermé sam. midi et dim.)* **R** carte 60 à 100 – **Kikkoman**
R 58/75 – ☲ 20 – **350 ch** 210/330, 14 appart..

🏨 **Penta** Ⓜ, 75 av. L. Casaï ☏ 798 47 00, Télex 415571, Fax 798 77 58, 🔭 – ▮▮ ✦ ▤ ▦
☎ ᴋ ⟲ ❷ – ﹩ 700. ◭ ◉ ᴇ 𝘝𝘐𝘚𝘈. ✄ rest
AU v
La Récolte R carte 55 à 85, enf. 21 – ☲ 21 – **308 ch** 180/260 – ½ P 240/260.

XX **Rôt. Plein Ciel,** à l'aéroport ☏ 717 76 76, Télex 415775, Fax 798 77 68, ≼ – ▤. ◭ ◉ ᴇ
𝘝𝘐𝘚𝘈
AU
R 59/65.

à Meyrin par rte de Lyon : 5 km – ⊠ **1217** Meyrin :

🏨 **Airport Mövenpick** Ⓜ, ☏ 785 02 03, Télex 418935, Fax 785 02 55 – ▮▮ cuisinette ✦ ▤
▦ ☎ ⟲ ❷ – ﹩ 120. ◭ ◉ ᴇ 𝘝𝘐𝘚𝘈
AU b
R 10/26 ᴋ, enf. 10 – ☲ 16 – **190 ch** 110/240.

MICHELIN, (S.A.P.M.) rte du Vieux Canal 2 ☏ 783 71 11 case postale 65 - CH 1762 Givisiez,
Télex 942892 MIFCH, **Fax 726 16 74**

▬▬ **GENILLÉ** 37460 I.-et-L. ⑥⑨ ⑯ G. Châteaux de la Loire – 1 420 h. alt. 88.
Paris 236 – ♦Tours 45 – Ambroise 32 – Blois 54 – Loches 11 – Montrichard 21.

XX **Agnès Sorel** avec ch, ☏ 47 59 50 17, 🔭 – ☎. ᴇ 𝘝𝘐𝘚𝘈
fermé fév., dim. soir et lundi sauf fériés de sept. à juin – **R** 100/232, enf. 50 – ☲ 28 – **4 ch**
150/200 – ½ P 263.

▬▬ **GENIN (Lac de)** 01 Ain ⑦④ ④ – rattaché à Oyonnax.

▬▬ **GENISSIEUX** 26750 Drôme ⑦⑦ ② – 1 417 h. alt. 186.
Paris 559 – Valence 18 – ♦Grenoble 88 – Romans-sur-Isère 7.

🏠 **La Chaumière,** pl. Champ de Mars ☏ 75 02 77 97 – ▮▮ ☎. 𝘝𝘐𝘚𝘈
◆ *fermé 23 déc. au 1er fév. et dim. soir d'oct. à mai* – **R** 55/110 ᴋ, enf. 35 – ☲ 20 – **15 ch**
160/240 – ½ P 180/240.

▬▬ **GENLIS** 21110 Côte-d'Or ⑥⑥ ⑫⑬ – 4 960 h. alt. 199.
Paris 330 – ♦Dijon 17 – Auxonne 15 – Dole 31 – Gray 51.

🚉 **Gare,** ☏ 80 31 30 11, Fax 80 37 89 11 – ▦ ☎ ❷. ◭ ᴇ 𝘝𝘐𝘚𝘈
◆ *fermé 4 au 25 août, 25 au 31 déc. et dim. (sauf midi du 15 sept. au 14 juil.)* – **R** 55 bc/140,
enf. 35 – ☲ 30 – **18 ch** 100/240 – ½ P 140/200.

à Izier NO : 5 km par D 109ᴶ – ⊠ **21110** :

XX **Aub. d'Izier,** ☏ 80 31 26 39, Télex 352101, Fax 80 31 36 99, 🔭 – ❷. 𝘝𝘐𝘚𝘈
fermé dim. soir et lundi – **R** 130/250.

à Échigey S : 8 km par D 25 et D 34 – ⊠ **21110** :

XX **Place** avec ch, ☏ 80 29 74 00, 🔭 – ⟲ ❷. ◉ ᴇ 𝘝𝘐𝘚𝘈. ✄ ch
◆ *fermé 26 août au 3 sept., 2 au 31 janv., dim. soir et lundi sauf fériés* – **R** 65/205 – ☲ 22 –
14 ch 100/180 – ½ P 180/200.

PEUGEOT-TALBOT Gar. Bourbon ☏ 80 31 35 41   RENAULT Côte-d'Or Auto. ☏ 80 37 81 04
Ⓝ ☏ 80 31 57 44

▬▬ **GENNES** 49350 M.-et-L. ⑥④ ⑫ G. Châteaux de la Loire – 1 888 h. alt. 29.
Voir Église★★ de Cunault SE : 2,5 km – Église★ de Trèves-Cunault SE : 3 km.
🛈 Syndicat d'Initiative square Europe (mai-sept.) ☏ 41 51 84 14.
Paris 287 – Angers 31 – Bressuire 63 – Cholet 61 – La Flèche 45 – Saumur 16.

🏨 **Aux Naulets d'Anjou** ⬥, ☏ 41 51 81 88, ≼, 🔭, 🌳 – ☎ ❷. ᴇ 𝘝𝘐𝘚𝘈. ✄ rest
15 mars-30 oct. – **R** *(fermé lundi hors sais.)* 95/160, enf. 60 – ☲ 30 – **20 ch** 200/280 –
½ P 260/300.

XX **Host. Loire** avec ch, ☏ 41 51 81 03, 🌳 – ❷. ᴇ 𝘝𝘐𝘚𝘈
fermé 2 janv. au 12 fév., lundi soir et mardi sauf fêtes – **R** 95/145 – ☲ 28 – **11 ch** 150/320
– ½ P 250/290.

XX **L'Aubergade,** ☏ 41 51 81 07 – ᴇ 𝘝𝘐𝘚𝘈
fermé fév., mardi soir en hiver et merc. – **R** 95/180, enf. 50.

▬▬ **GENNEVILLIERS** 92 Hauts-de-Seine ⑤⑤ ⑳, ⑪⓪⑪ ⑮ – voir à Paris, Environs.

🖥 Syndicat d'Initiative 𝒫 66 61 18 32.

Paris 621 – Alès 37 – Florac 49 – La Grand-Combe 27 – Nîmes 81 – Villefort 18.

🏠 **Mont Lozère,** D 906 𝒫 66 61 10 72, 🍽 – 🕿 🅿. ⓞ E 𝘝𝘐𝘚𝘈. 🛠
16 mars-30 sept. et fermé mardi du 11 sept. au 14 juin – **R** 60/160 🍴, enf. 40 – 🖙 25 –
15 ch 140/200 – ½ P 210/235.

GENOUILLAC 23350 Creuse 68 ⑲ – 783 h. alt. 305.

Paris 327 – La Châtre 27 – Guéret 27 – Montluçon 55.

✗ **Relais d'Oc** avec ch, 𝒫 55 80 72 45 – 🛏 ch 🕿. 𝘝𝘐𝘚𝘈. 🛠
hôtel : 15 avril-15 oct. ; rest. : 20 mars-25 nov. et fermé dim soir et lundi sauf fériés –
R 100/160 🍴, enf. 45 – 🖙 30 – **6 ch** 150/250 – ½ P 200/350.

GENTILLY 94 Val-de-Marne 60, 101 ㉓ – voir à Paris, Environs.

GÉRARDMER 88400 Vosges 62 ⑰ G. Alsace Lorraine – 9 647 h. alt. 665 – Sports d'hiver : 750/1 150 m
⚡19 🛷 – Casino AZ.

Voir Lac★ – Saut des Cuves★ E : 3 km par ①.

🖥 Office de Tourisme pl. Déportés 𝒫 29 63 08 74, Télex 961408.

Paris 400 ③ – Colmar 52 ① – Belfort 77 ② – Épinal 41 ③ – St-Dié 30 ① – Thann 56 ②.

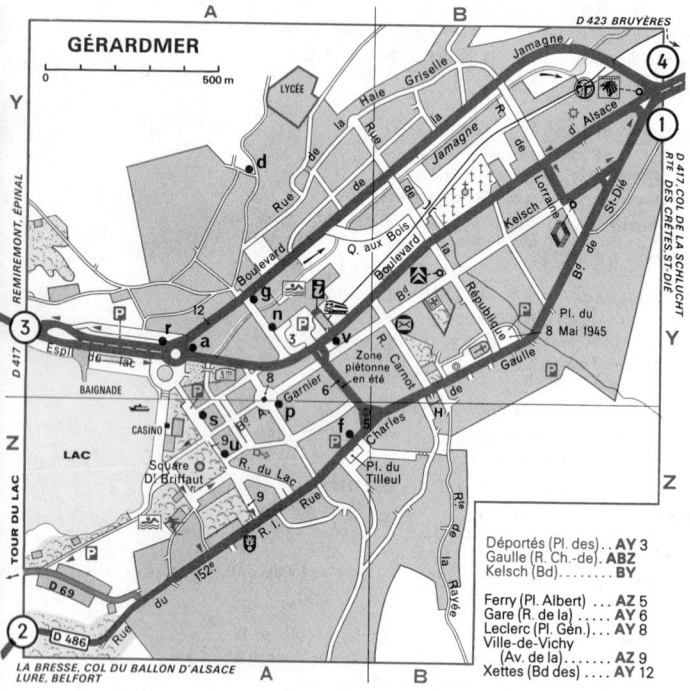

Déportés (Pl. des) . . **AY** 3
Gaulle (R. Ch.-de). **ABZ**
Kelsch (Bd) . . . . **BY**

Ferry (Pl. Albert) . . **AZ** 5
Gare (R. de la) . . . . . **AY** 6
Leclerc (Pl. Gén.) . . . **AY** 8
Ville-de-Vichy
(Av. de la) . . . . **AZ** 9
Xettes (Bd des) . . . . **AY** 12

🏨 **Gd Hôtel Bragard,** pl. Tilleul 𝒫 29 63 06 31, Télex 960964, Fax 29 60 90 58, « 🌊, parc »
– 📳 📺 🕿 🅿 – 🛗 25 à 60. 🆎 ⓞ E 𝘝𝘐𝘚𝘈   AZ **f**
R 100/320, enf. 65 – 🖙 50 – **61 ch** 270/550 – ½ P 285/400.

🏨 ⚜ **La Réserve** (Marchal) Ⓜ, esplanade du Lac 𝒫 29 63 21 60, Fax 29 60 81 60, ≤, 🍽 – 📳
📺 🕿 🅿 – 🛗 35. 🆎 ⓞ E 𝘝𝘐𝘚𝘈   AY **a**
24 mars-mi nov. – **R** 139/249, enf. 60 – 🖙 38 – **24 ch** 275/528 – ½ P 306/462
Spéc. Foie gras de canard, Escalope de saumon aux aromates, Glace au miel. **Vins** Pinot noir, Tokay - Pinot
gris.

🏨 **Jamagne,** 2 bd Jamagne 𝒫 29 63 36 86, Fax 29 63 41 00, 🍽, 🖾 – 📳 🕿 🅿 – 🚶 60. **E**
𝘝𝘐𝘚𝘈, 🛠 rest   AY **g**
29 mars-27 oct. et 26 déc.-28 fév. – **R** 95/105 🍴, enf. 48 – 🖙 33 – **50 ch** 240/310 –
½ P 255/280.

29 C30 874

🏨 **Paix,** 6 av. Ville de Vichy 🕿 29 63 38 78, Télex 961408, 😚 – 📺 🕿 🅿 🖪 VISA, 🛠 rest
R 75/238 🍴, enf. 55 – 🖵 29 – **20 ch** 173/275, 5 appart. 472 – ½ P 218/267. AZ **s**

🏨 **Viry et rest. l'Aubergade,** pl. Déportés 🕿 29 63 02 41, Télex 961408, 😚 – 📺 🕿. AE
⬥ ⓪ 🖪 VISA AY **n**
R (fermé vend. hors sais.) 70/210 🍴, enf. 48 – **18 ch** 🖵 190/270 – ½ P 215/255.

🏨 **Bains** sans rest, 16 bd Garnier 🕿 29 63 08 19, � – 🕿 🅿 🖪 VISA AZ **p**
fermé 5 nov. au 15 déc. – 🖵 28 – **57 ch** 178/290.

🏠 **Lac' Hôtel et rest. Bleu Marine** M, Esplanade du Lac 🕿 29 63 38 23, ≤, 😚, � – 🛗
⬥ 📺 🕿 – 🔒 30. 🖪 VISA AY **r**
fermé 15 nov. au 15 déc. – **R** (fermé le midi du 21 oct. au 31 janv., sauf dim. et vacances
scolaires) 70/220 🍴, enf. 40 – 🖵 30 – **14 ch** 280/330 – ½ P 255/283.

🏠 **Relais de la Mauselaine** ⑤, au pied des pistes SE : 2,5 km rte de la Rayée - BZ
⬥ 🕿 29 60 06 60, ≤ – 🕿 🅿 🖪 VISA, 🛠
fermé 30 sept. au 15 déc. – **R** 68/195 🍴, enf. 35 – 🖵 25 – **16 ch** 220/250 – ½ P 240/250.

🏠 **Parc,** 12 av. Ville de Vichy 🕿 29 63 32 43, 😚 – 📺 🕿 🅿 🖪 VISA, 🛠 AZ **u**
fermé 14 oct. au 20 déc. et 6 janv. au 20 fév. – **R** 75/200 🍴 – 🖵 28 – **36 ch** 130/300 –
½ P 170/260.

🏠 **Liserons,** 5 bd Kelsch 🕿 29 63 02 61 – 📺 🐕. AE 🖪 VISA, 🛠 rest AY **v**
fermé 16 au 28 mars, 13 oct. au 16 déc. et merc. hors sais. sauf rest. – **R** 90/150 🍴 – 🖵 35
– **12 ch** 200/250 – ½ P 220/240.

🏠 **L'Abri** ⑤ sans rest, rte Miselle 🕿 29 63 02 94, ≤, � – 🕿 🅿. VISA, 🛠 AY **d**
fermé 20 oct. au 10 nov. et merc. hors sais. – 🖵 24 – **14 ch** 140/220.

🏠 **Chalet du Lac,** par ③ : 1 km rte Épinal 🕿 29 63 38 76, ≤ lac, � – 🕿 🅿 🖪 VISA
⬥ fermé 1er oct. au 1er nov. – **R** (fermé vend. hors sais. sauf vacances scolaires) 70/250 🍴,
enf. 45 – 🖵 30 – **11 ch** 135/270 – ½ P 180/220.

🏡 **Écho de Ramberchamp** ⑤ sans rest, à **Ramberchamp** : 1,5 km par D 69 🕿 29 63 02 27,
≤😚 – 🕿 🅿 🖪 VISA, 🛠 AZ
fermé 1er nov. au 15 déc., 15 janv. au 1er fév., et lundi – 🖵 23 – **16 ch** 140/220.

au Col de Martimpré par ① et D 8 : 5 km – ⊠ 88400 Gérardmer :

XX **Bonne Auberge de Martimprey** avec ch, 🕿 29 63 19 08, � – 🕿 🅿
11 ch.

aux Bas Rupts par ② : 4 km – alt. 800 – ⊠ 88400 Gérardmer :

XXX ✿ **Host. Bas-Rupts** (Philippe) avec ch, 🕿 29 63 09 25, Télex 960992, Fax 29 63 00 40, ≤,
😚, �, 🛠 – 📺 🕿 🅿. AE ⓪ 🖪 VISA
fermé 9 au 20 déc. – **R** (dim. et fêtes prévenir) 130/380, enf. 80 – **18 ch** 🖵 300/500 –
½ P 350/420.
Spéc. Tripes au Riesling, Hachis Parmentier de tourteau au coulis d'étrilles, Cuisse de canard confit sur
choucroute. Vins Riesling, Tokay-Pinot gris.
Annexe Chalet Fleuri 🏨 M, 🕿 29 63 09 25, Télex 960992, Fax 29 63 00 40, ≤, � –
📺 🕿. AE ⓪ 🖪 VISA
fermé 9 au 20 déc. – **14 ch** 🖵 400/550 – ½ P 460/520.

XX **La Belle Marée,** 🕿 29 63 06 83, ≤, produits de la mer – 🅿. AE ⓪ 🖪 VISA
fermé 22 juin au 6 juil., mardi et merc. en janv., dim. soir hors sais. et lundi – **R** 75/230 🍴,
enf. 50.

à Xonrupt-Longemer E par ① et D 417 : 6 km – ⊠ 88400.
Voir Lac de Longemer★ SE : 2 km – Roche du Diable ≤★★ SE : 6 km puis 15 mn.

XX **Lac de Longemer** avec ch, 🕿 29 63 37 21, ≤, 🌲 – 🐕 🅿 🖪 VISA, 🛠 rest
fermé 5 nov. au 20 déc. – **R** (fermé merc. sauf vacances scolaires) 88/280 🍴, enf. 52 –
🖵 30 – **21 ch** 230/250 – ½ P 240/260.

CITROEN Gar. Géromois, 31 bd Kelsch
🕿 29 63 35 77
PEUGEOT-TALBOT Gar. Thiébaut, La Croisette
🕿 29 63 14 50

RENAULT Gar. Defranoux, 60 bd Kelsch
🕿 29 63 01 95

GERMIGNY-L'ÉVÊQUE 77 S.-et-M. 56 ⑬, 106 ⑳ – rattaché à Meaux.

Les GETS 74260 H.-Savoie 74 ⑧ G. Alpes du Nord – 1 097 h. alt. 1 170 – Sports d'hiver : 1 172/2 002 m
🚠2 🚡28 🎿.
🖪 Office de Tourisme 🕿 50 79 75 55, Télex 385026.
Paris 587 – Thonon-les-B. 37 – Annecy 86 – Bonneville 37 – Chamonix 64 – Cluses 22 – ◆Genève 52 – Morzine 7.

🏨🏨 **La Marmotte,** 🕿 50 79 75 39, Fax 50 79 85 00, ≤, 🔲 – 🛗 📺 🕿 🚗 – 🔒 40. AE ⓪ 🖪
VISA, 🛠 rest
29 juin-7 sept. et 21 déc.-20 avril – **R** (résidents seul.) 125/145 – **45 ch** (½ pens. seul.) –
½ P 410/660.

🏨🏨 **Le Labrador** M ⑤, rte Turche 🕿 50 79 74 53, ≤, 🛁, 🔽, 🛠 – 🛗 📺 🕿 🚗 🅿. AE
⓪ 🖪 VISA
1er juil.-15 sept. et 15 déc.-15 avril – **R** 110/350, enf. 65 – **24 ch** 🖵 450/580 – ½ P 385/510.

497

🏨 **Le Crychar** sans rest, ℰ 50 79 72 84, ≼, ⌁ (été), ⇌ – 📺 ☎ ⇐ 🅿. 🆎 ⓄⒹ Ɛ 𝚅𝙸𝚂𝙰. ⅍
29 juin- 15 sept. et 20 déc.- 15 avril – ⌑ 40 – **12 ch** 380/460.

🏨 **Ours Blanc** Ⓜ ⅍, ℰ 50 79 14 66, ≼ – 📶 📺 ☎ 🅿. Ɛ 𝚅𝙸𝚂𝙰 ⅍ rest
Noël-Pâques – **R** (résidents seul.) – ⌑ 35 – **15 ch** 390/320 – ½ P 370/470.

🏨 **Mont Chéry,** ℰ 50 79 74 55, ≼, ⌂, ⌁ (été), ⇌ – 📶 ▤ rest 📺 ⇐ 🅿. Ɛ 𝚅𝙸𝚂𝙰. ⅍
1ᵉʳ juil.- 10 sept. et 20 déc.- 15 avril – **R** 90/300 🍷, enf. 50 – **26 ch** ⌑ 350/600 – ½ P 400/530.

🏨 **Alpages,** rte Turche ℰ 50 79 82 79, Fax 50 79 76 98, ≼, ⌁ – 📶 📺 ☎ ⇐ 🅿 – 🏔 30. 🆎
ⓄⒹ Ɛ 𝚅𝙸𝚂𝙰
30 juin- 15 sept. et 22 déc.- 15 avril – **R** 160/280, enf. 60 – ⌑ 50 – **22 ch** 400/600 –
½ P 500/650.

🏠 **Alissandre** Ⓜ ⅍ sans rest, ℰ 50 79 80 65, ≼, ⇌ – 📺 ☎ 🅿. 🆎 Ɛ 𝚅𝙸𝚂𝙰
⌑ 30 – **14 ch** 395/505.

🏠 **Alpina** ⅍, ℰ 50 79 80 22, ≼ – ☎ ⇐ 🅿. Ɛ 𝚅𝙸𝚂𝙰. ⅍
25 juin- 15 sept. et 20 déc.-20 avril – **R** 84/115, enf. 65 – ⌑ 27 – **29 ch** 240/270 – ½ P 200/330.

🏠 **Maroussia** ⅍, à La Turche ℰ 50 79 71 06, ≼ – ☎ 🅿. Ɛ 𝚅𝙸𝚂𝙰. ⅍ rest
hôtel : 23 juin-28 sept. et 16 déc.-9 mai ; rest. : 23 juin- 10 sept. et 16 déc.-9 mai – **R** 75/120
– ⌑ 30 – **22 ch** 260/310 – ½ P 260/370.

🏠 **Régina,** ℰ 50 79 74 76, ≼ – 📺 ☎ ⇐. ⒹƐ 𝚅𝙸𝚂𝙰. ⅍ rest
20 déc.- 15 avril – **R** 88/130, enf. 40 – ⌑ 27 – **23 ch** 230/330 – ½ P 280/340.

GEVREY-CHAMBERTIN 21220 Côte-d'Or 🔢 ⑫ G. Bourgogne – 2 582 h. alt. 287.
🛈 Office de Tourisme pl. Mairie (mai-sept.) ℰ 80 34 38 40.
Paris 313 – ◆Dijon 12 – Beaune 27 – Dole 62.

🏨 **Les Terroirs** sans rest, rte Dijon ℰ 80 34 30 76, Fax 80 34 11 79, « Belle décoration
intérieure », ⇌ – 📺 ☎ 🅱 🅿. 🆎 ⓄⒹ Ɛ 𝚅𝙸𝚂𝙰
fermé 22 déc. au 22 janv. – ⌑ 40 – **23 ch** 300/480.

🏨 **Les Grands Crus** ⅍ sans rest, ℰ 80 34 34 15, Fax 80 51 89 07, « Jardin fleuri » – ☎ 🅿.
Ɛ 𝚅𝙸𝚂𝙰
fermé 1ᵉʳ déc. au 25 fév. – ⌑ 36 – **24 ch** 285/370.

XXX ⊛ **La Rôtisserie du Chambertin,** ℰ 80 34 33 20, Fax 80 34 12 30, « Caves anciennes
aménagées, petit musée » – ▤ 🅿. Ɛ 𝚅𝙸𝚂𝙰
fermé 29 juil. au 6 août, fév., dim. soir et lundi sauf fêtes – **R** (nombre de couverts limité -
prévenir) 260/330, enf. 80
Spéc. Fricassée de grenouilles et d'escargots, Escalope de saumon au Gevrey-Chambertin, Pigeon rôti aux
épices et au miel. **Vins** Bourgogne Aligoté, Gevrey-Chambertin.

XXX ⊛ **Les Millésimes** (Sangoy), 25 r. Église ℰ 80 51 84 24, Fax 80 34 12 73, « Cave aménagée,
décor élégant » – ▤ 🅿. 🆎 ⓄⒹ Ɛ 𝚅𝙸𝚂𝙰
fermé janv., merc. midi et mardi – **R** 195/475
Spéc. Salade de foie gras poêlé et homard, Filets de rouget sauce fenouil, Canette de Barbarie au miel et
aux épices. **Vins** Gevrey-Chambertin, Meursault.

XX **La Sommellerie,** ℰ 80 34 31 48 – ▤. 🆎 ⓄⒹ Ɛ 𝚅𝙸𝚂𝙰
fermé 22 au 31 déc., fév., sam. midi (de nov. à mars) et dim. – **R** 190/320, enf. 65.

PEUGEOT TALBOT Ragot, ℰ 80 34 30 62

GEX ⟨🆂🅿⟩ 01170 Ain 🔟 ⑮⑯ G. Jura (plan) – 4 868 h. alt. 628.
Paris 496 – ◆Genève 17 – Lons-le-Saunier 96 – Pontarlier 113 – St-Claude 44.

🏨 **Parc,** av. Alpes ℰ 50 41 50 18, ⇌ – 📺 ☎ 🅿. Ɛ 𝚅𝙸𝚂𝙰. ⅍ ch
fermé 15 sept. au 1ᵉʳ oct., 20 déc. au 1ᵉʳ fév., dim. soir et lundi – **R** 180/310 – ⌑ 35 –
17 ch 110/320 – ½ P 250/315.

XXX **Aub. des Chasseurs** ⅍ avec ch, à Echenevex S : 4 km - alt. 650 ✉ 01170 Gex
ℰ 50 41 54 07, Fax 50 41 90 61, ≼, ⌂, « Terrasse fleurie, jardin », ⌁, ⅍ – 📺 ☎ 🅿. 🆎
Ɛ 𝚅𝙸𝚂𝙰
fermé 20 déc. au 29 fév. – **R** (fermé lundi sauf le soir en juil.-août et dim. soir de sept. à
juin) (prévenir) 170/300, enf. 75 – ⌑ 45 – **12 ch** 350/450 – ½ P 420/450.

XX **La Cravache,** 60 r. Genève ℰ 50 41 69 61 – Ɛ 𝚅𝙸𝚂𝙰
fermé 16 juil. au 13 août, sam. midi et mardi – **R** 158/345.

à Chevry S : 7 km par D 984c – ✉ 01170 :

XX **Aub. Gessienne,** ℰ 50 41 01 67, ⇌ – 🅿. 𝚅𝙸𝚂𝙰
fermé 3 au 19 août, 1ᵉʳ au 22 fév., dim. et lundi – **R** 130/300.

AUSTIN-ROVER-TOYOTA-VOLVO Jordan-Meille, à
Sauverny ℰ 50 41 18 14
CITROEN D.A.P.G., ZA La Plaine à Cessy
ℰ 50 41 66 50
FORD Piron, Le Martinet Cessy ℰ 50 41 50 94
MAZDA Gar. Dago, Le Martinet Cessy
ℰ 50 41 55 52

RENAULT GMG Automobiles, N 5 à Cessy
ℰ 50 41 55 17 ℕ
Gar. Modernes, Les Vertes Campagnes
ℰ 50 41 54 24 ℕ

| Les prix | Pour toutes précisions sur les prix indiqués dans ce guide, reportez-vous aux pages explicatives. |

GIAT **63620** P.-de-D. 73 ⑫ – 1 268 h. alt. 779.
Paris 413 – Aubusson 37 – •Clermont-Ferrand 69 – Le Mont-Dore 55 – Montluçon 80 – Ussel 43.

Commerce, ℘ 73 21 72 38, – P. VISA
R *(fermé lundi)* (prévenir) 50/150 , enf. 35 – 25 – **13 ch** 180 – ½ P 140/150.

CITROEN Gar. Simonnet ℘ 73 21 72 86 N ℘ 73 21 74 96
RENAULT Gar. Richin ℘ 73 21 72 16 N

GIEN **45500** Loiret 65 ② **G. Châteaux de la Loire** – 16 445 h. alt. 161.
Voir Château★ : musée de la Chasse★★ **M** – Pont ≤★.
Office de Tourisme r. Anne-de-Beaujeu ℘ 38 67 25 28.
Paris 152 ① – •Orléans 64 ④ – Auxerre 86 ② – Bourges 76 ③ – Cosne-sur-L. 41 ② – Vierzon 73 ③.

GIEN

Gambetta (R.) .... Z 6
Thiers (R.) .... Z 23
Victor-Hugo (R.) ...... Z 24

Anne-de-Beaujeu (R.) . Z 2
Bildstein (R.) .... Y 3
Briqueteries (R. des) .. Y
Château (Pl. du) .... Z
Clemenceau (R. G.) ... Z 5
Curie (Place) .... Y
Hôtel-de-Ville (R. de l') Z 7
Jean-Jaurès (Pl.) ..... Z 9
Jeanne-d'Arc (R.) .... YZ
Joffre (Q. du Mar.) .... Z
Leclerc (Av. du Gal.) .. Z 12
Lenoir (Quai) .... Z
Louis-Blanc (R.) ...... Z 13
Marienne (R. de l'Adjudant) .. Z 15
Montbricon (R. de) .. YZ
Noé (R. de) .... Y
Paris (R. de) .... YZ
Paul-Bert (R.) .... Z 16
Président-Wilson (Av.) Y 17
République (Av. de la) . Y 19
Verdun (R. de) .... Y
Vieille-Boucherie (R.) .. Z 25
Villejean (Av. J.) ...... Y

Pour un bon usage des plans de villes, voir les signes conventionnels dans l'introduction.

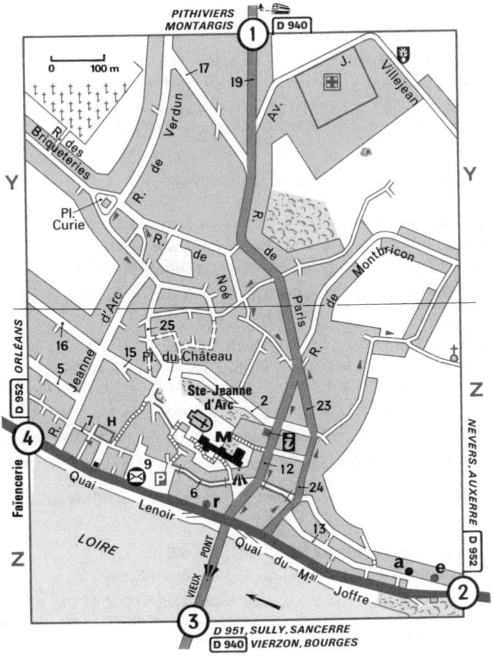

Rivage, 1 quai Nice **(a)** ℘ 38 67 20 53, Fax 38 38 10 21, ≤ – rest TV ☎ P. AE ① E VISA
R 145/295 – 38 – **19 ch** 260/315, 3 appart. 630
Spéc. Croustillant de sandre et foie gras chaud au Pouilly (saison), Râble de lapereau au chèvre frais, Fondant aux deux chocolats sauce pistache. **Vins** Pouilly-Fumé, Sancerre.

Sanotel M sans rest, 21 quai Sully par ③ ℘ 38 67 61 46, Télex 783683, Fax 38 67 13 01, ≤, – TV ☎ P – 60. E VISA
40 – **60 ch** 260/310.

Anne de Beaujeu M sans rest, 10 rte Bourges par ③ ℘ 38 67 12 42, Télex 780103, Fax 38 38 27 29 – TV ☎ P – 40. E VISA
35 – **30 ch** 240/280.

La Poularde avec ch, 13 quai Nice **(e)** ℘ 38 67 36 05 – TV ☎. AE ① E VISA
fermé 1er au 15 janv. et dim. soir hors sais. – **R** 78/255, enf. 52 – **9 ch** 230/280.

Côté Jardin, 14 rte Bourges par ③ ℘ 38 38 24 67 – AE E VISA
fermé 6 au 14 oct., 12 janv. au 3 fév., lundi midi et dim. – **R** (prévenir) 95/190.

Loire, 18 quai Lenoir **(r)** ℘ 38 67 00 75 – E VISA.
fermé 1er au 15 sept., 8 au 28 fév., mardi soir et merc. – **R** 70/180.

CITROEN S.A.G.V.R.A., rte de Bourges, Poilly-lez-Gien, par ③ ℘ 38 67 30 82
PEUGEOT, TALBOT S.A.G., rte de Bourges, Poilly-lez-Gien, par ③ ℘ 38 67 35 43
RENAULT Reverdy, rte de Bourges, Poilly-lez-Gien, par ③ ℘ 38 67 28 98
RENAULT Prieur, 102 r. G.-Clemenceau, par ④ ℘ 38 67 15 32

Pneus-Service, r. J.-César ℘ 38 67 42 08

GIENS 83 Var 84 ⑯ G. Côte d'Azur – alt. 54 – ✉ 83400 Hyères.
Voir Ruines du château ※★★ X.
Paris 868 – ♦Toulon 27 – Carqueiranne 13 – Draguignan 91 – Hyères 12 – La Londe-des-Maures 18.

Voir plan de Giens à Hyères.

Le Provençal, ✆ 94 58 20 09, Télex 430088, Fax 94 58 95 44, ≤, « Parc ombragé en terrasses », ⛱, 🎾, – 🛗 📺 ☎ 🅿 – 🎪 40. AE ⓓ E VISA. ✻ rest X **n**
29 mars-3 nov. – **R** 110/170, enf. 50 – ☕ 50 – **41 ch** 240/540 – ½ P 385/500.

Relais du Bon Accueil ⛰, ✆ 94 58 20 48, 🌳 – 📺 ☎. E VISA X **s**
R *(fermé 15 nov. au 15 déc.)* 100/280, enf. 60 – ☕ 35 – **10 ch** 230/450 – ½ P 380/500.

Le Tire Bouchon, ✆ 94 58 24 61, ≤, 🍽 – ▤. AE ⓓ E VISA X **a**
fermé 15 déc. au 31 janv., mardi soir (sauf juil.-août) et merc. – **R** 120/190.

GIERES 38 Isère 77 ⑤ – rattaché à Grenoble.

La GIETTAZ 73590 Savoie 74 ⑦ – 535 h. alt. 1 100.
Paris 583 – Chamonix 52 – Albertville 27 – Annecy 56 – Bonneville 39 – Chambéry 76 – Flumet 6 – Megève 16.

Flor'Alpes, ✆ 79 32 90 88, ≤, 🌳 – 🅿. E VISA
1er juin-30 sept. et 20 déc.-30 avril – **R** 75/120 ♨, enf. 40 – ☕ 20 – **11 ch** 135/170 – ½ P 145/165.

GIGARO 83 Var 84 ⑰ – rattaché à La Croix-Valmer.

GIGNAC 34150 Hérault 83 ⑥ G. Gorges du Tarn – 3 228 h. alt. 53.
ℹ Office de Tourisme pl. Gén.-Claparède ✆ 67 57 58 83.
Paris 792 – ♦Montpellier 30 – Béziers 50 – Clermont-l'Hérault 11 – Lodève 24 – Sète 44.

Aub. du Vieux Moulin ⛰, à 1 km par rte Lodève et VO ✆ 67 57 52 77, 🍽 – ☎ ♿ 🅿. AE E VISA
hôtel : fermé 1er oct. au 15 nov. et mardi ; rest. : fermé 1er oct. au 1er déc. et mardi – **R** 80/220, enf. 50 – ☕ 25 – **10 ch** 180/220 – ½ P 180.

Capion, rte Montpellier ✆ 67 57 50 83 – ✻. AE ⓓ E VISA
fermé fév., dim. soir et lundi sauf juil.-août – **R** 150/250, enf. 60.

à Aniane NE : 5 km sur D 32 – ✉ 34150.
Voir Grotte de Clamouse★★ et gorges de l'Hérault★ NO : 4 km, G. Gorges du Tarn

Host. St Benoit Ⓜ ⛰, rte St-Guilhem ✆ 67 57 71 63, 🍽, ⛱ – ☎ 🅿 – 🎪 30. AE E VISA
R *(fermé 1er déc. au 1er mars et merc. d'oct. à avril)* 84/228, enf. 38 – ☕ 30 – **30 ch** 210/290 – ½ P 210/290.

GIGONDAS 84190 Vaucluse 81 ② – 648 h. alt. 400.
Paris 667 – Avignon 39 – Nyons 31 – Orange 18 – Vaison-la-Romaine 15.

Les Florets ⛰ avec ch, 1,5 km par VO ✆ 90 65 85 01, 🍽, 🌳 – ☎ 🅿. AE ⓓ E VISA
fermé janv., fév., mardi soir (hors sais.) et merc. – **R** 130/180, enf. 57 – ☕ 35 – **15 ch** 300/330 – ½ P 285/300.

à Montmirail S : 6 km par D 7 et rte Vacqueyras – ✉ 84190 Beaumes-de-Venise :

Montmirail ⛰, ✆ 90 65 84 01, Fax 90 65 81 50, ⛱, 🌳 – 📺 ☎ 🅿. AE E VISA
20 mars-15 nov. – **R** 130/240, enf. 70 – ☕ 35 – **46 ch** 360/450 – ½ P 350/390.

GILLY-LÈS-CÎTEAUX 21 Côte-d'Or 65 ⑳ – rattaché à Vougeot.

GILLY-SUR-LOIRE 71160 S.-et-L. 69 ⑯ – 546 h. alt. 235.
Paris 320 – Moulins 39 – Bourbon-Lancy 13 – Digoin 18 – Mâcon 97.

aux Carrières O : 1 km par D 979 :

L'Os à Moelle, ✆ 85 53 92 83, 🍽 – 🅿. E VISA. ✻
fermé 16 au 31 août, dim. soir et lundi – **R** 90/240.

GIMBELHOF 67 B.-Rhin 57 ⑲ – rattaché à Lembach.

GIMEL-LES-CASCADES 19 Corrèze 75 ⑨ G. Berry Limousin – alt. 465.
Voir Site★ – Cascades★★ dans le parc Vuillier – Trésor★ de l'église : châsse de St-Etienne★★.

Vous aimez le camping ?
Utilisez le guide Michelin
Camping Caravaning France.

32200 Gers 🎱 ⑥ G. Pyrénées Aquitaine – 2 950 h. alt. 154.

ᚷ Las Martines ℘ 62 07 27 12, E par N 124 : 23 km.

🔰 Syndicat d'Initiative (juil.-août) ℘ 62 67 77 87.

Paris 742 – Auch 26 – Agen 85 – Castelsarrasin 59 – Montauban 70 – St-Gaudens 73 – ◆Toulouse 53.

🏨 **Château Larroque** ⬡, rte Toulouse ℘ 62 67 77 44, Télex 531135, Fax 62 67 88 90, ≤, ⅏, « Parc », ⽒, ⁊ – 🖵 ☎ ❷ – 🔬 200. 🆎 ⦿ E 𝗩𝗜𝗦𝗔
fermé 1er janv. au 1er fev., dim. soir et lundi midi du 1er nov. au 1er mars – **R** 130/248, enf. 80 – � 45 – **14 ch** 380/720 – ½ P 490/610.

🏨 **Coin du Feu** Ⓜ, bd Nord ℘ 62 67 71 56, ⅏, ⽒, ⤶ – 🖵 ☎ ఉ, ⇦ ❷ – 🔬 120. E
🡇 𝗩𝗜𝗦𝗔, ⋇ ch – **R** 65/230 ⓑ, enf. 60 – ⊡ 36 – **25 ch** 185/300 – ½ P 200.

83560 Var 🎱 ④ – 779 h. alt. 450.

Paris 785 – Digne-les-Bains 76 – Aix-en-Provence 50 – Brignoles 49 – Draguignan 67 – Manosque 24.

🏨 **Le Bastier** ⬡, O : 2 km par rte St-Paul ℘ 94 80 11 78, Fax 94 80 13 12, ≤, ⅏, parc, ⽒, ⋇ – 🖵 ☎ ఉ, ❷ – 🔬 500. E 𝗩𝗜𝗦𝗔
R 198/270 – ⊡ 45 – **25 ch** 300/450 – ½ P 480.

11140 Aude 🎱 ⑰ – 35 h. alt. 595.

Paris 851 – ◆Perpignan 66 – Carcassonne 73 – Quillan 22.

🏨 **Gd Duc** ⬡, ℘ 68 20 55 02, ⅏ – ☎ ❷. E 𝗩𝗜𝗦𝗔
🡇 *22 mars-20 nov.* – **R** *(fermé merc. midi hors sais.)* 70/230 ⓑ, enf. 40 – ⊡ 32 – **10 ch** 180/300 – ½ P 207/257.

90200 Ter.-de-Belf. 🎱 ⑧ G. Alsace Lorraine – 3 694 h. alt. 476.

🔰 Syndicat d'Initiative Parc du Paradis des Loups (vacances scolaires, saison) ℘ 84 29 09 00.

Paris 512 – ◆Mulhouse 46 – Belfort 12 – Lure 30 – Masevaux 21 – Thann 41 – Le Thillot 32.

❌ **Saut de la Truite** avec ch, N : 7 km D 465 - alt. 701 ℘ 84 29 32 64, ≤, ⤶ – ☎ ⇦ ❷.
🆎 ⦿ E 𝗩𝗜𝗦𝗔
fermé 1er déc. au 1er fév. et vend. – **R** 75/180 ⓑ, enf. 65 – ⊡ 25 – **7 ch** 185/190 – ½ P 180.

81 Tarn 🎱 ⑨ – rattaché à Lavaur.

27140 Eure 🎱 ⑧⑨ G. Normandie Vallée de la Seine – 8 859 h. alt. 58.

Voir Château fort★★ – Église St-Gervais et St-Protais★.

🔰 Office de Tourisme pl. Carmélites ℘ 32 27 30 14.

Paris 70 – ◆Rouen 58 – Beauvais 32 – Évreux 66 – Mantes-la-J. 38 – Pontoise 36.

🏨 **Moderne,** pl. Gare ℘ 32 55 23 51, Fax 32 55 08 75 – 🖵 ☎ ❷. E 𝗩𝗜𝗦𝗔
🡇 **R** *(fermé 14 juil. au 9 août, 20 déc. au 9 janv., dim. soir et lundi)* 52/95 – ⊡ 28 – **30 ch** 155/290.

❌❌❌ **La Halte Henri II,** 25 rte Dieppe ℘ 32 27 37 37 – E 𝗩𝗜𝗦𝗔
fermé 15 juil. au 6 août, 20 au 30 janv., dim. soir et lundi – **R** carte 180 à 260.

❌❌ **Le Cappeville,** 17 r. Cappeville ℘ 32 55 11 08 – 🆎 E 𝗩𝗜𝗦𝗔
fermé 20 août au 10 sept., 5 au 20 janv., mardi soir et merc. – **R** 90/220.

❌❌ **Host. des 3 Poissons,** 13 r. Cappeville ℘ 32 55 01 09 – E 𝗩𝗜𝗦𝗔
fermé juin, lundi soir et mardi – **R** 80/160 ⓑ.

à Bazincourt-sur-Epte N : 6 km par D 14 – ✉ 27140 :

🏨 **Château de la Rapée** ⬡, O : 2 km par VO ℘ 32 55 11 61, Télex 771097, ≤, « Parc » –
☎ ❷ – 🔬 30. 🆎 ⦿ E 𝗩𝗜𝗦𝗔. ⋇
fermé 31 au 31 août, 15 janv. au 1er mars, mardi soir de fin sept. à Pâques et merc. –
R 135/180, enf. 100 – ⊡ 45 – **10 ch** 310/440 – ½ P 440/485.

CITROEN SAGA, r. de la Libération ℘ 32 27 38 48
PEUGEOT-TALBOT SCAG, Trie-Château (Oise)
℘ 44 49 75 11
RENAULT Gar. Dumorlet, 38 rte de Dieppe
℘ 32 55 22 56

Ⓞ Berry-Pneus, 34 fg Cappeville ℘ 32 55 27 64
Réparpneu Éts Bertault, 4 r. Pré-Nattier
℘ 32 55 17 51

27620 Eure 🎱 ⑱ G. Normandie Vallée de la Seine – 502 h. alt. 18.

Voir Maison de Claude Monet★.

Paris 77 – Beauvais 68 – Évreux 36 – Mantes-la-Jolie 19 – ◆Rouen 66.

❌❌❌ **Les Jardins de Giverny,** D 5 ℘ 32 21 60 80, parc – ❷. 🆎 𝗩𝗜𝗦𝗔
fermé fév., dim. soir et lundi – **R** 180/240.

08600 Ardennes 🎱 ⑨ G. Champagne – 7 728 h. alt. 103 – Voir ≤★ du fort de Charlemont.

Paris 268 – Charleville-Mézières 56 – Fumay 23 – Rocroi 41.

❌❌ **Baudoin,** 2 pl. 148e R. I. ℘ 24 42 00 70 – E 𝗩𝗜𝗦𝗔
🡇 *fermé dim. soir et lundi* – **R** 70/250 ⓑ, enf. 40.

CITROEN Gar. de la Gare ℘ 24 42 03 81
RENAULT Gar. Franco Belge, 23 av. Roosevelt
℘ 24 42 01 85

V.A.G Gar. Henocq, 19 quai Fort de Rome
℘ 24 42 04 53

GIVORS 69700 Rhône `74` ⑪ G. Vallée du Rhône – 20 554 h. alt. 161.
Paris 482 – ♦Lyon 22 – Rive-de-Gier 15 – Vienne 12.

    à Loire-sur-Rhône SE : 5 km par N 86 – ⊠ **69700** :

XX **Camerano,** ℰ 78 07 96 36 – **E** `VISA`
    fermé août, 2 au 13 janv., dim. soir et lundi – **R** 100/300.

PEUGEOT-TALBOT Gar. Moret, 31 r. de Dobëln,   ⊕ Comptoir du Pneu, 16 r. M.-Cachin
les Vernes ℰ 78 73 01 69   ℰ 78 73 15 13

GIVRY 71640 S.-et-L. `69` ⑨ G. Bourgogne – 3 280 h. alt. 220.
🛈 Bureau de Tourisme Halle Ronde (22 juin-1ᵉʳ sept.) ℰ 85 44 43 36.
Paris 353 – Chalon-sur-Saône 9 – Autun 48 – Chagny 15 – Mâcon 67 – Montceau-les-Mines 37.

🏠 **Halle,** pl. Halle ℰ 85 44 32 45 – ☎. ⒶⒺ ⓞⒹ **E** `VISA`
↤ *fermé 16 au 22 sept., 12 au 24 nov., dim. soir et lundi* – **R** 50/175 – ⊡ 25 – **10 ch** 165/195.

GIVRY-EN-ARGONNE 51330 Marne `56` ⑲ – 545 h. alt. 176.
Paris 233 – Bar-le-Duc 33 – Châlons-sur-M. 44 – Ste-Ménehould 16 – Verdun 60 – Vitry-le-François 35.

♨ **L'Espérance,** ℰ 26 60 00 08 – ⒶⒺ ⓞⒹ **E** `VISA`
↤ **R** *(fermé dim. soir)* 60/200 ♨ – ⊡ 25 – **7 ch** 95/220 – ½ P 160/250.

GLANDELLES 77 S.-et-M. `61` ⑫ – rattaché à Nemours.

GLUGES 46 Lot `75` ⑱⑲ – rattaché à Martel.

GOLBEY 88 Vosges `62` ⑯ – rattaché à Épinal.

GOLDBACH 68 H.-Rhin `66` ⑨ – 134 h. alt. 650 – ⊠ **68760** Willer-sur-Thur.
Env. Grand Ballon ❋❋❋ N : 8,5 km, G. Alsace Lorraine.
Paris 448 – Colmar 51 – Gerardmer 52 – Thann 7,5 – Le Thillot 41.

🏠 **Goldenmatt** ⤶, par Col Amic N : 4 km ℰ 89 82 32 86, ≤ – ☎ Ⓟ **E** `VISA`. ❀ rest
    Pâques-15 nov. – **R** 110/250 ♨ – ⊡ 45 – **13 ch** 160/320 – ½ P 250/350.

Le GOLFE-JUAN 06 Alpes-Mar. `84` ⑨, `195` ㉖㉚ G. Côte d'Azur – ⊠ **06220** Vallauris.
🛈 Office de Tourisme 84 av. Liberté ℰ 93 63 73 12.
Paris 915 – Cannes 6 – Antibes 5 – Grasse 21 – ♦Nice 27.

🏨🏨 **Beau Soleil** ⤶, impasse Beausoleil par N 7 ℰ 93 63 63 63, Fax 93 63 02 89, 🌧, ⤵ – 🛗
    🗏 �📺 ☎ 🚗 **E** `VISA`. ❀
    23 mars-15 oct. – **R** *(fermé merc. midi)* 90 – ⊡ 30 – **30 ch** 220/360 – ½ P 300.

🏨🏨 **Lauvert** Ⓜ ⤶ sans rest, impasse des Hameaux de Beausoleil par N 7 ℰ 93 63 46 06,
    ⤵, ❀ – 🛗 cuisinette �📺 ☎ Ⓟ. `VISA`
    26 janv.-15 oct. – ⊡ 25 – **28 ch** 380.

🏨🏨 **De Crijansy,** av. J. Adam ℰ 93 63 84 44, 🌧 – �📺 ☎ Ⓟ. **E** `VISA`. ❀
    fermé 15 oct. au 22 déc. – **R** 120/338 – ⊡ 30 – **20 ch** 284/300 – ½ P 259/274.

🏠 **Palm H.,** 17 av. Palmeraie ℰ 93 63 72 24, Fax 93 63 18 45, 🌧, ❀ – �📺 ☎ Ⓟ. ⒶⒺ **E** `VISA`
    R 120 – ⊡ 25 – **23 ch** 280/350 – ½ P 270/290.

🏠 **Golfe** sans rest, bd Plage ℰ 93 63 71 22, ≤ – �📺 ☎ 🚗
    19 ch.

XX ❀ **Tétou,** à la plage ℰ 93 63 71 16, ≤, 🐾 – 🗏 Ⓟ
    fermé 15 oct. au 20 déc., le soir du 20 déc. au 23 mars et merc. – **R** carte environ 500
    Spéc. Bouillabaisse, Langoustes grillées, Poissons au four. Vins Bellet, Bandol.

XX **Nounou,** à la plage ℰ 93 63 71 73, ≤, 🌧, 🐾 – Ⓟ. ⒶⒺ ⓞⒹ
    fermé 15 nov. au 26 déc., le soir du 3 janv. au 30 mars, dim. soir et lundi sauf juil.-août –
    R 159/350.

XX **Bistrot du Port,** au port ℰ 93 63 70 64 – 🗏. **E** `VISA`. ❀
    fermé déc., janv., dim. soir et lundi sauf du 1ᵉʳ juil. au 15 sept. – **R** carte 220 à 300.

XX **Chez Christiane,** au port ℰ 93 63 72 44, 🌧 – ⒶⒺ ⓞⒹ **E** `VISA`
    fermé 4 nov. au 23 déc. et mardi – **R** 220/350.

X **Bruno,** au port ℰ 93 63 72 12, 🌧 – **E** `VISA`
    fermé 12 nov. au 13 déc., dim. soir et lundi sauf du 15 juin au 15 sept. – **R** 78/170, enf. 55.

GOMETZ-LE-CHATEL 91940 Essonne `60` ⑩, `106` ㉚, `101` ㉝ – 1 408 h. alt. 86.
Paris 33 – Chartres 58 – Evry 31 – Rambouillet 26.

XX **La Mancelière,** 83 rte Chartres ℰ (1) 60 12 30 10 – **E** `VISA`. ❀
    fermé 27 avril au 13 mai, 10 au 20 août, sam. midi et dim. – **R** carte 190 à 260.

GONFREVILLE L'ORCHER 76 S.-Mar. `52` ⑪ – rattaché au Havre.

502

GORDES 84220 Vaucluse 🔢 ⑬ G. Provence – 1 607 h. alt. 373.

Voir Site★ – Château : cheminée★, musée Vasarely★ – Village des Bories★ SO : 2 km par D 15 puis 15 mn – Abbaye de Sénanque★★ NO : 4 km – Pressoir★ dans le musée des Moulins à huile S : 5 km.

🛈 Office de Tourisme pl. Château ℰ 90 72 02 75.

Paris 716 – Apt 20 – Avignon 38 – Carpentras 34 – Cavaillon 17 – Sault 35.

🏨 **Domaine de l'Enclos** Ⓜ ⚫, rte Senanque ℰ 90 72 08 22, Télex 432119, Fax 90 72 03 03, ≤ le Luberon, 🍽, parc, 🏊, 🎾 – 🔟 ch ☎ ② E 💳. 🛇 rest
R carte 250 à 400, enf. 90 – � 60 – **10 ch** 900/1200, 7 appart. 1200/2200 – ½ P 680/880.

🏨 ❀ **Bastide de Gordes** Ⓜ ⚫, ℰ 90 72 12 12, Télex 432025, Fax 90 72 05 20, ≤ le Luberon, 🍽, 🍽, 🛋, 🚗 – 🛗 ch 🔟 ☎ ⅙ ②. 🖭 E 💳. 🛇 rest
fermé 12 nov. au 21 déc. – **R** (fermé mardi midi et lundi sauf fériés) 195 (déj.)/345 – ⊇ 70 – **18 ch** 750/1250
Spéc. Légumes du Luberon en vinaigrette au jus de truffes, Risotto au sot-l'y-laisse de poularde, Palet au chocolat-noisette et glace mendiant. Vins Côtes du Luberon, Châteauneuf-du-Pape.

🏨 **Le Gordos** Ⓜ ⚫ sans rest, ℰ 90 72 00 75, 🛋 – 🔟 ☎ ②. 🖭 E 💳
1er mars-12 nov. – ⊇ 55 – **18 ch** 490/590.

🏨 **Ferme de la Huppe** ⚫, ℰ 90 72 12 25, 🍽, 🛋 – 🔟 ☎ ②. 🖭 E 💳. 🛇
hôtel : 26 mars-1er janv. ; rest. : 26 mars-4 nov. et fermé lundi midi et jeudi – **R** (prévenir) 135/180, enf. 95 – **6 ch** ⊇ 400/490.

🏨 **Gacholle** ⚫, N: 1,5 km par D15 ℰ 90 72 01 36, ≤, 🍽, 🛋, 🎾 – 🔟 ☎ ②. 🖭 E 💳. 🛇
fermé 5 janv. au 5 mars – **R** (dîner seul.) 150 – ⊇ 45 – **11 ch** 390 – ½ P 387.

🏨 **Aub. de Carcarille** ⚫, E : 2,5 km sur D 2 ℰ 90 72 02 63, 🍽, 🛋, 🚗 – ☎ ②. E 💳. 🛇
fermé 20 nov. au 28 déc. et vend. hors sais. – **R** 90/150, enf. 45 – ⊇ 28 – **11 ch** 250/290 – ½ P 265/280.

🍴🍴 **La Mayanelle** ⚫ avec ch, ℰ 90 72 00 28, ≤ le Luberon – ☎. 🖭 ① E 💳
fermé 2 janv. au 1er mars – **R** (fermé mardi) carte 140 à 240 ⅊ – ⊇ 40 – **10 ch** 250/360 – ½ P 410/510.

au NO : 2 km par rte abbaye de Senanque – ✉ 84220 Gordes :

🏨 **Les Bories** Ⓜ ⚫, ℰ 90 72 00 51, Fax 90 72 01 22, ≤, 🍽, parc, 🛋, 🏊, 🎾 – 🛗 ▤ ch 🔟 ☎ ②. 🖭 ① E 💳. 🛇 rest
fermé 1er déc. au 15 janv. – **R** (nombre de couverts limité - prévenir) 250/380 – ⊇ 55 – **18 ch** 500/1600 – ½ P 500/1050.

Les Imberts S : 3,5 km par D 2 et D 103 – ✉ 84220 Gordes :

🍴🍴🍴 **Mas Tourteron,** ℰ 90 72 00 16, 🍽, 🚗 – ②. 🖭 E 💳
fermé 12 nov. au 9 déc., 8 janv. au 4 fév., lundi de sept. à juin et dim. soir sauf juil.-août –
R (nombre de couverts limité, prévenir) 225/305, enf. 85.

GORGES voir au nom propre des gorges.

GORRON 53120 Mayenne 🔢 ⑲⑳ – 2 892 h. alt. 172.

Paris 264 – Alençon 74 – Domfront 28 – Fougères 32 – Laval 47 – Mayenne 22.

🍴🍴 **Bretagne** avec ch, ℰ 43 08 63 67, 🚗 – ☎ ②. E 💳
➝ fermé 23 déc. au 13 janv., dim. soir du 15 sept. au 15 mai et lundi midi – **R** 70/140 – ⊇ 24 – **12 ch** 98/230 – ½ P 125/180.

GORZE 57680 Moselle 🔢 ⑬ G. Alsace Lorraine – 1 254 h. alt. 240.

Paris 314 – ✦Metz 19 – Jarny 20 – Pont-à-Mousson 21 – St-Mihiel 42 – Verdun 52.

🍴🍴 **Host. du Lion d'Or** avec ch, ℰ 87 52 00 90, 🍽, 🚗 – 🔟 ☎ – 🔬 25. E 💳
fermé vacances de fév., dim. soir du 1er oct. au 31 mars et lundi – **R** 130/270 ⅊, enf. 60 – ⊇ 30 – **18 ch** 150/250 – ½ P 250/300.

GOSNAY 62 P.-de-C. 🔢 ⑭ – rattaché à Béthune.

GOUAREC 22570 C.-d'Armor 🔢 ⑱ – 1 209 h. alt. 130.

Paris 473 – St-Brieuc 51 – Carhaix-Plouguer 31 – Guingamp 46 – Loudéac 37 – Pontivy 28.

🍴🍴 **Blavet** avec ch, ℰ 96 24 90 03, 🚗 – ☎ ②. E 💳
fermé 23 au 27 déc., 30 janv. au 22 fév., lundi soir et lundi sauf juil.-août – **R** 75/300 ⅊, enf. 50 – ⊇ 30 – **15 ch** 140/350 – ½ P 175/280.

CITROEN Darcel ℰ 96 24 91 49 🅽   RENAULT Martin B. ℰ 96 24 90 28 🅽

GOUESNACH 29118 Finistère 🔢 ⑮ – 1 487 h. alt. 33.

Paris 556 – Quimper 13 – Bénodet 6 – Concarneau 23 – Pont-l'Abbé 16 – Rosporden 28.

🏨 **Aux Rives de l'Odet,** ℰ 98 54 61 09, 🚗 – 🔟 ☎ ②. E 💳
fermé 1er au 5 mars, 27 sept. au 5 oct. et lundi d'oct. à mai – **R** 80/110, enf. 45 – ⊇ 22 – **35 ch** 100/220 – ½ P 145/205.

La GOUESNIÈRE 35350 I.-et-V. 🔢 ⑥ – 908 h. alt. 22.

Paris 385 – St-Malo 12 – Dinan 23 – Dol-de-Bretagne 12 – Lamballe 57 – ◆Rennes 61 – St-Cast 36.

🏨 ❀ **H. Tirel-Guérin**, à la Gare N : 1,5 km D 76 ℰ 99 89 10 46, Télex 740896, Fax 99 89 12 62,
🗑, 🐴, 💥 – cuisinette 🍴 rest 📺 ☎ 🅿 – 🔨 100. 🆎 ⓞ 𝓥𝓘𝓢𝓐
fermé mi-déc. à mi-janv. – **R** *(fermé dim. soir hors sais.)* (dim. et fêtes prévenir) 100/240,
enf. 70 – ⚌ 35 – **60 ch** 190/320, 3 studios 420/520 – ½ P 250/300
Spéc. Pointes d'asperges vertes et langoustines en bisque de homard (saison), Saint-Pierre rôti au poivre de
Séchuan, Canette poêlée au cidre.

GOUJOUNAC 46250 Lot 🔢 ⑦ **G. Périgord Quercy** – 184 h. alt. 231.

Paris 582 – Cahors 28 – Gourdon 32 – Villeneuve-sur-Lot 50.

🍴 **Host. de Goujounac** avec ch, ℰ 65 36 68 67 – **E** 𝓥𝓘𝓢𝓐
◆ *fermé 30 sept. au 31 oct., vacances de fév., dim. soir et lundi de nov. à fin avril –* **R** 55
bc/110 bc, enf. 60 – ⚌ 25 – **7 ch** 90/130 – ½ P 170.

GOULETS (Grands) 26 Drôme 🔢 ③④ **G. Alpes du Nord**.

Voir Gorges★★★.

GOUMOIS 25470 Doubs 🔢 ⑱ – 126 h. alt. 490. *[lundi, 12h. menn]*

Voir Corniche de Goumois★★, **G. Jura**.

Paris 514 – ◆Besançon 95 – Bienne 44 – Montbéliard 53 – Morteau 48.

🏨 ❀ **Taillard** 🦋, ℰ 81 44 20 75, Fax 81 44 26 15, alt. 605, ≤, 🌳, 🏊, 🌲 – 📺 ☎ 🅿 🆎 ⓞ
E 𝓥𝓘𝓢𝓐
1ᵉʳ mars-15 nov., et fermé merc. en mars, oct. et nov. – **R** 125/300, enf. 55 – ⚌ 35 – **17 ch**
250/320 – ½ P 295/340
Spéc. Foie gras de canard au torchon, Caquelon de morilles à la crème double, Poularde de Bresse au Vin
Jaune. Vins Arbois, Côtes du Jura.

🏠 **Moulin du Plain** 🦋, N : 5 km ℰ 81 44 41 99, ≤ – ☎ 🅿 **E** 𝓥𝓘𝓢𝓐
25 fév.-11 nov. et fermé dim. soir et lundi du 1ᵉʳ oct. au 11 nov. – **R** 88/150 🍷, enf. 48 –
⚌ 24 – **22 ch** 150/220 – ½ P 194/216.

GOUPILLIÈRES 14 Calvados 🔢 ⑪ – rattaché à Thury-Harcourt.

GOURBERA 40990 Landes 🔢 ⑥ – 215 h.

Paris 727 – Biarritz 66 – Mont-de-Marsan 45 – ◆Bayonne 60 – ◆Bordeaux 132 – Dax 10.

🍴 **La Gasconnette**, ℰ 58 91 52 43, 🌳 – **E** 𝓥𝓘𝓢𝓐
fermé fév. et merc. sauf juil.-août – **R** carte 110 à 180 🍷, enf. 42.

GOURDON ◁ℙ▷ 46300 Lot 🔢 ⑱ **G. Périgord Quercy** (plan) – 5 076 h. alt. 256.

Voir Rue du Majou★ – Cuve baptismale★ dans l'église des Cordeliers – Esplanade ☀★ – Grottes
de Cougnac★ NO : 3 km.

🅱 Office de Tourisme r. du Majou ℰ 65 41 06 40.

Paris 552 – Sarlat-la-Canéda 26 – Bergerac 96 – Brive-la-Gaillarde 66 – Cahors 46 – Figeac 66 – Périgueux 97.

🏨 **Host. de la Bouriane** 🦋, pl. Foirail ℰ 65 41 16 37, 🌲 – 🛗 🍴 rest ☎ 🅿 **E** 𝓥𝓘𝓢𝓐, 🍽 ch
◆ *fermé 15 janv. au 8 mars, dim. soir du 10 nov. à mai et lundi sauf le soir du 1ᵉʳ juil. au
1ᵉʳ nov. –* **R** 70/250 – ⚌ 28 – **20 ch** 220/310 – ½ P 270/285.

🏨 **Domaine du Berthiol** Ⓜ 🦋, E : 1 km par D 704 ℰ 65 41 33 33, Fax 65 41 14 52, ≤,
.parc, 🏊, 💥 – 📺 ☎ 🅿 & 🅿 – 🔨 25. 🆎 **E** 𝓥𝓘𝓢𝓐, 🍽
fermé 2 janv. au 23 mars – **R** *(fermé dim. soir du 1ᵉʳ nov. au 30 avril)* 75/210, enf. 50 –
⚌ 30 – **29 ch** 230/300 – ½ P 250/280.

🏠 **Bissonnier et Bonne Auberge**, bd Martyrs ℰ 65 41 02 48 – 🛗 🍽 ch 🍴 rest ☎. **E** 𝓥𝓘𝓢𝓐
◆ 🍽 ch
fermé 27 nov. au 4 janv. – **R** 70/200 – ⚌ 28 – **31 ch** 200/320 – ½ P 230/280.

🍴🍴 **Terminus** avec ch, av. Gare ℰ 65 41 03 29, 🌳, 🏊, 🌲 – ☎. 🆎 ⓞ **E** 𝓥𝓘𝓢𝓐
◆ *fermé 12 au 28 nov. et lundi hors sais. sauf fêtes –* **R** 65/260 🍷, enf. 36 – ⚌ 27 – **14 ch**
190/300 – ½ P 240/280.

CITROEN Cassagnès, rte de Cahors ℰ 65 41 12 03   ⓦ Garrigue, rte de Salviac ℰ 65 41 00 71
RENAULT S.A.B.A.G., rte du Vigan ℰ 65 41 10 24
Ⓝ ℰ 65 41 09 09

GOURETTE 64 Pyr.-Atl. 🔢 ⑰ **G. Pyrénées Aquitaine** – alt. 1 400 – Sports d'hiver : 1 340/2 380 m ≰3 ≴24
– ✉ **64440** Eaux Bonnes.

Voir Site★ – Col d'Aubisque ☀★★ N : 4 km.

🅱 Office de Tourisme pl. Sarrière (juil.-août et déc.-avril) ℰ 59 05 12 17, Télex 570317.

Paris 827 – Pau 51 – Argelès-Gazost 34 – Eaux-Bonnes 8 – Laruns 14 – Lourdes 47.

🏨 **Boule de Neige** Ⓜ 🦋, ℰ 59 05 10 05, ≤ – 📺 ☎ &, **E** 𝓥𝓘𝓢𝓐, 🍽
10 juil.-31 août (sauf rest.) et 20 déc.-Pâques – **R** 78/180, enf. 50 – ⚌ 27 – **23 ch** 281/296
– ½ P 248/255.

🏨 **Pene Blanque**, ℰ 59 05 11 29, ≤, 🌳 – 📺 ☎ 🅿. **E** 𝓥𝓘𝓢𝓐, 🍽 rest
1ᵉʳ juil.-31 août et 20 déc.-Pâques – **R** 73/166, enf. 41 – ⚌ 26 – **24 ch** 250/287 – ½ P 168/250.

504

GOURNAY-EN-BRAY 76220 S.-Mar. 🔲 ⑧ G. Normandie Vallée de la Seine – 6 515 h. alt. 94.

Paris 95 ③ – ◆Rouen 50 ⑤ – Amiens 75 ① – Les Andelys 37 ④ – Beauvais 30 ② – Dieppe 74 ⑦ – Gisors 25 ③.

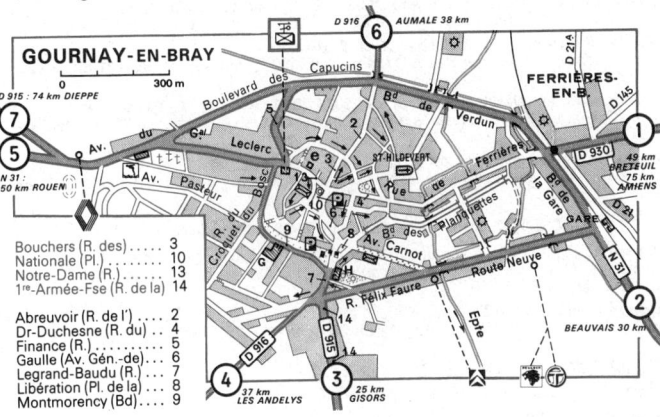

GOURNAY-EN-BRAY

Bouchers (R. des) 3
Nationale (Pl.) 10
Notre-Dame (R.) 13
1re-Armée-Fse (R. de la) 14

Abreuvoir (R. de l') 2
Dr-Duchesne (R. du) . . 4
Finance (R.) 5
Gaulle (Av. Gén.-de) . . 6
Legrand-Baudu (R.) . . . 7
Libération (Pl. de la) . . 8
Montmorency (Bd) 9

🏨 **Le Cygne** Ⓜ sans rest, 20 r. Notre Dame **(e)** ℰ 35 90 27 80, Fax 35 90 59 00 – 📳 ⇔ 📺
🕿 🅿. 🆀 ⓪ 🗲 𝒱𝒾𝒮𝒜. 𝒮𝒮
⊡ 30 – **30 ch** 230/270.

BMW MAZDA SEAT Gar. Guinard, 52 av. Gén.-Leclerc ℰ 35 90 01 46
CITROEN Central Gar., 30 r. F.-Faure ℰ 35 90 00 75
PEUGEOT-TALBOT Normandie Autom., 39 rte Neuve à Ferrières-en-Bray ℰ 35 90 04 53

RENAULT Gournay-Autos, av. Gén.-Leclerc ℰ 35 90 04 77 🆖 ℰ 05 05 15 15

🅖 Mouquet, r. Bouchers ℰ 35 90 01 50

GOUVIEUX 60 Oise 🔲 ⑪, 🔲 ⑦⑧ – rattaché à Chantilly.

GOUZON 23230 Creuse 🔲 ① – 1 492 h. alt. 378.

Paris 354 – Aubusson 29 – La Châtre 55 – Guéret 31 – Montluçon 34.

🏨 **Lion d'Or,** ℰ 55 62 28 54 – ⇔ ch 📺 🕿. 🆀 🗲 𝒱𝒾𝒮𝒜. 𝒮𝒮 ch
fermé 8 au 15 avril, 10 au 17 juin, 7 au 14 oct., 7 au 14 janv., 28 janv. au 4 fév., dim. soir et lundi sauf juil. – **R** 75/200 ⅄ – ⊡ 35 – **11 ch** 160/250 – ½ P 220/260.

GRADIGNAN 33 Gironde 🔲 ⑨ – rattaché à Bordeaux.

GRAMAT 46500 Lot 🔲 ⑧ G. Périgord Quercy – 3 838 h. alt. 305.

🛈 Maison du Tourisme pl. République (Pentecôte-sept.) ℰ 65 38 73 60.

Paris 544 – Brive-la-Gaillarde 57 – Cahors 56 – Figeac 35 – Gourdon 39 – St-Céré 20.

🏨 **Lion d'Or,** pl. République ℰ 65 38 73 18, Télex 533347, Fax 65 38 84 50, 😤 – 📳 📺 🕿.
🗲 𝒱𝒾𝒮𝒜 – fermé 15 déc. au 15 janv. et lundi midi de nov. à mars – **R** 90/280 – ⊡ 38 – **15 ch** 250/420 – ½ P 340/360.

🏨 **Centre,** pl. République ℰ 65 38 73 37, Fax 65 38 73 66 – 🍽 rest 📺 🕿 ⇎. 🗲 𝒱𝒾𝒮𝒜
fermé 15 au 25 nov., vacances de fév. et sam. hors sais. – **R** 70/250 ⅄, enf. 38 – ⊡ 27 –
14 ch 175/280 – ½ P 230/280.

🏨 **Aub. du Causse,** SO : 1 km par D 677 ℰ 65 38 78 08, 😤 , 𝒮𝒮 – 📺 🕿 🅿. 🗲 𝒱𝒾𝒮𝒜
R 78/170 ⅄, enf. 42 – ⊡ 28 – **9 ch** 190/290 – ½ P 210/250.

�XX **Le Relais des Gourmands** avec ch, av. Gare ℰ 65 38 83 92, 😤 – 🗲 𝒱𝒾𝒮𝒜
hôtel : fermé 15 déc. au 1er avril ; rest. : fermé 15 déc. au 15 fév. – **R** 80/300 ⅄, – ⊡ 30 –
11 ch 220/270 – ½ P 220/240.

à Lavergne NE : 4 km par D 677 – ✉ **46500** :

�XX **Le Limargue,** ℰ 65 38 76 02 – 🅿. 🗲 𝒱𝒾𝒮𝒜
fermé 15 au 31 oct., mardi soir et merc. – **R** 65/155 ⅄, enf. 40.

NO : 4,5 km par N 140 et VO – ✉ **46500** Gramat :

🏨 **Château de Roumégouse** ⑤, ℰ 65 33 63 81, Télex 532592, Fax 65 33 71 18, ≤, 😤 , ⱭⱭ,
parc, 🏊 – 📺 🕿 🅿. 🆀 ⓪ 🗲 𝒱𝒾𝒮𝒜 – 25 mars-31 oct. – **R** (fermé mardi midi) 160/300,
enf. 90 – ⊡ 58 – **14 ch** 450/780 – ½ P 650/800.

RENAULT Barat ℰ 65 38 72 15

🅖 Garrigue ℰ 65 38 77 61

Le GRAND-BORNAND 74450 H.-Savoie 🔢 ⑦ G. Alpes du Nord – 1 695 h. alt. 950 – Sports d'hiver : 1 000/2 100 m ⚡2 ⚡38 ⚡.

🏢 Office de Tourisme pl. Église ℰ 50 02 20 33.

Paris 583 – Annecy 32 – Chamonix 72 – Albertville 46 – Bonneville 23 – Megève 35.

🏨 **Les Glaïeuls**, au télécabine la Joyère ℰ 50 02 20 23 – ☎ 🅿. 🗉 𝚅𝙸𝚂𝙰. 🍴 rest
15 juin-16 sept. et 19 déc.-20 avril – **R** 70/220, enf. 50 – ☲ 26 – **19 ch** 172/308.

🏨 **Croix St-Maurice**, ℰ 50 02 20 05 – 🔸 ☎. 🗉 𝚅𝙸𝚂𝙰
25 juin-10 sept. (sauf rest.) et 20 déc.-11 mai – **R** 85/180 ⅃, enf. 43 – ☲ 28 – **21 ch** 180/250 – ½ P 220/280.

🏨 **Les Écureuils**, au télécabine La Joyère ℰ 50 02 20 11, 🌄 – ☎. 🗉 𝚅𝙸𝚂𝙰. 🍴 rest
22 juin-22 sept. et 20 déc.-vacances de printemps – **R** 75/95 ⅃ – ☲ 25 – **21 ch** 145/358 – ½ P 280/314.

🏨 **Everest H.**, rte Chinaillon : 1 km ℰ 50 02 20 35, ← – 🅿. 🍴 rest
20 juin-début sept. et vacances de Noël-vacances de printemps – **R** 62/70 – ☲ 20 – **17 ch** 150/170 – ½ P 160/170.

au Chinaillon N : 5,5 km par D 4 – alt. 1 280 – ✉ **74450** Le Grand-Bornand :

🏩 **Le Cortina**, ℰ 50 27 00 22, ≤ montagnes et pistes – 🔸 📺 ☎ 🅿. 🗉 𝚅𝙸𝚂𝙰
15 juin-15 sept. et vacances de Noël-vacances de printemps – **R** 85/245, enf. 43 – ☲ 32 – **30 ch** 260/290 – ½ P 215/326.

🍴 **L'Alpage** avec ch, ℰ 50 27 00 49, ← – 🕾. 𝚅𝙸𝚂𝙰
15 déc.-20 avril – **R** 120/220 – ☲ 40 – **15 ch** 200/250 – ½ P 250/300.

GRANDCAMP-MAISY 14450 Calvados 🔢 ③ – 1 356 h.

Paris 298 – ◆Caen 57 – Cherbourg 71 – St-Lô 38.

🏨 **Duguesclin**, ℰ 31 22 64 22, ←, 🌄 – 📺 ☎ 🅿. 🗉 𝚅𝙸𝚂𝙰
fermé 21 au 28 oct. et 15 janv. au 5 fév. – **R** 85/200 – ☲ 25 – **30 ch** 100/250 – ½ P 150/200.

🍴🍴 **La Marée**, ℰ 31 22 60 55, ←, 🌄 – 𝚅𝙸𝚂𝙰
fermé 6 au 31 janv. et lundi du 15 sept. au 15 avril – **R** 120 bc/300 bc.

🍴🍴 Mer, ℰ 31 22 60 56, ←.

GRAND COLOMBIER 01 Ain 🔢 ⑤ G. Jura – alt. 1 531.

Voir 🌄★★★ – Point de vue du Grand Fenestrez★★ S : 5 km.

La GRAND-COMBE 30110 Gard 🔢 ⑦⑧ – 8 452 h. alt. 188.

Paris 721 – Alès 14 – Aubenas 80 – Florac 57 – Nîmes 58 – Vallon-Pont-d'Arc 55 – Villefort 44.

à La Favède SO : 2,5 km par D 283 – ✉ **30110** La Grand-Combe :

🏩 **Aub. Cévenole** 🌭, ℰ 66 34 12 13, Télex 490925, ←, parc, 🌄, 🌊 – ☎ 🌡 🅿. 🗉 𝚅𝙸𝚂𝙰. 🍴 ch
1ᵉʳ mars-30 nov. – **R** 165/270, enf. 100 – ☲ 50 – **17 ch** 300/680 – ½ P 330/500.

au NO : 6 km par rte de Florac – ✉ **30110** La Grand-Combe :

🏨 **Lac**, ℰ 66 34 12 86, 🌄 – ☎ 🅿. 𝚅𝙸𝚂𝙰. 🍴 ch
1ᵉʳ mars-31 oct. et fermé vend. sauf du 15 juin au 10 sept. – **R** 55/132 ⅃, enf. 38 – ☲ 25 – **12 ch** 90/150 – ½ P 125/150.

🔘 Escoffier-Pneu Plus, quartier des Beaumes, Les Salles-du-Gardon ℰ 66 34 17 21

La GRANDE-MOTTE 34280 Hérault 🔢 ⑧ G. Gorges du Tarn (plan) – 3 939 h. alt. 3 – Casino .
🔢🔢 ℰ 67 56 05 00.

🏢 Office de Tourisme pl. 1ᵉʳ-Octobre-1974 ℰ 67 56 62 62.

Paris 754 – ◆ Montpellier 20 – Aigues-Mortes 11 – Lunel 16 – Nîmes 44 – Palavas-les-F. 15 – Sète 53.

🏩 **Grand M'Hôtel** 🅼 🌭, quartier Point Zéro ℰ 67 29 13 13, Télex 485294, Fax 67 29 14 74, ← le littoral, 🌄, institut de thalassothérapie, 🎰, 🌊 – 🔸 ▤ 📺 ☎ 🌡 🚗 – 🏊 25. 🗉 𝚅𝙸𝚂𝙰
fermé 24 nov. au 15 déc. – **Les Corallines** ⚡⚡ **R** 175/235, enf. 70 – ☲ 45 – **36 ch** 520/820, 3 appart. 1440 – ½ P 515/615.

🏩 **Altéa** 🅼, r. du Port ℰ 67 56 90 81, Télex 480241, Fax 67 56 92 29, ← littoral, 🌄, 🌊 – 🔸 📺 ☎ 🅿 – 🏊 30 à 90. 🝐 🅞 🗉 𝚅𝙸𝚂𝙰
1ᵉʳ mars-1ᵉʳ déc. – **R** (fermé dim. soir et lundi midi hors sais.) 150/250, enf. 80 – ☲ 51 – **135 ch** 350/705 – ½ P 470/510.

🏩 **Golf H.** 🅼 🌭 sans rest, au Golf ℰ 67 29 72 00 – 🔸 📺 ☎ 🌡 🚗 🅿. 🝐 🗉 𝚅𝙸𝚂𝙰
fermé 25 nov. au 15 déc. – ☲ 40 – **50 ch** 270/430.

🏩 **Azur** 🅼 🌭 sans rest, esplanade de la Capitainerie ℰ 67 56 56 00, Fax 67 29 81 26, ←, 🌊 – ▤ 📺 ☎ 🅿 🅞 🗉 𝚅𝙸𝚂𝙰. 🍴
fermé 30 nov. au 6 janv. – ☲ 42 – **20 ch** 460/795.

🏨 **Europe** M sans rest, près de la poste ℰ 67 56 62 60, Fax 67 56 93 07, ☓ – ☎ 🄿 VISA. 🕸
29 mars-6 oct. – ☲ 34 – **34 ch** 280/380.

🏨 **Acropolis** M 🕸 sans rest, quartier du Couchant ℰ 67 56 76 22 – ☎ ⟸ 🄿 E VISA. 🕸
31 mars-30 sept. – ☲ 35 – **24 ch** 300/380.

XXX **Alexandre,** esplanade de la Capitainerie ℰ 67 56 63 63, Fax 67 29 74 69, ≼ – ▤ 🄿 E
VISA. 🕸
fermé 26 oct. au 4 nov., 6 janv. au 15 fév., dim soir et lundi du 2 sept. au 25 juin –
R 190/330, enf. 80.

Le GRAND-PRESSIGNY 37350 I.-et-L. 🔠 ⑤ G. Poitou Vendée Charentes – 1 185 h. alt. 61.

Voir Musée de Préhistoire★ dans le château.

Paris 292 – Poitiers 65 – Le Blanc 43 – Châteauroux 77 – Châtellerault 29 – Loches 33 – ♦Tours 67.

XX **Espérance** avec ch, rte Descartes ℰ 47 94 90 12 – 🄿 ▦ ⓞ E VISA. 🕸 ch
fermé 6 janv. au 6 fév. et lundi sauf fériés – **R** 95/185 ⅓, enf. 60 – ☲ 35 – **10 ch** 150.

X **Aub. Savoie-Villars** avec ch, ℰ 47 94 96 86 – E VISA
fermé 7 au 20 oct., vacances de fév., lundi soir et mardi – **R** 95/230, enf. 40 – ☲ 30 – **7 ch**
110/170 – ½ P 160/190.

CITROEN Viet ℰ 47 94 90 25   RENAULT Jouzeau ℰ 47 94 90 65

Le GRAND-QUEVILLY 76 S.-Mar. 🔠 ⑥ – rattaché à Rouen.

GRAND-VABRE 12320 Aveyron 🔠 ⑪ – 528 h. alt. 213.
Paris 614 – Rodez 42 – Aurillac 51 – Entraygues-sur-Truyère 23 – Figeac 52 – Villefranche-de-R. 63.

🏠 **Gorges du Dourdou,** ℰ 65 69 83 03, 🌳 – ☎ ▦ E VISA. 🕸
fermé vacances de nov. – **R** 60/190 – ☲ 25 – **17 ch** 170/210 – ½ P 160/190.

GRANE 26400 Drôme 🔠 ⑫ – 1 232 h. alt. 177.
Paris 590 – Valence 29 – Crest 8 – Montélimar 31 – Privas 28.

XXX **Giffon** 🕸 avec ch, ℰ 75 62 60 64, Fax 75 62 70 11, 🌤 – ▤ rest 📺 ☎ 🄿. ▦ ⓞ E VISA
fermé fév., dim. soir du 1er oct. au 1er mai et lundi (sauf fériés le midi) – **R** 120/280, enf. 65
– ☲ 35 – **9 ch** 180/285 – ½ P 300/380.

GRANGES-LES-BEAUMONT 26 Drôme 🔠 ② – rattaché à Romans-sur-Isère.

GRANGES-LES-VALENCE 07 Ardèche 🔠 ⑫ – rattaché à Valence.

GRANGES-STE-MARIE 25 Doubs 🔠 ⑥ – rattaché à Malbuisson.

Les GRANGETTES 25160 Doubs 🔠 ⑥ – 144 h. alt. 900.
Paris 450 – ♦Besançon 70 – Champagnole 42 – Morez 57 – Pontarlier 12.

🏠 **Bon Repos,** ℰ 81 69 62 95, ≼, 🌳 – 🄿. ▦ E VISA. 🕸
fermé 18 au 28 mars, 28 oct. au 21 déc., mardi soir et merc. hors. sais. – **R** 57/145 ⅓,
enf. 38 – ☲ 25 – **16 ch** 137/200 – ½ P 182/218.

GRANS 13450 B.-du-R. 🔠 ② – 3 095 h.
Paris 727 – ♦Marseille 52 – Aix-en-Provence 35 – Arles 41 – Salon-de-Provence 5,5.

XX **Aub. les Eyssauts,** rte St-Chamas ℰ 90 55 93 24, 🌤 – ▤ 🄿. E VISA. 🕸
fermé lundi (sauf le midi de sept. à juin) et dim. soir – **R** 100/230, enf. 80.

GRANVILLE 50400 Manche 🔠 ⑦ G. Normandie Cotentin – 15 015 h. alt. 8 – Casino Z.

Voir Site★ – Le tour des remparts★ : place de l'Isthme ≼★ Z – Pointe du Roc : site★ Y.

🔟🔟 ℰ 33 50 23 06, à Bréville par ① : 5,5 km ; 🔟 de Bréhal ℰ 33 51 58 88, par ① : 15 km.
🅱 Maison du Tourisme 4 cours Jonville ℰ 33 50 02 67.
Paris 349 ② – St-Malo 92 ③ – Avranches 26 ③ – ♦Caen 107 ② – Cherbourg 104 ① – Coutances 29 ① – St-Lô
56 ① – Vire 56 ②.

Plans page suivante

🏨 **Hérel** M 🕸 sans rest, Port de Plaisance ℰ 33 90 48 08, Télex 772319, ≼ – 📺 ☎ ♿ 🄿
– 🛁 30. ▦ ⓞ E VISA   Y e
☲ 30 – **43 ch** 230/290.

🏠 **Michelet** 🕸 sans rest, 5 r. J. Michelet ℰ 33 50 06 55 – ☎. E VISA. 🕸   Z u
☲ 24 – **19 ch** 90/230.

XX ❀ **La Gentilhommière** (Poude), 152 r. Couraye ℰ 33 50 17 99 – E VISA   Y a
fermé 5 au 18 mars, 3 au 16 sept., vacances de fév., dim. soir et lundi – **R** (nombre de
couverts limité, prévenir) carte 270 à 350
Spéc. Fantaisie en chaud et froid de foie gras de canard, Homard de Chausey en navarin, Fondant aux
pommes et beurre de cidre.

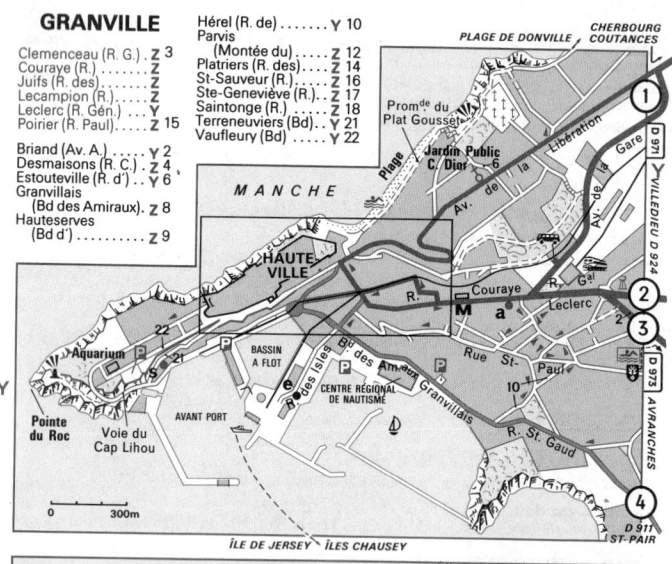

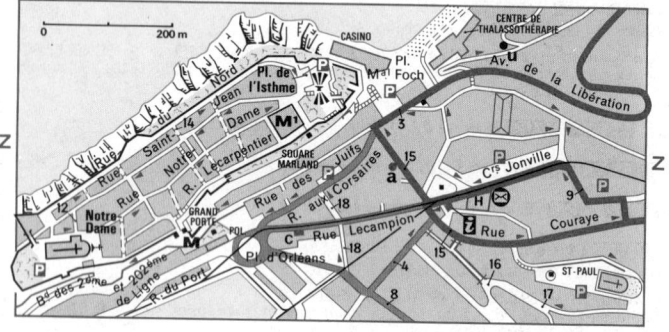

XX **Le Phare,** 11 r. Port ℰ 33 50 12 94, ≼ – ⓪ Ⓔ 𝗩𝗜𝗦𝗔   Y **s**
  fermé 15 au 30 sept., 20 déc. au 25 janv., mardi soir et merc. sauf juil.-août – **R** 73/178 ₰,
  enf. 40.

X **Normandy-Chaumière** avec ch, 20 r. Dr P. Poirier ℰ 33 50 01 71, Fax 33 50 15 34, 🍴 –
  📺 ☎. ⓪ Ⓔ 𝗩𝗜𝗦𝗔. ✶ ch   Z **a**
  fermé 13 au 29 oct., mardi soir et merc. sauf juil.-août – **R** 80/175 – ☲ 25 – **7 ch** 230/295
  – ½ P 265/280.

  à Bréville-sur-Mer par ① : 5 km – ⊠ **50290** :

🏠 **La Mougine des Moulins à Vent** ⑤ sans rest, sur D 971 ℰ 33 50 22 41, ≼, « Jardin
  fleuri » – 📺 ☎ Ⓟ. ⓪ Ⓔ 𝗩𝗜𝗦𝗔
  ☲ 30 – **7 ch** 310/380.

🏠 **Aub. des Quatre Routes,** ℰ 33 50 20 10 – ☎. Ⓔ 𝗩𝗜𝗦𝗔. ✶ ch
  ➤ *28 mars-30 sept. et fermé merc. sauf juil.-août* – **R** 70/140 ₰, enf. 40 – ☲ 20 – **7 ch**
  150/210 – ½ P 180/210.

GRASSE 06130 Alpes-Mar. 84 ⑧, 195 ㉔ G. Côte d'Azur – 38 360 h. alt. 333.

Voir Vieille ville★ : Place du Cours★ Z, musée d'Art et d'Histoire de Provence★ Z **M**[1] : ≤★ – Toiles★ de Rubens dans l'anc. cathédrale Z **B** – Salle Fragonard★ dans la Villa-Musée Fragonard Z **M**[2] – Parc de la Corniche ≤★★ 30 mn Z – Jardin de la Princesse Pauline ≤★ Z **K** – Musée de la Parfumerie★ Z **M**[3].

Env. Montée au col du Pilon ≤★★ 9 km par ④.

18 Opio-Valbonne ☎ 93 42 00 08, par D 4 : 11 km X ; 9 du Val Martin ☎ 93 42 07 98, E : 13 km par D 4, D 3 et D 103 ; 18 de la Grande Bastide à Opio ☎ 93 09 71 00, E : 6 km par D 7.

Office de Tourisme 3 pl. Foux ☎ 93 36 03 56, Télex 470871 et cours H.-Cresp (juil.-août) ☎ 93 36 72 28.

Paris 908 ② – Cannes 17 ② – Digne 117 ④ – Draguignan 56 ③ – ♦Nice 42 ②.

Plans page suivante

des Parfums M, bd E. Charabot ☎ 93 36 10 10, Télex 460815, Fax 93 36 35 48, ≤, 🌳, 🏊 – 🛗 cuisinette ▤ 📺 ☎ ♿ 🅿 – 🏛 70. AE ⓓ E VISA. ✗ rest Y **b**
R *(fermé dim. soir de nov. à fév.)* 75/180 🍷, enf. 40 – ☕ 40 – **60 ch** 415/660, 11 duplex 475/830 – ½ P 427/490.

du Patti M, pl. Patti ☎ 93 36 01 00, Télex 460126, Fax 93 36 36 40 – 🛗 ⇔ ch ▤ 📺 ☎ ♿. AE ⓓ E VISA Y **a**
R *(fermé dim. et fériés hors sais.)* 90/155 🍷 – ☕ 32 – **50 ch** 290/460 – ½ P 275.

Panorama sans rest, 2 pl. Cours ☎ 93 36 80 80, Télex 970908, Fax 93 36 92 04 – 🛗 ▤ 📺 ☎. AE E VISA Z **u**
☕ 37 – **36 ch** 290/385.

XX **Amphitryon,** 16 bd V. Hugo ☎ 93 36 58 73 – ▤. AE ⓓ E VISA Z **s**
fermé 1er au 31 août, 21 déc. au 3 janv., dim. et fêtes – **R** 108/225, enf. 78.

X **Maître Boscq,** 13 r. Fontette ☎ 93 36 45 76 – E VISA Y **k**
fermé 28 oct. au 12 nov., le soir du 1er nov. à Pâques, dim. et fériés – **R** 103.

à Magagnosc par ① : 5 km – ✉ **06520**.

Voir ≤★ du cimetière de l'église St-Laurent.

X **Chantecler,** ☎ 93 36 20 64, 🌳 – AE E VISA
fermé 20 au 27 juin, 5 au 20 nov., dim. soir, lundi soir et mardi soir hors sais. et merc. – **R** 90/180.

X **La Petite Auberge** avec ch, ☎ 93 42 75 32 – 🅿. E VISA
fermé juil., vacances de fév., mardi soir en hiver (sauf hôtel) et merc. – **R** 74/110 🍷 – **5 ch** (½ pens. seul.) – ½ P 175.

à Opio par ① et D 3 : 8 km – ✉ **06650**.

Voir Gourdon : site★★, place ≤★★, château : musée de peinture naïve★, jardins ≤★★ N : 10 km.

Mas des Géraniums 🐦, à San Peyre E : 1 km sur D 7 ☎ 93 77 23 23, ≤, 🌳, 🌲 – 🅿
1er fév.-30 sept. – **R** 80/150 – ☕ 30 – **8 ch** (½ pens. seul.) – ½ P 120/190.

à Plascassier SE : 6 km par D 4 – ✉ **06130** :

Les Mouliniers, ☎ 93 60 10 37, 🌳 – 🅿. E VISA
fermé 15 au 30 déc. – **R** 60 bc/140 🍷, enf. 40 – ☕ 20 – **10 ch** 160/210 – ½ P 170/200.

XX **Relais de Sartoux** avec ch, rte Valbonne ✉ 06370 Mouans-Sartoux ☎ 93 60 10 57, 🌳, 🏊, 🌲 – 📺 ☎ 🅿. AE ⓓ E VISA
fermé 15 nov. au 15 déc. et 20 au 31 janv. – **R** *(fermé merc. du 16 sept. au 14 juin)* 115/160, enf. 60 – ☕ 28 – **12 ch** 250/310 – ½ P 260.

XX **Aub. La Tourmaline,** ☎ 93 60 14 44, ≤, 🌳 – 🅿. AE VISA
R *(fermé dim. soir)* 150.

rte de Cannes par ② – ✉ **06130** Grasse :

Ibis M, à 3 km ☎ 93 70 70 70, Télex 462682, Fax 93 70 46 31, 🌳, 🏊, 🎾 – 🛗 ▤ 📺 ☎ ♿ 🅿 – 🏛 25 à 80. AE E VISA
R 100/120 🍷, enf. 45 – ☕ 32 – **65 ch** 320/380.

XX **Les Arômes** avec ch, à 5 km ☎ 93 70 42 01, 🌳 – 📺 ☎ 🅿. AE E VISA
R *(fermé sam. du 1er oct. au 31 mai)* 80/180, enf. 45 – ☕ 25 – **7 ch** 240/300 – ½ P 300/340.

à St Jacques par ③ : 3 km – ✉ **06130** Grasse :

X **La Serre,** 20 av. F. Raybaud ☎ 93 70 80 89 – E VISA
fermé 15 au 30 nov., 15 au 28 fév. et lundi – **R** 90/140, enf. 55.

à Cabris : 5 km par D 4 X – alt. 545 – ✉ **06530**.

Voir Site★ – ≤★★ des ruines du château.

Horizon 🐦 (rest. prévu), ☎ 93 60 51 69, Fax 93 60 56 29, ≤, 🌳, 🏊 – 🛗 ☎ 🅿. AE ⓓ E VISA. ✗ ch
24 mars-15 oct. – ☕ 38 – **22 ch** 250/350.

XX **Vieux Château,** ☎ 93 60 50 12, 🌳 – E VISA
fermé 1er au 12 déc., 11 fév. au 13 mars, mardi soir et merc. de sept. à juin et lundi midi en juil.-août – **R** 110/195, enf. 75.

X **Aub. Le Petit Prince,** ☎ 93 60 51 40, 🌳 – AE ⓓ E VISA
fermé 4 au 18 avril, 12 nov. au 3 déc., jeudi soir et vend. – **R** 98/188, enf. 60.

GRASSE

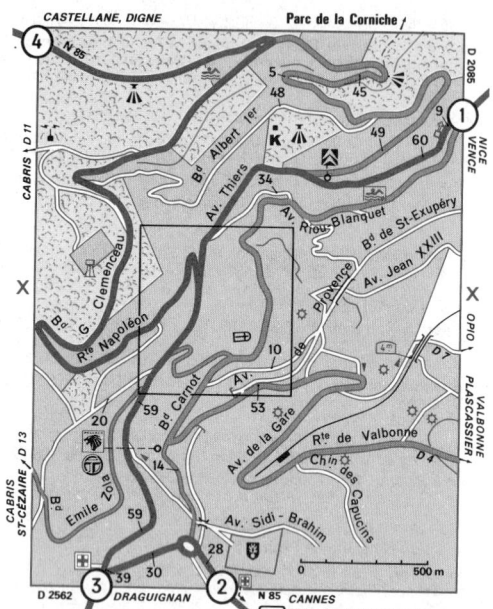

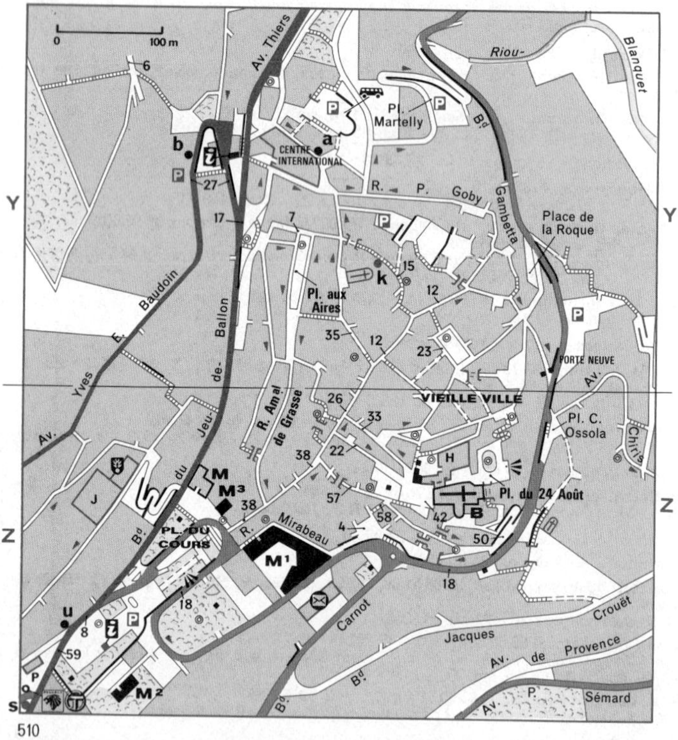

CITROEN Victoria Gar., 19 av. Victoria, rte de Nice ✆ 93 36 64 64
PEUGEOT-TALBOT Gar. Licastro, av. Ste-Lorette ✆ 93 09 02 56
PEUGEOT-TALBOT Grasse-Autom., 6 bd E.-Zola ✆ 93 36 36 50
PEUGEOT-TALBOT Gar. Licastro, rte de Draguignan à Peymeinade par ③ ✆ 93 66 14 34

Europneu, 17 bd Gambetta ✆ 93 36 33 70
Tosello, 132 rte Marigarde Le Moulin de Brun ✆ 93 70 16 48

GRATENTOUR 31 H.-Gar. 82 ⑧ – rattaché à Toulouse.

GRATOT 50 Manche 54 ⑫ – rattaché à Coutances.

Le GRAU-DU-ROI 30240 Gard 83 ⑧ G. Provence – 4 204 h. alt. 2.

Office de Tourisme bd Front-de-Mer ✆ 66 51 67 70, Télex 485024.

Paris 757 – ♦ Montpellier 26 – Aigues-Mortes 6 – Arles 53 – Lunel 21 – Nîmes 47 – Sète 59.

Nouvel H. sans rest, quai Colbert ✆ 66 51 41 77, ≤ – ☎.
Pâques-30 sept. – ☕ 30 – **21 ch** 190/240.

Le Palangre, quai Ch.-de-Gaulle ✆ 66 51 76 30, – E VISA
15 fév.-15 nov. et fermé mardi du 15 sept. au 15 avril – **R** 80/300.

à Port Camargue S : 3 km par D 62B – ✉ 30240 Le Grau-du-Roi:

Office de Tourisme Carrefour 2000 (Pâques-sept.) ✆ 66 51 71 68.

Le Spinaker (Cazals) M, pointe Môle ✆ 66 53 36 37, Fax 66 53 17 47, ≤, – rest TV ☎ P – 40. E VISA
fermé 6 janv. au 12 fév. – **R** *(fermé dim. soir et lundi hors sais.)* 245/345, enf. 85 – ☕ 50 – **21 ch** 420
Spéc. Carpaccio de boeuf aux truffes et noisettes, Filets de rouget rôtis à l'huile d'olive, Côte de veau en feuille de brick. Vins Costières de Nîmes.

Relais de l'Oustau Camarguen M, 3 rte Marines ✆ 66 51 51 65, Fax 66 53 06 65, – TV ☎ & P. AE ① E VISA
hôtel : 23 mars-15 oct. ; rest. : 1er mai-15 oct. – **R** *(fermé mardi soir et merc. sauf juil. et août)* 145/180, enf. 75 – ☕ 38 – **37 ch** 365/430 – ½ P 365/430.

L'Amarette, centre commercial Camargue 2000 ✆ 66 51 47 63, ≤ – E VISA
fermé 25 nov. au 12 déc., janv. et merc. hors sais. – **R** 172/230.

GRAUFTHAL 67 B.-Rhin 57 ⑰ – rattaché à La Petite-Pierre.

GRAULHET 81300 Tarn 82 ⑩ G. Pyrénées Roussillon – 13 649 h. alt. 166.

Syndicat d'Initiative square Foch ✆ 63 34 75 09.

Paris 699 – ♦ Toulouse 58 – Albi 37 – Castelnaudary 60 – Castres 30 – Gaillac 19.

La Rigaudié, E : 1,5 km par D 26 ✆ 63 34 50 07, , parc – P. AE ① VISA.
fermé août, 25 au 31 déc., dim. soir et sam. – **R** 95/195.

ALFA-ROMEO, OPEL Gar. Joffre, 3 r. Mégisserie ✆ 63 34 50 22
CITROEN Graulhet Autom., 47 ter av. Ch.-de-Gaulle ✆ 63 34 51 44
FORD Gar. Arquier, 15 bis av. de l'Europe ✆ 63 34 70 41
PEUGEOT-TALBOT S.I.V.A., rte de Réalmont ✆ 63 34 70 22
RENAULT Grigolato, Au Rhin et Danube ✆ 63 34 66 43

Central Pneu, 47 av. Ch.-de-Gaulle ✆ 63 34 54 24

La GRAVE 05320 H.-Alpes 77 ⑦ G. Alpes du Nord – 453 h. alt. 1 450 – Sports d'hiver : 1 450/3 600 m 1 7 – Voir Situation★★ – Téléphérique ≤★★★ – Combe de Malaval★ O : 6 km.
Env. Oratoire du Chazelet ≤★★★ NO : 6 km.

Syndicat d'Initiative ✆ 76 79 90 05.

Paris 642 – Briançon 39 – Gap 126 – ♦Grenoble 77 – Col du Lautaret 11 – St-Jean-de-Maurienne 66.

La Meijette, ✆ 76 79 90 34, ≤, – ☎ P. E VISA. rest
1er juin-30 sept., 15 fév.-15 mai et fermé mardi hors sais. – **R** 95/150 – ☕ 35 – **22 ch** 210/370 – ½ P 230/310.

RENAULT Gar. Pic ✆ 76 79 91 38 N

GRAVELINES 59820 Nord 51 ③ G. Flandres Artois Picardie – 11 647 h.

Maison du Tourisme 11 r. République ✆ 28 65 21 28.

Paris 292 – ♦Calais 21 – Cassel 36 – Dunkerque 18 – ♦Lille 91 – St-Omer 34.

Beffroi et rest. La Tour M, pl. Ch. Valentin ✆ 28 23 24 25, Télex 132366, Fax 28 65 59 71 – TV ☎ & – 40. AE E VISA
R 90/300, enf. 60 – ☕ 30 – **40 ch** 265/350 – ½ P 270/320.

CITROEN M. Hérant Christian, 11 r. de Dunkerque ✆ 28 23 06 56
PEUGEOT-TALBOT Gar. Vauban, r. des Islandais ✆ 28 23 11 51
RENAULT Mme Rabat, r. des Islandais ✆ 28 23 13 50

Paris 703 – Avignon 13 – Carpentras 41 – Cavaillon 28 – ◆Marseille 102 – Nîmes 37.

⋔ **Moulin d'Aure** M sans rest, ℘ 90 95 84 05, ⊿, ⏛ – ☎ ℗. ⋿ VISA. ⇜
*15 mars-1er nov. – ⊇ 28 – **14 ch** 230/290.*

⋔ **Mas des Amandiers** sans rest, rte d'Avignon : 1,5 km ℘ 90 95 81 76, Fax 90 95 84 18,
⊿, ⏛ – ☎ ⅋ ℗ – 🕿 30. ⅍ ⓪ ⋿ VISA
*1er mars-1er nov. – ⊇ 28 – **25 ch** 220/290.*

⌂ **Cadran Solaire** ⅊ sans rest, ℘ 90 95 71 79, ⏛ – ☎ ℗. ⅍ ⓪ ⋿ VISA
*fermé fév. – ⊇ 22 – **12 ch** 140/200.*

RENAULT Gar. Eletti et Massacèse ℘ 90 95 74 27

Voir Collection de dessins★ de Prud'hon au musée Baron-Martin Y M.

🛈 Syndicat d'Initiative Ile Sauzay (avril-1er oct.) ℘ 84 65 14 24 et pl. Ch.-de-Gaulle (hors saison).

Paris 361 ⑤ – ◆Besançon 46 ③ – ◆Dijon 49 ⑤ – Dole 44 ④ – Langres 56 ① – Vesoul 58 ②.

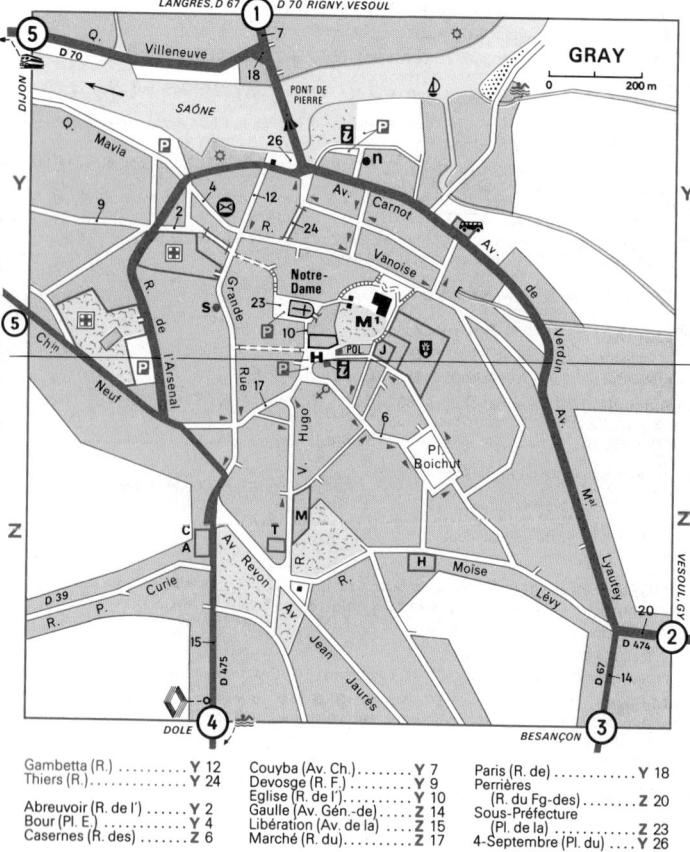

⋔ **Le Fer à Cheval** M sans rest, 9 av. Carnot ℘ 84 65 32 55, Fax 84 65 42 63 – 📺 ☎ ℗. ⅍
⓪ ⋿ VISA
*fermé 24 déc. au 3 janv. – ⊇ 25 – **46 ch** 160/225.*
Y n

✗ **Cratô**, 65 Gde Rue ℘ 84 65 11 75 – ⋿ VISA
*fermé 23 déc. au 5 janv., merc. et le midi en août – **R** 78/130 ♨.*
Y s

à Rigny par ① D 70 et D 2 : 5 km – ✉ **70100** :

Château de Rigny 🐎, ☎ 84 65 25 01, Télex 362926, Fax 84 65 44 45, « Parc aménagé en bordure de la Saône », 🏊, 🎾 – TV ☎ 🚗 P. AE ① E VISA. ✗ rest
fermé 5 au 31 janv. – **R** 180/280 – ☕ 43 – **24 ch** 300/480.

à Nantilly par ① et D 2 : 6 km – ✉ **70100** :

Relais de Nantilly 🐎, ☎ 84 65 20 12, Télex 362888, ≤, 🌳, « Parc », 🏊, 🎾 – TV ☎ P – 🏛 25 à 100. AE ① E VISA
1er avril-31 oct. et fermé lundi sauf de juin à août – **R** (dîner seul.) 200/300, enf. 90 – ☕ 60 – **12 ch** 450/650 – ½ P 470/570.

PEUGEOT-TALBOT Gar. Boffy, à Arc-lès-Gray par ① ☎ 84 64 80 79
RENAULT Autom. de la Saône, rte de Dôle ☎ 84 65 48 77
Bailly, chaussée d'Arc ☎ 84 65 07 06

La GRÉE-PENVINS **56** Morbihan 63 ⑬ – rattaché à Sarzeau.

GRENADE-SUR-L'ADOUR **40270** Landes 82 ① – 2 132 h. alt. 55.
Paris 721 – Mont-de-Marsan 15 – Aire-sur-l'Adour 18 – Orthez 51 – St-Sever 14 – Tartas 33.

XXX ✿✿ **Pain Adour et Fantaisie** (Oudill) avec ch, 7 pl. Tilleuls ☎ 58 45 18 80, Fax 58 45 16 57, 🌳, « Terrasse au bord de l'eau » – ▤ ch TV ☎ ♿ P. ① E VISA. ✗ ch
fermé 1er au 14 mars lundi (sauf hôtel) de sept. à juin et dim. soir sauf juil.-août – **R** 150/380 et carte, enf. 80 – ☕ 60 – **11 ch** 380/750
Spéc. Tuile craquante de langoustines au curry, Agneau de lait à la mode de Chalosse (sept. à avril), Vacherin glacé à l'herbe des troubadours. Vins Pacherenc du Vic Bilh, Madiran.

X **France** avec ch, 3 pl. Tilleuls ☎ 58 45 19 02 – ☎. E VISA. ✗ ch
fermé 3 au 20 janv., dim. soir et lundi du 15 sept. au 30 juin – **R** 60/200 – ☕ 20 – **7 ch** 95/185 – ½ P 155/195.

RENAULT Gar. Dargelos ☎ 58 45 92 62 N ☎ 58 45 94 68

GRENDELBRUCH **67190** B.-Rhin 62 ⑧⑨ – 972 h. alt. 555.
Voir Signal de Grendelbruch ✻★ SO : 2 km puis 15 mn, G. Alsace Lorraine.
Paris 421 – ♦Strasbourg 42 – Erstein 32 – Molsheim 22 – Obernai 16 – Sélestat 39.

La Couronne, rte Schirmeck ☎ 88 97 40 94 – ☎ P
fermé 28 oct. au 30 nov. – **R** 55/140 🍷 – ☕ 26 – **11 ch** 150/220 – ½ P 160/195.

Demandez chez le libraire le catalogue des ***publications Michelin.***

GRENOBLE P **38000** Isère 77 ⑤ G. Alpes du Nord – 159 503 h. **Communauté urbaine 394 789 h** alt. 214.
Voir Site★★★ – Fort de la Bastille ✻★★ par téléphérique EY – Vieille ville★ EY : Palais de Justice★ EY **J** – Patio★ de l'hôtel de ville FZ – Crypte★ de l'église St-Laurent FY – Musées : Peinture et sculpture★★ FZ **M1**, Dauphinois★ EY **M2**.
⛳9 ⛳18 ☎ 76 89 03 47, par ⑤ : 11 km par D 524.
✈ de Grenoble-St-Geoirs : ☎ 76 65 48 48, par ⑩ : 45 km.
🚗 ☎ 76 47 50 50.
Maison du Tourisme et Accueil de France (Informations, change et réservations d'hôtels, pas plus de 5 jours à l'avance) 14 r. République ☎ 76 54 34 36, Télex 980718 et à la gare SNCF ☎ 76 56 90 94 – A.C. 4 pl. Grenette ☎ 76 44 41 54.
Paris 566 ⑩ – Bourg-en-Bresse 136 ⑩ – Chambéry 56 ③ – ♦Genève 144 ③ – ♦Lyon 105 ⑩ – ♦Marseille 272 ⑩ – ♦Nice 332 ⑦ – ♦St-Étienne 149 ⑩ – Torino 235 ③ – Valence 99 ⑩.

Plans pages suivantes

Park H. M, 10 pl. Paul Mistral ☎ 76 87 29 11, Télex 320767, Fax 76 46 49 88, « Beaux aménagements intérieurs » – 🛗 ⇆ ch ▤ TV ☎ ♿ – 🏛 60. AE ① E VISA — FZ **w**
fermé 27 juil. au 19 août, 21 déc. au 2 janv. – **La Taverne de Ripaille** *(fermé dim. midi)* **R** carte 150 à 230 – ☕ 48 – **50 ch** 595/835, 10 appart. 1145/1595.

Président M, r. Gén. Mangin ☎ 76 56 26 56, Télex 308393, Fax 76 56 26 82 – 🛗 ⇆ ch ▤ TV ☎ ♿ 🚗 P – 🏛 200. AE ① E VISA — AX **y**
R 160, enf. 50 – ☕ 50 – **102 ch** 390/510.

Mercure Alpotel M, 12 bd Mar. Joffre ☎ 76 87 88 41, Télex 320884, Fax 76 47 58 52 – 🛗 ▤ TV ☎ ♿ – 🏛 300. AE ① E VISA — EZ **d**
R 70/140 🍷, enf. 42 – ☕ 48 – **88 ch** 490.

Lesdiguières (École Hôtelière), 122 cours Libération ✉ 38100 ☎ 76 96 55 36, Télex 320306, Fax 76 48 10 13, parc – 🛗 TV ☎ P – 🏛 50. AE ① E VISA. ✗ rest — AX **m**
fermé août et 18 déc. au 4 janv. – **R** 125/165 – ☕ 32 – **36 ch** 285/455.

tourner →

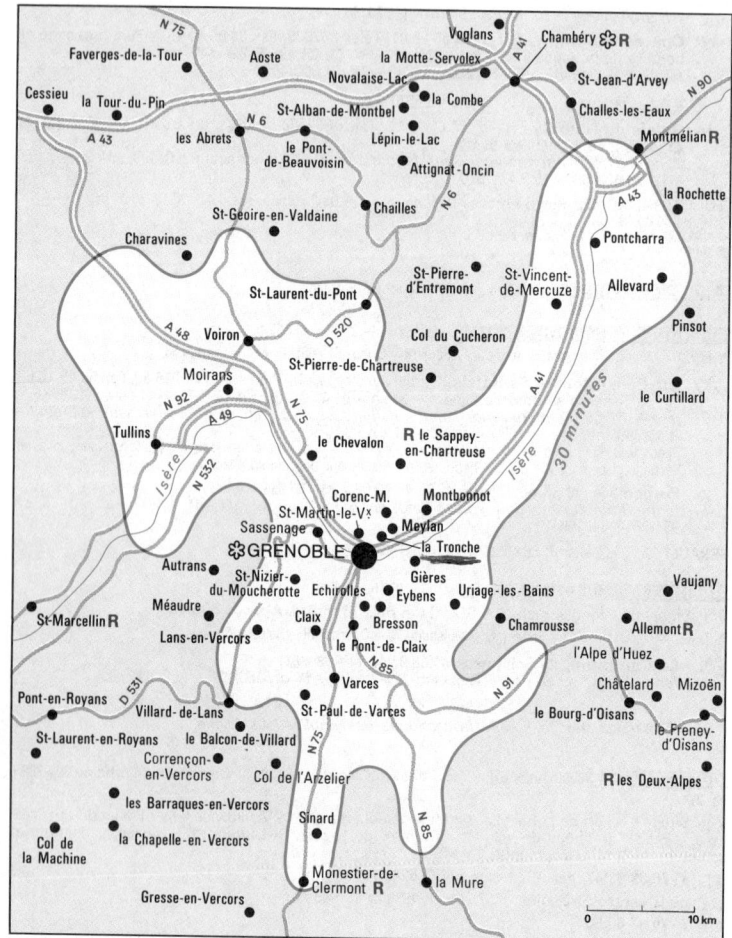

🏨 **Europole** Ⓜ, 29 r. P. Sémard ℰ 76 49 51 52, Télex 308341, Fax 76 21 99 00 – 📳 🍽 ch 📺
  DZ **d**
  L'Orangeraie *(fermé sam. midi)* **R** 95/150 – **Brasserie Midi Minuit R** carte 120 à 165 ⚒ –
  ⊡ 36 – **70 ch** 315/390 – ½ P 310.

🏨 **Angleterre** sans rest, 5 pl. V.-Hugo ℰ 76 87 37 21, Télex 320297, Fax 76 50 94 10 – 📳 🍽
  📺 ☎ 🆎 ⓪ 🇪 𝘷𝘪𝘴𝘢   EZ **z**
  70 ch ⊡ 330/500.

🏨 **Patrick H.** Ⓜ sans rest, 116 cours Libération ✉ 38100 ℰ 76 21 26 63, Télex 320320,
  Fax 76 48 01 07 – 📳 cuisinette 📺 ☎ Ⓟ – 🔬 30. 🆎 ⓪ 🇪 𝘷𝘪𝘴𝘢   AX **a**
  ⊡ 35 – **59 ch** 240/620.

🏨 **Porte de France** Ⓜ sans rest, 27 quai C. Bernard ℰ 76 47 39 73, Fax 76 50 95 03 – 📳 📺
  ☎. 🇪 𝘷𝘪𝘴𝘢   DY **k**
  ⊡ 32 – **40 ch** 170/280.

🏨 **Rive Droite**, 20 quai France ℰ 76 87 61 11, Fax 76 87 04 04 – 📳 📺 ☎ Ⓟ – 🔬 25. 🆎
  ⓪ 🇪 𝘷𝘪𝘴𝘢   EY **u**
  hôtel : *fermé 20 déc. au 6 janv.* – **R** *(fermé sam. midi et dim.)* carte 90 à 150, enf. 45 –
  ⊡ 35 – **56 ch** 270/310 – ½ P 340/350.

🏨 **Belalp** sans rest, 8 av. V. Hugo ✉ 38170 Seyssinet ℰ 76 96 10 27, Fax 76 48 34 95 – 📳
  📺 ☎ Ⓟ. 🇪 𝘷𝘪𝘴𝘢   AVX **h**
  ⊡ 22 – **30 ch** 178/240.

🏨 **Alpes** sans rest, 45 av. F. Viallet ℰ 76 87 00 71, Fax 76 56 95 45 – 🛗 📺 ☎ 🚗. E 𝗩𝗜𝗦𝗔
⊏⊐ 21 – **67 ch** 190/250.
DY **z**

🏨 **Bastille** sans rest, 25 av. F. Viallet ℰ 76 43 10 27, Fax 76 87 52 69 – 🛗 📺 ☎. E 𝗩𝗜𝗦𝗔
⊏⊐ 20 – **54 ch** 170/250.
DY **b**

🏨 **Patinoires** sans rest, 12 r. Marie Chamoux ⊠ 38100 ℰ 76 44 43 65, Télex 308703 – 🛗
📺 ☎ 🅿 ﾑ🅔 �ⓞ E 𝗩𝗜𝗦𝗔
GZ **b**
⊏⊐ 23 – **35 ch** 196/258.

🏨 **Paris-Nice** sans rest, 61 bd J. Vallier ℰ 76 96 36 18, Fax 76 48 07 79 – ↩ 📺 ☎ 🚗. 🅰🅴
ⓞ E 𝗩𝗜𝗦𝗔
AVX **t**
⊏⊐ 22 – **29 ch** 135/225.

🏨 **Ibis** [M], 5 r. Miribel - centre commercial les Trois Dauphins ℰ 76 47 48 49, Télex 320890,
Fax 76 47 78 22, ﷯ – 🛗 📺 ☎ – ﾑ 60. E 𝗩𝗜𝗦𝗔
EY **f**
R 75 ♨, enf. 35 – ⊏⊐ 30 – **71 ch** 260/315.

🏨 **Tilleuls** sans rest, 236 cours Libération ⊠ 38100 ℰ 76 09 17 34 – 🛗 ☎ ♿ 🅿 E 𝗩𝗜𝗦𝗔 ﷯
fermé 19 au 31 août – ⊏⊐ 20 – **39 ch** 195/225.
AX **s**

🏨 **Institut** sans rest, 10 r. Barbillon ℰ 76 46 36 44, Fax 76 47 73 09 – 🛗 📺 ☎ 🚗. 🅰🅴 ⓞ
E 𝗩𝗜𝗦𝗔
DY **f**
⊏⊐ 25 – **51 ch** 130/230.

🏨 **Gallia** sans rest, 7 bd Mar Joffre ℰ 76 87 39 21, Fax 76 87 65 76 – 🛗 📺 ☎. 🅰🅴 E 𝗩𝗜𝗦𝗔
⊏⊐ 22 – **35 ch** 120/240.
EZ **s**

XXX ⊛ **Manoir des Dauphins** (Salomon) [M] avec ch, 48 cours Libération ℰ 76 48 00 06,
Télex 308692, Fax 76 48 43 04, ﷯, ﷯ – 🗐 📺 ☎ 🅿 – ﾑ 25. 🅰🅴 ⓞ E 𝗩𝗜𝗦𝗔
AX **q**
fermé août, dim. soir et mardi – **R** 160/355, enf. 80 – ⊏⊐ 55 – **10 ch** 550/700
Spéc. Gâteau de lapereau aux prunes, Marmite de petite pêche étuvée au Côteau du Layon, Coeurs de
cardons gratinés à la moelle. **Vins** Chignin-Bergeron, Crépy.

XXX **Poularde Bressane**, 12 pl. P.-Mistral ℰ 76 87 08 90 – 🗐. 🅰🅴 ⓞ E 𝗩𝗜𝗦𝗔
FZ **w**
fermé août, sam. midi et dim. – **R** 118/178.

XXX **Aub. Napoléon**, 7 r. Montorge ℰ 76 87 53 64 – 🗐. 🅰🅴 ⓞ E 𝗩𝗜𝗦𝗔
EY **b**
fermé lundi midi et dim. – **R** (nombre de couverts limité-prévenir) 160/300.

XX **Le Berlioz**, 4 r. Strasbourg ℰ 76 56 22 39 – 🅰🅴 E 𝗩𝗜𝗦𝗔
EZ **v**
fermé 29 avril au 5 mai, 21 juil. au 19 août, sam. midi et dim. – **R** 120/290.

XX **La Madelon**, 55 av. Alsace-Lorraine ℰ 76 46 36 90 – 🅰🅴 ⓞ E 𝗩𝗜𝗦𝗔
DZ **n**
fermé 1er au 15 août, sam. midi et dim. – **R** 98/196.

XX **Brasserie le Strasbourg**, 11 av. Alsace-Lorraine ℰ 76 46 18 03 – 🗐. 🅰🅴 𝗩𝗜𝗦𝗔
DEZ **x**
fermé 15 juil. au 15 août, lundi soir et dim. – **R** 78/150 ♨.

XX **L'Escalier**, 6 pl. Lavalette ℰ 76 54 66 16 – 🅰🅴 ⓞ E 𝗩𝗜𝗦𝗔
FY **p**
fermé sam. midi et dim. – **R** carte 190 à 260.

X **A Ma Table**, 92 cours J. Jaurès ℰ 76 96 77 04 – E 𝗩𝗜𝗦𝗔
DZ **t**
fermé août, sam. midi, dim. et lundi – **R** (nombre de couverts limité - prévenir) carte 165 à
265.

au Centre des Congrès et Alpexpo - BX – ⊠ **38100** Grenoble :

🏨 **Mercure Alpexpo** [M], ℰ 76 33 02 02, Télex 980470, Fax 76 33 34 44, ﷯, ⅁ – 🛗 🗐 📺
☎ ♿ 🚗 🅿 – ﾑ 180. 🅰🅴 ⓞ E 𝗩𝗜𝗦𝗔 ﷯ rest
BX **v**
R carte 150 à 220 ♨, enf. 46 – ⊏⊐ 47 – **98 ch** 525/573.

à St-Martin-le-Vinoux : 2 km par A 48 et N 75 - AV – 5 251 h. – ⊠ **38950** :

XXX **Pique-Pierre**, ℰ 76 46 12 88, ﷯ – 🗐 🅿. 🅰🅴 E 𝗩𝗜𝗦𝗔
AV **p**
fermé 4 au 20 août, dim. soir et lundi sauf fériés – **R** 150/360, enf. 60.

au Nord par D 57 rte Clémencière - AV : 4 km – ⊠ **38950** St-Martin-le-Vinoux :

🏨 **Bellevue** ﷯ sans rest, ℰ 76 87 68 17, Fax 76 46 18 37, ≤ – 📺 ☎ 🅿. E 𝗩𝗜𝗦𝗔 ﷯
fermé 23 déc. au 2 janv. – ⊏⊐ 22 – **19 ch** 175/245.

à la Tronche - BV – 6 928 h. – ⊠ **38700** :

XX **Trois Dauphins**, 24 bd Chantourne ℰ 76 54 49 73, ﷯ – 🗐. E 𝗩𝗜𝗦𝗔
BV **u**
fermé sam. (sauf le midi de sept. à juin) et dim. – **R** 130/220 - Snack **R** carte 120 à 170 ♨.

à Meylan : 3 km par N 90 - CV – 14 606 h. – ⊠ **38240** :

🏨 **Alpha** [M], 34 av. Verdun ℰ 76 90 63 09, Télex 980444, Fax 76 90 28 27, ﷯, ⅁ – 🛗 ↩
🗐 rest 📺 ☎ 🚗 🅿 – ﾑ 25 à 150. 🅰🅴 ⓞ E 𝗩𝗜𝗦𝗔
BV **e**
R 80/155 ♨, enf. 39 – ⊏⊐ 45 – **60 ch** 410/430.

🏨 **Belle Vallée** sans rest, 2 av. Verdun ℰ 76 90 42 65, Télex 308873, Fax 76 90 65 98 – 🗐
📺 ☎ 🚗 🅿. 🅰🅴 E 𝗩𝗜𝗦𝗔
CV **a**
⊏⊐ 35 – **30 ch** 250/350.

🏨 **Relais Bleus**, 6 av. Granier ℰ 76 90 44 22, Télex 308365, Fax 76 41 04 60, ﷯ – 📺 ☎ ♿
🅿 – ﾑ 35. 🅰🅴 E 𝗩𝗜𝗦𝗔
R (fermé dim.) 85/135 ♨, enf. 45 – ⊏⊐ 30 – **50 ch** 250.

Map labels:
LYON VALENCE · A 48 · N 75 VOIRON · A · D 57
ST-MARTIN-LE-VINOUX
R. de la Résistance
D 531 · fin 1991 · R. des Martyrs
C.N.R.S.
CENTRE D'ÉTUDES NUCLÉAIRES
A 480 · Drac · D 15
FORT DE LA BASTILLE
FONTAINE
D 6A · Av. du Vercors
N 532, SASSENAGE, VALENCE
Av. A. Briand · Cours Berriat
R. Ampère · R. de la République
LES EAUX CLAIRES
SEYSSINET
R. de la Libération · M.I.N.
R. des Alliés · Av. L. Blum
ST-NIZIER, D 176 B
SEYSSINS
D 106
Crs de la Libération · Av. E. Esmonin
BRIANÇON · A 480 · GAP · AGENCE MICHELIN · A · ÉCHIROLLES
N 75

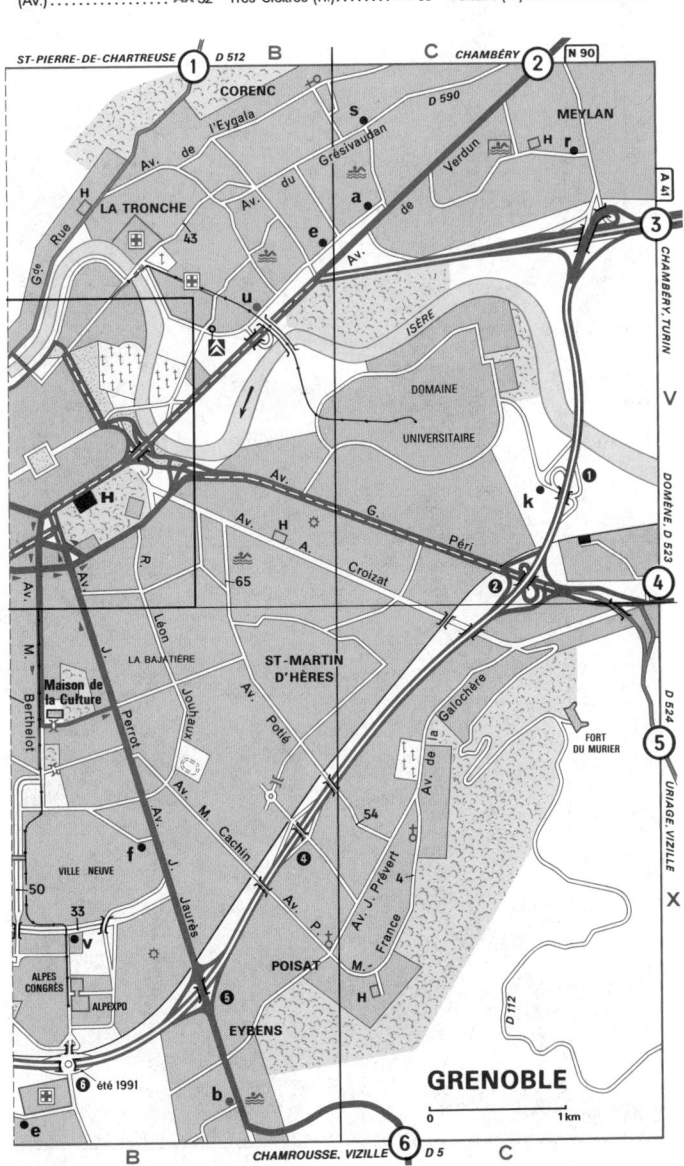

GRENOBLE

0   1 km

GRENOBLE

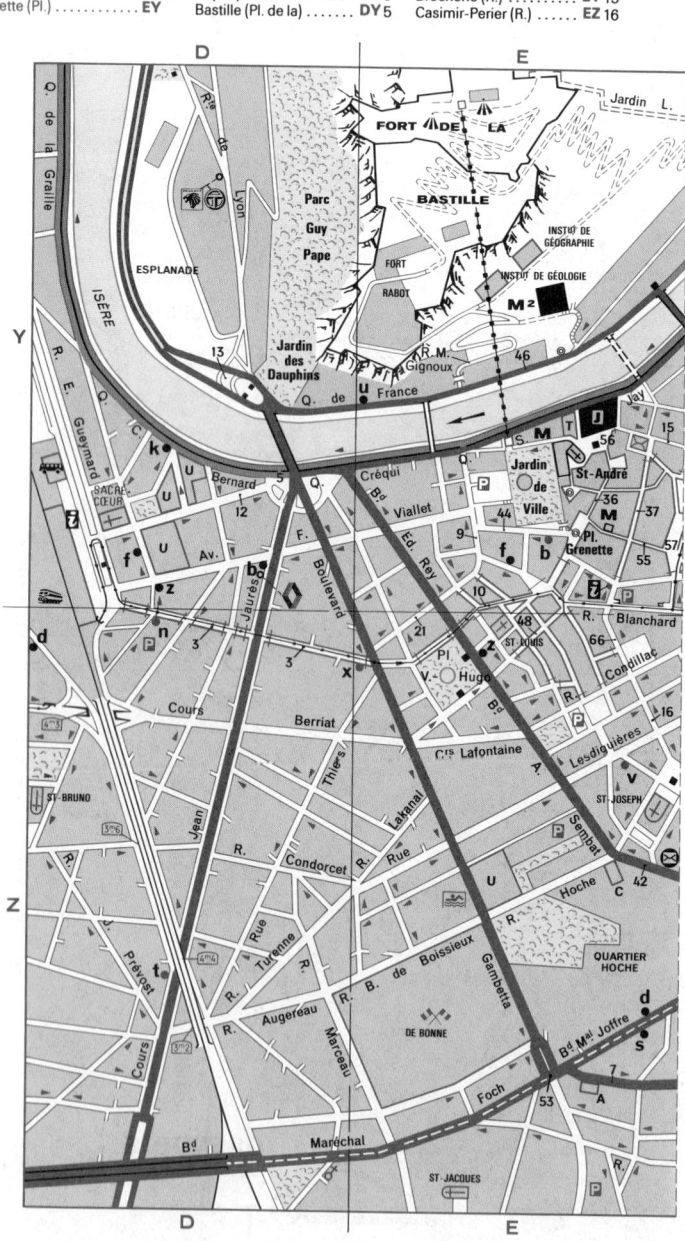

à Corenc : 3 km par av. Mar.-Randon - BV – ✉ **38700** :

Trois Roses M sans rest, 32 av. Grésivaudan ☎ 76 90 35 09, Télex 980593, Fax 76 90 71 72 – ⎈ TV ☎ P – 70. AE O E VISA CV **s**
fermé 24 déc. au 1er janv. – ☕ 44 – **50 ch** 379/447.

E : 5 km par av. G. Péri et rocade-sud :

Ibis M, r. Condamine, quartier de Mayencin ✉ 38610 Gières ☎ 76 44 00 44, Télex 308855, Fax 76 51 03 58, – ⎈ TV ☎ ♿ P – 70. E VISA CV **k**
R 77 ⅓, enf. 35 – ☕ 29 – **81 ch** 260/300.

à Eybens : par D 5 - BX – 5 853 h. – ✉ **38320** :

Château de la Commanderie, 17 av. Échirolles à 5 km ☎ 76 25 34 58, Télex 980882, Fax 76 24 07 31, ⛱, – TV ☎ P – 25. AE O E VISA. ✗ rest
fermé 24 déc. au 3 janv. – **R** *(fermé dim. midi et sam.)* 165/230 – ☕ 40 – **25 ch** 345/500.

Fimotel M, à 2 km ☎ 76 24 23 12, Télex 980371, – ⎈ TV ☎ ♿ P – 30. AE O E VISA BX **f**
R 70/180 ⅓, enf. 34 – ☕ 33 – **42 ch** 270/285 – ½ P 210.

XX **Rustique Auberge,** 134 av. J. Jaurès à 5 km ☎ 76 25 24 70 – AE O E VISA BX **b**
fermé 29 juil. au 10 août, sam. et dim. – **R** 130/180 ⅓.

à Échirolles 4 km - AX – 37 501 h. – ✉ **38130** :

Dauphitel M ⛰, av. Grugliasco ☎ 76 23 24 72, Télex 980612, Fax 76 40 42 64, , ⛱ – ⎈ TV ☎ P – 30. AE O E VISA. ✗ rest BX **e**
hôtel : fermé 22 déc. au 2 janv. ; rest. : fermé 12 au 18 août, 22 déc. au 2 janv., sam. midi et dim. – **R** 105, enf. 60 – ☕ 32 – **68 ch** 275/305 – ½ P 290.

par la sortie ② :

à Montbonnot : 7 km N 90 – ✉ **38330**.

Voir Bec de Margain ≤** NE : 13 km puis 30 mn.

XXX **Les Mésanges,** ☎ 76 90 21 57, , « Jardin et terrasse ombragés » – AE E VISA
fermé août, dim. soir et lundi – **R** 95/330.

par la sortie ④ :

à Gières : 7 km par D 523 – ✉ **38610** :

XX Les Marquises, 3 r. Plaine ☎ 76 89 48 16, , – P.

par la sortie ⑥ :

à Bresson par D 269^{C} : 8 km – ✉ **38320** :

XXXX **Chavant** avec ch, ☎ 76 25 15 14, Fax 76 87 40 64, , « Jardin ombragé », ⛱ – ⎈ ▤ TV ☎ P. AE O E VISA. ✗ rest
fermé 26 au 31 déc. – **R** *(fermé sam. midi et lundi d'oct. à mai)* carte 280 à 380 – ☕ 50 – **6 ch** 580/750.

par la sortie ⑦ :

à Pont-de-Claix : 8 km – 11 937 h. alt. 251 – ✉ **38800** :

XX **Globe** avec ch, 1 cours St-André ☎ 76 98 05 25, Télex 980881 – ☎ . E VISA. ✗ ch
R *(fermé dim. soir)* 90/220 – ☕ 35 – **10 ch** 220/240 – ½ P 300.

à Claix par A 480, sortie 9 – 6 741 h. – ✉ **38640** :

Manoir des Matitis M ⛰ sans rest, rte d'Allières ☎ 76 98 84 55, Télex 320161, Fax 76 98 35 19, ≤ Grenoble et montagnes, parc, ⛱ – TV ☎ P. AE O E VISA
☕ 60 – **12 ch** 520/940.

Primevère M, 2 r. Europe ☎ 76 98 84 54, ≤, , ⛱, – ▤ TV ☎ ♿ P – 35. E VISA. ✗ ch
R 74/195 ⅓, enf. 40 – ☕ 30 – **45 ch** 250.

à Varces : 13 km – 5 735 h. – ✉ **38760** :

Chalets de l'Escale ⛰ sans rest, ☎ 76 72 84 07, Fax 76 72 92 58, « Chalets dans jardin ombragé » – ▤ TV ☎ P. E VISA
☕ 70, 7 chalets 490 à 540.

XXX **Les Matitis,** allée Chênes (par rte Château d'Allières) ☎ 76 98 15 46, Télex 320161, Fax 76 98 35 19, , « Terrasse avec ≤ sur Grenoble et montagnes » – P. AE O E VISA
fermé 4 août au 2 sept., samedi midi en juin-juil., dim. soir et lundi – **R** (nombre de couverts limité-prévenir) 190/350, enf. 100.

XXX **Rest. l'Escale,** ☎ 76 72 80 19, – P. E VISA
fermé 1er janv. au 5 fév., dim. soir et lundi du 1er oct. au 15 mai et mardi du 15 mai au 1er oct. – **R** 150/298.

à St-Paul-de-Varces par N 75 et D 107 : 17 km – ✉ **38760** :

XXX **Aub. Messidor,** ☎ 76 72 80 64, – E VISA
fermé fév., mardi soir et merc. – **R** 120/280.

par la sortie ⑩ :

à Sassenage : 5 km – 9 311 h. – ✉ **38360** :

🛈 Syndicat d'Initiative à la Mairie *𝒫* 76 27 48 63.

🏠 **Relais Bleus** Ⓜ, Z.I. l'Argentière *𝒫* 76 27 20 21, Télex 308538, Fax 76 53 56 04, 🍴, ⌲,
🍴 – 🔲 �📺 ☎ ♿ **🅟** – 🏛 50. 🆎 ⓞ Ⓔ 𝓥𝓘𝓢𝓐
R 99/220, enf. 72 – ⌧ 32 – **47 ch** 250/280.

A 48 - échangeur Voreppe : 12 km – ✉ **38340** Voreppe :

🏨 **Novotel** Ⓜ, *𝒫* 76 50 81 44, Télex 320273, Fax 76 56 76 26, ≤, 🍴, ⌲, 🍴 – 🛗 🔲 �📺 ☎
♿ **🅟** – 🏛 25 à 180. 🆎 ⓞ Ⓔ 𝓥𝓘𝓢𝓐
R carte environ 150 🍷, enf. 60 – ⌧ 46 – **114 ch** 380.

par la sortie ⑪ :

au Chevalon : 11,5 km – ✉ **38340** Voreppe :

XXX **La Petite Auberge,** *𝒫* 76 50 08 03, 🍴, produits de la mer, 🍴 – **🅟**. Ⓔ 𝓥𝓘𝓢𝓐
fermé 6 au 31 août, 8 au 18 janv., dim. soir et lundi – **R** 185/240.

MICHELIN, Agence régionale, r. A.-Bergès, ZI des Iles, Le Pont de Claix par ⑦ *𝒫* 76 98 51 54

ALFA ROMEO C.B.A. Automobiles, 10 av. Marie
Reynoard *𝒫* 76 09 74 36
ALFA-ROMEO Gar. St-Christophe, 65 bd Gam-
betta *𝒫* 76 87 50 71
GM-OPEL Porte Ouest Automobile, 63 bd J.-Val-
lier *𝒫* 76 96 39 26
HONDA Gar. du Stade, 5 av. Jeanne-d'Arc
𝒫 76 54 28 38
LANCIA-AUTOBIANCHI Gar. du Quai, 13 quai C.-
Bernard *𝒫* 76 87 46 63
OPEL Éts Raymond, 56 bd Foch *𝒫* 76 87 21 34
PEUGEOT-TALBOT Bernard, 237 cours Libération
AX a *𝒫* 76 09 43 54
PEUGEOT-TALBOT Bastille, 51-53 rte de Lyon DY
𝒫 76 46 71 67
RENAULT Succursale, 150 r. Stalingrad DY **s**
𝒫 76 40 41 42 🆖 *𝒫* 76 40 50 50

RENAULT Galtier, 73 cours Libération AX **e**
𝒫 76 96 69 27
RENAULT Splendid-Gar., 4 r. E.-Delacroix FY
𝒫 76 42 74 72
RENAULT Galtier, 22 cours J.-Jaurès DY
𝒫 76 47 52 72
ROVER Autosprint, 19 r. des Déportés-du-11-No-
vembre *𝒫* 76 46 30 00
SAAB Villeneuve-Auto, 8 av. M.-Reynoard
𝒫 76 40 57 56
VOLVO Gar. Jeanne d'Arc, 7 r. Condamine à
Gières *𝒫* 76 54 08 92

🛞 Piot-Pneu, 27 bd Mar.-Foch *𝒫* 76 46 69 83
Tessaro-Pneus, 86 cours J.-Jaurès *𝒫* 76 46 00 91

Périphérie et environs

BMW Royal SA, 1 bis bd Alpes à Meylan
𝒫 76 41 90 10
CITROEN Garnier Automobiles, 28 bd Chantourne
à La Tronche BV *𝒫* 76 42 46 36 🆖
CITROEN S.A.D.A., 38 av. J-Jaurès à Eybens par
⑥ *𝒫* 76 24 20 63
CITROEN Gar. Jourdan, 30 av. Houille Blanche à
Seyssinet-Pariset AX *𝒫* 76 21 07 45
DATSUN-NISSAN Autostyl, Rocade Sud ZI à St-
Martin-d'Hères *𝒫* 76 62 81 81
FIAT Strada, 104 av. G.-Péri à St-Martin-d'Hères
𝒫 76 63 09 00
FIAT Gar. de Savoie, 43/45 bd Paul Langevin à
Fontaine *𝒫* 76 27 38 17
FORD Gauduel, U2, r. Béal à St-Martin-d'Hères
𝒫 76 25 75 45
MAZDA Sudautos, 78 cours J.-Jaurès à Échirolles
𝒫 76 23 30 63
MERCEDES-BENZ G.S.M., 117 av. G.-Péri à St-
Martin-d'Hères *𝒫* 76 54 42 18
OPEL Majestic, 109 av. G.-Péri à St-Martin-
d'Hères *𝒫* 76 42 38 18
PEUGEOT-TALBOT Pulicari, 18 av. de Grenoble à
Seyssinet-Pariset AX u *𝒫* 76 96 63 67
PEUGEOT-TALBOT Gar. Guzzo, ZA des Tuileries 2
à Seyssinet-Pariset AX *𝒫* 76 48 63 02

RENAULT Esso-Service du Moucherotte, 117
cours J.-Jaurès à Échirolles par ⑦ *𝒫* 76 09 16 24
RENAULT Lambert, 24 av. de Romans à Sasse-
nage par ⑧ *𝒫* 76 27 40 62
RENAULT Renault Percevalière, 11 r. Tuilerie à
Seyssinet-Pariset AX u *𝒫* 76 48 57 99
V.A.G Alpes-Sport-Auto, 111 av. G.-Péri à St-Mar-
tin-d'Hères *𝒫* 76 54 52 36 🆖 *𝒫* 76 77 01 01
V.A.G Guillaumin, 13 av. V.-Hugo à Échirolles
𝒫 76 23 20 81

🛞 Briday-Pneus, 1 r. 19-Mars-1962 à Échirolles
𝒫 76 22 25 27
Gonthier Frères, 1 r. de Chamechaude à Sasse-
nage *𝒫* 76 27 11 11
Gonthier-Frères, 131 av. G.-Péri à St-Martin-
d'Hères *𝒫* 76 54 36 83
Piot-Pneu, 96 cours J.-Jaurès à Échirolles
𝒫 76 09 11 95
Piot-Pneu, ZI av. de l'Ile Brune à St-Égrève
𝒫 76 75 86 69
Piot-Pneu, 8 av. G.-Péri à St-Martin-d'Hères
𝒫 76 54 36 72

GRÉOLIÈRES-LES-NEIGES 06620 Alpes-Mar. 🞵🞵 ⑲, 🔢🔢 ㉔ – 311 h. alt. 1 450 – Sports d'hiver : 1 400/
1 800 m ≰10.

Paris 851 – Castellane 51 – Grasse 47 – ♦Nice 67 – Vence 45.

🏠 **Alpina** ⍩, *𝒫* 93 59 70 19, ≤ – cuisinette ☎ **🅟**
fermé 15 nov. au 20 déc. – **R** *(fermé merc. soir et jeudi d'avril à déc.)* carte 100 à 130 –
⌧ 28 – **8 ch** 270/295 – ½ P 250/260.

Avant de prendre la route,
consultez 36.15 MICHELIN sur votre Minitel :
votre meilleur itinéraire,
le choix de votre hôtel, restaurant, camping,
des propositions de visites touristiques.

GRÉOUX-LES-BAINS 04800 Alpes-de-H.-P. 81 ④⑤ G. Alpes du Sud – 1 637 h. alt. 360 – Stat. therm. (25 fév.-14 déc.) – Office Municipal du Tourisme av. Marronniers ☎ 92 78 01 08.

Paris 785 – Digne 62 – Aix-en-Provence 51 – Brignoles 58 – Manosque 15 – Salernes 53.

Villa Borghèse ⚐, ☎ 92 78 00 91, Télex 401513, Fax 92 78 09 55, ⛱, 🌳, 🎾 – 🛗 ▤ TV ☎ 🚗 ⓟ – 🏛 80. AE ⓓ E VISA. ✻ rest
1er mars-30 nov. – **R** 145/260 – ☐ 40 – **70 ch** 320/540 – ½ P 360/420.

La Crémaillère M, rte Riez ☎ 92 74 22 29, Télex 420347, Fax 92 74 27 38, ⛱, 🌳, 🎾 – 🛗 TV ☎ ⓟ. AE ⓓ E VISA. ✻ rest
fermé 15 déc. au 15 fév. – **R** 170/320 – ☐ 40 – **54 ch** 320/360 – P 395.

Lou San Peyre, rte Riez ☎ 92 78 01 14, Fax 92 78 03 85, 🍽, ⛱, 🌳, 🎾 – 🛗 ⇆ ch TV ☎ ⓟ. AE ⓓ E VISA. ✻ rest
8 mars-20 nov. – **R** 95/125 – ☐ 31 – **47 ch** 290 – P 314.

Gd Jardin, ☎ 92 74 24 74, 🍽, parc, ⛱, 🎾 – 🛗 TV ☎ ⓟ – 🏛 25. E VISA. ✻
20 mars-20 nov. – **R** 85/170, enf. 48 – ☐ 27 – **90 ch** 180/265 – P 255/315.

RENAULT Gallégo ☎ 92 78 00 50

GRESSE-EN-VERCORS 38650 Isère 77 ⑭ G. Alpes du Nord – 204 h. alt. 1 250 – Sports d'hiver : 1 205/1 850 m ⛷16 ⛷ – **Voir** Col de l'Allimas ≤★ S : 2 km.

Syndicat d'Initiative à la Mairie ☎ 76 34 33 40 et aux Dolomites Françaises (saison) ☎ 76 34 34 45.

Paris 611 – ♦Grenoble 47 – Clelles 19 – Monestier-de-Clermont 14 – Vizille 43.

Le Chalet M ⚐, ☎ 76 34 32 08, ≤, 🍽, ⛱, 🎾 – TV ☎ 🚗 ⓟ. AE E VISA. ✻
7 mai-20 oct. et 22 déc-15 avril – **R** 75/260, enf. 45 – ☐ 30 – **26 ch** 200/340 – ½ P 280/310.

Rochas, ☎ 76 34 31 20 – ☎. E. ✻
fermé 6 au 17 mai et nov. – **R** 89/180 ♁, enf. 48 – ☐ 32 – **8 ch** 165/220 – ½ P 180.

GRESSWILLER 67190 B.-Rhin 87 ⑮ – 1 185 h. alt. 197.

Paris 481 – ♦Strasbourg 31 – Obernai 13 – Saverne 32 – Sélestat 38.

A l'Écu d'Or, r. Gutenberg ☎ 88 50 16 00, Fax 88 50 15 11 – TV ☎ ♿ ⓟ. AE ⓓ E VISA
fermé 15 au 31 janv. – **R** 45/300 ♁ – ☐ 30 – **25 ch** 215/275 – ½ P 280/340.

CITROEN Gar. Fritsch ☎ 88 50 04 10

GRÉSY-SUR-AIX 73 Savoie 74 ⑮ – rattaché à Aix-les-Bains.

GRÉSY-SUR-ISÈRE 73740 Savoie 74 ⑯ – 587 h. alt. 357.

Env. Site★★ et ≤★★ du château de Miolans★ SO : 7 km, G. Alpes du Nord.

Paris 574 – Albertville 19 – Aiguebelle 13 – Chambéry 36 – St-Jean-de-Maurienne 47.

La Tour de Pacoret ⚐, NE : 1,5 km par D 201 ✉ 73460 Frontenex ☎ 79 37 91 59, Fax 79 37 93 84, ≤ vallée et montagnes, parc – ☎ ⓟ. AE E VISA. ✻
1er mars-30 sept. – **R** *(fermé mardi midi)* (nombre de couverts limité - prévenir) 120/200 – ☐ 35 – **10 ch** 230/350 – ½ P 260/320.

La GRIÈRE 85 Vendée 71 ⑪ – rattaché à La Tranche-sur-Mer.

GRIGNAN 26230 Drôme 81 ② G. Provence (plan) – 1 147 h. alt. 197 – **Voir** Château★★ : ☼★.

Paris 632 – Crest 47 – Montélimar 28 – Nyons 23 – Orange 44 – Pont-St-Esprit 37 – Valence 71.

La Roseraie, rte Valréas ☎ 75 46 58 15, Fax 75 46 91 55, 🍽, « Élégant manoir dans un parc, ⛱, 🎾 » – ⇆ ch TV ☎ ⓟ – 🏛 50. AE E VISA
fermé 7 au 28 janv. et lundi hors sais. – **R** (résidents seul.) 150/200, enf. 90 – ☐ 65 – **12 ch** 550/900 – ½ P 460/630.

XX **Relais de Grignan,** sur D 4 ☎ 75 46 57 22, 🍽, 🌳 – ⓟ. E VISA
fermé dim. soir et lundi sauf juil.-août – **R** 95/220, enf. 45.

CITROEN Ferretti ☎ 75 46 51 78

RENAULT Monier ☎ 75 46 51 24 N ☎ 75 46 53 28

GRIGNY 91 Essonne 61 ①, 101 ㊱ – voir Paris, Environs.

GRIMAUD 83310 Var 84 ⑰ G. Côte d'Azur – 2 911 h. alt. 100.

Office de Tourisme bd des Aliziers ☎ 94 43 26 98.

Paris 865 – Fréjus 33 – Brignoles 57 – Le Lavandou 34 – St-Tropez 10 – Ste-Maxime 13 – ♦Toulon 63.

La Boulangerie M ⚐, O : 2 km par D 14 et VO ☎ 94 43 23 16, ≤, parc, 🍽, ⛱, 🎾 – ☎ ⓟ. E VISA
hôtel : 1er avril-10 oct. ; rest. : 15 mai-15 sept. – **R** (déj. seul.)(résidents seul.) carte environ 165 – ☐ 47 – **10 ch** 660/780.

Coteau Fleuri ⚐, ☎ 94 43 20 17, Fax 94 43 33 42, ≤, 🍽, 🌳 – ☎. AE ⓓ E VISA. ✻ rest
fermé 9 au 20 déc. et 2 janv. au 2 fév. – **R** *(fermé mardi sauf le soir en juil.-août)* 185 – ☐ 45 – **14 ch** 350/450.

Athénopolis M ⚐ sans rest, O : 3,5 km par rte La Garde Freinet ☎ 94 43 24 24, Fax 94 43 37 05, ≤, ⛱, 🌳 – TV ☎ ⓟ. AE ⓓ E VISA
1er avril-31 oct. et Noël-Jour de l'An – ☐ 40 – **11 ch** 450/600.

XXX ❀ **Les Santons** (Girard), ✆ 94 43 21 02, « Cadre provençal » – ▤. ◑ E VISA
23 mars-2 nov., 23 déc.-1er janv. et fermé merc. sauf le soir de juin à août – **R** 280/400, enf. 120
Spéc. Poissons de pays, Agneau rôti à la fleur de thym, Gibier (saison). Vins Bandol.

X **Café de France,** ✆ 94 43 20 05, ☂ – E VISA
fermé 20 oct. au 1er fév. et mardi – **R** 110.

◍ Sécurité-Pneus, N 98, St-Pons-les-Mures ✆ 94 56 36 02

GROIX (Ile de) ★ **56590** Morbihan 58 ⑫ **G. Bretagne** – 2 605 h. alt. 39.

Voir Site★ de Port-Lay – Trou de l'Enfer★.

Accès par transports maritimes pour **Port-Tudy** (en été **réservation indispensable** pour le passage des véhicules).

⛴ depuis **Lorient.** En 1990 : saison, 8 services quotidiens ; hors saison, 4 à 6 services quotidiens - Traversée 45 mn – Voyageurs 71 F (AR), autos (AR) 292 à 688 F par Cie Morbihannaise et Nantaise de Navigation, bd A.-Pierre ✆ 97 21 03 97 (Lorient).

ℹ Syndicat d'Initiative Port Tudy (saison) ✆ 97 86 53 08.

🏨 **La Marine,** au Bourg ✆ 97 86 80 05, ☂ – ☎. E VISA
fermé 2 au 31 janv., dim. soir et lundi en hiver (sauf vacances scolaires) – **R** 65/110, enf. 40 – ☕ 32 – **22 ch** 160/330 – ½ P 181/257.

XX **Ty Mad** avec ch, au port ✆ 97 86 80 19, ← – ☎ ℗. E VISA. ⚘ rest
Pâques-30 sept. et vacances scolaires – **R** 70/250, enf. 40 – ☕ 25 – **12 ch** 180/250 – ½ P 170/300.

GROLÉJAC **24250** Dordogne 75 ⑰ – 606 h. alt. 80.

Paris 548 – Sarlat la Caneda 12 – Gourdon 13 – Périgueux 78.

🏨 **Le Grillardin,** ✆ 53 28 11 02, ☂, ⛱ – ☏ ℗. AE. ⚘
1er mars-31 oct. et fermé merc. – **R** 65/160 ♨ – ☕ 25 – **14 ch** 130/210 – ½ P 150/195.

GROSLÉE **01680** Ain 74 ⑭ – 267 h. alt. 237.

Paris 497 – Belley 21 – Bourg-en-B. 68 – ♦Lyon 70 – La Tour-du-Pin 27 – Vienne 74 – Voiron 44.

X **Penelle,** à Port de Groslée SO : 1 km sur D 19 ✆ 74 39 71 01, ←, ☂ – ℗. E VISA
fermé 2 janv. au 8 fév., lundi et mardi – **R** 70/200.

GROTTE voir au nom propre de la grotte.

GROUIN (Pointe du) **35** I.-et-L. 59 ⑥ – rattaché à Cancale.

GRUISSAN **11430** Aude 86 ⑩ **G. Pyrénées Roussillon** – 1 594 h. alt. 2 – Casino .

ℹ Syndicat d'Initiative bd du Pech Maynaud ✆ 68 49 03 25.

Paris 856 – ♦Perpignan 76 – Carcassonne 72 – Narbonne 14.

🏨 **Corail** M, au port ✆ 68 49 04 43, ← – 🛗 ▤ TV ☎ ℗. AE E VISA. ⚘ rest
1er fév.-31 oct. – **R** 88/160, enf. 35 – ☕ 31 – **34 ch** 280/310 – ½ P 220/260.

🏨 **Plage** sans rest, à la Plage ✆ 68 49 00 75 – ☎. ⚘
Pâques-mi-sept. – ☕ 20 – **17 ch** 200/250.

Le GUA **17** Char.-Mar. 71 ⑭ – rattaché à Saujon.

GUEBERSCHWIHR **68420** H.-Rhin 62 ⑱⑲ **G. Alsace Lorraine** – 727 h.

Paris 452 – Colmar 11 – Guebwiller 18 – ♦Mulhouse 43 – ♦Strasbourg 85.

🏨 **Relais du Vignoble et rest. Belle vue** M ⛰, ✆ 89 49 22 22, Fax 89 49 27 82, ←, ☂ – 🛗 ☎ ♿ ℗ – 🏛 40. E VISA. ⚘ rest
fermé 1er fév. au 8 mars – **R** *(fermé merc. soir du 15 nov. au 15 avril et jeudi)* 70/220 ♨, enf. 40 – ☕ 33 – **30 ch** 200/400 – ½ P 220/260.

GUEBWILLER ⟨SP⟩ **68500** H.-Rhin 62 ⑱ **G. Alsace Lorraine** (plan) – 11 083 h. alt. 288.

Voir Église St-Léger★ : façade Ouest★★ – Intérieur★★ de l'église N.-Dame★ : Assomption★★ – Hôtel de Ville★ – Musée du Florival : décor★ d'une salle de bain, vase★ – Vallée de Guebwiller★★ NO – Buhl : retable de Buhl★★ dans l'église N : 3 km par D 430.

ℹ Office de Tourisme 5 pl. St-Léger ✆ 89 76 10 63.

Paris 466 – ♦Mulhouse 23 – Belfort 55 – Colmar 26 – Épinal 113 – ♦Strasbourg 100.

à Murbach NO par D 40II – ✉ **68530** – Voir Église★★.

🏨 **Aub. Langmatt** M ⛰, à 8,5 km ✆ 89 76 21 12, Fax 89 74 88 77, ←, ☂, parc, 🏋, 🏊 – 🛗 TV ☎ ♿ ℗ – 🏛 25 à 60. AE E VISA. ⚘ – *fermé 3 au 9 mars* – **R** *(fermé merc.)* 152/310, enf. 85 – ☕ 44 – **22 ch** 400/660, 4 appart. 880 – ½ P 435/545.

🏨 **Host. St Barnabé** ⛰, à 5,5 km ✆ 89 76 92 15, Télex 881036, Fax 89 76 67 80, ←, « Maison fleurie dans le vallon, jardin », ✂ – TV ☎ ℗ – 🏛 30. AE ◑ E VISA
fermé fév. – **R** 120/380, enf. 80 – ☕ 45 – **24 ch** 160/675 – ½ P 375/632.

à Jungholtz SE par D 51 : 6 km – ⊠ 68500 :

🏨 **Résidence Les Violettes** ⤸, à Thierenbach ℰ 89 76 91 19, Fax 89 74 29 12, ≤, ㎡ –
📺 ⇔ ⇎ 😑 🅰🅴 ⑩ 🄴 𝚟𝚒𝚜𝚊
fermé lundi soir et mardi hors sais. – **R** 170/360 – ⊡ 48 – **24 ch** 520/700.

🏠 **Aub. de Thierenbach** Ⓜ ⤸, à Thierenbach ℰ 89 76 93 01, 🍽 – 📺 ☎ 😑 🅰🅴 ⑩ 🄴
𝚟𝚒𝚜𝚊
fermé 18 déc. au 10 fév. et lundi – **R** 145/320 🍷 – ⊡ 45 – **16 ch** 360/520 – ½ P 370/410.

🍴🍴 **Biebler** avec ch, ℰ 89 76 85 75, 🍽 – ☎ ⇔ 😑 – 🔬 60. 🅰🅴 ⑩ 🄴 𝚟𝚒𝚜𝚊. ❀ ch
fermé jeudi soir et vend. – **R** 100/250 🍷, enf. 50 – ⊡ 30 – **15 ch** 100/250 – ½ P 220.

à Hartmannswiller SE par D 5 : 7 km – ⊠ 68500 :

🏠 **Meyer**, sur D 5 ℰ 89 76 73 14, 🍽, ㎡ – ⤻ ch ☎ 😑. 🅰🅴 ⑩ 🄴 𝚟𝚒𝚜𝚊. ❀ ch
R *(fermé 1er au 15 juin, 15 au 31 janv., sam. midi et vend.)* 100/300 🍷, enf. 45 – ⊡ 35 –
16 ch 165/265.

PEUGEOT-TALBOT Gar. du Parc, 11 rte de Soultz   RENAULT Gar. Valdan, Pénétrante N 83
ℰ 89 76 83 15   ℰ 89 76 27 27

GUÉCÉLARD 72230 Sarthe 🔠 ③ – 1 667 h. alt. 45.
Paris 216 – ♦Le Mans 17 – Château-Gontier 73 – La Flèche 25 – Malicorne-sur-Sarthe 22.

à Fillé N : 4 km G. Châteaux de la Loire – ⊠ 72210 :

🍴🍴 **Aub. du Rallye**, ℰ 43 87 14 08, 🍽, ㎡ – 😑. 🄴 𝚟𝚒𝚜𝚊
fermé 18 oct. au 4 nov., 27 fév. au 4 mars, dim. soir et lundi – **R** 110 (sauf week-ends)/170.

GUÉMENÉ-PENFAO 44290 Loire-Atl. 🔠 ⑯ – 4 480 h. alt. 37.
Paris 385 – Châteaubriant 38 – ♦Nantes 62 – Redon 20 – ♦Rennes 61 – St-Nazaire 57.

♨ **Le Chalet** ⤸, r. Moulins ℰ 40 79 23 38, ㎡ – 😑. 🄴 𝚟𝚒𝚜𝚊
◆ *fermé vacances de fév. et merc. d'oct. à avril* – **R** 55/150 🍷, enf. 40 – ⊡ 20 – **14 ch** 99/110
– ½ P 130/160.

GUÉMENÉ-SUR-SCORFF 56160 Morbihan 🔠 ⑪ – 1 723 h. alt. 139.
Paris 480 – ♦Nantes 66 – Concarneau 71 – Lorient 44 – Pontivy 22 – ♦Rennes 132 – St-Brieuc 73.

🏠 **Bretagne**, r. J. Peres ℰ 97 51 20 08, ㎡ – 📺 ☎ 😑. 🄴 𝚟𝚒𝚜𝚊
◆ *fermé 22 déc. au 10 janv. et sam. hors sais.* – **R** 46/170 🍷 – ⊡ 21 – **19 ch** 130/203 –
½ P 197/270.

GUÉRANDE 44350 Loire-Atl. 🔠 ⑭ G. Bretagne (plan) – 11 570 h. alt. 52.
Voir Le tour des remparts★ – Collégiale St-Aubin★.
🅱 Office de Tourisme 5 pl. Marhallé ℰ 40 24 96 71.
Paris 458 – ♦Nantes 77 – La Baule 6 – St-Nazaire 20 – Vannes 65.

🏠 **Voyageurs** Ⓜ, pl. du 8 Mai 1945 ℰ 40 24 90 13, ㎡ – ☎. 🄴 𝚟𝚒𝚜𝚊
◆ *fermé 15 déc. au 31 janv., dim. soir (sauf hôtel) et lundi de sept. à juin* – **R** *(fermé le soir
du 20 sept. au 1er avril)* 52/185 🍷, enf. 35 – ⊡ 22 – **12 ch** 200/270 – ½ P 240/255.

🏠 **Les Remparts** Ⓜ, bd Nord ℰ 40 24 90 69 – 😑. 🄴 𝚟𝚒𝚜𝚊
fermé 2 au 8 déc. – **R** *(fermé 2 déc. au 1er janv., le soir du 5 nov. au 25 mars, dim. soir et
vend. du 26 mars au 1er juin)* 95/195, enf. 60 – ⊡ 27 – **8 ch** 220/260 – ½ P 260/270.

🏠 **Roc Maria** sans rest, 1 r. Halles ℰ 40 24 90 51, « Maison du 15e siècle » – ☎. 🄴 𝚟𝚒𝚜𝚊
fermé 18 nov. au 15 déc. et jeudi hors sais. sauf vacances scolaires – ⊡ 30 – **10 ch**
220/250.

🍴🍴🍴 **La Collégiale**, 63 fg Bizienne ℰ 40 24 97 29, 🍽, « Jardin fleuri » – 🅰🅴 ⑩
fermé 24 au 30 déc., fév., le midi en juil.-août, merc. midi de sept. à juin et mardi –
R 180/350.

CITROEN Gar. Mercier, 21 r. Letilly ℰ 40 24 90 35   RENAULT Gar. de la Promenade, 3 bd Midi
PEUGEOT-TALBOT Cottais, rte de la Turballe   ℰ 40 24 91 39
ℰ 40 24 90 39

GUÉRET Ⓟ 23000 Creuse 🔠 ⑨ G. Berry Limousin – 16 621 h. alt. 436.
Voir Salle du Trésor d'orfèvrerie★ du musée Z **M**.
🅱 Office de Tourisme 1 av. Ch.-de-Gaulle ℰ 55 52 14 29.
Paris 349 ① – ♦Limoges 82 ④ – Bourges 122 ① – Châteauroux 83 ① – Châtellerault 153 ⑥ – ♦Clermont-Ferrand
132 ③ – Montluçon 65 ② – Poitiers 142 ⑥ – Tulle 137 ④ – Vierzon 141 ①.

Plan page ci-contre

🏨 **Auclair**, 19 av. Sénatorerie ℰ 55 52 01 26, ㎡ – 📺 ☎ ⇔ 😑 – 🔬 30. 🄴 𝚟𝚒𝚜𝚊   Z s
fermé 22 déc. au 6 janv. – **R** 80/120, enf. 50 – ⊡ 28 – **32 ch** 135/295 – ½ P 233/273.

🍴 **Le Bouëradour**, 6 r. J. Ducouret ℰ 55 52 05 33 – 🄴 𝚟𝚒𝚜𝚊   Z a
fermé 17 août au 12 sept., dim. soir et lundi – **R** (prévenir) 110, enf. 45.

524

GUÉRET

Ancienne-Mairie (R. de l') . Z 4
Grande-Rue . . . . Z 15
Piquerelle (Pl.) . . . . Y 22

Allende (R. Salvador) . . . . . Y 2
Bonnyaud (Pl.) . . . . Z 5
Corneille (R. Pierre) . . . . . Y 7
Ducouret (R.) . . . . Z 9
Gane (Rond-Point de la) . . . . Y 12
Grand (R. Alfred) . . . . Y 13
Jaurès (R. Jean) . . . . Z 16
Londres (R. de) . . . . Y 17
Musset (R. Alfred-de) . . . . Y 19
Pasteur (Av.) . . . . YZ 20
Poitou (Av. du) . . . . Y 23
Rollinat (R. Maurice) . . . . . Y 25
Roosevelt (R. Franklin) . . . Y 26
St-Pardoux (Bd) . . . . Y 28
Verdun (R. de) . . . . Z 29
Zola (Bd Émile) . . . . Y 30

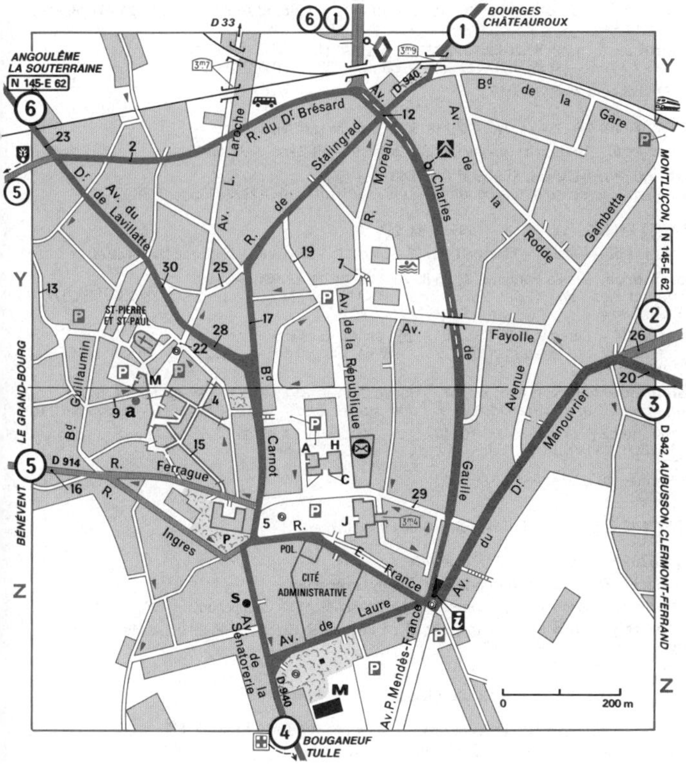

à Laschamps-de-Chavanat par ① : 5 km sur D 940 – ✉ **23000** Guéret :

Chez Peltier, ☎ 55 52 02 40 – Ⓟ
fermé 7 juil. au 7 août et sam. – **R** (déj. seul.) 55/110 ♁.

à Ste-Feyre par ③ : 7 km – ✉ **23000**.
Voir Château du Théret★ SE : 3 km.

Touristes, ☎ 55 80 00 07 – VISA
fermé mardi soir et merc. – **R** 60/220 ♁.

CITROEN SAMAT, 21 av. Ch.-de-Gaulle ☎ 55 52 48 52
FIAT-LANCIA Gar. Bellevue, Le Verger N 145 à Ste-Feyre ☎ 55 52 43 65
FORD Gar. Martin Maurice, 15 r. E.-France ☎ 55 52 14 44
PEUGEOT-TALBOT Daraud, ancienne N 145 à Ste-Feyre par ② ☎ 55 52 52 00
RENAULT Gén. Autom. Creusoise, av. Gén.-de-Gaulle Y ☎ 55 52 06 60
V.A.G Gar. St-Christophe, rte de Paris à Cherdemont par ① ☎ 55 52 15 78 **N**

Gaudon-Pneus, 25 av. Gambetta ☎ 55 52 00 36 **N**
Godignon, av. Gén.-de-Gaulle ☎ 55 52 01 65

GUERLESQUIN **29650** Finistère 58 ⑦ G. Bretagne – 1 839 h. alt. 250.
Paris 525 – ◆Brest 84 – Carhaix-Plouguer 43 – Guingamp 39 – Lannion 32 – Morlaix 25 – Plouaret 18 – Quimper 81.

Monts d'Arrée, ☎ 98 72 80 44 – ☎. **E** VISA
fermé 21 déc. au 14 janv. – **R** *(fermé dim. soir et fériés le soir)* 65/150 ♁ – ☕ 22 – **22 ch** 140/240 – ½ P 170/205.

🛈 Syndicat d'Initiative à la Mairie 🖉 59 26 56 60.

Paris 787 – Biarritz 9 – ♦Bayonne 15 – Pau 123 – St-Jean-de-Luz 6.

🏨 **Pereria** ⤸, 🖉 59 26 51 68, ≼, 🍴, « Beau jardin ombragé » – ☎ 🅿 🔁 [VISA] 🎞 rest
  1er mars-1er nov. – **R** 70/155 – ⧄ 18 – **32 ch** 112/220 – ½ P 230/300.

🏨 **Brikéténia,** 🖉 59 26 51 34, ≼, 🍴, 🔁 🅿 [VISA]
  hôtel: *1er mars-31 oct. ; rest.: 1er juin-30 sept.* – **R** (résidents seul.) – ⧄ 39 – **21 ch** 380/420
  – ½ P 360/380.

🍴🍴 **Madrid** avec ch, 🖉 59 26 52 12, 🍴 – 🔁 [VISA] 🎞 ch
  Pâques-fin sept. – **R** 75/180 – ⧄ 27 – **7 ch** 130/220 – ½ P 200/250.

RENAULT Gar. Labourd 🖉 59 26 50 52

Paris 249 – Bourges 57 – La Guerche-sur-l'Aubois 10 – Nevers 11 – St-Pierre-le-Moutier 27.

🍴 **Aub. du Pont-Canal,** D 976 🖉 48 80 40 76 – [VISA]
  fermé janv., le soir d'oct. à Pâques et lundi sauf juil.-août – **R** 69/185, enf. 38.

Paris 342 – Moulins 62 – Autun 51 – Bourbon-Lancy 26 – Digoin 16 – Mâcon 87 – Montceau-les-Mines 28.

🏨 **Commerce,** 1 r. La Fontaine 🖉 85 85 23 23 – 🛗 ☎ 🔁 [VISA] 🎞 rest
  R *(fermé sam. du 1er juil. au 30 sept.)* 60/240 🍷, enf. 50 – ⧄ 27 – **28 ch** 115/350 –
  ½ P 180/380.

🏨 **Centre,** 34 r. Liberté 🖉 85 85 21 01 – 🔁 ☎ 🅿 🔁 [VISA]
  fermé 22 juil. au 18 août et dim. soir – **R** 64/195 🍷, enf. 40 – ⧄ 26 – **19 ch** 120/250 –
  ½ P 160/180.

🍴🍴 **Relais Bourguignon** avec ch, 47 r. Convention 🖉 85 85 25 23 – ☎ 🅿 🆎 ⓪ 🔁 [VISA]
  fermé 5 au 27 août, vacances de fév., dim. soir et lundi – **R** 90/240 – ⧄ 30 – **8 ch** 150/180.

CITROEN Milli, rte de Digoin 🖉 85 85 06 02 📐 • Goesin, ZA rte de Rigny-sur-Arroux
PEUGEOT-TALBOT Vadrot, 31 r. 8-Mai 🖉 85 85 25 40
🖉 85 85 24 31
RENAULT Hermey, 48 r. Liberté 🖉 85 85 20 42
📐 🖉 85 77 32 59

Voir St-Maurice : Site★ et ≼★ du pont NO : 5 km, G. Bretagne.

Paris 501 – Vannes 58 – Concarneau 39 – Lorient 12 – Moëlan-sur-Mer 13 – Quimperlé 12.

🏨 **La Châtaigneraie** 🅼 ⤸ sans rest, O : 1 km par D 162 🖉 97 65 99 93, « Manoir dans un
  parc » – 🔁 ☎ 🅿 ⓪ 🔁 [VISA]
  ⧄ 42 – **11 ch** 395/480.

Voir Gorges de Daluis★★ : ≼★★ au S à hauteur des tunnels.

🛈 Syndicat d'Initiative à la Mairie 🖉 93 05 50 13.

Paris 839 – Barcelonnette 63 – Castellane 57 – Digne 95 – Manosque 136 – ♦Nice 98.

Voir Porche★ de l'église – Pied-la-Viste ≼★ E : 2 km – Peyre-Haute ≼★ S : 4 km puis 15 mn.

Env. Combe du Queyras★★ NE : 5,5 km.

🛈 Syndicat d'Initiative pl. Salva 🖉 92 45 04 37.

Paris 716 – Briançon 35 – Gap 60 – Barcelonnette 49 – Digne 119.

🏨 **Barnières II** ⤸, 🖉 92 45 04 87, ≼ vallée et montagnes, 🌊, 🌳, 🍴 – 🛗 ☎ 🅿 🔁 [VISA].
  🎞 rest
  fermé 15 oct. au 15 déc. – **R** 95/200, enf. 65 – ⧄ 40 – **46 ch** 280/320 – ½ P 275/300.

🏨 **Barnières I** ⤸, 🖉 92 45 05 07, ≼ vallée et montagnes, 🌊, 🌳, 🍴 – ☎ 🅿 🔁 [VISA].
  🎞 rest
  1er juin-30 sept. – **R** 95/200, enf. 65 – ⧄ 40 – **36 ch** 260/290 – ½ P 275/295.

🏨 **Catinat Fleuri,** 🖉 92 45 07 62, 🌊, 🌳, 🍴 – 🔁 ☎ 🅿 🔁 [VISA]
  R 74/138 – ⧄ 33 – **19 ch** 280, 11 bungalows – ½ P 240/260.

🍴 **Epicurien,** 🖉 92 45 20 02 – 🔁 [VISA]
  fermé 1er au 16 juin, 15 nov. au 15 déc. et mardi (sauf juil.-août) – **R** 95/110 dîner à la carte.

à Mont-Dauphin-Gare NO : 4 km par D 902^A et N 94 – alt. 900 – ⊠ **05600** :

Voir Charpente★ de la caserne Rochambeau.

🍴 **Gare** avec ch, 🖉 92 45 03 08 – ☎ 🅿 🔁 [VISA]
  fermé sam. du 1er mai au 30 juin et du 1er sept. au 20 déc. – **R** 68/150 🍷 – ⧄ 29 – **24 ch**
  110/200 – ½ P 145/190.

à La Maison du Roy NE : 5,5 km par D 902 – ⊠ **05600** Guillestre :

🏨 **Maison du Roy,** ℘ 92 45 08 34, ≤, 🐜, ℅ – 🕿 🅿. ⓪ E 𝘝𝘐𝘚𝘈. ℅
🛏 *fermé du 1ᵉʳ nov. au 20 déc. et lundi du 1ᵉʳ nov. au 15 mai* – **R** 67/200 ⅄ – ⊡ 34 – **30 ch** 178/336 – ½ P 275/290.

PEUGEOT-TALBOT Gar. du Tourisme, à Mont-Dauphin ℘ 92 45 07 09

Gar. du Guil, Le Villard ℘ 92 45 03 05

GUILLIERS 56490 Morbihan 🔟🔟 ④ – 1 252 h. alt. 86.
Paris 412 – Dinan 59 – Lorient 88 – Ploërmel 13 – ◆Rennes 67 – Vannes 58.

🏨 **Relais du Porhoët,** ℘ 97 74 40 17 – 📺 🕿 🅿 – 🕍 30. 🆎 ⓪ E 𝘝𝘐𝘚𝘈
🛏 **R** 60/175 ⅄, enf. 50 – ⊡ 25 – **15 ch** 160/200 – ½ P 240/260.

GUILVINEC 29730 Finistère 🔟🔟 ⑭ G. Bretagne – 4 108 h.
Paris 577 – Quimper 31 – Douarnenez 40 – Pont-l'Abbé 11.

🏨 **Centre,** r. Penmarch ℘ 98 58 10 44, 🐜 – 📺 🕿 🅿. E 𝘝𝘐𝘚𝘈
🛏 *fermé fév. et dim. soir (sauf hôtel) de nov. à fév.* – **R** 62/300, enf. 45 – ⊡ 30 – **17 ch** 195/280 – ½ P 240/260.

au NE : 3 km par D 153 – ⊠ **29115** Treffiagat :

🏨 **La Gentilhommière** 🗟 sans rest, ℘ 98 58 13 29, 🐜 – 🕿 🅿. E 𝘝𝘐𝘚𝘈
1ᵉʳ mars- 15 oct. – ⊡ 30 – **6 ch** 220/310.

GUINGAMP ⊗ 22200 C.-d'Armor 🔟🔟 ② G. Bretagne – 9 519 h. alt. 74 – **Voir** Basilique★ B.
🛈 Office de Tourisme 2 pl. Vally (avril-sept.) ℘ 96 43 73 89.
Paris 483 ③ – St-Brieuc 31 ③ – Carhaix-Plouguer 47 ⑥ – Lannion 32 ⑦ – Morlaix 55 ⑦ – Pontivy 61 ④.

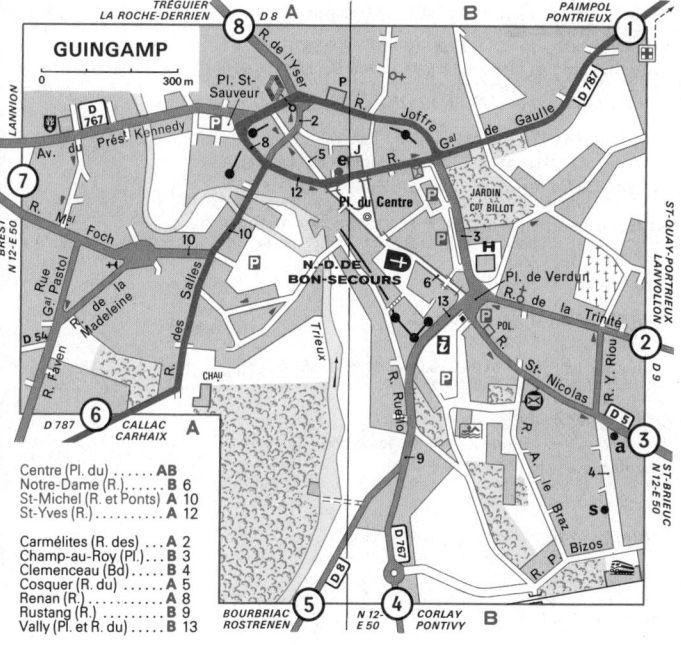

Centre (Pl. du) ...... **AB**
Notre-Dame (R.) ...... **B** 6
St-Michel (R. et Ponts) **A** 10
St-Yves (R.) .... **A** 12

Carmélites (R. des) ... **A** 2
Champ-au-Roy (Pl.) ... **B** 3
Clemenceau (Bd) ..... **B** 4
Cosquer (R. du) ...... **B** 5
Renan (R.) .... **A** 8
Rustang (R.) .... **B** 9
Vally (Pl. et R. du) .... **B** 13

🏨 **D'Armor** 🅼 sans rest, 44 bd Clemenceau ℘ 96 43 76 16 – 📺 🕿. 🆎 ⓪ E 𝘝𝘐𝘚𝘈. ℅
⊡ 27 – **23 ch** 220/250. **B** **s**

🏨 **L'Hermine,** 1 bd Clemenceau ℘ 96 21 02 56 – 📺 🕿. E 𝘝𝘐𝘚𝘈 **B** **a**
R grill *(fermé 1ᵉʳ au 21 mai, 23 déc. au 5 janv., dim. et fériés)* 80/100 ⅄, enf. 50 – ⊡ 30 – **12 ch** 130/180.

🍴🍴🍴 **Relais du Roy** 🗟 avec ch, pl. Centre ℘ 96 43 76 62 – 📺 🕿 – 🕍 30. 🆎 ⓪ E 𝘝𝘐𝘚𝘈.
℅ rest **A** **e**
fermé 26 au 31 août, vacances de Noël et dim. (sauf fériés et juil.-août) – **R** 100/380,
enf. 80 – ⊡ 50 – **7 ch** 300/500.

CITROEN Kerambrun, ZAC de Bellevue à Plouma-
goar par ③ ☎ 96 43 79 07 **N** ☎ 96 43 74 71
FORD Gar. du Vally, pl. du Vally ☎ 96 43 97 84
PEUGEOT, TALBOT Landrau Autom., ZI de Loc-
menard à Grâces par ⑥ ☎ 96 43 85 59

RENAULT Menguy, 9 r. Carmélites ☎ 96 43 70 40
N ☎ 96 44 80 88

🛢 Desserrey-Pneus, ZI de Grâces-Guingamp
☎ 96 43 96 82

GUISE 02120 Aisne 🗟🗟 ⑯ G. Flandres Artois Picardie – 6 296 h. alt. 97 – Voir Château★.

Paris 173 – Avesnes 39 – Cambrai 47 – Hirson 38 – Laon 38 – St-Quentin 27.

🏨 **Champagne Picardie** ⌂ sans rest, 41 r. A. Godin ☎ 23 60 43 44, ☞ – 📺 ☎ 🅿 –
🛦 30. **E** 𝗩𝗜𝗦𝗔. ✦
*fermé 23 août au 8 sept., 23 déc. au 3 janv. et dim. – ☑ 22 – **12 ch** 210/260.*

🍴🍴 **Guise** avec ch, 103 pl. Lesur ☎ 23 61 17 58 – 📺 ☎. **E** 𝗩𝗜𝗦𝗔
*fermé 2 au 8 sept. et Noël au Jour de l'An – **R** (fermé sam. de nov. à fév., vend. soir et
dim. soir) 75/165 ⅄ – ☑ 22 – **8 ch** 180/210.*

PEUGEOT-TALBOT Donnay Autom, 35 r. de Flavigny ☎ 23 61 09 43

GUÎTRES 33230 Gironde 🗍🗍 ② G. Pyrénées Aquitaine – 1 377 h. alt. 12 – 🖪 Syndicat d'Initiative av.
Gare (mai-sept. après-midi seul.) ☎ 57 69 11 48 et à la Mairie (hors saison après-midi seul.) ☎ 57 69 10 34.

Paris 527 – ♦Bordeaux 47 – Angoulême 84 – Blaye 46 – Libourne 16 – St-André-de-Cubzac 24.

🏠 **Bellevue** sans rest, ☎ 57 69 12 81 – ☜ 🅿. ✦
*fermé 12 au 30 sept. et 1er au 15 fév. – ☑ 20 – **11 ch** 85/135.*

GUJAN-MESTRAS 33470 Gironde 🗍🖾 ② G. Pyrénées Aquitaine – 8 600 h. alt. 4.

Voir Parc ornithologique du Teich★ E : 5 km.

🖪 Office de Tourisme 41 av. de Lattre-de-Tassigny (fermé après-midi hors saison) ☎ 56 66 12 65.

Paris 633 – ♦Bordeaux 48 – Andernos-les-Bains 26 – Arcachon 12.

🏨 **La Guérinière** [M], à Gujan ☎ 56 66 08 78, Télex 541270, Fax 56 66 13 39, ☞, 🏊 – 📺 ☎
🅿 – 🛦 50. 🖭 ⓞ **E** 𝗩𝗜𝗦𝗔. ✦
R 160/270, enf. 80 – ☑ 38 – **27 ch** 380/420 – ½ P 380.

🍴 **La Coquille** avec ch (annexe 12ch [M] ⌂), à Gujan ☎ 56 66 08 60, Fax 56 66 09 09, ☞ –
☎ 🅿. 🖭 ⓞ **E** 𝗩𝗜𝗦𝗔 – *fermé 15 janv. au 15 fév., dim. soir et lundi du 1er oct. au 15 mars –*
R 78/180, enf. 45 – ☑ 26 – **23 ch** 150/250 – ½ P 195/230.

GUNDERSHOFFEN 67110 B.-Rhin 🗟🗍 ⑲ – 2 653 h. alt. 173.

Paris 457 – ♦Strasbourg 47 – Haguenau 15 – Sarreguemines 62 – Wissembourg 34.

🍴🍴 **Au Cygne**, 35 Gd Rue ☎ 88 72 96 43 – **E** 𝗩𝗜𝗦𝗔
*fermé 4 au 17 mars, 16 août au 5 sept., dim. soir et lundi – **R** 138/188 ⅄.*

🍴🍴 **Chez Gérard** avec ch, à la Gare ☎ 88 72 91 20 – 🖭 ⓞ **E** 𝗩𝗜𝗦𝗔
*fermé 25 juil. au 13 août, 20 fév. au 9 mars, mardi soir et merc. – **R** 80/240 ⅄ – ☑ 19 –*
5 ch 80/120 – ½ P 150.

Gar. Lotz ☎ 88 72 91 45

GUZET-NEIGE 09140 Ariège 🗟🗍 ③ – alt. 1 350.

Paris 839 – Foix 73 – Oust 25 – St-Girons 41.

🏨 **Le Papallau** [M] ⌂, ☎ 61 96 00 33, Fax 61 96 02 66, ≤, ☞, 🔲 – 🛗 ☎ &. **E** 𝗩𝗜𝗦𝗔
*3 juin-15 sept. et 2 déc.-30 avril – **R** 85/195, enf. 38 – ☑ 42 – **61 ch** 285/390 – ½ P 290/350.*

GYÉ-SUR-SEINE 10250 Aube 🗟🗍 ⑱ – 493 h. alt. 173.

Paris 208 – Bar-sur-Aube 40 – Châtillon-sur-Seine 24 – Tonnerre 51 – Troyes 44.

🍴 **Voyageurs** avec ch, ☎ 25 38 20 09 –
✦ *fermé 1er au 15 fév. et merc. du 1er oct. au 1er juin – **R** (dim. et fêtes prévenir) 66/155 ⅄ –
☑ 22 – **9 ch** 93/145 – P 140/170.*

HABÈRE-LULLIN 74420 H.-Savoie 🗍🗍 ⑰ – 488 h. alt. 850.

Paris 566 – Thonon-les-Bains 23 – Annecy 60 – Boëge 6 – Bonneville 29 – ♦Genève 31 – Lullin 10.

🏠 **Aux Touristes,** ☎ 50 39 50 42, ≤, ☞ – 🅿. **E** 𝗩𝗜𝗦𝗔
✦ *fermé 1er oct. au 20 déc., mardi soir et merc. hors sais. – **R** 60/138 ⅄, enf. 38 – ☑ 25 –*
20 ch 190/200 – ½ P 180/190.

HABÈRE-POCHE 74420 H.-Savoie 🗍🗍 ⑰ – 511 h. alt. 945 – Sports d'hiver : 950/1 600 m ⚡ 11, ⚶.

🖪 Office de Tourisme (saison) ☎ 50 39 54 46.

Paris 568 – Thonon-les-Bains 21 – Annecy 62 – Bonneville 31 – ♦Genève 33.

🏨 **Chardet** ⌂, à Ramble ☎ 50 39 51 46, Fax 50 39 57 18, ≤, 🏊, ☞, ✕ – 🛗 ☎ ☜ 🅿. 🖭
E 𝗩𝗜𝗦𝗔
*15 juin-1er oct., 15 déc.-15 avril – **R** 94/160, enf. 45 – ☑ 28 – **32 ch** 200/255 – ½ P 200/240.*

🍴🍴 **Le Tiennolet**, ☎ 50 39 51 01, ☞ – 🅿. 𝗩𝗜𝗦𝗔
fermé 27 mai au 27 juin, 21 oct. au 21 nov., mardi soir et merc .sauf vacances scolaires –
R 100/180, enf. 60.

au Col de Cou NO : 4 km – ✉ **74420** Boëge.

Voir ≤★, G. Alpes du Nord.

🏠 **Le Gai Logis** ⑤, 𝒫 50 39 52 35, ≤, 🍽 – **𝐏. 𝐄** 𝐕𝐈𝐒𝐀
8 juin-30 sept. et 28 déc.-29 avril – **R** 90/175 – ⊑ 25 – **11 ch** 105/200 – ½ P 185/220.

L'HABITARELLE 48 Lozère 🔢 ⑯ – ✉ **48170** Châteauneuf-de-Randon.
Paris 580 – Mende 28 – Langogne 19 – Le Puy 61.

⚐ **Poste et Voyageurs,** 𝒫 66 47 90 05, 🚗 – 🚙 **𝐏. 𝐄** 𝐕𝐈𝐒𝐀
⇌ *fermé 20 déc. au 31 janv., vend. soir et sam. midi sauf juil.-août* – **R** 52/140 ⚒, enf. 30 –
⊑ 23 – **23 ch** 88/150 – ½ P 120/145.

HAGENTHAL-LE-BAS 68220 H.-Rhin 🔢 ⑩ – 777 h. alt. 360.
🏠 privé de Bâle 𝒫 89 68 50 91, N : 2 km.
Paris 547 – ♦Mulhouse 40 – Altkirch 27 – ♦Bâle 12 – Colmar 74.

XXX **Jenny** Ⓜ avec ch, NE : 2,5 km par D 12B près golf 𝒫 89 68 50 09, Fax 89 68 58 64, 🍽,
⚒, 🔲, 🚗 – 📺 🕿 𝐏. ⓞ **𝐄** 𝐕𝐈𝐒𝐀
R *(fermé mi-janv. à mi-fév., dim. soir et lundi)* 150/260, enf. 48 – ⊑ 45 – **26 ch** 280/550 –
½ P 350/430.

HAGENTHAL-LE-HAUT 68220 H.-Rhin 🔢 ⑩ – 381 h. alt. 375.
Paris 545 – ♦Mulhouse 36 – Altkirch 27 – ♦Bâle 12 – Colmar 73.

XX **A l'Ancienne Forge,** 52 r. Principale 𝒫 89 68 56 10 – **𝐏. 𝐄** 𝐕𝐈𝐒𝐀
fermé 1er au 15 juil., dim. et lundi – **R** 185/320.

HAGETMAU 40700 Landes 🔢 ⑦ G. Pyrénées Aquitaine – 4 514 h. alt. 25.
🛈 Syndicat d'Initiative pl. République *(fermé matin hors saison)* 𝒫 58 79 38 26.
Paris 737 – Mont-de-Marsan 29 – Aire-sur-l'Adour 34 – Dax 45 – Orthez 25 – Pau 57 – Tartas 35.

XX **Le Jambon** avec ch, r. Carnot 𝒫 58 79 32 02, 🚗 – **𝐏.** 𝐕𝐈𝐒𝐀
fermé janv., dim. soir et lundi – **R** 95/180 ⚒ – ⊑ 25 – **8 ch** 80/180 – ½ P 180.

X **Relais Basque** avec ch, r. P. Duprat 𝒫 58 79 30 64 – 🕿. **𝐄** 𝐕𝐈𝐒𝐀. 🍴 ch
⇌ *fermé vend. soir* – **R** 50 bc/120 ⚒ – ⊑ 16 – **6 ch** 95/145 – ½ P 145.

CITROEN Gar. Lacourrège 𝒫 58 79 31 80   RENAULT Labadie 𝒫 58 79 38 11
PEUGEOT, TALBOT Maurin 𝒫 58 79 58 58 Ⓝ

HAGUENAU ≤𝔖𝔓≥ 67500 B.-Rhin 🔢 ⑲ G. Alsace Lorraine – 29 715 h. alt. 130.
Voir Église St-Nicolas★ BY – Église St-Georges★ AZ.
🛈 Office de Tourisme 1 pl. J.-Thierry (transfert prévu pl. de la Gare) 𝒫 88 73 30 41.
Paris 479 ④ – ♦Strasbourg 32 ④ – Baden-Baden 43 ② – Épinal 149 ④ – Karlsruhe 64 ② – Lunéville 117 ④ –
♦Nancy 138 ④ – St-Dié 122 ④ – Sarreguemines 76 ⑥.

Plan page suivante

🏨 **Europe,** 15 av. Prof. R. Leriche par ④ 𝒫 88 93 58 11, Télex 880566, Fax 88 93 21 33, ⚒,
⇌ 🔲 – 🍴 🍽 rest 🕿 𝐏 – 🔬 25 à 50. 🔳 ⓞ **𝐄** 𝐕𝐈𝐒𝐀
R 58/250, enf. 55 – ⊑ 32 – **81 ch** 235/390.

🏠 **Les Pins** sans rest, 112 rte Strasbourg par ④ 𝒫 88 93 68 40, Fax 88 93 21 33 – 📺 🕿 𝐏.
🔳 ⓞ **𝐄** 𝐕𝐈𝐒𝐀
⊑ 32 – **17 ch** 230/290.

XX **Barberousse,** 8 pl. Barberousse 𝒫 88 73 31 09, 🍽 – **𝐄** 𝐕𝐈𝐒𝐀   AY **k**
fermé vacances de printemps, 28 juil. au 15 août, dim. soir et lundi – **R** 120/200 ⚒, enf. 50.

à Marienthal SE par D 48 : 5 km – ✉ **67500** Marienthal :

🏠 **Ermitage,** 4 pl. Basilique 𝒫 88 93 87 46, Télex 891037, 🍽 – 📺 🕿 𝐏 – 🔬 40. **𝐄** 𝐕𝐈𝐒𝐀.
🍴 ch
fermé 16 août au 3 sept., 26 fév. au 12 mars, dim. soir et vend. – **R** 125/180, enf. 50 – ⊑ 35
– **15 ch** 180/250 – ½ P 250.

XXX **Relais Princesse Maria Leczinska,** 1 r. Rothbach 𝒫 88 93 70 39, 🍽, ⚒ – **𝐏.** 🔳 **𝐄**
𝐕𝐈𝐒𝐀
fermé vacances de fév., dim. soir et lundi – **R** 165/295 ⚒.

à Schweighouse-sur-Moder par ⑤ : 4 km – 4 134 h. – ✉ **67590** :

XX **Aub. Cheval Blanc** avec ch, 46 r. Gén. de Gaulle 𝒫 88 72 76 96 – **𝐏. 𝐄** 𝐕𝐈𝐒𝐀. 🍴 ch
⇌ *fermé 3 au 25 août, 26 déc. au 6 janv., dim. soir et sam.* – **R** 68/185 ⚒ – ⊑ 30 – **14 ch**
110/180.

par ⑥ 1 km sur N 62 – ✉ **67500** Haguenau :

🏠 **Climat de France,** 𝒫 88 73 06 66, Fax 88 73 49 61 – 📺 🕿 ⚒ 𝐏 – 🔬 40. 🔳 **𝐄** 𝐕𝐈𝐒𝐀.
🍴 rest
R 75/120 ⚒, enf. 36 – ⊑ 28 – **46 ch** 268.

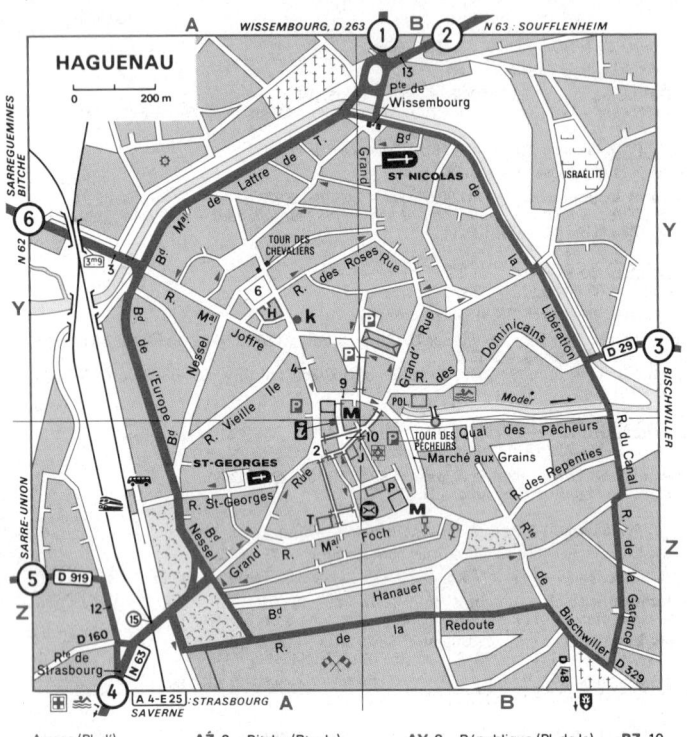

HAGUENAU

WISSEMBOURG, D 263 ① ② N 63 : SOUFFLENHEIM

Armes (Pl. d') . . . . **AZ** 2	Bitche (Rte de) . . . . **AY** 3	République (Pl. de la) . . . . **BZ** 10
Château (R. du) . . . . . . **AY** 4	Gaulle (Pl. Ch.-de) . . . . . . **AY** 6	Schweighouse (Rte de) . . **AZ** 12
Grand-Rue . . . . **ABYZ**	Moder (R. de la) . . . . **AY** 9	Soufflenheim (Rte de) . . . **BY** 13

BMW L'Espace, 81 rte de Bischwiller
   ℘ 88 93 49 49
CITROEN Sodifa, 101 rte de Marienthal par D 48
℘ 88 90 60 60 **N** ℘ 88 93 14 17
FIAT Gloeckler, 1 bd de l'Europe ℘ 88 73 41 00
FORD Gar. Wolff, 91 rte de Bischwiller
℘ 88 93 12 13
PEUGEOT-TALBOT Nord-Alsace-Autom., 121a rte
de Strasbourg par ④ ℘ 88 93 90 90 **N**
RENAULT Grasser, 134 rte de Weitbruch par D 48
BZ ℘ 88 93 02 29 **N**

RENAULT Gar. Stern, 6 r. du Conseil à Bischwiller
℘ 88 63 22 87

🅖 Alsace-Pneus, 4 chemin des Prairies
℘ 88 73 30 79
Kautzmann, 105 rte de Strasbourg ℘ 88 93 11 38
Pneus et Services D.K., 2 rte de Strasbourg
℘ 88 93 93 59

La HAIE FOUASSIÈRE 44 Loire-Atl. 🗺 ④ – rattaché à Nantes.

HALLINES 62 P.-de-C. 🗺 ① – rattaché à St-Omer.

HAM 80400 Somme 🗺 ⑱ **G. Flandres Artois Picardie** – 6 399 h. alt. 62.

Paris 126 – Compiègne 44 – ✦Amiens 67 – Noyon 20 – Péronne 24 – Roye 26 – St-Quentin 20 – Soissons 56.

  🏠 **Valet,** 58 r. Noyon ℘ 23 81 10 87 – 📺 ☎. **E** 𝘝𝘐𝘚𝘈
    ➟ *fermé 3 au 18 août, 21 déc. au 2 janv., sam. (sauf hôtel) et dim.* – **R** 58/110 🍴, enf. 40 –
    🖵 19 – **17 ch** 110/250 – P 160/300.

  XX **France** avec ch, pl. H. de Ville ℘ 23 81 00 22 – 📺 ☎. ⑩ **E** 𝘝𝘐𝘚𝘈. ⚘ ch – *fermé 5 au 25*
    août, vacances de fév. et dim. soir – **R** 90/230, enf. 70 – 🖵 30 – **6 ch** 200/250.

CITROEN Gar. de Picardie, 7 r. de Noyon ℘ 23 81 01 86

HAMBYE 50650 Manche 🗺 ⑱ **G. Normandie Cotentin** – 1 241 h. alt. 92.

Voir Ruines de l'abbaye★★ S : 5 km.

Paris 324 – Coutances 23 – Granville 29 – St-Lô 26 – Tessy-sur-Vire 15 – Villedieu-les-Poêles 17.

  X **Les Chevaliers** avec ch, au bourg D 13 ℘ 33 90 42 09 – ⑩ **E** 𝘝𝘐𝘚𝘈
    ➟ *fermé fév., dim. soir et lundi du 15 sept. au 15 juin* – **R** (nombre de couverts limité -
    prévenir) 55/135 🍴 – 🖵 20 – **6 ch** 85 – ½ P 130.

à l'Abbaye S : 3,5 km par D 51 – ✉ **50650** Hambye :

✗✗ **Auberge de l'Abbaye,** ℘ 33 61 42 19 – Ⓟ. E VISA
fermé 24 sept. au 10 oct., 25 fév. au 10 mars et lundi sauf fériés – **R** (week-ends prévenir) 80/280, enf. 50.

à La Baleine SO : 5 km par D 13 et VO – ✉ **50650** :

✗ **Aub. de la Baleine,** ℘ 33 61 76 77 – Ⓟ. AE E VISA
fermé 1er au 15 déc., 15 au 29 fév. dim. soir et lundi – **R** 75/195, enf. 45.

HARDELOT-PLAGE **62** P.-de-C. **51** ⑪ **G. Flandres Artois Picardie** – alt. 12 – ✉ **62152** Neufchâtel-Hardelot.

⛳⛳ ℘ 21 83 73 10, E : 1 km.

Paris 233 – ♦Calais 48 – Arras 109 – Boulogne-sur-Mer 15 – Montreuil 31 – Le Touquet-Paris-Plage 23.

🏨 **Régina** Ⓜ, av. François 1er ℘ 21 83 81 88, Fax 21 87 44 02 – 🛗 ☎ ♿ Ⓟ – 🏛 70. ◑ E VISA. ✖ rest
fermé déc. et janv. – **R** *(fermé dim. soir et lundi sauf juil.-août)* 83/110 – ☕ 28 – **40 ch** 248/284 – ½ P 250.

HARFLEUR **76** S.-Mar. **55** ③ – rattaché au Havre.

HARTMANNSWILLER **68** H.-Rhin **66** ⑨ – rattaché à Guebwiller.

HASPARREN **64240** Pyr.-Atl. **85** ③ **G. Pyrénées Aquitaine** – 5 611 h. alt. 90.

Env. Grottes d'Oxocelhaya et d'Isturits★★ SE : 11 km.

Paris 779 – Biarritz 30 – ♦Bayonne 24 – Cambo-les-Bains 10 – Pau 103 – Peyrehorade 32 – St-Jean-Pied-de-Port 33.

🏠 **Tilleuls,** pl. Verdun ℘ 59 29 62 20 – 📺 ☎. E VISA. ✖
✦ *fermé oct.* – **R** *(fermé vend. soir et dim. soir hors sais. sauf vacances scolaires)* 65/140 – ☕ 25 – **12 ch** 168/220 – ½ P 168.

HASPRES **59198** Nord **53** ④ – 2 700 h. alt. 52.

Paris 196 – ♦Lille 62 – Avesnes-sur-Helpe 24 – Cambrai 17 – Valenciennes 17.

✗✗ **Aub. St Hubert,** ℘ 27 25 70 97 – Ⓟ. AE ◑ E VISA
fermé août, 2 au 15 janv. et lundi sauf fériés – **R** 141, enf. 45.

HAULCHIN **59** Nord **53** ④ – rattaché à Valenciennes.

HAUTELUCE **73620** Savoie **74** ⑰⑱ **G. Alpes du Nord** – 707 h. alt. 1 193.

Env. Signal de Bisanne ✳★★ O : 11 km.

HAUTERIVES **26390** Drôme **77** ② **G. Vallée du Rhône** – 1 105 h. alt. 300.

Voir Le Palais Idéal★.

Paris 531 – Valence 47 – ♦Grenoble 73 – ♦Lyon 71 – Vienne 41.

🏠 **Le Relais,** ℘ 75 68 81 12, ☂ – ⇆ ☎. E VISA. ✖ rest
✦ *fermé 15 janv. à fin fév., dim. soir et lundi sauf juil.-août* – **R** 65/200 – ☕ 22 – **17 ch** 110/200.

Les HAUTES-RIVIÈRES **08800** Ardennes **53** ⑲ **G. Champagne** – 2 354 h. alt. 163.

Voir Croix d'Enfer ≤★ S : 1,5 km par D 13 puis 30 mn – Vallon de Linchamps★ N : 4 km.

Paris 247 – Charleville-Mézières 22 – Dinant 55 – Sedan 45.

✗ **Les Saisons,** ℘ 24 53 40 94 – AE ◑ E VISA
✦ *fermé fév., dim. soir et lundi sauf fériés* – **R** 62/210 🍷, enf. 35.

HAUTEVILLE-LÈS-DIJON **21** Côte-d'Or **65** ⑳ – rattaché à Dijon.

HAUTEVILLE-LOMPNES **01110** Ain **74** ④ – 4 905 h. alt. 815 – Sports d'hiver : 969/1 200 m ⛷4 ⛷.

Voir Chute et gorges de l'Albarine★, **G. Jura**.

ℹ Syndicat d'Initiative à l'Ancienne Mairie ℘ 74 35 39 73.

Paris 481 – Aix-les-Bains 60 – Belley 33 – Bourg-en-Bresse 52 – ♦Lyon 84 – Nantua 31.

🏠 **La Chapelle** 🐌, r. Chapelle ℘ 74 35 20 11, ☂ – 📺 ☎ Ⓟ. E VISA
fermé lundi sauf vacances scolaires – **R** 80/150 🍷, enf. 50 – ☕ 22 – **20 ch** 130/215 – ½ P 180/220.

🏡 **Villa Corbet,** r. Fontanettes ℘ 74 35 30 04 – 📺 ☎ Ⓟ. VISA. ✖
✦ *fermé 26 oct. au 25 nov.* – **R** *(fermé lundi sauf vacances scolaires)* (dîner pour résidents seul.) 52/80 🍷 – ☕ 20 – **8 ch** 160/220 – ½ P 160/200.

au col de la Lèbe rte de Belley : 9 km – alt. 905 m – ⊠ **01260** Champagne-en-Valromey :

✗ **Aub. du Col de la Lèbe** ℒ avec ch, ℘ 79 87 64 54, ≤, ⇒, ♨ – **P**. **E** 𝖵𝖨𝖲𝖠.
⊗ ch
fermé 20 au 26 juil, 20 au 30 sept., 15 nov. au 15 déc., lundi soir et mardi sauf juil.-août –
R 79/198, enf. 65 – ⊡ 28 – **7 ch** 137/205 – ½ P 190/205.

CITROEN Gar. Deschombeck ℘ 74 35 30 45 RENAULT Gar. Depierre ℘ 74 35 31 15 **N**
PEUGEOT-TALBOT Gar. Jean Miguet RENAULT Gar. de l'Albarine ℘ 74 35 35 63
℘ 74 35 35 74 Gar. Lay ℘ 74 35 37 80

Le HAVRE ◁SP▷ **76600** S.-Mar. 🝖🝖 ③ G. Normandie Vallée de la Seine – 199 156 h. alt. 5.

Voir Port★★ EZ – Quartier moderne★ EFYZ : intérieur★★ de l'église St-Joseph★ EZ, pl. de l'Hôtel-
de-Ville★ FY 47, Av. Foch★ EFY – Fort de Ste-Adresse ☀★★ EY **E** – Bd Président-Félix-Faure : table
d'Orientation ☀★ à Ste-Adresse A **F** – Musée des Beaux-Arts★ EZ **M1**.

🝖 ℘ 35 46 36 50, N par ① : 10 km.

✈ du Havre-Octeville : ℘ 35 46 09 81 A

🛈 Office de Tourisme et Accueil de France (Informations et réservations d'hôtels, pas plus de 5 jours à
l'avance) Forum Hôtel de Ville ℘ 35 21 22 88, Télex 190369 – A.C. 49 r. Racine ℘ 35 42 39 32.

Paris 204 ④ – ✦Amiens 178 ③ – ✦Caen 109 ④ – ✦Lille 294 ③ – ✦Nantes 402 ④ – ✦Rouen 86 ③.

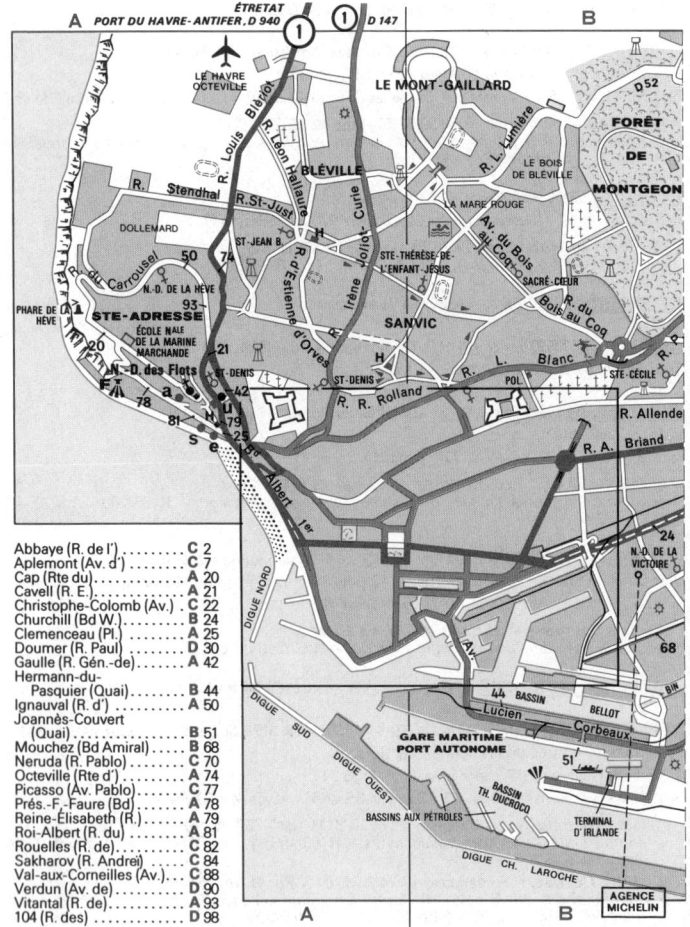

Abbaye (R. de l') . . . . **C** 2
Aplemont (Av. d') . . . . **C** 7
Cap (Rte du) . . . . **A** 20
Cavell (R. E.) . . . . **A** 21
Christophe-Colomb (Av.) . . **C** 22
Churchill (Bd W.) . . . . **B** 24
Clemenceau (Pl.) . . . . **A** 25
Doumer (R. Paul) . . . . **D** 30
Gaulle (R. Gén.-de) . . . . . . **A** 42
Hermann-du-
 Pasquier (Quai) . . . . **B** 44
Ignauval (R. d') . . . . **A** 50
Joannès-Couvert
 (Quai) . . . . **B** 51
Mouchez (Bd Amiral) . . . . . **B** 68
Neruda (R. Pablo) . . . . **C** 70
Octeville (Rte d') . . . . **A** 74
Picasso (Av. Pablo) . . . . . . **C** 77
Prés.-F.-Faure (Bd) . . . . . . **A** 78
Reine-Élisabeth (R.) . . . . . . **A** 79
Roi-Albert (R. du) . . . . **A** 81
Rouelles (R. de) . . . . **C** 82
Sakharov (R. Andreï) . . . . . **C** 84
Val-aux-Corneilles (Av.) . . . **C** 88
Verdun (Av. de) . . . . **D** 90
Vitantal (R. de) . . . . **D** 93
104 (R. des) . . . . **D** 98

🏨🏨 **Bordeaux** M sans rest, 147 r. L. Brindeau ℰ 35 22 69 44, Télex 190428 – 🛗 📺 ☎. 🆎
Ⓞ 🄴 VISA
☄ 38 – **31 ch** 280/490. FZ **v**

🏨🏨 **Mercure** M, chaussée d'Angoulême ℰ 35 21 23 45, Télex 190749, Fax 35 41 32 45 – 🛗
↯↯ ch 📺 ☎ 🕭 🄿 – 🔬 200. 🆎 Ⓞ 🄴 VISA GZ **b**
R 135/150 bc 🍴, enf. 45 – ☄ 45 – **96 ch** 600/650.

🏨 **Le Marly** sans rest, 121 r. Paris ℰ 35 41 72 48, Télex 190811, Fax 35 21 50 45 – 🛗 📺 ☎.
🆎 Ⓞ 🄴 VISA FZ **n**
☄ 36 – **37 ch** 250/360.

🏨 **Astoria** sans rest, 13 cours République ℰ 35 25 00 03, Télex 190075, Fax 35 26 48 34 – 🛗
📺 ☎ 🄿. 🆎 Ⓞ 🄴 VISA HZ **z**
☄ 20 – **37 ch** 220/250.

🏨 **Foch** sans rest, 4 r. Caligny ℰ 35 42 50 69 – 🛗 📺 ☎. 🆎 Ⓞ 🄴 VISA EZ **b**
☄ 25 – **33 ch** 175/260.

🏨 **Parisien** sans rest, 1 cours République ℰ 35 25 23 83 – 🛗 📺 ☎. 🆎 Ⓞ 🄴 VISA HZ **e**
☄ 26 – **22 ch** 150/270.

🏨 **Bauza** sans rest, 15 r. G. Braque ℰ 35 42 27 27 – 📺 ☎. 🄴 VISA FY **p**
☄ 27 – **26 ch** 100/260.

tourner →

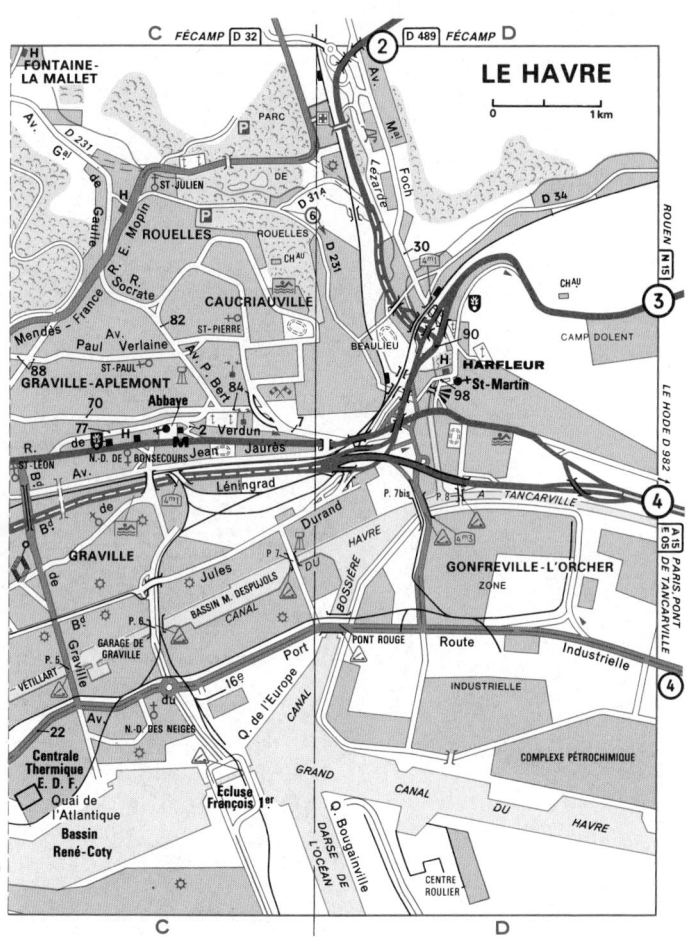

13 533

LE HAVRE

🏠 **Celtic** sans rest, 106 r. Voltaire 🖉 35 42 39 77 – 📺 ☎. 🗚 **E** 𝘝𝘐𝘚𝘈   FZ **k**
⊑ 26 – **14 ch** 158/230.

🏠 **H. Petit Vatel** sans rest, 86 r. L.-Brindeau 🖉 35 41 72 07 – ☎. **E** 𝘝𝘐𝘚𝘈   FZ **t**
⊑ 22 – **29 ch** 160/245.

🏠 **Voltaire** sans rest, 14 r. Voltaire 🖉 35 41 30 91 – 📺 ☎. 🗚 **E** 𝘝𝘐𝘚𝘈   EZ **q**
⊑ 25 – **24 ch** 125/235.

🏠 **Richelieu** sans rest, 132 r. Paris 🖉 35 42 38 71 – ☎. **E** 𝘝𝘐𝘚𝘈   FZ **f**
⊑ 23 – **19 ch** 95/220.

🏠 **Angleterre** sans rest, 1 r. Louis-Philippe 🖉 35 42 48 42 – ☎. **E** 𝘝𝘐𝘚𝘈   EY **s**
⊑ 22 – **27 ch** 110/260.

XX **Le Montagné,** 50 quai M. Féré 🖉 35 42 77 44 – 𝘝𝘐𝘚𝘈   FZ **u**
fermé août, sam. midi et merc. – **R** 130.

XX **Le Petit Bedon,** 39 r. L. Brindeau 🖉 35 41 36 81 – ⤛ 🍽. 🗚 ⓞ **E** 𝘝𝘐𝘚𝘈   EZ **d**
fermé sam. midi et dim. – **R** 145/295.

XX **Cambridge,** 90 r. Voltaire 🖉 35 42 50 24, produits de la mer – 🗚 **E** 𝘝𝘐𝘚𝘈   FZ **h**
fermé 5 au 20 août, lundi midi et dim. – **R** 120/220 ⅋.

XX **Lescalle,** 39 pl. H. de Ville 🖉 35 43 07 93 – 🗚 **E** 𝘝𝘐𝘚𝘈   FZ **a**
◆ *fermé août, dim. soir et lundi* – **R** 56/138, enf. 39.

XX **La Petite Auberge,** 32 r. Ste-Adresse 🖉 35 46 27 32 – 🍽. 🗚 **E** 𝘝𝘐𝘚𝘈   EY **r**
fermé 12 août au 2 sept., vacances de fév., dim. soir et lundi sauf fêtes – **R** 100/175.

XX **Buffet de France,** 28 cours République 🖉 35 26 54 33 – 🗚 ⓞ 𝘝𝘐𝘚𝘈   HZ **k**
R 88/126.

X **Bonne Hôtesse,** 98 r. Prés. Wilson 🖉 35 21 31 73 – **E** 𝘝𝘐𝘚𝘈   EY **k**
◆ *fermé 29 juil. au 26 août, dim. soir et lundi* – **R** 58/100 ⅋.

à Ste-Adresse - A– 8 212 h. – ✉ **76310** :

🏠 **Phares,** 29 r. Gén. de Gaulle 🖉 35 46 31 86 – 📺 ☎. 🗚 **E** 𝘝𝘐𝘚𝘈   A **u**
◆ **R** 62/84 ⅋ – ⊑ 20 – **27 ch** 190/308.

XXX **Beau Séjour,** 3 pl. Clemenceau 🖉 35 46 19 69, Télex 172221, ≤ – 🍽. 🗚 ⓞ **E** 𝘝𝘐𝘚𝘈   A **e**
R 119/249.

XXX **Nice-Havrais,** 6 pl. F. Sauvage 🖉 35 46 14 59, ≤ – **E** 𝘝𝘐𝘚𝘈   A **a**
fermé fériés le soir, dim. soir et lundi soir – **R** 170/320, enf. 85.

XXX **Yves Page,** 7 pl. Clemenceau 🖉 35 46 06 09, ≤ – 🗚 ⓞ **E** 𝘝𝘐𝘚𝘈   A **s**
fermé 15 août au 5 sept., dim. soir et lundi – **R** 148/280.

à Gonfreville l'Orcher D– 10 345 h. – ✉ **76700** :

🏠 **Campanile** Ⓜ, Z.A.C. Camp Dolent par ③ 🖉 35 51 43 00, Télex 771609 – 📺 ☎ ⅋ 🄿 –
🛄 25. **E** 𝘝𝘐𝘚𝘈 – **R** 74 bc/98 bc, enf. 39 – ⊑ 27 – **49 ch** 248 – ½ P 225/249.

au Hode E : 18 km par D 982 - D – ✉ **76430** St-Romain-de-Colbosc :

XXX **Dubuc,** 🖉 35 20 06 97 – 🄿. 🗚 ⓞ **E** 𝘝𝘐𝘚𝘈
fermé 10 au 18 mars, 11 au 25 août, dim. soir et lundi – **R** 145/325.

à Harfleur par bd Léningrad vers sortie ④ : 4,5 km – 9 703 h. – ✉ **76700** :

🏠 **Ibis** Ⓜ, 🖉 35 45 54 00, Télex 771898, Fax 35 45 25 58 – 🛗 📺 ☎ ⅋ 🄿 – 🛄 60. **E** 𝘝𝘐𝘚𝘈
R 116 ⅋, enf. 35 – **72 ch** 265/285.

MICHELIN, Agence, 41 r. de Fleurus B 🖉 35 25 22 20

ALFA-ROMEO-SEAT Gar. des Halles, 14 bis r.
Berthelot 🖉 35 24 08 64
BMW Auto 76, 19 r. G.-Braque 🖉 35 22 69 69
CITROEN Alteam 3, 86 r. Ch.-Laffitte HZ
🖉 35 21 21 21 **N**
FIAT S.N.D.A., 220 bd de Graville 🖉 35 53 27 27
FORD Cazaux Autom., 32 r. Lamartine
🖉 35 53 13 60
LANCIA J.F.R. Autos, 58 r. Dicquemare
🖉 35 41 21 91
MERCEDES Lamartine Autom., 10/12 r. Lamartine
🖉 35 24 46 06
PEUGEOT Lebigre, Hameau Café Blanc, Octeville
par ① 🖉 35 46 36 45
PEUGEOT, TALBOT S.I.A. du Havre, 94 r. Denfert-
Rochereau HZ 🖉 35 25 25 05
RENAULT Succursale, 239 à 273 bd de Graville C
🖉 35 53 42 42 **N** 🖉 35 54 86 23
RENAULT Thomine, 18 r. Michelet GY
🖉 35 21 02 33

TOYOTA Océane Autom., 370 bd A.-Briand
🖉 35 26 66 43
V.A.G Le Troadec, 447 r. Curie Zone Emploi
Montgaillard 🖉 35 48 00 55
V.A.G Le Troadec, 93 r. Lesueur 🖉 35 22 45 05
VOLVO Lem-Automobiles, 113 bd Leningrad
🖉 35 53 33 33

◉ Central-Pneu, 26 r. Lesueur 🖉 35 22 40 14
Legay-Pneus, 34 r. Flaubert 🖉 35 25 07 89
Nicol Pneus, 23 quai Georges V 🖉 35 41 75 89
Norais-Pneus, 203 bd de Graville 🖉 35 26 50 68
Renov Pneus, 141 bd Amiral-Mouchez
🖉 35 26 64 64
Réparpneus Nicol Pneus, 23 quai Georges V
🖉 35 41 75 89
Réparpneus Nicol-Pneus, 12 r. Dumé-d'Aplemont
🖉 35 25 32 85

HAYBES 08170 Ardennes 🔢 ⑱ Ⓖ. **Champagne** – 2 145 h. alt. 117.
Paris 247 – Charleville-Mézières 35 – Fumay 2,5 – Givet 20 – Rocroi 21.

XX **Ermitage Moulin Labotte** 🐾 avec ch, E : 2 km par D 7 et VO 🖉 24 41 13 44, 🌳, parc
– ☎ 🄿. **E** 𝘝𝘐𝘚𝘈
fermé dim. soir et lundi – **R** 100/180, enf. 50 – ⊑ 25 – **8 ch** 150/220 – ½ P 270.

La HAYE-DU-PUITS 50250 Manche 54 ⑫ – 1 798 h. alt. 38.

Voir Mont Castre ≤★ E : 5 km puis 30 mn.

Env. Abbatiale★★ de Lessay S : 8 km, **G. Normandie Cotentin**

🛈 Syndicat d'Initiative r. E.-Poirier (fermé matin) ℘ 33 46 01 42.

Paris 334 – Barneville-Carteret 19 – Carentan 24 – Coutances 29 – St-Lô 44 – Valognes 26.

　　✗　**Gare** ⑤ avec ch, ℘ 33 46 04 22, ♨ – ஊ ⓞ Ε ᴠᴵˢᴬ
　　➔　fermé dim. soir de sept. à fin avril – **R** 55/160 ⅃ – ⊂⊃ 21 – **21 ch** 140/230 – ½ P 146/191.

CITROEN Hardel, à St-Symphorien-le-Valois　　　　🔧 Aubois-Pneus, à St-Symphorien-le-Valois
℘ 33 46 03 55　　　　　　　　　　　　　　　　　℘ 33 47 94 12
PEUGEOT Leclerc ℘ 33 46 01 99

HAZEBROUCK 59190 Nord 51 ④ **G. Flandres Artois Picardie** – 20 494 h. alt. 28.

Env. Cassel : site★ et jardin public ⁂★★ NO : 14 km,.

🛈 A.C. 31 pl. Gén.-de-Gaulle ℘ 28 41 92 66.

Paris 239 – ◆Calais 70 – Armentières 28 – Arras 59 – Dunkerque 41 – Ieper 34 – ◆Lille 42.

　　　　　à Longue Croix NO : 8 km par N 42 et D 238 – ⊠ **59190** Hazebrouck :

　　✗✗　**Aub. de la Longue Croix,** ℘ 28 40 03 30 – **ⓟ**. Ε ᴠᴵˢᴬ
　　　　　fermé 12 au 31 juil., mardi soir et merc. – **R** 98/195, enf. 35.

　　　　　à La Motte au Bois SE par D 946 : 5,5 km – ⊠ **59190** Hazebrouck :

　　✗✗✗　**Aub. de la Forêt** ⑤ avec ch, ℘ 28 48 08 78 – **☎ ⓟ** Ε ᴠᴵˢᴬ
　　　　　fermé 26 déc. au 31 janv., dim. soir et lundi sauf fériés le midi – **R** 120/310 – ⊂⊃ 35 – **13 ch**
　　　　　147/300 – ½ P 225/305.

CITROEN Autocit, 88 rte de Borre ℘ 28 41 83 73　　V.A.G Auto-Expo, av. de St-Omer ℘ 28 41 55 46
OPEL-GM Watel Automobiles, 3 r. d'Aire
℘ 28 41 83 26 Ⓝ　　　　　　　　　　　　　　🔧 François-Pneus, 199 r. de Merville
PEUGEOT-TALBOT Gar. Delaire-Dubus, 28 rte de　　℘ 28 41 59 46
Borre ℘ 28 48 03 17
RENAULT Gar. de la Lys, 223 r. Notre-Dame
℘ 28 41 87 85 Ⓝ ℘ 20 48 57 50

HEDÉ 35630 I.-et-V. 59 ⑯ **G. Bretagne** – 470 h. alt. 100.

Paris 369 – ◆Rennes 23 – Avranches 64 – Dinan 29 – Dol-de-Bretagne 31 – Fougères 49.

　　✗✗　**Vieille Auberge,** N 137 ℘ 99 45 46 25, 屛, « Cadre rustique, jardin » – **ⓟ**. ஊ ⓞ Ε.
　　　　ᴠᴵˢᴬ
　　　　fermé 26 août au 3 sept., 15 janv. au 15 fév., dim. soir et lundi sauf fériés – **R** 115/158.

　　✗✗　**Host. Vieux Moulin** avec ch, N 137 ℘ 99 45 45 70 – **☎ ⓟ**. ⓞ Ε ᴠᴵˢᴬ
　　　　fermé 22 déc. au 1ᵉʳ fév., dim. soir et lundi – **R** 100/220, enf. 45 – ⊂⊃ 25 – **12 ch** 175/250 –
　　　　½ P 230/250.

RENAULT Delacroix, rte de St-Malo ℘ 99 45 46 23

HENDAYE 64700 Pyr.-Atl. 85 ① **G. Pyrénées Aquitaine** – 11 112 h. alt. 31.

Voir Grand crucifix★ dans l'église St-Vincent BY **B** – Corniche basque★★ par ①.

🛈 Office de Tourisme 12 r. Aubépines ℘ 59 20 00 34.

Paris 807 ② – Biarritz 30 ② – Pau 141 ② – St-Jean-de-Luz 14 ② – San Sebastián 23 ③.

　　　　　　　　　　　　　　　　Plan page suivante

　　　　　à Hendaye Plage :

　　🏨　**Pohoténia,** rte Corniche par ① ℘ 59 20 04 76, Fax 59 20 81 25, ⌁, ♨ – ▯ ☎ ⓟ –
　　　　ᴁ 50. ᴠᴵˢᴬ ⠼
　　　　fermé janv. – **R** 80/170 – ⊂⊃ 30 – **60 ch** 270/300 – ½ P 250/320.

　　🏨　**Paris** sans rest, Rond-Point ℘ 59 20 05 06 – ▯ ☎ ⓟ. ஊ ⓞ Ε ᴠᴵˢᴬ　　　　　　　BX **a**
　　　　mai-1ᵉʳ oct. – ⊂⊃ 30 – **39 ch** 183/345.

　　　　　à Hendaye Ville :

　　🏠　**Chez Antoinette,** pl. Pellot ℘ 59 20 08 47, ♨ – ☎. Ε ᴠᴵˢᴬ. ⠼ ch　　　　　　　　BY **h**
　　　　Pâques-oct. – **R** 120, enf. 50 – ⊂⊃ 28 – **20 ch** 160/230 – ½ P 208/243.

　　　　　à Biriatou par ② et D 258 : 4 km – ⊠ **64700** :

　　✗✗✗　**Bakéa** ⑤ avec ch, ℘ 59 20 76 36, ≤, 屛, « Terrasse ombragée sur la vallée » – ☎. ஊ
　　　　ⓞ Ε ᴠᴵˢᴬ ⠼ ch
　　　　1ᵉʳ mai-30 sept. – **R** 130/200 – ⊂⊃ 40 – **15 ch** 150/380 – ½ P 260/380.

CITROEN Gar. de la Place, 41 r. de Santiago　　　RENAULT Hendaye-Autos, 49 bd de-Gaulle
℘ 59 20 00 86　　　　　　　　　　　　　　　　℘ 59 20 78 61 Ⓝ
OPEL Pivot, 16 rte de Behobie ℘ 59 20 03 93　　Gar. Bidassoan, 23 bd Gén.-Leclerc ℘ 59 20 00 23
PEUGEOT, TALBOT Laguillon, ZI Joncaux, r. In-
dustrie ℘ 59 20 18 63

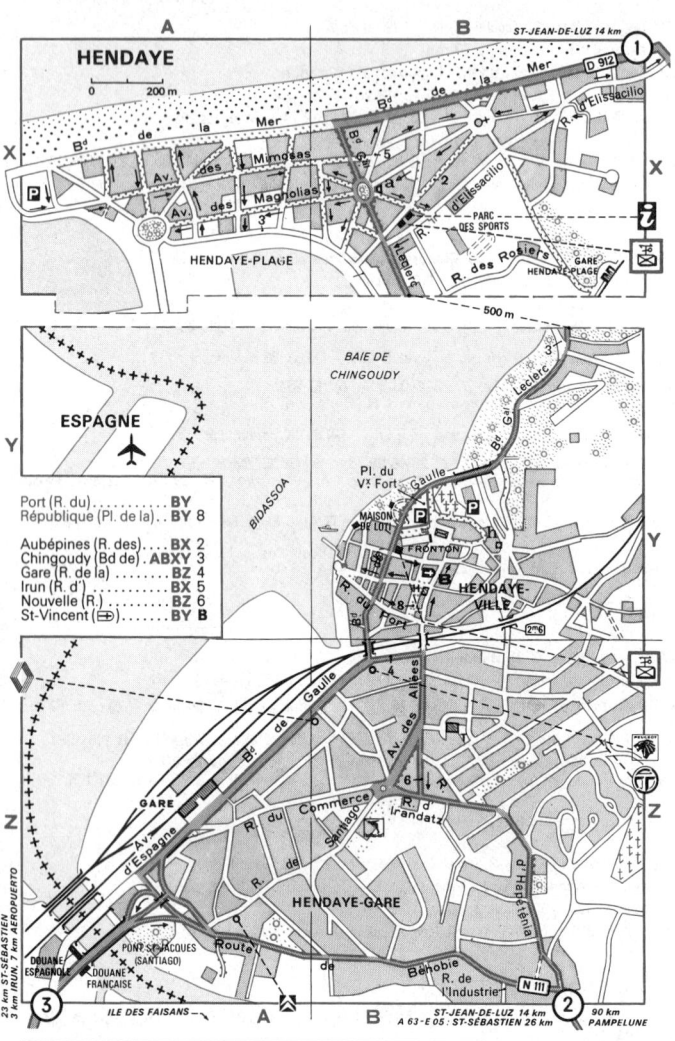

HENDAYE

ST-JEAN-DE-LUZ 14 km

0   200 m

HENDAYE-PLAGE

— 500 m —

BAIE DE CHINGOUDY

ESPAGNE

Port (R. du)	**BY**
République (Pl. de la)	**BY** 8
Aubépines (R. des)	**BX** 2
Chingoudy (Bd de)	**ABXY** 3
Gare (R. de la)	**BZ** 4
Irun (R. d')	**BX** 5
Nouvelle (R.)	**BZ** 6
St-Vincent (☞)	**BY B**

HENDAYE-VILLE

HENDAYE-GARE

ILE DES FAISANS

23 km ST-SÉBASTIEN
3 km IRUN, 7 km AEROPUERTO

DOUANE ESPAGNOLE

PONT ST-JACQUES (SANTIAGO)

DOUANE FRANÇAISE

ST-JEAN-DE-LUZ 14 km
A 63-E 05 : ST-SÉBASTIEN 26 km

90 km PAMPELUNE

HÉNIN-BEAUMONT 62110 P.-de-C. 🛢 ⑮ – 26 212 h. alt. 31.

🖪 Syndicat d'Initiative 188 r. Pasteur 𝒫 21 75 08 07.

Paris 196 – Arras 26 – Béthune 30 – Douai 12 – Lens 9 – ◆Lille 32.

🏨 **Novotel,** échangeur Autoroute A1 ✉ 62950 Noyelles-Godault 𝒫 21 75 16 01, Télex 110352, Fax 21 75 88 59, 🍽, 🏊, 🎾 – 🗏 rest 📺 ☎ ✆ 🅿 – 🔬 50 à 120. 🖭 ⑩ 🗲 𝚅𝙸𝚂𝙰
R carte environ 150 ⅚, enf. 50 – ⬚ 50 – **81 ch** 410/465.

🏠 **Campanile,** à Noyelles-Godault, N 43 ✉ 62950 Noyelles-Godault 𝒫 21 76 26 26, Télex 134109, Fax 21 75 22 21, 🎾 – ☎ ✆ 🅿 – 🔬 50. 🗲 𝚅𝙸𝚂𝙰
R 74 bc/98 bc, enf. 39 – ⬚ 27 – **55 ch** 248 – ½ P 225/249.

FIAT Hanot-Mariani, ZI Sud, bd Darchicourt
𝒫 21 20 44 40
PEUGEOT-TALBOT Beaumont-Automobiles, ZI, bd Darchicourt 𝒫 21 75 16 50

RENAULT Sandrah, 1230 bd A.-Schweitzer
𝒫 21 75 03 78 🅽 𝒫 21 20 29 15

⑩ François-Pneus, 83 rte Nle à Montigny-en-Go-helle 𝒫 21 20 29 51

HENNEBONT 56700 Morbihan 🔟🔟 ① G. Bretagne – 13 103 h. alt. 22.

Voir Tour-clocher★ de la basilique N.-D.-de-Paradis.

Paris 482 – Vannes 46 – Concarneau 59 – Lorient 10 – Pontivy 48 – Quiberon 42 – Quimperlé 26.

   ✗   **France,** 17 av. Libération ℰ 97 36 21 82 – 🖭 ⓞ 🄴 𝘝𝘐𝘚𝘈
   ➜   *fermé fév., dim. soir et sam.* – R 60/150 ⅊, enf. 40.

     au Sud par D 781 – ✉ **56700** Hennebont :

🏨🏨 ✿✿ **Château de Locguénolé** ⑤, 4 km sur rte Port-Louis ℰ 97 76 29 04, Télex 950636, Fax 97 76 39 47, ≤, « Dans un parc en bordure de rivière ✗, 🔟 » – 🖭 ☎ 🅿 – 🏌 50. 🖭 ⓞ 🄴 𝘝𝘐𝘚𝘈 ✗ rest
    fermé 2 janv. au 8 fév. – R *(fermé lundi du 1ᵉʳ oct. au 30 avril sauf fériés)* 190/490 et carte – ☷ 60 – **20 ch** 380/1200, 4 appart. 1900 – ½ P 645/1010
    Spéc. Minestrone de coquillages au ''thym-citron'', Croustillant de semoule aux épices et foie gras chaud, Noisettes de râble de lapereau farcies aux truffes.

🏨 **Captain H.** Ⓜ, 2 km sur N 165 échangeur Hennebont Port-Louis ℰ 97 85 05 00, Télex 951162, Fax 97 85 04 85 – 🕼 🖭 ☎ ⅄ 🅿 – 🏌 60. 🖭 ⓞ 🄴 𝘝𝘐𝘚𝘈
    R 65/170 ⅊ – ☷ 30 – **60 ch** 240/260 – ½ P 230.

     au Sud par D 9 et D 170 : 7 km – ✉ **56700** Hennebont :

🏨 **Les Chaumières de Kernavien** ⑤ sans rest, ℰ 97 76 29 22, « Ancienne ferme du 15ᵉ siècle, bel aménagement intérieur », 🛦 – ☎ 🅿. 🖭 🄴 𝘝𝘐𝘚𝘈
    1ᵉʳ mai-30 sept. – R voir Château de Locguénolé – ☷ 60 – **12 ch** 450/680.

     à Brandérion E : 7 km sur D 765 – ✉ **56700** :

🏨 **L'Hermine** ⑤ sans rest, ℰ 97 32 92 93 – ➥ 🅿. 𝘝𝘐𝘚𝘈
    15 mars-15 nov. – ☷ 30 – **9 ch** 320/340.

RENAULT Gar. Jean-Hello, 66-68 av. République   ⊚ Jubin-Pneus, ZI Ker André, r. D.-Papin
ℰ 97 36 21 17 🅽   ℰ 97 36 16 88

HERBAULT 41190 L.-et-Ch. 🔟🔟 ⑥ – 1 005 h. alt. 138.

Paris 197 – ◆Tours 45 – Blois 16 – Château-Renault 18 – Montrichard 36 – Vendôme 26.

  ✗✗ **Trois Marchands,** ℰ 54 46 12 18 – ⓞ 🄴 𝘝𝘐𝘚𝘈
    fermé déc., lundi soir et mardi – R 75/165, enf. 50.

RENAULT Beauclair ℰ 54 46 12 16

Les HERBIERS 85500 Vendée 🔟🔟 ⑮ G. Poitou Vendée Charentes – 12 494 h. alt. 109.

Voir Mont des Alouettes ≤★★ N : 2 km.

🅱 Office de Tourisme Mont des Alouettes (15 juin-15 sept.) ℰ 51 67 18 39 et à la Mairie (hors saison).

Paris 382 – La Roche-sur-Yon 40 – Bressuire 47 – Chantonnay 27 – Cholet 25 – Clisson 34.

🏨 **Relais,** 18 r. Saumur ℰ 51 91 01 64 – 🖭 ☎ 🅿 – 🏌 80. 🄴 𝘝𝘐𝘚𝘈
    fermé 28 juil. au 16 août et sam. hors sais. – R 52/130 ⅊, enf. 38 – ☷ 28 – **32 ch** 160/200 – ½ P 220/240.

   ✗ **Mont des Alouettes,** N : 3 km sur N 160 ℰ 51 67 02 18, ≤ – 🅿 🄴 𝘝𝘐𝘚𝘈
   ➜ *fermé 1ᵉʳ au 18 oct., 10 au 20 fév. et lundi soir* – R 65/175, enf. 48.

     à Chambretaud NE : 7,5 km par N 160 et VO – ✉ **85500** :

🏨🏨 **Château Joseph** Ⓜ ⑤, rte La Verrie ℰ 51 67 50 38, Fax 51 67 50 69, « Demeure du 19ᵉ siècle dans un parc » – 🖭 ☎ ⅄ 🅿. 🖭 🄴 𝘝𝘐𝘚𝘈
    fermé 3 fév. au 3 mars – R *(fermé lundi du 1ᵉʳ nov. au 1ᵉʳ avril)* 100/230 – ☷ 40 – **9 ch** 400/600.

CITROEN Martineau, 40 av. G.-Clemenceau   Gar. Vrignaud, la Tisonnière ℰ 51 91 08 87
ℰ 51 91 07 50   🅽 ℰ 51 66 95 31
PEUGEOT-TALBOT Gar. du Bocage, rte de Cholet
ℰ 51 91 04 12 🅽   ⊚ Metayer Pneus, ZA de la Buzenière
RENAULT Herbretaise Autos, 2 r. Industrie   ℰ 51 91 19 08
ℰ 51 91 01 71 🅽 ℰ 51 65 50 63
RENAULT Gar. des Alouettes, 75 r. de Saumur
ℰ 51 91 05 46

HÉRISSON (Cascades du) ★★★ 39 Jura 🔟🔟 ⑮ G. Jura
Ressources hôtelières : voir à Bonlieu et à Ilay.

HERM 40990 Landes 🔟🔟 ⑱ – 617 h. alt. 67.

Paris 726 – Biarritz 58 – Mont-de-Marsan 65 – ◆Bayonne 51 – Castets 15 – Dax 17.

🏨 **Paix** ⑤, rte Magescq ℰ 58 91 52 17, 🍽, 🛦 – ☎ 🅿. 𝘝𝘐𝘚𝘈. ✗ rest
    fermé 5 janv. au 1ᵉʳ fév. et lundi d'oct. à juin – R 65/220 – ☷ 22 – **9 ch** 160/200 – ½ P 160/200.

HERMENT 63470 P.-de-D. 🔟🔟 ⑫ – 363 h. alt. 823.

Paris 419 – ◆Clermont-Ferrand 55 – Aubusson 48 – Le Mont-Dore 43 – Montluçon 92 – Ussel 43.

🏨 **Souchal,** ℰ 73 22 10 55 – 🖭 ☎ 🅿. 🖭 🄴 𝘝𝘐𝘚𝘈
    fermé janv. – R 55/170, enf. 38 – ☷ 25 – **18 ch** 170/210 – ½ P 150/200.

HÉROUVILLE-ST-CLAIR 14 Calvados 🔢 ⑫ – rattaché à Caen.

HESDIN 62140 P.-de-C. 🔢 ⑫⑬ **G. Flandres Artois Picardie** – 3 031 h. alt. 26.
Paris 195 – ♦Calais 87 – Abbeville 35 – Arras 56 – Boulogne-sur-Mer 61 – ♦Lille 89.

🏠 **Trois Fontaines** 🔖, 16 rte Abbeville à Marconne 🍴 21 86 81 65, 🌳 – 🖵 ☎ 👥 👤 🅰🅴
🔟 🄴 *VISA*
fermé 25 déc. au 4 janv. – **R** *(fermé dim. soir et lundi midi)* 75/170 🍷, enf. 45 – 🛏 30 –
10 ch 240/300 – ½ P 250/300.

🏠 **Flandres,** r. Arras 🍴 21 86 80 21 – ⅌ rest ☎ 👤 🅰🅴 🄴 *VISA*
🛬 fermé 20 déc. au 10 janv. – **R** 65/160 🍷, enf. 48 – 🛏 30 – **14 ch** 160/300 – ½ P 240/330.

CITROEN Ficheux, 33 av. Mar.-Leclerc
🍴 21 86 91 74
RENAULT Gar. Hesdinois, 5 av. d'Arras, Marconne
🍴 21 86 96 44 🅽

👥 Au Pneu Hesdinois, rte de St-Pol
🍴 21 86 83 97
La Maison du Pneu, 3 pl. Garbé 🍴 21 86 86 19

HESDIN L'ABBÉ 62 P.-de-C. 🔢 ⑪ – rattaché à Boulogne-sur-Mer.

HÉSINGUE 68 H.-Rhin 🔢 ⑩ – rattaché à St-Louis.

HEUDICOURT-SOUS-LES-CÔTES 55 Meuse 🔢 ⑫ – rattaché à St-Mihiel.

HEYRIEUX 38540 Isère 🔢 ⑫ – 3 271 h. alt. 263.
Paris 486 – ♦Lyon 25 – Pont-de-Chéruy 21 – La Tour-du-Pin 35 – Vienne 24.

🍴🍴 **L'Alouette,** rte St-Jean-de-Bournay : 2 km 🍴 78 40 06 08 – 🔲 👤 🄴 *VISA*
fermé 5 au 13 mai, 16 août au 15 sept., lundi *(sauf fériés)* et dim. soir – **R** 155/250, enf. 85.

HINSINGEN 67260 B.-Rhin 🔢 ⑯ – 96 h. alt. 230.
Paris 406 – St-Avold 35 – Sarrebourg 37 – Sarreguemines 22 – ♦Strasbourg 90.

🍴🍴 **La Grange du Paysan,** 🍴 88 00 91 83 – 👤 🄴 *VISA*
🛬 fermé lundi – **R** 58/245 🍷, enf. 45.

HIRMENTAZ 74 H.-Savoie 🔢 ⑰ – rattaché à Bellevaux.

HIRSON 02500 Aisne 🔢 ⑯ **G. Flandres Artois Picardie** – 11 788 h. alt. 192.
🅱 Office de Tourisme 1 bis r. Guise (juin-août après-midi seul.) 🍴 23 58 03 91.
Paris 192 – Avesnes-sur-Helpe 31 – Cambrai 69 – Charleville-Mézières 53 – St-Quentin 65 – Vervins 18.

au SO par D 963 et D 36 : 7 km – ✉ **02140** Vervins :

🏰 **Domaine du Tilleul** 🅼 🔖, 🍴 23 98 48 00, Fax 23 98 46 46, 🌳, « Dans un grand parc,
golf 9 trous », 🍴 – 🖵 ☎ 👥 👤 🅰🅴 🄴 *VISA* 🍴 rest
R 120/180 – 🛏 40 – **26 ch** 350/500 – ½ P 400/475.

👥 Joncourt Guy Pneus, 47 bis r. Ch.-de-Gaulle 🍴 23 58 00 90

HIRTZBACH 68 H.-Rhin 🔢 ⑨ – rattaché à Altkirch.

Le HODE 76 S.-Mar. 🔢 ④ – rattaché au Havre.

Le HOHNECK 88 Vosges 🔢 ⑱ **G. Alsace Lorraine** – alt. 1 361 – **Voir** 🌟★★★.

HOHRODBERG 68 H.-Rhin 🔢 ⑱ **G. Alsace Lorraine** – alt. 750 – ✉ **68140** Munster.
Voir ≤★★.
Paris 435 – Colmar 27 – Gérardmer 37 – Guebwiller 47 – Munster 7,5 – Le Thillot 57.

🏠 **Roess** 🔖, 🍴 89 77 36 00, ≤ vallée et montagnes, 🌳 – 📶 🍴 👥 👤 – 🛢 40. 🄴 *VISA*.
🍴 ch
fermé 5 nov. au 19 déc. – **R** 89/180 🍷, enf. 70 – 🛏 28 – **31 ch** 160/250 – ½ P 200/250.

🏠 **Panorama** 🔖, 🍴 89 77 36 53, ≤ vallée et montagnes – 🖵 ☎ 👤 🅰🅴 🄴 *VISA* 🍴 rest
fermé 8 janv. au 8 fév. – **R** 80/250 🍷, enf. 35 – 🛏 28 – **37 ch** 180/280 – ½ P 180/260.

Le HOHWALD 67140 B.-Rhin 🔢 ⑨ **G. Alsace Lorraine** – 407 h. alt. 575 – Sports d'hiver : 900/1 050 m
🎿3 – **Env.** Le Neuntelstein ≤★★ N : 6 km puis 30 mn – Champ du Feu 🌟★★ SO : 14 km.
Paris 430 – ♦Strasbourg 47 – Lunéville 87 – Molsheim 30 – St-Dié 46 – Sélestat 20.

🏨 **Gd Hôtel** 🔖, 🍴 88 08 31 03, Télex 890555, Fax 88 08 33 15, ≤, parc, 🍴 – 📶 ☎ 👤 –
🛢 45 – **72 ch.**

🏠 **Marchal** 🔖, 🍴 88 08 31 04, ≤, 🍴, 🌳 – ☎ 👤 🄴 *VISA*
fermé 3 au 10 mars et 5 nov. au 5 déc. – **R** 90/150 🍷 – 🛏 28 – **16 ch** 160/240 –
½ P 230/240.

🏠 **Aub. de l'Ilsbach** 🔖, SE : 2 km par D 425 🍴 88 08 31 47, 🍴, 🌳 – 👤 🄴 *VISA*
🛬 fermé 15 nov. au 1er janv. et mardi – **R** 68/140 🍷, enf. 38 – 🛏 28 – **8 ch** 240 – ½ P 240.

🍴 **Petite Auberge,** 🍴 88 08 33 05 – 🄴 *VISA*
🛬 fermé 17 au 23 juin, janvier, merc. soir et jeudi – **R** 58/160 carte le dim. 🍷, enf. 30.

540

Le HOHWALD

au col du Kreuzweg SO : 5 km par D 425 – ☒ **67140** Barr :

🏠 **Zundelkopf** ⬙, 𝒫 88 08 30 41, ≤, ⌖ – 🅿
fermé 11 au 22 mars, 5 nov. au 18 déc., merc. sauf vacances scolaires – **R** (résidents seul.)
– ⌚ 25 – **22 ch** 120/215 – ½ P 165/190.

HOLNON 02 Aisne 🗺 ⑬ – rattaché à St-Quentin.

HOMPS 11200 Aude 🗺 ⑬ – 569 h. alt. 47.
Paris 868 – Carcassonne 33 – Lézignan-Corbières 11 – Narbonne 26 – ♦Perpignan 88.

🏠 **Aub. de l'Arbousier** Ⓜ ⬙, av. Carcassonne 𝒫 68 91 11 24, ≤, ☂ – ☎ 🅿. ⒠ 𝑽𝑰𝑺𝑨
↠ *fermé vacances de nov. et 17 fév. au 20 mars* – **R** *(fermé dim. soir et merc. du 1ᵉʳ sept. au 30 juin et lundi midi en juil.-août)* 70/165 ⅄, enf. 35 – ⌚ 35 – **7 ch** 180/255 – ½ P 220/240.

HONDAINVILLE 60250 Oise 🗺 ⑩ – 318 h. alt. 43.
Paris 67 – Compiègne 44 – Beauvais 22 – Chantilly 30 – Clermont 11 – Creil 23 – L'Isle-Adam 34.

✗✗ **Vert Pommier,** 𝒫 44 56 53 60, ☂, ✗ – 🅿. ⒜⒠ 𝑽𝑰𝑺𝑨
fermé août, 25 au 31 déc., dim. soir, lundi soir et sam. – **R** 230/300.

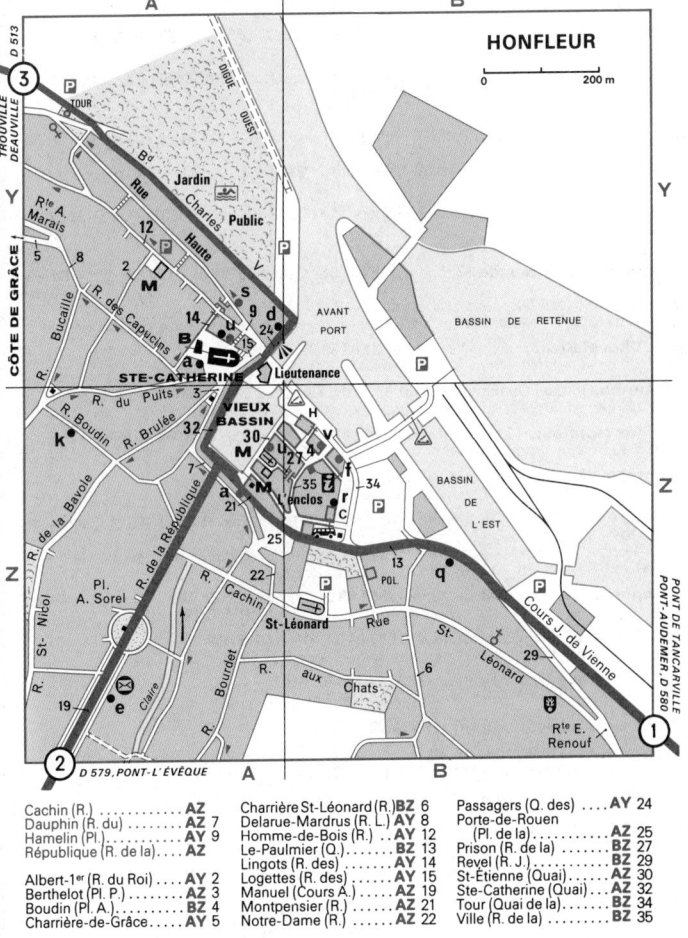

HONFLEUR 14600 Calvados 🗺️ ③④ **G. Normandie Vallée de la Seine** – 8 376 h. alt. 6.

Voir le vieux Honfleur★★ : Vieux bassin★★ AZ, église Ste-Catherine★ AY et clocher★ AY **B** – Côte de Grâce★★AY : calvaire ❄️★★.

🏌️ 🏌️ de St-Gatien-Deauville ✆ 31 65 19 99, par ② : 8 km ; 🏌️ 🏌️ de St-Julien ✆ 31 64 30 30, S par D 579 : 18 km.

🏢 Office de Tourisme pl. A.-Boudin ✆ 31 89 23 30.

Paris 199 ① – ♦Caen 63 ② – ♦Le Havre 57 ① – Lisieux 34 ② – ♦Rouen 76 ①.

Plan page précédente

🏨 ❀ **Ferme St-Siméon** 🦢, r. A. Marais par ③ ✆ 31 89 23 61, Télex 171031, Fax 31 89 48 48, ≤, 🍽️, « Parc ombragé dominant l'estuaire », 🏋️, 🏊, ⚒ – 🛗 📺 ☎ 🕭 🅿 – 🚗 30. 🄴 📳 ⚒ ch
R carte 400 à 600 – 🍴 85 – **29 ch** 990/1660, 10 appart.
Spéc. Andouille de Vire en feuilleté, Civet de homard ''Vallée d'Auge'', Galet chocolat mi-amer à la feuille d'or (mars à oct.).

Au Manoir 🍴🍴, ✆ 31 89 42 22, ≤, 🌳 – 🅿. 🄰🄴 🄴 📳
fermé fév., jeudi midi et merc. hors sais. – **R** 110/260, enf. 75.

🏨 **L'Ecrin** 🦢 sans rest, 19 r. E. Boudin ✆ 31 89 32 39, Fax 31 89 24 41, 🌳 – 🛗 ☎ 🅿. 🄰🄴 ⓘ 🄴 📳
🍴 35 – **20 ch** 280/520.   AZ **k**

🏨 **Mercure** 🅼 sans rest, r. Vases ✆ 31 89 50 50, Télex 772352 – 🛗 📺 ☎ 🕭 – 🚗 30. 🄰🄴 ⓘ 🄴 📳
🍴 42 – **56 ch** 300/450.   BZ **q**

🏨 **La Tour** 🅼 sans rest, 3 quai Tour ✆ 31 89 21 22, Télex 772289 – 🛗 📺 ☎. 🄴 📳. ⚒
fermé 17 nov. au 26 déc. – 🍴 25 – **48 ch** 270/300.   BZ **r**

🏨 **Castel Albertine** sans rest, 19 cours Albert-Manuel ✆ 31 98 85 56, Fax 31 98 83 18, « Jardin ombragé » – 📺 ☎ 🚗 🅿. 🄰🄴 ⓘ 🄴 📳
🍴 39 – **12 ch** 280/540.   AZ **e**

🏨 **Host. Lechat**, pl. Ste-Catherine ✆ 31 89 23 85, Télex 772153, Fax 31 89 24 41 – 📺 ☎. 🄰🄴 ⓘ 🄴 📳
R *(fermé janv., jeudi midi et merc. hors sais.)* 129/350 – 🍴 35 – **23 ch** 300/450 – ½ P 300/375.   AY **a**

🏨 **H. Cheval Blanc** sans rest, 2 quai Passagers ✆ 31 89 13 49, Télex 306022, Fax 31 89 52 80, ≤ – 🛗 ☎ – 🚗 30. 🄴 📳
fermé janv. – **35 ch** 🍴 314/600.   AY **d**

🍴🍴🍴 ❀ **L'Assiette Gourmande** (Bonnefoy), 8 pl. Ste Catherine ✆ 31 89 24 88, 🍽️ – 🄰🄴 ⓘ 🄴 📳
fermé 15 janv. au 15 fév., lundi soir et mardi – **R** 130/275   AY **u**
Spéc. Filet de bar à la moelle de boeuf, Chartreuse de ris de veau à la sauce foie gras, Croquant aux fraises.

🍴🍴🍴 **Rest. Cheval Blanc**, quai Passagers ✆ 31 89 39 87, ≤ – 🄴 📳   AY **d**
fermé 2 janv. au 15 fév., merc. soir et jeudi – **R** 130/250.

🍴🍴🍴 **L'Absinthe**, 10 quai Quarantaine ✆ 31 89 39 00, Fax 31 89 53 60, 🍽️ – 🄰🄴 ⓘ 🄴 📳
fermé 12 nov. au 20 déc., lundi soir et mardi hors sais. – **R** 139/325.   BZ **v**

🍴🍴 **Au Vieux Honfleur**, 13 quai St-Étienne ✆ 31 89 15 31, ≤, 🍽️ – 🄰🄴 ⓘ 🄴 📳
fermé 6 au 31 janv. et merc. du 8 oct. au 30 juin – **R** carte 160 à 310.   AZ **u**

🍴🍴 **L'Ancrage**, 12 r. Montpensier ✆ 31 89 00 70, ≤ – 🄴 📳   AZ **a**
fermé janv., mardi soir (hors sais.) et merc. – **R** 95/145 🍴.

🍴🍴 **Belvédère** avec ch, 36 r. E. Renouf - BZ - ✆ 31 89 08 13, Fax 31 89 51 40, 🍽️, 🌳 – ☎ 🚗. 🄴 📳
fermé 15 nov. au 15 déc., 5 au 15 janv., dim. soir et lundi du 15 nov. au 30 mars – **R** 130/250, enf. 50 – 🍴 28 – **10 ch** 200/300 – ½ P 250/320.

🍴🍴 **La Lieutenance**, 12 pl. Ste-Catherine ✆ 31 89 07 52, 🍽️ – 🄰🄴 🄴 📳   AY **u**
15 fév.-11 nov. et fermé lundi soir et mardi sauf juil.-août – **R** 138/198.

🍴 **Deux Ponts**, 20 quai Quarantaine ✆ 31 89 04 37, 🍽️ – 🄰🄴 🄴 📳   BZ **f**
fermé 15 nov. à fin déc., merc. soir hors sais. – **R** 88/249.

🍴 **Au P'tit Mareyeur**, 4 r. Haute ✆ 31 98 84 23 – 🄴 📳   AY **s**
fermé 6 janv. au 15 fév., vend. midi et jeudi – **R** 119.

à Équemauville par ② : 3,5 km – ✉ **14600** :

🍴 **Le Marélot**, ✆ 31 89 37 68 – 🄴 📳
↦ *fermé 12 au 30 nov. et lundi hors sais.* – **R** 63/160.

à Pennedepie par ③ : 5 km – ✉ **14600** :

🍴 **Moulin St-Georges**, ✆ 31 89 12 00, 🍽️
↦ *fermé fév., mardi soir et merc.* – **R** 69/149, enf. 29.

CITROEN Gar. Thiers, r. J.-de-Vienne par ① ✆ 31 89 08 01
Gar. du Cours, 16 cours Manuel ✆ 31 89 02 02

🅖 Honfleur-Pneus, ZI ✆ 31 89 20 37

L'HÔPITAL-CAMFROUT 29224 Finistère 🔲🔲 ⑤ – 1 422 h. alt. 8.

Voir Daoulas : enclos paroissial★ et cloître★ de l'abbaye N : 4,5 km, G. Bretagne.

Paris 567 – ◆Brest 25 – Morlaix 59 – Quimper 48.

🏚 **Diverres-Bernicot,** ℰ 98 20 01 01 – 📺 ☎ 🅴 𝘝𝘐𝘚𝘈
 fermé 23 sept. au 6 oct. – **R** 58/170 ⅃, enf. 40 – � 30 – **17 ch** 90/180.

L'HÔPITAL-ST-BLAISE 64130 Pyr.-Atl. 🔲🔲 ⑤ G. Pyrénées Aquitaine – 64 h. alt. 159.

Paris 814 – Pau 50 – Cambo-les-B. 75 – Oloron-Ste-Marie 17 – Orthez 36 – St-Jean-Pied-de-Port 53.

🏛 **Touristes,** ℰ 59 66 53 04, 🛋 – 🍽 🅿 🅴 𝘝𝘐𝘚𝘈
 fermé lundi sauf juil.-août – **R** 45/125 – ⊏ 15 – **9 ch** 70/130 – ½ P 115/135.

L'HÔPITAL-SUR-RHINS 42 Loire 🔲🔲 ⑧ – alt. 430 – ✉ **42132** St-Cyr-de-Favières.

Paris 399 – Roanne 9 – ◆Lyon 78 – Montbrison 57 – ◆St-Étienne 70 – Thizy 20.

🍴🍴 **Le Favières** avec ch, ℰ 77 64 80 30, 🛋 – ☎ 🍽 🅴 𝘝𝘐𝘚𝘈
 fermé 18 au 22 nov., 14 au 31 janv., dim. soir et lundi de nov. à avril – **R** 60/250 ⅃, enf. 35
 – ⊏ 22 – **15 ch** 105/180 – ½ P 135/195.

Les HÔPITAUX-NEUFS 25370 Doubs 🔲🔲 ⑦ G. Jura – 265 h. alt. 1 000 – Sports d'hiver : 884/1 430 m
🚠26 ⅌.

Voir Le Morond 🌄★ SO : 3 km puis télésiège.

Env. Mont d'Or 🌄★★ S : 11 km puis 30 mn.

🅱 Office de Tourisme Métabief ℰ 81 49 13 81.

Paris 452 – ◆Besançon 76 – Champagnole 46 – Morez 56 – Mouthe 18 – Pontarlier 18.

🏚 **Robbe,** ℰ 81 49 11 05, 🌱 – ☎ 🅴 𝘝𝘐𝘚𝘈. 🌄 rest
 29 juin-5 sept. et 20 déc.-15 avril – **R** 61/90 – ⊏ 25 – **20 ch** 120/170 – ½ P 160/205.

 à Métabief O : 3 km par D 49 – alt. 965 – ✉ **25370** :

🏚 **Étoile des Neiges,** ℰ 81 49 11 21, ← – 📺 ☎ 🅿 🅴 𝘝𝘐𝘚𝘈. 🌄 ch
 fermé 21 mai au 15 juin et 15 nov. au 15 déc. – **Le Bief Rouge** ℰ 81 49 03 43 (fermé
 15 nov. au 6 déc., 21 mai au 4 juin et mardi hors sais.) **R** 72/78 ⅃, enf. 52 – ⊏ 28 – **14 ch**
 152/210.

CITROEN Drezet ℰ 81 49 10 56 🄽

HORBOURG 68 H.-Rhin 🔲🔲 ⑲ – rattaché à Colmar.

L'HORME 42 Loire 🔲🔲 ⑲ – rattaché à St-Chamond.

L'HOSPITALET-PRÈS-L'ANDORRE 09390 Ariège 🔲🔲 ⑮ – 171 h. alt. 1 436.

Paris 847 – Andorre-la-Vieille 43 – Ax-les-Thermes 18 – Bourg-Madame 37 – Foix 60.

🏛 **Puymorens,** ℰ 61 05 20 03 – 🍽 🅴 𝘝𝘐𝘚𝘈
 R 75/95 ⅃ – ⊏ 19,50 – **14 ch** 90/205.

HOSSEGOR 40150 Landes 🔲🔲 ⑰ G. Pyrénées Aquitaine – alt. 4 – Casino .

Voir Le lac★.

🏌 ℰ 58 43 56 99, SE : 0,5 km.

🅱 Office de Tourisme pl. Pasteur ℰ 58 43 72 35.

Paris 757 – Biarritz 28 – Mont-de-Marsan 83 – ◆Bayonne 25 – ◆Bordeaux 167 – Dax 35.

🏨 **Beauséjour** 🌄, ℰ 58 43 51 07, Fax 58 43 70 13, 🛋, 🏊, 🌱 – 🎪 📺 ☎ 🅿 – 🔏 25. 🄰🄴
 ⓪ 🅴 𝘝𝘐𝘚𝘈. 🌄 rest
 27 avril-31 oct. – **R** 185/235 ⅃, enf. 74 – ⊏ 50 – **45 ch** 300/645 – ½ P 540/595.

🏨 **Lacotel** 🌄, av. Touring Club ℰ 58 43 93 50, Fax 58 43 59 69, ←, 🛋, 🏊 – 🎪 ☎ 🅴 🅿 –
 🔏 40. ⓪ 🅴 𝘝𝘐𝘚𝘈
 fermé 15 déc. au 15 fév. et merc. du 15 fév. au 30 mars – **R** 160, enf. 50 – ⊏ 35 – **42 ch**
 350/380 – ½ P 350/380.

PEUGEOT-TALBOT Gar. de l'Avenue ℰ 58 43 50 38

HOUAT (Île d') 56 Morbihan 🔲🔲 ⑫ G. Bretagne – 390 h. – ✉ **56170** Quiberon.

Accès par transports maritimes.

⚓ depuis **Quiberon.** En 1990 : en saison, 4 à 6 services quotidiens ; hors saison, 2 à 4 services
quotidiens - Traversée 1 h – 71 F (AR). Renseignements : Cie Morbihannaise et Nantaise de
Navigation, ℰ 97 50 06 90 (Quiberon).

🍴 **Îles** 🌄 avec ch, ℰ 97 30 68 02, ←, – ☎. ⓪ 🅴 𝘝𝘐𝘚𝘈. 🌄 rest
 vacances de printemps-30 sept. – **R** 120/200, enf. 35 – ⊏ 25 – **7 ch** 160/260 – ½ P 250/280.

L'EUROPE en une seule feuille : carte Michelin n° 🔲🔲🔲.

Les HOUCHES 74310 H.-Savoie 🔲 ⑧ G. **Alpes du Nord** – 1 766 h. alt. 1 008 – Sports d'hiver : 1 008/ 1 960 m ≰2 ≴13 ⚐.

🏢 Office de Tourisme pl. Église ℰ 50 55 50 62, Télex 385000.

Paris 606 – Chamonix 8 – Annecy 85 – Bonneville 48 – Megève 28.

🏨 **Mont Alba** Ⓜ, La Griaz ℰ 50 54 50 35, Fax 50 55 50 87, ≤, 🍽, 🖾 – 🛗 📺 ☎ 🕭 ⓟ –
⌂ 30. 🖭 Ⲉ 𝘝𝘐𝘚𝘈
R 98/190, enf. 56 – ⊑ 45 – **43 ch** 450 – ½ P 390.

🏨 **Aub. Beau Site et rest. Le Pèle** Ⓜ, ℰ 50 55 51 16, Fax 50 54 53 11, ≤, 🍽, 🛋 – 🛗
📺 ☎ ⓟ 🖭 ⓞ Ⲉ 𝘝𝘐𝘚𝘈. ⚘
fermé 15 au 28 avril, 26 mai à mi-juin et fin sept. à Noël – **R** *(fermé merc. et le midi en mai)* 90/120 🍴, enf. 42 – ⊑ 40 – **18 ch** 382/404 – ½ P 316/337.

🏨 **Chris-Tal**, ℰ 50 54 50 55, Fax 50 54 45 77, ≤, 🛋, ⚘ – 🛗 📺 ☎ 🚙 ⓟ. Ⲉ 𝘝𝘐𝘚𝘈
20 avril-10 oct. et 20 déc.-6 avril – **R** *(fermé merc. hors sais.)* 75/130, enf. 48 – ⊑ 35 –
25 ch 285/350 – ½ P 240/300.

🏨 **Bellevarde**, ℰ 50 55 51 85, ≤, 🛋 – 🛗 ☎ ⓟ
saisonnier – **28 ch**

au Prarion par télécabine – alt. 1 890 – Sports d'hiver : 1 000/1 900 m ≰2 ≴16 – ⊠ **74170** St-Gervais-les-Bains.

Voir ⚘⋆⋆ 30 mn.

🏠 **Le Prarion** ⚘, alt.1 860 ℰ 50 93 47 01, Fax 50 93 46 76, ⚘ sur sommets, glaciers et vallées, 🍽 – ☎. Ⲉ 𝘝𝘐𝘚𝘈
22 juin-15 sept. et vacances de Noël-Pâques – **R** 95/180 – ⊑ 45 – **19 ch** 160/520 –
½ P 305/395.

HOUDAN 78550 Yvelines 🔲 ⑧. 🔟𝟬𝟲 ⑭ G. **Ile de France** (plan) – 2 973 h. alt. 104.

🏌🏌 des Yvelines ℰ (1) 34 86 48 89, Est par N 12 : 12 km ; 🏌🏌 de la Vaucouleurs à Civry-la-Forêt ℰ (1) 34 87 62 29 ; sortie Est N 12, N 183 et D 166 : 10 km.

🛈 Syndicat d'Initiative à la Mairie ℰ (1) 30 59 60 19.

Paris 62 – Chartres 51 – Dreux 21 – Évreux 47 – Mantes-la-Jolie 27 – Rambouillet 28 – Versailles 41.

🍴🍴🍴 ⚘ **La Poularde** (Vandenameele), N 12 ℰ (1) 30 59 60 50, 🍽, ⚘ – ⓟ – ⌂ 25. 🖭 Ⲉ
𝘝𝘐𝘚𝘈. ⚘
fermé vacances de fév., mardi soir et merc. – **R** 150/350, enf. 130
Spéc. Tourte houdanaise, "Pot-au-feu" de poularde, Crottin de brebis.

🍴🍴 **Plat d'Étain** avec ch, r. Paris ℰ (1) 30 59 60 28 – ☎. 𝘝𝘐𝘚𝘈 ⚘ ch
fermé 1er au 13 août, lundi soir et mardi – **R** 87/185 – ⊑ 30 – **8 ch** 190/300.

🍴🍴 **Welcome Auberge**, O : 0,7 km sur N 12 ℰ (1) 30 59 60 34 – ⓟ. 𝘝𝘐𝘚𝘈
fermé août., fév., merc. soir et jeudi – **R** 97/135.

à Maulette E : 2 km sur N 12 – ⊠ **78550**.

🍴 **La Bonne Auberge**, rte Paris ℰ (1) 30 59 60 84, 🍽 – ⓟ. 🖭 ⓞ Ⲉ 𝘝𝘐𝘚𝘈
⟵ *fermé 15 juil. au 15 août, 24 au 31 déc., dim. soir, lundi et merc.* – **R** 65/160 🍴, enf. 40.

PEUGEOT Guillemin, à Maulette ℰ (1) 30 59 60 37

HOUDELAINCOURT 55130 Meuse 🔲 ② – 370 h. alt. 299.

Paris 259 – Bar-le-Duc 39 – ◆Nancy 64 – Neufchâteau 34 – St-Dizier 54 – Toul 41.

🍴🍴 **Aub. du Père Louis** avec ch, ℰ 29 89 64 14, 🍽, ⚘ – 📺 ☎ ⓟ. ⓞ Ⲉ 𝘝𝘐𝘚𝘈. ⚘ ch
⟵ *fermé 29 juil. au 12 août, 23 au 31 déc., dim. soir et lundi* – **R** 70/280 🍴, enf. 50 – ⊑ 25 –
7 ch 180/200 – ½ P 250/280.

HOUDEMONT 54 M.-et-M. 🔲 ⑤ – rattaché à Nancy.

HOULGATE 14510 Calvados 🔲 ② G. **Normandie Vallée de la Seine** – 1 784 h. – Casino .

Voir Falaise des Vaches Noires⋆ au NE.

🏌🏌 de Beuzeval ℰ 31 91 06 97.

🛈 Office de Tourisme bd Belges ℰ 31 24 34 79 et r. d'Axbridge (juil.-août) ℰ 31 24 62 31.

Paris 219 – ◆Caen 28 – Deauville-Trouville 15 – Lisieux 30 – Pont-l'Évêque 23.

🏠 **Santa Cecilia** sans rest, ℰ 31 91 20 95, ⚘ – 📺 ☎ Ⲉ 𝘝𝘐𝘚𝘈. ⚘
fermé 2 au 15 janv. – ⊑ 27 – **13 ch** 280/360.

🍴🍴 **Le 1900** avec ch, ℰ 31 91 07 77 – ☎. 🖭 ⓞ Ⲉ 𝘝𝘐𝘚𝘈. ⚘ ch
⟵ *fermé 2 janv. au 6 fév., lundi soir et mardi sauf vacances scolaires* – **R** 70/250, enf. 40 –
⊑ 28 – **19 ch** 125/280 – ½ P 175/270.

Le HOURDEL 80 Somme 🔲 ⑥ G. **Flandres Artois Picardie** – ⊠ **80410** Cayeux-sur-Mer.

Paris 190 – Abbeville 27 – ◆Amiens 72 – Dieppe 58 – Le Tréport 30.

🍴 **Le Parc aux Huîtres** avec ch, ℰ 22 26 61 20 – 🍽 rest ☎. Ⲉ 𝘝𝘐𝘚𝘈
fermé 15 déc. au 30 janv., mardi soir et merc. du 1er sept. au 30 juin – **R** 85/170 🍴, enf. 48
– ⊑ 24 – **7 ch** 150/190 – ½ P 190/230.

544

HOURTIN 33990 Gironde 71 ⑰ G. Pyrénées Aquitaine – 3 598 h. alt. 19.
Paris 555 – ♦Bordeaux 62 – Andernos-les-Bains 53 – Lesparre-Médoc 17 – Pauillac 26.

Le Dauphin, pl. Église ✆ 56 09 11 15, ☂, 🐎 – ☎. AE ⓓ E VISA
fermé 1er janv. au 1er fév. – **R** *(fermé dim. soir et lundi du 1er oct. au 30 mars sauf fériés)* 68/120 ₰, enf. 35 – ☕ 30 – **20 ch** 290/310 – ½ P 265/275.

CITROEN Galharret ✆ 56 09 11 18

HUELGOAT 29690 Finistère 58 ⑥ G. Bretagne (plan) – 2 090 h. alt. 175.
Voir Site★★ – Rochers★★ – Forêt★ – Gouffre★ E : 2 km puis 15 mn.
Env. St-Herbot : clôture★★ de l'église★ SO : 7 km.
🅸 Office de Tourisme pl. Mairie (saison) ✆ 98 99 72 32.
Paris 521 – ♦Brest 67 – Carhaix-Plouguer 22 – Châteaulin 36 – Landerneau 47 – Morlaix 29 – Quimper 56.

An Triskell 🔇 sans rest, rte Pleyben ✆ 98 99 71 85, 🌳 – 🅟. E VISA
fermé 15 nov. au 15 déc. – ☕ 24 – **10 ch** 135/155.

à Locmaria-Berrien-Gare SE : 7 km par D 764 – ✉ 29690 :

Aub. de la Truite avec ch, ✆ 98 99 73 05, ≤, meubles bretons, 🌳 – 🚗 🅟. E VISA
24 mars-1er janv. et fermé dim. soir et lundi sauf juil.-août – **R** (dim. prévenir) 120/315 dîner à la carte – ☕ 24 – **6 ch** 100/160 – ½ P 200/240.

HUEZ 38 Isère 77 ⑥ – rattaché à L'Alpe d'Huez.

HUNINGUE 68 H.-Rhin 66 ⑩ – rattaché à St-Louis.

HUSSEREN-LES-CHÂTEAUX 68420 H.-Rhin 62 ⑲ G. Alsace Lorraine – alt. 380.
Paris 451 – Colmar 8.5 – Belfort 67 – Gérardmer 54 – Guebwiller 22 – ♦Mulhouse 39.

Husseren-les-Châteaux Ⓜ 🔇, r. Schlossberg ✆ 89 49 22 93, Fax 89 49 24 84, ≤, ☂, parc, 🏋, 🎾, 🏸 – 🛗 cuisinette ▤ rest 📺 ☎ ♿ 🅟 – 🎤 160. AE ⓓ E VISA
R 95/240 ₰, enf. 50 – ☕ 42 – **37 ch** 360/910 – ½ P 434/637.

Ne prenez pas la route au hasard
Michelin vous apporte à domicile
ses conseils routiers, touristiques, hôteliers :
36.15 MICHELIN sur votre Minitel

HYÈRES 83400 Var 84 ⑮⑯ G. Côte d'Azur – 41 739 h. alt. 40.
Voir ≤★ de la place St-Paul Y **49** – Jardins Olbius Riquier★ V – ≤★ du parc St-Bernard Y – Chapelle N.-D. de Consolation★ V **N** : verrières★, ≤★ de l'esplanade S : 3 km – Sommet du Fenouillet ☼★ NO : 4 km puis 30 mn.
⛳18 de Valcros ✆ 94 66 81 02, par ① : 16 km.
✈ de Toulon-Hyères : ✆ 94 38 57 57, SE : 4 km V.
🅸 Office de Tourisme Rotonde J.-Salusse, av. Belgique ✆ 94 65 18 55, Télex 400280 et Chalet, rte de Toulon (15 juin-15 sept.) ✆ 94 65 33 40.
Paris 856 ③ – ♦Toulon 19 ③ – Aix-en-Provence 99 ③ – Cannes 127 ③ – Draguignan 81 ③.

Plans page suivante

Mercure Ⓜ, 19 av. A. Thomas ✆ 94 65 03 04, Télex 404508, Fax 94 35 58 20, ≤, ☂, 🏊 – 🛗 ⇔ ch ▤ 📺 ☎ ♿ 🅟 – 🎤 60. AE ⓓ E VISA — V x
R grill carte environ 150 ₰, enf. 40 – ☕ 45 – **84 ch** 480.

Soleil, r. Rempart ✆ 94 65 16 26 – ☎. AE ⓓ E VISA — Y r
R (dîner seul.)(résidents seul.) 55/100 ₰, enf. 40 – ☕ 35 – **22 ch** 150/340 – ½ P 250/280.

Jardins de Bacchus, 32 av. Gambetta ✆ 94 65 77 63 – ▤. AE E VISA — Z v
fermé 27 mai au 17 juin et dim. soir – **R** 140/250.

Hyères-Plage SE : 5 km - X – ✉ 83400 Hyères :

Pins d'Argent Ⓜ, ✆ 94 57 63 60, Télex 430230, Fax 94 35 66 81, ☂, parc, 🏊, 🌳 – 📺 ☎ 🅟. AE E VISA — X f
R *(fermé lundi)* carte environ 115, enf. 60 – ☕ 40 – **16 ch** 280/425.

Thalassa sans rest, ✆ 94 57 24 85, Fax 94 57 31 18 – 🛗 📺 ☎ 🅟. AE ⓓ E VISA — X e
☕ 32 – **22 ch** 335/380.

Rose des Mers sans rest, ✆ 94 58 02 73, ≤, 🏖 – 📺 ☎ 🅟. VISA. 🐕 — X k
15 mars-15 oct. – ☕ 37 – **18 ch** 292/358.

ALFA-ROMEO Gar. Rivarel, 10 av. Nocart ✆ 94 65 16 96
RENAULT SERMA, 18 av. Gén.-Brosset ✆ 94 65 33 05 🅽 ✆ 94 71 92 58

Ⓜ Pasero, Pont de la Vilette ✆ 94 57 69 44

HYÈRES
GIENS

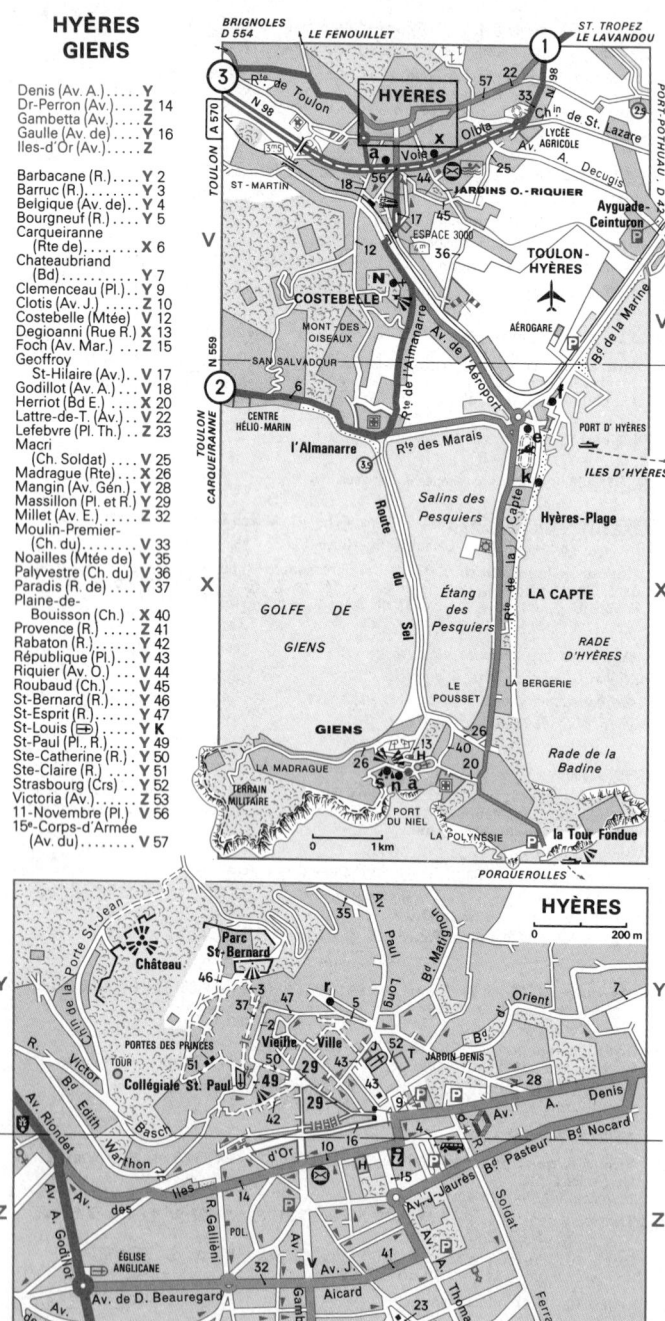

HYÈRES (Iles d') ★★★ 83 Var 🆚 ⑯⑰ – voir à Porquerolles et Port-Cros.

HYÈVRE-PAROISSE 25 Doubs 🆚 ⑰ – rattaché à Baume-les-Dames.

IBARRON 64 Pyr.-Atl. 🆚 ② – rattaché à St-Pée-sur-Nivelle.

IGÉ 71960 S.-et-L. 🆚 ⑪ – 669 h. alt. 264.
Paris 393 – Mâcon 14 – Cluny 11 – Tournus 30.

🏯 **Château d'Igé** 🍴, 🖉 85 33 33 99, Télex 351915, Fax 85 33 41 41, 🚓 – 📺 ☎ 🅿 🆎 ⓄⒹ
　　E **VISA** 🞀 rest
　　hôtel : fermé 15 nov. au 1er mars ; rest. : fermé 20 déc. au 20 janv. – **R** 185/360 – ⇌ 55 –
　　6 ch 420/600, 6 appart. 650/850.

ILAY 39 Jura 🆚 ⑮ – alt. 777 – ✉ 39150 St-Laurent-en-Grandvaux.
Paris 429 – Champagnole 20 – Lons-le-Saunier 37 – Morez 22 – St-Claude 38.

🏕 **Aub. du Hérisson,** carrefour D 75-D 39 🖉 84 25 58 18, 🚓 – 🅿 **E** **VISA**
　　1er avril-15 oct. et fermé merc. hors sais. – **R** 65/180 ⅓, enf. 45 – ⇌ 30 – **16 ch** 165/250 –
　　½ P 175/215.

ILE voir au nom propre de l'île.

L'ILE BOUCHARD 37220 I.-et-L. 🆚 ④ G. Châteaux de la Loire – 1 796 h. alt. 40.
Voir Chapiteaux★ dans le prieuré St-Léonard – Cathèdre★ dans l'église St-Maurice – Tavant :
fresques★ dans l'église O : 3 km.
Paris 282 – ♦Tours 48 – Châteauroux 116 – Chinon 18 – Chatellerault 48 – Saumur 42.

%% **Aub. de l'Ile,** 🖉 47 58 51 07, 🍴 – 🆎 **E** **VISA**
　　fermé janv., fév., dim. soir et lundi – **R** 145/195.

ÎLE-D'ARZ 56840 Morbihan 🆚 ⑬ G. Bretagne – 277 h.
Accès par transports maritimes.

⛴ depuis **Vannes.** Vacances de printemps-fin sept., 2 à 4 services quotidiens - Traversée
30 mn. – Renseignements : Vedettes Vertes du Golfe, Gare Maritime 🖉 97 63 79 99.

⛴ depuis **Conleau.** En 1990 : 15 juin-août, 14 services quotidiens ; hors saison, 11 services
quotidiens - Traversée 15 mn - 15,60 F (AR). Renseignements 🖉 97 66 92 06 ou 🖉 97 66 94 98.

% **L'Escale** 🍴 avec ch, au débarcadère 🖉 97 44 32 15, ≤, – **E** **VISA** 🞀 ch
　　30 mars-30 sept. – **R** 65/130, enf. 45 – ⇌ 27 – **11 ch** 170/300 – ½ P 205/265.

ÎLE-DE-BRÉHAT ★ 22870 C.-d'Armor 🆚 ② G. Bretagne – 511 h. alt. 52.
Voir Tour de l'île★★ en vedette 1 h – Phare du Paon★ – Croix de Maudez ≤★ – Chapelle
St-Michel ≤★ – Bois de la citadelle ≤★.
Accès par transports maritimes, pour **Port-Clos**.

⛴ depuis **St-Quay-Portrieux.** En 1990 : en juil.-août, 6 services quotidiens suivant marées -
Traversée 1 h 45 mn – 150 F (AR). Renseignements : Sté Maritime Colin Frères (Ile de Bréhat)
🖉 96 20 00 11.

⛴ depuis la **Pointe de l'Arcouest.** En 1990 : en saison, 15 services quotidiens ; hors saison,
5 services quotidiens - Traversée 15 mn – 30 F (AR). Renseignements : Sté Maritime Colin Frères
(Ile de Bréhat) 🖉 96 20 00 11.

🏠 **Vieille Auberge** 🍴, au bourg 🖉 96 20 00 24, 🍴 – 🖼. 🞀 ch
　　vacances de printemps-3 nov. – **R** 85/210 – **15 ch** (½ pens. seul.) – ½ P 300/380.

🏠 **Bellevue** 🍴, Port-Clos 🖉 96 20 00 05, ≤, 🍴 – 🍴 ☎ **E** **VISA**
　　fermé 5 au 30 janv. – **R** 100/300 ⅓ – ⇌ 30 – **18 ch** 200/350 – ½ P 300/400.

ILLHAEUSERN 68150 H.-Rhin 🆚 ⑱ – 557 h. alt. 176.
Paris 439 – Colmar 17 – Artzenheim 15 – St-Dié 51 – Sélestat 13 – ♦Strasbourg 60.

🏯 **La Clairière** 🅼 🍴 sans rest, rte Guémar 🖉 89 71 80 80, Fax 89 71 86 22, 🞀 – 🍴 📺 ☎
　　🅿 **E** **VISA**
　　fermé janv. et fév. – ⇌ 50 – **27 ch** 420/1050.

XXXXX ❀❀❀ **Aub. de l'Ill** (Haeberlin), 🖉 89 71 83 23, Télex 871289, Fax 89 71 82 83, « Élégante
installation au bord de l'Ill, ≤ jardins fleuris » – 🞀 🖼. 🆎 ⓄⒹ **E** **VISA**
　　fermé 1er au 7 juil., fév., lundi (sauf le midi en sais.) et mardi – **R** (prévenir) 400 (déj.)/600
　　et carte
　　Spéc. Truffe en croûte de pommes de terre, Filet d'esturgeon rôti sur lit de choucroute et "misala" à la
　　crème de caviar, Grande assiette de cochon de lait. Vins Riesling, Pinot blanc.

ILLIERS-L'ÉVÊQUE 27770 Eure 🆚 ⑦ – 617 h. alt. 133.
Paris 95 – Dreux 14 – Évreux 30 – Nonancourt 9 – Verneuil-sur-Avre 30 – Vernon 44.

🏕 **Aub. de la Lisière Normande,** 🖉 37 48 11 05, 🚓
　　R (fermé dim. soir et lundi) 66/158 ⅓, enf. 50 – ⇌ 25 – **10 ch** 105/200 – ½ P 220/290.

ILLKIRCH-GRAFFENSTADEN 67 B.-Rhin 62 ⑩ – rattaché à Strasbourg.

IMSTHAL (Étang d') 67 B.-Rhin 57 ⑰⑱ – rattaché à La Petite-Pierre.

INGERSHEIM 68 H.-Rhin 87 ⑰ – rattaché à Colmar.

INGRANDES 49123 M.-et-L. 63 ⑲ **G. Châteaux de la Loire** – 1 450 h. alt. 19.
Voir S : Route★ de Montjean-sur-Loire à St-Florent-le-Vieil (D 210).
Paris 328 – Angers 32 – Ancenis 21 – Châteaubriant 55 – Château-Gontier 58 – Cholet 48.

🏠 **Lion d'Or,** r. Pont ℘ 41 39 20 08 – 📺 ☎ 🅿. ☲ E 𝗩𝗜𝗦𝗔
➦ fermé 24 fév. au 11 mars, dim. soir et lundi du 1er oct. à Pâques – **R** 52/170 ♨, enf. 40 –
☲ 25 – **16 ch** 140/270 – ½ P 160/215.

INNENHEIM 67880 B.-Rhin 62 ⑨ – 862 h. alt. 150.
Paris 487 – ♦Strasbourg 20 – Molsheim 11 – Obernai 10 – Sélestat 30.

🏨 **Au Cep de Vigne,** N 422 ℘ 88 95 75 45, 쯔 – 🕴 📺 ☎ ♿ 🅿 – 🔏 25 à 100. E 𝗩𝗜𝗦𝗔. ⅌
fermé 15 au 28 fév. – **R** 95/210 ♨ – ☲ 30 – **23 ch** 150/270 – ½ P 250/330.

INOR 55700 Meuse 56 ⑩ – 214 h. alt. 175.
Paris 249 – Carignan 17 – Longwy 64 – Sedan 27 – Verdun 53.

🏠 **Faisan Doré** ⅌, ℘ 29 80 35 45, 쯔, ⣿, 쯔 – ☎ 🅿. ☲ ⓞ E 𝗩𝗜𝗦𝗔. ⅌ ch
➦ **R** 65/160 ♨, enf. 50 – ☲ 20 – **13 ch** 170/200 – ½ P 200.

L'ISERAN (Col de) 73 Savoie 74 ⑱ **G. Alpes du Nord** – alt. 2 770 – ✉ 73150 Val-d'Isère.
Voir ≪★ – Belvédère de la Tarentaise ⅌★★ NO : 3,5 km puis 15 mn – Belvédère de la Maurienne
≪★ S : 3,5 km.
Paris 685 – Bonneval-sur-Arc 14 – Chambéry 148 – Lanslebourg-Mont-Cenis 33 – Val d'Isère 16.

ISIGNY-SUR-MER 14230 Calvados 54 ⑬ **G. Normandie Cotentin** – 3 159 h. alt. 5.
Paris 299 – Bayeux 31 – ♦Caen 59 – Carentan 11 – Cherbourg 61 – St-Lô 28.

🏠 **France,** 17 r. E. Demagny ℘ 31 22 00 33, Fax 31 22 79 19 – 📺 ☎ ♿ 🅿 – 🔏 25. E 𝗩𝗜𝗦𝗔
➦ fermé 1er déc. au 14 janv., vend. soir et sam. hors sais. sauf fériés – **R** 55/130, enf. 38 –
☲ 25 – **19 ch** 110/245 – ½ P 160/230.

PEUGEOT Etasse ℘ 31 22 02 52 🅽   RENAULT Isigny Gar. ℘ 31 22 02 33 🅽

L'ISLE-D'ABEAU 38 Isère 74 ⑬ – rattaché à Bourgoin-Jallieu.

L'ISLE-DE-NOÉ 32300 Gers 82 ④ – 564 h. alt. 137.
Paris 718 – Auch 21 – Condom 44 – Tarbes 57.

✗ **Aub. de Gascogne** avec ch, ℘ 62 64 17 05 – E 𝗩𝗜𝗦𝗔. ⅌
fermé 2 au 9 juil., 5 au 20 nov., 20 au 27 déc., mardi soir et merc. – **R** 90/250 ♨, enf. 65 –
☲ 35 – **7 ch** 170/220.

L'ISLE-JOURDAIN 32600 Gers 82 ⑥⑦ – 4 365 h. alt. 150.
🏌 Las Martines ℘ 62 07 27 12, N : 4,5 km.
Paris 709 – Auch 43 – ♦Toulouse 35 – Montauban 57.

🏨 **Host. du Lac,** O : 1 km sur N 124 ℘ 62 07 03 91, ≤, 쯔, 쯔 – 📺 ☎ 🅿 – 🔏 30. E 𝗩𝗜𝗦𝗔
➦ fermé vacances de fév. – **R** 52 bc/198 ♨, enf. 50 – ☲ 25 – **28 ch** 180/230 – ½ P 160/180.

à Pujaudran E : 8 km par N 124 – ✉ 32600 :

✗✗✗ **Frachengues,** Les Graves, E : 3 km par N 124 et VO ℘ 62 07 40 63 – 🅿. 𝗩𝗜𝗦𝗔
fermé 1er au 15 fév., 16 au 31 août, dim. soir et lundi – **R** 160/250, enf. 60.

✗✗ **Puits St-Jacques,** au village ℘ 62 07 41 11 – ☲ ⓞ E 𝗩𝗜𝗦𝗔
fermé 15 au 28 fév., sam. midi et lundi – **R** 90/160, enf. 60.

PEUGEOT-TALBOT Rigal ℘ 62 07 03 16   RENAULT Gar. Gascogne-Sce ℘ 62 07 13 07 🅽
🅽 ℘ 62 07 05 58

L'ISLE-JOURDAIN 86150 Vienne 72 ⑤ **G. Poitou Vendée Charentes** – 1 355 h. alt. 142.
🔃 Syndicat d'Initiative (saison après-midi seul.) ℘ 49 48 80 36 et à la Mairie (hors saison) ℘ 49 48 70 54.
Paris 385 – Poitiers 52 – Confolens 28 – Niort 101.

au Port de Salles S : 5 km par D 8 et VO :

✗✗ **Aub. La Grimolée,** ℘ 49 48 75 22, 쯔, « Jardin au bord de la Vienne » – E 𝗩𝗜𝗦𝗔
fermé 23 juin au 3 juil., 30 sept. au 23 oct., vacances de fév., lundi soir (hors sais.), mardi
soir et merc. – **R** 95/220 ♨, enf. 35.

CITROEN Gar. Foussier, ℘ 49 48 88 24   RENAULT Perrin, ℘ 49 48 70 22 🅽
PEUGEOT-TALBOT Rigaud, ℘ 49 48 70 37

548

Voir Décoration intérieure★ de l'église – Église★ du Thor O : 5 km.

🚹 Office de Tourisme pl. Église ✆ 90 38 04 78.

Paris 697 – Avignon 23 – Apt 32 – Carpentras 17 – Cavaillon 10 – Orange 41.

🏨 **Araxe H.** Ⓜ sans rest, E : 1,5 km sur N 100 (rte d'Apt) ✆ 90 38 40 00, Fax 90 20 84 74, 🛴, 🐎 – 📺 ☎ ぅ 🅿 – 🔬 25. ₢ 🆎 ⓪ ⋿ 🆅🆂🅰
� 35 – **43 ch** 290/360, 3 duplex.

🏨 **Les Névons** ঌ sans rest, ✆ 90 20 72 00, 🛴 – 📳 🖃 ☎ ぅ 🅿 – 🔬 25. ⋿ 🆅🆂🅰 ⋘
fermé 15 déc. au 14 janv. – ⊆ 40 – **26 ch** 230/330.

à l'Est : 4 km sur D 25 (rte Fontaine-de-Vaucluse) – ⊠ **84800** L'Isle-sur-la-Sorgue :

❌❌ **Rascasse d'Argent,** ✆ 90 20 33 52, poissons – 🅿. ⋿ 🆅🆂🅰
← *fermé lundi* – **R** 67/170.

au SE : 6 km par N 100 – ⊠ **84800** L'Isle-sur-la-Sorgue :

🏨 **Mas des Grès** sans rest, ✆ 90 20 32 85, 🛴, 🐎 – 📺 ☎ 🅿. ⋿ 🆅🆂🅰. ⋘
1er mars-31 oct. – ⊆ 40 – **12 ch** 280/480.

au SO : 2 km par rte Caumont – ⊠ **84800** L'Isle-sur-la-Sorgue :

❌❌ **Mas de Cure Bourse** ঌ avec ch, ✆ 90 38 16 58, 🍴, « Dans un parc au milieu des vergers », 🛴 – ⋇ rest 📺 ☎ 🅿 – 🔬 50. ⋿ 🆅🆂🅰
R *(fermé dim. soir et lundi)* 168/258, enf. 98 – ⊆ 40 – **12 ch** 300/480 – ½ P 330/435.

au Nord : 6 km sur D 938 – ⊠ **84740** Velleron :

🏨 **Host. La Grangette** ঌ, ✆ 90 20 00 77, Fax 90 20 07 06, ≤, 🍴, parc, 🛴, ❌ – 📺 ☎ 🅿 – 🔬 30. ⋿ 🆎 ⓪ ⋿ 🆅🆂🅰
fermé 11 nov. au 20 déc. – **R** 155/410 – ⊆ 58 – **15 ch** 450/750 – ½ P 500/640.

CITROEN Roquebrune, rte d'Apt ✆ 90 38 18 48 🅽
FORD Germain, rte d'Avignon ZI ✆ 90 38 46 46
PEUGEOT-TALBOT Éts Joly, rte de Carpentras ✆ 90 20 62 85
PEUGEOT-TALBOT Gar. Manni, 7 quai Charité ✆ 90 38 00 97

RENAULT Automobile Cavaillonnaise, rte de Carpentras ✆ 90 38 00 41

⊕ Magnan-Pneus, ZI, rte du Thor ✆ 90 38 00 89

Paris 213 – Auxerre 55 – Avallon 15 – Montbard 30 – Tonnerre 38.

❌ **Pot d'Étain** avec ch, ✆ 86 33 88 10 – ⋿ 🆅🆂🅰. ⋘ ch
fermé 24 au 30 juin, 22 au 29 oct., dim. soir et lundi sauf juil.-août – **R** 89/198, enf. 60 – ⊆ 28 – **4 ch** 200/300 – ½ P 260/300.

PEUGEOT-TALBOT Gar. Gentil ✆ 86 33 84 14   RENAULT Gar. Cervo ✆ 86 33 84 87

Voir Vallon de Chastillon★ O.

🚹 Office de Tourisme (saison) ✆ 93 23 15 15, Télex 461644.

Paris 831 – Barcelonnette 92 – ✦Nice 94 – St-Martin-Vésubie 60.

🏨 **Diva** Ⓜ ঌ, ✆ 93 23 17 71, Télex 460322, Fax 93 23 12 14, ≤ montagnes, 🍴 – 📳 📺 ☎ ぅ 🅿. 🆎 ⓪ ⋿ 🆅🆂🅰. ⋘ ch
mi-déc.-fin avril – **R** 120/180 – **23 ch** (½ pens. seul.), 5 appart. – ½ P 750/1250.

🏨 **Le Chastillon** Ⓜ ঌ, ✆ 93 23 10 60, Télex 970507, Fax 93 23 17 66, ≤, 🍴 – 📳 📺 ☎ ぅ 🅿 – 🔬 40 à 150. 🆎 ⓪ ⋿ 🆅🆂🅰. ⋘ rest
mars-4 mai et 20 déc.-30 avril – **R** 140/160 – ⊆ 40 – **51 ch** 1010/1160 – ½ P 700.

🏨 **Pas du Loup** Ⓜ ঌ, galerie marchande ✆ 93 23 11 71, Fax 93 23 17 66, ≤, 🍴 – 📳 ☎ – 🔬 70. 🆎 ⓪ ⋿ 🆅🆂🅰. ⋘ rest
mars-4 mai et 20 déc.-30 avril – **R** 120/150, enf. 55 – ⊆ 35 – **97 ch** 690/1030 – ½ P 525/625.

Paris 618 – Mende 35 – Florac 9,5 – Millau 73.

à Molines O : 1,5 km sur D 907B – ⊠ **48320** Ispagnac :

❌❌ **Le Lys,** ✆ 66 44 23 56
20 avril-30 sept. – **R** (nombre de couverts limité, prévenir) 150.

Paris 881 – Fréjus 11 – Draguignan 39 – St-Raphaël 13 – Ste-Maxime 10 – Toulon 83.

à San-Peire-sur-Mer – ⊠ **83380** Les Issambres :

🏨 **Provençal,** N 98 ✆ 94 96 90 49, ≤, 🍴 – 📺 ☎ 🅿. 🆎 ⓪ ⋿ 🆅🆂🅰
Pâques-oct. – **R** *(fermé jeudi midi)* 160/220 – ⊆ 34 – **28 ch** 290/370 – ½ P 300/375.

au parc des Issambres – ⊠ **83380** Les Issambres :

🏠 **La Quiétude,** N 98 *ℰ* 94 96 94 34, ≤, 🏦, ⊥, 🚿 – ☎ **Ⓟ**. **E** 𝖵𝖨𝖲𝖠
25 fev.- 15 oct – **R** 80/150, enf. 50 – ⊡ 29 – **20 ch** 232/275 – ½ P 260/280.

XXXX **Villa-St-Elme** (chambres prévues), N 98 *ℰ* 94 49 52 52, Fax 94 49 63 18, ≤, 🏦, ⊥, ▲◦
– ▤ **Ⓟ**. **AE ⓞ E** 𝖵𝖨𝖲𝖠
fermé janv. – **R** 220/450.

à la calanque des Issambres – ⊠ **83380** Les Issambres :

X **Chante-Mer,** au village *ℰ* 94 96 93 23, 🏦 – **E** 𝖵𝖨𝖲𝖠
fermé 15 déc. au 15 janv., lundi (sauf le soir en juil.-août) et dim. soir – **R** 100/200.

à la pointe de la Calle – ⊠ **83380** Les Issambres :

XXX **Au Jardin Gourmand,** N 98, Fax 94 49 61 10, ≤, 🏦, 🚿 – ▤ **Ⓟ**. **AE E** 𝖵𝖨𝖲𝖠
fermé 1er au 15 juin, 20 déc. au 10 janv., jeudi midi et merc. – **R** 195/290, enf. 75.

XXX **Le St-Pierre,** N 98, Fax 94 96 89 67, ≤, 🏦, produits de la mer – **Ⓟ**. **AE ⓞ E** 𝖵𝖨𝖲𝖠
fermé 2 janv. au 10 fév. et mardi sauf en juil.-août – **R** 210/290.

ISSIGEAC 24560 Dordogne 🟦🟦 ⑮ **G. Périgord Quercy** – 686 h. alt. 100.

🇧 Syndicat d'Initiative pl. 8 Mai (15 juin-15 sept.) et à la Mairie (hors saison) *ℰ* 53 58 79 62.

Paris 577 – Périgueux 66 – Bergerac 19 – ◆Bordeaux 111 – Cahors 97 – Villeneuve-sur-Lot 45.

🏠 **La Brucelière,** *ℰ* 53 58 72 28, 🏦, 🚿 – **TV** ☎. **E** 𝖵𝖨𝖲𝖠
➡ *fermé 24 juin au 1er juil., 4 au 27 nov., 5 au 29 fév., dim. soir et lundi sauf juil.-août* –
R 60/250 – ⊡ 30 – **9 ch** 180/320 – ½ P 220/250.

ISSOIRE ‹🆂🅿› 63500 P.-de-D. 🟦🟦 ⑭⑮ **G. Auvergne** – 15 383 h. alt. 386.

Voir Anc. abbatiale St-Austremoine★★ : chevet★★ Z

Env. Puy d'Yssou🔆★ SO : 10 km par D32

🇧 Office de Tourisme à l'Hôtel de Ville *ℰ* 73 89 03 54 et pl. Gén.-de-Gaulle (15 juin-15 sept.) *ℰ* 73 89 15 90.

Paris 431 ① – ◆Clermont-Ferrand 37 ① – Aurillac 127 ③ – ◆Lyon 191 ① – Millau 211 ③ – Le Puy 93 ③ – Rodez 189 ③ – ◆St-Étienne 162 ① – Thiers 56 ① – Tulle 179 ①.

ISSOIRE

*Une réservation
confirmée par écrit
est toujours plus sûre.*

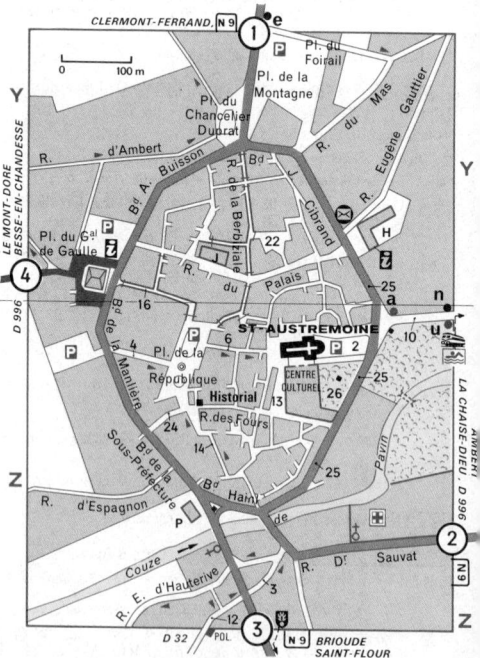

🏠 **Le Pariou** Ⓜ, 18 av. Kennedy ℘ 73 89 22 11, Télex 393523, 🛜 – 🛗 📺 ☎ ⚹ Ⓟ –
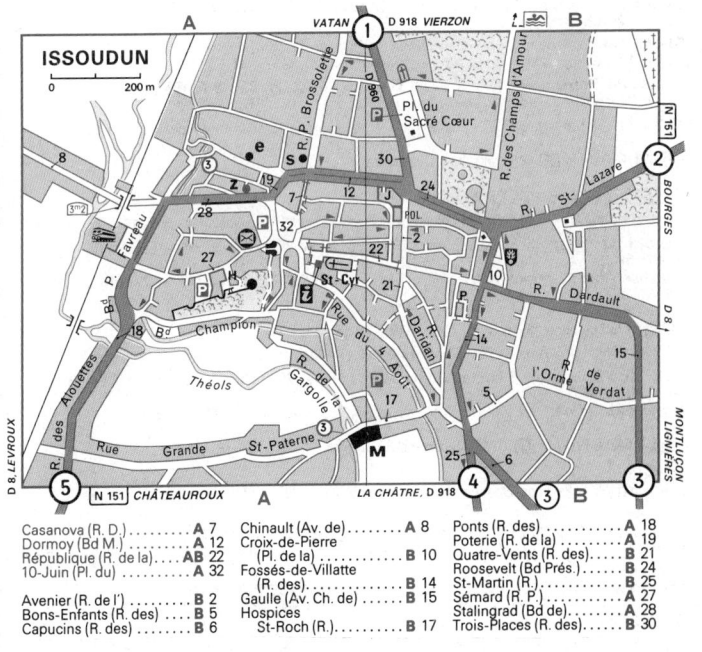
🛎 60. ⓞ Ⓔ 𝘝𝘐𝘚𝘈. ✗ rest
Y e
*fermé 2 déc. au 2 janv., vend. soir (sauf hôtel) du 1/1 au 15/4 et sam. sauf le soir du 16/4
au 31/12 –* **R** 94/209 – ☷ 40 – **33 ch** 245/368.

🏠 **Grilotel** Ⓜ, Z.A.C. des Prés (ctre comm. Continent) NE : 1,5 km par D 716 ou D 9
➤ ℘ 73 89 60 76, Fax 73 89 41 83 – 📺 ☎ ⚹ Ⓟ. 🖭 ⓞ Ⓔ 𝘝𝘐𝘚𝘈
R 70/140 ⚘, enf. 38 – ☷ 30 – **36 ch** 185/255 – ½ P 228/297.

🏠 **Floride** sans rest, rte Solignat S : 1 km par D 32 ℘ 73 89 04 25 – 📺 ☎ Ⓟ. Ⓔ 𝘝𝘐𝘚𝘈
fermé 15 déc. au 15 janv. – ☷ 22 – **20 ch** 145/200.

🏠 **Tourisme** sans rest, 13 av. Gare ℘ 73 89 23 68 – 🐾. Ⓔ 𝘝𝘐𝘚𝘈
YZ n
fermé oct. – ☷ 20 – **13 ch** 130/200.

✗ **Le Relais** avec ch, 1 av. Gare ℘ 73 89 16 61 – Ⓔ 𝘝𝘐𝘚𝘈. ✗ rest
YZ a
➤ *fermé dim. soir et lundi hors sais. –* **R** 55/145 ⚘ – ☷ 20 – **6 ch** 80/170 – ½ P 115/145.

✗ **Le Parc** avec ch, 2 av. Gare ℘ 73 89 23 85 – 📺 ☎. Ⓔ 𝘝𝘐𝘚𝘈
Z u
R *(fermé sam. midi)* 95/210 – ☷ 30 – **7 ch** 120/240.

à Parentignat par ② : 4 km – ⊠ 63500 :

🏠 **Tourette** ⚜, ℘ 73 55 01 78, 🛜 – 🛗 ☎ Ⓟ – 🛎 25. Ⓔ 𝘝𝘐𝘚𝘈. ✗ ch
➤ *vacances de nov., de Noël, de fév., vend. soir et sam. du 15 sept. au 30 juin –*
R 68/176 ⚘ – ☷ 25 – **37 ch** 152/250 – ½ P 190/215.

au Broc par ③ : 5 km – ⊠ 63500 :

✗ **Host. les Vigneaux** avec ch, N 9 ℘ 73 89 10 90, ≼ – ☎ Ⓟ. 🖭 ⓞ Ⓔ 𝘝𝘐𝘚𝘈
➤ **R** 69/185, enf. 40 – ☷ 20 – **8 ch** 135/145 – ½ P 160/210.

CITROEN Arverne-Autom., rte de Clermont par ①
℘ 73 55 07 07
PEUGEOT-TALBOT Gar. Morette, 66 av. Kennedy
par ① ℘ 73 55 02 44

RENAULT S.I.C.R.A., rte de Clermont par ①
℘ 73 89 22 56 Ⓝ ℘ 73 89 54 17
V.A.G Issoire-Autos, rte de St-Germain-Lembron
℘ 73 89 23 08

ISSONCOURT 55 Meuse 🗓🗓 ⑳ – 63 h. alt. 276 – ⊠ 55220 Souilly.
Paris 264 – Bar-le-Duc 28 – St-Mihiel 29 – Verdun 24.

✗✗ **Relais de la Voie Sacrée** avec ch, N 35 ℘ 29 70 70 46, 🛜 – ☎ Ⓟ. Ⓔ 𝘝𝘐𝘚𝘈
fermé 16 déc. au 31 janv., dim. soir du 1ᵉʳ nov. à Pâques et lundi – **R** 80/220 ⚘, enf. 50 –
☷ 28 – **7 ch** 170/200 – ½ P 240/260.

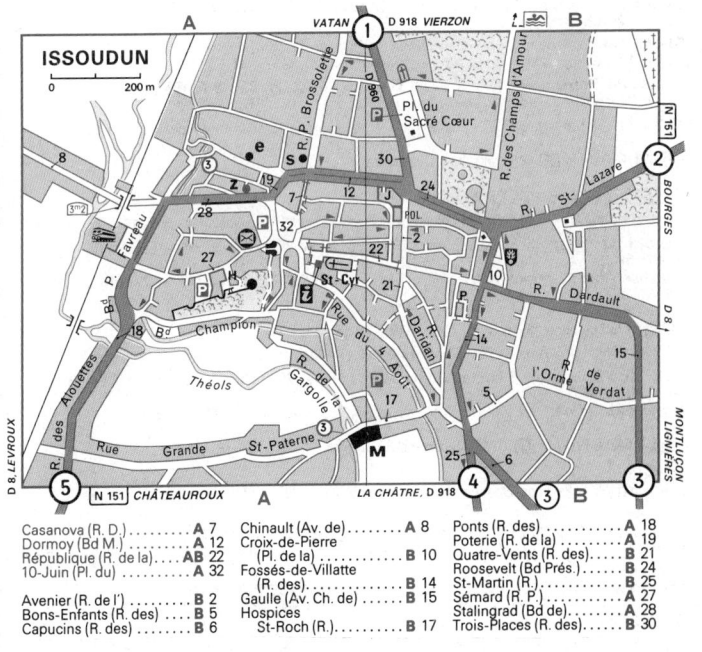

ISSOUDUN <SP> 36100 Indre 68 ⑨ **G. Berry Limousin** – 15 166 h. alt. 129.
Voir Musée St-Roch : arbre de Jessé★ dans la chapelle et apothicairerie★ AB **M**.
Office de Tourisme pl. St-Cyr ✆ 54 21 74 57.
Paris 247 ① – Bourges 38 ② – Châteauroux 29 ⑤ – ♦Tours 125 ① – Vierzon 34 ①.

Plan page précédente

H. La Cognette M, r. Minimes ✆ 54 21 21 83, Fax 54 03 13 03, – TV ☎ ♿. AE ⓓ E VISA — A e
fermé 6 au 27 janv. – **R** voir rest. **La Cognette** ci-après – 50 – **11 ch** 300/600, 3 appart. 1000 – ½ P 375/600.

France et rest. Les Trois Rois, 3 r. P. Brossolette ✆ 54 21 00 65, Télex 751422 – TV ☎ P. AE ⓓ E VISA — A s
R *(fermé 24 au 31 déc.)* 60/250, enf. 55 – 34 – **24 ch** 230/290 – ½ P 280/350.

XXX ✿ **Rest. La Cognette** -Hôtel La Cognette- (Nonnet), bd Stalingrad ✆ 54 21 21 83, Fax 54 03 13 03 – ▤. AE ⓓ E VISA — A z
fermé 6 au 27 janv., dim. soir et lundi – **R** (prévenir) 200 bc/480
Spéc. Crème de lentilles aux truffes, Croquants de langoustines aux mousserons. Vins Reuilly, Quincy.

à Diou par ① : 12 km sur D 918 – ✉ **36260** :

XX **L'Aubergeade,** rte Issoudun ✆ 54 49 22 28, , – P. E VISA
fermé 15 au 31 août, 23 déc. au 4 janv., merc. soir et dim. soir – **R** 90/130 ₰.

PEUGEOT-TALBOT Gar. Lamy, rte de Châteauroux à St-Aoustrille par ⑤ ✆ 54 21 03 24

Central-Pneu, rte de Bourges N 151 ✆ 54 21 02 68
Giraud, 38 av. Chinault ✆ 54 21 27 33

ISSY-LES-MOULINEAUX 92 Hauts-de-Seine 60 ⑩, 101 ㉔ – voir à Paris, Environs.

ISTRES 13800 B.-du-R. 84 ① **G. Provence** – 30 360 h. alt. 8.
Office de Tourisme 30 allées J.-Jaurès ✆ 42 55 51 15.
Paris 743 – ♦Marseille 57 – Arles 41 – Martigues 15 – St-Rémy-de-P. 39 – Salon-de-Provence 20.

Le Castellan M sans rest, pl. Ste-Catherine ✆ 42 55 13 09 – TV ☎ P. E VISA.
22 – **17 ch** 185/200.

Peyreguet sans rest, bd J.J. Prat ✆ 42 55 04 52 – ☎ P. AE E VISA
20 – **25 ch** 130/170.

Aystria-Tartugues sans rest, chemin de Tartugues ✆ 42 56 44 55 – ☎ P. AE VISA.
25 – **10 ch** 190/210.

Escale sans rest, bd Ed. Guizonnier ✆ 42 55 01 88, – ☎ P. E VISA
22 – **20 ch** 105/163.

XX **St-Martin,** Port des Heures Claires, SE : 3 km ✆ 42 56 07 12, ≤, – ▤. E VISA.
fermé 4 au 30 nov., vacances de fév., mardi soir et merc. – **R** 150/200, enf. 85.

XX **Mazet de Pepi,** r. Baumes ✆ 42 55 42 43, – ▤ P. AE ⓓ E VISA.
fermé 22 juil. au 12 août, 2 au 9 janv., dim. soir et lundi – **R** 150/230.

CITROEN Gar. Clavel, bd J.-J.-Prat ✆ 42 55 00 65

Morcel, 12 chemin de Tivoli ✆ 42 56 34 46

ITTENHEIM 67 B.-Rhin 62 ⑨ – rattaché à Strasbourg.

ITTERSWILLER 67140 B.-Rhin 62 ⑨ – 262 h. alt. 250.
Paris 429 – ♦Strasbourg 41 – Erstein 24 – Mittelbergheim 4 – Molsheim 24 – Sélestat 14 – Villé 13.

Arnold M, ✆ 88 85 50 58, Télex 870550, Fax 88 85 55 54, ≤, – TV ☎ P – 40. E VISA. ch
Winstub Arnold *(fermé dim. soir et lundi)* **R** 125/400₰ – 40 – **27 ch** 380/395 – ½ P 410/450.

ITTEVILLE 91760 Essonne 61 ①, 106 ㊸ – 3 546 h. alt. 60.
Paris 48 – Fontainebleau 41 – Arpajon 12 – Corbeil-Essonnes 19 – Étampes 19 – Melun 33.

XX **Aub. de l'Épine,** N : 3 km, au domaine de l'Épine (29 r. Gén.-Leclerc) ✆ (1) 64 93 10 75, – P. E VISA
fermé août, 24 déc. au 9 janv., lundi soir, mardi soir et merc. – **R** 145/185.

ITXASSOU 64250 Pyr.-Atl. 85 ③ **G. Pyrénées Aquitaine** – 1 297 h. alt. 39.
Voir Église★.
Paris 793 – Biarritz 26 – Bayonne 24 – Cambo-les-Bains 4,5 – Pau 118 – St-Jean-de-Luz 32 – St-Jean-Pied-de-Port 31.

Chêne, ✆ 59 29 75 01, ≤, , – ☎ P. E VISA. rest
fermé 1er janv. à début mars, lundi soir et mardi sauf juil.-août – **R** 60/180 – 22 – **16 ch** 140/190 – ½ P 210.

Fronton, ✆ 59 29 75 10, ≤, , – TV ☎ P. ⓓ E VISA. ch
fermé 1er janv. au 15 fév. et merc. hors sais. – **R** 98/186, enf. 40 – 22 – **14 ch** 191/267 – ½ P 225/245.

IVRY-LA-BATAILLE 27540 Eure 55 ⑰ , 106 ⑬ G. Normandie Vallée de la Seine – 2 065 h. alt. 64.
Paris 82 – Anet 7,5 – Dreux 24 – Évreux 35 – Mantes-la-Jolie 24 – Pacy-sur-Eure 17.

XXX **Moulin d'Ivry,** ℰ 32 36 40 51, ≼, 🍽 , « Jardin et terrasse au bord de l'Eure» – **P**. 🔤
E VISA
fermé fév., dim. soir et lundi – **R** 150/290.

XX **Gd St-Martin,** ℰ 32 36 41 39 – E VISA
fermé 26 au 31 août, janv., dim. soir et lundi – **R** 120/250, enf. 75.

IVRY-SUR-SEINE 94 Val-de-Marne 61 ① , 101 ㉘ – voir à Paris, Environs.

IZERNORE 01580 Ain 74 ④ – 1 130 h. alt. 470.
Paris 480 – Bourg-en-Bresse 39 – ♦Lyon 96 – Nantua 9,5 – Oyonnax 15.

🏠 **Michaillard,** ℰ 74 76 96 46 – ☎ 🚗 **P** ⚒ ch
➡ fermé 1er au 21 sept. et lundi soir – **R** 55/140 ⚒, enf. 40 – ⊡ 22 – **12 ch** 100/200 –
½ P 125/175.

IZIER 21 Côte-d'Or 66 ⑫ – rattaché à Genlis.

IZOARD (Col d') 05 H.-Alpes 77 ⑱ G. Alpes du Sud – alt. 2 360.
Voir Belvédères ⚒⚒ 15 mn – Casse Déserte⚒⚒ S : 2 km.
Paris 703 – Briançon 22.

JALLAIS 49510 M.-et-L. 67 ⑥ – 3 167 h. alt. 84.
Paris 344 – Angers 50 – Ancenis 38 – Cholet 17 – ♦Nantes 58 – Saumur 67.

🏠 **Vert Galant,** r. J. de Saymond ℰ 41 64 20 22 – ☎ – 🏥 25. 🔤 ⓞ E VISA
➡ **R** (fermé vend. soir de sept. à mai) 70/150 ⚒, enf. 45 – ⊡ 26 – **20 ch** 160/280 – ½ P 220/280.

La JALOUSIE 14 Calvados 55 ⑫ – rattaché à Caen.

JANZÉ 35150 I.-et-V. 63 ⑦ – 4 507 h. alt. 85.
Paris 336 – ♦Rennes 25 – Châteaubriant 32 – Laval 63 – Redon 64 – Vitré 30.

X **Lion d'Or** avec ch, r. A. Briand ℰ 99 47 03 21 – 📺 ☎. ⓞ E VISA
➡ fermé 30 août au 17 sept., vacances de fév., dim. soir et lundi – **R** 58/135 ⚒, enf. 40 –
⊡ 18 – **8 ch** 90/210.

V.A.G Gar. Brunet ℰ 99 47 03 05 🅽 ℰ 99 47 29 62

JARGEAU 45150 Loiret 64 ⑩ – 3 389 h. alt. 108.
🏌 du Val de Loire ℰ 38 59 25 15, NO : 3 km.
🅱 Syndicat d'Initiative bd Carnot ℰ 38 59 83 42.
Paris 149 – ♦Orléans 19 – Châteauneuf-sur-Loire 8 – Pithiviers 38 – Romorantin-Lanthenay 70.

🏠 **Cygne,** à St-Denis-de-l'Hôtel N : 1 km ⊠ 45550 St Denis-de-l'Hôtel ℰ 38 59 02 43 – ☎
➡ **P**. E VISA ⚒ ch
fermé 1er au 17 nov., vend. soir et sam. du 1er nov. à Pâques – **R** 55/150 – ⊡ 28 – **12 ch**
110/220 – ½ P 160/200.

PEUGEOT-TALBOT Mousset ℰ 38 59 70 06

JARNAC 16200 Charente 72 ⑫ G. Poitou Vendée Charentes – 4 917 h. alt. 27.
🅱 Office de Tourisme pl. Château (fermé matin sauf 15 mai-sept.) ℰ 45 81 09 30.
Paris 452 – Angoulême 29 – Barbezieux 27 – ♦Bordeaux 112 – Cognac 15 – Jonzac 38 – Ruffec 53.

XX **Château,** pl. Château ℰ 45 81 07 17 – E VISA
fermé août, vacances de fév., sam. midi, dim. soir et lundi – **R** 140/180 ⚒.

à **Vibrac** SE : 11 km par N 141 et D 22 – ⊠ **16120** :
Voir Abbaye de Bassac : église⭑ N : 4 km.

🏠 **Ombrages,** rte Angeac ℰ 45 97 32 33, 🍽, 🏊, 🌳, ✳ – ☎ **P**. E VISA ⚒
➡ fermé vacances de nov., de Noël, de fév., dim. soir et lundi en hiver – **R** 62/180 – ⊡ 25 –
10 ch 220/270 – ½ P 195/220.

à **Bourg-Charente** O : 6 km par N 141 et VO – ⊠ **16200** :

XX **La Ribaudière,** ℰ 45 81 30 54, 🍽, ✳ – **P**. 🔤 E VISA
fermé janv., dim. soir et lundi d'oct. à avril – **R** 100/240.

PEUGEOT Gar. Forgeau ℰ 45 81 18 35   RENAULT Souillac Autom., à Souillac
ℰ 45 81 07 66 🅽

JAVRON 53 Mayenne 60 ① – 1 299 h. alt. 201 – ⊠ **53250** Javron-les-Chapelles.
Paris 226 – Alençon 36 – Bagnoles-de-l'Orne 25 – ♦Le Mans 67 – Mayenne 25.

XXX **La Terrasse,** ℰ 43 03 41 91 – 🔤 E VISA ⚒
fermé 24 juin au 7 juil., 1er au 14 janv., dim. soir et lundi – **R** 89/130, enf. 70.

Accès par transports maritimes pour **St-Hélier (réservation indispensable)**.

🚢 depuis **St-Malo**. En 1990 : par cargo pour les autos (1 service hebdomadaire) - Aller 600 F - par hydroglisseur pour les voyageurs en saison : 4 services quotidiens ; hors saison : 2 services quotidiens - Traversée 1 h - 220 F (aller). Renseignements : Morvan Fils, 4 r. Cordiers ℰ 99 56 42 29 (St-Malo) - par car-ferry en saison : 2 services quotidiens ; hors saison : 3 à 4 services hebdomadaires - Traversée 2 h 30 mn - Voyageurs : 195 à 400 F (AR dans la journée). Renseignements : Emeraude Lines, gare maritime du Naye ℰ 99 40 48 40 (St-Malo). Plusieurs de ces services assurent une liaison avec **Guernesey**.

🚢 depuis **St-Malo**. En 1990 : avril-sept., 1 service quotidien - Traversée 1 h 30 mn - 240 F (AR dans la journée), par Vedettes Armoricaines, gare maritime de la Bourse ℰ 99 56 48 88 et de mars-mi nov., 1 à 4 départs quotidiens -Traversée 1 h 15 mn - 245 à 400 F (AR dans la journée), par Emeraude Lines, Boîte Postale 16 ℰ 99 40 48 40 (Saint-Malo).

🚢 depuis **Granville**. En 1990 : d'avril-sept., 1 service quotidien - Traversée 1 h 30 mn - 230 F (AR dans la journée) par Vedettes Armoricaines, 12 r. G.-Clemenceau ℰ 33 50 77 45 (Saint-Malo) et d'avril-sept., 1 à 2 services quotidiens - Traversée 1 h 10 mn - 400 F (AR dans la journée) par Emeraude Lines 1 r. Le Campion ℰ 33 50 16 36 (Granville).

🚢 Pour **Gorey**. En 1990 depuis **Carteret** : de mars à nov. 1 à 4 services quotidiens suivant marées - Traversée 30 mn - 235 F (AR dans la journée) par Service Maritime Carteret, 22 place Église ℰ 33 53 87 21 - de mars à nov., 1 à 2 services quotidiens par jour suivant marées - Traversée 30 mn - 395 F par Emeraude Lines Gare Maritime ℰ 33 53 81 17 (Carteret).

🚢 depuis **Portbail**. En 1990 : de mars à nov., 1 à 4 services quotidiens - Traversée 30 mn - 235 F (AR dans la journée) par Service Maritime Carteret, 22 place Église ℰ 33 53 87 21 (Barneville-Carteret).

Service aérien avec Paris Roissy I ℰ (1) 42 96 02 44 et Dinard ℰ 99 46 22 81 par Jersey European Airways, avec Cherbourg ℰ 33 22 91 32 par Aurigny Air Services, avec Paris Roissy II par Air France ℰ (1) 45 35 61 61.

Ressources hôtelières :

Voir Guide Rouge Michelin : **Great Britain and Ireland**.

JOIGNY 89300 Yonne 65 ④ G. Bourgogne – 10 488 h. alt. 101.

Voir Vierge au sourire★ dans l'égl. St-Thibault A E – Côte St-Jacques ⩽★ 1,5 km par D 20 A

🛈 Office de Tourisme quai H.-Ragobert ℰ 86 62 11 05.

Paris 146 ⑤ – Auxerre 27 ③ – Gien 74 ⑤ – Montargis 59 ⑤ – Sens 30 ⑥ – Troyes 76 ②.

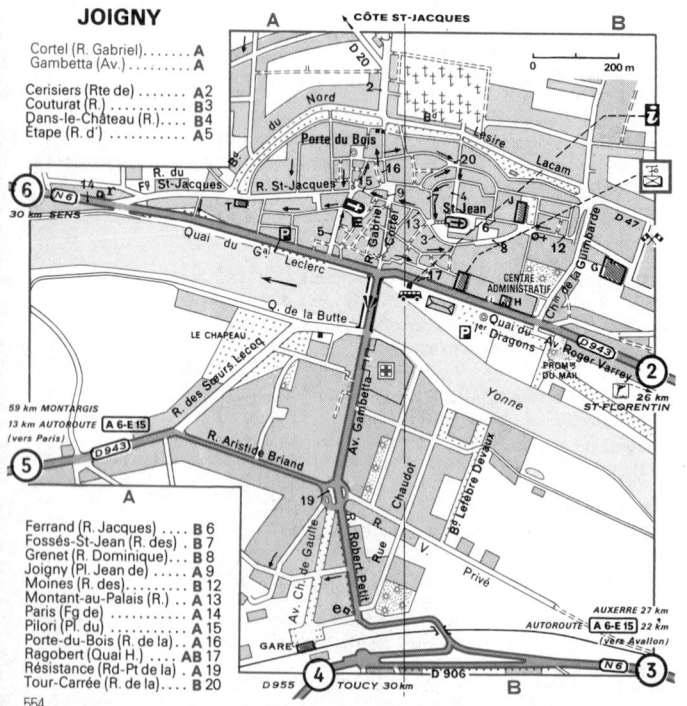

JOIGNY

Cortel (R. Gabriel)........ A
Gambetta (Av.)........... A

Cerisiers (Rte de) A2
Couturat (R.) B3
Dans-le-Château (R.).... B4
Étape (R. d') A5

Ferrand (R. Jacques) .... B 6
Fossés-St-Jean (R. des) . B 7
Grenet (R. Dominique).. B 8
Joigny (Pl. Jean de) ..... A 9
Moines (R. des)........... B 12
Montant-au-Palais (R.) .. A 13
Paris (Fg de)............ A 14
Pilori (Pl. du) .... A 15
Porte-du-Bois (R. de la).. A 16
Ragobert (Quai H.) .... AB 17
Résistance (Rd-Pt de la) . A 19
Tour-Carrée (R. de la)... B 20

🏨 ❀❀❀ **A la Côte St-Jacques** (Lorain) Ⓜ ⊛, 14 fg Paris ✆ 86 62 09 70, Télex 801458, Fax 86 91 49 70, ≼, « Belle décoration intérieure », 🔲, 🐎 – 🛏 ▤ ch 📺 ☎ ♿ ⇔ 🅿 –
🔒 40. ⬛ ⓪ Ⓔ *VISA*
A r
fermé 6 janv. au 6 fév. – **R** (dim. prévenir) 300 (déj. seul)/560 et carte, enf. 140 – ☲ 80 –
25 ch 600/1700, 4 appart. 2450
Spéc. Huîtres en petite terrine océane, Bar légèrement fumé à la crème de caviar, Abricots rôtis en couronne sablée. Vins Chablis, Irancy.

🏨 ❀ **Modern'H Frères Godard** Ⓜ, av. R. Petit ✆ 86 62 16 28, Télex 801693, Fax 86 62 44 33,
🔲, 🐎, ✗ – 📺 ☎ ⇔ 🅿 – 🔒 30. ⬛ ⓪ Ⓔ *VISA*
A e
fermé 2 au 25 janv. – **R** (dim. et fêtes prévenir) 185/330, enf. 100 – ☲ 40 – **21 ch** 350/460
Spéc. Croustillant de turbot et langoustines aux graines de fenouil, Canard "Gaston Godard" et son gratin morvandiau, Farandole des desserts. Vins Aligoté, Coulanges la Vineuse.

rte de Paris NO : 8 km sur N 6 – ⊠ **89300** Villecien :

🏠 **La Grillade**, ✆ 86 63 11 74, 😀, 🐎 – 📺 ☎ 🅿. ⬛ Ⓔ *VISA*
R 95/120 ⓛ – ☲ 28 – **8 ch** 150/280.

CITROEN Joigny Automobile, N 6 à Champlay par ③ ✆ 86 62 06 45
PEUGEOT-TALBOT Gd Gar. de Paris, 24 fg de Paris par ⑥ ✆ 86 62 12 25
RENAULT S.A.J.A., rte de Migennes par ② ✆ 86 62 22 00 Ⓝ ✆ 86 48 75 64
RENAULT Gar. Busset, rte d'Aillant-sur-Tholon à Senan par ④ ✆ 86 63 41 66 Ⓝ

RENAULT Gar. Moutardier, à Sépeaux par ⑤ ✆ 86 73 13 25
V.A.G Autom. Fournet, 29 r. A.-Briand ✆ 86 62 09 21

⑩ Jeandot, 9 av. R.-Petit ✆ 86 62 18 84

JOINVILLE **52300** H.-Marne 🔲 ① Ⓖ. **Champagne** – 5 091 h. alt. 188.

🛈 Syndicat d'Initiative r. A.-Briand (juil.-août) ✆ 25 94 17 90.

Paris 236 – Bar-sur-Aube 47 – Chaumont 43 – Neufchâteau 51 – St-Dizier 31 – Toul 74 – Troyes 93.

🏠 **Nord**, r. C. Gillet ✆ 25 94 10 97 – 📺 ☎ ⇔. Ⓔ *VISA*
fermé 1er au 15 oct., 15 au 22 fév., dim. soir et lundi – **R** 60/160 ⓛ, enf. 48 – ☲ 22 – **18 ch** 90/210 – ½ P 140/160.

XXX **Soleil d'Or** avec ch, 9 r. Capucins ✆ 25 94 15 66 – ▤ rest 📺 ☎ ⇔. ⬛ ⓪ Ⓔ *VISA*
fermé 15 fév. au 2 mars, dim. soir hors sais. et lundi – **R** 90/280 – ☲ 35 – **11 ch** 200/400.

XX **Poste** avec ch, pl. Grève ✆ 25 94 12 63 – ☎ ⇔. ⬛ ⓪ Ⓔ *VISA*
fermé 10 janv. au 10 fév. et jeudi du 15 oct. au 1er avril – **R** 80/210, enf. 46 – ☲ 25 – **10 ch** 140/250.

à Autigny-le-Grand N : 6 km sur N 67 – ⊠ **52300** :

XX **Host. Moulin de la Planchotte** avec ch, ✆ 25 94 84 39, ≼, parc, ✗ – 📺 ☎ 🅿. ⬛ ⓪ Ⓔ *VISA*
fermé 9 sept. au 1er oct., 3 au 17 fév. – **R** (fermé dim. soir et lundi) 58/390, enf. 45 – ☲ 29 – **8 ch** 190/250.

RENAULT Roux, 25 av. de Lorraine ✆ 25 94 01 93 Ⓝ

JOINVILLE-LE-PONT **94** Val-de-Marne 🔲 ①, 🔲 ㉗ – voir à Paris, Environs.

JONCY **71460** S.-et-L. 🔲 ⑱ – 463 h. alt. 235.

Paris 372 – Chalon-sur-Saône 35 – Mâcon 52 – Montceau-les-Mines 25 – Paray-le-Monial 46.

X **Commerce** avec ch, ✆ 85 96 27 20, 😀 – 📺 ☎ 🅿 Ⓔ *VISA*
fermé 30 sept. au 5 nov. et vend. – **R** 65/180 ⓛ, enf. 48 – ☲ 28 – **9 ch** 120/220 – ½ P 160/240.

JONZAC ⬡ **17500** Char.-Mar. 🔲 ⑥ Ⓖ. **Poitou Vendée Charentes** – 4 873 h. alt. 40 – Stat. therm. (12 fév.-7 déc.).

🛈 Office de Tourisme pl. Château ✆ 46 48 49 29.

Paris 512 – Angoulême 56 – ◆Bordeaux 85 – Cognac 34 – Libourne 80 – Royan 58 – Saintes 41.

🏨 **L'Ecu** Ⓜ, 3 pl. Fillaudeau ✆ 46 48 50 56, 😀 – 🛏 📺 ☎ ♿ 🅿 – 🔒 30. ⬛ ⓪ Ⓔ *VISA*
fermé 15 janv. au 15 fév. – **R** 60/180 ⓛ, enf. 48 – ☲ 30 – **26 ch** 195/225 – ½ P 220/240.

🏠 **Le Club** sans rest, pl. Église ✆ 46 48 02 27 – 📺 ☎. ⬛ Ⓔ *VISA*. ✗
fermé 3 au 30 nov. – ☲ 23 – **10 ch** 160/260.

CITROEN Mallet ✆ 46 48 00 04
PEUGEOT-TALBOT Belot ✆ 46 48 08 77
RENAULT Gar. Martin et Fils ✆ 46 48 06 11
Ⓝ ✆ 46 48 16 62

⑩ Central Pneu ✆ 46 48 35 05

Können Sie wegen Verkehrsstauungen erst nach 18 Uhr
in Ihrem Hotel sein, bestätigen Sie
telefonisch Ihre Zimmerreservierung ;
Sie gehen sicherer... und es ist Gepflogenheit.

JOSSELIN 56120 Morbihan ⑥③ ④ **G. Bretagne** (plan) – 2 740 h. alt. 59.

Voir Château★★ – Basilique N.-D.-du-Roncier★.

🛈 Syndicat d'Initiative pl. Congrégation (juin-sept., fermé matin sauf juil.-août) ☎ 97 22 36 43 et à la Mairie (hors saison) ☎ 97 22 24 17.

Paris 421 – Vannes 42 – Dinan 75 – Lorient 73 – ◆Rennes 72 – St-Brieuc 75.

🏛 **Château,** ☎ 97 22 20 11, Fax 97 22 34 09, ≤ – 📺 ☎ ⇦ ☻ ☻ 🅰🅴 ⓪ 🗲 𝗩𝗜𝗦𝗔
➡ fermé 22 au 28 déc. et fév. – **R** 68/190 ♨ – ☲ 28 – **36 ch** 170/260 – ½ P 180/250.

🍽🍽 **Commerce** avec ch, ☎ 97 22 22 08, ≤ – ☜. 🅰🅴 🗲 𝗩𝗜𝗦𝗔
➡ fermé 11 nov. au 2 déc., vacances de fév., mardi soir et merc. – **R** 70/178, enf. 40 – ☲ 28
– **5 ch** 160/240.

CITROEN Gar. Joubard ☎ 97 22 23 04

PEUGEOT-TALBOT Gar. Chouffeur, ZI de la Rochette ☎ 97 22 22 80

JOUCAS 84220 Vaucluse ⑧① ⑬ – 210 h. alt. 248.

Paris 721 – Apt 15 – Avignon 42 – Carpentras 30 – Cavaillon 21.

🏛🏛 ❀ **Mas des Herbes Blanches** 🅼 ⚘, N : 2,5 km sur D 102A (rte de Murs) ☎ 90 05 79 79,
Télex 432045, Fax 90 05 71 96, ≤ le Luberon, 🍴, ⅃, ☞, 🍽 – 🔟 ch 📺 ☎ ⇦ ☻ –
🛪 25. 🅰🅴 🗲 𝗩𝗜𝗦𝗔
fermé 4 janv. au 8 mars – **R** 240 (déj.) et carte 270 à 430 – ☲ 65 – **15 ch** 770/1320,
3 appart. 1630 – ½ P 725/1000
Spéc. Escalope de foie gras au vinaigre de framboise, Blanc de Saint-Pierre sauce vierge, Coupe carmélite
aux fruits de saison. Vins Côtes du Luberon, Côtes de Provence.

🏛🏛 **Host. le Phébus** 🅼 ⚘, rte Murs ☎ 90 05 78 83, Télex 432849, ≤ le Luberon, 🍴,
« Dans la garrigue », ⅃, 🍽 – 📺 ☎ 🅰🅴 🗲 𝗩𝗜𝗦𝗔
mars-nov. – **R** 150/400, enf. 50 – ☲ 70 – **17 ch** 660/770 – ½ P 597/695.

🏛 **Host. des Commandeurs** ⚘, ☎ 90 05 78 01, ≤ – ☎ ☻ 🗲 𝗩𝗜𝗦𝗔
fermé janv. et merc. – **R** 85/140 ♨, enf. 50 – ☲ 28 – **14 ch** 230/250 – ½ P 210/220.

JOUÉ-LES-TOURS 37 I.-et-L. ⑥④ ⑮ – rattaché à Tours.

JOUGNE 25370 Doubs ⑦⓪ ⑦ **G. Jura** – 1 052 h. alt. 1 010 – Sports d'hiver : 900/1 380 m ≰11 ⚐.

Paris 454 – ◆Besançon 78 – Champagnole 48 – Lausanne 47 – Morez 58 – Pontarlier 20.

🏛 **Bonjour,** ☎ 81 49 10 45, ≤ – 🛗 📺 ☎ ⇦. 🅰🅴 🗲 𝗩𝗜𝗦𝗔. 🍽 rest
➡ hôtel : 15 juin-15 sept. et 15 déc.-vacances de Printemps ; rest. : juil.-août et 15 déc.-
vacances de Printemps – **R** 60/120, enf. 30 – ☲ 20 – **18 ch** 130/195 – ½ P 190/230.

🏛 **Suchet,** N 57 ☎ 81 49 10 38 – ☻. 🅰🅴 ⓪ 🗲 𝗩𝗜𝗦𝗔
fermé 25 juin, 12 sept. au 25 oct. et vend. (du 25 oct. au 20 déc. et du 20 juin au
1ᵉʳ juil.) – **R** 75/130 – ☲ 25 – **16 ch** 95/195 – ½ P 140/170.

à Entre-les-Fourgs SE : 4,5 km par D 423 – ✉ 25370 Les Hôpitaux-Neufs :

🏛 **Les Petits Gris** ⚘, ☎ 81 49 12 93, ≤, ☞ – ☎. 🗲 𝗩𝗜𝗦𝗔. 🍽 ch – fermé 16 sept. au 5 oct.
➡ – **R** (fermé merc.) 58/150 ♨, enf. 42 – ☲ 25 – **16 ch** 150/200 – ½ P 185/220.

La JOUVENTE 35 I.-et-V. ⑤⑨ ⑥ – rattaché à Dinard.

JOUY-EN-JOSAS 78 Yvelines ⑥⓪ ⑩, ⑩① ㉓ – voir à Paris, Environs.

JOUY-SUR-EURE 27 Eure ⑤⑤ ⑰ – rattaché à Pacy-sur-Eure.

JOYEUSE 07260 Ardèche ⑧⓪ ⑧ **G. Vallée du Rhône** – 1 410 h. alt. 180.

Voir Corniche du Vivarais Cévenol★★ O – 🛈 Office de Tourisme D 104 ☎ 75 39 56 76.

Paris 652 – Alès 52 – Mende 97 – Privas 52.

🏛 **Les Cèdres,** ☎ 75 39 40 60, Fax 75 39 90 16, ⅃, ☞ – 🛗 ☎ ☻ – 🛪 50. 🅰🅴 ⓪ 🗲 𝗩𝗜𝗦𝗔
➡ 15 avril-15 oct. – **R** 62/160, enf. 40 – ☲ 30 – **40 ch** 219/270 – ½ P 250.

RENAULT Gar. Duplan ☎ 75 39 43 91

◍ Thomas Frères ☎ 75 39 40 00

JUAN-LES-PINS 06160 Alpes-Mar. ⑧④ ⑨, ⑮⑮ ㉟㊱ **G. Côte d'Azur** – alt. 2.

🛈 Maison du Tourisme 51 bd Ch.-Guillaumont ☎ 93 61 04 98.

Paris 915 ② – Cannes 9 ③ – Aix-en-Provence 160 ② – ◆Nice 24 ①.

Plan page ci-contre

🏛🏛 ❀❀ **Juana et rest. La Terrasse** ⚘, la Pinède, av. G. Gallice ☎ 93 61 08 70, Télex
470778, Fax 93 61 76 60, 🍴, ⅃, 🛝 – 🛗 🔟 ch 📺 ☎ ⇦ ☻   B f
début mars-fin oct. – **R** (fermé merc. sauf du 8 au 20 mai, du 24 juin au 31 août et du 20
au 27 oct.) (dîner seul. en juil.-août) 450/550 et carte – ☲ 85 – **45 ch** 750/2300, 5 appart.
Spéc. Daurade royale poêlée aux senteurs d'anis vert, Selle d'agneau des Alpes cuite en terre d'argile,
Fraises des bois en délice de pistaches et chocolat. Vins Côtes de Provence.

🏛🏛 **Belles Rives** ⚘, bd Baudoin ☎ 93 61 02 79, Télex 470984, Fax 93 67 43 51, ≤ mer et
massif de l'Estérel, 🍴, 🛝 – 🛗 🔲 📺 ☎ 🅰🅴 🗲 𝗩𝗜𝗦𝗔. 🍽 rest   B d
Pâques-oct. – **R** (dîner seul. en sais.) 280/480 – ☲ 90 – **40 ch** 1580/2310, 4 appart. –
½ P 1270/1635.

556

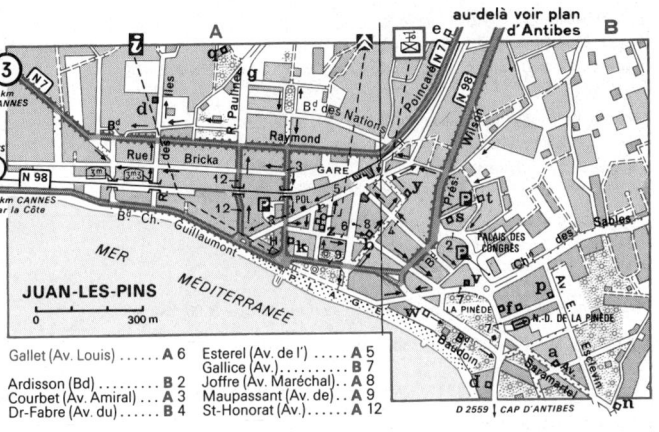

au-delà voir plan
d'Antibes

JUAN-LES-PINS

MER MÉDITERRANÉE

0   300 m

D 2559 ‡ CAP D'ANTIBES

Gallet (Av. Louis) ...... **A 6**	Esterel (Av. de l') ..... **A 5**
Ardisson (Bd) .... **B 2**	Gallice (Av.) .... **B 7**
Courbet (Av. Amiral) ... **A 3**	Joffre (Av. Maréchal).. **A 8**
Dr-Fabre (Av. du) ...... **B 4**	Maupassant (Av. de) .. **A 9**
	St-Honorat (Av.) ...... **A 12**

🏨 **Garden Beach H.** Ⓜ, 15-17 bd Baudoin ℰ 93 67 25 25, Télex 470888, Fax 93 61 16 65, ≤, 🍽, 🏖 – 🔊 📺 ☎ & 🚗 – 🕍 30. 🆎 ① Ɛ 🗺 ℅ rest   B **w**
R 260 – 🖙 90 – **158 ch** 850/2300, 17 appart. – ½ P 870/1470.

🏨 **Hélios et rest. Le Relais** Ⓜ, av. Dr Dautheville ℰ 93 61 55 25, Télex 970906, Fax 93 61 58 78, 🏖 – 🔊 🗏 📺 ☎ 🚗 – 🕍 60. 🆎 Ɛ 🗺 ℅ rest   A **b**
12 avril-31 oct. – **R** 220/300, enf. 130 – 🖙 60 – **70 ch** 900/1900, 5 appart. – ½ P 800/1200.

🏨 **Mimosas** ⌂ sans rest, r. Pauline ℰ 93 61 04 16, « Parc, ⌇ » – ☎ Ⓟ. ℅   A **q**
avril-oct. – 🖙 45 – **37 ch** 440/610.

🏨 **Beauséjour** ⌂ sans rest, av. Saramartel ℰ 93 61 07 82, Fax 93 61 86 78, ⌇, 🎣 – 🔊 🗏 📺 ☎ Ⓟ. 🆎 Ɛ 🗺   B **n**
22 avril-15 oct. – 🖙 45 – **29 ch** 780/1170.

🏨 **Ste-Valérie** ⌂, r. Oratoire ℰ 93 61 07 15, Télex 460564, Fax 93 61 47 52, 🍽, 🎣 – 📺 ☎ Ⓟ. 🆎 ① Ɛ 🗺 ℅ rest   B **p**
Pâques-5 oct. – **R** 110, enf. 70 – 🖙 30 – **30 ch** 400/840 – ½ P 385/520.

🏨 **Astor**, 30 bd R. Poincaré ℰ 93 61 07 38, Télex 470049, Fax 93 61 36 76, 🍽, ⌇, 🎣 – cuisinette 🗏 ch 📺 ☎ 🚗 Ⓟ – 🕍 50 à 80. 🆎 ① Ɛ 🗺   B **e**
R (résidents seul.) 120/160 – 🖙 35 – **22 ch** 515, 20 studios 415/615 – ½ P 350/425.

🏨 **Welcome** ⌂ sans rest, 7 av. Dr Hochet ℰ 93 61 26 12, Fax 93 61 38 04, 🎣 – 🔊 ☎ Ⓟ. 🆎 ① Ɛ 🗺 ℅   B **y**
15 mars-30 oct. – 🖙 38 – **29 ch** 380/630.

🏨 **Courbet** sans rest, 33 av. Amiral Courbet ℰ 93 61 15 94, Fax 93 67 68 42 – 🔊 ☎. 🆎 ① Ɛ 🗺   A **k**
début avril-fin oct. – 🖙 33 – **26 ch** 380/450.

🏨 **Alexandra**, r. Pauline ℰ 93 61 01 36 – 🗏 ch 📺 ☎. 🆎 Ɛ 🗺   A **g**
1er avril-15 oct. – **R** (dîner seul.) 90/110, enf. 35 – 🖙 32 – **20 ch** 170/440 – ½ P 250/350.

🏨 **Emeraude** ⌂, av. Saramartel ℰ 93 61 09 67, 🍽 – 🔊 ↔ ch ☎. 🆎 ① Ɛ 🗺 ℅   B **a**
fermé déc. et janv. – **R** (dîner seul.) 130, enf. 100 – 🖙 30 – **22 ch** 300/400.

🏨 **Palais des Congrès** sans rest, 4 av. Palmiers ℰ 93 61 04 29, Fax 93 67 83 31 – ☎. Ɛ 🗺. ℅   B **s**
fermé 16 nov. au 31 janv. – 🖙 35 – **18 ch** 300/450.

🏨 **Juan Beach** ⌂, 5 r. Oratoire ℰ 93 61 02 89, 🍽, 🎣, 🎣 – ↔ rest ☜ Ⓟ. ℅   B **f**
1er avril-31 oct. – **R** (résidents seul.) 125 – 🖙 27 – **28 ch** 240/340 – ½ P 265/315.

🏨 **Pré Catelan** ⌂, 22 av. Lauriers ℰ 93 61 05 11, 🍽, 🏖, 🎣 – ☎ Ⓟ. 🆎 Ɛ 🗺 ℅ rest
R (15 mars-30 sept.) 125, enf. 50 – 🖙 – **18 ch** (½ pens. seul.) – ½ P 320/380.   B **t**

🏨 **Eden H.** sans rest, 16 av. L. Gallet ℰ 93 61 05 20 – ☎   A **z**
fermé 5 nov. au 5 fév. – 🖙 22 – **17 ch** 180/340.

🏨 **Cécil**, r. Jonnard ℰ 93 61 05 12 – ↔ ch ☎. Ɛ 🗺 ℅ rest   A **r**
15 janv.-15 oct. – **R** (résidents seul.) 80 – 🖙 26 – **21 ch** 207/289 – ½ P 237.

🍴🍴 **Aub. de l'Esterel** avec ch, 21 chemin des Iles ℰ 93 61 86 55, 🍽, 🎣 – 📺 ☎ Ⓟ. 🆎 Ɛ 🗺   A **d**
fermé 15 nov. au 15 déc. – **R** (fermé dim. soir et lundi) (dîner seul. en juil.-août) 180/260 – **14 ch** 🖙 210/300 – ½ P 200/220.

🍴🍴 **Le Perroquet**, av. G. Gallice ℰ 93 61 02 20, 🍽 – ① Ɛ 🗺   B **v**
fermé 1er nov. au 10 janv., mardi soir et merc. d'oct. à juin – **R** 98/138.

CITROEN Gar. St-Charles, 8 r. St-Charles ℰ 93 61 08 16

JUILLAC 33890 Gironde 🏠 ⑬ – 218 h. alt. 70.

Paris 558 – Bergerac 39 – ◆Bordeaux 56 – Libourne 30 – La Réole 34.

⭤⭤ **Belvédère,** E par D 130 : 4 km ✆ 57 40 40 33, ≼, 🐜 – 🅿. 🖭 ⓞ 🗲 💳
  fermé oct., mardi soir et merc. sauf juil.-août – **R** 120/280 🍷, enf. 35.

JULIÉNAS 69840 Rhône 🏠 ① G. Vallée du Rhône – 642 h. alt. 256.

Paris 409 – Mâcon 17 – Bourg-en-Bresse 55 – ◆Lyon 65 – Villefranche-sur-Saône 38.

🏠 **des Vignes** 🍃 sans rest, rte St-Amour : 0,5 km ✆ 74 04 43 70, ≼ – 🕿 & 🅿. 🗲 💳
  fermé dim. soir en hiver – 🖙 26 – **20 ch** 185/250.

JULLOUVILLE 50610 Manche 🏠 ⑦ G. Normandie Cotentin – 948 h. alt. 80.

🛈 Syndicat d'Initiative av. Mar.-Leclerc (saison) ✆ 33 61 82 48.

Paris 354 – St-Malo 00 – Avranches 22 – Granville 8 – St-Lô 64.

⭤⭤ **Casino,** ✆ 33 61 82 82, ≼ – 🅿. 🗲 💳
  15 mars-15 nov. et fermé lundi soir et mardi sauf juil.-août – **R** 90/190, enf. 50.

JUMIÈGES 76118 S.-Mar. 🏠 ⑤ G. Normandie Vallée de la Seine – 1 634 h. alt. 10.

Voir Ruines de l'abbaye★★★.

Bacs: de Jumièges ✆ 35 37 24 23 ; de Mesnil-sous-Jumièges ✆ 35 37 06 06 ; de Yainville
✆ 35 37 21 06.

Paris 166 – Caudebec-en-Caux 15 – ◆Rouen 28.

JUNGHOLTZ 68 H.-Rhin 🏠 ⑨ – rattaché à Guebwiller.

Les JUNIES 46150 Lot 🏠 ⑦ G. Périgord Quercy – 250 h. alt. 205.

Paris 587 – Cahors 24 – Gourdon 35 – Villeneuve-sur-Lot 66.

⭤⭤ **La Ribote,** "La Mouline" sur D 660 : 2 km ✆ 65 36 25 55, 🐜, 🐎 – 🅿. 🖭 ⓞ 🗲 💳
  fermé 5 janv. au 1ᵉʳ mars et lundi du 15 sept. au 30 juin – **R** 90/240.

JURANÇON 64 Pyr.-Atl. 🏠 ⑥ – rattaché à Pau.

JUVIGNY-SOUS-ANDAINE 61140 Orne 🏠 ① – 1 015 h. alt. 200.

Paris 240 – Alençon 50 – Argentan 49 – Bagnoles-de-l'Orne 9,5 – Domfront 11 – Mayenne 38.

⭤ **Forêt,** ✆ 33 38 11 77 – 🕿 🅿. 🗲 💳
  fermé janv. – **R** 50/100 🍷 – 🖙 25 – **24 ch** 160/220.

⭤⭤ **Au Bon Accueil** avec ch, ✆ 33 38 10 04 – 🕿 🚗 💳 🍴 ch
  fermé 28 janv. au 3 mars, mardi et merc. – **R** 70/250 – 🖙 30 – **8 ch** 230/310 – ½ P 300.

JUVISY-SUR-ORGE 91 Essonne 🏠 ① – voir à Paris, Environs.

JUZIERS 78820 Yvelines 🏠 ⑱ – 2 558 h. alt. 57.

Paris 55 – Beauvais 65 – Mantes-la-Jolie 10 – Pontoise 26 – Rambouillet 49 – Versailles 41.

⭤⭤⭤ **Patrick Perfendie,** ✆ (1) 34 75 22 03, Fax (1) 34 75 21 01 – 💳
  fermé dim. soir – **R** 140.

KAYSERSBERG 68240 H.-Rhin 🏠 ⑱ G. Alsace Lorraine (plan) – 2 712 h. alt. 242.

Voir Église★ : retable★★ – Hôtel de ville★ – Pont fortifié★ – Maison Brief★.

🛈 Office du Tourisme à la Mairie ✆ 89 78 22 78.

Paris 430 – Colmar 11 – Gérardmer 52 – Guebwiller 35 – Munster 26 – St-Dié 46 – Sélestat 26.

🏛 **Résidence Chambard** Ⓜ 🍃, ✆ 89 47 10 17, Télex 880272, Fax 89 47 35 03 – 🛗 📺 🕿
  🅿 – 🔏 25. 🖭 ⓞ 🗲 💳
  fermé 1ᵉʳ au 21 mars et 22 déc. au 4 janv. – **R** voir rest. **Chambard** ci-après – 🖙 60 – **18 ch**
  450/520.

🏠 **Remparts** Ⓜ 🍃 sans rest, ✆ 89 47 12 12, Fax 89 47 37 24, ≼ – 📺 🕿 🚗 🅿 – 🔏 25.
  🖭 🗲 💳 – 🖙 35 – **31 ch** 250/330.

🏠 **Arbre Vert** (annexe Belle Promenade Ⓜ 14 ch), ✆ 89 47 11 51 – 🔌 ch 🕿. 🗲 💳 🍴
  fermé 5 au 31 janv. – **R** (fermé lundi) 98/210, enf. 50 – 🖙 30 – **36 ch** 190/330 – ½ P 280/310.

⭤⭤⭤ ❀ **Chambard** - Hôtel Résidence Chambard - (Irrmann), ✆ 89 47 10 17, Télex 880272,
  Fax 89 47 35 03 – 🅿. 🖭 ⓞ 🗲 💳
  fermé 1ᵉʳ au 21 mars et 22 déc. au 4 janv., mardi midi et lundi (sauf fériés) – **R** 220/380,
  enf. 100
  Spéc. Langoustines tièdes à la crème d'ail et persil, Aiguillette de Saint-Pierre au vin rouge, Mousses au
  chocolat "Chambard". Vins Riesling, Tokay-Pinot gris.

⭤⭤ **Lion d'Or,** ✆ 89 47 11 16, Fax 89 47 19 02, 🐜 – 🗲 💳
  fermé 5 janv. au 12 fév., mardi soir du 1ᵉʳ nov. au 1ᵉʳ mai et merc. – **R** 98/260 🍷, enf. 60.

⭤ **Château** avec ch, ✆ 89 78 24 33 – 🚗. 🗲 💳
  fermé 3 au 12 juil., 6 fév. au 9 mars, merc. soir (sauf hôtel) du 1ᵉʳ nov. au 1ᵉʳ juin et jeudi
  – **R** 60/180 🍷 – 🖙 25 – **12 ch** 95/235 – ½ P 160/230.

à Kientzheim E : 3 km par D 28 – ✉ **68240**.

Voir Pierres tombales★ dans l'église.

Host. Abbaye d'Alspach ⛵, ☎ 89 47 16 00, « Ancien couvent du 13e siècle » – ☎ **P** – 🏋 50. AE E VISA. ✗ – *fermé 6 janv. au 28 fév.* – **R** *(fermé merc. et jeudi)* (dîner seul.) carte 115 à 170 – ☕ 35 – **33 ch** 210/340.

Schwendi ⛵, ☎ 89 47 30 50 – ☎. AE E VISA

Pâques-1er nov. – **R** *(fermé mardi)* 78/129 🍷, enf. 40 – ☕ 25 – **11 ch** 230/250 – ½ P 225/235.

PEUGEOT-TALBOT Hiltenfinck ☎ 89 78 23 08 **N** ☎ 89 47 13 00

KERSAINT **29** Finistère 58 ③ – rattaché à Ploudalmézeau.

KIENTZHEIM **68** H.-Rhin 62 ⑱⑲ – rattaché à Kaysersberg.

KIFFIS **68480** H.-Rhin 66 ⑳ – 214 h. alt. 560.

Paris 541 – Altkirch 31 – ♦Bâle 34 – Belfort 59 – Colmar 90 – Montbéliard 58.

Aub. du Jura ⛵ avec ch, ☎ 89 40 33 33, ←, 🌳 – ☎ **P**. E VISA. ✗

fermé 19 août au 9 sept. et lundi – **R** 95/180 – ☕ 25 – **8 ch** 190/250 – ½ P 190/200.

KLINGENTHAL **67** B.-Rhin 62 ⑨ – rattaché à Obernai.

Le KREMLIN-BICÊTRE **94** Val-de-Marne 101 ㉖ – voir à Paris, Environs.

KREUZWEG (col de) **67** Bas-Rhin 62 ⑧⑨ – rattaché au Hohwald.

KRUTH **68820** H.-Rhin 62 ⑱ – 1 002 h. alt. 492.

Voir Cascade St-Nicolas★ SO : 3 km par D 13b1, **G. Alsace Lorraine**.

Paris 428 – ♦ Mulhouse 39 – Colmar 62 – Gérardmer 38 – Thann 18 – Le Thillot 32.

Aub. de France, rte Oderen ☎ 89 82 28 02, 🌳 – TV ☎ **P**. AE ⓓ E VISA

fermé 24 juin au 1er juil., 1er nov. au 10 déc. et jeudi – **R** 58/195 🍷 – ☕ 25 – **16 ch** 115/170 – ½ P 160.

RENAULT Gar. Rothra ☎ 89 82 26 90 **N**

LABALME **01** Ain 74 ④ – rattaché à Cerdon.

LABAROCHE **68910** H.-Rhin 62 ⑱ – 1 483 h. alt. 750.

Paris 435 – Colmar 14 – Gérardmer 51 – Munster 25 – St-Dié 52.

Tilleul M ⛵, ☎ 89 49 84 46, 🎾 – 🛗 ☎ **P**. E VISA

fermé 4 janv. au 4 fév. – **R** 65/95 🍷 – ☕ 25 – **32 ch** 250 – ½ P 188.

Aub. La Rochette ⛵ avec ch, rte Trois-Épis ☎ 89 49 80 40, ←, 🌳 – ☎ **P**. AE E VISA. ✗

fermé janv. à mi-fév., dim-soir et merc. du 15 sept. au 1er juin – **R** 95/190, enf. 45 – ☕ 40 – **8 ch** 230 – ½ P 265.

PEUGEOT Gar. Girard, à Correaux ☎ 89 49 82 68 **N** ☎ 89 49 82 76

LABARTHE-INARD **31800** H.-Gar. 86 ② – 712 h. alt. 326.

Paris 785 – Boussens 15 – St-Gaudens 9,5 – St-Girons 34 – ♦Toulouse 81.

Host. du Parc, N 117 ☎ 61 89 08 21, ⛱, 🌳 – ☎ **P**. E VISA

fermé 15 janv. à fin fév. et lundi d'oct. à fin juin sauf fêtes – **R** 60/220 🍷 – ☕ 25 – **14 ch** 160/250.

LABARTHE-SUR-LEZE **31** H.-Gar. 82 ⑱ – rattaché à Muret.

LABASTIDE-BEAUVOIR **31450** H.-Gar. 82 ⑲ – 536 h. alt. 262.

Paris 726 – ♦ Toulouse 23 – Carcassonne 79 – Castres 56 – Pamiers 56.

Aub. du Courdil, ☎ 61 81 82 55, ⛱ – E VISA

fermé 3 au 31 janv., dim. soir et lundi – **R** 53/150 🍷.

LABASTIDE-MURAT **46240** Lot 75 ⑱ **G. Périgord Quercy** – 732 h. alt. 447.

Paris 568 – Sarlat-la-Canéda 53 – Brive-la-Gaillarde 74 – Cahors 34 – Figeac 47 – Gourdon 22.

Climat de France M, ☎ 65 21 18 80, Fax 65 21 10 97, ⛱ – TV ☎ ♿. AE ⓓ E VISA

fermé 23 déc. au 23 janv. – **R** 80/120 🍷, enf. 40 – ☕ 30 – **20 ch** 259 – ½ P 215.

Courdesses ☎ 65 31 10 03

LABATUT **40300** Landes 78 ⑦ – 1 034 h. alt. 46.

Paris 769 – Biarritz 52 – ♦Bayonne 46 – Dax 27 – Mont-de-Marsan 74 – Orthez 20 – Sauveterre-de-Béarn 23.

Aub. du Bousquet, N 117 ☎ 58 98 18 24, ⛱ – ⚡ **P**. AE ⓓ VISA

fermé janv., dim. soir et lundi sauf vacances scolaires et fêtes – **R** 90/250 🍷, enf. 35.

LABÈGE 31 H.-Gar. 🗺🟤 ⑱ – rattaché à Toulouse.

LABLACHÈRE 07230 Ardèche 🟤🟤 ⑧ – 1 567 h. alt. 256.
Paris 655 – Alès 49 – Mende 94 – Privas 55 – Pont-St-Esprit 71.

　♨ **Le Commerce,** ℰ 75 36 61 80, 🌳 – **E** 𝖵𝖨𝖲𝖠
　　fermé 1ᵉʳ au 7 janv. – **R** 85/140, enf. 45 – ⊑ 25 – **20 ch** 130/180 – ½ P 160/190.

　　à Maison-Neuve S : 8 km par D 104 – ✉ 07230 Lablachère :

　🏠 **Relais de la Vignasse** 🐾, ℰ 75 39 31 91, ≤, 🌳 – **TV** ☎ 🅿, **E** 𝖵𝖨𝖲𝖠, ⚡ rest
　　fermé 15 au 30 nov. et 15 au 28 fév. – **R** 85/180, enf. 50 – ⊑ 30 – **12 ch** 200/300 –
　　½ P 235/300.

LABOUHEYRE 40210 Landes 🟤🟤 ④ – 2 850 h. alt. 70.
Paris 671 – Mont-de-Marsan 53 – Biscarrosse 37 – ♦Bordeaux 83 – Castets 42 – Mimizan 28.

　🏛 **Unic** 🅼, rte Bordeaux ℰ 58 07 00 55 – ☎ 🅿, 🄰🄴 ⓪ **E** 𝖵𝖨𝖲𝖠
　　fermé 20 déc. au 5 fév., dim. soir hors sais. et le midi sauf dim. – **R** 80 bc/130 bc ⓐ, enf. 50
　　– ⊑ 25 – **10 ch** 150/270 – ½ P 230/270.

PEUGEOT-TALBOT Gar. Sentaurens ℰ 58 07 01 12

LABOURGADE 82 T.-et-G. 🗺🟤 ⑦ – rattaché à Castelsarrasin.

LAC voir au nom propre du lac.

LACANAU-OCÉAN 33680 Gironde 🟤🟤🟤 ⑱ **G. Pyrénées Aquitaine** – alt. 12.
Voir Lac de Lacanau★ E : 5 km.
🏌 de Lacanau ℰ 56 03 25 60, E : 2 km.
Paris 592 – ♦Bordeaux 59 – Andernos-les-Bains 42 – Arcachon 83 – Lesparre-Médoc 52.

　🏛 **Golf** 🅼 🐾, ℰ 56 03 23 15, Télex 572032, Fax 56 26 30 57, 🌳, ⛱, 🌲 – **TV** ☎ 🅔 🅿 –
　　🔒 50. 🄰🄴 **E** 𝖵𝖨𝖲𝖠 ⓐ
　　fermé 5 janv. au 20 fév. – **R** 75/150, enf. 65 – ⊑ 45 – **50 ch** 260/495 – ½ P 400.

　🏛 **L'Oyat** 🅼, ℰ 56 03 11 11, Fax 56 03 12 29, ≤, 🌳 – 🛗 **TV** ☎ 🅔, 🛋 🅿, 🄰🄴 ⓪ **E** 𝖵𝖨𝖲𝖠
　　fermé 12 nov. au 15 déc. – **R** 115/195 ⓐ, enf. 50 – ⊑ 35 – **33 ch** 230/340 – ½ P 250/360.

　🏠 **Étoile d'Argent,** ℰ 56 03 21 07, 🌳 – 📠 🅿, **E** 𝖵𝖨𝖲𝖠
　↖ *fermé 1ᵉʳ déc. au 15 janv.* – **R** 65/250, enf. 45 – ⊑ 30 – **14 ch** 145/200 – ½ P 190/220.

PEUGEOT-TALBOT Barre ℰ 56 03 53 07　　　　　　　Brun J.-Pierre ℰ 56 03 20 12

LACAPELLE-MARIVAL 46120 Lot 🟤🟤 ⑲⑳ **G. Périgord Quercy** – 1 337 h. alt. 400.
🅱 Syndicat d'Initiative pl. Halle (15 juin-15 sept.) ℰ 65 40 81 11.
Paris 564 – Aurillac 67 – Cahors 65 – Figeac 20 – Gramat 20 – Rocamadour 31 – Tulle 81.

　🏠 **Terrasse,** ℰ 65 40 80 07, 🌲 – ☎, 🄰🄴 ⓪ **E** 𝖵𝖨𝖲𝖠, ⚡ rest
　　15 mars-15 déc. – **R** 90/220, enf. 60 – ⊑ 28 – **15 ch** 150/270 – ½ P 200/280.

CITROEN Carrayrou ℰ 65 40 80 09 🄽

LACAUNE 81230 Tarn 🟤🟤 ③ **G. Gorges du Tarn** – 3 422 h. alt. 800 – Casino.
🅱 Syndicat d'Initiative pl. Gén.-de-Gaulle (15 juin-15 sept.) ℰ 63 37 04 98 et à la Mairie (hors saison)
ℰ 63 37 00 18.
Paris 720 – Albi 68 – Béziers 86 – Castres 47 – Lodève 84 – Millau 78 – ♦Montpellier 126.

　🏛 **H. Fusiès,** r. République ℰ 63 37 02 03, Fax 63 37 10 98 – ☎ – 🔒 30. 🄰🄴 ⓪ **E** 𝖵𝖨𝖲𝖠
　↖ *fermé 20 déc. au 20 janv., vend. soir et dim. soir du 15 nov. au 30 mars* – **R** 68/350 ⓐ,
　　enf. 58 – ⊑ 32 – **48 ch** 160/300 – ½ P 240/260.

　🏠 **Calas "Le Glacier",** pl. Vierge ℰ 63 37 03 28, ⛱, 🌲 – ☎, 🄰🄴 ⓪ **E** 𝖵𝖨𝖲𝖠
　↖ *fermé 21 déc. au 13 janv., vend. soir et sam. midi du 1ᵉʳ oct. au 23 mars* – **R** 65/230 ⓐ,
　　enf. 50 – ⊑ 20 – **20 ch** 120/220 – ½ P 190/215.

CITROEN Milhau ℰ 63 37 06 08　　　　　PEUGEOT-TALBOT Gar. Moderne ℰ 63 37 00 16
　　　　　　　　　　　　　　　　　　　　　🄽

LACAVE 46200 Lot 🟤🟤 ⑱ – 249 h. alt. 103.
Voir Grottes★ – Site★ du château de Belcastel O : 2,5 km, **G. Périgord Quercy**.
Paris 533 – Brive-La-Gaillarde 49 – Sarlat-La-Canéda 41 – Cahors 63 – Gourdon 26 – Rocamadour 12.

　🏛 **Château de la Treyne** 🐾, O : 3 km par D 43 et voie privée ℰ 65 32 66 66, Fax 65 37 06 57,
　　≤, 🌳, « Dans un parc dominant la Dordogne », ⛱, ⚡ – ☎ 🅿, 🄰🄴 **E** 𝖵𝖨𝖲𝖠
　　Pâques-15 nov. – **R** 240 – ⊑ 60 – **12 ch** 900/1600 – ½ P 750/1100.

　❌❌❌ ✿ **Pont de l'Ouysse** (Chambon) 🐾, avec ch, ℰ 65 37 87 04, Fax 65 32 77 41, ≤, 🌳, ⛱,
　　– **TV** ☎ 🅿, 🄰🄴 ⓪ **E** 𝖵𝖨𝖲𝖠
　　1ᵉʳ mars-11 nov. et fermé lundi (sauf le soir du 15 juin au 15 sept.) – **R** 150/500 – ⊑ 50 –
　　13 ch 350/600 – ½ P 500
　　Spéc. Bouillon d'écrevisses au foie de canard (1ᵉʳ juil. au 11 nov.), Foie de canard "Bonne Maman",
　　Pigeonneau rôti en cocotte. **Vins** Cahors.

LACHASSAGNE 69 Rhône 🎴 ① – rattaché à Anse.

LACQ 64170 Pyr.-Atl. 🎴 ⑥ G. Pyrénées Aquitaine – 564 h. alt. 117.

Voir Exploitation de gisements de gaz naturel.

Paris 771 – Aire-sur-L'Adour 57 – Oloron-Ste-M. 33 – Orthez 16 – Pau 25 – St-Jean-Pied-de-Port 86.

LACROST 71 S.-et-L. 🎴 ⑳ – rattaché à Tournus.

LADOIX-SERRIGNY 21550 Côte-d'Or 🎴 ⑨ .

Paris 322 – ♦Dijon 33 – Beaune 9 – Bouilland 16.

🏨 **Les Paulands** sans rest, ℘ 80 26 41 05, Télex 351293, ⊥, 🐎 – 🆃🆅 ☎ 🅿 ⋿ 🆅🅸🆂🅰
 fermé 2 déc. au 2 janv. – ⊅ 42 – **20 ch** 340/380.

🍽🍽 **Les Coquines,** N 74 à Buisson ℘ 80 26 43 58, 🏠 – 🅿 ㏂ ⑩ ⋿ 🆅🅸🆂🅰
 fermé 6 au 22 mars, 1er au 9 août, merc. soir et jeudi – **R** 120/178.

LADON 45270 Loiret 🎴 ⑪ – 1 102 h. alt. 91.

Paris 110 – Châteauneuf-sur-Loire 30 – Gien 43 – Montargis 16 – ♦Orléans 55 – Pithiviers 29.

🍽 **Cheval Blanc** avec ch, ℘ 38 95 51 79, 🏠 – ⟸ 🅿 ⋿ 🆅🅸🆂🅰
 fermé 15 au 30 sept., dim. soir et lundi – **R** 56/123 🍷 – ⊅ 25 – **9 ch** 90/150.

LAGARRIGUE 47 L.-et-G. 🎴 ⑭ – rattaché à Aiguillon.

LAGNY-SUR-MARNE 77400 S.-et-M. 🎴 ⑫, ⑩⑥ ㉑㉒, ⑩⑪ ㉔ G. Ile de France – 18 268 h. alt. 44.

Voir Galerie★ du château de Guermantes S : 3 km par D 35.

🔟🔢 de Bussy-St-Georges ℘ (1) 64 66 00 00, S : 4 km par D 35.

🅱 Office de Tourisme 5 cour Abbaye ℘ (1) 64 30 68 77.

Paris 34 – Meaux 21 – Melun 42 – Provins 60 – Senlis 51.

🍽🍽🍽 **Egleny,** 13 av. Gén. Leclerc ℘ (1) 64 30 52 69, 🐎 – 🅿 ㏂ ⑩ ⋿ 🆅🅸🆂🅰
 fermé 28 juil. au 28 août, vacances de fév., dim. soir et lundi – **R** 330, enf. 80.

 à Montévrain E : 3 km par rte Meaux – ⊠ 77144 :

🍽🍽 **Bonne Auberge,** ℘ (1) 64 30 25 09 – ㏂ ⋿ 🆅🅸🆂🅰
 fermé juil., lundi soir et mardi – **R** 160.

 à Bussy-St-Georges S : 4 km par D 35 – ⊠ 77600 :

🏨🏨 **Days H.** 🎚 ⌔, 15 av. Golf ℘ (1) 64 66 30 30, Télex 693322, Fax (1) 64 66 04 36, 🏠, 🐎, 🍽 – 🛗 ⇆ch 🆃🆅 ☎ ዼ 🅿 – ⊿ 140. ㏂ ⑩ ⋿ 🆅🅸🆂🅰
 R 150, enf. 60 – ⊅ 50 – **96 ch** 410/600.

 à St-Thibault-des-Vignes vers Torcy : 3 km par D 404 – ⊠ 77400 :

🏨 **Relais Bleus** 🎚, ℘ (1) 64 02 02 44, Télex 693908, Fax (1) 64 02 40 70, 🏠 – 🆃🆅 ☎ ዼ 🅿 ㏂ ⋿ 🆅🅸🆂🅰 – **R** 78/119, enf. 45 – ⊅ 35 – **66 ch** 310.

CITROEN Yvois, 57 av. Leclerc à St-Thibault-des-Vignes ℘ (1) 64 30 53 67
FORD Gar. Jamin, 34 av. Gén.-Leclerc ℘ (1) 64 30 02 90 🄽
PEUGEOT-TALBOT Métin Marne, 2 av. Gén.-Leclerc, Pomponne ℘ (1) 64 30 30 30
PEUGEOT-TALBOT Queillé, 34 r. J.-Le-Paire ℘ (1) 64 30 06 74

PEUGEOT-TALBOT Queille, 127-129 r. Gén.-Leclerc ℘ (1) 64 30 06 74

Ⓦ La Centrale du Pneu, ZI, 6-8 r. C.-Chappe ℘ (1) 64 30 55 00

LAGUIAN-MAZOUS 32170 Gers 🎴 ⑨ – 250 h. alt. 320.

Voir Puntous de Laguian ✳★★ O : 2 km, G. Pyrénées Aquitaine.

Paris 783 – Auch 44 – Aire-sur-l'A. 63 – Lannemezan 49 – Mirande 19 – St-Gaudens 78 – Tarbes 29.

🍽 **Relais des Puntous,** O : 1,5 km ℘ 62 67 52 51, 🏠 – 🅿 ⋿ 🆅🅸🆂🅰
 fermé 10 fév. au 12 mars et mardi – **R** 85/155, enf. 50.

LAGUIOLE 12210 Aveyron 🎴 ⑬ G. Gorges du Tarn – 1 235 h. alt. 1 004 – Sports d'hiver : 1 200/1 407 m ⚡11 ⚘ – **Voir** Église ✳★.

Paris 565 – Rodez 56 – Aurillac 82 – Espalion 24 – Mende 85 – St-Flour 64.

🏨 **Gd Hôtel Auguy,** ℘ 65 44 31 11 – 🛗 🆃🆅 ☎ ⟸ ⋿ 🆅🅸🆂🅰
 fermé 10 au 15 juin, 5 nov. au 25 déc., dim. soir et lundi sauf vacances scolaires – **R** 105/210 🍷 – ⊅ 25 – **25 ch** 190/260 – ½ P 185/215.

🏨 **Régis,** ℘ 65 44 30 05 – 🆃🆅 ☎ 🅿 ⋿ 🆅🅸🆂🅰
 fermé 20 nov. au 20 déc. – **R** 67/116 🍷 – **15 ch** ⊅ 100/240 – ½ P 165/190.

🍽🍽🍽 ✿✿ **Michel Bras** 🎚 avec ch, ℘ 65 44 32 24, Fax 65 48 47 02 – 🛗 ⇆ rest 🆃🆅 ☎ ⟸. ㏂ ⋿ 🆅🅸🆂🅰 ⌔
 fin mars-20 oct. et fermé dim. soir (sauf juil.-août) et lundi – **R** (nombre de couverts limité, prévenir) 180/490 et carte, enf. 100 – ⊅ 75 – **13 ch** 300/540
 Spéc. Gargouillou de jeunes légumes, Viandes et volailles de pays, Biscuit de chocolat coulant. **Vins** Marcillac.

561

à *Soulages-Bonneval* O : 5 km par D 541 – ⊠ **12210** :

☨ **Aub. du Moulin,** ℰ 65 44 32 36, 龠, ☞ – **P** **E** 𝗩𝗜𝗦𝗔
➤ **R** 60/120 ♣, enf. 35 – ⊒ 20 – **12 ch** 100/150 – ½ P 120/130.

CITROEN Gar. Charles ℰ 65 44 34 40   RENAULT Gar. Troussillie ℰ 65 44 32 21

La LAIGNE 17170 Char.-Mar. 🟤 ② – 272 h. alt. 15.

Paris 435 – La Rochelle 33 – Fontenay-le-Comte 39 – Niort 30 – Rochefort 44.

XX **Aub. Aunisienne,** ℰ 46 01 64 70, 龠 – 𝖠𝖤 ⓞ **E** 𝗩𝗜𝗦𝗔
     fermé mardi soir du 1er oct. au 30 juin – **R** 133/200 **Grill R** 61/200 ♣ enf.50.

à *Benon* O : 4 km par N 11 – ⊠ **17170** :

🏛 **Relais de Benon** Ⓜ 🦐, carrefour N 11 et D 116 ℰ 46 01 61 63, Télex 791172,
     Fax 46 01 70 89, parc, ⌇, ✕ – 📺 ☎ **P** – ⚒ 250. 𝖠𝖤 ⓞ **E** 𝗩𝗜𝗦𝗔
     R 75/175, enf. 50 – ⊒ 32 – **30 ch** 255/330 – ½ P 285/305.

LAIGNES 21330 Côte-d'Or 🟤 ⑦ – 1 008 h. alt. 220.

Paris 230 – Avallon 62 – Chatillon-sur-Seine 17 – ◆Dijon 88 – Tonnerre 32 – Troyes 66.

XX L'Echauguette, ℰ 80 81 47 69, 龠, « Terrasse ombragée dans un parc » – **P**
     saisonnier.

LAILLY-EN-VAL 45 Loiret 🟤 ⑧ – rattaché à Beaugency.

LALACELLE 61320 Orne 🟤 ② – 282 h. alt. 272.

Paris 209 – Alençon 22 – Argentan 35 – Carrouges 12 – Domfront 42 – Falaise 57 – Mayenne 42.

X **La Lentillère** avec ch, E : 1,5 km sur N 12 ℰ 33 27 38 48, ☞ – 🖼 ⇦ **P**. ⓞ **E** 𝗩𝗜𝗦𝗔
➤ 🍴 rest
     fermé 15 janv. au 1er mars, dim. soir et lundi (sauf fériés) – **R** 65/190 ♣, enf. 40 – ⊒ 22 –
     7 ch 140/220 – ½ P 180/220.

LALINDE 24150 Dordogne 🟤 ⑮ – 2 954 h. alt. 46.

Paris 556 – Périgueux 59 – Bergerac 22 – Brive-la-Gaillarde 99 – Cahors 89 – Villeneuve-sur-Lot 60.

🏛 **La Forge,** ℰ 53 24 92 24, ☞ – cuisinette 📺 ☎. 𝖠𝖤 ⓞ **E** 𝗩𝗜𝗦𝗔
➤ *fermé lundi non fériés (sauf hôtel) de sept. à juin et dim. soir d'oct. à Pâques* – **R** 70/300,
     enf. 50 – ⊒ 30 – **21 ch** 235/260 – ½ P 260/285.

XX **Château** avec ch, ℰ 53 61 01 82, ≤, 龠 – 🖼. ⓞ **E** 𝗩𝗜𝗦𝗔
     11 mars-1er déc. – **R** *(fermé vend. sauf le soir en juil.-août)* 125/260 – ⊒ 40 – **8 ch** 160/260
     – ½ P 200/260.

à *St-Capraise-de-Lalinde* O : 4 km – ⊠ **24150** :

XX **Relais St-Jacques** avec ch, ℰ 53 23 22 14 – ☎ – ⚒ 25. **E** 𝗩𝗜𝗦𝗔. 🍴
     fermé 6 au 20 mars, 20 Nov. au 5 déc. et merc. sauf le soir du 15 juil. au 31 août –
     R 76/200, enf. 50 – ⊒ 30 – **6 ch** 190/270 – ½ P 190/260.

CITROEN Groupierre ℰ 53 61 03 67   PEUGEOT-TALBOT Arbaudie ℰ 53 61 00 22 🅽

LALLEYRIAT 01130 Ain 🟤 ④ – 142 h. alt. 843.

Paris 486 – Bourg-en-Bresse 58 – Genève 57 – Nantua 12 – Oyonnax 24.

XX **Aub. Gentianes,** ℰ 74 75 31 80 – **E** 𝗩𝗜𝗦𝗔
     fermé lundi soir et mardi – **R** 85 (sauf sam. soir)/180.

LALOUVESC 07520 Ardèche 🟤 ⑨ G. Vallée du Rhône – 487 h. alt. 1 050.

Voir 🌟★.

Paris 556 – Valence 61 – Annonay 25 – Lamastre 27 – Privas 83 – St-Agrève 31 – Tournon 42 – Yssingeaux 43.

🏛 **Beau Site,** ℰ 75 67 82 14, ≤ montagnes – ☎. 𝖠𝖤 ⓞ **E** 𝗩𝗜𝗦𝗔
➤ *mi mai-mi-sept.* – **R** 65/110 ♣, enf. 40 – ⊒ 23 – **33 ch** 120/255 – ½ P 180/240.

🏛 **Relais du Monarque,** ℰ 75 67 80 44, ≤ montagnes, 龠, ☞ – ☎. 𝖠𝖤 ⓞ **E** 𝗩𝗜𝗦𝗔
➤ *Pâques-6 oct.* – **R** 85/180, enf. 50 – ⊒ 26 – **20 ch** 120/250 – ½ P 220/350.

☨ **Poste,** ℰ 75 67 82 84 – ☎. **E** 𝗩𝗜𝗦𝗔. 🍴 rest
➤ *fermé déc.* – **R** *(fermé sam. et dim. en janv.)* 62/140 ♣ – ⊒ 23 – **13 ch** 125/200 – ½ P 185.

LAMAGDELAINE 46 Lot 🟤 ⑧ – rattaché à Cahors.

Zelten Sie gern ?
Haben Sie einen Wohnwagen ?
          Dann benutzen Sie den Michelin-Führer
          Camping Caravaning France.

LAMALOU-LES-BAINS **34240** Hérault [83] ④ **G. Gorges du Tarn** – 2 813 h. alt. 200 – Stat. therm. (15 janv.-21 déc.) – Casino.

Voir Église de St-Pierre-de-Rhèdes★ SO : 1,5 km.

ℹ Office Municipal de Tourisme av. Dr-Ménard ℘ 67 95 70 91.

Paris 841 – ◆Montpellier 80 – Béziers 39 – Lacaune 54 – Lodève 38 – St-Affrique 79 – St-Pons 37.

🏨 **Paix** ♨, ℘ 67 95 63 11, ⛱ – ⇕ ☎ Ⓟ. E VISA
◆ *mi-mars-fin oct.* – **R** 65/135, enf. 38 – ☕ 22 – **32 ch** 95/210 – ½ P 190/225.

🏨 **Belleville,** ℘ 67 95 61 09, ⛱, 🌳 – ⇕ ⊘ rest ☎ ♿ Ⓟ. AE E VISA
R 72/168 🍷, enf. 42 – ☕ 24 – **60 ch** 102/278 – ½ P 180/260.

🏨 **Mas,** ℘ 67 95 62 22, ⛱ – ⇕ cuisinette ☎ ♿ Ⓟ. AE ⓞ E VISA
◆ **R** 70/190, enf. 40 – ☕ 21 – **40 ch** 100/210 – P 210/275.

CITROEN Marsal ℘ 67 95 60 38
PEUGEOT-TALBOT Gar. Gayout ℘ 67 95 64 22 🄽
PEUGEOT-TALBOT Bédarieux Autom., rte de St-Pons à Bédarieux ℘ 67 95 07 05
RENAULT Gar. Sandoval, 42 av. J.-Jaurès à Bédarieux ℘ 67 95 00 30

LAMASTRE **07270** Ardèche [76] ⑲ **G. Vallée du Rhône** – 3 068 h. alt. 373.

Env. Ruines du château de Rochebloine ⩤★★ 12 km par D236 puis 15 mn.

ℹ Office de Tourisme av. Boissy d'Anglas (fermé après-midi hors saison) ℘ 75 06 48 99.

Paris 581 – Valence 40 – Privas 56 – Le Puy 73 – ◆St-Étienne 94 – Vienne 91.

🏨 **Château d'Urbilhac** ♨, SE : 2 km par rte Vernoux-en-Vivarais ℘ 75 06 42 11, Fax 75 06 51 66, ⩤ montagnes, ⛱, parc, 🏊, 🎾 – ☎ 🚗 Ⓟ. AE ⓞ E VISA. ⊘ rest
1er mai-7 oct. – **R** *(fermé mardi midi et jeudi midi)* 180/280 – ☕ 60 – **13 ch** 400/600 – ½ P 500/525.

🏨 ✿ **Midi** (Perrier), pl. Seignobos ℘ 75 06 41 50, Fax 75 06 49 75, 🌳 – ☎ 🚗 – 🏛 25. AE ⓞ E VISA
fermé 15 déc. au 1er mars, lundi (sauf juil., août et fériés) et dim. soir – **R** 170/360, enf. 95 – ☕ 50 – **13 ch** 265/350 – ½ P 330/360
Spéc. Salade tiède aux foies de canard et champignons des bois, Pain d'écrevisses sauce Cardinal (fin mai à déc.), Soufflé glacé aux marrons. Vins Saint-Péray, Saint-Joseph.

🏨 **Commerce,** pl. Rampon ℘ 75 06 41 53, ⛱, 🏊, 🌳 – ☎ 🚗. ⓞ E VISA
◆ *1er mars-6 oct.* – **R** 70/250, enf. 46 – ☕ 25 – **23 ch** 155/275 – ½ P 160/260.

à Désaignes NO : 7 km par rte St Etienne – ✉ **07570** :

🏨 **Voyageurs,** ℘ 75 06 61 48, 🌳, 🎾 – ☏ 🚗 Ⓟ. E VISA
◆ *15 mars-1er oct.* – **R** 52/180, enf. 40 – ☕ 20 – **20 ch** 120/280 – ½ P 148/228.

FORD Ferraton ℘ 75 06 41 56 🄽
PEUGEOT-TALBOT Rugani ℘ 75 06 42 20 🄽
RENAULT Gar. des Stades ℘ 75 06 49 91
🄽 ℘ 75 06 43 58
Gar. Maneval ℘ 75 06 51 42

LAMATH **54** M.-et-M. [62] ⑥ – rattaché à Lunéville.

LAMBALLE **22400** C.-d'Armor [59] ④⑭ **G. Bretagne** – 4 867 h. alt. 55.

Voir Haras★.

ℹ Maison du Bourreau pl. Martray (vacances de printemps, juin-sept.) ℘ 96 31 05 38.

Paris 432 ② – St-Brieuc 21 ④ – Dinan 40 ② – Pontivy 63 ③ – ◆Rennes 81 ② – St-Malo 55 ① – Vannes 105 ③.

Plan page suivante

🏨 **Les Alizés** 🄼, zone ind., par ④ : 2 km ℘ 96 31 16 37, Télex 740717, Fax 96 31 23 89, ⛱, 🌳 – ▤ rest 📺 ☎ ♿ Ⓟ – 🏛 120. AE ⓞ E VISA
fermé 24 au 30 déc. – **R** *(fermé sam. midi et dim. soir)* 80/180, enf. 50 – ☕ 35 – **32 ch** 240/270 – ½ P 200/230.

🏨 **Angleterre,** 29 bd Jobert **(a)** ℘ 96 31 00 16, Télex 740994, Fax 96 31 91 54 – ⇕ 📺 ☎ 🚗. AE ⓞ E VISA
fermé 26 janv. au 9 fév. – **R** *(dim. soir et lundi midi d'oct. à fév.)* 72/230 🍷, enf. 45 – ☕ 32 – **21 ch** 255/290 – ½ P 200/225.

🏨 **La Tour d'Argent** (annexe 🏨 ♨ 🌳 - 16 ch), 2 r. Dr Lavergne **(b)** ℘ 96 31 01 37, Fax 96 31 37 59 – ☎. AE ⓞ E VISA
R *(fermé 27 avril au 12 mai)* 75/190 🍷, enf. 50 – **30 ch** ☕ 120/280 – ½ P 210/240.

à la Poterie E : 3,5 km par ① et D 28 – ✉ **22400** Lamballe :

🏨 **Aub. Manoir des Portes** ♨, ℘ 96 31 13 62, Fax 96 31 20 53, ⛱, 🌳 – 📺 ☎ Ⓟ – 🏛 25. AE ⓞ E VISA
fermé fév. et lundi d'oct. à avril – **R** 100/300 – ☕ 38 – **16 ch** 290/475 – ½ P 350/435.

CITROEN Armor-Auto, ZI, 40 r. d'Armor par ④ ℘ 96 31 04 32
PEUGEOT-TALBOT Gar. Léna, 26 r. Dr-Lavergne par ④ ℘ 96 31 01 40
RENAULT Gar. Le Moal et Poirier, 1 r. Bouin ℘ 96 31 02 83 🄽
◉ Andrieux Pneus, rte de St-Brieuc ℘ 96 31 05 33
Desserrey-Pneus, rte de Dinard ℘ 96 31 03 11

LAMBALLE

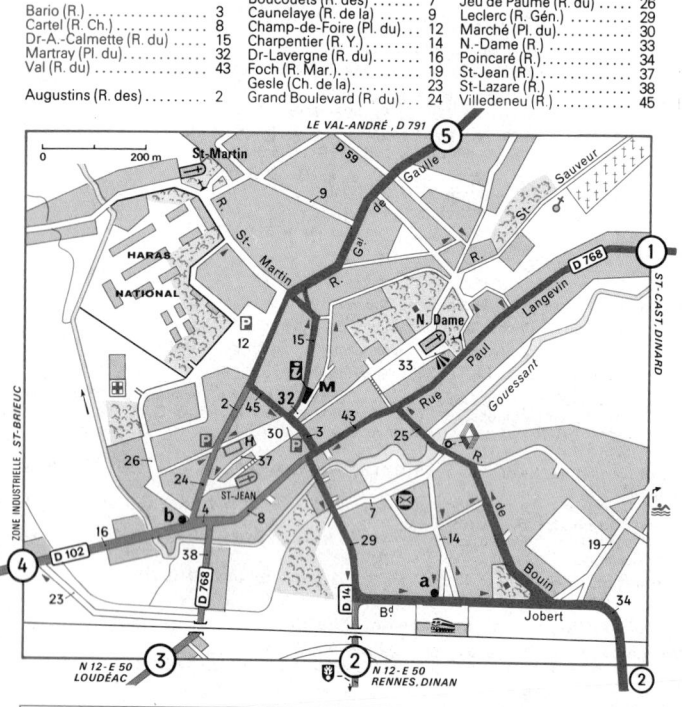

EUROPE on a single sheet **Michelin** map no 🔲🔲🔲.

LAMOTTE-BEUVRON 41600 L.-et-Ch. 🔠🔠 ⑨ – 4 405 h. alt. 114.

🏛 Syndicat d'Initiative à la Mairie ℰ 54 88 00 28.

Paris 171 – ◆Orléans 36 – Blois 59 – Gien 57 – Romorantin-Lanthenay 40 – Salbris 20.

🏨 **Tatin** Ⓜ, face gare ℰ 54 88 00 03, Télex 752351, 🌦 – 🔳 📺 ☎ 🅿 🄴 𝚅𝙸𝚂𝙰
R (fermé 10 janv. au 20 fév., dim. soir et lundi) 125/160, enf. 50 – ⌧ 35 – **13 ch** 300/380.

au Rabot NO : 8 km par N 20 – ⊠ 41600 Lamotte-Beuvron :

🏨 **Motel des Bruyères,** ℰ 54 88 05 70, Fax 54 88 98 21, �terr, 🏊, 🌦, 🎾 – 📺 ☎ 🅿 –
🔺 60. 🅞 🄴 𝚅𝙸𝚂𝙰
R 80/175 🍴 – ⌧ 30 – **46 ch** 114/280.

CITROEN Germain, 15 av. Hôtel-de-Ville
ℰ 54 88 04 49
PEUGEOT-TALBOT Labé, 29 av. de Vierzon
ℰ 54 88 07 70

V.A.G Gar. Gorin, 26 av. République
ℰ 54 88 00 21

LAMOURA 39310 Jura 🔠🔠 ⑮ – 379 h. alt. 1 156 – Sports d'hiver : 1 250/1 600 m ⥉10 🎿.

Paris 483 – ◆Genève 48 – Gex 31 – Lons-le-Saunier 78 – St-Claude 17.

🏨 **La Spatule,** ℰ 84 41 20 23, ≤ – ☎ 🅿 🄴 𝚅𝙸𝚂𝙰 🍽
➡ 20 avril-20 mai, mi-juin-début oct. et 20 déc.-Pâques – **R** 60/135 – ⌧ 30 – **25 ch** 160/220 –
½ P 180/210.

🏨 **Dalloz,** ℰ 84 41 21 45, ≤ – 🍽 🍽 ch
➡ 19 mai-1er oct. et 10 déc.-20 avril – **R** 58/140 🍴 – ⌧ 21 – **27 ch** 90/190 – ½ P 140/170.

LAMURE-SUR-AZERGUES 69870 Rhône 🔠🔠 ⑨ – 1 065 h. alt. 385.

Paris 444 – Mâcon 50 – Roanne 56 – Chauffailles 26 – ◆Lyon 52 – Tarare 36 – Villefranche-sur-Saône 30.

🏨 **Ravel,** ℰ 74 03 04 72, �terr, 🌦 – ☎ 🄰🄴 🄴 𝚅𝙸𝚂𝙰
➡ fermé nov. et vend. d'oct. à mai – **R** 70/190 🍴 – ⌧ 22 – **10 ch** 120/210 – ½ P 185/200.

LANCIEUX 22770 C.-d'Armor 🔟 ⑤ G. Bretagne – 1 156 h. alt. 21.

Voir Ploubalay : château d'eau ※★★ S : 4 km.

Paris 423 – St-Malo 18 – Dinan 21 – Dol-de-Bretagne 32 – Lamballe 40 – St-Brieuc 60 – St-Cast 19.

　🏠　**Mer,** r. Plage ℰ 96 86 22 07 – **🅿**. **E** *VISA*
　　　fermé 1ᵉʳ au 20 janv. – **R** *(fermé dim. soir du 1ᵉʳ nov. au 1ᵉʳ mars)* 78/210 ⅄, enf. 39 – ⯑ 25
　　　– 20 ch 130/280 – ½ P 160/200.

RENAULT Popovic, 14 r. Nat ℰ 96 86 22 28

LANCRANS 01 Ain 🔟 ⑤ – rattaché à Bellegarde-sur-Valserine.

LANDÉAN 35 I.-et-V. 🔟 ⑱ – rattaché à Fougères.

LANDERNEAU 29800 Finistère 🔟 ⑤ G. Bretagne – 15 531 h. alt. 21.

Voir Enclos paroissial★ de Pencran S : 3,5 km Z.

🔟🔟 Brest-Iroise ℰ 98 85 16 17, SE : 5 km par r. J.-L.-Rolland Z.

🄱 Office de Tourisme Pont de Rohan ℰ 98 85 13 09.

Paris 581 ⑤ – ◆Brest 20 ④ – Carhaix-Plouguer 62 ② – Morlaix 44 ⑤ – Quimper 63 ③.

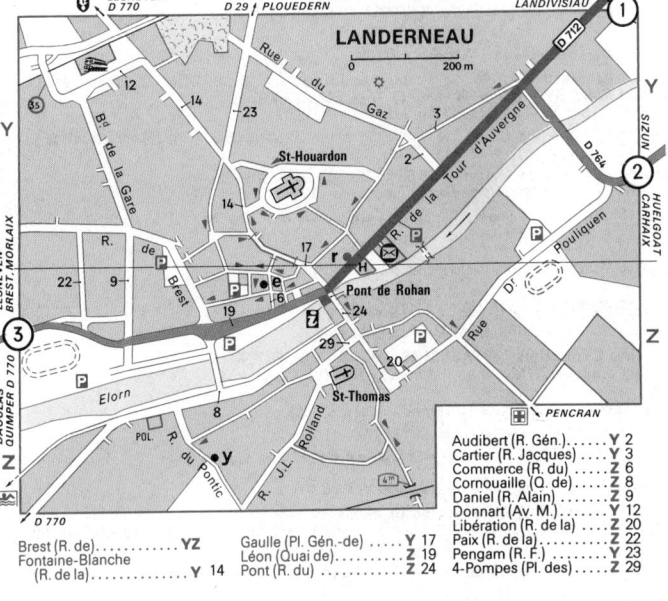

Brest (R. de)............**YZ**
Fontaine-Blanche
　(R. de la)............**Y** 14
Gaulle (Pl. Gén.-de)....**Y** 17
Léon (Quai de)..........**Z** 19
Pont (R. du)............**Z** 24

Audibert (R. Gén.)......**Y** 2
Cartier (R. Jacques)....**Y** 3
Commerce (R. du).....**Z** 6
Cornouaille (Q. de).....**Z** 8
Daniel (R. Alain).......**Y** 9
Donnart (Av. M.).......**Y** 12
Libération (R. de la)....**Z** 20
Paix (R. de la)..........**Z** 22
Pengam (R. F.)........**Y** 23
4-Pompes (Pl. des).....**Z** 29

　🏠　**Clos du Pontic** 🅼 ♨, r. Pontic ℰ 98 21 50 91, Télex 941572, Fax 98 21 34 33, parc – 📺
　　　☎ **🅿** – ⚐ 50. **E** *VISA*　　　　　　　　　　　　　　　　　　　　　　　Z **y**
　　　R *(fermé sam. midi, dim. soir et lundi)* 125/290, enf. 85 – ⯑ 29 – **38 ch** 215/270 –
　　　½ P 230/250.

　🏠　**Belle Aurore** sans rest, 13 r. Commerce ℰ 98 21 62 62 – ☎. **AE** **E** *VISA*　　　　Z **e**
　　　fermé dim. du 1ᵉʳ oct. au 31 mai – ⯑ 25 – **14 ch** 165/240.

　XX　**Mairie,** 9 r. La Tour d'Auvergne ℰ 98 85 01 83 – ▣. **AE** **①** **E** *VISA*　　　　Y **r**
　➝　fermé mardi – **R** 48/160 ⅄, enf. 40.

　　　à La Roche Maurice par ① et C1 : 5 km – ⊠ **29800**.
　　　Voir Enclos paroissial★.

　XX　**Aub. Vieux Château,** ℰ 98 20 40 52 – **AE** **E** *VISA*
　➝　fermé lundi soir – **R** 42/160 ⅄.

　　　au Parc de Lann-Rohou SE : 6 km, par r. Pontic -Z – ⊠ **29800** Landerneau :

　🏠　**Club Vert** 🅼 ♨, ℰ 98 21 52 21, Fax 98 21 52 08, ≤, 🍴, « Dans un golf » – 📺 ☎ ⚹
　　　🅿 – ⚐ 50. **AE** **E** *VISA*
　　　R 85/190 ⅄, enf. 39 – ⯑ 40 – **48 ch** 260/290 – ½ P 260.

PEUGEOT-TALBOT Automobiles-de-l'Elorn, rte de Sizun par ② *ℰ* 98 21 41 80
RENAULT S.A.G.A., 4 r. de la Marne par ④
ℰ 98 85 41 00 **N** *ℰ* 98 00 67 50

V.A.G Gar. Le Lannier, r. du Cdt Charcot
ℰ 98 85 00 29 **N**

🏍 Velghe, 27 bis r. H.-de-Guebriant
ℰ 98 85 01 56

LANDERSHEIM 67700 B.-Rhin 🖸🖸 ⑨ – 111 h. alt. 191.

Paris 462 – ♦Strasbourg 25 – Haguenau 35 – Molsheim 22 – Saverne 13.

🏮 ❀ **Aub. du Kochersberg,** *ℰ* 88 69 91 58, Fax 88 69 91 42, 🍴 – 🍽 **P**. 🖭 ⓞ **E** 𝘝𝘐𝘚𝘈
fermé 29 juil. au 21 août, 24 fév. au 11 mars, dim. soir, lundi et fériés le soir – **R** (déj. à partir de 13 h. en semaine) 200/380, enf. 120
Spéc. Salade de langoustines au foie d'oie fumé, Filet de sandre aux quenelles de moelle et Grumbeereknepfle, Poire pochée au sabayon de moka et glace au miel. **Vins** Rouge d'Ottrott.

LANDEVANT 56690 Morbihan 🖸🖸 ② – 1 794 h. alt. 29.

Paris 477 – Vannes 33 – Auray 15 – Hennebont 14 – Lorient 23.

🏮 **La Forestière,** rte de Nostang : 1 km *ℰ* 97 56 90 55, 🍴 – **P**. **E** 𝘝𝘐𝘚𝘈
fermé 15 au 30 nov., vacances de fév., dim. soir et lundi – **R** 105/200, enf. 70.

LANDIVISIAU 29400 Finistère 🖸🖸 ⑤ **G. Bretagne** – 8 057 h. alt. 76 – **Voir** Porche* de l'église St-Thivisiau – Lampaul-Guimiliau : enclos paroissial*, intérieur** de l'église* SE : 4 km.

🛈 Office de Tourisme 14 av. Mar.-Foch *ℰ* 98 68 03 50.

Paris 560 – ♦Brest 38 – Landerneau 16 – Morlaix 22 – Quimper 72 – St-Pol-de-Léon 23.

🏠 **Relais du Vern** 🅼, N 12 sortie Landivisiau-est *ℰ* 98 24 42 42, Télex 940333, Fax 98 24 42 00, ⚒ 🐶, 🍽 📺 **P**. 🐟 **P** – ﯼ 30. 🖭 ⓞ **E** 𝘝𝘐𝘚𝘈
R 68/126 ⅃, enf. 35 – 🖃 32 – **52 ch** 242/315 – ½ P 225/250.

🏠 **Étendard** sans rest, 8 r. Gén. de Gaulle, 1er étage *ℰ* 98 68 06 60 – ﴾| 📺 🐟 **P**. 🖭 **E** 𝘝𝘐𝘚𝘈
fermé 16 déc. au 5 janv. – 🖃 25 – **23 ch** 150/205.

🏮 **L'Elorn,** 10 r. Gén. de Gaulle *ℰ* 98 68 38 46 – 🖭 ⓞ **E** 𝘝𝘐𝘚𝘈
fermé 26 juil. au 11 août, dim. soir et lundi soir – **R** 80/230, enf. 50.

CITROEN Gar. Palut, 47 av. Libération
ℰ 98 68 22 82

🏍 Simon-Pneus, av. Foch *ℰ* 98 68 13 88

LANESTER 56 Morbihan 🖸🖸 ① – rattaché à Lorient.

LANFROICOURT 54760 M.-et-M. 🖸🖸 ⑭ – 119 h. alt. 226.

Paris 328 – ♦Nancy 20 – Custines 16 – ♦Metz 43 – Pont-à-Mousson 30.

🏮 **Aub. des Capucines,** *ℰ* 83 31 81 18, 🎄, 🍴 – **P**. **E** 𝘝𝘐𝘚𝘈
fermé 1er au 15 août, fév., mardi et merc. – **R** 190/300, enf. 100.

LANGEAC 43300 H.-Loire 🖸🖸 ⑤ **G. Auvergne** – 4 733 h. alt. 507.

🛈 Office de Tourisme pl. A.-Briand (juin-sept.) *ℰ* 71 77 05 41.

Paris 492 – Brioude 29 – Mende 95 – Le Puy 41 – St-Chély-d'Apcher 62 – St-Flour 51.

à Reilhac N : 3 km par D 585 – ✉ **43300** Mazeyrat d'Allier :

🏠 **Val d'Allier** 🅼, *ℰ* 71 77 02 11 – 🐟 **P**. **E** 𝘝𝘐𝘚𝘈. ✂ rest
R *(fermé dim. soir et sam. du 15 oct. au 15 mars)* 90/220 ⅃ – 🖃 30 – **22 ch** 240/280 – ½ P 235/250.

CITROEN FORD Flandy, 34 r. République
ℰ 71 77 05 14 **N**
PEUGEOT-TALBOT Gar. Arsac, 77 av. Mar.-de-Lattre-de-Tassigny *ℰ* 71 77 02 89

RENAULT S.A.M.V.A.L., rte du Puy *ℰ* 71 77 04 07

LANGEAIS 37130 I.-et-L. 🖸🖸 ⑭ **G. Châteaux de la Loire** – 4 142 h. alt. 53.

Voir Château** : appartements*** – Parc* du château de Cinq-Mars-la-Pile NE : 5 km par N 152.

🛈 Syndicat d'Initiative à la Mairie (fermé matin hors saison) *ℰ* 47 96 58 22.

Paris 260 – ♦Tours 25 – Angers 83 – Château-la-Vallière 31 – Chinon 31 – Saumur 41.

🏠 ❀ **Hosten et rest. Langeais,** 2 r. Gambetta *ℰ* 47 96 82 12, Fax 47 96 56 72 – 📺 🐟 🐶. 🖭 ⓞ **E** 𝘝𝘐𝘚𝘈
fermé 20 juin au 10 juil., 10 janv. au 10 fév., lundi soir et mardi – **R** carte 220 à 330 – 🖃 42 – **11 ch** 320/540
Spéc. Blanquette de sole et turbot, Homard "Cardinal" (mai à oct.), Crêpes fourrées au beurre de pralin. **Vins** Vouvray, Chinon.

à St-Michel-sur-Loire SO : 5 km sur N 152 – ✉ **37130** :

🏠 **Aub. de la Bonde,** *ℰ* 47 96 83 13 – 📺 🐟 **P**. **E** 𝘝𝘐𝘚𝘈
fermé 21 déc. au 21 janv. et sam. (sauf hôtel) du 15 mars au 15 nov. – **R** 70/95 ⅃, enf. 50 – 🖃 25 – **13 ch** 130/320 – ½ P 197/228.

à Bréhemont SO : 6 km par Pont de Langeais et D 16 – ✉ 37130 :

Castel de Bray et Monts ⛰, ☏ 47 96 70 47, ♨, « Demeure du 18e siècle, parc » – TV ☎ P. AE E VISA. ✗ rest
fermé 20 déc. au 1er fév. et merc. du 1er oct. au 30 mars – **R** 185/245 ♁, enf. 55 – ☕ 40 – **9 ch** 275/650 – ½ P 440/660.

PEUGEOT-TALBOT Denis ☏ 47 96 80 49

Robles, ZI Sud ☏ 47 96 81 60

LANGOGNE **48300** Lozère 76 ⑰ **G. Gorges du Tarn** – 4 025 h. alt. 912.

Voir Intérieur★ de l'église.

Office de Tourisme bd Capucins (saison) ☏ 66 69 01 38.

Paris 559 – Mende 49 – Alès 105 – Aubenas 62 – Le Puy 42 – Villefort 50.

Voyageurs sans rest, rte Villefort ☏ 66 69 00 56 – ☏. AE VISA
fermé 21 déc. au 25 janv. et dim. d'oct. à juin – ☕ 22 – **14 ch** 135/205.

CITROEN Philip, 20 av. Foch ☏ 66 69 05 82
RENAULT Blanquet, 69 av. Foch ☏ 66 69 11 55 N

Prouhèze, 43 av. Foch ☏ 66 69 09 30
R.I.P.A., ZI ☏ 66 69 05 45

LANGON <SP> **33210** Gironde 79 ② **G. Pyrénées Aquitaine** – 6 308 h. alt. 22.

Office de Tourisme allées J.-Jaurès ☏ 56 62 34 00.

Paris 626 – ♦Bordeaux 47 – Bergerac 79 – Libourne 52 – Marmande 38 – Mont-de-Marsan 83.

✿✿ **Claude Darroze** M, 95 cours Gén. Leclerc ☏ 56 63 00 48, Fax 56 63 41 15, ♨ – TV ☎ 🚗 P. AE O E VISA. ✗ ch
fermé 15 oct. au 5 nov. et 5 au 25 janv. – **R** 185/460 et carte – ☕ 55 – **16 ch** 300/400
Spéc. Salade de petits artichauts aux queues de langoustines tièdes, Plateau de fruits de mer chauds, Foie de canard au vinaigre de Xérès. Vins Entre-Deux-Mers, Graves rouge.

Horus, 2 r. Bruyères ☏ 56 62 36 37 – TV ☎ ♿ P – 🏛 35. VISA
R 85/180 ♁ – ☕ 30 – **37 ch** 160/240 – ½ P 195/210.

Grilotel "La Plantation" M, rte Bazas ☏ 56 62 33 56, Télex 571391, ♨ – TV ♿ P. E VISA
R 65/150, enf. 40 – ☕ 26 – **34 ch** 195/210.

XX **Grangousier,** 2 chemin du Peyrot ☏ 56 63 30 59, ♨ – P. AE O VISA
R 70/195 ♁, enf. 48.

CITROEN Gar. d'Aquitaine, N 113 à Toulenne ☏ 56 63 55 37
FIAT Gar. Cazenave, 49 cours Sadi Carnot ☏ 56 63 18 59
FORD Rigal Autom., ZI Dumes, rte de Bazas ☏ 56 63 30 14
MERCEDES TOYOTA SOGIDA, 41 cours Sadi-Carnot ☏ 56 62 30 52

PEUGEOT-TALBOT Doux et Trouillot, 50 r. J.-Ferry ☏ 56 63 50 47
RENAULT Sade Langon, Mazères ☏ 56 63 44 69

Central Pneu, 22 bis RN 113 ☏ 56 62 33 44

LANGRES <SP> **52200** H.-Marne 66 ③ **G. Champagne** – 11 147 h. alt. 466.

Voir Site★★ – Cathédrale★ Y E.

Office de Tourisme square Place Bel'Air ☏ 25 87 67 67.

Paris 300 ④ – Auxerre 156 ④ – ♦ Besançon 102 ③ – Chaumont 35 ④ – ♦Dijon 68 ③ – Dole 99 ③ – Épinal 115 ① – ♦Nancy 136 ① – Troyes 138 ④ – Vesoul 75 ②.

Plan page suivante

Gd H. Europe, 23 r. Diderot ☏ 25 87 10 88 – TV ☎ P. AE O E VISA — Z e
fermé 21 avril au 6 mai, 1er au 22 oct., lundi soir (sauf hôtel) du 23/10 au 21/04, dim. soir et lundi midi – **R** 60/150 ♁ – ☕ 27 – **28 ch** 190/240 – ½ P 185/220.

Cheval Blanc, 4 r. Estrés ☏ 25 87 07 00, Fax 25 87 23 13 – ☎ 🚗. AE E VISA — Z a
hôtel : fermé janv. et mardi soir ; rest. : fermé janv., merc. (sauf le soir du 2 mai au 30 oct.) et mardi soir – **R** 98/200, enf. 50 – ☕ 30 – **18 ch** 220/350 – ½ P 245/300.

Poste sans rest, 10 pl. Ziegler ☏ 25 87 10 51 – ☎ P. E VISA — Y u
☕ 28 – **35 ch** 90/200.

XX **Lion d'Or** avec ch, rte Vesoul ☏ 25 87 03 30, Fax 25 87 60 67, ≤, ♨ – ☎ P. AE E VISA
fermé fin déc. à début fév., vend. soir et sam. sauf juil.-août – **R** 60/180 ♁, enf. 36 – ☕ 25 – **14 ch** 110/280.

X **Aub. Jeanne d'Arc** avec ch, 26 r. Gambetta ☏ 25 87 03 18 – ☏. E VISA — Z r
fermé 4 au 12 mars, 21 oct. au 19 nov., mardi (sauf le soir en sais.) et lundi soir – **R** 68/150 ♁, enf. 40 – ☕ 20 – **9 ch** 130/160.

à Sts-Geosmes par ③ : 4 km – ✉ **52200** :

XX **Aub. des Trois Jumeaux** avec ch, ☏ 25 87 03 36, ♨ – ☎. AE E VISA. ✗ rest
fermé 1er au 21 janv., dim. soir du 1er oct. au 1er mai et lundi – **R** 80/270 – ☕ 25 – **10 ch** 180/200.

CITROEN Lingon, rte de Dijon à Sts-Geosmes par ③ ☏ 25 87 11 83
PEUGEOT-TALBOT Gar. Bel-Air, bd de Lattre-de-Tassigny ☏ 25 87 02 28

V.A.G Europe Gar., rte de Chaumont ☏ 25 87 03 78

Langres Pneus, 1 av. Cap.-Baudoin ☏ 25 87 36 31

LANGRES

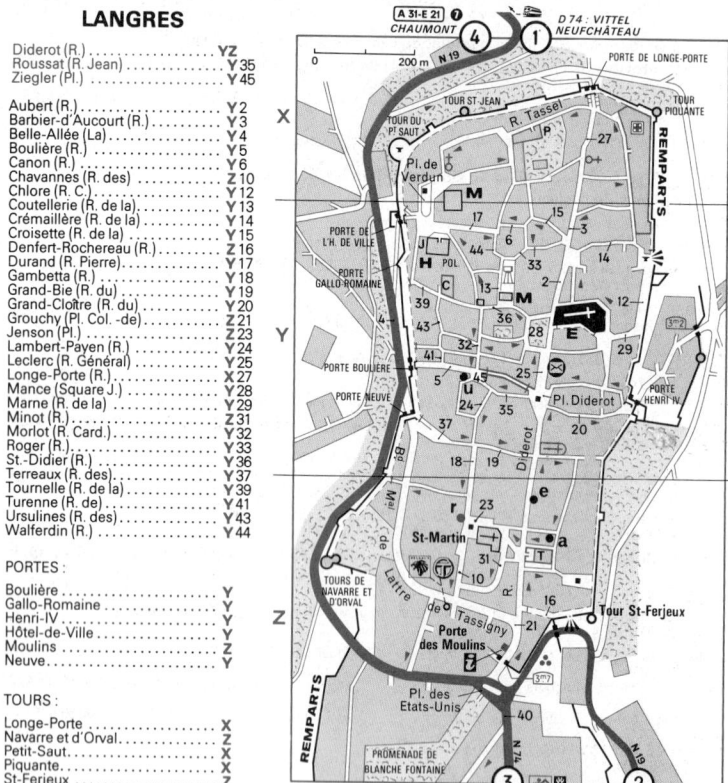

L'EUROPE en une seule feuille
carte Michelin n° 970

LANGRUNE-SUR-MER 14830 Calvados 54 ⑯ G. Normandie Cotentin – 1 349 h. alt. 8.

🛈 Syndicat d'Initiative promenade A.-Briand (juil.-août) ℘ 31 97 32 77 et à la Mairie (hors saison) ℘ 31 97 31 36.

Paris 254 – ◆ Caen 16 – Arromanches 20 – Bayeux 27 – Cabourg 30.

    🏠 **L'Océanide,** ℘ 31 96 32 50 – ☎ 🅿 🆀🅔 ① 🅔 𝗩𝗜𝗦𝗔
    ➡ fermé 5 janv. au 15 fév. et mardi sauf vacances scolaires – **R** 68/160, enf. 45 – ⏇ 28 –
    20 ch 140/280 – ½ P 196/264.

Gar. Bourdon ℘ 31 97 02 45

LANNEMEZAN 65300 H.-Pyr. 85 ⑨⑱ – 7 403 h. alt. 585.

🛅 de Lannemezan et Capvern-les-Bains ℘ 62 98 01 01, Est N 117 : 4 km.

🛈 Syndicat d'Initiative pl. République ℘ 62 98 08 31.

Paris 824 – Auch 66 – Bagnères-de-Luchon 54 – St-Gaudens 30 – Tarbes 35.

    🏨 **Pyrénées,** rte Tarbes ℘ 62 98 01 53, Télex 532807, Fax 62 98 11 85, ⚞ – 🛗 📺 ☎ ⇦
    ➡ 🅿 – 🔬 25. 🆀🅔 ① 🅔 𝗩𝗜𝗦𝗔
    R 70/250, enf. 35 – ⏇ 35 – **30 ch** 220/350 – ½ P 270/300.

CITROEN S.P.G.D., rte de Tarbes par r. Clemen-
ceau ℘ 62 98 05 91
PEUGEOT-TALBOT Laffitte, 610 r. G.-Clemenceau
℘ 62 98 33 34
RENAULT Auto-Sce-des-4-Vallées, 500 r. Alsace-
Lorraine ℘ 62 98 03 88 🅽 ℘ 62 98 37 37

V.A.G Dambax, 430 r. 8-Mai-1945 ℘ 62 98 35 45

🕸 Ibos, 227 rte La Barthe, ZI ℘ 62 98 09 78
Laborie, 538 r. 8-Mai-1945 ℘ 62 98 01 67

Voir Maisons anciennes★ (pl. du Centre Y 5) – Église de Brélévenez★ Y.

◢ de St-Samson ℘ 96 23 87 34, par ① et D 11 : 9,5 km.

◢ de Lannion : T.A.T. ℘ 96 48 42 92, N par ① : 2 km.

🛈 Office de Tourisme quai d'Aiguillon ℘ 96 37 07 35.

Paris 515 ③ – St-Brieuc 63 ③ – ◆Brest 95 ⑤ – Morlaix 38 ⑤.

LANNION

Augustins (R. des)	**Z** 3
Centre (Pl. du)	**Y** 5
Pont-Blanc (R. Geoffroy-de)	**Z** 25
Aiguillon (R. d')	**Z** 2
Buzulzo (R. de)	**Z** 4
Chapeliers (R. des)	**Y** 6
Cie-Roger-Barbé (R.)	**Y** 7
Coudraie (R. de la)	**Y** 8
Du Guesclin (R.)	**Y** 9
Frères-Lagadec (R. des)	**Z** 12
Keriavily (R. de)	**Z** 14
Kermaria (R. et Pont)	**Z** 16
Le-Dantec (R. F.)	**Y** 18
Letaillandier (R. E.)	**Z** 20
Mairie (R. de la)	**Y** 21
Palais-de-Justice (Allée du)	**Z** 24
Pors an Prat (R. de)	**Y** 26
Roud Ar Roc'h (R. de)	**Z** 28
St-Malo (R. de)	**Z** 29
St-Nicolas (R.)	**Z** 30
Trinité (R. de la)	**Y** 32

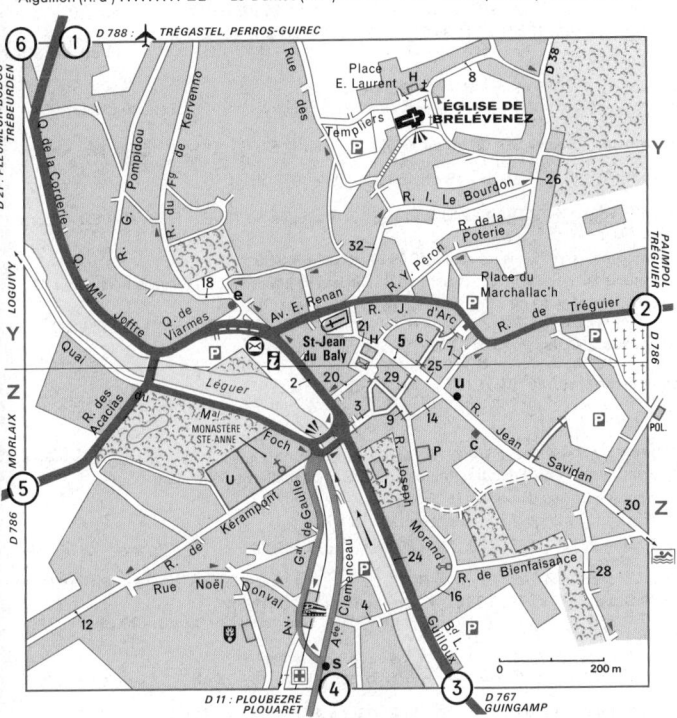

🏠 **Porte de France** sans rest, 5 r. J. Savidan ℘ 96 46 54 81 – 📺 ☎ 🅿. 🖻 𝕍𝕀𝕊𝔸   Z **u**
  � 25 – **9 ch** 220/260.

🍴🍴 **Le Serpolet**, 1 r. F. Le Dantec ℘ 96 46 50 23 – 🖻 𝕍𝕀𝕊𝔸. 🛇   Y **e**
  fermé 1ᵉʳ au 10 oct., 1ᵉʳ au 10 janv., lundi soir et dim. – **R** 110/220, enf. 60.

rte Perros Guirec par ① : 3 km – ⊠ 22300 Lannion :

🏠 **Climat de France,** ℘ 96 48 70 18, Télex 741668, Fax 96 48 08 77 – 📺 ☎ ᕕ 🅿 – 🔬 40.
  🖭 🖻 𝕍𝕀𝕊𝔸
  R 80/105 🍷, enf. 38 – � 27 – **47 ch** 255 – ½ P 244.

à La Ville Blanche par ② : 5 km sur D 786 – ⊠ 22300 Lannion :

🍴 **Ville Blanche,** ℘ 96 37 04 28 – 🅿. 🖭 ⓞ 🖻 𝕍𝕀𝕊𝔸
  fermé fév., dim. soir et lundi sauf juil.-août – **R** 150/260, enf. 75.

rte de Trébeurden par ⑥ : 1 km – ⊠ 22300 Lannion :

🏠 **Le Colibri,** ℘ 96 48 60 00 – 📺 ☎ 🅿 – 🔬 25. 🖭 ⓞ 🖻 𝕍𝕀𝕊𝔸
➡   fermé janv. – **R** (fermé sam. midi) 55/155, enf. 40 – � 25 – **20 ch** 250, 10 duplex 280 –
  ½ P 220.

AUSTIN, ROVER Gar. le Morvan, 69 rte de
Tréguier ₰ 96 37 03 84
CITROEN Gar. Sobreva, rte de Morlaix par r.
Frères-LagadecZ ₰ 96 37 04 33 🆖 ₰ 96 37 21 05
FORD Gar. Corre, av. Résistance ₰ 96 48 45 41
NISSAN Gar. Philippe, rte de Morlaix, Ploulec'h
₰ 96 37 08 81
OPEL Gar. Guillou, rte de Guingamp
₰ 96 37 09 88

PEUGEOT-TALBOT Gd Gar. de Lannion, rte de
Perros-Guirec par ① ₰ 96 48 52 71
RENAULT Gar. des Côtes d'Armor, rte de
GuingampZ ₰ 96 37 00 23 🆖

🌕 Desserrey-Pneus, rte de Perros-Guirec
₰ 96 48 44 11
Trégor Pneus, rte du Rusquet ₰ 96 48 58 36

LANS-EN-VERCORS 38250 Isère ⑫ ④ – 1 127 h. alt. 1 020 – Sports d'hiver : 1 400/1 880 m ⛷16 ⛷.

🄳 Office de Tourisme pl. Église ₰ 76 95 42 62, Télex 308471.

Paris 580 – ♦Grenoble 27 – Villard-de-Lans 9 – Voiron 41.

🏠 **Col de l'Arc**, pl. Église ₰ 76 95 40 08, Fax 76 95 41 25, 斎, 🏊, ⇶, ⁒ – ☎ 🄿 🄰🄴 🕤
◆ 🄴 🆅🅸🆂🅰. ⁒ rest
fermé nov. au 13 déc. – **R** 70/180, enf. 50 – ⏣ 32 – **25 ch** 200/300 – ½ P 230/260.

🏠 **Au Bon Accueil**, D 531 ₰ 76 95 42 02, 斎, ⇶ – ☎ ⇦ 🄿 🄴 🆅🅸🆂🅰
fermé 21 avril au 12 mai, vend. soir et sam. hors sais. – **R** 78/198 – ⏣ 28 – **18 ch** 180/245
– ½ P 195/225.

🏠 **Val Fleuri**, ₰ 76 95 41 09, ⇶ – ☎ 🄿. 🆅🅸🆂🅰. ⁒ rest
20 juin-30 sept. et 20 déc.-20 avril – **R** (résidents seul.) 96/145 – ⏣ 27 – **16 ch** 137/263 –
½ P 200/262.

🏠 **La Source**, à Bouilly SO : 3 km par D 531 ₰ 76 95 42 52, ≤, 斎 – ☏ 🄿. 🄴 🆅🅸🆂🅰
fermé nov., lundi midi et dim. soir du 15 sept. au 15 déc. et du 1ᵉʳ avril au 1ᵉʳ juil. –
R 78/135 ⅃, enf. 35 – ⏣ 25 – **18 ch** 160/220 – ½ P 195/215.

LANSLEBOURG-MONT-CENIS 73480 Savoie ⑫ ⑨ **G. Alpes du Nord** – 552 h. alt. 1 400 – Sports
d'hiver : 1 400/2 800 m ⛷1 ⛷22.

🄳 Office de Tourisme de Val Cenis (saison) ₰79 05 23 66, Télex 980213.

Paris 661 – Albertville 112 – Briançon 87 – Chambéry 124 – St-Jean-de-Maurienne 54 – Torino 93 – Val-d'Isère 49.

🏨 **Alpazur**, ₰ 79 05 93 69 – 📺 ☎ ⇦ 🄿. 🄰🄴 🕤 🄴 🆅🅸🆂🅰. ⁒ rest
1ᵉʳ juin-20 sept. et 20 déc.-20 avril – **R** 100/320 – ⏣ 35 – **24 ch** 320/380 – ½ P 280/380.

🏠 **Relais des 2 Cols**, ₰ 79 05 92 83, 🏊, ⇶, 🄰🄴 🕤 🄴 🆅🅸🆂🅰
fermé 1ᵉʳ oct. au 20 déc. – **R** 78/160, enf. 40 – ⏣ 30 – **30 ch** 160/280 – ½ P 220/260.

🏠 **Les Marmottes**, ₰ 79 05 93 67 – ⇦. 🄴 🆅🅸🆂🅰. ⁒ rest
◆ 10 juin-20 sept. et 20 déc.-15 avril – **R** 70/130 ⅃, enf. 42 – ⏣ 25 – **20 ch** 125/210 –
½ P 150/190.

LANSLEVILLARD 73480 Savoie ⑫ ⑨ **G. Alpes du Nord** – 371 h. alt. 1 479 – Sports d'hiver (voir à
Lanslebourg-Mont-Cenis) – **Voir** Peintures murales★ dans la chapelle St-Sébastien.

🄳 Office de Tourisme (saison d'hiver) ₰ 79 05 92 43.

Paris 664 – Albertville 115 – Briançon 90 – Chambéry 127 – Val-d'Isère 46.

🏨 **Les Prais** ⌇, ₰ 79 05 93 53, Télex 309983, Fax 79 05 97 60, ≤, 斎, 🏊, ⇶ – ☎ 🄿. 🕤
🄴 🆅🅸🆂🅰. ⁒ rest
17 juin-20 sept. et 20 déc.-20 avril – **R** 78/185, enf. 38 – ⏣ 36 – **30 ch** 210/260 – ½ P 280/340.

🏨 **Les Mélèzes** 🅼, ₰ 79 05 93 82, ≤, ⇶ – cuisinette ☎ 🄿. ⁒
25 juin-5 sept. et 20 déc.-5 mai – **R** (en été dîner seul.) 80/110 – ⏣ 28 – **20 ch** 180/225,
4 studios 225/320 – ½ P 190/220.

🏨 **Grand Signal**, ₰ 79 05 91 24, ≤, 🏊, ⇶ – ☎ 🄿. 🄴 🆅🅸🆂🅰
◆ 15 juin-10 sept. et 20 déc.-10 mai – **R** 67/135, enf. 40 – ⏣ 30 – **18 ch** 150/240 – ½ P 246/283.

LANTOSQUE 06450 Alpes-Mar. ⑭ ⑱. 🄸🄸🄸 ⑰ **G. Côte d'Azur** – 772 h. alt. 510.

Paris 966 – ♦Nice 49 – Puget-Théniers 32 – St-Martin-Vésubie 15 – Sospel 42.

⁝⁝ **L'Ancienne Gendarmerie** ⌇ avec ch, D 2565 ₰ 93 03 00 65, Fax 93 03 06 31, ≤, 🏊,
⇶ – ☎ 🄿. 🄰🄴 🕤 🄴 🆅🅸🆂🅰 – fermé 4 nov. au 1ᵉʳ janv. – **R** (fermé lundi sauf juil.-août)
165/245 – ⏣ 35 – **8 ch** 310/810 – ½ P 320/580.

LANVOLLON 22290 C.-d'Armor 🄻🄾 ② – 1 483 h. alt. 94.

Paris 478 – St-Brieuc 27 – Guingamp 16 – Lannion 44 – Paimpol 19 – St-Quay-Portrieux 12.

🏠 **Lucotel** 🅼, r. Fontaines ₰ 96 70 01 17, Fax 96 70 08 84, 斎 – 📺 ☎ ⅃ 🄿 – 🄼 70. 🄴
⇶ – **R** 75/220 ⅃, enf. 35 – ⏣ 24 – **20 ch** 190/260 – ½ P 210/240.

LAON 🄿 02000 Aisne 🄻🄻 ⑤ **G. Flandres Artois Picardie** – 29 074 h. alt. 179.

Voir Site★★ – Cathédrale N-Dame★★ : nef★★★ CYZ **R** –
Église St-Martin★ AZ **D** – Porte de Soissons★ AZ **E** – Rue Thibesard ≤★ BZ 51 – Musée et chapelle
des Templiers★ CZ **M** – Circuit du Laonnois★ par D 7 X.

🄳 Office de Tourisme pl. Parvis ₰ 23 20 28 62.

Paris 139 ⑤ – ♦Reims 47 ③ – ♦Amiens 120 ① – Charleroi 121 ① – Charleville-Mézières 105 ① – Compiègne
75 ⑤ – Mons 107 ① – St-Quentin 45 ① – Soissons 37 ⑤ – Valenciennes 123 ①.

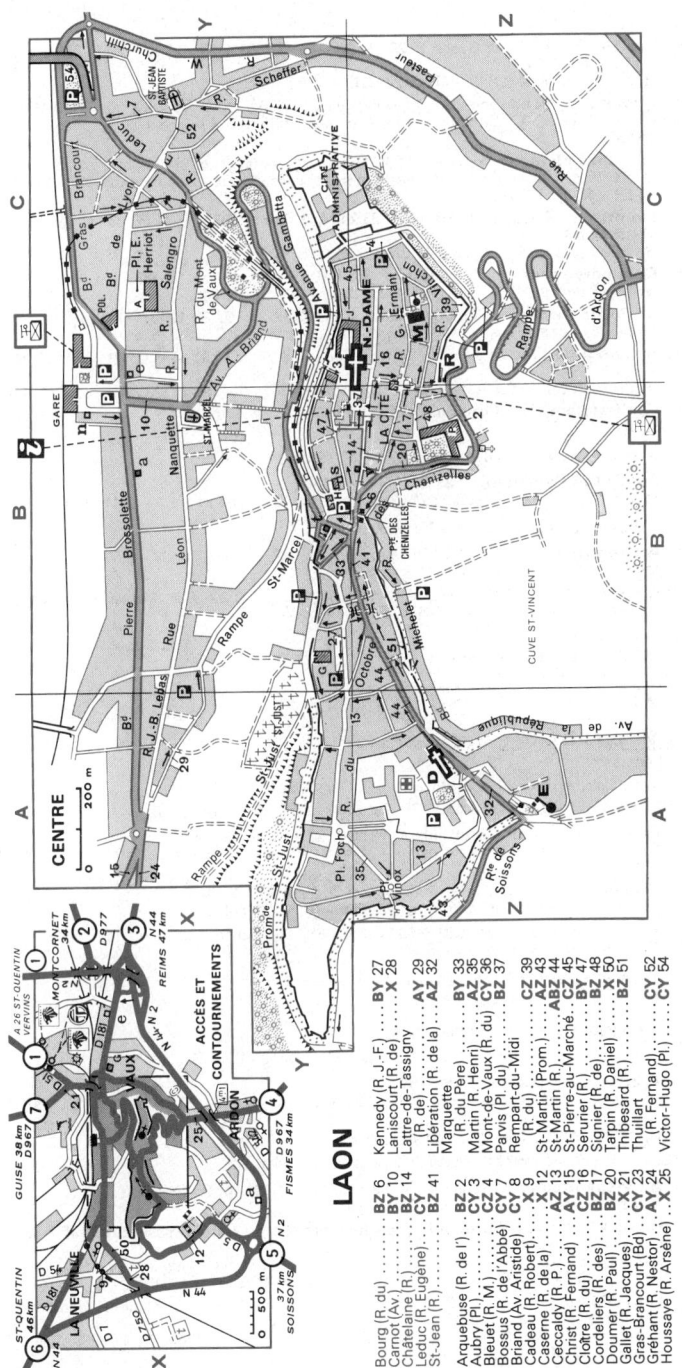

LAON

ACCÈS ET CONTOURNEMENTS

CENTRE

🏨 **Les Lions,** av. Ch. de Gaulle ℰ 23 23 42 43, Télex 155302, Fax 23 79 22 55 – 📺 ☎ ⴺ 🅿️
– 🛎 35. 🖭 Ε *VISA*
X e
R 90/140, enf. 42 – ⌑ 40 – **47 ch** 275/315 – ½ P 238/250.

🏨 **Angleterre,** 10 bd Lyon ℰ 23 23 04 62, Télex 145580 – 📳 ☎ 🅿️ – 🛎 30. 🖭 ⓞ Ε *VISA*
◄ **R** *(fermé 22 au 30 déc., dim. en hiver et sam. midi)* 68/140 🍴, enf. 50 – ⌑ 25 – **28 ch**
150/310.
CY e

🏛 **Les Chevaliers,** 3 r. Serurier ℰ 23 23 43 78, 🍽 – 📺 ☎. Ε *VISA*. ⵚ rest
BY s
fermé 15 déc. au 4 janv. – **R** *(fermé merc. soir, jeudi soir et sam.)* carte 95 à 150 🍴 –
⌑ 28 – **15 ch** 175/280.

🏛 **Fimotel** Ⓜ, Z.A.C. Ile de France ℰ 23 20 18 11, Télex 150531 – 📳 📺 ☎ ⴺ 🅿️ – 🛎 25.
◄ 🖭 ⓞ Ε *VISA*
X a
R 68/120 🍴, enf. 34 – ⌑ 33 – **40 ch** 210/290 – ½ P 221/262.

🏛 **Commerce** sans rest, 13 pl. Gare ℰ 23 79 10 38 – 📺 ☎ 🚗. Ε *VISA*
BY n
fermé 23 déc. au 10 janv. et dim. soir – ⌑ 25 – **25 ch** 130/240.

❌❌❌ **La Petite Auberge,** 45 bd Brossolette ℰ 23 23 02 38 – 🖭 ⓞ Ε *VISA*. ⵚ
BY a
fermé 24 déc. au 1er janv., sam. midi et dim. sauf fériés – **R** 139/225, enf. 60.

❌❌ **Bannière de France** avec ch, 11 r. F. Roosevelt ℰ 23 23 21 44 – 📺 ☎ 🚗. 🖭 ⓞ Ε
VISA
BY t
fermé 20 déc. au 15 janv. – **R** 103/275 🍴, enf. 48 – ⌑ 30 – **19 ch** 120/320 – ½ P 220/280.

❌❌ **Le Châtelain,** 35 r. Châtelaine ℰ 23 79 69 69 – 🖭 ⓞ Ε *VISA*
BZ v
fermé 23 au 30 déc., dim. soir et lundi – **R** 100 bc/130 bc.

à *Samoussy* par ② : 6 km sur D 977 – ✉ 02840 :

❌❌ **Relais Charlemagne,** ℰ 23 22 21 50 – Ε *VISA*
fermé 1er au 14 août, vacances de fév., merc. soir, dim. soir et lundi – **R** 110/300.

à *Étouvelles* par ⑤ : 7 km – ✉ 02000 :

❌❌ **Au Bon Accueil,** ℰ 23 20 62 09, 🍽, 🌳 – 🅿️. *VISA*
fermé merc. – **R** 78 bc/155.

DATSUN-NISSAN VOLVO S.E.G. Petetin, rte de
Fismes à Bruyères-et-Montberault ℰ 23 24 70 36
FIAT Gar. Colbeaux, ZAC Ile de France
ℰ 23 20 64 64
FORD S.I.C.B., 121 av. Mendes-France
ℰ 23 79 14 08 🅽 ℰ 23 23 73 73
PEUGEOT-TALBOT Tuppin, 132 av. Mendes-
France ℰ 23 23 50 36

RENAULT S.O.D.A.L., av. Mendes-France par ①
ℰ 23 23 24 35

🔘 Fischbach Pneu, 10 bd Gras-Brancourt
ℰ 23 23 02 27

LAPALISSE 03120 Allier 🔢 ⑥ G. Auvergne – 3 673 h. alt. 299.

Voir Château★★.

🛈 Syndicat d'Initiative pl. Ch.-Bécaud (15 juin-20 sept.) ℰ 70 99 08 39.

Paris 342 – Moulins 50 – Digoin 45 – Mâcon 125 – Roanne 48 – St-Pourçain-sur-Sioule 31.

❌❌ **Galland** avec ch, pl. République ℰ 70 99 07 21 – ☎ 🅿️ Ε *VISA*
fermé 20 déc. au 25 janv. et merc. – **R** (dim. et fêtes - prévenir) 95/240 – ⌑ 28 – **8 ch**
210/250.

❌ **Lion des Flandres,** r. Prés.-Roosevelt ℰ 70 99 06 75 – Ε *VISA*
◄ *fermé 15 au 31 déc., 15 au 30 janv. et lundi* – **R** 65/170, enf. 45.

FIAT Gar. Rollet, 7 pl. 14-Juillet ℰ 70 99 08 66
PEUGEOT-TALBOT Cantat-Bardon, 41 r. Prés.-
Roosevelt ℰ 70 99 00 77
PEUGEOT-TALBOT Gar. Gabard, rte de Verdun
ℰ 70 99 26 99

RENAULT Dupereau, 88 av. Ch.-de-Gaulle
ℰ 70 99 01 01 🅽

LAPLEAU 19550 Corrèze 🔢 ① – 516 h. alt. 500.

Paris 473 – Égletons 18 – Mauriac 27 – Neuvic 18 – Pleaux 32 – Tulle 50 – Ussel 39.

🏩 **Touristes,** ℰ 55 27 52 06, 🌳 – 🅿️. ⵚ
◄ **R** *(fermé dim. du 1er nov. à Pâques)* 60/120 🍴, enf. 40 – ⌑ 18 – **20 ch** 90/140 – ½ P 130/150.

LAPOUTROIE 68650 H.-Rhin 🔢 ⑱ – 1 911 h. alt. 450.

Paris 422 – Colmar 19 – Munster 29 – Ribeauvillé 21 – St-Dié 37 – Sélestat 34.

🏛 **Au Vieux Moulin** Ⓜ sans rest, ℰ 89 47 56 55 – 📳 ☎ 🅿️ 🖭 ⓞ Ε *VISA*
fermé 26 juin au 8 juil. – ⌑ 25 – **20 ch** 180/220.

🏛 **Host. A la bonne Truite,** à Hachimette E par N 415 : 1 km ℰ 89 47 50 07 – 📺 ☎ 🅿️.
Ε *VISA*
*fermé 24 juin au 10 juil., janv., mardi et merc. du 1er oct. au 10 juil. et le midi sauf week-
end et fériés* – **R** 95/280 🍴, enf. 45 – ⌑ 35 – **10 ch** 190/230 – ½ P 210/250.

❌❌ **Les Alisiers** ⵚ avec ch, SO : 3 km par VO ℰ 89 47 52 82, 🍽, « Restaurant panoramique,
≼ vallon », 🌳 – ☎ 🅿️ Ε *VISA*
fermé 4 au 9 mars, 1er au 8 juil., 1er au 27 déc., lundi soir et mardi – **R** 110/200 🍴, enf. 50
– ⌑ 34 – **13 ch** 180/290 – ½ P 250/275.

LAPTE 43200 H.-Loire 76 ⑧ – 1 163 h. alt. 848.

Paris 561 – ◆St-Étienne 61 – Bourg-Argental 40 – Le Puy 41 – Yssingeaux 14.

    ✗ **Les Peupliers** avec ch, ℰ 71 59 37 68 – 🚗 🄿
        saisonnier – **7 ch**.

LAQUEUILLE 63820 P.-de-D. 73 ⑬ – 402 h. alt. 1 000.

Paris 425 – ◆Clermont-Ferrand 42 – Aubusson 79 – Mauriac 71 – Le Mont-Dore 15 – Ussel 44.

    à la gare O : 3 km par D 89 et D 82 :

    🏤 **Les Clarines,** ℰ 73 22 00 43, �布, ⭌ – 📺 ☎ 🚗 – 🛎 25. 🄰🄴 🄾🄳 🄴 𝗩𝗜𝗦𝗔
        avril-vacances de nov. et vacances de Noël-vacances de fév. – **R** 90/130, enf. 56 – ⊡ 26 –
        15 ch 180/280 – ½ P 190/230.

    🏠 **Commerce,** ℰ 73 22 00 03, ≈, ⭌ – 📺 ☎ 🚗 🄿 🄴 𝗩𝗜𝗦𝗔
    ✦ *fermé 15 au 30 oct., janv. et dim. soir sauf juil.-août* – **R** 55/150 ⅃ – ⊡ 26 – **11 ch** 180/240
        – ½ P 180/220.

LARAGNE-MONTÉGLIN 05300 H.-Alpes 81 ⑤ – 3 647 h. alt. 573.

Paris 689 – Digne-les-Bains 60 – Gap 39 – Barcelonnette 88 – Sault 63 – Serres 17 – Sisteron 17.

    🏠 **Chrisma** Ⓜ sans rest, rte de Grenoble ℰ 92 65 09 36, ⅃ – ☎ 🚗 🄿 🄴 𝗩𝗜𝗦𝗔
        fermé 15 nov. au 15 janv. et dim. du 1er oct. au 31 mai – ⊡ 33 – **17 ch** 200/260.

    🏡 **Les Terrasses** sans rest, av. Provence ℰ 92 65 08 54 – ☎ 🚗 🄿 🄰🄴 🄾🄳 🄴 𝗩𝗜𝗦𝗔 ✼
        31 mars-1er nov. – ⊡ 30 – **15 ch** 130/270.

CITROEN Gar. des Alpes ℰ 92 65 04 79   ⑩ Bernaudon-Pneus, ZA Le Plan ℰ 92 65 16 91
FORD Audibert ℰ 92 65 09 71 🄽
RENAULT Lambert ℰ 92 65 00 05 🄽

LARÇAY 37 I.-et-L. 64 ⑮ – rattaché à Tours.

LARCEVEAU 64 Pyr.-Atl. 85 ④ – 424 h. alt. 262 – ✉ 64120 Larceveau-Arros-Cibits.

Paris 806 – Biarritz 61 – ◆Bayonne 69 – Pau 86 – St-Jean-Pied-de-Port 16 – St-Palais 15.

    🏠 **Espellet,** ℰ 59 37 81 91, ⭌ – ▤ rest ☎ 🄿 🄰🄴 🄴 𝗩𝗜𝗦𝗔 ✼ rest
    ✦ *fermé 5 déc. au 1er janv., mardi sauf fériés de sept. à juin* – **R** 70/120 ⅃ – ⊡ 23 – **19 ch**
        100/180 – ½ P 160/180.

    ✗ **Trinquet** avec ch, ℰ 59 37 81 57, ⭌ – ☎. 🄴 𝗩𝗜𝗦𝗔
    ✦ *fermé 10 nov. au 2 déc., vacances de fév., dim. soir (sauf hôtel) et lundi du 1er sept. au*
        30 juin – **R** 65/185 – ⊡ 28 – **10 ch** 110/200 – ½ P 180/195.

PEUGEOT, TALBOT Gar. Thambo ℰ 59 37 80 37 🄽

Le LARDIN-ST-LAZARE 24570 Dordogne 75 ⑦ – 2 041 h. alt. 90.

Paris 490 – Brive-la-Gaillarde 27 – Lanouaille 38 – Périgueux 46 – Sarlat-la-Canéda 36.

    🏤 **Sautet,** ℰ 53 51 27 22, ≼, ≈, « Parc fleuri », ⅃, ✼ – 🛎 📺 ☎ 🄿 🄴 𝗩𝗜𝗦𝗔 ✼ rest
        fermé 20 déc. au 15 janv., sam. et dim. sauf le soir du 20 avril au 30 sept. – **R** 98/260,
        enf. 60 – ⊡ 33 – **34 ch** 220/350 – ½ P 230/295.

    au Sud : 4 km par D 107, D 62 et VO – ✉ 24570 :

    🏤 **Château de la Fleunie** ≋, ℰ 53 51 32 74, Télex 570250, Fax 53 50 87 33, ≼, ≈, parc,
        ✼, ✼ – 📺 ☎ 🄿 🄰🄴 🄴 𝗩𝗜𝗦𝗔
        R *(fermé janv.)* 135/245, enf. 80 – ⊡ 35 – **17 ch** 320/800 – ½ P 330/450.

LARDY 91510 Essonne 60 ⑩, 106 ㊷ G. Ile de France – 3 028 h. alt. 75.

Paris 48 – Fontainebleau 44 – Arpajon 9 – Corbeil-Essonnes 23 – Étampes 13 – Évry 29.

    ✗✗ **Aub. de l'Espérance,** Gde Rue (pl. Église) ℰ (1) 64 56 40 82 – ⇖. 🄰🄴 🄾🄳 🄴 𝗩𝗜𝗦𝗔
        fermé 5 au 16 août, 1er au 11 fév., dim. soir et lundi – **R** 140.

LARGENTIÈRE 07110 Ardèche 80 ⑧ G. Vallée du Rhône – 2 478 h.

🄱 Syndicat d'Initiative pl. des Récollets ℰ 75 39 14 28.

Paris 646 – Aubenas 16 – Alès 64 – Privas 46.

    🏤 **Le Chêne Vert** ≋, à Rocher N : 4 km par D 5 ℰ 75 88 34 02, ≼, ⅃, ⭌ – ☎ 🄿 –
    ✦ 🛎 30. 🄴 𝗩𝗜𝗦𝗔 ✼ rest
        15 mars-15 nov. – **R** 65/160 – ⊡ 27 – **25 ch** 220/290 – ½ P 200/250.

CITROEN Gar. Olek ℰ 75 39 17 47   RENAULT Gar. Soboul ℰ 75 39 13 66

LARRAU 64560 Pyr.-Atl. 85 ⑭ – 298 h. alt. 636.

Paris 837 – Pau 75 – Oloron-Ste-Marie 42 – St-Jean-Pied-de-Port 70 – Sauveterre-de-Béarn 67.

    🏡 **Despouey** ≋, ℰ 59 28 60 82, ≈, ⭌ – 🄿 🄴 𝗩𝗜𝗦𝗔 ✼
    ✦ *fermé 14 nov. au 31 janv.* – **R** 60/100 ⅃ – ⊡ 22 – **15 ch** 130/220 – ½ P 140/170.

LARUNS 64440 Pyr.-Atl. 🗗🗗 ⑯ – 1 465 h. alt. 531.
Paris 807 – Pau 37 – Argelès-Gazost 48 – Lourdes 51 – Oloron-Ste-Marie 32.

XX **Aub. Bellevue,** 𝒫 59 05 31 58, ≤, 🍽 – **℗**. *VISA*
↦ *fermé 7 janv. au 22 fév., mardi soir et merc. sauf vacances scolaires* – **R** 49/160.

RENAULT Gar. Camdessoucens 𝒫 59 05 34 64 🅽

LASALLE 30460 Gard 🗗🗗 ⑰ – 1 040 h. alt. 260.
Paris 735 – Alès 30 – Florac 71 – ♦Montpellier 60 – Nîmes 64 – St-Jean-du-Gard 18 – Le Vigan 43.

🏠 **des Camisards,** 𝒫 66 85 20 50, 🌫 – 🛎 🕮 🕭. **E** *VISA*
↦ *1ᵉʳ avril-15 nov.* – **R** 65/125 🍷 – ☲ 28 – **20 ch** 110/250 – ½ P 165/200.

LASCHAMPS-DE-CHAVANAT 23 Creuse 🗗🗗 ⑩ – rattaché à Guéret.

LATILLÉ 86190 Vienne 🗗🗗 ⑬ – 1 239 h. alt. 149.
Paris 348 – Poitiers 26 – Châtellerault 48 – Parthenay 31 – St-Maixent-l'École 37 – Saumur 84.

🏠 **Centre,** 𝒫 49 51 88 75 – 🌫 – 🚲 30. 🕮 **E** *VISA*. 🍴
↦ **R** *(fermé sam. soir et dim. soir d'oct. à avril)* 65/115 🍷, enf. 28 – ☲ 20 – **12 ch** 95/160 – ½ P 105/140.

LATRONQUIÈRE 46210 Lot 🗗🗗 ⑳ – 654 h. alt. 650.
Paris 560 – Aurillac 45 – Cahors 87 – Figeac 28 – Lacapelle-Marival 22 – St-Céré 28 – Sousceyrac 12.

🏠 **Tourisme,** 𝒫 65 40 25 11 – 🛎 🕮. *VISA*. 🍴 rest
↦ *fermé janv. et fév.* – **R** 50/150 🍷 – ☲ 25 – **30 ch** 160/220 – ½ P 170/190.

CITROEN Jauliac 𝒫 65 40 25 12

LATTES 34 Hérault 🗗🗗 ⑦ – rattaché à Montpellier.

LAURIÈRE 24 Dordogne 🗗🗗 ⑥ – rattaché à Périgueux.

LAURIS 84360 Vaucluse 🗗🗗 ② – 1 810 h. alt. 182.
Paris 730 – Aix-en-Provence 38 – Apt 23 – Avignon 54 – Cadenet 6 – Cavaillon 27 – Manosque 54.

🏨 **La Chaumière** Ⓜ 🏖, 𝒫 90 08 20 25, Fax 90 08 35 24, ≤ vallée de la Durance, 🍽 –
🍴 rest 📺 ☎. 🕮 ⓸ **E** *VISA*
fermé 20 nov. au 15 déc. – **R** *(fermé mardi sauf le soir d'avril à sept. et merc. midi d'oct. à mars)* 198/265, enf. 98 – ☲ 50 – **14 ch** 375/650 – ½ P 380/550.

CITROEN Gaillardon 𝒫 90 08 22 81 🅽

LAUTARET (Col du) 05 H.-Alpes 🗗🗗 ⑦ G. Alpes du Nord – alt. 2 058 – ✉ 05220 Le Monetier-les-Bains.
Voir 🌟★★ – Jardin alpin★.
Env. Col du Galibier 🌟★★★ N : 7,5 km.
Paris 653 – Briançon 28 – ♦Grenoble 88 – Lanslebourg-Mont-Cenis 81 – St-Jean-de-Maurienne 55.

🏠 **Glaciers** 🏖, 𝒫 92 24 42 21, ≤ – 🌫 🛏. **E** *VISA*
1ᵉʳ juin-22 sept. – **R** 80/125, enf. 55 – ☲ 26 – **40 ch** 110/245 – ½ P 165/200.

LAUTENBACH 68610 H.-Rhin 🗗🗗 ⑱ G. Alsace Lorraine – 1 372 h. alt. 396.
Voir Église★.
Paris 461 – ♦Mulhouse 31 – Colmar 34 – Gérardmer 53 – Guebwiller 8.

XX A la Truite, à Lautenbach-Zell 𝒫 89 76 32 57, 🍽 – **℗**.

LAUTERBOURG 67630 B.-Rhin 🗗🗗 ⑳ – 2 467 h. alt. 115.
Paris 519 – ♦Strasbourg 63 – Haguenau 41 – Karlsruhe 23 – Wissembourg 19.

XXX ❀ **La Poêle d'Or** (Gottar), 35 r. Gén. Mittelhauser 𝒫 88 94 84 16, Fax 88 54 62 30, 🍽 – 🕮
⓸ **E** *VISA*
fermé 29 juil. au 8 août, 2 au 31 janv., merc. soir et jeudi – **R** carte 280 à 350 🍷
Spéc. Foie gras d'oie poché à la vapeur, Filet de sandre "façon matelote", Pavé de boeuf au Pinot noir et à la moelle. Vins Riesling, Tokay Pinot gris.

LAVAL ℗ 53000 Mayenne 🗗🗗 ⑩ G. Normandie Cotentin – 53 766 h. alt. 70.
Voir Vieux château★ Z : charpente★★ du donjon, musée d'Art naïf★ – Vieille ville★ YZ – Les quais★ – Jardin de la Perrine★ YZ – Chevet★ de la basilique N.-D. d'Avesnières X.
🏌 𝒫 43 53 16 03, N : 7 km par quai B.-de-Gavre X.
🛈 Office de Tourisme pl. du 11-Nov. 𝒫 43 53 09 39 – A.C. 7 pl. J.-Moulin 𝒫 43 56 47 54.
Paris 278 ① – Angers 74 ④ – ♦Caen 144 ① – ♦Le Havre 249 ① – ♦Le Mans 84 ① – ♦Nantes 134 ⑤ – Poitiers 210 ④ – ♦Rennes 75 ⑦ – ♦Rouen 236 ① – St-Nazaire 154 ⑤.

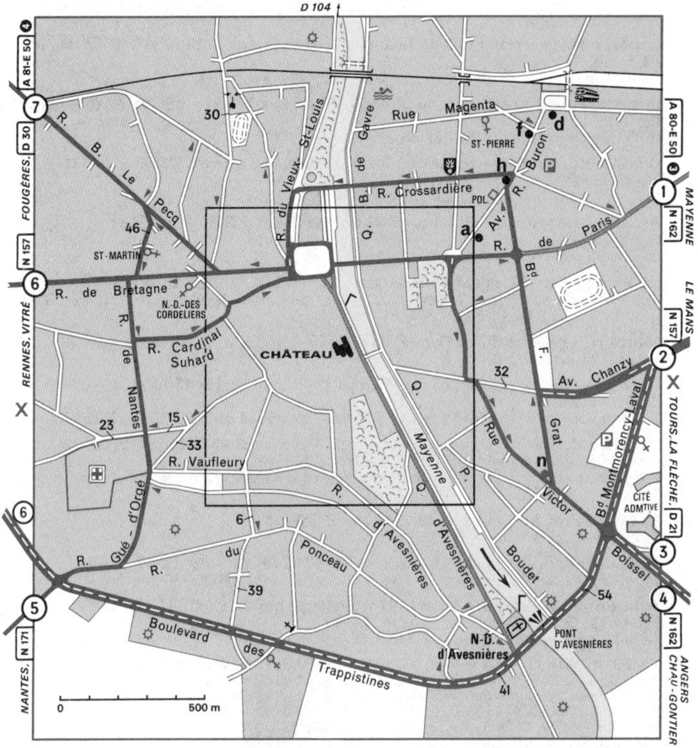

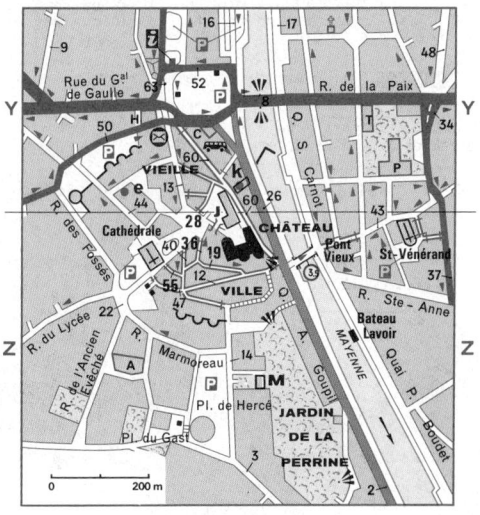

LAVAL

🏨 **Impérial H.** sans rest, 61 av. R. Buron ℰ 43 53 55 02, Fax 43 49 16 74 – 📶 📺 ☎ 🚗 🖭 ⓪ 🗲 𝑽𝑰𝑺𝑨 ⋘   X h
fermé 4 au 26 août et 25 déc. au 1ᵉʳ janv. – ⌲ 30 – **34 ch** 290.

🏨 **Ibis,** rte Mayenne par ① : 3 km ℰ 43 53 81 82, Télex 721094 – 📺 ☎ 🕭 🅟 – 🏊 60. 🗲 𝑽𝑰𝑺𝑨
R 65/85 🍷, enf. 35 – ⌲ 30 – **51 ch** 265/290.

🏨 **Campanile,** par ⑥ rte Fougères : 3 km ℰ 43 69 04 00, Télex 722633 – 📺 ☎ 🕭 🅟 – 🏊 35. 🗲 𝑽𝑰𝑺𝑨
R 74 bc/98 bc, enf. 39 – ⌲ 27 – **42 ch** 248 – ½ P 225/249.

🏨 **Arcade** sans rest, 8 av. R. Buron ℰ 43 67 19 25, Télex 723438 – 📶 📺 ☎ 🕭 – 🏊 60. 🖭 🗲 𝑽𝑰𝑺𝑨   X a
⌲ 30 – **42 ch** 250/275.

🏨 **St-Pierre,** 95 av. R. Buron ℰ 43 53 06 10, Fax 43 53 91 40 – 📺 ☎. 🗲 𝑽𝑰𝑺𝑨   X f
fermé 15 août au 2 sept., 23 déc. au 6 janv. et sam. (sauf hôtel de juin à sept.) – **R** 69/150
🍷, enf. 45 – ⌲ 33 – **14 ch** 140/240.

🏨 **Marin'H.** Ⓜ sans rest, pl. Gare ℰ 43 53 09 68 – 📶 📺 ☎ 🕭. 🖭 🗲 𝑽𝑰𝑺𝑨   X d
⌲ 23 – **25 ch** 200/240.

XXX **Gerbe de Blé** Ⓜ avec ch, 83 r. V.-Boissel ℰ 43 53 14 10, Fax 43 49 02 84 – 📺 ☎ 🖭 ⓪ 🗲 𝑽𝑰𝑺𝑨. ⋘ ch   X n
R (fermé dim, soir et lundi) 130/235, enf. 100 – ⌲ 45 – **8 ch** 310/450 – ½ P 350/480.

XXX ❀ **Bistro de Paris** (Lemercier), 67 r. Val de Mayenne ℰ 43 56 98 29 – 🗲 𝑽𝑰𝑺𝑨. ⋘ Y k
fermé 4 au 27 août, sam. midi et dim. – **R** 110/220, enf. 60
Spéc. Petites entrées gourmandes, Blanc de turbot rôti aux épices, Craquelin et glace de nougat. Vins
Savennières, Anjou rouge.

XX **L'Antiquaire,** 5 r. Béliers ℰ 43 53 66 76 – 🗲 𝑽𝑰𝑺𝑨. ⋘   Y e
fermé dim. soir et lundi – **R** 125.

XX **La Rouzine,** rte Tours par ③ : 3,5 km ℰ 43 53 03 10, ☘ – 🅟. 🖭 ⓪ 🗲 𝑽𝑰𝑺𝑨
fermé 5 au 19 août, vacances de fév., dim. soir et lundi – **R** 95/130, enf. 55.

XX **A la Bonne Auberge** avec ch, 168 r. Bretagne par ⑥ ℰ 43 69 07 81, Fax 43 91 15 02 – 📺 ☎ 🅟. 🗲 𝑽𝑰𝑺𝑨. ⋘ ch
fermé 2 au 25 août, vacances de fév., dim. soir et sam. – **R** 75/210 – ⌲ 28 – **14 ch** 200/260.

ALFA-ROMEO, HONDA Lemoine Autom., 100 av.
de Mayenne ℰ 43 53 22 77
BMW Gar. Bassaler, 110 bd de Buffon, ZI des
Touches ℰ 43 53 31 59 Ⓝ ℰ 43 69 32 32
CITROEN Brilhault, 137 r. de Bretagne par ⑥
ℰ 43 69 19 00 Ⓝ
MERCEDES-BENZ Patard, rte du Mans à Bon-
champ-lès-Laval ℰ 43 53 15 82 Ⓝ ℰ 43 69 32 32
PEUGEOT Gd Gar. du Maine, av. de Paris, St-
Berthevin par ⑥ ℰ 43 69 09 81

RENAULT Hardy, av. de Paris à St-Berthevin par
⑥ ℰ 43 69 26 69 Ⓝ
V.A.G Gar. des Pommeraies, 36 rte de Mayenne
ℰ 43 53 08 04 Ⓝ
VOLVO Defrance, av. de Paris à St-Berthevin
ℰ 43 90 76 00

🛞 Sodipneus, 4 r. du Laurier ℰ 43 53 10 04
Tricard, rte de Rennes, St-Berthevin ℰ 43 69 15 08

Le LAVANCHER 74 H.-Savoie 74 ⑨ – rattaché à Chamonix.

Le LAVANDOU 83980 Var 84 ⑯ 𝗚. Côte d'Azur– 4 667 h. alt. 2.
🏌 de Valcros ℰ 94 66 81 02, par ② : 15 km.
🅱 Office de Tourisme quai G.-Péri ℰ 94 71 00 61, Télex 400555.
Paris 879 ② – Fréjus 63 ① – Cannes 103 ① – Draguignan 78 ① – Ste-Maxime 42 ① – ◆Toulon 41 ②.

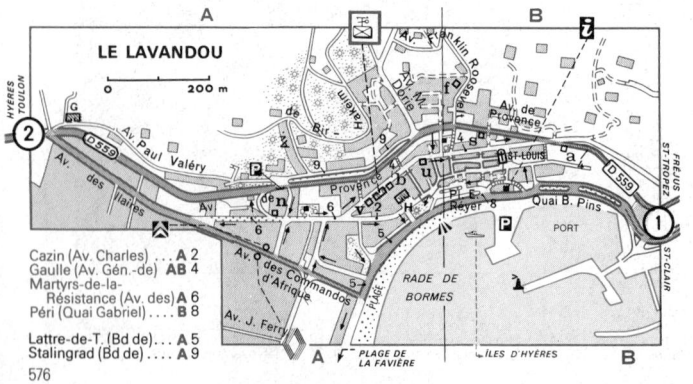

Cazin (Av. Charles) ... **A** 2
Gaulle (Av. Gén.-de) **AB** 4
Martyrs-de-la-
 Résistance (Av. des) **A** 6
Péri (Quai Gabriel) .... **B** 8
Lattre-de-T. (Bd de) ... **A** 5
Stalingrad (Bd de) .... **A** 9

🏠 **Aub. de la Calanque,** 62 av. Gén. de Gaulle ℰ 94 71 05 96, Fax 94 71 20 12, ≼, 🍴, 🌿 – 🛗 📺 ⍐ ⍑ E 𝑉𝐼𝑆𝐴
– 🛗 📺 ⍐ – 🛁 25. ⍐ ⍑ 𝑉𝐼𝑆𝐴 B **a**
15 mars-1er nov. et fermé merc. – **R** 195/400, enf. 60 – 🗘 45 – **38 ch** 500/900 – ½ P 452/627.

🏠 **La Petite Bohème** ♨, av. F.-Roosevelt ℰ 94 71 10 30, 🍴, 🌿 – 🕿. E 𝑉𝐼𝑆𝐴. 🍴 rest
27 avril-oct. – **R** 110/140 – 🗘 35 – **19 ch** 225/330 – ½ P 285/310. B **f**

🏠 **L'Escapade,** chemin du Vannier ℰ 94 71 11 52, 🍴 – 🖵 ch 📺 🕿. E 𝑉𝐼𝑆𝐴. 🍴 B **s**
hôtel : fermé 12 nov. au 20 déc. et 10 au 30 janv. ; rest. : ouvert Pâques-oct. et fermé dim.
– **R** (dîner seul.) 100/110, enf. 60 – 🗘 25 – **16 ch** 200/300 – ½ P 260/280.

🏠 **La Lune** sans rest, av. Gén. de Gaulle ℰ 94 71 04 20 – 🛗 🕿. ⍐ ⍑ E 𝑉𝐼𝑆𝐴. 🍴 A **v**
1er mai-30 sept. – 🗘 30 – **24 ch** 320/380.

🏠 **Terminus** sans rest (annexe Ⓜ 14 ch), pl. gare autobus ℰ 94 71 00 62 – 🕿. ⍐ E 𝑉𝐼𝑆𝐴
🗘 25 – **39 ch** 140/280. A **n**

🏠 **Neptune** sans rest, av. Gén. de Gaulle ℰ 94 71 01 01, Fax 94 64 91 61 – 🕿. ⍐ ⍑ E 𝑉𝐼𝑆𝐴
🗘 20 – **33 ch** 130/260. A **u**

🏠 **L'Oustaou** sans rest, av. Gén.-de-Gaulle ℰ 94 71 12 18 – 🕿. ⍐ ⍑ E 𝑉𝐼𝑆𝐴
🗘 20 – **21 ch** 250. A **b**

🍴🍴 **Le Grill** avec ch, r. Patron-Ravello ℰ 94 71 06 43, ≼, 🍴 – 🕿. ⍐ ⍑ E 𝑉𝐼𝑆𝐴 B **r**
fermé 15 nov. au 15 déc., 2 janv. au 1er fév. et lundi hors sais. – **R** 110/165 – 🗘 25 – **7 ch**
280/380.

à la Favière S : 2 km - A – ⊠ 83230 Bormes-les-Mimosas :

🏠 **Plage,** ℰ 94 71 02 74, 🍴, 🌿 – 🕿 🅿. 𝑉𝐼𝑆𝐴. 🍴 rest
28 mars-10 oct. – **R** 78/147, enf. 56 – 🗘 30 – **45 ch** 220/290.

à St-Clair par ① : 3 km – ⊠ 83980 Le Lavandou :

🏠 **Belle Vue** ♨, ℰ 94 71 01 06, Fax 94 71 64 72, ≼, 🌿 – 🕿 🅿. ⍐ ⍑ E 𝑉𝐼𝑆𝐴. 🍴
avril-oct. – **R** 160/220 – 🗘 45 – **19 ch** 320/650 – ½ P 400/650.

🏠 **Roc H.** ♨ sans rest, ℰ 94 71 12 07, ≼ – 🖵 📺 🕿 🅿. E 𝑉𝐼𝑆𝐴. 🍴
fin mars-20 oct. – 🗘 32 – **26 ch** 270/450.

🏠 **Tamaris** Ⓜ ♨ sans rest, ℰ 94 71 79 19, Fax 94 71 88 64 – 📺 🕿 🚿 🅿. ⍐ E 𝑉𝐼𝑆𝐴
1er avril-2 nov. – 🗘 32 – **22 ch** 420/440.

🏠 **L'Orangeraie** sans rest, ℰ 94 71 04 25 – 🖵 📺 🕿 🅿. E 𝑉𝐼𝑆𝐴
23 mars-6 oct. – 🗘 37 – **20 ch** 280/430.

🏠 **Méditerranée,** ℰ 94 71 02 18, ≼, 🍴 – 📺 🕿 🅿. E 𝑉𝐼𝑆𝐴. 🍴 rest
hôtel : 20 mars-31 oct. ; rest. : 1er avril-30 sept. – **R** 98/150 ☙, enf. 45 – 🗘 27 – **21 ch**
290/400 – ½ P 260/310.

à La Fossette-Plage par ① : 3 km – ⊠ 83980 Le Lavandou :

🏠 **83 Hôtel** Ⓜ, ℰ 94 71 20 15, Fax 94 71 63 42, ≼ côte et mer, 🍴, 🏊, 🏊, 🌿 – 🛗 🖵 📺
🕿 🅿. 𝑉𝐼𝑆𝐴. 🍴
Pâques-fin sept. – **R** 185 – 🗘 60 – **28 ch** 680/1050 – ½ P 585/770.

à Aiguebelle par ① : 4,5 km – ⊠ 83980 Le Lavandou :

🏠 ❀ **Les Roches** Ⓜ ♨, ℰ 94 71 05 07, Télex 430023, Fax 94 71 08 40, ≼ mer et les îles,
🍴, «Agréables terrasses en bordure de mer, 🏊 », 🐾 – 🖵 ch 📺 🕿 🅿 – 🛁 30. ⍐
⍑ E 𝑉𝐼𝑆𝐴. 🍴
fermé 17 nov. au 14 déc. et 2 janv. au 4 mars – **R** 280/480, enf. 100 – 🗘 90 – **41 ch** 1450,
5 appart. 2640
Spéc. Marinade de légumes verts et sauté de langoustines, Filet de Saint-Pierre au sésame et pois
gourmands, Pigeon à la presse au gratin de macaroni. **Vins** Côtes de Provence.

🏠 **Résidence Soleil** sans rest, ℰ 94 05 84 18, ≼ – 🕿 🅿. ⍐ E 𝑉𝐼𝑆𝐴
Pâques-oct. – **24 ch** 🗘 600.

🏠 **Beau Soleil,** ℰ 94 05 84 55, 🍴 – 🕿 🅿. E 𝑉𝐼𝑆𝐴. 🍴 rest
mai-mi oct. – **R** carte 135 à 300 – 🗘 25 – **18 ch** 375/400 – ½ P 320.

🏠 **Gd Pavois,** ℰ 94 05 81 38, 🍴 – 🕿 🅿. ⍐ ⍑ E 𝑉𝐼𝑆𝐴. 🍴 rest
1er avril-30 sept. – **R** 90/110 ☙, enf. 50 – **27 ch** 🗘 350/450 – ½ P 450/500.

🏠 **Plage,** ℰ 94 05 80 74 – 🕿. E 𝑉𝐼𝑆𝐴. 🍴 rest
Pâques-fin sept. – **R** (dîner seul.) 105 – 🗘 29 – **24 ch** 315/400.

CITROEN Gar. des Maures ℰ 94 71 14 93

MERCEDES-BENZ, RENAULT Gar. St-Christophe
ℰ 94 71 14 90

LAVARDAC 47230 L.-et-G. 🔟🔤 ⑭ G. Pyrénées Aquitaine – 2 573 h. alt. 55.
Paris 646 – Agen 31 – Casteljaloux 25 – Houeillés 24 – Marmande 49 – Nérac 7.

🏠 **Chaumière d'Albret,** rte Nérac ℰ 53 65 51 75, 🍴, 🌿 – 🕿 🅿. E 𝑉𝐼𝑆𝐴
▬ *fermé 1er au 15 oct., vacances de fév., dim. soir et lundi sauf juil.-août* – **R** 48/148 ☙ –
🗘 19 – **8 ch** 110/160 – ½ P 116/140.

LAVARDIN 41 L.-et-Ch. 🔠 ⑤ – rattaché à Montoire-sur-le-Loir.

LAVAUR 81500 Tarn 82 ⑨ G. Pyrénées Roussillon – 8 264 h. alt. 140.

Voir Cathédrale St-Alain★ – des Étangs de Fiac, 63 70 64 70, E : 11 km par D 112.

🛈 Syndicat d'Initiative 22 Grand'Rue (juil.-août) 63 58 02 00.

Paris 703 – ◆Toulouse 37 – Albi 48 – Castelnaudary 59 – Castres 39 – Montauban 57.

⚕ **Central H.,** 7 r. Alsace-Lorraine 63 58 04 16 – ⚭ ch
➡ fermé 15 au 30 sept. et dim. soir – **R** 55/105 , enf. 35 – ⊐ 25 – **10 ch** 110/150 – ½ P 160.

à Giroussens NO : 10 km par D 87 – ✉ 81500 :

☓☓ **L'Échauguette** avec ch, 63 41 63 65, ≤, – 𝖠𝖤 ⓞ 𝖤 𝘝𝘐𝘚𝘈
➡ fermé 15 au 30 sept., 1er au 21 fév. et lundi d'oct. à juin – **R** 60/240, enf. 40 – ⊐ 23 – **5 ch** 135/220.

à St-Lieux-lès-Lavaur NO : 11 km par D 87 et D 631 – ✉ 81500 :

🏨 **Host. du Château de St-Lieux** , 63 41 60 87, ≤, , parc – 📺 🅿 – 🛦 30
R 85/195, enf. 50 – ⊐ 25 – **12 ch** 160/200 – ½ P 225/275.

ALFA-ROMEO, FIAT Barboule et Laval, 4 et 5 av. G.-Péri 63 58 08 16
CITROEN Lavaur Autom., 14 av. G.-Péri 63 41 43 63
PEUGEOT-TALBOT S.I.V.A., 20 av. G.-Péri 63 58 03 51

RENAULT SARL La Gravette Automobile, rte de Toulouse 63 58 07 20
V.A.G Rigal, rte de Castres 63 58 03 83

🅖 Lavaur Pneus, rte de Castres 63 58 25 48

LAVEISSIÈRE 15300 Cantal 76 ③ – 623 h. alt. 930.

Paris 512 – Aurillac 45 – Condat 36 – Le Lioran 6 – Murat 5,5.

🏨 **Le Vallagnon,** 71 20 02 38, ≤, – ⛄ ☎ 🅿. 𝖤 𝘝𝘐𝘚𝘈. ⚭ rest
➡ fermé 15 nov. au 10 déc., dim. soir et lundi en avril, mai, oct. et nov. – **R** 65/140 , enf. 40 – ⊐ 28 – **29 ch** 140/195 – ½ P 150/195.

🏠 **Cheval Blanc,** 71 20 02 51, ⚭ – ☎. 𝖠𝖤 𝖤 𝘝𝘐𝘚𝘈
➡ 1er juin-30 sept. et Noël-Pâques – **R** 60/140 – ⊐ 22 – **20 ch** 145/180 – ½ P 175/185.

🏠 **Bellevue,** 71 20 01 22, ≤, – 🅿. ⚭ rest
➡ 1er juin-15 sept., vacances scolaires et week-ends en hiver – **R** 58/100, enf. 33 – ⊐ 20 – **24 ch** 145/180 – ½ P 140/170.

LAVELANET 09300 Ariège 86 ⑤ – 8 433 h. alt. 510.

Paris 799 – Carcassonne 67 – Castelnaudary 52 – Foix 27 – Limoux 47 – Pamiers 63.

rte de Foix par D 117 : 10 km – ✉ 09300 Roquefixade :

☓☓ **Relais des Trois Châteaux,** 61 01 33 99, – 🅿. 𝖤 𝘝𝘐𝘚𝘈
➡ fermé 12 au 20 nov., 14 au 29 janv. et mardi du 16 sept. au 14 juin. – **R** 65/183.

LAVERGNE 46 Lot 75 ⑲ – rattaché à Gramat.

LAVIGNOLLE 33 Gironde 78 ② – rattaché au Barp.

LAVIOLLE 07530 Ardèche 76 ⑲ – 148 h. alt. 680.

Env. Mézilhac : Piton de la Croix ≤★★ N : 9 km G. Vallée du Rhône.

Paris 649 – Aubenas 21 – Lamastre 51 – Mezilhac 8 – Privas 42 – Le Puy 72.

⚕ **Plantades** , rte Antraigues S : 2 km sur D 578 75 38 71 58, ≤, , – 🍴 🅿.
➡ 𝖤 𝘝𝘐𝘚𝘈 – fermé 4 nov. au 15 déc. – **R** 57/110 – ⊐ 18 – **10 ch** 100/140 – ½ P 140/160.

LAYE 05 H.-Alpes 77 ⑯ – rattaché à St-Bonnet-en-Champsaur.

LÈBE (Col de La) 01 Ain 74 ④ – rattaché à Hauteville-Lompnes.

La LÉCHÈRE 73260 Savoie 74 ⑰ G. Alpes du Nord – 2 094 h. alt. 461 – Stat. therm. (2 fév.-31 déc.).

🛈 Office de Tourisme 79 22 51 60.

Paris 605 – Albertville 21 – Celliers 19 – Chambéry 68 – Moûtiers 6.

🏨 **Radiana** Ⓜ , 79 22 61 61, Fax 79 22 63 59, ≤, parc – 🛗 📺 ☎ 🅿. 𝘝𝘐𝘚𝘈. ⚭ rest
1er mars-31 oct. – **R** 130/220, enf. 60 – ⊐ 35 – **87 ch** 400/700 – ½ P 390/510.

Les LECQUES 83 Var 84 ⑭ G. Côte d'Azur – ✉ 83270 St-Cyr-sur-Mer.

🛈 Office de Tourisme pl. Appel du 18 juin 94 26 13 46.

Paris 814 – ◆Marseille 39 – ◆Toulon 29 – Bandol 10 – Brignoles 56 – La Ciotat 8.

🏨 **Gd Hôtel** , 94 26 23 01, Télex 400165, ≤, « Parc fleuri », – 🛗 📺 ☎ 🅿. 𝖠𝖤 ⓞ
𝖤 𝘝𝘐𝘚𝘈 – 27 avril-12 oct. – **R** 160 – ⊐ 50 – **58 ch** 390/720 – ½ P 450/570.

🏨 **Chanteplage,** 94 26 16 55, ≤ – 📺 ☎. 𝖤 𝘝𝘐𝘚𝘈
hôtel : 15 fév.-15 nov. ; rest. : 1er juin -31 août – **R** 98/185, enf. 55 – ⊐ 25 – **20 ch** 248/350 – ½ P 275/300.

🏨 **Pins,** à La Madrague SE : 1,5 km 94 26 28 36, ≤ – 🅿. ⚭ rest
Pâques-oct. – **R** 75/160 – ⊐ 30 – **20 ch** 230/250 – ½ P 230/250.

🏠 **Petit Nice** ♨, ℰ 94 32 00 64, ☞ – 📺 ☎ ⅃ 🅟 🄴 VISA. ※ rest
hôtel : 1ᵉʳ mars-15 nov. ; rest. : 31 mars-15 oct. – **R** (résidents seul.) – ⌷ 22 – **31 ch**
210/270 – ½ P 227/293.

🏠 **Tapis de Sable** sans rest, rte Madrague ℰ 94 26 26 34, ≤ – 🈂 🅟 🄴 VISA
mars-oct. – **16 ch** ⌷ 290/330.

PEUGEOT-TALBOT Gar. Iori, à St-Cyr-sur-Mer   Marro, quartier Banette à St-Cyr-sur-Mer
ℰ 94 26 23 80   ℰ 94 26 31 09

LECTOURE 32700 Gers 🎝🎝 ⑤ G. Pyrénées Aquitaine – 4 424 h. alt. 182.

Voir Site★ – Promenade du bastion ≤★.

🏌 de Fleurance ℰ 62 06 26 26, S par N 21 : 15 km.

🄳 Office de Tourisme cours Hôtel de Ville ℰ 62 68 76 98.

Paris 693 – Agen 36 – Auch 35 – Condom 23 – Montauban 74 – ◆Toulouse 94.

🏨 **De Bastard**, r. Lagrange ℰ 62 68 82 44, ☞, ⅃, ♨ – 🍴 ☎ ⟷ – ⅍ 30. 🄰🄴 ⓄⒹ 🄴 VISA
fermé 22 au 28 déc., 15 janv. au 1ᵉʳ mars, vend. soir, sam. midi et dim. soir hors sais. –
R 80/300, enf. 45 – ⌷ 35 – **29 ch** 170/295 – ½ P 240/280.

RENAULT Gar. Franczak, rte de Fleurance ℰ 62 68 71 81

LEGÉ 44650 Loire-Atl. 🎝🎝 ⑩ – 3 485 h. alt. 94.

Paris 424 – ◆Nantes 40 – La Roche-sur-Yon 30 – Cholet 61 – Clisson 34 – Les Sables-d'Olonne 51.

☎ Cheval Blanc, pl. Gén. Charette ℰ 40 04 99 29 – **6 ch**.

✗ **Étoile d'Or**, r. Chaussée ℰ 40 04 97 29 – 🅟. 🄰🄴 🄴 VISA
◆ fermé 1ᵉʳ au 23 sept. et lundi – **R** 58/210 ⅃.

PEUGEOT-TALBOT Gar. Beauséjour, 26 r.   RENAULT Gar. Charrier ℰ 40 04 91 56 🅽
Chaussée ℰ 40 04 97 09 🅽

LEIGNÉ-LES-BOIS 86450 Vienne 🎝🎝 ⑤ – 509 h. alt. 128.

Paris 320 – Poitiers 53 – Le Blanc 35 – Châtellerault 17 – Loches 54 – La Roche-Posay 10.

✗✗ **Gautier**, ℰ 49 86 53 82 – 🄴 VISA
◆ fermé 11 nov. au 8 déc., fév., dim. soir et lundi – **R** 55/180.

LELEX 01410 Ain 🎝🎝 ⑮ – 203 h. alt. 900 – Sports d'hiver : 900/1 680 m ≼3 ≸14.

Paris 516 – Bourg-en-Bresse 100 – Gex 28 – Morez 37 – Nantua 43 – St-Claude 32.

🏠 **Crêt de la Neige** ♨, ℰ 50 20 90 15, ≤, ☞, ※ – ☎ 🅟 🄴 VISA. ※ rest
◆ 26 juin-10 sept. et 21 déc.-10 avril – **R** 70/165 ⅃ – ⌷ 22 – **29 ch** 130/254 – ½ P 176/243.

🏠 **Centre,** ℰ 50 20 90 81, ≤ – ☎ 🅟 🄴 VISA
fermé 16 au 30 sept., 1ᵉʳ au 21 déc. et week-ends du 3 mai au 30 juin du 1ᵉʳ oct. au
30 nov. – **R** 80/190 – ⌷ 25 – **20 ch** 187/239 – ½ P 225/250.

🏠 **Mont-Jura** ♨, ℰ 50 20 90 53 – ☎ 🅟 🄴 VISA. ※ rest
fermé 27 oct. au 15 déc., 29 avril au 6 mai, dim. soir et lundi hors sais. – **R** 80/120 – ⌷ 23
– **14 ch** 105/190 – ½ P 202/235.

LEMBACH 67510 B.-Rhin 🎝🎝 ⑩ G. Alsace Lorraine – 1 539 h. alt. 190.

Env. Château de Fleckenstein★★ NO : 7 km.

🄳 Syndicat d'Initiative rte Bitche ℰ 88 94 43 16.

Paris 461 – ◆Strasbourg 56 – Bitche 32 – Haguenau 24 – Niederbronn-les-B. 19 – Wissembourg 15.

🏨 **Au Heimbach** Ⓜ sans rest, ℰ 88 94 43 46, Fax 88 94 20 85 – 📳 ☎ 🅟. ※
⌷ 35 – **16 ch** 150/280.

🏠 **Vosges du Nord** sans rest, 59 rte Bitche ℰ 88 94 43 41 – 🈂. ※
fermé 20 au 31 août et lundi – ⌷ 18 – **8 ch** 160/175.

✗✗✗✗ ※※ **Aub. Cheval Blanc** (Mischler), ℰ 88 94 41 86, Fax 88 94 20 74, ☞ – 🅟. 🄰🄴 🄴 VISA
※
fermé 8 au 26 juil., 3 au 21 fév., lundi et mardi – **R** 145/350 et carte
Spéc. Suprême de sandre au fumet de truffe, Médaillons de chevreuil à la moutarde (1ᵉʳ juin au 15 fév.),
Soupe de fruits rouges et crème brûlée à l'alisier. **Vins** Pinot Auxerrois.

à Gimbelhof N : 10 km par D 3 et RF – ✉ 67510 Lembach :

☎ **Ferme Gimbelhof** ♨, ℰ 88 94 43 58, ≤ – ☎ 🅟 🄴 VISA
◆ fermé 12 nov. au 26 déc. – **R** (fermé lundi et mardi) 50/100 ⅃ – ⌷ 16 – **8 ch** 70/170 –
½ P 115/135.

CITROEN Gar. Weisbecker ℰ 88 94 41 96 🅽

LENS ◈ 62300 P.-de-C. 🎝🎝 ⑮ – 38 307 h. alt. 38.

Env. Mémorial canadien de Vimy★ 9 km par ④, G. Flandres Artois Picardie

🄳 A.C. 8 pl. R.-Salengro ℰ 21 28 34 89.

Paris 199 ④ – ◆Lille 34 ① – Arras 18 ④ – Béthune 18 ⑤ – Douai 22 ② – St-Omer 66 ⑤.

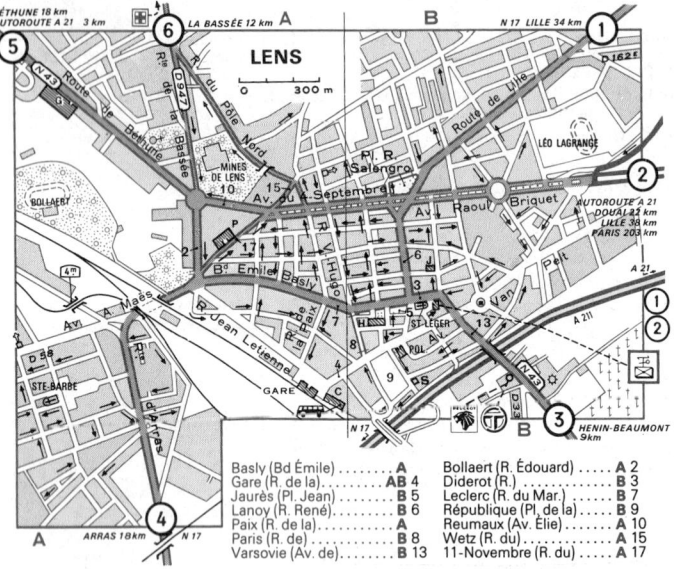

LENS

Basly (Bd Émile) .... **A**	Bollaert (R. Édouard) ..... **A 2**
Gare (R. de la) .... **AB 4**	Diderot (R.) .... **B 3**
Jaurès (Pl. Jean) .... **B 5**	Leclerc (R. du Mar.) ...... **B 7**
Lanoy (R. René) .... **B 6**	République (Pl. de la) .... **B 9**
Paix (R. de la) .... **A**	Reumaux (Av. Élie) .... **A 10**
Paris (R. de) .... **B 8**	Wetz (R. du) .... **A 15**
Varsovie (Av. de) .... **B 13**	11-Novembre (R. du) ..... **A 17**

Lensotel et rest. L'Escarpolette, centre comm. Lens 2 par ⑥ : 3,5 km ⊠ 62880
Vendin-le-Vieil ℰ 21 78 64 53, Télex 120324, Fax 21 43 76 09, ☂, ⊼, ☞ – 📺 ☎ 🅿 –
🛣 50 à 100. 🖭 ⓸ 🝙 ⱽⁱˢᵃ
R 85/145, enf. 35 – 🖵 32 – **70 ch** 280/310 – ½ P 233.

Espace Bollaert Ⓜ, 13C rte Béthune ℰ 21 78 30 30, Télex 134489 – 📳 📺 ☎ & –
🛣 40. 🝙 ⱽⁱˢᵃ
R (fermé 29 juil. au 11 août, sam. midi et dim. soir) 105/260, enf. 70 – 🖵 26 – **54 ch** 245 –
½ P 230.

Lutetia sans rest, 29 pl. République ℰ 21 28 02 06 – ☏. ✼   B **s**
fermé dim. soir – 🖵 18 – **23 ch** 100/180.

à Angres O : 6 km – ⊠ 62143 .

Voir N.-D. de Lorette ✼★ O : 5 km, G. Flandres Artois Picardie.

Captain Ⓜ, r. Jean Bart, près stade couvert de Liévin ℰ 21 45 09 09, Télex 134492, ✼ –
📳 ⇔ ch 📺 ☎ & ⓿. 🖭 🝙 ⱽⁱˢᵃ ✼ rest
R (fermé 22 juil. au 18 août, dim. soir et sam.) 65/130, enf. 39 – 🖵 27 – **42 ch** 240/260 –
½ P 200.

ALFA-ROMEO Arauto, 44 rte de Lille, Loison
ℰ 21 70 61 63
CITROEN Gransart Autom., 2 rte de Béthune,
Loos-en-Gohelle par ⑤ ℰ 21 70 15 76
Ⓝ ℰ 21 29 16 61
FIAT Bourel et Fils 26 r. Vieux-Château à Carvin
ℰ 21 37 04 98
FORD Lallain, rond-point Bollaert ℰ 21 28 43 21
OPEL Thirion, 60 av. A.-Maes ℰ 21 43 01 96
PEUGEOT-TALBOT S.A.C.I., 52 r. de Douai
ℰ 21 67 62 00
PEUGEOT-TALBOT Wantiez, N à Loison par ①
ℰ 21 70 17 65
RENAULT Evrard, 75 av. J.-Jaurès à Liévin par D
58 A ℰ 21 43 42 44

RENAULT Nouveaux Gar. Lensois, 50 rte de Lille,
Loison par ① ℰ 21 70 19 68 Ⓝ ℰ 21 69 07 89
SEAT Artois Autom., 79 av. Van-Pelt
ℰ 21 28 38 07
V.A.G S.A.M.A., 267 bd Martel à Avion
ℰ 21 28 18 16

⓿ Auto Pneu Dislaire, 11 av. A.-Thumerelle à
Avion ℰ 21 78 81 81
Chamart, 81 av. Van-Pelt ℰ 21 28 60 54
Debove, 275 bd H.-Martel à Avion ℰ 21 28 02 25
François Pneus, 16 r. de Lille à Annay
ℰ 21 70 62 05
La Maison du Pneu, 346 rte de Lille ℰ 21 78 62 78

LÉON 40550 Landes 🔢 ⑯ – 1 363 h. alt. 15.

Voir Courant d'Huchet★ en barque NO : 1,5 km, G. Pyrénées Aquitaine.

🆖🆖 de la Côte d'Argent ℰ 58 48 54 65, SO par D 652 puis D 117 : 8 km.

🅱 Syndicat d'Initiative à la Mairie (saison) ℰ 58 48 76 03.

Paris 727 – Mont-de-Marsan 74 – Castets 14 – Dax 28 – Mimizan 41 – St-Vincent-de-Tyrosse 30.

Lac ⑤, au Lac NO : 1,5 km ℰ 58 48 73 11, ≤ – ⱽⁱˢᵃ. ✼
20 avril-1ᵉʳ oct. – **R** 65/140 – 🖵 23 – **15 ch** 130/190 – ½ P 190/210.

CITROEN Ducasse ℰ 58 48 73 10   RENAULT Modern'Gar. ℰ 58 48 74 34

QU'EST-CE QU'UN PNEU ?

Produit de haute technologie, le pneu constitue le seul point de liaison de la voiture avec le sol. Ce contact correspond, pour une roue, à une surface équivalente à celle d'une carte postale. Le pneu doit donc se contenter de ces quelques centimètres carrés de gomme au sol pour remplir un grand nombre de tâches souvent contradictoires:

Porter le véhicule à l'arrêt, mais aussi résister aux transferts de charge considérables à l'accélération et au freinage.

Transmettre la puissance utile du moteur, les efforts au freinage et en courbe.

Rouler régulièrement, plus sûrement, plus longtemps pour un plus grand plaisir de conduire.

Guider le véhicule avec précision, quels que soient l'état du sol et les conditions climatiques.

Amortir les irrégularités de la route, en assurant le confort du conducteur et des passagers ainsi que la longévité du véhicule.

Durer, c'est-à-dire, garder au meilleur niveau ses performances pendant des millions de tours de roue.

Quelques conseils importants: afin de vous permettre d'exploiter au mieux les qualités de vos pneumatiques, nous vous proposons de lire attentivement les informations qui suivent et de chercher dans l'extrait du tableau de gonflage la juste pression pour votre voiture.

GONFLEZ VOS PNEUS, MAIS GONFLEZ-LES BIEN

POUR EXPLOITER AU MIEUX LEURS PERFORMANCES ET ASSURER VOTRE SECURITE.

Contrôlez la pression de vos pneus, sans oublier la roue de secours, dans de bonnes conditions: Un pneu perd régulièrement de la pression. Les pneus doivent être contrôlés, une fois toutes les 2 semaines, à froid, c'est-à-dire une heure au moins après l'arrêt de la voiture ou après avoir parcouru 2 à 3 kilomètres à faible allure.

En roulage, la pression augmente; ne dégonflez donc jamais un pneu qui vient de rouler: considérez que, pour être correcte, sa pression doit être au moins supérieure de 0,3 bar à celle préconisée à froid.

Le surgonflage: si vous devez effectuer un long trajet à vitesse soutenue, ou si la charge de votre voiture est particulièrement importante, il est généralement conseillé de majorer la pression de vos pneus. Attention; l'écart de pression avant-arrière nécessaire à l'équilibre du véhicule doit être impérativement respecté. Consultez les tableaux de gonflage Michelin chez tous les professionnels de l'automobile et chez les spécialistes du pneu, et n'hésitez pas à leur demander conseil.

Le sous-gonflage:  lorsque la pression de gonflage est insuffisante, les flancs du pneu travaillent anormalement, ce qui entraîne une fatigue excessive de la carcasse, une élévation de température et une usure anormale.

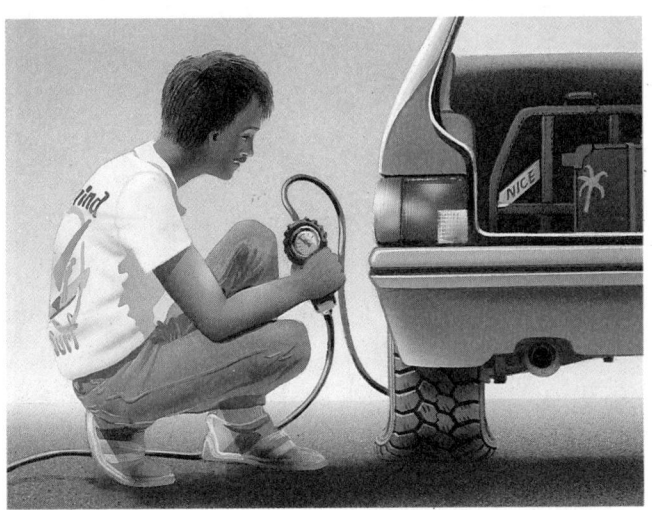

Vérifiez la pression de vos pneus régulièrement et avant chaque voyage.

Le pneu subit alors des dommages irréversibles qui peuvent entraîner sa destruction immédiate ou future.

En cas de perte de pression, il est impératif de consulter un spécialiste qui en recherchera la cause et jugera de la réparation éventuelle à effectuer.

Le bouchon de valve: en apparence, il s'agit d'un détail; c'est pourtant un élément essentiel de l'étanchéité. Aussi, n'oubliez pas de le remettre en place après vérification de la pression, en vous assurant de sa parfaite propreté.

Voiture tractant caravane, bateau...

Dans ce cas particulier, il ne faut jamais oublier que le poids de la remorque accroît la charge du véhicule. Il est donc nécessaire d'augmenter la pression des pneus arrière de votre voiture, en vous conformant aux indications des tableaux de gonflage Michelin. Pour de plus amples renseignements, demandez conseil à votre revendeur de pneumatiques, c'est un véritable spécialiste.

Le pneu est le seul point de liaison de la voiture avec le sol.

Comment lit-on un pneu ?

(1) «Bib» repérant l'emplacement de l'indicateur d'usure.

(2) Marque enregistrée. (3) Largeur du pneu: ≃ 185 mm.

(4) Série du pneu H/S: 70. (5) Structure: R (radial).

(6) Diamètre intérieur: 14 pouces (correspondant à celui de la jante). (7) Pneu: MXV. (8) Indice de charge: 88 (560 kg).

(9) Code de vitesse: H (210 km/h).

(10) Pneu sans chambre: Tubeless. (11) Marque enregistrée.

Codes de vitesse maximum:

Q : 160 km/h

R : 170 km/h

S : 180 km/h

T : 190 km/h

H : 210 km/h

V : 240 km/h

Z : supérieure à 240 km/h.

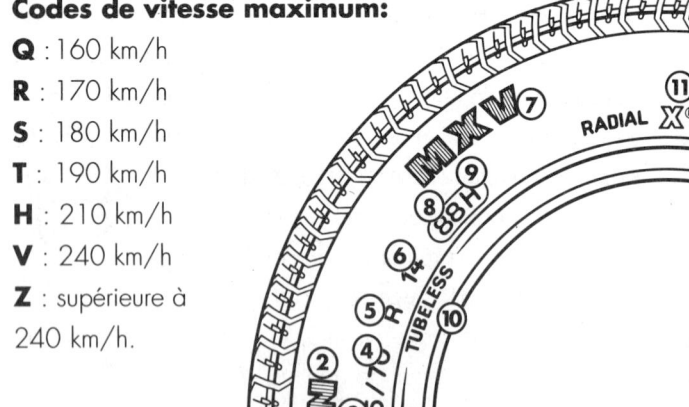

Pressions de gonflage des pneus MICHELIN

Ce tableau de gonflage ne prétend pas être exhaustif.
Pour plus d'informations, consultez votre Spécialiste Pneu.

Véhicules Marques et types	Equipements pneumatiques		Pressions (bar)			
			Utilisation courante		Autres utilisations	
			AV	AR	AV	AR
ALFA ROMEO						
Alfa 33 - 1.3 02/90 --)	165/70 R 13	MXL-MXT-MXV T/H	1,8	1,8	1,8	1,8
Alfa 33 - 1.5 4x4	175/70 R 13	MXL-MXT-MXV-MXV2 T/H	1,8	1,8	1,8	1,8
Alfa 33 - 1.7 ie 07/90 --) 1.7 ie 4x4 07/90 --) Alfa33 Sport Wagon 1.7ie 07/90 --) SportWagon 1.7ie 4x47/90--)	185/60 R 14	MXV-MXV 2 H	2,2	1,8	2,2	2,2
Alfa 33 - 1.7 16 V 07/90 --) Alfa 33 - 1.7 Quadri. Verde			2,0	1,8	2,0	1,8
Alfa 75 - 1.6 - 1,6 ie 07/90 --)	185/70 R 13 185/65 R 14	MXL-MXT-MXV T/H MXV-MXV 2 H	1,8	2,0	2,0	2,2
Alfa 75 - 1.8 ie 07/90 --)	185/70 R 13 185/65 R 14	MXV H MXV-MXV 2 H	1,8	2,0	2,0	2,2
Alfa 75 - 1.8 turbo 07/90 --)	195/60 VR 14 195/55 VR 15	MXV - MXV 2 V MXV - MXV 2 V	2,1	2,1	2,2	2,5
Alfa75-2.0Turbodiesel02/90 --)	185/70 R 13 185/65 R 14	MXL-MXT-MXV T/H MXV - MXV 2 H	2,1	2,1	2,1	2,1
Alfa 75 V 6 3.0 07/90 --)	195/60 VR 14 195/55 VR 15	MXV - MXV 2 V MXV - MXV 2 V	2,1	2,1	2,2	2,5
Alfa164TwinSpark2.002/90 --)	185/70 VR 14 195/60 VR 15	MXV MXV	2,2	2,0	2,3	2,3
Alfa 164 TB 2.0 02/90 --)	195/60 VR 15 205/55 VR 15	MXV V MXV V	2,2	2,0	2,3	2,3
Alfa 164 - 3.0 V 6 02/90 --) Alfa 164 - 3.0 Quadrifoglio Verde	195/65 R 15	MXV 2 V	2,2	2,0	2,5	2,5
ALPINE						
A 310 V6 (77/80)	AV : 185/70 VR 13 AR : 205/70 VR 13	XDX XDX	1,4 -	- 2,6	1,6 -	- 2,7
A 310 V6 (81 à 84)	AV : 190/55 VR 340 AR : 220/55 VR 365	TRX TRX	1,5 -	- 2,0	1,5 -	- 2,0
V6 GT	AV : 190/55 VR 365 AR : 220/55 VR 365	TRX TRX	1,6 -	- 2,1	2,2 -	- 2,6
V 6 Le Mans	AV : 205/45 ZR 16 AR : 255/40 ZR 17	MXX MXX	2,2 -	- 2,4	2,2 -	- 2,4
V6 Turbo 1000 Miles	AV : 195/50 VR 15 AR : 255/45 VR 15	MXW MXW	1,8 -	- 2,4	2,4 -	- 3,1
AUDI						
80 1.6 D 80 1.6 TD 08/88 --)	175/70 R 14 195/60 R 14	MXL-MXT-MXV-MXV2 T/H MXV - MXV 2 H	1,9	1,9	2,2	2,2
80 1.8 08/88 --)	175/70 R 14 195/60 R 14	MXL-MXT-MXV-MXV2 T/H MXV - MXV 2 H	1,9 1,9	1,9 1,9	2,4 2,3	2,4 2,3
80 1.8 E - 1.9 E 3/88 --) 80 Quattro 1.8E-1.9E 3/88 --) 80 2.0 E - 80 Quattro 2.0 E	175/70 R 14 195/60 R 14 205/50 R 15	MXV - MXV 2 H MXV - MXV 2 H MXV 2 V	2,1	2,1	2,6 2,5	2,6 2,5
80 1.8i 1.8S 3/88 --) Quattro 1.8S 3/88 --)	175/70 R 14 195/60 R 14 205/50 R 15	MXV - MXV 2 H MXV - MXV 2 H MXV 2 V	1,9 1,9	1,9 1,9	2,4 2,3	2,4 2,3
90 1.6 TD 03/88 --)	195/60 R 14	MXV - MXV 2 H	1,9	1,9	2,2	2,2
90 2.2E - 2.3E 03/88 --) Quattro2.0E-2.2E-2.3E 03/88 --)	195/60 VR 14 205/50 R 15	MXV - MXV 2 V MXV 2 V	2,3	2,3	2,7	2,8
100 1.8S --) 03/88 1.8 04/88 --) 1.8E 04/88 --)	185/70 R 14	MXL-MXT-MXV-MXV2 T/H	1,9	1,9	2,0	2,3
100 Quattro 1.8 04/88 --) Quattro 1.8E 04/88 --)	185/70 R 14 205/60 R 15	MXL-MXT-MXV-MXV2 T/H MXV - MXV 2 H/V	1,9	2,0	2,0	2,6

Véhicules Marques et types	Equipements pneumatiques		Pressions (bar)			
			Utilisation courante		Autres utilisations	
			AV	AR	AV	AR
AUDI (suite)						
100 2.0 D - 2.4 D 04/88 --›	185/70 R 14	MXL-MXT-MXV-MXV2 T/H	2,2	2,1	2,4	2,4
100 2.0 TD 04/88 --›	185/70 R 14	MXV - MXV 2 H	2,2	2,1	2,4	2,4
100 2.0 E 04/88 --›			1,9	2,0	2,0	2,6
100 2.2E 04/88 --› 2.3 E 04/88 --›	185/70 R 14 205/60 R 15	MXV - MXV 2 H MXV - MXV 2 H/V	2,1	2,2	2.5	2,7
100 Quattro 2.2 E 04/88 --› Quattro 2.3 E 04/88 --›	185/70 R 14 205/60 R 15	MXV - MXV 2 H MXV - MXV 2 H/V	2,1	2,2	2,5	2,7
100 Turbo 2.2i 04/88 --› Turbo Quat. 2.2i 04/88 --›	205/60 R 15	MXV 2 V	2,1(5) 2,3(3)	2,1(5) 2,3(3)	2,5 2,5	2,5 2,5
200 Turbo 2.2 E Turbo 2.2i	205/60 R 15	MXV 2 V	2,0(5) 2,2(3)	1,8(5) 2,0(3)	2,5 2,5	2,5 2,5
Coupé GT 1.8 E	175/70 R 13 185/60 R 14	MXV - MXV 2 H MXV - MXV 2 H	1,7 1,6	1,7 1,6	1,8 1,7	2,0 1,8
Coupé GT 2.0 E - Coupé GT 2.2 E	186/60 R 14	MXV-MXV2 H	1,8	1,8	1,9	2,1
Coupé Quattro 2.0 E Coupé Quattro 2.2 E	175/70 R 14 195/60 R 14	MXV - MXV 2 H MXV - MXV 2 H	1,9	1,9	2,3	2,3
Coupé 2.3E - Coupé Quattro 2.3E Coupé Quattro 20V 2.3 E (170ch)	205/60 R 15	MXV 2 V	2,1	2,1	2,5	2,7
AUSTIN						
Maestro 1.6 ts Mod. sauf 1.6MG	165 R 13	MX T	1,8	1,9	1,8	1,9
Maestro 1.6 MG	175/65 R 14	MXL-MXT-MXV2 T/H	1,9	1,8	1,9	1,8
Maestro 2.0 MG EFi	175/65 R 14	MXV 2 H	1,9	1,9	2,1	2,1
Maestro MG 2.0i - MG turbo 2.0	185/55 R 15	MXV 2 V	2,1	2,1	2,2	2,2
Montego 1.6 8/89 --›	165 R 13	MX T	1,8	1,9	1,9	2,1
Montego 1.6 L - HL - SL - Mayfair	185/65 R 14	MXL-MXT-MXV-MXV2 T/H	1,8	1,9	1,9	1,9
Montego 2.0 L - SL - GTi - GSi			1,9	2,1	2,1	2,1
Montego 2.0 diesel turbo			2,1	2,1	2,2	2,2
Montego 1.3 - 1.6	180/65 R 365	TDX'E T	1,8	1,9	1,9	1,9
Montego 2.0			1,9	1,9	2,1	2,1
Montego 2.0 MG turbo	190/65 VR 365	TDX	1,9	1,9	1,9	1,9
AUTOBIANCHI						
Y10 Fire-FireLX-FireLXie-Touring	135 R 13 155/70 R 13	MX S MXV H	2,0	2,0	2,2	2,2
Y 10 turbo Y 10 GTie --› 01/90	155/70 R 13	MXV H	2,0	2,0	2,0	2,0
Y 10 GTie 02/90 --› Y 10 Selectronic			2,0	2,0	2,2	2,2
Y 10 4 WD - 4 WDie	155/70 R 13	MXT 4 Q/T	2,0	2,0	2,2	2,2
B.M.W.						
316 - 316i - 324D 87 --›	175/70 R 14	MXL-MXT-MXV-MXV2 T/H	2,0	2,1	2,2	2,6
	195/65 R 14 205/55 R 15 200/60 VR 365	MXV H MXV V TDX	1,8	1,9	2,0	2,4
318i 1988 --›	195/65 R 14 205/55 R 15 200/60 R 365 200/60 VR 365	MXV H MXV V TRX H TDX	1,8	1,9	2,0	2,4
318i Touring 09/89 --›	195/65 R 14 200/60 R 365 200/60 VR 365	MXV H TDX H TDX	1,9	2,1	2,1	2,8
	205/55 R 15	MXV V	2,0	2,3	2,3	3,0
318 is 320 i - 320 i cabriolet 1988 --› 324 TD	195/65 R 14 200/60 R 365 200/60 VR 365	MXV H TDX H TDX	1,9	2,1	2,1	2,5
	205/55 R 15	MXV V	2,1	2,3	2,3	2,7

(3) Pression pour vitesse maxi   (5) Pression jusqu'à 200 km/h

Véhicules Marques et types	Equipements pneumatiques		Pressions (bar)			
			Utilisation courante		Autres utilisations	
			AV	AR	AV	AR

B.M.W. (suite)

Véhicules Marques et types	Equipements pneumatiques		AV	AR	AV	AR
320 i Touring 09/89 --› 324 TD Touring 09/89 --›	195/65 R 14 200/60 R 365 200/60 VR 365	MXV H TDX H TDX	1,9	2,1	2,1	2,8
	205/55 R 15	MXV V	2,0	2,3	2,3	3,0
325i - 325i cabriolet 1988 --› 325 iX 1988 --›	195/65 R 14 205/55 R 15 200/60 VR 365	MXV, V MXV V TDX	2,2 2,4 2,2	2,3 2,6 2,3	2,4 2,6 2,4	2,8 3,0 2,8
325 i Touring 09/89 --› 325 iX Touring 09/89 --›	195/65 R 14 200/60 VR 365	MXV V TDX	2,2	2,4	2,5	3,2
	205/55 R 15	MXV V	2,4	2,6	2,7	3,4
M 3 2.3i 12/88 --›	225/45 ZR 16	MXX	2,2	2,4	2,5	3,0
524 TD 08/88 --›	195/65 R 15	MXV - MXV 2 H	2,0	2,3	2,3	2,8
	205/65 R 15 240/45 ZR 415	MXV H TRX	2,0	2,1	2,1	2,6
520 i 03/90 --›	195/65 R 15	MXV - MXV 2 V	2,0	2,3	2,4	2,9
	205/65 R 15 240/45 ZR 415	MXV V TRX	2,0	2,1	2,2	2,7
525 i 03/90 --›	205/65 R 15 240/45 ZR 415	MXV V TRX	2,0	2,3	2,4	2,9
M 5 09/89 --›	235/45 ZR 17 255/40 ZR 17	MXX 2 MXX 2	2,7	2,9	3,0	3,5
	AV : 235/45 ZR 17 AR : 255/40 ZR 17	MXX 2 MXX 2	2,7 -	- 2,9	3,0 -	- 3,5
535i 09/89 --›	240/45 ZR 415	TRX	2,0	2,4	2,5	3,1
635 CSi 08/88 --›	240/45 ZR 415 220/55 VR 390	TRX TRX	2,1 2,3	2,1 2,3	2,3 2,5	2,5 2,8
M 635 CSi 24 soupapes 09/87 --›	220/55 VR 390 240/45 ZR 415	TRX TRX	2,5	2,5	2,7	3,0
730i 09/89 --›	205/65 R 15 240/45 ZR 415	MXV V TRX	2,2	2,7	2,6	3,1
735 i - 735 iL 09/89 --›	240/45 ZR 415	TRX	2,3	2,7	2,6	3,2
750 i - 750 iL 09/89 --›	240/45 ZR 415	TRX	2,6	3,0	2,9	3,3
Z 1 --› 11/88	205/55 R 15 225/45 ZR 16	MXV V MXX	2,0 1,8	2,3 2,0	2,0 1,8	2,3 2,0
Z 1 (12/88 à 08/89)	205/55 R 15 225/45 ZR 16	MXV V MXX	2,0 1,8	2,5 2,1	2,0 1,8	2,5 2,1
Z 1 09/89 --›	205/55 R 15 225/45 ZR 16	MXV V MXX	2,0 1,8	2,3 2,1	2,0 1,8	2,3 2,1

CHRYSLER

Véhicules Marques et types	Equipements pneumatiques		AV	AR	AV	AR
ES	195/60 R 15	MXV 2 H				
Le Baron 2.5 i	205/60 R 15	MXV 2 H	2,4	2,4	2,4	2,4
Le Baron GTC 2.2 i	205/55 R 16	MXV 2 V				
Saratoga	205/60 R 15	MXV 2 H	2,1	2,1	2,3	2,3
Voyager --› 12/89	205/70 R 14	MXV H	2,4	2,4	2,4	2,4
Voyager 01/90 --›	P 205/70 R 15	XZ 4 S	2,4	2,6	2,4	2,6

CITROEN

Véhicules Marques et types	Equipements pneumatiques		AV	AR	AV	AR
AX Tonic - AX 10 Spot	145/70 R 13	MXL - MXT S/T	1,9	2,0	1,9	2,0
AX 10 E - 10 RE - K - Way	135/70 R 13	MXL T	2,0	2,0	2,0	2,2
AX 11 TE-11 TGE-11 TRS	145/70 R 13	MXL-MXT S/T	1,9	2,0	1,9	2,0
AX 11 Image - 11 Thalassa	155/70 R 3	MXL-MXT-MXVS/T/H	1,9	1,9	1,9	1,9
X 14 D - 14 RD - TGO	145/70 R 13	MXL-MXT S/T	2,1	12,1	2,1	2,1
AX 14 TRD	145/70 R 13 155/70 R 13	MXL-MXT S/T MXL-MXT-MXVS/T/H	2,1 2,0	2,1 2,0	2,1 2,0	2,1 2,0
AX 14 TRS - 14 TZS - 14 TZX	155/70 R 13	MXL-MXT-MXVS/T/H	1,9	1,9	1,9	1,9
AX GT 01/89 --›	155/60 R 14 165/60 R 14	MXL T MXV H	1,9 1,9	2,0 1,9	1,9 1,9	2,0 1,9

Véhicules Marques et types	Equipements pneumatiques		Pressions (bar)			
			Utilisation courante		Autres utilisations	
			AV	AR	AV	AR
CITROEN (suite)						
AX Sport 03/88 --›	165/60 R 14	MXV H	1,9	1,9	1,9	1,9
BX 14 TE - 14 TGE 1990 --› BX 14 Calanque	165/70 R 14	MXL-MXT-MXV T/H	2,1	2,1	2,1	2,1
BX 15 RE 1989 --› BX 15 TGE (1990 --›) - 15 Image BX 16 RS - 16 RS Entr. 89 --› BX 16 TGE - 16 TRS 89 --› BX 16 TGS - 16 TZS - Millésime	165/70 R 14	MXL-MXT-MXV T/H	2,1	2,1	2,1	2,1
BX 16 RS-16 TRS/TZS : Automatic	155 R 14	MX.P S	2,2	2,2	2,2	2,2
BX 19 TGS - 19 TZS - Millésime	175/65 R 14	MXL-MXT-MXV2 T/H	2,0	2,1	2,0	2,1
BX 19 GTi - BX Sport	185/60 R 14	MXV - MXV 2 H	2,2	2,2	2,2	2,2
BX19 GTi 16soupapes 04/89 --› BX 16 soupapes	195/60 R 14	MXV 2 V	2,1	1,9	2,1	1,9
BX D - 19 RD - 19 TGD - 19 TD BX 19 TRD - 19 TZD - 19 D Entr. BX RD turbo - TGD turbo BX TRD turbo - TZD turbo BX Calanque - Millésime (diesel)	165/70 R 14	MXL-MXT-MXV T/H	2,1	2,1	2,1	2,1
BX GTi 4x4	185/60 R 14	MXT 4 H	2,1	2,1	2,1	2,1
BX 4x4 - BX 4x4 diesel	165/70 R 14	MXT 4 T	2,1	2,1	2,1	2,1
CX 25 Prestige (1986 - 1987) 25 Prestige autom. 1988 --› 25 Ri (1986 - 1987) 25 TRi (86) - 25 GTi 1987 --›	195/70 R 14 190/65 R 390	MXV.P H TRX H	2,4	2,0	2,4	2,0
CX 25 GTi turbo (1985 - 1986) 25 GTi turbo 2 1987 --› 25 Prestige turbo (1986) 25 Prestige turbo 2 1987 --›	210/55 VR 390	TRX	2,3	1,5	2,3	1,5
CX 25 RD turbo (85 - 86 - 87) 25 RD turbo 2 1988 --› 25 TRD turbo (85 - 86 - 87) 25 TRD turbo 2 1988 --› 25 TRD tur. Limous.(86 - 87) 25 Limous.tur.2 diesel 88 --›	195/70 R 14 190/65 R 390	MXV.P H TRX H	2,4	2,0	2,4	2,0
XM 2.0 - 2.0 Séduction	185/65 R 15	MXV 2 H	2,2	1,9	2,2	1,9
XM2.0i -2.0iAmbiance et Harmonie	195/60 R 15	MXV 2 H	2,1	1,9	2,1	1,9
XM V6 3.0 - V6 3.0 Ambiance	205/60 R 15	MXV 2 V	2,2	1,9	2,2	1,9
XM 2.1 Diesel Séduction	175/70 R 15	MXL T	2,4	1,9	2,4	1,9
XM D 12 Séduction	185/65 R 15	MXL H	2,3	1,9	2,3	1,9
XM 2.1 Diesel Harmonie XM D 12 Harmonie	185/65 R 15	MXL-MXT-MXV 2 T/H	2,3	1,9	2,3	1,9
XM 2.1 Turbo Diesel XMTurboD12Ambiance et Harmonie	195/65 R 15	MXV 2 H	2,2	1,9	2,2	1,9
XM V6 24 Exclusive	205/60 ZR 15	MXV 2	2,2	1,9	2,2	1,9
FERRARI						
208GTBturbo-GTSturbo 11/89 --› 328 GTB - 328 GTS	AV : 205/55 ZR 16 AR : 225/50 ZR 16	MXX MXX	2,3 -	- 2,4	2,3 -	- 2,4
F 40	AV : 235/45 ZR 17 AR : 335/35 ZR 17	MXX MXX	2,8 -	- 2,8	2,8 -	- 2,8
Mondial 3.2-Mondial 3.2 Cabriolet	AV : 220/55 VR 390 AR : 240/55 VR 390	TRX TRX	2,4 -	- 2,4	2,4 -	- 2,4
	AV : 205/55 ZR 16 AR : 225/50 ZR 16	MXX MXX	2,4 -	- 2,4	2,4 -	- 2,4
Mondial T - Mondial T cabriolet	AV : 205/55 ZR 16 AR : 225/55 ZR 16	MXX MXX	2,4 -	- 2,4	2,4 -	- 2,4
Testarossa	AV : 225/50 ZR 16 AR : 255/50 ZR 16	MXX MXX	2,6 -	- 2,8	2,6 -	- 2,8

Véhicules Marques et types	Equipements pneumatiques		Utilisation courante AV	AR	Autres utilisations AV	AR
FIAT						
Croma 1600 - Croma 2.0 CHT Croma diesel	175/70 R 14	MXL-MXT-MXV-MXV2 T/H	2,0	2,0	2,2	2,2
Croma 2.0ie turbo	195/60 VR 14	MXV - MXV 2 V				
Croma turbo diesel 1989 --›	185/70 R 14 / 195/65 R 14	MXV - MXV 2 H / MXV H	2,2	2,2	2,3	2,3
Croma turbo diesel id	175/70 R 14	MXL-MXT-MXV-MXV2 T/H	2,0	2,0	2,2	2,2
Tempra 1.4 Tempra1.6-1.6 Selecta-1.6ieEuropa	165/70 R 13	MXL-MXT-MXV T/H	2,0	2,0	2,0	2,2
Tempra 1.4 SX	165/65 R 14	MXL-MXT-MXV T/H	2,0	2,0	2,0	2,2
Tempra 1.6 SX - 1.6 SX Selecta Tempra 1.6 ie SX Europa	185/60 R 14	MXV 2 H	2,2	2,2	2,4	2,4
Tempra 1.8ie	175/65 R 14 / 185/60 R 14	MXV 2 H / MXV 2 H				
Tempra 2.0ie SX Europa	185/60 R 14	MXV 2 H	2,2	2,2	2,4	2,4
Tempra diesel	175/65 R 14	MXL-MXT-MXV 2 T/H				
Tempra diesel SX	175/65 R 14	MXL-MXT-MXV 2 T/H				
Tempra turbo diesel	185/60 R 14	MXV 2 H				
Tipo 1100 - 1400 - 1600	165/70 R 13 / 165/65 R 14	MXL-MXT-MXV T/H / MXL-MXT-MXV T/H	2,0	1,9	2,0	2,2
Tipo D	165/70 R 13 / 165/65 R 14	MXL-MXT-MXV T/H / MXL-MXT-MXV T/H	2,1 / 2,2	1,9 / 1,9	2,1 / 2,2	2,2 / 2,2
Tipo turbo DS X	175/65 R 14 / 185/60 R 14	MXL-MXT-MXV 2 T/H / MXV - MXV 2 H	2,2	2,2	2,4	2,4
Tipo 16 V	175/65 R 14 / 185/60 R 14	MXV 2 H / MXV - MXV 2 H				
Uno 60 - 60 S 07/90 --› Uno 60 Selecta --›9/89 et 7/90--›	155/70 R 13	MXL-MXT-MXV S/T/H	1,9	1,9	2,0	2,2
Uno 60 SX 07/90 --› Uno 70 SXie 07/90 --› Uno 70 Selecta ie 07/90 --›	165/65 R 13	MXL - MXT T	1,9	1,9	2,0	2,2
Uno turbo diesel Uno 70 turbo diesel	155/70 R 13	MXL-MXT-MXV S/T/H	2,0	1,9	2,2	2,2
Uno turbo ie	175/60 R 13	MXV H	2,2	2,2	2,3	2,5
FORD						
Aerostar	P 215/70 R 14	XA 4 S	2,3	2,6	2,3	2,6
Escort 1.8 D	155 R 13	MX S	1,8	2,0	2,0	2,3
Escort Ghia 1.8 D	175/70 R 13	MXL-MXT-MXV-MXV2 T/H	1,8	2,0	2,0	2,3
Escort XR 3i turbo RS turbo 1.6 i --› 1989	195/50 R 15	MXV 2 V	1,8	1,8	1,8	2,0
Escort RS turbo 1.6i (1990)			1,8	1,8	2,0	2,0
Fiesta1.1CLX-1.1CLXautom.(90) 1.1 Ghia - 1.4 Ghia (90) 1.4CLX-1.4CLXautom.(90) 1.4 Ghia autom. (90)	155/70 R 13	MXL-MXT-MXV S/T/H	2,0	1,8	2,3	2,8
Fiesta 1.4 S - 1.6 S (1990)	165/65 R 13	MXL - MXT T	1,8	1,8	2,3	2,8
Fiesta XR 2 i (1990)	185/60 R 14	MXV 2 H	1,8	1,8	2,1	2,3
Fiesta 1.8 D C - CL (1990)	145 R 13	MX S	2,0	1,8	2,5	2,8
Orion1.6DetGhia-1.6 autom.etGhia Orion 1.8 D (90)	155 R 13 / 175/70 R 13	MX S / MXL-MXT-MXV-MXV2 T/H	1,8	2,0	2,0	2,3
Orion Ghia1.6i 04/88 --›	185/60 R 14	MXV - MXV 2 H	1,6	2,0	2,0	2,3
Scorpio 2.0 - 2.5 D (4/88 à 3/90)	185/70 R 14	MXL-MXT-MXV-MXV2 T/H	1,8	1,8	2,1	2,9
Scorpio Ghia/GLS 2.0i - 2.4i	185/70 R 14 / 195/65 R 15	MXV - MXV 2 H / MXV - MXV 2 H	1,8	1,8	2,1	2,9
Scorpio 2.5 turbo diesel	175 R 14 / 195/65 R 15	MX T / MXV - MXV 2 H	1,8	1,8	2,1	2,9
Scorpio GL 2.8i - 2.9i --› 3/88 Ghia 2.8i - 2.9i	185/70 VR 14 / 195/65 VR 15	MXV / MXV - MXV 2 V	1,8	1,8	2,1	2,9

Véhicules Marques et types	Equipements pneumatiques		Utilisation courante AV	Utilisation courante AR	Autres utilisations AV	Autres utilisations AR
FORD (suite)						
Scorpio Ghia 2.9i	195/65 R 15	MXV - MXV 2 H	1,8	1,8	2,1	2,9
Scorpio Ghia 2.9i cat. 04/90 --›			1,8	1,8	2,1	3,1
Sierra Ghia 1.8-2.0e tautom 87 --› 2.0i autom. 87 --›	195/65 R 14	MXL-MXT-MXV T/H	1,8	1,8	2,0	2,5
Sierra 2.0i sans ABS	185/70 R 13	MXV H	1,8	1,8	2,0	2,5
Sierra Ghia 2.0i 87 --›	195/65 R 14	MXV H	1,8	1,8	2,0	2,5
Sierra 2.3 D avec ABS	195/65 R 14	MXL-MXT-MXV T/H	2,0	2,0	2,0	2,5
Sierra 2.3 D GT 04/90 --›	195/65 R 14	MXL-MXT-MXV T/H	1,8	1,8	2,0	2,5
HONDA						
Accord 2.0 12 S: (89) EX-EXi-EXi autom.	185/65 R 14	MXV - MXV 2 H	2,1	2,0	2,1	2,0
Accord EX 2.0 01/90 --›	185/70 R 14 185/65 R 15	MXV - MXV 2 H MXV - MXV 2 H				
Accord EXi 2.0i 01/90 --›	185/70 R 14 185/65 R 15 195/60 VR 15	MXV - MXV 2 H MXV - MXV 2 H MXV V	2,2	2,1	2,7	2,6
CRX 1.5	175/70 R 13 185/60 R 14	MXV - MXV 2 H MXV - MXV 2 H	1,8	1,8	1,8	2,0
Concerto GL 1.4 16S - EX 1.6 16S	175/65 R 14	MXL-MXT-MXV2 T/H	1,9	1,8	2,1	2,0
Concerto SX 1.6i 16S	185/60 R 14	MXV 2 H	1,9	1,8	2,1	2,0
Legend 2.7i V6 - 2.7i V6 autom.	205/60 R 15	MXV 2 V	2,3	2,2	2,3	2,2
Prélude 2.0 EX			1,9	1,8	1,9	2,2
Prélude 2.0 EX 4 WS 2.0 EX 4 WS automatique	185/70 R 13	MXV H	2,0	2,0	2,0	2,0
JAGUAR						
XJ S - XJ SC : 3.6 (87 à 9/88) XJ S V 12 : 5.3 (87 à 9/88) XJ SC V 12 : 5.3 (87 à 9/88) Sovereign V 12 : 5.3 (87à9/88) Double Six : 5.3 (87 à 9/88)	215/70 VR 15	XWX	2,3	2,3	2,3	2,3
Sovereign V12 (10/89 à 9/90) Daimler Double Six (10/89 à 9/90)			2,5	2,2	2,5	2,5
Sovereign V12 10/90 --› Daimler Double Six 10/90 --›			2,5	2,5	2,5	2,5
XJS 3.6-XJS V12 5.3 10/89 --›			2,2	2,2	2,2	2,2
LADA						
Samara 89 --›	165/70 R 13	MXL-MXT-MXV T/H	1,9	2,0	1,9	2,0
LANCIA						
Dedra 1.6ie	175/65 R 14 185/60 R 14	MXL-MXT-MXV2 T/H MXV - MXV 2 H	2,0	2,0	2,2	2,2
Dedra 1.8ie	175/65 R 14 185/60 R 14	MXV 2 H MXV - MXV 2 H	2,1	2,0	2,3	2,2
Dedra 2.0ie	185/60 R 14	MXV - MXV 2 H	2,2	2,1	2,3	2,2
Dedra turbo diesel	175/65 R 14 185/60 R 14	MXL-MXT-MXV2 T/H MXV - MXV 2 H	2,3	2,1	2,4	2,2
Delta turbo diesel	165/65 R 14	MXL-MXT-MXV T/H	2,3	2,0	2,4	2,1
Delta HF intégrale 88 --›	195/55 R 15	MXV - MXV 2 V	2,0	2,0	2,2	2,2
Delta HF intégrale 16V	205/50 ZR 15	MXX				
Thema 2.0ie-2.0ie 16 V autom	175/70 R 14 195/60 R 14	MXV - MXV 2 H MXV - MXV 2 H	2,0 2,2	2,0 2,2	2,2 2,3	2,2 2,3
Thema 2.5 turbo diesel	185/65 R 14 195/60 R 14	MXL-MXT-MXV-MXV2 T/H MXV - MXV 2 H	2,2	2,2	2,3	2,3
Thema V6 automatique	185/70 VR 14 195/60 VR 14	MXV MXV - MXV 2 V	2,2	2,2	2,3	2,3

X

Véhicules Marques et types	Equipements pneumatiques		Pressions (bar) Utilisation courante AV	Utilisation courante AR	Autres utilisations AV	Autres utilisations AR
LANCIA (suite)						
Thema SW turbo 16V	195/60 VR 15	MXV V	2,3	2,4	2,6	2,8
Thema SWie 16V Thema SW turbo DS automatique	185/70 R 14 195/65 R 14	MXV - MXV 2 H MXV H	2,3	2,4	2,6	2,8
MASERATI						
222	195/55 R 15 205/50 R 15	MXV 2 V MXV 2 V	2,1	2,2	2,3	2,5
222 E - 2.24 V	205/50 R 15	MXV 2 V	2,0	2,2	2,3	2,6
228 i 02/90 -->	AV : 205/55 VR 15 AR : 225/50 VR 15	MXW MXW	2,2 -	- 2,2	2,3 -	- 2,4
Biturbo 420 - Biturbo 420i	205/60 VR 14	MXV	1,9	1,8	2,1	2,0
422 - 430 --> 01/90	205/55 VR 15	MXW	2,2	2,2	2,3	2,3
422 - 430 02/90 -->	205/55 VR 15	MXW	2,2	2,3	2,4	2,5
MAZDA						
323 1.3 LX - GLX (90)	155 R 13	MX S	2,0	1,8	2,2	2,0
323 GTi 1.6 (89)	175/70 R 13	MXV - MXV 2 H	2,0	1,8	2,0	1,8
323 1.6 LX - GLX (90) 1.7 diesel LX - GLX (90)	175/70 R 13	MXL-MXT-MXV-MXV 2 T/H	2,0	1,8	2,2	2,0
323 1.8 GT (90)	185/60 R 14	MXV - MXV 2 H	2,1	1,9	2,2	2,1
626 1.8 DX - LX - GLX --> 88	165 R 13 185/70 R 13	MX T MXL-MXT-MXV T/H	2,0	1,8	2,0	1,8
626 2.0LX 2.0 12V LX/GLX --> 88	185/70 R 14	MXL-MXT-MXV-MXV 2 T/H	2,0	1,8	2,0	1,8
626 2.0 diesel LX - GLX 88 -->	165 R 13 185/70 R 13	MX T MXL-MXT-MXV T/H	2,2	1,8	2,2	1,8
929 2.2 LX - 2.2i GLX 88 -->	195/70 R 14	MXV.P H	1,9	1,9	1,9	1,9
MX 5	185/60 R 14	MXV 2 H	1,8	1,8	1,8	1,8
MERCEDES						

Type R 107
   300 SL - 420 SL
   500 SL - 560 SL - SEL
	205/65 R 15	MXV V	2,0(2)
			2,4(3)
				2,4(2)
				2,8(3)
					2,0(2)
					2,4(4)
						2,4(2)
						2,8(4)

Type R 129 300 SL - 300 SL 24	225/55 ZR 16	MXX	2,0(6) 2,2(3)	2,3(6) 2,5(3)	2,0(6) 2,2(4)	2,7(6) 2,9(4)
500 SL			2,1(7) 2,5(3)	2,3(7) 2,7(3)	2,1(7) 2,5(4)	2,8(7) 3,2(4)
Type W 124 200 09/89 -->	185/65 R 15 195/65 R 15	MXV - MXV 2 H MXV - MXV 2 H	2,0(2) 2,2(3)	2,0(2) 2,2(3)	2,0(2) 2,2(4)	2,5(2) 2,7(4)
	205/60 R 15	MXV - MXV 2 H	2,0(2) 2,2(3)	2,2(2) 2,4(3)	2,0(2) 2,2(4)	2,5(2) 2,7(4)
200 D 09/89 -->	185/65 R 15 195/65 R 15	MXL-MXT-MXV-MXV 2 T/H MXL-MXT-MXV-MXV 2 T/H	2,0	2,0	2,0	2,5
	205/60 R 15	MXV - MXV 2 H	2,0	2,2	2,0	2,5
200 E 09/89 --> 230 E 09/89 -->	195/65 R 15	MXV - MXV 2 H	2,0(2) 2,2(3)	2,0(2) 2,2(3)	2,0(2) 2,2(4)	2,5(2) 2,7(4)
	205/60 R 15	MXV - MXV 2 H	2,0(2) 2,2(3)	2,2(2) 2,4(3)	2,0(2) 2,2(4)	2,5(2) 2,7(4)
250 D 09/89 -->	185/65 R 15 195/65 R 15	MXL-MXT-MXV-MXV 2 T/H MXL-MXT-MXV-MXV 2 T/H	2,0	2,0	2,0	2,5
	205/60 R 15	MXV - MXV 2 H	2,0	2,2	2,0	2,5
260 E 09/89 --> 300 CE 09/89 -->	195/65 R 15	MXV - MXV 2 V	2,0(2) 2,2(3)	2,0(2) 2,2(3)	2,0(2) 2,2(4)	2,5(2) 2,7(4)
	205/60 ZR 15	MXV	2,0(2) 2,2(3)	2,2(2) 2,4(3)	2,0(2) 2,2(4)	2,5(2) 2,7(4)

(2) Pression jusqu'à 180 km/h   (3) Pression pour vitesse maxi   (4) Pression pour charge et vitesse maxi
(6) Pression jusqu'à 210 km/h   (7) Pression jusqu'à 220 km/h

X

Véhicules Marques et types	Equipements pneumatiques		Pressions (bar) Utilisation courante AV	AR	Autres utilisations AV	AR

MERCEDES (suite)

Véhicules	Pneumatiques		AV	AR	AV	AR
Type W 124 (suite)						
300 E 09/89 --›	195/65 R 15	MXV - MXV 2 V	2,0(2) 2,3(3)	2,0(2) 2,3(3)	2,0(2) 2,3(4)	2,5(2) 2,8(4)
	205/60 ZR 15	MXV	2,0(2) 2,3(3)	2,2(2) 2,5(3)	2,0(2) 2,3(4)	2,5(2) 2,8(4)
300 E 24 S 09/89 --›	195/65 ZR 15	MXV	2,1(6) 2,4(3)	2,2(6) 2,5(3)	2,2(6) 2,5(4)	2,9(6) 3,2(4)
	205/60 ZR 15	MXV	2,1(6) 2,4(3)	2,4(6) 2,7(3)	2,2(6) 2,5(4)	2,9(6) 3,2(4)
300 D 09/89 --›	195/65 R 15 / 205/60 R 15	MXV - MXV 2 H / MXV - MXV 2 H	2,0 2,0	2,0 2,2	2,0 2,0	2,5 2,5
300D turbo auto.09/89 --›	195/65 R 15	MXV - MXV 2 H	2,0(2) 2,2(3)	2,0(2) 2,2(3)	2,0(2) 2,2(4)	2,5(2) 2,7(4)
	205/60 R 15	MXV - MXV 2 H	2,0(2) 2,2(3)	2,2(2) 2,4(3)	2,0(2) 2,2(4)	2,5(2) 2,7(4)
Type W 124 4 matic et T 4 matic						
260 E - 300 E 09/89 --›	195/65 R 15	MXV - MXV 2 V	2,1(2) 2,4(3)	2,1(2) 2,4(3)	2,1(2) 2,4(4)	2,4(2) 2,7(4)
300 D turbo 01/89 --›	195/65 R 15	MXV - MXV 2 H				
Type W 126 - V 126 - C 126						
300 SE - SEC 09/87 --› 420SE-SEC-SEL09/87--› 500SE-SEC-SEL 10/86--›	205/65 R 15	MXV V	1,9(1) 2,1(2) 2,5(3)	2,1(1) 2,3(2) 2,7(3)	2,0(1) 2,2(2) 2,6(4)	2,5(1) 2,7(2) 3,1(4)
Type W 201						
190 - 190 E 09/89 --›	185/65 R 15 / 205/55 R 15	MXV - MXV 2 H / MXV H	2,0	2,2	2,2	2,6
190 E 2.3 16 S	205/55 R 15	MXV V	2,2	2,4	2,4	2,8
190 E 2.5 16 S	205/55 ZR 15	MXV	2,3	2,5	2,5	3,0
190 E 2.6 11/88 --›	185/65 VR 15 / 205/55 ZR 15	MXV / MXV	2,1	2,3	2,3	2,8
190 D 11/88 --›	185/65 R 15 / 205/55 R 15	MXL-MXT-MXV-MXV 2 T/H / MXV H	1,8	2,0	2,0	2,3
190D2.5turbo 11/88 --›	185/65 R 15 / 205/55 R 15	MXV - MXV 2 H / MXV H	2,1	2,3	2,3	2,8

MITSUBISHI

Véhicules	Pneumatiques		AV	AR	AV	AR
Colt 1500 T (1988)	175/70 R 13	MXL-MXT-MXV-MXV 2 T/H	1,6	1,6	1,6	1,6
Colt 1500 GLX	175/70 R 13	MXV - MXV 2 H				
Colt 1600 turbo	175/70 R 13 / 185/60 R 14	MXV - MXV 2 H / MXV - MXV 2 H	1,8	1,8	1,8	1,8
Colt 1600 GTi 16S	195/60 R 14	MXV - MXV 2 H	2,0	2,0	2,0	2,0
Galant 1800 GLS 1988 --›	185/70 R 14	MXV - MXV 2 H	2,0	2,0	2,0	2,0
Galant 2000 GLSi 1988 --›	195/65 R 14	MXV H	2,0	1,8	2,0	1,8
Lancer HB 1500 GLX 1988 --›	175/70 R 13	MXV - MXV 2 H	1,6	1,6	1,6	1,6

NISSAN

Véhicules	Pneumatiques		AV	AR	AV	AR
200 SX	195/60 VR 15	MXV	2,0	2,3	2,0	2,3
300 ZX turbo 12 S	AV : 205/55 ZR 16 / AR : 225/50 ZR 16	MXX / MXX	2,0 -	- 2,3	2,3 -	- 2,6
300 ZX turbo 24 S	AV : 205/55 ZR 16 / AR : 225/50 ZR 16	MXX / MXX	2,3 -	- 2,3	2,3 -	- 2,3
300 ZX twin turbo 24 S	AV : 225/50 ZR 16 / AR : 245/45 ZR 16	MXX NO / MXX NO	2,3 -	- 2,5	2,6 -	- 2,8
Bluebird 1800 E BV 5	185/70 R 14	MXL-MXT-MXV-MXV 2 T/H	2,0	2,0	2,4	2,4
Bluebird 2000 diesel 01/90 --›	185/70 R 14	MXL-MXT-MXV-MXV 2 T/H	2,2	2,2	2,2	2,0
Maxima	205/65 R 15	MXV V	2,0	2,0	2,5	2,4
Micra 1000 L - LX - 1200 LX	155 R 12 / 155/70 R 13	MX S / MXL-MXT-MXVS/T/H	1,9	1,9	2,5	2,5

(1)Pression jusqu'à 160 km/h   (2)Pression jusqu'à 180 km/h   (3)Pression pour vitesse maxi
(4)Pression pour charge et vitesse maxi   (6)Pression jusqu'à 220 Km/h

Véhicules — Marques et types	Equipements pneumatiques		Pressions (bar) Utilisation courante AV	AR	Autres utilisations AV	AR
OPEL						
Ascona 1.6 S - 1.6 D - 1.8 N	165 R 13 185/70 R 13 185/65 R 14	MX T MXL-MXT-MXV T/H MXL-MXT-MXV-MXV 2 T/H	1,9	1,7	2,0	2,2
Calibra 2.0 i - 2.0 i 4x4 Calibra 2.0i 16V - 2.0i 4x4 16V	195/60 R 14	MXV 2 V	2,3	2,1	2,5	3,2
Corsa GL 1.2S - 1.3N - 1.3S - 1.4S	145 R 13 165/70 R 13 165/65 R 14	MX S MXL-MXT-MXV T/H MXL-MXT-MXV T/H	1,7	1,7	2,0	2,4
Corsa GT 1.5 TD 12/89 -->	165/70 R 13 165/65 R 14	MXL-MXT-MXV T/H MXL-MXT-MXV T/H	1,9	1,7	2,0	2,4
Kadett E GL-CS1.2S-1.4i-1.4S 10/89 --> GL-CS1.5TD-1.6i-1.6S 10/89 --> GL-CS 1.7 D 10/89 -->	165 R 13 175/70 R 13	MX T MXL-MXT-MXV-MXV2 T/H	1,8	1,6	1,9	2,1
	185/60 R 14	MXV 2 H	1,7	1,7	1,8	2,0
	175/65 R 14	MXV 2 H	2,1	1,9	2,2	2,4
Kadett E LS - GL 1.8 S 10/89 -->	175/65 R 14 185/60 R 14	MXV 2 H MXV 2 H	2,1	1,9	2,2	2,4
Kadett E GT 1.4S - 1.6i - 10/89 --> 1.6 N - 1.6 S	175/70 R 13	MXL-MXT-MXV-MXV2 T/H	1,8	1,6	1,9	2,1
	185/60 R 14	MXV 2 H	1,7	1,7	1,8	2,0
OmegaGL-GLS1.8i-2.0i-2.0N-2.0S GL-GLS 2.4i CD 2.0i - 2.4i - 2.3TD	185/70 R 14 175 R 14 195/65 R 15	MXV - MXV 2 H MXV.P H MXV - MXV 2 H	2,2	2,2	2,5	2,9
Omega 3.0i limousine	195/65 R 15 205/65 R 15	MXV 2 V MXV V	2,5	2,5	2,6	3,0
Vectra GL - GLS 1.7D 01/90 -->	175/70 R 14 195/60 R 14	MXL-MXT-MXV-MXV2 T/H MXV - MXV 2 H	2,1	1,9	2,4	2,6
	165 R 13	MX T	1,9	1,7	2,1	2,3
VectraGL-GLS1.8i-1.8S01/90 --> GL-GLS1.6i-1.6N-1.6S01/90-->	175/70 R 14 165 R 13	MXL-MXT-MXV-MXV2 T/H MX T	1,9	1,7	2,1	2,3
Vectra GT 1.8S - 1.8i 01/90 -->	195/60 R 14	MXV 2 V	1,9	1,7	2,1	2,3
Vectra GL 1.8S 4x4 01/90 -->	175/70 R 14 195/60 R 14	MXL-MXT-MXV-MXV2 T/H MXV - MXV 2 H	1,9	1,7	2,1	2,5
Vectra GT 2.0i - 2.0S 01/90 -->	195/60 R 14	MXV 2 V	2,1	1,9	2,4	2,6
PEUGEOT						
205 GLD-GRD-XLD-XRD 88-->	155/70 R 13	MXL-MXT-MXV S/T/H	1,9	2,1	1,9	2,1
205 XR (1360 cm3) 1988 --> GR (1360 cm3) (88/89) SR (1360 cm3) (87 à 89) Cabriolet CJ	165/70 R 13	MXL -MXT - MXV T/H	1,8	2,0	1,8	2,0
205GT-XT-XS (1360cm3) 87-->			1,9	2,1	1,9	2,1
205 GTi 1.6 (115ch)-Cabriolet CTi	185/60 R 14	MXV-MXV 2 H	2,0	2,0	2,0	2,0
205 GTi 1.9 (130ch)	185/55 R 15	MXV.P V	2,3	2,3	2,3	2,3
205 Rallye	165/70 R 13	MXV H	1,9	2,1	1,9	2,1
309 GR-SR-XR-XS 1.6-SX 1.6			1,9	2,1	1,9	2,1
309 GLD-GRD-SRD-XLD-XRD 309 automatic	165/70 R 13	MXL-MXT-MXV T/H	2,1	2,2	2,1	2,2
309 XS 1.9 - SX 1.9 1990 --> SRD turbo diesel 1990 -->	175/65 R 14	MXV 2 H	2,0	2,0	2,0	2,0
309 GT			1,9	1,8	1,9	1,8
309 GTi (130ch)	185/55 R 15	MXV.P V	2,0	2,0	2,0	2,0
405 GR 1.9 (7cv) - SR 1.9 (7cv)	175/70 R 14 185/65 R 14	MXL-MXT-MXV-MXV2 T/H MXV-MXV 2 H	2,0	2,0	2,0	2,0
405 GRD	175/70 R 14	MXL-MXT-MXV-MXV2 T/H	2,1	2,1	2,1	2,1
405 GRD turbo - SRD turbo	185/65 R 14	MXV-MXV 2 H	2,1	2,2	2,1	2,2
405 GR 1.9 (9cv) - SR 1.9 (9cv)			2,0	2,0	2,0	2,0
405 GRi-Si-SRi-GR et SRi Auto.			2,0	2,1	2,0	2,1

Véhicules Marques et types	Equipements pneumatiques		Pressions (bar)			
			Utilisation courante		Autres utilisations	
			AV	AR	AV	AR
PEUGEOT (suite)						
405 Mi 16　　　　　1990 -->	195/55 R 15	MXV 2　　　　V	2,1	2,1	2,1	2,1
505 GR - SR (9cv)	185/70 R 14	MXL-MXT-MXV-MXV2 T/H	1,8	2,1	1,8	2,1
505 SRD turbo			1,9	2,1	1,9	2,1
505 ST - GTi　　　(1989)	185/65 R 15	MXL-MXT-MXV-MXV2 T/H	2,1	2,2	2,1	2,2
505 turbo injection	195/60 VR 15	MXV　　　　　V	2,1	2,2	2,1	2,2
505 GTD turbo-STD turbo 89 -->	185/65 R 15	MXL-MXT-MXV-MXV2 T/H	2,2	2,4	2,2	2,4
605 SL	185/65 R 15	MXV 2　　　　H	2,2	2,2	2,2	2,2
605 SRi - SRi automatique	195/65 R 15	MXV 2　　　　H				
605 SLD - SRD	195/65 R 15	MXL-MXT-MXV-MXV2 T/H	2,4	2,4	2,4	2,4
605 SRDT - SVDT	195/65 R 15	MXV 2　　　　H				
605 SR 3.0-SV 3.0 et automatique	205/60 R 15	MXV 2　　　　V	2,3	2,3	2,3	2,3
605 SX 24	205/55 ZR 16	MXV 2-MXX				
PORSCHE						
911 Carrera Turbo Look 8/88 --> turbo	AV : 205/55 ZR 16 AR : 245/45 ZR 16	MXX NO MXX NO	2,0 -	- 3,0	2,0 -	- 3,0
911 Carrera 2 911 Carrera 4	AV : 205/55 ZR 16 AR : 225/50 ZR 16	MXX NO MXX NO	2,5 -	- 3,0	2,5 -	- 3,0
924 S　　　　　8/88 -->	205/55 ZR 16	MXX NO	2,0	2,5	2,0	2,5
944　　　　　8/88 -->	AV : 205/55 ZR 16 AR : 225/50 ZR 16	MXX NO MXX NO	2,0 -	- 2,5	2,0 -	- 2,5
	AV : 225/50 ZR 16 AR : 245/45 ZR 16	MXX NO MXX NO	2,0 -	- 2,5	2,0 -	- 2,5
944 S - 944 turbo　　8/88 -->	AV : 205/55 ZR 16 AR : 225/50 ZR 16	MXX NO MXX NO	2,5 -	- 2,5	2,5 -	- 2,5
	AV : 225/50 ZR 16 AR : 245/45 ZR 16	MXX NO MXX NO	2,5 -	- 2,5	2,5 -	- 2,5
RENAULT						
Clio 1.1 RL BV4	145/70 R 13	MXL-MXT　　S/T	2,1	2,1	2,4	2,4
Clio 1.1 RL - RN BV5	155/70 R 13	MXL-MXT-MXV S/T/H				
Clio 1.2 RL - RN	155/70 R 13	MXL-MXT-MXV S/T/H	1,9	2,1	2,1	2,3
Clio 1.2 RT			2,0	2,1	2,2	2,3
Clio 1.4 RN - RT	165/65 R 13	MXL-MXT　　T	1,9	2,1	2,1	2,3
Clio 1.7 RT - Baccara	165/60 R 14	MXV　　　　H	2,0	2,0	2,2	2,2
Clio 1.9 diesel RL	155/70 R 13	MXL-MXT-MXV S/T/H	2,2	2,2	2,4	2,4
Clio 1.9 diesel RN - RT	155/70 R 13 165/65 R 13	MXL-MXT-MXV S/T/H MXL-MXT　　T	2,2 2,1	2,2 2,1	2,4 2,3	2,4 2,3
Clio Sport 1.9	185/60 R 14 185/55 R 15	MXV 2　　　　V MXV 2　　　　V	2,0	2,0	2,2	2,2
Espace 2000 GTS 88 --> - 2000 TSE turbo DX-turbo diesel 88-->	185/65 R 14	MXL-MXT-MXV-MXV2 T/H	2,4	2,1	2,4	2,4
Espace 2001 ess.　　01/88 -->	195/65 R 14	MXV　　　　H	1,9	1,8	2,2	2,2
Espace 2000 TXE Quadra-2001 Quadra	195/65 R 14	MXT 4　　　　T	2,0	1,7	2,0	2,0
R5 SD - TD - GTD　　1988 -->	155/70 R 13 165/65 R 13	MXL-MXT-MXV S/T/H MXL-MXT　　T	2,0	2,0	2,2	2,2
R5 GTS 1988 --> - R5 TS	165/65 R 13	MXL-MXT　　T	1,8	2,0	2,0	2,2
R5 GT turbo　　　1988 -->	175/60 R 13 195/55 R 13	MXV　　　　H MXV　　　　H	1,8 1,8	1,8 1,8	2,2 1,8	2,2 1,8
R9 GTX - TXE - R9 Electronic	175/70 R 13	MXL-MXT-MXV-MXV2 T/H	1,7	1,9	1,9	2,0
R9 turbo	175/65 R 14	MXV 2　　　　H	1,9	1,9	2,1	2,1
R11 GTX - TXE - R11 Electronic	175/70 R 13	MXL-MXT-MXV-MXV2 T/H	1,7	1,9	1,8	2,0
R11 turbo	175/65 R 14	MXV 2　　　　H	1,9	1,9	2,1	2,1
R19 TD - GTD - TDE et Chamade	165/70 R 13	MXL-MXT-MXV　T/H	2,0	2,0	2,2	2,2
R19 GTX - TXE et Chamade	175/70 R 13 175/65 R 14	MXL-MXT-MXV-MXV2 T/H MXL-MXT-MXV2 T/H	1,8	2,0	2,0	2,2

Véhicules Marques et types	Equipements pneumatiques		Utilisation courante AV	Utilisation courante AR	Autres utilisations AV	Autres utilisations AR
RENAULT (suite)						
R19 Sport 16S et Chamade	195/50 R 15	MXV 2 V	2,0	2,0	2,2	2,2
R19 TXi	175/65 R 14	MXV 2 H	1,8	2,0	2,0	2,2
R21 Ti - RX - GTX - TXE	185/65 R 14	MXV-MXV2 H	1,8	2,0	2,0	2,2
R21 GTX et TXE automatic	185/65 R 14	MXV-MXV2 H	1,9	2,0	2,1	2,2
R21 TXi	185/55 R 15	MXV 2 V	2,1	2,1	2,3	2,3
R21 TXi Quadra	185/55 R 15	MXV 2 V	2,3	2,3	2,5	2,5
R21 GSD - GTD	175/70 R 13	MXL-MXT-MXV-MXV2 T/H	1,8	2,0	2,0	2,2
R21 GSD - GTD	175/65 R 14	MXL-MXT-MXV2 T/H	2,0	2,0	2,3	2,3
R21 turbo D - turbo DX	185/70 R 13 / 185/65 R 14	MXL-MXT-MXV T/H / MXL-MXT-MXV-MXV2 T/H	2,0	2,0	2,3	2,3
R21 turbo 2.0	195/55 ZR 15	MXV 2	2,2	2,0	2,5 / 2,8(4)	2,3 / 2,5(4)
R21 turbo 2.0 Quadra	195/55 ZR 15	MXV 2	2,5	2,3	2,6 / 2,9(4)	2,4 / 2,6(4)
R25 TX 6/88 -->	185/70 R 14 / 195/60 R 15	MXV-MXV2 H / MXV-MXV 2 H	1,8	2,0	2,0	2,2
R25 GTS - GTD 06/88 --> / R25 Turbo D - turbo DX 6/88 -->	185/70 R 14 / 195/60 R 15	MXL-MXT-MXV-MXV2 T/H / MXV-MXV 2 H	1,8	2,0	2,0	2,2
R25 V.6 injection 88 --> / R25 TX V.6 injection Baccara	195/60 VR 15	MXV V	2,1	2,2	2,3	2,5
R25 V.6 inject. automatic 88 -->	195/60 VR 15	MXV V	2,2	2,2	2,4	2,5
R25 V.6 turbo (89)	205/60 R 15	MXV 2 V	2,2	2,0	2,5	2,3
R25 V.6 turbo - Baccara 1990 -->	205/55 ZR 16	MXV 2	2,2	2,0	2,5	2,3
ROVER (voir AUSTIN)						
214 GSi - 216 GSi	175/65 R 14 / 185/60 R 14	MXL-MXT-MXV2 T/H / MXV 2 H	2,1	2,1	2,5	2,5
820 E - 820i 08/89 -->	195/70 R 14 / 195/65 R 15	MXV.P H / MXV-MXV 2 V	1,8 / 2,2(3)	1,8 / 2,2(3)	1,9 / 2,3(4)	1,9 / 2,3(4)
820 SE - 820Si 08/89 -->	195/65 R 15	MXV-MXV 2 V	1,8 / 2,2(3)	1,8 / 2,2(3)	1,9 / 2,3(4)	1,9 / 2,3(4)
825i - 825i Sterling	195/65 R 15	MXV-MXV 2 V	1,9 / 2,5(3)	1,9 / 2,5(3)	2,0 / 2,6(4)	1,9 / 2,5(4)
827 Si - 827 Sterling 08/89 -->	195/65 R 15	MXV-MXV 2 V	1,9 / 2,5(3)	1,9 / 2,5(3)	2,1 / 2,7(4)	2,1 / 2,7(4)
SAAB						
900i - 900i 16	185/65 R 15	MXL-MXT-MXV-MXV2 T/H	2,0	2,1	2,2	2,3
900 turbo 16 - turbo 16S 90 -->	195/60 VR 15	MXV V	2,1	2,2	2,6	2,7
9000 turbo 16 1990 -->	205/55 R 15 / 195/60 VR 15	MXV V / MXV V	2,3 / 2,3	2,3 / 2,3	3,0 / 2,9	3,0 / 2,9
9000 CD turbo 16 1990 -->	195/65 R 15	MXV 2 V	1,9	1,9	2,6	2,6
SEAT						
Ibiza 1.5 GLX (1990)	155 R 13	MX S	2,0	1,9	2,0	2,1
Ibiza 1.5 GLX (1990)	165/65 R 14	MXL-MXT-MXV T/H	2,0	1,9	2,0	2,2
Ibiza 1.5 GLX (1990)	165/70 R 13	MXL-MXT-MXV T/H	2,0	1,9	2,0	2,2
Ibiza 1.7 XLD	155 R 13	MX S	2,1	1,9	2,1	2,1
Ibiza 1.7 XLD	165/70 R 13	MXL-MXT-MXV T/H	2,1	1,9	2,1	2,1
Ibiza SXi 1989 -->	185/60 R 14	MXV-MXV2 H	2,0	1,9	2,0	2,2
Malaga 1.2GLX - 1.5GLX 89 -->	155 R 13	MX S	2,0	1,9	2,0	2,1
Malaga 1.2GLX - 1.5GLX 89 -->	165/65 R 14	MXL-MXT-MXV T/H	2,0	1,9	2,0	2,2
Malaga 1.2GLX - 1.5GLX 89 -->	165/70 R 13	MXL-MXT-MXV T/H	2,0	1,9	2,0	2,2
Malaga 1.7 GLX Diesel 89 -->	155 R 13	MX S	2,0	1,9	2,0	2,2
Malaga 1.7 GLX Diesel 89 -->	165/65 R 14	MXL-MXT-MXV T/H	2,0	1,9	2,0	2,2
Malaga 1.7 GLX Diesel 89 -->	165/70 R 13	MXL-MXT-MXV T/H	2,0	1,9	2,0	2,2
Malaga SXi	185/60 R 14	MXV-MXV2 H	2,0	1,9	2,1	2,2
Marbella XL-Junior-Spécial 90 -->	135 R 13	MX S	1,7	1,9	2,0	2,3

(3) Pression pour vitesse maxi   (4) Pression pour charge et vitesse maxi

Véhicules Marques et types	Equipements pneumatiques		Utilisation courante AV	Utilisation courante AR	Autres utilisations AV	Autres utilisations AR
TOYOTA						
Carina II - Carina II GLi autom.	185/65 R 14	MXV - MXV 2 H	1,9	1,9	2,4	2,3
Carina II 2000 diesel	185/70 R 13	MXV H	1,8	1,8	2,0	1,8
Celica 2000 GT - 2000 GT cabriolet	195/60 VR 14	MXV - MXV 2 V	2,1	2,1	2,1	2,1
Celica 2.0 GTi 16S	205/60 VR 14	MXV	2,1	2,1	2,7	2,7
Corolla 1600 GTi	185/60 R 14	MXV - MXV 2 H	1,8	1,8	1,8	1,8
MR 2.0i	AV : 195/60 VR 14 AR : 205/60 VR 14	MXV MXV	1,8 -	- 2,2	2,0 -	- 2,4
Supra 3000 GT et autom.	225/50 ZR 16	MXX	2,2	2,2	2,2	2,2
Supra 3000 GT turbo et autom.			2,3	2,5	3,0	3,0
VOLKSWAGEN						
Corrado (136 ch)	185/60 R 14 185/55 R 15 195/50 R 15	MXV 2 V MXV 2 V MXV 2 V	2,6	2,3	2,8	2,5
Golf 1.6 TD 02/90 --›	185/60 R 14 185/55 R 15	MXV 2 V MXV 2 H	2,0	1,8	2,2	2,4
Golf 1.8 09/89 --›	175/70 R 13 185/60 R 14 185/55 R 15 195/50 R 15	MXV 2 H MXV 2 H MXV 2 V MXV 2 V	2,0	1,8	2,2	2,4
Golf GTi 16S 1.8i 09/89 --›	185/60 R 14 185/55 R 15 195/50 R 15	MXV 2 V MXV 2 V MXV 2 V	2,2	2,0	2,5	2,7
Golf Syncro 1.8 09/89 --›	175/70 R 13 185/60 R 14 185/55 R 15	MXV 2 H MXV 2 H MXV 2 V	2,1	2,1	2,3	2,7
Jetta Syncro 1.8 02/90 --› Jetta Syncro 1.8 GT 02/90 --›	185/60 R 14 185/55 R 15	MXV 2 H MXV 2 V	2,1	2,1	2,3	2,9
Jetta 1.6D-1.6TD-1.8GT-1.8i 9/89 --›	185/60 R 14	MXV 2 H	2,0	1,8	2,2	2,6
Jetta 1.6i 9/89 --›	185/55 R 15	MXV 2 V	2,0	1,8	2,0	2,6
Jetta 1.8GTi 9/89 --›	185/60 R 14 185/55 R 15	MXV 2 H MXV 2 V	2,0	1,8	2,4	2,8
Passat 1.6TD 9/89 --› Passat 1.8 9/89 --›	185/60 R 14 195/60 R 14	MXL-MXT-MXV-MXV2 T/H MXV 2 V	2,1	2,1	2,4	2,7
Passat 1.9DG 9/89 --›	195/55 R 15	MXV 2 V	2,2	2,2	2,6	2,9
Passat 1.8i 9/89 --›	185/60 R 14 195/60 R 14 195/55 R 15	MXV 2 H MXV 2 H MXV 2 V	2,2	2,2	2,6	2,9
Polo GT 1.3i - Coupé 1.0 9/89 --›	155/70 R 13	MXL-MXT-MXVS/T/H	1,8	1,8	2,1	2,4
Polo Coupé CL 1.3D 9/89 --›	165/65 R 13	MXL-MXT T	1,8	1,8	2,0	2,3
Polo Coupé GT 1.3i 9/1989 --› Limousine 1.0 9/1989 --›	165/65 R 13	MXL-MXT T	1,8	1,8	2,1	2,4
VOLVO						
240 GLT 89 --›	185/70 R 14 195/60 R 15	MXL-MXT-MXV-MXV2 T/H MXV-MXV 2 H	1,8	1,9	1,9	2,3
360 tous modèles	175/70 R 13 185/60 R 14	MXL-MXT-MXV-MXV2 T/H MXV-MXV 2 H	1,9	2,1	1,9	2,4
440 GL - GLE 89 --›	165/70 R 14	MXL-MXT-MXV T/H	2,1	1,9	2,1	2,1
440 GLT 89 --›	175/65 R 14	MXL-MXT-MXV 2 T/H	2,1	1,9	2,1	2,1
440 turbo - 480 ES - 480 turbo	185/60 R 14	MXV-MXV 2 H				
740 GL - GLE 89 --›	185/65 R 15	MXL-MXT-MXV-MXV2 T/H	1,9	1,9		2,3
740 turbo - GLT - GLT 16S	195/60 R 15	MXV-MXV 2 H	1,9	1,9		2,3
740 GLE diesel turbo 89 --›	185/65 R 15 195/60 R 15	MXL-MXT-MXV-MXV2 T/H MXV-MXV 2 H	1,9	1,9		2,3
760 GLE 1989 --›	195/60 R 15 185/65 R 15	MXV-MXV2 H MXL-MXT-MXV-MXV2 T/H	2,0	1,9	2,1	2,6
760 turbo 89 --›	195/60 R 15	MXV-MXV 2 H	2,0	1,9	2,1	2,6
760 GLE diesel turbo 89 --›	195/60 R 15 195/65 R 15	MXV-MXV2 H MXV-MXV 2 H	2,0	1,9	2,1	2,6
780-780turboetturbodiesel 89 --›	205/60 R 15	MXV-MXV2 H	2,0	1,9	2,1	2,6

Tous les renseignements figurant sur ces tableaux sont donnés sous réserve des modifications pouvant survenir après parution.

LÉPIN-LE-LAC 73 Savoie 🔟 ⑮ – rattaché à Aiguebelette (Lac d').

LÉRÉ 18240 Cher 🔢 ⑫ G. **Berry Limousin** – 1 230 h. alt. 145.
Paris 179 – Auxerre 76 – Bourges 58 – Montargis 65 – Nevers 62 – ♦Orléans 100.

　　XX **Lion d'Or** avec ch, ℰ 48 72 60 12 – 🔲 rest **☎. E** _VISA_
　　　　fermé 1ᵉʳ au 21 janv., dim. soir et lundi – **R** 120/180 – ⌑ 24 – **8 ch** 220.

Gar. Dechêne, N 751 ℰ 48 72 60 20

LÉRINS (Iles de) 06 Alpes-Mar. 🔢 ⑨ – voir à Ste-Marguerite et à St-Honorat.

LESCAR 64 Pyr.-Atl. 🔢 ⑥ – rattaché à Pau.

LESCHAUX 74320 H.-Savoie 🔟 ⑯ – 172 h. alt. 930.
Env. Crêt de Châtillon 🌲*** N : 9 km puis 15 mn, G. **Alpes du Nord**.
Paris 556 – Annecy 17 – Aix-les-Bains 31 – Albertville 53 – Chambéry 38.

　　X **Quatre Vents,** au col de Leschaux ℰ 50 32 00 50, 🍴 – **Ⓟ. E** _VISA_
　　　　10 mars-2 nov. – **R** 70/180.

LESCONIL 29740 Finistère 🔢 ⑭ G. **Bretagne** – alt. 12.
Paris 574 – Quimper 29 – Douarnenez 42 – Guilvinec 10 – Loctudy 8 – Pont-l'Abbé 9.

　　🏠 **Dunes,** ℰ 98 87 83 03, ≤ – 🔳 _TV_ **☎ Ⓟ** – 🛠 50. **Æ ⓞ E** _VISA_. 🍴
　　　　1ᵉʳ avril-10 oct. – **R** 85/350, enf. 50 – ⌑ 33 – **50 ch** 190/250 – ½ P 250/330.

　　🏠 **Plage,** ℰ 98 87 80 05 – 🔳 _TV_ **☎ Ⓟ** – 🛠 25. **Æ E** _VISA_. 🍴 ch
　　　　hôtel : Pâques-15 oct. et fermé dim. soir et lundi hors sais. – **R** _(vacances de printemps,_
　　　　_15 juin-15 oct. et fermé dim. soir et lundi hors sais.)_80/320, enf. 55 – ⌑ 38 – **28 ch** 220/290
　　　　– ½ P 305/315.

　　🏠 **Atlantic,** ℰ 98 87 81 06, « Jardin fleuri », 🌳 – **☎ Ⓟ. Æ E** _VISA_. 🍴 rest
　　　　avril-15 oct. – **R** 75/200, enf. 50 – ⌑ 29 – **23 ch** 240/280 – ½ P 235/275.

LESCUN 64490 Pyr.-Atl. 🔢 ⑯ G. **Pyrénées Aquitaine** – 208 h. alt. 900.
Voir 🌲** 30 mn.
Paris 858 – Pau 69 – Lourdes 90 – Oloron-Ste-Marie 36.

　　🏠 **Pic d'Anie** 🐾, ℰ 59 34 71 54, ≤, 🍴 – 🅿. **Æ E** _VISA_. 🍴 ch
　　　　vacances de printemps-20 sept. – **R** 80/200, enf. 55 – ⌑ 30 – **19 ch** 170/250 – ½ P 190/220.

LESMONT 10500 Aube 🔢 ⑧ – 281 h. alt. 112.
Paris 183 – Bar-sur-Aube 33 – St-Dizier 54 – Troyes 31 – Vitry-le-François 43.

　　XX **Aub. Munichoise,** D 960 ℰ 25 92 45 33, 🍴 – **Æ ⓞ E** _VISA_
　　　　fermé 18 fév au 4 mars, 28 sept. au 7 oct., mardi soir et merc. sauf fériés – **R** 98/210.

CITROEN Relais Champagne, D 960 ℰ 25 92 46 29　　　RENAULT Millon, D 960 ℰ 25 92 45 13
Ⓝ

LESNEVEN 29260 Finistère 🔢 ④⑤ G. **Bretagne** – 7 087 h. alt. 80.
Voir Le Folgoët : église** SO : 2 km.
Paris 586 – ♦Brest 26 – Landerneau 15 – Morlaix 48 – Quimper 78 – St-Pol-de-Léon 32.

　　🏠 **Breiz Izel** sans rest, 25 r. Four ℰ 98 83 12 33 – 🍴
　　　　fermé 26 sept. au 26 oct. – ⌑ 21 – **24 ch** 85/170.

　　au Pont du Châtel NE : 4 km par D 110 – ⊠ **29260** Lesneven :

　　🏠 **Week-End,** ℰ 98 25 40 57, 🍴 – **☎** ⇔ **Ⓟ. E** _VISA_. 🍴
　　　　fermé janv. – **R** _(fermé lundi sauf le soir en sais.)_ 70/180 🍷 – ⌑ 30 – **13 ch** 165/235 –
　　　　½ P 180/210.

CITROEN Crauste-Guilliec, 31 r. Gén.-de-Gaulle　　　RENAULT Colliou, 9 r. de Jérusalem
ℰ 98 83 00 34　　　　　　　　　　　　　　　　　　ℰ 98 83 01 50 Ⓝ ℰ 98 63 63 10

LESPARRE-MÉDOC ◁Ⓢ▷ 33340 Gironde 🔢 ⑰ – alt. 9.
Paris 543 – ♦Bordeaux 66 – Soulac-sur-Mer 30.

　　à Gaillan-en-Médoc par N 215 : 5 km – ⊠ **33340** :
　　XXX ❀ **Château Layauga** (Jorand) Ⓜ 🐾 avec ch, ℰ 56 41 26 83, Fax 56 41 19 52, 🍴, 🌳 –
　　　　_TV_ **☎ ⓑ** ⇔ **Ⓟ. E** _VISA_
　　　　R 185/325 – ⌑ 45 – **7 ch** 395
　　　　Spéc. Médaillon de lotte paysanne, Confit de cuisses de canette et pommes sarladaises, Croustillant praliné.

　　à Queyrac par N 215 à 8 km – ⊠ **33340** :
　　🏠 **Vieux Acacias** 🐾 sans rest, ℰ 56 59 80 63, 🌳 – **☎ Ⓟ. E** _VISA_
　　　　fermé 25 oct. au 15 nov. – ⌑ 30 – **15 ch** 182/295.

CITROEN SADAM ℰ 56 41 10 77　　　　　　　　　　🛞 Médoc Pneu, à Gaillan ℰ 56 41 06 73
　　　　　　　　　　　　　　　　　　　　　　　　Pneu Echappement 2000 ℰ 56 41 11 78

LESPONNE 65 H.-Pyr. 🗺 ⑱ – rattaché à Bagnères-de-Bigorre.

LESTELLE-BÉTHARRAM 64800 Pyr.-Atl. 🗺 ⑦ G. Pyrénées Aquitaine – 1 293 h. alt. 300.
Paris 792 – Pau 23 – Laruns 35 – Lourdes 16 – Nay 8,5 – Oloron-Ste-Marie 45.

🏠 **Touristes,** ℰ 59 71 93 05, 😤 – ☎. E 𝒱𝐼𝑆𝐴
→ *fermé 3 janv. au 25 fév. et lundi d' oct. à juin* – **R** 65/200 ⬧, enf. 40 – 🖙 25 – **14 ch** 92/190 – ½ P 150/190.

🏠 **Central** avec ch, ℰ 59 71 92 88, 😤 – ☎ 🅿. E 𝒱𝐼𝑆𝐴
→ *fermé mi-oct. à mi-nov., mardi et merc. de nov. à juin* – **R** 70 bc/160 ⬧, enf. 38 – 🖙 28 – **16 ch** 92/165 – ½ P 155/170.

au SE : 3 km par D 937 et rte des Grottes – ⊠ **64800** Nay :

🏠 **Le Vieux Logis** 😒, ℰ 59 71 94 87, ≤, « Parc » – 📺 ☎ 🅿. 🆎 E 𝒱𝐼𝑆𝐴
fermé 15 janv. au 1er mars, dim. soir et lundi sauf vacances de printemps et du 15 juin au 15 oct. – **R** 85/185 – 🖙 25 – **12 ch** 160/230, 5 chalets – ½ P 260/280.

LETRAZ 74 H.-Savoie 🗺 ⑥ – rattaché à Sévrier.

LEUCATE 11370 Aude 🗺 ⑩ G. Pyrénées Roussillon – 1 968 h. alt. 21.
Voir ≤★ du sémaphore du Cap E : 2 km.
🛈 Syndicat d'Initiative ℰ 68 40 91 31 et av. J.-Jaurès (juil.-août) ℰ 68 40 04 73.
Paris 880 – ◆Perpignan 34 – Carcassonne 86 – Narbonne 37 – Port-la-Nouvelle 19.

✗ **Jouve** 🅼 avec ch, sur la plage ℰ 68 40 02 77, ≤, 😤 – 🅿, 😤 (juil.-août) 80/160 – 🖙 28 – **7 ch** 270/330.
14 avril-13 oct. – **R** *(fermé lundi sauf le soir en juil.-août)* 80/160 – 🖙 28 – **7 ch** 270/330.

à Port-Leucate S : 7 km par D 627 – ⊠ **11370** :

🏠 **Deux Golfs** 🅼 😒, sans rest, sur le port ℰ 68 40 99 42, Fax 68 40 79 79, ≤e – 📶 📺 ☎
⬧ 🅿. E 𝒱𝐼𝑆𝐴
fermé 2 janv. au 28 fév. – 🖙 37 – **30 ch** 290/380.

LEUGNY 89130 Yonne 🗺 ④ – 333 h. alt. 225.
Paris 169 – Auxerre 21 – Avallon 58 – Clamecy 35 – Cosne-sur-Loire 52 – Joigny 39.

✗ Aub. **Cheval Blanc** avec ch, ℰ 86 47 61 09 – **4 ch.**

LEVALLOIS-PERRET 92 Hauts-de-Seine 🗺 ⑱ – voir à Paris, Environs.

LEVENS 06670 Alpes-Mar. 🗺 ⑲, 🗺 ⑯ G. Côte d'Azur – 2 267 h. alt. 570.
Voir ≤★.
Paris 953 – Antibes 44 – Cannes 54 – ◆Nice 23 – Puget-Théniers 48 – St-Martin-Vésubie 37.

🏠 **La Vigneraie** 😒, SE : 1,5 km (rte St-Blaise) ℰ 93 79 70 46, 😤, 🌳 – 🅿 🅿. E 𝒱𝐼𝑆𝐴
fermé 13 oct. au 19 janv. – **R** 90/140 – 🖙 25 – **18 ch** 100/180 – ½ P 180/200.

🏠 **Malausséna,** ℰ 93 79 70 06 – 🅿. E 𝒱𝐼𝑆𝐴. 😤 ch
→ *fermé 4 nov. au 8 déc.* – **R** 65/150 – 🖙 25 – **14 ch** 220/290 – ½ P 220/270.

✗ **Les Santons,** ℰ 93 79 72 47, 😤 – E 𝒱𝐼𝑆𝐴
fermé 24 juin au 3 juil., 30 sept. au 9 oct., 6 janv. au 12 fév. et merc. – **R** (prévenir) 95/220.
Gar. de la Fanga quartier de la Fanga ℰ 93 79 70 06

LEVERNOIS 21 Côte-d'Or 🗺 ⑨ – rattaché à Beaune.

LEVIER 25270 Doubs 🗺 ⑥ – 1 843 h. alt. 717.
Paris 432 – ◆Besançon 47 – Champagnole 36 – Pontarlier 20 – Salins-les-Bains 23.

🏠 **Guyot,** ℰ 81 49 50 56, parc, 😤 – cuisinette 🅿 – 🏕 30
→ *fermé 11 nov. au 11 déc.* – **R** 52/125 ⬧, enf. 35 – 🖙 16 – **35 ch** 100/250.
CITROEN, MERCEDES Cassani ℰ 81 49 53 45

LÉVIGNAC 31530 H.-Gar. 🗺 ⑦ – 1 080 h. alt. 133.
Paris 698 – ◆Toulouse 31 – Auch 54 – Montauban 47.

🏛 **D'Azimont** 😒, SO : 8,5 km par D 17 via Ségoufielle ℰ 61 85 61 13, Télex 532467,
Fax 61 85 46 16, ≤, 😤, « Demeure du 19e siècle dans un parc », 🏊, 😤 – 📺 ☎ 🅿 –
🏕 60. 🆎 ⓞ E 𝒱𝐼𝑆𝐴
R *(fermé dim. soir hors sais. et lundi)* 145/345, enf. 100 – 🖙 65 – **18 ch** 500/1000 –
½ P 455/805.

LEVROUX 36110 Indre 🗺 ⑧ G. Berry Limousin – 3 126 h. alt. 141.
Paris 256 – Blois 76 – Châteauroux 21 – Châtellerault 96 – Loches 63 – Vierzon 47.

🏠 **Cloche,** rte Nationale ℰ 54 35 70 43 – 🅿. E 𝒱𝐼𝑆𝐴. 😤 ch
fermé 1er fév. au 1er mars, lundi soir et mardi – **R** 78/270 ⬧ – 🖙 26 – **28 ch** 156/260.
PEUGEOT-TALBOT Bottin, 15 r. Gambetta   RENAULT Tranchant 95 rte de Châteauroux
ℰ 54 35 70 28   ℰ 54 35 71 45

LÉZARDRIEUX 22740 C.-d'Armor 🗺️🗺️ ② G. Bretagne – 1 859 h. alt. 32.

Voir Phare du Bodic : plate-forme ≤★ NE : 3 km.

Paris 500 – St-Brieuc 51 – Guingamp 32 – Lannion 28 – Paimpol 5 – Tréguier 10.

🏠 **Pont** sans rest, ℰ 96 20 10 59 – 🕭. ⒶⒺ ⓄⒹ Ⓔ 𝑽𝑰𝑺𝑨
≤ 30 – **15 ch** 145/230.

CITROEN Gar. Corle, r. St-Christophe ℰ 96 20 10 28 🅽 ℰ 96 22 21 69

LÉZIGNAN-CORBIÈRES 11200 Aude 🗺️🗺️ ⑬ – 7 681 h. alt. 51.

🛈 Office de Tourisme r. République ℰ 68 27 05 42.

Paris 868 – ◆Perpignan 85 – Carcassonne 38 – Narbonne 21 – Prades 109.

🏠 **Tassigny et rest. Tournedos**, pl. de Lattre de Tassigny ℰ 68 27 11 51 – ▤ rest ⒯ⓥ ☎
↔ ఉ. Ⓔ 𝑽𝑰𝑺𝑨
fermé 22 sept. au 8 oct., 18 au 27 fév., lundi (sauf hôtel) et dim. soir – **R** 65 bc/170 bc,
enf. 35 – ≤ 27 – **20 ch** 160/230.

CITROEN Algrain, bd L. Castel ℰ 68 27 11 57
LANCIA-AUTOBIANCHI Gar. Bernada, 42 av. Wilson ℰ 68 27 00 35 🅽 ℰ 68 27 01 17
PEUGEOT-TALBOT Belmas, ZI de Gaujac, rte de Fabrézan ℰ 68 27 01 66

RENAULT Lézignan-Auto, 63 av. G.-Clemenceau ℰ 68 27 02 93 🅽 ℰ 05 05 15 15
Attard, 12 av. Gén. de Gaulle ℰ 68 27 02 42

🛞 Condouret, 35 av. Mar.-Joffre ℰ 68 27 01 72

LEZOUX 63190 P.-de-D. 🗺️🗺️ ⑮ G. Auvergne – 4 793 h. alt. 351.

Voir Moissat-Bas : châsse de St-Lomer★★ dans l'église S : 5 km.

🛈 Syndicat d'Initiative à la Mairie ℰ 73 73 01 00.

Paris 396 – ◆Clermont-Ferrand 27 – Ambert 59 – Issoire 43 – Riom 26 – Thiers 16 – Vichy 42.

XX **Voyageurs** avec ch, pl. H. de Ville ℰ 73 73 10 49 – ☎. Ⓔ 𝑽𝑰𝑺𝑨. ⫞ ch
↔ fermé 20 sept. au 20 oct., vacances de fév., dim. soir et lundi – **R** 60/230 ⓖ – ≤ 20 –
10 ch 145/200 – ½ P 140/190.

à Bort-l'Étang SE : 8 km par D 223 et D 309 – ⊠ **63190** .

Voir ⫞★ de la terrasse du château★ à Ravel O : 5 km.

🏰 **Château de Codignat** ⫞, O : 1 km ℰ 73 68 43 03, Télex 990606, Fax 73 68 93 54, ≤,
🍽️, parc, ⚓, – ⒯ⓥ ☎ ⒫. ⒶⒺ ⓄⒹ Ⓔ 𝑽𝑰𝑺𝑨
15 mars-4 nov. et fermé mardi midi et jeudi sauf fériés – **R** 250/300, enf. 160 – ≤ 60 –
11 ch 670/1100, 3 appart. 1600 – ½ P 660/950.

CITROEN Mercier ℰ 73 73 10 34   PEUGEOT-TALBOT Rozière ℰ 73 73 10 98

LIANCOURT 60140 Oise 🗺️🗺️ ① – 6 112 h. alt. 105.

Paris 72 – Compiègne 32 – Beauvais 35 – Chantilly 19 – Creil 10 – Senlis 20.

XX **Host. Parc** avec ch, av. Ile-de-France ℰ 44 73 04 99, Fax 44 73 67 75, 🎏 – ⒯ⓥ ☎ ⒫. ⒶⒺ
Ⓔ 𝑽𝑰𝑺𝑨. ⫞ ch
R (fermé dim. soir) 85/140 ⓖ – ≤ 35 – **14 ch** 180/320.

X **La Bonne Table**, 38 r. R. Duplessis ℰ 44 73 10 82 – ⒶⒺ Ⓔ 𝑽𝑰𝑺𝑨
fermé dim. soir et lundi sauf fériés – **R** 95/150, enf. 65.

LIBOURNE ◁🆂🆅▷ 33500 Gironde 🗺️🗺️ ⑫ G. Pyrénées Aquitaine – 23 312 h. alt. 15.

🛈 Office de Tourisme pl. A.-Surchamp ℰ 57 51 15 04.

Paris 574 ⑤ – ◆Bordeaux 31 ④ – Agen 131 ③ – Angoulême 97 ② – Bergerac 61 ③ – Périgueux 90 ② – Royan 116 ⑤.

Plan page suivante

X **Chanzy** avec ch, 16 r. Chanzy ℰ 57 51 05 15 – ⒶⒺ ⓄⒹ Ⓔ 𝑽𝑰𝑺𝑨. ⫞ ch   BY **a**
↔ fermé 5 au 25 août, 23 déc. au 5 janv., sam. soir et dim. – **R** 62/135 ⓖ, enf. 35 – ≤ 19 –
4 ch 115/145.

à Galgon par ① et D 18ᴱ : 12 km – ⊠ **33133** :

XX **Clo-Luc**, ℰ 57 84 36 16, 🎏 – ⒫. ⒶⒺ ⓄⒹ Ⓔ 𝑽𝑰𝑺𝑨
↔ fermé lundi soir et mardi – **R** 55/160 ⓖ, enf. 45.

à l'aérodrome d'Artigues par ② et N 89 : 12 km – ⊠ **33570** Les Artigues de Lussac :

XX **Aérodrome**, ℰ 57 24 31 95, 🍽️ – ⒫. 𝑽𝑰𝑺𝑨
fermé lundi (sauf de juin à août) et dim. soir – **R** 110/250.

CITROEN Libourne Autom., 140 av. Ch.-de-Gaulle par ③ ℰ 57 51 62 18
PEUGEOT-TALBOT Agence Centrale Autom. Libournaise 142 av. Gén.-de-Gaulle par ③ ℰ 57 51 40 81
RENAULT Bastide, ZI Ballastière, rte d'Angoulême par ① ℰ 57 25 60 60 🅽 ℰ 56 76 04 08

V.A.G Europe-Auto, av. Gén.-de-Gaulle ℰ 57 51 43 85

🛞 Central-Pneu, 113 av. G.-Pompidou ℰ 57 51 24 24
Da Silva Pneu, av. Libération à Port-du-Noyer ℰ 57 51 54 56

LIBOURNE

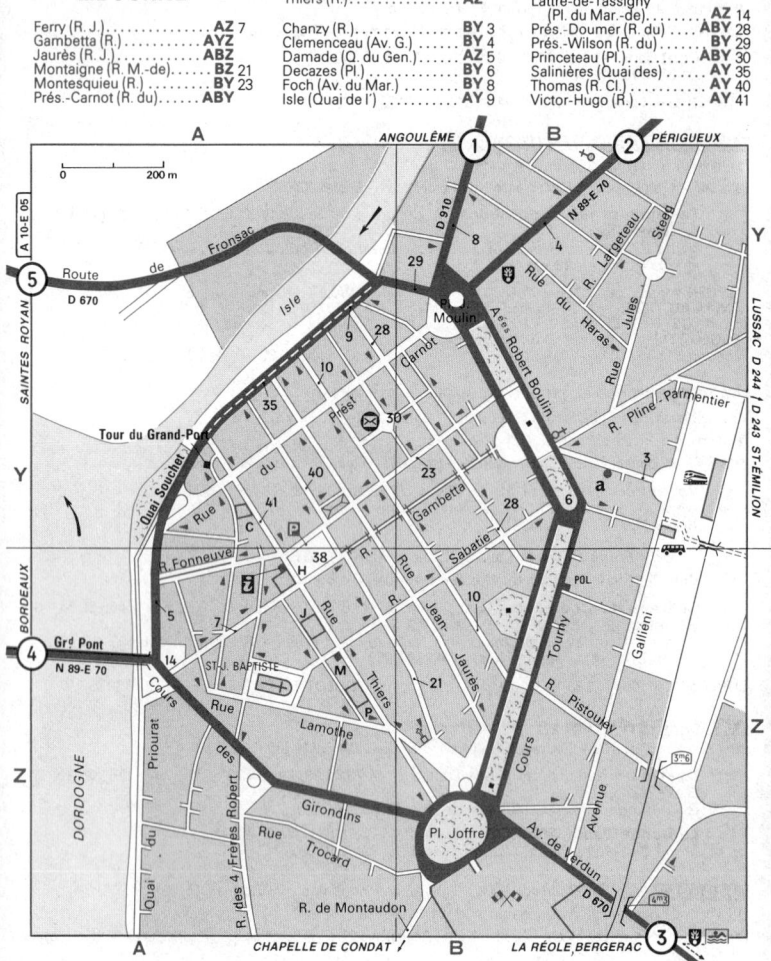

🏠 **Touristes,** 𝒫 59 28 61 01, ≤, 🔼, 🍴 – ☎ 🅿 – 🔏 50. 🇪 𝖵𝖨𝖲𝖠
↔ *fermé 15 déc. au 1ᵉʳ fév.* – **R** 70/150 🍴, enf. 50 – 🖃 30 – **20 ch** 160/300 – ½ P 200/250.

🏠 **Aux Deux Clefs,** rte Rombach-le-Franc 𝒫 89 58 93 29, 斧, 🍴 – 📺 ☎ 🆎 ⓞ 🇪 𝖵𝖨𝖲𝖠.
   ⌘ ch
   fermé 22 juin au 2 juil. et 2 déc. au 15 janv. – **R** *(fermé sam. midi, dim. soir et lundi
   sauf le soir en juil.-août)* carte 130 à 210 🍴, enf. 55 – 🖃 30 – **11 ch** 195/300 – ½ P 220/
   250.

🏠 **Élisabeth** 🏡, à La Vancelle NE : 2,5 km par VO ⊠ 67600 Sélestat 𝒫 88 57 90 61, 斧 –
   ☎ 🅿 – 🔏 25. 🇪 𝖵𝖨𝖲𝖠. ⌘ rest
   fermé 2 au 31 janv. – **R** *(fermé dim.soir et lundi)* 75/160 🍴, enf. 36 – 🖃 30 – **12 ch** 120/200
   – ½ P 180/200.

XX **A la Vieille Forge,** à Bois l'Abbesse E : 3 km rte Sélestat ℘ 89 58 92 54 – **℗**. **AE** **①** **E** *VISA*
fermé 19 juin au 5 juil., 13 au 29 nov., lundi soir et mardi – **R** 100/250 ♨.

RENAULT Gar. André ℘ 89 58 90 29   TOYOTA, VOLVO Gerber ℘ 89 58 92 03
N ℘ 89 58 90 86

LIESSIES 59740 Nord 53 ⑥ **G. Flandres Artois Picardie** – 515 h. alt. 220.
Voir Lac du Val Joly★ E : 5 km.
Paris 216 – Avesnes-sur-Helpe 14 – Charleroi 45 – Hirson 24 – Maubeuge 24.

🏛 **Château de la Motte** ⬡, S : 1 km par VO ℘ 27 61 81 94, ≤, parc – ☎ ℗ – ⛳ 50. **E** *VISA*
fermé 20 déc. au 31 janv. – **R** (fermé dim. soir) (dîner pour résidents seul.) 92/165, enf. 60
– ⬡ 28 – **10 ch** 120/250 – ½ P 190/240.

LIEUREY 27560 Eure 55 ⑭ – 1 083 h. alt. 170.
Paris 159 – ◆Rouen 55 – Bernay 18 – Évreux 57 – Lisieux 28 – Pont-Audemer 15 – Pont-l'Évêque 27.

XX **Bras d'Or** avec ch, ℘ 32 57 91 07, 🌳 – ☎ ℗. *VISA*. ✳
fermé 15 janv. au 15 fév., dim. soir d'oct. à juin et lundi – **R** 96/185 ♨ – **10 ch** ⬡ 160/270
– ½ P 160/245.

CITROEN Testu ℘ 32 57 93 47   RENAULT Gar. Lidor ℘ 32 57 90 67
RENAULT Deschamps ℘ 32 57 91 77 **N**

LIFFRÉ 35340 I.-et-V. 59 ⑰ – 5 402 h. alt. 105.
Paris 348 – ◆Rennes 17 – Avranches 65 – Dinan 64 – Fougères 30 – Mont-St-Michel 57 – Vitré 27.

🏛 **La Reposée** ⬡, SO : 2 km N 12 ℘ 99 68 31 51, Fax 99 68 44 79, 🌳, « Parc », ✳ – **TV**
☎ ℗ – ⛳ 25 à 150. **AE** **E** *VISA*
fermé 22 au 29 déc. et dim. soir – **R** 78/250, enf. 70 – **25 ch** ⬡ 110/270 – ½ P 245/295.

à La Bouëxière SE : 7 km par D 528 et D 106 – ✉ 35340 :

XX **Fontaine aux Perles,** ℘ 99 00 91 50 – **E** *VISA*
fermé 1ᵉʳ au 15 oct., vacances de fév., dim. soir et lundi – **R** (prévenir) 80/220, enf. 65.

PEUGEOT, TALBOT Gar. Malle, ℘ 99 68 65 65   RENAULT Gar. Ribulé-Boulais ℘ 99 68 31 36
N ℘ 99 39 10 23

LIGNY-EN-BARROIS 55500 Meuse 62 ② – 5 709 h. alt. 225.
🛈 A.C. 24 r. Gén.-de-Gaulle ℘ 29 78 40 63.
Paris 236 – Bar-le-Duc 16 – Neufchâteau 57 – St-Dizier 32 – Toul 46.

🏛 **Valeran** M sans rest, pl. Église ℘ 29 78 01 22 – 🛗 **TV** ☎. **E** *VISA*
⬡ 22 – **25 ch** 180/230.

XX **Syracuse,** 1 r. Strasbourg ℘ 29 78 40 62 – **E** *VISA*
fermé dim. soir – **R** 80/300 ♨.

LIGNY-EN-CAMBRÉSIS 59 Nord 53 ④ ⑭ – rattaché à Cambrai.

LIGNY-LE-CHÂTEL 89144 Yonne 65 ⑤ **G. Bourgogne** – 1 020 h. alt. 149.
Paris 183 – Auxerre 25 – Sens 59 – Tonnerre 27 – Troyes 63.

🏛 **Relais St Vincent** ⬡, ℘ 86 47 53 38, 🌳 – ☎ ᶜ ℗ – ⛳ 40. **AE** **①** **E** *VISA*
R 70/120 ♨ – ⬡ 30 – **10 ch** 190/300 – ½ P 180/230.

XXX **Aub. du Bief,** ℘ 86 47 43 42, 🌳 – ℗. **AE** **①** **E** *VISA*
fermé 17 au 23 juin, 26 déc. au 20 janv., dim. soir et lundi – **R** 75/280, enf. 50.

LIGUEIL 37240 I.-et-L. 68 ⑤ **G. Châteaux de la Loire** – 2 426 h. alt. 77.
Paris 277 – ◆Tours 57 – Le Blanc 55 – Châteauroux 78 – Châtellerault 36 – Chinon 53 – Loches 18.

X **Le Colombier** avec ch, pl. Gén. Leclerc ℘ 47 59 60 83 – **E** *VISA*
fermé 1ᵉʳ au 15 sept., 1ᵉʳ janv. au 5 fév. et vend. sauf août – **R** 48/165 ♨, enf. 45 – ⬡ 20 –
12 ch 85/160 – ½ P 130/150.

à Cussay SO : 3,5 km par D 31 – ✉ 37240 :

X **Aub. du Pont Neuf** avec ch, ℘ 47 59 66 37, 🌳 – ℗. **E** *VISA*
fermé 1ᵉʳ fév. au 1ᵉʳ mars et lundi sauf juil.-août – **R** 55/220 ♨, enf. 45 – ⬡ 25 – **7 ch**
125/210 – ½ P 150/200.

RENAULT Gar. Chapet ℘ 47 59 64 10 **N**

Si vous cherchez un hôtel tranquille,
consultez d'abord les cartes thématiques de l'introduction
ou repérez dans le texte les établissements indiqués avec le signe ⬡.

Voir Le Vieux Lille★ EFY : Vieille Bourse★★ FY, Hospice Comtesse★ (voûte en carène★★) FY **B**, rue de la Monnaie★ FY 142, demeure de Gilles de la Boé★ FY **E** – Église St-Maurice★ FY **K** – Citadelle★ BUV – Porte de Paris★ FZ **D** – ≼★ du beffroi FZ **H** – Musée des Beaux-Arts★★ FZ **M1**.

🏌 des Flandres 🕿 20 72 20 74 ; 🏌 du Sart 🕿 20 72 02 51, par ② : 7 km JS ; 🏌 de Brigode à Villeneuve-d'Ascq 🕿 20 91 17 86, par ③ : 9 km KT ; 🏌🏌 de Bondues 🕿 20 23 20 62, par ① : 9,5 km HS.

✈ de Lille-Lesquin : 🕿 20 49 68 68, par ④ : 8 km JU.

🚗 🕿 20 74 50 50.

🄱 Office de Tourisme et Accueil de France (Informations et réservations d'hôtels, pas plus de 5 jours à l'avance) Palais Rihour 🕿 20 30 81 00, Télex 110213 et à la gare SNCF 🕿 20 06 40 65 – A.C. 13 r. Faidherbe 🕿 20 55 29 44.

Paris 221 ④ – Bruxelles 116 ② – Gent 71 ② – Luxembourg 312 ④ – ♦Strasbourg 526 ④.

Plans pages suivantes

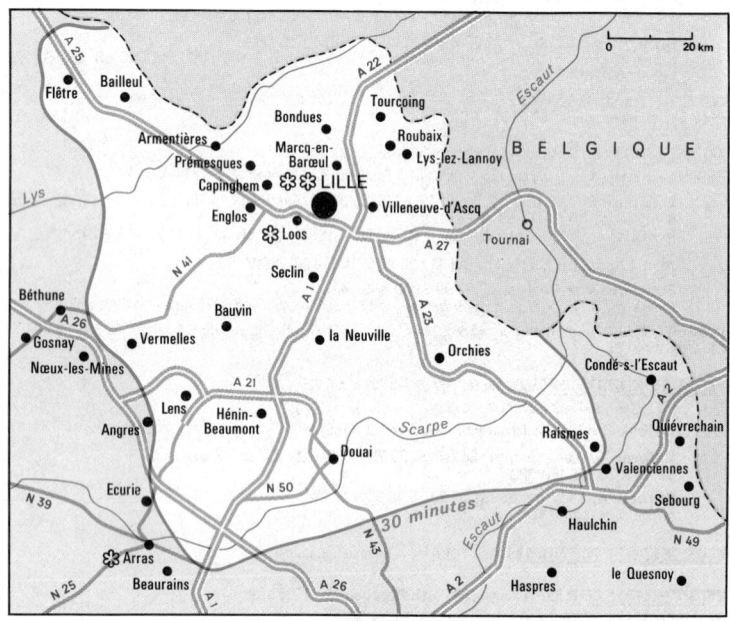

🏨 **Alliance** Ⓜ 🦞, quai du Wault 🕿 20 30 62 62, Télex 136210, Fax 20 42 94 25, « Ancien couvent du 17ᵉ siècle » – 🛗 ⇔ ch 📺 🕿 🕭 🅿 – 🔬 150. 🖭 ⓞ Ε 𝗩𝗜𝗦𝗔. ✨ rest   EY **d**
R 120/170, enf. 65 – 🖵 45 – **75 ch** 580/640, 3 appart. 1250.

🏨 **Novotel Lille Centre** Ⓜ, 116 r. Hôpital Militaire ✉ 59800 🕿 20 30 65 26, Télex 160859, Fax 20 30 04 04 – 🛗 ▤ 📺 🕿 🕭 – 🔬 30. 🖭 ⓞ Ε 𝗩𝗜𝗦𝗔   EY **s**
R carte environ 140 🕭, enf. 50 – 🖵 55 – **102 ch** 550/600.

🏨 **Mercure Royal Lille Centre** sans rest, 2 bd Carnot ✉ 59800 🕿 20 51 05 11, Télex 820575, Fax 20 74 01 65 – 🛗 📺 🕿 🕭 – 🔬 30   FY **h**
102 ch.

🏨 **Bellevue** sans rest, 5 r. J. Roisin ✉ 59800 🕿 20 57 45 64, Télex 120790, Fax 20 40 07 93 – 🛗 📺 🕿 – 🔬 100. 🖭 ⓞ Ε 𝗩𝗜𝗦𝗔   FY **z**
🖵 46 – **80 ch** 350/560.

🏨 **Carlton** sans rest, 3 r. Paris ✉ 59800 🕿 20 55 24 11, Télex 110400, Fax 20 51 48 17 – 🛗 📺 🕿 – 🔬 30 à 80. 🖭 ⓞ Ε 𝗩𝗜𝗦𝗔   FY **n**
🖵 60 – **61 ch** 410/690.

🏠 **Treille** Ⓜ sans rest, 7 pl. L. de Bettignies ✉ 59800 🕿 20 55 45 46, Télex 136761, Fax 20 51 51 69 – 🛗 📺 🕿 🕭 – 🔬 50. 🖭 ⓞ Ε 𝗩𝗜𝗦𝗔   FY **d**
🖵 35 – **40 ch** 290/320.

🏠 **Paix** sans rest, 46 bis r. Paris ✉ 59800 🕿 20 54 63 93, Télex 136495 – 🛗 📺 🕿 . 🖭 ⓞ Ε 𝗩𝗜𝗦𝗔   FY **r**
🖵 25 – **35 ch** 240/280.

🏨 **Nord H.,** 46 r. Fg d'Arras, 𝒫 20 53 53 40, Télex 136589, Fax 20 53 20 95 – 🛗 📺 ☎ ⇐, 🅐🅔
⓿ 🇪 𝗩𝗜𝗦𝗔 – ☲ 25 – **80 ch** 175/195.
HU **a**
R 80/125

🏨 **Ibis** Ⓜ, av. Ch. St-Venant ⊠ 59800, 𝒫 20 55 44 44, Télex 136950, Fax 20 31 06 25, 🌤 –
🛗 📺 ☎ ⅄ ⇐ – 🔬 25. 🇪 𝗩𝗜𝗦𝗔
FY **a**
R 77 ⅄, enf. 35 – ☲ 29 – **151 ch** 300/320.

🏨 **Urba Club** Ⓜ, 10 r. Courtrai ⊠ 59800, 𝒫 20 74 00 59, Télex 130738, Fax 20 78 08 89 – 🛗
▤ rest 📺 ☎ ⅄ ⇐ – 🔬 90. 🅐🅔 🇪 𝗩𝗜𝗦𝗔
FY **b**
fermé dim. et fériés – **R** carte environ 120 ⅄, enf. 38 – ☲ 28 – **92 ch** 275.

🏨 **Urbis** Ⓜ sans rest, 21 r. Lepelletier ⊠ 59800, 𝒫 20 06 21 95, Télex 136846, Fax 20 74 91 30
– 🛗 📺 ☎ ⅄, 🇪 𝗩𝗜𝗦𝗔
FY **s**
☲ 29 – **60 ch** 300/320.

🏵🏵 ❀❀ **Le Restaurant** (Mme Arabian), 1 pl. Sébastopol ⊠ 59800, 𝒫 20 57 05 05,
Fax 20 54 72 30 – 🄿 🅐🅔 ⓿ 🇪 𝗩𝗜𝗦𝗔
EZ **k**
fermé 29 mars au 7 avril, 5 au 18 août, 24 déc. au 5 janv., sam. midi, dim. et fériés – **R** 180
(déj.)/550 et carte
Spéc. Dégustation de foie gras d'oie et de canard, Poêlée de queues de langoustines royales en salade de
pommes de terre et truffe, Turbot rôti à la bière.

🏵🏵 ❀❀ **Le Flambard** (Bardot), 79 r. Angleterre ⊠ 59800, 𝒫 20 51 00 06, Fax 20 55 09 17,
« Maisons 17ᵉ siècle du Vieux Lille » – 🅐🅔 ⓿ 𝗩𝗜𝗦𝗔
EY **r**
fermé 12 au 26 août et dim. soir – **R** 240/520 et carte
Spéc. Œuf coque en tasse à la crème de truffe (déc. à mars), Sole de ligne au plat, Noisettes de chevreuil
(saison).

🏵🏵 ❀ **A L'Huîtrière,** 3 r. Chats Bossus ⊠ 59800, 𝒫 20 55 43 41, Fax 20 55 23 10, « Original
décor de céramiques dans la poissonnerie » – ▤. 🅐🅔 ⓿ 🇪 𝗩𝗜𝗦𝗔
FY **g**
fermé 22 juil. au 30 août, dim. soir et fériés le soir – **R** carte 260 à 430
Spéc. Produits de la mer, Homard comme en "waterzoï", Mi-gratin mi-soufflé aux fruits rouges.

🏵🏵 ❀ **Paris,** 52 bis r. Esquermoise ⊠ 59800, 𝒫 20 55 29 41 – 🅐🅔 ⓿ 🇪 𝗩𝗜𝗦𝗔
EY **f**
fermé début août à début sept. et dim. sauf fêtes – **R** 190/300, enf. 100
Spéc. Poêlée de Saint-Jacques à la Véronique (oct. à mars), Queues de langoustines au chou et beurre
blanc, Gibier (saison).

🏵🏵 **La Belle Époque** (The Queen Victoria), 10 r. Pas (1ᵉʳ étage) ⊠ 59800, 𝒫 20 54 51 28,
« Cadre 1900 » – ▤. 🅐🅔 ⓿ 🇪 𝗩𝗜𝗦𝗔
EY **n**
R 290/450.

🏵🏵 **Le Compostelle,** 4 r. St Étienne ⊠ 59800, 𝒫 20 54 02 49, Fax 20 57 34 27, « Ancienne
demeure seigneuriale du 16ᵉ siècle » – ▤. 🅐🅔 ⓿ 🇪 𝗩𝗜𝗦𝗔
EFY **t**
fermé 4 au 25 août, dim. et fériés – **R** 185/200, enf. 100.

🏵🏵 **Le Club,** 16 r. Pas ⊠ 59800, 𝒫 20 57 01 10 – 🅐🅔 ⓿ 🇪 𝗩𝗜𝗦𝗔
EY **n**
fermé 1ᵉʳ au 5 mai, 4 au 26 août, lundi soir et dim. – **R** 125/192.

🏵🏵 **La Laiterie,** 138 av. Hippodrome : à Lambersart NO : 2 km ⊠ 59130 Lambersart,
𝒫 20 92 79 73, 🌤, 🌳 – 🄿 🅐🅔 🇪 𝗩𝗜𝗦𝗔
AV **s**
R (fermé dim. soir, lundi et soirs fériés) 210/320, enf. 110.

🏵🏵 **Le Varbet,** 2 r. Pas ⊠ 59800, 𝒫 20 54 81 40 – 🅐🅔 🇪 𝗩𝗜𝗦𝗔
EFY **t**
fermé 6 au 13 mai, 13 juil. au 19 août, 21 déc. au 3 janv., dim., lundi et fériés – **R** 145/300.

🏵 **La Devinière,** 61 bd Louis XIV ⊠ 59800, 𝒫 20 52 74 64 – 🅐🅔 🇪 𝗩𝗜𝗦𝗔
DV **t**
R (fermé dim.) (prévenir) 149/282.

🏵 **La Fringale,** 141 r. Solférino, 𝒫 20 42 02 80 – 🅐🅔 ⓿ 🇪 𝗩𝗜𝗦𝗔
EZ **f**
fermé 15 juil. au 15 août, 16 au 23 fév., sam. midi et dim. – **R** (nombre de couverts limité-
prévenir) 160/290, enf. 98.

🏵 **La Salle à Manger,** 91 r. Monnaie ⊠ 59800, 𝒫 20 06 44 25 – 🇪 𝗩𝗜𝗦𝗔
EFY **m**
fermé sam. midi et dim. – **R** 200/300.

🏵 **Charlot II,** 26 bd J.-B. Lebas, 𝒫 20 52 53 38, produits de la mer – 🅐🅔 ⓿ 🇪 𝗩𝗜𝗦𝗔
FZ **m**
fermé 1ᵉʳ au 25 août, sam. midi et dim. – **R** carte 190 à 350.

🏵 **Lutterbach,** 10 r. Faidherbe ⊠ 59800, 𝒫 20 55 13 74 – 🅐🅔 ⓿ 🇪 𝗩𝗜𝗦𝗔
FY **n**
fermé 29 juil. au 19 août – **R** 72/120 ⅄, enf. 55.

🏵 **Le Féguide** (Buffet Gare), pl. Gare ⊠ 59800, 𝒫 20 06 15 50 – 🅐🅔 ⓿ 🇪 𝗩𝗜𝗦𝗔
FY
R (fermé dim. soir) 118/165 ⅄, enf. 88 - **Le P'tit Féguide R** 58/78 ⅄ Enf. 45.

🏵 **Alcide,** 5 r. Débris St-Étienne ⊠ 59800, 𝒫 20 55 06 61 – 🅐🅔 ⓿ 🇪 𝗩𝗜𝗦𝗔
FY **v**
fermé 1ᵉʳ au 25 août, vend. soir, dim. soir et sam. – **R** 86/123 ⅄, enf. 70.

🏵 **La Petite Taverne,** 9 r. Plat ⊠ 59800, 𝒫 20 54 79 36 – 🅐🅔 𝗩𝗜𝗦𝗔
FZ **w**
◀ fermé 15 juil. au 15 août et lundi – **R** 68/195.

🏵 **La Coquille,** 60 r. St-Étienne ⊠ 59800, 𝒫 20 54 29 82, maison du 17ᵉ siècle – 𝗩𝗜𝗦𝗔
EY **e**
fermé août, 25 déc. au 1ᵉʳ janv., sam. midi et dim. – **R** 118/190.

🏵 **Le Riquewihr,** 14 r. Amiens, 𝒫 20 30 06 30, spécialités alsaciennes – 🅐🅔 ⓿ 🇪 𝗩𝗜𝗦𝗔
FZ **x**
fermé juil., vacances de fév., dim., lundi et fériés – **R** 90/195 ⅄.

🏵 **Le Hochepot,** 6 r. Nouveau Siècle, 𝒫 20 54 17 59 – 🇪 𝗩𝗜𝗦𝗔
EY **a**
fermé sam. midi et dim. – **R** 120/170.

tourner →

LILLE ROUBAIX TOURCOING

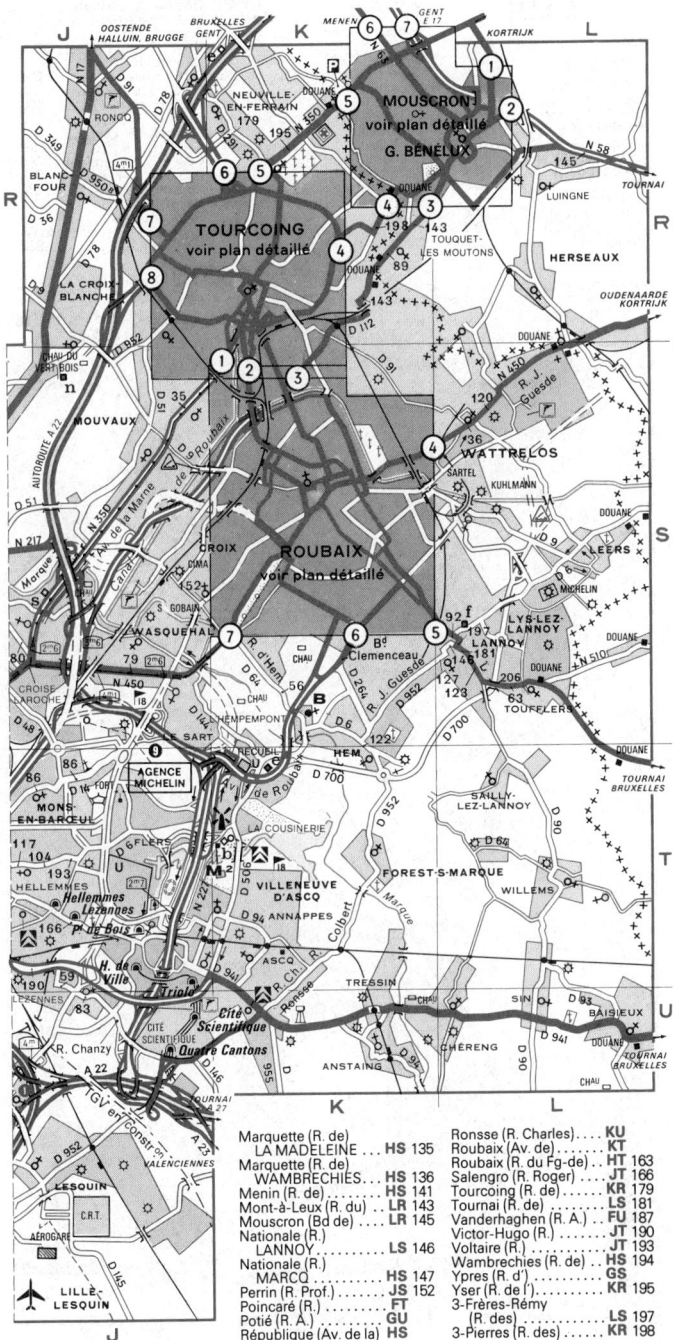

LILLE

LILLE

à Villeneuve d'Ascq E : 4,5 km par D 941 – 59 868 h. – ⊠ **59650** .

Voir Musée d'Art moderne★★ KT **M2**.

🏥 **Relais Bleus** Ⓜ, 13 av. Créativité, Parc des Moulins ℘ 20 47 46 46, Télex 130060, Fax 20 91 36 55 – 🛋 ✦ ch 🔽 ☎ ₺ ❷ – 🔬 80. ﹏ ⬤ 🖃 🗺   **R** 75/195 ₺, enf. 60 – ⊡ 32 – **84 ch** 270/330.

🏠 **Campanile**, av. Canteleu, La Cousinerie ℘ 20 91 83 10, Télex 133335, Fax 20 67 21 18 – 🔽 ☎ ₺ ❷ 🖃 🗺   KT **b**
R 74 bc/98 bc, enf. 39 – ⊡ 27 – **50 ch** 248 – ½ P 225/249.

XX **Vieille Forge**, 160 r. Lannoy au Recueil ℘ 20 05 50 75, Fax 20 91 28 24, 斎, 穼 – ❷. ﹏ ⬤ 🖃 🗺   KT **e**
fermé 19 au 29 août, vacances de fév. et le soir sauf sam. – **R** 85 bc (sauf week-ends)/ 240 ₺, enf. 50.

à Bondues par ① : 8,5 km sur N 17 – 10 554 h. – ⊠ **59910** :

XX **Val d'Auge**, 44 rte Nationale ℘ 20 46 26 87 – ❷. ﹏ 🖃 🗺
fermé vacances de printemps, août, dim. soir, mardi soir et merc. – **R** 120/180.

à Marcq-en-Baroeul par ② : 4,5 km – 35 520 h. – ⊠ **59700** .

Voir Château du Vert Bois★.

🏨 **Sofitel** Ⓜ sans rest, av. Marne ℘ 20 72 17 30, Télex 132785, Fax 20 89 92 34, 🏊 – 🛋 ✦ 🖃 🔽 ☎ ₺ ❷ – 🔬 25 à 400. ﹏ ⬤ 🖃 🗺   JS **s**
La Braise R carte 170 à 250 – **La Tonnelle** (coffee shop) **R** carte environ 120, enf. 50 – ⊡ 60 – **124 ch** 530.

XX **Septentrion**, parc du château Vert Bois N : 1,5 km par N 17 ℘ 20 46 26 98, « Dans un parc » – ❷. ﹏ ⬤ 🖃 🗺   JS **n**
fermé 1er au 19 août, vacances de fév., jeudi soir, dim. soir et lundi sauf fériés – **R** 145/260, enf. 60.

à Loos SO : 4 km par D 941 – 21 537 h. – ⊠ **59120** :

XX ✿ **L'Enfant Terrible** (Desplanques), 25 r. Mar. Foch ℘ 20 07 22 11, 斎 – 🖃 🗺   GU **u**
fermé dim. soir et lundi – **R** (nombre de couverts limité, prévenir) 180/400
Spéc. Gratin de crabe à la graine de moutarde, Pigeon à la vapeur d'ail, Millefeuille de crêpes à la chicorée.

à l'Aéroport de Lille-Lesquin par ④ : 8 km – JU – ⊠ **59810** Lesquin :

🏨 **Mercure Lille Aéroport** Ⓜ 🐾, ℘ 20 87 46 46, Télex 132051, Fax 20 87 46 47, 🏊 – 🛋 ✦ ch 🖃 🔽 ☎ ₺ ❷ – 🔬 25 à 1 000. ﹏ ⬤ 🖃 🗺   HU **r**
Grill La Flamme R 95bc/165bc, enf.40 – **Snack Angus R** 75/90 ₺, enf. 40 – ⊡ 53 – **213 ch** 600/650.

🏨 **Novotel Lille Aéroport** Ⓜ, ℘ 20 97 92 25, Télex 820519, Fax 20 97 36 12, 斎, 🏊 – 🛋 🖃 rest 🔽 ☎ ₺ ❷ – 🔬 25 à 200. ﹏ ⬤ 🖃 🗺   HU **t**
R carte environ 130 ₺, enf. 50 – ⊡ 52 – **92 ch** 480/510.

🏠 **Agena** sans rest, ℘ 20 60 13 14, Fax 20 97 31 79 – 🔽 ☎ ₺ ❷. 🖃   HU **v**
⊡ 36 – **40 ch** 310/345.

🏠 **Climat de France** 🐾, ℘ 20 97 00 24, Fax 20 97 00 67 – 🔽 ☎ ₺ ❷. ﹏ 🖃 🗺   HU **e**
R 75/100 ₺, enf. 38 – ⊡ 28 – **42 ch** 250/280.

à La Neuville par ⑤, D549, D 925, D 62 et C 3 : 18 km – ⊠ **59239** :

XX **Leu Pindu**, 1 r. Gén. de Gaulle ℘ 20 86 57 59, 斎, « Jardin à l'orée de la forêt » – ❷. 🖃 🗺
fermé août et dim. – **R** 100/170.

à Englos par ⑥ : 7,5 km par échangeur de Lomme – ⊠ **59320** :

🏨 **Novotel Lille Lomme** Ⓜ 🐾, au Sud-Est ℘ 20 07 09 99, Télex 132120, Fax 20 44 74 58, 斎, 🏊, 穼 – 🛋 🔽 ☎ ₺ ❷ – 🔬 30 à 300. ﹏ ⬤ 🖃 🗺   FT **s**
R carte environ 160 ₺, enf. 50 – ⊡ 50 – **124 ch** 410/460.

🏨 **Mercure Lille Lomme** Ⓜ 🐾, au N : 1 km par N 352 ℘ 20 92 30 15, Télex 820302, Fax 20 93 75 66, 斎, 🏊, 穼 – 🖃 rest 🔽 ☎ ❷ – 🔬 25 à 200. ﹏ ⬤ 🖃 🗺   FT **k**
R 120 bc ₺, enf. 45 – ⊡ 42 – **87 ch** 460/510.

à Capinghem par ⑥ : 11 km (par autoroute de Dunkerque : sortie Lomme) – ⊠ **59160** :

X **Marmite**, 93 r. Poincaré ℘ 20 92 12 41 – 🖃 🗺
fermé 16 juil. au 16 août, dim. soir et lundi – **R** carte 100 à 180.

à Prémesques par ⑦ : 10 km – ⊠ **59840** :

XXX **Armorial**, sur D 933 ℘ 20 08 84 24, Télex 136220, ≤, « Parc et pièces d'eau » – ❷. ﹏ ⬤ 🖃 🗺   FT **v**
fermé 22 juil. au 9 août, 6 au 24 janv., dim. soir, mardi soir, fériés le soir et merc. – **R** 240/380.

tourner →

MICHELIN, Agence régionale, 30 r. de la Couture, ZI de la Pilaterie à Wasquehal JS
☞ 20 98 40 48

CITROEN Gar. St-Christophe, 20 r. Bonté-Pollet
AX ☞ 20 93 69 31
CITROEN Nord Suc. de Lille, 145 r. Wazemmes
BX ☞ 20 30 87 96 **N**
HONDA Philippe "Mecano Soudure", r. Pointe ZI
à Seclin ☞ 20 97 13 29
MERCEDES-ALFA-ROMEO Philippe, ZI à Seclin
☞ 20 90 88 00
PEUGEOT-TALBOT S.I.A.-Nord, 50 bd Carnot FY
☞ 20 42 39 00
RENAULT Crépin, 95 r. de Douai DX
☞ 20 52 52 48

V.A.G Castel Auto, 289 r. L. Gambetta
☞ 20 42 02 02
S.I.A. Nord, 225 r. Clemenceau à Wattignies
☞ 20 95 92 52

◉ Dewitte-Pneus, 20 r. d'Isly ☞ 20 93 50 54
Laloyer, 62 r. Abélard ☞ 20 53 40 34
Pneus et Services D.K., 148 bis r. d'Esquermes
☞ 20 93 71 36
Pneus et Services D.K., 2 r. Croix-Bougard à Les-
quin ☞ 20 87 82 72

Périphérie et environs

ALFA-ROMEO Italia Motors, 96 allée Gabriel à
Marcq-en-Baroeul ☞ 20 72 26 00
BMW Autolille, 873 av. République à Marcq-en-
Baroeul ☞ 20 72 90 72
CITROEN Villeneuve Automobiles, La Cousinerie à
Villeneuve-d'Ascq KT ☞ 20 91 27 62
CITROEN Fayen, 186 r. Fusillés à Villeneuve-
d'Ascq KU ☞ 20 41 23 05
CITROEN Nord Suc. de Lomme, 449/453 av. de
Dunkerque GT ☞ 20 92 33 62 **N** ☞ 20 78 82 29
FERRARI Auto 2000, 122 av. de la République à
La Madeleine ☞ 20 51 53 89
FIAT France Auto, angle bd Ouest r. Fives à Ville-
neuve-d'Ascq ☞ 20 04 01 30
MERCEDES-BENZ C.I.C.A., 1033 av. République à
Marcq-en-Baroeul ☞ 20 72 39 39 **N** ☞ 20 44 94 94
OPEL-GM Eurauto, centre commercial, rte de Se-
quedin à Englos ☞ 20 93 73 73
RENAULT Succursale, 140 av. République à La
Madeleine DU ☞ 20 55 54 55 **N**

RENAULT Gar. de l'Heurtebise, à Englos FT
☞ 20 09 25 55 **N** ☞ 28 40 36 53
TOYOTA Autodis, 116 r. J.-Guesde à Villeneuve-
d'Ascq ☞ 20 04 33 33
V.A.G Gar. du Château, av. Champollion à Villeneuve-d'Ascq ☞ 20 47 30 00
V.A.G Valauto, 512 av. Dunkerque à Lambersart
☞ 20 93 20 00

◉ François-Pneus, 331 av. Gén.-de-Gaulle à Hal-
lennes ☞ 20 07 70 44
Prévost, 322 r. Gén.-de-Gaulle, à Mons-en-Baroeul
☞ 20 04 88 08
Reform'Pneus, 261 bis av. République à La Made-
leine ☞ 20 55 52 70
Réform'Pneus, r. Croix-Bougard, Centre Routier à
Lesquin ☞ 20 87 90 60
Wattelle, 111 r. Gén.-de-Gaulle à La Madeleine
☞ 20 55 67 55

LILLEBONNE 76170 S.-Mar. 🟦🟦 ④⑤ G. Normandie Vallée de la Seine – 9 675 h. alt. 32.
Bac: de Quillebeuf : renseignements ☞ 32 57 51 05.
🅸 Syndicat d'Initiative 4 r. Pasteur ☞ 35 38 08 45.
Paris 187 – ◆Rouen 52 – Bolbec 8 – ◆Le Havre 37 – Honfleur 40 – Lisieux 62.

    à Norville S : 10 km par rte Villequier, D 81 – ✉ 76330.
    Voir Château d'Etelan★ S : 1 km.

✗ **Aub. de Norville** avec ch, ☞ 35 39 91 14 – 📺 ☎ 🆅🆂🅰
    R (fermé dim. soir et lundi) 80/180 – 🖵 24 – **10 ch** 180/220.

FIAT, LANCIA-AUTOBIANCHI Evrard, 15 r. Pasteur
☞ 35 38 00 68
PEUGEOT-TALBOT Duponchel, 8 r. Dr-Léonard
☞ 35 38 05 22

RENAULT Legay, av. R.-Coty ☞ 35 38 39 53 **N**
RENAULT Dajon, 23 ter r. Thiers ☞ 35 38 01 47

LIMERZEL 56220 Morbihan 🟦🟦 ④ – 1 229 h. alt. 63.
Paris 433 – ◆ Nantes 85 – Ploërmel 42 – Redon 30 – Vannes 37.

✗✗ **Aub. Limerzelaise,** ☞ 97 66 20 59 – 🅴 🆅🆂🅰
    fermé janv., lundi soir et mardi – **R** 135/250.

LIMEUIL 24510 Dordogne 🟦🟦 ⑯ G. Perigord Quercy – 362 h. alt. 52.
Voir Site★.
Paris 537 – Périgueux 47 – Sarlat-la-Canéda 37 – Bergerac 42 – Brive-la-Gaillarde 79.

✗✗ **Terrasses de Beauregard** 🌳 avec ch, O : 1 km par D 31 ☞ 53 22 03 15, ≤, 🍽 – 🚗
    🅿. 🅴 🆅🆂🅰
    1er mai-30 sept. – **R** 90/300, enf. 60 – 🖵 40 – **8 ch** 220/280 – ½ P 290/320.

LIMOGES 🅿 87000 H.-Vienne 🟦🟦 ⑰ G. Berry Limousin – 144 082 h. alt. 294.
Voir Cathédrale★ BZ **B** – Église St-Michel-des-Lions★ AY **D** – Cour du temple★ AY 49 – Musée A.
Dubouché★★ (porcelaines) AY – Musée Municipal★ BZ **M**.
🏌 ☞ 55 30 21 02, par ④ : 3 km ; 🏌 de la Porcelaine ☞ 55 31 10 69, par ②, D 941 puis VC :
9 km.
✈ de Limoges-Bellegarde : ☞ 55 43 30 30, par ⑥ : 10 km.
🅸 Office de Tourisme et Accueil de France (Informations et réservations d'hôtels, pas plus de 5 jours à
l'avance) bd Fleurus ☞ 55 34 46 87, Télex 580705 – A.C. 33 bd L.-Blanc ☞ 55 34 32 06.
Paris 399 ① – Angoulême 103 ⑥ – ◆Bordeaux 220 ⑥ – ◆Clermont-Ferrand 176 ③ – ◆Dijon 419 ③ – Montluçon
137 ③ – ◆Montpellier 432 ④ – ◆Nantes 303 ⑥ – Poitiers 120 ⑦ – ◆Toulouse 303 ④.

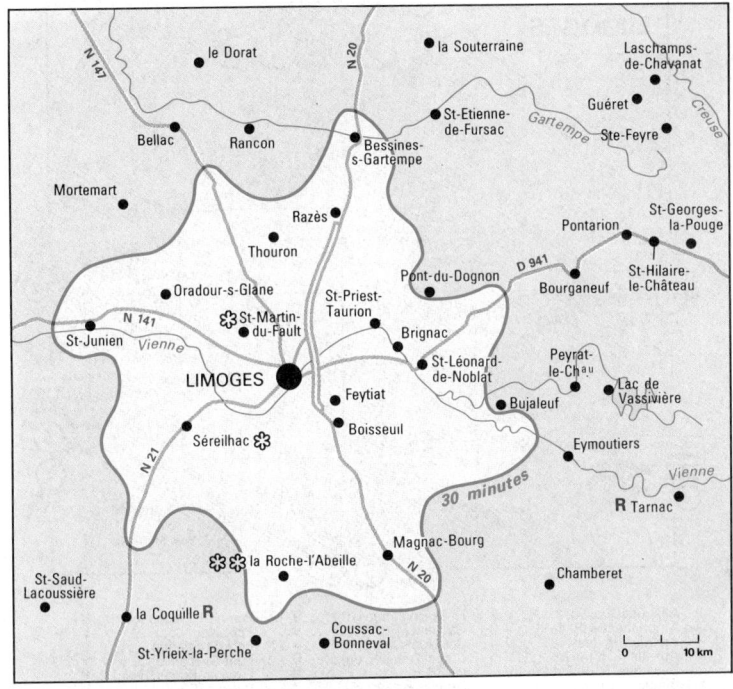

Royal Limousin Ⓜ sans rest, bd Carnot ℰ 55 34 65 30, Télex 580771, Fax 55 34 55 21 –
🛗 TV ☎ – 🔬 25 à 350. AE ⓞ E VISA — BY **u**
⌧ 45 – **75 ch** 360/480.

Luk H., 29 pl. Jourdan ℰ 55 33 44 00, Télex 580704 – 🛗 TV ☎ – 🔬 25. AE ⓞ E VISA
fermé 14 au 21 fév. – **R** *(fermé 22 déc. au 6 janv., sam. midi et dim. de sept. à juin)* — BY **x**
100/175 ⅛, enf. 35 – ⌧ 26 – **54 ch** 240/380 – ½ P 440/650

Caravelle sans rest, 21 r. A. Barbès ℰ 55 77 75 29, Télex 580733, Fax 55 79 27 60 – 🛗 TV
☎ ⟸. ⓞ E VISA — BX **x**
⌧ 28 – **39 ch** 200/350.

Richelieu sans rest, 40 av. Baudin ℰ 55 34 22 82, Fax 55 32 48 73 – 🛗 TV ☎. E VISA
⌧ 30 – **32 ch** 260/400. — AZ **a**

Jeanne-d'Arc sans rest, 17 av. Gén. de Gaulle ℰ 55 77 67 77, Télex 580011, Fax 55 77 33 41
– 🛗 TV ☎ Ⓟ – 🔬 30 à 100. AE ⓞ E VISA — BY **s**
fermé 24 déc. au 2 janv. – ⌧ 28 – **55 ch** 190/380.

Musset, 5 r. du 71ᵉ Mobiles ℰ 55 34 34 03, « Salle à manger au décor 1900 » – TV ☎
⟸ Ⓟ. AE ⓞ E VISA — BY **b**
fermé vacances de fév. – **R** *(fermé sam. d'oct. à avril et dim. soir)* 98 bc/245, enf. 60 –
⌧ 28 – **28 ch** 180/300.

Orléans Lion d'Or sans rest, 9 cours Jourdan ℰ 55 77 49 71, Fax 55 77 33 41 – 🛗 TV ☎.
AE ⓞ E VISA — BY **t**
fermé 21 déc. au 1ᵉʳ janv. – ⌧ 27 – **42 ch** 160/300.

Petit Paris, 48 bis av. Garibaldi ℰ 55 77 39 82, Fax 55 77 23 99 – TV ☎ ⟸. E VISA
fermé 20 déc. au 5 janv., vend., sam. et dim. hors sais. – **R** 68/90, enf. 40 – ⌧ 25 – **24 ch** — BX **s**
178/220

Paix sans rest, 25 pl. Jourdan ℰ 55 34 36 00, « Collection de phonographes » – TV ☎. E
VISA – ⌧ 24 – **31 ch** 170/300 — BY **r**

L'Aiglon sans rest, 8 r. Crucifix ⌧ 87100 ℰ 55 77 39 13 – ☎. AE E VISA — AX **y**
fermé 4 au 26 avril et dim. – ⌧ 19 – **17 ch** 80/180.

Philippe Redon, 3 r. d'Aguesseau ℰ 55 34 66 22 – E VISA — AZ **t**
fermé 15 août au 15 sept., lundi midi et dim. – **R** 125, enf. 60.

Champlevé, 1 pl. Wilson ℰ 55 34 43 34 – ▤. AE VISA — BZ **v**
*fermé dim. du 1ᵉʳ juil. au 30 sept., merc. du 1ᵉʳ oct. au 30 juin et sam. sauf le soir du 1ᵉʳ
oct. au 30 juin* – **R** 150 (sauf sam.)/350.

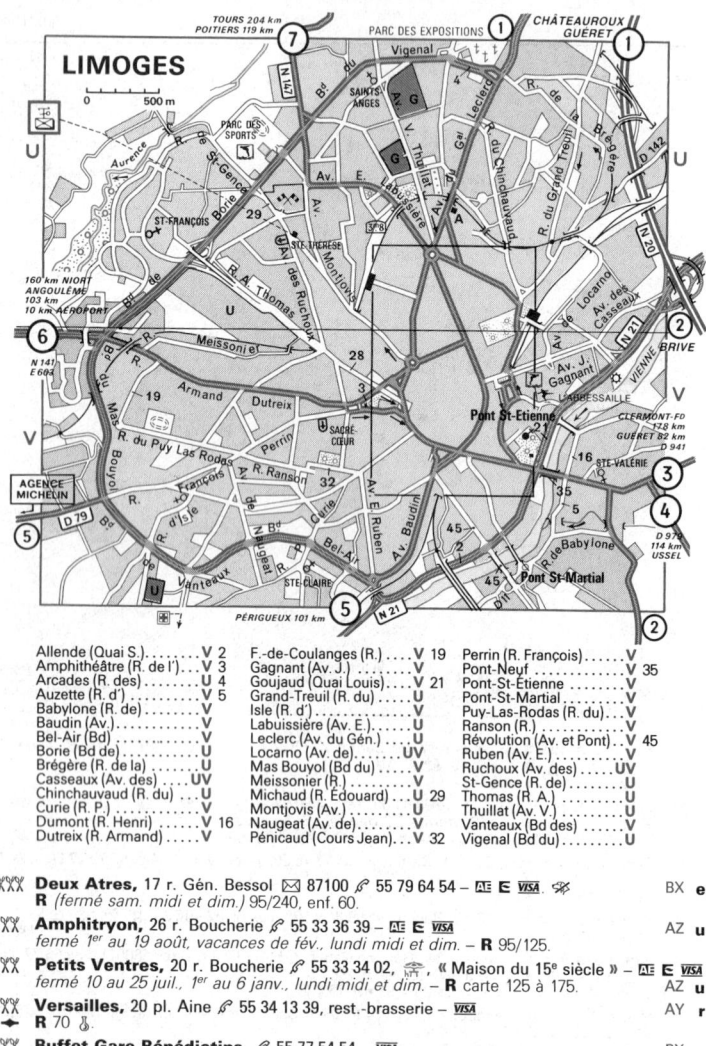

LIMOGES

TOURS 204 km
POITIERS 119 km

PARC DES EXPOSITIONS

CHÂTEAUROUX
GUÉRET

0   500 m

160 km NIORT
ANGOULÊME
103 km
10 km AÉROPORT

N 141
E 604

AGENCE
MICHELIN

Pont St-Étienne

VIENNE BRIVE

CLERMONT-FD
178 km
GUÉRET 82 km
D 941

STE-VALÉRIE

D 979
114 km
USSEL

Pont St-Martial

PÉRIGUEUX 101 km

XXX **Deux Atres,** 17 r. Gén. Bessol ⊠ 87100 ℰ 55 79 64 54 – ☒ ☒ ☒ ☒ ☒   BX e
R *(fermé sam. midi et dim.)* 95/240, enf. 60.

XX **Amphitryon,** 26 r. Boucherie ℰ 55 33 36 39 – ☒ ☒ ☒   AZ u
fermé 1er au 19 août, vacances de fév., lundi midi et dim. – R 95/125.

XX **Petits Ventres,** 20 r. Boucherie ℰ 55 33 34 02, 🏛, « Maison du 15e siècle » – ☒ ☒ ☒
fermé 10 au 25 juil., 1er au 6 janv., lundi midi et dim. – R carte 125 à 175.   AZ u

XX **Versailles,** 20 pl. Aine ℰ 55 34 13 39, rest.-brasserie – ☒   AY r
➜ R 70 ⅃.

XX **Buffet Gare Bénédictins,** ℰ 55 77 54 54 – ☒   BX
➜ R 54/130 ⅃.

par la sortie ① :

Z.I. Nord Quartier du Lac : 5 km – ⊠ 87100 Limoges :

🏨 **Novotel** M ⬚, ℰ 55 37 20 98, Télex 580866, Fax 55 37 06 12, 🏛, ⅃, 🐎, 🐾 – ▮ ☒
☎ ⅂ ☒ – 🛏 25 à 200. ☒ ☒ ☒ ☒
R carte environ 150 ⅃, enf. 50 – ☲ 48 – **90 ch** 405/450.

Z.I. Nord-Beaubreuil : 7 km – ⊠ 87280 Beaubreuil :

🏨 **Primevère** M, ℰ 55 37 02 55, 🏛 – ☒ ☎ ⅂ ☒ – 🛏 25. ☒ ☒
R 71/95 ⅃, enf. 39 – ☲ 28 – **29 ch** 220/240.

rte de Paris : 9 km sortie Beaune-les-Mines – ⊠ 87280 Beaune-les-Mines :

🏨 **La Résidence,** ℰ 55 39 90 47, 🏛, 🐎 – ☒ ☎ ☒ – 🛏 70. ☒ ☒ ch
fermé 3 au 18 août, 13 janv. au 5 fév., sam. (sauf hôtel) et dim. soir – R 85/190, enf. 35 –
☲ 25 – **20 ch** 160/210.

LIMOGES

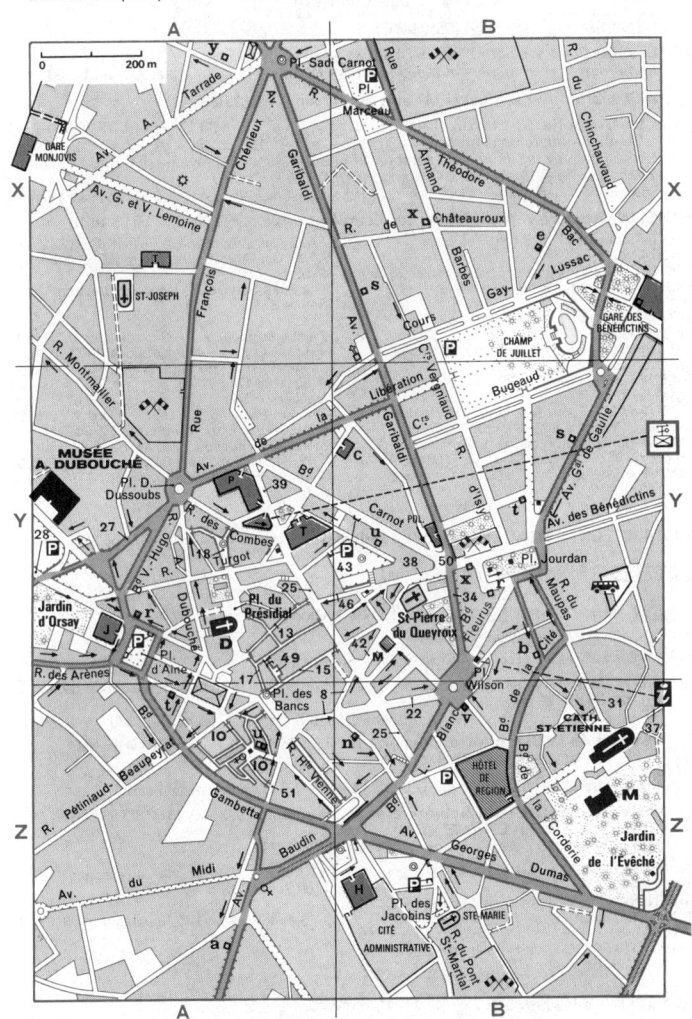

par la sortie ④

à Feytiat : 6 km – 3 591 h. – ⊠ **87220** :

🏨 **Mas Cerise** Ⓜ ⟋, 𝒫 55 00 26 28, Télex 580425 – 📺 ☎ 🄿 – 🔩 40. 🅐🅔 **E** 🆅🅸🆂🅰
 R *(fermé sam. midi et dim.)* 120 bc/280 bc – ⌑ 28 – **15 ch** 220/280 – ½ P 340.

sur rte d'Eymoutiers : 10 km – ⊠ **87220** Feytiat :

🏠🏠🏠 **Aub. du Bonheur,** 𝒫 55 00 28 19, 🍽, parc, « Collection d'objets anciens » – **E**
 fermé 15 août au 15 sept., vacances de fév., dim soir et lundi sauf fériés – **R** 130/230,
 enf. 70.

vers la sortie ②

au golf municipal : 3 km – ⊠ **87000** Limoges :

🏨 **Albatros** Ⓜ ⟋, plaine St-Lazare 𝒫 55 06 00 00, Télex 580989, ≤, 🍽, « A l'orée du
↝ golf » – 📺 ☎ ৬ 🄿 – 🔩 80. **E** 🆅🅸🆂🅰
 R *(fermé dim. soir)* 67/147 ⓦ – ⌑ 31 – **34 ch** 268/289 – ½ P 210.

par la sortie ⑦ :

sur N 147 : 10,5 km – ⊠ **87510** Nieul :

🏠🏠 **Les Justices** avec ch, 𝒫 55 75 84 54, 🌳 – 🄿. **E** 🆅🅸🆂🅰
 fermé dim. soir et lundi sauf fériés le midi – **R** carte 145 à 200 – ⌑ 30 – **3 ch** 160.

à St-Martin-du-Fault par N 147 et D 35 : 12 km – ⊠ **87510** Nieul :

🏨🏨 ❀ **La Chapelle St-Martin** (Dudognon) Ⓜ ⟋, 𝒫 55 75 80 17, Fax 55 75 89 50, ≤, 🍽,
 « Gentilhommière dans un parc », 🎾, 🅈 – ⨯ rest 📺 ☎ 🄿 – 🔩 25. **E** 🆅🅸🆂🅰. ❀ rest
 fermé janv. fév. et lundi – **R** (nombre de couverts limité - prévenir) 190 (déj.) et carte 270
 à 385 – ⌑ 69 – **10 ch** 490/890, 3 appart. 1350 – ½ P 700/850
 Spéc. Roulé de langoustines sauce aigre-doux (juin-sept.), Crépinettes de pied de cochon sauce Périgueux.

MICHELIN, Agence régionale, av. des Courrières à Isle par D 78 V 𝒫 55 05 18 18

BMW Gar. Fraisseix J., 213 r. de Toulouse
𝒫 55 30 42 70
CITROEN Central Gar., r. de Feytiat 𝒫 55 37 23 09
CITROEN Gar. Baudin, r. de Feytiat V
𝒫 55 34 15 74
FORD Gar. Fraisseix E., N 20 à Crochat
𝒫 55 30 46 47
FORD Limousin Nord Automobiles, r. Serpollet ZI
Nord 𝒫 55 37 03 29
MERCEDES-BENZ Gar. Launay, av. L.-Armand, ZI
Nord 𝒫 55 38 16 17
PEUGEOT-TALBOT Gds Gar. Limousin, rte de
Toulouse, ZI Magré par ④ 𝒫 55 30 65 35
RENAULT Renault-Limoges, av. L.-Armand, ZI
Nord par ① 𝒫 55 37 58 25 Ⓝ 𝒫 55 37 98 98
RENAULT Bousdon, 45 av. Pasteur à Aixe-sur-
Vienne 𝒫 55 70 20 59
TOYOTA Gar. Carnot, 9 av. E.-Labussière
𝒫 55 77 48 06

V.A.G Gar. Auto-Sport, à Feytiat 𝒫 55 31 23 85
V.A.G Gar. Auto-Sport, r. Serpollet ZI Nord
𝒫 55 37 17 80
Aixe Pneu Service, 23 bis av. J.-Rebler à Aixe-sur-
Vienne 𝒫 55 70 17 58

🏵 Estager-Pneu, 56 av. Gén.-Leclerc 𝒫 55 38 42 43
et 5 r. A.-Comte ZI Nord 𝒫 55 38 10 71
Estager-Pneu, ZI du Ponteix à Feytiat
𝒫 55 06 06 47
Faucher, 55-59 r. Th.-Bac 𝒫 55 77 27 02
Omnium-Pneus, 61 av. Gén.-Leclerc 𝒫 55 77 52 88
Pneu 2000, 5 bis bd Corderie 𝒫 55 34 31 69
Pneus et Caoutchouc, 230 av. Baudin
𝒫 55 34 51 21 et 33 av. Bénédictins 𝒫 55 33 32 33
Talandier-Pneus, Mas Sarrazin, RN 147 à Couzeix
𝒫 55 77 52 42

CONSTRUCTEUR : RENAULT Véhicules Industriels, rte du Palais 𝒫 55 77 58 35

▬▬ **LIMONEST** 🄍🄐 **69** Rhône **7⃣4⃣** ⑪ – rattaché à Lyon.

▬▬ **LIMOUX** ◁🆂🅿▷ **11300** Aude 🄇🄖 ⑦ **G. Pyrénées Roussillon** – 10 885 h. alt. 172.
🄗 Syndicat d'Initiative promenade Tivoli 𝒫 68 31 11 82.
Paris 802 – Carcassonne 24 – Foix 67 – Perpignan 101 – ◆Toulouse 95.

🏨 **Gd H. Moderne et Pigeon,** 1 pl. Gén. Leclerc **(a)** 𝒫 68 31 00 25, Fax 68 31 12 43, 🍽 –
 📺 ☎. 🅐🅔 🄾🄳 **E** 🆅🅸🆂🅰
 fermé 5 déc. au 15 janv. – **R** *(fermé lundi)* 90/185 – ⌑ 28 – **19 ch** 220/330 – ½ P 215/240.

🏠🏠 **Maison de la Blanquette,** prom. du Tivoli 𝒫 68 31 01 63 – 🍴. 🅐🅔 🄾🄳 **E** 🆅🅸🆂🅰
↝ *fermé oct. et merc. soir* – **R** 60 bc/200 bc, enf. 50.

sur rte de Castelnaudary par D 623 : 13 km – ⊠ **11240** Belvèze-du-Razès :

🏠🏠 **Relais Touristique de Belvèze** avec ch, carrefour D 623 - D 18 𝒫 68 69 08 78, 🍽, 🌳
↝ – 🍴 rest 📺 ☎ 🄿. 🅐🅔 🄾🄳 **E** 🆅🅸🆂🅰
 R 70/250, enf. 45 – ⌑ 22 – **7 ch** 170/200 – ½ P 220/230.

ALFA-ROMEO, OPEL Bardavio, 22 av. A.-Chenier
𝒫 68 31 02 43
CITROEN Nivet, rte de Perpignan 𝒫 68 31 06 00
FORD Huillet, 25 av. Fabre-d'Eglantine
𝒫 68 31 01 48
PEUGEOT-TALBOT Gar. de Flassian, rte de Car-
cassonne 𝒫 68 31 21 92

RENAULT SODAC, rte de Carcassonne
𝒫 68 31 08 87 Ⓝ

🏵 Belotti Pneus, av. de Catalogne 𝒫 68 31 13 84

▬▬ **LINAS** **91** Essonne 🄍🄐 ⑩, 🄌🄄🄌🄌 🄎🄐 – voir à Paris, Environs.

LINGOLSHEIM 67 B.-Rhin 🗺 ⑩ – rattaché à Strasbourg.

LINTHAL 68610 H.-Rhin 🗺 ⑱ – 523 h. alt. 425.
Paris 464 – Colmar 37 – Gérardmer 52 – Guebwiller 11 – ♦Mulhouse 34.

🏠 **A la Truite de la Lauch,** ℰ 89 76 32 30, 🌲, 🌳 – ☎ 🅿. **E** 𝗩𝗜𝗦𝗔
– fermé 15 nov. au 15 déc. et merc. hors sais. – **R** 70/200 ⅄, enf. 60 – � 22 – **15 ch** 90/210
– ½ P 200/250.

LIOCOURT 57590 Moselle 🗺 ⑭ – 129 h. alt. 290.
Paris 358 – ♦Metz 28 – Château-Salins 17 – Pont-à-Mousson 30 – St-Avold 48.

XX **Au Savoy,** ℰ 87 01 36 72 – 🏛 40. 🅰🅴 **E** 𝗩𝗜𝗦𝗔
fermé fév., dim. soir et lundi – **R** 88/225, enf. 50.

Le LION D'ANGERS 49220 M.-et-L. 🗺 ⑳ 🄶. Châteaux de la Loire – 3 160 h. alt. 32.
Voir Haras de L'Isle Briand★ E : 1 km.
Paris 295 – Angers 22 – Ancenis 53 – Château-Gontier 21 – La Flèche 51.

🏠 **Voyageurs,** ℰ 41 95 30 08 – ⌂, 🅰🅴 ⓞ **E** 𝗩𝗜𝗦𝗔
– fermé 7 au 13 oct. et 27 janv. au 9 fév. – **R** (fermé dim. soir) 60/150 ⅄, enf. 40 – ⊏⊐ 25 –
13 ch 105/200.

LION-SUR-MER 14780 Calvados 🗺 ② 🄶. Normandie Cotentin – 1 824 h. alt. 2.
🄱 Syndicat d'Initiative bd Calvados (saison) ℰ 31 96 87 95.
Paris 247 – ♦Caen 16 – Arromanches 25 – Bayeux 32 – Cabourg 25 – Ouistreham-Riva-Bella 6.

🏠 **Moderne,** ℰ 31 97 20 48 – ☎ – saisonnier – **15 ch.**
RENAULT Gar. de l'Espérance, à Hermanville-sur-Mer ℰ 31 97 28 62

Le LIORAN 15 Cantal 🗺 ③ 🄶. Auvergne – alt. 1 153 – Sports d'hiver à Super-Lioran SO : 2 km – ✉ **15300**
Laveissière – Voir Gorges de l'Alagnon★ NE : 2 km puis 30 mn – Col de Cère ⇖★ SO : 4 km.
Paris 518 – Aurillac 39 – Condat 42 – Murat 12 – St-Jacques-des-Blats 6.

X **Aub. du Tunnel** avec ch, ℰ 71 49 50 02 – ⌂. **E** 𝗩𝗜𝗦𝗔
– fermé nov. et dim. du 1er sept. au 1er déc. – **R** 49/100 ⅄, enf. 30 – ⊏⊐ 20 – **18 ch** 128/150 –
½ P 160/190.

à **Super-Lioran** SO : 2 km par D 67 – Sports d'hiver : 1 160/1 850 m ✦1 ⚡23 – ✉ **15300**
Laveissière – Voir Plomb du Cantal ⁂★★ par téléphérique.
🄱 Office de Tourisme ℰ 71 49 50 08.

🏨 **Gd H. Anglard et du Cerf** 🐾, ℰ 71 49 50 26, ≤ Monts du Cantal – 🎴 📺 ☎ 🅿 –
🏛 90. 🅰🅴 **E** 𝗩𝗜𝗦𝗔
1er mars-20 mai, 1er juil.-30 sept. et 20 déc.-11 mai – **R** 75/200, enf. 50 – ⊏⊐ 28 – **38 ch**
170/330 – ½ P 200/320.

🏨 **Remberter et Saporta** 🐾, ℰ 71 49 50 28, ≤, 🌲, 🍴 – cuisinette ☎ 🅿. **E** 𝗩𝗜𝗦𝗔, ⁂ rest
15 juin-15 sept. et 20 déc.-vacances de printemps – **R** 75/175, enf. 45 – ⊏⊐ 24 – **32 ch**
160/250 – ½ P 200/225.

🏠 **Rocher du Cerf et Crystal Chalet** 🐾, ℰ 71 49 50 14, ≤, 🌲 – ☎ 🅿. 🅰🅴 ⓞ **E** 𝗩𝗜𝗦𝗔
– 15 juin-15 sept. et 20 déc.-11 mai – **R** 59/140 ⅄, enf. 44 – ⊏⊐ 20 – **27 ch** 130/190 –
½ P 155/210.

Le LIOUQUET 13 B.-du-R. 🗺 ⑭ – rattaché à La Ciotat.

LISIEUX 14100 Calvados 🗺 ⑬ 🄶. Normandie Vallée de la Seine – 25 998 h. alt. 49 Pèlerinage (fin
septembre).
Voir Cathédrale St-Pierre★ BY – Env. Château★ de St-Germain-de-Livet 7 km par ④.
🄱 Office de Tourisme 11 r. Alençon ℰ 31 62 08 41.
Paris 174 ② – ♦Caen 49 ⑥ – Alençon 91 ④ – Argentan 58 ④ – Cherbourg 170 ⑥ – Dieppe 139 ① – Evreux
72 ② – ♦Le Havre 78 ① – ♦Le Mans 140 ① – ♦Rouen 82 ②.

Plan page suivante

🏨 **Gardens H.** Ⓜ, par ② : 2,5 km sur N 13 ℰ 31 61 17 17, Télex 170065, Fax 31 32 33 43,
🍴, 🌳 – 📺 ☎ 🅰 🅿 – 🏛 25 à 70. 🅰🅴 ⓞ **E** 𝗩𝗜𝗦𝗔, ⁂ rest
R grill 110/130, enf. 46 – ⊏⊐ 35 – **69 ch** 286/345 – ½ P 300.

🏨 **Place** sans rest, 67 r. H. Chéron ℰ 31 31 17 44, Télex 171862 – 🎴 📺 ☎ 🅰   AY **a**
32 ch.

🏨 **Espérance et rest. Pays d'Auge,** 16 bd Ste Anne ℰ 31 62 17 53, Télex 171845,
Fax 31 62 34 00 – 🎴 ☎ ⌂. 🅰🅴 ⓞ **E** 𝗩𝗜𝗦𝗔   BZ **e**
mi-avril-mi-oct. – **R** 78/135, enf. 40 – ⊏⊐ 32 – **100 ch** 250/350.

🏨 **Gd H. Normandie,** 11 bis r. au Char ℰ 31 62 16 05, Télex 170269 – 🎴 ⌂. 🅰🅴 ⓞ **E**.
𝗩𝗜𝗦𝗔   BY **k**
hôtel : 15 avril-1er oct. ; rest. : 2 mai-1er oct. – **R** 75/120, enf. 43 – ⊏⊐ 33 – **70 ch** 240/335.

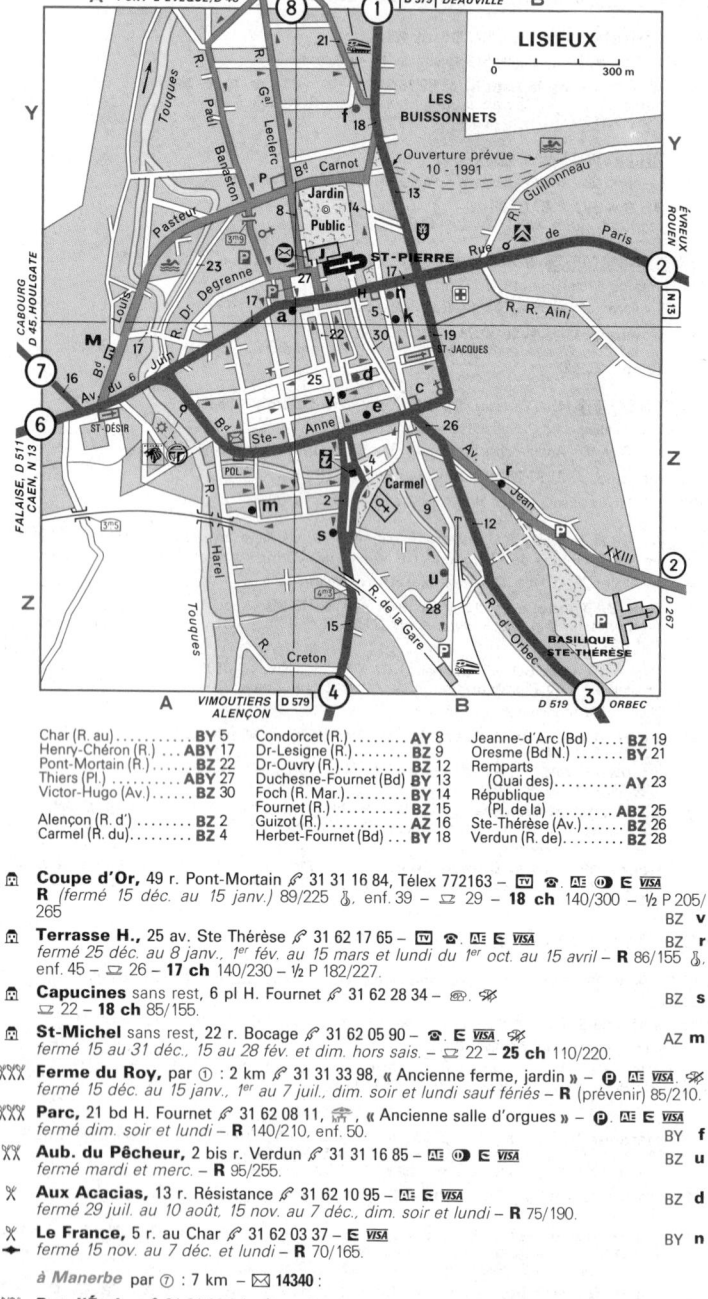

LISIEUX

0   300 m

🏠 **Coupe d'Or**, 49 r. Pont-Mortain ℰ 31 31 16 84, Télex 772163 – 📺 ☎. 🅰🅴 ⓞ 🅴 𝗩𝗜𝗦𝗔
R (fermé 15 déc. au 15 janv.) 89/225 ⅃, enf. 39 – 🖙 29 – **18 ch** 140/300 – ½ P 205/
265
BZ **v**

🏠 **Terrasse H.**, 25 av. Ste Thérèse ℰ 31 62 17 65 – 📺 ☎. 🅰🅴 🅴 𝗩𝗜𝗦𝗔   BZ **r**
fermé 25 déc. au 8 janv., 1er fév. au 15 mars et lundi du 1er oct. au 15 avril – **R** 86/155 ⅃,
enf. 45 – 🖙 26 – **17 ch** 140/230 – ½ P 182/227.

🏠 **Capucines** sans rest, 6 pl H. Fournet ℰ 31 62 28 34 – ☎. ⅏   BZ **s**
🖙 22 – **18 ch** 85/155.

🏠 **St-Michel** sans rest, 22 r. Bocage ℰ 31 62 05 90 – ☎. 🅴 𝗩𝗜𝗦𝗔. ⅏   AZ **m**
fermé 15 au 31 déc., 15 au 28 fév. et dim. hors sais. – 🖙 22 – **25 ch** 110/220.

XXX **Ferme du Roy**, par ① : 2 km ℰ 31 31 33 98, « Ancienne ferme, jardin » – 🅿. 🅰🅴 𝗩𝗜𝗦𝗔. ⅏
fermé 15 déc. au 15 janv., 1er au 7 juil., dim. soir et lundi sauf fériés – **R** (prévenir) 85/210.

XXX **Parc**, 21 bd H. Fournet ℰ 31 62 08 11, 🏠, « Ancienne salle d'orgues » – 🅿. 🅰🅴 🅴 𝗩𝗜𝗦𝗔
fermé dim. soir et lundi – **R** 140/210, enf. 50.   BY **f**

XX **Aub. du Pêcheur**, 2 bis r. Verdun ℰ 31 31 16 85 – 🅰🅴 ⓞ 🅴 𝗩𝗜𝗦𝗔   BZ **u**
fermé mardi et merc. – **R** 95/255.

X **Aux Acacias**, 13 r. Résistance ℰ 31 62 10 95 – 🅰🅴 🅴 𝗩𝗜𝗦𝗔   BZ **d**
fermé 29 juil. au 10 août, 15 nov. au 7 déc., dim. soir et lundi – **R** 75/190.

X **Le France**, 5 r. au Char ℰ 31 62 03 37 – 🅴 𝗩𝗜𝗦𝗔   BY **n**
◆ fermé 15 nov. au 7 déc. et lundi – **R** 70/165.

à Manerbe par ⑦ : 7 km – ✉ 14340 :

XX **Pot d'Étain**, ℰ 31 61 00 94, 🏠, « Jardin fleuri » – 🅿. 🅰🅴 🅴 𝗩𝗜𝗦𝗔
fermé mi-janv. à mi-fév., mardi soir et merc. – **R** 90/210, enf. 50.

600

ALFA ROMEO VOLVO Richard, 57 bd Ste-Anne
🖉 31 62 02 78
CITROEN SDA, 41 r. de Paris *🖉* 31 62 81 00 **N**
FORD Gar. des Loges, 24 r. Fournet *🖉* 31 62 25 17
PEUGEOT-TALBOT Gar. Jonquard, 61 bd Ste-
Anne *🖉* 31 31 00 71
RENAULT Gar. de la Vallée, ZA r. Paul Cornu par
⑧ *🖉* 31 32 44 44 **N** *🖉* 31 65 52 73

V.A.G Gar. Lepelletier, 118 r. Fournet
🖉 31 31 49 58

⑧ Ollitrault-Pneus, 5 bis r. Marché-aux-Bestiaux
🖉 31 62 29 10
Renov.-Pneu, 29 r. de Paris *🖉* 31 62 03 04

LISON (Source du) ★★★ 25 Doubs 🗗🔟 ⑤ G. Jura.
Voir Grotte Sarrazine★★ NO 30 mn – Creux Billard★ S 15 mn.

LIVAROT 14140 Calvados 🗗🗗 ⑱ G. Normandie Vallée de la Seine – 2 759 h. alt. 64.
Paris 192 – ♦Caen 47 – Alençon 72 – Bernay 39 – Falaise 36 – Lisieux 18 – Orbec 22.

🏠 **Vivier,** pl. G. Bisson *🖉* 31 63 50 29, 🛏 – ☎ ⬧ ⟸ 🅿. **E** 𝗩𝗜𝗦𝗔
◆ *fermé 22 sept. au 7 oct. et 22 déc. au 16 janv.* – **R** *(fermé dim. soir de sept. à fin juin et lundi sauf fériés)* 69/126 – ⌧ 22 – **11 ch** 110/250 – ½ P 200/220.

CITROEN S.E.R.V.A.L. *🖉* 31 63 50 51

LIVERDUN 54460 M.-et-M. 🗗🗗 ④ G. Alsace Lorraine – 6 110 h. alt. 203.
Voir Site★.
🏌 de Nancy-Aingeray *🖉* 83 24 53 87, SO : 2 km.
Paris 300 – ♦Nancy 16 – ♦Metz 56 – Pont-à-Mousson 25 – Toul 19.

XX **Golf Val Fleuri,** rte Villey-St Étienne *🖉* 83 24 53 54, 🛏, 🛏 – 🅿. 🅰🅴 ⓞ **E** 𝗩𝗜𝗦𝗔
fermé 7 janv. au 6 fév. et merc. de fin sept. à Pâques – **R** 133/205, enf. 75.

XX **Host. Gare,** pl. Gare *🖉* 83 24 44 76 – 🅰🅴 ⓞ **E** 𝗩𝗜𝗦𝗔
fermé 19 août au 2 sept. et mardi sauf fériés – **R** 120/230, enf. 50.

à Aingeray SO : 6 km par D 90 – ✉ **54460** :

XX **La Poêle d'Or,** 1 r. Liverdun *🖉* 83 23 22 31, 🛏 – 🅰🅴 **E** 𝗩𝗜𝗦𝗔
fermé 22 juil. au 6 août, 10 au 25 fév., dim. soir et lundi – **R** 140/300 🍴, enf. 80.

LIVRY-GARGAN 93 Seine-St-Denis 🗗🗗 ⑪, 🗗🗗🗗 ⑱ – voir à Paris, Environs.

La LLAGONNE 66 Pyr.-Or. 🗗🗗 ⑯ – rattaché à Mont-Louis.

LLO 66 Pyr.-Or. 🗗🗗 ⑯ – rattaché à Saillagouse.

LOCHES <⑨> 37600 I.-et-L. 🗗🗗 ⑥ G. Châteaux de la Loire – 7 019 h. alt. 72.
Voir Cité médiévale★★ Z : château★★ B, donjon★★ D, église St-Ours★ E, Porte Royale★ F – Hôtel de ville★ Z H.
Env. Portail★ de la Chartreuse du Liget E : 10 km par ②.
🛈 Office de Tourisme pl. Wermelskirchen *🖉* 47 59 07 98.
Paris 255 ① – ♦Tours 41 ① – Blois 65 ① – Châteauroux 70 ③ – Châtellerault 54 ④.

Plan page suivante

🏨 **Luccotel** 🅼 ⚲, r. Lézards, par ⑤ : 1 km *🖉* 47 91 50 50, Télex 752054, ≤, 🛏, 🏊, 🛏 –
📺 rest 📺 ☎ ♿ 🅿 – 🔔 100. **E** 𝗩𝗜𝗦𝗔. 🦌 rest
fermé 18 déc. au 18 janv., dim. soir du 15 nov. au 30 mars et sam. midi – **R** 85/190, enf. 60
– ⌧ 28 – **42 ch** 220/275 – ½ P 210/260.

🏨 **George Sand,** 39 r. Quintefol *🖉* 47 59 39 74, Fax 47 91 55 75, ≤, 🛏 – 📺 ☎ **E** 𝗩𝗜𝗦𝗔
fermé 25 nov. au 21 déc. – **R** 80/180, enf. 45 – ⌧ 32 – **20 ch** 210/370 – ½ P 240/265. Z **s**

🏨 **France,** 6 r. Picois *🖉* 47 59 00 32, 🛏 – 📺 ☎ ⬧ ⓞ **E** 𝗩𝗜𝗦𝗔 Y **a**
fermé 29 avril au 6 mai, 6 janv. au 13 fév., dim. soir (sauf juil.-août) et lundi sauf le soir de mai à sept. – **R** 75/235 – ⌧ 25 – **19 ch** 150/300.

CITROEN Loches-Automobiles, 17 r. de Tours
🖉 47 59 07 50
PEUGEOT-TALBOT Lorillou, N 143, Tivoli par ③
🖉 47 59 00 41

RENAULT Sud Touraine Automobiles, r. Fontaine-
Charbonnelle par ① *🖉* 47 59 00 77
N *🖉* 47 40 91 43

⑧ Touraine Pneus, 48 av. Pierruche à Perrusson
🖉 47 59 03 86

LOCHES

*Dans la liste des rues
des plans de villes,
les noms en rouge
indiquent
les principales voies
commerçantes.*

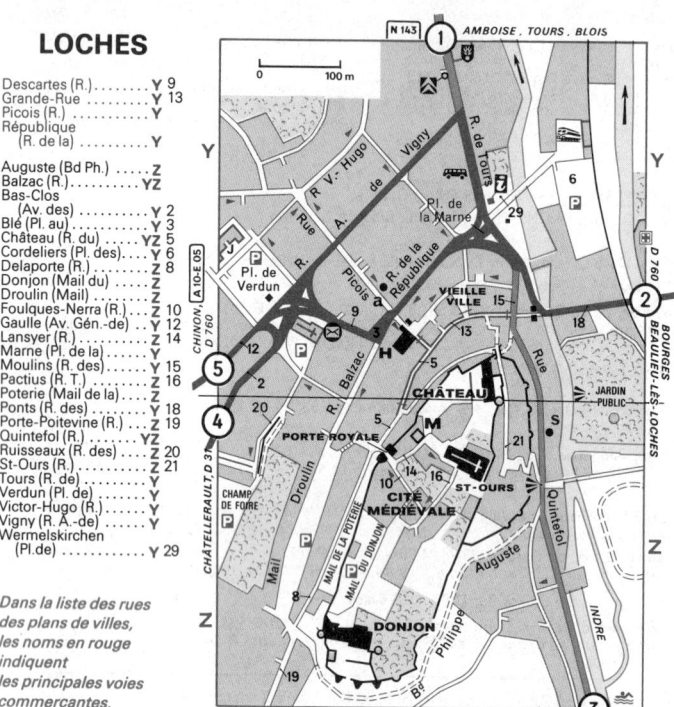

Campers...

Use the current Michelin Guide

Camping Caravaning France.

LOCMARIA-BERRIEN 29 Finistère 58 ⑥ – rattaché à Huelgoat.

LOCMARIAQUER 56740 Morbihan 63 ⑫ G. Bretagne – 1 279 h. alt. 16.

Voir Table des Marchands★★ et Grand menhir★★, puis dolmens de Mané Lud★ et de Mané
Rethual★ – Tumulus de Mané-er-Hroech★ S : 1 km – Dolmen des Pierres Plates★ SO : 2 km –
Pointe de Kerpenhir ≤★ SE : 2 km.

🏛 Syndicat d'Initiative r. Victoire ℰ 97 57 33 05.

Paris 487 – Vannes 32 – Auray 13 – Quiberon 31 – La Trinité 8,5.

  🏠 **Lautram**, ℰ 97 57 31 32 – 🕿 **E** VISA
  ➡ fin mars-fin sept. – **R** 60/195, enf. 30 – 🖵 30 – **29 ch** 150/245 – ½ P 200/240.

  🏠 **L'Escale**, ℰ 97 57 32 51, ≤, 🍴 – 📺 🕿 ⓞ **E** VISA
  ➡ 19 avril-21 sept. – **R** 68/146, enf. 30 – 🖵 29 – **12 ch** 218/329 – ½ P 195/267.

LOCMINÉ 56500 Morbihan 63 ③ G. Bretagne – 3 672 h. alt. 100.

🏛 Syndicat d'Initiative r. Gén.-de-Gaulle (juil.-août) ℰ 97 60 09 90.

Paris 445 – Vannes 28 – Concarneau 94 – Lorient 49 – Pontivy 24 – Quimper 110 – ◆Rennes 97.

  🏠 **L'Argoat**, rte Vannes ℰ 97 60 01 02, Fax 97 44 20 55 – 📺 🕿 **E** VISA
  ➡ fermé 25 déc. au 25 janv. et sam. (sauf le soir de juin à oct.) – **R** 55/180 🍷, enf. 45 – 🖵 25
   – **22 ch** 180/240 – ½ P 210/230.

  à Bignan E : 5 km par D 1 – ⊠ **56500** :

  ※※ **Aub. La Chouannière**, ℰ 97 60 00 96 – 🅰🅴 **E** VISA
   fermé 11 au 24 mars et 1er au 7 juil. – **R** 115/215, enf. 65.

🅦 Corbel, à Moréac ℰ 97 60 57 18   Rio Pneus ℰ 97 60 01 24

Voir Place★★ – Église et chapelle du Pénity★★ – Montagne de Locronan ⛰★ E : 2 km –
Kergoat : vitraux★ de la chapelle NE : 3,5 km.

Env. Guengat : vitraux★ de l'église S : 10 km par D 63 et D 56.

🛈 Syndicat d'Initiative (saison) ℰ 98 91 70 14.

Paris 571 – Quimper 17 – ◆Brest 63 – Briec 21 – Châteaulin 16 – Crozon 38 – Douarnenez 10.

🏠 **Prieuré,** ℰ 98 91 70 89, 🌿 – 📺 ☎ 🅿 – 🛐 40. 🗲 VISA. ⚓ ch
↤ *fermé oct. et lundi hors sais.* – **R** 58/250 🍷, enf. 45 – ⊆ 30 – **14 ch** 200/300 – ½ P 240/270.

au NO : 3 km par C 10 – ⊠ 29127 Plomodiern :

🏠 **Manoir de Moëllien** ⚜, ℰ 98 92 50 40, Fax 98 92 55 21, ≼, 🍽, 🌿 – ☎ 🕭 🅿. ಠ ⓞ
🗲 VISA
fermé 2 janv. au 15 mars et merc. d'oct. à mars – **R** 118/280, enf. 45 – ⊆ 35 – **10 ch**
290/320 – ½ P 300/340.

Voir Anc. cathédrale St-Fulcran★ – Musée Cardinal de Fleury★ M.

🛈 Office de Tourisme 7 pl. République ℰ 67 44 07 56.

Paris 816 ② – ◆Montpellier 54 ② – Alès 99 ① – Béziers 64 ② – Millau 61 ① – Pézenas 41 ②.

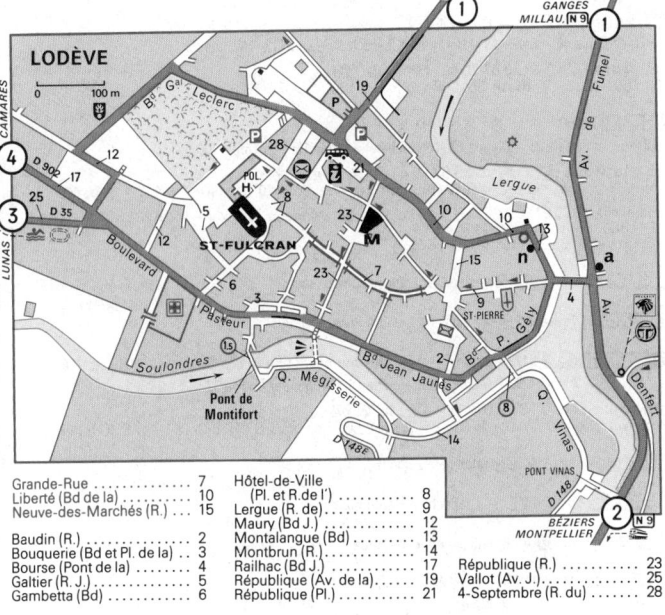

Grande-Rue	7	Hôtel-de-Ville		République (R.)	23
Liberté (Bd de la)	10	(Pl. et R.de l')	8	Vallot (Av. J.)	25
Neuve-des-Marchés (R.)	15	Lergue (R. de)	9	4-Septembre (R. du)	28
		Maury (Bd J.)	12		
Baudin (R.)	2	Montalangue (Bd)	13		
Bouquerie (Bd et Pl. de la)	3	Montbrun (R.)	14		
Bourse (Pont de la)	4	Railhac (Bd J.)	17		
Galtier (R. J.)	5	République (Av. de la)	19		
Gambetta (Bd)	6	République (Pl.)	21		

🏠 **Paix,** 11 bd Montalangue **(n)** ℰ 67 44 07 46 – 🍴 rest ☎. 🗲 VISA
fermé 17 au 29 fév. – **R** *(fermé dim. soir et lundi d'oct. à avril sauf vacances scolaires)*
80/200, enf. 55 – ⊆ 25 – **18 ch** 140/260 – ½ P 185/200.

🏠 **Croix Blanche,** 6 av. Fumel **(a)** ℰ 67 44 10 87 – ☎ 🅿. 🗲 VISA
↤ *1er avril-30 nov.* – **R** *(fermé vend. midi)* 60/140, enf. 45 – ⊆ 20 – **32 ch** 100/200 –
½ P 180/220.

à St-Jean-de-la-Blaquière par ② et D 144E : 14 km – ⊠ 34700 :

🏠 **Aub. du Sanglier** ⚜, E : 3,5 km par rte de Rabieux et VO ℰ 67 44 70 51, ≼, 🍽, « Dans
la garrigue », 🏊, 🌿, 🎾 – ☎ 🅿 🗲 VISA ⚓ ch
15 mars-1er nov. – **R** *(fermé merc. midi sauf juil.-août)* 130/190 🍷, enf. 60 – ⊆ 40 – **10 ch**
310/440 – ½ P 310/440.

PEUGEOT-TALBOT Ryckwaert, 6 av. Denfert ℰ 67 44 02 49 🅽 ℰ 67 96 07 31

*Your recommendation is self-evident if you always walk into a
hotel or restaurant Guide in hand.*

LODS 25930 Doubs 🔟 ⑥ G. Jura – 337 h. alt. 380.

Paris 450 – Baume-les-Dames 53 – ♦Besançon 38 – Levier 22 – Pontarlier 22 – Vuillafans 4,5.

🏠 **Truite d'Or,** 🖉 81 60 95 48, ≤, ∰, 🦌 – ☎ 🅿 **E** 𝐕𝐈𝐒𝐀
fermé 15 déc. au 1er fév., dim. soir et lundi d'oct. à mai – **R** 85/240 ⅃, enf. 55 – � 28 –
13 ch 130/200 – ½ P 170/220.

LOGELHEIM 68 H.-Rhin 🔢 ⑲ – rattaché à Colmar.

Le LOGIS-NEUF 01 Ain 🔢 ② – ⊠ **01310** Confrançon.

Paris 408 – Mâcon 19 – Bourg-en-Bresse 15 – ♦Lyon 75 – Villefranche-sur-Saône 48.

🏨 **Aub. Sarrasine,** rte Bourg E : 1 km 🖉 74 30 25 65, Télex 375830, Fax 85 31 11 74, ⚊, 🦌
– 📺 ☎ 🅿 – 🔏 40. 🖭 ⓪ **E** 𝐕𝐈𝐒𝐀
fermé 1er nov. au 18 déc., 10 janv. au 9 fév. et merc. hors sais. – **R** 99/280 – ⊏ 45 – **11 ch**
399/700.

XX **Bresse** avec ch, 🖉 74 30 27 13, ∰, ⚊ – 📺 ☎ 🚗 🅿 – 🔏 50. ⓪ **E** 𝐕𝐈𝐒𝐀
R *(fermé dim. soir et lundi soir)* 95/270 ⅃, enf. 55 – ⊏ 32 – **15 ch** 150/260 – ½ P 250/280.

LOIRE-SUR-RHÔNE 69 Rhône 🔢 ⑪ – rattaché à Givors.

LOMENER 56 Morbihan 🔢 ⑫ – rattaché à Ploemeur.

LOMPNIEU 01260 Ain 🔢 ④ – 115 h. alt. 670.

Paris 500 – Aix-les-Bains 46 – Belley 29 – Bourg-en-Bresse 75 – ♦Lyon 112 – Nantua 35.

🛉 **Clair Soleil** ⅃, 🖉 79 87 70 42, ∰ – 🅿 𝐕𝐈𝐒𝐀
⟶ **R** 60/150 – ⊏ 24 – **16 ch** 85/174 – ½ P 150/180.

LONDINIÈRES 76660 S.-Mar. 🔢 ⑮ – 1 166 h. alt. 78.

Paris 150 – Blangy-sur-Bresle 25 – Dieppe 27 – Neufchâtel-en-Bray 15 – Le Tréport 30.

X **Aub. du Pont** avec ch, 🖉 35 93 80 47 – 🅿 **E** 𝐕𝐈𝐒𝐀 ⁓ ch
⟶ *fermé 25 janv. au 28 fév.* – **R** 52/185, enf. 50 – ⊏ 30 – **10 ch** 110/185 – ½ P 195/240.

CITROEN Hardiville 🖉 35 93 80 22 **N**   ⓦ Windal, à Fréauville 🖉 35 93 80 27
PEUGEOT-TALBOT Boutleux 🖉 35 93 80 48
RENAULT Courtaud 🖉 35 93 80 81 **N**

LONGCHAMP 73 Savoie 🔢 ⑰ – voir à St-Francois-Longchamp.

LONGJUMEAU 91 Essonne 🔢 ⑩, 𝟙𝟘𝟙 ㉟ – voir à Paris, Environs.

LONGNY-AU-PERCHE 61290 Orne 🔢 ⑤ G. Normandie Vallée de la Seine – 1 650 h. alt. 165.

Paris 136 – L'Aigle 28 – Alençon 60 – Mortagne-au-Perche 18 – Nogent-le-Rotrou 32.

XX **France** avec ch, 🖉 33 73 64 11 – 📺 ☎ **E** 𝐕𝐈𝐒𝐀
fermé dim. soir et lundi – **R** 80/235 ⅃, enf. 50 – ⊏ 25 – **6 ch** 130/180 – ½ P 160/175.

LONGUEAU 80 Somme 🔢 ⑧ – rattaché à Amiens.

LONGUE-CROIX 59 Nord 🔢 ④ – rattaché à Hazebrouck.

LONGUES 63 P.-de-D. 🔢 ⑭ – rattaché à Vic-le-Comte.

LONGUYON 54260 M.-et-M. 🔢 ② – 7 029 h. alt. 218.

🅱 A.C. 37 r. Hôtel de Ville 🖉 82 26 52 41.

Paris 315 – ♦Metz 69 – ♦Nancy 114 – Sedan 69 – Thionville 54 – Verdun 48.

XXX ✿ **Lorraine et rest. Le Mas** (Tisserant) avec ch, face gare 🖉 82 26 50 07, Fax 82 39 26 09
– 📺 ☎ – 🔏 30 à 80. 🖭 ⓪ **E** 𝐕𝐈𝐒𝐀
fermé 6 janv. au 5 fév. – **R** *(fermé lundi du 21 sept. au 30 juin sauf fériés)* 98/320 – ⊏ 30
– **15 ch** 125/260
Spéc. Langoustines en feuilleté à la julienne de morilles, Noix de St-Jacques au flan d'asperges vertes,
Saumon d'Ecosse au poivre léger. Vins Côtes de Toul.

XX **de la Gare** avec ch, 🖉 82 26 50 85 – 🅿 🖭 ⓪ **E** 𝐕𝐈𝐒𝐀
⟶ *fermé 1er au 15 mars, 10 sept. au 2 oct. et vend. soir* – **R** 65/200 ⅃, enf. 60 – ⊏ 25 – **8 ch**
150/200 – ½ P 280/300.

PEUGEOT-TALBOT Gar. de l'Est, 75 r. Hôtel de   RENAULT Longuyon Autom., 6 r. Mazelle
Ville 🖉 82 26 50 67   🖉 82 39 32 38 **N** 🖉 82 24 41 07

When looking for a hotel or restaurant use the most efficient method.
Look for the names of towns underlined in red
*on the **Michelin** maps scale : 1:200 000.*
But make sure you have an up-to-date map

LONGWY 54400 M.-et-M. **57** ② **G. Alsace Lorraine** – 17 482 h. alt. 255 – **🏢** Syndicat d'Initiative Gare Routière (fermé matin) ☎ 82 24 27 17 – A.C. 4 r. A.-Mézières ☎ 82 24 35 82.

Paris 333 ④ – Luxembourg 31 ② – ♦Metz 66 ③ – Sedan 87 ④ – Thionville 41 ③ – Verdun 66 ④.

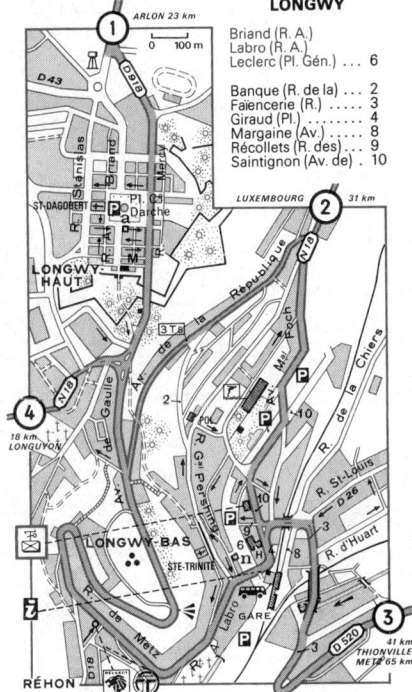

LONGWY

Briand (R. A.)
Labro (R. A.)
Leclerc (Pl. Gén.) . . . 6

Banque (R. de la) . . . 2
Faïencerie (R.) 3
Giraud (Pl.) 4
Margaine (Av) 8
Récollets (R. des) . . . 9
Saitignon (Av. de) . . 10

à Longwy-Haut :

🏩 **du Nord** sans rest, pl. Darche **(a)** ☎ 82 23 40 81 – ☎ ☎ AE E VISA
🖵 28 – **19 ch** 190/245.

à Longwy-Bas :

🏠 **Central H.** sans rest, 6 r. Carnot **(n)** ☎ 82 24 33 89 – 🖀 ☎ AE ⓞ E VISA – 🖵 25 – **24 ch** 95/250.

à Cosnes et Romain O : 2 km par D 43 – ⊠ 54400 :

✗✗ **Aub. des Trois Canards,**
⮕ ☎ 82 24 35 36 – AE ⓞ E VISA
fermé 20 août au 11 sept., vacances de fév., dim. soir et lundi – **R** 65/175 ⅃, enf. 40.

ALFA-ROMEO, Central-Auto, 206 r. de Longwy à Réhon ☎ 82 24 34 06
AUSTIN, ROVER Gar. Pacci, 22 r. J.-B.-Blondeau à Mont-St-Martin ☎ 82 23 35 05 🔟
CITROEN Gar. Inglebert R., 50 r. Alsace-Lorraine à Longlaville par ② ☎ 82 24 33 96 🔟 ☎ 82 25 68 57
FORD Bellevue Autom., 2 r. P.-Curie ☎ 82 23 21 60
PEUGEOT-TALBOT Sogaja Delouche, 51 r. de Metz ☎ 82 24 29 46
RENAULT Robert, rte de Metz déviation Haucourt à Mexy par ③ ☎ 82 24 56 61
V.A.G Ferreira, 24 r. Faïencerie ☎ 82 24 31 82 🔟 ☎ 82 23 51 91
Pneus D.M., av. de Saitignon ☎ 82 24 23 45

⦿ Leclerc-Pneu, 36 r. Chiers ☎ 82 24 40 79

LONS-LE-SAUNIER ℗ 39000 Jura **70** ④ ⑭ **G. Jura** – 21 886 h. alt. 255 – Stat. therm. (15 avril-15 oct.).

Voir Rue du Commerce★ Y – Grille★ de l'hôpital Y.

Env. Creux de Revigny★ 7,5 km par ②.

🏢 Office de Tourisme 1 r. Pasteur ☎ 84 24 65 01 avec A.C. ☎ 84 24 20 63.

Paris 392 ⑥ – Chalon-sur-Saône 64 ⑥ – ♦Besançon 87 ① – Bourg-en-Bresse 61 ⑤ – ♦Dijon 101 ① – Dole 51 ① – ♦Genève 113 ② – ♦Lyon 129 ⑤ – Mâcon 92 ⑤ – Pontarlier 77 ②.

Plan page suivante

🏩 **Genève,** 39 r. J. Moulin ☎ 84 24 19 11, Fax 84 24 81 42 – 🖀 🔟 ☎ 🅿 AE ⓞ E VISA.
🛇 ch – **R** *(fermé dim. midi)* 85/105 – 🖵 30 – **40 ch** 210/380 – ½ P 230/300   YZ **a**

🏩 **Nouvel H.** sans rest, 50 r. Lecourbe ☎ 84 47 20 67, Fax 84 43 27 49 – 🔟 ☎ 🅿 AE E VISA
fermé 24 déc. au 12 janv. – 🖵 30 – **26 ch** 170/250.   Y **r**

🏠 **Primevère** Ⓜ, 1055 bd Europe par ① ☎ 84 24 78 00 – 🔟 ☎ ⅃ 🅿 – 🕭 35. E VISA
⮕ **R** 69/93 ⅃, enf. 38 – 🖵 26 – **41 ch** 215/235.

✗✗ **Relais d'Alsace,** 74 rte Besançon par ① ☎ 84 47 24 70, 🌫 – 🅿 AE E VISA
fermé 1er au 15 avril, 1er au 15 sept., dim. soir et lundi – **R** 88/160 ⅃, enf. 48.

✗✗ **Comédie,** 3 r. Agriculture ☎ 84 24 20 66 – 🍴 VISA   Y **e**
fermé 1er au 18 août, lundi soir et dim. – **R** 90.

✗ **Relais des Trois Bornes,** 11 pl. Perraud ☎ 84 47 26 75 – E VISA   Y **t**
⮕ **R** *(fermé merc. sauf le midi de juil. à sept. et dim. sauf le midi hors sais.)* 69/180 ⅃, enf. 38.

à Chille par ① et D 157 : 3 km – ⊠ 39570 :

🏠 **Parenthèse** 🛇, ☎ 84 47 55 44, parc – 🖀 🔟 ☎ ⅃ 🅿 – 🕭 50. E VISA
R *(fermé lundi sauf le soir en juil.-août et dim. soir)* 80/200, enf. 50 – 🖵 28 – **21 ch** 180/300 – ½ P 310/400.

à Courlans par ⑤ et N 78 : 6 km – ⊠ 39570 :

✗✗✗ ⁕ **Aub. de Chavannes** (Carpentier), ☎ 84 47 05 52, 🌫, 🐎 – 🍴 🅿 ⓞ E VISA. 🛇
fermé 9 au 16 sept., fév., dim. soir et lundi – **R** *(nombre de couverts limité - prévenir)* 160/300
Spéc. Confit de pigeon au foie gras, Suprême de poularde aux morilles farcies, Soufflé au chocolat amer.
Vins L'Etoile, Château-Chalon.

605

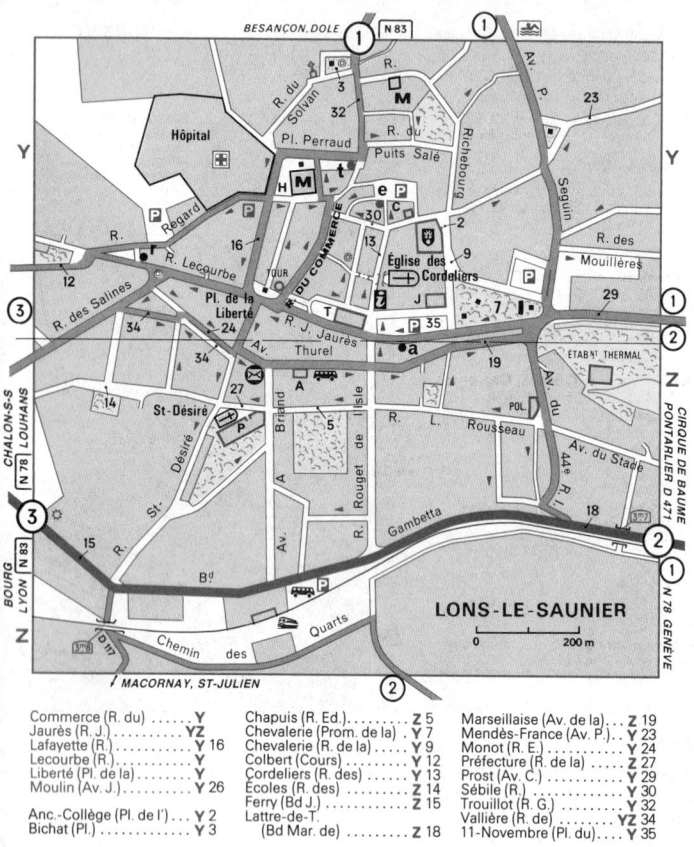

BESANCON, DOLE

LONS-LE-SAUNIER

0   200 m

MACORNAY, ST-JULIEN

BMW Parizon, à Messia $\mathscr{E}$ 84 47 05 45
CITROEN Éts Baud, bd de l'Europe ZI par r. des Mouillères **Y** $\mathscr{E}$ 84 43 18 17
FORD Gar. Lecourbe, 58 bis r. Lecourbe $\mathscr{E}$ 84 47 20 13
NISSAN Gar. Labet, à Montmorot $\mathscr{E}$ 84 47 46 18
OPEL Gar. des Sports, r. V.-Berard, ZI $\mathscr{E}$ 84 43 16 40
RENAULT S.O.R.E.C.A., 47 av. C.-Prost par ② $\mathscr{E}$ 84 24 40 67 **N**

V.A.G Thevenod, rte de Champagnole, ZI à Perrigny $\mathscr{E}$ 84 24 41 58

⓪ Ledo Pneus, 96 r. St-Désiré $\mathscr{E}$ 84 47 09 75
Lehmann, à Messia-sur-Sorne $\mathscr{E}$ 84 24 62 43
Pneu ✚ Quillot, 6 bd Duparchy $\mathscr{E}$ 84 47 12 63
Pneu Services, 32 av. C.-Prost $\mathscr{E}$ 84 43 16 91

LOOS 59 Nord 🗺 ⑯ – rattaché à Lille.

LORAY 25 Doubs 🗺 ⑰ – rattaché à Orchamps-Vennes.

LORGUES 83510 Var 🗺 ⑥ G. Côte d'Azur – 5 857 h. alt. 239.
Paris 851 – Fréjus 38 – Brignoles 33 – Draguignan 13 – St-Raphaël 43 – ◆Toulon 75.

  ✕   **Aub. Josse,** rte Carcès $\mathscr{E}$ 94 73 73 55, 🍽 – **E** 𝑉𝐼𝑆𝐴
  ✦   fermé 15 au 30 juin, 15 au 31 déc. mardi soir et merc. hors sais. – **R** 58/122 ⅄, enf. 39.

LORIENT ⏍ **56100** Morbihan 🗺 ① G. Bretagne – 64 675 h. alt. 16.
Voir Base des sous-marins★ AZ – Intérieur★ de l'église N.-D.-de-Victoire BY **E**.
🄁 du Val Quéven $\mathscr{E}$ 97 05 17 96, N : 8 km par D 765 et D 6 à dr. AY.
✈ de Lorient Lann-Bihoué : Air Inter $\mathscr{E}$ 97 86 32 97, par D 162 : 8 km AZ
🄱 Office de Tourisme quai de Rohan $\mathscr{E}$ 97 21 07 84 – A.C. 22 r. Poissonnière $\mathscr{E}$ 97 21 03 07.
Paris 493 ③ – Vannes 55 ③ – Quimper 66 ③ – St-Brieuc 117 ③ – St-Nazaire 132 ③.

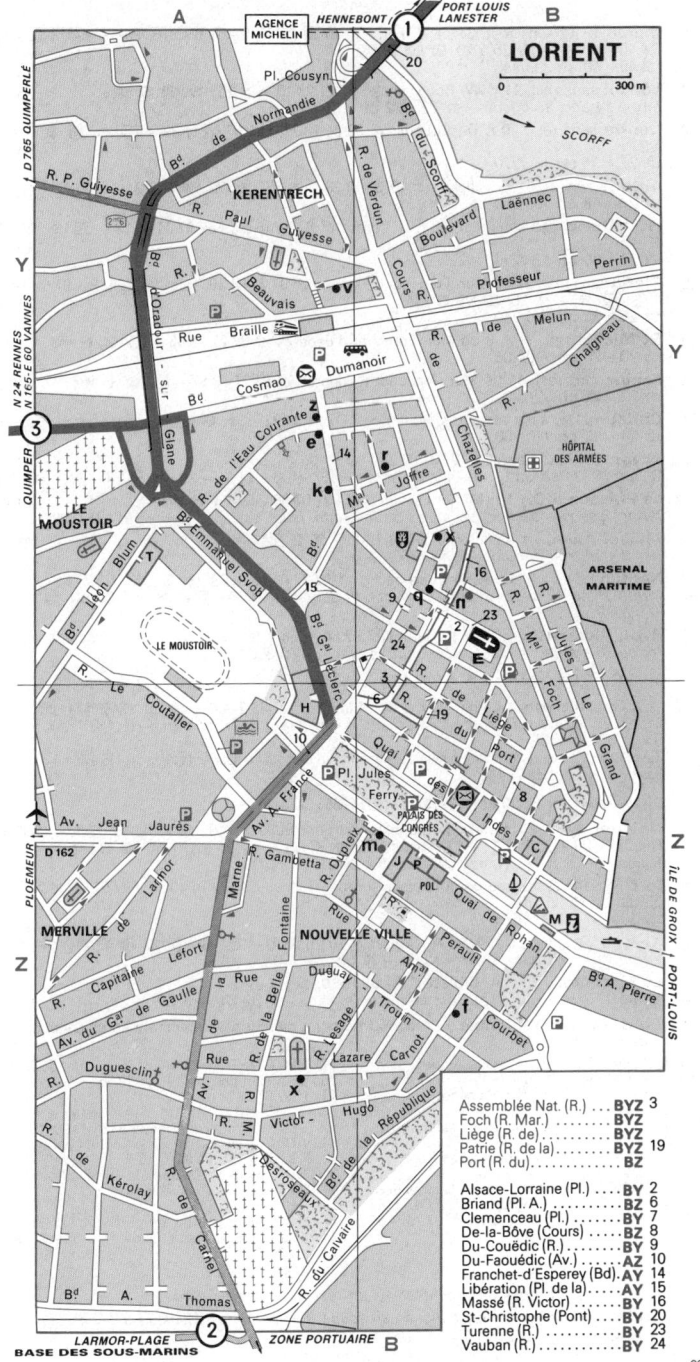

LORIENT

0   300 m

607

🏨 **Mercure** Ⓜ sans rest, 31 pl. J. Ferry ℰ 97 21 35 73, Télex 950810, Fax 97 64 48 62 – 🛗
🍽 📺 ☎ 🛁 – 🏄 25 à 70. 🆎 ⓪ 🅴 𝘝𝘐𝘚𝘈 BZ **m**
🍴 45 – **58 ch** 395/445.

🏨 **Léopol** sans rest, 11 r. W. Rousseau ℰ 97 21 23 16 – 🛗 📺 ☎. 🆎 🅴 𝘝𝘐𝘚𝘈 BY **r**
fermé 24 déc. au 5 janv. – 🍴 23 – **32 ch** 110/230.

🏨 **Centre** sans rest, 30 r. Du Couëdic ℰ 97 64 13 27, Fax 97 64 17 39 – 📺 ☎ 🅿. 🆎 ⓪ 🅴
𝘝𝘐𝘚𝘈 BY **x**
🍴 27 – **34 ch** 165/270.

🏨 **Astoria** sans rest, 3 r. Clisson ℰ 97 21 10 23 – 🛗 📺 ☎. 🆎 ⓪ 🅴 𝘝𝘐𝘚𝘈 BY **q**
🍴 27 – **40 ch** 165/250.

🏨 **H. Victor-Hugo** sans rest, 36 r. L. Carnot ℰ 97 21 16 24, Fax 97 84 95 13 – 📺 ☎. 🆎 ⓪
🅴 𝘝𝘐𝘚𝘈 BZ **f**
🍴 25 – **30 ch** 170/220.

🏨 **Cléria** sans rest, 27 bd Mar. Franchet d'Esperey ℰ 97 21 04 59, Télex 951128, Fax 97 64 19 10
– 🛗 📺 ☎ – 🏄 25. 🆎 ⓪ 🅴 𝘝𝘐𝘚𝘈 AY **k**
🍴 25 – **33 ch** 200/240.

🏨 **St-Michel** sans rest, 9 bd Mar. Franchet d'Esperey ℰ 97 21 17 53 – 📺 ☎. 🆎 🅴 𝘝𝘐𝘚𝘈
🍴 20 – **23 ch** 110/205. AY **z**

🏨 **Armor** sans rest, 11 bd Mar. Franchet d'Esperey ℰ 97 21 73 87 – 📺 ☎. 🅴 𝘝𝘐𝘚𝘈 AY **e**
🍴 22 – **21 ch** 99/220.

🏨 **Christina** 🐾 sans rest, 10 r. Poulorio ℰ 97 21 33 92 – ☎. 🅴 𝘝𝘐𝘚𝘈 AY **v**
🍴 24 – **15 ch** 110/250.

🏚 **Arvor**, 104 r. L. Carnot ℰ 97 21 07 55 – 🚗. 🎇 AZ **x**
R *(fermé 22 déc. au 6 janv. et dim. hors sais.)* 75/100 – 🍴 20 – **20 ch** 95/160 – ½ P 160/180.

🍴🍴🍴 **Le Poisson d'Or**, 1 r. Maître Esvelin ℰ 97 21 57 06 – 🆎 ⓪ 🅴 𝘝𝘐𝘚𝘈 BZ **m**
fermé vacances de nov., vacances de fév., dim. (sauf fériés) et sam. midi – **R** 95/300.

🍴🍴 **Michel-Ange**, 7 r. Fénelon ℰ 97 21 19 11 – 🆎 🅴 𝘝𝘐𝘚𝘈. 🎇 BY **n**
fermé dim. soir et lundi – **R** 130/260.

🍴🍴 **Neptune** avec ch, 15 av. Perrière par ② ℰ 97 37 04 56 – 📺 ☎. 🅴 𝘝𝘐𝘚𝘈
← *fermé 1er au 10 mars, 15 sept. au 7 oct. et dim.* – **R** 68/300 🍴 – 🍴 27 – **23 ch** 180/255 –
½ P 200/210.

🍴🍴 **Rest. Victor-Hugo**, 36 r. L. Carnot ℰ 97 64 26 54 – 🆎 ⓪ 🅴 𝘝𝘐𝘚𝘈 BZ **f**
fermé 20 août au 15 sept., sam. midi et dim. – **R** 80/300.

au NO : 3,5 km par D 765 – ✉ **56100** Lorient :

🍴🍴🍴 ❀ **L'Amphitryon** (Abadie), 127 r. Col. Müller ℰ 97 83 34 04 – 🍽. 🆎 ⓪ 🅴 𝘝𝘐𝘚𝘈. 🎇
fermé 25 août au 11 sept., 22 déc. au 4 janv., sam. midi et dim. – **R** 140 (sauf week-
ends)/300, enf. 55
Spéc. Petits gris en ravioles de pomme de terre, Etuvée de homard aux petits légumes (15 avril au 30 sept.),
Saint-Pierre au jus de volaille.

à Lanester par ① : 5 km – 22 297 h. – ✉ **56850** Caudan :

🏨 **Novotel** Ⓜ 🐾, zone commerciale Kerpont-Bellevue ℰ 97 76 02 16, Télex 950026,
Fax 97 76 00 24, 🌳, 🏊, 🎾 – 🍽 rest 📺 ☎ 🛁 🅿 – 🏄 25 à 120. 🆎 ⓪ 🅴 𝘝𝘐𝘚𝘈
R carte environ 140 🍴, enf. 50 – 🍴 45 – **88 ch** 380/450.

🏨 **Ibis** Ⓜ sans rest, zone commerciale Kerpont-Bellevue ℰ 97 76 40 22, Fax 97 76 00 24 – 🛗
📺 ☎ 🛁 🅿. 🅴 𝘝𝘐𝘚𝘈
🍴 30 – **41 ch** 260/295.

🏨 **Kerous** Ⓜ sans rest, 74 av. A. Croizat ℰ 97 76 05 21 – 📺 ☎ 🅿. 🆎 ⓪ 🅴 𝘝𝘐𝘚𝘈. 🎇
fermé Noël au Jour de l'An – 🍴 24 – **20 ch** 202/230.

🍴 **Le Marmiton**, 20 r. A. Croizat ℰ 97 81 10 10, 🌿 – 𝘝𝘐𝘚𝘈
← *fermé 1er au 15 août, dim. soir, lundi soir et sam.* – **R** 58/170, enf. 35.

MICHELIN, Agence régionale, r. Arago ZI Kerpont, direction d'Hennebont après Lanester par
① à Caudan ℰ 97 76 03 60

Au moment de chercher un hôtel ou un restaurant, soyez efficace.
*Sachez utiliser les noms soulignés en rouge sur les **cartes Michelin** à 1/200 000.*
Mais ayez une carte à jour

LORIOL-SUR-DRÔME 26270 Drôme 🔢 ⑩ – 4 680 h. alt. 109.

🛈 Syndicat d'Initiative pl. Église ℰ 75 61 36 12.

Paris 586 – Valence 23 – Montelimar 23 – Privas 20.

🏨 **France Hôtel** Ⓜ, N 7, lot. Le Carthaginois ℰ 75 85 50 85, Télex 346953, Fax 75 85 56 92,
🛋, ⏚, 🐎 – 🖃 rest 📺 ☎ 🅿 – 🔬 25 à 60. 🅰🅴 ⓪ 🗲 𝑉𝐼𝑆𝐴
R 110/135, enf. 48 – 🖂 42 – **67 ch** 295/315.

LORP-SENTARAILLE 09 Ariège 🔢 ③ – rattaché à St-Girons.

LORRIS 45260 Loiret 🔢 ① 🅖 **G. Châteaux de la Loire** – 2 592 h. alt. 120.

Voir Église N.-Dame★.

🛈 Office de Tourisme près des Halles ℰ38 94 81 42 et r. Gambetta (hors saison) ℰ 38 92 42 76.

Paris 124 – ♦Orléans 49 – Gien 26 – Montargis 22 – Pithiviers 41 – Sully-sur-Loire 18.

🏡 **Sauvage,** ℰ 38 92 43 79 – 📺 ☎ ⓪ 🗲 𝑉𝐼𝑆𝐴
✦ fermé 8 au 26 oct., 4 fév. au 1er mars, jeudi soir et vend. sauf juil.-août – **R** 58/260 ♨ –
🖂 27 – **8 ch** 210/270 – ½ P 210/240.

✗ **Point du Jour,** ℰ 38 92 40 21 – 𝑉𝐼𝑆𝐴
fermé janv. et lundi – **R** 92/185 ♨, enf. 45.

LOUARGAT 22540 C.-d'Armor 🔢 ① – 2 224 h. alt. 185.

Voir Menez-Bré ⚹★ NE : 3,5 km, **G. Bretagne**.

Paris 497 – St-Brieuc 45 – Guingamp 14 – Lannion 26 – Morlaix 41.

🏨 **Manoir du Cleuziou** ⟅, NO : 4 km par D 33A et VO ℰ 96 43 14 90, Fax 96 43 52 59,
« Manoir du 16e siècle », ⏚, 🐎, ✗ – ☎ 🅿. 🅰🅴 ⓪ 🗲 𝑉𝐼𝑆𝐴
fermé 2 janv. au 15 mars, dim. soir et lundi hors sais. – **R** 95/210, enf. 60 – 🖂 30 – **28 ch**
290/380 – ½ P 280/325.

RENAULT Le Mogne ℰ 96 43 15 67

LOUDÉAC 22600 C.-d'Armor 🔢 ⑲ 🅖 **G. Bretagne** – 10 756 h. alt. 161.

🛈 Syndicat d'Initiative pl. Gén.-de-Gaulle (juin-sept.) ℰ 96 28 25 17.

Paris 436 – St-Brieuc 42 – Carhaix-Plouguer 67 – Dinan 78 – Pontivy 22 – ♦Rennes 85.

🏨 **France,** 1 r. Cadélac ℰ 96 28 00 15, Télex 740631, Fax 96 28 61 94 – 🛗 ☎ 🅿 – 🔬 30 à
✦ 100. 🅰🅴 🗲 𝑉𝐼𝑆𝐴
fermé 22 déc. au 2 janv. – **R** (fermé dim. de sept à juin) 59/210 ♨, enf. 33 – 🖂 28 – **40 ch**
160/290 – ½ P 180/220.

🏨 **Voyageurs,** 10 r. Cadélac ℰ 96 28 00 47 – 🛗 📺 ☎ – 🔬 50. 🅰🅴 ⓪ 🗲 𝑉𝐼𝑆𝐴
✦ fermé 20 déc. au 10 janv. – **R** (fermé vend. soir et sam.) 65/240 ♨ – 🖂 28 – **29 ch** 160/270
– ½ P 140/240.

✗✗ **Aub. Cheval Blanc,** pl. Église ℰ 96 28 00 31 – 🗲 𝑉𝐼𝑆𝐴
✦ fermé dim. soir et lundi – **R** 62/300, enf. 40.

à La Prénessaye E : 7 km sur N 164 – ✉ 22210 :

🏨 **Motel d'Armor** Ⓜ ⟅, ℰ 96 25 90 87, 🐎 – 📺 ☎ 🅿. 🗲 𝑉𝐼𝑆𝐴
fermé vacances de fév. – **Le Boléro** (fermé dim. soir) **R** 70/230, enf. 40 – 🖂 28 – **10 ch**
215/280 – ½ P 210/240.

RENAULT E.L.D.A. Michard, pl. Gén.-de-Gaulle 　　　⚙ Desserrey-Pneus, ZI de Kersuguet
ℰ 96 28 00 07 　　　　　　　　　　　　　　　　　ℰ 96 28 05 73
V.A.G Gar. Lebreton, 23 r. de Pontivy
ℰ 96 28 00 59

LOUDUN 86200 Vienne 🔢 ⑨ 🅖 **G. Poitou Vendée Charentes** – 8 234 h. alt. 88.

Voir Tour carrée ⚹★ AY.

🏌₁₈ ℰ 49 98 78 06, par ① : 16,5 km.

🛈 Office de Tourisme à l'Hôtel de Ville ℰ 49 98 15 96.

Paris 313 ② – Angers 77 ⑥ – Châtellerault 49 ③ – Parthenay 56 ④ – Poitiers 55 ④ – ♦Tours 72 ②.

Plan page suivante

🏨 **Mercure** Ⓜ sans rest, 40 av. de Leuze ℰ 49 98 19 22 – 🛗 📺 ☎. 🅰🅴 ⓪ 🗲 𝑉𝐼𝑆𝐴　　BY **a**
🖂 29 – **29 ch** 325/365.

✗✗ **Reine Blanche,** 6 pl. Boeufferie ℰ 49 98 51 42 – 🗲 𝑉𝐼𝑆𝐴　　　　　　　　　　　　BY **s**
fermé 2 au 15 janv., mardi soir et merc. – **R** 89/169, enf. 45.

✗✗ **Roue d'Or** avec ch, 1 av. Anjou ℰ 49 98 01 23 – 📺 ☎ ⅙ 🅿. 🅰🅴 ⓪ 🗲 𝑉𝐼𝑆𝐴　　BY **e**
✦ **R** 65/175 ♨ – 🖂 27 – **14 ch** 220/290.

CITROEN Gar. Terradillos, r. Artisans AZ　　　　　⚙ Loudun-Pneus, ZI Nord, av. de Ouagadougou
ℰ 49 98 34 30 　　　　　　　　　　　　　　　　　ℰ 49 98 19 39
RENAULT Guérin, 2 bd G.-Chauvet ℰ 49 98 12 93　Pneurénov, 17 bd G.-Chauvet ℰ 49 98 01 22
V.A.G Autom. Loudunaise, 9 bd G.-Chauvet
ℰ 49 98 15 57

LOUDUN

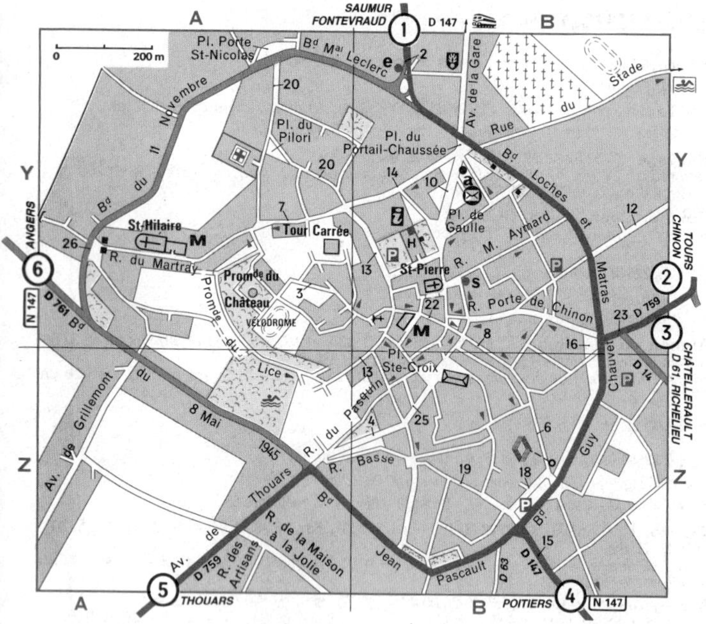

Les hôtels ou restaurants agréables
sont indiqués dans le guide par un symbole rouge.

Aidez-nous en nous signalant les maisons où,
par expérience, vous savez qu'il fait bon vivre.

Votre guide Michelin sera encore meilleur.

LOUÉ 72540 Sarthe 💤 ⑫ – 1 915 h. alt. 80.

Paris 228 – ◆Le Mans 28 – Alençon 61 – Angers 81 – Laval 50.

🏤 ※ **Laurent** ≫, 🖉 43 88 40 03, Télex 722013, Fax 43 88 62 08, ⌁, ☞ – 📺 ☎ – 🔬 60. ⌷
⑩ ⒠ 𝘝𝘐𝘚𝘈. ※ rest
fermé 3 janv. au 8 mars, merc. midi et mardi du 1er oct. au 16 juin – **R** 290/520, enf. 150 –
☑ 80 – **18 ch** 280/800, 4 appart. 1200 – ½ P 510/970
Spéc. Marinière des pêcheurs, Pigeon de Loué en ballotine aux lentilles, Rêve d'enfant sage. **Vins** Anjou,
Quincy.

La LOUE (Source de) ★★★ 25 Doubs 💤 ⑥ G. Jura.

Voir Vallée de la Loue★★ NO.

Env. Belvédères de Renédale ≤★ 15 mn et du Moine de la Vallée ⁂★★ NO : 7,5 km.

LOUENS 33290 Gironde 🔢 ⑥.

Paris 570 – ◆Bordeaux 18 – Lesparre-Médoc 49 – Libourne 48.

🏠 **Pont Bernet** 🅼, 🖉 56 72 00 19, Fax 56 72 02 90, 🍴, ⌁, ⁂ – 📺 ☎ 🅿 – 🔬 30. ⌷ ⑩
⒠ 𝘝𝘐𝘚𝘈
R 130/300, enf. 58 – ☑ 35 – **18 ch** 290/330 – ½ P 295.

LOUGRATTE 47 L.-et-G. 💤 ⑤ – rattaché à Cancon.

🖪 Office de Tourisme avec A.C. av. 8-Mai-1945 (transfert prévu Arcades St-Jean) *𝄢* 85 75 05 02.

Paris 378 – Chalon-sur-Saône 37 – Bourg-en-Bresse 56 – ◆Dijon 83 – Dole 69 – Tournus 29.

- 🏨 **Moulin de Bourgchâteau** M 🦢, r. Guidon *𝄢* 85 75 37 12, parc, « Ancien moulin sur la Seille » – 🖳 ch 📺 ☎ 🅰 🅿 – 🔬 30. 🆎 ⓸ **E** 𝗩𝗜𝗦𝗔
  fermé 23 déc. au 20 janv., dim. soir d'oct. à Pâques et lundi midi – **R** 100/300 – 🖙 35 – **19 ch** 200/270.

- 🏠 **Host. Cheval Rouge,** 5 r. Alsace *𝄢* 85 75 21 42 – ☎ ⇦ **E** 𝗩𝗜𝗦𝗔. 🌤 ch
  fermé 16 au 25 juin, 2 au 22 janv., dim. soir et lundi du 1ᵉʳ sept. au 30 juin – **R** 75/170 🖊, enf. 45 – 🖙 28 – **13 ch** 120/250 – ½ P 180/215.

- XX **La Cotriade,** r. Alsace *𝄢* 85 75 19 91 – 🖳 🅰. ⓸ **E** 𝗩𝗜𝗦𝗔
  ◆ *fermé 10 au 30 nov., 29 juin au 4 juil., mardi soir et merc. soir* – **R** 57/170 🖊, enf. 50.

  à Beaurepaire-en-Bresse E : 14 km par N 78 – ✉ **71580** :

- 🏨 **Aub. Croix Blanche,** *𝄢* 85 74 13 22, 🎋 – ☎ 🅿. **E** 𝗩𝗜𝗦𝗔
  fermé 22 au 28 sept., 15 nov. au 10 déc., dim. soir et lundi du 15 sept. au 15 mai – **R** 80/250 🖊 – 🖙 27 – **14 ch** 138/200 – ½ P 240/290.

CITROEN Gar. Chevrier *𝄢* 85 75 11 56 **N**
PEUGEOT-TALBOT Gar. Hengy *𝄢* 85 75 23 59

Ⓑ Bayle Pneus, Châteaurenaud *𝄢* 85 75 04 41
Collet, Châteaurenaud *𝄢* 85 75 12 82

Paris 125 – Chartres 38 – Dreux 43 – Mortagne-au-Perche 41 – Nogent-le-Rotrou 22.

- 🏠 **Chêne Doré,** pl. H. de Ville *𝄢* 37 81 06 71 – 📺 ☎ 🅿 – 🔬 25. 🆎 ⓸ **E** 𝗩𝗜𝗦𝗔
  ◆ *fermé 1ᵉʳ au 20 août, 20 déc. au 5 janv., lundi (sauf hôtel) et dim. soir* – **R** 63/190 🖊, enf. 40 – 🖙 35 – **12 ch** 180/220.

CITROEN Leproust *𝄢* 37 81 00 69
FIAT Malbet *𝄢* 37 81 07 63
PEUGEOT-TALBOT Gonsard *𝄢* 37 81 08 05

RENAULT St-Thibault-Auto *𝄢* 37 81 06 23
N *𝄢* 37 81 02 77

Voir Château fort★ AY – musée pyrénéen★ – Basilique souterraine St-Pie X AYZ **B** – Pic du Jer 🌤★★ 1,5 km par ③ et funiculaire puis 20 mn – Le Béout 🌤★ 1 km par ③ et téléphérique.

✈ de Tarbes-Ossun-Lourdes : *𝄢* 62 32 92 22, par ① : 11 km.

🖪 Office Municipal de Tourisme avec A.C. pl. Champ-Commun *𝄢* 62 94 15 64.

Paris 802 ① – Pau 40 ⑤ – ◆Bayonne 145 ⑤ – St-Gaudens 79 ② – Tarbes 19 ①.

Plan page suivante

- 🏨🏨 **Gallia et Londres,** 26 av. B. Soubirous *𝄢* 62 94 35 44, Télex 521424, Fax 62 94 53 66, 🎋 – 🛗 🖳 rest 📺 ☎. 🆎 𝗩𝗜𝗦𝗔   AZ **k**
  28 mars-20 oct. – **R** 120/180 – 🖙 60 – **90 ch** 800/900 – ½ P 500/600.

- 🏨🏨 **Gd H. de la Grotte,** 66 r. Grotte *𝄢* 62 94 58 87, Télex 531937, Fax 62 94 20 50, ≤, 🏡 – 🛗 🖳 rest ☎ 🅿. 🆎 ⓸ **E** 𝗩𝗜𝗦𝗔   AZ **y**
  15 avril-20 oct. – **R** 120/150, enf. 50 – **81 ch** 🖙 330/550, 3 appart. – ½ P 300/385.

- 🏨 **Jeanne d'Arc,** 1 r. Alsace-Lorraine *𝄢* 62 94 35 42, Fax 62 94 96 52 – 🛗 🖳 rest 🖊 🅿.
  🌤 ch   AZ **w**
  Pâques-20 oct. – **R** 100 – 🖙 36 – **154 ch** 360/450 – ½ P 300/350.

- 🏨 **Excelsior,** 83 bd Grotte *𝄢* 62 94 02 05, Télex 520343 – 🛗 ☎. 🆎 ⓸ **E** 𝗩𝗜𝗦𝗔   AY **h**
  28 mars-31 oct. – **R** 110/125 – **80 ch** 🖙 305/410 – ½ P 295/315.

- 🏨 **Ambassadeurs,** 66 bd Grotte *𝄢* 62 94 32 85, Télex 532966, ≤ – 🛗 ☎. 🆎 ⓸ **E** 𝗩𝗜𝗦𝗔. 🌤
  20 avril-début nov. – **R** 100/115 – **50 ch** 🖙 340/400 – ½ P 295/315.   AY **h**

- 🏨 **Roissy** M, 16 av. Mgr Schoepfer *𝄢* 62 94 13 04, Fax 62 94 72 76 – 🛗 ☎ 🖊 🅿 – 🔬 80.
  E 𝗩𝗜𝗦𝗔. 🌤   AZ **d**
  Pâques-15 oct. – **R** 71 – 🖙 27 – **157 ch** 298/320 – ½ P 252.

- 🏨 **Christina,** 42 av. Peyramale *𝄢* 62 94 26 11, Télex 531062, Fax 62 94 97 09, ≤, 🎋 – 🛗 ☎ – 🔬 50. 🆎 ⓸ **E** 𝗩𝗜𝗦𝗔   AZ **z**
  28 mars-18 oct. – **R** 95/120, enf. 58 – 🖙 30 – **210 ch** 240/340 – ½ P 265.

- 🏨 **Miramont** M, 40 av. Peyramale *𝄢* 62 94 70 00, Télex 520841, Fax 62 94 50 17, ≤ – 🛗 🖳 rest 🅿. 🆎 **E** 𝗩𝗜𝗦𝗔   AZ **z**
  20 mars-20 oct. – **R** 85 – 🖙 35 – **94 ch** 240/360 – ½ P 300.

- 🏨 **Aneto** M, 5 r. St Félix *𝄢* 62 94 23 19, Fax 62 95 50 17 – 🛗 ☎. 🆎 **E** 𝗩𝗜𝗦𝗔. 🌤   AZ **m**
  20 mars-20 oct. – **R** 85 – 🖙 35 – **80 ch** 240/360 – ½ P 300.

- 🏨 **Beauséjour** sans rest, 16 av. Gare *𝄢* 62 94 38 18, Télex 306022, Fax 62 94 96 20, ≤, 🎋 – 🛗 ☎ 🖊 🅿. 🆎 **E** 𝗩𝗜𝗦𝗔   BY **k**
  🖙 27 – **44 ch** 155/350.

- 🏨 **Ste-Rose,** 2 r. Carrières Peyramale *𝄢* 62 94 30 96, Fax 62 94 14 50 – 🛗 ⇦ 🖊 🅿. 𝗩𝗜𝗦𝗔
  🌤 rest   AZ **b**
  Pâques-8 oct. – **R** 82 – 🖙 25 – **97 ch** 215/350.

- 🏨 **N.-D. de France,** 8 av. Peyramale *𝄢* 62 94 91 45, Télex 521891, Fax 62 94 57 21, ≤ – 🛗 🖳 rest ⇦. 🆎 **E** 𝗩𝗜𝗦𝗔   AZ **a**
  27 mars-10 oct. – **R** 73/78 – 🖙 27 – **73 ch** 230/340, 3 duplex – ½ P 260/275.

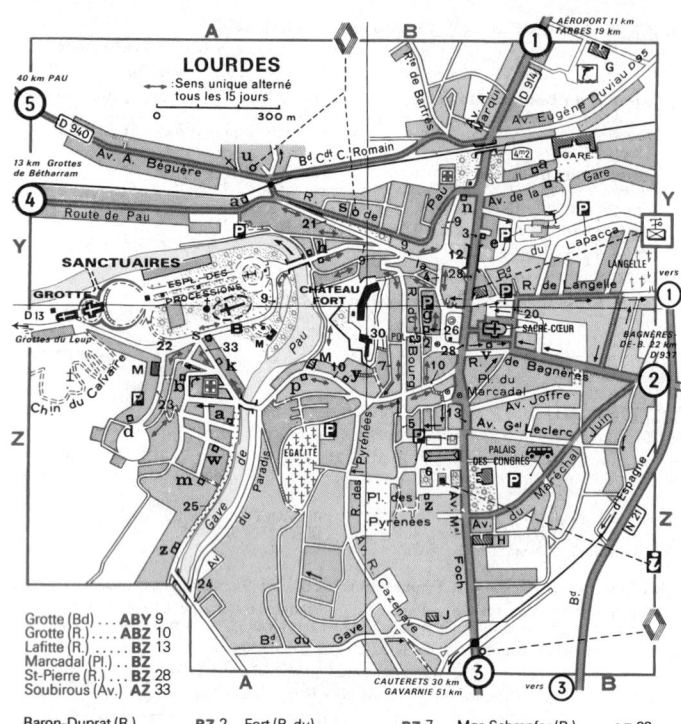

LOURDES

← Sens unique alterné tous les 15 jours →

0   300 m

Grotte (Bd)	ABY 9
Grotte (R.)	ABZ 10
Lafitte (R.)	BZ 13
Marcadal (Pl.)	BZ
St-Pierre (R.)	BZ 28
Soubirous (Av.)	AZ 33

Baron-Duprat (R.)	BZ 2	Fort (R. du)	BZ 7	Mgr-Schœpfer (R.)	AZ 23
Baran-Maransin (Av. Gén.)	BY 3	Jeanne-d'Arc (Pl.)	BY 12	Paradis (Espl. du)	AZ 24
Basse (R.)	BY 4	Lasserre (R. Henri)	BZ 20	Peyramale (Av.)	AZ 25
Bourg (Chaussée du)	BZ 5	Latour-de-Brie (R.)	AY 21	Peyramale (Pl.)	AZ 26
Champ-Commun (Pl. du)	BZ 6	Mgr-Laurence (Pl.)	AZ 22	Sarrasins (Escalier des)	BZ 30

🏨 **Adriatic**, 4 r. Baron Duprat 🕾 62 94 31 34, Télex 532904 – 🛗 📺 ☎ 🅿. 🖭 ⓞ 🗏 ⱱⁱˢᵃ. ⅋ rest
fermé 24 déc. au 20 janv. – **R** carte 125 à 230 ⅋ – 🖙 40 – **85 ch** 265/370 – ½ P 260/315. BZ **g**

🏨 **Lutétia**, 19 av. Gare 🕾 62 94 22 85, Télex 521702, Fax 62 94 11 10 – 🛗 ☎ 🅿. 🖭 ⓞ 🗏 ⱱⁱˢᵃ. ⅋ rest
fermé 4 janv. au 4 fév. – **R** 62/140, enf. 38 – 🖙 29 – **51 ch** 190/280 – ½ P 165/283. BY **a**

🏨 **H. Albret et rest. Taverne de Bigorre**, 21 pl. Champ Commun 🕾 62 94 75 00, Fax 62 94 78 45 – 🛗 ☎. 🖭 🗏 ⱱⁱˢᵃ
fermé 20 nov. au 20 déc., 6 janv. au 6 fév. et lundi hors sais. (sauf hôtel) – **R** 63/150, enf. 51 – 🖙 21 – **27 ch** 185/210 – ½ P 170/182. BZ **z**

🏨 **Acropolis**, 5 bd Grotte 🕾 62 94 23 18, Fax 62 94 96 20 – 🛗 ☎. 🖭 🗏 ⱱⁱˢᵃ. ⅋ rest
1er avril-15 oct. – **R** 62/87 ⅋ – 🖙 33 – **25 ch** 198/300 – ½ P 190/225. BY **n**

🏨 **Majestic**, 9 av. Maransin 🕾 62 94 27 23, Télex 532974 – 🛗 ▦ ☎. 🗏 ⱱⁱˢᵃ. ⅋ rest
15 avril-15 oct. – **R** 42/74, enf. 30 – 🖙 25 – **35 ch** 160/240 – ½ P 205/215. BY **e**

🏨 **N.-D. de Sarrance**, 7 r. Bagnères 🕾 62 94 09 83 – 🛗 ☎ ⇦ 🗏 ⱱⁱˢᵃ
hôtel : fermé nov. ; rest. : ouvert Pâques-1er nov. – **R** 85, enf. 50 – 🖙 25 – **42 ch** 250 – ½ P 220. BZ **v**

🏨 **N.-D.-de Lorette**, 12 rte Pau 🕾 62 94 12 16 – 🛗 🅿. ⅋
25 mars-15 oct. – **R** 74/175 – 🖙 20 – **20 ch** 109/188 – ½ P 156/186. AY **a**

🏨 **Arts** sans rest, 89 r. Grotte 🕾 62 94 91 25 – 🛗 ☎. 🗏 ⱱⁱˢᵃ. ⅋
20 avril-10 oct. – 🖙 20 – **13 ch** 170/220. AZ **p**

🍴🍴 **L'Ermitage**, bd R. Sempé (1er étage) 🕾 62 94 08 42 – ▦. 🖭 ⓞ 🗏 ⱱⁱˢᵃ
1er mai-14 oct. et fermé mardi soir du 1er mai au 15 juin – **R** 98/188, enf. 62. AZ **s**

à Saux par ① *: 3 km* – ✉ **65100** Lourdes :

🍴🍴🍴 **Le Relais de Saux** ⌂ avec ch, 🕾 62 94 29 61, ≤, 🌤, « Cadre rustique », 🌳 – 📺 ☎ 🅿. 🖭 🗏 ⱱⁱˢᵃ. ⅋ rest
R carte 220 à 350, enf. 70 – 🖙 50 – **7 ch** 500/600 – ½ P 420/470.

à Adé par ① : 6 km – ✉ **65100** :

Le Virginia, ✆ 62 94 66 18, Fax 62 94 61 32, ☞ – ▤ rest TV ☎ ⇔ **P**. AE E VISA
R 95/160, enf. 50 – ☐ 34 – **44 ch** 140/340 – ½ P 160/280.

Dupouey-Lopez, ✆ 62 94 29 62, ☂ – ☎ **P**. E VISA. ✻
fermé 23 déc. au 1er fév. et lundi de fév. à mai – **R** 55/190, enf. 45 – ☐ – **40 ch** 195/220 – ½ P 145/195.

à Orincles NE : 12 km par D 937 et D 407 – ✉ **65380** :

Miramont ⛰ sans rest, ✆ 62 35 41 02, ☞ – ☎ **P**. E VISA
☐ 20 – **10 ch** 180/190.

à Lugagnan : par ③ : 4 km – ✉ **65100** :

Trois Vallées ⛰, ✆ 62 94 73 05, ☞, ✻ – ☎ **P**. E VISA
fermé janv. – **R** 56/130 ♁, enf. 38 – ☐ 24 – **41 ch** 90/180 – ½ P 128/170.

CITROEN T.D.A., rte de Tarbes par ① ✆ 62 94 32 32 **N** ✆ 62 93 72 55
FORD Fabre, 46-48 av. A.-Marqui ✆ 62 42 11 11
PEUGEOT Boutes, 102 av. A.-Marqui par ① ✆ 62 94 75 68
RENAULT R.E.N.O.P.A.C., 25 av. F.-Lagardère AZ ✆ 62 94 70 50
RENAULT Gar. Vincent, 4 av. A.-Béguère AY u ✆ 62 94 07 89
RENAULT Gar. Preher, 32 r. de Pau ABY s ✆ 62 94 10 00
Abadie, 30 bd du Gave AZ ✆ 62 94 10 26
Gar. Allué, 27 av. A.-Marqui ✆ 62 94 07 23

Bigorre-Pneu ✚, 27 av. F.-Lagardère ✆ 62 94 06 70

LOURMARIN 84160 Vaucluse 84 ③ G. Provence – 858 h.

Voir Château★.

Syndicat d'Initiative av. Ph.-de-Girard (mai-oct.) ✆ 90 68 10 77.

Paris 734 – Digne-les-Bains 112 – Apt 18 – Aix-en-Provence 38 – Cavaillon 31 – Manosque 52 – Salon-de-Provence 35.

Le Moulin de Lourmarin M ⛰, r. Temple ✆ 90 68 06 69, Télex 431704, Fax 90 68 31 76, ≤, ☂ – ▮ ⇎ ▤ TV ☎. AE VISA
fermé 15 nov. au 20 déc. – **R** 160/300, enf. 100 – ☐ 65 – **19 ch** 460/650, 7 appart. – ½ P 530/775.

Guilles M ⛰, par D 56 et VO : 1,5 km ✆ 90 68 30 55, Fax 90 68 37 41, ≤, ☂, parc, ⛱, ✻ – TV ☎ **P** – 🏛 25. AE ⓓ E VISA. ✻ rest
R 135/185, enf. 50 – ☐ 40 – **28 ch** 330/520 – ½ P 350/430.

La Fenière, ✆ 90 68 11 79 – ▤. AE ⓓ E VISA
fermé 4 au 11/3, 24 au 30/6, 1 au 6/10, 23/12 au 21/1, mardi midi en juil.-août, dim. soir hors sais. et lundi – **R** 150/380, enf. 100.

Ollier, ✆ 90 68 02 03, ☂ – AE ⓓ E VISA
fermé 15 fév. au 15 mars, mardi soir et merc. – **R** 150/280.

LOURY 45470 Loiret 60 ⑲⑳ – 1 413 h. alt. 126.

Paris 106 – ♦Orléans 19 – Chartres 73 – Châteauneuf-sur-Loire 19 – Étampes 53 – Pithiviers 24.

Relais de la Forge avec ch, N 152 ✆ 38 65 60 27, Fax 38 52 77 56, ☞ – TV ☎ ⇔ **P**. ⓓ E VISA
fermé 23 déc. au 10 janv. et lundi hors sais. – **R** 70/220, enf. 50 – ☐ 25 – **7 ch** 130/220 – ½ P 200.

LOUVECIENNES 78 Yvelines 55 ⑳, 101 ⑫⑬ – voir à Paris, Environs.

LOUVETOT 76490 S.-Mar. 52 ⑬, 54 ⑨, 55 ⑤ – 500 h. alt. 143.

Paris 171 – ♦Rouen 44 – Bolbec 21 – Fécamp 34 – Yvetot 7,5.

Au Grand Méchant Loup, ✆ 35 96 01 44, Télex 770311 – TV ☎ ♿ **P**. E VISA
R *(fermé 20 au 31 août, vend. soir, sam. midi et dim. soir)* 64/160 ♁, enf. 35 – ☐ 24 – **24 ch** 200/245 – ½ P 180.

LOUVIE-JUZON 64260 Pyr.-Atl. 85 ⑯ – 1 023 h. alt. 412.

Paris 796 – Pau 26 – Laruns 11 – Lourdes 40 – Oloron-Ste-Marie 21.

Forestière ⛰, rte Pau ✆ 59 05 62 28, ≤, ☂, ☞ – ☎ **P**. E VISA
R 92/160 ♁, enf. 60 – ☐ 35 – **14 ch** 340/400.

Dhérété ⛰, ✆ 59 05 61 01, ≤, ☞ – ☎ ⇔ **P**. ✻
fermé 15 oct. au 1er déc., dim. soir et lundi hors sais. – **R** 75/155, enf. 55 – ☐ 22 – **18 ch** 185/210 – ½ P 185/235.

FORD Gar. Loustaunau ✆ 59 05 84 87

☞ *Les pastilles numérotées des plans de ville ①, ②, ③ sont répétées sur les* **cartes Michelin** *à 1/200 000. Elles facilitent ainsi le passage entre les* **cartes**et *les* **guides Michelin.**

LOUVIERS 27400 Eure 55 ⑯⑰ **G. Normandie Vallée de la Seine** – 19 413 h. alt. 15.

Voir Église N.-Dame★ : oeuvres d'art★ BY.

18 du Vaudreuil (privé) ✆ 32 59 02 60, NE par ② : 6,5 km.

Office de Tourisme 10 r. Mar.-Foch (mars-déc., fermé matin sauf juin-sept.) ✆ 32 40 04 41.

Paris 108 ③ – ♦Rouen 33 ② – Les Andelys 22 ③ – Bernay 51 ⑤ – Lisieux 75 ⑤ – Mantes 50 ③.

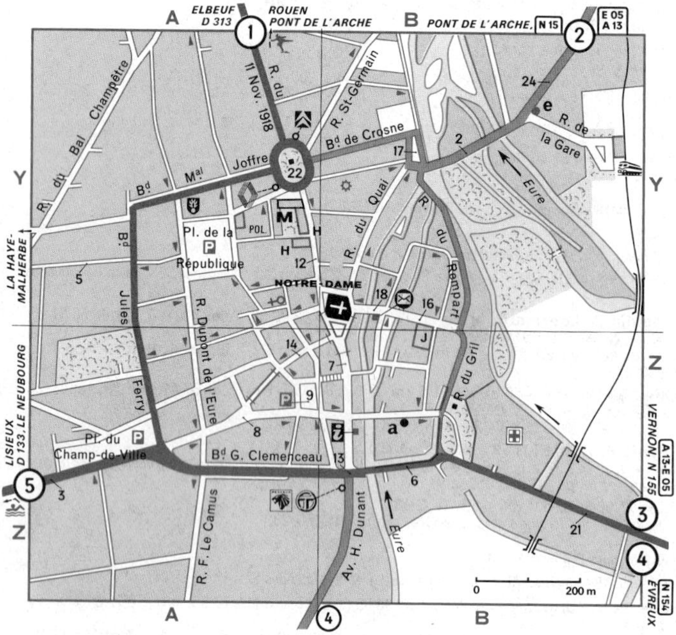

LOUVIERS

Foch (R. Mar.) . . . . **BZ** 7
Gaulle (R. Gén.-de) . . . **AZ** 8
Matrey (R. du) . . . . **AZ** 14
Quai (R. du) . . . . **BY**

Anc. Combattants d'Afrique du N. (R.) . . . . **BY** 2
Beaulieu (R. de) . . . . **AZ** 3
Citadelle (R. de la) . . . . . . **AY** 5
Dr-Postel (Av. du) . . . . . **BZ** 6
Halle (Pl. de la) . . . . **AZ** 9
Hôtel-de-Ville (R. de) . . **AY** 12

Jaurès (Pl. Jean) . . . . **BZ** 13
Pénitents (R. des) . . . . . . **BY** 16
Porte-de-l'Eau (Pl.) . . . . **BY** 17
Poste (R. de la) . . . . **BY** 18
St-Jean (R.) . . . . **BZ** 21
Thorel (Pl. E.) . . . . **AY** 22
Vexin (Chaussée du) . . . **BY** 24

Altéa Val de Reuil M, par ② : 3,5 km près échangeur A 13 - N 15 (Louviers Nord) ✉ 27100 Val de Reuil ✆ 32 59 09 09, Télex 180540, Fax 32 59 56 54, ⛱, 🎾 – 🛗 ▤ rest TV ☎ ♿ P – 🅐 80. AE ⓞ E VISA
R carte 170 à 220 ♉ – ☕ 50 – **58 ch** 390/510.

Host. de la Poste, 11 r. Quatre-Moulins ✆ 32 40 01 76, 🌳, 🍽 – TV ☎. E VISA BZ **a**
R *(fermé dim. soir et lundi)* 90/200, enf. 70 – ☕ 35 – **25 ch** 160/400 – P 340/530.

Clos Normand, 16 r. Gare ✆ 32 40 03 56 – E VISA BY **e**
R 65/160.

à Acquigny par ④ : 5 km – ✉ **27400** :

L'Hostellerie, sur D 71 ✆ 32 50 20 05, 🌳 – P. E VISA. ✻
fermé 1er au 22 août, 23 au 31 déc., dim. soir et lundi – **R** 102.

à Vironvay par ③ : 5 km – ✉ **27400**.
Voir Église ←★.

Les Saisons 🐦, ✆ 32 40 02 56, Fax 32 25 05 26, 🌳, « Pavillons dans un jardin », 🎾 – TV ☎ P – 🅐 30. AE E VISA
R *(fermé dim. soir)* 135/175, enf. 75 – ☕ 50 – **15 ch** 390/690, 5 appart. 950 – ½ P 315/465.

à St-Pierre-du-Vauvray par ② : 8 km – ✉ **27430** :

Host. St-Pierre 🐦, bords de Seine ✆ 32 59 93 29, ←, 🍽 – 🛗 TV ☎ P. E VISA
fermé 10 janv. au 28 fév. – **R** *(fermé merc. midi et mardi)* 155/325 – ☕ 45 – **14 ch** 405/630 – ½ P 475/555.

CITROEN Cambour-Automobiles, 4 pl. E.-Thorel
℘ 32 40 37 01
FORD Gar. Parsy, 45 r. 11-Novembre
℘ 32 40 38 33
PEUGEOT-TALBOT Dubreuil, 4 pl. J.-Jaurès
℘ 32 40 02 28

RENAULT Duchemin, 1 pl. E.-Thorel
℘ 32 40 15 97 🄽 ℘ 32 40 22 22

⑩ Marsat-Pneus Rallye-Pneus, 49 r. de Paris
℘ 32 40 21 16

LOUVIGNÉ-DU-DÉSERT 35420 I.-et-V. 🟝 ⑲ – 4 467 h. alt. 178.
Paris 293 – Alençon 103 – Dol-de-Bretagne 51 – Fougères 16 – Mayenne 50.

🏨 **Manoir**, pl. Ch. de Gaulle ℘ 99 98 53 40, Télex 741235, ☞ – 🆃🆅 ☎ 🄿 🄴 𝘝𝘐𝘚𝘈. ❀
← fermé 15 janv. au 20 fév., dim. soir et lundi hors sais. – **R** 70/180, enf. 40 – ☑ 24 – **21 ch**
190/200 – ½ P 210/230.

CITROEN Gar. Friteau Michel ℘ 99 98 02 41   RENAULT Couasnon ℘ 99 98 01 24
PEUGEOT-TALBOT Gar. Friteau J.-C.
℘ 99 98 02 32

LOUVIGNY 14 Calvados 🟝🟝 ⑪ – rattaché à Caen.

LOYETTES 01360 Ain 🟥🟥 ⑬ – 1 713 h. alt. 193.
Paris 471 – ♦Lyon 33 – Bourg-en-Bresse 52 – Bourgoin-Jallieu 28 – La Tour-du-Pin 43 – Vienne 49.

XXX ❀ **Terrasse** (Antonin), pl. Église ℘ 78 32 70 13, ≼, ☞ – 🄰🄴 🄴 𝘝𝘐𝘚𝘈
fermé vacances de fév., dim. soir et lundi – **R** 180/390
Spéc. Terrine de foie gras, Soupière de grenouilles et moules, Gibier (saison). Vins Montagnieu, Seyssel.

LUBBON 40240 Landes 🟥🟥 ⑫⑬ – 95 h. alt. 147.
Paris 686 – Mont-de-Marsan 49 – Aire-sur-l'Adour 59 – Condom 54 – Nérac 35.

🏯 **Le Bon Coin "Chez Jeanne"**, D 933 ℘ 58 93 60 43, 🛋 – ☎ 🄿 🄰🄴 🄴 𝘝𝘐𝘚𝘈 ❀ ch
← fermé sept., vend. soir et sam. sauf juil.-août – **R** 55/200 – ☑ 20 – **7 ch** 160/190 – ½ P 200.

Le LUC 83340 Var 🟦🟦 ⑯ **G. Côte d' Azur** – 6 068 h. alt. 168.
🞋 de Barbaroux (privé) ℘ 94 59 07 43, O : 22 km par N 7 puis D 79.
🄴 Office de Tourisme pl. Verdun (saison) ℘ 94 60 74 51 et à la Mairie (hors saison) ℘ 94 60 70 03.
Paris 835 – Fréjus 41 – Cannes 75 – Draguignan 28 – St-Raphaël 43 – Ste-Maxime 49 – ♦Toulon 53.

XXX **Host. du Parc** avec ch, r. J.-Jaurès ℘ 94 60 70 01, 🏡, ☞ – 🆃🆅 ☎ 🚗 🄿 🄰🄴 🄾 🄴
𝘝𝘐𝘚𝘈
fermé 15 au 25 avril, 12 nov. au 12 déc., lundi soir et mardi sauf du 14 juil. au 15 août –
R 140/270 – ☑ 35 – **12 ch** 160/380.

XX **Le Gourmandin**, pl. L. Brunet ℘ 94 60 85 92 – 🄴 𝘝𝘐𝘚𝘈
fermé 2 au 9 nov. 10 au 17 fév. et lundi – **R** (nombre de couverts limité - prévenir) 130/190,
enf. 50.

à l'Ouest : 4 km par N 7 – ✉ 83340 Le Luc :

🏨 **La Grillade au Feu de Bois** 🄼 ❀, ℘ 94 69 71 20, Fax 94 59 66 11, ≼, 🏡, parc,
antiquités, 🛋 – 🛗 🆃🆅 ☎ 🄿 🄰🄴 🄾 🄴
R (nombre de couverts limité - prévenir) 170 – ☑ 40 – **15 ch** 330/420.

LUCHÉ-PRINGÉ 72800 Sarthe 🟦🟦 ③ **G. Châteaux de la Loire** – 1 433 h. alt. 34.
Paris 240 – ♦Le Mans 39 – La Flèche 13 – Le Lude 10.

🏠 **Aub. du Port des Roches** ❀, au Port des Roches E : 2 km par D 13 et D 214
℘ 43 45 44 48, ☞ – ☎ 🄿 🄾 🄴 𝘝𝘐𝘚𝘈 ❀
fermé 14 au 28 oct., dim. soir et lundi du 1er sept. au 15 juin – **R** 120/160 – ☑ 25 – **12 ch**
170/270 – ½ P 200/250.

LUCHON 31 H.-Gar. 🟦🟦 ⑳ **G. Pyrénées Aquitaine** – 3 602 h. alt. 630 – Stat. therm. (avril-28 oct.) – **Sports**
d'hiver à Superbagnères : 1 450/2 260 m ⭢16 ⣻ – Casino Y – ✉ 31110 Bagnères-de-Luchon.
Voir Route de Peyresourde★ O – **Env.** Vallée du Lys★ SO : 5,5 km par D 125 et D 46.
🞋 ℘ 61 79 03 27 X.
🄴 Office de Tourisme allées Étigny ℘ 61 79 21 21, Télex 530139.
Paris 841 ① – Bagnères-de-Bigorre 70 ③ – St-Gaudens 47 ① – Tarbes 89 ① – ♦Toulouse 136 ①.

Plan page suivante

🏨🏨 **Corneille** ❀, 5 av. A. Dumas ℘ 61 79 36 22, Télex 520347, Fax 61 79 81 11, ≼, 🏡,
« Résidence dans un parc, beaux aménagements intérieurs » – 🛗 🆃🆅 ☎ 🄿 🄰🄴 🄾 🄴 𝘝𝘐𝘚𝘈
❀ rest   Y u
1er avril-28 oct. – **R** 120/180, enf. 69 – ☑ 35 – **52 ch** 370/550, 3 appart. 800 – ½ P 360/460.

🏨 **Étigny**, face établ. thermal ℘ 61 79 01 42, ☞ – 🛗 🆃🆅 ☎ 🚗, 𝘝𝘐𝘚𝘈 ❀ rest   Z k
30 mars-4 nov. et vacances de fév. – **R** 89/100 – ☑ 30 – **58 ch** 230/340 – ½ P 220/300.

🏨 **Bains**, 75 allées Étigny ℘ 61 79 00 58, Télex 521437 – 🛗 ☎ 🄿 🄰🄴 🄴 𝘝𝘐𝘚𝘈. ❀ rest   YZ e
15 avril-28 oct. – **R** 90 ♨ – ☑ 28 – **53 ch** 168/260 – ½ P 200/290.

615

Paris, 9 cours Quinconces ☎ 61 79 13 70 – |‡| TV ☎ P. E VISA. rest – *1er avril-21 oct. et vacances scolaires* – **R** 82 – ☐ 28 – **40 ch** 220/270 – ½ P 235/251 Z **v**

Royal H., 1 cours Quinconces ☎ 61 79 00 62 – |‡| ☎. E VISA. rest *25 mai-5 oct.* – **R** 90 – ☐ 27 – **48 ch** 115/220 – ½ P 200/210 Z **v**

Beau Site, 11 cours Quinconces ☎ 61 79 02 71, – |‡| rest TV ☎ P. E VISA. rest Z **v** *1er avril-21 oct. et vacances scolaires* – **R** 82 – ☐ 28 – **24 ch** 220/320 – ½ P 235/251.

Panoramic sans rest, 6 av. Carnot ☎ 61 79 30 90 – |‡| TV ☎ P. E VISA *fermé 1er au 15 déc. et 10 au 20 janv.* – ☐ 30 – **30 ch** 160/310 X **v**

La Rencluse, à St-Mamet ✉ 31110 Bagnères-de-Luchon ☎ 61 79 02 81, – ☎ P. E VISA. rest Z **y** *1er mai-6 oct., vacances de Noël et de fév.* – **R** 60/115 – ☐ 28 – **28 ch** 175/255.

Métropole, 40 allées Étigny ☎ 61 79 38 00 – |‡| ☎. E VISA Y **r** *1er avril-20 oct.* – **R** 90/100 – ☐ 26 – **60 ch** 85/250 – ½ P 200/230.

Deux Nations, 5 r. Victor-Hugo ☎ 61 79 01 71 – |‡| ☎. VISA Y **g** **R** 49/120 ♂, enf. 40 – ☐ 25 – **27 ch** 105/168 – ½ P 142/156.

Sports sans rest, 12 av. Mar. Foch ☎ 61 79 02 80 – E VISA X **d** *15 mars-25 oct.*, – **R** voir rest. **Le Pailhet** ci-après – ☐ 18 – **13 ch** 115/190.

Henri Sors, 1 av. Carnot ☎ 61 79 00 47, – |‡| X **m** *saisonnier* – **40 ch**.

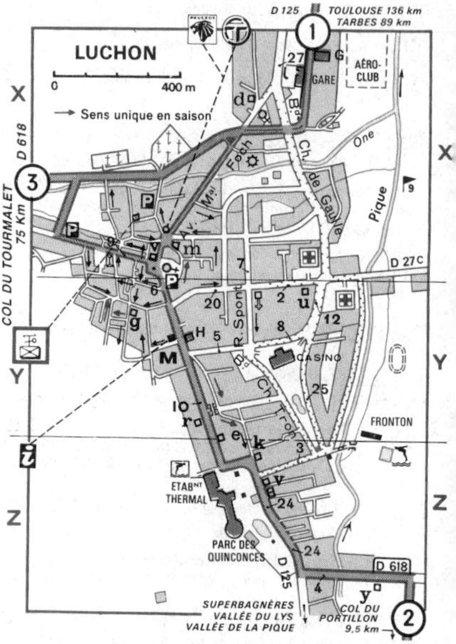

Carnot (Av.) ..... Y 6	Colomic (R.) ..... X 7
Dr-Germès (R. du) ..... X 9	Dardenne (Bd) ..... Y 8
Étigny (Allées d') ..... Y 10	Fontan (Bd A.) ..... Y 12
	Lamartine (R.) ..... Y 20
Alexandre-Dumas (Av.) Y 2	Quinconces (Cours des) ..... Z 24
Bains (Allées des) ..... Z 3	Rostand (Bd E.) ..... Y 25
Barrau (Av. J.) ..... Z 4	Toulouse (Av. de) .. X 27
Boularan (R. Jean) ..... Y 5	

Le Pailhet, 12 av. Mar. Foch ☎ 61 79 09 60 – E VISA X **d** *fermé 15 nov. au 15 déc. et lundi du 15 oct. au 31 mai sauf fériés* – **R** 77/145, enf. 50.

à Montauban-de-Luchon E : 2 km par D 27c – ✉ **31110** :

Jardin des Cascades avec ch, ☎ 61 79 83 09, ←, , parc, – E VISA *1er avril-15 oct.* – **R** carte 140 à 180 – ☐ 22 – **10 ch** 120/140 – ½ P 145.

CITROEN Bardaji, av. R.-Comet par av. de Toulouse X ☎ 61 79 16 93 N

PEUGEOT-TALBOT Gar. Bedin, pl. Comminges ☎ 61 79 01 35

LUÇON 85400 Vendée 71 ⑪ G. Poitou Vendée Charentes – 9 500 h. alt. 10.

Voir Cathédrale N.-Dame★ – Jardin Dumaine★.

Office de Tourisme 11 pl. Gén.-Leclerc (transfert prévu square E.-Herriot) ☎ 51 56 36 52.

Paris 441 – La Rochelle 41 – La Roche-sur-Yon 22 – Cholet 84 – Fontenay-le-C. 29.

Bordeaux et rest. Les Saisons M, 14 pl. Acacias ☎ 51 56 01 35 – rest TV ☎. AE E VISA *fermé 1er janv. au 1er fév.* – **R** *(fermé dim. soir et lundi)* 79/130 ♂, enf. 60 – ☐ 30 – **24 ch** 215/280 – ½ P 245.

Boeuf Couronné avec ch, rte de la Roche-sur-Yon ☎ 51 56 11 32 – TV ☎ P. AE E VISA *fermé 27 juin au 11 juil., 17 au 30 sept., dim. soir et lundi sauf août* – **R** 75/185 – ☐ 28 – **7 ch** 210/250.

CITROEN Gar. Murs, rte de Fontenay ☎ 51 56 01 29
FORD Gar. Verger, 2 quai Ouest ☎ 51 56 01 17

RENAULT Gar. Rallet, rte de Fontenay ☎ 51 56 18 21

Luçon-Pneus, 18 pl. Poissonnerie ☎ 51 56 89 63

Send us your comments on the restaurants we recommend and your opinion on the specialities and local wines they offer.

LUC-SUR-MER 14530 Calvados ⑸⑷ ⑯ G. **Normandie Cotentin** – 2 609 h. alt. 10 – Casino .

Voir Parc municipal★.

🛈 Syndicat d'Initiative r. Dr-Charcot ℰ 31 97 33 25.

Paris 254 – ◆Caen 16 – Arromanches 22 – Bayeux 28 – Cabourg 29.

🏠 **Beau Rivage,** ℰ 31 96 49 51, ≤, ⌂ – ☎ ❷, **E** *VISA* ⅝ ch
⇌ *mars-fin oct.* – **R** 68/365, enf. 38 – ☲ 30 – **23 ch** 150/300 – ½ P 190/250.

CITROEN François ℰ 31 97 31 04   FIAT Gar. Cord'homme, pl. Étoile ℰ 31 97 32 05

Le LUDE 72800 Sarthe ⑹⑷ ③ G. **Châteaux de la Loire** – 4 495 h. alt. 48.

Voir Château★★ (spectacle son et lumière★★★).

🛈 Syndicat d'Initiative pl. F.-de-Nicolay ℰ 43 94 62 20.

Paris 242 – ◆Le Mans 44 – Angers 62 – Chinon 62 – La Flèche 20 – Saumur 47 – Tours 52.

🏠 **Maine,** 24 av. Saumur ℰ 43 94 60 54, ☞ – ☎ ❷, *AE* ⓞ **E** *VISA*
R 75/210 ⅃, enf. 50 – ☲ 25 – **24 ch** 125/250 – ½ P 250/300.

🍴🍴 **La Renaissance,** 2 av. Libération ℰ 43 94 63 10 – **E** *VISA*
fermé dim. soir et lundi – **R** 85/185 ⅃, enf. 50.

RENAULT Gar. Charpentier, av. de Talhouet   V.A.G Grosbois, à La Pointe ℰ 43 94 60 89
ℰ 43 94 63 13 **N**   **N** ℰ 43 94 90 49

LUGAGNAN 65 H.-Pyr. ⑻⑸ ⑱ – rattaché à Lourdes.

LUGARDE 15190 Cantal ⑺⑹ ③ – 333 h. alt. 1 010.

Paris 504 – Aurillac 78 – Condat 8 – Mauriac 55 – Murat 28 – Riom-ès-Montagne 19 – St-Flour 53.

🍴 **Aub. du Viaduc** ⌂, ℰ 71 78 40 02, ◩ – ❷, **E** *VISA*
⇌ *fermé nov., sam. soir et dim.* – **R** 65/118, enf. 32 – ☲ 21 – **8 ch** 100/190 – ½ P 138/156.

LUGOS 33830 Gironde ⑺⑻ ③ – 415 h. alt. 35.

Paris 644 – ◆Bordeaux 54 – Arcachon 42 – ◆Bayonne 138.

🏠 **La Bonne Auberge** ⌂, ℰ 56 58 40 34, ⌂, parc – ❷, **E** *VISA*
⇌ *fermé nov.* – **R** *(fermé lundi hors sais.)* 60/220, enf. 50 – ☲ 25 – **14 ch** 180 – ½ P 220.

LUGRIN 74500 H.-Savoie ⑺⓪ ⑱ – 1 417 h. alt. 411.

Voir Site★ de Meillerie E : 4 km, G. **Alpes du Nord.**

Paris 584 – Thonon-les-Bains 16 – Annecy 90 – Évian-les-Bains 6 – St-Gingolph 11.

🏠 **Tour Ronde,** à Tourronde NO : 1,5 km ℰ 50 76 00 23, ≤, – ▨ ❷, ⅝ rest
⇌ *fermé 10 oct. au 31 janv., dim. soir et lundi de fév. à fin mai* – **R** 68/150 – ☲ 20 – **25 ch**
115/214 – ½ P 143/176.

LULLIN 74470 H.-Savoie ⑺⓪ ⑰ – 469 h. alt. 850 – Sports d'hiver : 1 050/1 350 m ⅃4.

Paris 576 – Thonon-les-Bains 18 – Annecy 70 – Bonneville 40 – ◆Genève 41.

🍴 **Poste,** ℰ 50 73 81 10, ☞ – ☎ ❷, ⅝ rest
⇌ *25 mai-25 sept. et 20 déc.-20 avril* – **R** 70/130 ⅃ – ☲ 25 – **24 ch** 130/200 – ½ P 160/200.

LUMBRES 62380 P.-de-C. ⑸⑴ ③ – 4 352 h. alt. 47.

Paris 258 – ◆Calais 44 – Aire 26 – Arras 86 – Boulogne-sur-Mer 40 – Hesdin 42 – Montreuil 48 – St-Omer 13.

🏠🏠 ❀ **Moulin de Mombreux** (Gaudry) Ⓜ ⌂, O : 2 km par N 42 et VO 16 ℰ 21 39 62 44,
Télex 133486, parc – ⎁ ☎ ❷, – 🏊 25, *AE* ⓞ **E** *VISA*
fermé 20 au 28 déc. – **R** *(dim. prévenir)* 220/380 – ☲ 50 – **24 ch** 450/600
Spéc. Marbré de foie gras de canard et ris de veau, Filets de rouget aux girolles (saison), Pigeonneau rôti
au thym.

RENAULT Gar. Basquin, rte Nationale ℰ 21 39 64 25

LUNEL 34400 Hérault ⑻③ ⑧ – 15 716 h. alt. 11.

🛈 Office de Tourisme pl. Martyrs-de-la-Résistance ℰ 67 87 83 97.

Paris 738 – ◆Montpellier 25 – Aigues-Mortes 15 – Alès 55 – Arles 46 – Nîmes 31.

🏠 **La Clausade** ⌂, 456 av. Col. Simon ℰ 67 71 05 69, ⌂, ☞ – ☎ ❷, **E** *VISA*
R *(fermé 21 déc. au 6 janv. et dim.)* 80/220 ⅃, enf. 50 – ☲ 40 – **11 ch** 360.

🍴 **La Toque,** 19 bd Sarrail, rte Sommières ℰ 67 83 19 38 – ▤, *AE* **E** *VISA* ⅝
fermé fév., dim. soir et lundi – **R** 85/145.

CITROEN Brunel, av. Gén.-Sarrail ℰ 67 71 11 48   ⓐ Lunel-Pneus, ZI Fournels, rte de Montpellier
FORD Fenouillet Autom., av. du Vidourle, rte de   ℰ 67 71 14 95
Nîmes ℰ 67 83 02 12   Mateu, 103 bd Gén.-de-Gaulle ℰ 67 71 11 75
RENAULT Figère, rte de la Mer ℰ 67 71 00 06
V.A.G Gar. des Fournels, rte de Montpellier, ZI
ℰ 67 71 10 59

Voir Château★ A – Parc des Bosquets★ AB – Boiseries★ de l'église St-Jacques A B.

🖪 Office de Tourisme au Château ℰ 83 74 06 55 – A.C. 38 r. Alsace ℰ 83 74 06 67.

Paris 336 ⑤ – ♦Nancy 35 ⑤ – Épinal 61 ④ – ♦Metz 78 ① – Neufchâteau 83 ⑤ – St-Dié 50 ③ – ♦Strasbourg 127 ②

LUNÉVILLE

Banaudon (R.)	B 2
Carnot (R.)	B 6
Castara (R.)	A 7
Chanzy (R.)	A 9
Charité (R. de la)	A 10
Gambetta (R.)	B 15
Leclerc (R. Gén.)	A 18
Léopold (R.)	AB 20

Alsace (R. d')	B
Basset (R. R.)	B
Bosquets (R. des)	B
Carmes (Pl. des)	A
Château (R. du)	A 13
Girardet (R.)	A
Guérin (R. Ch.)	B
Lattre-de-T. (Av. de)	B
Lorraine (R. de)	AB
Ménagerie (Ch. de la)	B
Petits Bosquets (Q. des)	AB
République (R.)	A 24
St-Rémy (Pl.)	A 31
Sarrebourg (R. de)	A 34
Villebois Mareuil (R.)	B
Viller (R.)	A 38
Vue (R. Ch.)	B
2ᵉ-Div.-de-Cavalerie (Pl. de la)	A 39

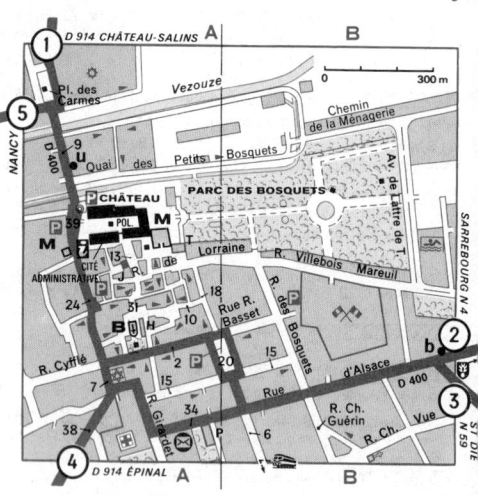

🏨 **Oasis** Ⓜ sans rest, 3 av. Voltaire ℰ 83 74 11 42, Fax 83 73 46 63, parc – ⬦ TV ☎ ℗. AE
E VISA, ⬦ – ⇌ 28 – **32 ch** 200/280
B **b**

🏨 **Des Pages** ⬦ (rest. prévu), 5 quai Petits Bosquets ℰ 83 74 11 42, Fax 83 73 46 63 – ⬦ ch
TV ☎ ℗. AE E VISA, ⬦ ch
⇌ 28 – **36 ch** 180/235.
A **u**

XX **Le Voltaire** avec ch, 8 av. Voltaire par ② ℰ 83 74 07 09, ☞ – TV ☎ AE ① E VISA
R (fermé janv., dim. soir et lundi) 95/350 ⅙, enf. 80 – ⇌ 28 – **10 ch** 175/220.

à Moncel-lès-Lunéville par ③ : 2,5 km – ⊠ 54300 :

X **Relais St Jean**, N 59 ⊠ 54300 ℰ 83 74 08 65 – 🍽 ℗. AE E VISA
fermé 28 juil. au 12 août, 18 fév. au 3 mars, merc. soir et dim. soir – **R** 89/220 ⅙, enf. 38.

au Sud : 5 km par ④, av. G. Pompidou et cités Ste-Anne – ⊠ 54300 Lunéville :

XXX ❀ **Château d'Adomenil** (Million) Ⓜ ⬦ avec ch, ℰ 83 74 04 81, Fax 83 74 21 78, ☞,
« Parc » – TV ☎ ℗ – 🔥 25. AE E VISA
fermé fév. – **R** (fermé dim. soir du 1ᵉʳ nov. au 14 avril, mardi midi et lundi) (nombre de
couverts limité-prévenir) 200/410, enf. 90 – ⇌ 60 – **7 ch** 500/800 – ½ P 600/850
Spéc. Tournedos de sandre et saumon, Filets de lapereau fumés façon "Grand-Mère", Crêpe soufflée à la
mirabelle. Vins Côtes de Toul, Tokay-Pinot gris.

à Lamath par ④ : 8 km par rte Rambervillers et D 9 – ⊠ 54300 :

XX **Aub. de la Mortagne**, ℰ 83 73 06 85 – E VISA
fermé 15 au 31 juil., 15 au 31 janv., dim. et merc. – **R** 100/180.

CITROEN Nouveau Gar., ZA "Ecosseuse" à Mon-
cel-lès-Lunéville par ③ ℰ 83 73 00 75
OPEL Gar. du Champ de Mars, à Chanteheux
ℰ 83 74 11 13
PEUGEOT-TALBOT S.A.M.I.A., r. de la Pologne
ℰ 83 73 10 78

RENAULT SODIAL, 95 fg de Menil par ④
ℰ 83 74 15 01 N
V.A.G Gar. Fleurantin, ZAC à Chanteheux
ℰ 83 74 40 75

🖮 Lunéville Inter Pneu Sces, 50 bd G.-Pompidou
ℰ 83 74 04 30

Paris 831 – Pau 42 – Laruns 32 – Lourdes 61 – Oloron-Ste-Marie 9 – Tardets-Sorholus 28.

🏨 **Relais de la Poste et H. du Parc** ⬦, à **St-Christau** ℰ 59 34 40 04, Télex 550656,
Fax 59 34 46 55, ≤, ☞, parc, 🐾, ⬧, ⬦ – ⬖ cuisinette TV ☎ ℗ – 🔥 30 à 50
saisonnier – **43 ch**.

🏨 **Vallées**, ℰ 59 34 40 01, ⬧, ☞ – ☎ ℗ – 🔥 25 à 200. E VISA
fermé 10 janv. au 20 mars – **R** 50/160 – ⇌ 18 – **21 ch** 95/220 – ½ P 130/170.

CITROEN Gar. Camuzou, à Asasp Arros
ℰ 59 34 41 57 N

RENAULT Gar. Grégoire, à Sarrance ℰ 59 34 72 02
N

Paris 360 – Poitiers 26 – Angoulême 92 – Confolens 73 – Niort 52.

🏠 **Chapeau Rouge,** r. Nationale ℰ 49 43 31 10, ⚞ – ☎ 🅿 Ε ᴠᴵˢᴬ
↔ *fermé fév., dim. soir et lundi hors sais.* – **R** 60/150 ⅄, enf. 40 – ⌑ 20 – **8 ch** 160/220 –
½ P 160/190.

CITROEN Gar. des Promenades ℰ 49 43 31 28

LUSSAC-LES-CHÂTEAUX 86320 Vienne 68 ⑮ – 2 224 h. alt. 90.

Paris 355 – Poitiers 36 – Bellac 42 – Châtellerault 51 – Montmorillon 12 – Niort 65 – Ruffec 65.

🏠 **Montespan** sans rest, ℰ 49 48 41 42, Fax 49 84 96 10 – 📺 ☎ 🕭 🅿 Ε ᴠᴵˢᴬ
fermé 24 déc. au 2 janv. et sam. hors sais. – ⌑ 21 – **13 ch** 149/218.

✗✗ **Aub. du Connestable Chandos** avec ch, au pont de Lussac O : 2 km sur N 147
ℰ 49 48 40 24 – ☎ 🅿 ᴀᴇ ⓞ Ε ᴠᴵˢᴬ
fermé au 2 déc., 18 fév. au 11 mars et lundi sauf fériés – **R** (dim. prévenir) 75/220
– ⌑ 22 – **7 ch** 150/200.

à *Civaux* NO : 6 km sur D 749 - **G. Poitou Vendée Charentes** – ⊠ **86320**.

Voir Nécropole Mérovingienne ★.

🏠 **Aub. de la Cascade,** ℰ 49 48 45 04, ≼, ⚞ – 📺 ☎ 🅿 – 🏊 40. Ε ᴠᴵˢᴬ
fermé fév. et vend. du 1ᵉʳ oct. au 31 mars – **R** 110/210 – ⌑ 24 – **21 ch** 120/220.

LUTHÉZIEU 01 Ain 74 ④ – rattaché à Artemare.

LUTTER 68 H.-Rhin 66 ⑩ ⑳ – rattaché à Ferrette.

LUX 71 S.-et-L. 69 ⑨ – rattaché à Chalon-sur-Saône.

LUXEUIL-LES-BAINS 70300 H.-Saône 66 ⑥ **G. Alsace Lorraine** – 10 531 h. alt. 306 – Stat. therm. –
Casino.

Voir Hôtel Cardinal Jouffroy★ **B** – Hôtel des Échevins★ **M** – Anc. Abbaye St-Pierre★ **E** – Maison
François 1ᵉʳ★ **F**.

🛈 Office de Tourisme 1 av. Thermes ℰ 84 40 06 41.

Paris 370 ⑤ – Belfort 51 ③ – Épinal 56 ① – St-Dié 83 ① – Vesoul 28 ③ – Vittel 71 ⑤.

🏨 **Beau Site,** 18 r. G. Moulimard **(u)**
↔ ℰ 84 40 14 67, Fax 84 40 50 25, ⚞,
« Jardin fleuri » – 🛗 📺 ☎ 🅿 Ε
ᴠᴵˢᴬ ℁ rest
*fermé du 21 au 31 déc., vend. soir et
sam. du 9 nov. au 31 mars* – **R**
70/200 ⅄, enf. 40 – ⌑ 38 – **38 ch**
140/320 – ½ P 218/270.

🏨 Métropole sans rest, r. Thermes **(e)**
ℰ 84 40 03 67, Fax 84 40 44 22, ⚞ –
🛗 cuisinette ☜
65 ch.

🏠 **Hexagone** Ⓜ, av. Labienus **(a)**
↔ ℰ 84 93 61 69, Fax 84 93 61 70, ☜ –
📺 ☎ 🕭 ☜ 🅿 – 🏊 100. ᴀᴇ ⓞ
Ε ᴠᴵˢᴬ ℁ rest
R 58/150 – ⌑ 35 – **45 ch** 195/280 –
½ P 175/205.

🏠 **France,** 6 r. G. Clemenceau **(s)**
↔ ℰ 84 40 13 90, ⚞, ⚞ – 📺 ☎ ᴀᴇ
Ε ᴠᴵˢᴬ ℁
R *(fermé dim. soir)* 70/150 ⅄, enf. 40
– ⌑ 25 – **19 ch** 170/250 –
½ P 155/185.

✗✗ **Thermes,** 4 r. Thermes **(e)**
↔ ℰ 84 40 18 94, ⚞ – ⓞ Ε ᴠᴵˢᴬ ℁
*fermé 26 oct. au 3 nov., 23 fév. au 3
mars et sam.* – **R** 60/135 ⅄.

AUSTIN-ROVER-OPEL Gar. Marchal, 5 r. Parc
ℰ 84 40 11 80
RENAULT Brunella, à Froideconche par ②
ℰ 84 40 48 88 Ⓝ ℰ 84 40 16 99
V.A.G Hajmann, r. Martyrs-de-la-Résistance
ℰ 84 40 23 17

🖉 La Maison du Pneu Mariotte, r. Martyrs-de-
la-Résistance ℰ 84 40 27 01

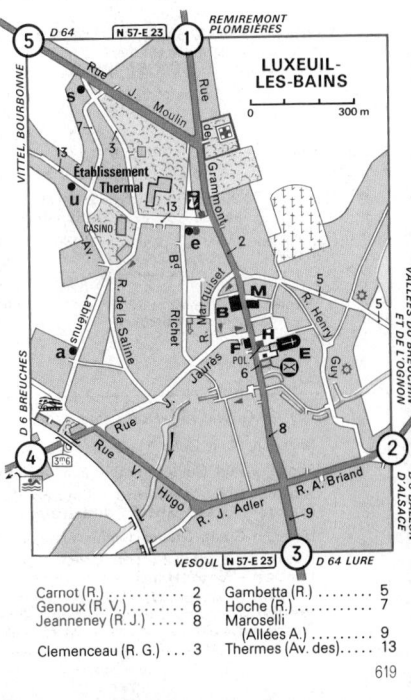

LUXEUIL-
LES-BAINS

Carnot (R.)	2	Gambetta (R.)	5
Genoux (R. V.)	6	Hoche (R.)	7
Jeanneney (R. J.)	8	Maroselli	
		(Allées A.)	9
Clemenceau (R. G.)	3	Thermes (Av. des)	13

LUXEY 40430 Landes 🗗🗐 ⑩ G. Pyrénées Aquitaine – 731 h. alt. 79.

Paris 665 – Mont de Marsan 43 – Belin 50 – ♦Bordeaux 77 – Langon 54 – Mimizan 73 – Roquefort 37.

XX **Relais de la Haute Lande** avec ch, 𝒫 58 08 02 30 – 🕾 **ⓟ**. **Ε** 𝘝𝘐𝘚𝘈
◆ *fermé 15 janv. au 15 fév., dim. soir et lundi du 1er sept. au 30 juin* – **R** 70/200 – ⌼ 20 –
7 ch 150/190 – ½ P 150/170.

LUYNES 37230 I.-et-L. 🖸🖸 ⑭ G. Châteaux de la Loire – 3 925 h. alt. 53.

Voir Église★ au Vieux-Bourg de St-Etienne de Chigny O : 3 km.

🖪 Syndicat d'Initiative à la Mairie 𝒫 47 55 50 31.

Paris 247 – ♦Tours 13 – Angers 97 – Château-La-Vallière 28 – Chinon 45 – Langeais 14 – Saumur 55.

🏠🏠🏠 **Domaine de Beauvois** ⤳, NO : 4 km par D 49 𝒫 47 55 50 11, Télex 750204,
Fax 47 55 59 62, ≤, parc, ⤳, ℀ – 🛋 📺 ☎ **ⓟ** – ⚌ 40. **Ε** 𝘝𝘐𝘚𝘈
fermé 5 janv. au 14 mars – **R** 230/350 – ⌼ 70 – **36 ch** 640/1250, 4 appart. 1540 –
½ P 615/995.

LUZARCHES 95270 Val-d'Oise 🗟🗟 ⑪, 🗗🗓🗟 ⑧ G. Ile de France – 3 355 h. alt. 70.

Paris 32 – Compiègne 58 – Chantilly 10 – Montmorency 18 – Pontoise 30 – St-Denis 21.

🏠🏠 **Château de Chaumontel** ⤳, à Chaumontel NE : 0,5 km 𝒫 (1) 34 71 00 30, Télex
609730, Fax (1) 34 71 26 97, ⤳, « Parc ombragé et fleuri » – 📺 ☎ **ⓟ** – ⚌ 40 à 100. 𝘈𝘌
Ε 𝘝𝘐𝘚𝘈
R 164 – ⌼ 45 – **18 ch** 240/430 – ½ P 330/585.

LUZ-ST-SAUVEUR 65120 H.-Pyr. 🗟🗟 ⑱ G. Pyrénées Aquitaine – 1 159 h. alt. 711 – Stat. therm. (mai-
oct.) – Sports d'hiver : 1 680/2 450 m ≰19.

Voir Église fortifiée★ – Vallée de Gavarnie★★ S.

🖪 Office de Tourisme pl. 8-Mai 𝒫 62 92 81 60, Télex 530420.

Paris 833 – Pau 74 – Argelès-Gazost 18 – Cauterets 22 – Lourdes 31 – Tarbes 51.

🏠🏠 **Europe** sans rest, D 921 𝒫 62 92 80 02, ⤳ – 🛌 ☎ ⟿ **ⓟ**. 𝘈𝘌 **Ε** 𝘝𝘐𝘚𝘈 ℀
15 juin-15 sept. – **10 ch** ⌼ 210/260.

   à Esquièze-Sère : au Nord – ✉ **65120** :

🏠🏠 **Le Montaigu** 🖳 ⤳, rte Vizos 𝒫 62 92 81 71, Télex 521959, ≤, ⤳ – 🛌 📺 ☎ **ⓟ** –
◆ ⚌ 30. 𝘈𝘌 **Ε** 𝘝𝘐𝘚𝘈 ℀ rest
15 mai-15 oct. et 15 déc.-30 avril – **R** 60/160, enf. 50 – ⌼ 30 – **35 ch** 280/350 – ½ P 240/
300.

🏠 **Touristic,** 𝒫 62 92 82 09, ⤳ – 🛌 ☎ ⟿ **ⓟ**. **Ε** 𝘝𝘐𝘚𝘈
ouvert vacances scolaires d'été, d'hiver et week-ends en hiver – **R** (dîner seul.) 80/190 –
⌼ 25 – **25 ch** 180/270 – ½ P 195/230.

CITROEN Gar. Crepel, à Sassis 𝒫 62 92 83 58   PEUGEOT Gar. des Pyrénées, à Esquièze-Sère
🔃 𝒫 62 92 91 80   𝒫 62 92 80 87

LUZY 58170 Nièvre 🗖🗖 ⑥ G. Bourgogne – 2 807 h. alt. 275.

Paris 325 – Moulins 65 – Autun 34 – Château-Chinon 39 – Nevers 79.

🏠 **Morvan,** 73 av. Dr Dollet 𝒫 86 30 00 66, ⤳ – 📺 ☎ **ⓟ**. **Ε** 𝘝𝘐𝘚𝘈
◆ **R** 65/130 ⅃, enf. 35 – ⌼ 22 – **11 ch** 130/200 – ½ P 135/175.

AUSTIN-ROVER Gar. Doridot, 4 pl. du Champ de   PEUGEOT Gar. Bondoux, 7 av. Marceau
Foire 𝒫 86 30 05 41   𝒫 86 30 01 53
CITROEN Gar. Lemoine, 2 cours Gambetta   RENAULT Gar. Deline, rte de Nevers
𝒫 86 30 06 61   𝒫 86 30 00 00
FIAT Gar. Poynter, 4 av. Foche 𝒫 86 30 06 86   RENAULT Gar. Cyrille, 3 pl. du Champ de Foire
PEUGEOT Gar. Martin, 4 av. Dr Bramard   𝒫 86 30 04 77
𝒫 86 30 01 21

LYON Ⓟ **69000** Rhône **74** ⑪⑫ G. Vallée du Rhône – **418 476 h.** **Communauté urbaine 1 173 797 h** alt. 169.

Voir Site★★★ – Le Vieux Lyon★★ BX : galerie★★ de l'hôtel Bullioud **B**, choeur★★ de la Primatiale St-Jean★, rue St-Jean★ 92, hôtel de Gadagne★ **M1**, maison du Crible★ **D**, tour-lanterne★ de l'église St-Paul BV – Basilique N.-D.-de-Fourvière ⚘★★ de l'observatoire, ≤★ de l'esplanade BX – Chapiteaux★ de la Basilique St-Martin d'Ainay BYZ – Montée de Garillan★ BX – Vierge à l'Enfant★ dans l'église St-Nizier CX – Parc de la Tête d'Or★ HRS : roseraie★ **R** – Fontaine★ de la Place des Terreaux CV – Arches de Chaponost★ FT – Traboules CUV – Théâtre de Guignol BX **N** – Musées : des Tissus★★★ CZ **M2**, Civilisation gallo-romaine★★ (table claudienne★★★) BX **M3**, Beaux-Arts★★ CV **M4**, Arts décoratifs★★ CZ **M5**, Imprimerie et Banque★★ CX **M6**, Guimet d'histoire naturelle★★ DU **M7**, Marionnette★ BX **M1**, Historique★ : lapidaire★ BX **M1**, Apothicairerie★ (Hospices civils) CY **M8**.

Env. Rochetaillée : Musée Henri Malartre★★ par ⑫ : 12 km.

🏌 à Villette-d'Anthon ⌀ 78 31 11 33, par ③ : 21 km ; 🏌 de Lyon-Verger, à St-Symphorien-d'Ozon ⌀ 78 02 84 20 par ⑦ : 14 km ; 🏌 de Lyon-Chassieu à Chassieu ⌀ 78 90 84 77, E : 12 km par D 29 ; 🏌🏌 de Salvagny (privé) à la Tour de Salvagny ⌀ 78 48 83 60 ; sortie Lyon Ouest : 8 km par ⑩.

✈ de Lyon-Satolas : ⌀ 72 22 72 21, par ⑤ : 27 km – 🚙 ⌀ 78 92 50 50.

🛈 Office de Tourisme et Accueil de France (Informations, change et réservations d'hôtels, pas plus de 5 jours à l'avance) pl. Bellecour ⌀ 78 42 25 75, Télex 330032 et Centre d'Échange de Perrache ⌀ 78 42 22 07 – A.C. 7 r. Grôlée ⌀ 78 42 51 01.

Paris 462 ⑪ – ♦Bâle 401 ⑪ – ♦ Bordeaux 543 ⑩ – ♦Genève 151 ② – ♦Grenoble 105 ⑤ – ♦Marseille 313 ⑦ – ♦St-Étienne 60 ⑦ – ♦Strasbourg 490 ⑪ – Torino 300 ⑤ – ♦ Toulouse 537 ⑦.

Plans : Lyon p. 2 à 7

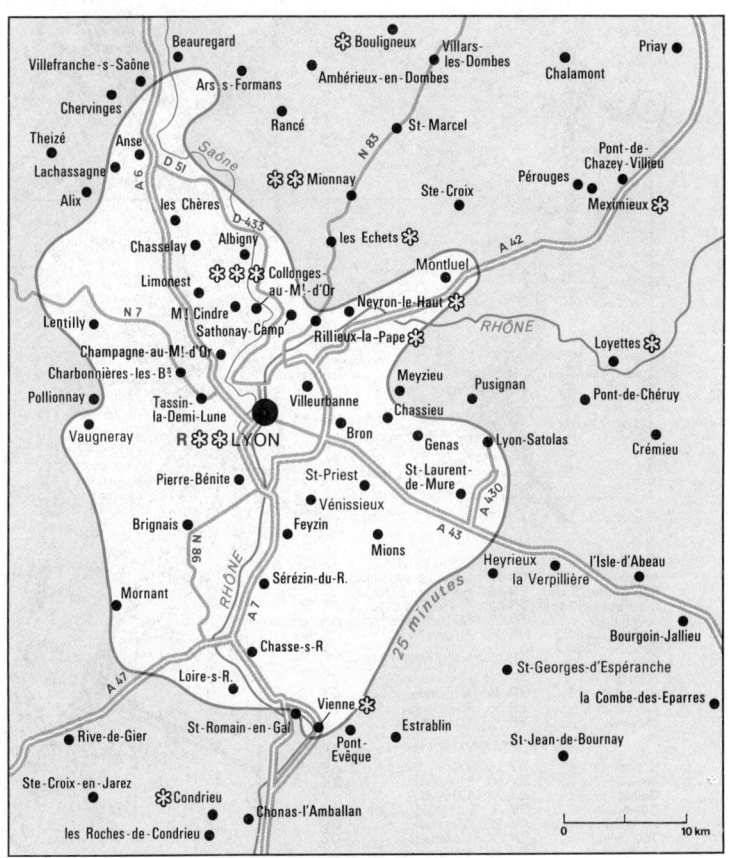

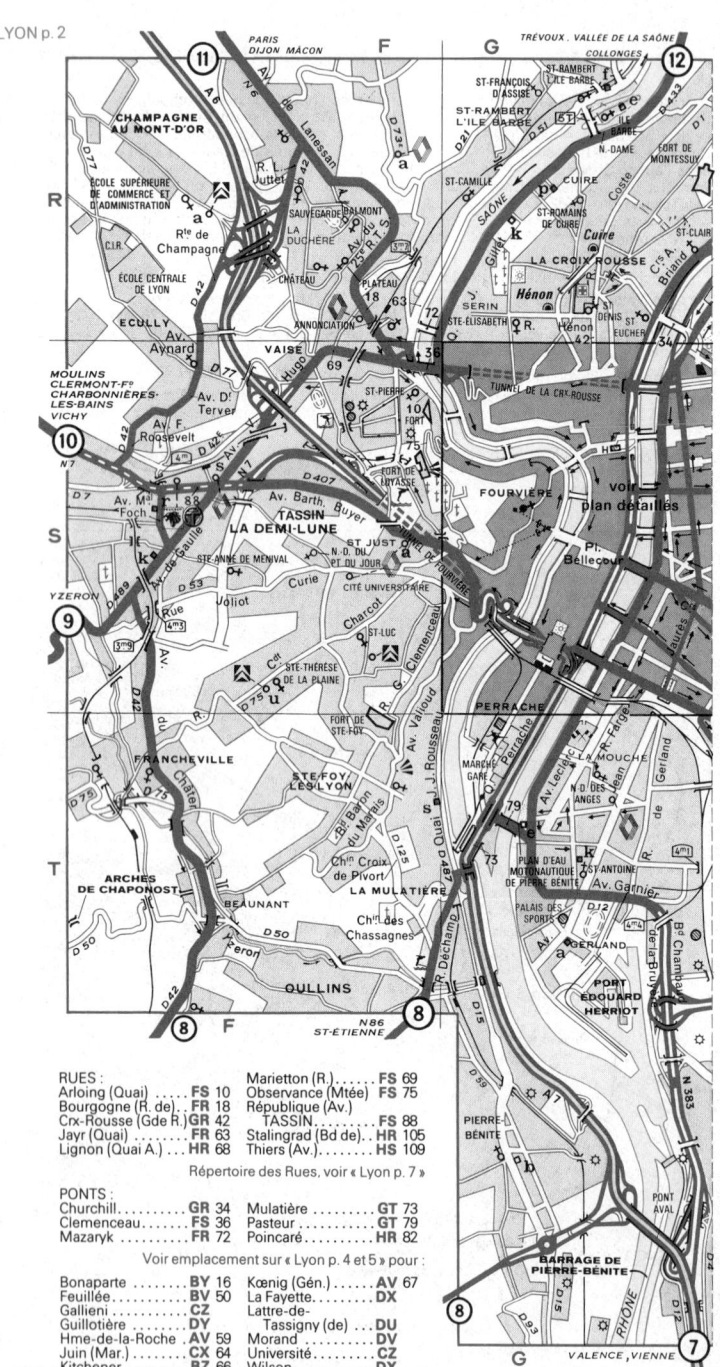

PARIS
DIJON MÂCON

TRÉVOUX . VALLÉE DE LA SAÔNE

VALENCE , VIENNE

RUES :
Arloing (Quai) ..... **FS** 10
Bourgogne (R. de). **FR** 18
Crx-Rousse (Gde R.)**GR** 42
Jayr (Quai) .... **FR** 63
Lignon (Quai A.) ... **HR** 68

Marietton (R.) .... **FS** 69
Observance (Mtée) **FS** 75
République (Av.)
   TASSIN......... **FS** 88
Stalingrad (Bd de). **HR** 105
Thiers (Av.)........ **HS** 109

Répertoire des Rues, voir « Lyon p. 7 »

PONTS :
Churchill............ **GR** 34
Clemenceau....... **FS** 36
Mazaryk .... **FR** 72

Mulatière .... **GT** 73
Pasteur .... **GT** 79
Poincaré.......... **HR** 82

Voir emplacement sur « Lyon p. 4 et 5 » pour :

Bonaparte .... **BY** 16
Feuillée........... **BV** 50
Gallieni .... **CZ**
Guillotière .... **DY**
Hme-de-la-Roche . **AV** 59
Juin (Mar.) .... **CX** 64
Kitchener .... **BZ** 66

Kœnig (Gén.)...... **AV** 67
La Fayette......... **DX**
Lattre-de-
   Tassigny (de) .. **DU**
Morand .... **DV**
Université......... **CZ**
Wilson .... **DX**

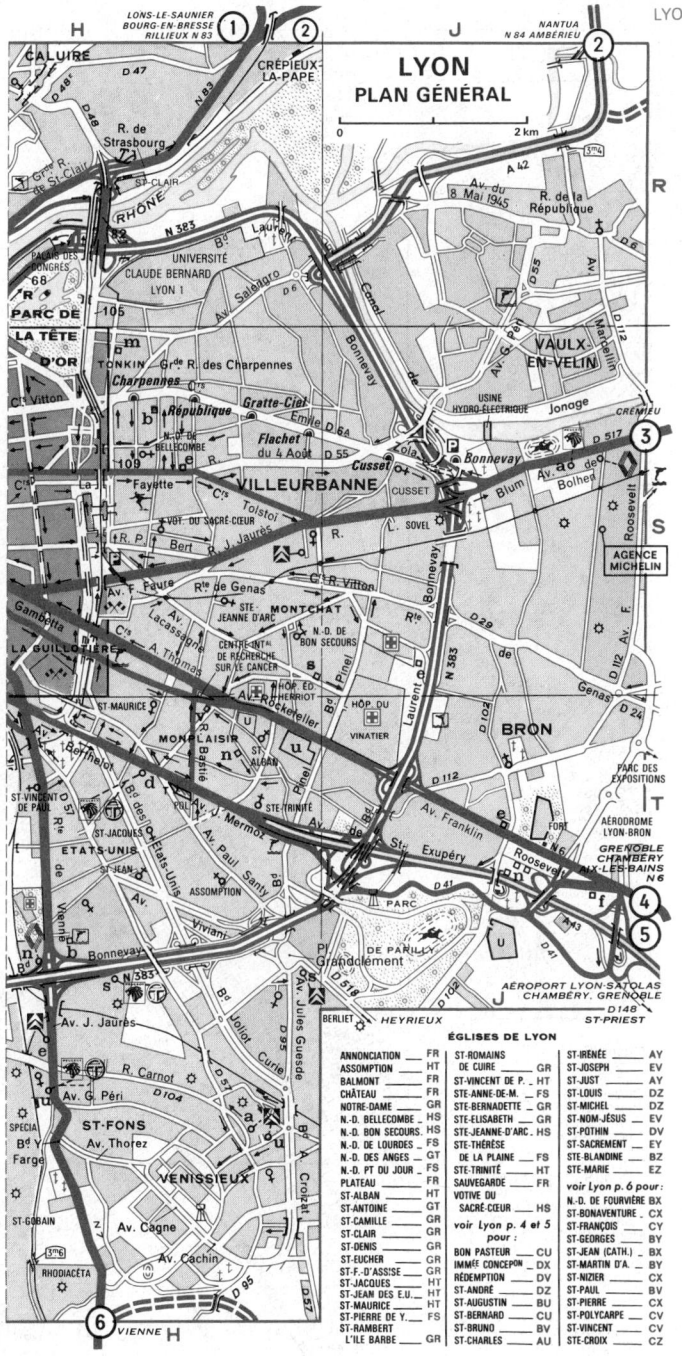

LYON
PLAN GÉNÉRAL

0   1   2 km

ÉGLISES DE LYON

ANNONCIATION	FR	ST-ROMAINS		ST-IRÉNÉE	AY
ASSOMPTION	HT	DE CUIRE	GR	ST-JOSEPH	EV
BALMONT	FR	ST-VINCENT DE P.	HT	ST-JUST	AY
CHÂTEAU	FR	STE-ANNE-DE-M.	FS	ST-LOUIS	DZ
NOTRE-DAME	GR	STE-BERNADETTE	GR	ST-MICHEL	DZ
N.-D. BELLECOMBE	HS	STE-ELISABETH	GR	ST-NOM-JÉSUS	EV
N.-D. BON SECOURS	HS	STE-JEANNE-D'ARC.	HS	ST-POTHIN	DV
N.-D. DE LOURDES	FS	STE-THÉRÈSE		ST-SACREMENT	EY
N.-D. DES ANGES	GT	DE LA PLAINE	FS	STE-BLANDINE	BZ
N.-D. PT DU JOUR	FS	STE-TRINITÉ	HT	STE-MARIE	EZ
PLATEAU	FR	SAUVEGARDE	FR		
ST-ALBAN	HT	VOTIVE DU		voir Lyon p. 6 pour :	
ST-ANTOINE	GT	SACRÉ-CŒUR	HS	N.-D. DE FOURVIÈRE	BX
ST-CAMILLE	GR			ST-BONAVENTURE	CX
ST-CLAIR	GR	voir Lyon p. 4 et 5		ST-FRANÇOIS	CY
ST-DENIS	GR	pour :		ST-GEORGES	BY
ST-EUCHER	GR	BON PASTEUR	CU	ST-JEAN (CATH.)	BX
ST-F.-D'ASSISE	HT	IMMÉE CONCEPON	DX	ST-MARTIN D'A.	BY
ST-JACQUES	HT	RÉDEMPTION	DV	ST-NIZIER	CX
ST-JEAN DES E.U.	HT	ST-ANDRÉ	DZ	ST-PAUL	BV
ST-MAURICE	HT	ST-AUGUSTIN	BU	ST-PIERRE	BV
ST-PIERRE DE Y.	FS	ST-BERNARD	CU	ST-POLYCARPE	CV
ST-RAMBERT		ST-BRUNO	BV	ST-VINCENT	CV
L'ÎLE BARBE	GR	ST-CHARLES	AU	STE-CROIX	CZ

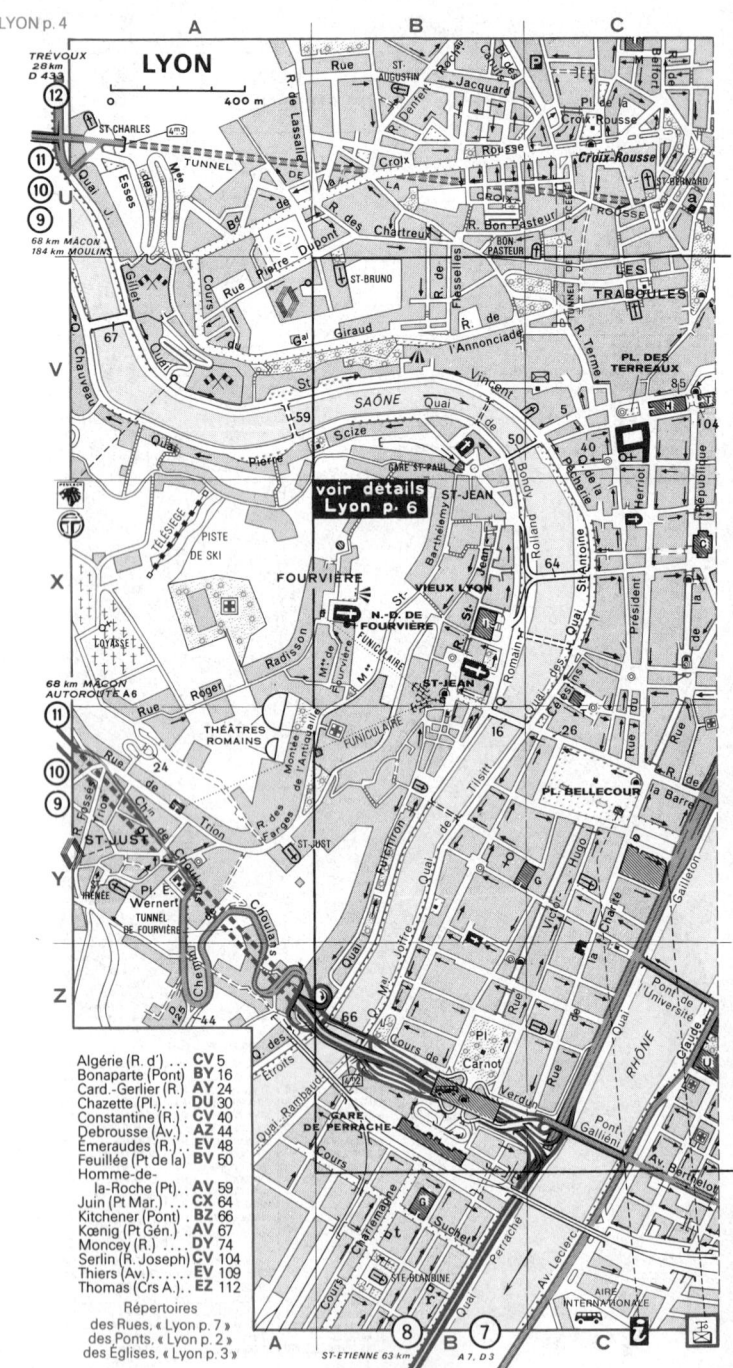

Algérie (R. d') ... CV 5
Bonaparte (Pont) BY 16
Card.-Gerlier (R.) AY 24
Chazette (Pl.).... DU 30
Constantine (R.) CV 40
Debrousse (Av.) AZ 44
Émeraudes (R.).. EV 48
Feuillée (Pt de la) BV 50
Homme-de-
la-Roche (Pt).. AV 59
Juin (Pt Mar.).. CX 64
Kitchener (Pont) BZ 66
Kœnig (Pt Gén.) AV 67
Moncey (R.) .... DY 74
Serlin (R. Joseph) CV 104
Thiers (Av.)...... EV 109
Thomas (Crs A.).. EZ 112

Répertoires
des Rues, « Lyon p. 7 »
des Ponts, « Lyon p. 2 »
des Églises, « Lyon p. 3 »

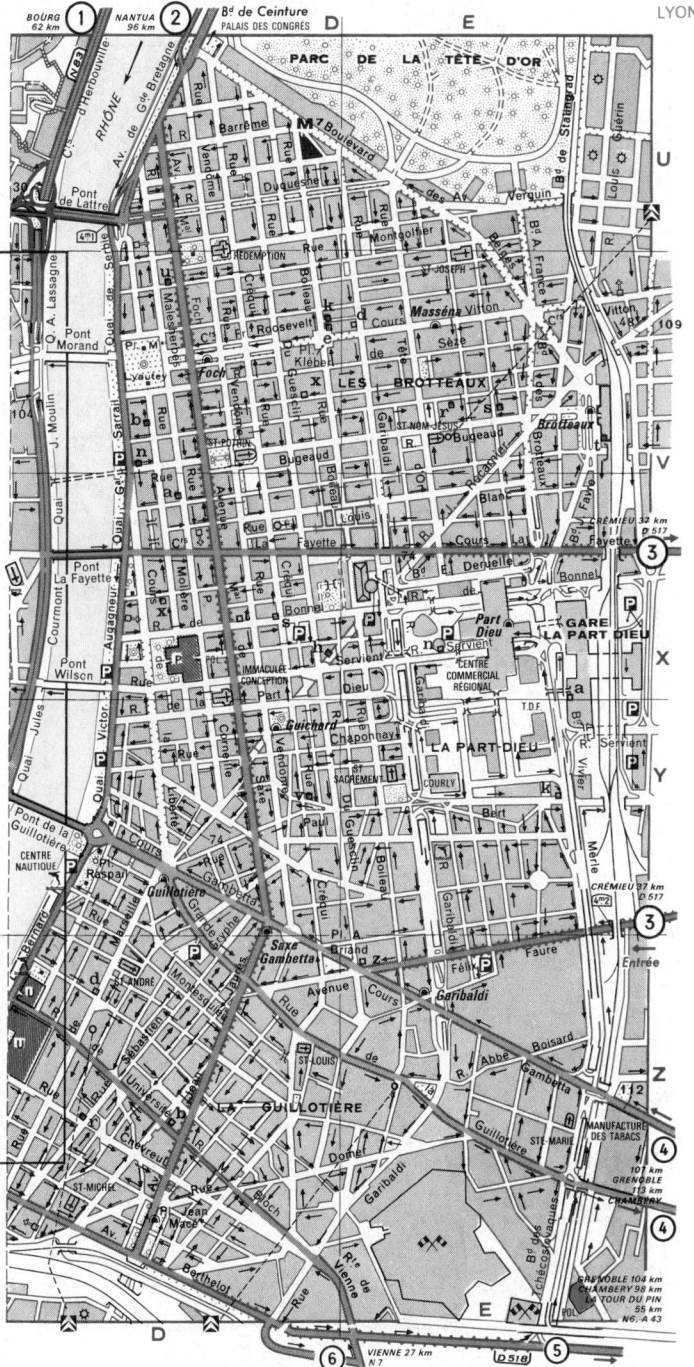

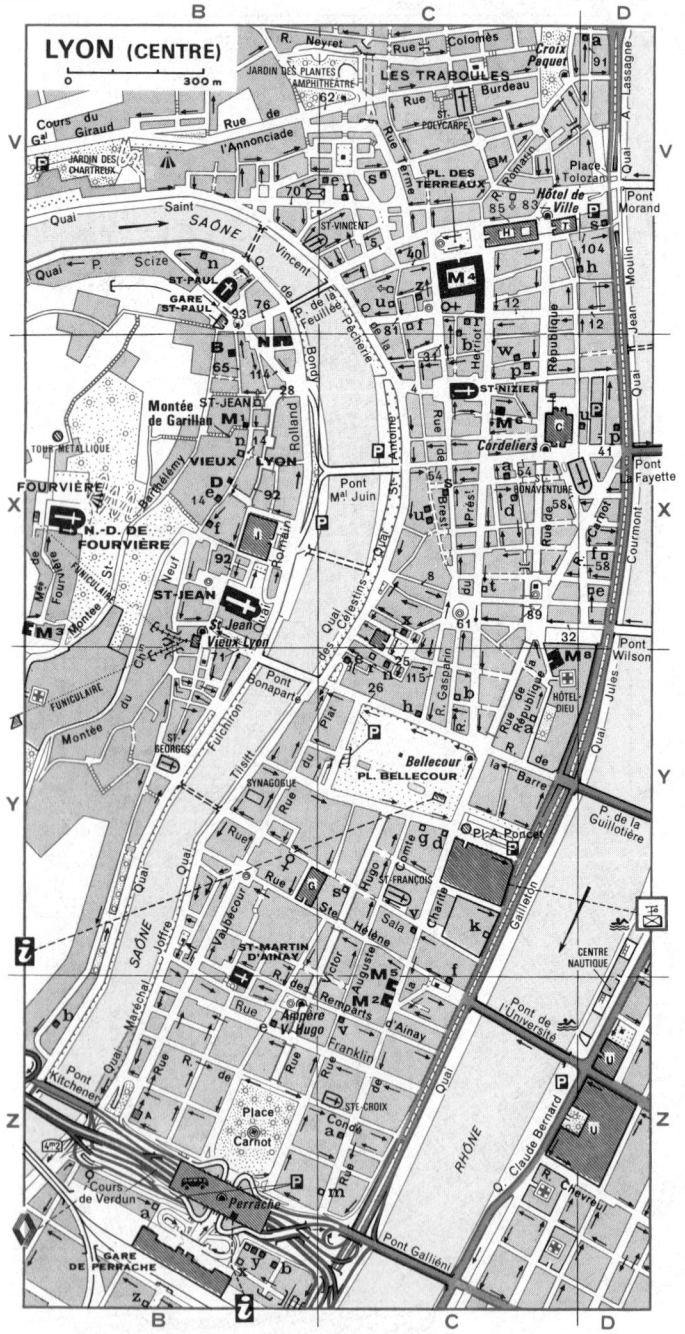

LYON (CENTRE)

Répertoire des Ponts et des Églises, voir « Lyon p. 2 et 3 ».

Hôtels

Centre-ville (Bellecour-Terreaux) :

🏨🏨 **Sofitel** Ⓜ, 20 quai Gailleton ⊠ 69002 ℰ 72 41 20 20, Télex 330225, Fax 72 40 05 50, ≼ –
📶 ⊱← ch 📧 📺 ☎ ⇎ – 🔬 250. 🖭 ⓞ Ε *VISA*. ✶ rest   CY **k**
Les Trois Dômes (au 8ᵉ étage) **R** 235/310 – **Sofi Shop** (rez-de-chaussée) **R** 88 ⅃, enf. 39 –
⊡ 72 – **179 ch** 800/995.

🏨🏨 **Gd Hôtel Concorde**, 11 r. Grolée ⊠ 69002 ℰ 72 40 45 45, Télex 330244, Fax 78 37 52 55
– 📶 ▤ rest 📺 ☎ – 🔬 80. 🖭 ⓞ Ε *VISA*. ✶ rest   DX **e**
Le Fiorelle *(fermé dim. midi)* **R** 98/180 ⅃ – ⊡ 50 – **140 ch** 440/850.

🏨🏨 **Royal,** 20 pl. Bellecour ⊠ 69002 ℰ 78 37 57 31, Télex 310785, Fax 78 37 01 36 – 📶 ▤ ch
📺 ☎ 🖭 ⓞ Ε *VISA*   CY **d**
R grill 85 ⅃, enf. 40 – ⊡ 48 – **80 ch** 450/810.

🏨🏨 **Gd H. des Beaux-Arts** sans rest, 75 r. Prés. E. Herriot ⊠ 69002 ℰ 78 38 09 50, Télex
330442, Fax 78 42 19 19 – 📶 ⊱← ▤ 📺 ☎ – 🔬 30. 🖭 ⓞ Ε *VISA*   CX **t**
⊡ 45 – **79 ch** 305/525.

🏨🏨 **Carlton** sans rest, 4 r. Jussieu ⊠ 69002 ℰ 78 42 56 51, Télex 310787, Fax 78 42 10 71 –
📶 ▤ 📺 ☎. 🖭 ⓞ Ε *VISA*   DX **f**
⊡ 45 – **83 ch** 380/560.

🏨 **La Résidence** sans rest, 18 r. V. Hugo ⊠ 69002 ℰ 78 42 63 28, Télex 900950,
Fax 78 42 85 76 – 📶 📺 ☎ – 🔬 40. 🖭 ⓞ Ε *VISA*   CY **s**
⊡ 28 – **65 ch** 240/270.

🏨 **Globe et Cécil** sans rest, 21 r. Gasparin ⊠ 69002 ℰ 78 42 58 95, Télex 305184,
Fax 72 41 99 06 – 📶 📺 ☎ – 🔬 60. 🖭 ⓞ Ε *VISA*   CY **b**
⊡ 41 – **65 ch** 270/375.

🏨 **Artistes** sans rest, 8 r. G. André ⊠ 69002 ℰ 78 42 04 88, Télex 375664, Fax 78 42 93 76 –
📶 📺 ☎. 🖭 ⓞ Ε *VISA*   CY **r**
⊡ 38 – **45 ch** 300/370.

🏨 **Nouvel H. Paris** sans rest, 16 r. Platière ⊠ 69001 ℰ 78 28 00 95, Télex 330949 – 📶 📺
☎. 🖭 ⓞ Ε *VISA*   CV **f**
⊡ 30 – **27 ch** 240/300.

🏨 **Bellecordière** Ⓜ sans rest, 18 r. Bellecordière ⊠ 69002 ℰ 78 42 27 78, Télex 301633 –
📶 📺 ☎. 🖭 Ε *VISA*   CY **a**
⊡ 28 – **35 ch** 280/290.

🏨 **Bayard** sans rest, 23 pl. Bellecour ⊠ 69002 ℰ 78 37 39 64, Fax 72 40 95 51 – 📺 ☎. 🖭
VISA – ⊡ 24 – **15 ch** 210/260   CY **g**

Perrache :

🏨🏨 **Pullman Perrache,** 12 cours Verdun ⊠ 69002 ℰ 78 37 58 11, Télex 330500,
Fax 78 37 06 56, 🕮 – 📶 ⊱← ch 📺 ☎ – 🔬 100. 🖭 ⓞ Ε *VISA*   BZ **a**
R 130/180 ⅃, enf. 60 – ⊡ 53 – **124 ch** 410/690.

🏨🏨 **Axotel et rest. Le Chalut** Ⓜ, 12 r. Marc-Antoine Petit ⊠ 69002 ℰ 78 42 17 18, Télex
380736, Fax 72 40 00 65, 🕮 – 📶 ▤ rest 📺 ☎ – 🔬 25 à 130   Lyon p. 4 BZ **r**
128 ch.

🏨🏨 **Charlemagne** Ⓜ, 23 cours Charlemagne ⊠ 69002 ℰ 78 92 81 61, Télex 380401,
Fax 78 42 94 84 – 📶 ▤ 📺 ☎ ⇎ 🅿 – 🔬 120. 🖭 ⓞ Ε *VISA*   Lyon p. 4 BZ **t**
R *(fermé 3 août au 2 sept., sam. et dim.)* 110/150 – ⊡ 45 – **116 ch** 365/500.

🏨🏨 **Gd H. Bordeaux** sans rest, 1 r. Bélier ⊠ 69002 ℰ 78 37 58 73, Télex 330355,
Fax 78 37 48 02 – 📶 📺 ☎ – 🔬 35. 🖭 ⓞ Ε *VISA*   BZ **y**
⊡ 39 – **79 ch** 330/430.

🏨 **Berlioz** Ⓜ sans rest, 12 cours Charlemagne ⊠ 69002 ℰ 78 42 30 31, Télex 330862,
Fax 72 40 97 58 – 📶 📺 ☎ ⅃. 🖭 ⓞ Ε *VISA*   BZ **z**
⊡ 30 – **38 ch** 227/384.

🏨 **des Savoies** Ⓜ sans rest, 80 r. Charité ⊠ 69002 ℰ 78 37 66 94, Fax 72 40 27 84 – 📶 📺
☎ 🅿 🖭 ⓞ Ε *VISA*   BCZ **m**
⊡ 22 – **46 ch** 195/260.

🏨 **Normandie** sans rest, 3 r. du Bélier ⊠ 69002 ℰ 78 37 31 36, Fax 72 40 98 56 – 📶 📺 ☎.
🖭 ⓞ Ε *VISA* – ⊡ 24 – **39 ch** 146/268   BZ **x**

Vieux-Lyon :

🏨🏨🏨 **Cour des Loges** Ⓜ ⌖, 6 r. Boeuf ⊠ 69005 ℰ 78 42 75 75, Télex 330831, Fax 72 40 93 61,
« Décoration contemporaine originale dans des maisons du Vieux Lyon » – 📶 ▤ 📺 ☎
⅃ ⇎ – 🔬 45. 🖭 Ε *VISA*, ⅃   BX **n**
Tapas des Loges R 80/160 – ⊡ 90 – **53 ch** 1100/1500, 10 appart. 1900/2900.

🏨🏨 ⌖ **Tour Rose** (Chavent) Ⓜ, 22 r. Boeuf ⊠ 69005 ℰ 78 37 25 90, Fax 78 42 26 02, « Maison
du 17ᵉ siècle, élégante décoration sur le thème de la soie », ⌗ – 📶 ▤ 📺 ☎ – 🔬 25. 🖭
ⓞ Ε *VISA*   BX **e**
R *(fermé 4 au 18 août et dim.)* 320/520 – ⊡ 90 – **6 ch** 1650, 6 appart. 1650/2800, 4 duplex
Spéc. Salade de pommes de terre à la crème de caviar, Saumon mi-cuit au fumoir, Foie chaud de canard
et filet de rouget aux lentilles. Vins Viognier, Brouilly.

Entrez à l'hôtel le Guide à la main, vous montrerez ainsi,

qu'il vous conduit là en confiance.

La Croix-Rousse (bord de Saône) : voir emplacements sur Lyon p. 2

🏨🏨 **Lyon Métropole** Ⓜ, 85 quai J. Gillet ✉ 69004 ✆ 78 29 20 20, Télex 380198, Fax 78 39 99 20, 🖼, ⏟, ⚓ – 📶 🗏 📺 ☎ ⅙ ⇐ 🅟 – 🔬 350. 🝏 ⓪ Ⅎ 𝗩𝗜𝗦𝗔   GR **k** Grill **R** carte environ 150 – **Les Eaux Vives** ✆ 78 29 36 36 *(fermé 22 déc. au 2 janv., dim. et fériés en juil.-août)* **R** 120/200 – ⊊ 48 – **119 ch** 440/535.

Les Brotteaux : voir emplacements sur Lyon p. 5

🏨🏨 **Roosevelt** sans rest, 25 r. Bossuet ✉ 69006 ✆ 78 52 35 67, Télex 300295, Fax 78 52 39 82 – 📶 cuisinette 🗏 📺 ☎ ⇐ 🅟 – 🔬 60. 🝏 ⓪ Ⅎ 𝗩𝗜𝗦𝗔   DV **x** ⊊ 45 – **87 ch** 380/550, 3 appart. 700.

🏨 **Olympique** sans rest, 62 r. Garibaldi ✉ 69006 ✆ 78 89 48 04 – 📶 📺 ☎. 🝏 𝗩𝗜𝗦𝗔   EV **d** ⊊ 23 – **23 ch** 205/245.

La Part-Dieu : voir emplacements sur Lyon p. 5

🏨🏨🏨 Holiday Inn Crowne Plaza Ⓜ, 29 r. Bonnel ✆ 72 61 90 90, Télex 330703, Fax 72 61 17 54, ⅙–, 📶 🗏 📺 ☎ ⅙ 🅟 – 🔬 30 à 300   DX **t** **154 ch**.

🏨🏨🏨 **Pullman Part-Dieu** Ⓜ, 129 r. Servient (32ᵉ étage) ✉ 69003 ✆ 78 62 94 12, Télex 380088, Fax 78 60 41 77, ≤ Lyon et vallée du Rhône – 📶 🗏 📺 ☎ ⇐ – 🔬 300. 🝏 Ⅎ. 𝗩𝗜𝗦𝗔   EX **n** **L'Arc-en-Ciel** *(fermé 15 juil. au 15 août et dim. soir)* **R** 195/360 – **La Ripaille** grill (rez-de-chaussée) *(fermé dim. midi et sam.)* **R** 110 🍷, enf. 50 – ⊊ 55 – **245 ch** 595/865.

🏨🏨 **Mercure** Ⓜ, 47 bd Vivier-Merle ✉ 69003 ✆ 72 34 18 12, Télex 306469, Fax 78 53 40 69 – 📶 🗏 📺 ☎ ⅙ – 🔬 100. 🝏 ⓪ Ⅎ 𝗩𝗜𝗦𝗔   EX **a** **R** 125/145 🍷, enf. 40 – ⊊ 46 – **124 ch** 590.

🏨 **Créqui** Ⓜ sans rest, 158 r. Créqui ✉ 69003 ✆ 78 60 20 47, Fax 78 62 21 12 – 📶 📺 ☎. Ⅎ 𝗩𝗜𝗦𝗔   DX **s** ⊊ 33 – **28 ch** 294/325.

🏠 **Ibis** Ⓜ, pl. Renaudel ✉ 69003 ✆ 78 95 42 11, Télex 310847, Fax 78 60 42 85, 🖼 – 📶 🗏 📺 ☎ ⅙ ⇐ – 🔬 30. Ⅎ 𝗩𝗜𝗦𝗔   EY **k** **R** 81/100 🍷, enf. 35 – ⊊ 29 – **144 ch** 275/295.

La Guillotière : voir emplacements sur Lyon p. 5

🏨 **Gd H. Helder et Institut** sans rest, 38 r. Marseille ✉ 69007 ✆ 78 61 61 61, Télex 306411, Fax 78 61 61 00 – 📶 📺 ☎. 🝏 ⓪ Ⅎ 𝗩𝗜𝗦𝗔   DZ **d** **98 ch** ⊊ 300/360.

🏨 **Columbia** sans rest, 8 pl. A. Briand ✉ 69003 ✆ 78 60 54 65, Télex 305551 – 📶 🗏 📺 ☎ ⇐. 🝏 ⓪ Ⅎ 𝗩𝗜𝗦𝗔   EZ **z** ⊊ 29 – **66 ch** 230/270.

🏨 **Urbis Université** sans rest, 51 r. Université ✉ 69007 ✆ 78 72 78 42, Télex 340455, Fax 78 69 24 36 – 📶 🗏 📺 ☎ ⇐. 🝏 Ⅎ 𝗩𝗜𝗦𝗔   DZ **b** ⊊ 29 – **53 ch** 270/320.

Gerland : voir emplacements sur Lyon p. 2

🏨🏨 **Mercure** Ⓜ, 70 av. Leclerc ✉ 69007 ✆ 78 58 68 53, Télex 305484, Fax 78 61 05 54, 🖼, ⏟ – 📶 📺 ☎ ⅙ ⇐ – 🔬 450. 🝏 ⓪ Ⅎ 𝗩𝗜𝗦𝗔   GT **e** **R** 125/145 🍷, enf. 39 – ⊊ 46 – **194 ch** 510.

🏠 **Ibis** Ⓜ, 68 av. Leclerc ✉ 69007 ✆ 78 58 30 70, Télex 305483 – 📶 📺 ☎ ⅙ ⇐ – 🔬 30. Ⅎ 𝗩𝗜𝗦𝗔   GT **e** **R** 77 🍷, enf. 35 – ⊊ 30 – **129 ch** 275/295.

Montchat-Monplaisir : voir emplacements sur Lyon p. 3

🏨🏨 **Altea Park**, 4 r. Prof. Calmette ✉ 69008 ✆ 78 74 11 20, Télex 380230, Fax 78 01 43 38, 🖼 – 📶 📺 ☎ ⇐ – 🔬 25. 🝏 ⓪ Ⅎ 𝗩𝗜𝗦𝗔   HT **v** Le Patio **R** 70/145 🍷, enf. 80 – ⊊ 45 – **72 ch** 355/395.

🏨 **Lacassagne** sans rest, 245 av. Lacassagne ✉ 69003 ✆ 78 54 09 12 – 📶 🗏 📺 ☎. 🝏 ⓪ Ⅎ 𝗩𝗜𝗦𝗔   HS **s** ⊊ 25 – **40 ch** 170/260.

🏨 **Laennec** sans rest, 36 r. Seignemartin ✉ 69008 ✆ 78 74 55 22, Fax 78 01 00 24 – 📺 ☎ ⇐. Ⅎ 𝗩𝗜𝗦𝗔   HT **n** ⊊ 33 – **14 ch** 260/350.

à Villeurbanne : voir emplacements sur Lyon p. 3 – ✉ **69100** :

🏨🏨 **Congrès**, pl. Cdt Rivière ✆ 78 89 81 10, Télex 370216, Fax 78 94 64 86 – 📶 🗏 📺 ☎ ⇐ – 🔬 130. 🝏 ⓪ Ⅎ 𝗩𝗜𝗦𝗔   HS **m** **R** 150/280, enf. 55 – ⊊ 42 – **136 ch** 325/355 – ½ P 340.

🏨 **Alsace** sans rest, 15 cours Tolstoï ✉ 69100 ✆ 78 84 97 04 – 📶 ☎. Ⅎ 𝗩𝗜𝗦𝗔   HS **e** *fermé 20 juil. au 25 août* – ⊊ 25 – **30 ch** 150/300.

à Bron : 41 500 h. – ⊠ **69310** :

Novotel M, av. J. Monnet ℰ 78 26 97 48, Télex 340781, Fax 78 26 45 12, 😐, ⅃, 🐎 – ▯
▤ 🔟 ☎ & 🅿 – 🔏 25 à 800. 🖭 ⑩ **E** *VISA*   Lyon p. 3   JT   **f**
R carte environ 150 ⅃, enf. 55 – ⊒ 45 – **191 ch** 400.

Ibis M, 36 av. Doyen J. Lépine ℰ 78 54 31 34, Télex 380694, Fax 78 53 31 51 – ▯ 🔟 ☎
& – 🔏 60. **E** *VISA*   Lyon p. 3   JS   **e**
R 76 ⅃, enf. 37 – ⊒ 29 – **140 ch** 215/300.

Dau Ly 🦙 sans rest, 28 r. Prévieux ℰ 78 26 04 37 – 🔟 ☎ 🚗 🅿. 🖭 **E** *VISA*
⊒ 28 – **22 ch** 230/290.   Lyon p. 3   JT   **e**

Cottage H. M, 12 r. M. Bastié - Z.A.C. Triangle de Bron ℰ 72 37 01 14, Fax 72 37 82 13 –
🔟 ☎ & 🅿 – 🔏 40. 🖭 ⑩ **E** *VISA*   JT   **n**
R 68/89 ⅃ – ⊒ 27 – **50 ch** 237/257 – ½ P 227.

Ibis Bron Eurexpo M, r. M. Bastié ℰ 72 37 01 46, Télex 306073 – 🔟 ☎ & 🅿. **E**.
VISA   JT   **n**
R 77 ⅃, enf. 35 – ⊒ 30 – **79 ch** 275/300.

Relais Bleus M, r. Col. Chambonnet ℰ 72 37 00 14, Fax 78 26 95 05 – 🔟 ☎ & 🅿. 🖭
⑩ **E** *VISA*   JT   **n**
R (fermé dim.) 72/160 ⅃, enf. 50 – ⊒ 32 – **44 ch** 243/250.

à Vénissieux S : 5 km par rte de Vienne (N 7) près échangeur N 383 – 64 982 h. – ⊠ **69200**

Cottage H. M, 14 av. Dr Levy (près piscine) ℰ 78 00 00 13, Télex 301426, 😐 – 🔟 ☎
– 🔏 40. 🖭 ⑩ **E** *VISA* % rest   HT   **b**
R 68/88, enf. 35 – ⊒ 26 – **42 ch** 247/257 – ½ P 187.

à Pierre-Bénite : – 9 469 h. – ⊠ **69310** :

Europe sans rest, 67 bd Europe ℰ 78 50 55 55, Fax 78 50 16 01 – ▯ 🔟 ☎ 🅿. **E** *VISA*
⊒ 25 – **34 ch** 220/250.   Lyon p. 2   GT   **b**

Restaurants

XXXXX ❀❀❀ **Paul Bocuse,** pont de Collonges N : 12 km par bords Saône (D433, D51) ⊠ 69660
Collonges-au-Mont-d'Or ℰ 78 22 01 40, Télex 375382, Fax 72 27 85 87, « Élégante installa-
tion » – ▤ 🅿. 🖭 ⑩ **E** *VISA*   Lyon p. 2   GR
R 580/690 et carte, enf. 80
Spéc. Soupe aux truffes noires, Loup en croûte à la mousse de homard et sauce Choron, Volaille de Bresse
en vessie. Vins Pouilly-Fuissé, Brouilly.

XXXX ❀❀ **Orsi,** 3 pl. Kléber ⊠ 69006 ℰ 78 89 57 68, Télex 305965, Fax 72 44 93 34, 😐, « Décor
élégant » – ▤. 🖭 **E** *VISA*   Lyon p. 5   DV   **e**
fermé sam. en août et dim. sauf le midi de sept. à juil. – **R** 240 (déj.)/360 et carte
Spéc. Salade gourmande, Saint-Pierre aux poirettes croustillantes, Pigeonneau de Bresse aux gousses d'ail
en chemise. Vins Saint-Amour, Saint-Véran.

XXXX **Roger Roucou "Mère Guy"** (ch. prévues), 35 quai J. J. Rousseau ⊠ 69350 La
Mulatière ℰ 78 51 65 37, Télex 310241 – 🅿. 🖭 ⑩ *VISA*   Lyon p. 2   FT   **s**
fermé août, dim. soir et lundi – **R** 250 bc/400, enf. 120.

XXXX **Le Gourmandin,** 14 pl. J. Ferry (Gare des Brotteaux) ⊠ 69006 ℰ 78 52 02 52,
Fax 78 52 33 05, 😐, « Décor moderne original évoquant les chemins de fer » – ▤ 🅿. 🖭
⑩ **E** *VISA*   Lyon p. 5   EV   **t**
fermé dim. – **R** 198/395.

XXX ❀❀ **Léon de Lyon** (Lacombe), 1 r. Pleney ⊠ 69001 ℰ 78 28 11 33, Télex 300134,
Fax 78 39 89 05, « Ambiance lyonnaise » – ▤. 🖭 **E** *VISA*   CVX   **b**
fermé 28 juil. au 20 août, lundi midi et dim. – **R** 240/430 et carte ⅃, enf. 85
Spéc. Poulet de Bresse aux écrevisses et petit gâteau de foie (juil. à déc.), Ravioli à la lyonnaise (déc. à
avril), Six desserts avec la praline de Saint-Genis. Vins Régnié, Saint-Véran.

XXX ❀ **Aub. de Fond-Rose** (Brunet), 23 quai Clemenceau ⊠ 69300 Caluire ℰ 78 29 34 61,
Fax 72 00 28 67, 😐, « Jardin ombragé et fleuri, volière » – 🅿. 🖭 ⑩ **E** *VISA*
fermé lundi de nov. à Pâques, dim. soir et fériés le soir – **R** 190/420, enf. 100
                                                         Lyon p. 2   GR   **p**
Spéc. Suprême de dorade au vin rouge (oct. à avril), Filet de bar grillé au beurre de ciboulette, Volaille de
Bresse à la broche (oct. à avril). Vins Saint-Véran, Côte de Brouilly.

XXX ❀ **Bourillot,** 8 pl. Célestins ⊠ 69002 ℰ 78 37 38 64 – ▤. 🖭 ⑩ **E** *VISA*   CY   **n**
fermé 29 juin au 29 juil., 23 déc. au 2 janv., dim. et fériés – **R** 210/400
Spéc. Quenelle de brochet au fumet de homard, Tournedos compoté aux truffes et morilles, Soufflé glacé
au chocolat. Vins Coteaux du Lyonnais, Régnié.

XXX ❀ **Nandron,** 26 quai J. Moulin ⊠ 69002 ℰ 78 42 10 26, Fax 78 37 69 88 – ▤. 🖭 ⑩ **E**
VISA   DX   **p**
fermé 27 juil. au 26 août, vend. soir du 1er mai au 27 juil. et sam. – **R** 210/400
Spéc. Quenelle de brochet à la Nantua, Aile de volaille rôtie et farcie au foie gras, Soufflé chaud au chocolat
et glace à la menthe. Vins Saint-Véran, Côte-Rôtie.

XXX ❀ **Mère Brazier,** 12 r. Royale ⊠ 69001 ℰ 78 28 15 49, « Ambiance lyonnaise » – 🖭 ⑩
E *VISA*   DV   **a**
fermé 3 août au 2 sept., sam. (sauf le soir de sept. à juin) et dim. – **R** 280/330
Spéc. Fond d'artichaut au foie gras, Quenelle au gratin, Volaille de Bresse Demi-Deuil. Vins Chiroubles,
Saint-Joseph.

XXX ❀ **Fédora** (Judéaux), 249 r. M. Merieux ⊠ 69007 ℘ 78 69 46 26, Fax 72 73 38 80, 🏠 – 🖭
⓿ **E** VISA Lyon p. 2 GT **k**
fermé 21 déc. au 3 janv., sam. midi, dim. et fériés – **R** 160/260
Spéc. Foie gras frais de canard, Nougat de homard et d'encornets, Raie à l'orange.

XXX ❀ **Le Quatre Saisons** (Bertoli), 15 r. Sully ⊠ 69006 ℘ 78 93 76 07 – 🍴. 🖭 ⓿ **E**.
VISA Lyon p. 5 DV **u**
fermé 1er au 15 août, sam. midi et dim. – **R** 170/290
Spéc. Langoustines poêlées au thym, Pigeonneau truffé, Gibier (saison). Vins Saint-Véran, Chiroubles.

XXX **Le Saint Alban**, 2 quai J. Moulin ⊠ 69001 ℘ 78 30 14 89 – 🍴. **E** VISA DV **s**
fermé 10 au 20 août, vacances de fév., sam. midi, dim. et fériés – **R** 140/270.

XXX **Cazenove**, 75 r. Boileau ⊠ 69006 ℘ 78 89 82 92, Télex 305965, Fax 72 44 93 34, « Évocation
Belle Époque » – 🍴. 🖭 **E** VISA Lyon p. 5 DV **k**
fermé août, sam. et dim. – **R** 260.

XXX **Les Fantasques**, 47 r. Bourse ⊠ 69002 ℘ 78 37 36 58 – 🍴. 🖭 ⓿ **E** VISA DX **u**
fermé 5 au 26 août et dim. – **R** 200/350.

XXX ❀ **Henry**, 27 r. Martinière ⊠ 69001 ℘ 78 28 26 08, « Fresques murales » – 🍴. 🖭 ⓿ **E**
VISA CV **n**
fermé lundi sauf fêtes – **R** 120/250 🍷, enf. 100
Spéc. Dos de turbot rôti aux aromates, Fraise de veau mitonnée en cocotte, Salmis de palombe à l'ancienne
(oct. à janv.). Vins Fleurie, Saint-Joseph.

XXX **Christian Têtedoie**, 54 quai Pierre Scize ⊠ 69005 ℘ 78 29 40 10 – 🖭 ⓿ **E** VISA BV **n**
fermé 27 juil. au 25 août, lundi du 15 sept. au 15 juin, sam. et dim. du 15 juin au 15 sept.
– **R** 180/240.

XXX **Fernand Duthion**, 18 r. D. Vincent à **Champagne-au-Mont-d'Or** par ⑪ ⊠ 69410
Champagne-au-Mont-d'Or ℘ 78 35 04 78, 🏠 – ⓟ. 🖭 ⓿ **E** VISA
fermé 19 août au 10 sept., 21 fév. au 8 mars, dim. soir et lundi – **R** 140/325, enf. 70.

XXX **Le Rocher**, quartier St-Rambert, 8 quai R. Carrié ⊠ 69009 ℘ 78 83 99 72, 🏠 – ⓟ. **E**
VISA Lyon p.2 GR **f**
fermé 10 août au 3 sept., 21 déc. au 2 janv., sam. midi et dim. – **R** 125/240.

XXX **La Soupière**, 14 r. Molière ⊠ 69006 ℘ 78 52 75 34, produits de la mer – **E** VISA
fermé août, dim. et lundi – **R** 170/360. Lyon p. 5 DV **b**

XX **La Mère Vittet** ouvert jour et nuit, 26 cours Verdun ⊠ 69002 ℘ 78 37 20 17, Télex
305559, Fax 78 42 40 70 – 🍴. 🖭 ⓿ **E** VISA BZ **y**
R 150/355 🍷, enf. 70.

XX **Le Nord**, 18 r. Neuve ⊠ 69002 ℘ 78 28 24 54 – 🍴. VISA CX **p**
fermé 12 au 18 août et sam. – **R** 90/200.

XX **J.-C. Pequet**, 59 pl. Voltaire ⊠ 69003 ℘ 78 95 49 70 – 🍴. 🖭 ⓿ **E** VISA
fermé 13 au 31 juil., 24 déc. au 2 janv., sam. et dim. – **R** 130/230. Lyon p. 5 DY **v**

XX **Garioud**, 14 r. Palais Grillet ⊠ 69002 ℘ 78 37 04 71, Fax 72 40 98 07 – 🍴. 🖭 **E** VISA
fermé sam. midi et dim. – **R** 126/242, enf. 60. CX **d**

XX ❀ **Le Passage**, 8 r. Plâtre ⊠ 69001 ℘ 78 28 11 16 – 🖭 ⓿ **E** VISA CV **r**
fermé sam. midi, dim. et fériés – **R** 230/290
Spéc. Ragoût de homard breton, Assiette chaude de coquillages et crustacés (sept. à janv.), Légumes
nouveaux au sucre et truffes noires (printemps-été). Vins Saint-Joseph, Bugey.

XX ❀ **L'Alexandrin** (Alexanian), 83 r. Moncey ⊠ 69003 ℘ 72 61 15 69 – 🍴. **E** VISA. ✄
fermé 5 au 27 août, 24 déc. au 2 janv., dim. et lundi – **R** 125/165, enf. 70 DX **h**
Spéc. Foie gras de canard aux chanterelles en terrine, Fleurs de courgette farcies à la mousse de rascasse,
Croustillant de filet d'agneau au jus de paprika.

XX **Tante Alice**, 22 r. Remparts d'Ainay ⊠ 69002 ℘ 78 37 49 83 – 🍴. 🖭 **E** VISA CZ **v**
fermé 26 juil. au 26 août, 24 déc. au 2 janv., vend. soir et sam. – **R** 88/185.

XX **La Tassée**, 20 r. Charité ⊠ 69002 ℘ 78 37 02 35, Fax 72 40 05 91 – 🖭 ⓿ **E** VISA CY **v**
fermé 24 déc. au 2 janv., sam. et dim. en juil.-août – **R** 115/250.

XX **Aub. de l'Ile**, quartier St-Rambert, Ile Ste-Barbe ⊠ 69009 ℘ 78 83 99 49 – ⓟ. **E** VISA.
✄ Lyon p. 2 GR **e**
fermé 5 au 19 août, 17 fév. au 9 mars, dim. soir et lundi – **R** 140/280.

XX **Chez Rose**, 4 r. Rabelais ⊠ 69003 ℘ 78 60 57 25 – 🍴. 🖭 **E** VISA Lyon p. 5 DX **x**
fermé 1er au 5 mai, 12 au 25 août, sam. midi, dim. et fériés – **R** 140/320.

XX **Chez Gervais**, 42 r. P. Corneille ⊠ 69006 ℘ 78 52 19 13 – 🖭 ⓿ VISA Lyon p. 5 DX **a**
fermé juil., sam. (sauf le soir du 1er oct. au 30 avril), dim et fériés – **R** 130/250.

XX **Vivarais**, 1 pl. Gailleton ⊠ 69002 ℘ 78 37 85 15 – 🍴. 🖭 ⓿ **E** VISA CYZ **f**
fermé 14 juil. au 5 août, 25 déc. au 1er janv. et dim. – **R** 90/140 🍷.

XX **La Brunoise**, 4 r. A. Boutin à Villeurbanne ⊠ 69100 Villeurbanne ℘ 78 52 07 77 – 🍴.
VISA HS **b**
fermé 4 au 12 mai, 27 juil. au 25 août, le soir (sauf jeudi), sam. et dim. – **R** 128/250 bc.

XX **Chevallier**, 40 r. Sergent Blandan ⊠ 69001 ℘ 78 28 19 83 – 🖭 ⓿ **E** VISA CV **s**
fermé 20 juil. au 15 août, mardi et merc. – **R** 110/190.

XX **La Voûte**, 11 pl. A. Gourju ⊠ 69002 ℘ 78 42 01 33 – 🍴. 🖭 ⓿ **E** VISA CY **e**
fermé 13 au 29 juil. et dim. – **R** 98/160.

XX **Junet "Au Petit Col",** 68 r. Charité ⊠ 69002 ℰ 78 37 25 18 – ▣. ⚿ ⴹ 𝘝𝘐𝘚𝘈 CZ **a**
fermé 5 au 15 août et dim. soir – **R** 140/350.

XX **Christian Grisard,** 158 r. Cuvier ⊠ 69006 ℰ 78 24 77 98 – ▣. ⓞ ⴹ 𝘝𝘐𝘚𝘈
fermé août. dim. et lundi – **R** 105/260. Lyon p.5 EV **r**

XX **Michel Froidevaux,** 3 r. Bugeaud ⊠ 69006 ℰ 78 24 49 51 – ⓞ ⴹ 𝘝𝘐𝘚𝘈
fermé juil., dim. (sauf le midi d'oct. à avril) et lundi – **R** 90/180. Lyon p. 5 DV **n**

X **Chez Jean-François,** 2 pl. Célestins ⊠ 69002 ℰ 78 42 08 26 – ⴹ 𝘝𝘐𝘚𝘈 CX **x**
fermé 27 mars au 3 avril, 20 juil. au 19 août, dim. et fériés – **R** 85/150 ♨.

X **Le Grenadin,** 27 r. Franklin ⊠ 69002 ℰ 78 37 80 94 – ▣. 𝘝𝘐𝘚𝘈 BZ **e**
fermé lundi midi et dim. – **R** 88/160 ♨.

X **J.-P. Bergier,** 20 r. Sully ⊠ 69006 ℰ 78 89 07 09 – 𝘝𝘐𝘚𝘈 DV **f**
fermé 1er au 27 août, sam. (sauf le soir de sept. à juin) et dim. – **R** 110/220.

X **Le Bistrot de Lyon,** 64 r. Mercière ⊠ 69002 ℰ 78 37 00 62, Fax 78 38 32 51, ⯑ – ▣.
𝘝𝘐𝘚𝘈 CX **u**
R carte 180 à 235, enf. 65.

X **Bistrot de "la Mère",** 26 cours Verdun ⊠ 69002 ℰ 78 42 16 91, Télex 305559,
← Fax 78 42 40 70 – ▣. ⚿ ⓞ ⴹ 𝘝𝘐𝘚𝘈 BZ **y**
R 62/130 ♨.

X **Le Neuf,** 7 pl. Bellecour ⊠ 69002 ℰ 78 42 07 59 – 𝘝𝘐𝘚𝘈 CY **h**
fermé 15 juil. à fin août et dim. – **R** carte 140 à 200.

X **Brasserie Georges,** 30 cours Verdun ⊠ 69002 ℰ 78 37 15 78, Télex 310778,
Fax 78 42 51 65, brasserie 1925 – ⚿ ⓞ ⴹ 𝘝𝘐𝘚𝘈 BZ **b**
R 90/150 ♨, enf. 45.

X **Bouchon aux Vins,** 62 r. Mercière ⊠ 69002 ℰ 78 42 88 90, Fax 78 38 32 51 – ▣
𝘝𝘐𝘚𝘈 CX **u**
fermé dim. – **R** 85.

X **Bouchon de Fourvière,** 33 quai Fulchiron ⊠ 69005 ℰ 72 41 85 02, Fax 72 40 05 91 – ⚿
← ⴹ 𝘝𝘐𝘚𝘈 BZ **b**
fermé août, sam. midi et dim. soir – **R** 58/140.

X **Le Blandan,** 28 r. Sergent Blandan ⊠ 69001 ℰ 78 28 76 43 – 𝘝𝘐𝘚𝘈 CV **e**
fermé 24 juil. au 24 août, lundi et mardi – **R** 85/190.

X **Boeuf d'Argent,** 29 r. Boeuf ⊠ 69005 ℰ 78 42 21 12 – ⴹ 𝘝𝘐𝘚𝘈 BX **f**
fermé 25 août au 9 sept., vacances de Noël, sam. midi et dim. – **R** (prévenir) 90/170 ♨.

X **Argenson,** 40 allée Pierre de Coubertin ⊠ 69007 ℰ 78 72 64 53, ⯑ – ⓟ. ⴹ 𝘝𝘐𝘚𝘈 GT **a**
fermé 10 au 26 août, dim. et fériés – **R** (déj. seul.) 98/250.

X **La Grille,** 106 r. S. Gryphe ⊠ 69007 ℰ 78 72 46 58 – ⴹ 𝘝𝘐𝘚𝘈 DZ **r**
fermé 5 au 25 août, sam. midi et dim. – **R** 120/215.

X **La Pinte à Gones,** 59 r. Ney ⊠ 69006 ℰ 78 24 81 75 – ⴹ 𝘝𝘐𝘚𝘈 Lyon p. 5 EV **s**
fermé août, 25 déc. au 1er janv., sam. midi, dim. et fériés – **R** 95/178.

Les Bouchons : dégustation de vins régionaux et cuisine locale dans une ambiance
typiquement lyonnaise

X **Le Garet,** 7 r. Garet ⊠ 69001 ℰ 78 28 16 94 – ⴹ 𝘝𝘐𝘚𝘈 CDV **h**
fermé 20 juil. au 20 août, sam. et dim. – **R** (prévenir) carte 105 à 160 ♨.

X **Chez Sylvain,** 4 r. Tupin ⊠ 69002 ℰ 78 42 11 98 CX **s**
fermé 1er au 21 août, sam. et dim. – **R** (prévenir) 76/89 , dîner à la carte.

X **La Meunière,** 11 r. Neuve ⊠ 69002 ℰ 78 28 62 91 – ⚿ ⓞ ⴹ 𝘝𝘐𝘚𝘈 CX **w**
fermé 14 juil. au 15 août, dim., lundi et fériés – **R** (prévenir) 75/130.

X **Café du Jura,** 25 r. Tupin ⊠ 69002 ℰ 78 42 20 57 – ⴹ 𝘝𝘐𝘚𝘈 CX **a**
*fermé 28 juil. au 21 août, 25 déc. au 1er janv., sam. (sauf le soir du 1er oct. au 30 mars) et
dim.* – **R** (prévenir) carte 95 à 150 ♨.

X **Café des Fédérations,** 8 r. Major Martin ⊠ 69002 ℰ 78 28 26 00 – ⚿ 𝘝𝘐𝘚𝘈 CV **z**
fermé août, 24 déc. au 4 janv., sam. et dim. – **R** (prévenir) 125.

Environs

à Tassin-la-Demi-Lune : 5 km par D 407 – 15 034 h. – ⊠ **69160** :

XXX **Les Tilleuls,** 146 av. Ch. de Gaulle ℰ 78 34 19 58, Fax 78 34 30 87, ⯑ – ⓟ. ⚿ ⴹ.
𝘝𝘐𝘚𝘈 Lyon p.2 FS **k**
fermé 15 au 26 août, vacances de fév., dim. soir, lundi et soirs fériés – **R** 120/320 ♨, enf. 80.

XX **Châteaubriand,** 12 av. Mar. Foch ℰ 78 34 15 64, ⯑, ⯑ – ⓟ. ⴹ 𝘝𝘐𝘚𝘈
fermé 1er août au 1er sept., dim. soir et sam. – **R** 100/280. Lyon p.2 FS **r**

à Collonges-au-Mont-d'Or : voir Lyon p. 9

au Mont-Cindre N : 14 km par D 21 et St-Cyr - GR – ⊠ **69450** St-Cyr :

XX **Ermitage,** ℰ 78 47 20 96, ⩻ Lyon et Monts du Lyonnais, ⯑ – ⚿ 𝘝𝘐𝘚𝘈
fermé 16 au 26 août, 10 janv. au 15 fév., mardi et merc. – **R** 110/340, enf. 70.

par la sortie ① :

à Rillieux-la-Pape : 7 km par N 83 et N 84 – 32 263 h. – ✉ **69140** :

XXX ❀ **Larivoire** (Constantin), chemin des Îles ℘ 78 88 50 92, Fax 78 88 35 22, ≤, 🐜 – **❷**. **E** *VISA* – *fermé 27 août au 5 sept., 1er au 15 fév., lundi soir et mardi* – **R** 190/380
Spéc. Œufs en cocotte aux langoustines et morilles, Saumon laqué aux graines de sésame, Volaille de Bresse au vinaigre. Vins Pouilly-Loché, Chénas.

à Sathonay-Camp N : 9 km par D 48ᴱ – 5 363 h. – ✉ **69580** :

🏠 **Val de Saône** sans rest, 1 allée P. Delorme ℘ 78 23 71 45 – 📺 ☎ **❷**. *VISA*
☲ 22 – **24 ch** 160/300.

à Neyron (01 Ain) par N 83 et N 84 : 14 km – ✉ **01700** :

XXX ❀ **Le Saint Didier** (Champin), ℘ 78 55 28 72, 🐜 – **❷**. **AE E** *VISA*
fermé 11 au 21 août, 26 déc. au 21 janv., dim. soir et lundi – **R** (nombre de couverts limité-prévenir) 175/350, enf. 65
Spéc. Profiteroles de foie gras sauce périgourdine, Étuvée de blanc de turbot au Champagne, Tournedos aux morilles.

par la sortie ③ :

à Meyzieu : 14 km – 26 800 h. – ✉ **69330** :

🏨 **Mont Joyeux** 🐟, av. V. Hugo ℘ 78 04 21 32, Télex 305551, Fax 72 02 85 72, 🐜, 🏊, 🌳 – 📺 ☎ & **❷**. **AE ⓞ E** *VISA*
R *(fermé 1er au 20 janv., dim. soir et lundi)* 160/230 – ☲ 35 – **20 ch** 300/360.

à l'Est par D 29 (rte de Genas) :

à Chassieu : 12 km – 7 051 h. – ✉ **69680** :

🏨 **Exp'Hôtel et rest. le Chasseuland** 🅼, 82 rte Lyon ℘ 78 40 10 22, Télex 375051, Fax 78 40 67 43, 🐜 – 📶 📺 ☎ & **❷** – 🔥 30 à 80. **AE ⓞ E** *VISA*
R 108/181 – ☲ 45 – **83 ch** 350/410.

à Genas : 15 km – 8 579 h. – ✉ **69740** :

🏨 **Forum H.** 🅼, 1 r. R. Salengro ℘ 78 40 60 50, Télex 306577, Fax 78 40 17 85 – 📶 📺 ☎ & **❷** – 🔥 25 à 70. **AE ⓞ E** *VISA*
R *(fermé 25 déc. au 1er janv. et dim.)* 78/140 🍷, enf. 45 – ☲ 35 – **49 ch** 255/305 – ½ P 260.

par la sortie ⑤ :

à St-Priest : 12 km par A 43 et D 148 - JT – 42 913 h. – ✉ **69800** :

X **Monnet,** 7 r. A. Briand (D 518) ℘ 78 20 15 19 – **❷**. **AE ⓞ** *VISA*. 🦌
↔ *fermé août* – **R** *(fermé sam. soir et dim.)* 60/175 🍷, enf. 60.

à l'aérogare de Satolas : 27 km par A 43 – ✉ **69125** Lyon Satolas Aéroport :

🏨🏨 **Sofitel** 🅼 sans rest, 3ᵉ étage ℘ 72 22 71 61, Télex 380480, Fax 72 22 81 25, ≤ – 📶 📼 📺 ☎. **AE ⓞ E** *VISA*
☲ 60 – **120 ch** 580.

XXX La Gde Corbeille, 1ᵉʳ étage ℘ 72 22 71 76, Télex 306723, ≤ – 🍽.

X Le Bouchon (brasserie), 1ᵉʳ étage ℘ 72 22 71 99, Télex 306723 – 🍽.

par la sortie ⑥ :

à Feyzin : 12 km – ✉ **69320** :

🏨 **Bulmotel** 🅼, 7 r. J. Jaurès ℘ 78 70 25 25, Télex 301451, Fax 78 70 70 43, 🏊 – 📼 📺 ☎ & **❷** – 🔥 120. **AE ⓞ E** *VISA*
R 125/175 – ☲ 50 – **70 ch** 350/380.

par la sortie ⑧ :

à Brignais : 12 km par N 86 – 9 577 h. – ✉ **69530** :

🏨 **Restotel des Barolles** 🅼, rte Lyon ℘ 78 05 24 57, Fax 78 05 37 57, 🏊, 🌳 – 🍽 rest 📺 ☎ & **❷** – 🔥 40. **AE ⓞ E** *VISA*. 🦌 ch
R *(fermé 12 au 26 août, 22 au 30 déc., lundi soir et dim.)* 102/240 🍷 – ☲ 26 – **27 ch** 250/350.

par la sortie ⑩ :

à Charbonnières-les-Bains : 8 km par N 7 – 3 973 h. alt. 240 – Stat. therm. – ✉ **69260** :

🏨 **Thermes** 🐟, aux Thermes ℘ 78 87 12 33, Télex 375528, Fax 78 87 83 01, 🐜 – 📶 📺 ☎ & **❷** – 🔥 30. **AE ⓞ E** *VISA*
R 95/250 🍷, enf. 70 – ☲ 40 – **43 ch** 330/370 – ½ P 320.

🏨 **Mercure,** N 7 ℘ 78 34 72 79, Télex 900972, Fax 78 34 88 94 – 🍽 📺 ☎ 🚗 **❷** – 🔥 30 à 150. **AE ⓞ E** *VISA*
R carte 110 à 190, enf. 45 – ☲ 45 – **58 ch** 430.

🏨 **Beaulieu** sans rest, 19 av. Gén. de Gaulle ℘ 78 87 12 04, Fax 78 87 00 62 – 📶 📺 ☎ **❷** – 🔥 40. **AE ⓞ E** *VISA*
☲ 29 – **40 ch** 230/270.

par la sortie ⑪ :

Porte de Lyon - Échangeur A6 N 6 Sortie Limonest N : 10 km – ✉ **69570** Dardilly :

🏨🏨 **Novotel Lyon-Nord** Ⓜ, ℰ 78 35 13 41, Télex 330962, Fax 78 35 08 45, 佘 , 🏊 , 🎾 – 📳
▤ 🆃🆅 ☎ 🅟 – 🔬 150. 🆀🅴 ⓞ 🄴 *VISA*
R carte environ 150 ⅋, enf. 50 – 😐 47 – **107 ch** 397/430.

🏨🏨 **Mercure** Ⓜ, ℰ 78 35 28 05, Télex 330045, Fax 78 47 47 15, 佘 , 🏊 , ⚒ – 📳 ↔ ch ▤ rest
🆃🆅 ☎ 🅟 – 🔬 30 à 250. 🆀🅴 ⓞ 🄴 *VISA*
R 105/120 ⅋, enf. 45 – 😐 48 – **175 ch** 455.

🏠 **Ibis Lyon Nord** Ⓜ, ℰ 78 66 02 20, Télex 305250, Fax 78 47 47 93, 佘 , 🏊 – 🆃🆅 ☎ & 🅟
– 🔬 30. 🆀🅴 🄴 *VISA*
R 100 ⅋, enf. 40 – 😐 29 – **69 ch** 280/300.

🏠 **Campanile,** ℰ 78 35 48 44, Télex 310155, Fax 78 64 96 12 – 🆃🆅 ☎ & 🅟 – 🔬 35. 🄴
VISA
R 74 bc/98 bc, enf. 39 – 😐 27 – **51 ch** 248 – ½ P 225/249.

XXX ❀ **Le Panorama** (Léron), à Dardilly-le-Haut, face église, ✉ 69570 Dardilly ℰ 78 47 40 19,
Fax 78 43 20 31, 佘 , 🎾 – 🆀🅴 ⓞ 🄴 *VISA*
fermé fév., dim. soir et lundi – **R** 178/280
Spéc. Terrine de homard, Poêlée de langoustines aux poireaux et asperges, Gibier (saison). Vins Saint-
Véran, Chiroubles.

à Limonest : 13 km par A 6 et D 42 – ✉ **69760** :

XXX **La Gentil'Hordière,** ℰ 78 35 94 97, Fax 78 43 85 48, 佘 – 🆀🅴 ⓞ 🄴 *VISA*
fermé 5 août au 2 sept., sam. midi et dim. sauf fériés – **R** 150/350.

MICHELIN, Agences régionales, 42-44 av. R.-Salengro ZA Poudrette à Vaulx-en-Velin JS
ℰ 78 37 33 63

CONSTRUCTEUR : Renault Véhicules Industriels, Tour du Crédit Lyonnais, 129 r. Servient
69003 LYON EX ℰ 78 76 81 11 et Vénissieux HT

1er Arrondissement

PEUGEOT-TALBOT Gar. Joly, 8 quai St-Vincent
AV ℰ 78 28 21 14

RENAULT Haond, 12 pl. Chartreuses
ℰ 78 28 62 33

2e Arrondissement

RENAULT Gar. de Verdun, 6 cours Verdun BZ ℰ 78 37 26 31

3e Arrondissement

FIAT Lafayette Automobile, 292 à 296 cours La-
fayette ℰ 78 53 33 33
FORD Veyet, 82 bd Vivier-Merle ℰ 78 60 25 28
TOYOTA S.I.D.A.T., 32-34 r. Danton ℰ 78 95 35 64
V.A.G Gar. Bouteille, 195 av. F.-Faure
ℰ 78 54 13 24 🅽 ℰ 78 69 22 22
V.A.G Gacon, 85 r. P.-Corneille ℰ 78 60 94 13
VOLVO Actena, 87-89 av. F.-Faure ℰ 78 95 40 04

🅶 Comptoir du Pneu, 299 r. Duguesclin
ℰ 78 62 84 86
Deshayes Pneus, 13 r. Louise ℰ 78 54 47 91
Deshayes-Pneus, 19 r. F. garcin ℰ 78 95 25 74
Gaudry-Pneu, 43-45 cours A.-Thomas
ℰ 78 53 25 73
Métifiot, 70 r. Rancy ℰ 78 60 36 93
Piot-Pneu, 234 cours Lafayette ℰ 72 33 68 77

4e et 5e Arrondissements

RENAULT Gar. Choulans, 25 r. Basses-Verchères
(5e) AY ℰ 78 36 24 11
RENAULT Gar. Point du Tour, 55 bis av. Point-du-
Jour (5e) FS ℰ 78 25 02 52
RENAULT Gar. Mondon, 4 et 6 r. St-Fiacre FS a
ℰ 78 25 29 18

Gar. Crotta, 44 quai J.-Gillet (4e) ℰ 78 29 81 38

🅶 Charcot-Pneus, 20 r. Jeunet ℰ 78 36 05 29
Métifiot, 5 pl. Tabareau ℰ 78 39 16 54

6e Arrondissement

BMW Gar. des Émeraudes, 198 av. Thiers
ℰ 78 52 80 21
CITROEN Gar. Métropole, 115 r. Bugeaud EV
ℰ 78 52 01 10 🅽 ℰ 78 88 39 19

MERCEDES-BENZ Satal, 55 av. Mar.-Foch
ℰ 78 89 23 41

🅶 Briday-Pneus, 55 bd Brotteaux ℰ 78 52 04 89

7e Arrondissement

AUSTIN-ROVER Kennings, 72 à 76 r. de Marseille
ℰ 78 58 16 53
CITROEN Succursale, 35 r. de Marseille DZ
ℰ 72 72 57 57 🅽 ℰ 05 05 24 24
CITROEN Montvenour-Facultes, 212 Gde-R.
Guillotière EZ ℰ 78 72 31 25
FIAT Duchenaud, 56 rte de Vienne ℰ 78 72 37 34
FORD Galliéni-Automobiles, 47 av. Berthelot
ℰ 78 72 02 27

HONDA Clamagirand, 32 r. Aguesseau
ℰ 78 72 40 27
OPEL Stala, 136 av. Berthelot ℰ 72 73 21 21
RENAULT Prost, 244 av. J.-Jaurès GT
ℰ 78 72 61 46

🅶 Boson, 39 r. Béchevelin ℰ 78 72 93 89
Briday-Pneus, 190 av. Berthelot ℰ 78 72 41 76
Gaudry-Pneu, 200 av. J.-Jaurès ℰ 72 73 00 98

8e Arrondissement

PEUGEOT-TALBOT Auto du Bachut, 322 av.
Berthelot HT d ℰ 78 74 18 09

🅶 Métifiot, 71 av. J.-Mermoz ℰ 78 74 08 09
Tessaro-Pneus, 22 bis r. A.-Lumière ℰ 78 00 73 25

9e Arrondissement

BMW Gar. Maublanc, 6 r. Joannès-Carret
☎ 78 64 83 83
RENAULT Succursale, 4 r. St-Simon/93 r.
Marietton **FR** ☎ 72 20 72 20 **N** ☎ 78 27 99 99

RENAULT Gar. de Rochecardon, 138 r. de St-Cyr
FR a ☎ 78 83 71 15

⚙ Briday-Pneus, 48 r. de Bourgogne
☎ 78 83 77 76

Brignais

⚙Métifiot, rte d'Irigny, ZI Nord ☎ 78 05 33 04 185 r. Gén.-de-Gaulle ☎ 72 31 61 66

Champagne-au-Mont-d'Or

PEUGEOT, TALBOT S.L.I.C.A.-Lyon Nord, N 6 ☎ 78 43 89 89

Dardilly

⚙ Briday-Pneus, Porte Lyon, échangeur A6 N6, sortie Limonest Nord ☎ 78 35 58 50

Ecully

CITROEN Succursale, 5 r. J.-M.-Vianney **FR a** ☎ 78 33 52 00 **N**

Meyzieu

PEUGEOT Gar. des Servizières, 116 r. République par ③ ☎ 78 31 40 59

Oullins

⚙ Pneumatech, 133 av. des Acqueducs de Beaumont ☎ 78 51 61 90

Rillieux

PEUGEOT-TALBOT Slica, av. Hippodrome par D
48E **HR** ☎ 78 88 54 74

RENAULT Bronner, chemin du Champ-de-Lierre
☎ 78 88 04 44

Saint-Fons

CITROEN Gar. J.-Jaurès, 52 av. J.-Jaurès **HT e**
☎ 78 70 94 61

PEUGEOT-TALBOT Gar. Centre, 12 av. G.-Péri
HT u ☎ 78 70 94 62
SEAT Atlas, 53 r. Carnot ☎ 78 70 53 74

Saint-Priest

CITROEN Gar. du Stade, 40 r. H.-Maréchal par D
518 **JT** ☎ 78 20 23 92
PEUGEOT-TALBOT Gar. Laval, 30 rte de Lyon par
D 518 **JT** ☎ 78 20 07 85
RENAULT Caimi, 37 rte d'Heyrieux par D 518 **JT**
☎ 78 20 19 59
RENAULT Gar. de Provence, 9 r. de Provence par
D 518 **JT** ☎ 78 20 29 39

⚙ Briday-Pneus, 52 r. L.-Pradel, ZI à Corbas
☎ 78 20 98 56
Comptoir du Pneu, 10 bis r. A.-Briand
☎ 78 20 29 28
Gaudry-Pneu, 200 rte de Grenoble ☎ 78 90 73 77
Métifiot, Zone Lyder rte de Lyon ☎ 78 21 58 80

Sainte-Foy-lès-Lyon

CITROEN Gar. de la Plaine, 117 bis r. Cdt-Charcot
FS u ☎ 78 59 62 15

CITROEN Gar. des Provinces, bd des Provinces **FS**
☎ 78 25 67 79

Tassin-la-Demi-Lune

PEUGEOT-TALBOT Tassin Automobiles, 100 av.
République **FS** ☎ 78 34 31 36
RENAULT Gar. Méjat, 11 pl. P.-Vauboin **FS s**
☎ 78 34 23 50

⚙ Pneumatech, 142 av. de Gaulle ☎ 78 34 33 00

Vaulx-en-Velin

CITROEN Citroën Rhône Alpes, 15 av. Charles-de-
Gaulle ☎ 78 79 00 09
PEUGEOT S.L.I.C.A., 40 av. de Bohlen **JS a**
☎ 72 37 13 13

RENAULT Succursale Lyon-Est, 52 av. de Bohlen
JS ☎ 72 37 31 15 **N** ☎ (1) 42 52 82 82
V.A.G Gar. Excelsior, r. J.-M.-Merle ☎ 78 80 68 93

⚙ Piot-Pneu, 178 av. R.-Salengro ☎ 72 37 54 35

Villeurbanne

CITROEN Badel, 38 r. F.-Chirat **HS** ☎ 78 54 58 50
SEAT Talas, 37 r. P.-Verlaine ☎ 78 84 81 44

⚙ Éts Cintas, 10 r. Sylvestre ☎ 78 52 59 42
Comptoir du Pneu, 27 r. J.-Jaurès ☎ 78 54 84 53

Deshayes-Pneus, 51 r. Anatole France
☎ 78 68 33 34
Dorcier, r. Boulevard ☎ 78 89 78 08
La Maison des Pneus, 42 à 46 r. A.-Perrin
☎ 78 53 28 52
Rhône-Pneus, 80 cours Tolstoï ☎ 78 84 95 24

Vénissieux

CITROEN Baroud, 346 av. Ch.-de-Gaulle **HT s**
☎ 78 74 23 40
CITROEN Gar. du Centre, Éts Faure, 50-52 bd
L.-Gérin **HT u** ☎ 72 50 09 61
CITROEN Gar. Galichet, 43 r. Carnot **HT a**
☎ 72 50 40 33
MERCEDES Salta, bd L.-Bonnevay ☎ 78 75 18 01

PEUGEOT-TALBOT S.L.I.C.A., 2 r. Frères-Bertrand
HT s ☎ 78 77 30 30
RENAULT Succursale Lyon-Sud, 364 rte de
Vienne **HT n** ☎ 78 77 78 77 **N**

⚙ Piot-Pneu, 69 r. A.-Sentuc, ZAC l'Arsenal
☎ 72 51 05 08

LYONS-LA-FORÊT **27480** Eure 55 ⑧ **G. Normandie Vallée de la Seine** – 734 h. alt. 109.
Voir Forêt★★ : hêtre de la Bunodière★ – N.-D.-de la Paix ≤★ O : 1,5 km.
Paris 103 – ♦Rouen 36 – Les Andelys 20 – Forges-les-Eaux 29 – Gisors 29 – Gournay-en-Bray 25.

La Licorne, ☎ 32 49 62 02, Fax 32 49 80 09, « Jardin fleuri » – ☎ Ⓟ – 30. AE ⓓ E VISA. ch – *fermé 20 déc. au 20 janv., dim. soir et lundi du 1er oct. au 31 mars* – **R** 150/250 – ☐ 40 – **18 ch** 340/410, 5 appart. 540 – ½ P 405/440.

Domaine St-Paul, N : 1 km par rte Forges-les-Eaux ☎ 32 49 60 57, « Pavillons dans parc fleuri », – ch ☎ Ⓟ – 30. E VISA
30 mars-15 nov. – **R** 110/130, enf. 80 – ☐ 25 – **17 ch** (½ pens. seul.) – ½ P 250/325.

LYS-CHANTILLY **60** Oise 56 ⑪, 106 ⑦⑧ – rattaché à Chantilly.

LYS-LEZ-LANNOY **59** Nord 51 ⑯ – rattaché à Roubaix.

MACÉ **61** Orne 60 ③ – rattaché à Sées.

MACEY **50** Manche 59 ⑧ – rattaché à Pontorson.

MACHILLY **74140** H.-Savoie 70 ⑯ – 683 h. alt. 530.
Paris 550 – Thonon-les-Bains 19 – Annemasse 10 – ♦Genève 17.

XX **Refuge des Gourmets,** D 206 ☎ 50 43 53 87, – AE ⓓ E VISA
fermé 15 juil. au 10 août, 2 au 9 janv., dim. soir et lundi – **R** 135/240.

La MACHINE (Col de) **26** Drôme 77 ⑬ – rattaché à St-Jean-en-Royans.

MÂCON P **71000** S.-et-L. 69 ⑲ **G. Bourgogne** – 38 719 h. alt. 175.
Voir Apothicairerie★ de l'Hôtel-Dieu BY **B** – Musée des Ursulines★ BY **M1**.
Env. Clocher★ de l'église de St-André par ② : 8,5 km.
18 de la Commanderie ☎ 85 30 44 12, par ② : 7 km.
Office de Tourisme 187 r. Carnot ☎ 85 39 71 37, Télex 800762 avec A.C. ☎ 85 38 06 00
Maison Mâconnaise des Vins (dégustation et machon bourguignon, ventes de vin AOC à emporter), 484 av. de-Lattre-de-Tassigny ☎ 85 38 36 70 BY.
Paris 393 ① – Bourg-en-Bresse 36 ② – Chalon-sur-Saône 58 ① – ♦Lyon 68 ③ – Roanne 96 ④.

Plan page ci-contre

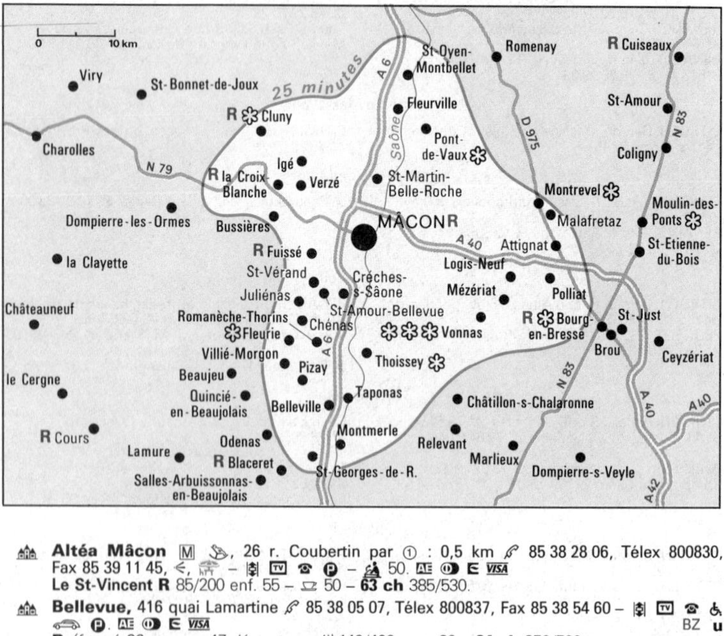

Altéa Mâcon M, 26 r. Coubertin par ① : 0,5 km ☎ 85 38 28 06, Télex 800830, Fax 85 39 11 45, ≤, – ☎ Ⓟ – 50. AE ⓓ E VISA
Le St-Vincent R 85/200 enf. 55 – ☐ 50 – **63 ch** 385/530.

Bellevue, 416 quai Lamartine ☎ 85 38 05 07, Télex 800837, Fax 85 38 54 60 – ☎ Ⓟ. AE ⓓ E VISA BZ **u**
R *(fermé 26 nov. au 17 déc. et mardi)* 140/400 – ☐ 39 – **24 ch** 350/500.

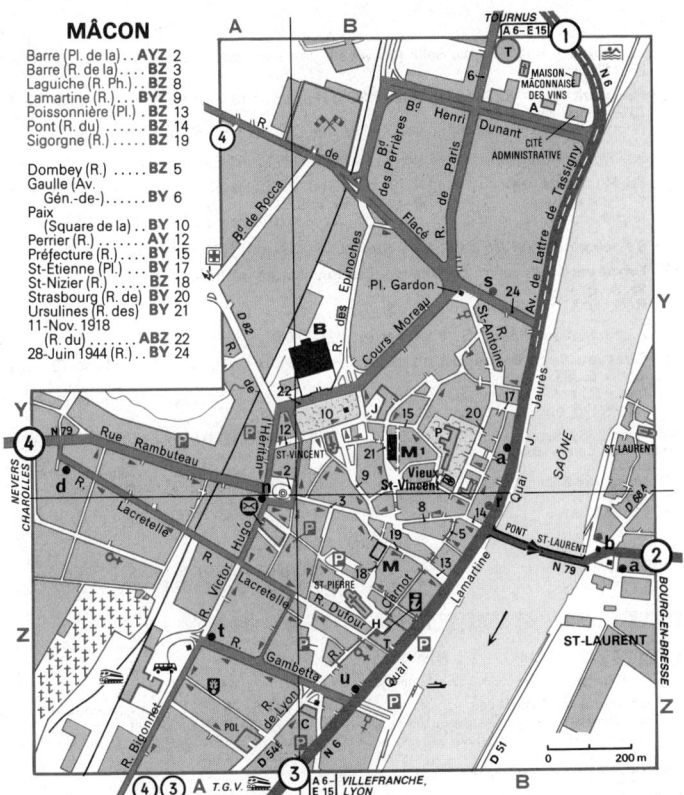

MÂCON

Barre (Pl. de la) . . **AYZ** 2
Barre (R. de la) . . . . **BZ** 3
Laguiche (R. Ph.) . . **BZ** 8
Lamartine (R.) . . . . **BYZ** 9
Poissonnière (Pl.) . **BZ** 13
Pont (R. du) . . . . . . **BZ** 14
Sigorgne (R.) . . . . . **BZ** 19

Dombey (R.) . . . . . **BZ** 5
Gaulle (Av.
 Gén.-de-) . . . . . . **BY** 6
Paix
 (Square de la) . . **BY** 10
Perrier (R.) . . . . . . **AY** 12
Préfecture (R.) . . . . **BY** 15
St-Étienne (Pl.) . . **BY** 17
St-Nizier (R.) . . . . **BZ** 18
Strasbourg (R. de) **BY** 20
Ursulines (R. des) **BY** 21
11-Nov. 1918
 (R. du) . . . . **ABZ** 22
28-Juin 1944 (R.) . . **BY** 24

🏨 **Terminus,** 91 r. V. Hugo ℰ 85 39 17 11, Télex 351938, Fax 85 38 02 75, ⌁ – 🛗 ▤ rest 📺
 ☎ – 🏛 50. 🆎 ⓪ 🇪 𝘝𝘐𝘚𝘈   AZ **t**
 R 78/150, enf. 32 – � 31 – **48 ch** 206/280 – ½ P 215.

🏨 **Gd H. de Bourgogne,** 6 r. V.-Hugo ℰ 85 38 36 57, Télex 351940, Fax 85 38 65 92 – 🛗
 ⇆ ch 📺 ☎ ⇦ ⓟ – 🏛 25. 🆎 ⓪ 🇪 𝘝𝘐𝘚𝘈   AYZ **n**
 La Perdrix ℰ 85 39 07 05 *fermé 23 au 29 déc.* **R** 74/210 enf. 35 – � 33 – **48 ch** 226/312 –
 ½ P 219/229.

🏨 **Nord** sans rest, 313 quai J. Jaurès ℰ 85 38 08 68, Fax 85 39 01 92 – 🛗 ☎. 🆎 🇪 𝘝𝘐𝘚𝘈
 fermé dim. du 15 sept. à début juin – � 24 – **21 ch** 110/220.   BY **a**

🏨 **Concorde** sans rest, 73 r. Lacretelle ℰ 85 34 21 47 – ☎ ⇦. 🇪 𝘝𝘐𝘚𝘈   AY **d**
 � 22 – **15 ch** 170/245.

🍽🍽 **Rocher de Cancale,** 393 quai J. Jaurès ℰ 85 38 07 50 – ▤. 🆎 ⓪ 🇪 𝘝𝘐𝘚𝘈   BZ **r**
 fermé 10 juin au 1er juil., 25 nov. au 9 déc., sam. midi, dim. soir et lundi – **R** 95/200 🍷.

🍽🍽 **Aub. Bressane,** 114 r. 28-Juin-1944 ℰ 85 38 07 42 – 🆎 ⓪ 🇪 𝘝𝘐𝘚𝘈   BY **s**
 fermé 22 juil. au 14 août, lundi et mardi sauf fériés – **R** 100/190, enf. 50.

🍽🍽 **Laurent Couturier,** 70 r. Lyon AZ ℰ 85 38 16 16 – 𝘝𝘐𝘚𝘈
 fermé 3 au 26 août, 1er au 9 janv., sam. midi et dim. – **R** 100/280.

 à St-Laurent-sur-Saône (Ain), rive gauche - Est du plan – ✉ 01620 St-Laurent :

🏨 **Beaujolais** sans rest, face pont St-Laurent ℰ 85 38 42 06 – 🆎 🇪 𝘝𝘐𝘚𝘈   BZ **a**
 fermé 15 au 30 sept., 25 déc. au 1er janv. et dim. d'oct. à juin – ⊠ 21 – **16 ch** 125/190.

🍽🍽🍽 Le Saint-Laurent, 1 quai Bouchacourt ℰ 85 38 32 03, 🌧   BZ **b**

 à l'échangeur A6-N6 de Mâcon-Nord par ① : 7 km – ✉ 71000 Mâcon :

🏨 **Novotel** Ⓜ, ℰ 85 36 00 80, Télex 800869, Fax 85 36 02 45, 🌧, ⌁, 🎾 – ▤ rest 📺 ☎ &
 ⓟ – 🏛 25 à 250. 🆎 ⓪ 🇪 𝘝𝘐𝘚𝘈
 R carte environ 150 🍷, enf. 53 – ⊠ 47 – **115 ch** 370/460.

🏨 **de la Tour,** à Sennecé-lès-Mâcon ℰ 85 36 02 70, 🌧, 🎾 – 📺 ☎ ⓟ. 🇪 𝘝𝘐𝘚𝘈. 🍽 rest
 R 80/180 🍷 – ⊠ 28 – **23 ch** 220/295 – ½ P 220/310.

sur autoroute A6 aire La Salle (en venant de Paris : aire St-Albain) ou par ① : 14 km – ✉ **71260** Lugny :

🏨 **Mercure** Ⓜ, ℰ 85 33 19 00, Télex 800881, Fax 85 33 13 13, 🍽, ⅃, ⇆ – 📶 🎗 📺 ☎ ⅙ 🅿 – 🔏 80. ☎ ⓪ Ɛ 💳
R grill (dîner seul. sauf en juil.-août) 140, enf. 55 – 🖃 50 – **98 ch** 540.

sur rte de Bourg-en-Bresse par ② : 4,5 km – ✉ **01750** Replonges (01 Ain) :

🏨 **La Huchette** Ⓜ sans rest, N 79 ℰ 85 31 03 55, Télex 800787, Fax 85 31 10 24, ≼, parc, « Décor élégant », ⅃ – ☎ 🅿 ☎ Ɛ 💳
fermé 10 nov. au 15 déc. et lundi du 1er oct. au 31 mars – 🖃 56 – **12 ch** 480/600.

à l'échangeur A6-N6 de Mâcon-Sud par ③ : 6 km – ✉ **71570** Chaintré :

🏨 **Primevère** Ⓜ, centre commercial Les Bouchardes ℰ 85 37 44 44, Fax 85 37 44 22 – 📺 ☎ ⅙ 🅿 – 🔏 30. Ɛ 💳
R 72/98 ⅄, enf. 40 – 🖃 28 – **42 ch** 240.

à Crèches-sur-Saône S : 8 km par ③ – ✉ **71680** :

🏨 **Château de la Barge,** par rte gare T.G.V. ℰ 85 37 12 04, 🍽, parc – 📶 ☎ 🅿 – 🔏 40. ☎ ⓪ Ɛ 💳
fermé 25 oct. au 3 nov., 20 déc. au 5 janv., 17 fév. au 5 mars, sam. et dim. de nov. à mars
–**R** 78/178, enf. 50 – 🖃 23 – **24 ch** 165/320 – ½ P 210/246.

BMW Favède, 18 r. Lacretelle ℰ 85 38 46 05	PEUGEOT-TALBOT Gounon, 89 rte de Lyon par ③
CITROEN Gar. Central, 62 r. de Lyon D 54E AZ	ℰ 85 29 14 14
ℰ 85 38 01 74	RENAULT Succursale, carrefour de l'Europe par
FORD Corsin, N 6 à Sancé ℰ 85 38 73 33	③ ℰ 85 38 25 50 🅽 ℰ 05 05 15 15
OPEL, VOLVO Gar. Chauvot, rte de Lyon N 6	
ℰ 85 34 98 98 🅽	⊛ Gaudry-Pneu, 71 rte de Lyon ℰ 85 34 70 10

Périphérie et environs

CITROEN Autom. du Maconnais, ZAC des	PEUGEOT-TALBOT Romand, N 6 à Crèches-sur-
Platières à Sancé par ① ℰ 85 38 58 40	Saône par ③ ℰ 85 37 11 37 🅽 ℰ 85 37 13 83

La MADELAINE-SOUS-MONTREUIL 62 P.-de-C. 🗺 ⑫ – rattaché à Montreuil.

MADIÈRES 30 Gard 🗺 ⑯ – ✉ **34190** Ganges.
Paris 772 – ◆Montpellier 63 – Lodève 32 – Nîmes 80 – Le Vigan 20.

🏨 **Château de Madières** Ⓜ 🕭, ℰ 67 73 84 03, Fax 67 73 55 71, ≼, « Ancienne place forte surplombant les gorges de la Vis », 🍽 – 📺 ☎ 🅿, ☎ Ɛ 💳 ❀ rest
19 avril-3 nov. – **R** 160/280, enf. 95 – 🖃 60 – **10 ch** 550/800 – ½ P 480/620.

MADIRAN 65700 H.-Pyrénées 🗺 ⑭ ② – 603 h. alt. 128.
Paris 752 – Pau 47 – Aire-sur-l'Adour 28 – Auch 69 – Mirande 50 – Tarbes 40.

🏨 **Le Prieuré** Ⓜ 🕭, ℰ 62 31 92 50, 🍽 – 📺 ☎ 🅿 – 🔏 40. ☎ Ɛ 💳 ❀ ch
fermé 12 au 21 nov., 7 au 22 janv. dim. soir et lundi du 1er janv. au 1er mai – **R** 80/250, enf. 65 – 🖃 30 – **10 ch** 230/270 – ½ P 230.

MAFFLIERS 95560 Val-d'Oise 🗺 ⑳, 🗺 ⑦ – 948 h. alt. 160.
Paris 29 – Compiègne 67 – Beaumont-sur-Oise 11 – Beauvais 47 – Pontoise 22 – Senlis 34.

🏨 **Novotel Château de Maffliers** Ⓜ 🕭, ℰ (1) 34 73 93 05, Télex 605701, Fax (1) 34 69 97 49, « Parc », ⅃, ❀ – 📺 ☎ ⅙ 🅿 – 🔏 25 à 200. ☎ ⓪ Ɛ 💳
R carte environ 250, enf. 50 – 🖃 48 – **80 ch** 500/540.

MAGAGNOSC 06 Alpes-Mar. 🗺 ⑧ – rattaché à Grasse.

MAGESCQ 40140 Landes 🗺 ⑯ – 1 149 h. alt. 25.
Paris 726 – Biarritz 52 – Mont-de-Marsan 64 – ◆Bayonne 45 – Castets 12 – Dax 16 – Soustons 11.

🏨 ✸✸ **Relais de la Poste** (Coussau) Ⓜ 🕭, ℰ 58 47 70 25, Télex 571349, Fax 58 47 76 17, parc, 🍽, ⅃, ❀ – 📶 rest 📺 ☎ ⇆ 🅿. ☎ ⓪ Ɛ 💳 ❀ ch
fermé 11 nov. au 23 déc., 15 au 21 janv., lundi (sauf le midi de sept. à juin) et mardi –
R (week ends, prévenir) 260/350 et carte, enf. 120 – 🖃 60 – **10 ch** 450/600
Spéc. Escalope de foie gras poêlée aux asperges, Magret de pigeon aux cèpes, Gibier (saison). Vins Tursan, Vin des Sables.

🍴🍴 **Le Cabanon et la Grange au Canard,** N : 0,8 km sur ancienne N 10 ℰ 58 47 71 51, Télex 540660, Fax 58 57 35 45, 🍽, « Demeure landaise rustique », ❀ – 🅿. Ɛ 💳
fermé 22 sept. au 26 oct., dim. soir et lundi – **R** 112/176 ⅄ - **La Grange au Canard**
R 205/280 ⅄..

Promeneurs, campeurs, fumeurs,

Soyez prudents

Le feu est le plus terrible ennemi de la forêt.

MAGNAC-BOURG 87380 H.-Vienne 72 ⑱ – 905 h. alt. 453.

Paris 425 – ◆Limoges 29 – St-Yrieix-la-Perche 27 – Uzerche 27.

🏠 **Midi**, N 20 ℰ 55 00 80 13, 🍴 – 📺 ☎ 🚗, 🅰🅴 ⓞ 🄴 𝓥𝓘𝓢𝓐
  fermé 18 au 30 nov., 14 janv. au 11 fév. et lundi hors sais. – **R** 75/200 – ⌒ 25 – **11 ch**
  200/300 – ½ P 250.

%% **Voyageurs** avec ch, N 20 ℰ 55 00 80 36 – 📺 ☎ 🚗, 🄴 𝓥𝓘𝓢𝓐, 🍽
  fermé 5 au 20 oct., 2 au 18 janv., mardi soir et merc. – **R** 98/350, enf. 70 – ⌒ 35 – **7 ch**
  230/250 – ½ P 190/250.

%% **Aub. Étang** 🐟 avec ch, ℰ 55 00 81 37, 🌳 – 📺 ☎ – 🔬 30. 🄴 𝓥𝓘𝓢𝓐
  ➡ *fermé 14 au 26 oct., 23 déc. au 23 janv., dim. soir et lundi hors sais.* – **R** 60/220 🍷 – ⌒ 30
  – **14 ch** 200/300 – ½ P 200/240.

MAGNY-COURS 58 Nièvre 69 ③④ – rattaché à Nevers.

MAGNY-EN-VEXIN 95420 Val-d'Oise 55 ⑱⑲, 106 ③ – 4 559 h. alt. 75.

🏌 de Villarceaux ℰ (1) 34 67 73 83, SO : 9 km.

Paris 60 – Beauvais 47 – Gisors 16 – Mantes-la-Jolie 22 – Pontoise 27 – ◆Rouen 64 – Vernon 28.

%% **Cheval Blanc**, r. Carnot ℰ (1) 34 67 00 37 – 🄴 𝓥𝓘𝓢𝓐
  fermé 5 au 31 août, le soir (sauf sam.)et merc. midi – **R** 120/170.

CITROEN Gar. de la Place d'Armes ℰ (1) 34 67 00   ⓦ Blasquez ℰ (1) 34 67 01 86
70   Fischbach-Pneu, 11 r. Dr-Fourniols ℰ (1) 34 67 13
PEUGEOT-TALBOT Gar. Beauval ℰ (1) 34 67 00   94
44

MAICHE 25120 Doubs 66 ⑱ G. Jura – 4 344 h. alt. 775.

🛈 Office de Tourisme à la Mairie (fermé après-midi hors saison) ℰ 81 64 11 88.

Paris 496 – ◆Bâle 102 – Belfort 60 – ◆Besançon 75 – Montbéliard 42 – Pontarlier 60.

🏨 **Panorama** 🐟, par rte Pontarlier ℰ 81 64 04 78, Fax 81 64 08 95, ≤, 🍽 – ☎ 🅿 – 🔬 40.
  ➡ 🄴 𝓥𝓘𝓢𝓐
  fermé 10 au 26 déc. – **R** 110/220 🍷, enf. 60 – ⌒ 27 – **32 ch** 225/310, 6 studios 450 –
  ½ P 225/295.

PEUGEOT Gar. Glasson ℰ 81 64 00 12   Gar. Boibessot ℰ 81 64 09 21
TOYOTA Schell ℰ 81 64 08 73

MAILLANE 13 B.-du-R. 81 ⑪⑫ – rattaché à St-Rémy-de-Provence.

MAILLEZAIS 85420 Vendée 71 ① G. Poitou Vendée Charentes – 939 h. alt. 14.

Voir Ancienne abbaye de Maillezais★.

Paris 435 – La Rochelle 47 – Fontenay-le-Comte 15 – Niort 29 – La Roche-sur-Yon 72.

🏠 **St Nicolas** sans rest, ℰ 51 00 74 45 – 📺 ☎ 🚗, 🄴 𝓥𝓘𝓢𝓐
  fermé fév. – ⌒ 29 – **16 ch** 190/280.

%% **Le Collibert**, ℰ 51 87 25 07 – 🄴 𝓥𝓘𝓢𝓐
  ➡ *fermé fév., dim. soir et lundi du 15 sept. au 30 juin* – **R** 55/265 🍷, enf. 40.

CITROEN Gar. Thouard ℰ 51 00 74 68

MAILLY-LE-CHÂTEAU 89660 Yonne 65 ⑤ G. Bourgogne – 501 h. alt. 170.

Voir ≤★ de la terrasse.

Paris 198 – Auxerre 30 – Avallon 30 – Clamecy 22 – Cosne-sur-Loire 73.

🏨 **Le Castel** 🐟, près Eglise ℰ 86 81 43 06, Fax 86 81 49 26, 🌳 – 📺 🄴 𝓥𝓘𝓢𝓐
  15 mars-15 nov. et fermé mardi soir du 1er oct. au 1er avril et merc. – **R** 72/200 – ⌒ 32 –
  12 ch 210/290.

Les MAILLYS 21 Côte-d'Or 66 ⑬ – rattaché à Auxonne.

MAISON-DU-ROY 05 H.-Alpes 77 ⑱ – rattaché à Guillestre.

MAISON-JEANNETTE 24 Dordogne 75 ⑤ – ✉ 24140 Villamblard.

Paris 521 – Périgueux 24 – Bergerac 23 – Vergt 11.

🏨 **Tropicana**, ℰ 53 82 98 31, 🍴, étang, ⊐, 🌳 – 📺 ☎ 🅿 – 🔬 30. 🅰🅴 🄴 𝓥𝓘𝓢𝓐
  ➡ *fermé 20 déc. au 10 fév., vend. soir et sam. midi hors sais.* – **R** 51/180 🍷 – ⌒ 24 – **23 ch**
  220/290 – ½ P 160/180.

MAISON NEUVE 16 Charente 72 ⑭ – rattaché à Angoulême.

MAISON NEUVE 07 Ardèche 80 ⑧ – rattaché à Lablachère.

MAISONS-ALFORT 94 Val-de-Marne 61 ①, 101 ㉗ – voir à Paris, Environs.

MAISONS-LAFFITTE 78 Yvelines 55 ⑳, 101 ⑬ – voir à Paris, Environs.

10 Aube 🔟 ⑰ – rattaché à Chaource.

MAIZIÈRES-LÈS-METZ 57 Moselle 🔟 ④ – rattaché à Metz.

MALAFRÉTAZ 01340 Ain 🔟 ⑫ – 530 h. alt. 217.
Paris 400 – Bourg-en-Bresse 17 – Lons-le-Saunier 58 – Louhans 40 – Mâcon 27 – Tournus 37.

🏨 **Le Pillebois** 🅼 sans rest, D 975 𝄞 74 25 48 44, Fax 74 25 48 79 – 📺 ☎ ఉ 🅿 – 🔏 30. 🖭
  🗲 𝕍𝕀𝕊𝔸
  fermé dim. soir du 1ᵉʳ oct. au 30 avril – ☑ 28 – **30 ch** 220/270.

RENAULT Goyard 𝄞 74 30 80 62 🅽

MALAUCÈNE 84340 Vaucluse 🟦🔟 ③ G. Provence – 2 100 h. alt. 377.
Voir O : Dentelles de Montmirail★.
🇭 Office de Tourisme pl. Mairie (vacances de printemps, 15 juin-15 sept.) 𝄞 90 65 22 59.
Paris 678 – Avignon 42 – Carpentras 18 – Vaison-la-Romaine 9,5.

🏠 **Origan,** 𝄞 90 65 27 08, 🥘 – ☎. 🗲 𝕍𝕀𝕊𝔸
↠ *fermé nov.* – **R** *(fermé lundi)* 60/120 🍷, enf. 40 – ☑ 28 – **23 ch** 190/220.

CITROEN Gar. Meffre 𝄞 90 65 20 26   RENAULT Gar. du Ventoux 𝄞 90 65 20 23

MALAY 71460 S.-et-L. 🔟 ⑪ – 219 h. alt. 204.
Paris 371 – Chalon-sur-Saône 34 – Mâcon 39 – Montceau-les-Mines 37 – Paray-le-Monial 55.

🏨 **Place** 🅼, 𝄞 85 50 15 08 – 📺 ☎ 🅿. 🗲 𝕍𝕀𝕊𝔸
↠ *fermé janv. et lundi de nov. à fin avril* – **R** 60/250 🍷, enf. 40 – ☑ 25 – **30 ch** 220/240 –
  ½ P 255/280.

MALAY-LE-PETIT 89 Yonne 🟦🔟 ⑭ – rattaché à Sens.

MALBUISSON 25160 Doubs 🔟 ⑥ G. Jura – 372 h. alt. 900.
Voir Lac de St-Point★.
🇭 Syndicat d'Initiative Lac St-Point (fermé après-midi hors saison) 𝄞 81 69 31 21.
Paris 446 – ✦Besançon 74 – Champagnole 40 – Pontarlier 16 – St-Claude 73 – Salins-les-Bains 49.

🏨 **Le Lac,** 𝄞 81 69 34 80, Télex 360713, Fax 81 69 35 44, ≤, 🥗 – 🛗 📺 ☎ 🅿 ⓞ 🗲 𝕍𝕀𝕊𝔸
  fermé 21 nov. au 21 déc. sauf week-ends – **R** 100/210, enf. 60 – ☑ 38 – **54 ch** 150/290 –
  ½ P 172/240.

🏨 **Les Terrasses,** 𝄞 81 69 30 24, ≤, 🥗 – 🕾 🅿 🗲 𝕍𝕀𝕊𝔸. ⁒ rest
  fermé 15 nov. au 15 déc.; dim. soir et lundi (sauf de juil. à sept. et en fév.) – **R** 95/260,
  enf. 60 – ☑ 35 – **20 ch** 220/250 – ½ P 280.

🏠 **Bon Accueil,** 𝄞 81 69 30 58, 🥗 – 📺 ☎ 🛎 🅿. 🗲 𝕍𝕀𝕊𝔸. ⁒ rest
  fermé 15 au 26 avril, 23 déc. au 25 janv., jeudi midi et merc. (sauf juil.-août et fév.) –
  R 75/210, enf. 55 – ☑ 26 – **15 ch** 140/220 – ½ P 170/230.

🍴🍴 ❀ **Jean-Michel Tannières** avec ch, 𝄞 81 69 30 89, Fax 81 69 39 16 – 📺 ☎ 🛎 🅿. 🖭
  ⓞ 🗲 𝕍𝕀𝕊𝔸
  fermé 2 au 12 avril, 23 au 26 déc., 3 au 26 janv., mardi midi sauf juil.-août et lundi – **R** 120
  (sauf vend. soir et sam. soir)/320, enf. 70 – ☑ 50 – **7 ch** 220/390 – ½ P 260/350
  Spéc. Feuilleté de morilles et champignons sauvages, Crepinette de pied de porc et saucisse de Morteau
  aux lentilles, Nougat glacé au miel de sapin. **Vins** Côtes du Jura blanc, Arbois rouge.

  aux Granges-Ste-Marie SO : 2 km par D 437 – ⊠ **25160** Malbuisson :

🏠 **Pont,** 𝄞 81 69 34 33, ≤, 🥗 – 🕾 🛎 🅿. 🗲 𝕍𝕀𝕊𝔸. ⁒
↠ *fermé 20 mars au 20 avril, 13 au 31 mai, 30 sept. au 26 déc., dim. soir et lundi sauf
  vacances scolaires* – **R** 68/140 🍷, enf. 45 – ☑ 23 – **24 ch** 105/230 – ½ P 162/195.

La MALÈNE 48210 Lozère 🟦🔟 ⑤ G. Gorges du Tarn – 197 h. alt. 452.
Voir O : les Détroits★★ et cirque des Baumes★★ (en barque).
🇭 Maison du Tourisme (juil.-15 sept.) 𝄞 66 48 51 16.
Paris 612 – Mende 41 – Florac 41 – Millau 42 – Séverac-le-Ch. 32 – Le Vigan 81.

🏨 **Manoir de Montesquiou,** 𝄞 66 48 51 12, ≤, 🥘, « Belle demeure du 15ᵉ siècle », 🥗
  – ☎ 🅿. ⓞ 🗲 𝕍𝕀𝕊𝔸. ⁒ rest
  avril-15 oct. – **R** 135/205, enf. 55 – ☑ 40 – **12 ch** 292/560 – ½ P 370/495.

  au Château de la Caze NE : 5,5 km sur D 907 bis – ⊠ **48210** Ste-Enimie.
  Voir Cirque de Pougnadoires★ N : 2 km – Cirque de St-Chély★ E : 5 km.

🏨 **Château de la Caze** 🦢, 𝄞 66 48 51 01, Fax 66 48 55 75, 🥘, « Château du 15ᵉ siècle au
  bord du Tarn, parc » – 📺 ☎ 🅿. 🖭 ⓞ 🗲 𝕍𝕀𝕊𝔸. ⁒ rest
  début mai-mi-vacances de nov. – **R** *(fermé mardi)* 150/300, enf. 70 – ☑ 50 – **12 ch** 520/750 –
  ½ P 625/775.
  A la Ferme, ≤ **Château**
  ☑ 50, 6 appart. 880/900 – ½ P 750.

MALESHERBES 45330 Loiret 📖 ⑪ **G. Ile de France** – 5 014 h. alt. 140.

🗉 Syndicat d'Initiative 2 r. Pilonne ☎ 38 34 81 94.

Paris 74 – Fontainebleau 26 – Étampes 27 – Montargis 49 – ◆Orléans 62 – Pithiviers 19.

🏠 **Écu de France**, pl. Martroi ☎ 38 34 87 25 – 📺 ☎ **P**. 🖭 ⓞ **E** *VISA*
R *(fermé jeudi)* 95/220 ⅃, enf. 38 – 🗷 35 – **14 ch** 185/325 – ½ P 160/260.

à Buthiers (77 S.-et-M.) S : 2 km – ⊠ **77760** :

🍴🍴 **Roches Gourmandes**, ☎ (1) 64 24 14 00 – **E** *VISA*
fermé 10 au 30 sept., lundi soir et mardi – **R** 78/130.

CITROEN Amant, 20 av. Gén.-Leclerc
☎ 38 34 84 56
PEUGEOT-TALBOT Gar. Thomas, 17 r. A.-Cochery
☎ 38 34 81 41

RENAULT Gar. Central, 39 av. Gén.-Patton
☎ 38 34 60 36

MALICORNE-SUR-SARTHE 72270 Sarthe 📖 ② **G. Châteaux de la Loire** – 1 773 h. alt. 36.

Paris 239 – Château-Gontier 52 – La Flèche 16 – ◆Le Mans 31.

à Dureil NO : 6 km par D 8 et VO – ⊠ **72270** :

🍴 **Aub. des Acacias**, ☎ 43 95 34 03, 🎇 – **E** *VISA*
◆ *fermé janv., 2 au 9 sept., dim. soir et lundi* – **R** 70/140, enf. 45.

RENAULT Gar. Georget ☎ 43 94 80 20

MALMAISON 92 Hauts-de-Seine 📖 ⑳. 📖 ⑯ – voir Paris, Environs (Rueil).

MALO-LES-BAINS 59 Nord 📖 ④ – rattaché à Dunkerque.

Le MALZIEU-VILLE 48140 Lozère 📖 ⑮ – 924 h. alt. 860.

Paris 538 – Mende 58 – Millau 116 – Le Puy 75 – Rodez 108 – St-Flour 36.

🏠 **Voyageurs**, rte Saugues ☎ 66 31 70 08 – ☎ **P**. **E** *VISA*
◆ *fermé 15 déc. au 28 fév., dim. soir et sam. du 30 sept. au 31 mai* – **R** 65/170 ⅃ – 🗷 30 –
18 ch 200/270 – ½ P 230/290.

CITROEN Gar. Vidal ☎ 66 31 71 85

MAMERS ◁🄢▷ 72600 Sarthe 📖 ⑭ **G. Normandie Vallée de la Seine** – 6 747 h. alt. 128.

🗉 Syndicat d'Initiative avec A.C. pl. République ☎ 43 97 60 63.

Paris 183 – ◆Le Mans 45 – Alençon 25 – Mortagne 24 – Nogent-le-Rotrou 37.

🍴🍴 **Bon Laboureur** avec ch, 1 r. P.-Bert ☎ 43 97 60 27, Fax 43 97 16 19 – ☎ 🚗, 🖭 ⓞ **E**
◆ *VISA* – *fermé vacances de fév., vend. soir et sam. midi d'oct. à mai* – **R** 55/145 ⅃, enf. 35 –
🗷 25 – **10 ch** 115/240 – ½ P 180/315.

au Perrou (61 Orne) E : 6 km par rte Bellême – ⊠ **61360** Pervenchères :

🍴🍴 **Petite Auberge**, ☎ 33 73 11 34, 🎇, 🌳 – **P**. **E** *VISA*
◆ *fermé 16 au 31 janv., lundi soir et mardi* – **R** 60/250, enf. 50.

CITROEN Autos du Saosnois, 103 rte du Mans
☎ 43 97 60 17 🄽 ☎ 43 97 98 77
PEUGEOT TALBOT Gar. du Saosnois, rte de
Bellême à Suré ☎ 43 97 64 92

RENAULT Foullon-Dagron, Le Magasin à St-
Rémy-des-Monts ☎ 43 97 63 03 🄽 ☎ 43 97 63 03

MANCIET 32 Gers 📖 ③ – rattaché à Eauze.

MANDELIEU 06210 Alpes-Mar. 📖 ⑧. 📖 ㉞ **G. Côte d'Azur** – 14 333 h. alt. 25.

Voir N : Route de Mandelieu ◁★★.

🏌🏌 Golf-Club de Cannes-Mandelieu ☎ 93 49 55 39, S : 2 km.

🗉 Maison du Tourisme bd de la Tavernière "Les Vigies" ☎ 92 97 86 46, Télex 462043 ; av. Cannes ☎ 93 49
14 39 et bd H.-Clews ☎ 93 49 95 31.

Paris 900 – Cannes 8 – Fréjus 30 – Brignoles 87 – Draguignan 54 – ◆Nice 38 – St-Raphaël 32.

🏨🏨 **Domaine d'Olival** Ⓜ 🌊 sans rest, 778 av. Mer ☎ 93 49 31 00, Fax 92 97 69 28, « Jardin
fleuri », 🔽, 🎾 – cuisinette 🖥 📺 ☎ **P**. – 🖾 25. 🖭 ⓞ **E** *VISA*
19 janv.-19 oct. – 🗷 55 – **3 ch** 425/900, 15 appart. 665/1750.

🏨🏨 **Hostellerie du Golf** Ⓜ 🌊, 780 av. Mer ☎ 93 49 11 66, Télex 470948, Fax 92 97 04 01,
🔽, 🎾, 🌳, 🎾 – 🛗 📺 ☎ & **P**. 🖭 ⓞ **E** *VISA*
R 130/180, enf. 70 – 🗷 40 – **39 ch** 540/620, 16 appart. 820 – ½ P 360/470.

🏨 **Méditerranée**, 454 av. Vacqueries ☎ 93 93 00 93, 🎇 – 🛗 📺 ☎ **P**. 🖭 **E** *VISA*
fermé nov. – **R** *(fermé dim.)* 90 ⅃, enf. 45 – 🗷 35 – **20 ch** 220/390 – ½ P 270/325.

🏨 **Eden Park**, 494 av. Fréjus ☎ 93 49 50 50, Télex 460945, Fax 93 93 29 80, 🎇, 🔽 – 📺 ☎
P – 🖾 60. 🖭 ⓞ **E** *VISA*
R 95/135, enf. 38 – 🗷 28 – **36 ch** 340/360 – ½ P 318/338.

🏠 **Sant'Angelo** 🌊 sans rest, 681 av. Mer ☎ 93 49 28 23, Fax 92 97 55 54, 🔽, 🌳, 🎾 – 🛗
cuisinette ☎ **P** – **34 ch**.

◉ Massa-Pneus, N 7, Pont de la Siagne ☎ 93 47 17 70

MANDEREN **57** Moselle 57 ④ – rattaché à Sierck-les-Bains.

MANERBE **14** Calvados 55 ⑬ – rattaché à Lisieux.

MANIGOD **74230** H.-Savoie 74 ⑦ – 538 h. alt. 950.

Voir Vallée de Manigod★★, G. Alpes du Nord.

Syndicat d'Initiative à la Mairie ✆ 50 44 92 44.

Paris 565 – Annecy 26 – Chamonix 75 – Albertville 40 – Bonneville 38 – La Clusaz 18 – Megève 38 – Thônes 6.

Chalet H. Croix-Fry ⑤, rte Col de la Croix-Fry : 5,5 km ✆ 50 44 90 16, Fax 50 44 94 87, ≤ montagnes, ⛱, ⛱, ⛱, ⛱ – cuisinette ☎ Ⓟ – 🏔 25. E VISA. ⛱ rest
15 juin-15 sept. et 15 déc.-15 avril – **R** 130/300, enf. 55 – ☕ 45 – **10 ch** 450/500, 5 duplex 480/600 – ½ P 370/420.

au Col de La Croix-Fry NE : 7 km – ✉ **74230** Thônes :

Rosières ⑤, ✆ 50 44 90 27, ≤, ⛱ – Ⓟ. E VISA
R 65/95 – ☕ 25 – **17 ch** 150/180 – ½ P 210/250.

MANOSQUE **04100** Alpes-de-H.-P. 81 ⑮ G. Alpes du Sud – 19 546 h. alt. 387.

Voir Porte Saunerie★ – Sarcophage★ dans l'église N.-D. de Romigier – ≤★ du Mont d'Or NE : 1,5 km – ≤★ de la chapelle St-Pancrace 2 km par ③.

Office de Tourisme avec A.C. pl. Dr.-P.-Joubert ✆ 92 72 16 00.

Paris 769 ③ – Digne 58 ① – Aix-en-P. 54 ② – Avignon 92 ③ – ♦Grenoble 196 ① – ♦Marseille 86 ②.

MANOSQUE

Grande (R.) 10
Hôtel-de-Ville (Pl. de l') 13
Marchands (R. des) 15

Arthur-Robert (R.) 2
Aubette (R. d') 3
Bret (Bd M.) 5
Chacundier (R.) 6
Dauphine (R.) 8
Giono (Av. J.) 9
Guilhempierre (R.) 12
J.-J. Rousseau (R.) 14
Mirabeau (Bd) 16
Mont d'Or (R. du) 17
Observantins (Pl. des) 19
Ormeaux (Pl. des) 20
Pelloutier (Bd C.) 22
Plaine (Bd de la) 23
Reine-Jeanne (R. de la) 25
République (R. de la) 26
St-Lazare (Av.) 28
Saunerie (R. de la) 30
Soubeyran (R.) 32
Tourelles (R. des) 33
Voland (R.) 34
Vraies-Richesses (Montée des) 36

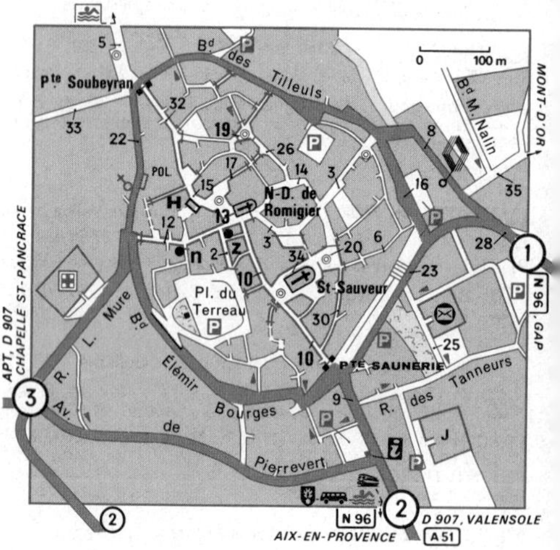

Pré St-Michel Ⓜ ⑤, N : 1,5 km par bd M. Bret et rte Dauphin ✆ 92 72 14 27 – TV ☎ Ⓟ. E VISA
R 65/220 – ☕ 25 – **18 ch** 250 – ½ P 205.

Campanile, par ① ✆ 92 87 59 00, Télex 405915, ⛱ – TV ☎ Ⓟ. E VISA
R 74 bc/98 bc, enf. 39 – ☕ 27 – **30 ch** 248 – ½ P 225/249.

François 1er sans rest, 18 r. Guilhempierre **(n)** ✆ 92 72 07 99 – ☎. E VISA
☕ 26 – **25 ch** 100/260.

Peyrache sans rest, r. Grande **(z)** ✆ 92 72 07 43 – 🛗 ☎. E VISA
☕ 25 – **18 ch** 110/220.

à La Fuste SE : 6,5 km sur D 4 par ② et D 907 – ✉ **04210** Valensole :

XXX ✿ **Host. de la Fuste** (Jourdan) ⑤ avec ch, ✆ 92 72 05 95, Fax 92 87 32 93, ≤, ⛱, « Parc », ⛱, ⛱ – TV ☎ 🚗 Ⓟ – 🏔 25. AE ⓞ E VISA
fermé 3 au 18 janv. – **R** *(fermé dim. soir et lundi du 15 sept. au 30 juin sauf fériés)* (nombre de couverts limité - prévenir) 250/410, enf. 120 – ☕ 80 – **12 ch** 500/900 – ½ P 620/820
Spéc. Morue fraîche en tapenade et persil frit. Gourmandise de fruits frais au citron. **Vins** Côtes du Luberon, Palette.

à Villeneuve par ① : 11 km – ✉ **04130** :

Mas St Yves ⑤, ✆ 92 78 42 51, ≤, ⛱, parc, ⛱ – TV ☎ Ⓟ. E VISA
1er mars-30 nov. et fermé merc. midi sauf juil.-août – **R** 75/175, enf. 42 – ☕ 30 – **14 ch** 220/330 – ½ P 230/285.

à St-Maime N : 12 km par ① et D13 – ✉ **04300** :

XX **Bois d'Asson,** ✆ 92 79 51 20, 🍴 – **🅿**. 🆎 **E** **VISA**
fermé 2 au 10 sept., 18 fév. au 12 mars et mardi – **R** 140/285.

AUSTIN-ROVER Gar. Staino, 45 r. G.-Pompidou
✆ 92 72 55 03
CITROEN Alpes de Provence Autom., rte de Mar-
seille par ② ✆ 92 72 09 94
FORD Gar. Chailan, N 96, rte de Marseille
✆ 92 72 41 70
PEUGEOT-TALBOT Gar. Renardat Autom., rte de
Marseille par ② ✆ 92 87 87 90

RENAULT SEPAL, rte de Marseille par ②
✆ 92 72 03 32
RENAULT Roubaud, 14 r. Dauphine ✆ 92 72 06 09

🔘 Meizenq-Pneus, ZI de St-Joseph, 144 av.
1er-Mai ✆ 92 72 36 61
Piot-Pneu, rte de la Durance ✆ 92 87 72 00

Le MANS 🅿 **72000** Sarthe 🖳 ⑬, 🖳 ③ **G. Châteaux de la Loire** – 150 331 h. **Communauté urbaine
192 058 h** alt. 71.

Voir Cathédrale★★ : chevet★★★ BV – Le Vieux Mans★★ : maison de la Reine Bérengère★ BV **M2**
– Église de la Couture★ : Vierge★★ BX **B** – Église Ste-Jeanne-d'Arc★ BY **E** – Musée de Tessé★ BV
M1 – Abbaye de l'Épau★ : 4 km par D 152 Z – Musée de l'Automobile★★ : 5 km par ⑤.

🏌 ✆ 43 42 00 36, par ⑤ : 11 km.

Circuit des 24 heures et circuit Bugatti : 5 km par ⑤.

🅱 Office de Tourisme Hôtel des Ursulines, r. Étoile ✆ 43 28 17 22, Télex 720006 avec A.C. ✆ 43 28 17 13.

Paris 205 ③ – Angers 96 ⑥ – ✦Le Havre 219 ⑩ – ✦Nantes 185 ⑥ – ✦Rennes 152 ⑧ – ✦Tours 81 ⑤.

Plans pages suivantes

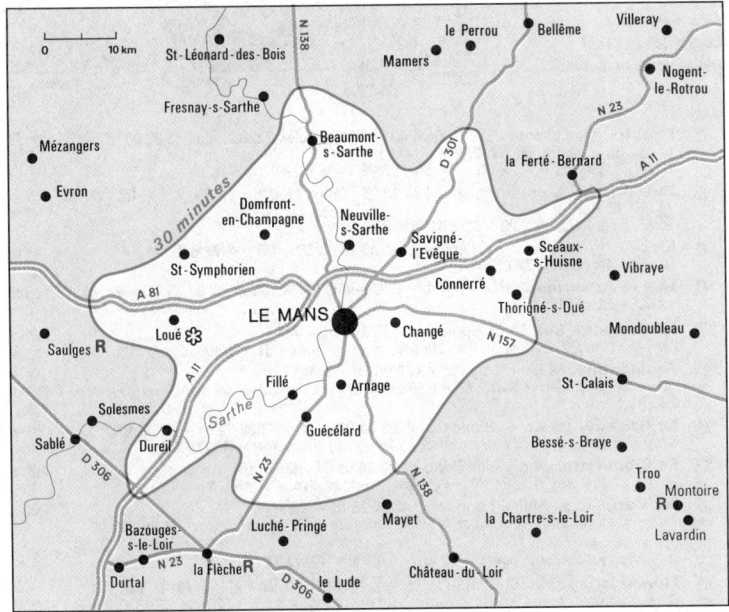

🏨 **Concorde,** 16 av. Gén. Leclerc ✆ 43 24 12 30, Télex 720487, Fax 43 24 85 74 – ▯ 📺 ☎
🅿 – 🕿 40. 🆎 ① **E** **VISA**
AX **b**
R 130/250, enf. 90 – ☲ 43 – **60 ch** 385/650 – ½ P 398/598.

🏨 **Chantecler** 🅼, 50 r. Pelouse ✆ 43 24 58 53, Télex 722941, Fax 43 77 16 28 – ▯ 📺 ☎
🅿 **E** **VISA**
AY **f**
R voir rest. **Feuillantine** ci-après – ☲ 28 – **32 ch** 250/290, 3 appart. 450.

🏨 **Anjou** sans rest, 27 bd Gare ✆ 43 24 90 45, Fax 43 24 82 38 – ▯ 📺 ☎ **🅿** 🆎 **E** **VISA**
AY **s**
☲ 25 – **30 ch** 135/235.

🏨 **L'Escale** sans rest, 72 r. Chanzy ✆ 43 84 55 92 – ▯ ☎. 🆎 ① **E** **VISA**
BY **u**
☲ 22 – **49 ch** 140/220.

tourner →

LE MANS

Ambroise Paré (R.) . . . . Z 2
Ballon (R. de) . . . . Z 3
Bertinière (R. de la) . . . . Z 4
Bollée (Av.) . . . . Z 6
Brossolette (Bd P.) . . . . Z 7
Carnot (Bd) . . . . Z 8
Cogner (R. du) . . . . Z 10
Cugnot (Bd N.) . . . . Z 12
Demorieux (Bd) . . . . Z 13
Dr-Mac (Av. du) . . . . Z 15
Estienne-d'Orves (Bd d') . . . Z 17
Gèneslay (Av. F.) . . . . Z 19
Grande-Maison (R.) . . . . Z 20
Heuzé (Av. Olivier) . . . . Z 21
Maillets (R. des) . . . . Z 23
Mariette (R. de la) . . . . Z 24
Monthéard (R. de) . . . . Z 25
Pied-Sec (R. de) . . . . Z 27
Polygone (Rue du) . . . . Z 28
Rhin-et-Danube (Av.) . . . . . . Z 29
Riffaudières (Bd) . . . . Z 31
Rubillard (Av.) . . . . Z 32
St-Lazare (⊖) . . . . Z 35
St-Martin (⊖) . . . . Z 36
Victimes du Nazisme (R. des) . . . . Z 39

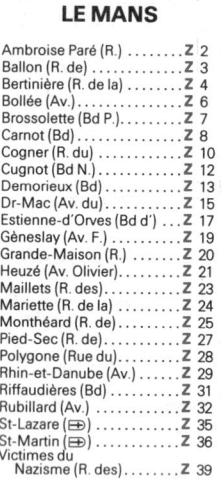

Une réservation confirmée par écrit est toujours plus sûre.

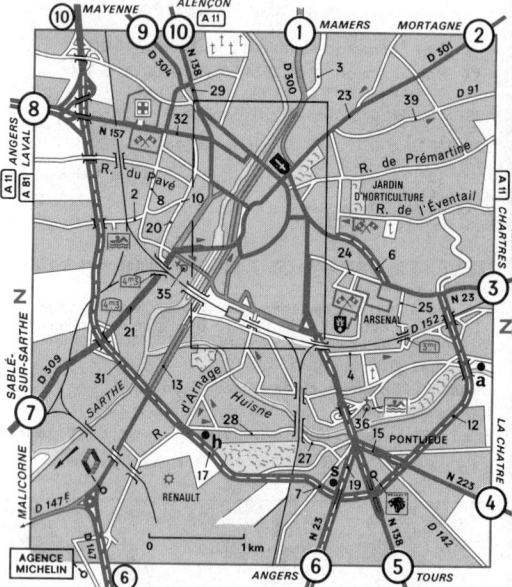

Fimotel [M], r. Pointe ✉ 72100 ☎ 43 72 27 20, Télex 722092, Fax 43 85 96 06, – [TV] – 25. AE ⊕ E VISA — Z **h**
R 72/92, enf. 34 – 33 – **42 ch** 265/280 – ½ P 290.

Ibis [M], quai Ledru-Rollin ☎ 43 23 18 23, Télex 722035, ← – [TV] – 40. E VISA — AX **a**
R 77, enf. 35 – 29 – **83 ch** 260/280.

Élysée sans rest, 7 r. Lechesne ☎ 43 28 83 66 – [TV]. E VISA. — AY **m**
25 – **14 ch** 120/240.

Maine Atlantique sans rest, 24 r. E. Chesne ✉ 72100 ☎ 43 84 35 11 – . AE E VISA — Z **s**
22 – **29 ch** 135/175.

Le Grenier à Sel, 26 pl. Éperon ☎ 43 23 26 30 – VISA — AX **x**
fermé 1er au 20 août, vacances de fév., dim. et lundi – **R** 120/300.

Feuillantine, 19 bis r. Foisy ☎ 43 28 00 38 – E VISA — AY **f**
fermé 30 mars au 7 avril, 12 au 18 août, 21 déc. au 2 janv., sam. midi et dim. – **R** 70/290 bc.

La Grillade, 1 bis r. C. Blondeau ☎ 43 24 21 87, Fax 43 28 52 04 – ⊕ E VISA. — BX **n**
fermé 15 juil. au 4 août, sam. midi, dim. soir et lundi soir – **R** 100/234.

La Ciboulette, 14 r. Vieille Porte ☎ 43 24 65 67 – AE E VISA — AX **x**
fermé 27 juil. au 20 août, 1er au 8 janv., sam. et dim. – **R** 150.

Gd Cerf, 8 quai Amiral Lalande ☎ 43 24 16 83 – VISA — AX **t**
fermé dim. (sauf le midi d'oct. à juin), lundi en août et sam. midi – **R** 65/220.

à Savigné-l'Évêque par ② : 12 km – 3 076 h. – ✉ **72460** :

Floréal (annexe rés. St Edmond), ☎ 43 27 50 19 – . E VISA
R *(fermé août, fériés le soir et dim. soir)* 65/185 – 25 – **26 ch** 135/300 – ½ P 170/300.

par ③ N 23 et rte de l'Éventail : 4 km – ✉ **72000** Le Mans :

La Pommeraie sans rest, ☎ 43 85 13 93, « Jardin fleuri » – [TV]
19 – **35 ch** 110/170.

à Changé par ③ et D 152 : 7 km – 4 193 h. – ✉ **72560** :

Cheval Blanc, ☎ 43 40 02 62 – AE E VISA
fermé août, vacances de fév., dim. soir, mardi soir et merc. – **R** 125/175, enf. 80.

au Sud-Est – ✉ **72100** Le Mans :

Novotel [M], bd R.-Schumann par av. Bollée et Rocade Sud ☎ 43 85 26 80, Télex 720706, Fax 43 75 31 76, – rest [TV] – 200. AE ⊕ E VISA — Z **a**
R carte environ 150, enf. 50 – 45 – **94 ch** 390/442.

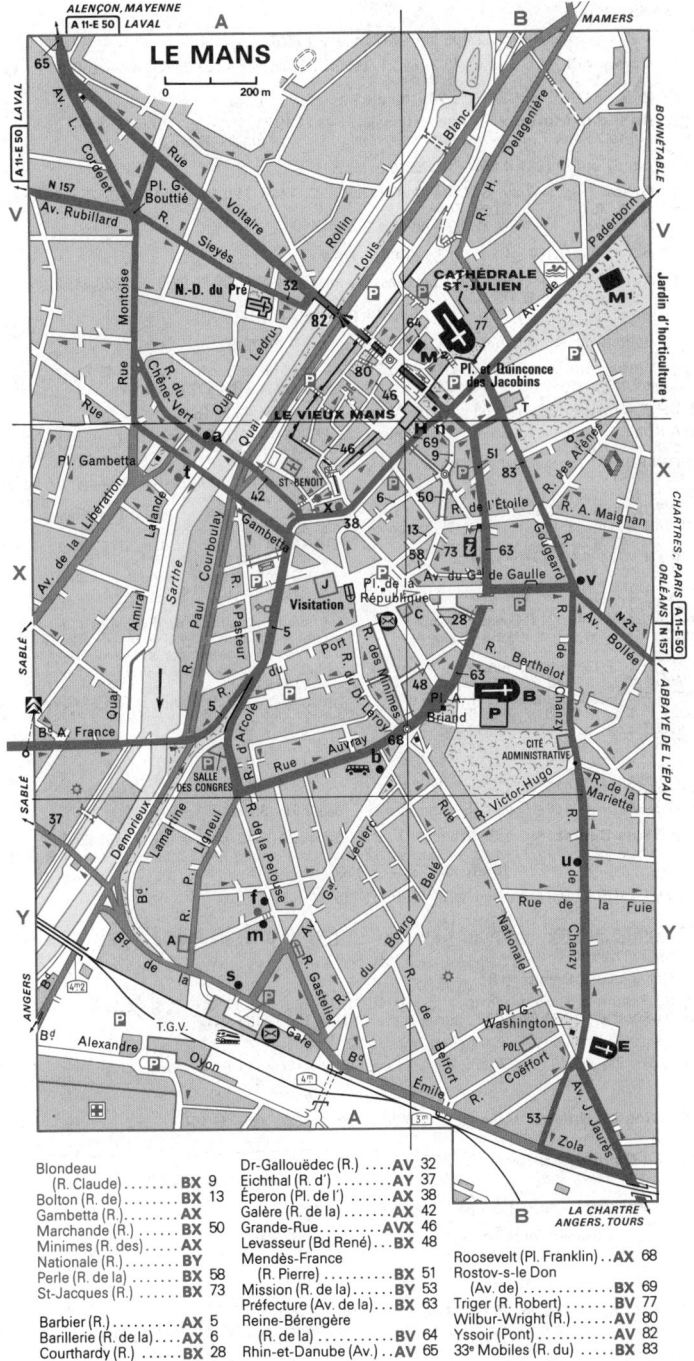

LE MANS

à *Arnage* par ⑥ et N 23 : 9 km – 5 465 h. – ✉ 72230 :

🏛 **Campanile,** Z.I. Sud *&* 43 21 81 21, Télex 722803, Fax 43 21 66 45, 🚗 – 📺 ☎ ⅙ ℗ –
🍴 30. **E** 𝗩𝗜𝗦𝗔
R 74 bc/98 bc, enf. 39 – ☲ 27 – **42 ch** 248 – ½ P 225/249.

XXX **Aub. des Matfeux,** 289 rte Nationale *&* 43 21 10 71, 🚗 – ℗. 🆎 ⓞ **E** 𝗩𝗜𝗦𝗔
fermé 15 au 27 juil., janv., dim. soir, fériés le soir et lundi – **R** 98/315.

par ⑤ sur N 138 : 4 km – ✉ 72000 Le Mans :

🏛 **Green 7** Ⓜ, 447 av. G. Durand *&* 43 85 05 73, Télex 711948, Fax 43 86 62 78 – 🍽 rest 📺
◆ ☎ ⅙ ℗ – 🍴 35. 🆎 **E** 𝗩𝗜𝗦𝗔
R 65/150 ⅙, enf. 38 – ☲ 30 – **40 ch** 235.

par ⑧ sur N 157 : 4 km – ✉ 72000 Le Mans :

XX **Aub. de la Foresterie** (ch. prévues), rte de Laval *&* 43 28 69 92, Fax 43 28 54 58, 🌳, 🚗
– 🍽 ℗. 🆎 ⓞ **E** 𝗩𝗜𝗦𝗔
fermé dim. soir du 1er oct. au 1er avril – **R** 96/285, enf. 50.

à *Neuville-sur-Sarthe* par ⑩ et D 197 : 11 km – ✉ 72190 :

XX **Vieux Moulin,** *&* 43 25 31 84, ≤, 🌳, « Au bord de la Sarthe, parc » – **E** 𝗩𝗜𝗦𝗔
fermé 15 au 31 oct., 1er au 31 janv., dim. soir et lundi – **R** 150/210, enf. 65.

MICHELIN, Agence, 54 à 58 r. Pierre-Martin, ZI Sud Z *&* 43 72 15 85

ALFA-ROMEO Gueguen et Rivière, 19 r. R.-Persigand *&* 43 84 33 61
AUSTIN-ROVER Gar. Soupizet, 32 r. de la Pelouse *&* 43 77 10 54
BMW Le Mans-Sud-Auto, ZI Sud, rte d'Allonnes *&* 43 85 00 11 **N** *&* 43 85 66 99
CITROEN Alteam, bd P.-Lefaucheux, ZI Sud par D 147 Z *&* 43 84 20 90
CITROEN Loinard, 49-51 bd A.-France *&* 43 28 12 84
FIAT SADAM, ZIN r. L.-Delage *&* 43 24 13 82 **N** *&* 43 85 66 99
MAZDA S.O.V.M.A., 124 r. Chanzy *&* 43 84 53 08
MAZDA Geneslay Autos, 108 av. F.-Geneslay *&* 43 84 32 74
MERCEDES-BENZ Sarthe-Automobiles, 425 av. Bollée *&* 43 72 72 33 **N** *&* 43 85 66 99
OPEL-G.M. Le Mans-Autos 24, ZI Sud, rte d'Allonnes *&* 43 84 54 60 **N** *&* 43 85 66 99
PEUGEOT Cottereau, 125 av. G.-Durand *&* 43 84 05 99

PEUGEOT-TALBOT Gds Gar. de la Sarthe, bd P.-Lefaucheux, ZI Sud par D 147 Z *&* 43 86 06 80 **N** *&* 43 85 66 99
PORSCHE-MITSUBISHI Gar. Courage, 155 bd Demorieux *&* 43 24 58 75
RENAULT Succursale, 261 bd Demorieux *&* 43 24 12 24
RENAULT Gar. des Jacobins, 8 r. Cirque *&* 43 81 73 50
V.A.G Robineau, r. L.-Breguet, ZI Sud *&* 43 86 22 39 **N** *&* 43 85 66 99

🛞 Interpneus, ZI Sud rte d'Allonnes *&* 43 85 84 31
Jambie-Pneus, 26 av. O.-Heuzé *&* 43 24 75 82
Le Royal, 6 pl. Gambetta *&* 43 24 27 74
Marsat Pneus Tourisme, 7 et 9 r. Pasteur *&* 43 23 83 93
Marsat Pneus, r. P. Martin, ZI Sud *&* 43 72 91 19

MANSLE 16230 Charente 🔢 ③④ – 1 802 h. alt. 60.

Paris 418 – Angoulême 26 – Cognac 55 – ◆Limoges 92 – Poitiers 84 – St-Jean-d'Angély 60.

🏛 **Trois Saules** 🍃, à St-Groux, NO : 3 km *&* 45 20 31 40, parc – 📺 ☎ ℗. **E** 𝗩𝗜𝗦𝗔
◆ *fermé 24 fév. au 11 mars, 27 oct. au 12 nov., dim. soir et lundi midi hors sais.* – **R** 55/150 ⅙, enf. 30 – ☲ 22 – **10 ch** 150/195 – ½ P 160/175.

PEUGEOT-TALBOT Gar. Suire-Huguet *&* 45 20 30 31 **N**

MANTES-LA-JOLIE ⟨🚉⟩ 78200 Yvelines 🔢 ⑱, 🔢 ⑮ G. Ile de France – 43 585 h. Mantes-la-Ville : 16 710 h alt. 34.

Voir Collégiale N.-Dame★ в в.

⛳⛳ du Prieuré à Sailly-en-Vexin *&* (1) 34 76 70 12, par ① : 12 km ; ⛳⛳ de la Vaucouleurs à Civry-la-Forêt *&* (1) 34 87 62 29 ; sortie S par ③ N 183 et D 166 : 21,5 km.

🛈 Office de Tourisme pl. Jean-XXIII *&* (1) 34 77 10 30.

Paris 60 ② – Beauvais 69 ① – Chartres 79 ④ – Évreux 44 ④ – ◆Rouen 81 ① – Versailles 43 ②.

Plan page ci-contre

XXX **Clos Marbey,** 23 r. Sangle *&* (1) 34 77 99 88, 🌳, 🚗 – **E** 𝗩𝗜𝗦𝗔   в a
fermé dim. – **R** carte 225 à 340.

XX **La Galiote,** 1 r. Fort *&* (1) 34 77 03 02 – 🆎 **E** 𝗩𝗜𝗦𝗔   в e
fermé 9 au 31 juil., 12 au 25 fév., dim. soir, lundi soir et mardi – **R** 145.

à *Follainville* NO : 3 km par ① et VO – ✉ 78520 :

XXX **La Feuilleraie,** près Église *&* (1) 34 77 17 66 – 🆎 𝗩𝗜𝗦𝗔
fermé 15 au 25 août, fév., mardi soir et merc. – **R** 170 et carte le dim., enf. 100.

à *Rosay* par ③ : 10 km – ✉ 78790 :

XX **Aub. de la Truite,** *&* (1) 34 76 30 52, 🌳 – **E** 𝗩𝗜𝗦𝗔
fermé 20 août au 4 sept., vacances de fév., merc. soir, dim. soir et lundi – **R** 130/350, enf. 90.

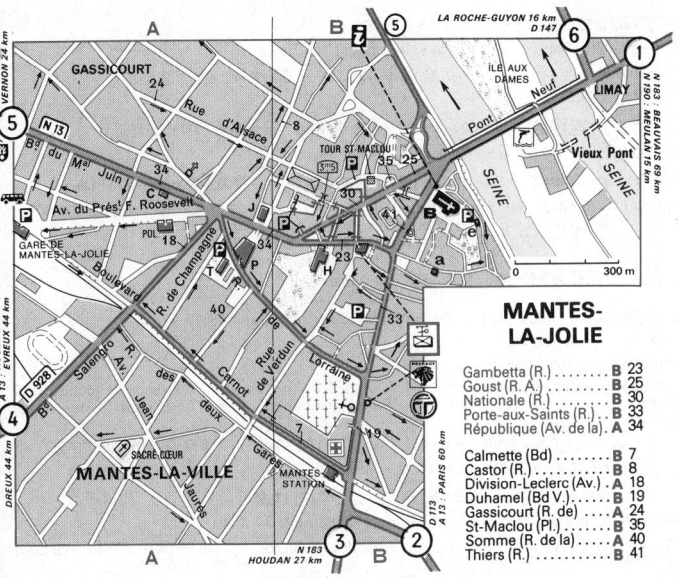

MANTES-LA-JOLIE

Gambetta (R.)	B 23
Goust (R. A.)	B 25
Nationale (R.)	B 30
Porte-aux-Saints (R.)	B 33
République (Av. de la)	A 34
Calmette (Bd)	B 7
Castor (R.)	B 8
Division-Leclerc (Av.)	A 18
Duhamel (Bd V.)	B 19
Gassicourt (R. de)	A 24
St-Maclou (Pl.)	B 35
Somme (R. de la)	A 40
Thiers (R.)	B 41

à St Martin-la-Garenne par ⑥ et D 147 : 6 km – ✉ **78520** :

✕✕ **Aub. St-Martin,** ℰ (1) 34 77 58 45 – 𝘝𝘐𝘚𝘈
fermé 29 juil. au 27 août, 8 au 23 janv., lundi et mardi – **R** 135/140.

AUSTIN, ROVER Dupille, rte de Dreux à Magnan-ville ℰ (1) 34 77 28 08
CITROEN Nord-Ouest Auto. 87 bd Salengro à Mantes-la-Ville par ④ ℰ (1) 34 77 04 30
FIAT Gar. de l'Avenue, 4 r. de la Somme ℰ (1) 34 77 02 00
FORD Gd Gar. Chantereine, 2 r. Chantereine à Mantes-la-Ville ℰ (1) 34 77 31 75
MERCEDES, TOYOTA Gar. Mongazons, rte de Dreux à Magnanville ℰ (1) 34 77 10 75
OPEL Buchelay Autos, 11 r. Ouest, ZI Buchelay à Mantes-la-Ville ℰ (1) 30 92 41 11
PEUGEOT-TALBOT Courtois Autom., 13 bd Duha-mel ℰ (1) 34 77 08 27

RENAULT Succursale, 6 r. Ouest à Mantes-la-Ville par ④ ℰ (1) 30 92 92 93
V.A.G S.E.A.M.A., 24 rte de Houdan à Mantes-la-Ville ℰ (1) 34 77 11 57

⊕ Bertault, 45 r. Martraits ℰ (1) 34 77 11 88
Marsat Pneus Mantes Tourisme, 125 bd Salengro à Mantes-la-Ville ℰ (1) 30 92 49 49
Marsat-Pneus Au Service du Pneu, 141 bd Mar.-Juin ℰ (1) 30 94 07 40
Marsat-Pneus-Mantes Tourisme, 125 bd R.-Salen-gro à Mantes-la-Ville ℰ (1) 30 92 49 49

MANZAC-SUR-VERN 24110 Dordogne 🔢 ⑤ – 422 h. alt. 90.
Paris 546 – Périgueux 19 – Bergerac 35 – ♦Bordeaux 107.

✕ **Lion d'Or** avec ch, ℰ 53 54 28 09 – ☎. ΛE ⓞ E 𝘝𝘐𝘚𝘈
fermé 25 oct. au 11 nov., vacances de fév., dim. soir sauf juil.-août et lundi – **R** 85/180, enf. 47 – ⊑ 28 – **8 ch** 110/170 – ½ P 170/190.

MANZAT 63410 P.-de-D. 🔢 ③④ – 1 480 h. alt. 629.
Env. Méandre de Queuille★★ O : 12 km puis 15 mn, G. Auvergne.
Paris 383 – ♦Clermont-Fd 36 – Aubusson 78 – Châtelguyon 16 – Gannat 35 – Montluçon 67 – Ussel 92.

🏠 **La Bonne Auberge,** près église ℰ 73 86 61 67 – E 𝘝𝘐𝘚𝘈
♦ *fermé oct. et lundi sauf juil.-août* – **R** 60/150, enf. 50 – ⊑ 22 – **9 ch** 110/150 – ½ P 180/200.

MARANS 17230 Char.-Mar. 🔢 ⑫ G. Poitou Vendée Charentes – 4 307 h. alt. 13.
Paris 459 – La Rochelle 23 – La Roche-sur-Yon 60 – Fontenay-le-Comte 26 – Niort 48.

✕ **Porte Verte,** 20 quai Foch ℰ 46 01 09 45 – E 𝘝𝘐𝘚𝘈
fermé vacances de fév. et merc. – **R** (nombre de couverts limité, prévenir) 85/150.

MARBOUÉ 28 E.-et-L. 🔢 ⑰ – rattaché à Châteaudun.

MARÇAY 37 I.-et-L. 🔢 ⑨ – rattaché à Chinon.

Les plans de villes sont orientés le Nord en haut.

MARCENAY 21330 Côte-d'Or 🔢 ⑧ – 145 h. alt. 220.

Paris 233 – Auxerre 71 – Chaumont 72 – ♦Dijon 98 – Montbard 31 – Troyes 67.

🏠 Le Santenoy 🦢, au Lac : 1 km ℰ 80 81 40 08, ≼ – 📺 ☎ 🕭 🅿 – 🏸 60
18 ch.

MARCILLAC-LA-CROISILLE 19320 Corrèze 🔢 ⑩ G. Berry Limousin – 777 h. alt. 560.

Paris 473 – Argentat 26 – Égletons 17 – Mauriac 40 – Tulle 30.

au Pont du Chambon SE : 15 km par D 978 et D 13 – ✉ **19320** Marcillac-la-Croisille :

XX **Fabry** (Au Rendez-vous des Pêcheurs) 🦢, avec ch, ℰ 55 27 88 39, ☀ – 📺 🅿, **E** 𝗩𝗜𝗦𝗔
← *fermé 12 nov. au 20 déc., vacances de fév., vend. soir et sam. midi (sauf hôtel) du 1ᵉʳ oct.*
au 30 mars – **R** 68/170 🍷 – ⌣ 25 – **8 ch** 185/240 – ½ P 190/200.

MARCQ-EN-BAROEUL 59 Nord 🔢 ⑱ – rattaché à Lille.

MARENNES 17320 Char.-Mar. 🔢 ⑭ G. Poitou Vendée Charentes – 4 549 h. alt. 10.

Voir ⁂⋆ de la tour de l'église.

Env. Remparts⋆⋆ de Brouage NE : 6,5 km.

Pont de la Seudre - Péage en 1990 : moto 1 F, auto 8 F (hors saison) 14 F (saison) (conducteur et passagers compris), camion 17 à 51 F. Renseignements : Régie d'Exploitation des Ponts ℰ 46 36 02 62.

🅱 Syndicat d'Initiative pl. Chasseloup-Laubat (avril-sept.) ℰ 46 85 04 36 et à la Mairie ℰ 46 85 25 55.

Paris 493 – La Rochelle 54 – Royan 30 – Rochefort 22 – Saintes 40.

à Bourcefranc-le-Chapus NO : 5 km – 2 794 h. – ✉ **17560** .

Voir A la pointe du Chapus ≼⋆ sur le pont d'Oléron NO : 3 km.

🏨 ❀ **Les Claires** (Suire) Ⓜ 🦢, près viaduc d'Oléron ℰ 46 85 08 01, Télex 792055,
Fax 46 85 45 44, ≼, ⌐, 🅿, ℀ – 📺 ☎ 🕭 🅿 – 🏸 30 à 70. 🖭 ⓞ **E** 𝗩𝗜𝗦𝗔
R 150/200, enf. 75 – ⌣ 40 – **48 ch** 260/390 – ½ P 350/450
Spéc. Salade de homard tiède, Blanquette d'huîtres au Layon et poireaux, Turbot poêlé aux grains de vanille.
Vins Haut-Poitou rouge.

🏠 **Terminus,** au port du Chapus ℰ 46 85 02 42, ≼ – 🕾. **E** 𝗩𝗜𝗦𝗔
← *fermé 13 oct. au 16 nov., 26 janv. au 5 fév. et lundi d'oct. à mai –* **R** 55/160, enf. 45 – ⌣ 26
– **10 ch** 145/200 – ½ P 220.

CITROEN Gar. Poitevin ℰ 46 85 04 75   🕦 Maison du C/c. ℰ 46 85 00 08
Ⓝ ℰ 46 85 20 84

MARGAUX 33460 Gironde 🔢 ⑧ G. Pyrénées Aquitaine – 1 371 h. alt. 16.

Paris 552 – ♦Bordeaux 22 – Lesparre-Médoc 20.

🏨 **Relais de Margaux** Ⓜ 🦢, au N : 2 km par VO ℰ 56 88 38 30, Télex 572530,
Fax 56 88 31 73, ≼, ⌐, parc, 🅿, ℀ – 🛗 📺 ☎ 🅿 – 🏸 80. 🖭 ⓞ **E** 𝗩𝗜𝗦𝗔. ℀ rest
fermé 20 déc. au 31 janv. – **R** 190, enf. 95 – ⌣ 75 – **28 ch** 925/1300, 3 appart. 1800 –
½ P 800/850.

XX **Aub. Le Savoie,** ℰ 56 88 31 76, ⌐ – ℀
← *fermé 10 au 30 janv., dim. et fériés –* **R** 65 (sauf sam. soir)/105.

à Soussans NO : 3 km sur D 2 – ✉ **33460** :

XX **Larigaudière,** ℰ 56 88 74 02, ⌐, ☀ – 🅿
← *fermé déc. et lundi –* **R** 60/150.

à Arcins NO : 6 km sur D 2 – ✉ **33460** :

X **Lion d'Or,** ℰ 56 58 96 79 – 🅿. 🖭
← *fermé juil., 2 au 10 janv., dim. soir, fériés le soir et lundi –* **R** 58 bc/180, enf. 45.

MARIENTHAL 67 B.-Rhin 🔢 ⑲ – rattaché à Haguenau.

MARIGNANE 13700 B.-du-R. 🔢 ⑫ G. Provence – 31 213 h. alt. 13.

Voir Canal souterrain du Rove⋆ SE : 3 km.

🛫 de Marseille-Marignane : Air France ℰ 42 78 21 00.

🅱 Office de Tourisme 4 bd F.-Mistral ℰ 42 09 78 83 – A.C. 8 r. Vieux Fours ℰ 42 77 29 53.

Paris 756 – ♦Marseille 28 – Aix-en-Provence 27 – Martigues 15 – Salon-de-Provence 37.

à l'aéroport au N – ✉ **13700** Marignane :

🏨 **Sofitel** Ⓜ, ℰ 42 78 42 78, Télex 401980, Fax 42 78 42 70, ⌐, 🅿, ☀, ℀ – 🛗 ⥱ ch 🍽
📺 ☎ 🕭 🅿 – 🏸 300. 🖭 ⓞ **E** 𝗩𝗜𝗦𝗔
Le Clipper *(fermé août, sam. et dim.)* **R** 165 – **Café de Provence R** carte 130 à 150 – ⌣ 65
– **180 ch** 605, 3 appart..

🏨 **Primotel** Ⓜ, ✉ 13127 Vitrolles ℰ 42 79 79 19, Télex 420809, Fax 42 89 69 18, 🅿, ☀, ℀
– 🛗 🍽 📺 ☎ 🕭 🅿 – 🏸 100. 🖭 ⓞ **E** 𝗩𝗜𝗦𝗔
R 65/120 🍷, enf. 50 – ⌣ 35 – **120 ch** 315/330.

🏠 **Ibis** M., ℰ 42 79 61 61, Télex 402085, Fax 42 89 93 13, � – 🛏 ▤ TV ☎ 🔥 🅿 – 🏛 50.
E VISA
R 78 ⅃, enf. 35 – ⌑ 29 – **85 ch** 260/280.

🏠 **Travelinn**, ℰ 42 79 10 10, Télex 402506, � – 🅿 – 🏛 30.

XX **Romarin,** aérogare (1ᵉʳ étage) ℰ 42 89 04 76, Télex 441171, Fax 42 75 07 48 – ▤. AE ⓪
E VISA
R 109/215.

à Vitrolles N : 8 km – 22 739 h. – ⊠ **13127** .

Voir ✳★ 15 mn.

🏨 **Novotel**, Z.I. les Estroublans ℰ 42 89 90 44, Télex 420670, Fax 42 79 07 04, 🌚, ▨, 🐎 –
🛏 ▤ ch TV ☎ 🅿 – 🏛 25 à 250. AE ⓪ E VISA
R carte environ 170 ⅃, enf. 45 – ⌑ 45 – **149 ch** 370/390.

CITROEN SADAM, av. 8-Mai-1945 ℰ 42 89 92 90
PEUGEOT-TALBOT Provence-Auto-Service, 45 av.
8-Mai-1945 ℰ 42 88 54 54
RENAULT Marignane-Auto, av. 8-Mai-1945
ℰ 42 89 93 94
RENAULT Vitrolles Autos Sces, N 113 ZAC Griffon
à Vitrolles ℰ 42 89 92 99

🔘 Denizon Pneu Sce, av. 8-Mai-1945 à St-Victoret
ℰ 42 79 79 42
Omnica, 11 2ème Av., ZI à Vitrolles ℰ 42 79 70 23
St-Victoret, 59 av. J.-Moulin à St-Victoret
ℰ 42 89 07 88

▭ **MARIGNIER** 74 H.-Savoie 74 ⑦ – 3 679 h. alt. 475 – ⊠ **74130** Bonneville.
Paris 568 – Chamonix 49 – Thonon-les-Bains 48 – Annecy 50 – Bonneville 9 – Cluses 7 – Megève 35 – Morzine 29.

XX **Le Pontvys,** ℰ 50 34 63 58, 🌚 – 🅿. AE E VISA
fermé 1ᵉʳ au 15 août, dim. soir et lundi – **R** 135/265.

▭ **MARIGNY** 50570 Manche 54 ⑬ – 1 440 h. alt. 71.
Paris 317 – Carentan 27 – Coutances 16 – St-Lô 12.

XX **Poste,** ℰ 33 55 11 08 – AE ⓪ E VISA
fermé 4 au 16 mars, 22 sept. au 4 oct., dim. soir et lundi sauf fériés – **R** 100/330, enf. 50.

RENAULT Gar. Vigot ℰ 33 55 15 28 N

▭ **MARINGUES** 63350 P.-de-D. 73 ⑤ G. Auvergne – 2 487 h. alt. 315.
Paris 376 – ◆Clermont-Ferrand 31 – Lezoux 15 – Riom 19 – Thiers 25 – Vichy 27.

XX **Clos Fleuri** avec ch, rte Clermont ℰ 73 68 70 46, 🌚, « Jardin ombragé » – ☎ ⟷ 🅿.
E VISA. ⅙ ch
fermé 15 janv. au 15 fév., dim. soir et lundi du 15 sept. au 15 juin – **R** 100/220 ⅃, enf. 50 –
⌑ 25 – **17 ch** 160/240 – ½ P 200/250.

PEUGEOT-TALBOT Larzat et Meyronne ℰ 73 68 70 50

▭ **MARIOL** 03270 Allier 73 ⑤ – 629 h. alt. 280.
Paris 363 – ◆Clermont-Ferrand 59 – Moulins 71 – Randan 14 – Riom 41 – Thiers 23 – Vichy 14.

☖ **Touristes** ⅍, ℰ 70 59 20 87 – E VISA. ⅙
fermé 15 oct. au 11 nov. et merc. hors sais. – **R** 51/115 ⅃ – ⌑ 19,50 – **10 ch** 84/125 –
½ P 147/152.

▭ **MARLE** 02250 Aisne 53 ⑮ G. Flandres Artois Picardie – 2 727 h. alt. 79.
Paris 159 – Guise 23 – Laon 22 – Rethel 56 – St-Quentin 42 – Vervins 15.

🏠 **Host. du Vilpion,** ℰ 23 20 01 68 – TV ☎ 🅿. AE ⓪ E VISA
R *(fermé sam. midi et dim. soir)* 59/139, enf. 25 – ⌑ 25 – **15 ch** 135/210 – ½ P 210/245.

CITROEN Éts Lefèvre, 24 av. Carnot ℰ 23 20 00 99

▭ **MARLENHEIM** 67520 B.-Rhin 62 ⑨ – 2 822 h. alt. 184.
Paris 466 – ◆Strasbourg 20 – Haguenau 35 – Molsheim 12 – Saverne 19.

🏨 **Host. Reeb,** ℰ 88 87 52 70, Télex 871308, Fax 88 87 69 73, 🌚 – ▤ rest TV ☎ 🅿 –
🏛 25. AE ⓪ E VISA. ⅙ ch
fermé 6 au 24 janv., dim. soir et lundi – **R** 90/250 ⅃, enf. 50 – ⌑ 30 – **35 ch** 230/265 –
½ P 250/300.

XXX ❀❀ **Host. du Cerf** (Husser) avec ch, ℰ 88 87 73 73, Fax 88 87 68 08, 🌚, 🐎 – TV ☎ –
🏛 25. AE ⓪ E VISA
fermé vacances de fév., mardi et merc. – **R** 325/450 et carte ⅃, enf. 95 – ⌑ 55 – **17 ch**
450/550
Spéc. Presskopf de tête de veau poêlé en croustillant, Choucroute au cochon de lait et foie gras fumé,
Aumônières aux griottes et glace au fromage blanc. Vins Riesling, Pinot noir.

CITROEN Gar. Kah-Fuchs, 10 rte de Strasbourg à Furdenheim ℰ 88 69 01 39

MARLIEUX 01240 Ain 🔲 ② – 682 h. alt. 270.

Paris 428 – Mâcon 37 – Bourg-en-Bresse 21 – ♦Lyon 43 – Villefranche-sur-Saône 36.

　　XX **Lion d'Or** avec ch, ℰ 74 42 85 15, 🈂, 🍴 – 📺. **E** 𝒱𝐼𝑆𝐴. 🛇 ch
　　　　fermé vacances de fév., lundi soir et mardi sauf juil.-août – **R** 90/290 – �). 25 – **8 ch**
　　　　180/240 – ½ P 185.

CITROEN Gar. Clerc ℰ 74 42 85 13 **N**

MARLY-LE-ROI 78 Yvelines 🔲 ⑲, 🔲 ⑫ – voir à Paris, Environs.

MARMAGNE 71710 S.-et-L. 🔲 ⑧ – 1 306 h. alt. 311.

Paris 311 – Chalon-sur-Saône 48 – Autun 20 – Le Creusot 10 – Mâcon 87 – Montceau-les-Mines 23.

　　XX **Vieux Jambon** avec ch, rte Creusot ℰ 85 78 20 32 – 🕿 **P**. **E** 𝒱𝐼𝑆𝐴. 🛇 ch
　　➡　*fermé 14 nov. au 2 déc., dim. soir hors sais. (sauf hôtel) et lundi* – **R** 55/180 ⅃ – �). 25 –
　　　　13 ch 150/210 – ½ P 180/210.

RENAULT Gar. Détang, D 61 à St-Symphorien-de-Marmagne ℰ 85 54 40 43 **N**

MARMANDE ◁⒮⒫▷ 47200 L.-et-G. 🔲 ③ G. Pyrénées Aquitaine – 17 345 h. alt. 32.

🔲 ℰ 53 20 87 60, E : 4 km.

🅱 Office de Tourisme bd Gambetta ℰ 53 64 44 44.

Paris 599 ④ – Agen 58 ② – Bergerac 58 ① – ♦Bordeaux 90 ③ – Libourne 65 ④.

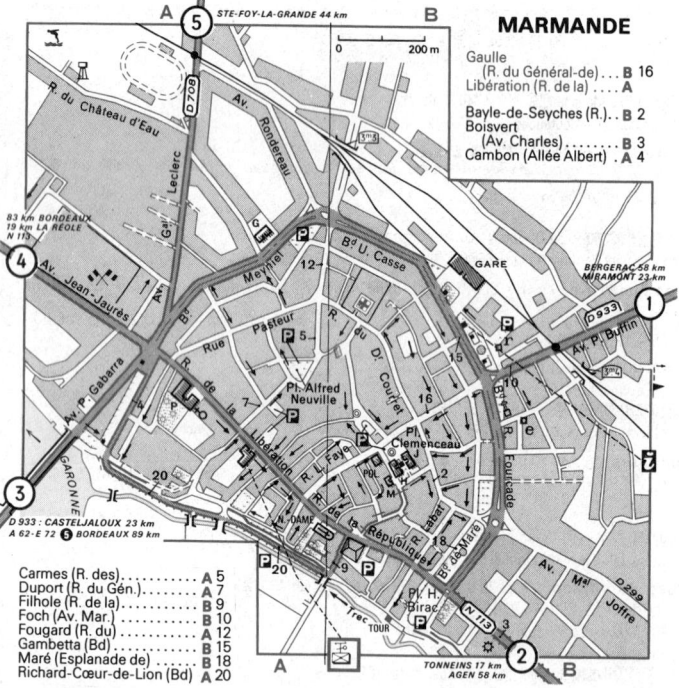

MARMANDE

Gaulle
　(R. du Général-de) ... **B** 16
Libération (R. de la) .... **A**

Bayle-de-Seyches (R.). . **B** 2
Boisvert
　(Av. Charles) .... **B** 3
Cambon (Allée Albert) . **A** 4

Carmes (R. des) .... **A** 5
Duport (R. du Gén.) .... **A** 7
Filhole (R. de la) .... **B** 9
Foch (Av. Mar.) .... **B** 10
Fougard (R. du) .... **A** 12
Gambetta (Bd) .... **B** 15
Maré (Esplanade de) ...... **B** 18
Richard-Cœur-de-Lion (Bd) **A** 20

　　🏨 **Capricorne,** rte Agen par ② ℰ 53 64 16 14, Fax 53 20 80 18, 🍴, 🈂 – 📺 🕿 **P** – 🔬 70.
　　➡　**E** 𝒱𝐼𝑆𝐴
　　　　fermé 20 déc. au 5 janv. – **R** *(fermé dim.)* 65/200 ⅃, enf. 40 – �). 28 – **34 ch** 220/235 –
　　　　½ P 200.

　　🏠 **Europ'H.** 🅼 sans rest, pl. Couronne ℰ 53 20 93 93, Télex 571165 – 🛗 📺 🕿 🛪 🅐🅔 🅞
　　　　E 𝒱𝐼𝑆𝐴 – �). 26 – **21 ch** 210/230
　　　B r

　　XX **Thierry Arbeau,** 10 r. C. Baylac ℰ 53 64 24 03, 🈂 – **E** 𝒱𝐼𝑆𝐴
　　　　fermé dim. soir et lundi – **R** 115/240.
　　B e

　　à Virazeil par ① : 5 km – ⊠ **47200** :

　　XX **Le Moulin d'Ané,** ℰ 53 20 18 25 – 🍽 **P**. 🅐🅔 🅞 **E** 𝒱𝐼𝑆𝐴
　　　　fermé 16 août au 6 sept., vacances de fév., dim. soir et lundi sauf fériés – **R** 95/280, enf. 60.

par ③ : 9 km – ✉ **47430** Le Mas d'Agenais :

🏛 **Les Rives de l'Avance** Ⓜ ⑀ sans rest, ℰ 53 20 60 22, parc – **E** 𝘃𝘐𝘚𝘈
⌚ 35 – **16 ch** 190/300.

à Mauvezin-sur-Gupie par ⑤ : 11 km par D 708 et V 6 – ✉ **47200** Marmande :

✗ **Poulet à la Ficelle,** ℰ 53 94 21 26, 🌭, « Cadre rustique », 🐎
   R (nombre de couverts limité - prévenir) 135, enf. 70.

CITROEN Baudrin, rte de Bordeaux, Ste-Bazeille
par ④ ℰ 53 64 30 53 **N**
FORD Auto Aquitaine, rte de Bordeaux
ℰ 53 64 75 71
OPEL Lamat, 1 bd Dr-Fourcade ℰ 53 64 26 10
PEUGEOT-TALBOT Guyenne et Gascogne Autom.,
95 av. J.-Jaurès par ④ ℰ 53 64 34 47

RENAULT Automobile Marmandaise, N 113, Ste-
Bazeille par ④ ℰ 53 20 80 80 **N** ℰ 53 89 92 64

⓪ Central Pneu, ZA Michelon ℰ 53 20 88 76
La Maison du Pneu, 1 pl. Couronne ℰ 53 20 89 80
Relais Marmandais, 123 av. J.-Jaurès
ℰ 53 89 26 74 **N**

MARMOUTIER 67440 B.-Rhin 🔢 ⑨ **G. Alsace Lorraine** – 2 024 h. alt. 230.

Voir Église★★.

Paris 453 – ♦Strasbourg 33 – Molsheim 21 – Saverne 6 – Wasselonne 8.

✗✗ **Aux Deux Clefs** avec ch, ℰ 88 70 61 08 – 🕿. Ⅿⅇ **E** 𝘃𝘐𝘚𝘈
   fermé fév., 1ᵉʳ au 15 juil., dim. soir (sauf août) et lundi – **R** 90/170 ⅃ – ⌚ 21 – **15 ch** 150
   – ½ P 180/210.

MARNAY-SUR-MARNE 52800 H.-Marne 🔢 ⑫ – 187 h. alt. 346.

Paris 272 – Bourbonne-les-Bains 47 – Chaumont 15 – Langres 20.

✗ **Vallée** avec ch, N 19 ℰ 25 31 10 11, 🌭, 🐎 – **P**. **E** 𝘃𝘐𝘚𝘈
→ *fermé dim. soir et lundi sauf fêtes* – **R** 56/220 ⅃ – ⌚ 19 – **6 ch** 85/140 – ½ P 160/180.

MARNE-LA-VALLÉE 77 S.-et-M. 🔢 ⑫, 🔢 ㉓ – voir à Paris, Environs.

MARNES-LA-COQUETTE 92 Hauts-de-Seine 🔢 ⑩, 🔢 ㉓ – voir à Paris, Environs.

MARQUAY 24620 Dordogne 🔢 ⑰ – 419 h. alt. 225.

Paris 520 – Brive-la-Gaillarde 55 – Périgueux 57 – Sarlat-la-Canéda 12 – Les-Eyzies-de-Tayac 12.

🏛 **Bories** ⑀, ℰ 53 29 67 02, 🌭, ⅃, 🐎 – 🕿 **P**. **E** 𝘃𝘐𝘚𝘈 ⅏ rest
   15 mars-15 nov., – **R** *(fermé lundi midi)* 85/220, enf. 50 – ⌚ 29 – **28 ch** 190/230 –
   ½ P 240/280.

🏛 **La Condamine** ⑀, ℰ 53 29 64 08, ≼, 🌭, ⅃, 🐎 – 🕿 ⅙ **P**. Ⅿⅇ **E** 𝘃𝘐𝘚𝘈
   24 mars-15 nov. – **R** snack carte 80 à 130 – ⌚ 25 – **12 ch** 180/210 – ½ P 200/230.

MARQUISE 62250 P.-de-C. 🔢 ① – 4 793 h. alt. 57.

Paris 297 – ♦Calais 20 – Arras 116 – Boulogne-sur-Mer 13 – St-Omer 48.

✗✗ **Gd Cerf,** av. Ferber ℰ 21 87 55 05 – Ⅿⅇ ⓪ **E** 𝘃𝘐𝘚𝘈
   R *(fermé dim. soir et lundi)* 120/195, enf. 80.

CITROEN Gar. Baude, 27 r. J. Ferry ℰ 21 92 88 73   ⓪ Clinique du Pneu, ℰ 21 92 86 61

MARSANNAY-LA-CÔTE 21 Côte-d'Or 🔢 ⑫ – rattaché à Dijon.

MARSEILLAN 34340 Hérault 🔢 ⑯ **G. Gorges du Tarn** – 4 040 h.

Paris 803 – ♦Montpellier 47 – Agde 7 – Béziers 30 – Pézenas 16 – Sète 26.

🏛 **Château du Port** Ⓜ sans rest, 9 quai Résistance ℰ 67 77 65 65, Fax 63 61 67 52 – 📺
   🕿. Ⅿⅇ **E** 𝘃𝘐𝘚𝘈
   1ᵉʳ mars-1ᵉʳ nov. et week-ends du 1ᵉʳ nov. au 28 fév. – ⌚ 40 – **15 ch** 280/800.

à Marseillan-Plage S : 6 km par D 51ᴱ⁵ – ✉ **34340** Marseillan :

🏨 **Richmont** ⑀, front de mer ℰ 67 21 97 79, ≼ – 📳 📺 🕿 ⇦. **E** 𝘃𝘐𝘚𝘈
   hôtel: 1ᵉʳ avril-10 oct., rest.: mai-fin sept. et fermé mardi du 1ᵉʳ mai au 30 juin – **R** 115/150,
   enf. 65 – ⌚ 39 – **38 ch** 345/385 – ½ P 325/343.

Avant de prendre la route, consultez la carte Michelin
n° 🔢 "FRANCE – Grands Itinéraires".

Vous y trouverez :

– votre kilométrage,

– votre temps de parcours,

– les zones à " bouchons " et les itinéraires de dégagement,

– les stations-service ouvertes 24 h/24...

Votre route sera plus économique et plus sûre.

MARSEILLE ⊞ **13** B.-du-R. **84** ⑬ **G. Provence** – 878 689 h.

Voir Basilique N.-D.-de-la-Garde ※★★★ EV – Vieux Port★★ DETV – Corniche Président-J.-F.-Kennedy★★ AYZ – Port moderne★★ AX – Palais Longchamp★ GS – Basilique St-Victor★ : crypte★★ DU – Ancienne cathédrale de la Major★ DS N – Parc du Pharo ≤★ DU – Belvédère St-Laurent ≤★ DT E – Musées : Grobet-Labadié★★ GS **M7**, Cantini★, Beaux-Arts★ GS **M8**, Histoire naturelle★ GS **M9**, Archéologie méditerranéenne★ : collection d'antiquités égyptiennes★★ (Vieille Charité★) DS **M6**, Docks, Vieux Marseille★ DT **M3**.

Env. Route en corniche★★ de Callelongue S : 13 km par la Promenade de la plage BZ.

Excurs. : Château d'If★★ (※★★★) 1 h 30.

🛫 de Marseille-Aix ℰ 42 24 20 41, par ① : 22 km ; 🛫 d'Allauch-Marseille ℰ 91 05 20 60, sortie Marseille Est : 15 km par ; D 2 et D 4ᴬ.

✈ de Marseille-Marignane : Air France ℰ 42 78 21 00, par ① : 28 km.

🚲 ℰ 91 08 50 50.

⛴ pour la Corse : Société Nationale Corse-Méditerranée (S.N.C.M.), 61 bd des Dames (2ᵉ) ℰ 91 56 62 05 DS.

🛈 Office de Tourisme 4 Canebière, 13001 ℰ 91 54 91 11, Télex 430402 et gare St-Charles ℰ 91 50 59 18 – A.C. 149 bd Rabatau, 13010 ℰ 91 78 83 00.

Paris 773 ④ – ◆Lyon 313 ④ – ◆Nice 189 ② – Torino 407 ② – ◆Toulon 64 ② – ◆Toulouse 404 ④.

Plans : Marseille p. 2 à 5

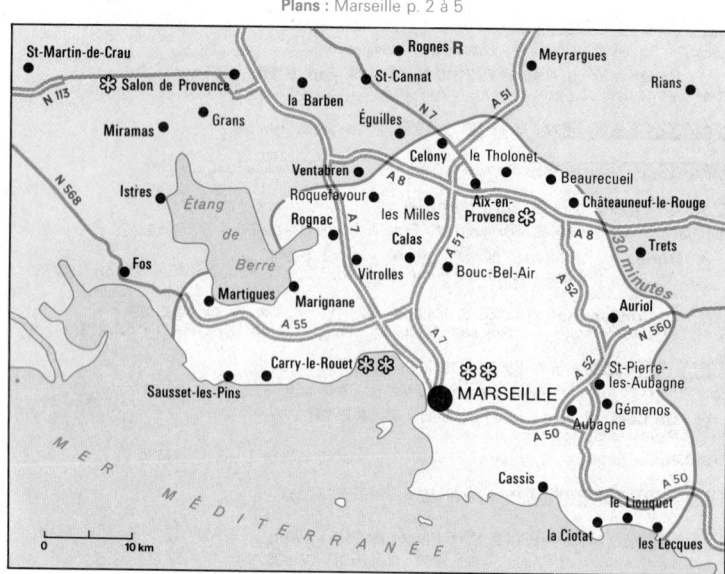

🏰 **Sofitel Vieux Port** Ⓜ, 36 bd Ch. Livon ⊠ 13007 ℰ 91 52 90 19, Télex 401270, Fax 91 31 46 52, restaurant panoramique ≤ Vieux Port, 🏊 – 🛗 ⇔ch 🖬 📺 ☎ 🅰 🚗 – 🔬 180. 🆎 ⓪ Ⅰ 🆅🅸🆂🅰
DU n
Les Trois Forts **R** 175/260 – 🖂 63 – **127 ch** 650/920, 3 appart..

🏨 **Mercure-Centre** Ⓜ, r. Neuve St Martin ⊠ 13001 ℰ 91 39 20 00, Télex 401886, Fax 91 56 24 57 – 🛗 🖬 📺 ☎ 🚗 – 🔬 150. 🆎 ⓪ Ⅰ 🆅🅸🆂🅰
EST g
Oursinade (fermé août, dim. et fériés) **R** 195/270 – **Oliveraie** (fermé sam. soir) **R** carte environ 130 – 🖂 55 – **198 ch** 540/650.

🏨 **Pullman Beauvau** sans rest, 4 r. Beauvau ⊠ 13001 ℰ 91 54 91 00, Télex 401778, Fax 91 54 15 76 – 🛗 🖬 📺 ☎ – 🔬 30. 🆎 ⓪ Ⅰ 🆅🅸🆂🅰
ET r
🖂 60 – **71 ch** 600/810.

🏨 **Novotel Marseille Centre** Ⓜ, 36 bd Ch. Livon ⊠ 13007 ℰ 91 59 22 22, Télex 402937, Fax 91 31 15 48, ≤, ☂, 🏊 – 🛗 🖬 📺 🛦 🚗 – 🔬 400. 🆎 ⓪ Ⅰ 🆅🅸🆂🅰
DU n
R carte environ 130 🍴, enf. 50 – 🖂 45 – **93 ch** 470/530.

🏨 **New H. Bompard** 🍃 sans rest, 2 r. Flots Bleus ⊠ 13007 ℰ 91 52 10 93, Télex 400430, Fax 91 31 02 14, 🌴 – 🛗 📺 ☎ 🅿 – 🔬 40. 🆎 ⓪ Ⅰ 🆅🅸🆂🅰
Marseille p. 2 AZ e
🖂 42 – **47 ch** 295/360.

🏛 **St-Ferréol's** Ⓜ sans rest, 19 r. Pisançon ⊠ 13001 ℰ 91 33 12 21, Fax 91 54 29 97 – 📶
▤ 📺 ☎ 🅰🅴 ⓞ 🄴 𝗩𝗜𝗦𝗔 FU **h**
fermé 20 juil. au 10 août – ⊆ 35 – **19 ch** 243/356.

🏛 **New H. Sélect** Ⓜ sans rest, 4 allée Gambetta ⊠ 13001 ℰ 91 50 65 50, Télex 402175,
Fax 91 54 80 75 – 📶 ▤ 📺 ☎ – 🔬 25. 🅰🅴 ⓞ 🄴 𝗩𝗜𝗦𝗔. ✀ FS **k**
⊆ 38 – **60 ch** 280/340.

🏛 **Alizé** Ⓜ sans rest, 7 quai Belges ⊠ 13001 ℰ 91 33 66 97, Fax 91 54 80 06, ← – 📶 ▤ 📺
☎. 🅰🅴 ⓞ 🄴 𝗩𝗜𝗦𝗔 ETU **b**
⊆ 28 – **35 ch** 273/396.

🏛 **New H. Astoria** Ⓜ sans rest, 10 bd Garibaldi ⊠ 13001 ℰ 91 33 33 50, Fax 91 54 80 75 – 📶
▤ 📺 ☎. 🅰🅴 ⓞ 🄴 𝗩𝗜𝗦𝗔. ✀ FT **f**
⊆ 38 – **58 ch** 280/340.

🏛 **Castellane** Ⓜ sans rest, 31 r. Rouet ⊠ 13006 ℰ 91 79 27 54, Télex 402326 – 📶 📺 ☎. 🅰🅴
🄴 𝗩𝗜𝗦𝗔 GV **f**
⊆ 32 – **55 ch** 343/375.

🏛 **La Capitainerie des Galères** Ⓜ, 46 r. Sainte ⊠ 13001 ℰ 91 54 73 73, Télex 420808,
Fax 91 54 77 77, ⇆ – ▤ 📺 ☎ 🕭 🚗 – 🔬 80. 🄴 𝗩𝗜𝗦𝗔 EU **x**
R carte 105 à 165 🕯, enf. 42 – ⊆ 32 – **141 ch** 300/330.

🏛 **Européen** sans rest, 115 r. Paradis ⊠ 13006 ℰ 91 37 77 20, Fax 91 54 80 80 – 📶 ▤ 📺
☎. 🅰🅴 🄴 𝗩𝗜𝗦𝗔 FV **u**
⊆ 27 – **43 ch** 185/240.

🏛 **Rome et St Pierre** sans rest, 7 cours St Louis ⊠ 13001 ℰ 91 54 19 52, Télex 430641,
Fax 91 54 34 56 – 📶 📺 ☎. 🅰🅴 ⓞ 🄴 𝗩𝗜𝗦𝗔 FT **y**
⊆ 35 – **63 ch** 154/368.

🏠 **Petit Louvre**, 19 Canebière ⊠ 13001 ℰ 91 90 13 78, Fax 91 54 34 56 – 📶 ▤ 📺 ☎. 🅰🅴
⇥ ⓞ 🄴 𝗩𝗜𝗦𝗔. ✀ rest FT **q**
R *(fermé dim.)* 55/160 🕯 – ⊆ 35 – **31 ch** 184/368 – ½ P 260/280.

🏠 **Fimotel** Ⓜ (rest. prévu), 23 bd Rabatau ⊠ 13008 ℰ 91 25 66 66, Télex 402672,
Fax 91 78 09 66 – 📶 ▤ 📺 ☎ 🕭 🚗 – 🔬 100. 🅰🅴 ⓞ 🄴 𝗩𝗜𝗦𝗔 BZ **a**
⊆ 36 – **115 ch** 300/320.

🏠 **Relais Bleus Préfecture** Ⓜ sans rest, 13 r. Lafon ⊠ 13006 ℰ 91 33 34 34, Fax 91 54 10 59
– 📶 📺 ☎ 🕭 🚗 – 🔬 30. 🅰🅴 🄴 𝗩𝗜𝗦𝗔 FU **w**
⊆ 32 – **83 ch** 265/350.

🏠 **Sud** sans rest, 18 r. Beauvau ⊠ 13001 ℰ 91 54 38 50, Fax 91 54 75 62 – 📶 ▤ 📺 ☎. 🅰🅴
🄴 𝗩𝗜𝗦𝗔 EU **n**
⊆ 23 – **24 ch** 215/290.

🏠 **Relais Bleus St-Charles**, 5 bd G. Desplaces ⊠ 13003 ℰ 91 64 11 17, Télex 410317,
Fax 91 95 69 05 – 📶 ▤ 📺 ☎ 🚗 – 🔬 30. 🅰🅴 🄴 𝗩𝗜𝗦𝗔 FS **b**
fermé août, dim. midi et sam. – **R** 72/95 🕯, enf. 45 – ⊆ 32 – **40 ch** 280/315 – ½ P 216/222.

🏠 **Hermès** Ⓜ sans rest, 2 r. Bonneterie ⊠ 13002 ℰ 91 90 34 51, Fax 91 91 14 44, ← – 📶 ▤
📺 ☎. 🅰🅴 🄴 𝗩𝗜𝗦𝗔 ET **a**
⊆ 30 – **28 ch** 243/366.

🏠 **Lutétia** sans rest, 38 allées L. Gambetta ⊠ 13001 ℰ 91 50 81 78 – 📶 📺 ☎. ⓞ 🄴 𝗩𝗜𝗦𝗔
⊆ 25 – **29 ch** 213/281. FS **z**

XXX ❀ **Jambon de Parme**, 67 r. La Palud ⊠ 13006 ℰ 91 54 37 98 – ▤. 🅰🅴 ⓞ 🄴 𝗩𝗜𝗦𝗔
fermé 1er juil. au 2 sept., dim. soir et lundi – **R** carte 200 à 300, enf. 100 FU **s**
Spéc. Rougets du Vallon des Auffes, Variétés de pâtes fraîches, Saltimbocca à la romaine. Vins Cassis,
Bandol.

XXX **Patalain**, 49 r. Sainte ⊠ 13001 ℰ 91 55 02 78, Fax 91 54 15 29, « Cadre élégant » – ▤. 🅰🅴
ⓞ 🄴 𝗩𝗜𝗦𝗔 EU **f**
fermé 14 juil. au 5 sept., sam. midi, dim. et fêtes – **R** 195/300, enf. 80.

XXX **La Ferme**, 23 r. Sainte ⊠ 13001 ℰ 91 33 21 12 – ▤. 🅰🅴 ⓞ 🄴 𝗩𝗜𝗦𝗔 EU **m**
fermé août, sam. midi, dim. et fériés – **R** carte 250 à 310.

XXX **Les Échevins**, 44 r. Sainte ⊠ 13001 ℰ 91 33 08 08 – 🅰🅴 ⓞ 🄴 𝗩𝗜𝗦𝗔 EU **x**
fermé 14 juil. au 15 août, sam. midi et dim. – **R** 136/200.

XXX Au Pescadou, 19 pl. Castellane ⊠ 13006 ℰ 91 78 36 01, Télex 402417, produits de la mer
– ▤ FV **v**

XX **Michel-Brasserie des Catalans**, 6 r. Catalans ⊠ 13007 ℰ 91 52 30 63, produits de la
mer – ▤. 🅰🅴 🄴 𝗩𝗜𝗦𝗔 Marseille p. 2 AY **e**
R carte 315 à 500.

XX **Miramar**, 12 quai Port ⊠ 13002 ℰ 91 91 10 40, ⇆ – ▤. 🅰🅴 ⓞ 🄴 𝗩𝗜𝗦𝗔 ET **v**
fermé 1er au 25 août, 22 déc. au 5 janv. et dim. – **R** carte 230 à 400 🕯.

XX **Brasserie New-York Vieux Port**, 7 quai Belges ⊠ 13001 ℰ 91 33 60 98, ⇆ – ▤
R carte 160 à 300 🕯. ETU **e**

XX **Chez Caruso**, 158 quai Port ⊠ 13002 ℰ 91 90 94 04, ⇆, spécialités italiennes – 🅰🅴 🄴
𝗩𝗜𝗦𝗔 DT **q**
fermé 15 oct. au 15 nov., dim. soir et lundi – **R** 140.

XX **Calypso**, 3 r. Catalans ⊠ 13007 ℰ 91 52 64 00, ←, produits de la mer – 🅰🅴 🄴 𝗩𝗜𝗦𝗔
fermé dim. soir et lundi – **R** carte 250 à 300. Marseille p. 2 AY **p**

RÉPERTOIRE DES RUES

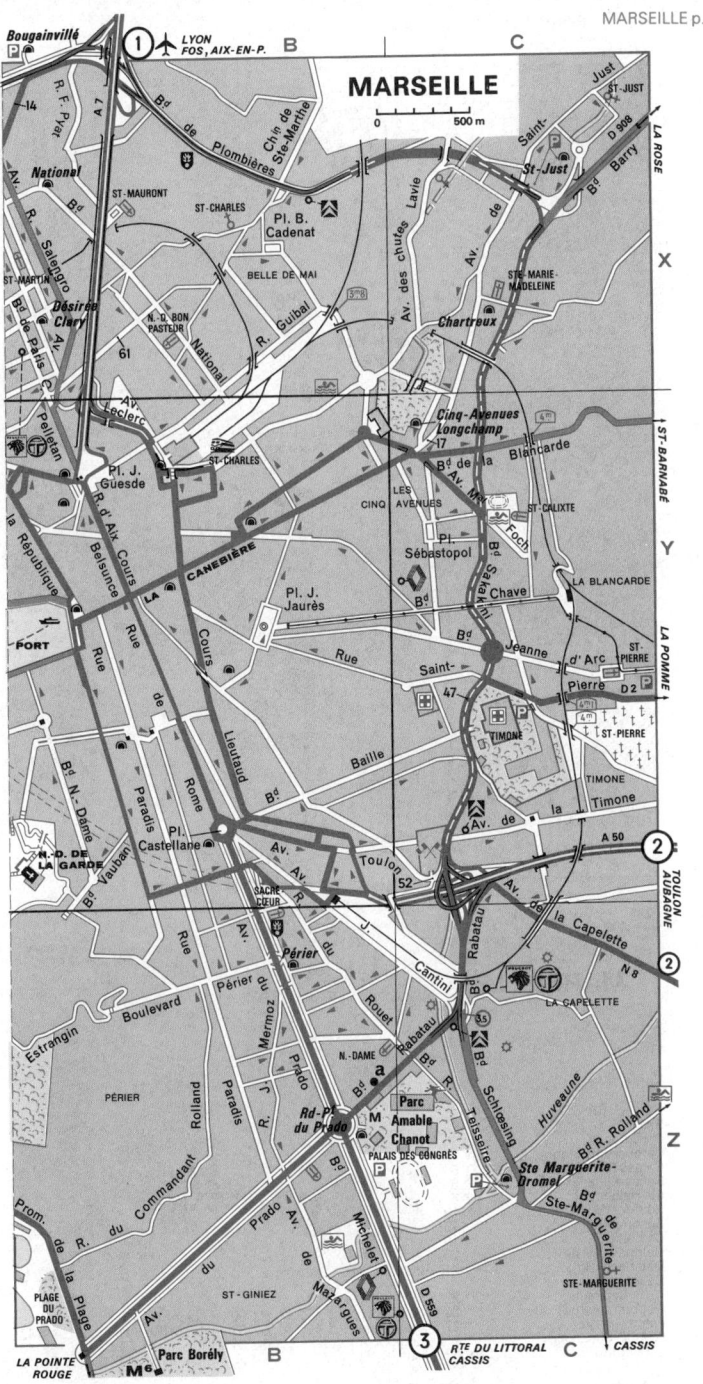

MARSEILLE

0   500 m

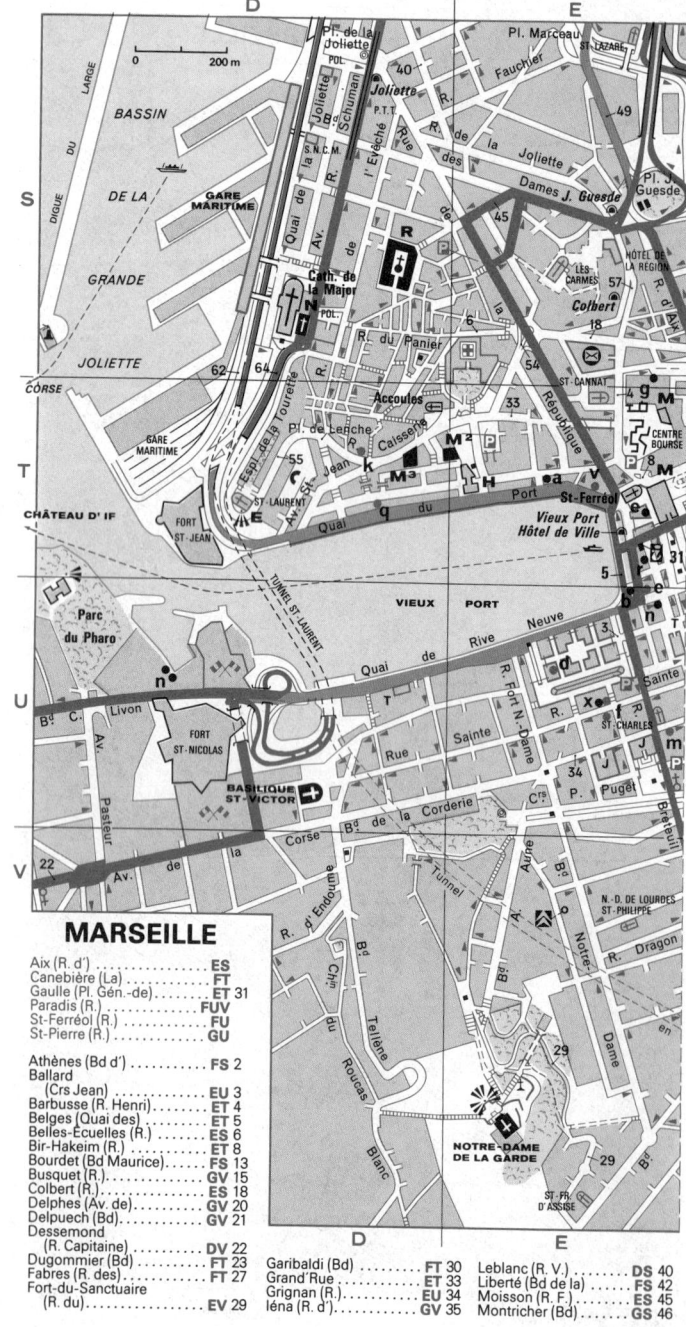

MARSEILLE

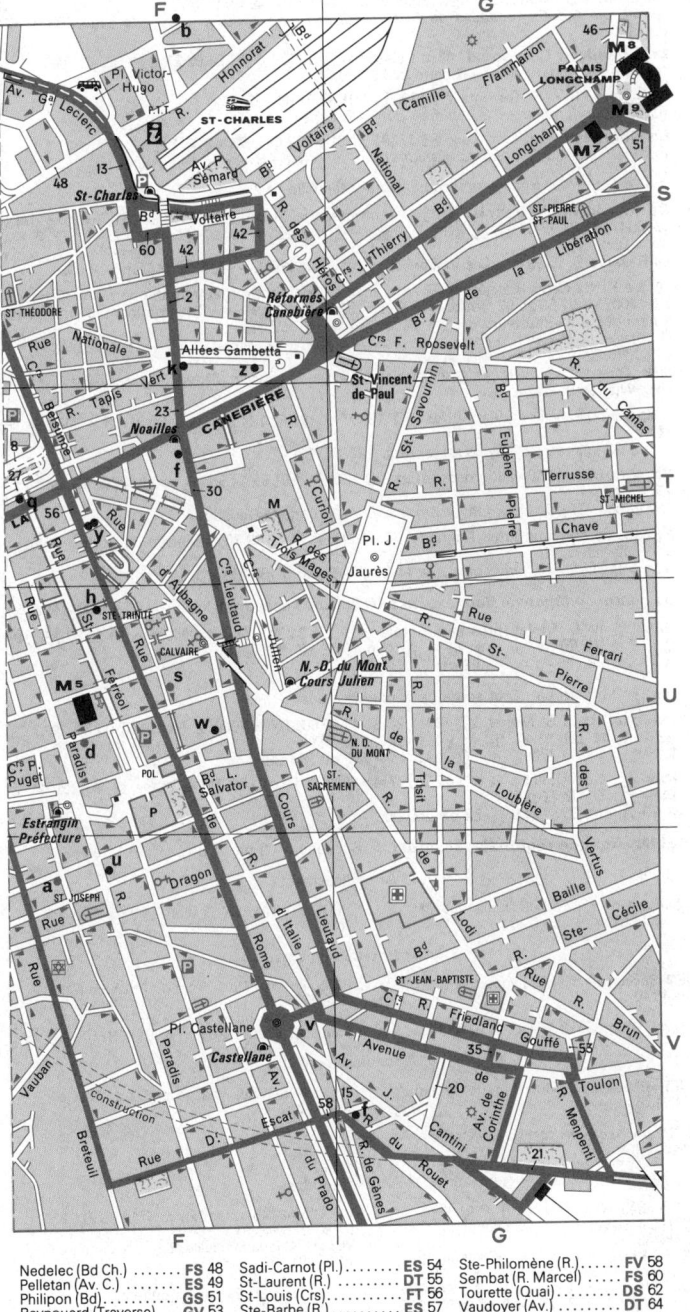

XX **Le Zinc,** 17 r. Montgrand ⊠ 13006 ℘ 91 54 72 72 – ▤. *VISA*. ⊛ FU **d**
fermé juin à août, vacances de Noël, lundi soir, sam. midi et dim. – **R** carte 185 à 265,
enf. 100.

XX **Le Chaudron Provençal,** 48 r. Caisserie ⊠ 13002 ℘ 91 91 02 37 – ▤. ⅍ E *VISA*
fermé sam. midi et dim. – **R** carte 270 à 380. DT **k**

XX **Béarnais,** 16 r. S. Torrents ⊠ 13006 ℘ 91 37 01 96 – E *VISA* FV **a**
fermé août, lundi soir, sam.midi et dim. – **R** carte 150 à 270.

X **La Charpenterie,** 22 r. Paix ⊠ 13001 ℘ 91 54 22 89 – ⅍ ⊙ E *VISA* EU **d**
fermé 16 juil. au 16 août, sam. midi et dim. et fêtes – **R** 98/155.

sur la Corniche : voir emplacements sur Marseille p. 2

🏨 **Concorde-Palm Beach** Ⓜ ⊛, 2 promenade Plage ⊠ 13008 ℘ 91 76 20 00, Télex
401894, Fax 91 77 37 83, ≤, ⟨, ⊿, 🐂 – ⧈ ▤ 📺 ☎ ⇦ ❷ – 🔏 450. ⅍ ⊙ E *VISA*
⊛ rest Marseille p. 2 AZ **s**
La Réserve R 160/215 – **Les Voiliers R** carte 120 à 185 ⅃ – ⊊ 55 – **144 ch** 622/692.

🏨 ⊛⊛ **Le Petit Nice** (Passédat) Ⓜ ⊛, anse de Maldormé (hauteur 160 corniche Kennedy)
⊠ 13007 ℘ 91 59 25 92, Télex 401565, Fax 91 59 28 08, ☞, « Villas dominant la mer, beaux
aménagements intérieurs », ⊿ – ⧈ ▤ 📺 ☎ ❷. ⅍ *VISA* AZ **d**
R *(fermé dim. d'oct. à mars sauf fériés)* 390/590 et carte – ⊊ 90 – **15 ch** 1000/1700 –
½ P 1610/2310
Spéc. Compressé de Bouille-Abaisse port d'Orient, Loup de palangre, Gâteau de grenouilles au pieds de
porc. Vins Cassis, Palette.

XXX **L'Epuisette,** vallon des Auffes ⊠ 13007 ℘ 91 52 17 82, ≤ château d'If – ⅍ ⊙ E.
VISA AY **n**
fermé 20 déc. au 27 janv., sam. et dim. – **R** 170/320.

XX **Chez Fonfon,** 140 vallon des Auffes ⊠ 13007 ℘ 91 52 14 38, ≤, produits de la mer – ⅍
⊙ E *VISA* AY **t**
fermé oct., 24 déc. au 2 janv., sam. et dim. – **R** carte 250 à 350.

XX **Peron,** 56 corniche Prés. Kennedy ⊠ 13007 ℘ 91 52 43 70, ≤ entrée du port et château
d'If – ⅍ ⊙ E *VISA* AY **m**
fermé 1er au 9 mai, janv., dim. soir et lundi – **R** carte 180 à 300.

au centre commercial Bonneveine par corniche Kennedy : 8 km - AZ – ⊠ **13008** Marseille :

🏠 **Ibis** Ⓜ, av. E. Triolet (près parc Borely) ℘ 91 72 34 34, Télex 420845, Fax 91 25 32 78, ☞,
⊿, ⊛ – ⧈ 📺 ☎ ⅃ ⇦ ❷ – 🔏 25 à 45. E *VISA* ⊛ rest
R 77 ⅃, enf. 35 – ⊊ 29 – **88 ch** 270/292.

à l'Est 11,5 km par ② et sortie La Penne-St-Menet :

🏨 **Novotel** Ⓜ, à St Menet ⊠ 13011 ℘ 91 43 90 60, Télex 400667, Fax 91 27 06 74, ☞, ⊿,
⊛ – ⧈ ▤ 📺 ☎ ⅃ ❷ – 🔏 200. ⅍ ⊙ E *VISA*
R carte environ 170 ⅃, enf. 50 – ⊊ 45 – **131 ch** 354/388.

🏠 **Ibis** Ⓜ, à St-Menet ℘ 91 27 12 27, Télex 420686, Fax 91 43 31 14, ☞ – ⧈ ▤ 📺 ☎ ⅃
❷ – 🔏 50. ⊙ E *VISA*
R 90 ⅃, enf. 35 – ⊊ 29 – **82 ch** 265/290.

MICHELIN, Agence régionale, 18 et 20 r. F. Sauvage (14e) par N 8 AX ℘ 91 02 08 02

1er et 2e Arrondissements

BMW Gar. Station 7, 42 bd de Dunkerque (2e) PEUGEOT-TALBOT Filiale, 27 bd de Paris (2e) BX
℘ 91 91 92 42 Ⓝ ℘ 91 59 40 40 ℘ 91 91 90 65

3e et 4e Arrondissements

CITROEN Succursale, 53 bd Guigou (3e) BX Escoffier-Pneu Plus, 21 bd de Briançon (3e)
℘ 91 84 40 40 ℘ 91 50 77 91
Pneus 13, 114 bd F. Duparc ℘ 91 49 02 51
⊕ Denizon, 34 bd Battala (3e) ℘ 91 02 04 40 Pneus 13, 42 bd Pardigon ℘ 91 08 42 57

5e Arrondissement

RENAULT Gd Gar. de Verdun, 11 r. de Verdun CY Pneus et Services Phocéens, 60 r. L.-Astruc
℘ 91 94 91 25 ℘ 91 42 50 83

⊕ Diff. Comm. Accessoires, 15 r. Ste-Cécile
℘ 91 78 63 58

6e et 7e Arrondissements

BMW Bernabeu, 50 av. Prado (6e) ℘ 91 37 54 66 V.A.G VAB, 45 av. J. Cantini ℘ 91 79 91 01
CITROEN Gar. Didier, 83 r. J.-Moulet (6e) EV Ⓝ ℘ 91 59 40 40
℘ 91 37 59 46 VOLVO Actena Marseille, 27 av. J.-Cantini (6e)
MERCEDES-BENZ Paris Méditerranée Auto, 166 ℘ 91 79 91 36
cours Lieutaud (6e) ℘ 91 94 91 40
RENAULT Pharo-Saint-Lambert, 11-13 r. Sauveur ⊕ Giordanengo, 21 cours Gouffé (6e)
Tobelem (7e) AY ℘ 91 31 25 25 Ⓝ ℘ 91 52 30 75 ℘ 91 79 36 16

8e Arrondissement

ALFA-ROMEO Alfa-Provence, 241 av. Prado
𝄢 91 79 91 44
CITROEN Succursale, 96 bd Rabatau CZ
𝄢 91 79 90 20 ◫ 𝄢 91 52 30 75
FIAT Sud-Autos, 110 et 116 av. Cantini
𝄢 91 78 12 11
FORD Agence Centrale, 36 bd Michelet
𝄢 91 77 97 06
LANCIA-AUTOBIANCHI S.O.D.I.A., 150 av. Prado
𝄢 91 53 55 22

OPEL GM Auto Service Réparation, 3 et 5 bd
Rabatau 𝄢 91 83 57 57
PEUGEOT-TALBOT Filiale, 204 bd Michelet BCZ
𝄢 91 22 92 92
RENAULT Succursale, 134 bd Michelet BZ
𝄢 91 30 33 00

⊚ Central-Pneus, 104 av. Cantini 𝄢 91 79 79 86
Omnica, 4 r. R.-Teissère/pl. Rabatau 𝄢 91 79 18 12
VSD Pneus, 25 bd du Sablier 𝄢 91 73 32 22

9e, 10e et 11e Arrondissements

CITROEN Amoretti, 8 bd Aguillon (9e) par bd Ste-
Marguerite CZ 𝄢 91 75 19 79
CITROEN Jean Fils, 19 av. Timone (10e) CY
𝄢 91 78 17 52
FERRARI, HONDA Gar. Pagani, 47 bd Cabot (9e)
𝄢 91 82 06 66
FIAT Sud-Autos-Sces, 16 bd Pont-de-Vivaux (10e)
𝄢 91 78 79 80

MERCEDES-BENZ M.A.S.A., 108 bd Pont-de-Vivaux (10e) 𝄢 91 79 56 56
PEUGEOT-TALBOT SIAP-SGA, 37 av. J.-Lombard
(11e) par D 2 CY 𝄢 91 94 91 21 ◫ 𝄢 91 49 75 34

⊚ Alberola, 167 bd R.-Rolland (10e) 𝄢 91 79 75 81
Omnica, 37 r. Capitaine-Galinat (10e)
𝄢 91 78 10 13

12e, 13e et 14e Arrondissements

V.A.G S.O.D.R.A., 1 chemin Ste-Marthe (14e)
𝄢 91 50 19 30
V.A.G Gar. de la Rose, 28 av. des Olives (13e)
𝄢 91 66 75 64

⊚ Ayme-Pneus, 80 bd Barry St-Just (13e)
𝄢 91 66 25 12
Omnica, 15 bd Gay-Lussac (14e) 𝄢 91 98 90 11
Sirvent-Pneus, 194 bd D.-Casanova (14e)
𝄢 91 67 22 20

15e et 16e Arrondissements

FORD Marseille-Nord-Automobiles, 64 r. de Lyon
(15e) 𝄢 91 95 90 42
PEUGEOT-TALBOT Gar. Gastaldi, 48 rte Nationale
de St-Antoine (15e) par N 8 AX 𝄢 91 51 32 37
RENAULT Éts Lodi, 124 rte Nationale, la Viste
(15e) par N 8 AX 𝄢 91 69 90 71

Gar. Corradi, 111 r. Condorcet, St-André (16e)
𝄢 91 46 50 77

⊚ Sirvent, Compt. Pneu, 428 rte Nationale St-
Antoine (15e) 𝄢 91 51 24 13

Banlieue

Relais des Pennes, Les Pennes-Mirabeau 𝄢 42 02 71 26

Les **cartes Michelin** sont constamment tenues à jour.

MARSSAC-SUR-TARN 81 Tarn 🎟 ⑩ – rattaché à Albi.

MARTEL 46600 Lot 🎟 ⑱ G. Périgord Quercy – 1 441 h. alt. 225.

Voir Place des Consuls★ – Belvédère de Copeyre ≼★ sur cirque de Montvalent★ SE : 4 km.

🛈 Syndicat d'Initiative à la Mairie 𝄢 65 37 30 03.

Paris 520 – Brive-la-Gaillarde 33 – Cahors 81 – Figeac 59 – Gourdon 44 – St-Céré 32 – Sarlat-la-C. 44.

à **Gluges** : S : 5 km par N 140 – ✉ 46600 Martel.

Voir Site★.

🏚 **Falaises** ⭁, 𝄢 65 37 33 59, 🥘, parc – ☎ 🅿 ⓔ 𝖵𝖨𝖲𝖠, 🐾 ch
mars-nov. – **R** 90/180 – 🍽 28 – **15 ch** 184/252 – ½ P 195/235.

MARTIGUES 13500 B.-du-R. 🎟 ⑫ G. Provence – 42 039 h. alt. 1.

Voir Pont St-Sébastien ≼★ Z B – Étang de Berre★ Z – Viaduc autoroutier de Caronte★ – Chapelle
N.-D.-des-Marins ⚴★ 3,5 km par ④.

🛈 Office de Tourisme quai P.-Doumer 𝄢 42 80 30 72.

Paris 758 ② – ♦Marseille 40 ② – Aix-en-Provence 45 ② – Arles 52 ④ – Salon-de-Provence 35 ①.

Plan page suivante

🏨 **St-Roch** Ⓜ ⭁, sortie Martigues Nord 𝄢 42 80 19 73, Télex 402925, Fax 42 80 01 80, ≼, Y ✕
🥘, parc, 🏊 – 🛏 📺 ☎ 🅿 AE ⓞ ⓔ 𝖵𝖨𝖲𝖠
R 100/350, enf. 60 – 🍽 42 – **39 ch** 355/470 – ½ P 280/310.

🏨 **Campanile**, par ① : 1,5 km rte Istres 𝄢 42 80 14 00, Télex 401378, 🥘 – 🛏 rest 📺 ☎
🕭 🅿 – 🔏 30. ⓔ 𝖵𝖨𝖲𝖠
R 74 bc/98 bc, enf. 39 – 🍽 27 – **42 ch** 248 – ½ P 225/249.

🏨 **Clair H.** sans rest, bd M. Cachin 𝄢 42 07 02 43 – 🕭 🅿 🐾 Z ⓮
🍽 25 – **38 ch** 85/180.

FORD Autom. de Provence, 48 av. F.-Mistral
𝄢 42 81 08 63 ◫ 𝄢 42 80 72 44
RENAULT Aragon, av. J.-Macé 𝄢 42 07 03 54

⊚ Maison du Pneu, ZI Martigues Sud
𝄢 42 07 07 71
Morcel, av. Fleming 𝄢 42 80 44 49
Omnica, Puits de Pouane, N 568 𝄢 42 06 63 27

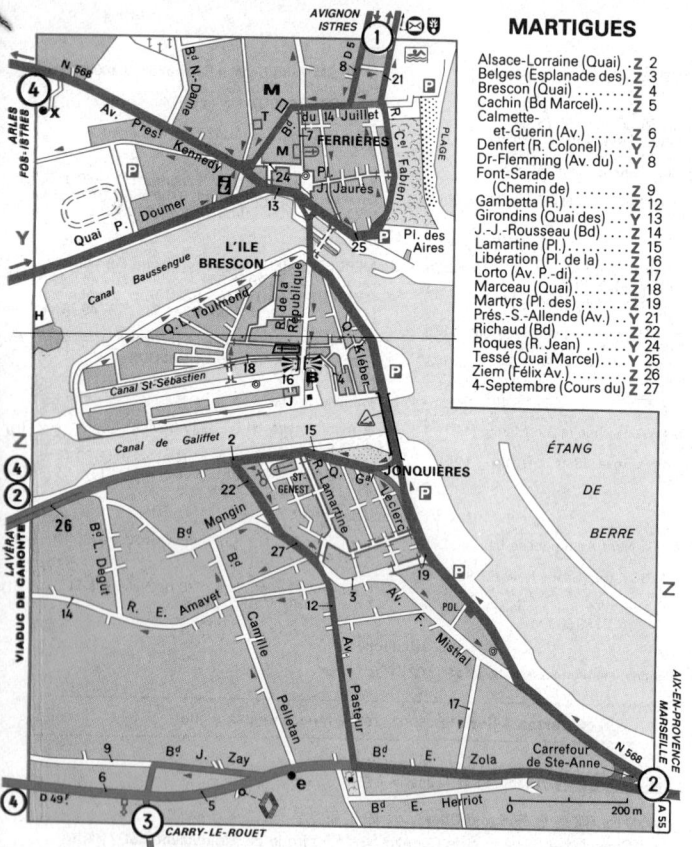

MARTIGUES

MARTIMPRÉ (Col de) 88 Vosges 𝟞𝟚 ⑰ – rattaché à Gérardmer.

MARTRES-TOLOSANE 31220 H.-Gar. 𝟠𝟚 ⑯ **G. Pyrénées Roussillon** – 1 925 h. alt. 264.
Paris 765 – ♦Toulouse 61 – Auch 84 – Auterive 45 – Pamiers 68 – St-Gaudens 29 – St-Girons 39.

🏨 **Castet,** face gare 𝒫 61 98 80 20, ☜, ⌇, – 📺 ☎ 🅿 🇪 𝚅𝙸𝚂𝙰 – *fermé oct., dim. soir et*
➔ *lundi sauf juil.-août* – **R** 50/150 ⅃ – ⌑ 20 – **14 ch** 150/250 – ½ P 180.

🅖 Pons, à Cazères 𝒫 61 97 27 33

MARVEJOLS 48100 Lozère 𝟠𝟘 ⑤ **G. Gorges du Tarn** (plan) – 6 013 h. alt. 651.
Voir **Porte de Soubeyran★** – 🇫 Syndicat d'Initiative av. Brazza (juin-15 sept.) 𝒫 66 32 02 14.
Paris 569 – Mende 29 – Espalion 72 – Florac 53 – Millau 73 – Rodez 85 – St-Chély-d'Apcher 33.

🏨 **Europe,** 16 bd Chambrun 𝒫 66 32 02 31 – 📳 ☎ ⇔ 🅿 𝚅𝙸𝚂𝙰
➔ *fermé 23 déc. au 15 janv. et hôtel fermé dim. soir du 15 nov. au 15 mars* – **R** *(fermé dim.*
soir et lundi midi du 15 sept. au 15 juin) 50/160 ⅃ – ⌑ 28 – **36 ch** 145/220 – ½ P 180/200.

🏨 **Gare et Rochers** ⌇, pl. Gare 𝒫 66 32 10 58, ≤, ☜ – ☎ ⇔ 🇪 𝚅𝙸𝚂𝙰
➔ *fermé 15 janv. au 15 fév.* – **R** *(fermé sam. hors sais. sauf vacances scolaires)* 60/175 ⅃ –
⌑ 22 – **30 ch** 175/210 – ½ P 180/200.

🍴🍴 **Viz Club,** rte du Nord 𝒫 66 32 17 69 – 🅿 🄰🄴 ⓞ 🇪 𝚅𝙸𝚂𝙰
fermé 2 janv. au 2 fév. – **R** (nombre de couverts limité, prévenir) 120/200.

CITROEN Rel du Gévaudan, rte de St-Flour
𝒫 66 32 15 62 🅽
FORD Garde 𝒫 66 32 01 04
PEUGEOT-TALBOT Rouvière 𝒫 66 32 00 88

🅦 Vulc Lozérienne, 26 bd de Chambrun
𝒫 66 32 07 11

MAS-BLANC-DES-ALPILLES 13 B.-du-R. 𝟠𝟙 ⑪ – rattaché à St-Rémy-de-Provence.

Le MAS-D'AZIL 09290 Ariège 🔢 ④ – 1 404 h. alt. 292.

Voir Grotte★★ S : 1,5 km, G. Pyrénées Roussillon.

Paris 783 – Auch 112 – Foix 37 – Montesquieu-Volvestre 24 – Pamiers 35 – St-Girons 24.

MASEVAUX 68290 H.-Rhin 🔢 ⑧ G. Alsace Lorraine – 3 328 h. alt. 405.

Env. Descente du col du Hundsrück ≤★★ NE : 13 km.

🛈 Office de Tourisme Fossé Flagellants ⌀ 89 82 41 99.

Paris 521 – ◆Mulhouse 29 – Altkirch 30 – Belfort 23 – Colmar 57 – Thann 22 – Le Thillot 37.

  XX **Aigle d'Or** avec ch, pl G. Clemenceau ⌀ 89 82 40 66 – ⓪ Ε 𝑉𝐼𝑆𝐴
     fermé 2 sept. au 3 oct., 2 janv. au 2 fév., lundi soir et mardi – **R** 78/205 ♯, enf. 48 – � 25
     – **8 ch** 98/185 – ½ P 175/190.

  XX **Host. Alsacienne** avec ch, r. Foch ⌀ 89 82 45 25 – Ε 𝑉𝐼𝑆𝐴 – fermé 10 juin au 8 juil., 4 au
  ◆ 10 nov., dim. soir et lundi – **R** 70/185 – ⊏ 27 – **9 ch** 130/160 – ½ P 180/200.

MASLACQ 64 Pyr.-Atl. 🔢 ⑧ – rattaché à Orthez.

La MASSANA Principauté d'Andorre 🔢 ⑭ – voir à Andorre.

MASSAT 09320 Ariège 🔢 ③④ G. Pyrénées Aquitaine – 598 h. alt. 650.

Env. Sommet de Portel ⚘★★ NE : 9,5 km puis 15 mn, G. Pyrénées Roussillon

Paris 832 – Ax-les-Thermes 56 – Foix 46 – St-Girons 28.

RENAULT Gar. Moles ⌀ 61 96 95 34 🄽 ⌀ 61 96 97 00

MASSEUBE 32140 Gers 🔢 ⑮ – 1 376 h. alt. 205.

Paris 753 – Auch 25 – Mirande 26 – St-Gaudens 51 – Tarbes 59 – ◆Toulouse 84.

  à Panassac S : 5 km sur D 929 – ✉ **32140** :

  XX **Le Bailly,** ⌀ 62 66 13 44, ☞, ☞ – ❷. 𝐴𝐸 Ε 𝑉𝐼𝑆𝐴
  ◆ fermé 1ᵉʳ au 16 sept., dim. soir et lundi – **R** 65/210, enf. 45.

RENAULT Gar. Fautrier ⌀ 62 66 03 43

MASSIAC 15500 Cantal 🔢 ④ G. Auvergne – 2 212 h. alt. 537.

🛈 Office de Tourisme r. Paix ⌀ 71 23 07 76.

Paris 472 – Aurillac 86 – Brioude 22 – Issoire 38 – Murat 35 – St-Flour 30.

  🏠 **Gd H. Poste,** 26 av. Ch. de Gaulle ⌀ 71 23 02 01, Télex 990989, ⊥, ☞ – 📶 📺 ☎ ❷ –
  ◆ ⚙ 30. 𝐴𝐸 ⓪ Ε 𝑉𝐼𝑆𝐴 – fermé 10 nov. au 20 déc. et merc. sauf juil.-août – **R** 65/160 – ⊏ 26
     – **34 ch** 185/280 – ½ P 225/260.

CITROEN Auto-Gar. Brunet, pl. Pupilles-de-la-Na-   RENAULT Gar. Delmas, RN 9 Le Gravairas
tion ⌀ 71 23 02 23 🄽   ⌀ 71 23 02 11 🄽
PEUGEOT-TALBOT Richard, 20 av. Gén.-de-Gaulle
⌀ 71 23 02 25

MATHAY 25700 Doubs 🔢 ⑱ – 1 646 h. alt. 342.

Paris 492 – Baume-les-Dames 51 – ◆Besançon 84 – Montbéliard 12 – Morteau 59.

  X **Aub. du Vieux Puits,** ⌀ 81 35 28 06, ☞, ☞ – ❷. Ε 𝑉𝐼𝑆𝐴
  ◆ fermé 23 déc. au 1ᵉʳ fév. – **R** 68/110 ♯.

🅾 Parking 25 ⌀ 81 30 00 67

MATIGNON 22550 C.-d'Armor 🔢 ⑤ – 1 609 h. alt. 41.

Paris 436 – St-Malo 31 – Dinan 30 – Dol-de-Bretagne 45 – Lamballe 24 – St-Brieuc 45 – St-Cast 6.

  🏠 **Poste,** ⌀ 96 41 02 20 – ☎. Ε 𝑉𝐼𝑆𝐴 – fermé 15 janv. au 20 fév., vend. soir et sam. midi du
  ◆ 15 sept. au 15 juin – **R** 52/160 ♯ – ⊏ 20 – **15 ch** 105/200 – ½ P 150/175.

RENAULT Hamon ⌀ 96 41 02 31 🄽

MAUBEUGE 59600 Nord 🔢 ⑥ G. Flandres Artois Picardie – 36 156 h. alt. 134.

🛈 Office de Tourisme Porte de Bavay ⌀ 27 62 11 93 – A.C. Porte de France, av. Gare ⌀ 27 64 62 34.

Paris 241 ⑤ – Charleville-Mézières 102 ④ – Mons 20 ① – St-Quentin 84 ④ – Valenciennes 39 ⑤.

Plan page suivante

  🏠 **Gd Hôtel,** 1 porte de Paris ⌀ 27 64 63 16, Télex 810445 – 📶 🍽 rest 📺 ☎ ❷ – ⚙ 60. 𝐴𝐸
     ⓪ Ε 𝑉𝐼𝑆𝐴   B **b**
     R (fermé dim. soir) 88/300 ♯ – ⊏ 25 – **31 ch** 170/280 – ½ P 280/360.

  🏠 **Shakespeare** ⤳, 3 r. Commerce ⌀ 27 65 14 14, Télex 810231, Fax 27 64 04 66 – 📶 📺
     ☎ ♯. 𝐴𝐸 ⓪ Ε 𝑉𝐼𝑆𝐴   B **a**
     R (dîner seul.) 75 bc/150 ♯ – ⊏ 28 – **35 ch** 245/290 – ½ P 170/210.

  route de Mons par ① : 7 km – ✉ **59600** Maubeuge :

  XX **Aux Trois Entêtés,** ⌀ 27 64 85 29 – ❷. 𝐴𝐸 ⓪ Ε 𝑉𝐼𝑆𝐴
     R 125/310, enf. 60.

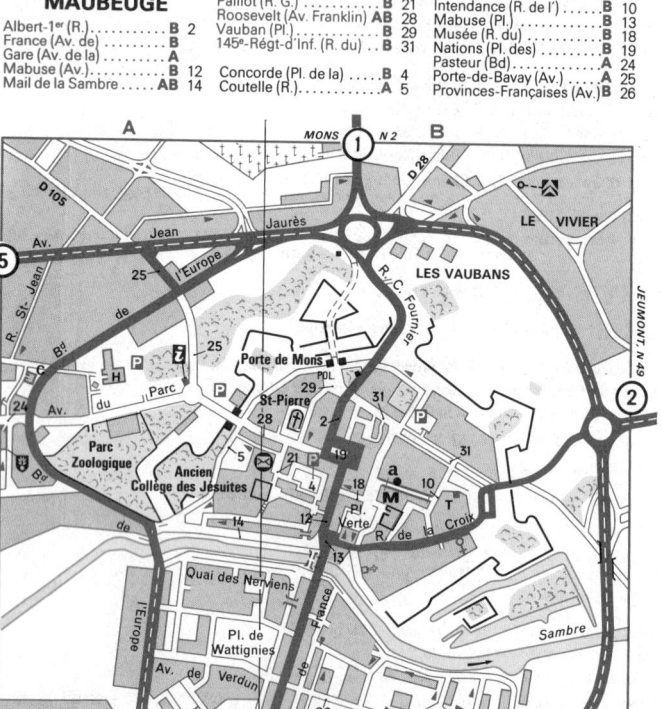

MAUBEUGE

CITROEN Deshayes, 18 bd de Jeumont
℘ 27 62 07 12
FORD Auto-Service Colau, bd Épinette
℘ 27 64 27 64
LADA LANCIA Maubeuge Auto-Service, 69 rte
d'Élesmes ℘ 27 64 60 43
PEUGEOT-TALBOT Nouvelle Maubeugeoise Automobiles, 11 rte de Mons par ① ℘ 27 65 79 33

RENAULT S A F D A., 124 rte de Valenciennes à
Feignies par ⑤ ℘ 27 62 30 74 **N** ℘ 27 69 33 33

⊛ Auto-Sécurité, bd Lamartine ℘ 27 64 97 91
Pneus et Services D.K., 13 porte de Paris
℘ 27 62 17 65

MAUBUISSON 33 Gironde 171 ⑱ – alt. 15 – ⊠ 33121 Carcans.
Paris 584 – ◆Bordeaux 58 – Lacanau-Océan 14 – Lesparre-Médoc 37.

 Lac, ℘ 56 03 30 03, ☞ – 🍽ch ☎ 🅿 AE E VISA
fin mars-fin sept. – **R** 92/145 – ☑ 35 – **39 ch** 163/268 – ½ P 190/257.

MAULÉON 79700 Deux-Sèvres 67 ⑥ ⑯ – 3 161 h. alt. 187.
Paris 370 – Cholet 23 – ◆Nantes 74 – Niort 80 – Parthenay 54 – La Roche-sur-Yon 66 – Thouars 46.

 Terrasse ⌂, 7 pl. Terrasse ℘ 49 81 47 24, Fax 49 81 65 04, ☞ – 📺 ☎ ⇔. E VISA
fermé 5 au 12/5, 8 au 15/8, 10 au 17/11, 16/2 au 3/3, dim. (sauf hôtel) de juin à sept. et
sam. d'oct. à mai – **R** 70/175, enf. 45 – ☑ 25 – **14 ch** 200/290 – ½ P 205/225.

 Europe, 15 r. Hôpital ℘ 49 81 40 33 – 📺 ☎ ⇔. AE E VISA
fermé 28 avril au 6 mai, 14 au 28 oct., vacances de Noël et lundi sauf juil.-août – **R** 70/120
⌂, enf. 45 – ☑ 25 – **11 ch** 110/180 – ½ P 215/260.

CITROEN Gar. Olivier ℘ 49 81 47 75 **N**

RENAULT Gar. Lebeau ℘ 49 81 40 53 **N**

MAULÉON-LICHARRE 64130 Pyr.-Atl. 🔠 ④⑤ **G. Pyrénées Aquitaine** – 4 308 h. alt. 141.

🏢 Office de Tourisme 10 r. J.-B.-Heugas ✆ 59 28 02 37.

Paris 807 – Pau 63 – Oloron-Ste-M. 30 – Orthez 40 – St-Jean-Pied-de-Port 40 – Sauveterre-de-B. 28.

🏨 **Bidegain**, r. Navarre ✆ 59 28 16 05, 🍴 – 🕿 🚗, 🖭 ⓪ 🖪 *VISA*
➔ *fermé 25 au 30 nov., 15 déc. au 15 janv., vend. soir (sauf hôtel), sam. midi et dim. soir hors sais. sauf fêtes* – **R** 70/195, enf. 50 – 🖵 30 – **30 ch** 110/240 – ½ P 160/200.

PEUGEOT-TALBOT Armagnague ✆ 59 28 03 92
PEUGEOT-TALBOT Sarlang ✆ 59 28 07 61
RENAULT Gar. le Rallye ✆ 59 28 13 70
🅽 ✆ 59 28 13 78

RENAULT Gar. Jaury ✆ 59 28 15 13

🏵 Central Pneu, 3 r. Mar.-Harispe ✆ 59 28 07 90

MAULETTE 78 Yvelines 🔠 ⑧ , 🔠 ⑭ – rattaché à Houdan.

MAURE-DE-BRETAGNE 35330 I.-et-V. 🔠 ⑤⑥ – 2 496 h. alt. 35.

Paris 383 – ♦Rennes 38 – Châteaubriant 57 – Ploërmel 33 – Redon 35.

🏨 **Centre** sans rest, 2 pl. Poste ✆ 99 34 91 52 – 🐾 🚗
🖵 19 – **20 ch** 108/182.

MAUREILLAS-LAS-ILLAS 66400 Pyr.-Or. 🔠 ⑲ – 1 727 h. alt. 120.

Paris 934 – ♦Perpignan 29 – Gerona 76 – Port-Vendres 31 – Prades 56.

à Las Illas SO : 11 km par D 13 – ✉ **66400** Maureillas Las Illas :

🍴 **Hostal dels Trabucayres** 🕭 avec ch, ✆ 68 83 07 56, ← – 🄿. � ch
➔ *fermé 2 janv. au 15 fév., lundi soir et mardi du 15 sept. à fin mai* – **R** 55 bc/225 bc – 🖵 19
– **4 ch** 110/140 – ½ P 143.

CITROEN Gar. Coste ✆ 68 83 06 10

MAUREPAS 78 Yvelines 🔠 ⑨ – voir à St-Quentin-en-Yvelines.

MAURIAC ⊗ 15200 Cantal 🔠 ① **G. Auvergne** (plan) – 4 776 h. alt. 722.

Voir Basilique★ – Le Vigean : châsse★ dans l'église NE : 2 km.

Env. Barrage de l'Aigle★★ : 11 km par D 678 et D105, **G. Berry Limousin**.

🏢 Office de Tourisme pl. G.-Pompidou ✆ 71 67 30 26.

Paris 485 – Aurillac 57 – Le Mont-Dore 76 – ♦Clermont-Ferrand 113 – Le Puy 177 – Tulle 79.

🏨 **Serre** sans rest, r. du 11 Novembre ✆ 71 68 19 10, 🍴 – 🔉 📺 🕿 🚗 🄿 🖪 *VISA*. �
fermé 20 déc. au 31 janv. – 🖵 23 – **13 ch** 185/275.

PEUGEOT-TALBOT Mouret, rte de Clermont
✆ 71 68 06 24
RENAULT Balmisse, au Vigean ✆ 71 68 06 77 🅽

Gar. Dutuel, av. Auguste Chauvet ✆ 71 68 15 24

🏵 Haag, r. du 19 Mars ✆ 71 68 09 81

MAUROUX 46 Lot 🔠 ⑥ – rattaché à Puy-l'Évêque.

MAURS 15600 Cantal 🔠 ⑩ **G. Auvergne** – 2 582 h. alt. 280.

Voir Buste-reliquaire★ et statues★ dans l'église.

🏢 Office de Tourisme pl. Champ-de-Foire ✆ 71 46 73 72.

Paris 580 – Rodez 60 – Aurillac 45 – Entraygues-sur-Truyère 49 – Figeac 22 – Tulle 98.

🏨 **Périgord** 🕭 sans rest, av. Gare ✆ 71 49 04 25 – 📺 🕿 🄿 🖪 *VISA*
🖵 23 – **17 ch** 170/190.

CITROEN Gar. Central ✆ 71 49 01 95
PEUGEOT-TALBOT Balitrand ✆ 71 49 02 04 🅽

RENAULT Gar. Lavigne ✆ 71 49 00 20

MAUSSANE-LES-ALPILLES 13520 B.-du-R. 🔠 ① – 1 514 h. alt. 28.

Paris 716 – Avignon 29 – Arles 19 – ♦Marseille 82 – Martigues 44 – St-Rémy-de-Pr. 9,5 – Salon-de-Pr. 28.

🏨 **Fabian des Baux** 🖾, rte St-Rémy : 2,5 km ✆ 90 54 37 87, Fax 90 54 42 44, 🍴, 🏊 – 📺
🕿 🖖 🄿 ⓪ 🖪 *VISA*. � rest
R *(1ᵉʳ mars-31 oct. et fermé merc. midi et mardi)* (dîner seul.) 95/135 – 🖵 45 – **31 ch**
350/780.

🏨 **Pré des Baux** 🖾 🕭 sans rest, r. Vieux Moulin ✆ 90 54 40 40, 🏊, 🍴 – 📺 🕿 🖖 🄿 🖪
VISA
Pâques- 7 janv. – 🖵 45 – **10 ch** 390/590.

🏨 **Val Baussenc** 🖾 🕭, 122 av. Vallée des Baux ✆ 90 54 38 90, Fax 90 54 33 36, 🍴 – 📺
🕿 🄿 🖪 ⓪ 🖪 *VISA*
fermé 12 au 30 nov., et janv. sauf rest. – **R** *(fermé mardi)* 170/220, enf. 60 – 🖵 50 – **21 ch**
430/520 – ½ P 375/420.

🏨 **Touret** 🖾 🕭 sans rest, ✆ 90 54 31 93, Fax 90 54 42 44, 🏊 – 🄬 🕿 🄿 ⓪ 🖪 *VISA*. �
🖵 26 – **16 ch** 260/290.

XX **La Petite France,** ☏ 90 54 41 91, Fax 90 54 66 87 – ▤ Ⓟ. VISA. ✻
fermé 4 au 18 nov., sam. midi et lundi – **R** 120/250, enf. 60.

XX **Ou Ravi Provençau,** 34 av. Vallée des Baux ☏ 90 54 31 11, ☂ – E VISA
fermé 13 nov. au 20 déc., lundi soir du 1er juil. au 12 nov. et mardi – **R** 135/235, enf. 70.

XX **La Pitchoune,** pl. Église ☏ 90 54 34 84, ☂ – Ⓟ. E VISA
fermé 18/11 au 6/12, 19/01 au 9/02, le soir en hiver (sauf fêtes) dim. soir hors sais., mardi midi en été et lundi – **R** 102/166 ♁, enf. 50.

X **L'Oustaloun** avec ch, ☏ 90 54 32 19 – ⇔. AE VISA. ✻ rest
R *(fermé 2 janv. au 1er mars et merc.)* 135/150, enf. 60 – ☕ 30 – **10 ch** 240/350 – ½ P 250.

MAUVEZIN **32120** Gers 82 ⑥ – 1 707 h. alt. 157.
Paris 728 – Auch 30 – Agen 71 – Montauban 56 – ♦Toulouse 59.

XX **La Rapière,** ☏ 62 06 80 08, ☂ – AE ⓞ E VISA. ✻
fermé 26 juin au 10 juil., 23 oct. au 6 nov., mardi soir et merc. – **R** 90/250 ♁, enf. 50.

RENAULT Gar. Douard ☏ 62 06 80 11

MAUVEZIN-SUR-GUPIE **47** L.-et-G. 79 ③ – rattaché à Marmande.

MAUZAC-ET-GRAND-CASTANG **24150** Dordogne 75 ⑮⑯ – 678 h. alt. 49.
Paris 554 – Périgueux 63 – Bergerac 29 – Brive-la-Gaillarde 95 – Sarlat-la-Canéda 53.

La Métairie ⊗, à Millac N : 2,5 km ☏ 53 22 50 47, Télex 572717, Fax 53 22 52 93, ≤, ☂, parc, ⛱ – TV ☎ Ⓟ. E VISA
1er avril-5 nov. et fermé mardi midi – **R** 95/300, enf. 65 – ☕ 56 – **9 ch** 538/780 – ½ P 450/740.

Poste, ☏ 53 22 50 52, ≤, ☂ – ☎ Ⓟ. E VISA
1er mars-31 oct. – **R** *(fermé lundi hors sais.)* 55/180, enf. 40 – ☕ 23 – **18 ch** 140/260 – ½ P 180/210.

MAUZÉ-SUR-LE-MIGNON **79210** Deux-Sèvres 71 ② – 2 409 h. alt. 21.
Paris 428 – La Rochelle 40 – Niort 23 – Rochefort 37.

Relais de la Fourche en Pré, rte Niort ☏ 49 26 32 36 – TV ☎ Ⓟ. E VISA
fermé 15 déc. au 7 janv., vacances de fév., dim. soir et lundi – **R** 60/180, enf. 53 – ☕ 28 – **12 ch** 220/310 – ½ P 305.

France, ☏ 49 26 30 15 – Ⓟ. E VISA
fermé 10 au 20 nov., dim. soir et lundi – **R** 65/160 – ☕ 20 – **7 ch** 150 – ½ P 155/185.

MAYENNE <SP> **53100** Mayenne 59 ⑳ **G. Normandie Cotentin** – 14 298 h. alt. 124.
Voir Ancien château ≤★ **B**.
ℹ Office de Tourisme pl. 9-Juin-1944 (fermé après-midi oct.-avril) ☏ 43 04 19 37.
Paris 251 ② – Alençon 61 ② – Flers 56 ① – Fougères 44 ⑤ – Laval 31 ④ – ♦Le Mans 89 ④.

MAYENNE

Briand (R. Aristide) 4
Gaulle (R. Ch. de) 14
St-Martin (R. et ⊟) 28
Sergent-Louvier (R.) 29

Anatole-France (Bd) 2
Bretagne (R. de) 3
Carnot (Quai) 5
Chateaubriand (R.) 6
Cheverus (Pl.) 7
Du-Guesclin (R.) 8
Gambetta (Pl.) 13
Jules-Ferry (R.) 15
Herce (Pl. de) 16
Hoche (Av.) 17
Montigny (Bd de) 18
Normandie (R. de) 20
Notre-Dame (⊟) 21
Papin (R. Denis) 22
Pavé-Morin (R. du) 23
République (Quai de la) 24
Roullois (R.) 25
Vallées (R. des) 32
Verdun (R. de) 33
8-Mai-1945 (Pl. du) 35
130e R.-I. (R. du) 36

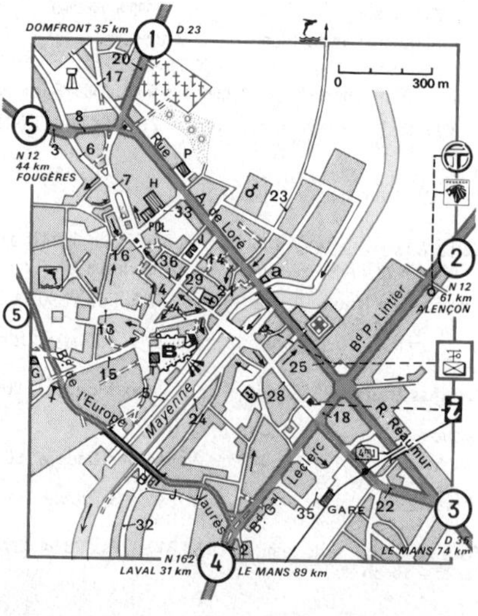

Utilisez le guide de l'année.

🏨 **Gd Hôtel,** 2 r. A. de Loré **(a)** ✆ 43 00 96 00, Télex 722622 – 📺 ☎ 🅿 Ⓔ 🆅🅸🆂🅰
fermé sam. (sauf le soir du 1ᵉʳ mars au 30 oct.) et vend. soir de nov. à fév. – **R** 83/240,
enf. 45 – 🖵 35 – **30 ch** 155/340 – ½ P 213/286.

✗✗✗ **Croix Couverte** avec ch, rte Alençon par ② : 2 km sur N 12 ✆ 43 04 32 48, Fax 43 32 01 67,
🖵, 🖚 – 📺 ☎ 🅿 ᴬᴱ ⓄⒹ Ⓔ 🆅🅸🆂🅰
fermé 23 au 30 déc. – **R** *(fermé dim. soir, sam. midi et vend. du 1ᵉʳ oct. au 30 juin)* 82/152
♨, enf. 48 – 🖵 25 – **13 ch** 210/270 – ½ P 200/240.

BMW TOYOTA Bassaler Automobiles, 92 r. P.-
Lintier ✆ 43 04 15 84 Ⓝ ✆ 43 69 32 32
CITROEN SODIAM, rte d'Ernée par ⑤
✆ 43 04 36 71 Ⓝ ✆ 43 00 29 83
PEUGEOT-TALBOT Mallecot Père et Fils, 622 bd
P.-Lintier ✆ 43 04 10 76
RENAULT Mayenne-Auto, D 35 rte d'Aron par ③
✆ 43 04 58 86 Ⓝ ✆ 43 90 82 01

V.A.G Espace Auto, ZA de l'Huilerie la Motte
✆ 43 04 26 40

⬤ SOS PNEUS, 10 r. Réaumur ✆ 43 00 01 95
Tricard, 412 bd P.-Lintier ✆ 43 04 19 47

⬛ **MAYET** 72360 Sarthe 🆖 ③ – 2 876 h. alt. 74.

Voir **Forêt de Bercé★** NE : 5 km, G. Châteaux de la Loire.

Paris 227 – ◆Le Mans 29 – Château-la-Vallière 16 – La Flèche 31 – ◆Tours 59 – Vendôme 80.

✗ **Aub. des Tilleuls,** ✆ 43 46 60 12 – 🖵
fermé fév. et merc. – **R** *(fermé le soir sauf sam. et dim.)* 45/150.

✗ **Glauser** avec ch, ✆ 43 46 60 40 – 📺 🅿 Ⓔ 🆅🅸🆂🅰
fermé 1ᵉʳ au 14 juil., 1ᵉʳ au 5 nov., 13 au 20 janv., vend. soir, dim. soir et lundi – **R** 52/140
♨, enf. 30 – 🖵 25 – **4 ch** 150/160.

⬛ **Le MAYET-DE-MONTAGNE** 03250 Allier 🗗 ⑥ G. Auvergne – 1 941 h. alt. 545.

🅱 Syndicat d'Initiative Chalet Cantonal pl. Foires ✆ 70 59 38 40.

Paris 365 – ◆Clermont-Fd 73 – Lapalisse 23 – Moulins 73 – Roanne 49 – Thiers 43 – Vichy 26.

🏠 **Relais du Lac,** S : 0,5 km sur D 7 ✆ 70 59 70 23, ≤, 🌤 – 📺 ☎ 🅿. 🦅
R 85/160 ♨, enf. 40 – 🖵 25 – **7 ch** 220/250 – ½ P 170/200.

CITROEN Gar. St-Christophe ✆ 70 59 70 42   RENAULT Tartarin ✆ 70 59 70 61

⬛ **MAZAGRAN** 57 Moselle 🗗 ⑭ – rattaché à Metz.

⬛ **MAZAMET** 81200 Tarn 🗗 ⑪⑫ G. Gorges du Tarn – 13 337 h. alt. 241.

🖼 de la Barouge ✆ 63 61 06 72, par ① : 3,5 km.
🅱 Office de Tourisme r. des Casernes ✆ 63 61 27 07 et D 118, le Plô de la Bise (juil.-août) ✆ 63 61 25 54.
Paris 747 ④ – ◆Toulouse 82 ③ – Albi 60 ④ – Béziers 86 ① – Carcassonne 47 ② – Castres 18 ④.

Plan page suivante

🏨 **Le Gd Balcon** Ⓜ, 1 square G. Tournier **(a)** ✆ 63 61 01 15 – 🛗 📺 ☎ – 🛁 30. ᴬᴱ Ⓔ 🆅🅸🆂🅰
Brasserie *(fermé dim.)* **R** carte 143 à 170 ♨, enf.30 – 🖵 29 – **24 ch** 265/350 – ½ P 250/350.

🏠 **Les Comtes d'Hautpoul,** face gare ✆ 63 61 98 14, Fax 63 98 95 76, 🌤 – 📺 ☎ 🅿 Ⓔ
🆅🅸🆂🅰
fermé août et sam. midi – **R** 63/350 ♨, enf. 40 – 🖵 25 – **40 ch** 150/240 – ½ P 180.

🏠 **H. Jourdon,** 7 av. A. Rouvière **(e)** ✆ 63 61 56 93 – 🍽 rest 📺 ☎ Ⓔ 🆅🅸🆂🅰. 🦅
fermé dim. – **R** *(fermé dim. sauf fériés)* 72/260 ♨ – 🖵 35 – **11 ch** 240/280.

à Bout-du-Pont-de-Larn par ① et D 54 : 2 km – ✉ 81660 :

🏨 **La Métairie Neuve** 🦢, ✆ 63 61 23 31, Fax 63 61 94 75, ≤, 🌤, 🟰, 🖚 – 📺 ☎ 🅿 –
🛁 25. Ⓞ Ⓔ 🆅🅸🆂🅰
fermé 21 déc. au 11 janv. – **R** *(fermé sam. sauf le soir du 15 avril au 15 sept)* 90/280 ♨,
enf. 45 – 🖵 45 – **11 ch** 250/380 – ½ P 240/300.

par ① D 109 et D 54 : 5 km – ✉ 81660 Pont-de-Larn :

🏯 **Host. du Château de Montlédier** 🦢, ✆ 63 61 20 54, ≤, 🌤, « Parc », 🟰 – 📺 ☎ 🅿
– 🛁 50. ᴬᴱ Ⓞ Ⓔ 🆅🅸🆂🅰
fermé janv. – **R** *(fermé dim. soir et lundi sauf juil.-août)* 100/180, enf. 50 – 🖵 45 – **9 ch**
360/550 – ½ P 370/440.

à St-Amans-Soult par ① : 9 km – ✉ 81240 :

✗✗ **Host. des Cèdres** avec ch, N 112 ✆ 63 98 36 73, 🌤, parc – ☎. 🆅🅸🆂🅰
fermé 1ᵉʳ fév. au 8 mars, dim. soir et lundi – **R** 85/240 – 🖵 35 – **6 ch** 199/310 – ½ P 260/365.

ALFA-ROMEO, OPEL Auto Garage, 11 r. Cor-
mouls-Houlès ✆ 63 61 06 94
CITROEN S.M.A., ZI Rougearié à Aussillon par ③
✆ 63 61 39 41
PEUGEOT-TALBOT Gd Gar. Gare, av. Ch.-Sabatier
✆ 63 61 01 89

RENAULT Gar. Savoldelli, ZI Rougearié à Aussillon par ③ ✆ 63 61 36 76

⬤ Central Pneu, RN 112 La Richarde
✆ 63 61 07 32
Cousinié-Pneus, 14 r. République ✆ 63 61 80 17

MAZAMET

*Les plans de villes
sont orientés
le Nord en haut.*

*Pour un bon usage
des plans de villes,
voir les signes conventionnels
dans l'introduction.*

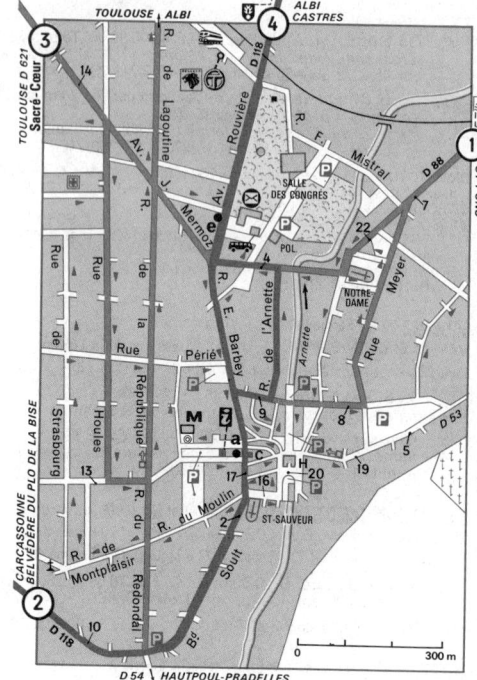

MAZAN 84 Vaucluse 🗾 ⑬ – rattaché à Carpentras.

MAZET-ST-VOY 43520 H.-Loire 🗾 ⑧ – 1 106 h. alt. 1 043.
Paris 575 – Lamastre 37 – ◆St-Étienne 69 – Le Puy 40 – Yssingeaux 17.

    🏠 **L'Escuelle,** ℰ 71 65 00 51, 🍴 – 🅿
    ◆   fermé nov., janv., dim. soir et lundi de 10 sept. au 30 juin – **R** 60/130 ⅊, enf. 50 – ⴾ 26 –
       11 ch 135/210 – ½ P 160/190.

MÉAUDRE 38 Isère 🗾 ④ – rattaché à Autrans.

MEAUX 🖂 77100 S.-et-M. 🗾 ⑫⑬, 🗾 ⑫ G. Ile de France – 45 873 h. alt. 52.
Voir Centre épiscopal★ ABY : cathédrale★ B, ≼★ de la terrasse des remparts.
🏌 🏌 de Meaux-Boutigny (privé) ℰ (1) 60 25 63 98, par ③ ; 🏌 du Lac de Germigny (privé) ℰ (1)
64 33 57 00, par ① : 10 km ; 🏌 de Bussy-St-Georges ℰ (1) 64 66 00 00 ; par ③ (A4 sortie
Ferrières) : 26 km.
🛈 Office de Tourisme 2 r. Notre-Dame ℰ (1) 64 33 02 26.
Paris 54 ③ – Châlons-s-M. 117 ② – Compiègne 69 ⑤ – Melun 59 ③ – ◆Reims 96 ② – Troyes 140 ③.

Plan page ci-contre

   🏠 **Richemont** Ⓜ sans rest, quai Grande Ile ℰ (1) 60 25 12 10, Télex 691792, ≼ – 🕅 📺 ☎
      ♿ 🅿 – 🔬 25. 🝙 🗲 🗷 – ⴾ 30 – **42 ch** 250/270   AZ **s**

   🏠 **Climat de France** Ⓜ, 32 av. Victoire par ② ℰ (1) 64 33 15 47, Télex 690020,
      ◆   Fax 60 23 11 64, 🍴 – 📺 ☎ ♿ 🅿 – 🔬 40. 🝙 🗲 🗷
        R 65/108 ⅊, enf. 42 – **60 ch** 280.

   ✕✕ **Le Briçonnet,** 8 r. Fg St Nicolas ℰ (1) 60 09 29 31 – 🔲. 🝙 ⓘ 🗲 🗷   BY **e**
        fermé 12 au 18 août, 25 au 31 déc. et dim. – **R** 175/260, enf. 60.

   ✕✕ **Le Marinone,** 30 pl. Marché ℰ (1) 64 33 57 37 – 🝙 🗲 🗷   ABZ **t**
        fermé sam. midi et dim. soir – **R** 140/260.

   ✕✕ **Plein Ciel,** 45 pl. J. Bureau (7ᵉ étage) ℰ (1) 60 23 27 13, ≼, 🍴 – 🗲 🗷   AZ **n**
        R 120/265.

   ✕✕ **Champ de Mars,** 16 av. Victoire par ② ℰ (1) 64 33 13 96 – 🗷
        fermé août, lundi soir et mardi – **R** carte 170 à 280.

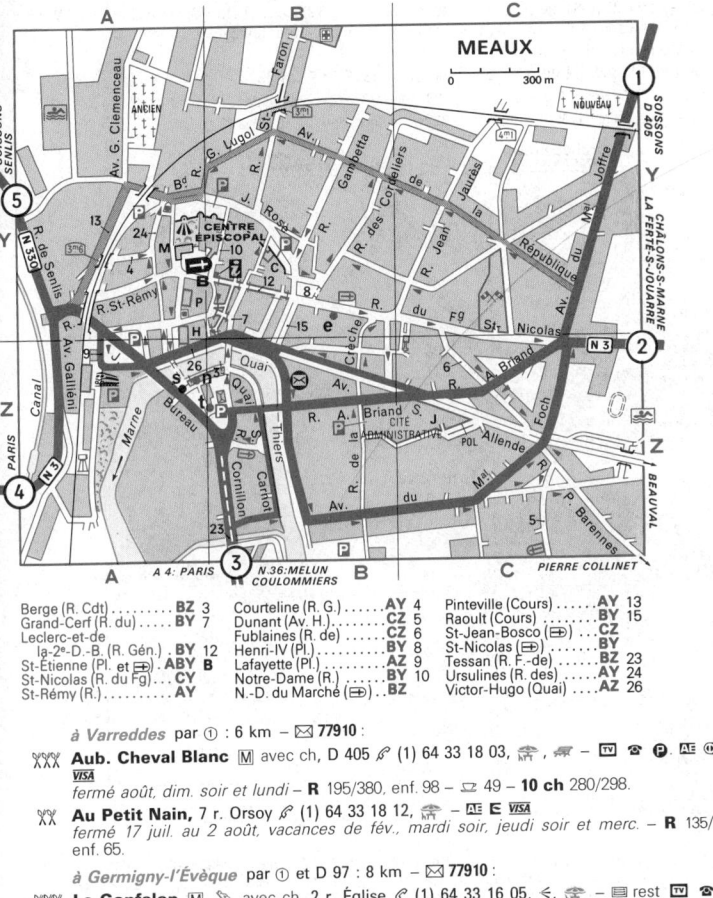

MEAUX

0   300 m

à Varreddes par ① : 6 km – ⊠ **77910** :

XXX **Aub. Cheval Blanc** Ⓜ avec ch, D 405 ℰ (1) 64 33 18 03, ☞, ☞ – ⬛ ☎ ☻ ⒶⒺ ⓪ Ⓔ ＶＩＳＡ
fermé août, dim. soir et lundi – **R** 195/380, enf. 98 – ☲ 49 – **10 ch** 280/298.

XX **Au Petit Nain**, 7 r. Orsoy ℰ (1) 64 33 18 12, ☞ – ⒶⒺ ＶＩＳＡ
fermé 17 juil. au 2 août, vacances de fév., mardi soir, jeudi soir et merc. – **R** 135/270,
enf. 65.

à Germigny-l'Évêque par ① et D 97 : 8 km – ⊠ **77910** :

XXX **Le Gonfalon** Ⓜ ☞ avec ch, 2 r. Église ℰ (1) 64 33 16 05, ≤, ☞ – ⬛ rest ⬛ ☎ ⒶⒺ
⓪ Ⓔ ＶＩＳＡ
fermé janv., dim. soir et lundi – **R** 160/340, enf. 50 – ☲ 40 – **10 ch** 280/340.

à Poincy par ② : 5 km – ⊠ **77470** :

XXX **Moulin de Poincy,** ℰ (1) 60 23 06 80 – ☻ ⒶⒺ Ⓔ ＶＩＳＡ
fermé vacances de Noël, mardi soir et merc. – **R** 185/310.

ALFA ROMEO-LADA-TOYOTA Trouble, 21 r. Sadi-
Carnot à Villenoy ℰ (1) 64 34 07 44
BMW Sodela, 12 r. Buttes-Blanches ZI ℰ (1) 60
09 35 35
CITROEN Victoire Autom., 101 av. Victoire, ZI par
② ℰ (1) 64 34 90 90
FIAT, LANCIA-AUTOBIANCHI Gar. de la
Résidence, rte de Melun à Mareuil-lès-Meaux
ℰ (1) 64 34 10 25
FORD Gar. Brie et Picardie, 44 r. Crèche ℰ (1) 64
34 06 51
MERCEDES-BENZ Compagnon, 137 av. Victoire
ℰ (1) 64 33 05 52
OPEL Meaux Autom., 71-73 av. F.-Roosevelt ℰ (1)
60 25 32 00
PEUGEOT-TALBOT Métin, 81 av. Roosevelt par ②
ℰ (1) 64 33 20 00

RENAULT Vance, 37 av. Roosevelt par ② ℰ (1)
64 34 90 76 Ⓝ ℰ (1) 60 25 71 77
V.A.G Gar. Carnot, 26 et 67 av. F.-Roosevelt ℰ (1)
60 25 10 66

⊕ Central-Pneumatiques, ZI, 57 av. Victoire ℰ (1)
64 34 12 67
Ets Vernières, 101 r. Fg-St-Nicolas ℰ (1) 64 34 44
48
Hurand Pneu, à Trilport ℰ (1) 64 33 41 41
Ile-de-France Pneum., 180 r. Fg-St-Nicolas ℰ (1)
64 33 29 79
La Centrale du Pneu, 19 r. Gén. de Gaulle à
Crouy-sur-Ourcq ℰ (1) 64 35 61 10

☞ *Die auf den Michelin-Karten im Maßstab 1 : 200 000 rot unterstrichenen
Orte sind in diesem Führer erwähnt.
Nur eine neue Karte gibt Ihnen die aktuellsten Hinweise.*

⊀ 7 ⅙ 33 ⅋ – Casino AY – **Voir** Mont d'Arbois au terminus de la télécabine ※ ★★★ BZ.

📷 du Mont d'Arbois 𝒫 50 21 29 79, E : 2 km BZ.

Altiport de Megève-Mont-d'Arbois 𝒫 50 21 41 33, SE : 7 km BZ.

🅱 Office de Tourisme r. Poste 𝒫 50 21 27 28, Télex 385532 et réservations hôtels 𝒫 50 21 29 52.

Paris 600 ① – Chamonix 36 ① – Albertville 31 ② – Annecy 60 ② – ♦Genève 69 ①.

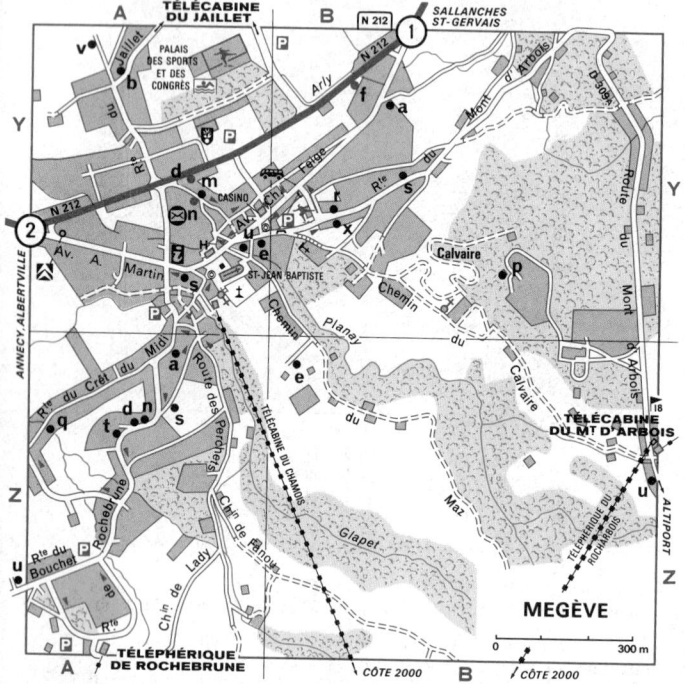

🏨 **Parc des Loges** Ⓜ, 100 r. d'Arly 𝒫 50 93 05 03, Télex 385854, Fax 50 93 09 52, ☞,
« Décoration style "art-déco" », ⅙, ☞ – 📶 📺 ☎ ⅙ ⇔ 🅿 – 🛄 50. ◭ ◉ ⓔ 𝓥𝓘𝓢𝓐
La Rotonde R 180/290 – � 80 – **40 ch** 1000/2000, 13 appart. – ½ P 1350.
AY **m**

🏨 **Loges du Mont Blanc,** pl. Église 𝒫 50 21 20 02, Télex 385854, Fax 50 93 09 52, ☞,
« Fresque et dessins de Jean Cocteau au bar les Enfants Terribles », ⫟ – 📶 📺 ☎
– 🛄 30 à 100. ◭ ◉ ⓔ 𝓥𝓘𝓢𝓐
R 180 – ⊠ 80 – **41 ch** 1000/2000, 3 appart. – ½ P 1350.
AY **s**

🏨 **Les Fermes de Marie** Ⓜ ⌂, chemin de Riante Colline 𝒫 50 93 03 10, Fax 50 93 09 84,
≼, ☞, « Anciennes fermes savoyardes élégamment agencées », ⅙, 🔲, ☞ – 📶 📺 ☎
⅙ ⇔ 🅿 – 🛄 30. ◭ ⓔ 𝓥𝓘𝓢𝓐 ⅋ rest
1er juil.-15 sept. et 18 déc.-10 avril – R (résidents seul.) – ⊠ 45 – **45 ch** (½ pens. seul.),
4 appart., 4 duplex – ½ P 700/1000.

🏨 **Chalet-Mt-d'Arbois** Ⓜ ⌂, rte Mt-d'Arbois 𝒫 50 21 25 03, Télex 309335, Fax 50 21 24 79,
≼, ☞, ⅋ – 📶 📺 ☎ 🅿 ◭ ◉ ⓔ 𝓥𝓘𝓢𝓐
15 juin-3 nov. et 14 déc.-15 avril – R 190/440 – **20 ch** ⊠ 1440/1600 – ½ P 1060.
BY **p**

🏨 **Fer à Cheval,** rte Crêt 𝒫 50 21 30 39, Fax 50 93 07 60, « Élégant décor rustique », ⫟, ☞
– 📶 📺 ☎ ⅙ ⇔ 🅿 – 🛄 30. ⓔ 𝓥𝓘𝓢𝓐 ⅋ rest
1er juil.-1er sept. et 20 déc.-10 avril – R (dîner seul.) carte 220 à 300 – **27 ch** ⊠ 650/1150, 8
appart. 1500 – ½ P 575/725.
BY **a**

🏨 **Coin du Feu,** rte Rochebrune 𝒫 50 21 04 94, ≼, « Décor et ambiance savoyards » – 📶
📺 ☎ ◭ ⓔ 𝓥𝓘𝓢𝓐
10 juil.-31 août et 20 déc.-10 avril – **Saint Nicolas** (15 déc.-15 avril) R carte 180 à 260 –
23 ch ⊠ 730/890 – ½ P 400/600.
AZ **t**

🏨 **Le Manège** Ⓜ, rond-point de Rochebrune 𝒫 50 21 21 08, Fax 50 58 95 32, ⅙, 🔲 – 📶
📺 ☎ ◭ ◉ ⓔ 𝓥𝓘𝓢𝓐
15 juin-30 sept. et 15 déc.-30 avril – **la Cravache d'Or R** 180/240 Enf. 60 – ⊠ 70 – **13 ch**
540/770, 19 appart..
AZ **a**

Le Triolet ⍲, rte Bouchet ℘ 50 21 08 96, Télex 309545, Fax 50 70 77 75, ⩽ – 📺 ☎ ⟷. 🖭 E 𝑉𝐼𝑆𝐴, ℅ rest
AZ u
Noël-Pâques – **R** (nombre de couverts limité, prévenir) 220/350 – ⌁ 60 – **10 ch** 700/950, 3 appart. 1800 – ½ P 650/1100.

Mont-Joly ⍲, rte Crêt du Midi ℘ 50 21 26 14, Fax 50 58 75 20, ⩽, 🍴, 🌳 – 🛗 📺 ☎. 🖭 ⓞ E 𝑉𝐼𝑆𝐴
AZ q
15 juin-15 sept. et 15 déc.-30 mars – **R** 280 – ⌁ 45 – **22 ch** 650 – ½ P 560/600.

La Prairie M sans rest, av. Ch. Feige ℘ 50 21 48 55, Fax 50 21 42 13, ⩽, 🌳 – 🛗 📺 ☎ ⟷ 🅿 🖭 ⓞ E 𝑉𝐼𝑆𝐴
BY d
29 juin-29 sept. et 20 déc.-fin avril – ⌁ 38 – **26 ch** 337/434.

Sapins ⍲, rte Rochebrune ℘ 50 21 02 79, Fax 50 93 07 54, 🍴, 🌳 – 🛗 📺 ☎. E 𝑉𝐼𝑆𝐴. ℅ rest – 25 juin-10 sept. et 20 déc.-10 avril – **R** 142/230, enf. 77 – ⌁ 33 – **19 ch** 244/423 – ½ P 315/390
AZ s

Ferme Hôtel Duvillard, plateau du Mt d'Arbois ℘ 50 21 14 62, Fax 50 21 42 82, ⩽, ⤳, 🌳 – 📺 ☎ 🅿. E 𝑉𝐼𝑆𝐴 – 20 juin-10 sept. et 14 déc. au 15 mai – **R** carte 120 à 200 ⏿, enf. 110 – ⌁ 50 – **19 ch** 520/820 – ½ P 455/560
BZ u

St-Jean ⍲, chemin du Maz ℘ 50 21 24 45, Fax 50 58 78 50, ⩽, 🌳 – 📺 ☎ 🅿
BZ e
fin juin-15 sept. et 22 déc.-début avril – **R** 100 – ⌁ 35 – **15 ch** 250/410 – ½ P 330/345.

Alpina sans rest, pl. Casino ℘ 50 21 54 77 – 📺 ☎. 🖭 ⓞ E 𝑉𝐼𝑆𝐴. ℅
AY e
1er juil.-15 sept. et nov.-15 mai – **15 ch** ⌁ 400/520.

Coeur de Megève sans rest, av. Ch. Feige ℘ 50 21 25 30 – 🛗 📺 ☎. E 𝑉𝐼𝑆𝐴. ℅
AY u
fermé 8 mai au 8 juin – **27 ch** ⌁ 350/590.

Fleur des Alpes, rte Jaillet ℘ 50 21 11 42, ⩽, 🍴, 🌳 – 📺 ☎ 🅿 – ᵭ 50. ⓞ E 𝑉𝐼𝑆𝐴. ℅ rest
AY b
20 mai-20 sept., vacances de nov. et 15 déc.-20 avril – **R** 90/150, enf. 70 – ⌁ 35 – **18 ch** 315/395 – ½ P 370.

Week-End sans rest, rte Rochebrune ℘ 50 21 26 49 – ☎ 🅿. E 𝑉𝐼𝑆𝐴
AZ d
fermé 15 mai au 10 juin et 15 nov. au 1er déc. – ⌁ 30 – **16 ch** 330/490.

L'Auguille ⍲ sans rest, chemin de l'Auguille ℘ 50 21 40 00, ⩽, 🌳 – 📺 ☎ ⟷ 🅿. ℅ – 1er juin-30 sept. et 1er nov.-15 déc. – ⌁ 27 – **11 ch** 300/356
AY v

Les Mourets ⍲, rte Odier par ① : 1 km ℘ 50 21 04 76, Fax 50 58 78 78, ⩽ – 🛗 ☎ ⟷ 🅿. E 𝑉𝐼𝑆𝐴. ℅ rest
15 mai-15 sept. et Noël-fin mars – **R** 80/100 – ⌁ 30 – **24 ch** 260/330 – ½ P 350.

Clos Joli, rte Sallanches par ① ℘ 50 21 20 48, 🌳 – ☎ 🅿. E 𝑉𝐼𝑆𝐴. ℅ rest
fermé 31 oct. au 15 déc. – **R** 80/88 – ⌁ 31 – **24 ch** 200/300 – ½ P 320.

L'Hostellerie, rte Rochebrune ℘ 50 21 23 08 – ☎. 🖭 ⓞ E 𝑉𝐼𝑆𝐴
AZ n
fermé oct. – **R** (fermé merc. en mai, juin et nov.) 85/170 ⑆ – ⌁ 22 – **11 ch** 260/310 – ½ P 263/300.

Patinoire sans rest, rte Mt d'Arbois ℘ 50 21 11 33 – 📺 ☎. E 𝑉𝐼𝑆𝐴
BY x
⌁ 25 – **14 ch** 250/400.

Rond-Point d'Arbois, rte Mt-d'Arbois ℘ 50 21 17 50, 🌳 – 📺 ☎. E 𝑉𝐼𝑆𝐴. ℅ rest BY r
1er juin -10 sept. et 1er déc.-30 avril – **R** (½ pens. seul.) – **14 ch** ⌁ 320/400 – ½ P 280/310.

🍴🍴 **Aub. Les Griottes,** rte Nationale ℘ 50 93 05 94, 🍴 – E 𝑉𝐼𝑆𝐴
BY f
fermé fin vacances de printemps au 15 mai, 1er nov. au 19 déc., dim. soir et lundi hors sais. – **R** 110/160 ⑆.

🍴🍴 **Bouquet Garni,** rte Sallanches par ① ℘ 50 21 26 82, 🍴 – 🅿. 🖭 E 𝑉𝐼𝑆𝐴
fermé 3 au 21 juin, 7 au 25 oct., mardi et merc. du 1er mai au 30 juin et du 1er oct. au 15 déc. – **R** 85/400.

🍴 **Tire-Bouchon,** r. d'Arly ℘ 50 21 14 73 – 🖭 E 𝑉𝐼𝑆𝐴 – fermé 17 oct. au 1er déc., mardi soir et merc. sauf juil.-août et vacances scolaires – **R** 89/110 ⑆, enf. 45
AY n

à Petit Bois par ① : 3 km – ⊠ 74120 :

Princesse de Megève M ⍲, les Poex ℘ 50 93 08 08, Fax 50 21 45 65, ⩽, 🌲 (été), « Cadre rustique élégant », 🛁, 🌳 – 📺 ☎ 🅿 ⟷ 🅿. 🖭 E 𝑉𝐼𝑆𝐴. ℅ rest
fermé 15 nov. au 20 déc. – **R** (snack) carte 150 à 280, enf. 60 – **11 ch** ⌁ 630/1450 – ½ P 575/850.

au sommet du Mont d'Arbois par télécabine du Mt d'Arbois ou télécabine de la Princesse – ⊠ 74170 St-Gervais :

L'Igloo M ⍲, ℘ 50 93 05 84, 🍴, 🌲 (été), « ❄ chaîne du Mont Blanc » – 📺 ☎. E 𝑉𝐼𝑆𝐴
15 juin-15 sept. et 15 déc.-15 avril – **R** carte 175 à 240 – **11 ch** ⌁ 500/1400 – ½ P 500/800.

à l'altiport SE : 7,5 km par rte Mont d'Arbois - BZ – alt. 1 450 – ⊠ 74120 Megève :

🍴 **Cote 2000,** ℘ 50 21 31 84, ⩽, 🍴 – E 𝑉𝐼𝑆𝐴
juil.-août, Noël-Pâques – **R** carte 140 à 200.

CITROEN Mont-Blanc Gar., r. A.-Martin ℘ 50 21 05 72
FIAT, LANCIA-AUTOBIANCHI Gar. Gachet, rte de Sallanches ℘ 50 21 21 23 🆖

MERCEDES V.A.G Gar. du Christomet, rte d'Albertville ℘ 50 58 76 22 🆖 ℘ 50 21 00 27

MEHUN-SUR-YEVRE 18500 Cher 🆖 ⑳ G. Berry Limousin – 7 178 h. alt. 120.

🅱 Syndicat d'Initiative pl. 14-Juillet (15 juin-15 sept.) ℰ 48 57 35 51.

Paris 225 – Bourges 17 – Cosne-sur-Loire 72 – Gien 77 – Issoudun 32 – Vierzon 16.

🏠 **Croix-Blanche,** 164 r. Jeanne d'Arc ℰ 48 57 30 01, 🍴 – 📺 ☎ 🅿 E VISA ⅙ rest
↔ fermé 22/9 au 1/10, 21/12 au 22/1, dim. sauf le midi du 1/10 au 31/3 et lundi sauf le soir
du 1/4 au 30/9 – **R** 60/170 ♨, enf. 40 – ☑ 24 – **19 ch** 105/270 – ½ P 150/215.

🌱 **Les Abiès,** rte Vierzon ℰ 48 57 39 31, 🍴, 🍴 – 🅿 E VISA
fermé vacances de fév., dim. soir et lundi – **R** 95/200.

🔘 Interpneus, r. Magloire-Faiteau ℰ 48 57 33 13

MÉJANNES-LÈS-ALÈS 30 Gard 🆖 ⑱ – rattaché à Alès.

Le MÊLE-SUR-SARTHE 61170 Orne 🆖 ④ – 800 h. alt. 155.

Paris 169 – L'Aigle 37 – Alençon 22 – Argentan 43 – Bellême 25 – Mamers 20 – Mortagne-au-P. 16.

🏠 **Poste,** ℰ 33 27 60 13, parc – 🐴 🅿 E VISA
↔ fermé 2 au 20 nov., vacances de fév., lundi midi d'oct. à Pâques, lundi soir d'oct. à début
mai et dim. soir – **R** 49/235 ♨ – ☑ 26 – **18 ch** 120/290.

RENAULT Gd Gar. Moderne ℰ 33 27 60 07

MELUN 🅿 77000 S.-et-M. 🆖 ②, 🔲 ㊺ G. Ile de France – 36 218 h. alt. 54.

Env. Vaux-le-Vicomte : château★★ et jardins★★★ 6 km par ②.

🏌 la Croix des Anges à Réau ℰ (1) 60 60 18 76, par ⑨ N 105 : 8,5 km.

🅱 Office de Tourisme 2 av. Gallieni ℰ (1) 64 37 11 31.

Paris 48 ⑧ – Fontainebleau 18 ⑤ – Châlons-sur-Marne 146 ① – Chartres 114 ⑧ – Meaux 59 ② – ◆Orléans
104 ⑥ – ◆Reims 147 ② – Sens 70 ⑤ – Troyes 124 ③.

Plans page ci-contre

🏨 **Gd Monarque-Concorde** Ⓜ 🐕, par ⑤ : 2,5 km rte Fontainebleau ℰ (1) 64 39 04 40,
Télex 690140, Fax 64 39 94 10, 🍴, parc, ⊿, ⅍ – 🕃 🔲 rest 📺 ☎ 🅿 – 🔬 150. 🆎 ⓪ E
VISA
R 175, enf. 60 – ☑ 45 – **45 ch** 390/470 – ½ P 360.

🏠 **Ibis** Ⓜ, 81 av. Meaux ℰ (1) 60 68 42 45, Télex 691779 – 📺 ☎ ᚘ 🅿 – 🔬 30. E
VISA
R 77 ♨, enf. 35 – ☑ 29 – **74 ch** 250/270.   X a

🍴🍴 **Caves de Touraine,** 8 quai Joffre ℰ (1) 64 37 03 48 – 🆎 ⓪ E VISA   AZ e
fermé 14 juil. au 14 août, dim. soir et lundi – **R** 195 bc/230.

à Dammarie-les-Lys – 19 879 h. – ✉ 77190 :

🏠 **Campanile** Ⓜ, 346 r. B. de Poret par ⑥ ℰ (1) 64 37 51 51, Télex 691621 – 📺 ☎ ᚘ 🅿
– 🔬 50. E VISA
R 74 bc/98 bc, enf. 39 – ☑ 27 – **50 ch** 248.

🍴🍴 Quai Voltaire, 249 quai Voltaire par quai Rossignol ℰ (1) 64 39 31 55, 🍴.

à Crisenoy par ② : 10 km – ✉ 77390 :

🍴🍴 **Aub. de Crisenoy,** Gde Rue ℰ (1) 64 38 83 06, 🍴 – 🅿. ⓪ E VISA
fermé dim. soir et lundi – **R** 98/140, enf. 55.

à Vaux-le-Pénil par ④ – 7 001 h. – ✉ 77000 :

🏠 **Climat de France** Ⓜ 🐕, 338 r. R. Hervillard ℰ (1) 64 52 71 81, Télex 693140 – 📺 ☎
ᚘ 🅿 – 🔬 25. 🆎 E VISA
R 90/145 ♨, enf. 40 – ☑ 32 – **42 ch** 255.

🍴🍴🍴 **La Table St-Just,** face Château ℰ (1) 64 09 37 21 – 🆎 E VISA ⅙
fermé 5 août au 5 sept., sam. midi et dim. – **R** 180/280.

au Plessis-Picard par ⑧ : 8 km – ✉ 77550 :

🍴🍴 **La Mare au Diable,** ℰ (1) 60 63 17 17, Fax (1) 64 41 88 49, 🍴, ⊿, ⅍ – 🅿. 🆎 ⓪ VISA
fermé dim. soir et lundi – **R** 150/300, enf. 45.

CITROEN Bernard Terrasse Autom., 100 rte de
Montereau à Vaux-le-Pénil ℰ (1) 64 37 92 10 🄽
FORD Gd Gar. de la Gare, N 6 ZAC les Caves à
Vert-St-Denis ℰ (1) 60 68 22 57
MERCEDES-BENZ SAFI 77, 11 av. Gén.-Patton
ℰ (1) 60 68 86 45
OPEL Gar. de Brie et Champagne, 27 rte de Mon-
tereau ℰ (1) 64 39 37 08
PEUGEOT, TALBOT Duport-Automobiles, N 6,
Vert-St-Denis par ⑧ ℰ (1) 60 68 69 70 🄽 ℰ (1)
64 52 35 14

RENAULT Escobrie-Melun, 23 rte de Montereau
ℰ (1) 64 39 95 77 🄽 ℰ (1) 05 05 15 15

🔘 La Centrale de Pneu, 11 r. de Ponthierry ℰ (1)
64 37 20 99
Piot-Pneu, 22 r. Mar-Juin, ZI à Vaux-le-Pénil ℰ (1)
64 39 12 63

☞ Un automobiliste averti utilise le guide Michelin de l'année.

MELUN

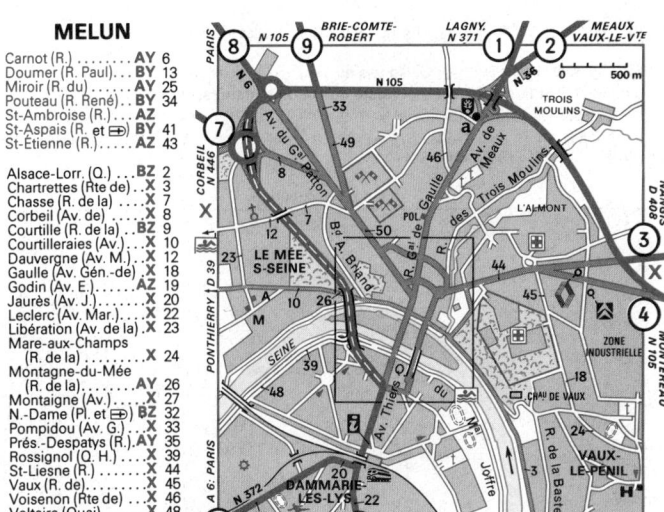

671

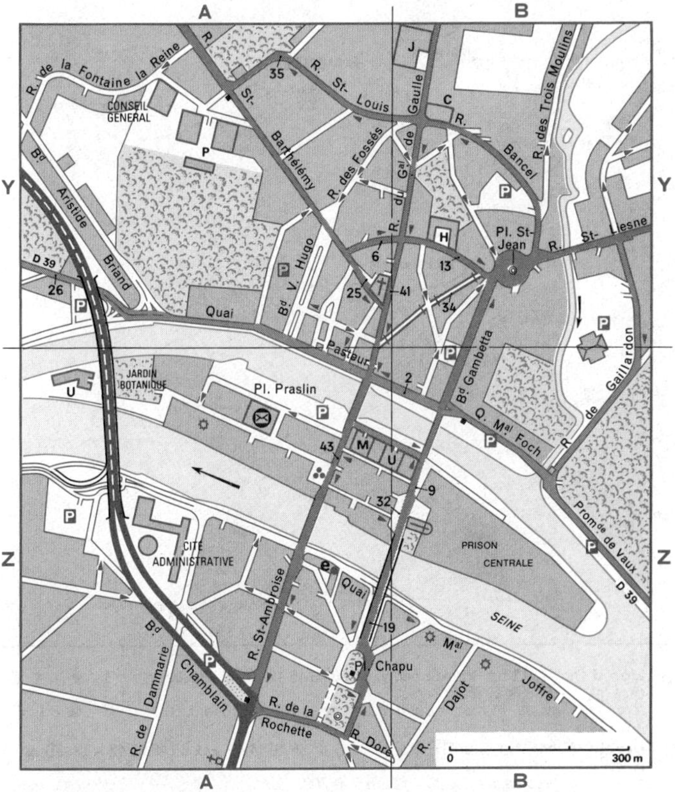

MENDE ℙ **48000** Lozère ⏹⏹ ⑤⑥ G. Gorges du Tarn – 12 113 h. alt. 731.

Voir Cathédrale★ – Pont N.-Dame★ – Route du col de Montmirat★★ par ③.

🛈 Syndicat d'Initiative 16 bd Soubeyran ℰ 66 65 02 69 – A.C. 3 r. Chapitre ℰ 66 49 20 54.

Paris 584 ① – Alès 110 ③ – Aurillac 159 ① – Gap 306 ② – Issoire 153 ① – Millau 83 ③ – Montélimar 155 ② – Le Puy 92 ② – Rodez 109 ③ – Valence 179 ②.

Plan page ci-contre

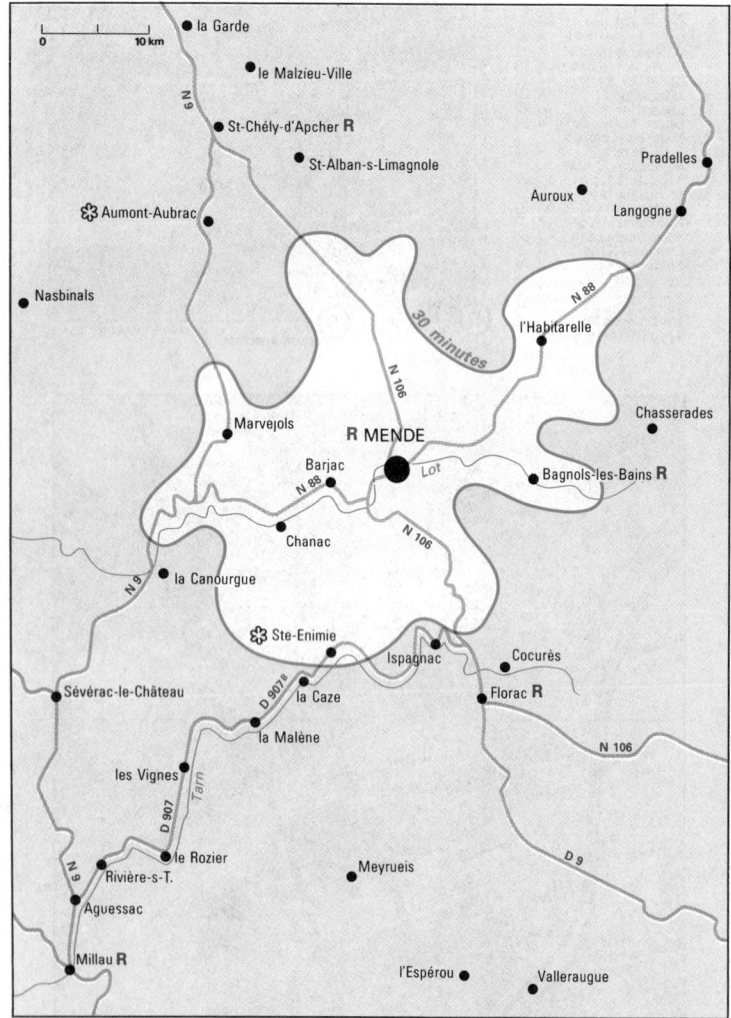

🏨 **Lion d'Or** Ⓜ, 12 bd Britexte par ② ℰ 66 49 16 46, Télex 480302, ☰, ⌁, 🐎 – 🛗 🖸 ☎
℗ – 🛋 40. ᴬᴱ ⓪ Ⓔ ⱽᴵˢᴬ. ✋ rest
fermé 15 janv. au 1ᵉʳ mars et dim. hors sais. – **R** 100/210, enf. 60 – ⟳ 33 – **40 ch** 267/420 – ½ P 395.

🏨 **Urbain V** sans rest, 9 bd Th. Roussel **(s)** ℰ 66 49 14 49, Fax 66 49 20 42 – 🛗 🖸 ☎ 🚗.
Ⓔ ⱽᴵˢᴬ
fermé dim. hors sais. – ⟳ 30 – **60 ch** 210/300.

MENDE

Pour un bon usage
des plans de villes
voir les signes conventionnels
dans l'introduction.

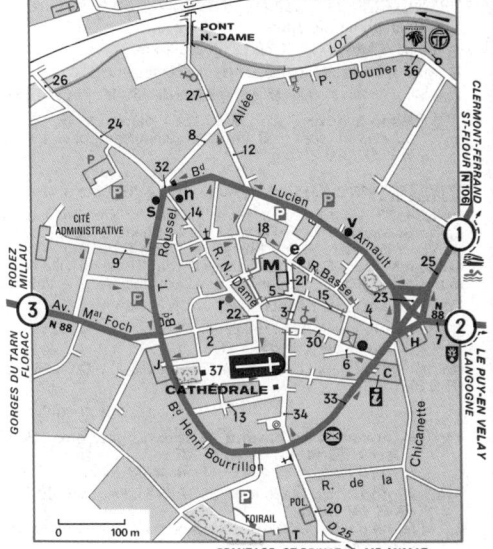

ERMITAGE ST-PRIVAT — MT MIMAT

🏨 **Pont Roupt** (annexe 12 ch), av. 11-Novembre par ③ ℰ 66 65 01 43, 🍴 – ☎ 🅿 – ⚿ 30.
   🗓 VISA 🛇
   fermé 1ᵉʳ fév. au 1ᵉʳ mars – **R** *(fermé dim. soir et lundi d'oct. à mars)* 75/180 – ☲ 25 –
   28 ch 170/280 – ½ P 180/230.

🏨 **France,** 9 bd L. Arnault **(v)** ℰ 66 65 00 04 – 📺 ☎ 🚗 🗓 VISA
   fermé 15 déc. au 31 janv. – **R** *(fermé dim. soir et lundi hors sais.)* 75/170 ⅃, enf. 55 – ☲ 26
   – **28 ch** 200/280 – ½ P 210/230.

🏠 **Relais de la Tour** 📐, 30 av. Gorges du Tarn ℰ 66 49 05 50, Fax 66 65 05 21, 🍴 , ⅃ –
◆   📺 ☎ ⅙ 🅿 – ⚿ 25 à 50. 🖭 🗓 VISA
   R *(fermé dim. du 1ᵉʳ nov. au 30 mars)* 66/160 ⅃, enf. 30 – ☲ 28 – **41 ch** 210/260 – ½ P 230.

🏠 **Remparts** sans rest, pl. Th. Roussel **(n)** ℰ 66 65 02 29 – ☎ 🅿
   fermé 24 déc. au 2 janv. – ☲ 22 – **10 ch** 180/200.

✗ **La Gogaille,** 5 r. Notre-Dame **(r)** ℰ 66 65 00 79
◆   *fermé dim. soir et lundi hors sais. –* **R** 65/120, enf. 40.

CITROEN Gar. des Causses, 27 av. Gorges-du-
Tarn par ③ ℰ 66 49 11 22 🗅 ℰ 66 65 27 03
PEUGEOT-TALBOT Giral, 7 allée Soupirs
ℰ 66 49 00 15

🅫 Escoffier-Pneu Plus, 31 av. Gorges-du-Tarn
ℰ 66 65 08 69
Vulc Lozérienne, 9 bd Britexte ℰ 66 65 03 98

MÉNESQUEVILLE 27850 Eure 🗒 ⑤ **G. Normandie Vallée de la Seine** – 387 h. alt. 43.
Paris 101 – ◆Rouen 28 – Les Andelys 16 – Évreux 57 – Gournay-en-Bray 32 – Lyons-la-Forêt 7.

🏠 **Relais de la Lieure** 📐, ℰ 32 49 06 21, 🌲 – 📺 ☎ ⅙ 🅿 🗓 VISA. 🛇 ch
◆   *fermé 24 déc. au 10 fév. –* **R** *(fermé dim. soir et lundi sauf juil.-août)* 68/220, enf. 42 – ☲ 26
   – **16 ch** 200/260 – ½ P 230/290.

MENETOU-RATEL 18300 Cher 🗒 ⑫ – 506 h. alt. 311.
Paris 197 – Bourges 52 – La Charité-sur-Loire 35 – Cosne-sur-Loire 16 – Salbris 65 – Sancerre 9.

✗ **Maillet,** rte Sancerre ℰ 48 79 32 54 – 🅿 🛇
   fermé 22 déc. au 12 janv., 2 au 17 mars et lundi – **R** (déj. seul) 110/150.

CITROEN Maillet ℰ 48 79 32 54

MÉNEZ-HOM 29 Finistère 🗒 ⑮ **G. Bretagne** – alt. 330.
Voir ❄★★★ – Site★ de Trégarvan N : 10 km.
Paris 564 – Châteaulin 14.

Le MÉNIL 88 Vosges 🗒 ⑧ – rattaché au Thillot.

During the season, particularly in resorts, it is wise to book in advance.

MENTHON-ST-BERNARD 74290 H.-Savoie 74 ⑥ G. Alpes du Nord – 1 178 h. alt. 482.

Voir Château de Menthon★ : ≤★ E : 2 km.

🏠 du lac d'Annecy ℰ 50 60 12 89, S : 1 km.

🆔 Syndicat d'Initiative (fermé après-midi oct.-mai) ℰ 50 60 14 30.

Paris 548 – Annecy 9 – Albertville 37 – Bonneville 45 – Megève 52 – Talloires 4,5 – Thônes 13.

🏠 **Beau Séjour** ⚓, ℰ 50 60 12 04, parc – ☎ 🅿. ⚘ rest
15 avril-fin sept. – **R** (en sem. dîner seul. pour résidents) 120/150 – **18 ch** ⌑ 290/380 – ½ P 300/320.

MENTON 06500 Alpes-Mar. 84 ⑩⑳, 115 ㉘ G. Côte d'Azur – 25 449 h. alt. 16 – Casino du Soleil AZ.

Voir Site★★ – Bord de mer et vieille ville★★ : Promenade du Soleil★★ ABYZ, Parvis St-Michel★★, Église St-Michel★ BY F, Façade★ de la Chapelle de la Conception BY B, ≤★ de la jetée BV, ≤★ du Vieux cimetière BX D – Musée du Palais Carnolès★ AX M1 – Garavan★ BV – Jardin botanique exotique★ BV E – Salle des mariages★ de l'Hôtel de Ville BY H – Statuettes féminines★ du musée municipal BY M2 – ≤★ du jardin des Colombières BV – Vallée du Careï★ par ①.

Env. Monastère de l'Annonciade ⚘★ N : 6 km AV – Gorbio : site★ NO : 9 km.

🆔 Office de Tourisme "Palais de l'Europe", 1 av. Boyer ℰ 93 57 57 00, Télex 462207 avec A.C. ℰ 93 35 77 39 et à la Gare Routière ℰ 93 28 43 27.

Paris 961 ③ – Monaco 11 ③ – Aix-en-Provence 206 ① – Cannes 63 ① – Cuneo 102 ① – Monte-Carlo 09 ③ – ◆Nice 30 ①.

Plans page ci-contre

🏨🏨 **Princess et Richmond** 🅼 sans rest, 617 prom. Soleil ℰ 93 35 80 20, Fax 93 57 40 20, ≤ – 🛗 🗏 📺 ☎ 🅿. ⚙ ⑩ 🅔 🆅🆂🆀 ⌑ 431/505.　　　　　　　　　　　　　　AZ s
fermé 5 nov. au 20 déc. – **43 ch** ⌑ 431/505.

🏨🏨 **Aiglon**, 7 av. Madone ℰ 93 57 55 55, Fax 93 57 40 20, 🏡, 🏊, 🌳 – 🛗 🗏 📺 ☎ 🅿. ⚙ ⑩ 🅔 🆅🆂🆀. ⚘ rest　　　　　　　　　　　　　　　　　　　　　　　AZ b
fermé 5 nov. au 20 déc. – **Le Riaumont** (fermé merc.) **R** 170/380 Enf. 80 – **29 ch** ⌑ 406/605 – ½ P 390/472.

🏨🏨 **Europ H.** 🅼 sans rest, 35 av. Verdun ℰ 93 35 59 92 – 🛗 🗏 📺 ☎ 🖑 ⇦. ⚙ ⑩ 🅔 🆅🆂🆀 ⌑ 30 – **33 ch** 530.　　　　　　　　　　　　　　　　　　　　　　　　AY v

🏨🏨 **Chambord** 🅼 sans rest, 6 av. Boyer ℰ 93 35 94 19, Fax 93 41 30 55 – 🛗 🗏 📺 ☎ ⇦. ⚙ ⑩ 🅔 🆅🆂🆀　　　　　　　　　　　　　　　　　　　　　　　　AY a
40 ch ⌑ 350/470.

🏨 **Méditerranée** 🅼, 5 r. République ℰ 93 28 25 25, Télex 461361, Fax 93 57 88 38 – 🛗 📺 ☎ 🖑 ⇦ – 🛐 30. 🅔 🆅🆂🆀. ⚘ rest　　　　　　　　　　　　　　　BY m
R 100/110 🍴, enf. 75 – ⌑ 35 – **90 ch** 420/450 – ½ P 370.

🏨 **Dauphin** sans rest, 28 av. Gén. de Gaulle ℰ 93 35 76 37, ≤ – 🛗 📺 ☎ ⇦ 🅿. ⚙ 🅔 🆅🆂🆀. ⚘　　　　　　　　　　　　　　　　　　　　　　　　AX y
fermé 20 oct. au 20 déc. – **30 ch** ⌑ 205/425.

🏨 **Prince de Galles**, 4 av. Gén. de Gaulle ℰ 93 28 21 21, Télex 462540, Fax 93 35 92 91, ≤, 🏡 – 🛗 📺 ☎ 🅿 – 🛐 35. 🅔 ⑩ 🅔 🆅🆂🆀. ⚘　　　　　　　　　　　　AX e
Petit Prince (fermé 15 nov. au 15 déc. et mardi) **R** 85170 – ⌑ 35 – **68 ch** 280/470 – ½ P 295/355.

🏨 **Viking**, 2 av. Gén. de Gaulle ℰ 93 57 95 85, Télex 970331, Fax 93 35 89 57, ≤, 🏊 – 🗏 ch 📺 ☎. ⚙ ⑩ 🅔 🆅🆂🆀　　　　　　　　　　　　　　　　　　　AX e
hôtel : fermé 12 nov. au 14 déc. ; rest. : fermé fin oct. au 14 déc. et merc. hors sais. – **R** 87/125 – ⌑ 32 – **32 ch** 320/450 – ½ P 318/350.

🏨 **Beau Rivage** sans rest, 1 av. Ibanez ℰ 93 28 08 08, Télex 970339 – 🛗 🗏 📺 ☎ 🅿. 🆅🆂🆀　　　　　　　　　　　　　　　　　　　　　　　　　　BV r
⌑ 38 – **40 ch** 344/428.

🏨 **Orly**, 27 Porte de France ℰ 93 35 60 81, ≤, 🏡 – 🗏 ch ☎ 🅿. ⚙ 🅔 🆅🆂🆀　　BV e
fermé 20 nov. au 28 déc. – **R** (fermé mardi) 85/120 – **30 ch** ⌑ 267/480 – ½ P 233/322.

🏨 **Moderne** sans rest, 1 cours Georges V ℰ 93 57 20 02, Fax 93 35 71 87 – 🛗 📺 ☎ – 🛐 60. ⚙ ⑩ 🅔 🆅🆂🆀　　　　　　　　　　　　　　　　　　　　　　AZ e
⌑ 18 – **32 ch** 280/380.

🏨 **Amirauté** sans rest, 3 Porte de France ℰ 93 35 59 41 – 🛗 ☎. 🅔 🆅🆂🆀　　　BX s
fermé nov. – ⌑ 32 – **18 ch** 250/335.

🏠 **Pin Doré**, 16 av. F. Faure ℰ 93 28 31 00, ≤, 🏡, 🏊 – 🛗 ☎ 🅿. ⚙ ⑩ 🅔 🆅🆂🆀　　BY f
fermé 15 nov. au 21 déc. – **La Rotonde R** (fermé lundi) 85 /160 🍴 – **45 ch** ⌑ 280/380 – ½ P 250/280.

🏠 **Richelieu** sans rest, 26 r. Partouneaux ℰ 93 35 74 71 – 🛗 ☎. 🅔 🆅🆂🆀. ⚘　　BY q
fermé 26 oct. au 4 nov. – ⌑ 26 – **32 ch** 400/550.

🏠 **Claridge's** sans rest, 39 av. Verdun ℰ 93 35 72 53 – 🛗 📺 ☎. 🅔 🅔 🆅🆂🆀　　AY f
⌑ 28 – **39 ch** 224/354.

🏠 **Londres**, 15 av. Carnot ℰ 93 35 74 62, Fax 93 41 77 78, 🏡 – 🛗 📺 ☎. 🅔 🅔 🆅🆂🆀. ⚘ rest
fermé 25 oct. au 22 déc. – **R** (fermé merc.) 95 – **26 ch** ⌑ 213/357 – ½ P 230/290.　AZ d

🏠 **Le Globe**, 21 av. Verdun ℰ 93 35 73 03 – 🛗 📺 ☎. 🅔 🆅🆂🆀. ⚘ ch　　　　　AY r
fermé 20 nov. au 10 déc. et mardi soir hors sais. – **R** 90/220 🍴, enf. 60 – ⌑ 25 – **24 ch** 250/280 – ½ P 235/250.

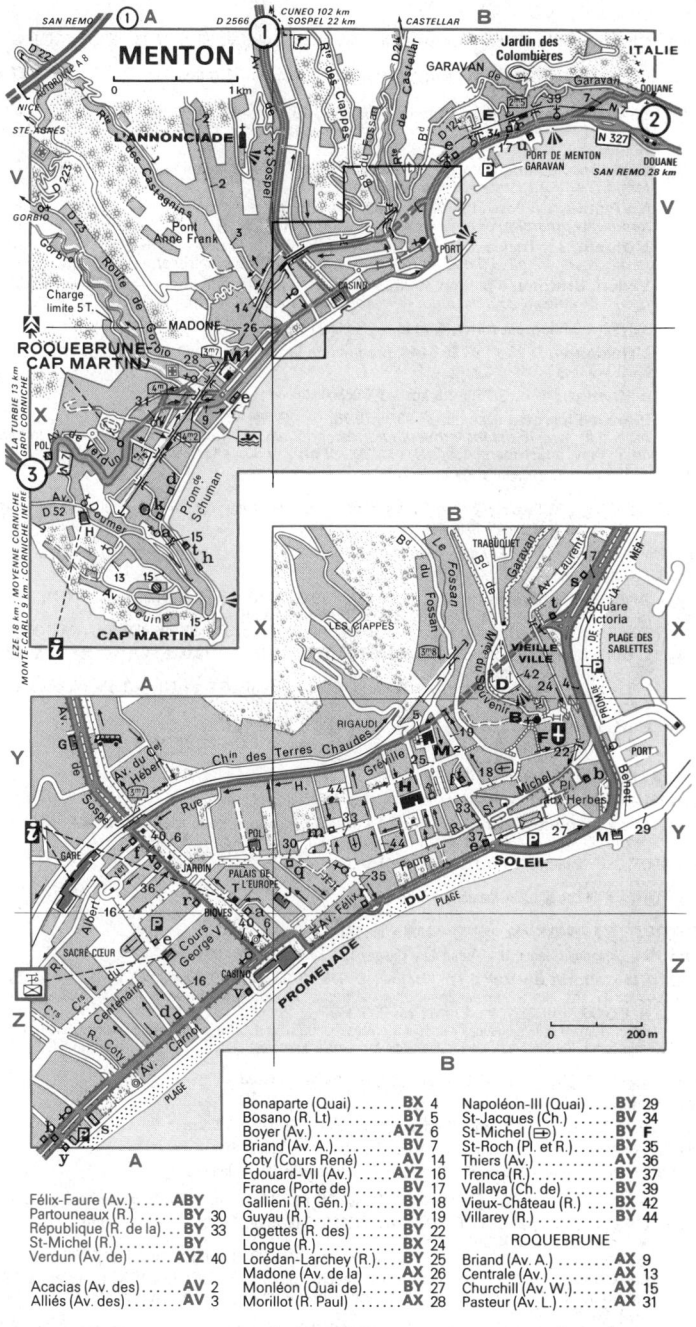

LP 1550 MENTON

MENTON

SAN REMO ① A D 2566 CUNEO 102 km CASTELLAR B Jardin des Colombières ITALIE

GARAVAN

② DOUANE

PORT DE MENTON GARAVAN SAN REMO 28 km

L'ANNONCIADE

Pont Anne Frank

ROQUEBRUNE CAP MARTIN

Charge limite 5 T.

MADONE

Prom. de Schuman

CAP MARTIN

TRABOUQUET

LES CIAPPES

VIEILLE VILLE

PLAGE DES SABLETTES

Square Victoria

RIGAUDI

Ch^in des Terres Chaudes

PALAIS DE L'EUROPE

SOLEIL

PROMENADE DU SOLEIL

Les plans de villes sont orientés le Nord en haut.

Bonaparte (Quai)	**BX**	4
Bosano (R. Lt)	**BY**	5
Boyer (Av.)	**AYZ**	6
Briand (Av. A.)	**BV**	7
Coty (Cours René)	**AV**	14
Édouard-VII (Av.)	**AYZ**	16
France (Porte de)	**BV**	17
Gallieni (R. Gén.)	**BY**	18
Guyau (R.)	**BY**	19
Logettes (R. des)	**BY**	22
Longue (R.)	**BX**	24
Lorédan-Larchey (R.)	**BY**	25
Madone (Av. de la)	**AX**	26
Monléon (Quai de)	**BY**	27
Morillot (R. Paul)	**AX**	28

Napoléon-III (Quai)	**BY**	29
St-Jacques (Ch.)	**BV**	34
St-Michel (⇦)	**BY**	**F**
St-Roch (Pl. et R.)	**BY**	35
Thiers (Av.)	**AY**	36
Trenca (R.)	**BY**	37
Vallaya (Ch. de)	**BV**	39
Vieux-Château (R.)	**BX**	42
Villarey (R.)	**BY**	44

ROQUEBRUNE

Briand (Av. A.)	**AX**	9
Centrale (Av.)	**AX**	13
Churchill (Av. W.)	**AX**	15
Pasteur (Av. L.)	**AX**	31

Félix-Faure (Av.)	**ABY**	
Partouneaux (R.)	**BY**	30
République (R. de la)	**BY**	33
St-Michel (R.)	**BY**	
Verdun (Av. de)	**AYZ**	40

Acacias (Av. des)	**AV**	2
Alliés (Av. des)	**AV**	3

675

XX **Chez Mireille-l'Ermitage** avec ch, 1080 prom. Soleil ✆ 93 35 77 23, ≤, – TV ☎. AE ⓓ E VISA AZ **v**
fermé 2 au 17 déc. – **R** *(fermé mardi du 22 oct. au 31 mars)* 145/250 – ▭ 40 – **21 ch** 260/410 – ½ P 320/365.

XX **La Calanque,** 13 square Victoria ✆ 93 35 83 15, – AE ⓓ E VISA BX **t**
fermé 31 oct. au 4 déc., le midi en juil.-août, mardi soir et merc. du 1er oct. au 30 juin – **R** 140.

XX **Le Galion,** port de Garavan ✆ 93 35 89 73, , cuisine italienne – E VISA BV **u**
fermé 7 janv. au 7 mars et mardi – **R** carte 150 à 300.

XX **Au Pistou,** 2 r. Fossan ✆ 93 57 45 89, – E VISA BY **f**
fermé nov., mardi midi et lundi sauf juil.-août – **R** 72/92 🍷.

X **L'Oursin,** 3 r. Trenca ✆ 93 28 33 62, , produits de la mer – AE E VISA BY **e**
fermé 1er au 15 juil., 20 déc. au 10 janv. et merc. – **R** (prévenir) carte 230 à 300.

X **Viviers Bretons,** 6 pl. Cap ✆ 93 35 24 24, , produits de la mer – E VISA BY **b**
fermé 1er nov. au 26 déc., lundi et mardi d'oct. à mars – **R** (prévenir) 150/250.

au NO : 3,5 km par rte de Gorbio – ✉ **06500** Menton :

X **L'Hacienda,** D 23 ✆ 93 35 84 44, produits de la ferme – AE ⓓ E VISA AV
R 210/260 🍷.

à Monti par ① et D 2566 : 5 km – ✉ **06500** Menton :

XX **Pierrot-Pierrette** avec ch, ✆ 93 35 79 76, ≤ – E VISA
hôtel : 1er avril-15 oct. et fermé lundi ; rest. : 15 janv.-30 nov. et fermé lundi – **R** (déj. seul. du 15 janv. au 31 mars) 135/200 – ▭ 30 – **6 ch** 210/300 – ½ P 275/320.

FORD Idéal Gar., 1 av. Riviéra ✆ 93 35 79 20

Les MENUIRES

73 Savoie **77** ⑦⑧ **G. Alpes du Nord** – alt. 1 700 – Sports d'hiver : 1 400/2 850 m 11 43 – ✉ **73440** St-Martin-de-Belleville.

Office de Tourisme ✆ 79 00 73 00, Télex 980084.

Paris 637 – Albertville 53 – Chambéry 100 – Moûtiers 27.

Altéa Les Bruyères M , Reberty ✆ 79 00 75 10, Télex 319138, Fax 79 00 70 70, ≤ – TV ☎ – 30 à 150. AE ⓓ E VISA. rest
29 juin-1er sept. et 22 déc.-21 avril – **R** 140, enf. 60 – ▭ 57 – **95 ch** 450/950 – ½ P 355/595.

L'Ours Blanc M , à Reberty 2000 ✆ 79 00 61 66, Fax 79 00 63 67, ≤, – TV – 70. AE E VISA. rest
juil.-août et 14 déc.-début mai – **R** carte 150 à 250, enf. 60 – ▭ 50 – **49 ch**, (½ pens. seul., 4 appart. – ½ P 420.

Carl, ✆ 79 00 73 73, ≤ – ☎ – 25. AE E VISA
15 déc.-15 avril et 15 juin-15 sept. – **R** carte environ 150 – **32 ch** ▭ 300 – ½ P 400.

MER

41500 L.-et-Ch. **64** ⑦⑧ – 5 831 h. alt. 87.

Paris 164 – ♦Orléans 38 – Blois 18 – Châteaudun 54 – Romorantin-Lanthenay 51.

XX **Les Calanques,** 21 r. S. Héme ✆ 54 81 00 55, produits de la mer – AE E VISA.
fermé 30 janv. au 2 mars, lundi (sauf juil.-août) et dim. soir – **R** 140/170.

PEUGEOT Gar. Clément, 15 rte d'Orléans ✆ 54 81 03 75

MERCUÈS

46 Lot **79** ⑧ – rattaché à Cahors.

MERCUREY

71640 S.-et-L. **69** ⑨ – 2 028 h. alt. 241.

Paris 346 – Chalon-sur-Saône 13 – Autun 40 – Chagny 12 – Le Creusot 28 – Mâcon 72.

✿ **Hôtellerie du Val d'Or** (Cogny), D 978 ✆ 85 45 13 70, Fax 85 45 18 45, – TV ☎ . E VISA. – *fermé 25 août au 2 sept., 15 déc. au 15 janv., mardi midi et lundi* – **R** 150/360, enf. 85 – ▭ 40 – **11 ch** 290/360
Spéc. Homard et langoustines sautés aux épices, Ris de veau meunière à la crème citronnée et aux girolles (juin-sept.), Soufflé glacé vigneronne. Vins Montagny, Mercurey.

MÉRIBEL-LES-ALLUES

73550 Savoie **74** ⑱ **G. Alpes du Nord.**

Voir Sommet de la Saulire ※** SE par télécabine.

18 ✆ 79 00 52 67, NE : 4,5 km – **Altiport ✆ 79 08 61 33, NE : 4,5 km.**

Office de Tourisme de la Vallée des Allues ✆ 79 08 60 01, Télex 980001.

Paris 628 – Albertville 44 – Annecy 89 – Chambéry 91 – ♦Grenoble 128 – Moûtiers 18.

à Méribel – alt. 1 700 – Sports d'hiver : 1 450/2 910 m 12 32 – ✉ **73550** Méribel-les-Allues :

Gd Coeur , ✆ 79 08 60 03, Télex 309623, Fax 79 08 58 38, ≤, , (été), – TV ☎ . AE ⓓ E VISA. rest
20 déc.-14 avril – **R** 280, enf. 105 – **42 ch** ▭ 800/1400, 8 appart. 2100 – ½ P 680/930.

Le Chalet M , sur les pistes (accès piétonnier) ✆ 79 00 55 71, Télex 309992, Fax 79 00 56 22, ≤, , « Belle décoration intérieure », – rest TV ☎ – 50. AE VISA. rest
15 déc.-6 mai et 6 juil.-2 sept. – **R** 200/250, enf. 100 – ▭ 60 – **34 ch** 1300/2800 – ½ P 950/1050.

Allodis M ⛰ au Belvédère ☏ 79 00 56 00, Télex 309949, Fax 79 00 59 28, ≤, 🏖, ℱ, ⛱ – |♦| TV ☎ ♿ 🚗 P – 🎓 60. AE ⓓ E VISA. ✂ rest
1er juil.-15 sept. et 1er déc.-fin avril – **R** 200/220, enf. 80 – ☐ 60 – **29 ch** 1200/1600, 12 appart. 1900 – ½ P 900/1200.

La Chaudanne M, ☏ 79 08 61 76, Télex 980474, Fax 79 08 57 75, ≤, ℱ, ⛱ – |♦| cuisinette TV ☎ 🚗 P – 🎓 50 à 70. AE E VISA. ✂ rest
30 juin-30 sept. et 15 déc.-5 mai – **R** 100/215 ♁, enf. 60 – **68 ch** ☐ 800/1600, 10 appart. 1200/1600 – ½ P 550/1000.

Alba M ⛰, ☏ 79 08 55 55, Fax 79 00 55 63, ≤, 🏖, ℱ – |♦| TV ☎ ♿ 🚗. E VISA. ✂ rest
hôtel : fermé dim. du 25 avril au 15 déc. ; rest. : 1er juil.-31 août et 15 déc.-25 avril – **R** 150/290 – **23 ch** ☐ 670/960 – ½ P 650/720.

Orée du Bois ⛰, ☏ 79 00 50 30, Fax 79 08 57 52, ≤, ⛱ (été), 🏖 – |♦| TV ☎. VISA. ✂
1er juil.-31 août et vacances de Noël-vacances de printemps – **R** 130/150, enf. 85 – ☐ 40 – **28 ch** 584/700 – ½ P 357/540.

Adray Télé-Bar ⛰, sur les pistes (accès piétonnier) ☏ 79 08 60 26, ≤, 🏖 – ☎
hôtel : 20 déc.-15 avril ; rest. : 21 déc.-20 avril – **R** 170 ♁ – ☐ 50 – **24 ch** 300/500 – ½ P 460/620.

à l'altiport NE : 4,5 km – ✉ **73550** Méribel-les-Allues :

H. Altiport M ⛰, ☏ 79 00 52 32, Télex 980456, Fax 79 08 57 54, ≤ montagnes, 🏖, ⛱ (été), « Décor savoyard », ✂ – |♦| TV ☎ 🚗 – 🎓 50. AE ⓓ E VISA. ✂
30 juin-30 sept. et 21 déc.-25 avril – **R** carte 190 à 280 – ☐ 60 – **41 ch** (½ pens. seul.) – ½ P 750.

au Mottaret S : 6 km – ✉ **73550** Méribel-les-Allues :

Mont Vallon M ⛰, ☏ 79 00 44 00, Télex 309192, Fax 79 00 46 93, ≤, 🏖, ℱ, ⛱ – |♦| TV ☎ 🚗 – 🎓 180. AE E VISA. ✂
22 déc.-20 avril – **R** (dîner seul.) 275 – ☐ 85 – **63 ch** (½ pens. seul.) – ½ P 900/1100.

Tarentaise M ⛰, ☏ 79 00 42 43, Fax 79 00 46 99, ≤, 🏖, ℱ – TV ☎ – 🎓 30. AE E VISA. ✂ rest
20 déc.-30 avril – **R** 240/250 – **45 ch** ☐ 730/1250 – ½ P 650/750.

Ruitor M ⛰, ☏ 79 00 48 48, Télex 309747, Fax 79 00 48 31, ≤ – |♦| TV ☎ 🚗. AE ⓓ E VISA. ✂ rest
10 déc.-25 avril – **R** (résidents seul.) – **44 ch** (½ pens. seul.) – ½ P 650/800.

Les Arolles M ⛰, ☏ 79 00 40 40, Fax 79 00 45 50, ≤, 🏖 – |♦| TV ☎. E VISA. ✂ rest
21 déc.-3 mai – **R** 110/160, enf. 55 – ☐ 45 – **50 ch** 740/1100 – ½ P 600/700.

Mottaret M ⛰, ☏ 79 00 47 47, Télex 980473, Fax 79 00 40 08, ≤, 🏖, ⛱ – ☎
saisonnier – **42 ch**.

MÉRIGNAC 33 Gironde 171 ⑨ – rattaché à Bordeaux.

MERKWILLER-PECHELBRONN 67250 B.-Rhin 57 ⑲ G. Alsace Lorraine – 776 h. alt. 376.
Paris 467 – ♦Strasbourg 48 – Haguenau 16 – Wissembourg 22.

XX **Aub. Baechel-Brunn,** ☏ 88 80 78 61 – P. E VISA. ✂
fermé 12 août au 4 sept., 15 au 29 janv., lundi soir et mardi – **R** 120/210, enf. 50.

MERLETTE 05 H.-Alpes 77 ⑰ – rattaché à Orcières.

MÉRU 60110 Oise 55 ⑳ – 11 529 h. alt. 89.
Paris 61 – Compiègne 74 – Beauvais 27 – Clermont 32 – Senlis 41.

X **Trois Toques,** 5 r. P. Curie ☏ 44 52 01 15 – E VISA
fermé 16 août au 5 sept. – **R** 125/250, enf. 50.

PEUGEOT-TALBOT Gar. du Rond Point, ZI n° 2, rte de Pontoise ☏ 44 52 09 90
RENAULT Gar. Jean Jaurès, 12 pl. Jeu de Paume ☏ 44 22 11 60
Ⓜ La Centrale du Pneu, 4 r. Lamartine ☏ 44 52 24 73

MERVILLE-FRANCEVILLE-PLAGE 14810 Calvados 55 ② G. Normandie Vallée de la Seine – 1 309 h. alt. 2.
Paris 229 – ♦Caen 19 – Arromanches-les-Bains 41 – Cabourg 6.

XX **Chez Marion** avec ch, ☏ 31 24 23 39 – ☎. AE ⓓ E VISA
fermé janv., lundi soir et mardi sauf vacances scolaires – **R** 105/440, enf. 54 – ☐ 30 – **18 ch** 150/310 – ½ P 237/322.

MERY-CORBON 14370 Calvados 54 ⑰ – 621 h. alt. 19.
Paris 203 – ♦Caen 23 – Falaise 44 – Lisieux 29.

XX **Relais du Lion d'Or,** au Lion d'Or S : 3 km sur N 13 ☏ 31 23 65 30 – P. AE E VISA
fermé 25 juin au 4 juil., 23 déc. au 9 janv., mardi soir et merc. – **R** 90/140.

MÉRY-SUR-SEINE 10170 Aube 🗺 ⑥ – 1 286 h. alt. 82.

Paris 139 – Châlons-sur-M. 70 – Nogent-sur-Seine 33 – Sézanne 31 – Troyes 29 – Vitry-le-François 70.

  ♨ **Au Bon Coin,** ℘ 25 21 20 39
  ✦ *fermé 15 sept. au 15 oct., dim soir et lundi* – **R** 55/110 ⅄ – ⌕ 20 – **11 ch** 110/160 –
  ½ P 170.

RENAULT Gar. Flizot ℘ 25 21 20 46

MESCHERS-SUR-GIRONDE 17132 Char.-Mar. 🗺🗺 ⑮ G. Poitou Vendée Charentes – 1 649 h.
alt. 22 – 🛈 Syndicat d'Initiative pl. Verdun (fermé après-midi nov.-Pâques) ℘ 46 02 70 39.

Paris 513 – Royan 11 – Blaye 80 – Jonzac 54 – Pons 37 – La Rochelle 83 – Saintes 42.

  ℘℘ **Grottes de Matata,** ℘ 46 02 70 02, ≤, 🏠, « Cavernes creusées dans une falaise
  dominant l'estuaire » – ℘
  25 juin-5 sept. – **R** 150/250, enf. 85.

Le MESNIL-ESNARD 76 S.-Mar. 🗺 ⑥⑦ – rattaché à Rouen.

MESNIL-ST-PÈRE 10140 Aube 🗺 ⑰ G. Champagne – 332 h. alt. 130.

Voir Lac et forêt d'Orient★★.

Paris 184 – Bar-sur-Aube 31 – Châtillon-sur-Seine 55 – St-Dizier 75 – Troyes 22 – Vitry-le-François 71.

  🏠 **Aub. du Lac et rest. Vieux Pressoir,** ℘ 25 41 27 16, 🏠 – 📺 ☎ ⅙ 🅿 E 📇
  fermé 1ᵉʳ au 10 nov. et dim. soir du 15 sept. au 30 mars – **R** 142/280 – ⌕ 35 – **15 ch**
  220/280 – ½ P 275/300.

Le MESNIL-SUR-OGER 51190 Marne 🗺 ⑯ G. Champagne – 1 204 h. alt. 134.

Paris 141 – ✦Reims 38 – Châlons-sur-Marne 28 – Épernay 14 – Vertus 5,5.

  ℘℘℘ **Le Mesnil,** ℘ 26 57 95 57 – ▤, 🅰 E 📇
  fermé 16 août au 5 sept., vacances de fév., lundi soir et merc. – **R** (dim. prévenir) 99/330,
  enf. 60.

RENAULT Gar. Ewen, rte d'Oiry ℘ 26 57 52 25

Demandez chez le libraire le catalogue des publications Michelin.

MESNIL-VAL 76 S.-Mar. 🗺 ⑤ – ✉ 76910 Criel-sur-Mer.

Paris 176 – Dieppe 27 – Le Tréport 4,5.

  🏠 **Vieille Ferme** 🐾, ℘ 35 86 72 18, Télex 770303, Fax 35 86 12 67, 🏠, 🌳, ℘ – 📺 ☎ 🅿
  – ⚑ 30. 🅰 ⓞ E 📇
  R 115/195, enf. 65 – ⌕ 35 – **34 ch** 290/380 – ½ P 300/340.

Les MESNULS 78490 Yvelines 🗺 ⑨, 🗺🗺 ⑳ – 770 h. alt. 110.

Paris 48 – Dreux 39 – Mantes-la-Jolie 36 – Rambouillet 14 – Versailles 27.

  ℘℘℘ ❀ **Toque Blanche** (Philippe), 12 Gde Rue ℘ (1) 34 86 05 55, Fax (1) 34 86 82 18, 🏠,
  🌳 – 🅰 E 📇
  fermé 5 au 30 août, 23 déc. au 2 janv., dim. soir et lundi – **R** carte 270 à 380
  Spéc. Huîtres chaudes au cerfeuil, Filet de Saint-Pierre au persil frit, Tête de veau aux six sauces.

MESSERY 74140 H.-Savoie 🗺 ⑯ – 844 h. alt. 420.

Paris 564 – Thonon-les-Bains 19 – Annecy 67 – Bonneville 37 – ✦Genève 22.

  ♨ **Bellevue,** ℘ 50 94 70 55, ≤, 🏠, 🌳 – ☎ 🅿 E 📇 ℘ rest
  ✦ *fermé 1ᵉʳ au 20 oct. et mardi* – **R** 68/140 ⅄ – ⌕ 22 – **22 ch** 100/170 – ½ P 160/180.

MÉTABIEF 25 Doubs 🗺 ⑥ – voir à Jougne et aux Hôpitaux Neufs.

MÉTHAMIS 84570 Vaucluse 🗺 ⑬ – 330 h. alt. 300.

Paris 697 – Apt 36 – Carpentras 17.

  ℘ **Lou Roucas,** ℘ 90 61 81 04, 🏠 – E 📇 ℘
  ✦ *fermé jeudi sauf le soir en juil.-août* – **R** 60/150, enf. 45.

METZ 🅿 57000 Moselle 🗺 ⑬⑭ G. Alsace Lorraine – 118 502 h. alt. 173.

Voir Cathédrale St-Etienne★★★ CDV – Porte des Allemands★ DV – Esplanade★ CV : église St-
Pierre-aux-Nonnains★ CX E – Place St-Louis★ DVX – Église St-Maximin★ DVXL – Narthex★ de
l'église St-Martin DXB – ≤★ du Moyen Pont CV – Musée d'Art et d'Histoire★★ DVM¹.

🏌 de Metz-Cherisey ℘ 87 52 70 18, par ⑤ : 14 km ; 🏌 du Technopole de Metz 2000 ℘ 87 20
33 11, par ④ : 5 km.

✈ de Metz-Frescaty : ℘ 87 38 31 32, SO : 6 km – 🚗 ℘ 87 63 50 50.

🛈 Office de Tourisme et Accueil de France (Informations et réservations d'hôtels, pas plus de 5 jours à
l'avance) pl. d'Armes, ℘ 87 75 65 21, Télex 860411 et Bureau Gare (fermé matin) – A.C. 10 r. Ferme St-
Ladre à Marly ℘ 87 66 80 15.

Paris 333 – Bonn 241 ① – Bruxelles 283 ① – ✦Dijon 264 ⑦ – ✦Lille 368 ① – Luxembourg 64 ① – ✦Nancy 54
⑦ – ✦Reims 191 ① – Saarbrücken 67 ③ – ✦Strasbourg 162 ③.

Plans pages suivantes

678

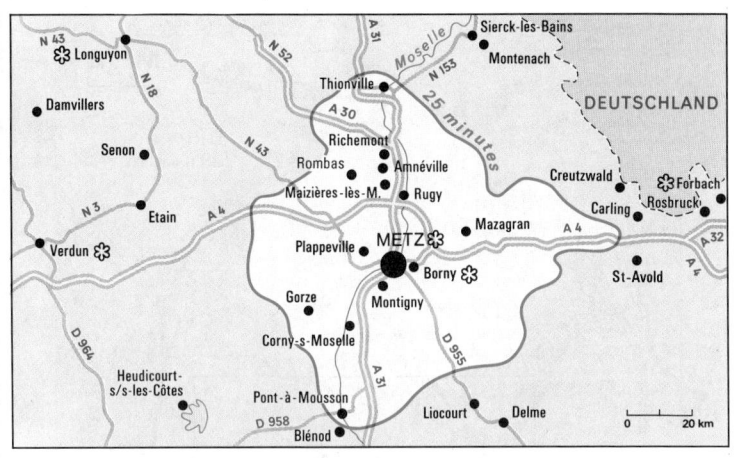

🏨🏨 **Novotel** Ⓜ, pl. Paraiges ℰ 87 37 38 39, Télex 861815, Fax 87 36 10 00, ☕, ⤵, – 🛗 ▤
📺 ☎ ♿ 🚗 – 🛗 30 à 150. ◪ ◉ ◨ ⓥⓘⓢⓐ   DV **t**
R carte environ 140 🍷, enf. 50 – ⛱ 47 – **112 ch** 450/490.

🏨🏨 **Altéa St-Thiébault** Ⓜ, 29 pl. St-Thiébault ℰ 87 36 17 69, Télex 930417, Fax 87 75 48 18
– 🛗 ▤ rest 📺 ☎ ♿ 🅿 – 🛗 30 à 250. ◪ ◉ ◨ ⓥⓘⓢⓐ   DX **d**
Les 4 Saisons R 150bc/210, enf. 50 – ⛱ 50 – **112 ch** 420/600.

🏨🏨 **Royal-Concorde**, 23 av. Foch ℰ 87 66 81 11, Télex 860425, Fax 87 56 13 16 – 🛗 ⇔ ch
📺 ☎ – 🛗 60. ◪ ◉ ◨ ⓥⓘⓢⓐ   DX **s**
R 155/180 - **Le Caveau R** 94/134 🍷 – ⛱ 65 – **75 ch** 445/510, 10 appart..

🏨 **Urbis** Ⓜ sans rest, 3 bis r. Vauban ℰ 87 75 53 43, Télex 930281 – 🛗 📺 ☎. ◨ ⓥⓘⓢⓐ
⛱ 29 – **72 ch** 250/270.   DX **b**

🏨 **Bristol** Ⓜ sans rest, 7 r. La Fayette ℰ 87 66 74 22, Télex 861759 – 🛗 📺 ☎. ◨ ⓥⓘⓢⓐ
fermé 25 déc. au 1er janv. – ⛱ 24 – **67 ch** 100/285.   CX **u**

🏨 **Cécil** sans rest, 14 r. Pasteur ℰ 87 66 66 13, Télex 861765, Fax 87 56 96 02 – 🛗 📺 ☎
🚗 ◪ ◨ ⓥⓘⓢⓐ ✂   CX **x**
fermé 27 déc. au 5 janv. – ⛱ 20 – **39 ch** 160/240.

🏨 **Foch** sans rest, 8 pl. R. Mondon ℰ 87 74 40 75, Télex 860489 – 🛗 ☎. ◨ ⓥⓘⓢⓐ   CX **v**
⛱ 20 – **42 ch** 133/259.

🏨 **Gare** sans rest, 20 r. Gambetta ℰ 87 66 74 03, Télex 861317 – 🛗 📺 ☎. ◪ ◉ ◨ ⓥⓘⓢⓐ
⛱ 21 – **40 ch** 136/247.   DX **q**

🏨 **Métropole** sans rest, 5 pl. Gén. de Gaulle ℰ 87 66 26 22, Télex 861661 – 🛗 ☎. ◪ ◨ ⓥⓘⓢⓐ
⛱ 21 – **80 ch** 115/210.   DX **q**

🏨 **Ibis** Ⓜ, 47 r. Chambière, quartier Pontiffroy ℰ 87 31 01 73, Télex 930278, ☕ – 🛗 📺 ☎
♿ – 🛗 25. ◨ ⓥⓘⓢⓐ – **R** 77 🍷, enf. 35 – ⛱ 30 – **79 ch** 265/285.   DV **e**

🏨 **Moderne** sans rest, 1 r. La Fayette ℰ 87 66 57 33, Fax 87 55 98 59 – 🛗 ☎. ◪ ◉ ◨ ⓥⓘⓢⓐ
⛱ 22 – **43 ch** 130/205.   CX **m**

🏨 **Lutèce**, 11 r. Paris ℰ 87 30 27 25 – ☎ 🚗. ◪ ◨ ⓥⓘⓢⓐ   AY **n**
➡ fermé 20 déc. au 12 janv. – **R** (fermé sam., dim. et fériés) 56/91 🍷, enf. 39 – ⛱ 19,50 –
20 ch 100/210 – ½ P 135/185.

🍴🍴🍴 **La Dinanderie**, 2 r. Paris ℰ 87 30 14 40 – ◪ ◨ ⓥⓘⓢⓐ   AY **k**
fermé 10 au 31 août, vacances de fév., dim. et lundi – **R** 160/320.

🍴🍴🍴 **Maire**, 1 r. Pont des Morts ℰ 87 32 43 12, ☕ – ◪ ◉ ◨ ⓥⓘⓢⓐ   CV **f**
fermé vacances de printemps, de nov., mardi soir et merc. – **R** 180/360, enf. 60.

🍴🍴🍴 **Chambertin**, 22 pl. St-Simplice ℰ 87 37 32 81 – ◪ ◨ ⓥⓘⓢⓐ   DV **u**
fermé 28 août au 9 sept., 23 fév. au 9 mars, dim. soir et lundi – **R** 130/250.

🍴🍴🍴 **des Roches**, 25 r. Roches ℰ 87 74 06 51, ☕ – ◪ ◉ ◨ ⓥⓘⓢⓐ   CV **n**
fermé dim. soir – **R** 130/280.

🍴🍴 **Le Bouquet Garni**, 10 r. Pasteur ℰ 87 66 85 97 – ◪ ◉ ◨ ⓥⓘⓢⓐ   CX **h**
fermé sam. midi et dim. – **R** 125 bc/195.

🍴🍴 **Ville de Lyon**, 7 r. Piques ℰ 87 36 07 01 – ▤ 🅿. ◪ ◉ ◨ ⓥⓘⓢⓐ   DV **a**
fermé 29 juil. au 27 août, 25 fév. au 2 mars, dim. soir et lundi – **R** 98/270.

🍴🍴 **L'Épicurien**, 1 r. Cambout ℰ 87 74 56 16   DX **n**

🍴🍴 **La Gargouille**, 29 pl. Chambre ℰ 87 36 65 77 – ◨ ⓥⓘⓢⓐ   CV **r**
fermé 5 au 25 août, 24 déc. au 2 janv., lundi midi et dim. – **R** 190 bc.

🍴 **L'Assiette du Bistrot**, 9 r. Faisan ℰ 87 37 06 44 – ◨ ⓥⓘⓢⓐ   CV **s**
fermé 10 au 31 août, vacances de fév., lundi midi et dim. – **R** 82 bc/160 bc.

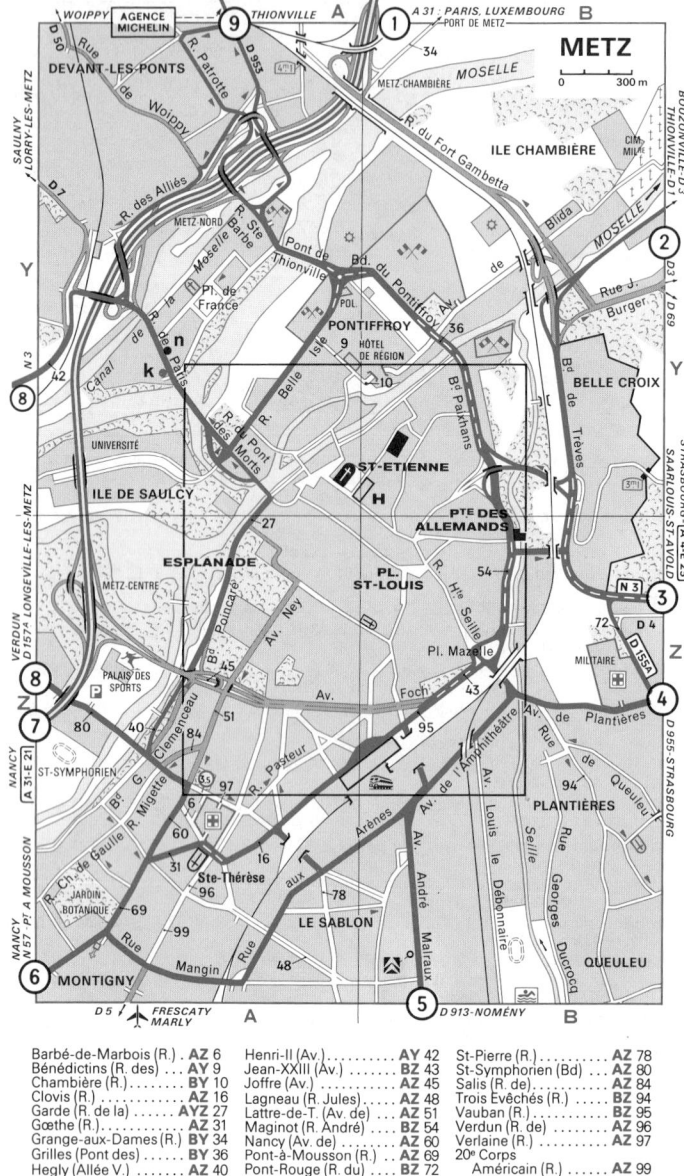

METZ

0   300 m

Pour vos voyages, en complément de ce guide, utilisez :

— Les **guides Verts Michelin** régionaux
paysages, monuments et routes touristiques.

— Les **cartes Michelin** à 1/1 000 000 grands itinéraires
1/200 000 cartes détaillées.

METZ

Ambroise-Thomas (R.) . CV 2
Clercs (R. des) CV
En Fournirue.......... DV
Fabert (R.)............ CV 21
Jardins (R. des) .... DV
Palais (R. du).......... CV 63
Petit-Paris (R. du)...... CV 64
St-Louis (Pl.) .... DVX
Schuman (Av. R.)...... CX
Serpenoise (R.) CV
Tête d'Or (R. de la)..... DV 91

Armes (Pl. d'.)......... DV 3
Augustins (R. des)..... DX 5
Belle-Isle (R.) .... CV 7
Chambière (R.)........ **DV** 10
Chambre (Pl. de) ...... **CV** 12
Chanoine-Collin (R.) ... **DV** 13
Charlemagne (R.) ..... **CX** 15
Coëtlosquet (R. du) .... **CX** 18
Coislin (Pl.) .... **DX** 19
Faisan (R. du) .... **CV** 22
Fontaine (R. de la) ..... **DX** 24
Gaulle (Pl. du Gén. de) . **DX** 28
George (Pl. du Roi) .... **CX** 30
Gde-Armée (R. de la) .. **DV** 33
Hache (R. de la) .... **DV** 39
Hegly (Allée V.) .... **CX** 40
La Fayette (R.) .... **CX** 46
Lasalle (R.) .... **DX** 49
Lattre-de-T. (Av. de) ... **CX** 51
Leclerc-de-H. (Av.) .... **CX** 52
Mondon (Pl. R.) .... **CX** 57
Morts (Pont des) .... **CV** 58
Nancy (Av. de) .... **CX** 60
Paix (R. de la) .... **CV** 61
Pierre-Hardie (R. de la) .. **CV** 66
Poncelet (R.) .... **CV** 67
Prés. Kennedy (Av.) .... **CX** 73
République (Pl. de la) ... **CX** 75
St-Eucaire (R.) .... **DV** 76
St-Simplice (Pl.) .... **DV** 79
St-Thiébault (Pl.) ...... **DX** 81
Ste-Marie (R.) .... **CV** 82
Salis (R. de) .... **CX** 84
Sérot (Bd Robert) .... **CV** 85
Serpenoise (Porte)...... **CX** 87
Taison (R.) .... **DV** 88
Tanneurs (R. des)....... **DV** 90
Trinitaires (R. des) ..... **DV** 93
Verlaine (R.) .... **CX** 97

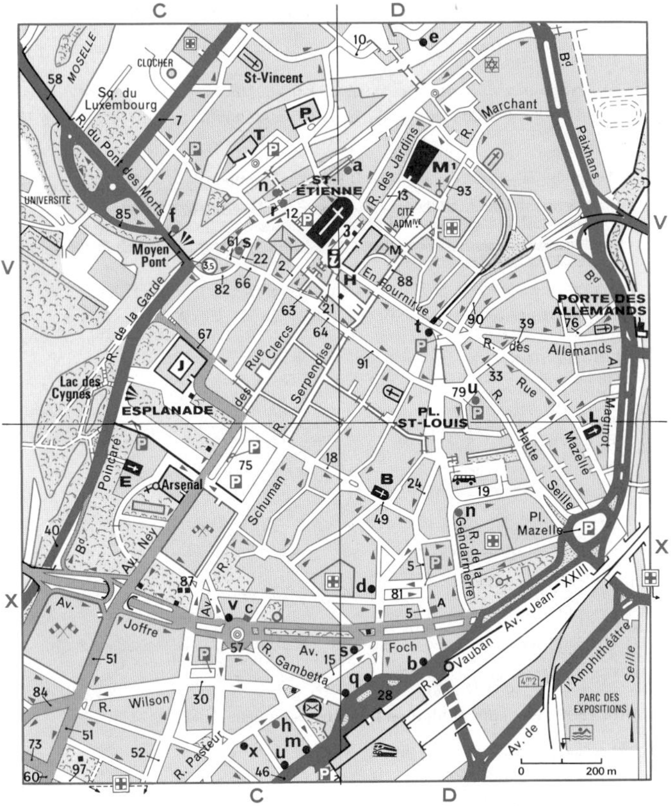

par ① : A 31 sortie la Maxe : 5 km - AY – ✉ **57140** Woippy :

Mercure Ⓜ, Z. I. Metz Nord ☎ 87 32 52 79, Télex 860891, Fax 87 32 73 11, – ▯ TV ☎ ♿ **P** – 🏛 100. AE ⓓ E VISA
R 100 ♨, enf. 45 – ☕ 44 – **83 ch** 440/490.

à Maizières-les-Metz par ① et A 31 : 10 km – 9 790 h. – ✉ **57210** :

Novotel Ⓜ, ☎ 87 80 41 11, Télex 860191, Fax 87 80 36 00, , , – TV ☎ ♿ **P** – 🏛 25 à 350. AE ⓓ E VISA
R carte environ 160 ♨, enf. 52 – ☕ 45 – **132 ch** 375/420.

à Rugy N : 12 km par ② et D 1 – ✉ **57640** Argancy :

La Bergerie Ⓜ, ☎ 87 77 82 27, Fax 87 77 87 07, , – TV ☎ **P** – 🏛 50. E VISA
R carte 140 à 240, enf. 100 – ☕ 28 – **42 ch** 240/300.

par ③ direction Bellecroix : 3 km – ⊠ 57070 Metz :

XXX ❀ **Crinouc** (Lamaze) avec ch, 79 r. Gén. Metman ✆ 87 74 12 46, Fax 87 36 96 92 – ☎ ⓟ.
ⒶⒺ ⓞ Ⓔ 𝘝𝘐𝘚𝘈. ❀
fermé 5 au 23 août, 2 au 6 janv., sam. midi, dim. soir et lundi – **R** 170/350 – ⌧ 30 – **9 ch**
230
Spéc. Gratin de queues de langoustines, Gourmandise de ris de veau et foie gras..

à Mazagran par ③ et D 954 : 13 km – ⊠ 57530 Courcelles-Chaussy :

XXX **Aub. de Mazagran,** ✆ 87 76 62 47 – ⓟ. ⒶⒺ Ⓔ 𝘝𝘐𝘚𝘈. ❀
fermé mardi soir et merc. – **R** 90/280.

à Borny E par ④ et rte Strasbourg : 3 km – BZ – ⊠ 57070 Metz :

XXX ❀ **Belle-Vue** (Krompholtz), 58 r. Pange (près Technopole Metz 2000) ✆ 87 37 10 27, 🌫
– ⓟ. 𝘝𝘐𝘚𝘈
fermé 19 août au 9 sept., dim. soir et lundi – **R** (nombre de couverts limité-prévenir)
170/270, enf. 90
Spéc. Saumon d'Ecosse fumé et servi tiède, Homard sabayonné en gratin d'huîtres (nov. à avril), Profiteroles
fourrées à la mirabelle. **Vins** Côtes de Toul, Vins de Moselle.

à la Grange-aux-Bois par ④ et D 999 : 6 km – ⊠ 57000 Metz :

🏨 Saphyr 🅼, 3 r. Pré Chaudron ✆ 87 75 30 97, Télex 861262, Fax 87 75 29 10 – 🛗 📺 ☎ 🕭
ⓟ – 🕍 120
55 ch.

à Montigny-lès-Metz S : 3 km par D 5 (rte de l'aéroport) – AZ – ⊠ 57158 :

🏠 **Air** sans rest, 54 bis r. Franiatte ✆ 87 63 30 22 – ☎ 🚗. ⒶⒺ ⓞ Ⓔ 𝘝𝘐𝘚𝘈
fermé 25 au 31 déc. – ⌧ 20 – **21 ch** 129/210.

🏠 **Franiatte** sans rest, 14 r. Franiatte ✆ 87 63 76 13 – 📺 ☎ ⓟ. ⒶⒺ ⓞ Ⓔ 𝘝𝘐𝘚𝘈
⌧ 20 – **27 ch** 90/180.

à Plappeville par av. Henri II – AY : 7 km – ⊠ 57050 :

XX **La Grignotière,** 50 r. Gén. de Gaulle ✆ 87 30 36 68 – ⒶⒺ ⓞ 𝘝𝘐𝘚𝘈
fermé 22 juil. au 8 août, 24 déc. au 3 janv., dim. soir et lundi – **R** 170/290, enf. 90.

MICHELIN, Agence, 59 rte Thionville D 953, Woippy par ⑨ ✆ 87 31 17 81

ALFA-ROMEO Jacquot, 17 r. R.-Schumann, Longeville-lès-Metz ✆ 87 32 53 06
AUSTIN-ROVER Gar. Jactard, à Scy-Chazelles ✆ 87 60 56 32
BMW, OPEL Eurauto, 191 r. Gén.-Metman ✆ 87 74 95 82
CITROEN Filiale, 71 av. A.-Malraux ✆ 87 65 51 33
FIAT Gar. Parachini, bretelle autoroute à Talange ✆ 87 71 47 30
FIAT Gar. de la Lorraine, 195 r. Gén.-Metman ✆ 87 74 95 83 🅽 ✆ 87 65 60 17
FORD Romanazzi, 11 r. Drapiers, ZIL Borny ✆ 87 74 44 91
MERCEDES-BENZ Gar. de l'Étoile, 130 rte de Thionville ✆ 87 32 53 49
NISSAN Gangloff, 63 rte de Thionville à Woippy ✆ 87 30 00 31
PEUGEOT TALBOT Jacquot, 2 r. P.-Boileau par ⑨ ✆ 87 32 52 90 🅽
PEUGEOT-TALBOT Mosellane-Autom., 199 r. Gén.-Metman par ③ ✆ 87 74 17 90 🅽

RENAULT Auto Losange, 50 r. Gén.-Metman par ③ ✆ 87 39 40 40 🅽 ✆ 05 05 15 15
RENAULT Chevalier, 57 bd St-Symphorien, à Longeville par ⑧ ✆ 87 66 80 22 🅽 ✆ 05 05 15 15
SAAB Gar. Corroy, 6 r. Chaponost à Moulins-lès-Metz ✆ 87 62 32 15
V.A.G Philippe Automobiles, à Augny ✆ 87 66 91 11

🖢 Laglasse-Pneus, 53 r. Haute-Seille ✆ 87 36 00 42
Leclerc-Pneu, 57 av. Abbaye St-Eloy ✆ 87 32 53 17
Leclerc-Pneu, 3 pl. Mondon ✆ 87 65 49 33
Leclerc-Pneu, ZI Nord à Hauconcourt ✆ 87 80 49 80
Leclerc-Pneu, 59 av. République à Jarny (54) ✆ 82 33 44 59
Metz-Pneus, 100 av. Strasbourg ✆ 87 74 16 28
Pneus Diffusion, ZI Borny, 3 r. des Verriers ✆ 87 74 63 55

CONSTRUCTEUR : Renault Véhicules Industriels, à Batilly ✆ 87 22 34 99

METZERAL 68380 H.-Rhin 🖸🖸 ⑱ – 1 006 h. alt. 484.
Paris 449 – Colmar 26 – Gérardmer 40 – Guebwiller 45 – Thann 41.

🏠 **Aux Deux Clefs** 🗼, ✆ 89 77 61 48, ← – ⓟ. ⒶⒺ ⓞ Ⓔ 𝘝𝘐𝘚𝘈. ❀ rest
Pâques-1er nov. – **R** (résidents seul.) – ⌧ 20 – **14 ch** 180/230 – ½ P 180/205.

XX **Pont** avec ch, ✆ 89 77 60 84, 🌫 – ⓟ. Ⓔ 𝘝𝘐𝘚𝘈
fermé 24 au 30 juin, 20 nov. au 20 déc. et lundi (sauf hôtel) – **R** 80/200 🍷, enf. 50 – ⌧ 30
– **14 ch** 150/250 – ½ P 200/210.

RENAULT Friederich, r. Principale à Sondernach ✆ 89 77 60 02

MEUDON 92 Hauts-de-Seine 🔲🔲 ⑩, 🔳🔳🔳 ㉔ – voir à Paris, Environs.

🖫🖫 du Prieuré à Sailly-en-Vexin ℘ (1) 34 76 70 12, par D 913 : 12 km ; 🖫 de Seraincourt ℘ (1) 34 75 47 28, par D 913 : 3,5 km.

Paris 46 – Beauvais 60 – Mantes-la-Jolie 19 – Pontoise 17 – Rambouillet 56 – Versailles 30.

🏨 **Mercure** Ⓜ ⤳, l'Ile Belle (dir. Mureaux) ℘ (1) 34 74 63 63, Télex 695295, Fax (1) 34 74 00 98, ≼, ㅋ, ㅋ – 🛏 📺 ☎ ❷ – ⚑ 30. ⴌ ⴑ ⤬ ⅤⅠⅤⅠ
R carte 130 à 210, enf. 45 – ☑ 45 – **65 ch** 510, 4 appart. 850.

🍴🍴🍴 **Grande Pinte** avec ch, 25 r. Clemenceau ℘ (1) 34 74 15 10, ㅋ – ☞ ❷ ⴌ ⴑ ⴆ
ⅤⅠⅤⅠ
fermé août, vacances de fév., lundi soir (sauf hôtel) et mardi – **R** 120/170, enf. 60 – ☑ 30
– **10 ch** 120/240.

🍴🍴 **La Flottille,** 10 r. Bignon à Hardricourt ℘ (1) 34 74 21 67, Fax (1) 34 74 90 51, ≼, ㅋ –
ⅤⅠⅤⅠ
fermé 12 au 28 août, vacances de fév., dim. soir et lundi – **R** 125/180, enf. 50.

aux Mureaux : au Sud – 31 819 h. – ✉ **78130** Les Mureaux :

🍴🍴 **Avenir,** 7 r. Seine ℘ (1) 34 74 02 58 – ❷ ⅤⅠⅤⅠ
➡ *fermé lundi soir et mardi* – **R** 60/180 ⅃, enf. 42.

CITROEN Gar. des Sports, 6 r. Stade ℘ (1) 34 74 00 22
CITROEN Mureaux Autom., 14 r. Ampère aux Mureaux ℘ (1) 34 74 01 95
PEUGEOT-TALBOT Basse-Seine-Autos, 2 av. Seine aux Mureaux ℘ (1) 30 99 77 11
RENAULT PHP Autom., 4 r. A.-Briand aux Mureaux ℘ (1) 34 74 17 92

Ⓦ La Station du Pneu, 90 av. Mar.-Foch aux Mureaux ℘ (1) 34 74 19 28
Marsat-Pneus Meulan-Pneu, 41 bis av. Gambetta ℘ (1) 34 74 84 44
Nony Pneus, RN 190 à Gargenville ℘ (1) 30 93 65 27

Voir Église St-Liphard★ – Basilique★ de Cléry-St-André E : 5 km par D 18.

🇧 Syndicat d'Initiative 42 r. J.-de-Meung (avril-sept.) ℘ 38 44 32 28.

Paris 145 – ◆Orléans 18 – Beaugency 6 – Blois 40.

🍴 **Aub. St-Jacques** avec ch, r. Gén. de Gaulle ℘ 38 44 30 39 – 🍽 rest 📺 ☎ ⤳, ⴌ ⴑ
ⅤⅠⅤⅠ, ⤬ ch
fermé lundi du 1ᵉʳ oct. au 31 mai – **R** 80/259 ⅃, enf. 50 – ☑ 25 – **12 ch** 190/260 –
½ P 180/220.

🇧 Syndicat d'Initiative pl. Hôtel de Ville (juil.-août) ℘ 80 21 25 90.

Paris 321 – Chalon-sur-Saône 30 – Autun 42 – Beaune 8 – Chagny 10 – ◆Dijon 47 – Saulieu 60.

🏨 **Les Charmes** sans rest, pl. Murger ℘ 80 21 63 53, Fax 80 21 62 89, ㅋ – 📺 ☎ ❷ ⴑ
ⅤⅠⅤⅠ
☑ 42 – **15 ch** 300/450.

🏨 **Motel Au Soleil Levant** ⤳, rte Beaune ℘ 80 21 23 47, ≼, ㅋ – 📺 ☎ ❷ ⴑ ⅤⅠⅤⅠ
➡ *fermé 20 nov. au 20 déc.* – **R** 57/110 ⅃ – ☑ 21 – **35 ch** 160/284.

🍴🍴 **Relais de la Diligence,** à la gare SE : 2,5 km par D 23 ℘ 80 21 21 32, Fax 80 21 64 69,
≼, ㅋ – ❷ ⴌ ⴑ ⴆ ⅤⅠⅤⅠ
➡ *fermé 30 nov. au 18 janv., mardi soir et merc.* – **R** 60/130 ⅃, enf. 40.

Paris 462 – ◆Lyon 39 – Bourg-en-Bresse 35 – Chambéry 98 – ◆Genève 121 – ◆Grenoble 109.

🏨 **La Bérangère** Ⓜ, rte Lyon ℘ 74 34 77 77, Fax 74 34 70 27, ㅋ, ⤬, ⤬ – 📺 ☎ ⴆ ❷ –
➡ ⚑ 50. ⴌ ⴑ ⅤⅠⅤⅠ
R 60/180, enf. 38 – ☑ 23 – **37 ch** 190/220.

🍴🍴🍴 ❀ **Claude Lutz** avec ch, 17 r. Lyon ℘ 74 61 06 78, Fax 74 34 75 23, ㅋ, ㅋ – 🍽 rest 📺
☎ ❷ – ⚑ 80. ⴌ ⅤⅠⅤⅠ
fermé 21 oct. au 8 nov., vacances de fév., dim. soir et lundi – **R** (prévenir) 145/300, enf. 70
– ☑ 25 – **17 ch** 145/300
Spéc. Duo de foies gras en chaud-froid, Mousseline de carpe aux cuisses de grenouilles, Côtelette de
pigeon sauce Périgueux. Vins Bugey.

au Pont de Chazey-Villieu E : 3 km sur N 84 – ✉ **01800** Meximieux :

🍴🍴🍴 **La Mère Jacquet** Ⓜ avec ch, ℘ 74 61 94 80, Fax 74 61 92 07, ㅋ, ⤬, ⤬ – 📺 ☎ ⴆ
❷ ⅤⅠⅤⅠ
fermé 20 déc. au 10 janv., lundi midi et dim. soir – **R** 180/440, enf. 85 – ☑ 45 – **21 ch**
260/440.

PEUGEOT Gar. du Centre ℘ 74 61 06 00
PEUGEOT, TALBOT Gar. Chabran ℘ 74 61 18 09

RENAULT Gar. Paviot ℘ 74 61 07 89

MEYMAC 19250 Corrèze 🔢 ⑪ G. Berry Limousin – 2 783 h. alt. 702.

Voir Vierge noire★ dans l'église abbatiale.

🛈 Syndicat d'Initiative pl. Hôtel-de-Ville ℘ 55 95 18 43.

Paris 436 – Aubusson 57 – ◆Limoges 97 – Neuvic 29 – Tulle 52 – Ussel 17.

　　　à la Chapelle S : 10 km par D 36 et N 89 – alt. 630 – ⊠ 19250 :

🏠 **Chatel** M, sur N 89 ℘ 55 94 22 64, 🍽, 🐎, – 🅿 ☎ 🅿 – 🔼 30. E 𝘝𝘐𝘚𝘈
🔸 fermé 1er déc. au 2 janv. et sam. du 15 sept. au 15 juin – **R** 70/140 – ⊊ 30 – **30 ch** 230/260
　– ½ P 250.

CITROEN Vergne ℘ 55 95 11 36　　　　　　　RENAULT Gar. Mauriange ℘ 55 95 10 54
PEUGEOT, TALBOT Longerinas ℘ 55 95 10 32

MEYRARGUES 13650 B.-du-R. 🔢 ③ G. Provence – 2 789 h. alt. 242.

Paris 753 – ◆Marseille 45 – Aix-en-Provence 16 – Aubagne 55 – Brignoles 76.

🏰 **Château de Meyrargues** 🔖, ℘ 42 57 50 32, Fax 42 63 43 99, ≤, 🍽, parc, « Château
fortifié dominant la vallée » – 📺 ☎ 🅿 – 🔼 70. E 𝘝𝘐𝘚𝘈
　R (fermé dim. soir et lundi hors sais. sauf fériés) 210/390, enf. 100 – ⊊ 60 – **13 ch** 520/1120
　– ½ P 480/750.

PEUGEOT TALBOT Clemens ℘ 42 57 50 47

MEYRUEIS 48150 Lozère 🔢 ⑤⑮ G. Gorges du Tarn – 1 078 h. alt. 706.

Voir NO : Gorges de la Jonte★★.

Env. Aven Armand★★★ NO : 11 km – Grotte de Dargilan★★ NO : 8,5 km.

🛈 Office de Tourisme Tour de l'Horloge (mars-Toussaint) ℘ 66 45 60 33.

Paris 636 – Mende 57 – Florac 35 – Millau 42 – Rodez 101 – Sévérac-le-Château 60 – Le Vigan 57.

🏰 **Château d'Ayres** 🔖, E : 1,5 km par D 57 ℘ 66 45 60 10, Fax 66 45 62 26, ≤, 🍽,
　« Parc », ⛾ – 📺 ☎ 🅿 AE ⓪ E 𝘝𝘐𝘚𝘈
　31 mars-5 nov. – **R** 126/300, enf. 70 – ⊊ 49 – **24 ch** 370/700 – ½ P 310/500.

🏠 **Renaissance** 🔖 sans rest, ℘ 66 45 60 19, Fax 66 45 65 94, « Maison du 16e siècle », 🐎
　– 📺 ☎ AE ⓪ E 𝘝𝘐𝘚𝘈
　1er avril-15 nov. – ⊊ 38 – **20 ch** 250/420.

🏠 **Gd H. Europe,** ℘ 66 45 60 05 – 🛎 ☎ 🅿 E 𝘝𝘐𝘚𝘈, ⛾ rest
　Pâques-31 sept. – **R** 75/100 – ⊊ 26 – **30 ch** 165/350 – ½ P 200.

🏠 **Family H.,** ℘ 66 45 60 02, Fax 66 45 66 54, ⋤, 🐎 – 🛎 ☎. E 𝘝𝘐𝘚𝘈
🔸 24 mars-10 nov. – **R** 69/89 ⅜, enf. 40 – ⊊ 25 – **48 ch** 170/180 – ½ P 190.

🏠 **Mont Aigoual,** r. Barrière ℘ 66 45 65 61, ⋤, 🐎 – 🛎 🖨. E 𝘝𝘐𝘚𝘈. ⛾ rest
　Pâques-1er nov. – **R** 75/100 – ⊊ 25 – **30 ch** 200/220 – ½ P 220.

CITROEN Giraud ℘ 66 45 60 04

MEYZIEU 69 Rhône 🔢 ⑫ – rattaché à Lyon.

MÉZANGERS 53 Mayenne 🔢 ⑪ – rattaché à Evron.

MÈZE 34140 Hérault 🔢 ⑯ G. Gorges du Tarn – 5 742 h. alt. 6.

🛈 Syndicat d'Initiative r. Massaloup (saison) ℘ 67 43 93 08.

Paris 789 – ◆Montpellier 34 – Agde 20 – Béziers 41 – Lodève 54 – Pézenas 18 – Sète 18.

🏠 **de Thau** sans rest, r. Parée ℘ 67 43 83 83 – ☎ 🚗 E 𝘝𝘐𝘚𝘈
　⊊ 22 – **13 ch** 195.

　　　à Bouzigues NE : 4 km par N 113 et VO – ⊠ 34140 :

🏰 **Côte Bleue** M 🔖, ℘ 67 78 31 42, ≤, 🍽, produits de la mer, ⋤, 🐎 – 📺 ☎ 🅿 –
　🔼 40. E 𝘝𝘐𝘚𝘈
　R (fermé mi-janv. à mi-fév., mardi soir et merc.) 148/450, enf. 85 – ⊊ 30 – **32 ch** 250/300.

✕✕ **La Madrague,** ℘ 67 78 32 34, ≤, 🍽 – ⬆. E 𝘝𝘐𝘚𝘈
　fermé 1er déc. au 25 janv., dim. soir, lundi soir, mardi soir et merc. soir du 1er oct. au
　30 avril – **R** 140/230.

🛢 Thau-Pneus, 35 rte de Pézenas ℘ 67 43 93 38

MÉZENC (Mont) 07 Ardèche 🔢 ⑱ G. Vallée du Rhône – alt. 1754.

Voir ※★★★.

Accès par la Croix de Boutières ≤★★ (1 h 1/2 AR) ou par la Croix de Peccata (1 h AR).

MÉZÉRIAT 01660 Ain 🔢 ② – 1 879 h. alt. 198.

Paris 410 – Mâcon 20 – Bourg-en-Bresse 20 – Villefranche-sur-Saône 45.

✕✕ **Les Bessières** avec ch, ℘ 74 30 24 24, 🍽 – E 𝘝𝘐𝘚𝘈
　fermé janv., mardi midi de nov. à avril et lundi – **R** 120/160 – ⊊ 30 – **6 ch** 170/250 –
　½ P 220/280.

MÉZIÈRES-EN-BRENNE 36290 Indre 🔢 ⑥ G. Berry Limousin – 1 191 h. alt. 90.

Paris 283 – Le Blanc 26 – Châteauroux 50 – Châtellerault 60 – Poitiers 86 – ♦Tours 83.

- ✗ **Boeuf Couronné** avec ch, ℰ 54 38 04 39 – ☎. Ε VISA. ﹩ ch
- ↝ *fermé 1ᵉʳ au 15 oct., 1ᵉʳ au 20 janv., dim. soir et lundi sauf juil-août* – **R** 58 (sauf sam.)/230, enf. 35 – ☲ 25 – **8 ch** 150/200 – ½ P 215.

RENAULT Gar. Fradet ℰ 54 38 00 02

MÉZOS 40170 Landes 🔢 ⑮ – 810 h. alt. 45.

Paris 705 – Mont-de-Marsan 62 – ♦Bordeaux 117 – Castets 23 – Mimizan 16 – Tartas 50.

- ✗✗ **Boucau** ⌇ avec ch, ℰ 58 42 61 38, 佘, 屛 – ᴀᴇ ❶ Ε VISA. ﹩
- ↝ *1ᵉʳ avril-30 sept. et fermé dim. soir et lundi hors sais.* – **R** 65/150 – ☲ 28 – **5 ch** 220/250 – ½ P 218.

- ✗✗ **Verdier,** ℰ 58 42 61 27, 佘 – ❶. Ε VISA
- ↝ *fermé 20 janv. au 1ᵉʳ mars, dim. soir et lundi sauf du 1ᵉʳ juil. au 15 sept.* – **R** *(fermé le soir sauf sam. de nov. à mars)* 50/160, enf. 35.

MIALET 30 Gard 🔢 ⑰ – rattaché à Anduze.

MIDI-DE-BIGORRE (Pic du) 65 H.-Pyr. 🔢 ⑱ G. Pyrénées Aquitaine – alt. 2865 – ⊠ **65200** Bagnères-de-Bigorre.

Voir ❉***✱✱✱*** – Observatoire.

Accès par le col du Tourmalet, route taxée.

MIEUSSY 74440 H.-Savoie 🔢 ⑦ G. Alpes du Nord – 1 169 h. alt. 636.

🛈 Syndicat d'Initiative (saison) ℰ 50 43 02 72.

Paris 568 – Chamonix 59 – Thonon-les-B. 47 – Annecy 62 – Bonneville 21 – ♦Genève 38 – Megève 44 – Morzine 26.

- 🏠 **Accueil Savoyard,** ℰ 50 43 01 90 – ☎ ❶. Ε VISA
- ↝ *fermé 20 au 27 juin et 10 oct. au 11 nov.* – **R** 50/108 – ☲ 22 – **19 ch** 155/265 – ½ P 155/215.

RENAULT Gar. Jacquard ℰ 50 43 00 86 🅽

MIGENNES 89400 Yonne 🔢 ⑤ – 8 151 h. alt. 87.

🛈 Office de Tourisme pl. E.-Laporte ℰ 86 80 03 70.

Paris 156 – Auxerre 21 – Joigny 9,5 – Nogent-sur-Seine 78 – St-Florentin 18 – Seignelay 12.

- 🏠 **Paris** Ⓜ, 57 av. J. Jaurès ℰ 86 80 23 22 – 📺 ☎. Ε VISA
- *fermé août, 1ᵉʳ janv., vend. soir, dim. soir et sam.* – **R** 85/280 ⑂, enf. 47 – ☲ 30 – **9 ch** 220/340 – ½ P 240/340.

PEUGEOT-TALBOT Prudhomme, 17 allée Industrie ℰ 86 80 02 60 🅽 ℰ 86 80 03 03

RENAULT S.A.J.A., 148 av. J.-Jaurès ℰ 86 80 35 15

MIJOUX 01 Ain 🔢 ⑮ – rattaché à Faucille (Col de la).

MILLAU ⬳❀⬰ 12100 Aveyron 🔢 ⑭ G. Gorges du Tarn – 22 256 h. alt. 379.

Voir Musée archéologique : poteries✱ BZ **M**.

Env. Gorges du Tarn✱✱✱ 21 km par ① – Canyon de la Dourbie✱✱ 8 km par ②.

🛈 Office de Tourisme av. A.-Merle ℰ 65 60 02 42.

Paris 642 ① – Mende 96 ① – Rodez 71 ⑤ – Albi 113 ③ – Alès 138 ③ – Béziers 125 ③ – ♦Montpellier 115 ③ – Nîmes 170 ③.

Plan page suivante

- 🏨 **International** Ⓜ, 1 pl. Tine ℰ 65 60 20 66, Télex 520629, Fax 65 59 11 78, ≤ – 🛗 📺 ☎ ❶ – 🔬 50 à 250. ᴀᴇ ❶ Ε VISA   BY **y**
  R *(fermé dim. soir et lundi hors sais.)* 98/325, enf. 60 – ☲ 38 – **110 ch** 285/412 – ½ P 207/345.

- 🏨 **La Musardière,** 34 av. République ℰ 65 60 20 63, Fax 65 61 02 05, « Parc » – 🛗 ☎ ❶ ᴀᴇ ❶ Ε VISA. ﹩ rest   AY **v**
  23 mars-4 nov. – **R** *(fermé lundi sauf août.)* (dim. et fêtes prévenir) 110/220 – ☲ 48 – **12 ch** 350/550 – ½ P 495.

- 🏨 **Cévenol H. et rest. Pot d'Etain** Ⓜ, 115 r. Rajol ℰ 65 60 74 44, ≤, 佘 – 🛗 ☎ ⴱ ❶ ᴀᴇ ❶ Ε VISA. ﹩ rest   BY **k**
  hôtel : fermé 13 déc. au 2 janv. ; rest. : fermé 1ᵉʳ déc. au 2 janv. et 30 sept. au 6 oct. – **R** *(fermé sam. soir du 15 nov. au 15 mars et dim. d'oct. à juin)* 77/158 ⑂ – ☲ 28 – **42 ch** 231/268 – ½ P 237/253.

- 🏨 **Moderne,** 11 av. J. Jaurès ℰ 65 60 59 23, Télex 520629, Fax 65 59 11 78 – 🛗 ☎ ❶ ᴀᴇ ❶ Ε VISA   BY **n**
  1ᵉʳ avril-30 sept. – **R** grill *(fermé mardi midi et vend. midi)* 55/110 ⑂ – ☲ 25 – **45 ch** 155/185 – ½ P 169/203.

- 🏨 **La Capelle** ⌇ sans rest, 7 pl. Fraternité ℰ 65 60 14 72 – ☎. Ε VISA. ﹩   BY **b**
  vacances de printemps-début oct. – ☲ 28 – **46 ch** 120/230.

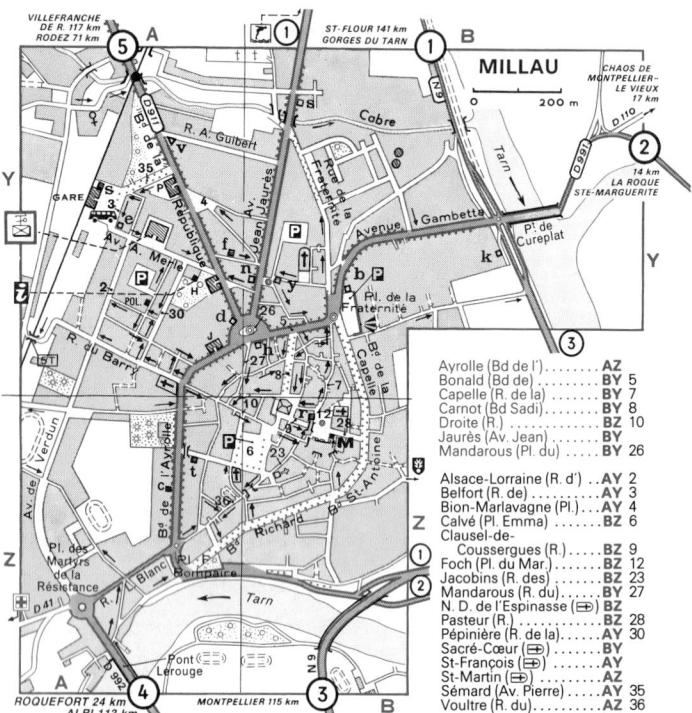

🏠 **Larzac** sans rest, r. E. Lauret par ① 🖋 65 60 68 55 – 🛗 ☎ 🅿. 🅴 𝑽𝑰𝑺𝑨
　　☲ 24 – **49 ch** 165/200.

🏠 **Jalade** sans rest, 18 bis av. A. Merle 🖋 65 60 62 00 – 🛗 ☎. 🅰🅴 🅴 𝑽𝑰𝑺𝑨　　　　AY **e**
　　☲ 24 – **23 ch** 185/235.

🏠 **Causses,** 56 av. J. Jaurès 🖋 65 60 03 19, 🍴 – 🏃 rest 📺 ☎. 🅴 𝑽𝑰𝑺𝑨　　　BY **s**
➜　fermé Noël à Nouvel An (sauf hôtel), dim. soir et sam. de sept. à juin – **R** 55/145 ⅄ –
　　☲ 25 – **22 ch** 110/260 – ½ P 150/205.

🏠 **Cristal** sans rest, 5 pl. Mandarous 🖋 65 60 02 18 – 🛗 🐾. 🅴 𝑽𝑰𝑺𝑨　　　　　AY **d**
　　fermé 1er au 15 mars et dim. sauf juil.-août – ☲ 25 – **15 ch** 140/200.

🏠 **Commerce** sans rest, 8 pl. Mandarous 🖋 65 60 00 56 – 🛗 🐾. 🅴 𝑽𝑰𝑺𝑨　　　BY **h**
　　fermé 24 au 31 déc. – ☲ 20 – **17 ch** 110/175.

✗✗ **J. Jannet,** 15 r. St Martin 🖋 65 60 74 89, 🍴 – 🅰🅴 🅴 𝑽𝑰𝑺𝑨　　　　　　　AZ **t**
　　fermé mardi hors sais. et fériés – **R** 120/200, enf. 50.

✗✗ **Buffet de France,** pl. Gare 🖋 65 60 09 04, 🍴 – 🅰🅴 🅾 🅴 𝑽𝑰𝑺𝑨　　　　　AY **s**
➜　fermé 1er fév. au 1er mars, jeudi soir et mardi sauf juil.-août – **R** 68/135 ⅄, enf. 35.

✗✗ **Capion,** 3 r. J.-F. Alméras 🖋 65 60 00 91 – 🅴 𝑽𝑰𝑺𝑨　　　　　　　　　　AY **f**
　　fermé 15 au 31 janv. et merc. sauf juil.-août – **R** 80/220 ⅄, enf. 42.

✗✗ **La Braconne,** 7 pl. Mar. Foch 🖋 65 60 30 93, 🍴 – 🅰🅴 🅾 🅴 𝑽𝑰𝑺𝑨　　　　BZ **r**
　　fermé 13 au 20 mai, 12 au 20 nov., dim. soir et lundi – **R** 98/155.

　　par ④ rte St-Affrique : 2 km :

🏰 **Château de Creissels,** 🖋 65 60 16 59, Fax 65 61 24 63, ≤, 🍴, parc – 🏃 rest ☎ 🅿. 🅰🅴
　　🅾 🅴 𝑽𝑰𝑺𝑨. 🦌 rest
　　fermé janv. et fév. – **R** (fermé sam. midi et vend. du 1er oct. au 15 juin) 95/170 ⅄, enf. 40
　　– ☲ 28 – **30 ch** 185/290 – ½ P 195/270.

PEUGEOT-TALBOT Pujol, 85 av. J.-Jaurès par ①　　　　Pneus-2000, 8 av. Martel 🖋 65 60 09 77
🖋 65 60 09 21　　　　　　　　　　　　　　　　　　　Treillet Pneus, 325 r. E.-Delmas 🖋 65 60 05 56
　　　　　　　　　　　　　　　　　　　　　　　　　　🆔 🖋 65 60 23 04

🔘 Lassale, 275 r. E.-Delmas 🖋 65 60 27 85

> **Les prix**　　Pour toutes précisions sur les prix indiqués dans ce guide,
> 　　　　　　　reportez-vous aux pages explicatives.

78940 Yvelines 🄖🄓 ⑧ , 🄝🄞🄖 ⑮ – 142 h. alt. 184.

Paris 52 – Dreux 31 – Mantes 28 – Rambouillet 26 – Versailles 31.

XX **Aub. de la Malvina,** la Haute Perruche 𝄞 (1) 34 86 45 76, 🍴 – 𝗩𝗜𝗦𝗔
fermé 9 au 15 sept., 2 au 31 janv., merc. soir et jeudi – **R** 180 bc/250.

13 B.-du-R. 🄘🄓 ③ – rattaché à Aix-en-Provence.

91490 Essonne 🄖🄑 ⑪ , 🄝🄞🄖 ⑭ **G. Ile de France** – 3 795 h. alt. 65.

Voir Parc de Courances★★ N : 5 km.

Paris 60 – Fontainebleau 19 – Étampes 25 – Évry 33 – Melun 22 – Nemours 29.

XXX ❀ **Le Moustier** (Gauthier), 41 bis r. Langlois 𝄞 (1) 64 98 92 52, 🍴 , « Belle salle voûtée »
– 𝗔𝗘 𝗘 𝗩𝗜𝗦𝗔
fermé 6 au 21 janv., lundi et mardi sauf fériés – **R** 230/330
Spéc. Escalope de sandre à la crème de café, Suprême de pigeon à la vanille, Saumon de Loire (saison).

à Auvers (S.-et-M.) S : 4 km par D 948 – ✉ **77123** Noisy-sur-École :

XX **Aub. d'Auvers Galant,** 𝄞 (1) 64 24 51 02, 🍴 – 𝗔𝗘 𝗘 𝗩𝗜𝗦𝗔
fermé 20 au 30 août, vacances de fév., lundi (sauf le midi de sept. à juin) et mardi –
R 150/270, enf. 65.

40200 Landes 🄦🄘 ⑭ **G. Pyrénées Aquitaine** – 7 472 h. alt. 12 – Casino .

Paris 698 – Mont-de-M. 75 – Arcachon 65 – ♦Bayonne 97 – ♦Bordeaux 110 – Dax 73 – Langon 107.

à Mimizan-Bourg :

XXX ❀ **Au Bon Coin** (Caule) 🄜 🍽 avec ch, au lac N : 1,5 km 𝄞 58 09 01 55, Fax 58 09 40 84,
≤, 🍴 , 🌳 – 🔲 rest 𝗧𝗩 ☎ 🚗 🄿. 𝗔𝗘 𝗩𝗜𝗦𝗔. 🛇
fermé fév., dim. soir et lundi – **R** 150/320, enf. 100 – ☕ 60 – **9 ch** 480/560 – ½ P 430/480
Spéc. Petits crabes farcis, Paupiette de magret de canard, Grand dessert. Vins Pacherenc du Vic-Bilh,
Madiran.

à Mimizan-Plage O : 6 km par D 626 – ✉ **40200** Mimizan-Plage.

🄸 Office de Tourisme 38 av. M.-Martin 𝄞 58 09 11 20.

Plage Nord :

🏨 **Côte d'Argent,** 4 av. M. Martin 𝄞 58 09 15 22, Fax 58 09 06 92, ≤ océan, rest. panoramique – 🛗 𝗧𝗩 ☎ 🄿. 𝗔𝗘 🄾 𝗘 𝗩𝗜𝗦𝗔. 🛇 rest
hôtel : mi-mai-fin sept. ; rest. : 1er juin-20 sept. – **R** 140/200, enf. 60 – ☕ 35 – **40 ch**
380/500 – ½ P 315/424.

🄰 **Bellevue,** 34 av. M. Martin 𝄞 58 09 05 23 – ☎ 🄿. 🄾 𝗘 𝗩𝗜𝗦𝗔
mars-oct. – **R** 72/121, enf. 42 – ☕ 20 – **36 ch** 115/273 – ½ P 202/280.

🄰 **France** sans rest, 18 av. Côte d'Argent 𝄞 58 09 09 01 – 🛎 🄿. 𝗘 𝗩𝗜𝗦𝗔. 🛇
1er mai-30 sept. – ☕ 25 – **21 ch** 220/240.

Plage Sud :

🏨 **Parc** 🍽, 6 r. Papeterie 𝄞 58 09 13 88, Fax 58 09 25 44, 🌳 – 𝗧𝗩 ☎ 🄿. 𝗩𝗜𝗦𝗔. 🛇 ch
fermé 7 déc. au 1er fév., vend. soir et sam. sauf du 1er mai au 15 sept. – **R** 78/160 ♨ –
☕ 33 – **16 ch** 200/270 – ½ P 200/270.

🄰 **Mermoz,** 16 av. Courant 𝄞 58 09 09 30, Fax 58 09 06 92, ≤, 🍴 – ☎. 𝗔𝗘 🄾 𝗘 𝗩𝗜𝗦𝗔. 🛇
→ *hôtel : Pâques-fin sept. ; rest. : 1er juin-10 sept.* – **R** (dîner seul.) 70/150 – ☕ 30 – **18 ch**
180/260 – ½ P 220/260.

🄰 **Émeraude des Bois,** 68 av. Courant 𝄞 58 09 05 28 – ☎ 🄿. 𝗘 𝗩𝗜𝗦𝗔. 🛇 rest
hôtel : 20 mars-fin sept. ; rest. : 1er juin-fin sept. – **R** (dîner seul.) 94 – ☕ 24 – **14 ch**
145/221 – ½ P 193/230.

🄰 **Plaisance,** 10 r. Cormorans 𝄞 58 09 08 06, 🍴 – 🔲 rest ☎. 𝗘 𝗩𝗜𝗦𝗔. 🛇
→ *fermé 15 janv. au 15 fév.* – **R** (fermé merc.) 70/260, enf. 45 – ☕ 28 – **9 ch** 210/466 –
½ P 210/233.

CITROËN Auto Mimizanaise, 15 av. de Bordeaux à
Mimizan-Bourg 𝄞 58 09 09 81
FORD Gar. Claverie, 1 av. Maurice Martin
𝄞 58 09 21 24

RENAULT Gar. Poisson, 48 av. de Bordeaux à
Mimizan-Bourg 𝄞 58 09 08 73
RENAULT Gar. Caignieu, 8 r. Papeterie, Plage-Sud
𝄞 58 09 08 84 🄽 𝄞 58 09 00 17

44 Loire-Atl. 🄖🄦 ① – rattaché à St-Brévin-les-Pins.

34210 Hérault 🄘🄒 ⑬ **G. Gorges du Tarn** – 112 h. alt. 227.

Voir Village★.

Paris 868 – Béziers 45 – Carcassonne 45 – Narbonne 33 – St-Pons 28.

X **Relais Chantovent** 🍽 avec ch, 𝄞 68 91 14 18, ≤, 🍴 – 𝗘 𝗩𝗜𝗦𝗔
fermé 3 janv. au 15 mars, dim. soir et lundi sauf juil.-août – **R** 80/200, enf. 45 – ☕ 25 –
10 ch 160/200 – ½ P 240.

MIONNAY 01390 Ain 74 ② – 796 h. alt. 288.

Paris 458 – ♦Lyon 20 – Bourg-en-Bresse 42 – Meximieux 25 – Montluel 15 – Villefranche-sur-S. 27.

XXXX ✿✿ **Alain Chapel** avec ch, ℰ 78 91 82 02, Télex 305605, Fax 78 91 82 37, 舎, « Jardin fleuri » – ⊡ ☎ ⏏ ℗ ℼ ⴹ E _VISA_
fermé janv., mardi midi et lundi – **R** 600/720 et carte, enf. 120 – ☲ 75 – **13 ch** 675/800
Spéc. Bouillon de champignons en ''capuccino'', Salade de homard, Poulette de Bresse en vessie et sauce au foie gras. Vins Mâcon-Clessé, Morgon.

MIONS 69780 Rhône 74 ⑫ – 6 044 h. alt. 219.

Paris 488 – ♦Lyon 15 – Bourgoin-Jallieu 31 – Vienne 22.

🏠 **Parc,** r. Libération ℰ 78 20 16 41, 舎 – ▤ rest ⊡ ☎ ℗ E _VISA_
fermé 29 juil. au 19 août – **R** *(fermé dim. soir et lundi soir)* 58/260 – ☲ 40 – **20 ch** 190/240 – ½ P 165/190.

MIRAMAR 06 Alpes-Mar. 84 ⑧, 195 ㉞ G. Côte d'Azur – ✉ 06590 Théoule-sur-Mer.

Voir Pointe de l'Esquillon ≤★★ NE : 1 km puis 15 mn.

Paris 904 – Cannes 15 – Grasse 26 – ♦Nice 47 – St-Raphaël 25.

🏨 **St-Christophe,** ℰ 93 75 41 36, Télex 470878, Fax 93 75 44 83, ≤, « Jardin en terrasses », ⵁ, 🛋 – 🛗 ⊡ ☎ ℗ ℼ ⴹ E _VISA_
fermé 3 nov. au 20 déc. – **R** 125/195, enf. 75 – ☲ 40 – **40 ch** 630/990 – ½ P 520/635.

🏨 **Tour de l'Esquillon,** ℰ 93 75 41 51, Fax 93 75 49 99, accès plage par minibus privé, « Beau jardin et ≤ mer », 🛋 – ☎ ⏏ ⇔ ℗ ℼ ⏏ E _VISA_. ⚡
25 janv.-15 oct. – **R** 170/240 – ☲ 70 – **25 ch** 600/750.

XX **Père Pascal,** N 98 ℰ 93 75 40 11, ≤, 舎 – ℗ ℼ ⏏ E _VISA_
fermé 1er nov. au 31 janv. et jeudi sauf fériés – **R** 180.

MIRAMAS 13140 B.-du-R. 84 ① – 20 692 h. alt. 49.

🏢 Office de Tourisme pl. J.-Jaurès ℰ 90 58 08 24.

Paris 733 – ♦Marseille 66 – Arles 36 – Martigues 24 – St-Rémy-de-Provence 33 – Salon-de-Pr. 11.

🏠 **Borel** sans rest, 37 r. L. Pasquet ℰ 90 58 18 73 – ℗
☲ 20 – **22 ch** 100/200.

MIRANDE ◁SP▷ 32300 Gers 82 ⑭ G. Pyrénées Aquitaine – 4 150 h. alt. 174.

Voir Musée des Beaux-Arts★.

🏢 Office de Tourisme r. Évêché ℰ 62 66 68 10.

Paris 727 – Auch 25 – Mont-de-Marsan 99 – Tarbes 48 – ♦Toulouse 103.

XX **Pyrénées** avec ch, r. d'Etigny ℰ 62 66 51 16, ⵁ – ⊡ ☎ ℗ ℼ E _VISA_
R *(fermé lundi)* 80/150, enf. 42 – ☲ 25 – **18 ch** 150/260 – ½ P 220/250.

RENAULT Central Garage ℰ 62 66 50 19

MIRANDOL-BOURGNOUNAC 81 Tarn 80 ⑪ – rattaché à Carmaux.

MIREBEAU 21310 Côte-d'Or 66 ⑬ – 1 426 h. alt. 202.

Paris 337 – ♦Dijon 25 – Châtillon-sur-Seine 94 – Dole 47 – Gray 24 – Langres 60.

🏠 **Aub. Marronniers,** ℰ 80 36 71 05 – ☎. _VISA_. ⚡
fermé 21 déc. au 5 janv. – **R** *(fermé dim. soir)* 50/130 ⵁ, enf. 33 – ☲ 18 – **17 ch** 150/250 – ½ P 188/220.

XX **Host. La Gandeule** avec ch, pl. Église ℰ 80 36 70 79, 舎 – 🅿. ℼ E _VISA_
fermé 25 fév. au 11 mars et 27 oct. au 5 nov. – **R** 70/170 ⵁ, enf. 45 – ☲ 32 – **7 ch** 170/270.

RENAULT Hinsinger ℰ 80 36 71 15 🅽 ℰ 80 33 52 84

MIRECOURT 88500 Vosges 62 ⑮ G. Alsace Lorraine – 8 511 h. alt. 292.

Paris 339 – Épinal 33 – Lunéville 51 – Luxeuil-les-Bains 74 – ♦Nancy 48 – Neufchâteau 40 – Vittel 23.

🏨 **Le Luth** Ⓜ, rte Neufchâteau ℰ 29 37 12 12, Fax 29 65 68 88 – ☎ ⏏ ℗ – 🛗 50. E _VISA_
fermé 20 juil. au 20 août, vend. soir et sam. – **R** 95/180 ⵁ, enf. 40 – ☲ 25 – **28 ch** 180/230 – ½ P 190/205.

MIREPOIX 09500 Ariège 86 ⑤ G. Pyrénées Roussillon – 3 578 h. alt. 303.

Voir Place principale★.

Paris 784 – Carcassonne 47 – Castelnaudary 31 – Foix 34 – Limoux 33 – Pamiers 23 – Quillan 44.

X **Commerce,** près église ℰ 61 68 10 29, 舎 – ⏏ E _VISA_
fermé 1er au 8 oct., janv. et sam. de sept. à juin – **R** 59/165, enf. 40.

RENAULT Jean ℰ 61 68 15 64   ⏏ Service de l'Hers ℰ 61 68 15 76

MISSILLAC 44780 Loire-Atl. 🖸🖸 ⑮ G. Bretagne – 3 886 h. alt. 30.

Voir Retable★ dans l'église – Site★ du château de la Bretesche O : 1 km.

🖪 de la Bretesche ℰ 40 88 30 03, O : 2 km.

Paris 441 – ♦Nantes 61 – Redon 24 – St-Nazaire 35 – Vannes 53.

🏨🏨 **Golf de la Bretesche** 🦌, O : 1 km par D 2 ℰ 40 88 30 05, Télex 701976, ≼, parc, ⬛ –
🕿 ℗ – 🛁 60. 🖪 *VISA*. 🎿 rest
fermé 25 janv. au 28 fév. – **R** 130/280 – 🖵 35 – **27 ch** 370/500 – ½ P 320/380.

MISY-SUR-YONNE 77130 S.-et-M. 🖸🖸 ⑬ – 404 h. alt. 59.

Paris 97 – Fontainebleau 32 – Melun 42 – Provins 32 – Sens 27.

🍴🍴 **La Gaule,** ℰ (1) 64 31 31 11, 🏡 – 🖾 🖪 *VISA*
fermé 22 juil. au 5 août, 23 déc. au 15 janv. et lundi – **R** (déj. seul.) carte 180 à 270, enf. 40.

MITTELBERGHEIM 67140 B.-Rhin 🖸🖸 ⑨ G. Alsace Lorraine – 647 h. alt. 205.

Paris 432 – ♦Strasbourg 37 – Barr 2 – Erstein 22 – Molsheim 20 – Sélestat 17.

🍴🍴 **Winstub Gilg** avec ch, ℰ 88 08 91 37 – 🕿 ℗. 🖾 ⏻ 🖪 *VISA*
fermé 24 juin au 10 juil., 6 au 29 janv., mardi soir et merc. – **R** 125/300 🍷 – 🖵 26 – **10 ch**
200/300.

🍴🍴 **Am Lindeplatzel,** ℰ 88 08 10 69 – 🖾 ⏻ 🖪 *VISA*
fermé vacances de fév., merc. soir et jeudi – **R** 85/215 🍷, enf. 50.

MITTELHAUSEN 67170 B.-Rhin 🖸🖸 ⑨, 🖸🖸 ④ – 435 h. alt. 185.

Paris 480 – ♦Strasbourg 20 – Haguenau 19 – Saverne 29.

🏠 **L'Étoile,** 12 r. La Hey ℰ 88 51 28 44 – 🕿 🕭 ℗ 🖪 *VISA*
↖ **R** *(fermé 10 juil. au 1ᵉʳ août, 2 au 11 janv., dim. soir et lundi)* 50/150 🍷, enf. 40 – 🖵 20 –
19 ch 100/240 – ½ P 120/190.

MITTELWIHR 68630 H.-Rhin 🖸🖸 ⑰ G. Alsace Lorraine – 622 h. alt. 220.

Paris 442 – Colmar 10 – Gérardmer 56 – Saint-Dié 51 – Sélestat 18.

🍴🍴 **A la Maison Blanche,** 1 r. Bouxhof ℰ 89 49 03 04 – 🖾 🖪 *VISA*
fermé Noël, 2 au 20 janv., dim. soir et lundi – **R** 150/380 🍷.

MITTERSHEIM 57930 Moselle 🖸🖸 ⑯ – 632 h. alt. 233.

Paris 408 – ♦Nancy 61 – ♦Metz 74 – Sarrebourg 22 – Sarre-Union 20 – Saverne 41.

🍴🍴 **L'Escale** avec ch, rte Dieuze ℰ 87 07 67 01, ≼, 🏡, 🌳, – 🕿 ℗. 🖾 ⏻ 🖪 *VISA*. 🎿
↖ *fermé fév. et merc. sauf juil.-août* – **R** 65/150 🍷 – 🖵 25 – **13 ch** 180/250 – ½ P 200/240.

MIZOËN 38 Isère 🖸🖸 ⑥ – rattaché au Freney-d'Oisans.

MODANE 73500 Savoie 🖸🖸 ⑧ G. Alpes du Nord – 4 877 h. alt. 1 057 – Sports d'hiver : 1 500/2 770 m 🚠2
🎿10.

Tunnel du Fréjus : **Péage en 1990** aller simple : autos 73 à 144 F, camions 360 à 730 F - Tarifs
spéciaux AR pour autos et camions.

🖪 Office de Tourisme pl. Replaton ℰ 79 05 22 35.

Paris 638 – Albertville 89 – Chambéry 101 – Lanslebourg-Mont-Cenis 23 – Col du Lautaret 58 – St-Jean-de-
Maurienne 31.

🏠 **Perce Neige,** cours J. Jaurès ℰ 79 05 00 50 – 📺 🕿 🖪 *VISA*. 🎿
↖ *fermé 1ᵉʳ au 15 mai et 20 oct. au 3 nov.* – **R** 68/94 🍷, enf. 47 – 🖵 24 – **18 ch** 205/285 –
½ P 195/235.

CITROEN Gar. Lombardo ℰ 79 05 02 60 🅽   PEUGEOT-TALBOT Bellussi J.-P. ℰ 79 05 07 68 🅽

MOËLAN-SUR-MER 29350 Finistère 🖸🖸 ⑪⑫ G. Bretagne – 6 501 h. alt. 52.

🖪 Office de Tourisme r. des Moulins (fermé après-midi sauf vacances de printemps et 15 juin-15 sept.)
ℰ 98 39 67 28.

Paris 514 – Quimper 45 – Carhaix-Plouguer 68 – Concarneau 26 – Lorient 25 – Quimperlé 10.

🏨🏨 **Les Moulins du Duc** Ⓜ 🦌, NO : 2 km ℰ 98 39 60 73, Télex 940080, Fax 98 39 75 56,
≼, 🏡, « Moulins dans un cadre de verdure, parc », ⬛ – ⤩ rest 🕿 ℗ – 🛁 25. 🖾 ⏻
🖪 *VISA*
fermé 15 janv. à fin fév. – **R** *(fermé mardi du 15 oct. à fin mars)* 180/330, enf. 60 – 🖵 52 –
22 ch 440/750, 5 appart. 1100 – ½ P 525/865.

🏨🏨 **Manoir de Kertalg** Ⓜ 🦌 sans rest, O : 3 km par D 24 et chemin privé ℰ 98 39 77 77,
≼, parc – 📺 🕿 ℗. 🖪 *VISA*
12 avril-5 nov. – 🖵 55 – **9 ch** 530/840.

MOERNACH 68 H.-Rhin 🖸🖸 ⑨ – rattaché à Ferrette.

Accès par transports maritimes.

⛴ depuis **Port-Blanc**. En 1990 : départs toutes les 1/2 h - Traversée 5 mn - 10 F (AR).
Renseignements : Gilbert Thébaud ℘ 97 26 31 45.

⛴ depuis **Vannes**. Vacances de printemps à fin sept., 2 à 6 services quotidiens - Traversée 1 h.
Renseignements : Vedettes Vertes du Golfe, Gare Maritime ℘ 97 63 79 99 (Vannes).

MOIRANS **38430** Isère 🔢 ④ – 6 373 h. alt. 192.
Paris 548 – ◆Grenoble 23 – Chambéry 51 – ◆Lyon 83 – Valence 75.

XXX **Beauséjour,** rte Grenoble ℘ 76 35 30 38, 斎 – **🅿**. 🔤 ⓞ 🄴 VISA
fermé août, vacances de fév., dim. soir et lundi – **R** 120/290, enf. 70.

CITROEN Peretti, ZA La Pichatière ℘ 76 35 31 00   PEUGEOT-TALBOT Gar. de la Gare, av. Gare
                                                  ℘ 76 35 30 51

MOIRAX **47** L.-et-G. 🔢 ⑮ – rattaché à Agen.

MOISSAC **82200** T.-et-G. 🔢 ⑯ ⑰ G. Pyrénées Roussillon – 11 408 h. alt. 76.
Voir Église St-Pierre★ : portail méridional★★★, cloître★★.
Env. Boudou ❅★ 7 km par ③.
🏌 Golf Club d'Espalais ℘ 63 29 04 56, par ③ N 113 : 20 km.
🅱 Office de Tourisme pl. Durand-de-Bredon (fermé matin nov.-14 mars) ℘ 63 04 01 85.
Paris 662 ① – Agen 43 ③ – Auch 86 ② – Cahors 72 ① – Montauban 31 ① – ◆Toulouse 72 ②.

MOISSAC

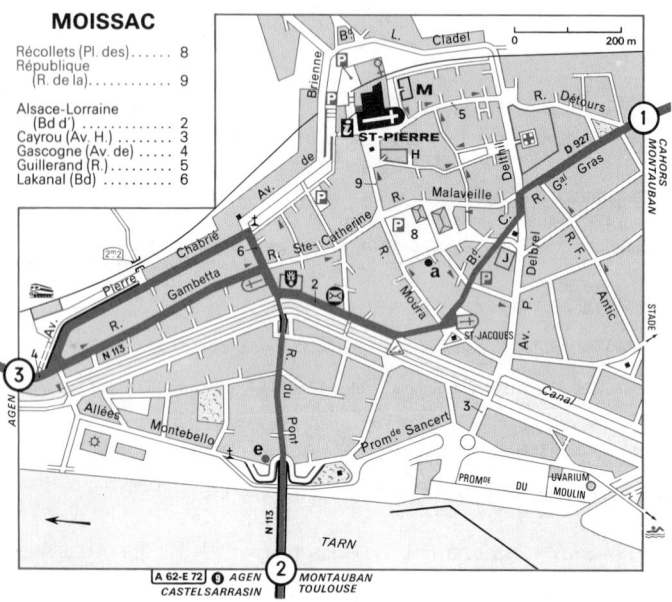

🏨 **Chapon Fin,** pl. Récollets (a) ℘ 63 04 04 22 – ☎. 🔤 ⓞ 🄴 VISA
fermé nov. et lundi – **R** 75/200 🍷, enf. 65 – 🍽 25 – **29 ch** 150/280 – ½ P 170/220.

XX **Pont-Napoléon** avec ch, au pont (e) ℘ 63 04 01 55, 斎, 🛁 – ☎ ⇌. 🄴 VISA
⬥   *fermé 5 au 20 juin, janv., lundi sauf le midi du 1ᵉʳ oct. au 30 juin et dim. soir* – **R** 60/230
🍷, enf. 45 – 🍽 40 – **12 ch** 190/260.

FORD Moissac-Autos, rte de Bordeaux   🛞 Taquipneu, "La Dérocade" ℘ 63 04 07 85
℘ 63 04 01 51

MOISSAC-BELLEVUE **83** Var 🔢 ⑥ – rattaché à Aups.

Au service de l'automobiliste :
les pneus, les cartes, les guides Michelin.

Le MOLAY-LITTRY 14330 Calvados 🟦 ⑭ G. Normandie Cotentin – 2 522 h. alt. 50.

Voir Musée de la mine★.

Paris 282 – Bayeux 14 – ◆Caen 42 – Cherbourg 82 – St-Lô 25.

🏰 **Château du Molay** Ⓜ ⚓, rte Isigny : 3 km 🕿 31 22 90 82, Télex 171912, Fax 31 22 59 93, « Parc », 🔽, 🏊, ⚑ – 📳 🕿 🅿 – 🔬 30. 🆎 ⓔ Ⅽ 𝖵𝖨𝖲𝖠. ℅
1er mars-30 nov. – **R** 160/300 – ☲ 45 – **36 ch** 350/700 – ½ P 410/560.

CITROEN Gar. du Bessin 🕿 31 22 18 80 🄽

MOLINES-EN-QUEYRAS 05350 H.-Alpes 🟦 ⑱ G. Alpes du Sud – 375 h. alt. 1 762 – Sports d'hiver : 1 750/2 450 m ⚡7 🎿.

🛈 Office de Tourisme 🕿 92 45 83 22.

Paris 727 – Briançon 46 – Gap 87 – Guillestre 27 – St-Véran 5,5.

🏠 **Le Cognarel** ⚓, au Coin E : 3 km par D 205 et VO 🕿 92 45 81 03, Fax 92 45 81 17, ≤, 🍴, – 🕿 🅿 ⓔ Ⅽ 𝖵𝖨𝖲𝖠
1er juin-30 sept., 20 déc. au 4 mai – **R** *(fermé lundi)* 100/170, enf. 55 – ☲ 30 – **25 ch** 250/320 – ½ P 255/300.

🏠 **L'Équipe** ⚓, rte St-Véran 🕿 92 45 83 20, ≤, 🍴 – 🕿 🅿. 🆎 ⓔ Ⅽ 𝖵𝖨𝖲𝖠
◆ *1er juin-22 sept. et 22 déc.-12 mai* – **R** 59/134 🍷 – ☲ 26 – **22 ch** 240 – ½ P 230.

MOLINEUF 41 L.-et-Ch. 🟦 ⑦ – rattaché à Blois.

MOLITG-LES-BAINS 66500 Pyr.-Or. 🟦 ⑰ G. Pyrénées Roussillon – 180 h. alt. 500 – Stat. therm. (avril-9 nov.).

Paris 960 – ◆Perpignan 50 – Prades 7 – Quillan 53.

🏰 ❀ **Château de Riell** Ⓜ ⚓, 🕿 68 05 04 40, Télex 500705, Fax 68 05 02 91, ≤ Canigou, 🍴, parc, 🔽, ℅ – 📳 cuisinette 📺 🕿 🖘 🅿 – 🔬 70. 🆎 Ⅽ 𝖵𝖨𝖲𝖠. ℅ rest
29 mars-4 nov. – **R** 260/415, enf. 165 – ☲ 77 – **18 ch** 900/1072, 3 appart. 1410
Spéc. Ravioles de langoustines et courgettes au thym, Mitonnée de joue de porc et d'andouillette (printemps-automne), Soufflé à la gousse de vanille. Vins Rivesaltes, Corbières.

🏰 **Gd Hôtel Thermal** ⚓, 🕿 68 05 00 50, Télex 500705, Fax 68 05 02 91, ≤, 🍴, « Parc », 🔽, ℅ – 📳 ℅⚑ rest 🕿 🖘 🅿 – 🔬 150. 🆎 Ⅽ 𝖵𝖨𝖲𝖠. ℅ rest
1er avril-31 oct. – **R** 104/160, enf. 58 – ☲ 28 – **56 ch** 129/510 – P 241/375.

MOLLANS-SUR-OUVÈZE 26170 Drôme 🟦 ③ G. Alpes du Sud – 690 h. alt. 280.

Paris 682 – Carpentras 30 – Nyons 21 – Vaison-la-Romaine 13.

🏠 **St Marc** ⚓, pl. Gare 🕿 75 28 70 01, 🍴, 🔽, ⚑, ℅ – 📳 🕿 🅿. Ⅽ 𝖵𝖨𝖲𝖠. ℅ rest
fermé 15 nov. au 1er fév., dim. soir et lundi sauf d'avril à oct. – **R** 100/170 – ☲ 45 – **28 ch** 190/350 – ½ P 250/295.

PEUGEOT-TALBOT Gar. Magnet. 🕿 75 28 71 42

MOLLKIRCH 67190 B.-Rhin 🟦 ⑨ – 451 h. alt. 325.

Paris 428 – ◆Strasbourg 37 – Molsheim 14 – Saverne 39.

🏠 **Fischhutte** ⚓, rte Grendelbruch : 3,5 km 🕿 88 97 42 03, Fax 88 97 51 85, ≤, ⚑ – 📺 🕿 – 🔬 30. 🆎 Ⅽ 𝖵𝖨𝖲𝖠. ℅
fermé 30 janv. au 8 mars – **R** *(fermé lundi soir et mardi)* 140/190 🍷 – ☲ 29 – **18 ch** 215/320 – ½ P 230/330.

MOLSHEIM ⟨SP⟩ 67120 B.-Rhin 🟦 ⑨ G. Alsace Lorraine – 6 998 h. alt. 200.

Voir La Metzig★ D.

🛈 Office de Tourisme pl. Hôtel de Ville 🕿 88 38 11 61.

Paris 475 ① – ◆Strasbourg 28 ③ – Lunéville 99 ④ – St-Dié 65 ④ – Saverne 28 ① – Sélestat 34 ③.

🏰 **Diana** Ⓜ ⚓, pont de la Bruche **(n)** 🕿 88 38 51 59, Télex 890559, Fax 88 38 87 11, 🍴, ℩♨, 🔽, ⚑ – 📳 📺 🕿 ♿ 🖘 🅿 – 🔬 65. 🆎 ⓔ Ⅽ 𝖵𝖨𝖲𝖠
R 110/275 🍷, enf. 50 – **La Taverne R** 75/92 🍷 enf. 40 – ☲ 34 – **60 ch** 290/345 – ½ P 285/300.

✕ **Aub. Cheval Blanc** avec ch, 5 pl. Hôtel de Ville **(a)** 🕿 88 38 16 87, Fax 88 38 20 96 – 🕿. 🆎 ⓞ Ⅽ 𝖵𝖨𝖲𝖠
fermé 25 nov. au 8 déc. et vacances de fév. – **R** *(fermé mardi soir et merc.)* 80/180 🍷, enf. 30 – ☲ 25 – **13 ch** 125/250 – ½ P 148/210.

Saverne (R.) 2
Strasbourg (R.) . . 3

CITROEN Krantz, 6 av. Gare 🕿 88 38 11 57 🄽
PEUGEOT, TALBOT Kenck, 2 r. Gén.-de-Gaulle 🕿 88 38 10 97

RENAULT Wietrich, D 422 par ③ 🕿 88 38 21 62
🄽 🕿 88 49 38 88

MOMMENHEIM 67 B.-Rhin 🟦 ⑲ – rattaché à Brumath.

691

MONACO (Principauté de) 🔲 ⑩, 🔲🔲🔲 ㉗㉘ **G. Côte d'Azur** – 30 000 h. alt. 65 – Casino .
Paris 956 ⑤ – Menton 9 ② – ◆Nice (par la Moyenne Corniche) 18 ④ – San Remo 44 ①.

Plans pages suivantes

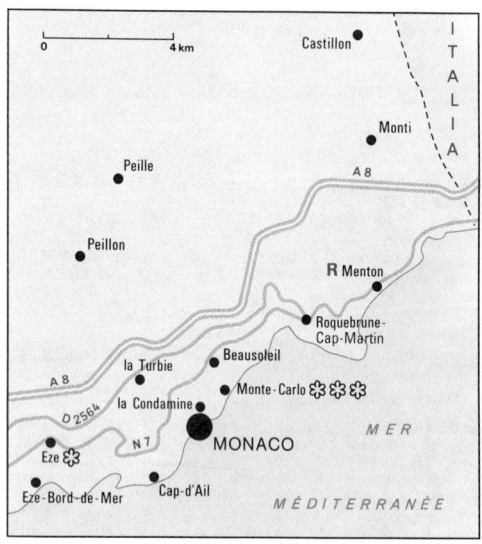

Beausoleil 06240 Alpes-Mar. – 11 664 h.
Voir Mont des Mules ※★ N : 1 km puis 30 mn.

🏠 **Olympia** sans rest, 17 bis bd Gén. Leclerc ℰ 93 78 12 70, Fax 93 41 85 04 – 🛗 ▤ 📺 ☎.
E 𝘝𝘐𝘚𝘈. ※
☲ 25 – **32 ch** 220/260.　　　　　　　　　　　　　　　　　　　　　　　　　　FV **b**

◍ Sera-Technic-Pneu, 38 r. des Martyrs ℰ 93 78 59 16

Monaco Capitale de la Principauté – ⊠ **98000** .
Voir Jardin exotique★★ DZ : ≼★ – Grotte de l'Observatoire★ DZ **E** – Jardins St-Martin★
EFZ – Ensemble de primitifs niçois★★ dans la cathédrale EZ **B** – Christ gisant★ dans la
chapelle de la Miséricorde EZ **D** – Place du Palais★ EZ**35** – Palais du Prince★ EZ – Musées :
océanographique★★ FZ **M²** (aquarium★★, ≼★★ de la terrasse), d'anthropologie préhistorique★
DZ **M¹**, napoléonien et des archives monégasques★ EZ **M⁴**.
Circuit automobile urbain – A.C.M. 23 bd Albert-1er ℰ 93 15 26 00, Télex 469003.
Paris 956 ⑤ – Menton 9 ② – ◆Nice 21 ③ – San Remo 44 ①.

à Monaco Ville, sur le Rocher :

XX **Castelroc,** pl. Palais ℰ 93 30 36 68, ≼, 🍽 – 🖭 E 𝘝𝘐𝘚𝘈　　　　　　　　　　　EZ **p**
1er fév.-18 nov. et fermé sam. – **R** (déj. seul.) 98/190.

à Fontvieille :

🏨 **Abela** Ⓜ ☜, 23 av. Papalins ℰ 92 05 90 00, Télex 489307, Fax 92 05 91 67, ≼, 🍽 – 🛗
🍴 ch ▤ 📺 ☎ ♿ ⇌ – 🛎 70 à 180. 🖭 ◑ E 𝘝𝘐𝘚𝘈. ※ rest　　　　　　　　　BU **s**
R 98/270 – ☲ 75 – **175 ch** 815/1015, 17 appart. 1200/1400.

MERCEDES-BENZ SAMGF, 1 bd Charles-III　　　　　V.A.G Gar. du Pont, 35 bd Rainier-III, Ste-Dévote
ℰ 93 30 49 05 Ⓝ ℰ 93 25 76 70　　　　　　　　　　ℰ 93 30 82 03
OPEL Monte-Carlos-Motors, 30 bd Jardin Exotique
ℰ 93 50 54 92　　　　　　　　　　　　　　　　　　　◍ Portier Tiberti, 4 av. Princesse Grace
　　　　　　　　　　　　　　　　　　　　　　　　　　ℰ 93 15 90 21

Monte-Carlo Centre mondain de la Principauté – Casinos Grand casino FX, Casino du Sporting Club
CS, Casino Loews FX.
Voir Terrasse★★ du Grand casino FX – Musée de poupées et automates★ FV **M5**.
🏌 de Monte-Carlo Golf Club ℰ 93 41 09 11, par ④ : 11 km.
🅱 Direction du Tourisme et des Congrès 2 A bd Moulins ℰ 93 30 87 01, Télex 469760.

Paris, pl. Casino 𝒫 93 50 80 80, Télex 469925, Fax 93 25 59 17, ≤, 🍴, 🔲 – 🛗 📺 ☎ 🅿 – 🛄 50. 🆎 ⓪ 𝓥𝓘𝓢𝓐, 🎇 rest
FX **y**
R voir rest. **Louis XV** et **Le Grill** ci-après - **Salle Empire** *(14 juin-28 sept.) (dîner seul.)* et *3 déc.-6 janv.)* **R** carte 470 à 750 – ⇄ 130 – **206 ch** 2200/2800, 40 appart.

Hermitage, square Beaumarchais 𝒫 93 50 67 31, Télex 479432, Fax 93 50 47 12, ≤, 🍴, « Salle à manger de style baroque », 🔲 – 🛗 📺 ☎ 🅿 – 🛄 80. 🆎 ⓪ 𝙴 𝓥𝓘𝓢𝓐, 🎇 rest
FX **r**
R 300/400 – ⇄ 130 – **220 ch** 1800/2400, 22 appart.

Métropole Palace Ⓜ, 4 av. Madone 𝒫 93 15 15 15, Télex 489836, Fax 93 25 24 44, 🔟, – 🛗 📺 ☎ 🕭 ⟷ – 🛄 150. 🆎 ⓪ 𝙴 𝓥𝓘𝓢𝓐
FV **z**
R carte 150 à 250 🍷 – ⇄ 95 – **100 ch** 1350/1900, 31 appart.

Loews Ⓜ, av. Spélugues 𝒫 93 50 65 00, Télex 479435, Fax 93 30 01 57, ≤, 🍴, casino et cabaret sur place, 🛌, 🔟, – 🛗 📺 ☎ 🕭 ⟷ – 🛄 30 à 2 000. 🆎 ⓪ 𝓥𝓘𝓢𝓐, 🎇 rest
Le Foie Gras (dîner seul.) **R** carte 450 à 650 – **L'Argentin** (dîner seul.) **R** 310 – **Le Pistou** (dîner seul.) **R** 215 /280 – **Café de la mer R** carte 160 à 280 – ⇄ 110 – **600 ch** 1900/2200, 35 appart
FX **e**

Beach Plaza Ⓜ, av. Princesse Grace, à la plage du Larvotto 𝒫 93 30 98 80, Télex 479617, Fax 93 50 23 14, ≤, 🔟, « Bel ensemble balnéaire, piscines, plage aménagée » – 🛗 📺 ☎ 🕭 ⟷ – 🛄 50 à 300. 🆎 ⓪ 𝙴 𝓥𝓘𝓢𝓐
CS **b**
Le Gratin R carte 270 à 400 – **Le Café-Terrasse R** carte 195 à 360 – ⇄ 112 – **295 ch** 1940, 9 appart.

Mirabeau Ⓜ, 1 av. Princesse Grace 𝒫 93 25 45 45, Télex 479413, Fax 93 50 84 85, ≤, 🔟 – 🛗 🍴 ch 📺 ☎ ⟷ – 🛄 100. 🆎 ⓪ 𝙴 𝓥𝓘𝓢𝓐, 🎇 rest
FV **n**
R voir rest. **La Coupole** ci-après – ⇄ 130 – **99 ch** 1200/1900, 4 appart. 2500 – ½ P 1190/1340.

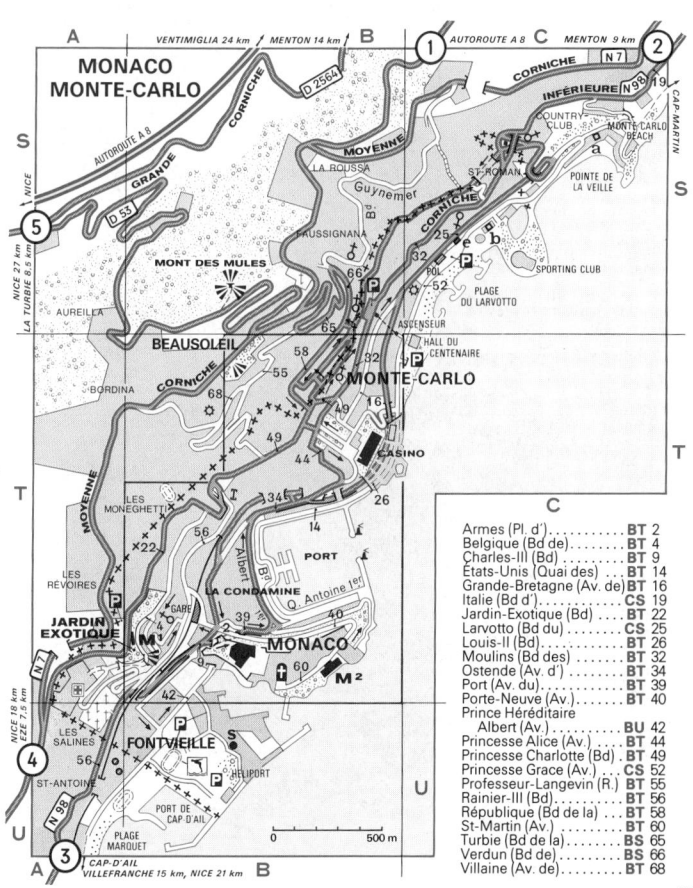

Armes (Pl. d')	**BT** 2
Belgique (Bd de)	**BT** 4
Charles-III (Bd)	**BT** 9
États-Unis (Quai des)	**BT** 14
Grande-Bretagne (Av. de)	**BT** 16
Italie (Bd d')	**CS** 19
Jardin-Exotique (Bd)	**BT** 22
Larvotto (Bd du)	**CS** 25
Louis-II (Bd)	**BT** 26
Moulins (Bd des)	**BT** 32
Ostende (Av. d')	**BT** 34
Port (Av. du)	**BT** 39
Porte-Neuve (Av.)	**BT** 40
Prince Héréditaire Albert (Av.)	**BU** 42
Princesse Alice (Av.)	**BT** 44
Princesse Charlotte (Bd)	**BT** 49
Princesse Grace (Av.)	**CS** 52
Professeur-Langevin (R.)	**BT** 55
Rainier-III (Av.)	**BT** 56
République (Bd de la)	**BT** 58
St-Martin (Av.)	**BT** 60
Turbie (Bd de la)	**BS** 65
Verdun (Bd de)	**BS** 66
Villaine (Av. de)	**BT** 68

命 **Balmoral,** 12 av. Costa ℰ 93 50 62 37, Télex 479436, Fax 93 15 08 69, ≤ – ⬛ ⬛ ch 📺 ☎.
⚠ ⓞ ⓔ 𝘝𝘐𝘚𝘈. ❄ EX **b**
R snack *(fermé nov., dim. soir, lundi et fériés)* 80 – ⏚ 45 – **77 ch** 350/700.

命 **Louvre** sans rest, 16 bd Moulins ℰ 93 50 65 25, Télex 479645, Fax 93 30 23 68 – ⬛ ⬛ 📺
☎ ⚠ ⓞ ⓔ 𝘝𝘐𝘚𝘈. ❄ FV **a**
35 ch ⏚ 524/778.

命 **Alexandra** sans rest, 35 bd Princesse Charlotte ℰ 93 50 63 13, Télex 489286 – ⬛ ⬛ 📺
☎ ⚠ ⓞ ⓔ 𝘝𝘐𝘚𝘈. ❄ FV **r**
⏚ 44 – **55 ch** 450/670.

𝖃𝖃𝖃𝖃𝖃 ❀❀❀ **Louis XV** - Hôtel de Paris, pl. Casino ℰ 93 50 80 80, Télex 469925, Fax 93 25 59 17,
🏠 – ⬛ ⓟ. ⚠ ⓞ ⓔ 𝘝𝘐𝘚𝘈. ❄ FX **y**
*fermé 26 nov. au 25 déc., 18 fév. au 1er mars, mardi et merc. sauf le soir du 26 juin au
28 août* – **R** 580/690 et carte
Spéc. Légumes de printemps aux truffes (mars à juin), Pigeonneau cuit sur la braise (oct. à mars), Fraises
des bois et sorbet au mascarpone (avril à juil.). Vins Bellet, Côtes de Provence.

𝖃𝖃𝖃𝖃 ❀ **Grill de l'Hôtel de Paris,** pl. Casino ℰ 93 50 80 80, Télex 469925, Fax 93 25 59 17,
« Au 8e étage, toit ouvrant et ≤ sur la Principauté » – ⬛ ⓟ. ⚠ ⓞ 𝘝𝘐𝘚𝘈 FX **y**
fermé 3 au 22 déc. – **R** carte 450 à 680
Spéc. Risotto à la fleur de courgette et pancetta, Rougets de roche en filets poêlés "Niçoise", Gourmandise
au chocolat. Vins Bellet, Côtes de Provence Villars.

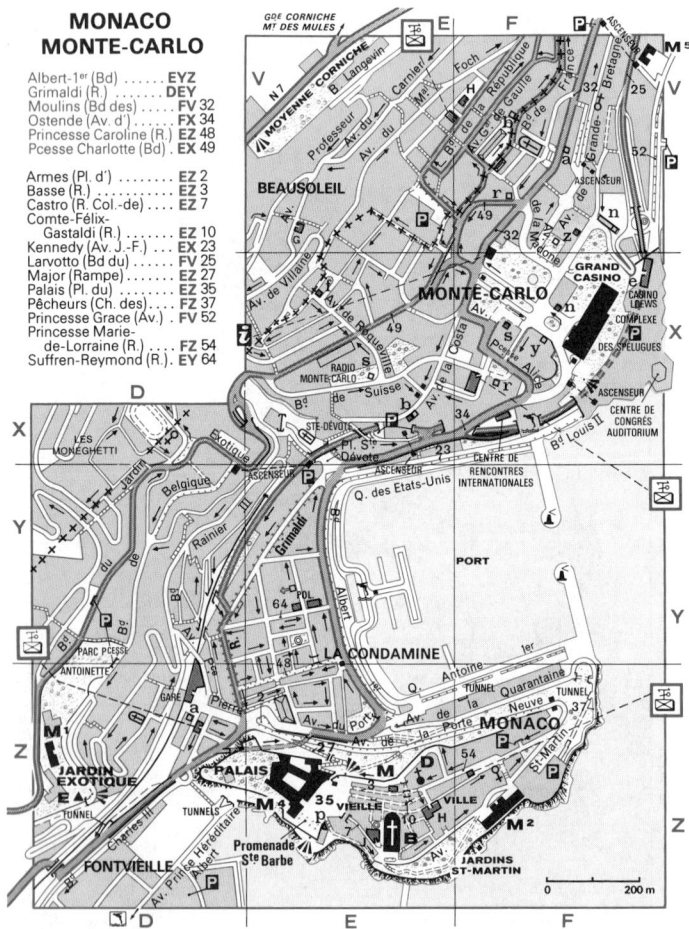

**MONACO
MONTE-CARLO**

Albert-1er (Bd) ...... **EYZ**
Grimaldi (R.) .... **DEY**
Moulins (Bd des) ..... **FV** 32
Ostende (Av. d') ..... **FX** 34
Princesse Caroline (R.) **EZ** 48
Pcesse Charlotte (Bd) **EX** 49

Armes (Pl. d') .... **EZ** 2
Basse (R.) .... **EZ** 3
Castro (R. Col.-de) ... **EZ** 7
Comte-Félix-
  Gastaldi (R.) ...... **EZ** 10
Kennedy (Av. J.-F.) ... **EX** 23
Larvotto (Bd du) ..... **FV** 25
Major (Rampe) .... **EZ** 27
Palais (Pl. du) .... **EZ** 35
Pêcheurs (Ch. des).... **FZ** 37
Princesse Grace (Av.) . **FV** 52
Princesse Marie-
  de-Lorraine (R.) .... **FZ** 54
Suffren-Reymond (R.). **EY** 64

XXX ⊛ **La Coupole** - Hôtel Mirabeau, 1 av. Princesse Grace ☎ 93 25 45 45, Télex 479413, Fax 93 50 84 85, ♣ – ▤. AE ⓓ E VISA. ※ FV **n**
fermé le midi en juil.-août – **R** 260/390
Spéc. Gnocchi de fromage de chèvre frais, Dos de loup croustillant à la peau, Mignon de veau aux morilles.

XXX **Giacomo,** av. Spélugues (126 galerie Métropole) ☎ 93 25 20 30, Fax 93 15 98 71, cuisine italienne – ▤. AE ⓓ E VISA FV **z**
R (prévenir) carte 330 à 600.

XX Café de Paris, pl. Casino ☎ 93 50 57 75, ♣ – ▤ FX **n**

XX **Le Saint Benoit,** 10 ter av. Costa ☎ 93 25 02 34, Fax 93 30 52 64, ≤ le port et le Rocher, ♣ – ▤. AE ⓓ VISA EX **b**
fermé 8 déc. au 6 janv. et lundi – **R** 155/220.

XX **Chez Gianni,** 39 av. Princesse Grace ☎ 93 30 46 33, ♣, cuisine italienne – AE ⓓ E VISA
fermé sam. midi – **R** carte 195 à 295. CS **e**

X **Polpetta,** 6 av. Roqueville ☎ 93 50 67 84, cuisine italienne – E VISA EX **f**
fermé 10 au 25 oct., 20 fév. au 15 mars, mardi (sauf juil.-août) et sam. midi – **R** 140.

X **Roger Vergé Café,** galerie du Sporting d'hiver ☎ 93 25 86 12 – ▤. AE ⓓ E VISA FX **s**
fermé dim. – **R** 110/130.

à Monte-Carlo Beach (06 Alpes-Mar.) par ① : 2,5 km – ✉ **06190** Roquebrune-Cap-Martin :

🏨 **Monte-Carlo Beach H.** M ⛰, ☎ 93 78 21 40, Télex 462010, Fax 93 78 14 18, ≤ mer et Monaco, ♣ – |‡| ▤ ch TV ☎ P – 🏊 30. AE ⓓ E VISA. ※ rest CS **a**
12 avril-6 oct. – **R** carte 300 à 500 – ☕ 130 – **46 ch** 1950/2100.

AUSTIN-ROVER-JAGUAR British-Motors, 15 bd Princesse Charlotte ☎ 93 25 64 84

MONBAZILLAC **24** Dordogne 75 ⑭⑮ – rattaché à Bergerac.

MONCEL-LÈS-LUNÉVILLE **54** M.-et-M. 62 ⑥ – rattaché à Lunéville.

MONCHEL-SUR-CANCHE **62** P.-de-C. 51 ⑬ – rattaché à Frévent.

MONCRABEAU **47600** L.-et-G. 79 ⑭ – 823 h. alt. 93.
Paris 666 – Agen 41 – Condom 11 – Mont-de-Marsan 82 – Nérac 13.

🏨 **Le Phare** ⛰, ☎ 53 65 42 08, ♣, 🌳 – TV ☎. AE ⓓ E VISA
✦ *fermé 1er au 26 oct., vacances de fév., lundi soir (sauf hôtel) et mardi* – **R** 65/210 🍷 – ☕ 28 – **8 ch** 210/355 – ½ P 240/320.

MONDEVILLE **14** Calvados 55 ⑫ – rattaché à Caen.

MONDOUBLEAU **41170** L.-et-Ch. 60 ⑮⑯ **G. Châteaux de la Loire** – 1 694 h. alt. 135.
Paris 176 – ♦Le Mans 63 – Blois 60 – Chartres 73 – Châteaudun 39 – ♦Orléans 89.

🏨 **Grand Monarque,** r. Chrétien ☎ 54 80 92 10, ♣, 🌳 – ☎ 🚗 P. VISA
R *(fermé dim. soir d'oct. à avril)* 72/190 🍷, enf. 45 – ☕ 25 – **9 ch** 100/200 – ½ P 135/180.

MONDRAGON **84430** Vaucluse 81 ① – 2 916 h. alt. 42.
Paris 644 – Avignon 47 – Montélimar 39 – Nyons 42 – Orange 16.

XX **La Beaugravière** avec ch, ☎ 90 40 82 54, ♣, 🌳 – 🚭 rest ☎ P. AE E VISA
fermé 15 au 30 sept., lundi hors sais. et dim. soir – **R** 95/300 🍷 – ☕ 25 – **3 ch** 245/295.

MONESTIER-DE-CLERMONT **38650** Isère 77 ⑭ **G. Alpes du Nord** – 930 h. alt. 832.
ℹ Syndicat d'Initiative Parc Municipal (20 juin-10 sept. matin seul.) ☎ 76 34 15 99.
Paris 598 – ♦Grenoble 33 – La Mure 33 – Serres 74 – Sisteron 108.

🏨 **Au Sans Souci** ⛰, à **St-Paul-lès-Monestier** NO : 2 km sur D 8 - alt. 800 ☎ 76 34 03 60, ≤, 🌳, 🎾 – TV ☎ 🚗 P. E VISA
fermé 15 déc. à fin janv., dim. soir et lundi sauf juil.-août – **R** 79/190, enf. 42 – ☕ 30 – **15 ch** 160/250 – ½ P 230.

🏨 **Piot** ⛰, ☎ 76 34 07 35, parc – ☎ P. E VISA
fermé 15 nov. au 15 janv. et merc. – **R** 72/160 🍷 – ☕ 25 – **21 ch** 125/260 – ½ P 155/200.

PEUGEOT-TALBOT Gar. des Alpes ☎ 76 34 08 20
RENAULT Gar. Charvet ☎ 76 34 05 13 **N**
N ☎ 76 34 14 08

Le MONETIER-LES-BAINS **05** H.-Alpes 77 ⑦ – rattaché à Serre-Chevalier.

R 70/145

Repas à prix fixes :
des menus à prix intermédiaires à ceux indiqués sont généralement proposés.

MONFLANQUIN 47150 L.-et-G. 79 ⑤ G. Pyrénées Aquitaine – 2 356 h.

Voir ≤★.

🛈 Maison du Tourisme pl. Arcades ♣ 53 36 40 19.

Paris 588 – Agen 48 – Bergerac 48 – Cahors 70 – Marmande 55.

🏨 **Prince Noir**, pl. Arcades ♣ 53 36 50 25 – ✐✑ ☎. ⅍ⅇ ⅇ 𝚅𝙸𝚂𝙰. ⅍⅍ ch
hôtel : fermé 10 au 31 janv. ; rest. : fermé 15 déc. au 31 janv., dim. soir et lundi du
1ᵉʳ sept. au 15 juil. – **R** 85/220 – ⬡ 40 – **10 ch** 260/340 – ½ P 270/310.

PEUGEOT-TALBOT Gar. Lompech, ♣ 53 36 41 03

La MONGIE 65 H.-Pyr. 85 ⑱⑲ G. Pyrénées Aquitaine – alt. 1 800 – Sports d'hiver : 1 800/2 500 m ≰ 2
≴ 25 – ⬚ **65200** Bagnères-de-Bigorre.

Voir Le Taoulet ≤★★ N par téléphérique.

🛈 Office de Tourisme ♣ 62 91 94 15, Télex 521984.

Paris 836 – Pau 87 – Arreau 39 – Bagnères-de-Bigorre 25 – Lourdes 47 – Luz-St-Sauveur 22 – Tarbes 46.

🏨 **Pourteilh** (annexe Le Taoulet 🚪 29 ch ⤶), ♣ 62 91 93 33, ≤ – 🛗 ☎ ✑ ⅍ⅇ ⅇ 𝚅𝙸𝚂𝙰.
⅍⅍ rest
15 déc.-début mai – **R** 85/140 – ⬡ 35 – **43 ch** 360/420 – ½ P 300/330.

🏨 **Pic d'Espade**, ♣ 62 91 92 27, ≤ – ☎. ⅍ⅇ ⅇ 𝚅𝙸𝚂𝙰. ⅍⅍ rest
1ᵉʳ juil.-30 août (sauf rest.) et 1ᵉʳ déc.-1ᵉʳ mai – **R** 75/85 – ⬡ 32 – **30 ch** 200/280 –
½ P 220/300.

MONISTROL-SUR-LOIRE 43120 H.-Loire 76 ⑧ G. Vallée du Rhône – 5 438 h. alt. 602.

Paris 539 – ♦St-Étienne 30 – Firminy 18 – Le Puy 48 – Yssingeaux 21.

🍴 **La Madeleine**, av. St-Étienne ♣ 71 66 50 05 – ✑ 𝚅𝙸𝚂𝙰. ⅍⅍ ch
⬟ fermé 1ᵉʳ au 8 oct., 23 déc. au 1ᵉʳ fév. et sam. sauf juil.-août – **R** 68/170 ⅃ – ⬡ 24 – **13 ch**
92/220 – ½ P 142/180.

CITROEN Fourgon, 18 av. Libération   RENAULT Gar. Theillière, av. Gén.-Leclerc
♣ 71 66 50 66   ♣ 71 61 53 22
PEUGEOT Gar. Gouy, 26 bis av. Libération
♣ 71 66 55 37

MONNAIE 37380 I.-et-L. 64 ⑮ – 2 813 h. alt. 113.

Paris 230 – ♦Tours 15 – Château-Renault 15 – Vouvray 11.

🍴🍴 **Soleil Levant** avec ch, ♣ 47 56 10 34 – ⅇ 𝚅𝙸𝚂𝙰
fermé 8 au 30 août, 15 au 28 fév., merc. soir et jeudi – **R** 95/240, enf. 50 – ⬡ 22 – **7 ch**
120/180.

RENAULT Viemont ♣ 47 56 10 13

MONPAZIER 24540 Dordogne 75 ⑯ G. Perigord Quercy – 533 h. alt. 195.

Voir Place centrale★.

🛈 Syndicat d'Initiative (juil.-août) ♣ 53 22 68 59 et à la Mairie (hors saison) ♣ 53 22 60 38.

Paris 564 – Périgueux 74 – Sarlat-la-Canéda 50 – Bergerac 45 – Fumel 29 – Villeneuve-sur-Lot 39.

🏨 **Edward 1ᵉʳ** ⅍ sans rest, 5 r. St-Pierre ♣ 53 22 44 00, Fax 53 22 57 99, « Ancienne
gentilhommière du 19ᵉ siècle », ⅃, ⅏ – 📺 ☎ 🅿. ⅍ⅇ ⅇ 𝚅𝙸𝚂𝙰
25 mars-15 nov. – ⬡ 60 – **13 ch** 300/800.

MONSÉGUR 33580 Gironde 79 ③ – 1 612 h. alt. 69.

Paris 583 – Bergerac 54 – Castillonnès 48 – Langon 33 – Libourne 49 – Marmande 33 – La Réole 14.

🏨 **Gd Hôtel**, ♣ 56 61 60 28 – ☎ ✑. ⅇ 𝚅𝙸𝚂𝙰. ⅍⅍ ch
⬟ fermé lundi midi en oct. – **R** 48/160 ⅃ – ⬡ 18 – **11 ch** 80/200.

PEUGEOT-TALBOT Vigneau ♣ 56 61 61 37

MONT voir au nom propre.

MONTAGNY-LÈS-BEAUNE 21 Côte-d'Or 69 ⑨ – rattaché à Beaune.

MONTAIGU 85600 Vendée 67 ④ – 4 689 h. alt. 48.

Paris 391 – ♦Nantes 34 – La Roche-sur-Yon 37 – Cholet 36 – Fontenay-le-C. 78 – Noirmoutier 84.

🏨 **Voyageurs**, rte Nantes ♣ 51 94 00 71, Télex 701877, Fax 51 94 07 78, ✿✿, ⬛, ⅏ – ✐✑ ch
📺 ☎ ✑. ⅍ⅇ ⓞ ⅇ 𝚅𝙸𝚂𝙰
R (grill) (fermé sam. de déc. à mars) 75/180 ⅃, enf. 33 – ⬡ 35 – **33 ch** 230/450 –
½ P 260/360.

PEUGEOT-TALBOT Beauvois, ZI, rte de Nantes   RENAULT Gar. Chagneau et Piveteau, à Boufféré
♣ 51 94 04 97   ♣ 51 94 02 05

696

MONTAIGU-DE-QUERCY **82150** T.-et-G. 79 ⑯ – 1 536 h. alt. 186.
Paris 612 – Agen 40 – Cahors 47 – Moissac 33 – Montauban 54 – Villeneuve-sur-Lot 30.

XX **Vieux Relais** avec ch, pl. Hôtel de Ville ✆ 63 94 46 63 – E VISA
fermé 2 janv. au 4 mars – **R** *(fermé dim. soir et lundi)* 115/195 – ☐ 35 – **3 ch** 180.

PEUGEOT-TALBOT Gar. Sztandéra ✆ 63 94 47 20

MONTAIGUT-SUR-SAVE **31530** H.-Gar. 82 ⑦ – 724 h. alt. 124.
Las Martines ✆ 62 07 27 12, S par D 17 : 13 km.
Paris 693 – ♦Toulouse 24 – Auch 58 – Montauban 42.

XX **Host. Le Ratelier** avec ch, SE : 3 km par D 17 et VO ✆ 61 85 43 36, Fax 61 85 76 98, ←, ☐, ☐ – TV ☎ P – 30. AE ① E VISA
R *(fermé mardi)* 78/160 ☐, enf. 52 – ☐ 30 – **25 ch** 190/310 – ½ P 175/279.

Ne voyagez pas aujourd'hui avec une carte d'hier.

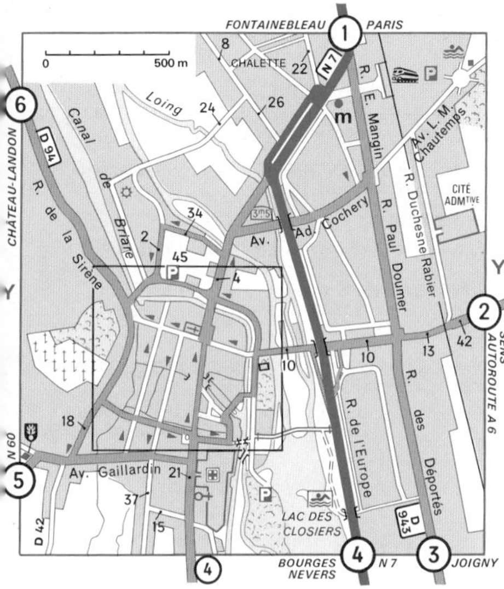

MONTARGIS

Dorée (R.) . . . . Z
République (Pl. de la) Z 36

Anatole-France (Bd) . Y 2
Ancien-Palais (R.) . . . Z 3
Baudin (Bd) . . . . YZ 4
Belles-Manières (Bd) Z 5
Bon-Guillaume (R.) . . Z 6
Carnot (R. Lazare) . . . Y 8
Chaussée (R. de la) YZ 10
Cormenin (R.) . . . . Z 12
Decourt (R. E.) . . . . . . Y 13
Dr. Roux (R. du) . . . . . Y 15
Fg d'Orléans
(R. du) . . . . YZ 18
Ferry (Pl. Jules) . . . . . . Z 20
Jaurès (R. Jean) . . . . . Y 21
Kléber (R.) . . . . Y 22
Laforge (R. R.) . . . . Z 23
Lamie (R. Jean) . . . . . . Y 24
Longeard (R. du) . . . . Y 26
Mirabeau (Pl.) . . . . Z 27
Moulin-à-Tan
(R. du) . . . . Z 28
Pêcherie (R. de la) . . . Z 30
Poterne (R. de la) . . . . Z 32
Pougin-de-
Maisonneuve (R.) . Z 33
Prés.-Roosevelt (R.) . . Y 34
Sédillot (R.) . . . . Y 37
Tellier (R. R.) . . . . Z 39
Vaublanc (R. de) . . . . . Z 41
Verdun (Av. de) . . . . . Y 42
18 Juin 1940 (Pl. du) . . Z 45

Pour visiter
la Bourgogne
utilisez
le guide vert
Michelin

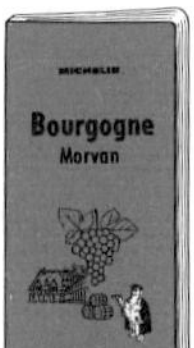

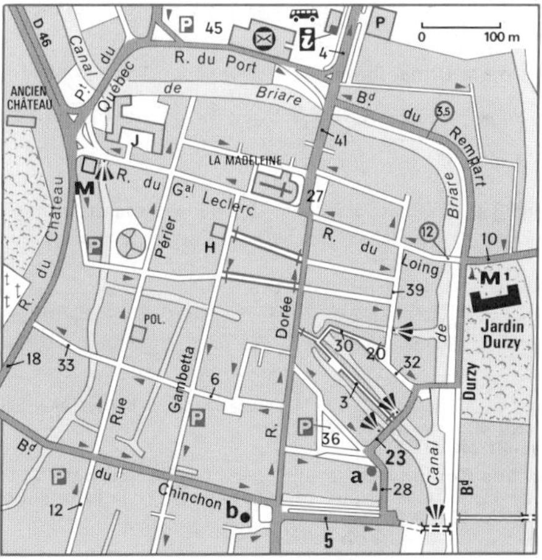

MONTARGIS <SP> **45200** Loiret 𝟨𝟣 ⑫ G. Bourgogne – 17 629 h. alt. 88.

Voir Collection Girodet★ du musée Z **M¹**.

🛈 Office de Tourisme pl. du Pâtis ℘ 38 98 00 87.

Paris 113 ① – Auxerre 79 ② – Autun 204 ② – Bourges 115 ④ – Chartres 118 ⑤ – Chaumont 218 ② – Fontainebleau 51 ① – Nevers 125 ④ – ◆Orléans 71 ⑤ – Sens 51 ②.

Plans page précédente

🏨 **Urbis** Ⓜ, 2 pl. V. Hugo ℘ 38 98 00 68, Télex 780461, Fax 38 98 47 60 – 📶 🔲 📺 ☎ 🛗 🚗
Ⓟ – 🚲 40. 🗲 ⅥⅣⅤ⟨SA⟩   Z **b**
Brasserie de la Poste *(fermé Noël)* **R** carte environ 140 🍴, enf. 35 – 🕮 30 – **49 ch** 260/280.

🏨 **Climat de France** Ⓜ, av. Antibes (centre commercial) par ④ : 3 km ℘ 38 98 20 21,
Télex 783706, Fax 38 89 19 16 – 📺 ☎ 🛗 **Ⓟ** – 🚲 30. 🗲 ⅥⅣⅤ⟨SA⟩
R 80/110 🍴, enf. 38 – 🕮 24 – **41 ch** 260.

XXX ✿ **Gloire** (Jolly) avec ch, 74 av. Gén. de Gaulle ℘ 38 85 04 69 – 🍽 rest 📺 ☎ 🚗. ⅥⅣⅤ⟨SA⟩
🍴   Y **m**
fermé 15 au 25 août, vacances de fév., mardi soir et merc. – **R** 150/380, enf. 120 – 🕮 35 –
11 ch 250/350
Spéc. Escalope de foie gras de canard aux pommes chaudes, Filet de turbotin en écailles de pommes de terre, Emincé de filet d'agneau à la pommade de basilic.

XX **Coche de Briare** avec ch, 72 r. République ℘ 38 85 30 75 – 🍽 rest ☎. 🗲 ⅥⅣⅤ⟨SA⟩   Z **a**
fermé 7 au 23 juil., 10 fév. au 3 mars, dim. soir et lundi sauf fériés – **R** 102/150, enf. 70 –
🕮 22 – **13 ch** 130/190.

N : 10 km par ①, N 7 et VO – ✉ **45210** Fontenay-sur-Loing :

🏯 **Domaine de Vaugouard** Ⓜ 🏌, ℘ 38 95 71 85, Télex 783582, Fax 38 95 77 47, « Dans
un domaine de loisirs, golf », 🛁, 🏊, ✿ – cuisinette 🍽 rest 📺 ☎ 🛗 **Ⓟ** – 🚲 40 à 100.
🆎 ⓞ 🗲 ⅥⅣⅤ⟨SA⟩. ✿
fermé janv. – **Le Domaine** *(fermé dim. soir et lundi)* **R** 165/245, enf. 65 – **Brasserie R** 100
🍴, enf. 55 – 🕮 50 – **32 ch** 350/430, 15 duplex 495/595.

à Amilly par ③ : 5 km – 10 125 h. – ✉ **45200** :

🏨 **Le Belvédère** 🏊, sans rest, 192 r. J. Ferry ℘ 38 85 41 09, 🌳 – 📺 ☎ **Ⓟ**. ⓞ 🗲 ⅥⅣⅤ⟨SA⟩
🕮 22 – **25 ch** 90/220.

XX **Aub. Écluse,** rte Mormant ℘ 38 85 44 24 – **Ⓟ**. 🗲 ⅥⅣⅤ⟨SA⟩. ✿
fermé 19 déc. au 9 janv., dim. soir et lundi – **R** 135 (sauf sam.)/225.

par ④ : 6,5 km – ✉ **45200** Montargis :

X **Relais du Miel,** rte Nevers ℘ 38 85 32 02, Télex 780880, Fax 38 98 47 60, 🏡 – **Ⓟ**. 🗲 ⅥⅣⅤ⟨SA⟩
R carte 90 à 150 🍴, enf. 35.

VOLVO Gar. Schnaidt, 36/38 r. Jean-Jaurès   🏵 Dominicé, 64 r. J.-Jaurès ℘ 38 93 38 33
℘ 38 93 28 10   La Centrale du Pneu, 3 r. de Nevers ℘ 38 85 12 80

Périphérie et environs

CITROEN S.M.A., 1176 av. d'Antibes à Amilly par   V.A.G Gar. St-Christophe, 330 av. d'Antibes à
④ ℘ 38 85 73 25   Amilly ℘ 38 85 22 84
PEUGEOT-TALBOT Corre, N 60 à Villemandeur
par ⑤ ℘ 38 85 03 29 Ⓝ ℘ 38 93 06 66   🏵 La Maison du Pneu, 180 rte de Viroy à Amilly
RENAULT Basty, 1400 av. d'Antibes à Amilly   ℘ 38 85 31 28
℘ 38 85 02 82 Ⓝ

MONTASTRUC-LA-CONSEILLÈRE 31380 H.-Gar. 𝟪𝟤 ⑧ – 1 857 h. alt. 234.

Paris 695 – ◆Toulouse 20 – Castres 65 – Gaillac 35 – Montauban 51.

🏨 **Relais de la Conseillère,** N 88 ℘ 61 84 21 23, Fax 61 84 17 12, 🏡 – ☎ **Ⓟ** – 🚲 25. 🗲
◆ ⅥⅣⅤ⟨SA⟩
fermé 24 au 31 déc. – **R** 53 bc/160, enf. 42 – 🕮 20 – **27 ch** 130/180 – ½ P 138/163.

Le MONTAT 46 Lot 𝟩𝟫 ⑱ – rattaché à Cahors.

MONTAUBAN Ⓟ **82000** T.-et-G. 𝟩𝟫 ⑰⑱ G. Pyrénées Roussillon – 53 147 h. alt. 87.

Voir Musée Ingres★★ Z – Place Nationale★ Z – Dernier Centaure mourant★ (bronze de Bourdelle)
Z **B**.

🏌 des Aiguillons ℘ 63 31 35 40, N par D 959 : 8 km.

🛈 Office de Tourisme, Ancien Collège pl. Prax ℘ 63 63 60 60 – A.C. 22 allées Mortarieu ℘ 63 63 22 35.

Paris 652 ① – ◆Toulouse 54 ③ – Agen 74 ⑤ – Albi 73 ② – Auch 86 ④ – Cahors 61 ①.

Plans page ci-contre

🏯 **Ingres** Ⓜ sans rest, 10 av. Mayenne ℘ 63 63 36 01, Télex 520319, Fax 63 66 02 90, 🏊 –
📶 🔲 📺 ☎ 🚗 **Ⓟ**. 🆎 ⓞ 🗲 ⅥⅣⅤ⟨SA⟩   Y **u**
🕮 36 – **31 ch** 290/400.

🏨 **Host. des Coulandrières** Ⓜ 🏊, rte Castelsarrasin par ④ : 4 km ✉ 82290 Montbeton
℘ 63 67 47 47, Télex 533554, Fax 63 67 46 45, 🏡, « Parc fleuri, piscine » – ⇔ 🍽 📺 📺
Ⓟ – 🚲 30. 🆎 ⓞ 🗲 ⅥⅣⅤ⟨SA⟩
R 130/250 – 🕮 40 – **22 ch** 360/410 – ½ P 398.

MONTAUBAN

*Les plans de villes
sont orientés le Nord
en haut.*

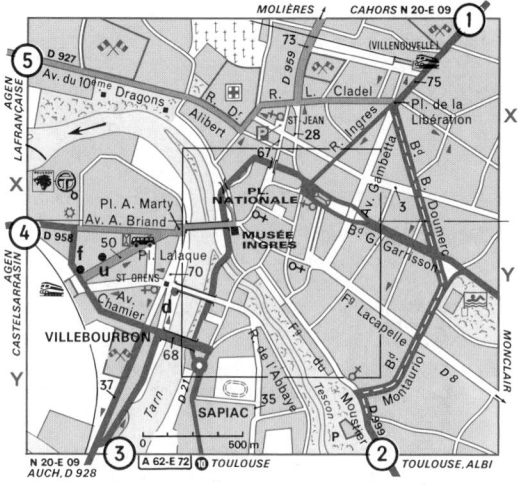

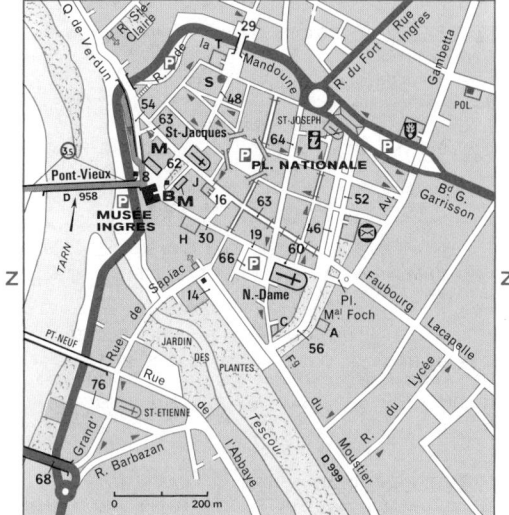

XX **Orsay et rest. La Cuisine d'Alain** avec ch, face gare 𝒫 63 66 06 66, Télex 520362, Fax 63 66 19 39, 🌸 – 📳 📺 ☎ – 🔏 25. 🖭 ① 𝐄 𝘝𝘐𝘚𝘈 – *fermé 23 déc. au 6 janv., lundi midi, dim. et fériés* – **R** 90/260, enf. 70 – 😅 28 – **20 ch** 170/300 – ½ P 245   Y **f**

XX **Chapon Fin,** 1 pl. St-Orens 𝒫 63 63 12 10 – 🔳 𝐄 𝘝𝘐𝘚𝘈   Y **d**
fermé 20 juil. au 18 août, vend. soir et sam. – **R** 75/240 ⅃, enf. 65.

XX **Ambroisie,** 41 r. Comédie 𝒫 63 66 27 40 – 🔳 ① 𝐄 𝘝𝘐𝘚𝘈   Z **s**
fermé juil. et dim. – **R** 100/220.

par ① *et N 20 : 4 km –* ✉ **82000** Montauban :

🏠 **Confortel** 🅼 sans rest, 𝒫 63 66 51 61 – 📺 ☎ ♿ 🅿 – 🔏 25. 𝐄 𝘝𝘐𝘚𝘈
😅 27 – **38 ch** 209/250.

à Brial par ③ *: 9 km sur N 20 –* ✉ **82710** Bressols :

XXX ⁂ **Depeyre,** 𝒫 63 02 13 13, 🌸, parc – 🔳 🅿. 🖭 ① 𝐄 𝘝𝘐𝘚𝘈 – *fermé 4 au 14 juin, 19 au 25 nov., 14 au 28 janv., dim. soir et lundi sauf fériés* – **R** 135/335 bc, enf. 100
Spéc. Escalope de foie gras de canard aux cerises (printemps-été), Blanc de turbot au Sauternes, Mignon de veau au gingembre. **Vins** Côtes du Frontonnais, Gaillac.

CITROEN Larroque, N 20, ZI Nord par ①
℘ 63 03 15 30
MERCEDES-BENZ Gar. Hamecher, ZI Sud, rte de
Toulouse ℘ 63 63 07 70
PEUGEOT, TALBOT Macard, r. Bac ℘ 63 63 76 00
RENAULT Tarn-et-Garonne Autom., rte de Paris
par ① ℘ 63 03 23 23
Almayrac et Despoux, 200 r. Camp-d'Aviation
℘ 63 63 44 52

🏍 Central Pneu, ZI Nord r. Voltaire ℘ 63 66 85 86
Doumerc-Pneus, 281 av. de Toulouse
℘ 63 63 09 76
Le Palais du Pneu, 17 pl. Lalaque ℘ 63 63 15 80
Pereira, 52 av. du 10ᵉ-Dragon ℘ 63 03 53 98
Taquinpneu, 69 av. Gambetta ℘ 63 03 30 14

MONTAUBAN-DE-LUCHON 31 H.-Gar. 🔢🔢 ① – rattaché à Luchon.

MONTAUROUX 83440 Var 🔢🔢 ⑧, 🔢🔢🔢 ㉓ G. Côte d'Azur – 1 997 h. alt. 350.

🚩 Syndicat d'Initiative pl. du Clos ℘ 94 47 75 90.

Paris 894 – Cannes 35 – Draguignan 40 – Fréjus 28 – Grasse 20.

🏠 **La Marjolaine** ⟨⟩, ℘ 94 76 43 32, ⟨, 🍽, 🐎 – 📶 🍽 rest 📺 ☎ 🅰🅴 ⓄⒺ 🆅🅸🆂🅰
   R (fermé dim. soir et merc. sauf juil.-août, lundi soir, mardi soir et jeudi soir du 1ᵉʳ nov au
   30 mars) 115/300, enf. 70 – 🍽 45 – **19 ch** 160/275 – ½ P 195/250.

   rte de Draguignan S : 4 km – ✉ **83440** Fayence :

🍴🍴 **La Bécassière,** ℘ 94 76 43 96, 🍽, 🐎 – Ⓟ. 🅰🅴 Ⓔ 🆅🅸🆂🅰
   fermé oct., le soir de nov. à mai (sauf vend. et sam.), dim. soir (sauf juil.-août) et lundi –
   R 87/180.

   au lac de St-Cassien au Sud par D 37 et VO : 5 km – ✉ **83440** Fayence :

🍴🍴 **Aub. du Puits Jaubert** ⟨⟩ avec ch, ℘ 94 76 44 48, ⟨, 🍽, parc, « Ancienne bergerie
   du 15ᵉ siècle » – Ⓟ. Ⓔ 🆅🅸🆂🅰
   fermé 15 nov. au 15 déc. et mardi – **R** 170/230, enf. 80 – 🍽 30 – **8 ch** 215/240 – ½ P 260/290.

MONTBARD ⟨🆂🅿⟩ 21500 Côte-d'Or 🔢🔢 ⑦ G. Bourgogne (plan) – 7 916 h. alt. 211.

Voir Parc Buffon★.

Env. Abbaye de Fontenay★★★ E : 6 km par D 905.

🚩 Office de Tourisme avec A.C. r. Carnot (fermé matin nov.-mars) ℘ 80 92 03 75.

Paris 235 – ♦Dijon 81 – Autun 101 – Auxerre 79 – Troyes 101.

🏨 **Écu,** 7 r. A. Carré ℘ 80 92 11 66, Télex 351102, Fax 80 92 14 13 – 📺 ☎ 🅰🅴 ⓄⒺ 🆅🅸🆂🅰
   R 93/350, enf. 55 – 🍽 33 – **25 ch** 180/360 – ½ P 250/270.

🏠 **H. Gare,** 10 av. Mar. Foch ℘ 80 92 02 12 – ☎ Ⓟ – 🛁 50. Ⓔ 🆅🅸🆂🅰
   fermé 20 déc. au 5 janv. – **Gilles Agathy** ℘80 92 41 20 (fermé sam. midi et lundi midi du
   1ᵉʳ nov. à Pâques et dim. soir) **R** 80/200 ⅊, enf. 45 – 🍽 27 – **34 ch** 150/280.

   à Fain-lès-Montbard SE : 6 km sur N 905 – ✉ **21500** :

🏯 **Château de Malaisy** ⟨⟩, ℘ 80 89 46 54, Fax 80 92 30 16, 🍽, parc, 🏊 – 📺 ☎ Ⓟ –
   🛁 40 à 150. Ⓔ 🆅🅸🆂🅰 🍽
   R (fermé lundi hors sais.) 105/320, enf. 65 – 🍽 35 – **23 ch** 200/750 – ½ P 281/444.

   à St-Rémy NO : 4 km par rte Tonnerre – ✉ **21500** :

🍴🍴🍴 **St-Rémy,** ℘ 80 92 13 44 – Ⓟ. 🅰🅴 ⓄⒺ 🆅🅸🆂🅰
   fermé 23 déc. au 31 janv., lundi (sauf fériés) et le soir sauf sam. – **R** 100/260.

CITROEN Gar. Monnet, rte de Dijon ℘ 80 92 06 09
Ⓝ
PEUGEOT-TALBOT Gar. Carnot, 7 r. Carnot
℘ 80 92 01 83 Ⓝ ℘ 80 92 17 27

RENAULT Montbard-Autom., 39 r. Abrantès
℘ 80 92 06 23 Ⓝ

MONTBAZENS 12220 Aveyron 🔢🔢 ① – 1 424 h. alt. 472.

Paris 607 – Rodez 39 – Aurillac 80 – Figeac 28 – Marcillac-Vallon 34 – Villefranche-de-Rouergue 26.

🏠 **Levant,** rte Rignac ℘ 65 80 60 24, 🏊, 🐎 – cuisinette 📺 ☎ 🚗 Ⓟ. 🍽 ch
⬅ fermé 20 sept. au 15 oct. – **R** (fermé dim. soir et lundi sauf juil.-août) 58/160 ⅊, enf. 50 –
   🍽 21 – **9 ch** 210/250 – ½ P 200/260.

Gar. du Fargal, ℘ 65 80 62 23

Les guides Michelin :

Guides Rouges (hôtels et restaurants) :
   **Benelux - Deutschland - España Portugal - Main Cities Europe -
   France - Great Britain and Ireland - Italia**

Guides Verts (Paysages, monuments et routes touristiques) :
   **Allemagne - Autriche - Belgique - Canada - Espagne - Grèce -
   Hollande - Italie - Londres - Maroc - New York -
   Nouvelle Angleterre - Portugal - Rome - Suisse.**

et la collection sur la France.

MICHELIN

CIRCLES·THE

WORLD

*S*even miles high. Almost two miles down. And in practically every bookshop at ground level. The Michelin Man gets around. Also known as "Bibendum,"

he can be found on the tyres of supersonic aircraft. On radials labouring in subterranean mines. And peering out from the covers of Michelin's maps, guides and atlases.

1

TAKING THE I

*M*ichelin made history in 1891 with the invention of the world's first detachable pneumatic tyre. The company has since grown to become the world's leading tyre manufacturer, with a distribution network spanning five continents, and a list of revolutionary tyre developments to its name. Without doubt, the most significant of these is the radial tyre.

Michelin's growth in the UK is equally impressive. Supported by factories and distribution centres throughout Britain and Ireland, Michelin employs more people and produces more tyres than all other UK tyre manufacturers put together. Its commercial headquarters are in London, with factory sites in Stoke, Burnley, Dundee and Ballymena.

Sizeable investments in research and development ensure Michelin maintains its outstanding lead in tyre technology. And its tyres can be found on

EAD

almost every type of wheeled vehicle. Michelin's tallest earthmover tyre measures over 11 feet high and weighs in at more than three tons when fully inflated. Its lightest cycle tyre tips the scales at a mere seven ounces.

GUIDED ^{BY} THE BOOK

*I*n response to the growing needs of motorists, Michelin began publishing travel guides at the turn of the century. Using the soon-to-be-famous Michelin system of symbols, the first Red Guide was published in 1900. It bristled with facts, figures and useful commentary. Today, Michelin produces over 200 separate motoring publications spanning Europe, Africa, Mexico, Canada and parts of the U.S.A.

Aided and abetted by the famous Michelin Man, the company's tyres, maps and guides have gained a worldwide reputation. Conceived by the founders of the company, the two Michelin brothers after spotting a pile of tyres, the Michelin Man has become an immensely versatile and instantly recognisable company trademark.

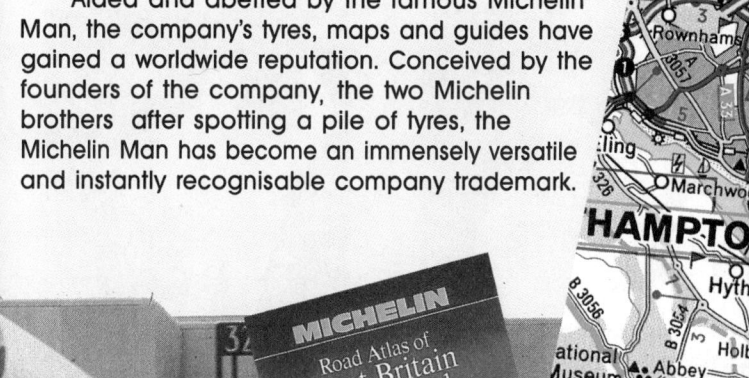

INTO THE NI

*I*n common with Michelin's product range, the Michelin Man is designed to last. His staying-power mirrors Michelin's own enduring success well into the last decade of this century. Unique among company symbols, Bibendum first took shape in 1898. He has since taken on an incredible number of guises — everything from a gallant knight armoured for the road, to a nimble-footed mountain climber. Although Bibendum's public image may change with the times, there is no mistaking the Michelin Man. His message remains reassuringly constant.

Bibendum comes to life in an 1898 poster created by the French artist O'Galop.

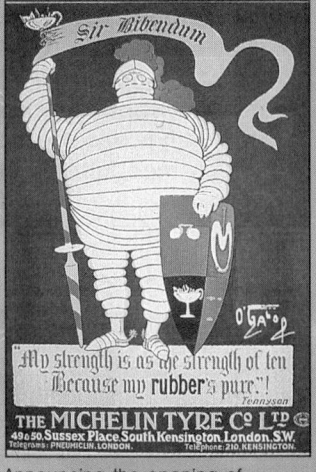

Announcing the opening of Michelin's first London office in 1905.

NETIES

Bibendum brings motorists the best tyres that technology can offer. And his genial face reflects the company's desire to respond to the needs of its customers across all five continents.

A sure-footed Michelin Man confidently takes to the mountains in 1985.

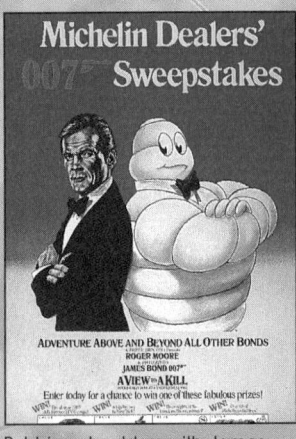

Rubbing shoulders with James Bond in the film "A View to a Kill."

1988 sees Mister Bibendum driving a fast ball for Michelin.

The 1990s Michelin Man is one of the world's most recognizable symbols.

MILES - M

"Safe to drive and economical to run." These features alone once sold a family car. Times have changed. Today's car is more of a performance machine. With this increased performance comes the need for more grip, improved handling, and greater comfort, durability and reliability.

Michelin's new *MXT* radial is designed to satisfy these demands.

MXT

The Tyre for the Nineties

ꓷRE - GRIP

Reduced road noise

Quieter driving

Improved grip on wet straights and bends

Legendary Michelin mileage

More confidence in wet conditions

Better handling on dry roads

Greater braking power in the wet

Increased passenger comfort

Superior winter handling

■ New *MXT*
☐ Previous design

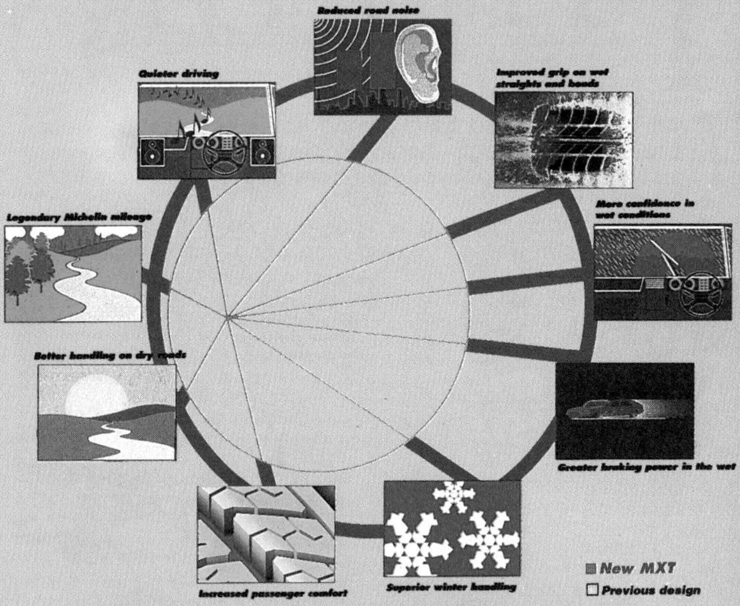

*T*ake a look at the *MXT*'s performance features. Compared to Europe's most advanced tyre to date — the Michelin MXL — the *MXT* achieves increased grip in all weather conditions, a quieter ride, and significantly greater braking efficiency in the wet. All this without sacrificing mileage. You get miles more grip. Plus, a quality tyre with streamlined low profile looks that cannot fail to complement your car.

For more information about the new *MXT*, ask your local tyre dealer. Or contact our London office:

Michelin Tyre PLC, Marketing Department,
Davy House, Lyon Road, Harrow, Middx., HA1 2DQ
Telephone: 081-861 2121

TYRE TIPS

*T*yres are the only contact your car has with the road — four patches of tread, each hardly bigger than the palm of your hand. So it is vital that you take care of your tyres. In return, they will take care of you.

A few simple procedures, carried out regularly, will ensure that your tyres perform well and give a long and reliable service life.

Check your car tyre pressures at least once a fortnight, and only when the tyres are cold.

Fit only the tyre size and type recommended by the vehicle manufacturer.

If you are carrying a heavy load, or towing, adjust your tyre pressures according to the vehicle manufacturer's recommendations.

Always ensure your tyres conform to the legal requirements.

Don't forget to check the inflation pressure of your car's spare tyre.

If you spot an irregularity in the tyre, have it checked by your tyre dealer immediately.

MAKE SURE IT'S A MICHELIN

🖪 Office de Tourisme av. Gare (juin-sept.) ℘ 47 26 97 87.

Paris 247 – ◆Tours 13 – Châtellerault 60 – Chinon 41 – Loches 32 – Montrichard 40 – Saumur 67.

🏨🏨🏨 ✿ **Château d'Artigny** ⤴, SO : 2 km par D 17 ℘ 47 26 24 24, Télex 750900, Fax 47 65 92 79, « Parc, ≤ sur l'Indre, pavillon de 8 ch. au bord de la rivière », ⊼, ﹪ – ⧖ 🖵 ☎ 🅿 – ♨ 80. **E** 𝘝𝘐𝘚𝘈
fermé 1er déc. au 11 janv. – **R** 260/380, enf. 80 – ⴱ 78 – **46 ch** 600/1260, 7 appart. 1420 – ½ P 630/1100
Spéc. Poissons de Loire à notre façon, Noisettes d'agneau fermier du pays Lochois, Brochette aux trois fruits et sabayon au Vouvray moelleux. Vins Vouvray, Chinon.

🏨🏨 **Domaine de la Tortinière** ⤴, N : 2 km par N 10 et D 287 ℘ 47 26 00 19, Télex 752186, Fax 47 65 95 70, « Dans un parc ≤ vallée de l'Indre », ⊼, ﹪ – 🖵 ☎ 🅿 – ♨ 30. **E** 𝘝𝘐𝘚𝘈 ﹪
1er mars-20 déc. – **R** 250/375, enf. 150 – ⴱ 60 – **15 ch** 475/790, 6 appart. 875/1200 – ½ P 460/700.

🏨 **Relais de Touraine** Ⓜ, N : 2 km rte Tours ℘ 47 26 06 57, ﹢, parc – 🖵 ☎ 🅿 – ♨ 50. ⒜ **E** 𝘝𝘐𝘚𝘈
fermé 2 au 17 janv. – **R** (fermé dim. soir et lundi) 145/190, enf. 55 – ⴱ 35 – **21 ch** 260/320 – ½ P 320/350.

🍴🍴🍴🍴 ✿✿ **La Chancelière**, 1 pl. Marronniers ℘ 47 26 00 67, « Élégant décor » – 🔲. **E**. 𝘝𝘐𝘚𝘈
fermé 1er au 8 sept., 17 fév. au 9 mars, dim. (sauf le midi de sept. à juin) et lundi – **R** 280 (sauf sam. soir)/460 et carte
Spéc. Ravioles d'huîtres au Champagne, Sauté de homard au lard. Vins Vouvray, Chinon.

🍴🍴 **Courtille**, av. Gare ℘ 47 26 28 26 – **E** 𝘝𝘐𝘚𝘈
fermé 15 août au 5 sept., dim. soir et merc. – **R** 135/260, enf. 60.

à l'ouest : 5 km par N 10, D 287 et D 87 – ✉ 37250 Montbazon :

🍴🍴 **Moulin Fleuri** ⤴ avec ch, ℘ 47 26 01 12, ≤, « Terrasse au bord de l'Indre », ﹢ – 🖵 ☎ 🅿. fermé 15 au 30 oct., 1er au 21 fév. et lundi sauf fériés – **R** carte 130 à 270, enf. 48 – ⴱ 36 – **12 ch** 155/295 – ½ P 225/315.

PEUGEOT-TALBOT Gar. Rousseau ℘ 47 26 06 50

Bonne route avec **36.15 MICHELIN**
Économies en temps, en argent, en sécurité.

🟦 de Pruneville ℘ 81 98 11 77, par ④ : 10 km.

🖪 Office de Tourisme 1 rue H.-Mouhot ℘ 81 94 45 60.

Paris 486 ⑦ – ◆Mulhouse 59 ③ – ◆Bâle 72 ④ – Belfort 19 ③ – ◆Besançon 83 ⑦ – Pontarlier 110 ⑦ – Vesoul 62 ①.

Plans page suivante

🏨 **Bristol** sans rest, 2 r. Velotte ℘ 81 94 43 17, Télex 361080, Fax 81 94 15 29 – 🖵 ☎ ⇌ 🅿. ⒜ **E** 𝘝𝘐𝘚𝘈. ﹪   AZ **b**
fermé 27 juil. au 26 août, 29 déc. au 6 janv. – ⴱ 25 – **46 ch** 135/350.

🏨 **Joffre** sans rest, 34 bis av. Mar. Joffre ℘ 81 94 44 64, Fax 81 94 37 40 – ⧖ ⇥ 🖵 ☎ 🅿. ⒜ ⓞ **E** 𝘝𝘐𝘚𝘈   AX **a**
ⴱ 28 – **48 ch** 215/270.

🏠 **Les Relais Verts** Ⓜ, le Pied des Gouttes ℘ 81 90 10 69, Télex 360724, Fax 81 90 15 18, ﹢ – ⧖ 🖵 ☎ & 🅿 – ♨ 35. ⒜ ⓞ **E** 𝘝𝘐𝘚𝘈   AX **v**
R (fermé sam. midi) 75/250, enf. 45 – ⴱ 30 – **40 ch** 230/315 – ½ P 193.

🏠 **Ibis** Ⓜ, r. J. Foillet ℘ 81 90 21 58, Télex 361555, Fax 81 90 44 37 – 🖵 ☎ & 🅿 – ♨ 40. ➡ **E** 𝘝𝘐𝘚𝘈   AX **v**
R (fermé dim. et fériés le midi) 61/76 ﹩, enf. 35 – ⴱ 30 – **62 ch** 250.

🏠 **France** sans rest, 40 r. Audincourt ℘ 81 90 21 48, ﹢ – 🖵 ☎ 🅿. ⒜ **E** 𝘝𝘐𝘚𝘈   AX **e**
ⴱ 30 – **18 ch** 145/280.

🍴🍴🍴 **Tour Henriette**, 59 fg Besançon ℘ 81 91 03 24 – ⒜ ⓞ **E** 𝘝𝘐𝘚𝘈   AZ **r**
fermé 28 juil. au 28 août, dim. et fériés – **R** 110/300 ﹩.

🍴🍴 **Le Comté**, 18 r. Belfort ℘ 81 91 48 42 – **E** 𝘝𝘐𝘚𝘈   AZ **k**
fermé août, sam. midi et lundi – **R** 86/145 ﹩, enf. 40.

🍴 **St-Martin**, 1 r. Gén. Leclerc ℘ 81 91 18 37 – ⒜ **E** 𝘝𝘐𝘚𝘈   AZ **u**
fermé 4 au 25 août, 10 au 17 fév., dim. et fériés – **R** 85.

FIAT Mercier, r. Keller à Arbouans ℘ 81 35 57 62
PEUGEOT Gar. de la Croisée, 104 fg de Besançon ℘ 81 91 05 50
PEUGEOT-TALBOT Succursale, 16 av. Helvétie ℘ 81 94 52 15

RENAULT Filiale, 87 fg de Besançon ℘ 81 96 75 75 🆕

⦿ Pneus et Services D.K., 7a r. Port ℘ 81 98 25 29 ZI Charmontet 20 r. Jeanperrin ℘ 81 95 38 33

CONSTRUCTEUR : **S.A. des Automobiles Peugeot**, ℘ 81 91 83 42

MONTBÉLIARD

MONTBENOIT 25650 Doubs 70 ⑦ G. Jura – 163 h. alt. 782.
Voir Ancienne abbaye★ : stalles★★, niche abbatiale★.
Syndicat d'Initiative (vacances scolaires) ✆ 81 38 10 32.
Paris 464 – ♦Besançon 68 – Morteau 17 – Pontarlier 14.

à Maisons-du-Bois SO : 4 km sur D 437 – ✉ 25650 Maisons-du-Bois-Lièvremont :

Saugeais avec ch, ✆ 81 38 14 65 – TV ☎ P. E VISA. ch
fermé 1er au 20 nov., dim. soir et lundi midi sauf vacances scolaires – **R** 55/200 ♁, enf 40 – ☕ 28 – **6 ch** 150/210 – ½ P 135/175.

PEUGEOT TALBOT Gar. Querry ✆ 81 38 11 89 N ✆ 81 38 10 99

MONT-BLANC (Tunnel du) 74 H.-Savoie 74 ⑧⑨ – voir à Chamonix-Mont-Blanc.

MONTBONNOT 38 Isère 77 ⑤ – rattaché à Grenoble.

MONTBOUCHER-SUR-JABRON 26 Drôme 81 ① – rattaché à Montélimar.

MONTBRISON <SP> 42600 Loire 73 ⑰ G. Vallée du Rhône (plan) – 11 143 h. alt. 394.
Voir Intérieur★ de l'église N.-D.-d'Espérance.
Office de Tourisme cloître des Cordeliers ✆ 77 96 08 69.
Paris 512 – ♦St-Étienne 35 – ♦Lyon 95 – Le Puy 105 – Roanne 66 – Thiers 68.

Host. Lion d'Or M, 14 quai Eaux Minérales ✆ 77 58 34 66, Fax 77 58 73 13, – TV ☎ – 40. AE ① E VISA
R *(fermé Noël au Jour de l'An et dim. soir hors sais.)* 94/220 ♁, enf. 50 – ☕ 35 – **19 ch** 340/360 – ½ P 230/250.

à Champdieu N : 4,5 km par D 8 – ✉ 42600
Voir Église★

Le Prieuré, ✆ 77 58 31 21 – P. E VISA.
fermé août, merc. soir, dim. soir et jeudi – **R** 62/280.

FORD Montagny, av. Ch.-de-Gaulle ✆ 77 58 29 99
OPEL Forez-Autos, av. P.-Cézanne, Beauregard par D 69 ✆ 77 58 02 59
PEUGEOT-TALBOT Bourgier, 36 r. République ✆ 77 58 21 55
RENAULT Gar. Mathieu, 8 av. de St-Étienne ✆ 77 58 30 48 N
Chasseing-Pneus, 12 bd de la Madeleine ✆ 77 96 06 06
Géométrie-Pneu, ZI des Granges ✆ 77 96 10 60

MONTBRON 16220 Charente 72 ⑮ G. Poitou Vendée Charentes – 2 604 h. alt. 141.
Syndicat d'Initiative pl. Hôtel-de-Ville (juil.-août) ✆ 45 23 60 09.
Paris 457 – Angoulême 30 – Nontron 32 – Rochechouard 37 – La Rochefoucauld 14.

Host. Château Ste Catherine , S : 4 km par D 16 ✆ 45 23 60 03, Fax 45 70 72 00, , « Demeure du 17e siècle dans un parc », – ☎ P – 70. AE ① E VISA
R *(fermé dim. soir du 15 oct. au 15 avril)* 140/280 – ☕ 45 – **16 ch** 250/500 – ½ P 400/500.

CITROEN Gar. Marchat ✆ 45 23 61 63
PEUGEOT Gar. Gauthier ✆ 45 70 74 32

MONTCABRIER 46 Lot 79 ⑥⑦ – rattaché à Puy-l'Évêque.

MONTCEAU-LES-MINES 71300 S.-et-L. 69 ⑰⑱ G. Bourgogne – 26 949 h. alt. 287.
Env. Mont-St-Vincent : tour ★★ 12 km par ③.
Office de Tourisme 1 pl. Hôtel de Ville ✆ 85 57 38 51 avec A.C. ✆ 85 57 52 45.
Paris 334 ② – Chalon-sur-Saône 45 ② – Autun 43 ① – Mâcon 66 ③ – Moulins 90 ④ – Roanne 90 ④.

Plans page suivante

Commerce, 70 quai J. Chagot ✆ 85 57 34 18, Fax 85 57 35 91 – TV ☎ – 60. E VISA — A e
fermé 22 déc. au 3 janv. et dim. soir (sauf hôtel) – **R** 83/160 ♁ – ☕ 30 – **32 ch** 180/280 – ½ P 190/240.

Beauregard sans rest, sur D 980 : 2 km ✉ 71690 Mont-St-Vincent ✆ 85 57 15 37 – ☎ P. E VISA — B s
fermé vacances de Noël et vend. soir d'oct. à mars – ☕ 25 – **12 ch** 135/220.

Primevère, rte Blangy ✆ 85 57 49 49, Télex 651530 – TV ♿ P – 30. E VISA — B a
R 72/98 ♁, enf. 40 – ☕ 26 – **29 ch** 220/240 – ½ P 216/243.

France avec ch, 7 pl. Beaubernard ✆ 85 57 26 64 – TV ☎. E VISA — A k
fermé août et lundi – **R** 90/220, enf. 60 – ☕ 25 – **10 ch** 175/250.

Moulin de Galuzot, SO : 5 km sur D 974 ✆ 85 57 18 85 – P. E VISA — B u
fermé mi-juil. à mi-août, mardi soir et merc. – **R** 90/160 ♁

par ③ : 4 km sur D 980 :

Aub. Plain-Joly, ✉ 71690 Mont-St-Vincent ✆ 85 57 24 74, , – ☎ P. E VISA
R 58/105 ♁ – ☕ 23 – **8 ch** 110/150 – ½ P 200.

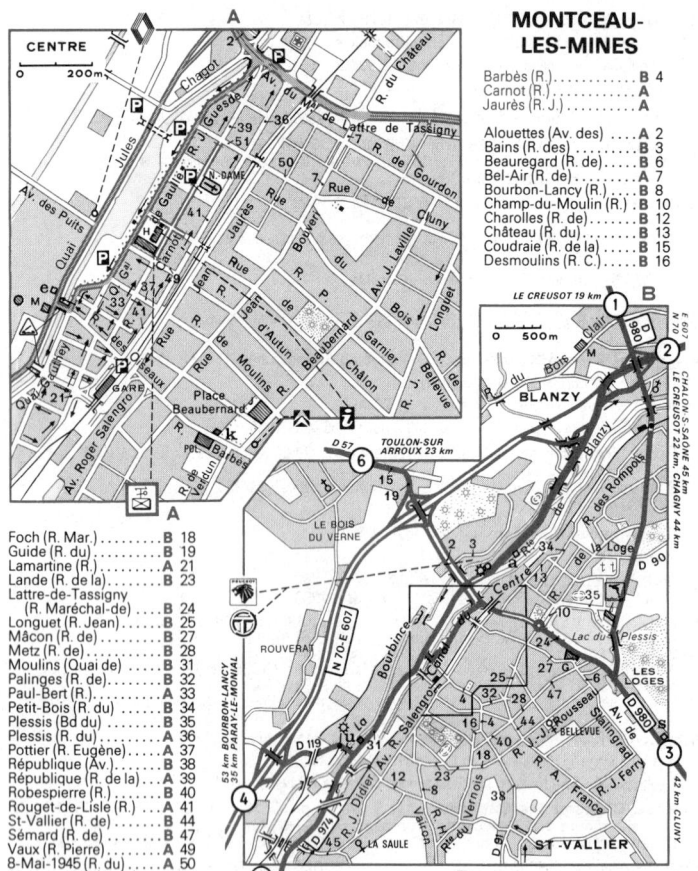

MONTCEAU-LES-MINES

Barbès (R.) . . . . **B** 4
Carnot (R.) . . . . **A**
Jaurès (R. J.) . . . . **A**

Alouettes (Av. des) . . . . **A** 2
Bains (R. des) . . . . **B** 3
Beauregard (R. de) . . . . **B** 6
Bel-Air (R. de) . . . . **A** 7
Bourbon-Lancy (R.) . . . . **B** 8
Champ-du-Moulin (R.) . **B** 10
Charolles (R. de) . . . . . . **B** 12
Château (R. du) . . . . **B** 13
Coudraie (R. de la) . . . . **B** 15
Desmoulins (R. C.) . . . . . **B** 16

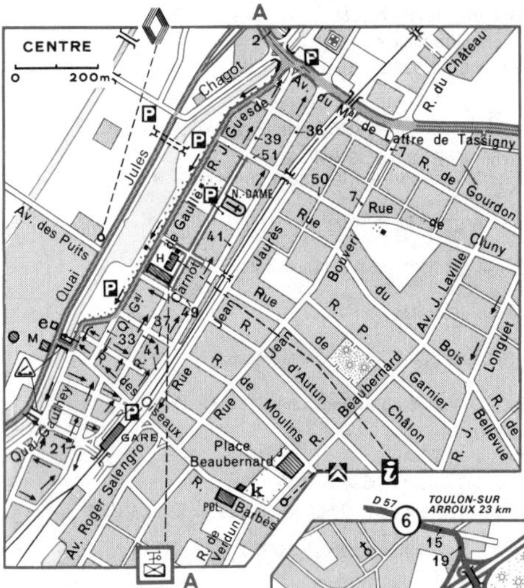

CENTRE
0 200 m
A
Chagot
Av. du Mal de Lattre de Tassigny
R. du Château
R. J. Guesde
Jules
Quai
Av. des Puits
R. de Gaulle
N.-DAME
Rue de Cluny
R. de Gourdon
Rue Bouvier du
Jaurès
Carnot
Av. J. Laville
Bois Longuet
Rue
R. P. Garnier
Jean d'Autun
R. Beaubernard
R. de Moulins
R. de Châlon
R. J. Bellevue
R. de
Gal
des Oiseaux
Quai Gauthey
GARE
Av. Roger Salengro
Place Beaubernard
POL.
Barbès
R. de Verdun

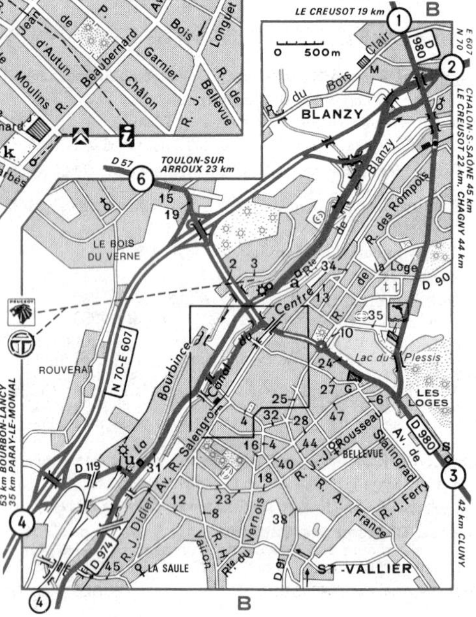

LE CREUSOT 19 km
B
0 500 m
D 980
E 607 N 70
CHALON-S-SAÔNE 45 km LE CREUSOT 22 km, CHAGNY 44 km
R. du Bois Clair
BLANZY
R. de Blanzy
R. des Rompois
D 57
TOULON-SUR ARROUX 23 km
LE BOIS DU VERNE
R. de la Loge
D 90
Rte du Centre
Lac du Plessis
LES LOGES
ROUVERAT
N 70-E 607
Bourbince
Canal du Centre
D 980
Av. de Stalingrad
BELLEVUE
R. J.-J. Rousseau
53 km BOURBON-LANCY 35 km PARAY-LE-MONIAL
D 119
La
Av. R. Salengro
R. A. France
R. J. Ferry
42 km CLUNY
R. J. Didier
D 974
LA SAULE
Vairon
R. H. Vernois
Rte du
D 91
ST-VALLIER
B

Foch (R. Mar.) . . . . **B** 18
Guide (R. du) . . . . **B** 19
Lamartine (R.) . . . . **A** 21
Lande (R. de la) . . . . **B** 23
Lattre-de-Tassigny
(R. Maréchal-de) . . . . **B** 24
Longuet (R. Jean) . . . . . . **B** 25
Mâcon (R. de) . . . . **B** 27
Metz (R. de) . . . . **B** 28
Moulins (Quai de) . . . . . **B** 31
Palinges (R. de) . . . . **B** 32
Paul-Bert (R.) . . . . **A** 33
Petit-Bois (R. du) . . . . . . **B** 34
Plessis (Bd du) . . . . **B** 35
Plessis (R. du) . . . . **A** 36
Pottier (R. Eugène) . . . . . **A** 37
République (Av.) . . . . **B** 38
République (R. de la) . . . **A** 39
Robespierre (R.) . . . . **B** 40
Rouget-de-Lisle (R.) . . . **A** 41
St-Vallier (R. de) . . . . **B** 44
Sémard (R. de) . . . . **B** 47
Vaux (R. Pierre) . . . . **A** 49
8-Mai-1945 (R. du) . . . . . **A** 50
11-Nov.-1918 (R. du) . . . **A** 51

CITROEN Repiquet, 57 r. Beaubernard ✆ 85 57 16 45
PEUGEOT-TALBOT Gar. Rebeuf-Garnier, rte Express, av. Mar.-Leclerc ✆ 85 57 29 30
RENAULT Gar. Central, quai J.-Chagot ✆ 85 57 25 17

V.A.G Gar. Dufour, 124 r. Coudraie, Le Bois-du-Verne ✆ 85 57 23 81

Goésin, D 974, ZI des Alouettes, av. Mar. Leclerc ✆ 85 57 36 01
Okrzesik, bd Maugrand ✆ 85 57 47 00
Okrzesik, 9 r. Verdun ✆ 85 57 00 55

MONTCHANIN **71** S.-et-L. 69 ⑧ – rattaché au Creusot.

MONTCHAUVROT **39** Jura 70 ④ – rattaché à Poligny.

MONTCHENOT **51** Marne 56 ⑯ – ✉ **51500** Rilly-la-Montagne.

Paris 149 – ♦Reims 11 – Châlons-sur-Marne 40 – Épernay 16.

XXX ✿ **Aub. du Gd Cerf** (Guichaoua), N 51 ✆ **26 97 60 07, Fax 26 97 64 24,** – AE E VISA
fermé 5 au 22 août, 20 au 29 fév., dim. soir et merc. – **R** 250/420
Spéc. Petit pâté en croûte à l'ardennaise, Blanquette de turbot au Chardonnay,Feuillantine de Maroilles. **Vins** Coteaux champenois rouge.

MONT-CINDRE **69** Rhône 74 ⑪ – rattaché à Lyon.

Europe

Si le nom d'un hôtel figure en petits caractères
demandez, à l'arrivée,
les conditions à l'hôtelier.

MONTCUQ 46800 Lot 🔟🔟 ⑰ G. Périgord Quercy – 1 082 h. alt. 224.

🛏 des Roucous à Sauveterre (82) ✆ 63 95 83 70, SE : 16 km par D 28.

🅱 Syndicat d'Initiative à la Mairie (juil.-1ᵉʳ sept.) ✆ 65 22 94 04.

Paris 608 – Agen 66 – Cahors 27 – Montauban 51 – Villeneuve-sur-Lot 48.

　　🏠　**Parc** ⟋⟋, rte Fumel ✆ 65 31 81 82, 🍽, parc – ☎ ⟵⟶ 🅿 Ⲕ 🆅🆂🅰
　　　　15 avril-15 oct. – **R** 79/190, enf. 45 – � 25 – **16 ch** 120/220 – ½ P 145/195.

CITROEN Gar. St-Jean ✆ 65 31 80 21　　　　　　　　RENAULT Mazanec ✆ 65 31 80 53

MONT-D'ARBOIS 74 H.-Savoie 🗗🗗 ⑧ – rattaché à St-Gervais-les-Bains.

MONT-DAUPHIN 05 H.-Alpes 🗗🗗 ⑱ – rattaché à Guillestre.

MONT-DE-MARSAN 🅿 40000 Landes 🗗🗗 ① G. Pyrénées Aquitaine – 30 894 h. alt. 58.

Voir Musée municipal★ BY **M** – 🛏🛏 ✆ 58 75 63 05, par ① : 10 km.

🅱 Office de Tourisme 2 pl. Gén.-Leclerc ✆ 58 75 22 23 – A.C. av. Corps Franc Pommiès à St-Pierre-du-Mont ✆ 58 75 03 24.

Paris 706 ① – Agen 108 ① – ♦Bayonne 101 ⑥ – ♦Bordeaux 127 ① – Pau 80 ③ – Tarbes 100 ③.

Plan page suivante

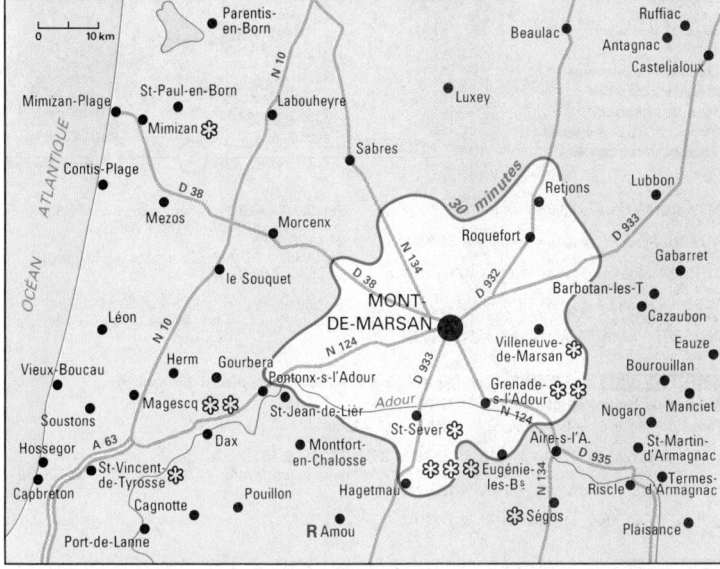

🏨🏨　**Le Renaissance** 🅼 ⟋⟋, rte Villeneuve par ② : 2 km ✆ 58 51 51 51, Fax 58 75 29 07, 🍽,
　　🛋, 🐎 – 🍳 🅿 – 🔏 40. 🄰🄴 Ⲕ 🆅🆂🅰
　　R (fermé sam. midi) 85/140 🖌 – ⊑ 25 – **30 ch** 240/315 – ½ P 210/285.

🏨　**Richelieu**, 3 r. Wlerick ✆ 58 06 10 20, Fax 58 06 00 68 – 🛗 ☎ ⟵⟶ – 🔏 25 à 80. 🄰🄴 🄾
　　Ⲕ 🆅🆂🅰 – fermé 10 au 21 janv. et sam. du 15 sept. au 15 juin sauf fériés – **R** 74/200 – ⊑ 26
　　– **56 ch** 185/245 – ½ P 190/220　　　　　　　　　　　　　　　　　　　　BY **r**

🏨　**Abor** 🅼, rte Grenade par ④ : 3 km ✆ 58 51 58 00, Fax 58 75 78 78, 🍽, 🛋 – 🛗 🖥 📺
　　☎ 🖇 🅿 – 🔏 80. Ⲕ 🆅🆂🅰
　　R 80/110 🖌, enf. 39 – ⊑ 30 – **68 ch** 220/370 – ½ P 210/230.

🏠　**La Siesta**, 8 pl. J. Jaurès ✆ 58 06 44 44 – 📺 ☎. 🄰🄴 🄾 Ⲕ 🆅🆂🅰　　　　　BZ **e**
　　R 68/140 🖌, enf. 35 – ⊑ 25 – **16 ch** 180/220 – ½ P 190/220.

🏠　**Hexagone**, rte Langon par ① : 2 km ✆ 58 06 20 21 – 📺 ☎ ⭥ 🅿. Ⲕ 🆅🆂🅰
　　R (fermé 22 déc. au 1ᵉʳ janv. et dim.) 69/108 🖌, enf. 32 – ⊑ 22 – **22 ch** 160/200 –
　　½ P 175/195.

✕　**Zanchettin** avec ch, à St-Médard par ② : 3 km rte Villeneuve ✆ 58 75 19 52, 🍽, 🐎 –
　　🅿 – 🔏 25. 🆅🆂🅰. ⛢ ch – fermé 16 août au 9 sept., vacances de fév. (sauf hôtel), lundi
　　(sauf hôtel) et dim. soir – **R** 60/120 🖌 – ⊑ 18 – **9 ch** 145/185 – ½ P 125/135.

✕　**Le Midou** avec ch, 12 pl. Porte Campet ✆ 58 75 24 26 – Ⲕ 🆅🆂🅰　　　　　　AY **a**
　　fermé dim. soir – **R** 68/160 🖌, enf. 35 – ⊑ 20 – **9 ch** 96/157 – ½ P 160.

MONT-DE-MARSAN

Bastiat (R. F.) . . . . **ABZ**
Gambetta (R. L.) . . . . **BZ** 12
Lesbazeilles (R. A.) . . . . **BZ** 18

Alsace-Lorraine (R. d') . . . . **AZ** 2
Bosquet (R. Mar.) . . . . **AZ** 3
Briand (Av. A.) . . . . **BY** 4
Brouchet (Allées) . . . . **BZ** 5
Carnot (Av. Sadi) . . . . **BZ** 6
Delamarre (Bd) . . . . **BZ** 8
Despiau (R. Ch.) . . . . **AZ** 9
Gaulle (Pl. Ch. de) . . . . **BY** 13
Gourgues (R. D.-de) . . . . **BY** 14
Landes (R. L. des) . . . . **BZ** 15
Lasserre (R. Gén.) . . . . **AZ** 16
Lattre-de-Tassigny
(Bd de) . . . . **BY** 17
Martinon (R.) . . . . **BZ** 19
Pancaut (Pl. J.) . . . . **AZ** 20
Poincaré (Pl. R.) . . . . **AY** 21
Président-Kennedy
(Av. du) . . . . **BZ** 22
St-Jean-d'Août (R.) . . . . **AY** 24
St-Roch (Pl.) . . . . **BZ** 25
8-Mai-1945 (R. du) . . . . **BY** 27
34ᵉ-d'Inf. (Av. du) . . . . **BZ** 28

Dans la liste des rues
des plans de villes,
les noms en rouge
indiquent les principales
voies commerçantes.

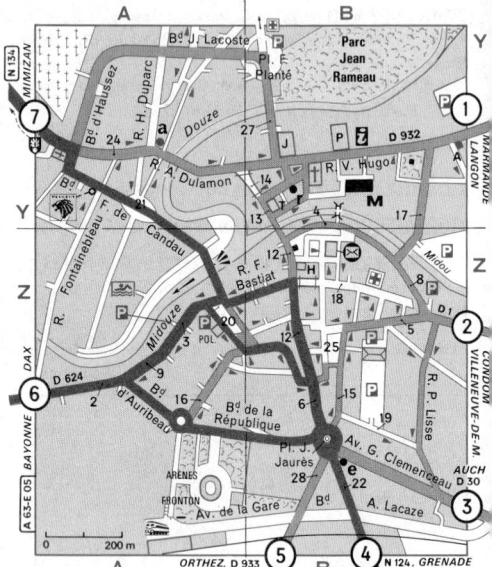

ALFA-ROMEO Mesplède, 56 av. H.-Farbos
𝄐 58 75 98 88
AUSTIN, ROVER Gar. Continental, 839 av. Mar.-
Foch 𝄐 58 06 32 32
CITROEN Mont-de-Marsan Autom., 1596 av. Mar.-
Juin par ① 𝄐 58 75 12 10 **N**
FORD La Hiroire-Auto, 995 bd Alingsas
𝄐 58 75 36 62
PEUGEOT Hiquet, 19 bd Candau 𝄐 58 75 02 32

PEUGEOT-TALBOT Labarthe, av. Corps-Franc-
Pommiès à St-Pierre-du-Mont par ⑥
𝄐 58 75 44 55
RENAULT SODIAM, 935 av. Mar.-Juin par ①
𝄐 58 46 14 80 **N** 𝄐 58 06 73 08

⍟ Central Pneu, r. St-Pierre 𝄐 58 06 31 83
Pedarré Pneus, 14 bd Candau 𝄐 58 75 01 18

MONTDIDIER ⟨SP⟩ **80500** Somme 🖸🛈 ⑩ **G. Flandres Artois Picardie** – 6 282 h. alt. 97.

🗓 Office de Tourisme Hôtel de Ville 𝄐 22 78 92 00.

Paris 107 – Compiègne 45 – ♦Amiens 40 – Beauvais 49 – Péronne 47 – St-Quentin 64.

🏠 **Dijon**, 1 pl. 10-Août-1918 𝄐 22 78 01 35 – 📺 ☎ 🅴 *VISA*
fermé 2 au 20 août, 26 déc. au 20 janv., dim. soir, lundi midi et fériés le soir – **R** 78/180 –
☲ 28 – **14 ch** 190/280 – ½ P 180/210.

⍟ Leflamand, 30 av. M.-Leconte 𝄐 22 37 08 67

Le MONT-DORE **63240** P.-de-D. 🞷🞸 ⑬ **G. Auvergne** – 2 394 h. alt. 1 050 – Stat. therm. (15 mai-sept.) –
Sports d'hiver : 1 250/1 850 m ⛷2 ⛷18 ⛷ – Casino Z.

Voir Puy de Sancy ⁂*** 5 km par ② puis 1 h. AR de téléphérique et de marche – Cascade du
Queureuilh* 2 km par ① puis 30 mn.

Env. Col de Guéry ≤** sur roches Tuilière et Sanadoire** et lac* 9 km par ① – Col de la Croix-
St-Robert ⁂** 6,5 km par ②.

🏌 du Rigolet 𝄐 73 65 00 79, par ③ : 2,5 km.

🗓 Office de Tourisme av. Libération 𝄐 73 65 20 21, Télex 990332.

Paris 446 ① – ♦Clermont-Fd 44 ① – Aubusson 98 ⑤ – Issoire 51 ① – Mauriac 76 ④ – Ussel 59 ④.

Plan page ci-contre

🏨 **Panorama** 🞛, av. Libération 𝄐 73 65 11 12, ≤, 🞗 – 🛗 ⤢ rest ☎ 🅿 – 🔬 30. 🅴 *VISA*
🞗 rest   Z **u**
1ᵉʳ avril-30 sept. – **R** 100/220, enf. 65 – ☲ 30 – **40 ch** 250/340 – ½ P 285/305.

🏨 **Parc**, r. Meynadier 𝄐 73 65 02 92, Fax 73 65 28 36 – 🛗 📺 ☎ – 🔬 30. 🆎 ⓞ 🅴 *VISA*
🞗 rest   Z **k**
20 avril-15 oct. et Noël-Pâques – **R** 80/100 🞖, enf. 35 – ☲ 28 – **33 ch** 250 – ½ P 215/240.

🏨 **Castelet**, av. M. Bertrand 𝄐 73 65 05 29, Fax 73 65 27 95, 🞐, 🞗 – 🛗 📺 ☎ 🅿 – 🔬 50.
ⓞ 🅴 *VISA*, 🞗 rest   Y **t**
15 mai-30 sept. et 20 déc.-31 mars – **R** 118/189, enf. 40 – ☲ 29 – **37 ch** 223/277 – ½ P 259.

MONT-DORE

Michelin
n'accroche pas
de panonceau
aux hôtels et restaurants
qu'il signale.

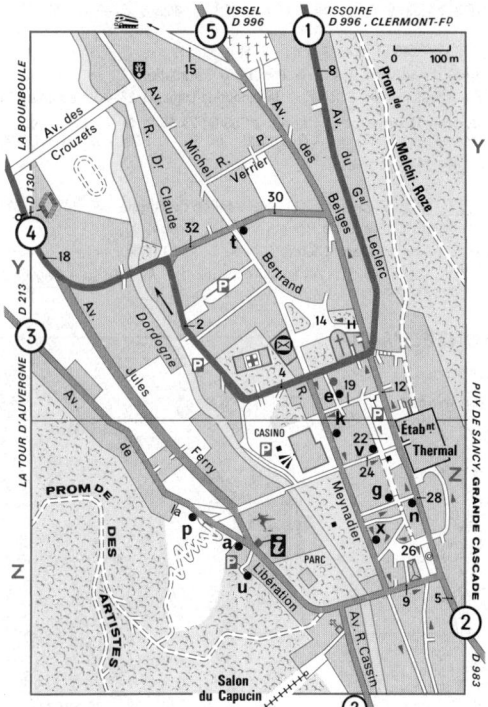

🏨 **Oise,** av. Libération ✆ 73 65 04 68, ≼ – 🛗 cuisinette ☎ 🅿. 🅰🅴 **E** 𝗩𝗜𝗦𝗔   Z **p**
   27 avril-29 sept. et 21 déc.-24 mars – **R** 80/98, enf. 50 – ☲ 30 – **46 ch** 110/350 – ½ P 170/280.

🏨 **Nouvel H.,** r. J. Moulin ✆ 73 65 11 34 – 🛗 ☎. **E** 𝗩𝗜𝗦𝗔. ⛝ rest   Z **g**
→ 1er mai-15 oct. et 15 déc.-30 avril – **R** 60/98, enf. 35 – ☲ 24 – **64 ch** 100/242 – ½ P 159/205.

🏨 **Paris** Ⓜ, 11 pl. Panthéon ✆ 73 65 01 79 – 🛗 📺 ☎. **E** 𝗩𝗜𝗦𝗔   Z **v**
→ fermé 20 oct. au 20 déc. – **R** 69/145, enf. 40 – ☲ 27 – **23 ch** 210/250 – ½ P 250.

🏨 **Paix,** r. Rigny ✆ 73 65 00 17 – 🛗 🛗. 🅰🅴 ⓞ **E** 𝗩𝗜𝗦𝗔   Z **n**
→ 15 avril-15 oct. et 22 déc.-15 avril – **R** 70/115, enf. 35 – ☲ 26 – **36 ch** 230/250 – ½ P 210.

🏨 **Cascades,** av. G. Clemenceau par ② ✆ 73 65 01 36, ⛲ – ☜. 𝗩𝗜𝗦𝗔
→ fermé 20 oct. au 20 déc. sauf vacances de nov. – **R** 55/138, enf. 35 – ☲ 20 – **23 ch** 109/215
   – ½ P 140/295.

🏨 **Les Mouflons** sans rest, par ② rte du Sancy : 0,5 km ✆ 73 65 02 90, ≼ – ☜. 🅿. **E** 𝗩𝗜𝗦𝗔
   fermé 20 oct. au 15 déc. – ☲ 20 – **28 ch** 100/180.

🏨 **Londres** sans rest, r. Meynadier ✆ 73 65 01 12 – ☎. 𝗩𝗜𝗦𝗔   Z **x**
   15 mars-10 nov. – ☲ 20 – **23 ch** 180/220.

🏨 **Mon Clocher,** r. Sauvagnat ✆ 73 65 05 41 – ☎. **E** 𝗩𝗜𝗦𝗔. ⛝ rest   Y **e**
→ 20 avril-15 oct. et 25 déc.-20 mars – **R** 66/120 ⅄, enf. 26 – ☲ 23 – **32 ch** 136/195 –
   ½ P 175/205.

🏨 **Madalet** sans rest, av. Libération ✆ 73 65 03 13 – ☎. **E** 𝗩𝗜𝗦𝗔   Z **a**
   14 mai-30 sept. et Noël-Pâques – ☲ 25 – **18 ch** 140/215.

✗ **La Belle Epoque,** r. Sauvagnat ✆ 73 65 07 68 – **E** 𝗩𝗜𝗦𝗔   Y **e**
   fin avril-30 nov. et fermé mardi sauf vacances scolaires – **R** (en été prévenir) 80/135,
   enf. 37.

au Genestoux par ⑤ : 3,5 km sur D 996 – ⊠ **63240** Mont-Dore :

✗ **Le Pitsounet,** ✆ 73 65 00 67, ≼, ⛲ – 🅿. **E** 𝗩𝗜𝗦𝗔 – fermé 1er nov. au 15 déc. et lundi sauf
→ juil-août – **R** (nombre de couverts limité - prévenir) 60/120 ⅄, enf. 45.

au pied du Sancy par ② : 4 km – ⊠ **63240** Le Mont-Dore :

🏨 **Puy Ferrand** ⑤, ✆ 73 65 18 99, Fax 73 65 28 38, ≼ le Sancy – 🛗 📺 ☎ 🅿. 🅰🅴 ⓞ **E**
   𝗩𝗜𝗦𝗔. ⛝ rest
   fermé 15 oct. au 20 déc. – **R** 89/250, enf. 45 – ☲ 32 – **40 ch** 200/300 – ½ P 265/280.

RENAULT Gar. des Thermes, 5-7 bd Mirabeau ✆ 73 65 02 33

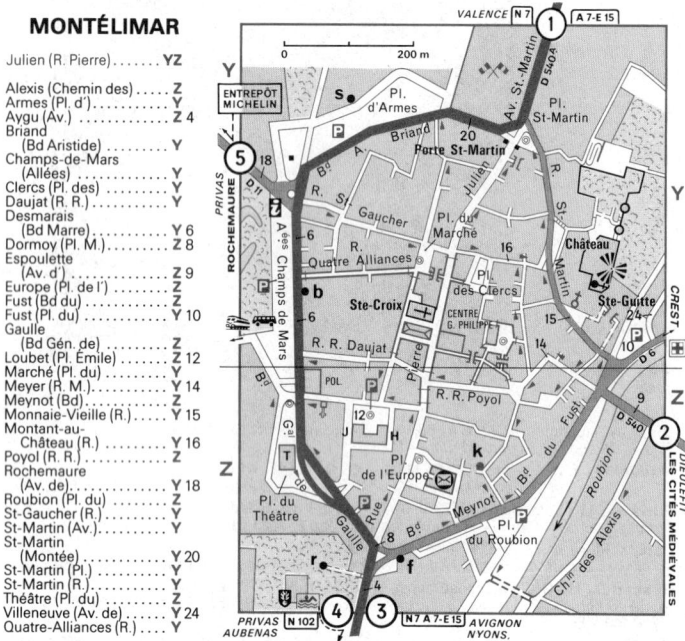

MONTE-CARLO Principauté de Monaco 🅗🅗 ⑩, 🅘🅚🅖 ㉗㉘ – voir à Monaco.

MONTECH **82700** T.-et-G. 🔢🔢 ⑰ – 2 788 h. alt. 112.

Voir Pente d'eau★ N : 1 km, **G. Pyrénées Roussillon**.

Paris 665 – ♦Toulouse 48 – Auch 73 – Beaumont-de-Lomagne 23 – Castelsarrasin 14 – Montauban 13.

🏠 **Notre Dame**, pl. J. Jaurès ℰ 63 64 77 45 – 🕿 – 🔼 50. 🔴 🗎 ⅤⅠⅤⅩ
↞ *fermé 15 au 30 nov.* – **R** 68/198, enf. 45 – ⊡ 25 – **12 ch** 120/190 – ½ P 150/200.

Gar. Gaiardo ℰ 63 64 72 44

MONTÉLIMAR **26200** Drôme 🔢🔢 ① **G. Vallée du Rhône** – 30 213 h. alt. 81.

Env. Site★★ du Château de Rochemaure, 7 km par ⑤.

🅱 Office de Tourisme allées Champ-de-Mars ℰ 75 01 00 20.

Paris 606 ① – Valence 46 ① – Aix-en-Provence 152 ③ – Alès 103 ③ – Avignon 81 ③ – Nîmes 106 ③ – Le Puy 134 ④ – Salon-de-Provence 118 ③.

MONTÉLIMAR

Julien (R. Pierre) . . . . **YZ**

Alexis (Chemin des) . . . . . **Z**
Armes (Pl. d') . . . . **Y**
Aygu (Av.) . . . . **Z 4**
Briand
 (Bd Aristide) . . . . **Y**
Champs-de-Mars
 (Allées) . . . . **Y**
Clercs (Pl. des) . . . . **Y**
Daujat (R. R.) . . . . **Y**
Desmarais
 (Bd Marre) . . . . **Y 6**
Dormoy (Pl. M.) . . . . **Z 8**
Espoulette
 (Av. d') . . . . **Z 9**
Europe (Pl. de l') . . . . **Z**
Fust (Bd du) . . . . **Z**
Fust (Pl. du) . . . . **Y 10**
Gaulle
 (Bd Gén. de) . . . . **Z**
Loubet (Pl. Émile) . . . . . . **Z 12**
Marché (Pl. du) . . . . **Y**
Meyer (R. M.) . . . . **Y 14**
Meynot (Bd) . . . . **Z**
Monnaie-Vieille (R.) . . . . **Y 15**
Montant-au-
 Château (R.) . . . . **Y 16**
Poyol (R. R.) . . . . **Z**
Rochemaure
 (Av. de) . . . . **Y 18**
Roubion (Pl. du) . . . . **Z**
St-Gaucher (R.) . . . . **Y**
St-Martin (Av.) . . . . **Y**
St-Martin
 (Montée) . . . . **Y 20**
St-Martin (Pl.) . . . . **Y**
St-Martin (R.) . . . . **Y**
Théâtre (Pl. du) . . . . **Y**
Villeneuve (Av. de) . . . . . **Y 24**
Quatre-Alliances (R.) . . . . **Y**

🏨🏨 **Relais de l'Empereur**, pl. Marx Dormoy ℰ 75 01 29 00, Télex 345537 – 📺 🕿 ⇦⇨ 🅿 🄰🄴
🔴 🗎 ⅤⅠⅤⅩ
 fermé 11 nov. au 22 déc. – **R** 168/198, enf. 95 – ⊡ 39 – **38 ch** 350/545.
 Z f

🏨🏨 **Parc Chabaud**, 16 av. d'Aygu ℰ 75 01 65 66, Télex 345324, « Parc », 🏊, – 🛌 📺 🕿 🅿
 – 🔼 60. 🄰🄴 🔴 🗎 ⅤⅠⅤⅩ
 R 100/300, enf. 80 – ⊡ 45 – **22 ch** 260/560.
 Z r

🏨 **Sphinx** sans rest, 19 bd Desmarais ℰ 75 01 86 64, Fax 75 52 34 21 – 📺 🕿 🅿 🗎 ⅤⅠⅤⅩ
 fermé 20 déc. au 6 janv. – ⊡ 24 – **25 ch** 140/285.
 Y b

🏨 **Beausoleil** sans rest, 14 bd Pêcher ℰ 75 01 19 80 – 📺 🕿 🅿 🗎 ⅤⅠⅤⅩ
 fermé 10 au 25 août et 10 au 25 sept. – ⊡ 28 – **16 ch** 190/260.
 Y s

🏠 **Printemps** 🍴, chemin Manche par ① ℰ 75 01 32 63, Fax 75 46 03 14, 😀, 🏊, 🌳 – 🕿
 🅿 🔴 🗎 ⅤⅠⅤⅩ
 fermé 23 nov. au 8 déc. – **R** *(fermé sam. midi du 1er oct. au 31 mai)* 89/290, enf. 55 – ⊡ 32
 – **16 ch** 160/340 – ½ P 340/360.

🏠 **Crémaillère** sans rest, 138 rte Marseille par ③ ℰ 75 01 87 46, Fax 75 52 36 87, 🏊 – 📺
 🕿 🅿 🄰🄴 🗎 ⅤⅠⅤⅩ
 fermé 21 au 31 déc. – ⊡ 26 – **20 ch** 193/274.

🏠 **Provence** sans rest, rte Marseille par ③ ℰ 75 01 11 67 – 🕿 ⇦⇨ 🅿
 fermé nov. et sam. soir de déc. à fév. – ⊡ 25 – **16 ch** 125/190.

XX **Francis,** rte Marseille par ③ : 1,5 km 🏠 75 01 43 82 – **P.** **E** **VISA**
← *fermé 1er au 28 août et merc.* – **R** 68/138, enf. 63.

X **Le Grillon,** 40 r. Cuiraterie 🏠 75 01 79 02 – **AE** **VISA**   Z **k**
fermé 15 déc. au 15 janv., dim. midi et merc. – **R** 80/160.

à Montboucher-sur-Jabron par ② et D 940 : 4,5 km – ✉ 26740 :

🏨 **Château de Montboucher** ⬧, 🏠 75 46 08 16, Fax 75 01 44 09, ≤, 🏡, 🏊, 🛥 – 📺 ☎
P. **AE** **E** **VISA**
fermé fév. – **R** *(fermé lundi de sept. à juin)* 140/225, enf. 50 – ☑ 40 – **12 ch** 400/600 –
½ P 300/390.

par ③ : 9 km sur N 7 et D 144ᵃ – ✉ 26780 Malataverne :

🏨 ⚜ **Domaine du Colombier** (Barette) ⬧, 🏠 75 51 65 86, Fax 75 51 79 40, ≤, 🏡, « Belle
décoration intérieure, jardin fleuri, 🏊 » – 📺 ☎ **P** – 🗓 30. **AE** **①** **E** **VISA**
fermé fév. – **R** *(fermé dim. soir et lundi midi)* carte 230 à 300, enf. 70 – ☑ 55 – **20 ch**
400/860, 5 appart. 1200 – ½ P 465/645
Spéc. Omelette aux truffes et foie gras, Noix de ris de veau braisée au Champagne, Pot-au-feu de mer aux
ravioles de Royans. Vins Coteaux du Tricastin, Côtes du Rhône.

MICHELIN, Entrepôt, ZA du Meyrol par av. Rochemaure par ⑤ 🏠 75 01 80 91

ALFA-ROMEO Gar. des Charmettes, 7 r. Glacière
🏠 75 01 12 51
BMW SEAT Chevalier-Lagarde, ZI av. Gournier
🏠 75 51 83 65
CITROEN Magne, 9 av. J.-Jaurès par ③
🏠 75 01 20 55
FIAT, LANCIA-AUTOBIANCHI Gar. Bernard, ZI,
déviation Poids-Lourds Sud 🏠 75 51 86 75
FORD Peyrouse, ZI Sud 🏠 75 01 39 16
OPEL S.A.V.E.R.A., ZI Sud, av. de Gournier
🏠 75 01 08 07

PEUGEOT-TALBOT Moulin, rte de Marseille, le
Grand Pélican par ③ 🏠 75 01 74 99
N 🏠 75 01 57 04
RENAULT Éts Jean, rte de Valence par ①
🏠 75 01 77 00

⬩ Ayme-Pneus, ZI Sud av. Gournier 🏠 75 01 32 77
Piot-Pneu, 112 av. J.-Jaurès 🏠 75 01 88 11
Plantin-Pneus, 167 rte de Marseille 🏠 75 01 18 33

MONTENACH 57 Moselle **57** ④ – rattaché à Sierck-les-Bains.

MONTENDRE 17130 Char.-Mar. **71** ⑦ – 3 383 h. alt. 88.
🛈 Office de Tourisme av. Royan (saison) 🏠 46 49 46 45.
Paris 533 – ◆Bordeaux 88 – Angoulême 75 – Blaye 28 – Saintes 67.

rte de Jonzac N : 7 km par D 19 et VO – ✉ 17130 Montendre :

X **La Mangeoire,** 🏠 46 49 27 37, 🏊, 🛥 – **P.** **E** **VISA** ✹
fermé 30 sept. au 13 oct., 18 fév. au 3 mars, dim. soir et merc. de sept. au 15 juin –
R 125/280 🍴.

à Sousmoulins NE : 8 km par rte de Baignes G. Poitou Vendée Charentes – ✉ 17130 :

X **Aub. du Presbytère,** 🏠 46 70 38 49, 🏡, « Ancien presbytère », 🛥 – **P.** **E** **VISA**
fermé 9 au 19 mars, 12 au 26 nov., lundi soir et mardi – **R** 85/155, enf. 62.

MONTEREAU-FAUT-YONNE 77130 S.-et-M. **61** ⑬, **106** ㊼ G. Ile de France – 19 557 h. alt. 52.
Voir au N Montereau-Surville : ≤★ sur le confluent de la Seine et de l'Yonne, 15 mn.
🛈 Office de Tourisme 2 bis r. D.-Casanova 🏠 (1) 64 32 07 76.
Paris 88 – Fontainebleau 22 – Meaux 72 – Melun 30 – Sens 36 – Troyes 97.

XXX **Le Régent,** 6 pl. Bosson 🏠 (1) 60 96 35 74, 🏡 – **AE** **E** **VISA**
fermé 16 au 31 août, vacances de fév. et dim. – **R** 95/210.

X **Aub. des Noues,** 22 r. Arches 🏠 (1) 64 32 05 34, 🏡 – **E** **VISA**
fermé août, vacances de fév. et lundi – **R** (déj. seul.) 90/130.

à Flagy SO : 10 km par rte Nemours et D 120 – ✉ 77940 :

XXX **Host. du Moulin** ⬧, avec ch, 🏠 (1) 60 96 67 89, 🏡, « Moulin du 13e siècle », 🛥 – ☎
P. **AE** **①** **E** **VISA** – *fermé 15 au 27 sept., du 22 janv., lundi (sauf fériés le midi) et
dim. soir* – **R** 140/210 🍴 – ☑ 35 – **10 ch** 180/390 – ½ P 270/341.

AUSTIN-ROVER Huttepain, 5 et 7 r. E.-Fortin
🏠 (1) 64 32 03 16
FORD Gar. Félix, rte du Petit Fossard à Varennes-
sur-Seine 🏠 (1) 64 32 00 76
PEUGEOT-TALBOT Gar. de la Gare, 11 r. Chatelet
par av. Gén.-de-Gaulle 🏠 (1) 64 32 02 16

RENAULT Coulet, av. 8-Mai-1945 à Varennes-sur-
Seine 🏠 (1) 64 32 09 25 **N**

⬩ Sovic, ZI, carrefour Central 🏠 (1) 64 32 12 98

MONTEUX 84 Vaucluse **81** ⑫ – rattaché à Carpentras.

MONTÉVRAIN 77 S.-et-M. **56** ⑫, **106** ⑫ – rattaché à Lagny-sur-Marne.

MONTFAUCON 25 Doubs **66** ⑮ – rattaché à Besançon.

MONTFAVET 84 Vaucluse **81** ⑫ – rattaché à Avignon.

MONTFERRAT 83131 Var 🆄 ⑦ – 2 536 h. alt. 480.

Voir S : Gorges de Châteaudouble★, G. Côte d'Azur

Paris 876 – Castellane 44 – Draguignan 15 – Toulon 96.

  ✗ **Ferme du Baudron**, S : 1 km par D 955 ℰ 94 70 91 03, 😃, « Cadre rustique », ⅃, ✗
  ➔ – ℗, 🅴 𝗩𝗜𝗦𝗔
    fermé 15 janv. au 28 fév. et merc. – **R** (nombre de couverts limité, prévenir) 65 carte le
    dim. &

MONTFORT-EN-CHALOSSE 40380 Landes 🆄 ⑦ G. Pyrénées Aquitaine – 1 055 h. alt. 101.

Paris 742 – Mont-de-Marsan 43 – Aire-sur-l'Ad. 58 – Dax 18 – Hagetmau 27 – Orthez 28 – Tartas 15.

  🏨 **Aux Tauzins** 🛏, E : 1,5 km par D 32 et D 2 ℰ 58 98 60 22, ≼, 😃, parc, ⅃ – ☎ ℗ –
    🛎 30. 🅴 𝗩𝗜𝗦𝗔. ✗ ch
    fermé 15 janv. au 15 fév. et lundi sauf juil.-août – **R** 85/200 &, enf. 45 – ☲ 25 – **20 ch**
    130/220 – ½ P 200/280.

MONTFORT-L'AMAURY 78490 Yvelines 🆄 ⑨, 🔢 ⑳ G. Ile de France (plan) – 2 674 h. alt. 186.

Voir Église★ – Ancien charnier★ (au cimetière) – Ruines du château ≼★.

🅱 Syndicat d'Initiative à la Mairie ℰ (1) 34 86 00 40.

Paris 48 – Dreux 40 – Houdan 19 – Mantes-la-Jolie 36 – Rambouillet 19 – Versailles 28.

  ✗✗✗ ❀ **Aub. de l'Arrivée** (Habans), D 76 (à Méré) ℰ (1) 34 86 00 28, 😃 – 🅴 𝗩𝗜𝗦𝗔
    fermé 15 août au 20 sept., vacances de fév., lundi soir et mardi – **R** carte 260 à 350
    Spéc. Foie gras de canard, Cassolette de homard breton, Fondant au chocolat et crème pistache.

  ✗✗✗ **Chez Nous**, ℰ (1) 34 86 01 62 – 🅴 𝗩𝗜𝗦𝗔
    fermé 17 au 28 juin., 11 au 29 nov., dim. soir et lundi sauf fériés – **R** 180 carte le dim.

MONTGENEVRE 05100 H.-Alpes 🆄 ⑱ G. Alpes du Sud – 459 h. alt. 1 854 – Sports d'hiver : 1 860/
2 700 m ⬚ 2 ⬚ 21 ⚡ – 🖇🖇 ℰ 92 21 94 23.

🅱 Office de Tourisme ℰ 92 21 90 22, Télex 440440.

Paris 693 – Briançon 12 – Gap 99 – Lanslebourg-Mont-Cenis 83 – Torino 96.

  🏨 **Valérie** 🛏, ℰ 92 21 90 02 – 🍽 📺 ☎. 🅴 𝗩𝗜𝗦𝗔. ✗ rest
    1er juil.-15 sept. et 16 déc.-20 avril – **R** 130 – ☲ 30 – **19 ch** 210/300 – ½ P 245/265.

  🏨 **Alpet** 🛏, ℰ 92 21 90 06, ≼ – 📺 ☎
    1er juil.-30 août et 22 déc.-15 avril – **R** 95/145 – ☲ 28 – **17 ch** 155/265 – ½ P 215/255.

MONTGRÉSIN 60 Oise 🆄 ⑪, 🔢 ⑧ – rattaché à Chantilly.

Les MONTHAIRONS 55 Meuse 🆄 ⑪ – rattaché à Verdun.

MONTHERMÉ 08800 Ardennes 🆄 ⑱ G. Champagne (plan) – 3 103 h. alt. 140.

Voir Roche aux Sept Villages ≼★★ S : 3 km – Roc de la Tour ≼★★ E : 3,5 km puis 20 mn –
Longue Roche ≼★★ NO : 2,5 km puis 30 mn – Roche à Sept Heures ≼★ N : 2 km – Roche de
Roma ≼★ S : 4 km – E : Vallée de la Semoy★.

Env. Roches de Laifour★★ NO : 6 km.

Paris 243 – Charleville-Mézières 18 – Fumay 23.

PEUGEOT-TALBOT Modern Gar., 3 r. Dr-Lemaire   RENAULT Domelier, r. Gén.-de-Gaulle
ℰ 24 53 00 46   ℰ 24 53 01 12

MONTHUREUX-SUR-SAÔNE 88410 Vosges 🆄 ⑭ – 1 111 h. alt. 260.

Paris 326 – Bourbonne-les-B. 21 – Épinal 48 – Luxeuil-les-B. 50 – Neufchâteau 50 – Vittel 27.

  ✗ **Relais des Vosges** avec ch, ℰ 29 09 00 45 – ⓞ 🅴 𝗩𝗜𝗦𝗔
  ➔ *fermé 2 au 24 janv., dim. soir et lundi soir* – **R** 50/170 & – ☲ 20 – **10 ch** 100/150.

MONTI 06 Alpes-Mar. 🆄 ⑳ – rattaché à Menton.

MONTIGNAC 24290 Dordogne 🆄 ⑦ G. Périgord Quercy – 3 165 h. alt. 77.

Voir Lascaux II★★ SE : 2,5 km – Env. Église★★ de St-Amand de Coly E : 7 km.

🅱 Syndicat d'Initiative pl. Bertran-de-Born ℰ 53 51 82 60.

Paris 497 – Brive-la-Gaillarde 38 – Périgueux 47 – Sarlat-la-Canéda 25 – Bergerac 83 – ✦Limoges 102.

  🏨🏨 ❀ **Château de Puy Robert** Ⓜ 🛏, SO : 1,5 km par D 65 ℰ 53 51 92 13, Télex 550616,
    Fax 53 51 80 11, parc, « Élégante décoration intérieure », ⅃ – 🍽 📺 ☎ ℗ – 🛎 30. 🅰🅴
    ⓞ 🅴 𝗩𝗜𝗦𝗔. ✗ rest
    30 avril-15 oct. – **R** *(fermé merc. midi)* 205/415, enf. 95 – ☲ 60 – **32 ch** 640/880, 6 appart.
    1000/1500 – ½ P 620/860
    Spéc. Trio de foies gras, Carbonara de truffes, Pigeonneau mi-fumé du pays de Brive. Vins Bergerac, Cahors.

  🏨🏨 **Soleil d'Or**, r. 4-Septembre ℰ 53 51 80 22, Fax 53 50 27 54, 😃, parc, ⅃ – 📺 ☎ ℗ –
    🛎 60. 🅰🅴 🅴 𝗩𝗜𝗦𝗔
    fermé 15 janv. au 15 fév. – **R** 105/350, enf. 60 – ☲ 45 – **28 ch** 230/395, 4 appart. 600 –
    ½ P 260/380.

MONTIGNY-AUX-AMOGNES 58130 Nièvre 🖻🖻 ④ – 555 h. alt. 218.

Paris 250 – Château-Chinon 57 – Decize 36 – Nevers 12 – Prémery 29.

XX **Aub. des Amognes,** 🖉 86 58 61 97, 🏠, 🍽 – 🅿. 𝓥𝓘𝓢𝓐
fermé 2 au 11 sept., 18 fév. au 13 mars, dim. soir et lundi – **R** (prévenir) 60/130 🍷, enf. 60.

MONTIGNY-LA-RESLE 89230 Yonne 🖻🖻 ⑤ – 496 h. alt. 153.

Paris 175 – Auxerre 14 – St-Florentin 17 – Tonnerre 32.

XX **Soleil d'Or** avec ch, 🖉 86 41 81 21 – 🅿. 🆎 ⓞ 🖿 𝓥𝓘𝓢𝓐
R (fermé merc.) 85/150 🍷, enf. 55 – 🖙 25 – **16 ch** 190/220 – ½ P 175/195.

MONTIGNY-LE-BRETONNEUX 78 Yvelines 🖻🖻 ⑨, 🖻🖻🖻 ㉑ – voir à St-Quentin-en-Yvelines.

MONTIGNY-LE-ROI 52 H.-Marne 🖻🖻 ⑬ – 1 188 h. alt. 405 – ✉ 52140 Val de Meuse.

Paris 288 – Bourbonne-les-Bains 21 – Chaumont 32 – Langres 22 – Neufchâteau 47 – Vittel 50.

🏨 **Moderne** Ⓜ, 🖉 25 90 30 18, Télex 830349, Fax 25 90 71 80 – 📺 ☎ 🕭 ⇔ 🅿 – 🔬 30. 🆎
ⓞ 🖿 𝓥𝓘𝓢𝓐
R 75/195 🍷, enf. 40 – 🖙 35 – **26 ch** 190/250 – ½ P 200/230.

PEUGEOT-TALBOT Gar. Flagez rte de Chaumont   RENAULT Gar. Rabert 🖉 25 90 31 15
🖉 25 90 30 34 🖪   🖪 🖉 25 90 37 19

MONTIGNY-LÈS-METZ 57 Moselle 🖻🖻 ⑬⑭ – rattaché à Metz.

MONTLHÉRY 91310 Essonne 🖻🖻 ⑩, 🖻🖻🖻 ㉚, 🖻🖻🖻 ㉞ **G. Ile de France** – 4 819 h. alt. 120.

Voir 🌼⋆ de la tour – Marcoussis : Vierge⋆ dans l'église O : 3 km.

Autodrome permanent de Linas-Montlhéry SO : 2,5 km.

🖪 Syndicat d'Initiative pl. Hôtel de Ville 🖉 (1) 69 01 70 11.

Paris 26 – Etampes 24 – Evry 15 – Versailles 26.

FIAT Gar. Docteur 🖉 (1) 69 01 02 00   RENAULT E.D.A.M., 72 RN 20 🖉 (1) 69 01 41 20
PEUGEOT-TALBOT Paulmier 🖉 (1) 69 01 02 17   ROVER Gar. de l'Autodrome 🖉 (1) 69 01 00 55

MONT-LOUIS 66210 Pyr.-Or. 🖻🖻 ⑯ **G. Pyrénées Roussillon** – 420 h. alt. 1 600.

Voir Remparts⋆ – 🖪 Syndicat d'Initiative r. Marché (saison) 🖉 68 04 21 97.

Paris 989 – Andorre-la-Vieille 87 – Carcassonne 118 – Foix 118 – ◆Perpignan 79 – Prades 36.

à la Llagonne N : 3 km par D 118 – ✉ 66210 Mont-Louis :

🏠 **Corrieu** ⑤, 🖉 68 04 22 04, ≤, 🍽 – ☎ 🅿. 𝓥𝓘𝓢𝓐, 🌼 rest
1er juin-29 sept. et 21 déc.-2 avril – **R** 70/98 🍷, enf. 42 – 🖙 26 – **28 ch** 124/290 –
½ P 165/245.

PEUGEOT-TALBOT Gar. Giraud, carr. Monument Brousse à la Cabanasse 🖉 68 04 20 22 🖪

MONTLOUIS-SUR-LOIRE 37270 I.-et-L. 🖻🖻 ⑮ **G. Châteaux de la Loire** – 8 257 h. alt. 60.

🖪 Syndicat d'Initiative pl. Mairie (saison) 🖉 47 45 00 16.

Paris 234 – ◆Tours 12 – Amboise 13 – Blois 48 – Château-Renault 37 – Loches 42 – Montrichard 28.

🏠 **de la Ville,** pl. Mairie 🖉 47 50 84 84, Fax 47 45 08 43 – 🌼↤ ch 📺 ☎ 🅿. 🖿 𝓥𝓘𝓢𝓐
R 80/170, enf. 60 – 🖙 32 – **29 ch** 200/290 – ½ P 200/235.

XXX ❀ **Roc-en-Val,** 4 quai Loire 🖉 47 50 81 96, 🏠, « Jardin ombragé » – 🅿. 🆎 🖿 𝓥𝓘𝓢𝓐
fermé lundi (sauf le soir du 15 avril au 15 oct.) et dim. soir – **R** 165/370
Spéc. Savarin de sole et foie gras aux huîtres chaudes, Agneau de Sisteron au romarin, Copeaux de chocolat
au coulis de café brûlot. Vins Montlouis, Bourgueil.

XX **Tourangelle,** quai A. Baillet 🖉 47 50 81 15 – 🖿 𝓥𝓘𝓢𝓐
fermé 29 juin au 13 juil., 24 déc. au 8 janv., mardi soir, dim. soir et merc. – **R** 75/154.

MONTLUÇON ◄🕭► 03100 Allier 🖻🖻 ⑪⑫ **G. Auvergne** – 51 765 h. alt. 211.

Voir Le Vieux Montluçon⋆ BCZ : intérieur⋆ de l'église St-Pierre (sainte Madeleine⋆⋆) CYZ,
esplanade du château ≤⋆ – Collection de vielles⋆ au musée municipal CZ **M**.

🖟 du Val de Cher 🖉 70 06 71 15, N : 17 km.

🖪 Office de Tourisme 1 av. Marx-Dormoy 🖉 70 05 05 92 et 5 pl. E.-Piquand (juil.-15 sept. après-midi seul.)
🖉 70 05 50 70 – A.C. 10 r. Michelet 🖉 70 64 70 38.

Paris 329 ① – Moulins 77 ② – Bourges 94 ① – ◆Clermont-Ferrand 110 ① – ◆Limoges 137 ⑤ – Poitiers 206 ⑥.

Plans page suivante

🏨 **Host. du Château St-Jean** Ⓜ ⑤, près hippodrome par ③ 🖉 70 05 04 65, Télex
392193, Fax 70 05 97 75, 🏠, « Belle demeure en bordure d'un parc » , 🔲, 🍽 – 🗗 📺 ☎
🕭 🅿 – 🔬 40 à 150. 🆎 ⓞ 🖿 𝓥𝓘𝓢𝓐
R 185/360, enf. 90 – 🖙 65 – **20 ch** 470/950, 6 appart. 950/1600 – ½ P 500/700.

🏨 **Univers** sans rest, 38 av. Marx Dormoy 🖉 70 05 33 47, Télex 392309 – 🗗 📺 ☎ – 🔬 70.
🆎 🖿 𝓥𝓘𝓢𝓐   BZ **k**
🖙 27 – **53 ch** 185/240.

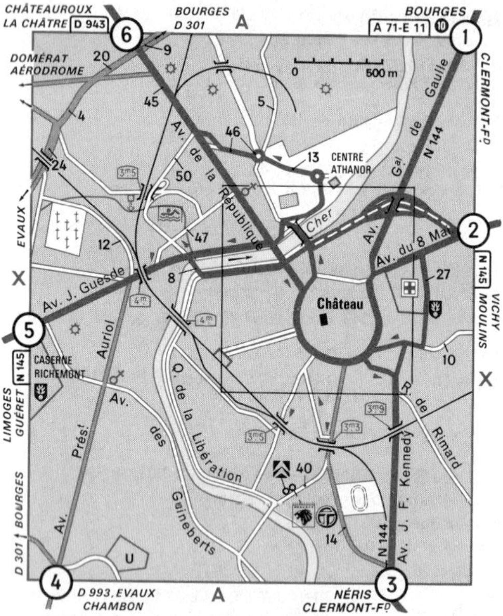

MONTLUÇON

Barathon (R.) . . . . . **CZ** 2
Courtais (Bd de) . . **BCZ**
République (Av.) . . **BY**
St-Pierre (R. Fg) . . . **BY** 35

Beaulieu (R.) . . . . **AX** 4
Blanzat (R. de) . . . . **AX** 5
Château (R. du) . . . **BZ** 6
Châtelet
  (Pont du) . . . . . . **AX** 8
Desmoulins (R. C.) **AX** 9
Dienat (R. du) . . . . **AX** 10
Egalité (R. de l') . . . **AX** 12
Einstein (R. A.) . . . **AX** 13
Faucheroux (R.) . . . **AX** 14
Favières (Q.) . . . . . **BY** 15
Fontaine (R.) . . . . . **CZ** 16
Forges (R. Porte) . . **CZ** 17
Jaurès (Pl. Jean) . . **CZ** 18
Jour (R. du) . . . . . . **AX** 20
Menut (R. L.) . . . . . **CY** 22
Nègre (Allée J.) . . . **AX** 24
Notre-Dame (Pl.) . . **CZ** 25
Notre-Dame (R.) . . **CZ** 26
Pamparoux (R.) . . . **AX** 27
Petit (R. P.) . . . . . . **CY** 30
Picasso (R. P.) . . . . **CY** 31
Piquant (R. E.) . . . . **BZ** 32
St-Pierre (Pl.) . . . **BCZ** 36
St-Roch (R.) . . . . . **BCZ** 38
Semard (R. P.) . . . . **AX** 40
Serruriers (R.) . . . **BCZ** 42
Thomas (Av. A.) . . . **AX** 45
Verrerie
  (R. et Pl. de la) . . **AX** 46
Victor-Hugo (R.) . . . **AX** 47
Voltaire (R.) . . . . . . **AX** 50
5 Piliers (R. des) . . . **CZ** 52

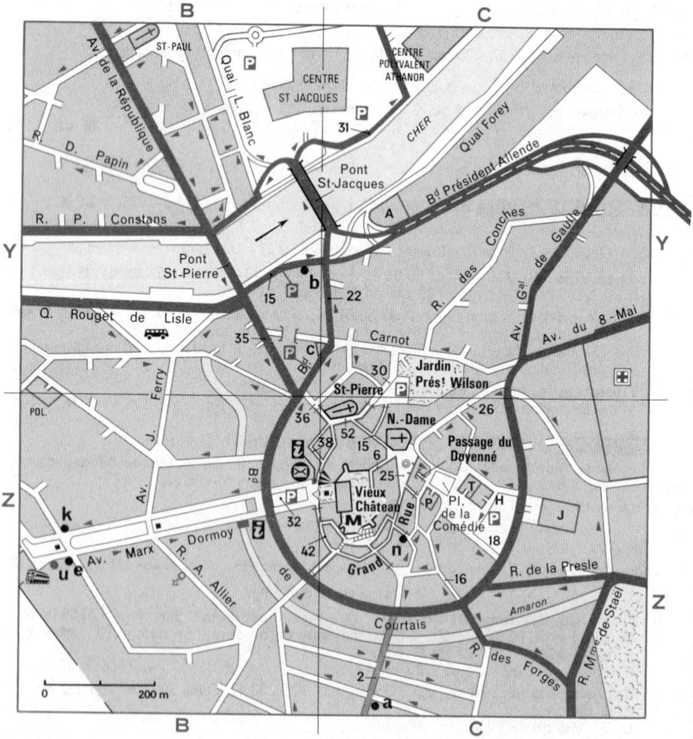

Ibis M, r. Nicolaïs ✆ 70 28 48 42, Télex 393029, Fax 70 28 58 62 – ascenseur rest TV ☎ & P – 40. E VISA BY **b**
R 69/121 ⅌, enf. 39 – ☐ 29 – **63 ch** 245/270.

Lion d'Or, 19 r. Barathon ✆ 70 05 00 62 – ascenseur TV ☎ – 30. E VISA CZ **a**
La Crémaillère ✆ 70 05 91 88 *(fermé vacances de fév. et dim.)* **R** 65/250 ⅌, enf. 40 – ☐ 23 – **31 ch** 170/227 – ½ P 183/276.

Terminus sans rest, 47 av. Marx Dormoy ✆ 70 05 28 93 – ascenseur TV ☎. AE ⓓ E VISA
☐ 23 – **42 ch** 120/220. BZ **e**

XXX ✿ **Grenier à Sel** (Corlouër) avec ch, 8 r. Ste-Anne ✆ 70 05 53 79, « Hôtel particulier du vieux Montluçon », – TV ☎. AE E VISA CZ **n**
R 120/350, enf. 40 – ☐ 50 – **4 ch** 450
Spéc. Blanc de pintade aux câpres et foie chaud poêlé, Couscous de homard et langoustines, Assiette de desserts et ses petits soufflés. **Vins** Saint-Pourçain.

XX **Aux Ducs de Bourbon,** 47 av. Marx Dormoy ✆ 70 05 22 79 – ▤. AE ⓓ E VISA BZ **u**
fermé dim. soir et lundi sauf feriés – **R** 99/173 ⅌, enf. 48.

par ① : 5 km sur N 144 – ✉ **03410** St-Victor :

Campanile, rte Bourges ✆ 70 28 48 48, Télex 393004, Fax 70 28 51 04, – TV ☎ & P – 30. E VISA
R 74 bc/98 bc, enf. 39 – ☐ 27 – **50 ch** 248 – ½ P 225/249.

à Estivareilles par ① : 10 km – ✉ **03190** :

XX **Host. Lion d'Or** avec ch, N 144 ✆ 70 06 00 35, parc – ☎ P. AE E VISA
fermé août, 19 au 26 fév., dim. soir et lundi – **R** 70/230 – ☐ 24 – **10 ch** 140/190 – ½ P 170/200.

par ⑤ : 3,5 km sur N 145 – ✉ **03410** Domérat :

Novelta, rte Guéret ✆ 70 03 34 88, Télex 392936 – ascenseur TV ☎ P – 60 à 100. E VISA.
R *(fermé dim. soir)* 72/180 ⅌, enf. 45 – ☐ 35 – **40 ch** 250/320 – ½ P 240/280.

ALFA-ROMEO Gar. Andrieu, 21 r. H.-Berlioz ✆ 70 28 41 34
CITROEN Grand Gar. Montluçonnais, 12 r. P. Sémard AX ✆ 70 05 32 07
HONDA SAGA, ZI r. Deux-Écluses ✆ 70 29 07 93
MERCEDES-BENZ Auvity, ZI r. Deux-Écluses ✆ 70 29 07 93
OPEL S.I.V.R.A.C., 162 av. Gén.-de-Gaulle ✆ 70 28 39 01
PEUGEOT-TALBOT Gar. Bourbonnais, 10 r. P.-Sémard AX ✆ 70 05 34 37 N
RENAULT I.D.E.A., La Cote Rouge rte de Châteauroux à Domérat par ⑥ ✆ 70 08 13 00 N ✆ 70 05 28 80
V.A.G Europe Gar., 18 quai Forey ✆ 70 05 31 33
VOLVO E.R.V.A.M., 10 r. de Valmy ✆ 70 05 43 43

Central-Pneu, 35 quai L.-Blanc ✆ 70 05 57 57
Estager-Pneu, 1 r. de Blanzat ✆ 70 03 74 30
Pneu Plus Centre, ZI r. E.-Sue ✆ 70 29 64 85 N ✆ 70 06 42 82

MONTLUEL 01120 Ain 74 ② – 5 460 h. alt. 198.

Paris 451 – ♦Lyon 23 – Bourg-en-Bresse 44 – Chalamont 20 – Meximieux 13 – Villefranche-sur-S. 39.

Le Petit Casset M sans rest, à **La Boisse** SO : 2 km ✆ 78 06 21 33, – TV ☎ P. E VISA
☐ 35 – **15 ch** 280/310.

à Ste-Croix N : 5 km par D 61 – ✉ **01120** :

Chez Nous , ✆ 78 06 60 60, , – TV ☎ P – 40. E VISA
R *(fermé 26 au 29 déc., janv., dim. soir hors sais. et jeudi)* 75/215 ⅌, enf. 60 – ☐ 34 – **35 ch** 190/290 – ½ P 150/290.

Relais Pneu, 110 rte Nationale 84 à la Boisse ✆ 78 06 41 01

MONTMARTIN-SUR-MER 50590 Manche 54 ⑫ – 849 h. alt. 42.

Paris 345 – Coutances 10 – Granville 20 – St-Lô 37 – Villedieu-les-Poêles 33.

Host. du Bon Vieux Temps, ✆ 33 47 54 44 – ☎ P. E VISA
fermé dim. soir du 15 nov. à Pâques – **R** 56/177 – ☐ 20 – **20 ch** 112/197 – ½ P 156/199.

PEUGEOT-TALBOT Gar. des Gravelets ✆ 33 47 60 15

MONTMÉDY 55600 Meuse 57 ① G. Alsace Lorraine (plan) – 2 324 h. alt. 198.

Voir Remparts★.

Env. Basilique★★ et Recevresse★ d'Avioth N : 8 km.

Office de Tourisme Ville Haute (fermé 15 déc.-15 mars) ✆ 29 80 15 90 – A.C. 13 r. Gén.-de-Gaulle ✆ 29 80 10 06.

Paris 259 – Charleville-Mézières 64 – Longwy 43 – ♦Metz 95 – Verdun 48 – Vouziers 61.

Le Mady, ✆ 29 80 10 87 – ☎. E VISA
fermé fév. – **R** 60/250 ⅌, enf. 35 – ☐ 30 – **11 ch** 230/250 – ½ P 200/220.

PEUGEOT-TALBOT Bigorgne ✆ 29 80 10 34

MONTMÉLIAN 73800 Savoie 74 ⑯ G. Alpes du Nord – 4 028 h. alt. 285 – **Voir** ❄★ du rocher.

Paris 551 – ♦Grenoble 49 – Albertville 35 – Allevard 23 – Chambéry 15 – St-Jean-de-Maurienne 57.

🏠 **Primevère** Ⓜ, N 6 🖉 79 84 12 01 – 📺 ☎ & 🅟 – 🏖 40. VISA
　 R 72/96 ⅜, enf. 39 – ⌐ 30 – **42 ch** 250 – ½ P 220.

🏠 **George,** N 6 🖉 79 84 05 87 – ☎ ⟺ 🅟. E VISA. ⚞ ch
↫ hôtel : fermé 15/5 au 15/6, 15/10 au 15/12 et mardi ; rest. : fermé 28/5 au 12/6, 12 au 26/11
　 et mardi – **R** 62/135, enf. 38 – ⌐ 23 – **12 ch** 150/190.

XXX **Host. des Cinq Voûtes,** N 6 🖉 79 84 05 78, « Voûtes moyenâgeuses » – 🅟. AE ⓘ E
　 VISA – fermé 22 au 30 avril, nov. et merc. soir – **R** 180/350, enf. 80.

XX **L'Arlequin** (Centre technique hôtelier), N 6 🖉 79 84 21 54 – 🅟. E VISA
　 fermé 1er juil. au 2 août, 21 déc. au 2 janv. et merc. – **R** 75/160, enf. 55.

X **Viboud** avec ch, Vieux Montmélian 🖉 79 84 07 24 – ▤ rest ☜ 🅟 – 🏖 30 à 50. AE ⓘ E
　 VISA – fermé 3 au 10 juin, 30 sept. au 29 oct., 1er au 18 janv., dim. soir et lundi – **R** 80/140
　 ⅜, enf. 40 – ⌐ 22 – **17 ch** 80/240 – ½ P 120/175.

FIAT Gar. Novel 🖉 79 84 04 52

MONTMERLE-SUR-SAÔNE 01090 Ain 74 ① – 2 023 h. alt. 170.

Paris 421 – Mâcon 29 – Bourg-en-Bresse 40 – Chauffailles 48 – ♦Lyon 49 – Villefranche-sur-Saône 12.

🏨 **Rivage,** au pont 🖉 74 69 33 92, Fax 74 69 49 21, ⛲ – cuisinette ☎ ⟺ 🅟 – 🏖 30 à
　 100. AE E VISA. ⚞
　 fermé 15 nov. au 15 déc. et lundi sauf le soir du 1er juin au 30 sept. – **R** 85/250 ⅜, enf. 70
　 – ⌐ 30 – **21 ch** 185/380, 6 appart. 300/350.

XXX **Castel de Valrose** avec ch, 🖉 74 69 30 52, ⛲, ✿ – 🏖 25. E VISA
　 fermé 15 au 30 oct., 1er au 15 mars, merc. midi et mardi du 1er oct. au 30 avril – **R** 140/270,
　 enf. 80 – **7 ch** ⌐ 190/280 – ½ P 250/290.

RENAULT Gar. Deschampt 🖉 74 69 37 20

MONTMEYRAN 26120 Drôme 77 ⑫ – 2 345 h. alt. 189.

Paris 580 – Valence 14 – Crest 14 – Romans-sur-Isère 24.

XX **La Vieille Ferme,** Les Dorelons 🖉 75 59 31 64, ⛲, « Intérieur rustique », ✿ – 🅟. E
　 VISA – fermé août, vacances de fév., dim. soir, lundi soir et mardi – **R** (prévenir) 160/200.

MONTMIRAIL 84 Vaucluse 81 ⑫ – rattaché à Gigondas.

MONTMORENCY 95 Val-d'Oise 55 ⑪, 101 ⑤ – voir Paris, Environs.

MONTMORILLON ⟨℗⟩ 86500 Vienne 68 ⑮ G. Poitou Vendée Charentes (plan) – 7 541 h. alt. 105.
Voir Fresques★ dans la crypte de l'église N.-Dame.
🅱 Office de Tourisme 21 av. F.-Tribot 🖉 49 91 11 96.

Paris 360 – Poitiers 48 – Angoulême 117 – Châteauroux 85 – ♦Limoges 82.

🏨 **France-Mercier,** 2 bd Strasbourg 🖉 49 91 00 51 – ☎. AE ⓘ E VISA
　 fermé 11 au 17 juin, 8 au 14 oct., 2 janv. au 2 fév., dim. soir et lundi sauf fêtes – **R** (dim.
　 et fêtes - prévenir) 110/300, enf. 65 – ⌐ 35 – **25 ch** 180/240.

CITROEN Perrot, rte de Lussac-les-Châteaux
🖉 49 91 00 05
PEUGEOT-TALBOT G.M.G.A., 59 bd Gambetta
🖉 49 91 11 33

RENAULT Robuchon et Fils, 1 av. de l'Europe
🖉 49 91 06 44 🅽 🖉 49 44 66 58

MONTMORT 51270 Marne 56 ⑮⑯ G. Champagne – 420 h. alt. 206.
Env. Fromentières : retable★★ de l'église SO : 11 km.

Paris 123 – ♦Reims 44 – Châlons-sur-Marne 46 – Épernay 18 – Montmirail 24 – Sézanne 26.

🏨 **Cheval Blanc,** 🖉 26 59 10 03, Fax 26 59 15 88 – ❄❄ ch ☎ 🅟 – 🏖 80. E VISA
↫ fermé 15 fév. au 1er mars et vend. du 1er nov. au 1er avril – **R** 70/280 ⅜ – ⌐ 25 – **19 ch**
　 100/240 – ½ P 170/240.

MONTOIRE-SUR-LE-LOIR 41800 L.-et-Ch. 64 ⑤ G. Châteaux de la Loire (plan) – 4 243 h. alt. 70.
Voir Chapelle St-Gilles★ : peintures murales★★ – Pont ≤★.
🅱 Syndicat d'Initiative à la Mairie (juil.-août) 🖉 54 85 00 29.

Paris 190 – ♦Le Mans 41 – Blois 44 – Château-Renault 20 – La Flèche 81 – St-Calais 23 – Vendôme 19.

XX **Cheval Rouge** avec ch, pl. Foch 🖉 54 85 07 05, Fax 54 85 17 42 – ☎ ⟺. AE E VISA
　 fermé fév., mardi soir et merc. – **R** (dim. prévenir) 108/255, enf. 44 – ⌐ 24 – **17 ch** 78/195
　 – ½ P 155/210.

à Lavardin SE : 2,5 km par D 108 – ⊠ 41500 Montoire-sur-le-Loir :

XX **Relais d'Antan,** 🖉 54 86 61 33, ⛲ – E VISA
↫ fermé 1er au 10 sept., vacances de fév., mardi soir et merc. du 1er sept. au 30 juin –
　 R 69/175, enf. 45.

PEUGEOT Gar. Hervio 🖉 54 85 02 40 🅽

714

Voir Vieux Montpellier★★ : hôtel de Varennes★ FY **M1**, hôtel des Trésoriers de la Bourse★ FY **X**, rue de l'Ancien Courrier★ EFY **4** – Promenade du Peyrou★★ : ≼★ de la terrasse supérieure AU – Musées : Fabre★★ FY **M2**, Atger★ (dans la faculté de médecine) EX.

Env. Parc zoologique de Lunaret★ 6 km par av. Bouisson-Bertrand ABT – Château de la Mogère★ E : 5 km par D 24 DU.

🏇 de Coulondres 🖉 67 84 13 75, par ⑦.

✈ de Montpellier-Fréjorgues : 🖉 67 65 60 65, SE par ③ : 7 km.

🅱 Office de Tourisme 78 av. Pirée 🖉 67 22 06 16 et au Triangle allée Tourisme 🖉 67 58 67 58 carrefour Aéroport International Antigone 🖉 67 22 06 16 – A.C. 3 r. Maguelone 🖉 67 58 44 12.

Paris 759 ② – ♦Marseille 162 ② – ♦Nice 323 ② – Nîmes 52 ② – ♦Toulouse 240 ⑤.

Plans pages suivantes

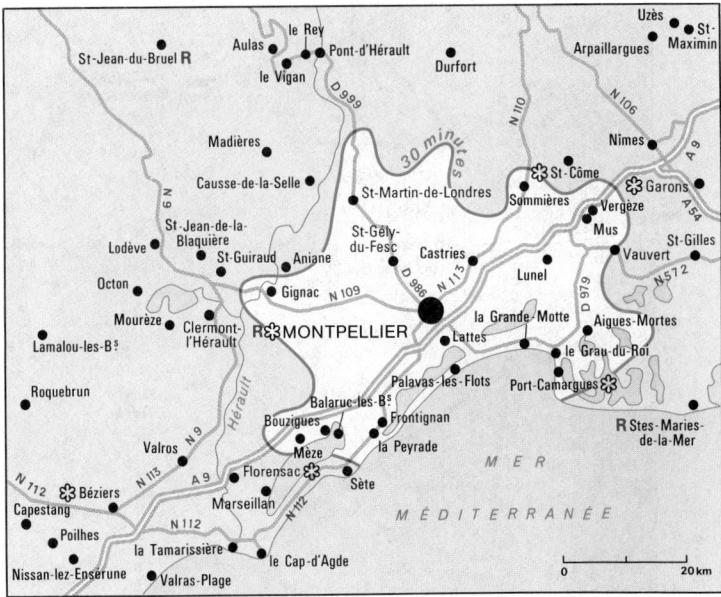

🏨🏨 **Métropole** Ⓜ, 3 r. Clos René 🖉 67 58 11 22, Télex 480410, Fax 67 92 13 02, 🌳, 🌱 – 🛗 ▦ 📺 ☎ 🚗 – 🛎 40 à 70. 🅰🅴 ⓔ ⓔ 𝘝𝘐𝘚𝘈   FZ **a**
R 165, enf. 60 – 🖵 50 – **81 ch** 550/800, 4 appart. 1000.

🏨🏨 **Sofitel** Ⓜ sans rest, au Triangle 🖉 67 58 45 45, Télex 480140, Fax 67 58 77 50 – 🛗 🔄 ▦ 📺 ☎. 🅰🅴 ⓞ ⓔ 𝘝𝘐𝘚𝘈   CU **h**
🖵 60 – **96 ch** 550.

🏨🏨 **Altéa Antigone** Ⓜ, au Polygone 🖉 67 64 65 66, Télex 480362, Fax 67 22 22 21, 🌳 – 🛗 ▦ 📺 ☎ – 🛎 350. 🅰🅴 ⓞ ⓔ 𝘝𝘐𝘚𝘈   CU **a**
Lou Païrol (fermé sam. midi et dim. midi) **R** 140/220, enf. 65 – 🖵 48 – **116 ch** 320/495 – ½ P 385/440.

🏨🏨 **La Maison Blanche** Ⓜ, 1796 av. Pompignane 🖉 67 79 60 25, Télex 485808, Fax 67 79 53 39, parc, 🌳 – 📺 ☎ ᵫ ❶ – 🛎 30. 🅰🅴 ⓔ 𝘝𝘐𝘚𝘈   DT **r**
R (fermé dim.) 90/180, enf. 60 – 🖵 38 – **38 ch** 350/450 – ½ P 290/330.

🏨🏨 **Noailles** ⑤ sans rest, 2 r. Ecoles-Centrales 🖉 67 60 49 80, Fax 67 66 08 26, « Demeure du 17ᵉ siècle » – 🛗 📺 ☎. 🅰🅴 ⓞ ⓔ 𝘝𝘐𝘚𝘈   FY **t**
fermé 22 déc. au 13 janv. – **30 ch** 🖵 220/420.

🏨🏨 **Chevalier d'Assas** Ⓜ sans rest, 18 r. d'Assas 🖉 67 52 02 02, Fax 67 04 18 02, 🌱 – 📺 ☎ 🚗 🅰🅴 ⓞ ⓔ 𝘝𝘐𝘚𝘈   AT **x**
🖵 50 – **14 ch** 400/530.

🏨🏨 **George V** Ⓜ, 42 av. St-Lazare 🖉 67 72 35 91, Télex 480953, Fax 67 72 53 33 – 🛗 ▦ 📺 ☎ ❶. 🅰🅴 ⓔ 𝘝𝘐𝘚𝘈   CT **a**
R (fermé dim.) 98/143 🍷 – 🖵 35 – **39 ch** 340/450.

tourner →

MONTPELLIER

Polygone (Le) . . . . **CU**

Arceaux (Bd des) . . . . **AU** 6

716

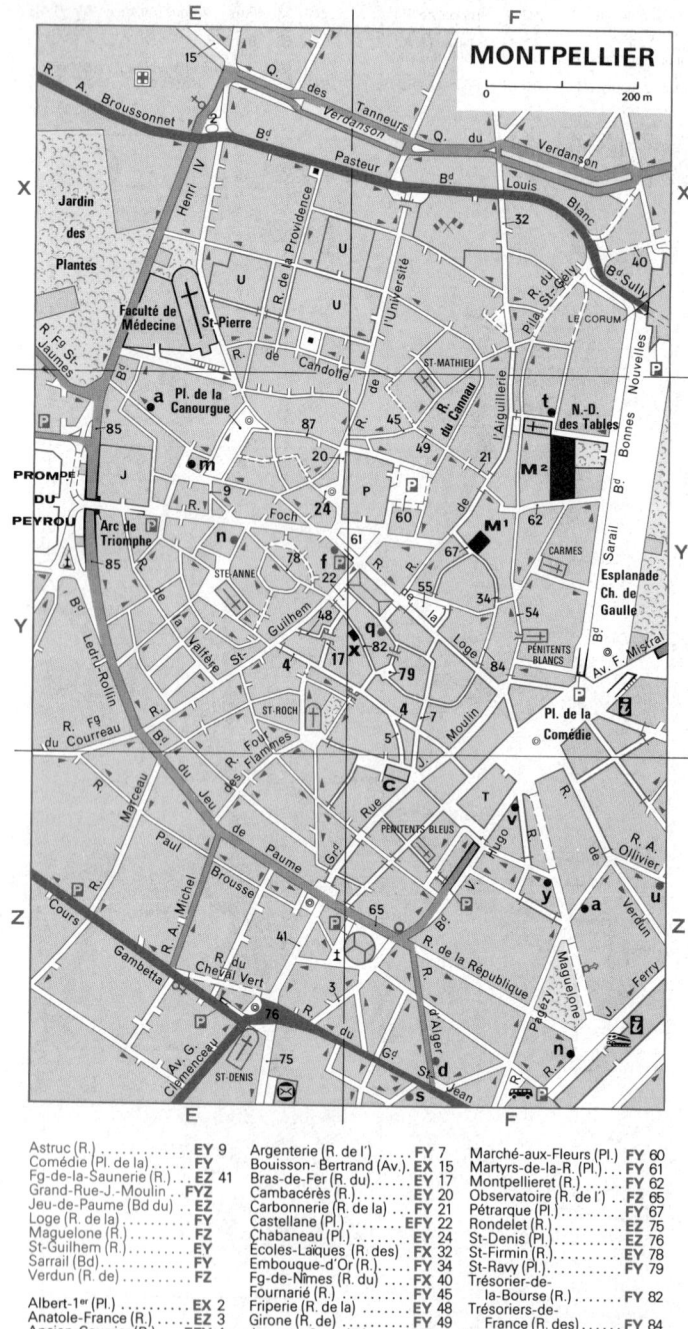

MONTPELLIER

0 — 200 m

🏨 **Princes** Ⓜ sans rest, pl. A. Gibert ℰ 67 58 93 94 – 📶 ☰ 📺 ☎ FZ **n**
☲ 40 – **40 ch** 300/450.

🏨 **Gd. H. du Midi** Ⓜ sans rest, 22 bd V. Hugo ℰ 67 92 69 61, Télex 490752, Fax 67 92 73 63 –
📶 ☰ 📺 ☎ ⅭⒺ ⓞ Ⓔ 𝘝𝘐𝘚𝘈 FZ **v**
fermé mars – ☲ 48 – **47 ch** 370/800.

🏨 **Guilhem** Ⓜ 🐾 sans rest, 18 r. J.-J. Rousseau ℰ 67 52 90 90, Fax 67 60 67 67 – 📶 📺
☎ ⅭⒺ ⓞ Ⓔ 𝘝𝘐𝘚𝘈 EY **a**
☲ 45 – **24 ch** 286/512.

🏨 **Parc** Ⓜ sans rest, 8 r. A. Bège ℰ 67 41 16 49, Fax 67 54 10 05 – ☰ 📺 ☎ ⓟ Ⓔ
𝘝𝘐𝘚𝘈 BT **k**
☲ 35 – **19 ch** 220/380.

🏨 **Royal** sans rest, 8 r. Maguelone ℰ 67 92 13 36, Télex 490040 – 📶 ☰ 📺 ☎ ⅭⒺ ⓞ Ⓔ
𝘝𝘐𝘚𝘈 FZ **y**
☲ 35 – **46 ch** 250/380.

🏠 **Palais** sans rest, 3 r. Palais ℰ 67 60 47 38 – 📶 📺 ☎ Ⓔ 𝘝𝘐𝘚𝘈 EY **m**
☲ 30 – **26 ch** 200/330.

🏠 **Relais Bleus** Ⓜ, 890 av. J. Mermoz-Antigone ℰ 67 64 88 50, Fax 67 64 04 15 – 📶 📺 ☎
🕭 🚗 – 🔏 40. ⅭⒺ Ⓔ 𝘝𝘐𝘚𝘈 CU **z**
(fermé dim. midi et sam.) – **R** snack 75/95 ⅃, enf. 45 – ☲ 32 – **93 ch** 270 – ½ P 242/262.

🏠 **Arceaux** sans rest, 33 bd Arceaux ℰ 67 92 03 03 – 📺 ☎ Ⓔ 𝘝𝘐𝘚𝘈 AU **n**
☲ 29 – **18 ch** 215/285.

XXX ⊛ **Chandelier,** 3 r. A. Leenhardt ℰ 67 92 61 62 – ☰ ⅭⒺ ⓞ Ⓔ 𝘝𝘐𝘚𝘈 FZ **s**
fermé lundi midi et dim. – **R** 250/330
Spéc. Fricassée de supions au sabayon d'anis, Ragoût de homard aux herbes de lasagnes, Croustade de pigeon au couscous et fruits secs.. Vins Faugères, Costières de Nîmes.

XXX **Réserve Rimbaud,** quartier des Aubes, 820 av. St-Maur ℰ 67 72 52 53, ≤, 🌧, « Terrasse au bord du Lez » – ⅭⒺ ⓞ Ⓔ 𝘝𝘐𝘚𝘈. 🛇 DT **e**
fermé mi-janv. à mi-fév., dim. soir et lundi – **R** carte 190 à 315.

XXX ⊛ **Jardin des Sens,** 11 av. St-Lazare ℰ 67 79 63 38 – 📶 ⅭⒺ 𝘝𝘐𝘚𝘈 CT **e**
fermé dim. – **R** (nombre de couverts limité, prévenir) 240/350
Spéc. Petits encornets farcis de ratatouille aux langoustines, Gratin d'oursins aux pointes d'asperges (printemps), Brochettes de langoustines aux aromates. Vins Faugères, Coteaux du Languedoc.

XXX **Isadora,** 6 r. Petit Scel ℰ 67 66 25 23, 🌧 – 📶 ⅭⒺ ⓞ Ⓔ 𝘝𝘐𝘚𝘈 EY **n**
fermé sam. midi et dim. – **R** 110.

XX **L'Olivier,** 12 r. A. Olivier ℰ 67 92 86 28 – ☰ ⅭⒺ ⓞ Ⓔ 𝘝𝘐𝘚𝘈 FZ **u**
fermé 20 juil. au 20 août, dim., lundi et fériés – **R** (prévenir) 130/185.

XX **Le Ménestrel,** pl. Préfecture ℰ 67 60 62 51, « Ancienne halle aux grains du 13e siècle »
– ⓞ Ⓔ 𝘝𝘐𝘚𝘈 EY **f**
fermé au 16 juil., 23 déc. au 7 janv., dim. et lundi – **R** 120, enf. 70.

XX **Castel Ronceray,** 71 av. Toulouse par ⑥ ✉ 34070 ℰ 67 42 46 30, 🌧 – ⓟ Ⓔ 𝘝𝘐𝘚𝘈
fermé 3 au 29 août, vacances de fév., lundi soir, dim. et fériés – **R** 165/200.

XX **L'Ambassadeur,** 9 r. Alger ℰ 67 92 59 69 – ⅭⒺ ⓞ Ⓔ 𝘝𝘐𝘚𝘈 FZ **d**
fermé 8 au 22 août et dim. – **R** 130/240, enf. 45.

X **Le Louvre,** 2 r. Vieille ℰ 67 60 59 37 – ☰ ⓞ Ⓔ 𝘝𝘐𝘚𝘈 FY **q**
fermé 1er au 27 mai, 28 oct. au 16 nov., sam. midi du 27/5 au 20/9, lundi (sauf le soir du 20/5 au 20/9) et dim. – **R** 120 ⅃.

Le Millénaire par ② : 1 km – ✉ **34000** Montpellier :

🏠 **Campanile,** ℰ 67 64 85 85, Télex 485659, Fax 67 22 19 25, 🌧 – 📶 ☰ rest 📺 🕭 ⓟ –
🔏 30. Ⓔ 𝘝𝘐𝘚𝘈
R 74 bc/98 bc, enf. 39 – ☲ 27 – **84 ch** 248 – ½ P 225/249.

au Sud de l'échangeur A9-Montpellier-Est : 2 km sur D 66 – ✉ **34130** Mauguio :

🏠 **Relais de Fréjorgues** Ⓜ, espace commercial Fréjorgues ℰ 67 22 06 50, Télex 485652, Fax 67 22 37 63, 🌧 – ☰ 📺 ☎ 🕭 ⓟ – 🔏 25. ⅭⒺ Ⓔ 𝘝𝘐𝘚𝘈
R 72/150 ⅃, enf. 40 – ☲ 30 – **49 ch** 245.

à l'Est : 4 km par D 24 et D 172E - DU – ✉ **34000** Montpellier :

🏨 **Demeure des Brousses** 🐾, rte Vauguières ℰ 67 65 77 66, Fax 67 22 22 17, parc, 🌧,
« Demeure du 18e siècle dans un parc » – ☎ ⓟ. ⅭⒺ ⓞ Ⓔ 𝘝𝘐𝘚𝘈. 🛇 rest
fermé 15 déc. au 1er mars et dim. soir sauf du 15 avril au 15 oct. – **L'Orangerie** *(fermé 3 janv. au 1er mars, lundi midi et dim.)* **R** 200/340 – ☲ 42 – **17 ch** 355/570 – ½ P 360/480.

XXX **Le Mas,** rte Vauguières ℰ 67 65 52 27, 🌧 – ⓟ. ⅭⒺ ⓞ Ⓔ 𝘝𝘐𝘚𝘈
fermé 1er au 8 sept., 15 au 30 janv., dim. soir et lundi – **R** 200/320, enf. 120.

rte de Carnon-Pérols par ③ : 6 km – ✉ **34470** Pérols :

🏠 **Eurotel** Ⓜ, ZAC Le Fenouillet ℰ 67 50 27 27, Télex 485481, Fax 67 50 23 27, 🌧 – 📶 ☰
📺 ☎ 🕭 ⓟ – 🔏 40 à 100. ⅭⒺ ⓞ Ⓔ 𝘝𝘐𝘚𝘈
R 80/160 ⅃, enf. 50 – ☲ 32 – **42 ch** 240/290 – ½ P 250.

à l'échangeur A9-Montpellier-sud par ④ : 2 km – ✉ **34000** Montpellier :

Novotel Ⓜ, 125 bis av. Palavas ✆ 67 64 04 04, Télex 490433, Fax 67 65 40 88, 🌳, 🏊 – |♦| ▤ TV ☎ ♿ 🅟 – 🏛 25 à 200. AE ⦿ E VISA
R carte environ 140 🍷, enf. 50 – ☕ 47 – **162 ch** 455.

Ibis Ⓜ, 164 av. Palavas ✆ 67 58 82 30, Télex 480578, Fax 67 92 17 76, 🌳 – |♦| ▤ TV ☎ ♿ 🅟 – 🏛 25 à 100. E VISA. ✻ rest
R 68 🍷, enf. 42 – ☕ 29 – **165 ch** 274/312.

à Lattes par ④ : 5 km – 9 365 h. – ✉ **34970** :

XXX **Le Mazerand,** rte Fréjorgues ✆ 67 64 82 10, 🌳, « Terrasses ombragées ouvrant sur le parc » – ▤ 🅟. AE ⦿ E VISA
fermé sam. midi et lundi – **R** 130/295.

rte de Ganges par ⑦ : 7 km – ✉ **34480** St-Clément-la-Rivière :

Juvena Ⓜ 🐦, ✆ 67 04 25 10, Fax 67 54 57 52, ≤, 🌳, centre de balnéothérapie – |♦| ⇆ ch ▤ TV ☎ ♿ 🅟. AE E VISA
R 90/150 – ☕ 60 – **20 ch** 350/400.

Relais Bleus Ⓜ, sur D 986 ✆ 67 61 05 05, Fax 67 61 10 41, 🏊 – ▤ TV ☎ ♿ 🅟 – 🏛 25. VISA – **R** *(fermé dim. hors sais.)* 68/140, enf. 40 – ☕ 32 – **54 ch** 250 – ½ P 215.

à St-Gély-du-Fesc NO : 11 km par ⑦ – 3 714 h. – ✉ **34980** :

XXX **Le Boucalot,** D 986 ✆ 67 84 38 60, 🌳 – 🅟. E VISA
fermé août, dim. soir et lundi – **R** 130/280.

MICHELIN, Agence régionale, 120 av. M.-Dassault à Castelnau-le-Lez par ① ✆ 67 79 50 79

ALFA-ROMEO, PORSCHE-MITSUBISHI Mourier, ZI, av. Mas-d'Argelliers ✆ 67 92 33 47
AUSTIN-ROVER Midi-Auto, r. de Montels-Église, ZI ✆ 67 92 19 86
BMW Auto Méditerranée, ZI, 361 r. Industrie ✆ 67 92 97 29
CITROEN Succursale, 852 av. Mer, rte de Carnon DV ✆ 67 65 73 10
CITROEN Succursale, rte de Sète à St-Jean-de-Védas par ⑤ ✆ 67 69 03 30 🅽 ✆ 67 92 22 18
FIAT SODAM Diffusion, 1532 av. des Platanes à Lattes ✆ 67 65 78 80
FORD Gar. Imbert, rte de Sète à St-Jean-de-Védas ✆ 67 42 46 22
FORD Fenouillet-Autom., Zone Com. Fenouillet, rte de Carnon à Pérols ✆ 67 50 34 20
LADA-SKODA Gar. Guitard, ZI Marché-Gare, r. Mas-St-Pierre ✆ 67 58 13 13
MERCEDES-BENZ SADLER, ZA de l'Aube Rouge à Castelnau-le-Lez ✆ 67 79 40 50 🅽 ✆ 23 72 11 08
NISSAN-VOLVO Auto Contrôle Clemenceau, r. Montels L'Église à Lattes ✆ 67 92 95 47
OPEL France-Auto, 56 av. Marché-Gare, ZI ✆ 67 92 63 74
OPEL France Auto, Parc de l'Aube Rouge à Castelnau-le-Lez ✆ 67 72 20 40
PEUGEOT-TALBOT Gds Gar. de l'Hérault, r. Industrie par ④ ✆ 67 58 94 94
RENAULT Paillade-Autos, av. de l'Europe la Paillade par ⑥ ✆ 67 40 33 38 🅽
RENAULT Succursale, 700 r. de l'Industrie, ZI par av. des Prés d'Arènes BV ✆ 67 42 00 75 🅽 et pl. 8-mai-1945 AV ✆ 67 27 91 21 🅽 ✆ 67 42 00 75
SEAT SAAB P.H.F. Auto, 150 av. de Toulouse ✆ 67 27 23 62
SEAT SAAB P.H.F., 500 av. de l'Europe à Castelnau-le-Lez ✆ 67 79 44 76
TOYOTA C.D.B., 1134 av. de l'Europe à Castelnau-le-Lez ✆ 67 79 41 71
V.A.G Montpellier-Autos-Sud, rd-pt Rieucoulon à St-Jean-de-Védas ✆ 67 07 83 83 🅽 ✆ 67 92 22 18
V.A.G Cerf-Autos, 145 rte de Nîmes au Crès ✆ 67 70 50 00 🅽 ✆ 05 00 24 24

◍ Ayme Pneus, 49 av. de Toulouse ✆ 67 42 82 25
Ayme Pneus, 210 rte de Nimes au Cres ✆ 67 70 80 01
Ayme-Pneus, av. Mas-d'Argelliers, ZI ✆ 67 92 72 62
Escoffier-Pneu Plus, 685 r. Industrie ✆ 67 92 00 30
Piot-Pneus, ZI av. Mas-d'Argelliers ✆ 67 92 05 93

MONTPELLIER-LE-VIEUX (Chaos de)

★★★ 12 Aveyron 80 ⑭⑮ **G. Gorges du Tarn** – alt. 830.

MONTPEYROUX 63114

P.-de-D. 73 ⑭ **G. Auvergne** – 262 h. alt. 480.

Paris 419 – ♦Clermont-Ferrand 24 – Ambert 64 – Issoire 13 – Le Mont-Dore 48 – Thiers 50.

XXX **Auberge de Tralume** 🐦 avec ch, ✆ 73 96 60 09, 🌳, parc – ☎ 🅟. AE ⦿ E VISA
fermé 11 nov. au 6 déc. et 3 au 17 janv. – **R** 200/238 🍷, enf. 100 – ☕ 42 – **4 ch** 280/325.

MONTPINCHON 50

Manche 54 ⑫⑬ – rattaché à Coutances.

MONTPON-MÉNESTEROL 24700

Dordogne 75 ③⑬ – 5 742 h. alt. 39.

Paris 531 – Bergerac 42 – Libourne 38 – Périgueux 52 – Ste-Foy-la-Grande 23.

Puits d'Or, 7 r. Carnot ✆ 53 80 33 07, 🌳 – TV ☎ 🅟. AE ⦿ E VISA
fermé 23 déc. au 13 janv. – **R** *(fermé dim. soir et lundi hors sais.)* 90/200 – ☕ 24 – **21 ch** 179/199 – ½ P 215.

au NO : 5 km par D 730 et D 3^EI – ✉ **24700** Montpon-Menesterol :

XXX **Château des Grillauds** 🐦 avec ch, ✆ 53 80 49 71, 🌳, parc, 🏊, 🎾 – ☎ 🅟. VISA
fermé janv. – **R** *(fermé dim. soir et lundi)* 130/210 – ☕ 35 – **7 ch** 300/360 – ½ P 315/345.

CITROEN Montpon-Autom., 1 av. G.-Pompidou ✆ 53 80 31 00
PEUGEOT TALBOT Gar. Bonnet, 51 av. J. Moulin ✆ 53 80 33 57
RENAULT Pommerie, 25 av. J.-Moulin ✆ 53 80 30 10 🅽

◍ Service du Pneu, 74 rte de Bordeaux ✆ 53 80 37 21

MONTRÉAL 32250 Gers 🏘🏘 ⑬ G. Pyrénées Aquitaine – 1 326 h. alt. 98.

Paris 675 – Agen 55 – Auch 57 – Condom 15 – Mont-de-Marsan 65 – Nérac 26.

  % **Gare** 🐾 avec ch, S : 3 km par D 29 et voie privée 𝒫 62 29 43 37, 🌿, ancienne gare au
  ◄ décor 1900, 🍴 – **❺**. 🗚🖭 ⓞ **E** 𝘝𝘐𝘚𝘈. 🦞 ch
       fermé janv., jeudi soir (sauf juil.-août) et vend. – **R** 60/200, enf. 40 – 🖵 22 – **5 ch** 160 –
       ½ P 160.

MONTREDON 11 Aude 🏘🏘 ⑪ – rattaché à Carcassonne.

MONTREDON-LABESSONNIÉ 81360 Tarn 🏘🏘 ① – 2 167 h. alt. 520.

Paris 726 – ♦Toulouse 93 – Albi 34 – Castres 22 – Lacaune 41.

  🏠 **Host. de Parc**, 𝒫 63 75 14 08, 🌿, 🍴 – 🖭 ☎. **E** 𝘝𝘐𝘚𝘈
  ◄ *fermé 30 sept. au 27 oct.* – **R** 60/170 ⓑ, enf. 40 – 🖵 25 – **20 ch** 145/250 – ½ P 175/190.

CITROEN Gar. Rahoux, 𝒫 63 75 14 11

MONTRÉJEAU 31210 H.-Gar. 🏘🏘 ⑳ G. Pyrénées Aquitaine – 3 233 h. alt. 468 – Voir ≤★.

🎫 Office de Tourisme pl. V.-Abeille 𝒫 61 95 80 22.

Paris 840 – Auch 76 – Bagnères-de-Luchon 38 – Lannemezan 16 – St-Gaudens 14 – ♦Toulouse 103.

  🏨 **Lecler**, av. St-Gaudens 𝒫 61 95 80 43, Fax 61 95 45 78, ≤ Pyrénées – 🖭 ☎ 🚗. 🗚 **E**
      𝘝𝘐𝘚𝘈
       fermé 4 nov. au 3 déc., dim. soir et lundi d'oct. à Pâques sauf vacances scolaires –
       R 80/130 – 🖵 25 – **22 ch** 140/270 – ½ P 155/210.

MONTREUIL ⬍ 62170 P.-de-C. 🗓 ⑫ G. Flandres Artois Picardie (plan) – 2 948 h. alt. 45.

Voir Site★ – Citadelle★ : ≤★★ – Remparts★ – Mobilier★ de la chapelle de l'Hôtel-Dieu – Église
St-Saulve★.

🎫 Office de Tourisme pl. Poissonnerie (juin-15 sept.) 𝒫 21 06 04 27 et à la Mairie (hors saison) 𝒫 21 06
01 33.

Paris 207 – ♦Calais 66 – Abbeville 44 – Arras 81 – Boulogne-sur-Mer 38 – ♦Lille 112 – St-Omer 56.

  🏰 ❀ **Château de Montreuil** (Germain) 🐾, chaussée Capucins 𝒫 21 81 53 04, Télex 135205,
      Fax 21 81 36 43, 🌿, « Belle demeure dans un parc » – ☎ 🚗 – 🔏 25. 🗚 ⓞ **E** 𝘝𝘐𝘚𝘈.
      🦞 ch
       fermé 15 déc. au 31 janv. – **R** *(fermé jeudi midi)* carte 270 à 400, enf. 120 – 🖵 50 – **14 ch**
       500/690 – ½ P 675/765
       Spéc. Filet de bar au concombre, gingembre et citron vert, Grouse d'Écosse (12 août au 30 oct.), Poissons
       de petits bâteaux.

  🏠 **Bellevue**, av. du 11 Novembre 𝒫 21 06 04 19 – ☎. **E** 𝘝𝘐𝘚𝘈. 🦞 rest
      fermé 15 au 29 déc. – **R** 75/150 ⓑ, enf. 45 – 🖵 30 – **13 ch** 180/260 – ½ P 250/270.

  🏠 **France** sans rest, 2 r. Coquempot 𝒫 21 06 05 36 – 🔌 **❺**. **E** 𝘝𝘐𝘚𝘈. 🦞
      fermé 15 déc. au 15 fév., dim. soir et lundi hors. sais. – 🖵 35 – **15 ch** 120/300.

  🏠 **Le Shakespeare**, r. Change 𝒫 21 86 16 04 – ☎. 𝘝𝘐𝘚𝘈. 🦞 rest
  ◄ *fermé 7 au 21 janv.* – **R** *(fermé lundi)* 68/98 ⓑ – 🖵 25 – **14 ch** 110/280 – ½ P 160/260.

     à La Madelaine-sous-Montreuil S par D 917 et D 139 : 2,5 km – ✉ 62170 Madelaine-sous-
     Montreuil :

  %%% ❀ **Aub. La Grenouillère** (Gauthier) 🐾 avec ch, 𝒫 21 06 07 22, Fax 21 86 36 36, 🌿 –
      ☎. 🗚 ⓞ **E** 𝘝𝘐𝘚𝘈. 🦞 ch
      fermé 15 déc. au 15 janv., vacances de fév., mardi soir et merc. sauf juil.août – **R** 190/300
      – 🖵 35 – **4 ch** 300/500
      Spéc. Langoustines grillées aux épices douces, Médaillons de lotte et langoustines à l'ail confit, Ris de veau
      au vin jaune et girolles.

🅖 Caucheteux, à St-Justin 𝒫 21 06 09 97

MONTREUIL 93 Seine-St-Denis 🏘🏘 ⑪, 🗓🗓🗓 ⑰ – voir à Paris, Environs.

MONTREUIL-BELLAY 49260 M.-et-L. 🗓 ⑧ G. Châteaux de la Loire (plan) – 4 331 h. alt. 54.

Voir Château★★ – Site★.

🎫 Syndicat d'Initiative r. du Marché (mai-sept.) 𝒫 41 52 32 39.

Paris 309 – Angers 53 – Châtellerault 74 – Chinon 39 – Cholet 61 – Poitiers 80 – Saumur 16.

  🏨 **Splendid** (annexe Relais du Bellay ⤢, 🍴), r. Dr Gaudrez 𝒫 41 52 30 21, Fax 41 52 45 17 –
  ◄ ☎ **❺** – 🔏 30. **E** 𝘝𝘐𝘚𝘈
      fermé 15 au 30 janv. – **R** *(fermé dim. soir du 15 oct. à Pâques)* 70/220 ⓑ, enf. 40 – 🖵 30 –
      40 ch 170/320 – ½ P 190/290.

  %% **Host. St-Jean**, 432 r. Nationale 𝒫 41 52 30 41 – **E** 𝘝𝘐𝘚𝘈. 🦞
      fermé vacances de fév. et merc. – **R** 98/230.

MONTREUIL-L'ARGILLÉ 27390 Eure 🏘🏘 ⑱ – 726 h. alt. 172.

Paris 159 – L'Aigle 25 – Argentan 52 – Bernay 21 – Évreux 56 – Lisieux 31 – Vimoutiers 29.

  % **Aub. de la Truite**, 𝒫 32 44 50 47, « Collection d'orgues de Barbarie » – **E** 𝘝𝘐𝘚𝘈
  ◄ *fermé 15 janv. au 15 fév., mardi soir et merc.* – **R** 69/160.

MONTREVEL-EN-BRESSE 01340 Ain ⁊⓪ ⑫ – 2 000 h. alt. 230.

Paris 396 – Mâcon 26 – Bourg-en-Bresse 17 – Pont-de-Vaux 21 – St-Amour 26 – Tournus 36.

　XX ❀ **Léa** (Monnier), 🕿 74 30 80 84 – **E** 𝗩𝗜𝗦𝗔 ⅏
　　　fermé juil., 26 déc. au 2 janv., les soirs de fêtes, dim. soir et merc. – **R** (nombre de couverts
　　　limité-prévenir) 160/270
　　　Spéc. Gâteau de foies blonds au coulis d'écrevisses, Suprême de poularde aux truffes et foie gras, Marquise
　　　au chocolat. Vins Seyssel, Montagnieu.

CITROEN Gar. Berret 🕿 74 30 80 06　　　　　　　　　　PEUGEOT-TALBOT Petit 🕿 74 30 82 22
FIAT Gar. Roux 🕿 74 52 45 46

MONTRICHARD 41400 L.-et-Ch. ⓺⓸ ⑯⑰ G. **Châteaux de la Loire** – 3 786 h. alt. 68.

Voir Donjon★ : ⋇★★.

🖪 Office de Tourisme r. Pont (Rameaux-sept.) 🕿 54 32 05 10.

Paris 215 – ◆Tours 43 – Blois 33 – Châteauroux 88 – Châtellerault 85 – Loches 31 – Vierzon 73.

　🏯 **Château de la Menaudière** Ⓜ ⍲, NO : 2,5 km par rte Amboise D 115 🕿 54 32 02 44,
　　　Télex 751246, Fax 54 71 34 58, ≼, parc, ✕ – 📺 🕿 🅿 – 🛖 25. 🅰🅴 ⓞ **E** 𝗩𝗜𝗦𝗔 ⅏ rest
　　　fermé 6 janv. au 28 fév., dim. soir et lundi sauf du 18 mars au 30 oct. et fêtes – **R** 180/280,
　　　enf. 130 – 🖵 50 – **25 ch** 380/710 – ½ P 650/800.

　🏨 **Tête Noire**, 24 r. Tours 🕿 54 32 05 55 – 🕿 🅿. **E** 𝗩𝗜𝗦𝗔
　　　fermé janv. et vend. du 15 oct. au 15 mars sauf fêtes – **R** 93/240 – 🖵 31 – **38 ch** 202/290
　　　– ½ P 251/322.

　🏯 **Bellevue,** quai du Cher 🕿 54 32 06 17, Télex 751673, ≼ – 🕼 🔳 rest 📺 🕿. 🅰🅴 ⓞ **E** 𝗩𝗜𝗦𝗔
　　　R 78/217, enf. 45 – 🖵 33 – **29 ch** 180/365 – ½ P 305.

　🏠 **Croix blanche** Ⓜ sans rest, 64 r. Nationale 🕿 54 32 30 87 – 🕿. **E** 𝗩𝗜𝗦𝗔
　　　15 mars-20 nov. – 🖵 22 – **19 ch** 195/305.

　　　à Chissay en Touraine O : 4 km par N 76 – ✉ **41400** :

　🏯 **Château de Chissay** ⍲, 🕿 54 32 32 01, Télex 750393, Fax 54 32 43 80, ≼, 🌣, « Château
　　　du 15ᵉ siècle, parc, 🏊 » – 🕼 🕿 🅿. 🅰🅴 ⓞ **E** 𝗩𝗜𝗦𝗔 ⅏ rest
　　　fermé janv. et fév. – **R** 170/295 – 🖵 50 – **20 ch** 470/860, 11 appart. 970/1500 – ½ P 610/980.

CITROEN Giraudon 🕿 54 32 15 33　　　　　　　　　　PEUGEOT-TALBOT Ferrand 🕿 54 32 00 61

MONTRICOUX 82800 T.-et-G. ⁊⑨ ⑱⑲ G. **Périgord Quercy** – 754 h. alt. 105.

Voir Bruniquel : site★, vieux bourg★, château ≼★ SE : 5 km.

Paris 642 – Cahors 50 – Gaillac 39 – Montauban 24 – Villefranche-de-Rouergue 57.

　⛩ **Relais du Postillon**, S : 0,5 km par D 964 🕿 63 67 23 58, 🌣, 🛋 – 🅿 𝗩𝗜𝗦𝗔 ⅏
　◆　　*fermé 10 au 20 nov., vend. soir et sam. midi d'oct. à mars* – **R** 60/170 ⅃, enf. 30 – 🖵 19 –
　　　11 ch 100/170.

MONTROC-LE-PLANET 74 H.-Savoie ⁊⓸ ⑨ – rattaché à Argentière.

MONT-ROLAND 39 Jura ⁊⓪ ③ – rattaché à Dôle.

MONTROND-LES-BAINS 42210 Loire ⁊⓷ ⑱ G. **Vallée du Rhône** – 3 194 h. alt. 356 – Stat. therm. (mai-
30 oct.) – Casino .

Paris 498 – ◆St-Étienne 27 – ◆Lyon 68 – Montbrison 14 – Roanne 50 – Thiers 80.

　🏯 ❀❀ **Host. La Poularde** (Étéocle), 🕿 77 54 40 06, Télex 307002, Fax 77 54 53 14, 🛋 –
　　　🔳 rest 🕿 🍴 – 🛖 40. 🅰🅴 ⓞ **E** 𝗩𝗜𝗦𝗔
　　　fermé 2 au 14 janv., lundi soir et mardi midi sauf fériés – **R** (dim. prévenir) 170/480 et carte,
　　　enf. 80 – 🖵 13 – **11 ch** 280/450, 3 duplex 750
　　　Spéc. Saumon mariné tiédi aux graines de sésame, Fricassée de poulette truffée, Gibier (saison). Vins
　　　Condrieu, Saint-Joseph.

　🏠 **Motel du Forez** sans rest, rte Roanne 🕿 77 54 42 28 – 📺 🕿 🖐 🅿. 🅰🅴 ⓞ **E** 𝗩𝗜𝗦𝗔
　　　🖵 25 – **18 ch** 200/250.

　XXX **Vieux Logis**, 4 rte Lyon 🕿 77 54 42 71, 🌣 – 𝗩𝗜𝗦𝗔
　　　fermé vacances de nov., vacances de fév., dim. soir et lundi – **R** 100/350.

CITROEN Protière 🕿 77 54 44 28　　　　　　　　　　RENAULT Décultieux 🕿 77 54 41 32

Before setting out on your journey through France
Consult the **Michelin Map no** ⑨⑪⑪ *FRANCE* – *Route Planning.*
On this map you will find
　– *distances*
　– *journey times*
　– *alternative routes to avoid traffic congestion*
　– *24-hour petrol stations*
Plan for a cheaper and trouble-free journey.

MONTROUGE 92 Hauts-de-Seine 60 ⑩, 101 ㉕ – voir à Paris, Environs.

Le MONT-SAINT-MICHEL 50116 Manche 59 ⑦ G. Normandie Cotentin, G. Bretagne – 80 h. alt. 154.

Voir Abbaye★★★ – Remparts★★ – Grande-Rue★ – Jardins de l'abbaye★ – Musée historique : coqs de montres★ – le Mont est entouré d'eau aux pleines mers des grandes marées.

Office de Tourisme Corps de Garde des Bourgeois (fév.-nov.) ✆ 33 60 14 30.

Paris 325 – St-Malo 52 – Alençon 134 – Avranches 22 – Dinan 54 – Fougères 47 – ♦Rennes 66.

Mère Poulard, ✆ 33 60 14 01, Télex 170197, Fax 33 48 52 31 – TV ☎. AE ⓓ E VISA
R 350, enf. 90 – ☐ 55 – **26 ch** 710/850 – ½ P 725.

H. Terrasses Poulard M ⛰ sans rest, ✆ 33 60 14 09, Télex 170197, Fax 33 60 37 31, ≤ – TV ☎. AE ⓓ E VISA
☐ 45 – **29 ch** 400/750.

Saint Pierre, ✆ 33 60 14 03, Télex 772094, Fax 33 48 59 82, 🏡 – ☎. E VISA
15 mars-15 nov. – **R** 80/175, enf. 45 – ☐ 38 – **21 ch** 380/490 – ½ P 330/350.

Mouton Blanc avec ch, ✆ 33 60 14 08, 🏡 – ☎. E VISA
fermé mi-nov. à mi-fév. et merc. sauf de juin à sept. – **R** 85/250 – ☐ 35 – **20 ch** 120/350.

à la Digue S : 2 km sur D 976 :

Relais du Roy, ✆ 33 60 14 25, Télex 170561, Fax 33 60 37 69 – TV ☎ ♿ P. AE E VISA. ✂ ch
23 mars-15 nov. – **R** 72/240, enf. 42 – ☐ 30 – **27 ch** 350 – ½ P 280/313.

Digue, ✆ 33 60 14 02, Télex 170157, Fax 33 60 37 59, ≤ – ▤ rest ☎ P. AE ⓓ E VISA. ✂ ch
28 mars-15 nov. – **R** 75/200, enf. 40 – ☐ 35 – **35 ch** 260/350 – ½ P 265/320.

St-Aubert, ✆ 33 60 08 74, Télex 170404, Fax 33 60 37 31, 🏡, ⛱ – TV ☎ P. AE ⓓ E VISA
R 75/145, enf. 39 – ☐ 30 – **27 ch** 300.

à Beauvoir S : 4 km par D 976 – ✉ **50170** Pontorson :

Beauvoir, ✆ 33 60 09 39, Fax 33 48 59 65, 🏡 – ☎ P. E VISA
15 mars-15 nov. – **R** 75/195, enf. 45 – ☐ 30 – **18 ch** 220/260.

au Sud : 5,5 km sur D 976 – ✉ **50172** Moidrey :

Au Vent des Grèves, ✆ 33 60 01 63, 🏡 – P. E VISA
fermé 7 janv. au 12 fév., mardi soir et merc. sauf juil.-août – **R** 90/180.

Gar. Coquelin, à Beauvoir ✆ 33 60 19 61

MONTSALVY 15120 Cantal 76 ⑫ G. Auvergne – 1 035 h. alt. 800.

Voir Puy-de-l'Arbre ☀★ NE : 1,5 km.

Office de Tourisme ✆ 71 49 21 43.

Paris 597 – Rodez 61 – Aurillac 35 – Entraygues-sur-Truyère 14 – Figeac 57.

Nord, ✆ 71 49 20 03, Fax 71 49 29 00 – ☎ P. AE ⓓ E VISA
fermé 1er janv. au 31 mars – **R** 70/220, enf. 35 – ☐ 27 – **26 ch** 130/220 – ½ P 220/260.

Aub. Fleurie, ✆ 71 49 20 02, « Bel ensemble rustique », 🏡 – E VISA
fermé 15 janv. au 15 fév. – **R** 49/160 ♁, enf. 30 – **11 ch** ☐ 110/150 – ½ P 125/145.

PEUGEOT-TALBOT Cazal ✆ 71 49 26 65 N ✆ 71 47 80 56

RENAULT Lacombe ✆ 71 49 20 27 N

MONTSAUCHE-LES-SETTONS 58230 Nièvre 65 ⑯ G. Bourgogne – 746 h. alt. 650.

Voir Lac des Settons★ SE : 5 km.

Paris 257 – Autun 45 – Avallon 54 – Château-Chinon 24 – Clamecy 60 – Nevers 90 – Saulieu 25.

Idéal, ✆ 86 84 51 26, 🏡 – ☎ 🚗 P. E VISA. ✂ ch
vacances de printemps-4 nov. – **R** 70/150 – ☐ 25 – **15 ch** 170/275 – ½ P 180/215.

CITROEN Bouché-Pillon ✆ 86 84 52 26

MONT-SAXONNEX 74130 H.-Savoie 74 ⑦ G. Alpes du Nord – 677 h. alt. 997 – Sports d'hiver : 1 100/1 600 m ⛷4.

Voir Église ☀★★ 15 mn.

Paris 571 – Chamonix 51 – Thonon-les-Bains 70 – Annecy 57 – Bonneville 11 – Cluses 9,5 – Megève 38 – Morzine 39.

Jalouvre ⛰, ✆ 50 96 90 67, ≤, 🏡 – P. VISA. ✂ rest
fermé 15 sept. au 1er nov., 13 mai au 1er juin et merc. hors sais. – **R** 77/125 ♁, enf. 47 – ☐ 22 – **15 ch** 120/194 – ½ P 166/192.

Les MONTS-DE-VAUX 39 Jura 70 ④ – rattaché à Poligny.

49730 M.-et-L. 🔲 ⑫ ⑬ G. Châteaux de la Loire – 454 h. alt. 36.

Voir ❄❈★★ – Église★ de Candes-St-Martin SE : 1,5 km.

Paris 291 – Angers 64 – Châtellerault 64 – Chinon 18 – Poitiers 79 – Saumur 11 – ♦Tours 56.

🏠 **Bussy et Diane de Méridor,** ℰ 41 51 70 18, ≤, 🐎, – 🕭 🚗 **P**. **E** 𝗩𝗜𝗦𝗔
    fermé 15 déc. au 31 janv., mardi (sauf juil.-août) et lundi soir d'oct. à mai – **R** 72/200,
    enf. 45 – ⌂ 30 – **15 ch** 120/270 – ½ P 280.

✗✗ **Loire** avec ch, ℰ 41 51 70 06 – ☎ **P**. **E** 𝗩𝗜𝗦𝗔 ❄
◆   *fermé 15 janv. au 1er mars, jeudi (hors sais.) et vend. sauf hôtel en sais.* – **R** 70/140 ♨,
    enf. 60 – ⌂ 26 – **14 ch** 150/235.

39380 Jura 🔟 ④ – 1 015 h. alt. 221.

Paris 383 – Chalon-sur-Saône 74 – Arbois 16 – Beaune 71 – Dole 19 – Lons-le-Saunier 40 – Salins-les-Bains 26.

✗ **Aub. Jurassienne,** r. L. Guignard ℰ 84 81 50 17 – **P**. **E** 𝗩𝗜𝗦𝗔
◆   *fermé 15 juin au 1er juil. et merc.* – **R** 55/180.

CITROEN Gar. Tisserand ℰ 84 81 50 26   RENAULT Gar. Voitoux ℰ 84 71 73 29 🅽

68690 H.-Rhin 🔠 ⑧ ⑨ G. Alsace Lorraine – 1 897 h. alt. 395.

Paris 440 – ♦Mulhouse 28 – Colmar 50 – Gérardmer 49 – Thann 7 – Le Thillot 31.

✗✗ **Aux Trois Rois** avec ch, ℰ 89 82 34 66, 🐎 – 🕭 **P**. **E** 𝗩𝗜𝗦𝗔 ❄ ch
◆   *hôtel : fermé 1er oct. au 1er avril, mardi soir et merc.* – **R** *(fermé 20 déc. au 20 janv., mardi
    soir et merc.)* 55/220 carte dim. soir ♨ – ⌂ 25 – **8 ch** 100/180 – ½ P 140.

V.A.G Sovra, à Fellering ℰ 89 82 63 90 🅽

91 Essonne 🔟 ①, 🔟🔟🔟 ㊴ – voir à Paris, Environs.

39400 Jura 🔟 ⑮ – 1 715 h. alt. 823.

Paris 455 – Champagnole 31 – Lons-le-Saunier 55 – Morez 3 – Pontarlier 60 – Saint-Claude 25.

✗✗ **L'Escale Jurassienne,** N 5 ℰ 84 33 41 82, 🍽 – 🅰🅴 **E** 𝗩𝗜𝗦𝗔
    fermé 15 juil. au 3 août, dim. soir et lundi – **R** 80/250.

40110 Landes 🔟🔟 ⑤ – 5 814 h. alt. 74.

Paris 698 – Mont-de-Marsan 39 – Bayonne 89 – ♦Bordeaux 110 – Mimizan 36.

🏠 **Bellevue,** rte Sabres ℰ 58 07 85 07 – 📺 ☎ **P**. **E** 𝗩𝗜𝗦𝗔 ❄
    fermé 20 au 30 déc. – **R** *(fermé week-ends d'oct. à Pâques)* 78/105 ♨, enf. 48 – ⌂ 32 –
    22 ch 280/390 – ½ P 235/310.

RENAULT Gar. Samson, à Garrosse ℰ 58 07 81 09 🅽

38510 Isère 🔟 ⑭ G. Vallée du Rhône – 2 816 h. alt. 214.

Paris 498 – Bourg-en-Bresse 67 – Chambéry 51 – ♦Grenoble 68 – ♦Lyon 58 – La Tour-du-Pin 15.

🏠 **France** Ⓜ, Gde rue ℰ 74 80 04 77, Fax 74 33 07 47 – 📺 ☎ 🚗 – 🔏 30. 🅰🅴 **E** 𝗩𝗜𝗦𝗔
    R *(fermé dim. soir et lundi midi du 1er sept. au 30 juin)* 88/350 – ⌂ 30 – **11 ch** 230/380 –
    ½ P 240/290.

🏠 **Servothel** sans rest, ℰ 74 80 06 22, Fax 74 80 25 89, 🐎 – 📺 ☎ **P**. 🅰🅴 **E** 𝗩𝗜𝗦𝗔
    ⌂ 25 – **20 ch** 140/210.

✗✗ **La Grille,** ℰ 74 80 02 88 – 🅰🅴 **E** 𝗩𝗜𝗦𝗔
◆   *fermé 20 déc. au 10 janv., vend. soir et sam. midi* – **R** 66/175 ♨, enf. 60.

CITROEN Gar. Bernard ℰ 74 80 08 11   🅣 Norda-Pneu ℰ 74 80 24 82
RENAULT Lavalette ℰ 74 80 07 54

77250 S.-et-M. 🔠 ⑫, 🔟🔟🔟 ㊻ G. Ile de France (plan) – 3 555 h. alt. 70.

Voir Site★ – 🅱 Office de Tourisme pl. Samois ℰ (1) 60 70 41 66.

Paris 75 – Fontainebleau 10 – Melun 27 – Montereau-faut-Yonne 12 – Nemours 17 – Sens 43.

✗ **Aub. de la Palette,** av. J. Jaurès ℰ (1) 60 70 50 72 – **E** 𝗩𝗜𝗦𝗔
    fermé 2 au 16 avril, 16 au 31 août, 26 au 9 janv., mardi soir et merc. – **R** 89/235.

    à Veneux-les-Sablons O : 3,5 km – 4 051 h. – ✉ **77250** :

✗✗ **Bon Abri,** av. Fontainebleau ℰ (1) 60 70 55 40 – 🅰🅴 **E** 𝗩𝗜𝗦𝗔
    fermé fév., dim. soir et lundi – **R** 98/180, enf. 60.

39400 Jura 🔟 ⑮ G. Jura (plan) – 6 999 h. alt. 702.

Voir Site★ – La Roche au Dade ≤★ 30 mn – O : Gorges de la Bienne★.

🝗 les Mélèzes à Chapelle-de-Bois (25) ℰ 81 69 21 82 ; N : 15 km par N 5 puis D 18.

🅱 Office de Tourisme pl. J.-Jaurès ℰ 84 33 08 73.

Paris 459 – Bourg-en-B. 100 – Champagnole 34 – ♦Genève 55 – Lons-le-Saunier 58 – Pontarlier 70.

🏠 **Poste,** 165 r. République ℰ 84 33 11 03, Fax 84 33 09 23 – 🛗 ☎ 🅰🅴 ⓞ **E** 𝗩𝗜𝗦𝗔
    fermé déc. – **R** *(fermé dim. soir et lundi soir hors sais.)* 78/300 ♨ – ⌂ 26 – **45 ch** 130/270
    – ½ P 165/235.

CITROEN Lambert, 2 r. V.-Poupin ℰ 84 33 06 72
FIAT Benier-Rollet, 36 r. République ℰ 84 33 03 55
FORD Gar. Raguin, 144 r. République
ℰ 84 33 04 48
PEUGEOT-TALBOT Gar. de l'Hôtel de Ville, 1 pl.
J.-Jaurès ℰ 84 33 13 04

RENAULT Morez-Autom., 74 r. République
ℰ 84 33 14 70 🅽 ℰ 84 35 93 74

🖲 Jura-Pneu, 17 r. Lamartine ℰ 84 33 19 97

MORGAT 29 Finistère 🖫🖫 ⑭ G. Bretagne – ⊠ 29160 Crozon.

Voir Phare ≤⋆ – Grandes Grottes⋆.

🖪 Office de Tourisme bd de la Plage (juil.-aout) ℰ 98 27 07 92 et à Crozon ℰ 98 27 29 49.

Paris 591 – Quimper 58 – ♦Brest 60 – Châteaulin 37 – Douarnenez 49 – Morlaix 78.

🏨 **Ville d'Ys** ⑤⑤, ℰ 98 27 06 49, ≤ – 🛗 ☎ 🅿. 🗉 𝖵𝖨𝖲𝖠. ℅
Pâques-30 sept. – **R** (fermé midi sauf dim. et fêtes) 90/200, enf. 60 – ⌑ 30 – **42 ch** 230/345
– ½ P 195/255.

🏨 **Julia** ⑤⑤, ℰ 98 27 05 89, ☞ – 🅿. 𝖠𝖤 𝖤 𝖵𝖨𝖲𝖠. ℅ rest
fermé 15 nov. au 20 déc., 31 déc. au 15 fév. et vend. sauf vacances scolaires – **R** 65/250,
enf. 40 – ⌑ 25 – **22 ch** 130/275 – ½ P 190/250.

🍴🍴 **Le Roof,** ℰ 98 27 08 40, ☞ – 🗉 𝖵𝖨𝖲𝖠
fermé oct., dim. soir et lundi hors sais. – **R** 85/260, enf. 50.

MORIÈRES-LÈS-AVIGNON 84 Vaucluse 🖫🖫 ⑫ – rattaché à Avignon.

MORILLON 74 H.-Savoie 🖫🖫 ⑧ – rattaché à Samoëns.

MORLAAS 64160 Pyr.-Atl. 🖫🖫 ⑦ G. Pyrénées Aquitaine – 3 160 h. alt. 295.

Paris 764 – Pau 12 – Tarbes 38.

🏨 **Glisia,** ℰ 59 33 41 12, ☞ – 𝖳𝖵 ☎. 🗉 𝖵𝖨𝖲𝖠. ℅ ch
fermé 20 au 28 juil. – **R** (fermé sam. midi et dim.) 60/75 ♨, enf. 40 – ⌑ 23 – **20 ch** 90/200
– ½ P 125/160.

🍴🍴 **Le Bourgneuf,** ℰ 59 33 44 02 – 🅿. 𝖠𝖤 𝖤 𝖵𝖨𝖲𝖠
fermé 7 au 28 oct. , dim. soir et lundi – **R** 60/200 ♨.

CITROEN Gar. Saubade ℰ 59 33 40 09 🅽

RENAULT Gar. du Bourg-Neuf, à St-Jammes
ℰ 59 33 41 44

MORLAIX ⬗⬗ 29600 Finistère 🖫🖫 ⑥ G. Bretagne – 19 541 h. alt. 61.

Voir Viaduc⋆ ABY – Grand'Rue⋆ BZ – Maison "de la Reine Anne" : intérieur⋆ BZ **B** – Vierge⋆
dans l'église St-Mathieu BZ – Musée⋆ BZ **M**.

Env. Calvaire⋆⋆ de Plougonven SE : 12 km par D 9 Z.

🖪 Office de Tourisme pl. Otages ℰ 98 62 14 94.

Paris 538 ② – ♦Brest 59 ③ – Quimper 79 ③ – St-Brieuc 86 ②.

Plan page suivante

🏨 **Europe,** 1 r. Aiguillon ℰ 98 62 11 99, Télex 941676, Fax 98 88 83 38 – 🛗 𝖳𝖵 ☎ – 🔬 35. 𝖠𝖤
⓪ 𝖤 𝖵𝖨𝖲𝖠   BZ **a**
R 150/245, enf. 50 - **Le Lof** ℰ 98 88 81 15 **R** ♨ – ⌑ 31 – **67 ch** 215/320 – ½ P 230/290.

🏨 **Fontaine** sans rest, ZA la Boissière par ① et rte Lannion : 3 km ℰ 98 62 09 55 – ☎ ♿
🅿. 𝖤 𝖵𝖨𝖲𝖠
fermé 15 fév. au 15 mars – ⌑ 22 – **35 ch** 210/280.

🏨 **Les Bruyères** sans rest, par ② : 3 km sur D 712 ℰ 98 88 08 68, ☞ – 𝖳𝖵 ☎ 🅿. 𝖤 𝖵𝖨𝖲𝖠
fermé 15 déc. au 15 janv. – ⌑ 22 – **32 ch** 165/235.

🏨 **Minimote St-Martin** Ⓜ sans rest, par ③ Ctre Com. St-Martin par voie exp. N12 sortie
St-Martin-des-Ch. ℰ 98 88 35 30 – 𝖳𝖵 ☎. 𝖠𝖤 ⓪ 𝖤 𝖵𝖨𝖲𝖠
fermé 20 déc. au 5 janv. – ⌑ 30 – **22 ch** 235/295.

🍴 **Marée Bleue,** 3 rampe St Mélaine ℰ 98 63 24 21 – 𝖤 𝖵𝖨𝖲𝖠   BY **s**
fermé fin nov. à début déc., fév., dim. soir (sauf juil.-août) et lundi – **R** 70/220 ♨.

à St-Antoine-Plouézoch par ① et D 46 : 9 km – ⊠ 29252 Plouézoch :

🏨 **Menez** Ⓜ ⑤ sans rest, ℰ 98 67 28 85, ≤, « Jardin » – ⌑ 22 – **10 ch** 200/230.
1ᵉʳ mars-30 avril, 1ᵉʳ juin-15 sept. et fermé sam. et dim. hors sais. – ⌑ 22 – **10 ch** 200/230.

BMW Style Autom., rte de Paris, Croix Rouge
ℰ 98 63 30 30
CITROEN SOMODA, bd St-Martin à St-Martin-
des-Champs par r. de la Villeneuve AY
ℰ 98 62 09 68 🅽 ℰ 98 88 05 74
FORD Gar. Bourven, rte de Paris, La Roseraie
ℰ 98 88 18 02
HONDA-SEAT Gar. Morlaix, ZA la Boissière
ℰ 98 63 37 37
PEUGEOT-TALBOT Gar. de Bretagne, La Croix
Rouge, rte de Paris par ② ℰ 98 62 03 11

RENAULT Gar. Huitric, La Croix Rouge, rte de
Paris par ② ℰ 98 62 04 22
V.A.G Gar. Beyou, à St-Martin-des-Champs, rte
de Plouvorn ℰ 98 88 23 80
VOLVO Gar. Allain, ZI de Keriven à St-Martin-des-
Champs ℰ 98 88 06 16

🖲 Simon-Pneus, rte de St-Sève à St-Martin-des-
Champs ℰ 98 88 01 43

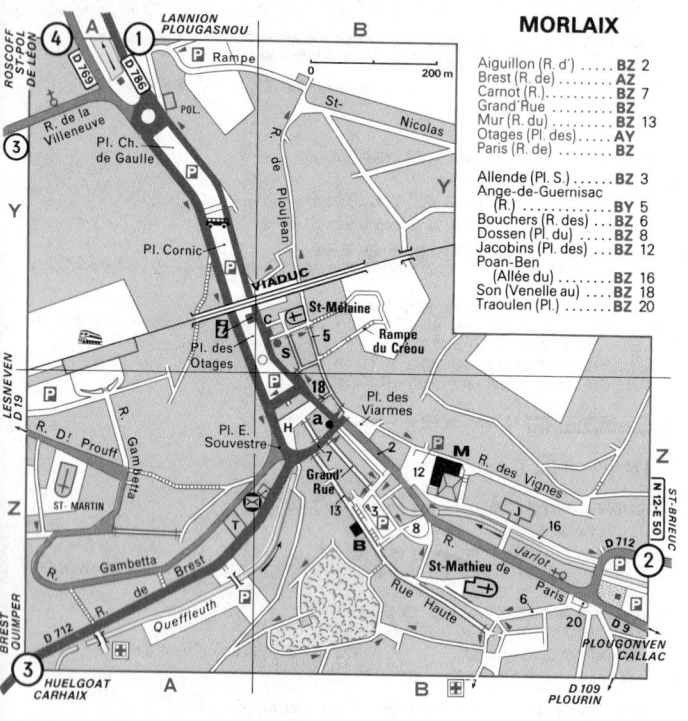

MORLAIX

Aiguillon (R. d') ..... **BZ** 2
Brest (R. de) .... **AZ**
Carnot (R.) .... **BZ** 7
Grand'Rue .... **BZ**
Mur (R. du) .... **BZ** 13
Otages (Pl. des) ..... **AY**
Paris (R. de) .... **BZ**

Allende (Pl. S.) ...... **BZ** 3
Ange-de-Guernisac
  (R.) .... **BY** 5
Bouchers (R. des) ... **BZ** 6
Dossen (Pl. du) ..... **BZ** 8
Jacobins (Pl. des) ... **BZ** 12
Poan-Ben
  (Allée du) .... **BZ** 16
Son (Venelle au) .... **BZ** 18
Traoulen (Pl.) .... **BZ** 20

Paris 505 – Royan 13 – Marennes 23 – Rochefort 36 – La Rochelle 68 – Saintes 37.

   XX **La Gratienne,** rte Breuillet 🖉 46 22 73 90, 🍴, « Jardin fleuri » – 🅿 *VISA*
       24 mars-30 sept. et fermé merc. et jeudi sauf juil.-août – **R** 110/170.

Paris 480 – ◆Lyon 23 – ◆St-Étienne 35 – Givors 10 – Rive-de-Gier 13 – Vienne 21.

   ⌂ **Poste,** 🖉 78 44 00 40 – 🕿 **E** *VISA*
      R *(fermé 9 au 23 sept., dim. soir et lundi)* 75/250 🍷 – � 25 – **16 ch** 120/250 – ½ P 220/300.

Paris 649 – Avignon 42 – Bollène 11 – Montélimar 47 – Nyons 47 – Orange 11 – Pont-St-Esprit 13.

   🏨 **Le Manoir,** 🖉 90 37 00 79, Télex 432462, 🍴 – 🍽 ch 🕿 🚗 🅿 **AE E** *VISA*
      fermé 15 nov. au 9 déc., 10 janv. au 15 fév., dim. soir et lundi du 15 sept. au 15 juin –
      R 80/160, enf. 50 – ⊇ 35 – **25 ch** 220/370 – ½ P 270.

Voir Boiseries★ de l'église N.-Dame.

🏌 de Bellême-St-Martin 🖉 33 73 15 35, S par D 938 : 17 km.
🛈 Office de Tourisme pl. Gén.-de-Gaulle 🖉 33 25 19 21.
Paris 155 – Alençon 38 – Chartres 79 – Lisieux 86 – ◆Le Mans 71 – Verneuil 39.

   XX **Host. Genty-Home** avec ch, 4 r. Notre Dame 🖉 33 25 11 53 – 📺 🕿 **E** *VISA*
  ➡ **R** 69/159, enf. 50 – ⊇ 35 – **4 ch** 270 – ½ P 244.
      Annexe Château des Carreaux 🏨 🏞, rte Alençon : 5,5 km par D 912 et N 12 🖉 33 25
      02 00, parc – 📺 🕿 🅿 – 🔆 25
      R *(voir Host. Genty-Home)* – ⊇ 38 – **5 ch** 275/395.

au Pin-la-Garenne S : 9 km par rte Bellême sur D 938 – ✉ **61400** Mortagne-au-Perche :

XX **La Croix d'Or**, ℰ 33 83 80 33 – **P**. **E** **VISA**
↔ *fermé janv., dim. soir et lundi sauf juil. août* – **R** 70/180 ♣, enf. 60.

CITROEN Seram, à St-Langis-lès-Mortagne
ℰ 33 25 06 66
FORD Gd Gar. du Panorama ℰ 33 25 37 45
PEUGEOT-TALBOT Gar. du Valdieu, à St-Langis-
lès-Mortagne ℰ 33 25 27 00 **N** ℰ 33 29 22 22

RENAULT Perche-Autom. ℰ 33 25 21 45
V.A.G Poirier, N 12, Gaillons à St-Hilaire-le-Châtel
ℰ 33 25 30 88

MORTAGNE-SUR-GIRONDE 17120 Char.-Mar. **171** ⑥ **G. Poitou Vendée Charentes** – 1 039 h.
alt. 51.

Voir Chapelle★ de l'Ermitage St-Martial S : 1,5 km.

Paris 508 – Royan 32 – Blaye 57 – Jonzac 31 – Pons 25 – La Rochelle 92 – Saintes 36 – Saujon 28.

🏠 **Aub. de la Garenne** ⤸, ℰ 46 90 63 69, ≼, 🍴, ♨, ☞ – ☏ **P**. **E** **VISA**
fermé 1er janv. au 28 fév. et merc. du 15 sept. au 15 avril – **R** 78/160 ♣ – ☲ 25 – **11 ch**
150/220 – ½ P 210/240.

MORTAGNE-SUR-SÈVRE 85290 Vendée **67** ⑤ **G. Poitou Vendée Charentes** – 5 359 h. alt. 175.

Paris 367 – Angers 70 – La Roche-sur-Yon 55 – Bressuire 40 – Cholet 10 – ◆Nantes 56.

🏠 **France, pl. Dr** Pichat ℰ 51 65 03 37, Télex 711403, Fax 51 65 27 83, 🔲, ☞ – 🕴 🖿 rest 📺
☎ – 🔬 25 à 80. **AE** ⓞ **E** **VISA**
fermé 28 juil. au 11 août, 21 déc. au 12 janv. et sam. sauf du 15 juin au 8 sept. – **R** 72/
150 ♣, enf. 46 **La Taverne R** 145/310, enf. 45 – ☲ 35 – **24 ch** 230/380 – ½ P 260/310.

PEUGEOT-TALBOT Fièvre ℰ 51 65 00 96   RENAULT Soulard ℰ 51 65 02 33

MORTAIN 50140 Manche **59** ⑨ **G. Normandie Cotentin** (plan) – 3 036 h. alt. 232.

Voir Site★ – Grande Cascade★ – Petite chapelle ≼★.

🛈 Syndicat d'Initiative r. Bourglopin (juil.-août) ℰ 33 59 19 74 et à la Mairie (hors saison) ℰ 33 59 00 51.
Paris 276 – Avranches 36 – Domfront 25 – Flers 35 – Mayenne 52 – Le Mont-St-Michel 50 – St-Lô 63 – Villedieu-
les-Poêles 34.

🏠 **Poste, pl.** Arcades ℰ 33 59 00 05 – 🕴 🕾 ⇦ **E** **VISA**
fermé 15 janv. au 5 fév., dim. soir et lundi midi hors sais. – **R** 88/218 ♣, enf. 40 – ☲ 28 –
29 ch 150/340 – ½ P 178/258.

🏠 **Cascades, r.** Bassin ℰ 33 59 00 03 – **E** **VISA**
↔ *fermé 20 déc. au 3 janv., dim. soir et lundi* – **R** 47/140 – ☲ 18 – **13 ch** 85/180.

CITROEN Dubois-Helleux ℰ 33 59 01 63 **N**   RENAULT Langlois, 27 r. Rocher ℰ 33 59 00 53
PEUGEOT-TALBOT Prieur, Le Neufbourg
ℰ 33 59 00 14 **N**

MORTEAU 25500 Doubs **70** ⑦ **G. Jura** (plan) – 6 699 h. alt. 772.

Voir Fermes★ de Grand'Combe-Châteleu SO : 4 km.

🛈 Syndicat d'Initiative pl. Gare (fév., 15 juin-15 sept.) ℰ 81 67 18 53 et à la Mairie (hors saison) ℰ 81 67
14 78.
Paris 480 – ◆Bâle 128 – Belfort 89 – ◆Besançon 67 – Montbéliard 71 – Neuchâtel 38 – Pontarlier 31.

🏠 **La Guimbarde,** 10 pl. Carnot ℰ 81 67 14 12, 🍴 – ☎ ⇦ **P**. **AE** **E** **VISA**
R *(fermé oct., dim. soir, du 1er nov. au 31 mars et lundi midi sauf fériés)* 80/250 ♣, enf. 45
– ☲ 28 – **19 ch** 140/320.

XX 🌸 **Aub. de la Roche** (Feuvrier), au pont de la Roche SO : 3 km par D 437 ✉ 25570 Gd
Combe Chateleu ℰ 81 68 80 05, Fax 81 68 87 64, ☞ – **P**. **AE** **E** **VISA**
fermé 23 au 30 juin, 8 au 15 sept., 8 au 24 fév., dim. soir et lundi – **R** 115/350, enf. 70
Spéc. Foies gras originaux, Mousseline de sandre, Rouelles de poularde de Bresse farcies. **Vins** Arbois.

FORD Gar. Franc-Comtois, La Tanche-les-Fins
ℰ 81 67 07 99
PEUGEOT-TALBOT Gar. Central, 40 r. Louhière
ℰ 81 67 08 12 **N**

⚙ Pneus Roland, av. Charles-de-Gaulle
ℰ 81 67 31 50

MORTEMART 87330 H.-Vienne **72** ⑥ **G. Berry Limousin** – 161 h. alt. 301.

Paris 393 – ◆Limoges 39 – Bellac 13 – Confolens 30 – St-Junien 20.

XX **Le Relais** avec ch, D 675 ℰ 55 68 12 09 – **E** **VISA**
fermé vacances de fév., mardi soir et merc. (sauf juil.-août) – **R** 78/210 – ☲ 26 – **6 ch**
120/180 – ½ P 190.

We suggest :

for a successful tour, that you prepare it in advance.

Michelin Maps and Guides, will give you much useful information on route planning,
places of interest, accommodation, prices etc.

Voir Le Pléney ❄⋆ S : par téléphérique A – **Env.** Col de Joux Plane ❄⋆⋆ S : 10 km B.

🛈 Office de Tourisme pl. Crusaz ℘ 50 79 03 45, Télex 385620.

Paris 594 ② – Thonon-les-Bains 33 ① – Annecy 93 ② – Chamonix 71 ② – Cluses 29 ② – ◆Genève 74 ②.

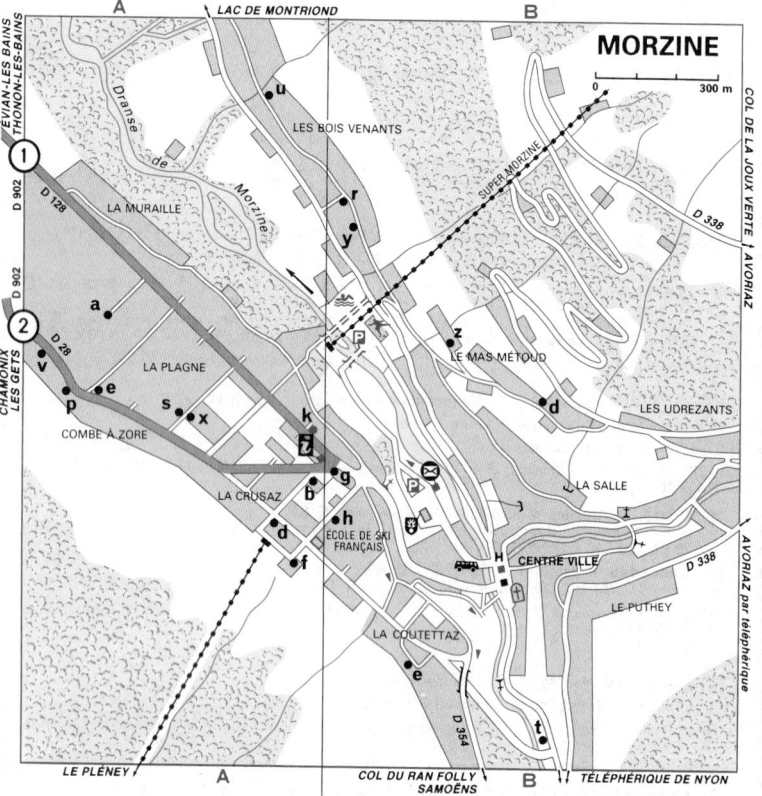

🏨🏨 **Les Airelles** Ⓜ, ℘ 50 79 15 24, Télex 385178, Fax 50 79 17 49, ≼, 🌳, 🏋, ⬚, 🌿 – 🛗
cuisinette 📺 ☎ 🚗 🅿 – 🔏 30 à 50. ⓞ Ⓔ 𝘝𝘐𝘚𝘈 ❄ rest   A **b**
1ᵉʳ juin-20 sept. et 1ᵉʳ déc.-20 avril - - **Les Jardins d'Ulysse R** 110/220, 🍷, enf. 65 – ⊡ 45 –
47 ch 380/580, 9 studios – ½ P 430/550.

🏨🏨 **Le Dahu** 🌿, ℘ 50 79 11 12, Fax 50 75 92 50, ≼, 🏋, ⬚, ⬚, 🌿 – 🛗 ☎ 🅿 Ⓔ 𝘝𝘐𝘚𝘈
❄ rest   B **z**
15 juin-15 sept. et 15 déc.-15 avril – **R** 145/285 – ⊡ 55 – **44 ch** 440/700 – ½ P 440/575.

🏨 **La Bergerie** Ⓜ sans rest, ℘ 50 79 13 69, Télex 309066, ≼, « Intérieur savoyard », 🏋, ⬚,
🌿 – 🛗 cuisinette 📺 ☎ 🚗 Ⓔ 𝘝𝘐𝘚𝘈 – *fin juin-début sept. et 17 déc.-vacances de
printemps* – ⊡ 40 – **5 ch** 220/320, 22 studios 350/650   B **h**

🏨 **Champs Fleuris**, ℘ 50 79 14 44, Fax 50 79 27 75, ≼, 🏋, ⬚, 🌿, ❀ – 🛗 📺 ☎ 🚗 🅿
𝘝𝘐𝘚𝘈 ❄ rest   A **f**
25 juin-5 sept. et 20 déc.-15 avril – **R** 150/195 – ⊡ 45 – **45 ch** 460/650 – ½ P 370/550.

🏨 **Le Samoyède**, ℘ 50 79 00 79, ≼, 🌳, 🌿 – 🛗 ☎ 🅿 Ⓐ Ⓞ 𝘝𝘐𝘚𝘈 ❄ rest   B **g**
fin juin-fin sept. et vacances de Noël-20 avril – **R** 90/194, enf. 58 – ⊡ 34 – **27 ch** 196/325.

🏨 **La Chicane** 🌿 sans rest, ℘ 50 79 05 99, ≼, 🌿 – cuisinette ☎ 🅿 Ⓔ 𝘝𝘐𝘚𝘈
1ᵉʳ juin-30 sept. et 1ᵉʳ déc.-30 avril – ⊡ 30 – **14 ch** 205/370.   A **a**

🏨 **Carlina**, ℘ 50 79 01 03, Fax 50 75 94 11, 🌳 – 📺 ☎. Ⓐ Ⓞ Ⓔ 𝘝𝘐𝘚𝘈 ❄ rest   A **d**
fin juin-fin sept., vacances de nov. et 20 déc.-Pâques – **R** 130/160 🍷, enf. 65 – ⊡ 37 –
20 ch 320/425 – ½ P 320/415.

🏨 **Clef des Champs** 🌿, ℘ 50 79 10 13, 🌿 – ☎ 🅿 Ⓔ 𝘝𝘐𝘚𝘈 ❄ rest   B **e**
20 juin-10 sept. et 15 déc.-fin avril – **R** 118, enf. 45 – ⊡ 28 – **27 ch** 290/310 – ½ P 260/285.

🏠 **La Renardière,** 𝒫 50 79 03 50, ≤, ☖, ⌘ – 📺 ☎ ⟵ 🅿 E VISA   A v
20 juin-20 sept. et 20 déc.-20 avril – **R** *(en hiver dîner seul.) 95/190, enf. 70 –* ⚏ 28 – **17 ch**
190/290 – ½ P 220/280.

🏠 **Le Concorde,** 𝒫 50 79 13 05, ≤, ⌘ – 🛗 ☎ 🅿 E VISA. ⅍ rest   A e
juil.-août et vacances de Noël-vacances de printemps – **R** 80/130 – ⚏ 30 – **27 ch** 250/310
– ½ P 230/290.

🏠 **Ours Blanc** ⟰, 𝒫 50 79 04 02, ≤, ☖, ⌘ – ☎ 🅿 E VISA. ⅍ rest   A u
20 juin-10 sept. et Noël-Pâques – **R** 100/120 – ⚏ 30 – **23 ch** 250 – ½ P 220/260.

🏠 **Bel'Alpe,** 𝒫 50 79 05 50, ≤, ☖, ⌘ – ☎ 🅿 E VISA. ⅍ rest   A x
25 juin-10 sept. et 23 déc.-10 avril – **R** 100/115 – ⚏ 28 – **22 ch** 200/260 – ½ P 245/270.

🏠 **Alpina** ⟰, 𝒫 50 79 05 24, Fax 50 75 94 23, ≤, Ⅼ₅, ⌘ – 🛗 📺 ☎ ⟵ 🅿 ⓞ VISA.
⅍ rest   B y
29 juin-10 sept. et 20 déc.-5 mai – **R** 90/150, enf. 70 – ⚏ 35 – **17 ch** 130/300 – ½ P 240/300.

🏠 **Les Côtes** ⟰, 𝒫 50 79 09 96, ≤, Ⅼ₅, ☖, ⌘ – cuisinette 📺 ☎ 🅿 E VISA   B d
29 juin-7 sept. et 21 déc.-12 avril – **R** 85/95 – ⚏ 30 – **14 ch** 220/290, 11 studios 240/510 –
½ P 220/280.

🏠 **Combe Humbert** sans rest, 𝒫 50 79 06 70, ≤ – 🛗 📺 ☎ ⟵ 🅿 🖭 ⓞ E VISA   A p
⚏ 25 – **10 ch** 210/250.

🏠 **Beau Regard** ⟰, 𝒫 50 79 11 05, ≤, ⌘ – 🛗 ☎ 🅿 E VISA. ⅍ rest   B r
fin juin-début sept. et Noël-début avril – **R** 120 – ⚏ 30 – **35 ch** 220/340 – ½ P 290/310.

🏠 **Soly et rest. Le Varnay,** 𝒫 50 79 09 45, Fax 50 79 22 20, ≤, ⌘ – ☎ 🅿 ⓞ E VISA
15 juin-15 sept. et 20 déc.-15 avril – **R** 85/130 – ⚏ 32 – **19 ch** 200/255 – ½ P 265/305. B t

🏠 **La Musardière** ⟰ sans rest, 𝒫 50 79 13 48, ≤, ⌘ – ☎ ⟵. ⅍   A s
1ᵉʳ juil.-8 sept. et 20 déc.-30 avril – ⚏ 20 – **10 ch** 155/175.

XX **La Chamade,** 𝒫 50 79 13 91 – 🖭 ⓞ E VISA   A k
fermé 20 mai au 20 juin, 15 sept. au 15 oct. et mardi – **R** 230/360.

à Avoriaz 1800 NE : 14 km par D 338 ou 4,5 km puis téléphérique – ⊠ 74110 Morzine :

🏨 **Les Dromonts** Ⓜ ⟰, 𝒫 50 74 08 11, Fax 50 74 08 87, ≤ – 🛗 📺 ☎. 🖭 ⓞ E VISA
15 déc.-fin avril – **R** 170/220 – **La Taverne** 𝒫 50 74 08 33 **R** (dîner seul.) 150 – **40 ch**
⚏ 765/1190 – ½ P 715/785.

MOSNAC 17 Char.-Mar. 🔟🔟🔟 ⑥ – rattaché à Pons.

MOTTARET 73 Savoie 🔟🔟 ⑧ – rattaché à Méribel-les-Allues.

La MOTTE 83920 Var 🔟🔟 ⑦ – 1 958 h. alt. 72.
Paris 862 – Fréjus 20 – Brignoles 53 – Cannes 59 – Draguignan 10 – St-Raphaël 27 – Ste-Maxime 27.

XX **Les Pignatelles,** E : 1 km par D 47 𝒫 94 70 25 70, ⍨, ⌘ – 🅿 🖭 ⓞ E VISA
fermé 14 janv. au 8 fév., dim. soir hors sais. et merc. – **R** 95/240, enf. 80.

X **Aub. Fleurie,** 𝒫 94 70 27 68, ⍨, « Jardin ombragé au bord de l'eau » – E VISA
fermé 15 nov. au 15 janv. et mardi – **R** 95/150, enf. 55.

La MOTTE-AU-BOIS 59 Nord 🔟🔟 ⑭ – rattaché à Hazebrouck.

La MOTTE D'AIGUES 84240 Vaucluse 🔟🔟 ③ – 591 h. alt. 385.
Paris 754 – Digne-les-Bains 85 – Aix-en-Provence 31 – Avignon 76 – Manosque 27.

X **Aub. La Cigale** avec ch, 𝒫 90 77 63 06, ⍨ – 🅿 E VISA
fermé 15 janv. au 15 fév. et dim. soir – **R** 99/145 ⅋ – ⚏ 20 – **8 ch** 120/240 – ½ P 170/210.

La MOTTE-SERVOLEX 73 Savoie 🔟🔟 ⑮ – rattaché à Chambéry.

Le MOTTIER 38260 Isère 🔟🔟 ⑬ – 414 h. alt. 450.
Paris 524 – Bourgoin-Jallieu 21 – ♦Grenoble 47 – St-Étienne de St-Geoirs 12 – Vienne 43.

XX **Les Donnières,** 𝒫 74 54 42 06 – 🖭
fermé 14 juil. au 15 août, janv., dim. soir, merc. et jeudi – **R** (nombre de couverts limité,
prévenir) carte 80 à 120.

MOUANS-SARTOUX 06370 Alpes-Mar. 🔟🔟 ⑧, 🔟🔟🔟 ㉔ – 5 166 h. alt. 125.
Paris 908 – Cannes 10 – Antibes 15 – Grasse 7 – Mougins 4,5 – ♦Nice 35.

au SO par D 409 :

🏠 **Confortel** Ⓜ, parc de l'Argile, 3 km 𝒫 92 92 21 92, Télex 470851, ⍨, ☖ – 📺 ☎ ⅋ 🅿
– ⌔ 50. 🖭 ⓞ E VISA – **R** 75/90 ⅋, enf. 35 – ⚏ 27 – **40 ch** 280/310 – ½ P 260.

XX **Palais des Coqs,** parc de l'Argile, 3 km 𝒫 93 75 61 57, ⍨, ⌘ – 🖭 E VISA
*fermé 17 au 28 juin, 2 au 20 déc., merc. soir et jeudi de sept. à juin, sam. midi et jeudi en
juil.-août –* **R** (prévenir) 170/295.

X **Relais de la Pinède,** à 1,5 km 𝒫 93 75 28 29, ⍨ – 🅿
fermé merc. – **R** (prévenir) 90/220.

MOUCHARD 39330 Jura 🟨🔟 ④⑤ – 1 427 h. alt. 277.

Paris 400 – Arbois 9 – ♦Besançon 41 – Dole 36 – Lons-le-Saunier 47 – Salins-les-Bains 9.

XX **Chalet Bel'Air** avec ch, *£* 84 37 80 34, ≤, *rest* – 📺 ☎ 🅿️. 🆎 ⓪ 🔄 VISA
R *(fermé 12 au 19 juin, 20 nov. au 11 déc. et merc. sauf vacances scolaires)* 110/350 -
Rôtisserie R carte environ 115 ⅃ – ⊐ 35 – **7 ch** 200/280 – ½ P 210.

RENAULT Gar. Conry *£* 84 37 82 43 🅽

MOUDEYRES 43150 H.-Loire 🟨⑥ ⑱ – 132 h. alt. 1 177.

Paris 594 – Aubenas 63 – Langogne 56 – Le Puy 25 – St-Agrève 41 – Yssingeaux 35.

🏠 ❀ **Aub. Pré Bossu** (Grootaert) 🤟, *£* 71 05 10 70, Fax 71 05 10 21, *rest* – ❀ rest 🅿️. 🆎
❀ rest
Pâques-11 nov. – **R** *(fermé le midi sauf week-ends et juil. août)* *(prévenir)* 155/380, enf. 70
– **10 ch** ⊐ 335/460 – ½ P 365/460
Spéc. Pot-au-feu de foie gras au ris de veau et crêtes de coq, Truite sauvage aux petits légumes (mai à
oct.), Cotelettes de ramier (sept. à nov.). Vins Côtes d'Auvergne.

MOUGINS 06250 Alpes-Mar. 🟨④ ⑨, 🟨⑨⑤ ㉘㉟ G. Côte d'Azur – 11 920 h. alt. 260.

Voir Site★ – Ermitage N.-D. de Vie : site★, ≤★ SE : 3,5 km.

🟦 Country-Club de Cannes-Mougins *£* 93 75 79 13, E : 2 km.

🟦 Syndicat d'Initiative av. J.-Ch.-Mallet *£* 93 75 87 67.

Paris 905 – Cannes 7 – Antibes 12 – Grasse 11 – ♦Nice 32 – Vallauris 8.

🏠 **Mas Candille** 🤟, bd Rebuffel *£* 93 90 00 85, Télex 462131, Fax 92 92 85 56, ≤, 🔥, ⅃,
rest – ☰ ch ☎ 🅿️. 🆎 ⓪ 🔄 VISA
R 140/270 – ⊐ 70 – **21 ch** 850/1050.

🏠 **Arc H.** Ⓜ 🤟, 1082 rte Valbonne *£* 93 75 77 33, Télex 462190, Fax 92 92 20 57, 🔥, ⅃,
rest, ❀ – 📺 ☎ 🅿️ – 🔥 50. 🆎 ⓪ 🔄 VISA. ❀ rest
R 140/180, enf. 70 – ⊐ 42 – **44 ch** 430/485.

🏠 **Manoir de l'Étang** 🤟, aux Bois de Font-Merle E : 2 km par D 35 et VO *£* 93 90 01 07,
Fax 92 92 20 70, ≤, 🔥, parc, « Isolé dans la campagne », ⅃ – 📺 ☎ 🅿️ – 🔥 25. 🔄 VISA
❀ ch
fermé nov. et fév. – **R** *(fermé dim. soir et mardi de déc. à avril)* 145/250, enf. 80 – ⊐ 45 –
15 ch 450/850.

XXXX ❀❀❀ **Moulin de Mougins** (Vergé) avec ch, à Notre-Dame-de-Vie SE : 2,5 km par D 3
£ 93 75 78 24, Télex 970732, Fax 93 90 18 55, 🔥, « Ancien moulin à huile du 16e siècle »,
rest – ☰ 📺 ☎ 🅿️. 🆎 ⓪ 🔄 VISA
fermé 3 fév. au 6 avril – **R** *(fermé lundi sauf le soir du 15 juil. au 31 août et jeudi midi)* 650
et carte – ⊐ 75 – **5 ch** 900/1300
Spéc. Poupeton de fleurs de courgettes aux truffes, Fricassée de homard en crème de Sauternes, Suprême
de canard et son ballotin de cuisse aux olives. Vins Cassis, Côtes de Provence.

XXX **Les Muscadins** Ⓜ avec ch, au village *£* 93 90 00 43, Fax 92 92 88 23, ≤, 🔥 – ☰ ch 📺
☎ 🅿️ 🆎 ⓪ 🔄 VISA
fermé 1er au 27 mars, 3 au 18 déc. et 1er fév. au 15 mars – **R** *(fermé merc. midi et mardi
sauf juil.-août)* *(dîner seul. en juil.-août)* 200/320, enf. 130 – ⊐ 65 – **8 ch** 850/1275.

XXX ❀ **Ferme de Mougins**, à St-Basile *£* 93 90 03 74, Télex 970643, Fax 92 92 21 48, ≤, 🔥,
« Jardin fleuri » – 🅿️. ⓪ 🔄 VISA
fermé 25 nov. au 14 déc., fév., dim. soir et lundi sauf fêtes du 15 oct. au 15 avril –
R 250/380, enf. 180
Spéc. Fleurs de courgettes aux truffes, Loup au sésame, Filet de boeuf aux huîtres. Vins Bandol, Coteaux
Varois.

XXX ❀ **L'Amandier de Mougins**, au village *£* 93 90 00 91, ≤, 🔥 – 🆎 ⓪ 🔄 VISA
fermé 2 au 8 janv., sam. midi et merc. – **R** 220 (déj.)/330
Spéc. Salade de canette aux fines épices, Blanc de loup au fenouil et homard, Carré d'agneau rôti à la
menthe et au romarin. Vins Côtes de Provence.

XXX **Relais à Mougins** (Surmain), au village *£* 93 90 03 47, Télex 462559, Fax 93 75 72 83,
🔥 – 🔄 VISA
fermé 10 nov. au 10 déc., 17 au 26 fév., mardi midi et lundi – **R** *(nombre de couverts limité
- prévenir)* 170/425
Spéc. Marbré de foie gras de canard, Daube de Saint-Pierre provençale, Pigeonneau en croûte de pommes
de terre. Vins Côtes de Provence.

XX **Feu Follet**, pl. Mairie *£* 93 90 15 78, 🔥 – 🔄 VISA
fermé 4 au 25 nov., 3 fév. au 11 mars, dim. soir et lundi – **R** 180 bc/250 bc.

XX **La Terrasse**, au village *£* 93 90 14 70, ≤, 🔥 – 🔄 VISA
fermé 14 au 22 déc., 2 janv. au 1er fév., dim. soir et lundi sauf juil. et août – **R** 130 bc/180,
enf. 95.

XX **Bistrot de Mougins**, au village *£* 93 75 78 34 – ☰. 🔄 VISA
fermé 3 déc. au 18 janv., mardi et merc. sauf le soir en juil.-août – **R** *(prévenir)* 150/160.

X **Au Rendez-vous de Mougins**, au village *£* 93 75 87 47, 🔥 – 🆎 ⓪ 🔄 VISA
fermé 15 nov. au 15 déc. et jeudi midi d'oct. à Pâques sauf fériés et vacances scolaires –
R 98/160.

PEUGEOT-TALBOT Ortelli, 235 rte du Cannet (bretelle autoroute) *£* 93 69 60 60

MOULINS 🅿 03000 Allier 🔢 ⑭ G. Auvergne – 25 548 h. alt. 221.

Voir Cathédrale★ : triptyque★★★, vitraux★★ DY – Jacquemart★ DY – Mausolée du duc de Montmorency★ (chapelle du lycée) CDY **B** – Musée d'Art et d'Archéologie★ : oeuvres médiévales★★, collection de faïences★ DY **M²**.

🏌 des Avenelles ℘ 70 20 00 95, par ④ N 7 : 7 km.

🏛 Office de Tourisme pl. Hôtel de Ville ℘ 70 44 14 14 – A.C. Parc de Villars ℘ 70 20 19 15.

Paris 292 ① – Bourges 99 ① – Chalon-sur-Saône 134 ③ – Châteauroux 152 ① – ♦Clermont-Ferrand 106 ⑤ – Mâcon 134 ③ – Montluçon 78 ⑥ – Nevers 54 ① – Roanne 98 ④ – Vichy 57 ④.

Plans page suivante

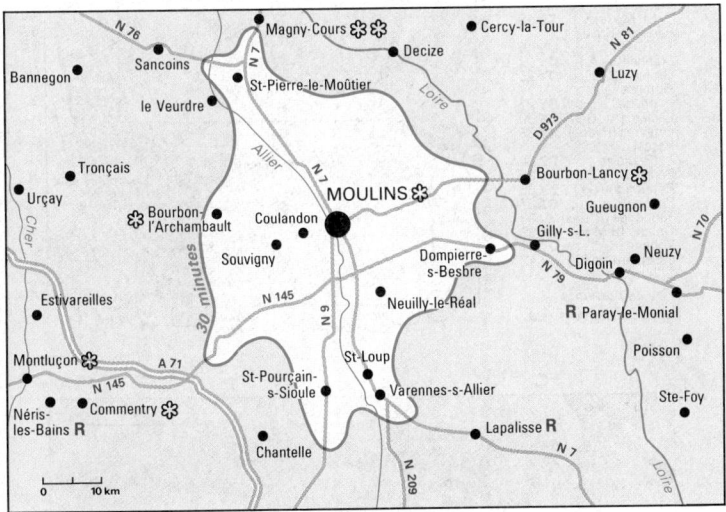

🏨 ❀ **Paris,** 21 r. Paris ℘ 70 44 00 58, Télex 394853, Fax 70 34 05 39 – 🛗 🍽 rest 📺 ☎ 🚗
🅿 – �️ 30. 🆎 ⓞ 🄴 🆅🅸🆂🅰   DY **p**
fermé janv. – **R** 100 (déj.)/340, enf. 100 – 🍽 45 – **27 ch** 225/480 – ½ P 500/1000
Spéc. Vitello tonnato de veau aux écrevisses (15 juin au 15 sept.), Beignets d'ananas à la Pinacolada. Vins
Saint-Pourçain, Châteaugay.

🏨 **Moderne,** 9 pl. J. Moulin ℘ 70 44 05 06, Télex 392968 – 🛗 📺 ☎ 🚗 – �️ 100. 🄴
🆅🅸🆂🅰   CY **m**
R *(fermé 4 nov. au 10 déc. et sam. midi du 1er nov. aux vacances de printemps)* 73/145 🍷,
enf. 60 – 🍽 25 – **42 ch** 240/300 – ½ P 250.

🏨 **Parc,** 31 av. Gén. Leclerc ℘ 70 44 12 25 – 🍽 rest ☎ 🅿 🄴 🆅🅸🆂🅰   BX **a**
fermé 15 au 23 juil., 1er au 15 oct. et 23 déc. au 8 janv. – **R** *(fermé sam.)* 80/190 🍷, enf. 50
– 🍽 30 – **27 ch** 180/280 – ½ P 210.

🍴🍴🍴 ❀ **Jacquemart** (de Roberty), 10 pl. H. de Ville ℘ 70 44 32 58, plafond du 14e siècle – 🆎
ⓞ 🄴 🆅🅸🆂🅰   DY **r**
fermé 4 au 18 mars, 29 juil. au 19 août, dim. soir et lundi – **R** 150/380
Spéc. Ris de veau au citron, Fricassée de pieds de porc aux truffes, Soufflé au chocolat. Vins Menetou-
Salon, Sancerre.

🍴🍴🍴 **des Cours,** 36 cours J. Jaurès ℘ 70 44 32 56 – 🆎 🄴 🆅🅸🆂🅰   DY **e**
fermé 1er au 15 juil., mardi soir et merc. – **R** 110/250.

🍴 **Pégase,** 37 r. Flèche ℘ 70 44 33 10 – 🄴 🆅🅸🆂🅰   DZ **x**
fermé 22 juil. au 5 août, 28 janv. au 4 fév., dim. soir et lundi (sauf fériés) – **R** 70/110.

rte de Paris par ① : 8 km – ⊠ **03460** Trevol :

🏨 **Ibis,** ℘ 70 42 61 43, Télex 392999, Fax 70 42 64 03, parc, 🌳 – 🛗 📺 ☎ 🕭 🅿 – �️ 150.
🄴 🆅🅸🆂🅰
R *(fermé dim. soir d'oct. à mars)* 120 🍷, enf. 39 – 🍽 29 – **42 ch** 245/268.

à Coulandon par ⑥ et VO : 7 km – ⊠ **03000** :

🏨 **Le Chalet** 🌲, ℘ 70 44 50 08, Fax 70 44 07 09, ≤, 🌳, « Parc » – 📺 ☎ 🅿. 🆎 ⓞ 🄴
1er fév.-31 oct. – **R** (dîner seul.) 75/130 – 🍽 32 – **25 ch** 240/370 – ½ P 270/300.

MOULINS

Allier (Pl. d') . . . CDZ
Allier (R. d') . . . . DYZ
Flèche (R. de la) . DZ 20
Horloge (R. de l'). DZ 26

Alsace-Lorraine (Av. d') . . . . BX 3
Ancien-Palais (R.) DY 4
Bourgogne (R. de) . . . . DY 6
Bréchimbault (R.) DZ 7
Cerf-Volant (R.) . . BV 8
Desboutins (R.) . . BX 16
Diderot (R.) . . . . . DY 17
Dombasle (R. M. de). . . . . CZ 18
Fausses-Braies (R. des) . . . . . . DY 19
France (Crs A.) . . DY 22
Grenier (R.) . . . . . DY 25
Hôtel de Ville (Pl. de l') . . . . . DY 27
Leclerc (Av. Gén.) BX 30
Orfèvres (R. des) DY 33
Pascal (R. Blaise-) CZ 34
Péron (R. F.). . . . . DY 35
République (Pl.) . BX 36
Roche (R. A.) . . . . CZ 37
Tanneries (R. des) BV 38
Tinland (R.M.) CY 39
Voltaire (R.) DY 41
4-Septembre (R.) DZ 42

Pas de publicité payée dans ce guide.

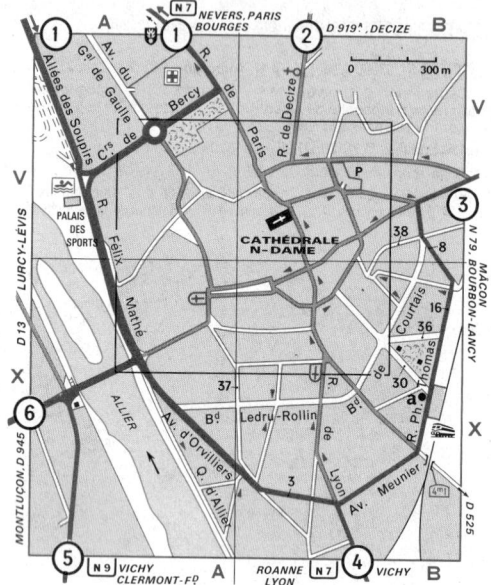

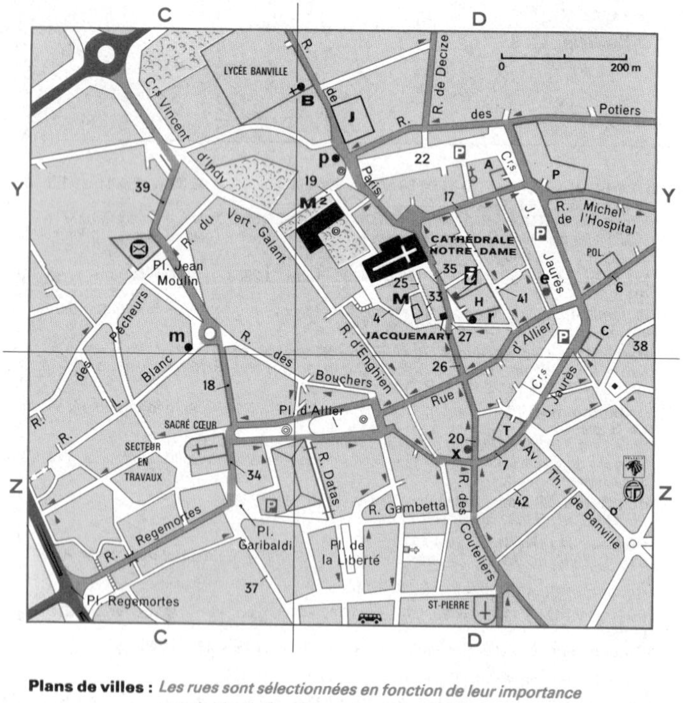

Plans de villes : *Les rues sont sélectionnées en fonction de leur importance pour la circulation et le repérage des établissements cités. Les rues secondaires ne sont qu'amorcées.*

CITROEN Dubois-Dallois, Le Pré Vert RN 7 par ①
  ☎ 70 44 34 98 **N**   ☎ 70 44 38 38
MERCEDES-BENZ Gar. St-Christophe, 119 r. de
Paris ☎ 70 44 13 60
PEUGEOT-TALBOT Cognet, 22 av. Th.-de-Banville
☎ 70 46 07 07
RENAULT Gd Gar. Paris-Lyon, N 7 à Avermes par
① ☎ 70 44 30 12 **N**
RENAULT Vernet, 63 rte de Bourgogne à Yzeure
par ③ ☎ 70 46 07 55 **N**

V.A.G Gar. Clain, 120 rte de Lyon à Yzeure
☎ 70 44 47 46

ⓧ Estager-Pneu, 36 rte de Moulins, Avermes
☎ 70 44 11 55
Moulins-Pneus, 103 rte de Lyon ☎ 70 46 31 42
N ☎ 70 43 92 55

MOULINS-ENGILBERT 58290 Nièvre **69** ⑥ **G.** Bourgogne – 1 732 h. alt. 210.
Paris 277 – Autun 53 – Château-Chinon 16 – Corbigny 38 – Moulins 70 – Nevers 58.

   Bon Laboureur, ☎ 86 84 20 55 – ☎. **E** _VISA_
   fermé 8 au 25 janv. – **R** 55/135 ♮ – ⍔ 24 – **21 ch** 88/190 – ½ P 125/175.

   Cadran, ☎ 86 84 33 44 – 🄰🄴 **E** _VISA_
   fermé merc. soir et lundi sauf juil.-août – **R** 78/180, enf. 35.

CITROEN Gar. Lavalette ☎ 86 84 21 68   RENAULT Gar. Pessin ☎ 86 84 25 13
PEUGEOT-TALBOT Perraudin ☎ 86 84 23 55

MOULINS-LA-MARCHE 61380 Orne **60** ④ – 818 h. alt. 255.
Paris 159 – L'Aigle 18 – Alençon 39 – Argentan 47 – Mortagne-au-Perche 17.

   Dauphin, ☎ 33 34 50 55 – **E** _VISA_
   fermé 2 au 25 sept., vacances de fév., dim. soir et lundi – **R** 58 (sauf sam.)/160 ♮, enf. 25.

PEUGEOT-TALBOT Gar. Bazin ☎ 33 34 55 33 **N**

Le MOULLEAU 33 Gironde **78** ②⑫ – rattaché à Arcachon.

MOURÈZE 34800 Hérault **83** ⑤ **G.** Gorges du Tarn – 76 h. alt. 200.
Voir Cirque★★.
Paris 811 – ♦Montpellier 49 – Bédarieux 23 – Clermont-l'Hérault 8.

   Hauts de Mourèze ⍠ sans rest, ☎ 67 96 04 84, ≤, parc, ⍔ – **P**. ⌘
   26 mars-15 oct. – ⍔ 25 – **16 ch** 250/300.

MOURIÈS 13890 B.-du-R. **84** ① – 2 298 h. alt. 18.
Paris 717 – Avignon 35 – Arles 24 – Cavaillon 25 – ♦Marseille 76 – St-Rémy-de-Pr. 16 – Salon-de-Provence 22.

   L'Espigaü, ☎ 90 47 55 09 – _VISA_
   fermé 16 au 23 août, 16 au 23 oct., merc. et jeudi – **R** 98/225, enf. 65.

MOUSTERLIN (Pointe de) 29 Finistère **58** ⑮ – rattaché à Fouesnant.

MOUSTIERS-STE-MARIE 04360 Alpes-de-H.-P. **81** ⑰ **G.** Alpes du Sud (plan) – 575 h. alt. 631.
Voir Site★★ – Eglise★ – Musée de la Faïence★.
🇮 Syndicat d'Initiative (fermé matin hors saison) ☎ 92 74 67 84.
Paris 820 – Digne 48 – Aix-en-Provence 86 – Castellane 45 – Draguignan 62 – Manosque 50.

   Bonne Auberge, ☎ 92 74 66 18, Fax 92 74 65 11, ♨, – **TV** ☎ ⍔, 🄰🄴 **E** _VISA_
   15 fév.-15 nov. – **R** _(fermé dim. soir et lundi du 15 fév. au 30 juin)_ 90/149, enf. 45 – ⍔ 30
   – **16 ch** 210/260 – ½ P 260.

   Le Colombier ⍠ sans rest, quartier St-Michel ✉ 04360 ☎ 92 74 66 02, ≤, 🛋 – **TV** ☎
   ♿ **P**. **E** _VISA_. ⌘
   ⍔ 27 – **22 ch** 220/330.

   ✿ **Les Santons** (Abert), pl. Église ☎ 92 74 66 48, ♨, – **①** **E** _VISA_
   fermé 1er déc. au 1er fév., lundi soir du 15 sept. au 15 juil. et mardi – **R** (nombre de
   couverts limité, prévenir) 195/280
   Spéc. Aïoli froid de sole, Panaché de la mer sauce pistou, Poulet fermier au miel de lavande. **Vins** Côtes de
   Provence, Palette.

RENAULT Gar. Honorat ☎ 92 74 66 30 **N**   Gar. Achard ☎ 92 74 66 24

MOUTHIER-HAUTE-PIERRE 25920 Doubs **70** ⑥ **G.** Jura – 360 h. alt. 430.
Voir Belvédère de Mouthier ≤★★ SE : 2,5 km – Gorges de Nouailles★ SE : 3,5 km – Roche de
Haute-Pierre ≤★ N : 5 km puis 30 mn.
Paris 452 – Baume-les-Dames 55 – ♦Besançon 39 – Levier 27 – Pontarlier 20 – Salins-les-Bains 43.

   La Cascade **M** ⍠, ☎ 81 60 95 30, ≤ vallée – **TV** ☎ ♿ **P** **E** _VISA_. ⌘
   fermé 20 nov. au 12 fév. – **R** 96/265 – ⍔ 30 – **23 ch** 210/270 – ½ P 220/255.

Ne prenez pas la route sans connaître votre temps de parcours.
La carte Michelin n° **911** c'est " la carte du temps gagné ".

MOUTIERS **73600** Savoie 74 ⑰ G. Alpes du Nord – 4 798 h. alt. 479.

Office de Tourisme pl. St-Pierre ✆ 79 24 04 23.

Paris 611 – Albertville 27 – Chambéry 74 – St-Jean-de-Maurienne 64.

Ibis, colline Champoulet ✆ 79 24 27 11, Télex 980611, ← – TV ☎ P. E VISA
R 77 🍷, enf. 35 – ☕ 29 – **61 ch** 260/290.

Welcome's et rest. Souvenir, r. Greyffié de Bellecombe ✆ 79 24 00 48, Fax 79 22 99 96 – TV ☎ ♿ – 🏛 30. E VISA
R *(fermé dim. soir du 15 mai au 15 juil.)* 90/180 🍷 – **22 ch** ☕ 260/310 – ½ P 270.

Aub. de Savoie M, square Liberté ✆ 79 24 20 15 – TV ☎. VISA
R *(fermé sam. hors sais. et lundi en sais.)* 70/150 🍷 – ☕ 25 – **20 ch** 220/280 – ½ P 290.

PEUGEOT-TALBOT Peugeot Bernard ✆ 79 24 10 66
RENAULT Moutiers Automobiles, av. des Thermes à Salins-les-Thermes ✆ 79 24 29 55
ROVER Éts Martin ✆ 79 24 02 80
La Maison du Pneu ✆ 79 24 21 95

Les MOUTIERS-EN-RETZ **44580** Loire-Atl. 67 ② G. Poitou Vendée Charentes – 702 h. alt. 6.

Paris 431 – ♦Nantes 47 – Challans 38 – St.-Nazaire 40.

XX **Bonne Auberge,** av. Mer ✆ 40 82 72 03 – AE VISA. ✂
fermé déc., janv., dim. soir et lundi sauf juil.-août – **R** 100/260, enf. 65.

MOUX-EN-MORVAN **58230** Nièvre 65 ⑰ – 708 h. alt. 496.

Paris 265 – Autun 31 – Château-Chinon 30 – Clamecy 75 – Nevers 96 – Saulieu 15.

Beau Site, ✆ 86 76 11 75, ←, parc – 🚗 P. E VISA. ✂ rest
hôtel : ouvert 15 mars-20 déc. et fermé lundi soir et dim. du 15 nov. au 15 mars – **R** *(fermé 20 déc. au 10 fév., lundi soir et dim. du 15 nov. au 15 mars)* 53/180 🍷, enf. 45 – ☕ 25 – **24 ch** 120/230 – ½ P 159/203.

CITROEN Gar. Bureau ✆ 86 76 14 05 N

MOUZON **08210** Ardennes 56 ⑩ G. Champagne – 2 995 h. alt. 160.

Voir Église Notre-Dame★.

Paris 258 – Carignan 7 – Longwy 74 – Sedan 17 – Verdun 63.

XX **Les Échevins,** 33 r. Ch. de Gaulle ✆ 24 26 10 90 – E VISA
fermé 29 juil. au 19 août – **R** *(fermé dim. soir et lundi)* 120/210, enf. 50.

PEUGEOT Fedricq, RN 64 ✆ 24 26 13 87
RENAULT Rogier, 4 r. Porte de France ✆ 24 26 11 84 N ✆ 24 26 11 84

MOYE **74** H.-Savoie 74 ⑤ – rattaché à Rumilly.

MOYENMOUTIER **88420** Vosges 62 ⑦ G. Alsace Lorraine – 3 498 h. alt. 312.

Voir Église★ d'Étival-Clairefontaine O : 5 km.

Paris 376 – ♦Strasbourg 82 – Lunéville 41 – St-Dié 15.

Host. de l'Abbaye, r. Hôtel de Ville ✆ 29 41 54 31 – ☎. AE ⓓ E VISA
fermé 1er oct. au 10 nov., vacances de fév., dim. soir et lundi sauf juil.-août – **R** 60/180 🍷, enf. 55 – ☕ 22 – **12 ch** 110/180 – ½ P 135/165.

MUHLBACH **68380** H.-Rhin 62 ⑱ G. Alsace Lorraine – 668 h. alt. 465.

Paris 448 – Colmar 24 – Gérardmer 38 – Guebwiller 41.

Perle des Vosges 🐌, ✆ 89 77 61 34, ← – ☎ P. ✂
fermé 15 au 30 nov. et 3 janv. au 2 fév. – **R** *(fermé lundi)* 65/200 🍷, enf. 47 – ☕ 25 – **40 ch** 220/300 – ½ P 220/270.

MULHOUSE ⟨SP⟩ **68100** H.-Rhin 66 ⑨⑩ G. Alsace Lorraine – 113 794 h. alt. 240.

Voir Parc zoologique et botanique★★ CV – Place de la Réunion★ EFY 113 : Hôtel de Ville★ FY **H** – Vitraux★ du temple St-Étienne FY **D** – Musées : Automobile★★★ BU **M6**, Historique★★ (hôtel de ville) FY **M1**, Français du Chemin de fer★ AV **M3**, de l'Impression sur étoffes★ FZ **M2**.

Env. Musée du Papier peint★ : collection★★ à Rixheim E : 6 km DV **M7**.

18 du Rhin (privé) à Chalampé ✆ 89 26 07 86, par ① : 19 km.

✈ de Bâle-Mulhouse par ② : 27 km, ✆ 89 69 00 00 à St-Louis (France) et ✆ 061 ✆ 325 31 11 à Bâle (Suisse).

Office de Tourisme 9 av. Mar.-Foch ✆ 89 45 68 31, Télex 881285 – A.C. Résidence du Parc, 11 bd Europe ✆ 89 45 38 72.

Paris 455 ⑤ – ♦Bâle 35 ② – Belfort 42 ⑤ – ♦Besançon 136 ⑤ – Colmar 42 ⑧ – ♦Dijon 229 ⑤ – Freiburg 60 ⑨ – ♦Nancy 178 ⑧ – ♦Reims 374 ⑥ – ♦Strasbourg 111 ⑧.

Plans pages suivantes

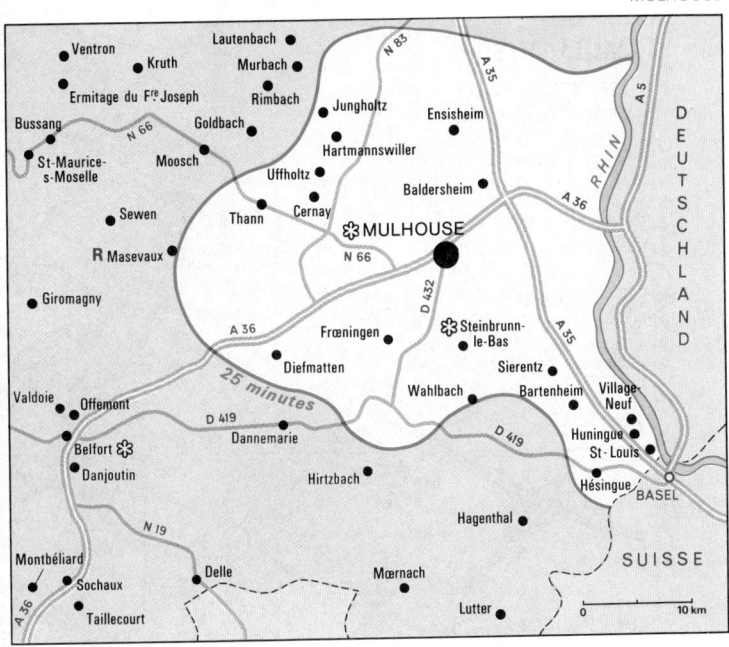

Parc Ⓜ, 26 r. Sinne ℰ 89 66 12 22, Télex 881790, Fax 89 66 42 44 – 🛗 ⇱ ch 🖵 📺 ☎
🕭 ⟵ – 🏛 70. ㏂ ⓞ Ε 𝚅𝙸𝚂𝙰
FZ **a**
R (fermé dim. soir et lundi) carte 200 à 300 – ⊆ 65 – **73 ch** 680/950, 7 appart..

Altéa, 4 pl. Gén. de Gaulle ℰ 89 56 01 23, Télex 881807, Fax 89 56 59 98 – 🛗 📺 ☎ ⟵
– 🏛 130. ㏂ ⓞ Ε 𝚅𝙸𝚂𝙰
FZ **b**
Alsace R 90/170 🍴, enf. 50 – ⊆ 50 – **96 ch** 395/550.

des Maréchaux Ⓜ sans rest, 15 r. Lambert ℰ 89 66 44 77, Télex 871929, Fax 89 46 30 66
– 🛗 📺 ☎ 🕭 – 🏛 60. ㏂ ⓞ Ε 𝚅𝙸𝚂𝙰
FY **t**
⊆ 45 – **60 ch** 350/420.

Bourse sans rest, 14 r. Bourse ℰ 89 56 18 44, Télex 881264, Fax 89 56 60 51 – 🛗 📺 ☎. ㏂
ⓞ Ε 𝚅𝙸𝚂𝙰
FZ **d**
fermé 15 au 29 juil. et 20 déc. au 4 janv. – ⊆ 32 – **50 ch** 295/420.

Bristol sans rest, 18 av. Colmar ℰ 89 42 12 31, Fax 89 59 33 00 – 🛗 ⇱ 📺 ☎ ℗. ㏂ ⓞ
Ε 𝚅𝙸𝚂𝙰
FY **e**
⊆ 28 – **60 ch** 220/380.

Europe sans rest, 11 av. Mar.-Foch ℰ 89 45 19 18, Fax 89 45 29 89 – 🛗 📺 ☎. ㏂ ⓞ Ε
𝚅𝙸𝚂𝙰
FZ **g**
⊆ 30 – **50 ch** 220/320.

Wir, 1 porte Bâle ℰ 89 56 13 22 – 🛗 ☎. ㏂ ⓞ Ε 𝚅𝙸𝚂𝙰
FY **s**
R (fermé juil. et vend.) 100/280 🍴, enf. 75 – ⊆ 28 – **39 ch** 150/290.

Arcade sans rest, 53 r. Bâle ℰ 89 46 41 41, Télex 871916, Fax 89 56 24 26 – 🛗 📺 ☎ 🕭
℗ – 🏛 50. ㏂ Ε 𝚅𝙸𝚂𝙰
FY **f**
⊆ 32 – **66 ch** 250/275.

Bâle sans rest, 19 passage Central ℰ 89 46 19 87 – 📺 ☎. Ε 𝚅𝙸𝚂𝙰
FY **p**
⊆ 28 – **32 ch** 160/230.

❀ **Aub. de la Tonnelle** (Hirtzlin), 61 r. Mar.-Joffre à **Riedisheim** ⊠ 68400 Riedisheim
ℰ 89 54 25 77 – ℗. ⓞ Ε 𝚅𝙸𝚂𝙰
CV **u**
fermé 15 août au 4 sept., vacances de fév., sam. midi et dim. – **R** 280/400 🍴
Spéc. Terrine de carpe marinée, Escalope de sandre aux pommes de terre, Galette de poires et amandes.
Vins Muscat, Riesling.

Le Parc, 8 r. V. Hugo à **Illzach-Modenheim** ⊠ 68110 Illzach ℰ 89 56 61 67, Fax 89 56 13 85,
㿟, �ుꢀ – ℗. Ε 𝚅𝙸𝚂𝙰
CU **k**
fermé du 12 au 27 août , 23 déc. au 3 janv., sam. midi, dim. soir et lundi – **R** 265 bc/
350 bc.

Au Quai de la Cloche, 5 quai de la Cloche ⊠ 68200 ℰ 89 43 07 81 – Ε 𝚅𝙸𝚂𝙰
EY **k**
fermé 25 juil. au 15 août, sam. midi, dim. soir et lundi – **R** 160/310.

735

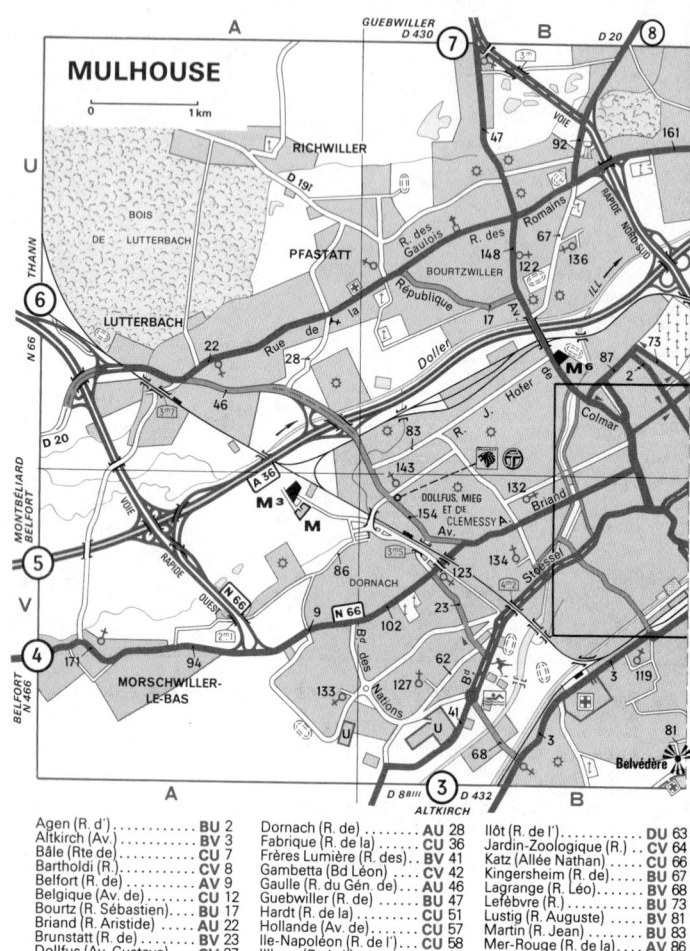

✳ **Poste** (Kieny), 7 r. Gén. de Gaulle à **Riedisheim** ✉ 68400 Riedisheim 📞 89 44 07 71 – **P. E VISA**
fermé 29 juil. au 20 août, vacances de fév, dim. soir et mardi – **R** 180/250 ♣
Spéc. Pavé de lentilles et foie d'oie (21 sept. au 1er janv.). Filet de sandre en rognonnade. Douceur au pralin..

CV **d**

Belvédère, 80 av. 1re Division Blindée (par rte parc zoologique) 📞 89 44 18 79 – AE ① E **VISA**
fermé 15 au 30 août, mardi soir et lundi – **R** 145/270 ♣.

CV **s**

Aux Caves du Vieux Couvent, 23 r. Couvent 📞 89 46 28 79, Taverne – AE ① E. **VISA**
fermé 25 mars au 1er avril, 1er au 15 juil.,23 déc. au 2 janv., lundi midi, dim. et fériés – **R** 45/110 ♣.

EY **n**

au NE – ✉ **68390** Sausheim :

Mercure Ⓜ, 📞 89 61 87 87, Télex 881757, Fax 89 61 88 40, ☕, ⊊, ✂ – ❑ ■ TV ☏ 🔒 ♿
P – ♔ 25 à 180. AE ① E **VISA**
La Tissandière R 70/200 ♣ – ⎯ 49 – **100 ch** 460/510.

DU **r**

Novotel Ⓜ, 📞 89 61 84 84, Télex 881673, Fax 89 61 77 99, ☕, ⊊ – ■ rest TV ☏ **P** –
♔ 25 à 110. AE ① E **VISA**
R carte environ 180 ♣, enf. 50 – ⎯ 42 – **77 ch** 360/405.

DU **s**

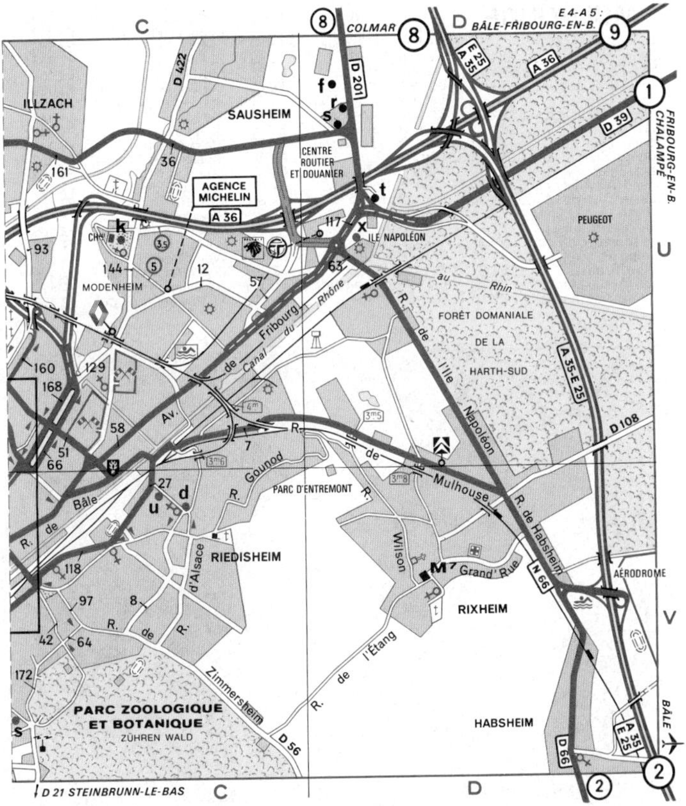

Mulhouse (Fg de) ..... BU 92
Mulhouse (R. de) ILLZACH .... CU 93
Mulhouse (R. de) MORSCHWILLER-LE-BAS .... AV 94
Noelting (R. Émilio) .... CV 97
Paris (Bd de) .... BV 102
Rhin (R. du) ILLZACH .. DU 117
Riedischeim (Av. de) ... CV 118

Sacré-Cœur (⊟) .... BV 119
St-Antoine (⊟) ..... BU 122
St-Barthélemy (⊟) . BV 123
St-François-d'Assise (⊟) .... BV 127
St-Jean-Bosco (⊟) CU 129
St-Joseph (⊟) ..... BV 132
St-Luc (⊟) .... AV 133
St-Pierre-et-Paul (⊟) .... BV 134

Ste-Claire (⊟) .... BU 136
Ste-Thérèse (⊟) .... BUV 143
Sausheim (R. de) .... CU 144
Soultz (R. de) .... BU 148
Thann (R. de) .... BV 154
Vauban (R.) .... CU 160
Vosges (R. des) .... BCU 161
Wyler (Allée William) ...... CU 168
1re-Armée-Française (R.) ... AV 171
9e-Div.-d'Inf.-Coloniale (R.) CV 172

Ile Napoléon M, ✆ 89 61 97 97, Télex 881980, Fax 89 61 73 15, ⛱, ⛱ – ⇅ ▤ rest TV ☎ ♿ P – 🏛 200. AE ⓞ E VISA — DU **t**
R 95/250 ♁, enf. 40 – ☕ 42 – **98 ch** 275/400 – ½ P 327.

Ibis M, ✆ 89 61 83 83, Télex 881970, ⛱ – ⇅ TV ☎ P – 🏛 40. E VISA — DU **f**
R 77 ♁, enf. 35 – ☕ 30 – **76 ch** 250/270.

NE : île Napoléon – ✉ **68110** Illzach :

La Closerie, ✆ 89 61 88 00 – P. E VISA — DU **x**
fermé 13 au 31 juil., 24 déc. au 6 janv., sam. midi et dim. – **R** 190/220.

à Baldersheim par ⑧ : 8 km – ✉ **68390** :

Au Cheval Blanc, ✆ 89 45 45 44, Fax 89 56 28 93, ⛹, ⛱ – ⇅ ▤ rest TV ☎ P. E VISA
R *(fermé 27 juin au 11 juil., 22 déc. au 5 janv., dim. soir et jeudi)* 73/210 ♁, enf. 53 – ☕ 28 – **59 ch** 190/290 – ½ P 225.

à Steinbrunn-le-Bas SE CV : 9,5 km par rte parc zoologique, Bruebach et D 21 – ✉ **68440**

✿ **Moulin du Kaegy** (Bégat), ✆ 89 81 30 34, Fax 89 81 31 10, « Maison du 16e siècle, jardin » – P. AE ⓞ E VISA
fermé janv., dim. soir et lundi – **R** (nombre de couverts limité-prévenir) 250/420
Spéc. Foie d'oie confit, Pigeonneau en croûte fine, Croustillant de bar. **Vins** Tokay-Pinot gris, Clevner.

MULHOUSE

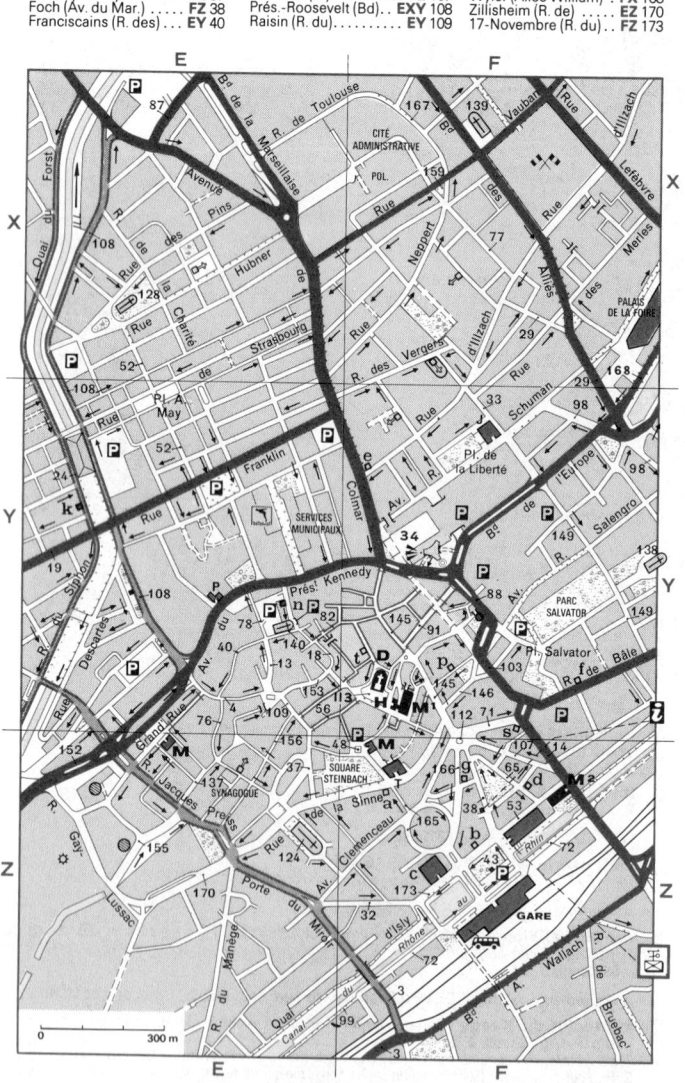

à Froeningen : SO : 9 km par D 8^BIII - BV – ⊠ **68720** :

XX **Aub. de Froeningen** avec ch, ℰ 89 25 48 48, 佘, « Belle décoration intérieure », 森 – ⇔ 佘 🅿 E ᴠɪꜱᴀ
fermé 12 au 26 août, 6 au 27 janv., dim. soir et lundi – **R** 100/330 – ☑ 35 – **7 ch** 260/320.

MICHELIN, Agence, 35 av. de Belgique à Illzach CU ℰ 89 61 70 55

FIAT, LANCIA Gar. Hess, 1 bis r. de Sausheim à Illzach ℰ 89 66 57 66
FORD Safor Autom., 56 av. de Belgique à Illzach ℰ 89 61 76 33
FORD Gar. Sax, 12 r. Couvent ℰ 89 56 52 22
HONDA, MAZDA, VOLVO Gar. Christen, 21 r. Thann ℰ 89 42 09 44
MERCEDES-BENZ, V.A.G Générale-Autom., 228 av. de Fribourg, Illzach ℰ 89 61 89 61
N ℰ 89 61 76 88
NISSAN Gar. Manu Est, 26 r. Manulaine ℰ 89 52 35 80
OPEL-GM Gar. Muller, 23 r. Thann ℰ 89 43 98 88
PEUGEOT, TALBOT S.I.A.M, 22 r. Thann ℰ 89 43 98 20
PEUGEOT-TALBOT S.I.A.M, 7 r. de Berne à Illzach ℰ 89 61 83 23

RENAULT Gd. Gar. Mulhousien, r. Sausheim à Illzach ℰ 89 46 01 44
TOYOTA SDA Rixheim, 64 rte de Mulhouse à Rixheim ℰ 89 44 40 50
V.A.G Gar. Schelcher, 27 fg de Mulhouse à Kingersheim ℰ 89 52 45 22

🏍 Arni-Hohler, 3 r. L.-Pasteur ℰ 89 45 85 27
Arni-Hohler, Z.I. av. d'Italie à Illzach ℰ 89 45 85 21
Kautzmann, 276 av. d'Altkirch à Brunstatt ℰ 89 06 08 44
Pneus et Services D. K, 6 r. Amidonniers ℰ 89 42 30 06
Pneus et Services D.K., 14 av. de Hollande, Z.I. à Illzach ℰ 89 61 76 76

MUNSTER 68140 H.-Rhin 62 ⑱ G. Alsace Lorraine – 4 740 h. alt. 381.

🛈 Office de Tourisme pl. du Marché ℰ 89 77 31 80.

Paris 443 – Colmar 19 – Gérardmer 33 – Guebwiller 39 – ♦Mulhouse 57 – St-Dié 57 – ♦Strasbourg 89.

🏛 **Verte Vallée** M ❦, 10 r. A. Hartmann, parc de la Fecht ℰ 89 77 15 15, Télex 870586, Fax 89 77 17 40, 佘, 🛏, 🔲, 森 – 🛗 🆃🆅 ☎ ⅗ 🅿 – 🔬 100. ᴀᴇ ⓞ E ᴠɪꜱᴀ
fermé 5 au 30 janv. – **R** 80/235 🍴, enf. 50 – ☑ 38 – **107 ch** 295 – ½ P 255.

🏠 **Deux Sapins** M, 49 r. 9ᵉ Zouaves par rte Gérardmer ℰ 89 77 33 96, Télex 870560 – 🛗 🆃🆅 ☎ 🅿 ᴀᴇ ⓞ E ᴠɪꜱᴀ – *fermé 15 nov. au 15 déc., dim. soir et lundi d'oct. à mai –* **R** 75/200 🍴, enf. 40 – ☑ 24 – **19 ch** 170/260 – ½ P 200/220.

🏠 **Vosges** sans rest, Grand'Rue ℰ 89 77 31 41, Fax 89 77 59 86 – 🆃🆅 ☎ E ᴠɪꜱᴀ
fermé 4 au 25 mars, 21 au 31 mai dim. soir (sauf juil.-août) – ☑ 23 – **13 ch** 180/230.

XX **Cigogne** avec ch, pl. Marché ℰ 89 77 32 27, Fax 89 77 28 64 – 🆃🆅 ☎ ⇔. E ᴠɪꜱᴀ
fermé 24 au 30 juin, 18 nov. au 15 déc., dim. soir et lundi – **R** 90/240 🍴 – ☑ 35 – **25 ch** 350/450 – ½ P 260/320.

à Breitenbach-Haut-Rhin SO : 4 km par D 10 – ⊠ **68380** :

X **Cecchetti** avec ch, rte Metzeral ℰ 89 77 32 20 – ⓞ
fermé 1ᵉʳ au 15 nov. et lundi – **R** 80/170 🍴 – ☑ 32 – **16 ch** 120/220.

à Eschbach-au-Val S : 5,5 km par D 10^III – ⊠ **68140** :

🏔 **Obersolberg** ❦, ℰ 89 77 36 49, ≤ vallée – 🕸 🅿. 彩
fermé 15 oct. au 15 nov., 18 déc. au 3 janv. – **R** *(fermé mardi soir et merc.)* 75/105 🍴 – ☑ 22 – **17 ch** 95/198 – ½ P 158/184.

CITROEN Gar. Sary ℰ 89 77 33 44
PEUGEOT, TALBOT Gar. Schmidt ℰ 89 77 40 78
N

RENAULT Gar. Gissler ℰ 89 77 37 44
V.A.G Gar. du Centre ℰ 89 77 33 41

MURAT 15300 Cantal 76 ③ G. Auvergne (plan) – 2 813 h. alt. 917 – **Voir** Site★ – Église★ de Bredons S : 2,5 km – 🛈 Office de Tourisme av. Dr-Mallet ℰ 71 20 09 47.

Paris 507 – Aurillac 51 – Brioude 57 – Issoire 73 – Le Puy 117 – St-Flour 25.

🏠 **Les Breuils** sans rest, ℰ 71 20 01 25, 森 – ☎ 🅿 E ᴠɪꜱᴀ. 彩
☑ 25 – **12 ch** 185/300.

🏠 **Les Messageries** (Annexe Le Bredons 🏠 14 ch), ℰ 71 20 04 04, 森 – ☎. ᴀᴇ ᴠɪꜱᴀ
fermé 3 nov. au 25 déc. – **R** 60/140 🍴, enf. 35 – ☑ 24 – **36 ch** 155/200 – ½ P 180.

au Jarrousset E : 5 km par N 122 – ⊠ 15300 Murat :

XX **Jarrousset,** ℰ 71 20 10 69, 佘, 🔳, 森 – 🅿. E ᴠɪꜱᴀ – *fermé 26 juin au 2 juil., 2 au 15 sept., 2 au 15 janv., lundi soir et merc. sauf juil.-août –* **R** 90/260.

CITROEN Gar. Meissonnier, Le Martinet ℰ 71 20 13 87 N ℰ 71 20 05 55

PEUGEOT-TALBOT Gar. Delrieu ℰ 71 20 06 22 N
RENAULT Dolly ℰ 71 20 03 93

MURBACH 68 H.-Rhin 62 ⑱ – rattaché à Guebwiller.

MUR-DE-BARREZ 12600 Aveyron 76 ⑫ G. Gorges du Tarn – 1 374 h. alt. 789.

Paris 563 – Aurillac 39 – Rodez 76 – St-Flour 82.

🏠 **Aub. du Barrez** M ❦, ℰ 65 66 00 76, Fax 65 66 07 98 – 🆃🆅 ☎ ᴀᴇ E ᴠɪꜱᴀ
fermé 1ᵉʳ janv. au 10 fév. et lundi sauf hôtel – **R** 55/170 🍴 – ☑ 26 – **10 ch** 180/210 – ½ P 195.

PEUGEOT-TALBOT Gar. Manhes ℰ 65 66 02 25
N ℰ 65 66 16 70

Gar. Yerles ℰ 65 66 02 24 N ℰ 65 66 16 94

MUR-DE-BRETAGNE 22530 C.-d'Armor 58 ⑱ G. Bretagne – 1 374 h. alt. 225.

Voir Rond-Point du lac ≤★ – Lac de Guerlédan★★ O : 2 km.

🛈 Syndicat d'Initiative pl. Église (15 juin-15 sept.) ℰ 96 28 51 41.

Paris 457 – St-Brieuc 45 – Carhaix-Pl. 48 – Guingamp 45 – Loudéac 21 – Pontivy 16 – Quimper 98.

🏨🏨🏨 ✿ **Aub. Grand'Maison** (Guillo) avec ch, ℰ 96 28 51 10, Fax 96 28 52 30 – 📺 ☎ AE ⓞ
🖭 VISA
  fermé oct., vacances de fév., dim. soir et lundi – **R** (nombre de couverts limité-prévenir)
  160/400, enf. 110 – ☑ 40 – **12 ch** 220/600 – ½ P 310/500
  Spéc. Profiteroles de foie gras, Galettes de pommes de terre en crème froide "Océane", Homard en cinq
  accords.

La MURE 38350 Isère 77 ⑮ G. Alpes du Nord – 5 900 h. alt. 885.

Paris 601 – ♦Grenoble 39 – Gap 66.

🏨 **Murtel** Ⓜ, ℰ 76 30 96 10, 😷 – 📺 ☎ ② 🖭 VISA
← **R** 69/155 🍴 – ☑ 24 – **40 ch** 190/250 – ½ P 180/195.

CITROEN Gar. des Alpes ℰ 76 81 02 57   RENAULT Gar. Reynaud ℰ 76 81 01 69
PEUGEOT-TALBOT Gar. Reynier ℰ 76 81 03 78 🅽   RENAULT Gar. de la Matheyrine ℰ 76 81 34 38

Les MUREAUX 78 Yvelines 55 ⑱, 106 ⑯ – rattaché à Meulan.

MURET ⟨SP⟩ 31600 H.-Gar. 82 ⑰ G. Pyrénées Roussillon – 16 192 h. alt. 169.

Paris 721 – ♦Toulouse 20 – Auch 74 – St-Gaudens 69 – Pamiers 51.

🏨 **Aragon** sans rest, 15 r. Aragon ℰ 61 56 18 19 – ☎
  fermé dim. – ☑ 19 – **20 ch** 95/138.

  à Labarthe-sur-Lèze E : 6 km par D 19 – ⊠ 31120 :

🏨🏨 **Poêlon**, ℰ 61 08 68 49, 😷 – AE ⓞ 🖭 VISA ❀
  fermé 20 août au 5 sept., 2 au 15 janv., dim. soir, fériés le soir et lundi – **R** 150/200.

🏨🏨 **Rose des Vents**, carrefour D 19-D 4 ℰ 61 08 67 01, 😷, 🌳 – ② AE ⓞ 🖭 VISA
  fermé 1ᵉʳ au 15 sept., dim. soir et lundi du 11 oct. au 1ᵉʳ mars – **R** 90/170.

CITROEN G.A.M., N 117 ℰ 61 51 01 02   PEUGEOT-TALBOT SO.NO.MA., 50 av. de Tou-
CITROEN Dedieu, à Rieumes ℰ 61 91 81 28   louse ℰ 61 56 18 15
FIAT Sud Garonne Autom., 7 r. Berges, ZI Marclan   RENAULT S.A.D.A.M., N 117 ℰ 61 51 05 44
ℰ 61 56 82 82   🅽 ℰ 61 17 76 50
FORD Lédo, N 117 ℰ 61 51 03 30
MERCEDES Antras Autom., 44 av. de l'Europe   ⓜ Muret-Pneus, ZI Joffrery ℰ 61 51 09 39
ℰ 61 51 00 66 🅽   Vialatte Pneus, 179 av. de Toulouse ℰ 61 51 48 34

MUROL 63790 P.-de-D. 73 ⑬⑭ G. Auvergne (plan) – 624 h. alt. 833.

Voir Château★★.

🛈 Syndicat d'Initiative r. de Jassaguet ℰ 73 88 62 62.

Paris 435 – ♦Clermont-Fd. 37 – Besse-en-Chandesse 11 – Condat 39 – Issoire 31 – Le Mont-Dore 20.

🏨 **Les Volcans** Ⓜ sans rest, ℰ 73 88 60 77, 🌳 – ☎ ② 🖭 VISA
  15 juin-30 sept. et vacances scolaires sauf vacances de Noël – ☑ 22 – **10 ch** 200/240.

🏨 **Pins** ⑤, ℰ 73 88 60 50, 😷, 🌳 – ☎ ② 🖭 VISA
← *1ᵉʳ mai-30 sept. –* **R** 50/120, enf. 36 – ☑ 22 – **31 ch** 135/230 – ½ P 182/230.

🏛 **Paris**, ℰ 73 88 60 09, 🌳 – ☎, 🖭 VISA
← *vacances de Pâques-20 sept. et vacances de fév. –* **R** 50/100, enf. 35 – ☑ 20 – **20 ch**
  140/180 – ½ P 140/170.

  à Beaune-le-Froid NO : 5 km par D 5 et D 617ᴬ – alt. 1 050 – ⊠ 63790 Murol :

🏨 **Relais des Montagnes** ⑤, ℰ 73 88 61 48, ≤, 🌳, ❀ – ☎ ②, AE 🖭 VISA ❀ rest
← *1ᵉʳ fév.-30 sept. –* **R** 48/120 – ☑ 20 – **12 ch** 75/165 – ½ P 135/165.

PEUGEOT-TALBOT Pons ℰ 73 88 60 22 🅽   RENAULT Gar. Dabert ℰ 73 88 63 43

MUS 30121 Gard 83 ⑧ – 565 h. alt. 50.

Paris 730 – ♦Montpellier 32 – Nîmes 21.

🏨 Aub. de la Paillère ⑤, ℰ 66 35 13 33, 😷 – ☎
  9 ch.

MUSSIDAN 24400 Dordogne 75 ④ G. Périgord Quercy – 3 236 h. alt. 57.

🛈 Syndicat d'Initiative r. Libération ℰ 53 81 04 77.

Paris 533 – Périgueux 35 – Angoulême 84 – Bergerac 25 – Libourne 55 – Ste-Foy-la-Grande 29.

🏨 **Midi** ⑤, à la gare ℰ 53 81 01 77, 😷, 🎱, 🌳 – 📺 ☎ ② 🖭 VISA ❀ ch
← *fermé 2 au 15 janv., vend. soir et sam. hors sais. –* **R** 68/250 🍴, enf. 48 – ☑ 30 – **10 ch**
  180/250 – ½ P 200/230.

🏨 **Gd Café** sans rest, 1 av. Gambetta ℰ 53 81 00 07
  ☑ 18 – **11 ch** 80/160.

XX **Clos Joli,** O : 6,5 km sur N 89 *𝒫* 53 81 10 01, ≋, « Jardin fleuri » – **ℙ**. **AE ⓞ E VISA**
fermé 3 au 15 juin, 16 au 28 sept., dim. soir, lundi soir et mardi sauf juil.-août – **R** 74/199,
enf. 50.

XX **Relais de Gabillou,** rte de Périgueux *𝒫* 53 81 01 42, ≋, ☞ – **ℙ**. **E VISA**
fermé vacances de fév., dim. soir et lundi – **R** 75/250 ⅄, enf. 40.

CITROEN Gar. Gras, 65/67 r. Libération   PEUGEOT TALBOT Rousseau *𝒫* 53 81 04 47
𝒫 53 81 04 18

MUTRECY 14220 Calvados ▨◢ ⑮ – 216 h. alt. 80.
Paris 252 – ♦Caen 17 – Falaise 28 – Lisieux 55 – St-Pierre-sur-Dives 38.

☖ **Aub. des Pommiers** ⑌, *𝒫* 31 79 32 03, ☞ – **ℙ**. **E VISA**
fermé fév. et mardi du 1ᵉʳ oct. au 1ᵉʳ juin – **R** 67/160 – ⍕ 22 – **6 ch** 110/180 – ½ P 165/210.

MUTZIG 67190 B.-Rhin ▨◿ ⑨ **G. Alsace Lorraine** – 5 116 h. alt. 187.
Paris 478 – ♦Strasbourg 28 – Obernai 12 – Saverne 31 – Sélestat 35.

▥ **Host. de la Poste,** pl. Fontaine *𝒫* 88 38 38 38, ≋ – **TV ☎ ⇦**. **E VISA**. ✼
R *(fermé vend.)* 110/220 ⅄ – ⍕ 32 – **19 ch** 200 – ½ P 239/313.

XX **Aub. Alsacienne au Nid de Cigogne,** r. 18-Novembre *𝒫* 88 38 11 97 – **E VISA**
fermé mardi soir et merc. – **R** 100/180 ⅄, enf. 55.

⑩ Kautzmann *𝒫* 88 38 61 78

MUZILLAC 56190 Morbihan ▨◣ ⑭ – 3 233 h. alt. 23.
Paris 465 – Vannes 25 – ♦Nantes 85 – Redon 37 – La Roche-Bernard 15.

à Billiers S : 2,5 km par D 5 – ✉ **56190** :

☖ **Glycines,** pl. Église *𝒫* 97 41 64 63 – **E VISA**. ✼
fermé vacances de fév. et lundi hors sais. – **R** 70/230 ⅄ – ⍕ 24 – **11 ch** 110/150 –
½ P 155/185.

à la Pointe de Pen-Lan S : 5 km par D 5 **G. Bretagne** – ✉ **56190** Muzillac.

Voir ⩽★.

▩▩ ✽ **Domaine du Château de Rochevilaine** ⑌, *𝒫* 97 41 69 27, Télex 950570,
Fax 97 41 44 85, « Demeures anciennes avec jardin, ⩽ littoral », ⌧, – **TV ☎ ℙ** – **▵** 45. **AE**
ⓞ E VISA. ✼ rest
fermé mi-janv. à mi-fév. – **R** 250/380, enf. 135 – ⍕ 60 – **27 ch** 400/990 – ½ P 510/795
Spéc. Carpaccio de langoustines (1ᵉʳ juin au 15 sept.), Cassolette de homard et pommes de terre (juin à
sept.), Pigeon fermier confit au sel (oct. à mars).

NAINTRÉ-LES-BARRES 86 Vienne ▨◨ ④ – rattaché à Châtellerault.

NAJAC 12270 Aveyron ▨◣ ⑳ **G. Gorges du Tarn** – 818 h. alt. 350.
Voir Site★★ – Ruines du château★ : ⩽★.
🛈 Syndicat d'Initiative pl. Faubourg *𝒫* 65 29 72 05.
Paris 638 – Rodez 86 – Albi 54 – Cahors 85 – Gaillac 54 – Montauban 68 – Villefranche-de-R. 24.

▦ **Belle Rive** ⑌, NO : 2 km par D 39 *𝒫* 65 29 73 90, ⩽, ≋, « Dans les gorges de
l'Aveyron », ⌧, ☞, ✼ – **TV** ☏ **ℙ** – **▵** 30. **AE ⓞ E VISA**
24 mars-1ᵉʳ nov. – **R** 70/220, enf. 50 – **39 ch** ⍕ 235/265 – ½ P 255/270.

▦ **Oustal del Barry,** *𝒫* 65 29 74 32, Fax 65 29 75 32, ⩽, ≋, « Jardin » – ▯ **TV** ☎. **AE**
E VISA
29 mars-20 oct. et fermé lundi en avril et oct. sauf fériés – **R** 115/270, enf. 60 – ⍕ 36 –
21 ch 242/375 – ½ P 270/297.

au NE : 7 km par D 39 et D 638 – ✉ **12270** Najac :

▦ **Longcol** ⑌, *𝒫* 65 29 63 36, Fax 65 29 64 28, ⩽, ≋, parc, ⌧, ✼ – **TV ☎ ℙ**. **AE E VISA**
15 mars-15 nov. – **R** *(fermé mardi du 15 sept. au 15 juin)* 110/260, enf. 65 – ⍕ 45 – **15 ch**
450/700 – ½ P 400/525.

NAMPONT-ST-MARTIN 80120 Somme ▨◧ ⑫ **G. Flandres Artois Picardie** – 263 h. alt. 41.
Paris 193 – ♦Calais 80 – Abbeville 29 – ♦Amiens 69 – Hesdin 30 – Montreuil 15 – Le Touquet 29.

X **Les Contrebandiers,** sur N 1 *𝒫* 22 29 90 43, ≋ – **ⓞ E VISA**
fermé 17 sept. au 4 déc., dim. soir et lundi sauf juil.-août – **R** 85/200 ⅄.

NANÇAY 18330 Cher ▨◢ ⑳ **G. Berry Limousin** – 790 h. alt. 140.
Paris 202 – Bourges 36 – Bonny-sur-Loire 66 – Gien 55 – Salbris 14 – Vierzon 20.

XXX **Les Meaulnes** avec ch, *𝒫* 48 51 81 15, ≋, « Mobilier ancien », ☞ – ☎. **AE ⓞ E VISA**
R (nombre de couverts limité - prévenir) 110/180, enf. 80 – ⍕ 42 – **9 ch** 384/467.

Voir Ensemble 18ᵉ s. : Place Stanislas★★★ BY , Arc de Triomphe★ BY **B** – Place de la Carrière★
BY **21** et Palais du Gouvernement★ BX **W** – Palais ducal★★ BX **M1** – Église et Couvent des
Cordeliers★ BX **E** : gisant de Philippe de Gueldre★★ – Porte de la Craffe★ AX **F** – Église N.-D.-de-
Bon-Secours★ EX **K** – Façade★ de l'église St-Sébastien BY **L** – Musées : Historique lorrain★★★
BX **M1**, Beaux-Arts★★ BY **M2**, Ecole de Nancy★★ DX **M3** – Zoologie (aquarium tropical★) CY **M4**.

Env. Basilique★★ de St-Nicolas-de-Port par ② : 12 km.

🏌 de Nancy-Aingeray ℰ 83 24 53 87, par ⑥ : 17 km.

✈ de Nancy-Essey : ℰ 83 21 56 90, 4,5 km EV.

🚗 ℰ 83 56 50 50.

🛈 Office de Tourisme et Accueil de France (Informations et réservations d'hôtels, pasplus de 5 jours à
l'avance) 14 pl. Stanislas ℰ 83 35 22 41, Télex 960414 – A.C. 49 pl. Carrière ℰ 83 35 04 65.

Paris 307 ⑤ – Chaumont 115 ④ – ♦Dijon 213 ⑤ – ♦Metz 54 ⑥ – ♦Reims 212 ⑤ – ♦Strasbourg 146 ①.

Plans pages suivantes

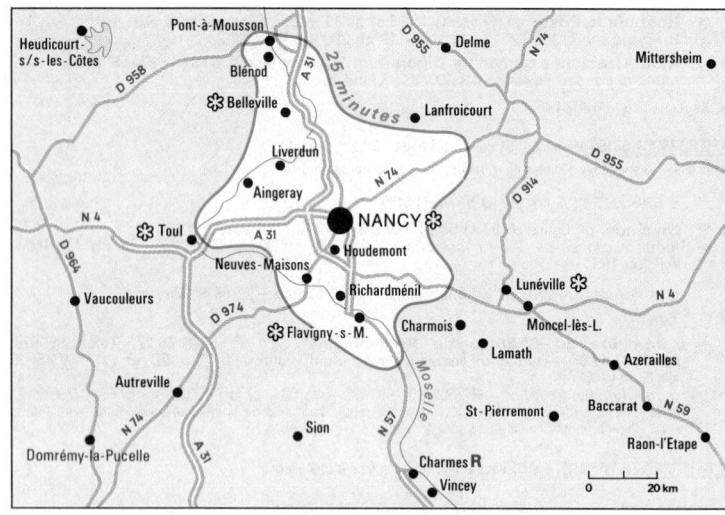

🏨 **Gd H. de la Reine et rest. Stanislas,** 2 pl. Stanislas ℰ 83 35 03 01, Télex 960367,
Fax 83 32 86 04, « Palais du 18ᵉ siècle sur la place Stanislas » – 🛗 📺 ☎ 👤 – 🔼 120. 🆎
ⓞ 🇪 𝘝𝘐𝘚𝘈. 🛇 rest   BY **d**
R 220/250, enf. 125 – ☑ 45 – **44 ch** 550/1000, 7 appart. 1000/1600.

🏨 **Altéa Thiers** Ⓜ, 11 r. R. Poincaré ℰ 83 39 75 75, Télex 960034, Fax 83 32 78 17 – 🛗
📺 ☎ 👤 ☞ – 🔼 50 à 300. 🆎 ⓞ 🇪 𝘝𝘐𝘚𝘈   AY **r**
La Toison d'Or R 132/210, enf. 50 – ☑ 50 – **184 ch** 450/600, 7 appart. 1110.

🏨 **Mercure** sans rest, 5 r. Carmes ℰ 83 35 32 10, Télex 960413, Fax 83 32 92 49 – 🛗 📺 ☎
👤 ℗ 🆎 ⓞ 🇪 𝘝𝘐𝘚𝘈   BY **m**
☑ 50 – **80 ch** 450/500.

🏨 **Albert 1ᵉʳ-Astoria** sans rest, 3 r. Armée Patton ℰ 83 40 31 24, Télex 850895,
Fax 83 28 47 78, ☞ – 🛗 📺 ☎ ℗ – 🔼 45. 🆎 ⓞ 🇪 𝘝𝘐𝘚𝘈   AY **d**
☑ 35 – **122 ch** 220/300, 6 appart. 300.

🏨 **Central H.** Ⓜ sans rest, 6 av. R. Poincaré ℰ 83 32 21 24, Fax 83 37 84 61, ☞ – 🛗 📺 ☎
– 🔼 25. 🇪 𝘝𝘐𝘚𝘈   AY **k**
☑ 30 – **68 ch** 180/270.

🏨 **Crystal** sans rest, 5 rue Chanzy ℰ 83 35 41 55, Télex 850139, Fax 83 37 84 85 – 🛗 ☞⇨
☎ 👤 🆎 ⓞ 🇪 𝘝𝘐𝘚𝘈   AY **a**
☑ 35 – **56 ch** 180/250.

🏨 **Américain** sans rest, 3 pl. A. Maginot ℰ 83 32 28 53, Fax 83 32 79 97 – 🛗 📺 ☎. 🆎 ⓞ
🇪 𝘝𝘐𝘚𝘈   ABY **n**
☑ 37 – **51 ch** 230/300.

🏨 **Résidence** sans rest, 30 bd J. Jaurès ℰ 83 40 33 56 – 🛗 📺 ☎. 🆎 ⓞ 🇪 𝘝𝘐𝘚𝘈   DEX **a**
fermé 25 déc. au 1ᵉʳ janv. – ☑ 32 – **24 ch** 190/300.

🏨 **Urbis** Ⓜ sans rest, 3 r. Crampel ℰ 83 32 90 16, Télex 961959, Fax 83 32 08 77 – 🛗 📺 ☎
👤. 🇪 𝘝𝘐𝘚𝘈   AY **k**
☑ 30 – **62 ch** 260/275.

Stanislas sans rest, 22 r. Ste-Catherine ✆ 83 37 23 88 – 📺 ☎. E VISA — CY **v**
🖂 25 – **16 ch** 190/245.

🏠 **Cigogne** sans rest, 4 bis r. Ponts ✆ 83 32 89 33 – ⬛ 📺 ☎. ME E VISA — BY **s**
fermé 20 dec. au 2 janv. – 🖂 25 – **44 ch** 195/235.

XXX ✿ **Le Goéland** (Mengin), 27 r. Ponts ✆ 83 35 17 25, produits de la mer – ▤. ME E VISA — BY **e**
fermé 18 juil. au 12 août, dim. (sauf le midi de sept à juin) et lundi – **R** 155/320
Spéc. Matelote de brochet au Vin Gris, Fricassée de homard aux spätzle, Pommes rôties aux pistaches et pignons. Vins Côtes de Toul, Klevner.

XXX ✿ **Capucin Gourmand** (Veissière), 31 r. Gambetta ✆ 83 35 26 98, « Décor modern'style »
– VISA – fermé 1er au 15 août, 2 au 10 janv., dim. sauf le midi de sept. à mars et lundi – **R** 150/450, enf. 70 — BY **m**
Spéc. Foie gras au poivre blanc, Gratin de langoustines aux tagliatelles, Crêpes glacées "Alaska". Vins Côtes de Toul.

XXX **La Gentilhommière**, 29 r. Maréchaux ✆ 83 32 26 44 – ME E VISA — BY **x**
fermé 4 au 25 août, vacances de fév., sam. midi, dim. et fériés – **R** 150.

XXX **La Chaumière**, 60 r. Stanislas ✆ 83 37 05 03 – ▤. ME ➀ E VISA — BY **t**
fermé 27 juil. au 18 août, sam. midi et dim. sauf fêtes – **R** 110/235.

XX **La Chine**, 31 r. Ponts ✆ 83 30 13 89, cuisine chinoise – ▤. ME ➀ E VISA — BY **r**
fermé 6 au 26 août, dim. soir et lundi – **R** 135/175.

XX **Pavillon Anatole**, 62 av. A. France ✆ 83 40 63 30, ☂ – ▤. ME E VISA — DVX **b**
fermé 14 juil. au 15 août, sam. midi, dim. soir et lundi – **R** 150/210.

XX **Les Agaves,** 2 r. Carmes ✆ 83 32 14 14 – ME ➀ E VISA — BY **u**
1er au 20 août, vacances de fév., fermé lundi soir et dim. – **R** 105/210, enf. 65.

X Le Caprice, 21 r. Maréchaux ✆ 83 32 10 30 — BY **g**

X **Nouveaux Abattoirs**, 4 bd Austrasie ✆ 83 35 46 25 – ▤. E VISA — EV **s**
fermé 25 juil. au 20 août, sam., dim. et fériés – **R** 122/200 🍷.

X **Petite Marmite**, 8 r. Gambetta ✆ 83 35 25 63 – E VISA — BY **b**
fermé 15 au 28 juil., vacances de fév., sam. midi et dim. – **R** 106 bc/180 bc.

X **Le Wagon**, 57 r. Chaligny ✆ 83 32 32 16 – ▤ ➋. ME VISA — EV **k**
fermé 6 juil. au 5 août, lundi soir, sam., dim. et fériés – **R** 70/170 🍷.

à Richardménil par ③ : 14 km – 🖂 54630 :

XX **Bon Accueil,** rte Messein ✆ 83 25 62 10 – ➋. ME ➀ E VISA
fermé 1er au 14 mars, 2 au 22 août, merc. soir et jeudi – **R** 98/175 🍷.

à Flavigny-sur-Moselle par ③ et N 57 : 16 km – 🖂 54630 :

XXX ✿ **Le Prieuré** (Roy) avec ch, ✆ 83 26 70 45, ☛ – ME ➀ E VISA
fermé 26 août au 4 sept., dim. soir et merc. – **R** 270/320 – 🖂 50 – **4 ch** 500/600
Spéc. Petits fumés de saumon et langoustines à la glace aux truffes, Polenta de homard (mai à sept.), Pigeon poché et ravioli de foie gras.

à Houdemont S : 6km – 🖂 54180 :

🏨 **Novotel Nancy Sud** Ⓜ, rte Épinal ✆ 83 56 10 25, Télex 961124, Fax 83 57 62 20, ☂, ⌿,
☛ – ⬛ ▤ rest 📺 ☎ ➋ – 🔏 25 à 250. ME ➀ E VISA — EY **s**
R carte environ 140 🍷, enf. 52 – 🖂 45 – **86 ch** 360/400.

à Neuves-Maisons par ④ : 14 km – 6 952 h. – 🖂 54230 :

X **L'Union,** 1 r. A. Briand ✆ 83 47 30 46 – E VISA
fermé 8 au 31 juil.,vacances de fév., dim. soir et lundi – **R** 85/220.

rte de Paris O : 4 km – 🖂 54520 Laxou :

🏨 **Novotel Nancy Ouest** Ⓜ, ✆ 83 96 67 46, Télex 850988, Fax 83 98 57 07, ☂, ⌿, ⌿ –
⬛ ▤ rest 📺 ☎ ➅ ➋ – 🔏 25 à 250. ME ➀ E VISA — CV **a**
R carte environ 150 🍷, enf. 50 – 🖂 42 – **119 ch** 365/410.

MICHELIN, Agence régionale, 117 bd Tolstoï à Tomblaine EX ✆ 83 21 83 21

BMW Hazard, 105 bd Austrasie ✆ 83 32 32 41
FIAT S.O.D.E.A., 51/53 r. G. Mouilleron ✆ 83 27 52 52
FORD Gras, 11 r. A.-Lebrun ✆ 83 36 51 75 🆕 ✆ 83 35 90 90
INNOCENTI-MAZDA Gar. de la Pépinière, 34 bd 26e-R.I. ✆ 83 32 15 20
MERCEDES Etoile 54, 107 bd Austrasie ✆ 83 35 00 55
NISSAN Gar. Lorraine-Auto, 39 av. Garenne ✆ 83 40 22 57

OPEL S.A.N.E., 11 r. Tapis-Vert ✆ 83 32 10 24
ROVER Charmois Automobiles, 304 av. Gén.-Leclerc ✆ 83 51 45 52
VOLVO Contact Auto, 28 r. de Remenauville ✆ 83 37 16 72

🔘 Le Circulaire, 37 r. Sigisbert-Adam ✆ 83 37 06 23
Leclerc-Pneu, r. M.-Barrès ✆ 83 37 06 57
Leclerc-Pneu, 11 r. A.-Krug ✆ 83 35 28 31

Périphérie et environs

CITROEN Central Autom. de Lorraine, N 57 à Houdemont ✆ 83 51 29 30
FORD Nancy-Laxou Autom., 21 av. Résistance à Laxou ✆ 83 98 43 43 🆕 ✆ 83 35 90 90
LANCIA SOVATEC, 111 av. du Gén.-Leclerc à Vandoeuvre-les-Nancy ✆ 83 53 22 07

MAZDA Sapinière Automobile, 26 r. de la Sapinière à Laxou ✆ 83 95 10 20
PEUGEOT, TALBOT S.I.A.L., av. P.-Doumer à Vandoeuvre EX ✆ 83 50 38 00 🆕 ✆ 83 35 90 90
PEUGEOT-TALBOT S.I.A.L., 1 av. de la Résistance à Laxou CV a ✆ 83 96 34 21 🆕 ✆ 83 35 90 90

NANCY

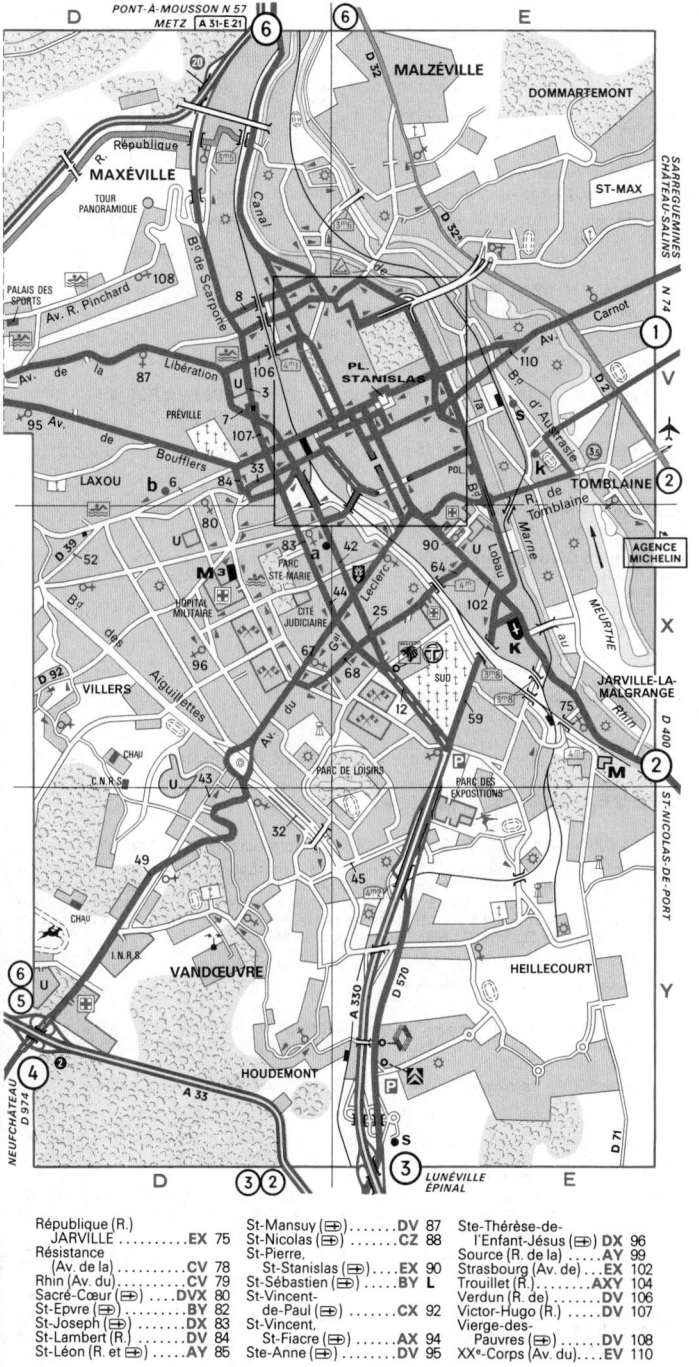

PORSCHE-MITSUBISHI Richard Alcaray Automobiles, 4 pl. Gérard d'Alsace à Vandoeuvre-les-Nancy 📞 83 56 20 80
RENAULT Succursale av. Résistance à Laxou CV 📞 83 95 33 33
RENAULT Régie Renault, N 57 à Houdemont EY 📞 83 95 33 33 Ⓝ 📞 05 05 15 15

V.A.G SODATEC, Aéroport de Nancy av. Eugène Potier à Tomblaine 📞 83 21 38 90

⦿ Multiplus, r. M.-Berthelot à Neuves-Maisons 📞 83 26 41 05
PAD, 97 av. 79ᵉ-R.I. à Essey-lès-Nancy 📞 83 21 24 03

NANDY 77176 S.-et-M. 🗺 ① – 1 548 h. alt. 81.

Paris 36 – Fontainebleau 26 – Brie-Comte-Robert 19 – Corbeil-Essonnes 11 – Melun 17.

🏨 **L'Écurie** Ⓜ, 1 r. Arqueil (N 446) 📞 (1) 60 63 63 63, Télex 690483, Fax 60 63 64 39, 🌿 – 🖥 📺 ☎ &. Ⓟ – 🔒 60. ⒶⒺ ⓄⒹ Ⓔ 𝘝𝘐𝘚𝘈
fermé 1ᵉʳ au 15 août – **R** *(fermé dim. soir)* 107/162, enf. 40 – 🍽 35 – **43 ch** 280/300.

NANGIS 77370 S.-et-M. 🗺 ③, ⑩⑥ ㊺㊻ – 6 869 h. alt. 130.

Voir Église★ de Rampillon E : 4,5 km par D 62, **G. Ile de France**.

Paris 66 – Fontainebleau 31 – Coulommiers 35 – Melun 26 – Provins 22 – Sens 52.

XX **Dauphin** 🕊, avec ch, 9 bis r. A. Briand 📞 (1) 64 08 00 27, Télex 693525 – 📺 ☎ Ⓟ ⒶⒺ ⓄⒹ Ⓔ 𝘝𝘐𝘚𝘈
fermé dim. soir – **R** 130/280 carte le dim. – 🍽 30 – **18 ch** 110/280 – ½ P 210/250.

CITROEN Gar. Barbier, 31 ter r. Écoles 📞 (1) 64 08 01 03
CITROEN S.N.M.A., 3 av. Gén.-de-Gaulle 📞 (1) 64 08 00 48 Ⓝ

FORD M.A.N., 39 r. Libération 📞 (1) 64 08 01 37 Ⓝ 📞 (1) 64 08 01 37
Nangis Accessoires Pièces, 13 bd V. Hugo 📞 (1) 64 08 73 21

NANS-LES-PINS 83860 Var 🗺 ⑭ – 1 349 h. alt. 430.

Paris 799 – Aix-en-Provence 42 – Brignoles 26 – ◆Marseille 41 – Rians 35 – ◆Toulon 69.

🏨 **Domaine de Châteauneuf**, au Châteauneuf N : 3,5 km par D 80 et N 560 📞 94 78 90 06, Télex 400747, Fax 94 78 63 30, 🌿, « 🕊 dans un parc, golf », 🏊, ॐ – 📺 ☎ Ⓟ – 🔒 30. ⒶⒺ ⓄⒹ Ⓔ 𝘝𝘐𝘚𝘈
24 mars-30 nov. – **R** *(fermé lundi hors sais.)* 200/340 – 🍽 60 – **24 ch** 480/1000, 8 appart. 1050/1950 – ½ P 490/750.

RENAULT Gar. Cardillo 📞 94 78 92 53

NANS-SOUS-STE-ANNE 25330 Doubs 🗺 ⑤ **G. Jura** – 141 h. alt. 365.

Paris 423 – ◆Besançon 44 – Pontarlier 35 – Salins-les-Bains 14.

🏠 **Poste** 🕊, 📞 81 86 62 57, ≼ – Ⓔ 𝘝𝘐𝘚𝘈 ॐ ch
⤍ *1ᵉʳ fév.-1ᵉʳ nov., et fermé mardi* – **R** 60/130, enf. 45 – 🍽 22 – **9 ch** 140/190 – ½ P 135/185.

NANTERRE 92 Hauts-de-Seine 🗺 ⑳, ⑩① ⑬ – voir Paris, Environs.

NANTES Ⓟ 44000 Loire-Atl. 🗺 ③ **G. Bretagne** – 247 227 h. **Communauté urbaine 420 000 h** alt. 8.

Voir Intérieur★★ de la cathédrale HY – Château ducal★★ : musées d'art populaire régional★ et des Salorges★ HY – La ville du 19ᵉ s. ★ : passage Pommeraye★ GZ **135**, cours Cambronne★ FZ – Jardin des Plantes★ HY – Palais Dobrée★ FZ – Ancienne île Feydeau★ GZ – Belvédère Ste-Anne ≼★ EZ **S** – Musées : Beaux-Arts★★ HY **M1**, Histoire naturelle★★ FZ **M2**, Archéologie régionale★ (dans les jardins du palais Dobrée) FZ **M3**, Jules Verne★ EZ **M4**.

🛈₈ 📞 40 63 25 82, D 81 : 16 km AV.

✈ de Nantes-Château-Bougon : 📞 40 84 80 00, par D 85 : 8,5 km BX.

🚗 📞 40 50 50 50.

🛈 Office de Tourisme et Accueil de France (Informations, change et réservations d'hôtels, pas plus de 5 jours à l'avance) pl. Commerce 📞 40 47 04 51, Télex 710905 et quartier du Château (15 juin-15 sept.) – A.C. 6 bld G.-Guisth'au 📞 40 48 56 19.

Paris 384 ① – Angers 89 ① – ◆Bordeaux 325 ④ – ◆Lyon 613 ① – Quimper 226 ⑦ – ◆Rennes 107 ⑨.

Plans pages suivantes

🏨 **Sofitel** Ⓜ 🕊, Ile Beaulieu ✉ 44200 📞 40 47 61 03, Télex 710990, Fax 40 48 23 83, ≼, 🌿, 🏊, ॐ – 🖥 ⇆ ch 🖥 📺 ☎ &. ⇨ Ⓟ – 🔒 150. ⒶⒺ ⓄⒹ Ⓔ 𝘝𝘐𝘚𝘈   CX **a**
R 108/130 – 🍽 58 – **98 ch** 535/595.

🏨 **Pullman Beaulieu** Ⓜ 🕊, Ile Beaulieu ✉ 44200 📞 40 41 30 00, Télex 711440, Fax 40 89 69 14, 🌿 – 🖥 🍽 rest 📺 ☎ ⇨ Ⓟ – 🔒 40 à 180. ⒶⒺ ⓄⒹ 𝘝𝘐𝘚𝘈   CX **u**
R 90/190 – 🍽 60 – **148 ch** 470/620 – ½ P 380/460.

🏨 **L'Hôtel** Ⓜ sans rest, 6 r. Henry IV 📞 40 29 30 31, Télex 701569, Fax 40 29 00 95 – 🖥 📺 ☎ &. ⒶⒺ ⓄⒹ Ⓔ 𝘝𝘐𝘚𝘈   HY **e**
🍽 36 – **31 ch** 350/390.

🏨 **Jules Verne** Ⓜ sans rest, 3 r. Couëdic 📞 40 35 74 50, Télex 701166, Fax 40 20 09 35 – 🖥 🍽 📺 ☎ &. Ⓔ 𝘝𝘐𝘚𝘈   GZ **h**
🍽 39 – **65 ch** 375.

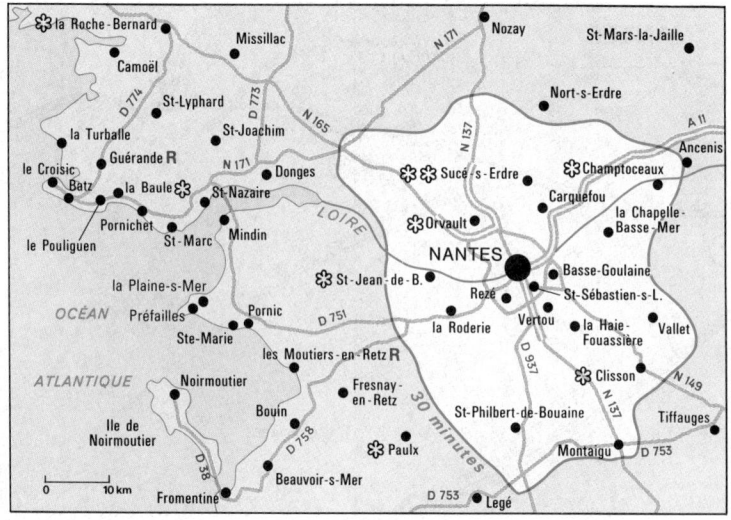

🏨 **Amiral** sans rest, 26 bis r. Scribe ℰ 40 69 20 21, Télex 711783, Fax 40 73 98 13 – 🛗 📺 ☎
   🔥 🖭 ⓪ 🄴 𝓥𝓘𝓢𝓐   FZ **a**
   ☲ 30 – **49 ch** 289/299.

🏨 **Astoria** sans rest, 11 r. Richebourg ℰ 40 74 39 90, Fax 40 14 05 49 – 🛗 📺 ☎ 🚗 🄴 𝓥𝓘𝓢𝓐
   fermé 27 juil. au 26 août – ☲ 30 – **45 ch** 260/330.   HY **k**

🏨 **Colonies** sans rest, 5 r. Chapeau Rouge ℰ 40 48 79 76, Télex 711874 – 🛗 📺 ☎. 🖭 🄴
   𝓥𝓘𝓢𝓐 – ☲ 29 – **39 ch** 249/269   FZ **q**

🏨 **Graslin** sans rest, 1 r. Piron ℰ 40 69 72 91, Télex 701619, Fax 40 69 04 44 – 🛗 📺 ☎. 🖭
   ⓪ 🄴 𝓥𝓘𝓢𝓐   FZ **v**
   ☲ 32 – **47 ch** 270/350.

🏨 **Gd Hôtel** sans rest, 2 r. Santeuil ℰ 40 73 46 68, Fax 40 69 65 98 – 🛗 📺 ☎. 🖭 ⓪ 🄴 𝓥𝓘𝓢𝓐
   ☲ 23 – **41 ch** 225/240.   FZ **p**

🏨 **Le Concorde** sans rest, 2 allée d'Orléans ℰ 40 48 75 91, Télex 790821, Fax 40 47 15 34 –
   🛗 📺 ☎. 🄴 𝓥𝓘𝓢𝓐   GY **f**
   ☲ 27 – **34 ch** 190/275.

🏨 **Bourgogne** sans rest, 9 allée Cdt Charcot ℰ 40 74 03 34, Télex 701405 – 🛗 ↹ 📺 ☎. 🖭
   ⓪ 🄴 𝓥𝓘𝓢𝓐   HY **g**
   fermé 20 déc. au 13 janv. – ☲ 25 – **43 ch** 155/310.

🏨 **Paris** sans rest, 2 r. Boileau ℰ 40 48 78 79, Télex 701242 – 🛗 📺 ☎ – 🔬 50. 🄴 𝓥𝓘𝓢𝓐
   ☲ 28 – **50 ch** 220/310.   FZ **f**

🏨 **Vendée** sans rest, 8 allée Cdt Charcot ℰ 40 74 14 54, Télex 701395 – 🛗 📺 ☎ – 🔬 30. 🖭
   ⓪ 🄴 𝓥𝓘𝓢𝓐   HY **g**
   ☲ 26 – **93 ch** 230/370.

🏨 **Ibis Centre** Ⓜ, 3 allée Baco ℰ 40 20 21 20, Télex 701382, Fax 40 89 45 08, 🍴 – 🛗 📺
   ☎ 🔥 🚗 – 🔬 60. 🄴 𝓥𝓘𝓢𝓐   HZ **q**
   R 79 ⅊, enf. 36 – ☲ 30 – **104 ch** 283/303.

🏨 **Duquesne** sans rest, 12 allée Duquesne ℰ 40 47 57 24 – 🛗 📺 ☎. 🖭 ⓪ 🄴 𝓥𝓘𝓢𝓐   GY **e**
   ☲ 21 – **27 ch** 171/229.

🏨 **Terminus** sans rest, 3 allée Cdt Charcot ℰ 40 74 24 51, Fax 40 74 44 11 – 🛗 📺 ☎. 🖭
   ⓪ 🄴 𝓥𝓘𝓢𝓐   HY **z**
   ☲ 21 – **36 ch** 148/210.

🏨 **Fourcroy** sans rest, 11 r. Fourcroy ℰ 40 44 68 00 – ☎. 🛇   FZ **k**
   ☲ 20 – **19 ch** 110/168.

XXX **Les Maraîchers,** 21 r. Fouré ℰ 40 47 06 51, Fax 40 35 66 49 – 🖭 ⓪ 🄴 𝓥𝓘𝓢𝓐   HZ **a**
   fermé dim. – **R** 120/245.

XXX **San Francisco,** 3 chemin Bateliers ✉ 44300 ℰ 40 49 59 42, 🍴 – 🄿. 🖭 ⓪ 🄴 𝓥𝓘𝓢𝓐   CX **s**
   fermé août, sam. midi, dim. soir et lundi – **R** 140/350.

XXX **L'Esquinade,** 7 r. St-Denis ℰ 40 48 17 22 – 🖭 ⓪ 🄴 𝓥𝓘𝓢𝓐   GY **a**
   fermé 10 au 31 juil., dim. (sauf le midi de sept. à juil.) et lundi – **R** 145/265.

XXX **Le Gavroche,** 139 r. Hauts Pavés ℰ 40 76 22 49, 🍴 – 🄴 𝓥𝓘𝓢𝓐   BV **u**
   fermé 15 juil. au 15 août, dim. soir et lundi – **R** 135/270.

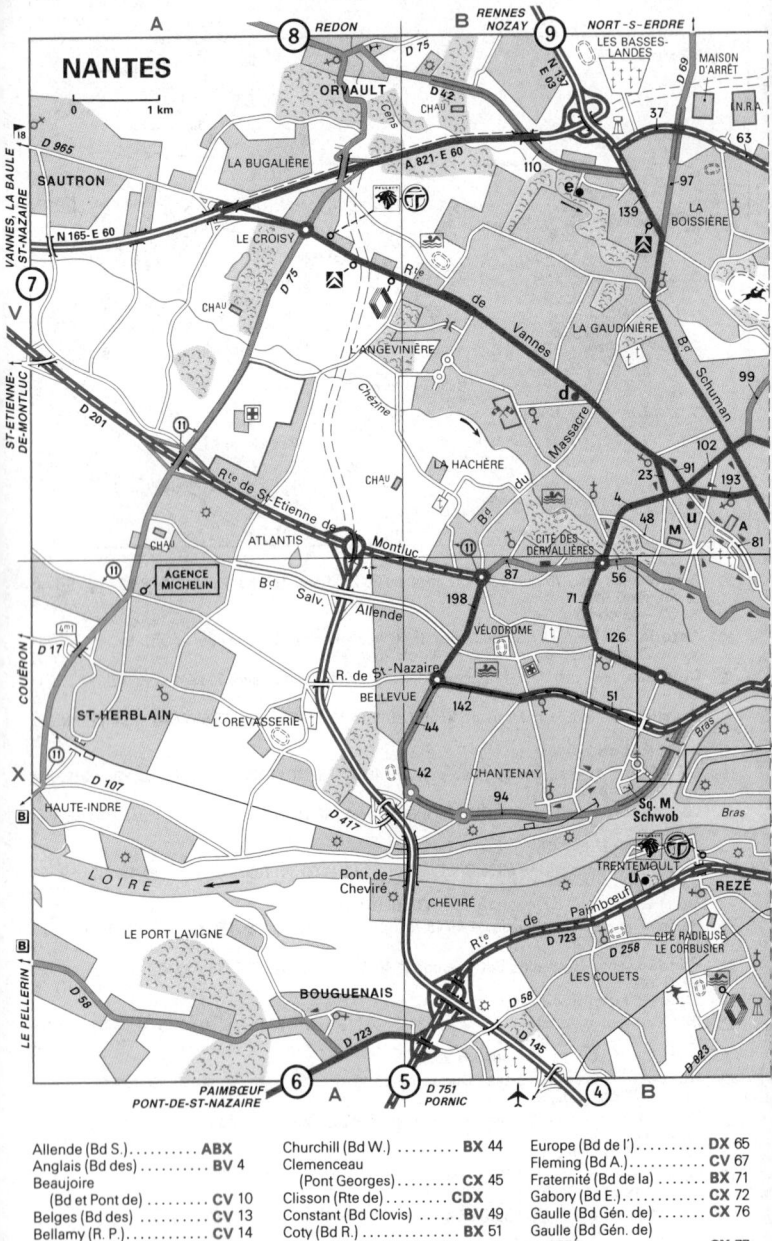

NANTES

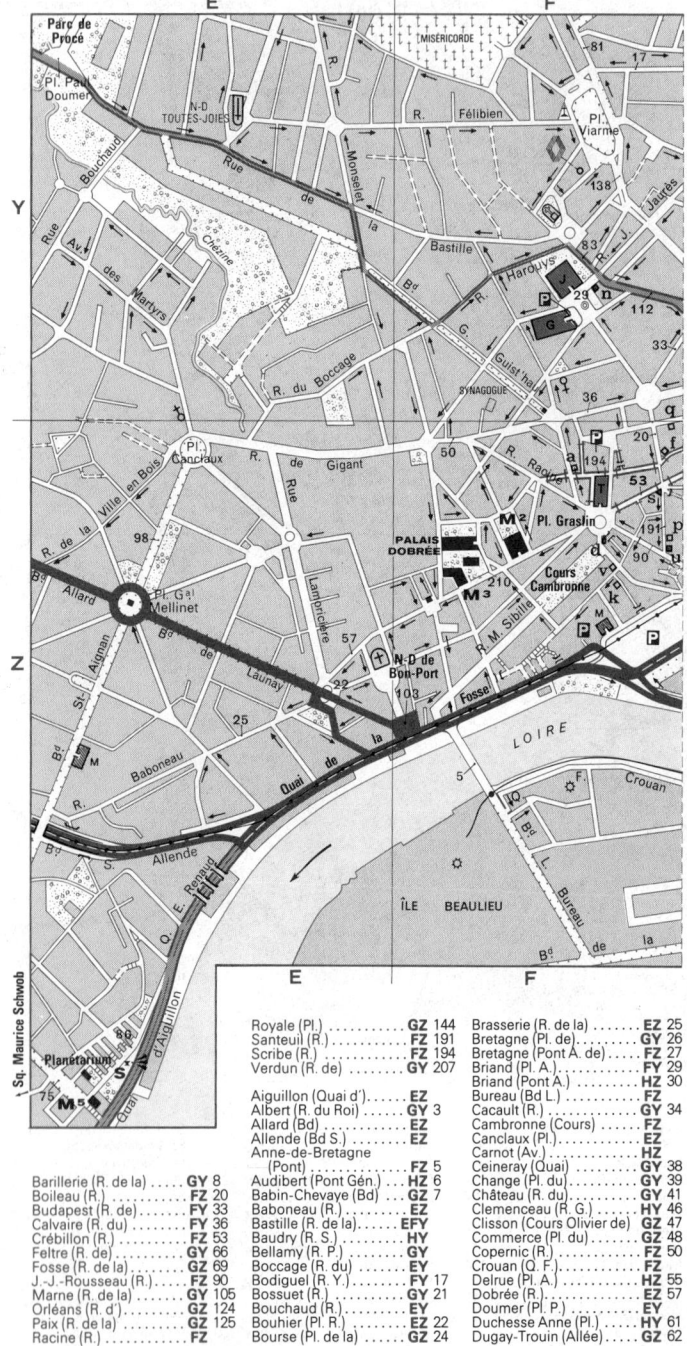

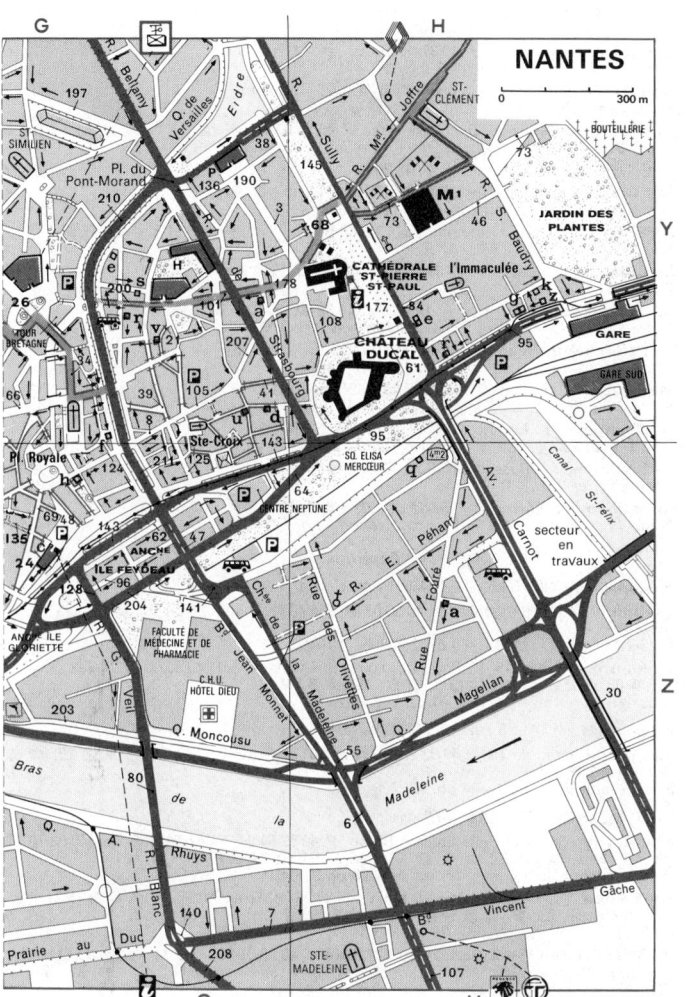

NANTES

300 m

XXX **Torigaï,** île de Versailles ℘ 40 37 06 37, ≤, 🌳 – E 𝘝𝘐𝘚𝘈. 🦌   CV a
fermé 11 au 25 août et dim. – **R** 195/380, enf. 70.

XXX **Coq Hardi,** 22 allée Cdt Charcot ℘ 40 74 14 25 – 🄰🄴 E 𝘝𝘐𝘚𝘈   HY r
fermé sam. – **R** 90/200.

XX **Aub. du Château,** 5 pl. Duchesse Anne ℘ 40 74 05 51 – E 𝘝𝘐𝘚𝘈   HY e
fermé 3 au 26 août, 23 déc. au 2 janv., dim. et lundi – **R** 118/168.

XX Le Colvert, 14 r. A. Brossard ℘ 40 48 20 02   GY r

XX **Les Dauphins,** 18 quai de Versailles ℘ 40 47 32 80 – E 𝘝𝘐𝘚𝘈   CV r
fermé août, sam. midi et dim. – **R** 85/260, enf. 55.

XX **Aub. Normande,** 175 rte Vannes ✉ 44800 St Herblain ℘ 40 76 51 43 – 🄿. E 𝘝𝘐𝘚𝘈
fermé dim. soir – **R** 90/370, enf. 90.   BV d

XX **La Cigale,** 4 pl. Graslin ℘ 40 69 76 41, « Brasserie 1900 » – 🦌. 𝘝𝘐𝘚𝘈   FZ d
R 69/125 bc 🍷, enf. 39.

XX **Rôtisserie du Palais,** 1 pl. A. Briand ℘ 40 89 20 12 – 🄰🄴 🄾 E 𝘝𝘐𝘚𝘈   FY n
fermé 11 au 19 août, 16 au 23 fév. et dim. – **R** 90 bc/300.

XX **La Palombière,** 13 bd Stalingrad ℘ 40 74 05 15 – 🄰🄴 E 𝘝𝘐𝘚𝘈   CX x
fermé 26 juil. au 21 août, sam. midi et dim. – **R** 85/200.

X **Margotte,** 2 r. Santeuil ℘ 40 73 27 40 – 🄰🄴 🄾 E 𝘝𝘐𝘚𝘈   FZ u
fermé 3 au 19 août, sam. midi et dim. – **R** 125/250.

X **Le Change,** 11 r. Juiverie ℘ 40 48 02 28 – 🄰🄴 E 𝘝𝘐𝘚𝘈. 🦌   GY u
fermé 15 au 29 juil., fév., dim. soir et lundi – **R** 95/175, enf. 80.

X **Le Bouchon,** 7 r. Bossuet ℘ 40 20 08 44 – 🄾 E 𝘝𝘐𝘚𝘈   GY v
fermé dim. et lundi – **R** 105/145.

X **Christiana,** 3 r. Émery ℘ 40 89 68 31 – 🄰🄴 🄾 E 𝘝𝘐𝘚𝘈   GY d
fermé 15 au 28 oct., 4 au 26 fév., dim. soir et lundi – **R** 68/165.

Environs

à la Beaujoire NE : 5 km – ✉ **44300** Nantes :

🏨 **Otelinn** Ⓜ, 45 bd Batignolles ℘ 40 50 07 07, Fax 40 49 41 40 – 🛗 📺 ☎ 🕭 🄿 – 🔬 50. 🄰🄴
🄾 E 𝘝𝘐𝘚𝘈   CV n
R 70/160, enf. 45 – ⊆ 30 – **60 ch** 265/295 – ½ P 225/245.

🏨 **Beaujoire H.** Ⓜ, 15 r. Pays de Loire (près stade) ℘ 40 93 00 01, Télex 701438,
Fax 40 68 98 32 – 📺 ☎ 🕭 🄿 – 🔬 50. 🄰🄴 🄾 E 𝘝𝘐𝘚𝘈   CV s
R 69/130 🍷, enf. 45 – ⊆ 30 – **41 ch** 250/280.

rte de Paris vers ① : 5 km – ✉ **44300** Nantes :

🏨 **Ibis** Ⓜ, r. Champ de Tir ℘ 40 93 22 22, Télex 701113, Fax 40 52 17 73, 🌳 – 🛗 📺 ☎ 🕭
🄿 – 🔬 40. E 𝘝𝘐𝘚𝘈   CV k
R 76 🍷, enf. 35 – ⊆ 29 – **64 ch** 260/280.

rte d'Angers par ① – ✉ **44470** Carquefou :

🏨🏨 **Novotel** Ⓜ 🦌, à la Belle Étoile : 12 km ℘ 40 52 64 64, Télex 711175, Fax 40 93 70 78,
🌳, 🏊, 🌿 – ▤ rest 📺 ☎ 🕭 🄿 – 🔬 30 à 150. 🄰🄴 🄾 E 𝘝𝘐𝘚𝘈
R carte environ 150 🍷, enf. 50 – ⊆ 45 – **98 ch** 395/450.

🏨🏨 **Thot Altéa** 🦌, La Madeleine : 9 km ℘ 40 30 29 24, Télex 710962, Fax 40 25 16 21, 🌳,
🏊 – 🛗 ▤ rest 📺 ☎ 🕭 🄿 – 🔬 120. 🄰🄴 🄾 E 𝘝𝘐𝘚𝘈   DV a
R 65/140 🍷, enf. 50 – ⊆ 46 – **76 ch** 340/410.

🏨 **H. Belle Étoile** Ⓜ, à la Belle Étoile : 11,5 km ℘ 40 68 01 69 – 📺 ☎ 🕭 🄿 E 𝘝𝘐𝘚𝘈
R *(fermé 1ᵉʳ au 20 août, 25 déc. au 1ᵉʳ janv., sam. et dim.)* 60/140 🍷 – ⊆ 30 – **21 ch**
220/240 – ½ P 230.

au pont de Bellevue E : 9 km par A 11 – ✉ **44980** Ste-Luce-sur-Loire :

XXX **Beauséjour,** ℘ 40 25 60 39, ≤ – 🄰🄴 🄾 E 𝘝𝘐𝘚𝘈   DV b
fermé 5 au 26 août, 23 déc. au 6 janv., dim. soir et lundi – **R** (nombre de couverts limité,
prévenir) 125/265, enf. 75.

au NE : 11 km par A 11, échangeur de Bellevue, puis rue des Sables – ✉ **44980** Ste-Luce-
sur-Loire :

XXX **Bénureau,** Le Grand Plessis ℘ 40 25 95 25, 🌳, parc – 🄿. E 𝘝𝘐𝘚𝘈   DV f
fermé 29 juil. au 22 août, vacances de fév., jeudi soir, dim. soir et lundi – **R** 145/230.

à Basse-Goulaine vers ② sur D 751 : 8 km – 4 226 h. – ✉ **44115** :

XXX **Mon Rêve,** ℘ 40 03 55 50, 🌳, « Parc et roseraie » – 🦌 🄿. 🄰🄴 🄾 E 𝘝𝘐𝘚𝘈   DV e
fermé vacances de nov., de fév., mardi soir et merc. hors sais. – **R** (dim. prévenir) 152/310,
enf. 70.

par ② sur D 751 – ✉ **44450** St-Julien-de-Concelles :

XX **Aub. Nantaise,** à 15 km : le Bout des Ponts ℘ 40 54 10 73 – 🄰🄴 E 𝘝𝘐𝘚𝘈
fermé 15 au 31 août, sam. midi, dim. soir et lundi soir – **R** 98/250, enf. 60.

XX **Clémence,** à 16 km : la Chebuette ℘ 40 54 10 18 – 🄿. E 𝘝𝘐𝘚𝘈
fermé 2 au 24 janv., dim. soir et lundi – **R** 135/210, enf. 60.

à St-Sébastien par D 751 : 4 km – 18 357 h. – ⊠ **44230** :

XXX **Manoir de la Comète,** 21 av. Libération 🎵 40 34 15 93, Fax 40 34 46 23, 🌲 – 🅟 VISA
fermé 1er au 18 août, 2 au 10 janv., sam. midi et dim. – **R** 250/400.   CX **e**

rte de Poitiers par ③ et N 149 : 11 km – ⊠ **44115** Basse-Goulaine :

🏨 **La Lande St-Martin,** à Haute-Goulaine 🎵 40 06 20 06, Télex 700520, Fax 40 06 15 41,
🌲, parc – 🆅 ☎ 🅟 – 🔬 150. E VISA
R *(fermé dim. soir)* 85/215 – �️ 30 – **33 ch** 230/290 – ½ P 240.

à La Haie Fouassière SE : 15 km par ③, N 149 et D 74 – ⊠ **44690** :

XX **Cep de Vigne,** à la Gare N : 1 km par D 74 🎵 40 36 93 90 – E VISA
fermé 5 au 29 août, 3 au 20 fév., dim. soir, mardi soir et merc. – **R** 95/300, enf. 65.

à Vertou SE : 10 km par D 59 DX – 15 937 h. – ⊠ **44120** :

🏠 **Haute-Forêt,** bd Europe 🎵 40 34 01 74 – ☎ 🅟. E VISA
➡ **R** 50/150 – ⊷ 23 – **35 ch** 170/240.

rte des Sables d'Olonne par ④ et D 178 : 12 km – ⊠ **44840** Les Sorinières :

🏰 **Abbaye de Villeneuve** ⑤, 🎵 40 04 40 25, Télex 710451, Fax 40 31 28 45, ⩽, 🌲, « Belle
demeure du 18e siècle dans un parc », 🔬, ⥷ rest ☎ – 🔬 25 à 250. ⚷ ⓞ E VISA
R 255/340, enf. 85 – ⊷ 55 – **16 ch** 630/880, 3 appart.   1230 – ½ P 580/840.

à Rezé SO : 6 km par D 723 – 13 633 h. – ⊠ **44400** :

🏠 **Fimotel** M, Atout Sud, Z.I. de Rezé 🎵 40 04 20 30, Télex 700429, Fax 40 75 73 83 – ▯ 🆅
☎ 🅟 – 🔬 35. ⚷ ⓞ E VISA   BX **u**
R 72/115 ⅜, enf. 34 – ⊷ 33 – **42 ch** 270/280 – ½ P 225.

XX **L'Aquarelle,** 33 rue Gén.-Leclerc 🎵 40 75 18 33, 🌲, ⩊ – ⓞ E VISA
*fermé 24 déc. au 2 janv., 27 juil. au 18 août, sam. (sauf le soir de sept. à Pâques), lundi
soir et dim.* – **R** 90/245.

à l'Aéroport SO : 10 km par rte de Pornic – ⊠ **44340** Bouguenais :

🏰 **Océania** M, 🎵 40 05 05 66, Fax 40 05 12 03, 🌲, 🔬, ⩊ – ▯ ⥷ ch ▤ 🆅 ☎ ⅃ 🅟 –
🔬 25 à 130. ⚷ ⓞ VISA. ⩊ rest
R 85/120 – ⊷ 47 – **87 ch** 450/590.

rte de Pornic par ⑤ : 15 km – ⊠ **44830** Bouaye :

🏠 **Les Champs d'Avaux** M, 🎵 40 65 43 50, Fax 40 32 64 83, ⩊, ⩊ – 🆅 ☎ ⅃ 🅟 –
🔬 80. ⚷ E VISA
R *(fermé dim. soir)* 80/230, enf. 55 – ⊷ 37 – **43 ch** 245/275 – ½ P 240.

à St-Jean-de-Boiseau par D 723 et D 58 : 18 km - AX – 3 627 h. – ⊠ **44640** :

XX ⧄ **L'Enclos de la Cruaudière** (Durand), 🎵 40 65 66 10, « Jardin ombragé » – 🅟. VISA
fermé au 21 août, 22 déc. au 7 janv., dim. et lundi sauf fêtes – **R** (nombre de
couverts limité - prévenir) 180/250, enf. 60
Spéc. Saint-Pierre à la vapeur d'algues, Sandre au beurre blanc, Feuilleté chaud aux fruits de saison. Vins
Muscadet, Savennières.

rte de Vannes vers ⑧ : 7 km – ⊠ **44800** St-Herblain :

XXX **Le Pavillon,** 🎵 40 94 99 99, Fax 40 94 96 07 – 🅟. ⚷ E VISA
fermé 12 au 25 août, sam. midi et dim. – **R** 150/300, enf. 80.

par ⑧ et rte de Vannes :

🏰 **Mercure** M, à 17 km ⊠ 44360 Vigneux-de-Bretagne 🎵 40 57 10 80, Télex 711823,
Fax 40 57 13 30, 🌲, ⩊ – ▤ rest 🆅 ☎ 🅟 – 🔬 30 à 150. ⚷ ⓞ E VISA
R carte 140 à 270 ⅜, enf. 45 – ⊷ 47 – **90 ch** 450.

à Orvault vers ⑨ par N 137 et voie pavillonnaire : 7 km – 23 248 h. – ⊠ **44700** :

🏰 ⧄ **Domaine d'Orvault** (Bernard) M ⑤, 🎵 40 76 84 02, Télex 700454, Fax 40 76 04 21,
🌲, ⩊ – 🆅 ☎ 🅟 – 🔬 25. ⚷ E VISA   BV **e**
R *(fermé fév. et lundi midi)* 195/400 – ⊷ 55 – **29 ch** 310/570 – ½ P 505/580
Spéc. Fantaisie de bar aux langoustines, Médaillon de Saint-Pierre au vinaigre de truffes, Suprême de
pigeonneau aux épices. Vins Muscadet de Sèvre et Maine, Anjou rouge.

à Sucé-sur-Erdre vers ⑪ : 16 km – 4 135 h. – ⊠ **44240** :

XXX ⧄⧄ **La Châtaigneraie** (Delphin), 156 rte Carquefou 🎵 40 77 90 95, Fax 40 77 90 08, ⩽,
🌲, « Manoir du 19e siècle dans un parc au bord de l'Erdre » – 🅟 – 🔬 30. ⚷ ⓞ E VISA
fermé 29 juil. au 12 août, janv., lundi sauf le soir de juin à août et dim. soir – **R** 235/380 et
enf. 100
Spéc. Duo de grenouilles et ris de veau au persil plat, Estouffade de turbot au Muscadet, Filets de pigeon
en croûte. Vins Muscadet, Chinon.

X **Au Cordon Bleu** avec ch, 🎵 40 77 71 34 – ☎. E VISA
➡ *fermé 1er au 21 août, dim. soir et lundi* – **R** 68/180, enf. 44 – ⊷ 30 – **8 ch** 160/240 –
½ P 160/220.

par ⑫ et rte de la Chantrerie : 9 km – ✉ **44300** Nantes :

XXX **Manoir de la Régate,** 155 rte Gachet ☎ 40 30 02 97, Fax 40 25 23 36, ≤, parc – AE ⊕ E VISA
fermé 11 août au 2 sept., vacances de fév., dim. soir, lundi et fériés le soir – **R** 155/310, enf. 65.

à Carquefou par ⑫ : 11 km – 12 854 h. – ✉ **44470** :

XXX **Aub. du Cheval Blanc,** r. 9 août-1944 ☎ 40 50 88 05, salle rustique – E VISA
fermé 22 juil. au 13 août, lundi sauf le midi de sept. à mai et dim. soir – **R** 105/235.

MICHELIN, Agence régionale, 13 r. du Rémouleur ZI à St-Herblain AX ☎ 40 92 15 44

AUSTIN, ROVER Armoric-Auto, 2 bis r. Lamoricière ☎ 40 73 12 24
AUSTIN-ROVER Le Moigne, 18 allée Baco ☎ 40 47 77 16
CITROEN Centre de gros automobiles, 14 r. Marché Commun ☎ 40 49 65 97
FORD Conté-Tiriau, 16 bd Stalingrad ☎ 40 74 30 11
FORD Mustière Automobiles, 82 rte de Vannes ☎ 40 76 90 76 N ☎ 40 74 66 66
NISSAN-VOLVO Centre Automobile Beaulieu, 25 bd des Martyrs Nantais ☎ 40 47 73 73
OPEL Longchamp Autom., 37 rte de Vannes ☎ 40 76 76 74
PEUGEOT Raguideau, 170 rte de Clisson CX ☎ 40 34 20 63 N ☎ 40 74 66 66
PEUGEOT-TALBOT S.I.A.O., 40 r. de Monaco, centre de gros, rte de Paris DV ☎ 40 93 96 96
PEUGEOT-TALBOT Dugast, 105 r. Gén.-Buat CV ☎ 40 74 18 04
PEUGEOT-TALBOT S.I.A.O., 7 bd Martyrs-Nantais HZ ☎ 40 35 16 16
RENAULT Gar. Louis XVI, 41 r. Gambetta HY ☎ 40 29 15 15 N
RENAULT Central Gar., 6 r. J.-Caille FY ☎ 40 20 29 62
RENAULT Gar. Lizé, 82 r. du Landreau CV ☎ 40 49 49 17
SAAB Ouest-Autom., 277 rte de Vannes à St-Herblain ☎ 40 63 94 94
V.A.G Auto-Gar. de l'Ouest, 8 r. Sully ☎ 40 29 40 00
Dépannage-Autom.-Ouest, 14 r. G.-Clemenceau ☎ 40 74 68 39 N ☎ 40 74 66 66

Nantes-Pneumatiques, 83 rte de Paris ☎ 40 49 36 19
SOFRAP, 10 quai H.-Barbusse ☎ 40 74 05 69
Station Magellan, 58 r. Fouré ☎ 40 89 52 00
Vallée Pneus, 104 rte de Vannes ☎ 40 76 11 98
Vallée-Pneus, 13 bd Martyrs-Nantais-de-la-Résistance ☎ 40 47 87 14

Périphérie et environs

ALFA-ROMEO Véloce Auto, 277 rte de Vannes à St-Herblain ☎ 40 63 38 38
ALFA-ROMEO-FERRARI MAZDA Gar. Barteau, r. Ordronneau, ZI à Rezé ☎ 40 04 11 00
CITROEN SORDA, 9 r. Ch.-Rivière à Rezé par ④ ☎ 40 75 24 44
CITROEN Vertou Autom., 258 rte de Clisson à Vertou DX ☎ 40 03 00 26
CITROEN CAPAL, 351 rte de Vannes à St-Herblain AV ☎ 40 74 66 66
CITROEN Gar. Robin, 133 rte de Rennes à orvault BV ☎ 40 76 81 50
FIAT Loire-Océans-Autos, 272 bd M.-Paul à St-Herblain ☎ 40 94 84 14
FORD Sud Loire Autom., rte des Sorinières à Rezé ☎ 40 32 10 00
FORD Gar. Bezard, 136 rte de la Gare à Vertou ☎ 40 34 44 95
HONDA Gar. Victor Hugo, 223 rte de Vannes à St-Herblain ☎ 40 76 20 21
MERCEDES-BENZ Gar. Paris-Maine, 307 rte de Vannes à St-Herblain ☎ 40 63 63 89 N ☎ 40 74 68 39
PEUGEOT-TALBOT S.I.A.O., rte de Vannes le Croisy à Orvault AV ☎ 40 67 76 76
PEUGEOT-TALBOT Rez'Auto, rte de Pornic à Rezé BX ☎ 40 84 34 00
RENAULT Cora, 100 rte Sorinières à Rezé par r. J.-Jaurès CX ☎ 40 84 49 49 N ☎ 40 75 21 21
RENAULT Gar. Mecan'auto, 30 r. Fontenelle à Vertou DX ☎ 40 34 17 02
RENAULT Gar. Moinet, 25 r. J.-Jaurès à Rezé CX ☎ 40 04 04 00
RENAULT Gar. Dabireau Frères, 25 r. A.-Arnaud à Vertou par D 59 ☎ 40 34 21 04
RENAULT Gar. du Stade, 73 r. Bel-Être à Rezé BX ☎ 40 75 43 79
RENAULT Succursale, Les Lions, rte de Vannes à St-Herblain AV ☎ 40 67 27 27
RENAULT Plaisance Auto, rte de Machecoul à St-Philbert-de-Grand-Lieu par D 65 ☎ 40 78 77 71 N
TOYOTA Gar. Grimaud, à Treillières ☎ 40 89 42 79

Chrono Pneus, 246 rte de Vannes à Orvault ☎ 40 94 03 02
Lemaux-Pneu, 67 r. A.-Briand à Rezé ☎ 40 75 84 16
Nantex, 2 r. Cochardières, ZI à St-Herblain ☎ 40 94 86 07
Vallée Pneus, 3 r. Grande Bretagne à Carquefou ☎ 40 25 25 05
Vallée-Pneus, Zone Atlantis, bd S.-Allendé à St-Herblain ☎ 40 92 00 05
Vertou Centre Auto Pneus, 117 rte de la Gare à Vertou ☎ 40 33 10 11

NANTEUIL-LE-HAUDOUIN 60440 Oise 56 ⑫ – 2 461 h. alt. 96.

Paris 53 – Compiègne 36 – Beauvais 71 – Meaux 25 – Senlis 20 – Villers-Cotterêts 25.

X **Le Bruxelles-Paris** avec ch, face église ☎ 44 88 00 37 – E VISA
fermé 3 au 25 août, dim. soir sauf hôtel et merc. – **R** 65/160 ⅙ – ▭ 22 – **10 ch** 100/140 – ½ P 160.

CITROEN Thuillier et Klaine ☎ 44 88 00 02 N

NANTILLY 70 H.-Saône 66 ⑬ – rattaché à Gray.

Un conseil Michelin :

pour réussir vos voyages, préparez-les à l'avance.
Les cartes et guides Michelin, vous donnent toutes indications utiles sur : itinéraires, visite des curiosités, logement, prix, etc.

NANTUA ⬢ 01130 Ain 📖 ④ G. Jura (plan) – 3 478 h. alt. 479.

Voir Cluse★★ – Lac★ – Bords du lac ≤★.

🛈 Office de Tourisme pl. d'Armes (juin-15 sept.).

Paris 476 – Aix-les-B. 80 – Annecy 66 – Bourg-en-B. 50 – ♦Genève 64 – ♦Lyon 90.

🏨 **Embarcadère** Ⓜ, av. Lac 🕾 74 75 22 88, Fax 74 75 22 25, ≤ – 🔟 🕿 🄿 – 🔬 35. 🗲 𝐕𝐼𝐒𝐀
  ℅ rest – *fermé 1ᵉʳ au 7 mai et 20 déc. au 20 janv.* – **R** *(fermé lundi)* 105/255, enf. 55 –
  ☷ 30 – **50 ch** 220/300 – ½ P 245/255.

🏨 **France**, 44 r. Dr Mercier 🕾 74 75 00 55 – 🔟 🕿 🚗 🄿. 🄰🄴 𝐕𝐼𝐒𝐀
  fermé 1ᵉʳ nov. au 20 déc., mardi de janv. à mars, vend. d'avril à juin et en sept.-oct. –
  R 120/195 – ☷ 30 – **18 ch** 260/370.

  aux Neyrolles SE – alt. 563 – ✉ 01130 :

🍽 **Daphnés** avec ch, 🕾 74 75 01 42, 😊, 🌳 – 🕿 🚗. 🗲 𝐕𝐼𝐒𝐀. ℅ rest
  *fermé 2 au 19/4, 1/10 au 31/12, lundi soir et mardi sauf juil.-août et vacances de fév., et
  mardi midi en sais.* – **R** 110/260 – ☷ 30 – **12 ch** 220/250.

PEUGEOT Grenard, La Cluse 🕾 74 76 14 80   Gar. Tarrare, La Cluse 🕾 74 76 01 61
🄽 🕾 74 76 14 87   🄽 🕾 74 76 11 14
RENAULT Gar. du Lac, 16 rte de Lyon à Port N 84
🕾 74 76 07 33 🄽

La NAPOULE 06210 Alpes-Mar. 🖽 ⑧ G. Côte d'Azur – alt. 18.

Voir Site★ du château-musée.

⛳⛳ Golf Club de Cannes-Mandelieu 🕾 93 49 55 39, N : 1,5 km.

🛈 Maison du Tourisme bd de la Tavernière "Les Vigies" 🕾 93 97 86 46, Télex 462043 ; av. Cannes 🕾 93 49
14 39 et bd H.-Clews 🕾 93 49 95 31.

Paris 903 – Cannes 8 – Mandelieu 4 – ♦Nice 40 – St-Raphaël 34.

🏨 **Royal** Ⓜ, 🕾 93 49 90 00, Télex 461820, Fax 93 49 51 50, ≤, 😊, 🏊, ⚓ – 🛗 🗏 🔟 🕿 🕭
  🄿 – 🔬 800. 🄰🄴 🄾 🗲 𝐕𝐼𝐒𝐀. ℅ rest
  R 160/270 – ☷ 100 – **186 ch** 2000/2200, 25 appart. – ½ P 350.

🏨 **Ermitage du Riou**, av. H.-Clews 🕾 93 49 95 56, Télex 470072, Fax 92 97 69 05, ≤, 😊,
  🏊, ⚓, 😊 🗏 ch 🔟 🕿 🕭 🄿 – 🔬 25. 🄰🄴 🄾 🗲 𝐕𝐼𝐒𝐀
  R *(fermé 5 nov. au 23 déc.)* 165/310, enf. 85 – ☷ 50 – **40 ch** 725/1240 – ½ P 650/800.

🏠 **Parisiana** sans rest, r. Argentière 🕾 93 49 93 02 – 🕿. ℅
  22 mars-20 oct. – ☷ 25 – **12 ch** 200/350.

🏠 **La Calanque**, av. H.-Clews 🕾 93 49 95 11, ≤, 😊 – 😊. 🗲 𝐕𝐼𝐒𝐀
  Pâques-1ᵉʳ nov. – **R** 98 (sauf juil.-août)/155 – ☷ 26 – **17 ch** 160/265 – ½ P 200/265.

🏠 **Corniche d'Or** sans rest, La. Fontaine 🕾 93 49 92 51 – ℅
  25 avril-25 oct. – ☷ 23 – **12 ch** 145/250.

🍽 **La Maison de Bruno et Judy**, pl. Château 🕾 93 49 95 15, 😊 – 🄰🄴 🄾 🗲 𝐕𝐼𝐒𝐀
  fermé 1ᵉʳ nov. au 15 déc. et mardi du 15 déc. au 15 avril – **R** 140/180.

🍽 **Brocherie II**, au Port 🕾 93 49 80 73, ≤, 😊 – 🄰🄴 𝐕𝐼𝐒𝐀
  fermé 3 janv. au 10 fév., lundi soir et mardi hors sais. – **R** 175.

🍽 **La Pomme d'Amour**, 209 av. 23-Août 🕾 93 49 95 19, 😊 – 🗲 𝐕𝐼𝐒𝐀
  fermé 6 au 20 janv., mardi d'oct. à juin, mardi midi et jeudi midi de juil. à sept. –
  R 140/180, enf. 65.

NARBONNE ⬢ 11100 Aude 🖽 ⑭ G. Pyrénées Roussillon – 42 657 h. alt. 11.

Voir Cathédrale St-Just★★ (Trésor : tapisserie représentant la Création★★) BY B – Donjon Gilles
Aycelin★ (※★) BY M – Choeur★ de la basilique St-Paul-Serge AZ E – Musées : Art et Histoire★
BY M, Archéologique★ BY M, Lapidaire★ BZ M1.

Env. Abbaye de Fontfroide★★ 14 km par ④.

✈ 🕾 67 62 50 50.

🛈 Office de Tourisme pl. R.-Salengro 🕾 68 65 15 60.

Paris 847 ② – ♦Perpignan 64 ③ – Béziers 27 ① – Carcassonne 61 ③ – ♦Montpellier 92 ②.

Plan page suivante

🏨 **Motel d'Occitanie** Ⓜ 😊, av. Mer par ② : 2 km 🕾 68 65 23 71, Télex 505562,
  Fax 68 65 09 17, ≤, 😊, 🏊, 🌳, 😊 – 🛗 🔟 🕿 🕭 🄿 – 🔬 40 à 150. 🄰🄴 🄾 🗲 𝐕𝐼𝐒𝐀
  R 75/250, enf. 49 – ☷ 38 – **55 ch** 355/395 – ½ P 350.

🏨 **Novotel** Ⓜ, par ③ : 3 km 🕾 68 41 59 52, Télex 500480, Fax 68 41 32 12, 😊, 🏊, 🌳 – 🛗
  🗏 🔟 🕿 🕭 🄿 – 🔬 25 à 200. 🄰🄴 🄾 🗲 𝐕𝐼𝐒𝐀
  R carte environ 160 ⚱, enf. 48 – ☷ 47 – **96 ch** 370/420.

🏠 **La Résidence** 😊 sans rest, 6 r. 1ᵉʳ-Mai 🕾 68 32 19 41, Télex 500441, Fax 68 65 51 82,
  « Bel aménagement intérieur » – 🛗 🗏 🕿 🚗. 🗲 𝐕𝐼𝐒𝐀. ℅   AY **r**
  fermé 5 janv. au 5 fév. – ☷ 40 – **26 ch** 285/395.

🏠 **Languedoc**, 22 bd Gambetta 🕾 68 65 14 74, Télex 505167, Fax 68 65 81 48 – 🛗 🗏 rest 🔟
  🕿 – 🔬 40. 🄰🄴 🄾 🗲 𝐕𝐼𝐒𝐀   BY **b**
  R 80/200, enf. 35 – ☷ 35 – **44 ch** 250/390 – ½ P 240/310.

🏠 **Mirabeau** Ⓜ sans rest, 4 r. B. Limouzy 🕾 68 65 12 01 – 🛗 🔟 🕿 🕭. 🗲 𝐕𝐼𝐒𝐀   BZ **v**
  ☷ 30 – **25 ch** 180/300.

🏠 **Lion d'Or,** 39 av. P. Sémard ℰ 68 32 06 92, Fax 68 65 51 13 – ☎. ᴀᴇ ⓞ ᴇ 𝘝𝘐𝘚𝘈 BX **k**
fermé 4 au 18 nov., 1ᵉʳ au 28 janv., vend. soir (sauf hôtel) et dim. hors sais. – **R** 80/150,
enf. 45 – ⌧ 30 – **27 ch** 185/235 – ½ P 225.

🏠 **H. Alsace** sans rest, 2 av. Carnot ℰ 68 32 01 86 – ᴛᴠ ☎. ᴇ 𝘝𝘐𝘚𝘈 BX **a**
⌧ 25 – **20 ch** 130/240.

🏠 **France** sans rest, 6 r. Rossini ℰ 68 32 09 75 – ☎. ⟵⟶. 𝘝𝘐𝘚𝘈 BZ **s**
⌧ 25 – **17 ch** 100/220.

🏠 **Regent** ⟩ sans rest, 15 r. Suffren ℰ 68 32 02 41 – ᴛᴠ ☎. ᴀᴇ ⓞ ᴇ 𝘝𝘐𝘚𝘈 BY **d**
⌧ 25 – **15 ch** 140/250.

XXX **Rest. Alsace,** 2 av. P. Sémard ℰ 68 65 10 24 – ▤. ᴀᴇ ⓞ ᴇ 𝘝𝘐𝘚𝘈 BX **a**
fermé 18 nov. au 18 déc., lundi soir et mardi – **R** 100/320, enf. 70.

X **Petit Boucher,** 11 bd Dr Ferroul ℰ 68 65 84 92, Fax 68 90 65 45 – ⟜⟩ BZ **v**
➔ **R** 65/195.

à Coursan par ① : 9 km – 4 023 h. – ⊠ 11110 :

XXX **Château de Coursan,** av. Toulouse ℰ 68 33 51 94, Fax 68 33 91 63, 🍽, 🌳 – ℗. ᴀᴇ ⓞ
ᴇ 𝘝𝘐𝘚𝘈
R 88/220, enf. 60.

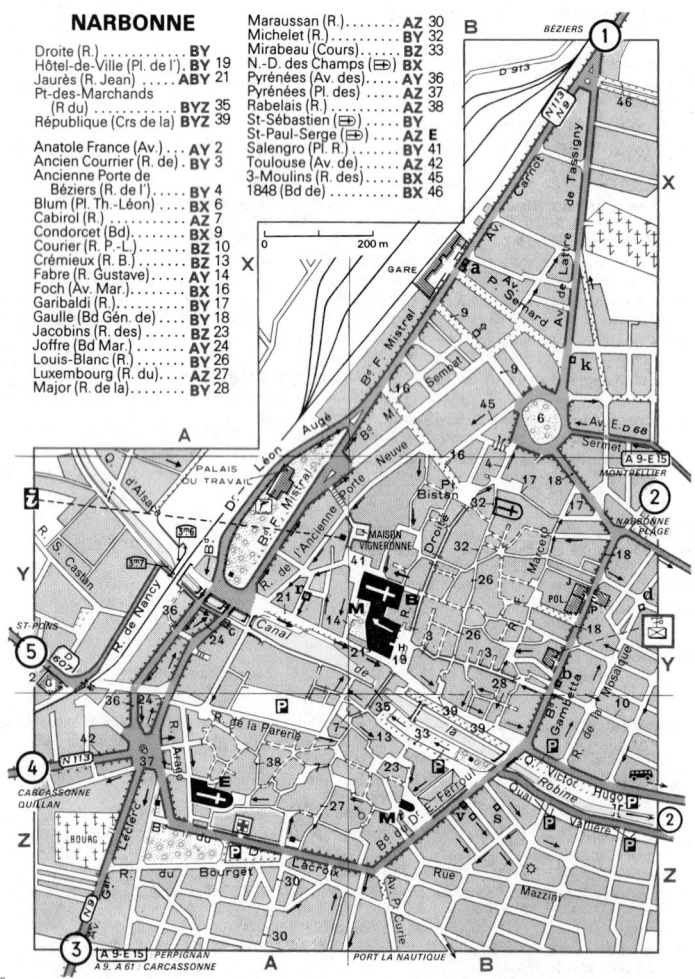

NARBONNE

à Narbonne-Plage par ② et D 168 : 15 km – ⊠ **11100** Narbonne :

🏠 **Caravelle,** ✆ 68 49 80 38, ≤, 🍴 – ☎ ℗ 🇪 *VISA*, ✖ rest
15 avril-30 sept. – **R** 85/260 🍷 – ⊂⊃ 35 – **24 ch** 180/250 – ½ P 215/240.

à Ornaisons par ④ et D 24 : 14 km – ⊠ **11200** :

🏠 **Relais Val d'Orbieu** ⑤, ✆ 68 27 10 27, Fax 68 27 52 44, ≤, 🍴, ☒, 🌳, ✖ – 📺 ☎ ℗
– 🛎 30. 🖭 ◑ 🇪 *VISA*
fermé fév., dim. soir et lundi midi du 1er nov. au 15 mars – **R** 195/285, enf. 105 – ⊂⊃ 60 –
15 ch 420/720, 7 appart. 780/1300 – ½ P 650/850.

BMW, OPEL-GM Narbonauto, av. Champ-de-Mars, ZI Plaisance ✆ 68 41 14 81
CITROEN Plaisance-Autos Service, N 9 par ③ ✆ 68 41 69 62
FORD Villefranque, 20 bd M.-Sembat ✆ 68 32 30 11
LADA Croix Sud Autom., ZI Croix Sud ✆ 68 41 43 87
MERCEDES-BENZ, TOYOTA Gar. Deville, ZI Plaisance ✆ 68 41 22 38

PEUGEOT-TALBOT Audoise, rte de Perpignan, le Peyrou par ③ ✆ 68 41 09 85
RENAULT Languedoc Auto, Croix Sud rte de Perpignan ✆ 68 42 50 00 🇳 ✆ 05 05 15 15
V.A.G Marty, 87 av. Gén.-Leclerc ✆ 68 41 16 10

🛞 Éts Escande, 1 av. de Toulouse ✆ 68 41 01 03
Brunel, 31 et 33 bd Mar.-Joffre ✆ 68 42 27 53
Piot-Pneu, ZI, rte de Perpignan ✆ 68 41 23 24

La NARTELLE 83 Var 🗺 ⑰ – rattaché à Ste-Maxime.

NASBINALS 48260 Lozère 🗺 ⑭ G. Gorges du Tarn – 614 h. alt. 1 180 – Sports d'hiver : 1 250/1 321 m ✢1.
Paris 569 – Mende 59 – Rodez 66 – Aumont-Aubrac 23 – Chaudes-Aigues 27 – Espalion 35 – St-Flour 59.

🏠 **Route d'Argent,** ✆ 66 32 50 03, 🍴 – cuisinette ☎ 🖭 🇪 *VISA*
R 65/160 🍷, enf. 42 – ⊂⊃ 25 – **35 ch** 80/260 – ½ P 115/190.

au Nord par D 12 : 4 km – alt. 1 080 – ⊠ **48260** Nasbinals :

🏠 **Relais de l'Aubrac** ⑤, au Pont de Gournier (carrefour D 12 - D 112) ✆ 66 32 52 06, 🍴
– ☎ ℗ 🇪 *VISA*, ✖ rest
fermé 15 nov. au 20 déc. et janv. – **R** 85/170 diner à la carte 🍷, enf. 45 – ⊂⊃ 26 – **19 ch**
190 – ½ P 190.

NATZWILLER 67130 B.-Rhin 🗺 ⑧ – 658 h. alt. 540.
Paris 411 – ♦Strasbourg 60 – Barr 30 – Molsheim 38 – St-Dié 45.

🏠 **Aub. Metzger,** ✆ 88 97 02 42, 🍴, 🌳 – ☎ ℗ 🖭 ◑ 🇪 *VISA*
fermé janv. et lundi (sauf juil.-août et vacances de fév.) – **R** 50/180 🍷, enf. 45 – ⊂⊃ 30 –
10 ch 185/200 – ½ P 220.

NAUCELLE 12800 Aveyron 🗺 ① – 2 357 h. alt. 469.
Paris 651 – Rodez 33 – Albi 48 – Millau 88 – St-Affrique 82 – Villefranche-de-Rouergue 51.

🏠 **Host. Voyageurs,** pl. Hôtel de Ville ✆ 65 47 01 34, 🍴 – ☜. 🇪 *VISA*
fermé vacances nov. et lundi du 15 sept. au 15 juin – **R** 47/130 🍷, enf. 35 – ⊂⊃ 24 – **15 ch**
75/190.

à Castelpers SE : 12,5 km sur D 10 – ⊠ **12170** Réquista :

✖✖ **Château de Castelpers** ⑤ avec ch, ✆ 65 69 22 61, ≤, « Parc au bord de l'eau » – ☎
℗. 🖭 🇪 *VISA*, ✖ rest
1er avril-1er oct. – **R** *(fermé mardi)* 110/240 🍷, enf. 50 – ⊂⊃ 30 – **9 ch** 250/420 – ½ P 208/310.

NAUZAN 17 Char.-Mar. 🗺 ⑮ – rattaché à St-Palais-sur-Mer et à Royan.

NAVACELLES (Cirque de) ★★★ 30 Gard et 🗺 ⑯ G. Gorges du Tarn – alt. 323.
Accès par Blandas N : 7 km ou par St-Maurice S : 7,5 km.

NAVAROSSE 40 Landes 🗺 ⑬ – rattaché à Biscarrosse.

NAVARRENX 64190 Pyr.-Atl. 🗺 ⑤ G. Pyrénées Aquitaine – 1 204 h. alt. 125.
🚩 Syndicat d'Initiative pl. des Casernes ✆ 59 66 14 93.
Paris 803 – Pau 55 – Oloron-Ste-M. 22 – Orthez 22 – St-Jean-Pied-de-Port 58 – Sauveterre-de-B. 23.

🏠 **Commerce,** ✆ 59 66 50 16 – ☎ – 🛎 40. 🇪 *VISA*
fermé 15 au 31 oct., 24 déc. à fin janv., dim. soir et lundi sauf juil.-août – **R** 58/170 🍷,
enf. 40 – ⊂⊃ 18 – **28 ch** 110/180 – ½ P 180.

CITROEN Labrit ✆ 59 66 16 32 🇳 ✆ 59 34 36 75

NAY 64800 Pyr.-Atl. 🖼 ⑦ – 3 492 h. alt. 352.

Paris 786 – Pau 20 – Laruns 33 – Lourdes 25 – Oloron-Ste-Marie 36 – Tarbes 33.

🏠 **Aub. Chez Lazare** 🦽, Les Labassères SO : 3 km par D 36 et D 287 ℰ 59 61 05 26, ≤,
☐, 🚗 – 🕿 **🅿**. 🆎 **E** 𝕍𝕀𝕊𝔸
fermé 1er au 15 août et dim. (sauf hôtel en sais.) – **R** (prévenir) 100/160 – ☲ 22 – **8 ch**
160/200 – ½ P 160/180.

PEUGEOT Gar. Manuel ℰ 59 61 27 67
RENAULT Gar. Fouraa ℰ 59 61 06 18

RENAULT Gar. Bonnasse-Gahot, à Bénéjacq
ℰ 59 61 07 25 **N** ℰ 59 61 26 99
Gar. Antony, ℰ 59 61 16 21

NÉANT-SUR-YVEL 56430 Morbihan 🖼 ④ – 835 h. alt. 75.

Paris 416 – ✦Rennes 65 – Dinan 57 – Loudéac 52 – Ploërmel 11 – Vannes 57.

✕ **Aub. Table Ronde** avec ch, ℰ 97 93 03 96 – ☜. ⓞ **E** 𝕍𝕀𝕊𝔸
✦ fermé 5 janv. au 2 fév., dim. soir et lundi sauf juil.-août et fériés – **R** 46/160 ⅃ – ☲ 25 –
10 ch 105/220 – ½ P 115/160.

NEAU 53150 Mayenne 🖼 ⑪ – 618 h. alt. 91.

Paris 267 – Alençon 65 – Laval 26 – ✦Le Mans 70 – Mayenne 22 – Ste-Suzanne 13 – Vaiges 15.

🏠 **Croix Verte,** ℰ 43 98 23 41 – 📺 🕿 **🅿**. **E** 𝕍𝕀𝕊𝔸
✦ fermé 15 sept. au 1er oct., dim. soir et lundi de sept. à avril – **R** 55/165 – ☲ 25 – **14 ch**
130/200 – ½ P 210/260.

RENAULT Gar. Terrier ℰ 43 98 22 37

NEAUPHLE-LE-CHÂTEAU 78640 Yvelines 🖼 ⑨, 🖼 ⑯ **G. Ile de France** – 2 151 h. alt. 185.

Paris 40 – Dreux 44 – Mantes-la-Jolie 32 – Rambouillet 24 – St-Nom-la-Bretèche 12 – Versailles 18.

🏨 **Le Verbois** 🅼 🦽, ℰ (1) 34 89 11 78, Télex 699981, Fax (1) 34 89 57 33, ≤, ☐, parc,
✕ – 📺 📠 **🅿** – 🔬 40. **E** 𝕍𝕀𝕊𝔸. ✶
fermé 25 août, lundi midi et dim. – **R** 145/185 – ☲ 45 – **20 ch** 410/650 – ½ P 375/495.

✕✕ Relais de Neauphle, ℰ (1) 34 89 00 47.

PEUGEOT-TALBOT Cabailh, 7 r. des Frères-
Lumière à Plaisir ℰ (1) 30 55 17 30 **N**

RENAULT Gar. des Petits Prés, 16 r. de la Gare à
Plaisir ℰ (1) 30 55 80 84 **N** ℰ (1) 44 00 62 54

NÉGRON 37 I.-et-L. 🖼 ⑯ – rattaché à Amboise.

Comment s'y retrouver dans la banlieue parisienne ?
Utilisez la carte et les plans Michelin
nos 🖼, 🖼, 🖼, 🖼, 🖼 : *clairs, précis, à jour.*

NEMOURS 77140 S.-et-M. 🖼 ⑫ **G. Ile de France** – 11 676 h. alt. 62.

Voir Musée de Préhistoire de l'Ile de France★ par ②.

🛈 Office de Tourisme 41 quai V.-Hugo ℰ (1) 64 28 03 95.

Paris 80 ① – Fontainebleau 16 ⑥ – Chartres 117 ① – Melun 32 ⑥ – Montargis 37 ① – ✦Orléans 87 ④ –
Sens 46 ②.

Plan page ci-contre

🏠 **Les Roches,** av. L. Pelletier à St-Pierre ℰ (1) 64 28 01 43, ☐ – ✶ rest 📺 📠. 🆎 ⓞ
E 𝕍𝕀𝕊𝔸
fermé dim. soir (sauf hôtel en juil.-août) et lundi midi – **R** 90/260, enf. 45 – ☲ 30 – **17 ch**
120/285 – ½ P 195/270.

A h

🏠 **St-Pierre** sans rest, 12 av. Carnot ℰ (1) 64 28 01 57 – 📠 **🅿**. 🆎 **E** 𝕍𝕀𝕊𝔸
fermé 1er au 15 mars – ☲ 23 – **25 ch** 120/260.

A v

✕ **Vieux Moulin,** 5 av. Lyon ℰ (1) 64 28 02 98 – **E** 𝕍𝕀𝕊𝔸
✦ fermé 1er au 10 sept., 25 fév. au 3 mars – **R** 60/150.

B a

Autoroute A 6 sur l'aire de service, SE 2 km, accès par A 6 ou D 225 – ✉ **77140** Nemours

🏨 **Altéa** 🅼 sans rest, ℰ (1) 64 28 10 32, Télex 690243, Fax (1) 64 28 60 59, 🚗 – 📺 🕿 **🅿**.
🆎 ⓞ **E** 𝕍𝕀𝕊𝔸
☲ 49 – **102 ch** 325/425.

à Glandelles par ③ : 7 km – ✉ **77167** Bagneaux-sur-Loing :

✕✕ **Les Marronniers** N 7, ℰ (1) 64 28 07 04, ☐ – **E** 𝕍𝕀𝕊𝔸
fermé 5 au 30 août, 1er au 15 fév., mardi soir et merc. – **R** 82/120.

✕✕ **La Glandelière,** S : 1 km N 7 ℰ (1) 64 28 10 20, ☐ – **🅿**. **E** 𝕍𝕀𝕊𝔸
fermé 15 sept. au 5 oct., 15 fév. au 5 mars, lundi soir, jeudi soir et mardi – **R** 90/190.

CITROEN Nemours Autom., 8 av. J.-F.-Kennedy
ℰ (1) 64 28 11 17 **N**
PEUGEOT-TALBOT Coffre, 18 av. Kennedy B
ℰ (1) 64 28 03 27
RENAULT Brillet, 107 av. Carnot à St-Pierre par ⑥
ℰ (1) 64 28 01 50

Jean Bohec, 16 av. Gén-de-Gaulle ℰ (1) 64 28
29 10

◉ Dominicé, 90 r. de Paris ℰ (1) 64 28 11 21
Pneu Sce, 45 av. Carnot à St-Pierre-lès-Nemours
ℰ (1) 64 28 04 67

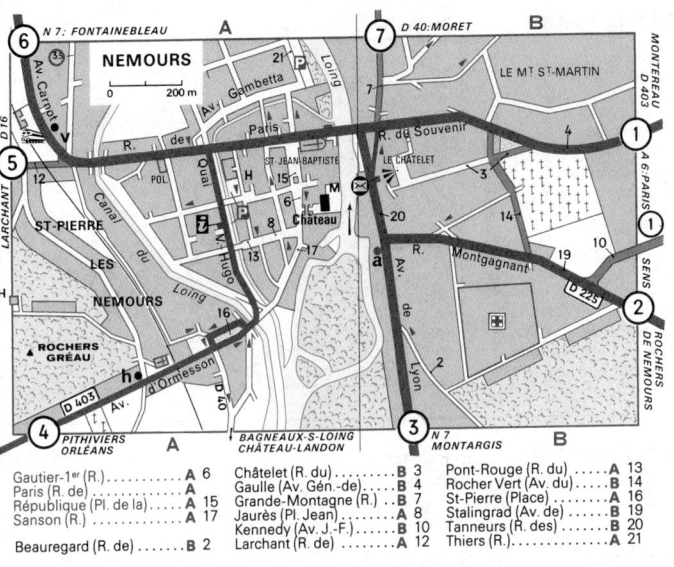

Gautier-1er (R.)	A 6	Châtelet (R. du)	B 3	Pont-Rouge (R. du)	A 13
Paris (R. de)	A	Gaulle (Av. Gén.-de)	B 4	Rocher Vert (Av. du)	B 14
République (Pl. de la)	A 15	Grande-Montagne (R.)	B 7	St-Pierre (Place)	A 16
Sanson (R.)	A 17	Jaurès (Pl. Jean)	A 8	Stalingrad (Av. de)	B 19
		Kennedy (Av. J.-F.)	B 10	Tanneurs (R. des)	A 20
Beauregard (R. de)	B 2	Larchant (R. de)	A 12	Thiers (R.)	A 21

Visitez la capitale avec le **guide Vert Michelin PARIS**.

NÉRAC ⟨SP⟩ **47600** L.-et-G. 🔞 ⑭ G. Pyrénées Aquitaine (plan) – 7 268 h. alt. 71.

🔒 Maison du Tourisme Pavillon des Bains ℘ 53 65 27 75 et à la Mairie ℘ 53 65 03 89.

Paris 653 – Agen 30 – ♦Bordeaux 128 – Condom 21 – Marmande 56.

🏠 **du Château,** 7 av. Mondenard ℘ 53 65 09 05, Fax 53 65 89 78 – ☎. VISA
♦ fermé 6 au 20 janv. – **R** 60/220 – ⊡ 28 – **22 ch** 130/250 – ½ P 195/225.

XX **d'Albret** avec ch, 42 allées d'Albret ℘ 53 65 01 47 – TV ☎ – 🏛 25. AE E VISA
♦ fermé 1er au 7 mars, sept. et lundi d'oct. à mai – **R** 60/260 ♨ – **23 ch** ⊡ 180/480 –
½ P 200/330.

NÉRIS-LES-BAINS 03310 Allier 🔞 ② G. Auvergne – 2 996 h. alt. 354 – Stat. therm. (2 avril-26 oct.) –
Casino.

🔒 Office de Tourisme carrefour des Arènes ℘ 70 03 11 03.

Paris 337 ③ – Moulins 74 ① – ♦Clermont-Fd 83 ② – Montluçon 8 ③ – St-Pourçain-sur-Sioule 59 ①.

Plan page suivante

🏨 **Mercure** M, 40 r. Boisrot Desserviers (v) ℘ 70 03 22 22, Télex 392300, Fax 70 03 17 98,
🍃 – 🏢 🖭 rest TV ☎ – 🏛 45 à 100. AE ⓪ E VISA
R 105/175 ♨, enf. 40 – ⊡ 45 – **59 ch** 405/435.

🏨 **Garden,** 12 av. Marx Dormoy (d) ℘ 70 03 21 16, 🍃 – ⤫ rest TV ☎ ❿ – 🏛 25. E VISA.
♦ ❄ ch
fermé 20 oct. au 10 nov., 5 au 20 janv., dim. soir et vend. du 11 nov. au 1er avril – **R** 65/200
♨, enf. 40 – ⊡ 25 – **19 ch** 180/250 – P 250/260.

🏨 **Parc des Rivalles** ❦, r. Parmentier (k) ℘ 70 03 10 50, parc – 🏢 ☎ ❿. ❄ rest
15 avril-13 oct. – **R** 74/260 ♨ – ⊡ 26 – **31 ch** 88/220 – P 195/360.

🏠 **Arènes,** 1 av. Gén. de Gaulle (s) ℘ 70 03 19 02, 🍃 – ☎ ❿ VISA. ❄
♦ 2 avril-20 oct. – **R** 68/140 ♨ – ⊡ 22 – **18 ch** 200/230 – ½ P 200/230.

🏠 **Les Pervenches** sans rest, 11 r. Cap. Migat (r) ℘ 70 03 14 03 – cuisinette
fermé 1er au 15 oct. – ⊡ 27 – **10 ch** 200/220.

🏠 **Terrasse,** 52 r. Boisrot-Desserviers (a) ℘ 70 03 10 42 – 🏢 ☎. ❄ rest
15 avril-15 oct. – **R** 77/100 – ⊡ 25 – **22 ch** 175/220 – P 235/285.

🏠 **Source** ❦, pl. Thermes (u) ℘ 70 03 10 20, parc – 🐾 ❿. VISA. ❄ rest
1er mai-16 oct. – **R** 73/110 – ⊡ 22 – **40 ch** 80/190 – P 173/230.

rte de Montluçon par ③ : 2,5 km – ⊠ 03310 Néris-les-Bains :

XXX **Aub. de Ste-Agathe,** ℘ 70 28 28 36, 🍃 – ❿. AE E VISA
fermé 16 au 30 août, 26 déc. au 10 janv., dim. soir et mardi – **R** 130/160, enf. 60.

NÉRIS-LES-BAINS

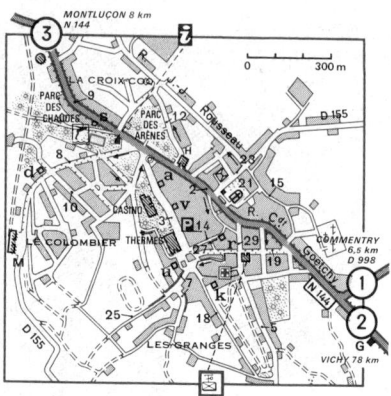

*Découvrez la France
avec les guides Verts Michelin :
24 titres illustrés en couleurs.*

NÉRONDES 18350 Cher **[G][G]** ② – 1 351 h. alt. 189.

Paris 243 – Bourges 36 – Montluçon 83 – Nevers 34 – St-Amand-Montrond 44.

    ✕ **Lion d'Or** avec ch, pl. Mairie *☏* 48 74 87 81 – **☎**. **E** **VISA**. *✻* rest
    fermé fév. et merc. – **R** 72/170, enf. 48 – ⌑ 28 – **12 ch** 100/240.

NERSAC 16 Charente **[7][2]** ⑬ – rattaché à Angoulême.

NESTIER 65150 H.-Pyr. **[8][5]** ⑳ – 180 h. alt. 500.

Paris 840 – Auch 76 – Bagnères-de-Luchon 43 – Lannemezan 14 – Saint-Gaudens 24 – ♦Toulouse 114.

    ⌂ **Relais du Castéra,** *☏* 62 39 77 37 – **P**. **AE** **E** **VISA**. *✻* rest
    fermé 13 au 21 mai, 8 janv. au 8 fév., dim. soir et lundi – **R** 98/168 – ⌑ 25 – **8 ch** 180/250
    – ½ P 200/250.

NEUF-BRISACH 68600 H.-Rhin **[6][2]** ⑱ **G. Alsace Lorraine** – 2 205 h. alt. 205.

⌘₁₈ du Rhin à Chalampé *☏* 89 26 07 86, S par D 468 : 25 km.

🛈 Office de Tourisme pl. d'Armes (juil.-sept.) *☏* 89 72 56 66 et à la Mairie *☏* 89 72 51 68.

Paris 460 – Colmar 16 – ♦Bâle 66 – Belfort 71 – Freiburg 33 – ♦Mulhouse 37 – Sélestat 31 – Thann 46.

    ⌂ **Soleil,** *☏* 89 72 51 28 – ▤ rest **TV** *📷*. **AE** **E** **VISA**
    ➡ **R** *(fermé dim. soir et lundi)* 50/210 ⅄, enf. 35 – ⌑ 28 – **25 ch** 100/250 – ½ P 160/180.

    à Biesheim N : 3 km par D 468 – ✉ **68600** :

    ⌂⌂ **Deux Clefs,** *☏* 89 72 51 20, Télex 890861, Fax 89 72 92 94, *🍴* – **TV** **☎** **P** – *🔏* 25. **AE**
    ① **E** **VISA**
    R *(fermé 1ᵉʳ au 15 janv. et dim. soir)* 80/250 ⅄, enf. 55 – ⌑ 28 – **22 ch** 190/350 –
    ½ P 240/300.

    à Vogelgrün E : 5 km par N 415 – ✉ **68600**.

    Voir Bief hydro-électrique★ – ≼★ du pont-frontière.

    ⌂⌂ **Motel Européen** **M** *🍴*, à la frontière, sur l'île du Rhin *☏* 89 72 51 57, Télex 880215,
    Fax 89 72 74 54, *🍴*, *🍴* – **TV** **☎** *🍴* **P** – *🔏* 30. **AE** **①** **E** **VISA**
    fermé fév. – **R** *(fermé dim. soir et lundi)* 100/280, enf. 60 – ⌑ 40 – **23 ch** 260/330 –
    ½ P 260/320.

FORD Ebelin-Vonarb *☏* 89 72 51 76
RENAULT Gar. Haeffeli, ZI CD 52 à Biesheim
☏ 89 72 54 83

                  RENAULT Gar. Venturini *☏* 89 72 69 11 **N**

NEUFCHÂTEAU **◀SP▶** 88300 Vosges **[6][2]** ⑬ **G. Alsace Lorraine** – 8 352 h. alt. 298.

Voir Escalier★ de l'hôtel de ville H – Groupe en pierre★ dans l'église St-Nicolas K.

🛈 Syndicat d'Initiative à la Mairie *☏* 29 94 14 75 et Chalet Parking de la Poste (juil.-août).

Paris 293 ① – Belfort 152 ④ – Chaumont 56 ⑥ – Épinal 75 ③ – Langres 69 ⑤ – Verdun 104 ①.

    ⌂⌂ **St-Christophe** **M**, 1 av. Gde Fontaine **(e)** *☏* 29 94 16 28, Télex 961854, Fax 29 94 12 77 –
    ➡ *🍴* **TV** **☎** **P**. **AE** **①** **E** **VISA**
    R 65/200 ⅄, enf. 42 – ⌑ 33 – **36 ch** 260/340 – ½ P 240/320.

    ✕ **L'Amie Lune,** 12 r. Neuve **(d)** *☏* 29 94 28 76 – **AE** **①** **E** **VISA**
    fermé 16 juil. au 7 août, 2 au 16 déc., dim. soir et lundi – **R** 82/145 ⅄, enf. 40.

à *Rouvres-la-Chétive* par ③ : 10 km – ⊠ **88170**.

🏠 **La Frezelle** Ⓜ, ℰ 29 94 51 51 – 🛗 📺 ☎ – Ⓟ. ⒶⒺ ⓄⒹ Ⓔ 𝚅𝙸𝚂𝙰. ✧ ch – *fermé 15 au 31 oct.* – **R** *(fermé sam.)* 60/250 ⅃, enf. 40 – ⊡ 26 – **7 ch** 195/300 – ½ P 195/300.

CITROEN Anotin, rte de Langres par ⑤ ℰ 29 94 10 33
FIAT Gar. de l'Étoile, 1 quai Pasteur ℰ 29 94 17 65
PEUGEOT, TALBOT Dutemple-Gaxotte, rte de Langres par ⑤ ℰ 29 94 06 55
RENAULT Gar. Reuchet, 95 av. Gén.-de-Gaulle par ⑤ ℰ 29 94 19 20 Ⓝ ℰ 29 06 20 43
RENAULT Reuchet, rte de Nancy par ② ℰ 29 94 05 57 Ⓝ ℰ 29 06 20 43

Ⓓ D. G. Pneus, 70 av. Kennedy ℰ 29 94 19 76
Néo-Pneu, Zl, rte de Frebécourt ℰ 29 94 10 47
Ⓝ ℰ 29 06 01 06

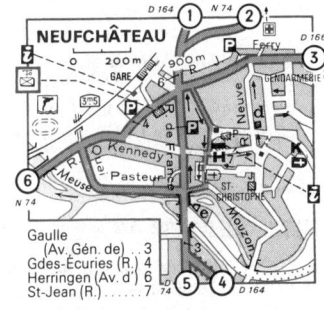

Gaulle
  (Av. Gén. de) . . 3
Gdes-Écuries (R.) . 4
Herringen (Av. d') . 6
St-Jean (R.) 7

NEUFCHÂTEL-EN-BRAY 76270 S.-Mar. 🗺 ⑮ Ⓖ. Normandie Vallée de la Seine – 5 823 h. alt. 99.
Env. Forêt d'Eawy★★ 10 km au SO.
🗓 Office de Tourisme 6 pl. Notre-Dame ℰ 35 93 22 96.
Paris 132 – ◆Rouen 46 – Abbeville 54 – ◆Amiens 71 – Dieppe 36 – Gournay-en-B. 37.

XX **Les Airelles** avec ch, 2 passage Michu ℰ 35 93 14 60, 🍴, 🍴 – 📺 ☎. ⒶⒺ Ⓔ 𝚅𝙸𝚂𝙰
  fermé fév. et merc. – **R** 88/180 – ⊡ 28 – **14 ch** 95/280.
XX **Gd Cerf** avec ch, 9 Gde Rue Fausse Porte ℰ 35 93 00 02 – 📺 ☎. Ⓔ 𝚅𝙸𝚂𝙰
  fermé 20 déc. au 20 janv. – **R** 65/150, enf. 33 – ⊡ 24 – **12 ch** 160/220.

CITROEN Therier, 1 et 3 Grande-R. St-Pierre
ℰ 35 93 00 75
RENAULT Lechopier, 31 Grande-R. St-Pierre
ℰ 35 93 00 82 Ⓝ ℰ 35 93 00 82

V.A.G Gar. Duparc, 9 rte de Foucourmont
ℰ 35 93 02 66 Ⓝ

Ⓓ Réparpneu, 11 bd Mar.-Joffre ℰ 35 94 15 01

NEUFGRANGE 57 Moselle 🗺 ⑰ – rattaché à Sarreguemines.

NEUF-MARCHÉ 76220 S.-Mar. 🗺 ⑧ – 514 h. alt. 104.
Paris 88 – ◆Rouen 57 – Les Andelys 35 – Beauvais 31 – Gisors 18 – Gournay-en-Bray 7.

XX **Aub. du Puits de Corval**, ℰ 35 09 12 25 – ⓄⒹ Ⓔ 𝚅𝙸𝚂𝙰
  fermé 27 août au 10 sept., 23 déc. au 10 janv., lundi soir et mardi – **R** 95/130, enf. 65.
XX **André de Lyon**, D 915 ℰ 35 90 10 01 – Ⓔ 𝚅𝙸𝚂𝙰
  fermé 26 août au 9 sept., vacances de fév. et merc. – **R** (déj. seul.) carte 110 à 220.

NEUILLÉ-LE-LIERRE 37380 I.-et-L. 🗺 ⑮⑯ – 404 h. alt. 88.
Paris 216 – ◆Tours 26 – Amboise 16 – Château-Renault 10 – Montrichard 34 – Reugny 4,5.

XX **Aub. de la Brenne**, ℰ 47 52 95 05 – Ⓟ. ⒶⒺ 𝚅𝙸𝚂𝙰
  fermé 13 janv. au 27 fév., mardi soir et merc. – **R** (dim. prévenir) 68/166, enf. 55.

NEUILLY-EN-THELLE 60530 Oise 🗺 ⑳, 🗺 ⑦ – 2 400 h. alt. 130.
Paris 49 – Compiègne 55 – Beaumont-sur-Oise 11 – Beauvais 30 – Pontoise 30 – Senlis 26.

X **Aub. du Centre** avec ch, ℰ 44 26 70 01 – 𝚅𝙸𝚂𝙰. ✧ ch
  fermé 5 au 27 août et lundi – **R** 57/88 ⅃ – ⊡ 17 – **8 ch** 95/120.

Ⓓ Merlin Pneus, à Ercuis ℰ 44 26 53 38

NEUILLY-LE-RÉAL 03340 Allier 🗺 ⑭ – 1 201 h. alt. 253.
Paris 306 – Moulins 14 – Mâcon 129 – Roanne 81 – Vichy 59.

XX **Logis Henri IV**, ℰ 70 43 87 64, 🍴, 🍴 – Ⓔ 𝚅𝙸𝚂𝙰
  fermé dim. soir et lundi – **R** 122/205, enf. 70.

NEUILLY-SUR-SEINE 92 Hauts-de-Seine 🗺 ⑳, 🗺 ⑭⑮ – voir à Paris, Environs.

NEUVÉGLISE 15260 Cantal 🗺 ⑭ – 1 112 h. alt. 938.
Env. Château d'Alleuze★★ : site★★ NE : 14 km, Ⓖ. Auvergne.
🗓 Syndicat d'Initiative le Bourg (fermé après-midi hors saison) ℰ 71 23 85 43.
Paris 523 – Aurillac 81 – Entrayques-sur-T. 75 – Espalion 69 – St-Chély-d'Apcher 42 – St-Flour 22.

🏠 **Central Hôtel** (annexe - 14 ch), ℰ 71 23 81 28 – 🍴. Ⓔ 𝚅𝙸𝚂𝙰
  fermé oct., dim. (sauf hôtel) et sam. hors sais. – **R** 55/165 ⅃, enf. 45 – ⊡ 30 – **20 ch** 80/180 – ½ P 180/200.
🏠 **Poste**, ℰ 71 23 80 66 – Ⓔ 𝚅𝙸𝚂𝙰
  15 mars-15 nov. – **R** 60/150 ⅃, enf. 50 – ⊡ 30 – **23 ch** 100/200 – ½ P 140/180.

à Cordesse E : 1,5 km – ⊠ 15260 Neuvéglise :

🏛 **Relais de la Poste** Ⓜ, ℰ 71 23 82 32, ≼, – 📺 ☎ 🅿 Ɛ 𝘝𝘐𝘚𝘈
➡ *1er mars-30 nov.* – **R** 60/180 ₺ – ⊡ 30 – **8 ch** 180/260 – ½ P 140/180.

à Lanau S : 5,5 km par D 921 – ⊠ 15260 Neuvéglise :

🗙🗙 **Aub. Pont de Lanau** avec ch, ℰ 71 23 57 76 – 📺 ☎ 🅿 Ɛ 𝘝𝘐𝘚𝘈. ⅙ rest
fermé janv., mardi soir et merc. du 30 sept. au 1er mai – **R** 130/240 – ⊡ 33 – **8 ch** 230/320
– ½ P 220/245.

RENAULT Mabit Alain ℰ 71 23 81 53

Gar. Sauret ℰ 71 23 80 90 🅽 ℰ 71 23 84 47

NEUVES-MAISONS 54 M.-et-M. 🆖 ⑤ – rattaché à Nancy.

NEUVIC 19160 Corrèze 🆖 ① G. Berry Limousin – 2 274 h. alt. 610.
🅖 d'Ussel ℰ 55 95 98 89.
🅱 Syndicat d'Initiative r. Tour (fermé après-midi hors saison) ℰ 55 95 88 78.
Paris 459 – Mauriac 26 – Tulle 59 – Ussel 21.

🏛 **Lac** ⅍, à Neuvic-Plage E : 3 km ℰ 55 95 81 43, ≼, ≼, ⅙ – ☎ 🅿 Ɛ 𝘝𝘐𝘚𝘈. ⅙ rest
Pâques-fin sept. – **R** 110/220, enf. 55 – ⊡ 35 – **15 ch** 260/340 – ½ P 260/280.

CITROEN Bordas ℰ 55 95 80 29

RENAULT Potronnat ℰ 55 95 89 28
🅽 ℰ 55 95 81 68

La NEUVILLE 59 Nord 🆖 ⑯ – rattaché à Lille.

NEUVILLE-AUX-TOURNEURS 08 Ardennes 🆖 ⑰ – 239 h. alt. 265 – ⊠ 08380 Signy-le-Petit.
Paris 212 – Charleville-Mézières 33 – Hirson 22 – Laon 70 – Rethel 58 – Rocroi 16.

🏛 **Motel Dubois** ⅍, N 43 ℰ 24 54 32 55, Fax 24 54 34 90 – 📺 ☎ 🅿 ᴁ ⓘ Ɛ 𝘝𝘐𝘚𝘈
➡ *fermé 15 déc. au 1er fév.* – **R** *(fermé lundi midi sauf fériés)* 47/110 – ⊡ 15 – **10 ch** 110/170
– ½ P 200.

NEUVILLE-DE-POITOU 86170 Vienne 🆖 ⑬ – 3 634 h. alt. 121.
Paris 331 – Poitiers 17 – Châtellerault 31 – Parthenay 41 – Saumur 76 – Thouars 51.

🗙🗙 **Saint-Fortunat,** 4 r. Bangoura-Moridé ℰ 49 54 56 74 – Ɛ 𝘝𝘐𝘚𝘈
fermé 16 au 31 août, 1er au 11 nov., 15 au 30 janv., dim. soir et lundi – **R** 90/200.

NEUVILLE-ST-AMAND 02 Aisne 🆖 ⑭ – rattaché à St-Quentin.

NEUVILLE-SUR-SAONE 69250 Rhône 🆖 ① G. Vallée du Rhône – 7 023 h. alt. 172.
Paris 450 – ♦Lyon 17 – Bourg-en-Bresse 49 – Villefranche-sur-Saône 18.

à Albigny-sur-Saône par rive droite : 2,5 km – ⊠ 69250 :

🗙🗙 **Le Cellier,** quai Saône ℰ 78 98 26 16, ≼ – 🅿 ᴁ 𝘝𝘐𝘚𝘈
fermé dim. soir et lundi – **R** 125/275, enf. 60.

NEUVILLE-SUR-SARTHE 72 Sarthe 🆖 ⑬ – rattaché au Mans.

NEUVY-SAUTOUR 89 Yonne 🆖 ⑮ – rattaché à St-Florentin.

NEUZY 71 S.-et-L. 🆖 ⑯ – rattaché à Digoin.

NEVERS 🅟 58000 Nièvre 🆖 ③④ G. Bourgogne – 44 777 h. alt. 186 Pèlerinage de Ste Bernadette d'avril à octobre : couvent St-Gildard.

Voir Cathédrale★ z – Palais ducal★ z – Église St-Étienne★ Y – Porte du Croux★ z – Faïences de Nevers★ du musée municipal z M1.
🅖 du Nivernais ℰ 86 58 18 30, à Magny-Cours par ④.
Circuit Automobile permanent à Magny-Cours SE : 3,5 km.
🅱 Office de Tourisme 31 r. du Rempart ℰ 86 59 07 03 – A.C. 1 av. Gén.-de-Gaulle, résidence Carnot ℰ 86 61 27 75.
Paris 238 ① – Bourges 69 ④ – Chalon-sur-Saône 160 ③ – ♦Clermont-Ferrand 162 ④ – ♦Dijon 188 ③ – Montargis 125 ① – Montluçon 99 ④ – Moulins 54 ④ – ♦Orléans 160 ① – Roanne 152 ④.

Plans pages suivantes

🏩 **Loire,** quai Médine ℰ 86 61 50 92, Télex 801112, Fax 86 59 43 29, ≼ – ⊠ ▤ rest 📺 ☎ 🅿
– 🔼 80. ᴁ ⓘ Ɛ 𝘝𝘐𝘚𝘈
z a
R *(fermé 12 déc. au 18 janv. et sam.)* 125/260 – ⊡ 31 – **58 ch** 290/380.

🏩 **Diane,** 38 r. Midi ℰ 86 57 28 10, Télex 801021, Fax 86 59 45 08 – ⊠ 📺 ☎ 🚗 – 🔼 30. ᴁ
ⓘ Ɛ 𝘝𝘐𝘚𝘈
z u
fermé 20 déc. au 10 janv. – **R** *(fermé dim. midi et lundi)* carte 125 à 180 ₺, enf. 40 – ⊡ 40
– **30 ch** 380/475.

NEVERS

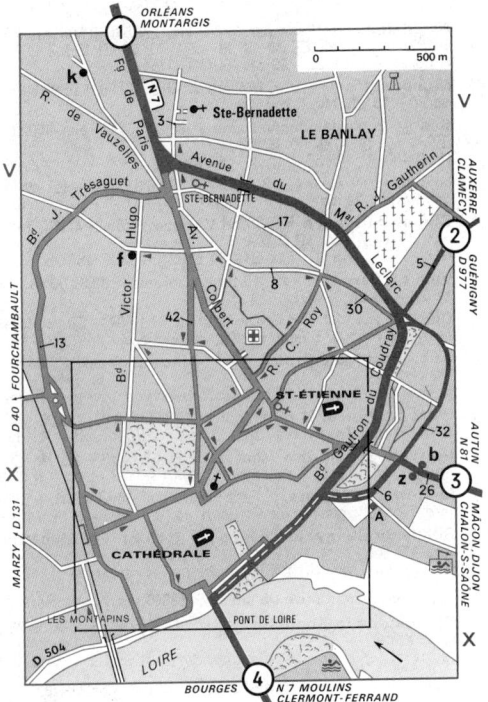

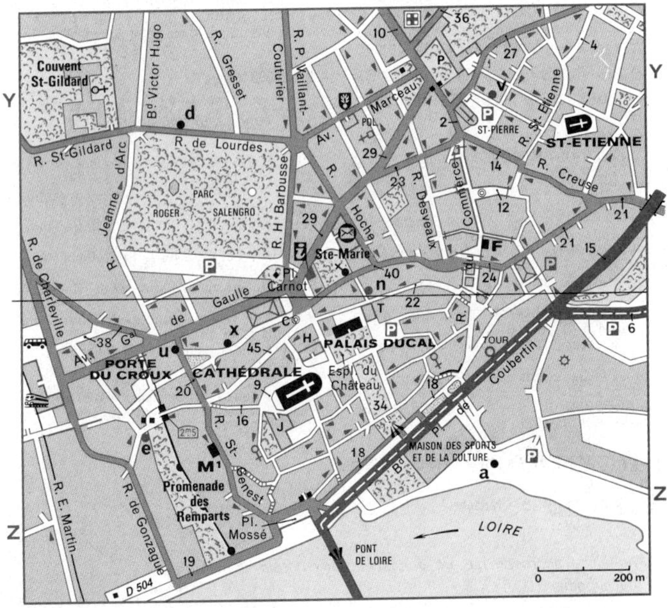

🏨 **Magdalena,** rte Paris par ① : 2 km ⊠ 58640 Varennes Vauzelles ℰ 86 57 21 41, Télex
801678 – 🛗 ▤ ch 📺 ☎ 👌 🅿 – 🔥 70. 🖭 ⓞ Ɛ 𝘝𝘐𝘚𝘈
R 60/80 🍴 – ⯑ 25 – **39 ch** 190/300 – ½ P 250/290.

🏨 **Molière** sans rest, 25 r. Molière ℰ 86 57 29 96, Fax 86 59 58 25 – ⇋ 📺 ☎ 🅿 Ɛ 𝘝𝘐𝘚𝘈
⯑ 24 – **18 ch** 140/230.   V **k**

🏠 **Ibis** Ⅿ, r. plateau Bonne Dame ℰ 86 37 56 00, Télex 800221, Fax 86 37 64 48, 🍴 – ▤ rest
📺 ☎ 👌 🅿 – 🔥 60. Ɛ 𝘝𝘐𝘚𝘈
R 70/130 🍴, enf. 39 – ⯑ 30 – **56 ch** 268.

🏠 Lojotel, sur N 7 par ④ : 3 km ℰ 86 37 66 33, 🍴 – 📺 ☎ 👌 🅿
Tee Bone – **28 ch.**

🏠 **Climat de France** Ⅿ, 35 bd V. Hugo ℰ 86 21 42 88, Télex 800579, 🍴 – 🛗 📺 ☎ 👌
⇋ 🅿 – 🔥 100. 🖭 Ɛ 𝘝𝘐𝘚𝘈
R 77/110 🍴, enf. 37 – ⯑ 29 – **54 ch** 245 – ½ P 215/225.   V **f**

🏠 **Villa du Parc** sans rest, 16 ter r. Lourdes ℰ 86 61 09 48 – ☎. 🖭 ⓞ Ɛ 𝘝𝘐𝘚𝘈
⯑ 22 – **28 ch** 95/197.   Y **d**

🏠 **Clèves** sans rest, 8 r. St-Didier ℰ 86 61 15 87 – 📺 ☎. 🖭 Ɛ 𝘝𝘐𝘚𝘈   Z **x**
fermé 20 déc. au 5 janv. et dim. de déc. à fév. – ⯑ 22 – **15 ch** 139/210.

𝗫𝗫𝗫 **Aub. Porte du Croux,** 17 r. Porte du Croux ℰ 86 57 12 71, 🍴, 🌳 – 🖭 ⓞ Ɛ.
𝘝𝘐𝘚𝘈   Z **e**
fermé 10 au 31 août, 28 oct. au 3 nov., vend. soir et dim. sauf fêtes – **R** 90/250, enf. 60.

𝗫𝗫 **Puits St Pierre,** 21 r. Mirangron ℰ 86 59 28 88 – 🖭 Ɛ 𝘝𝘐𝘚𝘈   Y **v**
fermé 4 au 10 mars, 5 au 26 août, dim. soir et lundi – **R** 135/350, enf. 90.

𝗫𝗫 **Morvan** avec ch, 28 r. Mouësse ℰ 86 61 14 16 – 📺 ☎ Ɛ 𝘝𝘐𝘚𝘈   X **b**
fermé 8 au 30 juil., 2 au 17 janv., mardi soir et merc. – **R** 90/200 – ⯑ 27 – **8 ch** 130/280.

𝗫𝗫 **La Botte de Nevers,** r. Petit Château ℰ 86 61 16 93, « Cadre médiéval » – 🖭 ⓞ Ɛ 𝘝𝘐𝘚𝘈
fermé août, vacances de fév. et lundi – **R** 98/240, enf. 50.   Y **n**

𝗫𝗫 **Relais du Bengy,** rte de Paris par ① : 4 km ⊠ 58640 Varennes-Vauzelles ℰ 86 38 02 84,
🍴 – Ɛ 𝘝𝘐𝘚𝘈
fermé 23 juil. au 13 août, vacances de fév. et dim. – **R** (déj. seul. sauf vend.) 78/180 🍴.

par ① et chemin privé : 5 km – ⊠ **58640** *Varennes-Vauzelles :*

🏨 **Château de la Rocherie** 🍃, ℰ 86 38 07 21, Fax 86 38 23 01, ≤, 🍴, parc – 📺 ☎ 🅿.
🖭 Ɛ 𝘝𝘐𝘚𝘈
fermé 1ᵉʳ au 11 nov. sam. midi et dim. – **R** 95/235 – ⯑ 32 – **15 ch** 170/310.

à Magny-Cours par ④ rte Moulins : 12 km – ⊠ **58470** *:*

𝗫𝗫𝗫 ⭐⭐ **La Renaissance** (Dray) Ⅿ 🍃 avec ch, ℰ 86 58 10 40, Fax 86 21 22 60, 🍴 – 📺 ☎
🅿. 🖭 Ɛ 𝘝𝘐𝘚𝘈
fermé 24 fév. au 19 mars, 4 au 27 août, dim. soir et lundi – **R** (nombre de couverts limité-
prévenir) 200/450 et carte, enf. 150 – ⯑ 70 – **11 ch** 330/700
Spéc. Cuisses de grenouilles sur compoté niçois, Filet de charolais à la crème et aux morilles, Rognon de
veau rôti entier. Vins Pouilly Fumé, Sancerre.

O : rte des Saulaies : 4 km par D 504 X *– ⊠* **58000** *Nevers :*

🏨 **La Folie** 🍃, ℰ 86 57 05 31, Fax 86 57 66 99, 🏊, ✿ – 📺 ☎ 🅿 – 🔥 60. Ɛ 𝘝𝘐𝘚𝘈
fermé 15 déc. au 5 janv. – **R** (fermé dim. soir et vend. sauf juil.-août) 65/135 🍴, enf. 45 –
⯑ 30 – **39 ch** 155/260 – ½ P 190/290.

ALFA-ROMEO, AUSTIN, ROVER Tenailles, 18 r.
Pasteur ℰ 86 59 28 55
BMW, TOYOTA Verma, 4 av. Colbert
ℰ 86 61 03 32
CITROEN Gar. Vincent, N 7 Les Bourdons à Va-
rennes-Vauzelles par ① ℰ 86 38 00 75
DATSUN-NISSAN Gar. Doulet, 203 rte de Lyon à
Challuy ℰ 86 37 61 07
FIAT Auto Hall, à la Baratte, N 81 St-Éloi
ℰ 86 36 22 11
FORD Nevers-Automobiles, ZI Champ Mâle à Va-
rennes-Vauzelles ℰ 86 38 01 44
HONDA Gar. Pascal, N 7 à Varennes-Vauzelles
ℰ 86 57 08 84
LADA-SKODA Gar. Kozakowski, 32 r. Grands-Jar-
dins ℰ 86 57 60 51
LANCIA-AUTOBIANCHI Gar. de la Cité, r. M.-Tur-
pin à Vauzelles ℰ 86 57 15 45

MERCEDES Gar. Bezin, r. Grands Prés
ℰ 86 36 06 55
OPEL SORAMA, RN 7, Le Brengy à Varennes-
Vauzelles ℰ 86 38 02 94
PEUGEOT-TALBOT C.A.T.A.R., rte de Fourcham-
bault par D 40 X ℰ 86 57 36 80
RENAULT Éts Decelle, 49 fg de Paris par ①
ℰ 86 59 84 00 🅽
SEAT Nevers gare Autom., 42 av. Gén.-de-Gaulle
ℰ 86 57 32 36
V.A.G Gds Champs Autom., ZAC des Grands
Champs ℰ 86 59 58 44
VOLVO Gar. Jacquey, 6 r. N.-Delange
ℰ 86 61 12 47

🅟 Piot-Pneu, 3 r. Mouësse ℰ 86 57 76 33
Pneu Plus Centre, 1 r. Petit-Mouësse
ℰ 86 61 02 51

▮ **Les NEYROLLES** ▮ 01 Ain 🔟 ④ – rattaché à Nantua.

▮ **NEYRON** ▮ 01 Ain 🔟 ⑫ – rattaché à Lyon.

☞ *Michelin n'accroche pas de panonceau aux hôtels et restaurants
qu'il signale.*

NICE P **06000** Alpes-Mar. 84 ⑨⑩ 195 ㉖㉗ **G. Côte d'Azur** – 338 486 h. alt. 5 – Casino Ruhl FZ

Voir Site★★ – Promenade des Anglais★★ EFZ – Vieux Nice★ : Château <★★ JZ, Intérieur★ de l'église St-Martin-St-Augustin HY **D**, Escalier monumental★ du Palais Lascaris HZ **K**, Intérieur★ de la cathédrale Ste-Réparate HZ **L**, Église St-Jacques★ HZ **N**, Décors★ de la chapelle Saint-Giaume HZ **R** – Mosaïque★ de Chagall dans la Faculté de droit DZ **U** – Palais des Arts★ HJY – Chapelle de la Miséricorde★ HZ **S** – A Cimiez : Monastère★ (Primitifs niçois★★ dans l'église) HV **Q**, site gallo-romain★ HV – Musées : Marc Chagall★★ GX, Matisse★ HV **M2**, des Beaux-Arts★★ DZ **M**, Masséna★ FZ **M1**, International d'Art Naïf★ AU **M7** – Carnaval★★★ (avant Mardi-Gras) – Mont Alban <★★ 5 km CT – Mont Boron <★ 3 km CT – Église St-Pons★ : 3 km BS **Z**.

Env. Plateau St-Michel <★★ 9,5 km par ①.

18 de Biot ✆ 93 65 08 48, par ④ : 22 km.

de Nice-Côte-d'Azur : ✆ 93 21 30 30, 7 km AU

✆ 93 87 50 50.

pour la Corse : S.N.C.M. - Ferryterranée, quai du Commerce ✆ 93 13 66 66 JZ.

Office de Tourisme et Accueil de France (Réservations d'hôtels, pas plus de 7 jours à l'avance) av. Thiers ✆ 93 87 07 07, Télex 460042 ; 5 av. Gustave-V ✆ 93 87 60 60 et Nice-Ferber près Aéroport ✆ 93 83 32 64 – A.C. 9 r. Massenet ✆ 93 87 18 17.

Paris 932 ⑤ – Cannes 32 ⑤ – Genova 194 ⑨ – ♦Lyon 472 ⑤ – ♦Marseille 189 ⑤ – Torino 220 ⑨.

Plans : Nice p. 2 à 5

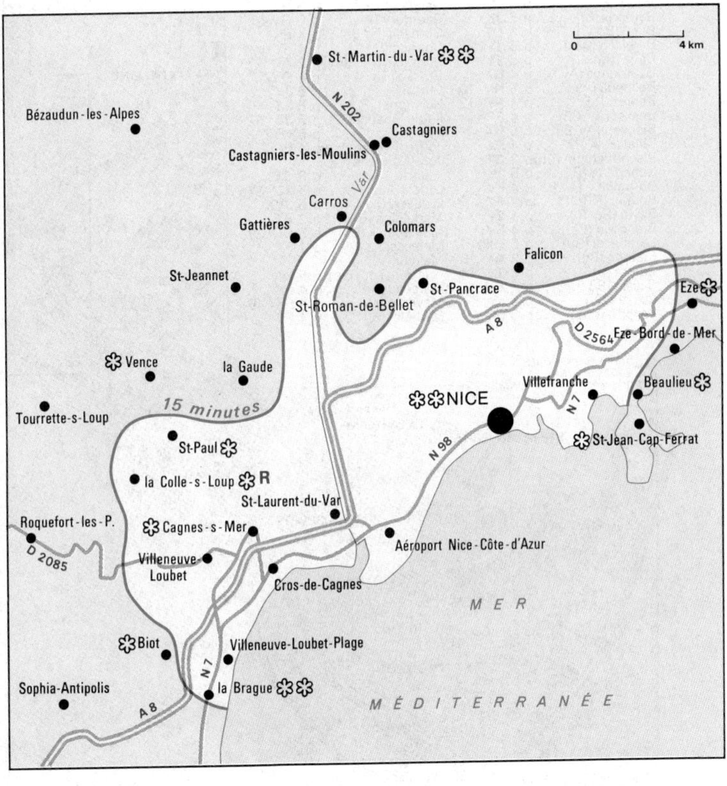

L'Atlas Routier FRANCE de Michelin, c'est :
- *toute la cartographie détaillée (1/200 000) en un seul volume,*
- *des dizaines de plans de villes,*
- *un index de repérage des localités...*

Le copilote indispensable dans votre véhicule.

RÉPERTOIRE DES RUES DU PLAN DE NICE

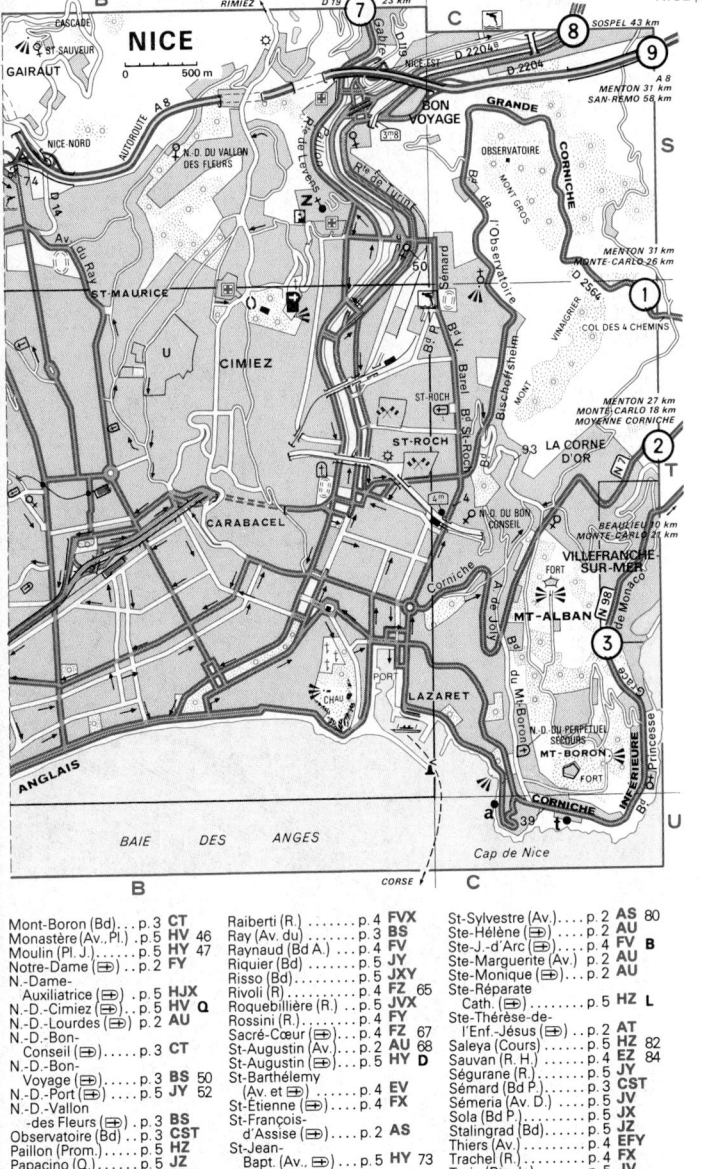

NICE

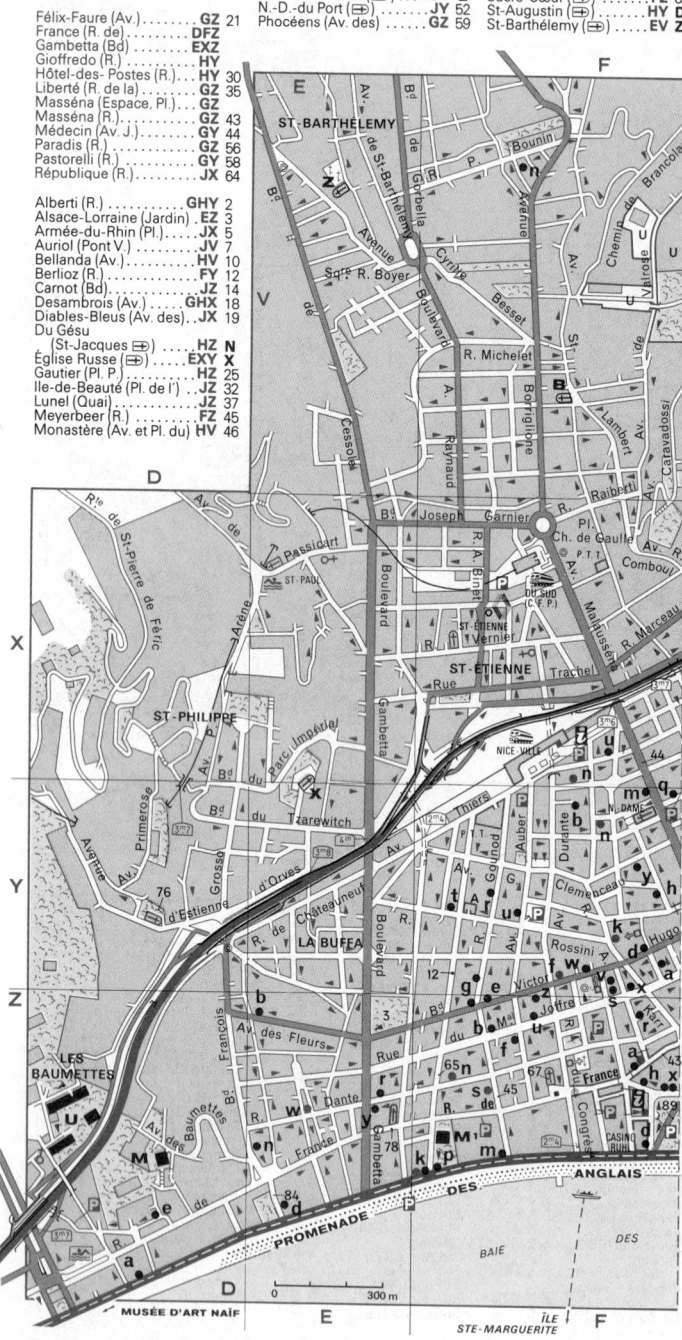

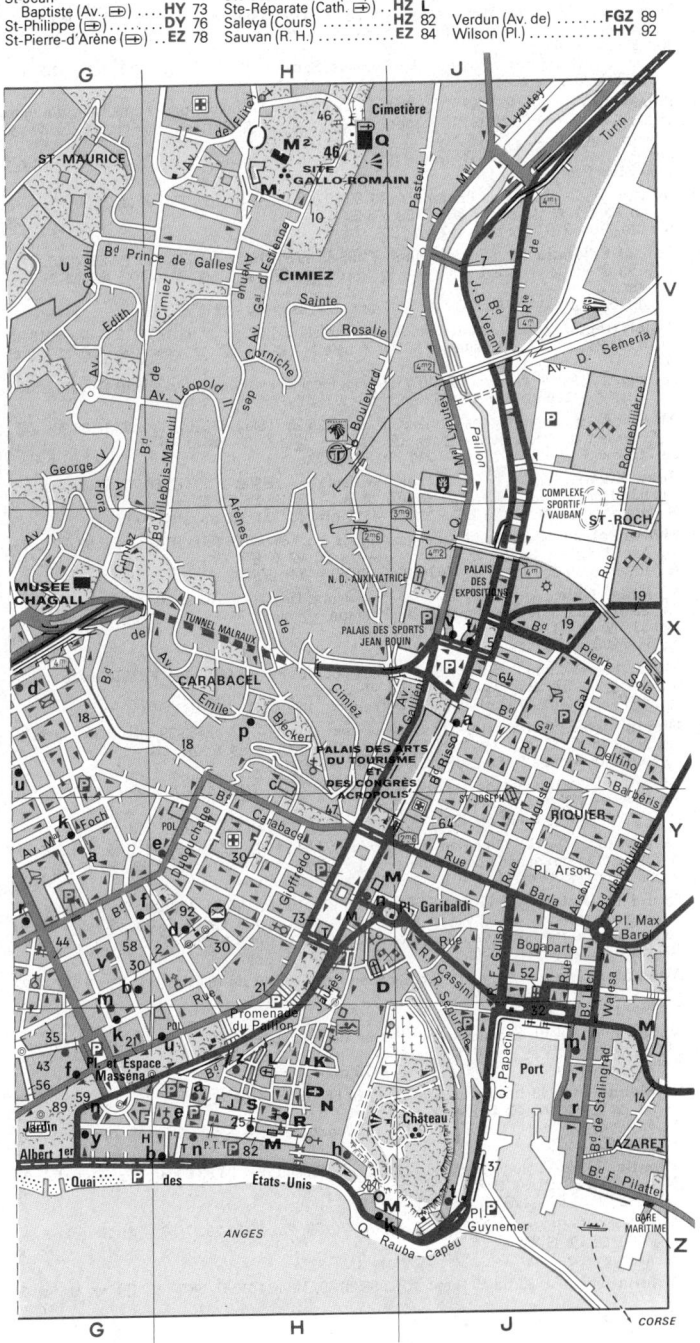

769

Négresco, 37 prom. des Anglais ℰ 93 88 39 51, Télex 460040, Fax 93 88 35 68, ≼, «Mobilier d'époque : 16ᵉ et 18ᵉ s., Empire, Napoléon III » – 🛗 🗐 📺 ☎ ⅙ – 🛗 50 à 400. 🖭 ⑩ 🗲 VISA
FZ **k**
R voir **Chantecler** ci-après - **La Rotonde R** carte 190 à 280 ⅛ – � 100 – **130 ch** 1500/2200, 20 appart..

Palais Maeterlinck Ⓜ ℅, Palais Maeterlinck, 6 km par corniche inférieure ℰ 93 56 21 12, Fax 93 26 39 91, ≼ mer, 🍴, 🌲, 🛶 – 🛗 cuisinette ☚ ch 🗐 📺 ☎ ⅙ ⚡ ℗ – 🛗 25. 🖭 VISA. ✼
CU **t**
fermé 6 janv. au 12 fév. - **R** (fermé dim. soir et lundi) 250/400, enf. 120 – ⊏ 65 – **20 ch** 1500/3100, 6 appart..

Sofitel Ⓜ, 2-4 parvis de l'Europe ℰ 92 00 80 00, Télex 461800, Fax 93 26 27 00, 🌲 – 🛗 ☚ ch 🗐 📺 ☎ ⅙ ⚡ – 🛗 60. 🖭 ⑩ 🗲 VISA
JX **t**
R carte 140 à 220 – ⊏ 65 – **152 ch** 780.

Sofitel Splendid Ⓜ, 50 bd V. Hugo ℰ 93 88 69 54, Télex 460938, Fax 93 87 02 46, 🍴, «🌲 au 8ᵉ étage, ≼ sur la ville » – 🛗 ☚ ch 🗐 📺 ☎ – 🛗 30 à 100. 🖭 ⑩ 🗲 VISA ✼ rest
FYZ **g**
R 125/160 – ⊏ 70 – **116 ch** 650/990, 12 appart. 1100/1450 – ½ P 565/685.

Beach Régency Ⓜ, 223 promenade des Anglais ⊠ 06200 ℰ 93 37 17 17, Télex 461635, Fax 93 71 21 71, 🍴, «Piscine sur le toit ≼ baie » – 🛗 🗐 📺 ☎ ⚡ – 🛗 400. 🖭 ⑩ 🗲 VISA
DZ **a**
Le Régency (fermé juil.-août) **R** 160/175 – **La Piscine** grill (ouvert juil.-août) **R** carte 250 à 350 – ⊏ 75 – **320 ch** 830/1130, 12 appart. – ½ P 705/905.

Méridien Ⓜ, 1 prom. des Anglais ℰ 93 82 25 25, Télex 470361, Fax 93 16 08 90, 🍴, «🌲 sur le toit, ≼ la baie » – 🛗 🗐 📺 ☎ ⅙ – 🛗 400. 🖭 ⑩ 🗲 VISA
FZ **d**
La Terrasse **R** 190/240 – ⊏ 85 – **314 ch** 1020/1680.

Beau Rivage Ⓜ, 24 r. St François de Paule ⊠ 06300 ℰ 93 80 80 70, Télex 462708, Fax 93 80 55 77, 🛶 – 🛗 ☚ ch 🗐 📺 ☎ ⅙ – 🛗 40. 🖭 ⑩ 🗲 VISA
GZ **y**
R (fermé dim.) carte 160 à 270 – ⊏ 74 ch 760/1000, 10 appart. 1600.

Élysée Palace Ⓜ, 59 promenade des Anglais ℰ 93 86 06 06, Télex 970336, Fax 93 44 50 40, ≼, 🌲 – 🛗 ☚ ch 🗐 📺 ☎ ⅙ ⚡ – 🛗 25. 🖭 ⑩ 🗲 VISA ✼ rest
EZ **d**
R carte environ 250 – ⊏ 95 – **140 ch** 800/2750 – ½ P 580/620.

Pullman Nice Ⓜ sans rest, 28 av. Notre-Dame ℰ 93 80 30 24, Télex 470662, Fax 93 62 61 69, «Jardin suspendu au 2ᵉ étage, 🌲 au 8ᵉ, ≼ » – 🛗 🗐 📺 ☎ – 🛗 25 à 120. 🖭 🗐 🗲 VISA
FXY **q**
⊏ 58 – **200 ch** 535/980.

Plaza, 12 av. Verdun ℰ 93 87 80 41, Télex 460979, Fax 93 88 61 11, ≼, «Terrasse sur le toit » – 🛗 🗐 📺 ☎ – 🛗 30 à 550. 🖭 ⑩ 🗲 VISA
GZ **f**
R 120/180 – ⊏ 70 – **183 ch** 600/1300, 10 appart. 1500/2500 – ½ P 550/800.

Westminster Concorde, 27 prom. des Anglais ℰ 93 88 29 44, Télex 460872, Fax 93 82 45 35, ≼, 🍴 – 🛗 🗐 📺 ☎ – 🛗 40 à 350. 🖭 ⑩ 🗲 VISA. ✼
FZ **m**
Le Farniente **R** carte 210 à 390 – ⊏ 70 – **105 ch** 700/1200.

West End, 31 promenade des Anglais ℰ 93 88 79 91, Télex 460879, Fax 93 88 85 07, ≼, 🍴 – 🛗 🗐 📺 ☎ – 🛗 150. 🖭 ⑩ 🗲 VISA
FZ **p**
R 140/250 – ⊏ 50 – **130 ch** 450/1300, 3 appart. 1700 – ½ P 400/800.

La Pérouse ℅, 11 quai Rauba-Capéu ℰ 93 62 34 63, Télex 461411, Fax 93 62 59 41, «≼ Nice et la promenade des Anglais », 🌲 – 🛗 🗐 ch 📺 ☎ – 🛗 25. 🖭 ⑩ 🗲 VISA
HZ **k**
R grill (15 mars-30 sept.) carte 160 à 260 – ⊏ 70 – **65 ch** 545/1500.

Grand H. Aston Ⓜ, 12 av. F. Faure ℰ 93 80 62 52, Télex 470290, Fax 93 80 40 02, «Terrasse sur le toit » – 🛗 ☚ ch 🗐 📺 ☎ – 🛗 50 à 180. 🖭 ⑩ 🗲 VISA ✼ rest HZ **u**
Le Champagne (fermé 25 juil. au 25 août, sam. midi et dim.) **R** 220/290, Enf. 150 – ⊏ 50 – **160 ch** 400/1000 – ½ P 550/850.

Altea Masséna Ⓜ sans rest, 58 r. Gioffredo ℰ 93 85 49 25, Télex 470192, Fax 93 62 43 27 – 🛗 🗐 📺 ☎ 🖭 ⑩ 🗲 VISA
GZ **k**
⊏ 55 – **116 ch** 540/760.

Novotel Ⓜ, 8-10 esplanade du Parvis de l'Europe ℰ 93 13 30 93, Télex 460243, Fax 93 13 09 04, 🍴, 🌲 – 🛗 🗐 📺 ☎ ⅙ – 🛗 90. 🖭 ⑩ 🗲 VISA
JX **v**
R carte environ 140 ⅛, enf. 50 – ⊏ 46 – **173 ch** 495/560.

La Malmaison, 48 bd V. Hugo ℰ 93 87 62 56, Télex 470410, Fax 93 16 17 99, 🍴 – 🛗 ☚ ch 🗐 📺 ☎. 🖭 ⑩ 🗲 VISA ✼ rest
FYZ **e**
R (fermé 2 juil. au 1ᵉʳ août, dim. soir et lundi) 120/240 – ⊏ 35 – **50 ch** 455/810 – ½ P 520/565.

Atlantic, 12 bd V. Hugo ℰ 93 88 40 15, Télex 460840, Fax 93 88 68 60 – 🛗 🗐 ch 📺 ☎ ℗ – 🛗 30 à 80. 🖭 ⑩ 🗲 VISA
FY **d**
R 110/120 – ⊏ 50 – **123 ch** 600/900 – ½ P 970/1140.

Park, 6 av. de Suède ℰ 93 87 80 25, Télex 970176, Fax 93 82 29 27, ≼ – 🛗 🗐 📺 ☎ ⅙ – 🛗 100. 🖭 ⑩ 🗲 VISA
FZ **x**
Le Passage (fermé dim.) – ⊏ 75 – **130 ch** 750/900.

Victoria sans rest, 33 bd V. Hugo ℰ 93 88 39 60, Télex 461337, ⚡ – 🛗 📺 ☎. 🖭 ⑩ 🗲 VISA
FYZ **z**
39 ch ⊏ 510/590.

🏨 **Ambassador** sans rest, 8 av. Suède ℰ 93 87 90 19, Télex 460025, Fax 93 82 14 90 – 📶 ▤
📺 ☎ ⅙ ⅍ ⓪ Ɛ 𝘝𝘐𝘚𝘈   FZ **x**
⌖ 45 – **45 ch** 430/720.

🏨 **Petit Palais** Ⓜ ⚘ sans rest, 10 av. E. Bieckert ℰ 93 62 19 11, Télex 462233, ≤ Nice et
mer – 📶 📺 ☎. ⅍ Ɛ 𝘝𝘐𝘚𝘈   HX **p**
⌖ 35 – **25 ch** 450/500.

🏨 **Frantour Napoléon** sans rest, 6 r. Grimaldi ℰ 93 87 70 07, Télex 460949, Fax 93 16 17 80
– 📶 ▤ 📺 ☎. ⅍ ⓪ Ɛ 𝘝𝘐𝘚𝘈   FZ **r**
⌖ 45 – **83 ch** 515/590.

🏨 **Windsor**, 11 r. Dalpozzo ℰ 93 88 59 35, Télex 970072, Fax 93 88 94 57, ⅃, 🌳 – 📶 📺
☎. ⅍ ⓪ Ɛ 𝘝𝘐𝘚𝘈, ⅗ rest   FZ **f**
R *(fermé dim.)* carte environ 180 – ⌖ 25 – **60 ch** 375/590 – ½ P 375/435.

🏨 **Lausanne** sans rest, 36 r. Rossini ℰ 93 88 85 94, Télex 461269, Fax 93 88 15 88 – 📶 📺
☎. ⅍ ⓪ Ɛ 𝘝𝘐𝘚𝘈   FY **t**
⌖ 45 – **40 ch** 350/580.

🏨 **Oasis** Ⓜ ⚘ sans rest, 23 r. Gounod ℰ 93 88 12 29, Télex 462705, 🌳 – 📶 📺 ☎ Ⓟ. ⅍
⓪ Ɛ 𝘝𝘐𝘚𝘈   FY **r**
⌖ 35 – **38 ch** 310/370.

🏨 **Alexandra** sans rest, 41 r. Lamartine ℰ 93 62 14 43, Fax 93 62 30 34 – 📶 📺 ☎. ⅍ ⓪ Ɛ
𝘝𝘐𝘚𝘈   GX **u**
⌖ 35 – **53 ch** 325/400.

🏨 **Gounod** sans rest, 3 r. Gounod ℰ 93 88 26 20, Télex 461705 – 📶 ▤ 📺 ☎ ⟵⟶. ⅍ ⓪
Ɛ 𝘝𝘐𝘚𝘈   FYZ **g**
45 ch ⌖ 440/560, 5 appart. 740.

🏨 **Vendôme** Ⓜ sans rest, 26 r. Pastorelli ℰ 93 62 00 77, Télex 461762, Fax 93 13 40 78 – 📶
▤ 📺 ☎ Ⓟ. ⅍ ⓪ Ɛ 𝘝𝘐𝘚𝘈   GY **f**
⌖ 30 – **57 ch** 470/600.

🏨 **Busby**, 38 r. Mar. Joffre ℰ 93 88 19 41, Télex 461053, Fax 93 87 73 53 – 📶 📺 ☎. ⅍ ⓪
Ɛ 𝘝𝘐𝘚𝘈   FZ **u**
hôtel : fermé 15 nov. au 20 déc. ; rest. : ouvert 1ᵉʳ juin-19 déc. – **R** 120, enf. 75 – ⌖ 25 –
80 ch 425/550.

🏨 **St-Georges** sans rest, 7 av. G. Clemenceau ℰ 93 88 79 21, Télex 461305 – 📶 📺 ☎. Ɛ
𝘝𝘐𝘚𝘈   FY **y**
⌖ 25 – **30 ch** 250/320.

🏨 **Gourmet Lorrain**, 7 av. Santa Fior ℰ 93 84 90 78 – ▤ ch 📺 ☎. ⅍ ⓪ Ɛ 𝘝𝘐𝘚𝘈   FV **n**
R *(fermé dim. soir et lundi)* 180/200 – ⌖ 35 – **11 ch** 300/350.

🏨 **Brice**, 44 r. Mar. Joffre ℰ 93 88 14 44, Télex 470658, Fax 93 87 38 54, 🏡, 🌳 – 📶 📺 ☎
– ⚘ 30. ⅍ ⓪ Ɛ 𝘝𝘐𝘚𝘈. ⅗ rest   FZ **b**
R 105, enf. 80 – ⌖ 30 – **65 ch** 365/550 – ½ P 370/410.

🏨 **Mercure Nice Opéra** sans rest, 91 quai États-Unis ℰ 93 85 74 19, Télex 462619,
Fax 93 13 90 94 – ▤ 📺 ☎. ⅍ ⓪ Ɛ 𝘝𝘐𝘚𝘈   GHZ **b**
⌖ 49 – **49 ch** 710.

🏨 **Gold** Ⓜ sans rest, 20 bd Risso ✉ 06300 ℰ 93 26 70 36, Télex 461261, Fax 93 55 67 32 –
📶 ▤ 📺 ☎ ⅙. ⅍ ⓪ Ɛ 𝘝𝘐𝘚𝘈   JX **a**
⌖ 40 – **44 ch** 450/520.

🏨 **Gd Hôtel de Florence** sans rest, 3 r. P. Déroulède ℰ 93 88 46 87, Télex 470652,
Fax 93 88 43 65 – 📶 ▤ 📺 ☎. ⅍ ⓪ Ɛ 𝘝𝘐𝘚𝘈   GY **r**
⌖ 30 – **57 ch** 370/480.

🏨 **Nouvel H.** sans rest, 19 bis bd V. Hugo ℰ 93 87 15 00, Télex 462926, Fax 93 16 00 67 – 📶
📺 ☎. ⅍ ⓪ Ɛ 𝘝𝘐𝘚𝘈   FY **v**
⌖ 15 – **60 ch** 335/465.

🏨 **Cigognes** sans rest, 16 r. Maccarani ℰ 93 88 65 02, Télex 462019 – 📶 ⅘ 📺 ☎. Ɛ 𝘝𝘐𝘚𝘈.
⅗   FY **s**
⌖ 15 – **30 ch** 340/400.

🏨 **Durante** ⚘ sans rest, 16 av. Durante ℰ 93 88 84 40, Fax 93 87 77 76, 🌳 – 📶 cuisinette
📺 ☎ Ⓟ. Ɛ 𝘝𝘐𝘚𝘈. ⅗   FY **b**
fermé 5 nov. au 16 déc. – ⌖ 35 – **26 ch** 200/380.

🏨 **Carlton** sans rest, 26 bd V. Hugo ℰ 93 88 87 83, Fax 93 88 18 87 – 📶 📺 ☎. ⅍ ⓪ Ɛ
𝘝𝘐𝘚𝘈. ⅗   FY **w**
⌖ 28 – **29 ch** 280/500.

🏨 **Nice Palace** sans rest, 2 r. E. Emanuel ℰ 93 87 96 14, Télex 462704 – 📶 📺 ☎. ⅍ Ɛ 𝘝𝘐𝘚𝘈
⌖ 25 – **35 ch** 250/300.   FY **a**

🏨 **Kent** sans rest, 16 r. Chauvain ℰ 93 80 76 11, Télex 461784, Fax 93 80 02 94 – 📶 ▤ 📺
☎. ⅍ ⓪ Ɛ 𝘝𝘐𝘚𝘈   GY **b**
⌖ 30 – **32 ch** 340/400.

🏨 **Chatham** Ⓜ sans rest, 9 r. A. Kaar ℰ 93 87 80 61, Télex 970753, Fax 93 82 30 97 – 📶 ▤
📺 ☎. ⅍ ⓪ Ɛ 𝘝𝘐𝘚𝘈   FY **x**
49 ch ⌖ 500/700.

Georges 🦢 sans rest, 3 r. H. Cordier ℰ 93 86 23 41 – 🛗 🗐 📺 ☎. 🖭 Ɛ 𝘝𝘐𝘚𝘈   DZ **e**
☲ 29 – **18 ch** 300/410.

Avenida sans rest, 41 av. J. Médecin ℰ 93 88 55 03, Fax 93 88 02 88 – 🛗 cuisinette 🗐
📺 ☎. 🖭 ⓄⒷ Ɛ 𝘝𝘐𝘚𝘈. ⚘   FY **m**
☲ 24 – **35 ch** 260/320.

Alfa sans rest, 30 r. Masséna ℰ 93 87 88 63, Fax 93 88 17 30 – 🛗 🗐 📺 ☎. 🖭 Ⓞ Ɛ.
𝘝𝘐𝘚𝘈   FZ **a**
☲ 30 – **38 ch** 320/500.

Trianon sans rest, 15 av. Auber ℰ 93 88 30 69, Télex 970984, Fax 93 88 11 35 – 🛗 📺 ☎.
🖭 Ⓞ Ɛ 𝘝𝘐𝘚𝘈   FY **u**
☲ 22 – **32 ch** 245/305.

Marbella sans rest, 120 bd Carnot ✉ 06300 ℰ 93 89 39 35, ≼ littoral – 📺 ☎. 🖭 Ɛ 𝘝𝘐𝘚𝘈
⚘   CU **a**
☲ 25 – **17 ch** 210/430.

Armenonville 🦢 sans rest, 20 av. Fleurs ℰ 93 96 86 00, 🚗 – ☎ Ⓟ. ⚘   EZ **b**
☲ 25 – **13 ch** 230/490.

Harvey sans rest, 18 av. Suède ℰ 93 88 73 73, Télex 461687 – 🛗 🗐 ☎. Ɛ 𝘝𝘐𝘚𝘈
⚘   FZ **h**
1ᵉʳ mars-1ᵉʳ nov. et 15 fév.-1ᵉʳ mars – ☲ 20 – **62 ch** 263/326.

Carlone sans rest, 2 bd F. Grosso ℰ 93 44 71 61 – 📺 ☎. Ɛ 𝘝𝘐𝘚𝘈   EZ **n**
fermé 10 au 30 nov. – ☲ 22 – **22 ch** 153/306.

Star H. sans rest, 14 r. Biscarra ℰ 93 85 19 03 – 📺. 🖭 Ⓞ Ɛ 𝘝𝘐𝘚𝘈   GY **k**
☲ 25 – **20 ch** 190/280.

Touring, 5 r. Russie ℰ 93 88 70 15, Fax 93 87 91 06 – 📺 ☎. 🖭 𝘝𝘐𝘚𝘈   FY **h**
R *(fermé 9 nov. au 14 déc., vend. soir et sam. midi)* 63/140 🍷, enf. 45 – ☲ 25 – **19 ch**
260/340 – ½ P 210/245.

Alizé sans rest, 65 r. Buffa ℰ 93 88 99 46 – 🗐 ☎. Ɛ 𝘝𝘐𝘚𝘈   EZ **y**
fermé 1ᵉʳ au 20 déc. – ☲ 30 – **12 ch** 200/290.

Buffa sans rest, 56 r. Buffa ℰ 93 88 77 35 – 🗐 ☎   EZ **r**
☲ 30 – **13 ch** 230/300.

Flandres sans rest, 6 r. Belgique ℰ 93 88 78 94 – 🛗 📺 ☎. Ɛ 𝘝𝘐𝘚𝘈. ⚘   FX **u**
☲ 20 – **39 ch** 240/260.

XXXXX ❀❀ **Jacques Maximin**, 4 r. S. Guitry ℰ 93 80 70 10, Télex 462794, Fax 93 62 37 79,
« Élégante installation dans un ancien théâtre » – 🗐. 🖭 𝘝𝘐𝘚𝘈   GYZ **m**
R 350/700 et carte
Spéc. Terrine d'ail doux à la gelée de poulet, Courgettes à la fleur aux truffes, Tian d'agneau à la niçoise.
Vins Bellet, Côtes de Provence.

XXXXX ❀ **Chantecler** - Hôtel Négresco, 37 prom. des Anglais ℰ 93 88 39 51, Télex 460040,
Fax 93 88 35 68 – 🗐. 🖭 Ⓞ Ɛ 𝘝𝘐𝘚𝘈   FZ **k**
fermé mi-nov. à mi-déc. – **R** 390/550
Spéc. Ravioli à la tomate et sarriette, Saint-Pierre au jus de ratatouille safrané, Filet de pageot aux câpres et
tomates séchées. Vins Bellet.

XXX **Ane Rouge**, 7 quai Deux-Emmanuel ℰ 93 89 49 63 – 🖭 Ⓞ Ɛ 𝘝𝘐𝘚𝘈   JZ **m**
fermé 20 juil. au 1ᵉʳ sept., sam., dim. et fériés – **R** carte 350 à 470.

XXX ❀ **Florian** (Gillon), 22 r. A. Karr ℰ 93 88 86 60, Fax 93 87 31 98 – 🗐. Ɛ 𝘝𝘐𝘚𝘈   FY **k**
fermé sam. midi, et dim. – **R** *(dîner seul. du 20 juin au 1ᵉʳ sept.)* 220/320
Spéc. Ravioles de daube à la niçoise, Côte de pigeon "Romanoff", Noisettes de faon de biche en poivrade
(1ᵉʳ sept. au 15 janv.). Vins Bellet, Côtes de Provence.

XXX **L'Éridan**, 6 pl. Wilson ℰ 93 92 43 75, 🍽 – 🗐. 🖭 Ⓞ Ɛ 𝘝𝘐𝘚𝘈   HY **d**
fermé 25 août, 22 au 29 déc., sam. midi, dim. et fériés – **R** 145/310.

XXX **La Toque Blanche**, 40 r. Buffa ℰ 93 88 38 18 – 🗐. Ɛ 𝘝𝘐𝘚𝘈   FZ **n**
fermé 15 au 30 juil., dim. soir et lundi – **R** (nombre de couverts limité, prévenir) 130/160.

XX **Les Dents de la Mer**, 2 r. St-François-de-Paule ✉ 06300 ℰ 93 80 99 16, produits de la
mer, « Décor original de galion englouti » – 🗐. 🖭 Ⓞ Ɛ 𝘝𝘐𝘚𝘈   HZ **n**
R 135/255.

XX **Boccaccio**, 7 r. Masséna ℰ 93 87 71 76, Fax 93 82 09 06, produits de la mer – 🗐. 🖭 Ⓞ
Ɛ 𝘝𝘐𝘚𝘈   GZ **f**
R carte 240 à 360.

XX **Le Gd Pavois "Chez Michel"**, 11 r. Meyerbeer ℰ 93 88 77 42, produits de la mer – 🗐.
Ɛ 𝘝𝘐𝘚𝘈   FZ **s**
fermé 1ᵉʳ juil. au 15 août et lundi sauf fériés – **R** carte 200 à 320.

XX **Los Caracolès**, 5 r. St-François-de-Paule ✉ 06300 ℰ 93 80 98 23 – 🍽 🗐. Ɛ 𝘝𝘐𝘚𝘈
fermé 25 fév. au 7 mars, 8 juil. au 12 août, samedi midi et mercredi – **R** 180/220 🍷,
enf. 50   HZ **u**

XX **Chez les Pêcheurs**, 18 quai Docks ✉ 06300 ℰ 93 89 59 61, produits de la mer – 🖭 Ɛ
𝘝𝘐𝘚𝘈   JZ **r**
fermé 1ᵉʳ nov. au 15 déc., mardi soir de déc. à avril, jeudi midi de mai à oct. et merc. – **R**
carte 215 à 320.

XX **Aux Gourmets,** 12 r. Dante ✆ 93 96 83 53 – ▦. ▨ ⓞ E 𝘝𝘐𝘚𝘈
fermé 24 juin au 8 juill., 4 au 18 nov., dim. soir et lundi – **R** 146/345.
EZ **w**

XX **Don Camillo,** 5 r. Ponchettes ✉ 06300 ✆ 93 85 67 95 – ▦. E 𝘝𝘐𝘚𝘈
fermé août, dim. et lundi – **R** carte 195 à 320.
HZ **h**

XX **Ruffel,** 10 bd Dubouchage ✆ 93 62 05 45, 🍽 – ▨ E 𝘝𝘐𝘚𝘈
fermé dim. soir et lundi – **R** 160/280, enf. 120.
HY **e**

XX **Les Préjugés du Palais,** 1 pl. Palais ✆ 93 62 37 03, 🍽 – ▦. ▨ E 𝘝𝘐𝘚𝘈
fermé dim. soir et mardi soir – **R** carte 150 à 290.
HZ **v**

XX **L'Olivier,** 2 pl. Garibaldi ✆ 93 26 89 09 – ▦ ▨ E 𝘝𝘐𝘚𝘈. ⌁
fermé 1er au 25 août, 9 au 25 déc., lundi midi et dim. – **R** 135/170.
HY **n**

XX **La Bonne Fourchette,** 5 r. Blacas ✆ 93 85 17 01 – ▦. ▨ E 𝘝𝘐𝘚𝘈
fermé août, dim. soir et lundi – **R** 79/135.
GY **v**

XX **Chez Rolando,** 3 r. Desboutins ✆ 93 85 76 79, *cuisine italienne* – ▦. ▨ E 𝘝𝘐𝘚𝘈
fermé juil.,le midi en août, dim. et fériés – **R** carte 200 à 250 ⅃.
GZ **n**

XX **Albert's Bar,** 1 r. M. Jaubert ✆ 93 16 27 69 – ▨ ⓞ E 𝘝𝘐𝘚𝘈
fermé dim. – **R** 145/380.
FZ **a**

XX **Antoine,** 26 bd V. Hugo ✆ 93 88 49 75 – ▦. E 𝘝𝘐𝘚𝘈
fermé sam. midi et dim. – **R** 190.
FY **f**

XX **Christian Breton,** 4 pl. Guynemer ✉ 06300 ✆ 93 56 62 06 – 𝘝𝘐𝘚𝘈
fermé dim. soir et lundi – **R** 160/240.
JZ **t**

XX **Bông-Laï,** 14 r. Alsace-Lorraine ✆ 93 88 75 36, *cuisine vietnamienne* – ▦. ▨ ⓞ E.
𝘝𝘐𝘚𝘈
fermé 6 au 26 déc., lundi et mardi – **R** carte 180 à 300.
FX **n**

X **Bistrot de Nice,** 2 r. S. Guitry ✆ 93 80 68 00, Télex 462794, Fax 93 62 37 79 – ▦
𝘝𝘐𝘚𝘈
R carte 140 à 210.
GYZ **m**

X **Le St-Laurent,** 12 r. Paganini ✆ 93 87 18 94 – ▦. ▨ ⓞ E 𝘝𝘐𝘚𝘈
fermé 28 juin au 12 juil., 23 nov. au 5 déc. et merc. – **R** 72/148.
FY **n**

X **Au Chapon Fin,** 1 r. Moulin ✉ 06300 ✆ 93 80 56 92 – E 𝘝𝘐𝘚𝘈
fermé 23 déc. au 6 janv., lundi midi, dim. et fériés – **R** 165/188.
HZ **z**

X **La Casbah,** 3 r. Dr Balestre ✆ 93 85 58 81, *couscous* – ⓞ E 𝘝𝘐𝘚𝘈
fermé juil., août, dim. soir et lundi – **R** carte 114 à 126.
GY **a**

X **Mireille,** 19 bd Raimbaldi ✆ 93 85 27 23, *plat unique : paëlla* – ▦. E 𝘝𝘐𝘚𝘈
fermé 3 juin au 4 juil., lundi et mardi sauf fériés – **R** carte environ 130.
GX **d**

X **La Merenda,** 4 r. Terrasse ✉ 06300, *cuisine niçoise* – ▦
fermé août, 25 déc. au 1er janv., fév., sam., dim. et lundi – **R** carte environ 160.
HZ **a**

à l'Ouest : 4 km (rte aéroport) – ✉ **06200** Nice :

🏠 Ibis [M], 359 prom. des Anglais ✆ 93 83 30 30, Télex 461285, Fax 93 21 19 43 – ▯ ▦ 📺
☎ ᕐ 🅿 – ⚿ 55
128 ch.
AU **s**

à l'Aéroport 7 km – ✉ **06200** Nice :

🏨 **Holiday Inn** [M], 179 bd R. Cassin ✆ 93 83 91 92, Télex 970202, Fax 93 21 69 57, 🍽, ⅃ –
▯ ⚿ch ▦ 📺 ☎ ᕐ ⇔ – ⚿ 150. ▨ ⓞ E 𝘝𝘐𝘚𝘈. ⌁
R 95/160, enf. 45 – ⇰ 78 – **150 ch** 825/925.
AU **n**

🏠 **Campanile** [M], 459 prom. des Anglais ✆ 93 21 20 20, Télex 461640, Fax 93 83 83 96 – ▯
▦ 📺 ☎ ᕐ ⇔ – ⚿ 25 à 80. E 𝘝𝘐𝘚𝘈
R 82 bc/110 bc, enf. 39 – ⇰ 27 – **170 ch** 345 – ½ P 283/311.
AU **e**

X **Grill Soleil d'Or,** 1er étage aérogare 1 ✆ 93 21 36 14, Télex 970011, Fax 93 21 35 31, ⩽ –
⚿ ▦. ▨ E 𝘝𝘐𝘚𝘈
R carte 115 à 215 ⅃.
AU **x**

au Cap 3000 par ④ : 8 km – ✉ **06100** Nice :

🏨 **Novotel** [M], ✆ 93 31 61 15, Télex 470643, Fax 93 07 62 25, 🍽, ⅃, 🌳 – ▯ ▦ 📺 ☎ ᕐ
🅿 – ⚿ 200. ▨ ⓞ E 𝘝𝘐𝘚𝘈
R carte environ 150 ⅃, enf. 50 – ⇰ 46 – **103 ch** 445/590.

🏨 **Galaxie** sans rest, av. Mar. Juin ✆ 93 07 73 72, Télex 470431, Fax 93 14 32 14 – ▯ ▦ 📺
☎ 🅿 – ⚿ 25. ▨ ⓞ E 𝘝𝘐𝘚𝘈
⇰ 40 – **28 ch** 380/550.

à St-Pancrace N : 8 km par D 914 AS – alt. 302 – ✉ **06100** Nice :

XXX **Rôtisserie de St-Pancrace,** ✆ 92 09 94 94, ⩽, 🍽, 🌳 – 🅿. E 𝘝𝘐𝘚𝘈
fermé 4 janv. au 6 fév., dim. soir et lundi sauf juil.-août – **R** 180/280, enf. 120.

XX **Cicion,** ✆ 93 84 49 29, ⩽ *Nice et littoral,* 🍽 – 🅿
fermé 15 janv. au 15 fév., le soir (sauf juil.-août) et merc. – **R** (en sais. prévenir) 150/185.

MICHELIN, Agence régionale, ZI, quartier Pugets à St-Laurent-du-Var par ⑤ ✆ 93 31 66 09

ALFA-ROMEO IMAC, av. Notre Dame
  🀹 93 62 03 97
AUSTIN-ROVER Kennings, 9 r. Veillon
  🀹 93 80 56 93
BMW Gar. Azur-Autos, 13 r. G.-Garaud, quartier
Riquier *🀹* 93 89 36 29
CITROEN Succursale, 74 bd R.-Cassin AU
  🀹 93 83 66 66 **N** *🀹* 93 89 80 89
CITROEN Succursale, complexe J. Bouin Palais
des Sports **HJX** *🀹* 93 92 26 06 **N** *🀹* 93 89 80 89
FIAT Diam Nouvelle, 3 et 4 r. Meyerbeer
  🀹 93 88 87 46
FIAT Diffusion Automobiles, 69 bd Madeleine
  🀹 93 97 51 00
FORD Gar. Paris-Côte Azur, 58 av. de St-Augustin
  🀹 93 83 40 32
LANCIA Gar. de Touraine, 151 bd Cessole
  🀹 93 51 29 63
MERCEDES-BENZ Succursale, 83 bd Gambetta
  🀹 93 96 15 49
MITSUBISHI-PORSCHE Somédia, 1 et 3 av.
Notre-Dame *🀹* 93 92 44 12
NISSAN Gds Gar. Mériterranéens, 45 r. Buffa
  🀹 93 88 13 27
OPEL-GM Détroit-Motors, 87 r. de France
  🀹 93 87 62 45
PEUGEOT, TALBOT Gds Gar. Nice et Littoral, 132
bd Pasteur **HV** *🀹* 93 62 20 26 **N** *🀹* 93 29 87 87

PEUGEOT-TALBOT Gds Gar. Nice et Littoral, 63
rte de Grenoble AU *🀹* 93 83 03 50
N *🀹* 93 29 87 87
RENAULT Succursale de Nice Riquier, 2 bd
Armée-des-Alpes **CT** *🀹* 93 14 21 21
N *🀹* 05 05 15 15
RENAULT Gar. Macagno, 17 av. de la Californie
AU *🀹* 93 86 59 81
RENAULT Gar. des Résidences, 9 r. Combattants
en AFN *🀹* 93 88 18 59
RENAULT Succursale de Nice, 254 rte de
Grenoble AU a *🀹* 93 14 22 22 **N** *🀹* 05 05 15 15
TOYOTA Gar. Albert 1er, 5 r. Cronstadt
  🀹 93 88 39 35
V.A.G S.M.A., 146 rte de Turin *🀹* 93 55 74 74
N *🀹* 93 29 87 87

ⓘ Cagnol, 3 r. Gare du Sud *🀹* 93 84 52 29
Massa-Pneu, 336 rte de Turin *🀹* 93 27 93 93
Massa-Pneus, 27 r. Trachel *🀹* 93 82 20 85
Massa-Pneus, 248 rte de Grenoble *🀹* 93 71 31 32
Nice-Pneu, 14 r. L.-Ackermann *🀹* 93 87 49 07
Office du Pneu, 116 bd Gambetta *🀹* 93 88 45 84
Omnium-Niçois du C/c, 298 rte de Turin
  🀹 93 27 91 00
Piot Pneu, angle R.-Nicot de Villemain et 17 bd P.-
Montel *🀹* 93 83 10 92
Piot-Pneu, 68 r. Mar.-Vauban *🀹* 93 89 66 76
Vulca-202, 762 rte de Grenoble *🀹* 93 08 14 84

Les **guides Rouges,** les **guides Verts** et les **cartes Michelin**
sont complémentaires.
Utilisez-les ensemble.

NIEDERBRONN-LES-BAINS 67110 B.-Rhin **57** ⑱⑲ **G. Alsace Lorraine** – 4 446 h. alt. 192 – Stat.
therm. (17 avril-nov.) – Casino .

Ⓘ Office de Tourisme pl. Hôtel de Ville *🀹* 88 09 17 00.

Paris 451 – ♦Strasbourg 53 – Haguenau 21 – Sarreguemines 56 – Saverne 38 – Wissembourg 34.

  🏤 **Gd Hôtel** ⤴, av. Foch *🀹* 88 09 02 60, Télex 890151, Fax 88 80 38 75, ☞, ⁎ – 🛗 ☎ **P**
    – 🅰 100. 🖭 ⓞ **E** ⓋⒾⓈⒶ
    R voir rest. Parc ci-après – ⊡ 30 – **55 ch** 310/410, 5 appart. 520 – ½ P 315/400.

  🏚 **Bristol,** pl. H. de Ville *🀹* 88 09 61 44, Fax 88 09 01 20 – 🛗 🗐 rest ☎ **P**. 🖭 ⓞ **E** ⓋⒾⓈⒶ
  ↞ *fermé janv.* – **R** *(fermé merc.)* 60/285 🍷, enf. 45 – ⊡ 30 – **28 ch** 190/290 – ½ P 220/280.

  🏚 **Cully,** r. République *🀹* 88 09 01 42 – 🛗 ☎ **P**. 🖭 ⓞ **E** ⓋⒾⓈⒶ. ⁎ ch
  ↞ *fermé 11 au 30 nov. et 15 au 28 fév. (sauf rest.)* – **R** 50/250 🍷, enf. 50 – ⊡ 25 – **39 ch**
    110/225 – ½ P 180/260.

  XXX **Parc** - Gd Hôtel, pl. Thermes *🀹* 88 09 66 48, ≼ – 🖭 ⓞ **E** ⓋⒾⓈⒶ
    fermé fév. et jeudi – **R** carte 170 à 280.

  XX **Muller** avec ch, av. Libération *🀹* 88 63 38 38, Télex 871327, Fax 88 09 02 79, ☞, parc –
  ↞ ☎ **P**. 🖭 ⓞ **E** ⓋⒾⓈⒶ. ⁎ rest
    R *(fermé janv., dim. soir et lundi)* 52/192 🍷, enf. 38 – ⊡ 28 – **48 ch** 122/342 – ½ P 138/182.
  Annexe Muller 🏦 **M** ⤴, av. Libération *🀹* 88 63 38 38, Télex 871327, Fax 88 63 38 39,
  ↞ parc, ⅃₅, ⬛ – 🛗 📺 ☎ ♿ ⇔ **P** – 🅰 45. 🖭 ⓞ **E** ⓋⒾⓈⒶ. ⁎ rest
    R *(fermé janv., dim. soir et lundi)* 52/192 🍷, enf. 38 – ⊡ 34 – **30 ch** 282/342 – ½ P 258/276.

  XX **Les Acacias,** 35 r. Acacias *🀹* 88 09 00 47, ☞ – **P**. 🖭 ⓞ **E** ⓋⒾⓈⒶ
    fermé 1er au 15 sept., fin janv. au 15 fév. et vend. – **R** 150/260 🍷, enf. 45.

  à Untermuhlthal (57 Moselle) O : 11 km par D 28 et D 141 – ✉ **57230** Bitche :

  XXX ❀ **L'Arnsbourg** (Mme Klein), *🀹* 87 06 50 85, ☞ – **P**. 🖭 ⓞ **E** ⓋⒾⓈⒶ
    fermé 25 juin au 11 juil., 19 janv. au 7 fév., mardi et merc. – **R** 179/298
    Spéc. Méli-mélo de saumon et langoustines, Strudel au foie gras, Caille au ris de veau.. Vins Auxerrois,
    Tokay-Pinot gris.

CITROEN Krebs *🀹* 88 09 03 66   **RENAULT** Gar. Moderne, 22 r. des Romains à
PEUGEOT Jung, à Gundershoffen *🀹* 88 72 92 46   Reichshoffen *🀹* 88 09 04 58 **N**

NIEDERHASLACH 67280 B.-Rhin **62** ⑨ **G. Alsace Lorraine** – 1 055 h. alt. 255.

Voir Église★.

Paris 425 – ♦Strasbourg 39 – Molsheim 15 – St-Dié 54 – Saverne 32.

  🏚 **Pomme d'Or,** face église *🀹* 88 50 90 21 – 📺 ☎ – 🅰 30. **E** ⓋⒾⓈⒶ. ⁎ ch
    fermé 24 au 30 juin, fév. lundi soir et mardi d'oct. à avril – **R** 85/160 🍷 – ⊡ 28 – **20 ch**
    145/250 – ½ P 200/230.

RENAULT Gar. Ludwig *🀹* 88 50 90 08 **N**

Paris 473 – ♦ Strasbourg 26 – Haguenau 6 – Saverne 33.

XX **Au Boeuf Rouge** avec ch, 𝒫 88 73 81 00, 🌸 – 📺 ☎ 🅿 – 🔏 50. 🖭 ⓞ Ⓔ 𝚅𝙸𝚂𝙰
  fermé 2 au 22 juil. et vacances de fév. – **R** (fermé dim. soir et lundi sauf fériés) 95/250 ᐃ.
  enf. 45 – ☑ 28 – **15 ch** 190/210 – ½ P 210.

Paris 453 – ♦ Strasbourg 64 – Bitche 24 – Haguenau 32 – Lembach 8 – Wissembourg 23.

🏠 **Cheval Blanc** ⚘, 𝒫 88 09 55 31, Fax 88 09 50 24, 🌸, ⬛, 🌸, ⚒ – ☎ 🅿. Ⓔ 𝚅𝙸𝚂𝙰.
  ⚒ rest – fermé du 20 au 28 juin, 25 nov. au 5 déc. et 30 janv. au 2 mars – **R** (fermé vend.
  midi hors sais. et jeudi) 80/240 ᐃ. enf. 60 – ☑ 28 – **29 ch** 220/240 – ½ P 200/250.

Paris 439 – Angoulême 42 – Confolens 26 – ♦Limoges 65 – Nontron 61 – Ruffec 36.

🏰 ❀ **Château de Nieuil** (Mme Bodinaud) ⚘, à l'Est par D 739 et VO 𝒫 45 71 36 38, Télex
  791230, Fax 45 71 46 45, ≤, ☩, « Belle demeure Renaissance dans un parc », ⬛, ⚒ –
  📺 ☎ ᕼ, ➡ 🅿 – 🔏 40. 🖭 ⓞ Ⓔ 𝚅𝙸𝚂𝙰
  26 avril-4 nov. – **R** (nombre de couverts limité - prévenir) 210/275 – ☑ 65 – **11 ch** 450/1100,
  3 appart. 1600 – ½ P 565/805
  Spéc. Farci charentais, Chaudrée de poissons, Confit de pintade au chou.

Voir Arènes★★★ CV – Maison Carrée★★★ CU – Jardin de la Fontaine★★ AX : Tour Magne★, ≤★ –
Musées : Antiques★ de la Maison Carrée CU, Archéologie★ DU M¹, Beaux-Arts★ ABY M², Vieux
Nîmes★ CU M – ⛳ de Campagne 𝒫 66 70 17 37, par ⑤ : 11 km.

✈ de Nîmes-Garons : Air Inter 𝒫 66 70 08 59, par ⑤ : 8 km.

🛈 Office de Tourisme et Accueil de France (Informations et réservations d'hôtels, pas plus de 5 jours à
l'avance) 6 r. Auguste 𝒫 66 67 29 11, Télex 490926 et à la gare SNCF 𝒫 66 84 18 13 – A.C. 5 bd Talabot
𝒫 66 29 12 54.

Paris 710 ② – ♦ Montpellier 52 ⑥ – Aix-en-Provence 107 ④ – Avignon 43 ② – ♦Clermont-Ferrand 393 ② –
♦Grenoble 251 ② – ♦Lyon 250 ② – ♦Marseille 118 ④ – ♦Nice 281 ④ – ♦St-Étienne 243 ②.

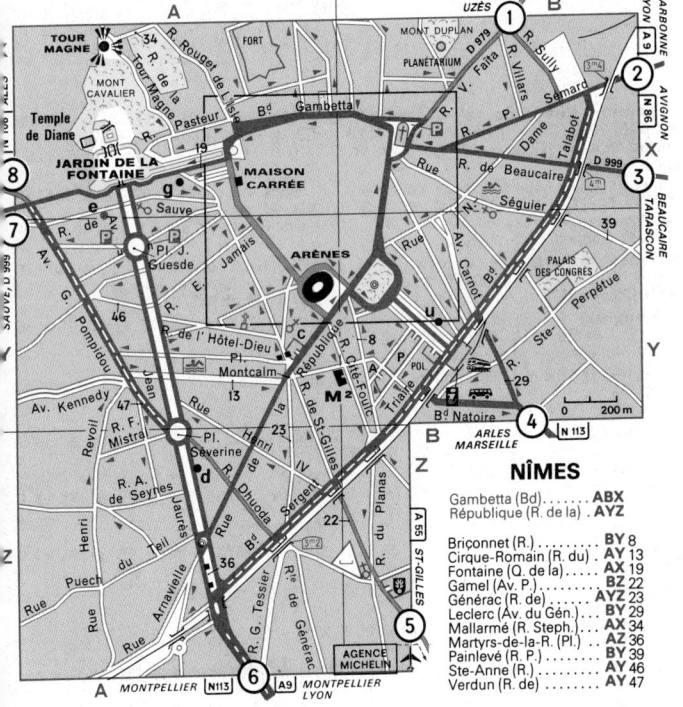

NÎMES

Gambetta (Bd.) . . . . **ABX**
République (R. de la) . **AYZ**

Briçonnet (R.)	**BY** 8
Cirque-Romain (R. du) .	**AY** 13
Fontaine (Q. de la)	**AX** 19
Gamel (Av. P.)	**BZ** 22
Générac (R. de)	**AYZ** 23
Leclerc (Av. du Gén.) . . .	**BY** 29
Mallarmé (R. Steph.) . . .	**AX** 34
Martyrs-de-la-R. (Pl.) . . .	**AZ** 36
Painlevé (R. P.)	**BY** 39
Ste-Anne (R.)	**AY** 46
Verdun (R. de)	**AY** 47

NÎMES

🏨 **Imperator Concorde,** pl. A. Briand ⌧ 30900 ℰ 66 21 90 30, Télex 490635, Fax 66 67 70 25, ⌂, « Jardin fleuri » – ⧉ ▤ ch 📺 ☎ ⟵ – ﹘ 50. ㏌ ⓞ ㏒ 𝚅𝙸𝚂𝙰
Enclos de la Fontaine *(fermé sam. midi)* **R** 230/420 enf. 85 – ⌂ 50 – **65 ch** 530/850, 3 appart. – ½ P 615
AX g

🏨 **Vatel** Ⓜ (École hôtelière), 140 r. Vatel par av. Kennedy AY ℰ 66 62 57 57, Fax 66 62 57 50, ≤, ⌖, ℐℴ, ⊠ – ⧉ ▤ 📺 ☎ ⅋ ⅌ – ﹘ 100. 𝚅𝙸𝚂𝙰 ⅌ rest
Les Palmiers *(fermé août et dim. soir)* **R** 110/160 – **Grill R** carte 95 à 150 ⅃ – ⌂ 40 – **42 ch** 400/500, 4 appart. 800 – ½ P 290.

🏨 **Novotel Atria Nîmes Centre** Ⓜ, 5 bd Prague ℰ 66 76 56 56, Télex 485618, Fax 66 76 26 36, ⌂ – ⧉ ▤ 📺 ☎ ⅋ ⟵ – ﹘ 25 à 480. ㏌ ⓞ ㏒ 𝚅𝙸𝚂𝙰
Les 7 Collines **R** carte environ 150 – ⌂ 47 – **119 ch** 440/490.
DV f

🏨 **L'Orangerie** Ⓜ, 755 r. Tour de l'Évêque ℰ 66 84 50 57, Télex 490872, Fax 66 29 44 55, ⌂, ⅃ – ▤ 📺 ☎ ⅋ ⅌ ㏌ ⓞ ㏒ 𝚅𝙸𝚂𝙰
R 160/240, enf. 50 – ⌂ 40 – **31 ch** 370/485 – ½ P 320/410.

🏨 **Tuileries** Ⓜ sans rest, 22 r. Roussy ℰ 66 21 31 15, Fax 66 67 48 72 – ⧉ ▤ 📺 ☎ ⟵. ㏌ ⓞ ㏒ 𝚅𝙸𝚂𝙰
fermé 1ᵉʳ au 20 fév. – ⌂ 35 – **10 ch** 320/350.
DV n

🏨 **Chéops** Ⓜ, 61 bis av. J. Jaurès ℰ 66 29 57 57, Télex 490120, Fax 66 29 21 31 – ⧉ ⅋ ch ▤ 📺 ☎ ⅋ ⟵ – ﹘ 30 à 100. ㏌ ⓞ ㏒ 𝚅𝙸𝚂𝙰
(fermé dim. soir) **R** 78/200 enf. 42 – ⌂ 35 – **60 ch** 370/430 – ½ P 290/340.
AZ d

🏨 **Carrière,** 6 r. Grizot ℰ 66 67 24 89, Télex 490580, Fax 66 67 28 08 – ⧉ 📺 ☎. ㏌ ⓞ 𝚅𝙸𝚂𝙰
R *(fermé 5 au 18 janv.)* 55/125, enf. 50 – ⌂ 26 – **54 ch** 205/270 – ½ P 210.
DU a

🏨 **Plazza** Ⓜ sans rest, 10 r. Roussy ℰ 66 76 16 20, Télex 485727 – ⧉ ▤ 📺 ☎. ㏌ ⓞ ㏒ 𝚅𝙸𝚂𝙰. ⅌ – ⌂ 37 – **28 ch** 220/370
DU r

🏨 **Milan** sans rest, 17 av. Feuchères ℰ 66 29 29 90 – ⧉ 📺 ☎. ㏌ ㏒ 𝚅𝙸𝚂𝙰
⌂ 26 – **33 ch** 179/280.
BY u

🏨 **Amphithéâtre** sans rest, 4 r. Arènes ℰ 66 67 28 51 – 📺 ☎. ㏒ 𝚅𝙸𝚂𝙰
fermé 23 déc. au 1ᵉʳ fév. – ⌂ 30 – **20 ch** 127/215.
CV h

🏨 **Majestic** sans rest, 10 r. Pradier ℰ 66 29 24 14, Fax 66 29 77 33 – ☎. ㏒ 𝚅𝙸𝚂𝙰
⌂ 30 – **27 ch** 180/200.
DV z

XX **Le Magister,** 5 r. Nationale ♪ 66 76 11 00 – 🍽. AE ⑩ E VISA
fermé 1er au 15 août, sam. midi et dim. sauf fêtes – **R** 190, enf. 60.

XX **Le Lisita,** 2 bd Arènes ♪ 66 67 29 15 – AE ⑩ VISA
fermé 1er au 18 août – **R** 110/150.

XX **Lou Mas,** 5 r. Sauve ♪ 66 23 24 71 – AE E VISA. ✻
fermé 20 juil. au 20 août et dim. – **R** 95.

près échangeur Nîmes-Est (A 9-N 86) par ② : 6 km – ✉ 30320 Marguerittes :

🏠 **Confortel Louisiane** M, ♪ 66 26 30 50, Fax 66 26 44 66, 🌳, 🏊, – 📶 🍽 rest TV ☎ 🕭
⬅ **P** – 🅰 25. E VISA
R 69/89 ⅃, enf. 37 – ➡ 27 – **48 ch** 230/250 – ½ P 190.

par ④ et rte d'Arles : 4 km – ✉ 30000 Nîmes :

🏠 **Host. Relais du Moulin,** ♪ 66 84 30 20, Fax 66 29 45 99, 🌳, 🌺, – 📶 TV ☎ 🕭 🅿 –
🅰 60. AE E VISA
R *(fermé août, dim. soir et lundi)* 150/300 – ➡ 50 – **21 ch** 350/460 – ½ P 485/575.

par ④, N 113 puis rte de Caissargues par D 135 : 6,5 km – ✉ 30132 Caissargues :

🏠 **Climat de France,** ♪ 66 84 21 52, Télex 485201, 🏊, 🌺 – ✻ ch 🍽 rest TV ☎ 🕭 🅿. AE
E VISA
R 80/150 ⅃, enf. 35 – ➡ 30 – **44 ch** 260.

rte de St Gilles par ⑤, S : 2,5 km par rte de l'Aéroport – ✉ 30000 Nîmes :

XXX **Mas des Abeilles,** ♪ 66 38 28 57, 🌳, produits de la mer – 🅿 E VISA
fermé au 10 sept., 3 au 12 janv., dim. soir et lundi – **R** 150.

à Garons par ⑤, D 42 et D 442 : 9 km – ✉ 30128 :

XXX ⛛ **Alexandre** (Kayser), ♪ 66 70 08 99, « Jardin » – 🍽 🅿. AE E VISA
fermé 26 août au 10 sept., vacances de fév., dim. soir et lundi – **R** 235/290, enf. 90
Spéc. Fleurs de courgettes soufflées à la mousseline de brandade (mai à oct.), Pieds d'agneau en crépine
et lamelles de truffes, Chariot de desserts. Vins Châteauneuf-du-Pape, Uzège.

près échangeur A9 - A55 parc hôtelier Ville Active par ⑥ : 3 km – ✉ 30900 Nîmes :

🏨 **Mercure** M, ♪ 66 84 14 55, Télex 490746, Fax 66 38 01 44, 🌳, 🏊, 🌺, ✻ – 📶 ✻ ch
📶 TV ☎ 🕭 🅿 – 🅰 25 à 100. AE ⑩ E VISA
Le Mazet **R** carte 120 à 210 ⅃, enf. 40 – ➡ 45 – **98 ch** 520.

🏨 **Novotel Nîmes-Ouest** M, ♪ 66 84 60 20, Télex 480675, Fax 66 38 02 31, 🌳, 🏊, 🌺 –
📶 TV ☎ 🅿 – 🅰 25 à 130. AE ⑩ E VISA
R carte environ 130 ⅃, enf. 45 – ➡ 45 – **96 ch** 380/430.

🏨 **Nimotel,** ♪ 66 38 13 84, Télex 490592, Fax 66 38 14 06, 🌳, 🏊, ✻ – 📶 🍽 TV ☎ 🅿 –
🅰 150. AE ⑩ E VISA
R 80/150 ⅃, enf. 60 – ➡ 28 – **180 ch** 225/260.

🏠 **Ibis,** ♪ 66 38 00 65, Télex 490180, Fax 66 29 19 56 – 📶 🍽 TV ☎ 🕭 🅿 – 🅰 40 à 80. E
VISA
R 78 ⅃, enf. 35 – ➡ 29 – **108 ch** 249/292.

à St-Côme O : 15 km par D 40, D 103 et D 1 – ✉ 30870 :

XX ⛛ **La Vaunage** (Villeneuva), ♪ 66 81 33 29, 🌳 – E VISA. ✻
fermé 1er au 18 mars, 1er au 18 sept., lundi et mardi – **R** carte 190 à 280
Spéc. Charlotte de boudin au chou, Noisettes de turbot en croustillant au jus blond, Tarte au chocolat amer.

MICHELIN, Agence, rte de St-Gilles, D 42 par ⑤ ♪ 66 84 99 05

ALFA ROMEO-SEAT Auto-Sport, 2210 rte de
Montpellier ♪ 66 84 03 55
BMW Méridional-Autos, av. Pavlov, ZI St-Césaire
♪ 66 62 10 90
CITROEN K 2 Auto, 2290 rte de Montpellier par ⑥
♪ 66 84 60 05 N ♪ 66 67 85 51
FIAT Gar. Europe, 1976 av. Mar.-Juin
♪ 66 84 04 40
FORD Méditerranée-Autom., 655 av. Mar.-Juin
♪ 66 84 08 01
MERCEDES-BENZ SODIRA, 328 rte d'Avignon
♪ 66 26 04 99 N ♪ 66 26 06 24
PEUGEOT TALBOT Gds Gar. du Gard, 1667 av.
Mar.-Juin par ⑦ ♪ 66 84 69 11
RENAULT Succursale, 1412 av. Mar.-Juin par ⑦
♪ 66 84 60 00
TOYOTA Veyrunes, bd Périphérique Sud,
r. F. Cantier ♪ 66 21 71 22

V.A.G S.N.D.A., Périphérique Ouest ♪ 66 23 85 85
VOLVO Courbessac-Autos, 99 r. Favre-de-Thier-
rens ♪ 66 26 01 21

🖝 Ayme Pneus, 23 bis bd Sergent-Triaire
♪ 66 84 94 21
Escoffier Pneu Plus, bd Périphérique Sud
♪ 66 84 02 01
Escoffier-Pneu Plus, 2 r. République ♪ 66 67 32 72
Pernia Au Bon Pneu, 88 bd J.-Jaurès
♪ 66 64 08 26
Pneu Service Folcher, 2722 rte de Montpellier
♪ 66 85 40
Pneu Service Folcher, 55 bd Talabot ♪ 66 67 94 17
Rigon-Pneus, Arche 18, bd Talabot ♪ 66 84 15 26
Sud-Pneus, 128 bd Sergent-Triaire ♪ 66 84 70 94

🖝 *Le località sottolineate in rosso sulle carte stradali Michelin
in scala 1/200 000 figurano in questa guida.
Approfittate di questa informazione,
utilizzando una carta di edizione recente.*

Voir Donjon★ : ※★ AY **B** – Ancien Hôtel de Ville★ BY **M1**.

Env. Château de Coudray-Salbart★ 10 km par ①.

🛈 Office de Tourisme pl. Poste ℰ 49 24 18 79 – A.C. 1 av. République ℰ 49 24 90 80.

Paris 406 ② – La Rochelle 63 ⑥ – Angoulême 108 ③ – ◆Bordeaux 183 ⑤ – ◆Limoges 160 ③ – ◆Nantes 143 ⑦ – Poitiers 74 ② – Rochefort 61 ⑥.

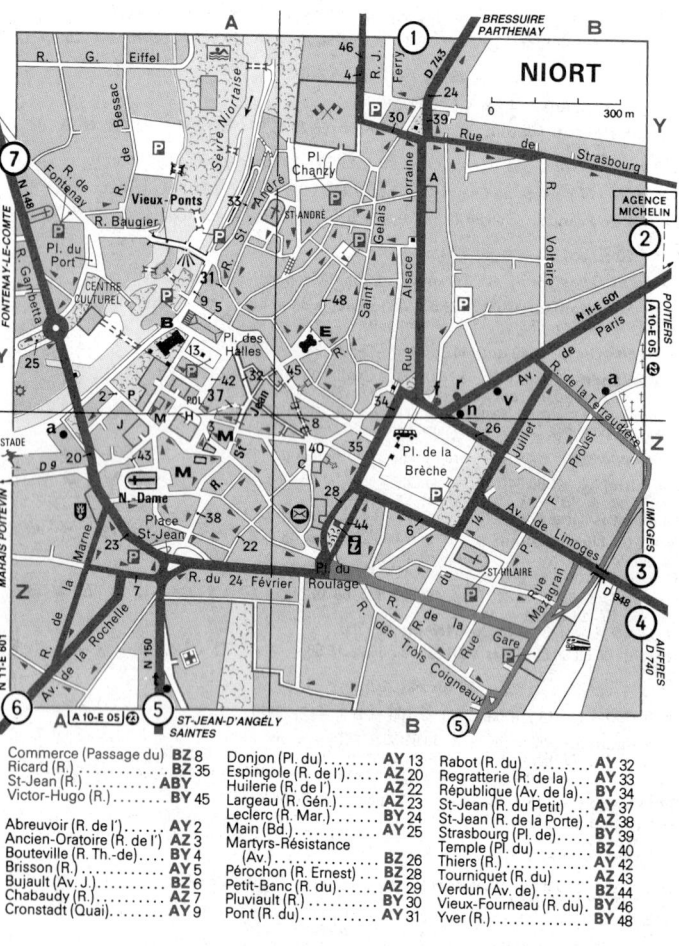

Commerce (Passage du)	**BZ** 8	Donjon (Pl. du)	**AY** 13
Ricard (R.)	**BZ** 35	Espingole (R. de l')	**AZ** 20
St-Jean (R.)	**ABY**	Huilerie (R. de l')	**AZ** 22
Victor-Hugo (R.)	**BY** 45	Largeau (R. Gén.)	**AZ** 23
		Leclerc (R. Mar.)	**BY** 24
Abreuvoir (R. de l')	**AY** 2	Main (Bd.)	**AY** 25
Ancien-Oratoire (R. de l')	**AZ** 3	Martyrs-Résistance	
Bouteville (R. Th.-de)	**BY** 4	(Av.)	**BZ** 26
Brisson (R.)	**AY** 5	Pérochon (R. Ernest)	**BZ** 28
Bujault (Av. J.)	**BZ** 6	Petit-Banc (R. du)	**AZ** 29
Chabaudy (R.)	**AZ** 7	Pluviault (R.)	**BY** 30
Cronstadt (Quai)	**AY** 9	Pont (R. du)	**AY** 31

Rabot (R. du)	**AY** 32
Regratterie (R. de la)	**AY** 33
République (Av. de la)	**BY** 34
St-Jean (R. du Petit)	**AY** 37
St-Jean (R. de la Porte)	**AZ** 38
Strasbourg (Pl. de)	**BY** 39
Temple (Pl. du)	**BZ** 40
Thiers (R.)	**AY** 42
Tourniquet (R. du)	**AZ** 43
Verdun (Av. de)	**BZ** 44
Vieux-Fourneau (R. du)	**BY** 46
Yver (R.)	**BY** 48

🏨 **Altéa Porte Océane** M, 17 r. Bellune ℰ 49 24 29 29, Télex 793120, Fax 49 28 00 90, 😂, 🍽, – 📳 ⇖ ch 📺 ☎ ♿ ℗ – 🔏 50 à 150. 🖭 ⓞ 🗲 𝘝𝘐𝘚𝘈
R 100/220, enf. 50 – ⊇ 48 – **60 ch** 410/550.
BY **a**

🏨 **Gd Hôtel** sans rest, 32 av. Paris ℰ 49 24 22 21, Télex 791502, 😂 – 📳 📺 ☎ ⇔ 🖭 ⓞ 🗲 𝘝𝘐𝘚𝘈 ⚡
⊇ 35 – **39 ch** 315/550.
BY **v**

🏨 **Moulin** M sans rest, 27 r. Espingole ℰ 49 09 07 07 – 📳 📺 ☎ ♿ ℗. 🖭 ⓞ 🗲 𝘝𝘐𝘚𝘈
⊇ 25 – **22 ch** 230/250.
AZ **a**

🏨 **Paris** sans rest, 12 av. Paris ℰ 49 24 93 78, Fax 49 28 27 57 – cuisinette 📺 ☎ ⇔ –
🔏 40. 🗲 𝘝𝘐𝘚𝘈
fermé 22 déc. au 6 janv. – ⊇ 25 – **47 ch** 165/300.
BY **n**

🏨 **Avenue** sans rest, 43 av. St-Jean-d'Angély ℰ 49 79 28 42 – ☜. 🗲 𝘝𝘐𝘚𝘈
fermé 15 au 31 déc. – ⊇ 19 – **20 ch** 93/160.
AZ **t**

※※※ **Belle Étoile,** 115 quai M. Métayer (près périph. ouest) -AY- O : 2,5 km 🖋 49 73 31 29, ≤,
🍽, 🈂 – 🅿. 🆀 ⑩ 🅴 𝘝𝘐𝘚𝘈
fermé dim. soir et lundi – **R** 115/365 bc, enf. 80.

※※※ ⊗ **Relais St-Antoine** (Cardin), pl. Brèche 🖋 49 24 02 76 – 🆀 ⑩ 🅴 𝘝𝘐𝘚𝘈   BY **f**
fermé sam. midi – **R** 135/195, enf. 85
Spéc. Foie gras de canard, Blanc de turbot au Pineau des Charentes Pigeonneau du pays. Vins Anjou rouge,
Haut-Poitou.

※※ **Charly's,** 5 av. Paris 🖋 49 24 07 75   BY **r**

par ② : 5 km sur N 11 – ✉ 79180 Chauray :

🏨 **Solana** 🅼 sans rest, 🖋 49 33 33 33, Fax 49 33 33 33 – 📺 ☎ 🕭 🅿 – 🔬 40. 🆀 ⑩ 🅴 𝘝𝘐𝘚𝘈
✉ 25 – **51 ch** 200/220.

※※ **Victor,** 🖋 49 33 13 70, 🍽 – 🗖 🅿. 🆀 ⑩ 🅴 𝘝𝘐𝘚𝘈
↤ *fermé dim.* – **R** 60 bc/200 ♨, enf. 35.

par ② et D 5 rte Chavagné : 11 km – ✉ 79260 La Crèche :

🏨 **Motel des Rocs** 🅼 ♨, 🖋 49 25 50 38, Télex 790632, Fax 49 05 31 57, ≤, 🍽, parc, 🏊,
🎾 ↤ rest 📺 ☎ 🅿 – 🔬 200. 🆀 ⑩ 🅴 𝘝𝘐𝘚𝘈. 🎄 rest
R *(fermé sam. midi du 15 oct. au 15 avril)* 135/250 – ✉ 38 – **51 ch** 350/390 – ½ P 350.

sur autoroute A 10 aire Les Ruralies ou accès de Niort par ③ et VO : 9 km – ✉ 79230
Prahecq :

🏨 **Les Ruralies** 🅼, 🖋 49 75 67 66, Fax 49 75 80 29 – 🛄 📺 ☎ 🕭 🅿 – 🔬 25 à 50. 🅴 𝘝𝘐𝘚𝘈
La Mijotière (rest. d'autoroute) **R** 88/110 ♨, enf. 30 – ✉ 28 – **51 ch** 240/350.

rte de Saintes par ⑤ : 12 km – ✉ 79360 Granzay-Gript :

🏨 **Domaine du Griffier** 🅼 ♨, 🖋 49 32 62 62, Fax 49 32 62 63, ≤, 🍽, parc, 🔲 – ☎ 🅿
– 🔬 150 à 200. 🆀 🅴 𝘝𝘐𝘚𝘈
R *(fermé du 1ᵉʳ sept. au 31 mars)* 84/250, enf. 50 – ✉ 38 – **29 ch** 290/450.

rte de La Rochelle par ⑥ : 4,5 km sur N 11 – ✉ 79000 Niort :

🏨 **Reix H.** 🅼 sans rest, 🖋 49 09 15 15, 🏊, 🍽 – 📺 ☎ 🕭 🅿 – 🔬 30. 🆀 🅴 𝘝𝘐𝘚𝘈
fermé 22 déc. au 1ᵉʳ janv. – ✉ 28 – **36 ch** 230/290.

🏨 **Espace H.** 🅼 sans rest, 🖋 49 09 08 07 – 📺 ☎ 🕭 🅿 – 🔬 40. 🆀 🅴 𝘝𝘐𝘚𝘈. 🎄
✉ 28 – **31 ch** 225/250.

※※※ **La Tuilerie,** 🖋 49 09 12 45, 🍽, 🏊, 🍽, 🎾 – 🗖 🅿. 🅴 𝘝𝘐𝘚𝘈
fermé dim. soir – **R** 168/280, enf. 65.

à St-Rémy-lès-Niort par ⑦ : 6 km sur N 148 – ✉ 79410 Échiré :

🏨 **Relais du Poitou,** 🖋 49 73 43 99 – 📺 ☎ 🅿. 🆀 🅴 𝘝𝘐𝘚𝘈. 🎄 rest
R *(fermé du 24 janv. et lundi)* 78/220 ♨, enf. 35 – ✉ 28 – **25 ch** 185/215.

MICHELIN, Agence régionale, 600 av. de Paris par ② 🖋 49 33 00 42

BMW Gar. Tapy, 45 rte de Chauray, ZA
🖋 49 33 01 46 🔃 🖋 49 73 33 70
CITROEN Niort-Autom., 80 av. St-Jean-d'Angély
par ⑤ 🖋 49 79 24 22 🔃 🖋 49 73 55 10
CITROEN Gar. Dupont, 362 av. de Limoges par ③
🖋 49 24 12 85
FIAT Gar. Touzalin, 459 av. de Paris 🖋 49 33 00 55
FORD Genève Automobiles, 119 av. de Nantes
🖋 49 73 45 20 🔃 🖋 49 73 55 10
LADA-LANCIA Gar. Beauchamp, ZC Mendès
France r. Cail 🖋 49 24 25 05
MERCEDES-BENZ S.A.V.I.A., r. Pied de Fonds ZI
de St-Liguaire 🖋 49 73 41 90
OPEL Gar. Hurtaud, rte de La Rochelle à Bessines
🖋 49 09 13 02

PEUGEOT-TALBOT Sodan, 475 av. de Paris par ②
🖋 49 33 02 05
RENAULT Gar. St-Christophe, 214 av. de Paris par
② 🖋 49 33 34 22 🔃 🖋 05 05 15 15
V.A.G International Gar., bd de l'Atlantique
🖋 49 73 19 66
Gar. Aumonier, 630 rte de Niort à Aiffres
🖋 49 32 02 57

🅿 Chouteau, 36 av. de Paris 🖋 49 24 68 81
Chouteau, 640 rte de Paris à Chauray par ②
🖋 49 33 08 63
Pneumatec, ZC des Trente-Ormeaux, r. Vaumorin
🖋 49 33 12 08
Woodman-Pneus, 39 av. de Verdun 🖋 49 28 14 22

NISSAN-LEZ-ENSÉRUNE 34440 Hérault 🔢 ⑭ G. Gorges du Tarn – 2 533 h. alt. 21.

Voir Oppidum d'Ensérune⋆ : musée⋆, ≤⋆ NO : 5 km.

Paris 833 – ◆Montpellier 78 – Béziers 11 – Capestang 10 – Narbonne 16 – St-Pons 50.

🏨 **La Résidence,** 🖋 67 37 00 63, 🍽, 🍽 – ☎ 🚗. 🅴 𝘝𝘐𝘚𝘈. 🎄
R *(fermé dim. et fériés)* (dîner seul.) (résidents seul.) 86 bc, enf. 40 – ✉ 28 – **19 ch**
200/255.

NOAILLES 60430 Oise 🔢 ⑩ – 2 273 h. alt. 91.

Paris 60 – Compiègne 53 – Beauvais 15 – Chantilly 28 – Clermont 20 – Creil 28 – Gisors 39 – L'Isle-Adam 27.

※※※ **Moulin de Blainville,** à Blainville N : 1 km 🖋 44 03 31 00, Fax 44 07 45 65, 🍽, « Cadre
rustique », 🍽 – 🅴 𝘝𝘐𝘚𝘈. 🎄
fermé 16 août au 10 sept. et le soir (sauf vend. et sam.) – **R** 135.

PEUGEOT-TALBOT Bochent, 20 r. de Calais
🖋 44 03 30 25

RENAULT Gar. de Blainville, à Ponchon
🖋 44 03 30 30

NOAILLY 42640 Loire 73 ⑦ – 657 h. alt. 307.

Paris 384 – Roanne 17 – ◆Lyon 102 – Moulins 91 – ◆St-Étienne 94.

XX **Lion d'Or** avec ch, ℰ 77 66 60 13 – **Ɵ**. ℘ rest
fermé août, vacances de fév., mardi et merc. – **R** (sur réservation seul.) 120/340, enf. 60 –
⊊ 25 – **3 ch** 200 – ½ P 160/210.

NOCÉ 61340 Orne 60 ⑮ – 588 h. alt. 145.

Paris 160 – Alençon 53 – ◆Le Mans 67 – Mortagne-au-Perche 29 – Nogent-le-Rotrou 15.

XX ❀ **Aub. des 3 J.** (Joly), ℰ 33 73 41 03 – 🆑 **E** 𝗩𝗜𝗦𝗔
fermé 24 fév. au 13 mars, 15 sept. au 3 oct., lundi et mardi du 15 sept. au 15 juin –
R (nombre de couverts limité, prévenir) 120/330
Spéc. Charlotte de homard, Poularde et ses courgettes fleurs aux girolles, Sorbet pomme verte.

NOÉ 31410 H.-Gar. 82 ⑰ – 1 543 h. alt. 194.

Paris 737 – ◆ Toulouse 34 – Auch 71 – Auterive 22 – Foix 61 – St-Gaudens 56 – St-Girons 58.

🏠 **L'Arche** sans rest, ℰ 61 87 40 12, 🚗 – 📺 ☎ **Ɵ** – 🛏 25. **E** 𝗩𝗜𝗦𝗔
⊊ 25 – **20 ch** 130/220.

NOEUX-LES-MINES 62290 P.-de-C. 51 ⑭ – 13 168 h. alt. 31.

Paris 207 – ◆ Lille 37 – Arras 26 – Béthune 6 – Bully-les-Mines 7,5 – Doullens 48 – Lens 17.

🏠 **Les Tourterelles**, 374 rte Nationale ℰ 21 66 90 75, Télex 134338, Fax 21 26 98 98, 🌳 –
📺 ☎ **Ɵ** – 🛏 40. 🆑 **ⓞ E** 𝗩𝗜𝗦𝗔
fermé sam. midi, dim. soir et fériés le soir – **R** 110/210, enf. 40 – ⊊ 28 – **19 ch** 180/320 –
½ P 275/410.

X **Paix**, 115 r. Nationale ℰ 21 26 37 66 – **E** 𝗩𝗜𝗦𝗔
fermé 24 juil. au 24 août et sam. – **R** 80/150 ⅃.

RENAULT Gar. de la Gohelle, 100 rte Nationale à Sains-en-Gohelle ℰ 21 29 00 30

NOGARO 32110 Gers 82 ② – 2 257 h. alt. 98.

Paris 732 – Mont-de-Marsan 42 – Agen 87 – Auch 62 – Pau 69 – Tarbes 66.

🏨 Otelinn Ⓜ ℘, N : 1 km sur N 124 ℰ 62 09 12 11, Télex 530890, 🌳, ⚊, ℘ – 📺 ☎ ⅃
Ɵ – 🛏 30 à 200
50 ch.

CITROEN Gar. Bounet ℰ 62 09 00 39
PEUGEOT-TALBOT Saint-Orens ℰ 62 09 00 98

RENAULT Gar. Ducourneau ℰ 62 09 00 80
N ℰ 62 69 00 87

NOGENT-EN-BASSIGNY 52800 H.-Marne 62 ⑫ – 5 009 h. alt. 400.

Paris 279 – Bourbonne-les-Bains 33 – Chaumont 23 – Langres 23 – Neufchâteau 52 – Vittel 62.

🏠 **Commerce**, pl. Gén. de Gaulle ℰ 25 31 81 14, Fax 25 31 74 00 – 📺 ☎ 🚗. **E** 𝗩𝗜𝗦𝗔
R 80/200 ⅃, enf. 40 – ⊊ 22 – **20 ch** 165/250 – ½ P 170/210.

PEUGEOT, TALBOT Ponce ℰ 25 31 80 44

NOGENT-LE-ROI 28210 E.-et-L. 60 ⑧, 106 ㉘ G. Ile de France – 3 152 h. alt. 93.

🏌🏌 de Maintenon ℰ 37 27 18 09, SE : 8 km par D 983.

Paris 77 – Ablis 33 – Chartres 29 – Dreux 17 – Maintenon 8 – Mantes-la-Jolie 49 – Rambouillet 26.

XX **Relais des Remparts**, 2 pl. Marché aux Légumes ℰ 37 51 40 47 – **ⓞ E** 𝗩𝗜𝗦𝗔
fermé 1er au 21 août, vacances de fév., dim. soir hors sais., mardi (sauf le midi de sept. à
juin) et merc. – **R** 75 (sauf sam. soir)/195 ⅃, enf. 50.

PEUGEOT-TALBOT Jeunesse, à Chaudon
ℰ 37 51 41 47

RENAULT Gar. Bourinet, 19 r. de Verdun à Lor-
maye ℰ 37 51 42 95

NOGENT-LE-ROTROU ◁🆂🅿▷ 28400 E.-et-L. 60 ⑮ G. Normandie Vallée de la Seine – 13 209 h.
alt. 108.

🏌🏌 du Perche ℰ 37 29 17 33, par ③ : 9 km.

🅱 Office de Tourisme 44 r. Villette-Gaté ℰ 37 52 22 16.

Paris 146 ① – ◆ Le Mans 66 ④ – Chartres 54 ① – Châteaudun 55 ③ – Mortagne-au-Perche 38 ⑤.

Plan page ci-contre

🏠 **Lion d'Or**, 28 pl. St-Pol ℰ 37 52 01 60 – 📺 ☎ **Ɵ** – 🛏 25. **E** 𝗩𝗜𝗦𝗔 ℘ ch   Y r
fermé 5 au 25 août, 23 déc. au 6 janv. et sam. – **R** 90/230, enf. 60 – ⊊ 30 – **14 ch** 230/300
– ½ P 255/285.

XXX Host. de la Papotière, 3 r. Bourg le Comte ℰ 37 52 18 41, « Maison du 16e siècle » –
Ɵ   Z a

à Villeray (61 Orne) par ① D 918 et D 10 : 11 km – ✉ 61110 Condeau :

XXX **Moulin de Villeray** Ⓜ ℘ avec ch, ℰ 33 73 30 22, Télex 171779, Fax 33 73 38 28, ≤,
🌳, parc – ☎ **Ɵ**. 🆑 **ⓞ E** 𝗩𝗜𝗦𝗔
15 fév.-15 nov. et fermé merc. midi – **R** 220/280 – ⊊ 35 – **10 ch** 640/740 –
½ P 725.

780

NOGENT-LE-ROTROU

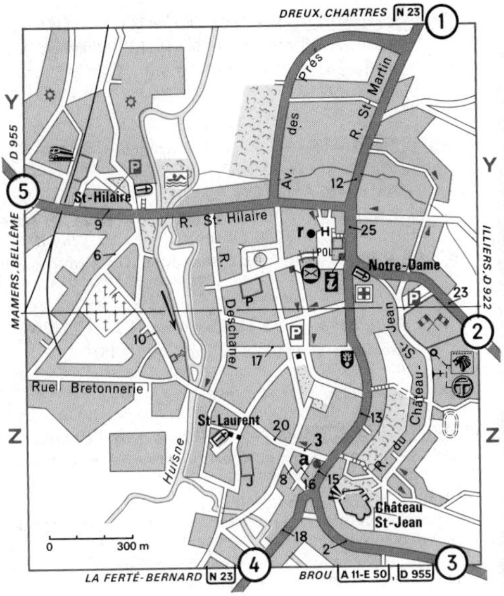

Si vous êtes retardé
sur la route, dès 18 h,
confirmez
votre réservation par téléphone,
c'est plus sûr...
et c'est l'usage.

CITROEN Répar. Autos Nogentaise, rte d'Alençon par ⑤ ℰ 37 52 47 48 **N**
FORD Gar. de l'Huisne, av. des Prés à Margon ℰ 37 52 05 97 **N**
PEUGEOT, TALBOT Thibault, 12 r. Château Z ℰ 37 52 13 26 **N** ℰ 37 52 00 99

RENAULT N.A.S.A., rte de Paris par ① à Margon ℰ 37 52 58 70 **N**
RENAULT Auto du Perche, 1 bis r. G.-Hayes par r. Bretonnerie Z ℰ 37 52 18 91 **N**

⬤ Breton-Pneus, av. Messesselle ℰ 37 52 06 37

NOGENT-SUR-AUBE 10240 Aube 🔢 ⑦ – 317 h. alt. 103.
Paris 170 – Châlons-sur-Marne 61 – Romilly-sur-Seine 47 – Troyes 31.

XX **Assiette Champenoise**, D 441 ℰ 25 37 66 74, 🌤, « Jardin fleuri » – **❷**, **E** 𝗩𝗜𝗦𝗔
fermé 1er au 14 août le soir sauf vend. et sam. – **R** (dim. prévenir) 110/190.

NOGENT-SUR-MARNE 94 Val-de-Marne 🔢 ⑪. 🔢 ㉗ – voir Paris, Environs.

NOGENT-SUR-OISE 60 Oise 🔢 ① – rattaché à Creil.

NOGENT-SUR-SEINE ◁🔲▷ 10400 Aube 🔢 ④⑤ G. Champagne – 6 093 h. alt. 65.
Paris 104 – Châlons-sur-M. 92 – Épernay 82 – Fontainebleau 67 – Provins 18 – Sens 42 – Troyes 56.

🏨 **Loisirotel et rest. Tour St-Laurent** 🅼, 19 r. Fossés ℰ 25 39 71 46, 🌤, ⛴ – cuisinette
📺 ☎ & 🚗 – 🍽 80. **E** 𝗩𝗜𝗦𝗔
R 75/160 ⅄ – 🍽 30 – **44 ch** 210/265 – ½ P 238.

XX **Beau Rivage** 🐾 avec ch, r. Villiers-aux-Choux, près piscine ℰ 25 39 84 22, 🌤 – **E** 𝗩𝗜𝗦𝗔
🍽 ch
fermé 2 au 12 sept. et fév. – **R** (fermé dim. soir et lundi) 80/185 ⅄ – 🍽 25 – **7 ch** 100/185
– ½ P 168/198.

XX **Cygne de la Croix**, 22 r. Ponts ℰ 25 39 91 26 – 𝗩𝗜𝗦𝗔
➤ *fermé 20 juil. au 10 août, vacances de fév. et dim. soir –* **R** 68 bc/160 ⅄.

à la Chapelle-Godefroy E : 3 km par N 19 – ⌧ **10400** Nogent-sur-Seine :

XX **Host. du Moulin**, ℰ 25 39 88 32, 🌤 – **❷**. 𝗩𝗜𝗦𝗔
fermé dim. soir – **R** 110/200, enf. 35.

à Traînel : SO : 10,5 km par D 374 et D 68 – ⌧ **10400** :

XX **Host. de l'Orvin** avec ch, ℰ 25 39 11 13, 🌤, 🌳 – 📺. **E** 𝗩𝗜𝗦𝗔
➤ *fermé dim. soir et vend. –* **R** 60/170 ⅄, enf. 40 – 🍽 30 – **5 ch** 200/220 – ½ P 160/190.

CITROEN Gar. Legrand, 48 bis av. Pasteur ℰ 25 39 87 09
PEUGEOT-TALBOT Gar. St-Laurent, 11 bis av. J.-C.-Perrier ℰ 25 39 83 17

RENAULT Gar. Corbin, 16-20 av. Gén.-de-Gaulle ℰ 25 39 84 39

NOGENT-SUR-VERNISSON 45290 Loiret 𝟨𝟨 ② – 2 514 h. alt. 125.

Paris 131 – Auxerre 76 – Bonny-sur-Loire 36 – Gien 21 – Montargis 18 – ♦Orléans 72.

※ **Commerce,** 𝒫 38 97 60 37 – **E** 𝘝𝘐𝘚𝘈
　　 fermé 18 août au 12 sept., 19 janv. au 5 fév., vend. soir, sam. soir et jeudi – **R** 79/200 🍷,
　　 enf. 35.

NOIRÉTABLE 42440 Loire 𝟩𝟥 ⑯ G. Auvergne – 1 998 h. alt. 722.

🇧 Syndicat d'Initiative à la Mairie 𝒫 77 24 70 12.

Paris 412 – Roanne 47 – Ambert 55 – ♦Lyon 113 – Montbrison 44 – ♦St-Étienne 80 – Thiers 24.

🏠 **La Chaumière,** 𝒫 77 24 73 00, parc – ☎ **P.** 𝘈𝘌 **◐** **E** 𝘝𝘐𝘚𝘈
　　 15 mars-5 nov. – **R** 88/218, enf. 60 – ⊑ 25 – **26 ch** 128/240 – ½ P 142/220.

🏠 **Au Rendez-vous des Chasseurs,** O : 2 km par D 53 𝒫 77 24 72 51 – ☎ **P.** **E** 𝘝𝘐𝘚𝘈
　　 fermé 21 sept. au 7 oct., dim. soir et lundi d'oct. à juin – **R** 50/200 🍷 – ⊑ 20 – **17 ch**
　　 110/220 – ½ P 125/160.

　　 à St-Julien-la-Vêtre E : 5,5 km sur N 89 – ✉ 42440 :

※ **Aquarium,** 𝒫 77 97 85 26, 🌳 – **P.** **E** 𝘝𝘐𝘚𝘈
　　 fermé 2 au 31 janv., mardi soir et lundi sauf juil. et août – **R** 50/128 🍷, enf. 28.

RENAULT Gar. Dejob 𝒫 77 24 70 31 **N**

NOIRMOUTIER (Ile de) 85330 Vendée 𝟨𝟩 ① G. Poitou Vendée Charentes

Accès : par le pont routier au départ de Fromentine. Péage, auto et véhicule inférieur à 1,5 t : 8 F,
camion et véhicule supérieur à 1,5 t : 10 F

- par le passage du Gois : 4,5 km

- pendant le premier ou le dernier quartier de la lune par beau temps (vents hauts) d'une heure
et demie environ avant la basse mer, à une heure et demie environ après la basse mer

- pendant la pleine lune ou la nouvelle lune par temps normal : deux heures avant la basse mer
à deux heures après la basse mer

- en toutes périodes par mauvais temps (vents bas) ne pas s'écarter de l'heure de la basse mer.

De Noirmoutier-en-l'Ile : Paris 471 – Cholet 120 – ♦Nantes 82 – La Roche-sur-Yon 78.

L'Épine – 1 664 h. alt. 3 – ✉ 85740

🏨 **Punta Lara** Ⓜ 🍃, S : 2 km par D 95 et VO ✉ 85680 La Guérinière 𝒫 51 39 11 58, Télex
701892, Fax 51 39 69 12, ≤, 🌳, « Dans une pinède en bordure de mer », 🏊, ※ – ☎ **P**
– 🅰 100. 𝘈𝘌 **◐** **E** 𝘝𝘐𝘚𝘈
　　 25 mars-15 oct. – **R** 205/310, enf. 90 – ⊑ 45 – **60 ch** 635/665 – ½ P 515/730.

Noirmoutier-en-l'Ile – 4 758 h. – ✉ 85330.

Voir Collection de faïences anglaises★ au château.

🇧 Office de Tourisme rte du Pont 𝒫 51 39 80 71 et quai J.-Bart (vacances scolaires) 𝒫 51 39 12 42.

🏨 **Fleur de Sel** Ⓜ 🍃, 𝒫 51 39 21 59, Télex 701229, ≤, 🌳, « Jardin », 🏊, – 📺 ☎ 🅶 **P**
– 🅰 30. **E** 𝘝𝘐𝘚𝘈, ※ ch
　　 15 fév.-3 nov. – **R** 140/310, enf. 65 – ⊑ 40 – **35 ch** 430/500 – ½ P 370/435.

🏨 **Douves,** 11 r. Douves 𝒫 51 39 02 72, Fax 51 39 73 09, 🏊, – 📺 ☎ **P** **◐** **E** 𝘝𝘐𝘚𝘈
　　 hôtel: fermé 4 janv. au 1er fév., rest.: fermé 20 déc. au 1er fév. – **R** 94/216, enf. 55 – ⊑ 30
　　 – **21 ch** 210/390 – ½ P 235/345.

🏠 **La Quichenotte,** 32 av. J. Pineau 𝒫 51 39 11 77 – ☎ **P.** **E** 𝘝𝘐𝘚𝘈, ※ rest
　　 hôtel : fermé 5 nov. au 15 déc. ; rest. : ouvert 1er avril-30 sept. et fermé dim. soir et lundi
　　 d'avril à juin – **R** 70/160 – ⊑ 26 – **29 ch** 160/260 – ½ P 220/260.

※※ **Gd Four,** 1 r. Cure (derrière le château) 𝒫 51 39 12 24 – **E** 𝘝𝘐𝘚𝘈
　　 fermé janv., fév., merc. (sauf le soir en saison) et mardi – **R** 115/300.

※※ **L'Etier,** rte Épine SO : 1 km 𝒫 51 39 10 28 – **P.** 𝘈𝘌 **E** 𝘝𝘐𝘚𝘈
　　 mars-oct., vacances de nov., vacances de fév. et fermé merc. sauf juil.-août – **R** 80/150,
　　 enf. 48.

　　 au Bois de la Chaize E : 2 km – ✉ 85330 Noirmoutier.

Voir Bois★.

🏨 **St-Paul** 🍃, 𝒫 51 39 05 63, Fax 51 39 52 75, « Beau jardin », 🏊, ※ – 📺 ☎ 𝘈𝘌 **◐** **E**
𝘝𝘐𝘚𝘈
　　 15 mars-3 nov. – **R** 162/280, enf. 100 – ⊑ 45 – **35 ch** 350/650 – ½ P 370/470.

🏠 **Les Prateaux** 🍃, 𝒫 51 39 12 52, Fax 51 39 46 28, 🌳 – ☎ **P.** **E** 𝘝𝘐𝘚𝘈
　　 15 mars-30 sept. – **R** (nombre de couverts limité, prévenir) carte 135 à 250 – ⊑ 35 – **13 ch**
　　 235/358.

🏠 **Les Capucines** (annexe 🏨🍃-11 ch📺), 𝒫 51 39 06 82, 🌳 – 📺 ☎ **P** – 🅰 30. **E** 𝘝𝘐𝘚𝘈,
※ ch
　　 fermé 12 nov. au 1er fév. et merc. hors sais. sauf vacances scolaires – **R** 75/175, enf. 60 –
　　 ⊑ 32 – **21 ch** 190/370 – ½ P 240/340.

NOISIEL 77 S.-et-M. 𝟧𝟨 ⑫ 𝟣𝟢𝟨 ㉑ 𝟣𝟢𝟣 ⑲ – voir à Paris, Environs.

NOIZAY 37 I.-et-L. 64 ⑮ – rattaché à Vouvray.

NOLAY 21340 Côte-d'Or 69 ⑨ G. Bourgogne – 1 582 h. alt. 324.

Voir site★ du Château de la Rochepot E : 5 km – Site★ du Cirque du Bout-du-Monde NE : 5 km.

🏢 Syndicat d'Initiative Maison des Halles (juil.-août) ℰ 80 21 80 73 et r. St-Pierre ℰ 80 21 70 96.

Paris 319 – Chalon-sur-Saône 32 – Autun 28 – Beaune 20 – ♦Dijon 64.

🏠 **Chevreuil,** pl. H.-de-Ville ℰ 80 21 71 89, ☆ – ☎ 🅿 🖭 ⓪ 🇪 𝗩𝗜𝗦𝗔
   fermé déc. et merc. du 15 sept. au 15 avril – **R** 75/170 ♨, enf. 40 – � 31 – **14 ch** 170/265
   – ½ P 220/240.

🏠 **Parc H.** sans rest, pl. H. de Ville ℰ 80 21 84 01 – ☎ 🅿 🖭 ⓪ 🇪 𝗩𝗜𝗦𝗔
   15 mars-15 déc. – ⊏⊐ 25 – **8 ch** 170/225.

NONANCOURT 27320 Eure 60 ⑥⑦ G. Normandie Vallée de la Seine – 1 803 h. alt. 125.

Paris 95 – Châteauneuf-en-Thymerais 26 – Dreux 13 – Evreux 29 – Verneuil-sur-Avre 21.

💥💥 **Gd Cerf,** ℰ 32 58 15 27 – ☆ 🅿 🖭 🇪 𝗩𝗜𝗦𝗔
   fermé dim. soir et lundi d'oct. à avril – **R** 82/185 ♨, enf. 65.

Les NONIÈRES 26 Drôme 77 ⑭ – alt. 850 – ✉ 26410 Châtillon-en-Diois.

Paris 637 – Die 25 – Gap 87 – ♦Grenoble 72 – Valence 90.

🏨 **Le Mont-Barral** ≫, ℰ 75 21 12 21, ≤, ⤬, ☞, ※ – ☎ 🅿 – 🅰 25. 🇪 𝗩𝗜𝗦𝗔
   fermé 15 nov. au 20 déc. et mardi sauf juil.-août – **R** 70/150 ♨, enf. 36 – ⊏⊐ 26 – **24 ch**
   152/196 – ½ P 185/211.

NONTRON ◁SP▷ 24300 Dordogne 72 ⑮ G. Berry Limousin – 3 954 h. alt. 182.

🏢 Syndicat d'Initiative r. Verdun (juil.-août) ℰ 53 56 25 50.

Paris 465 – Angoulême 47 – Libourne 120 – ♦Limoges 69 – Périgueux 49 – Rochechouart 42.

🏨 **Gd Hôtel,** 3 pl. A. Agard ℰ 53 56 11 22, ⤬, ☞ – 🛏 ☎ 🅿 – 🅰 100. 🇪 𝗩𝗜𝗦𝗔 ⫯⫯ ch
   fermé dim. soir de nov. à mars – **R** 68/250 ♨, enf. 40 – ⊏⊐ 26 – **26 ch** 135/250 – ½ P 185/260.

CITROEN Limousin ℰ 53 56 01 42   PEUGEOT Bayer ℰ 53 56 00 21
FORD Marchives ℰ 53 56 07 13

NORT-SUR-ERDRE 44390 Loire-Atl. 63 ⑰ – 5 081 h. alt. 11.

Paris 378 – ♦Nantes 29 – Ancenis 28 – Châteaubriant 38 – ♦Rennes 82 – St-Nazaire 62.

💥 **Bretagne,** 41 r. A. Briand ℰ 40 72 21 95, ☆, ☞ – 🅿 🇪 𝗩𝗜𝗦𝗔
   fermé vacances de fév., dim. soir et lundi – **R** 73/200, enf. 45.

NORVILLE 76 S.-Mar. 55 ⑤ – rattaché à Lillebonne.

NOTRE-DAME-DE-BELLECOMBE 73850 Savoie 74 ⑦ G. Alpes du Nord – 424 h. alt. 1 134 – Sports d'hiver : 1 150/2 030 m ⚡17.

🏢 Office de Tourisme ℰ 79 31 61 40.

Paris 592 – Chamonix 49 – Albertville 24 – Annecy 53 – Bonneville 48 – Chambéry 74 – Megève 11.

🏠 **Le Tétras,** rte Saisies E : 4 km ℰ 79 31 61 70, Fax 79 31 77 31, ≤, ☆ – ☎ 🅿 – 🅰 30.
   ⓪ 🇪 𝗩𝗜𝗦𝗔
   1er juin-6 oct. et 1er déc.-11 mai – **R** 68/150, enf. 38 – ⊏⊐ 35 – **19 ch** 180/300 – ½ P 260/325.

NOTRE-DAME-DE-BONDEVILLE 76 S.-Mar. 55 ⑥ – rattaché à Rouen.

NOTRE-DAME-DE-L'ESPÉRANCE 22 C.-d'Armor 59 ③ – rattaché à Étables-sur-Mer.

NOTRE-DAME-DE-MONTS 85690 Vendée 67 ⑪ – 1 325 h. alt. 5.

Paris 459 – La Roche-sur-Yon 62 – Challans 23 – ♦Nantes 74 – Noirmoutier-en-l'Ile 25 – Pornic 46.

🏨 **Plage,** ℰ 51 58 83 09, ≤, ☆ – ☎ 🅿 🖭 ⓪ 🇪 𝗩𝗜𝗦𝗔
   fermé 5 nov. au 27 déc., dim. soir et lundi sauf vacances scolaires – **R** 96/180 ♨, enf. 45 –
   ⊏⊐ 32 – **43 ch** 240/320 – ½ P 240/310.

🏠 **Centre,** pl. Église ℰ 51 58 83 05 – ☎ � ⚠ 🅿 🇪 𝗩𝗜𝗦𝗔 ⫯⫯ ch
   fermé 15 déc. au 1er fév. – **R** 56/230 ♨, enf. 35 – ⊏⊐ 28 – **19 ch** 200/270 – ½ P 220/280.

Les nouveaux Guides Verts touristiques Michelin, c'est :

– un texte descriptif plus riche,

– une information pratique plus claire,

– des plans, des schémas et des photos en couleurs,

– ... et, bien sûr, une actualisation détaillée et fréquente.

Utilisez toujours la dernière édition.

NOUAN-LE-FUZELIER 41600 L.-et-Ch. 👁4 ⑱ – 2 323 h. alt. 139.

🏐 de Rivaulde ℘ 54 97 21 85, S par N 20 puis D 724 : 13 km.

🎫 Syndicat d'Initiative pl. Mairie ℘ 54 88 76 75.

Paris 177 – ◆Orléans 44 – Blois 58 – Cosne-sur-Loire 72 – Gien 55 – Lamotte-Beuvron 8 – Salbris 12.

🏠 **Charmilles** 🌿 sans rest, D 122 - rte Pierrefitte-sur-Sauldre ℘ 54 88 73 55, « Parc » – 📺
🏠 🅿. ᴇ 𝖵𝖨𝖲𝖠. 🛇
fermé du 15 mars au 15 mars et lundi du 1er oct. au 15 déc. – 🖙 40 – **13 ch** 220/280.

🏠 **Moulin de Villiers** 🌿, rte Chaon NE : 3 km par D 44 ℘ 54 88 72 27, ≤, « En forêt, étang
privé », 🦌 – 📺 🏠 🅿. ᴇ 𝖵𝖨𝖲𝖠. 🛇
fermé 2 janv. au 20 mars, 1er au 15 sept., mardi soir et merc. d'oct. à déc. – **R** 72/180 🛉 –
🖙 27 – **20 ch** 170/320 – ½ P 230/290.

XX **Le Dahu**, 14 r. H. Chapron ℘ 54 88 72 88, 🌤, « Jardin » – 🅿. ᴀᴇ ᴇ 𝖵𝖨𝖲𝖠
fermé 20 fév. au 20 mars, mardi soir et merc. sauf juil.-août – **R** 110/260, enf. 58.

XX **Le Raboliot**, av. Mairie ℘ 54 88 70 67 – ᴀᴇ ᴇ 𝖵𝖨𝖲𝖠
fermé mardi sauf d'oct. à avril et merc. – **R** 72/210 🛉, enf. 40.

à St Viâtre : O : 8 km par D 93 – ✉ 41210 :

XX **Aub. de la Chichone** avec ch, pl. Eglise ℘ 54 88 91 33, Fax 54 96 18 06, 🌤 – 🏠. ᴀᴇ ᴇ
𝖵𝖨𝖲𝖠
fermé 15 fév. au 15 mars, mardi hors sais. et merc. – **R** 135/190, enf. 80 – 🖙 30 – **7 ch**
290 – ½ P 320.

Le NOUVION-EN-THIÉRACHE 02170 Aisne 👁3 ⑮ – 3 146 h. alt. 185.

Paris 201 – Avesnes-sur-Helpe 19 – Le Cateau 20 – Guise 21 – Hirson 25 – Laon 63 – Vervins 27.

🏨 **Paix**, r. J. Vimont-Vicary ℘ 23 97 04 55, Fax 23 98 98 39, 🦌 – 🏠 🅿. ᴇ 𝖵𝖨𝖲𝖠
➜ *fermé 15 juil. au 3 août, 23 déc. au 12 janv. et dim. soir* – **R** 68/210 🛉, enf. 50 – 🖙 23 –
22 ch 85/320 – ½ P 150/300.

🏠 **Pétion**, r. Th. Blot ℘ 23 97 00 11, Fax 23 97 10 66 – 📺 🏠 🅿. ᴀᴇ ⓞ ᴇ 𝖵𝖨𝖲𝖠
➜ **R** *(fermé lundi midi)* 70 bc/169 – 🖙 23 – **12 ch** 140/220 – ½ P 190/290.

PEUGEOT Gar. Hannecart 36 r. Jean Vimont Vicary ℘ 23 97 01 05

NOUZERINES 23 Creuse 👁8 ⑳ – rattaché à Boussac.

NOUZONVILLE 08700 Ardennes 👁3 ⑱ G. Champagne – 7 337 h. alt. 142.

Paris 233 – Charleville-Mézières 7,5 – Givet 51 – Rocroi 28.

XX **La Potinière**, N : 1 km rte Joigny-sur-Meuse ℘ 24 53 13 88, 🌤, 🦌 – 🅿. ᴇ 𝖵𝖨𝖲𝖠
fermé dim. soir et lundi sauf fériés – **R** 95/200.

CITROEN Gar. Brunet, 14 bd J.-B.-Clément ℘ 24 53 82 08 🖪 ℘ 24 53 11 54

NOVALAISE-LAC 73 Savoie 👁6 ⑮ – rattaché à Aiguebelette-le-Lac.

NOVES 13550 B.-du-R. 👁1 ⑫ G. Provence – 3 693 h. alt. 40.

Paris 691 – Avignon 13 – Arles 36 – Carpentras 29 – Cavaillon 16 – ◆Marseille 91 – Orange 36.

🏨🏨 ❀ **Aub. de Noves** (Lalleman) 🌿, NO : 2 km par D 28 ℘ 90 94 19 21, Télex 431312,
Fax 90 94 47 76, 🌤, parc, « Elégante hostellerie aménagée dans un ancien domaine, belle
vue », 🔥, 🏊 – 🍴 – 📺 🏠 🅿 – 🔺 40. ᴀᴇ ⓞ ᴇ 𝖵𝖨𝖲𝖠
fermé 2 janv. au 14 fév. – **R** *(fermé merc. sauf le soir du 1er avril au 15 oct.)* 325/435,
enf. 140 – 🖙 85 – **19 ch** 1000/1500 – ½ P 965/1215.
Spéc. Rougets en croûte de moelle aux aromates, Noisettes d'agneau à la tapenade, Craquant aux framboises
(avril à oct.). Vins Châteauneuf-du-Pape blanc, Côteaux d'Aix.

NOYAL-SUR-VILAINE 35 I.-et-V. 👁9 ⑰ – rattaché à Rennes.

NOYON 60400 Oise 👁6 ③ G. Flandres Artois Picardie (plan) – 14 153 h. alt. 52.

Voir Cathédrale★★ – Abbaye d'Ourscamps★ 5 km par N 32.

🎫 Office de Tourisme à la Mairie ℘ 44 44 21 88.

Paris 106 – Compiègne 23 – ◆Amiens 64 – Laon 54 – Péronne 44 – St-Quentin 40 – Soissons 37.

🏨 **Les Lions** 📉, r. L'Evêché ℘ 44 44 23 24, Télex 155604, Fax 44 09 53 79 – 📺 🏠 🕭 🅿 –
🔺 60. ᴀᴇ ᴇ 𝖵𝖨𝖲𝖠
R *(fermé 24 déc. au 1er janv. et vend. soir du 12 nov. au 15 mars)* 90/180, enf. 42 – 🖙 40 –
35 ch 275/315 – ½ P 238/250.

XX **Dame Journe**, 2 bd Mony ℘ 44 44 01 33 – ᴀᴇ ᴇ 𝖵𝖨𝖲𝖠
fermé 12 au 30 août, 2 au 12 janv., dim. soir et lundi soir – **R** 90/150.

X **Alliés**, 5 bd Mony ℘ 44 44 01 89 – ᴇ 𝖵𝖨𝖲𝖠
➜ *fermé 1er au 15 sept., merc. soir et jeudi* – **R** 60/150 🛉.

CITROEN Wargnier, 15 av. J.-Jaurès ℘ 44 44 05 40　●　Fischbach-Pneu, 5 bd Ernest Noël
PEUGEOT-TALBOT Gd Gar. de l'Avenue, 69 av. J.-　℘ 44 44 01 59
Jaurès ℘ 44 44 10 19 🖪
V.A.G Éts Thiry, 82 bd Carnot ℘ 44 44 02 78

NOZAY 44170 Loire-Atl. **63** ⑰ – 3 189 h. alt. 50.

Paris 382 – ◆Nantes 42 – Ancenis 45 – Châteaubriant 28 – Redon 40 – ◆Rennes 66 – St-Nazaire 59.

※ **Gergaud** avec ch, rte Nantes ♪ 40 79 47 54 – **P**. 🖭 **E** **VISA**. ॐ ch
✦ fermé 1er au 21 janv. – **R** 55/170, enf. 65 – ☲ 22 – **10 ch** 100/130 – ½ P 140/165.

NUCES 12 Aveyron **80** ② – rattaché à Valady.

NUITS-ST-GEORGES 21700 Côte-d'Or **66** ⑫ **G. Bourgogne** – 5 461 h. alt. 234.

🖪 Syndicat d'Initiative r. Sonays ♪ 80 61 22 47.

Paris 322 – ◆Dijon 22 – Beaune 17 – Chalon-sur-Saône 45 – Dole 51.

🏨 **Host. St-Vincent** M, r. Gén. de Gaulle ♪ 80 61 14 91, Télex 352138, Fax 80 61 24 65,
☂ – 🛗 🖭 ☎ **P** – 🔬 100. 🖭 ⓞ **E** **VISA**
R (fermé 24 au 30 déc., 20 janv. au 12 fév. et lundi sauf juil.-août) 125/250, enf. 80 – ☲ 40
– **22 ch** 330/380.

🏨 **Host. Gentilhommière** ॐ, rte Meuilley O : 1,5 km ♪ 80 61 12 06, Télex 350401,
Fax 80 61 30 33, parc – ☎ **P**. 🖭 ⓞ **E** **VISA**
fermé fin déc. à fin janv. – **R** (fermé mardi midi et lundi sauf fériés) 160/220 – ☲ 50 –
20 ch 350.

🏨 **Ibis** M, av. Chambolland ♪ 80 61 17 17, Télex 350954, Fax 80 61 24 65, ☂ – 🖭 ☎ 🔧
P – 🔬 60. **E** **VISA**
R (fermé 15 déc. au 15 janv.) 76 ॐ, enf. 35 – ☲ 29 – **52 ch** 240/260.

XXX ❀ **Côte d'Or** (Guillot) avec ch, 37 r. Thurot ♪ 80 61 06 10, Fax 80 61 36 24 – 🖭 ☎. 🖭
ⓞ **E** **VISA**. ॐ ch
fermé fév., jeudi midi et merc. – **R** 150 (sauf sam.)/380 – ☲ 40 – **6 ch** 320/480
Spéc. Poêlée de seiche, Caille en chausson de chou vert et foie gras, Assiette chocolat ''Côte d'Or''. Vins
Nuits-Saint-Georges, Saint-Romain.

à l'échangeur Autoroute A 31 - carrefour de l'Europe – ✉ **21700** Nuits-St-Georges :

🏨 **St Georges** M, ♪ 80 61 15 00, Télex 351370, Fax 80 61 23 80, ☂, 🏊, ॐ – 🛗 ☎ 🔧
🚗 **P**. 🖭 ⓞ **E** **VISA**
R 90/170, enf. 52 – ☲ 35 – **47 ch** 250/310 – ½ P 270/290.

CITROEN Gar. Blondeau ♪ 80 61 02 40
N ♪ 80 61 05 71
MERCEDES-BENZ Gar. Aubin ♪ 80 61 03 85
PEUGEOT-TALBOT Gar. des Gds Crus
♪ 80 61 02 23 **N**

RENAULT Gar. Montelle ♪ 80 61 06 31
RENAULT Gar. des Guindennes ♪ 80 61 10 43

Utilisez toujours les **cartes Michelin** récentes.
Pour une dépense minime vous aurez des informations sûres.

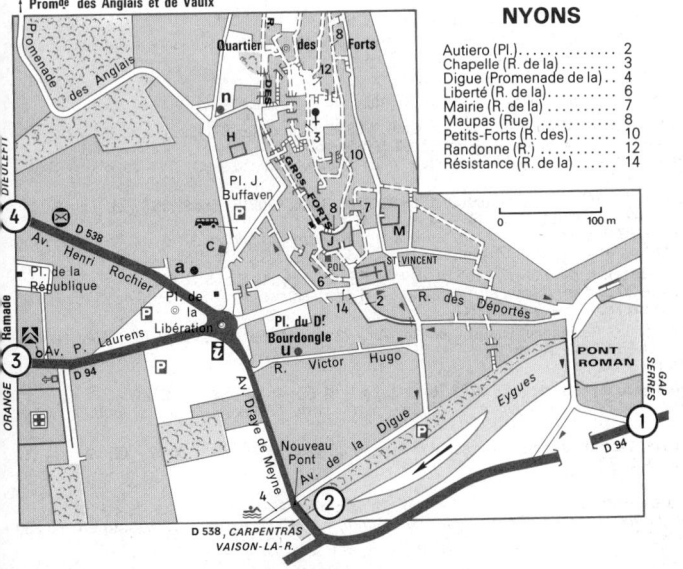

† Promde des Anglais et de Vaulx

NYONS

Autiero (Pl.) 2
Chapelle (R. de la) 3
Digue (Promenade de la) 4
Liberté (R. de la) 6
Mairie (R. de la) 7
Maupas (Rue) 8
Petits-Forts (R. des) 10
Randonne (R.) 12
Résistance (R. de la) 14

Voir Rue des Grands Forts★ – Pont Roman★.

🗓 Office de Tourisme pl. Libération ☏ 75 26 10 35.

Paris 655 ④ – Alès 106 ③ – Gap 106 ① – Orange 42 ③ – Sisteron 98 ① – Valence 95 ④.

Plan page précédente

🏨 **Alizés** sans rest, 77 av. H.-Rochier par ④ ☏ 75 26 08 11 – 📶 ☎ 🚗 ℗
  fermé 31 déc. au 7 fév. – � 30 – **22 ch** 200/300.

🏨 **Colombet**, pl. Libération **(a)** ☏ 75 26 03 66 – 📶 ☎ 🚗 **E** 𝖵𝖨𝖲𝖠
  fermé début nov. à début janv. – **R** 84/210 – ⊒ 34 – **30 ch** 140/320 – ½ P 200/270.

🏨 **Caravelle** ⤴ sans rest, r. Antignans par prom. Digue ☏ 75 26 07 44, 🌳 – 📺 ☎ ℗ **E**
  𝖵𝖨𝖲𝖠
  fermé fév. – ⊒ 42 – **11 ch** 315/415.

🏠 **La Picholine** ⤴, promenade Perrière ☏ 75 26 06 21, ≤, 🌳, 🏊, 🌳 – 📺 ☎ ℗ 🅰🅴 **E**
  𝖵𝖨𝖲𝖠
  fermé janv. – **R** *(fermé mardi du 1er sept. au 30 avril)* 90/185, enf. 50 – ⊒ 32 – **16 ch**
  260/320 – ½ P 260/320.

🍽🍽 **Les Oliviers** avec ch, 2 r. Escoffier **(n)** ☏ 75 26 11 44, 🌳, 🌳 – 📶 ℗ 🅰🅴 ① **E** 𝖵𝖨𝖲𝖠
  R *(fermé dim. soir du 1er nov. au 30 juin)* 79/169 – ⊒ 29 – **10 ch** 138/168 – ½ P 155/170.

🍽🍽 **Le Petit Caveau**, 9 r. V. Hugo **(u)** ☏ 75 26 20 21 – **E** 𝖵𝖨𝖲𝖠
  fermé vacances de Noël, dim. soir et lundi sauf fériés – **R** 98/250.

  rte de Gap par ① : 6 km – ✉ **26110** Nyons :

🍽🍽 **La Charrette Bleue**, ☏ 75 27 72 33 – ℗ **E** 𝖵𝖨𝖲𝖠
  fermé 12 nov. au 15 déc., mardi soir et merc. sauf juil.-août – **R** 82/140, enf. 36.

  par ③ et D 94 : 7 km – ✉ **26110** Nyons :

🍽🍽 **Croisée des Chemins**, ☏ 75 27 61 19, 🌳 – ⤴ ℗ 🅰🅴 ① **E** 𝖵𝖨𝖲𝖠
  fermé 9 au 14 sept., 20 oct. au 15 nov., jeudi soir (sauf juil.-août) et vend. – **R** 80/240,
  enf. 35.

CITROEN Monod ☏ 75 26 12 11 ℕ

Paris 426 – ♦Strasbourg 40 – Molsheim 18 – Saverne 31 – St-Dié 55.

🏨 **St-Florent** Ⓜ, ☏ 88 50 94 10, Fax 88 87 69 73 – 📶 ▦ rest ☎ & ℗ – 🔬 40. 🅰🅴 ① **E**
  𝖵𝖨𝖲𝖠. ✻ ch
  fermé 27 déc. au 31 janv.,dim. soir et lundi – **R** 85/240 ⅃ – ⊒ 28 – **24 ch** 200/250 –
  ½ P 220.

🏠 **Ruines du Nideck**, ☏ 88 50 90 14, 🌳 – ☎ ℗. 🅰🅴 ① **E** 𝖵𝖨𝖲𝖠
  fermé 11 nov. au 5 déc., 3 au 21 janv., mardi soir et merc. du 12 nov. au 31 mars –
  R 100/200 ⅃, enf. 45 – ⊒ 24 – **13 ch** 160/280.

Voir Place du Marché★★ – Hôtel de ville★ – Tour de la Chapelle★ – Ancienne halle aux blés★ –
Maisons anciennes★ – Place★ de Boersch NO : 4 km.

🗓 Office de Tourisme Chapelle du Beffroi ☏ 88 95 64 13.

Paris 487 – ♦Strasbourg 30 – Colmar 45 – Erstein 16 – Molsheim 10 – Sélestat 23.

🏨🏨 **A la Cour d'Alsace** Ⓜ ⤴, 3 r. Gail ☏ 88 95 07 00, Télex 871122, Fax 88 95 19 21, 🌳 –
  📶 ✻ ch 📺 ☎ & ℗ – 🔬 80. 🅰🅴 ① **E** 𝖵𝖨𝖲𝖠. ✻ rest
  R *(fermé 25 déc. au 15 janv., sam. midi et dim.)* 170/220 – ⊒ 70 – **30 ch** 600/740 –
  ½ P 390/550.

🏨🏨 **Parc** ⤴, 169 r. Gén. Gouraud ☏ 88 95 50 08, Télex 870615, Fax 88 95 37 29, 🌊, 🏊, 🏊,
  🌳 – 📶 ▦ rest 📺 ☎ & ℗ – 🔬 80. 🅰🅴 **E** 𝖵𝖨𝖲𝖠
  fermé 23 juin au 7 juil., 20 déc. au 6 janv. – **R** *(fermé 23 juin au 27 juil., 4 déc. au 6 janv.,
  dim. soir et lundi)* 300/320, enf. 70 – ⊒ 45 – **50 ch** 380/650 – ½ P 360/550.

🏨 **Gd Hôtel**, r. Dietrich ☏ 88 95 51 28 – 📶 📺 ☎ – 🔬 80. 🅰🅴 ① **E** 𝖵𝖨𝖲𝖠. ✻
  fermé 20 déc. au 5 janv. et 8 au 25 fév. – **R** *(dim. soir et lundi)* 140/195 ⅃, enf. 75 – ⊒ 35
  – **24 ch** 255/400 – ½ P 300/350.

🏨 **Diligence, Résidence Exquisit et Bel Air**, 23 pl. Mairie ☏ 88 95 55 69, Télex 880133,
  Fax 88 95 42 46 – 📶 ☎ ℗
  46 ch, 4 appart..

🏠 **Vosges**, 5 pl. Gare ☏ 88 95 53 78, 🌳, 🌊 – 📶 ☎ & – 🔬 30. **E** 𝖵𝖨𝖲𝖠
  R *(fermé 24 juin au 7 juil., 6 au 28 janv., dim. soir du 15 sept. au 1er juil. et lundi)* 72/260 ⅃
  – ⊒ 35 – **20 ch** 230/250 – ½ P 260.

🏠 **Host. Duc d'Alsace** sans rest, 6 r. Gare ☏ 88 95 55 34, Fax 88 95 00 92 – 📺 ☎ – 🔬 25.
  🅰🅴 ① **E** 𝖵𝖨𝖲𝖠
  ⊒ 30 – **19 ch** 250/300.

🍽🍽 **Le Chambellan** Ⓜ avec ch, 1 r. Gén. Leclerc ☏ 88 95 09 88, 🌳 – ☎. **E** 𝖵𝖨𝖲𝖠. ✻ ch
  R *(fermé 24 fév. au 12 mars, dim. soir et lundi)* 100/165 ⅃, enf. 80 – ⊒ 30 – **10 ch** 260/380
  – ½ P 290/340.

à Ottrott O : 4 km – ✉ 67530 :

🏨🏨 **Clos des Délices** Ⓜ, rte Klingenthal NO : 1 km par D 426 ℰ 88 95 81 00, Fax 88 95 97 71, parc, ⬛ – 🛗 📺 ☎ 🕭 🅿 – 🛂 100. 🆎 ⓞ 🇪 𝘝𝘐𝘚𝘈
R *(fermé dim. soir sauf fériés et merc.)* 150/360, enf. 85 – ⊑ 50 – **25 ch** 450/650 – ½ P 430/480.

🏨🏨 **Beau Site** Ⓜ, ℰ 88 95 80 61, Télex 870445, Fax 88 95 86 41, 🍽 – 🖚 ch ☎ 🚗 🅿 🆎 ⓞ 🇪 𝘝𝘐𝘚𝘈
R *(fermé dim. soir et lundi)* 95/380 ⅃, enf. 65 – ⊑ 45 – **15 ch** 260/620 – ½ P 300/500.

🏨 **Host. des Châteaux** Ⓜ ⤳, ℰ 88 95 81 54, Télex 870439, Fax 88 95 95 20, ⬛ – 🛗 ▦ 📺 ☎ 🕭 🅿 🆎 🇪 𝘝𝘐𝘚𝘈
fermé 15 janv. au 15 fév. – **R** *(fermé dim. soir et lundi hors sais.)* 150/350, enf. 75 – ⊑ 45 – **60 ch** 350/600, 5 appart. 950 – ½ P 320/600.

🏨 **Le Moulin** Ⓜ ⤳, rte Klingenthal NO : 1 km par D 426 ℰ 88 95 87 33, Fax 88 95 98 03, parc, ⛳ – 🛗 📺 ☎ 🕭 🅿 🇪 𝘝𝘐𝘚𝘈
fermé 20 déc. au 20 janv. – **R** *(fermé lundi midi et sam. midi du 15 nov. au 15 mars)* 95/200 ⅃, enf. 65 – ⊑ 32 – **21 ch** 220/330, 3 appart. – ½ P 260/275.

🍴🍴 **A l'Ami Fritz,** ℰ 88 95 80 81 – 🅿. 🆎 ⓞ 🇪 𝘝𝘐𝘚𝘈
fermé 2 au 16 janv. et merc. – **R** 90/265 ⅃.
Annexe H. A l'Ami Fritz 🏠 Ⓜ ⤳, à 500 m. ℰ 88 95 87 39, ≼, 🌳 – 📺 ☎ 🅿 – 🛂 25. 🆎 ⓞ 🇪 𝘝𝘐𝘚𝘈 – *fermé 2 au 16 janv.* – ⊑ 32 – **16 ch** 185/310 – ½ P 270/300.

à Boersch O : 4 km par D 322 – ✉ 67530 :

🍴🍴 **Le Chatelain,** ℰ 88 95 83 33, Fax 88 95 97 71 – 🅿. 🆎 ⓞ 🇪 𝘝𝘐𝘚𝘈
fermé lundi – **R** 85/295 ⅃, enf. 50.

à Klingenthal O : 6 km – ✉ 67530 Boersch :

🏨 **Vosges,** ℰ 88 95 82 86, Télex 871222, Fax 88 95 90 84, 🍽, ⬛, ⛳ – 🛗 📺 ☎ 🅿 – 🛂 120. 🆎 ⓞ 🇪 𝘝𝘐𝘚𝘈
fermé 1er au 7 mars et 10 au 28 fév. – **R** 75/215, enf. 55 – ⊑ 35 – **64 ch** 250/480 – ½ P 300/365.

CITROEN Dagorn, 24 A r. Gén.-Gouraud
ℰ 88 95 52 78
CITROEN Juen Automobiles, Zone Artisanale Sud
ℰ 88 95 00 00
DATSUN-NISSAN-VOLVO Gar. Keller, r. de l'Artisanat ZA Sud ℰ 88 95 47 47 🅽 ℰ 88 95 01 91
FIAT-MAZDA Gar. Gruss, 202a r. Gén.-Gouraud
ℰ 88 95 58 48

PEUGEOT, TALBOT Gillmann-Auto, 10 r. Gén.-Gouraud ℰ 88 95 52 56
RENAULT Haus, r. Gén.-Leclerc ℰ 88 95 53 72
🅽 ℰ 88 50 25 46
RENAULT Wietrich Auto, r. de l'Artisanat, ZA Sud
ℰ 88 95 36 36

OBERSTEIGEN 67 B.-Rhin 🗺 ⑧ G. Alsace Lorraine – alt. 500 – ✉ 67710 Wangenbourg.

Voir Vallée de la Mossig★ E : 2 km.

Paris 463 – ♦Strasbourg 38 – Molsheim 26 – Sarrebourg 32 – Saverne 16 – Wasselonne 13.

🏨🏨 **Host. Belle Vue** ⤳, ℰ 88 87 32 39, Fax 88 87 37 77, ≼, 🛁, ⬛, 🌳 – 🛗 📺 ☎ 🅿 – 🛂 60. 🇪 𝘝𝘐𝘚𝘈. 🍽 rest
fermé 2 fév. au 11 mars, dim. soir et lundi en hiver – **R** 120/250 ⅃ – ⊑ 33 – **40 ch** 280/500 – ½ P 260/290.

🏠 **Au Goldbrunnen,** ℰ 88 87 31 01, ≼, 🌳 – ☎ 🅿 – 🛂 30. 🆎 🇪 𝘝𝘐𝘚𝘈 – *fermé janv., fév., jeudi midi et merc. de nov. à avril* – **R** 80/140 ⅃, enf. 40 – ⊑ 25 – **22 ch** 160/250.

OBERSTEINBACH 67510 B.-Rhin 🗺 ⑱⑲ G. Alsace Lorraine – 197 h. alt. 239.

Paris 451 – ♦Strasbourg 66 – Bitche 22 – Haguenau 34 – Wissembourg 25.

🍴🍴🍴 ❀ **Anthon** ⤳ avec ch, ℰ 88 09 55 01, 🌳 – ☎ 🅿 – 🛂 30. 🇪 𝘝𝘐𝘚𝘈
fermé 19 au 28 août, 9 au 18 déc., 6 au 28 janv., mardi et merc. – **R** 95/295 ⅃, enf. 70 – ⊑ 35 – **9 ch** 190/220
Spéc. Foie gras de canard, Filet de turbotin au beurre d'orange, Noisettes de chevreuil. **Vins** Pinot Auxerrois, Tokay-Pinot gris.

OBJAT 19130 Corrèze 🗺 ⑧ – 3 295 h. alt. 126.

Paris 477 – Brive-la-Gaillarde 19 – Arnac-Pompadour 23 – ♦Limoges 82 – Tulle 48 – Uzerche 30.

🏠 **France,** av. G.-Clemenceau ℰ 55 25 80 38 – ☎ 🅿. 🇪 𝘝𝘐𝘚𝘈
fermé 20 sept. au 10 oct., 25 déc. au 2 janv. et dim. hors sais. – **R** 65/150 ⅃, enf. 45 – ⊑ 28 – **15 ch** 95/180 – ½ P 150/180.

🍴🍴 **Pré Fleuri** avec ch, rte Pompadour ℰ 55 25 83 92, 🍽, 🌳 – 🖶. 🆎 🇪 𝘝𝘐𝘚𝘈
fermé 10 au 25 janv. et lundi hors sais. – **R** 130/260, enf. 85 – ⊑ 30 – **7 ch** 150/195 – ½ P 250/280.

🍴 **Chez Tony,** pl. Gare ℰ 55 25 02 23 – 🅿. 𝘝𝘐𝘚𝘈 🍽
fermé 1er juin au 1er juil., dim. soir et lundi – **R** 70/175, enf. 40.

à St-Aulaire par rte des 4 chemins : 3 km – ✉ 19130 :

🏠 **Bellevue** ⤳, ℰ 55 25 81 39, ≼, 🍽 – ☎ 🅿. ⓞ 🇪 𝘝𝘐𝘚𝘈 🍽 ch
fermé fév. – **R** *(fermé dim. soir et sam. midi hors sais.)* 60/260 ⅃ – ⊑ 25 – **10 ch** 120/250 – ½ P 200/280.

OCHIAZ 01 Ain [74] ⑤ – rattaché à Bellegarde-sur-Valserine.

OCTON 34800 Hérault [83] ⑤ – 345 h. alt. 120.
Paris 818 – ◆Montpellier 54 – Béziers 64 – Lodève 14.

🏠 **Mas de Clergues** 🦌, 𝒫 67 96 08 84, ≼, 🔟 – ℗
Pâques-15 oct. et week-ends de déc. à Pâques – **R** 130 bc/190 bc, enf. 75 – � 25 – **7 ch**
240/270 – ½ P 260.

ODEILLO 66 Pyr.-Or. [86] ⑯ – rattaché à Font-Romeu.

ODENAS 69460 Rhône [74] ① – 706 h. alt. 298.
Paris 423 – Mâcon 34 – Bourg-en-Bresse 50 – ◆Lyon 47 – Villefranche-sur-Saône 16.

✗ **Christian Mabeau,** 𝒫 74 03 41 79, 🍽 – **E** 𝘝𝘐𝘚𝘈
fermé 1ᵉʳ au 20 sept., vacances de fév., dim. et lundi – **R** 120/200, enf. 75.

OFFEMONT 90 Ter. de Belf. [66] ⑧ – rattaché à Belfort.

OFFENDORF 67850 B.-Rhin [57] ⑲ – 1 739 h. alt. 127.
Paris 494 – ◆Strasbourg 21 – Haguenau 19 – Karlsruhe 65 – Saverne 56.

✗✗ **A la Forêt du Rhin,** 2 r. Principale 𝒫 88 96 49 53 – ℗, 𝘈𝘌 ⑩ **E** 𝘝𝘐𝘚𝘈, 🦌
fermé 8 au 26 juil., vacances de fév., mardi soir et merc. – **R** 120/185, enf. 75.

OGNES 02 Aisne [56] ③ – rattaché à Chauny.

OIRON 79100 Deux-Sèvres [68] ② G. Poitou Vendée Charentes – 800 h. alt. 85.
Voir Château★ : galerie★★ – Collégiale★.
Paris 327 – Poitiers 57 – Loudun 15 – Parthenay 41 – Thouars 13.

✗✗ **Relais du Château** avec ch, 𝒫 49 96 54 96 – 📺 ☎ **E** 𝘝𝘐𝘚𝘈
➡ *fermé dim. soir et lundi en hiver* – **R** 60/140 🦴, enf. 35 – � 20 – **6 ch** 100/160 – ½ P 150/180.

Les établissements signalés par un ➡
proposent des repas simples à prix modiques.

OLARGUES 34390 Hérault [83] ③ G. Gorges du Tarn – 529 h. alt. 183.
Env. Gorges d'Héric★★ NE : 8 km.
🅱 Syndicat d'Initiative r. de la Place 𝒫 67 97 71 26.
Paris 858 – Béziers 50 – Lodève 55 – ◆Montpellier 97 – St-Affrique 96 – St-Pons 18.

🏠🏠 **Domaine de Rieumégé** 🦌, 2,5 km par rte St-Pons 𝒫 67 97 73 99, Fax 67 97 78 52, ≼,
🍽, 🔟, 🌳, ✗✗ – ☎ ℗, **E** 𝘝𝘐𝘚𝘈
21 mars-27 oct. – **R** 140/198, enf. 68 – � 50 – **10 ch** 320/456 – ½ P 391/462.

OLEMPS 12 Aveyron [80] ② – rattaché à Rodez.

OLÉRON (Ile d') ★ 17 Char.-Mar. [171] ⑬⑭ G. Poitou Vendée Charentes.
Accès par le pont viaduc★. Péage en 1990 : auto (AR) 33 F (saison) 17 F (hors saison) (conducteur
et passagers compris), moto 4 F, camion 30 à 102 F. Renseignements par Régie d'Exploitation
des Ponts 𝒫 46 85 03 21.
Du pont : Paris 502 – La Rochelle 61 – Royan 40 – Marennes 9,5 – Rochefort 31 – Saintes 49.

Boyardville – alt. 3 – ✉ 17190 St-Georges-d'Oléron.
🏌 d'Oléron 𝒫 46 47 11 59, S par D 126 : 2 km.
Pont d'Oléron 15.

✗✗ **La Perrotine,** au port 𝒫 46 47 01 01 – **E** 𝘝𝘐𝘚𝘈
fermé janv. et mardi sauf vacances scolaires – **R** 130/170.

✗✗ **Bains** avec ch, au port 𝒫 46 47 01 02, 🍽 – ☎ ℗, 𝘈𝘌 ⑩ **E** 𝘝𝘐𝘚𝘈
18 mai-25 sept. – **R** 100/300, enf. 53 – � 35 – **11 ch** 149/218 – ½ P 241/277.
CITROEN Brancq 𝒫 46 47 01 61

Le Château-d'Oléron – 3 411 h. alt. 3 – ✉ 17480.
🅱 Office de Tourisme pl. République 𝒫 46 47 60 51.
Pont d'Oléron 3.

🏠 **France,** 𝒫 46 47 60 07 – **E** 𝘝𝘐𝘚𝘈
fermé janv., dim. soir et lundi sauf vacances scolaires – **R** 85/145, enf. 55 – � 28 – **11 ch**
180/250 – ½ P 200/300.
RENAULT Gar. S.O.A. 𝒫 46 47 67 22 🅽 𝒫 46 97 32 39

La Cotinière – ⊠ 17310 St-Pierre-d'Oléron – Pont d'Oléron 16.

🏛 **Motel Ile de Lumière** Ⓜ 🦢 sans rest, ℰ 46 47 10 80, Fax 46 47 30 87, ≤, ≦, ☞, ※ – 📺 🅿 Ⓟ, E 𝘝𝘐𝘚𝘈
24 mars-fin sept. – **45 ch** � 380/580.

🏛 **Face aux Flots,** ℰ 46 47 10 05, Fax 46 47 45 95, ≤, ≦, – 📺 ☎ 🅗, E 𝘝𝘐𝘚𝘈
fermé 1er au 21 déc. et janv. – **R** (*fermé jeudi en fév.-mars*) 98/180, enf. 50 – ⊐ 35 – **20 ch** 290/350 – ½ P 310/340.

XX **L'Écailler** avec ch, au port ℰ 46 47 10 31, ≤, ☞ – 📺 ☎ 🕮 ⓞ E 𝘝𝘐𝘚𝘈
fermé 15 nov. au 1er fév., dim. soir et lundi sauf vacances scolaires et fêtes – **R** 95/199, enf. 50 – ⊐ 34 – **8 ch** 300/350 – ½ P 320/370.

Dolus-d'Oléron – 2 152 h. alt. 6 – ⊠ 17550.
🛈 Syndicat d'Initiative pl. Champ de Foire (juin-sept.) ℰ 46 75 32 84 – Pont d'Oléron 7.

🏛 **Floratel** Ⓜ, rte Boyardville ℰ 46 75 46 40, Télex 793454, Fax 46 75 46 50, ≦, ☞ – ▤ rest
🌢 📺 ☎ 🅗 🅿 🌢 60. ⓞ E 𝘝𝘐𝘚𝘈
15 mars-11 nov. – **R** 65/150, enf. 40 – ⊐ 30 – **60 ch** 190/350 – ½ P 370.

La Remigeasse – ⊠ 17550 Dolus-d'Oléron – Pont d'Oléron 10.

🏛 **Gd Large et rest. Amiral** Ⓜ 🦢, à la plage ℰ 46 75 37 89, Télex 790395, Fax 46 75 49 15, ≤, parc, 🅈, ※ – 📺 ☎ 🅿. 𝘝𝘐𝘚𝘈
Pâques-fin sept. – **R** 225/325 – ⊐ 70 – **21 ch** 630/1430, 5 appart. 1700 – ½ P 655/1055.

St-Georges-d'Oléron – 2 935 h. alt. 7 – ⊠ 17190.
🛈 Syndicat d'Initiative, r. République (saison) ℰ 46 76 63 77 – Pont d'Oléron 20.

XX **Trois Chapons,** rte St-Pierre ℰ 46 76 51 51, ☞ – 🅿.

St-Pierre-d'Oléron – 4 782 h. alt. 11 – ⊠ 17310 – **Voir** Église ❊★.
🛈 Office de Tourisme pl. Gambetta (saison) ℰ 46 47 11 39 – Pont d'Oléron 14.

🏛 **Otelinn** Ⓜ, D 734 ℰ 46 47 19 92, Fax 46 47 47 19, ☞ – 📺 ☎ 🅗 🅿 – 🌢 40. E 𝘝𝘐𝘚𝘈
fermé nov. et lundi du 1er oct. au 31 mars – **R** 65/225, enf. 40 – ⊐ 39 – **34 ch** 310 – ½ P 240.

🏛 **Square** sans rest, pl. Anciens Combattants ℰ 46 47 00 35, Télex 791346, 🅈, ☞ – 📺 ☎ – 🌢 30. E 𝘝𝘐𝘚𝘈
fermé janv. et lundi en fév. et mars – ⊐ 36 – **32 ch** 295/350.

XX **La Campagne,** D 734 ℰ 46 47 25 42, ☞, ☞ – 🅿. 🕮 ⓞ E 𝘝𝘐𝘚𝘈
1er avril-1er oct., 25 oct.-12 nov. et fermé dim. soir et lundi sauf juil.-août – **R** 190/350.

PEUGEOT, TALBOT Belluteau, pl. Gambetta ℰ 46 47 02 26 🅽
VAG Pacreau, Zone Ind. rte St Georges ℰ 46 47 13 21

St-Trojan-les-Bains – 1 470 h. alt. 4 – ⊠ 17370.
🛈 Office de Tourisme carrefour du Port (Pâques-Toussaint) ℰ 46 76 00 86 et à la Mairie (hors saison) ℰ 46 76 00 30 – Pont d'Oléron 8.

🏛 **Novotel** Ⓜ 🦢, plage de Gatseau S : 2,5 km ℰ 46 76 02 46, Télex 790910, Fax 46 76 09 33, ≤, ☞, « En forêt près de la mer », 🅈, ☞, ※ – 🛗 ⇄ rest 📺 ☎ 🅗 🅿 – 🌢 30 à 150. 🕮 ⓞ E 𝘝𝘐𝘚𝘈 ❄ rest
fermé janv. – **R** carte environ 150 🥄, enf. 65 – ⊐ 50 – **80 ch** 440/710 – ½ P 537.

🏛 **Les Cleunes** Ⓜ sans rest, ℰ 46 76 03 08, ≤, ≦, ※ – 📺 ☎ ⇆ 🅿. 🕮 ⓞ E 𝘝𝘐𝘚𝘈
23 mars-5 nov. – ⊐ 37 – **49 ch** 240/480.

🏠 **Forêt** 🦢, bd P. Wiehn ℰ 46 76 00 15, ☞, ☞ – 🛗 ☎ 🅿. 🕮 ⓞ E 𝘝𝘐𝘚𝘈 ❄ rest
23 mars-30 oct. – **R** 75/150, enf. 60 – ⊐ 30 – **44 ch** 320/430 – ½ P 250/330.

🏠 **L'Albatros** 🦢, ℰ 46 76 00 08, ≤, ☞, ☞ – ☎ 🅿. 𝘝𝘐𝘚𝘈
fermé 13 nov. au 4 fév. – **R** 71/160 – ⊐ 27 – **13 ch** 199/253 – ½ P 231/249.

X **La Marée,** au port ℰ 46 76 04 96, ☞, produits de la mer seul. – 🕮 ⓞ E 𝘝𝘐𝘚𝘈
21 mars-6 oct. et fermé lundi sauf juil.-août – **R** 90/150, enf. 42.

RENAULT Testard, ℰ 46 76 01 07

Vert-Bois (Plage du) – ⊠ 17550 Dolus-d'Oléron – **Voir** ≤★.
Pont d'Oléron 5,5.

🏛 **Pins du Vert-Bois** 🦢, ℰ 46 75 34 98, ☞, « Parc », 🅈 – 📺 🅿 – 🌢 30. 🕮 ⓞ E 𝘝𝘐𝘚𝘈
Pâques-fin sept. – **R** 180/220, enf. 75 – ⊐ 40 – **21 ch** 260/900 – ½ P 370/670.

OLETTE 66360 Pyr.-Or. 🎽🎽 ⑰ G. Pyrénées Roussillon – 532 h. alt. 627.
Paris 969 – Mont-Louis 20 – ♦Perpignan 59 – Prades 16.

XX **La Fontaine** avec ch, ℰ 68 97 03 67, ☞ – ☎. 🕮 E 𝘝𝘐𝘚𝘈
fermé 2 au 31 janv., mardi soir et merc. sauf vacances scolaires – **R** 77/250, enf. 40 – ⊐ 19 – **8 ch** 100/160 – ½ P 140/180.

OLIVET 45 Loiret 📍 ⑨ – rattaché à Orléans.

OLLENCOURT 60 Oise 📍 ③ – rattaché à Compiègne.

Les OLLIÈRES-SUR-EYRIEUX 07360 Ardèche 📍 ⑲㉚ – 793 h. alt. 174.

Paris 598 – Valence 34 – Le Cheylard 29 – Lamastre 37 – Montélimar 53 – Privas 19.

XX **Aub. de la Vallée** avec ch, ℰ 75 66 20 32 – ☎ 🅿 E 𝑉𝐼𝑆𝐴 ✻
fermé 23 sept. au 1ᵉʳ oct., 1ᵉʳ fév. au 15 mars, dim. soir et lundi hors sais. – **R** 80/260 ⅋ –
⊇ 30 – **7 ch** 170/280.

PEUGEOT-TALBOT Gar. de Veyes ℰ 75 66 20 86

OLONNE-SUR-MER 85340 Vendée 📍 ⑫ – 7 868 h. alt. 27.

Paris 457 – La Roche-sur-Yon 34 – Les Sables-d'Olonne 5 – St-Gilles-Croix-de-Vie 25.

au NO par D 80 : 7 km – ⊠ 85340 Olonne-sur-Mer :

X **Aub. de la Forêt,** ℰ 51 90 52 29, 🌳 – 🅿 🖭 E 𝑉𝐼𝑆𝐴
fermé 15 janv. au 29 fév., lundi et mardi de sept. à mai – **R** 95/265, enf. 45.

FORD Gar. Perocheau ℰ 51 32 08 43

RENAULT Central Gar., 6 rte de Nantes
ℰ 51 21 01 07 🅽 ℰ 51 32 40 70

OLORON-STE-MARIE ◁🅂🄿▷ 64400 Pyr.-Atl. 📍 ⑤⑥ **G. Pyrénées Aquitaine** – 12 237 h. alt. 221.

Voir Portail★★ de l'église Ste-Marie A.

🇿 Office de Tourisme pl. Résistance ℰ 59 39 98 00.

Paris 822 ⑤ – Pau 33 ② – ◆Bayonne 93 ⑤ – Dax 80 ④ – Lourdes 61 ② – Mont-de-Marsan 96 ①.

OLORON-STE-MARIE

Barthou (R. Louis)	**B**
Camou (R.)	**B**
Gambetta (Pl.)	**B** 12
Résistance (Pl. de la)	**B** 18
Bellevue (Promenade)	**B** 2
Biscondau	**B** 3
Bordelongue (R. A.)	**B** 4
Casamayor-Dufaur (R.)	**A** 5
Cathédrale (R.)	**B** 6
Dalmais (R.)	**B** 8
Despourins (R.)	**B** 9
Gabe (Pl. Amédée)	**B** 10
Jaca (Pl. de)	**A** 13
Jeliotte (R.)	**B** 14
Mendiondou (Pl.)	**B** 15
Moureu (Av. Charles)	**A** 16
St-Grat (R.)	**A** 19
Vigny (Av. Alfred de)	**A** 23
4-Septembre	**A** 24

Découvrez la France
avec les guides Verts Michelin :
24 titres illustrés en couleurs.

🏨 **Darroze,** 4 pl. Mairie ℰ 59 39 00 99, Fax 59 39 17 88, 🌳 – 🛗 📺 ☎ 🆎 ⓓ E 𝑉𝐼𝑆𝐴
fermé 24 au 31 janv., sam. midi et vend. du 1ᵉʳ nov. au 30 avril – **R** 90/170 ⅋, enf. 50 –
⊇ 30 – **30 ch** 240/305 – ½ P 260
B e

🏠 **Brun,** pl. Jaca ℰ 59 39 64 90 – 🛗 📺 ☎ 🚗 E 𝑉𝐼𝑆𝐴
✦ **R** snack *(fermé vend. soir et sam.)* 50/70 ⅋ – ⊇ 24 – **20 ch** 220/310 – ½ P 200/210.
A s

🏠 **Paix** sans rest, 24 av. Sadi-Carnot ℰ 59 39 02 63, Fax 59 39 98 20, 🌳 – 📺 ☎ 🅿 ✻
⊇ 22 – **24 ch** 120/220.
A n

à Féas par ④ : 7,5 km – ⊠ 64570 :

🏡 **La Forgerie du Beau Site** ⟪, ℰ 59 39 24 87, 🌳, 🌳 – 🅿 E 𝑉𝐼𝑆𝐴
✦ fermé 11 nov. au 22 déc. et merc. du 15 sept. au 30 mai – **R** 46/100 ⅋ – ⊇ 18 – **10 ch**
80/125 – ½ P 110/135.

CITROEN Atomic Gar., 5 av. 14-Juillet A
ℰ 59 39 53 00
FIAT Guiraud, av. Ch.-Moureu ℰ 59 39 02 43
🅽 ℰ 59 39 19 92
PEUGEOT, TALBOT Tristan, av. de Lattre-de-Tassi-
gny par ⑤ ℰ 59 39 10 73

RENAULT Haurat, 41 r. Carrérot ℰ 59 39 01 93
🅽 ℰ 59 38 81 25
RENAULT Gar. Biscay, à Ledeux par ①
ℰ 59 39 12 08
V.A.G Gar. Loustaunau, 71 av. d'Espagne à Bidos
ℰ 59 39 26 55

ONZAIN 41150 L.-et-Ch. 🔢 ⑯ – 3 021 h. alt. 67.

Voir Château★★ de Chaumont-sur-Loire S : 3 km, G. Châteaux de la Loire.

Paris 197 – ◆Tours 44 – Amboise 20 – Blois 16 – Château-Renault 24 – Montrichard 21.

🏰 ❀ **Domaine des Hauts de Loire** Ⓜ ≤, NO : 3 km par D 1 et voie privée 🕾 54 20 72 57, Télex 751547, Fax 54 20 77 32, 🍴, « Manoir, parc et forêt », ℁ – 📺 ☎ ᙐ ᔕ – 🏄 80. 🅰🅴
Ⓞ 🅴 𝗩𝗜𝗦𝗔. ℁
*1ᵉʳ mars- 1ᵉʳ déc. – **R** (fermé mardi midi et lundi en nov. et en mars) 275 et carte 290 à 440, enf. 100 – ☲ 70 – **26 ch** 840/1155, 7 appart. 1575*
Spéc. Saumon cru au citron vert, Sandre rôti sur la peau, Pied de porc au jus de volaille. Vins Touraine-Mesland.

🏨 **La Carte** Ⓜ ≤, SE : 4,5 km sur N 152 🕾 54 20 49 00, Fax 54 20 43 78, 🍴, « au milieu de son golf », ⊒, ℁ – 📺 ☎ ᙐ ᔕ – 🏄 30. 🅰🅴 🅴 𝗩𝗜𝗦𝗔. ℁ rest
*fermé début déc. au 15 fév. – **R** 150/250 – ☲ 45 – **15 ch** 450/650, 5 appart. 960 –
½ P 685/765.*

🏠 **Château des Tertres** ≤ sans rest, O : 1,5 km par D 58 🕾 54 20 83 88, ≤, « Gentil-hommière dans un parc » – ☜ ᔕ. 🅰🅴 🅴 𝗩𝗜𝗦𝗔. ℁
*22 mars-11 nov. – ☲ 35 – **19 ch** 270/400.*

PEUGEOT, TALBOT Gar. Guyader 🕾 54 20 70 37   RENAULT Gar. Lefebvre, à Onzain 🕾 54 20 98 65
Ⓝ   Ⓝ 🕾 54 20 97 96

OPIO 06 Alpes-Mar. 🔢 ⑧, 🔢🔢🔢 ㉔ – rattaché à Grasse.

ORADOUR-SUR-GLANE 87520 H.-Vienne 🔢 ⑥⑦ G. Berry Limousin – 1 941 h. alt. 275.

Voir "Village martyr" dont la population a été massacrée en juin 1944.

Paris 402 – ◆Limoges 22 – Angoulême 86 – Bellac 23 – Confolens 33 – Nontron 67.

✕ **Le Milord** avec ch, 🕾 55 03 10 35, 🍴 – ᔕ. 🅰🅴 🅴 𝗩𝗜𝗦𝗔. ℁ ch
➡ *fermé fév. et merc. soir de nov. à fév. – **R** 50/160, enf. 30 – ☲ 18 – **8 ch** 130/160 –
½ P 150/200.*

✕ **La Glane** avec ch, 🕾 55 03 10 43 – 🅴 𝗩𝗜𝗦𝗔
➡ *fermé 1ᵉʳ au 15 nov. et merc. du 15 sept. au 1ᵉʳ juin – **R** 50/140 – ☲ 18 – **10 ch** 95/140 –
½ P 120/160.*

ORANGE 84100 Vaucluse 🔢 ⑪⑫ G. Provence – 27 502 h. alt. 46.

Voir Théâtre antique★★★ BZ – Arc de Triomphe★★ AY – Colline St-Eutrope ≤★ BZ

🅱 Office de Tourisme et Accueil de France (Informations, change et réservations d'hôtels pas plus de 5 jours à l'avance) cours A.-Briand 🕾 90 34 70 88, Télex 432357 et pl. Frères Mounet (juin-août) 🕾 90 51 80 06.

Paris 659 ⑤ – Avignon 31 ⑤ – Alès 85 ⑤ – Carpentras 23 ③ – Montélimar 55 ⑤ – Nîmes 55 ⑤.

Plan page suivante

🏨 **Altéa** Ⓜ, rte Caderousse par ⑤ 🕾 90 34 24 10, Télex 431550, Fax 90 34 85 48, 🍴, ⊒, 🌳
– 🗏 📺 ☎ ᙐ ᔕ – 🏄 30 à 150. 🅰🅴 Ⓞ 🅴 𝗩𝗜𝗦𝗔
R 110/220, enf. 55 – ☲ 48 – **99 ch** 410/450 – ½ P 325.

🏨 **Louvre et Terminus**, 89 av. F. Mistral BY **6** ᔕ 🕾 90 34 10 08, Fax 90 34 68 71, 🍴 – 🛗
🗏 rest 📺 ☎ ᙐ ⇔. 🅰🅴 🅴 𝗩𝗜𝗦𝗔
*fermé 20 déc. au 10 janv. – **R** (fermé sam. midi et dim.) 79/145 🍷, enf. 35 – ☲ 30 – **36 ch**
220/380 – ½ P 220/260.*

🏠 **Mas des Aigras** ≤ sans rest, par ① N 7 : 2 km et VO chemin des Aigras 🕾 90 34 81 01,
« Joli mas provençal », ⊒, 🌳, ℁ – ☎ ᔕ. 🅴 𝗩𝗜𝗦𝗔
☲ 35 – **7 ch** 290/370.

🏠 **Arène** ≤ sans rest, pl. Langes 🕾 90 34 10 95, Fax 90 34 91 62 – 🗏 📺 ☎ ⇔. 🅰🅴 Ⓞ 🅴
𝗩𝗜𝗦𝗔   fermé 1ᵉʳ nov. au 15 déc. – ☲ 35 – **30 ch** 270/350   AY **a**

🏠 **Glacier** sans rest, 46 cours A. Briand 🕾 90 34 02 01 – 🛗 📺 ☎. 🅴 𝗩𝗜𝗦𝗔   AY **r**
*fermé 22 déc. au 1ᵉʳ fév. et dim. soir de nov. à Pâques – ☲ 27 – **28 ch** 220/240.*

🏠 **Ibis** Ⓜ, rte Caderousse par ⑤ 🕾 90 34 35 35, Télex 432752, Fax 90 34 96 47, 🍴, ⊒ – 📺
☎ ᙐ ᔕ. 🅴 𝗩𝗜𝗦𝗔
R (fermé dim. midi et sam. du 1ᵉʳ nov. au 28 fév.) 76, enf. 35 – ☲ 29 – **72 ch** 270/290.

🏠 **Campanile**, rte Caderousse par ⑤ 🕾 90 51 68 68, Télex 431885, Fax 90 34 04 67 – 🗏 rest
📺 ☎ ᙐ ᔕ 🅴 𝗩𝗜𝗦𝗔
R 74 bc/98 bc, enf. 39 – ☲ 27 – **43 ch** 248 – ½ P 225/249.

✕✕ **Parvis**, 3 cours Pourtoules 🕾 90 34 82 00, 🍴 – 🗏. 🅰🅴 Ⓞ 🅴 𝗩𝗜𝗦𝗔   BZ **e**
*fermé 17 nov. au 3 déc., 16 janv. au 1ᵉʳ fév. et lundi sauf juil.-août et fériés – **R** 105/200,
enf. 60.*

✕✕ **Le Forum**, 3 r. Mazeau 🕾 90 34 01 09 – 🅰🅴 Ⓞ 🅴 𝗩𝗜𝗦𝗔   BY **z**
*fermé 20 août, vacances de fév., le soir du 1ᵉʳ janv. au 20 mars, sam. et dim. –
R 95/220, enf. 95.*

✕ **Au Goût de Jour**, 9 pl. aux Herbes 🕾 90 34 10 80, 🍴 – 🅴 𝗩𝗜𝗦𝗔   BY **d**
*fermé 2 au 8 janv. et jeudi – **R** 95/190.*

ORANGE

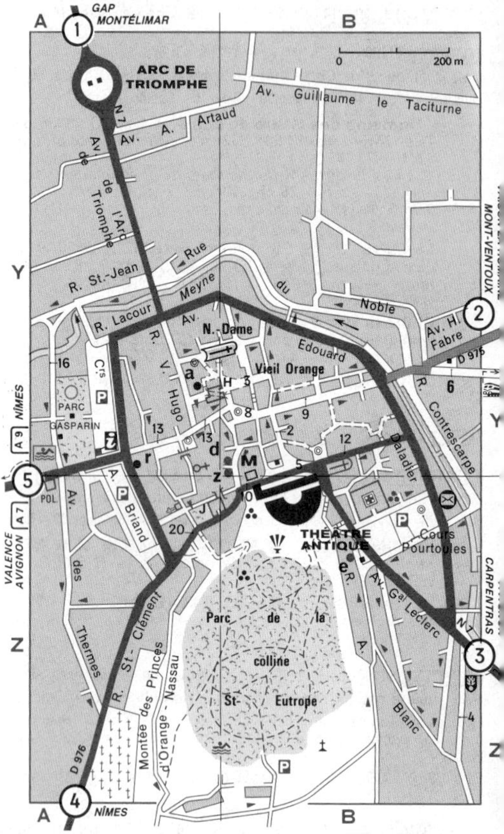

Promeneurs,
campeurs,
fumeurs,
Soyez prudents !
Le feu
est le plus terrible ennemi
de la forêt.

à Rochegude (26 Drôme) par ①, D 976, D 11 et D 117 : 14 km – ✉ **26790** :

🏨 ❀ **Château de Rochegude** Ⓜ ⣾, ℰ 75 04 81 88, Télex 345661, Fax 75 04 89 87, ☎,
« Élégante installation, parc, ⌂, ✳, », ✵ – 🛗 ▦ 🆃🆅 ☎ Ⓟ. ⒶⒺ ① Ε 𝗩𝗜𝗦𝗔 ✵ rest
fermé janv. et fév. – **R** 330/400 – **25 ch** ⣾ 650/1500, 4 appart. 2500 – ½ P 800/1050
Spéc. Ravioles de Romans en consommé de canette truffé, Pigeonneau aux olives noires et vertes , Rôti de
picodon chaud au lard fumé et tapenade. Vins Côtes du Rhône Villages.

ALFA-ROMEO Gar. Masoero, rte d'Avignon, N 7
ℰ 75 34 62 91
BMW Foch-Autom., 655 av. Mar.-Foch
ℰ 90 34 24 35
CITROEN Forum Auto, ZAC du Coudoulet par ③
ℰ 90 34 04 50 🅽 ℰ 90 34 30 60
FIAT, LANCIA-AUTOBIANCHI Gemelli, rte de Jon-
quières ℰ 90 34 69 04 🅽 ℰ 90 51 75 64
FORD Auto-Sce-Leader, rte d'Avignon N 7
ℰ 90 51 82 41
MERCEDES SAVIA, rte d'Avignon ℰ 90 34 72 70
🅽 ℰ 88 72 00 94
OPEL-GM Balbi, rte de Lyon ℰ 90 34 04 16
PEUGEOT Marquion, av. Charles-de-Gaulle par ⑤
ℰ 90 34 68 44 🅽

PEUGEOT-TALBOT Vaucluse-Autos, av. Mar.-Foch
par ③ ℰ 90 34 24 11
RENAULT Brun, N 7 rte de Lyon par ①
ℰ 90 34 02 68 🅽
V.A.G Orangeoise-Autom., rte de Jonquières
ℰ 90 34 61 83

🛞 Ayme-Pneus, rte de Caderousse ℰ 90 34 24 65
Pneus Service, 18 r. A.-Lacour ℰ 90 34 34 03
Pneus Service, 280 av. de Lattre-de-Tassigny
ℰ 90 34 14 66
Valerian Pneus, 1 rte de Jonquières ℰ 90 34 86 86
🅽 ℰ 90 51 55 65

Bent U een liefhebber van kamperen ?
Gebruik dan de Michelingids
Camping Caravaning France.

Voir Vieux manoir★.

🛈 Syndicat d'Initiative r. Guillonnière (saison) ℰ 31 32 87 15.

Paris 168 – L'Aigle 38 – Alençon 77 – Argentan 52 – Bernay 17 – ◆Caen 69 – Lisieux 20.

🏠 **France** (Annexe 🏠 Ⓜ 11 ch), r. Grande ℰ 31 32 74 02, Fax 31 32 27 77, 🛋 – ⇔ ☎ **P**. **E** 𝘝𝘐𝘚𝘈
fermé 15 déc. au 15 janv. – **R** 78/150 ⅊, enf. 55 – ⌑ 25 – **23 ch** 105/230 – ½ P 201/228.

%% **Au Caneton**, r. Grande ℰ 31 32 73 32 – 🆎 **E** 𝘝𝘐𝘚𝘈
fermé vacances de fév., lundi soir et mardi sauf fêtes – **R** (nombre de couverts limité-prévenir) 125/260, enf. 80.

CITROEN Decaux, à la Vespière ℰ 31 32 80 49 **N**   RENAULT Gar. Jouenne ℰ 31 32 82 56 **N**
PEUGEOT-TALBOT Deparde, à la Vespière   Gar. Derriennic ℰ 31 32 83 53 **N**
ℰ 31 32 83 73 **N**

🛈 Office de Tourisme à la Mairie ℰ 89 71 30 11 et à Hachimette (15 juin-15 sept.) ℰ 89 47 53 11.

Paris 427 – Colmar 20 – Gérardmer 41 – Munster 25 – Ribeauvillé 23 – St-Dié 42 – Sélestat 36.

🏠 **Bois Le Sire et son Motel,** ℰ 89 71 25 25, Fax 89 71 30 75, 🔲 – ☎ & **P** – 🔺 30. 🆎
E 𝘝𝘐𝘚𝘈
fermé 3 janv. au 19 fév. – **R** *(fermé mardi midi et lundi sauf le soir en juil.-août)* 95/270 ⅊,
enf. 50 – ⌑ 40 – **36 ch** 213/283 – ½ P 243/283.

🏠 **Saut de la Truite** ⑤, à Remomont NO : 1 km par VO ⌧ 68370 Orbey ℰ 89 71 20 04,
≤, 🛋 – ☎ **P** – 🔺 50. **E** 𝘝𝘐𝘚𝘈. ⅋
fermé au 1er fév. – **R** *(fermé merc. sauf juil.-août)* 95/210 ⅊ – ⌑ 40 – **22 ch**
180/300 – ½ P 230/280.

🏠 **Croix d'Or**, r. Église ℰ 89 71 20 51 – 📺 ☎. 🆎 ⓪ **E** 𝘝𝘐𝘚𝘈. ⅋ rest
fermé 16 nov. au 24 déc., lundi en sais. (sauf hôtel) et merc. hors sais. – **R** 90/260 ⅊,
enf. 55 – ⌑ 36 – **19 ch** 230 – ½ P 210/240.

à Pairis SO : 3 km sur D 48 II – alt. 700 – ⌧ **68370** Orbey.

Voir Lac Noir★ : ≤★ 30 mn O : 5 km.

🏠 **Bon Repos** ⑤, ℰ 89 71 21 92 – ☎ **P**. 🆎 **E** 𝘝𝘐𝘚𝘈. ⅋ rest
◆ *fermé 12 nov. au 20 déc. et merc. sauf juil.-août* – **R** 70/150 ⅊, enf. 45 – ⌑ 25 – **18 ch**
135/205 – ½ P 195/205.

%% **Pairis** ⑤ avec ch, ℰ 89 71 20 15, ≤, 🍴, 🛋 – ☎ **P**. 🆎 ⓪ **E** 𝘝𝘐𝘚𝘈
◆ *fermé 15 déc. au 15 janv., dim. soir et lundi hors sais.* – **R** 58/280 ⅊, enf. 48 – ⌑ 30 –
15 ch 220/300 – ½ P 215.

CITROEN Gar. Eberlé ℰ 89 71 20 35 **N** ℰ 89 71 23 45

Paris 460 – Baume-les-Dames 45 – ◆Besançon 47 – Montbéliard 70 – Morteau 17 – Pontarlier 44.

%% **Barrey** avec ch, face église ℰ 81 43 50 97 – ☎ **P**. **E** 𝘝𝘐𝘚𝘈
◆ *fermé 3 au 9 juin, 2 au 9 sept., 4 au 18 nov., dim. soir et lundi sauf juil.-août* – **R** 70/200 ⅊,
enf. 40 – ⌑ 25 – **13 ch** 150/200 – ½ P 190/200.

à Fuans E : 3 km par D 461 – ⌧ **25390** :

🏠 **Patton,** ℰ 81 43 51 01, ≤ – ☜ **P**. 🆎 ⓪ **E** 𝘝𝘐𝘚𝘈. ⅋
fermé 12 nov. au 12 déc. et lundi d'oct. à juin – **R** 80/180 ⅊, enf. 50 – ⌑ 24 – **10 ch**
115/210 – ½ P 190/205.

à Loray NO : 4,5 km par D 461 – ⌧ **25390** :

%% **Vieille** avec ch, ℰ 81 43 21 67, Fax 81 43 26 10, 🛋 – **P**. **E** 𝘝𝘐𝘚𝘈
◆ *fermé 1er au 15 janv., dim. soir et lundi soir sauf août* – **R** 65/250 ⅊, enf. 60 – ⌑ 35 – **9 ch**
190/210 – ½ P 180/190.

CITROEN Gar. Cartier ℰ 81 43 60 52   FORD Vernier ℰ 81 43 52 38 **N**

Paris 217 – ◆Lille 26 – Denain 25 – Douai 20 – St-Amand-les-Eaux 15 – Tournai 19 – Valenciennes 28.

%% **La Chaumière,** S : 2 km D 957 ℰ 20 71 86 38, 🍴 – **P**. 🆎 ⓪ **E** 𝘝𝘐𝘚𝘈
fermé fév., jeudi soir et vend. – **R** 73/220.

Env. Vallée du Drac Blanc★★ NO : 14 km.

🛈 Maison de Tourisme ℰ 92 55 70 39, Télex 401162.

Paris 682 – Briançon 111 – Gap 33 – ◆Grenoble 115 – La Mure 77 – St-Bonnet 27.

Poste, ✆ 92 55 70 04, ←, – P. AE ① E VISA
R 60/110 ♁, enf. 27 – ☕ 25 – **19 ch** 130/220 – ½ P 190/205.

à Merlette N : 5 km par D 76 – ✉ **05170** Orcières :

Le Montagnon M ⛰ sans rest, ✆ 92 55 74 37 – TV ☎ ⛟. E VISA. ✗
fermé oct. – ☕ 30 – **16 ch** 284/334.

Les Gardettes ⛰, ✆ 92 55 71 11, ← – ☎ ⛟ P. E VISA
1er juil.-15 sept. et 15 déc.-vacances de printemps – **R** (dîner seul. en été) 70/90 ♁ – ☕ 30 – **15 ch** 185/300 – ½ P 230/275.

ORCINES **63** P.-de-D. 73 ⑭ – rattaché à Clermont-Ferrand.

ORCIVAL **63210** P.-de-D. 73 ⑬ G. Auvergne – 381 h. alt. 860.
Voir Basilique Notre-Dame★★.
Paris 426 – ♦Clermont-F. 27 – Aubusson 89 – Le Mont-Dore 17 – Rochefort-Montagne 4 – Ussel 57.

Roche sans rest, ✆ 73 65 82 31, – ☎. E VISA. ✗
fermé 4 nov. au 10 déc. et vend. soir hors sais. – ☕ 20 – **9 ch** 135/180.

Notre-Dame, ✆ 73 65 82 02 – ☎. E VISA. ✗
1er avril-25 oct., vacances de Noël, de printemps et fermé merc. hors sais. – **R** (résidents seul.)(dîner seul.) 75 ♁ – ☕ 22 – **9 ch** 110/180 – ½ P 120/170.

L'Ajasserie d'Orcival sans rest, ✆ 73 65 81 54 – E VISA. ✗
vacances de printemps-oct. et vacances de fév. – **14 ch** ☕ 110/140.

Les Bourelles ⛰ sans rest, ✆ 73 65 82 28, ←, – P. ✗
vacances de printemps-1er oct. et vacances de fév. – ☕ 19 – **7 ch** 95/125.

ORCINO Principauté d'Andorre 86 ⑭ – voir à Andorre.

ORGELET **39270** Jura 70 ⑭ G. Jura – 1 662 h. alt. 503.
Paris 412 – Bourg-en-Bresse 67 – Lons-le-Saunier 20 – Nantua 54 – St-Claude 40.

La Valouse, ✆ 84 25 40 64, – ☎ P. E VISA
fermé dim. soir et lundi (sauf du 15 juin au 15 sept.) – **R** 68/215 ♁, enf. 55 – ☕ 29 – **16 ch** 172/214 – ½ P 205/225.

CITROEN Gar. Jeunet et Guyot ✆ 84 25 41 87
N ✆ 84 25 43 09
PEUGEOT, TALBOT Gar. Bernard ✆ 84 25 42 11
RENAULT Gar. Masini ✆ 84 25 40 22
N ✆ 84 35 53 25

ORGEVAL **78630** Yvelines 55 ⑲, 106 ⑰, 101 ⑪ – 3 936 h. alt. 100.
Paris 36 – Mantes-la-Jolie 29 – Pontoise 24 – Rambouillet 47 – St-Germain-en-Laye 11 – Versailles 22.

Novotel M, à l'échangeur A 13, D 113 ✆ (1) 39 75 97 60, Télex 697174, Fax (1) 39 75 48 93, , ⛱, , ✗ – ▯ ▤ TV ☎ P – 🏛 200. AE ① E VISA
R carte environ 150 ♁, enf. 50 – ☕ 47 – **119 ch** 410/440.

ORGNAC-L'AVEN **07150** Ardèche 80 ⑨ – 323 h. alt. 290.
Voir Aven d'Orgnac★★★ NO : 2 km, G. Provence.
Paris 661 – Alès 48 – Aubenas 56 – Pont-St-Esprit 24.

Stalagmites, ✆ 75 38 60 67, – P. ✗
1er mars-1er déc. – **R** 68/125, enf. 40 – ☕ 20 – **24 ch** 130/230 – ½ P 170/205.

ORGON **13660** B.-du-R. 84 ①② G. Provence – 2 341 h. alt. 85.
Paris 706 – Avignon 30 – Cavaillon 7 – ♦Marseille 73 – St-Rémy-de-Pr. 18 – Salon-de-Pr. 19.

Relais Basque, ✆ 90 73 00 39, , – P. E VISA
fermé dim. soir – **R** 85/180.

ORINCLES **65** H.-Pyr. 85 ⑧ – rattaché à Lourdes.

ORLÉANS P **45000** Loiret 64 ⑨ G. Châteaux de la Loire – 105 589 h. alt. 110.
Voir Cathédrale Ste-Croix★ EY : boiseries★★ – Maison de Jeanne d'Arc★ DZ **E** – Quai Fort-des-Tourelles ←★ EZ60 – Musée des Beaux-Arts★★ EY **M1** – Musée Historique★ EZ **M2**.
Env. Olivet : parc floral de la Source★★ SE : 8 km CZ
18 du Val de Loire ✆ 38 59 25 15, par ③ : 17 km.
ℹ Office de Tourisme et Accueil de France (Informations et réservations d'hôtels, pas plus de 5 jours à l'avance) pl. Albert-Ier ✆ 38 53 05 95, Télex 781188 – A.C. 24 pl. Martroi ✆ 38 53 43 45.
Paris 131 ⑪ – ♦Caen 260 ⑪ – ♦Clermont-Ferrand 301 ⑥ – ♦Dijon 297 ② – ♦Limoges 272 ⑥ – ♦Le Mans 142 ⑩ – ♦Reims 267 ② – ♦Rouen 216 ⑪ – ♦Tours 114 ⑨.

Plans pages suivantes

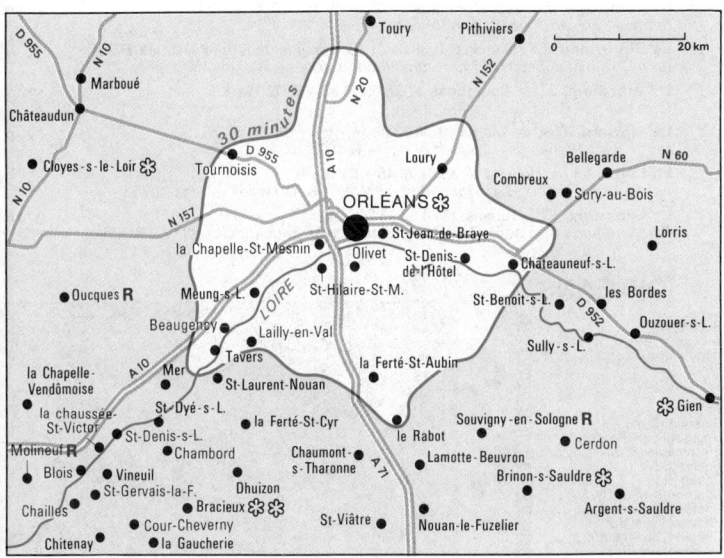

Sofitel Ⓜ, 44 quai Barentin *ℰ* 38 62 17 39, Télex 780073, Fax 38 53 95 34, ≤, ≈, ∑ – 🕸 ⋈ch ▤ 📺 ☎ ₺ 🅿 – ⚿ 300. 🆎 ⓪ 🄴 *VISA* DZ **t**
La Vénerie **R** 130 – ☑ 55 – **109 ch** 525.

Chéops Ⓜ, r. des Charrières *ℰ* 38 43 92 92, Télex 300121, Fax 38 88 75 60, ≈ – 🕸 ⋈ch 📺 ☎ ₺ 🅿 – ⚿ 200. 🆎 ⓪ 🄴 *VISA* BY **e**
R 80/190 – ☑ 42 – **111 ch** 370/395 – ½ P 395/435.

d'Arc sans rest, 37 r. République *ℰ* 38 53 10 94, Télex 760297, Fax 38 81 77 47 – 🕸 📺 ☎ ⇦, 🆎 ⓪ 🄴 *VISA* EY **g**
☑ 35 – **35 ch** 295/420.

Sanotel sans rest, 16 quai St Laurent *ℰ* 38 54 47 65, Télex 783684, Fax 38 62 05 91 – 🕸 ▤ 📺 ☎ ₺ 🅿 – ⚿ 100. 🆎 ⓪ 🄴 *VISA* DZ **q**
☑ 30 – **50 ch** 280/320.

St-Aignan sans rest, 3 pl. Gambetta *ℰ* 38 53 15 35, Télex 783587 – 🕸 📺 ☎ ⇦ 🆎 ⓪ 🄴 *VISA* DY **k**
☑ 35 – **29 ch** 270/335.

Les Cèdres sans rest, 17 r. Mar. Foch *ℰ* 38 62 22 92, Télex 782314 – 🕸 📺 ☎ ⇦ 🆎 🄴 *VISA* DY **a**
☑ 33 – **34 ch** 185/370.

Urbis Ⓜ sans rest, 17 r. Paris *ℰ* 38 62 40 40, Télex 760080 – 🕸 📺 ☎ ₺ 🅿 🄴 *VISA* EY **s**
☑ 30 – **66 ch** 260/280.

Orléans sans rest, 6 r. A. Crespin *ℰ* 38 53 35 34, Télex 760235 – 🕸 📺 ☎ ⇦ 🆎 ⓪ 🄴 *VISA* EY **t**
☑ 35 – **18 ch** 250/360.

St-Martin sans rest, 52 bd A. Martin *ℰ* 38 62 47 47 – ☎ 🄴 *VISA* ⋇ EY **r**
fermé 20 déc. au 2 janv. – ☑ 20 – **22 ch** 110/225.

XXX ✿ **La Crémaillère** (Louboutin), 34 r. N.-D.-de-Recouvrance *ℰ* 38 53 49 17 – ⓪ 🄴. DZ **b**
fermé dim. soir – **R** 200 bc/500 bc
Spéc. Saint-Jacques aux crêpes de riz (15 oct. au 1er avril), Sandre à l'ail doux, Gibier (20 sept. au 15 fév.).
Vins Pineau de Loire, Coteaux du Giennois.

XXX ✿ **Les Antiquaires** (Pipet), 2 r. au Lin *ℰ* 38 53 52 35 – 🆎 ⓪ 🄴 *VISA* EZ **d**
fermé 14 au 22 avril, 4 au 27 août, 22 déc. au 1er janv., dim. et lundi – **R** 110 (sauf sam.)/190
Spéc. Saumon de Loire (mars à mai), Gibier de Sologne (oct. à janv.), Nougat glacé. Vins Cheverny, Touraine-Mesland.

XXX La Poutrière, 8 r. Brèche ✉ 45100 *ℰ* 38 66 02 30, ≈, 🌿 EZ **s**

XX Le Lautrec, 26 pl. Châtelet *ℰ* 38 54 09 54 – 🆎 ⓪ 🄴 *VISA* EZ **e**
fermé 15 au 30 juil., 15 au 28 fév., merc. et dim. – **R** 160.

tourner →

XX **L'Hermitage,** 9 r. Sept Dormants ☏ 38 62 15 61 – AE E VISA. ✻ — EZ **n**
fermé 14 juil. au 15 août, sam. midi et dim. – **R** 100/160.

XX **Le Bigorneau,** 54 r. Turcies ☏ 38 68 01 10, produits de la mer – AE ◐ E VISA — DZ **k**
fermé 9 au 22 juil., 5 au 16 fév., dim., lundi et fériés – **R** carte 180 à 270.

XX **L'Ambroisie,** 222 r. Bourgogne ☏ 38 68 13 33 – AE E VISA — EZ **t**
fermé dim. – **R** 105/150.

XX **Le Florian,** 70 bd A. Martin ☏ 38 53 08 15, ☂ – ▤. AE E VISA — EY **p**
fermé 5 au 12 mai, 5 au 25 août et dim – **R** 100/170.

XX **La Loire,** 6 r. J. Hupeau ☏ 38 62 76 48 – AE E VISA — EZ **h**
fermé 12 au 26 août, sam. midi, dim. et fêtes – **R** 120 (sauf sam. soir)/260.

X **Le Lyonnais,** 82 r. Turcies ☏ 38 53 15 24 – VISA — DZ **m**
fermé 14 juil. au 15 août, 25 déc. au 2 janv., sam. midi, dim. et fêtes – **R** 105.

ORLÉANS

Bannier (R.) .... **DY**
Jeanne-d'Arc (R.) .... **EY**
République (R. de la) .... **EY**
Royale (R.) .... **EZ** 125
Tabour (R. du) .... **EZ** 145

Antigna (R.) .... **DY** 4
Barentin (Quai) .... **DZ** 7
Bourgogne (R. Fg-de) .... **FZ** 15
Bretonnerie (R. de la) .... **DY** 16
Briand (Bd A.) .... **FY** 19
Caban (R.) .... **DY** 20
Champ-de-Mars (Av.) .... **DZ** 25
Château-Gaillard (R. du) .... **FY** 27
Châtelet (Quai du) .... **EZ** 31
Châtelet (Square du) .... **EZ** 32
Charpenterie (R. de la) .... **EZ** 34
Chollet (R. Théophile) .... **EY** 36
Claye (R. de la) .... **FY** 38
Coligny (R.) .... **FZ** 39
Croix-de-Bois (R.) .... **DZ** 42
Croix-de-la-Pucelle (R.) .... **EZ** 43
Cypierre (Quai) .... **DZ** 45
Dauphine (Av.) .... **EZ** 47
Dolet (R. Étienne) .... **EZ** 49
Dunois (Pl.) .... **DY** 52
Dupanloup (R.) .... **EY** 53
Escures (R. d') .... **EY** 55
Étape (Pl. de l') .... **EY** 56
Ételon (R. de l') .... **FY** 57
Folie (R. de la) .... **FZ** 58
Fort-Alleaume (Quai) .... **FZ** 59
Fort-des-Tourelles (Q.) .... **EZ** 60
Gambetta (Pl.) .... **DY** 63
Gaulle (Pl. Gén.-de) .... **DZ** 65
Hallebarde (R. de la) .... **DY** 70
Madeleine (R. Fg) .... **DZ** 88
Martroi (Pl. du) .... **EY** 92
Notre-Dame-de-Recouvrance (R.) .... **DZ** 97
Oriflamme (R. de l') .... **FZ** 98
Parisie (R.) .... **EZ** 100
Poirier (R. du) .... **EZ** 106
Pte-Madeleine (R.) .... **DY** 108
Pte-St-Jean (R.) .... **DY** 109
Pothier (R.) .... **EZ** 112
Prague (Quai) .... **DZ** 113
Proust (R. Marcel) .... **EY** 115
Rabier (R. F.) .... **EY** 117
St-Euverte (Bd) .... **FYZ** 126
St-Euverte (R.) .... **FY** 127
St-Laurent (Quai) .... **DZ** 132
Ste-Catherine (R.) .... **EZ** 138
Ste-Croix (Pl.) .... **EYZ** 139
Tour-Neuve (R. de la) .... **FZ** 147
Trévise (Av. de) .... **DZ** 148
Verdun (Bd de) .... **DY** 152
Vieux-Marché (Pl.) .... **DZ** 159

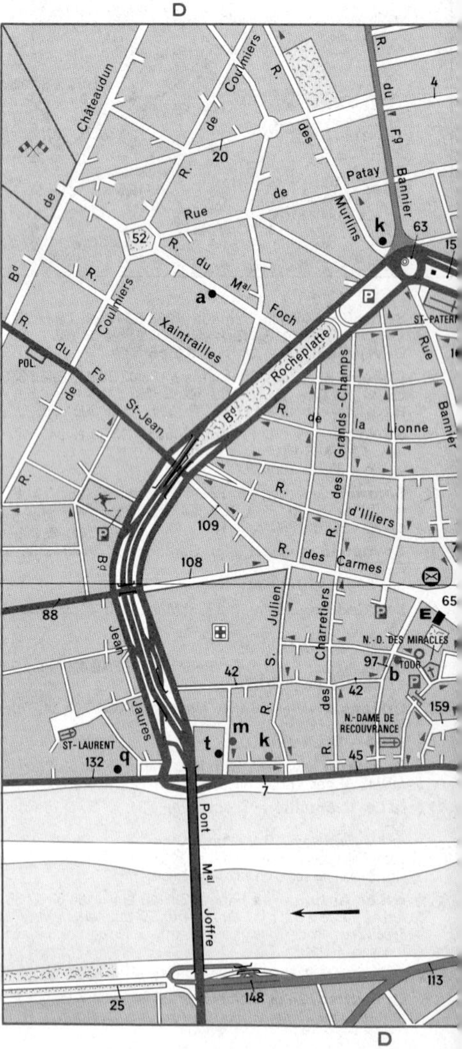

Les numéros de sorties de villes ①, ②... sont identiques sur les ***plans*** *et les* ***cartes Michelin.***

à St-Jean-de-Braye par ② : 6 km – 15 675 h. – ✉ **45800** :

🏨🏨 **Novotel Orléans Charbonnière** Ⓜ, N 152 ℰ 38 84 65 65, Télex 760717, Fax 38 84 66 61, 🍴, ⤢, 🐴 – 📶 🖳 📺 ☎ 🅰 🅿 – 🔬 150. 🝙 ⓪ 🖃 *VISA*
R carte environ 140 🍷, enf. 50 – 🖃 47 – **107 ch** 410/530.

🏨 **Promotel** Ⓜ sans rest, 117 fg Bourgogne ℰ 38 53 64 09, Fax 38 62 70 62, ⤢, 🐴 – 📶 📺
☎ 🅰 🅿. 🝙 🖃 *VISA*. 🛇
🖃 26 – **85 ch** 220/320.

🏨 **Abraysien H.** sans rest, 24 r. Planche de Pierre ℰ 38 83 16 16, Télex 783676 – 📶 📺 ☎
🅰 🚘 – 🔬 40. 🝙 ⓪ 🖃 *VISA*
🖃 30 – **43 ch** 220/260.

🍴🍴 **La Grange,** 205 fg Bourgogne ℰ 38 86 43 36 – *VISA*   CY **a**
fermé 3 au 12 mars, 1ᵉʳ au 30 août, fériés le soir, dim. et lundi – **R** 95/138.

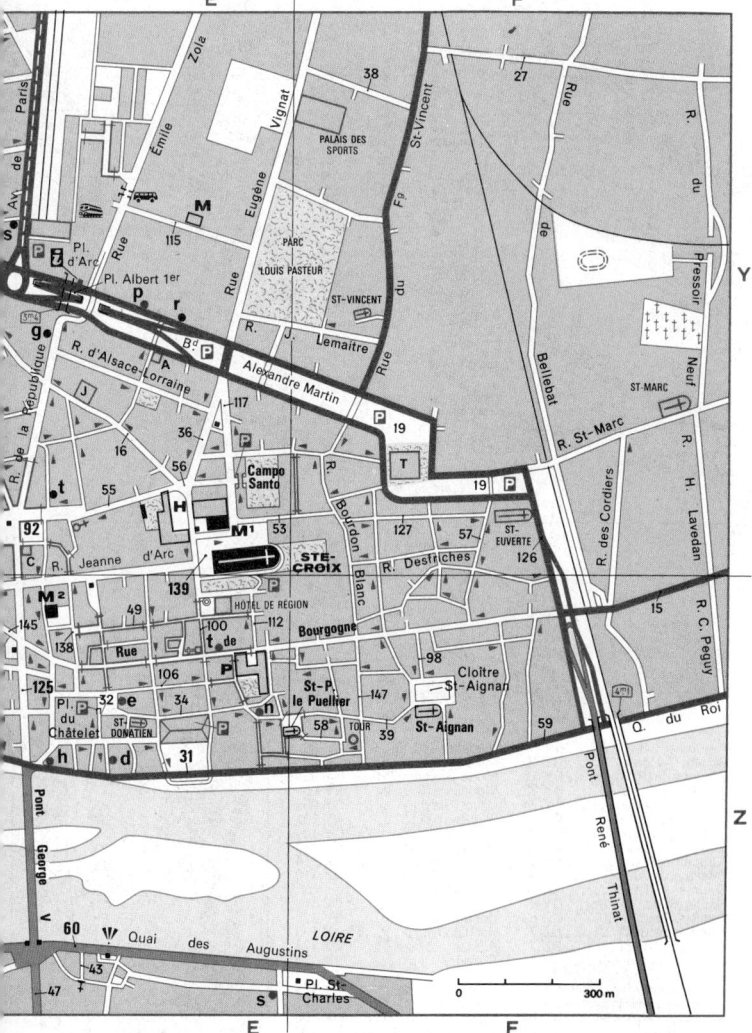

19   797

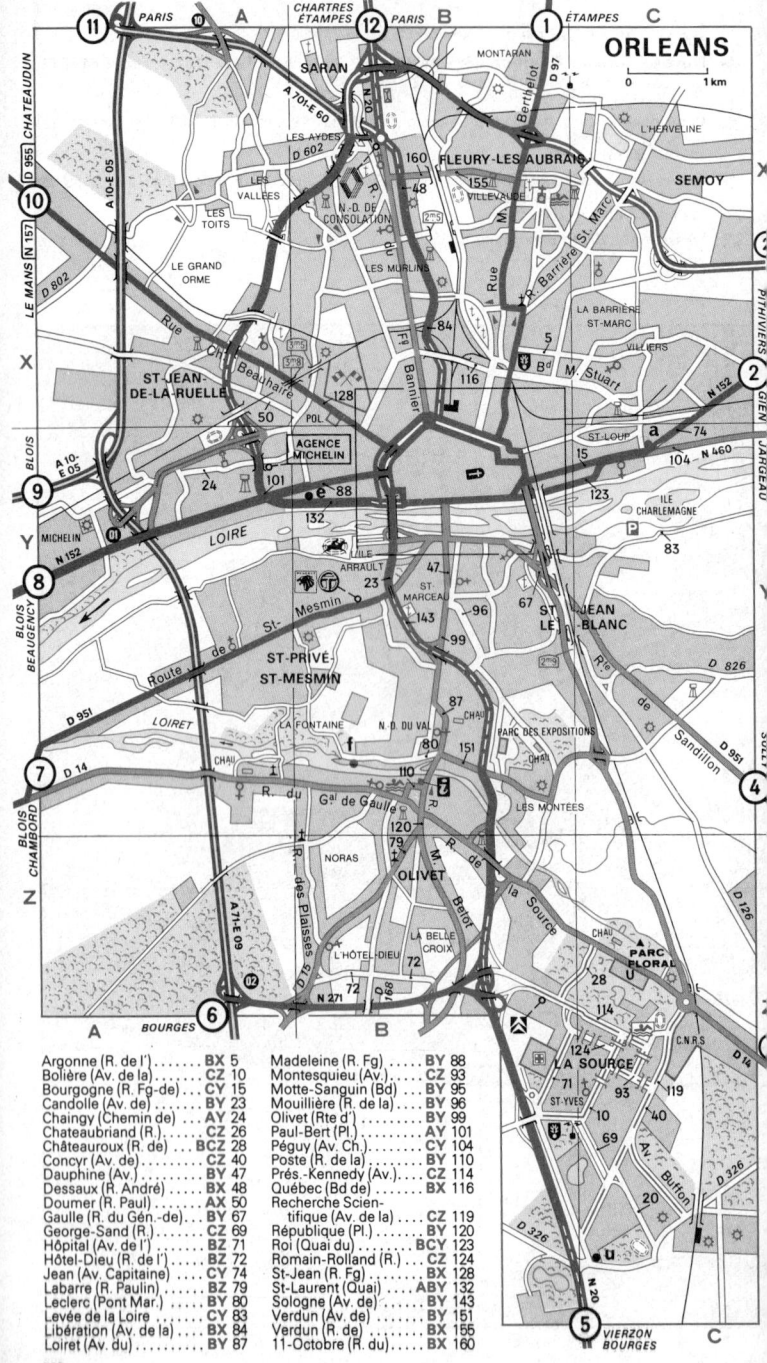

ORLEANS

0   1 km

au Sud vers ⑤ : 11 km carrefour N 20-CD 326 – ⊠ **45100** Orléans :

🏨 **Novotel Orléans La Source** M, r. H. de Balzac 𝄯 38 63 04 28, Télex 760619, Fax 38 69 24 04, 🌧, ⤢, ⚒ – 🛗 ☰ ch 📺 ☎ & 🅿 – 🔬 200. ᴀᴇ ⑩ ᴇ 𝗩𝗜𝗦𝗔   CZ **u**
R carte environ 120 🎴, enf. 50 – 🖵 45 – **119 ch** 405/450.

à Olivet : S : 5 km par av. Loiret et bords du Loiret – 17 945 h. – ⊠ **45160** :

🛈 Office de Tourisme 226 r. Paul-Génain 𝄯 38 63 49 68 et à l'Hôtel de Ville 𝄯 38 63 48 48.

🏨 **Le Rivage** M 🦢, 635 r. Reine Blanche 𝄯 38 66 02 93, Fax 38 56 31 11, ≤, 🌧, « Terrasse au bord de l'eau », ⚒ – 📺 🅿 – 🔬 30. ᴀᴇ ⑩ ᴇ 𝗩𝗜𝗦𝗔   BY **f**
fermé 26 déc. au 25 janv. – **R** *(fermé dim. soir du 1ᵉʳ nov. à Pâques)* 140/350 – 🖵 40 –
17 ch 320/550 – ½ P 450/500.

🍴🍴🍴 **Quatre Saisons** 🦢 avec ch, 351 r. Reine Blanche 𝄯 38 66 14 30, ≤, 🌧, « Terrasse au bord de l'eau » ⚒ – 📺   BY **g**
fermé dim. soir et mardi du 1ᵉʳ oct. au 31 mars – **R** 165/280, enf. 80 – 🖵 40 – **10 ch** 280/400.

à St-Hilaire-St-Mesmin par ⑥ : 7 km par D 951 et VO – ⊠ **45160** :

🏨 **Escale du Port Arthur** 🦢, 𝄯 38 76 30 36, Télex 782320, Fax 38 76 37 67, ≤, 🌧 – 📺 ☎ 🅿 ᴀᴇ ⑩ ᴇ 𝗩𝗜𝗦𝗔
fermé 1ᵉʳ au 14 janv., 1ᵉʳ au 7 fév., dim. soir et lundi d'oct. à mars – **R** 100/170, enf. 40 – 🖵 30 – **18 ch** 230/270 – ½ P 230/300.

à la Chapelle-St-Mesmin par ⑦ – 7 804 h. – ⊠ **45380** :

🏨 **Orléans Parc H.** M 🦢 sans rest, 55 rte Orléans 𝄯 38 43 26 26, Télex 760823, Fax 38 72 00 99, ≤, parc – 🖘 📺 ☎ & 🅿 – 🔬 50. ᴀᴇ ᴇ 𝗩𝗜𝗦𝗔
🖵 35 – **34 ch** 270/420.

🏨 **Campanile**, Z.A. Les Portes de Micy 𝄯 38 72 23 23, Télex 783799, Fax 38 88 21 81, 🌧 – 📺 ☎ & 🅿 – 🔬 40. ᴇ 𝗩𝗜𝗦𝗔
R 71 bc/94 bc 🎴, enf. 39 – 🖵 26 – **48 ch** 248.

MICHELIN, Agence régionale, 1 allée des Mistigris à St-Jean-de-la-Ruelle AY 𝄯 38 88 02 20

BMW Dupont, 34 fg Madeleine 𝄯 38 71 71 71
FIAT Diffusion Auto Orléanaise, 54 r. fg Bannier 𝄯 38 54 51 51
MAZDA Gar. du Martroi, 29 fg de Bourgogne 𝄯 38 62 60 71
MERCEDES-BENZ Gar. Jousselin, 12 r. Jousselin 𝄯 38 53 61 04

PEUGEOT-TALBOT Agence Générale Autom., 22 av. St-Mesmin BY 𝄯 38 66 10 97

⊚ Interpneus, 44 quai Madeleine 𝄯 38 88 68 08
La Centrale du Pneu, 5 r. Rape 𝄯 38 53 57 18
Orléans-Pneu, 42 quai St-Laurent 𝄯 38 62 24 54

Périphérie et environs

CITROEN France et Delaroche, rte Nationale 20 à Saran par ⑫ 𝄯 38 73 50 60
CITROEN France et Delaroche, r. de Bourges à Olivet BZ 𝄯 38 63 02 62
HONDA Orléans Motors, RN 20 à Fleury-les-Aubrais 𝄯 38 43 95 95
LANCIA A.O.A., 2 r. Dessaux à Fleury-les-Aubrais 𝄯 38 88 70 80
PORSCHE-MITSUBISHI Loire Auto, r. de Bourges à Olivet 𝄯 38 69 33 69
RENAULT Succursale, 539 fg Bannier à Saran BX 𝄯 38 79 30 30 🅽

SEAT Gar. Central, 11 r. Dessaux à Fleury-les-Aubrais 𝄯 38 43 60 04
V.A.G Gar. Pillon, 20 r. A. Dessaux à Fleury-les-Aubrais 𝄯 38 88 53 29
V.A.G Gar. Gomez, 25 rte d'Orléans à la Chapelle-St-Mesmin 𝄯 38 88 72 73

⊚ Central Pneu, ZA La Chistera à la Chapelle-St-Mesmin 𝄯 38 43 73 93
Interpneus, ZI de Montaran à Saran 𝄯 38 73 13 13
Pneus Service, ZA r. d'Alsace à Olivet 𝄯 38 63 41 64

ORLY (Aéroports de Paris) 94 Val-de-Marne 📖 ①, 📖 ㉗, 📖 ㉖ – voir à Paris, Environs.

ORNAISONS 11 Aude 📖 ⑬ – rattaché à Narbonne.

ORNANS 25290 Doubs 📖 ⑯ G. Jura (plan) – 4 234 h. alt. 315.

Voir Grand Pont ≤★ – Miroir de la Loue★ – O : Vallée de la Loue★★ – Le Château ≤★ N : 2,5 km.

🛈 Office de Tourisme r. P.-Vernier (mai-sept.) 𝄯 81 62 21 50.

Paris 439 – Baume-les-Dames 41 – ◆Besançon 26 – Morteau 53 – Pontarlier 34 – Salins-les-Bains 38.

🏨 **France**, r. P. Vernier 𝄯 81 62 24 44, Fax 81 62 12 03 – ☎ 🅿 – 🔬 35. ⑩ ᴇ 𝗩𝗜𝗦𝗔. 🦢 ch
fermé 15 déc. au 15 janv., lundi d'avril à oct., sam. et dim. hors sais. – **R** 130/300 – 🖵 30 – **31 ch** 210/300 – ½ P 300/330.

rte de Bonnevaux-le-Prieuré NO : 8 km par D 67 et D 280 – ⊠ **25620** Mamirolle :

🍴🍴🍴 **Moulin du Prieuré** 🦢 avec ch, 𝄯 81 59 21 47, Fax 81 62 12 03, 🌧 – 📺 ☎ & 🅿. ᴀᴇ ⑩ ᴇ 𝗩𝗜𝗦𝗔
15 mars-15 nov. – **R** *(fermé dim. soir et lundi du 16 sept. au 30 avril)* carte 200 à 380 – 🖵 30 – **8 ch** 300/330.

CITROEN Gar. Magnin 𝄯 81 62 17 69
PEUGEOT, TALBOT Gar. Poulet 𝄯 81 62 15 24 🅽 𝄯 81 59 24 31

RENAULT Gar. de la Vallée 𝄯 81 62 18 68
🅽 𝄯 81 62 21 35

OROUET 85 Vendée 67 ⑫ – rattaché à St-Jean-de-Monts.

ORPIERRE 05700 H.-Alpes 81 ⑤ G. Alpes du Sud – 318 h. alt. 683.
Paris 690 – Digne-les-Bains 70 – Gap 56 – Château-Arnoux 45 – Serres 20 – Sisteron 32.

Les Begües SE : 4,5 km – ⊠ 05700 Orpierre :

🏛 **Le Céans** ♒, 🖉 92 66 24 22, <, ☲, 🐾, 🚗, ✸ – ☎ ℗, 🖭 E ᴠɪꜱᴀ. ✸ rest
← 15 mars-30 oct. – **R** 70/150 – ☲ 26 – **22 ch** 170/230 – ½ P 200/220.

ORSAN 30 Gard 80 ⑳ – rattaché à Bagnols-sur-Cèze.

ORTHEZ 64300 Pyr.-Atl. 78 ⑧ G. Pyrénées Aquitaine – 10 535 h. alt. 62.
Voir Pont Vieux★ AZ – 🐟 d'Hélios à Salies-de-Béarn 🖉 59 38 37 59, par ⑤ : 17 km.
🚹 Office de Tourisme Maison Jeanne-d'Albret 🖉 59 69 02 75.
Paris 771 ⑥ – Pau 43 ② – ♦Bayonne 66 ⑤ – Dax 37 ⑥ – Mont-de-Marsan 54 ①.

ORTHEZ

Briand (R. Aristide) . . . . **BY** 8
Jacobins (R. des) . . . . **BZ** 22
St-Gilles (R.) . . . . **BZ**

Albret (R. Jeanne-d') . . . . **BZ** 2
Aquitaine (Av. d') . . . . **AY** 3
Argote (R. Daniel) . . . . **AZ** 4
Armes (Pl. d') . . . . **BZ** 5
Baillères (R. Paul) . . . . **BZ** 6
Bourg-Vieux (R.) . . . . **AZ** 7
Brossers (Pl.) . . . . **BZ** 9
Corps-Franc-Pommiès
  (Av. du) . . . . **AY** 12
Darget (Av. Xavier) . . . . **BZ** 13
Foy (R. du Gén.) . . . . **BY** 14
Frères-Reclus
  (R. des) . . . . **AZ** 16
Horloge (R. de l') . . . . **BY** 21
Jammes (Av. Francis) . . . . **BZ** 23
Lasserre (R. Pierre) . . . . **ABZ** 26
Moncade (R.) . . . . **BY** 28
Moulin (R. du) . . . . **BZ** 29
Moutète (Pl. de la) . . . . **AZ** 30
Pont-Neuf (Av. du) . . . . **ABZ** 32
Poustelle (Pl. de la) . . . . **BY** 33
St-Pierre (Pl. et 🏛) . . . . **AY** 35
St-Pierre (R.) . . . . **AY** 36
Tilleuls (Av. des) . . . . **BY** 38
Viaduc (R. du) . . . . **AY** 40

🏛 **Au Temps de la Reine Jeanne** 🅜, 44 r. Bourg-Vieux 🖉 59 67 00 76, Fax 59 69 09 63 –
← 📺 ☎ 🕭, E ᴠɪꜱᴀ   AZ **r**
  fermé 7 au 14 fév. – **R** 70/110 🖳, enf. 40 – ☲ 24 – **20 ch** 200/240 – ½ P 180/190.

🏠 **Voyageurs**, 8 pl. Foirail 🖉 59 69 02 29 – ᴠɪꜱᴀ   BYZ **a**
← fermé dim. soir et lundi midi – **R** 40/140 🖳 – ☲ 18 – **9 ch** 90/200 – ½ P 150/220.

XX **Aub. St-Loup**, 20 r. Pont Vieux 🖉 59 69 15 40, 🏵, « Patio » – 🖭 ⓞ E ᴠɪꜱᴀ   AZ **e**
  fermé 1er au 15 juin, 1er au 15 oct. et lundi – **R** 115/195 🖳, enf. 85.

à Maslacq par ③ : 6 km – ⊠ 64300 Orthez :

🏨 **Maugouber** ♒, 🖉 59 67 60 08, Fax 59 67 68 65, ☲, 🚗 – 📺 ☎ 🕭. E ᴠɪꜱᴀ. ✸ rest
← **R** (fermé vend. soir, sam. et fériés) 55/190 🖳 – ☲ 25 – **32 ch** 115/260 – ½ P 255/390.

CITROEN Béarn-Auto, rte de Bayonne par ⑤
🖉 59 69 08 45
FIAT Gar. Molia, 26 av. 8-mai 🖉 59 69 94 55
FORD Diris, rte de Pau 🖉 59 69 16 34
PEUGEOT, TALBOT Orthézienne-Automobiles, 19
av. du 8 Mai 🖉 59 69 08 22
PEUGEOT-TALBOT Gar. Flous, 52 r. Frères-Reclus
🖉 59 69 13 63

RENAULT Gar. Mousques, 10 av. F.-Jammes
🖉 59 69 09 78

🔘 Béarn-Pneus, rte de Pau, N 117 à Castétis
🖉 59 69 06 15

ORVAULT 44 Loire-Atl. 67 ③ – rattaché à Nantes.

OSNY 95 Val-d'Oise 55 ⑲, 106 ⑤ – rattaché à Cergy-Pontoise.

OSQUICH (Col d') 64 Pyr.-Atl. 85 ④ G. Pyrénées Aquitaine – alt. 392 – Voir ✳★.
Paris 816 – Biarritz 71 – Mauléon-Licharre 14 – Oloron-Ste-Marie 44 – Pau 77 – St-Jean-Pied-de-Port 26.

🏛 **Col d'Osquich** 🅜 ♒, ⊠ 64130 Mauléon 🖉 59 37 81 23, <, 🏵, 🚗 – ☎ 🕭. ℗. ᴠɪꜱᴀ
  week-ends de Pâques au 31 mai et 1er juin-11 nov. – **R** 75/170, enf. 50 – ☲ 22 – **24 ch**
  160/200 – ½ P 210.

OSSÈS 64780 Pyr.-Atl. 85 ③ – 678 h. alt. 120.
Paris 812 – Biarritz 44 – Cambo-les-Bains 23 – Pau 117 – St-Étienne-de-Baïgorry 11 – St-Jean-Pied-de-Port 14.

　　🏠　**Mendi Alde,** pl. église 𝒫 59 37 71 78, 🍽 – 📺 ☎ 🅿. 🖭 ☰ 𝗩𝗜𝗦𝗔
　　🍴　*fermé 11 nov. au 15 déc. et lundi du 1er oct. au 1er mai –* **R** 65/130 ⅊, enf. 50 – 🖙 28 –
　　　　16 ch 150/170 – ½ P 180/200.

OTTROTT 67 B.-Rhin 62 ⑨ – rattaché à Obernai.

OUCHAMPS 41120 L.-et-Ch. 64 ⑰ – 565 h. alt. 92.
Voir Château de Fougères-sur-Bièvre★ NO : 5 km, G. Châteaux de la Loire.
Paris 197 – ◆Tours 54 – Blois 16 – Montrichard 17 – Romorantin-Lanthenay 38.

　　🏰🏰　**Relais des Landes** M ⤲, 𝒫 54 44 03 33, Télex 751454, Fax 54 44 03 89, parc – 📺 ☎
　　　　🅿 – 🔏 30. 🖭 ☰ 𝗩𝗜𝗦𝗔
　　　　fermé déc. – **R** 180/265, enf. 90 – 🖙 45 – **28 ch** 436/605 – ½ P 465/550.

OUCQUES 41290 L.-et-Ch. 64 ⑦ – 1 378 h. alt. 118.
Paris 161 – ◆Orléans 53 – Beaugency 28 – Blois 27 – Châteaudun 30 – Vendôme 20.

　　✕✕　**Commerce** avec ch, 𝒫 54 23 20 41 – ▤ rest 📺 ☎. ☰ 𝗩𝗜𝗦𝗔
　　　　*fermé 20 déc. au 31 janv., lundi (sauf le soir en juil.-août et fêtes) et dim. soir de sept.·à
　　　　juin –* **R** (dim. prévenir) 80/220 – 🖙 30 – **12 ch** 180/420 – ½ P 270.

RENAULT Péan 𝒫 54 23 20 25 🅽

OUESSANT (Ile d') ★★ 29242 Finistère 58 ② G. Bretagne – 1 255 h. alt. 30.
Voir Rochers★★★ – Phare du Stiff ≤★★ – Pointe de Pern★.
Accès par transports maritimes.
🚢 (voitures, sur demande préalable, en été séjour minimun d'un mois pour le passage) -
depuis **Brest** (1er éperon du port de commerce) avec escales au Conquet et à Molène. En 1990 :
1 service quotidien - Traversée 2 h – Voyageurs : 112 F (AR), autos : se renseigner. Renseignements :
Service Maritime Départemental 𝒫 98 80 24 68 (Brest).

OUHANS 25520 Doubs 70 ⑥ – 269 h. alt. 640.
Paris 461 – ◆Besançon 48 – Pontarlier 18 – Salins-les-Bains 40.

　　🏠　**Sources de la Loue,** 𝒫 81 69 90 06 – 🖭 ☰ 𝗩𝗜𝗦𝗔
　　🍴　*fermé 1er au 8 nov., janv. et merc. sauf vacances scolaires –* **R** 60/185 ⅊, enf. 30 – 🖙 23 –
　　　　14 ch 90/190 – ½ P 160/180.

OUISTREHAM 14150 Calvados 55 ② G. Normandie Cotentin (plan) – 6 313 h. alt. 11 – Casino (Riva
Bella).
Voir Église St Samson★.
🏌 de Caen 𝒫 31 94 72 09, S par D 514 : 13 km.
🎫 Office de Tourisme Jardins du Casino (saison) 𝒫 31 97 18 63.
Paris 242 – ◆Caen 14 – Arromanches-les-Bains 31 – Bayeux 35 – Cabourg 19.

　　　　au Port d'Ouistreham :

　　🏠　**Broche d'Argent** M, pl Gén. de Gaulle 𝒫 31 97 12 16, Télex 170352, Fax 31 97 03 33 –
　　　　🕍 📺 ☎ & 🅿 – 🔏 120. 🖭 ☰ ☰ 𝗩𝗜𝗦𝗔
　　　　R *(fermé dim. soir du 15 nov. au 31 mars)* 95/305 – 🖙 45 – **51 ch** 280/350 – ½ P 295/315.

　　✕✕✕　**Normandie** avec ch, 71 av. M. Cabrieu 𝒫 31 97 19 57, Télex 171751, Fax 31 97 20 07 –
　　　　🍴 rest ☎ 🅿. 🖭 ☰ ☰ 𝗩𝗜𝗦𝗔
　　　　fermé janv., dim. soir et lundi de nov. à mars – **R** 95/310 – 🖙 29 – **23 ch** 230/260 –
　　　　½ P 267/282.

　　　　à Riva-Bella :

　　✕　**Métropolitain,** 1 rte Lion 𝒫 31 97 18 61 – 🖭 ☰ ☰ 𝗩𝗜𝗦𝗔
　　　　fermé merc. soir et jeudi sauf juil.-août – **R** 90/155.

　　　　à Colleville-Montgomery bourg O : 3,5 km par D 35A – ✉ 14880 :

　　✕✕　**Ferme St-Hubert,** 𝒫 31 96 35 41, Fax 31 97 45 79, 🍽 – 🅿. 🖭 ☰ ☰ 𝗩𝗜𝗦𝗔
　　　　fermé 23 déc. au 3 janv., dim. soir et lundi (sauf fériés et sais.) – **R** 85/250, enf. 60.

OUSSE 64 Pyr.-Atl. 85 ⑦ – rattaché à Pau.

OUZOUER-SUR-LOIRE 45570 Loiret 65 ① – 2 302 h. alt. 153.
Paris 142 – ◆Orléans 51 – Gien 16 – Montargis 44 – Pithiviers 53 – Sully-sur-Loire 9.

　　✕✕　**Abricotier,** 106 r. Gien 𝒫 38 35 07 11 – ☰ 𝗩𝗜𝗦𝗔
　　　　fermé 16 août au 6 sept., 24 déc. au 3 janv., dim. soir, merc. soir et lundi – **R** 125/300,
　　　　enf. 50.

Paris 459 – ◆Besançon 65 – Champagnole 47 – Morez 63 – Pontarlier 6,5.

🏠 **Parnet**, ℰ 81 89 42 03, ≤, parc, 🔥, ❀ – 📺 ☎ 🚗 🅿 🅴 VISA ❀
   fermé 22 déc. au 1ᵉʳ fév., dim. soir et lundi sauf vacances scolaires – **R** 90/250 – ☑ 35 –
   18 ch 270/320 – ½ P 300/330.

🅱 Office de Tourisme 1 r. Bichat ℰ 74 77 94 46.

Paris 486 ③ – Bellegarde-sur-V. 30 ② – Bourg-en-B. 49 ④ – Lons-le-Saunier 63 ① – Nantua 16 ③.

OYONNAX

	Vandel (R.)	Y 22	Château (R. du)	Z 4
	Voltaire (R.)	Z	Muret (R. du)	Z 12
	Zola (Pl. Émile)	Z 25	Paix (R. de la)	Z 14
Anatole-France (R.)	YZ	8-Mai-1945 (R. du)	Z 26	Renan (R.)	Z 15
Jaurès (Av. Jean)	Z 10			Roosevelt (Av. Prés.)	Y 16
Michelet (R.)	Y	Bichat (R.)	YZ 2	Vaillant-Couturier (Pl.)	Y 20
Sonthonnax (R. J.)	Y 18	Brunet (R.)	Y 3	Victoire (R. de la)	Z 23

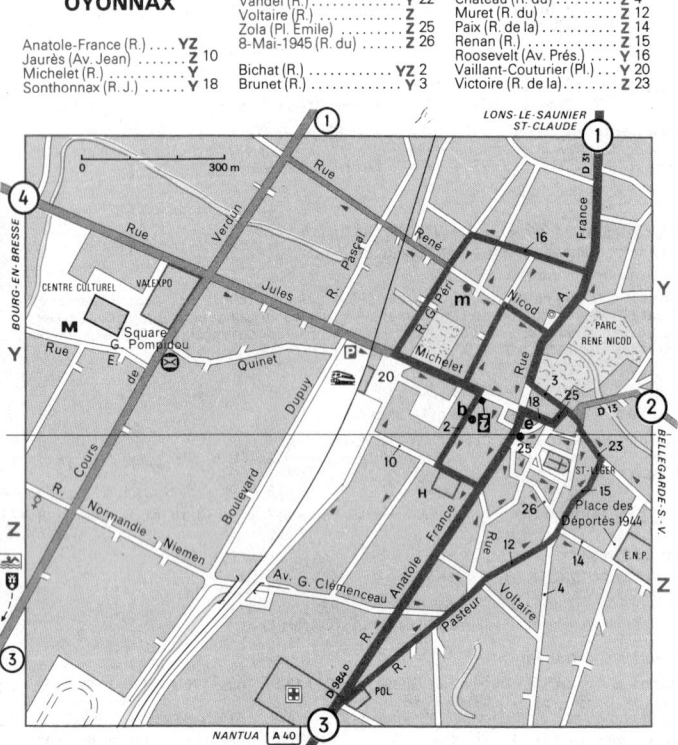

🏠 **Gdes Roches et rest. Les Feuillantines** ⊰, rte Bourg par ④ : 1,5 km ℰ 74 77 27 60,
   Télex 375892, Fax 74 73 89 87, ≤, ❀, ♨ – 📳 📺 ☎ 🅿 – 🔬 50. 🅰🅴 🅾 🅴 VISA
   fermé 3 au 19 août et 21 déc. au 2 janv. – **R** *(fermé sam. midi et dim. soir)* 90/230, enf. 65
   – ☑ 32 – **38 ch** 270/420 – ½ P 272/332.

🏠 **Ibis** M, r. Bichat ℰ 74 73 90 15, Télex 340999, Fax 74 77 23 19 – 📳 📺 ☎ 🕭 🚗 –
   🔬 60. 🅰🅴 🅴 VISA   Y **b**
   R 98 ⏦, enf. 39 – ☑ 29 – **53 ch** 270/295.

🏠 **Buffard**, pl. Eglise ℰ 74 77 86 01 – 📳 ⟷ 📺 ☎. 🅴 VISA   YZ **e**
   R *(fermé 21 juil. au 20 août, vend. soir, dim. soir et sam.)* 75/175 ⏦, enf. 60 – ☑ 26 –
   28 ch 120/300 – ½ P 260/400.

✕ **Le Gourmand'Ain**, 29 r. Nicod ℰ 74 77 05 34 – 🅰🅴 🅴 VISA   Y **m**
✦ *fermé 27 juil. au 19 août et dim.* – **R** 65/150.

   au Lac Genin par ② et D 13 : 10 km – ✉ 01130 Nantua.
   Voir Site★ du lac★.

✕ **Aub. du Lac Genin** ⊰ avec ch, ℰ 74 75 52 50, ≤, ❀ – ☎ 🅿 🅴 VISA ❀
✦ *fermé 15 oct. au 1ᵉʳ déc.* – **R** 56/90 ⏦, enf. 35 – ☑ 20 – **6 ch** 100/200.

CITROEN Gar. Vailloud, à Bellignat par D 85
  🖉 74 77 24 30
CITROEN Dara, 6 cours de Verdun 🖉 74 77 31 22
LANCIA-HONDA-FORD Gar. Capelli, 178 r. A.-
France 🖉 74 77 18 86
RENAULT Gar. du Lac, rte de St-Claude, ZI Nord
par ① 🖉 74 76 07 33 **N**

V.A.G Central Gar., 4 cours de Verdun
  🖉 74 77 29 10
Gar. Humbert, 15 rte de Marchon 🖉 74 77 03 97

🖝 Alain-Pneu, 53 cours de Verdun 🖉 74 73 51 88
CDP Ayme Pneus, 53 r. B.-Savarin 🖉 74 77 88 88

OZOIR-LA-FERRIÈRE 77330 S.-et-M. 🗗🗗 ②. 🗗🗗🗗 ㉝, 🗗🗗🗗 ㉚ – 17 656 h. alt. 112.

🛏🛏 🖉 (1) 60 02 60 79, O : 2 km.

Paris 34 – Coulommiers 41 – Lagny-sur-M. 21 – Melun 27 – Sézanne 84.

  XX **La Gueulardière,** 66 av. Gén. de Gaulle 🖉 (1) 60 28 20 56, ☂ – **E** **VISA**
      fermé août, vacances fév., sam. midi et dim. – **R** 140/210.

  XX **Le Relais d'Ozoir,** 73 av. Gén. de Gaulle 🖉 (1) 60 02 91 33 – **E** **VISA**
      fermé 14 juil. au 4 août, vacances de fév., dim. soir et lundi – **R** 120/240.

  XX Aub. du Parc, 65 av. Gén. de Gaulle 🖉 (1) 60 28 20 19.

FIAT Couffignal 38 av. Gén.-de-Gaulle 🖉 (1) 60 02 60 77

PACY-SUR-EURE 27120 Eure 🗗🗗 ⑦. 🗗🗗🗗 ① G. Normandie Vallée de la Seine – 3 773 h. alt. 45.

Paris 85 – ◆Rouen 63 – Dreux 39 – Évreux 18 – Louviers 31 – Mantes-la-Jolie 26 – Vernon 13.

  XX **Mère Corbeau,** face gare 🖉 32 36 98 49, ☂ – **E** **VISA**
 🖝 fermé 15 déc. au 15 janv., mardi soir et merc. – **R** 59/198 🍴.

    à Douains NE : 6 km par D 181 et D 75 – ✉ 27120 :

 🏰🏰 **Château de Brécourt** ⑤, 🖉 32 52 40 50, Télex 172250, Fax 32 52 69 65, ≤, parc,
    « Château du 17ᵉ siècle », 🏊, ♨ **P** – 🔬 100. 🖭 ⑪ **E** **VISA**
    R 220/340 – ☲ 55 – **28 ch** 450/1150, 4 appart. 1150 – ½ P 630/850.

    à Cocherel NO : 6,5 km par D 836 – ✉ 27120 Pacy-sur-Eure :

  XXX **Ferme de Cocherel** ⑤, avec ch, 🖉 32 36 68 27, ☞ – **P**. 🖭 ⑪ **E** **VISA**
      fermé 2 au 24 janv., mardi et merc. – **R** 195 – **3 ch** ☲ 325/400.

    à Jouy-sur-Eure NO : 9 km par D 836 et D 57 – ✉ 27120 :

  XX **Relais Du Guesclin,** pl. Église 🖉 32 36 62 75, ☂ – 🖭 ⑪ **E** **VISA**
      fermé merc. – **R** (déj. seul.) 75/130.

PEUGEOT-TALBOT Gar. de la Prudence, Z.I. rte de
Paris 🖉 32 36 10 44 **N**

RENAULT Aleth Ch., 123 r. Isambard
🖉 32 36 01 53

PADIRAC 46500 Lot 🗗🗗 ⑲ – 148 h. alt. 360.

Paris 545 – Brive-la-Gaillarde 56 – Cahors 65 – Figeac 44 – Gourdon 47 – Gramat 9 – St-Céré 14.

    au Village :

 🏠 **Montbertrand,** 🖉 65 33 64 47, ☞ – ☎ **P**. 🖭 **E** **VISA**. ⚒
 🖝 Pâques-1ᵉʳ nov. – **R** 68/145 – ☲ 23 – **7 ch** 180/210 – ½ P 180/195.

    au Gouffre N : 2,5 km – ✉ 46500 Gramat.

    Voir Gouffre★★★, G. Périgord Quercy.

 🏠 **Padirac H.** ⑤, 🖉 65 33 64 23, Fax 65 33 72 03, ☂ – ☎ **P**. **E** **VISA**
 🖝 Pâques-13 oct. – **R** 50/160, enf. 30 – ☲ 28 – **24 ch** 85/180 – ½ P 130/180.

PAILHEROLS 15800 Cantal 🗗🗗 ⑬ – 195 h. alt. 1 040.

Paris 551 – Aurillac 35 – Entraygues-sur-Truyère 50 – Murat 44 – Raulhac 12 – Vic-sur-Cère 14.

 🏠 **Aub. des Montagnes** ⑤, 🖉 71 47 57 01, 🏊, ☞ – ☎ **P**. **E** **VISA**
 🖝 fermé 15 au 26 oct. et 4 nov au 20 déc. – **R** 60/120, enf. 45 – ☲ 22 – **16 ch** 160/170 –
    ½ P 178/188.

PAIMPOL 22500 C.-d'Armor 🗗🗗 ② G. Bretagne – 8 367 h. alt. 12.

Voir Abbaye de Beauport★ SE : 2 km par ② – Tour de Kerroc'h ≤★ 3 km par ① puis 15 mn.

Env. Pointe de Minard★★ SE : 11 km par ②.

🅱 Office de Tourisme r. P.-Feutren 🖉 96 20 83 16.

Paris 495 ② – St-Brieuc 45 ② – Guingamp 28 ④ – Lannion 33 ⑤.

Plan page suivante

 🏠 **Paimpol-Eurotel** M, par ③ : 1 km 🖉 96 20 81 85, Télex 741333, Fax 96 20 48 24 – 🖵 ☎
    & **P** – 🔬 25. **E** **VISA**
    R (fermé oct.) 75/180, enf. 30 – ☲ 35 – **30 ch** 180/295 – ½ P 220/240.

 🏠 **Marne,** 30 r. Marne (u) 🖉 96 20 82 16 – 🖵 ☎ **P**. **E** **VISA**
    fermé 15 déc. au 15 janv., dim. soir et lundi (sauf juil.-août et fériés) – **R** 90/320 🍴, enf. 60
    – ☲ 30 – **16 ch** 130/285 – ½ P 170/220.

PAIMPOL

Martray (Pl. du) 13
République (Pl. de la) ... 16

Bertho (R. Sylvain) 2
Botrel (Sq. T.) 3
Église (R. de l') 4
Fromal (R. H.) 5
Gaulle (Av. Gén.-de) 7
Islandais (R. des) 8
Labenne (R. de) 9
Leclerc (R. Gén.) 10
Marne (R. de la) 12
Morand (Quai) 14
Pasteur (R.) 15
St-Vincent (R.) 17
Verdun (Pl. de) 19
18-Juin (R. du) 22

Michelin n'accroche pas de panonceau aux hôtels et restaurants qu'il signale.

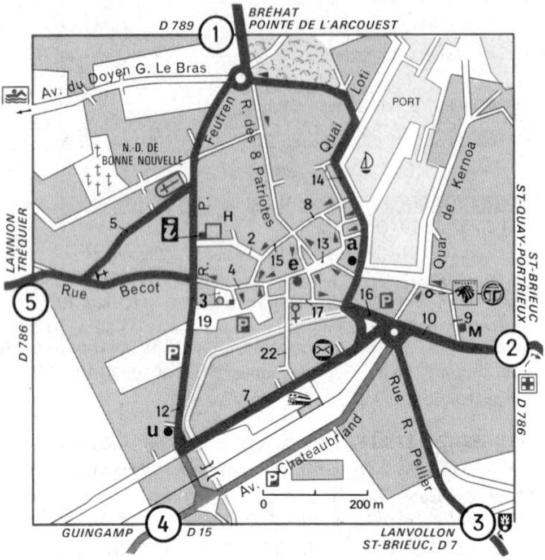

🏠 **Chalutiers** sans rest, 5 quai Morand **(a)** ✆ 96 20 82 15, ≤ –
23 mars-10 oct. – ☕ 26 – **21 ch** 90/264.

XX **Vieille Tour,** 13 r. Église **(e)** ✆ 96 20 83 18 – E VISA
fermé 14 nov. au 4 déc., dim. soir et merc. de sept. à juin et lundi midi en juil.-août – **R** 93/300.

à Pors-Even par ① : 5 km – ✉ **22620** Ploubazlanec :

🏠 **Bocher,** ✆ 96 55 84 16 – ☎ 🅟. E VISA. ✂
24 mars-5 nov. – **R** 95/210, enf. 50 – ☕ 26 – **16 ch** 110/290 – ½ P 215/305.

à la Pointe de l'Arcouest par ① : 6 km – ✉ **22620** Ploubazlanec.
Voir ≤★★.

🏠 **Le Barbu** ⛰, ✆ 96 55 86 98, ≤ Ile de Bréhat, « Jardin avec piscine » – TV ☎ ♿ 🅟 – 30. E VISA
1er avril-15 nov. – **R** 135/350 – ☕ 50 – **20 ch** 350/600 – ½ P 450/550.

sur rte de Lanvollon, par ③ et D 7 : 11 km – ✉ **22290** Lanvollon :

🏠 ⚜ **Château de Coatguélen** ⛰, ✆ 96 22 31 24, Télex 741300, Fax 96 22 37 67, ≤, « Dans un parc avec golf », 🏊, 🎾 – TV ☎ 🅟 – 30. AE ⓓ E VISA. ✂ rest
fermé 2 au 25 janv. – **R** 280/400, enf. 95 – ☕ 55 – **17 ch** 515/1200 – ½ P 670/890
Spéc. Millefeuille de foie gras, Filet de bar aux senteurs du jardin, Crêpes aux pommes et caramel.

près du pont de Lézardrieux par ⑤ : 4,5 km sur D 786 – ✉ **22500** Paimpol :

🏠 **Relais des Pins** ⛰, ✆ 96 20 11 05, Télex 740676, Fax 96 22 16 27, ≤, « Parc fleuri sur le Trieux » – TV ☎ 🅟 – 25. AE ⓓ E VISA
1er avril-2 nov. – **R** *(fermé lundi midi, mardi midi et merc. midi)* 140/440, enf. 100 – ☕ 60 – **16 ch** 500/1400, 3 appart. 2800 – ½ P 500/1000.

CITROEN Gar. Landais, rte de Lanvollon par ③ ✆ 96 20 88 43 N
PEUGEOT-TALBOT Gar. Chapalain, quai Duguay-Trouin ✆ 96 20 80 55 N

RENAULT Poidevin, rte de Lanvollon par ③ ✆ 96 20 73 15 N

Ⓜ Tregor-Pneus, rte de Lanvollon ✆ 96 22 03 18

PAIMPONT **35380** I.-et-V. 63 ⑤ **G. Bretagne** – 1 449 h. alt. 155.
Voir Forêt de Paimpont★.
Paris 389 – ♦Rennes 40 – Dinan 54 – Ploërmel 22 – Redon 48.

🏠 **Relais de Brocéliande,** ✆ 99 07 81 07, Fax 99 07 80 60, 🌳 – ☎ 🅟. AE ⓓ E VISA. ✂ rest
R 60/260 ♨, enf. 48 – ☕ 28 – **25 ch** 150/250 – ½ P 180/220.

XX **Manoir du Tertre** ⛰ avec ch, Le Tertre SO : 4 km par rte de Beignon et VO ✆ 99 07 81 02, Fax 99 07 85 45, parc – ☎ 🅟. AE E VISA. ✂
fermé 1er au 6 oct. et fév. – **R** 100/250, enf. 60 – ☕ 30 – **8 ch** 300/500 – ½ P 250/370.

PAIRIS **68** H.-Rhin 62 ⑱ – rattaché à Orbey.

PALAISEAU **91** Essonne 60 ⑩, 101 ㉞ – voir à Paris, Environs.

34250 Hérault 🎯 ⑦⑦ G. Gorges du Tarn – 4 180 h. – Casino .

Voir Ancienne cathédrale★ de Maguelone SO : 4 km.

🏛 Office de Tourisme à la Mairie 🖉 67 68 02 34.

Paris 767 – ◆Montpellier 12 – Aigues-Mortes 27 – Nîmes 59 – Sète 28.

🏨 **Amérique H.** Ⓜ sans rest, av. F. Fabrège 🖉 67 68 04 39, Télex 480800, Fax 67 68 07 83, 🔄 – 🛗 🗏 📺 🖭 🕿 🅿 ⚠ ⑩ 🗈 𝗩𝗜𝗦𝗔
⏛ 30 – **47 ch** 250/300.

🏨 **Mar y Sol** sans rest, bd Joffre 🖉 67 68 00 46, Télex 485082, Fax 67 68 93 10, 🔄 – 🛗 📺 🕿 ⚠ ⑩ 🗈 𝗩𝗜𝗦𝗔 ⚘
⏛ 26 – **38 ch** 231/353.

🏠 **Brasilia** sans rest, bd Joffre 🖉 67 68 00 68, Fax 67 68 40 41 – 📺 🕿 ⚠ ⑩ 🗈 𝗩𝗜𝗦𝗔
⏛ 27 – **22 ch** 200/320.

🏵🏵 **Le Sphinx**, quai P. Cunq 🖉 67 68 00 21, 🏖 – 🗏 ⚠ ⑩ 🗈 𝗩𝗜𝗦𝗔
R carte 200 à 320.

12310 Aveyron 🎯 ③ – 216 h. alt. 630.

Paris 610 – Rodez 28 – Espalion 22 – Pont-de-Salars 21 – Sévérac-le-Château 24.

🏯 **Aub. du Vieux Pont,** 🖉 65 69 62 50, 🌿 – 🅿 🗈 𝗩𝗜𝗦𝗔
R 75/130, enf. 40 – ⏛ 20 – **10 ch** 110/130 – ½ P 125/150.

17 Char.-Mar. 🎯 ⑮ G. Poitou Vendée Charentes – ⊠ **17570** Les Mathes.

Voir Zoo de la Palmyre★ – ⋇★ du phare de la Coubre★ NO : 5 km – Forêt de la Coubre★ N : 5 km.

Paris 520 – Royan 15 – Marennes 22 – Rochefort 42 – La Rochelle 77 – Saintes 55.

🏨 **Palmyrotel** Ⓜ ⚘, 🖉 46 23 65 65, Télex 790527, 🏖, 🌿 – 📺 🕿 ⚑ 🅿 – 🕰 40. 🗈 𝗩𝗜𝗦𝗔
R *(fermé mardi de janv. à mars)* 75/220, enf. 39 – ⏛ 28 – **46 ch** 290/360 – ½ P 298.

04120 Alpes-de-H.-P. 🎯 ⑰ G. Alpes du Sud – 153 h. alt. 890.

Paris 840 – Digne 68 – Castellane 25 – Draguignan 61 – Manosque 70.

🏠 **Provence** ⚘, 🖉 92 77 38 88, ≼, 🏖 – ☞ 🅿 🗈 𝗩𝗜𝗦𝗔
➤ *12 avril-1ᵉʳ nov.* – **R** 68/120 🐚, enf. 40 – ⏛ 28 – **20 ch** 190/220 – ½ P 190/220.

🏠 **Aub. des Crêtes,** E : 1 km sur D 952 🖉 92 77 38 47, 🏖 – ☞ 🅿 🗈 𝗩𝗜𝗦𝗔
➤ *23 mars- 1ᵉʳ oct.* – **R** *(fermé merc. sauf juil.-août et fêtes)* 68/200, enf. 45 – ⏛ 25 – **12 ch** 160/185 – ½ P 185/195.

⟨ℙ⟩ **09100** Ariège 🎯 ④⑤ G. Pyrénées Roussillon – 11 619 h. alt. 278.

🏛 Office de Tourisme bd Delcassé 🖉 61 67 20 30.

Paris 769 – Auch 125 – Carcassonne 70 – Castres 96 – Foix 19 – ◆Toulouse 64.

🏨 **France,** 13 r. Hospice 🖉 61 60 20 88, Fax 61 67 29 48 – 🗏 ch 📺 🕿 🅿 ⚠ 🗈 𝗩𝗜𝗦𝗔
R *(fermé 22 déc. au 4 janv. et dim. du 1ᵉʳ oct. au 28 mai)* 78/200, enf. 58 – ⏛ 26 – **31 ch** 210/280 – ½ P 175/220.

ALFA-ROMEO Gar. Brillas, rte de Mirepoix, la Tour-du-Crieu 🖉 61 60 13 31
CITROEN Lopez, Côtes de la Cavalerie 🖉 61 67 11 45
FIAT S.C.A.A., 33 av. des Pyrénées à St-Jean-du-Falga 🖉 61 67 12 08
OPEL, GM Gomez, espl. de Milliane 🖉 61 67 26 33

PEUGEOT, TALBOT Labail, N 20 à St-Jean-du-Falga 🖉 61 68 01 00
RENAULT Pamiers-Autom., N 20 à St-Jean-du-Falga 🖉 61 68 01 41
V.A.G Marhuenda, 30 av. de Toulouse 🖉 61 60 11 96

⚙ Central Pneu, 3 av. Gare 🖉 61 60 54 34

32 Gers 🎯 ⑮ – rattaché à Masseube.

42360 Loire 🎯 ⑱ – 2 944 h. alt. 641.

🏛 Syndicat d'Initiative 🖉 77 28 67 70.

Paris 483 – Roanne 46 – L'Arbresle 32 – ◆St-Étienne 55 – Thiers 84 – Villefranche-sur-Saône 48.

🏠 **Poste** Ⓜ, 🖉 77 28 64 00, Fax 77 58 73 13 – 📺 🕿 🅿 ⚠ 🗈 𝗩𝗜𝗦𝗔
➤ **R** *(fermé 5 août au 7 sept., 26 déc. au 2 janv., vend. soir, sam. midi et dim. soir)* 55/200 🐚, enf. 35 – ⏛ 20 – **13 ch** 170/250 – ½ P 250.

CITROEN Gar. Central 🖉 77 28 63 53
PEUGEOT Gar. Bailly 🖉 77 28 64 31 🅽

Gar. Peronnet, 🖉 77 28 65 01

93 Seine-St-Denis 🎯 ⑪, 🎯 ⑯ – voir à Paris, Environs.

35 I.-et-V. 🎯 ⑥ – rattaché à St-Malo.

71600 S.-et-L. 🎯 ⑰ G. Bourgogne – 11 312 h. alt. 245.

Voir Basilique du Sacré-Coeur★★ – Hôtel de ville★ H – Tympan★ du musée du Hiéron M.

🏛 Office de Tourisme av. Jean-Paul-II 🖉 85 81 10 92.

Paris 350 ⑤ – Moulins 68 ⑤ – Autun 79 ⑤ – Mâcon 68 ② – Montceau-les-M. 35 ① – Roanne 53 ④.

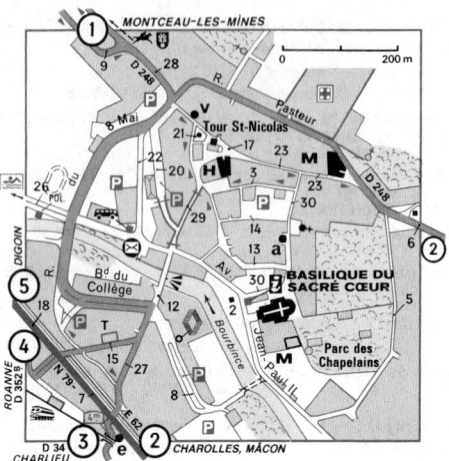

Trois Pigeons (annexe 🏨 29 ch), 2 r. Dargaud **(v)** ℰ 85 81 03 77, Fax 85 81 58 59 – 🔄
☎ 🅷 🚗 ﹣ AE E
1er mars- 1er déc. – **R** 90/220 👶, – 🗯 27 – **47 ch** 90/260 – ½ P 150/207.

Gd H. Basilique, (a) ℰ 85 81 11 13, Fax 85 88 83 70 – 🔄 ☎. AE ⓪ E VISA
15 mars-28 oct. – **R** 68/165 👶 – 🗯 24 – **64 ch** 90/250 – ½ P 145/200.

Vendanges de Bourgogne, 5 r. D. Papin **(e)** ℰ 85 81 13 43 – ☎ 🚗 ❷ E VISA
fermé dim. soir de Toussaint à Pâques – **R** 68/125 👶, enf. 45 – 🗯 25 – **17 ch** 135/220 –
½ P 180/240.

à l'Est par ② : 3 km sur N 79 – ✉ *71600 Paray-le-Monial :*

Delfotel M, ℰ 85 88 82 89, Fax 85 81 14 12, 🛁 – 📺 ☎ & ❷ – 🏊 25. E VISA
R 75/115 👶, enf. 35 – 🗯 25 – **32 ch** 175/280 – ½ P 175.

à l'Est : par ② : 3 km sur D 248 – ✉ *71600 Paray-le-Monial :*

Val d'Or, ℰ 85 81 05 07, 🛁 – 📺 ☎ ❷ ⓪ E VISA
fermé 24 oct. au 1er déc. et lundi sauf hôtel en juil.-août – **R** 65/200 👶, enf. 55 – 🗯 28 –
17 ch 120/190 – ½ P 200.

à Poisson par ③ : 8 km sur D 84 – ✉ *71600 :*

✕ **Poste,** ℰ 85 81 10 72 – E VISA
fermé fév., lundi soir et mardi – **R** 85/245, enf. 45.

par ⑤ : 4 km sur N 79 – ✉ *71600 Paray-le-Monial :*

🏨 **Motel Grill Le Charollais** M, ℰ 85 81 03 35, 🛁, 🔷, 🎾 – 📺 ☎ & ❷. AE E VISA
R grill 55/150 👶, enf. 30 – 🗯 36 – **20 ch** 290/350 – ½ P 234/260.

BMW Chamaraud, 52 quai Commerce
ℰ 85 81 10 31 🔟
CITROEN Milli Automobiles, ZA Le Champ Bossu
par ① ℰ 85 88 88 21 🔟 ℰ 85 85 06 02
FIAT Lauferon, 16 r. Deux-Ponts ℰ 85 81 13 41
MAZDA-INNOCENTI Serieys Modern Gar., La Be-
luze par av. de Charolles ℰ 85 81 09 31 🔟

PEUGEOT Gar. de la Beluze la Beluze par av. de
Charolles à Volesvres ℰ 85 81 43 45 🔟
RENAULT Taillardat, 13 bd Dauphin-Louis
ℰ 85 81 44 12 🔟 ℰ 85 26 70 54

PARCEY 39 Jura 🗷🛈 ③ – rattaché à Dole.

PARENT 63 P.-de-D. 🗷🛈 ⑭⑮ – rattaché à Vic-le-Comte.

PARENTIGNAT 63 P.-de-D. 🗷🛈 ⑮ – rattaché à Issoire.

PARENTIS-EN-BORN 40160 Landes 🗷🛈 ③ G. Pyrénées Aquitaine – 4 254 h. alt. 32.

🄴 Syndicat d'Initiative pl. Gén.-de-Gaulle (fermé après-midi hors saison) ℰ 58 78 43 60.

Paris 662 – ◆Bordeaux 74 – Mont-de-Marsan 78 – Arcachon 41 – Mimizan 24.

🏨 **Cousseau,** r. St-Barthélemy ℰ 58 78 42 46 – ❷. E VISA – *fermé 6 au 12 mai, 12 oct. au 3
nov., vend. soir et dim. soir* – **R** 58/230 – 🗯 22 – **10 ch** 120/220.

✕✕ **Poste,** r. 8-Mai-1945 ℰ 58 78 40 23 – E VISA
fermé dim. soir et lundi sauf juil.-août – **R** 55 bc/120.

CITROEN Gar. Dumartin ℰ 58 78 43 00
🔟 ℰ 58 78 40 40

RENAULT Gar. Larrieu ℰ 58 78 43 50 🔟

Paris et environs

PARIS P 75 Plans : 10, 11, 12 et 14 G. Paris — 2 176 243 h. — Région d'Ile-de-France 9 878 500 h. — alt. Observatoire 60 m — Place de la Concorde 34 m — ☺ 1

Aérogares urbaines (Terminal) : esplanade des Invalides (7ᵉ) ℘ 43 23 97 10 et Palais des Congrès Porte Maillot ℘ 42 99 20 18.

Aéroports De Paris : voir à Orly et à Roissy-en-France, rubrique environs.

Trains Autos : Renseignements ℘ 45 82 50 50.

Distances : A chacune des localités du Guide est donnée la distance du centre de l'agglomération à Paris (Notre-Dame) calculée par la route la plus pratique.

OFFICES DE TOURISME

Syndicat d'Initiative et Accueil de France :

(tous les jours de 9 à 20 h), 127 av. des Champs-Élysées (8ᵉ) ℰ 47 23 61 72 ; Télex 611984 — Informations et réservations d'hôtels (pas plus de 5 jours à l'avance pour la province) — Change : U.B.P., 125 av. des Champs-Élysées ℰ 47 20 77 19.

Hôtesses de Paris :

Gare de l'Est ℰ 46 07 17 73 ; Gare de Lyon ℰ 43 43 33 24 ; Gare du Nord ℰ 45 26 94 82 ; Gare d'Austerlitz ℰ 45 84 91 70 ; Tour Eiffel ℰ 45 51 22 15.

Province et étranger :

Voir adresses dans Index et Plan de Paris Michelin nº ▢▢

CURIOSITÉS

ce qu'il faut surtout voir

GRANDS MONUMENTS

Louvre★★★ (le Palais des rois de France★★★ ; Cour Carrée, colonnade de Perrault, façade sur le quai, les « bras » du Louvre, Arc de Triomphe du Carrousel et Pyramide) — Notre Dame★★★ K 15 — Ste Chapelle★★★ J 14 — Arc de Triomphe★★★ F 8 (Place Charles de Gaulle) — Tour Eiffel★★★ J 7 — Invalides★★★ (Église du Dôme, tombeau de Napoléon) J 10 — Palais Royal★★ H 13 — La Madeleine★★ G 11 — Opéra★★ F 12 — St-Germain l'Auxerrois★★ H 14 — Conciergerie★★ J 14 — Ecole Militaire★★ K 9 — Luxembourg★★ (palais, jardins) KL 13 — Panthéon★★ L 14 — St Séverin★★ K 14 — St Germain des Prés★★ J 13 — St Etienne du Mont★★ L 15 — St Sulpice★★ K 13 — Hôtel Lamoignon★★ J 16 — Hôtel Guénégaud★★ (musée de la chasse) H 16 — Hôtel de Rohan★★ H 16 — Palais Soubise★★ (musée de l'Histoire de France) H 16 — Sacré Cœur★★ D 14 — Tour Montparnasse★★ LM 11 — Institut de France★ J 13 — Maison de Radio-France★ K 5 — Palais des Congrès★ E 6 — St Roch★ G 13 — Pont Alexandre III★ H 10 — Pont Neuf★ J 14 — Pont des Arts J 13.

GRANDS MUSÉES

Louvre★★★ : Frise des Archers, Scribe accroupi, Vénus de Milo, Victoire de Samothrace, Nymphes de Jean Goujon, la Joconde, le Régent... H 13 — Orsay★★★ H 12 — Art moderne★★★ (Centre Georges Pompidou★★) H 15 — Armée★★★ J 10 — Cité des Sciences et de l'Industrie★★★ (La Villette)★★ BC 20 — Arts décoratifs★★ H 13 — Cluny★★ (hôtel et musée : la Dame à la Licorne) K 14 — Rodin★★ (hôtel de Biron) J 10 — Carnavalet★★ J 17 — Picasso★★ H 17 — Monuments français★★, musée de l'Homme★★, musée de la Marine★★ (Palais de Chaillot) H 7 — Palais de la Découverte★★ G 10 — Conservatoire des Arts et Métiers★★ G 16 — Marmotan★★.

RUES — PLACES — JARDINS

Champs-Élysées★★★ F 8, F 9, G 10 — Place de la Concorde★★★ (Obélisque de Louksor) G 11 — Jardin des Tuileries★★ H 12 — Rue du Faubourg St- Honoré★★ G 11, G 12 — Avenue de l'Opéra★★ G 13 — Place Vendôme★★ G 12 — Place des Vosges★★ J 17 — Place du Tertre★★ D 14 — Jardin des Plantes★★ L 16 — Avenue Foch★ F 6, F 7 — Rue de Rivoli★ G 12 — Rue Mouffetard★ M 15 — Place de la Bastille (Colonne de Juillet) JK 17 — Place de la République G 17 — Grands Boulevards F 13, F 14.

QUARTIERS ANCIENS

La Cité★★★ (Ile St-Louis, les Quais) J 14, J 15 — Le Marais★★★ — Montmartre★★★ D 14 — Montagne Ste Geneviève★★ (Quartier Latin) K 14.

K 14, G 10 : *Lettres et chiffres de situation*
sur les plans de Paris Michelin nº ▢▢, ▢▢, ▢▢, ▢▢ ou ▢▢

RENSEIGNEMENTS PRATIQUES

BUREAUX DE CHANGE

- Principales banques : ferment à 17 h et sam., dim.
- A l'aéroport d'Orly-Sud : de 6 h 30 à 23 h 30
- A l'aéroport Charles de Gaulle : de 6 h 15 à 23 h 30 (aérogare 1)
  de 7 h à 23 h (aérogare 2)

TRANSPORTS

Taxi : faire signe aux véhicules libres (lumière jaune allumée) — Aires de stationnement — De jour et de nuit : appels téléphonés.

Bus-Métro : se reporter au plan de Paris Michelin n° 🔟🔟. Le bus permet une bonne vision de la ville, surtout pour courtes distances.

POSTES-TÉLÉPHONE

Chaque quartier a un bureau de Postes ouvert jusqu'à 19 h, fermé samedi après-midi et dim.
Bureau ouvert 24 h sur 24 : 52, rue du Louvre.

PRINCIPAUX CENTRES DE COMMERCE

Grands magasins : Boulevard Haussmann, rue de Rivoli, rue de Sèvres.

Commerces de luxe : Faubourg St-Honoré, Rue de la Paix, Rue Royale, av. Montaigne.

Occasions et antiquités : Marché aux Puces (Porte Clignancourt), Village Suisse (av. de la Motte-Piquet) — Louvre des Antiquaires.

COMPAGNIES AÉRIENNES FRANÇAISES

Air France	119, Champs Élysées	✆ 45 35 61 61
Air Inter	1, av. Mar.-Devaux 91551 Paray-Vieille-Poste Cedex	✆ 46 75 12 12
UTA	3, boulevard Malesherbes	✆ 40 17 46 46

DÉPANNAGE AUTOMOBILE

Il existe, à Paris et dans la Région Parisienne, des ateliers et des services permanents de dépannage.

Les postes de Police vous indiqueront le dépanneur le plus proche de l'endroit où vous vous trouvez.

MICHELIN à Paris et en banlieue

Services généraux :

46 av. Breteuil ✆ 45 66 12 34 — 75324 PARIS CEDEX 07 — Télex MICHLIN 270789 F.
Ouverts du lundi au vendredi de 8 h 45 à 16 h 30 (16 h le vendredi).

Agences régionales :

Ouvertes du lundi au vendredi de 8 h à 12 h 15 et de 14 h à 18 h (17 h 45 le vendredi).

Arcueil : 24 bis r. Berthollet ✆ 47 35 13 20 — BP 19 — 94114 ARCUEIL CEDEX.

Aubervilliers : 34 r. des Gardinoux ✆ 48 33 07 58 — BP 79 — 93302 AUBERVILLIERS CEDEX.

Maisons-Alfort : r. Charles-Martigny — Z.I. des Petites Haies — ✆ 48 99 55 60 — BP 50 — 94702 MAISONS ALFORT CEDEX.

Nanterre : 13, 15, 17 r. des Fondrières ✆ 47 21 67 21 — BP 505 — 92005 NANTERRE CEDEX.

Agences :

Buc : 417 av. R. Garros — Z.I. Centre — ✆ 39 56 10 66 — 78530 BUC.

Entrepôts :

Gennevilliers : 121 av. du Vieux Chemin de St-Denis ✆ 45 66 12 34 — 92230 GENNEVILLIERS.

ARRONDISSEMENTS

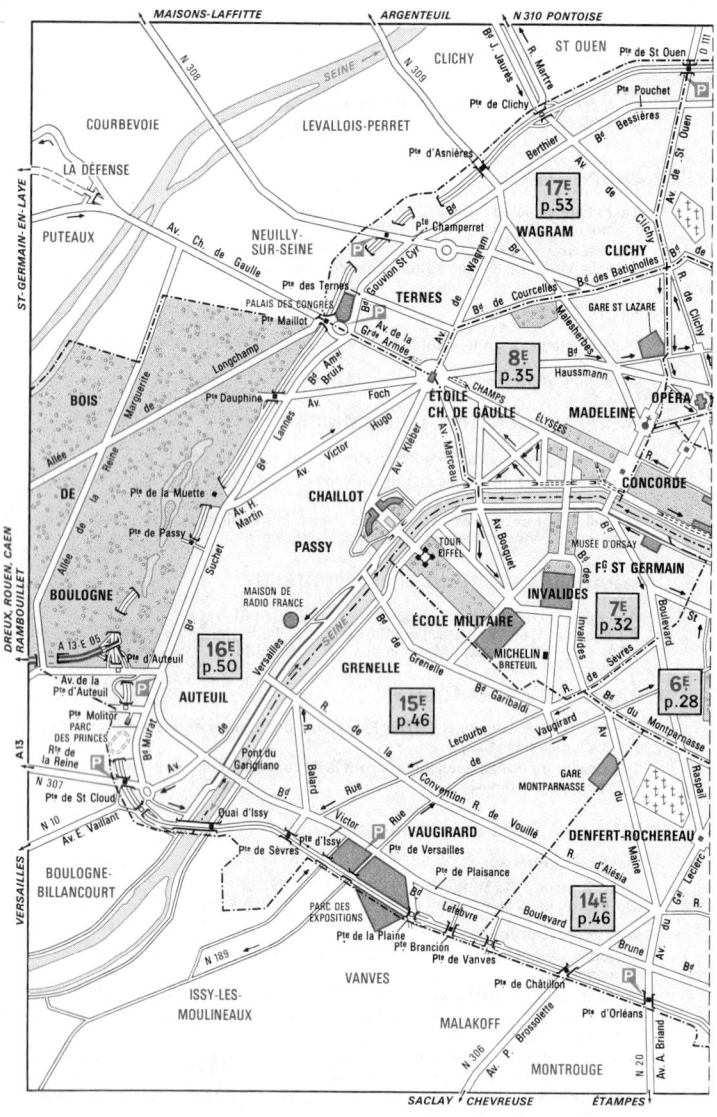

Parking périphérique public   –·–·– **Limite d'arrondissement**

⟶ **Rue à sens unique**

B^d périphérique (Echangeur : ■ complet, □ partiel)

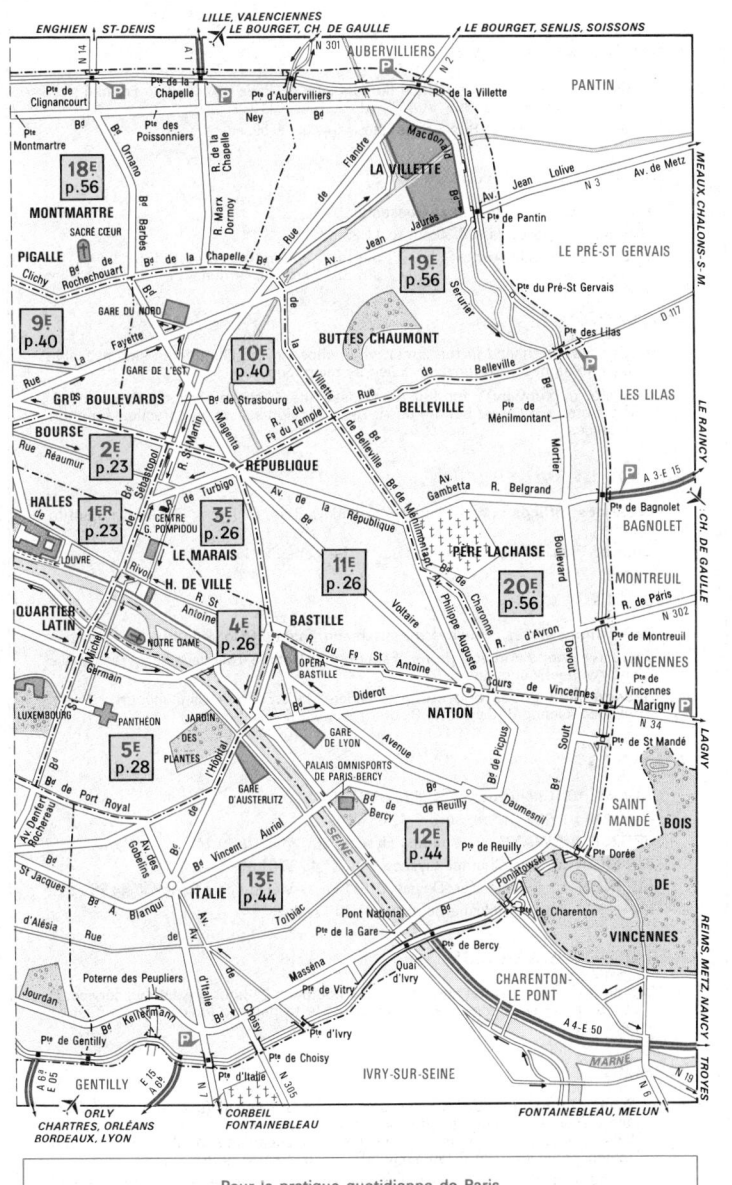

PRACTICAL INFORMATION

TOURIST INFORMATION

Paris "Welcome" Office (Office de Tourisme de Paris - Accueil de France) :
127 Champs-Élysées, 8th, ✆ 47 23 61 72, Telex 611984
American Express 11 Rue Scribe, 9th, ✆ 42 66 09 99

FOREIGN EXCHANGE OFFICES

Banks : close at 5 pm and at weekends
Orly Sud Airport : daily 6.30 am to 11.30 pm
Charles de Gaulle Airport : daily 7 am to 11.30 pm (Air terminal 1)
daily 7 am to 11 pm (Air terminal 2)

TRANSPORT

Taxis : may be hailed in the street when showing the illuminated sign-available
day and night at taxi ranks or called by telephone
Bus-Métro (subway) : for full details see the Michelin Plan de Paris no ⬜⬜.
The métro is quickest but the bus is good for sightseeing and practical for short
distances

POSTAL SERVICES

Local post offices : open Mondays to Fridays 8 am to 7 pm ; Saturdays 8 am to
noon
General Post Office, 52 rue du Louvre, 1st : open 24 hours

SHOPPING

Department stores : Boulevard Haussmann, Rue de Rivoli and Rue de Sèvres
Exclusive shops and boutiques : Faubourg St-Honoré, Rue de la Paix, Rue Royale
and Avenue Montaigne
Second-hand goods and antiques : Flea Market (Porte Clignancourt) ; Swiss
Village (Avenue de La Motte Picquet), Louvre des Antiquaires

AIRLINES

T.W.A. : 101 Champs-Élysées, 8th, ✆ 47 20 62 11
PAN AM : 1 Rue Scribe, 9th, ✆ 42 66 45 45
BRITISH AIRWAYS : 91 Champs-Élysées, 8th, ✆ 47 78 14 14
AIR FRANCE : 119 Champs-Élysées, 8th, ✆ 45 35 61 61
AIR INTER : 1 Avenue Mar.-Devaux 91551 Paray-Vieille-Poste Cedex ✆ 46 75 12 12
UTA : 3 Boulevard Malesherbes, 8th, ✆ 40 17 46 46

BREAKDOWN SERVICE

Certain garages in central and outer Paris operate a 24-hour breakdown service. If
you break down the police are usually able to help by indicating the nearest
one.

TIPPING

In France, in addition to the usual people who are tipped (the barber or ladies'
hairdresser, hat-check girl, taxi-driver, doorman, porter, et al.), the ushers in
Paris theaters and cinemas, as well as the custodians of the "men's" and
"ladies" in all kinds of establishments, expect a small gratuity.

In restaurants, the tip ("service") is always included in the bill to the tune of
15 %. However you may choose to leave in addition the small change in your
plate, especially if it is a place you would like to come back to, but there is no
obligation to do so.

LISTE ALPHABÉTIQUE
des hôtels et restaurants

RESTAURANTS
de Paris et de la Banlieue

Les bonnes tables... à étoiles

✿✿✿

		Arr.	Page
XXXXX	**Lucas Carton** (Senderens)	8e	38
XXXXX	**Taillevent** (Vrinat)	8e	38
XXXXX	**Tour d'Argent** (Terrail)	5e	30
XXXX	**Ambroisie (L')** (Pacaud)	4e	27
XXXX	**Jamin** (Robuchon)	16e	51

✿✿

		Arr.	Page
XXXXX	Ambassadeurs (Les)	8e	38
XXXXX	Espadon	1er	24
XXXXX	Lasserre	8e	38
XXXXX	Laurent	8e	38
XXXX	Carré des Feuillants	1er	24
XXXX	Clos de Longchamp (Le)	17e	54
XXXX	Duc d'Enghien	à Enghien-les-Bains	63
XXXX	Faugeron	16e	51
XXXX	Gérard Besson	1er	25
XXXX	Grand Vefour	1er	24
XXXX	Guy Savoy	17e	54
XXXX	Le Divellec	7e	33
XXXX	Michel Rostang	17e	54
XXXX	Vivarois	16e	51
XXX	Amphyclès	17e	54
XXX	Apicius	17e	54
XXX	Arpège (L')	7e	33
XXX	Duquesnoy	7e	33
XXX	Jacques Cagna	6e	30
XXX	Relais Louis XIII	6e	30
XXX	Tastevin (Le)	à Maisons-Laffitte	66
XXX	Vieille Fontaine	à Maisons-Laffitte	67

✿

		Arr.	Page
XXXXX	Bristol	8e	38
XXXXX	Ledoyen	8e	38
XXXXX	Régence	8e	38
XXXX	Célébrités (Les)	15e	48
XXXX	Chiberta	8e	38
XXXX	Drouant	2e	24
XXXX	Élysée Lenôtre	8e	38
XXXX	Étoile d'or	17e	54
XXXX	Fouquet's	8e	38
XXXX	Grande Cascade	16e	52
XXXX	Jules Verne	7e	33
XXXX	Manoir de Paris	17e	54
XXXX	Marée (La)	8e	38
XXXX	Pré Catelan	16e	52
XXXX	Princes (Les)	8e	38
XXXX	Relais de Sèvres	15e	48
XXXX	Rest Opéra-Café de la Paix	9e	42
XXX	Aub. des St-Pères	à Aulnay-sous Bois	59
XXX	Barrière de Clichy (La)	à Clichy	62
XXX	Beauvilliers	18e	57
XXX	Belle Epoque (La)	à Châteaufort	61
XXX	Boule d'Or (La)	7e	33
XXX	Camélia (Le)	à Bougival	59
XXX	Cantine des Gourmets	7e	33
XXX	Céladon (Le)	2e	25
XXX	Clovis (Le)	8e	39
XXX	Cochon d'Or	19e	57
XXX	Copenhague	8e	39
XXX	Couronne (La)	8e	39
XXX	Dariole de Viry	à Viry-Châtillon	81
XXX	Faucher	17e	55
XXX	Goumard	1er	25

❀

⭑⭑⭑	Jacqueline Fénix à Neuilly-sur-Seine		68
⭑⭑⭑	Magnolias (Les) au Perreux-sur-Marne		70
⭑⭑⭑	Mercure Galant	1er	25
⭑⭑⭑	Miravile	4e	27
⭑⭑⭑	Morot-Gaudry	15e	48
⭑⭑⭑	Paris (Le)	6e	30
⭑⭑⭑	Patrick Lenôtre	16e	52
⭑⭑⭑	Paul et France	17e	55
⭑⭑⭑	Port Alma	16e	52
⭑⭑⭑	Pressoir (Au)	12e	45
⭑⭑⭑	Regain	7e	33
⭑⭑⭑	Sormani	17e	55
⭑⭑⭑	Timgad	17e	54
⭑⭑⭑	Toit de Passy	16e	51
⭑⭑⭑	Truffe Noire (La) à Neuilly-sur-Seine		68
⭑⭑	Arcade (A L')	17e	55
⭑⭑	Bellecour (Le)	7e	34
⭑⭑	Benoît	4e	27
⭑⭑	Bistro 121	15e	48
⭑⭑	Cagouille (La)	14e	49
⭑⭑	Clavel	5e	31
⭑⭑	Conti	16e	52

⭑⭑	Dodin Bouffant	5e	31
⭑⭑	Dôme (Le)	14e	48
⭑⭑	Ferme St-Simon	7e	34
⭑⭑	Fontaine d'Auteuil	16e	52
⭑⭑	Jacques Hébert	15e	48
⭑⭑	Pauline (Chez)	1er	25
⭑⭑	Petit Colombier (Le)	17e	55
⭑⭑	Petite Bretonnière (La)	15e	48
⭑⭑	Petite Tour (La)	16e	52
⭑⭑	Pharamond	1er	25
⭑⭑	Pierre au Palais Royal	1er	25
⭑⭑	Pile ou face	2e	25
⭑⭑	Récamier	7e	34
⭑⭑	Relais d'Auteuil	16e	52
⭑⭑	Sousceyrac (A)	11e	27
⭑⭑	Table d'Anvers (La)	9e	43
⭑⭑	Trou Gascon (Au)	12e	45
⭑	Mère Michel	17e	56
⭑	Petits Pères « Chez Yvonne » (Aux)	2e	26
⭑	Pouilly-Reuilly (Au) au Pré St-Gervais		70
⭑	Timonerie (La)	5e	31
⭑	Vin sur Vin	7e	34

Pour le souper après le spectacle

(Nous indiquons entre parenthèses l'heure limite d'arrivée)

⭑⭑⭑	Charlot Ier « Merveilles des Mers » (1 h)	18e	57
⭑⭑⭑	Charlot « Roi des Coquillages » (1 h)	9e	42
⭑⭑⭑	Le Grill (1 h)	8e	39
⭑⭑⭑	Le Louis XIV (1 h)	10e	42
⭑⭑⭑	Le Procope (2 h)	6e	31
⭑⭑⭑	Relais Plaza (1 h 30)	8e	39
⭑⭑⭑	Chez Vong (1 h)	1er	25
⭑⭑	Andrée Baumann (1 h)	17e	55
⭑⭑	Baumann Marbeuf (1 h)	8e	39
⭑⭑	Le Bœuf sur le Toit (2 h)	8e	39
⭑⭑	Bofinger (Brasserie) (1 h)	4e	27
⭑⭑	Brasserie Flo (1 h 30)	10e	43

⭑⭑	La Coupole (2 h)	14e	48
⭑⭑	L'Ecailler du Palais (1 h)	17e	55
⭑⭑	Grand Café Capucines (jour et nuit)	9e	43
⭑⭑	Le Grand Colbert (1 h)	2e	26
⭑⭑	Julien (1 h 30)	10e	43
⭑⭑	Pavillon Baltard (1 h)	1er	25
⭑⭑	Pied de Cochon (jour et nuit)	1er	25
⭑⭑	Relais Capucines - Café de la Paix (1 h 15)	9e	43
⭑⭑	Vaudeville (2 h)	2e	25
⭑	Brasserie de la Poste (1 h)	16e	52
⭑	La Poule au Pot (5 h)	1er	26

Il est conseillé d'avoir une tenue vestimentaire
adaptée à la classe et à la réputation de l'établissement choisi.

Le plat que vous recherchez

Une andouillette

Ambassade d'Auvergne	3e	27
Bofinger	4e	27
Cochon d'Or	19e	57
Comme Chez Soi	9e	43
Coupole (La)	14e	48
Duquesnoy	7e	33
Ferme des Mathurins	8e	40
Foux (La)	6e	31
Gasnier	à Puteaux	71
Gourmet de l'Isle (Au)	4e	28
Joséphine	6e	31
Julien	10e	43
Marlotte (La)	6e	31
Marty	5e	31
Moissonnier	5e	31
Nuit de St-Jean	7e	34
Pavillon Baltard	1er	25
Pharamond	1er	25
Pied de Cochon	1er	25
Pierre (Chez)	15e	49
Pouilly-Reuilly (Au)	au Pré St-Gervais	70
Quai d'Orsay (Au)	7e	34
Saint-Vincent (Le)	15e	49
Sousceyrac (A)	11e	27
Traversière (Le)	12e	45

Du boudin

Ambassade d'Auvergne	3e	27
Cochon d'Or	19e	57
Coquille (La)	17e	55
D'Chez Eux	7e	34
Gourmet de l'Isle (Au)	4e	28
Marlotte (La)	6e	31
Moissonnier	5e	31
Pouilly-Reuilly (Au)	au Pré St-Gervais	70
Quai d'Orsay (Au)	7e	34
Yvette (Chez)	15e	49

Une bouillabaisse

Augusta (Chez)	17e	55
Charlot 1er « Merveilles des Mers »	18e	57
Charlot « Roi des Coquillages »	9e	42
Dôme (Le)	14e	48
Frégate (La)	12e	45
Jarrasse	à Neuilly-sur-Seine	69
Marius	16e	52
Marius et Janette	8e	39
Moniage Guillaume	14e	48
Senteurs de Provence	15e	48
Truite Vagabonde (La)	17e	55

Un cassoulet

Bœuf sur le Toit (Le)	8e	39
Brasserie de la Poste	16e	52
Clef du Périgord (La)	1er	26
Cristolien (Le)	à Créteil	63
Écrevisse (L')	17e	55
Etchegorry	13e	45
Flambée (La)	12e	45
Gasnier	à Puteaux	71
Gourmets Landais (Aux)	à la Garenne Colombes	64
Julien	10e	43

Lamazère	8e	38
Léon (Chez)	17e	55
Lous Landès	14e	48
Pierre (Chez)	15e	49
Pyrénées-Cévennes	11e	43
Quercy (Le)	9e	43
Quincy (Le)	12e	45
Sarladais (Le)	8e	40
Thoumieux	7e	34
Truffière (La)	5e	31
Vendanges (Les)	14e	49

Une choucroute

Andrée Baumann	17e	55
Baumann Marbeuf	8e	39
Bofinger	4e	27
Brasserie de la Poste	16e	52
Brasserie Flo	10e	43
Cochon Doré	1er	26
Coupole (La)	14e	42
Luneau (Le)	12e	45
Pavillon Baltard	1er	25
Terminus Nord	9e	43

Un confit

Aub. Landaise	à Enghien-les-Bains	63
Brasserie de la Poste	16e	52
Cazaudehore	à St-Germain-en-Laye	73
Clef du Périgord (La)	1er	26
Closerie Périgourdine	à Argenteuil	58
Comme chez Soi	9e	43
D'Chez Eux	7e	34
Écrevisse (L')	17e	55
Escargot (A L')	à Aulnay-sous-Bois	59
Etchegorry	13e	45
Flambée (La)	12e	45
Gasnier	à Puteaux	71
Gastroquet (Le)	15e	49
Giberne (La)	15e	49
Jean l'Auvergnat (Chez)	9e	43
Lamazère	8e	38
Lous Landès	14e	48
Périgord (Le)	à Asnières	58
Pierre (Chez)	15e	49
Pyrénées-Cévennes	11e	28
Quercy (Le)	9e	43
Relais Beaujolais	9e	43
Repaire de Cartouche	11e	28
Sarladais (Le)	8e	40
Tante Louise (Chez)	8e	39
Trinquet (Le)	à St-Mandé	74
Trou Gascon (Au)	12e	45
Vendanges (Les)	14e	49

Des coquillages, crustacés, poissons

Andrée Baumann	17e	55
Armes de Bretagne	14e	48
Augusta (Chez)	17e	55
Baumann Marbeuf	8e	39
Bœuf sur le Toit (Le)	8e	39
Bofinger	4e	27
Bonne Table (La)	à Clichy	62
Cagouille (La)	14e	49
Charlot 1er « Merveilles des Mers »	18e	57

Charlot « Roi des Coquillages » ..	9e	42
Coupole (La)	14e	42
Dodin-Bouffant.	5e	31
Dôme (Le)	14e	48
Eau Vive (L') . . . . à Chelles		61
Ecailler du Palais (L')	17e	55
Flamberge (La)	7e	33
Frégate (La)	12e	45
Goumard	1er	25
Grand Café Capucines	9e	43
Jarrasse . . . . à Neuilly-sur-Seine		69
Le Divellec	7e	33
Louis XIV (Le)	10e	42
Marée (La)	8e	38
Marius et Janette	8e	39
Marty	5e	31
Mère Michel	17e	56
Pavillon Baltard	1er	25
Pied de Cochon	1er	25
Pierre "A La Fontaine Gaillon" . . .	2e	25
Procope (Le)	6e	31
Senteurs de Provence	15e	48
Vaudeville	2e	25

Des escargots

Escargot (A l') . . . . . à Aulnay-sous-Bois		59
Escargot de Linas (L') . . . . à Linas		66
Escargot Montorgueil (L')	1er	25
Léon (Chez)	17e	55
Moissonnier	5e	31
Quincy (Le)	12e	45

Une grillade

Baumann Marbeuf	8e	39
Bœuf Couronné	19e	57
Cochon d'Or	19e	57
Grilladin (Au)	6e	31
Quai d'Orsay (Au)	7e	34
Rôtisserie du Beaujolais	5e	31
Terminus Nord	9e	43
Train Bleu	12e	45

Une paëlla

Etchegorry	13e	45
Françoise (Chez)	13e	45
Pyrénées-Cévennes	11e	28
San Valero . . . . à Neuilly-sur-Seine		69
Trois Horloges	15e	49

Des tripes

Foux (La)	6e	31
Nuit de St Jean	7e	34
Pharamond	1er	25
Pied de Cochon	1er	25
Thoumieux	7e	34

Des fromages choisis

Androuët	8e	39

Des soufflés

Soufflé (Le)	1er	26

Spécialités étrangères

Chinoises et Indochinoises

Délices de Szechuen (Aux)	7e	34
Focly	7e	34
Focly . . . . à Neuilly-sur-Seine		68
Gd Chinois (Le)	16e	52
Jardin Violet (Le)	8e	39
Pagoda	9e	43
Palais du Trocadéro	16e	52
Palanquin (Le)	6e	31
P'tite Tonkinoise (La)	10e	43
Tan Dinh	7e	34
Tong-Yen	8e	39
Tsé-Yang	16e	51
Vong (Chez)	1er	25

Espagnoles

San Valero . . . . à Neuilly-sur-Seine		69

Indiennes

Annapurna	8e	40
Indra	8e	39
Lal Qila	15e	48
Mina Mahal	15e	49
Yugaraj	6e	31

Italiennes

Beato	7e	34
Bice	8e	39
Châteaubriant (Au)	10e	43
Conti	16e	52
Fellini	15e	49
Finzi	8e	40
Florence (Le)	7e	34
Gildo	7e	34
Giulio Rebellato	7e	34
Giulio Rebellato	16e	52
Main à la Pâte (La)	1er	26
Sormani	17e	55
Stresa	8e	40
Velloni	1er	25
Villa Vinci	16e	52

Japonaises

Benkay (H. Nikko)	15e	46
Kinugawa	1er	31
Yamato (H. Méridien)	17e	53

Orientales et Nord Africaines

Al Mounia	16e	52
Caroubier (Le)	15e	49
Étoile Marocaine (L')	8e	39
Timgad	17e	54
Tour de Marrakech (La) . . . . . à Antony		58
Trois Horloges	15e	49
Wally	4e	28

Portugaises

Saudade	1er	26

Russes

Datcha Lydie (La)	15e	49

Scandinaves

Copenhague	8e	39

Quelques restaurants
où vous trouverez un menu à moins de 160 F

Banlieue

Argenteuil
XX Closerie Périgourdine 58
XX Colombe (La) 58

Asnières
XX Petite Auberge (La) 58

Brunoy
XX Petit Réveillon (Le) 60

La Celle-St-Cloud
X Petit Tournebride 61

Chelles
XX Rôt. Briarde 61

Clichy
XX Dagobert 62

Cormeilles-en-Parisis
XX Aub. de l'Hexagone 62

Fontenay-sous-Bois
X Musardière (La) 64

Garches
X Tardoire (La) 64

Marly-le-Roi
XX Chevaux de Marly (Les) 67

Meudon
XX Lapin Sauté 67

Morangis
XX Sabayon (Le) 68

Morsang-sur-Orge
XX Causette (La) 68

Petit-Clamart
XX Rendez-vous de Chasse (Au) . . . 70

Le Port-Marly
XX Aub. du Relais Breton 70

Romainville
XXX Henri (Chez) 72

Rueil-Malmaison
XX Plat d'Étain 72

St-Mandé
X Trinquet (Le) 74

St-Maur-des-Fossés
XX Jardin d'Ohé (Le) 75

Sucy-en-Brie
XXX Terrasse Fleurie 76

La Varenne-St-Hilaire
XXX Bretèche (La) 77

Versailles
XX Connemara (Le) 77
XX Potager du Roy 77
XX Pot-au-Feu (Le) 77

Villebon-sur-Yvette
XX Ferronnière (La) 80

Villeneuve-la-Garenne
XXX Chanteraines (Les) 80

Viroflay
XX Aub. La Chaumière 81

Plein air

XXXXX ✿✿ Laurent . . . . 8ᵉ | 38
XXXX ✿ Grande Cascade . . . . 16ᵉ | 52

XXXX ✿ Pré Catelan . . . . 16ᵉ | 52
XXX Pavillon Puebla . . . . 19ᵉ | 57

Champrosay	XXX	Bouquet de la Forêt	61
Chennevières-sur-Marne	XXX	Écu de France	61
Maisons-Laffitte	XXX ✿✿	Vieille Fontaine	67
»	XXX ✿✿	Tastevin (Le)	66
St-Germain-en-L.	XXX	Cazaudehore	73
Vaucresson	XX	Poularde (La)	77
Le Vésinet	XXX	Ibis (Les)	80

Circulez en Banlieue de Paris avec les **Plans Michelin** à 1/15 000.
17 Plan Nord-Ouest   **18** Plan et répertoire des rues Nord-Ouest
19 Plan Nord-Est   **20** Plan et répertoire des rues Nord-Est
21 Plan Sud-Ouest   **22** Plan et répertoire des rues Sud-Ouest
23 Plan Sud-Est   **24** Plan et répertoire des rues Sud-Est

Restaurants avec salons particuliers

To sightsee in the capital
use the Michelin Green Guide PARIS (English edition).

Restaurants ouverts samedi et dimanche

1er/2e Arrondissement

XXXX	Espadon	24
XXXX	Drouant	24
XX	Escargot Montorgueil (L')	25
XX	Pavillon Baltard	25
XX	Pied de Cochon	25
XX	Vaudeville	25
X	Cochon Doré	26
X	Paul	26
X	Poule au Pot (La)	26

3e/4e/11e Arrondissement

XXX	Ambassade d'Auvergne	27
XX	Bofinger	27
XX	Coconas	28
XX	Guirlande de Julie	28
X	Gourmet de l'Isle (Au)	28

5e/6e Arrondissement

XXXXX	Tour d'Argent	30
XXX	Procope (Le)	31
XX	Calvet	31
XX	Marty	31
XX	Petite Cour (La)	31
XX	Truffière (La)	31
XX	Yugaraj	31
X	Balzar	31
X	Rôtisserie du Beaujolais	31
X	Vigneraie (La)	31

7e Arrondissement

XXX	Jules Verne	33
XXX	Cantine des Gourmets (La)	33
XXX	Flamberge (La)	33
XX	Champ de Mars (Le)	34
XX	Délices de Szechuen (Aux)	34
XX	Quai d'Orsay (Au)	34
XX	Tan Dinh	34
X	Bistrot de Breteuil	34
X	Thoumieux	34
X	Vin sur Vin	34

8e Arrondissement

XXXXX	Ambassadeurs (Les)	38
XXXX	Bristol	38
XXXX	Régence	38
XXXX	Fouquet's (rez-de-Chaussée)	38
XXXX	Princes (Les)	38
XXX	Grill (Le)	39
XXX	Jardin Violet (Le)	39
XXX	Relais Plaza	39

XX	Baumann Marbeuf	39
XX	Bice	39
XX	Bœuf sur le Toit (Le)	39
XX	Drugstorien (Le)	39
XX	Étoile Marocaine (L')	39
XX	Fermette Marbeuf	39
XX	Tong Yen	39

9e/10e Arrondissement

XXXX	Rest. Opéra - Café de la Paix	42
XXX	Charlot "Roi des Coquillages"	42
XXX	Louis XIV (Le)	42
XX	Brasserie Flo	43
XX	Grand Café Capucines	43
XX	Julien	43
XX	Relais Capucines-Café de la Paix	43
XX	Terminus Nord	43

12e/13e Arrondissement

XXX	Train Bleu	45

14e/15e Arrondissement

XXXX	Célébrités (Les)	48
XXX	Pavillon Montsouris	48
XX	Coupole (La)	48
XX	Dôme (Le)	48
X	Datcha Lydie (La)	49
X	Trois Horloges	49

16e Arrondissement

XXXX	Grande Cascade	52
XXX	Tsé Yang	51
XX	Gd Chinois (Le)	52
XX	Palais du Trocadéro	52
X	Brasserie de la Poste	52

17e Arrondissement

XXX	Timgad	54
XX	Andrée Baumann	55
XX	Ballon des Ternes	55
XX	Écailler du Palais (L')	55
XX	Georges (Chez)	55
XX	Grosse Tartine (La)	55

18e/19e/20e Arrondissement

XXX	Charlot 1er "Merveilles des Mers"	57
XXX	Cochon d'Or	57
XX	Chaumière (La)	57

Banlieue

HOTELS, RESTAURANTS
par arrondissements

(Liste alphabétique des Hôtels et Restaurants, voir p. 7 à 13)

G 12 : Ces lettres et chiffres correspondent au carroyage du **Plan de Paris** Michelin n° 10, **Paris Atlas** n° 11, **Plan avec répertoire** n° 12 et **Plan de Paris** n° 14.
En consultant ces quatre publications vous trouverez également les parkings les plus proches des établissements cités.

Opéra, Palais-Royal, Halles, Bourse.

1er et 2e arrondissements - 1er : ✉ 75001 - 2e : ✉ 75002

Ritz, 15 pl. Vendôme (1er) ✆ 42 60 38 30, Télex 222262, Fax 42 60 23 71, « Belle piscine et luxueux club-santé » – ⎮ ▤ TV ☎ ♿ – 30 à 80. AE ⓓ E VISA. ✱ rest
R voir rest. **Espadon** ci-après – ☐ 150 – **142 ch** 2750/3900, 45 appart. G 12

Meurice, 228 r. Rivoli (1er) ✆ 42 60 38 60, Télex 230673, Fax 49 27 94 97 – ⎮ ✕ ch ▤ TV ☎ ♿ – 40 à 100. AE ⓓ E VISA. ✱ rest
R 300 (déj.)/650 – ☐ 120 – **148 ch** 1950/3200, 36 appart. G 12

Inter-Continental, 3 r. Castiglione (1er) ✆ 44 77 11 11, Télex 220114, Fax 44 77 14 60, – ⎮ ✕ ch ▤ TV ☎ ♿ – 500. AE ⓓ E VISA. ✱ rest
Café Tuileries (coffee shop) **R** 115 – **La Terrasse Fleurie R** 340/500 – ☐ 150 – **424 ch** 1800/2400, 16 appart. G 12

Lotti, 7 r. Castiglione (1er) ✆ 42 60 37 34, Télex 240066, Fax 40 15 93 56 – ⎮ ✕ ch ▤ TV ☎ – 25. AE ⓓ E VISA. ✱ rest
R carte 280 à 490 – ☐ 110 – **129 ch** 1500/3000. G 12

Westminster, 13 r. Paix (2e) ✆ 42 61 57 46, Télex 680035, Fax 42 60 30 66 – ⎮ ✕ ch ▤ ch TV ☎ – 40. AE ⓓ E VISA
R voir rest. **Le Céladon** ci-après – ☐ 100 – **84 ch** 1750/2250, 18 appart. G 12

du Louvre, pl. A. Malraux (1er) ✆ 42 61 56 01, Télex 220412, Fax 42 60 02 90 – ⎮ ▤ TV ☎ ♿ – 100. AE ⓓ E VISA
Brasserie Le Louvre R 95/175 ₰ – ☐ 85 – **200 ch** 980/1950. H 13

Édouard VII et rest. le Delmonico, 39 av. Opéra (2e) ✆ 42 61 56 90, Télex 680217, Fax 42 61 47 73 – ⎮ ▤ rest TV ☎ – 45. AE ⓓ E VISA
R *(fermé août, sam., dim. et fériés)* 220/400 – ☐ 30 – **76 ch** 750/1020, 4 appart. 1800. G 13

Normandy, 7 r. Échelle (1er) ✆ 42 60 30 21, Télex 213015, Fax 42 60 45 81 – ⎮ TV ☎ – 50. AE ⓓ E VISA
L'Échelle *(fermé sam. et dim.)* **R** 180 et carte 160 à 280 – ☐ 65 – **123 ch** 870/1420, 8 appart. 1600. H 13

Cambon sans rest, 3 r. Cambon (1er) ✆ 42 60 38 09, Télex 240814, Fax 42 60 30 59 – ⎮ TV ☎. AE ⓓ E VISA
☐ 65 – **43 ch** 830/1180. G 12

Mayfair sans rest, 3 r. Rouget-de-Lisle (1er) ✆ 42 60 38 14, Télex 240037, Fax 40 15 04 78 – ⎮ TV ☎. AE ⓓ E VISA
☐ 75 – **53 ch** 750/1460. G 12

Novotel Paris Halles M, 8 pl. M.-de-Navarre (1er) ✆ 42 21 31 31, Télex 216389, Fax 40 26 05 79, – ⎮ ▤ TV ☎ ♿ – 40 à 100. AE ⓓ E VISA
R carte environ 180 ₰, enf. 50 – ☐ 55 – **280 ch** 750/1050, 5 appart. 1400. H 14

Royal St Honoré sans rest, 13 r. Alger (1er) ✆ 42 60 32 79, Télex 680429, Fax 42 61 21 49 – ⎮ TV ☎ – 25. AE ⓓ E VISA
☐ 45 – **71 ch** 670/870, 3 appart. 1550. G 12

Castille, 37 r. Cambon (1er) ✆ 42 61 55 20, Télex 213505, Fax 40 15 97 64, – ⎮ TV ☎. AE ⓓ E VISA
Relais Castille *(fermé sam., dim. et fériés)* **R** carte 140 à 210 – ☐ 60 – **61 ch** 1450, 15 appart. G 12

🏨 **de Noailles** Ⓜ sans rest, 9 r. Michodière (2ᵉ) ℰ 47 42 92 90, Télex 290644, Fax 49 24 92 71 – 📶 📺 🕿 🟨 *VISA*
⊒ 35 – **58 ch** 650/750.
G 13

🏨 **Favart** sans rest, 5 r. Marivaux (2ᵉ) ℰ 42 97 59 83, Télex 213126, Fax 40 15 95 58 – 📶 📺
37 ch ⊒ 500/600.
F 13

🏨 **François** sans rest, 3 bd Montmartre (2ᵉ) ℰ 42 33 51 53, Télex 211097, Fax 40 26 29 90 – 📶 📺 🕿 🟨 ⓞ *VISA* ✻
⊒ 45 – **62 ch** 565/780, 7 appart. 795/930.
F 14

🏨 **Montana Tuileries** sans rest, 12 r. St-Roch (1ᵉʳ) ℰ 42 60 35 10, Télex 214404, Fax 42 61 12 28 – 📶 📺 🕿 🟨 ⓞ 🟨 *VISA*
⊒ 45 – **25 ch** 650/920.
G 12

🏨 **Duminy Vendôme** sans rest, 3 r. Mont Thabor (1ᵉʳ) ℰ 42 60 32 80, Télex 213492, Fax 42 96 07 83 – 📶 📺 🕿 – 🔬 30. 🟨 ⓞ 🟨 *VISA* ✻
⊒ 40 – **79 ch** 700/900.
G 12

🏨 **Molière** sans rest, 21 r. Molière (1ᵉʳ) ℰ 42 96 22 01, Télex 213292, Fax 42 60 48 68 – 📶 📺 🕿 🟨 ⓞ 🟨 *VISA* ✻
⊒ 35 – **29 ch** 400/600, 3 appart. 1200.
G 13

🏨 **Lautrec Opéra** Ⓜ sans rest, 8 r. d'Amboise (2ᵉ) ℰ 42 96 67 90, Télex 216502, Fax 42 96 06 83 – 📶 📺 🕿 🟨 🟨 *VISA* ✻
⊒ 25 – **30 ch** 500/700.
F 13

🏨 **Baudelaire Opéra** Ⓜ sans rest, 61 r. Ste Anne (2ᵉ) ℰ 42 97 50 62, Télex 216116, Fax 42 86 85 85 – 📶 📺 🕿 🟨 ⓞ 🟨 *VISA* ✻
⊒ 31 – **29 ch** 440/530, 5 duplex 650.
G 13

🏨 **Gd H. de Champagne** sans rest, 17 r. J.-Lantier (1ᵉʳ) ℰ 42 36 60 00, Télex 215955, Fax 45 08 43 33 – 📶 📺 🕿 🟨 ⓞ *VISA*
⊒ 50 – **40 ch** 510/550, 3 appart. 1070.
J 14

🏨 **Gaillon-Opéra** sans rest, 9 r. Gaillon (2ᵉ) ℰ 47 42 47 74, Télex 215716, Fax 47 42 01 23 – 📶 📺 🕿 🟨 ⓞ 🟨 *VISA*
⊒ 30 – **26 ch** 550/700.
G 13

🏨 **Britannique** sans rest, 20 av. Victoria (1ᵉʳ) ℰ 42 33 74 59, Télex 230600, Fax 42 33 82 65 – 📶 📺 🕿 🟨 ⓞ 🟨 *VISA* ✻
⊒ 40 – **40 ch** 470/650.
J 14

🏠 **Ducs de Bourgogne** sans rest, 19 r. Pont-Neuf (1ᵉʳ) ℰ 42 33 95 64, Télex 216367, Fax 40 39 01 25 – 📶 📺 🕿 🟨 ⓞ 🟨 *VISA* ✻
⊒ 38 – **50 ch** 410/520.
H 14

🏠 **Louvre-Forum** sans rest, 25 r. du Bouloi (1ᵉʳ) ℰ 42 36 54 19, Télex 240288, Fax 42 33 66 31 – 📶 📺 🕿 🟨 ⓞ 🟨 *VISA*
⊒ 30 – **28 ch** 370/460.
H 14

🏠 **Ducs d'Anjou** sans rest, 1 r. Ste-Opportune (1ᵉʳ) ℰ 42 36 92 24, Télex 218681, Fax 42 36 16 63 – 📶 📺 🕿 🟨 ⓞ 🟨 *VISA*
⊒ 38 – **38 ch** 360/530.
H 14

🏠 **Timhôtel Le Louvre** sans rest, 4 r. Croix des Petits Champs (1ᵉʳ) ℰ 42 60 34 86, Télex 216405, Fax 42 60 10 39 – 📶 📺 🕿 🖇 🟨 ⓞ 🟨 *VISA*
⊒ 40 – **56 ch** 365/475.
H 13

🏠 **Family** sans rest, 35 r. Cambon (1ᵉʳ) ℰ 42 61 54 84 – 📶 📺 🕿 🖇 🟨 🟨 *VISA*
⊒ 28 – **25 ch** 450/550
G 12

🍴🍴🍴🍴🍴 ✿✿ **Espadon** - Hôtel Ritz, 15 pl. Vendôme (1ᵉʳ) ℰ 42 60 38 30, Télex 220262, Fax 42 60 23 71, 🍴🍴 – 🍽 🟨 ⓞ 🟨 *VISA*
R 330 (déj.) et carte 450 à 680
G 12
Spéc. Petite salade"Cendrillon", Omble chevalier du lac Pavin (nov.-déc.), Ris de veau braisé.

🍴🍴🍴🍴 ✿ **Grand Vefour**, 17 r. Beaujolais (1ᵉʳ) ℰ 42 96 56 27, Fax 42 86 80 71, « Ancien café du Palais Royal fin 18ᵉ s. » – 🍽 🟨 ⓞ 🟨 *VISA* ✻
fermé août, sam. midi et dim. – **R** 305 (déj.) et carte 470 à 650
G 13
Spéc. Croustillant de foie gras et artichaut confit, Sole au jus de moules, Noisettes d'agneau à la vinaigrette de basilic.

🍴🍴🍴🍴 ✿ **Carré des Feuillants** (Dutournier), 14 r. Castiglione (1ᵉʳ) ℰ 42 86 82 82, Fax 42 86 07 71 – 🍽 🟨 ⓞ 🟨 *VISA*
fermé sam. sauf le soir de sept. à juin et dim. – **R** 250 (déj.) et carte 400 à 550
G 12
Spéc. Homard en gaspacho blanc, Saint-Jacques en fine croûte persillée, Perdreau rôti à la ventrèche croquante.

🍴🍴🍴🍴 ✿ **Drouant,** pl. Gaillon (2ᵉ) ℰ 42 65 15 16, Fax 49 24 02 15 – 🍽 🟨 ⓞ 🟨 *VISA*
R 290 (déj.) et carte 420 à 600 - **Café Drouant R** carte 240 à 350
G 13
Spéc. Tian de rouget aux épinards et tomate acidulée, Pigeonneau rôti en croûte de pommes de terre, Macaron aux deux chocolats.

XXXX ✿✿ **Gérard Besson,** 5 r. Coq Héron (1er) ✆ 42 33 14 74, Fax 42 33 85 71 – ▤. AE ⓓ E VISA H 14
fermé 6 au 28 juil., 21 déc. au 5 janv., sam. et dim. – **R** 250 (déj.) et carte 370 à 510
Spéc. Champignons et truffes fraîches (saison), Volailles de Bresse, Biscuit glacé à la framboise.

XXX ✿ **Mercure Galant,** 15 r. Petits-Champs (1er) ✆ 42 97 53 85 – VISA G 13
fermé sam. midi et dim. – **R** 230 (déj.) et carte 330 à 450
Spéc. Tournedos de saumon fumé, Coeur de Charolais à la moelle en papillote, Mille et une feuilles.

XXX ✿ **Le Céladon** - Hôtel Westminster, 15 r. Daunou (2e) ✆ 42 61 57 46, Télex 680035, Fax 42 60 30 66 – ▤. AE ⓓ E VISA G 12
fermé août, sam., dim. et fériés – **R** 300 et carte 400 à 510
Spéc. Tartare de saumon à l'émulsion d'herbettes, Parmentier de homard, Noix de ris de veau grillé aux chicons.

XXX ✿ **Goumard,** 17 r. Duphot (1er) ✆ 42 60 36 07, produits de la mer, « Belles fresques d'azulejos » – ▤. AE ⓓ E VISA. ✂ G 12
fermé 30 avril au 13 mai, 12 au 19 août, 24 déc. au 6 janv., dim. et lundi – **R** carte 365 à 500
Spéc. Poêlée de Saint Jacques en aigre doux (oct. à mai), Fricassée de moules aux girolles (juin à déc.), Rougets à la "Catalane".

XXX **Pierre " A la Fontaine Gaillon ",** pl. Gaillon (2e) ✆ 42 65 87 04, ☂ – ▤. AE ⓓ E VISA G 13
fermé août, sam. midi et dim. – **R** carte 190 à 360.

XXX **Chez Vong,** 10 r. Grande-Truanderie (1er) ✆ 40 39 99 89, cuisine chinoise et vietnamienne – ▤. AE ⓓ E VISA H 15
fermé dim. – **R** carte 175 à 320.

XXX **La Corbeille,** 154 r. Montmartre (2e) ✆ 40 26 30 87 – ✂ ▤. AE E VISA G 14
fermé 1er au 15 août, sam. (sauf le soir de sept. à fév.) dim. et fériés – **R** 220/495.

XX **Pied de Cochon** (ouvert jour et nuit), 6 r. Coquillière (1er) ✆ 42 36 11 75, Fax 45 08 48 90 – ▤. AE ⓓ VISA H 14
R carte 170 à 330.

XX ✿ **Chez Pauline,** 5 r. Villedo (1er) ✆ 42 96 20 70, Fax 49 27 99 89 – ▤. AE E VISA G 13
fermé 27 juil. au 20 août, 21 au 30 déc., sam. (sauf le midi d'oct. à avril) et dim. – **R** (▤ 1er étage) 190 (déj.) et carte 250 à 400
Spéc. Salade tiède de tête de veau, Fricassée de filets de sole et queues de langoustines au Sauternes, Compote de lièvre à la royale (fin sept. à fin déc.).

XX ✿ **Pierre Au Palais Royal,** 10 r. Richelieu (1er) ✆ 42 96 09 17 – ⓓ E VISA H 13
fermé août, sam., dim. et fériés – **R** carte 225 à 410
Spéc. Filets de maquereaux au cidre, Médaillon de lotte en papillote, Rognon de veau rôti à l'échalote confite.

XX **Saudade,** 34 r. Bourdonnais (1er) ✆ 42 36 30 71, cuisine portugaise – ▤. AE ⓓ E VISA. ✂ H 14
fermé août et dim. – **R** carte 165 à 255.

XX **Capeline,** 18 r. Louvre (1er) ✆ 42 86 95 05 – ▤. AE ⓓ E VISA H 14
fermé 12 août au 2 sept., vacances de fév., sam. midi et dim. – **R** 220 bc/320, enf. 110.

XX **Kinugawa,** 9 r. Mont Thabor (1er) ✆ 42 60 65 07, Fax 42 60 45 21, cuisine japonaise – ▤. AE E VISA. ✂ G 12
fermé 24 déc. au 7 janv. et dim. – **R** carte 170 à 300.

XX ✿ **Pharamond,** 24 r. Grande-Truanderie (1er) ✆ 42 33 06 72 – AE ⓓ E VISA H 15
fermé 21 juil. au 19 août, lundi midi et dim. – **R** carte 190 à 350
Spéc. Saint-Jacques au cidre (15 oct. à mai), Tripes à la mode de Caen, Aile de volaille au foie gras et chou.

XX **Escargot Montorgueil,** 38 r. Montorgueil (1er) ✆ 42 36 83 51, Fax 42 36 35 05, « Cadre bistrot 1830 » – AE ⓓ E VISA H 14
fermé 1er au 19 août et lundi – **R** 240 et carte 250 à 350.

XX ✿ **Pile ou Face,** 52 bis r. N.-D. des Victoires (2e) ✆ 42 33 64 33, Fax 42 36 61 09 – ▤. E VISA G 14
fermé 22 juil. au 25 août, 23 déc. au 1er janv., sam., dim. et fériés – **R** carte 250 à 440
Spéc. Escalope de foie gras au pain d'épices, Pigeonneau rôti à l'huile de truffe, Dessert au chocolat de Marianne.

XX **Bernard Chirent,** 28 r. Mont-Thabor (1er) ✆ 42 86 80 05 – E VISA G 12
fermé sam. midi et dim. – **R** 170 bc et carte 215 à 335, enf. 80.

XX **Pavillon Baltard,** 9 r. Coquillère (1er) ✆ 42 36 22 00, ☂ – ▤. AE ⓓ E VISA H 14
R 148 et carte 170 à 260 ♁.

XX **Velloni,** 22 r. des Halles (1er) ✆ 42 21 12 50, cuisine italienne – AE ⓓ E VISA. ✂ H 14
fermé août et dim. – **R** carte 185 à 270.

XX **A la Grille St-Honoré,** 15 pl. Marché St-Honoré (1er) ✆ 42 61 00 93 – AE ⓓ E VISA G 13
fermé 4 au 20 août, 22 déc. au 2 janv., dim. et lundi – **R** 180 et carte 225 à 400.

XX **Coup de coeur,** 19 r. St Augustin (2e) ✆ 47 03 45 70 – AE ⓓ E VISA G 13
fermé sam. midi et dim. – **R** 125/160 bc.

XX **Vaudeville,** 29 r. Vivienne (2e) ✆ 40 20 04 62, Fax 49 27 08 78, brasserie – AE ⓓ E VISA FG 14
R carte 125 à 285 ♁.

XX **Chatelet Gourmand,** 13 r. Lavandières Ste-Opportune (1er) ✆ 40 26 45 00 – AE ⓓ E VISA J 14
fermé août, sam. midi, dim. et fêtes – **R** 140/380.

XX **Le Grand Colbert,** 2 r. Vivienne (2ᵉ) ☎ 42 86 87 88 – AE ⓞ E VISA G 13
R carte 160 à 230 ♨.

XX **Le Soufflé,** 36 r. Mont Thabor (1ᵉʳ) ☎ 42 60 27 19 – ▤. AE ⓞ E VISA G 12
fermé dim. – **R** 190.

XX **Les Cartes Postales,** 7 r. Gomboust (1ᵉʳ) ☎ 42 61 02 93 – ▤. VISA. ⌘ G 13
fermé 29 juil. au 17 août, sam. midi, dim. et fériés – **R** (nombre de couverts limité, prévenir)
135/285.

XX **La Main à la Pâte,** 35 r. St-Honoré (1ᵉʳ) ☎ 45 08 85 73, cuisine italienne – AE ⓞ E VISA
fermé dim. – **R** 160 et carte 195 à 270 ♨. H 14

XX **Chez Gabriel,** 123 r. St-Honoré (1ᵉʳ) ☎ 42 33 02 99 – AE ⓞ E VISA. ⌘ H 14
fermé 12 juil. au 20 août, 24 déc. au 3 janv., dim. et fériés – **R** 145/235.

XX **Le Saint Amour,** 8 r. Port Mahon (2ᵉ) ☎ 47 42 63 82 – ▤. AE ⓞ E VISA G 13
fermé 13 juil. au 5 août, sam. (sauf le soir du 16 sept. au 14 juin) dim. et fériés – **R** carte
210 à 345.

XX **Le Caveau du Palais,** 19 pl. Dauphine (1ᵉʳ) ☎ 43 26 04 28 – AE E VISA J 14
fermé sam. d'oct. à mai et dim. – **R** 160/250.

X ✿ **Aux Petits Pères '' Chez Yvonne ''** (Boutard), 8 r. N.-D.-des-Victoires (2ᵉ)
☎ 42 60 91 73 – ▤. AE E VISA G 14
fermé août, août., dim. et fériés – **R** (prévenir) 158 et carte 175 à 300
Spéc. Saint-Jacques à la provençale (oct. à avril), Ris de veau à la ''Toulousaine'', Faisan aux choux (saison).

X **Le Brin de Zinc... et Madame,** 50 r. Montorgueil (2ᵉ) ☎ 42 21 10 80 – AE VISA G 14
fermé sam. midi et dim. – **R** carte 200 à 320.

X **Chez Georges,** 1 r. Mail (2ᵉ) ☎ 42 60 07 11 – ▤. AE E VISA G 14
fermé dim. et fêtes – **R** carte 185 à 315.

X **Bonne Fourchette,** 320 r. St Honoré, au fond de la cour (1ᵉʳ) ☎ 42 60 45 27 – ▤. ⓞ E
VISA G 12
fermé vacances de fév., sam. (sauf le soir du 1ᵉʳ avril au 30 juin et du 1ᵉʳ sept. au 31 oct.)
et dim. midi – **R** 110/160.

X **La Clef du Périgord,** 38 r. Croix des Petits Champs (1ᵉʳ) ☎ 40 20 06 46 – E VISA
fermé 1ᵉʳ au 15 mai, 12 au 25 août, sam. midi et dim. – **R** 135/188 bc. G14-H14

X **Rond de Serviette,** 16 r. St-Augustin (2ᵉ) ☎ 49 27 09 90 – ▤. E VISA G 13
fermé sam. (sauf le soir d'oct. à juin) et dim. – **R** carte 140 à 210.

X **Pasadena,** 7 r. du 29-Juillet (1ᵉʳ) ☎ 42 60 68 96 – AE VISA G 12
fermé août, sam. soir et dim. – **R** 90/150 ♨.

X **Cochon Doré,** 16 r. Thorel (2ᵉ) ☎ 42 33 29 70 – ▤. E VISA G 15
fermé lundi – **R** 90/150.

X **Paul,** 15 pl. Dauphine (1ᵉʳ) ☎ 43 54 21 48 – E VISA. ⌘ J 14
fermé août, mardi d'oct. à mai et lundi – **R** carte 170 à 280.

X **La Poule au Pot,** 9 r. Vauvilliers (1ᵉʳ) ☎ 42 36 32 96 – E VISA H 14
fermé lundi – **R** (dîner seul.) carte 200 à 330.

Bastille,
République,
Hôtel de Ville.

3ᵉ, 4ᵉ et 11ᵉ arrondissements.

3ᵉ : ☒ 75003
4ᵉ : ☒ 75004
11ᵉ : ☒ 75011

🏰🏰 **Pavillon de la Reine** M ⌘ sans rest, 28 pl. Vosges (3ᵉ) ☎ 42 77 96 40, Télex 216160,
Fax 42 77 63 06 – ▐ ▤ TV ☎ ♿ ⇔. AE ⓞ E VISA J17
☲ 75 – **30 ch** 1080/1300, 23 appart. 1450/2500.

🏰🏰 **Holiday Inn** M, 10 pl. République (11ᵉ) ☎ 43 55 44 34, Télex 210651, Fax 47 00 32 34, ☞
– ▐ ⌘ ch ▤ TV ☎ ♿ ❺ – 🔔 200. AE ⓞ E VISA G 17
Belle Epoque (fermé 3 août au 1ᵉʳ sept. et dim.) **R** 205 (déj.) et carte 240 à 360 enf. 90 –
☲ 85 – **305 ch** 1100/1540, 7 appart., 9 duplex.

🏰🏰 **Jeu de Paume** M sans rest, 54 r. St-Louis-en-l'Ile (4ᵉ) ☎ 43 26 14 18, Télex 205160,
« Ancien jeu de paume du 17ᵉ s. » – ▐ TV ☎ – 🔔 30. AE ⓞ E VISA K 16
☲ 65 – **32 ch** 780/990, 8 duplex.

🏰 **Atlantide République** M sans rest, 114 bd Richard-Lenoir (11ᵉ) ☎ 43 38 29 29, Télex
216907, Fax 43 38 03 18 – ▐ TV ☎. AE ⓞ E VISA H 18
☲ 32 – **27 ch** 410/520.

🏰 **Beaubourg** M sans rest, 11 r. S. Le Franc (4ᵉ) ☎ 42 74 34 24, Télex 216100, Fax 42 78 68 11
– ▐ TV ☎. AE ⓞ E VISA. ⌘ H 15
☲ 30 – **28 ch** 430/540.

🏠 **Méridional** Ⓜ sans rest, 36 bd Richard-Lenoir (11ᵉ) ℰ 48 05 75 00, Télex 211324, Fax 43 57 42 85 – 🛗 📺 ☎. 🆎 ⓪ 🇪 𝗩𝗜𝗦𝗔
J 18
🍽 40 – **36 ch** 600.

🏠 **Bretonnerie** Ⓜ sans rest, 22 r. Ste-Croix-de-la-Bretonnerie (4ᵉ) ℰ 48 87 77 63, Fax 42 77 26 78 – 🛗 📺 ☎. 🇪 𝗩𝗜𝗦𝗔. 🛠
J 16
fermé 26 juil. au 25 août – 🍽 38 – **30 ch** 480/680.

🏠 **Lutèce** sans rest, 65 r. St-Louis-en-l'Ile (4ᵉ) ℰ 43 26 23 52, Fax 43 29 60 25 – 🛗 📺 ☎. 🛠
K 16
🍽 40 – **23 ch** 650/690.

🏠 **Deux Iles** Ⓜ sans rest, 59 r. St-Louis-en-l'Ile (4ᵉ) ℰ 43 26 13 35, Fax 43 29 60 25 – 🛗 📺 ☎
K 16
🍽 40 – **17 ch** 560/660.

🏠 **Rivoli Notre Dame** sans rest, 19 r. Bourg Tibourg (4ᵉ) ℰ 42 78 47 39, Télex 215314, Fax 40 29 07 00 – 🛗 📺 ☎. 🆎 ⓪ 🇪 𝗩𝗜𝗦𝗔. 🛠
J 16
🍽 30 – **31 ch** 480/570.

🏠 **Bastille Spéria** Ⓜ sans rest, 1 r. Bastille (4ᵉ) ℰ 42 72 04 01, Télex 214327, Fax 42 72 56 38 – 🛗 📺 ☎. 🆎 ⓪ 🇪 𝗩𝗜𝗦𝗔. 🛠
J 17
🍽 35 – **42 ch** 460/520.

🏠 **Vieux Saule** Ⓜ sans rest, 6 r. Picardie (3ᵉ) ℰ 42 72 01 14, Télex 216840, Fax 40 27 88 21 – 🛗 📺 ☎. 🆎 ⓪ 🇪 𝗩𝗜𝗦𝗔. 🛠
H 17
🍽 40 – **31 ch** 330/450.

🏠 **Campaville** Ⓜ sans rest, 9 r. Chemin Vert (11ᵉ) ℰ 43 38 58 08, Télex 218019, Fax 43 38 52 28 – 🛗 📺 ☎ ♻ 🅿. 🇪 𝗩𝗜𝗦𝗔
J 18
🍽 28 – **162 ch** 385.

🏠 **Vieux Marais** sans rest, 8 r. Plâtre (4ᵉ) ℰ 42 78 47 22, Fax 42 78 34 32 – 🛗 📺 ☎. 🇪 𝗩𝗜𝗦𝗔. 🛠
H 16
🍽 30 – **30 ch** 325/510.

🏠 **Nord et Est** sans rest, 49 r. Malte (11ᵉ) ℰ 47 00 71 70, Fax 43 57 51 16 – 🛗 📺 ☎. 🇪 𝗩𝗜𝗦𝗔. 🛠
G 17
fermé août et 24 déc. au 2 janv. – 🍽 30 – **45 ch** 290/320.

🏠 **Paris Voltaire** Ⓜ sans rest, 79 r. Sedaine (11ᵉ) ℰ 48 05 44 66, Télex 215401, Fax 48 07 87 96 – 🛗 📺 ☎. 🆎 🇪 𝗩𝗜𝗦𝗔. 🛠
J 9
fermé 15 au 31 août – 🍽 32 – **28 ch** 400/500.

🏠 **Mondia** sans rest, 22 r. Grd Prieuré (11ᵉ) ℰ 47 00 93 44, Fax 43 38 66 14 – 🛗 📺 ☎. 🆎 ⓪ 🇪 𝗩𝗜𝗦𝗔. 🛠
G 17
🍽 25 – **23 ch** 290/320.

🏠 **Place des Vosges** sans rest, 12 r. Birague (4ᵉ) ℰ 42 72 60 46, Fax 42 72 02 64 – 🛗 ☎. 🆎 ⓪ 🇪 𝗩𝗜𝗦𝗔
J 17
🍽 30 – **16 ch** 260/380.

🏵🏵🏵 **L'Ambroisie** (Pacaud), 9 pl. des Vosges (4e) ℰ 42 78 51 45 – 🇪 𝗩𝗜𝗦𝗔. 🛠
XXXX
J 17
fermé 5 au 26 août, vacances de fév., dim. et lundi – **R** carte 550 à 700
Spéc. Feuillantine de queues de langoustines aux graines de sésame, Queue de boeuf en crépine et turban de macaroni, Tarte fine sablée au cacao amer.

XXX **Ambassade d'Auvergne**, 22 r. Grenier St-Lazare (3ᵉ) ℰ 42 72 31 22, Fax 42 78 85 47 – 🖙🍴. 🇪 𝗩𝗜𝗦𝗔
H 15
fermé 15 au 31 juil. – **R** carte 170 à 240.

XXX **Le Péché Mignon**, 5 r. Guillaume-Bertrand (11ᵉ) ℰ 43 57 02 51 – 🍴. 🆎 🇪 𝗩𝗜𝗦𝗔
H 19
fermé 4 août au 2 sept., 1ᵉʳ au 9 mars, dim. et lundi – **R** carte 200 à 320.

XXX 🏵 **Miravile** (Épié), 72 quai Hôtel de Ville (4ᵉ) ℰ 42 74 72 22 – 🍴. 🇪 𝗩𝗜𝗦𝗔
J 15
fermé sam. midi et dim. – **R** 280/400
Spéc. Beignet de foie gras caramélisé au Porto, Lotte rôtie et salade d'herbes, Tournedos de pied de cochon aux truffes.

XXX **Le Domarais**, 53 bis r. Francs-Bourgeois (4ᵉ) ℰ 42 74 54 17 – 🆎 ⓪ 🇪 𝗩𝗜𝗦𝗔
H 16
fermé sam. midi, dim. midi et lundi midi – **R** 240.

XX **Bofinger**, 5 r. Bastille (4ᵉ) ℰ 42 72 87 82, Fax 42 72 97 68, brasserie, « Décor Belle Époque » – 🆎 ⓪ 𝗩𝗜𝗦𝗔
J 17
R 160 bc et carte 160 à 300 🍷.

XX 🏵 **Benoît**, 20 r. St-Martin (4ᵉ) ℰ 42 72 25 76
J 15
fermé août, sam. et dim. – **R** carte 300 à 400 🍷
Spéc. Ballotine de canard au foie gras, Cassoulet, Boeuf mode braisé à l'ancienne.

XX 🏵 **A Sousceyrac** (Asfaux), 35 r. Faidherbe (11ᵉ) ℰ 43 71 65 30 – 🍴. 🆎 𝗩𝗜𝗦𝗔
J 19
fermé août, sam. et dim. – **R** carte 250 à 330
Spéc. Foie gras frais en terrine, Ris de veau entier à l'étuvée, Lièvre à la royale (saison).

XX **Repaire de Cartouche,** 8 bd Filles-du-Calvaire (11ᵉ) ℘ 47 00 25 86 – 🆎 ⓞ 𝗩𝗜𝗦𝗔　　H 17
fermé 1ᵉʳ au 25 août, sam. midi et dim. – **R** 140 et carte 180 à 310.

XX **Franc Pinot,** 1 quai Bourbon (4ᵉ) ℘ 43 29 46 98, Fax 42 77 18 16, « Ancienne cave à vin »
– 🆎 ⓞ 🛡 𝗩𝗜𝗦𝗔　　K 16
fermé dim. et lundi – **R** 150 (déj.) et carte 310 à 430.

XX **L'Aiguière,** 37 bis r. Montreuil (11ᵉ) ℘ 43 72 42 32 – 🖵. 🆎 ⓞ 🛡 𝗩𝗜𝗦𝗔　　K 20
fermé sam. midi et dim. – **R** 100 (déj.)/170 et carte 230 à 340.

XX **Coconnas,** 2 bis pl. Vosges (4ᵉ) ℘ 42 78 58 16, 🌣 – 🆎 ⓞ 🛡 𝗩𝗜𝗦𝗔　　J 17
fermé mi-déc. à mi-janv., lundi et mardi – **R** carte 200 à 330.

XX **L'Alisier,** 26 r. Montmorency (3ᵉ) ℘ 42 72 31 04 – 🛡 𝗩𝗜𝗦𝗔. 🌣　　H 16
fermé août, sam. midi et dim. – **R** 130/175.

XX **Wally,** 16 r. Le Regrattier (4ᵉ) ℘ 43 25 01 39, cuisine nord-africaine – 🆎 ⓞ 🛡 𝗩𝗜𝗦𝗔. 🌣
fermé août. – **R** 290 bc.　　K 15

XX **Guirlande de Julie,** 25 pl. des Vosges (3ᵉ) ℘ 48 87 94 07, 🌣 – 🖵. 🆎 🛡 𝗩𝗜𝗦𝗔　　J 17
fermé janv., lundi et mardi – **R** 160.

XX **Les Amognes,** 243 r. Fg St-Antoine (11ᵉ) ℘ 43 72 73 05 – 🛡 𝗩𝗜𝗦𝗔　　K 20
fermé 30 mars au 6 avril, 12 au 31 août, 23 au 28 déc., dim. soir et lundi – **R** 140 et carte
180 à 275.

XX **Pyrénées Cévennes,** 106 r. Folie-Méricourt (11ᵉ) ℘ 43 57 33 78 – 🛡 𝗩𝗜𝗦𝗔　　G 17
fermé août, sam., dim. et fêtes – **R** carte 180 à 370.

X **Au Gourmet de l'Isle,** 42 r. St-Louis-en-l'Ile (4ᵉ) ℘ 43 26 79 27 – 🛡 𝗩𝗜𝗦𝗔　　K 16
fermé lundi et mardi – **R** 110.

X **Le Monde des Chimères,** 69 r. St-Louis-en-L'Ile (4ᵉ) ℘ 43 54 45 27 – 𝗩𝗜𝗦𝗔　　K 16
fermé vacances de fév., dim. et lundi – **R** carte 230 à 320.

X **L'Oulette,** 38 r. Tournelles (4ᵉ) ℘ 42 71 43 33 – 🛡 𝗩𝗜𝗦𝗔　　J 17
fermé 3 au 25 août, 21 au 29 déc., sam. et dim. – **R** 130 (déj.)/150 (dîner).

X **Chez Fernand,** 17 r. Fontaine au Roi (11ᵉ) ℘ 43 57 46 25 – 𝗩𝗜𝗦𝗔　　G 18
fermé dim. et lundi – **R** 120 (déj.) et carte 140 à 275.

Quartier Latin, Luxembourg, Jardin des Plantes,

5ᵉ et 6ᵉ arrondissements.
5ᵉ : ✉ 75005
6ᵉ : ✉ 75006

🏨 **Lutétia** Ⓜ, 45 bd Raspail (6ᵉ) ℘ 45 44 38 10, Télex 270424, Fax 45 44 50 50 – 🛗 🖵 📺 ☎
– 🛎 700. 🆎 ⓞ 🛡 𝗩𝗜𝗦𝗔　　K 12
R voir rest. **Le Paris** ci-après - **Brasserie Lutétia R** carte 170 à 305 🍷 – ☲ 85 – **258 ch**
950/1950, 27 appart.

🏨 **Victoria Palace** 📎, 6 r. Blaise-Desgoffe (6ᵉ) ℘ 45 44 38 16, Télex 270557, Fax 45 49 23 75
– 🛗 📺 ☎. 🆎 🛡 𝗩𝗜𝗦𝗔. 🌣　　L 11
R 145 – **110 ch** ☲ 800/1300.

🏨 **Relais Christine** Ⓜ 📎 sans rest, 3 r. Christine (6ᵉ) ℘ 43 26 71 80, Télex 202606,
Fax 43 26 89 38, « Bel aménagement intérieur » – 🛗 🖵 📺 ☎ 🚗 – 🛎 25. 🆎 ⓞ 🛡 𝗩𝗜𝗦𝗔
☲ 80 – **34 ch** 1200/1600, 17 duplex 1600/2200.　　J 14

🏨 **Quality Inn** Ⓜ sans rest, 92 r. Vaugirard (6ᵉ) ℘ 42 22 00 56, Télex 206900, Fax 42 22 05 39
– 🛗 ⇔ 🖵 📺 ☎ ♿ 🚗 – 🛎 35. 🆎 ⓞ 🛡 𝗩𝗜𝗦𝗔　　L 12
☲ 55 – **134 ch** 640/850.

🏨 **Sainte Beuve** Ⓜ sans rest, 9 r. Ste Beuve (6ᵉ) ℘ 45 48 20 07, Télex 270182, Fax 45 48 67 52
– 🛗 📺 ☎. 🆎 🛡 𝗩𝗜𝗦𝗔. 🌣　　L 12
☲ 70 – **22 ch** 650/1100.

🏨 **Littré** 📎, 9 r. Littré (6ᵉ) ℘ 45 44 38 68, Télex 203852, Fax 45 44 88 13 – 🛗 📺 ☎ – 🛎 25.
🆎 🛡 𝗩𝗜𝗦𝗔. 🌣　　L 11
R 145 – **93 ch** ☲ 680/925, 4 appart. 1300.

🏨 **La Villa** Ⓜ sans rest, 29 r. Jacob (6ᵉ) ℘ 43 26 60 00, Télex 202437, Fax 46 34 63 63,
« Original décor contemporain » – 🛗 🖵 📺 ☎ ♿. 🆎 🛡 𝗩𝗜𝗦𝗔. 🌣　　J 13
☲ 80 – **28 ch** 750/1100, 4 appart.

🏨 **Latitudes St Germain** Ⓜ sans rest, 7-11 r. St-Benoit (6ᵉ) ℘ 42 61 53 53, Télex 213531,
Fax 49 27 09 33 – 🛗 🖵 📺 ☎ ♿. 🆎 ⓞ 🛡 𝗩𝗜𝗦𝗔　　J 13
☲ 55 – **117 ch** 750/840.

🏨 **Abbaye St-Germain** 📎 sans rest, 10 r. Cassette (6ᵉ) ℘ 45 44 38 11 – 🛗 ☎. 🌣　　K 12
44 ch ☲ 730/1200, 4 duplex 1800.

Madison H. sans rest, 143 bd St-Germain (6ᵉ) ℰ 43 29 72 50, Télex 201628, Fax 43 29 72 50 – 🛗 🖭 📺 ☎. ⅋ ⓪ 🗲 𝗩𝗜𝗦𝗔
J 13
🍽 50 – **55 ch** 600/1050.

Saint-Grégoire Ⓜ sans rest, 43 r. Abbé Grégoire (6ᵉ) ℰ 45 48 23 23, Télex 205343, Fax 45 48 33 95 – 🛗 📺 ☎. ⅋ ⓪ 🗲 𝗩𝗜𝗦𝗔. ⅌
L 12
🍽 55 – **20 ch** 650/1100.

Left Bank H. Ⓜ sans rest, 11 r. Ancienne Comédie (6ᵉ) ℰ 43 54 01 70, Télex 200502, Fax 43 26 17 14 – 🛗 🖭 📺 ☎ ⅍. ⅋ ⓪ 🗲 𝗩𝗜𝗦𝗔
K 13
🍽 25 – **31 ch** 725/850.

Relais St Germain sans rest, 9 carrefour de l'Odéon (6ᵉ) ℰ 43 29 12 05, Télex 201889, Fax 46 33 45 30, « Bel aménagement intérieur » – 🛗 🖭 📺 ☎. ⅋ ⓪ 🗲 𝗩𝗜𝗦𝗔
K 13
10 ch 🍽 1160/1320.

Angleterre sans rest, 44 r. Jacob (6ᵉ) ℰ 42 60 34 72, Fax 42 60 16 93 – 🛗 📺 ☎. ⅋ ⓪ 🗲 𝗩𝗜𝗦𝗔. ⅌
J 13
🍽 35 – **29 ch** 600/950.

St-Germain-des-Prés sans rest, 36 r. Bonaparte (6ᵉ) ℰ 43 26 00 19, Télex 200409, Fax 40 46 83 63 – 🛗 📺 ☎. 🗲 𝗩𝗜𝗦𝗔. ⅌
J 13
30 ch 🍽 780/1200.

Villa des Artistes Ⓜ sans rest, 9 r. Grande Chaumière (6ᵉ) ℰ 43 26 60 86, Télex 204080, Fax 43 54 73 70 – 🛗 📺 ☎. ⅋ ⓪ 🗲 𝗩𝗜𝗦𝗔
L 12
59 ch 🍽 550/700.

Ferrandi sans rest, 92 r. Cherche-Midi (6ᵉ) ℰ 42 22 97 40, Télex 205201, Fax 45 44 89 97 –
🛗 📺 ☎. ⅋ ⓪ 🗲 𝗩𝗜𝗦𝗔
L 11
🍽 50 – **41 ch** 385/850.

St Christophe Ⓜ sans rest, 17 r. Lacépède (5ᵉ) ℰ 43 31 81 54, Télex 204304, Fax 43 31 12 54 – 🛗 📺 ☎ ⅍. ⅋ ⓪ 🗲 𝗩𝗜𝗦𝗔. ⅌
L 15
🍽 42 – **31 ch** 600/650.

Panthéon Ⓜ sans rest, 19 pl. Panthéon (5ᵉ) ℰ 43 54 32 95, Télex 206435, Fax 43 26 64 65, ≼ – 🛗 📺 ☎. ⅋ ⓪ 🗲 𝗩𝗜𝗦𝗔. ⅌
L 14
🍽 30 – **32 ch** 600/700.

Grands Hommes Ⓜ sans rest, 17 pl. Panthéon (5ᵉ) ℰ 46 34 19 60, Télex 200185, Fax 43 26 67 32, ≼ – 🛗 📺 ☎. ⅋ ⓪ 🗲 𝗩𝗜𝗦𝗔. ⅌
L 14
🍽 30 – **32 ch** 600/700.

Jardin de Cluny sans rest, 9 r. Sommerard (5ᵉ) ℰ 43 54 22 66, Télex 206975, Fax 40 51 03 36 – 🛗 📺 ☎. ⅋ ⓪ 🗲 𝗩𝗜𝗦𝗔. ⅌
K 14
40 ch 🍽 480/650.

Elysa Luxembourg Ⓜ sans rest, 6 r. Gay-Lussac (5ᵉ) ℰ 43 25 31 74, Télex 206881 – 🛗 📺 ☎. ⅋ ⓪ 🗲 𝗩𝗜𝗦𝗔
L 14
🍽 35 – **30 ch** 450/660.

Notre Dame Ⓜ sans rest, 1 quai St-Michel (5ᵉ) ℰ 43 54 20 43, Télex 206650, Fax 43 26 61 75, ≼ – 🛗 📺 ☎. ⅋ ⓪ 🗲 𝗩𝗜𝗦𝗔
K 14
🍽 35 – **23 ch** 470/770, 3 duplex 1050.

Parc St-Séverin Ⓜ sans rest, 22 r. Parcheminerie (5ᵉ) ℰ 43 54 32 17, Télex 270905, Fax 43 54 70 71 – 🛗 📺 ☎. ⅋ ⓪ 🗲 𝗩𝗜𝗦𝗔. ⅌
K 14
🍽 45 – **27 ch** 400/1300.

de Fleurie sans rest, 32 r. Grégoire de Tours (6ᵉ) ℰ 43 29 59 81, Télex 206153, Fax 43 29 68 44 – 🛗 📺 ☎. ⅋ ⓪ 🗲 𝗩𝗜𝗦𝗔. ⅌
K 13
🍽 45 – **29 ch** 550/950.

Odéon H., sans rest, 3 r. Odéon (6ᵉ) ℰ 43 25 90 67, Télex 202943, Fax 43 25 55 98 – 🛗 🖭 📺 ☎. ⅋ ⓪ 🗲 𝗩𝗜𝗦𝗔. ⅌
K 13
🍽 40 – **34 ch** 650/850.

Collège de France Ⓜ sans rest, 7 r. Thénard (5ᵉ) ℰ 43 26 78 36, Fax 46 34 58 29 – 🛗 📺 ☎. ⅋. ⅌
K 14
🍽 30 – **29 ch** 450/500.

des Saints-Pères sans rest, 65 r. des Sts-Pères (6ᵉ) ℰ 45 44 50 00, Télex 205424, Fax 45 44 90 83 – 🛗 📺 ☎ ⅍. ⅋ ⓪ 🗲 𝗩𝗜𝗦𝗔. ⅌
J 12
🍽 45 – **34 ch** 400/1500, 3 appart. 1500.

Trois Collèges Ⓜ sans rest, 16 r. Cujas (5ᵉ) ℰ 43 54 67 30, Télex 206034, Fax 46 34 02 99 – 🛗 📺 ☎. ⅋ ⓪ 🗲 𝗩𝗜𝗦𝗔. ⅌
K 14
🍽 35 – **44 ch** 290/510.

Aramis St Germain sans rest, 124 r. Rennes (6ᵉ) ℰ 45 48 03 75, Télex 205098, Fax 45 44 99 29 – 🛗 📺 ☎ – 🔬 40. ⅋ ⓪ 🗲 𝗩𝗜𝗦𝗔. ⅌
L 12
🍽 45 – **42 ch** 450/650.

Jardin des Plantes sans rest, 5 r. Linné (5ᵉ) ℰ 47 07 06 20, Télex 203684, Fax 47 07 62 74 – 🛗 📺 ☎. ⅋ ⓪ 🗲 𝗩𝗜𝗦𝗔
L15
🍽 35 – **33 ch** 340/590.

De l'Odéon sans rest, 13 r. St-Sulpice (6ᵉ) ℰ 43 25 70 11, Télex 206731, Fax 43 29 97 34, « Maison du 16ᵉ siècle » – 🛗 📺 ☎. ⅋ ⓪ 🗲 𝗩𝗜𝗦𝗔
K 13
🍽 39 – **29 ch** 500/740.

Avenir sans rest, 65 r. Madame (6ᵉ) ℰ 45 48 84 54, Télex 200428, Fax 45 49 26 80 – 🛗 📺 ☎. ⅋ ⓪ 🗲 𝗩𝗜𝗦𝗔. ⅌
L 12
🍽 30 – **35 ch** 400/510.

🏨 **Le Régent** sans rest, 61 r. Dauphine (6e) ℰ 46 34 59 80, Télex 206257, Fax 40 51 05 07 –
🛗 📺 ☎ ᗹ, ᗙ ⓞ ⅇ ᴠⁱˢᵃ
▭ 40 – **25 ch** 550/750. J 13

🏨 **Trianon Palace** sans rest, 3 r. Vaugirard (6e) ℰ 43 25 98 10, Télex 202263, Fax 43 29 15 98
– 🛗 📺 ☎ ᗙ ⓞ ⅇ ᴠⁱˢᵃ. ⋘
▭ 41 – **110 ch** 535/635. K 14

🏨 **Bréa** sans rest, 14 r. Bréa (6e) ℰ 43 25 44 41, Télex 202053 – 🛗 📺 ☎ ᗙ ⓞ ⅇ ᴠⁱˢᵃ. ⋘
▭ 40 – **23 ch** 510/650. L 12

🏨 **Select** sans rest, 1 pl. Sorbonne (5e) ℰ 46 34 14 80, Télex 201207, Fax 46 34 51 79 – 🛗 📺
☎ ᗙ ⓞ ⅇ ᴠⁱˢᵃ
▭ 30 – **69 ch** 460/680. K 14

🏨 **Rennes Montparnasse** sans rest, 151 bis r. Rennes (6e) ℰ 45 48 97 38, Télex 250048,
Fax 45 44 63 57 – 🛗 📺 ☎ ᗙ ⓞ ⅇ ᴠⁱˢᵃ
fermé août – ▭ 37 – **41 ch** 430/570. L 12

🏨 **Marronniers** sans rest, 21 r. Jacob (6e) ℰ 43 25 30 60 – 🛗 ☎. ⋘
▭ 46 – **37 ch** 600/660. J 13

🏨 **Terminus Montparnasse** sans rest, 59 bd Montparnasse (6e) ℰ 45 48 99 10, Télex
202636, Fax 45 48 59 10 – 🛗 📺 ☎ ᗙ ⓞ ⅇ ᴠⁱˢᵃ
fermé 29 juil. au 26 août – ▭ 30 – **63 ch** 415/545. L 11

🏨 **Pas-de-Calais** sans rest, 59 r. Sts-Pères (6e) ℰ 45 48 78 74, Télex 270476, Fax 45 44 94 57
– 🛗 📺 ☎ ⅇ ᴠⁱˢᵃ
41 ch ▭ 560/690. J 12

🏨 **Delavigne** sans rest, 1 r. Casimir Delavigne (6e) ℰ 43 29 31 50, Télex 201579,
Fax 43 29 78 56 – 🛗 📺 ☎ ⅇ ᴠⁱˢᵃ. ⋘
▭ 35 – **34 ch** 410/620. K 13

🏨 **Louis II** sans rest, 2 r. St-Sulpice (6e) ℰ 46 33 13 80, Télex 206561, Fax 46 33 17 29 – 🛗
☎ ᗙ ᴠⁱˢᵃ
▭ 32 – **22 ch** 399/580. K 13

🏨 **Agora St-Germain** sans rest, 42 r. Bernardins (5e) ℰ 46 34 13 00, Télex 260881,
Fax 46 34 75 05 – 🛗 📺 ☎ ᗙ ⓞ ⅇ ᴠⁱˢᵃ. ⋘
▭ 35 – **39 ch** 530/590. K 15

🏨 **Nations** sans rest, 54 r. Monge (5e) ℰ 43 26 45 24, Télex 200397, Fax 46 34 00 13 – 🛗 📺
☎ ᗙ ⓞ ⅇ ᴠⁱˢᵃ
▭ 40 – **38 ch** 480/500. L 15

🏨 **Gd H. Suez** sans rest, 31 bd St-Michel (5e) ℰ 46 34 08 02, Télex 202019 – 🛗 📺 ☎. ᗙ
ⓞ ⅇ ᴠⁱˢᵃ. ⋘
49 ch ▭ 300/450. K 14

🏨 **La Sorbonne** sans rest, 6 r. Victor Cousin (5e) ℰ 43 54 58 08, Télex 206373, Fax 40 51 05 18
– 🛗 📺 ☎ ⅇ ᴠⁱˢᵃ
▭ 30 – **37 ch** 360/450. K 14

🏨 **Albe** sans rest, 1 r. Harpe (5e) ℰ 46 34 09 70, Télex 203328, Fax 40 46 85 70 – 🛗 📺 ☎. ᗙ
ⅇ ᴠⁱˢᵃ. ⋘
▭ 30 – **43 ch** 397/515. K 14

🏨 **Muséum** sans rest, 9 r. Buffon (5e) ℰ 43 31 51 90 – 🛗 📺 ☎. ⅇ ᴠⁱˢᵃ
▭ 25 – **24 ch** 250/350. L 16

🏨 **Gd H. des Principautés Unies** sans rest, 42 r. Vaugirard (6e) ℰ 46 34 11 80 – 🛗
cuisinette 📺 ☎. ⅇ ᴠⁱˢᵃ. ⋘
fermé août – ▭ 28 – **28 ch** 405/425. K 13

XXXXX ✿✿✿ **Tour d'Argent** (Terrail), 15 quai Tournelle (5e) ℰ 43 54 23 31, « ≤ Notre Dame -
Petit musée de la table. Dans les caves : spectacle historique sur le vin » – ᗙ ⓞ ᴠⁱˢᵃ
fermé lundi – **R** 375 (déj.) et carte 650 à 860 K 16
Spéc. Saint-Jacques poêlées au naturel et soufflé d'oursins, Canard du ''Centenaire'', Soufflé praliné à
l'ancienne.

XXX ✿✿ **Jacques Cagna**, 14 r. Gds Augustins (6e) ℰ 43 26 49 39, Fax 43 54 54 48, « Maison
du Vieux Paris » – ▤. ᗙ ⓞ ⅇ ᴠⁱˢᵃ J 14
fermé août, 24 déc. au 2 janv., sam. et dim. – **R** 260 (déj.) et carte 460 à 650
Spéc. Petits escargots en surprise, Goujonnettes de sole et rougets de roche en friture sauce béarnaise,
Côte de veau mijotée à l'ancienne.

XXX ✿ **Le Paris** - Hôtel Lutétia, 45 bd Raspail (6e) ℰ 45 48 74 34, Télex 270424, Fax 45 44 50 50 –
▤. ᗙ ⓞ ⅇ ᴠⁱˢᵃ K 12
fermé août, sam. et dim. – **R** 280 (déj.) et carte 310 à 410
Spéc. Salade de canette sauvage à la Cuberland (sept. à fév.), Timbale de petites nouilles aux Saint-Jacques
(oct. à mars), Navarin de carré d'agneau au Madère.

XXX ✿✿ **Relais Louis XIII**, 1 r. Pont de Lodi (6e) ℰ 43 26 75 96, Fax 42 89 05 78, « Caveau du
16e siècle, beau mobilier » – ▤. ᗙ ⓞ ⅇ ᴠⁱˢᵃ J 14
fermé 20 juil. au 20 août, lundi midi et dim. – **R** 230 (déj.) et carte 355 à 575
Spéc. Ravioli de langoustines à l'estragon, Panaché de poissons à l'oursinade, Trois filets mignons sauce
''velours''.

XXX **Lapérouse,** 51 quai Gds Augustins (6e) ℰ 43 26 68 04, Fax 43 26 99 39, « Salons Belle
Époque » – ▣. 🅰🅴 ⓞ 🄴 _VISA_. ⌘   J 14
fermé août, dim. soir et lundi – **R** 190 (déj.) et carte 330 à 620.

XXX **Le Procope,** 13 r. Ancienne Comédie (6e) ℰ 43 26 99 20, Fax 43 54 16 86, « Ancien café
littéraire du 18e siècle » – 🅰🅴 ⓞ 🄴 _VISA_ – **R** carte 155 à 280 ⌥   K 13

XX **Aub. des Deux Signes,** 46 r. Galande (5e) ℰ 43 25 46 56, « Cadre médiéval » – 🅰🅴 ⓞ
🄴 _VISA_ – *fermé août et dim.* – **R** 140 (déj.)/220   K 14

XX **Au Pactole,** 44 bd St-Germain (5e) ℰ 46 33 31 31 – 🅰🅴 🄴 _VISA_
fermé sam. midi et dim. – **R** 145/280   K 15

XX ⌘ **Dodin-Bouffant,** 25 r. F.-Sauton (5e) ℰ 43 25 25 14 – ▣. ⓞ 🄴 _VISA_   K 15
fermé 4 août au 1er sept., 21 déc. au 3 janv. et dim. – **R** 170 (déj.) et carte 280 à 375
Spéc. Assiette de champignons (saison), Daube d'huîtres et pieds de porc, Gibier (saison).

XX **Calvet,** 165 bd St-Germain (6e) ℰ 45 48 93 51 – ▣. 🅰🅴 ⓞ 🄴 _VISA_   J 12
fermé août – **R** 129/185.

XX **Diapason,** 30 r. Bernardins (5e) ℰ 43 54 21 13 – 🅰🅴 ⓞ 🄴 _VISA_   K 15
fermé 1er au 15 août, sam. midi et dim. – **R** 165 et carte 230 à 350.

XX **Quai de la Tournelle,** 25 quai de la Tournelle (5e) ℰ 46 34 07 78 – ▣. _VISA_   K 15
fermé sam. midi et dim. – **R** 150 (déj.) et carte 270 à 390.

XX ⌘ **Clavel,** 65 quai Tournelle (5e) ℰ 46 33 18 65 – 🅰🅴 🄴 _VISA_   K 15
fermé 4 au 26 août, vacances de fév., dim. soir et lundi – **R** 170 (déj.) et carte 280 à 400
Spéc. Feuilleté de haddock aux poireaux, Tourte de canard au foie gras, Gâteau au chocolat noir ''N'Gaïnde''.

XX **Chat Grippé,** 87 r. d'Assas (6e) ℰ 43 54 70 00 – ▣. 🄴 _VISA_. ⌘   LM 13
fermé août, sam. midi et lundi – **R** 220/315.

XX **La Truffière,** 4 r. Blainville (5e) ℰ 46 33 29 82 – ▣. 🅰🅴 ⓞ 🄴 _VISA_   L 15
fermé 5 au 19 août et lundi – **R** 95/300.

XX **La Petite Cour,** 8 r. Mabillon (6e) ℰ 43 26 52 26, ☞ – 🄴 _VISA_   K 13
R 158 (déj.) et carte 200 à 320.

XX **L'Arrosée,** 12 r. Guisarde (6e) ℰ 43 54 66 59 – 🅰🅴 ⓞ 🄴 _VISA_   K 13
fermé 1er au 5 janv. et dim. – **R** 145/210.

XX **La Marlotte,** 55 r. Cherche-Midi (6e) ℰ 45 48 86 79 – 🅰🅴 ⓞ. ⌘   K 12
fermé août, sam. et dim. – **R** 200 bc/300 bc.

XX **Marty,** 20 av. Gobelins (5e) ℰ 43 31 39 51 – ▣. 🅰🅴 🄴 _VISA_   M 15
R 149 bc et carte 170 à 310, enf. 69.

XX **La Foux,** 2 r. Clément (6e) ℰ 43 54 09 53 – 🄴 _VISA_   K 13
fermé 23 déc. au 2 janv., lundi midi et dim. – **R** 150 (déj.) et carte 180 à 300.

XX **Yugaraj,** 14 r. Dauphine (6e) ℰ 43 26 44 91, cuisine indienne – ▣. 🅰🅴 ⓞ _VISA_. ⌘   J 14
fermé lundi – **R** 196/230.

XX **Les Tuffeaux,** 11 r. Dupin (6e) ℰ 42 22 64 56 – 🅰🅴 🄴 _VISA_   K 12
fermé 1er au 23 août, sam. midi et dim. – **R** 170 (déj.) et carte 210 à 300.

XX **Au Régent,** 97 r. Cherche Midi (6e) ℰ 42 22 32 44 – 🅰🅴 ⓞ 🄴 _VISA_   L 11
fermé août et lundi – **R** 125 et carte 190 à 230.

XX **Le Sybarite,** 6 r. Sabot (6e) ℰ 42 22 21 56 – ▣. 🅰🅴 ⓞ 🄴 _VISA_   K 12
fermé sam. midi et dim. – **R** 168 et carte 200 à 290 ⌥.

XX **Au Grilladin,** 13 r. Mézières (6e) ℰ 45 48 30 38 – 🅰🅴 🄴 _VISA_   K 12
fermé 27 juil. au 28 août, 22 déc. au 2 janv., lundi midi et dim. – **R** 146 et carte 150 à 300.

XX **Joséphine** ''Chez Dumonet'', 117 r. Cherche-Midi (6e) ℰ 45 48 52 40 – 🄴 _VISA_   L 11
fermé juil., 20 au 29 déc., sam. et dim. – **R** carte 210 à 330.

X **Rôtisserie du Beaujolais,** 19 quai Tournelle (5e) ℰ 43 54 17 47 – _VISA_   K 15
fermé janv. et lundi – **R** carte 150 à 210.

X **Balzar,** 49 r. Écoles (5e) ℰ 43 54 13 67, brasserie – 🅰🅴 🄴 _VISA_   K 14
fermé août et 24 déc. au 3 janv. – **R** carte 130 à 280.

X **Allard,** 41 r. St-André-des-Arts (6e) ℰ 43 26 48 23 – 🅰🅴 ⓞ 🄴 _VISA_   K 14
fermé 31 juil. au 4 sept., 23 déc. au 3 janv., sam. et dim. – **R** carte 275 à 410.

X **Moissonnier,** 28 r. Fossés-St-Bernard (5e) ℰ 43 29 87 65 – 🄴 _VISA_   K 15
fermé août, dim. soir et lundi – **R** carte 160 à 280.

X ⌘ **La Timonerie** (de Givenchy), 35 quai Tournelle (5e) ℰ 43 25 44 42 – ▣. _VISA_   K 15
fermé 24 fév. au 11 mars, lundi de mars à août, sam. de sept. à fév. et dim. – **R** 120 et
carte 225 à 370.
Spéc. Petatou poitevin, Sandre rôti au chou et pommes de terre en vinaigrette, Tarte fine au chocolat.

X **Chez Maître Paul,** 12 r. Monsieur-le-Prince (6e) ℰ 43 54 74 59 – 🅰🅴 ⓞ 🄴 _VISA_   K 13
fermé sam. midi et dim. – **R** 165 et carte 150 à 250.

X **Moulin à Vent** ''Chez Henri'', 20 r. Fossés-St-Bernard (5e) ℰ 43 54 99 37 – 🄴 _VISA_. ⌘   K 15
fermé août, dim. et lundi – **R** carte 220 à 330.

X **Le Palanquin,** 12 r. Princesse (6e) ℰ 43 29 77 66, cuisine vietnamienne – 🄴 _VISA_   K 13
fermé 12 au 25 août et dim. – **R** carte 130 à 220.

X **La Vigneraie,** 16 r. Dragon (6e) ℰ 45 48 57 04 – 🅰🅴 ⓞ 🄴 _VISA_   J 12
fermé 11 au 18 août et dim. midi – **R** carte 170 à 280.

X **La Cantine,** 245 bis r. St-Jacques (5e) ℰ 43 26 97 92 – 🄴 _VISA_   L 14
fermé dim. – **R** 200/250, enf. 70.

Faubourg-St-Germain, Invalides, École Militaire.

7e arrondissement.
7e : ⊠ 75007

🏨🏨🏨 **Pont Royal et rest. Les Antiquaires,** 7 r. Montalembert ℘ 45 44 38 27, Télex 270113,
Fax 45 44 92 07 – 🛗 cuisinette 🖥 📺 ☎ – 🔏 30. 🖭 ⓞ 𝗩𝗜𝗦𝗔 ⁓ rest   J 12
R *(fermé août, 25 déc. au 1er janv. et dim.)* 160 et carte 200 à 315 – **73 ch** ⊆ 850/1550, 5
appart. 2800.

🏨🏨 **Duc de Saint Simon** sans rest, 14 r. St-Simon ℘ 45 48 35 66, Télex 203277,
Fax 45 48 68 25, « Belle décoration intérieure » – 🛗 📺 ☎ ⁓   J 11
⊆ 70 – **29 ch** 950/1400, 5 appart. 1900.

🏨🏨 **Cayré** 🅼 sans rest, 4 bd Raspail ℘ 45 44 38 88, Télex 270577, Fax 45 44 98 13 – 🛗 📺 ☎
– 🔏 30. 🖭 ⓞ 𝗩𝗜𝗦𝗔   J 12
126 ch ⊆ 1150/1200.

🏨🏨 **La Bourdonnais,** 111 av. La Bourdonnais ℘ 47 05 45 42, Télex 201416, Fax 45 55 75 54 –
🛗 📺 ☎ ♿. ⓞ 🄴 𝗩𝗜𝗦𝗔. ⁓ rest   J 9
R voir rest. La Cantine des Gourmets ci-après – **60 ch** ⊆ 420/580.

🏨 **Eiffel Park H.** 🅼 sans rest, 17 bis r. Amélie ℘ 45 55 10 01, Télex 202950, Fax 47 05 28 68
– 🛗 📺 ☎ ♿. – 🔏 40. 🖭 ⓞ 🄴 𝗩𝗜𝗦𝗔. ⁓   J 9
⊆ 40 – **36 ch** 655/900.

🏨 **Université** sans rest, 22 r. Université ℘ 42 61 09 39, Fax 42 60 40 84, « Beau mobilier » –
🛗 📺 ☎. ⁓   J 12
⊆ 45 – **28 ch** 500/900.

🏨 **Les Jardins d'Eiffel** 🅼 sans rest, 8 r. Amélie ℘ 47 05 46 21, Télex 206582, Fax 45 55 28 08
– 🛗 ⁓ 📺 ☎ ⏵. 🖭 ⓞ 🄴 𝗩𝗜𝗦𝗔   H 9
⊆ 40 – **44 ch** 640/760.

🏨 **Élysées Maubourg** 🅼 sans rest, 35 bd La Tour-Maubourg ℘ 45 56 10 78, Télex 206227,
Fax 47 05 65 08 – 🛗 📺 ☎. 🖭 ⓞ 🄴 𝗩𝗜𝗦𝗔   H 10
⊆ 40 – **30 ch** 510/730.

🏨 **Beaugency** 🅼 sans rest, 21 r. Duvivier ℘ 47 05 01 63, Télex 201494, Fax 45 51 04 96 – 🛗
📺 ☎ 🖭 ⓞ 🄴 𝗩𝗜𝗦𝗔   J 9
30 ch ⊆ 430/660.

🏨 **Verneuil-St-Germain** 🅼 sans rest, 8 r. Verneuil ℘ 42 60 82 14, Télex 211608,
Fax 42 61 40 38 – 🛗 📺 ☎. 🖭 ⓞ 🄴 𝗩𝗜𝗦𝗔   J 12
⊆ 40 – **26 ch** 640/670.

🏨 **Lenox Saint-Germain** sans rest, 9 r. Université ℘ 42 96 10 95, Fax 42 61 52 83 – 🛗 📺
☎ 🖭 ⓞ 🄴 𝗩𝗜𝗦𝗔. ⁓   J 12
⊆ 40 – **32 ch** 480/670.

🏨 **De Varenne** 🅼 🌿 sans rest, 44 r. Bourgogne ℘ 45 51 45 55, Télex 205329, Fax 45 51 86 63
– 🛗 📺 ☎. 🖭 🄴 𝗩𝗜𝗦𝗔   J 10
⊆ 35 – **24 ch** 430/580.

🏨 **Londres** sans rest, 1 r. Augereau ℘ 45 51 63 02, Télex 206398, Fax 47 05 28 96 – 🛗 📺
☎. 🖭 ⓞ 🄴 𝗩𝗜𝗦𝗔   J 8
⊆ 32 – **30 ch** 440/560.

🏨 **Suède** sans rest, 31 r. Vaneau ℘ 47 05 00 08, Télex 200596, Fax 47 05 69 27 – 🛗 ☎. 🖭 🄴
𝗩𝗜𝗦𝗔. ⁓   K 11
⊆ 40 – **40 ch** 505/780.

🏨 **Bourgogne et Montana,** 3 r. Bourgogne ℘ 45 51 20 22, Télex 270854, Fax 45 56 11 98 –
🛗 🖥 rest 📺 ☎. 🖭 ⓞ 🄴 𝗩𝗜𝗦𝗔   H 11
R *(fermé août, sam. et dim.)* 160 et carte 170 à 280 🍷, enf. 100 – **30 ch** ⊆ 500/720, 5
appart. 950.

🏨 **St-Germain** sans rest, 88 r. Bac ℘ 45 48 62 92, Fax 45 48 26 89 – 🛗 📺 ☎. 🖭 🄴 𝗩𝗜𝗦𝗔
⊆ 32 – **29 ch** 295/560.   J 11

🏨 **France** 🅼 sans rest, 102 bd La Tour-Maubourg ℘ 47 05 40 49, Télex 205020, Fax 45 56 96 78
– 🛗 📺 ☎ ♿. 🖭 🄴 𝗩𝗜𝗦𝗔   J 9
⊆ 30 – **60 ch** 300/430.

🏨 **Derby H.** sans rest, 5 av. Duquesne ℘ 47 05 12 05, Télex 206236, Fax 47 05 43 43 – 🛗 📺
☎. 🖭 ⓞ 🄴 𝗩𝗜𝗦𝗔   J 9
⊆ 45 – **44 ch** 420/550.

🏨 **Saxe Résidence** 🌿 sans rest, 9 villa Saxe ℘ 47 83 98 28, Télex 270139, Fax 47 83 85 47
– 🛗 📺 ☎. 🖭 🄴 𝗩𝗜𝗦𝗔. ⁓   K 9
⊆ 30 – **51 ch** 520/550.

🏨 **Chomel** sans rest, 15 r. Chomel ☎ 45 48 55 52, Télex 206522, Fax 45 48 89 76 – 📶 📺 ☎.
🆎 ⓘ 🅴 *VISA*. ⚠️
☐ 34 – **23 ch** 480/670.
K 12

🏨 **Lindbergh** sans rest, 5 r. Chomel ☎ 45 48 35 53, Télex 201777, Fax 45 49 31 48 – 📶 📺
☎. 🆎 ⓘ 🅴 *VISA*
☐ 35 – **26 ch** 360/470.
K 12

🏨 **Bersoly's** sans rest, 28 r. Lille ☎ 42 60 73 79, Télex 217505, Fax 49 27 05 55 – 📶 📺 ☎. 🆎
🅴
fermé 15 au 30 août – ☐ 40 – **16 ch** 525/610.
J 13

🏨 **Tourville** sans rest, 16 av. Tourville ☎ 47 05 52 15, Télex 250786, Fax 45 50 45 67 – 📶 📺
☎. 🆎 ⓘ 🅴 *VISA*. ⚠️
☐ 30 – **31 ch** 380/480.
J 9

🏨 **Solférino** sans rest, 91 r. Lille ☎ 47 05 85 54, Télex 203865, Fax 45 55 51 16 – 📶 ☎. 🅴
VISA. ⚠️
fermé 23 déc. au 3 janv. – ☐ 30 – **33 ch** 219/552.
H 11

🏨 **L'Empereur** sans rest, 2 r. Chevert ☎ 45 55 88 02, Fax 45 51 88 54 – 📶 📺 ☎. 🅴 *VISA*
☐ 32 – **34 ch** 365/400.
J 9

🏨 **Tour Eiffel** sans rest, 17 r. Exposition ☎ 47 05 14 75 – 📶 📺 ☎. 🅴 *VISA*
☐ 22 – **22 ch** 320/400.
J 9

🏨 **Turenne** sans rest, 20 av. Tourville ☎ 47 05 99 92, Télex 203407, Fax 45 56 06 04 – 📶 ☎. 🆎
ⓘ 🅴 *VISA*
☐ 27 – **34 ch** 280/480.
J 9

🏨 **Mars H.** sans rest, 117 av. La Bourdonnais ☎ 47 05 42 30 – 📶 ☎. 🅴 *VISA*. ⚠️
☐ 30 – **24 ch** 160/350.
J 9

🏨 **Champ de Mars** sans rest, 7 r. Champ de Mars ☎ 45 51 52 30 – 📶 ☎. 🅴 *VISA*
fermé 4 au 27 août – ☐ 30 – **25 ch** 300/360.
J 9

🏨 **Résidence Orsay** sans rest, 93 r. Lille ☎ 47 05 05 27 – 📶 ☎. 🅴 *VISA*. ⚠️
fermé août – ☐ 28 – **32 ch** 190/380.
H 11

XXXX ⚙ **Jules Verne**, 2e étage Tour Eiffel, ascenseur privé pilier sud ☎ 45 55 61 44, Télex
205789, Fax 47 05 94 40, ≤ Paris – 🍽. 🆎 ⓘ 🅴 *VISA*. ⚠️
J 7
R 270 (déj. sauf week-ends) et carte 400 à 580
Spéc. Foie gras d'oie aux deux cuissons, Croustillant de turbot rôti à la julienne de légumes, Crème chocolat
et tuile à l'orange.

XXXX ⚙⚙ **Le Divellec**, 107 r. Université ☎ 45 51 91 96, Télex 270519, Fax 45 51 31 75, produits
de la mer – 🍽. 🆎 ⓘ 🅴 *VISA*. ⚠️
H 10
fermé 27 juil. au 27 août, 23 déc. au 2 janv., dim. et lundi – **R** 250 (déj.) et carte 480 à 660
Spéc. Mariné de Saint-Jacques au foie gras de canard poêlé, Lotte rôtie au safran et citron confit, Saint-
Pierre au fumet de pétoncles.

XXX ⚙⚙ **Duquesnoy**, 6 av. Bosquet ☎ 47 05 96 78 – 🍽. 🆎 🅴 *VISA*
H 9
fermé 1er au 18 août, sam. midi et dim. – **R** 240 (déj.) et carte 340 à 620
Spéc. Saint-Jacques fumées "minute", Pâté chaud de caille et foie gras, Feuillantines de riz "Impératrice".

XXX ⚙⚙ **L'Arpège** (Passard), 84 r. Varenne ☎ 45 51 20 02, Fax 47 05 09 06 – 🍽. 🆎 ⓘ 🅴 *VISA*
J 10
fermé 26 juil. au 20 août, dim. midi et sam. – **R** 220 (déj.) et carte 450 à 700
Spéc. Ris de veau à la truffe et châtaignes, Lotte aux épices et son farci de coquillages, Tomate farcie confite
au sirop vanillé.

XXX ⚙ **La Cantine des Gourmets**, 113 av. La Bourdonnais ☎ 47 05 47 96 – 🍽. 🆎 🅴 *VISA*
J 9
R 220 bc (déj.) et carte 310 à 480
Spéc. Club-sandwich de pigeonneau aux truffes, Curry de langoustines, Risotto d'agneau aux girolles.

XXX ⚙ **Regain** (Delaveyne), 135 r. St-Dominique ☎ 47 53 09 85, Fax 45 56 96 16 – 🍽. 🆎 🅴
VISA
J 9
fermé août, sam. et dim. – **R** 240 (déj.) et carte 275 à 415
Spéc. Soupe de canard, Friandise de merlan "Pein ciel" au beurre nantais, Miroton de pommes de terre au
foie gras poêlé.

XXX **Chez les Anges**, 54 bd La Tour Maubourg ☎ 47 05 89 86 – 🍽. 🆎 ⓘ 🅴 *VISA*
J 9
fermé dim. soir – **R** 230 et carte 220 à 480.

XXX **La Flamberge**, 12 av. Rapp ☎ 47 05 91 37 – 🍽. 🆎 ⓘ 🅴 *VISA*
H 8
fermé 1er au 9 mai, 30 juil. au 21 août et 24 déc. au 2 janv. – **R** 190 (déj.) et carte 350 à
500.

XXX ⚙ **La Boule d'Or**, 13 bd La Tour Maubourg ☎ 47 05 50 18 – 🍽. 🆎 ⓘ 🅴 *VISA*
H 10
fermé sam. midi et lundi – **R** 180 et carte 240 à 350
Spéc. Terrine de foie frais de canard, Royal de poissons "Choisy", Soufflé chaud au citron.

XXX **Beato**, 8 r. Malar ℰ 47 05 94 27, cuisine italienne – ▣, ℁ Ε 𝓥𝓘𝓢𝓐, ⬭   H 9
fermé août, Noël au Jour de l'An, dim. et lundi – **R** 230 bc/300.

XXX **Focly**, 71 av. Suffren ℰ 47 83 27 12, cuisine chinoise et thaïlandaise – ▣, ℁ 𝓥𝓘𝓢𝓐   K 8
R 125 (déj.)/200.

XX ⊛ **Ferme St-Simon** (Vandenhende), 6 r. St-Simon ℰ 45 48 35 74 – ▣, 𝓥𝓘𝓢𝓐   J 11
fermé 1er au 25 août, sam. midi et dim. – **R** 195 (déj.) et carte 240 à 330
Spéc. Carpaccio de poisson (été), Foie de veau aux pommes épicées en feuilletage, Gâteau Suffren.

XX ⊛ **Récamier** (Cantegrit), 4 r. Récamier ℰ 45 48 86 58, Fax 42 22 84 76, ⬚ – ▣, ➊ Ε 𝓥𝓘𝓢𝓐   K 12
fermé dim. – **R** carte 300 à 430
Spéc. Oeufs en meurette, Mousse de brochet sauce Nantua, Sauté de boeuf "Bourguignon".

XX **Au Quai d'Orsay**, 49 quai d'Orsay ℰ 45 51 58 58 – ℁ Ε 𝓥𝓘𝓢𝓐   H 9
R 180 bc et carte 230 à 375.

XX **Le Petit Laurent**, 38 r. Varenne ℰ 45 48 79 64 – ▣, ➊ 𝓥𝓘𝓢𝓐   J 11
fermé 4 au 20 août, sam. midi et dim. – **R** 175 et carte 210 à 300, enf. 75.

XX **Le Florence**, 22 r. Champ-de-Mars ℰ 45 51 52 69, cuisine italienne – ▣, ℁ ➊ Ε 𝓥𝓘𝓢𝓐   J 9
fermé août, dim. et lundi – **R** carte 200 à 300.

XX ⊛ **Le Bellecour**, 22 r. Surcouf ℰ 45 51 46 93 – ℁ ➊ Ε 𝓥𝓘𝓢𝓐   H 9
fermé août, sam. (sauf le soir du 1er oct. au 30 juin) et dim. – **R** 180 (déj.) et carte 270 à 370
Spéc. Langoustines rôties, Truffières de Saint-Jacques (déc. à mars), Tarte aux pommes de terre renversées au foie gras.

XX **D'Chez Eux**, 2 av. Lowendal ℰ 47 05 52 55 – ▣, ➊ Ε 𝓥𝓘𝓢𝓐   J 9
fermé août – **R** carte 235 à 360.

XX **Giulio Rebellato**, 20 r. Monttessuy ℰ 45 55 79 01, cuisine italienne – ▣, ℁ Ε 𝓥𝓘𝓢𝓐, ⬭   H 8
fermé août, sam. midi et dim. – **R** carte 230 à 360.

XX **Vert Bocage**, 96 bd La Tour Maubourg ℰ 45 51 48 64 – ▣, ℁ ➊ Ε 𝓥𝓘𝓢𝓐   J 9
fermé sam. et dim. – **R** carte 240 à 350.

XX **Le Luz**, 4 r. Pierre Leroux ℰ 43 06 99 39 – ▣, ℁ Ε 𝓥𝓘𝓢𝓐   K 11
fermé 25 août au 2 sept., sam. midi et dim. – **R** 140 et carte 190 à 330.

XX **Aux Délices de Szechuen**, 40 av. Duquesne ℰ 43 06 22 55, ⬚, cuisine chinoise – ▣, ℁ 𝓥𝓘𝓢𝓐   K 10
fermé 29 juil. au 26 août et lundi – **R** 95 (sauf dim.) et carte 130 à 200 ⬚.

XX **Le Club**, (Au Bon Marché) 38 r. Sèvres - 1er étage magasin 2 ℰ 45 48 95 25, Fax 45 49 27 99 – ▣, ℁ ➊ Ε 𝓥𝓘𝓢𝓐   K 11
fermé dim. – **R** (déj. seul.) 149 ⬚.

XX **Chez Ribe**, 15 av. Suffren ℰ 45 66 53 79 – ℁ ➊ Ε 𝓥𝓘𝓢𝓐   J 7
fermé août, Noël au Jour de l'An, sam. midi et dim. – **R** 158/168, enf. 98.

XX **Gildo**, 153 r. Grenelle ℰ 45 51 54 12, Fax 45 51 57 42, cuisine italienne – ▣, Ε 𝓥𝓘𝓢𝓐   J 9
fermé août, vacances de Noël, lundi midi et dim. – **R** carte 230 à 290.

XX **Tan Dinh**, 60 r. Verneuil ℰ 45 44 04 84, cuisine vietnamienne   J 12
fermé août – **R** carte 240 à 300.

XX **Le Champ de Mars**, 17 av. La Motte-Picquet ℰ 47 05 57 99 – ℁ ➊ 𝓥𝓘𝓢𝓐   J 9
fermé 15 juil. au 21 août, mardi soir et lundi – **R** 110 et carte 160 à 270.

X ⊛ **Vin sur Vin** (Vidal), 20 r. Monttessuy ℰ 47 05 14 20 –   H 8
fermé 1er au 8 mai, 11 au 26 août, 22 déc. au 1er janv. – **R** carte 210 à 320.
Spéc. Saumon mariné façon "Saur", Colvert farci et sa potée de légumes (oct. à mi-mars), Imparfait à la nougatine.

X **Bistrot de Breteuil**, 3 pl. de Breteuil ℰ 45 67 07 27, ⬚ – Ε 𝓥𝓘𝓢𝓐   L 10
R 162 bc.

X **Chez Collinot**, 1 r. P. Leroux ℰ 45 67 66 42 – Ε 𝓥𝓘𝓢𝓐   K 11
fermé août, sam. (sauf le soir sur place à juin), dim. et fêtes – **R** 115 et carte 155 à 265.

X **Nuit de St Jean**, 29 r. Surcouf ℰ 45 51 61 49 – ℁ ➊ Ε 𝓥𝓘𝓢𝓐, ⬭   H 9
fermé 1er au 9 mai, 10 au 20 août, 23 déc. au 6 janv., sam. midi et dim. – **R** 120.

X **Pantagruel**, 20 r. Exposition ℰ 45 51 79 96 – ℁ ➊ Ε 𝓥𝓘𝓢𝓐   J 9
fermé sam. midi – **R** carte 175 à 320.

X **La Calèche**, 8 r. Lille ℰ 42 60 24 76 – ℁ ➊ Ε 𝓥𝓘𝓢𝓐   J 12
fermé 5 août au 2 sept., 25 déc. au 1er janv., sam. et dim. – **R** 130/160.

X **Thoumieux**, 79 r. St Dominique ℰ 47 05 49 75, Télex 205635, Fax 47 05 36 96 – ▣, Ε 𝓥𝓘𝓢𝓐   H 9
R carte 110 à 210.

Circulez en Banlieue de Paris avec les **Plans Michelin** à 1/15 000.

▨ Plan Nord-Ouest	▨ Plan et répertoire des rues Nord-Ouest
▨ Plan Nord-Est	▨ Plan et répertoire des rues Nord-Est
▨ Plan Sud-Ouest	▨ Plan et répertoire des rues Sud-Ouest
▨ Plan Sud-Est	▨ Plan et répertoire des rues Sud-Est

Champs-Élysées,
St-Lazare,
Madeleine.
8e arrondissement
8e : ⌧ 75008

Plaza-Athénée, 25 av. Montaigne 𝒫 47 23 78 33, Télex 650092, Fax 47 20 20 70 – ⌸ ▤
▣ ☎ – Ꮟ 30 à 100. ᴁ ⓪ ᴇ 𝘝𝘐𝘚𝘈. ⅏ rest   G 9
R voir rest. **Régence** et **Relais Plaza** ci-après – ⌔ 105 – **215 ch** 2530/4390, 41 appart.

Crillon, 10 pl. Concorde 𝒫 42 65 24 24, Télex 290241, Fax 47 42 72 10 – ⌸ ▤ ch ▣ ☎ –
Ꮟ 30 à 60. ᴁ ⓪ ᴇ 𝘝𝘐𝘚𝘈   G 11
R voir rest. **Les Ambassadeurs** ci-après- **L'Obélisque** 𝒫 42 65 11 08 *(fermé 28 juil. au 25 août)* **R** 210 – ⌔ 120 – **117 ch** 2100/3500, 46 appart.

Bristol, 112 r. Fg St-Honoré 𝒫 42 66 91 45, Télex 280961, Fax 42 66 68 68, 🔲, 🐎 – ⌸ ▤
▣ ☎ ↩ – Ꮟ 40 à 150. ᴁ ⓪ ᴇ 𝘝𝘐𝘚𝘈 ⅏   F 10
R voir rest. **Bristol** ci-après – ⌔ 120 – **152 ch** 2100/3100, 45 appart.

George V, 31 av. George-V 𝒫 47 23 54 00, Télex 650082, Fax 47 20 40 00, ☂ – ⌸ ▤ ch
▣ ☎ – Ꮟ 600. ᴁ ⓪ ᴇ 𝘝𝘐𝘚𝘈   G 8
R voir rest. **Les Princes** et **Le Grill** ci-après – ⌔ 110 – **293 ch** 2590/3010, 58 appart.

Royal Monceau, 37 av. Hoche 𝒫 45 61 98 00, Télex 650361, Fax 45 63 28 93, ☂,
« Piscine et fitness club » – ⌸ ▤ ☎ – Ꮟ 30 à 300. ᴁ ⓪ ᴇ 𝘝𝘐𝘚𝘈 ⅏   E 8
Le Jardin 270 (déj.) et carte 370/525 – **Le Carpaccio** *(fermé août)* **R** 270 (déj.) et carte 280 à 475 – ⌔ 125 – **180 ch** 1950/2650, 39 appart.

Prince de Galles, 33 av. George-V 𝒫 47 23 55 11, Télex 280627, Fax 47 20 96 92, ☂ –
⌸ ⅍ ch ▤ ▣ ☎ – Ꮟ 40 à 200. ᴁ ⓪ ᴇ 𝘝𝘐𝘚𝘈 ⅏ ch   G 8
R (dim. brunch seul. 210) 215/265 – ⌔ 95 – **141 ch** 1850/2250, 30 appart.

Vernet Ⓜ, 25 r. Vernet 𝒫 47 23 43 10, Télex 290347, Fax 40 70 10 14 – ⌸ ▤ ▣ ☎. ᴁ
⓪ ᴇ 𝘝𝘐𝘚𝘈 ⅏ rest   F 8
R *(fermé 1er au 23 août, sam. et dim.)* carte 300 à 450, enf. 100 – ⌔ 90 – **54 ch** 1450/1800, 3 appart.

San Régis Ⓜ, 12 r. J. Goujon 𝒫 43 59 41 90, Télex 643637, Fax 45 61 05 48, « Bel
aménagement intérieur » – ⌸ ▤ ch ▣ ☎. ᴁ ⓪ ᴇ 𝘝𝘐𝘚𝘈 ⅏   G 9
R carte 270 à 380 – ⌔ 90 – **34 ch** 1250/2400, 10 appart.

Balzac Ⓜ, 6 r. Balzac 𝒫 45 61 97 22, Télex 290298, Fax 42 25 24 82 – ⌸ ▤ ▣ ☎. ᴁ ⓪ ᴇ
𝘝𝘐𝘚𝘈 ⅏ ch   F 8
R voir rest. **Bice** ci-après – ⌔ 85 – **56 ch** 1460/1680, 14 appart.

de Vigny Ⓜ sans rest, 9 r. Balzac 𝒫 40 75 04 39, Télex 651822, Fax 40 75 05 81, « Élégante
installation » – ⌸ ⅍ ↩ ▣ ☎ ↩. ᴁ ⓪ ᴇ 𝘝𝘐𝘚𝘈 ⅏   F 8
⌔ 90 – **25 ch** 1700/1900, 12 appart.

La Trémoille, 14 r. La Trémoille 𝒫 47 23 34 20, Télex 640344, Fax 40 70 01 08 – ⌸ ▤ ▣
☎. ᴁ ⓪ ᴇ 𝘝𝘐𝘚𝘈   G 9
R carte 210 à 300 – ⌔ 80 – **96 ch** 1700/2650, 14 appart. 2520/2650.

Warwick Ⓜ, 5 r. Berri 𝒫 45 63 14 11, Télex 642295, Fax 45 63 75 81 – ⌸ ▤ ▣ ☎ –
Ꮟ 30 à 120. ᴁ ⓪ ᴇ 𝘝𝘐𝘚𝘈   F 9
R voir rest. **La Couronne** ci-après – ⌔ 100 – **144 ch** 1720/2700, 4 appart.

Golden Tulip St-Honoré Ⓜ, 220 r. Fg St-Honoré 𝒫 49 53 03 03, Télex 650657,
Fax 40 75 02 00, 🔲, ⅍ cuisinette ▤ ▣ ☎ & ↩ – Ꮟ 200. ᴁ ⓪ ᴇ 𝘝𝘐𝘚𝘈 ⅏   E 8
R 195/235 carte sam. et dim. – **52 ch** ⌔ 1550/1750, 20 appart.

Lancaster, 7 r. Berri 𝒫 43 59 90 43, Télex 640991, Fax 42 89 22 71, ☂ – ⌸ ▤ ch ▣ ☎.
ᴁ ⓪ ᴇ 𝘝𝘐𝘚𝘈 ⅏ rest   F 9
R 210 et carte 285 à 415 – ⌔ 100 – **66 ch** 1800/2400, 9 appart.

Pullman Windsor Ⓜ, 14 r. Beaujon 𝒫 45 63 04 04, Télex 650902, Fax 42 25 36 81 – ⌸
▤ ▣ ☎ – Ꮟ 130. ᴁ ⓪ ᴇ 𝘝𝘐𝘚𝘈 ⅏ rest   F 8
R voir rest. **Le Clovis** ci-après – ⌔ 90 – **135 ch** 1150/1600, 11 appart.

Relais Carré d'Or Ⓜ, 46 av. George V 𝒫 40 70 05 05, Télex 640561, Fax 47 23 30 90, 🐎
– ⅍ cuisinette ▤ ▣ ☎ ↩. ᴁ ⓪ ᴇ 𝘝𝘐𝘚𝘈   F 8
R 220 et carte 225 à 365 – ⌔ 100, 21 appart. 3350/15000.

Château Frontenac, 54 r. P.-Charron 𝒫 47 23 55 85, Télex 644994, Fax 47 23 03 32 – ⌸
▣ ☎ – Ꮟ 30. ᴁ ⓪ ᴇ 𝘝𝘐𝘚𝘈 ⅏   G 9
R *(fermé août, sam. et dim.)* carte 250 à 320 – ⌔ 70 – **102 ch** 780/1350, 4 appart. 1350.

Bedford, 17 r. Arcade 𝒫 42 66 22 32, Télex 290506, Fax 42 66 51 56 – ⌸ ▤ ▣ ☎ –
Ꮟ 80. ᴁ ⓪ ᴇ 𝘝𝘐𝘚𝘈 ⅏ rest   F 11
R *(fermé 29 juil. au 25 août, sam. et dim.)* carte 160 à 240 – **137 ch** ⌔ 640/900, 10 appart. 1350/1650.

Résidence du Roy Ⓜ sans rest, 8 r. François 1er 𝒫 42 89 59 59, Télex 648452,
Fax 40 74 07 92 – ⅍ cuisinette ▤ ▣ ☎ & ↩ – Ꮟ 25. ᴁ ⓪ ᴇ 𝘝𝘐𝘚𝘈   G 9
⌔ 60 – **5 ch** 890/970, 31 appart. 1145/1750.

Claridge Bellman, 37 r. François 1er ℰ 47 23 54 42, Télex 641150, Fax 47 23 08 84 – ⧉ ▤ ⥹ ⿻ ☎ ⅁ ⓔ **VISA** ⊗
130. ⿻ ⓞ ⓔ **VISA** ⊗ G 9
R *(fermé août, 23 déc. au 1er janv., sam. et dim.)* carte 230 à 350 ⅃ – ☲ 69 – **42 ch** 920/1250.

Napoléon, 40 av. Friedland ℰ 47 66 02 02, Télex 640609, Fax 47 66 82 33 – ⧉ ⿻ ☎ –
⧉ 130. ⿻ ⓞ ⓔ **VISA** F 8
Napoléon Baumann ℰ42 27 99 50 produits de la mer *(fermé 1er au 21 août)* **R** carte 240 à 410 – ☲ 60 – **70 ch** 1050/1450, 32 appart.

California sans rest, 16 r. Berri ℰ 43 59 93 00, Télex 644634, Fax 45 61 03 62 – ⧉ ⿻ ☎
– ⧉ 40. ⿻ ⓞ ⓔ **VISA** F 9
☲ 82 – **174 ch** 995/1450, 3 appart. 2700.

Concorde-St-Lazare, 108 r. St-Lazare ℰ 40 08 44 44, Télex 650442, Fax 42 93 01 20 – ⧉
⿻ ☎ – ⧉ 95. ⿻ ⓞ ⓔ **VISA** E 12
Café Terminus R 125/180 – ☲ 82 – **314 ch** 1150/1950.

Queen Elizabeth, 41 av. Pierre-1er-de-Serbie ℰ 47 20 80 56, Télex 641179, Fax 47 20 89 19
– ⧉ ⿻ ⿻ ⿻ ☎ – ⧉ 25 à 30. ⿻ ⓞ ⓔ **VISA** G 8
R *(fermé août, sam. et dim.)* (déj. seul.) 130 bc/220 – ☲ 80 – **49 ch** 1000/1500, 17 appart. 1700/2500.

Pullman St-Honoré sans rest, 15 r. Boissy d'Anglas ℰ 42 66 93 62, Télex 240366,
Fax 42 66 14 98 – ⧉ ▤ ⿻ ☎ ⿻ ⓞ ⓔ **VISA** G 11
☲ 85 – **104 ch** 680/900, 8 appart. 1400.

L'Horset Astor, 11 r. Astorg ℰ 42 66 56 56, Télex 642737, Fax 42 65 18 37 – ⧉ ▤ rest
⿻ ☎ – ⧉ 25. ⿻ ⓞ ⓔ **VISA** F 11
R *(fermé sam. et dim.)* 210 (déj.) et carte 240 à 380 – ☲ 50 – **128 ch** 820/870.

Royal Alma Ⓜ sans rest, 35 r. J.-Goujon ℰ 42 25 83 30, Télex 641428, Fax 45 63 68 64 –
⧉ ⿻ ☎ ⿻ ⓞ ⓔ **VISA** ⊗ G 9
☲ 80 – **68 ch** 900/1300, 8 appart. 1600/2500.

François 1er Ⓜ, 7 r. Magellan ℰ 47 23 44 04, Télex 648880, Fax 47 23 93 43 – ⧉ ▤ ⿻
☎ ⿻ ⓞ ⓔ **VISA** F 8
R 150/350, enf. 120 – ☲ 85 – **36 ch** 1150/1280, 4 appart. 2060.

de l'Élysée Ⓜ sans rest, 12 r. Saussaies ℰ 42 65 29 25, Télex 281665, Fax 42 65 64 28 –
⧉ ⿻ ☎ ⿻ ⓞ ⓔ **VISA** ⊗ F 11
☲ 50 – **32 ch** 480/880.

Elysées-Marignan, 12 r. Marignan ℰ 43 59 58 61, Télex 644018, Fax 45 63 28 87 – ⧉ ⿻
☎ – ⧉ 80. ⿻ ⓞ ⓔ **VISA** G 9
R *(fermé août, sam., dim. et fériés)* carte 180 à 330 – ☲ 60 – **79 ch** 1450, 22 appart. 1800/2400.

Élysées Ponthieu et résidence Le Cid Ⓜ sans rest, 24 r. Ponthieu ℰ 42 25 68 70,
Télex 640053, Fax 42 25 80 82 – ⧉ cuisinette ▤ ⿻ ☎ ⿻ ⓞ ⓔ **VISA** F 9
☲ 40 – **92 ch** 720/1450, 6 appart. 1800/2400.

Royal H. sans rest, 33 av. Friedland ℰ 43 59 08 14, Télex 280965, Fax 45 63 69 92 – ⧉ ⿻
☎ ⿻ ⓞ ⓔ **VISA** F 8
☲ 50 – **58 ch** 775/990.

Résidence Champs-Elysées Ⓜ sans rest, 92 r. La Boétie ℰ 43 59 96 15, Télex 650695,
Fax 42 56 01 38 – ⧉ ⿻ ☎ ⿻ ⓞ ⓔ **VISA** F 9
☲ 65 – **83 ch** 700/1100.

Résidence Monceau Ⓜ sans rest, 85 r. Rocher ℰ 45 22 75 11, Télex 280671,
Fax 45 22 30 88 – ⧉ ⿻ ☎ ⅁. ⿻ ⓞ ⓔ **VISA** ⊗ E 11
☲ 30 – **50 ch** 560.

Concortel sans rest, 19 r. Pasquier ℰ 42 65 45 44, Télex 660228, Fax 42 65 18 33 – ⧉ ⿻
☎ ⿻ ⓞ ⓔ **VISA** F 11
☲ 35 – **44 ch** 520/680.

Résidence St-Honoré sans rest, 214 r. Fg St-Honoré ℰ 42 25 26 27, Télex 640524,
Fax 45 63 30 67 – ⧉ ⿻ ☎. ⧉ 25 à 35. ⿻ ⓞ ⓔ **VISA** E 9
☲ 35 – **91 ch** 740/950.

Powers sans rest, 52 r. François-1er ℰ 47 23 91 05, Télex 642051, Fax 49 52 04 63 – ⧉ ⿻
☎ ⿻ ⓞ ⓔ **VISA** ⊗ G 9
☲ 50 – **53 ch** 630/950.

Castiglione, 40 r. Fg-St-Honoré ℰ 42 65 07 50, Télex 240362, Fax 42 65 12 27 – ⧉ ▤ rest
⿻ ☎ – ⧉ 50. ⿻ ⓞ ⓔ **VISA** G 11
R 160/200 – ☲ 60 – **105 ch** 890/1390, 14 appart.

Printemps et rest. Chez Martin, 1 r. Isly ℰ 42 94 12 12, Télex 290744, Fax 42 94 05 02
– ⧉ ⿻ ☎ – ⧉ 25 à 35. ⓔ **VISA** F 12
R *(fermé 19 juil. au 5 août, sam. et dim.)* 103 bc/168 ⅃ – **67 ch** ☲ 433/900.

New Roblin et rest. le Mazagran, 6 r. Chauveau-Lagarde ℰ 42 65 57 00, Télex 640154,
Fax 42 65 19 49 – ⧉ ▤ ⿻ ☎ ⿻ ⓞ ⓔ **VISA** ⊗ rest F 11
R *(fermé sam., dim. et fériés)* 130/140 ⅃, enf. 60 – ☲ 50 – **70 ch** 570/700, 7 appart. 1250/1350.

🏨 **West End** sans rest, 7 r. Clément-Marot ℰ 47 20 30 78, Télex 611972, Fax 47 20 34 42 – 🛗
📺 ☎ 🆔 ⓘ 🔄 *VISA* G 9
☲ 40 – **49 ch** 600/1400.

🏨 **Lido** M sans rest, 4 passage Madeleine ℰ 42 66 27 37, Télex 281039, Fax 42 66 61 23 – 🛗
📺 ☎ 🆔 ⓘ 🔄 *VISA* F 11
☲ 25 – **32 ch** 515/730.

🏨 **Cordélia** M sans rest, 11 r. Greffulhe ℰ 42 65 42 40, Télex 281760, Fax 42 65 11 81 – 🛗
📺 ☎ 🆔 ⓘ 🔄 *VISA* F 11
☲ 45 – **30 ch** 600/650.

🏨 **Franklin Roosevelt** sans rest, 18 r. Clément-Marot ℰ 47 23 61 66, Télex 614797,
Fax 47 20 44 30 – 🛗 📺 ☎ 🆔 ⓘ 🔄 *VISA*. ⅌ G 9
☲ 40 – **45 ch** 640/750.

🏨 **Colisée** sans rest, 6 r. Colisée ℰ 43 59 95 25, Télex 643101, Fax 45 63 26 54 – 🛗 📺 ☎ 🆔
ⓘ 🔄 *VISA* F 9
☲ 30 – **44 ch** 465/660.

🏨 **Rochambeau** sans rest, 4 r. La Boétie ℰ 42 65 27 54, Télex 640030, Fax 42 66 03 81 – 🛗
📺 ☎ 🆔 ⓘ 🔄 *VISA* F 11
50 ch ☲ 650/880.

🏨 **Atlantic** sans rest, 44 r. Londres ℰ 43 87 45 40, Télex 650477, Fax 42 93 06 26 – 🛗 📺 ☎.
🆔 🔄 *VISA*. ⅌ E 12
☲ 40 – **93 ch** 370/620.

🏨 **L'Orangerie** M sans rest, 9 r. Constantinople ℰ 45 22 07 51, Télex 650294, Fax 45 22 16 49
– 🛗 📺 ☎ 🆔 ⓘ 🔄 *VISA*. ⅌ E 11
☲ 25 – **29 ch** 400/600.

🏨 **St Augustin** sans rest, 9 r. Roy ℰ 42 93 32 17, Télex 283919, Fax 42 93 19 34 – 🛗 📺 ☎.
🆔 ⓘ 🔄 *VISA* F 11
☲ 30 – **62 ch** 550/750.

🏨 **Queen Mary** sans rest, 9 r. Greffulhe ℰ 42 66 40 50, Télex 640419, Fax 42 66 94 92 – 🛗
📺 ☎ 🔄 *VISA*. ⅌ F 12
☲ 40 – **36 ch** 550/700.

🏨 **Waldorf Florida** sans rest, 12 bd Malesherbes ℰ 42 65 72 06, Télex 650557, Fax 40 07 10 45
– 🛗 📺 ☎ 🆔 ⓘ 🔄 *VISA* F 11
44 ch ☲ 640/830.

🏨 **Résidence Saint-Philippe** sans rest, 123 r. Fg-St-Honoré ℰ 43 59 86 99, Télex 650837 –
🛗 📺 ☎ 🆔 🔄 *VISA*. ⅌ F 9-10
☲ 30 – **38 ch** 430/690.

🏨 **Alison** M sans rest, 21 r. Surène ℰ 42 65 54 00, Télex 640435, Fax 42 65 08 17 – 🛗 📺
☎ 🆔 ⓘ 🔄 *VISA*. ⅌ F 11
☲ 40 – **35 ch** 420/690.

🏨 **Astoria** sans rest, 42 r. Moscou ℰ 42 93 63 53, Télex 290061, Fax 42 93 30 30 – 🛗 📺 ☎.
🆔 ⓘ 🔄 *VISA*. ⅌ D 11
☲ 30 – **82 ch** 550/790.

🏨 **Bradford** sans rest, 10 r. St-Philippe-du-Roule ℰ 43 59 24 20, Télex 648530, Fax 45 63 20 07
– 🛗 ☎ 🔄 *VISA*. ⅌ F 9
46 ch ☲ 570/700.

🏨 **Lord Byron** sans rest, 5 r. Chateaubriand ℰ 43 59 89 98, Télex 649662, Fax 42 89 46 04,
🌳 – 🛗 📺 ☎ 🔄 *VISA*. ⅌ F 9
☲ 50 – **31 ch** 595/850.

🏨 **Rond-Point des Champs-Elysées** sans rest, 10 r. Ponthieu ℰ 43 59 55 58, Télex 642386,
Fax 45 63 99 75 – 🛗 📺 ☎ 🆔 ⓘ 🔄 *VISA*. ⅌ F 10
☲ 30 – **44 ch** 450/780.

🏨 **Élysées** sans rest, 100 r. La Boétie ℰ 43 59 23 46, Télex 648572, Fax 42 56 33 80 – 🛗 📺
☎ 🆔 ⓘ 🔄 *VISA*. ⅌ F 9
☲ 25 – **29 ch** 405/550.

🏨 **Angleterre-Champs-Élysées** sans rest, 91 r. La Boétie ℰ 43 59 35 45, Télex 640317,
Fax 45 63 22 22 – 🛗 📺 ☎ 🆔 ⓘ 🔄 *VISA* F 9
☲ 30 – **40 ch** 420/545.

🏨 **Plaza Haussmann** sans rest, 177 bd Haussmann ℰ 45 63 93 83, Télex 643716,
Fax 45 61 14 30 – 🛗 📺 ☎ 🆔 ⓘ 🔄 *VISA* F 9
☲ 25 – **41 ch** 485/640.

🏨 **Charing Cross** M sans rest, 39 r. Pasquier ℰ 43 87 41 04, Télex 290681, Fax 42 93 70 45
– 🛗 📺 ☎ 🆔 ⓘ 🔄 *VISA* F 11
31 ch ☲ 365/479.

🏨 **Ministère** sans rest, 31 r. Surène ℰ 42 66 21 43, Fax 42 66 96 04 – 🛗 📺 ☎ 🆔 🔄 *VISA* F 11
☲ 30 – **28 ch** 300/540.

🏨 **Lavoisier-Malesherbes** sans rest, 21 r. Lavoisier ℰ 42 65 10 97, Télex 281801,
Fax 42 65 02 43 – 🛗 📺 ☎. 🔄 *VISA*. ⅌ F 11
☲ 26 – **32 ch** 320/430.

XXXXX ❀❀❀ **Lucas-Carton** (Senderens), 9 pl. Madeleine ℰ 42 65 22 90, Télex 281088,
Fax 42 65 06 23, « Authentique décor 1900 » – ▣. **E** *VISA*. ❀❀
G 11
fermé 3 au 25 août, 21 déc. au 5 janv., sam. et dim. – **R** 375 (déj.) et carte 500 à 850
Spéc. Langoustines sautées au beurre d'estragon, Dorade aux amandes et sa raviole de seiche à l'encre,
Lapin à la moutarde de Crémone.

XXXXX ❀❀ **Lasserre,** 17 av. F.-D.-Roosevelt ℰ 43 59 53 43, Fax 45 63 72 23, Toit ouvrant – ▣. **E**
VISA. ❀❀
G 10
fermé 4 août au 2 sept., lundi midi et dim. – **R** carte 480 à 680
Spéc. Morue fraîche gratinée aux artichauts confits, Pintadeau Richelieu, Sabayon de pruneaux et sorbet au
thé.

XXXXX ❀❀❀ **Taillevent** (Vrinat), 15 r. Lamennais ℰ 45 61 12 90 – ▣. **E** *VISA*. ❀❀
F 9
fermé 27 juil. au 27 août, vacances de fév., sam., dim. et fériés – **R** (nombre de couverts
limité - prévenir) carte 500 à 700
Spéc. Cervelas de fruits de mer, Noisettes d'agneau à la sauce aux herbes, Chaud-froid de fruits en gelée.

XXXXX ❀❀ **Les Ambassadeurs** - Hôtel Crillon, 10 pl. Concorde ℰ 42 65 11 12, Télex 290241,
Fax 47 42 72 10, « Cadre 18ᵉ siècle » – ▣. **AE** ⓪ **E** *VISA*. ❀❀
G 11
R 310 (déj.) et carte 410 à 650
Spéc. Gratin dauphinois de homard à la crème au caviar, Couscous de bar aux graines de sésame, Joues
de porcelet à la ficelle.

XXXXX ❀❀ **Laurent,** 41 av. Gabriel ℰ 42 25 00 39, « Agréable terrasse d'été » – **AE** ⓪ **E** *VISA*. ❀❀
fermé sam. midi, dim. et fériés – **R** 380 (déj.) et carte 480 à 790
G 11
Spéc. Langoustines croustillantes et courgettes au citron confit, Agneau de trois façons, Les deux soufflés
Laurent.

XXXXX ❀ **Bristol,** 112 r. Fg St-Honoré ℰ 42 66 91 45, Télex 280961, Fax 42 66 68 68 – ▣. **AE** ⓪
E *VISA*. ❀❀
F 10
R carte 475 à 650
Spéc. Salade de langoustines et ragoût de tourteau à l'avocat, Escalope de turbot au Sauternes, Médaillon
de veau aux girolles.

XXXXX ❀ **Régence** - Hôtel Plaza Athénée, 25 av. Montaigne ℰ 47 23 78 33, Télex 650092,
Fax 47 20 20 70, ⌨ – ▣. **AE** ⓪ **E** *VISA*. ❀❀
G 9
R carte 370 à 700
Spéc. Soufflé de homard, Duo de langoustines et Saint-Jacques, Macaron Nélusko au sabayon de noisettes.

XXXXX ❀ **Ledoyen,** carré Champs-Élysées ℰ 47 42 23 23, Télex 282358, Fax 47 42 55 01, ⌨
P. AE ⓪ **E** *VISA*. ❀❀
G 10
Le Guépard *(fermé dim.)* **R** 380 (déj.) et carte 520 à 720 – **Le Carré** *(fermé dim.)* **R** carte
260 à 410 ♨
Spéc. Carpaccio de thon aux pétales d'ail frit, Saumon d'Ecosse en crépine de peau de sole, Selle d'agneau
en croûte d'épices.

XXXX ❀ **Élysée Lenôtre,** 10 av. Champs Élysées ℰ 42 65 85 10, Fax 42 65 76 23, ⌨ – 🕭 **P. AE**
⓪ *VISA*
G 10
Rez-de-Chaussée *(fermé sam., dim. et fériés)* **R** (déj. seul.) 330 – **1ᵉʳ étage** *(dîner seul.)* **R**
carte 380 à 620
Spéc. Poêlée de langoustines à la rémoulade de poireaux, Blanc de turbot rôti au jus de viande, Trois
parfums de macaron autour d'un savarin.

XXXX ❀ **Les Princes** - Hôtel George V, 31 av. George V ℰ 47 23 54 00, Télex 650082,
Fax 47 20 40 00, ⌨ – ▣. **AE** ⓪ **E** *VISA*
G 8
R 350 bc (déj.) et carte 390 à 630
Spéc. Salade de tourteau en folie, Selle d'agneau rôtie à la noix de coco et ananas, Tarte aux poires et
grains de vanille.

XXXX ❀ **Chiberta,** 3 r. Arsène-Houssaye ℰ 45 63 77 90, Fax 45 62 85 08 – ▣. **AE** ⓪ **E** *VISA*   F 8
fermé 31 juil. au 28 août, Noël au Jour de l'An, sam., dim. et fériés – **R** carte 390 à 550
Spéc. Salade au beurre et céleri, Canette rôtie confite à la bécassine, Tarte au chocolat glacé au miel d'acacia.

XXXX ❀ **Le Bacchus Gourmand,** 21 r. François 1ᵉʳ ℰ 47 20 15 83, Fax 40 70 12 74, ⌨ – ▣. **AE**
⓪ **E** *VISA*
G 9
fermé août, sam. et dim. – **R** 290 (déj.) et carte 365 à 460.

XXXX **Lamazère,** 23 r. Ponthieu ℰ 43 59 66 66, Fax 42 25 69 97 – ▣. **AE** ⓪ **E** *VISA*. ❀❀   F 9
fermé 29 juil. au 30 août et dim. – **R** 270 (déj.) et carte 420 à 570.

XXXX ❀ **La Marée,** 1 r. Daru ℰ 43 80 20 00, Fax 48 88 04 04, produits de la mer – ▣. **AE** ⓪
VISA
E 8
fermé 21 juil. au 21 août, sam. et dim. – **R** carte 400 à 600
Spéc. Bar à la vapeur d'algues et basilic, Petite marmite tropézienne, Râble de lièvre à la caladoise (oct. à
fév.).

XXXX ❀ **Fouquet's,** 99 av. Champs Élysées ℰ 47 23 70 60, Télex 648227, Fax 47 20 08 69 – **AE**
⓪ **E** *VISA*
F 8
Rez-de-Chaussée (grill) **R** 240 et carte 250 à 380 ♨ – **1ᵉʳ Étage** *(fermé 15 juil. au 20 août et
dim.)* **R** carte 280 à 400
Spéc. Duo de foies de canard et d'oie, Sole au Champagne, Noisettes d'agneau rôties en croustade de
pommes de terre.

XXX **15 Montaigne Maison Blanche,** 15 av. Montaigne ☎ 47 23 55 99, Fax 47 20 09 56, 🍽
– 🗏. 🖭 **E** 𝘝𝘐𝘚𝘈
R 150/290 (déj.) et carte 330 à 500.   G 9

XXX ❀ **La Couronne** - Hôtel Warwick, 5 r. Berri ☎ 45 63 78 49, Télex 642295, Fax 45 63 75 81 –
🗏. 🖭 ◍ **E** 𝘝𝘐𝘚𝘈   F 9
fermé 5 août au 1ᵉʳ sept., dim. et fériés – **R** 250 et carte 320 à 430
Spéc. Tartelette de noix de Saint-Jacques (saison), Rôti de lotte au pistil de safran, Millefeuille d'avelines
sur lait d'amandes.

XXX **Le Marcande,** 52 r. Miromesnil ☎ 42 65 19 14, 🍽 – 🗏. 🖭 ◍ 𝘝𝘐𝘚𝘈   F 10
fermé 3 au 26 août, sam., dim. et fériés – **R** 210 (déj.) et carte 310 à 430.

XXX ❀ **Le Clovis** - Hôtel Pullman Windsor, 4 r. B.-Albrecht ☎ 45 63 04 04, Télex 650902,
Fax 42 25 36 81 – 🗏. 🖭 ◍ **E** 𝘝𝘐𝘚𝘈   F 8
fermé 26 juil. au 26 août, 20 déc. au 2 janv., sam., dim. et fériés – **R** 255 (déj.) et carte 320
à 410
Spéc. Tartare de dorade rose et saumon mariné, Bar au dill cuit sur le sel au varech, Agneau au romarin et
crème de haricot.

XXX **Le 30 - Fauchon,** pl. Madeleine ☎ 47 42 56 58, Fax 47 42 83 75 – 🗏. 🖭 ◍ **E** 𝘝𝘐𝘚𝘈. 🍽
fermé dim. – **R** carte 320 à 410.   F 12

XXX **Le Jardin Violet,** 19 r. Bayard ☎ 47 20 55 11, cuisine chinoise – 🗏. 🖭 ◍ **E** 𝘝𝘐𝘚𝘈   G 9
R 150/350.

XXX ❀ **Copenhague,** 142 av. Champs-Élysées (1ᵉʳ étage) ☎ 43 59 20 41, Fax 42 25 83 10,
cuisine danoise – 🗏. 🖭 ◍ **E** 𝘝𝘐𝘚𝘈. 🍽   F 8
fermé 29 juil. au 27 août, 1ᵉʳ au 7 janv., sam. midi en été, dim. et fériés – **R** carte 260 à
420 - **Flora Danica R** carte 200 à 360
Spéc. Saumon mariné à l'aneth, Mignon de renne aux mûres jaunes en aigre doux, Mandelrand avec sorbets
et fruits.

XXX **Alain Rayé,** 49 r. Colisée ☎ 42 25 66 76, Fax 42 56 29 97 – 🖭 **E** 𝘝𝘐𝘚𝘈   F 10
fermé sam. midi, dim. et fériés – **R** 235/500.

XXX **Relais-Plaza** - Hôtel Plaza Athénée, 21 av. Montaigne ☎ 47 23 46 36, Télex 650092,
Fax 47 20 20 70 – 🗏. 🖭 ◍ **E** 𝘝𝘐𝘚𝘈. 🍽   G 9
R 295 (dîner) et carte 325 à 580.

XXX **Le Grill** - Hôtel George V, 31 av. George V ☎ 47 23 54 00, Fax 47 30 04 49 – 🗏. 🖭 ◍ **E** 𝘝𝘐𝘚𝘈
R carte 200 à 370.   G 8

XXX **Yvan,** 1bis r. J. Mermoz ☎ 43 59 18 40, Fax 45 63 78 69 – 🖭 **E** 𝘝𝘐𝘚𝘈   F-G 10
fermé sam. midi et dim. – **R** 158/278.

XXX **Les Géorgiques,** 36 av. George V ☎ 40 70 10 49 – 🗏. 🖭 ◍ **E** 𝘝𝘐𝘚𝘈. 🍽   G 8
fermé sam. midi et dim. – **R** 180 (déj.) et carte 290 à 460.

XXX **Indra,** 10 r. Cdt-Rivière ☎ 43 59 46 40, Fax 42 89 90 18, cuisine indienne – 🗏. 🖭 ◍ **E** 𝘝𝘐𝘚𝘈
fermé sam. midi et dim. – **R** 220/300.   F 9

XX **Baumann Marbeuf,** 15 r. Marbeuf ☎ 47 20 11 11, Fax 47 23 69 65 – ⇥ 🗏. 🖭 ◍ **E** 𝘝𝘐𝘚𝘈
fermé 10 au 20 août – **R** carte 150 à 280 ♨.   G 9

XX **Fermette Marbeuf,** 5 r. Marbeuf ☎ 47 23 31 31, Fax 40 70 02 11, « Décor 1900, céramiques
et vitraux d'époque » – 🗏. 🖭 ◍ 𝘝𝘐𝘚𝘈   G 9
R carte 200 à 330 ♨.

XX **Bice** - Hôtel Balzac, 6 r. Balzac ☎ 42 89 86 34, Fax 42 25 24 82, cuisine italienne – 🗏. 🖭 ◍
E 𝘝𝘐𝘚𝘈   F 8
R carte 250 à 400.

XX **Chez Tante Louise,** 41 r. Boissy d'Anglas ☎ 42 65 06 85 – 🗏. 🖭 ◍ **E** 𝘝𝘐𝘚𝘈   F 11
fermé août, sam. et dim. – **R** 190 et carte 230 à 420.

XX **Le Boeuf sur le Toit,** 34 r. Colisée ☎ 43 59 83 80, Fax 45 63 45 40, brasserie – 🗏. 🖭 ◍
E 𝘝𝘐𝘚𝘈   F 10
R carte 135 à 300 ♨.

XX **Androuët,** 41 r. Amsterdam ☎ 48 74 26 93, Télex 280466, Fax 49 95 02 54, fromages et
cuisine fromagère – 🗏. 🖭 ◍ **E** 𝘝𝘐𝘚𝘈. 🍽   E 12
fermé dim. et fériés – **R** 190/250.

XX **Le Grenadin,** 46 r. Naples ☎ 45 63 28 92 – 🗏. **E** 𝘝𝘐𝘚𝘈   E 11
fermé 8 au 14 juil., 12 au 18 août, Noël à Nouvel An, sam. et dim. – **R** 200/350.

XX **Marius et Janette,** 4 av. George V ☎ 47 23 41 88, Fax 45 56 98 42, produits de la mer –
🗏. 🖭 ◍ **E** 𝘝𝘐𝘚𝘈   F 8
fermé 22 déc. au 1ᵉʳ janv., sam. et dim. – **R** 250 bc et carte 320 à 550.

XX **Tong Yen,** 1 bis r. J. Mermoz ☎ 42 25 04 23, Fax 45 63 51 57, cuisine chinoise et
spécialités thaïlandaises et vietnamiennes – 🗏. 🖭 ◍ **E** 𝘝𝘐𝘚𝘈   F 10
fermé 1ᵉʳ au 25 août – **R** carte 180 à 350.

XX **Le Drugstorien,** 1 av. Matignon (1ᵉʳ étage) ☎ 43 59 38 70, Télex 648566, Fax 45 61 90 66
– 🗏. 🖭 ◍ **E** 𝘝𝘐𝘚𝘈   G 10
R carte 170 à 300.

XX **L'Étoile Marocaine,** 56 r. Galilée ☎ 47 20 44 43, cuisine marocaine – 🗏. 🖭 ◍   F 8
R 161/243.

XX **Le Lloyd's,** 23 r. Treilhard ☎ 45 63 21 23 – 🖭 **E** 𝘝𝘐𝘚𝘈   E 10
fermé sam. et dim. – **R** carte 250 à 340.

XX **Chez Bosc,** 7 r. Richepanse ✆ 42 60 10 27 – AE ⓪ E VISA G 12
fermé 15 juil. au 15 août, sam. midi et dim. – **R** 170 et carte 250 à 400.

XX **Daniel Météry,** 4 r. Arcade ✆ 42 65 53 13 – AE E VISA F 11
fermé 11 au 18 août, sam. midi, dim. et fériés – **R** 170 et carte 230 à 360.

XX **Chez Max,** 19 r. Castellane ✆ 42 65 33 81 – E VISA F 11
fermé 31 juil. au 1er sept., sam., dim. et fériés – **R** 180/250.

XX **Artois,** 13 r. Artois ✆ 42 25 01 10 – E VISA F 9
fermé sam. midi et dim. – **R** (prévenir) carte 200 à 280.

XX **Le Sarladais,** 2 r. Vienne ✆ 45 22 23 62 – ▤. E VISA E 11
fermé août, sam. midi et dim. – **R** 140 (dîner) et carte 180 à 280.

XX **Annapurna,** 32 r. Berri ✆ 45 63 91 56, cuisine indienne – ▤. AE ⓪ VISA F 9
fermé sam. midi et dim. – **R** carte 160 à 300.

XX **Le Pichet,** 68 r. P. Charron ✆ 43 59 50 34 – ▤. AE ⓪ E VISA G 9-F 9
fermé 24 déc. au 6 janv., sam. et dim. – **R** carte 240 à 340.

XX **Stresa,** 7 r. Chambiges ✆ 47 23 51 62, cuisine italienne – AE ⓪ G 9
fermé 1er au 26 août, 20 déc. au 4 janv., sam. soir et dim. – **R** carte 240 à 350.

X **Bistrot de Marius,** 6 av. George V ✆ 40 70 11 76, 🍴, produits de la mer – AE E VISA
R carte 190 à 295 🍷. G 8

X **La Petite Auberge,** 48 r. Moscou ✆ 43 87 91 84 – E VISA D 11
fermé sam. et dim. – **R** 130 et carte 180 à 270.

X **Ferme des Mathurins,** 17 r. Vignon ✆ 42 66 46 39 – E VISA F 12
fermé 1er août au 2 sept., dim. et fériés – **R** 140/190.

X **Finzi,** 182 bd Haussmann ✆ 45 62 88 68, cuisine italienne – ▤. E VISA F 8
fermé dim. midi en août – **R** carte 155 à 270.

Opéra, Gare du Nord, Gare de l'Est, Grands Boulevards.

9e et 10e arrondissements.
9e : ✉ 75009
10e : ✉ 75010

🏨🏨🏨 **Le Grand Hôtel,** 2 r. Scribe (9e) ✆ 40 07 32 32, Télex 220875, Fax 42 66 12 51 – 🛗 cuisinette ⇆ ch ▤ ch 📺 ☎ – 🏛 500. AE ⓪ E VISA. ✂ rest F 12
R voir rest. **Opéra-Café de la Paix et Relais Capucines-Café de la Paix** – ☕ 135 – **470 ch** 1650/3200, 23 appart.

🏨 **Scribe** Ⓜ, 1 r. Scribe (9e) ✆ 47 42 03 40, Télex 214653, Fax 42 65 39 97 – 🛗 ⇆ ch ▤ 📺 ☎ ♿ – 🏛 80. AE ⓪ E VISA. ✂ rest F 12
Le Jardin des Muses snack **R** carte environ 160 🍷 – **Les Muses** *(fermé août, sam., dim. et fériés)* **R** 220 (déj.)/350 – ☕ 100 – **206 ch** 1450/2300, 11 appart.

🏨 **Ambassador,** 16 bd Haussmann (9e) ✆ 42 46 92 63, Télex 650912, Fax 40 22 08 74 – 🛗 ▤ 📺 ☎ – 🏛 120. AE ⓪ E VISA. ✂ rest F 13
R 230/350 – ☕ 100 – **300 ch** 1100/1800.

🏨 **Commodore,** 12 bd Haussmann (9e) ✆ 42 46 72 82, Télex 280601, Fax 47 70 23 81 – 🛗 📺 ☎ ♿. AE ⓪ E VISA F 13
R 220 (déj.) et carte 150 à 210 🍷 – ☕ 70 – **152 ch** 1700, 11 appart.

🏨 **Altéa Ronceray** Ⓜ sans rest, 10 bd Montmartre (9e) ✆ 42 47 13 45, Télex 283906, Fax 42 47 13 63 – 🛗 📺 ☎ – 🏛 65. AE ⓪ E VISA F 14
☕ 59 – **117 ch** 650/750, 13 appart. 990/1190.

🏨 **Brébant** Ⓜ, 32 bd Poissonnière (9e) ✆ 47 70 25 55, Télex 280127, Fax 42 46 65 70 – 🛗 📺 ☎ – 🏛 80. AE ⓪ E VISA F 14
R 85/140 – **122 ch** ☕ 675/820.

🏨 **L'Horset Pavillon,** 38 r. Échiquier (10e) ✆ 42 46 92 75, Télex 283905, Fax 42 47 03 97 – 🛗 ▤ 📺 ☎. AE ⓪ E VISA. ✂ rest F 15
R *(fermé sam. et dim.)* 130/250, enf. 65 – ☕ 45 – **92 ch** 620/700 – ½ P 525.

🏨 **Cidotel Lafayette** Ⓜ sans rest, 49 r. Lafayette (9e) ✆ 42 85 05 44, Télex 283025, Fax 49 95 06 60 – 🛗 📺 ☎. AE ⓪ E VISA F 14
☕ 40 – **75 ch** 800.

🏨 **St-Pétersbourg** sans rest, 33 r. Caumartin (9e) ✆ 42 66 60 38, Télex 680001, Fax 42 66 53 54 – 🛗 📺 ☎. AE ⓪ E VISA F 12
100 ch ☕ 465/850.

🏨 **Astra** Ⓜ sans rest, 29 r. Caumartin (9e) ✆ 42 66 15 15, Télex 210408, Fax 42 66 98 05 – 🛗 ▤ 📺 ☎. AE ⓪ E VISA. ✂ F 15
☕ 35 – **85 ch** 590/880.

🏨🏨 **Blanche Fontaine** Ⓜ ⚫ sans rest, 34 r. Fontaine (9ᵉ) ℰ 45 26 72 32, Télex 660311, Fax 42 81 05 52 – 🛗 📺 ☎ ⟸. 🅰🅴 𝐕𝐈𝐒𝐀. ❄️   D 13
� 35 – **45 ch** 413/483, 4 appart. 660.

🏨🏨 **Paris Est** Ⓜ sans rest, cour d'Honneur (10ᵉ) ℰ 42 05 00 33, Télex 217916, Fax 42 09 91 60 – 🛗 📺 ☎. 🄴 𝐕𝐈𝐒𝐀   E 16
⊠ 37 – **34 ch** 360/570.

🏨 **Opéra Cadet** Ⓜ sans rest, 24 r. Cadet (9ᵉ) ℰ 48 24 05 26, Télex 282287, Fax 42 46 68 09 – 🛗 📺 ☎ ♿ ⟸. 🅰🅴 ⓞ 🄴 𝐕𝐈𝐒𝐀   F 14
⊠ 40 – **90 ch** 650.

🏨 **Mercure Monty** Ⓜ, 5 r. Montyon (9ᵉ) ℰ 47 70 26 10, Télex 660677, Fax 42 46 55 10 – 🛗 📺 ☎ – 🔺 50. 🅰🅴 ⓞ 🄴 𝐕𝐈𝐒𝐀   F 14
R *(fermé dim.)* 100/160 ⅃, enf. 48 – ⊠ 52 – **72 ch** 670.

🏨 Gotty Ⓜ sans rest, 11 r. Trévise (9ᵉ) ℰ 47 70 12 90, Télex 660330 – 🛗 📺 ☎   F 14
44 ch.

🏨 **Celte La Fayette** Ⓜ sans rest, 25 r. Buffault (9ᵉ) ℰ 49 95 09 49, Télex 610611, Fax 49 95 01 88 – 🛗 📺 ☎ ♿. 🅰🅴 ⓞ 🄴 𝐕𝐈𝐒𝐀. ❄️   E 14
⊠ 35 – **51 ch** 480/630.

🏨 **Libertel du Moulin** Ⓜ sans rest, 39 r. Fontaine(9ᵉ) ℰ 42 81 93 25, Télex 660055, Fax 40 16 09 90 – 🛗 📺 ☎. 🅰🅴 ⓞ 🄴 𝐕𝐈𝐒𝐀. ❄️   D 13
⊠ 40 – **50 ch** 505/565.

🏨 **Anjou-Lafayette** Ⓜ sans rest, 4 r. Riboutté (9ᵉ) ℰ 42 46 83 44, Télex 281001, Fax 48 00 08 97 – 🛗 📺 ☎. 🅰🅴 ⓞ 🄴 𝐕𝐈𝐒𝐀. ❄️   E 14
⊠ 30 – **39 ch** 450/650.

🏨 **Paix République** sans rest, 2 bis bd St Martin (10ᵉ) ℰ 42 08 96 95, Télex 680632, Fax 42 06 36 30 – 🛗 📺 ☎. 🅰🅴 ⓞ 🄴 𝐕𝐈𝐒𝐀. ❄️   G 16
⊠ 35 – **45 ch** 480/850.

🏨 **Athènes** Ⓜ sans rest, 21 r. d'Athènes (9ᵉ) ℰ 48 74 00 55, Télex 640715, Fax 42 81 04 75 – 🛗 📺 ☎. 🅰🅴 ⓞ 🄴 𝐕𝐈𝐒𝐀. ❄️   E 12
⊠ 35 – **36 ch** 475/555.

🏨 **La Tour d'Auvergne** sans rest, 10 r. La Tour d'Auvergne (9ᵉ) ℰ 48 78 61 60, Télex 281604, Fax 49 95 99 00 – 🛗 ⟷ 📺 ☎. 🅰🅴 ⓞ 🄴 𝐕𝐈𝐒𝐀   E 14
⊠ 30 – **25 ch** 500/650.

🏨 **Résidence du Pré** Ⓜ sans rest, 15 r. P. Sémard (9ᵉ) ℰ 48 78 26 72, Télex 660549, Fax 40 23 98 28 – 🛗 📺 ☎. 🅰🅴 🄴 𝐕𝐈𝐒𝐀. ❄️   E 15
⊠ 25 – **40 ch** 365/405.

🏨 **Carlton's H.** sans rest, 55 bd Rochechouart (9ᵉ) ℰ 42 81 91 00, Télex 640649, Fax 42 81 97 04 – 🛗 📺 ☎. 🅰🅴 ⓞ 🄴 𝐕𝐈𝐒𝐀   D 14
⊠ 45 – **103 ch** 530/720.

🏨 **Chamonix** Ⓜ sans rest, 8 r. d'Hauteville (10ᵉ) ℰ 47 70 19 49, Télex 283177 – 🛗 📺 ☎. 🅰🅴 ⓞ 🄴 𝐕𝐈𝐒𝐀   F 15
⊠ 35 – **34 ch** 500/630.

🏨 **Caumartin** Ⓜ sans rest, 27 r. Caumartin (9ᵉ) ℰ 47 42 95 95, Télex 680702, Fax 47 42 88 19 – 🛗 📺 ☎. 🅰🅴 ⓞ 🄴 𝐕𝐈𝐒𝐀   F 12
⊠ 40 – **40 ch** 720.

🏨 **D'Estrées** Ⓜ ⚫ sans rest, 2 bis cité Pigalle (9ᵉ) ℰ 48 74 39 22, Télex 290609, Fax 42 25 81 95 – 🛗 📺 ☎. 🅰🅴 ⓞ 🄴 𝐕𝐈𝐒𝐀   E 13
⊠ 33 – **23 ch** 480/510.

🏨 **Du Pré** sans rest, 10 r. Pierre Sémard (9ᵉ) ℰ 42 81 37 11, Télex 660549, Fax 40 23 98 28 – 🛗 📺 ☎. 🅰🅴 𝐕𝐈𝐒𝐀. ❄️   E 15
⊠ 30 – **41 ch** 365/450.

🏨 **Bergère** sans rest, 34 r. Bergère (9ᵉ) ℰ 47 70 34 34, Télex 290668, Fax 47 70 36 36 – 🛗 📺 ☎. 🅰🅴 ⓞ 🄴 𝐕𝐈𝐒𝐀   F 14
⊠ 30 – **134 ch** 590/790.

🏨 **Morny** sans rest, 4 r. Liège (9ᵉ) ℰ 42 85 47 92, Télex 660822, Fax 40 16 44 84 – 🛗 📺 ☎. 🅰🅴 ⓞ 🄴 𝐕𝐈𝐒𝐀   E 12
41 ch ⊠ 475/760.

🏨 **Printania** sans rest, 19 r. Château d'Eau (10ᵉ) ℰ 42 01 84 20, Télex 215425, Fax 42 39 55 12 – 🛗 📺 ☎. 🅰🅴 ⓞ 🄴 𝐕𝐈𝐒𝐀. ❄️   F 16
⊠ 30 – **51 ch** 435/520.

🏨 **Corona** ⚫ sans rest, 8 cité Bergère (9ᵉ) ℰ 47 70 52 96, Télex 281081, Fax 42 46 83 49 – 🛗 📺 ☎. 🅰🅴 ⓞ 🄴 𝐕𝐈𝐒𝐀   F 14
⊠ 35 – **56 ch** 470/680, 4 appart. 910.

🏨 **Florida** ⚫ sans rest, 7 r. Parme (9ᵉ) ℰ 48 74 47 09, Télex 640410, Fax 42 80 29 96 – 🛗 📺 ☎. 🅰🅴 ⓞ 🄴 𝐕𝐈𝐒𝐀. ❄️   D 12
⊠ 30 – **31 ch** 460/760.

🏨 **Alane** sans rest, 72 bd Magenta (10ᵉ) ℰ 40 35 83 30, Télex 214227 – 🛗 📺 ☎. 🅰🅴 ⓞ 🄴 𝐕𝐈𝐒𝐀   F 16
⊠ 30 – **32 ch** 350/500.

🏨 **Baccarat** Ⓜ sans rest, 19 r. Messageries (10ᵉ) ℰ 47 70 96 92, Télex 648895 – 🛗 📺 ☎. 🅰🅴 ⓞ 🄴 𝐕𝐈𝐒𝐀   E 15
⊠ 28 – **53 ch** 350/455.

🏨 **Capucines** sans rest, 6 r. Godot de Mauroy (9ᵉ) ℰ 47 42 06 37, Télex 290046 – |🛗| 🕿. 🖃 _VISA_
F 12
⊠ 25 – **46 ch** 300/410.

🏨 **Moris** Ⓜ sans rest, 13 r. R.-Boulanger (10ᵉ) ℰ 42 06 27 53, Télex 212024, Fax 40 40 05 23 – |🛗| 📺 🕿. 🖃 🖃 _VISA_. ⚡
G 16
⊠ 35 – **48 ch** 460/540.

🏨 **Français** sans rest, 13 r. 8-Mai 1945 (10ᵉ) ℰ 40 35 94 14, Télex 230431, Fax 40 35 55 40 – |🛗| 📺 🖃 _VISA_
E 16
⊠ 28 – **71 ch** 360/400.

🏨 **Caravelle** sans rest, 68 r. Martyrs (9ᵉ) ℰ 48 78 43 31, Télex 649052, Fax 40 23 98 72 – |🛗| 📺 🕿. 🖃 🖃 _VISA_
D 14
⊠ 35 – **32 ch** 470/500.

🏨 **Modern' Est** sans rest, 91 bd Strasbourg (10ᵉ) ℰ 40 37 77 20, Télex 375974, Fax 40 37 17 55 – |🛗| 📺 🕿. 🖃 _VISA_. ⚡
E 16
⊠ 28 – **30 ch** 310/390.

🏨 **Hélios** sans rest, 75 r. Victoire (9ᵉ) ℰ 48 74 28 64, Télex 283255, Fax 42 85 30 85 – |🛗| 📺 🕿. 🖃 🖃 _VISA_
F 13
⊠ 40 – **50 ch** 394/589.

🏨 **Gd H. Haussmann** sans rest, 6 r. Helder (9ᵉ) ℰ 48 24 76 10, Télex 650018, Fax 48 00 97 18 – |🛗| 📺 🕿. 🖃 🖃 _VISA_. ⚡
F 13
⊠ 35 – **59 ch** 390/560.

🏨 **Royal Médoc** sans rest, 14 r. Geoffroy Marie (9ᵉ) ℰ 47 70 37 33, Télex 660053, Fax 47 70 34 88 – |🛗| 📺 🕿. 🖃 🖃 🖃 _VISA_
F 14
41 ch ⊠ 530/680.

🏨 **London** sans rest, 32 bd Italiens (9ᵉ) ℰ 48 24 54 64, Télex 642360, Fax 48 00 08 83 – |🛗| 📺 🕿. 🖃 🖃 _VISA_. ⚡
F 13
⊠ 31 – **49 ch** 344/540.

🏨 **Gare du Nord** sans rest, 33 r. St-Quentin (10ᵉ) ℰ 48 78 02 92, Télex 642415, Fax 45 26 88 31 – |🛗| 📺 🕿. 🖃 🖃 _VISA_. ⚡
E 16
⊠ 30 – **48 ch** 350/480.

🏨 **Montréal** sans rest, 23 r. Godot-de-Mauroy (9ᵉ) ℰ 42 65 99 54, Fax 49 24 07 33 – |🛗| 📺 🕿. 🖃 🖃 🖃 _VISA_
F 12
fermé août – ⊠ 35 – **14 ch** 270/550, 5 appart. 550.

🏨 **Florence** sans rest, 26 r. Mathurins (9ᵉ) ℰ 47 42 63 47, Télex 290085 – |🛗| 📺 🕿. 🖃 🖃 🖃 _VISA_
F 12
⊠ 38 – **20 ch** 500/700.

🏨 **América** sans rest, 15 r. Geoffroy Marie (9ᵉ) ℰ 48 24 09 02, Télex 280729 – |🛗| 📺 🕿. 🖃 🖃 🖃 _VISA_. ⚡
F 14
⊠ 25 – **37 ch** 250/480.

🏨 **Peyris** sans rest, 10 r. Conservatoire (9ᵉ) ℰ 47 70 50 83 – |🛗| 📺 🕿. 🖃 _VISA_
F 14
⊠ 25 – **50 ch** 350/460.

🏠 **Urbis Lafayette** sans rest, 122 r. Lafayette (10ᵉ) ℰ 45 23 27 27, Télex 290272, Fax 42 46 73 79 – |🛗| 📺 🕿 🕭. 🖃 _VISA_
E 16
⊠ 32 – **70 ch** 343/386.

🏠 **Gd H. Lafayette Buffault** sans rest, 6 r. Buffault (9ᵉ) ℰ 47 70 70 96, Télex 642180 – |🛗| 📺 🕿. 🖃 🖃 🖃 _VISA_
E 14
⊠ 25 – **47 ch** 175/345.

🏠 **Riboutté-Lafayette** sans rest, 5 r. Ribouté (9ᵉ) ℰ 47 70 62 36, Fax 48 00 91 50 – |🛗| 📺 🕿. 🖃 _VISA_
E 14
⊠ 25 – **24 ch** 370/420.

🏠 **Résidence Magenta** sans rest, 35 r. Y.-Toudic (10ᵉ) ℰ 42 40 17 72, Télex 216543, Fax 42 02 59 66 – |🛗| 📺 🕿. 🖃 🖃 _VISA_. ⚡
F 17
⊠ 28 – **32 ch** 290/450.

🏠 **Fénelon** sans rest, 23 r. Buffault (9ᵉ) ℰ 48 78 32 18 – |🛗| 📺 🕿. 🖃 🖃 🖃 _VISA_
E 14
39 ch ⊠ 470/600.

XXXX ❀ **Rest. Opéra-Café de la Paix** - Le Grand Hôtel, pl. Opéra (9ᵉ) ℰ 40 07 30 10, Télex 220875, Fax 42 66 12 51, «Cadre Second Empire » – 🖃. 🖃 🖃 🖃 _VISA_
F 12
fermé août – **R** carte 380 à 460
Spéc. Poêlée de petite pêche sur émincé de céleri, Blanc de turbot aux épices, Chaud-froid au cacao.

XXX **Charlot ''Roi des Coquillages''**, 12 pl. Clichy (9ᵉ) ℰ 48 74 49 64, Fax 40 16 11 00, produits de la mer – 🖃. 🖃 🖃 _VISA_
D 12
R 250 bc (déj.) et carte 230 à 400.

XXX **Le Louis XIV**, 8 bd St-Denis (10ᵉ) ℰ 42 08 56 56 – 🖃 🖃 🖃 _VISA_
G 15
1ᵉʳ sept.-31 mai – **R** carte 225 à 425.

XX **Au Chateaubriant,** 23 r. Chabrol (10e) ✆ 48 24 58 94, cuisine italienne, collection de
tableaux – 🍽. 𐅒 **E** 𝗩𝗜𝗦𝗔. ⚞ E 15
fermé août, dim. et lundi – **R** carte 200 à 360.

XX **Chez Michel,** 10 r. Belzunce (10e) ✆ 48 78 44 14 – 🍽. 𐅒 ⓞ **E** 𝗩𝗜𝗦𝗔 E 15
fermé 26 juil. au 24 août, vacances de fév., vend. et sam. – **R** (nombre de couverts limité
- prévenir) 170 (déj.) et carte 280 à 450.

XX ❀ **La Table d'Anvers** (Conticini), 2 pl. d'Anvers (9e) ✆ 48 78 35 21 – 𐅒 **E** 𝗩𝗜𝗦𝗔 D 14
fermé 4 au 25 août, sam. midi et dim. – **R** 250/450
Spéc. Ruffian au homard, Selle d'agneau rôtie au romarin et abricots secs, Macaron au chocolat blanc.

XX **Brasserie Flo Printemps,** (Printemps de la Mode - 6e étage) 64 bd Haussman (9e)
✆ 42 82 58 81, Fax 45 26 31 24 – 🍽. 𐅒 **E** 𝗩𝗜𝗦𝗔 F 12
fermé ven. et fériés – **R** (déj. seul.) carte 150 à 220 ⌀.

XX **Relais Capucines-Café de la Paix** - Le Grand Hôtel, 12 bd Capucines (9e) ✆ 40 07 30 20,
Télex 220875, Fax 42 66 12 51 – ⇦⇨. 𐅒 ⓞ **E** 𝗩𝗜𝗦𝗔 F 12
R 165 et carte 185 à 260 ⌀.

XX **Grand Café Capucines** (ouvert jour et nuit), 4 bd Capucines (9e) ✆ 47 42 19 00,
Fax 47 42 74 22, décor "Belle Époque" – 𐅒 ⓞ **E** 𝗩𝗜𝗦𝗔 F 13
R carte 170 à 370 ⌀.

XX **Le New Port,** 79 r. Fg St-Denis (10e) ✆ 48 24 19 38, produits de la mer – 𐅒 **E** 𝗩𝗜𝗦𝗔 F 15
fermé 29 juil. au 19 août, Noël au Jour de l'An, sam. midi et dim. – **R** 89/140.

XX **Le Quercy,** 36 r. Condorcet (9e) ✆ 48 78 30 61 – 𐅒 ⓞ **E** 𝗩𝗜𝗦𝗔 E 14
fermé août, dim. et fériés – **R** 138 et carte 170 à 290.

XX **Bistrot Papillon,** 6 r. Papillon (9e) ✆ 47 70 90 03 – 𐅒 ⓞ **E** 𝗩𝗜𝗦𝗔 E 15
fermé 23 mars au 7 avril, 3 au 25 août, sam., dim. et fériés – **R** 125 et carte 200 à 280.

XX **Julien,** 16 r. Fg St Denis (10e) ✆ 47 70 12 06, Fax 42 47 00 65, brasserie "Belle Époque" –
🍽. 𐅒 ⓞ **E** 𝗩𝗜𝗦𝗔 F 15
R carte 140 à 270 ⌀.

XX **Le Franche-Comté,** 2 bd Madeleine (Maison de la Franche-Comté) (9e) ✆ 49 24 99 09,
Fax 49 24 96 56 – 𐅒 **E** 𝗩𝗜𝗦𝗔 F 12
fermé dim. et fériés – **R** 150 et carte 130 à 250 ⌀.

XX **Brasserie Flo,** 7 cour Petites-Écuries (10e) ✆ 47 70 13 59, Fax 42 47 00 80, cadre 1900 – 𐅒
ⓞ **E** 𝗩𝗜𝗦𝗔 F 15
R carte 145 à 270 ⌀.

XX **Le Saintongeais,** 62 r. Fg Montmartre (9e) ✆ 42 80 39 92 – 𐅒 ⓞ **E** 𝗩𝗜𝗦𝗔 E 14
fermé août, sam. et dim. – **R** carte 170 à 250.

XX **Petit Riche,** 25 r. Le Peletier (9e) ✆ 47 70 68 68, Fax 48 24 10 79, « Cadre fin 19e siècle »
– 𐅒 ⓞ **E** 𝗩𝗜𝗦𝗔 F 13
fermé dim. – **R** 180 bc et carte 170 à 290 ⌀, enf. 80.

XX **Comme Chez Soi,** 20 r. Lamartine (9e) ✆ 48 78 00 02 – 𐅒 ⓞ **E** 𝗩𝗜𝗦𝗔 E 14
fermé août, sam. et dim. – **R** 170/220.

XX **Aux Deux Canards,** 8 r. fg Poissonnière (10e) ✆ 47 70 03 23, rest. pour non-fumeurs –
🍽. 𐅒 ⓞ **E** 𝗩𝗜𝗦𝗔 F 15
fermé 12 juil. au 26 août, sam. midi et dim. – **R** carte 170 à 300.

XX **Terminus Nord,** 23 r. Dunkerque (10e) ✆ 42 85 05 15, Fax 40 16 13 98, brasserie – 𐅒 ⓞ
E 𝗩𝗜𝗦𝗔 E 16
R carte 140 à 270 ⌀.

XX **Pagoda,** 50 r. Provence (9e) ✆ 48 74 81 48, cuisine chinoise – 🍽. 𝗩𝗜𝗦𝗔 F 13
➤ *fermé dim.* – **R** 48 (sauf sam.)/150.

XX **La P'tite Tonkinoise,** 56 r. Fg Poissonnière (10e) ✆ 42 46 85 98, cuisine vietnamienne –
E 𝗩𝗜𝗦𝗔 F 15
fermé 1er août au 15 sept., 22 déc. au 5 janv., dim. et lundi – **R** carte 130 à 200.

X **Relais Beaujolais,** 3 r. Milton (9e) ✆ 48 78 77 91 – **E** 𝗩𝗜𝗦𝗔 E 14
fermé août, sam. et dim. – **R** 130 (déj.) et carte 160 à 300.

X **Petit Batailley,** 26 r. Bergère (9e) ✆ 47 70 85 81 – 𐅒 ⓞ **E** 𝗩𝗜𝗦𝗔 F 14
fermé août, 1er au 6 janv., sam. midi, dim. et fériés – **R** 100/205 ⌀.

X La Grille, 80 r. Fg Poissonnière (10e) ✆ 47 70 89 73 E 15

X **Chez Jean l'Auvergnat,** 52 r. Lamartine (9e) ✆ 48 78 62 73 – 𝗩𝗜𝗦𝗔 E 14
fermé 10 au 30 août, sam. de juil. à sept. et dim. – **R** 130/200.

X **Bistro des Deux Théâtres,** 18 r. Blanche (9e) ✆ 45 26 41 43 – 🍽. **E** 𝗩𝗜𝗦𝗔 E 12
R 165 bc.

Circulez autour de Paris avec les **cartes Michelin**

▯▯▯ à 1/50 000 - Banlieue de Paris

▯▯▯ à 1/100 000 - Environs de Paris

▯▯▯ à 1/200 000 - Ile de France

Bastille, Gare de Lyon, Place d'Italie, Bois de Vincennes.

12ᵉ et 13ᵉ arrondissements.
12ᵉ : ⊠ 75012
13ᵉ : ⊠ 75013

Novotel Paris Bercy Ⓜ, 85 r. Bercy (12ᵉ) ℰ 43 42 30 00, Télex 218332, Fax 43 45 30 60,
☆ – 📲 🗏 📺 ☎ ᕼ – 🔬 30 à 150. 🝗 ⓞ 🝗 𝘝𝘐𝘚𝘈
M 19
R carte environ 150 🍴, enf. 50 – ⌑ 52 – **129 ch** 640/680.

Mercure Paris Bercy Ⓜ, 6 bd Vincent Auriol (13ᵉ) ℰ 45 82 48 00, Télex 205010,
Fax 45 82 19 16 – 📲 ↤ ch 🗏 rest 📺 ☎ ᕼ – 🔬 40. 🝗 ⓞ 🝗 𝘝𝘐𝘚𝘈
M 18
R *(fermé 27 juil. au 25 août, 25 déc. au 2 janv., sam., dim. et fêtes)* carte environ 200 –
⌑ 50 – **89 ch** 500/700.

Équinoxe Ⓜ sans rest, 40 r. Le Brun (13ᵉ) ℰ 43 37 56 56, Télex 201476, Fax 45 35 52 42 –
📲 📺 ☎ ⟷ 🝗 ⓞ 🝗 𝘝𝘐𝘚𝘈
N 15
⌑ 30 – **49 ch** 450/590.

Paris-Lyon-Palace sans rest, 11 r. Lyon (12ᵉ) ℰ 43 07 29 49, Télex 213310, Fax 46 28 91 55
– 📲 📺 ☎ – 🔬 150. 🝗 ⓞ 🝗 𝘝𝘐𝘚𝘈
L 18
⌑ 35 – **128 ch** 460/480.

Mercure Paris Tolbiac Ⓜ sans rest, 21 rue Tolbiac (13ᵉ) ℰ 45 84 61 61, Télex 250822,
Fax 45 84 43 38 – 📲 📺 ☎ ᕼ ℗ – 🔬 25. 🝗 ⓞ 🝗 𝘝𝘐𝘚𝘈
P 18
⌑ 50 – **71 ch** 620.

Relais de Lyon sans rest, 64 r. Crozatier (12ᵉ) ℰ 43 44 22 50, Télex 216690, Fax 43 41 55 12
– 📲 📺 ☎ ⟷ 🝗 ⓞ 🝗 𝘝𝘐𝘚𝘈. ✳
K 19
⌑ 30 – **34 ch** 400/483.

Modern H. Lyon sans rest, 3 r. Parrot (12ᵉ) ℰ 43 43 41 52, Télex 230369, Fax 43 43 81 16
– 📲 📺 ☎. 🝗 🝗 𝘝𝘐𝘚𝘈. ✳
L 18
⌑ 36 – **52 ch** 340/545.

Média Ⓜ sans rest, 22 r. Reine Blanche (13ᵉ) ℰ 45 35 72 72, Télex 206702, Fax 45 35 52 42
– 📲 📺 ☎ – 🔬 25. 🝗 ⓞ 🝗 𝘝𝘐𝘚𝘈
M 15
fermé août – ⌑ 30 – **19 ch** 450/480.

Terminus-Lyon sans rest, 19 bd Diderot (12ᵉ) ℰ 43 43 24 03, Télex 230702, Fax 43 44 09 00
– 📲 📺 ☎. 🝗 ⓞ 🝗 𝘝𝘐𝘚𝘈. ✳
L 18
⌑ 35 – **61 ch** 450/550.

Slavia sans rest, 51 bd St-Marcel (13ᵉ) ℰ 43 37 81 25, Télex 205542, Fax 45 87 05 03 – 📲
📺 ☎. 🝗 🝗 𝘝𝘐𝘚𝘈. ✳
M 16
⌑ 26 – **37 ch** 285/325, 6 appart. 385.

Midi sans rest, 114 av. Daumesnil (12ᵉ) ℰ 43 07 72 03, Télex 215917, Fax 43 43 21 75 – 📺
☎. 🝗 ⓞ 🝗 𝘝𝘐𝘚𝘈
L 20
⌑ 30 – **36 ch** 340/420.

Résidence Vert Galant Ⓜ ⤳, 43 r. Croulebarbe (13ᵉ) ℰ 43 36 22 41, Télex 202371 –
📺 ☎ ᕼ. 🝗 ⓞ 🝗 𝘝𝘐𝘚𝘈. ✳ ch
N 15
R voir rest. **Etchegorry** ci-après – ⌑ 35 – **14 ch** 400/500.

de Weha sans rest, 205 av. Choisy (13ᵉ) ℰ 45 86 06 06, Télex 206898, Fax 43 31 42 06 – 📲
📺 ☎. 🝗 ⓞ 🝗 𝘝𝘐𝘚𝘈
P 16
⌑ 32 – **34 ch** 490.

Corail sans rest, 23 r. Lyon (12ᵉ) ℰ 43 43 23 54, Télex 212002, Fax 43 43 82 55 – 📲 📺 ☎.
🝗 ⓞ 🝗 𝘝𝘐𝘚𝘈
L 18
⌑ 29 – **50 ch** 300/390.

Claret, 44 bd Bercy (12ᵉ) ℰ 46 28 41 31, Télex 217115, Fax 49 28 09 29 – 📲 📺 ☎. 🝗 ⓞ
🝗 𝘝𝘐𝘚𝘈
M 19
R *(fermé sam. midi et dim.)* carte 90 à 150 🍴 – ⌑ 30 – **52 ch** 380/500.

Gd H. Gobelins sans rest, 57 bd St Marcel (13ᵉ) ℰ 43 31 79 89 – 📲 📺 ☎
M 16
⌑ 25 – **45 ch** 220/330.

Ibis Paris Bercy Ⓜ, 77 r. Bercy (12ᵉ) ℰ 43 42 91 91, Télex 216391, Fax 43 42 34 79, ☆ –
📲 📺 ☎ ᕼ – 🔬 25 à 180. 🝗 🝗 𝘝𝘐𝘚𝘈
M 19
R 70/90 🍴, enf. 39 – ⌑ 30 – **368 ch** 415/435.

Marceau sans rest, 13 r. J. César (12ᵉ) ℰ 43 43 11 65, Télex 214006, Fax 43 41 67 70 – 📲
📺 ☎. 🝗 𝘝𝘐𝘚𝘈. ✳
K 17
fermé mi juil. à mi août – ⌑ 30 – **53 ch** 295/345.

Des Trois Gares sans rest, 1 r. J. César (12ᵉ) ℰ 43 43 01 70, Télex 216392, Fax 43 41 36 58
– 📲 📺 ☎. 🝗 𝘝𝘐𝘚𝘈. ✳
K 17
⌑ 25 – **36 ch** 200/360.

Palym H. sans rest, 4 r. E.-Gilbert (12ᵉ) ℰ 43 43 24 48, Fax 43 41 69 47 – 📲 📺 ⟷. 🝗 𝘝𝘐𝘚𝘈
L 18
⌑ 30 – **51 ch** 270/350.

Viator sans rest, 1 r. Parrot (12ᵉ) ℰ 43 43 11 00, Télex 216236, Fax 43 43 10 89 – 📲 📺 ☎.
🝗 𝘝𝘐𝘚𝘈. ✳
L 18
⌑ 30 – **45 ch** 290/340.

Urbis Paris Tolbiac sans rest, 177 r. Tolbiac (13e) ✆ 45 80 16 60, Télex 200821, Fax 45 80 95 80 – |‡| TV ☎ ♿. E VISA P 15
☕ 30 – **60 ch** 350/380.

Résidence Les Gobelins sans rest, 9 r. Gobelins (13e) ✆ 47 07 26 90, Télex 206566, Fax 43 31 44 05 – |‡| TV ☎. AE ⓓ E VISA N 15
☕ 30 – **32 ch** 300/400.

Timhôtel sans rest, 22 r. Barrault (13e) ✆ 45 80 67 67, Télex 205461, Fax 45 89 36 93 – |‡| TV ☎. AE ⓓ E VISA P 15
☕ 40 – **73 ch** 355/382.

Terrasses sans rest, 74 r. Glacière (13e) ✆ 47 07 73 70, Télex 203488 – |‡| ☎. VISA. ✗
☕ 26 – **49 ch** 160/400. N 14

Jules César sans rest, 52 av. Ledru-Rollin (12e) ✆ 43 43 15 88, Télex 670945, Fax 43 43 53 60 – |‡| TV ☎. E VISA. ✗ K 18
☕ 25 – **48 ch** 290/310.

Terminus et Sports sans rest, 96 cours Vincennes (12e) ✆ 43 43 97 93, Télex 217581 – |‡| TV ☎. E VISA. ✗ L 23
☕ 28 – **43 ch** 170/310.

Nouvel H. sans rest, 24 av. Bel Air (12e) ✆ 43 43 01 81, Télex 240139, Fax 43 44 64 13, – TV ☎. AE ⓓ E VISA L 21
☕ 37 – **28 ch** 220/520.

Arts sans rest, 8 r. Coypel (13e) ✆ 47 07 76 32 – |‡| ☎. AE E VISA N 16
☕ 24 – **37 ch** 150/290.

XXXX **Fouquet's Bastille,** 130 r. Lyon (12e) ✆ 43 42 18 18, Fax 43 42 08 20 – ▤. AE ⓓ VISA. ✗
Rez-de-Chaussée R carte 180 à 370 – **1er étage** *(fermé sam. midi et dim.)* **R** carte 240 à 400 K 18

XXX ✿ **Au Pressoir** (Séguin), 257 av. Daumesnil (12e) ✆ 43 44 38 21, Fax 43 43 81 77 – ▤. E VISA M 22
fermé août, vacances de fév., sam. et dim. – **R** carte 300 à 420
Spéc. Assiette de fruits de mer tièdes (oct. à mars), Rondin de lotte au lard et pois cassés, Coeur de filet de boeuf au coulis de truffes.

XXX **Train Bleu,** Gare de Lyon (12e) ✆ 43 43 38 39, Télex 240788, Fax 43 43 97 96, « Cadre 1900 - fresques évoquant le voyage de Paris à la Méditerranée » – AE ⓓ E VISA L 18
fermé 1er juil. au 30 sept. – **R** (1er étage) 200 bc (déj.) et carte 225 à 330.

XX ✿ **Au Trou Gascon,** 40 r. Taine (12e) ✆ 43 44 34 26 – ▤. AE ⓓ E VISA M 21
fermé août, 28 déc. au 5 janv., sam. et dim. – **R** (nombre de couverts limité - prévenir) 200 et carte 200 à 440
Spéc. Persillé d'anguille à la bohémienne, Petit pâté chaud de cèpes, Lièvre à la Royale (oct. à mi-déc.).

XX **La Gourmandise,** 271 av. Daumesnil (12e) ✆ 43 43 94 41 – AE VISA M 22
fermé 1er au 8 mai, 5 au 25 août, lundi soir, sam. midi et dim. – **R** 180 et carte 250 à 420, enf. 90.

XX **Au Petit Marguery,** 9 bd Port-Royal (13e) ✆ 43 31 58 59 – AE ⓓ E VISA M 15
fermé août, 24 déc. au 2 janv., dim. et lundi – **R** carte 230 à 370.

XX **Les Vieux Métiers de France,** 13 bd A. Blanqui (13e) ✆ 45 88 90 03 – ▤. AE ⓓ E VISA P 15
fermé dim. et lundi – **R** 165/290.

XX **Le Luneau,** 5 r. Lyon (12e) ✆ 43 43 90 85 – AE ⓓ E VISA L 18
R 135 🍷.

XX **La Flambée,** 4 r. Taine (12e) ✆ 43 43 21 80 – AE ⓓ VISA M 20
fermé 1er au 20 août, 22 au 28 déc., dim. soir et sam. – **R** 110/275.

XX **La Frégate,** 30 av. Ledru-Rollin (12e) ✆ 43 43 90 32, produits de la mer – VISA L 18
fermé 1er au 20 août, sam. et dim. – **R** 190/280.

XX **Le Traversière,** 40 r. Traversière (12e) ✆ 43 44 02 10 – AE ⓓ E VISA K 18
fermé août, dim. soir et fériés – **R** 150 et carte 180 à 320.

XX **La Sologne,** 164 av. Daumesnil (12e) ✆ 43 07 68 97 – E VISA M 21
fermé sam. midi et dim. – **R** 120/230.

XX **L'Escapade en Touraine,** 24 r. Traversière (12e) ✆ 43 43 14 96 – AE E VISA L 18
fermé 2 août au 2 sept., sam., dim. et fériés – **R** 140 et carte 125 à 225.

X **Mange Tout,** 24 bd Bastille (12e) ✆ 43 43 95 15 – AE E VISA K 17
fermé 12 au 18 août et dim. – **R** 98 et carte 150 à 240 🍷, enf. 45.

X **Le Quincy,** 28 av. Ledru-Rollin (12e) ✆ 46 28 46 76 L 17
fermé sam., dim. et lundi – **R** carte 185 à 350.

X **Etchegorry,** 41 r. Croulebarbe (13e) ✆ 43 31 63 05, Télex 202371 – AE ⓓ E VISA N 15
fermé dim. – **R** 130/190.

X **Le Rhône,** 40 bd Arago (13e) ✆ 47 07 33 57, – E VISA N 14
fermé août, sam., dim. et fêtes – **R** 73 bc/150.

X **Chez Françoise,** 12 r. Butte aux Cailles (13e) ✆ 45 80 12 02 – AE ⓓ E VISA. ✗ P 15
fermé 25 avril au 2 mai, 4 août au 1er sept., sam. midi et dim. – **R** 88/122 🍷.

Vaugirard,
Gare Montparnasse, Grenelle,
Denfert-Rochereau.

14ᵉ et 15ᵉ arrondissements.

14ᵉ : ✉ 75014
15ᵉ : ✉ 75015

Hilton Ⓜ, 18 av. Suffren (15ᵉ) ℰ 42 73 92 00, Télex 200955, Fax 47 83 62 66, ⌘ – 🛗
✎ ch 🛏 📺 ☎ & – 🛴 40 à 350. 🆎 ⑩ Ε 💳   J 7
Western R carte 220 à 380, enf. 80 – **La Terrasse R** carte 165 à 290 🍴, enf. 80 – ⊑ 120 –
455 ch 1450/2100, 36 appart.

Nikko Ⓜ, 61 quai Grenelle (15ᵉ) ℰ 40 58 20 00, Télex 205811, Fax 45 75 42 35, ≼, 🔲 – 🛗
✎ ch 🛏 📺 ☎ Ⓟ – 🛴 800. 🆎 ⑩ Ε 💳   K 6
R voir rest. **Les Célébrités** ci-après - **Brasserie Pont Mirabeau R** carte 180 à 300 – **Rest.**
japonais **Benkay R** carte 300 à 480 – ⊑ 70 – **779 ch** 1160/2400, 7 appart.

Sofitel Paris Porte de Sèvres Ⓜ, 8 r. L.-Armand (15ᵉ) ℰ 40 60 30 30, Télex 200432,
Fax 45 57 04 22, ≼, piscine intérieure panoramique – 🛗 🛏 ☎ & ⇨ – 🛴 1 200. 🆎 ⑩
Ε 💳   N 5
R voir rest. **Le Relais de Sèvres** ci-après - **La Tonnelle** (brasserie) **R** 145 🍴 – ⊑ 80 – **601 ch**
700/900, 14 appart. 1400/1800.

Méridien Montparnasse Ⓜ, 19 r. Cdt-Mouchotte (14ᵉ) ℰ 43 20 15 51, Télex 200135,
Fax 43 20 61 03, ≼ – 🛗 ✎ ch 🛏 📺 ☎ & – 🛴 1 400. 🆎 ⑩ Ε 💳. ✻   M 11
Montparnasse 25 *(fermé août, sam., dim.)* **R** carte 275 à 435 – **Justine R** 185 et carte 170 à
325 – ⊑ 96 – **915 ch** 1350/1650, 35 appart.

Pullman St-Jacques Ⓜ, 17 bd St-Jacques (14ᵉ) ℰ 40 78 79 80, Télex 270740,
Fax 45 88 43 93 – 🛗 ✎ 🛏 ☎ ⇨ – 🛴 40 à 1 200. 🆎 ⑩ Ε 💳   N 13-14
Brasserie Le Français *(fermé 24 au 31 déc.)* **R** 172, enf. 60 – ⊑ 70 – **797 ch** 1015/1360, 14
appart. 1700/2100.

Mercure Paris Vaugirard Ⓜ, porte de Versailles (15ᵉ) ℰ 45 33 74 63, Télex 260844,
Fax 48 28 22 11 – 🛗 ✎ ch 🛏 📺 ☎ & ⇨ – 🛴 120. 🆎 ⑩ Ε 💳. ✻ rest   N 7
R carte 210 à 300, enf. 65 – ⊑ 54 – **91 ch** 970/1250.

Mercure Paris Montparnasse Ⓜ, 20 r. Gaîté (14ᵉ) ℰ 43 35 28 28, Télex 201532,
Fax 43 27 98 64 – 🛗 🛏 📺 ☎ & ⇨ – 🛴 100. 🆎 ⑩ Ε 💳. ✻ rest   M 11
Bistrot de la Gaîté carte 140 à 210 – ⊑ 58 – **177 ch** 830, 8 suites 1 000.

Adagio Paris Vaugirard Ⓜ, 253 r. Vaugirard (15ᵉ) ℰ 40 45 10 00, Télex 250709,
Fax 40 45 10 10 – 🛗 ✎ ch 🛏 rest 📺 ☎ & ⇨ – 🛴 400. 🆎 ⑩ Ε 💳   M 9
Le Transatlantique R 110 – **Le Club** *(fermé juil.-août, sam. et dim.)* **R** 250 – ⊑ 65 – **185 ch**
830/930.

Lenox Montparnasse Ⓜ sans rest, 15 r. Delambre (14ᵉ) ℰ 43 35 34 50, Télex 260745,
Fax 43 20 46 64 – 🛗 ☎. 🆎 ⑩ Ε 💳. ✻   M 12
⊑ 40 – **52 ch** 460/890.

Orléans Palace H. sans rest, 185 bd Brune (14ᵉ) ℰ 45 39 68 50, Télex 205490,
Fax 45 43 65 64 – 🛗 ☎ – 🛴 35. 🆎 ⑩ Ε 💳   R 11
⊑ 35 – **92 ch** 410/520.

L'Aiglon sans rest, 232 bd Raspail (14ᵉ) ℰ 43 20 82 42, Télex 206038, Fax 43 20 98 72 – 🛗
cuisinette ☎. 🆎 ⑩ Ε 💳   M 12
⊑ 32 – **38 ch** 400/600, 9 appart. 650/800.

Renoir Ⓜ sans rest, 39 r. Montparnasse (14ᵉ) ℰ 43 21 72 50, Télex 205436, Fax 43 21 68 72
– 🛗 📺 ☎. 🆎 ⑩ Ε 💳. ✻   L 12
⊑ 30 – **29 ch** 450/550.

Waldorf Ⓜ sans rest, 17 r. Départ (14ᵉ) ℰ 43 20 64 79, Télex 201677, Fax 43 35 17 52 – 🛗
🛏 ☎. 🆎 ⑩ Ε 💳. ✻   L 11
⊑ 32 – **30 ch** 470/680.

Wallace sans rest, 89 r. Fondary (15ᵉ) ℰ 45 78 83 30, Télex 205277, Fax 40 58 19 43 – 🛗
☎. 🆎 ⑩ Ε 💳   L 8
⊑ 35 – **35 ch** 450/500.

Versailles Ⓜ sans rest, 213 r. Croix Nivert (15ᵉ) ℰ 48 28 48 66, Télex 200473,
Fax 45 30 16 22 – 🛗 ☎. 🆎 Ε 💳   N 7
⊑ 38 – **41 ch** 440/660.

Arès sans rest, 7 r. Gén. de Larminat (15ᵉ) ℰ 47 34 74 04, Télex 206083, Fax 47 34 48 56 –
🛗 📺 ☎. 🆎 ⑩ Ε 💳. ✻   K 8
⊑ 32 – **43 ch** 415/445.

Mercure Paris XV Ⓜ sans rest, 6 r. St-Lambert (15ᵉ) ℰ 45 58 61 00, Télex 206936,
Fax 45 54 10 43 – 🛗 📺 ☎ & ⇨ – 🛴 35. 🆎 ⑩ Ε 💳   M 7
⊑ 50 – **56 ch** 590.

Beaugrenelle St-Charles Ⓜ sans rest, 82 r. St-Charles (15ᵉ) ℰ 45 78 61 63, Télex
270263, Fax 45 79 04 38 – 🛗 📺 ☎. 🆎 ⑩ Ε 💳   K 7
⊑ 28 – **51 ch** 310/380.

🏨 **Alizé Grenelle** 🅼 sans rest, 87 av. É. Zola (15ᵉ) ℰ 45 78 08 22, Télex 250095,
Fax 40 59 03 06 – 📺 ☎. 🅰🅴 ⓞ 🅴 *VISA*
L 7
⊡ 28 – **50 ch** 330/380.

🏨 **Capitol** 🅼 sans rest, 9 r. Viala (15ᵉ) ℰ 45 78 61 00, Télex 202881, Fax 45 79 32 51 – 🛗 ▤
📺 ☎. 🅰🅴 ⓞ 🅴 *VISA*
K 7
⊡ 45 – **42 ch** 500/540.

🏨 **Messidor** sans rest, 330 r. Vaugirard (15ᵉ) ℰ 48 28 03 74, Télex 204606, Fax 48 28 75 17,
🌿 – 🛗 📺 ☎. 🅰🅴 ⓞ 🅴 *VISA*
M 8
⊡ 45 – **65 ch** 450/800, 7 appart. 650/800.

🏨 **Alésia Montparnasse** sans rest, 84 r. R. Losserand (14ᵉ) ℰ 45 42 16 03, Télex 206629,
Fax 45 42 11 60 – 🛗 ⇜ 📺 ☎. 🅰🅴 ⓞ 🅴 *VISA*
N 10
⊡ 35 – **45 ch** 380/420.

🏨 **Ibis Alésia** 🅼, 49 r. Plantes (14ᵉ) ℰ 40 44 50 51, Télex 206995, Fax 40 44 53 44 – 🛗 ▤
📺 ☎ 🕭 ⇜ – 🔬 150. 🅰🅴 ⓞ 🅴 *VISA*
P 11
R 115/175 🕭, enf. 50 – ⊡ 35 – **264 ch** 420.

🏨 **Résidence St-Lambert** sans rest, 5 r. E. Gibez (15ᵉ) ℰ 48 28 63 14, Télex 205459,
Fax 45 33 45 50 – 🛗 📺 ☎. 🅰🅴 ⓞ 🅴 *VISA*
N 8
⊡ 32 – **48 ch** 390/530.

🏨 **Joigny** sans rest, 8 r. St-Charles (15ᵉ) ℰ 45 79 33 35, Fax 45 79 40 84 – 🛗 📺 ☎. 🅰🅴 ⓞ
🅴 *VISA*
K 7
⊡ 40 – **36 ch** 450/500.

🏨 **Primavera** sans rest, 147 ter r. Alésia (14ᵉ) ℰ 45 42 06 37, Télex 206831, Fax 45 42 44 56 –
🛗 📺 ☎. 🅰🅴 ⓞ 🅴 *VISA*
P 11
⊡ 30 – **70 ch** 380/540.

🏨 **Sophie Germain** sans rest, 12 r. Sophie Germain (14ᵉ) ℰ 43 21 43 75, Télex 206720 – 🛗
NP 12
📺 ☎. 🅰🅴 ⓞ 🅴 *VISA*. 🕸
⊡ 30 – **33 ch** 460/530.

🏨 **L'Orchidée** sans rest, 65 r. de l'Ouest (14ᵉ) ℰ 43 22 70 50, Télex 203026, Fax 42 79 97 46
– 🛗 📺 ☎ 🕭. 🅰🅴 ⓞ 🅴 *VISA*. 🕸
N 11
⊡ 35 – **40 ch** 450/690.

🏨 **L'Alligator** sans rest, 39 r. Delambre (14ᵉ) ℰ 43 35 18 40, Télex 270545, Fax 43 35 30 71 –
🛗 📺 ☎. 🅰🅴 ⓞ 🅴 *VISA*. 🕸
M 12
⊡ 40 – **35 ch** 395/600.

🏨 **Châtillon H.** sans rest, 11 square Châtillon (14ᵉ) ℰ 45 42 31 17, Fax 45 42 72 09 – 🛗 📺
☎. 🅴 *VISA*
P 11
⊡ 24 – **31 ch** 260/300.

🏨 **Tourisme** sans rest, 66 av. La-Motte-Picquet (15ᵉ) ℰ 47 34 28 01, Télex 270568 – 🛗 📺
☎. *VISA*. 🕸
K 8
⊡ 25 – **60 ch** 230/360.

🏨 **Bailli de Suffren** sans rest, 149 av. Suffren (15ᵉ) ℰ 47 34 58 61, Télex 204854,
Fax 45 67 75 82 – 🛗 📺 ☎. 🅰🅴 🅴 *VISA*
L 9
⊡ 40 – **25 ch** 470/560.

🏨 **Terminus Vaugirard** sans rest, 403 r. Vaugirard (15ᵉ) ℰ 48 28 18 72, Télex 206562,
Fax 48 28 56 34 – 🛗 📺 ☎. 🅴 *VISA*. 🕸
N 7
fermé 16 au 26 déc. – ⊡ 35 – **90 ch** 450/550.

🏨 **France** sans rest, 46 r. Croix-Nivert (15ᵉ) ℰ 47 83 67 02, Fax 47 83 67 02 – 🛗 📺 ☎. 🅴 *VISA*
L 8
⊡ 32 – **30 ch** 350/470.

🏨 **Acropole** sans rest, 199 bd Brune (14ᵉ) ℰ 45 39 64 17, Télex 203131, Fax 45 42 18 21 – 🛗
📺 ☎. 🅰🅴 ⓞ 🅴 *VISA*. 🕸
R 12
⊡ 30 – **41 ch** 330/440.

🏨 **Cécil'H.** sans rest, 47 r. Beaunier (14ᵉ) ℰ 45 40 93 53, Télex 206873 – 🛗 📺 ☎. 🅰🅴 🅴 *VISA*.
🕸
R 12
⊡ 28 – **25 ch** 325/360.

🏨 **Agenor** sans rest, 22 r. Cels (14ᵉ) ℰ 43 22 47 25, Télex 203994, Fax 42 79 94 01 – 🛗 📺
☎. 🅰🅴 🅴 *VISA*. 🕸
M 11
⊡ 28 – **19 ch** 330/420.

🏨 **Ariane Montparnasse** sans rest, 35 r. Sablière (14ᵉ) ℰ 45 45 67 13, Télex 203554,
Fax 45 45 39 49 – 🛗 📺 ☎. 🅰🅴 ⓞ 🅴 *VISA*
N 11
⊡ 30 – **30 ch** 340/400.

🏨 **Fondary** sans rest, 30 r. Fondary (15ᵉ) ℰ 45 75 14 75, Télex 206761, Fax 45 75 84 42 – 🛗
📺 ☎. 🅰🅴 🅴 *VISA*
L 8
⊡ 36 – **20 ch** 330/395.

🏨 **Istria** sans rest, 29 r. Campagne Première (14ᵉ) ℰ 43 20 91 82, Télex 203618, Fax 43 22 48 45
– 🛗 📺 ☎. 🅰🅴 🅴 *VISA*
M 12
⊡ 35 – **26 ch** 415/510.

🏨 **Pasteur** sans rest, 33 r. Dr.-Roux (15ᵉ) ℰ 47 83 53 17, Fax 45 66 62 39 – 🛗 ☎. 🅴 *VISA*
M 10
fermé fin juil. à fin août – ⊡ 30 – **19 ch** 295/410.

🏨 **Friant** sans rest, 8 r. Friant (14ᵉ) ℰ 45 42 71 91, Fax 45 42 04 67 – 🛗 📺 ☎. 🅴 *VISA*. 🕸
P 11
⊡ 26 – **27 ch** 315/350.

🏨 **Sèvres-Montparnasse** sans rest, 153 r. Vaugirard (15ᵉ) ℰ 47 34 56 75, Télex 206300,
Fax 40 65 01 86 – 🛗 📺 ☎. 🅰🅴 ⓞ 🅴 *VISA*. 🕸
L 10
⊡ 30 – **35 ch** 380/430.

XXXX ✿ **Les Célébrités** - Hôtel Nikko, 61 quai Grenelle (15ᵉ) ℰ 40 58 20 00, Télex 205811, Fax 45 75 42 35, ← – 🗐, ᴀᴇ ⓪ Ɛ 𝘝𝘐𝘚𝘈
R 230 (déj.) et carte 420 à 670   K 6
Spéc. Salade de langoustines rôties, Blanc de turbot à la tomate et au basilic, Côte de veau de lait poêlée ´´Grand-Mère´´.

XXXX ✿ **Relais de Sèvres** - Hôtel Sofitel Paris, 8 r. L.-Armand (15ᵉ) ℰ 40 60 33 66, Télex 200432, Fax 45 57 04 22 – 🗐, ᴀᴇ ⓪ Ɛ 𝘝𝘐𝘚𝘈   N 5
fermé août, 24 déc. au 2 janv., sam. et dim. – **R** 310 (déj.) et carte 280 à 400
Spéc. Gratin de lentilles vertes au foie gras, Fricassée de sole à l'aigre doux, Aiguillette de boeuf à la moutarde à l'estragon.

XXX ✿ **Morot Gaudry,** 6 r. Cavalerie (15ᵉ) (8ᵉ étage) ℰ 45 67 06 85, Fax 45 67 55 72, ☞ – 🗐, ᴀᴇ Ɛ 𝘝𝘐𝘚𝘈   K 8
fermé sam. et dim. – **R** 200 (déj.) et carte 310 à 430
Spéc. Croustillant de langoustines (sept. à juin), Grenadin de veau aux écrevisses et croquette de pied de porc, Grouse à la ficelle (15 sept. au 28 fév.).

XXX **Armes de Bretagne,** 108 av. Maine (14ᵉ) ℰ 43 20 29 50 – 🗐, ᴀᴇ ⓪ Ɛ 𝘝𝘐𝘚𝘈   N 11
fermé août, dim. soir et lundi – **R** 200 et carte 250 à 430.

XXX **Pavillon Montsouris,** 20 r. Gazan (14ᵉ) ℰ 45 88 38 52, Fax 45 88 63 40, ←, ☞, « Pavillon 1900 en bordure du parc » – 🅿. ⓪ Ɛ 𝘝𝘐𝘚𝘈, ✁   R 14
R 245.

XXX **Moniage Guillaume** avec ch, 88 r. Tombe-Issoire (14ᵉ) ℰ 43 22 96 15, Fax 43 27 11 79 – 📺 ☎, ᴀᴇ ⓪ Ɛ 𝘝𝘐𝘚𝘈   P 12
fermé août et dim. – **R** 195 bc (déj.) et carte 280 à 460 – 🖙 28 – **5 ch** 240/320.

XXX **Lous Landès,** 157 av. Maine (14ᵉ) ℰ 45 43 08 04 – 🗐, ᴀᴇ ⓪ Ɛ 𝘝𝘐𝘚𝘈   N 11
fermé 5 au 24 août, sam. midi et dim. – **R** carte 230 à 380.

XXX **Olympe,** 8 r. Nicolas Charlet (15ᵉ) ℰ 47 34 86 08 – 🗐, ᴀᴇ ⓪ Ɛ 𝘝𝘐𝘚𝘈   L 10
fermé août, sam. midi, dim. midi et lundi – **R** carte 310 à 420.

XX **Lal Qila,** 86 av. É. Zola (15ᵉ) ℰ 45 75 68 40, cuisine indienne, « Décor original » – 🗐, ᴀᴇ Ɛ 𝘝𝘐𝘚𝘈, ✁   L 7
fermé lundi midi et dim. – **R** 185 et carte 140 à 205.

XX ✿ **Jacques Hébert,** 38 r. Sébastien Mercier (15ᵉ) ℰ 45 57 77 88 – Ɛ 𝘝𝘐𝘚𝘈   L 5
fermé 21 juil. au 19 août, dim. – **R** 170 et carte 250 à 440
Spéc. Langoustines rôties au pamplemousse, Ris de veau à la crème de champignons, Délice ananas et pommes au Calvados.

XX **L'Aubergade,** 53 av. La Motte-Picquet (15ᵉ) ℰ 47 83 23 85, ☞ – Ɛ 𝘝𝘐𝘚𝘈   J 9
fermé 25 mars au 4 avril, 29 juil. au 29 août, 23 déc. au 3 janv., dim. soir et lundi – **R** 150 bc (déj.) et carte 220 à 330.

XX **La Chaumière des Gourmets,** 22 pl. Denfert-Rochereau (14ᵉ) ℰ 43 21 22 59 – 𝘝𝘐𝘚𝘈
fermé 30 mars au 7 avril, 3 août au 3 sept., sam. midi et dim. – **R** 240 et carte 270 à 375   N 12

XX ✿ **Bistro 121,** 121 r. Convention (15ᵉ) ℰ 45 57 52 90 – ᴀᴇ ⓪ Ɛ 𝘝𝘐𝘚𝘈   M 7
fermé 14 juil. au 15 août, 24 au 31 déc., dim. et lundi – **R** 240 et carte 290 à 435
Spéc. Foie de canard chaud au verjus, Panaché de sole et homard aux langoustines, Poule au pot farcie quercynoise.

XX ✿ **Le Dôme,** 108 bd Montparnasse (14ᵉ) ℰ 43 35 25 81, Fax 42 79 01 19, produits de la mer – 🗐, ᴀᴇ ⓪ 𝘝𝘐𝘚𝘈   LM 12
fermé lundi – **R** carte 290 à 460
Spéc. Pétales de Saint-Jacques crues aux truffes (déc. à mars), Rouget à la ´´planche´´, Saint-Pierre aux légumes croquants.

XX **La Coupole,** 102 bd Montparnasse (14ᵉ) ℰ 43 20 14 20, Fax 43 35 46 14, « Brasserie parisienne des années 20 » – ᴀᴇ ⓪ Ɛ 𝘝𝘐𝘚𝘈   L 12
R carte 150 à 250 ♨.

XX ✿ **Petite Bretonnière** (Lamaison), 2 r. Cadix (15ᵉ) ℰ 48 28 34 39 – 𝘝𝘐𝘚𝘈   N 7
fermé août, sam. midi et dim. – **R** carte 270 à 370
Spéc. Terrine de confits aux champignons, Magret de canard, Tourtière landaise.

XX **Yves Quintard,** 99 r. Blomet (15ᵉ) ℰ 42 50 22 27 – Ɛ 𝘝𝘐𝘚𝘈   M 8
fermé sam. midi et dim. – **R** 150/300.

XX **Didier Délu,** 85 r. Leblanc (15ᵉ) ℰ 45 54 20 49 – ᴀᴇ ⓪ Ɛ 𝘝𝘐𝘚𝘈   M 5
fermé 10 au 18 août, 21 déc. au 1ᵉʳ janv., sam. et dim. – **R** 170 (déj.) et carte 235 à 330, enf. 120.

XX **L'Entre Siècle,** 29 av. Lowendal (15ᵉ) ℰ 47 83 51 22 – Ɛ 𝘝𝘐𝘚𝘈   K 9
fermé 4 août au 1ᵉʳ sept., sam. midi et dim. – **R** 160 bc (déj.) et carte 230 à 330, enf. 160.

XX **Senteurs de Provence,** 295 r. Lecourbe (15ᵉ) ℰ 45 57 11 98, produits de la mer – ᴀᴇ ⓪ Ɛ 𝘝𝘐𝘚𝘈   M 6
fermé 4 au 25 août, 23 au 26 déc., dim. et lundi – **R** 175 et carte 190 à 320.

XX **Napoléon et Chaix,** 46 r. Balard (15ᵉ) ℰ 45 54 09 00 – 🗐, Ɛ 𝘝𝘐𝘚𝘈   M 5
fermé août et dim. – **R** carte 220 à 350.

XX **La Gauloise,** 59 av. La Motte Piquet (15ᵉ) ☏ 47 34 11 64, 🍽 – 🅰🄴 🅾 ⴹ *VISA*   K 8
fermé Noël au Jour de l'An, sam. et dim. – **R** carte 230 à 360.

XX **Monsieur Lapin,** 11 r. R. Losserand (14ᵉ) ☏ 43 20 21 39 – 🅰🄴 ⴹ *VISA*   N 11
fermé août, sam. midi et lundi – **R** 200 (déj.) et carte 250 à 400.

XX **Le Croquant,** 28 r. J. Maridor (15ᵉ) ☏ 45 58 50 83 – 🅰🄴 🅾 ⴹ *VISA*   M 6
fermé 1ᵉʳ au 13 mai, dim. et lundi – **R** carte 220 à 380.

XX **Le Copreaux,** 15 r. Copreaux (15ᵉ) ☏ 43 06 83 35 – ⴹ *VISA*   M 9
fermé sam. en août et dim. – **R** 145/185.

XX **L'Étape,** 89 r. Convention (15ᵉ) ☏ 45 54 73 49 – ⴹ *VISA*   M 6
fermé vacances de Noël, sam. (sauf le soir du 16 sept. au 30 juin) et dim. – **R** 140 et carte 170 à 300.

XX **La Chaumière,** 54 av. F.-Faure (15ᵉ) ☏ 45 54 13 91 – 🅰🄴 🅾 *VISA*   M 7
fermé août, lundi soir et mardi – **R** carte 180 à 280.

XX **La Giberne,** 42 bis av. de Suffren (15ᵉ) ☏ 47 34 82 18 – 🅰🄴 🅾 ⴹ *VISA*   J 8
fermé 27 juil. au 25 août, sam. midi et dim. – **R** 150/350.

XX **Le Clos Morillons,** 50 r. Morillons (15ᵉ) ☏ 48 28 04 37 – *VISA*   N 8
fermé 1ᵉʳ au 21 août, vacances de fév., sam. midi et dim. – **R** 210 (déj.)/275.

XX **Filoche,** 34 r. Laos (15ᵉ) ☏ 45 66 44 60 – ⴹ *VISA*. 🌿   K 8
fermé 20 juil. au 21 août, 22 déc. au 6 janv., sam. et dim. – **R** carte 185 à 280.

XX **Les Vendanges,** 40 r. Friant (14ᵉ) ☏ 45 39 59 98 – ⴹ *VISA*   R 11
fermé août, sam. midi, dim. et fériés – **R** 140 et carte 170 à 250.

XX **Pierre Vedel,** 19 r. Duranton (15ᵉ) ☏ 45 58 43 17 – *VISA*. 🌿   M 6
fermé 14 au 30 juil., Noël au Jour de l'An, sam. et dim. – **R** carte 200 à 300.

XX **Mina Mahal,** 25 r. Cambronne (15ᵉ) ☏ 47 34 19 88, cuisine indienne – 🍽 🅰🄴 *VISA*. 🌿   L 8
fermé lundi midi et dim. – **R** 150/350.

XX ❀ **La Cagouille** (Allemandou), 10 pl. Constantin Brancusi (14ᵉ) ☏ 43 22 09 01, 🍽, produits
de la mer – ⴹ *VISA*   M 11
fermé 5 au 12 mai, 11 août au 2 sept., 29 déc. au 7 janv., dim. et lundi – **R** carte 280 à 420
Spéc. Huîtres de Marennes, Céteaux frits, Effiloché de raie sauce gribiche.

X **Oh Duo,** 54 av. É. Zola (15ᵉ) ☏ 45 77 28 82 – ⴹ *VISA*   L 6
fermé août, sam. et dim. – **R** 122/130 🍷.

X **La Bonne Table,** 42 r. Friant (14ᵉ) ☏ 45 39 74 91 – ⴹ *VISA*   R 11
fermé juil., 24 déc. au 4 janv., sam. et dim. – **R** carte 180 à 300.

X **Trois Chevrons,** 148 av. F. Faure (15ᵉ) ☏ 45 54 12 26 – *VISA*   M 5
fermé 13 au 20 août, 22 déc. au 8 janv., sam. midi et dim. – **R** carte 200 à 295 🍷.

X **La Datcha Lydie,** 7 r. Dupleix (15ᵉ) ☏ 45 66 67 77, cuisine russe – ⴹ *VISA*   K 8
fermé 10 juil. au 31 août et merc. – **R** 115 bc et carte 130 à 245.

X **Le Gastroquet,** 10 r. Desnouettes (15ᵉ) ☏ 48 28 60 91 – *VISA*   N 7
fermé 8 au 29 juil., sam. et dim. – **R** 140.

X **Chez Pierre,** 117 r. Vaugirard (15ᵉ) ☏ 47 34 96 12 – 🍽. ⴹ *VISA*   L 11
fermé 28 avril au 9 mai, 3 au 26 août, lundi midi, sam. midi et dim. – **R** 110 (déj. seul.)/185.

X **L'Armoise,** 67 r. Entrepreneurs (15ᵉ) ☏ 45 79 03 31 – ⴹ *VISA*   L 7
fermé 5 au 21 août, vacances de fév., sam. midi et dim. soir – **R** 158 bc/186.

X **Le Caroubier,** 8 av. Maine (15ᵉ) ☏ 45 48 14 38, cuisine nord-africaine – *VISA*   L 11
fermé 15 juil. au 30 août, dim. et lundi – **R** carte 120 à 185.

X **La Gitane,** 53 bis av. La Motte-Picquet (15ᵉ) ☏ 47 34 62 92, 🍽 – ⴹ *VISA*   K 8
fermé sam. et dim. – **R** carte 130 à 185.

X **Chez Yvette,** 46 bis bd Montparnasse (15ᵉ) ☏ 42 22 45 54 – *VISA*   L 11
fermé août, sam. et dim. – **R** carte 100 à 200.

X **Trois Horloges,** 73 r. Brancion (15ᵉ) ☏ 48 28 24 08, cuisine nord-africaine – 🅰🄴 🅾 *VISA*.
🌿   N 9
fermé 1ᵉʳ au 10 janv., mardi midi et lundi – **R** carte 150 à 220.

X **L'Amuse Bouche,** 186 r. Château (14ᵉ) ☏ 43 35 31 61 – 🅰🄴 ⴹ *VISA*   N 11
fermé 12 au 18 août, sam. midi et dim. – **R** (nombre de couverts limité, prévenir) 130 (déj.)
et carte 105 à 265.

X **Le Saint-Vincent,** 26 r. Croix-Nivert (15ᵉ) ☏ 47 34 14 94 – 🍽. ⴹ *VISA*. 🌿   L 8
fermé dim. – **R** carte 140 à 230 🍷.

X **Fellini,** 58 r. Croix-Nivert (15ᵉ) ☏ 45 77 40 77, cuisine italienne – ⴹ *VISA*. 🌿   L 8
fermé août, sam. midi et dim. – **R** carte 170 à 285.

Pour visiter la région parisienne,
utilisez le guide Vert Michelin **Ile-de-France,**
les cartes 🔟🔟🔟, 🔟🔟🔟, 🔟🔟🔟 et les plans de Banlieue 🔟🔟, 🔟🔟, 🔟🔟 et 🔟🔟.

Passy, Auteuil, Bois de Boulogne, Chaillot, Porte Maillot.

16ᵉ arrondissement
16ᵉ : ⊠ *75016.*

🏨 **Park Avenue et Central Park** Ⓜ, 55 av. Poincaré ⊠ 75116 ☎ 45 53 44 60, Télex 643862, Fax 47 27 53 04, ☕ – 🛗 cuisinette 🗐 📺 ☎ – 🔏 400. ⅍ ⓪ Ε 𝚅𝙸𝚂𝙰   G 6
R *(fermé sam., dim. et fériés)* 190 et carte 240 à 370 – **99 ch** ⇆ 1250/1570, 13 appart. 1920/3120.

🏨 **Raphaël,** 17 av. Kléber ⊠ 75116 ☎ 45 02 16 00, Télex 610356, Fax 45 01 21 50, « Élégant cachet ancien » – 🛗 📺 ☎ – 🔏 50. ⅍ ⓪ Ε 𝚅𝙸𝚂𝙰   F 7
R 210 et carte 260 à 385 – ⇆ 90 – **87 ch** 1500/2500, 22 appart.

🏨 **Baltimore** Ⓜ, 88 bis av. Kléber ⊠ 75116 ☎ 45 53 83 33, Télex 611591, Fax 45 53 94 84 – 🛗 🗐 📺 ☎ – 🔏 30 à 100. ⅍ ⓪ Ε 𝚅𝙸𝚂𝙰 ⁒   G 7
L'Estournel *(fermé août, sam. et dim.)* **R** 235 et carte 285 à 400 – **118 ch** ⇆ 1250/1510.

🏨 **Villa Maillot** Ⓜ sans rest, 143 av. Malakoff ⊠ 75116 ☎ 45 01 25 22, Télex 649808, Fax 45 00 60 61 – 🛗 🗐 📺 ☎ 🖑. ⅍ ⓪ Ε 𝚅𝙸𝚂𝙰   F 6
⇆ 90 – **39 ch** 1400/1600, 3 appart. 2300.

🏨 **Garden Elysée** Ⓜ 🐾, 12 r. St-Didier ⊠ 75116 ☎ 47 55 01 11, Télex 648157, Fax 47 27 79 24, ☕ – 🛗 🗐 📺 ☎ 🖑, ⅍ ⓪ Ε 𝚅𝙸𝚂𝙰 ⁒   G 7
R *(fermé août, sam. et dim.)* 150/200 – ⇆ 70 – **48 ch** 1100/1520.

🏨 **Résidence Bassano** sans rest, 15 r. Bassano ⊠ 75116 ☎ 47 23 78 23, Télex 649872, Fax 47 20 41 22 – 🛗 cuisinette 🗐 📺 ☎ ⅍ ⓪ Ε 𝚅𝙸𝚂𝙰   G 8
⇆ 65 – **28 ch** 650/1050, 3 appart. 1950.

🏨 **Majestic** sans rest, 29 r. Dumont d'Urville ⊠ 75116 ☎ 45 00 83 70, Télex 640034 – 🛗 📺 ☎. ⅍ ⓪ Ε 𝚅𝙸𝚂𝙰   F 7
⇆ 50 – **27 ch** 850/1100, 3 appart. 1700.

🏨 **Rond-Point de Longchamp** Ⓜ, 86 r. Longchamp ⊠ 75116 ☎ 45 05 13 63, Télex 640883, Fax 47 55 12 80 – 🛗 🗐 📺 ☎ – 🔏 40. ⅍ ⓪ Ε 𝚅𝙸𝚂𝙰   G 6
R (snack) 110/210 – ⇆ 40 – **57 ch** 590/810.

🏨 **Alexander** sans rest, 102 av. V. Hugo ⊠ 75116 ☎ 45 53 64 65, Télex 610373, Fax 45 53 12 51 – 🛗 📺 ☎. ⅍ ⓪ Ε 𝚅𝙸𝚂𝙰 ⁒   G 6
⇆ 55 – **59 ch** 760/1035, 3 appart. 1870.

🏨 **Union H. Étoile** sans rest, 44 r. Hamelin ⊠ 75116 ☎ 45 53 14 95, Télex 611394, Fax 47 55 94 79 – 🛗 cuisinette 📺 ☎. ⅍ ⓪ Ε 𝚅𝙸𝚂𝙰   G 7
⇆ 38 – **29 ch** 600/720, 13 appart. 900/1050.

🏨 **Elysées Bassano** sans rest, 24 r. de Bassano ⊠ 75116 ☎ 47 20 49 03, Télex 611559, Fax 47 23 06 72 – 🛗 📺 ☎. ⅍ ⓪ Ε 𝚅𝙸𝚂𝙰   G 8
⇆ 40 – **40 ch** 580/720.

🏨 **Victor Hugo** sans rest, 19 r. Copernic ⊠ 75116 ☎ 45 53 76 01, Télex 630939, Fax 45 53 69 93 – 🛗 📺 ☎. ⅍ ⓪ Ε 𝚅𝙸𝚂𝙰 ⁒   G 7
⇆ 40 – **75 ch** 550/685.

🏨 **Sévigné** sans rest, 6 r. Belloy ⊠ 75116 ☎ 47 20 88 90, Télex 610219, Fax 40 70 98 73 – 🛗 📺 ☎. ⅍ ⓪ Ε 𝚅𝙸𝚂𝙰   G 7
⇆ 40 – **30 ch** 580/680.

🏨 **Frémiet** sans rest, 6 av. Frémiet ⊠ 75016 ☎ 45 24 52 06, Télex 630329, Fax 42 88 77 46 – 🛗 📺 ☎. ⅍ ⓪ Ε 𝚅𝙸𝚂𝙰   J 6
⇆ 35 – **34 ch** 585/725.

🏨 **Floride Etoile** Ⓜ sans rest, 14 r. St-Didier ⊠ 75116 ☎ 47 27 23 36, Télex 615087, Fax 47 27 79 24 – 🛗 📺 ☎ – 🔏 40. ⅍ ⓪ Ε 𝚅𝙸𝚂𝙰 ⁒   G 7
⇆ 40 – **60 ch** 760/780.

🏨 **Massenet** sans rest, 5 bis r. Massenet ⊠ 75116 ☎ 45 24 43 03, Télex 640196, Fax 45 24 41 39 – 🛗 📺 ☎ ⅍ ⓪ Ε 𝚅𝙸𝚂𝙰 ⁒   J 6
⇆ 30 – **41 ch** 415/665.

🏨 **Résidence Foch** sans rest, 10 r. Marbeau ⊠ 75116 ☎ 45 00 46 50, Télex 630886, Fax 45 01 98 68 – 🛗 📺 ☎ ⅍ ⓪ Ε 𝚅𝙸𝚂𝙰   F 6
⇆ 40 – **21 ch** 570/640, 4 appart. 900.

🏨 **Kléber** sans rest, 7 r. Belloy ⊠ 75116 ☎ 47 23 80 22, Télex 612830, Fax 49 52 07 20 – 🛗 📺 ☎. ⅍ ⓪ Ε 𝚅𝙸𝚂𝙰   G 7
⇆ 40 – **22 ch** 580/950.

🏨 **Murat** Ⓜ sans rest, 119 bis bd Murat ⊠ 75016 ☎ 46 51 12 32, Télex 648963, Fax 46 51 70 01 – 🛗 📺 ☎. ⅍ ⓪ Ε 𝚅𝙸𝚂𝙰 ⁒   M 3
⇆ 45 – **28 ch** 600.

🏨 **Résidence Chambellan Morgane** Ⓜ sans rest, 6 r. Keppler ⌧ 75116 ☏ 47 20 35 72,
Télex 613682, Fax 47 20 95 69 – 🛗 📺 ☎. ᴁᴇ ⓞ Ɛ 𝘝𝘐𝘚𝘈. ⌘
GF 8
⌂ 40 – **20 ch** 540/810.

🏨 **Résidence Impériale** Ⓜ sans rest, 155 av. Malakoff ⌧ 75116 ☏ 45 00 23 45, Télex
651158, Fax 45 01 88 82 – 🛗 ⬛ 📺 ☎. ᴁᴇ ⓞ Ɛ 𝘝𝘐𝘚𝘈
E 6
⌂ 30 – **37 ch** 590/790.

🏨 **Résidence Kléber** Ⓜ sans rest, 97 r. Lauriston ⌧ 75016 ☏ 45 53 83 30, Télex 613106,
Fax 47 55 92 52 – 🛗 📺 ☎. ᴁᴇ ⓞ Ɛ 𝘝𝘐𝘚𝘈
G 7
⌂ 40 – **54 ch** 720.

🏨 **Étoile Maillot** sans rest, 10 r. Bois de Boulogne (angle r. Duret) ⌧ 75116 ☏ 45 00 42 60,
Télex 613936, Fax 45 00 55 89 – 🛗 📺 ☎. ᴁᴇ ⓞ Ɛ 𝘝𝘐𝘚𝘈
F 6
⌂ 40 – **27 ch** 510/670.

🏨 **Passy Eiffel** sans rest, 10 r. Passy ⌧ 75016 ☏ 45 25 55 66, Télex 612753, Fax 42 88 89 88
– 🛗 ⇆ 📺 ☎. ᴁᴇ ⓞ Ɛ 𝘝𝘐𝘚𝘈
J 6
⌂ 30 – **50 ch** 470/560.

🏨 **Résidence Marceau** sans rest, 37 av. Marceau ⌧ 75116 ☏ 47 20 43 37, Télex 648509 –
🛗 📺 ☎. ᴁᴇ ⓞ Ɛ 𝘝𝘐𝘚𝘈. ⌘
G 8
fermé 5 au 24 août – ⌂ 30 – **30 ch** 500/600.

🏨 **Ambassade** sans rest, 79 r. Lauriston ⌧ 75116 ☏ 45 53 41 15, Télex 613643,
Fax 45 53 69 93 – 🛗 📺 ☎. ᴁᴇ ⓞ Ɛ 𝘝𝘐𝘚𝘈. ⌘
G 7
⌂ 35 – **38 ch** 400/520.

🏨 **Beauséjour Ranelagh** sans rest, 99 r. Ranelagh ⌧ 75016 ☏ 42 88 14 39, Télex 614072,
Fax 40 50 81 21 – 🛗 📺 ☎. ᴁᴇ
J 4
⌂ 30 – **30 ch** 350/550.

🏨 **Longchamp** sans rest, 68 r. Longchamp ⌧ 75116 ☏ 47 27 13 48, Télex 610342,
Fax 47 55 68 26 – 🛗 📺 ☎. ᴁᴇ ⓞ Ɛ 𝘝𝘐𝘚𝘈
G 6
⌂ 40 – **23 ch** 580/680.

🏠 **Hameau de Passy** Ⓜ ⌘ sans rest, 48 r. Passy ⌧ 75016 ☏ 42 88 47 55, Télex 651469,
Fax 42 30 83 72 – 🛗 📺 ☎. ᴁᴇ Ɛ 𝘝𝘐𝘚𝘈
J 5-6
32 ch ⌂ 440/560.

🏠 **Queen's H.** sans rest, 4 r. Bastien Lepage ⌧ 75016 ☏ 42 88 89 85, Fax 40 50 67 52 – 🛗
⇆ 📺 ☎. ᴁᴇ Ɛ 𝘝𝘐𝘚𝘈. ⌘
K 4
⌂ 35 – **22 ch** 260/520.

🏠 **Keppler** sans rest, 12 r. Keppler ⌧ 75116 ☏ 47 20 65 05, Télex 640544, Fax 47 23 02 29 –
🛗 📺 ☎. ᴁᴇ Ɛ 𝘝𝘐𝘚𝘈. ⌘
F 8
⌂ 24 – **49 ch** 355/360.

𝗫𝗫𝗫𝗫 ⚜⚜ **Faugeron**, 52 r. Longchamp ⌧ 75116 ☏ 47 04 24 53, Fax 47 55 62 90 – ⬛ Ɛ 𝘝𝘐𝘚𝘈
⌘
G 7
fermé août, 23 déc. au 2 janv., sam. et dim. – **R** 310 (déj.) et carte 400 à 600
Spéc. Grenouilles dorées et crème à la "Plucheverte". Curry de jarret de veau au Sauternes, Pyramide de desserts.

𝗫𝗫𝗫𝗫 ⚜⚜⚜ **Jamin** (Robuchon), 32 r. Longchamp ⌧ 75116 ☏ 47 27 12 27 – ⬛ 𝘝𝘐𝘚𝘈
G 7
fermé 8 juil. au 5 août, sam. et dim. – **R** (nombre de couverts limité, prévenir) carte 500 à 800
Spéc. Salade de pommes, mâche et truffes "croque-au-sel" (déc. à mars). Oeuf mollet et crème de céleri au fumet de truffes en gelée. Pintade et foie gras rôti.

𝗫𝗫𝗫 ⚜⚜ **Vivarois** (Peyrot), 192 av. V.-Hugo, ⌧ 75116 ☏ 45 04 04 31 – ⬛ ᴁᴇ ⓞ Ɛ 𝘝𝘐𝘚𝘈 G 5
fermé août, sam., dim. et fériés – **R** 350 bc (déj.) et carte 420 à 600
Spéc. Fondant de légumes à la purée d'olives, Poissons au gré de la marée, Rissolettes de pieds d'agneau et ses artichauts "Provençale".

𝗫𝗫𝗫 ⚜ **Toit de Passy** (Jacquot), 94 av. P. Doumer (6ᵉ étage) ⌧ 75016 ☏ 45 24 55 37,
Fax 45 20 94 57, ⦿ – ⬛ ℗. ᴁᴇ Ɛ 𝘝𝘐𝘚𝘈
H J 5
fermé 4 au 12/5, 10 au 18/8, 21/12 au 6/1, sam. (sauf le soir du 1/9 au 21/12), dim. et fériés
– **R** 265 (déj.) et carte 370 à 520
Spéc. Foie gras froid poché au vin de Graves, Saint-Jacques grillées (oct. à mars), Pigeonneau en croûte de sel.

𝗫𝗫𝗫 **Tsé-Yang**, 25 av. Pierre 1ᵉʳ de Serbie ⌧ 75016 ☏ 47 20 68 02, cuisine chinoise, « Cadre élégant » – ⬛. ᴁᴇ ⓞ Ɛ 𝘝𝘐𝘚𝘈
G 8
R 175/275.

𝗫𝗫𝗫 **Sully d'Auteuil**, 78 r. Auteuil ⌧ 75016 ☏ 46 51 71 18 – ⬛. ᴁᴇ Ɛ 𝘝𝘐𝘚𝘈
K 3
fermé 5 au 25 août, sam. midi et dim. – **R** carte 310 à 450.

𝗫𝗫𝗫 **Jean-Claude Ferrero**, 38 r. Vital ⌧ 75016 ☏ 45 04 42 42 – ⬛ Ɛ 𝘝𝘐𝘚𝘈
H 5
fermé 1ᵉʳ au 13 mai, 15 août au 2 sept., sam. (sauf le soir du 11 nov. au 30 avril), dim. et fériés – **R** 220 (déj.) et carte 260 à 475.

XXX **Le Petit Bedon,** 38 r. Pergolèse ⊠ 75116 ℰ 45 00 23 66, Fax 45 01 96 29 – 🔳. 🗚 ⓞ 🛭
VISA
F 6
fermé 1er au 15 août, sam. du 1er mai au 31 août et dim. – **R** 200 (déj.) et carte 320 à 520.

XXX ❀ **Patrick Lenôtre,** 28 r. Duret ⊠ 75116 ℰ 45 00 17 67, Fax 45 00 10 48 – 🔳. 🗚 ⓞ VISA
fermé 1er au 19 août, sam. midi et dim. – **R** 220 (déj.) et carte 240 à 460
F 6
Spéc. Saumon caramélisé au jus d'ail et soja, Pied de porc à la rouennaise, Canard aux deux cuissons.

XXX ❀ **Port Alma** (Canal), 10 av. New York ⊠ 75116 ℰ 47 23 75 11 – 🗚 ⓞ 🛭 VISA
H 8
fermé août et dim. – **R** 200 (déj.) et carte 240 à 400
Spéc. Salade de langoustines et coques, Fricassée de sole poêlée au foie gras, Soufflé au chocolat.

XXX **Le Pergolèse,** 40 r. Pergolèse ⊠ 75016 ℰ 45 00 21 40 – 🔳. 🗚
F 6
fermé 3 au 25 août, 24 déc. au 2 janv., sam. et dim. – **R** carte 275 à 400.

XX ❀ **Relais d'Auteuil** (Pignol), 31 bd. Murat ⊠ 75016 ℰ 46 51 09 54 – 🗚 🛭 VISA
L 3
fermé sam. midi et dim. – **R** 160 (déj.) et carte 290 à 440
Spéc. Amandine de foie gras frais, Madeleines au miel de bruyère avec glace miel et noix.

XX **Al Mounia,** 16 r. Magdebourg ⊠ 75116 ℰ 47 27 57 28, cuisine marocaine – 🔳. 🗚 🛭
VISA. ⌘
G 7
fermé 14 juil. au 31 août et dim. – **R** carte 150 à 275.

XX **Giulio Rebellato,** 136 r. Pompe ⊠ 75116 ℰ 47 27 50 26, cuisine italienne – 🗚 🛭 VISA
⌘
G 6
fermé août, Noël au Jour de l'An, sam. midi et dim. – **R** carte 220 à 280.

XX ❀ **Fontaine d'Auteuil** (Grégoire), 35bis r. La Fontaine ⊠ 75016 ℰ 42 88 04 47 – ⓞ 🛭
K 5
fermé sam. midi et dim. – **R** 160 (déj.) et carte 250 à 350 🍷
Spéc. Salade de ris de veau aux aubergines, Aiguillettes de Saint-Pierre au piment doux et coriandre, Velours au chocolat amer et griottes.

XX ❀ **Conti,** 72 r. Lauriston ⊠ 75116 ℰ 47 27 74 67 – 🔳. 🗚 ⓞ 🛭 VISA
G 7
fermé 5 au 25 août, sam., dim. et fériés – **R** 260 bc (déj.) et carte 290 à 400
Spéc. Ravioli de champignons (juin à oct.), Tagliatelles aux truffes blanches (oct. à déc.), Saltimbocca de soles.

XX **Villa Vinci,** 23 r. P. Valéry ⊠ 75116 ℰ 45 01 68 18, cuisine italienne – 🔳. 🛭 VISA. ⌘
F 7
fermé août, sam. et dim. – **R** 170 (déj.) et carte 220 à 360.

XX **Paul Chêne,** 123 r. Lauriston ⊠ 75116 ℰ 47 27 63 17 – 🔳. 🗚 ⓞ 🛭 VISA
G 6
fermé 2 août au 3 sept., 21 déc. au 1er janv., sam. et dim. – **R** carte 260 à 455.

XX ❀ **La Petite Tour** (Israël), 11 r. Tour ⊠ 75116 ℰ 45 20 09 31 – 🗚 ⓞ 🛭 VISA
H 6
fermé août et dim. – **R** carte 235 à 400
Spéc. Terrine de canard, Filets de sole à l'orange, Rognon de veau à la moutarde.

XX **Sous l'Olivier,** 15 r. Goethe ⊠ 75116 ℰ 47 20 84 81, 😤 – 🛭 VISA
G 8
fermé sam., dim. et fériés – **R** carte 210 à 325.

XX **Palais du Trocadéro,** 7 av. Eylau ⊠ 75016 ℰ 47 27 05 02, cuisine chinoise – 🔳. 🗚 🛭
VISA
H 6
R carte 150 à 220.

XX **Le Gd Chinois,** 6 av. New York ⊠ 75116 ℰ 47 23 98 21, cuisine chinoise – 🗚 ⓞ
H 8
fermé 29 juil. au 27 août et lundi – **R** carte 150 à 280.

XX **Marius,** 82 bd Murat ⊠ 75016 ℰ 46 51 67 80 – 🛭 VISA
M 2
fermé août, sam. midi et dim. – **R** carte 185 à 290.

X **Chez Géraud,** 31 r. Vital ⊠ 75016 ℰ 45 20 33 00, « Belle fresque en faïence de Longwy »
– 🛭 VISA
H 5
fermé 31 juil. au 1er sept., sam. et dim. – **R** carte 180 à 300.

X **Brasserie de la Poste,** 54 r. Longchamp ⊠ 75116 ℰ 47 55 01 31, Fax 39 50 74 32 – 🛭
VISA
G 7
R carte 140 à 210 🍷.

X **Beaujolais d'Auteuil,** 99 bd Montmorency ⊠ 75016 ℰ 47 43 03 56 – 🗚 🛭 VISA K 3
fermé sam. midi et dim. – **R** 105 bc et carte 160 à 240.

Au Bois de Boulogne :

XXXX ❀ **Pré Catelan,** rte Suresnes ⊠ 75016 ℰ 45 24 55 58, Télex 614983, Fax 45 24 43 25, 😤,
😤 – 🅿. 🗚 ⓞ 🛭 VISA
H 2
fermé vacances de fév., dim. soir et lundi – **R** carte 420 à 620
Spéc. Soufflé d'oursins (hiver), Noisettes d'agneau à la truffe noire, Macarons glacés au coulis rouge.

XXXX ❀ **Grande Cascade,** allée de Longchamp (face hippodrome) ⊠ 75016 ℰ 45 27 33 51,
Fax 42 88 99 06, 😤 – 🅿. 🗚 ⓞ 🛭 VISA
fermé 20 déc. au 20 janv. et le soir du 1er nov. au 15 avril – **R** 270 (déj.) et carte 400 à 600
Spéc. Délices des Landes aux salades tendres, Meunière de homard à la crème de cerfeuil, Rosette de filet de bœuf au foie gras.

Reisen Sie in die Umgebung von Paris mit den **Michelin-Karten**

Nr. 🔢101 im Maßstab 1 : 50 000 Vororte von Paris

🔢196 im Maßstab 1 : 100 000 Umgebung von Paris

🔢237 im Maßstab 1 : 200 000 Ile de France

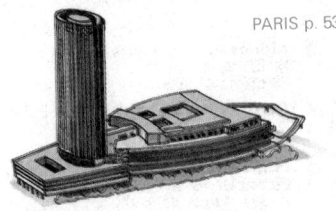

Clichy, Ternes, Wagram.

17e arrondissement.
17e : ✉ 75017

🏨🏨 **Concorde La Fayette** Ⓜ, 3 pl. Gén.-Koenig ✆ 40 68 50 68, Télex 650892, Fax 40 68 50 43, « Bar panoramique au 34e étage ≤ Paris » – 🛗 📺 ⚙ – 🔄 40. 🅰🅴 ⑩ Ε 𝗩𝗜𝗦𝗔   E 6
R voir rest. **Étoile d'Or** ci-après – **L'Arc-en-Ciel R** 215/235 ♨, enf. 100 – **Les Saisons** (Coffee shop) **R** carte 170 à 240 ♨ – ☑ 85 – **935 ch** 1350/2100, 44 appart.

🏨🏨 **Méridien** Ⓜ, 81 bd Gouvion St Cyr ✆ 40 68 34 34, Télex 651952, Fax 40 68 31 31 – 🛗 ▦   E 6
📺 ☎ – 🔄 50 à 800. 🅰🅴 ⑩ Ε 𝗩𝗜𝗦𝗔
R voir rest. **Clos de Longchamp** ci-après – **Café l'Arlequin R** carte 170 à 275 – **Le Yamato** (rest. japonais) *(fermé août, 1er au 7 janv., dim. et lundi)* **R** carte 160 à 270 – **La Maison Beaujolaise** *(fermé août, 23 au 29 déc. et dim.)* **R** carte environ 200 – ☑ 89 – **989 ch** 1600/1850, 17 appart.

🏨 **Splendid Étoile** sans rest, 1 bis av. Carnot ✆ 43 80 14 56, Télex 280773, Fax 47 64 05 09
– 🛗 ▦ 📺 ☎. ⑩ Ε 𝗩𝗜𝗦𝗔. ✸   F 7
fermé août, sam. et dim. – ☑ 65 – **50 ch** 780/1200, 7 appart. 1200.

🏨 **Regent's Garden** ⤷ sans rest, 6 r. P.-Demours ✆ 45 74 07 30, Télex 640127, Fax 40 55 01 42, « Jardin » – 🛗 📺 ☎. 🅰🅴 ⑩ Ε 𝗩𝗜𝗦𝗔   E 7
☑ 34 – **40 ch** 620/870.

🏨 **Pierre** Ⓜ sans rest, 25 r. Th.-de-Banville ✆ 47 63 76 69, Télex 643003, Fax 43 80 63 96 –
🛗 📺 ☎ ♿ – 🔄 30. 🅰🅴 ⑩ Ε 𝗩𝗜𝗦𝗔   D 8
☑ 50 – **50 ch** 570/800.

🏨 **Balmoral** sans rest, 6 r. Gén.-Lanrezac ✆ 43 80 30 50, Télex 642435, Fax 43 80 51 56 – 🛗
📺 ☎. 🅰🅴 ⑩ Ε 𝗩𝗜𝗦𝗔   E 7
☑ 35 – **57 ch** 500/650.

🏨 **Magellan** ⤷ sans rest, 17 r. J.B.-Dumas ✆ 45 72 44 51, Télex 644728, Fax 40 68 90 36,
☞ – 🛗 📺 ☎. 🅰🅴 ⑩ Ε 𝗩𝗜𝗦𝗔. ✸   D 7
☑ 25 – **75 ch** 460.

🏨 **Mercure** Ⓜ sans rest, 27 av. Ternes ✆ 47 66 49 18, Télex 650679, Fax 47 63 77 91 – 🛗 ▦   E 8
📺 ☎. 🅰🅴 ⑩ Ε 𝗩𝗜𝗦𝗔
☑ 52 – **56 ch** 510/750.

🏨 **Résidence St-Ferdinand** Ⓜ sans rest, 36 r. St-Ferdinand ✆ 45 72 66 66, Télex 649565, Fax 45 74 12 92 – 🛗 ▦ 📺 ☎. 🅰🅴 ⑩ Ε 𝗩𝗜𝗦𝗔   E 6-7
☑ 35 – **42 ch** 620/790.

🏨 **Banville** sans rest, 166 bd Berthier ✆ 42 67 70 16, Télex 643025, Fax 44 40 42 77 – 🛗 📺   D 8
☎. 🅰🅴 Ε 𝗩𝗜𝗦𝗔
☑ 35 – **39 ch** 520/570.

🏨 **Mercédès** Ⓜ sans rest, 128 av. Wagram ✆ 42 27 77 82, Télex 644751, Fax 40 53 09 89 –   D 9
🛗 ▦ 📺 ☎. 🅰🅴 Ε 𝗩𝗜𝗦𝗔
☑ 48 – **35 ch** 600.

🏨 **De Neuville**, 3 r. Verniquet ✆ 43 80 26 30, Télex 648822, Fax 43 80 38 55 – 🛗 📺 ☎. 🅰🅴   C 8
⑩ Ε 𝗩𝗜𝗦𝗔
R *(fermé août, sam. et dim.)* carte 150 à 220 ♨ – ☑ 38 – **28 ch** 540/630.

🏨 **Harvey** Ⓜ sans rest, 7 bis r. Débarcadère ✆ 45 74 27 19, Télex 650855, Fax 40 68 03 56 –   E 6
🛗 📺 ☎. 🅰🅴 ⑩ Ε 𝗩𝗜𝗦𝗔
☑ 30 – **32 ch** 450/640.

🏨 **Cheverny** Ⓜ sans rest, 7 Villa Berthier ✆ 43 80 46 42, Télex 648848, Fax 47 63 26 62 – 🛗   D 7
📺 ☎. 🅰🅴 ⑩ Ε 𝗩𝗜𝗦𝗔
☑ 35 – **50 ch** 455/535.

🏨 **Étoile Pereire** ⤷ sans rest, 146 bd Péreire ✆ 42 67 60 00, Fax 42 67 02 90 – 🛗 📺 ☎. 🅰🅴   D 7
⑩ Ε 𝗩𝗜𝗦𝗔. ✸
☑ 50 – **21 ch** 460/650, 5 appart. 900.

🏨 **Royal Magda** sans rest, 7 r. Troyon ✆ 47 64 10 19, Télex 641068, Fax 47 64 02 12 – 🛗 📺   E 8
☎. 🅰🅴 ⑩ Ε 𝗩𝗜𝗦𝗔
☑ 35 – **26 ch** 530/590, 11 appart. 650/750.

🏨 **Belfast** sans rest, 10 av. Carnot ✆ 43 80 12 10, Télex 642777, Fax 43 80 34 93 – 🛗 📺 ☎.   E 7
🅰🅴 ⑩ Ε 𝗩𝗜𝗦𝗔
☑ 38 – **54 ch** 535/695.

🏨 **Théâtre** sans rest, 5 r. Chéroy ✆ 43 87 21 48, Télex 281821 – 🛗 📺 ☎. 🅰🅴 ⑩ Ε 𝗩𝗜𝗦𝗔. ✸   D 11
fermé 2 au 23 août – ☑ 28 – **20 ch** 440/490.

🏨 **Star H. Étoile** sans rest, 18 r. Arc de Triomphe ✆ 43 80 27 69, Télex 643569, Fax 40 54 94 84   E 7
– 🛗 📺 ☎. 🅰🅴 ⑩ Ε 𝗩𝗜𝗦𝗔
☑ 36 – **62 ch** 465/650.

🏨 **Monceau** sans rest, 7 r. Rennequin ✆ 47 63 07 52, Télex 649094 – 🛗 📺 ☎. 🅰🅴 Ε 𝗩𝗜𝗦𝗔   E 8
☑ 35 – **25 ch** 380/470.

🏨 **Étoile Park H.** sans rest, 10 av. Mac Mahon ✆ 42 67 69 63, Télex 649266, Fax 43 80 18 99   E 8
– 🛗 📺 ☎. 🅰🅴 ⑩ Ε 𝗩𝗜𝗦𝗔
fermé 23 déc. au 2 janv. – ☑ 45 – **28 ch** 435/700.

🏨 **Monceau Étoile** sans rest, 64 r. de Levis ℰ 42 27 33 10, Télex 643170, Fax 42 27 59 58 –
📱 📺 ☎. 🄴 **VISA** ⋊
26 ch ⇆ 470/550.   D 10

🏨 **Astor Élysées** sans rest, 36 r. P. Demours ℰ 42 27 44 93, Télex 650078, Fax 40 53 91 34 –
📱 📺 ☎. 🄴 **VISA** ⋊
⇆ 45 – **45 ch** 575/690.   D 8

🏨 **Empire H.**, sans rest, 3 r. Montenotte ℰ 43 80 14 55, Télex 643232, Fax 47 66 04 33 – 📱
📺 ☎. 🄰🄴 ⓪ 🄴 **VISA**
⇆ 38 – **49 ch** 380/630.   E 8

🏨 **Courcelles** sans rest, 184 r. Courcelles ℰ 47 63 65 30, Télex 642252, Fax 46 22 49 44 – 📱
📺 ☎. 🄰🄴 ⓪ 🄴 **VISA**
⇆ 35 – **42 ch** 495/615.   D 8

🏨 **Palma** sans rest, 46 r. Brunel ℰ 45 74 74 51, Télex 644183, Fax 45 74 40 90 – 📱 📺 ☎. 🄴
VISA ⋊
⇆ 28 – **37 ch** 310/400.   E 7

🏨 **Acacias Étoile** sans rest, 11 r. Acacias ℰ 43 80 60 22, Télex 643551, Fax 48 88 96 40 – 📱
📺 ☎. 🄰🄴 ⓪ 🄴 **VISA**
⇆ 33 – **37 ch** 440/560.   E 7

🏨 **Prima H.**, 167 r. Rome ℰ 46 22 21 09, Télex 642186, Fax 46 22 21 09 – 📱 ▤ rest 📺 ☎. 🄰🄴
⓪ 🄴 **VISA**
R 95/150 ♟ – ⇆ 25 – **30 ch** 280/350.   C 10

🏨 **Flaubert** sans rest, 19 r. Rennequin ℰ 46 22 44 35, Télex 649689, Fax 43 80 32 34 – 📱 📺
☎. 🄰🄴 ⓪ 🄴 **VISA**
⇆ 30 – **36 ch** 360/600.   D 8

🏨 **Bel'Hôtel** sans rest, 20 r. Pouchet ℰ 46 27 34 77, Télex 642396, 🚗 – 📱 📺 ☎. 🄰🄴 🄴 **VISA**
fermé août – ⇆ 25 – **30 ch** 160/360.   B 11

XXXX ✿✿ **Guy Savoy**, 18 r. Troyon ℰ 43 80 40 61, Fax 46 22 43 09 – ▤. 🄰🄴 🄴 **VISA**   E 8
fermé sam. (sauf le soir de nov. à Pâques) et dim. – **R** carte 420 à 650
Spéc. Huîtres en nage glacée, Crème légère de lentilles et langoustines, Pigeonneau ''poché-grillé'' et risotto
aux petits abats.

XXXX ✿✿ **Michel Rostang,** 20 r. Rennequin ℰ 47 63 40 77, Télex 649629, Fax 47 63 82 75 – ▤.
🄰🄴 🄴 **VISA**   D 8
fermé 1er au 15 août, sam. (sauf le soir de sept. à avril) et dim. – **R** 260 (déj.)/540 et carte
Spéc. Tarte tiède croustillante de saumon cru, Galette chaude et dorée de cheveux d'ange, Canette de
Bresse au sang.

XXXX ✿✿ **Le Clos Longchamp** - Hôtel Méridien, 81 bd Gouvion-St-Cyr (Pte Maillot) ℰ 40 68 30 40,
Télex 290952, Fax 40 68 30 81 – ▤. 🄰🄴 ⓪ 🄴 **VISA**   E 6
fermé 11 au 18 août et dim. – **R** 240 (déj.) et carte 420 à 520
Spéc. Suçarelles de grenouilles à la citronnelle (mars à déc.). Marbré de foie de canard au Beaumes de
Venise, Rognon de veau en croûte au genièvre.

XXXX ✿ **Étoile d'Or** - Hôtel Concorde Lafayette, 3 pl. Gén.-Koenig ℰ 40 68 51 28, Fax 40 68 50 43 –
▤. 🄰🄴 🄴 **VISA**   E 6
fermé 20 juil. au 18 août, sam. midi et dim. – **R** 260 (déj.) et carte 380 à 540
Spéc. Dos de saumon en vessie, Suprême de pigeon rôti au gratin de macaroni, Timbale de chocolat au
café.

XXXX ✿ **Manoir de Paris**, 6 r. P. Demours ℰ 45 72 25 25, Fax 45 74 80 98 – ▤. 🄰🄴 ⓪ 🄴 **VISA**
fermé sam. (sauf le soir de sept. à juin) et dim. – **R** 290 (déj.) et carte 310 à 440   E 7
Spéc. Salade tiède de coquillages et crustacés, Daurade au naturel et légumes fondants, Suprême de
pintade et ris à la sauge.

XXX ✿✿ **Apicius** (Vigato), 122 av. Villiers ℰ 43 80 19 66, Fax 44 40 09 57 – ▤. 🄰🄴 ⓪ 🄴 **VISA**
fermé août, sam. et dim. – **R** carte 400 à 500   D 8
Spéc. Foie gras poêlé en aigre doux aux radis noirs confits, Pieds de porc en crépinette au persil et jus de
truffes, Grand dessert au chocolat amer.

XXX ✿✿ **Amphyclès** (Groult), 78 av. Ternes ℰ 40 68 01 01, Fax 40 68 91 88 – ▤. ⓪ 🄴 **VISA**
fermé 7 au 28 juil., sam. midi et dim. – **R** 220 (déj.) et carte 330 à 520   E 7
Spéc. Gelée de pied de veau au fumet de truffe, Risotto à l'étuvée de homard, Canette à l'orange et à la
coriandre.

XXX ✿ **Maître Corbeau**, 6 r. Armaillé ℰ 42 27 19 20 – ▤. 🄰🄴 ⓪ 🄴 **VISA**   E 7
fermé 28 juil. au 21 août, 1er au 11 mars, sam. midi et dim. – **R** 190/250 bc.

XXX ✿ **Timgad** (Laassri), 21 r. Brunel ℰ 45 74 23 70, Télex 649239, Fax 45 75 11 16, cuisine du
Maghreb, « Décor mauresque » – ▤. 🄰🄴 ⓪ 🄴 **VISA**. ⋊   E 7
R 200/450
Spéc. Pastilla, Couscous, Tajine.

XXXX ❀ **Sormani** (Fayet), 4 r. Gén.-Lanrezac ℰ 43 80 13 91 – 🗐. 𝐄 𝘝𝘐𝘚𝘈   E 7
fermé 1er au 22 août, 22 déc. au 2 janv., 22 fév. au 4 mars, sam., dim. et fériés – **R** carte
290 à 410
Spéc. Assiette de légumes à la florentine (15/4 au 31/7), Soufflé au fromage et à la brandade de morue
(30/9 au 31/3), Menu ''truffes blanches'' (15/10 au 15/12.

XXX ❀ **Faucher**, 123 av. Wagram ℰ 42 27 61 50, Fax 46 22 25 72, 🍴 – 𝐄 𝘝𝘐𝘚𝘈   D 8
fermé 12 au 18 août, sam. midi et dim. – **R** 180 (déj.) et carte 220 à 350
Spéc. Haddock aux lentilles, Ris de veau croustillant sur glace de Porto, Millefeuille aux trois chocolats.

XXXX **Chez Augusta**, 98 r. Tocqueville ℰ 47 63 39 97, Fax 42 27 21 71, produits de la mer – 🗐.   C 9
𝐄 𝘝𝘐𝘚𝘈
fermé 10 au 26 août, sam. midi, dim. et fériés – **R** carte 270 à 450.

XXX ❀ **Paul et France** (Romano), 27 av. Niel ℰ 47 63 04 24 – 🗐. 𝘼𝙀 ⓞ 𝐄 𝘝𝘐𝘚𝘈. ✾   D 8
fermé 14 juil. au 15 août, sam. et dim. – **R** 250 bc (déj.) et carte 330 à 470
Spéc. Ravioli de tourteau, Rougets au beurre d'anchois, Rognon de veau au jus de truffe.

XX **Le Madigan**, 22 r. Terrasse ℰ 42 27 31 51, Fax 42 67 70 29, 🍴 – 🗐. 𝐄 𝘝𝘐𝘚𝘈. ✾   D 10
fermé sam. midi, dim. et fériés – **R** 170/230 🍴.

XX ❀ **A l'Arcade** (Albistur), 18 r. Bayen ℰ 45 72 02 19 – 🗐. 𝐄 𝘝𝘐𝘚𝘈   E 8
fermé août, sam. midi et dim. – **R** 190 et carte 260 à 390
Spéc. Huîtres chaudes au Champagne (oct. à avril), Paupiettes de sole et langoustines, Gibier (oct. à janv.).

XX **L'Introuvable**, 15 r. Arc de Triomphe ℰ 47 54 00 28 – 𝘼𝙀 𝐄 𝘝𝘐𝘚𝘈   E 7
fermé août, sam. midi et dim. – **R** 180 et carte 250 à 350.

XX ❀ **Le Petit Colombier** (Fournier), 42 r. Acacias ℰ 43 80 28 54, Fax 44 40 04 29 – 🗐. 𝘼𝙀 𝐄   E 7
𝘝𝘐𝘚𝘈
fermé 28 juil. au 19 août, dim. midi et sam. – **R** 200 (déj.) et carte 255 à 415
Spéc. Oeufs rôtis aux truffes (nov. à fév.), Filets de grouse aux baies de genièvre (sept. à janv.), Pigeonneau
fermier à la croque au sel.

XX **Andrée Baumann**, 64 av. Ternes ℰ 45 74 16 66, Fax 45 72 44 32 – 🗐. 𝐄 𝘝𝘐𝘚𝘈   E 7
R carte 180 à 330 🍴, enf. 50.

XX **La Braisière**, 54 r. Cardinet ℰ 47 63 40 37, Fax 47 63 04 76 – 𝘼𝙀 𝘝𝘐𝘚𝘈   D 9
fermé août, sam. et dim. – **R** 165 et carte 220 à 320.

XX **Gourmand Candide**, 6 pl. Mar. Juin ℰ 43 80 01 41, 🍴 – 𝘼𝙀 ⓞ 𝐄 𝘝𝘐𝘚𝘈   D 8
fermé août, sam. (sauf le soir de sept. à mai) et dim. – **R** carte 240 à 390.

XX **Billy Gourmand**, 20 r. Tocqueville ℰ 42 27 03 71 – 𝐄 𝘝𝘐𝘚𝘈   D 10
fermé 1er au 26 août, sam. midi et dim. – **R** 240 bc et carte 205 à 345.

XX **La Soupière**, 154 av. Wagram ℰ 42 27 00 73 – 🗐. 𝘼𝙀 𝐄 𝘝𝘐𝘚𝘈   D 9
fermé 10 au 18 août, sam. midi et dim. – **R** 160/240.

XX **La Grosse Tartine**, 91 bd Gouvion St Cyr ℰ 45 74 02 77 – 🗐. 𝘼𝙀 ⓞ 𝐄 𝘝𝘐𝘚𝘈   E 6
R carte 190 à 340.

XX **Le Beudant**, 97 r. des Dames ℰ 43 87 11 20 – 🗐. 𝐄 𝘝𝘐𝘚𝘈   D 11
fermé 15 au 25 août, sam. midi et dim. – **R** 140/285.

XX **La Coquille**, 6 r. Débarcadère ℰ 45 74 25 95 – 🗐. 𝘼𝙀 ⓞ 𝐄 𝘝𝘐𝘚𝘈   E 7
fermé 28 juil. au 3 sept., 22 déc. au 2 janv., dim. et lundi – **R** carte 250 à 350.

XX **Ballon des Ternes**, 103 av. Ternes ℰ 45 74 17 98 – 𝘼𝙀 𝐄 𝘝𝘐𝘚𝘈   E 6
R carte 180 à 280.

XX **Chez Laudrin**, 154 bd Péreire ℰ 43 80 87 40 – 🗐. 𝘼𝙀 𝐄 𝘝𝘐𝘚𝘈   D 7
fermé 1er au 8 mai, sam. et dim. – **R** carte 240 à 380.

XX **La Truite Vagabonde**, 17 r. Batignolles ℰ 43 87 77 80, 🍴 – 𝘼𝙀 𝘝𝘐𝘚𝘈   D 11
fermé dim. soir – **R** 220 bc/300.

XX **La Petite Auberge**, 38 r. Laugier ℰ 47 63 85 51 – ⓞ 𝐄 𝘝𝘐𝘚𝘈   D 7-8
fermé 3 août au 3 sept., dim. et lundi – **R** (nombre de couverts limité - prévenir) 175 (déj.)
et carte 230 à 400.

XX **L'Écrevisse**, 212 bis bd Péreire ℰ 45 72 17 60 – 🗐. 𝘼𝙀 ⓞ 𝐄 𝘝𝘐𝘚𝘈   E 6
fermé sam. midi et dim. – **R** carte 180 à 290.

XX **Chez Guyvonne**, 14 r. Thann ℰ 42 27 25 43 – 𝘝𝘐𝘚𝘈   D 10
fermé 15 au 31 juil., 20 déc. au 6 janv., sam., dim. et fêtes – **R** carte 250 à 325.

XX **Chez Georges**, 273 bd Péreire ℰ 45 74 31 00 – 𝐄 𝘝𝘐𝘚𝘈. ✾   E 6
fermé août – **R** carte 200 à 300, enf. 98.

XX **Epicure 108**, 108 r. Cardinet ℰ 47 63 50 91 – 𝐄 𝘝𝘐𝘚𝘈   D 10
fermé août – **R** 220/300.

XX **La Niçoise**, 4 r. P. Demours ℰ 45 74 42 41, Fax 45 74 80 98, cuisine niçoise – 🗐. 𝘼𝙀 ⓞ   E 7
𝐄 𝘝𝘐𝘚𝘈
fermé sam. midi et dim. – **R** carte 160 à 210.

XX **Le Gouberville**, 1 pl. Ch. Fillion ℰ 46 27 33 37, 🍴 – 𝘝𝘐𝘚𝘈   C 10-11
fermé 12 au 26 août, dim. et lundi – **R** 135 et carte 185 à 310.

XX **Chez Léon**, 32 r. Legendre ℰ 42 27 06 82 – ⓞ 𝐄 𝘝𝘐𝘚𝘈   D 10
fermé 31 juil. au 1er sept., vacances de fév., sam. et dim. – **R** 155 et carte 165 à 365.

XX **L'Écailler du Palais**, 101 av. Ternes ℰ 45 74 87 07, fruits de mer – 🗐. 𝘼𝙀 ⓞ 𝐄 𝘝𝘐𝘚𝘈   E 6
fermé 5 au 25 août – **R** carte 230 à 365.

XX **Le Troyon**, 4 r. Troyon ℰ 43 80 57 02 – **E** _VISA_
fermé sam. midi et dim. – **R** carte 160 à 240.
E 8

XX **La Toque**, 16 r. Tocqueville ℰ 42 27 97 75 – ▬. _VISA_
fermé 20 juil. au 20 août, Noël au Jour de l'An, sam. et dim. – **R** carte 190 à 280.
D 10

X **Bistrot de l'Étoile**, 75 av. Niel ℰ 42 27 88 44 – ▬. **E** _VISA_. ⚘
fermé dim. – **R** carte 180 à 230.
D 8

X **Bistrot d'à Côté Villiers**, 16 av. Villiers ℰ 47 63 25 61 – 또 **E** _VISA_
fermé 12 au 18 août, sam. midi et dim. – **R** carte 170 à 235.
D 10

X **Le Distrait**, 150 bd Péreire ℰ 48 88 93 68 – ▬. **E** _VISA_
fermé 10 au 27 août, sam. midi, dim. et fériés – **R** carte 170 à 240.
D 7

X **Bistrot d'à Côté Flaubert**, 10 r. G. Flaubert ℰ 42 67 05 81 – 또 **E** _VISA_
fermé 12 au 18 août, sam. midi et dim. – **R** carte 160 à 250.
D 8

X **Les Béatilles**, 127 r. Cardinet ℰ 42 27 95 64 – **E** _VISA_
fermé vacances de fév., 29 juil. au 19 août, sam. midi et dim. – **R** 120 (déj.) et carte 220 à 330.
D 10

X ⚘ **Mère Michel** (Gaillard), 5 r. Rennequin ℰ 47 63 59 80 – **E** _VISA_
fermé août, sam., dim. et fériés – **R** (nombre de couverts limité - prévenir) carte 240 à 330.
Spéc. Cressonnette de foies de volaille au Xérès, Poissons au beurre blanc, Jambon aux mojettes vendéennes.
E 8

X **Le Champart**, 132 r. Cardinet ℰ 42 27 36 78 – 또 **E** _VISA_
fermé août, vacances de fév., sam. midi et dim. – **R** 130 bc et carte 150 à 230, enf. 50.
C 10

X **L'Oeuf à la Neige**, 16 r. Salneuve ℰ 47 63 45 43 – 또 ◑ **E** _VISA_
fermé 1er au 25 août, 25 déc. au 1er janv., sam. midi et dim. – **R** 120 et carte 125 à 300.
D 10

X **Bistrot de l'Étoile**, 13 r. Troyon ℰ 42 67 25 95 – **E** _VISA_. ⚘
fermé sam. midi et dim. – **R** carte 160 à 200.
E 8

Montmartre, La Villette, Belleville.

18e, 19e et 20e arrondissements.

18e : ✉ 75018
19e : ✉ 75019
20e : ✉ 75020

▆▆▆ **Terrass'H.** Ⓜ, 12 r. J. de Maistre (18e) ℰ 46 06 72 85, Télex 280830, Fax 42 52 29 11 – 🛗 ▤ rest 📺 ☎ – 🛎 30. 또 ◑ **E** _VISA_
C 13
Le Guerlande _(fermé 1er au 28 août)_ **R** carte 240 à 365 – **L'Albaron R** carte 130 à 250 ⅃ enf. 48 – ☑ 60 – **88 ch** 760/990, 13 appart. 1260 – ½ P 615/685.

▲▲ **Mercure Paris Montmartre** Ⓜ sans rest, 1 r. Caulaincourt (18e) ℰ 42 94 17 17, Télex 640605, Fax 42 93 66 14 – 🛗 ▤ 📺 ☎ ⅗ – 🛎 120. 또 ◑ **E** _VISA_
☑ 60 – **308 ch** 790/840.
D 12

▥▥ **Palma** Ⓜ sans rest, 77 av. Gambetta (20e) ℰ 46 36 13 65, Télex 216056, Fax 46 36 03 27 – 🛗 📺 ☎. 또 **E** _VISA_. ⚘
☑ 25 – **32 ch** 300/350.
G 21

▥▥ **Belgrand** Ⓜ sans rest, 60 r. Belgrand (20e) ℰ 43 61 28 38, Télex 233620 – 🛗 📺 ☎. 또 ◑ **E** _VISA_
☑ 30 – **27 ch** 350/390.
G 22

▥▥ **Regyn's Montmartre** sans rest, 18 pl. Abbesses (18e) ℰ 42 54 45 21 – 🛗 📺 ☎. **E** _VISA_
☑ 30 – **22 ch** 310/380.
D 13

▥▥ **Résidence Montmartre** sans rest, 10 r. Burq (18e) ℰ 46 06 51 91, Télex 282779, Fax 42 52 82 59 – 🛗 📺 ☎. 또 ◑ **E** _VISA_
☑ 45 – **50 ch** 450/590.
D 13

▥▥ **Super H.** sans rest, 208 r. Pyrénées (20e) ℰ 46 36 97 48, Télex 215588, Fax 46 36 26 10 – 🛗 📺 ☎. 또 **E** _VISA_
fermé août – ☑ 26 – **28 ch** 245/410.
G 21

▥▥ **Roma Sacré Coeur** Ⓜ sans rest, 101 r. Caulaincourt (18e) ℰ 42 62 02 02, Télex 643492, Fax 42 54 34 92 – 🛗 📺 ☎. 또 ◑ **E** _VISA_
☑ 30 – **57 ch** 370/380.
C 14

▥▥ **Eden H.** sans rest, 90 r. Ordener (18e) ℰ 42 64 61 63, Télex 290504, Fax 42 64 11 43 – 🛗 📺 ☎. 또 ◑ **E** _VISA_. ⚘
☑ 25 – **35 ch** 320/350.
B 14

▥▥ **Pyrénées Gambetta** sans rest, 12 av. Père Lachaise (20e) ℰ 47 97 76 57, Télex 213533 – 🛗 📺 ☎. 또 **E** _VISA_
☑ 26 – **32 ch** 144/350.
H 21

🏨 **H. Le Laumière** sans rest, 4 r. Petit (19ᵉ) ℰ 42 06 10 77, Télex 212688, Fax 42 06 72 50 –
📶 📺 ☎. **E** *VISA*
D 19
⌷ 27 – **54 ch** 195/330.

🏨 **Prima-Lepic** sans rest, 29 r. Lepic (18ᵉ) ℰ 46 06 44 64, Télex 281162, Fax 46 06 66 11 – 📶
📺 ☎. **E** *VISA*. ⋙
D 13
⌷ 32 – **38 ch** 260/500.

🏠 **Capucines Montmartre** sans rest, 5 r. A.-Bruant (18ᵉ) ℰ 42 52 89 80, Télex 281648,
Fax 42 52 29 57 – 📶 📺 ☎. **AE** ① **E** *VISA*
D 13
⌷ 30 – **29 ch** 270/350.

XXX ❀ **Beauvilliers** (Carlier), 52 r. Lamarck (18ᵉ) ℰ 42 54 54 42, Fax 42 62 70 30, 🍽, « Décor
original, terrasse » – **AE** **E** *VISA*. ⋙
C 14
fermé 1ᵉʳ au 16 sept., lundi midi et dim. – **R** 175 bc et carte 380 à 500.
Spéc. Ris de veau en aspic, Turbot au jus de jarret et christophines, Suprême de pintade en peau d'épices
aux moules.

XXX **Pavillon Puebla,** Parc Buttes-Chaumont, entrée : av Bolivar, r. Botzaris (19ᵉ)
ℰ 42 08 92 62, Fax 42 39 83 16, 🍽, « Agréable situation dans le parc » – **E** *VISA*
E 19
fermé en août, en fév., dim. et lundi – **R** 230 et carte 290 à 410.

XXX ❀ **Cochon d'Or,** 192 av. J.-Jaurès (19ᵉ) ℰ 42 45 46 46, Fax 42 40 43 90 – ▦. **AE** ① **E** *VISA*
C 20
R 230 et carte 220 à 490.
Spéc. Salade de tête de veau, Filets de sole "Yvonne Ayral", Grillade de boeuf "Cochon d'Or".

XXX **Charlot 1ᵉʳ "Merveilles des Mers",** 128 bis bd Clichy (18ᵉ) ℰ 45 22 47 08,
Fax 44 70 07 50, produits de la mer – **AE** ① **E** *VISA*
D 12
fermé 15 juin au 31 juil. – **R** 200 (déj.) et carte 260 à 400.

XX **Le Clodenis,** 57 r. Caulaincourt (18ᵉ) ℰ 46 06 20 26 – **E** *VISA*. ⋙
C 13
fermé dim. (sauf le midi de juin à nov.) et lundi – **R** 180 (déj.) et carte 270 à 430.

XX **Deux Taureaux,** 206 av. J.-Jaurès (19ᵉ) ℰ 42 02 12 40 – **AE** ① *VISA*
C 21
fermé sam. et dim. – **R** carte 150 à 290.

XX **Au Clair de la Lune,** 9 r. Poulbot (18ᵉ) ℰ 42 58 97 03 – **AE** ① *VISA*
D 14
fermé lundi midi et dim. – **R** 195 et carte 225 à 370.

XX **Grandgousier,** 17 av. Rachel (18ᵉ) ℰ 43 87 66 12 – **AE** ① **E** *VISA*
D 12
fermé 4 au 25 août, sam. midi, dim. et fériés – **R** 145 et carte 205 à 270.

XX **La Chaumière,** 46 av. Secrétan (19ᵉ) ℰ 42 06 54 69 – **AE** ① **E** *VISA*
E 18
fermé 5 au 18 août – **R** 133 bc et carte 180 à 320.

XX **Boeuf Couronné,** 188 av. J. Jaurès (19ᵉ) ℰ 42 39 44 44 – **AE** ① **E** *VISA*
C 20
fermé dim. – **R** carte 205 à 340 ♨.

XX **Les Chants du Piano,** 10 r. Lambert (18ᵉ) ℰ 42 62 02 14, Fax 42 54 98 52 – **AE** ① **E** *VISA*
C 14
fermé 26 au 31 août, dim. soir et lundi midi – **R** 139/219, enf. 70.

XX **Poulbot Gourmet,** 39 r. Lamarck (18ᵉ) ℰ 46 06 86 00 – *VISA*
C 14
fermé dim. – **R** carte 200 à 290.

X **Cottage Marcadet,** 160 r. Marcadet (18ᵉ) ℰ 42 57 71 22 – **E** *VISA*
C 13
fermé 30 avril au 15 mai et dim. – **R** 185 bc et carte 210 à 300.

X **Marie-Louise,** 52 r. Championnet (18ᵉ) ℰ 46 06 86 55 – ① **E** *VISA*
B 15
fermé fin juil. à début sept., vacances de printemps, dim., lundi et fériés – **R** 100 et carte
115 à 220.

X **Le Sancerre,** 13 av. Corentin Cariou (19ᵉ) ℰ 40 36 80 44 – **AE** ① **E** *VISA*
B 19
fermé sam. et dim. – **R** carte 180 à 250.

X **Aucune Idée,** 2 pl. St-Blaise (20ᵉ) ℰ 40 09 70 67 – *VISA*
H 22
fermé 1ᵉʳ au 21 août, dim. soir et lundi – **R** 95/195 ♨, enf. 45.

ENVIRONS
25 km environ autour de Paris

Pour appeler de province les localités suivantes, composez le 1 avant le numéro à 8 chiffres.

F 15 : Ces lettres et ces chiffres correspondent au carroyage des **plans Michelin Banlieue de Paris** n° 🔢, n° 🔢, n° 🔢, n° 🔢.

Alfortville 94140 Val-de-Marne 🔢 ㉖, 🔢 – 36 252 h. alt. 33.
Voir Charenton : musée du Pain★ N : 2 km, G. Ile de France.
Paris 9 – Créteil 4 – Maisons-Alfort 1,5 – Melun 36.

🏨 **Printemps**, 63 r. Véron ℰ 43 75 30 87 – 📺 ⑳. 𝒱𝐼𝑆𝐴. 🧺
↥ *fermé août* – **R** brasserie (dîner seul.) carte environ 70 ⅃ – ⌷ 25 – **24 ch** 130/250.　　　　AF 35
CITROEN Gar. des Quais, 2 r. Charles-de-Gaulle ℰ 43 78 50 34

Antony 92160 Hauts-de-Seine 🔢 ㉙, 🔢 – 54 668 h.
Paris 12 – Bagneux 8 – Corbeil-Essonnes 30 – Nanterre 25 – Versailles 17.

✕✕ **La Tour de Marrakech**, 75 r. Division leclerc ℰ 46 66 00 54, cuisine nord-africaine – 🄴
𝒱𝐼𝑆𝐴. 🧺
fermé août et lundi – **R** carte 135 à 245.　　　　AN 25

Argenteuil ⟨🅢🅟⟩ 95100 Val-d'Oise 🔢 ⑭, 🔢 G. Ile de France – 96 045 h. alt. 42.
Paris 15 – Chantilly 36 – Pontoise 20 – St-Germain-en-Laye 15.

🏨 **Campanile** Ⓜ, 1 r. Ary Scheffer ℰ 39 61 34 34, Télex 688268, Fax 39 61 44 20, 🏡 – 🛎
📺 ☎ & 🄿 – 🄰 25 à 50. 🄴 𝒱𝐼𝑆𝐴　　　　P 20
R 82 bc/110 bc, enf. 39 – ⌷ 28 – **100 ch** 320 – ½ P 270/298.

✕✕✕ **La Ferme d'Argenteuil**, 2 bis r. Verte ℰ 39 61 00 62 – 🄰🄴 𝒱𝐼𝑆𝐴　　　　N 20
fermé lundi soir et dim. – **R** carte 210 à 335.

✕✕ **La Colombe** avec ch, 20 bd Héloïse ℰ 39 61 01 38, Fax 30 76 23 29, 🏡 – 📺 ☎ 🄿. 🄰🄴
↥ 🄴 𝒱𝐼𝑆𝐴　　　　N 21
fermé dim. et fêtes – **R** 70/150 ⅃, enf. 50 – ⌷ 30 – **20 ch** 150/280.

✕✕ **Closerie Périgourdine**, 85 bd J.-Allemane ℰ 39 80 01 28 – 🄰🄴 ⓞ 𝒱𝐼𝑆𝐴　　　　L 21
fermé sam. midi et dim. soir – **R** 110/170 bc.

BMW Gar. Valléjo, 119 av. J.-Jaurès ℰ 39 81 83 06
🄽 ℰ 39 14 19 58
CITROEN SEDA, 117 bd J.-Allemane
ℰ 39 82 81 81
FIAT Santi-Argenteuil, 1 r. Grande-Ceinture
ℰ 39 80 96 26
FORD Gar. des Grandes Fontaines, 70 bd J. Allemane ℰ 39 81 61 61
PEUGEOT-TALBOT SODISTO, 45 r. H.-Barbusse
ℰ 39 47 09 79
RENAULT Succursale, 219 r. H.-Barbusse
ℰ 39 47 09 09 🄽 ℰ 05 05 15 15

RENAULT Succursale, 2 bd de la Résistance ZUP
ℰ 34 10 40 04 🄽 ℰ 05 05 15 15
V.A.G Gar. du Plessis, 98 bd J.-Allemane
ℰ 39 61 70 74

🛞 Flament, 29 r. Beurriers ℰ 39 61 27 17
Monteils Pneumatiques, 48-50 av. Stalingrad
ℰ 34 10 20 89
Pneu-Sécurité-Autom., 161 r. H.-Barbusse
ℰ 39 61 49 90

Asnières 92600 Hauts-de-Seine 🔢 ⑮, 🔢 G. Ile de France – 71 220 h. alt. 32.
Paris 10 – Argenteuil 5,5 – Nanterre 7,5 – Pontoise 27 – St-Denis 8 – St-Germain-en-Laye 17.

🏨 **Wilson H.** Ⓜ sans rest, 10 bis r. Château ℰ 47 93 01 66, Télex 610350, Fax 47 33 74 98 –
🛎 ⤢ 📺 ☎. 🄰🄴 ⓞ 🄴 𝒱𝐼𝑆𝐴　　　　T 24
⌷ 30 – **62 ch** 290/370.

✕✕ **Le Périgord**, 3 quai Aulagnier ℰ 47 90 19 86 – 🄿. 🄰🄴 ⓞ 𝒱𝐼𝑆𝐴　　　　S 25
fermé 12 au 16 août, sam. et dim. – **R** carte 270 à 360.

✕✕ **La Petite Auberge**, 118 r. Colombes ℰ 47 93 33 94 – 🄴 𝒱𝐼𝑆𝐴　　　　S 23
fermé 28 juil. au 27 août, vacances de fév., merc. soir, dim. soir et lundi – **R** 140, enf. 50.

CITROEN Enthoven, 249 av. d'Argenteuil à Bois-
Colombes ℰ 47 82 41 00
PEUGEOT-TALBOT Gar. Hôtel de Ville, 18 r. P.-
Brossolette ℰ 47 33 02 60
TOYOTA S.I.D.A.T., 3 r. de Normandie
ℰ 47 90 62 10

V.A.G Gar. de la Comète, 33 av. d'Argenteuil
ℰ 47 93 02 09

🛞 Coursaux, 61 r. Colombes ℰ 47 93 07 53

Athis-Mons **91200** Essonne 101 ㉖ – 29 006 h. alt. 80.

Paris 19 – Créteil 15 – Évry 12 – Fontainebleau 50.

La Rotonde M sans rest, 25 bis r. H. Pinson ✆ 69 38 97 78 – TV ☎ P. E VISA. ✂
☐ 25 – **22 ch** 260/300.

BMW VP Automobiles, 111 r. R.-Schumann ✆ 69 38 64 36

Aulnay-sous-Bois **93600** Seine-St-Denis 101 ⑰, 20 – 76 032 h. alt. 50.

Paris 19 – Bobigny 6 – Lagny 21 – Meaux 30 – St-Denis 12 – Senlis 38.

Novotel M, rte Gonesse N 370 ✆ 48 66 22 97, Télex 230121, Fax 48 66 99 39, ☂, ⛱ – L 42
TV ☎ ♿ P – 🏛 200. AE ⓓ E VISA
R carte environ 150 ♨, enf. 48 – ☐ 47 – **139 ch** 420/450.

Dixxon H. M sans rest, rte Gonesse N 370 ✆ 48 79 19 10, Télex 233328, Fax 48 79 36 96 L 42
– TV ☎ ♿ P. E VISA
☐ 30 – **70 ch** 285/390.

XXX ✿ **Aub. Saints Pères** (Liret), 212 av. Nonneville ✆ 48 66 62 11, Fax 48 66 25 22 – AE ⓓ R 42
E VISA. ✂
fermé août, vacances de fév., sam. midi, dim. soir et lundi – **R** 250/350
Spéc. Foie gras, Fricassée de langoustines aux champignons sauvages, Trois noblesses de poissons au caviar.

XX **A l'Escargot,** 40 rte Bondy ✆ 48 66 88 88 – AE ⓓ E VISA P 42
fermé août, vacances de fév. et lundi – **R** (déj. seul. sauf vend. et sam.) carte 210 à 360.

CITROEN Gar. des Petits Ponts, 153 rte de Mitry ✆ 43 83 70 81
FORD Bocquet, 37 av. A. France ✆ 48 66 47 33
◉ La Centrale du Pneu, Bt. M 134 X Garonor ✆ 48 65 26 08

Bagnolet **93170** Seine-St-Denis 101 ⑯, 20 – 32 557 h. alt. 86.

Paris 7,5 – Bobigny 10 – Lagny 27 – Meaux 40.

Novotel Paris Bagnolet M, av. République, échangeur porte de Bagnolet ✆ 43 60 02 10, Télex 235136, Fax 43 60 83 95, ⛱ – ✖ rest ▤ TV ☎ ♿ P – 🏛 25 à 600. AE ⓓ E Y 36
VISA
Grill R carte environ 150 ♨, enf. 50 – ☐ 50 – **602 ch** 595/630, 11 appart. 900.

PEUGEOT-TALBOT Botzaris, 210 r. de Noisy-le-Sec ✆ 43 61 17 90

Bobigny **93000** Seine-St-Denis 101 ⑰, 20 – 42 727 h. alt. 53.

Paris 15 – St-Denis 7.

Campanile M, 304 av. Paul Vaillant-Couturier ✆ 48 31 37 55, Télex 233027, Fax 48 31 53 30 T 39
– TV ☎ ♿ – 🏛 25 à 50. E VISA
R 82 bc/110 bc, enf. 39 – ☐ 28 – **120 ch** 320 – ½ P 270/298.

PEUGEOT-TALBOT Nouvelle Centrale Auto, Nouvelle Centrale Auto à Bondy ✆ 48 47 31 19
◉ Pneumatiques 77, 79 av. E. Vaillant ✆ 48 47 40 62

Bonneuil-sur-Marne **94380** Val-de-Marne 101 ㉗, 24 – 14 787 h.

Paris 16 – Chennevières-sur-Marne 5 – Créteil 3,5 – Lagny 30 – St-Maur-des-Fossés 4.

Confortel M, 5 rte Stains ✆ 43 77 48 00, Télex 262336, ☂ – TV ☎ ♿ P – 🏛 80 AK 42
44 ch.

Campanile, ZI Petits Carreaux, 2 av. Bleuets ✆ 43 77 70 29, Télex 264197, Fax 43 99 42 96, AL 42
☂ – TV ☎ ♿ P – 🏛 25. E VISA
R 74 bc/98 bc, enf. 39 – ☐ 27 – **50 ch** 248 – ½ P 225/249.

XX **Aub. du Moulin Bateau,** r. Moulin Bateau ✆ 43 77 00 10, ☂, ✂ – P. E VISA AJ 43
fermé 15 au 25 août, sam. midi et dim. soir – **R** 200 bc/380 bc, enf. 100.

CITROEN Soulard et Faure, av. du 19 Mars 1962 ✆ 43 39 63 66
MERCEDES Segmat, ZI des Petits Carreaux ✆ 43 39 70 11
RENAULT Central Gar., 11 r. Col.-Fabien ✆ 43 39 62 76
RENAULT Central Gar., 3 av. de Boissy ✆ 43 39 62 39

Bougival **78380** Yvelines 101 ⑬, 18 – 8 487 h. alt. 40.

Paris 18 – Rueil-Malmaison 3,5 – St-Germain-en-Laye 7 – Versailles 7 – Le Vésinet 4.

des Maréchaux M 🐎 sans rest, 10 côte de la Jonchère ✆ 30 82 77 11, Télex 699597, Fax 30 82 78 40, parc – TV ☎ P – 🏛 120. AE ⓓ E VISA Y 12
☐ 45 – **40 ch** 550/630.

XXXX **Coq Hardy,** 16 quai Rennequin-Sualem (N 13) ✆ 39 69 01 43, Fax 39 69 40 93, « Jardins en terrasses », ☂ – P. AE ⓓ VISA X 10
fermé dim. soir et lundi – **R** 200 et carte 265 à 400.

XXX ✿ **Le Camélia** (Durand), 7 quai G. Clemenceau ✆ 39 18 36 06, Fax 39 18 33 18 – ▤. AE R 6
ⓓ E VISA
fermé août, sam. midi, dim. soir et lundi – **R** 240/400
Spéc. Gratin de macaroni au foie gras, Pied de cochon désossé en fricassée aux cèpes, Pain perdu au miel et poires rôties à la vanille.

X **Bistro du Quai,** 6 quai G. Clemenceau ✆ 39 69 18 98 – AE ⓓ E VISA
fermé août, sam. midi, dim. soir et lundi – **R** 120.

Boulogne-Billancourt ⟨SP⟩ **92100** Hauts-de-Seine 📖 ㉔, 🔲 G. Ile de France – 102 595 h. alt 35 – **Voir** Jardin Albert Kahn★ – Musée Paul Landowski★.

Paris 15 – Nanterre 7 – Versailles 11.

🏨 **Adagio** [M], 20 r. Abondances ℰ 48 25 80 80, Télex 632189, Fax 48 25 33 13, 🐀 – 🛗 📺
☎ ఉ ⇔ – 🔬 60. 🖭 ⊙ ⋿ 𝗩𝗜𝗦𝗔
R 110/135 – � 54 – **75 ch** 680/780.
AB 19

🏨 **Sélect H.** sans rest, 66 av. Gén.-Leclerc ℰ 46 04 70 47, Télex 206029, Fax 46 04 07 77 – 🛗
📺 ☎ ☎ 🖭 ⊙ ⋿ 𝗩𝗜𝗦𝗔 ⚡
� 37 – **63 ch** 420/500.
AC 19

🏠 **Excelsior** sans rest, 12 r. Ferme ℰ 46 21 08 08, Télex 203114, Fax 46 21 76 15 – 🛗 📺 ☎.
🖭 ⊙ ⋿ 𝗩𝗜𝗦𝗔
� 30 – **52 ch** 315/385.
AC 19

🏠 **Paris** sans rest, 104 bis r. Paris ℰ 46 05 13 82, Télex 632156, Fax 48 25 10 43 – 🛗 📺 ☎. 🖭
⊙ ⋿ 𝗩𝗜𝗦𝗔
� 30 – **31 ch** 300/380.
AB19-20

🗙🗙🗙🗙 **Au Comte de Gascogne,** 89 av. J.-B. Clément ℰ 46 03 47 27, Fax 46 04 85 70, « Jardin
d'hiver » – 🗏. 🖭 ⊙ 𝗩𝗜𝗦𝗔
AB 19
fermé 12 au 25 août, sam. midi et dim. – **R** carte 410 à 630.

🗙🗙 **L'Auberge,** 86 av. J.-B. Clément ℰ 46 05 67 19, Fax 46 05 23 16 – 🗏. 🖭 ⊙ ⋿ 𝗩𝗜𝗦𝗔
fermé 3 août au 1er sept., dim. et fêtes – **R** 190 et carte 207 à 345.
AB 19

🗙🗙 **La Bretonnière,** 120 av. J.-B. Clément ℰ 46 05 73 56 – 𝗩𝗜𝗦𝗔
fermé sam. et dim. – **R** 195/280.
AB 19

ALFA-ROMEO Lov'Auto, 23 r. Solférino ℰ 46 21 50 60
BMW Zol'Auto, 52 r. du Chemin Vert ℰ 46 09 91 43
CITROEN Augustin, 53 r. Danjou ℰ 46 09 93 75
FIAT Fiat Auto France, 58 r. Denfert-Rochereau ℰ 46 04 91 19
JAGUAR, ROVER Adam Clayton, 77 av. P.-Grenier ℰ 46 09 15 32
LANCIA, AUTOBIANCHI Figoni, 15 r. Église ℰ 46 05 09 69
MERCEDES Port Marly Gar., 32 bis rte de la Reine ℰ 46 03 50 50
PEUGEOT-TALBOT Paris Ouest Autom., 74 rte de la Reine ℰ 46 05 43 43

PEUGEOT-TALBOT Paris Ouest Autom., 21/23 quai A.-Le Gallo ℰ 46 05 43 43
RENAULT Succursale, 577 av. Gén.-Leclerc ℰ 47 61 39 39 🅽
RENAULT, ALPINE Centre Alpine, 120 r. Thiers ℰ 46 20 12 13
V.A.G Aguesseau Autom., 183 r. Gallieni ℰ 46 05 62 60

⊚ Cent Mille Pneus, 148 rte de la Reine ℰ 46 03 02 02
Etter-Pneus, 57 r. Thiers ℰ 46 20 18 55

Le Bourget **93350** Seine-St-Denis 📖 ⑰, 🔟 G. Ile de France – 11 021 h. alt. 66.
Voir Musée de l'Air et de l'Espace★★.

Paris 15 – Bobigny 5 – Chantilly 34 – Meaux 38 – St-Denis 6,5 – Senlis 36.

🏨 **Novotel** [M] sans rest, ZA pont Yblon au Blanc Mesnil ⊠ 93150 ℰ 48 67 48 88, Télex
230115, Fax 45 91 08 27, 🏊, 🌿 – 🛗 🗏 📺 ☎ ఉ 🅿 – 🔬 25 à 200. 🖭 ⊙ ⋿ 𝗩𝗜𝗦𝗔
L 38
R carte environ 150, enf. 52 – � 47 – **143 ch** 420/450.

FIAT, LANCIA-AUTOBIANCHI Actis-Barone, 77 av. Division-Leclerc ℰ 48 37 91 30
RENAULT Gar. Bon, 132 av. Division-Leclerc ℰ 48 37 01 12

⊚ Piot-Pneu, 190 av. Ch.-Floquet à Blanc-Mesnil ℰ 48 67 17 40

Brunoy **91800** Essonne 📖 ㊲ G. Ile de France – 23 899 h. alt. 58.

Paris 32 – Corbeil-Essonnes 13 – Évry 16 – Melun 23 – Villeneuve-St-Georges 10.

🗙🗙 **Le Petit Réveillon,** 22 r. Réveillon ℰ 60 46 03 39 – ⋿ 𝗩𝗜𝗦𝗔
fermé 29 avril au 6 mai, 5 au 29 août, jeudi soir, dim. soir et lundi – **R** 150/170, enf. 65.

CITROEN Éts Ruffin-Heitmann, 7 r. du Pont Perro- net ℰ 60 46 57 57 🅽 ℰ 60 46 34 19
CITROEN Ruffin-Heitmann, 3 bis av. Carnot à Vil- leneuve-Saint-Georges ℰ 43 89 31 29
🅽 ℰ 60 46 34 19
MERCEDES Gar. des Routiers, r. Mercure, ZI du Bac d'Ablon à Montgeron ℰ 69 40 43 43

PEUGEOT-TALBOT Éts Michel, 4 pl. de l'Arrivée ℰ 60 46 00 91
RENAULT S.A.V.Y., 61 rte de Brunoy à Quincy- sous-Sénart ℰ 69 00 62 02 🅽 ℰ 44 60 78 41

Buc **78530** Yvelines 📖 ㉓, 🔲 – 4 864 h.

Paris 25 – Bièvres 7,5 – Chevreuse 12 – Versailles 4,5.

🏠 **Climat de France,** Z.A.C. du Haut Buc ℰ 39 56 48 11, Télex 699220, Fax 39 56 81 54, 🐀
– 📺 ☎ 🅿. 🖭 ⋿ 𝗩𝗜𝗦𝗔
AL 9
R 81/130 ☕, enf. 40 – � 30 – **43 ch** 262.

🗙🗙🗙 **Relais de Courlande** avec ch, 2 r. Collin-Mamet au Haut Buc ℰ 39 56 24 29,
Fax 39 56 03 92, 🐀, 🌿 – 📺 ☎ 🅿. 🖭 ⋿ 𝗩𝗜𝗦𝗔
AL 9
R (fermé 5 au 25 août, vacances de fév. dim. soir et lundi) 110/220, enf. 80 – � 28 – **10 ch**
235/300.

RENAULT Succursale, ZI, r. R. Garros ℰ 30 84 60 00 🅽 ℰ (1) 05 05 15 15

La Celle-St-Cloud 78170 Yvelines 101 ⑬, 18 – 23 344 h.

Paris 21 – Rueil-Malmaison 7 – St-Germain-en-Laye 9,5 – Versailles 4,5 – le Vésinet 7.

✗ **Petit Tournebride,** 1 r. Pescatore ✆ 39 18 31 17 – VISA   H 11
fermé août – **R** 124 bc.

Champrosay 91 Essonne 101 ㊲ – alt. 58 – ⊠ **91210** Draveil.

Paris 27 – Brunoy 11 – Corbeil-Essonnes 9,5 – Évry 6 – Longjumeau 14 – Viry-Châtillon 5,5.

XXX **Bouquet de la Forêt,** rte l'Ermitage ✆ 69 42 56 08, 斎, « A l'orée de la forêt » – **Ⓟ**.
VISA. ⃠
fermé août, lundi et le soir sauf vend. et sam. – **R** carte 210 à 380.

Champs-sur-Marne 77436 S.-et-M. 101 ⑲, 24 – 16 907 h. alt. 74.

Voir Château de Champs★ : salon chinois★★ et parc★★, G. Ile de France.

Paris 24 – Chelles 5 – Lagny-sur-Marne 8 – Melun 41.

🏨 **Arcade** M, cité Descartes, bd Newton ✆ 64 68 00 83, Télex 693702, Fax 64 68 02 60, 斎
– 🛗 📺 ☎ 🕭 🚗 **Ⓟ** – 🔬 25 à 80. 🖭 E VISA   AB 51
R 72/130 ₰ – 😅 35 – **110 ch** 250/325.

MERCEDES Compagnon, 57 allée des Frênes ✆ 64 68 70 87

Châteaufort 78117 Yvelines 101 ㉒, 22 – 1 391 h. alt. 153.

Paris 32 – Arpajon 28 – Rambouillet 25 – Versailles 10.

XXX ⃝ **La Belle Epoque** (Peignaud), ✆ 39 56 21 66, 斎, « Auberge rustique dominant le
vallon » – 🖭 ⓞ E VISA   AR 6
fermé 9 août au 11 sept., 22 déc. au 8 janv., dim. soir et lundi – **R** carte 275 à 400
Spéc. Foie gras de canard au torchon, Saint-Jacques au sabayon (saison), Tournedos Rossini.

Châtillon 92320 Hauts-de-Seine 101 ㉕, 22 – 24 835 h.

Paris 7,5 – Boulogne-Billancourt 6,5 – Nanterre 17 – Versailles 14.

🏨 **I.D.F.** M, 40 av. Verdun ✆ 42 53 03 03, Télex 632461, Fax 42 53 53 91 – 🛗 📺 ☎ 🕭 **Ⓟ** –
🔬 70. 🖭 ⓞ E VISA   AG 23
Jardin d'Iris *(fermé août, sam. et dim.)* **R** 220 – **Grill R** 110/125 bc enf.42 – 😅 48 – **80 ch**
385/460.

Chaville 92370 Hauts-de-Seine 101 ㉓, 22 – 17 950 h. alt. 87.

Paris 15 – Nanterre 14 – Versailles 5.

XX **La Tonnelle,** 29 r. Lamennais ✆ 47 50 42 77, 斎 – 🍽 E VISA   AG 15
fermé 12 au 30 août, vacances de fév. et lundi – **R** 180/230, enf. 90.

Chelles 77500 S.-et-M. 101 ⑲, 20 – 41 881 h. alt. 45.

Paris 25 – Coulommiers 41 – Meaux 27 – Melun 46.

🏨 **Climat de France,** D 34, rte Claye-Souilly ✆ 60 08 75 58, Télex 691149, Fax 60 08 90 94,
斎 – 📺 ☎ 🕭 **Ⓟ** – 🔬 35. 🖭 E VISA   W 52
R 87/125 ₰, enf. 39 – 😅 27 – **43 ch** 290 – ½ P 231.

XX **L'Eau Vive,** 42 r. Gambetta ✆ 60 08 10 10, produits de la mer – 🍽 E VISA   W 51
fermé 29 avril au 12 mai, 12 août au 8 sept., dim. soir et lundi – **R** 110 et carte 170 à 310,
enf. 68.

XX **Rôt. Briarde,** 43 r. A. Meunier ✆ 60 08 02 78, 斎 – **Ⓟ** 🖭 ⓞ E VISA   X 51
fermé août, vacances de fév., lundi soir et mardi – **R** 160 et carte 175 à 335.

CITROEN Pacha, 59 av. Mar.-Foch ✆ 60 08 56 01
🅽 ✆ 64 26 17 96
FORD Dubos, 92 av. Mar.-Foch ✆ 60 20 43 42
OPEL Chelles-Autom., ZI, av. de Sylvie
✆ 60 08 53 02
PEUGEOT-TALBOT Metin, 53 av. Mar.-Foch
✆ 60 08 57 57

RENAULT Gar. de Chelles, 9 av. du Marais
✆ 64 21 19 81 🅽 ✆ 60 26 15 88
V.A.G Gar. Lourdin, 33 r. G.-Nast ✆ 60 08 38 42

🅟 La Centrale du Pneu, 41 r. A.-Meunier
✆ 60 08 07 68

Chennevières-sur-Marne 94430 Val-de-Marne 101 ㉘, 24 – 17 418 h. alt. 100.

🏌 d'Ormesson ✆ 45 76 20 71, SE : 3 km.

Paris 17 – Coulommiers 49 – Créteil 5,5 – Lagny 22.

XXX **Écu de France,** 31 r. Champigny ✆ 45 76 00 03, 斎, « Cadre rustique, terrasse fleurie
en bordure de rivière », 🚗 – **Ⓟ** VISA ⃠   AG 45
fermé 2 au 9 sept., dim. soir et lundi – **R** carte 220 à 350.

BMW Gar. du Bac, 2 et 4 r. Lavoisier
✆ 45 76 33 33
FIAT Carrefour des Nations, 2 rte de la Libération
✆ 45 76 56 05

RENAULT SOVEA, 96 rte de la Libération
✆ 45 76 96 70
VOLVO Volvo Alma, 102 rte de la Libération
✆ 48 85 96 96

Clichy 92110 Hauts-de-Seine 101 ⑮, 18 – 47 000 h. alt. 30.

Paris 7,5 – Argenteuil 7 – Nanterre 10 – Pontoise 27 – St-Germain-en-Laye 17.

🏨 **Victoria** sans rest, 15 rue Pierre Curie ℰ 47 56 05 00, Télex 615798, Fax 40 87 11 06 – 📶
📺 ☎. 𝖠𝖤 ⓞ 𝖤 𝘝𝘐𝘚𝘈
⊾ 35 – **28 ch** 345/430.
T 26

🏨 **Girbal** sans rest, 14 r. Dagobert ℰ 47 37 54 24, Fax 47 30 05 80 – 📶 📺 🚗 ⇦ 𝖠𝖤 ⓞ 𝖤
𝘝𝘐𝘚𝘈
⊾ 25 – **42 ch** 320.
T 25

🏨 **Le Ruthène** sans rest, 35 r. Klock ℰ 47 37 02 51, Télex 613461 – 📶 📺 ⇦. 𝖤 𝘝𝘐𝘚𝘈. 🛇
⊾ 25 – **20 ch** 300/320.
U 25

🏠 **des Chasses** 𝖬 sans rest, 49 r. des Chasses ℰ 47 37 01 73, Télex 615388, Fax 47 31 40 98
– 📶 📺 ☎. 𝖠𝖤 ⓞ 𝖤 𝘝𝘐𝘚𝘈
⊾ 28 – **35 ch** 310/350.

🏠 **L'Europe** sans rest, 52 bd Gén. Leclerc ℰ 47 37 13 10, Fax 40 87 11 06 – 📶 📺 ☎. 𝖠𝖤 𝖤
𝘝𝘐𝘚𝘈
⊾ 30 – **43 ch** 310/340.
T 26

𝖃𝖃𝖃 ⊛ **Barrière de Clichy** (Le Gallès), 1 r. Paris ℰ 47 37 05 18 – ▤. 𝖠𝖤 ⓞ 𝖤 𝘝𝘐𝘚𝘈
fermé 10 au 19 août, sam. midi et dim. – **R** 250 bc (déj.) et carte 250 à 370
Spéc. Vinaigrette d'huîtres, Fricassée de sole et ris de veau, Filets de lapereau au camembert.
U 26

𝖃𝖃 **La Bonne Table**, 119 bd J.-Jaurès ℰ 47 37 38 79, produits de la mer – ▤. 𝖤 𝘝𝘐𝘚𝘈
fermé août, sam. midi et dim. – **R** carte 250 à 340.
T 25

𝖃𝖃 **Dagobert**, 76 r. Martre ℰ 42 70 05 64 – ▤. 𝖤 𝘝𝘐𝘚𝘈
fermé 5 au 31 août, sam. midi et dim. – **R** 115 et carte 200 à 300.
T 25

BMW G.P.M., 8 rue de Belfort ℰ 47 39 99 40
CITROEN Centre Citroën Clichy, 125 bd J.-Jaurès
ℰ 42 70 17 17
CITROEN Succursale, 15-17 r. Fournier ZAC
ℰ 47 37 00 54

⦿ Central-Pneumatique, 22 r. Dr- Calmette
ℰ 42 70 99 94
P.S.T.A., 107 bd V.-Hugo ℰ 42 70 11 43

Cormeilles-en-Parisis 95240 Val-d'Oise 101 ③④, 18 – 14 608 h. alt. 115.

Paris 20 – Argenteuil 5 – Maisons-Laffitte 8 – Pontoise 15.

𝖃𝖃 **Aub de l'Hexagone**, 32 r. Pommiers ℰ 39 78 77 49 – ⓟ. 𝖠𝖤 ⓞ 𝖤 𝘝𝘐𝘚𝘈. 🛇
fermé 3 août au 2 sept. et dim. – **R** 120/175.
K 16

CITROEN Cormeilles Autos, 27 bd Joffre
ℰ 39 78 01 64
RENAULT Gar. Parisis, 29 bd Joffre ℰ 39 78 41 32

SEAT J.C.A. Automobiles, 19 bd Mar.-Joffre
ℰ 39 78 11 06

Courbevoie 92400 Hauts-de-Seine 101 ⑭, 18 G. Ile de France – 59 931 h. alt. 34.

Paris 11 – Asnières 3 – Levallois-Perret 3,5 – Nanterre 4 – St-Germain-en-Laye 14.

🏨 **Blois** sans rest, 85 bd St-Denis ℰ 43 33 13 35, Télex 612576, Fax 47 88 24 80 – 📶 📺 ☎. 𝖠𝖤
ⓞ 𝖤 𝘝𝘐𝘚𝘈
⊾ 33 – **30 ch** 360/400.
U 21-22

🏨 **Marina** sans rest, 18 av. Marceau ℰ 43 33 57 04, Télex 615305, Fax 47 88 59 38 – 📶 📺
☎. 𝖠𝖤 ⓞ 𝖤 𝘝𝘐𝘚𝘈
⊾ 30 – **31 ch** 320/370.
U 20

𝖃𝖃 **Helodidi**, 46 bd Verdun ℰ 43 33 53 09 – 𝖠𝖤 ⓞ 𝖤 𝘝𝘐𝘚𝘈
fermé 10 août au 30 sept., 21 au 26 déc., sam. midi et dim. – **R** carte 210 à 340.
U 21

Quartier Charras :

🏨 **Paris Penta** 𝖬, 18 r. Baudin ℰ 49 04 75 00, Télex 610470, Fax 47 68 83 32 – 📶 ▤ rest 📺
☎ ⇦ – ▵ 25 à 300. 𝖠𝖤 ⓞ 𝖤 𝘝𝘐𝘚𝘈. 🛇 rest
L'Atelier **R** 90bc/170bc, enf.85 – ⊾ 55 – **494 ch** 610/750.
U 20

au Parc de Bécon :

𝖃𝖃 **Trois Marmites**, 215 bd St-Denis ℰ 43 33 25 35 – ▤. 𝖠𝖤 ⓞ 𝖤 𝘝𝘐𝘚𝘈
fermé vacances de printemps, 5 au 30 août, sam., dim. et fériés – **R** 190 et carte 200 à
335.
U 22

RENAULT Succursale, 8 bd G.-Clemenceau
ℰ 43 34 45 45 🅽 ℰ 42 52 82 82

⦿ Cenci-Pneu, 8 r. de Bitche ℰ 43 33 25 36

Créteil ⓟ 94000 Val-de-Marne 101 ㉗, 24 G. Ile de France – 71 705 h. alt. 49.

Voir Hôtel de ville★ : parvis★.

🅱 Office de Tourisme 1 r. F.-Mauriac ℰ 48 98 58 18.

Paris 13 – Bobigny 19 – Évry 22 – Lagny 26 – Melun 36.

🏨 **Novotel** 𝖬 🛇, au lac ℰ 42 07 91 02, Télex 264177, Fax 48 99 03 48, 😩, 🏊, – 📶 ▤ 📺
☎ ⓟ – ▵ 25 à 100. 𝖠𝖤 ⓞ 𝖤 𝘝𝘐𝘚𝘈
R carte environ 180 🍷, enf. 52 – ⊾ 47 – **110 ch** 430/470.
AJ 38

Ibis, carrefour Pompadour, 14 r. Basse Quinte ℰ 49 80 12 22, Télex 262378, Fax 48 99 04 45
– 📳 🔟 ☎ & 🅟 – 🛔 30. 🇪 𝘝𝘐𝘚𝘈   AK 38
R 65/82 👌, enf. 39 – ☑ 31 – **84 ch** 305.

XXX Le Cristolien, 29 av. P. Brossolette, N 19 ℰ 48 98 12 01, Fax 42 07 24 47 – ▣. 𝘝𝘐𝘚𝘈
fermé 15 au 22 août, sam. midi et dim. – **R** 165 et carte 215 à 345.   AH 40

CITROEN Citroën Palais Sport Auto, 30 r. de Va-
lenton ℰ 42 07 81 18
PEUGEOT-TALBOT SCA-SVICA, 89 av. Gén.-de-
Gaulle ℰ 43 39 50 00

RENAULT SVAC, ZI Petites Haies, 37 r. de Valenton ℰ 48 99 72 50

🔘 Créteil-Pneu, 90 av. Mar.-de-Lattre-de-Tassigny
ℰ 42 07 36 58

La Défense 92 Hauts-de-Seine 🔟🔟🔟 ⑭, 🔟🔢 G. Paris – ✉ **92400** Courbevoie.

Voir Quartier★★ : perspective★ du parvis.

Paris 8,5 – Courbevoie 1,5 – Nanterre 2,5 – Puteaux 1.

Sofitel Paris CNIT 🅼 ⬙, 2 pl. Défense ℰ 46 92 10 10, Télex 613782, Fax 46 92 10 50 –
📳 🥄 ch 🗐 🔟 ☎ & 🚗. 🆎 ⓞ 🇪 𝘝𝘐𝘚𝘈   U19-V19
Les Communautés R carte 250 à 370 – ☑ 85 – **141 ch** 1200/1600, 6 appart. 2350/3000.

Sofitel Paris La Défense 🅼 ⬙, 34 cours Michelet, par bd circulaire sortie Défense 4
ℰ 47 76 44 43, Télex 612189, Fax 47 73 72 74, ☂ – 📳 🥄 ch 🗐 🔟 ☎ & 🚗 – 🛔 50. 🆎
ⓞ 🇪 𝘝𝘐𝘚𝘈   V 20
Les 2 Arcs R 315 (déj.) sauf dim. et carte 190 à 330 – ☑ 85 – **149 ch** 1100.

Novotel Paris La Défense 🅼, 2 bd Neuilly ℰ 47 78 16 68, Télex 630288, Fax 47 78 84 71,
⬅ – 📳 🗐 🔟 ☎ & – 🛔 25 à 150. 🆎 ⓞ 🇪 𝘝𝘐𝘚𝘈   V 21
R carte environ 150 – 🔧, enf. 50 – ☑ 52 – **278 ch** 680/720.

Ibis Paris La Défense 🅼, 4 bd Neuilly ℰ 47 78 15 60, Télex 611555, Fax 47 78 94 16 –
📳 🔟 ☎ & – 🛔 120. 🇪 𝘝𝘐𝘚𝘈   V 21
R 75/95 👌, enf. 43 – ☑ 32 – **284 ch** 415/435.

XXXX Fouquet's Europe, au CNIT, 2 pl. Défense, 5ᵉ étage ℰ 46 92 28 04, Fax 46 92 28 16 – ▣.
🆎 ⓞ 🇪 𝘝𝘐𝘚𝘈   V 19
fermé sam. soir et dim. – **R** carte 240 à 405 👌.

Draveil 91210 Essonne 🔟🔟🔟 ㊱ – 26 801 h. alt. 55.

🚹 Office de Tourisme Cour d'Honneur de l'Hôtel de Ville ℰ 69 03 09 39.

Paris 24 – Arpajon 20 – Évry 9.

Arpège 🅼 ⬙ (rest. prévu), 46 av. Bellevue ℰ 69 42 28 16, Télex 681076, Fax 69 03 94 04
– 📳 🔟 ☎ 🚗 🅟 – 🛔 30. 🆎 🇪 𝘝𝘐𝘚𝘈
R *(fermé août, sam. et dim.)* – ☑ 30 – **33 ch** 270/300.

FORD A.M.V., ZI Réveil Matin Ancienne RN 50
Montgeron ℰ 69 40 76 00
RENAULT Gar. du Plateau, 156bis av. de la
République à Montgeron ℰ 69 03 28 52

RENAULT Gar. Pouvreau, 50 av. H.-Barbusse
ℰ 69 42 22 34

Émerainville 77184 S.-et-M. 🔟🔟🔟 ㉙, 🔢 – 2 453 h. alt. 109.

Paris 26 – Lagny-sur-Marne 12 – Meaux 33 – Melun 34.

Fimotel 🅼, ZI Pariest bd Beaubourg ℰ 60 17 88 39, Télex 693274, Fax (1)64 62 12 34 – 📳
🔟 ☎ & – 🛔 30 à 80. 🆎 ⓞ 🇪 𝘝𝘐𝘚𝘈   AE 53
R 105 👌, enf. 38 – ☑ 42 – **80 ch** 330/350 – ½ P 290.

XX Au Faisan Doré, sur D 406 à Malnoue Emerainville ℰ 64 61 71 90, ☂, 🌳 – 🅟. 🆎 ⓞ
🇪 𝘝𝘐𝘚𝘈   AD 52
fermé août, dim. soir et lundi – **R** 170 (déj.)/260, enf. 50.

Enghien-les-Bains 95880 Val-d'Oise 🔟🔟🔟 ⑤, 🔟🔢 G. Ile de France – 9 739 h. alt. 50 – Stat. therm.
(fermé janv.) – Casino .

Voir Lac★ – Deuil-la-Barre : chapiteaux historiés★ de l'église N.-Dame NE : 2 km.

🏌 de Domont Montmorency ℰ 39 91 07 50, N : 8 km.

🚹 Office de Tourisme 2 bd Cotte ℰ 34 12 41 15.

Paris 16 – Argenteuil 6 – Chantilly 32 – Pontoise 20 – St-Denis 6 – St-Germain-en-Laye 23.

Grand Hôtel ⬙, 85 r. Gén. de Gaulle ℰ 34 12 80 00, Télex 607842, Fax 34 12 73 81, ☂,
« Beau jardin fleuri » – 📳 🗐 ch 🔟 ☎ 🅟 – 🛔 35. 🆎 ⓞ 🇪 𝘝𝘐𝘚𝘈. 🛠 rest   K 25
R 160/220, enf. 110 – ☑ 45 – **46 ch** 800/1100, 3 appart. 1300 – ½ P 580/670.

XXXX ⊛⊛ Duc d'Enghien, au Casino ℰ 34 12 90 00, ⩽ lac, ☂ – ▣. 🆎 ⓞ 🇪 𝘝𝘐𝘚𝘈   J 25
fermé août, 1ᵉʳ au 10 janv., dim. soir et lundi – **R** 325 bc (déj.) et carte 460 à 610
Spéc. Langoustines poêlées à la vanille et menthe fraîche, Bar poêlé sur sa croûte de pommes de terre,
Moelleux au chocolat.

XX Aub. Landaise, 32 bd d'Ormesson ℰ 34 12 78 36 – 🆎 🇪 𝘝𝘐𝘚𝘈   J 26
fermé dim. soir et merc. – **R** carte 170 à 240.

CITROEN Namont, 150 av. Division Leclerc
ℰ 34 12 75 06
OPEL Enghien-Automobile, 211 av. Division Le-
clerc ℰ 39 89 14 17

PEUGEOT-TALBOT Gar. des 3 Communes, 8 rte
de St-Denis à Deuil-la-Barre ℰ 39 83 22 62
RENAULT Succursale, 65/67 av. Division Leclerc à
Deuil-la-Barre ℰ 34 12 46 46

Épinay-sur-Seine 93800 Seine-St-Denis 101 ⑮, 18 – 50 314 h. alt. 38.

Paris 15 – Argenteuil 7 – Bobigny 11 – Pontoise 21 – St-Denis 6.

Ibis M, 1 av. 18-Juin-1940 ℰ 48 29 83 41, Télex 236655, Fax 48 22 93 03, 🔭 – 🛗 📺 ☎
⤷ ⅓ ⇔ 🅿 – 🕍 55. 🄴 VISA
R 70/90 ⅓, enf. 39 – ⬚ 32 – **91 ch** 290/310 – ½ P 257.

L 25

⊚ Piot-Pneu, 123-125 av. Mar.-de-Lattre ℰ 48 41 43 75

Fontenay-sous-Bois 94120 Val-de-Marne 101 ⑰, 20, 24 – 53 019 h. alt. 102.

Paris 11 – Créteil 13 – Lagny-sur-Marne 24 – Villemomble 7 – Vincennes 4.

Mercure M, av. Olympiades ℰ 49 74 88 88, Télex 262159, Fax 43 94 17 73, 🔭 –
🛗 rest 📺 ☎ ⅓ ⇔ – 🕍 25 à 100. 🄰🄴 ⓞ 🄴 VISA
R 110/130 ⅓, enf. 40 – ⬚ 45 – **133 ch** 590.

Z 42

Climat de France, 18 av. Rabelais ℰ 48 76 21 98, Télex 262629, Fax 48 76 25 96 – 📺 ☎
⅓ 🅿 – 🕍 25. 🄰🄴 🄴 VISA
R 80/115 ⅓, enf. 36 – ⬚ 30 – **42 ch** 290.

AA 41

✗ **La Musardière**, 61 av. Mar. Joffre ℰ 48 73 96 13 – 🄴 VISA
fermé 6 au 28 août, lundi soir, mardi et dim. – **R** 138 et carte 180 à 320.

AA 42

Garches 92380 Hauts-de-Seine 101 ⑬, 22 – 18 311 h.

ⅈ₈ⅈ₈ (privé) ℰ 47 01 01 85, parc de Buzenval, 60 r. 19-Janvier.

Paris 16 – Courbevoie 8,5 – Nanterre 8 – St-Germain-en-Laye 14 – Versailles 8,5.

✗ **La Tardoire**, 136 Grande Rue ℰ 47 41 41 59 – 🄴 VISA
fermé 15 juil. au 20 août, 2 au 11 janv., dim. soir et lundi – **R** 100 (déj.)/160.

AB 15

CITROEN Gar. Magenta, 4 bd Gén de Gaulle ℰ 47 41 67 36

La Garenne-Colombes 92250 Hauts-de-Seine 101 ⑭, 18 – 21 000 h. alt. 25.

ⅈ Syndicat d'Initiative 24 r. E.-d'Orves ℰ 47 85 09 90.

Paris 12 – Argenteuil 5,5 – Asnières 4 – Courbevoie 1,5 – Nanterre 4 – Pontoise 29 – St-Germain-en-Laye
12.

✗✗ **Aub. du 14 Juillet**, 9 bd République ℰ 42 42 21 79 – 🄰🄴 ⓞ 🄴 VISA
fermé 1er mai au 12 mai, sam., dim. et fêtes – **R** carte 220 à 360.

T 21

✗✗ **La Sartorine**, 23 r. Sartoris ℰ 47 60 14 40, 🔭 – 🄰🄴 ⓞ 🄴 VISA
fermé 5 au 25 août, 14 au 28 fév., sam. et dim. – **R** 160 (déj.) et carte 230 à 350.

T 21

✗✗ **Aux Gourmets Landais**, 5 av. Joffre ℰ 42 42 22 86, 🔭 – 🄰🄴 ⓞ 🄴 VISA
fermé 16 août au 15 sept., dim. soir et lundi – **R** 120 (déj.)/180 ⅓, enf. 52.

T 20

FIAT, LANCIA Lutèce Autom., 86 r. Faidherbe
ℰ 47 80 10 10 ℕ ℰ 49 89 80 75
PEUGEOT-TALBOT Succursale, 9 bd National
ℰ 47 80 71 67

RENAULT Gamot, 25 bd République
ℰ 42 42 23 16

Gennevilliers 92230 Hauts-de-Seine 101 ⑮, 18 – 45 445 h. alt. 29.

ⅈ Office de Tourisme 177 av. G.-Péri ℰ 47 99 33 92.

Paris 10 – Nanterre 12 – Pontoise 23 – St-Denis 4 – St-Germain-en-Laye 20.

Résidence du Parc sans rest, 14 r. E. Varlin ℰ 47 92 05 62, Télex 613815 – 📺 ☎ 🄴 VISA
⬚ 29 – **20 ch** 290/310.

P 24

Gentilly 94250 Val-de-Marne 101 ㉕, 24 – 16 733 h. alt. 47.

Paris 6 – Créteil 12.

Ibis M, 13 r. Val de Marne ℰ 46 64 19 25, Télex 250733, Fax 46 45 41 52 – 🛗 🗐 📺 ☎ –
🕍 25 à 100. 🄴 VISA
R 75/95 ⅓, enf. 41 – ⬚ 33 – **296 ch** 325/345.

AE 30

Grigny 91350 Essonne 101 ㉛ – 26 181 h.

Paris 26 – Évry 7 – Versailles 32.

✗✗✗ **Château du Clotay** M ⅌ avec ch, 8 r. du Port ℰ 69 25 89 98, Fax 69 25 80 22, ≤, 🔭,
parc, ☀, ✗ – 📺 ☎ 🅿 🄰🄴 ⓞ 🄴 VISA
R 200/350, enf. 150 – ⬚ 45 – **20 ch** 450/600 – ½ P 545.

Issy-les-Moulineaux 92130 Hauts-de-Seine 101 ㉔, 22 – 46 491 h. alt. 37.

Paris 6,5 – Boulogne-Billancourt 3 – Clamart 3,5 – Nanterre 14 – Versailles 17.

Campanile M, 213 r. J.-J. Rousseau ℰ 47 36 42 00, Télex 631246, Fax 47 36 88 93 – 🛗
📺 ☎ ⇔ 🅿 – 🕍 70. 🄰🄴 🄴 VISA
R 82 bc/110 bc ⅓, enf. 39 – ⬚ 28 – **164 ch** 335.

AD 21

✗✗ **La Manufacture**, 20 espl. Manufacture ℰ 40 93 08 98 – 🗐, VISA
fermé 4 au 25 août, sam. midi et dim. – **R** 190 (déj.) et carte 185 à 275.

AD 23

Ivry-sur-Seine **94200** Val-de-Marne 101 ㉖, 24 – 55 948 h.

Paris 8,5 – Créteil 10 – Lagny-sur-Marne 31.

Apogia M, 14 bd P. Vaillant-Couturier ☎ 46 71 56 56, Télex 260701, Fax 46 58 36 29 – rest TV ☎ & P – 200. AE E VISA AE 34
R carte 110 à 240, enf. 45 – 45 – **90 ch** 550/680.

Campanile M, 9 r. R. Villars, Pte d'Ivry ☎ 46 71 00 17, Télex 263966, Fax 46 58 91 00 – TV ☎ & – 35. AE E VISA AE 32
R 81 bc/109 bc, enf. 40 – 28 – **155 ch** 335.

Joinville-le-Pont **94340** Val-de-Marne 101 ㉗, 24 – 17 218 h. alt. 35.

Office de Tourisme à la Mairie ☎ 42 83 41 16.

Paris 11 – Créteil 5 – Lagny 24 – Maisons-Alfort 3,5 – Vincennes 4.

Campanile M, 1 allée E. Lheureux ☎ 48 89 89 99, Télex 261664, Fax 48 89 76 49, – TV ☎ & – 25 à 50. E VISA AE 40
R 82 bc/110 bc, enf. 39 – 28 – **122 ch** 320 – ½ P 270/298.

PEUGEOT-TALBOT Restellini, 49 av. Gén.-Gallieni ☎ 48 86 30 30
RENAULT Girardin, 118 av. Roger Salengro à Champigny-sur-Marne ☎ 48 82 11 05
V.A.G Bonnet, 134 R. Salengro à Champigny ☎ 48 81 90 10
Piot Pneu, 146 av. R. Salengro à Champigny ☎ 48 81 32 12

Jouy-en-Josas **78350** Yvelines 101 ㉓, 22 **G. Ile de France** – 7 664 h. alt. 87.

Voir Église : la "Diège" ★ (statue).

Paris 22 – Arpajon 27 – Évry 29 – Rambouillet 37 – Versailles 7.

XXX **Rest. du Château,** à la Fondation Cartier, 3 r. Manufacture ☎ 39 56 46 46, Télex 696674, Fax 39 56 05 71, , « Dans un parc, exposition permanente d'art contemporain » – P. AE E VISA. AL 14
fermé 29 juil. au 19 août et 22 déc. au 8 janv. – **R** (déj. seul., sauf sam. : dîner seul.) 230.

Juvisy-sur-Orge **91260** Essonne 101 ㊱ – 12 303 h. alt. 36.

Paris 20 – Évry 9 – Longjumeau 8 – Versailles 27.

Occitanie M, 2 r. Draveil ☎ 69 21 50 62, Télex 604316, Fax 69 45 53 50 – TV ☎ P – 25 à 40 – **29 ch**.

CITROEN Gd Gar. de l'Essonne, 1 av. Cour de France ☎ 69 21 35 90
PEUGEOT-TALBOT Besse et Guilbaud, 38 av. Cour de France ☎ 69 21 55 33

Le Kremlin-Bicêtre **94270** Val-de-Marne 101 ㉖, 24 – 19 910 h.

Paris 7,5 – Boulogne-Billancourt 9,5 – Évry 28 – Versailles 22.

Campanile M, bd Gén.-de-Gaulle ☎ 46 70 11 86, Télex 265328, Fax 46 70 64 47, – TV ☎ & – 30 à 150. E VISA AE 31
R 82 bc/110 bc, enf. 39 – 28 – **155 ch** 335 – ½ P 278/310.

Relais Bleus M, 6 r. Voltaire ☎ 46 70 15 35, Télex 263351, Fax 46 70 58 10 – TV ☎ & – 60 à 150. AE E VISA AE 31
R 75/95 , enf. 40 – 32 – **152 ch** 330.

Levallois-Perret **92300** Hauts-de-Seine 101 ⑮, 18 – 53 777 h. alt. 30.

Paris 8 – Argenteuil 8 – Nanterre 7,5 – Pontoise 29 – St-Germain-en-Laye 16.

Parc M sans rest, 18 r. Baudin ☎ 47 58 61 60, Télex 615488, Fax 47 48 07 92 – TV ☎. E VISA U 23
27 – **51 ch** 260/390.

Champerret-Danton sans rest, 63 r. Danton ☎ 47 57 01 55, Télex 615933, Fax 47 57 54 23 – TV ☎. AE E VISA V 23
27 – **39 ch** 275/325.

Espace Champerret sans rest, 26 r. Louise Michel ☎ 47 57 20 71, Fax 47 57 31 39 – TV ☎. AE E VISA V 24
25 – **36 ch** 300/370.

Splendid'H. sans rest, 75 r. Louise Michel ☎ 47 37 47 03, Fax 47 37 50 01 – TV ☎. AE E VISA V 24
30 – **47 ch** 290/370.

Champagne H. M sans rest, 20 r. Baudin ☎ 47 48 96 00, Télex 614817 – TV ☎. E VISA U 23
25 – **31 ch** 305/350.

Hermes sans rest, 22 r. Baudin ☎ 47 59 96 00, Télex 620308, Fax 47 48 90 84 – TV ☎. E VISA U 23
26 – **33 ch** 310/360.

XXX **L'Orangerie,** 56 r. Villiers ✆ 47 58 40 61 – E VISA V 23
fermé sam. et dim. – **R** carte 260 à 420.

XX **Le Chou Farci,** 113 r. L. Rouquier ✆ 47 37 13 43 – ▤. E VISA. ✻ V 24
fermé 1er au 15 juil., lundi soir et dim. – **R** 160/200.

XX **Le Jardin,** 9 pl. Jean Zay ✆ 47 39 54 02 – AE ⓓ E VISA U 24
fermé sam. midi et dim. – **R** carte 225 à 320.

BMW Pozzi, 114-116 r. A.-Briand ✆ 47 39 46 60
FERRARI, Pozzi, 109. r. A.-Briand ✆ 47 39 96 50
FIAT, LANCIA Fiat Auto France, 80/82 quai Michelet ✆ 47 30 50 00
JAGUAR Franco Britannic Autos., 25 r. P.-Vaillant-Couturier ✆ 47 57 50 80 N ✆ 46 42 41 78
JAGUAR Gar. Wilson-Lacour, 116 r. Prés.-Wilson ✆ 47 39 92 50
MERCEDES, MITSUBISHI, PORSCHE Sonauto, 53 r. Marjolin ✆ 47 39 97 40

Ⓟ Central Pneu, 101 r. A.-France ✆ 47 58 56 70
Coudert, 2 r. de Bretagne ✆ 47 37 89 16
Maréchal, 37 r. M.-Aufan ✆ 47 57 98 06
Rosal Freins, 63 r. J. Guesde ✆ 47 31 99 72

Linas 91310 Essonne 101 ㉞ – 4 543 h.

Paris 27 – Arpajon 6 – Évry 16 – Montlhéry 1.

XX **Escargot de Linas,** 136 av. Div. Leclerc (rte Orléans) ✆ 69 01 00 30, ☂ – Ⓟ. AE ⓓ E VISA – *fermé 10 au 31 août, lundi soir et dim.* – **R** 200 et carte 250 à 350.

Livry-Gargan 93190 Seine-St-Denis 101 ⑱, 20 – 32 806 h. alt. 63.

ℹ Syndicat d'Initiative pl. Hôtel de Ville ✆ 43 30 61 60.

Paris 19 – Aubervilliers 13 – Aulnay-sous-Bois 5,5 – Bobigny 7,5 – Meaux 28 – Senlis 42.

XXX **Aub. St-Quentinoise,** 23 bd République ✆ 43 81 13 08, ☂ – E VISA T 45
fermé dim. soir et lundi – **R** 260, enf. 100.

XX **Petite Marmite,** 8 bd République ✆ 43 81 29 15, ☂ – ✻ ▤. E VISA T 45
fermé 16 août au 1er sept. et merc. – **R** carte 170 à 320, enf. 100.

OPEL Gar. Guiot, 1-3 av. A.-Briand ✆ 43 02 63 31

Ⓟ Bonnet, 4 av. C.-Desmoulins ✆ 43 81 53 13

Longjumeau 91160 Essonne 101 ㉟ – 18 395 h. alt. 72.

Paris 21 – Chartres 70 – Dreux 82 – Évry 16 – Melun 39 – ♦Orléans 96 – Versailles 21.

🏨 Relais des Chartreux Ⓜ, à Saulxier SO : 2 km, sur N 20 ✉ 91160 Longjumeau ✆ 69 09 34 31, Télex 601245, Fax 69 34 57 70, ≤, ☂, ⛱, ⛱, ✻ – 🛗 ☎ Ⓟ – 🏛 150 **100 ch**.

🏨 **Relais St-Georges** Ⓜ ♨, à Saulx-les-Chartreux SO : 3 km ✉ 91160 Longjumeau ✆ 64 48 36 40, Télex 603038, ≤, parc, ✻ – 🛗 ☎ Ⓟ – 🏛 80. AE E VISA
fermé août – **R** 180/410 – ☕ 35 – **40 ch** 350/450.

🏠 **Climat de France** Ⓜ, à Saulx-les-Chartreux SO : 1 km ✉ 91160 Longjumeau ✆ 64 48 09 00, Télex 600609, Fax 45 47 01 81 – TV ☎ ♿ Ⓟ – 🏛 40. AE ⓓ E VISA
R 89/119 ₰, enf. 38 – ☕ 28 – **54 ch** 280 – ½ P 240.

V.A.G Gar. du Postillon, ZI r. du Canal ✆ 69 09 52 37

Ⓟ La Centrale du Pneu, 5 rte de Versailles ✆ 69 34 11 50

Louveciennes 78430 Yvelines 101 ⑫⑬, 18 G. Ile de France – 7 338 h. alt. 130.

Paris 24 – St-Germain-en-Laye 6,5 – Versailles 7,5.

XX **Aux Chandelles,** 12 pl. Église ✆ 39 69 08 40, ☂, ⛱ – AE VISA Y 8
fermé 8 au 21 août, sam. midi et merc. – **R** 160 (déj.) et carte 220 à 300, enf. 80.

RENAULT Gar. de la Princesse, 17 rte de la Princesse ✆ 39 69 81 23

Maisons-Alfort 94700 Val-de-Marne 101 ㉗, 24 – 51 591 h. alt. 35.

Paris 9,5 – Créteil 2,5 – Évry 22 – Melun 36.

🏠 **Bains** sans rest, 132 r. J. Jaurès ✆ 43 75 78 09 – TV ☎. E VISA. ✻ AG 37
fermé 15 août au 1er sept. – ☕ 30 – **22 ch** 190/250.

XX **La Bourgogne,** 164 r. J. Jaurès ✆ 43 75 12 75 – ▤. ⓓ E VISA AG 37
fermé août, sam. et dim. – **R** 195 bc.

RENAULT M.A.E.S.A., 8 av. Prof.-Cadiot ✆ 43 76 63 70 N ✆ 05 05 15 15
V.A.G Gar. de la Pointe, 65 av. E.-Cossonneau ✆ 43 03 30 92

Ⓟ Le Page, 19 av. G.-Clemenceau ✆ 43 68 14 14
Vaysse, 249 av. de la République ✆ 42 07 36 85

Maisons-Laffitte 78600 Yvelines 101 ⑬, 18 G. Ile de France – 22 892 h. alt. 40.

Voir Château★.

Paris 21 – Argenteuil 8,5 – Mantes-la-Jolie 37 – Poissy 8 – Pontoise 18 – St-Germain-en-Laye 8 – Versailles 24.

XXX ✿✿ **Le Tastevin** (Blanchet), 9 av. Eglé ✆ 39 62 11 67, Fax 39 62 73 09, ⛱ – AE ⓓ E VISA
fermé 12 août au 4 sept., vacances de fév., lundi soir et mardi – **R** carte 340 à 440 M 11
Spéc. Poêlée de queues de langoustines et salade d'herbes fraîches. Le meilleur du canard aux trois façons. Assiette du Maître chocolatier.

XXX ✿✿ **Vieille Fontaine** (Clerc), 8 av. Gretry ℰ 39 62 01 78, ㄍ, « Jardin » – 🕮 ⓞ 🗲 𝘝𝘐𝘚𝘈   L 12
fermé août, dim. et lundi – **R** 220 et carte 360 à 520
Spéc. Saumon à la "Youpof" et rillettes d'olives, Terrine tiède de pieds de mouton aux champignons, Tian de Saint-Jacques (oct. à avril).

XX **Le Laffitte**, 5 av. St-Germain ℰ 39 62 01 53 – 🕮 🗲 𝘝𝘐𝘚𝘈   M 11
fermé août, dim. soir, mardi soir et merc. – **R** carte 190 à 300.

ITROEN Gar. du Parc, 75 r. de Paris   CITROEN Selier, 4 av. Longueil ℰ 39 62 04 05
℘ 39 62 04 78

Marly-le-Roi 78160 Yvelines 𝟏𝟎𝟏 ⑫, 𝟏𝟖 G. Ile de France – 17 313 h. alt. 150.

Voir Parc★.

Paris 25 – St-Germain-en-Laye 4 – Versailles 8,5.

XX **Les Chevaux de Marly** avec ch, 5 pl. Abreuvoir ℰ 39 58 47 61, Fax 39 16 65 56, ㄍ, 🏊
– 📶 📺 ☎ 🗲 𝘝𝘐𝘚𝘈   Y 7
R 148 – ☲ 25 – **8 ch** 330/360.

RENAULT Gar. de la Gare, 13 av. St-Germain ℰ 39 58 48 22

Marne-la-Vallée 77206 S.-et-M. 𝟏𝟎𝟏 ⑲ G. Ile de France.

Paris 26 – Meaux 28 – Melun 35.

SE : 6 km par échangeur de Lagny A 4 – ✉ 77090 Collégien :

🏨 **Novotel** M, ℰ 60 05 91 15, Télex 691990, Fax 64 80 48 37, ㄍ, 🏊, 🎾 – 📶 🖃 ☎ & Ⓟ
– 🛋 130. 🕮 ⓞ 🗲 𝘝𝘐𝘚𝘈
R carte environ 150 ♨, enf. 50 – ☲ 45 – **200 ch** 410/450.

Autres ressources hôtelières :

Voir Champs-sur-Marne, Croissy-Beaubourg, Émerainville, Lagny-sur-Marne,
Montévrain, Noisiel, Noisy-le-Grand, St-Thibault-des-Vignes, Torcy.

Marnes-la-Coquette 92430 Hauts-de-Seine 𝟏𝟎𝟏 ㉓, 𝟐𝟐 G. Ile de France – 1 632 h. alt. 136.

Voir Institut Pasteur - musée des Applications de la Recherche★.

Paris 15 – Nanterre 11 – St-Germain-en-Laye 15 – Versailles 6.

XX **Host. Tête Noire**, 6 pl. Mairie ℰ 47 41 06 28 – 🕮 𝘝𝘐𝘚𝘈   AC 14
fermé 7 au 21 août, dim. soir et lundi – **R** carte 180 à 290, enf. 100.

Meudon 92190 Hauts-de-Seine 𝟏𝟎𝟏 ㉔, 𝟐𝟐 G. Ile de France (plan) – 49 004 h. alt. 100.

Voir Terrasse★ : ⁂★ – Forêt de Meudon★.

Paris 11 – Boulogne-Billancourt 3 – Clamart 3,5 – Nanterre 11 – Versailles 10.

XXX **Relais des Gardes,** à Bellevue, 42 av. Gallieni ℰ 45 34 11 79 – 🕮 ⓞ 🗲 𝘝𝘐𝘚𝘈   AE 19
fermé 6 août au 6 sept., dim. soir et sam. – **R** carte 250 à 380.

XX **Lapin Sauté**, 12 av. Le Corbeiller ℰ 46 26 68 68 – 🕮 ⓞ 🗲 𝘝𝘐𝘚𝘈   AF 19
fermé 31 juil. au 31 août, dim. soir et lundi – **R** 150 et carte 160 à 320.

au sud à Meudon-la-Forêt – ✉ 92360 :

🏨 **Forest Hill** M, 40 av. Mar. de Lattre de Tassigny ℰ 46 30 22 55, Télex 203150,
Fax 46 32 16 54, 🏊 – 📶 📺 ☎ ⇦ Ⓟ – 🛋 150. 🕮 ⓞ 🗲 𝘝𝘐𝘚𝘈   AJ18-19
R 98 bc/156 bc, enf. 69 – ☲ 45 – **155 ch** 350/450 – ½ P 318/430.

🏠 **Ibis** M, rte Verrières ℰ 45 37 09 09, Télex 632453, ㄍ – 📶 📺 ☎ & ⇦ Ⓟ – 🛋 25. 🗲   AH 18
𝘝𝘐𝘚𝘈
R 70/140 ♨, enf. 39 – ☲ 30 – **64 ch** 330/350.

CITROEN Gar. Rabelais, 31 bd Nations-Unies   RENAULT Gar. de l'Orangerie, 16 r. de l'Orangerie
℘ 46 26 45 50   ℘ 45 34 27 18
PEUGEOT-TALBOT Coussedière, 2 bis r. Banès   Pezeau, 4 pl. Stalingrad ℰ 46 26 40 68
℘ 46 26 49 06

Montmorency 95160 Val-d'Oise 𝟏𝟎𝟏 ⑤ G. Ile de France – 20 828 h. alt. 130.

Voir Collégiale St-Martin★.

Env. Château d'Écouen★★ : musée de la Renaissance★★ (tenture de David et de
Bethsabée★★★).

Paris 20 – Enghien-les-Bains 4 – Pontoise 24 – St-Denis 10.

🏠 **Etape Coqvert** M, 42 av. Domont ℰ 34 17 00 02, Télex 699886, Fax 34 28 04 71, ㄍ – 📶
📺 ☎ & Ⓟ – 🛋 60. 🕮 🗲 𝘝𝘐𝘚𝘈
R 63/180 ♨ – ☲ 32 – **42 ch** 280/350.

V.A.G Gar. des Loges, 63 r. des Chesneaux ℰ 39 64 95 78

Montreuil 93100 Seine-St-Denis 101 ⑦, 20 G. Ile de France – 93 394 h. alt. 75.
🖪 Office de Tourisme 1 r. Kléber ℘ 42 87 38 09.
Paris 7,5 – Bobigny 9,5 – Lagny 23 – Meaux 39 – Senlis 46.

🏠 **Modern'H.** sans rest, 8 bd P. Vaillant-Couturier ℘ 42 87 48 35 – 🐾. **E** 𝘝𝘐𝘚𝘈 Y 3
 � 25 – **40 ch** 120/225.

CITROEN Succursale, 224-226 bd A.-Briand 🕔 Pneu-Service, 65 r. de St-Mandé ℘ 48 51 93 79
℘ 48 59 64 00
RENAULT Succursale Renault-Montreuil, 57 r. A.-
Carrel ℘ 48 51 98 21

Montrouge 92120 Hauts-de-Seine 101 ㉕, 22 – 38 632 h. alt. 74.
Paris 5,5 – Boulogne-Billancourt 6,5 – Longjumeau 14 – Nanterre 15 – Versailles 16.

🏨 **Mercure** M, 13 r. F.-Ory ℘ 46 57 11 26, Télex 632978, Fax 47 35 47 61 – 🛗 ⏣ 🖫 TV 🕿
 ሑ – 🛦 150. ⚏ ⓪ **E** 𝘝𝘐𝘚𝘈 AE 2'
 R carte 150 à 260, enf. 45 – ⊃ 52 – **192 ch** 780/810.

CITROEN Verdier-Montrouge, 99 av. Verdier RENAULT Colin-Montrouge, 59 av. République
℘ 46 57 12 00 ℘ 46 55 26 20
MERCEDES-BENZ Euro-Gar, 73 av. A.-Briand
℘ 47 35 52 20 🕔 RB Pneus, 56 av. A.-Briand ℘ 46 56 76 00

Morangis 91420 Essonne 101 ㉟ – 9 464 h. alt. 76.
Paris 22 – Évry 16 – Longjumeau 4,5 – Versailles 23.

🏠 **Pierre Loti** sans rest, 110 av. République ℘ 69 09 09 97 – TV 🕿 🅿. 𝘝𝘐𝘚𝘈
 ⊃ 22 – **30 ch** 180/265.

XX **Le Sabayon**, 15 r. Lavoisier ℘ 69 09 43 80 – 🖫. **E** 𝘝𝘐𝘚𝘈
 fermé août, sam. midi, lundi soir et dim. – **R** 160 et carte 300 à 420.

PEUGEOT TALBOT Gar. Grandchamp, av. Ch.-de- RENAULT Station Richard, rte de Savigny
Gaulle à Wissous ℘ 69 20 64 42 ℘ 69 09 47 50

Morsang-sur-Orge 91390 Essonne 101 ㊱ – 20 341 h. alt. 75.
Paris 25 – Corbeil-Essonnes 14 – Évry 11 – Versailles 26.

XX **La Causette**, 47 bd Gribelette ℘ 60 15 16 85 – **E** 𝘝𝘐𝘚𝘈
 fermé 12 août au 3 sept. et lundi – **R** 115/230 (déj. seul. sauf sam.), enf. 60.

CITROEN Essauto Diffusion, 91 rte de Corbeil ℘ 69 04 21 68

Nanterre 🅿 92000 Hauts-de-Seine 101 ⑬, 18 G. Ile de France – 90 371 h. alt. 38.
Paris 14 – Beauvais 88 – Rouen 120 – Versailles 16.

XXX **Ile de France**, 83 av. Mar. Joffre ℘ 47 24 10 44, � – 🅿. ⚏ ⓪ **E** 𝘝𝘐𝘚𝘈 W 15
 fermé août et dim. – **R** 170 et carte 200 à 320.

CITROEN Succursale, 100 av. F. Arago 🕔 Mery-Pneus, 9 r. des Carriers ℘ 47 24 77 05
℘ 47 80 71 20 Piot-Pneu, 74 av. V.-Lénine ℘ 47 24 61 01

Neuilly-sur-Seine 92200 Hauts-de-Seine 101 ⑮, 18 G. Ile de France – 64 450 h. alt. 36.
Paris 8 – Argenteuil 12 – Nanterre 5,5 – Pontoise 37 – St-Germain-en-Laye 14 – Versailles 18.

🏩 **L'Hôtel International de Paris** M sans rest, 58 bd V. Hugo ℘ 47 58 11 00, Télex
 610971, Fax 47 58 75 52, 🛲 – 🛗 🖫 TV 🕿 🅿 – 🛦 120. ⚏ ⓪ **E** 𝘝𝘐𝘚𝘈 V 23
 ⊃ 70 – **318 ch** 880/1250, 3 appart.

🏨 **Paris Neuilly** M sans rest, 1 av. Madrid ℘ 47 47 14 67, Télex 613170, Fax 47 47 97 42 –
 🛗 🖫 TV 🕿. ⚏ ⓪ **E** 𝘝𝘐𝘚𝘈 W 21
 ⊃ 48 – **74 ch** 680/740, 6 appart. 925.

🏡 **Parc Neuilly** sans rest, 4 bd Parc ℘ 46 24 32 62, Télex 613689, Fax 46 40 77 31 – 🛗 TV
 🕿. **E** 𝘝𝘐𝘚𝘈 U 22
 ⊃ 34 – **71 ch** 265/420.

🏠 **Roule** sans rest, 37 bis av. Roule ℘ 46 24 60 09 – 🛗 TV 🕿. **E** 𝘝𝘐𝘚𝘈 W 23
 ⊃ 30 – **35 ch** 300/400.

XXX ✿ **Jacqueline Fénix**, 42 av. Ch. de Gaulle ℘ 46 24 42 61 – 🖫. ⚏ **E** 𝘝𝘐𝘚𝘈 W 23
 fermé août, 25 au 31 déc., sam. et dim. – **R** (nombre de couverts limité-prévenir) carte 320
 à 420
 Spéc. Vinaigrette de cresson et langoustines aux nouilles "grillotées". Dorade rose en marinade d'épices
 douces, Mosaïque de chocolat blanc.

XXX ✿ **Truffe Noire** (Jacquet), 2 pl. Parmentier ℘ 46 24 94 14, Fax 46 37 27 02 – 𝘝𝘐𝘚𝘈. 🌫
 fermé 12 août au 1ᵉʳ sept., sam. et dim. – **R** 220 et carte 230 à 330 W 23
 Spéc. Foie gras de canard au Layon (oct. à avril), Gratin de Saint-Jacques aux coquillages (oct. à avril), Pavé
 de bœuf à la moelle.

XXX **Focly**, 79 av. Ch. de Gaulle ℘ 46 24 43 36, cuisine chinoise – 🖫. ⚏ **E** 𝘝𝘐𝘚𝘈 V 21
 fermé 12 au 25 août – **R** 100 (déj.) et carte 140 à 240.

XX **Tonnelle Saintongeaise**, 32 bd Vital Bouhot ℘ 46 24 43 15, 🌫 – **E** 𝘝𝘐𝘚𝘈 U 22
 fermé 27 avril au 5 mai, 2 au 18 août, 21 déc. au 8 janv., sam. et dim. – **R** carte 165 à 250.

XX **Les Feuilles Libres**, 34 r. Perronet ℘ 46 24 41 41, Fax 46 40 77 61 – ⚏ ⓪ **E** 𝘝𝘐𝘚𝘈 V 22
 fermé 4 au 20 août, sam. midi et dim. – **R** 150 (déj.)/245 bc et carte.

W 21

XX **Jarrasse,** 4 av. Madrid ℰ 46 24 07 56 – 🆎 ⓞ 🇪 𝘝𝘐𝘚𝘈
fermé 5 juil. au 3 sept., dim. soir et lundi – **R** carte 260 à 445.

XX **San Valero,** 209 ter av. Ch. de Gaulle ℰ 46 24 07 87, cuisine espagnole – 🆎 ⓞ 🇪 𝘝𝘐𝘚𝘈. V 21
🛇 – *fermé 23 déc. au 3 janv., sam. midi, dim. et fériés* – **R** 150 (sauf sam.)/190
V 22

XX Chau'veau, 59 r. Chauveau ℰ 46 24 46 22
V 22

XX **Carpe Diem,** 10 r. Église ℰ 46 24 95 01 – ⓞ 🇪 𝘝𝘐𝘚𝘈 – **R** (nombre de
fermé 1er au 9 mai, 2 au 27 août, 22 déc. au 2 janv., sam. midi et dim. couverts limité, prévenir) 155 (dîner) et carte 220 à 330.

X **Le Bistrot d'à Côté Neuilly,** 4 r. Boutard ℰ 47 45 34 55 – 🆎 🇪 𝘝𝘐𝘚𝘈 W 21
fermé 12 au 18 août, sam. midi et dim. – **R** carte 160 à 250.

X **La Catounière,** 4 r. Poissonniers ℰ 47 47 14 33 – 🍽, 𝘝𝘐𝘚𝘈 W 22
fermé 28 avril au 12 mai, août, sam. midi et dim. – **R** 164 bc.

ALFA-ROMEO, FIAT Éts Hottot, 25 r. M.-Michelis — VOLVO Actena, 16 r. d'Orléans ℰ 47 47 50 05
ℰ 46 37 14 50
BMW Gar. Neuilly-Roule, 65 av. du Roule — 🔧 Maillot-Pneus, 69 av. Gén.-de-Gaulle
ℰ 47 45 33 11 Ⓝ 🔧 ℰ 46 42 41 78 — ℰ 46 24 33 69
CITROEN Succursale, 124 av. A.-Peretti
ℰ 47 47 11 22

Nogent-sur-Marne ⟨⟩ 94130 Val-de-Marne 🗓 ㉗, 🗓 **G. Île de France** – 24 696 h. alt. 56.
🖪 Office de Tourisme 5 av. Joinville (fermé matin) ℰ 48 73 73 97.
Paris 14 – Créteil 6,5 – Montreuil 5 – Vincennes 4.

🏨 **Nogentel,** 8 r. Port ℰ 48 72 70 00, Télex 264549, Fax 48 72 86 19, ≤, 🛋 – 🛗 📺 ☎ – 🔬 25
à 250. 🆎 ⓞ 🇪 𝘝𝘐𝘚𝘈 AC 42
Le Panoramic *(fermé août)* **R** 175/210 – **Le Canotier** (grill) **R** carte 130 à 195 🍷 enf. 45 –
☲ 45 – **60 ch** 430/450.

PEUGEOT Royal-Nogent-Gar., 44 Gde R. Ch.-de- — 🔧 Technigum Pneus, 2 av. A. Briand à Neuilly-sur-
Gaulle ℰ 48 73 68 90 — Marne ℰ 43 08 44 11

Noisiel 77186 S.-et-M. 🗓 ⑱, 🗓 – 12 446 h. alt. 40 à 104.
Paris 26 – Meaux 28 – Melun 39 – Lagny-sur-Marne 9.

🏨 **Climat de France,** 3 pl. G. Defferre ℰ 60 06 15 40, Télex 693636, Fax 60 06 57 03, 🛋 –
➤ 🛗 📺 ☎ & 🅿 – 🔬 30. 🆎 ⓞ 🇪 𝘝𝘐𝘚𝘈 AB 53
R 55/120 🍷, enf. 38 – ☲ 28 – **58 ch** 280.

RENAULT Gar. Brie des Nations, 4-6 av. P.-Mendès-France ℰ 40 05 92 92

Orly (Aéroports de Paris) 94396 Val-de-Marne 🗓 ㉖, 🗓 – 23 886 h. alt. 89.
✈ ℰ 49 75 15 15.
Paris 16 – Corbeil-Essonnes 17 – Créteil 12 – Longjumeau 9 – Villeneuve-St-Georges 12.

🏨 **Hilton Orly** 🄼, près aérogare ℰ 46 87 33 88, Télex 265971, Fax 49 78 06 75, ≤ – 🛗 🍽
📺 ☎ & 🅿 – 🔬 300. 🆎 ⓞ 🇪 𝘝𝘐𝘚𝘈 AR 31
Le Café du Marché R carte 200 à 290 🍷, enf. 50 – ☲ 75 – **366 ch** 780/1500.

🏨 **Altéa Paris Orly** 🄼, rte Fontainebleau - Z. I. Nord ℰ 46 87 23 37, Télex 204345,
Fax 46 87 71 92 – 🛗 🍽 📺 ☎ & 🅿 – 🔬 30. 🆎 ⓞ 🇪 𝘝𝘐𝘚𝘈
R 125 bc/155 bc 🍷, enf. 50 – ☲ 50 – **194 ch** 530/690.

Aérogare d'Orly Sud :

XX **Le Grillardin,** ℰ 46 87 24 25, Télex 204233, Fax 49 75 36 69, ≤ – 🍽
R (déj. seul.).

Aérogare d'Orly Ouest :

XXX **Maxim's,** ⊠ 94546 ℰ 46 87 16 16, Fax 46 87 05 39, ≤ – 🍽. 🆎 ⓞ 🇪 𝘝𝘐𝘚𝘈
R (déj. seul.) 300 et carte 310 à 440 - **Grill R** 240 bc et carte 220 à 390.

XX **Jardin d'Orly,** ⊠ 94546 ℰ 46 87 16 16, Fax 46 87 05 39, ≤ – 🍽. 🆎 ⓞ 𝘝𝘐𝘚𝘈
fermé août, sam. et dim. – **R** 180.

X **La Galerie,** ⊠ 94546 ℰ 46 87 16 16, Fax 46 87 05 39, ≤ – 🍽. 🆎 ⓞ 🇪 𝘝𝘐𝘚𝘈
R carte 140 à 210.

Voir aussi à *Rungis*

RENAULT S.A.P.A., Bât. 225, Aérogares ℰ 49 75 25 60

Palaiseau ⟨⟩ 91120 Essonne 🗓 ㉞, 🗓 – 29 362 h. alt. 80.
Paris 22 – Arpajon 18 – Chartres 69 – Évry 19 – Rambouillet 37.

🏨 **Novotel** 🄼, Z.I. de Massy ℰ 69 20 84 91, Télex 601595, Fax 64 47 17 80, 🛋, 🏊 – 🛗
🍽 rest 📺 ☎ & 🅿 – 🔬 25 à 250. 🆎 ⓞ 🇪 𝘝𝘐𝘚𝘈 AS 22
R carte environ 160 🍷, enf. 50 – ☲ 47 – **151 ch** 430/460.

🏨 **I.D.F.** 🄼, 82 r. Gutenberg, Z.A.E. Le Cardon ℰ 60 11 19 19, Télex 600769, Fax 60 11 05 90
– 🛗 📺 ☎ & 🅿 – 🔬 30 à 300. 🆎 ⓞ 🇪 𝘝𝘐𝘚𝘈
Jardin d'Iris *(fermé sam. et dim.)* **R** 220/350 – **Grill R** 145 bc, enf. 65 – ☲ 45 – **84 ch** 390 –
½ P 350.

CITROEN Jean-Jaurès-Auto, 33 av. J.-Jaurès — RENAULT Palaiseau Autom., 14 r. E.-Branly
ℰ 60 14 09 23 — ℰ 60 10 61 76

Pantin 93500 Seine-St-Denis 101 ⑯. 20 – 43 553 h. alt. 45.

Paris 7 – Bobigny 4 – Montreuil 6 – St-Denis 7.

Mercure Porte de Pantin M, r. Scandicci ℰ 48 46 70 66, Télex 230742, Fax 48 46 07 90
– 劇 ⇄ ch ⬛ �📺 ☎ ⇔ – 🔬 25 à 150. AE ⓘ E VISA U34-V34
R carte 140 à 220 🍷, enf. 45 – � 48 – **129 ch** 640. 9 appart. 800.

Confortel M, 96 av. Gén. Leclerc ℰ 48 91 05 51, Fax 48 43 97 35 – 劇 📺 ☎ ⮕ ⇔ ℗
– 🔬 25 à 100. E VISA U 35
R 73/89 🍷, enf. 37 – ⊷ 30 – **89 ch** 325/340.

CITROEN Succursale, 68 av. Gén.-Leclerc
ℰ 48 44 28 58
RENAULT Succursale, 13 av. Gén.-Leclerc
ℰ 49 42 38 38

Ⓜ Maillot Pneus, 160 av. J.-Jaurès ℰ 48 45 25 85
Steier-Pneus, 217 av. J.-Lolive ℰ 48 44 36 80

Le Perreux-sur-Marne 94170 Val-de-Marne 101 ⑱. 24 – 27 660 h. alt. 54.

🛈 Office de Tourisme pl. R.-Belvaux ℰ 43 24 26 58.

Paris 17 – Créteil 11 – Lagny 17 – Villemomble 6,5 – Vincennes 6.

XXX ❀ **Les Magnolias** (Royant), 48 av. Bry ℰ 48 72 47 43 – VISA AC 43
fermé 22 au 28 avril, 4 au 19 août, 25 fév. au 3 mars, sam. midi et dim. – **R** 270 (déj.) et
carte 300 à 400
Spéc. Ravioli de langoustines, Méli-mélo de ris et rognons de veau, Soufflé aux fruits de saison.

CITROEN S.A.G.A., 131 av. P.-Brossolette, niv. A4
ℰ 43 24 13 50
PEUGEOT-TALBOT Sabrié, 9/15 av. République à
Fontenay-sous-Bois ℰ 48 75 06 10
RENAULT Gar. Hoel, 46 av. Bry ℰ 43 24 52 00

RENAULT Rel. des Nations, 258 av. République à
Fontenay-sous-Bois ℰ 48 76 42 72
N ℰ 05 05 15 15

Ⓜ Maison du Pneu 94, 103 bd Alsace-Lorraine
ℰ 43 24 41 43

Petit-Clamart 92 Hauts-de-Seine 101 ㉕. 22 – alt. 110 – ⊠ 92140 Clamart.

Voir Bièvres : Musée français de la photographie★ S : 1 km, G. Ile de France.

Paris 13 – Antony 6 – Clamart 4,5 – Meudon 4,5 – Nanterre 14 – Sèvres 7 – Versailles 9.

XX **Au Rendez-vous de Chasse,** 1 av. Gén. Eisenhower ℰ 46 31 11 95 – ⇄ ⬛ AE ⓘ E
VISA AK 19
R 145/350, enf. 80.

CITROEN S.E.G.A.C., 323 av. Gén.-de-Gaulle à
Clamart ℰ 46 30 45 90
PEUGEOT-TALBOT Lazare Carnot, 182 av. Gén.de-
Gaulle à Clamart ℰ 46 32 16 40
RENAULT Gilson, 185 av. V.-Hugo à Clamart
ℰ 46 44 38 03

V.A.G S.T.N.A., 154 av. Victor-Hugo à Clamart
ℰ 46 42 20 61

Ⓜ Clamart Pneus, 329 av. Gén.-de-Gaulle à Clamart ℰ 46 31 12 04

Le Plessis-Trévise 94420 Val-de-Marne 101 ㉘. 24 – 13 569 h. alt. 106.

Paris 21 – Créteil 16 – Lagny-sur-Marne 17.

🏨 Host. du Plessis-Ponroy M, 2 r. Clément Ader ℰ 45 76 09 09, Télex 260872, Fax 45 94 77 35,
🌳 – 劇 📺 ☎ ⮕ ℗ – 🔬 25 à 80 – **Brasserie** – **36 ch** AG 49

Pontault-Combault 77340 S.-et-M. 101 ㉙. 24 – 19 037 h. alt. 101.

Paris 30 – Créteil 15 – Lagny-sur-Marne 18 – Melun 31.

Saphir H. M, aire des Berchères sur CD 51 ℰ 60 28 96 20, Télex 693585, Fax 64 40 52 43,
🌲 – 劇 ⬛ 📺 ☎ ⮕ ℗ – 🔬 100. AE ⓘ E VISA
Le Jardin (grill) **R** 65/130 🍷, enf. 45 – **Le Canadel** (fermé 27 août au 1er sept., sam. et dim.)
R 160/220 – ⊷ 45 – **105 ch** 440/450, 6 appart. 520/750.

CITROEN SNGA, 17 r. Denis Papin à Roissy-en-Brie ℰ 60 28 22 40

Le Port-Marly 78560 Yvelines 101 ⑫. 18 – 3 518 h. alt. 32.

Paris 26 – St Germain-en-Laye 3,5 – Versailles 9,5.

XX **Aub. du Relais Breton,** 27 r. Paris ℰ 39 58 64 33, 🌳, 🌿 – AE E VISA W 8
fermé août, vacances de fév., dim. soir et lundi – **R** 149/199 bc, enf. 120.

MERCEDES-BENZ Port-Marly Gar., 10 r. St-Germain ℰ 39 58 44 38 N ℰ 88 72 00 94

Le Pré St-Gervais 93310 Seine-St-Denis 101 ⑯. 20 – 13 313 h. alt. 71.

Paris 7 – Bobigny 5 – Lagny 27 – Meaux 38 – Senlis 44.

X ❀ **Au Pouilly Reuilly** (Thibault), 68 r. A. Joineau ℰ 48 45 14 59 – ⬛ AE ⓘ E VISA 🌿
fermé 28 juil. au 6 sept., dim. et fêtes – **R** carte 130 à 330 V 35
Spéc. Pâté de grenouilles, Rognons de veau dijonnaise, Filet de barbue à l'oseille.

Puteaux 92800 Hauts-de-Seine 101 ⑭, 18 – 36 143 h. alt. 36.

Paris 11 – Nanterre 3 – Pontoise 35 – St-Germain-en-Laye 11 – Versailles 14.

🏨🏨 **Syjac** Ⓜ sans rest, 20 quai de Dion-Bouton ℰ 42 04 03 04, Télex 614164, Fax 45 06 78 69,
« Élégante installation » – 🛗 📺 ☎ – 🕰 30. 🖭 ① Ε 💥 W 20
🗇 48 – **29 ch** 460/800, 7 duplex 950/1800.

🏨🏨 **Princesse Isabelle** Ⓜ sans rest, 72 r. J. Jaurès ℰ 47 78 80 06, Télex 613923,
Fax 47 75 25 20 – 🛗 📺 ☎ 🚗. 🖭 ① Ε 💥 W 20
🗇 45 – **30 ch** 495/565.

🏨 **Le Dauphin** sans rest, 45 r. J. Jaurès ℰ 47 73 71 63, Télex 615989, Fax 47 75 25 20 –
🛗 📺 ☎ 🚗. 🖭 ① Ε 💥 W 20
🗇 35 – **30 ch** 395.

🏨 **Victoria** sans rest, 85 bd R. Wallace ℰ 45 06 55 51, Télex 615295, Fax 40 99 05 97 – 🛗 📺
☎. 🖭 ① Ε 💥 * W 19
🗇 35 – **32 ch** 295/495.

XX **Les Gourmandises,** 4 r. A. France ℰ 49 00 15 16 – 🍽. 🖭 Ε 💥 W 19
fermé sam. et dim. – **R** carte 200 à 400.

XX **La Chaumière,** 127 av. Prés. Wilson - rd-pt des Bergères ℰ 47 75 05 46 – 🖭 Ε 💥 W 18
fermé 4 au 24 août, dim. soir et lundi soir – **R** 120.

XX **Gasnier,** 7 bd Richard-Wallace ℰ 45 06 33 63 – 🖭 ① Ε 💥 W 20
fermé 28 juin au 5 août, sam., dim. et fériés – **R** 210 et carte 220 à 370.

◉ Maison André, 20 r. des Fusillés ℰ 47 75 36 31

La Queue-en-Brie 94510 Val-de-Marne 101 ㉘, 24 – 9 725 h. alt. 97.

Paris 22 – Coulommiers 47 – Créteil 11 – Lagny 21 – Melun 31 – Provins 64.

🏨 **Climat de France** Ⓜ, av. Hippodrome ℰ 45 94 61 61, Télex 262209, Fax 45 93 32 69 – 📺
☎ ♿ 🅿 – 🕰 25 à 80. Ε 💥 AH 48
R 80/105 🍷, enf. 40 – 🗇 28 – **56 ch** 260.

XX **Aub. du Petit Caporal,** 42 r. Gén. de Gaulle ℰ 45 76 30 06 – 🍽. 🖭 Ε 💥 AJ 50
fermé août, vacances de fév., mardi soir, merc. soir et dim. – **R** carte 230 à 350.

Le Raincy ⟨SP⟩ 93340 Seine-St-Denis 101 ⑱, 20 G. Ile de France – 13 413 h. alt. 76.

Voir Eglise N.-Dame ★.

Paris 17 – Bobigny 6 – Lagny 19 – Livry-Gargan 2,5 – Meaux 30 – Senlis 42.

XX **Chalet des Pins,** 13 av. Livry ℰ 43 81 01 19, Fax 43 02 75 42, 🌤 – 🖭 ① 💥 U 45
fermé mardi soir et jeudi en juil., sam. midi et lundi en août et dim. soir – **R** carte 200 à
350.

Ris-Orangis 91130 Essonne 101 ㊱ – 25 071 h. alt. 51.

Paris 29 – Évry 3,5.

🏨🏨 **Ris H.** Ⓜ sans rest, N 7 ℰ 69 25 81 81, Télex 603608 – 🛗 📺 ☎ ♿ 🅿. 🖭 Ε 💥
🗇 30 – **50 ch** 240/320.

Roissy-en-France (Aéroports de Paris) 95700 Val-d'Oise 101 ⑧ – 2 512 h. alt. 85.

✈ ℰ 48 62 22 80.

Paris 25 – Chantilly 28 – Meaux 36 – Pontoise 44 – Senlis 28.

à Roissy-ville :

🏨🏨 **Altéa,** allée Verger ℰ 34 29 40 00, Télex 605205, Fax 34 29 00 18 – 🛗 ⇆ ch 🍽 ☎ ♿ 🅿
– 🕰 160. 🖭 ① Ε 💥
Hermès (fermé 27 juil. au 1er sept., 25 déc. au 4 janv., sam., dim. et fériés) **R** 190 bc/310 –
Brasserie R 80/155, enf.50 – 🗇 58 – **198 ch** 450/890, 4 appart. 1120.

🏨🏨 **Holiday Inn** Ⓜ, 1 allée Verger ℰ 34 29 30 00, Télex 605143, Fax 34 29 90 52 – 🛗 ⇆ ch
🍽 📺 ☎ ♿ 🅿 – 🕰 250. 🖭 ① Ε 💥
R 110/160 bc, enf. 50 – 🗇 70 – **243 ch** 740/950.

🏨 **Ibis** Ⓜ, av. Raperie ℰ 34 29 34 34, Télex 699083, Fax 34 29 34 19 – 🛗 🍽 📺 ☎ ♿ 🅿 –
🕰 25 à 80. 🖭 ① Ε 💥
R 90 🍷, enf. 39 – 🗇 32 – **200 ch** 415/435.

dans le domaine de l'aéroport :

🏨🏨🏨 **Sofitel** Ⓜ, ℰ 48 62 23 23, Télex 230166, Fax 48 62 78 49, 🏊, 💥 – 🛗 ⇆ ch 🍽 📺 ☎ ♿
🅿 – 🕰 à 500. 🖭 ① Ε 💥
Les Valois rest. panoramique (fermé sam. midi, dim. midi et fériés le midi)(dîner seul. en
août) **R** 260/400 – **Le Jardin** (brasserie)(rez-de-chaussée) **R** 139 🍷 enf. 58 – 🗇 65 – **344 ch**
720/820, 8 appart. 1300.

🏨🏨 **Novotel** Ⓜ, ℰ 48 62 00 53, Télex 232397, Fax 48 62 00 11 – 🛗 🍽 📺 ☎ ♿ 🅿 – 🕰 70.
🖭 ① Ε 💥
R carte environ 170 🍷, enf. 50 – 🗇 50 – **199 ch** 620/670.

dans l'aérogare n° 1 :

XXXX **Maxim's,** ℰ 48 62 16 16, Télex 240270, Fax 48 62 45 96 – ▤. ⒶⒺ ⓪ Ⓔ *VISA*
R (déj. seul.) 250 et carte 300 à 450.

XX **Grill Maxim's,** ℰ 48 62 16 16, Télex 236356, Fax 48 62 45 96 – ⒶⒺ ⓪ Ⓔ *VISA*
R 220 bc et carte 180 à 300.

___Romainville___ 93230 Seine-St-Denis ⅢⅢⅢ ⑰, ㉕ – 25 363 h. alt. 118.

Paris 9,5 – Bobigny 3 – St-Denis 11 – Vincennes 4,5.

XXX **Chez Henri,** 72 rte Noisy ℰ 48 45 26 65 – ⓟ. Ⓔ *VISA*   U 37
fermé lundi soir, sam. midi, dim. et fériés – **R** 145/200.

___Rosny-sous-Bois___ 93110 Seine-St-Denis ⅢⅢⅢ ⑰, ㉕ – 37 058 h. alt. 81.

Paris 11 – Bobigny 6,5 – Le Perreux-sur-Marne 5 – St-Denis 15.

🏨 **Sweet H.** Ⓜ ⌇, 4 r. Rome ℰ 48 94 33 08, Télex 232098, Fax 48 94 30 05, ☞ – ▤ ▤ rest
📺 ☎ & ⇔ ⓟ – 🔏 25 à 150. ⒶⒺ ⓪ Ⓔ *VISA*   X 41
Grand Carré R carte environ 190 ⅃, enf. 41 – ⇆ 47 – **97 ch** 480/510.

___Rueil-Malmaison___ 92500 Hauts-de-Seine ⅢⅢⅢ ⑬, ⅧⅧ G. Ile de France – 64 545 h. alt. 15.

Voir Château de Bois-Préau★ – Buffet d'orgues★ de l'église – Malmaison : musée★★ du
château.

Paris 15 – Argenteuil 12 – Nanterre 1,5 – St-Germain-en-Laye 7,5 – Versailles 11.

🏨 **Cardinal** Ⓜ sans rest, 1 pl. Richelieu ℰ 47 08 20 20, Télex 204113, Fax 47 08 35 84 – ▤
📺 ☎ & ⓟ. ⒶⒺ ⓪ Ⓔ *VISA*   X 14
⇆ 42 – **61 ch** 500/600, 5 duplex.

🏨 **Arts** Ⓜ sans rest, 3 bd Mar. Joffre ℰ 47 52 15 00, Télex 632328 – ▤ 📺 ☎ & ⒶⒺ ⓪ Ⓔ
VISA   W 14
⇆ 38 – **32 ch** 420/480.

XXX **El Chiquito,** 126 av. P. Doumer ℰ 47 51 00 53, ☞, produits de la mer, « Jardin » – ⓟ. ⒶⒺ
Ⓔ *VISA*   W 15
fermé 10 au 26 août, sam. midi et dim. – **R** carte 340 à 480.

XX **Relais de St-Cucufa,** 114 r. Gén. Miribel ℰ 47 49 79 05, ☞ – Ⓔ *VISA*   Y 13
fermé 10 au 26 août, sam. et lundi soir – **R** carte 190 à 360.

XX **Plat d'Étain,** 2 r. Marronniers ℰ 47 51 86 28, ☞ – Ⓔ *VISA*. ✵   Y 13
fermé août, dim. soir et lundi – **R** 100 (déj.) sauf sam. et carte 175 à 275.

___Rungis___ 94150 Val-de-Marne ⅢⅢⅢ ㉖, ㉕ – 2 650 h. alt. 80 - Marché d'Intérêt National.

Paris 13 – Antony 5,5 – Corbeil-Essonnes 26 – Créteil 11 – Longjumeau 10.

à Pondorly : accès : de Paris, A6 et bretelle d'Orly ; de province, A6 et sortie Rungis

🏨 **Pullman Orly** Ⓜ, 20 av. Ch. Lindbergh ✉ 94656 ℰ 46 87 36 36, Télex 260738,
Fax 46 87 08 48, ☞, ⌓ – ▤ ▤ 📺 ☎ & ⇔ ⓟ – 🔏 25 à 250. ⒶⒺ ⓪ Ⓔ *VISA*   AN 30
La Rungisserie R 180 bc/200 ⅃, enf. 60 – ⇆ 75 – **204 ch** 600/915.

🏨 **Holiday Inn** Ⓜ, 4 av. Ch. Lindbergh ✉ 94656 ℰ 46 87 26 66, Télex 265803, Fax 45 60 91 25,
✵ – ▤ ▤ 📺 ☎ & ⓟ – 🔏 50 à 200. ⒶⒺ ⓪ Ⓔ *VISA*   AR 31
R 115/165, enf. 48 – ⇆ 70 – **168 ch** 795/995.

🏠 **Ibis** Ⓜ, 1 r. Mondétour ✉ 94656 ℰ 46 87 22 45, Télex 261173, Fax 46 87 84 72, ☞ – ▤
📺 ☎ & ⓟ – 🔏 80. Ⓔ *VISA*. ✵ rest   AM 53
R 90 ⅃, enf. 39 – ⇆ 29 – **119 ch** 300.

à Rungis-ville :

XX **Le Charolais,** 13 r. N.-Dame ℰ 46 86 16 42 – ⒶⒺ ⓪ Ⓔ *VISA*   AN 30
fermé 12 au 25 août, sam. et dim. – **R** carte 280 à 430.

◉ Piot-Pneu, 2 r. des Transports, Centre Routier ℰ 46 86 46 01
Vertadier, 88 av. Stalingrad à Chevilly-Larue ℰ 46 87 25 48

___Saclay___ 91400 Essonne ⅢⅢⅢ ㉓, ㉒㉒ – 1 865 h. alt. 157.

🏌 de St-Aubin ℰ 69 41 25 19, SO : 2,5 km.

Paris 26 – Arpajon 22 – Chartres 68 – Évry 28 – Rambouillet 30 – Versailles 11.

🏨 **Novotel** Ⓜ, près rd-point Christ de Saclay ℰ 69 41 81 40, Télex 601856, Fax 69 41 01 77,
☞, ⌓, ✵ – ▤ ▤ rest ☎ & ⓟ – 🔏 450. ⒶⒺ ⓪ Ⓔ *VISA*
R carte environ 150 ⅃, enf. 55 – ⇆ 47 – **134 ch** 435/460.

Visitez la capitale avec le **guide Vert Michelin PARIS**.

St-Cloud 92210 Hauts-de-Seine 101 ⑭, 22 G. Ile de France – 28 760 h. alt. 60.

Voir Parc★★ (Grandes Eaux★★) – Église Stella Matutina★.

🏌 🏌 (privé) ℰ 47 01 01 85 parc de Buzenval à Garches, O : 4 km.

Paris 13 – Nanterre 5 – Rueil-Malmaison 5,5 – St-Germain 16 – Versailles 10.

🏨 **Villa Henri IV et rest. Le Bourbon**, 43 bd République ℰ 46 02 59 30, Télex ~1893, AB 17
Fax 49 11 11 02 – 🛗 📺 ☎ 🚗 🅿. ◭ ◑ Ε 𝚅𝙸𝚂𝙰, ℀ rest
R (fermé 26 juil. au 26 août, 26 au 31 déc., dim. soir et sam.) 95/180, enf. 80 – 🖂 38 –
36 ch 400/480.

🏨 **Quorum et rest. La Désirade** M, 2 bd République ℰ 47 71 22 33, Télex 631618, AB 17
Fax 46 02 75 64, 🍽 – 🛗 🍴 rest 📺 🅰 & 🚗 🅿. ◭ ◑ Ε 𝚅𝙸𝚂𝙰
R 130 et carte 210 à 310 ⅙ – 🖂 45 – **58 ch** 430/550.

🍴🍴 **Le Florian**, 14 r. Église ℰ 47 71 29 90 – ◭ ◑ Ε 𝚅𝙸𝚂𝙰 AB 18
fermé sam. midi et dim. – **R** carte 210 à 310.

FIAT Eurofugi, 29 r. Pasteur ℰ 46 02 93 24
PEUGEOT-TALBOT St-Cloud-Autom., 147 av. Foch
ℰ 47 71 83 80

V.A.G Gar. de St-Cloud, 38 r. Dailly ℰ 46 02 56 20

St-Cyr-l'École 78210 Yvelines 101 ㉒ – 16 380 h. alt. 133.

Paris 27 – Dreux 59 – Rambouillet 26 – St-Germain-en-Laye 12 – Versailles 4,5.

🏨 **Aérotel** ⑤ sans rest, 88 r. Dr Vaillant ℰ 30 45 07 44, Télex 689766, Fax 34 60 35 96 – 📺
☎ 🅿. Ε 𝚅𝙸𝚂𝙰
🖂 30 – **26 ch** 245/330.

RENAULT Gar. de l'Octroi, 28 av. Division-Leclerc
ℰ 30 45 00 16
Lantran, 39 r. D.-Casanova ℰ 34 60 60 40

⊛ La Centrale du Pneu, 10 av. H.-Barbusse
ℰ 30 45 29 72
St-Cyr-Pneu, 86 av. P.-Curie ℰ 34 60 43 80

St-Denis 93200 Seine-St-Denis 101 ⑯, 20 G. Ile de France – 91 275 h. alt. 33.

Voir Cathédrale★★★ – 🛈 Office de Tourisme 2 r. Légion d'Honneur ℰ 42 43 33 55.

Paris 10 – Argenteuil 10 – Beauvais 64 – Bobigny 7 – Chantilly 30 – Pontoise 24 – Senlis 43.

🏨 **Fimotel** M, 20 r. J. Saulnier ℰ 48 09 48 10, Télex 230046, Fax 48 09 85 14 – 🛗 📺 ☎ &
🅿 – 🔔 25 à 100. ◭ Ε 𝚅𝙸𝚂𝙰 R 30
R (fermé sam. midi et dim. midi) 78/102 ⅙ – 🖂 38 – **60 ch** 360/390.

🍴🍴 **Grill St-Denis**, 59 r. Strasbourg ℰ 48 27 61 98 – ▤ N 31-32
R (rez-de-chaussée).

🍴🍴 **La Saumonière**, 1 r. Lanne ℰ 48 20 25 56 – ◭ Ε 𝚅𝙸𝚂𝙰 P 30
fermé 4 au 20 août et dim. – **R** carte 250 à 370.

CITROEN Succursale, 43 bd Libération
ℰ 48 20 40 45 N
MERCEDES-BENZ Moderne Autos, 35 bd Carnot
ℰ 48 09 24 24
OPEL, GM St-Denis-Nord-Autos, 64 bd M.-Sem-
bat ℰ 48 20 01 86
PEUGEOT-TALBOT Neubauer, 227 bd A.-France
ℰ 48 21 60 21

RENAULT Succursale, 93 r. de la Convention à la
Courneuve ℰ 48 36 95 06 N ℰ 48 20 61 77

⊛ Bertrand Pneus, 29 r. R. Salengro à Villetaneuse
ℰ 48 21 23 84
Pegaud et Cie, 16 av. R.-Semat ℰ 48 22 12 14
St-Denis Pneum., 20 bis r. G.-Péri ℰ 48 20 10 77

St-Germain-en-Laye ⑤ 78100 Yvelines 101 ⑫, 18 G. Ile de France – 40 829 h. alt. 78.

Voir Terrasse★★ BY – Jardin anglais★ BY – Château★ BZ : musée des Antiquités
nationales★★ – Musée du Prieuré★ AZ.

🏌 🏌 ℰ 34 51 75 90, par ④ : 3 km ; 🏌🏌🏌 de Fourqueux ℰ 34 51 41 47, par r. de Mareil
AZ – 🛈 Office Municipal de Tourisme 38 r. Au Pain ℰ 34 51 05 12.

Paris 30 ③ – Beauvais 73 ① – Chartres 81 ③ – Dreux 70 ③ – Mantes-la-Jolie 34 ④ – Versailles 13 ③.

Plan page suivante

🏰 **Pavillon Henri IV** ⑤, 21 r. Thiers ℰ 34 51 62 62, Télex 695822, Fax 39 73 93 73, ≤ Paris
et Seine, 🍽, 🌳 – 🛗 📺 ☎ 🅿 – 🔔 200. ◭ ◑ Ε 𝚅𝙸𝚂𝙰 BZ s
R 240 (déj.) et carte 300 à 450 – 🖂 50 – **39 ch** 500/1300, 3 appart. 1900 – ½ P 720/870.

au NO par ① : 2,5 km par N 284 et rte des Mares – ⊠ 78100 St-Germain-en-Laye :

🏨 **La Forestière** M ⑤, 1 av. Prés. Kennedy ℰ 39 73 36 60, Télex 696055, Fax 39 73 73 88,
🍽 – 🛗 ☎ 🅿 – 🔔 30. Ε 𝚅𝙸𝚂𝙰
R voir rest. Cazaudehore ci-après – 🖂 55 – **24 ch** 605/720, 6 appart. 820/895.

🍴🍴🍴 **Cazaudehore**, 1 av. Prés. Kennedy ℰ 34 51 93 80, Fax 39 73 73 88, 🍽, « Jardin fleuri en
forêt » – 🅿. Ε 𝚅𝙸𝚂𝙰 – fermé lundi sauf fériés – **R** carte 250 à 470, enf. 125.

BMW Guynemer-Auto, 1 pl. Guynemer
ℰ 34 51 86 55 N ℰ 39 11 50 00
CITROEN Ouest-Automobile, 45 rte de Mantes N
13 à Chambourcy par ④ ℰ 39 65 42 00
FORD G.A.O., r. Clos de la Famille à Chambourcy
ℰ 39 65 50 00

PEUGEOT-TALBOT Vauban Autom., pl. Vauban
par ④ ℰ 39 73 25 07

⊛ Relais du Pneu, 22 r. Péreire ℰ 34 51 19 33

ST-GERMAIN-EN-LAYE

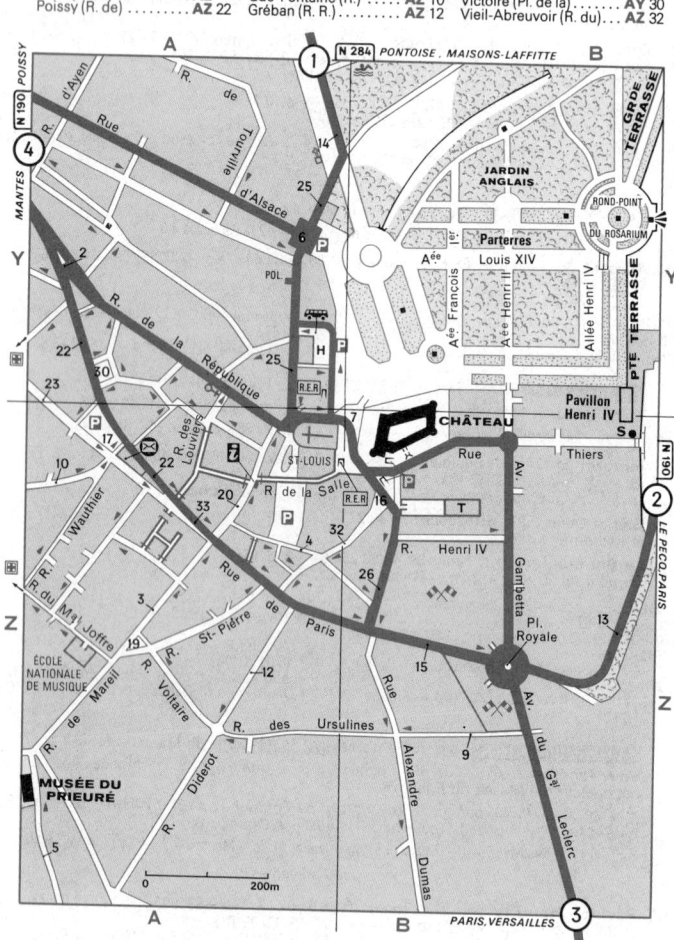

Les plans de villes sont orientés le Nord en haut.

St-Gratien 95210 Val-d'Oise 101 ⑤. 18 – 20 470 h.

Paris 19 – Argenteuil 4 – Chantilly 33 – Enghein-les-Bains 2 – Saint-Denis 10 – Saint-Germain-en-Laye 18.

🏛 **Gem H.** M, 54 bd Gare 𝒫 39 89 01 11, Fax 34 28 01 39, 🏤 – ⇔ ch 📺 ☎ ὅ, 🅿 AE VISA
Les Terrasses R 95 ᵇ, enf. 45 – ☑ 42 – **50 ch** 370/420.
K 23-24

St-Mandé 94160 Val-de-Marne 101 ㉖. 24 G. Ile de France – 18 860 h. alt. 50.

Paris 5 – Créteil 9 – Lagny 27 – Maisons-Alfort 5 – Vincennes 1,5.

✗ **Le Trinquet,** 44 av. Gén. de Gaulle 𝒫 43 28 23 93 – AE ⓞ E VISA
fermé dim. soir en juil.-août, mardi soir et merc. – **R** 130/225.
AB 36

St-Maur-des-Fossés 94100 Val-de-Marne 101 ㉗, 24 – 80 954 h. alt. 39.

Office de Tourisme 34 av. République (fermé août) ✆ 42 83 84 74.

Paris 14 – Créteil 5 – Nogent-sur-Marne 7.

XX **Le Jardin d'Ohé,** 29 quai Bonneuil ✆ 48 83 08 26, Fax 48 83 89 00, – VISA AJ 42
fermé vacances de fév., dim. soir et lundi – **R** 130/220.

XX **Aub. de la Passerelle,** 37 quai de la Pie ✆ 48 83 59 65 – E VISA AH 41
fermé 16 au 31 août, dim. soir et merc. sauf fériés – **R** 185/255.

PORSCHE, MITSUBISHI Fast, 102 av. Foch ✆ 48 85 45 55

V.A.G S.M.C.D.A., 48 r. de la Varenne ✆ 48 86 41 42 N ✆ 05 00 24 24

St-Maurice 94410 Val-de-Marne 101 ㉗, 24 – 9 595 h. alt. 33.

Paris 7,5 – Créteil 5 – Joinville-le-Pont 4 – Maisons-Alfort 3 – Vincennes 5.

Mercure M, 12 r. Mar. Leclerc ✆ 43 75 94 94, Télex 264041, Fax 48 93 21 14 – TV AE 36
– 25 à 70. AE E VISA
R carte 140 à 220 , enf. 40 – 48 – **93 ch** 580/620, 6 appart. 700/900.

St-Ouen 93400 Seine-St-Denis 101 ⑮, 18 – 43 743 h. alt. 36.

Office de Tourisme pl. République ✆ 40 11 77 36.

Paris 7,5 – Bobigny 9,5 – Chantilly 34 – Meaux 45 – Pontoise 29 – St-Denis 3,5.

Fimotel M, 9 r. La Fontaine ✆ 40 12 51 97, Télex 234078, Fax 40 12 61 00 – TV U 27
P – 90. AE E VISA
R 105/130 , enf. 36 – 39 – **120 ch** 390/420.

Alhambra sans rest, 23 r. E. Renan ✆ 40 11 06 22 – T 28
29 ch.

XX **Coq de la Maison Blanche,** 37 bd J. Jaurès ✆ 40 11 01 23 – VISA S 28
fermé 25 juil. au 18 août et dim. – **R** carte 210 à 350.

FORD Bocquet, 45-57 av. Michelet ✆ 40 11 13 10

Sté Nouvelle du Pneumatique, 87 bd V.-Hugo ✆ 40 11 08 66

Savigny-sur-Orge 91600 Essonne 101 ㊱ – 32 503 h. alt. 80.

Paris 23 – Évry 12 – Longjumeau 5,5 – Versailles 26.

Gd Panorama, 5 r. Mont-Blanc ✆ 69 96 17 61, Fax 69 96 28 82 – TV . E VISA
R *(fermé mardi soir et merc.)* 80/330 bc, enf. 40 – 25 – **25 ch** 175/230.

Sceaux 92330 Hauts-de-Seine 101 ㉕, 22 **G. Ile de France** – 18 625 h. alt. 100.

Voir Parc★★ et Musée de l'Ile-de-France★ – L'Hay-les-Roses : roseraie★★ E : 3 km – Châtenay-Malabry : église St-Germain l'Auxerrois★ Maison de Chateaubriand★ SO : 3 km.

Office de Tourisme 68 r. Houdan (fermé matin) ✆ 46 61 19 03.

Paris 11 – Antony 3 – Bagneux 2,5 – Corbeil-Essonnes 29 – Nanterre 19 – Versailles 16.

BMW, OPEL Éts Loiseau, 3 r. de la Flèche ✆ 47 02 72 50

Vaysse, 77 r. V. Fayo à Châtenay-Malabry ✆ 46 61 14 18

Sevran 93270 Seine-St-Denis 101 ⑱, 20 – 41 809 h. alt. 55.

Paris 19 – Bobigny 10 – Meaux 30 – Villepinte 5.

Campanile, r. A. Léonov ✆ 43 84 67 77, Télex 233030, Fax 43 83 27 40 – TV P M 45
– 25. E VISA
R 82 bc/110 bc, enf. 39 – 28 – **58 ch** 320.

Otico, 7 allée du Mar.-Bugeaud ✆ 43 84 36 30

Sèvres 92310 Hauts-de-Seine 101 ㉔, 22 **G. Ile de France** – 20 255 h. alt. 95.

Voir Musée National de céramique★★ – Étangs★ de Ville d'Avray O : 3 km.

Paris 12 – Boulogne-Billancourt 2,5 – Nanterre 10 – St-Germain-en-Laye 17 – Versailles 8.

Adagio M, 13 Grande Rue ✆ 46 23 20 00, Télex 631286, Fax 46 23 02 32, – AD 18
ch TV – 80. AE E VISA
R 95 et carte 150 à 300 – 55 – **95 ch** 740/790.

XX **Aub. Garden,** 24 rte Pavé des Gardes ✆ 46 26 50 50, Fax 46 26 58 58, – VISA AF 17
fermé août, lundi soir et dim. – **R** carte 210 à 350.

CITROEN Gar. Pont de Sèvres, ZAC, 2 av. Cristallerie ✆ 45 34 01 93

Stains 93240 Seine-St-Denis 101 ⑯, 20 – 36 289 h. alt. 41.

Paris 13 – Chantilly 29 – Meaux 43 – Pontoise 27 – Senlis 42 – St-Denis 4.

XXX **Chez Bibi,** 41 allée Val du Moulin ✆ 48 26 64 10 – VISA L 33
fermé 11 au 31 août, vacances de Noël, sam., dim. et le soir sauf vend. – **R** 200/300.

PEUGEOT-TALBOT Dominique Autom., 75 r. J.-Jaurès ✆ 48 26 64 19

Sucy-en-Brie 94370 Val-de-Marne 👁👁👁 ㉘ 🔲 – 23 393 h. alt. 96.

Voir Château de Gros Bois★ : mobilier★★ S : 5 km, G. Ile de France

Paris 19 – Créteil 6,5 – Chennevières-sur-Marne 4.

quartier les Bruyères SE : 3 km

🏨 **Le Tartarin** M 🐾, carrefour de la Patte d'Oie ℘ 45 90 42 61 – 📺 ☎ – 🔏 40. 🖭 E 𝚅𝙸𝚂𝙰
R *(fermé août, mardi soir, merc. soir, jeudi soir et lundi)* 160/240, enf. 80 – ⴿ 30 – **11 ch**
295/310
AM 48

🏵🏵🏵 **Terrasse Fleurie**, 1 rte Marolles ℘ 45 90 40 07, 🌦 – 🄿. 🖭 E 𝚅𝙸𝚂𝙰
fermé 31 juil. au 21 août, 23 déc. au 13 janv., mardi et merc. – **R** 160/240, enf. 80.
AM 48

CITROEN Ruffin-Heitmann, 40 r. de Valenton à
Boissy-St-Léger ℘ 45 69 80 81 🔃 ℘ 60 46 34 19
PEUGEOT-TALBOT Éts Paulmier, 89 r. Gén.-Le-
clerc ℘ 45 90 95 95 🔃

RENAULT Boissy Autos, 51/53 av. Gén. Leclerc à
Boissy-St-Léger ℘ 45 69 96 30

Suresnes 92150 Hauts-de-Seine 👁👁👁 ⑭. 🔢 G. Ile de France – 35 744 h. alt. 42.

Voir Fort du Mont Valérien (Mémorial National de la France combattante).

Paris 11 – Nanterre 4 – Pontoise 29 – St Germain-en-Laye 12 – Versailles 13.

🏨 **Astor** M sans rest, 19 bis r. Mt Valérien ℘ 45 06 15 52, Fax 42 04 65 29 – 🛗 📺 ☎ E
𝚅𝙸𝚂𝙰 🐾
ⴿ 25 – **51 ch** 290.
X 18

🏠 **Ibis** M, 6 r. Bourets ℘ 45 06 44 88, Télex 614484, Fax 46 97 08 37, 🌦 – 🛗 📺 ☎ 👍
🔏 30. 𝚅𝙸𝚂𝙰
R carte 100 à 150 – ⴿ 32 – **62 ch** 335/360.
X 18

🛞 La Centrale du Pneu, 4 r. E. Nieuport ℘ 47 72 43 21

Torcy 77200 S.-et-M. 👁👁👁 ㉘ G. Ile de France – 12 295 h.

Paris 28 – Chelles 11 – Lagny-sur-Marne 5,5 – Melun 38.

🏠 **Campanile** M, 34 r. Gén. de Gaulle ℘ 60 17 84 85, Télex 691571, Fax 64 62 06 91, 🌦 –
🛗 📺 ☎ 👍 🄿 – 🔏 25 à 100. E 𝚅𝙸𝚂𝙰
R 82 bc/110 bc, enf. 39 – ⴿ 28 – **164 ch** 320.

Tremblay-en-France 93290 Seine-St-Denis 👁👁👁 ⑧. 🔲 – 29 660 h. alt. 63.

Paris 24 – Aulnay-sous-Bois 8 – Bobigny 12 – Villepinte 4.

au Tremblay-Vieux-Pays :

🏵🏵 **Le Cénacle**, 1 r. Mairie ℘ 48 61 32 91, Fax 48 60 43 89 – 🅾 E 𝚅𝙸𝚂𝙰
H 48
fermé 11 août au 1er sept., 23 déc. au 1er janv., sam. midi et dim. – **R** 150 (déj.)/280, enf. 80.

Les Ulis 91940 Essonne 👁👁👁 ㉝ – 28 238 h.

Paris 31 – Arpajon 18 – Évry 31 – Rambouillet 30 – Versailles 19.

🏨🏨 **Mercure** M, Z.A. de Courtaboeuf ℘ 69 07 63 96, Télex 601247, Fax 69 07 92 00, 🌦 , 🏊 –
🛗 ⤢ ch 🍽 📺 ☎ 👍 🄿 – 🔏 25 à 200. 🖭 🅾 E 𝚅𝙸𝚂𝙰
R carte 110 à 180 🍴, enf. 40 – ⴿ 45 – **108 ch** 550.

🏠 **Campanile**, Z.A. de Courtaboeuf ℘ 69 28 60 60, Télex 603094 – 📺 ☎ 👍 🄿 – 🔏 25. E
𝚅𝙸𝚂𝙰
R 74 bc/98 bc, enf. 39 – ⴿ 27 – **50 ch** 248.

RENAULT S.D.A.O., av. des Tropiques, ZA Courtaboeuf-les-Ulis ℘ 69 07 78 35

Valenton 94460 Val-de-Marne 👁👁👁 ㉗. 🔲 – 10 831 h.

Paris 19 – Boissy-St-Léger 4 – Créteil 7.

🏠 **Confortel** M, av. Champs St Julien ℘ 43 82 21 31, Télex 263747, Fax 43 82 09 13 – 🛗
➡ 🍽 rest 📺 ☎ 👍 🄿 – 🔏 60. E 𝚅𝙸𝚂𝙰
R 70 bc/89 bc, enf. 37 – ⴿ 28 – **58 ch** 240.
AN 39

RENAULT Ferreyra, 166 r. de Paris à Villeneuve-
St-Georges ℘ 43 82 04 82
V.A.G Rabes, 21 r. Diderot à Villeneuve-St-
Georges ℘ 43 82 17 02

🛞 La Centrale du Pneu, 54 av. H. Barbusse
℘ 43 89 06 54

Vanves 92170 Hauts-de-Seine 👁👁👁 ㉘. 🔲 – 22 987 h. alt. 47.

Paris 7,5 – Boulogne-Billancourt 4 – Nanterre 14.

🏨🏨 **Mercure Paris Porte de Versailles** M, r. Moulin ℘ 46 42 93 22, Télex 202195,
Fax 46 42 40 64, 🏋 – 🛗 🍽 📺 ☎ 👍 ⬅ – 🔏 480. 🖭 🅾 E 𝚅𝙸𝚂𝙰
R brasserie carte 145 à 250 🍴, enf. 45 – ⴿ 50 – **391 ch** 450/790.
AD 24

🏵🏵🏵 **Pavillon de la Tourelle**, 10 r. Larmeroux ℘ 46 42 15 59, Fax 46 42 06 27, 🌦 , 🌿 – 🖭
🅾 E 𝚅𝙸𝚂𝙰
AE 23
fermé août, dim. soir et lundi soir – **R** 180 et carte 300 à 395, enf. 70.

La Varenne-St-Hilaire 94210 Val-de-Marne 🗓🗓🗓 ②, 🔢 – alt. 40.

Paris 15 – Chennevières-sur-Marne 1,5 – Lagny 22 – St-Maur-des-Fossés 2,5.

XXX **La Bretèche,** 171 quai Bonneuil ℘ 48 83 38 73, 🍴 – 🖭 VISA   AJ 44
fermé vacances de fév., dim. soir et lundi – **R** 150 et carte 190 à 325.

XX **Chez Nous comme chez Vous,** 110 av. du Mesnil ℘ 48 85 41 61 – ⇔. 🖭 VISA   AG 45
fermé août, vacances de fév., dim. soir et merc. – **R** 195/525.

🔟 Selz-Pneus-Est, 5 av. L.-Blanc ℘ 48 85 27 33

Vaucresson 92420 Hauts-de-Seine 🗓🗓🗓 ②, 🔢 – 8 409 h. alt. 142.

Voir Etang de St-Cucufa★ NE : 2,5 km, **G. Ile de France**.

Paris 19 – Mantes-la-Jolie 43 – Nanterre 9 – St-Germain-en-Laye 11 – Versailles 5.

voir plan de Versailles

XX **La Poularde,** 36 bd Jardy (près autoroute) D 182 ℘ 47 41 13 47, 🍴 – 🅿. 🆗 ⓞ 🖭 VISA
fermé août, vacances de fév., dim. soir, mardi soir et merc. – **R** carte 200 à 360.   U a

RENAULT Moriceau, 106 bd République ℘ 47 41 12 40

Vélizy-Villacoublay 78140 Yvelines 🗓🗓🗓 ②, 🔢 – 23 886 h. alt. 174.

Paris 18 – Antony 11 – Chartres 79 – Meudon 7,5 – Versailles 6,5.

🏨 **Holiday Inn** Ⓜ, av. Europe, près centre commercial Vélizy II ℘ 39 46 96 98, Télex 696537,
Fax 34 65 95 21, 🔲 – 🛗 ⇔ 🗏 🆗 ☎ 🕭 🅿 – 🔏 250. 🆔 ⓞ 🖭 VISA. 🛠 rest   AJ 18
R 185/230 🛢, enf. 49 – 🖙 75 – **182 ch** 725/870.

RENAULT BSE-Vélizy, av. L.-Breguet ℘ 39 46 96 03

Une réservation confirmée par écrit est toujours plus sûre.

Versailles 🅿 78000 Yvelines 🗓🗓🗓 ②, 🔢 **G. Ile de France** – 95 240 h. alt. 132.

Voir Château★★★ Y – Jardins★★★ (Grandes Eaux★★★ et fêtes de nuit★★★ en été) V –
Ecuries Royales★ Y – Trianon★★ V – Musée Lambinet★ Y **M**.

🟦🟦🟦 Racing Club de France (privé) ℘ 39 50 59 41, par ③ : 2,5 km.

🟦 Office de Tourisme 7 r. Réservoirs ℘ 39 50 36 22.

Paris 22 ① – Beauvais 92 ⑦ – Dreux 62 ⑥ – Évreux 85 ⑦ – Melun 59 ③ – ◆Orléans 121 ③.

Plans pages suivantes

🏨 **Trianon Palace** 🦢 (travaux-ouverture prévue juil.), 1 bd Reine ℘ 30 84 38 00, Télex
698863, Fax 39 49 00 77, 🍴, parc, « Piscine et fitness-club », 🛠 – 🛗 🗏 ☎ 🅿 – 🔏 80.
🆔 ⓞ 🖭 VISA. 🛠 rest   X r
R *(fermé dim.)* carte 410 à 570 – 🖙 100 – **90 ch** 1500/2650, 33 appart.

🏨 **Pullman Place d'Armes** Ⓜ, 2 av. Paris ℘ 39 53 30 31, Télex 697042, Fax 39 53 87 20 –
🛗 🗏 🗏 ☎ 🕭 ⇔ – 🔏 150. 🆔 ⓞ 🖭 VISA   Y a
R 185/320 – 🖙 70 – **146 ch** 620/880, 6 appart. 1200.

🏨 **Novotel** Ⓜ, 4 bd St-Antoine au Chesnay ✉ 78150 ℘ 39 54 96 96, Télex 689624,
Fax 39 54 94 40 – 🛗 🗏 🖭 ☎ 🕭 ⇔ – 🔏 25 à 150. 🆔 ⓞ 🖭 VISA   X z
R carte environ 150 🛢, enf. 50 – 🖙 47 – **105 ch** 490/520.

🏨 **Mercure** Ⓜ sans rest, r. Marly-le-Roi au Chesnay, face centre commercial Parly II ✉
78150 ℘ 39 55 11 41, Télex 695205, Fax 39 55 06 22 – 🛗 ⇔ 🗏 🖭 ☎ 🅿. 🆔 ⓞ 🖭 VISA   U e
🖙 48 – **78 ch** 530.

🏨 **Résidence du Berry** Ⓜ sans rest, 14 r. Anjou ℘ 39 49 07 07, Télex 689058, Fax 39 50 59 40
– 🛗 🖭 ☎ 🆔 ⓞ 🖭 VISA   Z s
🖙 35 – **38 ch** 340/410.

🏨 **Urbis** Ⓜ sans rest, av. Dutartre au Chesnay, centre commercial Parly II ✉ 78150
℘ 39 63 37 93, Télex 689188, Fax 39 55 18 66 – 🛗 ⇔ 🖭 ☎ 🕭. 🖭 VISA   U n
🖙 29 – **72 ch** 325/340.

🏨 **Home St-Louis** sans rest, 28 r. St-Louis ℘ 39 50 23 55, Télex 689793 – 🖭 ☎. 🖭 VISA   Z d
🖙 26 – **27 ch** 210/310.

🏨 **Paris** sans rest, 14 av. Paris ℘ 39 50 56 00, Fax 39 50 21 83 – 🛗 🖭 ☎. 🆔 🖭 VISA   YZ e
🖙 30 – **35 ch** 203/316.

XXX **Rescatore,** 27 av. St-Cloud ℘ 39 50 23 60, produits de la mer – 🗏. 🆔 🖭 VISA   Y s
fermé sam. midi et dim. – **R** 250/375.

XX **Potager du Roy,** 1 r. Mar.-Joffre ℘ 39 50 35 34, Fax 39 51 15 45 – 🗏. VISA   Z r
fermé dim. et lundi – **R** 115/160.

XX **Le Connemara,** 41 rte Rueil au Chesnay ✉ 78150 ℘ 39 55 63 07 – 🆔 ⓞ 🖭 VISA   U b
fermé 1er au 20 août, vacances de fév., dim. et lundi – **R** 145 et carte 180 à 270.

XX **Le Pot au Feu,** 22 r. Satory ℘ 39 50 57 43 – 🖭 VISA. 🛠   Y m
fermé août, sam. midi et dim. – **R** 110 et carte 190 à 310.

VERSAILLES

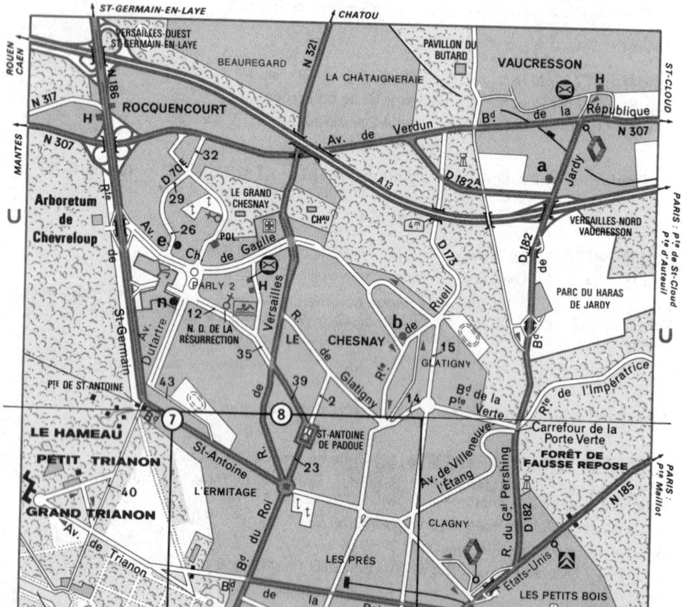

L'infatigable

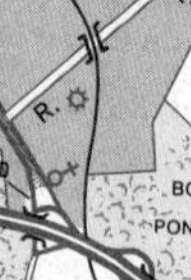

VERSAILLES

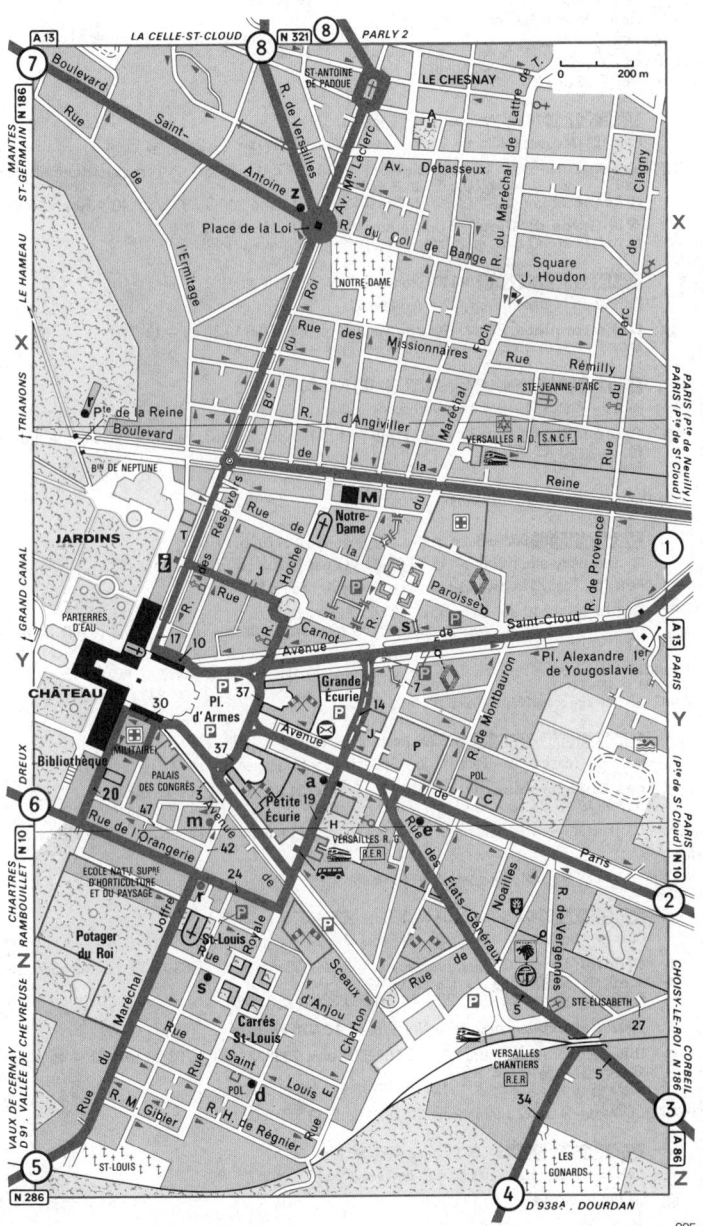

ALFA ROMEO Maintenon Autom., 18 av. de Maintenon, Le Chesnay ✆ 39 54 29 45
AUTOBIANCHI-LANCIA Gar. de Versailles, 18/22 r. de Coude ✆ 39 51 06 68
BMW Gar. Lostanlen, 10 r. de la Celle, Le Chesnay ✆ 39 54 75 20
CITROEN Succursale, 124 av. des États-Unis ✆ 30 21 52 53
FIAT Sodiam 78, 15 r. Parc de Clagny ✆ 39 50 64 10
FORD V.S.D.A., 2 r. Chemin de Fer ✆ 30 21 16 04
PEUGEOT-TALBOT Gar. de Vergennes, 18 r. de Vergennes ✆ 39 02 27 27
RENAULT Succursale, 12 r. Haussmann ✆ 30 84 60 00 N ✆ (1) 05 05 15 15
RENAULT Succursale, 81 r. de la Paroisse ✆ 30 84 60 00 N ✆ (1) 05 05 15 15
RENAULT Succursale, 46 av. de St-Cloud ✆ 30 84 60 00 N ✆ (1) 05 05 15 15
V.A.G Gd Gar. des Chantiers, 58 r. des Chantiers ✆ 39 50 04 97

La Centrale du Pneu, 77 r. des Chantiers ✆ 30 21 24 25

Le Vésinet 78110 Yvelines 101 ⑬, 18 – 17 329 h. alt. 44.

Paris 18 – Maisons-Laffitte 9 – Pontoise 21 – St-Germain-en-Laye 3 – Versailles 15.

XXX **Les Ibis** avec ch, île du Grand Lac ✆ 39 52 17 41, ≤, « Terrasses fleuries dans le parc » – ☎ P – 60. AE ⓓ E VISA U 10
R *(fermé 22 juil. au 1er sept.)* 180 (sauf dim.) et carte 210 à 360 – ☕ 40 – **20 ch** 360/430.

XX **A la Grâce de Dieu,** 75 bd Carnot ✆ 34 80 05 44 – ▤. E VISA U 10
fermé 15 au 30 août et 23 déc. au 2 janv. – **R** (prévenir) 125 ♁.

Villebon-sur-Yvette 91140 Essonne 101 ㉞ – 7 728 h. alt. 59.

Paris 22 – Chartres 67 – Évry 22 – Versailles 21.

XX **La Ferronnière,** 23 av. Gén. de Gaulle, N 188 ✆ 60 10 30 88 – P. VISA
fermé 11 août au 2 sept., dim. soir et lundi – **R** 130/260.

Villejuif 94800 Val-de-Marne 101 ㉖, 22 – 42 772 h. alt. 103.

Paris 8 – Créteil 14 – Orly 8,5 – Vitry-sur-Seine 3.

Campanile M, 20 r. Dr Pinel ✆ 46 78 10 11, Télex 260883, Fax 46 77 88 94 – ▮ TV ☎ ♿ P – 50. E VISA AG 29
R 82 bc/110 bc, enf. 39 – ☕ 28 – **73 ch** 320.

La Pneumathèque, 21 r. de Verdun ✆ 46 77 06 06

Villemomble 93250 Seine-St-Denis 101 ⑱, 20 – 27 601 h. alt. 58.

de Rosny-sous-Bois ✆ 48 94 01 81 ; O par N 302 (av. Rosny-sous-Bois) : 3 km.

Paris 15 – Lagny 17 – Livry-Gargan 3,5 – Meaux 31 – Senlis 44.

XX **Boule d'Or,** 10 av. Gallieni ✆ 48 54 47 26 – VISA V 44
fermé 27 juil. au 1er sept., vacances de fév., dim. soir, mardi soir et merc. – **R** carte 140 à 230.

RENAULT Villemomble-Autom., 19 av. de Rosny ✆ 48 94 16 16
V.A.G Gar. du Progrès, 25 rte Noisy ✆ 45 28 66 30

Barillet, 19 rte Noisy ✆ 48 54 29 25

Villeneuve-la-Garenne 92390 Hauts-de-Seine 101 ⑮, 20 – 23 907 h. alt. 28.

Paris 11 – Nanterre 13 – Pontoise 25 – St-Denis 2,5 – St-Germain-en-Laye 21.

XXX **Les Chanteraines,** av. 8 Mai 1945 ✆ 47 99 31 31, ≤ – P. AE E VISA N 27
fermé 19 au 31 août, dim. soir et sam. – **R** 160 et carte 200 à 320, enf. 60.

RENAULT Raynal, 16 av. M. Sangnier ✆ 47 94 09 09

La Centrale du Pneu, 8 av. de la Redoute, ZI ✆ 47 94 22 85

Central-Pneu, 23 av. M. Sangnier ✆ 47 98 08 10

Villepinte 93420 Seine-St-Denis 101 ⑧, 20 – 23 754 h. alt. 63.

Paris 24 – Bobigny 10 – Meaux 30 – St-Denis 21.

Grilotel M, av. G. Clemenceau, Z.A.C. de Villepinte ✆ 49 63 17 30, Fax 49 63 07 21, – TV ☎ ♿ P – 25. AE ⓓ E VISA L 49
R 70/115 ♁, enf. 35 – ☕ 28 – **44 ch** 205/220 – ½ P 208.

Parc des Expositions Paris Nord II – ✉ 93420 Villepinte :

Ibis M, sortie visiteurs ✆ 48 63 89 50, Télex 233822, Fax 48 63 23 10, – ▮ ▤ ch TV ☎ ♿ P – 60. E VISA K 44
R 90 ♁, enf. 39 – ☕ 30 – **124 ch** 280/380.

RENAULT Verdier 4 av. G.-Clemenceau ✆ 48 61 96 65 N ✆ 05 05 15 15

Villiers-le-Bâcle 91190 Essonne 101 ㉝, 22 – 750 h.

Paris 29 – Arpajon 26 – Rambouillet 29 – Versailles 11.

XX La Petite Forge, ✆ 60 19 03 88 AS 9

Villiers-sur-Marne 94350 Val-de-Marne 101 ㉘, 24 – 22 033 h.

Paris 17 – Créteil 12 – Lagny-sur-Marne 16.

Captain H. M, 75 bd Friedberg ℰ 49 30 95 15, Télex 230043, Fax 49 30 17 59 – 🛗 ▤ rest
📺 ☎ ♿ ℗ – ⚂ 80. ⒶⒺ Ⓔ 𝑉𝐼𝑆𝐴   AC 47
R (fermé sam. et dim. du 3 août au 1er sept.) 90/140 ♨, enf. 50 – ☲ 30 – **84 ch** 285/300 –
½ P 240.

Vincennes 94300 Val-de-Marne 101 ⑰, 24 – 43 086 h. alt. 60.

Voir Château★★ – Bois de Vincennes★★ : Zoo★★, Parc floral de Paris★★, Musée des Arts
africains et océaniens★, G. Paris.

🛈 Office de Tourisme 11 av. Nogent ℰ 48 08 13 00.

Paris 7 – Créteil 9 – Lagny 22 – Meaux 41 – Melun 48 – Montreuil 1,5 – Senlis 48.

Daumesnil Vincennes M sans rest, 50 av. Paris ℰ 48 08 44 10, Télex 264644,
Fax 43 65 10 94 – 🛗 📺 ☎. ⒶⒺ ⓄⒹ Ⓔ 𝑉𝐼𝑆𝐴   AB 37
☲ 29 – **50 ch** 310/370.

Château sans rest, r. R. Giraudineau ℰ 48 08 67 40, Fax 43 28 20 74 – 📺 ☎. ⒶⒺ Ⓔ 𝑉𝐼𝑆𝐴
☲ 30 – **19 ch** 280/320.   AB 37

Donjon sans rest, 22 r. Donjon ℰ 43 28 19 17 – 🛗 📺 ☎. Ⓔ 𝑉𝐼𝑆𝐴. ⁒   AB 37
fermé 26 juil. au 25 août – ☲ 25 – **25 ch** 250/330.

La Rigadelle, 26 r. Montreuil ℰ 43 28 04 23 – Ⓔ 𝑉𝐼𝑆𝐴   AB 37
fermé 5 au 31 août, sam. midi et dim. – **R** carte 220 à 260.

CITROEN Succursale, 120 av. de Paris
ℰ 43 74 12 25

FORD Deshayes, 232 r. de Fontenay
ℰ 43 74 97 40

PEUGEOT-TALBOT Sabrié, 3 av. de Paris
ℰ 43 28 37 54

🅦 Pneu-Service, 12 r. de Fontenay ℰ 43 28 14 79

Viroflay 78220 Yvelines 101 ㉓, 22 – 14 074 h. alt. 115.

Paris 17 – Antony 16 – Boulogne-Billancourt 7,5 – Versailles 4.

Aub. la Chaumière, 3 av. Versailles ℰ 30 24 48 76, ☼ – ⒶⒺ Ⓔ 𝑉𝐼𝑆𝐴   AG 13
fermé dim. soir, lundi soir et mardi – **R** 150 et carte 180 à 345.

AUSTIN-ROVER SOGA Versailles, 189 av. du
Gén.-Leclerc ℰ 30 24 06 16

PEUGEOT-TALBOT Gar. de l'Ile de France, 17 av.
du Gén.-Leclerc ℰ 30 24 48 42

🅦 La Centrale du Pneu, 199 av. Gén.-Leclerc
ℰ 30 24 49 96

Viry-Châtillon 91170 Essonne 101 ㊱ – 30 290 h. alt. 36.

Paris 26 – Corbeil-Essonnes 11 – Évry 8,5 – Longjumeau 8,5 – Versailles 29.

✿ **La Dariole de Viry** (Richard), 21 r. Pasteur ℰ 69 44 22 40, Fax 69 96 88 87 – ▤. ⒶⒺ 𝑉𝐼𝑆𝐴
fermé 14 juil. au 7 août, 23 déc. au 2 janv., sam. midi, dim. et fériés – **R** carte 250 à 360
Spéc. Blinis aux escargots, Navarin de terre et mer au curry, Gibier (saison).

RENAULT Come et Bardon, 119 av. Ch.-de-Gaulle
ℰ 69 96 91 40

SEAT Gar. Marchand, 113 av. Gén.-de-Gaulle
ℰ 69 05 38 49

🅦 La Centrale du Pneu, 134 rte Nationale 7
ℰ 69 44 30 07

PRINCIPALES MARQUES D'AUTOMOBILES

Constructeurs Français

Alpine-Renault (Sté des Autom.) : 120 r. Thiers, 92109 Boulogne-Billancou ✆ 46 09 62 36

Citroën : 62 bd Victor-Hugo, 92200 Neuilly ✆ 47 48 41 41
Magasins d'exposition : 42 av. Champs-Élysées, 75008 Paris ✆ 43 59 62 20

Matra Automobile : ZI « Le Chêne Sorcier » CD161, BP 47, 78340 Les Clayes-sous-Boi ✆ 30 55 82 82

Venturi : Port Launay, 44220 Nantes Coueron

Peugeot-Talbot : siège et services commerciaux : 75 av. Gde-Armée, 75116 Pari ✆ 40 66 55 11
Magasins d'exposition : 136 av. Champs-Élysées, 75008 Paris ✆ 45 62 70 20

Renault : 8 av. Émile-Zola, BP 103, 92109 Boulogne-Billancourt ✆ 46 09 31 31
Magasin d'exposition : 53 av. Champs-Élysées, 75008 Paris ✆ 42 25 28 17

Renault V.I. : 8 quai Léon-Blum, 92150 Suresnes ✆ 40 99 71 11

Importateurs

(Agents en France : demander la liste aux adresses ci-dessous.)

Alfa-Romeo : 41-45 quai Président-Roosevelt, 92130 Issy-les-Moulineaux ✆ 45 54 92 04

American Motors, Jeep : R.N.U.R., Service JEEP ; 120 r. Thiers, 92109 Boulogne-Billancou ✆ 46 09 54 16

Austin Rover France : (Austin, Land Rover, Morris, Rover) r. Ambroise-Croizat, Zone Ind 95102 Argenteuil ✆ 39 82 09 22

BMW : 3 av. Ampère, Montigny-le-Bretonneux 78886 St-Quentin-en-Yvelines ✆ 30 43 93 00

Ferrari : Autom. Ch. Pozzi S.A., 109 r. Aristide-Briand, 92300 Levallois ✆ 47 39 96 50

Fiat (Lancia-Autobianchi) : 80/82 quai Michelet, 92532 Levallois-Perret Cedex ✆ 47 30 50 00

Ford : 344 av. Napoléon-Bonaparte, 92506 Rueil-Malmaison Cedex ✆ 47 32 60 00

General-Motors : (Cadillac, Lotus, Opel, GME), 1 à 9 av. du Marais, BP 84, angle quai d Bezons, 95101 Argenteuil Cedex

Honda-France : Parc d'activité Paris-Est-La Madeleine, BP 46, 77312 Marne la Vallée Cedex ✆ 60 05 90 12

Jaguar France : 64 r. Marjolin, 92302 Levallois-Perret ✆ 42 70 82 20

Lada-Skoda : Ets Poch, 10 bd des Martyrs de Châteaubriant, 95103 Argenteuil ✆ 34 11 44 44

Maserati : S.A.M.A.F. 53 bd Garibaldi, 75015 Paris ✆ 47 83 33 33

Mazda-Innocenti : Sté France-Motors, ZAC Moimont II, 95670 Marly-la-Ville ✆ 34 72 13 00

Mercédès-Benz : Parc de Rocquencourt, 78150 Le Chesnay ✆ 30 21 06 00
Magasin d'exposition : 118 av. Champs-Élysées, 75008 Paris ✆ 45 62 24 04

Morgan : J. Savoye, 237 bd Péreire, 75017 Paris ✆ 45 74 82 80

Nissan : Sté Richard, Zone d'Activités du Parc de Pissaloup, av. Jean d'Alembert, BP 123, 7819 Trappes Cedex ✆ 30 69 25 00

Porsche-Mitsubishi-Chrysler : Sonauto, 1 av. du Fief, Z.A. des Béthunes, 95310 St-Oue l'Aumône ✆ 30 36 91 23

Rolls-Royce, Bentley : Franco-Britannic, 25 r. P.-Vaillant-Couturier, 92300 Levallois-Perre ✆ 47 57 90 24

Saab : 2 à 18 r. des Peupliers, Parc d'Activité du Petit Nanterre, 92000 Nanterre ✆ 47 86 72 22

Santana : 77 av. Paul-Vaillant-Couturier, 78390 Bois-d'Arcy ✆ 30 45 16 45

Seat France : 2 et 4 av. de l'Éguillette, 95310 St-Ouen l'Aumône ✆ 30 36 06 00

Toyota France : 3 r. de Normandie, 92600 Asnières ✆ 47 90 62 10

V.A.G. France : 105 bis bd Malesherbes, 75008 Paris ✆ 42 56 42 82

Volvo : 49 av. d'Iéna, 75116 Paris ✆ 47 23 72 62

PARTHENAY <SP> 79200 Deux-Sèvres 67 ⑱ G. Poitou Vendée Charentes – 11 666 h. alt. 172.

Voir Pont St-Jacques★ Y **B** – Rue de la Vaux-St-Jacques★ Y – Église★ de Parthenay-le-Vieux par ④ : 1,5 km.

🏌 du Petit Chêne à Mazières ℘ 49 63 28 33, par ④ : 18 km D 743.

🛈 Office de Tourisme avec A.C. Palais des Congrès, square R.-Bigot ℘ 49 64 24 24.

Paris 373 ② – Poitiers 50 ② – Bressuire 32 ① – Châtellerault 72 ② – Fontenay-le-Comte 53 ④ – Niort 42 ④ – Thouars 39 ①.

Aguillon (R. Louis) . . **Z** 2
Jaurès (R. Jean) . . . . **Z** 12

Bombarde (R.) . . . . . **YZ** 4
Bourg-Belais (R. du) **Z** 5
Château (R. du) . . . . **Y** 6
Citadelle (R. de la) . . **Y** 7
Férolle (R.) . . . . **Y** 9
Godineau (R. de) . . . **Y** 10
Leferron (R.) . . . . **Z** 13
Meilleraie
  (Bd de la) . . . . . . **YZ** 14
Neuf (Pont) . . . . **Y** 15
Niquet (R. Gaston) . . **Z** 16
Picard (Pl. Georges) . **Z** 17
Place (R. de la) . . . . **YZ** 18
Poste (R. de la) . . . . **Z** 19
Saunerie (R. de la) . . **Z** 22
Sires-de-Parthenay
  (Bd des) . . . . **Z** 23
Vau-vert (Pl. du) . . . . **Y** 24
8-Mai-1945 (Bd du) . **Z** 25

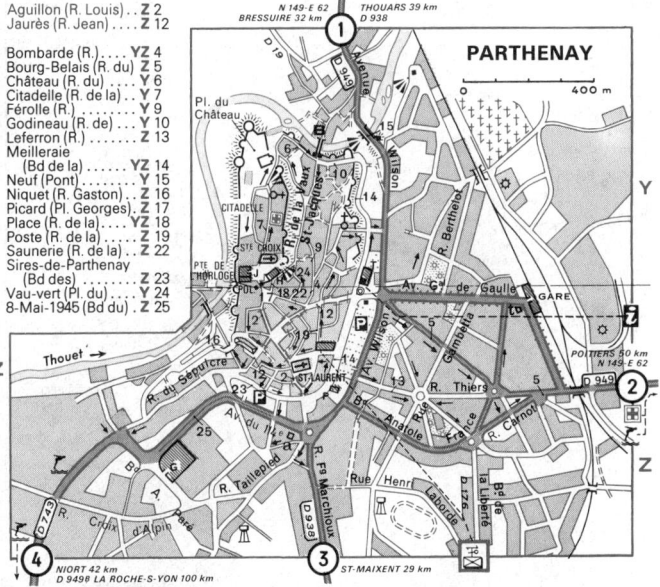

🏨 **St-Jacques** Ⓜ sans rest, 13 av. 114ᵉ R.I. ℘ 49 64 33 33, Fax 49 94 00 69 – ⧣ 📺 ☎ ᕫ
🅿 – ♨ 50. ⓞ 🇪 🆅🇮🇸🇦
☑ 28 – **46 ch** 170/265.
Z **a**

🏨 **Renotel** Ⓜ, bd Europe par ② : 1 km ℘ 49 94 06 44, Fax 49 94 00 69 – ☎ ᕫ 🅿. 🇪 🆅🇮🇸🇦
↠ **R** 63/175 ⚓, enf. 45 – ☑ 26 – **42 ch** 220/300 – ½ P 200/230.

🍽 **Nord** avec ch, 86 av. Gén. de Gaulle ℘ 49 94 29 11, Fax 49 94 00 69 – ☎. 🇦🇪 🇪 🆅🇮🇸🇦
↠ *fermé 20 déc. au 10 janv. et sam. sauf fériés* – **R** 58/185, enf. 45 – ☑ 20 – **13 ch** 86/170.
Z **t**

FORD Gar. Thoron, 52 av. A.-Briand ℘ 49 64 10 91
RENAULT Gâtine Espace Automobiles, 114 av. A.-
Briand ℘ 49 94 04 00 🅝

⓪ Coutan-Pneus,
pl. Martyrs-de-la-Résistance ℘ 49 94 34 22

PARVILLE 27 Eure 55 ⑯ – rattaché à Évreux.

PAS-DE-LA-CASE Principauté d'Andorre 86 ⑮ – voir à Andorre.

PAS-DE-L'ÉCHELLE 74 H.-Savoie 74 ⑥ – rattaché à Annemasse.

PASSENANS 39 Jura 70 ④ – rattaché à Poligny.

PAU 🅿 64000 Pyr.-Atl. 85 ⑥⑦ G. Pyrénées Aquitaine – 85 766 h. alt. 210 – Casino BZ.

Voir Boulevard des Pyrénées ≤★★★ ABZ – Château★★ : tapisseries★★★ AZ – Musée des Beaux-Arts★ BY **M**.

🏌 ℘ 59 32 02 33 AVX

Circuit automobile urbain.

✈ de Pau-Uzein : ℘ 59 33 21 29, par ⑥ : 12 km.

🛈 Office Municipal de Tourisme pl. Royale ℘ 59 27 27 08 – A.C. 1 bd Aragon ℘ 59 27 01 94.

Paris 770 ⑥ – ◆Bayonne 108 ⑤ – ◆Bordeaux 191 ⑥ – ◆Toulouse 196 ② – Zaragoza 282 ④.

Plans pages suivantes

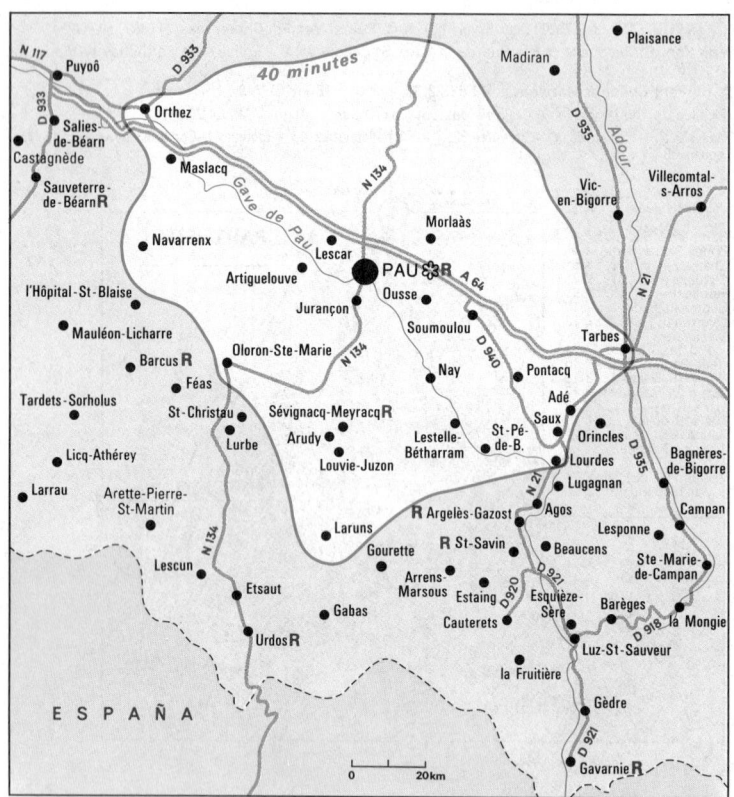

🏨🏨 **Continental,** 2 r. Mar. Foch ℰ 59 27 69 31, Télex 570906, Fax 59 27 99 84 – 📳 📺 ☎ 🚗
– 🏛 200. ⚎ ① ⋿ 𝘝𝘐𝘚𝘈   BY **e**
R 110/250, enf. 75 – � 38 – **85 ch** 280/460 – ½ P 285/340.

🏨🏨 **Paris** 📗 ⍥ sans rest, 80 r. E. Garet ℰ 59 27 34 39, Télex 541595, Fax 59 27 30 20 – 📳
📺 ☎ 🅿. ⚎ ① ⋿ 𝘝𝘐𝘚𝘈   BY **n**
41 ch ⊆ 345/450.

🏨 **de Gramont** 📗 sans rest, 3 pl. Gramont ℰ 59 27 84 04, Fax 59 27 62 23 – 📳 🔳 📺 ☎
🔥 – 🏛 40. ⚎ ① ⋿ 𝘝𝘐𝘚𝘈   AY **t**
⊆ 40 – **31 ch** 190/370.

🏨 **Commerce,** 9 r. Mar. Joffre ℰ 59 27 24 40, Télex 540193, Fax 59 83 81 74, 🏫 – 📳 📺
☎ – 🏛 100. ⚎ ① ⋿ 𝘝𝘐𝘚𝘈   AZ **q**
R *(fermé dim. sauf le soir du 1er mai au 30 sept.)* 90/130 🔥, enf. 58 – ⊆ 32 – **51 ch** 245/305
– ½ P 250/270.

🏨 **Le Navarre** 📗 sans rest, 9 av. Gén. Leclerc ℰ 59 30 25 39, Fax 59 02 63 95 – 📳 📺 ☎
🔥 🅿 ⋿ 𝘝𝘐𝘚𝘈   BV **m**
⊆ 22 – **31 ch** 250/260.

🏨 **Le Bourbon** 📗 sans rest, 12 pl. Clemenceau ℰ 59 27 53 12, Fax 59 82 90 99 – 📳 📺 ☎.
⚎ ① ⋿ 𝘝𝘐𝘚𝘈   BY **d**
⊆ 30 – **33 ch** 220/280.

🏨 **Montpensier** sans rest, 36 r. Montpensier ℰ 59 27 42 72, Fax 59 27 70 95 – 📳 ⇔ 📺 ☎
🅿. ⚎ ① ⋿ 𝘝𝘐𝘚𝘈   AY **h**
22 ch ⊆ 180/350.

🏨 **Roncevaux** sans rest, 25 r. L. Barthou ℰ 59 27 08 44, Télex 570849, Fax 59 82 92 79 – 📳
📺 ☎ 🅿. ⚎ ① ⋿ 𝘝𝘐𝘚𝘈   AZ **f**
⊆ 35 – **44 ch** 265/350.

🏨 **Bristol** sans rest, 3 r. Gambetta ℰ 59 27 72 98, Télex 573543 – 📳 📺 ☎ 🅿. ⚎ ① ⋿ 𝘝𝘐𝘚𝘈
⊆ 27 – **24 ch** 231/304.   BY **z**

PAU

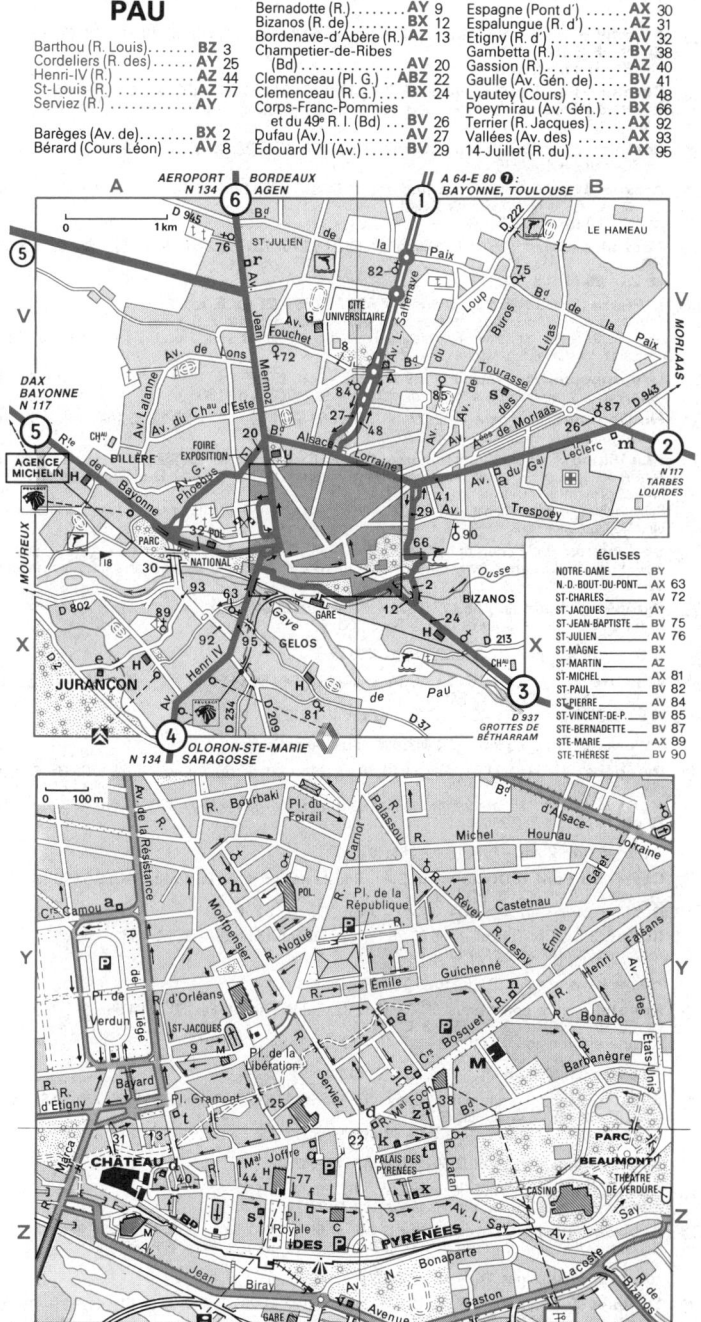

ÉGLISES

891

🏠 **Atlantic H.** sans rest, 222 av. J. Mermoz ℰ 59 32 38 24, Fax 59 62 40 24 – 🛗 📺 ☎ 🚗
🅿 🖭 ⑩ 🗲 𝘝𝘐𝘚𝘈   AV **r**
⌂ 23 – **31 ch** 170/240.

🏠 **Corona,** 71 av. Gén. Leclerc ℰ 59 30 64 77, Fax 59 02 62 64 – 📺 ☎ 🅿 🖭 🗲 𝘝𝘐𝘚𝘈   BV **a**
➡ **R** *(fermé 20 déc. au 10 janv., vend. soir et sam.)* 70/120 ⅃, enf. 50 – ⌂ 20 – **20 ch** 110/240
– ½ P 220/260.

🏠 **Postillon** sans rest, 10 cours Camou ℰ 59 32 49 15 – 📺 ☎ 🕭 🗲 𝘝𝘐𝘚𝘈   AY **u**
⌂ 25 – **28 ch** 160/230.

🏠 **Arcade** Ⓜ sans rest, 26 r. Samonzet ℰ 59 83 71 83, Télex 571439, Fax 59 83 82 51 – 🛗
📺 ☎ 🕭 🅿 – 🔬 40. 🖭 ⑩ 🗲 𝘝𝘐𝘚𝘈   BY **a**
⌂ 32 – **60 ch** 255/275.

🏠 **Central** sans rest, 15 r. L. Daran ℰ 59 27 72 75, Fax 59 27 33 28 – 📺 ☎. 🖭 ⑩ 🗲.
𝘝𝘐𝘚𝘈   BZ **t**
⌂ 28 – **28 ch** 110/260.

𝗫𝗫𝗫 ❀ **Pierre** (Casau), 16 r. L. Barthou ℰ 59 27 76 86 – 🖭 ⑩ 🗲 𝘝𝘐𝘚𝘈   BZ **x**
fermé 15 au 29 fév., sam. midi et dim. sauf fériés – **R** carte 220 à 350
Spéc. Nage légère au safran, Foie frais de canard aux pommes (mai à oct.), Pigeon doré aux choux
craquants. **Vins** Jurançon, Madiran.

𝗫𝗫𝗫 **L'Agripaume,** 14 r. Latapie ℰ 59 27 68 70 – 🍴. 🗲 𝘝𝘐𝘚𝘈   BZ **k**
fermé 15 juil. au 5 août, sam. midi et dim. – **R** 110/150, enf. 80.

𝗫𝗫 **Fin Gourmet,** face gare ℰ 59 27 47 71, Fax 59 82 96 77, � – 🖭 ⑩ 🗲 𝘝𝘐𝘚𝘈   AZ **v**
fermé juil., janv. et lundi – **R** 85/230, enf. 70.

𝗫𝗫 ❀ **Le Viking** (David), 33 bd Tourasse ℰ 59 84 02 91 – 🅿 🖭 ⑩ 𝘝𝘐𝘚𝘈. ✂   BV **s**
fermé 10 août au 10 sept., vacances de fév. sam., dim. et fériés – **R** (nombre de couverts
limité, prévenir) 160 et carte 220 à 280
Spéc. Huîtres chaudes à la nantaise, Paupiette de filets de sole au coulis de cresson, Tournedos Strogonoff.
Vins Madiran, Jurançon.

𝗫𝗫 **St-Jacques,** 9 r. Parlement ℰ 59 27 58 97 – 🖭 🗲 𝘝𝘐𝘚𝘈   AZ **d**
fermé 1ᵉʳ au 15 janv., sam. midi et dim. midi – **R** (nombre de couverts limité, prévenir)
98/180.

𝗫𝗫 **Pyrénées,** pl. Royale ℰ 59 27 07 75 – 🍴. 🖭 ⑩ 🗲 𝘝𝘐𝘚𝘈   AZ **s**
fermé 27 juil. au 18 août et dim. – **R** 95/160 ⅃.

à la sortie A 7 par ① : 5 km : – ⌧ **64000** Pau :

🏨 **Mercure** Ⓜ 🐾, ℰ 59 84 29 70, Télex 541852, Fax 59 84 56 11, 🌫, 🏊, – 🛗 🍴 📺 ☎
🕭 🅿 – 🔬 250. 🖭 ⑩ 🗲 𝘝𝘐𝘚𝘈
R 93 bc/130 bc ⅃, enf. 40 – ⌂ 45 – **92 ch** 480/510.

à Ousse par ② : 9,5 km – ⌧ **64320** Idron-Lee-Ousse-Sendets :

🏨 **Pyrénées,** ℰ 59 81 71 51, Fax 59 81 78 47, 🌫, 🌳 – 📺 ☎ 🅿 – 🔬 30. 🖭 🗲 𝘝𝘐𝘚𝘈.
✂
fermé 15 déc. au 15 janv., dim. soir et sam. d'oct. à mai – **R** 71/180 ⅃, enf. 48 – ⌂ 24 –
20 ch 240/300 – ½ P 210.

à Jurançon : 2 km – 7 914 h. – ⌧ **64110** :

𝗫𝗫𝗫 **Castel du Pont d'Oly** avec ch, 2 av. Rauski par ④ ℰ 59 06 13 40, Fax 59 02 93 12, 🌫,
🏊, 🌳 – 📺 ☎ 🅿 🗲 𝘝𝘐𝘚𝘈
R *(fermé dim. soir)* 200/390 – ⌂ 40 – **7 ch** 350/400 – ½ P 350.

𝗫𝗫𝗫 **Ruffet,** 3 av. Ch. Touzet ℰ 59 06 25 13, 🌫, cadre rustique – 🖭 ⑩ 𝘝𝘐𝘚𝘈   AX **e**
fermé août, dim. soir et lundi – **R** 80/110.

rte de Bayonne par ⑤ : 6 km – ⌧ **64230** Lescar :

🏨 **Novotel,** centre commercial ℰ 59 32 17 32, Télex 570939, Fax 59 32 34 98, 🌫, 🏊, 🌳 –
🍴 📺 ☎ 🕭 🅿 – 🔬 80. 🖭 ⑩ 🗲 𝘝𝘐𝘚𝘈
R carte environ 150 ⅃, enf. 48 – ⌂ 45 – **61 ch** 380/420.

à Lescar par ⑤ : 7,5 km – 5 858 h. – ⌧ **64230** :

🏨 **Bilaa** 🐾 sans rest, chemin de Lons : 1,5 km ℰ 59 81 03 00, Télex 541856, Fax 59 81 15 24
– 🛗 📺 ☎ 🅿 – 🔬 30. 🖭 🗲 𝘝𝘐𝘚𝘈
fermé 24 déc. au 7 janv. – ⌂ 30 – **80 ch** 250/300.

à Artigueloube par ⑤ et D 501 : 10 km – ⌧ **64230** :

𝗫𝗫 **Alain Bayle,** ℰ 59 83 05 08, 🌫, 🌳 – 🅿. 🖭 ⑩ 🗲 𝘝𝘐𝘚𝘈
fermé merc. (sauf juil.-août) et dim. soir – **R** 92/210.

𝗫𝗫 **Aub. Semmarty** 🐾 avec ch, sur D 146 ℰ 59 83 00 12, 🌫, 🌳 – ☎ 🅿 🗲 𝘝𝘐𝘚𝘈. ✂ ch
➡ **R** *(fermé dim. soir et lundi)* 70/150 ⅃ – ⌂ 22 – **10 ch** 160/200 – ½ P 150/160.

rte de Bordeaux par ⑥ : 4 km – ⌧ **64000** Pau :

🏨 **Trinquet** Ⓜ sans rest, 66 av. D. Daurat ℰ 59 62 71 23, Fax 59 92 04 51, <, ✂ – 🛗 📺
☎ 🚗 🅿 🖭 🗲 𝘝𝘐𝘚𝘈
⌂ 26 – **32 ch** 200/270.

MICHELIN, Agence régionale, av. Lavoisier, ZI Induspal à Lons par ⑤ ℰ 59 32 56 33

BMW Bochet Maxime, ZA r. B. Palissy à Lescar
ℰ 59 81 18 00
CITROEN Domingue, rte de Tarbes par ②
ℰ 59 02 75 18
CITROEN Gar. Brandam, à Jurançon
ℰ 59 06 22 88
FIAT Navarre-Auto, rte de Bayonne à Lescar
ℰ 59 81 06 28
FORD Petit, rte de Bayonne à Lescar
ℰ 59 81 09 17
MERCEDES-BENZ SOPAVIA, 108 rte de Bayonne
à Lons ℰ 59 62 64 64
PEUGEOT Sté Paloise Autom., 7 rte de Bayonne à
Billère ℰ 59 32 14 20
PEUGEOT Gar. Dubroca, à Jurançon
ℰ 59 06 06 52
RENAULT P.P.D.A., rte de Tarbes par ②
ℰ 59 92 77 77

RENAULT Gar. Bordeau-Lamiou, à Jurançon
ℰ 59 06 22 83
V.A.G Gar. Majestic, av. D.-Daurat à Lons
ℰ 59 62 12 55 🆖 ℰ 59 33 28 28
V.A.G Éts Lavillauroy, rte de Bayonne à Lescar
ℰ 59 81 20 01
VOLVO Gar. Davan, 12 bd Corps-Franc-Pommiès
ℰ 59 02 70 20

⑩ Baudorre, 171 av. J.-Mermoz à Lons
ℰ 59 32 43 85
Central-Pneu, 3 r. Chênes à Billère ℰ 59 32 42 99
Dours Pneus, 16 bis r. d'Étigny ℰ 59 27 20 21
Manaute, r. J.-Lay ZI Indusnor ℰ 59 30 58 50
Métairie, 18 av. 18ᵉ-Infanterie ℰ 59 27 59 59
Toupneu, 9 r. Bordeu ℰ 59 30 30 68

PAUILLAC 33250 Gironde 🔟🔟🔟 ⑦ G. Pyrénées Aquitaine – 6 359 h. alt. 5.

Voir château Mouton Rothschild★ : musée★★ NO : 2 km.

Paris 557 – ◆Bordeaux 48 – Arcachon 112 – Blaye 15 – Lesparre-Médoc 20.

🏔 **Château Cordeillan Bages** Ⓜ, ℰ 56 59 24 24, Télex 573050, Fax 56 59 01 89, 🌳 – 📶
📺 ☎ 🅿. 🆎 ⓞ 𝘝𝘐𝘚𝘈
fermé 22 déc. au 23 janv. – **R** (fermé dim. soir et lundi) 200/250 – ⌖ 45 – **15 ch** 680/790 –
½ P 620.

🏨 **France et Angleterre** Ⓜ, ℰ 56 59 01 20, Fax 56 59 02 31, 🦐 – 📶 📺 ☎ – 🔏 25. 🆎
E 𝘝𝘐𝘚𝘈 – fermé 22 déc. au 7 janv. – **R** 70/195, enf. 40 – ⌖ 33 – **29 ch** 340.

PAULHAGUET 43230 H.-Loire 🔟🔟 ⑤⑥ – 1 047 h. alt. 551.

Paris 479 – Ambert 62 – Brioude 16 – La Chaise-Dieu 29 – Langeac 15 – Le Puy 46 – St-Flour 66.

🏯 **Lagrange,** ℰ 71 76 60 11, 🌳 – ☎ 🚗. ⓞ E 𝘝𝘐𝘚𝘈
fermé 15 sept. au 15 oct. et sam. de nov. à Pâques – **R** 55/140 🍴 – ⌖ 20 – **15 ch** 100/200
– ½ P 170/190.

RENAULT Laurent ℰ 71 76 60 68

La PAULINE 83 Var 🔟🔟 ⑮ – rattaché à Toulon.

PAULX 44270 Loire-Atl. 🔟🔟 ② – 1 348 h. alt. 17.

Paris 420 – ◆Nantes 37 – La Roche-sur-Yon 45 – Challans 19.

XXX ❀ **Voyageurs,** pl. Église ℰ 40 26 02 26 – 🆎 ⓞ E 𝘝𝘐𝘚𝘈
fermé 8 au 23 sept., 2 au 9 janv., dim. soir et lundi – **R** (nombre de couverts limité,
prévenir) 190/290, enf. 60
Spéc. Pavé de saumon au Muscadet, Poularde comme en Bresse, Crème brûlée. Vins Fiefs-Vendéens.

PAVILLY 76570 S.-Mar. 🔟🔟 ⑥ – 5 442 h. alt. 55.

Paris 158 – ◆Rouen 20 – Dieppe 46 – Duclair 13 – Yerville 12 – Yvetot 18.

X **Croix d'Or,** ℰ 35 91 20 09
fermé août et sam. – **R** (déj. seul.) (dim. prévenir) 62/205 🍴, enf. 35.

CITROEN Gar. du Centre, r. Acacias ℰ 35 92 03 20

PEUGEOT, TALBOT Bossart-Autom., ZA Rouge
Grange ℰ 35 91 22 52

PAYRAC 46350 Lot 🔟🔟 ⑱ – 448 h. alt. 320.

Paris 541 – Sarlat-la-Canéda 39 – Bergerac 98 – Brive-la-Gaillarde 52 – Cahors 49 – Figeac 62 – Périgueux 101.

🏠 **Host. de la Paix,** ℰ 65 37 95 15, Télex 521291, 🏊, – ☎ 🏃 🅿 – 🔏 25. 🆎 E 𝘝𝘐𝘚𝘈
fermé 1ᵉʳ janv. au 15 fév. – **R** 68/150 🍴 – ⌖ 25 – **50 ch** 230/280 – ½ P 250.

Le PÉAGE-DE-ROUSSILLON 38550 Isère 🔟🔟 ① – 6 186 h. alt. 159.

Paris 509 – Annonay 72 – ◆Grenoble 93 – ◆St-Étienne 61 – Tournon 40 – Vienne 20.

🏨 **Europa** sans rest, rte Valence ✉ 38150 Roussillon ℰ 74 86 28 84 – 📶 🖥 ☎ 🅿. E 𝘝𝘐𝘚𝘈
fermé 31 oct. au 15 nov. – **26 ch** ⌖ 160/210.

🏠 **Le Médicis** Ⓜ sans rest, r. F. Léger ✉ 38150 Roussillon ℰ 74 86 22 47, Fax 74 86 48 05
– 📺 ☎ 🚗 🅿 – 🔏 60. E 𝘝𝘐𝘚𝘈
⌖ 25 – **14 ch** 180/280.

CITROEN Drisar-Autom., N 7, Salaise-sur-Sanne
ℰ 74 86 04 20 🆖
CITROEN Pleynet, 5 r. Puits-sans-Tour
ℰ 74 86 20 12
PEUGEOT-TALBOT Bourget, 79 av. G.-Péri à
Roussillon ℰ 74 86 23 38
RENAULT Gar. des Cités, 29 rte de Valence à
Roussillon ℰ 74 86 20 32

Mondial Gar., 1 av. G.-Péri à Roussillon
ℰ 74 86 23 02

⑩ Dorcier, RN 7 quartier La Prat à Chanas
ℰ 74 84 28 73
Piot-Pneu, N 7 ZI à Salaise-sur-Sanne
ℰ 74 29 42 62

21

PÉAULE **56130** Morbihan 63 ⑭ – 2 138 h. alt. 89.

Paris 438 – Ploërmel 48 – Redon 26 – La Roche-Bernard 9 – Vannes 36.

Armor Vilaine, pl. Église ✆ 97 42 91 03 – TV ☎. AE E VISA
fermé 30 sept. au 14 oct., vacances de fév., dim. soir et lundi sauf juil.-août et fériés – **R** 60/200, enf. 50 – ☐ 28 – **21 ch** 195/250 – ½ P 200/250.

Relax sans rest, ✆ 97 42 91 22, – TV ☎. AE E VISA.
fermé 1er au 15 sept., 22 déc. au 10 janv., vend. soir et dim. soir du 1er sept. au 30 juin – ☐ 26 – **15 ch** 190/230.

PÉDERNEC **22540** C.-d'Armor 59 ① – 1 664 h. alt. 125.

Paris 493 – St-Brieuc 41 – Carhaix-P. 55 – Guingamp 10 – Lannion 22 – Morlaix 49 – Plouaret 24.

Host. du Méné-Bré, ✆ 96 45 22 33 – AE ⓞ E VISA
fermé 29 août au 10 sept., vacances de fév., dim. soir (sauf juil.-août) et lundi – **R** 65/190.

RENAULT Gar. Madigou ✆ 96 45 22 51 N

PÉGOMAS **06580** Alpes-Mar. 84 ⑧, 195 ㉞ – 3 492 h. alt. 22.

Paris 906 – Cannes 11 – Draguignan 59 – Grasse 10 – •Nice 43 – St-Raphaël 37.

Le Bosquet sans rest, quartier du Château par rte Mouans-Sartoux ✆ 93 42 22 87, – cuisinette ☎ P.
fermé 7 janv. au 7 fév. – ☐ 26 – **18 ch** 150/260, 7 studios 280/350.

L'Écluse, au bord de la Siagne, O : 1,5 km par VO ✆ 93 42 22 55, ←, , rest. champêtre – AE E VISA
1er mai-15 sept. – **R** 92/180.

PEILLAC **56220** Morbihan 63 ⑤ – 1 736 h. alt. 65.

Paris 416 – Redon 16 – •Rennes 69 – Vannes 45.

Chez Antoine, ✆ 99 91 24 43, – P. AE E VISA
fermé 28 août au 10 sept. et lundi – **R** 60/220, enf. 50 – ☐ 25 – **12 ch** 140/180 – ½ P 140/160.

PEILLON **06440** Alpes-Mar. 84 ⑩, 195 ㉗ **G. Côte d'Azur** – 1 038 h. alt. 376.

Voir Village★ – Fresques★ dans la chapelle des Pénitents Blancs.

Paris 950 – Monaco 29 – Contes 13 – L'Escarène 13 – Menton 33 – •Nice 19 – Sospel 35.

Aub. de la Madone M, ✆ 93 79 91 17, ←, , , – ☎ P. ch
fermé 5 nov. au 20 déc., 7 au 24 janv. et merc. – **R** 120/280, enf. 90 – ☐ 44 – **15 ch** 350/580, 4 appart. 930 – ½ P 360/500.

La PEINIÈRE **35** I.-et-V. 59 – rattaché à Châteaubourg.

PEISEY-NANCROIX **73210** Savoie 74 ⑱ **G. Alpes du Nord** – 481 h. alt. 1 300 – ✉ **73210** Aime.

Office de Tourisme ✆ 79 07 94 28 – Paris 640 – Albertville 56 – Bourg-St-Maurice 15.

Vanoise, à Plan Peisey : 3 km ✆ 79 07 92 19, ←, , – TV ☎ P. E VISA
20 juin-10 sept. et 15 déc.-30 avril – **R** 75/95, enf. 45 – ☐ 26 – **34 ch** 200/280 – ½ P 215/240.

PELVOUX (Commune de) **05340** H.-Alpes 77 ⑰ **G. Alpes du Sud** – 348 h. – Sports d'hiver à St-Antoine 1 250/2 300 m 6 – Voir Route des Choulières : ←★★ E.

D'Ailefroide : Paris 711 – Briançon 33 – L'Argentière-la-Bessée 18 – Gap 90 – Guillestre 38.

St-Antoine – alt. 1 260.

Voir Église★ de Vallouise S : 2,5 km.

La Condamine, ✆ 92 23 35 48, ←, – ☎ P. E VISA. rest
1er juin-15 sept. et 20 déc.- 15 avril – **R** 65/130 – ☐ 30 – **19 ch** 140/230 – ½ P 200/210.

Ailefroide – alt. 1 510.

Env. Pré de Madame Carle : paysage★★ NO : 6 km.

PÉNESTIN **56760** Morbihan 63 ⑭ – 1 398 h. alt. 20.

Voir Pointe du Bile ←★ S : 5 km, **G. Bretagne** – Syndicat d'Initiative ✆ 99 90 37 74.

Paris 465 – La Baule 32 – La Roche-Bernard 16 – Saint Nazaire 46 – Vannes 46.

Loscolo M, Pointe de Loscolo SO : 2,5 km ✆ 99 90 31 90, ←, – rest ☎ P. E VISA
29 mars-3 nov. – **R** *(fermé mardi midi et merc. midi sauf juil.-août)* 125/320, enf. 85 – ☐ 42 – **16 ch** 290/460 – ½ P 307/397.

PENHORS **29** Finistère 58 ⑭ – rattaché à Pouldreuzic.

PEN-LAN (Pointe de) **56** Morbihan 63 ⑭ – rattaché à Muzillac.

PENNEDEPIE **14** Calvados 55 ③ – rattaché à Honfleur.

Paris 518 – St-Brieuc 61 – Guingamp 33 – Lannion 16 – Perros-Guirec 16 – La Roche-Derrien 9 – Tréguier 7,5.

✗ **Crustacé** avec ch, 🖉 96 92 67 46 – **E** **VISA**. 🛠 ch
   hôtel : 1er avril-6 oct. et fermé mardi soir et merc. sauf juil.-août – **R** (fermé 7 au 24 oct.,
   13 janv. au 6 fév., mardi soir et merc. sauf juil.-août) 75/280 ⅃, enf. 48 – 🖙 25 – **7 ch**
   130/150 – ½ P 180.

RENAULT Gar. Henry 🖉 96 92 65 22

PENVINS 56 Morbihan **⑥⑧** ⑫ – rattaché à Sarzeau.

PÉRIGNAC 17 Char.-Mar. **⑰①** ⑤ – rattaché à Pons.

PÉRIGNAT-LÈS-SARLIÈVE 63 P.-de-D. **⑦③** ⑭ – rattaché à Clermont-Ferrand.

PÉRIGNY 86 Vienne **⑥⑧** ⑬ – rattaché à Poitiers.

PÉRIGUEUX **ℙ** 24000 Dordogne **⑦⑤** ⑤ **G. Périgord Quercy** – 35 392 h. alt. 86.

Voir Cathédrale St-Front★ : retable★★ dans l'abside BZ – Église St-Étienne de la Cité★ AZ **K** –
Quartier du Puy St-Front★ : rue Limogeanne★ BY , escalier★ de la maison Lajoubertie BY **E** –
Musée du Périgord★ BY **M**¹ – **Env.** Abbaye de Chancelade★ NO : 7 km par ⑤.

🛦 🖉 53 53 02 35, par ⑤ : 5 km.

🛈 Office de Tourisme 1 av. Aquitaine 🖉 53 53 10 63 – A.C. 14 r. Wilson 🖉 53 53 35 19.

Paris 498 ① – Agen 136 ③ – Albi 233 ② – Angoulême 85 ⑤ – ♦Bordeaux 121 ④ – Brive-la-Gaillarde 73 ② –
♦Limoges 102 ① – Pau 261 ③ – Poitiers 195 ⑤ – ♦Toulouse 239 ②.

Plan page suivante

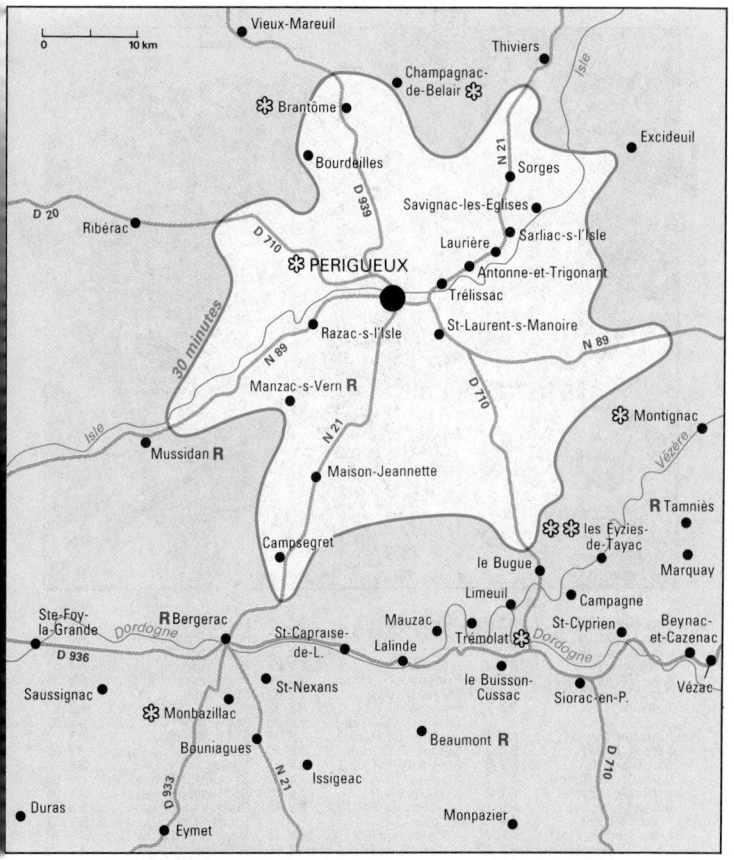

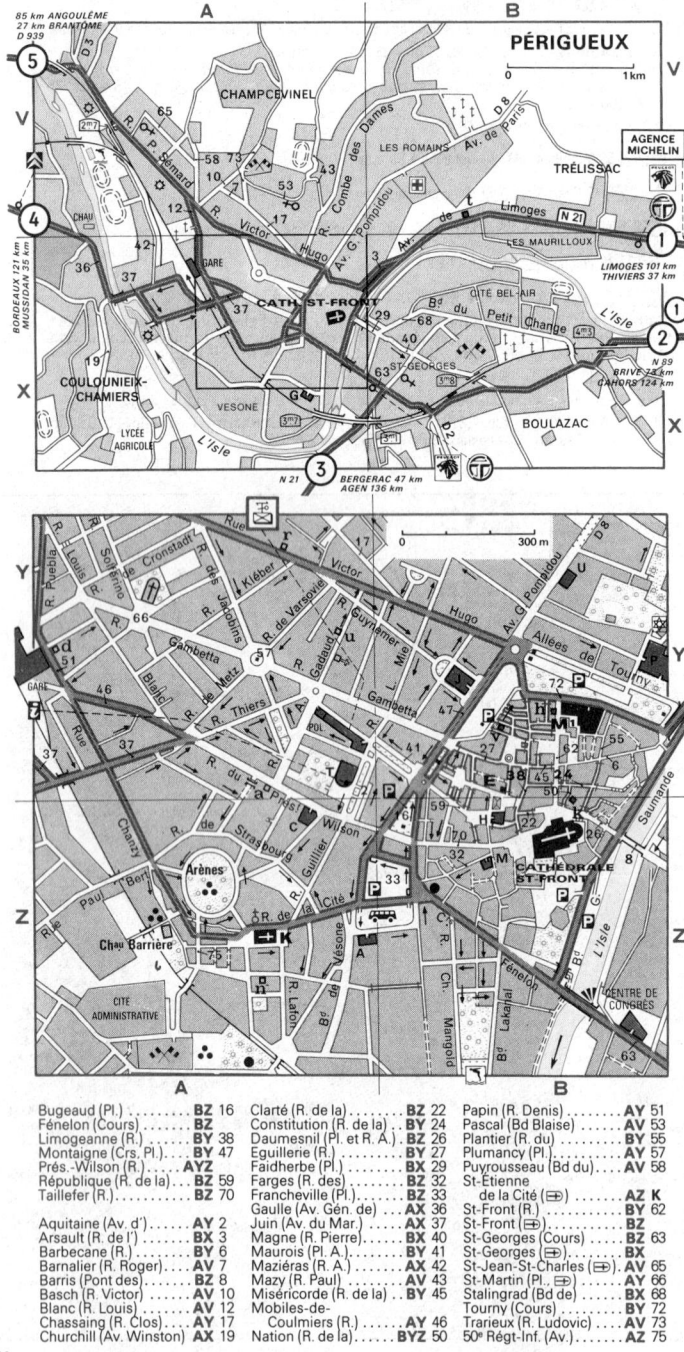

PÉRIGUEUX

85 km ANGOULÊME
27 km BRANTÔME
D 939

BORDEAUX 121 km
MUSSIDAN 35 km

LIMOGES 101 km
THIVIERS 37 km

BRIVE 74 km
CAHORS 124 km

BERGERAC 47 km
AGEN 136 km

Bristol sans rest, 37 r. A. Gadaud ℰ 53 08 75 90, Télex 572731, Fax 53 07 00 49 – 📶 🔲 📺 ☎ 🅿. ⅍ 🖃 𝘝𝘐𝘚𝘈   AY **u**
fermé 21 déc. au 1ᵉʳ janv. – ⊐ 35 – **28 ch** 235/335.

Périgord, 74 r. V. Hugo ℰ 53 53 33 63, 😊, 🌳 – ☎. 🖃 𝘝𝘐𝘚𝘈. ℅ ch   AY **r**
fermé 20 oct. au 3 nov. et vacances de fév. ; d'oct. à mars hôtel : fermé vend. ; rest. : fermé dim. soir et sam. – **R** 60/145 ⅍ – ⊐ 25 – **20 ch** 140/250 – ½ P 195/210.

Arcade Ⓜ sans rest, 33 r. Wilson ℰ 53 09 01 38, Télex 573343, Fax 53 53 60 82 – 📶 📺 ☎ ⅙ 🅿 – 🔬 25. ⅍ 🖃 𝘝𝘐𝘚𝘈   AYZ **a**
fermé 20 au 31 déc. – ⊐ 30 – **48 ch** 250/275.

Régina sans rest, 14 r. D. Papin ℰ 53 08 40 44, Fax 53 54 72 44 – 📶 ☎. ⅍ 🖃 𝘝𝘐𝘚𝘈   AY **d**
⊐ 28 – **45 ch** 190/245.

Arènes sans rest, 21 r. Gymnase ℰ 53 53 49 85, Télex 572176, Fax 53 09 69 45 – ☎. ⅍ 🖃 𝘝𝘐𝘚𝘈. ℅   AZ **n**
⊐ 25 – **19 ch** 170/280.

XXX ⊛ **L'Oison** (Chiorozas), 31 r. St-Front ℰ 53 09 84 02 – 🖃. ⅍ ⓞ 🖃 𝘝𝘐𝘚𝘈   BY **h**
fermé 1ᵉʳ au 14 juil., 15 fév. au 5 mars, dim. soir et lundi – **R** (nombre de couverts limité, prévenir) 140/400
Spéc. Foie gras de canard mi-cuit, Mixed-grill de poissons, Civet de lièvre (saison). Vins Bergerac, Côtes de Duras.

XXX **Tournepiche**, 2 r. Nation ℰ 53 08 90 76, « Salle du 18ᵉ siècle » – 🖃. ⅍ 🖃 𝘝𝘐𝘚𝘈   BYZ **k**
fermé 29 déc. au 8 janv., lundi soir et dim. – **R** 135/280 ⅍, enf. 60.

XX **La Flambée**, 2 r. Montaigne ℰ 53 53 23 06 – 🖃 𝘝𝘐𝘚𝘈   BY **v**
fermé mai, dim. et fériés – **R** 120.

X **Marcel**, 37 av. Michel Grandou ℰ 53 53 13 43 – 🖃 🅿. 🖃 𝘝𝘐𝘚𝘈   BV **t**
fermé 20 juil. au 10 août, mardi soir et jeudi soir – **R** 55/130 ⅍, enf. 45.

rte de Limoges par ① : 4 km – ⊠ **24000** Périgueux :

Campanile, carrefour Les Parats N 221 ℰ 53 09 00 37, Télex 572705 – 📺 ☎ ⅙ 🅿 – 🔬 40. 🖃 𝘝𝘐𝘚𝘈
R 74 bc/98 bc, enf. 39 – ⊐ 27 – **42 ch** 248 – ½ P 225/249.

à Trélissac par ① : 5 km – 6 303 h. – ⊠ **24750** :

Climat de France Ⓜ, ℰ 53 04 36 36, Télex 541707, Fax 53 54 08 97 – 📺 ☎ ⅙ 🅿 – 🔬 100. ⅍ 🖃 𝘝𝘐𝘚𝘈
R 78/190 ⅍, enf. 36 – ⊐ 28 – **62 ch** 250 – ½ P 220/300.

à Antonne-et-Trigonant par ① : 11 km – ⊠ **24220** :

XX **Chandelles** avec ch, ℰ 53 06 05 10, 😊, ⅃, 🌳, ℅ – 🐎 🅿. ⅍ ⓞ 🖃 𝘝𝘐𝘚𝘈
fermé mi-janv. à mi-fév. et lundi hors sais. – **R** 135/380, enf. 65 – ⊐ 40 – **7 ch** 260/320 – ½ P 260/350.

à Laurière par ① : 13 km – ⊠ **24420** Savignac-les-Églises :

Host. la Charmille, ℰ 53 06 00 45, 😊, 🌳 – 📺 🐎 🅿. ⅍ 🖃 𝘝𝘐𝘚𝘈. ℅ ch
R 70/280 – ⊐ 30 – **18 ch** 150/250.

à St-Laurent-sur-Manoire par ② : 9 km – ⊠ **24330** :

Le Saint Laurent Ⓜ ⑧, ℰ 53 04 28 28, Télex 572719, Fax 53 04 21 12, ≤, 😊, parc, ⅃, ℅ – 📶 📺 ☎ ⅙ 🅿 – 🔬 80. ⅍ ⓞ 🖃 𝘝𝘐𝘚𝘈
fermé 22 au 29 déc. et 1ᵉʳ au 12 janv. – **R** 95/250, enf. 60 – ⊐ 36 – **50 ch** 270/400 – ½ P 265/290.

à Razac-sur-l'Isle par ④ : 11 km – ⊠ **24430** :

Château de Lalande ⑧, NO : 2 km par D 3E et D 3 ℰ 53 54 52 30, 😊, parc, ⅃ – ☎ 🅿 – 🔬 25. ⓞ 🖃 𝘝𝘐𝘚𝘈
15 mars-15 nov. – **R** (fermé merc. midi hors sais.) 89/280, enf. 44 – ⊐ 32 – **22 ch** 225/360 – ½ P 250/320.

MICHELIN, Agence, rte de Limoges à Trélissac par ① ℰ 53 03 98 13

BMW Gar. Jessus, 46 r. Chanzy ℰ 53 08 99 30
CITROEN Gar. Deluc, rte de Limoges à Trélissac par ① ℰ 53 03 97 50
CITROEN S.O.V.R.A., 74 av. Gén.-de-Gaulle à Chamiers ℰ 53 08 31 02
FIAT, LANCIA-AUTOBIANCHI Rebière, 15 cours Fénelon ℰ 53 08 09 44
HONDA Gar. Borie, 156 rte de Bordeaux ℰ 53 53 60 16
MERCEDES-BENZ-TOYOTA Éts Magot, 192 rte de Lyon ℰ 53 02 34 34
OPEL Gar. Pradier, 5 r. A.-Gadaud ℰ 53 53 53 94
PEUGEOT, TALBOT Gar. Serreau, 202 rte de Limoges à Trélissac par ① ℰ 53 08 05 84

PEUGEOT-TALBOT Gar. Brout, 18 cours St-Georges ℰ 53 08 28 55
RENAULT Sarda, rte de Limoges à Trélissac par ① ℰ 53 02 41 41 🅽 ℰ 53 03 05 14

🛞 Barrier, N 21 Les Jalots à Trélissac ℰ 53 53 54 17
Fontana-Pneus, 4 bis av. H.-Barbusse ℰ 53 08 80 47
Périgord-Pneus, à Trélissac ℰ 53 54 41 27
Réparpneus, ZAE av. L. Suder à Marsac ℰ 53 04 95 52
Réparpneus, 18 r. Gambetta ℰ 53 53 44 14
Réparpneus, 145 bd Petit-Change ℰ 53 53 46 83

Voir Porte Notre-Dame★ – Paris 684 – Avignon 28 – Apt 43 – Carpentras 6 – Cavaillon 21.

🏠 **L'Hermitage** ⌇ sans rest, N : 2 km par D 938 ℰ 90 66 51 41, parc – 📺 ☎ 🅿 – 🛎 25.
💶 VISA
fermé 15 janv. au 15 fév. – 🖵 30 – **20 ch** 230/350.

🍴 **La Pergola,** 214 pl. A. Briand ℰ 90 66 43 43, 🍽 – 🖭 ⓞ 💶 VISA
fermé 23 au 31 oct., fév., merc. et jeudi sauf juil.-août – **R** 120/170, enf. 70.

🛈 Office de Tourisme 31 r. St-Fursy (fermé matin hors saison) ℰ 22 84 42 38.
Paris 140 ② – ◆Amiens 51 ② – Arras 48 ① – Doullens 54 ③ – St-Quentin 29 ①.

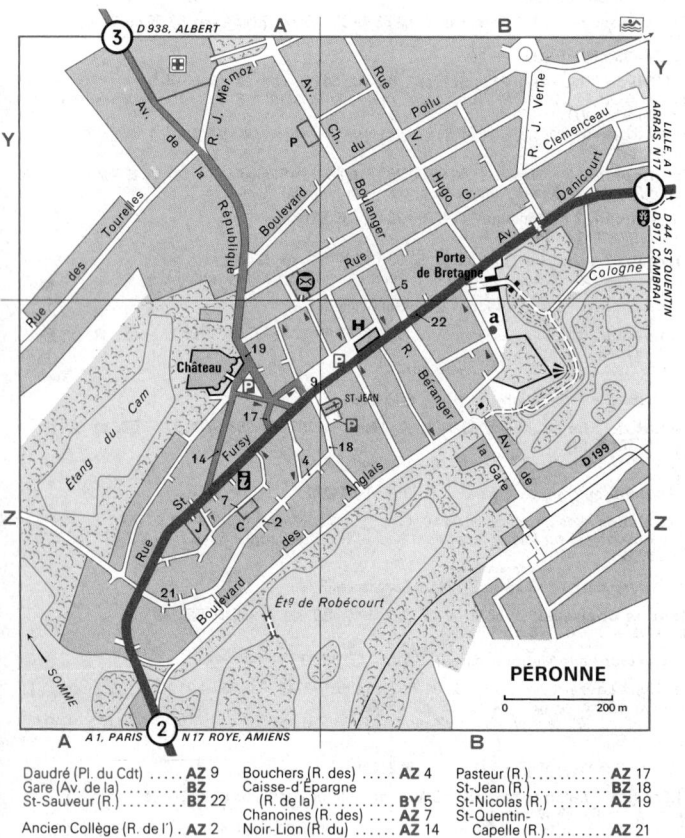

Daudré (Pl. du Cdt) ..... **AZ** 9
Gare (Av. de la) ..... **BZ**
St-Sauveur (R.) ..... **BZ** 22

Ancien Collège (R. de l') . **AZ** 2

Bouchers (R. des) ..... **AZ** 4
Caisse-d'Épargne
(R. de la) ..... **BY** 5
Chanoines (R. des) ..... **AZ** 7
Noir-Lion (R. du) ..... **AZ** 14

Pasteur (R.) ..... **AZ** 17
St-Jean (R.) ..... **BZ** 18
St-Nicolas (R.) ..... **AZ** 19
St-Quentin-
Capelle (R.) ..... **AZ** 21

🍴🍴 **La Quenouille,** 4 av. Australiens N 17 par ① ℰ 22 84 00 62, 🍽, 🌳 – 🅿. 🖭 ⓞ 💶 VISA
fermé 16 avril au 15 mai, dim. soir et lundi – **R** 95/158.

🍴🍴 **Host. des Remparts** avec ch, 21 r. Beaubois ℰ 22 84 01 22 – ☎ 🚗 🖭 ⓞ 💶 VISA
R 150/240, enf. 75 – 🖵 32 – **17 ch** 140/300 – ½ P 160/170.   BZ **a**

Aire d'Assevillers sur A 1 par ② – ⊠ **80200** Péronne :

🏨 **Mercure,** ℰ 22 84 12 76, Télex 140943, Fax 22 85 28 92, 🍽, 🏊 – 🛗 🍴 📺 ☎ 🕭 🅿 –
↔ 🛎 40 à 120. 🖭 ⓞ 💶 VISA
R 70/250 🍷, enf. 45 – 🖵 40 – **93 ch** 490.

CITROEN Gar. de Picardie, av. des Australiens,
Mont-St-Quentin par ① ℰ 22 84 00 34
MAZDA, OPEL Gar. du Château, 6 fg de Paris
ℰ 22 84 16 56

RENAULT Péronne-Autos., rte de Roisel par ①
puis D 6 ℰ 22 84 17 84 🅽 ℰ 22 83 71 41

🛞 Joncourt-Pneus, 29 fg de Bretagne
ℰ 22 84 29 41

Ostellerie du Vieux Pérouges 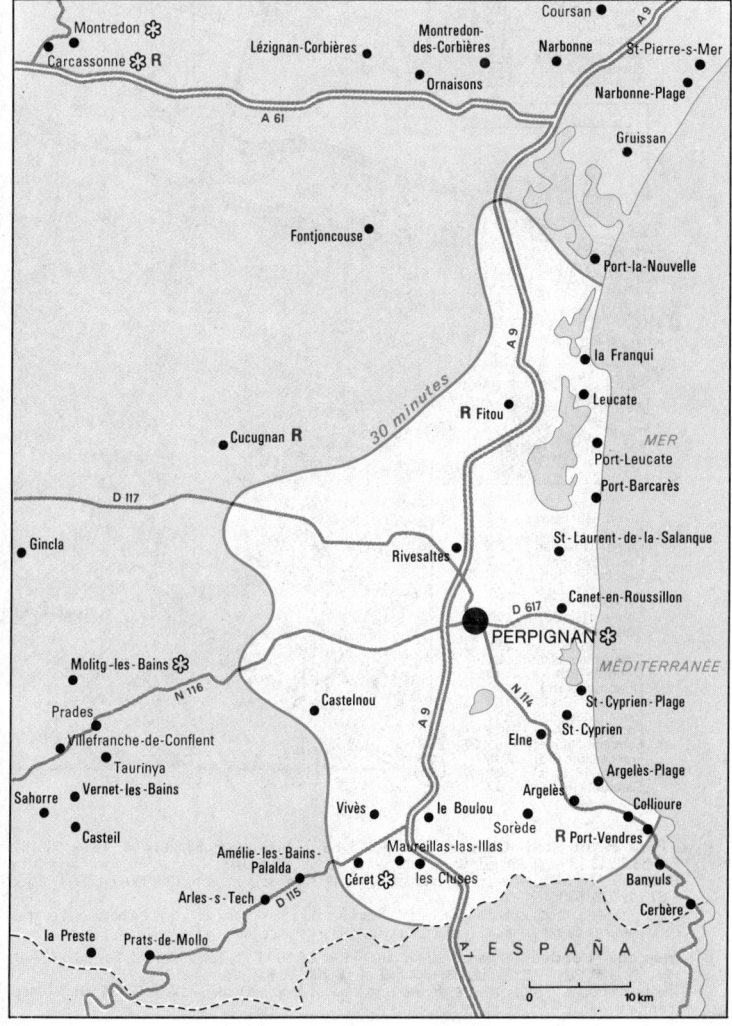, ℰ 74 61 00 88, Télex 306898, Fax 74 34 77 90, « Intérieur vieux bressan », ☞ – ☎ ⇔. **E** ᴠɪꜱᴀ
fermé jeudi midi et merc. hors sais. – **R** 160/380, enf. 100 – ⛱ 55 – **15 ch** 650/950.

A l'annexe 🏠, – **E** ᴠɪꜱᴀ – ⛱ 55 – **15 ch** 390/450.

PERPIGNAN **P** 66000 Pyr.-Or. **86** ⑲ G. Pyrénées Roussillon – 113 646 h. alt. 37.

Voir Le Castillet★ DX – Loge de mer★ DX **D** – Hôtel de Ville★ DX **H** – Cathédrale★ DEX **B** – Palais des Rois de Majorque★ DEZ – Cabestany : tympan★ de l'église SE : 4 km par D 22 FYZ

🏌 🏌 de Saint-Cyprien ℰ 68 21 01 71, par ③ : 15 km.

✈ de Perpignan-Rivesaltes : ℰ 68 61 28 98, par ① : 6 km.

🛈 Office Municipal de Tourisme et Accueil de France (Informations et réservations d'hôtels, pas plus de 7 jours à l'avance) Palais des Congrès, pl. A.-Lanoux ℰ 68 66 30 30, Télex 500500 – A.C. 40 av. G.-Brutus ℰ 68 34 30 22 – Paris 907 ① – Andorre-la-Vieille 166 ⑥ – Barcelona 187 ⑤ – Béziers 93 ① – ◆Clermont-Ferrand 455 ① – ◆Marseille 316 ① – ◆Montpellier 152 ① – Tarbes 337 ① – ◆Toulouse 206 ①.

PERPIGNAN

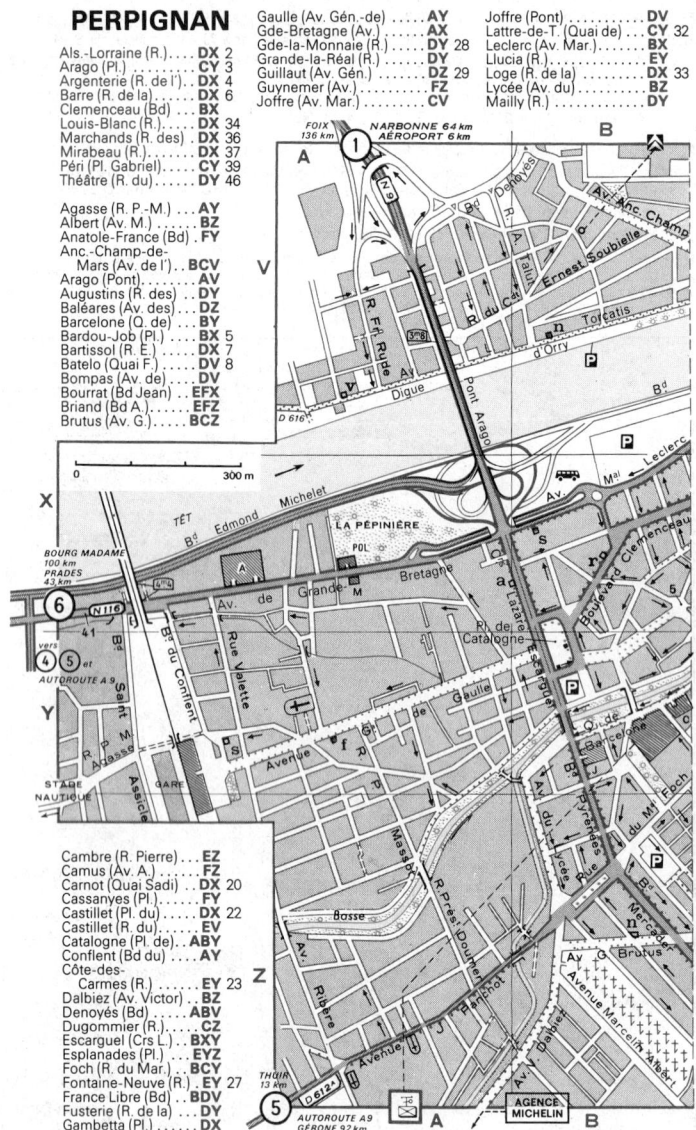

🏨 ❀ **Park H. et Rest. Chapon Fin** Ⓜ, 18 bd J. Bourrat ℰ 68 35 14 14, Télex 506161, Fax 68 35 48 18 – ▯ 🔲 📺 ☎ & ⟷ – 🔏 70. ⅀ ① Ⓔ 𝐕𝐈𝐒𝐀   EX **y**
R *(fermé 11 août au 4 sept., 28 déc. au 14 janv., sam. soir et dim.)* 180/350, enf. 90 – ⊡ 38 – **67 ch** 230/500
Spéc. Queues de langoustines en beignets de fleurs de courgettes (mai à juil.). Filet de boeuf au foie gras. Pot de lavande au sirop ambré. Vins Côtes du Roussillon, Collioure.

🏨 **Mas des Arcades** Ⓜ, par ④ : 2 km sur N 9 ℰ 68 85 11 11, Télex 500176, Fax 68 85 21 41, 🍴, 🏊, 🐎, 🎾 – ▯ 🔲 📺 ☎ ⟷ Ⓟ – 🔏 200. Ⓔ 𝐕𝐈𝐒𝐀 🛇
fermé 23 déc. au 14 janv. – **R** *(fermé dim. soir et lundi)* 90/180 – ⊡ 38 – **135 ch** 300/400, 3 appart. 700.

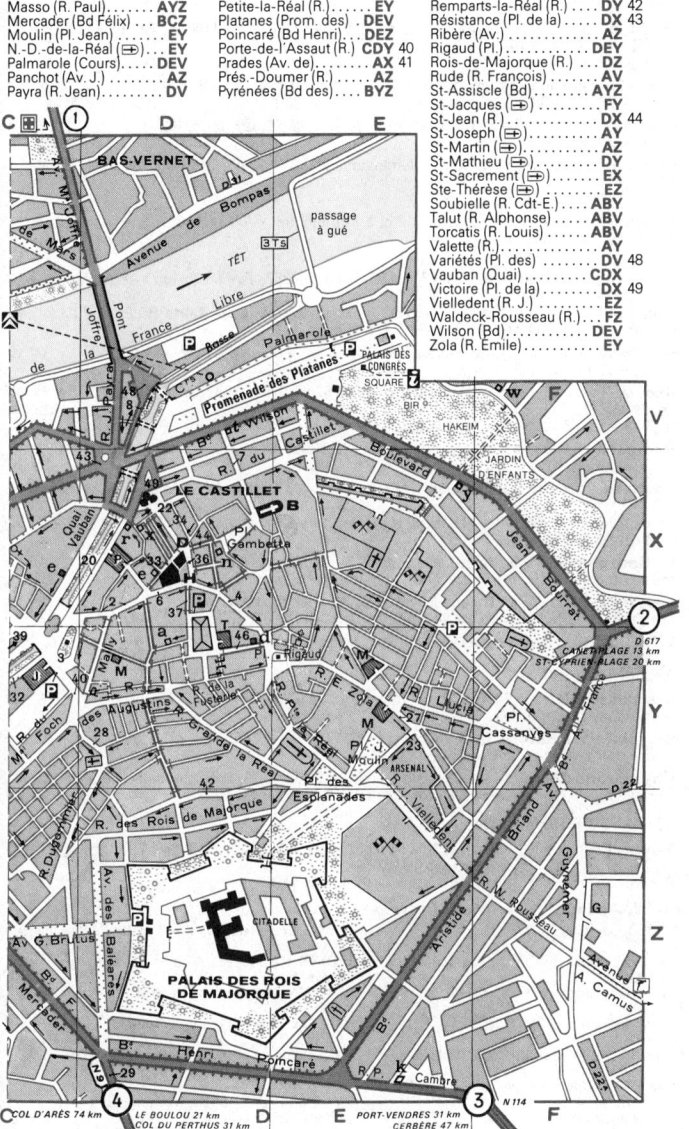

🏨 **Windsor** sans rest, 8 bd Wilson ℰ 68 51 18 65, Télex 500701, Fax 68 51 01 00 – 🛗 ⇔ 📺 ☎ – 🔬 50. 🆎 🗲 *VISA*
DV **t**
⊇ 37 – **52 ch** 270/400, 4 appart. 750.

🏨 **France et rest. l'Echanson,** 16 quai Sadi-Carnot ℰ 68 34 92 81, Télex 506149, Fax 68 34 26 01 – 🛗 🗉 rest 📺 ☎ – 🔬 50. 🆎 🗲 *VISA*. ⚐
DX **r**
R *(fermé sam. soir et dim. en juil.-août)* 100/150 🍴, enf. 50 – ⊇ 30 – **31 ch** 150/350, 4 appart. 520 – ½ P 205/290.

🏨 **Kennedy** Ⓜ sans rest, 9 av. P. Cambres ⊠ 66100 ℰ 68 50 60 02 – 🛗 🗉 📺 ☎ 🕭 ⇔ Ⓟ. 🆎 🗲 *VISA*
EZ **k**
⊇ 27 – **25 ch** 195/265.

🏨 **H. de la Loge** 🛏 sans rest, pl. Loge 𝒫 68 34 54 84, Télex 506116, Fax 68 34 25 13 – 📶
🔳 📺 ☎. 🅰🅴 ① 🗲 𝗩𝗜𝗦𝗔   DX **e**
⚏ 40 – **22 ch** 270/380.

🏨 **Paris-Barcelone** sans rest, pl. Gare 𝒫 68 34 42 60 – ☎. 🅰🅴 ① 🗲 𝗩𝗜𝗦𝗔   AY **s**
⚏ 20 – **36 ch** 140/225.

🏨 **Aragon** sans rest, 17 av. Brutus 𝒫 68 54 04 46 – 📶 🔳 📺 ☎. 🗲 𝗩𝗜𝗦𝗔   BZ **n**
⚏ 28 – **33 ch** 200/310.

🏨 **Mondial H.** Ⓜ sans rest, 40 bd Clemenceau 𝒫 68 34 23 45, Télex 506184 – 📶 📺 ☎. 🅰🅴
① 🗲 𝗩𝗜𝗦𝗔   BX **r**
⚏ 35 – **41 ch** 260/290.

🏨 **Athéna** 🛏 sans rest, r. Queya, Marché République 𝒫 68 34 37 63, ⅃ – ⇤⇥ ☎ ⇠ –
🅰 25. 🅰🅴 ① 🗲 𝗩𝗜𝗦𝗔   DY **a**
⚏ 28 – **40 ch** 130/380.

🏨 **Mallorca**, 2 r. Fontfroide 𝒫 68 34 57 57, Télex 506257, Fax 68 35 49 71 – 📶 📺 ☎ 🕹
🅰 120. 🅰🅴 ① 🗲 𝗩𝗜𝗦𝗔   DX **n**
Benoit XIII *(fermé dim. soir et lundi)* **R** 180/260 – **Brasserie des Corts R** carte 120 à 215 🍷,
enf. 35 – ⚏ 25 – **64 ch** 210/240 – ½ P 275/295.

🏨 **Christina H.** sans rest, 50 cours Lassus 𝒫 68 35 24 61 – 📶 🔳 ☎ ⇠. 🗲 𝗩𝗜𝗦𝗔   FV **w**
⚏ 27 – **37 ch** 135/235.

🏩 **Ibis** Ⓜ, 16 chemin Lazare Escarguel 𝒫 68 35 62 62, Télex 506270, Fax 68 35 13 38 – 📶 🔳
📺 ☎ 🕹 🄿 – 🅰 300. 🗲 𝗩𝗜𝗦𝗔   ABX **a**
R 75 🍷, enf. 45 – ⚏ 30 – **100 ch** 330.

🏩 **Pyrénées H.** sans rest, 122 av. L. Torcatis D 616 𝒫 68 61 19 66 – ☎ 🄿. 🅰🅴 🗲 𝗩𝗜𝗦𝗔. 🛇
⚏ 20 – **22 ch** 105/180.   AV **v**

🏩 **Poste et Perdrix**, 6 r. Fabriques Nabot 𝒫 68 34 42 53, Fax 68 34 58 20 – 📶 ☎. 🅰🅴 ① 🗲
+ 𝗩𝗜𝗦𝗔   DX **x**
fermé 20 janv. au 20 fév. – **R** *(fermé dim. soir hors sais. et lundi)* 70/105 🍷, enf. 40 – ⚏ 22
– **38 ch** 100/220 – ½ P 180/200.

XXX **Le Bourgogne**, 63 av. Mar. Leclerc 𝒫 68 34 96 05 – ▣. 🅰🅴 ① 🗲 𝗩𝗜𝗦𝗔   BX **s**
fermé 30 juin au 15 juil., 9 au 16 fév., dim. sauf le midi de sept. à juin et lundi – **R** 170/280.

XXX **Festin de Pierre**, 7 r. Théâtre 𝒫 68 51 28 74 – ▣. 🅰🅴 ① 🗲 𝗩𝗜𝗦𝗔   DY **d**
fermé 15 au 29 juin, 15 au 29 fév. mardi soir et merc. – **R** 150.

XXX **Villa Duflot** (chambres prévues), 109 av. V. Dalbiez par ④ 𝒫 68 56 67 67, 🌳, parc, ⅃ –
🔳 🄿. 🅰🅴 🗲 𝗩𝗜𝗦𝗔
R carte 160 à 230.

XX **Les Casseroles en Folie,** 72 av. Torcatis 𝒫 68 52 48 03 – ▣. 🗲 𝗩𝗜𝗦𝗔. 🛇   BY **n**
fermé dim. soir et lundi – **R** 80/120 🍷.

X **Brasserie Vauban**, 29 quai Vauban 𝒫 68 51 05 10 – ▣. 🗲 𝗩𝗜𝗦𝗔   CX **e**
fermé dim. – **R** carte 140 à 180 🍷.

X **Chez Grand-Mère**, 18 av. Gén. de Gaulle 𝒫 68 34 60 35, spécialités alsaciennes – 🗲 𝗩𝗜𝗦𝗔
+ fermé 15 au 30 juin, sam. midi et dim. – **R** 52/100 🍷, enf. 40.   AY **f**

par ① – ✉ **66600** Rivesaltes :

🏨 **Novotel** Ⓜ, sur N9 : 10 km 𝒫 68 64 02 22, Télex 500851, Fax 68 64 24 27, 🌳, ⅃, 🎾 –
🔳 📺 ☎ 🕹 🄿 – 🅰 200. 🅰🅴 ① 🗲 𝗩𝗜𝗦𝗔
R carte environ 140 🍷, enf. 45 – ⚏ 45 – **85 ch** 360/430.

MICHELIN, Agence, 136 av. Victor-Dalbiez ABZ 𝒫 68 54 53 10

ALFA-ROMEO Gar. Chapat, 77 rte de Thuir
𝒫 68 34 70 88
BMW Gar. Alart, 20 av. de Grande-Bretagne
𝒫 68 34 07 83
CITROEN Tressol-Chabrier, av. Mar.-Juin
𝒫 68 50 20 95
FIAT Perpignan Autom., 210 rte de Prades
𝒫 68 54 63 54
HONDA, PORSCHE-MITSUBISHI Gar. Coll, 83 av.
d'Espagne 𝒫 68 85 17 25
LANCIA-AUTOBIANCHI Gar. des Corbières, 28 rte
de Prades 𝒫 68 54 54 52
MAZDA Valauto, 2 bd des Pyrénées
𝒫 68 56 96 96
MERCEDES-BENZ Gar. Monopole, 301 av. du Lan-
guedoc 𝒫 68 61 22 93
NISSAN, VOLVO Nivol, bd Kennedy
𝒫 68 50 60 45
OPEL, GM Auto 66, Km 1, rte de Prades
𝒫 68 56 79 15
PEUGEOT-TALBOT SCA les Gds Gar. Pyrénéens,
N 9 rte du Perthus par ④ 𝒫 68 85 14 15

RENAULT Filiale, N 9, Km 3 rte du Perthus par ④
𝒫 68 54 68 55
ROVER Casadessus, 4 bd St-Assiscle
𝒫 68 54 03 96
TOYOTA Sudria, rte de Perpignan à Cabestany
𝒫 68 50 50 75
V.A.G Europe-Auto, rte de Thuir, ZI 1 km
𝒫 68 85 01 92 Ⓝ 𝒫 68 61 15 64
Gar. Cuesta, 3 r. A.-Saisset 𝒫 68 61 06 51
Gar. Lelong, 148 av. Mar.-Joffre 𝒫 68 61 25 80

🛞 Ayme-Pneus, 156 av. du Languedoc ZIN
𝒫 68 61 26 38
Figuères, ZI St-Charles 𝒫 68 55 23 10
Figuères, 29 r. H.-Bataille 𝒫 68 61 20 02
Pagès, ZI St-Charles 𝒫 68 54 67 30
Perpignan-Pneu, 18 r. J.-Verne 𝒫 68 54 15 21
Piot Pneu, 33 av. V.-Dalbiez 𝒫 68 54 57 78
Piot-Pneu, ZI St-Charles 𝒫 68 54 30 11
Vulcopneu Odile et Leca, Km 4, rte de Prades
𝒫 68 56 65 34

Utilisez toujours les **cartes Michelin** récentes.
Pour une dépense minime vous aurez des informations sûres.

Paris 47 – Arpajon 37 – Mantes-la-Jolie 44 – Rambouillet 6 – Versailles 25.

  ✗✗ **Aub. des Bréviaires,** aux Bréviaires : 3,5 km par D 61 ℰ (1) 34 84 98 47, Fax (1) 34 84 65 88 – **E** 𝘝𝘐𝘚𝘈
    fermé 1er au 15 août et vacances de fév. – **R** 160/240.

  ✗✗ **Aub. de l'Artoire,** N : 2 km par D 910 ℰ (1) 34 84 97 91, 🌧 – 🅿. **E** 𝘝𝘐𝘚𝘈
    fermé 15 janv. au 15 fév. et mardi – **R** 150 bc/220 bc.

Le PERREUX-SUR-MARNE 94 Val-de-Marne 🗺 ⑪ 🗺 ⑰⑱ – voir à Paris, Environs.

PERRIGNY-LÈS-DIJON 21 Côte-d'Or 🗺 ⑫ – rattaché à Dijon.

PERROS-GUIREC 22700 C.-d'Armor 🗺 ① **G. Bretagne** – 7 497 h. alt. 70 – Casino A.

Voir Nef romane★ de l'église B **B** – Pointe du château ≤★ B **E** – Table d'orientation ≤★ B **E** –
Sentier des douaniers★★ A – Chapelle N.-D. de la Clarté★ 3 km par ② – Sémaphore ≤★ 3,5 km
par ② – 🛅 de St-Samson ℰ 96 23 87 34, SO : 7 km.

🛈 Office de Tourisme et Accueil de France (Informations, change et réservations d'hôtels pas plus de
5 jours à l'avance) 21 pl. Hôtel de Ville ℰ 96 23 21 15, Télex 740637.

par ① : Paris 526 – St-Brieuc 74 – Lannion 11 – Tréguier 20.

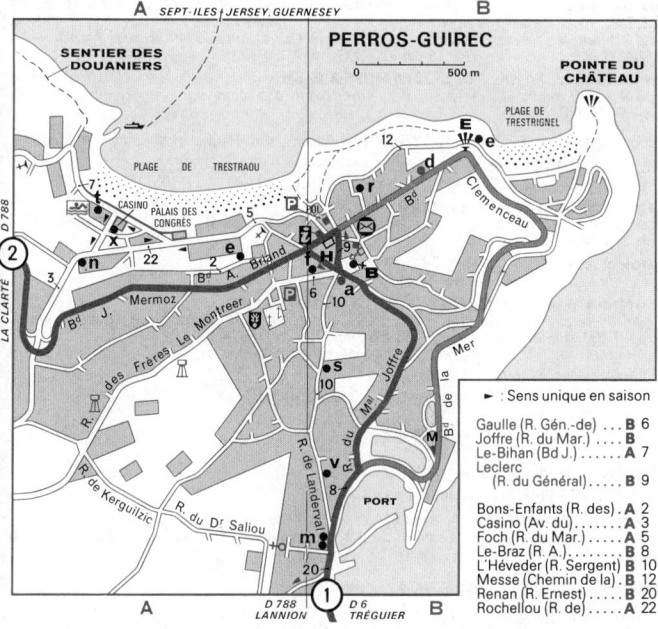

: Sens unique en saison

Gaulle (R. Gén.-de)	**B** 6
Joffre (R. du Mar.)	**B**
Le-Bihan (Bd J.)	**A** 7
Leclerc (R. du Général)	**B** 9
Bons-Enfants (R. des)	**A** 2
Casino (Av. du)	**A** 3
Foch (R. du Mar.)	**A** 5
Le-Braz (R. A.)	**B** 8
L'Héveder (R. Sergent)	**B** 10
Messe (Chemin de la)	**B** 12
Renan (R. Ernest)	**B** 20
Rochellou (R. de)	**A** 22

  🏨 **Marc'Otel** M̲, Bd Thalassa ℰ 96 91 22 11, Télex 741892, Fax 96 91 24 78 – 🛗 📺 ☎ 🅿. 🗚
    E 𝘝𝘐𝘚𝘈   A **x**
    R *(fermé 20 déc. au 20 fév. et lundi hors sais.)* 100/200, enf. 50 – � 40 – **49 ch** 400/560 –
    ½ P 365.

  🏨 **Printania,** 12 r. Bons Enfants ℰ 96 23 21 00, Télex 741431, Fax 96 91 11 36, ≤ la mer et
    les îles, 🌧, ✗ – 🛗 📺 ☎ 🅿. 🗚 ⓞ **E** 𝘝𝘐𝘚𝘈. ✗   A **e**
    fermé 15 déc. au 15 janv. – **R** *(fermé dim. soir du 15 nov. au 15 mars et lundi midi)*
    135/250, enf. 80 – ⊊ 40 – **32 ch** 490/590 – ½ P 420/470.

  🏨 **Gd H. de Trestraou,** bd J. Le Bihan ℰ 96 23 24 05, Télex 741261, ≤ – 🛗 📺 ☎ 🅿. 🗚
    ⓞ **E** 𝘝𝘐𝘚𝘈. ✗ rest   A **t**
    R 100/200 🦪, enf. 70 – ⊊ 32 – **68 ch** 280/436, 5 appart. 840 – ½ P 327/372.

  🏨 **Le Sphinx** M̲ ✎, 67 chemin de la Messe ℰ 96 23 25 42, Fax 96 91 26 13, ≤mer et les
    îles, 🌧 – 📺 ☎ 🅿. **E** 𝘝𝘐𝘚𝘈   B **e**
    15 mars-15 nov. et 20 déc.-6 janv. – **R** 115/220, enf. 65 – ⊊ 37 – **11 ch** 320/400 –
    ½ P 370/390.

  🏨 **Les Sternes** M̲ sans rest, rd-pt Perros-Guirec par ① ℰ 96 91 03 38, Fax 96 23 13 01 – 📺
    ☎ 🅿. **E** 𝘝𝘐𝘚𝘈 – *fermé 23 déc. au 1er janv.* – ⊊ 25 – **20 ch** 190/240.

🏨 **France,** 14 r. Rouzig 𝒫 96 23 20 27, Télex 741907, ≤, 🏤 – 📺 ☎ 🅿. 🖪 𝚅𝙸𝚂𝙰. 🛇   B **r**
1ᵉʳ avril-30 oct. – **R** 90/140, enf. 50 – ⌐ 30 – **30 ch** 210/310 – ½ P 247/268.

🏨 **Bon Accueil,** 16 r. Landerval 𝒫 96 23 24 11, 🏤 – 📺 ☎ 🅿. 🖪 𝚅𝙸𝚂𝙰. 🛇 ch   B **v**
fermé 1ᵉʳ au 13 oct., 23 déc. au 4 janv. et dim. soir de nov. à Pâques – **R** 80/280 ⅃, enf. 60
– ⌐ 25 – **6 ch** 230, 6 duplex 320/390.

🏨 **Port** 🅼 sans rest, sur le port 𝒫 96 23 21 79, ≤ – 📺 ☎. ⓘ 🖪 𝚅𝙸𝚂𝙰. 🛇   B **m**
⌐ 25 – **6 ch** 245/280.

🏨 **Morgane,** 46 av. Casino 𝒫 96 23 22 80, Fax 96 23 24 30, 🔲, 🏤 – 🛗 ☎ 🅿. 🖭 ⓘ 🖪 𝚅𝙸𝚂𝙰.
🛇 rest   A **n**
hôtel : 1ᵉʳ mars-20 oct. ; rest. : 15 mars-15 oct. – **R** 95/130, enf. 50 – ⌐ 33 – **32 ch** 270/420
– ½ P 290/340.

🏠 **Levant,** sur le port 𝒫 96 23 20 15, ≤ – 🛗 📺 ☎. 🖪 𝚅𝙸𝚂𝙰   B **m**
🠒 *fermé déc.* – **R** *(fermé sam. midi et dim. soir d'oct. à Pâques)* 70/220 ⅃, enf. 45 – ⌐ 29 –
20 ch 175/300 – ½ P 245/295.

🏠 **Hermitage** 🛇, 20 r. Frères Le Montréer 𝒫 96 23 21 22, 🏤 – ☎ 🅿. 🖪 𝚅𝙸𝚂𝙰. 🛇 rest
week-ends en mai (sauf rest.) et 1ᵉʳ juin-20 sept. – **R** *(résidents seul.)* 85/105 – ⌐ 25 –
25 ch 155/248 – ½ P 210/230.   B **f**

🏡 **Cyrnos** 🛇, sans rest, 10 r. Sergent L'Hévéder 𝒫 96 23 20 42, ≤, 🏤 – 🅿   B **s**
vacances de printemps et 1ᵉʳ juin-15 sept. – ⌐ 25 – **14 ch** 105/160.

XX **Feux des Iles** 🛇 avec ch, 53 bd Clemenceau 𝒫 96 23 22 94, ≤, 🏤, 🦞 – 📺 ☎ 🅿. 🖭
ⓘ 🖪 𝚅𝙸𝚂𝙰. 🛇   B **d**
fermé 15 nov. au 10 déc., vacances de fév., dim. soir et lundi d'oct. à mars sauf fériés –
R 110/290 ⅃, enf. 75 – ⌐ 32 – **15 ch** 270/390 – ½ P 330/390.

XX **Crémaillère,** pl. Église 𝒫 96 23 22 08 – 🖭 ⓘ 🖪 𝚅𝙸𝚂𝙰   B **a**
*fermé 4 au 19 mars, 14 nov. au 3 déc., lundi (sauf le soir en juil.-août) et dim. soir hors
sais.* – **R** 79/170, enf. 45.

à Ploumanach par ② : 6 km – ⌧ **22700** Perros-Guirec – **Voir** Rochers★★ – Parc municipal★★.

🏠 **Parc,** 𝒫 96 91 40 80 – ☎. 🖪 𝚅𝙸𝚂𝙰
🠒 *30 mars-25 sept.* – **R** 70/200, enf. 48 – ⌐ 26 – **11 ch** 220/240 – ½ P 195/245.

🏠 **Phare,** 𝒫 96 91 41 19 – ☞ 🅿. 🖪 𝚅𝙸𝚂𝙰. 🛇
17 fév.-12 nov. et fermé merc. sauf le soir de juil. à sept. – **R** 72/130, enf. 45 – ⌐ 24 –
24 ch 200/240 – ½ P 200/210.

🏡 **Oratoire** sans rest, 𝒫 96 91 40 84 – 🛇
Pâques-fin sept. – ⌐ 22 – **8 ch** 105/175.

XXX ❀ **Rochers** avec ch, 𝒫 96 91 44 49, ≤ – ☎. 🖪 𝚅𝙸𝚂𝙰. 🛇 rest
19 avril-fin sept. et fermé merc. hors sais. – **R** (nombre de couverts limité –
prévenir) 130/380, enf. 80 – ⌐ 40 – **15 ch** 285/370 – ½ P 350/415
Spéc. Homard "façon Justin", Noisettes de lotte au fumet de seiches et girolles, Crêpes "Nanou" aux
pommes caramélisées et Calvados.

PEUGEOT TALBOT Gar. de la Clarté, bd Corniche par ② 𝒫 96 91 46 23

Le PERROU 61 Orne 🖸🖸 ⑭ – rattaché à Mamers.

PERTHES 52100 H.-Marne 🖸🖸 ⑨ – 641 h. alt. 127.
Paris 195 – Chaumont 83 – St-Dizier 9,5 – Vitry-le-François 20.

XX **La Cigogne Gourmande** 🛇 avec ch, 𝒫 25 56 40 29 – ▤ rest. 🖭 🖪 𝚅𝙸𝚂𝙰
fermé juil. – **R** (nombre de couverts limité – prévenir) 75/255, enf. 55 – ⌐ 27 – **6 ch**
180/255.

PERTUIS 84120 Vaucluse 🖸🖸 ③ G. Provence – 12 430 h. alt. 216.
🛈 Office de Tourisme pl. Mirabeau 𝒫 90 79 15 56.
Paris 749 – Digne-les-Bains 95 – Aix-en-Provence 20 – Apt 35 – Avignon 72 – Cavaillon 45 – Manosque 36 – Salon-
de-Provence 41.

🏨 **Sevan** 🅼 🛇, rte Manosque E : 1,5 km 𝒫 90 79 19 30, Télex 431470, Fax 90 79 35 77, ≤,
🏤, ⚏, 🏤, 🦞 – 🛗 📺 ☎ 🅿 – 🕿 60 à 120. 🖭 ⓘ 🖪 𝚅𝙸𝚂𝙰. 🛇 rest
fermé janv. – **L'Olivier** 𝒫 90 09 60 11 *(fermé mardi d'oct. à mai)* **R** 130/250, enf. 90 – ⌐ 40
– **36 ch** 365/490 – ½ P 380/405.

XX **L'Aubarestiëro** avec ch, pl. Garcin 𝒫 90 79 14 74 – 📺 ☞. 🖪 𝚅𝙸𝚂𝙰. 🛇 ch
🠒 **R** 70/320 ⅃, enf. 50 – ⌐ 25 – **13 ch** 165/295 – ½ P 183/213.

XX **Le Boulevard,** 50 bd Pecout 𝒫 90 09 69 31 – ▤. 🖪 𝚅𝙸𝚂𝙰
fermé 5 au 16 août, dim. soir et merc. – **R** 95/162.

AUSTIN-ROVER Gar. Staiano, D 9 à Sannes
𝒫 99 77 75 61
CITROEN Aymard, ZI rte d'Aix 𝒫 90 09 62 37
FIAT Moullet, 159 bd J.-B.-Pecout 𝒫 90 79 01 70
FORD Novo, ZA du Terre du Fort, rte d'Aix
𝒫 90 09 73 33
PEUGEOT-TALBOT Gar. Notre-Dame, à La Tour
d'Aigues 𝒫 90 07 42 18

RENAULT SEPAL, rte d'Aix-en-Provence
𝒫 90 79 09 66
RENAULT Félines, à La Tour d'Aigues
𝒫 90 77 40 47 🖪 𝒫 90 77 45 19

➈ Meysson-Pneu, rte d'Aix-en-Provence
𝒫 90 79 07 31

Le PERTUISET 42 Loire 🖿🖿 ⑧ – rattaché à Firminy.

PESMES 70140 H.-Saône 🖿🖿 ⑭ **G. Jura** – 1 013 h. alt. 210.
Paris 359 – ◆Besançon 44 – ◆Dijon 46 – Dole 25 – Gray 19.

⚒ **France** 🕭 avec ch, 𝓅 84 31 20 05, 🚗 – 🖻 ☎ 🅿. 🄴 ᴠɪsᴀ
fermé 20 janv. au 15 fév. – **R** 80/140 🍴, enf. 40 – ⊡ 28 – **10 ch** 150/180 – ½ P 200/230.

CITROEN Gar. Lachat 𝓅 84 31 20 02 🄽

PESSAC 33 Gironde 🖿🖿🖿 ⑨ – rattaché à Bordeaux.

PETIT-CLAMART 92 Hauts-de-Seine 🖿🖿 ⑩, 🖿🖿🖿 ㉔ – voir à Paris, Environs.

La PETITE-PIERRE 67290 B.-Rhin 🖿🖿 ⑰ **G. Alsace Lorraine** – 675 h. alt. 339.
Paris 432 – ◆Strasbourg 59 – Haguenau 40 – Sarrebourg 32 – Sarreguemines 49 – Sarre-Union 26.

🏨 **Aux Trois Roses** (annexe 🏨 Ⓜ 🕭), 𝓅 88 70 45 02, Télex 871150, Fax 88 70 41 28, ≤,
🚗, 🔲, 🚗, ⚒ – 🛗 🍽 rest 🖻 ☎ 🕭 – 🔏 80. 🄴 ᴠɪsᴀ. 🕸 ch
fermé 3 janv. au 10 fév. – **R** *(fermé dim. soir et lundi)* 75/230 🍴 – ⊡ 42 – **44 ch** 285/480 –
½ P 255/410.

🏨 **Lion d'Or,** 𝓅 88 70 45 06, Fax 88 70 45 56, 🔲, 🚗, ⚒ – 🛗 🍽 rest 🖻 ☎ 🕭 – 🔏 25. 🄰🄴
◑ 🄴 ᴠɪsᴀ
fermé janv., merc. soir et jeudi – **R** 95/260 🍴, enf. 55 – ⊡ 40 – **35 ch** 200/360 – ½ P 200/310.

🏨 **Vosges,** 𝓅 88 70 45 05, Fax 88 70 41 13, ≤, 🚗, 🚗 – 🛗 🍽 rest ☎ 🅿 – 🔏 30. 🄴 ᴠɪsᴀ.
🕸 ch
fermé 15 nov. au 20 déc. – **R** *(fermé mardi soir et merc.)* 100/260 🍴, enf. 60 – ⊡ 33 –
30 ch 250/370 – ½ P 230/320.

à l'Étang d'Imsthal SE : 3,5 km par D 178 – ✉ 67290 Wingen-sur-Moder :

🏨 **Aub. d'Imsthal** 🕭, 𝓅 88 70 45 21, Fax 88 70 40 26, ≤, 🚗, 🚗 – 🛗 ☎ 🅿. 🄰🄴 ◑ 🄴
➔ ᴠɪsᴀ. 🕸 rest
R *(fermé 20 nov. au 20 déc., lundi soir et mardi)* 70/250 🍴, enf. 60 – ⊡ 40 – **23 ch** 140/520
– ½ P 210/380.

à Graufthal SO : 11 km par D 178 et D 122 – ✉ 67320 Eschbourg :

🏠 **Vieux Moulin** 🕭, 𝓅 88 70 17 28, ≤, 🚗, 🚗 – 🅿. 🄴 ᴠɪsᴀ
fermé 6 janv. au 12 fév. – **R** *(fermé lundi soir et mardi)* 75/160 🍴, enf. 40 – ⊡ 20 – **16 ch**
95/295 – ½ P 180/250.

RENAULT Gar. Letscher, à Petersbach 𝓅 88 70 45 53

Le PETIT-PRESSIGNY 37350 I.-et-L. 🖿🖿 ⑤ – 445 h. alt. 131.
Paris 294 – Poitiers 72 – Le Blanc 39 – Châtellerault 44 – Châteauroux 72 – ◆Tours 60.

⚒⚒ ❀ **La Promenade** (Dallais), 𝓅 47 94 93 52 – 🖼. 🄴 ᴠɪsᴀ
fermé 23 sept. au 8 oct., 6 au 29 janv., dim. soir et lundi – **R** 96/285
Spéc. Ragoût de petits gris au céleri (mai à sept.), Turbot au curry, Ris de veau rôti aux aromates. Vins
Vouvray, Chinon.

Le PETIT QUEVILLY 76 S.-Mar. 🖿🖿 ⑥ – rattaché à Rouen.

La PEYRADE 34 Hérault 🖿🖿 ⑯ ⑰ – rattaché à Frontignan.

PEYRAT-LE-CHÂTEAU 87470 H.-Vienne 🖿🖿 ⑱ **G. Berry Limousin** – 1 295 h. alt. 428.
Paris 406 – ◆Limoges 50 – Aubusson 45 – Guéret 53 – Tulle 83 – Ussel 79 – Uzerche 60.

🏠 **Aub. Bois de l'Étang,** 𝓅 55 69 40 19, 🚗 – ☎ 🅿 – 🔏 40. 🄴 ᴠɪsᴀ
➔ *fermé 20 déc. au 20 janv. et dim. soir de nov. à mars* – **R** 70/190, enf. 45 – ⊡ 25 – **29 ch**
120/240 – ½ P 155/210.

🏠 **Bellerive,** 𝓅 55 69 40 67 – 🕸
➔ *fermé janv. à mars et merc.* – **R** 65/155 – ⊡ 20 – **9 ch** 110/150 – ½ P 155/160.

🏠 **Voyageurs,** 𝓅 55 69 40 02 – 🛏. 🄴 ᴠɪsᴀ. 🕸 ch
➔ *1er mars-20 oct.* – **R** 70/145 🍴 – ⊡ 26 – **14 ch** 150/220 – ½ P 170/200.

au Lac de Vassivière E : 7 km par D 13 et D 222 – ✉ 87470 Peyrat-le-Château :

🏨 **La Caravelle** 🕭, 𝓅 55 69 40 97, 🚗, « Au bord du lac, ≤ » – ☎ 🅿 – 🔏 25. 🄴 ᴠɪsᴀ.
🕸 ch
fermé 1er janv. au 10 mars – **R** 145/245 – ⊡ 40 – **21 ch** 280/290 – ½ P 320.

🏠 **Golf du Limousin** 🕭, 𝓅 55 69 41 34, 🚗, 🚗 – 🖻 ☎ 🅿. 🄴 ᴠɪsᴀ. 🕸 rest
15 mars-20 oct. – **R** 74/198 🍴 – ⊡ 28 – **19 ch** 198/218 – ½ P 169/218.

RENAULT Gar. Ratat-Champétinaud 𝓅 55 69 40 11

L'EUROPE en une seule feuille : carte Michelin n° 🖿🖿🖿.

905

PEYREHORADE 40300 Landes 🔢 ⑦⑰ G. Pyrénées Aquitaine – 3 311 h. alt. 8.

Voir Abbaye d'Arthous★ S : 2 km.

🛈 Office de Tourisme promenade Sablot (juil.-août) ℰ 58 73 00 52.

Paris 759 – Biarritz 42 – ◆Bayonne 36 – Cambo-les-Bains 42 – Dax 23 – Oloron-Ste-Marie 63 – Pau 71.

🏨 **Central** Ⓜ, pl. A. Briand ℰ 58 73 03 22, Télex 571301 – 🛗 📺 ☎ ઙ – 🛏 25. 🆎 ⓞ Ⲉ
ⱽ𝐈𝐒𝐀
fermé 15 fév. au 15 mars, dim. soir et lundi sauf juil-août – **R** 80/180, enf. 80 – 🖵 38 –
17 ch 300/320 – ½ P 260/420.

PEUGEOT-TALBOT Gar. Lannot-Vergé ℰ 58 73 00 29

PEYRENS 11 Aude 🔢 ⑳ – rattaché à Castelnaudary.

PEYRUIS 04310 Alpes-de-H.-P. 🔢 ⑯ G. Alpes du Sud – 1 948 h. alt. 405.

Voir Rochers des Mées★ E : 5 km.

Env. Prieuré de Ganagobie★ : mosaïques★★ dans l'église, ⩽★★ de l'allée des Moines, ⩽★ de
l'allée de Forcalquier S : 10 km.

Paris 729 – Digne 29 – Forcalquier 20 – Manosque 29 – Sisteron 24.

🏡 **Aub. Faisan Doré**, S : 2 km par N 96 ℰ 92 68 00 51, 😳, 🏊, 🌳, 🎾 – 📺 ☎ ℗. 🆎
ⓞ Ⲉ ⱽ𝐈𝐒𝐀
fermé 15 au 30 déc. – **R** 95/350, enf. 70 – 🖵 40 – **10 ch** 200/270 – ½ P 300.

CITROEN Gar. Milési ℰ 92 68 00 45 🅽

PÉZENAS 34120 Hérault 🔢 ⑮ G. Gorges du Tarn (plan) – 7 841 h. alt. 20.

Voir Vieux Pézenas★★ : Hôtels de Lacoste★, d'Alfonce★,de Malibran★.

Paris 807 – Agde 18 – Béziers 23 – Lodève 41 – Montpellier 52 – Sète 36.

CITROEN Gar. Vidal, N 113, rte d'Agde
ℰ 67 98 11 27
PEUGEOT TALBOT Gd Gar. Piscenois, 36 av. de
Verdun ℰ 67 98 32 32
RENAULT Occitane-Autos, N 113, rte de Béziers
par ② ℰ 67 98 97 73

🛞 Gautrand-Pneus, rte de Béziers, N 113
ℰ 67 98 12 17
Relais du Pneu, rte de Tourbes ℰ 67 98 14 19

PÉZENS 11 Aude 🔢 ⑫ – rattaché à Carcassonne.

PFAFFENHOFFEN 67350 B.-Rhin 🔢 ⑱ G. Alsace Lorraine – 2 261 h. alt. 170.

Voir Musée de l'Imagerie peinte et populaire alsacienne★.

Paris 458 – ◆Strasbourg 36 – Haguenau 14 – Sarrebourg 49 – Sarre-Union 50 – Saverne 26.

🍴 **Agneau** avec ch, ℰ 88 07 72 38 – ☎ 🚗. Ⲉ ⱽ𝐈𝐒𝐀. ⁒
◆ *fermé 25 fév. au 6 mars, 27 juil. au 15 août, dim. soir et lundi* – **R** 55/270 ⅄ – 🖵 25 –
17 ch 100/200 – ½ P 210.

RENAULT Keller ℰ 88 07 71 01

PHALSBOURG 57370 Moselle 🔢 ⑰ G. Alsace Lorraine – 4 229 h. alt. 330.

🛈 Syndicat d'Initiative r. Lobau (15 mai-sept.) ℰ 87 24 29 97 et à la Mairie ℰ 87 24 12 26.

Paris 434 – ◆Strasbourg 57 – ◆Metz 109 – Sarrebourg 16 – Sarreguemines 49.

🏨 **Erckmann-Chatrian,** pl. d'Armes ℰ 87 24 31 33 – ☎ – 🛏 30. Ⲉ ⱽ𝐈𝐒𝐀
◆ **R** *(fermé mardi midi et lundi)* 45/240 ⅄ – 🖵 33 – **18 ch** 185/260.

🏨 **Notre-Dame** ⁙, à Bonne-Fontaine E : 4 km par N 4 et VO ℰ 87 24 34 33, ⩽, 🎿 – 🛗 ☎
ઙ ℗ – 🛏 80. 🆎 ⓞ Ⲉ ⱽ𝐈𝐒𝐀
fermé 6 au 25 janv. et vacances de fév. – **R** 73/200 ⅄ – 🖵 24 – **34 ch** 210/350 –
½ P 200/260.

🍴🍴🍴 ❀ **Au Soldat de l'An II** (Schmitt), 1 rte Saverne ℰ 87 24 16 16 – Ⲉ ⱽ𝐈𝐒𝐀
fermé 4 au 18 nov., 6 au 23 janv., dim. soir et lundi – **R** 230/420, enf. 85
Spéc. Pralin de foie gras d'Alsace, Aumonières croustillantes de langoustines, Gibier (sept. à mars). **Vins**
Gewurztraminer, Muscat.

PEUGEOT Klein, 6 r. 23-Novembre ℰ 87 24 35 36 🅽 ℰ 87 24 24 24

PHILIPPSBOURG 57230 Moselle 🔢 ⑱ – 468 h. alt. 215.

Voir Etang de Hanau★ NO : 5 km par N 62, G. Alsace Lorraine

Paris 444 – ◆Strasbourg 59 – Haguenau 27 – Wissembourg 41.

🍴 **Tilleul,** ℰ 87 06 50 10 – ℗. 🆎 ⓞ Ⲉ ⱽ𝐈𝐒𝐀
◆ *fermé 9 au 27 oct., 27 janv. au 19 fév., mardi soir et merc.* – **R** 52/240 ⅄, enf. 45.

PICHERANDE 63113 P.-de-D. 🔢 ⑬ – 530 h. alt. 1 123.

Paris 464 – ◆Clermont-Ferrand 69 – Issoire 52 – Le Mont-Dore 30.

🛥 **Central Hôtel,** ℰ 73 22 30 79 – 🆎 ⓞ Ⲉ ⱽ𝐈𝐒𝐀
◆ *fermé oct. et nov.* – **R** 60/125 ⅄ – 🖵 20 – **18 ch** 65/120 – ½ P 135.

906

PIERRE-BÉNITE 69 Rhône 74 ⑪ – rattaché à Lyon.

PIERRE-DE-BRESSE 71270 S.-et-L. 70 ③ **G. Bourgogne** – 2 097 h. alt. 202.

Voir Château★.

Paris 357 – Chalon-sur-Saône 40 – Beaune 46 – Dole 35 – Lons-le-Saunier 35.

Poste, face Château ✆ 85 76 24 47 – P. E VISA
fermé janv. – **R** *(fermé lundi soir et mardi)* 75/150, enf. 35 – ☐ 20 – **9 ch** 110/180 – ½ P 150/160.

PIERREFITTE-SUR-SAULDRE 41300 L.-et-Ch. 64 ⑳ – 907 h. alt. 130.

Paris 185 – Bourges 56 – Aubigny-sur-Nère 22 – Blois 67 – Salbris 13.

XX **Lion d'Or,** ✆ 54 88 62 14, – E VISA
fermé 1er au 15 sept., lundi et mardi – **R** 115/185.

PIERREFONTAINE-LES-VARANS 25510 Doubs 66 ⑰ – 1 608 h. alt. 694.

Paris 463 – ♦Besançon 52 – Montbéliard 59 – Morteau 32 – Pontarlier 48.

X **Commerce** avec ch, 1 Gde-rue ✆ 81 56 10 50 – ☎ P. E VISA
fermé 20 déc. au 20 janv. et lundi de mi-sept. à mi-juin – **R** 50/150 – ☐ 20 – **10 ch** 100/230 – ½ P 180/200.

X **Franche-Comté** avec ch, ✆ 81 56 12 62, – E VISA. ch
fermé 15 déc. au 15 janv. et lundi d'oct. à avril – **R** 48/150 – ☐ 20 – **7 ch** 100/225 – ½ P 140/150.

Rauchen bei Tisch verändert den Geschmack und stört die Nachbarn.
Denken Sie im Restaurant daran.

PIERRELATTE 26700 Drôme 81 ① – 11 653 h. alt. 60.

Syndicat d'Initiative pl. Champs-de-Mars ✆ 75 04 07 98.

Paris 627 – Bollène 14 – Montélimar 23 – Nyons 46 – Orange 32 – Pont-St-Esprit 16 – Valence 66.

Centre, 6 pl. Église ✆ 75 04 28 59 – ☎ P. E VISA
fermé 10 au 27 août – **R** voir rest. **Les Recollets** ci-après – ☐ 30 – **20 ch** 210/254.

Tricastin sans rest, r. Caprais-Favier ✆ 75 04 05 82 – TV ☎ P. E VISA
☐ 29 – **13 ch** 195/215.

XX **Les Recollets** - Hôtel du Centre, 6 pl. Église ✆ 75 96 83 10 – P. AE E VISA
fermé 4 au 28 août, vacances de fév., vend. soir et sam. – **R** 78/145, enf. 35.

au Sud 4 km sur N 7 :

Motel de Pierrelatte sans rest, ✆ 75 04 07 99 – P. E VISA.
fermé 15 janv. au 15 fév. – ☐ 35 – **22 ch** 190/310.

PEUGEOT-TALBOT Gar. du Midi, rte de St-Paul ✆ 75 04 00 27
PEUGEOT-TALBOT Éts Robert, 16 rte de Lyon ✆ 75 04 21 44
Jérome-Pneus, quartier Beauregard, N 7 ✆ 75 04 29 76

PILAT (Mont) ★★ 42 Loire 76 ⑨ **G. Vallée du Rhône**

Voir Crêt de l'Oeillon ★★★ 15 mn – Crêt de la Perdrix ★ 15 mn.

Paris 522 – ♦St-Étienne 25.

PILAT-PLAGE 33 Gironde 78 ⑫ – voir à Pyla-sur-Mer.

Le PIN-LA-GARENNE 61 Orne 60 ④ – rattaché à Mortagne-au-Perche.

PINSOT 38 Isère 77 ⑥ – rattaché à Allevard.

PIONSAT 63330 P.-de-D. 73 ③ – 1 210 h. alt. 530.

Paris 363 – Aubusson 57 – ♦Clermont-Ferrand 71 – Montluçon 30 – Vichy 80.

A la Queue du Milan, ✆ 73 85 60 71 – P. AE
R *(fermé lundi du 1er oct. au 31 mai)* 55/130, enf. 40 – ☐ 18 – **13 ch** 76/130 – ½ P 103/130.

PITHIVIERS SP 45300 Loiret 60 ⑳ **G. Châteaux de la Loire** – 9 812 h. alt. 120.

Office de Tourisme Mail-Ouest Gare Routière ✆ 38 30 50 02.

Paris 82 ① – Fontainebleau 45 ② – ♦Orléans 43 ⑤ – Chartres 73 ⑥ – Châteaudun 76 ⑥ – Montargis 45 ④.

Plan page suivante

La Chaumière, 77 av. République **(a)** ✆ 38 30 03 61, Fax 38 30 72 65 – TV ☎. E VISA
R 62/125, enf. 55 – ☐ 25 – **8 ch** 190/215 – ½ P 230/250.

XXX **Péché Mignon,** 48 fg Paris **(r)** ✆ 38 30 05 32 – P. AE E VISA
fermé 25 juil. au 7 août, 15 au 31 janv., dim. soir, mardi soir et lundi – **R** 125/245.

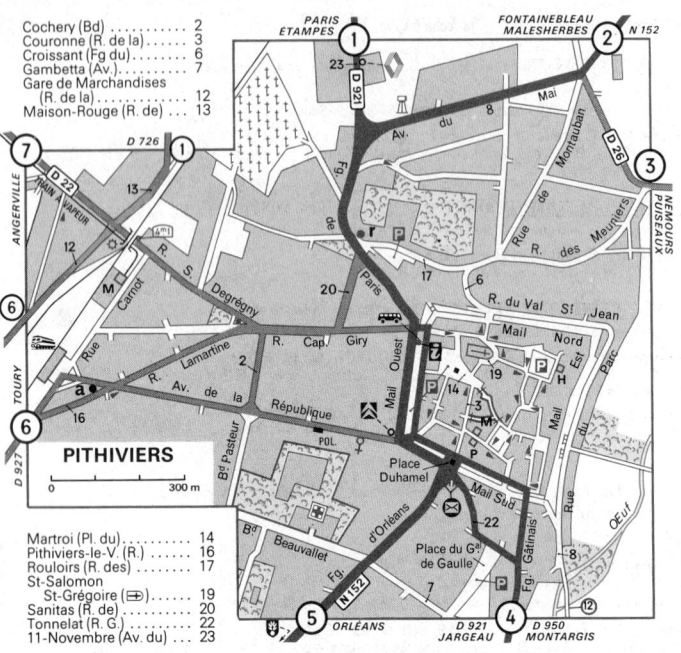

PITHIVIERS

Cochery (Bd) 2
Couronne (R. de la) 3
Croissant (Fg du) 6
Gambetta (Av.) 7
Gare de Marchandises
  (R. de la) 12
Maison-Rouge (R. de) ... 13

Martroi (Pl. du) 14
Pithiviers-le-V. (R.) 16
Rouloirs (R. des) 17
St-Salomon
  St-Grégoire (⇥) 19
Sanitas (R. de) 20
Tonnelat (R. G.) 22
11-Novembre (Av. du) ... 23

CITROEN Molvaut, 6 av. République
𝒫 38 30 19 22
DATSUN-NISSAN Gar. du Centre, 20 Mail Ouest
𝒫 38 30 04 12 **N**
FIAT Guenier Diffusion Autom., av. du 8 Mai
𝒫 38 30 77 77
PEUGEOT, TALBOT Balançon-Malidor, 76 fg
d'Orléans par ⑤ 𝒫 38 30 21 58

RENAULT Beauce-Gâtinais-Automobiles, av. 11-
Novembre 𝒫 38 30 28 56
V.A.G Delafoy-Caillette, rte d'Étampes
𝒫 38 30 16 05

⬗ La Centrale du Pneu, r. Gare-de-Marchandises
𝒫 38 30 20 08

PIZAY 69 Rhône 𝟟𝟜 ① – rattaché à Belleville.

La PLAGNE 73 Savoie 𝟟𝟜 ⑱ G. Alpes du Nord – alt. 1 980 – Sports d'hiver : 1 250/3 250 m ⛷8 ✚97 ⛷
– ⊠ **73210** Macot-La-Plagne.
Voir La Grande Rochette ⚹⚹** (accès par télécabine) – Télécabine de Bellecôte ≤** à Plagne-
Bellecôte E : 3 km.
🛈 Office du Tourisme le Chalet 𝒫 79 09 02 01, Télex 980043.
Paris 645 – Albertville 60 – Bourg-St-Maurice 31 – Chambéry 109 – Moûtiers 34.

🏨 **Graciosa** ⌂, 𝒫 79 09 00 18, Télex 309626, Fax 79 09 04 08, ≤ – 📺 ☎ 🅿. 🟢 ⓞ 🅔 𝘝𝘐𝘚𝘈.
⚘ rest
juil-août et déc.-1ᵉʳ mai – **R** 165/200 – � 45 – **14 ch** 350/410 – ½ P 370/460.

La PLAINE-SUR-MER 44770 Loire-Atl. 𝟞𝟟 ① – 2 006 h. alt. 33.
Paris 443 – ✦Nantes 58 – Pornic 7,5 – St-Michel-Chef-Chef 6,5 – St-Nazaire 27.

🏨 **Anne de Bretagne** Ⓜ ⌂, au **Port de Gravette** NO : 3 km 𝒫 40 21 54 72, Fax 40 21 02 33,
≤, ⌇, 🐖, ⚘ – ☎ 🅿 – 🔏 30 à 150. 🅔 𝘝𝘐𝘚𝘈. ⚘ rest
9 mars-15 nov. – **R** *(fermé lundi sauf le soir du 15 juin au 15 sept. et dim. soir hors sais.)*
105/260, enf. 70 – � 33 – **26 ch** 248/350 – ½ P 288/370.

PLAINPALAIS (Col de) 73 Savoie 𝟟𝟜 ⑯ – rattaché à La Féclaz.

PLAISANCE 12550 Aveyron 𝟪𝟹 ② – 282 h. alt. 253.
Paris 713 – Albi 42 – Millau 74 – ✦Montpellier 146 – Rodez 72.

XX **Les Magnolias** ⌂ avec ch, 𝒫 65 99 77 34, ☂, ⚘ – 📺 ☎ 🟢 🅔 𝘝𝘐𝘚𝘈
➡ *15 mars-15 nov.* – **R** 68/240 – � 30 – **6 ch** 220/290 – ½ P 175/215.

PLAISANCE **32160** Gers 82 ③ – 1 577 h. alt. 133.
Paris 701 – Auch 55 – Mont-de-Marsan 61 – Pau 65 – Aire-sur-L'Adour 30 – Condom 64 – Tarbes 44.

La Ripa Alta, ☎ 62 69 30 43, Fax 62 69 36 99 – ☎. AE ⓓ E VISA
fermé 15 nov. au 15 déc. – **R** *(fermé lundi midi du 1er oct. au 20 mars)* 78/320 ♁, enf. 50 – ☐ 32 – **14 ch** 100/330 – ½ P 175/280.

CITROEN Gar. Lenfant ☎ 62 69 32 13

PLANCOËT **22130** C.-d'Armor 59 ⑤ – 2 507 h. alt. 28.
Paris 416 – St-Malo 28 – Dinan 17 – Dinard 21 – St-Brieuc 47.

XXX ✿ **Chez Crouzil** M avec ch, à la gare ☎ 96 84 10 24, Fax 96 84 01 93, ⛱, ⛱ – TV ☎ P. E VISA. ✂ ch
fermé 3 au 10 juin, 11 au 25 nov., dim. soir (sauf juil.-août) et lundi – **R** 120/450, enf. 80 – ☐ 60 – **5 ch** 250/580 – ½ P 350/450
Spéc. Salade folle aux langoustines et foie gras, Huîtres chaudes et glacées au sabayon de Vouvray, Turbotin poêlé aux girolles à l'estragon.

PEUGEOT-TALBOT Gar. Neute René ☎ 96 84 11 24

Émeraude Pneumatiques ☎ 96 84 11 82

PLAN-DE-LA-TOUR **83120** Var 84 ⑰ – 1 687 h. alt. 69.
Paris 881 – Fréjus 31 – Cannes 71 – Draguignan 36 – St-Tropez 19 – Ste-Maxime 9.5.

Ponte Romano ⛯, S : 1,5 km par rte Grimaud ☎ 94 43 70 56, ≤, ⛱, « Mas provençal dans un joli jardin », ⛱ – ☎ P. AE E VISA. ✂ rest
mars-oct. – **R** *(fermé lundi sauf du 15 juin au 15 sept.)* (nombre de couverts limité - prévenir) 290, enf. 100 – ☐ 50 – **10 ch** 400/600.

Mas des Brugassières ⛯ sans rest, S : 1,5 km par rte Grimaud ☎ 94 43 72 42, ⛱, ⛱, ✂ – ⛱ ☎ P. E VISA
☐ 38 – **14 ch** 420/550.

à Courruères S : 3,5 km par rte Grimaud – ✉ **83120** Plan de la Tour :

Parasolis ⛯ sans rest, ☎ 94 43 76 05, ⛱ – P. ✂
15 mars-15 oct. – ☐ 35 – **15 ch** 230/340.

PLAN-D'ORGON **13750** B.-du-R. 84 ① – 1 885 h. alt. 70.
Paris 701 – Avignon 23 – Aix-en-Provence 53 – Arles 38 – ♦Marseille 78 – Nîmes 56.

Flamant Rose ⛯, rte St-Rémy ☎ 90 73 10 17, ⛱, ⛱ – ▤ rest TV ☎ P. E VISA
R 90/150 ♁, enf. 55 – ☐ 32 – **30 ch** 165/260 – ½ P 230/250.

PLAN-DU-VAR **06** Alpes-Mar. 84 ⑲, 195 ⑯ – alt. 141 – ✉ **06670** Levens.
Voir Gorges de la Vésubie★★★ NE – Défilé du Chaudan★★ N : 2 km.
Env. Bonson : site★, ≤★★ de la terrasse de l'église, retable de St-Benoît★ dans l'église NO : 9 km, G. Côte d'Azur.
Paris 947 – Antibes 39 – Cannes 49 – ♦Nice 31 – Puget-Théniers 34 – St-Étienne-de-T. 60 – Vence 27.

Cassini, rte Nationale ☎ 93 08 91 03, ⛱ – ☎ ⛱. E VISA
fermé 10 au 25 juin, 2 au 20 janv. et vend. sauf juil.-août – **R** 98/165 – ☐ 24 – **20 ch** 150/250 – ½ P 170/220.

PLAPPEVILLE **57** Moselle 57 ⑬ – rattaché à Metz.

PLASCASSIER **06** Alpes-Mar. 84 ⑧⑨, 195 ㉔ – rattaché à Grasse.

PLATEAU D'ASSY **74480** H.-Savoie 74 ⑧ G. Alpes du Nord – alt. 1 000.
Voir ✲★★★ – Église★ : décoration★★ – Pavillon de Charousse ✲★★ O : 2,5 km puis 30 mn – Lac Vert★ NE : 5 km.
Env. Plaine-Joux ≤★★ NE : 5,5 km.
ℹ Office de Tourisme av. J.-Arnaud ☎ 50 58 80 52.
Paris 599 – Chamonix 32 – Annecy 80 – Bonneville 41 – Megève 25 – Sallanches 12.

Tourisme sans rest, ☎ 50 58 80 54, ≤, ⛱ – ⛱ P. VISA
fermé 15 au 30 juin, 20 oct. au 5 nov. et merc. hors sais. – ☐ 28 – **15 ch** 100/210.

Chamois d'Or, à Bay SO : 4 km par D 43 ✉ 74190 Le Fayet ☎ 50 58 82 48, ≤ massif du Mont-Blanc, ⛱ – ⛱ P. E VISA. ✂ rest
fermé dim. soir et lundi hors sais. – **R** carte 140 à 190 – ☐ 28 – **20 ch** 145/200 – ½ P 200/220.

PEUGEOT-TALBOT Gar. Legon, à Passy ☎ 50 78 33 74

RENAULT Ducoudray, à Chedde Passy ☎ 50 78 33 77

PLÉHÉREL **22290** C.-d'Armor 59 ④ – alt. 74.
Paris 429 – St-Malo 38 – Dinan 38 – Dol-de-Bretagne 54 – Lamballe 29 – St-Brieuc 41 – St-Cast-le-Guildo 14.

XX **Le Victorine,** pl. Mairie ☎ 96 41 55 55 – E VISA
fermé 15 au 30 nov., fév., dim. soir et merc. de sept. à juin sauf fériés – **R** 99/250.

PLÉLAN-LE-GRAND 35380 I.-et-V. 63 ⑤ – 2 349 h. alt. 137.
Paris 384 – ♦Rennes 34 – Ploërmel 26 – Redon 50.

Bruyères, ✆ 99 06 81 38, – TV ☎ P
hôtel : fermé vacances de fév. ; rest. : fermé 25/12 au 1/1, vacances de fév., dim. soir et lundi midi en hiver – **R** 55/138, enf. 38 – ☕ 25 – **18 ch** 100/220 – ½ P 120/185.

CITROEN Gar. Guerin ✆ 99 06 81 29

PLÉNEUF-VAL-ANDRÉ 22370 C.-d'Armor 59 ④ – 3 801 h. alt. 70 – Casino au Val-André.
Paris 449 – St-Brieuc 29 – Dinan 43 – Erquy 9 – Lamballe 17 – St-Cast 29 – St-Malo 54.

au Val-André O : 2 km, **G. Bretagne** – ✉ **22370** Pléneuf-Val-André.
Voir Pointe de Pléneuf★ N 15 mn – Le tour de la Pointe de Pléneuf ←★★ N 30 mn.
Office de Tourisme 1 r. W.-Churchill ✆ 96 72 20 55.

Gd H. du Val André , r. Amiral Charner ✆ 96 72 20 56, ← – ch TV ☎ P – 30. E VISA. rest
hôtel : 23 mars-12 nov. ; rest. : 27 avril-29 sept. – **R** 120/260, enf. 60 – ☕ 34 – **39 ch** 310/340 – ½ P 337/367.

Clemenceau sans rest, 131 r. Clemenceau ✆ 96 72 23 70 – ☎ P. E VISA
fermé 7 janv. au 1er fév. – ☕ 28 – **23 ch** 230/330.

Casino sans rest, 10 r. Ch. Cotard ✆ 96 72 20 22 – P.
24 mars-oct. – ☕ 25 – **17 ch** 115/220.

XX ✿ **Cotriade** (Le Saout), au port de Piégu : 1 km ✆ 96 72 20 26, ← port – VISA
fermé 24 mai au 11 juin, mi-janv. à mi-fév., lundi soir et mardi – **R** (nombre de couverts limité - prévenir) 170/250
Spéc. Homard grillé "Cotriade", Noix de Saint-Jacques en cocotte lutée (nov. à avril), Poissons.

XX **Ajoncs d'Or,** plage des Vallées ✆ 96 72 29 81, ← côte et mer, – P. E VISA
19 mai-10 oct. et fermé mardi soir et merc. sauf juil.-août – **R** 105/300, enf. 50.

XX **Le Biniou,** 121 r. Clemenceau ✆ 96 72 24 35 – E VISA
15 mars-15 déc. et fermé jeudi – **R** 76/280, enf. 42.

XX **Mer** avec ch, r. Amiral Charner ✆ 96 72 20 44 – P. AE E VISA. rest
fermé 15 nov. au 15 déc., 10 janv au 4 fév. et mardi sauf de mi-avril à mi-oct. – **R** 69/265, enf. 42 – ☕ 24 – **24 ch** 140/260 – ½ P 220/250.

RENAULT Gar. Huitric ✆ 96 72 20 12

PLESSIS-PICARD 77 S.-et-M. 61 ①②, 106 ㉝ – rattaché à Melun.

Le PLESSIS-TRÉVISE 94 Val-de-Marne 61 ①, 101 ③ – voir à Paris, Environs.

PLESTIN-LES-GRÈVES 22310 C.-d'Armor 58 ⑦ **G. Bretagne** – 3 447 h. alt. 114.
Voir Lieue de Grève★ – Corniche de l'Armorique★ N : 2 km.
Syndicat d'Initiative à la Mairie ✆ 96 35 61 93.
Paris 531 – ♦Brest 77 – Guingamp 47 – Lannion 18 – Morlaix 20 – St-Brieuc 78.

Côtes d'Armor , rte Corniche N : 4 km par D 42 ✆ 96 35 63 11, ← – ☎ P. AE ⓓ E VISA
24 mars-30 sept. et week-ends d'oct. – **R** *(fermé lundi midi)* 95/250 ♁, enf. 60 – ☕ 35 – **20 ch** 200/260 – ½ P 220/260.

PLOEMEUR 56270 Morbihan 58 ⑫ – 14 008 h.
Paris 499 – Vannes 60 – Concarneau 53 – Lorient 5,5 – Quimper 64.

Les Astéries M, 1 pl. FFL (près église) ✆ 97 86 21 97, Télex 951573 – TV ☎ ♿ P – 50. E VISA. rest
hôtel : fermé sam. d'oct. à juin ; rest. : fermé vacances de nov., de Noël, sam. et dim. de sept. à juin – **R** 70/110 ♁ – ☕ 35 – **36 ch** 240/290 – ½ P 220/245.

à Lomener S : 4 km par D 163 – ✉ **56270** Ploemeur :

Le Vivier, ✆ 97 82 99 60, Fax 97 82 88 89, ← – rest TV ☎ . AE ⓓ E VISA
fermé du 2 au 21 janv. et dim. soir de sept. à juin – **R** 88/330, enf. 65 – ☕ 32 – **14 ch** 230/290 – ½ P 305.

PLOEUC-SUR-LIÉ 22150 C.-d'Armor 58 ⑩ – 3 140 h. alt. 210.
Paris 449 – St-Brieuc 22 – Lamballe 26 – Loudéac 25.

Commerce, ✆ 96 42 10 36, – P. E VISA. rest
fermé dim. soir du 1er nov. au 1er mars – **R** 60/140 ♁, enf. 40 – ☕ 22 – **42 ch** 150/210 – ½ P 195/215.

PLOGOFF 29770 Finistère 58 ⑬ – 2 138 h. alt. 65.
Paris 602 – Quimper 45 – Audierne 10 – Douarnenez 32 – Pont-L'Abbé 42.

Ker-Moor, E : 2,5 km plage du Loch ✆ 98 70 62 06, ← – P.
vacances de printemps-30 sept. – **R** 65/150 ♁ – ☕ 20 – **20 ch** 115/150 – ½ P 185.

Voir La Feuillée Nouvelle ⩽★ 5 km par ②.

🛈 Office de Tourisme r. Stanislas (fermé matin oct.-avril) ✆ 29 66 01 30.

Paris 397 ④ – Belfort 76 ② – Épinal 30 ④ – Gérardmer 42 ① – Vesoul 48 ② – Vittel 66 ④.

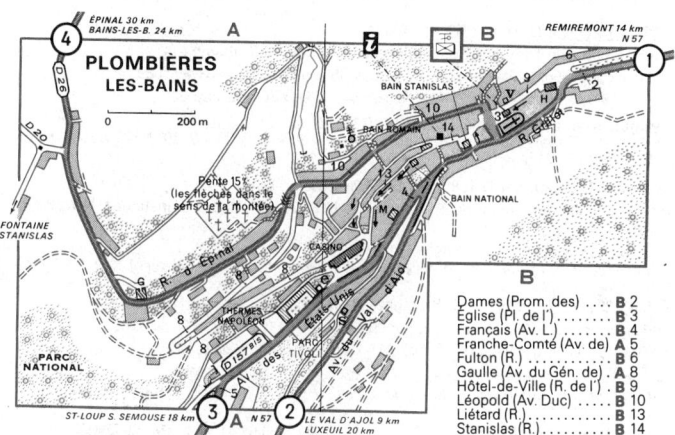

PLOMBIÈRES-LES-BAINS

Dames (Prom. des)	B 2
Église (Pl. de l')	B 3
Français (Av. L.)	B 4
Franche-Comté (Av. de)	A 5
Fulton (R.)	B 6
Gaulle (Av. du Gén. de)	A 8
Hôtel-de-Ville (R. de l')	B 9
Léopold (Av. Duc)	B 10
Liétard (R.)	B 13
Stanislas (R.)	B 14

🏨 **Gd Hôtel**, 2 av. États-Unis ✆ 29 66 00 03, 🍽, ℅ – 🛎 🅿 🖻 📴 ℅ rest   AB **e**
29 avril-5 oct. – **R** 94 ⅄ – ⊑ 23 – **115 ch** 122/274.

🏨 **Host. Les Rosiers** ⌂, par ② : 1 km ✆ 29 66 02 66, ⩽, 🍽 – ☎ 🅿 📴 ⓪ 🖻
📴
fermé 15 déc au 15 fév. et lundi de déc. à mars – **R** 78/150 – ⊑ 25 – **20 ch** 110/210 –
½ P 170/200.

🏨 **Modern'H** Ⓜ, av. Th. Gautier ✆ 29 66 04 02, ⩽ – 📺 ☎ 📴 ⓪ 🖻 📴 ℅ rest   B **s**
15 avril-10 oct. – **R** 80/160 ⅄, enf. 40 – ⊑ 20 – **49 ch** 155/185 – ½ P 155/170.

🏨 **Commerce**, r. Hôtel de Ville ✆ 29 66 00 47, 🔟 – ☎ 🖻 📴   B **v**
1er mai-15 oct. – **R** 68/140 ⅄, enf. 40 – ⊑ 22 – **45 ch** 125/165 – ½ P 145/170.

près de la Fontaine Stanislas -A-SO : 4 km – alt. 600 – ⊠ **88370** Plombières-les-B. :

🏨 **Fontaine Stanislas** ⌂, ✆ 29 66 01 53, ⩽, « En forêt, jardin » – ↦ ch ☎ ⇦ 🅿 📴
🖻 📴 ℅ rest
1er avril-30 sept. – **R** 75/210, enf. 54 – ⊑ 24 – **19 ch** 100/250 – ½ P 160/225.

Paris 571 – Quimper 26 – Douarnenez 34 – Pont-l'Abbé 5,5.

🏨 **Ferme du Relais Bigouden** Ⓜ ⌂ sans rest, à Pendreff, S : 2,5 km sur D 57
✆ 98 58 01 32, 🍽 – 📺 ☎ 🅿 🖻 📴
fermé janv. – ⊑ 27 – **16 ch** 230/270.

✕✕ **Relais Bigouden** Ⓜ avec ch, ✆ 98 82 04 79, 🍽 – ☎ 🦽 40. 🖻 📴
fermé 2 au 31 janv. – **R** 57/320 ⅄, enf. 44 – ⊑ 27 – **14 ch** 215/245 – ½ P 235/255.

Paris 184 – Charleville-Mézières 58 – Hirson 18 – Laon 46 – ♦Reims 66.

✕ **Le Huteau**, ✆ 23 98 81 21, 🍽 – 🖻 📴
fermé 15 juil. au 10 août, dim. soir et merc. – **R** 140, enf. 60.

Voir Retables★ de la chapelle Ste-Marie-du-Ménez-Hom N : 3,5 km – Charpente★ de la chapelle
St-Côme NO : 4,5 km, **G. Bretagne**.

Paris 563 – Quimper 29 – ♦Brest 59 – Châteaulin 12 – Crozon 26 – Douarnenez 20.

🏨 **Relais Porz-Morvan** ⌂ sans rest, E : 3 km ✆ 98 81 53 23, 🍽, ℅ – 🅿 📴 ℅
Pâques-oct. et vacances scolaires – ⊑ 30 – **12 ch** 250/270.

🏠 **La Crémaillère**, ✆ 98 81 50 10, 🍽 – ⇦
fermé oct., sam. et dim. de nov. à Pâques – **R** 70/145, enf. 40 – ⊑ 23 – **26 ch** 150/210 –
½ P 190/250.

Paris 571 – Quimper 18 – Douarnenez 26 – Guilvinec 14 – Plouhinec 21 – Pont-l'Abbé 7.

🏠 **Mairie,** r. J. Ferry ☎ 98 87 61 34, 🚗 – ☎ 🅿 ⋿ 𝗩𝗜𝗦𝗔
➡ *fermé 1ᵉʳ au 20 janv.* – **R** 60/320 ⅄, enf. 50 – ⊑ 28 – **18 ch** 120/265 – ½ P 200/250.

🏠 **Ty Didrouz** ⅏, r. Croas ar Bléon ☎ 98 87 62 30 – 🕾 🅿 ⓞ ⋿ 𝗩𝗜𝗦𝗔 ✄
➡ *fermé janv.* – **R** 65/250, enf. 45 – ⊑ 23 – **12 ch** 203/228 – ½ P 205/217.

PLOUDALMÉZEAU 29830 Finistère 🔢 ③ – 4 771 h. alt. 50.

Voir Clocher-porche★ de Lampaul-Ploudalmézeau N : 3 km, G. Bretagne

🅘 Office de Tourisme pl. Église (vacances de printemps, 15 juin-15 sept.) ☎ 98 48 11 88.
Paris 613 – ◆Brest 26 – Carhaix-Plouguer 112 – Landerneau 43 – Morlaix 76 – Quimper 97.

XX **Voyageurs** avec ch, pl. Église ☎ 98 48 10 13 – ⋿ 𝗩𝗜𝗦𝗔
➡ *fermé 1ᵉʳ au 15 mars, 15 sept. au 7 oct., dim. soir et lundi* – **R** 65/170 ⅄ – ⊑ 22 – **10 ch** 95/150 – ½ P 180/215.

    à Kersaint O : 4 km par D 168 – ✉ **29236** Porspoder.

    Voir Parc de stationnement de Trémazan ≼★ NO : 2 km – Route touristique★ NO : 2 km, G. Bretagne

🏠 **Host. du Castel,** ☎ 98 48 63 35 – 🅿 🅰🅴 ⋿ 𝗩𝗜𝗦𝗔
➡ *15 mai-30 sept. et fermé dim. soir et lundi* – **R** 70/200 – **12 ch** (½ pens. seul.) – ½ P 229/249.

PLOUESCAT 29430 Finistère 🔢 ⑤ G. Bretagne – 3 957 h. alt. 33.

🅘 Syndicat d'Initiative r. St Julien (15 juin-août) ☎ 98 69 62 18 et à la Mairie ☎ 98 69 60 13.
Paris 572 – ◆Brest 43 – Brignogan-Plage 16 – Morlaix 34 – Quimper 95 – St-Pol-de-Léon 15.

🏨 **Caravelle,** 20 r. Calvaire ☎ 98 69 61 75 – ☎ – 🛥 30. 🅰🅴 ⓞ ⋿ 𝗩𝗜𝗦𝗔
➡ **R** *(fermé 20 janv. au 16 fév. et lundi hors sais.)* 58/260 ⅄, enf. 45 – ⊑ 26 – **16 ch** 185/240 – ½ P 200.

🏠 **Baie du Kernic,** rte Brest O : 1,5 km sur D 10 ☎ 98 69 63 41 – ☎ 🅿 ⓞ ⋿ 𝗩𝗜𝗦𝗔
➡ *fermé 1ᵉʳ nov. au 1ᵉʳ déc., dim. soir et lundi du 15 sept. au 1ᵉʳ juil.* – **R** 65/350, enf. 50 – ⊑ 25 – **16 ch** 120/250 – ½ P 200/300.

XX **L'Azou** avec ch, r. Gén. Leclerc ☎ 98 69 60 16 – 🅰🅴 ⓞ ⋿ 𝗩𝗜𝗦𝗔
➡ *fermé 29 sept. au 16 oct., 13 au 23 janv., merc. midi et mardi sauf juil.-août* – **R** 60/340 ⅄, enf. 48 – ⊑ 26 – **8 ch** 140/180 – ½ P 220.

CITROEN Rouxel ☎ 98 69 60 03 🅽 ☎ 98 69 83 43   RENAULT Quillec ☎ 98 69 61 10 🅽

PLOUGASNOU 29630 Finistère 🔢 ⑥ G. Bretagne – 3 434 h. alt. 51.

Voir St-Jean du Doigt : Enclos paroissial : trésor★★, église★, fontaine★ SE : 2,5 km – Ste-Barbe ≼★ NO : 2 km – Pointe de Primel★ NO : 4 km puis 30 mn.

🅘 Syndicat d'Initiative r. des Martyrs (fermé après-midi hors saison) ☎ 98 67 31 88.
Paris 545 – ◆Brest 77 – Guingamp 64 – Lannion 34 – Morlaix 17 – Quimper 94.

🏠 **France,** pl. Église ☎ 98 67 30 15, 🚗 – ☎ 🅿 ⋿ 𝗩𝗜𝗦𝗔 ✄
➡ **R** 70/250 – ⊑ 24 – **21 ch** 130/250 – ½ P 170/220.

CITROEN Gar. Moal Frères ☎ 98 67 35 20   RENAULT Gar. Nicolas ☎ 98 67 34 53
RENAULT Gar. Prigent, à Kermébel ☎ 98 72 30 65

PLOUGASTEL-DAOULAS 29470 Finistère 🔢 ④ G. Bretagne – 9 611 h. alt. 110.

Voir Calvaire★★ – Site★ de la chapelle St-Jean NE : 5 km – Kernisi ⁂★ SO : 4,5 km.
Env. Pointe de Kerdéniel ⁂★★ SO : 8,5 km puis 15 mn.
Paris 580 – ◆Brest 11 – Morlaix 56 – Quimper 62.

🏨 **Kastel Roc'h,** à l'échangeur de la D 33 ☎ 98 40 32 00, Fax 98 04 25 46, 🚗 – 🛗 📺 ☎
➡ 🅿 – 🛥 80. 🅰🅴 ⓞ ⋿ 𝗩𝗜𝗦𝗔
    R *(fermé sam. midi et vend.)* 65/115 ⅄, enf. 35 – ⊑ 35 – **45 ch** 200/235 – ½ P 220.

XXX **Le Chevalier de l'Auberlac'h,** ☎ 98 40 54 56 – 🅰🅴 ⋿ 𝗩𝗜𝗦𝗔
    R *(fermé dim. soir)* 105/250.

CITROEN Gar. du Centre, 2 r. Neuve ☎ 98 40 36 23

PLOUGOULM 29250 Finistère 🔢 ⑤ – 1 788 h. alt. 53.

Voir Château de Kérouzéré★ NO : 3,5 km, G. Bretagne.
Paris 561 – ◆Brest 57 – Brignogan-Plage 27 – Morlaix 25 – St-Pol-de-Léon 6.

XX **Le Ressac,** à Kerbrat N : 2 km ☎ 98 29 90 34, ≼ – 🅿 🅰🅴 ⋿ 𝗩𝗜𝗦𝗔
➡ *1ᵉʳ mai-31 oct. et fermé dim. soir et lundi sauf juil.-août* – **R** 80/198, enf. 50.

PLOUGUERNEAU 29880 Finistère 🔢 ④ – 5 317 h. alt. 62.
Paris 602 – ◆Brest 29 – Landerneau 31 – Morlaix 62 – Quimper 94.

    à la Plage de Lilia NO : 5 km par D 71 :

🏠 **Castel Ac'h,** ☎ 98 04 70 11, ≼ – ☎ 🕭 🅿 🅰🅴 ⋿ 𝗩𝗜𝗦𝗔
➡ **R** 70/200 ⅄, enf. 45 – ⊑ 28 – **29 ch** 135/225 – ½ P 200/240.

PLOUHARNEL 56 Morbihan 🔢 ⑪⑫ – rattaché à Carnac.

PLOUHINEC 29780 Finistère 🔢 ⑭ – 5 066 h. alt. 101.
Paris 585 – Quimper 31 – Audierne 4,5 – Douarnenez 20 – Pont-l'Abbé 28.

🏛 **Ty Frapp**, r. de Rozavot ℰ 98 70 89 90, Fax 98 70 81 04 – 📺 ☎ 🅿 🖪 🆅🆂🅰 ⚯ ch
fermé 24 déc. au 31 janv. – **R** *(fermé dim. soir et lundi sauf juil.-août)* 95/190 ⅃ – ☲ 30 –
25 ch 140/220 – ½ P 210/260.

PLOUIDER 29260 Finistère 🔢 ④ – 1 871 h. alt. 75.
Paris 585 – ♦Brest 30 – Landerneau 19 – Morlaix 41 – Quimper 82 – St-Pol-de-Léon 28.

🟋🟋 de la Butte avec ch, ℰ 98 25 40 54, 🚗 – ☎ 🅿
10 ch.

PLOUIGNEAU 29610 Finistère 🔢 ⑥⑦ – 3 729 h. alt. 160.
Paris 529 – ♦Brest 69 – Carhaix-Plouguer 49 – Guingamp 43 – Huelgoat 31 – Lannion 36 – Morlaix 10 –
Quimper 91.

🟋🟋 **An Ty Korn** avec ch, pl. Église ℰ 98 67 72 72, 🚗, 🚗 – 🅰🅴 🅾 🖪 🆅🆂🅰
➤ **R** *(fermé 15 sept. au 10 oct., dim. soir et lundi sauf juil.-août)* 60/300 ⅃ – ☲ 30 – **7 ch**
150/200 – ½ P 260/300.

PLOUMANACH 22 C.-d'Armor 🔢 ① – rattaché à Perros-Guirec.

PLOUNÉRIN 22780 C.-d'Armor 🔢 ⑦ – 689 h. alt. 186.
Paris 513 – St-Brieuc 63 – Carhaix-Plouguer 46 – Lannion 23 – Morlaix 25.

🟋🟋🟋 ❀ **Patrick Jeffroy** avec ch, ℰ 96 38 61 80 – ☎ 🅿 🖪 🆅🆂🅰
fermé 1ᵉʳ au 7 juin, 1ᵉʳ au 7 oct., 1ᵉʳ au 15 janv., dim. soir et lundi du 15 sept. au 15 juin –
R 150/345, enf. 75 – ☲ 40 – **3 ch** 270/300 – ½ P 320/400
Spéc. Bouillie d'avoine poêlée et crêpe de sarasin, Rouget aux épices (mai à sept.), Figues rôties au ratafia
de cassis.

PLUGUFFAN 29 Finistère 🔢 ⑮ – rattaché à Quimper.

PLUMELEC 56420 Morbihan 🔢 ③ – 2 466 h. alt. 166.
Paris 437 – Vannes 25 – Josselin 15 – Locminé 18 – Ploërmel 27 – ♦Rennes 87.

🏠 **Lion d'Or**, pl.Église ℰ 97 42 24 19 – 🅿 🅰🅴 🆅🆂🅰
➤ *fermé 15 sept. au 15 oct. et sam. sauf juil.-août* – **R** 65/160 ⅃, enf. 45 – ☲ 19 – **15 ch**
110/160 – ½ P 150/170.

Le POËT-LAVAL 26 Drôme 🔢 ② – rattaché à Dieulefit.

POILHES 34 Hérault 🔢 ⑭ – rattaché à Capestang.

POINCY 77 S.-et-M. 🔢 ⑬ – rattaché à Meaux.

POINTE – voir au nom propre de la pointe.

POINT-SUBLIME 04 Alpes-de-H.-P. 🔢 ⑥ G. Alpes du Sud – alt. 783 – ✉ 04120 Castellane.
Voir ≼*** sur Grand Canyon du Verdon 15 mn – Couloir Samson** S : 1,5 km – Rougon ≼*
N : 2,5 km – Clue de Carejuan* E : 4 km.
Env. Belvédères SO : de l'Escalès*** 9 km, de Trescaïre** 8 km, du Tilleul** 10 km, des
Glacières** 11 km, de l'Imbut** 13 km.
Paris 848 – Digne 72 – Castellane 18 – Draguignan 54 – Manosque 77 – Salernes 65 – Trigance 13.

🟋 **Aub. Point Sublime** 🌿 avec ch, ℰ 92 83 60 35, ≼, 🚗 – 🅿 🖪 🆅🆂🅰 ⚯ rest
➤ *23 mars-3 nov.* – **R** 66/145, enf. 45 – ☲ 23 – **14 ch** 135/170 – ½ P 175/190.

POINT-SUBLIME 48 Lozère 🔢 ⑤ G. Gorges du Tarn – alt. 861.
Voir ≋*** sur Canyon du Tarn.

Le POIRÉ-SUR-VIE 85170 Vendée 🔢 ⑬ – 4 960 h. alt. 54.
Paris 436 – La Roche-sur-Yon 14 – Cholet 64 – Nantes 53 – Les Sables-d'Olonne 41.

🏠 **Centre**, ℰ 51 31 81 20, 🚗 – ☎ 🅰🅴 🖪 🆅🆂🅰
➤ *fermé vend. soir et dim. soir hors sais.* – **R** 60/260 ⅃, enf. 50 – ☲ 26 – **32 ch** 105/265 –
½ P 238/360.

CITROEN Gar. Piveteau, 2 r. Écoliers   RENAULT Gar. Bretadeau ℰ 51 06 45 00
ℰ 51 31 80 42 🅽 ℰ 51 31 85 08

POISSON 71 S.-et-L. 🔢 ⑰ – rattaché à Paray-le-Monial.

POISSY 78300 Yvelines 55 ⑱, 106 ⑰, 101 ⑪⑫ G. Ile de France – 36 553 h. alt. 27.

Voir Église N.-Dame★.

🛈 Syndicat d'Initiative 132 r. Gén.-de-Gaulle ℰ (1) 30 74 60 65.

Paris 38 ③ – Mantes-la-Jolie 29 ④ – Pontoise 17 ② – Rambouillet 48 ④ – St-Germain-en-Laye 7 ③.

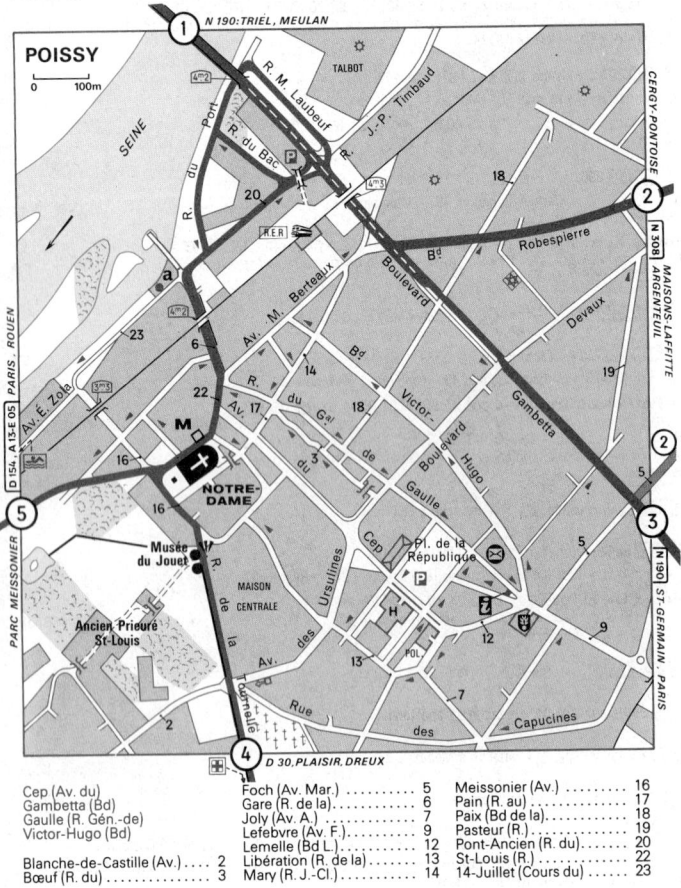

Cep (Av. du)	Foch (Av. Mar.) 5	Meissonier (Av.) 16
Gambetta (Bd)	Gare (R. de la) 6	Pain (R. au) 17
Gaulle (R. Gén.-de)	Joly (Av. A.) 7	Paix (Bd de la) 18
Victor-Hugo (Bd)	Lefebvre (Av. F.) 9	Pasteur (R.) 19
	Lemelle (Bd L.) 12	Pont-Ancien (R. du) 20
Blanche-de-Castille (Av.) 2	Libération (R. de la) 13	St-Louis (R.) 22
Bœuf (R. du) 3	Mary (R. J.-Cl.) 14	14-Juillet (Cours du) 23

※※ ✿ **Esturgeon** (Soulat), 6 cours 14-Juillet **(a)** ℰ (1) 39 65 00 04, ≤ – 🖭 ⓞ 🇪 𝕍𝕀𝕊𝔸
    fermé août, 27 fév. au 5 mars et jeudi – **R** *carte 250 à 350*
    Spéc. Foie gras, Filets de sole "Esturgeon", Caneton aux cerises.

CONSTRUCTEUR : Talbot, 45 r. J.-P.-Timbaud ℰ (1) 39 65 40 00

FIAT-LANCIA A.O.P., 29 bd Robespierre ℰ (1) 30
74 02 80
FORD Gar. Gambetta, 18 av. F.-Lefebvre ℰ (1) 39
65 17 67
RENAULT Bagros-Heid, 1 r. Pont à Triel-sur-Seine
par ① ℰ (1) 39 70 60 29

RENAULT Gar. Pihan, 78 bd Robespierre par ②
ℰ (1) 39 65 40 94 🅽 ℰ (1) 39 11 50 00

🅖 Marsat-Pneus Poissy-Pneus, 40 bd Robespierre
ℰ (1) 39 65 29 09

Pour vos voyages, en complément de ce guide utilisez :

   – Les **guides Verts Michelin** régionaux
     paysages, monuments et routes touristiques.
   – Les **cartes Michelin** à 1/1 000 000 grands itinéraires
     1/200 000 cartes détaillées.

Voir Église N.-D.-la-Grande★★ : façade★★★ DY – Église St-Hilaire-le-Grand★★ CZ – Cathédrale★ DZ **B** – Église Ste-Radegonde★ DZ **Q** – Baptistère St-Jean★ DZ – Grande salle★ du Palais de Justice DY **J** – Boulevard Coligny ⩽★ BVX – Musée Ste-Croix★★ DZ **M**.

📇 Golf Club Poitevin 🖉 49 61 23 13, E : 3 km par D 6 AX ; 📇 du Haut-Poitou 🖉 49 62 53 62, par ① N 10 : 22 km – ✈ de Poitiers-Biard : T.A.T. 🖉 49 58 28 85 AV.

🖪 Office de Tourisme 8 r. Grandes-Écoles 🖉 49 41 21 24 – A.C. 2 r. Claveurier 🖉 49 41 65 27.

Paris 334 ① – Angers 136 ⑦ – ◆Limoges 119 ③ – ◆Nantes 178 ⑥ – Niort 74 ⑤ – ◆Tours 100 ①.

Plans pages suivantes

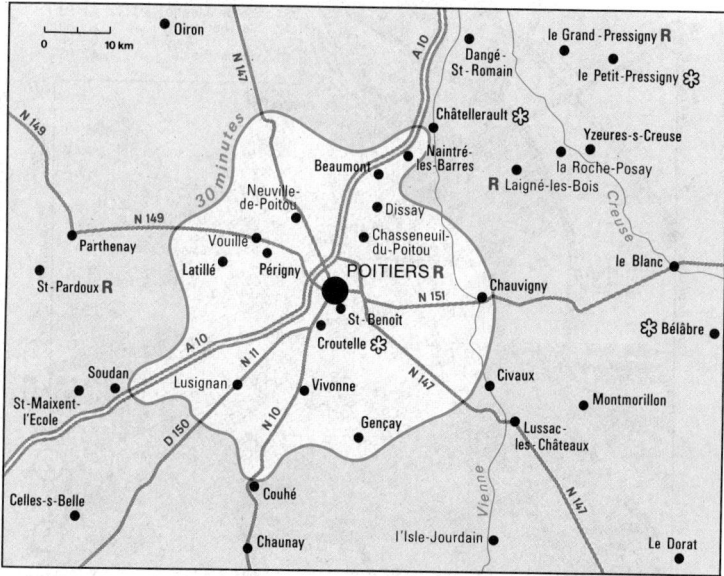

🏨 **France et rest. Royal Poitou,** 215 rte de Paris 🖉 49 01 74 74, Télex 790526, Fax 49 01 74 73 – ⬛ 📺 ☎ 🅿 – 🔬 60. 🆎 ① Ε 🆅🅸🆂🅰
R 90/220 – ☲ 30 – **57 ch** 320/380 – ½ P 300/325.
BV **a**

🏨 **Europe** 🌿 sans rest, 39 r. Carnot 🖉 49 88 12 00, Fax 49 88 97 30, 🚗 – ⬛ 📺 ☎ 🕭 ☞
🅿 ① Ε 🆅🅸🆂🅰
☲ 27 – **78 ch** 220/350.
CZ **n**

🏨 **Continental** M sans rest, 2 bd Solférino 🖉 49 37 93 93, Télex 793160 – ⬛ 📺 ☎ 🕭. 🆎 ① Ε 🆅🅸🆂🅰
☲ 28 – **39 ch** 229/267.
CY **r**

🏨 **Ibis Sud** M, S : 3 km sur N 10 par ⑤ 🖉 49 53 13 13, Télex 791556, Fax 49 53 03 73 – ⬛ 📺 ☎ 🅿 – 🔬 30 à 80. 🆅🅸🆂🅰
R 90 bc, enf. 35 – ☲ 29 – **117 ch** 250/300.

🏨 **Relais Pictave** M, 220 av. Jacques Coeur (près CHRU) par ③ 🖉 49 45 07 07, Fax 49 45 07 08 – 📺 ☎ 🕭 🅿 – 🔬 25. 🆎 Ε 🆅🅸🆂🅰
R 69/178 🖪 – ☲ 22 – **43 ch** 168/192 – ½ P 183/216.
BX **a**

🏨 **Gibautel** M sans rest, rte Nouaillé 🖉 49 46 16 16, Fax 49 46 85 97 – 📺 ☎ 🕭 🅿 – 🔬 30. 🆎 Ε 🆅🅸🆂🅰
☲ 28 – **36 ch** 210/240.
BX **b**

🏨 **Ibis Beaulieu** M, quartier Beaulieu 🖉 49 61 11 02, Télex 790354, Fax 49 01 72 76 – 📺 ☎ 🕭 🅿 – 🔬 40. 🆎 Ε 🆅🅸🆂🅰
R (fermé dim. d'oct. à mai) 74/120 🖪, enf. 38 – ☲ 29 – **47 ch** 235/275.
BX **t**

🏨 **Plat d'Étain** 🌿 sans rest, 7 r. Plat d'Étain 🖉 49 41 04 80 – 📺 ☎ 🕭. 🆎 ① Ε 🆅🅸🆂🅰
fermé 22 déc. au 11 janv. – ☲ 25 – **24 ch** 200/350.
DY **s**

🏨 **Climat de France,** quartier Beaulieu 🖉 49 61 38 75, Télex 792022, Fax 49 44 24 42 – 📺 ☎ 🕭 🅿 – 🔬 40 à 120. 🆎 ① Ε 🆅🅸🆂🅰
R 80/100 🖪, enf. 40 – ☲ 30 – **70 ch** 210/270.
BX **d**

🏨 **Arcade** M sans rest, 15 r. Petit Bonneveau 🖉 49 88 30 42, Télex 793167, Fax 49 55 11 87 – ⬛ 📺 ☎ 🕭 🅿. 🆎 Ε 🆅🅸🆂🅰
☲ 35 – **75 ch** 265/285.
CZ **f**

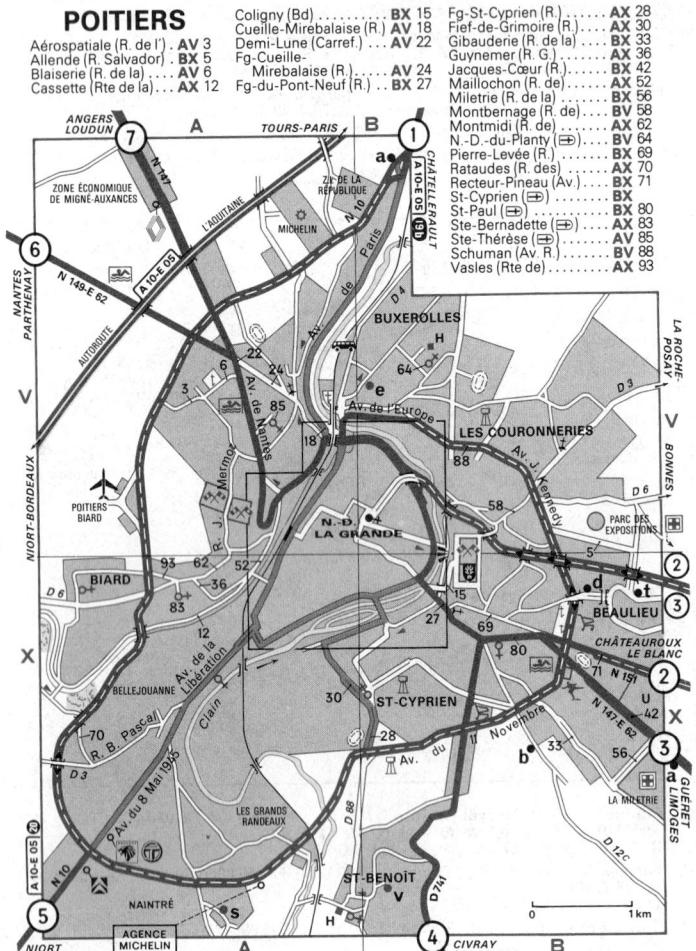

POITIERS

Aérospatiale (R. de l') ... **AV** 3
Allende (R. Salvador) . **BX** 5
Blaiserie (R. de la) .... **AV** 6
Cassette (Rte de la)... **AX** 12

Coligny (Bd) .... **BX** 15
Cueille-Mirebalaise (R.) **AV** 18
Demi-Lune (Carref.) ... **AV** 22
Fg-Cueille-
    Mirebalaise (R.).... **AV** 24
Fg-du-Pont-Neuf (R.) . **BX** 27

Fg-St-Cyprien (R.) ..... **AX** 28
Fief-de-Grimoire (R.).... **BX** 30
Gibauderie (R. de la) ... **BX** 33
Guynemer (R. G.) .... **AX** 36
Jacques-Cœur (R.)..... **BX** 42
Maillochon (R. de) ..... **BX** 52
Miletrie (R. de la) ...... **BX** 56
Montbernage (R. de) .. **BV** 58
Montmidi (R. de) .... **BX** 62
N.-D.-du-Planty (⊟)) ... **BV** 64
Pierre-Levée (R.) ...... **BX** 69
Rataudes (R. des) ...... **BX** 70
Recteur-Pineau (Av.) .. **BX** 71
St-Cyprien (⊟) .... **BX**
St-Paul (⊟) .... **BX** 80
Ste-Bernadette (⊟) .... **BX** 83
Ste-Thérèse (⊟) .... **AV** 85
Schuman (Av. R.) ...... **BV** 88
Vasles (Rte de) .... **AX** 93

XXX **Maxime,** 4 r. St-Nicolas ℰ 49 41 09 55 – ⅍ Ɛ 𝑉𝐼𝑆𝐴   DZ **u**
fermé 10 au 20 juil., 10 au 20 août, 5 au 15 janv., sam. et dim. – **R** 95/220.

XXX **Jack Rolland,** 16 r. Carnot ℰ 49 88 14 41, produits de la mer – ▤ ⅍ ⓪ Ɛ 𝑉𝐼𝑆𝐴   CZ **v**
fermé 13 juil. au 16 août, dim. soir et lundi – **R** 140/200.

XX **St Hilaire,** 65 r. T. Renaudot ℰ 49 41 15 45, « Salle voûtée du 12ᵉ siècle » – 𝑉𝐼𝑆𝐴   CZ **b**
fermé 4 au 26 août, lundi midi et dim. – **R** 110/300, enf. 80.

XX **Armes d'Obernai,** 19 r. A. Ranc ℰ 49 41 16 33 – ▤ ⅍ ⓪ Ɛ 𝑉𝐼𝑆𝐴   CY **e**
fermé 3 au 16 sept., 18 fév. au 9 mars, dim. soir et lundi – **R** (nombre de couverts limité - prévenir) 100/210.

XX **Aub. de la Cigogne,** à Buxerolles 20 r. Planty ⊠ 86180 Buxerolles ℰ 49 45 61 47, ♔,
✿ – ⅍ Ɛ 𝑉𝐼𝑆𝐴   BV **e**
fermé vacances de printemps, mi-juil. à mi août, dim. et lundi – **R** 175 ♨.

à St-Benoît S : 4 km par D 88 - ABX – 5 950 h. – ⊠ **86280** :

XXX **Chalet de Venise** ⌂ avec ch, r. Square ℰ 49 88 45 07, ♔, ✿ – ☎ ℗ – 🔏 25. ⅍ Ɛ
𝑉𝐼𝑆𝐴 ✕   BX **v**
fermé 1ᵉʳ au 15 sept., vacances de fév., dim. soir et lundi – **R** 90/190 – ⊂⊃ 28 – **10 ch** 200.

XX **A l'Orée des Bois** avec ch, rte Ligugé ℰ 49 57 11 44 – ℗ Ɛ 𝑉𝐼𝑆𝐴   AX **s**
⟶ *hôtel : fermé dim. soir ; rest. : fermé 5 au 20 août, vacances de nov., de fév., dim. soir et lundi –* **R** 68/200 ♨, enf. 50 – ⊂⊃ 20 – **14 ch** 100/190 – ½ P 170/230.

à Croutelle échangeur Poitiers-sud, par ⑤ : 6 km sur N 10 – ✉ **86240** :

🏨 **Mondial** Ⓜ ♨ sans rest, ℰ 49 55 44 00, Télex 793376, Fax 49 55 33 49, ⌿ – 📺 ☎ ᓫ
Ⓟ – ⚿ 30. 🆎 ⓞ Ɛ 𝘝𝘐𝘚𝘈
🗜 30 – **40 ch** 250/465.

XXX ❀ **Pierre Benoist,** ℰ 49 57 11 52, 🍴, 🌳 – Ⓟ. 🆎 Ɛ 𝘝𝘐𝘚𝘈
fermé dim. soir et lundi – **R** (nombre de couverts limité-prévenir) carte 220 à 400
Spéc. Huîtres chaudes et Saint-Jacques au Sancerre (oct. à avril), Croustillant de ris de veau farci, Côtelettes
de pigeon aux échalotes confites. **Vins** Haut-Poitou.

à Chasseneuil-du-Poitou par ① : 9 km par N 10 et direction Chasseneuil-centre – 3 067 h.
– ✉ **86360** :

🏨 **Château Clos de la Ribaudière** Ⓜ ♨, près Mairie ℰ 49 52 86 66, Fax 49 52 86 32,
parc – ⇆ rest 📺 ☎ ᓫ Ⓟ. 🆎 ⓞ Ɛ 𝘝𝘐𝘚𝘈. ⅏ rest
R 115/245 – 🗜 45 – **19 ch** 300/440 – ½ P 400/500.

rte de Paris par ① : 9 km sur N 10 – ✉ **86360** Chasseneuil :

🏨 **Novotel** Ⓜ, ℰ 49 52 78 78, Télex 791944, Fax 49 52 86 04, 🍴, parc, ⌿, ⅏ – 🛗 ▤ 📺
☎ ᓫ Ⓟ – ⚿ 25 à 300. 🆎 ⓞ Ɛ 𝘝𝘐𝘚𝘈
R carte environ 150 ᓶ, enf. 50 – 🗜 48 – **89 ch** 380/460.

🏨 **Mercure Relais de Poitiers,** ℰ 49 52 90 41, Télex 790502, Fax 49 52 90 46, ⌿, 🌳 – 🛗
⇆ ▤ rest 📺 ☎ Ⓟ – ⚿ 25 à 1 000. 🆎 ⓞ Ɛ 𝘝𝘐𝘚𝘈
R 95/225 ᓶ, enf. 40 – 🗜 43 – **90 ch** 445/495, 6 appart. 520/550.

tourner →

POITIERS

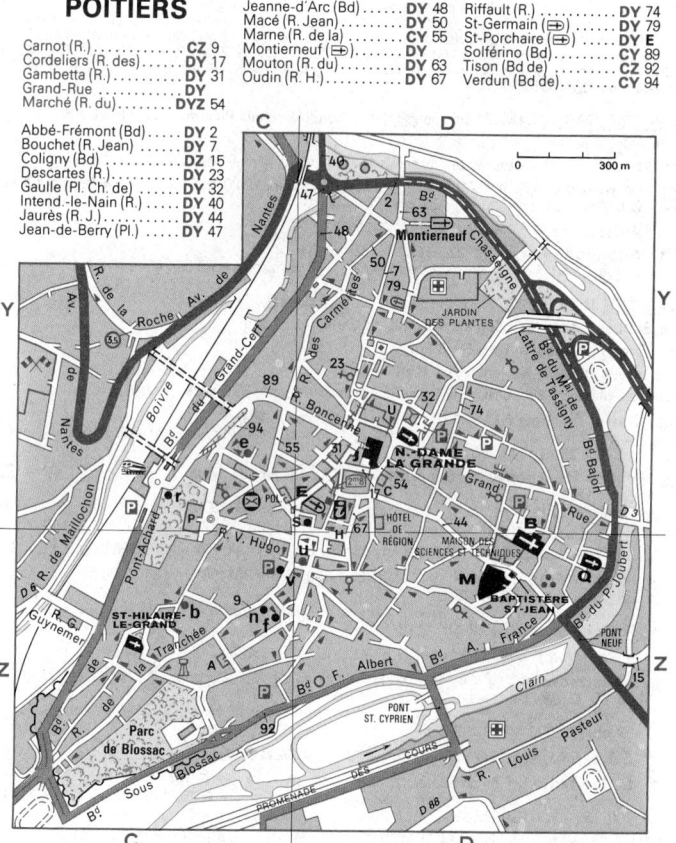

sur l'aire du Futuroscope N : 10 km par A 10 - sortie Futuroscope – ⊠ **86360** Chasseneuil-du-Poitou :

🏨 **Angleterre** Ⓜ, ℰ 49 49 40 00, Fax 49 49 40 40, 🍽 – 📶 ⋘ 🍽 rest 📺 ☎ & 🅿 – 🔬 50. ⁂ ⓪ Ɛ 𝑽𝑰𝑺𝑨
R 140/260, enf. 60 – 🗷 40 – **78 ch** 280/310 – ½ P 310.

🏨 **Deltasun** Ⓜ, ℰ 49 49 01 01, Fax 49 49 01 10, 🍽, 🛥, – 📶 ⋘ ch 🍽 rest 📺 ☎ & 🅿 – 🔬 60. ⁂ 𝑽𝑰𝑺𝑨
R 95/220 ₰ – 🗷 38 – **75 ch** 230/350 – ½ P 210/270.

rte de Bordeaux par ⑤ : 7 km – ⊠ **86240** Ligugé :

🏨 **Bois de la Marche** Ⓜ, ℰ 49 53 10 10, Télex 790133, Fax 49 55 32 25, parc, ⚖ – 📶 📺 ☎ & 🅿 – 🔬 50 à 180. ⁂ ⓪ Ɛ 𝑽𝑰𝑺𝑨
R 90/220 – 🗷 30 – **51 ch** 250/380 – ½ P 300/325.

à Périgny par ⑥ et D 43 : 17 km - – 3 280 h. – ⊠ **86190** Vouillé :

🏨 **Château de Périgny** ⚘, ℰ 49 51 80 43, Télex 791400, Fax 49 51 90 09, ≤, 🍽, parc, 🛥, ⚖ – 📶 ⋘ rest 📺 ☎ 🅿 – 🔬 25 à 100. ⁂ ⓪ Ɛ 𝑽𝑰𝑺𝑨
1ᵉʳ mars- 1ᵉʳ nov. – **R** 160/310, enf. 75 – 🗷 39 – **39 ch** 450/975, 4 appart. 1250 – ½ P 485/697.

MICHELIN, Agence, 174 av. des Hauts de la Chaume à St-Benoît AX ℰ 49 57 13 59

AUSTIN, ROVER, SAAB Auto-Sport, N 147 à Migné-Auxances ℰ 49 51 57 57
BMW Auto Hall, N 10 ZA à Fontaine-le-Comte ℰ 49 53 16 72
CITROEN Diffusion Automobile du Poitou, 157 av. 8-Mai-1945 ℰ 49 53 05 34 🄽
CITROEN S.E.D.P. Autos, à Croutelle par ⑤ ℰ 49 53 06 14
FORD R. M.-Autom., rte de Saumur à Migné-Auxances ℰ 49 51 69 09
MERCEDES-PORSCHE-MITSUBISHI Poitou Autos Services, rte de Saumur ℰ 49 51 54 63
NISSAN Gar. Bourgoin, 12 r. Torchaise à Vouneuil-sous-Biard ℰ 49 57 10 07

PEUGEOT-TALBOT Sté Com. Automobile du Poitou, 137 av. 8-Mai-1945 ℰ 49 53 04 51
RENAULT S.A.C.O.A., rte de Saumur à Migné-Auxances ℰ 49 51 61 61
SEAT Europe Autos, 27 r. des Deux-Communes à Buxerolles ℰ 49 47 77 76
V.A.G Brillant Autom., ZI Demi-Lune, rte de Nantes ℰ 49 58 23 29

🛞 Chouteau, r. Moulin à St-Benoît ℰ 49 57 20 77
Interpneus, 13 bd Jeanne-d'Arc ℰ 49 88 11 92
Perry-Pneus, 27 bd Pont-Joubert ℰ 49 01 83 11
Perry-Pneus, 174 av. 8-Mai-1945 ℰ 49 57 25 82

POIX-DE-PICARDIE 80290 Somme 🄘🄘 ⑰ G. Flandres Artois Picardie – 1 831 h. alt. 106.

🄑 Office de Tourisme r. St-Denis ℰ 22 90 08 25.

Paris 121 – Abbeville 43 – ♦Amiens 28 – Beauvais 44 – Dieppe 79 – Forges-les-Eaux 42.

🏨 **Le Cardinal** Ⓜ, ℰ 22 90 08 23, Télex 145379, Fax 22 90 18 61 – ☎ – 🔬 80. ⁂ ⓪ Ɛ 𝑽𝑰𝑺𝑨
R 67/195, enf. 38 – 🗷 27 – **35 ch** 220/245.

à Caulières O : 7 km par N 29 – ⊠ **80590** :

XX **Aub. de la Forge,** ℰ 22 38 00 91 – ⁂ Ɛ 𝑽𝑰𝑺𝑨
fermé 12 au 30 août et vacances de fév. – **R** (dim.-prévenir) 90/240, enf. 50.

POLIGNY 39800 Jura 🄘🄘 ④ G. Jura (plan) – 5 182 h. alt. 327.

Voir Statues★ dans la collégiale – Culée de Vaux★ S : 2 km.

Env. Cirque de Ladoye ≤★★ S : 8 km.

🄑 Syndicat d'Initiative 85 Grande Rue ℰ 84 37 24 21.

Paris 401 – ♦Besançon 60 – Chalon-sur-Saône 75 – Dole 37 – Lons-le-Saunier 28 – Pontarlier 66.

🏨 **Paris,** 7 r. Travot ℰ 84 37 13 87, 🔲 – ☎ 🚗. Ɛ 𝑽𝑰𝑺𝑨
fermé 2 nov. au 1ᵉʳ fév., mardi midi et lundi du 1ᵉʳ fév. au 30 juin – **R** 78/200 ₰, enf. 55 – 🗷 26 – **25 ch** 130/270 – ½ P 200/240.

🏨 **Vallée Heureuse,** rte Genève ℰ 84 37 12 13, Fax 84 37 08 75, ≤, 🍽, 🛥, 🌳 – 📺 ☎ 🅿. Ɛ 𝑽𝑰𝑺𝑨
fermé lundi midi et merc. sauf vacances scolaires – **R** 100/390 ₰, enf. 80 – 🗷 41 – **10 ch** 400/450 – ½ P 380/400.

aux Monts de Vaux : SE : 4,5 km par rte Genève – alt. 560 – ⊠ **39800** Poligny. Voir ≤★.

🏨 **Host. Monts de Vaux** ⚘, ℰ 84 37 12 50, Télex 361493, Fax 84 37 09 07, ≤, parc, ⚖ – 📺 ☎ 🚗 🅿. ⁂ ⓪ Ɛ 𝑽𝑰𝑺𝑨
fermé fin oct. à fin déc., mardi sauf le soir en juil.-août et merc. midi de sept. à juin – **R** carte 180 à 350 – **10 ch** 🗷 450/750 – ½ P 500/720.

à Passenans SO : 11 km par N 83 et D 57 – ⊠ **39230** :

🏨 **Revermont** ⚘, ℰ 84 44 61 02, Fax 84 47 64 83, ≤, 🍽, parc, 🛥, ⚖ – 📶 ☎ 🚗 🅿 – 🔬 60. Ɛ 𝑽𝑰𝑺𝑨. ✕ rest
fermé 1ᵉʳ janv. au 1ᵉʳ mars, dim. soir et lundi d'oct. à mars – **R** 86/230, enf. 45 – 🗷 30 – **28 ch** 175/320 – ½ P 197/276.

à Montchauvrot SO : 13 km sur N 83 – ⊠ **39230** Sellières :

🏨 **La Fontaine,** ℰ 84 85 50 02, 🍽, 🌳 – ☎ 🅿 – 🔬 50. Ɛ 𝑽𝑰𝑺𝑨
fermé 23 déc. au 1ᵉʳ fév., dim. soir et lundi hors sais. – **R** 75/250, enf. 45 – 🗷 27 – **20 ch** 150/260 – ½ P 220/255.

RENAULT Comte-Automobile ℰ 84 37 24 80 🄽   🛞 Chevassu-Pneus ℰ 84 37 15 67

POLLIAT 01310 Ain 🎴 ② – 1 841 h. alt. 213.

Paris 414 – Mâcon 24 – Bourg-en-Bresse 10 – ◆Lyon 72 – Villefranche-sur-Saône 53.

  🏠 **Place,** ℰ 74 30 40 19 – ☎. Ⓔ 𝕍𝕀𝕊𝔸
        fermé 3 au 11 juin, 30 sept. au 15 oct., 4 a 8 janv., lundi (sauf hôtel) et dim. soir –
        R 75/200 ⅃ – ⬜ 25 – **9 ch** 115/250 – ½ P 210/250.

  ✕ **Coq Bressan,** ℰ 74 30 40 16 – Ⓔ 𝕍𝕀𝕊𝔸
        fermé 11 au 28 juin, 15 au 31 oct., merc. soir et jeudi – **R** 75/160.

RENAULT Gar. Guigue ℰ 74 30 41 63   Gar. Subtil ℰ 74 30 40 24

POLLIONNAY 69290 Rhône 🎴 ⑲⑳ – 1 088 h. alt. 417 – Paris 461 – ◆Lyon 18 – L'Arbresle 13 – Montbrison 64.

  ✕ **Terrasse,** ℰ 78 48 12 06, ☂ – Ⓟ. 𝕍𝕀𝕊𝔸
        fermé 15 fév. au 15 mars et lundi – **R** 95/125 ⅃.

POLMINHAC 15800 Cantal 🎴 ⑫ – 1 221 h. alt. 650.

Paris 542 – Aurillac 16 – Murat 35 – Vic-sur-Cère 5.

  🏠 **Parasols,** N 122 ℰ 71 47 40 10, <, ☂ – ☎ Ⓟ. Ⓔ 𝕍𝕀𝕊𝔸
 ➜ *fermé oct. –* **R** 65/120, enf. 40 – ⬜ 22 – **28 ch** 140/190 – ½ P 160/180.

  🏠 **Bon Accueil** ☜, près gare ℰ 71 47 40 21, <, ☂ – ▤ rest ☎ Ⓟ. Ⓔ 𝕍𝕀𝕊𝔸. ☒
 ➜ *fermé 10 oct. au 1ᵉʳ déc. dim. soir et lundi midi sauf vacances scolaires –* **R** 55/110 ⅃,
        enf. 35 – ⬜ 20 – **23 ch** 140/200 – ½ P 160/170.

PONS 17800 Char.-Mar. 🎴 ⑤ G. Poitou Vendée Charentes – 5 364 h. alt. 20.

Voir Donjon★ de l'ancien château – Hospice des Pèlerins★ SO par D 732 – Boiseries★ du château d'Usson 1 km par D 249 – 🅱 Syndicat d'Initiative Donjon de Pons (15 juin-15 sept.) ℰ 46 96 13 31.

Paris 493 – Royan 41 – Blaye 60 – ◆Bordeaux 96 – Cognac 23 – La Rochelle 93 – Saintes 22.

  🏠 ❀ **Aub. Pontoise** (Chat), 23 av. Gambetta ℰ 46 94 00 99, Fax 46 91 33 40 – ▤ rest 📺
        &, ☜. Ⓔ 𝕍𝕀𝕊𝔸 – *fermé 21 déc. au 30 janv., lundi midi du 1ᵉʳ juil. au 15 sept., dim. soir et*
        lundi du 15 sept. au 30 juin – **R** 150/300, enf. 65 – ⬜ 48 – **22 ch** 230/420
        Spéc. Gourmandises du sud-ouest, Lamproie au vin de Bordeaux, Marguerite de magret de canard aux
        senteurs d'Orient.

   à St-Léger NO : 5 km par N 137 et D 249 – ✉ 17800 :

  ✕✕ **Le Rustica** ☜ avec ch, ℰ 46 96 91 75, ☂ – Ⓟ. Ⓔ 𝕍𝕀𝕊𝔸
 ➜ *fermé 7 au 18 oct., 9 au 13 déc., 20 au 26 fév., mardi soir et merc. du 15 sept. au 15 juin –*
        R 60/250 ⅃, enf. 35 – ⬜ 20 – **7 ch** 105/130 – ½ P 145.

   à Pérignac NE : 8 km par rte de Cognac – ✉ 17800 :

  ✕✕ **La Gourmandière,** ℰ 46 96 36 01, ☂, ☂ – Ⓔ 𝕍𝕀𝕊𝔸
        fermé vacances de fév., dim. soir hors sais. et lundi sauf le soir en juil.-août – **R** 100/
        230 ⅃, enf. 60.

   à Mosnac S : 11 km par rte Bordeaux et D 134 – ✉ 17240 :

  🏰 ❀❀ **Moulin de Marcouze** (Bouchet) Ⓜ ☜, ℰ 46 70 46 16, Télex 793453, Fax 46 70 48 14,
        parc, « Élégante hostellerie au bord de la Seugne », ⌘ – ▤ 📺 ☎ & Ⓟ. ᴬᴱ Ⓔ 𝕍𝕀𝕊𝔸
        fermé vacances de fév., merc. midi et mardi du 15 sept. au 30 juin sauf fériés – **R** 180/400 et carte –
        ⬜ 65 – **10 ch** 490/650
        Spéc. Ravioli de petits gris, Gigot d'agneau de sept heures, Gratin de fruits.

FORD Gar. Royer, 15 r. de Bordeaux   RENAULT Menet, 3 r. G. Clemenceau
ℰ 46 91 30 65   ℰ 46 91 26 30
PEUGEOT, TALBOT Relais de Saintonge, 7 cours
Alsace-Lorraine ℰ 46 91 32 47

PONTACQ 64530 Pyr.-Atl. 🎴 ⑦ – 2 534 h. alt. 365.

Paris 790 – Pau 28 – Laruns 47 – Lourdes 12 – Nay 14 – Oloron-Ste-Marie 50 – Tarbes 19.

  🏠 **Béarn Bigorre,** S : 2 km rte Lourdes ✉ 65380 Ossun ℰ 59 53 57 55, ☂ – ☎ Ⓟ. Ⓔ 𝕍𝕀𝕊𝔸
 ➜ *1ᵉʳ avril-20 oct. –* **R** 70/115 – ⬜ 24 – **18 ch** 150/240 – ½ P 160/200.

RENAULT Gar. Pujo ℰ 59 53 50 57 Ⓝ ℰ 59 53 55 93

PONT-A-MOUSSON 54700 M.-et-M. 🎴 ⑬ G. Alsace Lorraine (plan) – 15 746 h. alt. 181.

Voir Place Duroc★ – Anc. abbaye des Prémontrés★.

🅱 Syndicat d'Initiative 52 pl. Duroc ℰ 83 81 06 90 – A.C. 21 bd Ney ℰ 83 81 01 21.

Paris 326 – ◆Metz 31 – ◆Nancy 31 – Toul 33 – Verdun 65.

  🏠 **Bagatelle** Ⓜ, 47 r. Gambetta ℰ 83 81 03 64, Fax 83 81 12 63, ☂, ⌘ – 📺 ☎ Ⓟ. ᴬᴱ ⓞ
        Ⓔ 𝕍𝕀𝕊𝔸 – *fermé 22 déc. au 5 janv. –* **R** *(fermé sam. midi, dim. soir et lundi)* 95/250 ⅃, enf. 45
        – ⬜ 35 – **18 ch** 270/350 – ½ P 245.

  🏠 **Relais de la Poste,** 42 bis r. V. Hugo ℰ 83 81 01 16 – 📺 ☎. ᴬᴱ Ⓔ 𝕍𝕀𝕊𝔸
        R *(fermé dim. soir)* 90/230, enf. 50 – ⬜ 26 – **18 ch** 180/245 – ½ P 250.

  ✕ **Le Horne,** 37 pl. Duroc (1ᵉʳ étage) ℰ 83 81 04 50 – ᴬᴱ Ⓔ 𝕍𝕀𝕊𝔸
 ➜ *fermé lundi –* **R** 60/120 ⅃, enf. 40.

à Blénod-lès-Pont-à-Mousson S : 2 km par N 57 – ⊠ **54700** :

✗ **Aub. des Thomas,** 100 av. V. Claude ℰ 83 81 07 72, 佘 – 丄E ⓞ E 𝘝𝘐𝘚𝘈
fermé 1er au 15 août, vacances de fév., dim. soir et lundi – **R** (nombre de couverts limité, prévenir) 120/230.

CITROEN Europ Auto RM, av. des États-Unis   ⑩ Pneu Cella-Dimoff, 111 r. R.-Blum
ℰ 83 81 01 31   ℰ 83 81 15 35
PEUGEOT-TALBOT Gar. André, r. Pont-Mouja,
Blénod ℰ 83 81 01 08

PONTARION 23250 Creuse 𝟕𝟐 ⑨ G. Berry Limousin– 379 h. alt. 443.

Paris 376 – Limoges 59 – Aubusson 29 – Bourganeuf 10 – Guéret 27 – Montluçon 78.

🏠 **Rôtisserie du Thaurion,** ℰ 55 64 50 78, 涼 – ⓟ. E 𝘝𝘐𝘚𝘈. ⅍
fermé 3 nov. au 15 déc., dim. soir et lundi du 15 déc. au 31 mai – **R** 65/220 ⅄ – ⊆ 25 –
14 ch 80/190 – ½ P 160/180.

PONTARLIER ⬉𝗦𝗣 25300 Doubs 𝟕𝟎 ⑥ G. Jura – 18 817 h. alt. 837.

Voir Vitraux modernes★ de l'église Ste-Bénigne B – Les Rosiers ⩽★★ 2 km par ② – Cluse★★ de
Pontarlier 4 km par ② – Château de Joux★ 4 km par ②.

Env. Grand Taureau ⅍★★ par ② : 11 km.

🅱 Office de Tourisme 56 r. République ℰ 81 46 48 33.

Paris 452 ③ – ◆Bâle 177 ① – Beaune 141 ③ – Belfort 124 ④ – ◆Besançon 58 ④ – Dole 88 ③ – ◆Genève 119
② – Lausanne 70 ② – Lons-le-Saunier 77 ③ – Neuchâtel 53 ②.

PONTARLIER

	Bernardines (Pl. des).... **AB** 3	Mathez (R. Jules) .... **B** 26
	Bernardines (R. des) .... **B** 4	Morand (R.) .... **A** 29
	Capucins (R. des) .... **A** 5	Parc (R. du) .... **A** 30
République (R. de la) .. **AB** 32	Crétin (Pl.) .... **B** 7	Remparts (R. des) ..... **AB** 31
St-Étienne (R. du Fg) .... **B**	Doubs (R. de) .... **B** 8	Tissot (R.) .... **AB** 37
St-Pierre (Pl.) .... **A** 34	Gare (R. de la) .... **AB** 9	Vannolles (R. de) ..... **B** 38
Ste-Anne (R.) .... **AB** 35	Jeanne-d'Arc (R.) ...... **B** 12	Vieux-Château (R. du) ... **A** 39
	Marguet (Pl.) .... **B** 24	Villingen-
Arçon (Pl. d') .... **A** 2	Marpaud (R.) .... **A** 25	Schwenningen (Pl. de) **A** 40

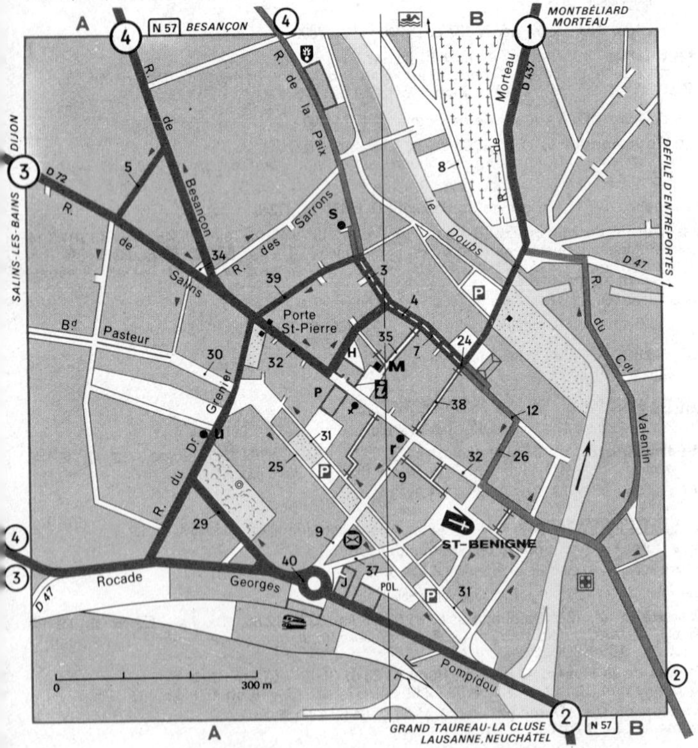

🏨 **Commerce,** 18 r. Dr Grenier ✆ 81 39 04 09, Fax 81 46 71 48 – 🛗 📺 ☎ 🅿 🖭 🖲 🎫
➝ ferm. vend. soir du 10 nov. au 15 déc. – **R** 65/160, enf. 45 – ⬚ 35 – **30 ch** 200/300 –
½ P 230.
        A **u**

🏨 **Gd H. Poste,** 55 r. République ✆ 81 39 18 12, Fax 81 46 71 48 – 🛗 ☎ ⟸
22 ch.
        B **r**

🏨 **Parc** sans rest, 1 r. Moulin Parnet ✆ 81 46 85 92 – ☎ ⟸ 🅿 🖭 🖲 🎫
⬚ 28 – **20 ch** 140/280.
        A **s**

🏠 **Villages H.,** par ③ : 1 km ✆ 81 46 71 78, Télex 361188 – 📺 ☎ & 🅿 – 🔬 80. 🖭 🖲 🎫
➝ **R** 60/180 ⅃ – ⬚ 25 – **52 ch** 190/235 – ½ P 320/340.

   Autres ressources hôtelières :

   Voir *Oye et Pallet, Les Grangettes, Malbuisson*.

CITROEN SERA. 8 r. Donnet Zedel par ③
✆ 81 46 54 77
FIAT Gar. Dornier, 55 r. Salins ✆ 81 39 09 85
FORD Gar. Roussillon, 115 rte de Besançon
✆ 81 39 11 68
OPEL, GM Gar. Belle-Rive, 78 r. de Besançon
✆ 81 39 14 42
PEUGEOT, TALBOT Gar. Beau-Site, 29 av. Armée-
de-l'Est par ② ✆ 81 39 23 95 🆕

RENAULT Gar. Deffeuille, r. Fée-Verte ZI par ③
✆ 81 46 56 55 🆕
TOYOTA Graber, 73 r. de Besançon ✆ 81 39 17 80

◎ La Maison du Pneu, 3 r. Lavaux ✆ 81 39 19 01
Pneu Pontissalien, 35 r. Eiffel ✆ 81 39 33 87

PONTAUBAULT 50220 Manche 🗺 ⑧ – 476 h. alt. 31.
Paris 310 – St-Malo 60 – Avranches 7 – Dol-de-Bretagne 34 – Fougères 33 – ♦Rennes 68 – St-Lô 63.

🏠 **13 Assiettes,** N : 1 km sur N 175 ✆ 33 58 14 03, Télex 772173, 🌳, Maison du 16ᵉ siècle,
➝ 🌳 – 📺 ☎ 🅿 🖲 🎫
fermé 2 janv. au 15 mars et merc. hors sais. – **R** 60/210, enf. 38 – ⬚ 25 – **34 ch** 150/250 –
½ P 195/290.

à Céaux O : 4 km sur D 43 – ✉ **50220** :

🏠 **Au P'tit Quinquin,** ✆ 33 70 97 20 – 📺 ☎ 🅿 🖲 🎫
fermé 5 janv. au 5 fév. – **R** 80/150 ⅃, enf. 38 – ⬚ 25 – **20 ch** 110/230 – ½ P 180/230.

PONTAUBERT 89 Yonne 🗺 ⑯ – rattaché à Avallon.

PONT-AUDEMER 27500 Eure 🗺 ④ G. Normandie Vallée de la Seine – 10 156 h. alt. 9.
Voir Vitraux★ de l'église St-Ouen.
🛈 Office de Tourisme pl. Maubert ✆ 32 41 08 21.
Paris 168 ① – ♦Rouen 52 ① – ♦Caen 74 ⑤ – Évreux 69 ② – ♦Le Havre 48 ① – Lisieux 36 ④.

PONT-AUDEMER

Clemencin (R. Paul) 5
Gambetta (R.) 13
Jaurès (R. Jean) 18
République (R. de la) 27
Thiers (R.) 32
Victor-Hugo (Pl.) 35

Canel (R. Alfred) 2
Carmélites (R. des) 3
Cordeliers (R. des) 6
Delaquaize (R. S.) 7
Déportés (R. des) 8
Épée (Impasse de l') 9
Félix-Faure (Quai)
Ferry (R. Jules) 12
Gaulle (Pl. Général de) 14
Gillain (Pl. Louis) 16
Goulley (Pl. J.)
Joffre (R. Mar.) 20
Kennedy (Pl.)
Leblanc (Quai R.) 21
Maquis-Surcouf (R.) 22
Maubert (Pl.) 23
Pasteur (Bd)
Pot-d'Étain (Pl. du) 25
Président-Coty (R. du) 26
St-Ouen (Impasse) 29
Seule (Rue de la) 30
Verdun (Pl. de) 34

*Pour les grands voyages
d'affaires ou de tourisme,*
**guide Rouge Michelin
Main Cities EUROPE.**

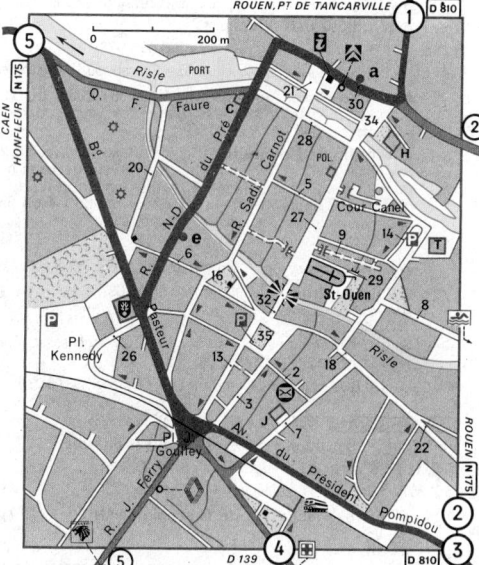

🏨 **Belle Isle sur Risle** ⏚, 112 rte Rouen ℰ 32 56 96 22, Télex 306022, Fax 32 42 88 96, « Sur une île, parc », ⏚, ☐, 🏊 – 🖵 ☎ 🅟, 🆎 E VISA
fermé 15 janv. au 15 fév. – **R** 275/325, enf. 135 – ☑ 60 – **14 ch** 550/1300 – ½ P 610/910.

✕✕✕ **La Frégate,** 4 r. La Seûle (a) ℰ 32 41 12 03 – 🆎 ⓪ E VISA
fermé 16 au 31 juil., vacances de fév., mardi soir et merc. – **R** 130/200.

✕✕ **Aub. du Vieux Puits** ⏚ avec ch, 6 r. N.-D.-du-Pré (e) ℰ 32 41 01 48, « Maison normande ancienne, bel intérieur rustique, jardin » – 🖵 ☎ 🅟, E VISA, ✼ ch
fermé 1er au 10 juil., 17 déc. au 17 janv., lundi soir et mardi – **R** 260 – ☑ 34 – **12 ch** 200/360.

à Corneville-sur-Risle par ② : 6 km – ✉ 27500 :

🏨 **Cloches de Corneville,** ℰ 32 57 01 04, 🍽, « Carillon de l'opérette », ☞ – 🖵 ☎ 🅟 – 🕸 30, E VISA
R *(fermé 15 nov. au 15 déc., 20 fév. au 2 mars, jeudi midi et merc.)* 150, enf. 80 – ☑ 38 – **12 ch** 250/360 – ½ P 320/369.

à Campigny par ③ et D 29 : 6 km – ✉ 27500 :

🏨 **Le Petit Coq aux Champs** ⏚, ℰ 32 41 04 19, Télex 172524, Fax 32 56 06 25, 🍽, parc, « Chaumière normande dans la campagne », ☐, ☎ 🅟, 🆎 ⓪ E VISA
fermé 3 au 15 janv. – **R** 180/300, enf. 110 – ☑ 50 – **12 ch** 550/1050 – ½ P 700/845.

CITROEN Gar. Roulin, 7 r. de la Seule par ② ℰ 32 41 01 56
CITROEN Gar. Roulin, Z.I. r. Gén.-Koening par ② ℰ 32 41 01 56
DATSUN-NISSAN Hartog, 7 pl. L.-Gillain ℰ 32 41 04 16
FIAT Vacher, 16 r. Marquis-Surcouf ℰ 32 41 03 04
FORD Gar. Valmont, 20 rte de Honfleur à St-Germain-Village ℰ 32 41 05 48
OPEL Gar. des Deux Ponts, 22 r. Notre-Dame-du-Pré ℰ 32 41 00 13

PEUGEOT Delamare, ZI Rocade Sud ℰ 32 41 00 47
RENAULT Sovère, rte d'Honfleur à St-Germain-Village par r. J.-Ferry ℰ 32 41 31 64
RENAULT Fouquet, 13 r. J.-Ferry ℰ 32 41 11 98 🄽
V.A.G Durfort, 10 rte de Rouen ℰ 32 41 01 57

🅶 Marsat Pneus, rte de Bernay à St-Germain-Village ℰ 32 42 15 46
Stat. La Risle, 67 rte de Rouen ℰ 32 41 14 11
Subé-Pneurama, r. Fossés ℰ 32 41 14 89

PONTAULT-COMBAULT 77 S.-et-M. 🖽 ②⑩. 🗐 ㉘ – voir à Paris, Environs.

PONTAUMUR 63380 P.-de-D. 🖽 ⑬ – 992 h. alt. 538.
Paris 408 – ◆Clermont-Ferrand 44 – Aubusson 48 – Le Mont-Dore 63 – Montluçon 74 – Ussel 62.

🏨 **Poste,** ℰ 73 79 90 15 – ☎ 🚗 – 🕸 25, E VISA, ✼ ch
fermé 3 au 10 juin, 15 déc. au 1er fév., dim. soir et lundi sauf juil.-août – **R** 75/220, enf. 50 – ☑ 26 – **15 ch** 160/250 – ½ P 150/190.

PEUGEOT Thiallier-Comes ℰ 73 79 90 02

PONT-AVEN 29930 Finistère 🖽 ⑪⑯ G. Bretagne – 3 295 h. alt. 30.
Voir Promenade au Bois d'Amour★.
🅱 Office de Tourisme pl. Hôtel de Ville ℰ 98 06 04 70.
Paris 524 – Quimper 32 – Carhaix-Plouguer 62 – Concarneau 15 – Quimperlé 17 – Rosporden 14.

🏨 **Ajoncs d'Or,** pl. Hôtel de Ville ℰ 98 06 02 06 – 🖵 ☎ E VISA
fermé 28 nov. au 24 déc. – **R** *(fermé dim. soir et lundi d'oct. à mai)* 80/190, enf. 39 – ☑ 28 – **21 ch** 210/240 – ½ P 230/250.

✕✕✕ 🏵 **Moulin de Rosmadec** (Sébilleau) 🅼 ⏚ avec ch, près pont centre ville ℰ 98 06 00 22, Fax 98 06 18 00, « Ancien moulin sur l'Aven, décor et mobilier bretons » – 🖵 ☎ E VISA
fermé 15 au 31 oct. et fév. – **R** *(fermé dim. soir sauf du 16 juin au 8 sept. et merc.)* *(nombre de couverts limité - prévenir)* 150/260 – ☑ 35 – **4 ch** 350/450
Spéc. Homard grillé "Rosmadec", Turbot rôti au coulis de langoustines, Gratin citronné aux fraises des bois (avril à oct.).

rte Concarneau O : 4 km par D 783 – ✉ 29930 Pont-Aven :

✕✕✕ 🏵 **La Taupinière** (Guilloux), ℰ 98 06 03 12, ☞ – 🗏 🅟, 🆎 E VISA, ✼
fermé 4 au 13 mars, 23 sept. au 23 oct., lundi soir (sauf juil.-août) et mardi – **R** *(prévenir)* 240/440
Spéc. Fricassée de ris de veau et queues de langoustines, Goujonnettes de Saint-Pierre en blanquette, Feuillantine craquante au chocolat.

PEUGEOT-TALBOT Quénéhervé, à Croissant-Kergoz ℰ 98 06 03 11

PONTCHARRA 38530 Isère 🖽 ⑯ – 5 508 h. alt. 255.
Voir Château Bayard ✼★ S : 1 km, G. Alpes du Nord.
🅱 Syndicat d'Initiative 21 r. L.-Gayet ℰ 76 97 68 08.
Paris 560 – ◆Grenoble 40 – Albertville 44 – Chambéry 23.

🏨 Climat de France 🅼, rte Grenoble par N 90 ℰ 76 71 91 84, 🍽, ✼ – 🖵 ☎ ᕯ 🅟 – 🕸 25
24 ch.

PEUGEOT-TALBOT Belledonne ℰ 76 97 65 36   RENAULT Technal Automobiles ℰ 76 97 63 21

PONTCHARRA-SUR-TURDINE 69 Rhône ⁷³ ⑨ – rattaché à Tarare.

PONTCHARTRAIN 78 Yvelines ⁶⁰ ⑨, ¹⁰⁶ ⑱ – alt. 112 – ⊠ 78760 Jouars-Pontchartrain.
☖₁₈ Isabella 𝒫 (1) 30 54 10 62, E : 3 km ; 🚉₉☖₁₈ des Yvelines 𝒫 (1) 34 86 48 89, O par N 12 : 13,5 km.
Paris 39 – Dreux 44 – Mantes-la-Jolie 32 – Montfort-l'Amaury 10 – Rambouillet 22 – Versailles 17.

　　XXX **L'Aubergade,** rte Nationale 𝒫 (1) 34 89 02 63, 斎, « Beau jardin fleuri, volière » – 🅿
　　　　E ᵛ̲ⁱ̲ˢ̲ᵃ̲
　　　　fermé 5 au 28 août, mardi soir du 1ᵉʳ oct. au 1ᵉʳ mai et merc. – **R** carte 230 à 300.

　　　　à Ste-Appoline E : 3 km sur N 12 – ⊠ 78370 Plaisir :

　　XXX **Maison des Bois,** 𝒫 (1) 30 54 23 17, 斎, « Demeure rustique, jardin » – 🅿. E ᵛ̲ⁱ̲ˢ̲ᵃ̲
　　　　fermé 27 juil. au 31 août, vacances de fév., dim. soir et jeudi – **R** carte 225 à 360.

CITROEN Palazzi, 24 N 𝒫 (1) 34 89 02 68

PONT-DE-BARRET 26160 Drôme ⁷⁷ ⑫ – 385 h. alt. 246.
Paris 609 – Valence 46 – Crest 18 – ♦Grenoble 132 – Montélimar 26.

　　🖄 **Savena,** 𝒫 75 90 17 77, 斎 – ⓪ E ᵛ̲ⁱ̲ˢ̲ᵃ̲
　　➜ *fermé lundi soir de sept. à mai* – **R** 58/135 ⅄ – ☲ 30 – **7 ch** 120/160 – ½ P 160.

Le PONT-DE-BEAUVOISIN 38480 Isère ⁷⁴ ⑭⑮ G. Alpes du Nord – 2 664 h. alt. 230.
Paris 524 – ♦Grenoble 55 – Chambéry 28 – Bourg-en-Bresse 93 – ♦Lyon 79 – La Tour-du-Pin 19.

　　🏠 **Morris,** SE : 2 km par D 82 𝒫 76 37 02 05, 斎 – ☎ 🅿. E ᵛ̲ⁱ̲ˢ̲ᵃ̲
　　　　fermé 15 déc. au 1ᵉʳ fév. et dim. soir hors sais. – **R** 95/220 ⅄ – ☲ 30 – **20 ch** 150/300 – ½ P 200/300.

AUSTIN-ROVER, LADA, SKODA Gar. Termoz
𝒫 76 37 05 60 🅽 𝒫 76 37 21 04
CITROEN Chaboud 𝒫 76 37 03 10 🅽
FORD Angelin-Autom. 𝒫 76 37 25 49 🅽

PEUGEOT-TALBOT Cloppet 𝒫 76 37 25 63
RENAULT Autos Isère 𝒫 .76 37 04 18

🅟 Prieur Pneus 𝒫 76 37 34 38

PONT-DE-BRIQUES 62 P.-de-C. ⁵¹ ⑪ – rattaché à Boulogne-sur-Mer.

PONT-DE-BUIS-LES-QUIMERCH 29590 Finistère ⁵⁸ ⑮ G. Bretagne – 3 989 h. alt. 53.
Paris 552 – Quimper 33 – ♦Brest 42 – Châteaulin 9 – Landivisiau 40.

　　XX **Château du Bot** avec ch, NO : 4,5 km 𝒫 98 26 93 90, ≼, « Manoir du 18ᵉ siècle dans un parc », ℅ – 🅿. 🄰🄴 ᵛ̲ⁱ̲ˢ̲ᵃ̲
　　　　R 98/350, enf. 70 – ☲ 60 – **6 ch** 350/1100 – ½ P 425/900.

PONT-DE-CHAZEY-VILLIEU 01 Ain ⁷⁴ ③ – rattaché à Meximieux.

PONT-DE-CHERUY 38230 Isère ⁷⁴ ⑬ – 4 763 h. alt. 220.
Paris 490 – ♦Lyon 29 – Belley 56 – Bourgoin-Jallieu 27 – ♦Grenoble 91 – Meximieux 21 – Vienne 42.

　　🏠 **Bergeron** sans rest, près Église 𝒫 78 32 10 08, 斎 – ᵛ̲ⁱ̲ˢ̲ᵃ̲
　　　　fermé 1ᵉʳ au 8 mai et 15 au 31 août – ☲ 20 – **16 ch** 95/170.

Le PONT-DE-CLAIX 38 Isère ⁷⁷ ⑤ – rattaché à Grenoble.

PONT-DE-DORE 63 P.-de-D. ⁷³ ⑮ – rattaché à Thiers.

PONT-DE-L'ARCHE 27340 Eure ⁵⁵ ⑥ G. Normandie Vallée de la Seine – 3 085 h. alt. 24.
Paris 118 – Les Andelys 32 – Elbeuf 11 – Évreux 34 – Gournay-en-Bray 55 – Louviers 11 – ♦Rouen 18.

　　XX **La Pomme,** aux Damps 1,5 km au bord de l'Eure 𝒫 35 23 00 46, 斎, 斎 – 🅿 ᵛ̲ⁱ̲ˢ̲ᵃ̲
　　　　fermé 4 au 20 mars, 11 août au 4 sept., lundi soir de nov. à fév., dim. soir, mardi soir et merc. – **R** 108/180, enf. 60.

PONT-DE-L'ISERE 26 Drôme ⁷⁷ ② – rattaché à Valence.

PONT-DE-MENAT 63 P.-de-D. ⁷³ ③ – ⊠ 63560 Menat.
Voir Gorges de la Sioule★★ N et S, G. Auvergne.
Paris 361 – ♦Clermont-Ferrand 49 – Aubusson 89 – Gannat 28 – Montluçon 41 – Riom 34 – St-Pourçain-sur-Sioule 50.

　　XX **Aub. Maître Henri** avec ch, 𝒫 73 85 50 20, 斎 – ☎ 🅿. E ᵛ̲ⁱ̲ˢ̲ᵃ̲
　　➜ *fermé merc.* – **R** 70/140 ⅄, enf. 40 – ☲ 25 – **10 ch** 85/190.

　　　　Gorges de Chouvigny★★ NE par D 915 G. Auvergne – ⊠ 63560 Menat.
　　　　Voir Site★ du château de Chouvigny.

　　🏠 **Vindrié** ℅, à 2 km 𝒫 73 85 51 48, Fax 73 85 51 64, ≼, 斎 – ☎ 🅿. 🄰🄴 E ᵛ̲ⁱ̲ˢ̲ᵃ̲
　　　　fermé janv., mardi soir et merc. d'oct. à mars – **R** 90/200 ⅄, enf. 60 – ☲ 27 – **14 ch** 95/300 – ½ P 180/220.

✗ **Les Roches** ⑤ avec ch, à 5 km ℰ 73 85 51 49, ← – **P**. ❀ rest
hôtel : fermé 2 nov. au 1ᵉʳ fév.; rest. : fermé 2 nov. au 15 janv. – **R** 109/145 ⅄ – ☲ 23 –
6 ch 125/145 – ½ P 210/220.

✗ **Gorges de Chouvigny** ⑤ avec ch, à 7 km ⊠ 03450 Ébreuil ℰ 70 90 42 11, ←, 🍴 –
☎ **P**. **E** ⑱ – **R** 78/160 – ☲ 20 – **7 ch** 170/180 – ½ P 220.

Le PONT-DE-PACÉ **35** I.-et-V. ⑨ ⑯ – rattaché à Rennes.

PONT-DE-PANY **21410** Côte d'Or ⑥⑥ ⑪ – alt. 290.
Paris 293 – ♦ Dijon 21 – Avallon 86 – Beaune 46 – Saulieu 55.

✗✗ **Pont de Pany** avec ch, ℰ 80 23 60 59, 🍴 – ☎. ⚼ ⑪ **E** ⑱
fermé 1ᵉʳ janv. au 15 fév. et merc. sauf fériés – **R** 78/200, enf. 50 – ☲ 25 – **15 ch** 105/190
– ½ P 230.

PONT-DE-POITTE **39130** Jura ⑦⑪ ⑭ ⑥. Jura – 657 h. alt. 439.
Paris 409 – Champagnole 34 – ♦Genève 96 – Lons-le-Saunier 17.

✗✗ **Ain** avec ch, ℰ 84 48 30 16, 🍴 – ▤ rest ▥ ☎ **E** ⑱
fermé janv., dim. soir (sauf juil.-août) et lundi – **R** 90/270 ⅄ – ☲ 30 – **10 ch** 190/270 –
½ P 180/230.

PONT-DE-ROIDE **25150** Doubs ⑥⑥ ⑱ ⑥. Jura – 4 108 h. alt. 351.
Paris 486 – Baume-les-Dames 40 – ♦Besançon 69 – Montbéliard 18 – Morteau 53 – Neuchâtel 76.

🏠 **Voyageurs** sans rest, 15 pl. Centrale ℰ 81 96 92 07 – ☲ 24 – **16 ch** 145/240.
fermé 24 au 31 déc. – ☲ 24 – **16 ch** 145/240.

PEUGEOT-TALBOT Vurpillat ℰ 81 92 42 27

PONT-DE-SALARS **12290** Aveyron ⑧⑪ ③ – 1 542 h. alt. 690.
Paris 666 – Rodez 25 – Albi 87 – Millau 46 – St-Affrique 56 – Villefranche-de-Rouergue 71.

🏠 **Voyageurs,** ℰ 65 46 82 08 – ⇆ rest ▥ ☎ **P** ⚼ **E** ⑱
fermé fév., dim. soir et lundi d'oct. à mai – **R** 75 bc/215 ⅄, enf. 45 – ☲ 26 – **30 ch** 189/290
– ½ P 195/245.

RENAULT Capoulade ℰ 65 46 83 16 🅽

PONT-DE-SUMÈNE **43** H.-Loire ⑦⑥ ⑦ – rattaché au Puy-en-Velay.

PONT-DE-VAUX **01190** Ain ⑦⑪ ⑫ – 2 051 h. alt. 177.
Paris 381 – Mâcon 22 – Bourg-en-Bresse 38 – Lons-le-Saunier 60 – St-Amour 35 – Tournus 18.

🏠 **Joubert,** ℰ 85 30 30 55 – ☎ ⇐ ⚼ ⑪ **E** ⑱
fermé 5 au 20 janv. – **R** 85/195 ⅄, enf. 50 – ☲ 30 – **16 ch** 170/250 – ½ P 200/250.

✗✗✗ **Commerce** avec ch, ℰ 85 30 30 56 – ☎ ⇐. ⚼ **E** ⑱ ❀ ch
fermé 3 au 13 juin, 25 nov. au 20 déc., mardi et merc. sauf fériés – **R** 98/260, enf. 65 –
☲ 40 – **10 ch** 210/290 – ½ P 265/350.

✗✗ ✿ **Le Raisin** (Chazot) avec ch, ℰ 85 30 30 97 – ▤ rest ☎ ⇐. ⚼ ⑪ **E** ⑱. ❀ ch
fermé 1ᵉʳ au 5 juil., 6 janv. au 6 fév., dim. soir et lundi sauf fériés – **R** 90/280 ⅄, enf. 80 –
☲ 28 – **8 ch** 190/250
Spéc. Grenouilles à la "Maître d'Hôtel", Crêpes "Parmentier", Cuisse de poulet aux trois cuissons. Vins
Mâcon-Viré, Brouilly.

CITROEN Grospellier ℰ 85 30 31 13

PONT-D'HÉRAULT **30** Gard ⑧⑪ ⑯ – rattaché au Vigan.

PONT-D'OUILLY **14690** Calvados ⑤⑤ ⑪ ⑥. Normandie Cotentin – 1 049 h. alt. 81.
Voir Roche d'Oëtre★★ S : 6,5 km.
Paris 241 – ♦ Caen 48 – Briouze 28 – Falaise 18 – Flers 25 – Villers-Bocage 43 – Vire 39.

🏠 **Commerce,** ℰ 31 69 80 16, 🍴, 🌳 – ▥ ☎. **E** ⑱
fermé 8 janv. au 7 fév., dim. soir et lundi du 1ᵉʳ sept. au 30 juin – **R** 50/200 – ☲ 20 – **16 ch**
130/260 – ½ P 170/230.

à St-Christophe N : 2 km par D 23 – ⊠ **14690** Pont-d'Ouilly :

✗✗ **Aub. St-Christophe** ⑤ avec ch, ℰ 31 69 81 23, 🍴, 🌳 – ☎ **P** ⚼ **E** ⑱
fermé 13 oct. au 9 nov., 16 fév. au 14 mars, dim. soir et lundi – **R** 82/210, enf. 48 – ☲ 33 –
7 ch 230 – ½ P 235.

PONT-DU-BOUCHET **63** P.-de-D. ⑦⑬ ③ – ⊠ 63380 Pontaumur.
Paris 396 – ♦Clermont-Ferrand 54 – Pontaumur 12 – Riom 39 – St-Gervais-d'Auvergne 18.

🏠 **La Crémaillère** ⑤, ℰ 73 86 80 07, ←, 🍴, «Jardin » – ▥ ☎ **P**. **E** ⑱. ❀
fermé 15 déc. au 15 janv., vend. soir et sam. midi hors sais. – **R** 65/185 – ☲ 24 – **16 ch**
180/225 – ½ P 165/190.

PONT-DU-DOGNON 87 H.-Vienne 72 ⑧ G. Berry Limousin – alt. 290 – ⊠ 87400 St-Léonard-de-Noblat.

Paris 392 – ◆Limoges 26 – Bellac 52 – Bourganeuf 27 – La Jonchère-St-Maurice 9 – La Souterraine 42.

🏠 **Chalet du Lac** ⟂, ⌀ 55 57 10 53, ≤ lac – ☎ Ⓟ – 🏄 50. 🄰🄴 ⓋⒾⓈⒶ.
R *(fermé 2 au 15 janv. et dim. soir)* 80/220, enf. 50 – ⊇ 30 – **15 ch** 250/350 – ½ P 250.

🏠 **Rallye** ⟂, ⊠ 87340 St-Laurent-les-Églises ⌀ 55 56 56 11, ≤ lac – ☜ Ⓟ – 🏄 30. Ⓔ ⓋⒾⓈⒶ.
🍽 rest
31 mars- 1er nov. et fermé mardi midi et lundi hors sais. – **R** (prévenir) 95/210, enf. 45 –
⊇ 30 – **20 ch** 145/260 – ½ P 170/220.

PONT-DU-GARD 30 Gard 80 ⑲ G. Provence – alt. 27 – ⊠ 30210 Remoulins.

Voir Pont-aqueduc romain★★★.

🛈 Maison du Tourisme (15 mai-15 sept.) ⌀ 66 37 00 02.

Paris 692 – Avignon 25 – Alès 47 – Arles 41 – Nîmes 23 – Orange 37 – Pont-St-Esprit 42 – Uzès 14.

🏠 **Vieux Moulin** ⟂, rive gauche ⌀ 66 37 14 35, ≤ Pont du Gard, 🌳 – ☎ Ⓟ – 🏄 30. 🄰🄴
Ⓞ Ⓔ ⓋⒾⓈⒶ. – 15 mars-15 nov. – **R** 140/195, enf. 60 – ⊇ 50 – **17 ch** 180/545 – ½ P 270/428.

🏠 **Le Colombier** ⟂, E : 0,8 km par D 981 (rive droite) ⌀ 66 37 05 28, 🌳, 🌾 – 📺 ☎
🚗 Ⓟ 🄰🄴 Ⓞ Ⓔ ⓋⒾⓈⒶ.
R 80/150, enf. 50 – ⊇ 30 – **10 ch** 180/250 – ½ P 200/225.

à Castillon-du-Gard NE : 4 km par D 19 et D 228 – ⊠ 30210 :

🏰 ❀ **Le Vieux Castillon** Ⓜ ⟂, ⌀ 66 37 00 77, Télex 490946, Fax 66 37 28 17, 🌳, patio,
« Au cœur d'un village médiéval », 🏊, – 🛗 🗄 📺 ☎ Ⓟ – 🏄 30 à 60. Ⓔ ⓋⒾⓈⒶ.
fermé début janv. à début mars – **R** 240/330 – ⊇ 70 – **33 ch** 600/1250 – ½ P 670/995
Spéc. Turbot pané aux truffes blanches (mars à sept.). Rôti de lapin à la coriandre, Triangle de ganache au
confit de rose. Vins Lirac blanc, Côtes du Rhône.

🍴 **Serge Lanoix**, ⌀ 66 37 05 04 – 🗄. 🄰🄴 Ⓞ Ⓔ ⓋⒾⓈⒶ.
fermé 1er au 10 nov., 2 janv. au 10 fév., merc. midi et mardi d'oct. à mars – **R** (nombre de
couverts limité, prévenir) 250/315, enf. 80.

à Collias O : 7 km par D 981 et D 112 – ⊠ 30210 Remoulins :

🏰 **Host. Le Castellas** ⟂, Grand'rue ⌀ 66 22 88 88, Fax 66 22 84 28, 🌳, « Décor original
dans une ancienne demeure gardoise », 🌾 – 🗄 ch 📺 ☎ Ⓟ. 🄰🄴 ⓄⒺ ⓋⒾⓈⒶ.
fermé 6 janv. au 10 mars et merc. d'oct. à mai – **R** 140/200, enf. 80 – ⊇ 50 – **14 ch** 390/570
– ½ P 380/470.

Voir N : Gorges du Loup★★ – Cascade de Courmes★ N : 3 km, G. Côte d'Azur.

Paris 924 – Antibes 35 – La Colle-sur-Loup 12 – Coursegoules 21 – Grasse 12 – ◆Nice 39 – Vence 14.

PONTEMPEYRAT 43 H.-Loire 76 ⑦ – alt. 750 – ⊠ 43500 Craponne-sur-Arzon.

Paris 475 – Ambert 40 – Montbrison 57 – Le Puy 44 – ◆St-Étienne 54 – Yssingeaux 44.

🏠 **Mistou** ⟂, ⌀ 77 50 62 46, Fax 77 50 66 70, « Parc au bord de l'Ance » – ☎ Ⓟ – 🏄 40.
🄰🄴 ⓄⒺ ⓋⒾⓈⒶ. 🍽 rest
Pâques-nov. et fermé mardi et merc. du 15 sept. au 15 juin – **R** 145/245, enf. 70 – ⊇ 35 –
24 ch 230/285 – ½ P 280/310.

PONT-EN-ROYANS 38680 Isère 77 ③ G. Alpes du Nord (plan) – 1 119 h. alt. 208.

Voir Site★ – Petits Goulets★ SE : 2 km.

Env. Grottes de Choranche★ : grotte de Coufin★★ E : 11 km puis 30 mn.

Paris 587 – ◆Grenoble 60 – Valence 45 – Die 58 – St-Marcellin 14 – Villard-de-Lans 24.

🏠 **Bonnard**, ⌀ 76 36 00 54 – ☎ 🚗. Ⓔ ⓋⒾⓈⒶ. 🍽 ch
hôtel : fermé oct., déc. à fév. et merc. du 15/3 au 30/11 ; rest.: fermé oct., janv., fév. et
merc. du 1/4 au 30/6 – **R** 76/165 🍷 – ⊇ 27 – **15 ch** 210/250 – ½ P 230.

PEUGEOT-TALBOT Gar. François ⌀ 76 36 00 89

Paris 532 – ◆Bordeaux 51 – Blaye 9 – Jonzac 36 – Mirambeau 21 – St-André-de-C. 28 – Saintes 71.

🏠 **Voyageurs**, ⌀ 57 64 71 09 – ☎. Ⓔ ⓋⒾⓈⒶ.
↜ *fermé fin oct. à fin nov. et merc.* – **R** 60/120 🍷 – ⊇ 18 – **10 ch** 80/140.

PONT-FARCY 14380 Calvados ⑤⑨ ⑨ – 385 h. alt. 66.

Paris 302 – ◆Caen 59 – St-Lô 24 – Villedieu-les-Poêles 19 – Villers-Bocage 34 – Vire 18.

⽩ **Coq Hardi,** ℰ 31 68 86 03 – **E** *VISA*
→ *fermé 11 fév. au 8 mars et merc.* – **R** 47/96 ⅃.

PONTGIBAUD 63230 P.-de-D. ⑦③ ⑬ **G. Auvergne** – 927 h. alt. 672.

Paris 398 – ◆Clermont-Ferrand 23 – Aubusson 71 – Le Mont-Dore 42 – Riom 26 – Ussel 71.

🏠 **Poste,** ℰ 73 88 70 02 – ☎ ⟨⟩ **AE** **E** *VISA*
→ *fermé 1er au 15 oct., janv., dim. soir et lundi sauf juil.-août* – **R** 65/170 ⅃ – ⊡ 25 – **11 ch** 130/190 – ½ P 165/170.

XXX **L'Ours des Roches,** La Courteix E : 4 km sur D 941E rte Clermont ℰ 73 88 92 80 – **P.** **AE**
O **E** *VISA* – *fermé dim. soir et lundi sauf fériés* – **R** 105/330.

PONTHIERRY 77 S.-et-M. ⑥① ①, ⑩⑥ ⑭ – alt. 60 – ⊠ **77310** St-Fargeau-Ponthierry.

Paris 44 – Fontainebleau 19 – Corbeil Essonnes 11 – Étampes 38 – Melun 10.

XX **Aub. du Bas Pringy,** à Pringy ℰ (1) 60 65 57 75, ⌂ – **P.** **AE** **O** **E** *VISA*
fermé août, 18 au 26 fév., lundi soir et mardi sauf fêtes – **R** 90/190, enf. 50.

XX **Aub. Cheval Blanc,** N 7 ℰ (1) 60 65 70 21 – **AE** **E** *VISA*
fermé dim. soir – **R** 142/185.

PEUGEOT-TALBOT Gar. des Bordes, 107 av. de
Fontainebleau à St-Fargeau ℰ (1) 60 65 71 13
N ℰ (1) 64 09 99 97

RENAULT Gar. Tractaubat, pl. Gén.-Leclerc
ℰ (1) 60 65 70 39

PONTIGNY 89230 Yonne ⑥⑤ ⑤ **G. Bourgogne** – 825 h. alt. 113.

Voir Abbaye ★ – Paris 180 – Auxerre 20 – Sens 57 – Tonnerre 32 – Troyes 60.

XX **Moulin de Pontigny,** ℰ 86 47 44 98 – **P.** **E** *VISA*
→ *fermé 23 au 28 oct., 22 janv. au 13 fév., mardi (sauf le midi en juil.-août) et lundi soir de sept. à juin* – **R** 58/185 ⅃, enf. 38.

PONTIVY ⟨SP⟩ **56300** Morbihan ⑤⑧ ⑱ **G. Bretagne** – 14 224 h. alt. 60.

Voir Maisons anciennes★ (rues du Fil, du Pont, du Dr-Guépin Y) – Stival : vitraux★ de la chapelle
St-Mériadec NO : 3,5 km par ⑥ – 🛈 Office de Tourisme 61 r. Gén.-de-Gaulle ℰ 97 25 04 10.
Paris 458 ② – Vannes 52 ③ – Concarneau 88 ⑤ – Lorient 55 ④ – ◆Rennes 107 ② – St-Brieuc 63 ②.

PONTIVY

Nationale (R.) .... **YZ**
Pont (R. du) .... **Y 28**

Anne-de-Bretagne
(Pl.) .... **Y 2**
Caïnain (R.) .... **Z 3**
Couvent (Q. du) .... **Y 4**
Dr-Guépin (R. du) .... **Y 5**
Fil (R. du) .... **Y 6**
Friedland (R.) .... **Y 8**
Jaurès (R. Jean) .... **Z 10**
Lamennais
(R. J.-M.-de) .... **Z 13**
Le Goff (R.) .... **Z 16**
Lorois (R.) .... **Y 17**
Marengo (R.) .... **Z 19**
Martray (Pl. du) .... **Y 20**
Niémen (Q.) .... **Y 27**
Presbourg (Q.) .... **Y 32**
Viollard (Bd) .... **Z 33**

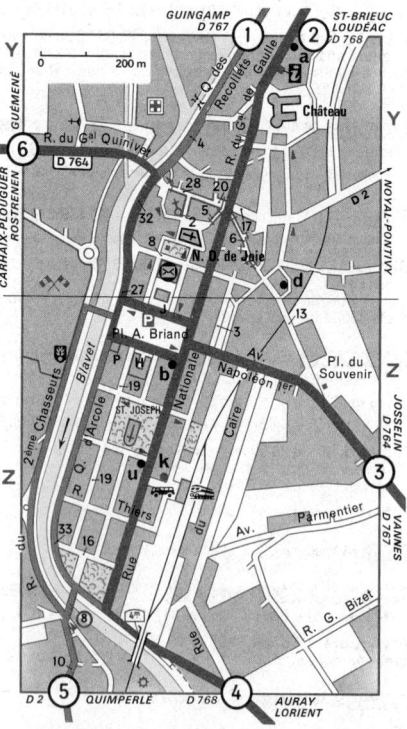

🏨 **Rohan** Ⓜ sans rest, 90 r. Nationale ✆ 97 25 02 01, Fax 97 25 02 85 – ⇕ 📺 ☎ ♿ 🅟 – 🏗 30. AE ⓞ E VISA — Z u
fermé Noël au Jour de l'An et dim. du 1er oct. au 30 avril – ☕ 35 – **18 ch** 250/350.

🏨 **Europe,** 14 pl. A. Briand ✆ 97 25 11 14, Fax 97 25 48 04, 🌳 – ⇕ 📺 ☎ 🅟. AE ⓞ E VISA. ✗ rest — Z b
R *(fermé dim. soir et lundi midi)* 70/180 🍷, enf. 35 – ☕ 38 – **20 ch** 230/320 – ½ P 235/260.

🏨 **Porhoët** sans rest, 41 r. Gén. de Gaulle ✆ 97 25 34 88 – ⇕ ☎. E VISA — Y a
☕ 25 – **28 ch** 150/230.

🏨 **Napoléon** sans rest, r. Butte ✆ 97 25 13 58 – ☎. E VISA. ✗ — Y d
fermé fév. et dim. hors sais. – ☕ 18 – **14 ch** 110/150.

XX **Gambetta,** pl. Gare ✆ 97 25 53 70 – AE E VISA — Z k
fermé vacances de fév. et dim. – **R** 85/187, enf. 40.

CITROEN Gar. Laloge J.C., rte de Vannes par ③ ✆ 97 25 30 56
PEUGEOT-TALBOT Gar. Lainé, rte de Lorient par ④ ✆ 97 25 12 19 🅝 ✆ 97 46 00 00
RENAULT Gar. Centre Bretagne, av. Otages par ⑥ ✆ 97 25 42 88

Ⓜ Piété, 6 r. de Mun et r. Guynemer ✆ 97 25 02 77
Pontivy Pneus, rte de Lorient par ④ ✆ 97 25 41 70

☛ *Towns underlined in red on the* **Michelin maps** *at a scale of 1 : 200 000 are included in this Guide. Use the latest map to take full advantage of this information.*

PONT-L'ABBÉ 29120 Finistère 58 ⑭⑮ **G. Bretagne** – 7 729 h. alt. 4.

Voir Manoir de Kerazan-en-Loctudy★ 3,5 km par ②.

Env. Calvaire★★ de la chapelle N.-D.-de-Tronoën O : 8 km.

🅘 Office de Tourisme "Château" (vacances de Printemps, juin-sept.) ✆ 98 82 37 99.

Paris 565 ① – Quimper 20 ① – Douarnenez 33 ④.

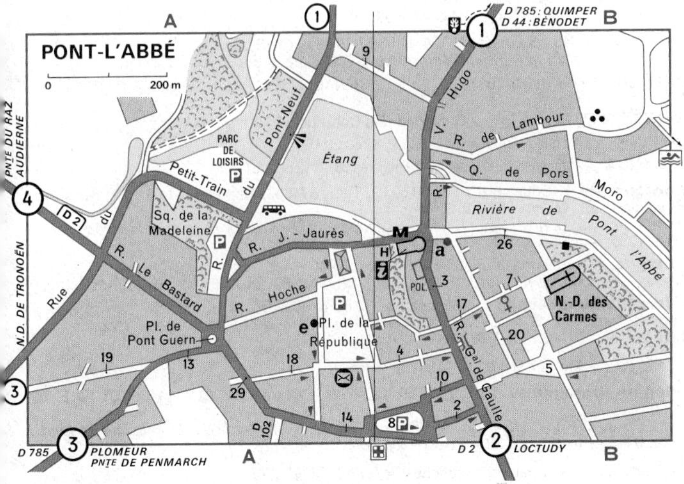

Château (R. du) . . . . B 3
Gaulle (R. Gén.-de) . . . . B
J.-J.-Rousseau (R.) . . . . B 10
Lamartine (R.) . . . . A 14
Simon (R. Jules) . . . . A 29
Victor-Hugo (R.) . . . . B
Cariou (R.) . . . . B 2
Danton (R.) . . . . B 4
Delessert (Pl. B.) . . . . B 5
Église (R. de l') . . . . B 7
Gambetta (Pl.) . . . . B 8
Gare (R. de la) . . . . A 9
Kerentrée (R. de) . . . . A 13
Marceau (R.) . . . . B 17
Michelet (R.) . . . . A 18
Moulin (R. J.) . . . . A 19
Pasteur (R.) . . . . B 20
St-Laurent (Q.) . . . . B 26

🏨 **Château de Kernuz** 🐦, par ③ : 3 km ✆ 98 87 01 59, « Château du 15e siècle dans un parc », 🏊 – ☎ 🅟. E VISA. ✗ rest
1er avril-30 sept. – **R** 120 🍷, enf. 60 – ☕ 30 – **19 ch** 300 – ½ P 300.

🏨 **Bretagne,** 24 pl. République ✆ 98 87 17 22 – cuisinette 📺 ☎. AE E VISA. ✗ ch — A e
fermé 15 janv. au 1er fév. – **R** *(fermé lundi hors sais.)* 90/330, enf. 58 – ☕ 30 – **18 ch** 200/310 – ½ P 250/310.

XX **Relais de Ty-Boutic**, par ③ : 3 km ℘ 98 87 03 90 – **⊕ ⓪ Ε** *VISA*
fermé fin janv. à début mars, lundi en juil.- août , mardi soir et merc. hors sais. – **R** 120/300 ⅃, enf. 55.

XX **L'Enclos de Rosveign**, par ① et rte Bénodet : 3 km ℘ 98 87 02 90, ☞ – **⊕ Ε** *VISA*
fermé mardi hors sais. – **R** 135/350, enf. 75.

X **Voyageurs**, 6 quai St-Laurent ℘ 98 87 00 37 – **Ε** *VISA*   B a
fermé 15 au 30 oct., 15 déc. au 15 janv. et lundi – **R** 70/150 ⅃.

CITROEN Gar. Chapalain, rte de Plomeur à Kerouan par ③ ℘ 98 87 16 37 **☒** ℘ 98 87 42 21
PEUGEOT-TALBOT Gar. Chatelen, rte de Quimper à Kermaria par ① ℘ 98 87 29 08

RENAULT Gar. de l'Helgoualc'h à Loctudy ℘ 98 87 53 55

PONT-LES-MOULINS 25 Doubs 66 ⑯ – rattaché à Baume-les-Dames.

PONT-L'ÉVÊQUE 14130 Calvados 55 ③ G. Normandie Vallée de la Seine – 3 802 h. alt. 16.
☒☒ de St-Gatien-Deauville ℘ 31 65 19 99, N : 10 km par D 579 et D 74 ; ☒☒ de St-Julien ℘ 31 64 30 30, SE par D 579 : 3 km – ☒ Syndicat d'Initiative à la Mairie ℘ 31 64 12 77.
Paris 196 – ◆Caen 47 – ◆Le Havre 64 – ◆Rouen 80 – Trouville-Deauville 11.

🏠 **Lion d'Or**, pl. Calvaire ℘ 31 65 01 55 – **☒ ☎ ⊕ ஊ ⓪ Ε** *VISA*
R 99/160 ⅃, enf. 60 – ☲ 25 – **25 ch** 160/265 – ½ P 205.

XX **Aub. de la Touques**, pl. Église ℘ 31 64 01 69 – ஊ **Ε** *VISA*
fermé 2 au 20 déc., 6 au 25 janv., lundi soir et mardi – **R** 95/155, enf. 50.

à St-Martin-aux-Chartrains NO : 3,5 km sur N 177 – ⊠ 14130 Pont-l'Évêque :

XXX **Aub. de la Truite**, ℘ 31 65 21 64, Fax 31 65 25 98, ☞, ☞ – **⊕ ஊ ⓪ Ε** *VISA*
fermé dim. soir et lundi hors sais. – **R** 98/280, enf. 40.

CITROEN Dupuits, 5 r. St-Mélaine ℘ 31 64 01 86

⊕ Pont-l'Évêque Pneus, ZI r. P. Gamare ℘ 31 65 00 67

PONTOISE 95 Val-d'Oise 55 ㉙, 106 ⑤⑥, 101 ② – voir à Cergy-Pontoise.

PONTONX-SUR-L'ADOUR 40465 Landes 78 ⑥ – 1 667 h. alt. 26.
Paris 729 – Mont-de-Marsan 38 – ◆Bordeaux 143 – Dax 23.

X **Val Fleuri**, au NE : 3 km par N 124 ℘ 58 57 20 75 – **⊕ Ε** *VISA* ⌘
fermé mi-déc. à mi-janv., mardi soir et merc. – **R** carte 115 à 230.

PEUGEOT, TALBOT Davila-Taris ℘ 58 57 20 23

RENAULT Laboudigue-Daugenne ℘ 58 57 20 19

PONTORSON 50170 Manche 59 ⑦ G. Normandie Cotentin – 3 358 h. alt. 18.
☒ Office de Tourisme pl. Église (Pâques-mi sept.) ℘ 33 60 20 65.
Paris 325 – St-Malo 43 – Avranches 22 – Dinan 43 – Fougères 38 – ◆Rennes 57.

🏠 **Montgomery**, r. Couesnon ℘ 33 60 00 09, Télex 171332, Fax 33 60 37 66, ☞, Maison du 16e siècle – **☒ ☎ ⇦ ஊ ⓪ Ε** *VISA*
fermé 22 au 22 nov., 2 au 17 janv., vacances de fév., mardi midi et lundi d'oct. à mars – **R** 92/235, enf. 54 – ☲ 34 – **32 ch** 240/340 – ½ P 224/369.

🏠 **Bretagne**, r. Couesnon ℘ 33 60 10 55 – **☎ Ε** *VISA*
1er fév.- 15 nov. et fermé mardi midi et lundi – **R** 130/180, enf. 38 – ☲ 30 – **13 ch** 140/220.

🏠 **Relais Clemenceau**, bd Clemenceau ℘ 33 60 10 96 – **☒ ☎ ⊕ Ε** *VISA*
→ *fermé 14 janv. au 19 fév., lundi (sauf hôtel de juin à sept.) et dim. soir d'oct. à mai* – **R** 50/180, enf. 38 – ☲ 22 – **20 ch** 100/210 – ½ P 155/210.

à Brée NE : 5 km sur N 175 – ⊠ 50170 Pontorson :

XX **Sillon de Bretagne** avec ch, ℘ 33 60 13 04, ☞ – ⌘ rest **☎ ⊕** – ⚞ 30. ஊ ⓪ **Ε** *VISA*
→ ⌘ rest
fermé 15 au 30 nov., 15 janv. au 15 fév., lundi soir et mardi du 1er oct. au 31 mars – **R** 65/200 ⅃, enf. 39 – ☲ 28 – **11 ch** 175/250 – ½ P 181/218.

à Macey NE : 9 km par rte Avranches et D 466 – ⊠ 50170 :

XX **La Pommeraie**, rte Vergoncey : 1 km ℘ 33 60 19 37, ☞, ☞ – **⊕ Ε** *VISA*
→ *fermé 2 janv. au 15 fév., dim. soir et vend. hors sais.* – **R** 65/160, enf. 38.

CITROEN Jamin, 14 r. Libération ℘ 33 60 00 29
PEUGEOT-TALBOT Galle-Vettori ℘ 33 60 00 37

RENAULT Gar. Boulaux ℘ 33 60 10 76

PONT-ROYAL 13 B.-du-R. 84 ② – rattaché à Sénas.

PONT-ST-ESPRIT 30130 Gard 80 ⑩ G. Provence (plan) – 8 135 h. alt. 59.
Paris 646 – Avignon 60 – Alès 61 – Montélimar 40 – ◆Nîmes 59 – Nyons 45.

🏠 **St-Jean-Baptiste** Ⓜ ⌘ sans rest, rte Nîmes ℘ 66 39 33 24, Fax 66 39 10 46, ⌇, ☞ – **☒ ☎ ⅃ ⇦ ⊕ ஊ ⓪ Ε** *VISA*
☲ 41 – **28 ch** 300/400.

PONT-ST-PIERRE 27360 Eure 55 ⑦ G. Normandie Vallée de la Seine – 1 059 h. alt. 17.

Voir Boiseries★ de l'église – Côte des Deux-Amants ≼★★ SO : 4,5 km puis 15 mn – Ruines de l'abbaye de Fontaine-Guérard★ NE : 3 km.

Paris 106 – ◆Rouen 21 – Les Andelys 18 – Évreux 45 – Louviers 21 – Pont-de-l'Arche 10.

XXX **Bonne Marmite** avec ch, ℰ 32 49 70 24, Fax 32 48 12 41 – 🖵 ☎ – ⚿ 25. ☒ ⑩ 🄴 𝘝𝘐𝘚𝘈.
⬥ ch
fermé 15 fév. au 10 mars, 25 juil. au 13 août, dim. soir de sept. à mars, sam. midi et vend.
– **R** 140/310, enf. 98 – ⊑ 40 – **9 ch** 315/400 – ½ P 320/345.

XX **Aub. de l'Andelle,** ℰ 32 49 70 18 – 🄴 𝘝𝘐𝘚𝘈
fermé 16 au 31 août, dim. soir et lundi – **R** 103/235.

CITROEN Gar. Grandserre, à Neuville-Chant-d'Oisel ℰ 35 79 91 91
RENAULT Gar. St-Pierre, ℰ 32 49 70 48

⬤ Brunel, Le Petit Nojeon à Fleury-sur-Andelle
ℰ 32 49 01 22

PONT-STE-MARIE 10 Aube 61 ⑰ – rattaché à Troyes.

Les PONTS-NEUFS 22 C.-d'Armor 59 ④ – alt. 33 – ✉ **22400** Lamballe.

Paris 444 – St-Brieuc 14 – Carhaix-Plouguer 88 – Erquy 20 – Lamballe 12 – Loudéac 44.

XXX ❀ **Lorand-Barre** (Damour), ℰ 96 32 78 71, ≼, « Bel intérieur rustique breton » – ☒ ⑩
1ᵉʳ déc.-1ᵉʳ mars et fermé dim. soir et lundi – **R** (menu unique)(sur réservation seul.)
420/500
Spéc. Homard grillé, Filets de sole, Poulet sauté à l'estragon.

PONT-SUR-YONNE 89140 Yonne 61 ⑬⑭ – 2 933 h. alt. 65.

Paris 106 – Fontainebleau 41 – Auxerre 69 – Nemours 44 – Nogent-sur-S. 37 – Provins 35 – Sens 12.

XX **Host. de l'Ecu** avec ch, ℰ 86 67 01 00, 🏡 – ☒ ⑩ 🄴 𝘝𝘐𝘚𝘈
fermé 22 janv. au 26 fév., lundi soir et mardi – **R** 85/155, enf. 55 – ⊑ 20 – **8 ch** 90/190 –
½ P 145/230.

CITROEN Lafon ℰ 86 67 12 04

RENAULT Gar. Ristick ℰ 86 67 11 87

Le PORGE 33680 Gironde 78 ① – 1 100 h. alt. 20.

Paris 584 – ◆Bordeaux 50 – Andernos-les-Bains 17 – Lacanau-Océan 25 – Lesparre-Médoc 53.

XX **Vieille Auberge,** ℰ 56 26 50 40, 🏡, « Jardin » – ℗. 🄴 𝘝𝘐𝘚𝘈
fermé 2 au 30 nov., 15 au 31 janv., mardi soir hors sais. et merc. – **R** 130/270.

PORNIC 44210 Loire-Atl. 67 ① G. Poitou Vendée Charentes (plan) – 9 000 h. alt. 5 – Casino le Môle.

🏌 ℰ 40 82 06 69, O : 1 km.

🄱 Office de Tourisme pl. Môle ℰ 40 82 04 40.

Paris 435 – ◆Nantes 51 – La Roche-s-Y. 79 – Les Sables-d'O. 89 – St-Nazaire 29.

🏨 **Alliance** M ⬥, plage de la source S : 1 km ℰ 40 82 21 21, Télex 710285, Fax 40 82 80 89,
≼, centre de thalassothérapie – 🚪 ▤ rest 🖵 ☎ ♿ ℗ – ⚿ 25 à 80. ☒ 🄴 𝘝𝘐𝘚𝘈
R 140/250, enf. 60 – ⊑ 40 – **90 ch** 440/610.

à Ste-Marie O : 3 km – ✉ **44210** Pornic :

🏨 **Les Sablons** M ⬥, ℰ 40 82 09 14 – ☎ ℗. 🄴 𝘝𝘐𝘚𝘈. ⬥
R *(fermé dim. soir hors sais.)* 100/230, enf. 50 – ⊑ 30 – **30 ch** 240/360 – ½ P 275/310.

CITROEN Gar. du Môle, 26 quai Leray
ℰ 40 82 00 08
PEUGEOT-TALBOT Route Bleue Autom., rte Bleue
ℰ 40 82 00 26

RENAULT Guitteny, 7 r. Gén.-de-Gaulle
ℰ 40 82 01 17
RENAULT Gar. Le Gallic 37 r. J.-Moulin
ℰ 40 82 03 27

PORNICHET 44380 Loire-Atl. 63 ⑭ G. Bretagne – 7 850 h. alt. 5 – Casino .

🄱 Office de Tourisme 3 bd République ℰ 40 61 33 33 et pl. A.-Briand (Pâques-Toussaint) ℰ 40 61 08 92.

Paris 452 – ◆Nantes 82 – La Baule 6 – St-Nazaire 11.

🏨 **Sud Bretagne** M, ℰ 40 61 02 68, Télex 701960, Fax 40 61 73 70, 🏡,
🏊, 🏡, ⬥ – 🚪 🖵 ☎ ℗ – ⚿ 40. ☒ ⑩ 🄴 𝘝𝘐𝘚𝘈
R *(fermé 5 nov. au 5 déc.)* 230/600 – ⊑ 60 – **27 ch** 450/1200, 3 appart. 1400 – ½ P 450/750.

🏠 **Charmettes** ⬥, 7 av. Flornoy ℰ 40 61 04 30, 🏡 – ☎. 🄴 𝘝𝘐𝘚𝘈. ⬥ rest
1ᵉʳ juin-7 sept. – **R** 100/160, enf. 60 – ⊑ 31 – **35 ch** 120/330 – ½ P 216/310.

PEUGEOT-TALBOT BSA 2 000, voie express de
St-Nazaire RP Villes Babin ℰ 40 61 46 40
RENAULT Gar. Hoquy, 5 av. Gén.-de-Gaulle
ℰ 40 61 03 12

RENAULT Le Cam, 19 bd République
ℰ 40 61 04 10

Bent U een liefhebber van kamperen ?
Gebruik dan de Michelingids
Camping Caravaning France.

PORQUEROLLES (Ile de) ★★★ **83400** Var 84 ⑯ G. Côte d'Azur.

Accès par transports maritimes.

⚓ depuis **La Tour Fondue** (presqu'île de Giens). En 1991 : en juil.-août, 20 services quotidiens ; hors saison, 5 à 10 services quotidiens - Traversée 15 mn - 55 F (AR). Renseignements : Transports Maritimes et Terrestres du Littoral Varois 🖉 94 58 21 81 (La Tour Fondue).

⚓ depuis **Cavalaire.** En 1990 : du 12 juil. au 29 août, 1 service quotidien ; 1ᵉʳ juin au 11 juil. et du 30 août à fin sept., 3 services hebdomadaires - Traversée 1 h 30 mn - 90 F (AR). Renseignements : S.A. Vildor 15 quai Gabriel Péri 🖉 94 71 01 02 (Le Lavandou).

⚓ depuis **Le Lavandou.** En 1990 : du 12 juil. au 29 août, 1 service quotidien ; du 1ᵉʳ avril au 11 juil. et du 30 août au 15 oct., 3 services quotidiens - Traversée 50 mn - 90 F (AR). Renseignements : S.A. Vildor 15 quai Gabriel Péri 🖉 94 71 01 02 (Le Lavandou).

⚓ depuis **Toulon.** En 1990 : du 1ᵉʳ juin au 1ᵉʳ oct., 1 à 4 services quotidiens - Traversée 50 mn - 70 F (AR). Renseignements : Trans-Med 2 000 quai Stalingrad 🖉 94 92 96 82 (Toulon).

   XX   **Orée du Bois,** 🖉 94 58 30 57, 😷 – 𝗩𝗜𝗦𝗔
        15 fév.- 15 nov. – **R** 120/270, enf. 52.

   X   **Les Glycines** avec ch, 🖉 94 58 30 36, 😷 – ☎. 𝐄 𝗩𝗜𝗦𝗔. 🍽
        1ᵉʳ avril-30 sept. – **R** 80/160 – **11 ch** (pension seul.) – P 400/440.

    à l'Ouest : 3,5 km du port :

   🏨   **Mas du Langoustier,** 🖉 94 58 30 09, Fax 94 58 36 02, ≤, 😷, parc, « 🦢 dans un site boisé près du rivage, 🏖 », 🍽 – 📶 📺 ☎ 🛏 – 🔥 40. 🅰🅴 ⓞ 𝐄 𝗩𝗜𝗦𝗔
        1ᵉʳ mai- 1ᵉʳ nov. – **R** carte 275 à 515 – ☲ 50 – **56 ch** (pension seul.), 4 appart. – P 997/1465.

    Évitez de fumer au cours du repas :
    vous altérez votre goût et vous gênez vos voisins.

PORS ÉVEN 22 C.-d'Armor 59 ② – rattaché à Paimpol.

PORTBAIL **50580** Manche 54 ⑪ G. Normandie Cotentin – 1 727 h. alt. 5.

Excurs. à l'**Île de Jersey**★★ (voir Jersey).

Paris 347 – Carentan 38 – Cherbourg 45 – Coutances 43 – St-Lô 58 – Valognes 29.

   X   **La Galiche** avec ch, pl. E. Laquaine 🖉 33 04 84 18 – 𝐄 𝗩𝗜𝗦𝗔
  →   fermé 25 oct. au 8 nov., fév., dim. soir et lundi sauf juil.-août – **R** 62/165 ⅃, enf. 50 – ☲ 25 – **11 ch** 100/210 – ½ P 152/182.

CITROEN Gar. Legouix 🖉 33 04 88 31   RENAULT Gar. Gérard 🖉 33 04 80 07

PORT-BARCARES 66 Pyr.-Or. 86 ⑩ – rattaché à Barcarès.

PORT-BLANC 22 C.-d'Armor 59 ① G. Bretagne – ✉ **22710** Penvénan.

Paris 521 – St-Brieuc 71 – Guingamp 36 – Lannion 19 – Perros-Guirec 17 – Tréguier 11.

   🏠   **Iles,** 🖉 96 92 66 49 – ⓟ 𝐄 𝗩𝗜𝗦𝗔. 🍽 rest
  →   15 mars-30 sept. – **R** 70/120, enf. 45 – ☲ 23 – **35 ch** 100/220 – ½ P 160/220.

   🏠   **Le Rocher** 🦢 sans rest, 🖉 96 92 64 97 – 📞 ⓟ. 🍽
        15 juin- 15 sept. – ☲ 23 – **10 ch** 150/210.

PORT-CAMARGUE 30 Gard 83 ⑱ – rattaché au Grau-du-Roi.

PORT-CROS (Ile de) ★★ **83400** Var 84 ⑯⑰ G. Côte d'Azur

Accès par transports maritimes.

⚓ depuis **Le Lavandou.** En 1990 : d'avril à fin oct., 2 à 9 services quotidiens ; hors saison, 3 services hebdomadaires - Traversée 45 mn – 74 F (AR) par S.A. Vildor 15 quai Gabriel Péri 🖉 94 71 01 02 (Le Lavandou).

⚓ depuis **Cavalaire.** En 1990 : 12 juil.-29 août, 1 service quotidien ; juin-11 juil. et 30 août à fin sept., 3 services hebdomadaires - Traversée 1 h – 74 F (AR) par S.A. Vildor 15 quai Gabriel Péri 🖉 94 71 01 02 (Le Lavandou).

⚓ depuis le **Port de la Plage d'Hyères.** En 1991 : du 1ᵉʳ avril au 30 août, 1 à 4 services quotidiens ; du 1ᵉʳ sept. au 31 mars, 4 services hebdomadaires - Traversée 1 h 15 mn – 72 F (AR). Renseignements : Transports Maritimes et Terrestres du Littoral Varois 🖉 94 58 21 81 (La Tour Fondue).

   🏨   **Le Manoir** 🦢, 🖉 94 05 90 52, ≤, parc, 😷 – ☎. ⓞ 𝐄. 🍽
        8 mai-29 sept. – **R** 210/350, enf. 130 – **27 ch** (½ pens. seul.) – ½ P 690/770.

PORT-DE-CARHAIX 29 Finistère 58 ⑰ – rattaché à Carhaix.

PORT-DE-GAGNAC 46 Lot 75 ⑲ – rattaché à Bretenoux.

PORT-DE-LA-MEULE 85 Vendée 67 ⑪ – voir à Yeu (Ile d').

PORT-DE-LANNE 40300 Landes 78 ⑰ – 637 h. alt. 10.

Paris 756 – Biarritz 35 – Mont-de-Marsan 72 – ✦Bayonne 30 – Dax 20 – Peyrehorade 6,5 – St-Vincent-de-T. 21.

XX   **Vieille Auberge** ⑤ avec ch, ℰ 58 89 16 29, 🍽, « Cadre ancien, jardin fleuri, petit musée des traditions locales », ⅃ – ☎ ℗
    R *(fermé lundi)* 175, enf. 55 – ☑ 30 – **5 ch** 230/400 – ½ P 230/300.

PORT-DONNANT 56 Morbihan 63 ⑪ – voir à Belle-en-Mer.

Le PORTEL 62 P.-de-C. 51 ① – rattaché à Boulogne-sur-Mer.

PORT-EN-BESSIN 14 Calvados 54 ⑭ G. Normandie Cotentin – 2 332 h. alt. 10 – ✉ **14520** Port-en-Bessin-Huppain.

Paris 277 – ✦Caen 37 – Bayeux 9 – Cherbourg 91.

🏰🏰 **La Chenevière** Ⓜ ⑤, S : 1,5 km par D 6 ℰ 31 21 47 96, Télex 171997, parc, « Demeure du 19ᵉ siècle » – 🛗 📺 ☎ & ℗. 🖭 ⑨ 🏧 E 𝚅𝙸𝚂𝙰
    fermé 15 déc. au 15 fév., lundi soir et mardi hors sais. – **R** 190/290, enf. 85 – ☑ 50 – **15 ch** 650/950 – ½ P 550/650.

🏨 **Altéa** Ⓜ ⑤, sur le Golf O : 2 km par D 514 ℰ 31 22 44 44, Télex 772478, Fax 31 22 36 77,
    🏊, ❧ – 🛗 📺 ☎ & ℗ – 🔬 80. 🖭 ⑨ E 𝚅𝙸𝚂𝙰
    hôtel : fermé 5 janv. au 8 fév. – **R** 95/130 🍴, enf. 50 – ☑ 46 – **46 ch** 440/490, 7 duplex 560/640 – ½ P 400.

RENAULT David, rte de Bayeux ℰ 31 21 72 34 🅽

Les PORTES-EN-RÉ 17 Char.-Mar. 171 ⑫ – voir à Ré (Ile de).

PORTET-SUR-GARONNE 31 H.-Gar. 82 ⑱ – rattaché à Toulouse.

PORT-GOULPHAR 56 Morbihan 63 ⑪ – voir à Belle-Ile-en-Mer.

PORT-GRIMAUD 83 Var 84 ⑰ G. Côte d'Azur – alt. 1 – ✉ **83310** Cogolin.

Voir ≤★ de la tour de l'Église oecuménique.

Paris 871 – Fréjus 28 – Brignoles 63 – Hyères 48 – St-Tropez 7 – Ste-Maxime 8 – ✦Toulon 66.

🏰🏰 **Giraglia** Ⓜ ⑤, ℰ 94 56 31 33, Télex 470494, Fax 94 56 33 77, ≤ golfe, 🍽, ⅃ – 🛗 ▤
    📺 ☎ – 🔬 40. 🖭 ⑨ E 𝚅𝙸𝚂𝙰 ❧ rest
    29 mars-7 oct. – **R** 245/350, enf. 120 – **48 ch** ☑ 1380/1520 – ½ P 915/1125.

XX   **L'Amandier**, entrée cité lacustre ℰ 94 43 48 47, 🍽 – E 𝚅𝙸𝚂𝙰
    Pâques-20 nov., 21 déc.-20 janv. et fermé le midi du 10 juil. au 10 sept. et merc. du 10 sept. au 10 juil. – **R** carte 200 à 380.

XX   **La Tartane**, ℰ 94 56 38 32, ≤, 🍽 – E 𝚅𝙸𝚂𝙰
    15 mars-fin oct. – **R** 150/245.

    à La Foux S : 2 km par N 98 – ✉ **83310** Cogolin :

XX   **Port Diffa**, ℰ 94 56 29 07, 🍽, cuisine marocaine – ▤ ⇦. 🖭 ⑨. ❧
    fermé 6 janv. au 29 mars – **R** 149.

PORT-HALIGUEN 56 Morbihan 63 ⑫ – rattaché à Quiberon.

PORT-JOINVILLE 85 Vendée 67 ⑪ – voir à Yeu (Ile d').

PORT-LA-NOUVELLE 11210 Aude 86 ⑩ G. Pyrénées Roussillon – 4 472 h. alt. 2.

🛈 Office de Tourisme av. Mer ℰ 68 48 00 51.

Paris 873 – ✦Perpignan 50 – Carcassonne 79 – Narbonne 30 – Quillan 113.

🏨 **Méditerranée**, bd Front de Mer ℰ 68 48 03 08, Télex 500712, Fax 68 48 53 81, ≤, 🍽 –
    ➕ 🛗 📺 ☎ ⇦ 🔬 30. 🖭 ⑨ E 𝚅𝙸𝚂𝙰
    fermé 5 janv. au 5 fév. – **R** 60/180 🍴, enf. 45 – ☑ 35 – **31 ch** 230/440 – ½ P 270/320.

PEUGEOT TALBOT Gar. Marill, ZI n° 2, 111 r. St-Exupéry ℰ 68 48 04 86

PORT-LEUCATE 11 Aude 86 ⑩ – rattaché à Leucate.

PORT-LOUIS 56290 Morbihan 63 ① G. Bretagne – 3 327 h. alt. 10.

Voir Citadelle★★ : musée de la Compagnie des Indes★★, musée de l'Arsenal★.

Paris 494 – Vannes 47 – Auray 29 – Lorient 19 – Pontivy 58 – Quimperlé 38.

🏠 **Commerce**, pl. Marché ℰ 97 82 46 05, Télex 951531, Fax 97 82 11 02 – 📺 ☎ E 𝚅𝙸𝚂𝙰
    fermé 26 oct. au 15 nov., vacances de fév. dim. soir et lundi d'oct. à fin mai – **R** 98/260, enf. 50 – ☑ 26 – **40 ch** 105/305 – ½ P 200/280.

PEUGEOT-TALBOT Gar. Fouillen ℰ 97 82 52 14   RENAULT Gar. de l'Avancée ℰ 97 82 47 85

PORT-MANECH 29 Finistère 🆅🅢 ⑪ G. Bretagne – ✉ 29920 Névez.

Paris 536 – Quimper 39 – Carhaix-Plouguer 74 – Concarneau 17 – Pont-Aven 12 – Quimperlé 29.

🏨 **du Port** (annexe 🏠 🛥), 𝒫 98 06 82 17, 🍽 – ☎. 🅔 VISA. 🛳
29 mars-7 avril et 25 avril-25 sept. – **R** *(fermé lundi midi)* 92/180, enf. 55 – ☑ 28 – **35 ch** 180/300 – ½ P 200/300.

🏨 **Ar Moor,** 𝒫 98 06 82 48, ≤ – 🐾 🅿. 🅔 VISA
Pâques-fin sept. – **R** 80/320 – ☑ 30 – **36 ch** 200/300 – ½ P 220/330.

PORT MARLY 78 Yvelines 🆅🅢 ⑳, 🮻🮻🮻 ⑫, 🮻🮻🮻 ⑱ – voir à Paris, Environs.

Le PORT-MONTAIN 77 S.-et-M. 🆅🅘 ④ – rattaché à Provins.

PORT-MORT 27940 Eure 🆅🅢 ⑰, 🮻🮻🮻 ① – 808 h. alt. 16.

Paris 92 – ◆Rouen 52 – Les Andelys 11 – Evreux 31 – Vernon 11.

🍴🍴 **Aub. des Pêcheurs,** 𝒫 32 52 60 43, Fax 32 52 07 62, 🌳, 🛳 – 🅔 VISA
fermé août, vacances de fév., lundi soir et mardi – **R** 120/168.

PORT-NAVALO 56 Morbihan 🆅🅒 ⑫ G. Bretagne – alt. 9 – ✉ 56640 Arzon.

Voir Tumulus de Tumiac ☀★ E : 4 km puis 30 mn.

Paris 486 – Vannes 56 – Auray 53 – Lorient 91 – Quiberon 81 – La Trinité-sur-Mer 65.

🍴🍴 **Grand Largue,** 𝒫 97 53 71 58, ≤ – 🅔 VISA
fermé 21 nov. au 15 déc., 6 janv. au 4 fév., lundi (sauf le soir en juil. août) et mardi –
R 125/295.

au Port du Crouesty E : 2 km – ✉ 56640 Arzon :

🏨🏨 **Miramar** 🅼 🏊, 𝒫 97 67 68 00, Télex 951859, Fax 97 67 68 99, ≤, institut de thalassothérapie, « Architecture originale évoquant un paquebot », 🌀 – 🮮 🖵 TV ☎ 🦽 🚙
🅿 – 🔬 80. 🅐🅔 🅞 🅔 VISA. 🛳 rest
La Salle à Manger (prévenir) **R** carte 270 à 420, enf.115 – **Le Diététique R** 230 – ☑ 90 –
108 ch 640/1075, 12 appart. – ½ P 840/1040.

🏨 **Au Vieux Safran** 🅼, 𝒫 97 53 87 91 – TV ☎ 🅿. 🅐🅔 🅞 🅔 VISA. 🛳 rest
R 100/200 🍷, enf. 55 – ☑ 32 – **26 ch** 330/380 – ½ P 300.

PORTS-SUR-VIENNE 37800 I.-et-L. 🆅🅘 ④ – 345 h. alt. 43.

Paris 287 – ◆Tours 54 – Châtellerault 27 – Chinon 40 – Loches 48.

🍴 **Le Grillon,** Le Bec des Deux Eaux SE : 2 km 𝒫 47 65 02 74 – 🅿. 🅔 VISA. 🛳
◆ *fermé 1er au 10 juil., 20 au 30 sept., jeudi soir et vend.* – **R** 58/250 🍷, enf. 32.

PORT-SUR-SAÔNE 70170 H.-Saône 🆅🅖 ⑤ – 2 650 h. alt. 261.

Paris 364 – Bourbonne-les-Bains 44 – Épinal 83 – Gray 52 – Jussey 22 – Langres 63 – Vesoul 12.

à Vauchoux S : 3 km par D 6 – ✉ 70170 :

🍴🍴🍴 ❀ **Château de Vauchoux** (Turin), 𝒫 84 91 53 55, Télex 361476, Fax 84 91 65 38, « Belle
décoration intérieure, parc », 🌀, 🎾 – 🅿. 🅐🅔 🅞 🅔 VISA. 🛳
fermé 15 janv. au 28 fév., lundi et mardi – **R** 470/420
Spéc. Panaché de poissons de petits bâteaux aux crustacés, Rosace de pigeonneau "Edwige Feuillère",
Assiette "Plaisir des Gâtines". Vins Gy, Champlitte.

PORT-VENDRES 66660 Pyr.-Or. 🆅🅖 ⑳ G. Pyrénées Roussillon – 5 332 h. alt. 25.

Env. Tour Madeloc ☀★★ SO : 8 km puis 15 mn.

🮿 Office de Tourisme quai P.-Forgas 𝒫 68 82 07 54.

Paris 935 – ◆Perpignan 31.

🏨 **La Résidence** 🅼, rte Banyuls 𝒫 68 82 01 05, Fax 68 82 22 13, ≤, 🌳, 🌀, 🛳 – TV ☎
🅿 🅐🅔 🅞 🅔 VISA
fermé 2 janv. au 28 fev. – **R** *(fermé merc. du 1er oct. au 31 mars)* 125/225, enf. 60 – ☑ 30
– **18 ch** 300/380 – ½ P 315/340.

🏨 **St-Elme** sans rest, 2 quai P. Forgas 𝒫 68 82 01 07 – ☎ 🚗. 🅐🅔 🅞 🅔 VISA
☑ 23 – **29 ch** 140/270.

🍴🍴 **Côte Vermeille,** quai Fanal 𝒫 68 82 05 71, ≤ – 🅔 VISA
R 95/180.

🍴🍴 **Chalut,** 8 quai F. Joly 𝒫 68 82 00 91 – 🅐🅔 🅞 🅔 VISA
◆ *fermé 15 déc. au 20 janv., dim. soir (hors sais.) et lundi* – **R** 65/180 🍷, enf. 35.

PORT-VILLEZ 78 Yvelines 🆅🅢 ⑱ 🮻🮻🮻 ② – rattaché à Vernon.

La POTERIE 22 C.-d'Armor 🆅🅙 ④ – rattaché à Lamballe.

49420 M.-et-L. 🔢 ⑧ **G. Châteaux de la Loire** – 3 410 h. alt. 89.

🅱 Syndicat d'Initiative r. de la Porte Angevine (saison) 𝒫 41 92 45 86.

Paris 329 – Angers 60 – Ancenis 44 – Châteaubriant 16 – Laval 51 – ◆Rennes 65 – Vitré 46.

🏠 **Porte Angevine** Ⓜ, rte de Craon 𝒫 41 92 68 52 – ☎ ⴵ 🅿 – 🔒 100. 🄴 𝑽𝑰𝑺𝑨
↝ fermé 15 au 28 fév., vend. soir et sam. midi – **R** 58/170 ⵊ, enf. 40 – � 22 – **19 ch** 195/225 – ½ P 168/183.

PEUGEOT Gar. Houtin 𝒫 41 92 44 12　　　　　　　　RENAULT Gar. des Remparts 𝒫 41 92 41 00

47170 L.-et-G. 🔢 ⑬ – 309 h. alt. 66.

Paris 666 – Agen 47 – Aire-sur-l'Adour 62 – Condom 19 – Mont-de-Marsan 66 – Nérac 17.

🍴🍴 ⵗ **La Belle Gasconne** (Mme Gracia) Ⓜ avec ch, 𝒫 53 65 71 58, ≤, 🛋, 🌳 – ☎ 🅿. 🄰🄴 ⓪
🄴 𝑽𝑰𝑺𝑨
R *(fermé dim. soir et lundi sauf juil.-août)* (nombre de couverts limité, prévenir) 165/260 –
ല 45 – **6 ch** 390/480 – ½ P 550
Spéc. Foie gras de canard en terrine, Soupe gasconne de haricots blancs aux couennes et confit (hiver),
Civet de canard au sang.

58320 Nièvre 🔢 ③ **G. Bourgogne** – 2 269 h. alt. 192 – Casino

🅱 Syndicat d'Initiative av. Paris (juin-sept.) 𝒫 86 58 71 15 et à la Mairie (hors saison) 𝒫 86 68 85 79.

Paris 227 – Bourges 60 – La Charité-sur-Loire 13 – Clamecy 64 – Corbigny 56 – Nevers 11 – Prémery 24.

🏠 **Central H.,** N 7 𝒫 86 68 85 00 – 🄴 𝑽𝑰𝑺𝑨
↝ fermé 15 nov. au 15 déc., 5 au 20 janv., dim. soir et lundi d'oct. à juin – **R** 62/199 ⵊ, enf. 62
– **12 ch** ല 150/230 – ½ P 210/290.

40350 Landes 🔢 ⑦ – 2 477 h. alt. 28.

Paris 758 – Biarritz 57 – Mont-de-Marsan 65 – ◆Bayonne 51 – Dax 15 – Orthez 29 – Pau 70.

🍴 **Aub. Du Pas de Vent** avec ch, 𝒫 58 98 20 88 – 🅿
↝ fermé lundi – **R** 60/110 ⵊ – ല 35 – **3 ch** 160/220 – ½ P 250.

PEUGEOT-TALBOT Gar. Garein 𝒫 58 98 20 54　　　　RENAULT Gar. Bacheré 𝒫 58 98 20 95

21320 Côte-d'Or 🔢 ⑱ **G. Bourgogne** – 1 516 h. alt. 384.

Paris 273 – ◆Dijon 43 – Avallon 66 – Beaune 47 – Montbard 59.

à Chailly-sur-Armançon E : 6,5 km par D 977ᵇⁱˢ – ⊠ **21320** Pouilly-en-Auxois :

🏰 **Château de Chailly** Ⓜ ⵥ, 𝒫 80 90 30 30, Télex 352208, Fax 80 90 30 00, 🌳, 🟦, 🌳,
🍴 – 🛏 📺 ☎ ⴵ 🅿 – 🔒 80. 🄰🄴 ⓪ 🄴 𝑽𝑰𝑺𝑨, ⵊ
L'Armançon R carte 270 à 360 – **Le Rubillon R** 115 bc – ല 70 – **42 ch** 700/2200, 3 appart.
3500.

FORD Mr Omont 𝒫 80 90 73 21　　　　　　　　　　V.A.G Jeannin 𝒫 80 90 82 11
RENAULT Gar. Orset, rte d'Autun 𝒫 80 90 80 45

42720 Loire 🔢 ⑧ – 2 973 h. alt. 264.

Paris 379 – Roanne 14 – Charlieu 5,5 – Digoin 41 – Vichy 77.

🍴🍴 **De la Loire,** 𝒫 77 60 81 36, 🌳 – 🅿. 🄰🄴 𝑽𝑰𝑺𝑨
fermé 2 au 12 sept., 17 fév. au 15 mars, dim. soir et lundi sauf juil.-août – **R** 130/270,
enf. 60.

FIAT Gar. Coudert, 𝒫 77 60 70 23

58150 Nièvre 🔢 ⑬ **G. Bourgogne** – 1 738 h. alt. 177.

🅱 Office de Tourisme à la Mairie (juil.-août) 𝒫 86 39 12 55.

Paris 201 – Bourges 58 – Château-Chinon 89 – Clamecy 57 – Cosne-sur-Loire 15 – Nevers 37 – Vierzon 84.

🏠 **Le Relais Fleuri et rest. Coq Hardi,** SE : 0,5 km 𝒫 86 39 12 99, 🌳, « Jardin fleuri et
≤ sur la Loire » – ☎ ⇦ 🅿 – 🔒 50. 🄰🄴 🄴 𝑽𝑰𝑺𝑨
fermé 15 janv. au 15 fév., merc. soir et jeudi du 15 oct. à Pâques – **R** 100/190, enf. 40 –
ല 28 – **9 ch** 230/240.

🏠 **Bouteille d'Or,** rte Paris 𝒫 86 39 13 84 – ☎. 🄴 𝑽𝑰𝑺𝑨
fermé 10 janv. au 25 fév., dim. soir et lundi du 15 sept. au 15 juin – **R** 85/260, enf. 55 –
ല 30 – **28 ch** 150/220 – ½ P 220/240.

🍴🍴 **L'Espérance** avec ch, r. Couard 𝒫 86 39 07 69, 🌳 – 🅿. 🄰🄴 🄴 𝑽𝑰𝑺𝑨
fermé 15 nov. au 15 déc., dim. soir et lundi du 15 sept. à Pâques – **R** 100/200 – ല 35 –
3 ch 220 – ½ P 200/330.

🍴🍴 **La Vieille Auberge** avec ch, N 7 déviation sud 𝒫 86 39 17 98, 🌳 – 🅿. 🄴 𝑽𝑰𝑺𝑨
fermé mardi soir et merc. hors sais. – **R** 72/180 ⵊ, enf. 40 – ല 25 – **3 ch** 150/170 –
½ P 200.

à Charenton SE : 2 km sur N 7 – ⊠ **58150** Pouilly-sur-Loire :

🍴 **Relais Grillade,** 𝒫 86 69 07 00, 🌳 – 🅿. 🄰🄴 🄴 𝑽𝑰𝑺𝑨
R 72/145 ⵊ, enf. 42.

CITROEN Gar. Prulière 𝒫 86 39 14 44 🄽　　　　　PEUGEOT Gar. S.A.P.L. 𝒫 86 39 14 65

---

56 Morbihan 🔢 ⑪ – voir à Belle-Ile-en-Mer.

POULDREUZIC 29710 Finistère 58 ⑭ – 2 024 h. alt. 56.

Paris 580 – Quimper 25 – Audierne 16 – Douarnenez 18 – Pont-l'Abbé 16.

🏛 **Moulin de Brénizenec** 🍃 sans rest, rte Audierne : 3 km 𝒫 98 91 30 33, ≼, « Jardin »
– 🏡 **P**
Pâques-25 sept. – 🖙 40 – **10 ch** 300/380.

🏠 **Ker Ansquer** 🍃, à Lababan NO : 2 km par D 2 ⊠ 29710 Plogastel-St-Germain
𝒫 98 54 41 83, 🍴 – 🕿 **P**. 🖭. 🛇 ch
Pâques-fin sept. – **R** 190/250, enf. 40 – 🖙 27 – **11 ch** 265 – ½ P 265.

à Penhors O : 4 km par D 40 – ⊠ **29710** Plogastel-St-Germain :

🏛 **Breiz Armor** Ⓜ 🍃, 𝒫 98 54 40 41, Télex 941863, Fax 98 54 36 75, ≼ – 🕿 ᴃ **P** – 🛦 50.
E 𝗩𝗜𝗦𝗔
hôtel : 19 mars-30 sept., vacances de Noël et fermé lundi sauf juil.-août – **R** *(16 mars-
25 oct., week-ends du 26 oct. au 15 mars, vacances de Noël et fermé lundi sauf juil.-août)*
82/370, enf. 58 – 🖙 30 – **23 ch** 320 – ½ P 298.

Le POULDU 29 Finistère 58 ⑫ G. Bretagne – ⊠ 29360 Clohars-Carnoët.

🇧 Office de Tourisme r. Ch.-Filiger *(fermé matin hors saison)* 𝒫 98 39 93 42.

Paris 513 – Quimper 59 – Concarneau 37 – Lorient 23 – Moëlan-sur-Mer 11 – Quimperlé 16.

🏛 **Armen,** 𝒫 98 39 90 44, Fax 98 39 98 69, ≼ – 🛊 🕿 **P**. 🖭 ⓪ **E** 𝗩𝗜𝗦𝗔. 🛇 rest
🍴 *27 avril-24 sept.* – **R** 70/220, enf. 48 – 🖙 38 – **38 ch** 230/380 – ½ P 270/350.

🏠 **Panoramique** Ⓜ sans rest, au Kérou-plage 𝒫 98 39 93 49 – 🕿 ᴃ **P**. 🖭 **E** 𝗩𝗜𝗦𝗔
23 mars-11 nov. – **26 ch** 🖙 260/280.

🏠 **Bains,** 𝒫 98 39 90 11, ≼ – 🛊 🕿 **P**. **E** 𝗩𝗜𝗦𝗔. 🛇 rest
🍴 *21 avril-25 sept.* – **R** 70/240, enf. 50 – 🖙 25 – **49 ch** 158/298 – ½ P 195/290.

POULIGNY-NOTRE-DAME 36 Indre 68 ⑲ – rattaché à La Châtre.

Le POULIGUEN 44510 Loire-Atl. 63 ⑭ G. Bretagne – 4 488 h. alt. 4.

🏌 de La Baule 𝒫 40 60 46 18, NE : 10 km.

🇧 Office de Tourisme Port Sterwitz 𝒫 40 42 31 05.

Paris 457 – ♦Nantes 77 – La Baule 3 – Guérande 5,5 – St-Nazaire 18.

🏠 **Jules Verne,** 2 r. Alger 𝒫 40 42 32 79 – 🖘. 🖭 𝗩𝗜𝗦𝗔. 🛇 ch
fermé 1ᵉʳ au 4 nov. – **R** (½ pens. seul.) – 🖙 25 – **7 ch** 220/240 – ½ P 200/230.

🏠 **Orée du Bois** sans rest, r. Mar. Foch 𝒫 40 42 32 18 – 🕿. **E** 𝗩𝗜𝗦𝗔. 🛇
🖙 35 – **15 ch** 210/260.

🍴🍴 **Voile d'Or,** av. Plage 𝒫 40 42 31 68, 🍴 – 🖭 𝗩𝗜𝗦𝗔
fermé 15 au 30 oct., 1ᵉʳ au 15 fév., dim. soir (sauf juil.-août) et lundi – **R** 120/300, enf. 70.

TOYOTA Gar. de la Plage 𝒫 40 42 31 07

POULLAOUEN 29246 Finistère 58 ⑥⑦ – 1 731 h. alt. 164.

Paris 514 – ♦Brest 76 – Carhaix-Plouguer 10 – Châteaulin 47 – Huelgoat 11 – Landerneau 58 – Morlaix 37.

♨ **Argoat** sans rest, 𝒫 98 93 55 33
fermé 26 août au 15 sept. et jeudi – 🖙 18 – **11 ch** 85/110.

🍴🍴 **Le Louis XIII,** 𝒫 98 93 54 22 – 🖭 **E** 𝗩𝗜𝗦𝗔
fermé 24 sept. au 8 oct., lundi soir (sauf du 14 juil. au 15 août) et mardi – **R** 90/170, enf. 45.

POUZAUGES 85700 Vendée 67 ⑯ G. Poitou Vendée Charentes – 5 792 h. alt. 225.

Voir Puy Crapaud 🎇★★ SE : 2,5 km – Bois de la Folie 🎇 NO : 1 km.

Env. St-Michel-Mont-Mercure : 🎇★★ de la tour de l'Église NO : 7 km par D 752.

🇧 Office de Tourisme cour de la Poste *(saison)* 𝒫 51 91 82 46 et à la Mairie 𝒫 51 57 01 37.

Paris 392 – La Roche-sur-Y. 54 – Bressuire 28 – Chantonnay 21 – Cholet 36 – ♦Nantes 81.

🏛 **Aub. de la Bruyère** 🍃, rte la Pommeraie 𝒫 51 91 93 46, Télex 701804, Fax 51 57 08 18,
🍴 ≼ plaine vendéenne, 🍴, 🏊, 🍴 – 🛊 🖭 🕿 **P** – 🛦 25 à 100. 🖭 ⓪ **E** 𝗩𝗜𝗦𝗔
R *(fermé dim. soir et lundi du 15 sept. au 15 juin)* 67/175 🍴, enf. 41 – 🖙 31 – **26 ch**
225/346 – ½ P 263/295.

🏛 **La Chouannerie,** rte Bressuire 𝒫 51 57 01 69, ≼, 🔥, 🍴 – 🖭 🕿 **P**. 🖭 **E** 𝗩𝗜𝗦𝗔
🍴 *fermé Noël au Jour de l'An* – **R** *(fermé dim. soir)* 65/150, enf. 40 – 🖙 28 – **8 ch** 275.

POUZAY 37 I.-et-L. 68 ④ – rattaché à Ste-Maure-de-Touraine.

Le POUZIN 07250 Ardèche 76 ⑳ G. Vallée du Rhône – 2 728 h. alt. 95.

Paris 586 – Valence 27 – Avignon 107 – Die 61 – Montélimar 29 – Privas 14.

♨ **Avenue,** 𝒫 75 63 80 43 – 🖭 🕿 🖭 ⓪ **E** 𝗩𝗜𝗦𝗔
🍴 *fermé 6 au 12/5, 26/8 au 16/9, 21/12 au 1/1, dim. (sauf le soir en juil.-août) et sam. midi* –
R 60 🍴, enf. 30 – 🖙 25 – **14 ch** 120/210 – ½ P 130/185.

CITROEN Pheby 𝒫 75 63 80 16 🅽 𝒫 75 85 95 56   RENAULT Gar. Combe 𝒫 75 85 98 16

PRADELLES 43420 H.-Loire 76 ⑰ G. Vallée du Rhône – 624 h. alt. 1 150.

Paris 552 – Mende 58 – Alès 107 – Aubenas 59 – Langogne 7,5 – Le Puy 34.

🏠 **L'Arche**, ℘ 71 00 82 98, 🚗, – ☎. E VISA
hôtel : 1er avril-31 oct.; rest. : 1er mai-30 sept. – **R** 75/260 🍴, enf. 39 – ⴱ 25 – **16 ch**
165/235 – ½ P 210.

PRADES 66500 Pyr.-Or. 86 ⑰ G. Pyrénées Roussillon – 6 524 h.

Voir Abbaye St-Michel-de-Cuxa★ S : 3 km – Village d'Eus★ NE : 5 km.

🛈 Syndicat d'Initiative r. V.-Hugo ℘ 68 96 27 58.

Paris 953 – ♦Perpignan 43 – Mont-Louis 36 – Olette 16 – Vernet-les-Bains 12.

à Taurinya S : 6 km par D 27 – alt. 550 – ⊠ 66500 :

🍴🍴 **Aub. des Deux Abbayes**, ℘ 68 96 49 53, 🌤, – E VISA
fermé 1er au 21 nov., mardi soir et merc. – **R** 135/175, enf. 40.

RENAULT Gar. Bosom ℘ 68 96 11 14   🔧 Pneu Service ℘ 68 96 43 23

Le PRADET 83220 Var 84 ⑮ – 9 018 h. alt. 30.

🛈 Office de Tourisme pl. Gén.-de-Gaulle (saison) ℘ 94 21 71 69.

Paris 846 – ♦Toulon 9 – Draguignan 81 – Hyères 12.

🏨 **Azur** 🛉, 163 av. Raimu ℘ 94 21 68 50, Fax 94 08 27 00, 🌤, 🛠, – 🍴 ch TV ☎ 🅿 –
🕍 30. 🖭 E VISA. 🛠 ch
R (fermé janv., le midi en juil.-août, dim. soir et lundi de sept. à juin) 90/140 – ⴱ 40 –
23 ch 300/370.

🍴🍴🍴 **Le Stratos**, ℘ 94 21 23 62 – 🍴. 🖭 E VISA
fermé vacances de fév., dim. soir (sauf juil.-août) et lundi – **R** 170 bc/215.

aux Oursinières S : 3 km par D 86 – ⊠ 83220 Le Pradet :

🏨 **L'Escapade** M 🛉 (rest. prévu), ℘ 94 08 39 39, « Jardin fleuri », 🛠 – TV ☎ 🚗 🅿. E
VISA. 🛠
ⴱ 45 – **17 ch** 470/900.

PRALOGNAN-LA-VANOISE 73710 Savoie 74 ⑱ G. Alpes du Nord – 634 h. alt. 1 404 – Sports d'hiver
1 460/2 500 m 🚡1 🎿13 🦮.

Voir Site★ – Parc national de la Vanoise★★ – La Chollière★ SO : 1,5 km puis 30 mn – Mont
Bochor ≤★ par téléphérique.

🛈 Office de Tourisme ℘ 79 08 71 68, Télex 980240.

Paris 638 – Albertville 53 – Chambéry 101 – Moûtiers 28.

🏩 **Télémark** M 🛉, ℘ 79 08 00 44, Télex 309990, Fax 79 08 76 18, ≤, 🌤, 🏋, 🛠, 🚗, 🛠 –
TV ☎ 🕭 🚗 – 🕍 50
saisonnier – **40 ch**.

🏨 **Les Airelles** M 🛉, les Darbelays, N : 0,8 km ℘ 79 08 70 32, ≤, 🌤 – ☎ 🚗 🅿. E
VISA. 🛠 rest
1er juin-22 sept. et 21 déc.-9 mai – **R** 95/140, enf. 40 – ⴱ 30 – **22 ch** 285/365 – ½ P 225/315.

🏨 **Grand Bec**, ℘ 79 08 71 10, Fax 79 08 72 22, ≤, 🌤, 🛠, 🚗, 🛠 – 🔔 ☎ 🅿 – 🕍 30. E
VISA. 🛠
1er juin-22 sept. et 21 déc.-9 mai – **R** 95/130, enf. 40 – ⴱ 28 – **39 ch** 280/350 – ½ P 250/295.

🏠 **Capricorne**, ℘ 79 08 71 63, ≤, 🚗 – 🅿 E VISA. 🛠 ch
juin-sept. et 20 déc.-20 avril – **R** 90/130 – ⴱ 30 – **15 ch** 220/360.

🏡 **Parisien**, ℘ 79 08 72 31, ≤, 🚗 – 🕭 🅿. E VISA. 🛠 rest
7 juin-16 sept. et 20 déc.-20 avril – **R** 85/120, enf. 48 – **24 ch** ⴱ 145/290 – ½ P 220/290.

PRA-LOUP 04 Alpes-de-H.-P. 81 ⑧ – rattaché à Barcelonnette.

PRAMOUSQUIER 83 Var 84 ⑰ – rattaché à Cavalière.

Le PRARION 74 H.-Savoie 74 ⑧ – rattaché aux Houches.

PRATS-DE-MOLLO-LA-PRESTE 66230 Pyr.-Or. 86 ⑱ G. Pyrénées Roussillon (plan) – 1 146 h.
alt. 745 – Voir Ville haute★.

🛈 Office de Tourisme pl. Le Foiral ℘ 68 39 70 83.

Paris 967 – ♦Perpignan 61 – Céret 31.

🏨 **Park H. d'Estamarius** 🛉, ℘ 68 39 70 04, ≤, parc, 🛠, 🛠 – 🕭 🅿 – 🕍 70. 🖭 ⓪
🔽 30 avril-25 oct. – **R** 70/135, enf. 40 – ⴱ 25 – **85 ch** 150/375 – ½ P 165/275.

🏠 **Touristes**, ℘ 68 39 72 12, ≤, 🚗 – 🕭 🅿. E VISA
1er avril-fin oct. – **R** 72/120, enf. 45 – ⴱ 42 – **30 ch** 170/220 – ½ P 150/210.

🏠 **Bellevue**, ℘ 68 39 72 48 – 🍴 rest 🕭 🅿 E VISA
avril-15 nov. et vacances scolaires – 85/165, enf. 45 – ⴱ 20 – **18 ch** 120/210 – ½ P 150/220.

🏠 **Costabonne**, Le Foiral ℘ 68 39 70 24 – 🕭. E VISA
1er avril-1er nov. – **R** 70/110 🍴 – ⴱ 21 – **18 ch** 120/190 – ½ P 180/190.

🏖 Ausseil, 𝒫 68 39 70 36, ☞ – saisonnier – **22 ch**.

🏖 Aïre i Sol sans rest, 𝒫 68 39 72 46, ≤, ☞ saisonnier – **20 ch**.

✗ **Crémaillère** avec ch, rte La Preste : 2 km par D 115A 𝒫 68 39 70 62, ☞ – **Ⓟ**. ✗ ch
← hôtel : fermé 31 oct. au 31 mars ; rest. : fermé 31 oct. au 15 nov. et merc. du 1er nov. au 31 mars – **R** 58/110 ⅃ – ☲ 18 – **4 ch** (pension seul.) – P 345.

à La Preste – Stat. therm. (avril-oct.) – ⬚ **66230** Prats-de-Mollo-La-Preste :

🏨 **Val du Tech** ⤳, 𝒫 68 39 71 12, ≤ – ▣ 📺 ☎. **VISA**. ✗ rest
1er avril-30 oct. – **R** 90/105, enf. 60 – ☲ 27 – **42 ch** 130/260 – ½ P 197/297.

🏠 **Ribes** ⤳, 𝒫 68 39 71 04, ≤ vallée, ☞ – ☎ **Ⓟ**. ✗ rest
1er avril-31 oct. – **R** 75/80 ⅃ – ☲ 21 – **25 ch** 118/184 – ½ P 149/183.

CITROEN Pagès-Xatart 𝒫 68 39 71 51   RENAULT Vial 𝒫 68 39 70 23

PRAZ 73 Savoie 🗗🗗 ⑱ – rattaché à Courchevel.

Les PRAZ-DE-CHAMONIX 74 H.-Savoie 🗗🗗 ⑧⑨ – rattaché à Chamonix.

PRAZ-SUR-ARLY 74120 H.-Savoie 🗗🗗 ⑦ – 767 h. alt. 1 036 – Sports d'hiver : 1 036/2 000 m ⚡13.
🛈 Office de Tourisme pl. Mairie 𝒫 50 21 90 57.
Paris 605 – Chamonix 40 – Albertville 26 – Chambéry 75 – Megève 4,5.

🏨 **Edelweiss** sans rest, rte Megève 𝒫 50 21 93 87, ≤, ☞ – ☎ ⬅ **Ⓟ**. **Ε VISA**. ✗
☲ 30 – **16 ch** 365/390.

🏠 **Mont Charvin**, 𝒫 50 21 90 05, ☞, ✗ – ☜ **Ⓟ**. **Ε VISA**. ✗
hôtel:mi-juin-fin sept. et vacances Noël-vacances de printemps; rest.:juil.-fin sept. et vacances Noël-début avril – **R** 80/250 – ☲ 33 – **31 ch** 190/305 – ½ P 240/280.

✗✗ **Le Cannibal's**, rte Megève : 1 km 𝒫 50 21 91 94, ☞ – **Ⓟ**. **Ε VISA**
fermé 2 au 29 juin, 24 nov. au 15 déc., mardi soir et merc. hors sais. – **R** 100/150 ⅃.

FORD Gar. du Crêt du Midi 𝒫 50 21 90 30 Ⓝ 𝒫 50 21 40 84

PRÉCY-SOUS-THIL 21390 Côte-d'Or 🗗🗗 ⑰ **G. Bourgogne** – 592 h. alt. 333.
Paris 246 – ◆Dijon 66 – Auxerre 83 – Avallon 36 – Beaune 80 – Montbard 32 – Saulieu 16.

🏠 **Loriot,** 𝒫 80 64 56 33, ☞ – 📺 ☎ **Ⓟ**. **Ε VISA**
fermé dim. soir et lundi midi d'oct. à Pâques – **R** 75/250 – ☲ 30 – **11 ch** 200/290 –
½ P 200/220.

RENAULT Orset, rte de Semur 𝒫 80 64 50 56

PRÉCY-SUR-OISE 60460 Oise 🗗🗗 ⑪, 🗗🗗🗗 ⑦ – 2 694 h. alt. 33.
Voir Église★ de St-Leu-d'Esserent NE : 3,5 km, **G. Ile de France**.
Paris 58 – Compiègne 47 – Beauvais 34 – Chantilly 10 – Creil 13 – Pontoise 30 – Senlis 18.

✗✗ **Le Condor,** 14 r. Watteau 𝒫 44 27 60 77 – **VISA**. ✗
fermé dim. – **R** 160/300.

PRÉFAILLES 44770 Loire-Atl. 🗗🗗 ① – 775 h. alt. 33.
Voir Pointe St-Gildas★ O : 2 km, **G. Poitou Vendée Charentes**.
🛈 Office de Tourisme Grande-Rue ((fermé après-midi sauf juil.-août) 𝒫 40 21 62 22.
Paris 446 – ◆Nantes 62 – Pornic 10 – St-Brévin-les-Pins 18.

🏠 **La Flottille** Ⓜ, pointe St Gildas 𝒫 40 21 61 18, Télex 701962, Fax 40 64 51 72, ≤ – ▤ ch
📺 ☎ **Ⓟ**. **ΑΕ ① Ε VISA**
R 86/250, enf. 44 – ☲ 37 – **13 ch** 360/410 – ½ P 380.

🏠 **St-Paul,** 𝒫 40 21 60 25, ☞, **⌁**, ☞ – ☎ ⬅ – 🔏 30. **ΑΕ ① Ε VISA**
15 mars-15 nov. – **R** 75/230, enf. 35 – ☲ 25 – **41 ch** 150/245 – ½ P 230/290.

CITROEN Gar. Hamon 𝒫 40 21 65 80 Ⓝ 𝒫 40 21 65 36

PRÉMERY 58700 Nièvre 🗗🗗 ⑭ **G. Bourgogne** – 2 603 h. alt. 237.
Paris 234 – La Charité-sur-Loire 28 – Château-Chinon 56 – Clamecy 40 – Cosne-sur-L. 48 – Nevers 29.

✗ **Agriculture,** 𝒫 86 68 11 96 – **Ε VISA**. ✗
← fermé 17 au 29 août, vacances de fév. et lundi – **R** (déj. seul.) 50/210 ⅃.

CITROEN Modern. Gar. 𝒫 86 68 12 82   RENAULT Caliste 𝒫 86 68 10 76

PRÉMESQUES 59 Nord 🗗🗗 ⑮⑯ – rattaché à Lille.

La PRENESSAYE 22 C.-d'Armor 🗗🗗 ⑳ – rattaché à Loudéac.

Le PRÉ-ST-GERVAIS 93 Seine-St-Denis 🗗🗗 ⑪, 🗗🗗🗗 ⑯ – voir à Paris, Environs.

La PRESTE 66 Pyr.-Or. 🗗🗗 ⑰ – rattaché à Prats-de-Mollo.

01160 Ain 🔢 ③ G – 787 h. alt. 235.

Paris 455 – ♦Lyon 47 – Bourg-en-Bresse 26 – Nantua 44.

XX **Mère Bourgeois,** ℰ 74 35 61 81 – ⇔, **E** _VISA_
fermé 4 au 8 mars, 12 nov. au 1er déc., dim. soir et lundi sauf juil.-août – **R** 95/240 ⅃,
enf. 65.

ℙ **07000** Ardèche 🔢 ⑲ G. Vallée du Rhône – 10 638 h. alt. 294.

🛈 Office de Tourisme 3 r. E.-Reynier ℰ 75 64 33 05.

Paris 600 ② – Valence 39 ② – Alès 104 ④ – Mende 140 ④ – Montélimar 33 ③ – Le Puy 119 ④.

PRIVAS

Bœuf (Pl. des) .... **A** 3	Hôtel-de-Ville
Coux (Av. de) .... **B** 7	(Pl. de l') .... **B** 18
Durand (R. H.) .... **B** 10	Mobiles (Bd des) .... **B** 20
Champ-de-Mars (Pl. du) .. **B** 5	Faugier (Av. C.) .... **A** 12	Ouvèze (Ch. des)...... **B** 22
Esplanade (Cours de l') .. **B** 9	Filliat (R. P.) .... **B** 14	Petit-Tournon
République (R. de la) ..... **B** 26	Foiral (Pl. du) .... **A** 16	(Av. du) .... **B** 24
	Gaulle	St-Louis (Cours)...... 28
Baconnier (R. L.) .... **B** 2	(Pl. Ch. de) .... **B** 17	Vanel (Av. du) .... **B** 30

🏨 **La Chaumette** ⤸, av. Vanel ℰ 75 64 30 66, ㄈ, ☞ – 🛗 📺 ☎ ☻ – 🔏 50. ㏈ ⦿ **E**
VISA   **B** a
R *(fermé sam. midi)* 90/180 ⅃, enf. 40 – ⌸ 34 – **36 ch** 265/340 – ½ P 245/268.

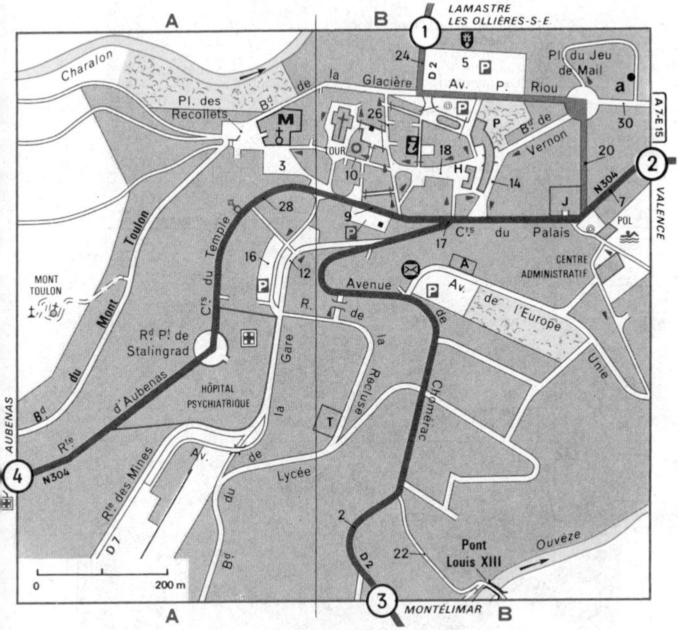

à Alissas par ③ : 4 km – ⊠ **07210** :

XX **Lous Esclos,** sur D 2 ℰ 75 65 12 73, ㄈ – ▦ ☻ **E** _VISA_
fermé 2 au 20 août, 22 déc. au 15 janv., sam. midi, dim. soir et lundi – **R** 90/145, enf. 40.

au col de l'Escrinet par ④ : 13 km – ⊠ **07000** Privas :

🏨 **Escrinet** ⤸, ℰ 75 87 10 11, ≤ vallée, ⅃, ☞ – 📺 ☎ ⇔ ☻ ㏈ ⦿ **E** _VISA_ ⚓ rest
15 mars-16 nov. et fermé dim. soir et lundi midi (sauf du 15 juin au 15 sept. et fériés) –
R *(prévenir)* 105/200 – ⌸ 32 – **20 ch** 250/320 – ½ P 270/320.

CITROEN Gar. Viazac par ③ ℰ 75 64 31 90
ℕ ℰ 75 64 30 86
FORD Privas Automobiles, N 104 à Veyras
ℰ 75 64 33 33
PEUGEOT, TALBOT Gds Gar. Midi, N 104 à Coux
par ② ℰ 75 64 23 33

RENAULT Seita, rte de Montélimar par ③
ℰ 75 64 33 01
V.A.G Gar. Perrier, ZI rte de Montélimar
ℰ 75 64 02 07

🅶 R.I.P.A., ZI du Lac ℰ 75 64 05 56

PROVENCHÈRES-SUR-FAVE **88490** Vosges 62 ⑱ **G. Alsace Lorraine** – 685 h. alt. 407.

Paris 400 – Colmar 55 – Épinal 64 – St-Dié 14 – Sélestat 34 – ♦Strasbourg 75.

Aub. du Spitzemberg 🐎, à la Petite Fosse, NO : 7 km par D 45 et voie forestière ✆ 29 51 20 46, ≤, « Dans la forêt vosgienne », 🏞 – ☎ 🅟 – 🏃 25. E VISA
15 mars-15 nov. et fermé mardi – **R** 60/120 🍷 – ☕ 24 – **9 ch** 210/240 – ½ P 200/210.

PROVINS ⟨SP⟩ **77160** S.-et-M. 61 ④ **G. Champagne** – 12 682 h. alt. 92.

Voir Ville Haute★★ ABY: remparts ★★ AY, tour de César★★ : ≤★ BY, Grange aux Dîmes★ AY **E** – Anges musiciens★★ et vierge★ dans l'église St-Ayoul CZ **D** – Musée du Provinois : collections★ de sculptures et de céramiques ABY **M**.

Env. St-Loup-de-Naud : portail★★ de l'église★ 7 km par ④.

🅑 Office de Tourisme pl. H. de Balzac ✆ (1) 64 00 16 35 et Tour César ✆ (1) 64 00 05 31.

Paris 86 ⑤ – Fontainebleau 53 ④ – Châlons-sur-M. 97 ② – Meaux 64 ⑤ – Melun 48 ⑤ – Sens 46 ④.

PROVINS

Cordonnerie (R. de la) . . **CZ** 24
Friperie (R. de la) . . . . . . **CZ** 37
Hugues le Grand (R.) . . . **CZ** 43
Leclerc (Pl. du Mar.) . . . . **BZ** 47
Val (R. du) . . . . **BZ** 79

Anatole-France (Av.) . . . **BZ** 2
Arnoul (R. Victor) . . . . . . **CZ** 3
Balzac (Pl. Honoré de) . . **BZ** 4
Bordes (R. des) . . . . **CZ** 7
Bourquelot (R. Félix) . . . **CY** 8
Capucins (R. des) . . . . . . **BZ** 12
Champbenoist (Rte de) . **CZ** 13
Changis (R. de) . . . . **CZ** 14
Châtel (Pl. du) . . . . **AY** 18
Chomton (Bd Gilbert) . **BYZ** 19
Collège (R. du) . . . . **BY** 23
Courloison (R.) . . . . **CY** 27
Couverte (R.) . . . . **AY** 28
Desmarets (R. Jean) . . . **AY** 29
Ferté (Av. de la) . . . . **CY** 33
Fourtier-Masson (R.) . . . **BZ** 34
Garnier (R. Victor) . . . . **BCZ** 39
Gd Quartier Gén. (Bd du) . . . . **CZ** 42
Jacobins (R. des) . . . . . . **BY** 44
Nocard (R. Edmond) . . . **CZ** 54
Opoix (R. Christophe) . . . **BZ** 57
Palais (R. du) . . . . **BYZ** 59
Plessier (Bd du Gén.) . . . . **CZ** 64
Pompidou (Av. G.) . . . . . . **BY** 67
Pont-Pigy (R. du) . . . . . . **BZ** 68
Prés (R. des) . . . . **BY** 69
Remparts (Allée des) . . . . **AY** 72
St-Ayoul (Pl.) . . . . **CZ** 73
St-Ayoul (⛪) . . . . **CZ D**
St-Jean (R.) . . . . **AY** 74
St-Quiriace (Pl. et ⛪) . . . **BZ** 77
Ste-Croix (⛪) . . . . **BYZ**
Souvenir (Av. du) . . . . **CY** 78
Verdun (Av. de) . . . . **CY** 82
29ᵉ Dragons (Pl. du) . . . . . **CY** 84

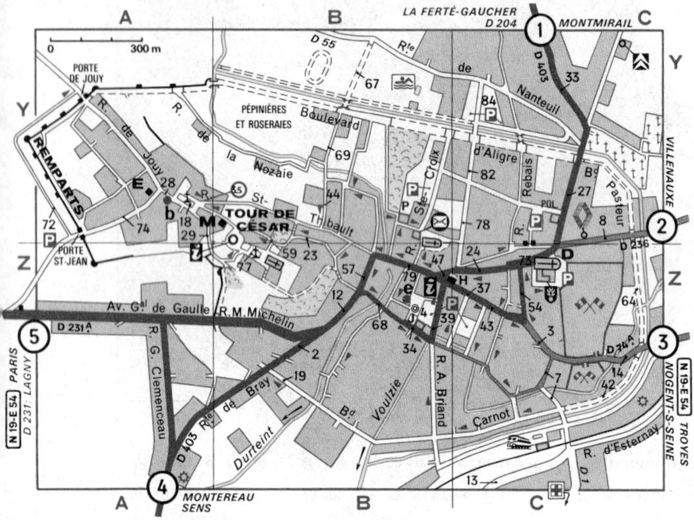

Vieux Remparts M 🐎, 3 r. Couverte - Ville Haute ✆ (1) 64 08 94 00, Télex 692260, Fax 60 67 77 22, 🍽 – |‡| TV ☎ ♿ 🅟. AE ⦿ E VISA AY **b**
R 175/310, enf. 70 – ☕ 40 – **25 ch** 350/410 – ½ P 370.

Ibis M, par ⑤ : 1 km ✆ (1) 60 67 66 67, Télex 691882 – TV ☎ ♿ 🅟 – 🏃 60. E VISA
R 77 🍷, enf. 35 – ☕ 29 – **51 ch** 240/265.

XX **Le Médiéval,** 6 pl. H. de Balzac ✆ (1) 64 00 01 19, 🍽 – AE E VISA BZ **e**
fermé fév., dim. soir et lundi – **R** 135/170, enf. 55.

au Port-Montain S : 16 km par D 1 et D 49 - CZ – ✉ **77114** Gouaix :

XX **Aub. Port-Montain** avec ch, ✆ (1) 64 01 81 05, ≤, 🍽, 🏞 – 🐕 🅟. E VISA
fermé fév. et lundi sauf fériés – **R** 160/240, enf. 60 – ☕ 25 – **9 ch** 140/200 – ½ P 260.

CITROEN SPDA, 32 rampe St-Syllas ℰ (1) 64 08 92 70
FORD Auto Sces du Dome, 5 av. A.-France ℰ (1) 64 00 00 95
OPEL Gar. de Champagne, 2 r. A.-Briand ℰ (1) 64 00 04 86 Ⓝ
PEUGEOT-TALBOT Autom. de la Brie, 1 av. Voulzie, ZI par rte de Champbenoist CZ ℰ (1) 64 00 11 50

RENAULT Gar. Briard, 19 r. Bourquelot ℰ (1) 64 00 06 66 Ⓝ ℰ (1) 64 00 09 76

⬤ Agricopneu, 11 av. Patton à St-Brice ℰ (1) 64 08 92 55
Erric, à Jutigny ℰ (1) 64 08 62 10
La Centrale du Pneu, 39 r. Courloison ℰ (1) 64 00 03 23

PUGET-THÉNIERS 06260 Alpes-Mar. 🟦 ⑲, 🟦🟦🟦 ⑬⑭ G. Alpes du Sud (plan) – 1 532 h. alt. 410.

Voir Vieille ville★ – Groupe sculpté★ et retable de N.-D-de-Secours★ dans l'église – Statue★ de Maillol.

Env. Entrevaux : Site★★, Ville forte★, ≼★ de la citadelle O : 7 km.

Paris 833 – Barcelonnette 96 – Cannes 84 – Digne 88 – Draguignan 110 – Manosque 129 – ♦Nice 65.

  ✕   **Les Acacias**, E : 1,5 km sur N 202 ℰ 93 05 05 25, 斧 – ❷, ⴹ ₩₩
       fermé janv. et merc. – **R** 100/150.

  ✕   **Cigalon**, N 202 ℰ 93 05 06 34 – **E** ₩₩
    ⬥ fermé 18 nov. au 1ᵉʳ déc., lundi soir et merc. soir sauf juil.-août – **R** 65/120 ♣.

CITROEN Casalengo, quartier St-Roch ℰ 93 05 00 25 Ⓝ

PUGEY 25 Doubs 🟦🟦 ⑮ – rattaché à Besançon.

PUGNY-CHATENOD 73 Savoie 🟦🟦 ⑮ – rattaché à Aix-les-Bains.

PUJAUDRAN 32 Gers 🟦🟦 ⑦ – rattaché à l'Isle-Jourdain.

PUJOLS 47 L.-et-G. 🟦🟦 ⑤ – rattaché à Villeneuve-sur-Lot.

PULIGNY-MONTRACHET 21190 Côte-d'Or 🟦🟦 ⑨ G. Bourgogne – 528 h. alt. 217.

Paris 324 – Chalon-sur-Saône 22 – Autun 43 – Beaune 12 – Chagny 5.

  🏠 ❀ **Le Montrachet** Ⓜ, ℰ 80 21 30 06, Fax 80 21 39 06, 斧 – ☎. ⴹ ⬤ **E** ₩₩
       fermé 30 nov. au 10 janv. – **R** (fermé merc.) 150/350, enf. 65 – ⌗ 45 – **32 ch** 350/450
       Spéc. Escargots de Bourgogne en coquille, Blanc de volaille au foie gras, Tarte aux pommes chaude et sorbet au cidre. **Vins** Puligny-Montrachet, Saint-Aubin.

PUSIGNAN 69330 Rhône 🟦🟦 ⑫ – 1 877 h. alt. 221.

Paris 487 – ♦Lyon 26 – Montluel 14 – Meyzieu 5 – Pont-de-Chéruy 9.

  ✕✕ **La Closerie**, ℰ 78 04 40 50, 斧 – ⴹ ⬤ ₩₩
       fermé 12 août au 1ᵉʳ sept., 22 au 28 fév., dim. soir et lundi sauf fériés – **R** 130/280.

PUSSY 73 Savoie 🟦🟦 ⑰ – 291 h. alt. 750 – ✉ 73260 La Lechère.

Paris 606 – Albertville 23 – Chambéry 70 – Moûtiers 12.

  🏠 **Bellachat** ⬦, ℰ 79 22 50 87, ≼, 斧 – ⬤ **E** ₩₩. ⬥
    ⬥ fermé janv. – **R** (fermé merc. hors sais. et dim. soir) 65/140 ♣ – ⌗ 20 – **7 ch** 180/200 –
       ½ P 140/170.

PUTANGES-PONT-ECREPIN 61210 Orne 🟦🟦 ② G. Normandie Cotentin – 967 h. alt. 127.

Paris 213 – Alençon 57 – Argentan 20 – Briouze 14 – Falaise 17 – La Ferté-Macé 22 – Flers 32.

  🏠 **Lion Verd**, ℰ 33 35 01 86 – ☎. ⴹ **E** ₩₩
    ⬥ fermé 23 déc. au 31 janv. – **R** 55/220 ♣, enf. 45 – ⌗ 18 – **20 ch** 90/260 – ½ P 116/220.

PUTEAUX 92 Hauts-de-Seine 🟦🟦 ⑳, 🟦🟦🟦 ⑭ – voir à Paris, Environs.

PUTTELANGE-LÈS-THIONVILLE 57570 Moselle 🟦🟦 ④ – 506 h. alt. 185.

Paris 349 – Luxembourg 23 – ♦Metz 52 – Thionville 22 – Trier 57.

  ✕✕ **Aub. du Blé d'Or**, ℰ 82 51 26 66 – ⴹ ⬤ **E** ₩₩. ⬥
       fermé 9 au 23 sept., 2 au 16 janv., sam. midi et lundi – **R** 150/250.

PUY DE DÔME 63 P.-de-D. 🟦🟦 ⑬⑭ G. Auvergne – alt. 1 465 – ✉ 63870 Orcines.

Voir Balcon d'orientation ⚶★★★.

Droit d'accès au Sommet du Puy-de-Dôme.

Paris 414 – ♦Clermont-Ferrand 15.

PUY DE SANCY 63 P.-de-D. 🟦🟦 ⑬ – ressources hôtelières voir au Mont-Dore.

939

LE PUY-EN-VELAY

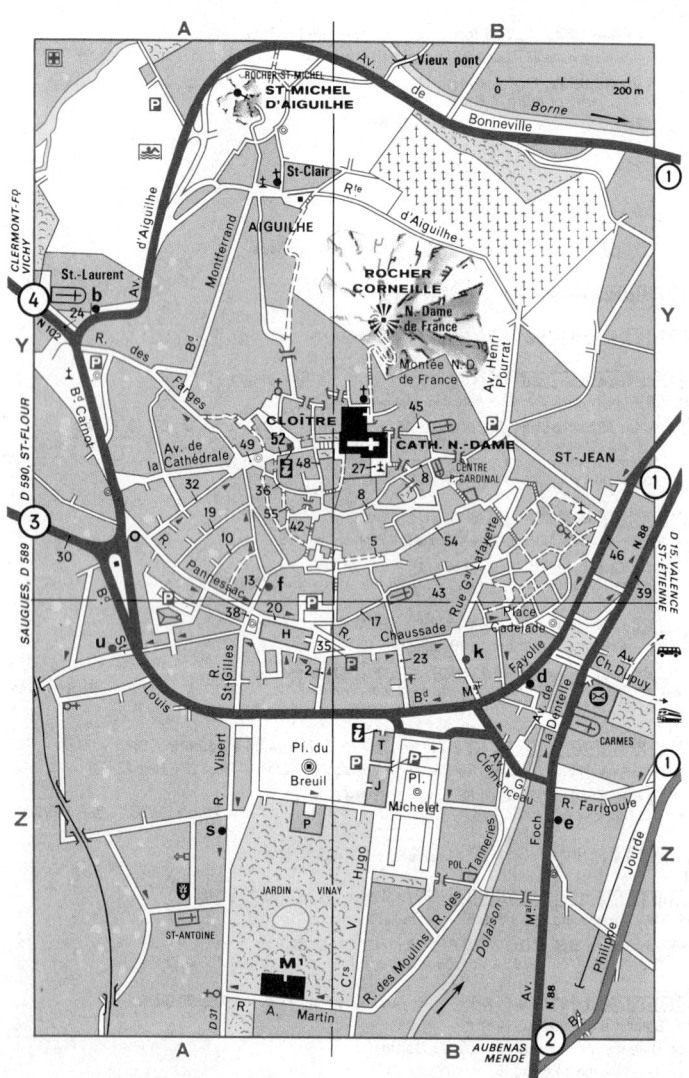

Dans la liste des rues des plans de villes,
*les noms en **rouge** indiquent les principales voies commerçantes.*

Voir Site★★★ – La cité épiscopale★★★ BY : Cathédrale★★★ (trésor★★ et cloître★★),Trésor d'Art religieux★★, peinture des Arts Libéraux★ dans la chapelle des Reliques – Chapelle St-Michel d'Aiguilhe★★ AY – Rocher Corneille ≼★ BY – Musée Crozatier : section lapidaire★, dentelles★ AZ **M1** – Espaly St-Marcel : ≼★ du rocher St-Joseph 2 km par ④.

Env. Ruines du château de Polignac★ : ⁂★ 6 km par ⑤ – Christ★ dans l'église de Lavoûte-sur-Loire et souvenirs de famille★ – dans le château de Lavoûte-Polignac 13 km par ①.

🛈 Office de Tourisme pl. du Breuil ℰ 71 09 38 41 et 23 r. Tables (15 juin-15 sept.) ℰ 71 05 99 02.

Paris 524 ④ – Alès 165 ② – Aurillac 169 ④ – Avignon 206 ② – ♦Clermont-Ferrand 130 ④ – ♦Grenoble 190 ① – ♦Lyon 133 ① – Mende 92 ② – ♦St-Étienne 77 ① – Valence 113 ①.

Plan page ci-contre

🏨 **Chris'tel** M sans rest, 15 bd A. Clair par D 31 AZ ℰ 71 02 24 44, Télex 990971, Fax 71 02 52 68 – 🛗 📺 ☎ 🅿 – 🔬 60. 🖭 ⑩ E 🗺️
fermé 22 nov. au 6 janv. – ⌧ 40 – **30 ch** 240/360.

🏨 **Regina** M, 34 bd Mar. Fayolle ℰ 71 09 14 71, Télex 990971, Fax 71 02 52 68 – 🛗 📺 ☎
↔ 👝. 🖭 ⑩ E 🗺️   BZ **d**
fermé 22 déc. au 6 janv., vend. et sam. midi du 15 oct. au 15 avril – **R** 70/240, enf. 45 –
⌧ 35 – **40 ch** 180/350 – ½ P 235/295.

🏨 **Parc** M sans rest, 4 av. C. Charbonnier ℰ 71 02 40 40 – 🛗 📺 ☎. 🖭 ⑩ 🗺️   AZ **s**
⌧ 28 – **24 ch** 245/345.

🏨 **Licorn'H.** M, 25 av. Ch. Dupuy BZ ℰ 71 02 46 22, Télex 393341, Fax 71 02 14 28, ⤴ – 🛗
📺 ☎ 🕭 – 🔬 30 à 240. 🖭 E 🗺️
fermé sam. midi – **R** 80/130, enf. 40 – ⌧ 30 – **66 ch** 210/300 – ½ P 210/250.

🏨 **Bristol**, 7 av. Mar. Foch ℰ 71 09 13 38, Fax 71 09 51 70, 🍽️ – 🛗 ☎ ↔. 🖭 ⑩ E.
🗺️   BZ **e**
fermé vacances de nov., vacances de fév. – **R** *(fermé dim. soir de nov. à mars et lundi)*
85/130, enf. 50 – ⌧ 30 – **37 ch** 195/280 – ½ P 190/230.

🏠 **Ibis** M, 1 av. Aiguilhe ℰ 71 02 22 22, Télex 392519 – 🛗 📺 ☎ 🕭 ↔ 🅿 – 🔬 40
🗺️   AY **b**
R 78 🍴, enf. 36 – ⌧ 29 – **54 ch** 250/270.

🏠 **Val Vert,** rte Mende par ② : 1,5 km sur N 88 ℰ 71 09 09 30 – 📺 ☎ 🅿. 🗺️
↔ *fermé 15 déc. au 15 janv. et dim. de nov. à Pâques* – **R** *(dîner seul.) (résidents seul.)* 70,
enf. 48 – ⌧ 25 – **26 ch** 150/250.

XX **Tournayre,** 12 r. Chênebouterie ℰ 71 09 58 94 – E 🗺️   AY **f**
fermé 15 au 31 oct., vacances de fév., dim. soir (hors sais.) et lundi – **R** 95/290, enf. 85.

XX **Bateau Ivre,** 5 r. Portail d'Avignon ℰ 71 09 67 20 – E 🗺️   BZ **k**
fermé 15 au 30 juin, dim. (sauf juil.-août) et lundi – **R** 95/220.

X **Lapierre,** 6 r. Capucins ℰ 71 09 08 44 – E 🗺️   AZ **u**
*fermé 16 au 30 juin, 30 sept. au 5 oct., 21 déc. au 5 janv., sam. midi et dim. soir du 1er oct.
au 30 mai* – **R** 95/170 🍴.

au Pont de Sumène : 8 km par ①, N 88 et VO – ⌧ **43540** Blavozy :

🏨 **Moulin de Barette** 🌄, ℰ 71 03 00 88, Télex 393316, Fax 71 03 00 51, parc, ⤴, ⁂ –
↔ cuisinette 📺 ☎ 🅿 – 🔬 50 à 500. E 🗺️
fermé 1er janv. au 10 fév., lundi (sauf hôtel) et dim. soir du 10 fév. au 1er mai – **R** 70/220
🍴, enf. 50 – ⌧ 43 – **30 ch** 220/320, 12 studios 240/400 – ½ P 340/400.

CITROEN Pouderoux, ZI de Corsac à Brives-Cha-
rensac par ① ℰ 71 05 44 88 🅽
FIAT Gar. Roche, 53 r. Gazelle ℰ 71 05 64 64
FORD Velay-Autom., ZI à Brives-Charensac
ℰ 71 09 61 35
OPEL-BEDFORD Gar. République, 26 bd
République ℰ 71 05 56 44
PEUGEOT-TALBOT Gd Gar. de Corsac, ZI de Cor-
sac à Brives-Charensac par ① ℰ 71 09 39 55
RENAULT Gd Gar. Velay, ZI de Corsac à Brives-
Charensac par ① ℰ 71 02 36 55 🅽

TOYOTA Escudero, 18 bd République
ℰ 71 09 02 81
Gar. Bonnet, 44 bd St-Louis ℰ 71 09 20 59
Gar. du Parc, 6 pl. Cl.-Charbonnier ℰ 71 09 32 03

◉ Chaussende Pneus, ZI de Corsac à Brives-Cha-
rensac ℰ 71 02 05 01
Pascal-Point, La Chartreuse à Brives-Charensac
ℰ 71 09 35 89
R.I.P.A, 11 av. Ch.-Dupuy à Brives-Charensac
ℰ 71 02 13 41

Paris 593 – Cahors 31 – Gourdon 41 – Sarlat-la-Canéda 58 – Villeneuve-sur-Lot 44.

🏠 **Bellevue,** ℰ 65 21 30 70, ≼ vallée du Lot, 🍽️, ⤴, 🍴 – ◉. 🖭 E 🗺️
15 mars-15 nov. et fermé dim. soir et lundi – **R** 82/189 🍴, enf. 47 – ⌧ 26 – **15 ch** 120/220
– ½ P 161/210.

à Touzac O : 8 km par D 8 – ⌧ **46700** :

🏨 **La Source Bleue** 🌄, ℰ 65 36 52 01, Fax 65 24 65 69, ≼, 🍽️, « Parc au bord du Lot »,
⤴ – ☎ 🅿 – 🔬 25. 🖭 E 🗺️
15 avril-10 nov. – **R** *(fermé mardi)* 130/200, enf. 60 – ⌧ 35 – **15 ch** 250/395 – ½ P 275/348.

tourner →

à *Montcabrier* NO : 10 km par D 911, D 68 et D 58 – ⊠ 46700 :

🏨 **Relais de la Dolce** Ⓜ ⤓, ℰ 65 36 53 42, 🏡, parc, ⤵ – ☎ Ⓟ. 쨰 ⑩ ᴇ 𝘝𝘐𝘚𝘈. 🎇 rest
hôtel : Pâques-31 oct. ; rest. : début juin-fin sept. – **R** 100/160 – ⊆ 30 – **11 ch** 300/425.

à *Mauroux* SO : 12 km par D 8 et D 5 – ⊠ 46700 :

🍴🍴 **Le Vert** ⤓ avec ch, ℰ 65 36 51 36, 🏡, 🌿 – ⊜ 🍴, enf. 50 – ⊆ 30 – **7 ch** 220/320 – ½ P 240/290.
10 mars-22 déc. – **R** (fermé jeudi) 95/185, enf. 50 – ⊆ 30 – **7 ch** 220/320 – ½ P 240/290.

LADA FIAT Gar. Foissac ℰ 65 21 30 10   RENAULT Gar. Cros ℰ 65 21 30 49

PUYMIROL 47270 L.-et-G. 🞱🞱 ⑮ G. Pyrénées Aquitaine – 794 h. alt. 153.

📍 Golf Club d'Espalais ℰ 63 29 04 56, S par D 248 : 13 km.

Paris 647 – Agen 17 – Moissac 43 – Villeneuve-sur-Lot 30.

🏨🏨 ✿✿ **L'Aubergade** (Trama) Ⓜ ⤓, 52 r. Royale ℰ 53 95 31 46, Fax 53 95 33 80, 🏡,
« Maison du 13ᵉ siècle » – ▤ ch 📺 ☎ 🕭, 🚗 – 🛆 40. 쨰 ⑩ ᴇ 𝘝𝘐𝘚𝘈
fermé lundi sauf de Pâques à sept. et fériés – **R** 260/450 et carte, enf. 80 – ⊆ 90 – **10 ch**
700/1150 – ½ P 850
Spéc. Lasagne de homard au fumet de truffe, Gâteau de tête de veau aux pommes de terre, Cristalline de
pomme verte. Vins Buzet, Côtes de Duras.

PUYOO 64270 Pyr.-Atl. 🞱🞱 ⑦⑧ – 1 123 h. alt. 41.

Paris 775 – Pau 55 – Dax 28 – Orthez 14 – Peyrehorade 16 – Salies-de-Béarn 7,5 – Tartas 45.

🏠 **Voyageurs**, N 117 ℰ 59 65 12 83, 🏡, 🌿 – 📺 ☎ Ⓟ. ᴇ 𝘝𝘐𝘚𝘈
↔ fermé 24 au 30 juin (sauf hôtel), vacances de Noël et vacances de fév. – **R** (dim. soir et
lundi) 65/160 – ⊆ 22 – **15 ch** 120/230 – ½ P 200/220.

PUY-ST-VINCENT 05290 H.-Alpes 🞱🞱 ⑰ – 298 h. alt. 1 390 – Sports d'hiver : 1 400/2 700 m 🚠1 🚡14.

Voir Les Prés ⬱★ SE : 2 km, G. Alpes du Sud.

🛈 Maison du Tourisme Bâtiment Communal ℰ 92 23 35 80, Télex 405948.

Paris 711 – Briançon 25 – Gap 82 – L'Argentière-la-B. 9,5 – Guillestre 30 – Pelvoux (Commune de) 13.

🏨 **Saint-Roch** ⤓, aux Prés E : 1 km par D 4 ℰ 92 23 32 79, ⬱ vallée et montagnes, 🏡,
⤵ – ☎ Ⓟ. ᴇ 𝘝𝘐𝘚𝘈. 🎇
15 juin-3 sept. et 15 déc.-15 avril – **R** (self le midi en hiver) 100/180, enf. 65 – ⊆ 40 – **15 ch**
290/300 – ½ P 260/275.

🏨 **La Pendine** ⤓, aux Prés E : 1 km par D 4 ℰ 92 23 32 62, ⬱, 🌿 – ☎ Ⓟ. ᴇ 𝘝𝘐𝘚𝘈. 🎇
15 juin-15 sept. et 15 déc.-20 avril – **R** 75/180 🍴, enf. 48 – ⊆ 30 – **28 ch** 170/325 –
½ P 198/286.

PYLA-SUR-MER 33115 Gironde 🞱🞱 ⑫ G. Pyrénées Aquitaine – alt. 7.

🛈 Office de Tourisme rond-point du Figuier ℰ 56 54 02 22 et Grande Dune de Pyla (juin-sept.)
ℰ 56 22 12 85.

Paris 652 – ✦Bordeaux 65 – Arcachon 4 – Biscarrosse 34.

Voir plan d'Arcachon agglomération.

🏠 **Maminotte** ⤓ sans rest, allée Acacias ℰ 56 54 55 73 – ☎. 🎇   AY n
⊆ 30 – **12 ch** 250/375.

🏠 **Beau Rivage,** bd Océan ℰ 56 54 01 82, 🏡 – 🕭. ᴇ 𝘝𝘐𝘚𝘈   AY u
1ᵉʳ avril-31 oct. – **R** 100/150 – ⊆ 37 – **22 ch** 180/450.

🍴🍴 **La Guitoune** avec ch, bd Océan ℰ 56 22 70 10, 🏡 – Ⓟ. 쨰 ⑩ ᴇ 𝘝𝘐𝘚𝘈   AY g
R 125/185, enf. 75 – ⊆ 45 – **21 ch** 250/550 – ½ P 450/495.

à *Pilat-Plage* S : 3 km par D 218 – ⊠ 33115 Pyla-sur-Mer.

Voir Dune★★ : 🌤★★.

🏠 **Oyana** ⤓, ℰ 56 22 72 59, ⬱ bassin, 🏡 – ☎. ᴇ 𝘝𝘐𝘚𝘈
↔ hôtel : 1ᵉʳ avril-10 oct. ; rest. : 1ᵉʳ mai-30 sept. et fermé lundi – **R** 65/105 – ⊆ 26 – **16 ch**
255/320 – ½ P 284/296.

🍴🍴 **Corniche** ⤓ avec ch, ℰ 56 22 72 11, ⬱ bassin, 🏡, 🌿 – 📺 ☎. ᴇ 𝘝𝘐𝘚𝘈
23 mars-23 oct. – **R** (fermé merc. sauf juil.-août) 90/135, enf. 55 – ⊆ 35 – **15 ch** 250/550 –
½ P 350/450.

QUARRÉ-LES-TOMBES 89630 Yonne 🞱🞱 ⑯ G. Bourgogne – 772 h. alt. 460.

Paris 235 – Auxerre 72 – Avallon 19 – Château-Chinon 57 – Clamecy 49 – ✦Dijon 96 – Saulieu 28.

aux *Lavaults* : SE : 5 km par D 10 – ⊠ 89630 Quarré-les-Tombes :

🍴🍴🍴 **Aub. de l'Atre,** ℰ 86 32 20 79, « Jardin fleuri » – 🌤. Ⓟ. 쨰 ⑩ ᴇ 𝘝𝘐𝘚𝘈
fermé 27 nov. au 6 déc., 27 janv. au 6 mars, mardi soir et merc. du 10 sept. au 30 juin –
R (prévenir) 168/245, enf. 60.

Gar. Naulot ℰ 86 32 23 58

QUATRE-ROUTES-D'ALBUSSAC **19** Corrèze 75 ⑨ – alt. 600 – ✉ **19380** St-Chamant.
Voir Roche de Vic ✱★ S : 2 km puis 15 mn, **G. Berry Limousin**.
Paris 502 – Brive la Gaillarde 26 – Aurillac 72 – Mauriac 69 – St-Céré 39 – Tulle 19.

Roche de Vic, ✆ 55 28 15 87, ⛱, 🏊, 🌳 – TV ☎ 🅿. E VISA
fermé janv., fév. et lundi hors sais. sauf fériés – **R** 65/160, enf. 45 – ☕ 22 – **14 ch** 95/220 – ½ P 160/195.

Aub. Limousine, ✆ 55 28 15 83, ⛱, 🌳 – TV ☎ 🅿. AE E VISA
fermé 1er nov. au 15 déc. et lundi sauf juil.-août – **R** 50/150 🍷 – ☕ 25 – **12 ch** 120/220 – ½ P 200/220.

QUÉDILLAC **35290** I.-et-V. 59 ⑮ – 1 029 h. alt. 76.
Paris 391 – ♦Rennes 40 – Dinan 26 – Lamballe 39 – Loudéac 52 – Ploërmel 43.

Relais de la Rance, ✆ 99 06 20 20 – TV ☎ 🅿. AE E VISA. ⚹
fermé 22 sept. au 1er oct., 22 déc. au 21 janv., dim. soir et lundi – **R** 95/400, enf. 60 – ☕ 30 – **13 ch** 185/360.

Les QUELLES **67** B.-Rhin 62 ⑧ – alt. 530 – ✉ **67130** Schirmeck.
Paris 413 – ♦Strasbourg 56 – St-Dié 43 – Senones 31.

Neuhauser 🐦, ✆ 88 97 06 81, ≤, 🏊 – ☎ 🅿. AE ⓓ E VISA. ⚹ rest
fermé 15 au 30 nov., 15 au 31 janv. et merc. sauf juil.-août – **R** 125/280 🍷 – ☕ 30 – **14 ch** 220/280 – ½ P 240/270.

QUEMIGNY-POISOT **21220** Côte-d'Or 65 ⑲ – 126 h. alt. 397.
Paris 304 – ♦Dijon 26 – Avallon 97 – Beaune 31 – Saulieu 65.

Orée du Bois, ✆ 80 51 86 16 – AE E VISA
fermé 17 déc. au 7 fév., dim. soir d'oct. à mai et lundi – **R** 75/140, enf. 50.

Le QUESNOY **59530** Nord 53 ⑤ **G. Flandres Artois Picardie** (plan) – 4 942 h. alt. 125.
Voir Fortifications★.
ℹ Office de Tourisme r. Mar.-Joffre ✆ 27 49 05 28.
Paris 222 – ♦Lille 70 – Cambrai 33 – Guise 41 – Maubeuge 28 – Valenciennes 18.

L'Anzac, 2 r. Weibel ✆ 27 49 27 49 – ⓓ E VISA
fermé 15 fév. au 1er mars et 22 août au 10 sept. et lundi – **R** 65 bc/180 🍷, enf. 38.

CITROEN Lyskawa ✆ 27 49 02 60
RENAULT Lebrun, 74 chemin des Croix ✆ 27 49 08 36

QUESTEMBERT **56230** Morbihan 63 ④ **G. Bretagne** – 5 213 h. alt. 100.
Paris 435 – Vannes 27 – Ploërmel 36 – Redon 33 – ♦Rennes 88 – La Roche-Bernard 22.

XXXX ✿✿ **Bretagne** (Paineau) M avec ch, r. St-Michel ✆ 97 26 11 12, Télex 951801, Fax 97 26 12 37, 🌳 – TV ☎ 🅿. E VISA
fermé 3 janv. au 15 fév.,lundi (sauf le soir en juil.-août et fériés) et dim. soir de sept. à juin – **R** (nombre de couverts limité - prévenir) 268/460 et carte, enf. 100 – ☕ 72 – **6 ch** 430/650 – ½ P 780
Spéc. Huîtres en paquets au parfum d'estragon, Suprême de turbot à la vapeur de Muscadet, Coffre de pigeon en compote de deux heures.

CITROEN Gar. Le Ray ✆ 97 26 10 43
RENAULT Gar. Marquer ✆ 97 26 10 41
N ✆ 97 01 67 84
Questembert Pneus ✆ 97 26 67 72

QUETTEHOU **50630** Manche 54 ③ **G. Normandie Cotentin** – 1 336 h.
ℹ Syndicat d'Initiative pl. de la Mairie (juin-15 sept.) ✆ 33 43 63 21.
Paris 348 – Barfleur 10 – Cherbourg 28 – St-Lô 66 – Valognes 15.

Demeure du Perron sans rest, ✆ 33 54 56 09, 🌳 – TV ☎ ♿ 🅿. AE E VISA
fermé dim. soir de nov. à mars – ☕ 26 – **15 ch** 175/245.

XX **La Chaumière** avec ch, ✆ 33 54 14 94 – TV ☎. E VISA
fermé vacances de nov. et de fév. – **R** *(fermé merc.)* 55/180 🍷 – ☕ 22 – **5 ch** 110/170 – ½ P 190/230.

CITROEN Gar. Godefroy ✆ 33 54 13 50
RENAULT Gar. Dujardin ✆ 33 54 11 44 N

La QUEUE-EN-BRIE **94** Val-de-Marne 61 ①②, 101 ㉘㉙ – voir à Paris, Environs.

QUEYRAC **33** Gironde 71 ⑯ – rattaché à Lesparre-Médoc.

QUIBERON **56170** Morbihan 63 ⑫ **G. Bretagne** – 4 812 h. alt. 11 – Casino .
Voir Côte sauvage★★ NO : 2,5 km.
ℹ Office de Tourisme et Accueil de France (Informations et réservations d'hôtels pas plus de 5 jours à l'avance) 7 r. Verdun ✆ 97 50 07 84, Télex 950538.
Paris 502 ① – Vannes 46 ① – Auray 28 ① – Concarneau 101 ① – Lorient 49 ①.

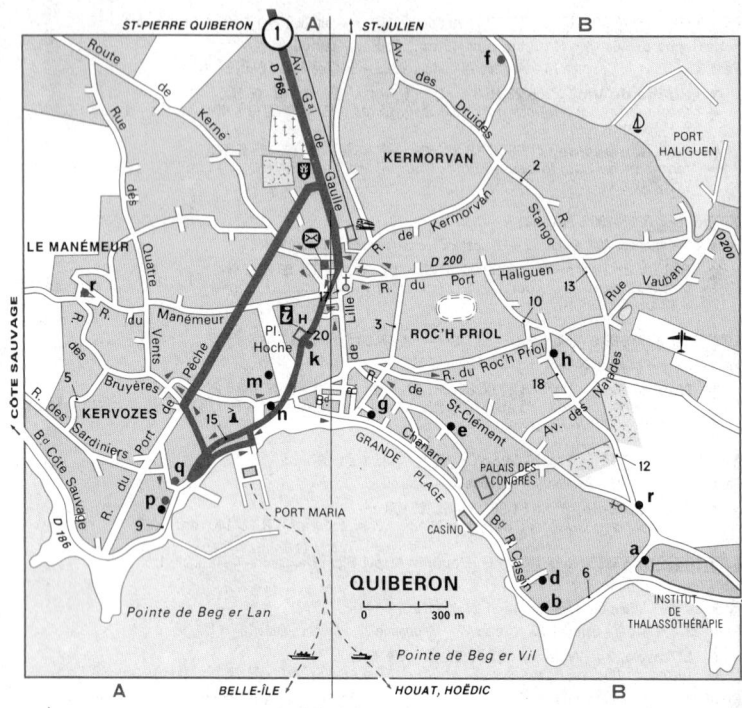

Corsaires (R. des) . . . . **B 2**	Houat (Quai de) . . . . **A 9**	Port-Maria (R. de) . . . . **A 15**
France (Bd. A.) . . . . **B 3**	Korrigans (R. des) . . . . **B 10**	Repos (Pl. du) . . . . **AB 17**
Genêts (R. des) . . . . **A 5**	Marronniers (Av. des) . . . . . . **B 12**	Sirènes (R. des) . . . . **B 18**
Goviro (Bd du) . . . . **B 6**	Peupliers (R. des) . . . . **B 13**	Verdun (R. de) . . . . **A 20**

Sofitel M ≫, ℰ 97 50 20 00, Télex 730712, Fax 97 50 07 34, ≤, centre de thalassothérapie,
🔲, ☞, ✕ – 🛗 ⇆ TV ☎ & 🅿 – 🔬 100. AE ⓞ E VISA. ⋘ rest   B **a**
fermé janv. – **Thalassa R** carte 230 à 330 🍴, enf. 80 – **116 ch** ⊑ 733/1430, 17 appart. –
½ P 720/915.

Ker Noyal ≫, ℰ 97 50 08 41, Fax 97 30 58 20, « Jardin fleuri » – 🛗 TV ☎ 🅿. AE ⓞ E
VISA. ⋘   B **e**
1er mars-31 oct. – **R** 175/200 – ⊑ 49 – **102 ch** 435/485 – ½ P 430/470.

Roch Priol ≫, r. Sirènes ℰ 97 50 04 86 – 🛗 TV ☎ 🅿. E VISA. ⋘ rest   B **h**
fermé déc. et janv. – **R** 88/190 🍴 – ⊑ 30 – **51 ch** 200/540 – ½ P 275/310.

Bellevue ≫, r. Tiviec ℰ 97 50 16 28, Fax 97 30 44 34, 🔲, ☞ – ☎ 🅿. E VISA. ⋘ rest
24 mars-5 nov. – **R** 130/160, enf. 70 – ⊑ 40 – **42 ch** 340/500 – ½ P 335/430.   B **d**

Petite Sirène, 15 bd Mer ℰ 97 50 17 34, ≤ – cuisinette TV ☎ 🅿. ⓞ E VISA. ⋘   B **b**
20 mars-5 nov. – **R** (fermé merc. hors sais.) 85/240, enf. 68 – ⊑ 33 – **19 ch** 270/350, 14
studios 359/435.

Ibis M, r. Marronniers, pointe du Goulvars ℰ 97 30 47 72, Télex 951935, Fax 97 30 55 78,
☞, – TV ☎ & 🅿 – 🔬 80. E VISA   B **r**
R 109 🍴, enf. 45 – ⊑ 36 – **96 ch** 390/410, 20 duplex 440/600 – ½ P 330.

Neptune, 4 quai de Houat à Port Maria ℰ 97 50 09 62, ≤ – 🛗 ☎. E VISA   A **p**
fermé 20 déc. au 5 fév. et lundi de nov. à Pâques – **R** 75/260, enf. 50 – ⊑ 32 – **22 ch**
240/350 – ½ P 260/290.

Hoche, pl. Hoche ℰ 97 50 07 73, 🔲, ☞ – ☎. E VISA   A **m**
1er mars-30 sept. et 15 au 28 fév. – **R** 79/285 – ⊑ 36 – **39 ch** 190/370 – ½ P 255/
340.

Druides, 6 r. Port Maria ℰ 97 50 14 74 – 🛗 TV ☎. VISA. ⋘ ch   A **n**
hôtel : avril-sept. ; rest. : mai-sept. – **R** 78/180, enf. 45 – ⊑ 33 – **31 ch** 260/380 –
½ P 280/340.

Gulf Stream M sans rest, bd Chanard ℰ 97 50 16 96, ≤, ☞ – TV ☎. AE E.
VISA   B **g**
fermé 15 nov. au 1er fév. – ⊑ 40 – **24 ch** 410/530.

XX **Le Relax,** 27 bd Castero à la plage de Kermorvan ℰ 97 50 12 84, ≤, 佘, 屛 – 🅿. ⑩ ᴇ
VISA B f
fermé 25 nov. au 1ᵉʳ déc., 2 janv. au 10 fév., dim. soir et lundi sauf juil.-août – **R** 58/160 ⅃,
enf. 38.

XX **La Roseraie,** 2 quai Houat à Port-Maria ℰ 97 30 40 83 – ᴀᴇ ⑩ ᴇ VISA A p
fermé 3 janv. au 15 fév., merc. midi et mardi du 16 sept. au 30 juin – **R** 135/395.

XX **Ancienne Forge,** 20 r. Verdun ℰ 97 50 18 64 – ᴀᴇ VISA A k
fermé 5 janv. au 10 fév. et merc. – **R** 85/250.

XX **La Goursen,** quai Océan à Port Maria ℰ 97 50 07 94 – ᴀᴇ ⑩ ᴇ VISA A q
15 mars-15 nov. et fermé mardi sauf le soir en juil.-août et merc. midi hors sais. – **R** carte
140 à 260.

X **La Chaumine,** à Manémeur ℰ 97 50 17 67 – ᴇ VISA A r
21 mars-3 nov. et fermé dim. soir et lundi sauf juil.-août – **R** 130/250, enf. 55.

à Port Haliguen E : 2 km par D 200 – ⊠ 56170 Quiberon :

🏨 **Europa,** ℰ 97 50 25 00, ≤, ⃞, 屛 – ⃝ cuisinette �📺 ☎ 🅿. ᴇ VISA. ⅍ rest
20 mars-15 nov. – **R** 105/195, enf. 60 – **56 ch** ⊐ 280/480, 12 studios – ½ P 340/370.

à St-Julien N : 2 km – ⊠ 56170 Quiberon :

🏠 **Baie** ⅍ sans rest, ℰ 97 50 08 20 – 옞 🅿. ᴇ VISA
Pâques-30 sept. – ⊐ 24 – **19 ch** 170/320.

🏠 **Au Vieux Logis** ⅍, ℰ 97 50 12 20, 佘 – ☎ 🅿. ᴇ VISA. ⅍ rest
hôtel : Pâques-fin sept. ; rest. : 1ᵉʳ mai-23 sept. – **R** 67/225, enf. 40 – ⊐ 25 – **22 ch** 155/250
– ½ P 230/270.

à St-Pierre N : 4,5 km par D 768 – ⊠ 56510
Voir Pointe du Percho ≤ ★ au NO : 2,5 km.

🏨 **Plage,** ℰ 97 30 92 10, Fax 97 30 99 61, ≤ – 옞 cuisinette �📺 ☎ 🅿. ᴀᴇ ⑩ ᴇ VISA. ⅍ rest
avril-mi-oct. – **R** 88/160, enf. 65 – ⊐ 40 – **49 ch** 250/550 – ½ P 250/400.

CITROEN Gar. St-Christophe, 21 av. Gén.-de-
Gaulle par ① ℰ 97 50 07 71
PEUGEOT Gar. Le Garrec, 6 av. Gén.-de-Gaulle
par ① ℰ 97 50 08 01

RENAULT S.O.D.A.P., 12 av. Gén.-de-Gaulle par
① ℰ 97 50 07 42 🛚

Les pages explicatives de l'introduction
vous aideront à mieux profiter de votre guide Michelin.

QUIBERVILLE 76860 S.-Mar. 52 ③ – 427 h. alt. 74.
Paris 181 – Dieppe 16 – ♦Rouen 68 – St-Valery-en-Caux 18.

🏠 **L'Huitrière,** ℰ 35 83 02 96, 屛 – �📺 ☎ 🅿. ᴇ VISA
fermé 15 déc. au 20 janv. – **R** 70/240, enf. 45 – ⊐ 25 – **19 ch** 160/290 – ½ P 210/270.

🏠 **Les Falaises,** ℰ 35 83 04 03 – �📺 ☎ 🅿. ᴇ VISA
fermé 20 janv. au 10 janv. – **R** 65/195, enf. 45 – ⊐ 28 – **14 ch** 215/270 – ½ P 210/270.

QUIÉVRECHAIN 59 Nord 53 ⑤ – rattaché à Valenciennes.

QUILLAN 11500 Aude 86 ⑦ G. Pyrénées Roussillon – 4 564 h. alt. 291.
Voir Défilé de Pierre Lys★ S : 5 km.
🛈 Office de Tourisme pl. Gare ℰ 68 20 07 78.
Paris 829 – Andorre 114 – Carcassonne 51 – Foix 62 – Limoux 27 – ♦Perpignan 74 – Prades 92.

🏨 **Cartier,** bd Ch. de Gaulle ℰ 68 20 05 14, Télex 505082, Fax 68 20 22 57 – 옞 �📺 ☎. ᴀᴇ ᴇ
VISA
fermé 15 déc. au 15 mars – **R** *(fermé sam. d'oct. à déc.)* 72/140, enf. 40 – ⊐ 30 – **30 ch**
207/305 – ½ P 230/270.

🏨 **La Chaumière,** bd Ch. de Gaulle ℰ 68 20 17 90 – �📺 ☎ ⌷. ᴇ VISA. ⅍ ch
fermé 15 nov. au 30 déc. et sam. de janv. à fin mars – **R** 68/200, enf. 40 – ⊐ 32 – **37 ch**
120/350 – ½ P 180/300.

🏨 **Pierre Lys,** av. Carcassonne ℰ 68 20 08 65, ≤, 屛 – ☎ 🅿. ᴇ VISA
fermé mi-nov. à mi-déc. – **R** 60/250 ⅃, enf. 48 – ⊐ 30 – **16 ch** 140/190 – ½ P 280.

au Sud : 10 km sur D117 (carrefour D117 - D107) – ⊠ 11140 Axat :

XX **Rébenty,** ℰ 68 20 50 78 – ᴀᴇ ᴇ VISA
fermé 8 au 30 oct., mardi (sauf juil. et août) et lundi soir – **R** 80/115.

CITROEN Nivet, rte de Carcassonne, N 118
ℰ 68 20 04 27
PEUGEOT-TALBOT Gar. Roosli, 14 bd Ch.-de-
Gaulle ℰ 68 20 01 01
RENAULT Gar. Escur, rte de Carcassonne, ZA
ℰ 68 20 06 66 🛚 ℰ 68 20 01 79

V.A.G Gar. Dubois, ZA, rte de Carcassonne
ℰ 68 20 07 92

◉ Saunier, 65 bd Ch.-de-Gaulle ℰ 68 20 00 49

Voir Cathédrale** BZ – Grandes fêtes de Cornouaille* (fin juillet) – Le vieux Quimper* : Rue Kéréon* ABY – Jardin de l'Évêché ⩽* BZ K – Mont-Frugy ⩽* ABZ – Musées : Beaux-Arts** BY H, Breton* BZ M, Faïenceries de Quimper* AX B – Descente de l'Odet** en bateau 1 h 30.

🏌 de Quimper et de Cornouaille 𝒫 98 56 97 09, à la Forêt-Fouesnant par ④ : 17 km ; 🏌🏌 de l'Odet 𝒫 98 54 87 88 par ⑤, D 34 puis D 134 : 12 km.

✈ de Quimper-Pluguffan : 𝒫 98 94 01 28, par D 40 : 8 km AX.

🚂 𝒫 98 90 50 50.

🛈 Office de Tourisme avec A.C. pl. Résistance 𝒫 98 53 04 05.

Paris 553 ③ – ◆Brest 72 ① – Lorient 66 ③ – ◆Rennes 205 ③ – St-Brieuc 130 ① – Vannes 115 ③.

Plan page ci-contre

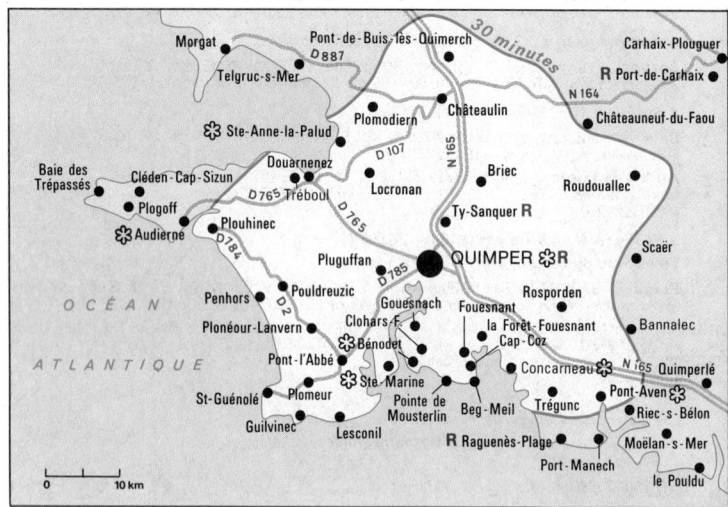

🏨 **Griffon et rest. Créach Gwenn** Ⓜ, rte Bénodet par ⑤ : 3 km 𝒫 98 90 33 33, Télex 940063, Fax 98 53 06 67, 🔽, 🎋 – 🏃 ch 📺 ☎ Ⓟ – 🔬 30 à 150. ⒶⒺ ⓞ Ⓔ 𝕍𝕀𝕊𝔸
R *(fermé 20 déc. au 20 janv.)* 85/200, enf. 65 – ⏏ 38 – **49 ch** 340/450.

🏨 **Novotel** Ⓜ, par bd Le Guennec, près centre commercial de Kerdrezec 𝒫 98 90 46 26, Télex 941362, Fax 98 53 01 96, 🎋, 🛝, – 🖁 🔲 rest 📺 ☎ & Ⓟ – 🔬 200. ⒶⒺ ⓞ Ⓔ 𝕍𝕀𝕊𝔸
R carte environ 120 🦪, enf. 48 – ⏏ 45 – **92 ch** 360/420.

🏨 **Tour d'Auvergne,** 13 r. Réguaires 𝒫 98 95 08 70, Télex 941100, Fax 98 95 17 31 – 🖁 📺 ☎ Ⓟ ⒶⒺ Ⓔ 𝕍𝕀𝕊𝔸   BZ **e**
R *(1ᵉʳ mai-30 sept.)* 110/180, enf. 65 – ⏏ 33 – **43 ch** 200/370 – ½ P 305/345.

🏨 **Gradlon** sans rest, 30 r. Brest 𝒫 98 95 04 39, Fax 98 95 61 25 – 📺 ☎. ⒶⒺ ⓞ Ⓔ 𝕍𝕀𝕊𝔸. 🦊 *fermé 20 déc. au 15 janv.* – ⏏ 35 – **25 ch** 360.   BY **a**

🏨 **Ibis** Ⓜ, r. G. Eiffel 𝒫 98 90 53 80, Télex 940007, Fax 98 52 18 41 – 📺 ☎ & Ⓟ – 🔬 60. Ⓔ 𝕍𝕀𝕊𝔸   BV **f**
R 71 🦪, enf. 35 – ⏏ 29 – **72 ch** 250/295.

🏨 **Sapinière** sans rest, rte Bénodet par ⑤ : 4 km ⊠ 29000 Quimper 𝒫 98 90 39 63, Télex 940034, 🦊 – 📺 ☎ Ⓟ – 🔬 100. ⒶⒺ ⓞ Ⓔ 𝕍𝕀𝕊𝔸. 🦊 *fermé 15 sept. au 8 oct.* – ⏏ 25 – **40 ch** 110/220.

🏨 **Terminus** sans rest, 15 av. Gare 𝒫 98 90 00 63 – 🛵. ⒶⒺ Ⓔ 𝕍𝕀𝕊𝔸   BX **n**
⏏ 25 – **25 ch** 90/205.

🍴🍴🍴 ❀ **Le Capucin Gourmand** (Conchon), 29 r. Réguaires 𝒫 98 95 43 12 – ⓞ Ⓔ 𝕍𝕀𝕊𝔸   BZ **r**
fermé 1ᵉʳ au 14 juil., vacances de fév., sam. (sauf le soir d'oct. à mai) et dim. – **R** 150/200
Spéc. Poêlée de Saint-Jacques au chou vert et saumon fumé (oct. à mars). Homard rôti au beurre de corail, Feuillantine aux fruits.

🍴🍴 **Fleur de Sel,** 1 quai Neuf 𝒫 98 55 04 71 – Ⓔ 𝕍𝕀𝕊𝔸   AX **v**
fermé sam. midi et dim. – **R** carte 170 à 230, enf. 35.

🍴🍴 **L'Ambroisie,** 49 r. Elie Fréron 𝒫 98 95 00 02 – ⒶⒺ ⓞ Ⓔ 𝕍𝕀𝕊𝔸   BY **u**
fermé dim. soir hors sais. – **R** 115/170, enf. 35.

🍴🍴 **Le Parisien,** 13 r. J. Jaurès 𝒫 98 90 35 29 – Ⓔ 𝕍𝕀𝕊𝔸   BZ **q**
fermé 28 juil. au 25 août, dim. et fériés – **R** carte 130 à 200.

QUIMPER

à Ty Sanquer : 7 km par ① et D 770 – ⊠ **29000** Quimper :

XX **Aub. Ty Coz,** *⌀* 98 94 50 02 – **℗**. **E** VISA
fermé 22 avril au 14 mai, 13 sept. au 4 oct., dim. soir et lundi – **R** 80/200, enf. 55.

rte de Pont-l'Abbé par ⑥ : 4,5 km – ⊠ **29700** Pluguffan :

XXX **La Roseraie de Bel Air,** *⌀* 98 53 50 80 – **E** VISA
fermé dim. soir et lundi – **R** 136/240.

à Pluguffan O : 7 km par D 40 AX – ⊠ **29700** :

🏨 **La Coudraie** ⏺ sans rest, impasse du Stade *⌀* 98 94 03 69, 🌳 – **TV** ☎ **℗**. VISA
fermé vacances de printemps, de nov., sam. et dim. hors sais. – ⊑ 28 – **11 ch** 170/250.

ALFA-ROMEO Jourdain, 36 rte de Bénodet
⌀ 98 90 60 64
AUSTIN-ROVER Kemper-Autom., 13 av. Libération
⌀ 98 90 18 49
CITROEN S.C.A.F. Diffusion Automobiles, rte de Bénodet à Ménez-Bily par ⑤ *⌀* 98 90 33 47
N *⌀* 98 90 28 05
FORD Bretagne-Autom., 105 av. de Ty-Bos
⌀ 98 90 32 00 **N** *⌀* 98 90 28 05
MERCEDES-BENZ Belléguic, ZI rte de Coray,
⌀ 98 90 03 69 **N** *⌀* 98 90 28 05
OPEL Damian, 70 rte de Brest *⌀* 98 95 18 38
PEUGEOT-TALBOT Nédélec, 66 rte de Brest
⌀ 98 95 42 74

RENAULT Gar. de l'Odet, ZAC de Kernevez rte de Douarnenez par ⑦ *⌀* 98 55 29 46
V.A.G Gar. Honoré, KM 4 rte de Rosporden
⌀ 98 94 63 00

⑩ Bégot et Fils, 79 rte de Brest *⌀* 98 95 09 33
Comptoir et Atelier du Pneu, r. Lebon ZI Hippodrome *⌀* 98 90 18 87
Lorans-Pneus, r. O.-de-Serre ZI Hippodrome
⌀ 98 53 35 26
Simon Pneus, Le Melenec, rte d'Elliant à Ergué-Gabéric *⌀* 98 90 17 73

QUIMPERLÉ 29300 Finistère 🗺 ⑫⑰ G. Bretagne (plan) – 11 697 h. alt. 35.

Voir Église Ste-Croix★★ – Rue Dom-Morice★.

🛈 Office de Tourisme Pont Bourgneuf *⌀* 98 96 04 32.

Paris 508 – Quimper 46 – Carhaix-Plouguer 56 – Concarneau 34 – Pontivy 54 – ♦Rennes 160 – St-Brieuc 111 – Vannes 72.

🏨 **Novalis** M sans rest, rte Concarneau : 1,5 km *⌀* 98 39 24 00, Fax 98 39 12 10 – **TV** ☎ &
– 🔒 60. **AE** **E** VISA
⊑ 28 – **25 ch** 210/230.

XX **Relais du Roch,** S : 2 km par D 49 *⌀* 98 96 12 97 – **E** VISA
fermé 1ᵉʳ au 7 oct., 2 au 31 janv., dim. soir (hors sais.) et lundi – **R** 80/250 ⅓, enf. 40.

XX **Bistro de la Tour,** 2 r. Dom. Morice *⌀* 98 39 29 58 – **AE** **E** VISA. ⅏
fermé 3 au 18 mars, sam. midi et dim. soir (sauf du 14 juil. au 20 août) et lundi – **R** 89/210.

X **Aub. de Toulfoën** avec ch, S : 3 km par D 49 *⌀* 98 96 00 29 – **℗**. **AE** ⓪ **E** VISA. ⅏ ch
fermé 25 sept. au 31 oct. et lundi de nov. à juin – **R** 100/210 – ⊑ 24 – **9 ch** 140/310.

CITROEN Gar. Gaudart, rte de Quimper à Roz-Glass *⌀* 98 96 20 30
FIAT Central Auto, 22 rte de Lorient *⌀* 98 39 08 39
OPEL Auto Service 29, ZAC de Kervidanou
⌀ 98 96 14 74
PEUGEOT-TALBOT Ouest-Autom., rte de Lorient
⌀ 98 96 11 91 **N** *⌀* 98 96 21 26

RENAULT Sodiga, 117 r. de Pont-Aven
⌀ 98 39 34 60
V.A.G Gar. Quimperlois, 41 rte de Lorient
⌀ 98 39 32 24

⑩ Lorans-Pneus, 40 rte de Quimper *⌀* 98 96 01 39

QUINCIÉ-EN-BEAUJOLAIS 69430 Rhône 🗺 ⑨ – 1 018 h. alt. 319.
Paris 425 – Mâcon 36 – Beaujeu 5 – Bourg-en-Bresse 50 – ♦Lyon 56 – Roanne 70.

🏨 **Mont-Brouilly** ⏺, E : 2,5 km par D 37 *⌀* 74 04 33 73, Fax 74 69 00 72, 🌳 – 🍽 rest ☎
& **℗**. **AE** **E** VISA
fermé 23 au 27 déc., fév., lundi (sauf le soir du 1ᵉʳ avril au 30 sept.) et dim. soir – **R** 80/250, enf. 50 – ⊑ 32 – **29 ch** 220/280 – ½ P 215/240.

XX **Aub. du Pont des Samsons,** E : 2,5 km par D 37 *⌀* 74 04 32 09 – **℗**. **AE** ⓪ **E** VISA
fermé janv., dim. soir et lundi – **R** 105/300 ⅓, enf. 50.

QUINÉVILLE 50310 Manche 🗺 ③ G. Normandie Cotentin – 192 h. alt. 30.
🛅 de Fontenay-sur-Mer *⌀* 33 21 44 27 par D 421.
Paris 341 – Bayeux 73 – Cherbourg 36 – St-Lô 59.

🏨 **Château de Quinéville** ⏺, *⌀* 33 21 42 67, ≤, parc – ☎ **℗** – 🔒 25. **E** VISA. ⅏ rest
fermé 5 janv. au 22 mars et merc. du 1ᵉʳ oct. au 5 janv. – **R** 130/180 – ⊑ 40 – **13 ch** 330/360 – ½ P 295/305.

QUINSAC 33360 Gironde 🗺 ⑪ – 1 829 h. alt. 49.
Paris 592 – ♦Bordeaux 15 – Langon 33 – Libourne 35.

XX **Robinson,** SE : 2 km sur D 10 *⌀* 56 21 31 09, �, 🌳, ⅏ – **℗**. **AE** ⓪ VISA
fermé 15 au 31 janv. – **R** 130/185.

QUINSON 04480 Alpes-de-H.-P. 🔢 ⑤ – 232 h. alt. 370.

Paris 808 – Digne 63 – Aix-en-Provence 87 – Brignoles 45 – Castellane 81.

🏠 **Notre-Dame,** ℰ 92 74 40 01, 🍽️, 🏊, – ☎ 🅿️ E 𝗩𝗜𝗦𝗔 🎾 ch
fermé 2 janv. au 10 mars., lundi (sauf le soir de Pâques à sept.) et dim. soir d'oct. à Pâques
– **R** 67/155, enf. 35 – ⋤ 27 – **14 ch** 120/240 – ½ P 167/210.

QUINTIN 22800 C.-d'Armor 🔢 ⑫⑬ G. Bretagne – 3 223 h. alt. 179.

Paris 464 – St-Brieuc 19 – Guingamp 29 – Lamballe 35 – Loudéac 31.

🏠 **Commerce,** r. Rochonen ℰ 96 74 94 67 – 📺 ☎ E 𝗩𝗜𝗦𝗔
fermé 25 nov. au 10 déc. – **R** (fermé dim. soir et lundi midi sauf juil.-août et fériés) 59/180
– ⋤ 24 – **13 ch** 128/210 – ½ P 155/195.

PEUGEOT Auto Quintinaise, Les Quartiers à
St-Brandan ℰ 96 74 87 96 🅽 ℰ 96 74 83 31

RENAULT Gar. du Gouet, r. de St-Eutrope à
St-Brandan ℰ 96 74 83 99

RABASTENS 81800 Tarn 🔢 ⑨ G. Pyrénées Roussillon – 3 834 h. alt. 123.

Voir Chapiteaux★ de l'église N.-D.-du-Bourg.

🛈 Syndicat d'Initiative r. A.-Clausade (mai-1er nov.) ℰ 63 33 70 18.

Paris 695 – ◆Toulouse 37 – Albi 39 – Carcassonne 106 – Castres 61 – Lavaur 22 – Montauban 49.

🏠 **Pré Vert,** prom. Lices ℰ 63 33 70 51, 🍽️, 🌳 – ☎ 🅿️ E 𝗩𝗜𝗦𝗔
fermé déc., dim. soir et lundi midi – **R** 85/160 ♣, enf. 45 – ⋤ 24 – **13 ch** 160/260 –
½ P 190/230.

PEUGEOT, TALBOT Bourdet, à Coufouleux
ℰ 63 33 71 66

RENAULT Mouisset ℰ 63 33 75 23 🅽

RABOT 41 L.-et-Ch. 🔢 ⑨ – rattaché à Lamotte-Beuvron.

RAGUENÈS-PLAGE 29 Finistère 🔢 ⑪ G. Bretagne – ✉ 29139 Névez.

Paris 536 – Quimper 39 – Carhaix-Plouguer 74 – Concarneau 17 – Pont-Aven 12 – Quimperlé 29.

🏠 **Chez Pierre** ⑤, ℰ 98 06 81 06, 🌳 – ☎ 🅿️ E 𝗩𝗜𝗦𝗔 🎾 rest
29 mars-8 avril et 20 avril-30 sept. – **R** (fermé merc. du 12 juin au 11 sept.) 90/225, enf. 70
– ⋤ 25 – **29 ch** 175/340 – ½ P 203/295.

🏠 **Men Du** ⑤ sans rest, ℰ 98 06 84 22, ≤ – ☎ 🅿️ E 𝗩𝗜𝗦𝗔 🎾
23 mars-25 sept. – ⋤ 29 – **14 ch** 240/290.

Le RAINCY 93 Seine-St-Denis 🔢 ⑪ – voir à Paris, Environs.

RAISMES 59 Nord 🔢 ④ – rattaché à Valenciennes.

RAMATUELLE 83350 Var 🔢 ⑰ G. Côte d'Azur – 1 766 h. alt. 135.

Voir Col de Collebasse ≤★ S : 4 km.

Paris 879 – Fréjus 38 – Hyères 61 – Le Lavandou 38 – St-Tropez 12 – Ste-Maxime 18 – ◆Toulon 79.

🏠 **Le Baou** ⑤, ℰ 94 79 20 48, Télex 462152, Fax 94 79 28 36, ≤ vieux village et mer, 🍽️,
🏊, 🌳 – 🛗 📺 ☎ 🅿️ 🄰🄴 ⓞ E 𝗩𝗜𝗦𝗔
1er mars-30 nov. – **R** 260/350 – ⋤ 60 – **41 ch** 650/1600 – ½ P 635/1110.

🏠 **Ferme d'Hermès** ⑤ sans rest, rte l'Escalet, SE : 2,5 km ℰ 94 79 27 80, Fax 94 79 26 86,
« Demeure provençale dans le vignoble », 🏊, 🌳 – cuisinette 📺 ☎ 🅿️ E 𝗩𝗜𝗦𝗔
1er avril-31 oct. – ⋤ 60 – **10 ch** 600/880.

à la Bonne Terrasse E : 5 km par D 93 et rte Camarat – ✉ 83350 Ramatuelle :

🍴 **Chez Camille,** ℰ 94 79 80 38, ≤, produits de la mer – 🅿️ E 𝗩𝗜𝗦𝗔
30 mars-30 sept. et fermé mardi sauf le soir du 16 juin au 15 sept. – **R** (en saison, prévenir)
160/420.

RAMBOUILLET ◁🅢🅟▷ 78120 Yvelines 🔢 ①③, 🔢 ⑰⑱ G. Ile de France – 22 487 h. alt. 160.

Voir Boiseries★ du château Z – Parc★ YZ : laiterie de la Reine★ Z B, chaumière des coquillages★
Z E – Bergerie nationale★ Z – Forêt de Rambouillet★.

🛈 🏌️ de Maintenon (28) ℰ 37 27 18 09, par ④ : 22 km.

🛈 Office de Tourisme à l'Hôtel de Ville ℰ (1) 34 83 21 21.

Paris 53 ① – Chartres 41 ③ – Etampes 44 ③ – Mantes-la-Jolie 49 ① – ◆Orléans 90 ③ – Versailles 31 ①.

Plan page suivante

🏠 **Climat de France** Ⓜ, N 10 ℰ (1) 34 85 62 62, Télex 695645, 🏊, 🎾 – 📺 ♿ 🅿️ – 🄰 30
67 ch.

🏠 **Ibis,** par ③ : 2,5 km par N 10 ℰ (1) 30 41 78 50, Télex 698429, Fax (1) 34 85 66 45, 🎾 –
📺 🐾 ♿ 🅿️ – 🄰 25 à 200. E 𝗩𝗜𝗦𝗔
R 100 ♣, enf. 39 – ⋤ 32 – **62 ch** 260/280.

RAMBOUILLET

Chasles (R.) . . . . **Z** 2
Félix-Faure (Pl.) . . . . **Z** 5
Gaulle (R. du Gén.-de) . . . **Z** 6

Commune (R. de la) . . . . . **Y** 3
Humbert (R. Gén.) . . . . **Z** 7
Libération (Pl. de la) . . . . . **Z** 8
Louvière (R. de la) . . . . **Z** 9
Poincaré (R. Raymond) . . **Y** 12
Providence (R. de la) . . . . **Y** 13
Thome (Pl. André) . . . . . . **Y** 16

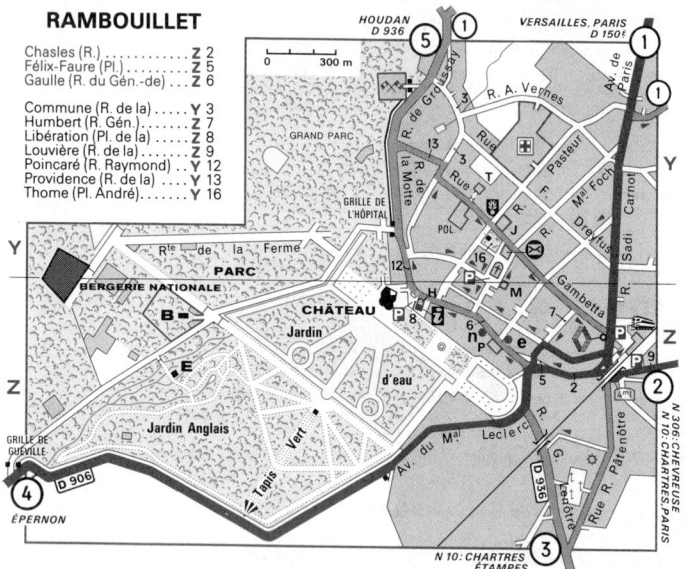

XX **Cheval Rouge,** 78 r. Gén. de Gaulle ℘ (1) 34 85 80 61, ⌂ – 🔲 🖾 Ⓞ 🗉 𝘝𝘐𝘚𝘈   Z •
fermé 29 juil. au 10 août – **R** 115/185.

X **Poste,** 101 r. Gén. de Gaulle ℘ (1) 34 83 03 01 – 🖾 🗉 𝘝𝘐𝘚𝘈   Z •
fermé 1er au 8 mai, 1er au 9 janv., dim. soir et lundi – **R** (nombre de couverts limité
prévenir) 105/175 ⅃.

aux Chaises par ④ et D 80 : 11 km – ⌧ **78120** Rambouillet :

XX **Maison des Champs,** ℘ (1) 34 83 50 19, « Jardin fleuri » – 🅿. 🖾 🗉 𝘝𝘐𝘚𝘈
fermé 29 juil. au 23 août, fév., lundi soir, mardi soir et merc. – **R** (nombre de couvert
limité - prévenir) carte 180 à 270.

BMW SEAT Soravia 27-29 r. Pâtenôtre
℘ (1) 34 85 77 77
CITROEN Van de Maele, r. G.-Lenôtre par ③
℘ (1) 30 41 81 81
FIAT Gar. Hude, 15 r. Louvière ℘ (1) 30 41 03 41
PEUGEOT Préhel, 56 r. Lenôtre, Le Bel Air par ③
℘ (1) 30 41 01 70

RENAULT Gar. de la Gare, 9 r. Sadi-Carnot ℘ (1)
.30 59 89 42
V.A.G Sofriga, 122 r. de Clairefontaine
℘ (1) 30 41 87 68

RAMONVILLE-ST-AGNE 31 H.-Gar. 🎵🎵 ⑧ – rattaché à Toulouse.

RANCÉ 01390 Ain 🎵🎵 ⑩ – 323 h. alt. 282.
Paris 444 – ♦Lyon 30 – Bourg-en-Bresse 43 – Villefranche-sur-Saône 15.

X **Rancé,** ℘ 74 00 81 83 – 🗉 𝘝𝘐𝘚𝘈 – **R** 90/260, enf. 60.

RANÇON 87290 H.-Vienne 🎵🎵 ⑦ G. Berry Limousin – 652 h. alt. 217.
Paris 375 – ♦Limoges 44 – Bellac 12 – La Souterraine 34.

X **L'Oie et le Gril,** ℘ 55 68 15 06 – 🗉 𝘝𝘐𝘚𝘈
fermé 15 sept. au 15 oct., mardi soir et merc. – **R** 105.

RANDAN 63310 P.-de-D. 🎵🎵 ⑤ G. Auvergne – 1 514 h. alt. 407.
Voir Villeneuve les Cerfs : pigeonnier★ O : 2 km.
🅱 Syndicat d'Initiative à la Mairie (fermé après-midi) ℘ 70 41 50 02.
Paris 363 – ♦Clermont-Ferrand 40 – Aigueperse 14 – Gannat 23 – Riom 25 – Thiers 32 – Vichy 14.

XX **Host. du Parc** avec ch, ℘ 70 41 51 89, ⌂ – 🖾 🗉 𝘝𝘐𝘚𝘈
fermé fév., dim. soir et lundi du 30 sept. au 1er juin – **R** 78/128, enf. 50 – ⌧ 20 – **11 ch**
120/150 – ½ P 120/130.

X **Centre** avec ch, ℘ 70 41 50 23 – 🗉 𝘝𝘐𝘚𝘈
➼ *hôtel : ouvert 1er juin-15 oct. et fermé mardi et merc. sauf juil.-août* – **R** *(fermé 20 oct. au
10 déc., mardi soir et merc. sauf juil.-août)* 60/180 ⅃ – ⌧ 22 – **10 ch** 110/150 – ½ P 170/190

CITROEN Elambert ℘ 70 41 51 62   RENAULT Planche ℘ 70 41 56 69

RÂNES 61150 Orne 🖲 ② G. Normandie Cotentin – 1 018 h. alt. 250.

🛈 Syndicat d'Initiative à la Mairie ℰ 33 39 73 87.

Paris 213 – Alençon 40 – Argentan 20 – Bagnoles-de-l'Orne 19 – Falaise 35.

🏠 **St Pierre,** ℰ 33 39 75 14 – ☎ – 🛁 80. 🖭 ⓪ **E** 𝘝𝘐𝘚𝘈
R (fermé vend. soir du 1ᵉʳ nov. au 1ᵉʳ avril) 65/190 ⅃, enf. 48 – ⴲ 26 – **12 ch** 175/340 – ½ P 240.

XX **Jean Anne,** ℰ 33 39 75 16 – 🖭 **E** 𝘝𝘐𝘚𝘈
fermé mardi soir et merc. sauf fériés – **R** 58/180 ⅃.

RANG 25250 Doubs 🖲🖲 ⑰ – 518 h. alt. 287.

Paris 463 – Baume-les-D. 22 – Belfort 38 – ◆Besançon 51 – Lure 39 – Montbéliard 27 – Vesoul 53.

X **Moderne** avec ch, ℰ 81 96 32 54 – 🚗 ☎. **E** 𝘝𝘐𝘚𝘈
fermé 15 au 31 oct., 13 au 31 janv. et lundi – **R** 49/154 ⅃, enf. 49 – ⴲ 18 – **10 ch** 80/150 – ½ P 254/274.

RAON-L'ÉTAPE 88110 Vosges 🖲🖲 ⑦ – 7 219 h. alt. 291.

🛈 Syndicat d'Initiative r. J.-Ferry (saison) ℰ 29 41 83 25.

Paris 370 – ◆Nancy 69 – Épinal 46 – Lunéville 34 – Neufchâteau 57 – St-Dié 16 – Sarrebourg 51.

XX **Relais Lorraine Alsace** Ⓜ avec ch, 31 r. J. Ferry ℰ 29 41 61 93 – 📺 ☎. 🖭 ⓪ **E** 𝘝𝘐𝘚𝘈
fermé nov. – **R** (fermé lundi) 65/150 ⅃ – ⴲ 30 – **4 ch** 200/300 – ½ P 260/360.

RASTEAU 84 Vaucluse 🖲🖲 ② – rattaché à Vaison-la-Romaine.

RAUZAN 33420 Gironde 🖲🖲 ⑫ G. Pyrénées Aquitaine – 888 h. alt. 100.

Paris 597 – ◆Bordeaux 38 – Bergerac 62 – Libourne 23 – Marmande 44.

XX **La Gentilhommière,** ℰ 57 84 13 42 – ☎. 🖭 ⓪ **E** 𝘝𝘐𝘚𝘈
fermé 15 au 30 nov. et lundi sauf fêtes – **R** 60 bc/220, enf. 60.

Les nouveaux Guides Verts touristiques Michelin, c'est :

– un texte descriptif plus riche,

– une information pratique plus claire,

– des plans, des schémas et des photos en couleurs,

– … et, bien sûr, une actualisation détaillée et fréquente.

Utilisez toujours la dernière édition.

RAZ (Pointe du) ★★★ 29 Finistère 🖲🖲 ⑬ G. Bretagne – alt. 72.

Voir ☀★★.

Paris 607 – Quimper 50 – Douarnenez 37 – Pont-L'Abbé 47.

à La Baie des Trépassés par D 784 et VO : 3,5 km – ✉ 29113 Audierne :

🏠 **Relais de la Pointe du Van** ⚲, ℰ 98 70 62 79, ≤, 🌤 – 📱 ☎ ⅃ ☎. **E** 𝘝𝘐𝘚𝘈
1ᵉʳ avril-30 sept. – **R** snack carte 70 à 150 – ⴲ 29 – **25 ch** 218/320 – ½ P 256/307.

🏠 **Baie des Trépassés** ⚲, ℰ 98 70 61 34, ≤ – ☎ ☎. **E** 𝘝𝘐𝘚𝘈
fermé 5 janv. au 9 fév. – **R** 76/240, enf. 60 – ⴲ 28 – **27 ch** 190/290 – ½ P 229/303.

RAZAC-SUR-L'ISLE 24 Dordogne 🖲🖲 ⑤ – rattaché à Périgueux.

RAZÈS 87640 H.-Vienne 🖲🖲 ⑧ – 881 h. alt. 436.

Paris 370 – ◆Limoges 26 – Argenton-sur-Creuse 69 – Bellac 39 – Guéret 56.

🏠 **Familles,** ℰ 55 71 03 61, 🌿 – ☎. ⅗ ch
fermé 15 nov. au 15 déc., vend. soir et sam. hors sais. – **R** 55/120 ⅃ – ⴲ 17 – **7 ch** 85/120 – ½ P 135/145.

RÉ (Ile de) ★ 17 Char.-Mar. 🖲🖲🖲 ⑫ G. Poitou Vendée Charentes.

Accès : par le pont routier (au départ de La Rochelle).

Ars-en-Ré – 1 083 h. alt. 3 – ✉ 17590 .

🛈 Syndicat d'Initiative pl. Carnot (15 juin-15 sept.) ℰ 46 29 46 09.

🏠 **Le Parasol** Ⓜ ⚲, rte St-Clément des Baleines, NO : 0,5 km ℰ 46 29 46 17, 🌿 – cuisinette 📺 ☎ ⅃ ☎. 𝘝𝘐𝘚𝘈
fermé 15 nov. au 15 déc. et 8 au 20 janv. – **R** (fermé mardi d'oct. à mars) 100/169 ⅃ – ⴲ 32 – **29 ch** 300/370 – ½ P 277/312.

🏠 **Le Martray,** Le Martray E : 3 km par D 735 ℰ 46 29 40 04, 🌤 – 📺 ☎ ☎. 🖭 ⓪ **E** 𝘝𝘐𝘚𝘈
30 mars-3 nov. – **R** 100/170 – ⴲ 35 – **14 ch** 280/340 – ½ P 280/300.

CITROEN Gar. Blanchard ℰ 46 29 40 43

La Flotte – 1 879 h. alt. 5 – ⊠ 17630 .

🛂 Office de Tourisme quai Sénac (fermé matin hors saison) ℰ 46 09 60 38.

🏨🏨 ✿ **Richelieu** Ⓜ 🦢, ℰ 46 09 60 70, Télex 791492, Fax 46 09 50 59, ≤, ⤳, ☞, ⅋ – 📺 🕿
P – ⬩🛦 80. **E** 𝖵𝖨𝖲𝖠
R *(fermé 5 janv. au 15 fév.)* 210/380, enf. 150 – � 60 – **31 ch** 550/1500 – ½ P 600/1500
Spéc. Homard grillé au beurre rouge (15 mars-15 nov.), Langoustines grillées laquées d'épices, Suprême de
bar au vin rouge. Vins Rouge et blanc de Ré.

🏠 **Hippocampe** sans rest, ℰ 46 09 60 68 – 🕿
⊏⊐ 19 – **18 ch** 85/212.

🅇🅇 **Le Lavardin,** r. H. Lainé ℰ 46 09 68 32 – ▤. **E** 𝖵𝖨𝖲𝖠
fermé 12 nov. au 12 déc., 15 janv. au 17 fév., lundi soir et mardi hors sais. – **R** 150/310.

PEUGEOT, TALBOT Gar. Chauffour ℰ 46 09 60 25

Les Portes-en-Ré – 513 h. alt. 2 – ⊠ 17880 .

🅖 Trousse Chemise ℰ 46 29 69 37, S par D 101 : 3,5 km.

🛂 Syndicat d'Initiative pl. La Prée (fermé après-midi oct.-mars) ℰ 46 29 52 71.

🅇🅇 **Aub. de la Rivière,** O : 1 km sur D 101 ℰ 46 29 54 55, 🏤, ☞ – **P. ⒶⒺ E** 𝖵𝖨𝖲𝖠
fermé 12 nov. au 5 déc. et mardi hors sais. sauf vacances scolaires – **R** 80/320.

Rivedoux-Plage – 900 h. – ⊠ 17940 .

🛂 Syndicat d'Initiative pl. République (fermé après-midi hors saison) ℰ 46 09 80 62.

🏨🏨 **Aub. de la Marée,** ℰ 46 09 80 02, ≤, « Jardin fleuri », ⤳ – ▤ ch 📺 🕿. **E** 𝖵𝖨𝖲𝖠
hôtel : 29 mars-6 nov. ; rest. : 26 mai-6 oct. – **R** *(fermé mardi midi et lundi hors sais.)*
120/300, enf. 65 – ⊏⊐ 32 – **28 ch** 295/450 – ½ P 350/450.

St-Clément-des-Baleines – 518 h. – ⊠ 17590 .

Voir Phare des Baleines ❊❊★ N : 2,5 km.

🛂 Syndicat d'Initiative r. Mairie (fermé après-midi hors saison) ℰ 46 29 24 19.

🅇🅇 **Le Chat Botté,** ℰ 46 29 42 09, 🏤, ☞ – **E** 𝖵𝖨𝖲𝖠
fermé 24 nov. au 8 déc., vacances de fév. et merc. – **R** 80/285.

St-Martin-de-Ré – 2 594 h. alt. 11 – ⊠ 17410 .

Voir Fortifications★.

🛂 Office de Tourisme av. V.-Bouthillier ℰ 46 09 20 06.

🏨🏨 **Le Galion** Ⓜ sans rest (rest. prévu), allée Guyane ℰ 46 09 03 19, Télex 793583, ≤ – 📺
🕿 ⅋ ⟺. **ⒶⒺ ⓄⒹ E** 𝖵𝖨𝖲𝖠
⊏⊐ 40 – **31 ch** 390/500.

🏠 **Les Colonnes,** 19 quai Job-Foran ℰ 46 09 21 58, ≤ – 📺 🕿. **ⒶⒺ ⓄⒹ E** 𝖵𝖨𝖲𝖠
fermé 15 déc. au 1er fév. – **R** *(fermé merc.)* 95/210 ⅋, enf. 50 – ⊏⊐ 38 – **30 ch** 340/420 –
½ P 350/400.

RENAULT Gar. Neveur ℰ 46 09 44 22

RÉALMONT 81120 Tarn 🔠 ① – 2 547 h. alt. 212.

Paris 715 – ♦Toulouse 75 – Albi 20 – Castres 22 – Graulhet 17 – Lacaune 56 – St-Affrique 85.

🅇🅇🅇 **Noël** avec ch, r. H. de Ville ℰ 63 55 52 80, 🏤 – 📺 🕿 – ⬩🛦 50. **ⒶⒺ ⓄⒹ E** 𝖵𝖨𝖲𝖠 ❊
fermé vacances de fév., dim. soir et lundi du 15 sept. au 15 juin – **R** 130/250, enf. 60 –
⊏⊐ 25 – **8 ch** 195/300 – ½ P 210.

RENAULT Conrazier ℰ 63 55 51 38

REDON ⬡ 35600 I.-et-V. 🔠 ⑤ G. Bretagne – 10 252 h. alt. 12.

Voir Tour★ de l'église St-Sauveur Y.

🛂 Office de Tourisme pl. Parlement (fermé après-midi oct.-mars) ℰ 99 71 06 04.

Paris 411 ① – Ancenis 82 ② – La Baule 63 ② – Châteaubriant 58 ② – Dinan 105 ① – Laval 138 ⑬ – Nantes 77
② – Ploërmel 46 ① – ♦Rennes 66 ① – St-Nazaire 51 ②.

Plan page ci-contre

🏨🏨 **Bel Hôtel** Ⓜ 🦢 sans rest, 42 av. J. Burel à St-Nicolas-de-Redon par ② ⊠ 44460
St-Nicolas-de-Redon ℰ 99 71 10 10, Fax 99 72 33 03 – 🕿 ⅋ **P. ⓄⒹ E** 𝖵𝖨𝖲𝖠
⊏⊐ 30 – **34 ch** 195/280.

🏠 **France** sans rest, 30 r. Duguesclin ℰ 99 71 06 11 – 🕿. **ⓄⒹ E** 𝖵𝖨𝖲𝖠   Z a
⊏⊐ 20 – **20 ch** 80/195.

🅇🅇🅇 **Jean-Marc Chandouineau** Ⓜ avec ch, 10 av. Gare ℰ 99 71 02 04 – 📺 🕿. **ⒶⒺ ⓄⒹ E**
𝖵𝖨𝖲𝖠   Y s
fermé 27/7 au 10/8, sam. midi et dim. soir du 15/9 au 31/12, dim. soir et sam. du 1/1 au
15/6 – **R** 110/250, enf. 70 – **7 ch** ⊏⊐ 370/450.

🅇🅇 **La Bogue,** 3 r. des Etats ℰ 99 71 12 95 – 𝖵𝖨𝖲𝖠 ❊   Y r
fermé dim. soir – **R** 70/250, enf. 70.

REDON

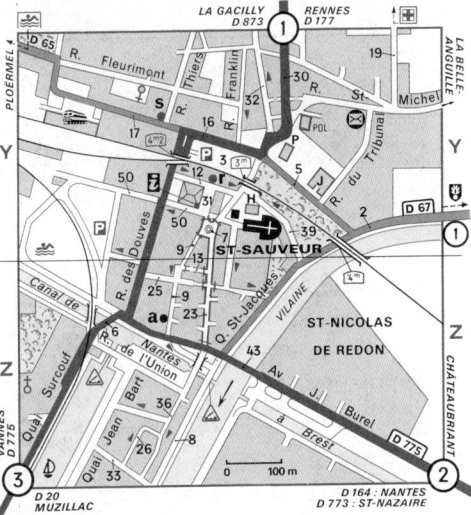

par ① et rte de la Gacilly : 3 km – ⌂ 35600 Redon :

XXX **Moulin de Via,** ℰ 99 71 05 16, 斎, 屛 – **P**. 쬐 E **VISA**
fermé 1ᵉʳ au 15 janv., dim. soir et lundi – **R** 210/300, enf. 60.

par ② et rte de Nantes : 6 km par D 164 – ⌂ 44460 St-Nicolas-de-Redon (Loire-Atl.) :

XXX **Aub. du Poteau Vert,** ℰ 99 71 13 12, 屛 – ⋙ **P**. 쬐 ⓞ E **VISA**
fermé dim. soir et lundi – **R** 180/280, enf. 80.

CITROEN Gar. Vinouze, av. J.-Burel à St-Nicolas-
de-Redon (44) par ② ℰ 99 71 00 36
PEUGEOT-TALBOT Gar. Chalme, 8 av. J.-Burel à
St-Nicolas-de-Redon (44) par ② ℰ 99 71 08 45
Ⓝ ℰ 99 71 01 11

V.A.G Gar. Mazarguil, 120 r. de Vannes
ℰ 99 71 17 81

⊛ Métayer Pneus, ZI Portuaire, rte de Vannes
ℰ 99 71 18 50

REICHSFELD 67140 B.-Rhin 🖾 ⑨ – 247 h. alt. 340.
Paris 430 – ◆Strasbourg 44 – Barr 7 – Sélestat 17 – Molsheim 27 – Villé 13.

X **Bleesz** ⌂ avec ch, ℰ 88 85 50 61 – ☏ **P**. E **VISA**
fermé janv., fév., merc. soir et jeudi – **R** 90/115 ⅛, enf. 90 – ⌑ 23 – **8 ch** 190 –
½ P 220.

REICHSTETT 67 B.-Rhin 🖾 ⑩ – rattaché à Strasbourg.

REILHAC 43 H.-Loire 🖾 ⑤ – rattaché à Langeac.

REIMS ⟨SP⟩ 51100 Marne 🖾 ⑥ ⑩ G. Champagne – 181 985 h. alt. 83.
Voir Cathédrale*** BY : Tapisseries** – Basilique St-Remi** CZ : intérieur*** – Palais du
Tau** BY **S** – Caves de Champagne* BCX, CZ – Place Royale* BY – Porte Mars* BX **Q** – Hôtel
de la Salle* BY **E** – Chapelle Foujita* BX – Bibliothèque* de l'ancien Collège des Jésuites BZ **W**
– Musée St-Rémi** BZ **M3** – Musée-hôtel Le Vergeur* BX **M2** – Musée St-Denis* BY **M1** –
Centre historique de l'automobile française* CY **M** – Env. Fort de la Pompelle : casques
allemands* 9 km par ③ – 🖪 Reims-Champagne ℰ 26 03 60 14, à Gueux par ⑦ : 9,5 km – 🚗
ℰ 26 88 50 50.

🛈 Office de Tourisme et Accueil de France (Informations et réservations d'hôtels, pas plus de 5 jours à
l'avance) 2 r. G.-de-Machault ℰ 26 47 25 69, Télex 840890 et 1 r. Jadard ℰ 26 88 37 89, Télex 830631 –
A.C. 7 bd Lundy ℰ 26 47 34 76.

Paris 144 ⑦ – Bruxelles 214 ⑩ – Châlons-sur-Marne 45 ④ – ◆Lille 203 ⑨ – Luxembourg 232 ④.

Plans pages suivantes

🏨 ❀❀❀ **Boyer "Les Crayères"** M ⌂, 64 bd Vasnier ℰ 26 82 80 80, Télex 830959,
Fax 26 82 65 52, <, 斎, « Élégante demeure dans un parc », ⚒ – 🛗 ≣ 📺 ☎ **P** –
🔺 30. 쬐 ⓞ E **VISA**   CZ **a**
fermé 23 déc. au 13 janv. – **R** *(fermé mardi midi et lundi)* (nombre de couverts limité -
prévenir) carte 380 à 550 – ⌑ 80 – **16 ch** 980/1590, 3 appart. 1790
Spéc. Pastilla de pieds de porc aux truffes, Blanc de turbot en croustillant et purée d'artichaut truffée,
Viennoise de ris de veau au paprika.. Vins Champagne.

🏨 **Les Templiers** M sans rest, 22 r. Templiers ℰ 26 88 55 08, Télex 830088, Fax 26 47 80 60,
🔲 – 🛗 ≣ 📺 ☎ & **P**. 쬐 ⓞ E **VISA**   BX **a**
⌑ 75 – **15 ch** 950/1400.

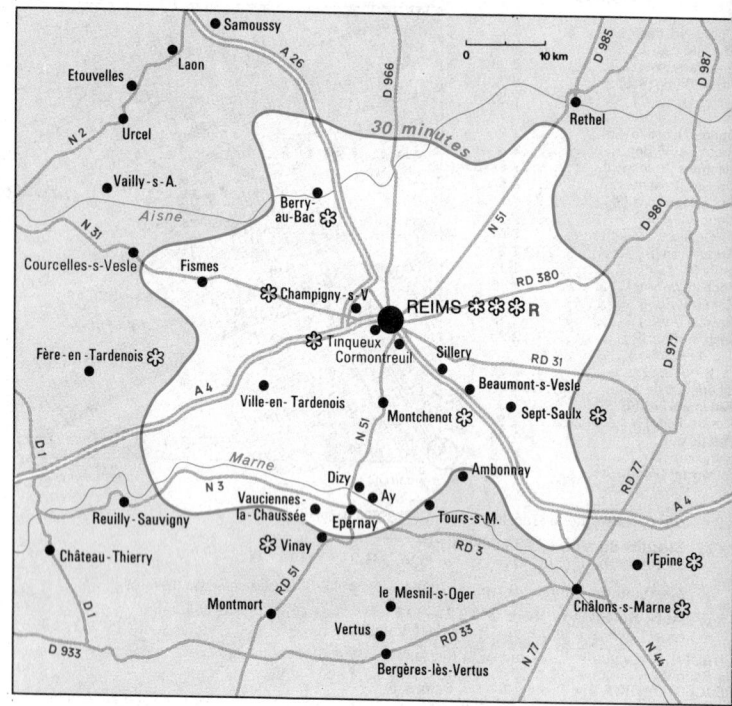

Altéa Champagne Ⓜ, 31 bd P. Doumer ☎ 26 88 53 54, Télex 830629, Fax 26 40 35 51 –
⌘ cuisinette ✍ ch 🖩 📺 ☎ ☞ – 🔏 30 à 300. 🖭 ⓞ Ε 𝘝𝘐𝘚𝘈. ❀ rest
Les Ombrages R 140/250, enf. 80 – ☲ 50 – **113 ch** 395/480, 9 appart..   AY **v**

Liberté Must Ⓜ, 55 r. Boulard ☎ 26 40 52 61, Télex 841103, Fax 26 47 27 38 – ⌘ 📺 ☎
& ☞ 🅿 – 🔏 40. 🖭 ⓞ Ε 𝘝𝘐𝘚𝘈. ❀ rest
R 135/350 – ☲ 45 – **81 ch** 380/410.   AY **t**

Paix, 9 r. Buirette ☎ 26 40 04 08, Télex 830974, Fax 26 47 75 04, ⩣, ☞ – ⌘ 📺 ☎ ☞ –
🔏 50 à 150. 🖭 ⓞ Ε 𝘝𝘐𝘚𝘈
R Brasserie 71 bc ⅋ – ☲ 45 – **105 ch** 319/450.   AY **q**

Gd H. du Nord sans rest, 75 pl. Drouet-d'Erlon ☎ 26 47 39 03, Télex 842157, Fax 26 40 92 26
– ⌘ 📺 ☎. 🖭 ⓞ Ε 𝘝𝘐𝘚𝘈
fermé 21 déc. au 6 janv. – **50 ch** ☲ 255/300.   AY **m**

Univers, 41 bd Foch ☎ 26 88 68 08, Télex 842120, Fax 26 40 95 61 – ⌘ 📺 ☎ – 🔏 70 à
120. 🖭 ⓞ Ε 𝘝𝘐𝘚𝘈
R (fermé dim. soir) 90/165 – ☲ 28 – **39 ch** 195/275.   AX **a**

Crystal ⌾ sans rest, 86 pl. Drouet-d'Erlon ☎ 26 88 44 44, Télex 830485, Fax 26 47 49 28 –
⌘ 📺 ☎. 🖭 Ε 𝘝𝘐𝘚𝘈 – ☲ 25 – **29 ch** 180/290.   AXY **n**

Arcade sans rest, 28 bd Joffre ☎ 26 40 03 24, Télex 842602, Fax 26 88 33 19 – ⌘ 📺 ☎
& – 🔏 100. 🖭 Ε 𝘝𝘐𝘚𝘈 – ☲ 35 – **94 ch** 300/325.   AX **d**

Continental sans rest, 93 pl. Drouet-d'Erlon ☎ 26 40 39 35, Télex 830585, Fax 26 47 51 12
– ⌘ 📺 ☎. 🖭 ⓞ Ε 𝘝𝘐𝘚𝘈
fermé 27 déc. au 6 janv. – ☲ 27 – **58 ch** 210/350.   AXY **r**

Bristol sans rest, 76 pl. Drouet d'Erlon ☎ 26 40 52 25, Télex 842155, Fax 26 40 05 08 – ⌘
📺 ☎. 🖭 ⓞ Ε 𝘝𝘐𝘚𝘈 – ☲ 25 – **40 ch** 192/265.   AY **x**

Libergier sans rest, 20 r. Libergier ☎ 26 47 28 46, Télex 26 88 65 81 – 📺 ☎. Ε 𝘝𝘐𝘚𝘈   AY **e**
fermé 22 déc. au 4 janv. – ☲ 25 – **17 ch** 200/310.

Welcome sans rest, 29 r. Buirette ☎ 26 47 39 39, Télex 842145, Fax 26 40 14 37 – ⌘ 📺
☎. 🖭 Ε 𝘝𝘐𝘚𝘈 – fermé 20 déc. au 5 janv. – ☲ 27 – **66 ch** 175/300.   AY **u**

Le Bon Moine, 14 r. Capucins ☎ 26 47 33 64, Fax 26 40 43 87 – 📺 ☎. Ε 𝘝𝘐𝘚𝘈   AY **b**
➤ fermé dim. (sauf hôtel de juil. à oct.) – **R** Brasserie 68/132 ⅋ – ☲ 24 – **10 ch** 200/240 –
½ P 200.

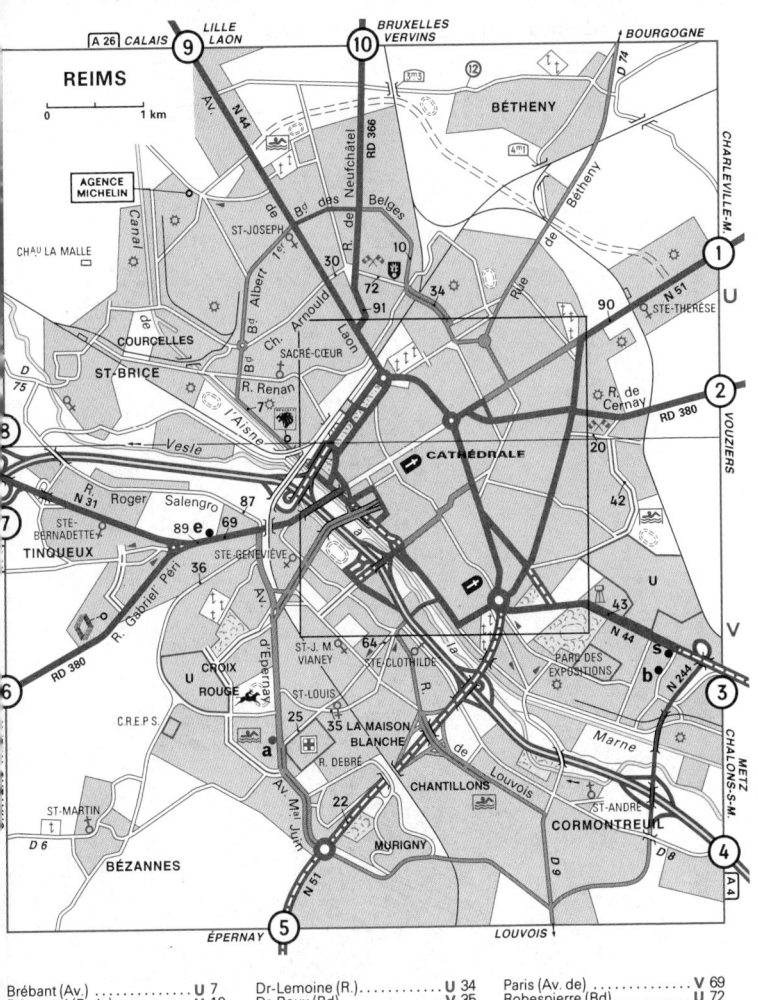

REIMS

Brébant (Av.) .... **U** 7	Dr-Lemoine (R.) .... **U** 34
Brimontel (R. de) .... **U** 10	Dr-Roux (Bd) .... **V** 35
Carré (R. du Gén.) .... **UV** 20	Dor (R. François) .... **V** 36
Champagne (Av. de) .... **V** 22	Europe (Av. de l') .... **V** 42
Cognacq-Jay (R.) .... **V** 25	Farman (Av. Henri) .... **V** 43
Danton (R.) .... **U** 30	Maison-Blanche (R.) .... **V** 64

Paris (Av. de) .... **V** 69
Robespierre (Bd) .... **U** 72
Tinqueux (R. de) .... **V** 87
Vaillant-Couturier (R. P.) .... **V** 89
Witry (Route de) .... **V** 90
Zola (R. Émile) .... **U** 91

🏠 **Campanile-Sud,** av. G. Pompidou - Val de Murigny ℰ 26 36 66 94, Télex 830262, Fax 26 49 95 40, 🍴 – 📺 ☎ 🅿 🅴 𝑉𝐼𝑆𝐴 V **k**
R 71 bc/98 bc, enf. 39 – ⌑ 27 – **60 ch** 248/292.

🏠 **Consuls** sans rest, 7 r. Gén. Sarrail ℰ 26 88 46 10 – 📺 ☎ 🅴 𝑉𝐼𝑆𝐴 BX **s**
⌑ 24 – **24 ch** 115/210.

🍴🍴🍴 ❀ **Le Florence,** 43 bd Foch ℰ 26 47 12 70, Fax 26 40 07 09, 🍴 – 🅰🅴 ⓪ 🅴 𝑉𝐼𝑆𝐴 AX **n**
fermé 30 juil. au 19 août, vacances de fév. et dim. – **R** 220/420
Spéc. Pot-au-feu de foie gras, Filet de Saint-Pierre aux truffes noires, Croustille de ris de veau au chou et champignons.. **Vins** Chouilly, Cumières.

🍴🍴🍴 ❀ **Le Chardonnay,** 184 av. Épernay ℰ 26 06 08 60 – 🅰🅴 ⓪ 🅴 𝑉𝐼𝑆𝐴 V **a**
fermé 3 au 18 août, 21 déc. au 12 janv., sam. midi et dim. – **R** 185/400
Spéc. Terrine de saumon en gelée d'huîtres et caviar, Croustillant de homard au pied de porc, Filet d'agneau en croûte. **Vins** Cumières, Ludes.

tourner →

955

RÉPERTOIRE DES RUES DU PLAN DE REIMS

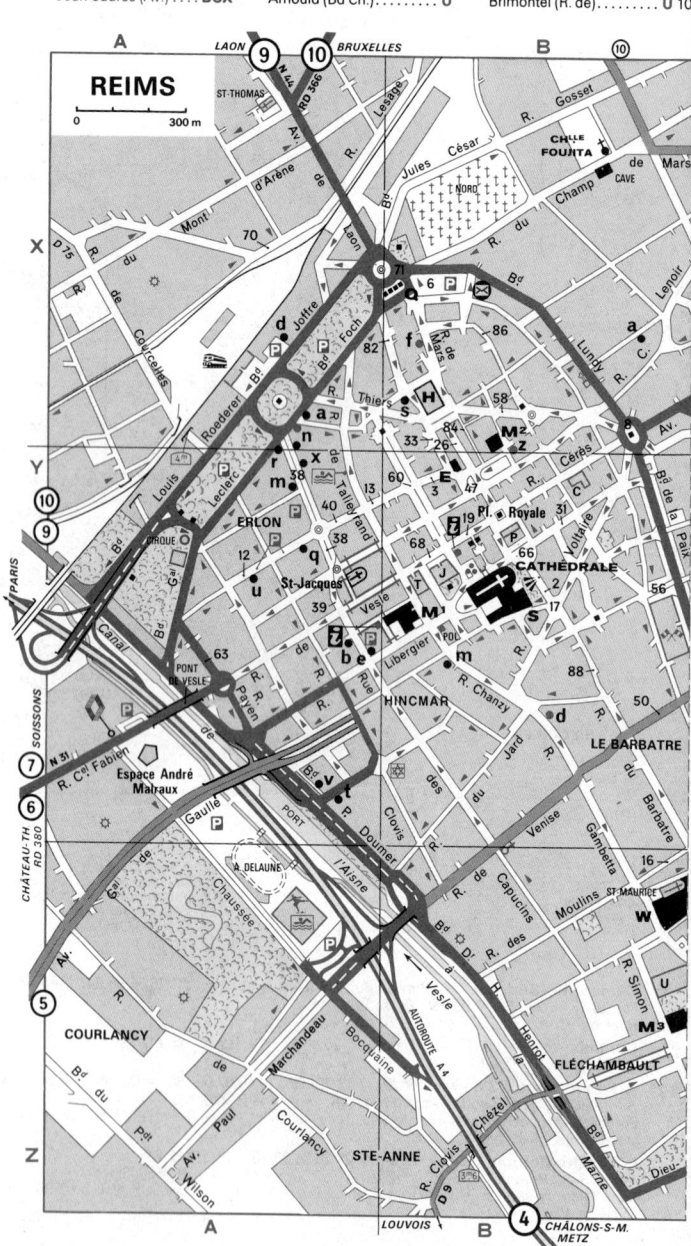

AÉRODROME

STE-JEANNE D'ARC

C

EST

N 51

CHARLEVILLE-MÉZIÈRES

FG. CÉRÈS

Jaurès

CAVE

Bd

R. C. Lenoir

Jamin

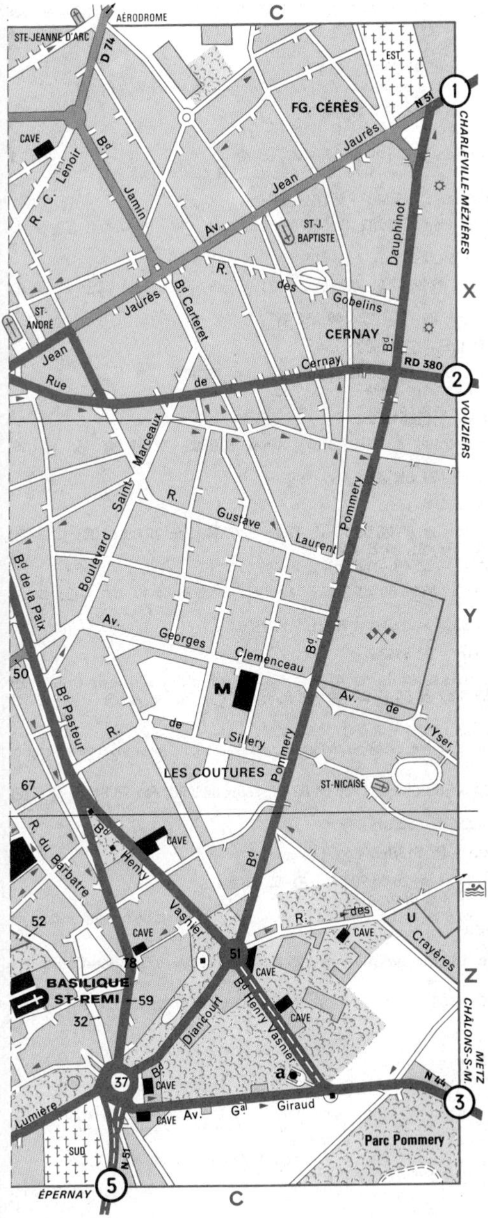

Jean

Jaurès

Dauphinot

Av.

ST-J.
BAPTISTE

des

Gobelins

X

CERNAY

ST-
ANDRÉ

R.

Bd Carteret

Jaurès

Cernay.

Rue

de

Bd

Cernay

RD 380

②

VOUZIERS

Saint

Marceaux

R.

Gustave

Pommery

Laurent

Y

Bd de la Paix

Boulevard

Av.

Georges

Clemenceau

Bd

Av.

de

de l'Yser

M

Bd

Pasteur

R.

de

Sillery

LES COUTURES

Pommery

ST-NICAISE

50

67

R. du Bétheny

Bd

Henry

Vasnier

CAVE

des

Crayères

CAVE

CAVE

U

CAVE

Z

52

78

51

CAVE

Diancourt

Bd Henry Vasnier

CAVE

BASILIQUE
ST-REMI — 59

32

37

CAVE

a

N 51

CAVE

Av.

Gal

Giraud

③

METZ

CHÂLONS-S-M.

N 44

SUD

Parc Pommery

⑤

C

ÉPERNAY

957

XX **Foch,** 37 bd Foch ℰ 26 47 48 22 – ΑΕ ⓞ Ε ꤜꤜꤜ AX **a**
fermé vacances de fév., dim. soir et lundi – **R** 150/270.

XX **Vonelly-Gambetta** avec ch, 13 r. Gambetta ℰ 26 47 41 64, Fax 26 47 22 43 – Ⓣ ☎. ΑΕ BY **d**
Ε ꤜꤜꤜ ⅌ rest
R *(fermé 29 juil. au 18 août, dim. soir et lundi)* 120/260, enf. 80 – ⅍ 25 – **14 ch** 190/
230.

XX **Continental,** 95 pl. Drouet d'Erlon ℰ 26 47 01 47, Télex 830585, Fax 26 40 95 60 – ΑΕ ⓞ
Ε ꤜꤜꤜ AXY **r**
R 86/300, enf. 66.

X **Cinnamome,** 36 r. Chanzy ℰ 26 47 26 01 – Ε ꤜꤜꤜ BY **m**
fermé 22 juil. au 25 août, vacances de fév., dim. soir et lundi – **R** 135/195, enf. 50.

X **Le Forum,** 34 pl. Forum ℰ 26 47 56 87 – Ε ꤜꤜꤜ BXY **z**
fermé 23 déc. au 6 janv., lundi soir et dim. – **R** 100/160 ⅋.

X **Au Petit Comptoir,** 17 r. Mars ℰ 26 40 58 58 – Ε ꤜꤜꤜ BX **f**
fermé 3 au 20 août, 23 déc. au 13 janv., sam. midi et dim. – **R** carte 140 à 200.

rte de Châlons-sur-Marne par ③ : 3 km – ⊠ 51100 Reims :

🏨 **Mercure** Ⓜ, ℰ 26 05 00 08, Télex 830782, Fax 26 85 64 72, ㄹ, ⅏, – 劇 ⅋ ch Ⓣ ☎ ⅍
ⓟ – ⅍ 200. ΑΕ ⓞ Ε ꤜꤜꤜ V **s**
R 120 bc/160 ⅋, enf. 44 – ⅍ 48 – **103 ch** 460/510.

🏨 **Relais Bleus,** 12 r. G. Voisin ℰ 26 82 59 79, Télex 842121, Fax 26 82 53 92 – Ⓣ ☎ ⅍ ⓟ
– ⅍ 25. Ε ꤜꤜꤜ V **b**
R *(fermé dim. soir)* 79/190, enf. 45 – ⅍ 35 – **40 ch** 280/370.

à Sillery par ③ et D 8ᴱ : 11 km – ⊠ 51500 :

XX **Relais de Sillery,** ℰ 26 49 10 11, Fax 26 49 12 07, ㄹ, ⅏ – Ε ꤜꤜꤜ
fermé fév., dim. soir, fériés le soir et lundi – **R** 138/240.

à Cormontreuil par ④ : 4 km – ⊠ 51350 :

🏨 **Confortel,** Zac de Cormontreuil ℰ 26 82 01 02, Télex 830382 – Ⓣ ☎ ⅍ ⓟ. Ε.
→ ꤜꤜꤜ
R 70 bc/90 ⅋, enf. 39 – ⅍ 28 – **31 ch** 205/240 – ½ P 190.

rte de Soissons par ⑦ : 4 km :

🏨 **Novotel** Ⓜ, ⊠ 51430 Tinqueux ℰ 26 08 11 61, Télex 830034, Fax 26 08 72 05, ㄹ, ⅏,
⅏ – 劇 Ⓣ ☎ ⅍ ⓟ – ⅍ 180. Ε ꤜꤜꤜ
R carte environ 150 ⅋, enf. 52 – ⅍ 48 – **127 ch** 385/420.

🏨 **Ibis** Ⓜ, ⊠ 51430 Tinqueux ℰ 26 04 60 70, Télex 842116, Fax 26 84 24 40, ⅏ – Ⓣ ☎ ⅍
ⓟ – ⅍ 60. Ε ꤜꤜꤜ
R *(fermé dim.)* (dîner seul.) 82 ⅋ – ⅍ 31 – **75 ch** 265/285.

à Tinqueux O : par ⑦ : 5 km – ⊠ 51430 :

🏨 ❀ **L'Assiette Champenoise** (Lallement) Ⓜ ⅍, 40 av. Paul Vaillant-Couturier
ℰ 26 04 15 56, Télex 830267, Fax 26 04 15 69, ㄹ, « Parc », ⅏ – Ⓣ ☎ ⅍ ⓟ – ⅍ 40. ΑΕ
ⓞ Ε ꤜꤜꤜ V **e**
R 300/420 – ⅍ 58 – **60 ch** 480/750 – ½ P 680.
Spéc. Salade de homard au coulis de truffe, Escalope de foie de canard chaud, Ris de veau au miel d'acacia.
Vins Coteaux champenois blanc et rouge.

🏨 **Campanile-Ouest,** ZA Sarah Bernhard ℰ 26 04 09 46, Télex 842038, Fax 26 84 25 87 – Ⓣ
☎ ⅍ ⓟ. Ε ꤜꤜꤜ
R 71 bc/94 bc ⅋, enf. 39 – ⅍ 26 – **50 ch** 239.

à Champigny par ⑦ : 6 km – ⊠ 51370 St-Brice-Courcelles :

XXX ❀ **La Garenne** (Laplaige), N 31 ℰ 26 08 26 62 – ⓟ. ΑΕ ⓞ Ε ꤜꤜꤜ
fermé 29 juil. au 19 août, dim. soir et lundi – **R** 130/250, enf. 60.
Spéc. Amusette gourmande au foie gras d'oie, Escalope de Saint-Pierre grillé au jus de homard, Ragoût de
rognons de veau au Bouzy. **Vins** Champagne.

MICHELIN, Agence régionale, Chemin de St-Thierry, ZI des 3 Fontaines à St-Brice-Courcelles
U ℰ 26 09 19 32

BMW Héraut, 16 av. de Paris ℰ 26 08 63 68
Ⓝ ℰ 26 09 29 38
FORD Gar. St-Christophe, 35 r. Col.-Fabien
ℰ 26 08 24 66
LANCIA Fornage, 397 av. de Laon ℰ 26 09 20 52
PEUGEOT Gds Gar. de Champagne, 16 av.
Brébant U ℰ 26 04 95 00
PORSCHE-MITSUBISHI J.P.M., 57 r. Pasteur, ZAC
Neuvillette ℰ 26 09 44 46
RENAULT Succursale, 8 r. Col.-Fabien AY
ℰ 26 08 96 50 Ⓝ ℰ 26 02 89 71
TOYOTA Morvan, r. des Tilleuls, ZAC Neuvillette
ℰ 26 09 56 11

V.A.G Gar. du Rhône, 412 av. de Laon
ℰ 26 87 13 61

◍ Champagne-Pneus, 35 r. C.-Lenoir
ℰ 26 47 20 30
Fischbach Pneu, 2 av. A. Margot La Neuvillette
ℰ 26 47 70 52
Leclerc-Pneu, 19 r. Magdeleine ℰ 26 88 20 77
Leclerc-Pneu, ZI Sud-Est bd Val-de-Vesle
ℰ 26 05 03 45
Pneumaticien Maltrait-Cunrath, 12 r. Cloître
ℰ 26 47 48 47
Reims-Pneus, 27 r. Champ-de-Mars ℰ 26 88 30 15

Périphérie et environs

CITROEN Gar. Ardon, 38 av. Paul Vaillant à Tinqueux ℰ 26 08 96 24
MAZDA Gar. Moreau, r. Rosa-Luxemburg, La Neuvillette ℰ 26 87 31 32
OPEL-GM Reims-Autos, 2 av. R.-Salengro à Tinqueux ℰ 26 08 21 08

RENAULT Gar. Moine, ZI Moulin de l'Écaille à Tinqueux V ℰ 26 08 96 31 ⓝ ℰ 26 61 99 99
VOLVO Gar. Delhorbe, 35 av. Nationale, La Neuvillette ℰ 26 09 21 31

Le RELECQ-KERHUON 29 Finistère 58 ④ – rattaché à Brest.

RELEVANT 01 Ain 74 ② – rattaché à Châtillon-sur-Chalaronne.

La REMIGEASSE 17 Char.-Mar. 171 ⑭ – voir à Oléron (Ile d').

REMIREMONT 88200 Vosges 62 ⑯ G. Alsace Lorraine – 10 860 h. alt. 400.

Voir Rue Ch.-de-Gaulle★ AB – Crypte★ de l'abbatiale St-Pierre A.

🛈 Office de Tourisme 2 pl. H.-Utard ℰ 29 62 23 70.

Paris 386 ⑤ – Belfort 67 ② – Colmar 80 ① – Épinal 27 ⑤ – ◆Mulhouse 82 ② – Vesoul 64 ④.

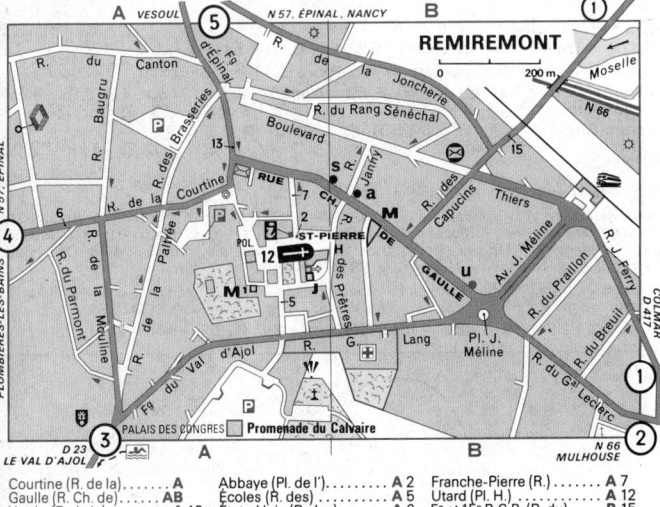

Courtine (R. de la)	A	Abbaye (Pl. de l')	A 2	Franche-Pierre (R.)	A 7
Gaulle (R. Ch. de)	AB	Écoles (R. des)	A 5	Utard (Pl. H.)	A 12
Xavée (R. de la)	A 13	États-Unis (R. des)	A 6	5ᵉ et 15ᵉ B.C.P. (R. du)	B 15

🏨 **Poste,** 67 r. Ch. de Gaulle ℰ 29 62 55 67 – ☎ 🚗 ஊ ⓞ E VISA   B **a**
fermé 16 au 31 août, 20 déc. au 13 janv., vend. soir et sam. hors sais. (sauf week-ends fériés) – **R** 72/190 ⅃, enf. 45 – ☲ 25 – **21 ch** 220/300 – ½ P 197/247.

🏨 **Cheval de Bronze** sans rest, 59 r. Ch. de Gaulle ℰ 29 62 52 24 – cuisinette ☎ 🚗 –
🅰 25. ஊ E VISA   B **s**
fermé dim. hors sais. – ☲ 25 – **36 ch** 125/300.

XX **Le Clos Heurtebise,** chemin Heurtebise ℰ 29 62 08 04, 🌿 – ℗. E VISA
fermé dim. soir et lundi sauf fériés – **R** 80/230 ⅃, enf. 50.

XX **Au Fin Gourmet,** 113 r. Ch. de Gaulle ℰ 29 23 06 65 – E VISA   B **u**
fermé 26 août au 10 sept., 10 au 25 janv., dim. soir et lundi – **R** 85/240 ⅃, enf. 60.

par ⑤, sortie St-Nabord-Centre : 5 km – 3 779 h. – ⊠ 88200 Remiremont :

🏨 **Montiroche** sans rest, échangeur de St-Nabord ℰ 29 62 06 59, ≤, parc – 🕾 ℗. ⅏
fin mars-oct. – ☲ 30 – **14 ch** 180/200.

à Fallières par ④ et D 3 : 4 km – ⊠ 88200 Remiremont :

🏨 **Logis des Prés Brayeux,** ℰ 29 62 23 67, parc – ☎ 🚗 ℗. E VISA. ⅏
fermé 27 juil. au 3 août, 2 au 10 janv. – **R** (fermé dim. soir et lundi midi) 120/280 – ☲ 30 – **17 ch** 175/225 – ½ P 200/250.

à Dommartin-lès-Remiremont par ② et D 23 : 4 km – ⊠ 88200 :

XX **Le Karélian,** ℰ 29 62 44 05 – ⓞ E VISA
fermé dim. soir et lundi en juil.-août – **R** 150/210.

CITROEN Remiremont Anotin, Les Bruyères, rte de Mulhouse par ② ℰ 29 23 29 45
ℰ 29 23 00 07
PEUGEOT-TALBOT Choux Autom., à St-Étienne-les-Remiremont par ② et D 23 ℰ 29 23 18 28

RENAULT Gar. Pierre, 13 r. de la Maix ℰ 29 62 55 95

◑ Comptoir du Pneu, 2 r. J.-Ferry ℰ 29 23 23 32
Pneu Villaume, Ranfaing à St-Nabord ℰ 29 62 23 13

REMOULINS 30210 Gard 🎟 ⑲ ⑳ G. Provence – 1 866 h. alt. 27.

Paris 689 – Avignon 22 – Alès 49 – Arles 38 – Nîmes 20 – Orange 34 – Pont-St-Esprit 39.

🏨 **Moderne**, pl. des Gds Jours ℰ 66 37 20 13 – 🔲 📺 ☎ ⇔ 🇪 𝗩𝗜𝗦𝗔
➤ *fermé 19 oct. au 17 nov., vacances de fév., vend. soir d'oct. à mars et sam. sauf juil.-août*
– **R** 63/135 🍴, enf. 38 – ⊑ 28 – **25 ch** 170/280 – ½ P 190/220.

à St-Hilaire-d'Ozilhan NE : 4,5 km par D792 – ✉ 30210 :

🏨 **L'Arceau** Ⓜ ♒, ℰ 66 37 34 45, ☕ – ☎ ♿ 🅿. 🆎 🇪 𝗩𝗜𝗦𝗔
fermé 15 janv. au 20 fév. et mardi du 1er oct. au 31 mars – **R** 85/180, enf. 50 – ⊑ 32 –
26 ch 180/300 – ½ P 240/270.

CITROEN Julien et Fils ℰ 66 37 08 31
ℰ 66 37 04 45

RENAULT S.O.D.E.M. ℰ 66 37 04 25

REMY 60 Oise 🎟 ② – rattaché à Compiègne.

RENAISON 42370 Loire 🎟 ⑦ – 2 322 h. alt. 380.

Voir Barrage de la Tache : rocher-belvédère★ O : 5 km, G. Vallée du Rhône.

Paris 382 – Roanne 11 – Chauffailles 46 – Lapalisse 40 – ◆St-Étienne 90 – Thiers 58 – Vichy 66.

🏛 **Central**, ℰ 77 64 25 39 – 📺 ☎ ⇔ 🇪 𝗩𝗜𝗦𝗔 – *fermé 24 sept. au 24 oct., 4 au 20 fév., dim.*
➤ *soir (sauf hôtel) et merc.* – **R** 64/220 🍴, enf. 46 – ⊑ 32 – **8 ch** 120/225 – ½ P 200/250.

🍴🍴🍴 **Jacques-Coeur** avec ch, ℰ 77 64 25 34, ☕ – ☎ 🆎 ⑩ 🇪 𝗩𝗜𝗦𝗔
fermé mi-fév. à mi-mars, dim. soir et lundi sauf juil.-août – **R** 79/273 – ⊑ 29 – **8 ch** 175/200
– ½ P 208/245.

RENNES 🅿 35000 I.-et-V. 🎟 ⑰ G. Bretagne – 200 390 h. alt. 30.

Voir Le Vieux Rennes★★ ABY – Palais de Justice★★ BY **J** – Jardin du Thabor★★ BY – Retable★★
de la cathédrale St-Pierre AY – Musées BY **M** : de Bretagne★★, des Beaux-Arts★★ – Musée
automobile de Bretagne★ 4 km par ② – 🎟 de Rennes-St-Jacques ℰ 99 64 24 18, Chavagne
par ⑦ : 6 km – ✈ de Rennes-St-Jacques : ℰ 99 29 60 00, par ⑦ : 7 km.

🏛 Office de Tourisme et Accueil de France (Informations et réservations d'hôtels, pas plus de 5 jours à
l'avance) Pont de Nemours ℰ 99 79 01 98, Télex 741218 – A.C. 11 pl. Bretagne ℰ 99 30 89 88.

Paris 347 ③ – Angers 119 ④ – ◆Brest 245 ⑨ – ◆Caen 175 ② – ◆Le Mans 152 ③ – ◆Nantes 107 ⑥.

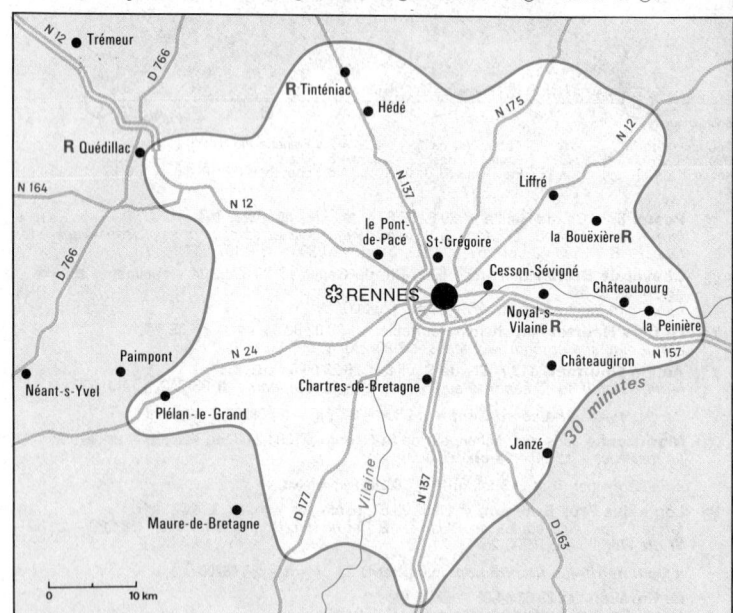

Bourgeois (Bd L.).......**DV** 3
Canada (Av. du)........**CV** 6
Churchill (Av. W.).......**CU** 12
Combes (Bd. E.).......**DV** 13

Duchesse Anne
(Bd de la) ....**DU** 15
Laennec (Bd) ....**DU** 31
Leroux (Bd Oscar) ....**DV** 36
Lorient (R. de)........**CU** 38
Maginot
(Av. du Sergent) ...**DU** 39

Pompidou (Bd G.) .....**CV** 55
St-Jean-Baptiste
de la Salle (Bd) .....**CU** 70
Strasbourg (Bd de) ...**DU** 83
Vitré (Bd de)........**DU** 87
Yser (Bd de l')........**CV** 88
3-Croix (Bd des).......**CU** 89

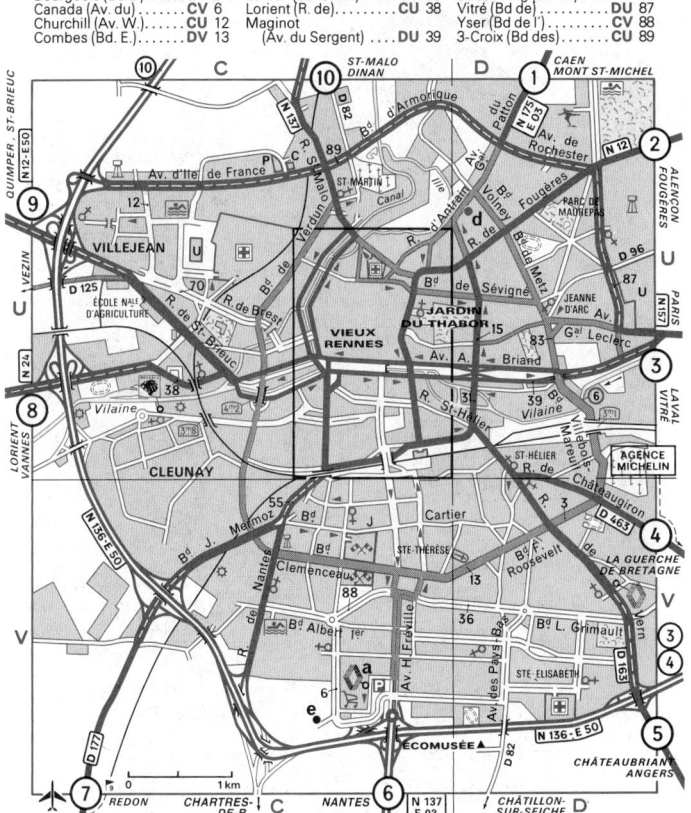

🏨 **Altéa Parc du Colombier** Ⓜ, 1 r. Cap. Maignan 𝒫 99 29 73 73, Télex 730905, Fax 99 30 06 30 – ⌷ 📺 ☎ – 🔬 30 à 300. 🖭 ⓞ 🗲 𝑽𝑰𝑺𝑨 𝒮 rest   ABZ **m**
Le Goëlo *(fermé 24 déc. au 2 janv.)* **R** 145/350, enf. 60 – ⊇ 59 – **140 ch** 470/525.

🏨 **Novotel** Ⓜ, par Rocade Sud : centre commercial 𝒫 99 50 61 32, Télex 740144, Fax 99 32 39 62, 🏞, 🏊, 🛱 – 🔟 📺 ☎ 🅿 – 🔬 25 à 150. 🖭 ⓞ 🗲 𝑽𝑰𝑺𝑨   CV **e**
R carte environ 130 ¼, enf. 55 – ⊇ 45 – **99 ch** 405/440.

🏨 **Mercure** Ⓜ 🈲 sans rest, r. Paul Louis Courier 𝒫 99 78 32 32, Télex 741850, Fax 99 78 33 44 – ⌷ 📺 ☎ ⅙ ⟵ 🖭 ⓞ 🗲 𝑽𝑰𝑺𝑨   BY **a**
⊇ 45 – **104 ch** 480/510.

🏨 **Anne de Bretagne** Ⓜ sans rest, 12 r. Tronjolly 𝒫 99 31 49 49, Télex 741255, Fax 99 30 53 48 – ⌷ 📺 ☎ ⟵ – 🔬 30. 🗲 𝑽𝑰𝑺𝑨   AZ **q**
⊇ 35 – **42 ch** 298/360.

🏨 **Président** sans rest, 27 av. Janvier 𝒫 99 65 42 22, Fax 99 65 49 77 – ⌷ 📺 ☎ ⟵ 🖭 ⓞ 🗲 𝑽𝑰𝑺𝑨   BZ **n**
fermé 20 déc. au 4 janv. – ⊇ 34 – **34 ch** 280/330.

🏨 **Du Guesclin** sans rest, 5 pl. Gare 𝒫 99 31 47 47, Télex 740748 – ⌷ 📺 ☎ ⅙ – 🔬 30. 🖭 ⓞ 🗲 𝑽𝑰𝑺𝑨   BZ **x**
⊇ 37 – **68 ch** 290/320.

🏨 **Central H.** sans rest, 6 r. Lanjuinais 𝒫 99 79 12 36, Télex 741259, Fax 99 79 65 76 – ⌷ 📺 ☎ 🅿 – 🔬 35. 🖭 ⓞ 🗲 𝑽𝑰𝑺𝑨   AY **n**
⊇ 35 – **44 ch** 275/345.

🏨 **Sévigné** sans rest, 47 av. Janvier 𝒫 99 67 27 55, Télex 741058, Fax 99 30 66 10 – ⌷ 📺 ☎ 🖭 ⓞ 🗲 𝑽𝑰𝑺𝑨   BZ **a**
⊇ 33 – **46 ch** 230/295.

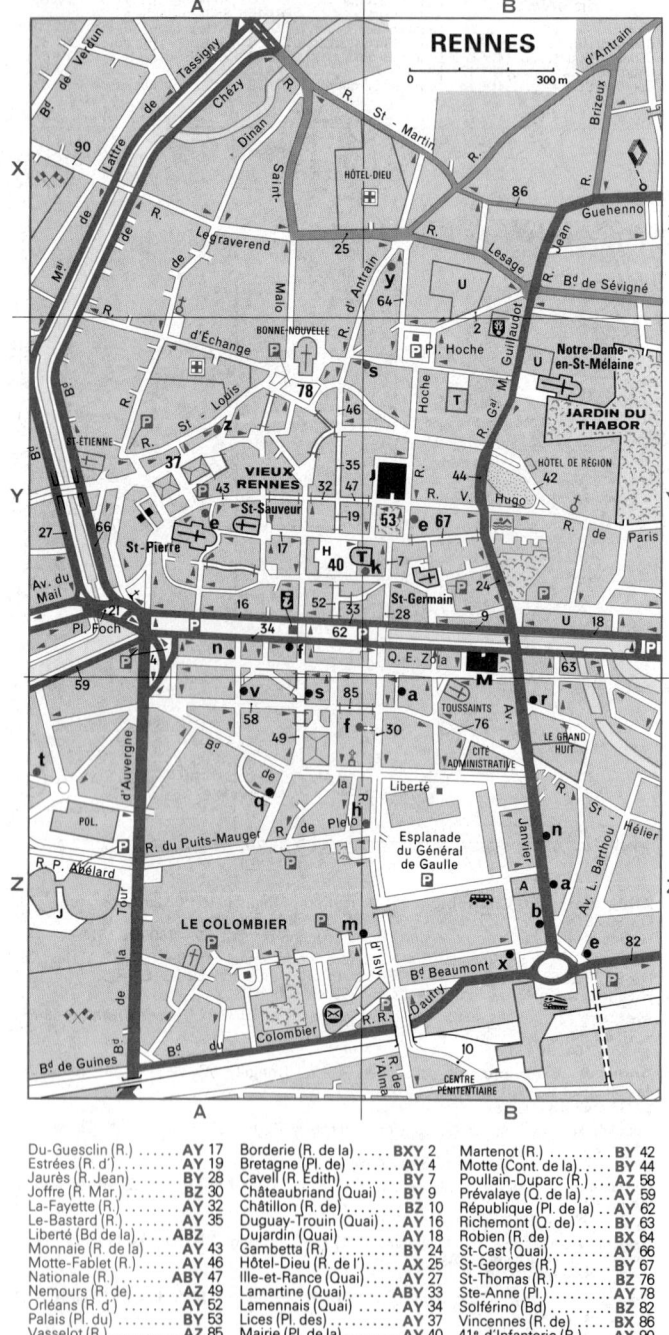

RENNES

0   300 m

🏠 **Lanjuinais** Ⓜ sans rest, 11 r. Lanjuinais 𝒫 99 79 02 03, Fax 99 79 03 97 – 🛗 📺 ☎ 🇪
🅥🅘🅢🅐. ⌕
AZ **v**
⌑ 25 – **33 ch** 190/280.

🏠 **Voyageurs** sans rest, 28 av. Janvier 𝒫 99 31 73 33 – 🛗 🕾. 🅰🅴 ⓪ 🇪 🅥🅘🅢🅐. ⌕
BZ **b**
fermé 22 déc. au 6 janv. – ⌑ 22 – **34 ch** 136/230.

🏠 **Nemours** Ⓜ sans rest, 5 r. Nemours 𝒫 99 78 26 26, Fax 99 78 25 40 – 🛗 📺 ☎ 🇪 🅥🅘🅢🅐.
⌕
AZ **s**
⌑ 28 – **26 ch** 195/320.

🏠 **Brest** Ⓜ sans rest, 15 pl. Gare 𝒫 99 30 35 83, Fax 99 30 08 60 – 🛗 📺 ☎ 🇪 🅥🅘🅢🅐
BZ **e**
⌑ 40 – **48 ch** 200/300.

🏠 **Angelina** sans rest, 1 quai Lamennais ✉ 35100 𝒫 99 79 29 66, Fax 99 79 61 01 – 🛗 📺
☎. 🅰🅴 🇪 🅥🅘🅢🅐
AY **f**
⌑ 25 – **28 ch** 160/265.

🏠 **Campanile**, par ③ Zone Universitaire de Beaulieu, allée de Becquerel ✉ 35700
𝒫 99 38 37 27, Télex 741184, Fax 99 38 27 93, ≼, 🏡 – 📺 📺 🕭 ฐ ❷ – 🔼 25 à 70. 🇪 🅥🅘🅢🅐
R 74 bc/98 bc, enf. 39 – ⌑ 27 – **42 ch** 248.

🏠 **Garden-H.** sans rest, 3 r. Duhamel 𝒫 99 65 45 06, Fax 99 65 02 62 – 🛗 📺 ☎. 🅰🅴 🇪 🅥🅘🅢🅐
BZ **r**
⌑ 26 – **24 ch** 150/260.

🍴🍴🍴 ۞ **Palais** (Tizon), 7 pl. Parlement de Bretagne 𝒫 99 79 45 01 – 🅰🅴 ⓪ 🇪 🅥🅘🅢🅐
BY **e**
fermé 12 au 31 août, vacances de fév., dim. soir et lundi – **R** 120 (sauf vend. soir et sam.
soir)/190
Spéc. Langoustines sautées au jus de légumes à la vanille, Turbot rôti à la "Rocambole", Gibier (nov. et
déc.). Vins Muscadet.

🍴🍴🍴 ۞ **Le Piré** (Angelle), 18 r. Mar. Joffre 𝒫 99 79 31 41, Fax 99 79 04 18 – 🅰🅴 ⓪ 🇪 🅥🅘🅢🅐 ABZ **f**
fermé 15 au 31 août, 23 déc. au 6 janv., sam. midi et dim. – **R** 125 (sauf week-ends)/320
Spéc. Petite soupe de Saint-Guénolé et coques (oct. à mars), Boulangère de turbot, Pigeonneau aux choux.
Vins Saumur, Anjou rouge.

🍴🍴🍴 ۞ **Corsaire** (Luce), 52 r. Antrain ✉ 35700 𝒫 99 36 33 69 – 🅰🅴 ⓪ 🇪 🅥🅘🅢🅐
BX **y**
fermé 3 au 21 août, lundi fériés et dim. soir – **R** 90/160, enf. 60
Spéc. Poêlée de langoustines et foie de canard, Crêpe de sarrasin aux pétoncles (printemps-été), Ragoût de
queue de boeuf.

🍴🍴🍴 **L'Ouvrée**, 18 r. Haut des Lices 𝒫 99 30 16 38 – 🅰🅴 ⓪ 🇪 🅥🅘🅢🅐
AY **z**
fermé lundi – **R** 125, enf. 65.

🍴🍴🍴 **Le Coq-Gadby**, 156 r. Antrain ✉ 35700 𝒫 99 38 05 55, « Jardin intérieur » – ❷. 🅰🅴 ⓪
🇪 🅥🅘🅢🅐
DU **d**
fermé 1er au 21 août et dim. soir – **R** 88/170, enf. 70.

🍴🍴 **Four à Ban**, 4 r. St-Mélaine 𝒫 99 38 72 85 – 🅰🅴 ⓪ 🇪 🅥🅘🅢🅐
ABY **s**
fermé 5 au 13 mai, 4 au 26 août, 1er au 6 janv., dim. soir et lundi – **R** 98/198, enf. 55.

🍴🍴 Ti-Koz, 3 r. St-Guillaume (près cathédrale) 𝒫 99 79 33 89, « Vieille maison du 16e siècle »
AY **e**

🍴🍴 **Piccadilly Brasserie**, 15 galerie du Théâtre 𝒫 99 78 17 17, Télex 741408, 🏡 – 🇪 🅥🅘🅢🅐
R (ouvert jour et nuit) carte 110 à 200 ⌀.
ABY **k**

🍴🍴 **Chouin**, 12 r. Isly 𝒫 99 30 87 86, poissons et fruits de mer – 🇪 🅥🅘🅢🅐
BZ **h**
fermé 27 avril au 6 mai, 2 au 19 août, 22 déc. au 1er janv., dim. et lundi – **R** carte 150 à
200.

🍴 **Petit Sabayon**, 16 r. Trente 𝒫 99 35 02 04 – 🅥🅘🅢🅐
AZ **t**
fermé 14 au 31 juil., vacances de fév., sam. midi, dim. midi (du 1er mai au 1er oct.) et dim.
soir – **R** 88/120 ⌀.

à St-Grégoire N : 5,5 km par D 82 CU – ✉ **35760** :

🏠 **Otelinn** Ⓜ, 6 av. St-Vincent 𝒫 99 68 76 76, Télex 740480, Fax 99 68 83 01, 🏡 – 📺 ☎
🕭 ❷ – 🔼 30. 🅰🅴 ⓪ 🇪 🅥🅘🅢🅐
R 68/140 ⌀, enf. 40 – ⌑ 28 – **51 ch** 245/265 – ½ P 205/222.

à Cesson-Sévigné par ③ : 6 km – 13 535 h. – ✉ **35510** :

🏠🏠 **Germinal** ⌕, 9 cours de la Vilaine, au bourg 𝒫 99 83 11 01, Fax 99 83 45 16, ≼, 🏡,
« Ancien moulin sur la Vilaine » – 🛗 📺 ☎ – 🔼 25. 🇪 🅥🅘🅢🅐. ⌕ rest
fermé 1er au 21 août, et 22 déc. au 7 janv. – **R** (fermé dim.) 78 (sauf sam.)/200 – ⌑ 32 –
20 ch 200/300.

🏠🏠 **Floréal** Ⓜ ⌕, rte Paris - La Rigourdière 𝒫 99 83 82 82, Télex 740600 – 🛗 🍽 rest 📺 ☎
🕭 ❷ – 🔼 80. 🇪 🅥🅘🅢🅐
R (fermé dim.) 58/200 ⌀, enf. 40 – ⌑ 35 – **51 ch** 230/260 – ½ P 225/280.

🏠 **Ibis** Ⓜ, Centre Hôtelier - La Perrière 𝒫 99 83 93 93, Télex 740321 – 🛗 📺 ☎ 🕭 ❷ –
🔼 25. 🇪 🅥🅘🅢🅐
R 77 ⌀, enf. 35 – ⌑ 29 – **76 ch** 250/280.

🍴🍴 **Aub. de la Hublais**, 28 r. Rennes - N 157 𝒫 99 83 11 06 – ❷. 🅰🅴 🇪 🅥🅘🅢🅐
fermé 16 au 31 août et lundi – **R** 80/220.

à Noyal-sur-Vilaine par ③ : 12 km – 3 841 h. – ✉ **35530** :

🍴🍴 **Forges** Ⓜ avec ch, 𝒫 99 00 51 08 – 📺 ☎ ❷ – 🔼 25. 🅰🅴 ⓪ 🇪 🅥🅘🅢🅐. ⌕
fermé 15 au 28 fév., dim. soir, lundi et soir fériés – **R** 110/190 – ⌑ 35 – **11 ch** 210/290.

à Chantepie SE : 5 km, sortie rocade sud – ✉ **35135** :

🏨 **Relais Bleus** Ⓜ, Z.I. Sud-Est ℰ 99 32 34 34, Télex 741466, Fax 99 53 57 26 – 📺 ☎ ⅄ Ⓟ – 🛦 30. ⑨ 🝰 ✔ *VISA*
R *(fermé sam. midi en juil.-août)* 62/95, enf. 45 – ⌷ 32 – **50 ch** 250/310 – ½ P 304.

à Chartres-de-Bretagne par ⑥ : 10 km – 4 869 h. – ✉ **35131** :

🏨 **Chaussairie** Ⓜ sans rest, N 137 ℰ 99 41 14 14, Fax 99 41 33 44 – 📺 ☎ ⅄ Ⓟ – 🛦 40.
🝰 ⑨ 🝰 ✔ *VISA*
⌷ 25 – **33 ch** 210/270.

au Pont-de-Pacé par ⑨ : 10 km – ✉ **35740** Pacé :

XX **La Griotte,** ℰ 99 60 62 48, 🎇 – 🝰 ⑨ 🝰 ✔ *VISA*
fermé 23 juil. au 28 août, 14 au 28 fév., dim. soir, mardi soir et merc. – **R** 100/220, enf. 75.

MICHELIN, Agence régionale, Z.I. de Chantepie, r. Veyettes par ④ ℰ 99 50 72 00

ALFA-ROMEO, HONDA Guénée, 21 r. de Brest ℰ 99 59 24 02
BMW-ROVER J.-Huchet, 316 rte de St-Malo ℰ 99 25 06 06 Ⓝ ℰ 99 59 12 43
CITROEN Succursale-Ouest, 4 r. Breillou ZI Sud-Est à Chantepie par ④ ℰ 99 53 15 15 Ⓝ ℰ 99 50 70 56
FIAT Sobredia, 9 r. de Paris à Cesson-Sévigné ℰ 99 83 40 00
FORD Gar. de l'Europe, 73 av. Mail ℰ 99 59 01 52
FORD Gar. de Sévigné, 73 r. de Rennes à Cesson-Sévigné ℰ 99 83 19 19
JAGUAR-SAAB Gar. du Mail, 17 r. Doyen Leroy ℰ 99 59 12 24
LANCIA Scadia, 9 r. de Paris à Cesson-Sévigné ℰ 99 83 80 00
MAZDA Gar. de l'Ouest, 132 r. Pottier, ZAC de Cleunay ℰ 99 65 01 01
MERCEDES-BENZ Delourmel-Autom., 9 r. Cerisaie, ZI à St-Grégoire ℰ 99 38 10 10 Ⓝ ℰ 88 72 00 94
OPEL Honoré, rte de Fougères, Longs Champs ℰ 99 36 34 37
PEUGEOT Sourget, 14 r. J.-Valles CU ℰ 99 31 01 55
PEUGEOT-TALBOT Filiale, rte de Paris, Cesson-Sévigné par ③ ℰ 99 83 16 06

RENAULT Succursale, rte de Fougères, lieu-dit les Longs-Champs par ② ℰ 99 38 41 41 Ⓝ ℰ 05 05 15 15
RENAULT Goupil, av. Joseph Jan à Bruz par ⑥ ℰ 99 52 61 13
RENAULT Gar. Coulon, 147 r. de Vern DV ℰ 99 50 57 56
RENAULT Succursale, Centre Alma, r. du Bosphore CV a ℰ 99 51 50 22 Ⓝ ℰ 05 05 15 15
RENAULT Gar. Houel, 85 r. J. Guehenno ℰ 99 38 03 65
TOYOTA Gar. Defrance, 98 rte de Lorient ℰ 99 59 11 66
V.A.G Floc, 53 bis r. de Rennes à Cesson-Sévigné ℰ 99 83 94 94 Ⓝ ℰ 99 59 12 43
VOLVO Defrance, 40 av. Sergent-Maginot ℰ 99 67 21 11

🛞 Chrono Pneus, 82 r. St-Hélier ℰ 99 65 52 77
Fresnel-Pneus, 70 av. Mail ℰ 99 59 35 29
SOS Pneus, 7 r. Sauvaie ZI Sud-Est ℰ 99 53 71 00
Vallée Pneus r. Charmilles à Cesson-Sévigné ℰ 99 53 77 77
Vallée-Pneus, ZI rte de Lorient, 67 r. Manoir-de-Servigné ℰ 99 59 13 47
Vallée-Pneus, 58 r. Poulain-Duparc ℰ 99 30 57 55

RETHEL ◁SP▷ **08300** Ardennes 🝰🝰 ⑦ G. Champagne – 8 942 h. alt. 76.
Paris 181 – ◆Reims 39 – Charleville-Mézières 44 – Laon 74 – Verdun 107.

🏨 **Moderne,** pl. Gare ℰ 24 38 44 54, Télex 842898 – 📺 ☎ 🚗 – 🛦 100. 🝰 ⑨ 🝰 *VISA*.
🙸 ch
fermé 23 déc. au 3 janv. – **R** 75 *(sauf sam. soir)*/160 ⅃, enf. 50 – **25 ch** ⌷ 135/250 – ½ P 180/230.

CITROEN Rethel-Automobiles, ZI du Foirail ℰ 24 38 19 89
FIAT Millart, 37 av. Gambetta ℰ 24 38 44 18
FORD S.R.A., ZI, r. de Bitburg ℰ 24 38 19 48
PEUGEOT-TALBOT Dachy Auto Loisirs, r. Comtesse, ZI de Pargny ℰ 24 38 51 88 Ⓝ

RENAULT Centre-Auto-Rethélois, r. Sucrerie ℰ 24 38 19 20
V.A.G Charpentier, ZI de Pargny, r. de Bitburg ℰ 24 38 49 15

🛞 Fischbach-Pneu, 5 r. Dames ℰ 24 38 01 70

RETHONDES **60** Oise 🝰🝰 ③, 🝰🝰🝰 ⑪ – rattaché à Compiègne.

RETJONS **40120** Landes 🝰🝰 ⑫ – 315 h. alt. 98.
Paris 677 – Mont-de-Marsan 30 – Aire-sur-l'Adour 45 – Auch 105 – Langon 54 – Marmande 70.

X **Host. Landaise** 🦶 avec ch, S : 1,5 km sur D 932 ℰ 58 93 36 33, Fax 58 93 35 36, 🎇, parc – 📺 ☎ Ⓟ. 🝰 *VISA*
fermé 17 au 24 juin, 2 au 10 janv. et lundi soir du 1er oct. au 1er juin – **R** 68/280, enf. 35 – ⌷ 28 – **6 ch** 150/250 – ½ P 185/268.

RETOURNAC **43130** H.-Loire 🝰🝰 ⑦ G. Vallée du Rhône – 2 268 h. alt. 509.
Voir Gorges de la Loire★ NE et O – Église★ de Chamalières-sur-Loire O : 5 km.
Paris 561 – ◆St-Étienne 72 – Ambert 58 – Monistrol-sur-Loire 22 – Le Puy 37 – Yssingeaux 14.

🏨 **Univers,** ℰ 71 59 40 06, 🎇 – ☎. 🝰 *VISA*. 🙸 rest
fermé 1er au 22 oct. et mardi du 1er nov. au 15 mai – **R** 48/120 ⅃, enf. 36 – ⌷ 24 – **11 ch** 100/180 – ½ P 134/174.

PEUGEOT TALBOT Gar. Durand, av. Gare ℰ 71 59 20 83

Paris 111 – ◆Reims 47 – Château-Thierry 15 – Épernay 33 – Laon 72 – Montmirail 29.

XXX **Aub. Le Relais** avec ch, N 3 𝒫 23 70 35 36, Fax 23 70 27 76, 🐎 – 📺 ☎ 🅿. 🄰🄴 🄄 🄴 𝑽𝑰𝑺𝑨. 🐾 ch
fermé 25 août au 11 sept., 18 fév. au 13 mars, mardi soir et merc. – **R** 135/375 – ☲ 39 –
7 ch 255/350.

REVARD (Mont) 73 Savoie 🔟🔟 ⑮ G. Alpes du Nord – alt. 1 538 – Sports d'hiver : 1 300/1 550 m ⛷5 ⛷
– ⊠ 73100 Aix-les-Bains.

Voir ☀️★★★.

Accès : d'Aix-les-Bains par ② et D 913 : 21 km.

Paris 558 – Annecy 47 – Aix-les-Bains 21 – Chambéry 26 – Trévignin 14.

🏠 **Chalet Bouvard** 🐾, 𝒫 79 54 00 80, ≤ – 🐝 🅿 🄰🄴 🄴 𝑽𝑰𝑺𝑨. 🐾 rest
1er juin-1er oct. et 18 déc.-18 avril – **R** 80/150, enf. 50 – **32 ch** ☲ 160/250 – ½ P 200/230.

✕ **Quatre Vallées**, 𝒫 79 54 00 43, ≤ lac et montagnes, 🏡 – 🅿 🄴 𝑽𝑰𝑺𝑨
fermé 15 nov. au 15 déc. et mardi sauf du 15 juin au 15 sept. – **R** (déj. seul.) 65/170.

REVEL 31250 H.-Gar. 🔟🔟 ⑳ G. Gorges du Tarn – 7 704 h. alt. 210.

🅱 Syndicat d'Initiative pl. Philippe-VI-de-Valois 𝒫 61 83 50 06.

Paris 743 – ◆Toulouse 53 – Carcassonne 44 – Castelnaudary 19 – Castres 27 – Gaillac 60.

🏨 **Midi**, 34 bd Gambetta 𝒫 61 83 50 50, 🏡 – 📺 ☎. 🄰🄴 🄴 𝑽𝑰𝑺𝑨
R *(fermé 11 nov. au 7 déc., dim. soir et lundi midi de nov. à mars)* 90/220, enf. 50 – ☲ 25
– **22 ch** 140/270 – ½ P 150/210.

XXX **Le Lauragais**, 25 av. Castelnaudary 𝒫 61 83 51 22, 🏡, « Intérieur rustique », 🐎 – 🅿.
𝑽𝑰𝑺𝑨
R 90/320 🍷, enf. 50.

à St-Ferréol SE : 3 km par D 629 – ⊠ 31350 :

Voir Bassin de St-Ferréol★.

🏠 **Hermitage** 🐾 sans rest, 𝒫 61 83 52 61, ≤, 🐎 – 📺 ☎ 🅿. 🄰🄴 🄴 𝑽𝑰𝑺𝑨
1er mars-25 oct. et 10 nov.-15 déc. – ☲ 22 – **14 ch** 150/223.

CITROEN Fabre, 6 av. Gare 𝒫 61 83 53 37
PEUGEOT-TALBOT Baylet, 29 av. de Castres
𝒫 61 83 54 10

RENAULT D.S.A., 58 rte de Castres 𝒫 61 27 65 33
🄽

⊛ Taquipneu, rte de Castelnaudary 𝒫 61 83 50 09

RÉVILLE 50760 Manche 🔟🔟 ③ – 1 246 h. alt. 9.

Voir La Pernelle ☀️★★ du blockhaus O : 3 km – Pointe de Saire : blockhaus ≤★ SE : 2,5 km,
G. Normandie Cotentin.

Paris 354 – Carentan 45 – Cherbourg 32 – St-Lô 73 – Valognes 22.

🏠 **Au Moyne de Saire** sans rest, 𝒫 33 54 46 06 – ☎ 🅿. 🄴 𝑽𝑰𝑺𝑨
fermé dim. hors sais. – ☲ 27 – **11 ch** 130/220.

REY 30 Gard 🔟🔟 ⑯ – rattaché au Vigan.

REZÉ 44 Loire-Atl. 🔟🔟 ③ – rattaché à Nantes.

Le RHIEN 70 H.-Saône 🔟🔟 ⑦ – rattaché à Ronchamp.

RHINAU 67860 B.-Rhin 🔟🔟 ⑩ – 2 331 h. alt. 159.

Paris 458 – ◆Strasbourg 33 – Marckolsheim 26 – Molsheim 36 – Obernai 26 – Sélestat 29.

XX ⊛ **Vieux Couvent** (Albrecht), 𝒫 88 74 61 15 – ⓞ 🄴 𝑽𝑰𝑺𝑨
fermé 24 juin au 10 juil., 27 déc. au 16 janv., mardi soir et merc. – **R** 170/310 🍷, enf. 100
Spéc. Assiette de chevreuil aux Schniderspatla, Filet de sandre aux petits légumes, Harmonie de fruits. Vins
Tokay-Pinot gris, Pinot noir.

CITROEN Gar. du Rhin 𝒫 88 74 60 59

La RHUNE (Montagne de) 64 Pyr.-Atl. 🔟🔟 ② G. Pyrénées Aquitaine – alt. 900.

Voir ☀️★★★.

Accès : par chemin de fer à crémaillère du col de St-Ignace.

RIANS 83560 Var 🔟🔟 ④ – 2 781 h. alt. 455.

🅱 Syndicat d'Initiative (juil.-août) 𝒫 94 80 33 37 et à la Mairie (hors saison) 𝒫 94 80 30 23.

Paris 773 – Aix-en-Provence 39 – Avignon 98 – Draguignan 69 – Manosque 37 – ◆Toulon 77.

🏠 **Esplanade**, 𝒫 94 80 31 12, ≤
fermé sam. hors sais. – **R** 59/130 🍷, enf. 35 – ☲ 20 – **9 ch** 140/200 – ½ P 150/180.

RENAULT Sepulveda, N 561, quartier St-Esprit 𝒫 94 80 30 78 🄽 𝒫 94 80 36 92

RIBEAUVILLÉ <SP> **68150** H.-Rhin 62 ⑱ ⑲ G. Alsace Lorraine – 4 611 h. alt. 240.

Voir Tour des Bouchers★ A – Hunawihr : Centre de réintroduction des cigognes★ S : 3 km par ④.

🏢 Office de Tourisme Grand'Rue ℰ 89 73 62 22.

Paris 427 ⑤ – Colmar 15 ③ – Gérardmer 63 ④ – ◆Mulhouse 59 ④ – St-Dié 41 ⑤ – Sélestat 15 ②.

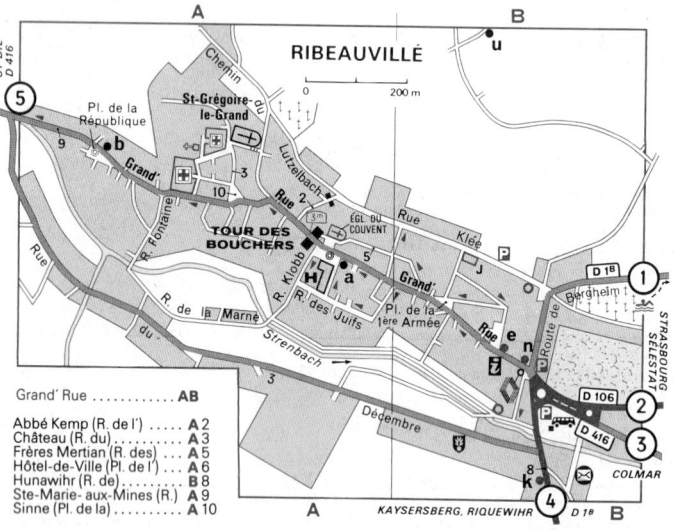

RIBEAUVILLÉ

Grand' Rue .... **AB**

Abbé Kemp (R. de l') ... **A** 2
Château (R. du) .... **A** 3
Frères Mertian (R. des) ... **A** 5
Hôtel-de-Ville (Pl. de l') ... **A** 6
Hunawihr (R. de) .... **B** 8
Ste-Marie- aux-Mines (R.) **A** 9
Sinne (Pl. de la) .... **A** 10

🏛 **Clos St-Vincent** ⚹, NE : 1,5 km par VO ℰ 89 73 67 65, Télex 871377, Fax 89 73 32 20, 🍴, « Dans le vignoble dominant la plaine d'Alsace, ≤ », 🏊, ☞ – 🛗 🅿 **E** _VISA_   B **u**
mi-mars-mi-nov. – **R** _(fermé mardi et merc.)_ 270 – **11 ch** ⇄ 570/810, 3 appart. 1100.

🏢 **Le Menestrel** Ⓜ sans rest, 27 av. Gén. de Gaulle par ④ ℰ 89 73 80 52, Fax 89 73 32 39, ≤ – 🛗 📺 ☎ ♿ 🅿 – 🔬 30. 🆎 **E** _VISA_
fermé fév. – ⇄ 48 – **29 ch** 370/450.

🏢 **Tour** sans rest, 1 r. Mairie ℰ 89 73 72 73 – 🛗 ☎ 🅿 ① **E** _VISA_ ⚞   A **a**
fermé 7 janv. au 15 mars – ⇄ 30 – **34 ch** 245/375.

🏠 **Cheval Blanc,** 122 Gd'rue ℰ 89 73 61 38 – ☎. **E** _VISA_   A **b**
fermé 25 nov. au 25 janv. – **R** _(fermé lundi)_ 90/160 ⅜, enf. 35 – ⇄ 25 – **25 ch** 110/220 – ½ P 180/190.

XXX ❀ **Vosges** (Matter) Ⓜ avec ch, 2 Gd'rue ℰ 89 73 61 39, Fax 89 73 34 21 – 🛗 📺 ☎. 🆎 **E** _VISA_ ⚞   B **e**
fermé 14 au 31 janv., 25 fév. au 12 mars, 17 au 25 juin, mardi midi et lundi sauf hôtel du 1ᵉʳ juil. au 31 oct. – **R** 150/350 ⅜, enf. 70 – ⇄ 45 – **18 ch** 247/380 – ½ P 295/350
Spéc. Parfait de foie gras frais, Sandre farci à la mousse de tourteaux, Gibier (saison). Vins Riesling, Tokay-Pinot gris.

XX **Haut-Ribeaupierre,** 1 rte Bergheim ℰ 89 73 62 64 – 🍽. **E** _VISA_   B **n**
fermé mardi et merc. – **R** 120/310.

XX **Relais des Menétriers,** 10 A av. Gén. de Gaulle ℰ 89 73 64 52 – 🆎 ① **E** _VISA_   B **k**
fermé 15 nov. au 15 déc., 1ᵉʳ au 15 fév., dim. soir et lundi sauf fériés – **R** 90/280, enf. 45.

rte de Ste Marie-aux-Mines par ⑤ : 4 km :

🏢 **La Pépinière** ⚹, ℰ 89 73 64 14, ≤, ☞ – ☎ 🚗 🅿 – 🔬 30. **E** _VISA_
Pâques-1ᵉʳ déc. – **R** _(fermé merc. midi et mardi)_ 145/340, enf. 60 – ⇄ 30 – **19 ch** 200/330 – ½ P 315/335.

CITROEN Gar. Wickersheim, à Hunawihr par ④   RENAULT Gar. Jessel ℰ 89 73 61 33 🅽
ℰ 89 73 62 02

RIBÉRAC 24600 Dordogne 75 ④ G. Périgord Quercy – 4 291 h. alt. 68.

🏢 Syndicat d'Initiative pl. Gén.-de-Gaulle (fermé après-midi 15 oct.-15 juin) ℰ 53 90 03 10.

Paris 507 – Périgueux 37 – Angoulême 58 – Barbezieux 57 – Bergerac 51 – Libourne 71 – Nontron 49.

🏠 **France,** r. M. Dufraisse ℰ 53 90 00 61, 🍴, ☞ – ☎ – 🔬 40. 🆎 **E** _VISA_
◆ fermé 6 au 28 janv. – **R** 60/240, enf. 40 – ⇄ 22 – **20 ch** 150/185 – ½ P 135/180.

CITROEN Lafargue ℰ 53 90 05 38   ⊕ Périgord Pneus ℰ 53 90 05 06
PEUGEOT-TALBOT Fargeout ℰ 53 90 01 09 🅽
RENAULT D.A.P. ℰ 53 90 19 19

966

54 M.-et-M. 𝟞𝟚 ⑤ – rattaché à Nancy.

RICHELIEU 37120 I.-et-L. 𝟞𝟠 ③ G. Poitou Vendée Charentes – 2 496 h. alt. 53.
🛈 Syndicat d'Initiative Grande Rue ℰ 47 58 13 62.
Paris 295 – ♦Tours 63 – Châtellerault 30 – Chinon 22 – Loudun 19.

🏠 **Puits Doré,** ℰ 47 58 10 59, 🏠 – 📺 ☎. ⓞ 🇪 𝘝𝘐𝘚𝘈
   fermé 15 déc. au 31 janv. et sam. du 1ᵉʳ oct. au 31 mars – **R** 72/160 ♨, enf. 39 – ⌷ 23 –
   17 ch 120/290 – ½ P 168/215.

RICHEMONT 57270 Moselle 𝟻𝟽 ③④ – 2 166 h. alt. 174.
Paris 332 – ♦Metz 20 – Briey 20 – Longwy 46 – Rombas 7 – Thionville 9,5 – Verdun 77.

✕✕ **L'Ornelle,** D 953 ℰ 87 71 24 10 – ⓟ. 𝗔𝗘 ⓞ 🇪 𝘝𝘐𝘚𝘈
   fermé lundi – **R** 85/280 ♨.

RIEC-SUR-BÉLON 29340 Finistère 𝟻𝟠 ⑪⑮ – 4 059 h. alt. 48.
🛈 Syndicat d'Initiative pl. Église (fermé après-midi hors saison) ℰ 98 06 97 65.
Paris 520 – Quimper 38 – Carhaix-Plouguer 61 – Concarneau 19 – Quimperlé 13.

🏔 **Aub. de Kerland** Ⓜ ⌂, SE : 3 km par D 24 ℰ 98 06 42 98, ≼, « Dans un parc dominant
   le Bélon » – 📺 ☎ ♿ ⓟ – 🛎 80. 🇪 𝘝𝘐𝘚𝘈
   R *(fermé dim. soir d'oct. à Pâques)* 165/300, enf. 80 – ⌷ 40 – **17 ch** 380/520 – ½ P 410/480.

RIEUPEYROUX 12240 Aveyron 𝟠𝟘 ① – 2 634 h. alt. 718.
Paris 632 – Rodez 34 – Albi 54 – Carmaux 38 – Millau 93 – Villefranche-de-Rouergue 24.

🏠 **Commerce,** ℰ 65 65 53 06, 🎄, 🌿 – ☎ ⓟ. ⓞ 🇪 𝘝𝘐𝘚𝘈
♦ *fermé 18 déc. au 19 janv., dim. soir et lundi midi* – **R** 55/150 ♨, enf. 42 – ⌷ 22 – **26 ch**
   105/195 – ½ P 185/205.

RENAULT Gar. Costes ℰ 65 65 54 15

RIEZ 04500 Alpes de H.-P. 𝟾𝟷 ⑯ G. Alpes du Sud – 1 734 h.
Voir Baptistère★ – Échassier fossile★ au musée "Nature en Provence" – Mont St-Maxime ✳≼★
NE : 2 km – Paris 763 – Digne-les-Bains 42 – Brignoles 63 – Castellane 60 – Manosque 33 – Salernes 47.

🏠 **Carina** ⌂ sans rest, rte Quinson ℰ 92 77 85 43 – 📺 ☎ ⓟ. 🇪 𝘝𝘐𝘚𝘈. ✳
   15 mars-30 nov. – ⌷ 25 – **30 ch** 250/300.

PEUGEOT Gar. Arnoux ℰ 92 74 50 15   Gar. Oberti ℰ 92 77 80 16
RENAULT Gar. Marchandy ℰ 92 77 80 60

RIGNAC 12390 Aveyron 𝟠𝟘 ① – 1 739 h. alt. 500.
Paris 617 – Rodez 29 – Aurillac 90 – Figeac 39 – Villefranche-de-Rouergue 28.

🏠 **Marre,** ℰ 65 64 51 56, 🌿 – 📺 ☎ ⓟ. 🇪 𝘝𝘐𝘚𝘈
♦ *fermé vacances de Pâques, de Noël et dim. sauf juil.-août* – **R** 48/120 ♨, enf. 40 – ⌷ 20 –
   16 ch 95/170 – ½ P 135/165.

🏠 **Delhon,** ℰ 65 64 50 27 – ☎
♦ *fermé dim. soir d'oct à juin et fériés* – **R** 45 bc/90 bc, enf. 30 – ⌷ 17 – **18 ch** 75/150 –
   ½ P 120/135.

70 H.-Saône 𝟞𝟞 ⑭ – rattaché à Gray.

RILLÉ 37340 I.-et-L. 𝟞𝟺 ⑬ – 395 h. alt. 82.
Paris 274 – ♦Tours 38 – Angers 74 – Chinon 40 – Saumur 39.

🏠 **Logis du Lac** ⌂, O : 2 km par D 49 ℰ 47 24 66 61, ≼, 🏠, 🌿 – ☎ ♿ ⓟ. 🇪 𝘝𝘐𝘚𝘈
   R *(fermé mardi sauf juil.-août)* 88/195 ♨ – ⌷ 30 – **7 ch** 220/235 – ½ P 230.

69 Rhône 𝟽𝟺 ⑪⑫ – rattaché à Lyon.

RILLY-SUR-LOIRE 41150 L.-et-Ch. 𝟞𝟺 ⑯ – 367 h. alt. 65.
Paris 202 – ♦Tours 37 – Amboise 13 – Blois 21 – Montrichard 37.

🏠 **Château de la Hte Borde,** rte Blois : 1,5 km ℰ 54 20 98 09, 🏠, « Parc » – 🐎 – 🛎 35.
♦ 🇪 ✳
   fermé 15 déc. au 15 janv. – **R** *(fermé lundi)* 69/148, enf. 50 – ⌷ 28 – **18 ch** 134/265 –
   ½ P 190/260.

🏠 **Aub. des Voyageurs,** ℰ 54 20 98 85 – ☎ ⓟ. 🇪 𝘝𝘐𝘚𝘈
♦ *fermé 24 déc. au 1ᵉʳ fév. et merc. sauf de juin à sept.* – **R** 70/150 ♨, enf. 45 – ⌷ 26 –
   16 ch 240/260 – ½ P 235.

RIMBACH-PRÈS-GUEBWILLER 68500 H.-Rhin 𝟞𝟤 ⑱ – 188 h. alt. 563.
Paris 476 – ♦Mulhouse 26 – Belfort 58 – Cernay 18 – Colmar 33 – Guebwiller 9 – Thann 25.

🏠 **Aigle d'Or** ⌂, ℰ 89 76 89 90, 🌿 – ☎ 🚗 ⓟ. 𝗔𝗘 ⓞ 🇪 𝘝𝘐𝘚𝘈
♦ *fermé 21 fév. au 20 mars, 2 au 6 déc. et lundi d'oct. à juin* – **R** 48/150 ♨ – ⌷ 18 – **21 ch**
   78/175 – ½ P 140/170.

RIOM <SP> **63200** P.-de-D. **73** ④ **G. Auvergne** – 18 901 h. alt. 353.

Voir Église N.-D.-du-Marthuret★ : Vierge à l'Oiseau★★★ – Maison des Consuls★ **B** – Hôtel Guimoneau★ **D** – Ste-Chapelle★ du Palais de Justice **L** – Cour★ de l'Hôtel de Ville **H** – Musées : Auvergne★ **M¹**, Mandet★ **M²** – Mozac : chapiteaux★★, trésor★★ de l'église★ 2 km par ④ – Marsat Vierge noire★★ dans l'église SO : 3 km par D 83.

Env. Châteaugay : donjon★ du château et ✲★ 7,5 km par ③ – Église★ d'Ennezat 9 km par ②.

Office de Tourisme 16 r. Commerce ✆ 73 38 59 45.

Paris 373 ① – ♦Clermont-Fd 15 ③ – Montluçon 76 ① – Moulins 81 ① – Thiers 44 ② – Vichy 39 ①.

RIOM

Commerce (R. du) . . . 5
Horloge (R. de l') . . .
Hôtel-de-Ville (R. de l') . . . 13
St-Amable (R.) . . . 27

Bade (Fg de la) . . . 2
Chabrol (R.) . . . 3
Châtelguyon (Av. de) . . . 4
Croisier (R.) . . . 6
Delille (R.) . . . 7
Fédération (Pl. de la) . . . 10
Hôtel-des-Monnaies (R. de l') . . . 12
Laurent (Pl. J.-B.) . . . 14
Layat (Fg de) . . . 15
Libération (Av. de la) . . . 16
Madeline (Av. du Cdt) . . . 17
Marthuret (R. du) . . . 18
Martyrs-de-la-Résistance (Pl. des) . . . 19
Menut (Pl. Marinette) . . . 20
Pré-Madame (Promenade du) . . . 21
République (Bd de la) . . . 22
Reynouard (Av. J.) . . . 23
Romme (R. G.) . . . 26
St-Louis (R.) . . . 29
Taules (Carrefour des) . . . 30

Le Guide change, changez de guide tous les ans.

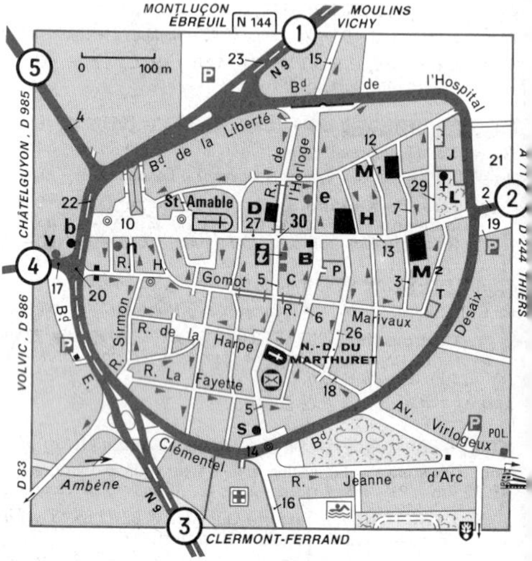

- **Mikégé** sans rest, 40 pl. J.-B. Laurent **(s)** ✆ 73 38 04 12, Fax 73 38 05 08 – TV ☎ . E VISA
  fermé 20 déc. au 6 janv. – ☕ 24 – **15 ch** 165/250.
- **Le Pacifique** sans rest, rte Paris : 1 km ✆ 73 38 15 65 – TV ☎ P. E VISA
  fermé 20 déc. au 10 janv. – ☕ 28 – **16 ch** 185/255.
- **La Caravelle** sans rest, 21 bd République **(b)** ✆ 73 38 31 90 – ☎ P. AE E VISA
  ☕ 20 – **27 ch** 110/225.
- **Lyon** sans rest, 107 fg La Bade par ② ✆ 73 38 07 66, – P.
  fermé 1ᵉʳ au 15 mai et 1ᵉʳ au 18 sept. – ☕ 19 – **15 ch** 85/140.
- XX **Les Petits Ventres,** 6 r. A. Dubourg **(n)** ✆ 73 38 21 65 – AE E VISA
  fermé 2 au 12 sept., 2 au 27 janv., sam. midi, dim. soir et lundi – **R** 95/250, enf. 55.
- XX **Le Jacobin,** 6 r. Soubrany **(e)** ✆ 73 63 19 08 – AE E VISA
  fermé 8 sept. au 8 oct., sam. midi et mardi – **R** 110/200.
- XX **Le Magnolia,** 11 av. Cdt Madeline **(v)** ✆ 73 38 08 25 – E VISA
  fermé 15 juil. au 15 août, lundi midi et dim. – **R** 65/170.

rte de Marsat SO : 2,5 km par D 83 – ✉ **63200** Riom :

- XX **Moulin de Villeroze,** ✆ 73 38 58 23, Fax 73 38 78 13, – AE VISA
  fermé 30 juil. au 13 août, dim. soir et lundi – **R** 135/240, enf. 70.

PEUGEOT-TALBOT Clermontoise-Auto, 81 av. de Clermont par av. Libération ✆ 73 38 23 05
RENAULT Gaudoin, ZA à Mozac par ④ ✆ 73 38 20 76
Poughon Pneu Plus, 10 r. A.-Faucon ✆ 73 38 18 72

RIOM-ÈS-MONTAGNES **15400** Cantal **76** ②③ **G. Auvergne** – 3 659 h. alt. 842.

Voir Église St-Georges★ – Office de Tourisme pl. Gén.-de-Gaulle ✆ 71 78 07 37.

Paris 492 – Aurillac 94 – Mauriac 36 – Murat 39 – Ussel 54.

- **Modern'H.,** face gare ✆ 71 78 00 13 – . E VISA. rest
  fermé vend. soir et sam. du 15 sept. au 1ᵉʳ juin – **R** 60/130 – ☕ 20 – **25 ch** 90/160 – ½ P 138/158.

CITROEN Tible ✆ 71 78 00 35 N
PEUGEOT-TALBOT Riom-Automobiles ✆ 71 78 03 08
RENAULT Jouve, pl. Monument ✆ 71 78 07 22

RIORGES **42** Loire **73** ⑦ – rattaché à Roanne.

RIOZ 70190 H.-Saône 🔢 ⑮ – 816 h. alt. 264.

Paris 426 – Belfort 77 – ◆Besançon 22 – Gray 47 – Vesoul 25 – Villersexel 37.

🏠 **Logis Comtois,** ℰ 84 91 83 83, 🍴 – 📞 ➊ ⌷ 𝗩𝗜𝗦𝗔
fermé 15 déc. au 31 janv. – **R** (fermé dim. soir et lundi midi) 68/130 🍷 – ⌷ 24 – **25 ch** 130/240 – ½ P 190/210.

RENAULT Pernin ℰ 84 91 82 10

RIQUEWIHR 68340 H.-Rhin 🔢 ⑱⑲ G. Alsace Lorraine (plan) – 1 045 h. alt. 300.

Voir Village★★★ – 🏢 Office de Tourisme r. 1ère-Armée (15 mars-11 nov.) ℰ 89 47 80 80.

Paris 431 – Colmar 13 – Gérardmer 62 – Ribeauvillé 4,5 – St-Dié 46 – Sélestat 19.

🏨 **Le Riquewihr** Ⓜ ⬙ sans rest, rte Ribeauvillé ℰ 89 47 83 13, Fax 89 47 99 76, ≤ – 🖉 ☎
➊ ⌷ ➊ ⌷ 𝗩𝗜𝗦𝗔
⌷ 34 – **49 ch** 205/280.

🏨 **H. Le Schoenenbourg** Ⓜ ⬙ sans rest, r. Piscine ℰ 89 49 01 11, Fax 89 47 95 88, ≤ –
🖉 📺 ☎ ⌷ ➊ ⌷ 𝗩𝗜𝗦𝗔
⌷ 40 – **23 ch** 270/390.

🏨 **Couronne** Ⓜ ⬙ sans rest, 5 r. Couronne ℰ 89 49 03 03 – ☎ ➊ ⌷ ➊ ⌷ 𝗩𝗜𝗦𝗔
15 mars-15 nov. – ⌷ 35 – **36 ch** 255/320.

🏠 **A L'Oriel** Ⓜ ⬙ sans rest, 3 r. Ecuries Seigneuriales ℰ 89 49 03 13, Fax 89 47 92 87 – 🖉
☎ ⌷ ➊ ⌷ 𝗩𝗜𝗦𝗔
⌷ 35 – **13 ch** 270/350.

🍴🍴🍴 ⌖ **Aub. Schoenenbourg** (Kiener), r. Piscine ℰ 89 47 92 28, 🌳 – 🔳 ➊ ⌷ 𝗩𝗜𝗦𝗔
R 130/310 🍷
Spéc. Croustillant de daurade aux lardons. Tournedos "Schoenenbourg". Gourmandises au chocolat.

🍴🍴 **Sarment d'Or** Ⓜ ⬙ avec ch, 4 r. Cerf ℰ 89 47 92 85, Fax 89 47 99 23, « Maison du
17ᵉ siècle » – 📺 ☎ ⌷ 𝗩𝗜𝗦𝗔. ⬙ ch
hôtel : fermé 1ᵉʳ janv. au 4 fév. ; rest. : fermé 1ᵉʳ au 7 juil., 16 au 26 déc. et 1ᵉʳ janv. au
4 fév. – **R** (fermé dim. soir sauf juil.-août, mardi midi en juil.-août et lundi) 89/240 🍷,
enf. 38 – ⌷ 35 – **10 ch** 250/390 – ½ P 280/350.

🍴🍴 **Au Petit Gourmet,** 5 r. 1ᵉ Armée ℰ 89 47 98 77, 🌳, « Cadre typiquement alsacien » – ⌷
⌷ 𝗩𝗜𝗦𝗔
fermé 13 janv. au 28 fév, mardi hors sais. et lundi – **R** 165/295.

🍴 **A l'Arbalétrier,** r. Écuries Seigneuriales ℰ 89 49 01 21 – 🔳. ⌷ ➊ ⌷ 𝗩𝗜𝗦𝗔
fermé 26 juin au 3 juil., 5 janv. au 13 fév, mardi soir et merc. – **R** 85/200 🍷, enf. 40.

à **Zellenberg** E : 1 km sur D 1B – ⊠ 68340 :

🏨 **Au Riesling** Ⓜ ⬙, ℰ 89 47 85 85, Fax 89 47 92 08, ≤ – 🖉 ☎ ⌷ ➊ ⌷ ⌷ 𝗩𝗜𝗦𝗔. ⬙
fermé janv, dim. soir et lundi – **R** 90/180 🍷, enf. 45 – ⌷ 32 – **36 ch** 260/380 – ½ P 270.

🍴🍴🍴 **Maximilien,** ℰ 89 47 99 69 – ➊ ⌷ 𝗩𝗜𝗦𝗔
R (fermé dim. soir et lundi) 185/340 🍷.

RISCLE 32400 Gers 🔢 ② – 1 889 h. alt. 105.

Paris 738 – Mont-de-Marsan 48 – Aire-sur-l'Adour 17 – Auch 70 – Condom 61 – Mirande 55 – Pau 55 – Tarbes 52.

🏠 **Paix,** ℰ 62 69 70 14 – 🍴
fermé 27 août au 6 sept., 8 au 30 oct. et lundi sauf juil.-août – **R** 53/130 – ⌷ 15 – **16 ch**
80/130 – ½ P 150.

à **Termes d'Armagnac** NE : 8,5 km par D 935 et D 3 – ⊠ 32400 :

🏠 **Relais de la Tour,** ℰ 62 69 22 77, 🍴, ⬙ – ☎ 𝗩𝗜𝗦𝗔
fermé déc, dim. soir et lundi – **R** 60/180 – ⌷ 22 – **11 ch** 185/210 – ½ P 190/210.

CITROEN Coulom ℰ 62 69 70 08   RENAULT Gar. Bressac ℰ 62 69 73 80
PEUGEOT-TALBOT Laffargue ℰ 62 69 72 61

RIS-ORANGIS 91 Essonne 🔢 ① . 🔢 ㉘ – voir à Paris, Environs.

RIVA-BELLA 14 Calvados 🔢 ② – voir à Ouistreham-Riva-Bella.

RIVALET 63 P.-de-D. 🔢 ⑭ – rattaché à St-Nectaire.

RIVE-DE-GIER 42800 Loire 🔢 ⑲ G. Vallée du Rhône – 15 850 h. alt. 242.

Paris 490 – ◆Lyon 37 – ◆St-Étienne 22 – Montbrison 58 – Roanne 99 – Thiers 129 – Vienne 27.

🍴🍴🍴 **Host. Renaissance** avec ch, 41 r. A. Marrel ℰ 77 75 04 31, 🌳, 🍴 – 📞 ➊ ⌷ ➊ ⌷
𝗩𝗜𝗦𝗔
fermé 19 au 30 août et dim. soir – **R** 230/600, enf. 120 – ⌷ 70 – **6 ch** 300/480.

à **Ste-Croix-en-Jarez** SE : 10 km par D 30 – ⊠ 42800 :

🍴 **Le Prieuré** ⬙ avec ch, ℰ 77 20 20 09 – 📺 🍴 ➊ ⌷ 𝗩𝗜𝗦𝗔. ⬙
fermé lundi – **R** 80/180 – ⌷ 28 – **4 ch** 240/260 – ½ P 230.

AUSTIN-ROVER-SEAT Gar. Ferreira, 10 r. M.-Gorki   OPEL Putinier, 18 av. Mar.-Juin ℰ 77 75 02 30
ℰ 77 75 01 55   PEUGEOT-TALBOT Boutin, 44 r. Cl.-Drivon
CITROEN Bellon, 9 r. J.-Guesde ℰ 77 75 00 39   ℰ 77 75 04 22 🅽

RIVESALTES 66600 Pyr.-Or. 🗺 ⑨ ⑩ G. Pyrénées Roussillon – 7 454 h. alt. 29.

✈ de Perpignan-Rivesaltes : ℘ 68 61 28 98 : 4 km.

🛈 Syndicat d'Initiative r. L.-Rollin ℘ 68 64 04 04.

Paris 900 – ♦Perpignan 10 – Narbonne 57 – Quillan 69.

   🏠 **Alta Riba,** av. Gare ℘ 68 64 01 17, Fax 68 64 60 91 – 🖊 📺 ☎ 👌 ⇦ 🅿 ⑪ 📶 VISA
   ⟵ **R** 65/160 ⅃, enf. 40 – 🖃 30 – **52 ch** 170/220.

   🏠 **Tour de l'Horloge** ⟲, 11 r. A. Barbès (près église) ℘ 68 64 05 88 – 📺 ☎ ⇦ E VISA
   ⟵ *fermé 1ᵉʳ au 8 oct. (sauf hôtel) 12 au 30 nov., 28 janv. au 11 fév., dim. soir et lundi midi sauf juil.-août* – **R** 68/140 ⅃, enf. 35 – 🖃 23 – **17 ch** 130/210 – ½ P 170/290.

CITROEN Galabert, 13 av. Gambetta ℘ 68 64 07 67   RENAULT Gar. Sales, 68 bd Arago ℘ 68 64 15 73

RIVIÈRE-SUR-TARN 12640 Aveyron 🗺 ④ – 711 h. alt. 379.

Paris 641 – Mende 71 – Millau 12 – Rodez 71 – Sévérac-le-Château 30.

   🏠 **Le Clos d'Is,** ℘ 65 59 81 40, 🍽 , 🖈 – 🅿 E VISA
   ⟵ *fermé 2 au 21 déc.* – **R** 58/135 ⅃, enf. 35 – 🖃 20 – **22 ch** 95/160 – ½ P 110/140.

RENAULT Gar. Vayssière ℘ 65 59 80 05

La RIVIÈRE-THIBOUVILLE 27 Eure 🗺 ⑮ – alt. 72 – ✉ 27550 Nassandres.

Paris 137 – ♦Rouen 49 – Bernay 14 – Évreux 35 – Lisieux 38 – Le Neubourg 16 – Pont-Audemer 33.

   ❌❌ **Soleil d'Or** avec ch, ℘ 32 45 00 08, 🖈 – 📺 ☎ 🅿 E VISA
   fermé 13 fév. au 7 mars et merc. – **R** 80/195 – 🖃 32 – **12 ch** 160/280.

PEUGEOT-TALBOT Gar. Chaise, N 13 à Nassandres ℘ 32 45 00 33 🅽

ROANNE ⟨SP⟩ 42300 Loire 🗺 ⑦ G. Vallée du Rhône – 49 638 h. alt. 279.

Env. Belvédère de Commelle-Vernay ⟨★ : 7 km au S par quai Sémard BV.

🏌 de Champlong ℘ 77 69 70 60, par ④.

🛈 Office de Tourisme cours République ℘ 77 71 51 77 – A.C. pl. Mar. de Lattre de Tassigny ℘ 77 72 08 91.

Paris 390 ⑥ – Bourges 198 ⑥ – Chalon-sur-Saône 134 ① – ♦Clermont-Ferrand 105 ④ – ♦Dijon 202 ① – ♦Lyon 86 ③ – Montluçon 143 ⑥ – ♦St-Étienne 78 ③ – Valence 185 ③ – Vichy 74 ⑥.

Plans page ci-contre

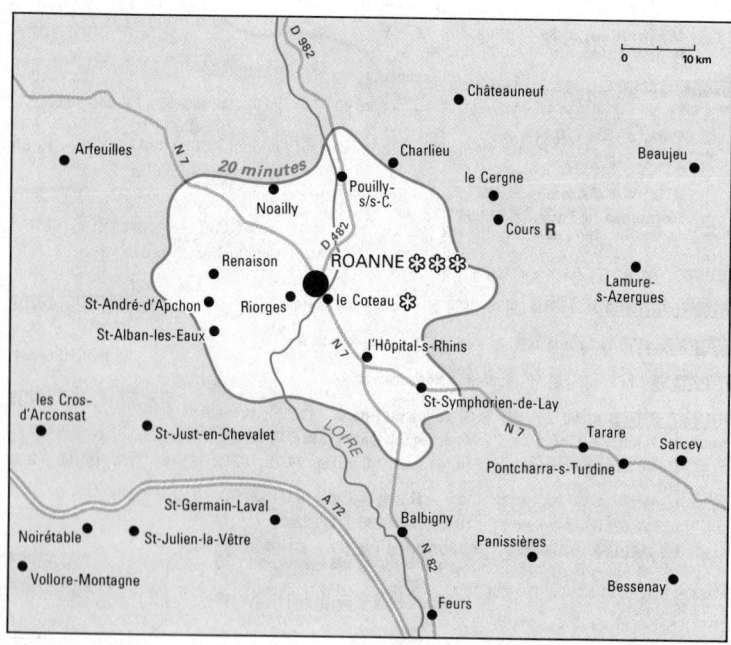

ROANNE

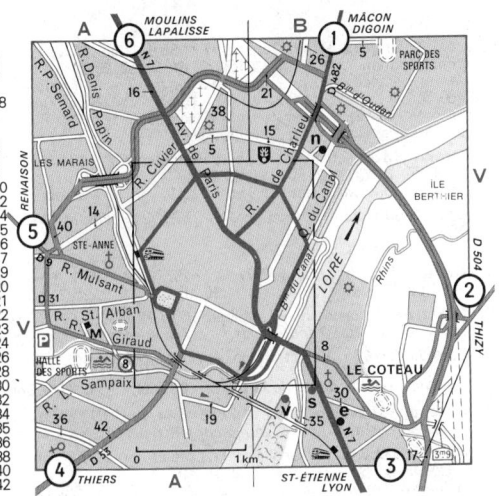

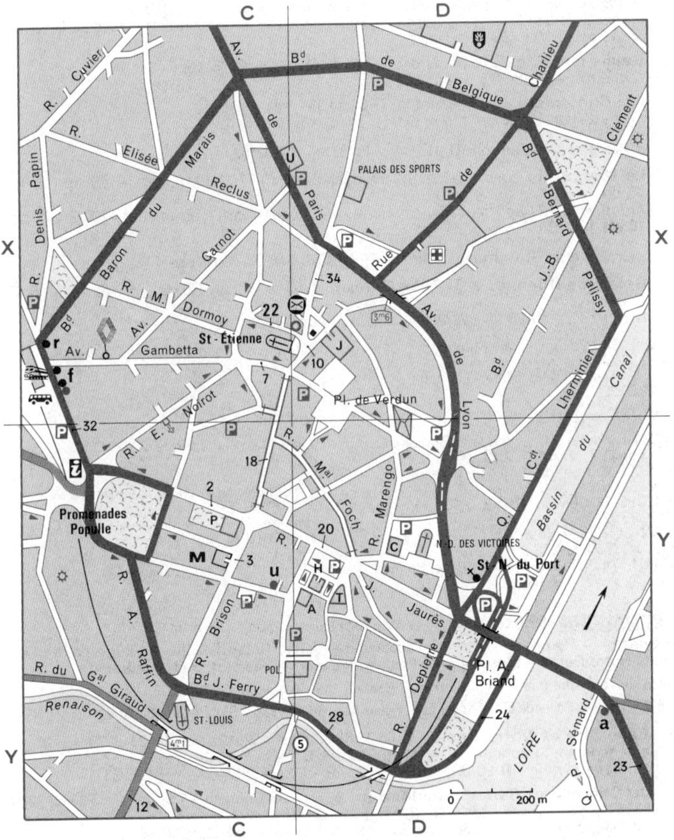

🏨 ❀❀❀ **Troisgros** Ⓜ, pl. Gare ☎ 77 71 66 97, Télex 307507, Fax 77 70 39 77, « Élégant décor contemporain », ☞ – 🕴 ▤ ☎ ⒫ 🅰🅴 ⓞ 🄴 𝚅𝙸𝚂𝙰 CX **r**
fermé vacances de fév., merc. midi et mardi – **R** (nombre de couverts limité - prévenir)
460/560 et carte, enf. 120 – ⬭ 90 – **15 ch** 650/1200, 6 duplex 1100/1800
Spéc. Tête de veau à la tomate serrée, Sandre au vin de la Côte Roannaise et à la moelle fumée, Jeu de pommes. Vins Pouilly-Fuissé, Côte roannaise.

🏨 **Grand Hôtel** sans rest, 18 cours République ☎ 77 71 48 82, Télex 300573, Fax 77 70 42 40
– 🕴 🆃🆅 ⒫ – 🕍 100. 🅰🅴 ⓞ 🄴 𝚅𝙸𝚂𝙰 CX **f**
fermé 24 déc. au 2 janv. et 2 au 17 août – ⬭ 36 – **34 ch** 210/375.

🏨 **Terminus** sans rest, face gare ☎ 77 71 79 69, Fax 77 72 90 26 – 🕴 🆃🆅 ☎ ⇔ ⒫. 🅰🅴 🄴
𝚅𝙸𝚂𝙰 CX **t**
⬭ 26 – **55 ch** 175/260.

🏨 **Campanile,** 38 r. Matel ☎ 77 72 72 73, Télex 307591, ☞ – 🆃🆅 ☎ & ⒫ – 🕍 30. 🄴 𝚅𝙸𝚂𝙰
R 74 bc/98 bc, enf. 39 – ⬭ 27 – **50 ch** 248 – ½ P 225/249. BV **n**

✗✗✗ **L'Astrée,** 17 bis cours République ☎ 77 72 74 22 – ⓞ 🄴 𝚅𝙸𝚂𝙰 CX **f**
fermé 27 juil. au 20 août, 21 déc. au 7 janv., sam. et dim. – **R** 110/270.

✗✗ Côté Jardin, 10 r. Benoît Malon ☎ 77 72 81 88 CY **u**

au Coteau (rive droite de la Loire) – 8 380 h. – ⊠ **42120** Le Coteau :

🏨 **Artaud,** 133 av. Libération ☎ 77 68 46 44, Fax 77 72 23 50 – 🆃🆅 ☎ ⇔ – 🕍 150. 🄴 𝚅𝙸𝚂𝙰
fermé 14 juil. au 4 août et dim. sauf fêtes – **R** 90/300 ⓩ – ⬭ 30 – **25 ch** 220/400. BV **e**

🏨 **Ibis** Ⓜ, 53 bd Ch. de Gaulle, ZI Le Coteau - BV ☎ 77 68 36 22, Télex 300610, Fax 77 71 24 99
– 🆃🆅 ☎ & ⒫ – 🕍 25 à 70. 🅰🅴 🄴 𝚅𝙸𝚂𝙰
R *(fermé dim. midi)* 95 ⓩ, enf. 39 – ⬭ 29 – **67 ch** 265/295.

✗✗ ❀ **Aub. Costelloise** (Alex), 2 av. Libération ☎ 77 68 12 71 – 🄴 𝚅𝙸𝚂𝙰 DY **a**
fermé 20 juil. au 21 août, 24 déc. au 5 janv., dim. et lundi – **R** 110/300
Spéc. Salade de l'Auberge, Escalope de foie gras chaud au gingembre confit, Colvert au fumet de Côte Rôtie (saison). Vins Côte Roannaise.

✗✗ **Relais Fleuri,** quai P. Sémard ☎ 77 67 18 52, ☞ – 🅰🅴 🄴 𝚅𝙸𝚂𝙰 BV **v**
fermé fév. – **R** 78/250 ⓩ, enf. 50.

✗ **Ma Chaumière,** 3 r. St-Marc ☎ 77 67 25 93 – 𝚅𝙸𝚂𝙰 BV **s**
fermé 21 juil. au 20 août, dim. soir et lundi – **R** 87/175 ⓩ.

à Riorges O : 3 km par D 31 - AV – 10 437 h. – ⊠ **42153** :

✗✗✗ **Le Marcassin** avec ch, rte St-Alban-les-Eaux ☎ 77 71 30 18, ☞ – 🆃🆅 ☎. 🅰🅴 🄴 𝚅𝙸𝚂𝙰
⛇ ch
fermé 1er au 21 août et vacances de fév. – **R** *(fermé dim. soir et sam.)* 100/280 – ⬭ 28 –
10 ch 185/230.

par ⑥ rte de St-Germain : 7 km – ⊠ **42640** St-Germain-l'Espinasse :

🏨 **Relais de Roanne,** ☎ 77 71 97 35, Télex 307554 – ▤ rest 🆃🆅 ☎ ⇔ ⒫ – 🕍 40. 🅰🅴 ⓞ
🄴 𝚅𝙸𝚂𝙰
R *(fermé 1er au 28 fév.)* 72/250 – ⬭ 30 – **30 ch** 210/280.

RENAULT Gar. Central, 40 av. Gambetta,
☎ 77 71 60 55
VOLVO Gd Gar. Gobelet, 54 av. Gambetta
☎ 77 72 30 22

🅦 Comptoir Roannais C/c, bd C.-Benoit
☎ 77 72 47 33

Périphérie et environs

CITROEN Lagoutte, 212 av. de la Libération au
Coteau par ③ ☎ 77 67 00 22 Ⓝ ☎ 77 72 41 77
FIAT A.M.S., bd Ch.-de-Gaulle Le Coteau
☎ 77 72 23 66
MERCEDES SOGEMO, Aiguilly, D 482 à Vougy
☎ 77 72 26 22
NISSAN Gar. Sinoir, 16 av. Ch.-de-Gaulle à
Riorges ☎ 77 71 73 42
PEUGEOT-TALBOT SAGG, rte de Paris, Riorges
N 7 par ⑥ ☎ 77 44 88 00

V.A.G Gar. Route Bleue, 29 bd Étines ZI
☎ 77 67 34 00

🅦 Comptoir du Pneu, 4 pl. Église, Le Coteau
☎ 77 67 05 15
Piot-Pneu, 47 bd Ch.-de-Gaulle, ZI, Le Coteau
☎ 77 70 04 44

ROCAMADOUR **46500** Lot 🗄 ⑱ ⑲ G. Périgord Quercy (plan) – 795 h. alt. 210.

Voir Site★★★ – Remparts ⚹★★★ – Tapisseries★ dans l'Hôtel de Ville – Vierge noire★ dans la chapelle Notre-Dame – Musée-trésor Francis-Poulenc★ – Féerie du rail : maquette★.

🅱 Office de Tourisme à la Mairie (Rameaux, Pâques, mai-15 nov.) ☎ 65 33 62 59.

Paris 542 – Brive-la-Gaillarde 55 – Cahors 59 – Figeac 46 – Gourdon 35 – St-Céré 29 – Sarlat-la-C. 66.

🏨 **Beau Site et Notre Dame,** ☎ 65 33 63 08, Télex 520421, Fax 65 33 65 23, ≤, ☞, « Bel
aménagement intérieur » – 🕴 ☎ ⒫, 🅰🅴 ⓞ 🄴 𝚅𝙸𝚂𝙰
23 mars-11 nov. – **R** 90/300, enf. 49 – ⬭ 39 – **50 ch** 250/400 – ½ P 299/331.

🏨 **du Château et Relais Amadourien** ⚘, rte du Château : 1,5 km ☎ 65 33 62 22, Télex
521871, ☞, ⛉, ❄, ⒫ – 🕍 80. 🄴 𝚅𝙸𝚂𝙰
27 mars-6 nov. – **R** 65/230 – ⬭ 30 – **58 ch** 190/380 – ½ P 220/300.

Belvédère, à l'Hospitalet ✆ 65 33 63 25, ⩽Rocamadour, 🏞 – 📺 ☎ 🅟. E VISA
20 mars-12 nov. – **R** 60/200, enf. 45 – ☕ 28 – **19 ch** 210/300.

Panoramic, à l'Hospitalet ✆ 65 33 63 06, ⩽, 🏞 – ☎ 🅟. AE ⓓ E VISA
fermé 12 nov. au 2 fév. – **R** *(fermé vend. hors sais. sauf vacances scolaires)* 60/195, enf. 45 – ☕ 29 – **21 ch** 190/260 – ½ P 204/229.

Ste-Marie 🐌, ✆ 65 33 63 07, ⩽, 🏞, « Terrasse avec vue agréable » – ☎ 🚗. E VISA. ⚘ rest
24 mars-15 oct. – **R** 55/260, enf. 38 – ☕ 28 – **22 ch** 150/230 – ½ P 230/250.

Lion d'Or, ✆ 65 33 62 04 – 🛗 ☎ 🅟. E VISA
29 mars-4 nov. – **R** 53/200, enf. 37 – ☕ 28 – **32 ch** 170/240 – ½ P 180/230.

XX **Bellevue** avec ch, (à l'annexe 🏨-13 ch ⩽ Rocamadour) à l'Hospitalet ✆ 65 33 62 10, Fax 65 33 65 61, 🏞 – ☎ 🅟. AE ⓓ E VISA
mars-nov. et fermé jeudi hors sais. sauf vacances scolaires – **R** 78/294 – ☕ 28 – **20 ch** 140/250.

à la Rue NE : 6 km par D 673, N 140 et VO – ✉ **46500** Rocamadour :

Domaine de la Rhue 🐌 sans rest, ✆ 65 33 71 50, Télex 521274, Fax 65 33 72 48, ⩽, « Mobilier ancien », 🌳, 🎾 – ☎ 🅟. VISA
23 mars-4 nov. – ☕ 40 – **12 ch** 180/550.

O : 4 km par D 673 et VO – ✉ **46500** Rocamadour :

Les Vieilles Tours 🐌, ✆ 65 33 68 01, 🏞, parc, 🏊 – ☎ 🅟. E VISA. ⚘ rest
24 mars-3 nov. – **R** (dîner seul.) 100/150, enf. 50 – ☕ 42 – **17 ch** 200/420 – ½ P 225/335.

Autres ressources hôtelières : Voir *Gramat*.

Gar. Sirieys ✆ 65 33 63 15

Halten Sie beim Betreten des Hotels oder des Restaurants den Führer in der Hand. Sie zeigen damit, daß Sie aufgrund dieser Empfehlung gekommen sind.

La ROCHE-BERNARD 56130 Morbihan 63 ⑭ G. Bretagne – 838 h. alt. 30.

Voir Pont★.

⛳18 de la Bretesche ✆ 40 88 30 03, SE : 11 km.

Paris 450 – ♦Nantes 70 – Ploërmel 57 – Redon 28 – St-Nazaire 36 – Vannes 40.

Deux Magots, ✆ 99 90 60 75, Fax 99 90 87 87 – ☎. E VISA. ⚘
fermé 23 au 30/6, 13 au 20/10, 15/12 au 15/1, dim. soir du 15/9 au 30/6 et lundi sauf hôtel du 1/7 au 15/9 – **R** 80/340 – ☕ 30 – **15 ch** 250/450.

Bretagne sans rest, ✆ 99 90 60 65 – ☎ 🅟. ⚘
Pâques-vacances de nov. et fermé sam. sauf juil.-août – ☕ 25 – **15 ch** 120/270.

XXX ❀ **Aub. Bretonne** (Thorel) avec ch, ✆ 99 90 60 28, Fax 99 90 85 00 – 🚗. E VISA
fermé 15 nov. au 15 déc., vend. midi et jeudi – **R** 180/400 – ☕ 45 – **10 ch** 250/600
Spéc. Homard rôti au jus, Volaille rôtie aux truffes en cocotte lutée (15 déc. au 15 avril), Délices de Solange.

à Camoël SO : 10 km par D 774 et rte de Pénestin – ✉ **56130**.
Voir Pointe du Scal★ NO : 5 km.

La Vilaine, ✆ 99 90 01 55 – ☎ 🅟. ⓓ E VISA
R *(fermé mardi)* 70/195, enf. 45 – ☕ 25 – **24 ch** 190/280 – ½ P 220/280.

CITROEN Gar. Biton ✆ 99 90 61 11

RENAULT Gar. Priour, ZA des Métairies, rte de St-Dolay à Nivillac ✆ 99 90 71 90 🅽 ✆ 99 90 72 92

La ROCHE-CANILLAC 19320 Corrèze 75 ⑩ – 185 h. alt. 460.

Paris 508 – Brive-la-Gaillarde 62 – Argentat 21 – Aurillac 75 – Mauriac 55 – St-Céré 63 – Tulle 26 – Ussel 61.

Aub. Limousine, ✆ 55 29 12 06, 🏊 – ☎ 🅟. E VISA. ⚘ rest
1er mai-30 sept. – **R** 80/190, enf. 50 – ☕ 28 – **26 ch** 180/260 – ½ P 190/230.

ROCHECORBON 37 I.-et-L. 64 ⑮ – rattaché à Tours.

ROCHEFORT ⟨SP⟩ 17300 Char.-Mar. 71 ⑬ G. Poitou Vendée Charentes – 27 716 h. alt. 5 – Stat. therm. (11 fév.-22 déc.).

Voir Maison de Loti★ BZ **B** – Musée d'Art et d'histoire★ BZ **M1** – Echillais : façade★ de l'église 4,5 km par ③.

ℹ Office de Tourisme av. Sadi-Carnot ✆ 46 99 08 60.

Paris 466 ① – La Rochelle 35 ④ – Royan 41 ③ – ♦Limoges 191 ② – Niort 61 ① – Saintes 40 ②.

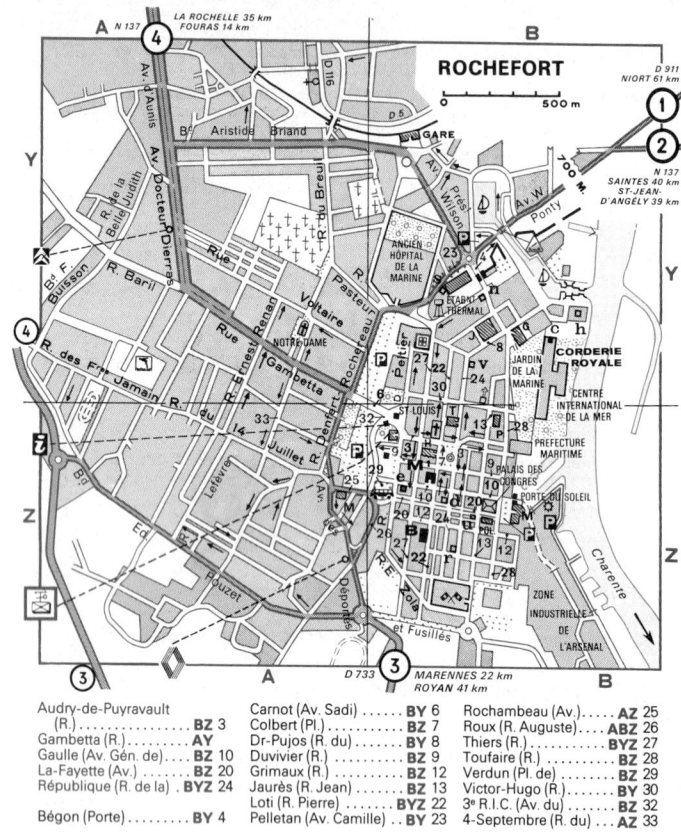

ROCHEFORT

LA ROCHELLE 35 km
FOURAS 14 km

N 137

D 911
NIORT 61 km

N 137
SAINTES 40 km
ST-JEAN-
D'ANGÉLY 39 km

500 m

MARENNES 22 km
ROYAN 41 km

D 733

La Corderie Royale Ⓜ ⚓, r. Audebert (près Corderie Royale) ℰ 46 99 35 35, Télex 792283, Fax 46 99 78 72, ≤, 帚, « Ancienne artillerie royale au bord de la Charente », 🛋, 帚 – 🛗 ▤ rest 📺 ☎ & Ⓟ – 🔬 40 à 200. ℿ ⓪ ⓔ 𝓥𝓘𝓢𝓐   BY **h**
R *(fermé du 1ᵉʳ au 15 fév.)* 90/250, enf. 50 – ☷ 45 – **50 ch** 400/700, 3 appart. 725 – ½ P 390/490.

Fimotel Remparts Ⓜ, aux Thermes ℰ 46 87 12 44, Télex 790258 – 🛗 📺 ☎ & Ⓟ – 🔬 30 à 70. ℿ ⓪ ⓔ 𝓥𝓘𝓢𝓐   BY **s**
R 74/98 ⅃, enf. 35 – ☷ 34 – **73 ch** 310/335 – ½ P 255/268.

Le Paris, 27 av. La Fayette ℰ 46 99 33 11 – 🛗 ▤ rest ☎ – 🔬 60. ⓔ 𝓥𝓘𝓢𝓐   BZ **d**
fermé 23 déc. au 15 janv. et dim. – **R** 80/180 ⅃, enf. 55 – ☷ 27 – **38 ch** 210/290 – ½ P 242/265.

Roca-Fortis sans rest, 14 r. République ℰ 46 99 26 32, 帚 – 📺 ☎. ⓔ 𝓥𝓘𝓢𝓐   BY **v**
☷ 23 – **16 ch** 160/240.

des Vermandois Ⓜ sans rest, 33 r. E. Combes ℰ 46 87 09 87 – 📺 ☎. ⓔ 𝓥𝓘𝓢𝓐   BZ **r**
☷ 25 – **11 ch** 220/270.

Arcade Ⓜ, 1 r. Bégon ℰ 46 99 31 31, Télex 791695, Fax 46 87 24 09 – 🛗 ☎ & Ⓟ – 🔬 30. ℿ ⓔ 𝓥𝓘𝓢𝓐   BY **n**
R snack carte environ 60 ⅃ – ☷ 30 – **44 ch** 250/275.

Lafayette sans rest, 10 av. Lafayette ℰ 46 99 03 31 – 📞. ⓔ 𝓥𝓘𝓢𝓐   BZ **u**
☷ 23 – **23 ch** 120/265.

Tourne-Broche, 56 av. Ch. de Gaulle ℰ 46 99 20 19 – ℿ ⓔ 𝓥𝓘𝓢𝓐   BZ **e**
fermé 1ᵉʳ au 15 juil., dim. et lundi – **R** 78/285 ⅃.

par ③ : 3 km rte de Royan avant pont de Martrou – ✉ 17300 Rochefort :

La Belle Poule, ℰ 46 99 71 87, 帚 – 📺 ☎ Ⓟ. ℿ ⓪ ⓔ 𝓥𝓘𝓢𝓐
fermé dim. soir hors sais. – **R** 98/180 – ☷ 28 – **21 ch** 235/260 – ½ P 225.

à Soubise par ③ et D 238E : 8,5 km – 3 209 h. – ✉ **17780**.
Voir Croix hosannière★ de Moëze SO : 3,5 km.

XXX **Le Soubise** avec ch, ☏ 46 84 92 16, – ☎ Ⓟ. AE ⓞ E VISA
fermé 7 au 28 oct., 13 au 27 janv., dim. soir et lundi sauf juil.-août – **R** (en sais. prévenir) 95/160 – ☕ 28 – **22 ch** 140/315 – ½ P 350/400.

AUSTIN, ROVER Gar. Central, 31 av. Lafayette ☏ 46 99 00 65
CITROEN Rochefort Autom., 46/48 av. Dr Dieras ☏ 46 87 41 55
FORD Gar. Zanker, 76 r. Gambetta ☏ 46 87 07 55
PEUGEOT-TALBOT S.O.C.A.R., 58 av. 11-Novembre par ③ ☏ 46 99 02 76
RENAULT Peyronnet, av. Fusillés-et-Déportés ☏ 46 87 36 20

Moyet Centre Pneus Échappements, ZC de la Fraternité à Tonnay-Charente ☏ 46 99 01 13
Moyet Pneus, 80 r. Grimaux ☏ 46 99 02 67

ROCHEFORT-DU-GARD 30650 Gard 80 ⑳ – 2 018 h. alt. 97.

Voir Sanctuaire de N.-D. de Grâce : terrasse ≤★ NE : 2 km, G. Provence.

Paris 679 – Avignon 11 – Alès 61 – Arles 49 – Nîmes 33 – Orange 23 – Remoulins 12.

Mas de la Rouvette, NE : 1 km sur D 976 ☏ 90 31 73 11, – ☎ Ⓟ – 50. E VISA. ch
fermé 15 au 25 nov., 31 janv. au 28 fév. et mardi – **R** 85/160 , enf. 45 – ☕ 40 – **15 ch** 155/210 – ½ P 220.

ROCHEFORT-EN-TERRE 56220 Morbihan 63 ④ G. Bretagne – 613 h. alt. 52.

Voir Site★ – Maisons anciennes★.

Paris 425 – Ploërmel 33 – Redon 25 – ♦Rennes 78 – La Roche-Bernard 24 – Vannes 34.

XXX **Host. Lion d'Or,** ☏ 97 43 32 80, « Maison du 16e siècle » – E VISA
fermé janv. et merc. d'oct. à mars – **R** 95/230, enf. 50.

XX **Vieux Logis,** ☏ 97 43 31 71 – E VISA
fermé mars, dim. soir et lundi sauf août – **R** 100/270.

ROCHEFORT-EN-YVELINES 78730 Yvelines 60 ⑨, 106 ㊶ G. Ile de France – 610 h. alt. 113.

Voir Site★ – Vaisseau★ de l'église de St-Arnoult-en-Yvelines NE : 3,5 km.

Paris 50 – Chartres 42 – Dourdan 8 – Étampes 26 – Rambouillet 15 – Versailles 33.

XX **La Brazoucade,** 51 r. Guy le Rouge ☏ (1) 30 41 49 09 – Ⓟ. AE E VISA
fermé 21 août au 4 sept., 19 fév. au 11 mars, mardi soir et merc. – **R** 132 (sauf sam.)/175.

XX **L'Escu de Rohan,** 15 r. Guy le Rouge ☏ (1) 30 41 31 33 – AE E VISA
fermé dim. soir et lundi sauf fériés – **R** 180/250.

ROCHEFORT-MONTAGNE 63210 P.-de-D. 73 ⑬ – 1 155 h. alt. 850.

Paris 416 – ♦Clermont-Ferrand 33 – Aubusson 89 – Mauriac 80 – Le Mont-Dore 19 – Ussel 53.

Centre, ☏ 73 65 82 10, – .
fermé 16 au 26 juin, 6 au 31 oct., dim. (sauf le soir en sais.) et sam. soir – **R** 60/90 – ☕ 20 – **14 ch** 90/165 – ½ P 130/150.

CITROEN Lassalas ☏ 73 65 82 70
PEUGEOT-TALBOT Clermont ☏ 73 65 82 17 N
RENAULT Gar. Bony, Massagettes à St-Pierre-Roche ☏ 73 65 86 66

ROCHEFORT-SUR-NENON 39 Jura 66 ⑭ – rattaché à Dôle.

La ROCHEFOUCAULD 16110 Charente 72 ⑭ G. Poitou Vendée Charentes (plan) – 3 328 h. alt. 85.

Voir Château★ – Syndicat d'Initiative Halle aux Grains pl. Gourville (15 juin-15 sept.) ☏ 45 63 07 45.

Paris 443 – Angoulême 22 – Confolens 41 – ♦Limoges 83 – Nontron 46 – Ruffec 42.

Vieille Auberge, 13 fg La Souche ☏ 45 62 02 72, Fax 45 63 01 88 – TV ☎ – 25. AE ⓞ E VISA
R *(fermé dim. soir de déc. à Pâques et lundi midi sauf fériés)* 51/195 , enf. 25 – ☕ 26 – **33 ch** 130/260 – ½ P 155/220.

Auberivières, rte Mansle ☏ 45 63 10 10 – TV ☎ Ⓟ. E VISA. ch
fermé dim. – **R** 60/150 – ☕ 28 – **10 ch** 180/200 – ½ P 165/175.

CITROEN Bordron ☏ 45 62 01 41
RENAULT Cyclope ☏ 45 63 03 91 N ☏ 45 63 94 95

ROCHEGUDE 26 Drôme 81 ② – rattaché à Orange.

La ROCHE-GUYON 95780 Val-d'Oise 55 ⑱, 106 ②③ G. Ile de France – 567 h. alt. 14.

Voir Bords de la Seine ≤★ – Route des Crêtes★ : ≤★★ N : 3 km.

Paris 80 – ♦Rouen 76 – Évreux 41 – Gisors 31 – Mantes-la-Jolie 16 – Pontoise 44 – Vernon 12.

La ROCHE-L'ABEILLE 87 H.-Vienne 72 ⑰ – rattaché à St-Yrieix-la-Perche.

ROCHE-LEZ-BEAUPRÉ 25 Doubs 66 ⑮ – rattaché à Besançon.

La ROCHELLE P 17000 Char.-Mar. 0710 ⑱ G. Poitou Vendée Charentes – 78 231 h. alt. 7 – Casino X.

Voir Vieux Port★★ Z – Tour de la Lanterne★ : ⁂★★ Z **B** – Le quartier ancien★★ : Hôtel de Ville★ Z **H**, Hôtel de la Bourse★ YZ **C**, Maison Henri II★ Y **K**, Porte de la Grosse Horloge★ Z **F**, Rues du Palais★ Z, Chaudrier★ Y, du Minage (arcades★) Y, des Merciers★ Y , de l'Escale★ Z – Tour St-Nicolas★ Z **D** – Plan-relief★ (tour de la Chaîne) Z **E** – Parc Charruyer★ Y – Musées : Histoire naturelle★★ Y **M3**, d'Orbigny★ Y **M2**, Beaux-Arts★ Y **M1**, du Nouveau Monde★ Y **M4**.

⛳ de la Prée ⌀ 46 01 24 42, par D 104 : 11 km.

Accès par le Pont de l'île de Ré par ⑤. **Péage** en 1990 : auto (AR) 110 F (saison) 60 F (hors saison), camion 118 à 336 F, moto 30 F, vélo 10 F, gratuit pour piétons.

Renseignements par Régie d'Exploitation des Ponts ⌀ 46 36 02 62.

✈ de la Rochelle-Laleu : T.A.T. ⌀ 46 42 18 27, NO : 4,5 km X.

🅱 Office de Tourisme et Accueil de France (Informations et réservations d'hôtels, pas plus de 5 jours à l'avance) quartier du Gabut, pl. Petite Sirène ⌀ 46 41 14 68, Télex 791661.

Paris 468 ② – Angoulême 142 ③ – ◆Bordeaux 188 ④ – ◆Nantes 147 ② – Niort 63 ②.

Plans page ci-contre

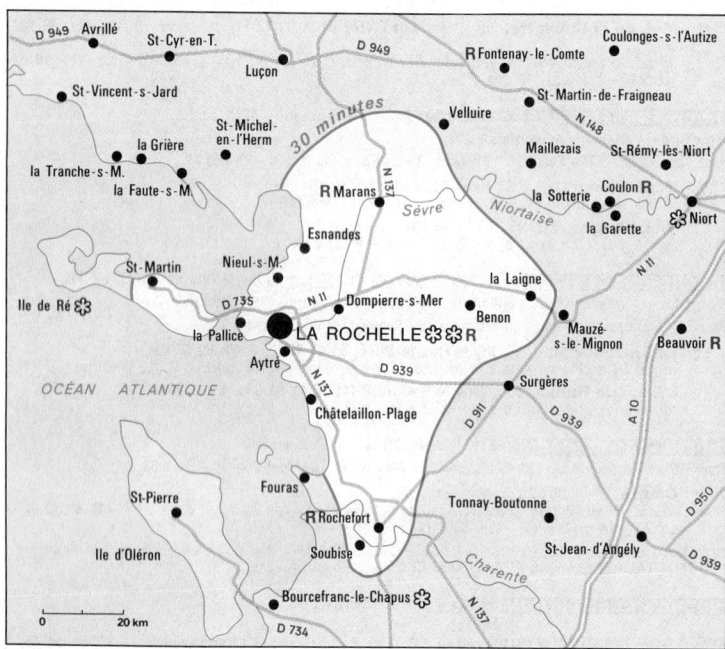

🏨 **Les Brises** M ⌂ sans rest, chemin digue Richelieu (av. P. Vincent) ⌀ 46 43 89 37, Télex 790821, Fax 46 43 27 97, ≤ les îles – ▯ ☎ ⇔ ℗. E 𝘝𝘐𝘚𝘈
⇆ 40 – **48 ch** 390/550.
X **q**

🏨 **Novotel** M ⌂, av. Porte Neuve ⌀ 46 34 24 24, Télex 793371, Fax 46 34 58 32, ⇆, 🏊
▯ ▭ TV ☎ & ℗ – 🔔 150. ㏂ ⓘ E 𝘝𝘐𝘚𝘈
R carte environ 150 🍴, enf. 50 – ⇆ 45 – **94 ch** 420/525.
Y **t**

🏨 **Mercure Yachtman** M, 23 quai Valin ⌀ 46 41 20 68, Télex 790762, Fax 46 41 81 24, ⇆,
🏊 – ▯ ⇔ ch TV ☎ – 🔔 50 à 120. ㏂ ⓘ E 𝘝𝘐𝘚𝘈
R (fermé dim. soir et lundi du 15 oct. au 15 avril) 140/180, enf. 50 – ⇆ 45 – **43 ch** 390/490
– ½ P 395/430.
Z **r**

🏨 **France-Angleterre et Champlain** sans rest, 20 r. Rambaud ⌀ 46 41 34 66, Télex 790717, Fax 46 41 15 19, « Bel intérieur et agréable jardin » – ▯ ☎ ⇔ – 🔔 40. ㏂ ⓘ E
𝘝𝘐𝘚𝘈 ⇆ 40 – **33 ch** 275/420, 4 appart. 560
Y **b**

🏨 **Monnaie** M ⌂ sans rest, 3 r. Monnaie ⌀ 46 50 65 65, Télex 793434, Fax 46 50 63 19 –
▯ TV ☎ & ⇔ ℗ – 🔔 30. ㏂ ⓘ E 𝘝𝘐𝘚𝘈
⇆ 45 – **32 ch** 410/530, 4 appart. 750
Z **z**

🏨 **L'Océanide** M, quai L. Prunier ⌀ 46 50 61 50, Télex 791735, Fax 46 41 24 31, ≤ – ▯ TV
☎ & ℗ – 🔔 50 à 500. ㏂ ⓘ E 𝘝𝘐𝘚𝘈
R 95/140 🍴, enf. 46 – ⇆ 45 – **123 ch** 380/480 – ½ P 470/490.
Z **e**

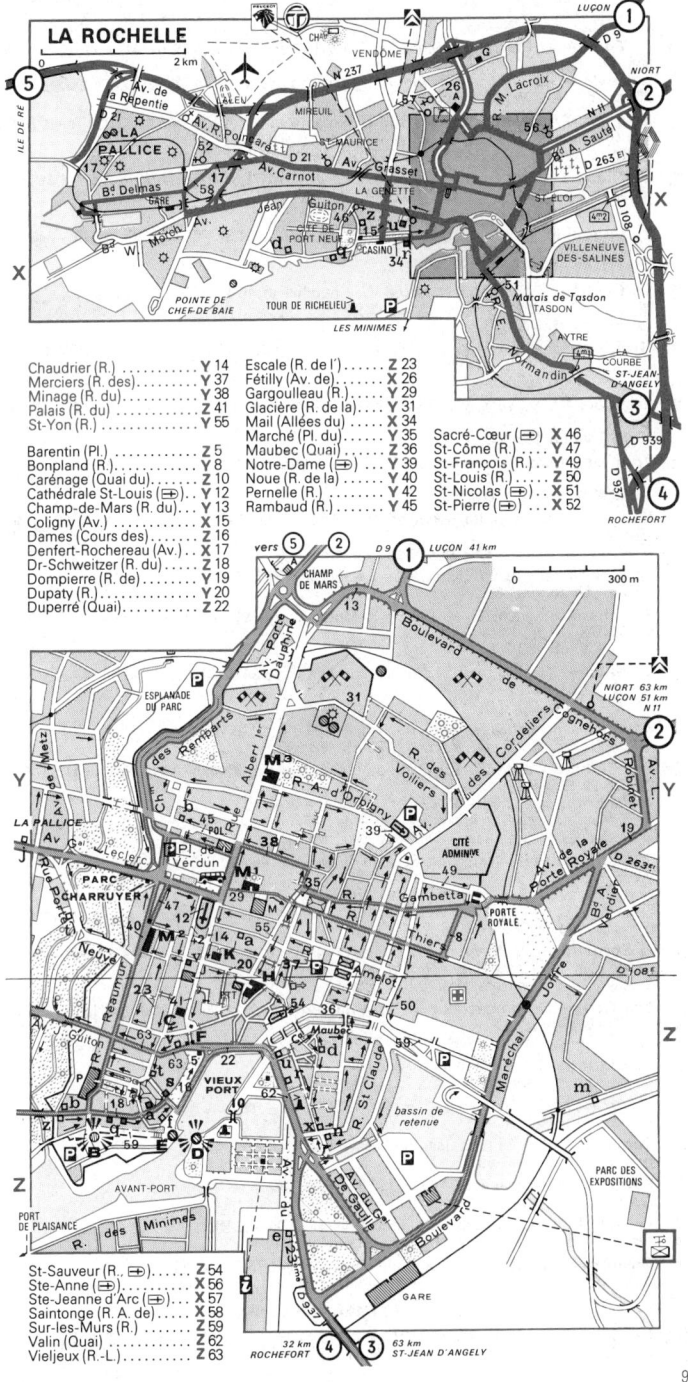

LA ROCHELLE

2 km

ILE DE RÉ

LA PALLICE

POINTE DE CHEF-DE-BAIE

TOUR DE RICHELIEU

LES MINIMES

LUÇON

NIORT

VILLENEUVE-DES-SALINES

Marais de Tasdon TASDON

AYTRE

COURBE ST-JEAN-D'ANGELY

ROCHEFORT

vers ⑤ ② D 9 LUÇON 41 km

0 — 300 m

CHAMP DE MARS

NIORT 63 km LUÇON 51 km N 11

Boulevard de Cognehors

ESPLANADE DU PARC

PARC CHARRUYER

PL. DE VERDUN

CITÉ ADMIN^{VE}

PORTE ROYALE

Gambetta

VIEUX PORT

bassin de retenue

AVANT-PORT

PARC DES EXPOSITIONS

PORT DE PLAISANCE

R. des Minimes

GARE

32 km ROCHEFORT ④ ③ 63 km ST-JEAN D'ANGELY

🏨 **H. Trianon et Plage,** 6 r. Monnaie ☎ 46 41 21 35, Fax 46 41 95 78, 🚗 – ☎ **P.** 🖭 ⑩ **E**
VISA. 🛇 rest
Z b
fermé 22 déc. au 1ᵉʳ fév. – **R** *(fermé vend. du 15 oct. au 15 mars)* 82/160, enf. 55 – � 30 –
25 ch 258/340 – ½ P 275/305.

🏨 **St-Jean d'Acre et rest. Au Vieux Port,** 4 pl. Chaîne ☎ 46 41 73 33, Télex 790913,
Fax 46 41 10 01, ☞ – 🛗 🖭 ☎ ⅍ – 🖂 35. 🖭 ⑩ **E VISA**
Z f
R 88/130, enf. 78 – ⊡ 38 – **57 ch** 280/420 – ½ P 330/347.

🏨 **St-Nicolas** Ⓜ sans rest, 13 r. Sardinerie ☎ 46 41 71 55, Télex 793075, Fax 46 41 70 46 –
🛗 🖭 ☎ ⅍ **P** – 🖂 25. 🖭 ⑩ **E VISA**
Z d
⊡ 30 – **79 ch** 310/340.

🏢 **La Cagouille** Ⓜ sans rest, canal Rompsay ☎ 46 27 31 31, 🔲 – 🛗 🖭 ☎ **P** – 🖂 30. **E**
VISA
Z m
⊡ 30 – **40 ch** 260.

🏢 **Le Rochelois** Ⓜ sans rest, 66 bd W. Churchill ☎ 46 43 34 34, ≼ les îles, 🕼, 🛆, 🍴 –
🛗 cuisinette 🖭 ☎ ⅍ **P** – 🖂 25. **E VISA**
X d
⊡ 36 – **36 ch** 240/330.

🏢 **Urbis** Ⓜ sans rest, 4 r. L. Vieljeux ☎ 46 50 68 68, Télex 791726 – 🛗 🖭 ☎ ⅍. **E.**
VISA
Z v
⊡ 30 – **77 ch** 260/300.

🏢 **François 1ᵉʳ** ⑇ sans rest, 15 r. Bazoges ☎ 46 41 28 46, Fax 46 41 35 01 – 🖭 ☎ **P. E**
VISA
Y a
⊡ 33 – **38 ch** 175/380.

🏢 **Tour de Nesle** Ⓜ sans rest, 2 quai L. Durand ☎ 46 41 05 86 – 🛗 ☎. 🖭 ⑩ **E.**
VISA
Z u
⊡ 28 – **31 ch** 220/310.

🏢 **Ibis,** pl. Cdt de la Motte Rouge ☎ 46 41 60 22, Télex 791431 – 🛗 🖭 ☎ ⅍ – 🖂 40. **E**
VISA
Z n
R 77 ⅊, enf. 35 – ⊡ 30 – **76 ch** 290/310.

🏢 **Le Manoir** sans rest, 8 bis av. Gén. Leclerc ☎ 46 67 47 47 – 🖭 ☎. **E VISA**
Y j
⊡ 28 – **18 ch** 280/360.

🏢 **Terminus** sans rest, 11 pl. Cdt de la Motte Rouge ☎ 46 50 69 69, Fax 46 41 73 12 – 🖭
☎. 🖭 **VISA**
Z x
⊡ 26 – **30 ch** 160/280.

🏢 **Le Savary** ⑇ sans rest, 2 r. Alsace-Lorraine ☎ 46 34 83 44, Fax 46 43 83 44 – 🖭 ☎ **P.**
🖭 ⑩ **E VISA**. 🛇
X z
⊡ 30 – **35 ch** 220/260.

🏢 **Atlantic** sans rest, 23 r. Verdière ☎ 46 41 16 68 – ☎. **E VISA**
Z t
fermé 15 déc. au 15 janv. – ⊡ 22 – **26 ch** 150/290.

XXXX ⊛⊛ **Richard Coutanceau,** plage de la Concurrence ☎ 46 41 48 19, Fax 46 41 99 45, ≼ –
🗐. 🖭 ⑩ **E VISA**
X r
fermé lundi soir et dim. – **R** 190/390 et carte, enf. 100
Spéc. Mouclade rochelaise (juin à nov.). Blanc de bar au fumet de Saint-Emilion, Homard breton rôti aux
légumes croquants (mars à nov.). Vins Haut-Poitou, Mareuil.

XXX ⊛ **La Marmite** (Marzin), 14 r. St-Jean du Pérot ☎ 46 41 17 03, « Cadre élégant » – 🗐. 🖭
⑩ **E VISA**
Z a
fermé 20 fév. au 9 mars et merc. – **R** 170/370, enf. 90
Spéc. Mouclade rochelaise (juin à déc.). Homard au Sauternes (avril à nov.), Aile de raie aux ravioles et à
l'échalote. Vins Haut-Poitou, Mareuil.

XXX ⊛ **Serge** (Coulon), 46 cours des Dames ☎ 46 41 18 80, ≼, ☞ – 🖭 ⑩ **E VISA**
Z s
fermé sam. midi hors sais. – **R** 110/240
Spéc. Crustacés et poissons. Vins Haut-Poitou blanc et rouge.

XX **Les Quatre Sergents,** 49 r. St Jean du Pérot ☎ 46 41 35 80, décor de jardin d'hiver –
→ 🗐. 🖭 ⑩ **E VISA**
Z q
fermé dim. soir et lundi – **R** 69/149 ⅊, enf. 39.

XX **Le Claridge,** 1 r. Admyrauld ☎ 46 50 64 19 – 🖭 **VISA**
Y v
fermé sam. midi et dim. – **R** 98/150 ⅊, enf. 45.

XX **L'Entracte,** 22 r. St Jean du Pérot ☎ 46 50 62 60 – **VISA**
Z a
fermé dim. – **R** 90/130.

XX **Toque Blanche,** 39 r. St-Jean du Pérot ☎ 46 41 60 55 – 🗐. 🖭 ⑩ **E VISA**
Z q
fermé sam. midi – **R** 85/230 ⅊.

X **Parc,** 38 r. Th. Renaudot ☎ 46 34 15 58 – 🖭 **E VISA**
X u
fermé 1ᵉʳ au 15 oct. et 1ᵉʳ au 15 fév. – **R** 69/190 ⅊, enf. 55.

X **La Galathée,** 45 r. St-Jean du Pérot ☎ 46 41 17 06 – **E VISA**
→
Z q
fermé mardi soir hors sais. et merc. – **R** 68/110, enf. 40.

X **Assiette St-Jean,** 18 r. St-Jean du Pérot ☎ 46 41 75 75 – **E VISA**
Z a
fermé dim. – **R** (nombre de couverts limité, prévenir) carte 120 à 185.

à Aytré par ④ : 5 km – 8 207 h. – ✉ 17440 :

XXX **La Maison des Mouettes,** bd Plage ☎ 46 44 29 12, ≼, ☞ – **P.** 🖭 ⑩ **E VISA**
fermé lundi sauf juil.-août et fêtes – **R** 110/350, enf. 80.

à Nieul-sur-Mer NO : 5 km par D 164 – 4 057 h. – ✉ **17137** :

XX **Le Nalbret** (ch. prévues), ℰ 46 37 81 56, 🏕 – **ⓟ** **E** **VISA**
fermé 1ᵉʳ au 15 oct., lundi soir et dim. soir – **R** 85/350, enf. 55.

à Dompierre-sur-Mer par ② : 8 km – 3 474 h. – ✉ **17139** :

XX **Aub. du Vieux Noyer** avec ch, ℰ 46 35 31 32, 🏕, 🌳 – **TV** **☎** **ⓟ** **◕** **E** **VISA**
fermé 1ᵉʳ au 15 mars, 1ᵉʳ au 15 nov., dim. soir et lundi – **R** 90/220, enf. 90 – ⬜ 36 – **5 ch**
250/280 – ½ P 375.

au Pont de l'Ile de Ré : 7 km – ✉ **17000** La Rochelle :

XX **Le Pavillon,** ℰ 46 42 62 62, ≤, 🏕 – **◕** **E** **VISA**
fermé 15 au 30 nov., 15 au 28 fév., dim. soir et lundi du 16 sept. au 16 juin – **R** 150/175,
enf. 65.

AUSTIN-ROVER L.G.A ZAC Beaulieu à Puilboreau
ℰ 46 67 45 45
BMW Cormier, ZAC de Beaulieu à Puilboreau
ℰ 46 68 04 77 **N** ℰ 46 67 56 26
CITROEN S.O.R.D.A., 99 bd de Cognehors
ℰ 46 27 19 68 **N** ℰ 46 27 16 06
CITROEN Gar. Bretonnier, 8 r. Trompette
ℰ 46 34 79 79
FIAT Gar. Lenoir, 170 r. E.-Normandin
ℰ 46 44 46 24
FORD Porte Dauphine Autom., 2 à 12 av. Porte
Dauphine ℰ 46 67 51 11
LANCIA-SAAB Gar. Laporte, 178 av. E.-Normandin
ℰ 46 44 46 66
MERCEDES-BENZ S.A.V.I.A., centre commercial
de Beaulieu à Puilboreau ℰ 46 67 54 22
N ℰ 88 72 00 94

PEUGEOT-TALBOT Brenuchot, 1 av. Guiton
ℰ 46 34 87 82
PEUGEOT-TALBOT Brenuchot, ZAC de Beaulieu à
Puilboreau ℰ 46 67 36 44
RENAULT Gar. Chataignier, ZAC Villeneuve Sa-
lines, r. J.-P.-Sartre ℰ 46 44 01 00
N ℰ 46 68 76 35
V.A.G Comptoir Autom.-Rochelais, 141 av. E.-Nor-
mandin ℰ 46 44 30 47

Ⓜ Moyet Pneus, N 137 à Angoulins ℰ 46 56 80 94
Moyet-Pneus, 31 av. de Rompsay ℰ 46 27 08 00
Perry Pneus, 153 bd A.-Sautel ℰ 46 34 85 71
Perry-Pneu 9 r. St-Louis ℰ 46 41 13 20

La ROCHE-MAURICE 29 Finistère 🟤🟤 ⑤ – rattaché à Landerneau.

La ROCHE-POSAY 86270 Vienne 🟤🟤 ⑤ **G. Poitou Vendée Charentes** – 1 404 h. alt. 73 – Stat. therm.
– Casino – 🏛 du Connétable ℰ 49 86 20 21.

🄱 Office de Tourisme cours Pasteur ℰ 49 86 20 37.
Paris 314 – Poitiers 46 – Le Blanc 30 – Châteauroux 76 – Châtellerault 23 – Loches 48 – ♦Tours 80.

🏨 **St-Roch** Ⓜ, ℰ 49 86 21 03, Fax 49 86 21 69, 🌳 – 🛗 **TV** **☎** **ⓟ** **E** **VISA** 🍽 rest
fermé 22 déc. au 26 janv. – **R** 60/220, enf. 45 – **37 ch** ⬜ 200/290 – ½ P 222.

🏨 **Europe** sans rest, ℰ 49 86 21 81, 🌳 – 🛗 **☎** **ⓖ** **ⓟ**. **VISA**
fin mars-début oct. – ⬜ 17 – **31 ch** 130/170.

🄰 **Esplanade,** ℰ 49 86 20 48 – 🛗 **TV** **☎** **ⓟ**. **E** **VISA**
3 mars-24 nov. – **R** 58/200 🍷, enf. 35 – ⬜ 20 – **35 ch** 100/180 – P 200/260.

🄰 **Host. St Louis,** ℰ 49 86 20 54 – **TV** **☎** **ⓟ**. **E** **VISA**
10 mars-20 oct. – **R** 65/180 🍷 – ⬜ 22 – **20 ch** 120/220 – ½ P 160/200.

Les ROCHES-DE-CONDRIEU 38370 Isère 🟤🟤 ⑪ – 1 728 h. alt. 153.
Paris 501 – ♦Lyon 00 – Annonay 35 – ♦Grenoble 104 – Rive-de-Gier 22 – Vienne 12.

🏨 **Bellevue,** ℰ 74 56 41 42, ≤ – **☎** ⤳ – 🔏 30. **AE** **◕** **E** **VISA**
*fermé 4 au 13 août, 15 fév. au 11 mars, dim. soir d'oct. à mars, mardi midi d'avril à sept.
et lundi* – **R** (dim. et fêtes prévenir) 110/280 🍷 – ⬜ 32 – **18 ch** 180/285.

PEUGEOT-TALBOT, RENAULT Capellaro ℰ 74 56 41 32

ROCHES-LÈS-BLAMONT 25310 Doubs 🟤🟤 ⑱ – 493 h. alt. 551.
Paris 495 – ♦Besançon 83 – Montbéliard 16 – Pont de Roide 13.

XX Aub. Vieille Forge, ℰ 81 35 18 40, 🌳 – **ⓟ**.

La ROCHE-SUR-FORON 74800 H.-Savoie 🟤🟤 ⑥ **G. Alpes du Nord** – 7 400 h. alt. 547.
🄱 Syndicat d'Initiative pl. Andrevetan ℰ 50 03 36 68.
Paris 556 – Annecy 33 – Thonon-les-Bains 42 – Bonneville 8 – ♦Genève 25.

🏨 **Les Afforets** sans rest, r. Egalité ℰ 50 03 35 01 – 🛗 **TV** **☎** 🔏 60. **E** **VISA**
⬜ 27 – **28 ch** 205/265.

XX **La Renaissance,** av. Ch. de Gaulle ℰ 50 03 13 13, 🏕 – **AE** **E** **VISA**
fermé 15 au 30 août et dim. hors sais. – **R** 55/260 🍷, enf. 45.

à Amancy E : 2,5 km – ✉ **74800** :

XXX ❀ **Le Marie-Jean** (Signoud), rte Bonneville ℰ 50 03 33 30 – **ⓟ**. **AE** **◕** **E** **VISA**
fermé 28 juil. au 19 août, vacances de fév., dim. soir et lundi – **R** 185/260
Spéc. Salade "sans manière", Filet de turbot à la vapeur, Noix de ris de veau braisée aux endives confites.
Vins Seyssel, Mondeuse.

Ⓜ Piot-Pneu, av. L.-Rannard ℰ 50 03 10 46

La ROCHE-SUR-YON P **85000** Vendée 67 ⑬⑭ **G. Poitou Vendée Charentes** – 48 156 h. alt. 74.

18 de la Domangère ✆ 51 07 60 15, par ④, D 746 puis D 85 : 10 km.

Office de Tourisme Galerie Bonaparte, pl. Napoléon ✆ 51 36 00 85, Télex 700747 – A.C. 17 r. Lafayette ✆ 51 36 24 60.

Paris 422 ② – Cholet 65 ② – ♦Nantes 67 ① – Niort 88 ③ – La Rochelle 73 ④.

Plan page ci-contre

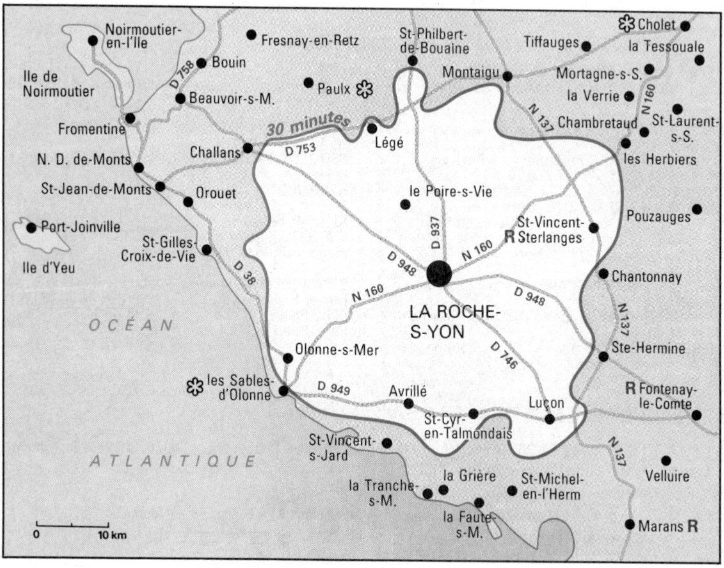

Gallet, 75 bd Mar. Leclerc **(n)** ✆ 51 37 02 31, Télex 701803, Fax 51 46 01 44 – TV ☎. AE ⓓ E VISA
fermé 20 déc. au 13 janv. et dim. du 30 sept. au 24 mars – **R** 93/300, enf. 60 – ☐ 37 – **12 ch** 280/550 – ½ P 303/403.

Napoléon sans rest, 50 bd A. Briand **(r)** ✆ 51 05 33 56, Fax 51 62 01 69 – ▯ TV ☎ – 60. AE ⓓ E VISA
fermé 23 déc. au 7 janv. – ☐ 33 – **26 ch** 250/360.

Le Vincennes M sans rest, 81 bd Mar. Leclerc **(s)** ✆ 51 62 73 22, Fax 51 37 45 85 – cuisinette TV ☎. AE E VISA
☐ 24 – **21 ch** 150/265.

XX **Rivoli,** 31 bd A.-Briand **(a)** ✆ 51 37 43 41 – AE E VISA
fermé 10 au 26 août, sam. soir et dim. – **R** 80/180.

rte de Nantes par ① : 2 km – ✉ **85000** La Roche-sur-Yon :

Campanile, ✆ 51 37 27 86, Télex 701766, – TV ☎ Ⓟ. E VISA
R 74 bc/98 bc, enf. 39 – ☐ 27 – **42 ch** 248 – ½ P 225/249.

rte de Cholet par ② : 5 km – ✉ **85000** La Roche-sur-Yon :

XX **Aub. de Noiron,** ✆ 51 37 05 34 – Ⓟ. AE ⓓ E VISA
fermé vacances de fév., dim. soir et lundi – **R** 80/260.

à l'Est par ③, D 948 et D 80 : 5 km :

Logis de la Couperie sans rest, ✆ 51 37 21 19, – ☎ Ⓟ. AE E VISA.
☐ 30 – **8 ch** 180/375.

au Sud par ④, D 746 et D 85 : 8 km – ✉ **85000** La Roche-sur-Yon :

Domaine de la Domangère M , ✆ 51 07 60 15, Télex 701727, Fax 51 05 81 34, ←, « Parc, golf 18 trous », – TV ☎ Ⓟ – 35. AE E VISA
R *(fermé dim. soir d'oct. à juin)* 135/235 – ☐ 40 – **18 ch** 290/490 – ½ P 320/420.

rte des Sables d'Olonne par ⑥ : 1 km – ✉ **85000** La Roche-sur-Yon :

Ibis, ✆ 51 36 26 00, Télex 700601, – TV ☎ Ⓟ – 100. AE E VISA
R 72/102 , enf. 35 – ☐ 29 – **65 ch** 240/270.

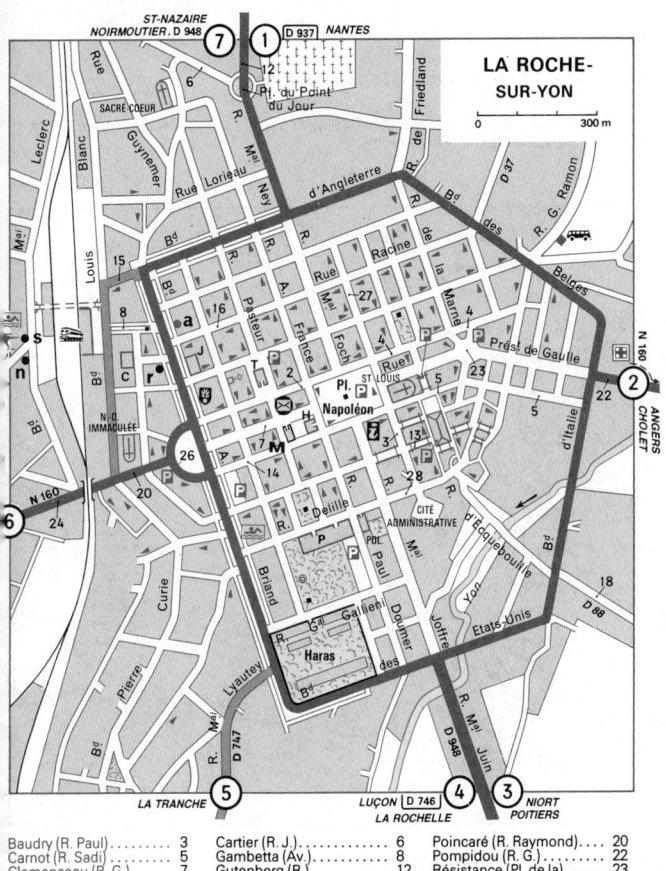

LA ROCHE-SUR-YON

Baudry (R. Paul) 3	
Carnot (R. Sadi) 5	
Clemenceau (R. G.) 7	
Halles (R. des) 13	
Allende (R. S.) 2	
Berthelot (R. M.) 4	

Cartier (R. J.) 6	
Gambetta (Av.) 8	
Gutenberg (R.) 12	
La Fayette (R.) 14	
Manuel (R.) 15	
Molière (R.) 16	
Moulin Rouge (R. du) 18	

Poincaré (R. Raymond) 20	
Pompidou (R. G.) 22	
Résistance (Pl. de la) 23	
Salengro (R. R.) 24	
Vendée (Pl. de la) 26	
Victor-Hugo (R.) 27	
93ᵉ R.I (R. du) 28	

BMW Gar. Napoléon, 4 rte de Nantes, ZI Nord
☎ 51 37 36 27 **N** ☎ 51 36 19 40
CITROEN Guénant-Auto, rte de Nantes par ①
☎ 51 62 29 64
FORD Gar. Baudry, bd Lavoisier ☎ 51 36 22 35
OPEL Gar. des Jaulnières, rte d'Aubigny ZA des
Jaulnières ☎ 51 05 36 74
PEUGEOT-TALBOT Sorin, 17 bd Sully par rte de
Nantes par ⑦ ☎ 51 37 08 15
RENAULT Gd Gar. Moderne, rte de Nantes par ①
☎ 51 62 11 57 **N**

SEAT N.A.S.A., rte de Nantes ☎ 51 37 31 23
N ☎ 51 37 34 56
V.A.G Tixier, N 160 rte des Sables, Les Clouzeaux
☎ 51 05 19 33

Ⓢ Chouteau, r. du Commerce, ZI Sud
☎ 51 36 07 15
Le Pneu Yonnais, rte de Nantes ZI Nord
☎ 51 37 05 77

La ROCHETTE 73110 Savoie **74** ⑯ – 3 262 h. alt. 347.

Voir Vallée des Huiles★ NE, **G. Alpes du Nord**.

Paris 569 – ♦Grenoble 48 – Albertville 37 – Allevard 10 – Chambéry 32.

✗ **Parc** avec ch, ☎ 79 25 53 37, ⎅, ➡ – **Ⓟ**. ⒜⒠ **Ⓔ** 𝗩𝗜𝗦𝗔
⇄ fermé dim. soir sauf juil.-août – **R** 70/170 ⑵ – ═ 30 – **12 ch** 130/180 – ½ P 170/190.
CITROEN Gar. Fachinger ☎ 79 25 52 73   **FORD** Gar. Blanchin ☎ 79 25 50 28 **N**

La RODERIE 44 Loire-Atl. **67** ③ – rattaché à Bouaye.

EUROPE on a single sheet **Michelin** map no **970**.

RODEZ P 12000 Aveyron 80 ② G. Gorges du Tarn – 26 346 h. alt. 632.

Voir Clocher★★★ de la cathédrale N.-Dame★★ BY – Musée Fenaille★ BZ **M1**.

✈ de Rodez-Marcillac : T.A.T. ℰ 65 42 20 29, par ③ : 10 km.

🛈 Office de Tourisme pl. Foch ℰ 65 68 02 27.

Paris 643 ③ – Albi 78 ② – Alès 209 ① – Aurillac 105 ① – Brive-la-Gaillarde 156 ③ – ◆Clermont-Ferrand 226 ①
– Montauban 129 ③ – Périgueux 216 ③ – ◆Toulouse 158 ②.

Plan page ci-contre

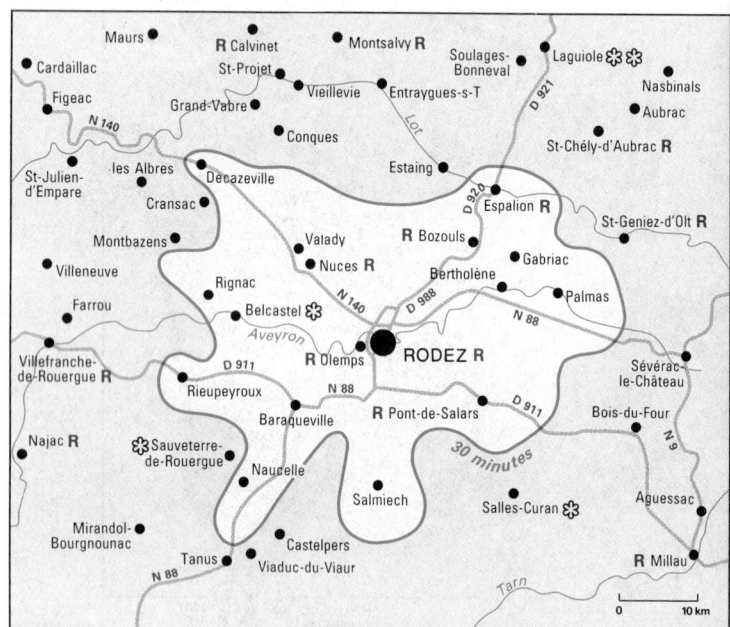

🏨 **Tour Maje** M sans rest, bd Gally ℰ 65 68 34 68, Fax 65 68 27 56 – 🛗 📺 ☎ – 🔬 30. 🖭
⓪ 🗉 ᴠɪsᴀ
ᴤ 30 – **45 ch** 230/300.
BZ **s**

🏨 **Biney** sans rest, 7 bd Gambetta ℰ 65 68 01 24 – 🛗 📺 ☎. ⓪ 🗉 ᴠɪsᴀ
fermé 21 déc. au 6 janv. – ᴤ 30 – **28 ch** 170/230.
BY **k**

🏨 **Parc** sans rest, pl. Armes ℰ 65 68 11 22 – 🛗 📺 ☎ – 🔬 30
20 ch.
BY **r**

🏠 **Concorde** sans rest, 12-14 r. Béteille ℰ 65 68 31 61 – 🛗 📺 ☎ ⅙. 🖭 🗉 ᴠɪsᴀ
ᴤ 25 – **19 ch** 200/270.
BY **a**

🏠 **Midi,** 1 r. Béteille ℰ 65 68 02 07 – 🛗 ☎ 🅿. 🗉 ᴠɪsᴀ
✦ *fermé 15 déc. au 15 janv., et sam. soir du 1er oct. au 30 avril* – **R** *(fermé sam. soir du 1er
oct. au 30 avril, lundi du 1er mai au 30 sept. et dim.)* 63/105 ⅊, enf. 40 – ᴤ 23 – **34 ch**
120/220 – ½ P 140/200.
AY **b**

🏠 **Clocher** ⑤ sans rest, 4 r. Séguy ℰ 65 68 10 16, Fax 65 68 64 27 – 🛗 ☎. 🗉 ᴠɪsᴀ
ᴤ 24 – **25 ch** 110/210.
BY **d**

XX **St-Amans,** 12 r. Madeleine ℰ 65 68 03 18 – ▤. 🗉 ᴠɪsᴀ
fermé 4 fév. au 2 mars, dim. soir et lundi – **R** 115/250.
BZ **v**

rte d'Espalion N : 3 km par D 988 – ⊠ 12850 Onet-le-Château :

🏨 **Bowling** M, ℰ 65 67 08 15, Fax 65 67 43 32, � – 🛗 📺 ☎ 🅿. 🖭 🗉 ᴠɪsᴀ
R *(fermé 24 déc. au 2 janv. et lundi midi)* 80/120 ⅊, enf. 29 – ᴤ 30 – **38 ch** 250/280 –
½ P 250/280.

rte de Marcillac-Vallon N : 3,5 km par D 901 AX – ⊠ 12850 Onet-le-Château :

🏯 **Host. de Fontanges** M ⑤, ℰ 65 42 20 28, Télex 521142, Fax 65 42 82 29, �, parc, 💢,
🏊, ✵ – 📺 ☎ 🅿 – 🔬 100. 🖭 ⓪ 🗉 ᴠɪsᴀ
fermé dim. soir de Nov. à Pâques – **R** 95/280, enf. 70 – ᴤ 40 – **41 ch** 350/400, 4 appart.
480 – ½ P 320.

RODEZ

Cité (Pl. de la) .... BY 5
Neuve (R.) .... BY 17
Touat (R. du) .... BY 23

Armes (Pl. d') .... BY 2
Bordeaux (Av. de) ... BX 3
Bourg (Pl. du) .... BZ 4
Denys-Puech (Bd) ... BY 6

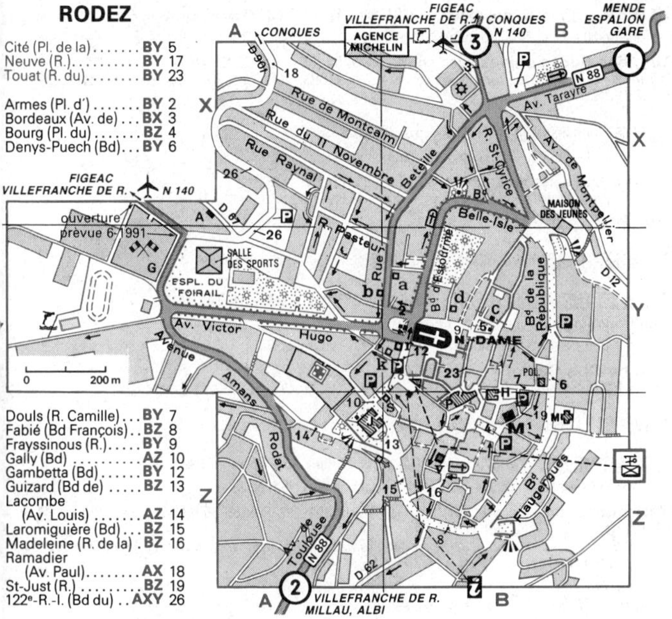

Douls (R. Camille) ... BY 7
Fabié (Bd François) .. BZ 8
Frayssinous (R.) ..... BY 9
Gally (Bd) .... AZ 10
Gambetta (Bd) ...... BY 12
Guizard (Bd de) ..... BZ 13
Lacombe (Av. Louis) .... AZ 14
Laromiguière (Bd) ... BZ 15
Madeleine (R. de la) . BZ 16
Ramadier (Av. Paul) .... AX 18
St-Just (R.) .... BZ 19
122e-R.-I. (Bd du) .. AXY 26

à Olemps par ② et D 653 : 3 km – ✉ **12510** :

Les Peyrières Ⓜ, ℘ 65 68 20 52, – TV ☎ ♿ ℗. E VISA. ch
fermé dim. soir et lundi midi – **R** 80/200, enf. 60 – ☕ 33 – **50 ch** 260/295 – ½ P 180/250.

rte de Rignac par ③ et N 140 : 6,5 km – ✉ **12000** Rodez :

Parc St-Joseph Ⓜ, parc St Joseph ℘ 65 67 03 30, « Parc ombragé » – TV ☎ ♿ ℗ – 80. AE ⓓ E VISA. rest
fermé janv. – **R** *(fermé dim. soir et lundi)* 150/230 – ☕ 45 – **18 ch** 300/420 – ½ P 330.

MICHELIN, Agence, r. des Artisans, ZA de Bel Air par ③ ℘ 65 42 17 88

BMW Gar. Higonenc, rte de Decazeville ℘ 65 42 20 11
CITROEN Rouergue Automobiles, rte d'Espalion à Sébazac-Concourès par ① ℘ 65 46 96 50
FIAT Gar. ADS, rte de Decazeville ℘ 65 42 20 11
FORD Boutonnet, La Gineste, rte de Decazeville ℘ 65 42 20 12
MERCEDES, OPEL Gar. Benoit, La Primaube à Luc ℘ 65 71 48 31
PEUGEOT-TALBOT Caussignac et Guiet, rte de Conques par ③ ℘ 65 42 20 18
RENAULT Gge Fabre-Rudelle, rte d'Espalion à Onet-le-Château par ① ℘ 65 67 04 10 N
V.A.G Gar. Besset et Jean, ZA Bel-Air ℘ 65 42 20 14

Central-Pneu, Parc St-Marc rte Espalion à Onet-le-Château ℘ 65 67 16 11
Escoffier-Pneus, ZI de la Prade à Onet-le-Château ℘ 65 67 07 43
Tout Pour le Pneu, 40 r. Béteille ℘ 65 68 01 13

ROGNAC 13340 B.-du-R. 84 ② – 9 330 h. alt. 24.
Paris 746 – ♦Marseille 32 – Aix-en-Provence 26 – Martigues 25 – Salon-de-Provence 25.

Cadet Roussel avec ch, au Nord sur N 113 ℘ 42 87 00 33, – ▤ rest TV ☎ ℗. E VISA
fermé dim. – **R** 60/95 – ☕ 22 – **13 ch** 140/230 – ½ P 170/200.

Host. Royal Provence avec ch, au Sud sur N 113 ℘ 42 87 00 27, ←, – TV ☎ ℗. AE ⓓ E VISA
fermé 11 juil. au 7 août, 2 au 8 janv., lundi soir (sauf hôtel) et dim. soir – **R** 70/180, enf. 50 – ☕ 25 – **10 ch** 155/190 – ½ P 160/180.

ROGNES 13840 B.-du-R. 84 ③ **G. Provence** – 2 750 h. alt. 353.
Voir Retables★ dans l'église.
Paris 737 – ♦Marseille 48 – Aix-en-Provence 19 – Cavaillon 38 – Manosque 54 – Salon-de-Provence 22.

Les Olivarelles, NO : 6 km par D 543, D 66D et VO ℘ 42 50 24 27, – ℗. AE ⓓ E VISA
fermé 1er au 8 sept., vacances de nov., vacances de fév., dim. soir et lundi sauf fêtes – **R** (prévenir) 85/250, enf. 60.

ROGNY 89 Yonne 📖 ② G. Bourgogne – 740 h. alt. 148 – ✉ 89220 Rogny-Les-Sept-Écluses.
Paris 145 – Auxerre 60 – Gien 24 – Montargis 33.

XX **Aub. des Sept Ecluses** avec ch, 𝄐 86 74 52 90 – 🕭. ⌁ ⋿ 𝚅𝙸𝚂𝙰
    fermé 20 au 30 sept., lundi soir et mardi – **R** 100/200, enf. 70 – ⌑ 30 – **5 ch** 160/220 –
    ½ P 230/300.

ROHAN 56580 Morbihan 📖 ⑱ G. Bretagne – 1 707 h.
Paris 443 – Vannes 50 – Lorient 73 – Pontivy 17 – Quimperlé 71.

XX **L'Eau d'Oust,** rte de Loudéac 𝄐 97 38 91 86, 🏠 – ⋿ 𝚅𝙸𝚂𝙰
◆   *fermé 1er au 20 mars, dim. soir et lundi* – **R** 68/205.

Gar. des Vallées 𝄐 97 38 98 98

ROISSY-EN-FRANCE 95 Val-d'Oise 📖 ⑪, 𝟷𝟶𝟷 ⑧ – voir à Paris, Environs.

ROMAGNE-SOUS-MONTFAUCON 55110 Meuse 📖 ⑩ – 211 h. alt. 230.
Voir Cimetière américain, G. Alsace Lorraine.
Paris 231 – Bar-le-Duc 79 – Ste-Menehould 45 – Verdun 43 – Vouziers 35.

XX **Aub. du Coq Gaulois,** 𝄐 29 85 14 24 – ⌁ ⋿ 𝚅𝙸𝚂𝙰. 🛇
◆   *fermé 16 au 30 sept., 13 au 28 fév., dim. soir et lundi* – **R** 60/200 ♨, enf. 35.

ROMAINVILLE 93 Seine-St-Denis 📖 ⑪, 𝟷𝟶𝟷 ⑰ -- voir à Paris, Environs.

ROMANÈCHE-THORINS 71570 S.-et-L. 📖 ① G. Vallée du Rhône – 1 699 h. alt. 187.
Paris 408 – Mâcon 17 – Chauffailles 52 – ◆Lyon 56 – Villefranche-sur-Saône 29.

🏨 **Maritonnes,** près gare 𝄐 85 35 51 70, Télex 351060, Fax 85 35 58 14, « Parc fleuri, 🝢 » –
    📺 ☎ 🅿 – 🍽 30. ⌁ ⓞ ⋿ 𝚅𝙸𝚂𝙰
    fermé 15 déc. à fin janv., dim. soir hors sais., mardi midi et lundi – **R** 180/350 – ⌑ 50 –
    20 ch 360/460.

    En haute saison, et surtout dans les stations,
    il est prudent de retenir à l'avance.

ROMANS-SUR-ISÈRE 26100 Drôme 📖 ② G. Vallée du Rhône – 33 888 h. alt. 167.
Voir Tentures** de l'église St-Barnard BY – Musée de la Chaussure* CY **M** – Musée diocésain
d'Art sacré* à Mours-St-Eusèbe, 4 km par ①.
🅱 Office de Tourisme Le Neuilly, pl. J.-Jaurès 𝄐 75 02 28 72.
Paris 560 ⑤ – Valence 18 ④ – Die 73 ④ – ◆Grenoble 81 ② – ◆St-Étienne 93 ⑤ – Vienne 71 ⑤.

Plans page ci-contre

🏨 **Cendrillon** sans rest, 9 pl. Carnot 𝄐 75 02 83 77 – ☎. ⌁ ⓞ ⋿ 𝚅𝙸𝚂𝙰   AZ **s**
    ⌑ 20 – **28 ch** 150/245.

🏨 **Magdeleine** sans rest, 31 av. P. Sémard 𝄐 75 02 33 53 – 📺 🕭. ⋿ 𝚅𝙸𝚂𝙰   AZ **e**
    fermé dim. sauf juil.-août – ⌑ 22 – **16 ch** 150/230.

XX **Parc,** 6 av. Gambetta par ② 𝄐 75 70 26 12, 🏠, 🌳 – ⌁ ⋿ 𝚅𝙸𝚂𝙰
    R *(fermé dim. soir)* 120/270.

XX **Ponton,** 40 pl. Jacquemart 𝄐 75 02 29 91, 🏠 – ⋿ 𝚅𝙸𝚂𝙰   BY **t**
    fermé 15 au 31 juil., 4 au 11 fév., dim. soir et mardi – **R** 110/250, enf. 60.

XX **La Fourchette,** 8 r. Solférino 𝄐 75 02 12 94, 🏠 – ⋿ 𝚅𝙸𝚂𝙰   CY **d**
    fermé 1er au 14 août, 2 au 14 janv., dim. soir d'oct. à juin et lundi – **R** 95/270.

    à Bourg-de-Péage AZ – 1 046 h. alt. 126 – ✉ 26300 :

🏨 **Yan's** Ⓜ sans rest, 𝄐 75 72 44 11, Fax 75 02 66 75, 🝢, 🌳 – 📺 ☎ 🅿 – 🍽 25. ⌁ ⋿ 𝚅𝙸𝚂𝙰
    ⌑ 30 – **24 ch** 240/340.   AZ **u**

XX **Astier,** à Pizançon par ③ : 2 km par N 532 𝄐 75 70 06 27 – ⋿ 𝚅𝙸𝚂𝙰
    fermé 14 juil. au 1er août, sam. soir et dim. – **R** 150/200.

    à l'Est : par ② et N 92 : 4 km – ✉ 26750 St-Paul-lès-Romans :

🏨 **Karene H.** Ⓜ sans rest, 𝄐 75 05 12 50, Fax 75 05 25 17, 🌳 – 📺 ☎ 🕭 🅿 – 🍽 30. ⌁
    ⓞ ⋿ 𝚅𝙸𝚂𝙰
    fermé 21 déc. au 1er janv. – ⌑ 31 – **24 ch** 243/298.

    à Granges-les-Beaumont par ⑤ : 6 km – ✉ 26600 :

XXX ❀ **Les Cèdres** (Bertrand), 𝄐 75 71 50 67, 🏠, 🝢, 🌳 – 🅿 ⋿ 𝚅𝙸𝚂𝙰
    fermé 16 au 27 sept., jeudi soir et lundi – **R** 150/255, enf. 60
    Spéc. Copeaux de rascasse en salade, Ragoût de lotte aux ravioles de Romans, Pigeon rôti aux gousses
    d'ail.

XX **Lanaz** avec ch, 𝄐 75 71 50 56, 🌳 – ☎ 🅿 ⋿ 𝚅𝙸𝚂𝙰
◆   *fermé 1er au 12 mai, 17 août au 9 sept., vend. soir (sauf hôtel) et sam.* – **R** 70/175 ♨,
    enf. 53 – ⌑ 20 – **7 ch** 147/180.

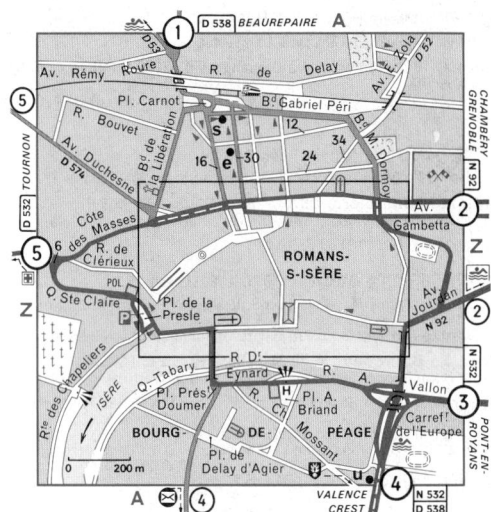

ROMANS-
SUR-ISÈRE
BOURG-
DE-PÉAGE

Cordeliers
(Côtes des) ... **CY**
Faure (Pl. M.).... **BY**
Mathieu-de-
la-Drôme (R.) . **CY** 18

Clercs (R. des)... **CY** 4
Clérieux (R. Fg-de) **AZ** 6
Ecosserie
(R. de l') ...... **BY** 8
Fontaine-des-
Cordeliers (R.) **CY** 10
Guillaume (R.).... **AZ** 12
Herbes (Pl. aux) . **BY** 14
Jacquemart
(Côte)........ **BY** 15
Jacquemart (R.) . **AZ** 16
Massenet (Pl.)... **CY** 17
Merlin (R.) ...... **CY** 20
Mouton (R. du) .. **BY** 22
Palestro (R.) .... **AZ** 24
Perrot-de-
Verdun (Pl.).... **BY** 26
Sabaton (R.) .... **CY** 28
Ste-Marie (R.) ... **CY** 29
Semard (R. P.) ... **AZ** 30
Trois-Carreaux (R) **CY** 32
Victor-Hugo..... **AZ** 34

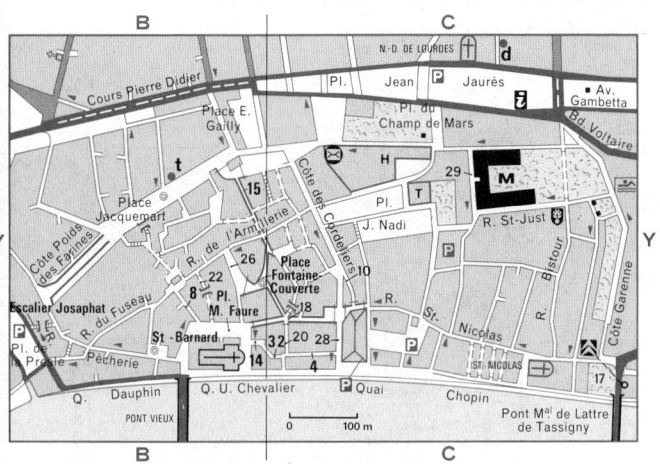

à St-Paul-lès-Romans par ② : 8 km – ⊠ **26750** :

XXX **La Malle Poste,** ℰ 75 45 35 43 – ▤. ஊ ⓪ ⒠ 𝘝𝘐𝘚𝘈
fermé 26 août au 7 sept., dim. soir et lundi – **R** 175/300, enf. 50.

CITROEN Romans-Automobiles, pl. Massenet CY
ℰ 75 70 00 66
PEUGEOT-TALBOT Gar. des Dauphins, ZI, N 92
par ② ℰ 75 70 24 66

⑧ Dorcier, 41 cours P.-Didier ℰ 75 02 24 64
Piot-Pneu, ZI, N 92 ℰ 75 70 45 67

Participez à notre effort permanent
de mise à jour

Adressez-nous vos remarques
et vos suggestions.

Cartes et guides Michelin
46 avenue de Breteuil - 75341 Paris Cedex 07

ROMBAS 57120 Moselle 🔢 ③ – 11 733 h. alt. 173.

Paris 314 – ♦Metz 19 – Briey 15 – Thionville 19 – Verdun 71.

🏨 **Europa,** 19 r. Clemenceau à **Clouange** ⊠ 57120 Rombas *℘* 87 67 07 88 – 🕾 🅿 – 🏄 40.
◆ 🅰🗟 ⑥ 🗟 *VISA*
fermé 22 juil. au 5 août, vend. soir et sam. midi – **R** 70/120 ⅍ – ⊐ 19 – **19 ch** 110/
185.

ROMENAY 71470 S.-et-L. 🔢 ⑳ – 1 641 h. alt. 204.

Paris 377 – Mâcon 36 – Bourg-en-Bresse 36 – Chalon-sur-Saône 45 – Louhans 19.

XX **Aub. la Maillardière,** D975 *℘* 85 40 31 25 – 🅿 🗟 *VISA*
fermé 25 juin au 10 juil., 2 au 23 janv., mardi soir et merc. sauf fériés – **R** 74/165, enf. 50.

CITROEN Gar. Véry *℘* 85 40 31 89 🅽

ROMILLY-SUR-SEINE 10100 Aube 🔢 ⑤ – 16 291 h. alt. 75.

Paris 124 – Châlons-s.-Marne 74 – Nogent-sur-S. 18 – Sens 60 – Sézanne 26 – Troyes 38.

à Pars-lès-Romilly S : 3 km par rte Villeneuve l'Archevêque – ⊠ **10100** :

X **Host. Le Bourdeau,** *℘* 25 24 34 93 – 🅿. 🅰🗟 *VISA*. ⅏
◆ *fermé 5 au 18 août, vacances de fév., dim. soir et merc* – **R** 70/180.

CITROEN Garnerot, 126 r. A.-Briand N 19
℘ 25 24 79 48
FORD Gar. D'Agostino, 6 r. E.-Zola *℘* 25 24 71 58
PEUGEOT-TALBOT Crelier, rond-point Val-Thibault
℘ 25 24 74 45
RENAULT SARA, bd Robespierre *℘* 25 24 85 77

V.A.G Gar. Rocca, 18 av. P.-Brossolette
℘ 25 24 90 42

🔘 La Centrale du Pneu, 223 r. A.-Briand
℘ 25 24 79 40

ROMORANTIN-LANTHENAY 🔷 41200 L.-et-Ch. 🔢 ⑱ G. Châteaux de la Loire – 18 187 h. alt. 88.
Voir Maisons anciennes★ **B** – Vues des ponts★ – Musée de Sologne★ **H**.
🅱 Office de Tourisme pl. Paix *℘* 54 76 43 89.
Paris 210 ① – Bourges 73 ③ – Blois 41 ⑤ – Châteauroux 67 ③ – ♦Orléans 68 ① – ♦Tours 89 ④ – Vierzon 33 ③.

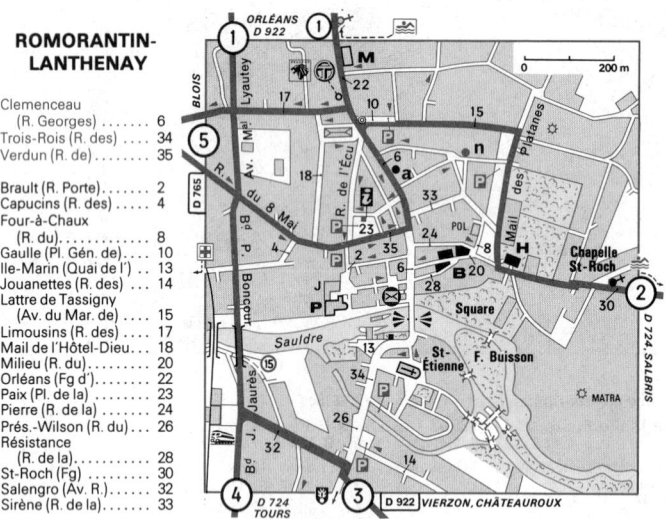

ROMORANTIN-LANTHENAY

🏨 ❀❀ **Gd H. Lion d'Or** Ⓜ, 69 r. Clemenceau **(a)** *℘* 54 76 00 28, Télex 750990, Fax 54 88 24 87,
« Belle décoration intérieure, patio fleuri » – 🔊 📺 🕾 🕭 🅿 – 🏄 50. 🅰🗟 ⑥ 🗟 *VISA*
fermé début janv. à mi-fév. – **R** (nombre de couverts limité - prévenir) 330/550 et carte –
⊐ 90 – **13 ch** 600/1700, 3 appart. 2000
Spéc. Cuisses de grenouilles à la Rocambole, Langoustines rôties à la poudre d'épices douces, Pie de
rhubarbe au gingembre (mai à oct.). Vins Vouvray, Bourgueil.

🏨 **Captain** Ⓜ ⑤, vallée de la Nasse par ① *℘* 54 76 44 64, Télex 750199, Fax 54 76 66 29 –
🔊 📺 🕾 🕭 🅿 – 🏄 40. 🅰🗟 ⑥ 🗟 *VISA*
R 75/180 ⅍, enf. 45 – ⊐ 29 – **66 ch** 245/320 – ½ P 230.

XX **Le Lanthenay** 🦢 avec ch, à **Lanthenay** par ① 2,5 km, pl. Église 𝒫 54 76 09 19, Fax 54 76 72 91, 🗐 – 🕳 🖭 ☎ 🖭 *VISA* 🕸
fermé 23 sept. au 30 sept., 1ᵉʳ au 15 mars, dim. soir et lundi (sauf hôtel) – **R** 95/250, enf. 80 – 🍴 22 – **10 ch** 240/270 – ½ P 240/260.

XX **Le Colombier** avec ch, 18 pl. Vieux Marché (n) 𝒫 54 76 12 76, 🏠 – 🖭 ☎ 🅿 ⅇ *VISA*
hôtel : fermé 16 au 22 sept. ; rest. : fermé 16 au 22 sept. et mi-janv. à mi-fév. – **R** 90/160, enf. 60 – 🍴 28 – **10 ch** 190/240 – ½ P 220.

X **La Cabrière**, 30 av. Villefranche par ③ 𝒫 54 76 38 94 – ⅇ *VISA*
– *fermé dim. soir et lundi soir* – **R** 55 (sauf sam. soir)/170 ⅄, enf. 30.

FORD Girard, 86 fg d'Orléans par ①
𝒫 54 76 11 01
PEUGEOT-TALBOT Hureau, 14 fg d'Orléans
𝒫 54 76 01 98

RENAULT Gar. de Paris, 12-14 av. de Paris par fg
d'Orléans 𝒫 54 76 06 68 🅽 𝒫 54 95 00 83

RONCE-LES-BAINS 17 Char.-Mar. 🔢 ⑭ G. Poitou Vendée Charentes – ✉ **17390** La Tremblade.
🇿 Syndicat d'Initiative pl. Brochard 𝒫 46 36 06 02.
Paris 502 – Royan 28 – Marennes 9 – Rochefort 31 – La Rochelle 63.

🏠 **Le Grand Chalet,** 2 av. La Cèpe 𝒫 46 36 06 41, ≤ île d'Oléron, 🌳 – ☎ 🅿 ⅇ *VISA*. 🕸 rest
15 fév.-15 nov. et fermé mardi sauf de Pâques au 30 sept. – **R** 130/330, enf. 50 – 🍴 30 – **28 ch** 220/280 – ½ P 225/255.

CITROEN Gar. Molle, bd Joffre à la Tremblade
𝒫 46 36 09 54

PEUGEOT TALBOT Gar. Horseau, 62 bd Joffre à la
Tremblade 𝒫 46 36 13 23

RONCHAMP 70250 H.-Saône 🔢 ⑦ – 3 139 h. alt. 353.
Voir Chapelle★★, G. Jura – Paris 419 – Belfort 21 – Lure 12 – Luxeuil-les-Bains 31 – Vesoul 43.

🏠 **Le Ronchamp** 🅼 sans rest, rte de Belfort 𝒫 84 20 60 35, 🌳 – 🖭 ☎ 🕭 🅿 ⅇ *VISA*
🍴 26 – **21 ch** 205/260.

au Rhien N : 3 km – ✉ **70250** Ronchamp :

XX **Rhien Carrer** 🦢 avec ch, 𝒫 84 20 62 32, 🕸 – 🖭 ☎ 🕭 🅿 – 🛎 35. ⅇ *VISA*
R 50/200 ⅄, enf. 30 – **22 ch** 🍴 100/175 – ½ P 120/173.

à Champagney E : 4,5 km par D 4 – 3 290 h. – ✉ **70290** :

🏠 **Commerce,** 𝒫 84 23 13 24, 🌳 – ☎ 🕳 🅿 🆎 ⑩ ⅇ *VISA*
– *fermé 1ᵉʳ au 15 fév. et lundi hors sais.* – **R** 60/220 ⅄, enf. 40 – 🍴 20 – **25 ch** 100/180 – ½ P 190/220.

ROQUEBRUN 34460 Hérault 🔢 ⑭ G. Gorges du Tarn – 573 h. alt. 89.
Paris 851 – ♦Montpellier 97 – Béziers 30 – Lodève 63 – Narbonne 51 – St-Pons 39.

X **Petit Nice** avec ch, 𝒫 67 89 64 27, ≤, 🏠
R 90 bc/250 bc, enf. 60 – 🍴 26 – **8 ch** 170/220 – ½ P 220/240.

ROQUEBRUNE-CAP-MARTIN 06190 Alpes-Mar. 🔢 ⑩, 🔢 ⑨ G. Côte d'Azur – 12 578 h. alt. 69.
Voir Village perché★★ : rue Moncollet★, 🕸★★ du donjon★ – Cap Martin ≤★★ X – ≤★★ de l'hôtel Vistaëro SO : 4 km.
🇿 Office Municipal de Tourisme 20 av. P.-Doumer 𝒫 93 35 62 87.
De Roquebrune : Paris 955 – Monaco 8.5 – Menton 5 – Monte-Carlo 7 – ♦Nice 26.

Plans : voir à Menton.

🏰 **Vista Palace** 🅼 🦢, Grande Corniche O : 4 km par ③ et D 2564 𝒫 93 35 01 50, Télex 461021, Fax 93 35 18 94, 🏠, « ≤ Monaco et la côte », 🏊, 🌳 – 🛗 🗐 🖭 ☎ 🕭 🚙 🅿 – 🛎 50 à 120. 🆎 ⑩ ⅇ *VISA*. 🕸 rest
- **Le Vistaëro R** 300/490 – 🍴 90 – **63 ch** 1100/2400, 5 appart. – ½ P 1060/1560.

🏨 **Victoria** sans rest, 7 prom. Cap-Martin 𝒫 93 35 65 90, Télex 461655, Fax 53 28 27 02, ≤ – 🗐 🖭 ☎ 🚙 🆎 ⑩ ⅇ *VISA* 🕸   AX **k**
fermé 15 nov. au 15 déc. – **32 ch** 🍴 400/524.

🏨 **Alexandra** sans rest, 93 av. W. Churchill 𝒫 93 35 65 45, Fax 93 57 96 51, ≤ – 🛗 🗐 🖭 ☎ 🅿 🆎 ⑩ ⅇ *VISA*   AX **a**
fermé 10 nov. au 14 déc. – 🍴 35 – **40 ch** 340/620.

🏠 **Westminster**, 14 av. L. Laurent, quartier Bon Voyage par ③ : 3 km 𝒫 93 35 00 68, Fax 93 28 88 50, ≤, « Jardin en terrasses » – ☎ – 🛎 25. ⅇ *VISA*. 🕸
hôtel : 9 fév.-20 oct. et 26 déc.-7 janv. ; rest. : 9 fév.-30 sept. – **R** (dîner seul.) (résidents seul.) 70/115 – 🍴 25 – **31 ch** 224/314 – ½ P 215/270.

🏠 **Reine d'Azur** 🅼 sans rest, 29 prom. Cap-Martin 𝒫 93 35 76 84, Fax 93 28 02 91, 🌳 – cuisinette ☎. ⅇ *VISA*   AX **d**
🍴 30 – **32 ch** 270/395.

🏠 **Regency** sans rest, 98 av. J. Jaurès par ③ : 2,5 km 𝒫 93 35 00 91, ≤ – ☎. ⅇ *VISA*. 🕸
fermé 11 nov. au 26 déc. – 🍴 22 – **12 ch** 220/280.

※※※ **Roquebrune,** 100 av. J. Jaurès par ③ (corniche inférieure) ℘ 93 35 00 16, Fax 93 28 98 36, ≤, ☆ – ⚞ ⓪ Ε 𝖵𝖨𝖲𝖠
fermé 10/11 au 6/12, 10 au 20/1, le midi (sauf week-ends) du 1/6 au 15/9, jeudi midi et merc. du 15/9 au 14/5 – **R** (prévenir) 350.

※※ **Hippocampe,** av. W. Churchill ℘ 93 35 81 91, ≤ baie et littoral, ☆ – ⚞ Ε 𝖵𝖨𝖲𝖠   AX **h**
fermé 1 au 17/5, 1/10 au 1/11, 6 au 25/1, jeudi soir et dim. soir du 1/7 au 15/9 et lundi – **R** (nombre de couverts limité, prévenir) 200 (déj. seul du 15/9 au 30/6)/320.

※※ **Au Grand Inquisiteur,** (accès à pied) r. Château, au village par ③ : 3,5 km ℘ 93 35 05 37, « Salle rustique voûtée » – ☰. Ε 𝖵𝖨𝖲𝖠. ✻
fermé 18 au 29 mars, 18 nov. au 25 déc. et lundi – **R** (prévenir) 130/220.

※※ **Sporting du Cap,** 48 av. W.-Churchill ℘ 93 35 63 07, ☆, ≤ baie et littoral – ⚞ Ε 𝖵𝖨𝖲𝖠
fermé dim. soir du 1er nov. au 30 mars – **R** 160/330.   AX **t**

※※ **Le Corail,** 7 prom. du Cap ℘ 93 41 37 69, ≤, ☆, cuisine vietnamienne et chinoise – ☰.
⚞ ⓪ Ε 𝖵𝖨𝖲𝖠   AX **k**
fermé 15 nov. au 15 déc. et lundi – **R** 88.

※※ **Deux Frères** avec ch, pl. 2 Frères, au village par ③ : 3,5 km ℘ 93 28 99 00, ☆ – 📺 ☎.
⚞ ⓪ Ε 𝖵𝖨𝖲𝖠
fermé nov. et 1er au 6 déc. – **R** (*fermé vend. midi et jeudi*) carte 150 à 280 – ☲ 25 – **10 ch** 325/450.

CITROEN Gar. de Carnolès, 159 av. de Verdun ℘ 93 35 77 85

83520 Var ⑧⑷ ⑦ G. Côte d'Azur – 6 316 h. alt. 29.
Voir N.-D.-de-Piété – ≤★ de la chapelle S : 1 km.
Paris 868 – Fréjus 13 – Brignoles 58 – Cannes 44 – Draguignan 22 – Ste-Maxime 26.

🏨 **Bullotel** Ⓜ sans rest, N 7 ℘ 94 45 41 06, Fax 94 81 60 21, parc, ⌁ – 📺 ☎ & ⓟ – 🔼 35. ⚞ Ε 𝖵𝖨𝖲𝖠
26 ch 280/360, 16 duplex 460.

---

13 B.-du-R. ⑧⑷ ②③ – ⊠ 13122 Ventabren.
Voir Aqueduc★, G. Provence.
Paris 746 – ♦Marseille 31 – Aix-en-Provence 12 – Martigues 37 – Salon-de-Provence 28.

🏨 **Arquier** ⌂, ℘ 42 24 20 45, Fax 42 24 29 52, ≤, ☆, ☞ – 📺 ☎ ⓟ – 🔼 30
14 ch.

40120 Landes ⑦⑨ ⑪⑫ G. Pyrénées Aquitaine – 1 828 h. alt. 75.
Paris 684 – Mont-de-Marsan 22 – Agen 94 – Aire-sur-l'Adour 37 – Auch 99 – Langon 61.

🏨 **Le Colombier** ⌂, ℘ 58 45 50 57, ☆, ⌁, 📺 – ☎ ⓟ Ε 𝖵𝖨𝖲𝖠
✦ **R** 60/120 ⌗, enf. 36 – ☲ 20 – **17 ch** 60/150 – ½ P 130/150.

FORD Gar. Masion ℘ 58 45 50 68   RENAULT Gar. Duboscq ℘ 58 45 50 67
Ⓝ ℘ 58 44 60 25   RENAULT Gar. Duparc, à Sarbazan ℘ 58 45 66 52
PEUGEOT-TALBOT Pallas ℘ 58 45 50 25

06330 Alpes-Mar. ⑧⑷ ⑨ – 3 432 h. alt. 175.
🛈 Syndicat d'Initiative pl. Jean-Civatte (fermé saison) ℘ 93 09 66 16.
Paris 916 – ♦Nice 25 – Cannes 18 – Grasse 15.

🏨 **Aub. du Colombier** ⌂, ℘ 93 77 10 27, Fax 93 77 07 03, ≤, ☆, parc, ⌁, ✼ – 📺 ☎
ⓟ – 🔼 30. ⚞ ⓪ Ε 𝖵𝖨𝖲𝖠
fermé 10 janv. au 10 fév. – **R** (*fermé mardi d'oct. à mars*) 150/180, enf. 110 – ☲ 50 – **19 ch** 270/650 – ½ P 435/695.

12250 Aveyron ⑧⓪ ⑭ G. Gorges du Tarn – 880 h. alt. 630.
Voir Caves de Roquefort★ – Rocher St-Pierre ≤★.
Paris 666 – Lodève 65 – Millau 24 – Rodez 82 – St-Affrique 14 – Le Vigan 76.

🏨 ❀ **Grand Hôtel** (Lenfant), ℘ 65 59 90 20 – ☎ ⓟ. ⚞ ⓪ Ε 𝖵𝖨𝖲𝖠
1er avril-30 oct. et fermé dim. soir et lundi sauf juil.-août – **R** 130/285 – ☲ 44 – **16 ch** 280/350
Spéc. Oeufs brouillés aux queues d'écrevisses (saison), Blanc de sandre aux écailles de pommes de terre, Filet de canette au jus de truffe.

Grüne Michelin-Führer in deutsch	
Paris	Provence
Bretagne	Schlösser an der Loire
Côte d'Azur (Französische Riviera)	
Elsaß Vogesen Champagne	Italien
Korsika	Spanien

La ROQUE-GAGEAC **24250** Dordogne 75 ⑰ **G. Périgord Quercy** – 404 h. alt. 150.

Voir Site★★.

Paris 552 – Brive-la-Gaillarde 69 – Sarlat-la-Canéda 13 – Cahors 54 – Fumel 59 – Lalinde 46 – Périgueux 69.

Belle Étoile, ℘ 53 29 51 44, ≤, – ☎. E VISA. ✻ ch
R 95/250, enf. 50 – ☐ 28 – **17 ch** 150/250 – ½ P 250/260.

Gardette, ℘ 53 29 51 58, – Ⓟ. E VISA. ✻
24 mars-15 oct. – **R** 95/230 – ☐ 25 – **15 ch** 170/280 – ½ P 245/275.

Plume d'Oie, ℘ 53 29 57 05 – E VISA
fermé mars, 4 janv. au 4 fév., sam. midi, dim. soir et lundi midi sauf fériés – **R** 100/250, enf. 68.

rte de Vitrac SE : 4 km par D 703 – ✉ **24250** Domme :

Le Périgord M ⛰, ℘ 53 28 36 55, Fax 53 28 38 73, parc, ⛱, ✻ – ▤ rest ☎ Ⓟ – 🏛 200. AE ⦿ VISA
20 mars-11 nov. – **R** 100/180, enf. 50 – ☐ – **40 ch** (½ pens. seul.) – ½ P 240/300.

ROQUEMAURE **30150** Gard 81 ⑪⑫ **G. Provence** – 4 054 h. alt. 19.

Paris 670 – Avignon 16 – Alès 69 – Bagnols-sur-Cèze 19 – Nîmes 45 – Orange 11 – Pont-St-Esprit 30.

Château de Cubières, ℘ 66 82 64 28, , « Demeure du 18e siècle, parc » – ☎ Ⓟ – 🏛 30
fermé 18 fév. au 9 mars, 15 au 30 nov. – **R** *(fermé merc. midi et mardi d'oct. à juin)* 150/250, enf. 75 – ☐ 31 – **17 ch** 230/330.

à St-Géniès-de-Comolas E : 3 km par D 980 – ✉ **30150** :

Château Correnson, ℘ 66 50 30 21, Fax 66 50 42 66, ≤, , parc, « Demeure provençale du 18e siècle », ⛱ – TV ☎ ♿ Ⓟ. AE ⦿ E VISA
fermé 20 déc. au 8 janv. – **R** *(fermé dim. soir et lundi d'oct. à mai)* 220/280, enf. 80 – ☐ 40 – **18 ch** 350/800 – ½ P 350/600.

La ROQUETTE-SUR-SIAGNE **06550** Alpes-Mar. 84 ⑧ – 2 554 h. alt. 58.

Paris 905 – Cannes 10 – Draguignan 62 – Grasse 10 – Nice 35 – St-Raphaël 42.

Chasseurs sans rest, quartier St-Jean ℘ 93 47 19 96 – |♦| cuisinette ☎ Ⓟ. VISA. ✻
☐ 28 – **20 ch** 190/220, 3 studios.

ROSAY **78** Yvelines 55 ⑱ 106 ⑮ – rattaché à Mantes-la-Jolie.

ROSBRUCK **57** Moselle 57 ⑯ – rattaché à Forbach.

ROSCOFF **29680** Finistère 58 ⑥ **G. Bretagne** (plan) – 3 787 h. alt. 7.

Voir Église★ – Aquarium Ch. Pérez★ – St-Pol-de-Léon : Anc. cathédrale★, rocher Ste-Anne : ≤★ dans la descente – clocher★★ de la chapelle du Kreisker★ : ✻★★ de la tour, S : 5 km par D 769.

ℹ Office de Tourisme r. Gambetta ℘ 98 69 70 70.

Paris 564 ① – ♦Brest 64 ① – Landivisiau 27 ① – Morlaix 27 ① – Quimper 99 ①.

Plan page suivante

Brittany, bd Ste Barbe ℘ 98 69 70 78, Télex 940397, Fax 98 69 23 77, ≤, ⛱ – |♦| TV ☎ Ⓟ – 🏛 40. AE E VISA. ✻ rest — Z a
15 mars-30 oct. – **R** *(fermé dim. soir et lundi hors sais. et sauf vacances scolaires)* 145/380, enf. 85 – ☐ 42 – **23 ch** 340/780 – ½ P 370/460.

Gulf Stream ⛰, r. Marquise de Kergariou ℘ 98 69 73 19, Fax 98 60 11 89, ≤, ⛱, – |♦| ☎ Ⓟ. AE E VISA. ✻
4 mars-15 oct. – **R** 140/300 – ☐ 38 – **32 ch** 340/370 – ½ P 340/450.

Talabardon, pl. Église ℘ 98 61 24 95, Fax 98 61 10 54, ≤ – |♦| TV ☎ Ⓟ. AE ⦿ E VISA. ✻ rest — Y b
1er mars-15 nov. et 15 fév., 1er mars – **R** *(fermé dim. soir)* 110/260, enf. 65 – ☐ 35 – **38 ch** 235/410 – ½ P 270/325.

Armen Le Triton ⛰ sans rest, r. Dr Bagot ℘ 98 61 24 44, Fax 98 69 77 97, , ✻ – |♦| TV ☎ Ⓟ. AE E VISA. ✻ — Z u
fermé 1er déc. au 15 janv. – ☐ 35 – **44 ch** 210/340.

Urbis-Le Corsaire, pl. Église ℘ 98 61 22 61, Télex 941659, Fax 98 61 11 94, ≤ – |♦| TV ☎. E VISA. ✻ rest — Y e
Le Temps de Vivre ℘ 98 61 27 28 *(fermé dim. soir sauf juil.-août et lundi)* **R** 98/270 – ☐ 30 – **40 ch** 250/350.

Les Tamaris sans rest, r. Édouard Corbière ℘ 98 61 22 99, ≤ – |♦| ☎. E VISA — Y d
15 mars-31 oct. – ☐ 30 – **27 ch** 210/290.

La Résidence sans rest, r. des Johnies ℘ 98 69 74 85 – |♦| ☎. E VISA — Y f
☐ 30 – **31 ch** 200/260.

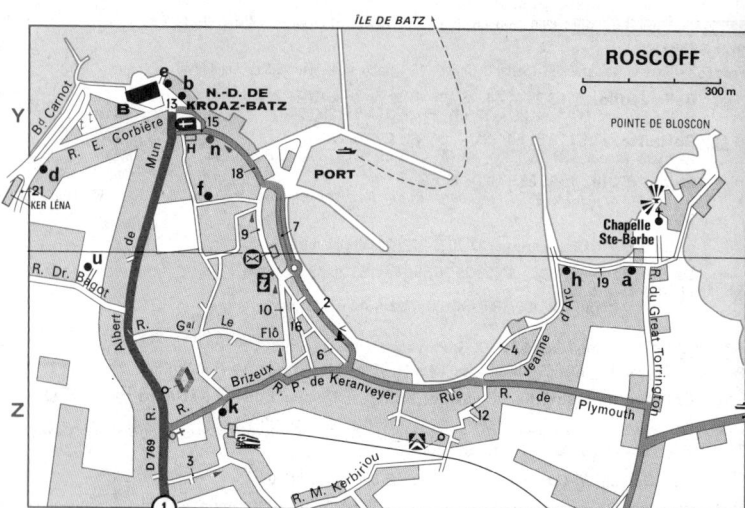

ROSCOFF

ÎLE DE BATZ

POINTE DE BLOSCON

🏨 **Bellevue,** r. Jeanne d'Arc 🕿 98 61 23 38, ≤ – 🕾. 🗲 𝗩𝗜𝗦𝗔   **Z h**
15 mars-11 nov. – **R** (fermé merc. sauf du 1er juil. au 30 sept.) 90/220, enf. 55 – 🖙 30 –
20 ch 200/320 – ½ P 250/300.

🏨 **Régina,** r. Ropartz Morvan 🕿 98 61 23 55, Fax 98 61 10 89 – 🛗 📺 🕿 🅿 🆎 🗲.
𝗩𝗜𝗦𝗔   **Z k**
15 mars-30 oct. – **R** 78/220, enf. 45 – 🖙 28 – **50 ch** 210/310 – ½ P 226/253.

✕✕ **Chardons Bleus** avec ch, 4 r. A. Réveillère 🕿 98 69 72 03 – 🕿. 🗲 𝗩𝗜𝗦𝗔   **Y n**
fermé 1er déc. au 1er fév., jeudi sauf juil.-août – **R** 72/190, enf. 50 – 🖙 32 – **10 ch** 220/280
– ½ P 230/280.

CITROEN Gar. Scouarnec, r. J.-Bara 🕿 98 61 23 05   RENAULT Gar. Hamon, 69 r. A.-de-Mun Z
🕿 98 69 72 09 🅽 🕿 98 69 22 76

ROSHEIM 67560 B.-Rhin 🗺 ⑨ G. Alsace Lorraine – 3 766 h. alt. 194.
Voir Église St-Pierre et St-Paul★.
🛈 Syndicat d'Initiative à la Mairie (fermé matin sauf 15 juin-15 oct.) 🕿 88 50 75 38.
Paris 483 – ♦Strasbourg 29 – Erstein 22 – Molsheim 6,5 – Obernai 6 – Sélestat 29.

🏨 **Host. du Rosenmeer** 🅼, NE : 2 km sur D 75 🕿 88 50 43 29, Fax 88 49 20 57 – 🕿 🚗
🅿 – 🔬 25. 🗲 𝗩𝗜𝗦𝗔
fermé 5 au 31 janv. – **R** (fermé lundi) 110/360 ♨ -**Winstub** (fermé janv. et lundi) **R** carte
environ 120 ♨ – 🖙 32 – **19 ch** 210/330 – ½ P 280/350.

✕✕ **Aub. du Cerf,** 120 r. Gén. de Gaulle 🕿 88 50 40 14 – 🗲 𝗩𝗜𝗦𝗔
fermé 2 au 11 fév., dim. soir et lundi – **R** 80/210 ♨.

✕ **La Petite Auberge,** 41 r. Gén. de Gaulle 🕿 88 50 40 60 – 🗲 𝗩𝗜𝗦𝗔
fermé 26 juin au 4 juil., 16 janv. au 15 fév., mardi soir du 1er nov. au 1er juin et merc. – **R**
85/220 ♨.

PEUGEOT-TALBOT Gar. Jost, 🕿 88 50 40 53 🅽

La ROSIÈRE 73 Savoie 🗺 ⑱⑲ G. Alpes du Nord – alt. 1 820 – Sports d'hiver : 1 850/2 650 m ✦1 ✦14
– ⊠ 73700 Bourg-St-Maurice.
Altiport 🕿 79 06 80 48.
🛈 Office de Tourisme (15 déc.-12 mai) 🕿 79 06 80 51.
Paris 668 – Albertville 76 – Bourg-St-Maurice 23 – Chambéry 124 – Chamonix 61 – Val d'Isère 48.

🏨 **Relais Petit St-Bernard** ⏚, 🕿 79 06 80 48, ≤ montagnes, 🍽 – 🕾 🅿 🗲 𝗩𝗜𝗦𝗔.
✕ ch
20 juin-10 sept. et 20 déc.-20 avril – **R** 85/90 – 🖙 35 – **19 ch** 135/240 – P 245/275.

🛈 Syndicat d'Initiative à la Mairie ℰ 41 51 80 04 et pl. Mail (juil.-août) ℰ 41 51 90 22.

Paris 286 – Angers 30 – Baugé 26 – Bressuire 64 – Cholet 62 – La Flèche 44 – Saumur 15.

🏠 **Val de Loire**, pl. Église ℰ 41 51 80 20 – 📺 ☎ 🅴 *VISA*
➤ *fermé 1er fév. au 10 mars, dim. soir (sauf hôtel du 15 juin au 30 août) et lundi hors sais. –*
R 60/155, enf. 45 – ☲ 23 – **11 ch** 140/230 – ½ P 210/260.

XXX ✣ **Jeanne de Laval** (Augereau) avec ch, rte Nationale ℰ 41 51 80 17, « Jardin fleuri » –
🍽 rest 📺 ☎ 🅿 🅰🅴 ⓞ 🅴 *VISA* ❀ rest
fermé 8 janv. au 17 fév. – **R** *(fermé lundi sauf fériés)* (nombre de couverts limité - prévenir)
270/350, enf. 75 – ☲ 47 – **4 ch** 450/650 – ½ P 500/600
Spéc. Foie gras de canard au torchon, Poissons de Loire au beurre blanc, Canard sauvage aux girolles
(saison). Vins Savennières, Saumur-Champigny.
Annexe Ducs d'Anjou 🏠 ⅋ sans rest, ℰ 41 51 80 17, parc – 📺 ☎ 🅿 🅰🅴 ⓞ 🅴
VISA
☲ 47 – **8 ch** 420/500.

XX **La Toque Blanche**, O : 0,5 km par D 952 ℰ 41 51 80 75 – 🍽. 🅴 *VISA*
fermé 27 août au 6 sept., 12 au 24 fév., dim. soir, mardi soir et merc. – **R** (prévenir) 76/200,
enf. 65.

Voir Clocher★ de l'église.

🛈 Syndicat d'Initiative r. Ernest Prévost (juil.-août) ℰ 98 59 27 26.

Paris 535 – Quimper 22 – Carhaix-Plouguer 51 – Châteaulin 48 – Concarneau 13 – Quimperlé 26.

🏨 **Bourhis** 🅼, pl. Gare ℰ 98 59 23 89, Télex 941808 – 🍴 📺 ☎ ♿ 🅰🅴 ⓞ 🅴 *VISA*
fermé dim. soir et lundi du 30 sept. au 1er juin – **R** 165/390 - **Grill Le Jardin** *(fermé dim. et
fêtes)* **R** 42/130 ♨ – ☲ 39 – **27 ch** 295/310 – ½ P 325.

🏠 **Gai Logis**, rte Quimper ℰ 98 59 22 38, ☞ – 📺 ☎ 🅿. 🅴 *VISA* ❀ rest
➤ *fermé 15 fév. au 15 mars et sam. du 15 sept. au 15 juin –* **R** 65/280 ♨ – ☲ 28 – **17 ch**
130/240 – ½ P 170/230.

PEUGEOT-TALBOT Monfort, rte de Concarneau
ℰ 98 59 22 72

RENAULT Castrec, 1 r. Gare ℰ 98 59 20 25

Voir Chapelle d'Hem★ : vitraux★★ 5 km par ⑥ voir plan de Lille KS **B**.

🆗 des Flandres ℰ 20 72 20 74, par ⑦ : 8 km ; 🆗 du Sart ℰ 20 72 02 51, par ⑦ : 5 km ; 🆗 de
Brigode à Villeneuve-d'Ascq ℰ 20 91 17 86, par ⑦ : 6 km ; 🆗🆗 de Bondues ℰ 20 23 20 62, par
D 9 : 8 km AX.

🛈 Office de Tourisme à l'Hôtel de Ville ℰ 20 73 70 19 – A.C. 42 r. Mar.-Foch ℰ 20 73 92 80.

Paris 230 ⑦ – ♦Lille 11 ⑦ – Kortrijk ② – Tournai 19 ⑤.

Plan pages suivantes

🏨 **Gd Hôtel Altéa** sans rest, 22 av. J. Lebas ℰ 20 73 40 00, Télex 132301 – 🍴 📺 ☎ –
🔟 30 à 100. 🅰🅴 ⓞ 🅴 *VISA*   BY **r**
☲ 40 – **92 ch** 290/435.

🏠 **Ibis** 🅼, bd Gén. Leclerc ℰ 20 45 00 00, Télex 131471 – 🍴 📺 ☎ ♿ ⟺ – 🔟 25. 🅴 *VISA*
R 77 ♨, enf. 35 – ☲ 29 – **94 ch** 270/290.   BY **e**

🏠 **Flandres**, 59 r. Holden à Croix ✉ 59170 Croix ℰ 20 72 35 01, Fax 20 89 14 56 – 📺 ☎. 🅰🅴
🅴 *VISA*   AZ **k**
R *(fermé 27 juil. au 18 août, sam. et dim.)* 78/125 ♨ – ☲ 25 – **29 ch** 175/270.

XXX **Le Caribou**, 8 r. Mimerel ℰ 20 70 87 08 – 🅿. 🅴 *VISA*   BY **u**
*fermé au 13 mai, 12 juil. au 1er sept., 29 oct. au 4 nov., sam. midi, lundi et le soir sauf
vend. et sam. –* **R** carte 260 à 350.

XX **Chez Charly**, 127 r. J.-B. Lebas ℰ 20 70 78 58 – 🅴 *VISA* ❀   AX **a**
fermé août et dim. midi – **R** (déj. seul.) 100/180.

à Lys-lez-Lannoy par ⑤ et D 206 : 5 km – 11 163 h. – ✉ **59390** :

XX **Aub. de la Marmotte**, ℰ 20 75 30 95 – 🅿. 🅴 *VISA*   plan de Lille LS **f**
fermé août, sam. midi, et le soir (sauf jeudi, vend. et sam.) – **R** 85/290.

AUSTIN-ROVER Gar. Devernay, 17 r. Mar.-Foch
ℰ 20 73 07 27
FORD Gar. St-Jean, 118 r. St-Jean ℰ 20 73 48 48
PEUGEOT-TALBOT V.L.D., 196 bd Gambetta BX
ℰ 20 73 91 00
RENAULT Succursale, 55 r. Mar.-Foch BY
ℰ 20 99 43 00

RENAULT Gar. Destailleurs, 10 r. d'Alsace AX
ℰ 20 70 54 21

⚙ Crépy Pneus, 29 r. de l'Ouest ℰ 20 70 98 02
Prévost, 29 r. V.-Hugo ℰ 20 75 53 79

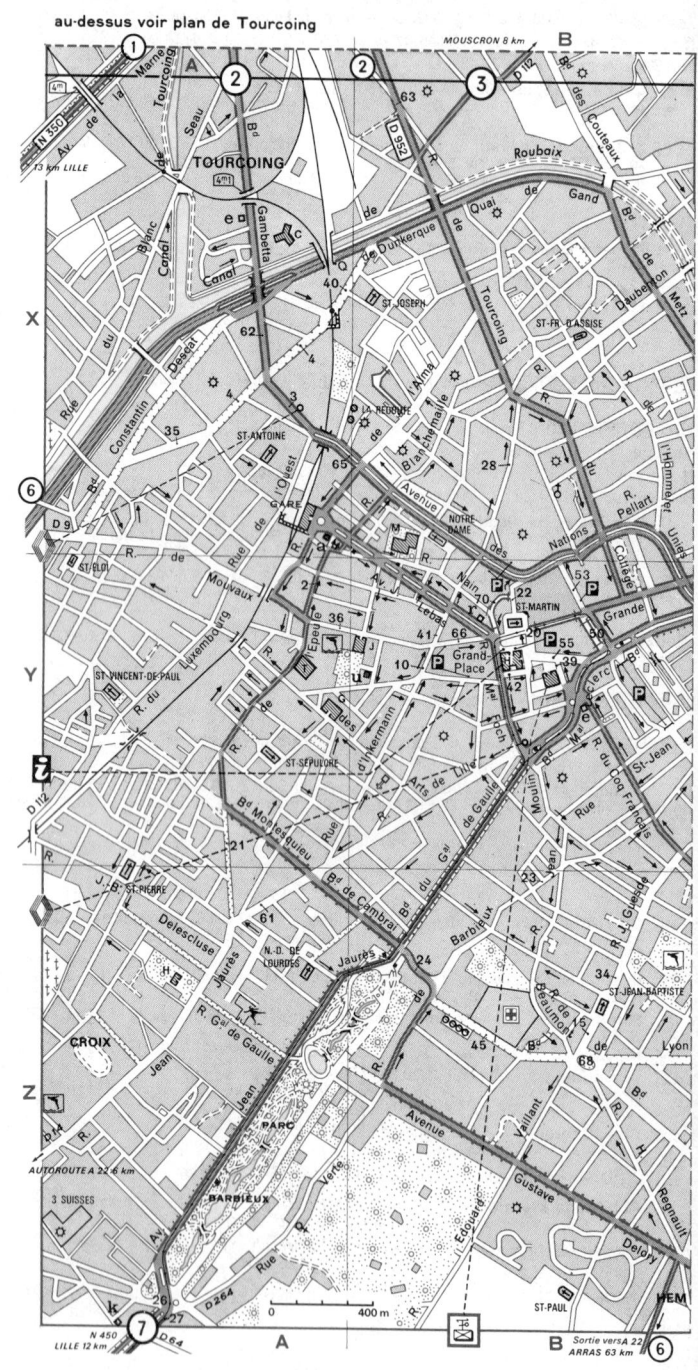

ROUBAIX

Paris 521 – Quimper 32 – Carhaix-Plouguer 30 – Concarneau 36 – Lorient 65 – Vannes 109.

  ✗   **Bienvenue,** ✆ 97 34 50 01, Fax 97 34 53 20 – 🅿 🅴 VISA
  🍴   *fermé 1er au 15 fév. et mardi soir* – **R** 58/198.

ROUEN 🅿 76000 S.-Mar. 📖 ⑤ Ⓖ. Normandie Vallée de la Seine – 105 083 h. alt. 10.

Voir Cathédrale★★★ EY – Le Vieux Rouen★★★ DEXY : ※★★ du beffroi DY, Église St-Ouen★★ FX, Église★★ et Aître★★ St-Maclou FY, Palais de Justice★★ DEX J, Rue du Gros Horloge★★ DEY 39, Rue St-Romain★★ EY 57, Place du Vieux-Marché★ DX 65, Verrière★★ de l'église Ste-Jeanne d'Arc DX K, Rue Ganterie★ EX, Rue Damiette★ FY 28, Rue Martainville★ FGY, Église St-Godard★ EX S, Demeure★ (musée de l'Education) FY M5 – Vitraux★ de l'église St-Patrice DX F – Musées: Beaux-Arts★★ EX M1, Le Secq des Tournelles★★ EX M2, Céramique★★ EX M4, Antiquités★★ FVX M3 – Côte Ste-Catherine ※★★★B, 3,5 km – Bonsecours : ※★★ du calvaire et ≤★★ du monument à Jeanne d'Arc B N, 3 km – Canteleu ≤★ de la terrasse de l'église A, 4 km – Route d'accès au Centre Universitaire A R ※★★ par rue Chasselièvre AB 23 – **Env.** St-Martin de Boscherville : anc. abbatiale St-Georges★★, 11 km par ⑦ – 🔁 ✆ 35 76 38 65, près Mont-St-Aignan, N : 4 km AB – **Circuit automobile de Rouen-les-Essarts** 13 km par ⑥.

🗓 Office de Tourisme et Accueil de France (Informations, change et réservations d'hôtels pas plus de 5 jours à l'avance) 25 pl. Cathédrale ✆ 35 71 41 77, Télex 770940 – A.C. 46 r. Gén.-Giraud ✆ 35 71 44 89.

Paris 137 ⑥ – ◆Amiens 115 ① – ◆Caen 122 ⑥ – ◆Calais 211 ① – ◆Le Havre 86 ⑧ – ◆Lille 231 ① – ◆Le Mans 194 ⑥ – ◆Rennes 298 ⑥ – ◆Tours 274 ⑥.

Plans pages suivantes

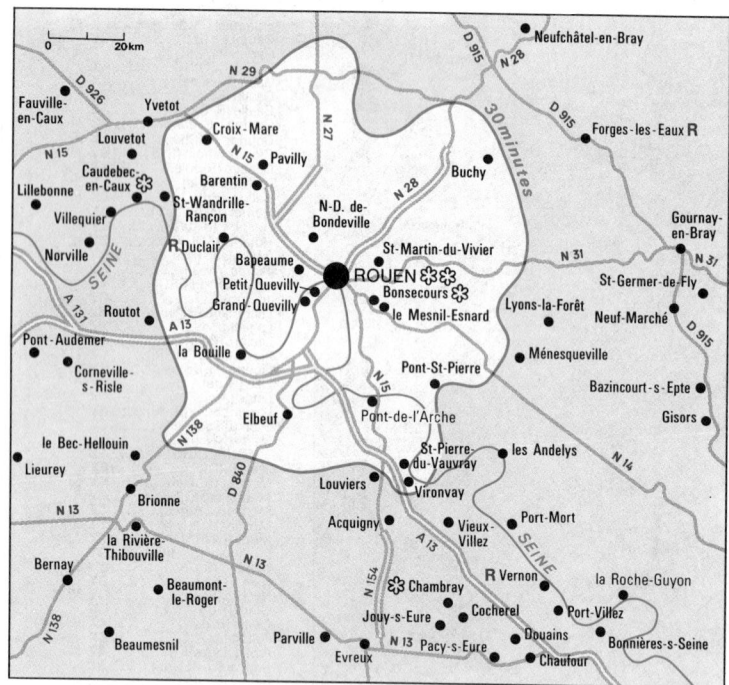

🏨 **Pullman Albane** 🅼 ≶, r. Croix de Fer ✆ 35 52 69 52, Télex 180949, Fax 35 89 41 46 – 🛗 🍴 cab. 📺 ☎ ⇔ – 🔬 50. 🖭 ⓞ Ɇ VISA   EY **f**
  R *(fermé dim.)* 90/155 🍷 – ⟳ 50 – **121 ch** 535/680, 4 appart. 990.

🏨 **Altéa Champ de Mars** 🅼, av. A. Briand ✆ 35 08 09 08, Télex 172242, Fax 35 08 15 06 – 🛗 📺 ☎ & ⇔ 🅿 – 🔬 160 – **135 ch**, 3 appart   GZ **j**

🏨 **Dieppe et rest. Le Quatre Saisons,** pl. B. Tissot ✆ 35 71 96 00, Télex 180413, Fax 35 89 65 21 – 🛗 📺 ☎. 🖭 ⓞ Ɇ VISA   EV **z**
  R 135 – ⟳ 35 – **42 ch** 375/525 – ½ P 385.

🏨 **Colin's** ≶ sans rest, 15 r. Pie ✆ 35 71 00 88, Télex 771770, Fax 35 70 75 94 – 🛗 📺 ☎ & ⇔ – 🔬 35. 🖭 ⓞ Ɇ VISA   DX **h**
  ⟳ 48 – **48 ch** 430/600.

ROUEN

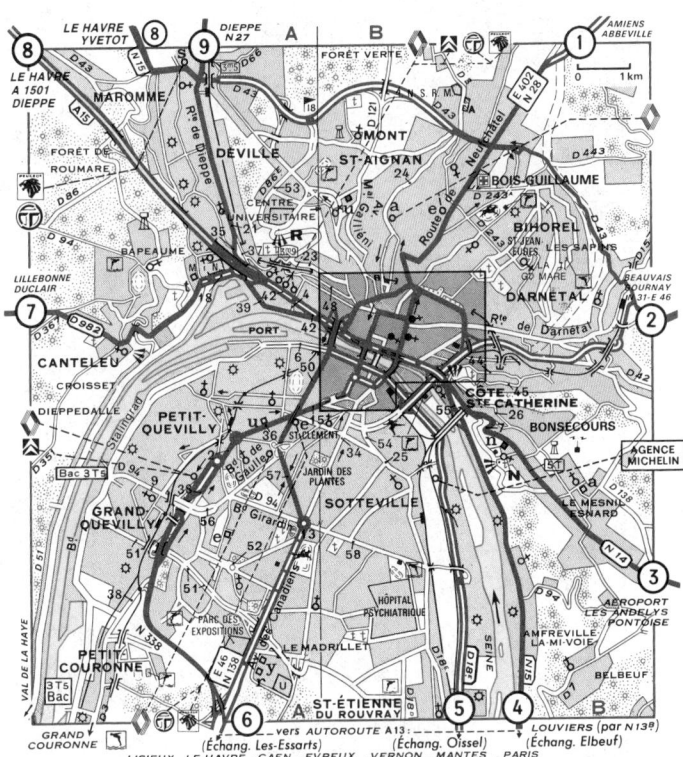

🏨 **Gros Horloge** sans rest, 91 r. Gros Horloge ℰ 35 70 41 41, Télex 771938, Fax 35 88 44 45
– 🛗 – ⚙ 100. ☲ 𝘝𝘐𝘚𝘈   DY **u**
□ 30 – **62 ch** 185/400.

🏨 **Versan** Ⓜ sans rest, 3 r. Thiers ℰ 35 70 22 00, Fax 35 70 22 60 – 🛗 📺 ☎ ₺. 歷 ⓪ ☲
𝘝𝘐𝘚𝘈   FX **s**
□ 35 – **34 ch** 265/330.

🏠 **Ibis Rouen Centre** Ⓜ sans rest, 56 quai G. Boulet ℰ 35 70 48 18, Télex 771393 – 🛗 📺 ☎ ₺ 🅿
– ⚙ 30 à 70. ☲ 𝘝𝘐𝘚𝘈   CX **a**
R 70/140 ₺, enf. 35 – □ 30 – **88 ch** 285/300.

🏠 **Urbis St-Sever** Ⓜ sans rest, 44 r. Amiral Cécille ℰ 35 63 27 27, Télex 172399,
Fax 35 63 27 11 – 🛗 📺 ☎ ₺ 🚗 ☲ 𝘝𝘐𝘚𝘈   CZ **m**
□ 29 – **81 ch** 260/280.

🏠 **Carmes** sans rest, 33 pl. Carmes ℰ 35 71 92 31 – 📺 ☎. 歷 ☲ 𝘝𝘐𝘚𝘈   EX **a**
□ 35 – **15 ch** 250/360.

🏠 **Viking** sans rest, 21 quai Havre ℰ 35 70 34 95, Télex 770092, Fax 35 89 97 12, ≤ – 📺 ☎.
☲ 𝘝𝘐𝘚𝘈   DY **y**
□ 30 – **37 ch** 215/305.

🏠 **Astrid** sans rest, pl. Gare ℰ 35 71 75 88, Télex 771351, Fax 35 88 53 25 – 🛗 📺 ☎. 歷 ⓪
☲ 𝘝𝘐𝘚𝘈   EV **s**
□ 30 – **40 ch** 220/350.

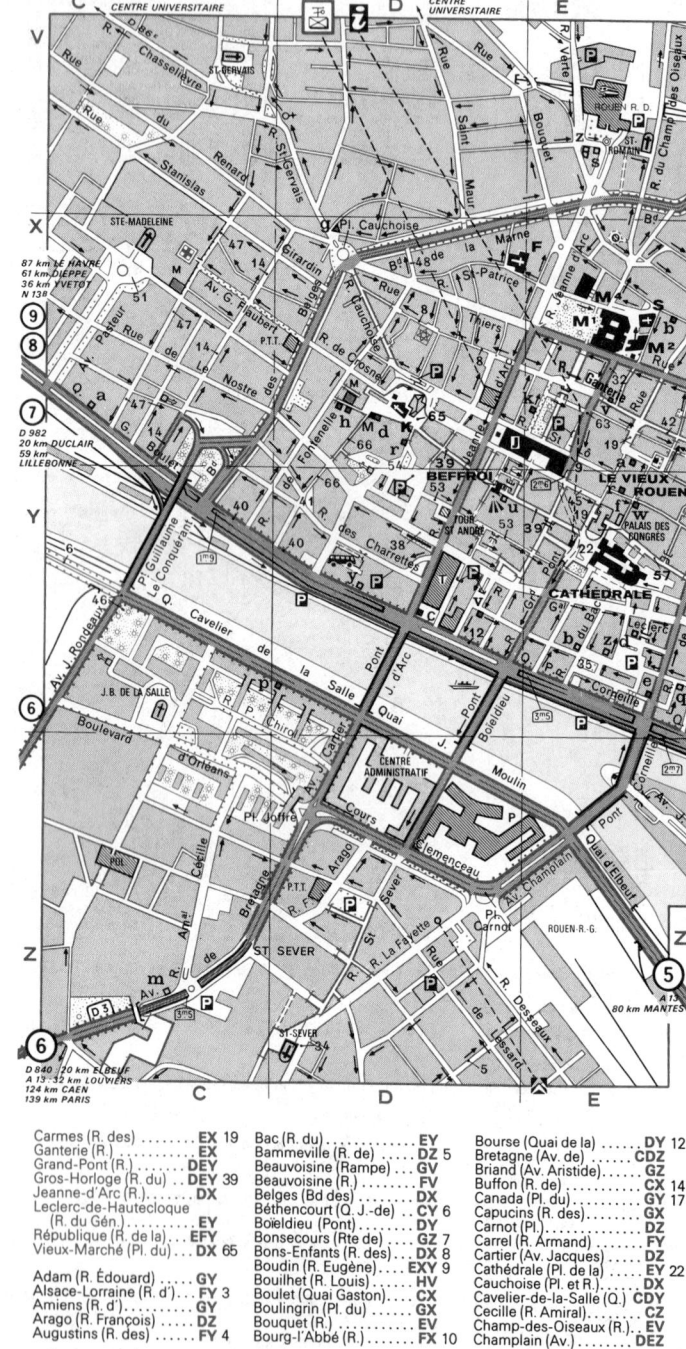

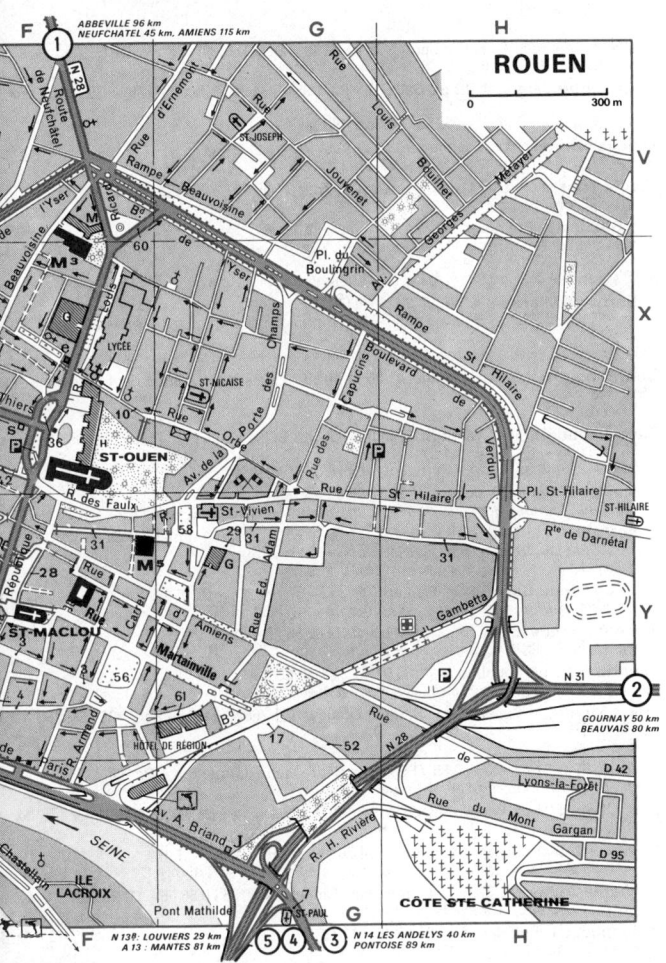

ROUEN

ABBEVILLE 96 km.
NEUFCHATEL 45 km. AMIENS 115 km.

0   300 m

N 138: LOUVIERS 29 km.
A 13 : MANTES 81 km.

N 14 LES ANDELYS 40 km.
PONTOISE 89 km.

GOURNAY 50 km.
BEAUVAIS 80 km.

🏠 **Québec** sans rest, 18 r. Québec ℰ 35 70 09 38, Télex 771530 – 📶 ☎. ⅈⅇ ⅇ 𝘷𝘪𝘴𝘢   EY
fermé 22 déc. au 3 janv. – ⇩ 25 – **38 ch** 140/295.

🏠 **Gaillardbois** sans rest, 12 pl. Gaillardbois ℰ 35 70 34 28, Télex 771135 – 📺 ☎. ⅈⅇ ⓞ
𝘷𝘪𝘴𝘢
fermé 24 déc. au 2 janv. – ⇩ 25 – **22 ch** 160/260.   EY

🏠 **Lisieux** sans rest, 4 r. Savonnerie ℰ 35 71 87 73 – ☎. ⅇ 𝘷𝘪𝘴𝘢   EY
fermé 24 déc. au 3 janv. – ⇩ 24 – **27 ch** 175/300.

🏠 **Vieille Tour** sans rest, 42 pl. Haute Vieille Tour ℰ 35 70 03 27 – 📶 ☎. ⅈⅇ ⓞ ⅇ 𝘷𝘪𝘴𝘢
⇩ 20 – **23 ch** 130/270.   EY

XXX ❀❀ **Gill**, 9 quai Bourse ℰ 35 71 16 14 – 🍽. ⓞ ⅇ 𝘷𝘪𝘴𝘢. ✹   EY
fermé 25 août au 10 sept., vacances de fév., dim. et lundi sauf le soir du 1er mai au 31 oc
et fériés – **R** 300/350 et carte
Spéc. Minestrone de homard (hiver), Pigeon à la rouennaise, Millefeuille.

XXX ❀ **Bertrand Warin**, 9 r. Pie ℰ 35 89 26 69, 🌳 – ⅇ 𝘷𝘪𝘴𝘢   DX
fermé 12 au 26 août et 1er au 8 janv. – **R** (nombre de couverts limité, prévenir) carte 330
440
Spéc. Fricassée de moules aux champignons, Canette à la rouennaise, Soufflé au chocolat.

XXX **Couronne**, 31 pl. Vieux Marché ℰ 35 71 40 90, « Maison normande du 14e siècle » – Ⓐ
ⓞ ⅇ 𝘷𝘪𝘴𝘢   DX
R 195/270.

XXX **Pascal Saunier**, à Mont-St-Aignan, 12 r. Belvédère ✉ 76130 Mont-St-Aigna
ℰ 35 71 61 06 – ⓟ ⅈⅇ ⅇ 𝘷𝘪𝘴𝘢   B
R (fermé 29 juil. au 12 août, dim. soir et lundi) 215/350, enf. 85.

XXX **L'Écaille**, 26 rampe Cauchoix ℰ 35 70 95 52 – ⅇ 𝘷𝘪𝘴𝘢   DVX
fermé 4 au 26 août, vacances de fév., dim. et lundi – **R** 130/230, enf. 120.

XXX ❀ **Beffroy** (Mme Engel), 15 r. Beffroy ℰ 35 71 55 27, Cadre normand – ⅈⅇ ⅇ 𝘷𝘪𝘴𝘢   EX
fermé 22 juil. au 19 août, dim. soir et lundi – **R** 155/275
Spéc. Panaché de poissons, Canard au Pommeau, Gibier (saison).

XXX **Aub. du Vieux Carré**, 34 r. Ganterie ℰ 35 71 67 70, 🌳 – ⅈⅇ ⅇ 𝘷𝘪𝘴𝘢   EX
fermé dim. (sauf le midi de sept. à juin) et lundi – **R** 105/210.

XXX **P'tits Parapluies**, 46 r. Bourg l'Abbé ℰ 35 88 55 26 – ⅈⅇ ⅇ 𝘷𝘪𝘴𝘢   FX
fermé 11 au 26 août, vacances de fév., lundi midi et dim. – **R** 210/280.

XX **Reverbère**, 5 pl. République ℰ 35 07 03 14 – ⅈⅇ ⅇ 𝘷𝘪𝘴𝘢   EY
fermé 5 au 25 août, 2 au 8 janv. et dim. – **R** 190 bc/290 bc.

XX **Vieux Moulin**, à Bapeaume r. Samuel Lecoeur ✉ 76820 Bapeaume ℰ 35 36 39 59 – ⓟ
ⅈⅇ ⓞ ⅇ 𝘷𝘪𝘴𝘢   A
R 95/270, enf. 80.

XX **Dufour**, 67 r. St-Nicolas ℰ 35 71 90 62, « Cadre vieux normand » – ⅈⅇ 𝘷𝘪𝘴𝘢   EY
fermé 1er au 21 août, dim. soir et lundi – **R** 140/220.

XX **Bois Chenu**, 23 pl. Pucelle d'Orléans ℰ 35 71 19 54 – ➳. ⅈⅇ ⓞ ⅇ 𝘷𝘪𝘴𝘢   DX
R 90/190, enf. 50.

X **Marine**, 42 quai Cavelier de la Salle ✉ 76100 ℰ 35 73 10 01 – ⅇ 𝘷𝘪𝘴𝘢   DY
fermé 5 au 27 août , 22 déc. au 7 jan. , sam. midi et dim. – **R** 150 bc 🍸.

X **La Vieille Auberge**, 37 r. St-Étienne-des-Tonneliers ℰ 35 70 56 65 – ⅈⅇ ⅇ 𝘷𝘪𝘴𝘢   DY
fermé 1er au 20 août, vacances de fév. et lundi – **R** 68/158.

X **Pascaline**, 5 r. Poterne ℰ 35 89 67 44 – ⅇ 𝘷𝘪𝘴𝘢   EX
R 55/95 🍸, enf. 28.

à Bonsecours par ③ : 3,5 km – 6 108 h. – ✉ 76240 :

XXX ❀ **La Butte** (Hervé), 69 rte Paris ℰ 35 80 43 11, 🌳 – ⅈⅇ ⓞ ⅇ 𝘷𝘪𝘴𝘢   B
fermé août, vacances Noël, dim. et lundi – **R** 200/320
Spéc. Pied de mouton à la rouennaise, Canardeau à la rouennaise, Pistou de homard en fricassée.

au Petit Quevilly SO : 4 km – 22 950 h. – ✉ 76140 Le Petit Quevilly :

🏠 **Fimotel** Ⓜ, 112 av. J. Jaurès ℰ 35 62 38 50, Télex 770132 – 📶 📺 ☎ ⅆ ➳ – 🏛 35. ⅈⅇ
ⓞ ⅇ 𝘷𝘪𝘴𝘢   A
R 60/120 🍸, enf. 34 – ⇩ 33 – **40 ch** 275/295 – ½ P 295.

au Grand Quevilly S : 5,5 km près parc des Expositions – 25 566 h. – ✉ 76120 :

🏠🏠 **Soretel** Ⓜ, av. Provinces ℰ 35 69 63 50, Télex 180743, Fax 35 69 42 28 – 📶 📺 ☎
🏛 120. ⅈⅇ ⓞ ⅇ 𝘷𝘪𝘴𝘢   A
R (fermé sam. midi et dim. soir) 85/165 🍸 – ⇩ 35 – **45 ch** 275/340 – ½ P 270/300.

au Parc des Expositions S : 6 km par N 138 – ✉ 76800 St-Étienne-du-Rouvray :

🏠🏠 **Novotel** Ⓜ 🦢, ℰ 35 66 58 50, Télex 180215, Fax 35 66 15 56, 🌳, 🏊, 🌲, ✗ – 📶
📶 ☎ ⅆ 🅿 – 🏛 200. ⅈⅇ ⓞ ⅇ 𝘷𝘪𝘴𝘢   A y
R carte environ 150 🍸, enf. 50 – ⇩ 47 – **139 ch** 390/440.

🏠 **Ibis** Ⓜ, ℰ 35 66 03 63, Télex 771014, Fax 35 66 62 55 – 📺 ☎ ⅆ 🅿 – 🏛 40 à 140. ⅇ 𝘷𝘪𝘴𝘢
R 77 🍸, enf. 35 – ⇩ 30 – **108 ch** 275/295.   A r

au Mesnil-Esnard par ③ : 6 km – 5 347 h. – ✉ 76240 :

St-Léonard ⬕, pl. Église, ℰ 35 80 16 88 – 📺 ☎ 🅟 **E** _VISA_   B **a**
R 85/200, enf. 50 – ☲ 25 – **25 ch** 145/230 – ½ P 180/225.

à Notre-Dame-de-Bondeville par ⑨ : 7,5 km – 6 727 h. – ✉ 76960 :

XX **Les Elfes** avec ch, ℰ 35 74 36 21 – **E** _VISA_
fermé vacances de fév., mardi soir, merc. soir et dim. soir – **R** 80/220, enf. 40 – ☲ 18 –
7 ch 120/140.

à St-Martin-du-Vivier par ① : 8 km – ✉ 76160 :

La Bertelière Ⓜ ⬕, ℰ 35 60 44 00, Télex 172327, Fax 35 61 56 63, 🍽, 🌳 – 📺 ☎ 🅟
– 🛎 50. 🖭 ⓞ **E** _VISA_
R *(fermé sam. midi et dim. soir)* 120/225 – ☲ 35 – **44 ch** 385/435 – ½ P 345.

sur N 14 par ③ : 9 km – ✉ 76520 Boos :

XX **Le Vert Bocage** avec ch, rte Paris ℰ 35 80 14 74 – 🅟 **E** _VISA_
R *(fermé dim. soir et lundi du 1ᵉʳ oct. au 30 mars)* 92/155 ⓑ – ☲ 25 – **19 ch** 220/280.

MICHELIN, Agence régionale, 24 bd Industriel à Sotteville-lès-Rouen B ℰ 35 73 63 73

BMW S.R.D.A., 122 r. de Constantine ℰ 35 98 33 77
CITROEN Succursale, 26 r. Lafayette DZ ℰ 35 73 41 28 Ⓝ ℰ 35 74 11 26
CITROEN Succursale, 144 av. Mont-Riboudet A ℰ 35 98 35 50 Ⓝ ℰ 35 74 11 26
FORD Gar. Guez, 135 r. Lafayette ℰ 35 72 76 84
LADA, SKODA Le Bastard, 135 r. de Constantine ℰ 35 98 54 68
MERCEDES-BENZ Autotechnic, 99 r. de Constantine ℰ 35 88 16 88 Ⓝ
NISSAN S.E.R.A., 32 av. de Caen ℰ 35 63 01 10
OPEL S.N.O.A., 31 av. de Caen ℰ 35 72 11 63
PEUGEOT-TALBOT S.I.A. de Normandie, 71/73 av. de Caen A e ℰ 35 72 24 84
PEUGEOT-TALBOT S.I.A. de Normandie, 116 av. Mont-Riboudet A ℰ 35 89 81 44

PORSCHE-MITSUBISHI Gar. Pillet, 118 bis av. Mont-Riboudet ℰ 35 70 84 24
RENAULT Succursale, 200 r. de Constantine A ℰ 35 88 21 21 Ⓝ ℰ (1) 05 05 15 15
V.A.G Blet, 90 av. Mont-Riboudet ℰ 35 88 45 45 Ⓝ ℰ 35 88 03 88

🛞 A.M.C.-Pneus, 110 r. d'Elbeuf ℰ 35 72 70 90
Ansselin-Pneus, 55 av. de Caen ℰ 35 62 00 24
CAP, Hangar n° 10 quai de Lesseps ℰ 35 07 08 95
Marsat-Pneus Normandie-Pneus, 28 r. F.-Arago pl Emmurées ℰ 35 72 32 38
Rouens Port Dpt Pneus, 46 r. de Lillebonne ℰ 35 71 72 97
Réparpneu, 141/143 pl. A.-Briand à Maromme ℰ 35 74 27 69

Périphérie et environs

AUSTIN, ROVER Rédélé-Autom., 1 r. Chevreul au Petit-Quevilly ℰ 35 73 24 02
CITROEN Succursale, centre commercial de Bois-Cany au Grand-Quevilly A ℰ 35 69 77 77 Ⓝ ℰ 35 74 11 26
FIAT Albion-Auto, r. Canal à Bapeaume ℰ 35 74 44 74
FIAT Gar. Pillet, 128 av. J.-Jaurès au Petit-Quevilly ℰ 35 72 96 96
PEUGEOT-TALBOT Bossart Autos, 94 r. Martyrs-de-la-Résistance à Maromme A s ℰ 35 74 22 83
RENAULT Succursale, 20 pl. Chartreux au Petit-Quevilly A ℰ 35 73 01 73
RENAULT Gar. Astoria, 1871 rte de Neufchâtel à Bois-Guillaume B ℰ 35 61 17 14
RENAULT Gar. du Chemin de Clères, 138 chemin de Clères à Bois-Guillaume B a ℰ 35 71 22 70

RENAULT Renault, Bois Cany au Grand Quévily ℰ 35 69 30 60
V.A.G Blet, centre commercial du Bois-Cany au Grand-Quevilly ℰ 35 69 69 45 Ⓝ ℰ 35 88 03 88
V.A.G Socap, 164 r. de Paris au Mesnil-Esnard ℰ 35 80 15 55

🛞 Regnier, 18 av. J.-Jaurès au Petit-Quevilly ℰ 35 72 67 01
Rouen-Pneus, r. Cateliers ZI Madrillet à St-Étienne-du-Rouvray ℰ 35 65 34 13
S.R.C.-Pneus, bd Industriel à Sotteville-lès-Rouen ℰ 35 72 50 90
SITEC, 51 à 59 bd 11-Novembre, Le Petit Quevilly ℰ 35 72 16 06
Subé-Pneurama, r. Chesnaie, St-Étienne-du-Rouvray ℰ 35 65 24 53

ROUFFACH 68250 H.-Rhin 🖸🖸 ⑱ G. Alsace Lorraine – 4 939 h. alt. 204.
Paris 454 – Colmar 15 – ◆Bâle 60 – Belfort 60 – Guebwiller 10 – ◆Mulhouse 28 – Thann 27.

Château d'Isenbourg ⬕, ℰ 89 49 63 53, Télex 880819, Fax 89 78 53 70, ≤, 🍽, 🏊, 🏓,
🌳, 💫 – 🛎 ☎ 🅟 – 🛎 30. **E** _VISA_
fermé 13 janv. au 9 mars – **R** 240/320, enf. 120 – ☲ 70 – **37 ch** 650/1250, 3 appart. 1600 –
½ P 695/995.

A la Ville de Lyon Ⓜ, r. Poincaré ℰ 89 49 62 49 – 🛎 ☎ 🅟 – 🛎 40. 🖭 ⓞ **E** _VISA_
fermé 15 fév. au 15 mars – **R** *(fermé lundi)* 93/315 ⓑ, enf. 65 – ☲ 35 – **43 ch** 220/300 –
½ P 245.

à Bollenberg SO : 6 km par N 83 et VO – ✉ 68250 Westhalten :

XX **Vieux Pressoir,** ℰ 89 49 67 10, Fax 89 49 76 16, 🍽 – 🅟 🖭 ⓞ **E** _VISA_
fermé 20 déc. au 10 janv. – **R** 140/390 ⓑ, enf. 60.

CITROEN Sauter ℰ 89 49 61 46   FORD Habermacher ℰ 89 49 60 08 Ⓝ

ROUFFIAC-TOLOSAN 31 H.-Gar. 🖸🖸 ⑧ – rattaché à Toulouse.

ROUFFILLAC 24 Dordogne 🖸🖸 ⑱ – ✉ 24370 Carlux.
Paris 536 – Brive-la-Gaillarde 49 – Sarlat-la-Canéda 17 – Gourdon 25.

Cayre, ℰ 53 29 70 24, 🏊, 💫 – ☎ 🅟 **E** _VISA_
fermé oct. – **R** 64/200 – ☲ 27 – **18 ch** 220/330 – ½ P 248.

ROUGÉ 44660 Loire-Atl. 63 ⑦ – 2 082 h. alt. 80.
Paris 352 – Châteaubriant 10 – Laval 80 – ♦ Rennes 45.

⚱ **Koste Ar C'Hoad,** ℘ 40 28 84 18 – **ⓟ, E** 𝑉𝐼𝑆𝐴
→ **R** (fermé sam. et dim.) (dîner pour résidents seul.) 50 ♨, enf. 30 – ☑ 20 – **15 ch** 90/200 –
½ P 170.

Le ROUGET 15290 Cantal 76 ⑪ – 910 h. alt. 606.
Paris 561 – Aurillac 25 – Figeac 44 – Laroquebrou 15 – St-Céré 37 – Tulle 76.

🏠 **Voyageurs,** ℘ 71 46 10 14 – ☎ **ⓟ.** ⅌⅌ ch
→ **R** 55 bc/150 bc ♨ – ☑ 18 – **44 ch** 160/180 – ½ P 130/160.
CITROEN Gar. Fau ℘ 71 46 11 03 **N**　　　　　　　RENAULT Gar. Montimart ℘ 71 46 15 47
PEUGEOT-TALBOT Gar. Lajarrige ℘ 71 46 15 63

ROUGIVILLE 88 Vosges 62 ⑰ – rattaché à St-Dié.

ROULLET 16 Charente 72 ⑬ – rattaché à Angoulême.

ROUMAZIÈRES-LOUBERT 16270 Charente 72 ⑤ – 3 146 h. alt. 223.
Paris 432 – Angoulême 48 – Chabanais 13 – Confolens 18 – ♦Limoges 59 – Nontron 65 – Ruffec 39.

🏨 **Commerce** M, av. Gare ℘ 45 71 21 38, 😤, 🌲 – ☎ **ⓟ** – 🔬 50. 𝑉𝐼𝑆𝐴
→ **R** 70/250 ♨, enf. 38 – ☑ 29 – **18 ch** 120/350 – ½ P 235/290.
PEUGEOT-TALBOT Gar. Voisin ℘ 45 71 21 27

Les ROUSSES 39220 Jura 70 ⑮⑯ G. Jura – 2 573 h. alt. 1 120 – Sports d'hiver : 1 120/1 680 m ⤋39 ⛷.
Voir Gorges de la Bienne★ O : 3 km.
🏌 les Mélèzes à Chapelle-des-Bois (25) ℘ 81 69 21 82 ; N : 24 km par N 5 puis D 18.
🅱 Office de Tourisme ℘ 84 60 02 55.
Paris 467 – ♦Genève 47 – Gex 30 – Lons-le-Saunier 66 – Nyon 25 – St-Claude 33.

🏨 ❀ **France** (Petit) M, ℘ 84 60 01 45, 😤 – 📺 ☎ **ⓟ** – 🔬 30. **AE ①** **E** 𝑉𝐼𝑆𝐴
fermé 10 au 28 juin et 18 nov. au 13 déc. – **R** 120/360 ♨ – ☑ 38 – **34 ch** 350/415 –
½ P 290/370
Spéc. Crème de Saint-Jacques (sept. à avril), Turbot à l'unilatéral à la moelle, Coeur de pigeon en
salmigondis. Vins Arbois, Pupillin.

🏨 **La Redoute** (Annexe M 🐾🔲📺-7 ch), ℘ 84 60 00 40, Fax 84 60 04 59 – **ⓟ** – 🔬 30. **E**
𝑉𝐼𝑆𝐴
fermé 18 nov. au 10 déc. – **R** 80/200, enf. 50 – ☑ 25 – **26 ch** 250/300 – ½ P 265/280.

🏨 **Relais des Gentianes,** ℘ 84 60 50 64, Fax 84 60 04 58, 😤, 🌲 – 📺 ☎. **AE ①** **E** 𝑉𝐼𝑆𝐴
fermé 3 au 29 juin, 15 au 31 oct. et lundi d'oct. à déc. – **R** 92/210, enf. 55 – ☑ 30 – **14 ch**
225/292 – ½ P 285.

🏨 **Chamois** 🐾, à Noirmont N : 2 km ℘ 84 60 01 48, ≼ – 😒 **ⓟ.** 𝑉𝐼𝑆𝐴
fermé mai, vend. soir et sam. du 15 nov. au 15 déc. – **R** 75/200 ♨ – ☑ 25 – **12 ch** 175/215
– ½ P 240.

🏠 **des Rousses,** ℘ 84 60 00 02, 😤 – 📺 😒. **E** 𝑉𝐼𝑆𝐴
→ ouvert : 1er juil.-31 oct., week-ends de nov. et 15 déc.-15 avril – **R** 65/77 ♨, enf. 35 –
☑ 25 – **13 ch** 140/205 – ½ P 175/210.

à la Cure SE : 2,5 km – ✉ 39220 Les Rousses :

🅇🅇 **Arbez,** ℘ 84 60 02 20 – **E** 𝑉𝐼𝑆𝐴. ⅌⅌
fermé 15 nov. au 15 déc., lundi soir et mardi hors sais. – **R** 110/170, enf. 50.
OPEL Gar Michelin P. ℘ 84 60 51 46　　　　　　RENAULT Gar. des Neiges ℘ 84 60 02 54 **N**

ROUSSILLON 84220 Vaucluse 81 ⑬ G. Provence (plan) – 1 313 h. alt. 390.
Voir Site★ du village★.
Paris 726 – Apt 11 – Avignon 48 – Bonnieux 12 – Carpentras 44 – Cavaillon 27 – Sault 36.

🏨 **Mas de Garrigon** 🐾, N : sur D 2 : 3 km par C 7 ℘ 90 05 63 22, Fax 90 05 70 01, ≼ le
Luberon, 😤, 🏊 – ⅌⅌ rest 📺 ☎ **ⓟ.** ⅌⅌ rest
R (fermé 15 nov. au 27 déc., dim. soir et lundi) (prévenir) 150/300 – ☑ 65 – **7 ch** 600/670
– ½ P 600/750.

🏨 **Résidence des Ocres** 🐾 sans rest, rte Gordes ℘ 90 05 60 50 – 📺 😒 **ⓟ**
16 ch.

🅇🅇 **David,** Place de la Poste ℘ 90 05 60 13, ≼ falaises et vallée, 😤 – **①** **E** 𝑉𝐼𝑆𝐴
fermé 25 nov. au 10 déc., 4 fév. au 20 mars, lundi et mardi sauf fériés – **R** (week-ends et
fêtes prévenir) 110 bc/280 ♨, enf. 50.

🅇🅇 **La Tarasque,** ℘ 90 05 63 86, ≼ – ≼⅏. **AE ①** **E** 𝑉𝐼𝑆𝐴
fermé 15 fév. au 15 mars et merc. – **R** (prévenir) 165/242.

🅇🅇 **Val des Fées,** ℘ 90 05 64 99 – **AE ①** **E** 𝑉𝐼𝑆𝐴. ⅌⅌
1er mars-30 nov. et fermé merc. et jeudi – **R** 100/135.

27350 Eure 54 ⑱ Ⓖ Normandie Vallée de la Seine – 1 079 h. alt. 145.

Voir La Haye-de-Routot : ifs millénaires★ N : 4 km.

Paris 152 – ◆Rouen 36 – Bernay 47 – Évreux 68 – ◆Le Havre 54 – Pont-Audemer 18.

XX **L'Écurie,** ℰ 32 57 30 30 – **E** 𝗩𝗜𝗦𝗔
fermé 29 juil. au 5 août, 13 janv. au 7 fév., dim. soir et lundi – **R** 85 (sauf sam. soir)/210.

CITROEN Gar. Bocquier ℰ 32 57 30 48   PEUGEOT-TALBOT Gar. Lefieux ℰ 32 57 31 23

ROUVRES-EN-XAINTOIS **88500** Vosges 62 ⑭ – 385 h. alt. 318.

Paris 318 – Épinal 43 – Lunéville 61 – Mirecourt 9 – ◆Nancy 57 – Neufchâteau 31 – Vittel 24.

🏠 **Burnel,** au village ℰ 29 65 64 10, Fax 29 65 68 88, 🐎 – 📺 ☎ & Ⓟ. 𝖠𝖤 **E** 𝗩𝗜𝗦𝗔
R (fermé 22 au 31 déc. et dim. soir hors sais.) 74/230 ⅃, enf. 60 – ⊑ 25 – **18 ch** 145/280 –
½ P 240/300.

ROUVRES-LA-CHÉTIVE **88** Vosges 62 ⑬ – rattaché à Neufchâteau.

Bonne route avec **36.15 MICHELIN**
Économies en temps, en argent, en sécurité.

ROYAN **17200** Char.-Mar. 171 ⑮ Ⓖ Poitou Vendée Charentes – 18 125 h. alt. 20 – Casino Sporting Casino
à Pontaillac A.

Voir Front de mer★ C – Église N.-Dame★ B E – Corniche★ et Conche★ de Pontaillac A.

Tₛ de Royan Côte de Beauté ℰ 46 23 16 24, par ④ : 7 Km.

Bac: pour la Pointe de Grave : renseignements ℰ 56 09 60 84.

🄳 Office de Tourisme Palais des Congrès ℰ 46 38 65 11, Télex 790441 et pl. Poste ℰ 46 05 04 71.

Paris 504 ① – ◆ Bordeaux 121 ② – Périgueux 174 ② – Rochefort 41 ⑤ – Saintes 38 ①.

Plan page suivante

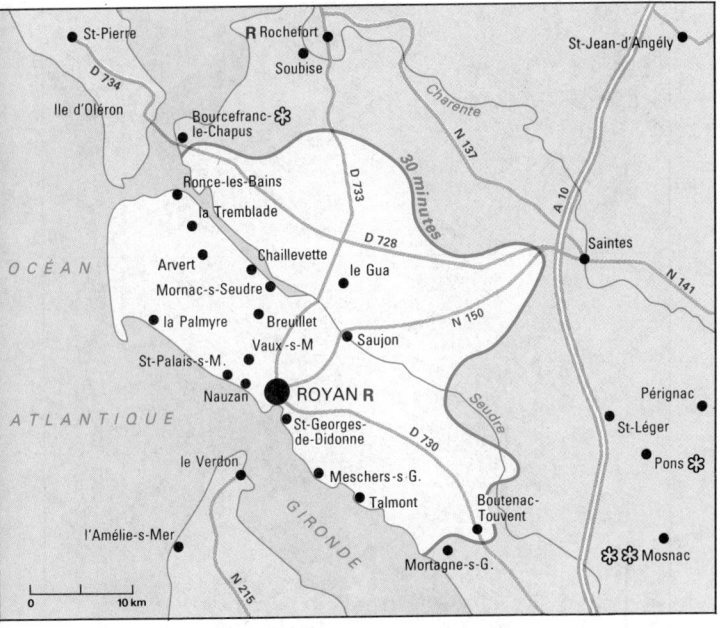

🏠 **Family Golf H.** Ⓜ sans rest, 28 bd Garnier ℰ 46 05 14 66, ⩽ Pointe de Grave – 🛗 📺
☎ Ⓟ **E** 𝗩𝗜𝗦𝗔   C m
Pâques- 1ᵉʳ oct. – ⊑ 35 – **30 ch** 320/450.

🏠 **France,** 2 r. Gambetta ℰ 46 05 02 29, Télex 791565, ⩽ – 🛗 📺 ☎. 𝖠𝖤 ⓪ **E** 𝗩𝗜𝗦𝗔   B h
R (fermé lundi sauf juil-août) 95/230 – ⊑ 35 – **38 ch** 250/500 – ½ P 260/385.

🏠 **Beau Rivage** sans rest, 9 façade Foncillon ℰ 46 39 43 10, ⩽ – 🛗 ☎. **E** 𝗩𝗜𝗦𝗔. 🛥   B z
⊑ 30 – **22 ch** 285/360.

ROYAN

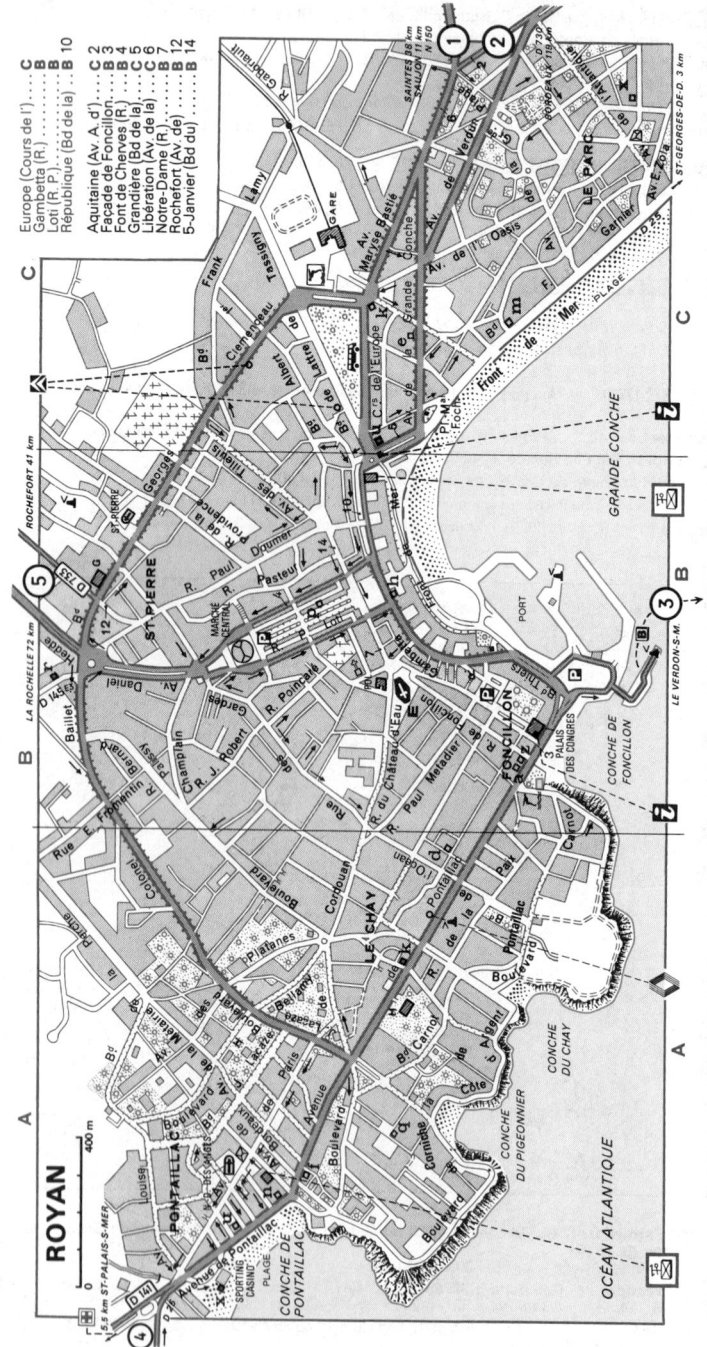

🏠 Beauséjour, 32 av. Grande Conche 🍃 46 05 09 40, 🍴 – 📺 ☎ 📧 VISA   C **e**
hotel : fermé dim. d'oct. à mars ; rest. : fermé le midi d'oct. à Pâques – **R** 92/105 – 🍽 28 –
14 ch 215/285 – ½ P 234/268.

🏠 Corinna 🍃 sans rest, 5 r. Amazones 🍃 46 39 82 53 – ☎ 🅿. 🍴   A **d**
23 mars-7 avril et 1er mai-23 sept. – 🍽 25 – **14 ch** 215/275.

🏠 Bleuets, 21 façade Foncillon 🍃 46 38 51 79 – 📺 ☎ 📧 VISA. 🍴   B **a**
R *(fermé 15 déc. au 15 janv. et week-ends hors sais.)* (dîner seul.) 60/90, enf. 50 – 🍽 25 –
16 ch 235/275 – ½ P 233/253.

🏠 Vialard sans rest, 23 bd A.-Briand 🍃 46 05 84 22 – 📺 ☎ 📧 VISA   B **p**
🍽 27 – **23 ch** 135/250.

🏠 Le Girondin, 109 cours Europe 🍃 46 05 01 26 – 🛗 📺 ☎ 📧 VISA   C **k**
fermé 15 déc. au 31 janv. – **R** *(fermé dim. soir et lundi du 14 oct. au 31 mars)* 69/240 –
🍽 24 – **47 ch** 135/245 – ½ P 235/268.

XXX Trois Marmites, 37 av. Ch. Regazzoni 🍃 46 38 66 31, 🍴 – 📧 VISA   B **r**
fermé dim. soir et lundi du 1er oct. au 1er mai sauf vacances scolaires – **R** 135/230.

XX Le Chalet, 6 bd La Grandière 🍃 46 05 04 90 – 📧 📧 VISA   C **u**
fermé 1er fév. au 2 mars et merc. sauf juil.-août – **R** 98/280, enf. 45.

X Relais de la Mairie, 1 r. Chay 🍃 46 39 03 15 – 📧 📧 VISA   A **k**
fermé vacances de fév., dim. soir hors sais. et mardi – **R** 65 (sauf fêtes)/140 🍷, enf. 40.

X Le Squale, 102 av. Semis 🍃 46 05 51 34 – 📧 VISA   C **x**
fermé 15 déc. au 1er mars et jeudi – **R** 92/120, enf. 45.

quartier Pontaillac :

🏠 Gd H. de Pontaillac sans rest, 195 av. Pontaillac 🍃 46 39 00 44, ≤, 🌿 – 🛗 ☎ 🚗. 📧
VISA   A **u**
1er mai-fin sept. – 🍽 35 – **42 ch** 340/430.

🏠 Miramar sans rest, 173 av. Pontaillac 🍃 46 39 03 64, Fax 46 39 23 75, ≤ – 📺 ☎. 📧 📧
📧 VISA   A **n**
Pâques-15 oct. et vacances de nov. – 🍽 38 – **25 ch** 298/355.

🏠 Résidence de Saintonge et rest Pavillon Bleu 🍃, allée des Algues 🍃 46 39 00 00,
🌿 – 📺 ☎ 🕭 🅿. 📧 VISA. 🍴 rest   A **q**
23 mars-30 sept. – **R** 65/165 – 🍽 30 – **40 ch** 185/320 – ½ P 280/300.

🏠 Bellevue, 122 av. Pontaillac 🍃 46 39 06 75, ≤ – ☎ 🅿. 📧 VISA   A **f**
1er mars-1er nov. – 🍽 28 – **31 ch** 195/285.

XX La Jabotière, près Casino 🍃 46 39 91 29, ≤, 🍴 – 📧 📧 📧 VISA   A **x**
fermé 23 au 29 déc., 2 au 31 janv. et lundi hors sais. – **R** 150/350, enf. 45.

rte de St-Palais par ④ : 3,5 km – ✉ *17640 Vaux-sur-Mer :*

🏠 Résidence de Rohan 🍃 sans rest, conche de Nauzan 🍃 46 39 00 75, Fax 46 38 29 99,
≤, « Belle demeure du 19e siècle dans un parc », 🍴 – 📺 ☎ 🅿. 📧 VISA
fermé 15 nov. au 20 mars – 🍽 40 – **41 ch** 390/600.

X La Biche au Bois avec ch, D 25 🍃 46 39 01 52, 🌿 – 📧 VISA. 🍴
23 mars-22 sept. et fermé merc. du 24 mars au 6 juin – **R** 50/96, enf. 32 – 🍽 21 – **12 ch**
200/220 – ½ P 189/199.

à Vaux-sur-Mer par ④ et D 141 : 4,5 km – ✉ *17640 :*

XX Logis de Mélisandre avec ch, av. Malakoff 🍃 46 38 46 00, 🍴, 🌿 – 📺 rest ☎ 🅿. VISA
fermé 14 nov. au 30 oct., lundi soir et mardi – **R** 110/200 – 🍽 28 – **11 ch** 190/220 – ½ P 270.

au Breuillet NO : 10 km par D 141 et D 140 : voir à St-Palais

BMW Gar. Bienvenue, 43 av. M.-Bastié 🍃 46 05 01 62	PEUGEOT-TALBOT Gar. Richard, Zone Commerciale, rte de Saintes par ① 🍃 46 05 03 55
CITROEN Casagrande, 24 bd de Lattre-de-Tassigny 🍃 46 05 04 26	🔌 🍃 46 05 24 24
CITROEN Corpron, 20 bd Clemenceau 🍃 46 05 07 66	RENAULT Gar. du Chay, 75 av. de Pontaillac 🍃 46 38 48 88
FORD Gar. Zanker, 11 r. Notre-Dame 🍃 46 05 69 87	V.A.G Automobiles 17, Royan 2, rte de Saintes 🍃 46 05 54 75
MERCEDES-BENZ, Thomas, Zone Commerciale, rte de Saintes 🍃 46 05 00 49	
NISSAN Gar. Cassagnau, 44 av. Mar.-Leclerc 🍃 46 05 01 66	🔧 Moyet-Pneus, 50 bd de Lattre-de-Tassigny 🍃 46 05 17 23 Royan-Pneus, av. Libération 🍃 46 05 46 93

ROYAT 63130 P.-de-D. 🔢 ⑭ G. Auvergne – 4 094 h. alt. 456 – Stat. therm. (4 avril-23 oct.).

Voir Église St-Léger★ A.

🏌 des Volcans à Orcines 🍃 73 62 15 51, par ③ : 9 km ; 🏌 de Charade 🍃 73 35 73 09, SO :
6 km par ②, D 5 et D 5F.

Circuit automobile de montagne d'Auvergne.

🎫 Syndicat d'Initiative pl. Allard 🍃 73 35 81 87.

Paris 403 ① – ♦Clermont-Fd 3,5 ① – Aubusson 92 ③ – La Bourboule 49 ③ – Le Mont-Dore 47 ②.

Accès et sorties : voir plan de Clermont-F

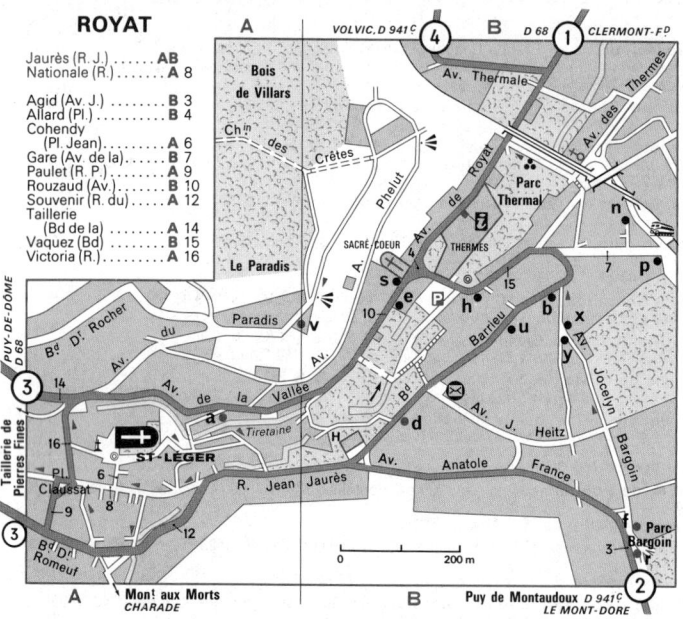

ROYAT

Métropole, bd Vaquez ℰ 73 35 80 18 – 🛗 ☎ & E 𝘝𝘐𝘚𝘈, 🍽 rest B **h**
5 mai-28 sept. – **R** 140/170 – ⬜ 36 – **75 ch** 180/540, 5 appart. 750 – ½ P 310/455.

Royal H. St-Mart, av Gare ℰ 73 35 80 01, 🌿 – 🛗 ☎ 🅿 – 🎱 35. E 𝘝𝘐𝘚𝘈 B **n**
5 mai-30 sept. – **R** 115/240, enf. 45 – ⬜ 30 – **61 ch** 220/400 – ½ P 210/370.

Richelieu, av. A. Rouzaud ℰ 73 35 86 31 – 🛗 📺 ☎ E 𝘝𝘐𝘚𝘈, 🍽 rest B **e**
2 avril-début oct. – **R** 95, enf. 50 – ⬜ 25 – **60 ch** 160/400 – ½ P 190/304.

Univers, av. Gare ℰ 73 35 81 28 – 🛗 ☎, 🍽 rest B **p**
7 avril-1er oct. – **R** 94/115 – ⬜ 25 – **44 ch** 130/275 – P 250/290.

Parc Majestic ⑄ sans rest, av. J. Bargoin ℰ 73 35 84 36, 🌿 – 🛗 📶 ☎ 🚗 🅿. 🍽 B **x**
25 avril-5 oct. – ⬜ 25 – **18 ch** 180/320.

Barrieu [M], 1 bd Barrieu ℰ 73 35 82 50 – 📺 ☎ 🅿. E 𝘝𝘐𝘚𝘈 B **t**
1er avril-27 oct. – **R** 75/150 – ⬜ 25 – **30 ch** 210/300 – P 260/290.

Athena sans rest, av. A. Rouzaud ℰ 73 35 80 32 – 🛗 📺 ☎. AE ⓞ E 𝘝𝘐𝘚𝘈 B **s**
⬜ 24 – **24 ch** 200/310.

Chalet Camille, bd Barrieu ℰ 73 35 80 87, 🌿 – ☎ 🅿. E 𝘝𝘐𝘚𝘈 B **u**
fermé nov. – **R** 90/130, enf. 45 – ⬜ 25 – **23 ch** 180/220 – P 240/260.

Cottage ⑄, av. Jocelyn Bargoin ℰ 73 35 82 53, 🌿 – ☎ 🅿. 🍽 rest B **y**
début avril-30 sept. – **R** 65/90 – ⬜ 18 – **35 ch** 110/230 – P 210/240.

Le Paradis, av. Paradis ℰ 73 35 85 46, ≤ Royat et Clermont, 🏡, 🌿 – 🅿. AE E. AB **v**
𝘝𝘐𝘚𝘈
fermé 2 au 12 oct., janv., dim. soir et lundi – **R** 140/240 ⚖, enf. 60.

Belle Meunière avec ch, av. Vallée ℰ 73 35 80 17, 🏡 – ☎ 🚗. AE ⓞ E 𝘝𝘐𝘚𝘈 A **a**
fermé 1er au 17 nov., vacances de fév., dim. soir, merc. et jeudi – **R** 130/320, enf. 60 –
⬜ 30 – **8 ch** 195/260 – ½ P 250/275.

La Pépinière avec ch, av. Pasteur par bd Dr Romeuf ℰ 73 35 81 19 – ☎ 🅿. E 𝘝𝘐𝘚𝘈
*hôtel : ouvert 1er avril-25 oct.; rest.: fermé 1er nov. au 15 déc. mardi du 15 déc. au 1er avril
et lundi* – **R** 125/195 ⚖ – ⬜ 25 – **21 ch** 100/160 – P 160/195.

Aub. Écu de France, av. J.-Agid ℰ 73 35 81 81, 🏡 – E 𝘝𝘐𝘚𝘈 B **r**
fermé 15 au 30 nov., 1er au 15 mars, merc. et dim. hors sais. – **R** 75/160, enf. 75.

L'Hostalet, bd Barrieu ℰ 73 35 82 67 – E 𝘝𝘐𝘚𝘈 B **d**
fermé mars, janv., fév., dim. soir, lundi et mardi midi – **R** 100 bc/170.

L'Oasis, 31 av. Bargoin ℰ 73 35 82 79 – E 𝘝𝘐𝘚𝘈 B **f**
fermé fév., dim. soir et lundi sauf fériés – **R** 80/160.

CITROEN Gar. Boyer, 50 av. Thermes, à Chamalières ℰ 73 37 71 57

RENAULT Valleix, 57 bd Gambetta, à Chamalières B ℰ 73 93 11 43

Paris 112 ⑤ – Compiègne 40 ⑤ – ♦Amiens 42 ⑥ – Arras 74 ⑦ – St-Quentin 46 ②.

ROYE

Amiens (R. d') 2
Basse-Ville (R.) 3
Dr-Duquesnel (R.) 4
Fontaines (R. des) 5
Jaurès (Av. Jean-) 7
Nesle (R. de) 8
Nord (Bd du) 10
Noyon (R. de) 12
Paris (R. de) 13
Péronne (R. de) 14
St-Médard (R.) 15

Évitez de fumer

au cours du repas

vous altérerez votre goût

et vous gênez vos voisins.

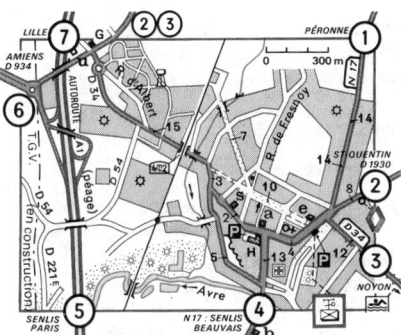

🏨 **Motel des Lions** Ⓜ, rte Rosières (u) ℰ 22 87 20 61, Télex 140586, Fax 22 87 24 83 – 📺
🕿 & 🅿 – 🔬 130. 🆎 ⓞ Ⓔ 𝚅𝙸𝚂𝙰
R *(fermé 25 déc. au 1er janv.)* 90/160 🍴, enf. 42 – ⵘ 40 – **43 ch** 280/315 – ½ P 238/250.

🅇🅇🅇 ❀ **La Flamiche,** pl. H. de Ville (a) ℰ 22 87 00 56 – ✲. 🆎 ⓞ Ⓔ 𝚅𝙸𝚂𝙰
fermé 8 au 16 juil., 22 déc. au 31 janv., dim. soir et lundi – **R** 190/395, enf. 120
Spéc. Flamiche aux poireaux (sept. à mai), Pressé d'anguille de Somme aux girolles, Colvert des marais aux
épices douces (juil. à fév.).

🅇🅇🅇 **Croix d'Or,** 123 rte Paris (b) ℰ 22 87 11 57, ☞ – 🅿. 🆎 ⓞ Ⓔ 𝚅𝙸𝚂𝙰
fermé 1er au 23 août, vacances de fév., mardi soir et merc. – **R** 110, enf. 48.

🅇🅇 **Central et rest. Florentin** avec ch, 36 r. Amiens (s) ℰ 22 87 11 05 – 🍽️ rest. Ⓔ 𝚅𝙸𝚂𝙰
fermé 3 au 12 mars, 2 au 10 sept., 23 déc. au 5 janv. dim. soir et lundi – **R** 85/175 – ⵘ 20
– **8 ch** 100/160.

🅇🅇 **Nord** avec ch, pl. République (e) ℰ 22 87 10 87 – 🕿. Ⓔ 𝚅𝙸𝚂𝙰
fermé 18 au 31 juil., 7 au 28 fév., mardi soir et merc. – **R** 85/240 – ⵘ 24 – **7 ch** 120/180.

RENAULT Péronne Automobile Roye, 10 r. de   ⬤ Fischbach Pneu, 12 r. de Péronne
Nesle ℰ 22 87 07 88   ℰ 22 87 11 03

Paris 60 – Coulommiers 18 – Meaux 36 – Melun 31 – Provins 39 – Sézanne 58.

🏨 **Les 3 Épis** Ⓜ sans rest, 2 av. Épi ℰ (1) 64 25 65 25, Fax (1) 64 25 70 04 – 📺 🕿 & 🅿.
🆎 ⓞ Ⓔ 𝚅𝙸𝚂𝙰
ⵘ 35 – **55 ch** 270/300.

🅇🅇 **France** avec ch, ℰ (1) 64 25 77 57 – 🕿. 🆎 ⓞ Ⓔ 𝚅𝙸𝚂𝙰
fermé vacances de fév., lundi (sauf hôtel) et dim. soir – **R** 122/175 – ⵘ 35 – **10 ch** 185/245.

CITROEN Gar. Lemaire ℰ (1) 64 25 60 61   RENAULT Gar. Mirat ℰ (1) 64 25 60 54

Voir Terrasses du Truel ≤★ E : 3,5 km.

Env. Corniche du Causse Noir ≤★★ SE : 13 km puis 15 mn.

🛈 Syndicat d'Initiative ℰ 65 62 60 89.

Paris 641 – Mende 63 – Florac 62 – Millau 21 – Sévérac-le-Château 31 – Le Vigan 78.

🏨 **Gd H. Muse et Rozier** Ⓜ ᛊ, à la Muse (D 907) rive dte du Tarn ⊠ 12720 Peyreleau
(Aveyron) ℰ 65 62 60 01, Fax 65 62 63 88, ≤, ☞, « Au bord de l'eau », ☞ – 🛗 📺 🕿 🅿
– 🔬 45. 🆎 ⓞ Ⓔ 𝚅𝙸𝚂𝙰
fermé janv. et fév. – **R** 155/190, enf. 65 – ⵘ 45 – **35 ch** 410/520 – ½ P 385/440.

🏨 **Voyageurs,** ℰ 65 62 60 09 – 🛗 🕿. 🆎 Ⓔ 𝚅𝙸𝚂𝙰. ❀
3 mars-1er oct. – **R** 85/150 🍴, enf. 40 – ⵘ 28 – **29 ch** 200/380 – ½ P 220/250.

🏨 **Doussière** sans rest, ℰ 65 62 60 25 – 🆎 ⓞ Ⓔ 𝚅𝙸𝚂𝙰
Pâques-11 nov. – ⵘ 22 – **20 ch** 105/220.

Voir Chapelle du St-Esprit★.

Paris 190 – Abbeville 25 – ♦Amiens 68 – Berck-Plage 23 – Le Crotoy 8.5.

🏨 **Lion d'Or,** r. Barrière ℰ 22 25 74 18, Fax 22 25 66 63 – 📺 🕿 🅿. Ⓔ 𝚅𝙸𝚂𝙰. ❀ ch
fermé 14 au 18 oct., 9 déc. au 7 janv. et dim. soir de janv. à mars – **R** *(fermé dim. soir
sauf juil.-août et fériés)* 65/140 🍴, enf. 48 – ⵘ 28 – **16 ch** 210/280 – ½ P 210/230.

RENAULT Dupont Frères, RD 940 à Quend ℰ 22 27 46 08

RUFFIAC 47 L.-et-G. 79 ⑬ — rattaché à Casteljaloux.

RUFFIEUX 73310 Savoie 74 ⑤ — 454 h. alt. 296.

Paris 518 — Annecy 40 — Aix-les-Bains 21 — Bellegarde-sur-Valserine 35 — Bourg-en-Bresse 90 — ◆Lyon 110.

🏨 **Château de Collonges** ⑤, ℰ 79 54 27 38, Télex 319144, ≤, 🍴, parc, 🏊 – ⇔ rest 📺
☎ 🅿 ⅍ ⓞ 🇪 𝘝𝘐𝘚𝘈. ⅍ rest
fermé janv., fév., mardi midi et lundi du 15 sept. au 15 juin – **R** 180/400, enf. 75 – 🖂 55 –
9 ch 520/780 – ½ P 520/610.

RUGY 57 Moselle 57 ④ — rattaché à Metz.

RUMILLY 74150 H.-Savoie 74 ⑤ G. Alpes du Nord — 9 236 h. alt. 345.

Paris 535 — Annecy 17 — Aix-les-Bains 20 — Bellegarde-sur-Valserine 35 — Belley 45 — ◆Genève 51.

à Sales N : 3 km par D 16 – 🖂 74150 :

✗ **La Salière,** ℰ 50 01 48 70, 🍴 – **🅿 🇪 𝘝𝘐𝘚𝘈**
fermé 25 août au 5 sept., mardi soir et merc. – **R** 95/140.

à Moye NO : 4 km par D 231 – 🖂 74150 :

🏨 **Relais du Clergeon** ⑤, ℰ 50 01 23 80, ≤, 🍴, 🎠, 🌳 – **☎ 🅿 – 🛄 50. 🅰🅴 ⓞ 🇪 𝘝𝘐𝘚𝘈**
➡ ⅍ ch
fermé 26 août au 2 sept., vacances de nov., 15 janv. au 9 mars, dim. soir et lundi –
R 65/250, enf. 48 – 🖂 27 – **19 ch** 140/295 – ½ P 190/250.

CITROEN Gar. Lacrevaz, 7 r. J.-Béard   RENAULT Desvignes, 3 r. J.-Béard ℰ 50 01 10 83
ℰ 50 01 11 75
PEUGEOT-TALBOT Gantelet, rte d'Aix-les-Bains
ℰ 50 01 41 81 🅽 ℰ 50 01 01 64

RUNGIS 94 Val-de-Marne 61 ①, 101 ㉖㉗ — voir à Paris, Environs.

RUOMS 07120 Ardèche 80 ⑨ G. Provence — 1 839 h. alt. 120.

Voir Défilé★ NO : 2,5 km — Gorges de la Beaume★ O : 4 km — Auriolles : Promenade★ à
Labeaume SO : 4 km puis 30 mn.

Paris 654 — Alès 52 — Aubenas 24 — Pont-St-Esprit 54.

🏨 **Savel** ⑤, ℰ 75 39 60 02, 🍴, parc – ☜ **🅿 🇪 𝘝𝘐𝘚𝘈**
➡ *fermé lundi d'oct. à mai* – **R** 65/165 ⅍, enf. 35 – 🖂 25 – **16 ch** 200/260 – ½ P 220/225.

rte des Vans - D 111 – 🖂 07120 Ruoms :

🏨 **La Chapoulière,** à 3,5 km ℰ 75 39 65 43, 🍴 – **☎ 🅿 🇪 𝘝𝘐𝘚𝘈**. ⅍ ch
1er avril-30 sept. – **R** 80/150 ⅍, enf. 45 – 🖂 30 – **11 ch** 180/280 – ½ P 210/235.

domaine du Rouret près Grospierres, SO : 13 km par D 111 – 🖂 07120 Ruoms :

🏨 **Le Caleou** Ⓜ ⑤, ℰ 75 93 60 00, Télex 345478, Fax 75 93 97 46, ≤, 🍴, « Parc ombragé
et complexe de loisirs », 🏊, 🎾, ✗ – 🍽 🗐 📺 **☎ & 🅿 – 🛄 200. 🅰🅴 ⓞ 🇪 𝘝𝘐𝘚𝘈**. ⅍ rest
R 170/195, enf. 65 – 🖂 45 – **118 ch** 510/770 – ½ P 420/485.

CITROEN Dupland ℰ 75 39 61 23   RENAULT Bouschon ℰ 75 39 61 08 🅽
🅽 ℰ 75 39 61 94

RUPT-SUR-MOSELLE 88360 Vosges 62 ⑯⑰ — 3 570 h. alt. 425.

Paris 398 — Epinal 39 — Lure 37 — Luxeuil-les-Bains 30 — Remiremont 12 — Le Thillot 11.

✗✗ **Centre** avec ch, r. Église ℰ 29 24 34 73, Fax 29 24 45 26 – **☎ 🅿 🅰🅴 ⓞ 🇪 𝘝𝘐𝘚𝘈**
fermé 6 au 28 janv., dim. soir et lundi sauf vacances scolaires – **R** 90/280 ⅍, enf. 50 –
🖂 24 – **11 ch** 115/300 – ½ P 160/220.

RUYNES-EN-MARGERIDE 15320 Cantal 76 ⑭⑮ — 591 h. alt. 914.

Paris 514 — Aurillac 89 — Langeac 47 — Le Puy 81 — St-Chély-d'Apcher 31 — St-Flour 13.

🏨 **Moderne** ⑤, ℰ 71 23 41 17, 🌳 – **☎ 🅿 – 🛄 50. 🇪 𝘝𝘐𝘚𝘈**
➡ *mi-mars-début oct.* – **R** 50/115 ⅍, enf. 40 – 🖂 22 – **33 ch** 105/160 – ½ P 150/180.

RENAULT Brun ℰ 71 23 42 31

SAALES 67420 B.-Rhin 62 ⑧ — 919 h. alt. 560.

Voir Vallée de la Bruche★ NE, G. Alsace Lorraine.

Paris 399 — ◆Strasbourg 69 — Molsheim 47 — Raon-l'Étape 29 — St-Dié 20 — Sélestat 40.

🏨 **Roche des Fées,** ℰ 88 97 70 90, Fax 88 97 75 16, 🍴 – **☎ 🅿 🅰🅴 ⓞ 🇪 𝘝𝘐𝘚𝘈**
fermé 16 au 28 oct., 15 janv. au 25 fév., mardi soir et merc. du 15 oct. à fin avril – **R**
100/235 ⅍, enf. 35 – 🖂 32 – **14 ch** 135/255 – ½ P 195.

LES SABLES-D'OLONNE

Casinos de la plage AZ, Casino des Sports CY.

Voir Le Remblai★ BCZ.

🛈 Office Municipal de Tourisme r. Mar.-Leclerc ♪ 51 32 03 28 et pl. Navarin (juil.-août) ♪ 51 21 08 30.

Paris 458 ② – La Roche-sur-Yon 36 ② – Angoulême 204 ④ – Cholet 101 ② – ◆Nantes 94 ② – Niort 110 ④ –
Poitiers 184 ④ – Rochefort 129 ④ – La Rochelle 90 ④.

Plan page précédente

🏨🏨 **Atlantic H.** Ⓜ, 5 prom. Godet ♪ 51 95 37 71, Télex 710474, Fax 51 95 37 30, ≤, ☒ – 📶
≣ rest 📺 ☎ – 🔄 30. 🆎 ⓄⒷ Ⓔ 𝒱𝒾𝒮𝒜 BY **y**
R (fermé dim. d'oct. à avril) 96/198, enf. 49 – 🍽 42 – **30 ch** 315/688 – ½ P 463/528.

🏨🏨 **Roches Noires** Ⓜ sans rest, 12 prom. G. Clemenceau ♪ 51 32 01 71, Télex 710474,
Fax 51 95 37 30, ≤ – 📶 📺 ☎ ᴴ. 🆎 ⓄⒷ Ⓔ 𝒱𝒾𝒮𝒜 BY **s**
🍽 37 – **37 ch** 323/595.

🏨🏨 ❀ **Beau Rivage** (Drapeau), 40 prom. G. Clemenceau ♪ 51 32 03 01, ≤ – 📺 ☎. 🆎 ⓄⒷ Ⓔ
𝒱𝒾𝒮𝒜 CZ **v**
fermé 6 au 17 oct., 22 déc. au 22 janv., dim. soir et lundi d'oct. à mai sauf fériés –
R 170/450, enf. 100 – 🍽 38 – **18 ch** 195/550 – ½ P 445/545
Spéc. Feuilleté de homard aux morilles, Tournedos de turbot au poivre, Pavé de boeuf et millefeuille. Vins
Muscadet-sur-lie, Anjou-Villages.

🏨🏨 **Arundel**, 8 bd F. Roosevelt ♪ 51 32 03 77, Télex 701755 – 📶 📺 ☎ – 🔄 30. 🆎 ⓄⒷ Ⓔ
𝒱𝒾𝒮𝒜. ﹪rest AZ **k**
R 105/205 – 🍽 40 – **42 ch** 400/550.

🏨 **Les Hirondelles**, 44 r. Corderies ♪ 51 95 10 50, Fax 51 32 31 01 – 📶 ☎ ᴴ. Ⓟ. Ⓔ 𝒱𝒾𝒮𝒜
hôtel : 1er avril-30 sept. ; rest. : 1er juin-30 sept. – **R** (résidents seul.) 90/150, enf. 80 – 🍽 30
– **60 ch** 300/350 CZ **r**

🏨 **Chêne Vert**, 5 r. Baudière ♪ 51 32 09 47 – 📶 📺 ☎. Ⓔ 𝒱𝒾𝒮𝒜 CZ **p**
◆ fermé 27 sept. au 21 oct., 20 déc. au 10 janv., sam. (sauf hôtel) d'oct. à mars et dim. d'oct.
à mai – **R** 43/96 ᗱ, enf. 30 – 🍽 24 – **33 ch** 195/265 – ½ P 200/230.

🏨 **Antoine**, 60 r. Napoléon ♪ 51 95 08 36 – ☎ ⟵. Ⓔ 𝒱𝒾𝒮𝒜. ﹪ AZ **a**
hôtel : 20 mars-4 nov. et merc. ; rest. : 20 mars-30 sept. – **R** (dîner seul.)
100/120 – 🍽 27 – **19 ch** 230/280 – ½ P 235/270.

🏨 **Alizé H.** sans rest, 78 av. A. Gabaret ♪ 51 32 44 90 – ☎. Ⓔ 𝒱𝒾𝒮𝒜. ﹪ BY **n**
fermé 20 déc. au 10 fév. et dim. du 1er oct. au 30 avril – 🍽 23 – **24 ch** 150/250.

🏨 **Merle Blanc** sans rest, 59 av. A. Briand ♪ 51 32 00 35, ☞ CY **t**
15 mars-30 sept. – 🍽 22 – **31 ch** 80/210.

🏨 **Calme des Pins**, 43 av. A. Briand ♪ 51 21 03 18 – ☞. Ⓟ. 𝒱𝒾𝒮𝒜. ﹪ ch CY **v**
hôtel : Pâques-30 sept. ; rest. : 15 juin-15 sept. et fermé lundi soir – **R** 80/120 – 🍽 30 –
31 ch 290/300 – P 200/300.

🍽🍽 **La Calypso**, 6 quai Franqueville ♪ 51 21 31 57 – ≣. 🆎 Ⓔ 𝒱𝒾𝒮𝒜 BZ **u**
fermé janv. et lundi sauf juil.-août – **R** 96/175, enf. 48.

🍽🍽 **Au Capitaine**, 5 quai Guiné ♪ 51 95 18 10 – 🆎 ⓄⒷ Ⓔ 𝒱𝒾𝒮𝒜 AZ **e**
fermé fév., dim. soir et lundi du 15 sept. au 15 juin – **R** 75/245.

🍽🍽 **Le Clipper**, 19 bis quai Guiné ♪ 51 32 03 61 – Ⓔ 𝒱𝒾𝒮𝒜 AZ **b**
◆ fermé fév., 18 au 24 nov. et merc. sauf le soir en juil.-août – **R** 60/170.

🍽 **Théâtre**, 20 bd F. Roosevelt ♪ 51 32 00 92 – ≣. Ⓔ 𝒱𝒾𝒮𝒜 AZ **d**
◆ mi-fév.-fin sept. et fermé lundi en juil.-août, mardi soir et merc. de sept. à juin – **R** 50/150,
enf. 37.

au Lac de Tanchet par la Corniche : 2,5 km – ✉ 85100 Les Sables d'Olonne :

🏨🏨 **Mercure** Ⓜ ⤻, ♪ 51 21 77 77, Télex 700739, Fax 51 21 77 80, ≤, ♨, centre de
thalassothérapie, ☒ – 📶 ⤻ ch ≣ rest 📺 ☎ ᴴ. Ⓟ – 🔄 25 à 120. 🆎 ⓄⒷ Ⓔ 𝒱𝒾𝒮𝒜 CY **f**
fermé au 21 janv. – **R** 135/150, enf. 50 – 🍽 53 – **100 ch** 495/575.

CITROEN Olonne Sce Autom., av. du Pas du Bois
au Château-d'Olonne par ④ ♪ 51 21 36 36
PEUGEOT-TALBOT Olonauto, ZAC le Pas du Bois,
au Château-d'Olonne par ④ ♪ 51 21 06 18
TOYOTA Gar. des Olonnes, av. R.-Coty, au
Château-d'Olonne par ④ ♪ 51 32 01 63

V.A.G Gar. Tixier, La Mouzinière, au Château-
d'Olonne ♪ 51 32 41 04

🛢 Pneus Sablais, 14 av. J.-Jaurès ♪ 51 32 03 92

🏌 ♪ 96 41 42 57, SE.

Paris 450 – St-Malo 45 – Dinan 44 – Dol-de-Bretagne 59 – Lamballe 27 – St-Brieuc 39 – St-Cast 20.

🏨 **Bon Accueil**, ♪ 96 41 42 19, ☞ – 📶 ☜ ᴴ. Ⓟ. Ⓔ 𝒱𝒾𝒮𝒜. ﹪ rest
◆ 24 mars-30 sept. – **R** 67/140, enf. 47 – 🍽 30 – **39 ch** 170/320 – ½ P 195/270.

🏨 **Voile d'Or**, ♪ 96 41 42 49, ≤, ☞ – 📺 ☎ ᴴ. Ⓟ. Ⓔ 𝒱𝒾𝒮𝒜. ﹪ ch
15 mars-15 nov. et fermé mardi midi et lundi hors sais. sauf vacances scolaires – **R** 80/275,
enf. 55 – 🍽 32 – **18 ch** 168/315 – ½ P 232/315.

🏨 **Manoir St-Michel** ⤻ sans rest, à la Carquois, E : 1,5 km par D 34 ♪ 96 41 48 87, ☞ –
☎ ᴴ. Ⓟ. Ⓔ 𝒱𝒾𝒮𝒜
Pâques-12 nov. – 🍽 30 – **17 ch** 280/480, 3 duplex 750.

🏨 **Morgane** sans rest, ℰ 96 41 46 90, 🦤 – 🕾 **Ⓟ**. **E** 𝘝𝘐𝘚𝘈
1ᵉʳ avril-30 sept. – 😅 35 – **20 ch** 260/370.

🏨 **Diane** sans rest, ℰ 96 41 42 07, 🦤 – 🕿 **Ⓟ**. **E** 𝘝𝘐𝘚𝘈
23 mars-8 avril et 1ᵉʳ mai-1ᵉʳ oct. – 😅 28 – **46 ch** 120/300.

🏨 **L'Abordage,** ℰ 96 41 51 11, ≤ – 🔋 🕾 🕹 **Ⓟ**
saisonnier – **39 ch**.

🏨 **Ajoncs d'Or,** ℰ 96 41 42 12 – 🕾 **Ⓟ**. **E** 𝘝𝘐𝘚𝘈. 🍽 rest
➡ *mai-fin sept.* – **R** 70/240, enf. 50 – 😅 27 – **70 ch** 140/300 – ½ P 170/275.

🏡 **Pins,** ℰ 96 41 42 20, 🦤 – **Ⓟ**. **E** 𝘝𝘐𝘚𝘈
➡ *23 mars-30 sept.* – **R** 65/142, enf. 45 – 😅 25 – **22 ch** 140/180 – ½ P 180/200.

à la Plage du Vieux Bourg de Pléhérel E : 3,5 km par D 34 – ✉ **22240** Fréhel :

🏡 **Plage et Fréhel** 🌿, ℰ 96 41 40 04, ≤, – 🕿 **Ⓟ**. **E** 𝘝𝘐𝘚𝘈. 🍽 rest
➡ *29 mars-6 oct., 27 oct.-13 nov. et fermé mardi sauf vacances de printemps* – **R** 70/177 –
😅 26 – **27 ch** 136/270 – ½ P 177/223.

Gar. Hamon ℰ 96 41 42 48

🛈 Office de Tourisme pl. R.-Elizé ℰ 43 95 00 60.
Paris 250 – ♦Le Mans 50 – Angers 64 – La Flèche 26 – Laval 43 – Mayenne 59.

🏩 **Campanile,** 9 av. Ch. de Gaulle ℰ 43 95 30 53, Télex 723808, 🍴, 🦤 – 📺 🕿 🕹 **Ⓟ** –
🚗 30. **E** 𝘝𝘐𝘚𝘈
R 74 bc/98 bc, enf. 39 – 😅 27 – **39 ch** 248 – ½ P 225/249.

à Solesmes NE : 3 km par D 22 – ✉ **72300**
Voir "Saints de Solesmes"★★ dans l'église★ (chant grégorien) – Pont ≤★.

🏨 **Grand Hôtel** 🅼, ℰ 43 95 45 10, Télex 722903, Fax 43 95 22 26, 🎣, 🦤 – 🔋 📺 🕾 –
🚗 60. **AE** ⓪ **E** 𝘝𝘐𝘚𝘈
fermé fév. et dim. soir du 1ᵉʳ nov. au 31 mars – **R** 100/250, enf. 50 – 😅 37 – **34 ch** 330/400
– ½ P 300.

SE : 3 km rte de La Flèche – ✉ **72300** Sablé-sur-Sarthe :

🏡 **Aster,** ℰ 43 92 28 96, Fax 43 95 22 26 – 📺 🕿 🕹 **Ⓟ**. **E** 𝘝𝘐𝘚𝘈
➡ **R** *(fermé dim. soir)* 64/98 🍷, enf. 35 – 😅 26 – **30 ch** 169 – ½ P 149.

CITROEN Gar. Alteam, rte du Mans ℰ 43 95 06 51   🔵 Perry-Pneus, RN ZA rte de la Flèche
PEUGEOT-TALBOT SCRA, 113 r. St-Nicolas   ℰ 43 92 20 35
ℰ 43 95 00 82 🅽
V.A.G Gar. Bodinier, 3 r. Role à Solesmes
ℰ 43 95 45 08

Voir Ecomusée★ de Marquèze NO : 4 km.
Paris 681 – Mont-de-Marsan 35 – Arcachon 86 – ♦Bayonne 110 – ♦Bordeaux 93 – Mimizan 40.

🏨 **Aub. des Pins** 🌿, ℰ 58 07 50 47, 🍴, parc – 📺 🕿 🕹 **Ⓟ** – 🚗 60. 𝘝𝘐𝘚𝘈. 🍽
fermé 15 au 30 nov., janv., dim. soir et lundi hors sais. – **R** 80/300, enf. 70 – 😅 35 – **26 ch**
240/580.

Paris 476 – Aurillac 83 – ♦Clermont-Ferrand 92 – Mauriac 27 – Le Mont-Dore 57 – Ussel 38.

🏨 **Relais Arverne** 🌿, ℰ 71 40 62 64, 🦤 – 🕿 **Ⓟ**. **AE** **E** 𝘝𝘐𝘚𝘈
➡ *fermé 1ᵉʳ au 10 oct., fév., vend. soir et dim. soir d'oct. à mars* – **R** 50/155 🍷, enf. 35 – 😅 20
– **11 ch** 115/165 – ½ P 117/147.

CITROEN Gar. Brigoux, rte d'Auzer ℰ 71 40 62 11   RENAULT Gar. Tribout, av. Gare ℰ 71 40 61 11
🅽

Voir Gorges du Sègre★ E : 2 km.
🛈 Syndicat d'Initiative (juil.-août) ℰ 68 04 72 89.
Paris 893 – Bourg-Madame 9 – Font-Romeu 12 – Mont-Louis 12 – ♦Perpignan 91.

🏨 **Planes** (La Vieille Maison Cerdane), ℰ 68 04 72 08 – 🔋 📺 🕿 🕹. **AE** **E** 𝘝𝘐𝘚𝘈
fermé 15 oct. au 15 déc. – **R** 90/200, enf. 58 – 😅 28 – **20 ch** 130/205 – ½ P 200/225.

🏨 **Planotel** 🅼 🌿, ℰ 68 04 72 08, ≤, 🦤 – 📺 🕿 **Ⓟ**. **AE** **E** 𝘝𝘐𝘚𝘈
1ᵉʳ juin-30 sept. et vacances scolaires – **R** voir H. **Planes** – 😅 28 – **20 ch** 150/220 –
½ P 210/225.

à Llo E : 3 km par D 33 – alt. 1412 – ⊠ **66800** – **Voir** Site★.

🏨 **Aub. Atalaya** ⑤, ℰ 68 04 70 04, Fax 68 04 01 29, ≤, 佘, « Jolie auberge rustique », ⬛
– 🔟 ☎ ⟲. 🖪 ⱱⱭⱭ ※ rest
fermé 5 nov. au 20 déc. – **R** *(fermé mardi midi et lundi hors sais.)* 138/170 – ☲ 42 – **13 ch**
400/520 – ½ P 375/440.

à Eyne NE : 8 km par N 116 et D 29 – alt. 1 600 – ⊠ **66800** :

🏨 **Aub. d'Eyne** ⑤, ℰ 68 04 71 12, ≤, 佘, « Jolie auberge rustique », ⪢ – ☎ ⟲ 🅿. ⯅
◍ 🖪 ⱱⱭⱭ
R *(fermé lundi sauf vacances scolaires)* 115/400, enf. 55 – ☲ 40 – **11 ch** 395 – ½ P 318.

à Super-Eyne NE : 10 km – alt. 1750 – ⊠ **66800** Saillagouse :

🏠 **Roc Blanc** Ⓜ ⑤, ℰ 68 04 72 72, ≤ forêt et vallée – ⪢. ⯅ 🖪 ⱱⱭⱭ
1ᵉʳ juin-30 sept. et 15 déc.-15 avril – **R** 82/140, enf. 48 – ☲ 26 – **23 ch** 190/290 –
½ P 190/245.

CITROEN Éts Rougé ℰ 68 04 70 55   RENAULT Gar. Domenech ℰ 68 04 70 30 🅽

SAINS-DU-NORD 59177 Nord 🔢 ⑥ **G. Flandres Artois picardie** – 3 409 h. alt. 240.
Paris 213 – Avesnes-sur-Helpe 7 – Fourmies 10 – Guise 39 – Hirson 23 – ♦Lille 106 – Vervins 34.

✕ **Centre** avec ch, r. Léo Lagrange ℰ 27 59 15 02 – 🅿. 🖪 ⱱⱭⱭ
⟶ *fermé 15 août au 15 sept., vend. soir, dim. soir et fériés* – **R** 70/150 ⅋, enf. 50 – ☲ 20 –
7 ch 180/220 – ½ P 220/300.

ST-AFFRIQUE 12400 Aveyron 🔳 ⑬ **G. Gorges du Tarn** (plan) – 9 188 h. alt. 329.
🛈 Office de Tourisme bd Verdun (avril-août) ℰ 65 99 09 05.
Paris 673 – Albi 82 – Castres 94 – Lodève 72 – Millau 31 – Rodez 81.

🏨 **Moderne**, à la gare ℰ 65 49 20 44, Télex 300121 – ☎. ⯅ 🖪 ⱱⱭⱭ
fermé 7 au 13 oct. (sauf hôtel) et 15 déc. au 15 janv. – **R** 82/240 ⅋, enf. 63 – ☲ 29 – **39 ch**
105/340 – ½ P 147/295.

CITROEN Bousquet, 29 bd V.-Hugo ℰ 65 49 30 15   ⑨ Maury, rte de Vabres, Le Vern ℰ 65 99 06 83
PEUGEOT-TALBOT Pujol, 36 bd E.-Borel   Vaygalier-Maison du Pneu, 7 bd de Verdun
ℰ 65 49 21 09   ℰ 65 49 01 23
PEUGEOT-TALBOT Martin, av. J.-Bourgougnon
ℰ 65 99 01 42

ST-AGRÈVE 07320 Ardèche 🔢 ⑨⑱ **G. Vallée du Rhône** (plan) – 2 723 h. alt. 1 050.
Voir Mont Chiniac ≤★★.
🛈 Syndicat d'Initiative à la Mairie (15 juin-15 sept. et vacances scolaires) ℰ 75 30 15 06.
Paris 578 – Aubenas 76 – Lamastre 21 – Privas 73 – Le Puy 52 – ♦St-Étienne 73 – Yssingeaux 39.

🏠 **Faurie** sans rest, ℰ 75 30 11 60, ⪢ – ⟲ 🅿
⟶ *19 mai-fin sept.* – ☲ 24 – **30 ch** 100/230.

🏠 **L'Arrachée** sans rest, ℰ 75 30 10 12, ⬛ – ☎. ⱱⱭⱭ
fermé mardi – ☲ 26 – **10 ch** 140/240.

🔺 **Boissy-Teyssier**, ℰ 75 30 12 43
⟶ *fermé 20 sept. au 20 oct. et sam. hors sais.* – **R** 65/125 ⅋ – ☲ 24 – **11 ch** 110/160 –
½ P 130/170.

🔺 **Cévennes**, ℰ 75 30 10 22, 佘 – ☎. 🖪 ⱱⱭⱭ. ※ rest
fermé nov. et jeudi du 15 sept. au 15 juin sauf vacances scolaires – **R** 75/180 ⅋, enf. 50 –
☲ 26 – **10 ch** 140/280 – ½ P 180/220.

PEUGEOT, TALBOT Chazallet ℰ 75 30 12 23   Gar. Grandouiller-Maneval ℰ 75 30 26 08
RENAULT Gar. Chareyron ℰ 75 30 14 12   🅽 ℰ 75 30 16 91

ST-AIGNAN 41110 L.-et-Ch. 🔢 ⑰ **G. Châteaux de la Loire** (plan) – 3 690 h. alt. 84.
Voir Crypte★★ de l'église★ – 🛈 Office de Tourisme (juil.-août) ℰ 54 75 22 85.
Paris 219 – ♦Tours 61 – Blois 39 – Châteauroux 64 – Romorantin-Lanthenay 33 – Vierzon 57.

🏨 **Clos du Cher** Ⓜ ⑤ sans rest, le Bœuf Couronné, N : 1 km ⊠ 41140 Noyers-sur-Cher
ℰ 54 75 00 03, Fax 54 75 03 79, parc – 🔟 ☎ ⅋. 🅿. ⯅ ◍ 🖪 ⱱⱭⱭ. ※
fermé 15 nov. au 29 fév. – ☲ 50 – **10 ch** 390/530.

🏨 **Gd H. St-Aignan**, ℰ 54 75 18 04, ≤ – ☎ ⟲ 🅿 – 🔏 25. ⯅ 🖪 ⱱⱭⱭ
⟶ *fermé 19 au 24 nov., 10 au 25 fév., dim. soir et lundi du 1ᵉʳ nov. au 31 mars* – **R** 70/170 ⅋,
enf. 65 – ☲ 24 – **23 ch** 85/290 – ½ P 170/290.

✕✕ **Relais Touraine et Sologne**, le Bœuf Couronné N : 1 km ⊠ 41140 Noyers-sur-Cher
ℰ 54 75 15 23, Fax 54 75 03 79 – 🅿. ◍ 🖪 ⱱⱭⱭ. ※
fermé 4 janv. au 20 fév., mardi soir et merc. du 6 oct. au 14 juin – **R** 98/255, enf. 60.

✕ **Gare** avec ch, à la gare de Noyers N : 2 km sur D 675 ⊠ 41140 Noyers-sur-Cher
⟶ ℰ 54 75 16 38 – 🅿. 🖪 ⱱⱭⱭ. ※ ch
fermé 6 janv. au 6 fév., dim. soir et lundi – **R** 58/189 ⅋ – ☲ 22 – **10 ch** 90/130 –
½ P 130/150.

PEUGEOT-TALBOT Gar. Danger, La Croix-Michel   RENAULT Touraine Sologne Autom., à Seigy
ℰ 54 75 19 72   ℰ 54 75 40 18

ST-AIGULIN 17360 Char.-Mar. 🗺️5 ③ – 2 220 h. alt. 31.
Paris 511 – Angoulème 64 – Bergerac 68 – Jonzac 49 – Libourne 38 – Périgueux 71.

☎ **France,** à la gare 🕾 46 04 80 08, 🍽️, 🦐 – 🚗 🅿️. 🗜️ 𝚅𝙸𝚂𝙰
↦ fermé 1er au 20 sept., vend. soir et dim. soir – **R** 50/160 🍷 – ☲ 17 – **12 ch** 75/200 –
½ P 140/180.

ST-ALBAN-DE-MONTBEL 73 Savoie 🗺️4 ⑮ – rattaché à Aiguebelette-le-Lac.

ST-ALBAN-LES-EAUX 42370 Loire 🗺️3 ⑦ – 813 h. alt. 470.
Paris 389 – Roanne 12 – Lapalisse 45 – Montbrison 59 – ♦St-Étienne 90 – Thiers 54 – Vichy 62.

XX **St-Albanais,** 🕾 77 65 84 23 – 🗜️ 𝚅𝙸𝚂𝙰
↦ fermé 1er au 15 août, vacances de fév., mardi soir et merc. – **R** 65/220 🍷, enf. 40.

ST-ALBAN-SUR-LIMAGNOLE 48120 Lozère 🗺️6 ⑮ – 2 160 h. alt. 950.
Paris 549 – Mende 41 – Espalion 74 – Le Puy 75 – St-Chély-d'Apcher 13 – Sévérac-le-Château 84.

🏠 **Relais St Roch** Ⓜ, Château de la Chastre 🕾 66 31 55 48, Fax 66 31 53 26, 🏊, 🦐 – 📺
☎ 🅿️. 🗜️ 🗜️ 𝚅𝙸𝚂𝙰
↦ fermé 15 déc. au 15 mars – **R** (fermé lundi) 78/188, enf. 68 – ☲ 34 – **10 ch** 220/360 –
½ P 232/279.

🏠 **Centre,** 🕾 66 31 50 04 – 🔁 ☎. 🗜️ 🗜️ 𝚅𝙸𝚂𝙰
↦ fermé janv. et lundi d'oct. à avril – **R** 50/110 🍷 – ☲ 22 – **20 ch** 75/220 – ½ P 100/165.

ST-AMAND-MONTROND ⟨🆂🅿️⟩ 18200 Cher 🗺️9 ①⑪ G. Berry Limousin – 12 801 h. alt. 162.
Voir Ancienne abbaye de Noirlac★★ 4 km par ⑦.
Env. Château de Meillant★★ 8 km par ①.
🅱 Office de Tourisme pl. République 🕾 48 96 16 86.
Paris 280 ⑤ – Bourges 44 ⑤ – Châteauroux 67 ⑤ – Montluçon 49 ⑤ – Moulins 85 ③ – Nevers 77 ③.

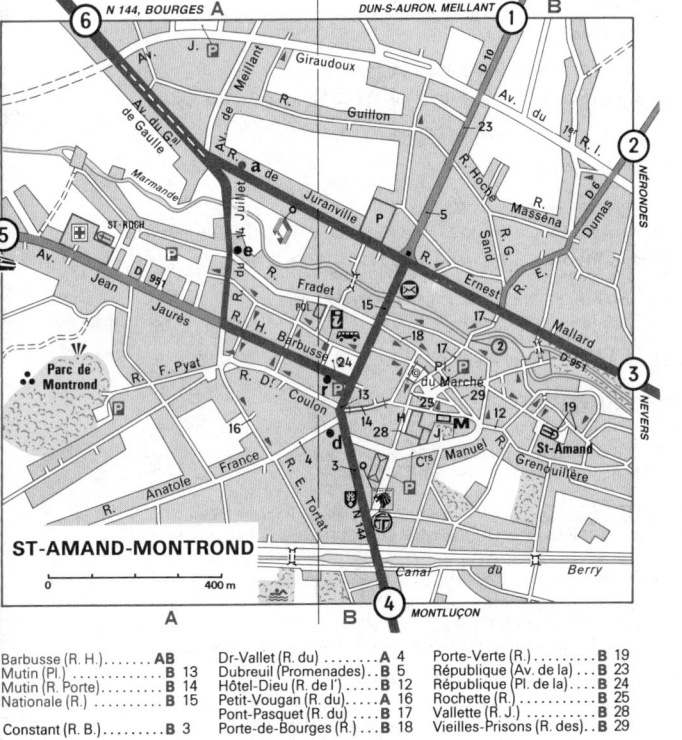

ST-AMAND-MONTROND

🏨 **L'Amandois** Ⓜ, 7 r. H. Barbusse ℰ 48 63 72 00, Fax 48 96 77 11 – 📶 🖵 ☎ ⅄ 🅿. 🆑
⓪ 🅴 𝗩𝗜𝗦𝗔   B **r**
R 80/150 ⅄, enf. 40 – ☲ 30 – **27 ch** 230/290 – ½ P 250.

🏨 **Le Noirlac** Ⓜ, rte Bourges par ⑦ : 1,5 km ℰ 48 96 80 80, Fax 48 96 63 88, 🍴, ⅃ – 🖵
⯇ ☎ ⅄ 🅿 – 🍴 70. 🆑 🅴 𝗩𝗜𝗦𝗔
R 68/240 ⅄, enf. 40 – ☲ 25 – **43 ch** 200/230 – ½ P 195.

🏨 **Poste,** 9 r. Dr Vallet ℰ 48 96 27 14 – 🖵 ☎ ⯇ 🅿. 🅴 𝗩𝗜𝗦𝗔   B **d**
fermé 25 nov. au 12 janv. et lundi du 1ᵉʳ sept. au 8 juil. sauf fériés – **R** 98/220 ⅄ – ☲ 28 –
22 ch 150/280.

✗✗ **Croix d'Or** avec ch, 28 r. 14-Juillet ℰ 48 96 09 41 – ☎. 🅴 𝗩𝗜𝗦𝗔. ✗ ch   A **e**
R (fermé 15 au 31 janv., vend. soir et sam. midi hors sais.) 75/270, enf. 35 – ☲ 25 – **15 ch**
145/260.

✗ **Boeuf Couronné,** 86 r. Juranville ℰ 48 96 42 72 – 🅿. 🅴 𝗩𝗜𝗦𝗔   A **a**
fermé 26 juin au 11 juil., 1ᵉʳ au 22 janv., mardi soir et merc. – **R** 72/190, enf. 42.

     à Bruère-Allichamps par ⑦ : 8,5 km – ✉ 18200 :

🏨 **Les Tilleuls,** rte Noirlac ℰ 48 61 02 75, 🍴 – ☎ 🅿. 🅴 𝗩𝗜𝗦𝗔. ✗ ch
fermé 21 au 31 déc., fév., vend. soir et dim. soir de nov. à fév. et lundi – **R** 85/185 ⅄ –
☲ 22 – **12 ch** 135/195 – ½ P 175/220.

FORD Gar. Marembert, 94 av. Gén.-de-Gaulle   B.V.A., 33 rte de Lignières à Orval par ⑥
ℰ 48 96 26 93   ℰ 48 96 09 16 Ⓝ ℰ 48 96 23 15
PEUGEOT-TALBOT Charbonnier, 15 r. B.-Constant
ℰ 48 96 10 07   ⓦ Godignon Pneu ✛ Centre, 99 av. Gén.-de-
RENAULT Gar. Centre, 45 r. Juranville   Gaulle ℰ 48 96 11 21
ℰ 48 96 05 89 Ⓝ ℰ 48 57 54 97

ST-AMAND-SUR-FION 51 Marne 𝟨𝟣 ⑧ – rattaché à Vitry-le-François.

ST-AMANS-SOULT 81 Tarn 𝟪𝟥 ⑫ – rattaché à Mazamet.

ST-AMBROIX 30500 Gard 𝟪𝟢 ⑧ – 3 847 h. alt. 151.
🚹 Office de Tourisme pl. Ancien Temple ℰ 66 24 33 36.
Paris 687 – Alès 19 – Aubenas 55 – Mende 102.

     à St-Brès N : 1,5 km par D 904 – ✉ 30500 :

🏨 **Aub. St-Brès** Ⓜ, ℰ 66 24 10 79, 🍴, 🌳 – 🖵 ☎ 🅿. 🅴 𝗩𝗜𝗦𝗔. ✗ rest
fermé 11 au 30 nov., dim. soir (d'oct. à mai) et lundi (sauf hôtel de mai à sept.) – **R** 90/250
⅄, enf. 50 – ☲ 35 – **9 ch** 160/240 – ½ P 210/235.

ⓦ Thomas-Pneus ℰ 66 24 17 91

ST AMOUR 39160 Jura 𝟟𝟢 ⑬ – 2 602 h. alt. 253.
Paris 406 – Mâcon 57 – Bourg-en-Bresse 28 – Chalons-sur-Saône 74 – Lons-le-Saunier 33 – Tournus 47.

✗✗ **Fred et Martine,** r. Bresse ℰ 84 48 71 95 – 🆑 ⓪ 🅴 𝗩𝗜𝗦𝗔
fermé vacances de fév., dim. soir et lundi – **R** 120/250.

✗✗ **Commerce,** pl. Chevalerie ℰ 84 48 73 05 – 🅴 𝗩𝗜𝗦𝗔
⯇ fermé 15 déc. au 31 janv., lundi midi du 1ᵉʳ juil. au 30 sept., dim. soir et lundi du 1ᵉʳ oct.
au 30 juin – **R** 70/200 ⅄.

RENAULT Gar. Comas ℰ 84 48 73 52

ST-AMOUR-BELLEVUE 71570 S.-et-L. 𝟟𝟦 ① – 455 h. alt. 306.
Paris 404 – Mâcon 12 – Bourg-en-B. 45 – ✦Lyon 68 – Villefranche-sur-Saône 41.

✗✗ **Chez Jean Pierre,** ℰ 85 37 41 26, 🍴 – 🅴 𝗩𝗜𝗦𝗔
fermé fév., merc. soir et jeudi – **R** 85/220 ⅄.

ST-ANDRÉ-D'APCHON 42370 Loire 𝟟𝟥 ⑦ G. Vallée du Rhône – 1 699 h. alt. 417.
Paris 384 – Roanne 11 – Lapalisse 42 – Montbrison 61 – ✦St-Étienne 89 – Thiers 55 – Vichy 60.

✗✗✗ **Lion d'Or** avec ch, ℰ 77 65 81 53 – 🆑 ⓪ 🅴 𝗩𝗜𝗦𝗔
fermé dim. soir – **R** 90/260, enf. 60 – ☲ 32 – **6 ch** 190/255 – ½ P 215/245.

ST-ANDRÉ-DE-CORCY 01390 Ain 𝟟𝟦 ② – 2 131 h. alt. 297.
Paris 453 – ✦Lyon 24 – Bourg-en-Bresse 38 – Meximieux 21 – Villefranche-sur-Saône 24.

     à St-Marcel N : 3 km par N 83 – ✉ 01390 :

✗✗ **La Colonne,** ℰ 72 26 11 06 – 🅴 𝗩𝗜𝗦𝗔
fermé 20 déc. au 31 janv., lundi soir et mardi – **R** 90/195, enf. 45.

ST-ANDRÉ-DE-CUBZAC 33240 Gironde 🔟🔢 ⑧ – 5 243 h. alt. 30.

Paris 557 – ◆Bordeaux 25 – Angoulême 93 – Blaye 26 – Jonzac 63 – Libourne 20 – Saintes 94.

> à St Gervais NO : 3,5 km par N 137 et D 151E – ⊠ 33240 :

✗ **Au Sarment,** ℰ 57 43 44 73, � – ⓿ Ε 𝚟𝚒𝚜𝚊
    fermé 16 août au 10 sept., vacances de fév., dim. soir et merc. – **R** 95/250, enf. 65.

> à Gueynard NE : 8 km sur N 10 – ⊠ 33240 St-André-de-Cubzac :

✗ **Le Girondin** avec ch, ℰ 57 68 71 32, 🌬 – 📺 ☎ 🄿 Ε 𝚟𝚒𝚜𝚊
→ fermé mi-déc. à mi-janv., dim. soir et lundi sauf août – **R** 50/170 ⅃, enf. 35 – ⊇ 27 – **10 ch** 190.

CITROEN Darroman, RN 10 ℰ 57 43 06 49
FORD Gar. de l'Europe, 168 RN ℰ 57 43 03 95
OPEL Gar. Abbadie, 25 RN 10 ℰ 57 43 01 42

PEUGEOT, TALBOT Gar. Cluzeau, RN 10
ℰ 57 43 10 77

ST-ANDRÉ-LES-ALPES 04170 Alpes-de-H.-P. 🔢🔢 ⑱ Ⓖ. Alpes du Sud – 861 h. alt. 894.

🄱 Syndicat d'Initiative pl. M.-Pastorelli (15 juin-15 sept.) ℰ 92 89 02 39.

Paris 787 – Digne 43 – Castellane 21 – Colmars 28 – Manosque 84 – Puget-Théniers 45.

🏠 **Le Colombier** ⌚, à La Mûre, rte Allos : 2,5 km ℰ 92 89 07 11, Fax 92 89 10 45, ≤, 🌬
→ ⅃ – ⌚ ch 📺 ☎ 🄿 Ε 𝚟𝚒𝚜𝚊 ⌚ rest
    fermé 1er au 30 oct., 24 déc. au 2 janv. et merc. du 1er nov. au 31 mars – **R** 69/145, enf. 45
    – ⊇ 29 – **22 ch** 220/330 – ½ P 229/255.

🏠 **Monge** sans rest, ℰ 92 89 01 06, 🌬 – ☎ 🄿 Ε 𝚟𝚒𝚜𝚊. ⌚
    ⊇ 30 – **25 ch** 125/220.

🏠 **Clair Logis,** rte Digne ℰ 92 89 04 05, ≤, 🌬, 🌬 – 🅐 🌬 🄿 🄰Ε Ε 𝚟𝚒𝚜𝚊. ⌚ rest
→ fermé 12 nov. au 8 janv. – **R** 59/155, enf. 40 – ⊇ 30 – **12 ch** 160/215 – ½ P 195/210.

✗ **Gd. H. Parc** avec ch, ℰ 92 89 00 03, 🌬, 🌬 – ☎ 🌬 🄿. ⌚
    fermé 1er déc. au 1er fév. et vend. soir hors sais. – **R** 90/220, enf. 50 – ⊇ 30 – **12 ch** 110/230
    – ½ P 210/260.

ST-ANDRÉ-LES-VERGERS 10 Aube 🔢🔢 ⑯ – rattaché à Troyes.

ST-ANTHÈME 63660 P.-de-D. 🔢🔢 ⑰ Ⓖ. Vallée du Rhône – 1 023 h. alt. 940 – Sports d'hiver : 1 250/1 410 m ⅄3 🎿.

Paris 456 – ◆St-Étienne 53 – Ambert 22 – ◆Clermont-Ferrand 111 – Montbrison 24.

🏠 **Voyageurs,** ℰ 73 95 40 16 – 🖼 ☎ 🌬 ⓿ Ε 𝚟𝚒𝚜𝚊
→ fermé 11 nov. au 21 déc., 6 au 31 janv. (sauf week-ends), dim. soir et lundi du 15 sept. au 30 juin – **R** 47/147 – ⊇ 21 – **30 ch** 93/206 – ½ P 144/233.

ST-ANTOINE 05 H.-Alpes 🔢🔢 ⑰ – rattaché à Pelvoux (Commune de).

ST-ANTOINE 38160 Isère 🔢🔢 ③ Ⓖ. Vallée du Rhône – 779 h. alt. 350.

Voir Abbatiale★.

Paris 561 – Valence 43 – ◆Grenoble 67 – Romans-sur-Isère 32 – St-Marcellin 12.

✗✗✗ **Aub. de l'Abbaye,** Mail de l'Abbaye ℰ 76 36 42 83 – ⌚. 🄰Ε ⓿ Ε 𝚟𝚒𝚜𝚊
    fermé 3 au 30 janv., mardi soir et lundi sauf juil.-août – **R** 105/360, enf. 60.

ST-ANTOINE-PLOUEZOCH 29 Finistère 🔢🔢 ⑥ – rattaché à Morlaix.

ST-ANTONIN-DU-VAR 83510 Var 🔢🔢 ⑥ – 365 h. alt. 220.

Paris 841 – Cannes 20 – Draguignan 20 – ◆ Marseille 94 – ◆ Toulon 76.

✗✗ **Lou Cigaloun** ⌚ avec ch, ℰ 94 04 42 67, ≤, 🌬, ⅃ – 🅐 🄿. Ε 𝚟𝚒𝚜𝚊
    fermé 10 au 31 oct., fév. et mardi – **R** 80/320 ⅃, enf. 55 – ⊇ 32 – **8 ch** 220/290 –
    ½ P 222/257.

ST-ANTONIN-NOBLE-VAL 82140 T.-et-G. 🔢🔢 ⑱ Ⓖ. Périgord Quercy – 1 869 h. alt. 129.

Voir Ancien hôtel de ville★ – Gorges de l'Aveyron★ par route de corniche★★ (D 115B) SO : 3,5 km.

🄱 Office de Tourisme à la Mairie (fermé matin sauf juil.-août) ℰ 63 30 63 47.

Paris 649 – Albi 55 – Cahors 58 – Montauban 41 – Villefranche de Rouergue 41.

🏠 **Viollet-le-Duc** ⌚, pl. Halle ℰ 63 68 21 00, 🌬 – 📺 ☎. 🄰Ε ⓿ Ε 𝚟𝚒𝚜𝚊
    R (fermé dim. soir et lundi midi du 1er oct. au 31 mai) 98/198, enf. 40 – ⊇ 30 – **11 ch**
    250/360 – ½ P 240/305.

RENAULT Gar. Blatger ℰ 63 30 61 42 🄽

ST-AUBAN 04 Alpes-de-H.-P. 🔢🔢 ⑯ – rattaché à Château-Arnoux.

🖪 Office de Tourisme Digue Favereau (juin-sept. , vacances de Toussaint) ℘ 31 97 30 41.

Paris 256 – ◆Caen 18 – Arromanches-les-Bains 19 – Bayeux 26 – Cabourg 31.

 🏛 **Clos Normand,** ℘ 31 97 30 47, ≤, – ☎ 🅿. ᴇ 𝗩𝗜𝗦𝗔
  28 mars-4 nov. – **R** 94/250, enf. 60 – ⊡ 26 – **29 ch** 230/275 – ½ P 255/285.

 🏠 **St-Aubin,** ℘ 31 97 30 39, Fax 31 97 41 56, ≤, – ☎. ⓞ ᴇ 𝗩𝗜𝗦𝗔
  fermé 18 au 24 nov., janv., dim. soir et lundi du 1er oct. au 5 mai – **R** 100/250, enf. 45 –
  ⊡ 32 – **26 ch** 210/270 – ½ P 230/280.

Voir Groupe sculpté★ dans l'église St-Nabor – 🖪 Office de Tourisme à la Mairie ℘ 87 91 30 19.

Paris 370 – ◆Metz 45 – Haguenau 114 – Lunéville 76 – ◆Nancy 73 – Saarbrücken 30 – Sarreguemines 28 – ◆Strasbourg 124 – Thionville 68 – Trier 96.

 🏨 **Novotel** Ⓜ, sur N 33 (échangeur A 32) ℘ 87 92 25 93, Télex 860966, Fax 87 92 02 47, 🌦,
  « A l'orée de la forêt », 🏊, 🌲 – 🔟 rest 🔟 ☎ ⅋ 🅿 – 🔬 200. ᴬᴱ ⓞ ᴇ 𝗩𝗜𝗦𝗔
  R carte environ 150 ⅋, enf. 50 – ⊡ 42 – **61 ch** 360/410.

 🏛 **Europe,** 7 r. Altmayer ℘ 87 92 00 33 – 🔟 🔟 ☎ 🅿 – 🔬 50. ᴬᴱ ⓞ ᴇ 𝗩𝗜𝗦𝗔
  R *(fermé sam. midi et dim.)* 120/350 – ⊡ 45 – **34 ch** 320/360 – ½ P 350/380.

 XXX **Le Neptune,** à la piscine ℘ 87 92 27 90 – ᴬᴱ ⓞ ᴇ 𝗩𝗜𝗦𝗔
  fermé 15 août au 5 sept., 1er au 10 janv., sam. midi, dim. soir et lundi – **R** 165/365.

 au NO par D 72 et D 25ᴰ : 5 km – ⊠ **57740** Longeville-lès-St-Avold :

 XX **Moulin d'Ambach,** ℘ 87 92 18 40 – 🅿. ᴬᴱ ᴇ 𝗩𝗜𝗦𝗔
  fermé 10 au 31 juil., vacances de fév., lundi soir et mardi – **R** 90/210 ⅋, enf. 65.

CITROEN Gar. Rein, 65 r. Gén.-Mangin
℘ 87 91 23 57 🅽
FORD Gar. Schwaller, r. du 27-Novembre
℘ 87 92 05 09
RENAULT Moselle Automobile, 13 av. G.-Clemenceau ℘ 87 91 12 60 🅽

V.A.G Gar. Jacob, 7 r. Moulin ℘ 87 92 00 57

🅦 Berwald, N 3 Moulin-Neuf ℘ 87 91 19 07
Leclerc-Pneu, 10 r. Mar.-Foch ℘ 87 92 24 68

🖪 Office de Tourisme pl. Poste ℘ 94 81 22 09.

Paris 877 – Fréjus 7 – Brignoles 69 – Draguignan 33 – St-Raphaël 9 – Ste-Maxime 14.

 🏨 **Catalogne** sans rest, ℘ 94 81 01 44, Télex 462879, 🏊, 🌲 – 🔟 🔟 ☎ 🅿. ᴬᴱ ⓞ ᴇ 𝗩𝗜𝗦𝗔
  🌦
  Pâques-15 oct. – ⊡ 35 – **32 ch** 400/600.

 🏛 **Plein Soleil** Ⓜ 🌦 sans rest, ℘ 94 81 09 57, 🏊 – 🔟 ☎ 🅿. ᴬᴱ ⓞ ᴇ 𝗩𝗜𝗦𝗔
  12 ch ⊡ 600/900.

Paris 615 – Agen 35 – Cahors 56 – Montauban 64 – Villeneuve-sur-Lot 24.

 🏛 **Château de l'Hoste** 🌦, rte Agen (D 656) ℘ 63 95 25 61, ≤, 🌦, parc, 🏊 – 🔟 ☎ ⅋
  🅿. ᴇ 𝗩𝗜𝗦𝗔
  fermé fév., dim. soir et lundi du 15 oct. au 15 avril – **R** 110/240, enf. 60 – ⊡ 30 – **32 ch**
  170/350 – ½ P 220.

Paris 500 – Belley 18 – Bourg-en-Bresse 69 – ◆Lyon 69 – La Tour-du-Pin 26 – Vienne 73 – Voiron 41.

 X **Billiemaz,** au pont d'Evieu SO : 2,5 km ℘ 74 39 72 56, 🌦 – 🅿. ᴬᴱ ⓞ ᴇ 𝗩𝗜𝗦𝗔
  fermé 2 au 23 sept. et merc. – **R** 60/180 ⅋, enf. 50.

Voir Basilique★★ (chant grégorien).

Paris 142 – ◆Orléans 35 – Bourges 90 – Châteauneuf-sur-Loire 10 – Gien 31 – Montargis 43.

 🏠 **Labrador** 🌦 sans rest, ℘ 38 35 74 38, Fax 38 35 78 33, 🌲 – 🔟 ☎ ⅋ 🅿. ᴬᴱ ᴇ 𝗩𝗜𝗦𝗔
  fermé 1er janv. au 15 fév. – ⊡ 30 – **47 ch** 150/310.

Voir Site★★ – Cathédrale★ : boiseries★★, cloître★★ et trésor★ – Basilique Saint-Just★ de Valcabrère NE : 2 km.

Paris 811 – Bagnères-de-Luchon 33 – Lannemezan 25 – St-Gaudens 17 – Tarbes 61 – ◆Toulouse 107.

 🏠 **L'Oppidum** Ⓜ 🌦, r. Poste ℘ 61 88 33 50 – 🔟 ☎ ⅋ 🅿. ᴬᴱ ᴇ 𝗩𝗜𝗦𝗔
  fermé 15 nov. au 5 déc. – **R** carte environ 150 ⅋ – ⊡ 30 – **12 ch** 180/280 – ½ P 270/330.

Paris 362 – Chalon-sur-Saône 25 – Cluny 27 – Montceau-les-Mines 33 – Mâcon 51.

XX **Aub. Cheval Blanc** avec ch, ℰ 85 44 03 16, 🍴 – **E** _VISA_ 🍽 ch
    fermé 1er fév. au 10 mars et merc. – **R** 98/133 – ⊑ 28 – **4 ch** 130/180.

ST-BONNET-DE-JOUX 71220 S.-et-L. 🔟 ⑱ – 951 h. alt. 382.

Voir Château de Chaumont★ NO : 3 km.

Env. Butte de Suin ❀★★ SE : 7 km puis 15 mn, G. Bourgogne.

Paris 392 – Mâcon 53 – Chalon-sur-Saône 55 – Charolles 14 – Montceau-les-Mines 37.

XX **Val de Joux** avec ch, ℰ 85 24 72 39 – 🍴. **E** _VISA_
    fermé janv., dim. soir (d'oct. à mai) et lundi sauf fériés – **R** 70/170 ⅊, enf. 45 – ⊑ 24 –
    5 ch 105/150 – ½ P 170/190.

ST-BONNET-EN-CHAMPSAUR 05500 H.-Alpes 🔟 ⑯ G. Alpes du Nord – 1 376 h. alt. 1 025.

Env. ≤★★ du col du Noyer O : 13,5 km.

🛈 Syndicat d'Initiative r. Maréchaux ℰ 92 50 02 57.

Paris 652 – Gap 15 – ◆Grenoble 90 – La Mure 52.

🏠 **La Crémaillère** ≫, ℰ 92 50 00 60, ≤, 🍴, – 📺 ☎ 🅿. 🖭 ⓞ **E** _VISA_ 🍽 rest
    1er avril-30 sept. – **R** 75/180, enf. 53 – ⊑ 28 – **21 ch** 210/260 – ½ P 220/240.

    à Laye : S : 6 km par N 85 – ⌧ 05500 :

X **Laiterie du Col Bayard**, ℰ 92 50 50 06, 🍴, préparations à base de fromages – 🖭 **E**
    VISA
    fermé 16 au 23 juin, 12 au 17 déc., le soir (sauf week-ends) et lundi sauf vacances scolaires
    – **R** 75/190 ⅊, enf. 52.

CITROEN Gar. Espitallier ℰ 92 50 52 52
PEUGEOT-TALBOT Champsaur-Autom.
ℰ 92 50 52 33 🆖

RENAULT Gar. Piot, à La Fare-en-Champsaur
ℰ 92 50 53 80

ST-BONNET-LE-FROID 43290 H.-Loire 🔟 ⑨ – 180 h. alt. 1 127.

Paris 558 – Valence 81 – Aubenas 96 – Annonay 26 – ◆St-Étienne 59 – Tournon 53 – Yssingeaux 32.

XX ❀ **Aub. des Cimes** (Marcon) 🅼 avec ch, ℰ 71 59 93 72 – 🍽 rest 📺 ☎ 🅿 ⓞ **E** _VISA_
    Pâques- 15 nov. et fermé lundi midi en juil.-août, dim. soir et merc. hors sais. – **R** 120/400,
    enf. 65 – ⊑ 55 – **6 ch** 280/380 – ½ P 320
    Spéc. Morille noire farcie aux crustacés et orge perlée, Sandre rôti et purée de pommes de terre, Agneau
    en croûte de foin. Vins Crozes-Hermitage.

ST-BRÈS 30 Gard 🔟 ⑧ – rattaché à St-Ambroix.

ST-BRÉVIN-LES-PINS 44250 Loire-Atl. 🔟 ① – 8 769 h. alt. 8 – Casino à St-Brévin-l'Océan.

Pont de St-Nazaire : Péage en 1990 : auto 22 à 30 F (conducteur et passagers compris), auto ou
caravane 38 F, camion et véhicule supérieur à 1,5 t : 38 à 95 F, moto 5 F (gratuit pour vélos et
piétons) – Tarifs spéciaux pour les résidents de la Loire Atlantique.

🛈 Office de Tourisme 10 r. Église (saison) ℰ 40 27 24 32 et pl. Ouessant (saison) ℰ 40 27 24 33.

Paris 448 – ◆Nantes 57 – Challans 63 – Noirmoutier-en-l'Île 71 – Pornic 17 – St-Nazaire 14.

    à Mindin N : 3 km – ⌧ 44250 St-Brévin-les-Pins :

🏠 **La Boissière** ≫, ℰ 40 27 21 79, 🍴, 🍴 – ☎ 🅿. **E** _VISA_ 🍽 rest
    15 avril-1er oct. – **R** 80/170, enf. 45 – ⊑ 29 – **22 ch** 270/380 – ½ P 280/330.

XX **Débarcadère** avec ch, ℰ 40 27 20 53, ≤, 🍴 – ☎ 🅿. 🖭 ⓞ **E** _VISA_
    fermé 1er déc. au 15 janv., dim. soir et sam. de sept. à mai – **R** 100/150 – ⊑ 30 – **17 ch**
    195/280 – ½ P 220/260.

FIAT Gar. des Pins, 168 av. R.-Poincaré
ℰ 40 27 21 25
FORD Gar. Charriau Evain, 3 av. Saulzaie
ℰ 40 27 44 83 🆖 ℰ 40 21 70 37

FORD Gar. de la Hautière, 46 r. Hautière à
St-Brévin-l'Océan ℰ 40 27 20 91 🆖
RENAULT Gar. Clisson, 32 r. A.-Chassagne
ℰ 40 27 20 07 🆖

ST-BRICE-EN-COGLÈS 35460 I.-et-V. 🔟 ⑱ – 2 479 h. alt. 105.

Paris 338 – St Malo 60 – Avranches 34 – Fougères 15 – ◆Rennes 44.

🏠 **Lion d'Or**, r. Chateaubriand ℰ 99 98 61 44, 🍴 – ☎ 🅿. **E** _VISA_
    R _(fermé dim. soir sauf juil.-août)_ 56/130 ⅊, enf. 40 – ⊑ 21 – **21 ch** 97/200 – ½ P 130/200.

FORD Gar. Guerinel ℰ 99 98 61 27 🆖 ℰ 99 98 67 67

Voir Cathédrale★ AY – Tertre Aubé ⇚★ BV.

Env. Pointe du Roselier★ NO : 8,5 km par D 24 BV – ⌥ des Ajoncs d'Or ℰ 96 71 90 74.

🛬 de St-Brieuc : ℰ 96 94 94 45, 10 km par ① – 🚗 ℰ 96 94 50 50.

🛈 Office de Tourisme 7 r. St-Gouéno ℰ 96 33 32 50 – A.C. 6 pl. Duguesclin ℰ 96 33 16 20.

Paris 451 ② – ◆Brest 144 ① – ◆Caen 229 ② – Cherbourg 252 ② – Dinan 60 ② – Lorient 117 ③ – Morlaix 86 ①
– Quimper 130 ③ – ◆Rennes 100 ② – St-Malo 76 ②.

Plans page ci-contre

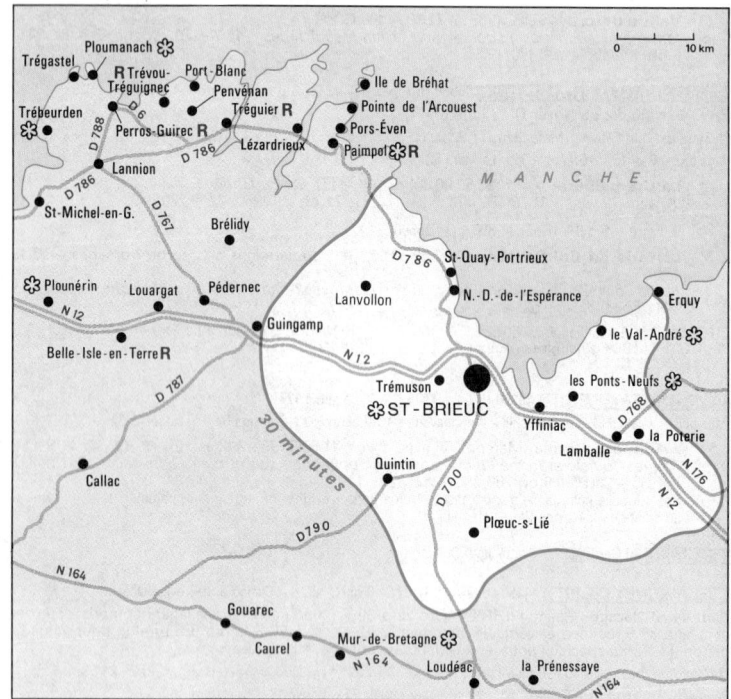

🏨🏨 **Le Griffon** ⌦, rte Guingamp par r. Corderie AX **13** : 3,5 km ℰ 96 94 57 62, Télex 950701,
Fax 96 78 28 47, « Parc », ⚒ – 🛗 🖵 ☎ Ⓟ – 🔥 50. 🖭 ⓓ 🖪 𝑽𝑰𝑺𝑨
R 90/195, enf. 75 – ⌚ 35 – **42 ch** 265/330, 3 appart. 370 – ½ P 270/285.

🏨 **Pomme d'Or,** à Langueux : 4 km par r. Dr Rahuel -BX - ⊠ 22360 Langueux ℰ 96 61 12 10,
Télex 950766 – 🛗 🖵 ☎ Ⓟ – 🔥 50 à 120. 🖭 ⓓ 🖪 𝑽𝑰𝑺𝑨
R (fermé dim. midi) 60/80 🍷, enf. 50 – ⌚ 30 – **46 ch** 220/255 – ½ P 200.

🏨 **Chêne Vert,** à Plérin N : 3 km, échangeur St-Laurent-de-la-Mer ⊠ 22190 Plérin
ℰ 96 74 63 20, Télex 741323, Fax 96 74 75 49 – cuisinette 🖵 ☎ 🚻 Ⓟ – 🔥 50. 🖭 ⓓ 🖪
𝑽𝑰𝑺𝑨
R (fermé 29 déc. au 5 janv., sam. midi en juil.-août et dim. sauf le soir en juil.-août) 68/150,
enf. 40 – ⌚ 30 – **70 ch** 240/280 – ½ P 230.

🏠 **Ker Izel** ⌦ sans rest, 20 r. Gouët ℰ 96 33 46 29, Télex 741811 – 🖵 ☎. 🖪 𝑽𝑰𝑺𝑨. ⚒
⌚ 29 – **22 ch** 205/270.
AY **a**

🏠 **Campanile,** à Langueux : 4 km par r. Dr Rahuel ℰ 96 33 65 66, Télex 741665 – 🖵 ☎ 🚻
Ⓟ – 🔥 25. 🖪 𝑽𝑰𝑺𝑨
R 74 bc/98 bc, enf. 39 – ⌚ 27 – **42 ch** 248 – ½ P 225/249.

🏠 **Beaucemaine** ⌦, à Ploufragan SO : 5 km par r. Luzel - AX - ⊠ 22440 Ploufragan
ℰ 96 78 05 60 – Ⓟ. 🖪 𝑽𝑰𝑺𝑨. ⚒ rest
R (fermé dim. soir et lundi) 70/100 🍷 – ⌚ 20 – **25 ch** 135/260.

🏠 **Pignon Pointu** sans rest, 16 r. J.-J. Rousseau ℰ 96 33 02 39 – 🖵 ☎ 🚗. 🖪 𝑽𝑰𝑺𝑨. ⚒
⌚ 25 – **17 ch** 160/240.
BZ **y**

🏠 **St-Georges** sans rest, 1 ter r. Robien ℰ 96 94 24 06 – ☎
fermé 24 déc. au 5 janv., sam. et dim. de nov. à Pâques – ⌚ 16 – **26 ch** 105/160.
AX **b**

1016

ST-BRIEUC

1017

ℵℵℵ **Aux Pesked,** 59 r. Légué ℰ 96 33 34 65, ≼ – ⇆ 😵 **🅿**. **E** **VISA**　　　　　AV **a**
　　　fermé 1ᵉʳ au 15 août, vacances de fév., dim. soir et lundi – **R** 78/300 bc, enf. 70.

ℵℵℵ **Relais des Rosaires,** à Plérin par ① : 4 km échangeur Plérin-les-Rosaires, rte Rosaires
　　　🖂 22190 Plérin ℰ 96 74 54 55 – **🅿**. **🖭** **⑩** **E** **VISA**
　　　fermé mardi soir et merc. – **R** 98/245.

ℵℵ ✿ **La Vieille Tour** (Hellio), NE : 3 km par Port Légué et D 24, sous la Tour 🖂 22190 Plérin
　　　ℰ 96 33 10 30 – **E** **VISA**
　　　fermé 2 au 21 janv., dim. soir et lundi sauf fériés – **R** (nombre de couverts limité, prévenir)
　　　110/320
　　　Spéc. Marinade de Saint-Jacques et foie gras (nov. à mars), Homard au naturel, Millefeuille aux fruits de
　　　saison.

ℵℵ **Croix Blanche,** 61 r. Genève à **Cesson** - BV - E : 2 km 🖂 22000 St-Brieuc ℰ 96 33 16 97
　　　– **🖭** **E** **VISA**
　　　fermé dim. soir et lundi – **R** 88/210, enf. 70.

ℵℵ **Pierre Deschamps "Au Printania",** NE : 3 km par Port Légué et D 24, sous la Tour
　　　🖂 22190 Plérin ℰ 96 33 27 36, ≼ – **🖭** **⑩** **E** **VISA**
　　　fermé jeudi – **R** 98/260.

ℵℵ **Amadeus,** 22 r. Gouet ℰ 96 33 92 44 – **🖭** **E** **VISA**　　　　　AY **b**
　　　fermé lundi midi et dim. – **R** 85/245, enf. 40.

ℵℵ **Le Quatre Saisons,** 61 chemin des Courses à **Cesson** -BV - E : 4 km 🖂 22000 St-Brieuc
　　　ℰ 96 33 20 38, 🥗 – **VISA**
　　　fermé dim. soir et lundi – **R** 80/275.

　　　à Yffiniac par ② : 8 km – 3 195 h. – 🖂 **22120** :

🏨 **La Baie** Ⓜ, aire de repos N 12 ℰ 96 72 64 10, Télex 741107, Fax 96 72 71 55 – 🛗 **TV** ☎
↔ 🕭 **🅿** – 🛦 100. **🖭** **⑩** **E** **VISA**
　　　R 68/145 🍷, enf. 40 – ⚏ 30 – **42 ch** 222/238 – ½ P 220/280.

　　　à Trémuson par r. Corderie AX *13* : 8 km – 🖂 **22440** :

ℵℵ **Le Buchon,** ℰ 96 94 85 84 – **🅿**. **E** **VISA**
　　　fermé 5 au 20 nov. et sam. – **R** 78/300.

MICHELIN, Agence, ZAC de la Hazaie à Langueux par ② ℰ 96 33 44 61

BMW Chaudet Automobiles, ZI de Douvenant, r.
Landes ℰ 96 33 20 42
CITROEN S.A.V.R.A., 101 r. Gouédic ℰ 96 33 24 05
Ⓝ ℰ 96 33 44 07
FIAT Générale Autom. de l'Ouest, 2 av. L.-Aragon
ℰ 96 94 01 20 Ⓝ ℰ 96 33 44 07
FORD Gar. Garreau, 44 r. Dr-Rahuel ℰ 96 33 40 15
MERCEDES Hamon Autom., 1 r. Gay Lussac
ℰ 96 33 33 45
OPEL Gar. Hamon, 19 bd de l'Atlantique
ℰ 96 94 43 59
PEUGEOT-TALBOT Gds Gar. des Côtes-d'Armor,
65 r. Chaptal, ZI par ② ℰ 96 33 04 24
Ⓝ ℰ 96 33 44 07
RENAULT S.B.D.A., r. Monge, ZI par r. de
Gouédic BX ℰ 96 33 66 28 Ⓝ ℰ 96 34 39 41

RENAULT Monfort, 28 r. Vallée à Plérin par ①
ℰ 96 74 52 61
V.A.G Sélection Auto, 14 r. Chaptal ℰ 96 33 18 48
VOLVO Bretagne-Autom., r. Laennec à Langueux
ℰ 96 33 36 68
Gar. Auto-Services, Les Chatelets à Ploufragan
ℰ 96 94 21 46

🛞 Andrieux-Pneus, 6 r. de Paris ℰ 96 33 71 50
Desserrey, 55 bd de l'Atlantique ℰ 96 94 66 66
Desserrey-Pneus, 2 r. Ampère ℰ 96 60 46 65
Eco Pneus, Le Pont-du-Gouet ℰ 96 61 70 60
Vallée Pneus, ZAC r. Lecuyer à Plérin par ①
ℰ 96 74 70 56

ST-CALAIS 72120 Sarthe 🖽 ⑤ **G. Châteaux de la Loire** (plan) – 4 779 h. alt. 105.

Voir Façade★ de l'église N.-Dame.

🄸 Office de Tourisme pl. Hôtel de Ville ℰ 43 35 82 95.

Paris 185 – ✦Le Mans 45 – Châteaudun 59 – Nogent-le-Rotrou 53 – ✦Orléans 93 – ✦Tours 73.

🕿 **Angleterre,** r. Guichet ℰ 43 35 00 43 – ☎ **🅿** **🖭** **E** **VISA**
↔ *fermé 22 déc. au 7 janv., dim. soir et lundi* – **R** 65/150 🍷, enf. 50 – ⚏ 20 – **13 ch** 100/210
　　　– ½ P 155/180.

CITROEN Costes, rte du Mans ℰ 43 35 00 59
CITROEN Parisse, rte du Mans ℰ 43 35 01 26
FORD Daguenet, rte de Vendôme ℰ 43 35 05 51
Ⓝ ℰ 43 35 03 59
PEUGEOT-TALBOT Trottier, 19 r. de l'Image
ℰ 43 35 01 52 Ⓝ ℰ 43 35 19 90

RENAULT Gar. Poitou, 5 r. de l'Image
ℰ 43 35 00 46
RENAULT Gar. Ribault, av. Gén.-de-Gaulle
ℰ 43 35 00 98

ST-CANNAT 13760 B.-du-R. 🖾 ② **G. Provence** – 2 384 h. alt. 210.

Paris 735 – ✦Marseille 46 – Aix-en-Provence 16 – Apt 40 – Cavaillon 36 – Salon-de-Provence 18.

ℵ **Aub. St-Cannat,** ℰ 42 57 20 22, 🍽 – **E** **VISA**
　　　fermé mardi soir hors sais. et merc. – **R** 78/130, enf. 48.

ST-CAST-LE-GUILDO 22380 C.-d'Armor 59 ⑤ G. Bretagne – 3 246 h. alt. 45.

Voir Pointe de St-Cast ≤★★ – Pointe de la Garde ≤★★ – Pointe de Bay ≤★ S : 5 km.

🏌 de Pen Guen 🔗 96 41 91 20, S : 4 km.

🚩 Office de Tourisme pl. Gén.-de-Gaulle 🔗 96 41 81 52.

Paris 432 – St-Malo 34 – Avranches 89 – Dinan 36 – Fougères 99 – St-Brieuc 50.

🏨 **Dunes**, r. Primauguet 🔗 96 41 80 31, 🌊, ✕ – ☎, 🗲 VISA. ✕
21 mars-3 nov. et fermé dim. soir et lundi en oct. – **R** 110/330 – ⌷ 30 – **27 ch** 230/280 – ½ P 280/305.

🏨 **Arcades**, r. Piétonne 🔗 96 41 80 50, Fax 96 41 77 34 – 🛗 TV ☎. 🆑 ① 🗲 VISA
1er avril-1er nov. – **R** 68/160 ⅃, enf. 38 – ⌷ 32 – **32 ch** 295/420 – ½ P 280/350.

🏨 **Bon Abri**, r. Sémaphore 🔗 96 41 85 74 – ☎ 🅿. 🗲 VISA
hôtel : vacances de printemps et 1er mai-7 sept. ; rest. : 1er juin-7 sept. – **R** 85/110, enf. 50 – ⌷ 21 – **45 ch** 130/190 – ½ P 167/198.

✕✕ **Le Biniou**, à Pen-Guen S : 1,5 km 🔗 96 41 94 53, ≤ – 🅿. 🗲 VISA
15 mars-11 nov. et fermé mardi (sauf du 15 juin au 15 sept. et vacances scolaires) – **R** 90/320, enf. 60.

PEUGEOT-TALBOT Gar. Depagne, 13 bd Vieuxville   Gar. des Dunes, bd Vieuxville 🔗 96 41 84 26
🔗 96 41 86 67

ST-CÉRÉ 46400 Lot 75 ⑲⑳ G. Périgord Quercy (plan) – 4 207 h. alt. 152.

Voir Site★ – Tapisseries de Jean Lurçat★ au casino – Atelier-musée Jean Lurçat★ – Château de Montal★★ O : 3 km.

Env. Cirque d'Autoire★ – ≤★★ par Autoire (site★) O : 8 km.

🚩 Office de Tourisme pl. République (fermé matin oct.-mai) 🔗 65 38 11 85.

Paris 541 – Brive-la-Gaillarde 54 – Aurillac 64 – Cahors 77 – Figeac 44 – Tulle 57.

🏨 **Le Coq Arlequin**, bd Dr Roux 🔗 65 38 02 13, Fax 65 38 37 27, 🍴 – TV ☎ 🅿. 🗲 VISA
✕ rest
R 95/275, enf. 60 – ⌷ 40 – **30 ch** 220/400 – ½ P 350.

🏨 **France** M, av. F. de Maynard 🔗 65 38 02 16, Fax 65 38 02 98, 🍴, ⅃, 🌊 – TV ☎ 🅿. 🗲
VISA. ✕ rest
fermé 1er nov. au 6 janv., vend. soir et sam. hors sais. – **R** 90/220, enf. 70 – ⌷ 35 – **25 ch**
230/320 – ½ P 260/320.

🏨 **du Touring** sans rest, pl. République 🔗 65 38 30 08, Fax 65 38 18 67 – ☎. 🗲 VISA
fermé 1er au 15 nov. – ⌷ 30 – **28 ch** 210/250.

✕✕✕ **Ric** 🌊 avec ch, rte Leyme par D 48 : 2 km 🔗 65 38 04 08, ≤, 🍴, ⅃, 🌊 – TV ☎ 🅿. 🗲
VISA
fermé fév. et lundi de sept. à juin sauf fêtes – **R** 100/230 – ⌷ 35 – **5 ch** 300 – ½ P 320.

MERCEDES-V.A.G. Payrot, av. F.-de-Maynard   🏍 Meublat, rte de Monteil 🔗 65 38 16 54
🔗 65 38 01 07
PEUGEOT-TALBOT Fournier, 104 av. V.-Hugo
🔗 65 38 12 50

ST-CERGUES 74140 H.-Savoie 70 ⑯⑰ – 2 126 h. alt. 615.

Paris 548 – Thonon-les-Bains 21 – Annecy 54 – Annemasse 9 – Bonneville 23 – ◆Genève 16.

🏨 **France**, 🔗 50 43 50 32, ✕ – TV ☎ 🅿 – 🛎 40. 🗲 VISA
fermé 29 avril au 7 mai, 18 oct. au 26 nov., dim. soir et lundi du 8 sept. au 15 juin –
R 95/210, enf. 50 – ⌷ 28 – **21 ch** 140/250 – ½ P 190/255.

ST-CERNIN 15310 Cantal 76 ② G. Auvergne – 1 271 h. alt. 767.

Voir Boiseries★ de l'église St-Louis.

Paris 521 – Aurillac 22 – Brive-la-Gaillarde 113 – Mauriac 36.

🏨 **Tilleuls** 🌊, 🔗 71 47 60 73, ≤ – 🏤 🅿
fermé oct. – **R** 65/90 ⅃ – ⌷ 20 – **11 ch** 110/150 – ½ P 145/165.

ST-CÉZAIRE-SUR-SIAGNE 06780 Alpes-Mar. 84 ⑧ G. Côte d'Azur – 1 578 h. alt. 475.

Voir Site★ – Point de vue★ – Grottes de St-Cézaire★ NE : 4 km.

🚩 Syndicat d'Initiative à la Mairie (saison) 🔗 93 60 20 36.

Paris 910 – Cannes 32 – Castellane 62 – Draguignan 57 – Grasse 16 – ◆Nice 50.

✕ **Aub. Puits d'Amon** avec ch, 🔗 93 60 28 50 – ▤ rest. 🗲 VISA
*fermé 1er au 10 juin, 29 sept. au 5 oct., 28 janv. au 15 fév. et lundi sauf du 15 juil. au
31 août et fériés* – **R** 120/170 – ⌷ 30 – **5 ch** 180/220 – ½ P 210.

✕ **La Petite Auberge** avec ch, 🔗 93 60 26 60, 🍴 – 🗲 VISA
fermé mi-déc. à mi-janv., lundi soir et mardi sauf juil.-août – **R** 135 ⅃ – ⌷ 24 – **6 ch**
98/138 – ½ P 148.

Paris 500 ① – ♦St-Étienne 12 ④ – Feurs 51 ④ – ♦Lyon 47 ① – Montbrison 47 ④ – Vienne 37 ①.

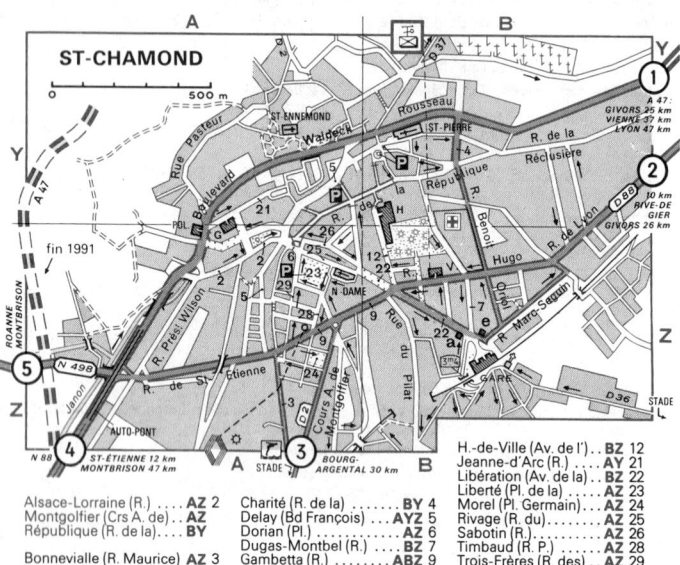

H.-de-Ville (Av. de l')	**BZ** 12
Jeanne-d'Arc (R.)	**AY** 21
Libération (Av. de la)	**BZ** 22
Liberté (Pl. de la)	**AZ** 23
Morel (Pl. Germain)	**AZ** 24
Rivage (R. du)	**AZ** 25
Sabotin (R.)	**AZ** 26
Timbaud (R.)	**AZ** 28
Trois-Frères (R. des)	**AZ** 29

Alsace-Lorraine (R.)	**AZ** 2	Charité (R. de la)	**BY** 4	
Montgolfier (Crs A. de)	**AZ**	Delay (Bd François)	**AYZ** 5	
République (R. de la)	**BY**	Dorian (Pl.)	**AZ** 6	
		Dugas-Montbel (R.)	**BZ** 7	
Bonnevialle (R. Maurice)	**AZ** 3	Gambetta (R.)	**ABZ** 9	

%% **Ambassadeurs** avec ch, 28 av. Libération ℰ 77 22 85 80, Fax 77 31 96 95 – 📺 ☎ 🅰🅴 ⑩
→ 🖻 *VISA* BZ **a**
R *(fermé vacances de fév., 1ᵉʳ au 18 août, vend. soir et sam.)* 70/400 ⅃, enf. 45 – ☲ 25 –
19 ch 120/280 – ½ P 230/260.

%% **Chemin de Fer** avec ch, 27 av. Libération ℰ 77 22 00 15 – ☎ 🖻 *VISA* BZ **e**
→ *fermé août, vend. soir et sam.* – **R** 55 bc/240 ⅃, enf. 40 – ☲ 24 – **11 ch** 110/160.

à l'Horme par ② : 3 km – 4 889 h. – ⊠ **42152** :

🏨 **Vulcain** ⅀ sans rest, ℰ 77 22 17 11 – 🛗 📺 ☎ 🚗 ❷ – 🛗 30. 🅰🅴 🖻 *VISA*
☲ 25 – **30 ch** 198/340.

FORD Martinez, 10 r. St-Étienne ℰ 77 22 03 69
PEUGEOT-TALBOT I.C.A.R. Vallée du Gier, sortie
autoroute St-Julien par ② ℰ 77 31 42 42
RENAULT Fonsala-Autom., bd Fonsala par ②
ℰ 77 22 22 98
RENAULT Varenne, 26 r. Gambetta ℰ 77 22 02 58

V.A.G Quinson-Tardy 14 rte de St-Étienne
ℰ 77 22 03 17
Quiblier, 38 r. V.-Hugo ℰ 77 22 03 75

⑩ Hall du Pneu, 8 pl. G.-Morel ℰ 77 22 28 96

🚩 Office de Tourisme pl. 19-Mars-1962 ℰ 66 31 03 67.
Paris 537 – Mende 48 – Millau 106 – Le Puy 85 – Rodez 98 – St-Flour 35.

🏠 **Jeanne d'Arc**, 49 av. Gare ℰ 66 31 00 46, 🚗 – 📺 ☎ 🚗 ❷. 🖻 *VISA*. ⁇
→ **R** 85/160 ⅃, enf. 45 – ☲ 22 – **15 ch** 160/200 – ½ P 200/230.

à La Garde N : 9 km par D 4 – ⊠ **48200** Albaret-Ste-Marie :

🏨 **Rocher Blanc** (Annexe 🏨), ℰ 66 31 90 09, ⅀, 🚗 – 📺 ☎ ❷ 🖻 *VISA*
→ *fermé 1ᵉʳ nov. au 1ᵉʳ mars* – **R** *(fermé dim. soir hors sais.)* 68/180 ⅃, enf. 60 – ☲ 29 –
18 ch 160/240 – ½ P 190/240.

⑩ Terrisson-Pneus, Croix des Anglais, N 9 ℰ 66 31 23 93

Paris 585 – Rodez·52 – Espalion 21 – Mende 75 – St-Flour 75 – Séverac-le-Château 58.

🏠 **Voyageurs-Vayrou**, ℰ 65 44 27 05 – 🖻 *VISA*. ⁇ ch
→ *Pâques-1ᵉʳ oct. et fermé sam. sauf juil.-août* – **R** 70/140 – ☲ 20 – **13 ch** 142/183 –
½ P 160.

Paris 43 – Fontainebleau 57 – Chartres 53 – Dourdan 9 – Étampes 18 – ♦Orléans 88 – Rambouillet 28 – Versailles 37.

à St-Évroult S : 1,5 km par V 6 – ⊠ 91530 St-Chéron :

XX **Aub. de la Cressonnière**, ℰ (1) 64 56 60 55, 🈺, 🖛 – 🛦 25. **E** 𝑉𝐼𝑆𝐴
fermé 1ᵉʳ au 15 mars, 15 au 30 sept., dim. soir et lundi – **R** 135/200.

CITROEN Tige, 13 rte de Rambouillet
ℰ (1) 64 56 50 37
PEUGEOT Gar. du Gueraud, 35 av. de Dourdan
ℰ (1) 64 56 63 53

RENAULT P.O.G. Auto, r. P. Payenneville
ℰ (1) 64 56 50 42

ST-CHRISTAU 64 Pyr.-Atl. 🖫🖫 ⑥ – voir à Lurbe-St-Christau.

ST-CHRISTOL-LÈS-ALÈS 30 Gard 🖫🖸 ⑱ – rattaché à Alès.

ST-CHRISTOPHE 14 Calvados 🖫🖫 ⑪ – rattaché à Pont-d'Ouilly.

ST-CIRGUES-DE-JORDANNE 15590 Cantal 🖫🖫 ②⑫ – 223 h. alt. 800.

Paris 582 – Aurillac 17 – Murat 45 – St-Simon 11.

🏠 **Tilleuls**, ℰ 71 47 92 19, ≤, 🈺, 🏊, 🖛 – 📺 ☎ 🚗 🅿 – 🛦 25. ⑩ **E** 𝑉𝐼𝑆𝐴
— Pâques- 1ᵉʳ nov. – **R** 60/190 🖟, enf. 35 – ⊑ 25 – **17 ch** 130/240 – ½ P 190/220.

ST-CIRGUES-EN-MONTAGNE 07510 Ardèche 🖫🖫 ⑱ – 458 h. alt. 1044.

Paris 572 – Aubenas 42 – Privas 72 – Langogne 32 – Le Puy 53.

🏠 **Parfum des Bois**, ℰ 75 38 93 93 – ☎ 🅿. 🖭 ⑩ **E** 𝑉𝐼𝑆𝐴
R 80/210, enf. 35 – ⊑ 35 – **25 ch** 190/250 – ½ P 200/220.

ST-CIRGUES-LA-LOUTRE 19220 Corrèze 🖫🖫 ⑩ – 267 h. alt. 460.

Voir Tours de Merle★★ SO : 4 km, G. Berry Limousin.

Paris 537 – Argentat 21 – Aurillac 47 – Mauriac 38 – Pleaux 17 – St-Céré 59 – Tulle 51.

ST-CIRQ-LAPOPIE 46330 Lot 🖸🖫 ⑨ G. Périgord Quercy – 179 h. alt. 137.

Voir Site★★ – Vestiges de l'ancien château ≤★★ – Le Bancourel ≤★.

Paris 606 – Cahors 33 – Figeac 45 – Villefranche-de-Rouergue 36.

🏠 **La Pélissaria** 🦢, ℰ 65 31 25 14, ≤, 🖛 – 📺 ☎. **E** 𝑉𝐼𝑆𝐴
1ᵉʳ avril-15 nov. – **R** (fermé jeudi) (dîner seul.) carte environ 130 – ⊑ 32 – **7 ch** 260/400.

XX **Aub. du Sombral "Aux Bonnes Choses"** M 🦢 avec ch, ℰ 65 31 26 08, 🈺 – ☎. **E** 𝑉𝐼𝑆𝐴
1ᵉʳ avril-11 nov. et fermé mardi soir et merc. sauf vacances scolaires – **R** 90/275 – ⊑ 35 –
8 ch 300.

ST-CLAIR 83 Var 🖸🖫 ⑯ – rattaché au Lavandou.

ST-CLAUDE ◁℗▷ 39200 Jura 🖸🖸 ⑮ G. Jura – 13 156 h. alt. 434.

Voir Site★★ – Cathédrale St-Pierre★ : stalles★★ Z – Place Louis-XI ≤★ Z – Gorges du Flumen★
par ② – Env. Route de Morez (D 69) ≤★★ 7 km par ① – Crêt Pourri 🌣★ E : 6 km puis 30 mn
par D 304 Z.

🛈 Office de Tourisme 1 av. Belfort ℰ 84 45 34 24 – A.C. r. St-Blaise ℰ 84 45 67 57.

Paris 452 ③ – Annecy 84 ② – Bourg-en-Bresse 73 ③ – ♦Genève 61 ② – Lons-le-Saunier 60 ③.

Plan page suivante

🏨 **St-Hubert** M, pl. St-Hubert ℰ 84 45 10 70, Fax 84 45 64 76 – 🛗 📺 ☎. **E** 𝑉𝐼𝑆𝐴   Z s
hôtel : fermé 25 déc. au 6 janv. ; rest. : fermé 1ᵉʳ au 10 oct., 25 déc. au 7 janv., lundi midi
et dim. – **R** 82/250, enf. 45 – ⊑ 24 – **30 ch** 200/370 – ½ P 200/290.

🏠 **Jura H.** sans rest, 40 av. Gare ℰ 84 45 24 04, Fax 84 45 58 10 – 📺 ☎ 🚗. **E** 𝑉𝐼𝑆𝐴
⊑ 23 – **23 ch** 168/270.   Z a

🏠 **Poste** sans rest, 1 r. Reybert ℰ 84 45 52 34 – ☎. **E** 𝑉𝐼𝑆𝐴   Y z
⊑ 20 – **15 ch** 110/190.

par ② et D 290 : 3 km – ⊠ 39200 St-Claude :

🏨 **Joly** 🦢, au Martinet (près camping) ℰ 84 45 12 36, Fax 84 41 02 49, ≤, 🈺, parc – ☎
🅿. 🖭 **E** 𝑉𝐼𝑆𝐴
fermé le soir du 5 au 31 janv., sam. midi et vend. d'oct à juin – **R** 110/180 – ⊑ 33 – **15 ch**
100/280 – ½ P 200/230.

à Villard-St-Sauveur par ② et D 290 : 5 km – alt. 580 – ⊠ 39200 St-Claude :

🏨 **Au Retour de la Chasse** 🦢, ℰ 84 45 11 32, Fax 84 45 13 95, ≤, 🍴 – cuisinette 📺 ☎
– 🛦 30. 🖭 ⑩ **E** 𝑉𝐼𝑆𝐴
fermé 19 au 29 déc., dim. soir et lundi du 20 sept. au 15 juin sauf vacances scolaires –
R 90/290 – ⊑ 26 – **16 ch** 115/300 – ½ P 205/275.

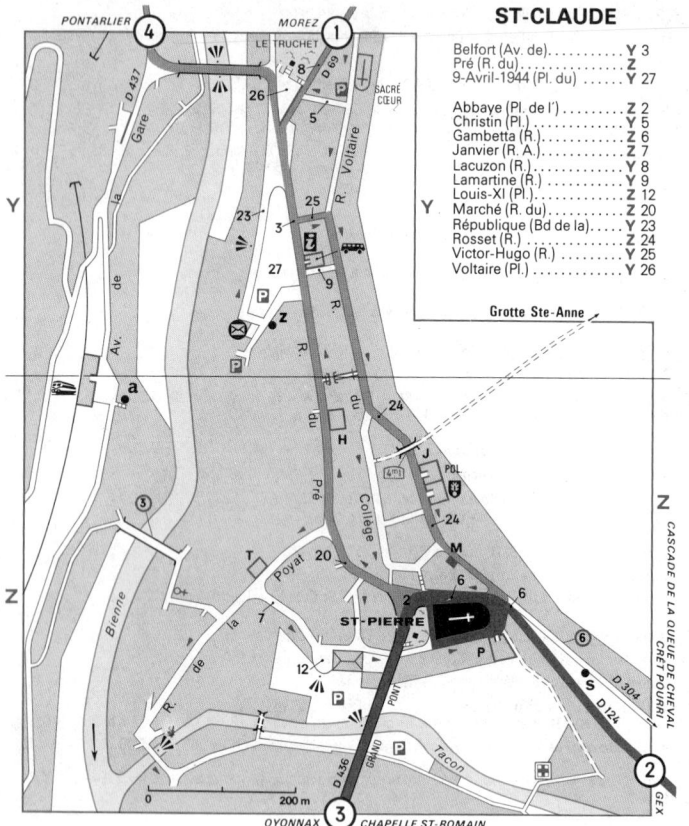

ST-CLAUDE

CITROEN Duchêne, 21 rte Valfin par ④
   🕾 84 45 12 07
FIAT Gar. de Genève, 11 r. Lt-Froidurot
   🕾 84 45 21 01
FORD Gar. Grenard, 23 r. Carnot 🕾 84 45 06 48
   N 🕾 84 45 10 56
PEUGEOT, TALBOT Gar. Carnot, ZA d'Étables, rte
de Lyon par ③ 🕾 84 45 11 07

RENAULT Lacuzon-Autom., 21 r. Carnot par ③
   🕾 84 45 12 03 N 🕾 05 05 15 15
V.A.G Central Gar., 6 r. Voltaire 🕾 84 45 01 52

🛞 Jura-Pneu, 28 r. Collège 🕾 84 45 15 37
Tessaro-Pneus, r. Plan d'Acier, ZI 🕾 84 45 12 74

ST-CLÉMENT-DES-BALEINES 17 Char.-Mar. 🔢 ⑫ – voir à Ré (Ile de).

ST-CLOUD 92 Hauts-de-Seine 🔢 ⑳, 🔢 ⑭ – voir à Paris, Environs.

ST-CÔME 30 Gard 🔢 ⑮ – rattaché à Nîmes.

ST-CYBRANET 24250 Dordogne 🔢 ⑰ – 282 h. alt. 79.
Paris 554 – Périgueux 72 – Sarlat-la-Canéda 16 – Cahors 55 – Fumel 51 – Gourdon 29

  ✗ **Relais Fleuri** avec ch, 🕾 53 28 33 70, 🍽 – 🅿 E 𝗩𝗜𝗦𝗔 ✁ ch
     fermé 27 oct. au 8 nov., 23 déc. au 7 janv., dim. soir et merc. de nov. à mars – **R** 85/195 –
     ⌸ 32 – **7 ch** 105/170 – ½ P 190/222.

ST-CYPRIEN 24220 Dordogne 🔢 ⑯ G. Périgord Quercy – 1 730 h. alt. 72.

Paris 544 – Périgueux 54 – Sarlat-la-Canéda 21 – Bergerac 53 – Cahors 75 – Fumel 53 – Gourdon 43.

🔼🔼 **L'Abbaye** 🔄, 𝒫 53 29 20 48, Télex 572720, Fax 53 29 15 95, 🍴, 🔲, 🌳 – 📺 ☎ 🅿 🆎
◑ 🅴 𝘝𝘐𝘚𝘈, 🎭 rest
15 avril-15 oct. – **R** 135/300, enf. 55 – 🍽 42 – **25 ch** 330/600 – ½ P 340/480.

🔼 **Terrasse,** 𝒫 53 29 21 69, 🍴 – 📺 ☎, 🅴 𝘝𝘐𝘚𝘈
19 mars-fin oct. et fermé lundi en mars et oct. – **R** 90/200, enf. 50 – **17 ch** 🍽 175/320 –
½ P 205/300.

RENAULT Castillon-Veyssière 𝒫 53 29 20 23   ◑ Sarladaise du Pneu 𝒫 53 29 23 21

ST-CYPRIEN 66750 Pyr.-Or. 🔢 ⑳ G. Pyrénées Roussillon – 4 405 h. alt. 6 – Casino .

🔢🔢 𝒫 68 21 01 71, N : 1 km.

🇮 Office de Tourisme parking Nord du Port 𝒫 68 21 01 33.

Paris 915 – ◆Perpignan 15 – Céret 33 – Port-Vendres 20.

🔼 **Belvédère** 🔄, r. P. Benoit 𝒫 68 21 05 93, ← – ☎ 🅿 🅴 𝘝𝘐𝘚𝘈
➔ *hôtel : 1ᵉʳ juin-30 sept. ; rest. : 10 juin-30 sept.* – **R** 65/150 🍷 – 🍽 27 – **30 ch** 250/290 –
½ P 260.

à St-Cyprien-Plage NE : 3 km par D 22 – ✉ 66750 St-Cyprien :

🔼🔼 **Le Mas d'Huston** 🅼 🔄, au golf 𝒫 68 21 01 71, Télex 500834, Fax 68 21 11 33, ←, 🍴,
« Parc », 🔲, 🎭 – 🛗 🔲 📺 ☎ 🅱 🅿 – 🏛 120. 🆎 ◑ 🅴 𝘝𝘐𝘚𝘈, 🎭 rest
fermé 2 au 20 déc. et fév. – **R** 135/190 – **50 ch** 🍽 495/720 – ½ P 450.

🔼 **Mar i Sol,** r. Rodin 𝒫 68 21 00 17, ← – 🛗 ☎ 🅱. 𝘝𝘐𝘚𝘈
fermé janv. – **R** *(fermé merc. sauf de juin à sept.)* carte 85 à 130 – 🍽 27 – **45 ch** 230/260
– ½ P 230/260.

🔼 **Ibis** 🅼 sans rest, au port 𝒫 68 21 30 30, Télex 500459, Fax 68 21 28 32, ← – 🛗 📺 ☎ 🅱
🅿. 🅴 𝘝𝘐𝘚𝘈
🍽 30 – **35 ch** 315.

🔀🔀 **Le Plaisance,** quai A.-Rimbaud 𝒫 68 21 14 34, ←, 🍴 – 🅴 𝘝𝘐𝘚𝘈
fermé 3 janv. au 5 fév., dim. soir et lundi du 1ᵉʳ oct. au 1ᵉʳ juin – **R** 130/190, enf. 65.

à St-Cyprien-Sud : 3 km – ✉ 66750 St-Cyprien

🔼🔼 **L'Ile de la Lagune** 🅼 🔄, 𝒫 68 21 01 02, Fax 68 21 06 28, ←, 🍴, 🔲, 🛶⌂ – 🛗 🔲 📺
☎ 🅱 ⟷ 🅿 – 🏛 60. 🆎 🅴 𝘝𝘐𝘚𝘈, 🎭 rest
fermé 2 au 17 fév. – **R** *(fermé mardi midi et lundi d'oct. à mai)* 160/310, enf. 80 –
🍽 55 – **18 ch** 600/750, 4 appart. 900 – ½ P 570/660.

PEUGEOT Gar. des Albères 𝒫 68 21 02 44   RENAULT Gar. Vandellos 𝒫 68 21 05 47

ST-CYR-EN-TALMONDAIS 85540 Vendée 🔢 ⑪ – 277 h. alt. 36.

Voir Collections d'art★ du château de la Court d'Aron E : 1 km, G. Poitou Vendée Charentes.

Paris 447 – La Rochelle 54 – La Roche-sur-Yon 29 – Luçon 13 – Les Sables d'Olonne 36 – La Tranche-sur-Mer 18.

🔀🔀 **Aub. de la Court d'Aron,** 𝒫 51 30 81 80, 🌳 – 🅿 🅴 𝘝𝘐𝘚𝘈
fermé 1ᵉʳ janv. au 15 mars, merc. soir et jeudi sauf juil.-août – **R** 75/155, enf. 40.

RENAULT Gar. Thuaud 𝒫 51 30 50 56 🅽 𝒫 51 30 86 80

ST-CYR-L'ÉCOLE 78 Yvelines 🔢 ⑩, 🔢 ㉒ – voir à Paris, Environs.

ST-DALMAS-DE-TENDE 06 Alpes-Mar. 🔢 ⑩⑳, 🔢 ⑧⑨ – alt. 696 – ✉ 06430 Tende.

Voir Gorges de Bergue★ S : 3 km, G. Côte d'Azur.

Paris 878 – Fontan 8 – ◆Nice 79 – Sospel 36.

🔼 **Le Prieuré** 🅼 🔄 centre d'aide par le travail, 𝒫 93 04 75 70, Fax 93 04 71 58, 🍴, 🌳 –
➔ 🍴ch 📺 ☎ 🅿 – 🏛 50. 🆎 ◑ 🅴 𝘝𝘐𝘚𝘈
fermé 4 au 24 mars et 7 au 27 oct. – **R** *(fermé lundi et mardi)* 70/220, enf. 45 – 🍽 30 –
16 ch 190/310.

ST-DALMAS-VALDEBLORE 06 Alpes-Mar. 🔢 ⑲, 🔢 ⑥ – voir à Valdeblore.

ST-DENIS 93 Seine-St-Denis 🔢 ⑪, 🔢 ⑯ – voir à Paris, Environs.

ST-DENIS-D'ANJOU 53290 Mayenne 🔢 ① G. Châteaux de la Loire – 1 279 h. alt. 38.

Paris 261 – Angers 42 – ◆Le Mans 58 – Sablé-sur-Sarthe 10.

🔀🔀🔀 **Aub. Roi René,** 𝒫 43 70 52 30, 🍴, 🌳 – 🅿. ◑ 🅴 𝘝𝘐𝘚𝘈
fermé mardi soir et merc. – **R** 85/210.

ST-DENIS-DE-L'HÔTEL 45 Loiret 🔢 ⑩ – rattaché à Jargeau.

ST-DENIS-SUR-LOIRE 41 L.-et-Ch. 🔢 ⑦ – rattaché à Blois.

Paris 202 – Alençon 12 – Argentan 40 – Domfront 49 – Falaise 63 – Flers 59 – Mayenne 49.

🏨 **La Faïencerie,** 🕿 33 27 30 16, 🌫, parc – ☎ 🅿 🗲 𝘝𝘐𝘚𝘈
Pâques-fin oct. – **R** (fermé le midi sauf dim. et fériés) 95/150 – ☲ 35 – **18 ch** 170/320 –
½ P 250.

RENAULT Gar. Poirier 🕿 33 27 30 32

ST-DIDIER-DE-LA-TOUR 38 Isère 📖 ⑭ – rattaché à La Tour-du-Pin.

ST-DIDIER-EN-VELAY 43140 H.-Loire 📖 ⑧ – 2 826 h. alt. 835.

Paris 531 – ◆St-Étienne 25 – Annonay 48 – Firminy 15 – Lamastre 69 – Le Puy 58 – Yssingeaux 31.

XX **Aub. du Velay** avec ch, 🕿 71 61 01 54 – 🆀 🗲 𝘝𝘐𝘚𝘈
← fermé dim. soir et lundi – **R** 70/260 ⅊ – ☲ 25 – **8 ch** 110/160.

ST-DIÉ ◁🅂🅿▷ 88100 Vosges 📖 ⑰ **G. Alsace Lorraine** – 26 539 h. alt. 343.

Voir Cathédrale★ B – Cloître gothique★ B S – 🛈 Office de Tourisme 31 r. Thiers 🕿 29 56 17 62.
Paris 386 ④ – Colmar 56 ② – Belfort 128 ② – Épinal 50 ③ – ◆Mulhouse 100 ② – ◆Strasbourg 90 ①.

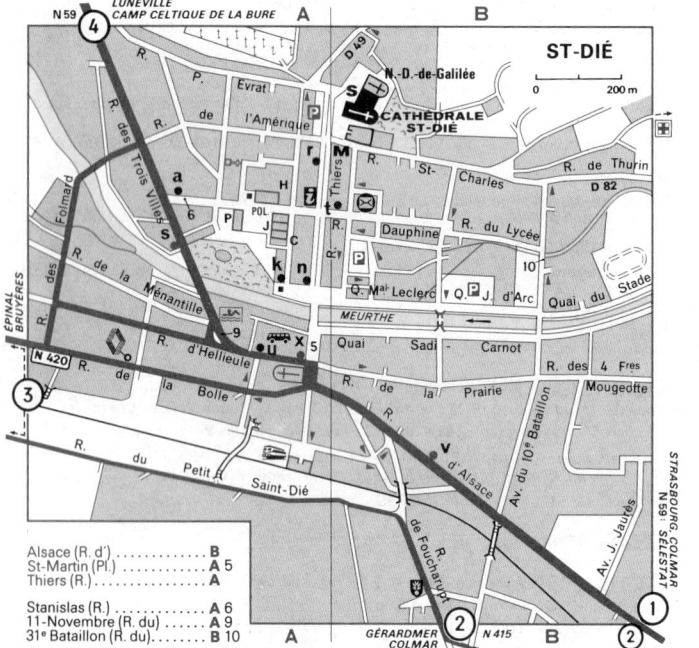

Alsace (R. d')	**B**
St-Martin (Pl.)	**A** 5
Thiers (R.)	**A**
Stanislas (R.)	**A** 6
11-Novembre (R. du)	**A** 9
31e Bataillon (R. du)	**B** 10

🏨 **Vosges et Commerce** sans rest, 57 r. Thiers 🕿 29 56 16 21, Fax 29 55 48 71 – 📺 ☎
⇔ – ⛫ 40. 🆀 ⓞ 🗲 𝘝𝘐𝘚𝘈 A **r**
☲ 23 – **30 ch** 110/280.

🏨 **France** sans rest, 1 r. Dauphine 🕿 29 56 32 61, Télex 961493 – 📺 ☎ ⇔, 🆀 🗲 𝘝𝘐𝘚𝘈
☲ 23 – **11 ch** 220/250. B **t**

🏨 **Globe** sans rest, 2 quai de Lattre 🕿 29 56 13 40 – ☎. 🆀 🗲 𝘝𝘐𝘚𝘈 A **n**
fermé vacances de nov. et dim. soir du 1er janv. au 28 fév. – ☲ 23 – **18 ch** 100/300.

🏨 **Parc** sans rest, 5 r. J.-J. Baligan 🕿 29 56 36 54 – 📺 🗈 🗲 𝘝𝘐𝘚𝘈 A **k**
☲ 23 – **6 ch** 200/240.

XX **Tétras,** 4 r. Hellieule 🕿 29 56 10 12 – 🆀 🗲 𝘝𝘐𝘚𝘈 A **x**
fermé dim. soir et sam. – **R** 95/190 ⅊.

X **Moderne** Ⓜ avec ch, 64 r. Alsace 🕿 29 56 11 71 – 📺 ☎ 🅿 🗲 𝘝𝘐𝘚𝘈 ✎ B **v**
← fermé 15 au 30 juin (sauf hôtel), 20 déc. au 2 janv., vend. soir et sam. sauf juil-août – **R**
68/160 ⅊ – ☲ 26 – **10 ch** 210/360 – ½ P 279/326.

X **Voyageurs** avec ch, 22 r. Hellieule 🕿 29 56 21 56, 🌫 – 📺 ☎. 🗲 𝘝𝘐𝘚𝘈 A **u**
R (fermé 14 juil. au 6 août, 22 déc. au 7 janv., dim. soir et lundi) 90/150 ⅊, enf. 45 – ☲ 25
– **11 ch** 130/160 – ½ P 155/175.

à Rougiville O : 6 km par ③ – ✉ **88100** St-Dié :

Le Haut Fer ⑤, ✆ 29 55 03 48, ←, ⛱, 🎾 – TV ☎ **P** – 🏛 60. AE E VISA
*fermé 1er au 21 janv. – **R** (fermé dim. soir et lundi hors sais.)* 86/200 ♁, enf. 50 – ☕ 22 – **16 ch** 230/260 – ½ P 230/250.

CITROEN Vosges-Autom., 134 r. d'Alsace par ① ✆ 29 56 29 95 **N** ✆ 29 56 60 70
FORD Gar. Thouzet, rte de Raon ✆ 29 56 23 30
PEUGEOT-TALBOT Gar. Autos Vincent, rte de Raon N 59 par ④ ✆ 29 56 68 37 **N** ✆ 29 56 33 91

RENAULT Éts Husson, 52 r. Bolle ✆ 29 56 28 57 **N** ✆ 29 56 60 70

Pneu 88, 26 r. Paix ✆ 29 56 14 18
Pneus et Services D.K., 126 r. d'Alsace ✆ 29 56 11 34

ST-DISDIER **05250** H.-Alpes 77 ⑮ **G. Alpes du Nord** – 163 h. alt. 1028.

Voir Défilé de la Souloise★ N – Paris 644 – Gap 56 – ♦Grenoble 79 – La Mure 42.

Aub. La Neyrette ⑤, ✆ 92 58 81 17, ←, 🌳, 🍽 – ☎ **P**. AE ⊙ E VISA
fermé 1er oct. au 15 déc. – **R** 84/160 – ☕ 25 – **10 ch** 200/240 – ½ P 220.

ST-DIZIER SP **52100** H.-Marne 61 ⑨ **G. Champagne** – 37 445 h. alt. 146.

Env. Lac du Der-Chantecoq★★ 11 km au SO par D 384.

⛳ de Combles-en-Barrois ✆ 29 45 16 03, par ① : 23 km.

🅸 Office de Tourisme Pavillon du Jard ✆ 25 05 31 84.

Paris 204 ⑤ – Bar-le-Duc 24 ① – Chaumont 74 ③ – ♦Nancy 99 ② – Troyes 85 ④ – Vitry-le-F. 29 ⑤.

ST-DIZIER

Gambetta (R.) .... B 8
Liberté (Pl. de la) .... B 12
République (Av. de la) ... A
Alsace-Lorraine (Av. d') .. B 3
Anatole-France (R.) ..... B 4
Briand (Pl. A.) .... A 6
Gaulle (Pl. du Gén. de) ... B 9
Giros (R. E.) .... B 10
Pasteur (Av.) .... B 13
République (Pl. de la) .... A 14
Tanneurs (R. des) .... B 15
Vergy (Pont de) .... A 16
Victor-Hugo (Av.) .... B 18

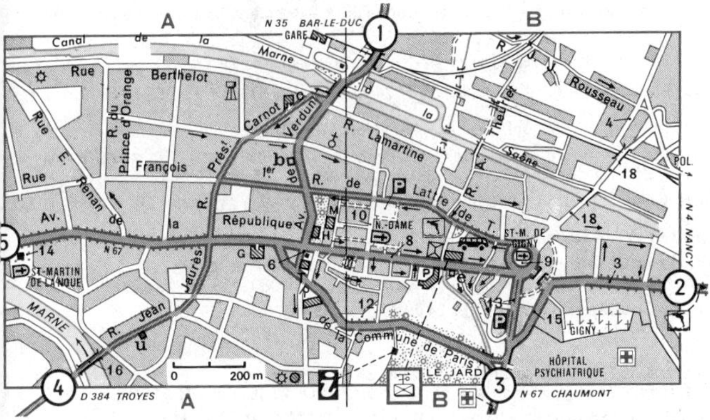

Soleil d'Or M, rte Bar-le-Duc par ① : 2 km ✆ 25 05 68 22, Télex 840946, Fax 25 56 37 77, ⛱ – |‡| TV ☎ ♿ **P** – 🏛 150. AE ⊙ E VISA
R *(fermé sam. midi, dim. et fériés)* 79/119 ♁ – ☕ 31 – **64 ch** 289/447 – ½ P 205.

Gambetta M, 62 r. Gambetta ✆ 25 56 52 10, Télex 842365, Fax 25 56 39 47 – |‡| ▤ rest TV ☎ ♿ 🚗 **P** – 🏛 250. AE ⊙ E VISA — B **e**
R *(fermé dim. soir du 1er oct. au 1er juin)* 65/125 ♁, enf. 40 – ☕ 30 – **63 ch** 220/360 – ½ P 240/340.

Picardy sans rest, 15 av. Verdun ✆ 25 05 09 12, 🍽 – TV ☎ **P**. E VISA — A **b**
☕ 20 – **12 ch** 100/185.

La Gentilhommière, 29 r. J. Jaurès ✆ 25 56 32 97 – ⊙ E VISA. ✗ — A **u**
fermé 5 au 19 août, sam. midi, dim. soir et lundi soir – **R** 98/245.

ALFA ROMEO Champagne Autom., 28 r. Vergy ✆ 25 05 39 37
AUTOBIANCHI, LANCIA Gar. Stabile, 776 bis av. République ✆ 25 05 40 22
BMW, OPEL Gar. Masson, 92 bis r. E.-Renan ✆ 25 56 19 81
CITROEN Gar. Fontaine, 34 av. R.-Salengro par ⑤ ✆ 25 05 20 68
FORD Dynamic-Motors, rte de Bar-le-Duc ✆ 25 56 03 98
PEUGEOT-TALBOT C.A.B., 6 av. Parchim ✆ 25 56 19 72

RENAULT Fogel, 20 av. des États-Unis par ② ✆ 25 56 19 79 **N** ✆ 25 94 91 82
V.A.G Auto Hall 52, 2 bis rte de Bar-le-Duc ✆ 25 05 09 90

Barrois-Pneus, rte de Bar-le-Duc, Bettancourt-la-Ferrée ✆ 25 05 19 16
Saunier-St-Dizier-Pneu, 111 r. E.-Renan ✆ 25 05 23 54

ST-DONAT-SUR-L'HERBASSE 26260 Drôme 🗓🗓 ② G. Vallée du Rhône – 2 243 h. alt. 210.
Paris 550 – Valence 31 – ♦Grenoble 86 – Hauterives 19 – Romans-sur-Isère 13 – Tournon-sur-Rhône 16.

　　🍴🍴　**Chartron** Ⓜ avec ch, 𝒫 75 45 11 82, 😋 – 📺 ☎ Ⓟ, Ⓔ 𝘝𝘐𝘚𝘈
　　　　　fermé 3 au 21 sept., 2 au 16 janv., lundi soir(sauf juil.-août) et mardi – **R** 98/360 – 🖵 35 –
　　　　　7 ch 220/280 – ½ P 260.

ST-DOULCHARD 18 Cher 🗓🗓 ① – rattaché à Bourges.

ST-DYÉ-SUR-LOIRE 41500 L.-et-Ch. 🗓🗓 ⑦⑧ G. Châteaux de la Loire – 762 h. alt. 75.
Paris 171 – ♦Orléans 41 – Beaugency 21 – Blois 14 – Romorantin-Lanthenay 45.

　　🏨　**Manoir Bel Air** 🦢, 𝒫 54 81 60 10, Fax 54 81 65 34, ≤, 😋, parc – ☎ 🚗 Ⓟ – 🔬 25
　　　　　à 40. Ⓔ 𝘝𝘐𝘚𝘈, 🍴 rest
　　　　　fermé 20 janv. au 21 fév. – **R** 100/188, enf. 48 – 🖵 30 – **38 ch** 200/480 – ½ P 280/300.

SAINTE... – voir suite nomenclature des Saints.

ST-ELOY-LES-MINES 63700 P.-de-D. 🗓🗓 ③ – 5 493 h. alt. 500.
Paris 360 – ♦Clermont-Ferrand 61 – Guéret 85 – Montluçon 30 – Moulins 70 – Vichy 59.

　　🏨　**Le St Joseph** Ⓜ, r. J. Jaurès 𝒫 73 85 21 50, Fax 73 85 42 90 – 📺 ☎ 🚾 Ⓟ – 🔬 25 à
　　🛏　40. Ⓐ🅴 Ⓔ 𝘝𝘐𝘚𝘈
　　　　　R 55/170 🍷, enf. 38 – 🖵 25 – **30 ch** 170/220 – ½ P 170/195.

CITROEN Gar. Mercier, 1 r. J.-Jaurès　　　　　　PEUGEOT-TALBOT Gar. St-Christophe, 112 r. J.-
𝒫 73 85 03 68　　　　　　　　　　　　　　　　　Jaurès 𝒫 73 85 06 60
PEUGEOT-TALBOT Gar. Heurtault et Wroblewski,　RENAULT Gar. Gidel, RN 144 "La Boule"
rte des Nigonnes 𝒫 73 85 03 92　　　　　　　　　𝒫 73 85 06 83 Ⓝ 𝒫 73 85 16 16

ST-EMILION 33330 Gironde 🗓🗓 ⑫ G. Pyrénées Aquitaine – 3 040 h. alt. 102.
Voir Site★ – Église monolithe★ – Cloître des Cordeliers★ – ≤★ de la tour du château du Roi.
🚩 Office de Tourisme pl. Créneaux 𝒫 57 24 72 03.
Paris 582 – ♦Bordeaux 39 – Bergerac 56 – Langon 49 – Libourne 8 – Marmande 60.

　　🏨🏨　**Host. Plaisance** Ⓜ, pl. Clocher 𝒫 57 24 72 32, Télex 573032, Fax 57 74 41 11, ≤, 😋,
　　　　　😋 – 🍽 ch ☎, Ⓐ🅴 Ⓞ Ⓔ 𝘝𝘐𝘚𝘈
　　　　　fermé janv. – **R** 125/260, enf. 70 – 🖵 44 – **11 ch** 470/720.

　　🏨🏨　**Logis des Remparts** Ⓜ sans rest, r. Guadet 𝒫 57 24 70 43, 😋 – 📺 ☎ Ⓟ, Ⓔ 𝘝𝘐𝘚𝘈 🍴
　　　　　fermé 20 déc. au 8 janv. et dim. de déc. à fév. – 🖵 40 – **15 ch** 280/450.

　　🏨　**Palais Cardinal**, pl. 11 Novembre 1918 𝒫 57 24 72 39, 😋, 🏊, 😋 – 📺 ☎ 🚗 Ⓔ 𝘝𝘐𝘚𝘈
　　　　　🍴 ch
　　　　　1er avril-31 déc. – **R** *(fermé merc.)* 98/175 – 🖵 37 – **17 ch** 295/350.

　　🏨　**Aub. de la Commanderie**, r. Cordeliers 𝒫 57 24 70 19 – ☎, Ⓔ 𝘝𝘐𝘚𝘈, 🍴
　　　　　fermé 30 nov. au 1er fév. – **R** *(fermé mardi)* 110/220 – 🖵 30 – **15 ch** 160/280.

　　🍴🍴　**Francis Goullée**, r. Guadet 𝒫 57 24 70 49 – 🍽, Ⓔ 𝘝𝘐𝘚𝘈
　　　　　fermé 1er au 13 août, 25 nov. au 2 déc., 20 au 27 fév., dim. soir et lundi – **R** 90/190 🍷,
　　　　　enf. 35.

　　🍴　**Le Tertre**, r. Tertre de la Tente 𝒫 57 74 46 33 – Ⓐ🅴 Ⓞ Ⓔ 𝘝𝘐𝘚𝘈
　　　　　fermé 15 nov. au 2 janv., dim. soir et merc. du 3 janv. au 1er juin – **R** 115/250.

　　🍴　**Logis de la Cadène**, pl. Marché au Bois 𝒫 57 24 71 40, 😋 – Ⓔ 𝘝𝘐𝘚𝘈
　　　　　fermé 25 au 30 juin, 24 déc. au 17 janv., lundi (sauf fériés) et dim. soir – **R** 90/180.

　　　　　O : 5 km sur D 670 – ✉ **33330** St-Emilion :

　　🏨　**Otelinn** Ⓜ, 𝒫 57 51 52 05, Télex 571006, Fax 57 51 66 37, 😋, 🏊, 😋, 🍴 – 📺 ☎ 🛏
　　　　　Ⓟ, Ⓐ🅴 Ⓞ Ⓔ 𝘝𝘐𝘚𝘈, 🍴 rest
　　　　　R 80/210, enf. 40 – 🖵 40 – **50 ch** 260/280 – ½ P 260/355.

RENAULT Vallade 𝒫 57 24 72 68

ST-ESTEBEN 64640 Pyr.-Atl. 🗓🗓 ③ G. Pyrénées Aquitaine – 420 h. alt. 139.
Paris 790 – Biarritz 41 – ♦Bayonne 35 – Orthez 58 – Pau 104 – St-Jean-Pied-de-Port 34.

　　🍴🍴　**Chez Onésime**, 𝒫 59 29 65 51, « Cadre rustique », 😋 – Ⓟ, Ⓔ 𝘝𝘐𝘚𝘈, 🍴
　　　　　fermé 15 nov. au 15 déc. et merc. – **R** 130/220.

For your travels in France, use along with this guide

　　　– the **Michelin Green Guides** (regions of France)
　　　　picturesque scenery - buildings - scenic routes

　　　– the **Michelin Maps** main road map (scale 1:1 000 000)
　　　　　　　　　　　and the regional maps (scale 1:200 000)

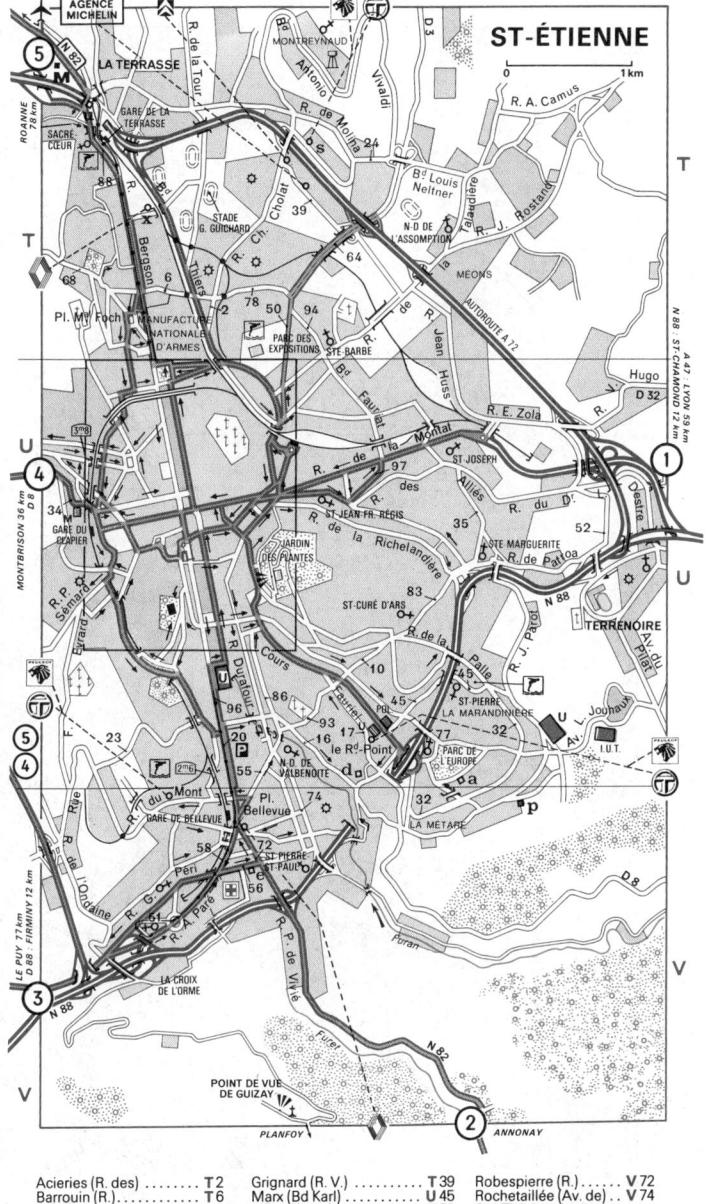

1027

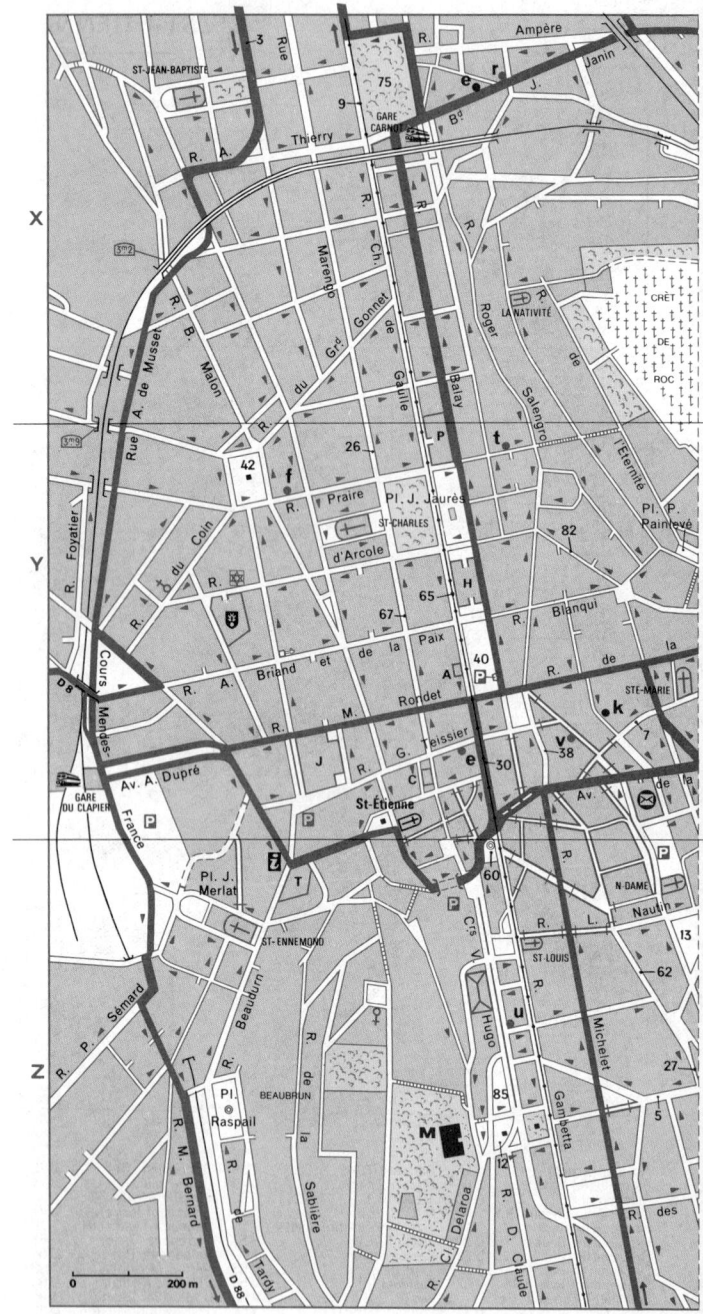

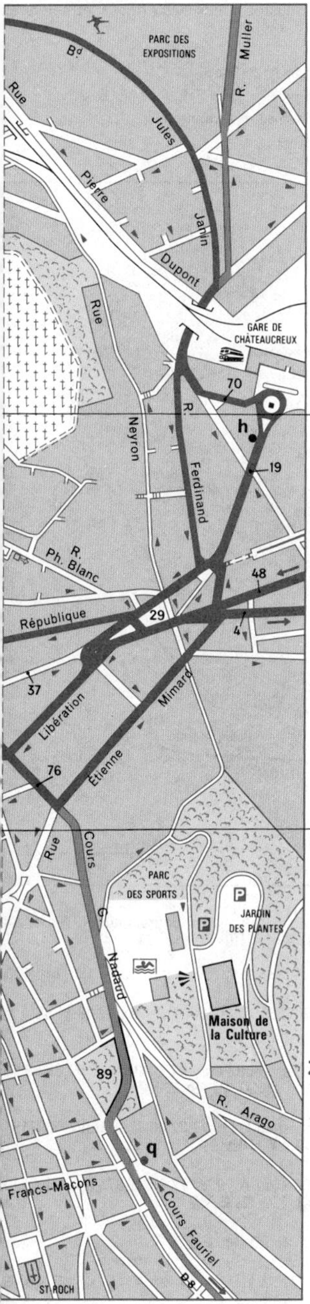

ST-ÉTIENNE

Bérard (R. P.) . . . . Y 7
Foy (R. Gén.) . . . . Y 30
Gambetta (R.) . . . . Z
Gaulle (R. Ch.-de) X
Gervais (R. E.) . . . . Y 37
Grand-Moulin (R. du) . . . . Y 38
Hôtel-de-Ville (Pl. de l') . . . . Y 40
Libération (Av. de la) . . . . Y
Michelet (R.) . . . . Z
Peuple (Pl. du) . . . . Z 60
Président-Wilson (R.) . . . . Y 65
République (R. de la) . . . . Y
Résistance (R. de la) . . . . Y 67

Albert-1er (Bd) . . . . X 3
Alliés (R. des) . . . . Y 4
Ampère (R.) X
Arago (R.) . . . . Z
Arcole (R. d') . . . . Y
Badouillère (R. de la) . . . . Z 5
Balay (R.) X
Beaubrun (R.) . . . . Z
Bergson (R.) . . . . X 9
Bernard (R. M.) . . . . Z
Blanc (R. Ph.) . . . . Y
Blanqui (R.) . . . . Y
Bouchard (Crs J.) . . . . Z 12
Briand et de la Paix (R. A.) . . . . Y
Chavanelle (Pl.) . . . . Z
Claude (R. D.) . . . . Z
Coin (R. du) . . . . Y
Delaroa (R. Cl.) . . . . Z
Denfert-Rochereau (Av.) . . . . Y 19
Dormoy (R. M.) . . . . Y 26
Dupont (R. P.) X
Dupré (Av. A.) . . . . Y
Éternité (R. de l') . . . . XY
Fauriel (Cours) . . . . Z
Ferdinand (R.) . . . . XY
Fougerolle (R.) . . . . Z 27
Fourneyron (Pl.) . . . . Y 29
Foyatier (R.) . . . . Y
Francs-Maçons (R. des) . . . . Z
Grand-Gonnet (R. du) . . . . XY
Jacquard (Pl.) . . . . Y 42
Janin (Bd J.) X
Jaurès (Pl. J.) . . . . Y
Malon (R. B.) X
Marengo (R.) X
Mendès-France (Crs) . . . . YZ
Merlat (Pl. J.) . . . . Z
Mimard (R. E.) . . . . YZ
Montat (R. de la) . . . . Y 48
Muller (R.) X
Musset (Bd A.-de) . . . . XY
Nadaud (Crs G.) . . . . Z
Nautin (R. L.) . . . . Z
Neyron (R.) . . . . XY
Painlevé (Pl. P.) . . . . Y
Pointe-Cadet (R.) . . . . Z 62
Praire (R.) . . . . Y
Raspail (Pl.) . . . . Z
Rivière (R. du Sergent) . . . . X 70
Rondet (R. M.) . . . . Y
Sablière (R. de la) . . . . Z
Sadi-Carnot (Pl.) . . . . X 75
Salengro (R. R.) . . . . XY
Sauzéa (R. H.) . . . . Y 76
Sernard (R. P.) . . . . Z
Servet (R. M.) . . . . Y 82
Tardy (R. de) . . . . Z
Teissier (R.) . . . . Y
Thierry (R. A.) X
Thomas (Pl. A.) . . . . Z 86
Victor-Hugo (Crs) . . . . Z
Villebœuf (Pl.) . . . . Z 89

Vous cherchez un parking... Les principaux sont indiqués sur les plans de ce guide.

Voir Musée d'Art moderne★★T **M** – Musée d'Art et d'Industrie : musée d'Armes★ et peintures modernes★ du musée des Beaux-Arts Z **M**.

Env. Guizay ⩽★★ S : 10 km V.

✈ de St-Étienne-Bouthéon : Air Inter ℰ 77 36 56 10, par ⑤ : 15 km.

🛈 Office de Tourisme pl. Roannelle ℰ 77 25 12 14 – A.C. du Forez 9 r. Gén. Foy ℰ 77 32 55 99.

Paris 520 ① – ♦Clermont-Ferrand 147 ④ – ♦Grenoble 149 ① – ♦Lyon 60 ① – Valence 118 ②.

Plans pages précédentes

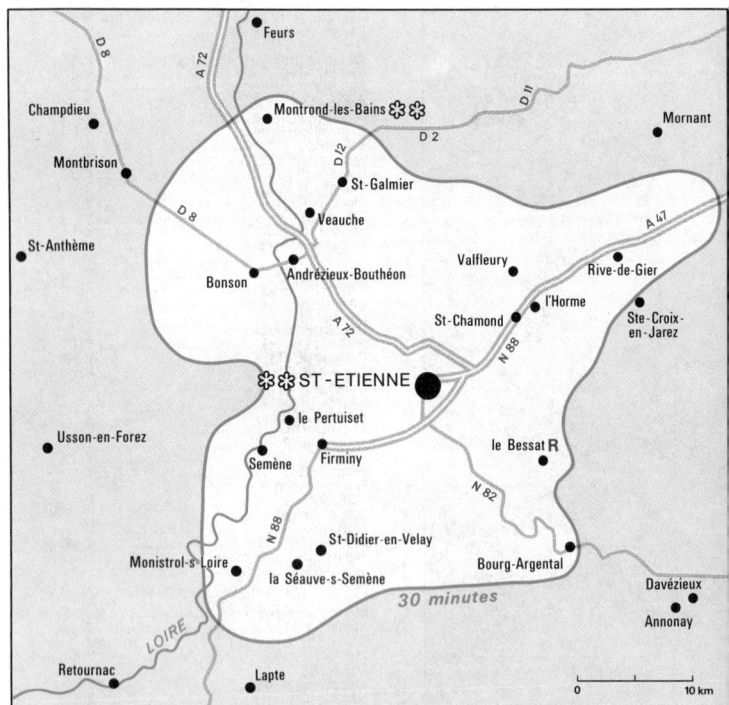

🏨 **Altéa Parc de l'Europe** [M], r. Wuppertal SE du plan, par cours Fauriel ⊠ 42100
    ℰ 77 25 22 75, Télex 300050, Fax 77 41 14 81 – 🛗 🗐 rest 📺 ☎ ⇔ 🅿 – 🔬 50 à 200. 🆎
    ⑩ 🇪 *VISA*   U a
    La Ribandière *(fermé 20 déc. au 2 janv.)* **R** 160/280, enf. 50 – ⊊ 50 – **120 ch** 400/
    460.

🏨 **Midi** sans rest, 19 bd Pasteur ⊠ 42100 ℰ 77 57 32 55, Télex 300012, Fax 77 59 11 43 – 🛗
    ↔ 📺 ☎ ⇔. 🆎 ⑩ 🇪 *VISA*   V e
    fermé août – ⊊ 33 – **33 ch** 260/345.

🏨 **Astoria** ⧏ sans rest, r. H. Déchaud SE du plan par cours Fauriel ⊠ 42100 ℰ 77 25 09 56,
    Télex 307237, Fax 77 25 58 28 – 🛗 ↔ 📺 ☎ 🅿 – 🔬 30. 🆎 ⑩ 🇪 *VISA*   U d
    ⊊ 30 – **33 ch** 250/310.

🏨 **Terminus du Forez,** 31 av. Denfert-Rochereau ℰ 77 32 48 47, Télex 307191,
➡ Fax 77 34 03 30 – 🛗 🗐 rest 📺 ☎ 🅿 – 🔬 60. 🆎 ⑩ 🇪 *VISA*   Y h
    R 65/170 🍴, enf. 55 – ⊊ 44 – **6 ch** 245/335.

🏨 **Ibis** [M], 35 pl. Massenet, NO du plan par bd Thiers ou A 72 ℰ 77 93 31 87, Télex 307340,
    Fax 77 93 71 29 – 🛗 🗐 ch 📺 ☎ 🕭 ⇔ 🅿 – 🔬 120. 🆎 🇪 *VISA*   T u
    R 98 🍴, enf. 39 – ⊊ 29 – **85 ch** 270/295.

🏨 **Carnot** sans rest, 11 bd J. Janin ℰ 77 74 27 16 – 🛗 📺 ☎. 🇪 *VISA*   X e
    ⊊ 28 – **24 ch** 165/320.

🏨 **Hot. Cheval Noir** sans rest, 11 r. F. Gillet ℰ 77 33 41 72 – 🛗 ☎ – 🔬 30. 🆎 ⑩ 🇪
    VISA   Y k
    fermé août – ⊊ 26 – **45 ch** 150/265.

XXX ✿✿ **Pierre Gagnaire,** 3 r. G. Teissier ℰ 77 37 57 93, Fax 77 32 70 58 – ⇆. ℻ ⓄⒺ 🆅🆂🅰 Y e
fermé août, 2 au 18 fév., dim. et lundi – **R** 250/530 et carte, enf. 80
Spéc. Attereaux de crêtes de coq et tourte de volaille à la marjolaine, Pigeon aux cosses de chocolat, Pain d'épices et soufflé gentiane. Vins Crozes-Hermitage, Saint-Péray.

XXX **Clos des Lilas,** 28 r. Virgile SE du plan par cours Fauriel ✉ 42100 ℰ 77 25 28 13, V p
Fax 77 41 58 91, 😐
fermé août, vacances de fév., dim. soir, mardi soir et lundi – **R** 170/350, enf. 60.

XXX **Le Chantecler,** 5 cours Fauriel ✉ 42100 ℰ 77 25 48 55, Fax 77 37 62 75 – ℻ ⓄⒺ 🆅🆂🅰 Z q
fermé 27 juil. au 25 août, sam. et dim. – **R** 130/180.

XX **André Barcet,** 19 bis cours V. Hugo ℰ 77 32 43 63 – 🍴. ℻ ⓄⒺ 🆅🆂🅰 Z u
fermé 10 au 31 juil. et merc. sauf fériés – **R** 160/300, enf. 60.

XX ✿ **Le Bouchon** (Lejeune), 7 r. Robert ℰ 77 32 93 32 – 🍴. ℻ Ⓞ 🆅🆂🅰. 😐 Y t
fermé 13 juil. au 4 août, 22 déc. au 2 janv., sam. midi, dim. (sauf le midi d'oct. à Pâques) et soirs de fêtes – **R** (nombre de couverts limité, prévenir) 110/310
Spéc. Coquilles Saint-Jacques (oct. à avril), Poissons et crustacés, Chariot de desserts. Vins Saint-Joseph, Saint-Véran.

XX **Le Régency,** 17 bd J. Janin ℰ 77 74 27 06 – Ⓔ 🆅🆂🅰 X r
fermé août, sam. et dim. – **R** 130/245 🍷.

XX **Praire,** 14 r. Praire ℰ 77 37 85 74, Fax 77 25 17 10 – ℻ Ⓔ 🆅🆂🅰 Y f
fermé 28 avril au 14 mai, 5 au 19 août, dim. (sauf le midi d'oct. à fin avril), sam. midi et lundi midi – **R** carte 170 à 370.

X **Le Gratin,** 30 r. St-Jean ℰ 77 32 32 60 – ℻ ⓄⒺ 🆅🆂🅰 Y v
fermé 14 juil. au 15 août, sam. midi, dim. soir et lundi – **R** 105/180.

à Andrézieux-Bouthéon par ⑤ : 17 km – 8 957 h. – ✉ **42160** .

Voir Lac de Grangent★★ S : 9 km.

🏨 **Novotel,** Z.I. Centre-Vie ℰ 77 36 55 63, Télex 900722, Fax 77 55 09 05, 😐, 🏊, 🎾 – 🛗
🔲 📺 🅿 🍴 🚗 200. ℻ ⓄⒺ 🆅🆂🅰
R carte environ 150 🍷, enf. 52 – 🍽 46 – **98 ch** 370/390.

MICHELIN, Agence Régionale, ZI de Montreynaud, 9 r. V.-Grignard T ℰ 77 74 22 88

ALFA-ROMEO Gar. de la Rue Balay, 40 r. Balay
ℰ 77 32 62 89
CITROEN Citroën, 1 r. V.-Grignard T ℰ 77 74 91 77
Ⓝ ℰ 77 37 22 64
FIAT Ouillon, ZI de Montreynaud, r. J.-Neyret
ℰ 77 79 08 45
FORD E.D.A., ZI de Montreynaud, 17-19 r. G.-
Delory ℰ 77 74 91 40
FORD Biosca, 25 r. D.-Claude
ℰ 77 32 91 95
LADA, SKODA Biosca, 25 r. D.-Claude
LANCIA MAZDA Gar. de Fourneyron, 10 pl. Four-
neyron ℰ 77 32 56 02
MERCEDES-BENZ SALTA, 82 r. Marengo
ℰ 77 74 57 71
OPEL St-Étienne Autom., 50 rue D.-Claude
ℰ 77 32 50 25
PEUGEOT-TALBOT Boniface, ZI de Montreynaud,
13-15 r. G.-Delory T s ℰ 77 74 74 66
PEUGEOT-TALBOT Gar. du Rond Point, 23 r. H.-
Déchaud U ℰ 77 25 05 80

PEUGEOT-TALBOT Boniface, 24 à 28 r. Mont V
ℰ 77 57 17 37
RENAULT Succursale, 5 r. C.-Oddé T x
ℰ 77 43 49 49 Ⓝ
RENAULT Bellevue-Autom.-Granet, 1 r. Thimonier
V ℰ 77 57 28 28
V.A.G Rel. du Soleil, ZI Verpillieux, 14 r. Ta-
laudière ℰ 77 32 39 95
V.A.G Gar. Rocle, rte de l'État à St-Priest-en-
Jarez ℰ 77 74 26 44
V.A.G Gar. Rocle, 80 r. Dr-Charcot ℰ 77 59 11 00

Ⓑ Briday-Pneus, 36 r. Montat ℰ 77 33 06 20
Forez-Pneus, 66 r. D.-Claude ℰ 77 57 29 68
Fournier Automobile, 2 r. de la Michalière
ℰ 77 57 25 13
Métifiot, ZI de Montreynaud, 12 r. V.-Grignard
ℰ 77 79 06 03
Pastourel Pneus Plus, 2 r. J.-Snella ℰ 77 74 42 66
Piot-Pneu, 22 r. J.-Neyret ℰ 77 33 06 81

ST-ÉTIENNE-DE-BAÏGORRY 64430 Pyr.-Atl. 🆅🆂 ③ G. Pyrénées Aquitaine – 1 691 h. alt. 162.
Voir Église St-Étienne★.
🖹 Syndicat d'Initiative pl. Église ℰ 59 37 47 28.
Paris 820 – Biarritz 53 – Cambo-les-Bains 31 – Pau 114 – St-Jean-Pied-de-Port 11.

🏨 ✿ **Arcé** 🍴, ℰ 59 37 40 14, Fax 59 37 40 27, ≤, 😐, « Terrasse au bord de l'eau », 🏊, 🚗,
🎾 – 📺 ☎ 🅿. Ⓔ 🆅🆂🅰
mi-mars-mi-nov. – **R** (en saison, prévenir) 100/220, enf. 70 – 🍽 40 – **20 ch** 450/600,
7 appart. 600/950 – ½ P 350/500
Spéc. Salade du pêcheur aux médaillons de lotte, Sole meunière aux cèpes, Ris d'agneau sautés aux
échalotes. Vins Irouléguy, Jurançon.

🏨 **Cortéa,** E : 1,5 km sur D 15 ℰ 59 37 41 89, ≤, 😐, 🚗 – ❺ 🅿. ⓄⒺ 🆅🆂🅰. 😐 ch
23 mars-15 nov. – **R** 120/220, enf. 75 – 🍽 35 – **20 ch** 250/370 – ½ P 300/380.

ST-ÉTIENNE-DE-FURSAC 23 Creuse 🇺🇸 ⑧ – rattaché à La Souterraine.

ST-ÉTIENNE-DU-BOIS 01370 Ain 🇺🇸 ⑬ – 1 876 h. alt. 245.
Paris 415 – Mâcon 50 – Bourg-en-Bresse 16 – Lons-le-Saunier 50 – Nantua 60.

🏨 **La Bergamote,** S : 2 km sur N 83 ℰ 74 30 51 09, Fax 74 22 29 16, 😐, 🏊, 🚗 – 📺 ☎
🅿 – 🚗 80. Ⓔ 🆅🆂🅰
fermé dim. et lundi d'oct. à fév. – **R** 85/130 🍷, enf. 70 – 🍽 25 – **42 ch** 220/240 – ½ P 230.

🛈 Syndicat d'Initiative à la Mairie ℰ 92 76 02 57.

Paris 736 – Digne 46 – Forcalquier 17 – Sault 47 – Sisteron 30.

   🏠 **St Clair** ⬦, S : 2 km par D 13 ℰ 92 76 07 09, ≤, 🌂, ⊥, 🦌 – ⥇ rest 🍽 rest ☎ 🅿. **E** 🆅🅸🆂🅰 ❤️ **ch**
      fermé 20 nov. au 3 fév. – **R** 95/140, enf. 50 – ⊡ 35 – **27 ch** 194/361 – ½ P 201/291.

ST-FARGEAU 89170 Yonne 🗺 ③ **G. Bourgogne** – 1 701 h. alt. 193.

Voir Château⋆.

Paris 181 – Auxerre 45 – Cosne-sur-Loire 32 – Gien 42 – Montargis 53.

   🏨 **Relais du Château** Ⓜ, promenade Grillon ℰ 86 74 01 75, Fax 86 74 09 73 – 📺 ☎ 👌. **E** 🆅🅸🆂🅰
      R 75/250 bc 👌, enf. 60 – ⊡ 35 – **24 ch** 200/240 – ½ P 280.

FORD Ciechelski, 7 av. Grande-Demoiselle   PEUGEOT-TALBOT Chambrillon, promenade du
ℰ 86 74 01 39 🗈   Grillon ℰ 86 74 08 20 🗈

ST-FÉLIX 74540 H.-Savoie 🗺 ⑮ – 1 224 h. alt. 368.

Paris 547 – Annecy 19 – Aix-les-Bains 14 – Rumilly 11.

   🏨 **Relais des Deux Savoies,** ℰ 50 60 90 02, 🌂, ⊥, 🦌 – 🍽 rest 🕿 🅿 – 🏛 50. 🆊 ⓞ
      E 🆅🅸🆂🅰
      fermé début janv. à mi-fév. et merc. hors sais. – **R** 160/320, enf. 80 – ⊡ 45 – **20 ch**
      250/650.

ST-FÉLIX-LAURAGAIS 31540 H.-Gar. 🗺 ⑲ **G. Pyrénées Roussillon** – 1 188 h. alt. 327.

Voir Site⋆.

Paris 750 – ◆Toulouse 43 – Auterive 45 – Carcassonne 54 – Castres 37 – Gaillac 70.

   🏨 **Aub. du Poids Public,** ℰ 61 83 00 20, Fax 61 83 86 21, ≤, 🌂, 🦌 – ☎ 🚗 – 🏛 25. 🆊
      E 🆅🅸🆂🅰
      fermé janv. et dim. soir d'oct. à avril – **R** 115/260, enf. 70 – ⊡ 38 – **13 ch** 230/270 –
      ½ P 240/280.

ST-FERRÉOL 31 H.-Gar. 🗺 ⑳ – rattaché à Revel.

ST-FIRMIN 05800 H.-Alpes 🗺 ⑯ **G. Alpes du Nord** – 465 h. alt. 900.

Paris 639 – Gap 31 – Corps 11 – ◆Grenoble 74 – La Mure 36 – St-Bonnet 18.

   🏠 **Alpes,** ℰ 92 55 20 02, ≤, 🌂 – 📶 📞. 🆊 **E** 🆅🅸🆂🅰
   ➡ **R** 65/140 👌, enf. 50 – ⊡ 22 – **26 ch** 160/250 – ½ P 160/190.

     au Séchier E : 4 km – alt. 900 – ✉ 05800 St-Firmin :

   🏠 **Loubet** ⬦, ℰ 92 55 21 12, ≤, 🦌 – 🅿
   ➡ *vacances de printemps et 15 juin-30 sept.* – **R** 60/175 – ⊡ 21 – **23 ch** 130/230 – ½ P 162/228

ST-FLORENTIN 89600 Yonne 🗺 ⑮ **G. Bourgogne** – 6 757 h. alt. 105.

Voir Vitraux⋆ de l'église **E**.

🛈 Office de Tourisme 10 r. Terrasse (15 juin-15 sept.) ℰ 86 35 11 86.

Paris 162 ④ – Auxerre 31 ③ – Chaumont 134 ② – ◆Dijon 154 ② – Sens 44 ④ – Troyes 50 ①.

ST-FLORENTIN

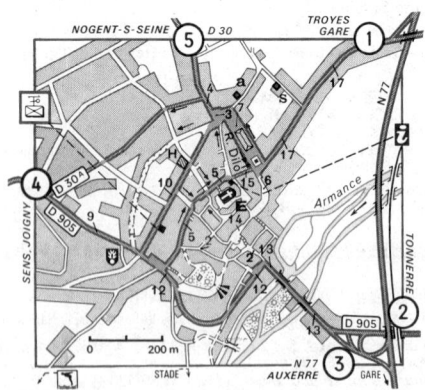

Une réservation
confirmée par écrit
est toujours plus sûre.

🏠 **Tilleuls** 🐾, 3 r. Decourtive **(s)** ℘ 86 35 09 09, ☆, ♨ – 📺 ☎ 🅿 ⨍ 𝘝𝘐𝘚𝘈, ℀ rest
fermé 2 nov. au 5 déc., dim. soir et lundi – **R** 100/200, enf. 50 – ☲ 33 – **10 ch** 220/300.

❀ **Grande Chaumière** (Bonvalot) Ⓜ 🐾 avec ch, 3 r. Capucins **(a)** ℘ 86 35 15 12,
Fax 86 35 33 14, ☆, ♨ – 📺 ☎ 🅿 ⨍ ⓪ 𝗘 𝘝𝘐𝘚𝘈, ℀
fermé 2 au 8 sept., 20 déc. au 17 janv. et merc. hors sais. – **R** 115/410 – ☲ 42 – **11 ch** 290/470 – ½ P 450/550
Spéc. Coquilles Saint-Jacques grillées au café (nov. à mars), Blanc de loup au jus de truffe, Filet mignon de veau au velouté de foie gras. Vins Epineuil, Irancy.

à Neuvy-Sautour par ① : 7 km – ⊠ **89570** :

XX **Dauphin,** ℘ 86 56 30 01 – 🅿 𝗘 𝘝𝘐𝘚𝘈
→ *fermé 2 au 17 janv. et lundi* – **R** 70/240 🔥, enf. 40.

CITROEN Gar. Bleu, rte de Troyes ℘ 86 35 12 52
🆕 ℘ 86 35 32 49
OPEL-TOYOTA Gar. Moderne, M. Roy, 17 pl. Dilo
℘ 86 35 02 50

PEUGEOT-TALBOT Gar. de l'Europe, av. 8-Mai par
④ ℘ 86 35 06 05

ST-FLORENT-LE-VIEIL 49410 M.-et-L. 🔟🔢 ⑱ G. **Châteaux de la Loire** – 2 560 h. alt. 16.
Voir Tombeau★ dans l'église – Esplanade ≤★.
🛈 Syndicat d'Initiative à la Mairie ℘ 41 72 50 39.
Paris 336 – Angers 42 – Ancenis 14 – Châteaubriant 55 – Château-Gontier 63 – Cholet 37 – Laval 92.

🏠 **Host. de la Gabelle,** ℘ 41 72 50 19, ≤ – 📺 ☎ ⨍ ⓪ 𝗘 𝘝𝘐𝘚𝘈, ℀ rest
→ *fermé 30 oct. au 3 nov. et 23 déc. au 3 janv.* – **R** 60/200 🔥, enf. 38 – **20 ch** ☲ 180/285 – ½ P 200/250.

PEUGEOT-TALBOT Gar. Alloyer ℘ 41 72 50 07

ST-FLOUR ◁𝖲𝖯▷ **15100** Cantal 🔟🔢 ④⑭ G. **Auvergne** – 9 148 h. alt. 881.
Voir Site★★ – Cathédrale★ B – Brassard★ dans le musée de la Haute Auvergne B **H** – Plateau de la Chaumette : calvaire ≤★ S : 3 km par D 40 puis 30 mn.
🛈 Office Municipal de Tourisme 2 pl. Armes ℘ 71 60 22 50 et pl. Liberté (juil.-août).
Paris 501 ① – Aurillac 76 ④ – Issoire 70 ① – Millau 141 ② – Le Puy 112 ① – Rodez 118 ③.

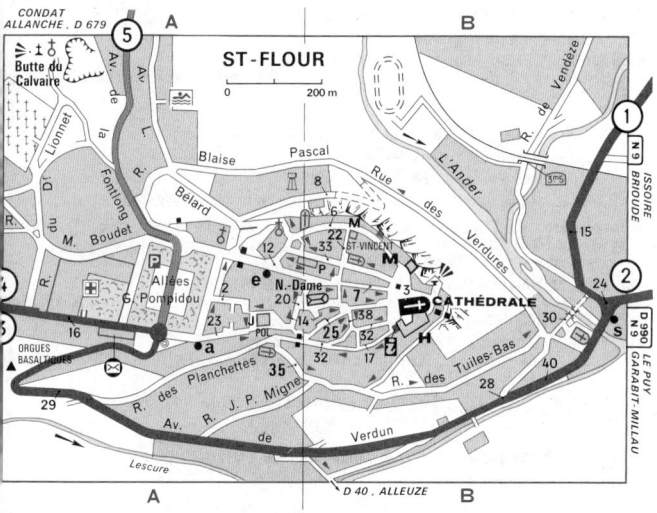

Ville basse :

🏨 **L'Étape** Ⓜ (Annexe 🏠 11 ch), 18 av. République par ② ℰ 71 60 13 03, Fax 71 60 48 05
– 🛗 📺 ☎ 🚗. 🖭 ⑩ 🗉 𝑉𝐼𝑆𝐴
R *(fermé dim. soir et lundi hors sais.)* 82/230, enf. 50 – ☑ 32 – **23 ch** 280/330 – ½ P 240/250.

🏨 **Les Messageries et rest. Nautilus,** 23 av. Ch. de Gaulle ℰ 71 60 11 36, 🍽 – 📺 ☎
🚗 🄿 ⑩ 🗉 𝑉𝐼𝑆𝐴
fermé lundi du 15 nov. à Pâques – **R** 76/300, enf. 50 – ☑ 29 – **17 ch** 180/350 – ½ P 220/300.

🏨 **St-Jacques,** 6 pl. Liberté ℰ 71 60 09 20, 🔼 – 🛗 📺 ☎. 🗉 𝑉𝐼𝑆𝐴   B s
fermé 11 nov. au 5 janv., vend. soir et sam. midi de nov. à Pâques – **R** 75/190, enf. 50 –
☑ 30 – **28 ch** 210/320 – ½ P 220/250.

🏨 **Nouvel H. Bonne Table,** av. République par ② ℰ 71 60 05 86, 🍴 – 🛗 ☎ 🄿
saisonnier – **48 ch.**

🏠 **Aub. La Providence,** 1 r. Château d'Alleuze ℰ 71 60 12 05 – ☎ 🄿. 🖭 ⑩ 🗉 𝑉𝐼𝑆𝐴. 🍴
➡ *fermé vacances de nov. et lundi du 1ᵉʳ oct. au 30 avril* – **R** 70/120 ⅜ – ☑ 25 – **10 ch**
220/250 – ½ P 200/210.

🏠 **L'Eventail,** 9 av. République par ② ℰ 71 60 14 07 – 🛗 ☏ 🄿
➡ *4 juin-15 sept.* – **R** 63/93 – ☑ 24 – **23 ch** 155/170 – ½ P 155/180.

Ville haute :

🏨 **Europe,** 12 cours Ternes ℰ 71 60 03 64, ≤ vallée – 🛗 ☎ 🚗. 🗉 𝑉𝐼𝑆𝐴   A a
➡ **R** 68/210 ⅜, enf. 50 – ☑ 26 – **45 ch** 200/300 – ½ P 170/250.

🏨 **Gd H. Voyageurs,** 25 r. Collège ℰ 71 60 34 44 – ☎ 🚗. ⑩ 🗉 𝑉𝐼𝑆𝐴   A e
15 mars-4 nov. – **R** 85/210, enf. 50 – ☑ 26 – **31 ch** 130/300 – ½ P 160/260.

CITROEN Gar. Bardoux, 47 av. République par ②
ℰ 71 60 12 39
FIAT Gar. des Orgues, av. de Verdun
ℰ 71 60 34 76
FORD Tournadre, Les Rosiers, rte de Clermont
ℰ 71 60 21 25
OPEL LADA Gar. Universel, 1 r. M.-Boudet
ℰ 71 60 09 64

PEUGEOT-TALBOT Montplain-Autom. av. Lioran,
ZI Montplain par ④ ℰ 71 60 02 43
🅽 ℰ 71 60 18 85
RENAULT Berthet, av. République par ②
ℰ 71 60 01 81
SEAT-ALFA-ROMEO Teissedre, ZI Montplain, rte
d'Aurillac ℰ 71 60 20 66 🅽 ℰ 71 60 10 35

ST-FRANÇOIS-LONGCHAMP 73130 Savoie 🔟4 ⑰ G. Alpes du Nord – 221 h. alt. 1450 – Sports
d'hiver : 1 450/2 525 m ⚡17.
Paris 615 – Albertville 61 – Chambéry 73 – Moûtiers 36 – St-Jean-de-Maurienne 24.

Station Haute : Longchamp – alt. 1 610 – ✉ 73130 La Chambre.

🛈 Office de Tourisme ℰ 79 59 10 56.

🏨 **Cheval Noir,** ℰ 79 59 10 88, ≤, 🍽 – ☎ 🄿. 🗉 𝑉𝐼𝑆𝐴. 🍴 rest
1ᵉʳ juil.-9 sept. et 22 déc.-vacances de printemps – **R** 90/160, enf. 50 – ☑ 30 – **20 ch**
250/280, 7 duplex 380 – ½ P 345.

ST-GALMIER 42330 Loire 🔠3 ⑪ G. Vallée du Rhône – 3 796 h. alt. 400 – Casino.
Voir Vierge du Pilier★ et triptyque★ dans l'église.
🛈 Office Municipal du Tourisme avec A.C. bd Sud ℰ 77 54 06 08.
Paris 501 – ◆St-Étienne 22 – ◆Lyon 60 – Montbrison 24 – Montrond-les-B. 10 – Roanne 60.

🏨 **La Charpinière** 🔽, ℰ 77 54 10 20, Télex 307194, Fax 77 54 18 79, 🍽, parc, 🔼 – 📺 ☎
🄿 – 🔼 30. 🖭 ⑩ 🗉 𝑉𝐼𝑆𝐴. 🍴 rest
R 78/198, enf. 65 – ☑ 34 – **35 ch** 360/590 – ½ P 300/320.

🏠 **Voyageurs,** pl. Hôtel de Ville ℰ 77 54 00 25 – 🚗. 🗉 𝑉𝐼𝑆𝐴. 🍴 ch
➡ *fermé 1ᵉʳ au 25 août, 1ᵉʳ au 15 janv., dim. soir (sauf hôtel), vend. soir et sam.* – **R** 60/155 ⅜
– ☑ 25 – **11 ch** 140/220.

🍴🍴 **Poste,** r. Maurice André ℰ 77 54 00 30, ≤ – 🖭 ⑩ 🗉 𝑉𝐼𝑆𝐴
fermé 1ᵉʳ au 14 août, 15 janv. au 5 fév., merc. soir et jeudi – **R** (dim. prévenir) 75/250,
enf. 50.

CITROEN Gar. Brosse ℰ 77 54 00 13
PEUGEOT-TALBOT Morel ℰ 77 54 00 92

RENAULT Gar. Pailleux ℰ 77 54 06 71

ST-GAUDENS 〈🆂🅿〉 31800 H.-Gar. 🔠6 ① G. Pyrénées Aquitaine – 12 098 h. alt. 405.
Voir Boulevards Jean-Bepmale et des Pyrénées ≤★ Z.
🛈 Office de Tourisme pl. Mas-St-Pierre ℰ 61 89 15 99.
Paris 794 ② – Auch 76 ① – Foix 90 ② – Lourdes 79 ⑤ – Tarbes 64 ⑤ – ◆Toulouse 89 ②.

Plan page ci-contre

🏨 **Commerce,** av. Boulogne ℰ 61 89 44 77 – 🛗 📺 ☎ 🄿 🔥 🖭 𝑉𝐼𝑆𝐴. 🍴   Y e
fermé 24 déc. à fin janv. – **R** 75/200 ⅜, enf. 50 – ☑ 25 – **50 ch** 190/350.

🏠 **Esplanade** sans rest, 7 pl. Mas St-Pierre ℰ 61 89 15 90 – 🛗 ☎. 🗉 𝑉𝐼𝑆𝐴   Z a
☑ 26 – **12 ch** 150/210.

ST-GAUDENS

Les guides Rouges,
les guides Verts et
les cartes Michelin
sont complémentaires.
Utilisez-les ensemble.

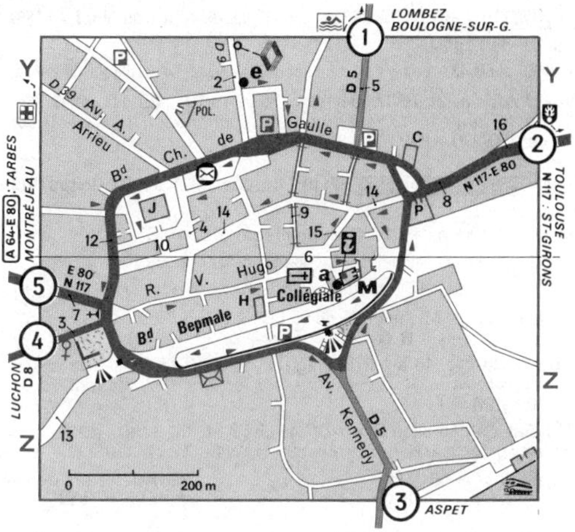

à Villeneuve-de-Rivière par ⑤ : 6 km – ✉ **31800** :

🏨 **Host. des Cèdres** ⍉, ℰ 61 89 36 00, Fax 61 88 31 04, 佘, parc, ⌁ – 📺 ☎ 🄿, E 𝗩𝗜𝗦𝗔
R *(fermé 1ᵉʳ au 27 déc., dim. soir et lundi midi du 15 sept. au 15 avril)* 205/400 – ⌷ 50 –
21 ch 380/600 – ½ P 385/510.

Autres ressources hôtelières :

Voir *Sauveterre-de-Comminges* par ④ et D 9 : 9,5 km.

CITROEN G.A.M., rte de Toulouse par ②
ℰ 61 95 13 69
FORD SORVA, rte Nat. 117 à Landorthe
ℰ 61 89 23 79
PEUGEOT, TALBOT Comet, N 117 à Landorthe
par ② ℰ 61 89 60 00
RENAULT S.I.A.C., 14 av. de Boulogne
ℰ 61 89 54 00

V.A.G Gar. du Circuit, N 117 "La Garenne"
ℰ 61 95 37 37

◍ Central-Pneu, 47 bd Ch.-de-Gaulle
ℰ 61 89 11 24
Comptoir du Pneu, 162 av. de Toulouse
ℰ 61 89 28 25

ST-GÉLY-DU-FESC 34 Hérault 🅷🅷 ⑦ – rattaché à Montpellier.

ST-GÉNIÈS-DE-COMOLAS 30 Gard 🅷🅾 ⑳ – rattaché à Roquemaure.

ST-GENIEZ-D'OLT 12130 Aveyron 🅷🅾 ④ G. Gorges du Tarn – 2 201 h. alt. 420.
🄸 Syndicat d'Initiative les Cloîtres (saison) ℰ 65 70 43 42.
Paris 614 – Rodez 46 – Espalion 27 – Florac 93 – Mende 69 – Séverac-le-Château 24.

🏨 **France**, ℰ 65 70 42 20, ⌁, ✕ – 🛗 ☜ – 🛆 80. E 𝗩𝗜𝗦𝗔
→ *15 mars-15 nov.* – **R** 58/170 ⅄, enf. 42 – ⌷ 25 – **42 ch** 120/215 – ½ P 160/204.
🏨 **Poste** ⍉, ℰ 65 47 43 30, 佘, ⌁, ☞, ✕ – 🛗 ☎ 🄿. E 𝗩𝗜𝗦𝗔
15 mars-15 nov. et fermé dim. soir et lundi d'oct. à mai – **R** 75/170 ⅄, enf. 50 – ⌷ 28 –
50 ch 160/250.

RENAULT Fages ℰ 65 70 41 40   RENAULT Gar. Crespo ℰ 65 47 52 89

ST-GENIS-POUILLY 01630 Ain 🅷🅾 ⑮ – 5 588 h. alt. 450.
Paris 526 – Bellegarde-sur-Valserine 28 – Bourg-en-Bresse 109 – ♦Genève 11 – Gex 11.

🏨 Motel International, sur D 984 SO : 2 km ℰ 50 42 02 72, ≤, ✕ – cuisinette 📺 ☎ 🔶 🄿
– 🛆 100
50 ch, 25 studios.
🍽🍽🍽 **La Menthe Sauvage**, 1 pl. Fontaine ℰ 50 42 20 50 – ▥. 🄰🄴 ⓞ E 𝗩𝗜𝗦𝗔
fermé 13 au 29 juil. Noël au Jour de l'An, sam. et dim. – **R** 180/245.
🍽🍽 **Auberge Charaux**, sur D 984 SO : 2 km ℰ 50 42 29 38, ≤, 佘 – 🄿. 🄰🄴 ⓞ E 𝗩𝗜𝗦𝗔
fermé 4 au 26 août, vacances de fév., dim. soir et lundi – **R** 120/270.

CITROEN Gar. du Centre ℰ 50 42 10 03   ◍ Pneu 01 ℰ 50 42 07 85
🄽 ℰ 50 42 06 19
RENAULT Pelletier ℰ 50 42 12 91

To sightsee in the capital
use the Michelin Green Guide **PARIS** (English edition).

ST-GEOIRE-EN-VALDAINE 38620 Isère 74 ⑭ G. Alpes du Nord – 1 588 h. alt. 436.

Voir Stalles★ de l'église.

Paris 529 – ◆Grenoble 43 – Belley 47 – Chambéry 35 – ◆Lyon 84 – La Tour-du-Pin 25.

᠊᠊ **Val d'Ainan,** ℰ 76 07 50 04, Fax 76 07 16 10 – TV. AE ⓞ E VISA
  fermé 1er janv. au 15 fév. dim. soir et lundi sauf en été – **R** 60/165 ⅃, enf. 40 – ⊡ 28 –
  17 ch 220/270 – ½ P 230.

ST-GEORGES-DE-DIDONNE 17110 Char.-Mar. 171 ⑮ G. Poitou Vendée Charentes – 4 749 h.
alt. 10.

Voir Pointe de Vallières★ – Forêt et pointe de Suzac★ S : 3 km.

🛈 Office de Tourisme bd Michelet (janv.-sept.) ℰ 46 05 09 73.

Paris 505 – Royan 3 – Blaye 89 – ◆Bordeaux 125 – La Rochelle 75.

᠊᠊ **Bégonias,** pl. Michelet ℰ 46 05 08 13, 🍽 – AE E VISA
  Pâques-fin sept. – **R** 65/130, enf. 34 – ⊡ 23 – **21 ch** 170/200 – ½ P 230/290.

᠊᠊ **Colinette** ⌂, 16 av. Gde Plage ℰ 46 05 15 75, 🍽 – ☎. VISA
  15 fév.-14 nov. – **R** *(fermé dim. soir et lundi)* 57/166, enf. 36 – ⊡ 23 – **28 ch** 110/198 –
  ½ P 158/196.

᠊᠊ **Floréal** ⌂, 10 allée Repos ℰ 46 05 08 12, 🍽 – ⓟ. VISA
  Pâques-1er oct. – **R** 75/95, enf. 38 – ⊡ 24 – **21 ch** 170/220 – ½ P 205/225.

FORD Augeraud ℰ 46 05 07 50

RENAULT Saint-Georges Automobiles
  ℰ 46 05 08 14 N

ST-GEORGES-DE-RENEINS 69830 Rhône 74 ① – 3 190 h. alt. 222.

Paris 420 – Mâcon 31 – Bourg-en-Bresse 43 – Chauffailles 47 – ◆Lyon 40 – Villefranche-sur-Saône 9.

᠊᠊ **Sables,** r. Saône ℰ 74 67 64 08 – ☏ ⓟ
  fermé janv. et dim. sauf hôtel en sais. – **R** (dîner seul.) 65/98 – ⊡ 21 – **18 ch** 107/165.

XX **Host. St-Georges,** N 6 ℰ 74 67 62 78 – E VISA
  fermé 19 déc. au 4 janv., 10 au 20 sept., mardi soir et merc. – **R** 88/220 ⅃.

ST-GEORGES-D'ESPÉRANCHE 38790 Isère 74 ⑫ – 1 981 h. alt. 400.

Paris 496 – ◆Lyon 35 – Bourgoin-Jallieu 21 – ◆Grenoble 78 – Vienne 21.

XX **Le Castel,** ℰ 74 59 18 45, 🍽
  fermé 26 août au 12 sept., 15 au 28 fév., mardi et merc. – **R** 98/320.

RENAULT Gar. Berthon ℰ 74 59 02 09 N ℰ 74 59 19 66

ST-GEORGES-D'OLÉRON 17 Char.-Mar. 171 ⑬ – voir à Oléron (Ile d').

ST-GEORGES-LA-POUGE 23250 Creuse 72 ⑩ – 418 h. alt. 565.

Paris 378 – Limoges 73 – Aubusson 21 – Bourganeuf 24 – Guéret 34 – Montluçon 71.

᠊᠊ **Domaine des Mouillères** ⌂, N : 2 km par D 3 et VO ℰ 55 66 60 64, ≼, 🍽 , « Dans la
  campagne limousine », 🐎 – ⓟ. E VISA. 🐾 ch
  20 mars-1er oct. – **R** (dîner seul.) carte environ 150 – ⊡ 35 – **7 ch** 170/300.

ST-GEORGES-SUR-LOIRE 49170 M.-et-L. 63 ⑱⑳ G. Châteaux de la Loire – 3 015 h. alt. 20.

Voir Château de Serrant★★ NE : 2 km.

Paris 314 – Angers 18 – Ancenis 32 – Châteaubriant 63 – Château-Gontier 54 – Cholet 46.

XX **Relais d'Anjou,** r. Nationale ℰ 41 39 13 38, 🍽 – AE E VISA
  fermé 1er au 13 juil., 2 au 18 janv., dim. soir et lundi – **R** 90/225.

X **Tête Noire,** r. Nationale ℰ 41 39 13 12 – E VISA. 🐾
  fermé 1er au 14 août, vacances de fév., vend. soir et sam. – **R** 95/200.

ST-GERMAIN-DE-JOUX 01490 Ain 74 ④⑤ – 536 h. alt. 515.

Paris 486 – Bellegarde-sur-Valserine 12 – Belley 63 – Bourg-en-Bresse 69 – Nantua 13 – St-Claude 34.

᠊᠊ **Reygrobellet,** N 84 ℰ 50 59 81 13 – TV ☎ ⇦ ⓟ. ⓞ E VISA
  fermé 11 au 17 mars, 17 au 24 juin, 7 oct. au 5 nov., dim. soir (sauf juil.-août) et lundi –
  R 90/230 ⅃ – ⊡ 25 – **10 ch** 200/230 – ½ P 215/230.

Some useful weights and measures

1 kilogram (1,000 grams) = 2.2 lb.

1 kilometer (1,000 meters) = 0.621 mile

10°C = 50°F   21°C = 70°F

1 liter = 1³/₄ pints   10 liters = 2.62 U.S. gals.

ST-GERMAIN-DES-VAUX 50440 Manche 54 ① – 273 h. alt. 67.

Voir Baie d'Ecalgrain★★ S : 3 km – Port de Goury★ NO : 2 km.

Env. Nez de Jobourg★★ S : 7,5 km puis 30 mn – ≤★★ sur anse de Vauville SE : 9,5 km par Herqueville, G. Normandie Cotentin.

Paris 386 – Barneville-Carteret 49 – Cherbourg 29 – Nez-de-Jobourg 8 – St-Lô 107.

　　XX **Host. L'Erguillère** ⑤ avec ch, à Port Racine ℰ 33 52 75 31, ≤, « Jardin fleuri dominant la mer » – ☎ **P**
　　　15 mars-11 nov. et fermé dim. soir et lundi sauf vacances scolaires – **R** 145/190 – � 36 – **10 ch** 275/300 – ½ P 289/300.

　　X **Moulin à Vent,** ℰ 33 52 75 20, 灬 – **P**. **E** VISA
　　　fermé 26/8 au 9/9,21/12 au 12/1,le soir sauf vend.-sam. du 25/8 au 30/4,dim. soir-lundi du 1/5au24/8 et sam. midi – **R** 85.

PEUGEOT-TALBOT Troude, à Beaumont-Hague ℰ 33 52 70 12

RENAULT Lecocq, à Beaumont ℰ 33 52 76 58
N ℰ 33 52 73 16

ST-GERMAIN-DE-TALLEVENDE 14 Calvados 59 ⑨ – rattaché à Vire.

ST-GERMAIN-DU-BOIS 71330 S.-et-L. 70 ③ G. Bourgogne – 1 952 h. alt. 210.
Paris 357 – Chalon-sur-Saône 32 – Dole 52 – Lons-le-Saunier 29 – Mâcon 72 – Tournus 44.

　　X **Host. Bressane** avec ch, ℰ 85 72 04 69 – **P**. **E** VISA
　→　fermé 2 au 9 sept., 20 déc. au 12 janv., dim. soir et vend. sauf juil.-août – **R** 55/125 ⅃, enf. 35 – ⊑ 20 – **9 ch** 95/220 – ½ P 160/190.

ST-GERMAIN-DU-CRIOULT 14 Calvados 59 ⑩ – rattaché à Condé-sur-Noireau.

ST-GERMAIN-DU-PLAIN 71370 S.-et-L. 70 ②⑫ – 1 598 h. alt. 192.
Paris 355 – Chalon-sur-Saône 14 – Bourg-en-Bresse 63 – Lons-le-Saunier 50 – Tournus 20.

　　🏠 **Poste** sans rest, ℰ 85 47 31 56 – 🕿 🚗. **E** VISA
　　　fermé dim. – ⊑ 22 – **9 ch** 100/300.

ST-GERMAIN-EN-LAYE 78 Yvelines 55 ⑱⑳, 101 ⑫ – voir à Paris, Environs.

Please avoid smoking during a meal :
you will spoil your palate and annoy your neighbours.

ST-GERMAIN-LAVAL 42260 Loire 73 ⑰ G. Vallée du Rhône – 1 680 h. alt. 430.
🛈 Syndicat d'Initiative à la Mairie ℰ 77 65 41 30.
Paris 416 – Roanne 35 – L'Arbresle 67 – Montbrison 29 – ♦St-Étienne 62 – Thiers 47 – Vichy 69.

　　X **Touristes** avec ch, ℰ 77 65 41 08 – 🚗. **E** VISA
　→　fermé fév. et mardi sauf juil.-août – **R** 52/180 ⅃ – ⊑ 19 – **12 ch** 88/190 – ½ P 150/170.

PEUGEOT-TALBOT Rambaud ℰ 77 65 41 09 **N**

ST-GERMAIN-L'HERM 63630 P.-de-D. 73 ⑯ – 766 h. alt. 1 000.
Paris 460 – ♦Clermont-Ferrand 68 – Ambert 29 – Brioude 32 – Le Puy 67 – ♦St-Étienne 106.

　　🏦 **France,** ℰ 73 72 00 27, ≤, 灬 – 🚗. **AE E** VISA ⅏ rest
　→　fermé 27 sept. au 7 nov. – **R** 60/120 ⅃ – ⊑ 19 – **25 ch** 80/160 – ½ P 150/160.

ST-GERMER-DE-FLY 60850 Oise 55 ⑧⑨ G. Normandie Vallée de la Seine – 1 355 h. alt. 101.
Voir Église★ – ≤★ de la D 129 SE : 4 km, **G.Flandres Artois Picardie**.
Paris 92 – ♦Rouen 58 – Les Andelys 42 – Beauvais 26 – Gisors 20 – Gournay-en-Bray 8.

　　XX **Aub. de l'Abbaye,** ℰ 44 82 50 73 – **E** VISA
　　　fermé 16 au 31 août, 5 au 25 janv., dim. soir (sauf fêtes), mardi soir et merc. – **R** 102/150, enf. 58.

ST-GERVAIS 33 Gironde 75 ⑪ – rattaché à St-André-de-Cubzac.

ST-GERVAIS-D'AUVERGNE 63390 P.-de-D. 73 ③ G. Auvergne – 1 545 h. alt. 725.
🛈 Syndicat d'Initiative à la Mairie ℰ 73 85 71 53.
Paris 377 – ♦Clermont-Ferrand 55 – Aubusson 74 – Gannat 48 – Montluçon 48 – Riom 40 – Ussel 88.

　　🏨 **Castel H.** ⑤, ℰ 73 85 70 42, 灬 – **TV** 🕿 **P**. VISA. ⅏
　　　15 mars-15 nov. – **R** 110/200, enf. 65 – ⊑ 30 – **19 ch** 130/210 – ½ P 160/210.

　　🏠 **Relais d'Auvergne,** rte Châteauneuf ℰ 73 85 70 10 – 🕿. **E** VISA ⅏ rest
　→　**R** 61/130 ⅃, enf. 40 – ⊑ 23 – **19 ch** 90/180 – ½ P 135/170.

ST-GERVAIS-LA-FORÊT 41 L.-et-Ch. 64 ⑦ – rattaché à Blois.

ST-GERVAIS-LES-BAINS **74170** H.-Savoie 74 ⑧ **G. Alpes du Nord** – 4 717 h. alt. 807 – Stat. therm. (3 mai-28 sept.) – Sports d'hiver : 1 180/2 500 m 2 34 .

Env. Route du Bettex★★★ 8 km par ③ puis D 43 – Le Planey ✻★★ S : 10,5 km par D 43 – Site★★ de St-Nicolas-de-Véroce S : 9 km par D 43 – Le Plateau de la Croix ✻★★ S : 12 km par D 43.

 ✆ 50 66 50 50.

Office de Tourisme av. Mont-Paccard ✆ 50 78 22 43, Télex 385607.

Paris 598 ⑤ – Chamonix 25 ① – Annecy 87 ⑤ – Bonneville 41 ⑤ – Megève 11 ③ – Morzine 56 ⑤.

Carlina M , r. Rosay **(w)** ✆ 50 93 41 10, Fax 50 93 56 26, ≤, , – TV ☎ P. AE ◑ E VISA.
15 juin-30 sept. et 20 déc.-15 avril – **R** 180 – ☕ 40 – **34 ch** 330/430 – ½ P 445/470.

Val d'Este, pl. Église **(b)** ✆ 50 93 65 91, Fax 50 78 38 50, ≤ – ☎. AE ◑ E VISA
R *(fermé 12 nov. au 15 déc. et merc. en mai, juin, sept. et oct.)* 90/165 – ☕ 40 – **14 ch** 270/350 – ½ P 270/310.

L'Adret sans rest, chemin La Mollaz **(d)** ✆ 50 93 50 60, ≤ – ☎.
1er juin-26 sept. et 20 déc.-Pâques – ☕ 26 – **15 ch** 155/310.

Edelweiss sans rest, chemin du Vorassay par ② **(u)** ✆ 50 93 44 48, ≤ – ☎ P. E VISA
☕ 29 – **14 ch** 160/280.

au Bettex SO : 8 km par D 43 ou par télécabine, station intermédiaire – alt. 1 400 – ✉ **74170** St-Gervais-les-Bains :

Arbois-Bettex M , ✆ 50 93 12 22, Fax 50 93 14 42, ≤ Massif Mt-Blanc, , – TV ☎ P. E VISA. rest
30 juin-10 sept. et 20 déc.-15 avril – **R** 85/150, enf. 50 – ☕ 40 – **33 ch** 360/800 – ½ P 400/550.

Flèche d'Or , ✆ 50 93 11 54, ≤ Massif Mt-Blanc, – ☎. E VISA
juil.-août et Noël-Pâques – **R** 80/120 – ☕ 34 – **16 ch** 381 – ½ P 313/420.

au Mt-d'Arbois par télécabine – ✉ **74190** Le Fayet :

Chez la Tante , à la station supérieure (accès pietonnier) ✆ 50 21 31 30, , « ✻ exceptionnel de la chaîne des Aravis au Mt-Blanc » – rest ☎. E VISA
1er juil.-10 sept. et 22 déc.-13 mai – **R** (self au déj.) 100/125, enf. 50 – ☕ 25 – **25 ch** 235/330 – ½ P 355/395.

FORD Tuaz ✆ 50 78 30 75

ST-GERVAIS-LES-BAINS LE FAYET

Comtesse (R.)	2
Diable (Pont du)	3
Gontard (Av.)	4
Miage (Av. de)	5
Mont-Blanc (R. et jardin du)	6
Mont-Lachat (R. du)	7

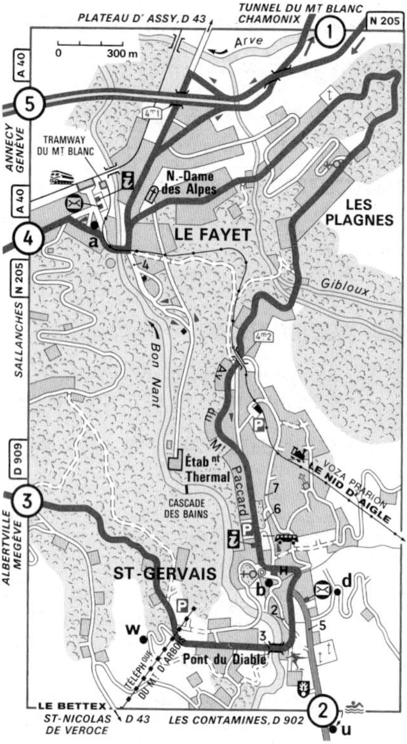

Le Fayet – alt. 567 – ✉ **74190**.

Syndicat d'Initiative r. de la Poste ✆ 50 93 64 64.

La Chaumière, av. Genève **(a)** ✆ 50 93 60 10, Télex 319212, Fax 50 78 37 23 – TV ☎ P. AE ◑ E VISA
fermé 20 oct. au 1er déc. – **R** 85/180, enf. 55 – ☕ 35 – **22 ch** 280/360 – ½ P 250/310.

Ressources hôtelières aux environs de St-Gervais :

Voir carte à ***Chamonix***.

L'EUROPE en une seule feuille
carte Michelin n° 970.

Voir Façade★★ et crypte★ de l'église – Vis de St-Gilles★.

🛈 Syndicat d'Initiative pl. F.-Mistral ♒ 66 87 33 75.

Paris 730 – ◆Montpellier 57 – Aigues-Mortes 37 – Arles 16 – Beaucaire 24 – Lunel 30 – Nîmes 19.

- 🏠 **Cours,** 10 av. F. Griffeuille ♒ 66 87 31 93, Fax 66 87 31 83, 🍴 – 📺 ☎. 🝙 ⓸ 𝐄 𝘝𝘐𝘚𝘈
  fermé 15 déc. au 10 fév. – **R** 41/126, enf. 29 – ☑ 20 – **34 ch** 110/245 – ½ P 140/215.

- 🍽 **La Rascasse,** 16 av. F. Griffeuille ♒ 66 87 42 96
  fermé fév., mardi soir hors sais. et merc. – **R** 62/95.

  rte d'Arles E : 3,5 km – ⌧ 13200 Arles :

- 🏨 **Les Cabanettes** 🝙 🕭, ♒ 66 87 31 53, Télex 480451, 🍴, 🏊, 🌳 – 🗏 📺 ☎ 🚗 🅿
  – 🔬 30. 🝙 ⓸ 𝐄 𝘝𝘐𝘚𝘈
  fermé 15 janv. au 25 fév. – **R** 125/250, enf. 70 – ☑ 40 – **29 ch** 390/470 – ½ P 355.

PEUGEOT TALBOT Crumière, 71 bd Gambetta   🝙 Ayme Pneus, r. Sadi Carnot ♒ 66 87 08 30
♒ 66 87 31 25

🇫🇷 St-Jean-de-Monts ♒ 51 58 82 73, N par D 38 : 20 km.

🛈 Office de Tourisme forum du Port de Plaisance, bd Égalité ♒ 51 55 03 66.

Paris 457 – La Roche-sur-Yon 43 – Challans 20 – Cholet 99 – ◆Nantes 78 – Les Sables-d'Olonne 30.

- 🏨 **Embruns,** 16 bd Mer ♒ 51 55 11 40, Fax 51 55 11 20 – 📺 ☎ 🚗 𝐄 𝘝𝘐𝘚𝘈. 🛇 ch
  fermé 12 au 26 mars, 9 au 30 oct., vend. soir et sam. du 16 sept. au 30 avril – **R** 90/230,
  enf. 60 – ☑ 35 – **15 ch** 200/450 – ½ P 300/450.

- 🏠 **Marina,** gde plage ♒ 51 55 30 97 – ☎ 𝐄 𝘝𝘐𝘚𝘈
  fermé janv., dim. soir et lundi sauf de Pâques au 15 sept. – **R** 80/165, enf. 55 – ☑ 25 –
  40 ch 210/285 – ½ P 245/283.

- 🍽🍽 **Bourrine de Riez,** sur la Corniche, O : 2 km ⌧ 85270 St-Hilaire-de-Riez ♒ 51 55 01 83 –
  🝙 𝐄 𝘝𝘐𝘚𝘈 – début mars-fin oct. et fermé lundi midi et mardi sauf juil.-août – **R** 90/220.

CITROEN Goillandeau, rte des Sables, Km 3 à   PEUGEOT-TALBOT EL.ME.CA., 2 r. Pasteur
Givrand ♒ 51 55 89 94   ♒ 51 55 10 19

🛈 Syndicat d'Initiative à la Mairie ♒ 50 76 72 28.

Paris 549 – Thonon-les-Bains 27 – Annecy 101 – Évian-les-Bains 17 – Montreux 21.

- 🏠 **National,** ♒ 50 76 72 97, ≤, 🍴 – ☎ 🅿 🝙 𝐄 𝘝𝘐𝘚𝘈
  fermé 20 oct. au 20 nov., vacances de fév., mardi soir et merc. hors sais. – **R** 90/180, enf. 60
  – ☑ 27 – **14 ch** 150/280 – ½ P 210/250.

- 🍽🍽 **Ducs de Savoie** 🕭 avec ch, ♒ 50 76 73 09, ≤, 🍴 – ☎ 🅿 𝐄 𝘝𝘐𝘚𝘈
  fermé 7 janv. au 7 fév., lundi et mardi hors sais. – **R** 120/270, enf. 70 – ☑ 29 – **12 ch**
  168/235 – ½ P 230/245.

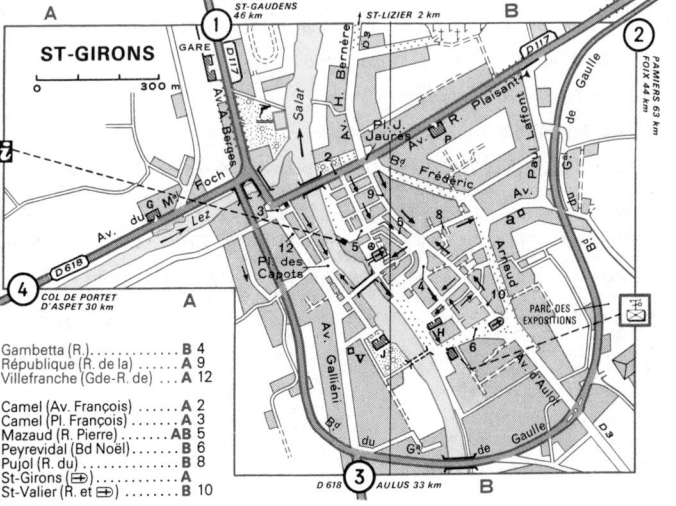

Gambetta (R.) .... **B** 4
République (R. de la) .... **A** 9
Villefranche (Gde-R. de) ... **A** 12

Camel (Av. François) .... **A** 2
Camel (Pl. François) .... **A** 3
Mazaud (R. Pierre) .... **AB** 5
Peyrevidal (Bd Noël) ...... **B** 6
Pujol (R. du) .... **B** 8
St-Girons (⊖) .... **A**
St-Valier (R. et ⊖) .... **B** 10

ST-GIRONS 🚗 09200 Ariège 🔟🔟 ③ – 7 716 h. alt. 391.

Voir St-Lizier : Cloître★ de la cathédrale N : 2 km, **G. Pyrénées Aquitaine**.

🏢 Office de Tourisme pl. A.-Sentein 𝒫 61 66 14 11, Télex 533336.

Paris 803 ① – Auch 111 ① – Foix 44 ② – St-Gaudens 46 ① – ◆Toulouse 99 ①.

Plan page précédente

🏨 ✿ **Eychenne** ⚲, 8 av. P. Laffont 𝒫 61 66 20 55, Télex 521273, 🏠, « Bel aménagement intérieur », 🏊, 🌳 – 🍽 rest ☎ 🅿 – 🚗 35. 🆑 ⊙ ▶ 🆅🆂🅰   B **a**
fermé 22 déc. au 31 janv., dim. soir et lundi de nov. à fin mars sauf fériés – **R** 110/278 –
☑ 39 – **48 ch** 148/455 – ½ P 220/355

Spéc. Foie de canard aux raisins, Confit de canard aux cèpes, Soufflé au Grand-Marnier. Vins Madiran, Pacherenc du Vic Bilh.

🏨 **Mirouze**, 19 av. Gallieni 𝒫 61 66 12 77, 🌳 – 📶 🅿 ▶ 🆅🆂🅰   A **v**
◆ *fermé 22 déc. au 1er janv.* – **R** 66/130 – ☑ 24 – **25 ch** 90/230 – ½ P 140/200.

à Lorp-Sentaraille par ① : 4 km – ✉ 09190 St-Lizier :

🏨 **Horizon 117,** 𝒫 61 66 26 80, Fax 61 66 26 08, 🏠, 🏊, 🌳, ✗ – 📺 ☎ 🅿 – 🚗 25. ⊙ ▶
🆅🆂🅰 – *fermé nov., sam. midi et dim. soir hors sais.* – **R** 75/195 ⅃, enf. 45 – ☑ 30 – **20 ch**
200/290 – ½ P 203/250.

CITROEN Sté Autom. du Couserans, av.
Résistance, l'Arial par ③ 𝒫 61 66 34 45
PEUGEOT Carbonne, rte de Toulouse à St-Lizier
par ① 𝒫 61 66 31 00
RENAULT Austria-Autos, rte de Toulouse à St-
Lizier par ① 𝒫 61 66 32 32 🅽

Ⓥ Central Pneu, 77 rte de Foix 𝒫 61 66 44 10
Central Pneu, Chantereine, St-Lizier 𝒫 61 66 00 81
Reynes, 48 bd F.-Arnaud 𝒫 61 66 07 53

ST-GOBAIN 02410 Aisne 🔟🔟 ④ **G. Flandres Artois Picardie** – 2 297 h. alt. 200.

Voir Forêt★★ – Paris 129 – Compiègne 55 – La Fère 11 – Laon 20 – Noyon 31 – St-Quentin 35 – Soissons 28.

✗ **Parc,** 𝒫 23 52 80 58, 🏠 – 🅿 ▶ 🆅🆂🅰
fermé 15 juil. au 14 août, dim. soir et lundi – **R** 85/160.

ST-GRATIEN 95 Val-d'Oise 🔟🔟 ⑳, 🔟🔟🔟 ⑨ – voir à Paris, Environs.

ST-GRÉGOIRE 35 I.-et-V. 🔟🔟 ⑰ – rattaché à Rennes.

ST-GUÉNOLÉ 29 Finistère 🔟🔟 ⑭ **G. Bretagne** – ✉ 29132 Penmarch – Voir Musée préhistorique★ –
≤★★ du phare d'Eckmühl★ S : 2,5 km – Église★ de Penmarch SE : 3 km – Pointe de la Torche
≤★ NE : 4 km – 🏢 Syndicat d'Initiative pl. J.-Ferry 𝒫 98 58 81 44.

Paris 580 – Quimper 34 – Douarnenez 43 – Guilvinec 8 – Plonéour-Lanvern 17 – Pont-l'Abbé 14.

🏨 **Sterenn** Ⓜ ⚲, rte phare Eckmühl 𝒫 98 58 60 36, Fax 98 58 71 28, ≤ pointe de Penmarch
– 📺 ☎ 🅿 ▶ 🆅🆂🅰 ⚲
20 avril-6 oct. – **R** *(fermé dim. soir et merc. sauf du 12 juin au 18 sept.)* 78/320, enf. 50 –
☑ 32 – **16 ch** 300/350 – ½ P 325/355.

🏨 **Mer,** 𝒫 98 58 62 22 – 📺 ☎ ▶ 🆅🆂🅰 ⚲ rest
fermé 15 janv. au 28 fév., dim. soir et lundi du 30 sept. au 31 mai – **R** 100/330, enf. 85 –
☑ 15 – **15 ch** 210/290 – ½ P 285/330.

🏨 **Les Ondines** ⚲, rte phare d'Eckmühl 𝒫 98 58 74 95 – ☎ ▶ 🆅🆂🅰
15 juin-9 sept. – **R** voir H. **Sterenn** – ☑ 32 – **19 ch** 220/260 – ½ P 250/270.

ST-GUIRAUD 34 Hérault 🔟🔟 ⑤ – rattaché à Clermont-l'Hérault.

ST-HENRI 46 Lot 🔟🔟 ⑧ – rattaché à Cahors.

ST-HILAIRE-D'OZILHAN 30 Gard 🔟🔟 ⑲ – rattaché à Remoulins.

ST-HILAIRE-DU-HARCOUËT 50600 Manche 🔟🔟 ⑨ **G. Normandie Cotentin** – 5 511 h. alt. 83.

🏢 Office de Tourisme pl. Église (saison) 𝒫 33 49 15 27 et à la Mairie (hors saison) 𝒫 33 49 10 06.

Paris 290 – Alençon 99 – Avranches 27 – ◆Caen 98 – Fougères 28 – Laval 66 – St-Lô 69.

🏨 **La Résidence** sans rest, rte Fougères 𝒫 33 49 10 14, Fax 33 49 53 70 – 📺 ☎ 🅿 – 🚗 80.
▶ 🆅🆂🅰 – *fermé 24 déc. au 4 janv.* – ☑ 28 – **25 ch** 200/300.

🏨 **Lion d'Or** sans rest, rte Avranches 𝒫 33 49 10 82, 🌳 – 📶 🅿 – 🚗 30. ▶ 🆅🆂🅰
fermé oct., fév. et lundi hors sais. – ☑ 25 – **20 ch** 120/215.

🏨 **Cygne,** rte Fougères 𝒫 33 49 11 84, Télex 171445, Fax 33 49 53 70 – 📶 📺 ☎ – 🚗 60. 🆑
◆ ⊙ ▶ 🆅🆂🅰
fermé 23 déc. au 4 janv. et vend. soir de nov. à mars – **R** 65/220 ⅃, enf. 38 – ☑ 27 –
20 ch 160/260 – ½ P 215/265.

CITROEN Gar. Ledebt-Aubril, 77 r. de Paris
𝒫 33 49 10 89
FORD Gar. Lerbourg 𝒫 33 49 12 56
OPEL Gar. Lemaréchal-Lelandais, 98 r. de Paris
𝒫 33 49 21 90
PEUGEOT-TALBOT Gar. Lemonnier, rte de Paris
𝒫 33 49 24 90

RENAULT Gar. Boulaux, 64 r. de Paris
𝒫 33 49 20 71
Gar. Blouin-Dupont, 101 r. République
𝒫 33 49 11 41
Gar. Garnier, 126 r. de Mortain 𝒫 33 49 12 02

Paris 578 – Valence 35 – ♦Grenoble 63 – Romans-sur-Isère 18 – St-Marcellin 8.

XXX ❀ **Bouvarel** avec ch, à St-Hilaire-gare, S : 4 km ℰ 76 64 50 87, Fax 76 64 58 47, 🍽,
« Jardin fleuri », 🔟 – 🕿 🅿 🖭 ⓞ 🖪 𝐕𝐈𝐒𝐀
fermé 13 au 27 janv., dim. soir et lundi hors sais. – **R** 195/425 ⅃ – 🖙 55 – **14 ch** 300/360
– ½ P 500/530
Spéc. Ravioles, Turbot braisé au Champagne, Poulet sauté aux écrevisses (saison). Vins Chante-Alouette,
Saint-Joseph.

ST-HILAIRE-LE-CHÂTEAU 23250 Creuse 𝟕𝟐 ⑨⑩ – 352 h. alt. 459.

Paris 380 – ♦Limoges 63 – Aubusson 25 – Bourganeuf 14 – Guéret 31 – Montluçon 81.

XX **du Thaurion** avec ch, ℰ 55 64 50 12, 🍽, 🛏 – 🔟 🕿 🅿 🖭 ⓞ 🖪 𝐕𝐈𝐒𝐀 ⅋ rest
1er mars- 1er déc. et fermé jeudi midi et merc. sauf juil.-août – **R** 65/360 – 🖙 38 – **10 ch**
150/250 – ½ P 250/275.

ST-HILAIRE-ST-FLORENT 49 M.-et-L. 𝟔𝟒 ⑫ – rattaché à Saumur.

ST-HILAIRE-ST-MESMIN 45 Loiret 𝟔𝟒 ⑨ – rattaché à Orléans.

ST-HIPPOLYTE 25190 Doubs 𝟔𝟔 ⑱ G. Jura – 1 179 h. alt. 380.

Voir Site★.

🛈 Syndicat d'Initiative (saison) ℰ 81 96 53 75 et à la Mairie (hors saison) ℰ 81 96 55 74.

Paris 498 – ♦Bâle 94 – Belfort 50 – ♦Besançon 81 – Montbéliard 30 – Pontarlier 72.

🏠 **Bellevue,** ℰ 81 96 51 53, Télex 360397 – 🔟 🕿 🅿 🖭 🖪 𝐕𝐈𝐒𝐀
fermé vacances de nov., 18 au 25 fév., vend. soir et sam. midi d'oct. à mars – **R** 50/180 ⅃,
enf. 45 – 🖙 23 – **15 ch** 110/235 – ½ P 150/190.

ST-HIPPOLYTE 68590 H.-Rhin 𝟔𝟐 ⑲ G. Alsace Lorraine – 1 191 h. alt. 250.

Env. Château du Haut-Koenigsbourg★★.

Paris 435 – Colmar 20 – Ribeauvillé 7 – St-Dié 45 – Sélestat 9 – Villé 17.

🏨🏨 **Aux Ducs de Lorraine** ≫, ℰ 89 73 00 09, Télex 871292, Fax 89 73 00 46, ≤, « Aile
récente avec ch. de grand confort », 🛏 – 🛗 🔟 🕿 🅿 – 🏛 25 à 40. 🖪 𝐕𝐈𝐒𝐀 ⅋ ch
fermé 28 nov. au 16 déc. et 10 janv. au 2 mars – **R** *(fermé dim. soir et lundi de nov. à avril)*
105/300 ⅃ – 🖙 45 – **38 ch** 380/650, 4 appart. 950 – ½ P 400/550.

🏠 **Parc** ≫, ℰ 89 73 00 06, Fax 89 73 04 30 – 🔟 🕿 🅿 🖭 ⓞ 🖪 𝐕𝐈𝐒𝐀 ⅋ ch
fermé 24 juin au 7 juil et lundi – **R** 75/250 carte le dim. ⅃ – 🖙 30 – **21 ch** 130/320 –
½ P 200/280.

🏠 **La Vignette,** ℰ 89 73 00 17 – 🕿 🖪 𝐕𝐈𝐒𝐀 ⅋ rest
20 mars-20 juin, 29 juin-18 nov. et fermé mardi midi et jeudi de mars à mai – **R** 82/180 ⅃,
enf. 60 – 🖙 22 – **16 ch** 140/230 – ½ P 170/210.

ST-HIPPOLYTE 63 P.-de-D. 𝟕𝟑 ④ – rattaché à Châtelguyon.

ST-HONORAT (Ile) ★★ 06 Alpes-Mar. 𝟖𝟒 ⑨, 𝟏𝟗𝟓 ㉟㊴ G. Côte d'Azur.

Voir Ancien monastère fortifié★ : ≤★★ – Tour de l'île★★.

Accès par transports maritimes.

🚢 depuis Golfe-Juan et Juan-les-Pins (escale à l'Ile Ste Marguerite). En 1990 : de Pâques à
début oct., 3 à 4 services quotidiens - Traversée 45 mn – 56 F (AR) par Transports Maritimes Cap
d'Antibes, Port de Golfe Juan ℰ 93 63 81 31 (Golfe-Juan).

🚢 depuis Cannes (escale à l'Ile Ste Marguerite). En 1990 : en saison, 9 départs quotidiens ;
hors saison, 5 départs quotidiens - Traversée 30 mn – 35 F (AR) par Cie Esterel-Chanteclair, gare
maritime des Iles ℰ 93 39 11 82 (Cannes).

ST-HONORÉ-LES-BAINS 58360 Nièvre 𝟔𝟗 ⑥ G. Bourgogne – 831 h. alt. 302 – Stat. therm. (30 mars-
sept.) – Casino – 🛈 Office de Tourisme pl. F.-Bazot (mai-sept.) ℰ 86 30 71 70.

Paris 288 – Château-Chinon 27 – Luzy 22 – Moulins 66 – Nevers 67 – St-Pierre-le-Moutier 64.

🏠 **Aub. du Pré Fleuri,** ℰ 86 30 74 96, 🍽, 🛏 – 🔟 🕿 🅿 🖭 🖪 𝐕𝐈𝐒𝐀
fermé vacances de fév. – **R** 85/165, enf. 60 – 🖙 27 – **9 ch** 250/270 – P 260/300.

ST-IGNACE (Col de) 64 Pyr.-Atl. 𝟖𝟓 ② – rattaché à Ascain.

ST-JACQUES 06 Alpes-Mar. 𝟖𝟒 ⑧ – rattaché à Grasse.

ST-JACQUES-DES-BLATS 15580 Cantal 𝟕𝟔 ③ – 387 h. alt. 991.

Paris 524 – Aurillac 33 – Brioude 75 – Issoire 92 – St-Flour 42.

🏨🏨 **Le Griou** [M], ℰ 71 47 06 25, ≤, 🍽, 🛏 – 🔟 🕿 🅿 🖪 𝐕𝐈𝐒𝐀
1er mai-15 oct. et 20 déc.-20 avril – **R** 55/140, enf. 40 – 🖙 23 – **20 ch** 135/220 – ½ P 165/200.

🏠 **Touristes** (annexe 🏠 [M] ≫ 🛏 🕿), ℰ 71 47 05 86, 🛏 – 🅿 🖪 𝐕𝐈𝐒𝐀 ⅋ rest
10 mai-10 oct. et 20 déc.-15 avril – **R** 58/120, enf. 38 – 🖙 23 – **20 ch** 110/170 – ½ P 140/175.

ST-JACUT-DE-LA-MER 22750 C.-d'Armor 🔢 ⑤ G. Bretagne – 893 h. alt. 8.

Voir Pointe du chevet ⩽★ : 2 km.

🛈 Syndicat d'Initiative r. du Châtelet (15 juin-15 sept.) ✆ 96 27 71 91.

Paris 429 – St-Malo 24 – Dinan 25 – Dol-de-B. 38 – Lamballe 38 – St-Brieuc 58 – St-Cast 16.

🏠 **Vieux Moulin** ⚓, ✆ 96 27 71 02, ♨, ☞ – **Ⓟ**. **E** 🆅🆂🅰 ⚑
Pâques-1ᵉʳ oct. – **R** (dîner seul.) carte environ 120, enf. 70 – ⊇ 30 – **29 ch** 130/260 – ½ P 220/265.

ST-JAMES 50240 Manche 🔢 ⑧ G. Normandie Cotentin – 2 895 h. alt. 110.

Voir Cimetière américain.

Paris 310 – St-Malo 58 – Avranches 19 – Fougères 22 – ◆Rennes 62 – St-Lô 74.

🏠 **Normandie**, pl. Bagot ✆ 33 48 31 45 – ☎. 🆀🅴 **E** 🆅🆂🅰
fermé 24 déc. au 11 janv. et vend. soir du 12 nov. au 15 mars – **R** 60/180, enf. 50 – ⊇ 26 – **14 ch** 170/260, 4 appart. 260 – ½ P 220/240.

ST-JEAN 31 H.-Gar. 🔢 ⑧ – rattaché à Toulouse.

ST-JEAN 04 Alpes-de-H.-P. 🔢 ⑦ – rattaché à Seyne.

ST-JEAN-AUX-BOIS 60 Oise 🔢 ②③ – rattaché à Compiègne.

ST-JEAN-CAP-FERRAT 06230 Alpes-Mar. 🔢 ⑩, 🔢 ㉗ G. Côte d'Azur – 2 215 h. alt. 20. .

Voir Fondation Ephrussi-de-Rothschild★★ **M** : site★★, musée Ile de France★★, jardins★ – Phare ⁂★★ – Pointe de St-Hospice ⩽★ de la chapelle.

🛈 Office de Tourisme av. D.-Semeria ✆ 93 76 08 90.

Paris 941 ④ – ◆Nice 10 ④ – Menton 23 ③.

ST-JEAN-CAP-FERRAT

Les flèches noires indiquent les sens uniques supplémentaires l'été

Albert-1ᵉʳ (Av.). 2
Centrale (Av.) 3
États-Unis (Av. des). . 5
Gaulle (Bd Gén. de) . . 6
Grasseuil (Av.) 7
Libération (Bd) 9
Mermoz (Av. J.) 12
Passable (Ch. de) 13
Phare (Av. du) 14
St-Jean (Pont) 16
Sauvan (Bd H.) 17
Semeria (Av. D.) 18
Verdun (Av. de). 20
Vignon (Av. C.) 21

Promeneurs,
campeurs,
fumeurs

ATTENTION AU FEU

soyez
prudents !
Le feu est le plus
terrible ennemi
de la forêt

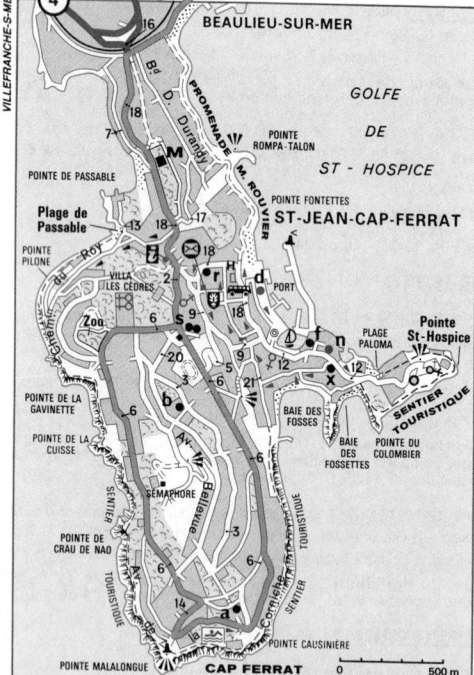

🏨❀ **Gd H. du Cap-Ferrat** Ⓜ ⚓, bd Gén. de Gaulle au **Cap Ferrat (a)** ✆ 93 76 00 21,
Télex 470184, Fax 93 01 62 49, ⩽, « Vaste parc, ⚓, ⚎ en bordure de mer, ⚓,
funiculaire privé » – 🛗 🔲 🔳 ☎ **Ⓟ** – 🔒 70. 🆀🅴 ⓪ **E** 🆅🆂🅰 ⚑ rest
R carte 390 à 530, enf. 290 **Club Dauphin** à la piscine (1ᵉʳ avril-fin oct.) **R** (déj. seul.) carte
325 à 415 – **55 ch** ⊇ 3000/3900, 4 appart.
Spéc. Lasagnes de crustacés, Poêlée de Saint-Pierre au fenouil sauvage, Petits croustillants de fruits rouges.
Vins Cassis, Bandol.

🏨 ⊛ **Voile d'Or** Ⓜ ﹩, au port **(f)** ℰ 93 01 13 13, Télex 470317, Fax 93 76 11 17, ≤ port et golfe, 🍽, 🏊 – 🕅 ▤ 🕅 ☎ – 🔥 25
1ᵉʳ mars-31 oct. – **R** carte 420 à 590 – ☲ 85 – **50 ch** 890/2860, 5 appart.
Spéc. Buissonnière de filets de rougets à l'huile d'olive. Filet de Saint-Pierre au plat. Vins Bellet.

🏨 **Panoramic** ﹩ sans rest, av. Albert 1ᵉʳ **(s)** ℰ 93 76 00 37, Télex 970807, Fax 93 76 15 78, ≤ Cap et golfe, 🍽 – 🕅 ☎ 🅿 🄰🄴 ⓪ 🄴 𝘝𝘐𝘚𝘈
fermé 6 nov. au 19 déc. – ☲ 45 – **20 ch** 325/600.

🏨 **Brise Marine** ﹩ sans rest, av. J. Mermoz **(x)** ℰ 93 76 04 36, Fax 93 76 11 49, ≤ Cap et golfe, 🍽 – 🕅 ☎ 🅿 𝘝𝘐𝘚𝘈
1ᵉʳ fév.-fin oct. – ☲ 45 – **16 ch** 480/580.

🏨 **Belle Aurore**, av. D. Seméria **(r)** ℰ 93 76 04 59, Fax 93 76 15 10, 🍽, 🏊 – 🕅 ☎ 🅿 🄰🄴 ⓪ 🄴 𝘝𝘐𝘚𝘈
R *(mai-oct.)* carte 160 à 250 – ☲ 40 – **19 ch** 400/550 – ½ P 425/475.

🏠 **Clair Logis** ﹩ sans rest, av. Centrale **(b)** ℰ 93 76 04 57, « Parc » – ☎ 🅿 🄰🄴 🄴 𝘝𝘐𝘚𝘈
fermé 1ᵉʳ nov. au 15 déc. – ☲ 35 – **16 ch** 240/490.

🏠 **La Bastide** ﹩, av. Albert 1ᵉʳ **(s)** ℰ 93 76 06 78, ≤, 🍽 – 🅿 🄰🄴 🄴 𝘝𝘐𝘚𝘈
fermé 28 oct. au 24 déc. – **R** *(fermé lundi)* 160 – ☲ 20 – **14 ch** 200/230 – ½ P 210/240.

XXX ⊛ **Le Provençal** (Jouteur), av. D. Semeria **(v)** ℰ 93 76 03 97, Fax 93 76 05 39, 🍽, « Décor élégant, ≤ port et golfe » – 𝘝𝘐𝘚𝘈
fermé fév., dim. soir et lundi d'oct. à avril – **R** carte 350 à 600
Spéc. Fond d'artichaut violet au homard, Saint-Pierre en feuille de figue, Les cinq desserts.

XX **Le Sloop**, au nouveau port **(d)** ℰ 93 01 48 63, 🍽 – 🄰🄴 ⓪ 🄴 𝘝𝘐𝘚𝘈
fermé 15 nov. au 20 déc., dim. soir hors sais. et merc. – **R** 155.

XX **Capitaine Cook**, av. J. Mermoz **(n)** ℰ 93 76 02 66, 🍽 – 🄴 𝘝𝘐𝘚𝘈
fermé 15 nov. au 15 janv., lundi midi et jeudi – **R** 125/156.

ST-JEAN-D'ANGÉLY ⏍ **17400** Char.-Mar. 𝟷𝟽𝟷 ③④ G. Poitou Vendée Charentes – 9 530 h. alt. 30.
🛈 Syndicat d'Initiative square Libération (juil.-août) ℰ 46 32 04 72.
Paris 443 ② – La Rochelle 70 ④ – Royan 65 ③ – Angoulême 65 ② – Cognac 36 ③ – Niort 47 ① – Saintes 34 ⑤.

ST-JEAN-D'ANGÉLY

🏚 **Paix**, 4 allées Aussy ✆ 46 32 00 93, Fax 46 32 08 74 – 📺 ☎ 🏃 🚗 – 🏄 25 à 100. 🇪 𝘝𝘐𝘚𝘈
➔ **R** 60/140 🦪, enf. 36 – ⌴ 22 – **40 ch** 110/230 – ½ P 112/175.
B a

🏚 **Place** sans rest, pl. Hôtel de Ville ✆ 46 32 01 44 – 📺 ☎. 🇪 𝘝𝘐𝘚𝘈
⌴ 27 – **10 ch** 190/265
B u

🍽🍽 **Le Scorlion**, 8 r. Gallérand ✆ 46 32 52 61 – 🇪 𝘝𝘐𝘚𝘈
fermé mai, sept., dim. soir et lundi – **R** 115/290.
B e

CITROEN Gar. Delaleau, ZI de la Sacristinerie par
② ✆ 46 32 44 44
MERCEDES-BENZ S.A.V.I.A., ZI du Point-du-Jour
n° 2 ✆ 46 59 03 03
PEUGEOT, TALBOT Nouraud-Amy, ZI, 27 av.
Point-du-Jour par ② ✆ 46 59 09 09
RENAULT SAGA, rte de Saintes par ③
✆ 46 32 40 22 🅽 ✆ 46 97 32 51

V.A.G Gar. Drevet, 19 fg Taillebourg
✆ 46 32 01 74

🔧 Pneu-équipement, ZI av. Point-du-Jour
✆ 46 32 12 43

ST-JEAN-D'ARVEY 73230 Savoie 🗗🗗 ⑮⑯ – 1 145 h. alt. 578.
Paris 547 – ♦Grenoble 63 – Albertville 54 – Annecy 46 – Chambéry 9 – Les Déserts 5,5.

🏨 **Therme** ॐ, ✆ 79 28 40 33, ≤, 🏡 – 🅿. 🇪 𝘝𝘐𝘚𝘈. 🕉
➔ 1er fév.-31 oct. – **R** 70/100 – ⌴ 22 – **25 ch** 120/150 – ½ P 160/170.

ST-JEAN-DE-BLAIGNAC 33420 Gironde 🗗🗗 ⑫ – 378 h. alt. 34.
Paris 591 – Bergerac 56 – ♦Bordeaux 37 – Libourne 17 – La Réole 29.

🍽🍽🍽 Aub. St-Jean, ✆ 57 74 95 50, 🏡
saisonnier.

ST-JEAN-DE-BOISEAU 44 Loire-Atl. 🗗🗗 ③ – rattaché à Nantes.

Entrez à l'hôtel ou au restaurant le Guide à la main,
vous montrerez ainsi qu'il vous conduit là en confiance.

ST-JEAN-DE-BOURNAY 38440 Isère 🗗🗗 ⑫ – 3 694 h. alt. 500.
Paris 514 – ♦Lyon 41 – Bourgoin-Jallieu 16 – ♦Grenoble 65 – Vienne 23.

🏨 **Nord,** ✆ 74 58 52 25 – ☎ 🅿. 𝘝𝘐𝘚𝘈
R (fermé mardi) 95/190 – ⌴ 30 – **17 ch** 220/350 – ½ P 260/300.
CITROEN Bouvard ✆ 74 58 51 60
RENAULT Brissaud ✆ 74 58 71 76 🅽

ST-JEAN-DE-BRAYE 45 Loiret 🗗🗗 ⑨ – rattaché à Orléans.

ST-JEAN-DE-CHEVELU 73170 Savoie 🗗🗗 ⑮ – 307 h. alt. 310.
Paris 521 – Annecy 49 – Aix-les-Bains 17 – Bellegarde-sur-V. 60 – Belley 21 – Chambéry 19 – La Tour-du-Pin 44.

🏚 **La Source** ॐ, S : 3,5 km par rte du Col du Chat ✆ 79 36 80 16, ≤, 🏡, 🛏 – ☎ 🏃 🅿.
🕉 ch
R 80/200, enf. 60 – ⌴ 30 – **14 ch** 130/260 – ½ P 170/260.

ST-JEAN-DE-LA-BLAQUIÈRE 34 Hérault 🗗🗗 ⑤ – rattaché à Lodève.

ST-JEAN-DE-LIER 40380 Landes 🗗🗗 ⑥ – 339 h. alt. 13.
Paris 738 – Mont-de-Marsan 38 – Castets 29 – Dax 21 – Montfort-en-Chalosse 12 – Orthez 40.

🏚 **Cantelutz** ॐ, ✆ 58 57 21 94, 🛏 – 🅿 – 🏄 25. 🕉 rest
➔ fermé 1er déc. au 15 janv. – **R** 57/142 – ⌴ 23 – **12 ch** 88/168 – ½ P 129/157.

ST-JEAN-DE-LOSNE 21170 Côte-d'Or 🗗🗗 ③ G. Bourgogne – 1 476 h. alt. 184.
🛈 Syndicat d'Initiative av. Gare d'Eau (mai-sept.) ✆ 80 29 05 48 et à la Mairie (hors saison) ✆ 80 29 05 44.
Paris 343 – ♦Dijon 32 – Auxonne 17 – Dole 22 – Genlis 20 – Gray 52 – Lons-le-Saunier 62.

🏚 **Aub. de la Marine**, à Losne ✆ 80 29 05 11 – 🅐🇪 ⓞ 🇪 𝘝𝘐𝘚𝘈
➔ fermé 20 déc. au 25 janv. et lundi – **R** 50/150 (sauf week-ends) – ⌴ 25 – **24 ch** 150/233 –
½ P 138/185.

PEUGEOT-TALBOT Gaillard ✆ 80 29 05 53 🅽

ST-JEAN-DE-LUZ 64500 Pyr.-Atl. 🗗🗗 ② G. Pyrénées Aquitaine – 12 921 h. alt. 3 – Casino BY.
Voir Église St-Jean-Baptiste★★ AZ **B** – Maison de l'Infante★ AZ **D** – Corniche basque★★ par ④ –
Sémaphore de Socoa ≤★★ 5 km par ④.
🏌 de la Nivelle ✆ 59 47 18 99, S : 1 km ; 🏌 de Chantaco ✆ 59 26 14 22, par ② : 2,5 km.
🛈 Office de Tourisme pl. Mar.-Foch ✆ 59 26 03 16.
Paris 792 ① – Biarritz 15 ① – ♦Bayonne 21 ① – Pau 128 ① – San-Sebastián 33 ③.

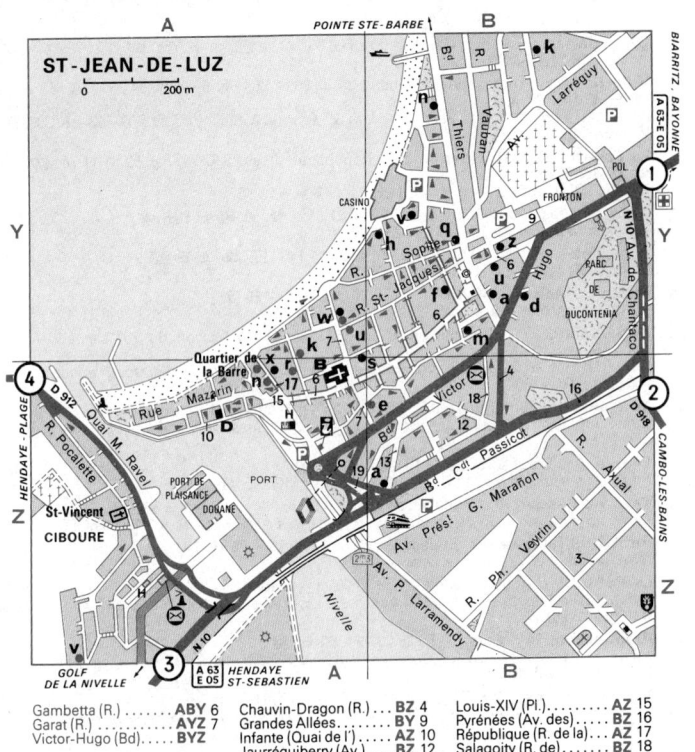

ST-JEAN-DE-LUZ

0   200 m

Hélianthal M, pl. M. Ravel ℰ 59 51 51 60, Télex 573415, Fax 59 51 51 54, 🛋, institut de thalassothérapie – 🛗 🗏 🖵 ☎ 👌 🅿 – 🕍 350. 🆎 ⑩ 🗲 𝘝𝘐𝘚𝘈   BY **v**
R 100/175 – 🖙 65 – **94 ch** 725/1170 – ½ P 720/775.

Chantaco, face golf par ② : 2 km ℰ 59 26 14 76, Télex 540016, Fax 59 26 35 97, ≤, 🛋, « Élégant intérieur », 🛋, 🐾 – 🖵 ☎ 🅿. 🆎 ⑩ 🗲 𝘝𝘐𝘚𝘈 🞜 rest
avril-nov. – **R** 240/300, enf. 120 – 🖙 75 – **20 ch** 700/1400, 4 appart. 1650 – ½ P 850/1000.

Grand Hôtel M, 43 bd Thiers ℰ 59 26 35 36, Télex 571810, Fax 59 51 19 91, ≤, 🛋, 🔓, 🛋 – 🛗 🗏 🖵 ☎ 🚗 – 🕍 50. 🆎 ⑩ 🗲 𝘝𝘐𝘚𝘈. 🞜 rest   BY **n**
fermé janv. – **R** 185/240, enf. 140 – 🖙 80 – **40 ch** 850/1200, 6 appart. 1150/1900 – ½ P 675/775.

La Devinière sans rest, 5 r. Loquin ℰ 59 26 05 51, « Bel aménagement intérieur », 🐾 – ☎. 𝘝𝘐𝘚𝘈. 🞜   BY **f**
🖙 40 – **8 ch** 450/600.

Madison sans rest, 25 bd Thiers ℰ 59 26 35 02, Fax 59 51 14 76 – 🛗 🖵 ☎. 🆎 ⑩ 🗲.
𝘝𝘐𝘚𝘈   BY **q**
🖙 35 – **25 ch** 260/400.

Gd H. Poste sans rest, 83 r. Gambetta ℰ 59 26 04 53, Fax 59 26 42 14 – 🖵 ☎. 🆎 ⑩ 🗲
𝘝𝘐𝘚𝘈   BY **z**
🖙 32 – **34 ch** 240/395.

Les Goëlands 🦢, 4 et 6 av. Etcheverry ℰ 59 26 10 05, 🐾 – ☎ 🅿. 🆎 🗲 𝘝𝘐𝘚𝘈.
🞜 rest   BY **k**
fermé 15 au 30 nov. et 7 au 30 janv. – **R** (fermé d'oct. à Pâques) (résidents seul.) 100, enf. 45 – 🖙 30 – **35 ch** 255/320 – ½ P 345/360.

Continental sans rest, 15 av. Verdun ℰ 59 26 01 23 – 🛗 🖵 ☎. 🆎 ⑩ 🗲 𝘝𝘐𝘚𝘈   BZ **a**
fermé 15 nov. au 15 janv. – 🖙 30 – **21 ch** 270/350.

Petit Trianon sans rest, 56 bd V. Hugo ℰ 59 26 11 90 – 🖵 ☎. 🆎. 🞜   BY **d**
15 janv.-15 oct. et fermé dim. hors sais. – 🖙 30 – **29 ch** 200/340.

tourner →

🏠 **Ohartzia** sans rest, 28 r. Garat ℰ 59 26 00 06, 🚗 – 📺 ☎. 🗲 *VISA*. 彩 AY **w**
　☲ 30 – **18 ch** 260/330.

🏠 **Villa Bel Air,** Promenade J. Thibaud ℰ 59 26 04 86, Fax 59 26 62 34, ≼ – 🛗 🍽 rest 📺 BY **h**
　☎ ❷. 🗲 *VISA*. 彩 rest
　hôtel : 30 mars-11 nov. ; rest. : 1ᵉʳ juin-30 sept. – **R** 95/110 – ☲ 30 – **23 ch** 300/370 –
　½ P 285/310.

🏠 **La Fayette et rest. Kayola,** 20 r. République ℰ 59 26 17 74, Fax 59 51 11 78, 🌤 – 📺 AZ **x**
　☎. 🗚 ⓐ 🗲 *VISA*
　R 135/250 ♨, enf. 48 – ☲ 35 – **16 ch** 240/330 – ½ P 315.

🏠 **Agur** sans rest, 96 r. Gambetta ℰ 59 26 21 55 – ☎. 🗚 ⓐ 🗲 *VISA*. 彩 BY **u**
　15 mars-15 nov. – ☲ 26 – **19 ch** 290/380.

🏠 **Atherbea** sans rest, 10 bd Thiers ℰ 59 26 14 14 – 📺 ☎. 🗚 🗲 *VISA* BY **a**
　fin mars-24 nov. – ☲ 26 – **18 ch** 150/300.

🏠 **Trinquet-Maïtena,** 42 r. Midi ℰ 59 26 05 13 – ⟨📞⟩. 🗲 *VISA* BY **m**
　R 100 bc, enf. 50 – **13 ch** ☲ 220/280 – ½ P 240/265.

🍴🍴 **Aub. Kaïku,** 17 r. République ℰ 59 26 13 20, 🌤, « Maison du 16ᵉ siècle » – 🗚 🗲. AZ **x**
　VISA
　fermé 12 nov. au 22 déc., merc. du 15 sept. au 15 juin et lundi du 15 juin au 15 sept.
　– **R** carte 170 à 360.

🍴🍴 **Le Tourasse,** 25 r. Tourasse ℰ 59 51 14 25 – 🍽. 🗚 🗲 *VISA* AZ **r**
　fermé mi-janv. à début fév., mardi soir et merc. de sept. à début juin – **R** carte 175
　à 280.

🍴🍴 **Léonie,** 6 r. Garat ℰ 59 26 37 10 – 🗚 ⓐ 🗲 *VISA* BZ **e**
　fermé vacances de fév. et lundi – **R** (1ᵉʳ étage) 110/145, enf. 35.

🍴🍴 **Taverne Basque,** 5 r. République ℰ 59 26 01 26, 🌤 – 🗚 ⓐ 🗲 *VISA* AZ **n**
　fermé 15 janv. au 1ᵉʳ mars, merc. soir et jeudi sauf juil.-août – **R** 100/170, enf. 50.

🍴 **Petit Grill Basque,** 4 r. St-Jacques ℰ 59 26 80 76 – ⓐ 🗲 *VISA* AY **u**
　fermé 20 déc. au 20 janv. et vend. – **R** 75/120.

🍴 **Le Patio,** 10 r. Abbé Onaindia ℰ 59 26 99 11 – 🗲 *VISA* AYZ **s**
　fermé 15 au 29 oct., 15 janv. au 5 fév., merc. hors sais., lundi midi et mardi midi en sais. –
　R 135/190, enf. 55.

🍴 **Ramuntcho,** 24 r. Garat ℰ 59 26 03 89 – 🗚 🗲 *VISA* AY **w**
　fermé 15 nov. au 31 janv. et lundi sauf vacances scolaires de Pâques et de juil. à sept. –
　R 80/145 ♨, enf. 40.

🍴 **Vieille Auberge,** 22 r. Tourasse ℰ 59 26 19 61 – *VISA* AY **k**
　23 mars-13 nov. et fermé mardi midi du 1ᵉʳ juil. au 30 sept., mardi soir et merc. hors sais.
　– **R** 69/115 ♨.

FORD Autos-Durruty, ZI de Layatz ℰ 59 26 45 94
RENAULT Gar. Lamerain, Zone de Layatz, N 10
par ① ℰ 59 26 37 07 🆖 ℰ 59 93 48 07
RENAULT Gar. Lamerain, 4 bd V.-Hugo
ℰ 59 26 04 02 🆖 ℰ 59 93 48 07

V.A.G Gar. de l'Avenir, 13 av. Errepira à Ciboure
ℰ 59 47 26 56

⊛ Côte Basque Pneus, ZI de Jalday ℰ 59 26 45 81

　　Ciboure AZ du plan – 6 205 h. – ⊠ 64500.
　　Voir Chapelle N.-D. de Socorri : site★ 5 km par ③.

🍴🍴 **Chez Mattin,** 63 r. E. Baignol ℰ 59 47 19 52 – 🗚 🗲 *VISA*. 彩 AZ **v**
　fermé janv., fév. et lundi – **R** carte 175 à 285.

　　par rte de la Corniche par ④ : 3 km – ⊠ 64122 Urrugne :

🍴🍴 **Aub. de la Corniche,** ℰ 59 47 30 23, ≼ Océan et Pyrénées, 🌤, 🚗 – ❷
　fermé janv. – **R** 90.

ST-JEAN-DE-MAURIENNE ⟨🆂🅿⟩ 73300 Savoie 🔟🔟 ⑦ G. Alpes du Nord – 10 086 h. alt. 546.
Voir Ciborium★ et stalles★ de la cathédrale AY.
🅱 Office de Tourisme pl. Cathédrale ℰ 79 64 03 12.
Paris 609 ① – Albertville 60 ① – Chambéry 71 ① – ◆Grenoble 103 ① – Torino 134 ②.

　　　　　　　　　　Plan page ci-contre

🏨 Nord 🅼, r. St-Antoine ℰ 79 75 02 08 – 🛗 📺 ☎ ❷ AY **e**
　18 ch.

🏨 **St Georges** sans rest, 334 r. République ℰ 79 64 01 06 – 📺 ☎ ❷. 🗚 🗲 *VISA* AZ **s**
　☲ 30 – **22 ch** 140/230.

🏠 **Europe et rest. Le Délice,** 15 av. Mt Cenis ℰ 79 64 00 21, Fax 79 83 21 81 – 🛗 ⇄ ch
　📺 ☎ ❷. 🗲 *VISA* AZ **a**
　R 68/150 ♨ – ☲ 25 – **26 ch** 160/230 – ½ P 200/240.

🏠 **Bernard,** 136 r. Libération ℰ 79 64 01 53 – ⟨📞⟩. 🗲 *VISA* AY **r**
　fermé nov. et lundi sauf juil.-août – **R** 60/180 ♨, enf. 48 – ☲ 25 – **15 ch** 100/190 –
　½ P 135/165.

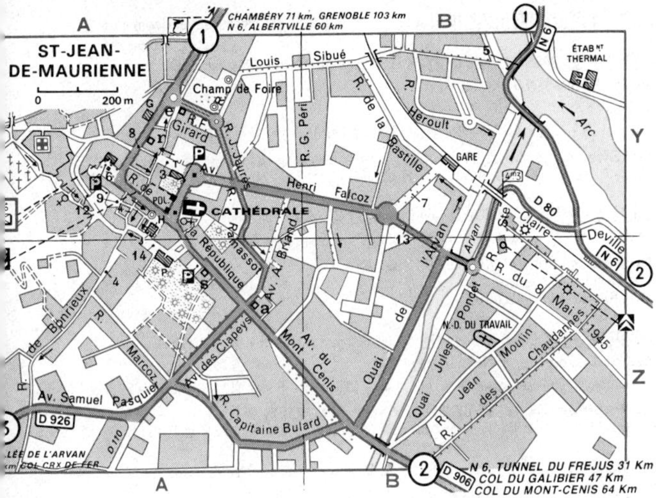

Libération (R. de la) . . . . . **AY** 8
République (R. de la) . . **AYZ**
Brun-Rollet (R.) . . . . **AY** 3
Collège (R. du) . . . . **AY** 4
Échaillon (Pont de l') . . . **BY** 5
Fodéré (Pl.) . . . . **AY** 6
Gare (Av. de la) . . . . **BY** 7
Marché (Pl. du) . . . . **AY** 9
Orme (R. de l') . . . . **AY** 12
Sommeiller (Av. G.) . . . **BYZ** 13
Sous-Préfecture (R.) . . . **AZ** 14

ALFA ROMEO FIAT LANCIA D.D.A., ZI les Plans, rte de Villargondran ✆ 79 64 00 51
CITROEN Deléglise, quai J.-Poncet ✆ 79 64 03 00 N
PEUGEOT-TALBOT Alpettaz, N 6, Les Plans par ② ✆ 79 64 13 88 N ✆ 79 59 60 22
RENAULT Duverney, ZI le Parquet ✆ 79 64 12 33 N ✆ 79 59 60 22

V.A.G Jean Lain, ZI Le Parquet ✆ 79 64 26 63

Piot-Pneu, angle pl. Champ-de-Foire ✆ 79 64 05 74
Tessaro-Pneus, les Plans ✆ 79 64 10 75

ST-JEAN-DE-MONTS **85160** Vendée 67 ⑪ **G. Poitou Vendée Charentes** – 5 611 h. alt. 8 – Casino La Pastourelle.

18 ✆ 51 58 82 73, O : 2,5 km.

Office de Tourisme Palais des Congrès, 67 esplanade de la Mer ✆ 51 58 00 48, Télex 711391 et 4 r. Plage (15 juin-15 sept.) ✆ 51 58 02 21.

Paris 453 – La Roche-sur-Yon 55 – Cholet 99 – ♦Nantes 76 – Noirmoutier 32 – Les Sables-d'O. 47.

Altéa M, av. Pays de Monts ✆ 51 59 15 15, Télex 701893, Fax 51 59 91 03, ←, – TV ☎ ♿ P. AE ⓓ E VISA
17 mars-1er déc. – **R** 150, enf. 70 – ☕ 48 – **44 ch** 470/590 – ½ P 430/460.

Robinson, 28 bd Gén. Leclerc ✆ 51 58 21 01, Fax 51 58 88 03, – ☎ P. AE ⓓ E VISA
fermé 30 nov. au 1er fév. – **R** 62/205, enf. 50 – ☕ 28 – **66 ch** 145/245 – ½ P 195/235.

Tante Paulette, 32 r. Neuve ✆ 51 58 01 12, – . AE ⓓ E VISA.
1er mars-début nov. – **R** 68/215, enf. 45 – ☕ 25 – **36 ch** 200/250.

La Cloche d'Or , 26 av. Tilleuls ✆ 51 58 00 58 – ☎. E VISA. rest
début avril-fin sept. – **R** 95/180 – ☕ 28 – **24 ch** 190/300 – ½ P 210/265.

Le Richelieu avec ch, 8 av. Oeillets ✆ 51 58 06 78 – TV ☎ P. AE E VISA. ch
1er mars-17 nov. et fermé merc. sauf du 15 juin au 15 sept. – **R** 95/260, enf. 40 – ☕ 25 – **8 ch** 250/260 – ½ P 290.

L'Espadon avec ch (annexe), 8 av. Forêt ✆ 51 58 03 18, Fax 51 59 16 11, – ☎ P. E VISA
fermé 2 déc. au 28 fév. – **R** 80/195, enf. 70 – ☕ 28 – **63 ch** 210/310 – ½ P 210/280.

sur D 38 (rte N.-D. de Monts) : 3 km – ✉ **85160** St-Jean-de-Monts :

La Quich'Notte, ✆ 51 58 62 64, « Bourrine aménagée » – P. AE E VISA
15 mars-1er oct., vacances de fév. et fermé lundi sauf juil.-août – **R** 92/195, enf. 35.

à Orouet SE : 7 km – ✉ **85160** St-Jean-de-Monts :

Aub. de la Chaumière, D 38 ✆ 51 58 67 44, Fax 51 98 89 12, , , – ☎ ♿ P. AE ⓓ E VISA. rest
29 mars-30 sept. – **R** 75/195, enf. 53 – ☕ 28 – **29 ch** 200/320 – ½ P 240/315.

PEUGEOT, TALBOT Gar. Besseau ✆ 51 58 29 47
RENAULT Gar. Vrignaud, 30 et 35 rte de Challans ✆ 51 58 26 74 N

ST-JEAN-DE-REBERVILLIERS 28 E.-et-L. 👁 ⑦ – rattaché à Châteauneuf-en-Thymerais.

ST-JEAN-DE-SIXT 74450 H.-Savoie 👁 ⑦ G. Alpes du Nord – 696 h. alt. 956.

Voir Défilé des Étroits★ NO : 3 km.

🏛 Syndicat d'Initiative 🖉 50 02 70 14.

Paris 567 – Annecy 29 – Chamonix 69 – Bonneville 23 – La Clusaz 3 – ◆Genève 48.

🏠 **Beau Site** 🦢, 🖉 50 02 24 04, ≤, ⌇, 🖫, 🖼 – ☎ ⇔ 🅿 🗲 𝘝𝘐𝘚𝘈, 🦢 rest
◆ 20 juin-1er sept., 20 déc.-10 avril – **R** 65/120 – ⏛ 23 – **20 ch** 165/260 – ½ P 190/220.

ST-JEAN-DES-OLLIÉRES 63520 Puy-de-Dôme 👁 ⑮ – 346 h. alt. 685.

Paris 453 – ◆Clermont-Ferrand 43 – Ambert 40 – Billom 17 – Issoire 28 – Thiers 35.

✕ **L'Archou** avec ch, 🖉 73 70 92 00 – ⌇
   fermé janv. – **R** (fermé dim. soir d'oct. à Pâques et jeudi soir) 78/160, enf. 50 – ⏛ 20 –
   7 ch 110/160 – ½ P 150/180.

ST-JEAN-DU-BRUEL 12230 Aveyron 👁 ⑮ G. Gorges du Tarn – 843 h. alt. 520.

Env. Gorges de la Dourbie★★ NE : 10 km.

Paris 683 – ◆Montpellier 99 – Le Caylar 26 – Lodève 45 – Millau 41 – Rodez 112 – St-Affrique 52 – Le Vigan 36.

🏠 **Midi-Papillon** 🦢, 🖉 65 62 26 04, ≤, ☎ ⇔ 🅿 🗲 𝘝𝘐𝘚𝘈
◆ 23 mars-11 nov. – **R** 63/173 🍴, enf. 46 – ⏛ 20 – **19 ch** 69/172 – ½ P 151/194.

ST-JEAN-DU-DOIGT 29228 Finistère 👁 ⑥ G. Bretagne – 656 h. alt. 15.

Voir Enclos paroissial : trésor★★, église★, fontaine★.

Paris 545 – ◆Brest 77 – Guingamp 63 – Lannion 34 – Morlaix 17 – Quimper 93.

🏠 **Le Ty Pont**, 🖉 98 67 34 06, 🖼 – 🖼. 🗲 𝘝𝘐𝘚𝘈
◆ Pâques-mi-oct. et fermé dim. soir et lundi sauf de juin à sept. – **R** 55/205 – ⏛ 23 – **32 ch**
   100/183 – ½ P 157/183.

ST-JEAN-DU-GARD 30270 Gard 👁 ⑰ G. Gorges du Tarn – 2 619 h. alt. 189.

Voir Musée des Vallées Cévenoles★.

Paris 732 – Alès 27 – Florac 53 – Lodève 93 – ◆Montpellier 81 – Nîmes 61 – Le Vigan 59.

🏨 **L'Oronge,** Gde Rue 🖉 66 85 30 34, Télex 485721, 🏠 – 🖼 rest 📺 ☎ 🖼 ⓞ 🗲.
   𝘝𝘐𝘚𝘈
   fermé 3 janv. au 23 mars, dim. soir et lundi hors sais. – **R** 55 bc/200, enf. 50 – ⏛ 35 –
   40 ch 155/320 – ½ P 200/240.

🏠 **Aub. du Péras**, rte Anduze 🖉 66 85 35 94, 🏠 – ☎ 🅿 🖼 ⓞ 𝘝𝘐𝘚𝘈
◆ 1er mars-30 nov. et fermé merc. sauf de juin à sept. – **R** 68/140, enf. 28 – ⏛ 28 – **10 ch**
   200/240 – ½ P 193/218.

PEUGEOT, TALBOT Rossel 🖉 66 85 30 32

ST-JEAN-EN-ROYANS 26190 Drôme 👁 ③ G. Alpes du Nord – 2 945 h. alt. 253.

🏛 Office de Tourisme Pavillon du Tourisme (saison) 🖉 75 48 61 39.

Paris 587 – ◆Grenoble 66 – Valence 45 – Die 63 – Romans-sur-Isère 27 – St-Marcellin 23 – Villard-de-Lans 33.

🏠 **Castel Fleuri** 🖳, pl. Champ de Mars 🖉 75 47 58 01, ≤, 🏠, parc – 📺 ☎ 🅿 🖼 𝘝𝘐𝘚𝘈
   🦢 ch
   fermé 12 au 27 nov., 4 au 12 fév., dim. soir et lundi d'oct. à mai – **R** 75/210, enf. 55 – ⏛ 30
   – **10 ch** 190/240 – ½ P 180.

   au Col de la Machine SE : 11 km – alt. 1 010.

🏠 **du Col** 🦢, 🖉 75 48 26 36, ≤, 🖫 – ☎ ⇔ 🅿 🗲 𝘝𝘐𝘚𝘈
   fermé 12 nov. au 15 déc. – **R** 80/130 🍴, enf. 45 – ⏛ 30 – **16 ch** 130/220 – ½ P 155/220.

FIAT Gar. Royannais 🖉 75 48 66 86
PEUGEOT-TALBOT Lyonne 🖉 75 48 60 18 🛇

RENAULT Usclard 🖉 75 47 55 39
🛇 🖉 75 47 53 92

ST-JEAN-LA-RIVIÈRE 06 Alpes-Mar. 👁 ⑲, 👁 ⑯ – alt. 285 – ✉ 06450 Utelle.

Voir Saut des Français ≤★★ S : 5 km.

Env. Madone d'Utelle ⚹★★★ et retable★ de l'église d'Utelle SO : 15 km, G. Côte d'Azur

Paris 957 – Levens 13 – ◆Nice 41 – Puget-Théniers 44 – St-Martin-Vésubie 24.

ST-JEAN-LE-THOMAS 50530 Manche 👁 ⑦ – 442 h. alt. 25.

Paris 351 – St-Malo 82 – Avranches 17 – Granville 16 – St-Lô 72 – Villedieu-les-Poeles 30.

🏠 **Bains,** 🖉 33 48 84 20, 🖫, 🖼 – ☎ 🅿 🖼 ⓞ 🗲 𝘝𝘐𝘚𝘈
◆ 11 mars-6 nov. et fermé merc. du 9 oct. au 6 nov. – **R** 66/155, enf. 42 – ⏛ 27 – **31 ch**
   142/250 – ½ P 169/235.

Voir Site★ – ≤★.

Paris 934 – ◆Nice 27 – Antibes 24 – Cannes 34 – Grasse 34 – St-Martin-Vésubie 57 – Vence 8.

🏠 **Fontaine du Peyron** 🅜, ℘ 93 24 75 20, Fax 93 24 75 15, ⇔ – 🛗 ⇔ ch 🆃🆅 ☎ & 🅿.
   VISA
   fermé lundi – **R** 95/145 ⅃, enf. 40 – ☲ 25 – **20 ch** 210/280 – ½ P 210/290.

XX **Aub. St.-Jeannet** avec ch, ℘ 93 24 90 06, ≤, ⇔ – 🆃🆅. 🆎 ⓞ 🅴 **VISA**. ⅏ ch
   fermé janv. à mars (sauf rest. les week-ends) et lundi sauf le soir en juil.-août – **R** 120/250,
   enf. 65 – ☲ 40 – **6 ch** 160/240 – ½ P 225/300.

X **Chante Grill,** ℘ 93 24 90 63, ⇔ – 🅴 **VISA**
   *fermé 5 nov. au 10 déc., lundi midi du 15 juin au 15 sept., dim. soir et lundi du 15 sept. au
   15 juin –* **R** 98/155, enf. 65.

Voir Trajet des pèlerins★.

🛈 Syndicat d'Initiative pl. Ch.-de-Gaulle ℘ 59 37 03 57.

Paris 823 ③ – Biarritz 57 ① – ◆Bayonne 52 ③ – Dax 86 ① – Oloron-Ste-Marie 70 ① – Pau 98 ① – San-Sebastián 7 ③.

ST-JEAN-PIED-DE-PORT

*Demandez chez le libraire
le catalogue
des publications Michelin.*

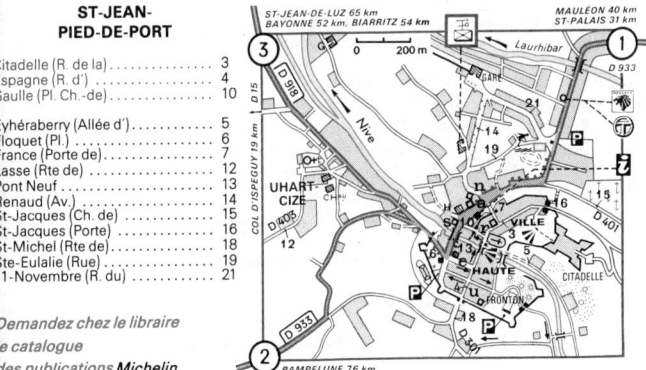

🏯 ✿✿✿ **Pyrénées** (Arrambide), pl. Ch. de Gaulle **(a)** ℘ 59 37 01 01, Télex 570619,
   Fax 59 37 18 97, ≤, ⇔, ⌴, ⇔ ☰ rest – 🛗 🆃🆅 ☎ 🅿 – 🔬 30. 🆎 🅴 **VISA**. ⅏
   *fermé 15 nov. au 22 déc., 5 au 28 janv., lundi soir de nov. à mars et mardi (sauf fériés) du
   16 sept. au 30 juin –* **R** (dim. et saison - prévenir) 180/420 et carte – ☲ 50 – **18 ch** 450/750
   – ½ P 500/650
   Spéc. Terrine chaude de cèpes aux herbes, Ravioli de langoustines au caviar, Filet de canard poêlé aux
   épices. Vins Jurançon, Irouléguy.

🏠 **Continental** sans rest, 3 av. Renaud **(n)** ℘ 59 37 00 25, Fax 59 37 27 81 – 🛗 ☎ 🅿. 🆎 🅴
   VISA. ⅏
   Pâques-30 nov. – ☲ 38 – **22 ch** 260/390.

🏠 **Central,** pl. Ch. de Gaulle **(s)** ℘ 59 37 00 22, Télex 573443, Fax 59 37 27 79, ⇔ – ☎. 🆎
   ⓞ 🅴 **VISA**. ⅏
   fermé 22 déc. au 8 fév. – **R** 95/190, enf. 58 – ☲ 36 – **14 ch** 250/350 – ½ P 320/350.

🏠 **Plaza Berri** ⅋ sans rest, av. Fronton **(u)** ℘ 59 37 12 79, ≤ – ☜. ⅏
   ☲ 28 – **8 ch** 170/230.

🏠 **Haïzpea** ⅋, à Uhart-Cize 1,5 km par D 403 ℘ 59 37 05 44, ≤, parc – 🅿. ⅏
   1er juin- 1er oct. – **R** (résidents seul.) – ☲ – **10 ch** (½ pens. seul.) – ½ P 215/275.

🏠 **Ramuntcho,** r. France **(r)** ℘ 59 37 03 91, ⇔ – ⓞ 🅴 **VISA**
   fermé 20 nov. au 26 déc. – **R** (fermé merc. sauf vacances scolaires) 85/110, enf. 55 – ☲ 35
   – **16 ch** 260/320 – ½ P 280/300.

XX **Ipoutchaïnia** ⅋ avec ch, à **Ascarat** O : 1,5 km par D 15 ℘ 59 37 02 34, ⇔ – ☎ 🅿. ⅏
   fermé 15 nov. au 15 déc. – **R** 60/130, enf. 40 – ☲ 27 – **12 ch** 150/180 – ½ P 180/190.

XX **Etche Ona** avec ch, pl. Floquet **(e)** ℘ 59 37 01 14 – ☎. ⅏ ch
   fermé 5 nov. au 21 déc. et vend. sauf vacances scolaires – **R** 88/210 – ☲ 28 – **5 ch** 160/230
   – ½ P 270/300.

à Aincillé par ① et D 18 : 7 km – ✉ 64220 :

🏠 **Pecoïtz** ⅋, ℘ 59 37 11 88, ≤, ⇔ – ☎ 🅿
   fermé 1er janv. au 1er mars et vend. – **R** 65/170, enf. 45 – ☲ 21 – **16 ch** 120/190 –
   ½ P 150/180.

à Estérençuby S : 8 km par D 301 – ✉ **64220** :

🏠 **Artzaïn-Etchéa** ⑤, S : 3 km par D 301 ℰ 59 37 11 55, ≤, – ☎ ⅙ 🚗 🅿
    fermé 1ᵉʳ au 20 déc., 5 au 20 janv. et merc. du 1ᵉʳ nov. au 1ᵉʳ mai – **R** 90/170, enf. 59
    ⌂ 28 – **22 ch** 160/256 – ½ P 176/210.

🏠 **Sources de la Nive** ⑤, S : 4 km par VO ℰ 59 37 10 57, ≤, – ☎ 🅿
↤ *fermé janv.* – **R** 50/140, enf. 30 – ⌂ 22 – **20 ch** 100/170 – ½ P 150.

PEUGEOT, TALBOT Gar. des Pyrénées ℰ 59 37 00 81

ST-JEOIRE 74490 H.-Savoie 🗗🗗 ⑦ – 1 959 h. alt. 588.
Paris 562 – Chamonix 57 – Thonon-les-Bains 40 – Annecy 57 – Bonneville 17 – ♦Genève 31 – Megève 43 – Morzine 32.

🏠 **Alpes,** ℰ 50 35 80 33, 🍽, ⅃, 🎠 – 🌐 🅿 𝘝𝘐𝘚𝘈
↤ *fermé 4 au 18 avril, 15 oct. au 15 déc. et lundi hors sais. sauf vacances scolaires* – **R** 65/25❚
    – ⌂ 25 – **20 ch** 110/240 – ½ P 180/250.

ST-JOACHIM 44720 Loire-Atl. 🗗🗗 ⑮ G. Bretagne – 4 260 h.
Voir Tour de l'île de Fédrun★ O : 4,5 km – Promenade en chaland★★.
Paris 441 – ♦Nantes 61 – Redon 39 – St-Nazaire 15 – Vannes 63.

✕✕ **Aub. du Parc,** Ile de Fedrun ℰ 40 88 53 01, 🎠 – 🅿 🆎 ⅇ 𝘝𝘐𝘚𝘈
    fermé 3 janv. au 1ᵉʳ mars, dim. soir et lundi sauf juil.-août – **R** 125/260, enf. 70.

ST-JORIOZ 74410 H.-Savoie 🗗🗗 ⑥ – 3 348 h. alt. 467.
🛈 Syndicat d'Initiative (fermé matin hors saison) ℰ 50 68 61 82.
Paris 548 – Annecy 9 – Albertville 36 – Megève 51.

🏨 **Manoir Bon Accueil** ⑤, à Epagny : 2,5 km par D 10 A ℰ 50 68 60 40, Fax 50 68 94 84
    🍽, ⅃, 🎠, ✕ – ⬛ 📺 ☎ 🅿 – 🔏 30. ⅇ 𝘝𝘐𝘚𝘈 ✕ rest
    fermé 20 déc. au 20 janv. – **R** (fermé dim. soir du 15 sept. au 15 avril) 110/200, enf. 60 –
    ⌂ 44 – **28 ch** 280/460 – ½ P 310/450.

🏠 **Semnoz,** à Monnetier O : 1,5 km par D 10 A ℰ 50 68 60 28, Fax 50 68 98 38, ⅃, 🎠, ✕
    – ☎ 🅿 𝘝𝘐𝘚𝘈
    1ᵉʳ mai-30 sept. – **R** 90/150 – ⌂ 35 – **43 ch** 250/300 – ½ P 200/300.

ST-JULIEN 56 Morbihan 🗗🗗 ⑫ – rattaché à Quiberon.

ST-JULIEN-CHAPTEUIL 43260 H.-Loire 🗗🗗 ⑦ G. Vallée du Rhône – 1 684 h. alt. 821.
Voir Site★.
Env. Montagne du Meygal★ : Grand Testavoyre ⋇★★ NE : 14 km puis 30 mn.
🛈 Syndicat d'Initiative à la Mairie ℰ 71 08 70 14.
Paris 577 – Lamastre 53 – Privas 105 – Le Puy 20 – St-Agrève 32 – Yssingeaux 17.

✕✕ **Vidal,** ℰ 71 08 70 50 – ⇆, 🆎 ⅇ 𝘝𝘐𝘚𝘈
    fermé 23 au 28 sept., 10 janv. au 20 fév., lundi soir et mardi sauf juil.-août – **R** 90/350
    enf. 60.

PEUGEOT-TALBOT Gar. Abrial ℰ 71 08 72 20 🅽   RENAULT Gar. de Chapteuil ℰ 71 08 72 79
                                            🅽 ℰ 71 08 72 79

ST-JULIEN-DE-JORDANNE 15 Cantal 🗗🗗 ② – alt. 920 – ✉ **15590** Mandailles-St-Julien.
Voir Vallée de Mandailles★★, G. Auvergne.
Paris 544 – Aurillac 24 – Mauriac 54 – Murat 37.

🏔 **Touristes,** ℰ 71 47 94 71, ≤, 🎠 – 🅿 🆎 ⅇ 𝘝𝘐𝘚𝘈
↤ *vacances de printemps-30 sept., vacances de Noël et de fév.* – **R** 70/120 ⓑ – ⌂ 20 –
    18 ch 80/190 – ½ P 150.

ST-JULIEN-D'EMPARE 12 Aveyron 🗗🗗 ⑩ – rattaché à Figeac.

ST-JULIEN-DU-VERDON 04170 Alpes-de-H.-P. 🗗🗗 ⑱ G. Alpes du Sud – 67 h. alt. 914.
Voir Clue de Vergons★ E : 2 km – Lac de Castillon★.
Paris 796 – Digne 50 – Castellane 14 – Puget-Théniers 38.

🏠 **Le Pidanoux,** ℰ 92 89 05 87, ≤, 🍽, 🎠 – 🅿 ⅇ 𝘝𝘐𝘚𝘈
    15 mars-15 nov. – **R** 90/160, enf. 40 – ⌂ 22 – **17 ch** 140/180 – ½ P 210/230.

ST-JULIEN-EN-CHAMPSAUR 05500 H.-Alpes 🗗🗗 ⑯ – 258 h. alt. 1 140.
Paris 659 – Gap 17 – ♦Grenoble 95 – La Mure 57 – Orcières 20.

🏠 **Les Chenêts** ⑤, ℰ 92 50 03 15, 🍽 – ☎ 🚗 ⅇ 𝘝𝘐𝘚𝘈 ✕
    fermé 30 sept. au 20 déc. – **R** 75/170 ⓑ – ⌂ 27 – **19 ch** 220/230 – ½ P 220/230.

ST-JULIEN-EN-GENEVOIS 74160 H.-Savoie 74 ⑥ – 7 839 h. alt. 461.

18 Country Club de Bossey ☏ 50 43 75 25.

'aris 528 – Annecy 34 – Thonon-les-Bains 45 – Bonneville 35 – ◆Genève 9 – Nantua 55.

- **Savoie H.** sans rest, av. L. Armand ☏ 50 49 03 55, Fax 50 49 06 23 – 🛗 ▤ TV ☎ P. AE ⓓ E VISA
  ☕ 25 – **20 ch** 190/285.
- **Le Soli** M sans rest, r. Mgr Paget ☏ 50 49 11 31, Fax 50 35 14 64 – 🛗 TV ☎ P. AE E VISA
  fermé 23 déc. au 3 janv. et dim. du 1er oct. au 30 mai – ☕ 30 – **27 ch** 200/250.
- XXX **Diligence et Taverne du Postillon,** av. Genève ☏ 50 49 07 55 – ▤. AE ⓓ E VISA
  fermé 1er au 22 juil. (sauf brasserie), 24 déc. au 6 janv., dim. (sauf le midi de sept. à juin) et lundi – **R** (brasserie) 110 🍷, enf. 55 - **Taverne** (sous-sol) **R** 200/350, enf. 120.

au Sud par N 201 – ✉ 74350 Cruseilles :

- **H. Rey,** au Col du Mont Sion : 9,5 km ☏ 50 44 13 29, Fax 50 44 05 48, ←, 🌳, parc, 🏊, 🎾 – 🛗 TV ☎ P. E VISA. ✗ ch
  fermé 31 oct. au 14 nov. et 6 au 27 janv. – **Clef des Champs** ☏ 50 44 13 11 *(fermé 24 oct. au 14 nov., 6 au 27 janv., vend. midi et jeudi)* **R** 90/285 – ☕ 32 – **31 ch** 285/312 – ½ P 273/292.

OPEL Leclerc et Maréchal, rte d'Annecy ☏ 50 49 28 31

PEUGEOT-TALBOT Megevand, 3 r. Platière ☏ 50 49 28 33

RENAULT Rond-Point-Auto, rte d'Annemasse ☏ 50 49 07 35

ST-JULIEN-LA-VÊTRE 42 Loire 73 ⑰ – rattaché à Noirétable.

ST-JUNIEN 87200 H.-Vienne 72 ⑥ G. Berry Limousin – 11 194 h. alt. 179.

Voir Collégiale★ Y B.

ℹ Office de Tourisme pl. Champ-de-Foire (juin-15 sept.) ☏ 55 02 17 93.

Paris 412 ① – ◆Limoges 30 ① – Angoulême 73 ③ – Bellac 33 ① – Confolens 27 ③ – Ruffec 70 ③.

ST-JUNIEN

Dumas (R. Lucien) . . . . Y 8
J.-J.-Rousseau (R.) . . . . Y 12
Mocquet (Pl. Guy) . . . . Y 16
Péri (R. Gabriel) . . . . Y 17

Anatole-France (Av.) . . . . . Y
Bastié (Av. Maryse) . . . . . . Z 2
Blanc (Bd Louis) . . . . Y 3
Blanqui (Fg Auguste) . . . . . Z 4
Brossolette (Bd) . . . . Y 6
Cachin (Bd Marcel) . . . . . . Y
Carnot (Av.) . . . . Y
Corot (Av.) . . . . Y 7
Defaye (R.) . . . . Y
Estienne-d'Orves (Av. d') . . . . Z
Flaubert (Av. G.) . . . . YZ
Gagarine (Av. Youri) . . . . Y
Gaillard (Fg) . . . . Z 10
Liebknecht (Fg) . . . . Y 13
Michels (Pl. Ch.) . . . . Z 15
Pérucaud (R. H.) . . . . Y 19
République (Bd de la) . . . . Y 20
Rigaud (R. Junien) . . . . Y
Roche (Pl. Auguste) . . . . . . Y 21
Roche (Av. Victor) . . . . Z
Vaillant-Couturier (R. Paul) . . . . Z 23
Victor-Hugo (Bd) . . . . Y
Vignerie (Av. L.) . . . . Y
Voltaire (Av.) . . . . Y 24

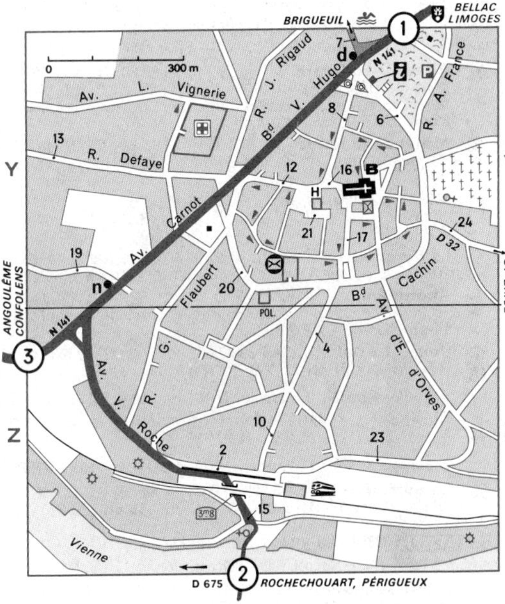

Les plans de villes sont orientés le Nord en haut.

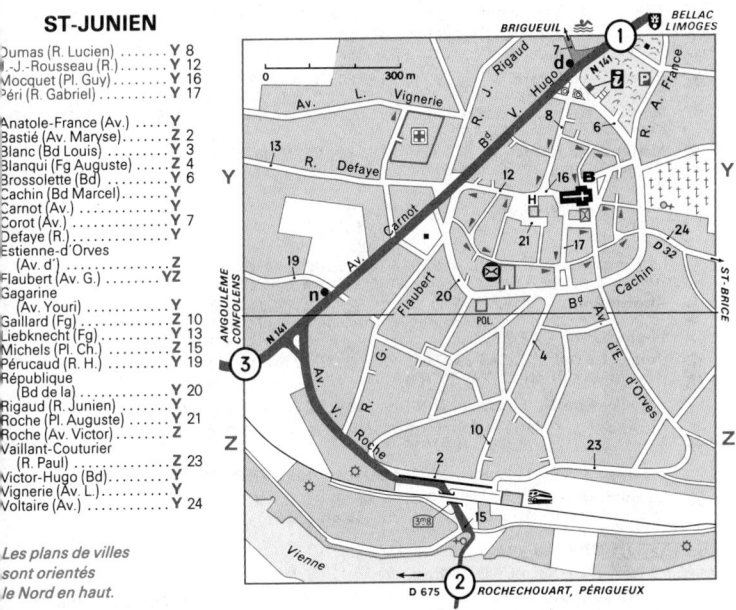

- **Relais de Comodoliac** M, 22 av. Sadi-Carnot ☏ 55 02 27 26, Télex 590336, Fax 55 02 68 79, 🌳 – TV ☎ ♿ P – 🎤 40. AE ⓓ E VISA — Y n
  fermé dim. soir du 1er nov. au 28 fév. – **R** 105/265, enf. 60 – ☕ 30 – **28 ch** 185/310.
- **Boeuf Rouge,** 57 bd V. Hugo ☏ 55 02 31 84, Télex 580649 – ▤ rest TV ☎ ♿ P – 🎤 25. AE E VISA — Y d
  R 70/210, enf. 45 – ☕ 25 – **30 ch** 160/275 – ½ P 235/260.

au pont à la Planche par ① et D 675 : 5 km – ✉ **87200** St-Junien :

✗ **Rendez-vous des Chasseurs** avec ch, ☎ 55 02 19 73 – ▤ rest **P**. **E** VISA
fermé 15 oct. au 1er nov., 15 fév. au 1er mars, dim. soir et vend. – **R** 65/210 ♫, enf. 40 – ☕ 22 – **7 ch** 130/170 – ½ P 160/220.

CITROEN Gar. Vigier, Le Pavillon par ① ☎ 55 02 31 29 **N**
PEUGEOT-TALBOT Europ Gar., 4 av. d'Oradour-sur-Glane par ① ☎ 55 02 16 28
RENAULT St-Junien-Autos, 49 av. d'Oradour-sur-Glane par ① ☎ 55 02 38 37 **N**
Pneus et C/c, 1 r. de Montrozier ☎ 55 02 14 57

ST-JUST **01** Ain 74 ③ – rattaché à Bourg-en-Bresse.

ST-JUST-EN-CHEVALET **42430** Loire 73 ⑦ – 1 798 h. alt. 654.
Paris 395 – Roanne 30 – L'Arbresle 85 – Montbrison 47 – ♦St-Étienne 80 – Thiers 29 – Vichy 51.

Poste, r. Thiers ☎ 77 65 01 42 – **E** VISA
fermé 25 déc. au 13 janv. dim. soir et mardi soir du 1er nov. au 30 avril – **R** 65/165 ♫, enf. 40 – ☕ 30 – **15 ch** 145/200 – P 160/200.

✗ **Londres** avec ch, pl. Rochetaillée ☎ 77 65 02 42 – **E** VISA
fermé vacances de printemps, de nov., vend. soir et sam sauf juil.-août – **R** 80/200 ♫, enf. 45 – **8 ch** ☕ 105/120 – ½ P 165.

PEUGEOT, TALBOT Chaux ☎ 77 65 04 13 **N**
Gar. Dulac, à Juré ☎ 77 62 54 13

ST-LAMBERT **78** Yvelines 60 ⑨, 106 ㉙, 101 ㉑ **G. Ile de France** – 421 h. alt. 120 – ✉ **78470** St-Lambert-des-Bois – **Voir** Vestiges de l'abbaye de Port-Royal des Champs★ NO : 1,5 km.
Paris 41 – Rambouillet 23 – Versailles 14.

✗✗✗ ✿ **Les Hauts de Port Royal** (Poirier), D 91 ☎ (1) 30 44 10 21, « Jardin » – **P**. AE VISA – *fermé dim. soir* – **R** carte 260 à 330
Spéc. Montgolfières de homard aux morilles (saison), Ris de veau et homard à l'indienne (printemps-été), Rognon de veau aux framboises et aux pommes (saison).

SAINT-LAMBERT-DES-LEVEES **49** M.-et-L. 64 ⑫ – rattaché à Saumur.

ST-LARY-SOULAN **65170** H.-Pyr. 85 ⑲ **G. Pyrénées Aquitaine** – 1 004 h. alt. 830 – Sports d'hiver 1 600/2 450 m 2 28 – **B** Office de Tourisme r. Principale ☎ 62 39 50 81, Télex 520360.
Paris 860 – Arreau 12 – Auch 103 – Luchon 44 – St-Gaudens 66 – Tarbes 69.

Altéa Cristal Parc M, ☎ 62 99 50 00, Télex 532916, Fax 62 99 50 10, ←, – ▤ rest TV ☎ ♿ – **P** – 120. AE **E** VISA. rest
fermé 15 avril au 15 mai et 15 oct. au 20 déc. – **Les Délices** **R** 80/140, enf. 60 – ☕ 47 – **65 ch** 370/590 – ½ P 340/470.

Motel de la Neste, ☎ 62 39 42 79, ← – TV ☎ **P**. **E** VISA.
1er juin-30 sept. et 20 déc.-30 avril – **R** 60/160 ♫, enf. 36 – ☕ 33 – **21 ch** 200/270 – ½ P 215/240.

Mir, ☎ 62 39 40 03, – . AE **E** VISA.
15 mai-30 sept. et 1er déc.-15 avril – **R** 112/152, enf. 30 – ☕ 26 – **26 ch** 130/290 – ½ P 220/280.

La Pergola sans rest, ☎ 62 39 40 46, ←, – **P**.
20 mai-15 oct. et 20 déc.-30 avril – ☕ 22 – **14 ch** 115/220.

Andredena, ☎ 62 39 43 59, ←, – ☎ **P**. AE **E** VISA.
15 juin-20 sept. et 15 déc.-30 avril – **R** (résidents seul) carte 70 à 105, enf. 50 – ☕ 30 – **14 ch** 200/260 – ½ P 210/240.

Pons "Le Dahu", ☎ 62 39 43 66, – **P**. AE **E** VISA. rest
R 50/75 ♫ – **31 ch** ☕ 120/200 – ½ P 135/190.

à Vielle-Aure N : 1,5 km sur D 19 – alt. 800 – ✉ **65170** :

Aurélia, ☎ 62 39 56 90, – ☎ **P**. **E** VISA.
fermé 15 oct. au 15 déc. – **R** 70/130 ♫ – ☕ 25 – **18 ch** 200 – ½ P 200.

à Espiaube NO : 11 km par D 123 et VO – alt. 1 600 – ✉ **65170** St-Lary-Soulan :

La Sapinière, ☎ 62 98 44 04, ← – ☎ **P**. AE **E** VISA
15 déc.-15 avril – **R** 75, enf. 40 – ☕ 25 – **16 ch** 220/320 – ½ P 230.

ST-LATTIER **38840** Isère 77 ③ – 902 h. alt. 179.
Paris 574 – Valence 32 – ♦Grenoble 68 – Romans-sur-Isère 14 – St-Marcellin 13.

Lièvre Amoureux, ☎ 76 64 50 67, Télex 308534, Fax 76 64 31 21, « Jardin fleuri, », – ☎ **P**. AE **E** VISA
fermé 15 déc. au 15 janv., dim. soir et lundi du 1er oct. au 1er avril – **R** 195/260, enf. 70 – ☕ 45 – **11 ch** 320/420 – ½ P 450.

Brun, Les Fauries, N 92 ☎ 76 64 54 76, – ☎ **P**. **E** VISA
R 55/180 ♫ – ☕ 25 – **11 ch** 145/170 – ½ P 150.

✗✗ **Aub. Viaduc** avec ch, N 92 ☎ 76 64 51 65, Fax 76 64 30 93, – TV ☎ **P**. **E** VISA – *fermé 5 au 26 déc. et merc.* – **R** 140/350 – ☕ 50 – **6 ch** 420 – ½ P 440.

ST-LAURENT-DE-COGNAC 16 Charente 72 ⑪ – rattaché à Cognac.

ST-LAURENT-DE-LA-SALANQUE 66250 Pyr.-Or. 86 ⑳ – 4 542 h. alt. 4.

Env. Fort de Salses★★ NO : 9 km, G. Pyrénées Roussillon.

🛈 Syndicat d'Initiative pl. Gambetta (15 juin-15 sept.) ☎ 68 28 31 03.

Paris 898 – ♦Perpignan 14 – Elne 22 – Narbonne 60 – Quillan 79 – Rivesaltes 10.

🏨 **Commerce,** bd Révolution ☎ 68 28 02 21 – 🍽 rest 🕾 🚗 – 🔏 25. 𝖵𝖨𝖲𝖠. ⁒
  fermé 28 oct. au 18 nov., 12 fév. au 5 mars, dim. soir et lundi sauf juil.-août – **R** 75/160 –
  ☲ 25 – **14 ch** 165/210 – ½ P 177/195.

🏡 **Aub. du Pin,** rte Perpignan ☎ 68 28 01 62, 🐴 – ☎ 🅿. ᴇ 𝖵𝖨𝖲𝖠. ⁒ ch
  fermé 2 janv. au 15 fév., dim. soir et lundi sauf juil.-août – **R** 70 bc/160 🍴 – ☲ 24 – **20 ch**
  180/190 – ½ P 185/195.

CITROEN Gar. Formenty, ☎ 68 28 01 08
Ⓝ ☎ 68 28 45 96
PEUGEOT-TALBOT Gar. Balouet, ☎ 68 28 32 73

RENAULT Gar. Tarrius, ☎ 68 28 14 67
Ⓝ ☎ 68 28 41 32
RENAULT Billes, Z.A. ☎ 68 28 54 54

ST-LAURENT-DE-MURE 69720 Rhône 74 ⑫ – 3 340 h. alt. 252.

Paris 479 – ♦Lyon 18 – Pont-de-Chéruy 16 – La Tour-du-Pin 38 – Vienne 31.

🏨 **Le St-Laurent,** ☎ 78 40 91 44, Fax 78 40 45 41, �, parc – 📺 ☎ 🅿. ᴀᴇ ⓞ ᴇ 𝖵𝖨𝖲𝖠
  fermé dim. soir, sam. et fériés – **R** 80/220 🍴, enf. 80 – ☲ 30 – **30 ch** 240/350.

ST-LAURENT-DU-PONT 38380 Isère 77 ⑤ G. Alpes du Nord – 4 125 h. alt. 416.

Voir Gorges du Guiers Mort★★ SE : 2 km – Site★ de la Chartreuse de Curière SE : 4 km.

Paris 545 – ♦Grenoble 33 – Chambéry 29 – La Tour-du-Pin 40 – Voiron 15.

🏡 **Beauséjour,** av. V. Hugo ☎ 76 55 21 88 – 🕾 🅿 ᴇ 𝖵𝖨𝖲𝖠
  fermé 18 au 26 juin, 8 oct. au 6 nov. et lundi – **R** 85/210 🍴 – ☲ 32 – **12 ch** 190/230 –
  ½ P 160/190.

XX **La Blache,** av. Gare ☎ 76 55 29 57, 🌺 – 🅿. ᴇ 𝖵𝖨𝖲𝖠
  fermé 20 au 30 août, vacances de fév. et lundi – **R** 98/195.

RENAULT Gar. Montagnat-Giraud ☎ 76 55 21 03

ST-LAURENT-DU-VAR 06700 Alpes-Mar. 84 ⑨, 195 ㉖ G. Côte d'Azur – 23 839 h. alt. 17.

Voir Corniche du Var★ N.

🛈 Maison du Tourisme rte du Bord de Mer Port-St-Laurent ☎ 93 07 68 58.

Paris 926 – ♦Nice 9,5 – Antibes 16 – Cagnes-sur-Mer 5 – Cannes 27 – Grasse 31 – Vence 14.

🏨 **Mas St-Laurent** 🐛 sans rest, r. Plateau Callisté ☎ 93 31 93 31, Télex 306022,
  Fax 93 31 42 91, 🐴 – 📺 ☎ ᴑ 🅿 – 🔏 40. ᴀᴇ ⓞ ᴇ 𝖵𝖨𝖲𝖠
  ☲ 38 – **13 ch** 330/730.

XX **Le Centurion,** au port ☎ 93 07 99 10 – 🍽. ᴀᴇ ᴇ 𝖵𝖨𝖲𝖠
  fermé 20 oct. au 15 nov., dim. soir et merc. sauf juil. et août – **R** 118/290.

ST-LAURENT-EN-GRANDVAUX 39150 Jura 70 ⑮ G. Jura – 1 813 h. alt. 908.

Paris 446 – Champagnole 22 – Lons-le-Saunier 46 – Morez 12 – Pontarlier 60 – St-Claude 30.

🏡 **Commerce,** ☎ 84 60 11 41, 🐴 – 📺 🕾 🚗. ᴇ 𝖵𝖨𝖲𝖠
  fermé 2 au 20 avril, 12 nov. au 20 déc., dim. soir et lundi sauf juil.-août et vacances de fév.
  – **R** 55/150 🍴 – ☲ 22 – **13 ch** 130/230 – ½ P 150/200.

ST-LAURENT-EN-ROYANS 26190 Drôme 77 ③ – 1 347 h. alt. 312.

Paris 591 – ♦Grenoble 65 – Valence 45 – Romans-sur-Isère 27 – St-Marcellin 19 – Villard-de-Lans 29.

X **Bérard** avec ch, ☎ 75 48 61 13, 🌺 – ⁒
  fermé janv. et mardi sauf juil.-août – **R** 70/150 🍴 – ☲ 20 – **8 ch** 100/120 – ½ P 160.

RENAULT Gar. Magnan ☎ 75 48 65 38 Ⓝ

ST-LAURENT-NOUAN 41220 L.-et-Ch. 64 ⑧ G. Châteaux de la Loire – 3 191 h. alt. 89.

🏌 des Bordes ☎ 54 87 72 13, à 6 km.

Paris 160 – ♦Orléans 30 – Beaugency 9 – Blois 28.

🏨 **Relais des Sapins,** D 951 ☎ 54 87 70 71, 🏊, ⁒ – 🛎 📺 ☎ 🅿 – 🔏 80. ᴀᴇ ⓞ ᴇ 𝖵𝖨𝖲𝖠
  R 55/130 🍴, enf. 40 – ☲ 30 – **42 ch** 220/260 – ½ P 200/285.

ST-LAURENT-SUR-MANOIRE 24 Dordogne 75 ⑥ – rattaché à Périgueux.

ST-LAURENT-SUR-SÈVRE 85290 Vendée 67 ⑤ G. Poitou Vendée Charentes – 4 492 h. alt. 125.

Paris 367 – Angers 72 – La Roche-sur-Yon 60 – Bressuire 36 – Cholet 12 – ♦Nantes 62.

🏨 **Hermitage,** r. Jouvence ☎ 51 67 83 03 – ☎ 🅿 ᴇ 𝖵𝖨𝖲𝖠
  fermé 1er au 15 août, 12 au 19 fév. et sam. hors sais. – **R** 68/145 🍴, enf. 45 – ☲ 25 – **16 ch**
  180/260 – ½ P 220/240.

à La Trique N : 1 km – ⊠ 85290 Mortagne-sur-Sèvre :

XXX **Baumotel La Chaumière** avec ch, ℰ 51 67 88 12, Télex 701758, Fax 51 67 82 87, ≤, 佘, parc, « Atmosphère originale évoquant l'époque de la Vendée Militaire », ⊥ – ⊤⊽ ☎ ₽.
🖭 ⓪ ᴇ 𝘝𝘐𝘚𝘈
fermé 27 fév. au 6 mars et sam. midi du 1er nov. au 30 mars – **R** 110/280, enf. 59 – ⊊ 39
– **23 ch** 260/420 – ½ P 280/400.

ST-LÉGER 17 Char.-Mar. 💯 ⑤ – rattaché à Pons.

ST-LÉGER-EN-YVELINES 78610 Yvelines 💯 ⑧⑨, 💯 ㉗ – 973 h. alt. 150.
Paris 55 – Dreux 39 – Mantes-la-Jolie 43 – Montfort-l'Amaury 7,5 – Rambouillet 11 – Versailles 33.

🏤 **Gros Billot,** ℰ (1) 34 86 30 11, Fax 34 86 35 08, 佘 – ⊤⊽ ☎ – 🅰 30. ᴇ 𝘝𝘐𝘚𝘈. ⅍ ch
fermé 14 juil. au 15 août, 15 au 31 déc., dim. soir et lundi – **R** 160/250 – ⊊ 25 – **18 ch**
210/285 – ½ P 230/268.

ST-LÉGER-LES-MÉLÈZES 05260 H.-Alpes 💯 ⑯ G. Alpes du Nord – 190 h. alt. 1 260 – Sports d'hiver :
1 260/2 001 m ✚14 ⊀.
Paris 668 – Gap 21 – Grenoble 105.

🏠 **Ecureuil,** ℰ 92 50 40 49, Télex 405941, ≤, ⊥, 佘 – ₽. ᴇ 𝘝𝘐𝘚𝘈. ⅍ rest
1er juil.-1er sept. et 26 déc.-10 avril – **R** 90/180 ⅃, enf. 55 – ⊊ 30 – **40 ch** 210/250 –
½ P 220/240.

ST-LÉONARD-DE-NOBLAT 87400 H.-Vienne 💯 ⑱ G. Berry Limousin – 5 318 h. alt. 346.
Voir Église★ : clocher★★ – 🏠 de la Porcelaine ℰ 55 31 10 69, O par D 941 puis VC : 14 km.
🛈 Office de Tourisme r. R.-Salengro (fermé matin) ℰ 55 56 25 06.
Paris 406 – ◆Limoges 21 – Aubusson 67 – Brive-la-Gaillarde 97 – Guéret 61.

🏤 **Gd St Léonard,** rte Clermont ℰ 55 56 18 18, Fax 55 56 98 32 – ⊤⊽ ☎. 🖭 ⓪ ᴇ 𝘝𝘐𝘚𝘈.
⅍ rest
*fermé 2 au 10 juin, 15 déc. au 15 janv., lundi sauf le soir en sais. et mardi hors sais. (sauf
hôtel)* – **R** 100/260 – ⊊ 37 – **13 ch** 120/240 – ½ P 200/250.

XX **Modern** avec ch, 6 bd A. Pressmann ℰ 55 56 00 25 – ☎. ᴇ 𝘝𝘐𝘚𝘈
*fermé 17 au 24/10, 31/1 au 1/3, lundi (sauf le soir du 1/7 au 30/9) et dim. soir du 1/10 au
1/7 sauf fériés* – **R** 105/220, enf. 60 – ⊊ 30 – **8 ch** 185/240 – ½ P 235/255.

à la Gare de Brignac NO : 10 km par D 941 et D 124 – ⊠ 87400 St-Léonard-de-Noblat :

🏠 **Beau Site** ⅍, ℰ 55 56 00 56, 佘, parc – ☎ ₽. 𝘝𝘐𝘚𝘈
fermé 25 oct. au 9 nov., 4 au 26 fév., vend. soir, sam. midi et lundi midi hors sais. –
R 98/210, enf. 52 – ⊊ 28 – **11 ch** 195/230 – ½ P 195/215.

CITROEN Gar. MBA, 21 av. Champ Mars   PEUGEOT-TALBOT Gar. Ducros, rte de Bujaleuf
ℰ 55 56 04 53   ℰ 55 56 17 17

ST-LÉONARD-DES-BOIS 72590 Sarthe 💯 ⑫ G. Normandie Cotentin – 512 h. alt. 98.
Voir Alpes Mancelles★ – 🛈 Syndicat d'Initiative à la Mairie (saison) ℰ 43 33 28 10.
Paris 212 – ◆Le Mans 50 – Alençon 20 – Fresnay-sur-Sarthe 12 – Laval 75 – Mayenne 46.

🏨 **Touring H.** Ⓜ ⅍, ℰ 43 97 28 03, Télex 722006, Fax 43 97 07 72, ≤, « Jardin au bord de
la Sarthe », ⊥ – 🛗 ⊤⊽ ☎ ₽ – 🅰 25 à 80. 🖭 ⓪ ᴇ 𝘝𝘐𝘚𝘈. ⅍ rest
fermé 15 nov. au 15 fév. – **R** *(fermé vend. soir et sam. du 15 oct. au 15 mars sauf fériés)*
(dim. prévenir) 90/210, enf. 50 – ⊊ 30 – **33 ch** 250/380 – ½ P 240/305.

ST-LIEUX-LÈS-LAVAUR 81 Tarn 💯 ⑨ – rattaché à Lavaur.

ST-LÔ ℗ 50000 Manche 💯 ⑬ G. Normandie Cotentin – 24 792 h. alt. 14 – Voir Haras★ B.
🛈 Office de Tourisme 2 r. Havin ℰ 33 05 02 09.
Paris 303 ② – ◆Caen 63 ② – Cherbourg 77 ⑦ – Fougères 97 ⑤ – Laval 135 ⑤ – ◆Rennes 131 ⑤.

Plan page ci-contre

🏠 **Voyageurs,** 5 av. Briovère ℰ 33 05 08 63, Télex 170753, Fax 33 05 14 34, 佘 – ⅍ ch ⊤⊽
◆ ☎. 🖭 ⓪ ᴇ 𝘝𝘐𝘚𝘈   A s
fermé 20 déc. au 10 janv., lundi (sauf hôtel) et dim. soir sauf juil.-août – **R** 70/180 – ⊊ 30
– **15 ch** 165/320 – ½ P 180/240.

🏠 **Terminus,** 3 av. Briovère ℰ 33 05 08 60, Fax 33 55 27 93, ≤, 佘 – ⊤⊽ ☎. ᴇ 𝘝𝘐𝘚𝘈   A s
◆ *fermé 15 déc. au 15 janv. dim. (sauf hôtel) et sam. soir hors sais.* – **R** 58/130 ⅃ – ⊊ 20 –
15 ch 115/225 – ½ P 150/195.

🏠 **Armoric** sans rest, 15 r. Marne ℰ 33 05 61 32 – ⊤⊽ ☎. ᴇ 𝘝𝘐𝘚𝘈   A a
⊊ 18 – **20 ch** 120/250.

🏠 Régence sans rest, 18 r. St-Thomas ℰ 33 05 50 80 – ☎ – **15 ch**   A u

🏠 **Remparts** sans rest, 3 r. Près ℰ 33 57 08 06, 佘 – ⊤⊽ ☎. ᴇ 𝘝𝘐𝘚𝘈   A n
⊊ 20 – **14 ch** 165/170.

Havin (R.) .... **A** 13	Alsace-Lorraine (R.) ..... **A** 2	Neufbourg (R. du) .... **B** 15
Leclerc (R. Mar.) .... **B**	Baltimore (R. de) .... **A** 3	Notre-Dame (Pl.) .... **A** 18
St-Thomas (R.) .... **A**	Belle (R. du) .... **A** 4	Noyers (R. des) .... **A** 19
Torteron (R.) .... **A**	Feuillet (R. Octave) ...... **A** 7	Platanes (Av. des) ...... **B** 20
	Gaulle (Pl. Gén. de) ..... **A** 8	Poterne (R. de la) ...... **A** 23
	Grimouville (R. de) ...... **A** 9	Ste-Croix (Pl. ⊠) .... **B** 24
	Lattre-de-T. (R. Mar. de) . **B** 14	80e et 136e (R. des) ..... **A** 25

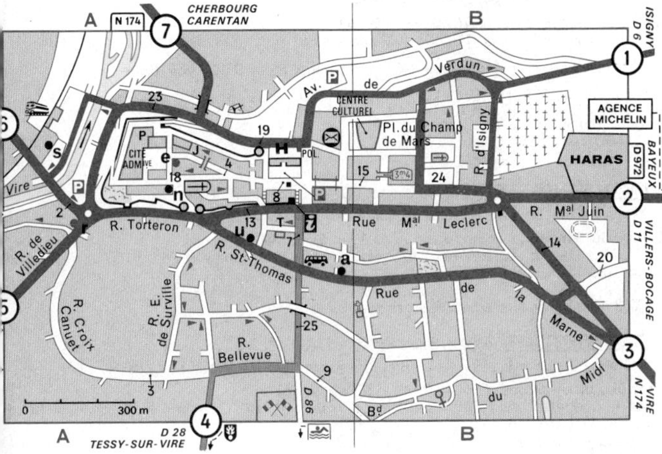

XX **Le Marignan** avec ch, pl. Gare ℰ 33 05 15 15, ≼, 🏧 – 📺 ☎ – ⚿ 60. ☷ ◑ ⋿ 𝗩𝗜𝗦𝗔
    fermé vacances de fév., vend. soir et sam. midi – **R** 105/335 & – ☑ 25 – **18 ch** 120/250
    ½ P 200/235.   A **s**

XX **La Gonivière**, rd-pt 6 Juin (1er étage) ℰ 33 05 15 36 – ☷ ◑ ⋿ 𝗩𝗜𝗦𝗔   A **r**
    fermé 15 juil. au 4 août, 27 janv. au 2 fév., sam. midi et dim. – **R** 95/240.

XX **Crémaillère** avec ch, pl. Préfecture ℰ 33 57 14 68 – ⇔ ⇔ ch 📺 ☎. ⋿ 𝗩𝗜𝗦𝗔   A **e**
→ **R** *(fermé 23 déc. au 3 janv., sam. midi et dim. soir)* 57/98, enf. 43 – ☑ 20 – **16 ch** 140/195.

    au Calvaire par ② et D 972 : 7 km – ⊠ *50810 St-Jean-des-Baisants :*

XXX **Les Glycines,** ℰ 33 05 02 40, 🏧 – **🅿**. ☷ ⋿ 𝗩𝗜𝗦𝗔
    fermé fin juil. à début août, vacances de fév., sam. midi et merc. – **R** 98/288, enf. 50.

    Z.A. La Chevalerie par ③ : 4 km – ⊠ *50000 St-Lô :*

🏠 **Ibis** Ⓜ, ℰ 33 57 78 38, Télex 171669, Fax 33 55 27 67, 🏧, ☌, – 📺 ☎ 🖑 **🅿** – ⚿ 50. ⋿
    𝗩𝗜𝗦𝗔 – **R** 77 &, enf. 35 – ☑ 29 – **48 ch** 245/275.

MICHELIN, Agence, ZI, r. L.-Jouhaux par ② ℰ 33 57 91 97

ST-LOUIS 68300 H.-Rhin 🆖 ⑩ – 18 753 h. alt. 225.

Paris 549 – ◆Mulhouse 31 – Altkirch 28 – ◆Bâle 5 – Belfort 62 – Colmar 66 – Ferrette 24.

🏛 **Europe** sans rest, 2 r. Huningue ℰ 89 69 73 55 – 🛗 ☎. ☷ ◑ ⋿ 𝗩𝗜𝗦𝗔
    fermé 25 déc. au 2 janv. – ☑ 40 – **35 ch** 190/340.

X **A la Ville de Mulhouse,** 105 r. Mulhouse ℰ 89 69 17 77 – ⋿ 𝗩𝗜𝗦𝗔
→ *fermé juil., Noël au Jour de l'An, mardi et merc.* – **R** 64/118 &.

    à Huningue E : 2 km par D 469 – 6 679 h. – ⊠ *68330 :*

🏛 **Tivoli,** 15 av. Bâle ℰ 89 69 73 05, Télex 881113, Fax 89 67 82 44 – 🛗 📺 ☎ **🅿**. ⋿ 𝗩𝗜𝗦𝗔
    R *(fermé 1er au 26 août, 21 déc. au 6 janv., sam. midi et dim.)* 100/400 &, enf. 80 – ☑ 40
    – **44 ch** 270/400 – ½ P 250/300.

à *Village-Neuf* NE : 3 km par N 66 et D 21 – ⊠ **68300** :

XXX **Mayer,** 2 r. St-Louis ℰ 89 67 11 15 – **℗**, **E** 𝗩𝗜𝗦𝗔
fermé 15 juil. au 6 août, 24 déc. au 7 janv., dim. soir de juil. à mars et lundi – **R** 195/340.

à *Hésingue* O : 4 km par D 419 – ⊠ **68220** :

XXX **Au Boeuf Noir,** ℰ 89 69 76 40, 🌳 – **E** 𝗩𝗜𝗦𝗔
fermé 23 fév. au 11 mars, 12 août au 2 sept., sam. midi , dim. soir et lundi – **R** 180/430.

à *l'Aéroport de Bâle-Mulhouse* NO : 5 km par N 66 et D 12 : voir *Bâle*

CITROEN Flury, 11 r. du Rhône ℰ 89 69 13 02
FORD Sax-Autom., 10 r. Prés ℰ 89 67 47 94
OPEL-GM Gar. Feldbauer, 20 r. Prés ℰ 89 69 22 26
PEUGEOT, TALBOT Gar. Ledy, pl. de l'Europe
ℰ 89 69 80 35 **N**

RENAULT Gar. Bader, 81 av. Gén.-de-Gaulle
ℰ 89 69 00 15

🏍 Pneus et Services D. K., 65 r. Gén.-de-Gaulle
ℰ 89 69 81 08

ST-LOUIS-DE-MONTFERRAND 33440 Gironde 🆖 ⑧ – 1 340 h. alt. 3.
Paris 571 – ◆Bordeaux 14 – Blaye 45 – Libourne 36 – St-André-de-Cubzac 17.

X **Relais du Marais** avec ch, ℰ 56 77 41 19 – **℗**, **E** 𝗩𝗜𝗦𝗔, 🦌
fermé 14 juil. au 15 août, 23 déc. au 2 janv., sam. soir et dim. – **R** 95 bc/150 bc ⅄ – ☐ 20
– **5 ch** 120/150 – ½ P 195/225.

ST-LOUP 03 Allier 🆖 ⑭ – rattaché à Varennes-sur-Allier.

ST-LOUP-SUR-SEMOUSE 70800 H.-Saône 🆖 ⑥ – 4 908 h. alt. 245.
Paris 358 – Bourbonne-les-Bains 48 – Épinal 50 – Gray 81 – Remiremont 32 – Vesoul 33 – Vittel 59.

🏠 **Trianon,** pl. J.-Jaurès ℰ 84 49 00 45 – **📺** **☎** **E** 𝗩𝗜𝗦𝗔
fermé fév. et sam. midi du 1er sept. au 1er mai – **R** 60/200 ⅄, enf. 35 – ☐ 25 – **13 ch**
190/230 – ½ P 175/195.

FORD Gar. Dormoy ℰ 84 49 02 46

ST-LYPHARD 44410 Loire-Atl. 🆖 ⑭ G. Bretagne – 2 364 h. alt. 12.
Voir Clocher de l'église 🌟★★.
Paris 454 – ◆Nantes 71 – La Baule 17 – Redon 40 – St-Nazaire 21.

XX **Le Nezil,** SO : 3 km par D 47 ℰ 40 91 41 41, 🌳 – **℗**, **E** 𝗩𝗜𝗦𝗔
fermé 17 nov. au 4 déc., 2 au 19 fév., mardi soir (sauf juil.-août) et merc. – **R** 110/190.

à *Bréca* S : 6 km par D 47 et VO – ⊠ **44410** St-Lyphard :

XX **Aub. de Bréca,** ℰ 40 91 41 42, �ில், « Chaumière briéronne dans un jardin fleuri » – **E**
𝗩𝗜𝗦𝗔
29 mars-3 nov. et fermé dim. soir et jeudi sauf juil.-août – **R** 95/140, enf. 55.

ST-MACAIRE-EN-MAUGES 49450 M.-et-L. 🆖 ⑤ – 5 415 h. alt. 96.
Paris 358 – Angers 61 – Ancenis 39 – Cholet 12 – ◆Nantes 47.

🏠 **La Gâtine,** ℰ 41 55 30 23 – **☎** **E** 𝗩𝗜𝗦𝗔, 🦌
fermé 14 juil. au 15 août – **R** *(fermé dim. soir et lundi)* 69/210 ⅄ – ☐ 24 – **15 ch** 99/210.

ST-MACLOU 27210 Eure 🆖 ④ – 416 h. alt. 114.
Paris 177 – Bolbec 29 – Évreux 78 – ◆Le Havre 44 – Honfleur 15 – Pont-Audemer 9.

X **La Crémaillère** avec ch, ℰ 32 41 17 75 – **E** 𝗩𝗜𝗦𝗔
*fermé 1er au 15 mars, 4 au 24 oct., merc. soir hors sais. et jeudi (sauf le soir du 15 juin au
15 sept.)* – **R** 60/185 ⅄, enf. 45 – ☐ 24 – **7 ch** 120/230 – ½ P 210/270.

ST-MAIME 04 Alpes-de-H.-Pr 🆖 ⑮ – rattaché à Manosque.

ST-MAIXENT-L'ÉCOLE 79400 Deux-Sèvres 🆖 ⑫ G. Poitou Vendée Charentes (plan) – 9 358 h.
alt. 65.
Voir Église abbatiale★.
🏌 du Petit Chêne à Mazières ℰ 49 63 28 33, O par D 6 : 20 km.
🛈 Office de Tourisme Porte Châlon ℰ 49 05 54 05.
Paris 382 – Poitiers 50 – Angoulême 100 – Niort 24 – Parthenay 29.

🏨 **Logis St Martin** [M] 🦢, chemin Pissot ℰ 49 05 58 68, Fax 49 76 19 93, ≼, 🌞, parc,
« Demeure du 17e siècle » – **📺** **☎** **℗** – 🛎 30. **ⒶE** **E** 𝗩𝗜𝗦𝗔
fermé janv. et jeudi hors sais. – **R** 98/180, enf. 50 – ☐ 40 – **9 ch** 280/350.

🏨 **Cheval Blanc,** 8 av. Gambetta ℰ 49 05 50 06, Télex 793053, 🌳 – **📺** **☎** **℗** – 🛎 80. **ⒶE**
E 𝗩𝗜𝗦𝗔
R *(fermé dim. soir du 1er nov. au 31 janv.)* 64/250, enf. 45 – ☐ 25 – **37 ch** 150/260 –
½ P 220/270.

🏠 **Lika** [M], rte Niort ℰ 49 05 63 64, Fax 49 05 53 63, 🌞, 🌳 – **📺** **☎** **⅃** **℗** – 🛎 40. **E** 𝗩𝗜𝗦𝗔
fermé janv., sam. soir et dim. de sept. à mars – **R** 60/95 ⅄, enf. 35 – ☐ 25 – **20 ch** 200/220
– ½ P 310.

à Soudan E : 7,5 km par N 11 – ⊠ 79800 :

🏠 **L'Orangerie,** ℰ 49 76 08 05, 🦌 – ☎ 🅿. 🖭 Ɛ 𝘝𝘐𝘚𝘈. ℀
fermé 31 déc. au 5 fév. et dim. de sept. à juin – **R** *(fermé dim. sauf le midi de Pâques à nov.)* 78/180 🍷 – ⊐ 28 – **9 ch** 160/190.

PEUGEOT-TALBOT Gar. Courtois, 87 r. Clemen-
ceau ℰ 49 76 13 42
RENAULT Gar. Mouzin, 13 av. Wilson
ℰ 49 05 50 72

🔘 Moinet Pneus, 12 av. de Blossac ℰ 49 05 50 22

ST-MALO ⬠ 35400 I.-et-V. 🗟🗟 ⑥ G. Bretagne – 47 324 h. alt. 8 – Casino AXY.

Voir Site★★★ – Remparts★★★ DZ – Château★★ DZ : musée de la ville★ **M** , Tourelles de guet
☀★★, Quic-en-Groigne★ DZ **E** – Fort national★ : ≤★★ 15 mn AX – Vitraux★ de la cathédrale
St-Vincent DZ – Usine marémotrice de la Rance : digue ≤★ S : 4 km.

✈ de Dinard-Pleurtuit-St-Malo : T.A.T. ℰ 99 46 15 76, par ③ : 14 km.

🛈 Office de Tourisme esplanade St-Vincent ℰ 99 56 64 48.

Paris 415 ③ – Alençon 178 ③ – Avranches 65 ③ – Dinan 29 ③ – ♦Rennes 69 ③ – St-Brieuc 86 ③.

Plans pages suivantes

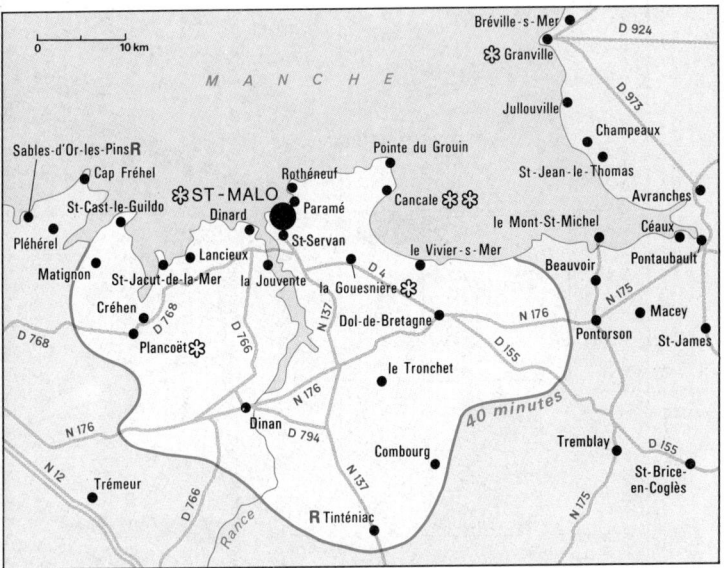

Intra muros :

🏨 **Central et rest. la Frégate,** 6 Gde rue ℰ 99 40 87 70, Fax 99 40 47 57 – 🛗 📺 ☎ 🚗
– 🔼 25. 🖭 ⓘ Ɛ 𝘝𝘐𝘚𝘈. DZ **n**
R *(fermé mi-janv. à mi-fév., dim. soir et lundi hors sais. sauf fériés)* 110/165, enf. 70 –
⊐ 40 – **46 ch** 300/600 – ½ P 330/440.

🏨 **Ajoncs d'Or** sans rest, 10 r. Forgeurs ℰ 99 40 85 03, Fax 99 40 80 70 – 🛗 📺 ☎. 🖭 ⓘ
Ɛ 𝘝𝘐𝘚𝘈. DZ **a**
fermé 12 nov. au 15 déc. – ⊐ 38 – **22 ch** 340/430.

🏨 **Quic en Groigne** sans rest, 8 r. d'Estrées ℰ 99 40 86 81 – 📺 ☎ 🚗. Ɛ 𝘝𝘐𝘚𝘈.
℀ DZ **u**
⊐ 32 – **15 ch** 240/300.

🏨 **Elizabeth** sans rest, 2 r. Cordiers ℰ 99 56 24 98, Fax 99 56 39 24 – 🛗 📺 ☎ 🚗. 🖭 ⓘ
Ɛ 𝘝𝘐𝘚𝘈. DZ **d**
⊐ 40 – **17 ch** 280/485.

🏨 **Bristol Union** sans rest, 4 pl. Poissonnerie ℰ 99 40 83 36 – 🛗 📺 ☎. 🖭 Ɛ 𝘝𝘐𝘚𝘈. DZ **r**
fermé 16 nov. au 31 janv. – ⊐ 26 – **27 ch** 195/295.

tourner →

🏠	**Louvre** sans rest, 2 r. Marins 𝒫 99 40 86 62 – 🛗 ☎ E 𝗩𝗜𝗦𝗔 *1er mars-25 nov. et 24 déc.-4 janv.* – ☲ 26 – **45 ch** 160/270.		DZ **f**
🏠	**Brochet** sans rest, 1 r. Corne de Cerf 𝒫 99 56 30 00 – 🛗 📺 ☎ E 𝗩𝗜𝗦𝗔. 𝒮𝒳 *1er mai-1er nov.* – ☲ 27 – **22 ch** 200/295.		DZ **q**
🏠 ←	**Noguette**, 9 r. Fosse 𝒫 99 40 83 57 – 🛗 📺 ☎ E 𝗩𝗜𝗦𝗔 *fermé 11 nov. au 17 déc.* – **R** *(fermé dim. soir hors sais. et lundi)* 58/240 – ☲ 28 – **12 ch** 170/280 – ½ P 215/265.		DZ **y**
🏠	**Palais** sans rest, 8 r. Toullier 𝒫 99 40 07 30 – 🛗 📺 ☎ 𝖠𝖤 E 𝗩𝗜𝗦𝗔 *fermé 5 déc. au 5 janv. et dim. du 3 nov. au 29 mars* – ☲ 30 – **18 ch** 180/320.		DZ **k**
🏠	**Commerce** sans rest, 11 r. St-Thomas 𝒫 99 40 85 56 – 🛗 ☎ 𝖠𝖤 ⓞ E 𝗩𝗜𝗦𝗔. 𝒮𝒳 ☲ 21 – **42 ch** 120/220.		DZ **b**

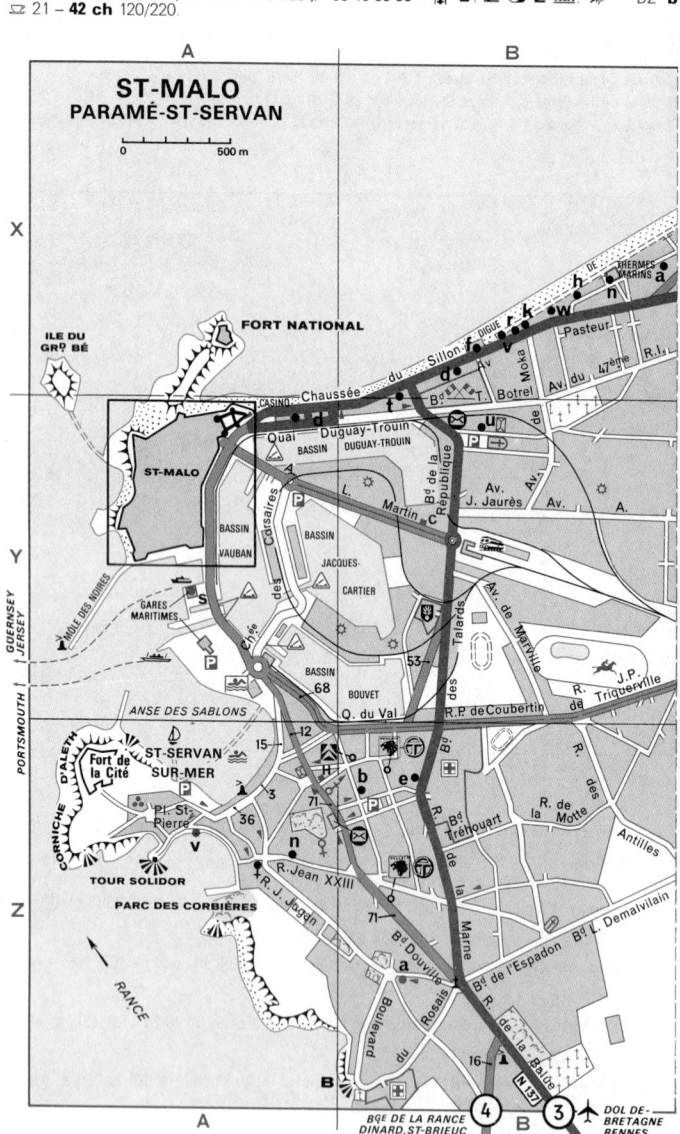

XX ⚙ **Duchesse Anne** (Thirouard), 5 pl. Guy La Chambre ℰ 99 40 85 33, 🌳 – **E** _VISA_. ⚘
    fermé déc., janv. et merc. – **R** carte 180 à 280   DZ **e**
    Spéc. Foie gras de canard, Homard grillé "Duchesse Anne" (oct. à mai), Tarte Tatin (oct. à mai).

XX   **Le Chalut,** 8 r. Corne de Cerf ℰ 99 56 71 58   DZ **s**

XX   **Jean-Paul Delaunay,** 6 r. Ste Barbe ℰ 99 40 92 46 – 🅰 ⓄⒹ **E** _VISA_   DZ **x**
    fermé 5 au 21 mars, 5 au 26 nov., dim. soir et lundi sauf fériés – **R** carte 210 à 320 ♨.

XX   **A l'Abordage,** 5 pl. Poissonnerie ℰ 99 40 87 53 – **E** _VISA_   DZ **r**
    fermé 15 nov. au 15 déc., vacances de fév., dim. soir du 15/9 au 30/6, mardi midi du 1/7
    au 14/9 et lundi – **R** (nombre de couverts limité-prévenir) 135/195, enf. 50.

X   **Gilles,** 2 r. Pie qui boit ℰ 99 40 97 25 – **E** _VISA_   DZ **t**
    fermé 17 au 30 nov., 2 au 8 fév., dim. soir soir hors sais. et jeudi – **R** 90/145.

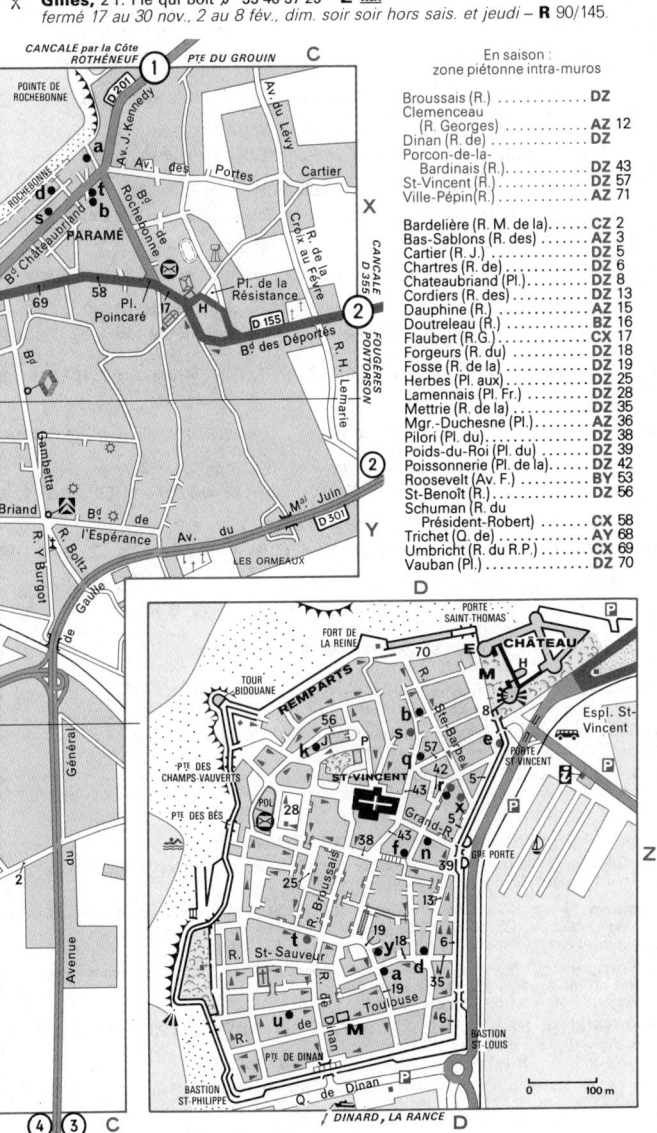

En saison :
zone piétonne intra-muros

Broussais (R.)	**DZ**
Clemenceau (R. Georges)	**AZ** 12
Dinan (R. de)	**DZ**
Porcon-de-la-Bardinais (R.)	**DZ** 43
St-Vincent (R.)	**DZ** 57
Ville-Pépin (R.)	**AZ** 71

Bardelière (R. M. de la)	**CZ** 2
Bas-Sablons (R. des)	**AZ** 3
Cartier (R. J.)	**DZ** 5
Chartres (R. de)	**DZ** 6
Chateaubriand (Pl.)	**DZ** 8
Cordiers (R. des)	**DZ** 13
Dauphine (R.)	**BZ** 16
Doutreleau (R.)	**CX** 17
Flaubert (R.G.)	**DZ** 18
Forgeurs (R. du)	**DZ** 19
Fosse (R. de la)	**DZ** 25
Herbes (Pl. aux)	**DZ** 28
Lamennais (Pl. Fr.)	**DZ** 35
Mettrie (R. de la)	**AZ** 36
Mgr.-Duchesne (Pl.)	**DZ** 38
Pilori (Pl. du)	**DZ** 39
Poids-du-Roi (Pl. du)	**DZ** 42
Poissonnerie (Pl. de la)	**BY** 53
Roosevelt (Av. F.)	**DZ** 56
St-Benoît (R.)	**CX** 58
Schuman (R. du Président-Robert)	**AY** 68
Trichet (Q. de)	**CX** 69
Umbricht (R. du R.P.)	**DZ** 70
Vauban (Pl.)	

St-Malo Est et Paramé – ✉ **35400** St-Malo :

🏨🏨 **Thermes et rest. Cap Horn** ॐ, aux Thermes marins, 100 bd Hébert ✆ 99 40 75 75, Télex 740184, Fax 99 40 76 00, ≼, centre de thalassothérapie, 🔲 – 🛊 🗐 rest 🔟 ☎ ⅍
⟺ 🅿 – 🔬 60. 🖭 ⓪ Ε 𝘝𝘐𝘚𝘈. 🛠 rest   BX **n**
fermé 6 janv. au 2 fév. – **R** 185/280 – ☲ 55 – **194 ch** 270/1210. 7 appart. 1050/2000 –
½ P 455/925.

🏨🏨 **Mercure** Ⓜ sans rest, 2 chaussée Sillon ✆ 99 56 84 84, Télex 740583, Fax 99 56 45 73, ≼
– 🛊 🔟 ☎ ⅍ ⟺ – 🔬 50. 🖭 ⓪ Ε 𝘝𝘐𝘚𝘈   AY **d**
☲ 45 – **70 ch** 570.

🏨🏨 **La Villefromoy** Ⓜ ॐ sans rest, 7 bd Hébert ✆ 99 40 92 20, Fax 99 56 79 49, 🌿 – 🔟
☎ ⅍ 🅿. 🖭 ⓪ Ε 𝘝𝘐𝘚𝘈   CX **s**
15 mars- 15 nov. – ☲ 40 – **25 ch** 320/490.

🏨 **Alexandra** ॐ sans rest, 138 bd Hébert ✆ 99 56 11 12, ≼ – 🔟 ☎. 🖭 ⓪ Ε 𝘝𝘐𝘚𝘈   BX **h**
☲ 38 – **15 ch** 300/550.

🏨 **Mascotte** Ⓜ, 76 chaussée Sillon ✆ 99 40 36 36, Télex 741560, Fax 99 40 18 78 – 🛊 🔟
☎ ⅍ ⟺ – 🔬 60. 🖭 ⓪ Ε 𝘝𝘐𝘚𝘈   BX **d**
R (dîner seul) 85/250 ⅊, enf. 39 – ☲ 35 – **88 ch** 280/435 – ½ P 285/310.

🏨 **Gd H. Courtoisville** ॐ, 69 bd Hébert ✆ 99 40 83 83, Fax 99 40 57 83, 🌿 – 🛊 ≼⟿ ch
🔟 ☎ ⅍ ⟺ 🅿. Ε 𝘝𝘐𝘚𝘈. 🛠 rest   BX **a**
début mars-mi-nov. – **R** 100/120 – ☲ 38 – **49 ch** 350/480 – ½ P 332/380.

🏨 **Digue** sans rest, 49 chaussée Sillon ✆ 99 56 09 26, Télex 730736, Fax 99 56 41 65, ≼ – 🔟
☎. 🖭 ⓪ Ε 𝘝𝘐𝘚𝘈   BX **r**
15 mars- 15 nov. – ☲ 32 – **49 ch** 250/450.

🏨 **Logis de Brocéliande** ॐ sans rest, 43 chaussée Sillon ✆ 99 56 86 60, ≼ – 🔟 ☎ 🅿.
Ε 𝘝𝘐𝘚𝘈. 🛠   BX **v**
fermé 1er au 26 déc. et dim. soir du 15 nov. au 1er fév. – ☲ 35 – **9 ch** 250/390.

🏨 **Alba** ॐ sans rest, 17 r. Dunes ✆ 99 40 37 18, ≼ – 🔟 ☎ ⅍ 🅿. 🖭 Ε 𝘝𝘐𝘚𝘈. 🛠   BX **w**
fermé 18 nov. au 14 déc. et 6 janv. au 7 fév. – ☲ 40 – **22 ch** 360/520.

🏨 **Urbis** Ⓜ sans rest, 58 chaussée Sillon ✆ 99 40 57 77, Télex 741968, Fax 99 40 57 78 – 🛊
🔟 ☎ ⅍. Ε 𝘝𝘐𝘚𝘈   BXY **t**
☲ 30 – **60 ch** 320/420.

🏨 **Chateaubriand** ॐ sans rest, 8 bd Hébert ✆ 99 56 01 19, ≼ – ☎ 🅿. Ε 𝘝𝘐𝘚𝘈
🛠   CX **d**
fermé 15 nov. au 20 déc. et 10 janv. au 6 fév. – ☲ 25 – **23 ch** 230/350.

🏨 **Rochebonne,** 15 bd Châteaubriand ✆ 99 56 01 72, Fax 99 40 40 50 – 🛊 🔟 ☎. 🖭 ⓪ Ε
← 𝘝𝘐𝘚𝘈   CX **t**
15 mars-15 oct. – **R** 60/160, enf. 40 – ☲ 28 – **38 ch** 220/250 – ½ P 220.

🏨 **Ambassadeurs** sans rest, 11 chaussée Sillon ✆ 99 40 26 26, ≼ – 🛊 🔟 ☎. Ε 𝘝𝘐𝘚𝘈
🛠   BX **f**
fermé nov. – ☲ 35 – **19 ch** 290/340.

🏨 **Jersey** sans rest, 53 chaussée Sillon ✆ 99 56 10 41, ≼ – ☎ 🅿. Ε 𝘝𝘐𝘚𝘈. 🛠   BX **k**
fermé 20 nov. au 25 janv. – ☲ 28 – **19 ch** 210/330.

🏨 **Eden** sans rest, 1 r. Étang ✆ 99 40 23 48 – ☎ ⅍ 🅿. 🖭 Ε 𝘝𝘐𝘚𝘈   CX **b**
mars-nov. – ☲ 25 – **27 ch** 170/250.

🏨 **Océan** sans rest, plage Rochebonne ✆ 99 56 48 48 – ☎. Ε 𝘝𝘐𝘚𝘈   CX **a**
15 mars- 15 nov. – ☲ 28 – **25 ch** 170/280.

🏨 **Arméric** sans rest, 5 bd La Tour d'Auvergne ✆ 99 40 52 00 – ☎. Ε 𝘝𝘐𝘚𝘈   BY **u**
fermé 21 déc. au 6 janv. – ☲ 25 – **15 ch** 160/220.

XXX **Robert Abraham,** 4 chaussée Sillon ✆ 99 40 50 93, ≼ – 🖭 ⓪ Ε 𝘝𝘐𝘚𝘈   AY **d**
fermé 25 nov. au 5 déc., 18 fév. au 5 mars, dim. soir et lundi sauf juil.-août – **R** 170/320,
enf. 85.

St-Malo Sud et St-Servan-sur-Mer – ✉ **35400** St-Malo.

Voir Corniche d'Aleth ≼⭑⭑ AZ – Parc des Corbières ≼⭑ AZ – Belvédère du Rosais ⭑ AZB
B - Tour Solidor⭑ AZ : musée du Cap Hornier⭑, ≼⭑.

🏨🏨 **Valmarin** Ⓜ ॐ sans rest, 7 r. Jean XXIII ✆ 99 81 94 76, « Élégante malouinière du
18e siècle, parc » – 🔟 ☎ 🅿. 🖭 Ε 𝘝𝘐𝘚𝘈   AZ **n**
fermé 15 nov. au 15 déc. et 5 janv. au 15 fév. – ☲ 40 – **10 ch** 400/550.

🏨🏨 **La Korrigane** Ⓜ ॐ sans rest, 39 r. Le Pomellec ✆ 99 81 65 85, « Demeure ancienne au
confort raffiné », 🌿 – 🔟 ☎. 🖭 ⓪ Ε 𝘝𝘐𝘚𝘈   BZ **b**
15 mars- 15 nov. – ☲ 50 – **10 ch** 400/550.

🏨 **Inter-Hôtel** Ⓜ, 138 bd Talards ✆ 99 82 05 10, Télex 741583, Fax 99 81 79 10 – 🛊 🗐 rest
☎ ⅍ ⟺ 🅿. 🖭 ⓪ Ε 𝘝𝘐𝘚𝘈. 🛠 rest   BZ **e**
15 mars-30 nov. – **R** (dîner seul.) 80/150 – ☲ 30 – **60 ch** 260/325.

🏨 **Ibis** Ⓜ, centre com. La Madeleine S : 3 km par av. Gén. de Gaulle CZ ✆ 99 82 10 10,
Télex 730626, Fax 99 82 35 74 – 🔟 ☎ ⅍ 🅿 – 🔬 60. Ε 𝘝𝘐𝘚𝘈
R 75 ⅊, enf. 35 – ☲ 30 – **73 ch** 260/325.

XXX **Métairie de Beauregard,** par ③ et rte Château Malo ℰ 99 81 37 06, ☞ – **Ⓟ**. 𝔸𝔼 **⑩**. 𝚅𝙸𝚂𝙰
R 150/180.

XX **Les Écluses,** gare maritime de la Bourse ℰ 99 56 81 00, ≤ – **Ⓟ**. 𝖤 𝚅𝙸𝚂𝙰   AY **s**
fermé 11 nov. au 15 déc., dim. soir et lundi – **R** 90/160, enf. 55.

XX **St-Placide,** pl. Poncel ℰ 99 81 70 73 – 𝚅𝙸𝚂𝙰   BZ **a**
fermé 1ᵉʳ au 15 oct., mardi soir et merc. hors sais. – **R** 75/165, enf. 55.

XX **L'Atre,** 7 espl. Cdt Menguy (port Solidor) ℰ 99 81 68 39, ≤ – 𝔸𝔼 **⑩** 𝚅𝙸𝚂𝙰   AZ **v**
⬥ *fermé 15 déc. au 15 fév., mardi soir hors sais. et merc.* – **R** 70/120.

à Rothéneuf par ① : 3 km – ✉ 35400 .

Voir Manoir de Jacques Cartier★.

🏠 **Terminus** ⅋ sans rest, 16 r. Goélands ℰ 99 56 97 72 – 📺 ☎ **Ⓟ**. 𝖤 𝚅𝙸𝚂𝙰
fermé 18 nov. au 27 déc., 20 janv. au 13 fév. et mardi d'oct. à mars – ⊑ 26 – **30 ch**
175/250.

CITROEN Gar. Côte d'Émeraude, 131 bd Gambetta
ℰ 99 81 66 69 **Ⓝ** ℰ 99 82 08 97
CITROEN Gar. de l'Hôtel de Ville, 25 r. Georges-V
ℰ 99 81 62 13
FORD Carrosserie Malouine, 65 av. Gén.-de
Gaulle ℰ 99 81 92 15
NISSAN Gar. de la Rance, 12 bd de la Rance
ℰ 99 81 89 83
PEUGEOT TALBOT Gar. de l'Arrivée, 81 r. Ville-
Pépin ℰ 99 81 20 85
PEUGEOT TALBOT Goibert, 3 r. E.-Brouard
ℰ 99 81 60 77

PEUGEOT-TALBOT Dutan, ZAC la Madeleine,
N 137 par ③ ℰ 99 81 95 68
RENAULT Gar. Malouins, 61 bd Gambetta
ℰ 99 56 11 02
V.A.G Gar. du Gd St-Malo, ZAC la Grassinais r.
Gén.-de-Gaulle ℰ 99 81 58 60
VOLVO Gar. Surcouf, centre commercial la
Découverte, av. Gén.-de-Gaulle ℰ 99 81 61 74

⬤ Service Pneus Conan, 16 r. de la Marne
ℰ 99 81 20 93
Vallée-Pneu, 49 quai Duguay-Trouin ℰ 99 56 74 74

ST-MANDÉ 94 Val-de-Marne 🗺 ⑩, 🗺 ㉖ – voir à Paris, Environs.

ST-MARCEL 01 Ain 🗺 ② – rattaché à St-André-de-Corcy.

ST-MARCEL 36 Indre 🗺 ⑰⑱ – rattaché à Argenton-sur-Creuse.

ST-MARCEL 71 S.-et-L. 🗺 ⑨ – rattaché à Chalon-sur-Saône.

ST-MARCEL-D'ARDÈCHE 07700 Ardèche 🗺 ⑨⑩ – 1 519 h. alt. 62.
Paris 640 – Montélimar 41 – Pont-St-Esprit 9,5 – Privas 68.

X **Jardin** avec ch, ℰ 75 04 66 10 – 🍽 rest. 𝚅𝙸𝚂𝙰
R *(fermé fév. et lundi hors sais.)* 60/140 🍴, enf. 45 – ⊑ – **20 ch** 135/155 – ½ P 150.

RENAULT Gar. Chalvesche ℰ 75 04 65 54 **Ⓝ**

ST-MARCELLIN 38160 Isère 🗺 ③ G. Vallée du Rhône – 6 935 h. alt. 281.
🛈 Office de Tourisme av. Collège ℰ 76 38 53 85.
Paris 563 – ♦Grenoble 55 – Valence 44 – Die 72 – Vienne 75 – Voiron 36.

🏠 **Savoyet-Serve** (annexe 🏠M), 16 bd Gambetta ℰ 76 38 04 17 – 🔔 🍽 rest 📺 ☎ **Ⓟ**
– 🔬 35 à 50. 𝔸𝔼 **⑩** 𝖤 𝚅𝙸𝚂𝙰
fermé janv. et dim. soir hors sais. – **R** 75/230 🍴 – ⊑ 30 – **60 ch** 100/350 – ½ P 225/325.

XXX **La Tivollière,** Château du Mollard ℰ 76 38 21 17, 😊 – **Ⓟ**. 𝔸𝔼 **⑩** 𝖤 𝚅𝙸𝚂𝙰
fermé 15 janv. au 15 fév., dim. soir et lundi – **R** 130/300.

CITROEN Gar. Costaz, 16 av. des Alpes
ℰ 76 38 09 25
FORD Giraud, 4 rte de Romans ℰ 76 38 07 06
OPEL Lascoumes, 27 av. de Provence
ℰ 76 38 12 34 **Ⓝ** ℰ 76 38 33 48
PEUGEOT-TALBOT Cuzin, rte de Chatte
ℰ 76 38 25 90

RENAULT Gar. Francoz, ZA à St-Sauveur
ℰ 76 38 39 88
V.A.G Gar. Jourdan, 4 bis av. de Romans
ℰ 76 38 14 74

⬤ Mouren, 19 av. de Provence ℰ 76 38 01 14

ST-MARC-SUR-MER 44 Loire-Atl. 🗺 ⑭ – ✉ 44600 St-Nazaire.
Paris 449 – ♦Nantes 69 – La Baule 12 – Pornic 36 – St-Nazaire 8.

🏠 **Plage** ⅋, ℰ 40 91 99 01, ≤ – 📺 ☎ **Ⓟ** 𝖤 𝚅𝙸𝚂𝙰, 😊 rest
fermé 2 au 31 janv. – **R** *(fermé dim. soir et lundi hors sais.)* 72/240 – ⊑ 28 – **33 ch** 235/280
– ½ P 220/320.

ST-MARS-LA-JAILLE 44540 Loire-Atl. 🗺 ⑱ – 2 179 h. alt. 28.
Paris 333 – ♦Nantes 51 – Ancenis 18 – Angers 51 – Châteaubriant 29.

XXX **Relais St-Mars,** 1 r. Industrie ℰ 40 97 00 13 – 𝔸𝔼 **⑩** 𝖤 𝚅𝙸𝚂𝙰
fermé vacances de fév., dim. soir et fériés le soir – **R** 90/280, enf. 60.

ST-MARTIN-AUX-CHARTRAINS 14 Calvados 🗺 ③ – rattaché à Pont-l'Évêque.

ST-MARTIN-BELLE-ROCHE **71118** S.-et-L. 🔟 ⑪ – 1 290 h. alt. 200.

Paris 390 – Mâcon 10 – Cluny 31 – St-Amour 49 – Tournus 23.

XX **Port St-Nicolas,** en bordure de Saône ℘ 85 36 00 86, ≤, 🏠 – **P. E** _VISA_
fermé 23 déc. au 31 janv., mardi soir et merc. – **R** 80/180 🍴.

ST-MARTIN-BELLEVUE **74** H.-Savoie 🟨 ⑥ – rattaché à Annecy.

ST-MARTIN-D'ARMAGNAC **32110** Gers 🟨 ② – 220 h. alt. 120.

Paris 740 – Mont-de-Marsan 49 – Agen 90 – Aire-sur-l'Adour 20 – Auch 80 – Tarbes 59.

X **Aub. du Bergerayre** 🌿 avec ch, ℘ 62 09 08 72, 🏠 , 🎄 , 🚗 – 🕾 **P. E** _VISA_
← _fermé 15 janv. au 15 fév._ – **R** _(fermé merc.)_ 60 bc/200 bc 🍴, enf. 40 – ⚏ 20 – **7 ch** 200/240
– ½ P 220.

ST-MARTIN-D'AUXIGNY **18110** Cher 🟨 ⑪ – 1 705 h. alt. 208.

Paris 229 – Bourges 15 – Bonny-sur-Loire 60 – Gien 61 – ♦Orléans 97 – Salbris 41 – Vierzon 34.

🏠 **St-Georges,** D 940 ℘ 48 64 50 14, Fax 48 64 13 67 – 📺 🕾 ⟿ **P** – 🛏 30. **E** _VISA_
fermé 16 au 23 juil., 31 janv. au 3 mars et dim. soir du 15 nov. au 31 mars – **R** 80/175,
enf. 65 – ⚏ 30 – **10 ch** 140/305 – ½ P 200/260.

CITROEN Pinet ℘ 48 64 50 21   RENAULT Fachaux ℘ 48 64 50 26

ST-MARTIN-DE-BELLEVILLE **73440** Savoie 🟨 ⑰ **G. Alpes du Nord** – 2 142 h. alt. 1 450 – Sports d'hiver : 1 370/2 703 m ⚡6.

Paris 629 – Alterville 45 – Chambéry 92 – Moûtiers 19.

XX **La Bouitte,** à St-Marcel SE : 2 km ℘ 79 08 96 77, 🏠 – **P. Æ ⓞ E** _VISA_
1er juil.-15 sept., 15 déc.-1er mai et fermé mardi en été – **R** 135/390, enf. 60.

ST-MARTIN-DE-CRAU **13310** B.-du-R. 🟨 ⑩ – 10 155 h. alt. 18.

Paris 726 – ♦Marseille 79 – Arles 17 – Martigues 40 – St-Rémy-de-Pr. 23 – Salon-de-Pr. 24.

🏠 **Aub. des Épis,** 13 av. Plaisance ℘ 90 47 31 17, 🏠 – 📺 🕾 **P. E** _VISA_
fermé 1er fév. au 8 mars, dim. soir et lundi du 15 oct. à Pâques – **R** 85/155, enf. 50 – ⚏ 29
– **11 ch** 200/210 – ½ P 235.

🔘 Crau-Pneus, 20 Zone du Cabrau ℘ 90 47 00 74

☞ _Les localités dont les noms sont soulignés de rouge
sur les **cartes Michelin** à 1/200 000 sont citées dans ce guide.
Utilisez une carte récente pour profiter de ce renseignement._

ST-MARTIN-DE-FRAIGNEAU **85** Vendée 🟨 ① – rattaché à Fontenay-le-Comte.

ST-MARTIN-DE-LA-PLACE **49160** M.-et-L. 🟨 ⑫ – 1 019 h. alt. 25.

Voir Château de Boumois★ SE : 3 km, **G. Châteaux de la Loire.**

Paris 287 – Angers 38 – Baugé 28 – La Flèche 46 – Les Rosiers 7,5 – Saumur 7,5.

XX **Cheval Blanc** avec ch, ℘ 41 38 42 96 – ☜. **E** _VISA_. 🍴 rest
fermé 2 janv. au 5 fév., dim. soir et lundi hors sais. – **R** 90/240, enf. 50 – ⚏ 25 – **8 ch**
195/310 – ½ P 265/295.

ST-MARTIN-DE-LONDRES **34380** Hérault 🟨 ⑥ **G. Gorges du Tarn** – 1 073 h. alt. 187.

Paris 785 – ♦Montpellier 25 – Le Vigan 38.

XXX **Les Muscardins,** 19 rte Cévennes ℘ 67 55 75 90, Fax 67 55 70 28 – **Æ ⓞ E** _VISA_
fermé fév., mardi midi et lundi (sauf fériés) – **R** 160/330, enf. 70.

ST-MARTIN-DE-RÉ **17** Char.-Mar. 🟨 ⑫ – voir à Ré (Ile de).

ST-MARTIN-DE-VALAMAS **07310** Ardèche 🟨 ⑲ – 1 516 h. alt. 550.

Env. Ruines de Rochebonne★ : site★★ E : 7 km, **G. Vallée du Rhône.**

🅱 Syndicat d'Initiative r. Poste (saison) ℘ 75 30 47 72.

Paris 593 – Aubenas 61 – Le Cheylard 9,5 – Lamastre 30 – Privas 58 – Le Puy 67 – St-Agrève 15.

🏛 **Poste,** ℘ 75 30 43 79, ≤ – **E** _VISA_
← _fermé 20 déc. au 31 janv._ – **R** 65/160 🍴, enf. 35 – ⚏ 25 – **11 ch** 100/160 – ½ P 120/150.

PEUGEOT-TALBOT Saroul et Volle ℘ 75 30 44 09   RENAULT Gar. Mounier Frères ℘ 75 30 44 97 🅽
🅽

ST-MARTIN-DU-FAULT **87** H.-Vienne 🟨 ⑦ – rattaché à Limoges.

ST-MARTIN-DU-TOUCH **31** H.-Gar. 🟨 ⑦ – rattaché à Toulouse.

ST-MARTIN-DU-VAR 06670 Alpes-Mar. 84 ⑨, 115 ⑯ – 1 528 h. alt. 122.

Paris 943 – ♦Nice 27 – Antibes 35 – Cannes 45 – Puget-Théniers 38 – St-Martin-V. 38 – Vence 23.

XXXX ✿✿ **Jean-François Issautier,** S : 3 km sur N 202 ℰ 93 08 10 65, Fax 93 29 19 73 – ⓟ ⚏
  ⓓ 🇪 VISA
  fermé 5 au 13 nov., mi-fév. à mi-mars, dim. sauf le midi du 1er sept. au 30 juin et lundi –
  R (nombre de couverts limité - prévenir) 240 (déj. sauf sam.)/400 et carte
  Spéc. Marinière de Saint-Pierre aux aromates, Petits "capouns" de langoustines au jus de truffes, Suprêmes
  de pigeonneau en potée de chou frisé. Vins Bellet blanc, Bandol.

ST-MARTIN-DU-VIVIER 76 S.-Mar. 55 ⑦ – rattaché à Rouen.

ST-MARTIN-EN-BRESSE 71620 S.-et-L. 69 ⑩ – 1 295 h. alt. 192.

Paris 345 – Chalon-sur-Saône 17 – Beaune 35 – ♦Dijon 68 – Dôle 54 – Lons-le-Saunier 45.

🏠 **Au Puits Enchanté,** ℰ 85 47 71 96 – 🕿 ⓟ 🇪 VISA ⚜ rest
  fermé 2 au 8 sept., 15 au 30 janv., 15 au 29 fév., dim. soir et mardi – **R** 80/180, enf. 50 –
  ⊠ 25 – **14 ch** 120/220 – ½ P 165/210.

ST-MARTIN-LA-GARENNE 78 Yvelines 55 ⑱, 106 ③ – rattaché à Mantes.

ST-MARTIN-LA-MÉANNE 19320 Corrèze 75 ⑩ – 393 h. alt. 485.

Voir Barrage du Chastang★ SE : 5 km, G. Berry Limousin.

Paris 485 – Brive-la-Gaillarde 58 – Aurillac 67 – Mauriac 51 – St-Céré 56 – Tulle 34 – Ussel 59.

🏠 **Voyageurs,** ℰ 55 29 11 53, 😤, – 📺 🕿 🚗 🇪 VISA
  fermé 3 au 31 janv., dim. soir et lundi hors sais. – **R** 65/160 ♨, enf. 34 – ⊠ 24 – **8 ch**
  210/280 – ½ P 180/210.

ST-MARTIN-LE-BEAU 37270 I.-et-L. 64 ⑮ G. Châteaux de la Loire – 2 373 h. alt. 56.

Paris 230 – ♦Tours 22 – Amboise 9,5 – Blois 45 – Loches 33.

XX **La Treille** avec ch, ℰ 47 50 67 17 – 📺 🕿 🚗 🇪 VISA
  fermé 15 sept. au 8 oct., 2 au 25 fév., dim. soir et lundi hors sais. – **R** 65/280, enf. 60 –
  ⊠ 29 – **8 ch** 210/250 – ½ P 220/240.

ST-MARTIN-LE-VINOUX 38 Isère 77 ⑤ – rattaché à Grenoble.

ST-MARTIN-VÉSUBIE 06450 Alpes-Mar. 84 ⑲, 115 ⑥ G. Côte d'Azur (plan) – 1 156 h. alt. 960.

Voir Venanson : ⩽★, fresques★ de la chapelle St-Sébastien S : 4,5 km – Env. Le Boréon★★
(cascade★) N : 8 km – Vallon de la Madone de Fenestre★ et cirque★★ NE : 12 km.

🚹 Syndicat d'Initiative pl. F.-Faure (saison) ℰ 93 03 21 28 et à la Mairie ℰ 93 03 20 08.

Paris 981 – Antibes 72 – Barcelonnette 115 – Cannes 82 – Digne 156 – Menton 75 – ♦Nice 65.

🏠 **Aub. St-Pierre** Ⓜ 😤, ℰ 93 03 30 40, ⩽, 😤, 🚗 – 📺 🕿 ⓖ ⓟ 🇪 VISA ⚜
  hôtel : 15 mai-15 sept. ; rest. : 1er juin-31 août – **R** 150/200 – ⊠ 40 – **20 ch** 350/500 –
  ½ P 315/440.

🏠 **Edward's et Châtaigneraie** 😤 sans rest, ℰ 93 03 21 22, « Parc » – 🚗 ⓟ. VISA ⚜
  15 mai-30 sept. – ⊠ 25 – **35 ch** 420/480.

ST-MATHIEU (Pointe de) 29 Finistère 58 ③ – rattaché au Conquet.

ST-MAUR-DES-FOSSÉS 94 Val-de-Marne 101 ㉗ – voir à Paris, Environs.

ST-MAURICE 94 Val-de-Marne 56 ⑪, 101 ㉖㉗ – voir à Paris, Environs.

ST-MAURICE-LES-CHARENCEY 61190 Orne 60 ⑤ – 508 h. alt. 204.

Paris 133 – L'Aigle 17 – Alençon 58 – Mortagne-au-Perche 22 – Verneuil 17.

XX **Le Gué Hamel,** N 12 ℰ 33 25 61 17 – ⓟ. 🇪 VISA
  fermé mardi – **R** carte 165 à 270.

PEUGEOT Houssay ℰ 33 25 62 55   RENAULT Gar. Soret ℰ 33 25 72 55 🄽

ST-MAURICE-SUR-MOSELLE 88560 Vosges 66 ⑧ G. Alsace Lorraine – 1 774 h. alt. 549 – Sports
d'hiver au Ballon d'Alsace : 900/1 250 m ⚡3 et à la Tête du Rouge Gazon ⚡5.

Env. Ballon d'Alsace ⁂★★★ 9,5 km au Sud par D 465 puis 30 mn.

🚹 Syndicat d'Initiative au Chalet (juil.-août) ℰ 29 25 12 34 et à la Mairie (hors saison) ℰ 29 25 11 21.

Paris 415 – ♦Mulhouse 51 – Belfort 39 – Bussang 3,5 – Épinal 57 – Thann 31 – Le Thillot 7.

🏠 **Au Pied des Ballons,** ℰ 29 25 12 54, ⩽, 😤, ⚘ – 📺 🕿 🚗 ⓟ 🇪 VISA
  fermé 5 nov. au 5 déc. et lundi midi sauf vacances scolaires – **R** 62/280 ♨, enf. 50 – ⊠ 25
  – **12 ch** 200/280, 10 chalets – ½ P 190/220.

CITROEN Gar. Vuillemin ℰ 29 25 11 23 🄽

ST-MAXIMIN 30 Gard 80 ⑩ – rattaché à Uzès.

Voir Basilique★★ – Ancien couvent royal★.

🏠 Sainte-Baume à Nans-les-Pins ℘ 94 78 60 12, S par N 560 : 9 km.

🛈 Syndicat d'Initiative Hôtel de Ville (juin-oct.) ℘ 94 78 00 09.

Paris 792 – Aix-en-Pr. 43 – Brignoles 20 – Draguignan 77 – ♦Marseille 50 – Rians 23 – ♦Toulon 55.

🏨 **Plaisance** Ⓜ sans rest, 20 pl. Malherbe ℘ 94 78 16 74 – 📺 ☎ ⇔. 🖭 🗉 𝑽𝑰𝑺𝑨. ⚡
  fermé 15 au 30 janv. – � 40 – **10 ch** 290/390.

🏨 **France**, av. Albert 1er ℘ 94 78 00 14, Fax 94 59 83 80, �, 🍽, – 📺 ☎ ⇔ 🅿. 🗉 𝑽𝑰𝑺𝑨
  R (fermé lundi du 8 oct. au 17 déc. et du 21 janv. au 18 mars) 95/195, enf. 60 – � 30 –
  27 ch 240/290 – ½ P 245.

🍴🍴 **Chez Nous** (ch. prévues), bd J. Jaurès ℘ 94 78 02 57, 🌫 – 🖭 ⓞ 🗉 𝑽𝑰𝑺𝑨
  fermé 20 déc. au 15 janv. et merc. sauf juil.-août – **R** 95/230, enf. 60.

FORD STP Sce Autos, chemin du Moulin   🚗 Gérard-Pneus, ZI N 7 ℘ 94 78 14 49
℘ 94 78 00 89 🛚 ℘ 94 78 89 28

Paris 621 – Albertville 72 – Briançon 69 – Chambéry 84 – Modane 17 – St-Jean-de-Maurienne 14.

🏨 **Alpes**, r. Gén. Ferrié ℘ 79 56 51 22, Fax 79 59 21 61, 🌫, – ☎ 🅿. 🖭 ⓞ 🗉 𝑽𝑰𝑺𝑨
✦ fermé merc. du 15 sept. au 30 juin – **R** 70/160, enf. 45 – � 23 – **22 ch** 110/260 –
  ½ P 160/190.

🏨 **Savoy H.**, r. Gén. Ferrié ℘ 79 56 55 12 – 📞 ⇔. 🖭 🗉 𝑽𝑰𝑺𝑨
  fermé 1er au 20 oct., dim. soir et lundi sauf juil.-août – **R** 80/220, enf. 50 – � 25 – **20 ch**
  100/230 – ½ P 150/260.

CITROEN Gar. Gros ℘ 79 56 53 61 🛚   Gar. Juillard ℘ 79 56 55 85

Paris 456 – La Rochelle 44 – La Roche-sur-Yon 47 – Luçon 15 – Les Sables-d'Olonne 54.

🏨 **Central**, ℘ 51 30 20 24, 🌳 – 🅿. 🖭 ⓞ 🗉 𝑽𝑰𝑺𝑨
✦ fermé 20 sept. au 28 oct. et lundi sauf juil.-août – **R** 58/120 ⚖, enf. 40 – � 22 – **26 ch**
  120/210 – ½ P 160/210.

CITROEN Sourdonnier ℘ 51 30 23 09

Voir Sépulcre★★ dans l'église St-Étienne – Pâmoison de la Vierge★ dans l'église St-Michel.

🏠 du Lac de Madine ℘ 29 89 56 00 à la base de Loisirs ; à Heudicourt-sous-les-Côtes par D 901.

🛈 Office de Tourisme pl. J.-Bailleux (15 mars-15 oct. après-midi seul.) ℘ 29 89 06 47 – A.C. 25 r. Carnot
℘ 29 89 10 97.

Paris 291 – ♦Metz 66 – ♦Nancy 62 – Bar-le-Duc 33 – Toul 50 – Verdun 35.

  à Heudicourt-sous-les-Côtes NE : 15 km par D 901 et D 133 – ✉ **55210**.
  Voir Butte de Montsec : ⚜★★, monument★ S : 13 km.

🏨 **Lac de Madine** (annexe 🏨 cuisinette), ℘ 29 89 34 80, Fax 29 89 39 20, 🌫 – 📺 ☎ 🅿
✦ – ⚖ 30. 🗉 𝑽𝑰𝑺𝑨
  fermé janv. – **R** (fermé lundi hors sais.) 65/205 ⚖, enf. 50 – � 26 – **49 ch** 220/280 –
  ½ P 225/285.

CITROEN Gar. Moderne-Collin, 10 r. Marché   RENAULT Gar. Brix, pl. J.-Berain ℘ 29 89 05 76
℘ 29 89 05 80

Voir Base de sous-marins★ et sortie sous-marine du port★ BZ – Terrasse panoramique★ BZ B –
Pont routier de St-Nazaire-St-Brévin★.

✈ de St-Nazaire-Montoir-La Baule : T.A.T. ℘ 40 90 15 89, NE : 8 km BY.

Pont de St-Nazaire : Péage en 1990 : auto 22 à 30 F (conducteur et passagers compris), auto et
caravane 38 F, camion et véhicule supérieur à 1,5 t : 38 à 95 F, moto 5 F (gratuit pour vélos et
piétons) – Tarifs spéciaux pour les résidents de la Loire Atlantique.

🛈 Office de Tourisme pl. F.-Blancho ℘ 40 22 40 65 – A.C. 33 r. Gén.-de-Gaulle ℘ 40 01 99 82.

Paris 442 ① – ♦Nantes 62 ① – Vannes 76 ③ – La Baule 17 ② – ♦Rennes 119 ①.

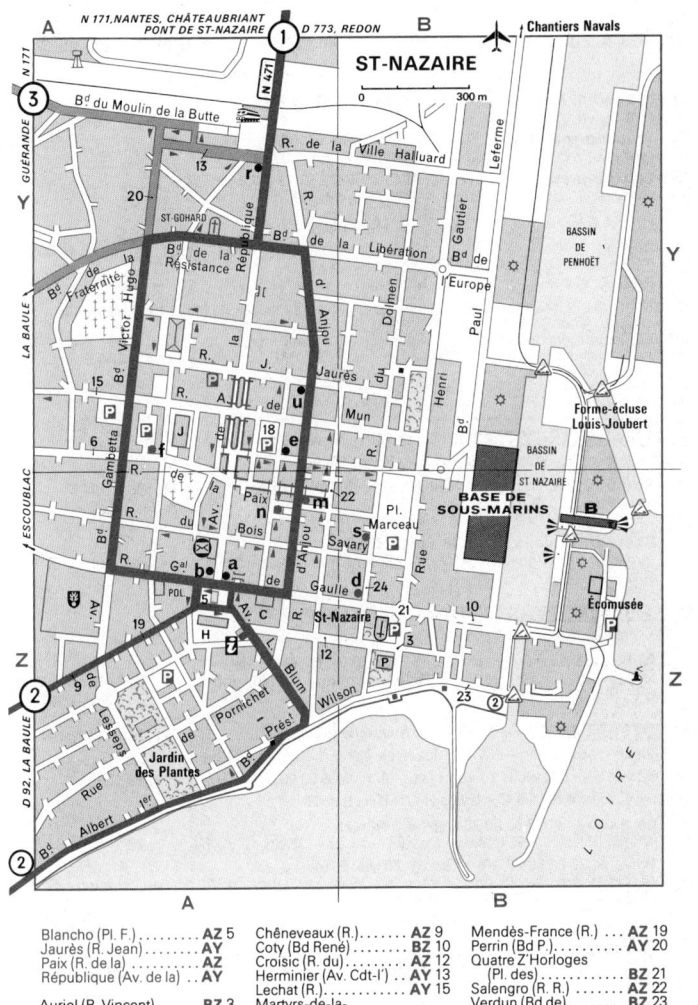

🏨 **Berry** Ⓜ, 1 pl. Gare ℰ 40 22 42 61, Télex 700952, Fax 40 22 45 34 – 🛗 📺 ☎. 🖭 ⓪ 🅴
⚓ 𝗩𝗜𝗦𝗔   AY **r**
R 68/195 🍴 – ⊡ 35 – **27 ch** 230/430 – ½ P 260/350.

🏨 **Europe** sans rest, 2 pl. Martyrs de la Résistance ℰ 40 22 49 87, Télex 701950 – ☎ 🅿. 🖭
⓪ 🅴 𝗩𝗜𝗦𝗔   AY **e**
⊡ 29 – **38 ch** 170/330.

🏨 **Parc** sans rest, 27 rte Côte d'Amour (D 92) par ② ℰ 40 70 56 74, Fax 40 53 15 71 – ☎ 🅿.
🅴 𝗩𝗜𝗦𝗔
fermé 20 déc. au 5 janv. – ⊡ 30 – **32 ch** 215/280.

🏠 **Dauphin** sans rest, 33 r. J. Jaurès ℰ 40 66 59 61 – ☎. 🖭 ⓪ 🅴 𝗩𝗜𝗦𝗔   AY **u**
⊡ 21 – **20 ch** 100/230.

🏠 **Bretagne** sans rest, 7 av. République ℰ 40 66 55 66, Télex 701992 – 🛗 📺 ☎. 🖭 ⓪ 🅴
𝗩𝗜𝗦𝗔   AZ **b**
fermé 25 déc. au 1ᵉʳ janv. – ⊡ 25 – **32 ch** 150/270.

🏠 **Touraine** sans rest, 4 av. République ℰ 40 22 47 56, 🌧 – ☎. 🖭 ⓪ 🅴 𝗩𝗜𝗦𝗔   AZ **a**
⊡ 20 – **19 ch** 90/183.

XXX **Bon Accueil** avec ch, 39 r. Marceau ✆ 40 22 07 05, Fax 40 19 01 58 – 📺 ☎. 🅰🅴 ⓪ 🅴
  🆅🅸🆂🅰 AZ **n**
  fermé juil. et dim. – **R** 110/260, enf. 45 – ⌐ 40 – **9 ch** 280/320.

XX **Moderne,** 46 r. Anjou ✆ 40 22 55 88 – 🅰🅴 ⓪ 🅴 🆅🅸🆂🅰 AZ **m**
← *fermé dim. soir et lundi* – **R** 65/150, enf. 50.

XX **Trou Normand,** 60 r. Paix ✆ 40 22 46 24 – 🅴 🆅🅸🆂🅰 AY **f**
← *fermé juil., dim. soir et lundi* – **R** 64/198 ⅃, enf. 50.

X **Le Quimperlé,** 7 r. 28-Février 1943 ✆ 40 22 53 12 – 🅰🅴 ⓪ 🆅🅸🆂🅰 BZ **d**
← *fermé août, dim. soir et lundi* – **R** 67/150, enf. 50.

  rte de Trignac par ① : 3 km – ✉ **44570** Trignac :

🏠 **Ibis** Ⓜ, ZAC de la Fontaine Aubrun ✆ 40 90 39 39, Télex 701231, Fax 40 90 19 49, 🍽
  📺 ☎ ⅄ – 🔌 50. 🅴 🆅🅸🆂🅰
  R 96 ⅃, enf. 35 – ⌐ 30 – **45 ch** 249/269.

CITROEN SONADIB, Étoile du Matin voie express
Pornichet par ② ✆ 40 53 40 40 🇳 ✆ 40 70 21 60
RENAULT Centre-Auto de l'Étoile, voie express
St-Nazaire-Pornichet par ② ✆ 40 70 35 07
🇳 ✆ 05 05 15 15
RENAULT Jarsalé, La Torse à Montoir de Bre-
tagne par ① ✆ 40 90 02 78

🔘 La Clinique du Pneu, 18-22 bd Hôpital
  ✆ 40 70 07 19
Picaud-Pneus, 210 rte Côte d'Amour ✆ 40 70 00 39
SOFRAP, 20 r. H.-Gautier ✆ 40 66 15 15

ST-NAZAIRE-EN-ROYANS 26190 Drôme 🔟🔟 ③ G. **Alpes du Nord** – 576 h. alt. 175.
Paris 578 – Valence 36 – ♦Grenoble 61 – Pont-en-Royans 9 – Romans-sur-Isère 18 – St-Marcellin 15.

XX **Rome** Ⓜ avec ch, ✆ 75 48 40 69, ≤ – 📺 ☎ 🍽 🅿 – 🔌 25. 🅰🅴 ⓪ 🅴 🆅🅸🆂🅰
  fermé 20 au 27 juin, 23 oct. au 20 nov., dim. soir et lundi (sauf juil.-août) – **R** 87/210 –
  ⌐ 24 – **9 ch** 170/210 – ½ P 190/210.

X **Rest. du Royans,** ✆ 75 48 40 84 – 🅴 🆅🅸🆂🅰
  fermé 3 au 19 juin, 23 sept. au 23 oct., mardi soir et merc. sauf juil.-août – **R** 90/200,
  enf. 40.

ST-NAZAIRE-LE-DÉSERT 26340 Drôme 🔟🔟 ③ – 197 h. alt. 580.
Paris 740 – Valence 67 – Die 39 – Nyons 61.

🏠 **Aub. du Désert** ⌂, ✆ 75 27 51 43, 🍽 – ☎ 🅿. 🅴 🆅🅸🆂🅰
  fermé 4 au 25 nov. et fév. – **R** *(fermé mardi)* 80/170, enf. 45 – ⌐ 30 – **9 ch** 195/260 –
  ½ P 198/230.

ST-NECTAIRE 63710 P.-de-D. 🔟🔟 ⑭ G. **Auvergne** (plan) – 650 h. alt. 760 – Stat. therm. (3 avril-14 oct.).
Voir Église★★ : trésor★★ – Puy de Mazeyres ※★ E : 3 km puis 30 mn.
🅱 Office de Tourisme Anciens Thermes (saison) ✆ 73 88 50 86 et à la Mairie ✆ 73 88 50 41.
Paris 441 – ♦Clermont-Ferrand 43 – Issoire 26 – le Mont-Dore 25.

🏠 **Le Savoy,** ✆ 73 88 50 28 – 📳 🍽. ※ rest
  15 mai-30 sept. – **R** (résidents seul.) – ⌐ 26 – **32 ch** 125/225 – ½ P 175/200.

🏠 **Paix,** ✆ 73 88 50 20, 🍽 – ☎ 🅿. 🅰🅴 ⓪ 🅴 🆅🅸🆂🅰
  fermé 15 nov. au 15 déc., 5 janv. au 15 fév. et jeudi du 1er oct. au 30 avril – **R** 75/160,
  enf. 40 – ⌐ 30 – **27 ch** 170/208 – ½ P 220/240.

  à Rivalet E : 7 km sur D 996 – ✉ **63320** Montaigut-le-Blanc :

XX **Le Rivalet** avec ch, ✆ 73 96 73 92, 🍽 – 📺 ☎ 🅿. 🅴 🆅🅸🆂🅰
  fermé janv., mardi midi et lundi sauf juil.-août – **R** 90/195, enf. 35 – ⌐ 28 – **7 ch** 185/210
  – ½ P 215/230.

ST-NEXANS 24 Dordogne 🔟🔟 ⑮ – rattaché à Bergerac.

ST-NICOLAS-DES-EAUX 56 Morbihan 🔟🔟 ② G. **Bretagne** – ✉ **56930** Pluméliau.
Paris 465 – Vannes 48 – Lorient 48 – Pontivy 16 – Quimperlé 47.

🏠 **Vieux Moulin,** ✆ 97 51 81 09, 🍽 – ☎ 🅿. 🅴 🆅🅸🆂🅰
← *fermé fév., dim. soir et lundi du 15 sept. au 15 mai* – **R** 62/147 ⅃, enf. 62 – ⌐ 28 – **10 ch**
  175/247 – ½ P 210/230.

ST-NICOLAS-LA-CHAPELLE 73 Savoie 🔟🔟 ⑦ – rattaché à Flumet.

ST-NIZIER-DU-MOUCHEROTTE 38250 Isère 🔟🔟 ④ G. **Alpes du Nord** – 571 h. alt. 1 160 – Sports
d'hiver : 1 160/1 250 m ⌂2 ✠.
Voir Belvédère ※★★.
🅱 Syndicat d'Initiative (saison) ✆ 76 53 40 60.
Paris 579 – ♦Grenoble 17 – Villard-de-Lans 18.

🏠 **Le Concorde,** ✆ 76 53 42 61, ≤ – ☎ 🅿. ※ ch
  fermé 25 oct. au 20 déc. – **R** 72/150 ⅃ – ⌐ 23 – **31 ch** 168/220 – ½ P 176/193.

Voir Basilique N.-Dame★★ AZ **E** – Hôtel Sandelin et musée★★ AZ **K** – Anc. chapelle des Jésuites★ AZ **F** – Jardin public★ AZ.

Env. Ascenseur des Fontinettes★ 5,5 km par ②.

🏌 du Bois de Rumingham ℰ 21 85 30 33, par ⑤.

🛈 Office de Tourisme bd P.-Guillain ℰ 21 98 70 00.

Paris 255 ② – ◆Calais 40 ⑤ – Abbeville 86 ④ – ◆Amiens 113 ② – Arras 75 ⑤ – Béthune 44 ② – Boulogne-sur-Mer 53 ⑤ – Dunkerque 39 ① – Ieper 54 ① – ◆Lille 64 ②.

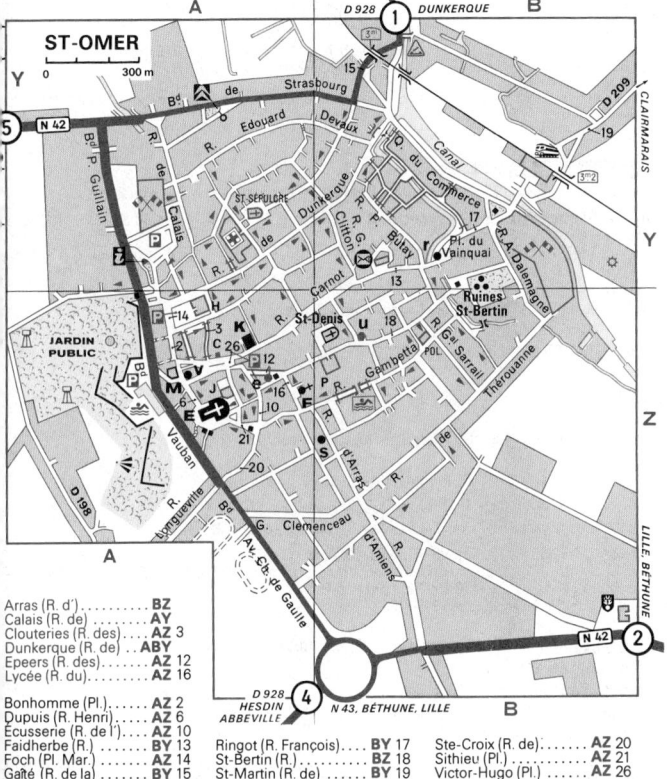

Arras (R. d')........ **BZ**
Calais (R. de) .... **AY**
Clouteries (R. des).. **AZ** 3
Dunkerque (R. de) . **ABY**
Epeers (R. des)..... **AZ** 12
Lycée (R. du)....... **AZ** 16

Bonhomme (Pl.)..... **AZ** 2
Dupuis (R. Henri).... **AZ** 6
Écusserie (R. de l').. **AZ** 10
Faidherbe (R.) ...... **BY** 13
Foch (Pl. Mar.) ..... **AZ** 14
Gaîté (R. de la) ...... **BY** 15

Ringot (R. François).... **BY** 17
St-Bertin (R.).......... **BZ** 18
St-Martin (R. de) ...... **BY** 19

Ste-Croix (R. de):...... **AZ** 20
Sithieu (Pl.) .... **AZ** 21
Victor-Hugo (Pl.) ..... **AZ** 26

🏨 **Bretagne**, 2 pl. Vainquai ℰ 21 38 25 78, Télex 133290, Fax 21 93 51 22 – 📺 ☎ 🅿. 🆎 ⑩
E 🆅🆂🅰. ℱ ch   BY **r**
Le Best (fermé 12 au 25 juil., 2 au 10 janv., sam., dim. et fériés le soir) **R** 190 – **Maëva** grill
(fermé 22 déc. au 2 janv. sam. midi et lundi) **R** 70, ⅃ – ⚏ 30 – **72 ch** 220/400.

🏨 **St-Louis**, 25 r. Arras ℰ 21 38 35 21 – 📺 ☎ ⅃ 🚗 🅿. **E** 🆅🆂🅰   BZ **s**
➜ **R** 58/108 ⅃ – ⚏ 27 – **30 ch** 145/258.

🏩 **Ibis** Ⓜ, 2 r. H. Dupuis ℰ 21 93 11 11, Télex 135206, Fax 21 93 11 11 – 📳 📺 ☎ ⅃ 🅿 –
⚒ 30. **E** 🆅🆂🅰   AZ **v**
R 77 bc ⅃, enf. 35 – ⚏ 29 – **66 ch** 242/288.

XXX **La Truye qui File**, 8 r. Bleuets ℰ 21 38 41 34, Télex 160600, Fax 21 88 59 32 – ⑩.
🆅🆂🅰   BZ **u**
fermé août, dim. soir et lundi sauf fériés – **R** 110/160, enf. 50.

XX **Le Cygne**, 8 r. Caventou ℰ 21 98 20 52 – **E** 🆅🆂🅰   AZ **e**
fermé 23 déc. au 20 janv., sam. midi et mardi sauf fériés – **R** 86/200.

à Hallines par ④ et D 211 : 6 km – ⊠ 62570 :

XXX **Host. St Hubert** ⑤ avec ch, ℰ 21 39 77 77, Fax 21 93 00 86, parc – 📺 ☎ 🚗 🅿. ⑩
E 🆅🆂🅰
fermé dim. soir et lundi – **R** 90/280 – ⚏ 40 – **9 ch** 350/800.

à *Tilques* par ⑤, N 42, N 43 et VO : 6 km – ⊠ 62500 :

🏨 **Château Tilques** ⑤, 𝒫 21 93 28 99, Télex 133360, Fax 21 38 34 23, ≤, « Jolie demeure dans un parc », ℁ – 🖵 ☎ 🕭 🅿 – 🔬 150. 🖭 ⑩ 🗲 𝘝𝘐𝘚𝘈. ℁
fermé 1ᵉʳ au 15 janv. – **R** *(fermé sam. midi)* 180/300, enf. 60 – ☷ 35 – **52 ch** 390/690.

BMW Lengaigne, 42 av. Joffre 𝒫 21 98 50 00
CITROEN Gar. Boulant, 35 r. J.-Derheims 𝒫 21 38 20 88 🅽 𝒫 21 98 42 13
FORD Gar. de l'Europe, centre commercial Maillebois à Longuenesse 𝒫 21 38 00 95 🅽 𝒫 21 98 42 13
LANCIA Dassonneville, 144 r. Léon Blum à Wizernes 𝒫 21 93 34 04
MAZDA Gar. Rebergue, 25 rte de Calais à St-Martin-au-Laërt 𝒫 21 38 01 41
OPEL-GM Gar. Lemoine, ZI Fort Maillebois à Longuenesse 𝒫 21 38 11 87

PEUGEOT-TALBOT Damide, r. St-Adrien, prolongée à Longuenesse 𝒫 21 98 04 44
🅽 𝒫 21 98 49 10
RENAULT Gar. Audomarois, rte d'Arques à Longuenesse par ② 𝒫 21 38 25 77 🅽
ROVER Gar. Molmy, 83 av. L.-Blum à Longuenesse 𝒫 21 38 12 07
V.A.G Gar. Delattre, rte Nationale de Calais à Salperwick 𝒫 21 93 68 37

⑩ Equipneu, r. Lobel, ZI, Arques 𝒫 21 38 42 43
Equipneu, 35 bis bd de Strasbourg 𝒫 21 88 58 34
Fischbach Pneu, 16 bis r. Pasteur 𝒫 21 38 43 66

ST-OMER-EN-CHAUSSÉE 60860 Oise 🝙🝙 ⑨ – 1 132 h. alt. 101.

Paris 89 – Compiègne 71 – Aumale 35 – Beauvais 13 – Breteuil 33 – Gournay-en-Bray 28 – Poix 31.

℁℁ **Aub. de Monceaux,** aux Monceaux S : 1 km sur D 901 𝒫 44 84 50 32, ㄦ, « Cadre rustique », ㄦ – 🅿 🗲 𝘝𝘐𝘚𝘈
fermé 6 au 14 mars, 9 au 19 sept., janv., merc. soir et jeudi – **R** (dim. prévenir) 150/220, enf. 80.

ST-OUEN 93 Seine-St-Denis 🝙🝙 ⑳, 🅇🅇🅇 ⑮ – voir à Paris, Environs.

ST-OUEN-L'AUMÔNE 95 Val-d'Oise 🝙🝙 ⑳, 🅇🅇🅇 ⑥, 🅇🅇🅇 ② – rattaché à Cergy Pontoise.

ST-OUEN-LES-VIGNES 37 I.-et-L. 🝙🝙 ⑯ – rattaché à Amboise.

ST-OYEN-MONTBELLET 71 S.-et-L. 🝙🝙 ⑲⑳ – rattaché à Fleurville.

ST-PALAIS 64120 Pyr.-Atl. 🝙🝙 ④ G. Pyrénées Aquitaine – 2 205 h. alt. 51.

🄯 Syndicat d'Initiative pl. Hôtel de Ville 𝒫 59 65 71 78.

Paris 791 – Biarritz 60 – ◆Bayonne 54 – Dax 55 – Pau 80 – St-Jean-Pied-de-Port 31.

🏠 **Trinquet,** 𝒫 59 65 73 13, Fax 59 65 83 84 – 🖵 ☎. 🗲 𝘝𝘐𝘚𝘈
fermé 20 avril au 5 mai, 20 sept. au 10 oct., dim. soir et lundi sauf du 15 juil. au 1ᵉʳ sept. – **R** 62/200, enf. 45 – ☷ 22 – **12 ch** 220/260 – ½ P 200.
⑩ Béarn Pneus, rte de Sardasse 𝒫 59 65 97 48

ST-PALAIS-SUR-MER 17420 Char.-Mar. 🝙🝙🝙 ⑮ G. Poitou Vendée Charentes – 2 447 h. alt. 15.

Voir La Grande Côte★★ NO : 3 km.

🝙🝙 de Royan Côte de Beauté 𝒫 46 23 16 24, N : 3 km.

🄯 Syndicat d'Initiative Résidence St-Palais (fermé après-midi nov.-fév.) 𝒫 46 23 11 09.

Paris 509 – Royan 5,5 – La Rochelle 77.

🏨 **Primavera** ⑤, rte Gde Côte NO : 2 km 𝒫 46 23 20 35, Fax 46 23 28 78, ≤, « Villas 1900 dans un parc face à la mer », ㄥ, ℁ – 📶 ☎ 🅿 – 🔬 30. 🗲 𝘝𝘐𝘚𝘈. ℁ ch
fermé 1ᵉʳ déc. et vacances de fév. – **R** *(fermé mardi soir et merc. d'oct. à mars)* 105/220, enf. 45 – ☷ 40 – **46 ch** 250/450 – ½ P 300/450.

🏠 **Résidence Frivole** ⑤ sans rest, 10 av. Platin 𝒫 46 23 25 00, Fax 46 23 20 25, ㄦ – ☎. 🖭 ⑩ 🗲 𝘝𝘐𝘚𝘈
18 avril-7 oct. et 25 oct.-12 nov. – ☷ 38 – **11 ch** 280/390.

🏠 **Plage,** 𝒫 46 23 10 32, ㄥ – 🖵 ☎ &
29 ch.

à la plage de Nauzan SE : 1,5 km par rte Royan – ⊠ 17420 St-Palais-sur-Mer :

🏠 **Téthys** ⑤, 𝒫 46 23 33 61, ≤, ㄦ – 🖵 ☎ 🅿 𝘝𝘐𝘚𝘈
1ᵉʳ juin-15 sept. – **R** 70/190, enf. 40 – ☷ 30 – **23 ch** 250/300 – ½ P 260/310.

à Breuillet N : 6 km par D 141 et D 140 – ⊠ 17920 :

℁℁℁ **La Grange,** Le Grallet O : 1 km 𝒫 46 22 72 64, Fax 46 22 79 55, ㄦ, « Ancienne ferme aménagée, parc fleuri, ㄥ », ℁ – 🅿 🗲 𝘝𝘐𝘚𝘈
25 juin-4 sept. – **R** 195.

CITROEN Gar. Valz 𝒫 46 23 10 53

ST-PANCRACE 06 Alpes-Mar. 🝙🝙 ⑨ – rattaché à Nice.

Paris 369 – ◆Clermont-Ferrand 39 – Aubusson 105 – Montluçon 52 – Vichy 43.

☎ **Bon Accueil**, ℰ 73 97 40 02 – **②**. ▲ℰ **E** 𝘝𝘐𝘚𝘈
→ *fermé 10 oct. au 10 nov. et sam.* – **R** 65/140 ⅃, enf. 45 – ☲ 19 – **10 ch** 110/180 – ½ P 150/190.

RENAULT Malleret ℰ 73 97 40 94

Paris 384 – Poitiers 55 – Fontenay-le-Comte 53 – Niort 32 – Parthenay 11 – St-Maixent-l'École 28.

✗ **Voyageurs**, ℰ 49 63 40 11 – **E** 𝘝𝘐𝘚𝘈
fermé vacances de fév. et lundi sauf fêtes – **R** 85/190 ⅃, enf. 55.

CITROEN Guérin ℰ 49 63 40 06

Paris 477 – Brive-la-Gaillarde 50 – Aurillac 81 – Mauriac 45 – St-Céré 68 – Tulle 28 – Ussel 51.

🏨 **Beau Site** ≫, ℰ 55 27 79 44, ≤, parc, ⊾, ✗ – ☎ **②** – ⚐ 60. **E** 𝘝𝘐𝘚𝘈. ✾ rest
1ᵉʳ mai-1ᵉʳ oct. – **R** 98/230, enf. 60 – ☲ 30 – **32 ch** 195/245 – ½ P 224/245.

Voir Vierge à l'Enfant★ dans l'église.

Paris 251 – ◆Le Mans 54 – Angers 91 – Blois 79 – ◆Tours 30.

🏠 **Centre**, pl. République ℰ 47 29 21 37 – **TV** ☎ **E** 𝘝𝘐𝘚𝘈
→ *fermé 22 déc. au 14 janv., dim. soir et lundi hors sais.* – **R** 70/135 ⅃, enf. 32 – ☲ 23 – **13 ch** 140/215 – ½ P 138/200.

Paris 268 – ◆Tours 34 – Angers 74 – Chinon 28 – Saumur 32.

🏨 **Château de Rochecotte** M, ℰ 47 96 90 62, Fax 47 96 90 59, ≤, « Jardin à la française, parc » – **TV** ☎ **②** – ⚐ 40. ▲ℰ **③** **E** 𝘝𝘐𝘚𝘈
fermé fév. – **R** carte 250 à 350 – ☲ 45 – **23 ch** 530/830 – ½ P 405/615.

Voir Pont du Châtelet★★ NE : 4,5 km.

Paris 742 – Barcelonnette 22 – Briançon 62.

Voir Site★ – Remparts★ – Fondation Maeght★★.

🛈 Office de Tourisme Maison Tour, r. Grande ℰ 93 32 86 95.

Paris 927 – ◆Nice 20 – Antibes 16 – Cagnes-sur-Mer 7 – Cannes 27 – Grasse 22 – Vence 4,5.

🏨 **Le Saint-Paul** M ≫, 86 r. Grande ℰ 93 32 65 25, Télex 461683, Fax 93 32 52 94, ≋, « Élégante décoration intérieure » – ▤ ▤ **TV** ☎ ⅃. ▲ℰ **③** **E** 𝘝𝘐𝘚𝘈
fermé mi-nov. à mi-déc. et 1ᵉʳ au 15 fév. – **R** *(fermé jeudi midi hors sais. et merc.)* 275/375 – ☲ 70 – **15 ch** 850/1050, 4 appart. 1700 – ½ P 590/895.

🏨 **La Colombe d'Or**, ℰ 93 32 80 02, Télex 970607, Fax 93 32 77 78, ≋, « Peintures modernes, cadre "vieille Provence" ⅃ et jardin romain » – ▤ ch **TV** ☎ **②**. ▲ℰ **③** **E** 𝘝𝘐𝘚𝘈
fermé 3 nov. au 20 déc. – **R** carte 250 à 400 – ☲ 45 – **15 ch** 970, 10 appart. 1170 – ½ P 675/875.

✗ **La Gousse d'Ail**, 7 rempart Ouest ℰ 93 32 50 48 – ▲ℰ **③** **E** 𝘝𝘐𝘚𝘈
fermé 15 déc. au 15 janv., dim soir et lundi – **R** 140.

par route de la Colle et des Hauts de St-Paul :

🏨⚜ **Mas d'Artigny** M ≫, ℰ 93 32 84 54, Télex 470601, Fax 93 32 95 36, ≋, « Luxueux ensemble hôtelier, ≤, ⅃, ✗, parc » – ▤ ▤ ch **TV** ☎ **②** – ⚐ 80 à 250. **E** 𝘝𝘐𝘚𝘈
R 285/380 – ☲ 90 – **53 ch** 670/1720, 29 appart. 2250/2480 – ½ P 830/1230
Spéc. Terrine de bécasse de mer et beurre blanc au pistou, Morue verte au jus de poissons de roche, Canon d'agneau rôti à l'ail doux et basilic.. **Vins** Côtes de Provence.

🏨 **Messugues** M ≫ sans rest, quartier Gardettes, imp. Messugues ℰ 93 32 53 32, Fax 93 32 94 15, « Belle piscine », ✿ – ▤ ☎ ⅃. **②**. ▲ℰ **E** 𝘝𝘐𝘚𝘈
1ᵉʳ mars-31 oct. – ☲ 40 – **15 ch** 400/550.

sur la route de la Colle, D 7 :

🏨 **Le Hameau** ≫ sans rest, ℰ 93 32 80 24, Télex 970846, ≤, « Jardin en terrasses », ⅃ – ☎ **②**. ▲ℰ **E** 𝘝𝘐𝘚𝘈
fermé 16 nov. au 22 déc. et 6 janv. au 15 fév. – ☲ 40 – **14 ch** 330/480.

🏠 **Climat de France** ≫, ℰ 93 32 94 24, Télex 470167, Fax 93 32 91 07, ⅃ – **TV** ☎ **②**. ▲ℰ **E** 𝘝𝘐𝘚𝘈. ✾
R 98/156 ⅃, enf. 60 – ☲ 55 – **19 ch** 340/500.

✗✗✗ **La Corbeille**, ℰ 93 32 80 13, Fax 93 32 99 03, ≋ – ▤ **②**. ▲ℰ **③** **E** 𝘝𝘐𝘚𝘈
fermé 5 nov. au 20 déc., dim. soir hors sais. et lundi – **R** 185/320.

ST-PAUL-CAP-DE-JOUX 81220 Tarn 82 ⑩ – 898 h. alt. 158.
Paris 711 – ♦Toulouse 52 – Albi 50 – Castres 23 – Montauban 73.

à Viterbe NO par D 112 et D 143 : 7 km – ✉ 81220 :

XX **Marroniers,** ☎ 63 70 64 96, ←, 🌳, 🌳 – AE ⓓ E VISA. ✻
fermé 1er au 15 oct., 1er au 15 fév., mardi soir du 1er oct. au 1er avril et merc. – **R** 89/200, enf. 40.

ST-PAUL-DES-LANDES 15250 Cantal 76 ⑪ – 1 017 h. alt. 540.
Paris 553 – Aurillac 12 – Figeac 65 – Laroquebrou 13 – Mauriac 61 – St-Céré 52 – Tulle 72.

Voyageurs, ☎ 71 46 30 05 – ⓟ
fermé 15 au 30 juin, 15 oct. au 5 nov. et dim. soir de nov. à fin avril – **R** 63/95 ♨, enf. 40 – ☕ 21 – **12 ch** 85/120 – ½ P 115/150.

RENAULT Gar. Nangeroni ☎ 71 46 30 01 N

ST-PAUL-DE-VARCES 38 Isère 77 ④ – rattaché à Grenoble.

ST-PAUL-EN-BORN 40200 Landes 78 ④⑭ – 474 h. alt. 15.
Paris 691 – Mont-de-Marsan 75 – Arcachon 58 – ♦Bordeaux 103 – Castets 56 – Labouheyre 21 – Mimizan 7.

L'Écureuil, ☎ 58 07 41 16 – ☎ ⓟ. E VISA. ✻ ch
fermé vacances de Noël et sam. du 1er oct. au 1er mai – **R** 75/125, enf. 50 – ☕ 28 – **16 ch** 110/250 – ½ P 190/250.

ST-PAUL-LE-JEUNE 07460 Ardèche 80 ⑧ – 819 h. alt. 255.
Voir Banne : ruines de la citadelle ←★ N : 5 km, **G. Provence**.
Paris 676 – Alès 30 – Aubenas 44 – Pont-St-Esprit 52 – Vallon-Pont-d'Arc 27 – Villefort 37.

XX **Moderne** avec ch, ☎ 75 39 82 75 – 🚗. E VISA
fermé fév. et merc. – **R** 85/240, enf. 50 – ☕ 25 – **11 ch** 95/160 – ½ P 185.

ST-PAUL-LÈS-ROMANS 26 Drôme 77 ③ – rattaché à Romans-sur-Isère.

ST-PAUL-TROIS-CHATEAUX 26130 Drôme 81 ① **G. Vallée du Rhône** – 6 455 h. alt. 90.
Voir Cathédrale★ – **Env.** Barry ←★★ S : 8 km.
ℹ Office de Tourisme r. République ☎ 75 96 61 29.
Paris 632 – Montélimar 28 – Nyons 38 – Orange 33 – Vaison-la-Romaine 34 – Valence 71.

L'Esplan M, pl. l'Esplan ☎ 75 96 64 64, Fax 75 04 92 36, 🌳, « Décor contemporain » – ⬍ TV ☎. AE ⓓ E VISA
R *(fermé dim. soir du 15 nov. au 15 mars)* 94/210, enf. 48 – ☕ 30 – **36 ch** 260/410 – ½ P 265/310.

XX **La Chapelle,** ☎ 75 96 60 88, 🌳 – E VISA
fermé 20 déc. au 15 janv., dim. (sauf fériés) et lundi soir – **R** 140/260, enf. 40.

ST-PÉ-DE-BIGORRE 65270 H.-Pyr. 82 ⑫ **G. Pyrénées Aquitaine** – 1 897 h. alt. 333.
Paris 797 – Pau 31 – Laruns 41 – Lourdes 10 – Pontacq 16 – Tarbes 29.

Pyrénées, ☎ 62 41 80 08 – 🚗. AE E VISA
hôtel : ouvert 10 fév. au 10 nov. ; rest. : fermé 10 nov. au 15 déc., dim. soir et lundi du 1er nov. au 10 fév. – **R** 42/190 ♨, enf. 30 – ☕ 23 – **42 ch** 145/180 – ½ P 150/220.

ST-PÉE-SUR-NIVELLE 64310 Pyr.-Atl. 85 ② – 3 416 h. alt. 30.
Paris 790 – Biarritz 17 – ♦Bayonne 19 – Cambo-les-Bains 18 – Pau 131 – St-Jean-de-Luz 13.

Nivelle, ☎ 59 54 10 27 – ☎ ⓟ – 🏛 60. AE E VISA
fermé fév. et lundi hors sais. – **R** 95/140 – ☕ 30 – **30 ch** 230/280 – ½ P 230/250.

à Ibarron O : 1,5 km – ✉ 64310 Ascain :

XX **Fronton** avec ch, ☎ 59 54 10 12, 🌳 – AE ⓓ E VISA
fermé 26 janv. au 16 fév. et mardi d'oct. à mai – **R** 125/230, enf. 70 – ☕ 24 – **8 ch** 190/260 – ½ P 200.

O : 4 km par rte de St-Jean-de-Luz et D 307 – ✉ 64310 Ascain :

Aub. Basque 🌿 sans rest, ☎ 59 54 10 15, ←, « Jardin ombragé » – ☎ ⓟ. ✻
Pâques-fin oct. – **19 ch** ☕ 220/340.

ST-PÉRAY 07130 Ardèche 77 ⑪⑫ – 5 200 h. alt. 128.
Voir Ruines du château de Crussol : site★★★ et ←★★ SE : 2 km.
Env. Saint-Romain-de-Lerps ✻★★★ NO : 9,5 km par D287 **G. Vallée du Rhône**.
ℹ Syndicat d'Initiative 45 r. République ☎ 75 40 46 75.
Paris 562 – Valence 4 – Lamastre 36 – Privas 39 – Tournon 14.

Pôle 2000 M sans rest, rte Granges-lès-Valence ☎ 75 40 55 56, Fax 75 40 29 72 – TV ☎ ♿ ⓟ. AE ⓓ E VISA
☕ 20 – **25 ch** 195/220.

à Cornas N : 2 km par N 86 – ✉ 07130 :

✗ **Ollier,** ℰ 75 40 32 17, 🍽 – **E** 𝗩𝗜𝗦𝗔
fermé 12 août au 1ᵉʳ sept., vacances de fév., lundi soir d'oct. à mars, mardi soir et merc. –
R 85/180 ♨.

à Soyons S : 7 km par N 86 – ✉ 07130 :

🏨 **Domaine de la Musardière** Ⓜ 🍴, ℰ 75 60 83 55, Télex 346387, 🍽, parc, 🏊, ✗ –
🛗 🖂 rest 🗐 ch 🖂 ☎ 🅿 – 🔬 30. 🅰🅴 ⓘ **E** 𝗩𝗜𝗦𝗔
fermé 20 déc. au 6 janv. – **R** 150/400, enf. 120 – 🖙 80 – **14 ch** 500/1300, 3 appart. 2000 –
½ P 600/950.

ST-PÈRE 89 Yonne 🔢 ⑮⑯ – rattaché à Vézelay.

ST-PHILBERT-DE-BOUAINE 85660 Vendée 🔢 ③ – 2 048 h. alt. 16.
Paris 410 – ♦Nantes 27 – La Roche-sur-Yon 38 – Cholet 53 – Noirmoutier-en-l'Ile 73.

🏨 **Relais des Etangs,** S : 1 km sur D 937 ℰ 51 41 92 44, ✗ – 🖂 ☎ 🅿. 🅰🅴 **E** 𝗩𝗜𝗦𝗔
✈ **R** *(fermé dim. soir)* 70/250 ♨, enf. 35 – 🖙 23 – **14 ch** 150/200 – ½ P 170/200.

ST-PHILIBERT 56 Morbihan 🔢 ⑫ – rattaché à La Trinité-sur-Mer.

ST-PIERRE-DE-BŒUF 42520 Loire 🔢 ① – 1 051 h. alt. 155.
Paris 513 – Annonay 23 – ♦Lyon 50 – ♦St-Étienne 50 – Tournon 45 – Vienne 22.

✗✗ **La Diligence,** ℰ 74 87 12 19 – 🗐 🅿 – 🔬 30. 🅰🅴 **E** 𝗩𝗜𝗦𝗔
fermé 15 au 28 juil., dim. soir et lundi sauf fériés – **R** 100/280.

ST-PIERRE-DE-CHARTREUSE 38380 Isère 🔢 ⑤ G. Alpes du Nord – 563 h. alt. 888 – Sports
d'hiver : 900/1 800 m ✲1 ✲13 ✲.

Voir Terrasse de la Mairie ≼∗ – Prairie de Valombré ≼∗ sur couvent de la Grande Chartreuse
O : 4 km – Site∗ de Perquelin E : 3 km – La Correrie : musée Cartusien∗ du couvent de la
Grande Chartreuse NO : 3,5 km – Décoration∗ de l'église de St-Hugues-de-Chartreuse S : 4 km.

🛈 Office de Tourisme ℰ 76 88 62 08.
Paris 555 – Belley 66 – Chambéry 40 – ♦Grenoble 29 – La Tour-du-Pin 51 – Voiron 26.

🏨 **Beau Site,** ℰ 76 88 61 34, ≼, 🏊 – cuisinette ☎ – 🔬 30. 𝗩𝗜𝗦𝗔
fermé 15 oct. au 15 déc., dim. soir et lundi hors sais. – **R** 80/180, enf. 50 – 🖙 30 – **34 ch**
150/350 – ½ P 210/320.

✗✗ **Aub. Atre Fleuri** 🐾 avec ch, S : 3 km sur D 512 ℰ 76 88 60 21, 🍽, 🌳 – 🖂 🅿. **E**
✈ 𝗩𝗜𝗦𝗔
fermé début de nov. au 26 déc., 24 au 30 juin, mardi soir et merc. hors sais. – **R** 65/185,
enf. 50 – 🖙 22 – **8 ch** 155/175 – ½ P 175/185.

au Col du Cucheron N : 3,5 km par D 512 – Sports d'hiver au Planolet : 1 050/1 500 m ✲7 –
✉ 38380 St-Laurent-du-Pont :

✗ **Chalet H. du Cucheron** 🐾 avec ch, ℰ 76 88 62 06, ≼, 🍽 – 🅿. 🅰🅴 ⓘ **E** 𝗩𝗜𝗦𝗔
fermé 15 oct. au 20 déc. et mardi – **R** 80/150 ♨, enf. 48 – 🖙 25 – **7 ch** 110/170 –
½ P 160/180.

ST PIERRE D'ENTREMONT 73670 Savoie 🔢 ⑮ G. Alpes du Nord – 754 h. alt. 640.

Voir Cirque de St-Même∗∗ SE : 4,5 km – Gorges du Guiers Vif∗∗ et Pas du Frou∗∗ O : 5 km –
Château du Gouvernement∗ : ≼∗ SO : 3 km.

🛈 Syndicat d'Initiative ℰ 79 65 81 90.
Paris 551 – ♦Grenoble 50 – Belley 61 – Chambéry 25 – Les Echelles 12 – ♦Lyon 106.

🏨 **Le Grand Som,** ℰ 79 65 80 22, ≼ – ☎ ♨. **E** 𝗩𝗜𝗦𝗔
fermé 31 oct. au 20 déc., mardi soir et merc. sauf vacances scolaires – **R** 85/150 ♨, enf. 50
– 🖙 28 – **24 ch** 190/250 – ½ P 210/250.

🏨 **H. du Château de Montbel,** ℰ 79 65 81 65 – 🛗 ☎ 🚗. **E** 𝗩𝗜𝗦𝗔. ✗
✈ *fermé fin oct. au 15 déc., dim. soir et lundi hors sais.* – **R** 70/150, enf. 50 – 🖙 25 – **15 ch**
130/210 – ½ P 180/220.

ST-PIERRE-DES-CORPS 37 I.-et-L. 🔢 ⑮ – rattaché à Tours.

ST-PIERRE-DES-NIDS 53370 Mayenne 🔢 ② – 1 528 h. alt. 184.
Paris 207 – Alençon 15 – Argentan 45 – Domfront 48 – Laval 78 – Mayenne 48.

✗✗ **Dauphin** avec ch, rte Alençon ℰ 43 03 52 12, Fax 43 03 55 49, 🌳 – 🖂 ☎ 🅿 – 🔬 25. **E**
𝗩𝗜𝗦𝗔. ✗
fermé 19 août au 5 sept., vacances de fév. et merc. – **R** 80/235 ♨ – 🖙 29 – **9 ch** 135/265
– ½ P 210.

ST-PIERRE-D'OLÉRON 17 Char.-Mar. 🔢 ⑬ – voir à Oléron (Ile d').

ST-PIERRE-DU-VAUVRAY **27** Eure 55 ⑰ – rattaché à Louviers.

ST-PIERRE-EN-FAUCIGNY **74** H.-Savoie 74 ⑦ – rattaché à Bonneville.

ST-PIERRE-LE-MOUTIER **58240** Nièvre 69 ③ **G. Bourgogne** – 2 261 h. alt. 214.

Syndicat d'Initiative à la Mairie ✆ 86 37 42 09.

Paris 261 – Bourges 67 – Moulins 31 – Autun 109 – Château-Chinon 84 – Montluçon 76 – Nevers 23.

Vieux Puits sans rest, près Eglise ✆ 86 37 41 96 – TV ☎ . E VISA
25 – **11 ch** 220/240.

XX **La Vigne** M avec ch, rte Decize ✆ 86 37 41 66, , parc – TV ☎ ♿ P. E VISA
hôtel : fermé mi-janv. à mi-fév. et dim.du 1er nov. au 1er mars – **R** *(fermé mi-janv. à mi-fév., dim. soir du 1er nov. au 1er mars et merc.)* (dim. et fêtes prévenir) 95/235 – 30 – **12 ch** 240/270 – ½ P 215/265.

CITROEN Gar. Belli, pl. Jeanne-d'Arc ✆ 86 37 40 60
PEUGEOT-TALBOT St-Pierroise Rép. Auto, rte de Moulins ✆ 86 37 40 74 N ✆ 86 37 46 99
RENAULT Gar. Garnaud, 32 r. Cdt-Leiffeit ✆ 86 37 42 50 N

ST-PIERRE-LÈS-AUBAGNE **13** B.-du-R. 84 ⑭ – rattaché à Aubagne.

ST-PIERREMONT **88700** Vosges 62 ⑥ – 155 h. alt. 257.

Paris 358 – ♦Nancy 51 – Luneville 25 – St-Dié 40 – ♦Strasbourg 114.

X **Relais Vosgien** avec ch, ✆ 29 65 02 46, – ☎ P. E VISA
fermé lundi – **R** 60/200 , enf. 35 – 25 – **14 ch** 150/230 – ½ P 160/286.

ST-PIERRE-QUIBERON **56** Morbihan 63 ⑪⑫ – rattaché à Quiberon.

ST-PIERRE-SUR-MER **11560** Aude 83 ⑭.

Paris 848 – ♦Perpignan 82 – Carcassonne 78 – Narbonne 24.

XX **Floride,** au port ✆ 68 49 81 31, – E VISA
fermé 2 au 31 janv., dim. soir et lundi sauf juil.-août – **R** 90/250, enf. 39.

ST-POL-SUR-TERNOISE **62130** P.-de-C. 51 ⑬ – 6 322 h. alt. 87.

Paris 205 – ♦Calais 95 – Abbeville 55 – Arras 34 – Béthune 29 – Boulogne-sur-Mer 74 – Doullens 28 – St-Omer 55.

H. Lion d'Or, 68 r. Hesdin ✆ 21 03 12 93, Télex 133001, – ☎. AE E VISA
fermé 24 déc. au 3 janv. et dim. soir de nov. à Pâques – **R** 74/120 , enf. 40 – 25 – **35 ch** 110/250.

XX **Rest. Lion d'Or** avec ch, 74 r. Hesdin ✆ 21 03 10 44 – TV ☎. AE VISA
R 68/168 , enf. 45 – 30 – **10 ch** 200/260.

OPEL GME Martinage, rte Nationale à St-Michel-sur-Ternoise ✆ 21 41 01 54
RENAULT Bailleul, 184 r. Béthune ✆ 21 03 06 55 N

ST-PONS-DE-THOMIÈRES **34220** Hérault 83 ⑬ **G. Gorges du Tarn** – 2 998 h. alt. 301.

Voir Grotte de la Devèze★ SO : 5 km – Syndicat d'Initiative pl. Foirail ✆ 67 97 06 65.

Paris 875 – Béziers 51 – Carcassonne 71 – Castres 51 – Lodève 73 – Narbonne 52 – St-Affrique 88.

Château de Ponderach , S : 1,2 km par rte Narbonne ✆ 67 97 02 57, Fax 67 97 29 75, ≤, , parc – ☎ P – 25. AE E VISA
Pâques-15 oct. – **R** 160/350, enf. 75 – 70 – **11 ch** 280/450 – ½ P 445/508.

au Nord : 10 km sur D 907 – ✉ **34220** St-Pons :

XX **Aub. du Cabaretou** avec ch, ✆ 67 97 02 31, ≤ vallée et montagne, – TV P. AE E VISA. rest
1er mars-31 oct. et fermé dim. soir et lundi sauf du 15 avril au 15 sept. – **R** 90/300, enf. 60 – 38 – **9 ch** 135/260 – ½ P 210/270.

ST-POURÇAIN-SUR-SIOULE **03500** Allier 69 ⑭ **G. Auvergne** – 5 433 h. alt. 237.

Voir Église Ste-Croix★ AY**B** – Musée de la Vigne et du Vin★ AY **M**.

Syndicat d'Initiative bd L.-Rollin ✆ 70 45 32 73.

Paris 323 ① – Moulins 31 ① – Montluçon 59 ⑤ – Riom 50 ③ – Roanne 79 ② – Vichy 27 ③.

Plan page ci-contre

Chêne Vert, bd Ledru-Rollin ✆ 70 45 40 65, Fax 70 45 68 50, – TV ☎ – 80. AE E VISA ABY **s**
fermé dim. soir d'oct. à fin avril – **R** *(fermé 13 au 27 janv., dim. soir et lundi d'oct. à fin avril)* 90/220, enf. 45 – 36 – **30 ch** 120/280.

Le Club sans rest, r. Chêne Vert ✆ 70 45 43 18 – . E VISA AY **r**
fermé 21 mai au 3 juin et 14 nov. au 9 déc. – 25 – **12 ch** 88/220.

X **Host. des Cours,** bd Ledru-Rollin ✆ 70 45 31 92 – . E VISA BY **e**
fermé 17 au 30 juin, merc. soir et jeudi – **R** 70/165 .

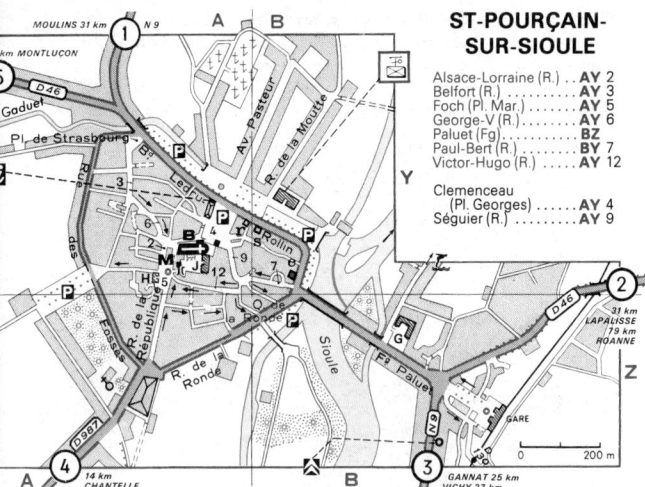

ST-POURÇAIN-SUR-SIOULE

Alsace-Lorraine (R.) . . **AY** 2
Belfort (R.) . . . . **AY** 3
Foch (Pl. Mar.) . . . . **AY** 5
George-V (R.) . . . . **AY** 6
Paluet (Fg) . . . . **BZ**
Paul-Bert (R.) . . . . **BY** 7
Victor-Hugo (R.) . . . . . **AY** 12

Clemenceau
(Pl. Georges) . . . . . . **AY** 4
Séguier (R.) . . . . **AY** 9

CITROEN Gar. Poubeau, 53 rte de Gannat
𝒸 70 45 33 99 **N**
FORD Gaulmin, 7 pl. Liberté 𝒸 70 45 37 39

PEUGEOT-TALBOT Gar. Orpelière, 39/41 rte de
Montmarault par ⑤ 𝒸 70 45 51 36
Moulins Pneus, 1 r. Gare 𝒸 70 45 59 15

ST-PREST 28 E.-et-L. ⑥⓪ ⑧ – rattaché à Chartres.

ST-PRIEST 69 Rhône ⑦④ ⑫ – rattaché à Lyon.

ST-PRIEST-EN-JAREZ 42 Loire ⑦③ ⑲ – rattaché à St-Étienne.

ST-PRIEST-TAURION 87480 H.-Vienne ⑦② ⑧ G. Berry Limousin – 2 268 h. alt. 240.
Env. Ambazac : chasse** et dalmatique* dans l'église N : 9 km par D 44.
Paris 397 – ♦Limoges 14 – Bellac 49 – Bourganeuf 40 – La Souterraine 55.

🏠 **Relais du Taurion,** 𝒸 55 39 70 14, 🍽 – ☎ 🅿. 🄴 𝒱𝒾𝒮𝒜. ✀
fermé 15 déc. au 15 janv., dim. soir et lundi – **R** 85/165 – ☲ 30 – **12 ch** 100/220 –
½ P 150/210.

ST-PRIVAT-D'ALLIER 43460 H.-Loire ⑦⑥ ⑯ – 551 h. alt. 800.
Paris 530 – Brioude 72 – Cayres 20 – Langogne 55 – Le Puy 22 – St-Chély-d'Apcher 63 – St-Flour 72.

🏠 **Vieille Auberge,** 𝒸 71 57 20 56 – 🍴. 🄰🄴 ⓞ 🄴 𝒱𝒾𝒮𝒜
fermé 15 au 30 nov. et 1er au 28 fév. – **R** 75/130 🍴, enf. 50 – ☲ 22 – **23 ch** 110/160 –
½ P 170/220.

ST-PROJET-DE-CASSANIOUZE 15 Cantal ⑦⑥ ⑪⑫ – alt. 220 – ✉ 15340 Calvinet.
Paris 610 – Rodez 46 – Aurillac 47 – Entraygues-sur-Truyère 19 – Figeac 53 – Villefranche-de-R. 64.

🏯 **Pont,** 𝒸 71 49 94 21, ≤, parc – 🍴 🅿. 🄰🄴 ⓞ 🄴 𝒱𝒾𝒮𝒜
🍴 1er avril-5 nov. – **R** 70/170 🍴, enf. 50 – ☲ 25 – **17 ch** 125/190 – ½ P 150/200.

ST-QUAY-PORTRIEUX 22410 C.-d'Armor ⑤⑨ ③ G. Bretagne – 3 399 h. alt. 60 – Casino.
🏌 des Ajoncs d'Or 𝒸 96 71 90 74, O : 7 km.
🄹 Office de Tourisme et Accueil de France (Informations, change et réservations d'hôtels pas plus de
5 jours à l'avance) 17 bis r. Jeanne-d'Arc 𝒸 96 70 40 64, Télex 950702.
Paris 470 – St-Brieuc 21 – Étables-sur-Mer 4 – Guingamp 28 – Lannion 55 – Paimpol 26.

🏨 **Ker Moor** Ⓜ ⋙, 13 r. Pt le Sénécal 𝒸 96 70 52 22, ≤ côte et mer, 🍽 – ☝ 📺 ☎ 🅿 –
🔬 50. 🄰🄴 ⓞ 🄴 𝒱𝒾𝒮𝒜
fermé 15 déc. au 15 janv. – **R** 100/310 – ☲ 40 – **28 ch** 350/450 – ½ P 410/450.

🏨 **Gerbot d'Avoine,** bd Littoral 𝒸 96 70 40 09, Fax 96 70 39 99 – ☎ 🅿. 🄴 𝒱𝒾𝒮𝒜. ✀
🍴 fermé 18 nov. au 9 déc., 6 au 27 janv., dim. soir et lundi hors sais. – **R** 68/230 🍴, enf. 58 –
☲ 28 – **22 ch** 160/300 – ½ P 200/290.

rte de Lanvollon O : 2,5 km sur D 9 – ✉ 22410 St-Quay-Portrieux :

🍴🍴 Aub. de la Chapelle, 𝒸 96 71 92 52, 🍽 – 🅿 – saisonnier.

CITROEN Gar. du Port, 46 quai République
𝒸 96 70 40 70

RENAULT Auto-Services Gar. Moderne, 69 bd
Mar.-Foch 𝒸 96 70 40 21

Voir Basilique★ BY – Pastels de Quentin de la Tour★★ au musée Lécuyer AY **M**.

🏌 à Mesnil-St-Laurent ℘ 23 68 19 48, SE par ③ D 12 : 10 km.

🛈 Office de Tourisme espace St-Jacques, 14 r. Sellerie ℘ 23 67 05 00 – A.C. 14 r. Alsace ℘ 23 62 30 34.

Paris 146 ⑤ – ♦Amiens 74 ⑥ – Charleroi 118 ③ – ♦Lille 109 ① – ♦Reims 91 ③ – Valenciennes 80 ①.

ST-QUENTIN

Croix-Belle-Porte (R.) . . **AY** 6	
États-Généraux (R. des) **AY** 8	
Hôtel-de-Ville (Pl. de l'). **AZ** 17	
Isle (R. d'). . . . . **BZ**	
Lyon (R. de) . . . . **BZ** 24	
Raspail (R.) . . . . **AY**	
Sellerie (R. de la) . . . . **BZ** 33	
Zola (R. Émile) . . . . . . **AZ**	

Basilique (Pl. de la) . . . **ABY** 2	
Brossolette (R. Pierre) . . **AZ** 3	

Canonniers (R. des) . . . . **AZ** 4	
Danton (R.) . . . . **BZ** 7	
Faidherbe (Av.) . . . . **AZ** 10	
Fontaine (R.) . . . . **AZ** 12	
Gaulle (Av. Gén. de) . . . **BZ** 13	
Gouvernement (R. du) . . **BY** 15	
Lafayette (Pl.) . . . . **AY** 20	
Leclerc (R. Gén.) . . . . . . **BZ** 21	
Lécuyer (R.) . . . . **AY** 22	
Le Sérurier (R.) . . . . **AY** 23	
Marché-Franc (Pl. du) . . . . **BZ** 25	
Mulhouse (R. de) . . . . . **BY** 26	

Péri (R. Gabriel) . . . . . . **AZ** 27	
Picard (R. Ch.) . . . . **BY** 28	
Pompidou (R. G.) . . . . . **AY** 29	
Prés. J.-F.-Kennedy (R. du) . . . . **AY** 30	
St-André (R.) . . . . **AZ** 32	
Sous-Préfecture (R. de la) . . . . **BZ** 34	
Thomas (R. A.) . . . . **AY** 36	
Toiles (R. des) . . . . **BZ** 37	
Verdun (Bd de) . . . . **AZ** 38	
Voltaire (R.) . . . . **AZ** 39	
8-Octobre (Pl. du) . . . . . **BZ** 41	

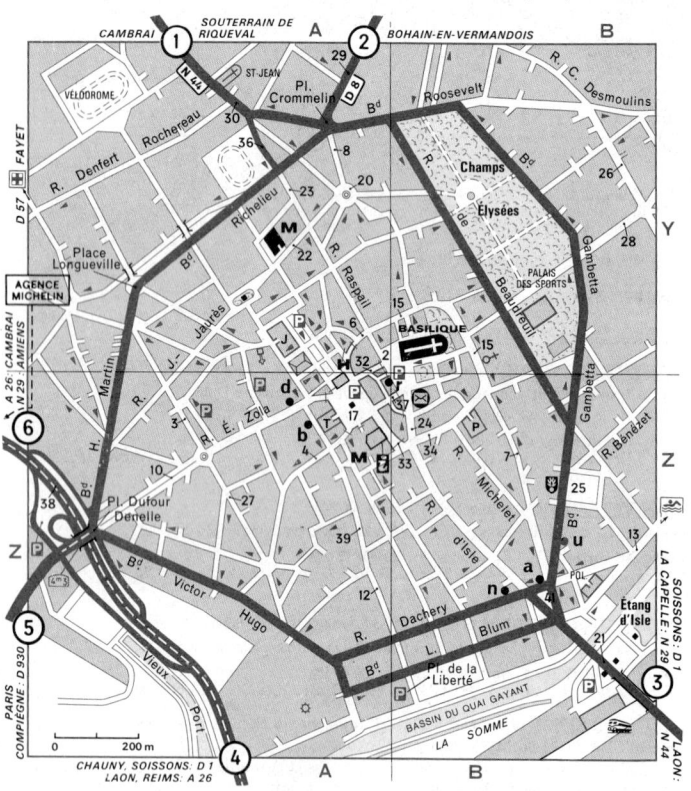

🏨 ❀ **Gd Hôtel et rest. Président** 🅼, 6 r. Dachery ℘ 23 62 69 77, Télex 140225, Fax 23 62 53 52 – 🛗 📺 ☎ ᕒ ᕤ – 🔬 40. 🖭 ⓞ 🅴 VISA. ✆ ch
  BZ **n**
R (fermé 29 juil. au 26 août, 23 déc. au 2 janv., dim. soir et lundi) 195/330 – ⏛ 50 – **24 ch** 390/550

Spéc. Ravioli de saumon fumé, Fumaison de langoustines et Saint-Jacques à la fondue d'endives (sept. à avril), Carbonade de turbot à la ''Jenlain''.

🏨 **Diamant** 🅼, 14 pl. Basilique ℘ 23 64 19 19, Télex 145886, Fax 23 62 69 36 – 🛗 cuisinette 📺 ☎ ᕤ. 🖭 🅴 VISA
  ABZ **r**
fermé dim. midi – **R** 95 ᕃ, enf. 45 – ⏛ 35 – **44 ch** 320/480.

🏨 **Mémorial** 🅼 sans rest, 8 r. Comédie ℘ 23 09 20 09, Fax 23 67 25 50 – 📺 ☎ ᕤ. 🖭 ⓞ 🅴 VISA
  AZ **b**
⏛ 34 – **12 ch** 280/360.

🏨 **Paix, Albert 1er et rest. Le Brésilien,** 3 pl. 8-Octobre – ℰ 23 62 77 62, Télex 140225, Fax 23 62 53 52 – 🛗 📺 ☎ 🅿 – 🔬 50. ☒ 🕦 **E** 𝘝𝘐𝘚𝘈   BZ **a**
R carte 90 à 160, enf. 60 – ☲ 30 – **82 ch** 140/290.

🏨 **France et Angleterre** sans rest, 28 r. E. Zola – ℰ 23 62 13 10, Télex 140986 – 📺 ☎ 🚗. ☒ **E** 𝘝𝘐𝘚𝘈   AZ **d**
☲ 24 – **28 ch** 155/235.

🍴🍴 **Le Pichet,** 6 bd Gambetta ℰ 23 62 03 67 – ☒ **E** 𝘝𝘐𝘚𝘈   BZ **u**
fermé dim. soir et lundi – **R** 100 bc/180 ᵇ, enf. 65.

par ⑥ sur N 29 : 1 km – ✉ **02100** St-Quentin :

🏨 **Campanile** Ⓜ, ℰ 23 09 21 22, Télex 150596, Fax 23 67 49 55, 🏤 – 📺 ☎ 🕭 🅿 – 🔬 50. **E** 𝘝𝘐𝘚𝘈
R 74 bc/98 bc, enf. 39 – ☲ 27 – **40 ch** 248 – ½ P 225/249.

à Neuville St-Amand SE : 3 km par r. du Gén.-Leclerc puis D 12 - BZ – ✉ **02100** :

🍴🍴🍴 ❀ **Château** (Meiresonne) 🦢 avec ch, ℰ 23 68 41 82, Fax 23 68 46 02, parc – 📺 ☎ 🅿. ☒ 🕦 **E** 𝘝𝘐𝘚𝘈 🚫 ch
fermé 5 au 25 août, 24 au 31 déc., dim. soir et sam. – **R** (prévenir) 160/310, enf. 70 – ☲ 40 – **6 ch** 310/360
Spéc. Feuilleté d'escargots au vin de Mareuil, Panaché de poissons de la Manche, Ris de veau aux langoustines.

à Holnon par ⑥ : 6 km – ✉ **02760** :

🍴🍴 **Pot d'Étain,** ℰ 23 09 61 46, 🏤, 🌱 – 🅿. ☒ **E** 𝘝𝘐𝘚𝘈
R 78 bc/260.

MICHELIN, Agence, ZAC La Vallée par ⑥ ℰ 23 64 17 44

FIAT St-Quent'Auto, 92 av. Fusillés-Fontaine-Notre-Dame ℰ 23 68 19 87
PEUGEOT-TALBOT Center-Auto Anc. Éts Favresse, 418 rte de Paris par ⑤ ℰ 23 62 34 23
RENAULT Gueudet, ZAC La Vallée, r. A.-Parmentier par ⑥ ℰ 23 67 47 47 🄽 ℰ 23 08 04 82
SEAT Lesot Automobiles, 23 bd Henri-Martin ℰ 23 67 14 15
V.A.G Gar. du Cambrésis, 98 r. A.-Dumas ℰ 23 62 45 43

VOLVO Éts Lesot, 52 av. Faidherbe ℰ 23 62 29 41

Ⓜ Joncourt-Pneus, 51 ter av. Gén.-de-Gaulle ℰ 23 62 59 37
Pneus-Lepilliez-Dubois, 3 pl. Basilique ℰ 23 62 33 30
Pneus-Lepilliez-Dubois, 155 r. de Fayet ℰ 23 62 33 30
Pneus-Lepilliez-Dubois, ZI r. de Picardie à Gauchy ℰ 23 62 33 30

ST-QUENTIN-EN-YVELINES 78 Yvelines 🗺 ⑨, 🗺 ㉙, 🗺 ㉑.

Coignières 78310 Yvelines 🗺 ⑨, 🗺 ㉘ – 3 789 h. alt. 169.

Paris 37 – St-Quentin-en-Yvelines 11.

🍴🍴🍴 ❀ **Aub. du Capucin Gourmand** (Lebrault), N 10 ℰ (1) 34 61 46 06, 🏤 – 🅿. ☒ 🕦 **E** 𝘝𝘐𝘚𝘈
fermé dim. – **R** 230 et carte 275 à 440
Spéc. Pied de porc aux truffes, Homard au whisky, Chausson de saumon aux huîtres.

🍴🍴 **La Maison d'Angèle,** N 10 ℰ (1) 34 61 64 62 – 🅿.

ALFA ROMEO Yvelines Automobiles, 24 RN 10 ℰ (1) 30 69 98 90
CITROEN Gar. Collet, 21 N 10 ℰ (1) 30 50 11 30
LADA G.A.B., 117 RN 10 ℰ (1) 34 61 43 03
PEUGEOT Coignières Automobiles, 2 r. Fresnel ZI Pariwest à Coignières ℰ (1) 34 82 03 30

PEUGEOT-TALBOT Trujas, 5 av. Komarov, ZI Trappes ℰ (1) 30 50 34 09
RENAULT Succursale, 2 av. Komarov, ZI Trappes ℰ (1) 30 62 43 19 🄽 ℰ (1) 05 05 15 15

Ⓜ La Centrale du Pneu, 109-115 N 10 ℰ (1) 34 61 47 37

Maurepas 78310 Yvelines 🗺 ⑨, 🗺 ㉘ – 18 786 h. alt. 170.

🏌 🏌 des Yvelines ℰ(1) 34 86 48 89 NO par D 13, D 155 et N 12 : 21 km.
Paris 35 – St-Quentin-en-Yvelines 9.

🏨 **Mercure** Ⓜ, N 10 ℰ (1) 30 51 57 27, Télex 695427, Fax (1) 30 66 70 14, 🏤 – 🛗 🚿 ch 🍴 📺 🅿 – 🔬 150. ☒ 🕦 𝘝𝘐𝘚𝘈
R carte environ 150 ᵇ, enf. 40 – ☲ 47 – **91 ch** 510.

Montigny-le-Bretonneux 78180 – 13 524 h. alt. 163.

🏌 🏌 🏌 Club National ℰ (1) 30 43 36 00, E par D 36 et D 912 : 8 km.
Paris 31 – St-Quentin-en-Yvelines 3.

🏨 **Campanile** Ⓜ, 2 pl. Ovale (quartier gare) ℰ (1) 30 57 49 50, Télex 689589, Fax (1) 30 44 27 37 – 🛗 📺 ☎ 🕭 – 🔬 35. **E** 𝘝𝘐𝘚𝘈
R 82 bc/110 bc, enf. 39 – ☲ 27 – **108 ch** 320.

🏨 **Fimotel** Ⓜ, r. J.-P. Timbaud ℰ (1) 34 60 50 24, Télex 699235, Fax (1) 30 58 28 67 – 🛗 📺 ☎ 🕭 🅿 – 🔬 45. ☒ 🕦 **E** 𝘝𝘐𝘚𝘈
R 72/98 ᵇ, enf. 34 – ☲ 38 – **81 ch** 335/350.

CITROEN Succursale, av. Prés, ZAS ℰ (1) 30 43 99 51
FIAT SODIMA, 1 r. Nicolas Copernic à Guyancourt ℰ (1) 30 43 39 39

PEUGEOT-TALBOT SOVEDA, RN 286 ℰ (1) 30 45 09 42
V.A.G M.B.A., ZAS av. des Prés ℰ (1) 30 44 12 12

Voisins-le-Bretonneux 78960 Yvelines 💶 ⑨, 💶 ㉘, 💶 ㉑ – 10 030 h. alt. 165.
Paris 33 – St-Quentin-en-Yvelines 5,5.

🏠 **Port Royal** 🦢 sans rest, 20 r. H. Boucher ℘ (1) 30 44 16 27, Fax 30 57 52 11, 🚗 – 🕿
🅿 🖾 𝗩𝗜𝗦𝗔
🚪 25 – **36 ch** 198/256.

au golf national E : 2 km par D 36 – 🖂 78114 Magny-les-Hameaux :

🏨 **Novotel** Ⓜ 🦢, ℘ 30 57 65 65, Télex 695378, Fax 30 57 65 00, ≤, 🌲, 🏊, 🎾 – 🛗 🔲 📺
🕿 ⴠ 🅿 – 🔬 300. 🖭 ⓞ 🖾 𝗩𝗜𝗦𝗔
R carte 110 à 215 ⅃, enf. 50 – 🚪 50 – **132 ch** 450/550.

RENAULT Gar. Nodarian, 34 r. H. Boucher ℘ (1) 30 43 74 99

ST-QUENTIN-SUR-LE-HOMME 50 Manche 🖾 ⑧ – rattaché à Avranches.

ST-RAMBERT-D'ALBON 26140 Drôme 🖾 ① – 4 062 h. alt. 144.
Paris 517 – Annonay 19 – La Côte-St-André 42 – St-Vallier 11 – Tournon 26 – Valence 50 – Vienne 29.

✗ **Croix d'Or** avec ch, r. Nationale ℘ 75 31 00 35 – 🕾 🚗. 🖭 🖾 𝗩𝗜𝗦𝗔
➡ *fermé dim. –* **R** *(fermé 15 sept. au 1er oct., 24 déc. au 2 janv., 15 fév. au 1er mars)* 59/152
enf. 36 – 🚪 26 – **11 ch** 130/300 – ½ P 180/220.

CITROEN Gar. Cochard ℘ 75 31 01 74

Restaurants, die sorgfältig zubereitete,
preisgünstige Mahlzeiten anbieten, sind
durch das Zeichen ➡ *kenntlich gemacht.*

ST-RAPHAËL 83700 Var 🖾 ⑧, 💶 ㉝ Ⓖ Côte d'Azur – 24 310 h. alt. 6 – Casino Z.
Voir Collection d'amphores★ dans le musée archéologique Y **M**.
🏌 de Valescure ℘ 94 82 40 46, NE par D 37 : 6 km.
🚩 Office de Tourisme avec A.C. r. W.-Rousseau ℘ 94 95 16 87.
Paris 874 ③ – Fréjus 4 – Aix-en-Provence 119 ③ – Cannes 43 ④ – ◆Marseille 131 ③ – ◆Toulon 96 ③.
Accès et sorties : voir plan de Fréjus.

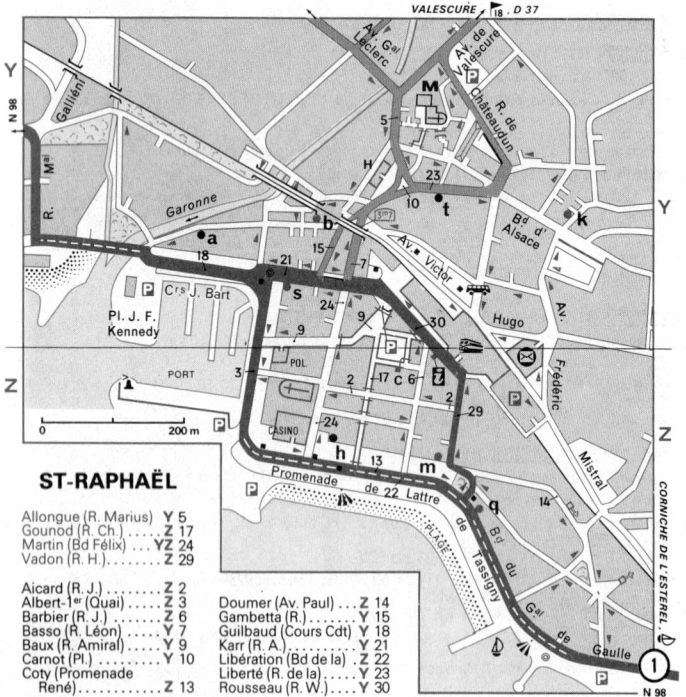

ST-RAPHAËL

Allongue (R. Marius) ..... **Y** 5
Gounod (R. Ch.) ..... **Z** 17
Martin (Bd Félix) ... **YZ** 24
Vadon (R. H.). ..... **Z** 29

Aicard (R. J.) ..... **Z** 2
Albert-1er (Quai) ..... **Z** 3
Barbier (R. J.) ..... **Z** 6
Basso (R. Léon) ..... **Y** 7
Baux (R. Amiral) ..... **Z** 9
Carnot (Pl.) ..... **Y** 10
Coty (Promenade
René). ..... **Z** 13

Doumer (Av. Paul) ... **Z** 14
Gambetta (R.). ..... **Y** 15
Guilbaud (Cours Cdt) **Y** 18
Karr (R. A.). ..... **Y** 21
Libération (Bd de la) . **Z** 22
Liberté (R. de la). ..... **Y** 23
Rousseau (R. W.). ... **Y** 30

🏨 **Excelsior,** bd F. Martin ℘ 94 95 02 42, Fax 94 95 33 82, ≤, 斎 – 劇 ☎. 厄 ⓞ E VISA Z **h**
ouverture prévue en juin – **R** 95/180 – ☲ 40 – **44 ch** 410/700 – ½ P 305/510.

🏠 **Le Liberté** sans rest, 56 r. Liberté ℘ 94 95 53 21 – ☜. E VISA Y **t**
15 mars-15 oct. – ☲ 25 – **25 ch** 180/250.

🏠 **Provençal** sans rest, 197 r. Garonne ℘ 94 95 01 52 – ☎. E VISA. ⅏ Y **a**
fermé 27 déc. à début fév. – ☲ 26 – **28 ch** 215/265.

XXX **La Voile d'Or,** 1 bd Gén. de Gaulle ℘ 94 95 17 04, ≤, 斎 – ▤. 厄 ⓞ E VISA Z **q**
*fermé 12 nov. au 13 déc., mardi midi et merc. midi en juil.-août, mardi soir et merc. hors
sais. –* **R** 165/265.

XXX **L'Orangerie,** prom. R. Coty ℘ 94 83 10 50, 斎 – 厄 ⓞ E VISA Z **m**
fermé dim. soir, lundi et le midi du lundi au jeudi en juil.-août – **R** 100/260.

XX **Pastorel,** 54 r. Liberté ℘ 94 95 02 36, 斎 – 厄 ⓞ E VISA Y **t**
fermé 15 nov. au 15 déc., dim. soir et lundi – **R** (dîner seul. en août) 140/240.

XX **Sirocco,** 35 quai Albert 1er ℘ 94 95 39 99, ≤, 斎 – ▤. 厄 ⓞ E VISA Y **s**
fermé 15 nov. au 50 – **R** 105/285.

XX **Le Tisonnier,** 70 r. Garonne ℘ 94 95 28 51 – 厄 ⓞ E VISA Y **b**
fermé mi-déc. à mi-janv. et merc. d'oct. à juin – **R** 110/220.

XX **L'Aristocloche,** 15 bd St Sébastien ℘ 94 95 28 36 – ▤. 厄 ⓞ Y **k**
fermé 16 juin au 2 juil., dim. et lundi – **R** carte 150 à 225.

au NE : 5 km par D 37 et rte Golf – ⊠ **83700** St-Raphaël :

🏨 **Latitudes** M ⅍, av. Golf ℘ 94 82 42 42, Télex 970671, Fax 94 44 61 37, ≤, 斎 , parc, ⅃,
⅌ – 劇 ▤ TV ☎ & ℗ – 🔏 180. 厄 E VISA. ⅏
R 160, enf. 65 – ☲ 50 – **89 ch** 680/960, 6 appart..

🏨 **H. Golf de Valescure** M ⅍, ℘ 94 82 40 31, Télex 461085, Fax 94 82 41 88, ≤, 斎 ,
parc, ⅃, ⅌ – 劇 TV ☎ & ℗ – 🔏 40 à 60. 厄 ⓞ E VISA. ⅏ rest
fermé fév. (sauf hôtel), 15 nov. au 20 déc. et 7 au 31 janv. – **R** 160 – ☲ 30 – **40 ch** 480/750
– ½ P 435/475.

🏨 **San Pedro** M ⅍, av. Col. Brooke ⊠ 83700 ℘ 94 83 65 69, Fax 94 40 57 20, 斎 , parc,
⅃ – 劇 ▤ ch TV ☎ ℗. 厄 ⓞ E VISA. ⅏ rest
R 170/320 – ☲ 60 – **28 ch** 550/690.

à Boulouris par ① : 5 km – ⊠ **83700** St-Raphaël :

🏨 **La Potinière** M ⅍, ℘ 94 95 21 43, Fax 94 95 29 10, 斎 , parc, ⅃ – TV ☎ ℗. 厄 ⓞ E
VISA. ⅏ rest
R *(fermé jeudi midi)* 120/150 – ☲ 40 – **36 ch** 325/530, 4 appart. 550 – ½ P 380/450.

au Dramont par ① : 6 km – ⊠ **83700** St-Raphaël :

🏨 **Sol e Mar,** rte Corniche d'Or ℘ 94 95 25 60, Fax 94 83 83 61, ≤ Ile d'Or et cap du Dramont,
斎 , ⅃, ⥄ – 劇 TV ☎ ℗ E VISA
30 mars-15 oct. – **R** 125/200 – ☲ 45 – **47 ch** 440/590 – ½ P 400/500.

CITROEN Gar. Bacchi, 658 av. de Verdun par D 37 FORD Gar. Vagneur, 142 av. Valescure
Y ℘ 94 95 98 51 ℘ 94 95 42 78 **N** ℘ 94 53 86 32

Si vous cherchez un hôtel tranquille,
consultez d'abord les cartes thématiques de l'introduction
ou repérez dans le texte les établissements indiqués avec le signe ⅍.

ST-REMÈZE 07700 Ardèche 🗺 ⑨ – 474 h. alt. 369.
Paris 681 – Alès 66 – Aubenas 47 – Montélimar 44 – Orange 50 – Privas 71.

X **Le Terroir,** ℘ 75 04 15 02 – E VISA
15 mars-11 nov. et fermé lundi midi en juil.-août, mardi et merc. hors sais. – **R** (nombre
de couverts limité, prévenir) 100/200, enf. 50.

ST-RÉMY 21 Côte-d'Or 🗺 ⑦ – rattaché à Montbard.

ST-RÉMY 71 S.-et-L. 🗺 ⑨ – rattaché à Chalon-sur-Saône.

ST-RÉMY 79 Deux-Sèvres 🗺 ① – rattaché à Niort.

ST-RÉMY-DE-PROVENCE 13210 B.-du-R. 🗺 ⑫ **G. Provence** – 8 439 h. alt. 60.
Voir Hôtel de Sade : dépôt lapidaire★ Y **B** – Cloître★ de l'ancien monastère de St-Paul-de-
Mausole par ③ – Les Antiques★★ : Mausolée★★, Arc municipal★, Ruines de Glanum★ 1 km
par ③.
Env. ⅍★★ de la Caume 7 km par ③.
🄳 Office de Tourisme pl. J.-Jaurès ℘ 90 92 05 22.
Paris 706 ① – Avignon 21 ① – Arles 25 ④ – ◆Marseille 91 ② – Nîmes 42 ④ – Salon-de-Pr. 37 ②.

ST-RÉMY-DE-PROVENCE

Lafayette (R.) . . . . **Z** 6

Carnot (R.) . . . . **Y**
Combette (Ch. de la) . . **Z**
Commune (R.) . . . . **Z** 2
Durant-Maillane (Av.) . . **Z**
Fauconnet (Av.) . . . . . . **Z**
Favier (Pl.) . . . . **Y**
Gambetta (Bd) . . . . **Y**
Gras (Av. F.) . . . . **Y**
Hoche (R.) . . . . **Y** 4
Libération (Av.) . . . . . . **Y** 7
Marceau (Bd) . . . . **Y**
Mirabeau (Bd) . . . . . **YZ** 8
Mistral (Av. L.) . . . . **Y**
Nostradamus (R.) . . . . **Y** 10
Parage (R.) . . . . **Y** 12
Pasteur (Av.) . . . . **Z**
Pelissier (Pl. J.) . . . . . . **Z**
République (Pl. de la) . . **Z**
Résistance (Av.) . . . . . **Z** 13
Roux (R.) . . . . **Z** 14
Schweitzer (Av. A.) . . . **Y**
Taillandier (Av.) . . . . . . **Y**
Victor-Hugo (Bd) . . . . **Z**
8-Mai-1945 (R. du) . . . . **Z** 16

Évitez de fumez
au cours du repas :
vous altérez votre goût
et
vous gênez vos voisins.

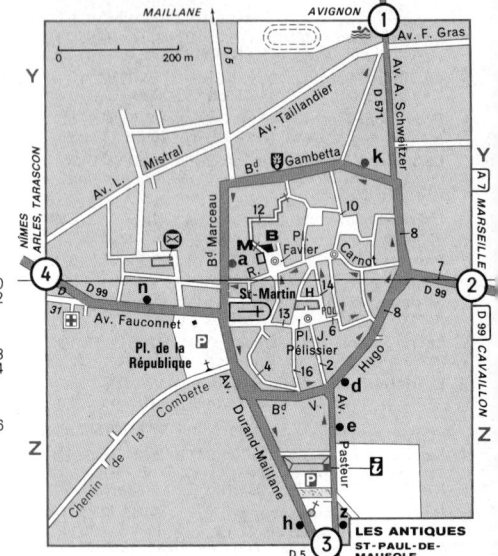

🏨 ✤ **Host. du Vallon de Valrugues** Ⓜ 🦢, chemin Canto Cigalo par ② ℰ 90 92 04 40, Télex 431677, Fax 90 92 44 01, ≼, �, « Terrasse fleurie au bord de la piscine », ☞, ✗ – 🛗 🍴 📺 ☎ Ⓟ, 🆎 ⓪ ∈ 𝘝𝘐𝘚𝘈, ✗ rest
fermé fév. – **R** 190 (déj.)/380, enf. 100 – ⊇ 70 – **41 ch** 700/880, 8 appart. 1140/1580 – ½ P 760/820
Spéc. Chartreuse de joue de veau aux truffes, Rougets au basilic façon Valrugues. Vins Côteaux des Baux de Provence.

🏨 **Château des Alpilles** Ⓜ 🦢, O : 2 km . par D 31 ℰ 90 92 03 33, Télex 431487, Fax 90 92 45 17, « Demeure du 19ᵉ siècle dans un parc », ⌕, ✗ – 🛗 📺 ☎ Ⓟ – 🔺 25. 🆎 ⓪ ∈ 𝘝𝘐𝘚𝘈
hôtel : 16 mars-13 nov. et 21 déc.-4 janv. ; rest. : 15 juin-15 sept. – **R** snack (dîner seul.)(résidents seul.) carte environ 190, enf. 90 – ⊇ 60 – **17 ch** 670/880, 3 appart. 1350.

🏨 **Les Antiques** 🦢 sans rest, 15 av. Pasteur ℰ 90 92 03 02, Télex 431146, « Beaux salons, parc », ⌕ – ☎ Ⓟ. 🆎 ⓪ ∈ 𝘝𝘐𝘚𝘈   Z **e**
23 mars-20 oct. – ⊇ 47 – **27 ch** 320/420.

🏨 **Château de Roussan** 🦢, rte Tarascon par ④ : 2 km ℰ 90 92 11 63, Fax 90 92 37 32, ≼, « Demeure du 18ᵉ siècle dans un parc » – ☎ ⟸ Ⓟ. 🆎 ∈ 𝘝𝘐𝘚𝘈, ✗ rest
fermé 10 nov. au 20 déc. – **R** *(fermé merc.)* carte environ 200, enf. 70 – ⊇ 55 – **20 ch** 360/800 – ½ P 390/600.

🏨 **Canto Cigalo** 🦢 sans rest, chemin Canto Cigalo par ② ℰ 90 92 14 28, ☞ – ☎ Ⓟ. ∈ 𝘝𝘐𝘚𝘈, ✗
1er mars-mi-nov. – ⊇ 33 – **20 ch** 230/295.

🏨 **Castelet des Alpilles**, pl. Mireille ℰ 90 92 07 21, ㄤ, ☞ – ☎ Ⓟ. 🆎 ⓪ 𝘝𝘐𝘚𝘈   Z **h**
hôtel : 25 mars-6 nov. ; rest. : 28 mars-31 oct. et fermé mardi midi, et lundi (sauf vacances scolaires) – **R** 110/215, enf. 80 – ⊇ 38 – **18 ch** 280/410 – ½ P 318/390.

🏨 **Mas des Carassins** 🦢 sans rest, 1 chemin Gaulois par ③ ℰ 90 92 15 48, ≼, ☞ – ☎ Ⓟ. ∈ 𝘝𝘐𝘚𝘈, ✗
16 mars-14 nov. – ⊇ 39 – **10 ch** 320/450.

🏨 **Van Gogh** 🦢 sans rest, av. J. Moulin par ② ℰ 90 92 14 02, ⌕, ☞ – ☎ Ⓟ. ∈ 𝘝𝘐𝘚𝘈, ✗
1er mars-15 nov. – ⊇ 27 – **18 ch** 245/285.

🏨 **Soleil** 🦢 sans rest, av. Pasteur ℰ 90 92 00 63, ☞ – ☎ ⟸ Ⓟ. 🆎 ∈ 𝘝𝘐𝘚𝘈, ✗   Z **z**
11 mars-15 nov. – ⊇ 33 – **15 ch** 230/300.

🏨 **Cheval Blanc** sans rest, 6 av. Fauconnet ℰ 90 92 09 28 – 📺 ☎ ⟸   Z **n**
⊇ 25 – **22 ch** 200/250.

🏠 **Acacia**, rte Maillane ℰ 90 92 13 43, ㄤ, ☞ – ☎ Ⓟ. 🆎 ∈ 𝘝𝘐𝘚𝘈
R *(fermé merc. soir et jeudi d'oct. à juin sauf fériés)* 75/95 – ⊇ 25 – **12 ch** 195/245 – ½ P 200/220.

🏠 **Arts,** 30 bd Victor-Hugo ℰ 90 92 08 50 – ☎. 🆎 ∈ 𝘝𝘐𝘚𝘈   Z **d**
hôtel : fermé 1er au 12 nov., fév. et merc. d'oct. au 15 mars – **R** *(fermé 30 oct. au 1er mars et merc.)* 78/170 🍷, enf. 70 – ⊇ 29 – **17 ch** 140/260 – ½ P 210/270.

XX **Marceau,** 13 bd Marceau ✆ 90 92 37 11 – ▤. ◑ E VISA — Y a
fermé 15 janv. au 1er fév., jeudi midi et merc. – **R** 150/250.

XX **Jardin de Frédéric,** 8 bd Gambetta ✆ 90 92 27 76 – E VISA — Y k
fermé fév. et merc. – **R** 120/190.

au NE : 1 km – ✉ **13210** St-Rémy-de-Provence :

L'Amandière sans rest, av. Th. Aubanel ✆ 90 92 41 00, Fax 90 92 48 38 – TV ☎ P.
☐ 35 – **26 ch** 235/305.

à Verquières par ②, D 30 et D 29 : 11 km – ✉ **13670** :

XXX ❀ **Croque Chou** (Ravoux), pl. Eglise ✆ 90.95 18 55,
fermé lundi et mardi – **R** (prévenir) 170/260
Spéc. Galantine de gigot d'agneau aux senteurs de Provence, Assiette du pêcheur, Filet mignon de lapin à l'infusion de sauge. **Vins** Côteaux des Baux.

par ④ et rte des Baux D 27 : 4,5 km – ✉ **13210** St-Rémy-de-Provence :

Domaine de Valmouriane M, ✆ 90 92 44 62, Télex 431169, Fax 90 92 37 32, – ▤ ch TV ☎ ♿ P. AE E VISA
fermé 6 janv. au 15 fév. – **R** *(fermé lundi et mardi du 1er nov. au 20 déc. et du 5 janv. au 30 mars)* 220/420, enf. 90 – ☐ 55 – **12 ch** 900/1600 – ½ P 725/900.

au Mas-Blanc-des-Alpilles O : 7 km par ④ – ✉ **13150** :

Mistral M sans rest, ✆ 90 49 02 28 – TV ☎ P. E VISA
☐ 25 – **11 ch** 210/220.

XX **La Rode,** ✆ 90 49 07 21, – ▤. VISA
fermé 12 au 20 nov., fév., le soir du 1er nov. au 15 mars (sauf sam.), dim. soir et lundi – **R** 130/160.

à Maillane NO : 7 km par D 5 – ✉ **13910** :

XX **Oustalet Maïanen** avec ch, ✆ 90 95 74 60, – cuisinette TV. E VISA. ch
1er mars-31 oct. – **R** *(fermé dim soir et lundi)* 130/200, enf. 70 – ☐ 30 – **4 ch** 250.

CITROEN Gar. des Alpilles, rte de Tarascon, av. Gleize par ④ ✆ 90 92 09 34

FORD Merklen, ZA ✆ 90 92 01 24

ST-RÉMY-LÈS-CHEVREUSE **78470** Yvelines 60 ⑨⑩, 106 ㉙, 101 ㉜ – 5 265 h. alt. 73.
Voir Chevreuse : site★, vallée de Chevreuse★, O : 3 km.
Env. Château de Breteuil★, SO : 8 km, **G. Ile de France**.
de Chevry ✆ (1) 60 12 40 33, SE : 4,5 km.
Paris 37 – Longjumeau 21 – Rambouillet 21 – Versailles 14.

XX ❀ **La Cressonnière** (Toulejbiez), 46 r. de Port Royal, direction Milon ✆ (1) 30 52 00 41, – AE VISA
fermé 16 août au 10 sept. vacances de fév., dim. soir de nov. à mars, mardi et merc. – **R** 165/270 carte le dim.
Spéc. Saint-Jacques poêlées au parfum des bois (oct. à avril), Cassolette de homard et filets de sole à la ciboulette, Aiguillettes de canette bachiques.

TOYOTA Gar. du Claireau ✆ (1) 30 52 41 00

ST-RÉMY-SUR-DUROLLE **63550** P.-de-D. 73 ⑥ **G. Auvergne** – 2 022 h. alt. 650.
Voir Calvaire ☼★ 15 mn – Paris 395 – ♦Clermont-Ferrand 54 – Chabreloche 12 – Thiers 8,5.

XX **Vieux Logis** avec ch, N : 3,5 km sur D 201 ✆ 73 94 30 78, ≤, – P. E VISA
fermé 22 août au 3 sept., fév., dim. soir et sam. – **R** (nombre de couverts limité-prévenir) 90/150, enf. 35 – ☐ 18 – **4 ch** 130/150.

ST-RESTITUT **26130** Drôme 81 ① **G. Vallée du Rhône** – 824 h. alt. 150.
Voir Décoration★ de l'église – Belvédère ≤★ 3 km par D59A puis 15 mn.
Env. Clansayes ≤★★ N : 8 km.
Paris 635 – Bollène 9 – Montélimar 31 – Nyons 36 – Valence 74.

Aub. des Quatre-Saisons, ✆ 75 04 71 88, Fax 75 04 70 88, , « Maisons romanes aménagées en hostellerie », – TV ☎. AE E VISA
fermé 2 au 30 janv. – **R** *(fermé sam. midi)* 130/195 – ☐ 40 – **10 ch** 265/435 – ½ P 250/353.

ST-ROMAIN-D'AY **07** Ardèche 76 ⑩ – rattaché à Satillieu.

ST-ROMAIN-DE-LERPS **07** Ardèche 77 ⑪ – rattaché à St-Péray.

ST-ROMAIN-EN-GAL **69** Rhône 74 ⑪ – rattaché à Vienne (Isère).

ST-ROMAIN-EN-VIENNOIS **84** Vaucluse 81 ③ – rattaché à Vaison-la-Romaine.

ST-ROMAIN-SUR-CHER 41 L.-et-Ch. 64 ⑰ – 1 213 h. alt. 90 – ✉ 41140 Noyers-sur-Cher.
Paris 214 – ♦Tours 65 – Blois 33 – Montrichard 23 – Romorantin-Lanthenay 32.

XX **St-Romain,** ℰ 54 71 71 10 – **P.** E VISA
✦ *fermé 23 sept. au 14 oct., dim. soir et lundi sauf juil.-août* – **R** 52/175 ⓛ.

ST-ROMAN-DE-BELLET 06200 Alpes-Mar. 84 ⑨.
Paris 942 – ♦Nice 15 – Antibes 32 – Cannes 42 – Grasse 45 – Levens 19 – Vence 23.

XX **Aub. de Bellet,** ℰ 93 37 83 84 – **P.** ⌀ VISA ⌀⌀
fermé 10 janv. au 10 fév., dim. soir et merc. du 15 sept. au 15 juin – **R** 195/290.

ST-ROME-DE-CERNON 12490 Aveyron 80 ⑬⑭ – 878 h. alt. 110.
Paris 659 – Lodève 58 – Millau 17 – Rodez 75 – St-Affrique 14 – Le Vigan 69.

☎ **Commerce,** ℰ 65 62 33 92 – ⌀⌀
fermé 20 déc. au 10 janv. – **R** 75/125 ⓛ – ⌑ 22 – **13 ch** 105/140 – ½ P 120/150.

ST-SALVADOUR 19 Corrèze 75 ⑨ – rattaché à Seilhac.

ST-SAMSON-DE-LA-ROQUE 27680 Eure 55 ④ – 292 h. alt. 72.
Voir Phare de la Roque ✳✳★ N : 2 km, **G. Normandie Vallée de la Seine**.
Paris 185 – Beuzeville 12 – Bolbec 23 – Évreux 81 – ♦Le Havre 38 – Honfleur 21 – Pont-Audemer 13.

XXX **Relais du Phare,** pl. Église ℰ 32 57 61 68, 斎, 斎 – ⌀ ⓪ E VISA
fermé lundi soir et mardi sauf fériés – **R** 160/200.

ST-SATUR 18 Cher 65 ⑫ – rattaché à Sancerre.

ST-SAUD-LACOUSSIÈRE 24470 Dordogne 72 ⑯ – 1 045 h. alt. 340.
Paris 453 – ♦Limoges 58 – Brive-la-Gaillarde 113 – Châlus 23 – Nontron 16 – Périgueux 68.

🏨 **Host. St-Jacques** ⌀, ℰ 53 56 97 21, 斎, « Terrasse et jardin fleuris », ⌱, ✳ – ☎
✦ **P.** E VISA
début avril-mi oct. et fermé dim. soir (sauf hôtel) et lundi – **R** 70/180, enf. 60 – ⌑ 40 –
24 ch 260/380 – ½ P 270/350.

ST-SAUVES D'AUVERGNE 63 P.-de-D. 73 ⑬ – rattaché à La Bourboule.

ST-SAUVEUR-LES-BAINS 65 H.-Pyr. 85 ⑱ – rattaché à Luz-St-Sauveur.

ST-SAVIN 65 H.-Pyr. 85 ⑰ – rattaché à Argelès-Gazost.

ST-SAVIN 86310 Vienne 68 ⑮ **G. Poitou Vendée Charentes** – 1 058 h. alt. 83.
Voir Église abbatiale★★ : Peintures murales★★★ – Pont-Vieux ⩽★.
Paris 343 – Le Blanc 19 – Poitiers 41.

🏨 **France,** pl. République ℰ 49 48 19 03 – 📺 ☎ **P.** E VISA
✦ **R** *(fermé mardi soir et merc. soir d'oct. à mars)* 65/180 ⓛ – ⌑ 25 – **10 ch** 200/240 –
½ P 180/200.

ST-SAVINIEN 17350 Char.-Mar. 171 ④ **G. Poitou Vendée Charentes** – 2 299 h. alt. 15.
Env. Château de la Roche Courbon★ et Jardins★ : ⩽★★ SO : 10 km.
🛈 Office de Tourisme r. Bel Air (avril-sept.) ℰ 46 90 21 07.
Paris 458 – Rochefort 28 – La Rochelle 60 – St-Jean-d'Angély 15 – Saintes 19 – Surgères 30.

CITROEN Gar. Roy ℰ 46 90 21 12 🅽   RENAULT Gar. Garnier ℰ 46 90 20 24

ST-SÉBASTIEN-SUR-LOIRE 44 Loire-Atl. 67 ③ – rattaché à Nantes.

ST SEINE L'ABBAYE 21440 Côte-d'Or 65 ⑲ **G. Bourgogne** – 339 h. alt. 451.
Paris 287 – ♦Dijon 27 – Autun 75 – Châtillon-sur-Seine 57 – Montbard 48.

🏨 **Poste** ⌀, ℰ 80 35 00 35, 斎 – ⌀ ⊜ **P.** E VISA
fermé 15 nov. au 1er mars – **R** 140/180, enf. 35 – ⌑ 28 – **22 ch** 135/220 – ½ P 175/240.

ST-SERNIN-SUR-RANCE 12380 Aveyron 80 ⑫ **G. Gorges du Tarn** – 636 h. alt. 290.
Paris 705 – Albi 50 – Cassagnes-Bégonhès 58 – Castres 75 – Lacaune 30 – Rodez 83 – St-Affrique 32.

🏨 **Carayon,** ℰ 65 99 60 26, Fax 65 99 69 26, ⩽, 斎, 斎 – 🛗 ☎ **P.** ⌀ ⓪ E VISA
fermé dim. soir et lundi du 1er nov. au 1er avril – **R** 82/250 ⓛ, enf. 49 – ⌑ 27 – **43 ch**
169/309 – ½ P 189/289.

CITROEN Gar. Bardy ℰ 65 99 61 61

ST-SERVAN-SUR-MER 35 I.-et-V. 59 ⑥ – rattaché à St-Malo.

ST-SEVER 40500 Landes 🔢 ⑥ **G. Pyrénées Aquitaine** – 4 800 h. alt. 102.

Voir Chapiteaux★ de l'église.

🚹 Office de Tourisme pl. Tour-du-Sol 🖋 58 76 34 64.

Paris 725 – Mont-de-Marsan 17 – Aire-sur-l'Adour 32 – Dax 48 – Orthez 37 – Pau 69 – Tartas 23.

🏨 ✿ **Relais du Pavillon** (Dumas), au N : 2 km D 933 🖋 58 76 20 22, 🍴, 🍽, 🐟 – 📺 ☎ 🅿 – 🚗 30. 🖭 🕐 🗉 VISA
fermé dim. soir du 1er oct. au 31 mars – **R** 100/260 – ⴰ 35 – **14 ch** 210/290 – ½ P 270/280
Spéc. Foie de canard en terrine, Salade de homard et Saint-Jacques aux cèpes, Escalopes de foie de canard grillées. **Vins** Tursan, Madiran.

PEUGEOT Junca, 24 r. du Castallet 🖋 58 76 02 95
RENAULT Gar. Cazenave, 27 r. du Castallet 🖋 58 76 00 19

STS-GEOSMES 52 H.-Marne 🔢 ③ – rattaché à Langres.

ST-SORLIN-D'ARVES 73530 Savoie 🔢 ⑥⑦ **G. Alpes du Nord** – 309 h. alt. 1 550.

Voir Site★ de l'église de St-Jean-d'Arves SE : 2,5 km.

Env. Col de la Croix de Fer ☀★★ O : 7,5 km puis 15 mn – Col du Glandon ≼★ puis Combe d'Olle★★ O : 10 km.

Paris 632 – Albertville 80 – Le Bourg-d'Oisans 44 – Chambéry 91 – St-Jean-de-Maurienne 20.

🏨 **Chardon Bleu** 🐟, 🖋 79 59 71 47, ≼, 🍴 – ☎ 🅿 🗉 VISA 🦌
1er juil.-31 août et 15 déc.-15 avril – **R** 85/120, enf. 60 – ⴰ 25 – **28 ch** 160/200 – ½ P 220/240.

ST-SULPICE 81370 Tarn 🔢 ⑨ – 4 016 h. alt. 91.

Paris 689 – ◆Toulouse 31 – Albi 47 – Castres 53 – Montauban 43.

XX **Aub. de la Pointe,** 🖋 63 41 80 14, Fax 63 41 90 24, ≼, 🍴, 🍽, 🐟 – 🅿. 🖭 🕐 🗉 VISA
fermé vacances de nov., vacances de fév., mardi soir et merc. d'oct. à juin – **R** 85/160 🦌, enf. 50.

CITROEN Graniti, 🖋 63 40 01 70
RENAULT Gomez 🖋 63 41 80 57 🇳

ST-SULPICE-SUR-LÈZE 31410 H.-Gar. 🔢 ⑰ – 1 264 h. alt. 198.

Paris 739 – ◆Toulouse 35 – Auterive 13 – Foix 52 – St-Gaudens 61.

XX **La Commanderie,** pl. H. de Ville 🖋 61 97 33 61, 🍴, 🐟 – 🗉 VISA
fermé 9 sept. au 1er oct., 10 au 25 fév., lundi soir et mardi – **R** 85/260 🦌, enf. 50.

ST-SYLVAIN 14190 Calvados 🔢 ⑯ – 903 h. alt. 48.

Paris 215 – ◆Caen 20 – Falaise 20 – Lisieux 41 – St-Pierre-sur-Dives 13.

XX **Aub. Crémaillère,** 🖋 31 78 11 18 – 🖭 🕐 VISA
fermé 8 au 14 juil., vacances de fév., lundi et mardi – **R** 90/250.

ST SYMPHORIEN 72480 Sarthe 🔢 ⑫ – 517 h.

Paris 227 – ◆Le Mans 27 – Alençon 52 – Laval 57 – Mayenne 55.

XX **Relais de la Charnie** avec ch, 🖋 43 20 72 06, 🐟 – ☎. VISA
⬤ fermé fév., dim.soir et lundi – **R** 70/190 🦌, enf. 50 – ⴰ 28 – **14 ch** 150/250 – ½ P 180/250.

ST-SYMPHORIEN-DE-LAY 42470 Loire 🔢 ⑧ – 1 544 h. alt. 480.

Paris 408 – Roanne 17 – ◆Lyon 69 – Montbrison 50 – ◆St-Étienne 67 – Thizy 17.

NE par N 7 et D 26 : 1,5 km – ✉ 42470 St-Symphorien-de-Lay :

XX **Aub. des Terrasses,** 🖋 77 64 72 87, ≼, 🐟 – 🅿. 🗉 VISA
⬤ fermé 5 au 12 août, 6 janv. au 3 fév., dim. soir et lundi – **R** 65/140.

ST-THÉGONNEC 29410 Finistère 🔢 ⑥ **G. Bretagne** – 2 133 h. alt. 112.

Voir Enclos paroissial★★.

Env. Enclos paroissial★★ de Guimiliau SO : 7,5 km.

Paris 550 – ◆Brest 48 – Châteaulin 52 – Landivisiau 12 – Morlaix 12 – Quimper 73 – St-Pol-de-Léon 23.

XXX **Aub. St-Thégonnec** 🅼 avec ch, 🖋 98 79 61 18, Fax 98 62 71 10 – 📺 ☎. 🖭 🕐 🗉 VISA 🦌 rest
fermé 25 déc. au 10 janv. – **R** (fermé dim. soir et lundi du 15 sept. au 15 juin) 80/200, enf. 60 – ⴰ 30 – **20 ch** 180/280 – ½ P 240/300.

ST-THIBAULT 18 Cher 🔢 ⑫⑬ – rattaché à Sancerre.

ST-THIBAULT-DES-VIGNES 77 S.-et-M. 🔢 ⑫ – rattaché à Lagny-sur-Marne.

ST-TROJAN-LES-BAINS 17 Char.-mar. 🔢 ⑭ – voir à Oléron (Ile d').

Voir Musée de l'Annonciade★★ Z – Port★ YZ – Môle Jean Réveille ≼★ Y – Citadelle★ Y : ≼★ des remparts, ≋★★ du donjon – Chapelle Ste-Anne ≼★ S : 4 km par av. P. Roussel Z.

🛈 Office de Tourisme quai J.-Jaurès 𝒫 94 97 45 21 et Gare Routière 𝒫 94 97 41 21.

Par ① : Paris 875 – Fréjus 35 – Aix-en-Provence 120 – Brignoles 63 – Cannes 75 – Draguignan 50 – ♦Toulon 69.

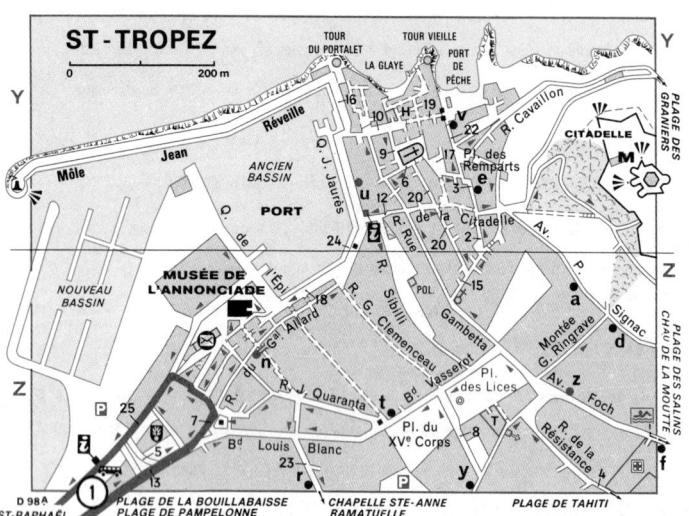

En saison : zone piétonne dans la vieille ville.

Aire-du-Chemin (R.) . . . . . . **Y** 2	Guichard (R. du Cdt) . . . . . **Y** 9	Péri (Quai Gabriel) . . . . . . **Z** 18
Aumale (Bd d') . . . . **Y** 3	Hôtel-de-Ville (Pl. de l') . . **Y** 10	Ponche (R. de la) . . . . **Y** 19
Belle-Isnarde (Ch. de la) . . **Z** 4	Laugier (R. V.) . . . . **Y** 12	Portail-Neuf (R. du) . . . . **YZ** 20
Blanqui (Pl. Auguste) . . . . . **Z** 5	Leclerc (Av. Général) . . . . **Z** 13	Remparts (R. des) . . . . **Y** 22
Clocher (R. du) . . . . **Y** 6	Miséricorde (R.) . . . . **Y** 15	Roussel (Av. Paul) . . . . . . **Z** 23
Croix-de-Fer (Pl. de la) . . . **Z** 7	Mistral (Quai Frédéric) . . **Y** 16	Suffren (Quai) . . . . **Y** 24
Grangeon (Av.) . . . . **Z** 8	Ormeau (Pl. de l') . . . . **Y** 17	11-Novembre (Av. du) . . . **Z** 25

🏨🏨🏨 **Byblos** M ⌖, av. P. Signac 𝒫 94 97 00 04, Télex 470235, Fax 94 97 40 52, ≼, ⌂, « Demeures provençales richement meublées », ⊿, ☞ – 🛗 ▤ 🆃🆅 ☎ ⟺ 🅿 – 🔼 50, ᴀᴇ ① E 𝚅𝙸𝚂𝙰 .... Z ⌖
mi-mars-mi-oct. – **Les Arcades R** carte 285 à 415 – ⊇ 96 – **70 ch** 1570/2260, 37 appart.

🏨🏨🏨 **Résidence de la Pinède** M ⌖, à la plage de la Bouillabaisse par ① : 1 km 𝒫 94 97 04 21, Télex 470489, Fax 94 97 73 64, ≼, ⌂, ⊿, ⌂ₛ, ☞ – 🛗 ▤ 🆃🆅 ☎ & 🅿 – 🔼 25, ᴀᴇ ① E 𝚅𝙸𝚂𝙰, ⌖ rest
15 mars-30 oct. – **R** 250/450 – ⊇ 90 – **34 ch** 1300/2400, 7 appart. – ½ P 1050/1450.

🏨🏨🏨 **Domaine de l'Astragale** M ⌖, par ① : 1,5 km, chemin de la Gassine 𝒫 94 97 48 98 Fax 94 97 16 01, ⊿, ☞, ⚞ – ▤ 🆃🆅 ☎ & 🅿 – 🔼 35, ᴀᴇ ① E 𝚅𝙸𝚂𝙰
mars-oct. – **R** carte 270 à 400 – ⊇ 90 – **34 ch** 1800/2400.

🏨🏨 **La Bastide de St Tropez** M ⌖, rte Carles : 1 km par av. P. Roussel – Z 𝒫 94 97 58 16 Télex 461275, Fax 94 97 21 71, ⌖, ⊿, ☞ – ▤ ch 🆃🆅 ☎ 🅿 ᴀᴇ ① E 𝚅𝙸𝚂𝙰
L'Olivier *(fermé 5 janv. au 5 fév. et mardi du 15 oct. au 15 mars)* **R** 200/400 enf. 100 – ⊇ 90 – **20 ch** 1800/2400, 7 appart. 2400/3200 – ½ P 1000/2000.

🏨🏨 **Résidence des Lices** sans rest, av. A. Grangeon 𝒫 94 97 28 28, ⊿, ☞ – ▤ 🆃🆅 ☎ 🅿 E 𝚅𝙸𝚂𝙰 .... Z ▾
24 mars-3 nov. et 22 déc.-6 janv. – ⊇ 50 – **41 ch** 550/1090.

🏨🏨 **Le Yaca**, 1 bd Aumale 𝒫 94 97 11 79, Télex 462140, Fax 94 97 58 50, ⌖, ⊿, ☞ – ▤ 🆃 ☎ ᴀᴇ ① E 𝚅𝙸𝚂𝙰 .... Y ▾
hôtel : 28 mars-10 oct., ; rest. : 15 juin-15 sept. – **R** (dîner seul.) carte 230 à 380 – ⊇ 60 – **22 ch** 850/1650.

🏨🏨 **La Ponche**, pl. Révelin 𝒫 94 97 02 53, Fax 94 97 78 61, ⌖ – 🛗 ▤ 🆃🆅 ☎. ᴀᴇ E 𝚅𝙸𝚂𝙰 ... Y ▾
1ᵉʳ mars-15 oct. – **R** 175 – ⊇ 40 – **19 ch** 350/1200.

🏨🏨 **Lou Troupelen** ⌖ sans rest, chemin des Vendanges 𝒫 94 97 44 88, ☞ – ☎ 🅿 ① E 𝚅𝙸𝚂𝙰, ⌖ .... Z
22 mars-3 nov. – ⊇ 40 – **44 ch** 290/440.

🏨🏨 Ermitage sans rest, av. P. Signac 𝒫 94 97 52 33, ≼, ☞ – ☎ 🅿 .... Z ▾
27 ch.

Palmiers sans rest, 26 bd Vasserot ℰ 94 97 01 61, Télex 970941, Fax 94 97 10 02, ⇗ – ☎ 🅔 Ⓔ 𝖵𝖨𝖲𝖠 Z t
⟝ 30 – **23 ch** 350/490.

Lou Cagnard sans rest, av. P. Roussel ℰ 94 97 04 24, ⇗ – ☎ Ⓟ Z r
fermé 15 nov. au 27 déc. – ⟝ 30 – **19 ch** 200/350.

✿ **Le Chabichou** (Rochedy), av. Foch ℰ 94 54 80 00, Télex 461051, Fax 94 54 81 07, ⛭ – ☒ 🅔 Ⓔ 𝖵𝖨𝖲𝖠 Z z
25 avril-6 oct. – **R** 200/520
Spéc. Darne de colin braisée au pistou, Tourte de daube et blettes à la provençale, Abricots rôtis et glace pistache. Vins Gassin.

Le Girelier, au port ℰ 94 97 03 87, ≤, ⛭ – 🗐. 🅰🅴 🅞 Ⓔ 𝖵𝖨𝖲𝖠 Y u
fermé 1er au 15 mars, 1er janv. au 28 fév. et jeudi (sauf le soir en juil.-août) – **R** 170.

L'Échalotte, 35 r. Allard ℰ 94 54 83 26, ⛭ – 🗐. 🅰🅴 Ⓔ 𝖵𝖨𝖲𝖠 Z n
fermé 13 nov. au 13 déc. – **R** 160 bc/230.

au SE : par av. Foch - Z – ⬚ 83990 St-Tropez :

Levant M ⤳ sans rest, à 2,8 km ℰ 94 97 33 33, « Jardin », ⤵ – ☎ Ⓟ. 🅰🅴 🅞 Ⓔ 𝖵𝖨𝖲𝖠
23 mars-13 oct. – ⟝ 45 – **28 ch** 650/795.

La Tartane ⤳, à 3 km ℰ 94 97 21 23, Fax 94 97 09 16, ⛭, « Jardin », ⤵ – 🗐 ch ☒ ☎ Ⓟ. 🅰🅴 Ⓔ 𝖵𝖨𝖲𝖠
hôtel : 15 mars-5 nov. ; rest. : 1er avril-15 oct. – **R** (déj. seul.) 120/220 – ⟝ 62 – **12 ch** 650/870.

La Barlière M ⤳ sans rest, à 1,5 km ℰ 94 97 41 24, Fax 94 97 73 40, ⤵, ⇗ – ☎ Ⓟ. Ⓔ 𝖵𝖨𝖲𝖠
fermé 10 janv. au 1er fév. – ⟝ 70 – **22 ch** 500/700.

Pré de la Mer ⤳ sans rest, à 2,5 km ℰ 94 97 12 23, « Jardin » – cuisinette ☒ ☎ Ⓟ. Ⓔ 𝖵𝖨𝖲𝖠. ⛱
15 avril-30 sept. – ⟝ 50 – **12 ch** 575/850.

La Bastide des Salins ⤳ sans rest, à 4 km ℰ 94 97 24 57, Fax 94 97 72 01, ≤, « Jardin », ⤵ – cuisinette ☒ ☎ Ⓟ. 🅰🅴 𝖵𝖨𝖲𝖠
⟝ 75 – **14 ch** 850/1650.

au SE : par r. de la Résistance et rte de Tahiti - Z

Château de la Messardière M ⤳, à 2 km ⬚ 83990 St-Tropez ℰ 94 97 56 57, Télex 461150, Fax 94 54 86 69, ≤ baie et plages, ⛭, parc, « Château du 19e s. et demeures provençales décorées avec raffinement », ⤵ – ⬧ 🗐 ☒ ☎ ₺ ⟿ Ⓟ – 🅪 200. 🅰🅴 🅞 Ⓔ 𝖵𝖨𝖲𝖠
22 mars-20 oct. – **R** 380/500 – ⟝ 100 – **87 ch** 1500/2800, 35 appart.

La Mandarine M ⤳, à 0,5 km ⬚ 83990 St-Tropez ℰ 94 97 21 00, Télex 970461, Fax 94 97 33 67, ≤, ⛭, ⤵, ⇗ – 🗐 ch ☒ ☎ Ⓟ. 🅰🅴 🅞 Ⓔ 𝖵𝖨𝖲𝖠
28 mars-mi oct. – **R** carte 250 à 370 – **38 ch** ⟝ 950/2000, 4 duplex 2800 – ½ P 705/1230.

St-Vincent M ⤳, à 4 km ⬚ 83350 Ramatuelle ℰ 94 97 36 90, Fax 94 54 80 37, ≤, ⛭, ⤵, ⇗ – ☎ Ⓟ. Ⓔ 𝖵𝖨𝖲𝖠
hôtel : 28 mars-20 oct. ; rest. : 15 mai-15 sept. – **R** grill carte 160 à 260 – ⟝ 50 – **20 ch** 850/1050.

La Figuière ⤳, à 4 km ⬚ 83350 Ramatuelle ℰ 94 97 18 21, ⛭, ⤵, ⇗, ⛹ – 🗐 ch ☒ ☎ Ⓟ. Ⓔ 𝖵𝖨𝖲𝖠
23 mars-10 oct. – **R** grill carte environ 180 – **45 ch** ⟝ 450/850.

St-André ⤳ sans rest, à 4 km ⬚ 83350 Ramatuelle ℰ 94 97 21 54, Fax 94 97 37 80, ⇗ – ☒ ☎ Ⓟ. 𝖵𝖨𝖲𝖠. ⛱
Pâques-30 sept. – ⟝ 45 – **28 ch** 450/650.

La Garbine M ⤳ sans rest, à 4 km ⬚ 83350 Ramatuelle ℰ 94 97 11 84, ≤, ⤵, ⇗, ⛹ – 🗐 ☒ ☎ Ⓟ. 🅰🅴 Ⓔ 𝖵𝖨𝖲𝖠
31 mars-1er nov. et 25 déc.-8 janv. – ⟝ 50 – **20 ch** 450/950.

La Ferme d'Augustin ⤳ sans rest, à 4 km ⬚ 83350 Ramatuelle ℰ 94 97 23 83, Télex 462809, Fax 94 97 40 30, ≤, ⇗ – ☎ Ⓟ. Ⓔ 𝖵𝖨𝖲𝖠
22 mars-15 oct. – ⟝ 60 – **34 ch** 485/700, 3 appart..

par ① et D 93 rte de Ramatuelle – ⬚ 83350 Ramatuelle :

Les Bouis M ⤳ sans rest, à 6 km ℰ 94 79 87 61, Fax 94 79 85 20, ≤ mer, ⤵, ⇗ – 🗐 ☒ ☎ Ⓟ. Ⓔ 𝖵𝖨𝖲𝖠
Pâques-15 oct. – ⟝ 60 – **15 ch** 950.

Les Bergerettes M ⤳, à 5 km ℰ 94 97 40 22, Fax 94 97 37 55, ≤, ⛭, parc, ⤵ – 🗐 ch ☒ ☎ Ⓟ. 🅰🅴 Ⓔ 𝖵𝖨𝖲𝖠
hôtel : Pâques-oct. ; rest. : mai-oct. – **R** grill carte environ 190 – ⟝ 65 – **29 ch** 800/940.

Deï Marres ⤳ sans rest, à 3 km ℰ 94 97 26 68, ≤, ⤵, ⇗, ⛹ – ☒ ☎ Ⓟ. 🅰🅴 🅞 Ⓔ 𝖵𝖨𝖲𝖠. ⛱
15 mars-30 oct. – ⟝ 45 – **13 ch** 550/900.

Aub. des Vieux Moulins avec ch, à 4 km ℰ 94 97 17 22, ⛭ – ☒ ☎ Ⓟ. 🅰🅴 Ⓔ 𝖵𝖨𝖲𝖠
avril-oct. – **R** (dîner seul.) carte environ 250 – ⟝ 30 – **5 ch** 440/540.

par ① *quartier Trézain* : 3 km – ⊠ **83990** St-Tropez :

🏨 **Les Capucines** 🐾 sans rest, ℰ 94 97 70 05, Fax 94 97 55 85, 🏊, 🎿 – 📺 ☎ 🅿 ⒶⒺ ⓪ Ⲉ 𝘝𝘐𝘚𝘈
1er avril-15 oct. – ⊡ 48 – **24 ch** 490/920.

🏨 **Treizain** 🐾 sans rest, ℰ 94 97 70 08, ≤, 🏊, 🎿 – 📺 ☎ – *saisonnier* – **16 ch**.

par ① *et rte de Gassin* : 3,5 km – ⊠ **83990** St-Tropez :

🏨🏨 **Mas de Chastelas** 🐾, ℰ 94 56 09 11, Télex 462393, Fax 94 56 11 56, ≤, 🍴, parc,
« Ancienne magnanerie », 🏊, 🎾, – 📺 ☎ 🅿 ⒶⒺ ⓪ Ⲉ 𝘝𝘐𝘚𝘈. 🍴 rest
R carte 300 à 400 – ⊡ 80 – **20 ch** 900/1400, 10 appart. 1750/1950.

CITROEN Azzena, à Gassin par ① ℰ 94 56 10 38

ST-VAAST-LA-HOUGUE **50550** Manche 🗺 ③ G. Normandie Cotentin – 2 359 h. alt. 4.

🛥 de Fontenay-sur-Mer ℰ 33 21 44 27, S : 16 km.

🚩 Syndicat d'Initiative quai Vauban (15 juin-15 sept.) ℰ 33 54 41 37.

Paris 350 – Carentan 40 – Cherbourg 30 – St-Lô 68 – Valognes 17.

🏨 **France et Fuchsias**, ℰ 33 54 42 26, Fax 33 43 46 79, parc – 📺 ☎ ⒶⒺ ⓪ Ⲉ 𝘝𝘐𝘚𝘈
✦ *fermé 8 janv. au 20 fév. et lundi d'oct. à avril sauf vacances scolaires* – **R** 70/190 🖤, enf. 48
– ⊡ 35 – **32 ch** 160/340 – ½ P 180/290.

🏨 **La Granitière**, ℰ 33 54 58 99, Fax 33 20 34 91 – ≤→ rest ☎. ⓪ Ⲉ 𝘝𝘐𝘚𝘈. 🍴 rest
hôtel : fermé 15 nov. au 15 déc., 5 janv. au 1er mars, mardi et merc. de mars à mai sau
fériés – **R** *(1er mars-15 oct. et fermé mardi et merc. de mars à mai sauf fériés)* (dîner seul
pour résidents seul.) 80/130, enf. 65 – ⊡ 35 – **9 ch** 180/400 – ½ P 240/365.

ST-VALÉRIEN **89150** Yonne 🗺 ⑬ – 1 437 h. alt. 165.

Paris 112 – Fontainebleau 48 – Auxerre 63 – Nemours 32 – Sens 14.

✗✗ **Aub. du Gatinais**, ℰ 86 88 62 78 – Ⲉ 𝘝𝘐𝘚𝘈
fermé 15 au 30 sept., 1er au 20 fév., mardi et merc. sauf fériés – **R** 90/220.

PEUGEOT-TALBOT Gar. Février ℰ 86 88 61 05

ST-VALÉRY-EN-CAUX **76460** S.-Mar. 🗺 ③ G. Normandie Vallée de la Seine – 5 814 h. alt. 8 –
Casino – Voir Falaise d'Aval ≤★ O : 15 mn.

🚩 Office de Tourisme pl. Hôtel de Ville ℰ 35 97 00 63.

Paris 198 – Bolbec 42 – Dieppe 32 – Fécamp 32 – ◆Rouen 59 – Yvetot 30.

🏨 **Altéa** 🅼, 14 av. Clemenceau ℰ 35 97 35 48, Télex 172308, Fax 35 97 65 40, ≤ – 🛗 📺 ☎
& ⟶ – 🔏 40 à 60. ⒶⒺ ⓪ Ⲉ 𝘝𝘐𝘚𝘈. 🍴 rest
R 80/150, enf. 52 – ⊡ 47 – **153 ch** 280/460 – ½ P 300/420.

🏠 **Terrasses**, à la plage ℰ 35 97 11 22, ≤ – ⬜. ⓪ Ⲉ 𝘝𝘐𝘚𝘈
fermé 20 déc. au 30 janv. et merc. – **R** 130/180 🖤 – ⊡ 30 – **12 ch** 220/330 – ½ P 280/300

🏠 **Bains**, pl. Marché ℰ 35 97 04 32 – Ⲉ 𝘝𝘐𝘚𝘈
R 75/110 – ⊡ 25 – **17 ch** 150/200.

✗✗ **Port**, ℰ 35 97 08 93, ≤ – Ⲉ 𝘝𝘐𝘚𝘈
fermé dim. soir (sauf juil.-août) et lundi – **R** 115/198.

✗ **Pigeon Blanc**, près vieille église ℰ 35 97 90 22 – ⒶⒺ Ⲉ 𝘝𝘐𝘚𝘈
✦ *fermé 15 déc. au 5 janv., 1er au 25 fév. et merc. d'oct. à avril* – **R** 68/135 🖤.

CITROEN Soudé ℰ 35 97 01 88   RENAULT Gar. Dupuis ℰ 35 97 08 44

ST-VALLIER **26240** Drôme 🗺 ① G. Vallée du Rhône – 4 556 h. alt. 138.

Paris 529 – Valence 33 – Annonay 21 – ◆St-Étienne 61 – Tournon 15 – Vienne 40.

✗✗✗ **Terminus et rest. Albert Lecomte** 🅼 avec ch, 116 av. J. Jaurès, rte Lyor
ℰ 75 23 01 12, Télex 306022, Fax 75 23 38 82 – ⬛ 📺 ☎ ⟵⟶. ⒶⒺ ⓪ Ⲉ 𝘝𝘐𝘚𝘈
fermé 5 au 26 août, vacances de fév., dim. soir et lundi – **R** 135/350, enf. 70 – ⊡ 50 –
10 ch 260/370.

✗✗ **Voyageurs**, 2 av. J. Jaurès ℰ 75 23 04 42 – ⬛. ⒶⒺ ⓪ Ⲉ 𝘝𝘐𝘚𝘈
✦ *fermé 2 au 25 juin, dim. soir et lundi* – **R** 70/220, enf. 60.

PEUGEOT-TALBOT Gar. de l'Europe ℰ 75 23 02 65   Gar. Trouiller ℰ 75 23 07 78
RENAULT Martin-Nave ℰ 75 23 13 34
🆖 ℰ 75 84 29 61

ST-VALLIER-DE-THIEY **06460** Alpes-Mar. 🗺 ⑧, 🗺 ㉓ G. Côte d'Azur – 931 h. alt. 724.

Voir Pas de la Faye ≤★★ NO : 5 km – Col de la Lèque ≤★ SO : 5 km.

🚩 Syndicat d'Initiative pl. du Tour ℰ 93 42 78 00.

Paris 913 – Cannes 29 – Castellane 51 – Draguignan 61 – Grasse 12 – ◆Nice 51.

🏨 **Le Préjoly**, ℰ 93 42 60 86, 🍴, 🎿 – 📺 ☎ ⒶⒺ ⓪ 𝘝𝘐𝘚𝘈
fermé vacances de nov. et de Noël – **R** *(fermé mardi sauf juil.-août)* 100/195 – ⊡ 35 –
17 ch 200/350 – ½ P 250/350.

🏠 **Relais Impérial**, ℰ 93 42 60 07, Fax 93 42 66 21, 🍴 – 📺 ☎ ⒶⒺ ⓪ Ⲉ 𝘝𝘐𝘚𝘈
fermé 15 nov. au 15 déc. – **R** 95/180 – ⊡ 29 – **27 ch** 180/350 – ½ P 235/310.

Voir Village★★.

🎪 Syndicat d'Initiative ℰ 92 45 82 21.

Paris 732 – Briançon 51 – Guillestre 32.

🏠 **Chateaurenard** Ⓜ ఌ, ℰ 92 45 85 43, ≤ vallée et montagnes, 🍴 – 🖵 ☎ ℗ 🄴
← 𝑉𝐼𝑆𝐴
22 déc.-10 sept. et fermé 3 au 10 juin – **R** 60/160, enf. 45 – ⌷ 29 – **20 ch** 250/330 –
½ P 265/295.

🏠 **Grand Tétras** ఌ, ℰ 92 45 82 42, ≤, 🍴 – ☎. 🄴 𝑉𝐼𝑆𝐴
← 8 juin-15 sept. et 21 déc.-25 avril – **R** 63/94 ⚘, enf. 55 – ⌷ 30 – **21 ch** 190/300 –
½ P 222/270.

Paris 405 – Mâcon 12 – Bourg-en-Bresse 48 – ◆Lyon 66 – Villefranche-sur-Saône 33.

✗ **Aub. St-Vérand** avec ch, ℰ 85 37 16 50, 🍴, 🍴 – ℗ 🄴 𝑉𝐼𝑆𝐴
← fermé 15 déc. au 15 janv., lundi et mardi en hiver et lundi sauf hôtel en sais. – **R** 60/100
⚘, enf. 40 – ⌷ 20 – **11 ch** 130/250 – ½ P 160/205.

Voir Château du Touvet★ S : 3 km, **G. Alpes du Nord**.

Paris 571 – ◆Grenoble 31 – Belley 63 – Chambéry 27 – La Tour-du-Pin 74.

✗✗ **Aub. St-Vincent** avec ch, ℰ 76 08 46 97, 🍴 – 🍽 rest. 🖵 ☎ ℗. 🄰🄴 🄴 𝑉𝐼𝑆𝐴
fermé 19 au 26 avril, 1er au 8 sept., 27 oct. au 4 nov., lundi (sauf le soir du 1/10 au 30/4) et
dim. soir – **R** 90/300, enf. 50 – ⌷ 34 – **15 ch** 230/300 – ½ P 280/320.

RENAULT Gar. Gherardi ℰ 76 08 42 04

Paris 744 – Biarritz 40 – Mont-de-Marsan 72 – ◆Bayonne 25 – Dax 24 – Pau 95 – Peyrehorade 24.

🏠 **Côte d'Argent** ఌ sans rest, rte Hossegor ℰ 58 77 02 16, 🍴 – 🛗 🖵 ☎ ℗. 🄰🄴 ⓪ 🄴
𝑉𝐼𝑆𝐴
⌷ 25 – **23 ch** 200/250.

🏠 **Twickenham,** av. Gare ℰ 58 77 01 60, Fax 58 77 95 15, 🍴, ⅃, 🍴 – 🖵 ☎ ℗ – 🏕 40.
← 🄰🄴 ⓪ 🄴 𝑉𝐼𝑆𝐴
R 65/180 - L'Amphitryon (fermé nov., dim. soir et lundi) **R** 135/198, enf. 90 – ⌷ 25 – **37 ch**
220/300 – ½ P 260/290.

✗✗✗ ⊛ **Le Hittau** (Dando), ℰ 58 77 11 85, 🍴, « Ancienne bergerie dans un jardin fleuri » –
℗. 🄰🄴 ⓪ 🄴 𝑉𝐼𝑆𝐴
fermé 4 fév. au 17 mars, dim. soir et lundi (sauf le soir en juil.-août) – **R** 125/350
Spéc. Emincé de ris de veau tiède aux langoustines, Foie chaud de canard au vinaigre de Xérès. Pigeon du
pays à l'ail doux confit. Vins Jurançon, Madiran.

✗✗ **Les Gourmets,** N10 ℰ 58 77 16 97, 🍴 – 🄴 𝑉𝐼𝑆𝐴
fermé 24 au 31 déc., mardi soir et merc. soir hors sais. – **R** 120/155 ⚘, enf. 40.

RENAULT Darrigade ℰ 58 77 03 33 🅽   ⓦ Comptoir Landais Pneu ℰ 58 77 00 88

Paris 402 – La Roche-sur-Yon 33 – Cholet 46 – ◆Nantes 67 – Niort 63 – Poitiers 124.

✗✗ **Aub. du Parc,** ℰ 51 40 23 17, ⅃, 🍴 – ℗. 🄰🄴 ⓪ 🄴 𝑉𝐼𝑆𝐴
fermé 1er au 15 mars, 1er au 15 oct. et mardi soir – **R** 100 bc/320, enf. 65.

🎪 Syndicat d'Initiative le Bourg (juil.-août) ℰ 51 33 62 06.

Paris 458 – La Rochelle 00 – La Roche-sur-Yon 33 – Challans 67 – Luçon 32 – Les Sables-d'Olonne 22.

🏨 **Océan** ఌ, S : 1 km (près maison de Clemenceau) ℰ 51 33 40 45 – ☎ ℗. 🄴 𝑉𝐼𝑆𝐴
← fermé 15 nov. au 15 fév. et jeudi hors sais. – **R** 70/180 ⚘, enf. 50 – ⌷ 26 – **38 ch** 140/320
– ½ P 200/300.

🏠 **Chabosselières** sans rest, rte Jard ℰ 51 33 43 32 – ☎. 🄴 𝑉𝐼𝑆𝐴
fermé 15 nov. au 20 déc., 3 janv. au 10. fév., mardi soir et merc. hors sais. sauf vacances
scolaires – ⌷ 25 – **10 ch** 200/230.

✗ **Chalet St Hubert** avec ch, rte Jard ℰ 51 33 40 33, 🍴 – ℗. 🄴 𝑉𝐼𝑆𝐴
← fermé 15 nov. au 14 déc., dim. soir et lundi du 15 sept. au 15 juin – **R** 65/235, enf. 40 –
⌷ 20 – **10 ch** 160/190 – ½ P 170/185.

ST-VIT **25410** Doubs 66 ⑭⑮ – 3 801 h. alt. 251.
Paris 396 – ♦Besançon 18 – Dole 28 – Gray 39 – Pontailler-sur-Saône 40 – Salins-les-Bains 37.

XX **Le Tisonnier,** E : 5 km rte Besançon ✆ 81 58 50 01, Fax 81 58 63 46 – P. AE E VISA
R 85/215 ⅓, enf. 40.

ST-VRAIN **91770** Essonne 60 ⑩, 106 ㊸ – 2 295 h. alt. 60.
Voir Parc animalier et de loisirs ★, G. Ile de France.
Paris 41 – Fontainebleau 45 – Corbeil-Essonnes 16 – Étampes 23 – Melun 31.

XX **Host. de St-Caprais** avec ch, r. St-Caprais ✆ (1) 64 56 15 45, , – AE E VISA
fermé 15 juil. au 7 août – **R** *(fermé dim. soir et lundi)* 130/165, enf. 80 – ☐ 30 – **6 ch** 280.

ST-WANDRILLE-RANÇON **76490** S.-Mar. 55 ⑤ G. Normandie Vallée de la Seine – 1 184 h. alt. 25.
Voir Abbaye★ (chant grégorien).
Paris 167 – ♦Rouen 35 – Barentin 18 – Duclair 15 – Lillebonne 20 – Yvetot 14.

XX **Aub. Deux Couronnes,** ✆ 35 96 11 44, « Maison normande ancienne » – AE E VISA
fermé 2 au 20 sept., dim. soir et lundi – **R** 110/135 ⅓, enf. 54.

ST-YORRE **03** Allier 73 ⑤ – rattaché à Vichy.

ST-YRIEIX-LA-PERCHE **87500** H.-Vienne 72 ⑰ G. Berry Limousin – 8 037 h. alt. 369.
Voir Collégiale du Moûtier★.
Office de Tourisme 6 r. Plaisances (juil.-août) ✆ 55 75 94 60 et à la Mairie (hors saison) ✆ 55 75 00 04.
Paris 436 – ♦Limoges 40 – Brive 62 – Périgueux 62 – Rochechouart 52 – Tulle 74.

XX **Host. Tour Blanche** avec ch, 74 bd Hôtel de Ville ✆ 55 75 18 17 – TV ☎ P. ⓞ E VISA
fermé 15 fév. au 15 mars et merc. du 1er oct. au 15 avril sauf fêtes – **R** 74/207 ⅓, enf. 42 – ☐ 24 – **11 ch** 167/218 – ½ P 150/191.

à la Roche l'Abeille NE : 12 km par D 704 et 17A – ✉ **87800** :

 ✿✿ **Moulin de la Gorce** (Bertranet) , S : 2 km par D 17 ✆ 55 00 70 66, Fax 55 00 76 57, <, « En bordure d'étang, parc » – TV ☎ P. AE ⓞ E VISA
fermé 6 janv. au 4 fév., dim. soir et lundi du 22 sept. au 30 avril – **R** 170/450 et carte, enf. 130 – ☐ 60 – **9 ch** 350/600 – ½ P 700/750
Spéc. Oeufs brouillés aux truffes en coque, Asperges vertes aux langoustines sauce vanille (20 déc. à fin mai), Lièvre à la royale (15 oct. à fin déc.).

CITROEN Lenfant, av. de Périgueux ✆ 55 75 00 30
RENAULT Saint-Yrieix Autom., rte de Limoges ✆ 55 75 90 80 N ✆ 55 08 18 18
V.A.G Faurel, 9 bis bd Hôtel de Ville ✆ 55 75 10 70

Pneus et Caoutchouc, 3 av. de Limoges ✆ 55 08 14 98

STE-ADRESSE **76** S.-Mar. 55 ③ – rattaché au Havre.

STE-ANNE-D'AURAY **56400** Morbihan 63 ② G. Bretagne – 1 554 h. alt. 34.
Voir Trésor★ de la basilique – Pardon (26 juil.).
Paris 476 – Vannes 16 – Auray 6 – Hennebont 30 – Locminé 27 – Lorient 38 – Quimperlé 54.

 Croix Blanche, ✆ 97 57 64 44, – rest ☎ P. AE ⓞ E VISA.
fermé janv., dim. soir et lundi du 15 sept. au 30 avril – **R** 62/205, enf. 47 – ☐ 32 – **23 ch** 122/327 – ½ P 175/266.

 Le Myriam sans rest, ✆ 97 57 70 44 – ☎ P
Pâques-oct. et fermé mardi soir et lundi (en mai-juin) – ☐ 22 – **30 ch** 210/250.

 Paix, ✆ 97 57 65 08 – ☎
mars-oct. et fermé lundi soir et mardi – **R** 58/120 – ☐ 20 – **24 ch** 130/175.

XX **L'Auberge** avec ch, ✆ 97 57 61 55 – P. E VISA
fermé 8 au 21 oct., 7 au 28 janv., mardi soir et merc. – **R** 70 (sauf sam. soir)/280, enf. 45 – ☐ 19 – **7 ch** 87/145 – ½ P 133/162.

RENAULT Gar. Josset ✆ 97 57 64 13 N ✆ 97 57 74 30

STE-ANNE-DU-CASTELLET **83** Var 84 ⑭ – rattaché au Castellet.

STE-ANNE-LA-PALUD (Chapelle de) **29** Finistère 58 ⑭ G. Bretagne – alt. 65 – ✉ **29127** Plonevez-Porzay.
Voir Pardon (fin août).
Paris 569 – Quimper 25 – ♦Brest 66 – Châteaulin 19 – Crozon 38 – Douarnenez 16 – Plomodiern 11.

 ✿ **Plage** , à la plage ✆ 98 92 50 12, Télex 941377, Fax 98 92 56 54, <, , , – TV ☎ P – 30. AE ⓞ E VISA. rest
28 mars-15 oct. – **R** 185/360 – **26 ch** ☐ 540/850, 4 appart. 1150 – ½ P 580/750
Spéc. Homard et langouste, Poissons du marché, Petites crêpes au miel d'orange.

STE-CÉCILE-LES-VIGNES 84290 Vaucluse **31** ② – 1 838 h. alt. 106.

Paris 650 – Avignon 47 – Bollène 12 – Nyons 26 – Orange 16 – Vaison-la-Romaine 22.

XXX **Le Relais** (chambres prévues), ℰ 90 30 84 39, ㄹ – ▤ **℗**. **E** *VISA*
　　fermé 4 au 18 mars, 1ᵉʳ au 14 oct., dim. soir et lundi – **R** 140/260, enf. 50.

Ⓖ Comtat-Pneus ℰ 90 30 88 11

STE-COLOMBE 84 Vaucluse **66** ⑥ – rattaché à Bédoin.

STE-CROIX 01 Ain **74** ② – rattaché à Montluel.

STE-CROIX-AUX-MINES 68160 H.-Rhin **62** ⑱ – 2 010 h. alt. 314.

Voir Vallée de la Liepvrette★ E, G. Alsace Lorraine.

Tunnel de Ste-Marie-aux-Mines SO : 2 km. Péage en 1990 aller simple : autos 15 F, camions 30
à 60 F, motos 8 F - Renseignements par S.A.P.R.R. ℰ 29 51 21 71.

Paris 410 – Colmar 40 – Ribeauvillé 23 – St-Dié 25 – Sélestat 18.

XX **Central** avec ch, ℰ 89 58 73 27 – **☎**. **AE** *VISA* ≶ ch
　　fermé 15 au 30 juin, 15 fév. au 4 mars, dim. soir et lundi – **R** 95/300 ♣ – ⊂⊃ 25 – **9 ch**
　　110/250.

CITROEN Gar. Vogel, à Ste-Marie-aux-Mines　　　　　PEUGEOT Gar. Moeglen, à Ste-Marie-aux-Mines
ℰ 89 58 74 73 **N**　　　　　　　　　　　　　　　　　ℰ 89 58 70 40
FORD Gar. Schroth, Échery à Ste-Marie-aux-
Mines ℰ 89 58 71 06

STE-CROIX-EN-JAREZ 42 Loire **73** ⑱ – rattaché à Rive-de-Gier.

STE-ÉNIMIE 48210 Lozère **80** ⑤ G. Gorges du Tarn (plan) – 500 h. alt. 470.

Env. ≼★★ sur le canyon du Tarn S : 6,5 km par D 986.

🄸 Office de Tourisme à la Mairie ℰ 66 48 53 44.

Paris 610 – Mende 28 – Florac 27 – Meyrueis 29 – Millau 56 – Sévérac-le-Château 46 – Le Vigan 86.

🏠 **Burlatis** ⣇ sans rest, ℰ 66 48 52 30 – **☎**. **E** *VISA*. ≶
　　1ᵉʳ mai-1ᵉʳ oct. et fermé lundi en mai et juin – ⊂⊃ 25 – **18 ch** 230/300.

STE-FEYRE 23 Creuse **72** ⑩ – rattaché à Guéret.

STE-FOY 71110 S.-et-L. **73** ⑧ – 157 h. alt. 485.

Paris 394 – Moulins 83 – Charolles 28 – Lapalisse 46 – ✦Lyon 102 – Mâcon 73 – Roanne 35.

X **Le Brionnais** avec ch, ℰ 85 25 83 27 – ☜ **℗** **AE** **E** *VISA*
　　fermé 1ᵉʳ au 9 sept., 1ᵉʳ au 8 janv., dim. soir et lundi sauf juil.-août et fériés – **R** 88/168,
　　enf. 50 – ⊂⊃ 18 – **7 ch** 120/170 – ½ P 120/160.

STE-FOY-LA-GRANDE 33220 Gironde **75** ⑬⑭ G. Périgord Quercy – 3 218 h. alt. 20.

🄸 Syndicat d'Initiative r. République ℰ 57 46 03 00.

Paris 554 ⑤ – Périgueux 64 ① – ✦Bordeaux 70 ⑤ – Langon 57 ④ – Marmande 44 ③.

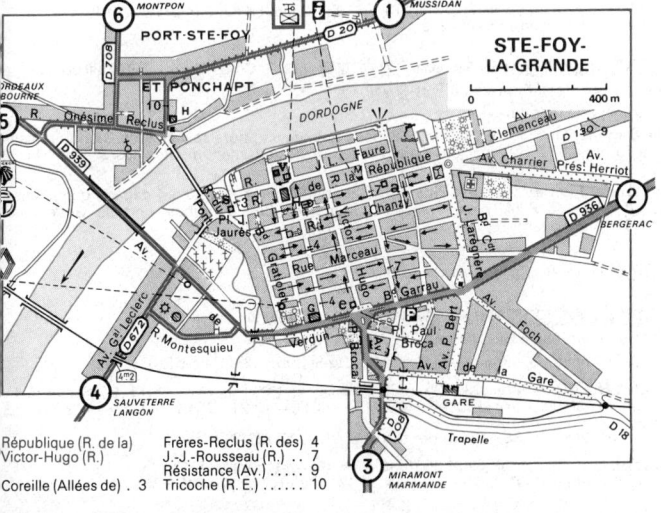

République (R. de la)　　　Frères-Reclus (R. des)　4
Victor-Hugo (R.)　　　　　 J.-J.-Rousseau (R.) . .　7
　　　　　　　　　　　　　　Résistance (Av.) . . . . .　9
Coreille (Allées de) . 3　　Tricoche (R. E.) 10

Gd Hôtel, r. République **(a)** 57 46 00 08, Fax 57 46 50 70, – **18 ch**.

Victor Hugo, r. V. Hugo **(e)** 57 46 18 03 – AE E VISA
fermé 1er au 16 sept., 17 fév. au 4 mars, lundi midi et dim. – **R** brasserie carte 80 à 190 – 25 – **12 ch** 180/250.

Boule d'Or, pl. J. Jaurès **(s)** 57 46 00 76, – AE E VISA
fermé 1er au 20 sept., 20 déc. au 20 fév. et lundi sauf juil.-août – **R** 65/160, enf. 40 – 22 – **24 ch** 150/230 – ½ P 150/200.

Vieille Auberge, r. Pasteur **(v)** 57 46 04 78 – E VISA
fermé 3 au 17 juin, 25 nov. au 16 déc., dim. soir et lundi – **R** 66/200, enf. 50.

AUSTIN, JAGUAR, ROVER, TRIUMPH Letellier, 5 pl. Broca 57 46 15 85
PEUGEOT-TALBOT A.C.A.L., à Pineuilh 57 46 33 10
RENAULT Daniel, 26 bd Gratiolet 57 46 01 63
Service du Pneu, à Port-Ste-Foy 53 24 76 00

STE-FOY-TARENTAISE 73640 Savoie 74 ⑲ **G. Alpes du Nord** – 707 h. alt. 1 051.
Paris 650 – Albertville 65 – Chambéry 113 – Moûtiers 39 – Val-d'Isère 19.

Le Monal M, 79 06 90 07 – E VISA rest
fermé 10 mai au 20 juin et 25 oct. au 25 nov. – **R** 65/105, enf. 35 – 32 – **24 ch** 100/280 – ½ P 190/220.

STE-GEMME-MORONVAL 28 E.-et-L. 60 ⑦, 106 ㉕ – rattaché à Dreux.

STE-GENEVIÈVE-SUR-ARGENCE 12420 Aveyron 76 ⑬ – 1 174 h. alt. 800.
Env. Barrage de Sarrans** N : 8 km, **G. Gorges du Tarn**.
Paris 570 – Aurillac 59 – Chaudes-Aigues 37 – Espalion 47 – Mende 114.

Voyageurs, 65 66 41 03, – AE E VISA
fermé 20 sept. au 9 oct., dim. soir et sam. du 1er nov. au 1er juin – **R** 55/145, enf. 35 – 18 – **17 ch** 90/200 – ½ P 180/200.

STE-HERMINE 85210 Vendée 67 ⑮ – 2 340 h. alt. 30.
Paris 425 – La Roche-sur-Yon 34 – Fontenay-le-Comte 22 – ♦Nantes 89 – Les Sables-d'Olonne 61.

Relais de la Marquise avec ch, 51 27 30 11 – E VISA
fermé 2 au 9 nov., 26 janv. au 13 fév., dim. soir sauf de juin à sept. et lundi – **R** 60/160, enf. 42 – 18 – **10 ch** 110/170 – ½ P 148/163.

STE-LIVRADE-SUR-LOT 47110 L.et-G. 79 ⑤ – 5 960 h. alt. 53.
Voir Fongrave : retable* de l'église O : 5 km, **G. Pyrénées Aquitaine**.
Syndicat d'Initiative av. R.-Bouchon (saison) 53 01 45 88 et à la Mairie (hors saison) 53 01 04 76.
Paris 618 – Agen 39 – Marmande 43 – Nérac 49 – Tonneins 26 – Villeneuve-sur-Lot 9,5.

Midi, 53 01 00 32 – cuisinette rest AE E VISA
2 mai-15 déc. – **R** 66/170, enf. 40 – 20 – **23 ch** 160/220 – ½ P 200.

FORD Mandelli 890 r. Tour-de-Ville 53 01 04 61
HONDA Boudou, bd du Nord 53 01 02 09
Gar. Getto, bd du Nord 53 01 01 15

STE-MARGUERITE (Ile) ** 06 Alpes-Mar. 84 ⑨, 195 ㉟㊴ **G. Côte d'Azur** – 06400 Cannes.
Voir Forêt** – <* de la terrasse du Fort-Royal.
Accès par transports maritimes.

depuis **Cannes**. En 1990 : en saison, 9 départs quotidiens ; hors saison, 5 départs quotidiens - Traversée 15 mn - 30 F (AR) par Cie Esterel-Chanteclair, gare maritime des Iles 93 39 11 82 (Cannes).

depuis **Golfe-Juan et Juan-les-Pins**. En 1990 : de Pâques à oct., 3 à 4 départs quotidiens - Traversée 30 mn – 46 F (AR) par Transports Maritimes Cap d'Antibes, Port de Golfe Juan 93 63 81 31 (Golfe Juan).

STE-MARIE 44 Loire-Atl. 67 ① – rattaché à Pornic.

STE-MARIE-DE-CAMPAN 65 H.-Pyr. 85 ⑲ – alt. 857 – 65710 Campan.
Env. *** du col d'Aspin SE : 13 km, **G. Pyrénées Aquitaine**.
Paris 823 – Pau 74 – Arreau 26 – Bagnères-de-Bigorre 12 – Luz-St-Sauveur 35 – Tarbes 33.

Chalet H., NO : 1 km sur D 935 62 91 85 64, <, – E VISA rest
1er juin-15 oct. et 22 déc.-Pâques – **R** 60/120, enf. 50 – 21 – **25 ch** 149/250 – ½ P 164/226.

au Lac de Payolle SE : 10 km par D 918 et VO – 65710 Campan :

Arcoch avec ch, 62 91 85 76, < – 50. VISA rest
fermé oct. et nov. – **R** 85/200, enf. 40 – 24 – **20 ch** 178/270 – ½ P 242/285.

à Campan NO : 6,5 km par D 935 G. Pyrénées Aquitaine – ✉ 65710 .

Voir Vallée de Gripp★ S.

☂ **Beauséjour,** ℰ 62 91 75 30 – ☜
✦ *fermé 15 nov. au 15 déc.* – **R** 48/140 ⅄ – ☲ 20 – **20 ch** 80/150 – ½ P 140/160.

STE-MARIE-DE-VARS 05 H.-Alpes 77 ⑱ – rattaché à Vars.

STES-MARIES-DE-LA-MER – voir après Saintes.

STE-MARINE 29 Finistère 58 ⑮ G. Bretagne – ✉ 29120 Pont-l'Abbé.
Paris 559 – Quimper 19 – Bénodet 5,5 – Concarneau 26 – Pont-l'Abbé 9,5.

ХХ ✧ **Le Jeanne d'Arc** (Fargette) avec ch, ✉ 29120 ℰ 98 56 32 70 – **☎**. **ᴇ** VISA
1ᵉʳ avril-30 sept. et fermé lundi sauf juil.-août – **R** (nombre de couverts limité
- prévenir) 170/380 – ☲ 26 – **9 ch** 140/165 – ½ P 220
Spéc. Homard en cocotte, Paupiette de turbot aux langoustines, Bar de ligne à la vapeur d'algues.

STE-MAURE 10 Aube 61 ⑯ – rattaché à Troyes.

STE-MAURE-DE-TOURAINE 37800 I.-et-L. 68 ④⑤ G. Châteaux de la Loire – 4 130 h. alt. 72.
🛈 Syndicat d'Initiative r. du Château (15 juin-1ᵉʳ sept.) ℰ 47 65 66 20.
Paris 271 – ◆Tours 37 – Le Blanc 69 – Châtellerault 35 -- Chinon 33 – Loches 31 – Thouars 71.

🏨 **Host. Hauts de Ste-Maure** M, av. Ch. de Gaulle ℰ 47 65 50 65, Fax 47 65 60 24, ⌇,
☞ – ᑭ TV ☎ ⅋ ☎. ᴇ VISA
fermé dim. soir du 1ᵉʳ nov. au 28 fév. – **R** 78/195 ⅄, enf. 45 – ☲ 45 – **22 ch** 280/380 –
½ P 300/380.

ХХ **Gueulardière** avec ch, av. Ch. de Gaulle ℰ 47 65 40 71 – TV ☎ ⅋. ᴁᴇ ☎ ᴇ VISA. ⅍ rest
fermé 15 au 30 nov., 15 au 31 janv., dim. soir d'oct. à mars et lundi – **R** 80/220, enf. 50 –
☲ 30 – **16 ch** 180/280.

ХХ **Veau d'Or** avec ch, r. Dr Patry ℰ 47 65 40 41 – ⅋. ᴇ VISA
✦ *fermé 12 au 27 nov., 20 au 30 janv., mardi soir et merc.* – **R** 65/170 ⅄ – ☲ 23 – **11 ch**
105/155.

près échangeur autoroute A 10 O : 2,5 km sur D 760 – ✉ 37800 Noyant-de-Touraine :

ХХ **La Ciboulette,** ℰ 47 65 84 64, ☞ – ⅋. ᴁᴇ ᴇ VISA
R 135/195, enf. 50.

à Pouzay SO : 8 km – ✉ 37800 :

Х **Gardon Frit,** ℰ 47 65 21 81, ☞ – ᴇ VISA
fermé 4 au 20 mars, 24 sept. au 3 oct. mardi et merc. – **R** 83/185 ⅄, enf. 40.

CITROEN Bou, à Noyant ℰ 47 65 82 18 ⬛
⬛ ℰ 47 65 43 80
OPEL Gar. Rico, 78 av. Gén.-de-Gaulle
ℰ 47 49 12 12

PEUGEOT-TALBOT Saint-Aubin ℰ 47 65 40 85 ⬛
RENAULT Blain ℰ 47 65 41 13 ⬛

STE-MAXIME 83120 Var 84 ⑰ G. Côte d'Azur – 7 768 h. – Casino A.
Voir Sémaphore ⅍★ N : 1,5 km – 🏌 de Beauvallon ℰ 94 96 16 98, par ③ : 4 km.
🛈 Office de Tourisme avec A.C. promenade S.-Lorière ℰ 94 96 19 24, Télex 970080.
Paris 877 ① – Fréjus 20 ② – Aix-en-Provence 122 ① – Cannes 61 ② – Draguignan 36 ① – ◆Toulon 73 ③.

Plan page suivante

🏨 **Belle Aurore** M, La Croisette par ③ ℰ 94 96 02 45, Fax 94 96 63 87, « En bordure de mer, ⌇,
plage, ⊿ » – TV ☎ ⅋
saisonnier – **17 ch**.

🏨 **Calidianus** ⏃ sans rest, quartier de la Croisette par ③ : 1 km ℰ 94 96 23 21,
Fax 94 49 12 10, ⌇, ⊿, ☞, ⅍ – TV ☎ ⅋. ᴇ VISA
fermé 8 janv. au 8 fév. – ☲ 50 – **33 ch** 690/790.

🏨 **Petit Prince** M sans rest, 11 av. St-Exupéry ℰ 94 96 44 47 – ᑭ ☰ TV ☎ ⅋ ⅋. ᴁᴇ ☎
ᴇ VISA
fermé 7 janv. au 10 fév. – ☲ 45 – **29 ch** 450/750.

🏨 **Poste,** 7 bd F. Mistral ℰ 94 96 18 33, ☞, ⊿ – ᑭ ☎. ᴁᴇ ☎ ᴇ VISA. ⅍ rest   B **b**
hôtel : 25 mars-25 oct. ; rest. : 25 mai-25 sept. – **R** 160 – ☲ 40 – **24 ch** 390/550 –
½ P 380/480.

🏨 **Muzelle-Montfleuri** ⏃, av. Montfleuri par ② ℰ 94 96 19 57, ⌇, ☞, ☞ – ᑭ TV ☎
⅋ ᴇ VISA
15 mars-15 oct. – **R** 135/210 – ☲ 45 – **31 ch** 295/500 – ½ P 310/430.

🏨 **La Croisette** ⏃, bd Romarins par av. St-Exupéry, r. G. Pompidou et bd Hortensias
ℰ 94 96 17 75, ☞, ☞ – ᑭ ☎ ⅋. ᴁᴇ ☎ ᴇ VISA. ⅍ ch
1ᵉʳ mars-3 nov. – **R** (dîner seul.) 98/150 – ☲ 38 – **20 ch** 310/450 – ½ P 300/380.

🏨 **Chardon Bleu** sans rest, r. Verdun ℰ 94 96 02 08 – TV ☎. ᴁᴇ ᴇ VISA   A **n**
☲ 36 – **25 ch** 310/420.

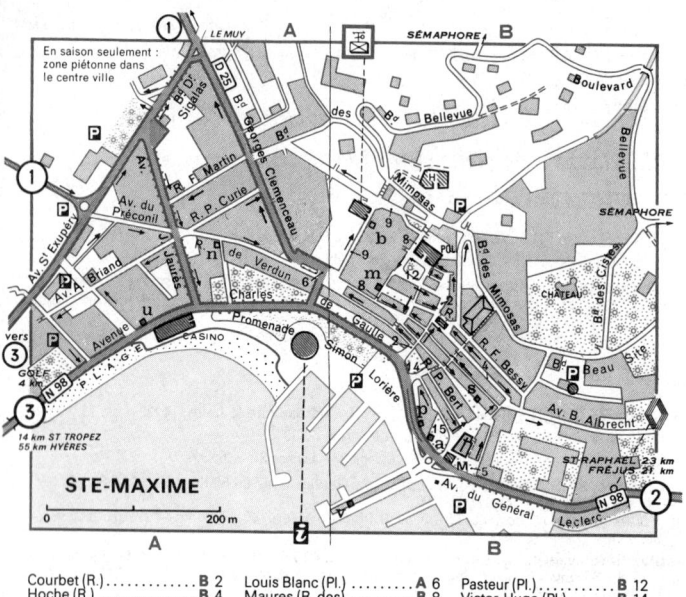

Courbet (R.) .... **B** 2	Louis Blanc (Pl.) .... **A** 6	Pasteur (Pl.) .... **B** 12
Hoche (R.) .... **B** 4	Maures (R. des) .... **B** 8	Victor-Hugo (Pl.) .... **B** 14
Libération (Pl. de la) ..... **B** 5	Mistral (Bd F.) .... **B** 9	15-Août-1944 (Pl. du) ... **B** 15

%%% **L'Amiral,** galerie marchande du port ℰ 94 43 99 36, ≤ port et golfe, 🍴 – 🍽. 🆎 🗲 𝚅𝙸𝚂𝙰
fermé 15 nov. au 15 déc., dim. soir et lundi sauf du 1ᵉʳ juil. au 30 sept. – **R** 245.   **B v**

%% **L'Esquinade,** av. Ch. de Gaulle ℰ 94 96 01 65, produits de la mer – 🆔 𝚅𝙸𝚂𝙰   **B p**
fermé 3 nov. au 20 déc., mardi soir et merc. sauf juil.-août – **R** carte 230 à 400.

% **Sans Souci,** r. P. Bert ℰ 94 96 18 26, 🍴   **B s**
15 mars-15 oct. et fermé mardi en avril et mai – **R** 90/115.

% **L'Hermitage,** av. Ch. de Gaulle ℰ 94 96 17 77, 🍴, produits de la mer – 🗲 𝚅𝙸𝚂𝙰   **B a**
R 145.

% **Sarrazin,** pl. Colbert ℰ 94 96 10 84, 🍴 – 🗲 𝚅𝙸𝚂𝙰   **B m**
fermé 2 janv. au 5 fév. et mardi sauf le soir en juil.-août – **R** (dîner seul. en juil.-août)
110/200.

% **Le Dauphin,** av. Ch. de Gaulle ℰ 94 96 31 56 – 🗲 𝚅𝙸𝚂𝙰   **A u**
fermé déc., janv., mardi soir et merc. de mi-sept. à juin – **R** (nombre de couverts limité,
prévenir) 75/170.

à La Nartelle par ② : 4 km – ☒ 83120 Ste-Maxime :

🏨 **Host. Vierge Noire** sans rest, ℰ 94 96 33 11, 🌿 – ☎ 🅿 🗲 𝚅𝙸𝚂𝙰
23 mars-10 oct. – ☲ 40 – **11 ch** 390/520.

🏨 **Plage** sans rest, ℰ 94 96 14 01, ≤ – 🛎 🅿 🗲 𝚅𝙸𝚂𝙰
17 avril-7 oct. – ☲ 27 – **18 ch** 250/385.

au NE par ② et N 98 : 6 km – ☒ 83380 Les Issambres :

%%% **Cap au Sud,** ℰ 94 96 88 25, ≤, 🍴, « Terrasse en bord de mer » – 🅿 🆎 🆔 🗲 𝚅𝙸𝚂𝙰
24 mars-30 sept. et fermé merc. midi et mardi sauf juil.-août – **R** (dîner seul. en juil.-août)
200/400, enf. 90.

RENAULT Gar. de l'Arbois, av. Gén.-Leclerc ℰ 94 96 14 03

STE-MENEHOULD ⟨SP⟩ 51800 Marne 🔢 ⑨ G. Champagne – 5 807 h. alt. 139.
Voir ≤★ du "château".

🛈 Office de Tourisme 15 pl. Gén.-Leclerc (fermé matin hors saison) ℰ 26 60 85 83.
Paris 221 – Bar-le-Duc 48 – Châlons-sur-Marne 42 – ◆Reims 78 – Verdun 47 – Vitry-le-François 51.

🏨 **Cheval Rouge,** 1 r. Chanzy ℰ 26 60 81 04 – 📺 ☎ 🆎 🗲 𝚅𝙸𝚂𝙰
fermé lundi 1ᵉʳ sept. au 30 avril – **R** 78/180 – ☲ 28 – **15 ch** 220/260 – ½ P 240.

à Florent-en-Argonne NE : 7,5 km par D 85 – ☒ 51800 :

%% **Aub. la Menyère,** ℰ 26 60 93 70, 🍴, « Maison du 16ᵉ s. » – 🗲 𝚅𝙸𝚂𝙰 🕸
fermé 19 au 31 août, vacances de fév., dim. soir et lundi – **R** carte 150 à 200 🍷, enf. 45.

PEUGEOT-TALBOT Crochet, RN 3 rte de Châlons   RENAULT Roudier, rte de Châlons ℰ 26 60 80 80
ℰ 26 60 84 78

Paris 325 – Bayeux 57 – Cherbourg 37 – St-Lô 41.

🏨 **Le Ste-Mère** Ⓜ, rte Caen 𝒫 33 21 00 30, Fax 33 41 38 40 – 📶 📺 ☎ 🕭 🅿 – 🕍 70. 🖭
⬩ ⓘ Ⓔ 𝒱𝒾𝒮𝒜
R 60/120, enf. 35 – ⌲ 25 – **42 ch** 190/240 – ½ P 200/230.

RENAULT Gar. Lecathelinais, r. Gén.-de-Gaulle 𝒫 33 41 43 09

STE-MONTAINE **18** Cher 🔟 ⑳ – rattaché à Aubigny-sur-Nère.

STE-ODILE (Mont) **67** B.-Rhin 🔟 ⑨ G. Alsace Lorraine – alt. 761 – ✉ **67530** Ottrott - Pèlerinage 13 décembre.

Voir Couvent de Ste-Odile ✳️★★.

Paris 434 – Molsheim 23 – Sélestat 28 – ⬩Strasbourg 42.

SAINTES ⑩ **17100** Char.-Mar. 🔟 ④ G. Poitou Vendée Charentes – 27 486 h. alt. 8.

Voir Vieille ville★ AZ – Arènes★ Y – Église St-Eutrope : église inférieure★ AZ **D** – Abbaye aux Dames : église abbatiale★ BZ – Arc de Germanicus★ BZ **F** – Musée des Beaux-Arts★ AZ **M2**.

📓 Louis-Rouyer-Guillet 𝒫 46 74 27 61, par ② : 3 km.

🅱 Office de Tourisme Villa Musso, 62 cours National 𝒫 46 74 23 82.

Paris 469 ⑧ – Royan 38 ⑦ – ⬩Bordeaux 116 ⑥ – Niort 73 ⑧ – Poitiers 137 ⑧ – Rochefort 40 ⑨.

SAINTES

St-Eutrope (R.)	**AZ** 42
St-François (R.)	**AZ** 43
St-Macoult (R.)	**AZ** 45
St-Pierre (R.)	**AZ** 46
St-Vivien (Pl.)	**AZ** 47
Victor-Hugo (R.)	**AZ** 49

Alsace-Lorraine (R.)	**AZ** 3
Gambetta (Av.)	**BZ**
National (Cours)	**AZ**
Allende (Av. Salvador)	**Y** 2
Arc de Triomphe (R.)	**BZ** 4
Bassompierre (Pl.)	**BZ** 5
Berthonnière (R.)	**AZ** 7
Blair (Pl.)	**AZ** 9
Bois d'Amour (R.)	**AZ** 10
Bourignon (R.)	**Y** 12
Brunaud (R. A.)	**AZ** 13
Clemenceau (R.)	**AZ** 15
Denfert-Rochereau (R.)	**BZ** 16
Dufaure (Av. J.)	**Y** 18
Foch (Pl. Mar.)	**AZ** 20
Jacobins (R. des)	**AZ** 25
Jean (R. du Doc.)	**Y** 27
Kennedy (Av. J.-F.)	**Y** 31
Lacurie (R.)	**Y** 33
Leclerc (Crs Mar.)	**Y** 34
Lemercier (Cours)	**AZ** 35
Marne (Av. de la)	**BZ** 37
Mestreau (R. F.)	**BZ** 38
Monconseil (R.)	**AZ** 39
République (Quai)	**AZ** 41

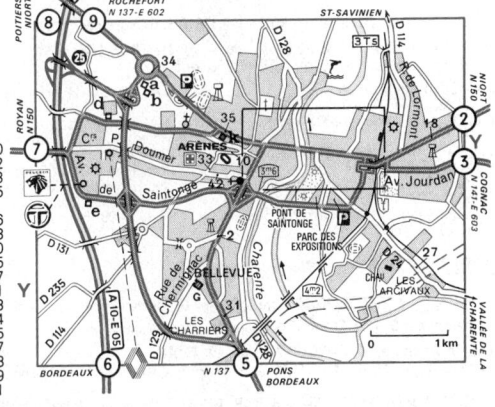

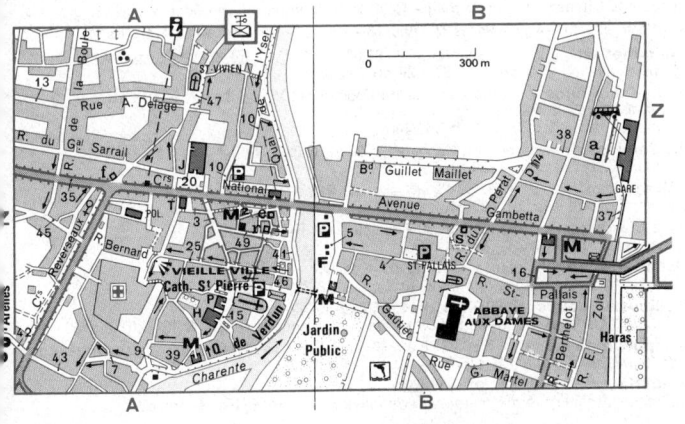

🏠🏠 **Relais du Bois St-Georges** Ⓜ ॐ, r. Royan (D 137) ℰ 46 93 50 99, Télex 790488, Fax 46 93 50 99, ≼, 😐, « Agréable hostellerie dans un parc avec étang », 🔲 – ⇔ 🔲 ☎ Ⓨ **d**
🕭 ⇔ Ⓟ – 🔬 50 à 70. **ⵀ** 𝐕𝐈𝐒𝐀
R carte 200 à 350, enf. 95 – ⚏ 65 – **30 ch** 290/950, 3 appart. 1400 – ½ P 485/565.

🏠🏠 **Commerce Mancini** ॐ, r. Messageries ℰ 46 93 06 61, Télex 791012, Fax 46 92 23 37 –
🔲 ☎ ⇔. 𝔸𝔼 ⓞ **ⵀ** 𝐕𝐈𝐒𝐀 AZ **e**
R *(fermé sam. midi et dim. du 1er oct. au 31 mars)* 120/300, enf. 60 – ⚏ 35 – **33 ch** 150/340, 6 appart. 360.

🏠🏠 **Messageries** Ⓜ ॐ sans rest, r. Messageries ℰ 46 93 64 99, Télex 793132, Fax 46 92 14 34
– 🔲 🔲 ☎ ⇔. 𝔸𝔼 ⓞ **ⵀ** 𝐕𝐈𝐒𝐀 – ⚏ 26 – **35 ch** 200/248 AZ **r**

🏠🏠 **Trois Sapins** Ⓜ ॐ sans rest, rte Rochefort ℰ 46 74 42 70 – 🔲 ☎ 🕭 Ⓟ. ⓞ **ⵀ** 𝐕𝐈𝐒𝐀 ॐ
⚏ 26 – **34 ch** 220/280. Y **a**

🏠🏠 **Bosquets** Ⓜ sans rest, rte Rochefort : 2 km ℰ 46 74 04 47, ☞ – ⇔ 🔲 ☎ Ⓟ. **ⵀ** 𝐕𝐈𝐒𝐀
fermé 24 déc. au 3 janv. – ⚏ 25 – **35 ch** 200/250. Y **b**

🏠 **Avenue** Ⓜ sans rest, 114 av. Gambetta ℰ 46 74 05 91 – 🔲 ☎ Ⓟ – 🔬 60. **ⵀ** 𝐕𝐈𝐒𝐀
fermé 13 déc. au 6 janv. – ⚏ 26 – **15 ch** 158/260. BZ **s**

🏠 **Bleu Nuit** Ⓜ sans rest, 1 r. Pasteur ℰ 46 93 01 72 – 📶 ☎ 🕭. 𝔸𝔼 **ⵀ** 𝐕𝐈𝐒𝐀
⚏ 22 – **35 ch** 145/220. AZ **f**

🏠 **Motel de Voiville** Ⓜ, av. Saintonge ℰ 46 97 20 40, Télex 793548, 😐, 🔲 – 🔲 ☎ 🕭 Y **e**
Ⓟ – 🔬 50. 𝔸𝔼 **ⵀ** 𝐕𝐈𝐒𝐀
R 75/145 🕭, enf. 42 – ⚏ 35 – **36 ch** 220/235 – ½ P 225.

🏠 **Terminus** sans rest, 2 r. J. Moulin ℰ 46 74 35 03 – 🔲 ☎ – 🔬 50. 𝔸𝔼 ⓞ **ⵀ** 𝐕𝐈𝐒𝐀 BZ **a**
fermé 24 déc. au 15 janv. – ⚏ 30 – **35 ch** 190/320.

❌❌ **Logis Santon,** 54 cours Genêt ℰ 46 74 20 14, 😐, ☞ – Ⓟ. 𝔸𝔼 ⓞ **ⵀ** 𝐕𝐈𝐒𝐀 Y **k**
fermé 1er au 15 oct., 18 au 25 fév., dim. soir er lundi – **R** 120/230, enf. 40.

❌ Brasserie Louis, 116 av. Gambetta ℰ 46 74 16 85 BZ **s**

rte de Rochefort par ⑨ : 6 km – ✉ 17810 St-Georges-des-Coteaux :

❌❌ **La Vieille Forge,** ℰ 46 92 98 30, ☞ – Ⓟ. 𝔸𝔼 ⓞ **ⵀ** 𝐕𝐈𝐒𝐀
➔ *fermé dim. soir et lundi soir* – **R** 65/250, enf. 55.

CITROEN Ardon, rte de Bordeaux par ⑤
ℰ 46 93 37 22 Ⓝ ℰ 46 93 28 07
FIAT Dufour, 20 av. S.-Allende à Bellevue
ℰ 46 93 12 04
FORD S.A.V.I.A.L. des Charriers, ZI des Charriers,
rte de Bordeaux ℰ 46 93 43 44
PEUGEOT-TALBOT Guerry, av. de Saintonge, ZI,
rte de Royan ℰ 46 93 48 33
RENAULT Bagonneau, ZI, 137 cours P.-Doumer
ℰ 46 92 35 35 Ⓝ ℰ 46 97 32 36

V.A.G Basty, 41 av. de la Marne ℰ 46 92 01 44

🔘 Moyet-Pneus, 14 r. Gauthier ℰ 46 74 26 86
Moyet-Pneus, ZI Ormeau de Pied 22 r. Chem.
Ferré ℰ 46 95 02 60
Perry Pneus, ZI de l'Ormeau de Pied, rte Clos
Fleuri ℰ 46 93 11 03
Pneus Plus Ouest, D. 137 ZI de l'Ormeau de Pied
ℰ 46 94 08 18

STE-SAVINE 10 Aube 🞮 ⑯ – rattaché à Troyes.

STE-SÉVÈRE-SUR-INDRE 36160 Indre 🞮 ⑲⑳ G. Berry Limousin – 1 056 h. alt. 307.
Paris 314 – Châteauroux 51 – La Châtre 15 – Guéret 46 – Montluçon 55.

🏵 **Ecu de France,** ℰ 54 30 52 72 – 𝔸𝔼 ⓞ **ⵀ** 𝐕𝐈𝐒𝐀
➔ *fermé janv. et jeudi* – **R** 60/135 🕭 – ⚏ 24 – **7 ch** 92/170 – ½ P 160/220.

STES-MARIES-DE-LA-MER 13460 B.-du-R. 🞮 ⑱ G. Provence (plan) – 2 045 h. alt. 1 – **Voir** Église★
– Pèlerinage des Gitans★★ (24 et 25 mai) – 🖪 Office de Tourisme av. Van Gogh ℰ 90 47 82 55.
Paris 764 – ◆Montpellier 61 – Aigues-Mortes 32 – Arles 38 – ◆Marseille 129 – ◆Nîmes 53 – St-Gilles 34.

🏠🏠 **Galoubet** sans rest, rte Cacharel ℰ 90 97 82 17, ≼, 🔲 – 🔲 ☎ Ⓟ. **ⵀ** 𝐕𝐈𝐒𝐀 ॐ
fermé 7 janv. au 1er mars – ⚏ 32 – **20 ch** 285/380.

🏠🏠 **Mas des Rièges** ॐ sans rest, par rte Cacharel et VO : 1 km ℰ 90 97 85 07, ≼, 🔲, ☞
– 🔲 ☎ Ⓟ. 𝔸𝔼 **ⵀ** 𝐕𝐈𝐒𝐀 ॐ
23 mars-3 nov. – ⚏ 35 – **16 ch** 360/440.

🏠 **Le Fangassier** sans rest, rte Cacharel ℰ 90 97 85 02 – ☎. ॐ
20 mars-20 oct. – ⚏ 23 – **20 ch** 190/245.

🏠 **Mirage** sans rest, ℰ 90 97 80 43, ☞ – ☎. **ⵀ** 𝐕𝐈𝐒𝐀 ॐ
20 mars-10 oct. – ⚏ 20 – **27 ch** 200/215.

🏠 **Lou Marquès** ॐ sans rest, ℰ 90 97 82 89 – ☎. 𝐕𝐈𝐒𝐀 ॐ
15 mars-15 oct. – ⚏ 23 – **14 ch** 235.

🏠 **Méditerranée** sans rest, ℰ 90 97 82 09 – ☎. ॐ
fermé 11 nov. au 20 déc. et 5 janv. au 7 fév. – ⚏ 22 – **14 ch** 145/240.

❌❌❌ **Brûleur de Loups,** ℰ 90 97 83 31, ≼ – **ⵀ** 𝔸𝔼 ⓞ **ⵀ** 𝐕𝐈𝐒𝐀
12 mars-11 nov. et fermé mardi soir et merc. sauf août et sept. – **R** 185/210, enf. 80.

❌❌ **Hippocampe** avec ch, ℰ 90 97 80 91, 😐 – **ⵀ** 𝐕𝐈𝐒𝐀 – *15 mars-10 nov. et fermé mardi sauf du 10 juil. au 30 sept.* – **R** 115/225 – ⚏ 24 – **4 ch** 302.

❌ **Impérial,** ℰ 90 97 81 84, 😐 – **ⵀ** 𝐕𝐈𝐒𝐀
23 mars-11 nov. et fermé mardi sauf de juil. à sept. – **R** 98/150 🕭, enf. 60.

au Nord : rte Arles D 570 – ✉ **13460** Stes-Maries-de-la-Mer :

Mas du Tadorne Ⓜ, à 2,5 km et VO ℘ 90 97 93 11, Télex 403700, – ch TV ☎ P. AE ① E VISA. ✻ rest
fermé 5 janv. au 5 mars – **R** 150/350 – ☐ 50 – **11 ch** 800/1200, 4 duplex 1200.

Pont des Bannes, à 1 km ℘ 90 97 81 09, Télex 403222, Fax 90 97 89 28, « Cabanes de gardians dans les marais », – ☎ P – 25. AE ① E VISA. ✻ rest
21 mars-12 nov. et 21 déc.-2 janv. – **R** 215/310, enf. 80 – **25 ch** ☐ 700/820 – ½ P 550/610.
Annexe Mas-Sainte-Hélène, ℘ 90 97 83 29, ≤ – TV ☎ P. AE ① E VISA. ✻ rest
15 ch ☐ 650 – ½ P 525.

Aub. Cavalière, à 1 km ℘ 90 97 88 88, Télex 403761, Fax 90 97 84 07, – TV ☎ P – 25. AE ① E VISA
R *(fermé dim. soir et lundi du 5 au 20 nov. et du 7 au 15 mars)* 110/290, enf. 70 – **20 ch** ☐ 750/800 – ½ P 455/560.

L'Étrier Camarguais, à 2 km et VO ℘ 90 97 81 14, Télex 403144, Fax 90 97 88 11, – TV ☎ P – 35 à 100. AE ① E VISA
23 mars-15 nov. – **R** 180/240 – ☐ 50 – **27 ch** 520 – ½ P 490.

Le Boumian, à 1,5 km ℘ 90 97 81 15, – TV ☎ & P – 50. AE ① E VISA
R 200/300, enf. 80 – **28 ch** ☐ 470/510 – ½ P 420/440.

Mas des Roseaux sans rest, à 1 km ℘ 90 97 86 12, ≤, – ☎ P. ✻
28 mars-30 sept. – **15 ch** ☐ 570.

Pont de Gau avec ch, à 5 km ℘ 90 97 81 53, Fax 90 97 98 54, – ☎ P. AE E VISA
fermé 5 janv. au 22 fév. et merc. du 20 oct. à Pâques sauf vacances scolaires – **R** 90/220 – ☐ 30 – **9 ch** 210 – ½ P 278.

route du Bac du Sauvage NO – ✉ **13460** Stes-Maries-de-la-Mer :

Mas de la Fouque Ⓜ, 4 km par D 38 et chemin privé ℘ 90 97 81 02, Télex 403155, Fax 90 97 96 84, ≤, , parc, « dans la Camargue », – ☎ P. AE ① E VISA
fermé 12 nov. au 10 déc. et 3 janv. au 20 mars – **R** *(fermé mardi sauf fêtes)* 240/350 – ☐ 75 – **13 ch** 1200/1650 – ½ P 1515/1800.

L'Estelle Ⓜ sans rest, 4 km par D 38 ℘ 90 97 89 01, – TV ☎ P – 50. AE ① E VISA
fermé 12 nov. au 12 déc. et 3 janv. au 15 mars – ☐ 55 – **17 ch** 600/640.

Le Clamador sans rest, 4 km par D 38 ℘ 90 97 84 26, Fax 90 97 93 38, ≤, – ☎ P. E VISA
22 mars-13 oct. – ☐ 28 – **20 ch** 286/342.

au Nord : 7 km par D 85A – ✉ **13460** Stes-Maries-de-la-Mer :

Mas du Clarousset par chemin privé, ℘ 90 97 81 66, Fax 90 97 88 59, – TV ☎ P. AE ① E VISA
fermé 15 nov. au 15 déc. – **R** *(fermé mardi)* 200/280, enf. 75 – ☐ 50 – **10 ch** 680/700 – ½ P 625.

Host. Mas Calabrun sans rest, ℘ 90 97 83 23, – ☎ P. AE E VISA. ✻
24 mars-31 oct. – ☐ 45 – **26 ch** 420/520.

LES SAISIES **73620** Savoie 74 ⑰ – Sports d'hiver : 1 190/1 950 m 21
Voir Col des Saisies★ N : 1 km.
Paris 620 – Albertville 31 – Chambéry 81 – Megève 24.

Le Calgary Ⓜ, ℘ 79 38 98 38, Fax 79 38 98 00, ≤, – TV ☎ & P – 25. AE ① E VISA. ✻ rest
22 juin-7 sept. et 7 déc.-9 mai – **R** 105/260 – ☐ 50 – **36 ch** 430, 4 duplex – ½ P 350/510.

SAÏX **81** Tarn 83 ① – rattaché à Castres.

SALBRIS **41300** L.-et-Ch. 64 ⑲ **G. Châteaux de la Loire** – 6 134 h. alt. 112.
de Rivaulde ℘ 54 97 21 85, E par D 724 : 1 km.
Paris 188 – Bourges 50 – Blois 67 – Montargis 101 – ♦Orléans 56 – Vierzon 23.

Parc, 10 av. Orléans ℘ 54 97 18 53, Télex 751164, Fax 54 97 24 34, parc – TV ☎ P. AE ① E VISA. ✻ ch
R 185/250, enf. 70 – ☐ 33 – **27 ch** 190/410 – ½ P 285/335.

La Sauldraie, 81 av. Orléans ℘ 54 97 17 76, , parc – ☎ P. E VISA. ✻ rest
fermé 4 au 17 mars, dim. soir et lundi du 1er oct. au 17 mars – **R** 85/180, enf. 50 – ☐ 30 – **11 ch** 190/250.

Dauphin avec ch, 57 bd République ℘ 54 97 04 83, Fax 54 97 01 41, – TV ☎ P ① E VISA. ✻ rest
fermé dim. soir et lundi du 15 sept. au 15 juin sauf fériés – **R** 98/290 , enf. 50 – ☐ 30 – **10 ch** 180/310 – ½ P 195/235.

Clé des Champs, rte Orléans ℘ 54 97 14 15, – P. AE ① E VISA
fermé 1er au 25 mars, 18 au 22 sept., jeudi soir du 1er oct. au 30 avril, dim. soir et merc. – **R** 65/160 , enf. 42.

CITROEN Gar. Vincent, 41 bd République ℘ 54 97 16 46

PEUGEOT Gar. Deniau, av. de Toulouse ℘ 54 97 00 42 N ℘ 54 97 23 97

SALERS **15410** Cantal 76 ② **G. Auvergne** (plan) – 470 h. alt. 951.
Voir Grande-Place★★ – Église★ – Esplanade de Barrouze ≤★.
Paris 503 – Aurillac 49 – Brive-la-Gaillarde 102 – Mauriac 19 – Murat 43.

Le Bailliage M, ☎ 71 40 71 95, ✦, ✦, ✦ – TV ☎ ✦ P. AE E VISA
fermé 15 nov. au 20 déc. – **R** 60/130 ✦ – ✦ 24 – **30 ch** 240/320 – ½ P 230/250.

Le Gerfaut M ✦ sans rest, rte Puy Mary, NE : 1 km par D 680 ☎ 71 40 75 75, ≤, ✦
✦ – |♦| cuisinette TV ☎ ✦ P. AE ⓓ E VISA
fermé 15 nov. au 30 janv. – ✦ 26 – **22 ch** 205/300, 3 studios 380.

Remparts ✦ (annexe M ✦ - 13 ch), ☎ 71 40 70 33, Fax 71 40 75 32, ≤ Monts du
Cantal, ✦ – TV ☎. E VISA
fermé 20 oct. au 18 déc. – **R** 59/120 ✦, enf. 35 – ✦ 24 – **31 ch** 200/270 – ½ P 175/245.

Beffroi ✦, ☎ 71 40 70 11 – ☎. E VISA
2 fév.-31 oct. – **R** 75/100, enf. 35 – ✦ 22 – **9 ch** 180 – ½ P 160.

Les Templiers, r. Couvent ☎ 71 40 71 35 – ✦. AE ⓓ E VISA
fermé 15 nov. au 30 janv. – **R** 61/130 ✦, enf. 35.

au Theil SO : 6 km par D 35 et D 37 – ✉ **15140** St-Martin-Valmeroux :

Host. de la Maronne M ✦, ☎ 71 69 20 33, Fax 71 69 28 22, ≤, ✦, ✦, ✦ – ✦ rest
☎ P. AE E VISA. ✦ rest
R (dîner seul.) 125 – ✦ 35 – **25 ch** 290/450 – ½ P 300/400.

CITROEN Gar. Moderne ☎ 71 40 70 80 N
RENAULT Gar. Roux ☎ 71 40 72 04 N

SALES **74** H.-Savoie 74 ⑤ – rattaché à Rumilly.

SALÈVE (Mont) ★★ **74** H.-Savoie 74 ⑥ **G. Alpes du Nord** – alt. 1 380 au Grand Piton, 1 184 à la table d'orientation des Treize Arbres ✦★★ (13 km SO d'Annemasse par ④, D 41 puis 15 mn) – Sports d'hiver : 900/1 100 m ✦1 ✦.
Paris 539 – Annecy 35 – Thonon-les-Bains 46 – Bellegarde-sur-Valserine 45 – Bonneville 35.

Dusonchet ✦, à **la Croisette** - Alt. 1 176 ✉ 74560 Monnetier-Mornex ☎ 50 94 52 04, ≤
✦ – ☎ P. E VISA. ✦
fermé vacances de nov. au 15 déc. et merc. sauf juil.-août – **R** *(fermé dim. soir)* 70/130 –
✦ 25 – **10 ch** 160/250 – ½ P 195/205.

SALIES-DE-BÉARN **64270** Pyr.-Atl. 78 ⑧ **G. Pyrénées Aquitaine** – 5 175 h. alt. 45 – Stat. therm.
✦ d'Hélios ☎ 59 38 37 59, 2 km par ① rte d'Orthez.
✦ Office de Tourisme 1 bd St-Guily ☎ 59 38 00 33.
Paris 777 ③ – Pau 58 ① – ♦Bayonne 54 ③ – Dax 36 ① – Orthez 17 ① – Peyrehorade 18 ③.

SALIES-DE-BÉARN

Coustère (R. Élysée) 4
Jardin-Public (Cours du) 8
Jeanne d'Albret (Pl.) 10
St-Vincent (R.) 24

Bains (R. des) 2
Bignot (Pl. du) 3
Drs-Foix (Av. des) 5
Gare (Av. de la) 7
Laclabote (R.) 13
Lanabère (Bd du Gén.) 15
Leclerc (Av. du Mar.) 16
Martinàa (R.) 18
Pécaut (Av. Félix) 19
Pyrénées (Av. des) 21
St-Martin (R.) 23
Tannerie (R. de la) 26
Temple (Pl. du) 27
Toulet (R. Paul-Jean) 28

Pour aller loin rapidement, utilisez les cartes Michelin des pays d'Europe à 1/1 000 000.

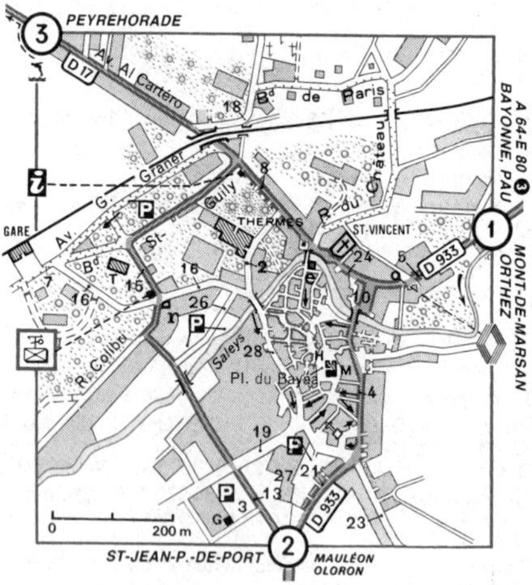

du Golf M ✦ sans rest, par ① : 1 km ☎ 59 65 02 10, ≤, ✦, ✦, ✦ – |♦| TV ☎ ✦ P
ⓓ E VISA
mi mars-mi sept. – ✦ 30 – **33 ch** 235/290.

Larquier, r. Salines **(r)** ☎ 59 38 10 43, Fax 59 50 04 09, ✦ – P. ✦
1er avril-1er oct. – **R** 76/110 – ✦ 20 – **20 ch** 95/130 – P 190.

Terrasse, r. Loumé **(e)** ☎ 59 38 09 83, ✦ – E VISA
R *fermé lundi d'oct. à mars* 60/135 ✦.

à Castagnède SO : 8 km par D 17, D 27 et VO – ✉ **64270** :

✗ **La Belle Auberge** ⑤ avec ch, ℰ 59 38 15 28, ♨, ☞ – 🚫 📺 ☎ 🅿. 🅴 𝚅𝙸𝚂𝙰, ℅ ch
➡ *fermé mi-déc. à fin janv. et dim. soir sauf juil.-août* – **R** 55/90 ⅄ – ☷ 18 – **8 ch** 150/180 –
P 210/220.

RENAULT Gar. Hourdebaigt ℰ 59 38 06 19 **N**

SALIGNAC-EYVIGUES 24590 Dordogne 🔟⑦ Ⓖ G. Périgord Quercy – 1 035 h. alt. 299.
Paris 522 – Brive-la-Gaillarde 34 – Sarlat-la-Canéda 17 – Cahors 84 – Périgueux 70.

🏠 **La Terrasse,** ℰ 53 28 80 38 – ☎. 🅴 𝚅𝙸𝚂𝙰
24 mars-15 oct. – **R** 75/180, enf. 50 – ☷ 33 – **14 ch** 190/280 – ½ P 200/240.

NO : 2,5 km par D 62ᴮ et VO – ✉ **24590** Salignac-Eyvigues :

✗✗ **La Meynardie,** ℰ 53 28 85 98, ♨, ☞ – 🅿. 🅴 𝚅𝙸𝚂𝙰
fermé 11 au 20 nov., janv., fév., lundi midi en sais., mardi soir et merc. hors sais. –
R 72/210.

SALINS-LES-BAINS 39110 Jura 🔟⑤ Ⓖ G. Jura (plan) – 4 181 h. alt. 331 – Stat. therm. (fév.-30 déc.) –
Casino.
Voir Site★ – Fort Belin★ – Fort St-André★ O : 4 km par D 94.
🛈 Syndicat d'Initiative pl. Salines ℰ 84 73 01 34.
Paris 409 – ◆Besançon 45 – Dole 45 – Lons-le-Saunier 52 – Poligny 25 – Pontarlier 43.

🏨 **Gd H. Bains,** pl. Alliés ℰ 84 37 90 50, Fax 84 37 96 80 – 🛗 📺 ☎ – 🔬 40. 🅰🅴 🅴 𝚅𝙸𝚂𝙰
fermé 4 au 30 janv. et dim. soir du 1ᵉʳ oct. au 30 mai – **R** 86/245 ⅄, enf. 50 – ☷ 30 – **31 ch**
195/350 – ½ P 215/255.

rte de Champagnole S : 3 km par D 467 – ✉ **39110** Salins-les-Bains :

✗✗✗ **Aub. le Val d'Héry** avec ch, ℰ 84 73 06 54, ♨ – 📺 ☎ 🅿 🅴 𝚅𝙸𝚂𝙰
fermé janv. au 15 fév., lundi (d'oct. à mai) et dim. soir – **R** 150/340 – ☷ 34 – **4 ch** 245/350.

CITROEN-FORD Gar. Salinois ℰ 84 73 08 63 **N** ⠀⠀⠀⠀⠀RENAULT Gar. Vieille-Girardet ℰ 84 73 11 56
PEUGEOT-TALBOT Vurpillot ℰ 84 73 05 45 **N**

SALLANCHES 74700 H.-Savoie 🔟⑧ Ⓖ G. Alpes du Nord – 10 509 h. alt. 554.
Voir ☀★★ sur le Mt-Blanc – Chapelle de Médonnet : ☀★★ – Cascade d'Arpenaz★ N : 5 km.
🛈 Syndicat d'Initiative 31 quai Hôtel de Ville ℰ 50 58 04 25.
Paris 587 – Chamonix 28 – Annecy 75 – Bonneville 29 – Megève 13 – Morzine 44.

🏨🏨 ☼ **Host. Prés du Rosay** (Perrin) Ⓜ ⑤, rte du Rosay ℰ 50 58 06 15, Fax 50 58 48 70, ≤,
♨, ✻ – 🛗 📺 ☎ 🕭 🅿 – 🔬 25. 🅰🅴 🅾 🅴 𝚅𝙸𝚂𝙰, ℅ rest
R *(fermé dîn. soir)* 150/360, enf. 65 – ☷ 50 – **15 ch** 360/460 – ½ P 380/430
Spéc. Foie gras de canard au naturel, Omble chevalier au beurre fin (saison). Galette de poulet de Bresse
aux morilles.

🏨🏨 **La Crémaillère** Ⓜ ⑤, 1,5 km par ancienne rte Combloux ℰ 50 58 32 50, Télex 385398,
Fax 50 93 74 16, ≤ chaîne Mt-Blanc, ☞ – 🛗 📺 ☎ 🅿 – 🔬 25 à 50. 🅰🅴 🅾 🅴 𝚅𝙸𝚂𝙰
R 90/275, enf. 45 – ☷ 40 – **43 ch** 255/395 – ½ P 290/330.

🏨 **Les Sorbiers et rest. Les Darblots,** 17 r. docteur Bonnefoy ℰ 50 58 01 22, Télex
309422, Fax 50 58 39 55, ≤, parc, ♨ – 🛗 📺 ☎ 🅿 – 🔬 30. 🅰🅴 🅾 🅴 𝚅𝙸𝚂𝙰
R *(fermé du 1ᵉʳ avril au 15 juin et du 1ᵉʳ oct. au 30 nov.)* 100/300, enf. 60 – ☷ 32
– **30 ch** 220/360 – ½ P 270/300.

🏠 **Mont-Blanc** sans rest, 8 r. Mont Blanc ℰ 50 58 12 47 – 📺 ☎. 🅰🅴 🅴 𝚅𝙸𝚂𝙰
☷ 25 – **24 ch** 120/200.

✗✗✗ **Bernard Villemot,** 57 r. Dr Berthollet ℰ 50 93 74 82 – 🅰🅴 🅾 🅴 𝚅𝙸𝚂𝙰
fermé 5 au 19 nov., 8 au 29 janv., le midi du 15 juin au 15 sept., dim. soir et lundi –
R 140/240 ⅄, enf. 70.

à Cordon SO : 4 km par D 113 – alt. 871 – Sports d'hiver : 1 050/1 600 m ⚡6 – ✉ **74700** :

🏨🏨 **Chamois d'Or** ⑤, ℰ 50 58 05 16, Fax 50 93 72 96, ≤ chaîne Mt-Blanc, ♨, ⊐, ☞, ✻
– 🛗 📺 ☎ 🕭 🅿 – 🔬 25. 🅰🅴 🅾 🅴 𝚅𝙸𝚂𝙰
1ᵉʳ juin-15 sept. et 20 déc.-15 avril – **R** 118/195, enf. 90 – ☷ 42 – **30 ch** 295/480 –
½ P 290/390.

🏨🏨 **Roches Fleuries** ⑤, ℰ 50 58 06 71, Fax 50 47 82 30, ≤ chaîne Mt-Blanc, ♨, ⊐, ☞ –
📺 ☎ 🕭 🅿. 🅰🅴 🅾 🅴 𝚅𝙸𝚂𝙰, ℅ rest
1ᵉʳ mai-22 sept. et 21 déc.-10 avril – **R** 130/280, enf. 95 – ☷ 46 – **28 ch** 350/480 –
½ P 295/420.

🏠 **Le Cordonant** Ⓜ ⑤, ℰ 50 58 34 56, ≤ chaîne Mt-Blanc, ♨ – 📺 ☎ 🅿. 🅴 𝚅𝙸𝚂𝙰 ℅ rest
fermé 15 au 30 avril et 30 sept. au 20 déc. – **R** 88/170 – ☷ 30 – **16 ch** 225/280 –
½ P 230/255.

🏠 **Solneige** ⑤, ℰ 50 58 04 06, ≤ chaîne Mt-Blanc, ☞ – 📺 ☎ 🅿. 🅴 𝚅𝙸𝚂𝙰
fermé 24 sept. au 22 déc. – **R** 80/120 – ☷ 24 – **29 ch** 115/215 – ½ P 190/217.

🏠 **Les Rhodos** ⟨⟩, 𝒫 50 58 13 54, ≤ chaîne Mt-Blanc – ☎ 🄿. 🗉 𝘝𝘐𝘚𝘈. 🛠 rest
1er juin-20 sept. et 20 déc.-5 avril – **R** 75/135 – 🖵 28 – **30 ch** 170/210 – ½ P 180/215.

🏠 **Le Perron** ⟨⟩, 𝒫 50 58 11 18, ≤ Mt-Blanc – ☎ 🄿. 𝘝𝘐𝘚𝘈. 🛠 rest
fermé 15 au 30 nov. – **R** 85/125 🍴, enf. 45 – 🖵 30 – **14 ch** 220/260 – ½ P 215.

🏠 **Le Planet** ⟨⟩, 𝒫 50 58 04 91, ≤ chaîne Mt-Blanc, 🏠 – 🐜 🄿. 🗉 𝘝𝘐𝘚𝘈
25 mai-20 sept. et 24 déc.-20 avril – **R** 90/120 🍴 – 🖵 30 – **35 ch** 160/190 – ½ P 185/215.

🏠 **Quatre Saisons,** 𝒫 50 58 04 40, ≤, 🏠, 🐜 – 🗓 ☎ 🗉 𝘝𝘐𝘚𝘈. 🛠 rest
fermé 20 oct. au 20 déc. et lundi en oct. – **R** 90/120 – 🖵 25 – **15 ch** 200 – ½ P 210.

CITROEN Gar. Greffoz, 50 av. de Genève
𝒫 50 58 20 49
FIAT Gar. St-Martin, rte de Passy, St-Martin-sur-
Arve 𝒫 50 58 41 88
FORD Gar. des Alpes, av. A.-Lasquin
𝒫 50 58 14 44
INNOCENTI-MAZDA Gar. Levet, 51 av. de Genève
𝒫 50 58 06 28
PEUGEOT-TALBOT Gar. de Warens, 44 av. de
Genève 𝒫 50 58 11 32

RENAULT Alpautomobiles, 82 rte de Genève
𝒫 50 93 71 62
SEAT Gar. des Aravis, 999 rte du Fayet
𝒫 50 58 24 75
V.A.G MERCEDES-BENZ Gar. des Fontanets, 850
rte de Chamonix 𝒫 50 58 36 44 🇳 𝒫 50 58 76 22

🅦 Dhoomun, ZI sortie autoroute 𝒫 50 58 47 45

SALLES-ARBUISSONNAS-EN-BEAUJOLAIS 69 Rhône 🤎🤎 ⑨ G. Vallée du Rhône – 513 h. alt. 34⁇
– ✉ 69460 Salles Arbuissonnas.
Paris 428 – Mâcon 38 – Bourg-en-Bresse 50 – Chauffailles 46 – ◆Lyon 42 – Villefranche-sur-Saône 11.

🍴 **La Benoite,** 𝒫 74 67 52 93, 🏠 – 🗉 𝘝𝘐𝘚𝘈
fermé 25 fév. au 10 mars, 16 juil. au 14 août, mardi soir et merc. – **R** 60/160, enf. 45.
CITROEN Gar. du Chapitre, à Fond-de-Salles 𝒫 74 67 54 09

SALLES-CURAN 12410 Aveyron 🄱🄾 ⑬ – 1 424 h. alt. 833.
Paris 681 – Rodez 40 – Albi 77 – Millau 37 – St-Affrique 41.

🏨 ❀ **Host. du Lévézou** (Bouviala) ⟨⟩, 𝒫 65 46 34 16, 🏠, Demeure du 14e s., 🐜 – ☎ 🄿
🄰🄴 🅾 🗉 𝘝𝘐𝘚𝘈
Pâques 15 oct. et fermé dim. soir et lundi du 1er au 15 juin et du 10 sept. au 15 oct. -
R (dim.et fêtes prévenir) 110/350, enf. 60 – 🖵 35 – **20 ch** 180/320 – ½ P 250/320
Spéc. Médaillon de sandre aux deux sauces (juil. à sept.), Pot-au-feu de volaille et de jarret de veau, Râble
de lapereau flambé au Capucin. Vins Cahors, Faugères.

Les SALLES-SUR-VERDON 83630 Var 🄱🄰 ⑥ G. Alpes du Sud – 131 h. alt. 503.
Paris 833 – Digne-les-Bains 72 – Brignoles 60 – Draguignan 50 – Manosque 63 – Moustiers-Ste-Marie 13.

🏠 **Aub. des Salles** ⟨⟩, 𝒫 94 70 20 04, ≤, 🐜 – ☎ 🄿 🗉 𝘝𝘐𝘚𝘈
15 mars-15 nov. et fermé mardi hors sais. – **R** 80/185, enf. 40 – 🖵 26 – **22 ch** 200/250 –
½ P 230/260.

🏠 **Le Verdon,** 𝒫 94 70 20 02, Fax 96 84 23 00, ≤, 🏠 – ☎. 🗉 𝘝𝘐𝘚𝘈. 🛠 ch
hôtel : 1er mars-1er déc. et fermé vend. hors sais. ; rest. : 1er mars-30 sept. et fermé vend
hors sais. – **R** 90/160, enf. 45 – 🖵 30 – **19 ch** 250/300 – ½ P 237/262.

SALMIECH 12120 Aveyron 🄱🄾 ⑫ – 741 h. alt. 605 – Paris 665 – Rodez 24 – Albi 65 – Millau 65.

🏠 **du Céor,** 𝒫 65 46 70 13, 🏠, 🐜 – 🗉 𝘝𝘐𝘚𝘈
1er mars-15 oct., vacances de nov., de Noël, de fév. et fermé merc. hors saison -
R 55 bc/185 🍴, enf. 55 – 🖵 20 – **29 ch** 100/170 – ½ P 150/200.

SALON-DE-PROVENCE 13300 B.-du-R. 🄱🄰 ② G. Provence – 35 845 h. alt. 82.
Voir Château de l'Empéri : musée★★ BYZ – Env. Table d'orientation de Lançon ≤★★ 12 km pa⁇
② puis 15 mn – 🥾 de l'École de l'Air (privé) 𝒫 90 53 90 90, par ② : 3 km.
🄱 Office de Tourisme avec A.C. 56 cours Gimon 𝒫 90 56 27 60.
Paris 722 ① – ◆Marseille 51 ② – Aix-en-Pr. 35 ② – Arles 42 ③ – Avignon 46 ① – Nîmes 72 ③.

Plan page ci-contre

🏨 **Midi** sans rest, 518 allées Craponne par ② 𝒫 90 53 34 67, Fax 90 53 37 41 – 🛗 🗓 ☎ 🄿
🄰🄴 🗉 𝘝𝘐𝘚𝘈
fermé 30 déc. au 5 janv. – 🖵 28 – **27 ch** 170/260.

🏠 **Vendôme** sans rest, 34 r. Mar. Joffre 𝒫 90 56 01 96 – ☎. 🄰🄴 🅾 🗉 𝘝𝘐𝘚𝘈. 🛠   BY v
🖵 23 – **23 ch** 170/230.

🏠 **Sélect-H.** ⟨⟩ sans rest, 35 r. Suffren 𝒫 90 56 07 17 – 🗓 ☎. 🄰🄴 🗉 𝘝𝘐𝘚𝘈. 🛠   AY s
🖵 19 – **15 ch** 170/260.

XXX **Robin** (transfert et ch. prévus, 38 ch. St-Côme) 1 bd G. Clemenceau 𝒫 90 56 06 53 – 🖲.
🅾 🗉 𝘝𝘐𝘚𝘈 – **R** 160/360   AY r

XX **Café des Arts,** 20 pl. Crousillat 𝒫 90 56 00 07, 🏠 – 🗉 𝘝𝘐𝘚𝘈   BY k
fermé nov. et jeudi d'oct. à mars – **R** 58/114, enf. 35.

XX **Craponne,** 146 allées Craponne 𝒫 90 53 23 92, 🏠 – 🗉 𝘝𝘐𝘚𝘈   BZ m
fermé juil., 23 déc. au 2 janv. dim. soir et lundi – **R** 75/155, enf. 58.

XX **Le Poêlon,** 71 allées Craponne 𝒫 90 53 31 38 – 𝘝𝘐𝘚𝘈   BZ u
fermé 1er au 15 août, 1er au 15 janv. et dim. – **R** 99/160.

SALON-DE-PROVENCE

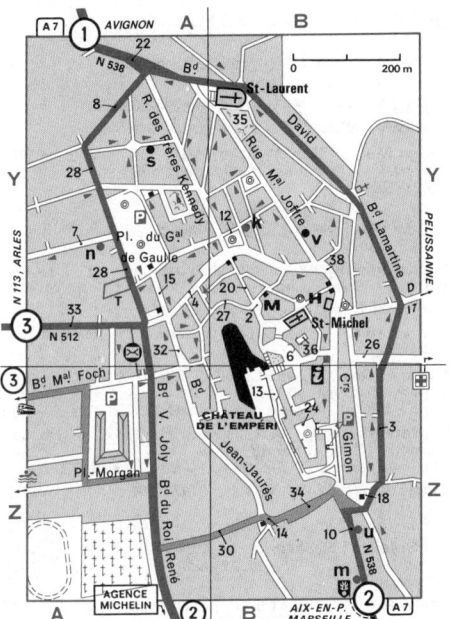

au NE : 5 km par D 17 BY puis D 16 – ⊠ 13300 Salon-de-Provence :

🏨 ⁕ **Abbaye de Sainte-Croix** ⬧, ℰ 90 56 24 55, Télex 401247, Fax 90 56 31 12, ≤, ⌕,
parc, ⏚ – ☎ ℗ – 🕰 30 à 150. 🕮 ⓞ Ε 𝘝𝘐𝘚𝘈. ⌗ rest
1er mars-11 nov. – **R** *(fermé lundi midi)* 190/450, enf. 100 – ⊡ 70 – **19 ch** 550/910, 5 appart.
1630 – ½ P 595/765
Spéc. Escalope de loup à l'huile de basilic, Gambas flambées au pastis, Noisettes d'agneau au jus de truffe.
Vins Palette, Côtes de Provence..

rte de Pélissanne : SE : 2 km par ② – ⊠ 13300 Salon-de-Provence :

🏨 **Ibis** 🅜, ℰ 90 42 23 57, Télex 441591, Fax 90 42 10 17, ⌕, ⏚, ⌗ – 📺 ☎ ⅙ ℗ – 🕰 30.
🕮 Ε 𝘝𝘐𝘚𝘈 – **R** *(fermé sam. midi et dim. midi)* 77, enf. 35 – ⊡ 30 – **60 ch** 250/280.

à la Barben SE : 8 km par ②, N 572 et D 22E – ⊠ 13330 :

🍴 **Touloubre** ⬧, ℰ 90 55 16 85, ⌕ – ℗. Ε 𝘝𝘐𝘚𝘈
fermé 15 au 30 nov., 15 au 31 janv., dim. soir et lundi – **R** 115/235, enf. 65.

sur Autoroute A7 - Aire de Lançon SE : 11 km par ② – ⊠ 13680 Lançon :

🏨 **Mercure** 🅜, ℰ 90 42 87 11, Télex 440183, Fax 90 42 88 71, ⌕, ⏚ – 🛗 ⊟ 📺 ☎ ⅙ ℗
– 🕰 50. 🕮 ⓞ Ε 𝘝𝘐𝘚𝘈
R 120 ⒜, enf. 40 – ⊡ 45 – **98 ch** 490.

au Sud : 4 km par ②, intersection N 113 et D 70 – ⊠ 13300 Salon-de-Provence :

🏨 **Revotel** sans rest, ℰ 90 42 00 05 – ☎ ℗. Ε 𝘝𝘐𝘚𝘈
⊡ 27 – **38 ch** 170/240.

au SO : 5 km par ②, N 113 et D 19 – ⊠ 13250 Cornillon :

🏨 **Devem de Mirapier** 🅜 ⬧, ℰ 90 55 99 22, Fax 90 55 86 14, ≤, ⌕, parc, ⏚, ⚆ – ⊟
📺 ☎ ⅙ ℗ – 🕰 25 à 50. 🕮 ⓞ Ε 𝘝𝘐𝘚𝘈. ⌗ rest
fermé 15 déc. au 15 janv. et week-ends d'oct. à mars – **R** 190/220, enf. 80 – ⊡ 40 – **16 ch**
350/580 – ½ P 450/510.

ALFA ROMEO HONDA A ✦ B Autom., 113 allée
de Craponne ℰ 90 53 55 07
FORD Ets Cardona, rte de Miramas, quart. des
Aires de la Dime ℰ 90 42 17 80
PEUGEOT Blanc, rte de Miramas par ③
ℰ 90 56 23 71

RENAULT S.A.P.A.S., 666 bd Roi-René AZ
ℰ 90 42 13 13 🅽

◍ Bues-Pneus, quartier Crau-Sud déviation N 113
ℰ 90 53 30 40
Omnica, bd Roi-René ℰ 90 53 15 75
Pyrame, 411 bd Roi-René ℰ 90 53 30 38

SALSES-LE-CHÂTEAU 66600 Pyr.-Or. 🎟🎟 ⑨ – 2 098 h. alt. 12.
Voir Fort★★, G. Pyrénées Roussillon.

SALVAGNY 74 H.-Savoie ⁊⑷ ⑧ – rattaché à Samoëns.

Le SAMBUC 13 B.-du-R. ⑧⑨ ⑩ – alt. 2 – ✉ **13200** Arles.
Paris 750 – Arles 23 – ◆Marseille 94 – Stes Maries-de-la-Mer 49.

🏠 **Longo Maï**, ℰ 90 97 21 91, 斎, 🐖 – cuisinette ☎. 🖻 𝖵𝖨𝖲𝖠
fermé fév. – **R** *(fermé le midi sauf dim.)* 90 🍷, enf. 45 – 🖙 30 – **16 ch** 206/350 –
½ P 218/290.

SAMOËNS 74340 H.-Savoie ⁊⑷ ⑧ G. **Alpes du Nord** – 1 956 h. alt. 720 – Sports d'hiver : 800/2 500 m
≼1 ≰15 ⏃.

Voir Place du Gros Tilleul★ – Jardin alpin Jaysinia★ – **Env.** La Rosière ≼★★ N : 6 km – Cascade
du Rouget★★ S : 10 km – Cirque du Fer à Cheval★★ E : 13 km.
🇧 Office de Tourisme ℰ 50 34 40 28, Télex 385924.
Paris 586 – Chamonix 63 – Thonon-les-Bains 60 – Annecy 85 – Bonneville 36 – Cluses 21 – ◆Genève 68 – Megève
49 – Morzine 30.

🏨 **Neige et Roc** ⑤, ℰ 50 34 40 72, Fax 50 34 14 48, ≼, 斎, ⅃, 🐖, ❊ – ≣ cuisinette ☎
🅿 – 🛦 25. 🖻 𝖵𝖨𝖲𝖠 ❊ rest
1ᵉʳ juin-15 sept. et 15 déc.-15 avril – **R** 100/200 – 🖙 35 – **30 ch** 300 – ½ P 250/330.

🏨 **La Renardière** Ⓜ ⑤, sans rest, ℰ 50 34 45 62, Fax 50 34 10 70, ≼, ⅃, ▯, 🐖 – ≣
cuisinette 📺 ☎ 🅿 🖻 𝖵𝖨𝖲𝖠
20 juin-14 sept. et 20 déc.-20 avril – 🖙 30 – **8 ch** 230/300, 27 appart. 250/400.

🏨 **Glaciers**, ℰ 50 34 40 06, Télex 319261, ≼, 斎, ⅃, 🐖, ❊ – ≣ ☎ 🅿. 𝖠𝖤 ⓞ 🖻 𝖵𝖨𝖲𝖠
➡ ❊ rest
1ᵉʳ juin-15 sept. et 20 déc.-10 avril – **R** 60/150 🍷, enf. 50 – 🖙 40 – **50 ch** 300 – ½ P 300/350.

🏠 **Gai Soleil**, ℰ 50 34 40 74, Fax 50 34 10 78, ≼, 斎, ⅃, 🐖 – ≣ ☎ 🅿. 🖻 𝖵𝖨𝖲𝖠. ❊ rest
➡ *15 juin-14 sept. et 21 déc.-1ᵉʳ avril* – **R** 68/160 🍷, enf. 60 – 🖙 34 – **24 ch** 210/290 –
½ P 220/300.

🏠 **Edelweiss** ⑤, NO : 1,5 km par rte Planpraz ℰ 50 34 41 32, ≼ montagnes – ☎ 🅿. 🖻
𝖵𝖨𝖲𝖠. ❊ rest
1ᵉʳ juin-15 sept. et 21 déc.-15 avril – **R** 85/150, enf. 50 – 🖙 30 – **20 ch** 195/260 – ½ P 235/245.

❌ **La Licorne**, E : 1 km par rte d'été du col de Joux Plane ℰ 50 34 98 80 – 🖻 𝖵𝖨𝖲𝖠
R 105/148.

à Morillon O : 4,5 km – ✉ **74440** :

🏠 **Le Sauvageon** ⑤, SE : 1,5 km par D 255 et VO ℰ 50 90 10 25, Fax 50 90 13 08, ≼, 斎,
🐖, ❊ – ☎ 🅿. 🖻 𝖵𝖨𝖲𝖠. ❊ rest
R *(fermé dim. soir et lundi du 15 avril au 30 juin et du 1ᵉʳ sept. au 15 déc.)* 95/170 🍷,
enf. 50 – 🖙 30 – **20 ch** 140/220 – ½ P 230/250.

🏠 **Morillon**, ℰ 50 90 10 32, ≼, 🐖 – ☎ 🅿 ⓞ 🖻 𝖵𝖨𝖲𝖠. ❊ rest
➡ *20 juin-10 sept. et 20 déc.-15 avril* – **R** 70/110, enf. 40 – 🖙 30 – **25 ch** 180/240 – ½ P 210/
300.

à Verchaix O : 6 km par D 907 – ✉ **74440** :

🕾 **Chalet Fleuri** ⑤, au village ℰ 50 90 10 11, ≼, 🐖 – ❊ rest
1ᵉʳ juin-30 sept. et 20 déc.-20 avril – **R** 72/100, enf. 50 – 🖙 24 – **30 ch** 120/160 – ½ P 155/
170.

❌ **Rouge Gorge**, D 907 ℰ 50 90 16 77 – 🖻 𝖵𝖨𝖲𝖠
fermé 15 au 30 juin, 20 nov. au 5 déc., dim. soir et lundi sauf fériés – **R** 90/190, enf. 50.

à Salvagny SE : 9 km par D 907 et D 29 – ✉ **74740** Sixt-Fer-à-Cheval :

🏠 **Le Petit Tetras** ⑤, ℰ 50 34 42 51, Fax 50 34 12 02, ≼, 斎, ⅃, 🐖 – ☎ 🅿. ⓞ 🖻 𝖵𝖨𝖲𝖠
❊ rest
1ᵉʳ mai-22 sept. et 18 déc.-10 avril – **R** 82/180, enf. 50 – 🖙 34 – **26 ch** 180/270 –
½ P 270/290.

CITROEN Gar. Central ℰ 50 34 43 82 🄽

SAMOIS-SUR-SEINE 77920 S.-et-M. ⑥⑴ ②, ⑴⓪⑹ ㊽ G. **Ile de France** – 1 575 h. alt. 84.
Voir Ensemble★ (quai, île du Berceau) – Tour Dénecourt ❊★ SO : 5 km.
Paris 62 – Fontainebleau 7,5 – Melun 14 – Montereau-Faut-Yonne 21.

🏨 **Host. Country Club** ⑤, quai F.-D. Roosevelt ℰ (1) 64 24 60 34, Télex 690247, ≼, 斎,
❊ – ☎ 🅿 – 🛦 30. 🖻 𝖵𝖨𝖲𝖠. ❊ ch
fermé 24 déc. au 2 janv., dim. soir et lundi – **R** 125/185 – 🖙 32 – **16 ch** 330/340 –
½ P 380/480.

❌❌ **Host. de l'Ile**, ℰ (1) 64 24 60 47, 斎 – 𝖠𝖤 ⓞ 🖻 𝖵𝖨𝖲𝖠
fermé 1ᵉʳ au 15 mars, 4 au 24 nov., jeudi soir hors sais. et mardi – **R** 140/185, enf. 42.

SAMOUSSY 02 Aisne ⑤⑹ ⑤ – rattaché à Laon.

SANARY-SUR-MER 83110 Var 𝟾𝟺 ⑭ G. Côte d'Azur – 11 689 h. alt. 20.

Voir Chapelle N.-D.-de-Pitié ≤★ B – Site★ de N.-D.-de-Pépiole 5 km par ③.

🛈 Maison du Tourisme Jardins de la Ville ℘ 94 74 01 04.

Paris 827 ① – ♦Toulon 12 ② – Aix-en-Provence 71 ① – La Ciotat 27 ① – ♦Marseille 54 ①.

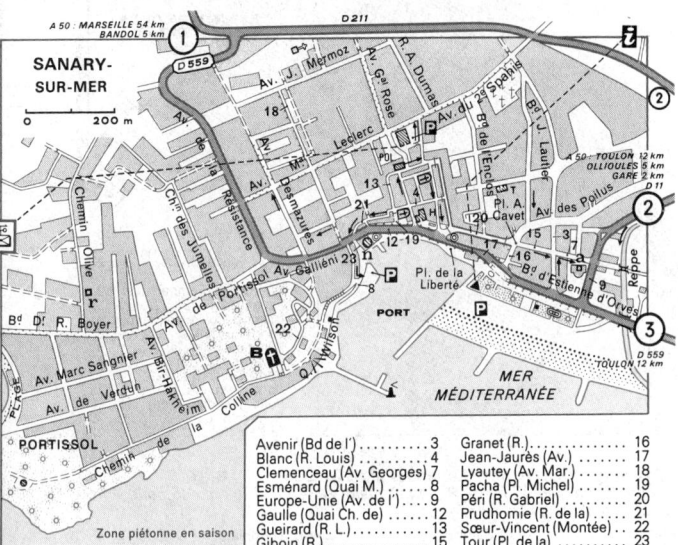

Avenir (Bd de l') 3	Granet (R.)..............16
Blanc (R. Louis) 4	Jean-Jaurès (Av.) 17
Clemenceau (Av. Georges) 7	Lyautey (Av. Mar.) 18
Esménard (Quai M.) 8	Pacha (Pl. Michel) 19
Europe-Unie (Av. de l') ...9	Péri (R. Gabriel) 20
Gaulle (Quai Ch. de) 12	Prudhomie (R. de la) 21
Gueirard (R. L.) 13	Sœur-Vincent (Montée) .. 22
Giboin (R.)..............15	Tour (Pl. de la) 23

Zone piétonne en saison

🏨 **Gd H. des Bains,** bd d'Estienne d'Orves (a) ℘ 94 74 13 47, Télex 430677, ≤, 🚿 – 🛗 📺 ☎ 🅿. 🖭 ⓸ 🗲 𝗩𝗜𝗦𝗔
  fermé vacances de nov. et de fév. – **R** *(fermé dim. soir et lundi du 1er oct. au 1er avril)* 110/210, enf. 49 – ⊑ 39 – **30 ch** 335/500 – ½ P 335/390.

🏠 **Tour,** quai Gén. de Gaulle (n) ℘ 94 74 10 10, Fax 94 74 69 49, ≤, 🍽 – ☎. 🖭 ⓸ 🗲 𝗩𝗜𝗦𝗔
  R *(fermé 1er déc. au 8 janv. et mardi hors sais.)* 120/195 – ⊑ 30 – **26 ch** 220/320 – ½ P 250/280.

🏠 **Synaya** 🏡, chemin Olive (r) ℘ 94 74 10 50, 🚿 – ☎ 🅿. 🗲 𝗩𝗜𝗦𝗔. 🍴 rest
  10 mars-31 oct. – **R** *(résidents seul.) –* ⊑ 26 – **11 ch** 170/220 – ½ P 170/190.

🍴🍴 **Le Castel** Ⓜ 🏡 avec ch, rte Bandol : 3,5 km ℘ 94 29 82 98, ≤, 🍽 – 📺 ☎ 🅿 🖭 ⓸ 🗲 𝗩𝗜𝗦𝗔. 🍴 ch
  fermé dim. soir d'oct. à mars – **R** 126/220 – ⊑ 30 – **9 ch** 280/330 – ½ P 295/320.

SANCERRE 18300 Cher 𝟨𝟧 ⑫ G. Berry Limousin – 2 286 h. alt. 312.

Voir Site★ – Esplanade de la porte César ≤★★ – Tour des Fiefs ⚡★ – Carrefour D 923 et D 7 ≤★★ O : 4 km.

🛆 du Sancerrois ℘ 48 54 11 22 par ① puis D 955 : 4 km.

🛈 Syndicat d'Initiative à l'Hôtel de Ville ℘ 48 54 00 26 et Nouvelle Place (juin-sept.) ℘ 48 54 08 21.

Paris 199 ① – Bourges 46 ③ – La Charité-sur-Loire 26 ② – Salbris 75 ③ – Vierzon 71 ③.

🏨 **Panoramic** Ⓜ, rempart des Augustins (a) ℘ 48 54 22 44, Télex 783433, Fax 48 54 39 55, ≤, ⌇, – 🛗 📺 🅿 ⭐ – 🔥 80. 🖭 🗲 𝗩𝗜𝗦𝗔
  Tasse d'Argent ℘ 48 54 01 44 *(fermé janv., et merc. d'oct. à mars)* **R** 85/260 – ⊑ 34 – **57 ch** 240/290 – ½ P 245.

🍴🍴🍴 **La Tour,** pl. Halle (e) ℘ 48 54 00 81 – 🖭 🗲 𝗩𝗜𝗦𝗔
  fermé 4 au 15 mars, 16 déc. au 10 janv., lundi soir et mardi – **R** 105/295.

à St-Satur par ① : 3 km – ⊠ 18300 :

🏠 **Le Laurier,** 29 r. Commerce ℘ 48 54 17 20 – 📺 ☎ 🗲 𝗩𝗜𝗦𝗔
  fermé 12 au 25 nov., en janv. et en fév., dim. soir et lundi – **R** 65/220 ⚘, enf. 50 – ⊑ 30 – **9 ch** 100/260 – ½ P 150/220.

à St-Thibault par ① et D 4 : 4 km – ⊠ 18300 Sancerre :

🍴🍴 **L'Étoile,** quai Loire ℘ 48 54 12 15, ≤, 🍽 – 🅿
  10 mars-15 nov. et fermé merc. sauf juil.-août – **R** 95/310.

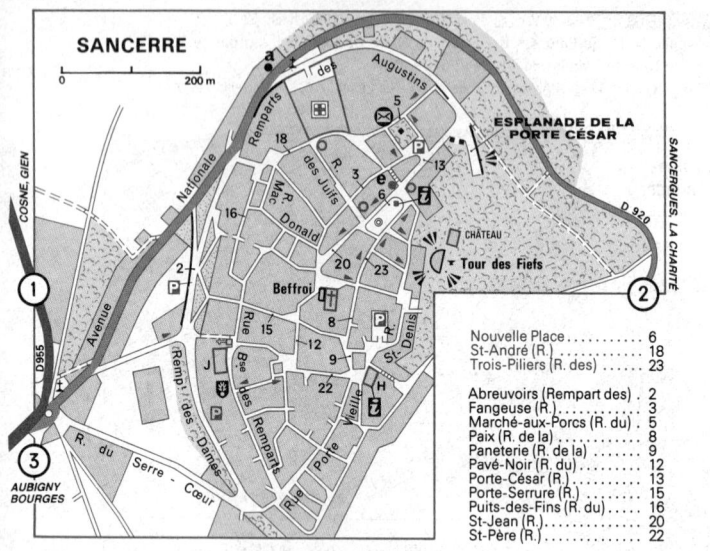

SANCERRE

Nouvelle Place	6
St-André (R.)	18
Trois-Piliers (R. des)	23

Abreuvoirs (Rempart des)	2
Fangeuse (R.)	3
Marché-aux-Porcs (R. du)	5
Paix (R. de la)	8
Paneterie (R. de la)	9
Pavé-Noir (R. du)	12
Porte-César (R.)	13
Porte-Serrure (R.)	15
Puits-des-Fins (R. du)	16
St-Jean (R.)	20
St-Père (R.)	22

※ **L'Auberge** avec ch, 37 r. J. Combes ℰ 48 54 13 79, 🍴 – **E** 𝗩𝗜𝗦𝗔
fermé 25 janv. au 15 fév. – **R** *(fermé mardi sauf du 14 juil. au 15 août)* 72/192, enf. 40 –
☲ 30 – **5 ch** 105/170.

CITROEN Gar. Declomesnil, à St-Satur par ①
ℰ 48 54 11 34
PEUGEOT-TALBOT Gar. Cotat-Mulhausen, par ③
ℰ 48 54 00 62

RENAULT Bonlieu, rte de Bourges par ③
ℰ 48 54 12 82 **N** ℰ 48 54 32 91
RENAULT Gar. Pinglot, à St-Satur par ①
ℰ 48 54 11 59

SANCOINS 18600 Cher 🖩🖩 ③ *G. Berry Limousin* – 3 667 h. alt. 206.
🛈 Syndicat d'Initiative r. M.-Lucas ℰ 48 74 65 85.
Paris 260 – Bourges 51 – Moulins 48 – Montluçon 72 – Nevers 39 – St-Amand-Montrond 38.

🏨 **Parc** 🦆 sans rest, r. M. Audoux ℰ 48 74 56 60 – ☎ ⟺ **P** 🛇
fermé 2 au 16 janv. – ☲ 20 – **11 ch** 150/200.

CITROEN Central Gar., 2 bis r. M.-Audoux ℰ 48 74 50 42 **N**

SAND 67230 B.-Rhin 🖩🖩 ⑩ – 960 h. alt. 143.
Paris 447 – ◆Strasbourg 28 – Barr 15 – Erstein 6,5 – Molsheim 24 – Obernai 14 – Sélestat 19.

🏨 **Host. La Charrue** 🦆, ℰ 88 74 42 66 – 🍴 ch ☎ **P** **AE** **E** 𝗩𝗜𝗦𝗔 🛇
fermé 23 au 30 déc.,dim. soir et lundi – **R** 90/200 🍷 – ☲ 25 – **25 ch** 160/200 – ½ P 200/220.

SANDARVILLE 28 E.-et-L. – rattaché à Bailleau-le-Pin.

SANGUINET 40460 Landes 🖩🖩 ③ *G. Pyrénées Aquitaine* – 1 780 h. alt. 24.
Paris 647 – ◆Bordeaux 59 – Arcachon 26 – Belin-Beliet 26 – Mimizan 39 – Mont-de-Marsan 93.

🏨 **Les Eaux qui Rient** 🦆, au lac ℰ 58 78 61 15, ≤, 🌳 – **AE** 🛇 rest
hôtel : 15 mars-15 nov. ; rest. : 1er mars-30 nov. – **R** 110/125 – ☲ 22 – **11 ch** 220 – ½ P 215.

SAN-PEIRE-SUR-MER 83 Var 🖩🖩 ⑰⑱ – rattaché aux Issambres.

SANTA-COLOMA Principauté d'Andorre 🖩🖩 ⑭ – voir à Andorre.

SANTENAY 41190 L.-et-Ch. 🖩🖩 ⑥ – 262 h. alt. 115.
Paris 198 – ◆Tours 43 – Amboise 25 – Blois 17 – Château-Renault 17 – Herbault 5 – Vendôme 31.

🏨 **Union,** ℰ 54 46 11 03 – **P** **E** 𝗩𝗜𝗦𝗔 🛇
fermé 1er au 20 mars, dim. soir et lundi – **R** 60/180, enf. 40 – ☲ 26 – **5 ch** 105/160 –
½ P 200/220.

SANT-JULIA-DE-LORIA Principauté d'Andorre 🖩🖩 ⑭ – voir à Andorre.

1100

au Sappey et au Col de Porte : 1 000/1 700 m ≰ 11 ⨶ **Env.** Charmant Som ⁂★★★ NO : 9 km puis 1 h.

Paris 569 – ♦Grenoble 15 – Chambéry 52 – St-Pierre-de-Chartreuse 14 – Voiron 38.

⭑ **Skieurs** ⑤, ℰ 76 88 80 15, Fax 76 88 85 76, ≼, ☞, ⨻, ☞, – 📺 ☎ 🅿 – 🛁 50. 🗉 𝖵𝖨𝖲𝖠
fermé 1ᵉʳ avril au 3 mai et 28 oct. au 28 déc. – **R** (fermé dim. soir et lundi sauf vacances
scolaires) 110/260 – ☷ 35 – **18 ch** 190/290.

✕✕ **Le Pudding,** ℰ 76 88 80 26, ☞ – 🗉 𝖵𝖨𝖲𝖠. ⨯
fermé 15 août au 15 sept., dim. soir et lundi – **R** 125/290, enf. 65.

Paris 454 – Roanne 54 – Lyon 36 – Tarare 11 – Villefranche-sur-Saône 21.

⭑ **Chatard,** ℰ 74 26 86 58, ☞ – ☎. 🗉 𝖵𝖨𝖲𝖠. ⨯ ch
fermé lundi soir et mardi – **R** 80/200, enf. 50 – ☷ 30 – **10 ch** 100/185 – ½ P 190.

Paris 798 – Biarritz 25 – Cambo-les-Bains 24 – Pau 137 – St-Jean-de-Luz 14 – St-Pée-sur-Nivelle 8.

⭑ **Arraya,** ℰ 59 54 20 46, Fax 59 54 27 04, ☞, « Cadre rustique basque, jardin » – 📺 ☎
🅿. 🅰🗉 🗉 𝖵𝖨𝖲𝖠. ⨯ ch
1ᵉʳ mai-5 nov. – **R** 140/220, enf. 60 – ☷ 50 – **20 ch** 420/500 – ½ P 380/450.

⭑ **Pikassaria** ⑤, S : 2 km par VO ℰ 59 54 21 51, ≼, ☞ – ☎ 🅿. 🗉 𝖵𝖨𝖲𝖠
1ᵉʳ mars-30 nov. et fermé merc. sauf de juil. à sept – **R** 85/150, enf. 60 – ☷ 23 – **36 ch**
185/255 – ½ P 195.

Voir Vieux Sarlat★★ : place des Oies★ Y, rue des Consuls★ Y, hôtel Plamon★ Y E, hôtel de
Malleville★ Y B, maison de La Boétie★ Z D – Musée-aquarium★ Y **M¹**.

Env. Décor★ et mobilier★ du château de Puymartin NO : 7 km par ④.

🛈 Office de Tourisme pl. Liberté ℰ 53 59 27 67 et av. Gén.-de-Gaulle (juil.-août) ℰ 53 59 18 87.

Paris 538 ① – Brive-la-Gaillarde 51 ① – Bergerac 74 ③ – Cahors 61 ③ – Périgueux 66 ④.

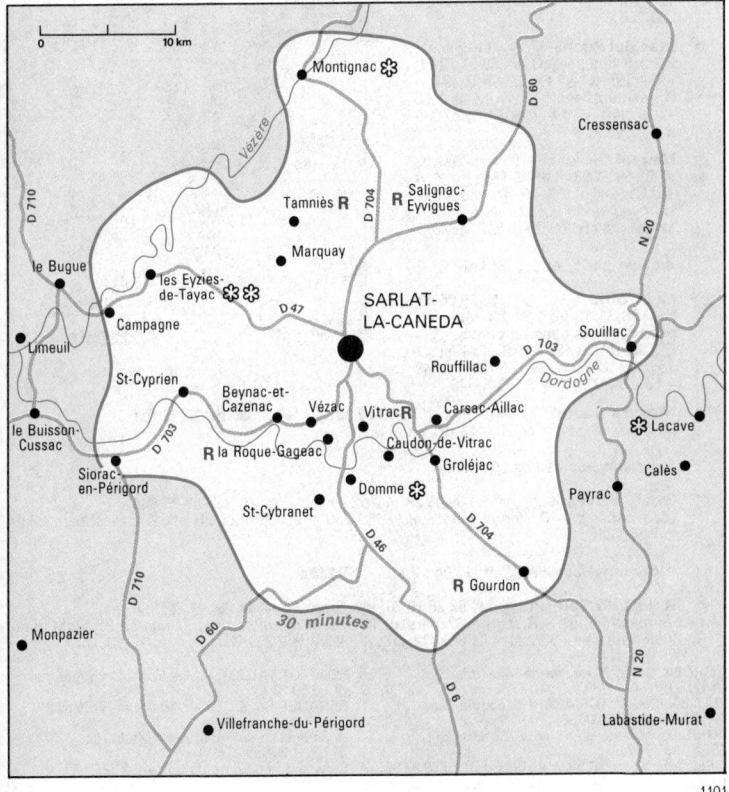

La Madeleine, 1 pl. Petite Rigaudie ℰ 53 59 10 41, Fax 53 31 03 62, 佘 – 劇 ▤ ch 🖸 ☎. 延 ⑩ 延 𝘝𝘐𝘚𝘈
hôtel : 15 mars-11 nov. et rest. : 28 mars-11 nov. – **R** 125/280, enf. 55 – � 39 – **19 ch** 268/330, 3 appart. 370 – ½ P 300/370.   Y **e**

St Albert et Montaigne annexe 🏠 M), pl. Pasteur ℰ 53 59 01 09, Fax 53 59 19 99 – 劇 ▤ rest 🖸 ☎ – 🅰 25. 延 ⑩ 延 𝘝𝘐𝘚𝘈. 🍴 ch Z **n**
fermé lundi (sauf hôtel) et dim. soir du 1er nov. à Pâques – **R** 100/220 🛢 – ⊒ 30 – **61 ch** 210/290 – ½ P 240/290.

La Couleuvrine, 1 pl. Bouquerie ℰ 53 59 27 80 – 劇 ☎. 延 ⑩ 延 𝘝𝘐𝘚𝘈
fermé 15 nov. au 1er déc. et 10 janv. au 1er fév. – **R** 92/180, enf. 55 – ⊒ 32 – **26 ch** 180/320 – ½ P 210/280.   Y **d**

Salamandre sans rest, r. Abbé Surguier ℰ 53 59 35 98, Télex 571587, 🛋 – 🖸 ☎. 延 ⑩ 延 𝘝𝘐𝘚𝘈. 🍴
⊒ 30 – **30 ch** 260/340.   Z **s**

Compostelle sans rest, 18 av. Selves ℰ 53 59 08 53 – 🖸 ☎. 延 𝘝𝘐𝘚𝘈
15 avril-11 nov. – ⊒ 30 – **12 ch** 220/260.   Y **r**

Mas del Pechs M 🍴, Les Pechs, E : 1,5 km par VO ℰ 53 31 12 11, 🍴 – 🖸 ☎ 🕭 🄿. 延 ⑩ 延 𝘝𝘐𝘚𝘈
R *(résidents seul.)* 85/195 🛢, enf. 50 – ⊒ 40 – **14 ch** 250/270 – ½ P 225/350.

Marcel avec ch, 8 av. Selves ℰ 53 59 21 98 – ☎. 延 𝘝𝘐𝘚𝘈   Y **a**
15 fév.-30 nov. – **R** *(fermé lundi sauf juil.-août)* 60/200 🛢, enf. 40 – ⊒ 28 – **14 ch** 160/200 – ½ P 188/285.

au Sud par ② *et C 1 : 2 km :*

La Hoirie 🍴, ℰ 53 59 05 62, Fax 53 31 13 90, 佘, « Maisons périgourdines dans un parc », 🛋 – 🖸 ☎ 🄿. 延 𝘝𝘐𝘚𝘈. 🍴 rest
15 mars-12 nov. – **R** 120/280 – ⊒ 45 – **15 ch** 300/490 – ½ P 345/440.

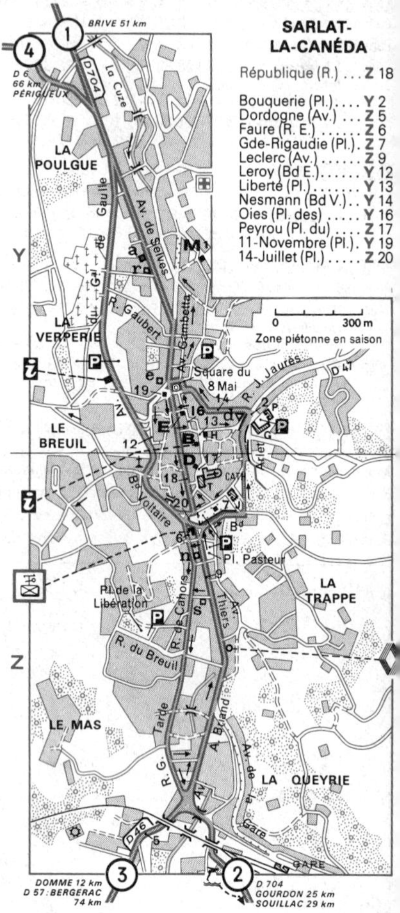

Mas de Castel 🍴 sans rest, ℰ 53 59 02 59, 🛋, 🍴 – ☎ 🄿. 延 延 𝘝𝘐𝘚𝘈
30 mars-12 nov. – ⊒ 26 – **13 ch** 180/240.

par route des Eyzies, ④ *: 3 km :*

Host. Meysset 🍴, ℰ 53 59 08 29, ≤, 佘, parc – ☎ 🄿. 延 ⑩ 延 𝘝𝘐𝘚𝘈
20 avril-5 oct. – **R** *(fermé merc. midi)* 165/230 – ⊒ 45 – **22 ch** 350/415, 4 appart. 635 – ½ P 380/415.

à Carsac-Aillac par ② *et D 704 : 9 km –* ⊠ **24200** :

Relais du Touron 🍴, ℰ 53 28 16 70, 佘, parc, 🛋 – ☎ 🄿. 延 𝘝𝘐𝘚𝘈. 🍴 rest
16 mars-11 nov. – **R** *(fermé 16 mars au 1er avril et mardi midi du 21 juin au 20 sept.)* *(dîner seul hors sais.)* 80/220 – ⊒ 35 – **12 ch** 285/345 – ½ P 253/283.

CITROEN Sarlat-Autos, rte de Vitrac par ③ ℰ 53 59 10 64
FIAT-LANCIA-AUTOBIANCHI Lacombe, 3 av. Gambetta ℰ 53 59 00 93
FORD Fournet, rte de Vitrac ℰ 53 59 05 23
Ⓝ ℰ 53 59 07 35
OPEL Marchese, 13 bis r. A.-Briand ℰ 53 59 37 67

PEUGEOT-TALBOT S.M.A.S., av. Dordogne par ③ ℰ 53 59 10 75
RENAULT Robert, 33 av. Thiers ℰ 53 59 35 21

🛞 Sarladaise du Pneu, ZI de Madrazés ℰ 53 31 08 59
Service du Pneu, rte du Lot ℰ 53 59 00 33

SARLAT-LA-CANÉDA

République (R.) . . . **Z** 18

Bouquerie (Pl.)	**Y** 2
Dordogne (Av.)	**Z** 5
Faure (R. E.)	**Z** 6
Gde-Rigaudie (Pl.) .	**Z** 7
Leclerc (Av.)	**Z** 9
Leroy (Bd E.)	**Y** 12
Liberté (Pl.)	**Y** 13
Nesmann (Bd V.) . .	**Y** 14
Oies (Pl. des)	**Y** 16
Peyrou (Pl. du)	**Z** 17
11-Novembre (Pl.) .	**Y** 19
14-Juillet (Pl.)	**Z** 20

Paris 482 – Périgueux 15 – Brive-la-Gaillarde 81 – ♦Limoges 87.

☎ **Chabrol** ⑤, ℰ 53 07 83 39, ㄌ – ℅
→ fermé sept. – **R** 60/180 ⓛ – ⯑ 20 – **9 ch** 85/250 – ½ P 250.

SARRAS 07370 Ardèche 77 ① – 1 669 h. alt. 134.

Voir De la D 506 coup d'oeil★★ sur le défilé de St-Vallier★ S : 5 km, G. Vallée du Rhône.

Paris 530 – Valence 35 – Annonay 19 – ♦Lyon 70 – ♦St-Étienne 58 – Tournon 16.

🏦 **Vivarais,** ℰ 75 23 01 88, ㄌ – ☏ **P**
→ fermé 1ᵉʳ fév. au 10 mars et mardi – **R** 65/170 ⓛ – ⯑ 22 – **10 ch** 135/195.

☎ **Commerce,** ℰ 75 23 03 88 – ㄍ, ℅ ch
→ fermé 10 oct. au 15 nov., dim. soir et lundi midi – **R** 60/105 ⓛ – ⯑ 17 – **11 ch** 90/165.

SARREBOURG ⬍ 57400 Moselle 62 ⑧ G. Alsace Lorraine – 15 139 h. alt. 250.

Voir Vitrail★ dans la chapelle des Cordeliers **B**.

🛈 Office de Tourisme Chapelle des Cordeliers ℰ 87 03 11 82 – Paris 425 ④ – ♦Strasbourg 72 ② –
Épinal 84 ④ – Lunéville 53 ④ – ♦Metz 94 ④ – St-Dié 67 ④ – Sarreguemines 53 ①.

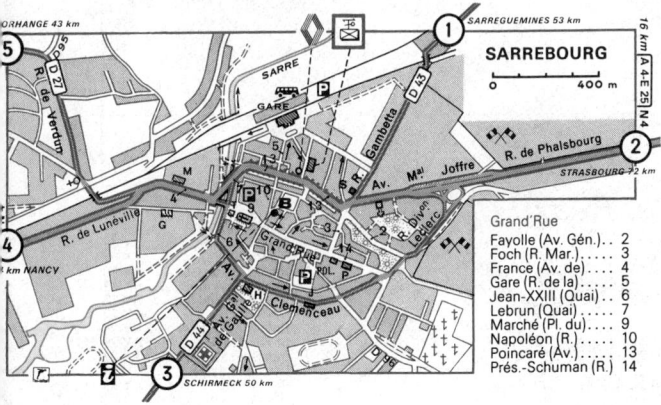

Grand'Rue
Fayolle (Av. Gén.) . . 2
Foch (R. Mar.) 3
France (Av. de) 4
Gare (R. de la) 5
Jean-XXIII (Quai) . . 6
Lebrun (Quai) 7
Marché (Pl. du) 9
Napoléon (R.) 10
Poincaré (Av.) 13
Prés.-Schuman (R.) 14

🏦 **Les Cèdres** Ⓜ ⑤, par ③ et chemin d'Imling : 2 km ℰ 87 03 55 55, Télex 861533,
Fax 87 03 66 33, ㄌ – ▦ 📺 ☎ **P** – ▵ 60. ▵ E VISA ℅ ch
fermé 23 déc. au 6 janv. – **R** (fermé sam. midi) 90/190 ⓛ, enf. 50 – ⯑ 35 – **44 ch** 290/320
– ½ P 245.

XX ❀ **Mathis,** 7 r. Gambetta (s) ℰ 87 03 21 67 – E VISA
fermé 1ᵉʳ au 16 août, 2 au 9 janv., dim. soir et lundi – **R** 230/330
Spéc. Crêpe à la truffe en aumonière Souvaroff (fin déc. à début mars), Fricassée de sandre et foie d'oie
poêlé, Strudel de caille au ris de veau. Vins Klevner, Riesling.

CITROEN Gar. Oblinger, N 4 par ④ ℰ 87 23 89 56
FIAT Europ'Auto, ZA rte de Niderviller
ℰ 87 03 22 12
FORD Gar. du Deux Sarre, pl. de la Gare
ℰ 87 03 32 60
PEUGEOT-TALBOT Sarrebourg-Auto, N 4, à Imling
par ④ ℰ 87 23 89 66 Ⓝ ℰ 87 03 23 23

RENAULT Billiar, 25 av. Poincaré ℰ 87 03 21 14
V.A.G Gar. Lett, 6/8 av. Joffre ℰ 87 03 14 02

⊕ Kautzmann, 5 r. Dr-Schweitzer ℰ 87 03 23 53
Pneus et Services D.K., voie A.-Malraux
ℰ 87 03 21 87

SARREGUEMINES ⬍ 57200 Moselle 57 ⑯⑰ G. Alsace Lorraine – 25 178 h. alt. 220.

Voir Musée : jardin d'hiver★★, collection de céramiques★ BY **M** – 🛈 Office de Tourisme r. Maire-
Massing ℰ 87 98 80 81 – Paris 395 ③ – ♦Strasbourg 105 ② – Colmar 149 ② – Épinal 151 ② –
Karlsruhe 138 ① – Lunéville 93 ② – ♦Metz 69 ② – ♦Nancy 90 ② – St-Dié 134 ② – Saarbrücken 18 ③.

Plan page suivante

🏨 **Alsace et Rôtisserie Ducs de Lorraine,** 10 r. Poincaré ℰ 87 98 44 32, Fax 87 98 43 79,
ㄌ – ▦ 📺 ☎ **P** – ▵ 30. ▵ E VISA ℅ ABY **r**
R (fermé dim. soir) 90/295 ⓛ – **La Taverne R** carte 90 à 190ⓛ, enf. 35 – ⯑ 37 – **26 ch**
285/350.

🏦 **Union,** 28 r. Geiger ℰ 87 95 28 42, Télex 861686 – 📺 ☎ ㄍ **P**. ▵ ① E VISA BX **s**
R (fermé 22 déc. au 2 janv., sam. midi et dim.) 70/150 ⓛ – ⯑ 25 – **25 ch** 185/255 –
½ P 220/270.

🏠 **Deux Étoiles** sans rest, 4 r. Gén. Crémer ℰ 87 98 46 32 – 📺 ☎. ▵ ① E VISA AY **a**
⯑ 22 – **20 ch** 130/240.

X **Laroche,** 3 pl. Gare ℰ 87 98 03 23 – E VISA ABZ **x**
fermé 6 au 27 juil., 21 déc. au 4 janv., vend. soir et sam. – **R** 62/180 ⓛ.

SARREGUEMINES

Chapelle (R. de la) .... **AY** 3
Cremer (R. des Généraux) .. **AY** 6
Gare (Av. de la) .... **BZ** 9
Marché (Pl. du) .... **AY** 14
Nationale (R.) .... **AY** 20
Pasteur (R. Louis) .... **BY** 23
Ste-Croix (R.) .... **AY** 26

Chamborand (R.) .... **ABY** 2

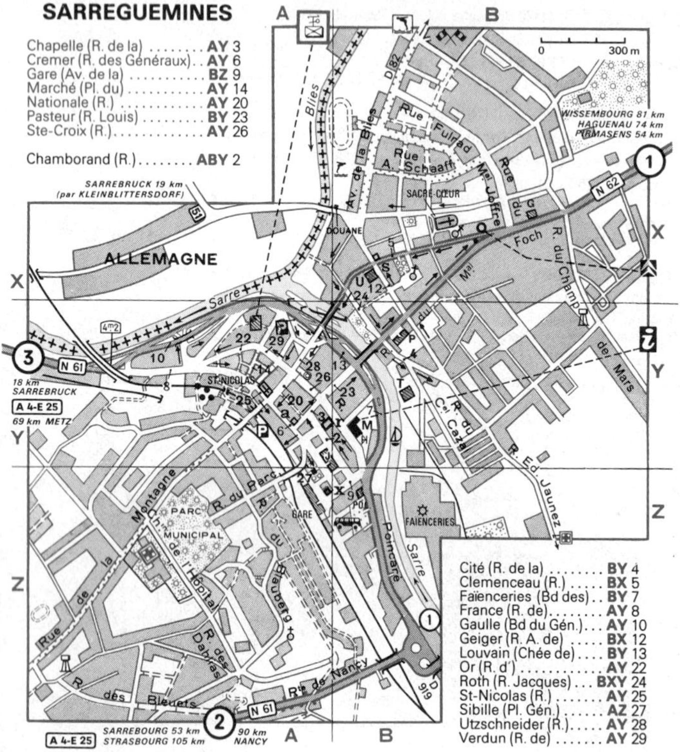

Cité (R. de la) .... **BY** 4
Clemenceau (R.) ..... **BX** 5
Faïenceries (Bd des) .. **BY** 7
France (R. de) .... **AY** 8
Gaulle (Bd du Gén.) ... **AY** 10
Geiger (R. A. de) ..... **BX** 12
Louvain (Chée de) .... **BY** 13
Or (R. d') .... **AY** 22
Roth (R. Jacques) ... **BXY** 24
St-Nicolas (R.) .... **AY** 25
Sibille (Pl. Gén.) ...... **AZ** 27
Utzschneider (R.) ..... **AY** 28
Verdun (R. de) .... **AY** 29

à Woelfling-lès-Sarreguemines par ① et rte de Bitche : 11 km – ✉ **57200** Woelfling-Sarreguemines :

XX **Pascal Dimofski,** N 62 ✆ 87 02 38 21, ☂, ⛱ – **P**. AE ⓓ E VISA
fermé vacances de fév., lundi soir et mardi – **R** 125/330 ♁, enf. 75.

à Neufgrange au S par D 919 BZ : 3 km – ✉ **57910** :

XXX **aub. du Grillon,** 1 r. Tuilerie ✆ 87 98 43 60 – **P**. AE ⓓ E VISA
dim. soir et lundi – **R** 105/320 ♁, enf. 65.

par ③ : 2 km – ✉ **57200** Sarreguemines :

XXX ✿ **Aub. St-Walfrid** (Schneider), rte Grosbliederstroff ✆ 87 98 43 75, ☂, ⛱ – **P**. E VISA
fermé 1er au 12 août, 1er au 16 janv., dim. et lundi – **R** 100/320 ♁
Spéc. Salade de haricots et foie gras de canard poêlé, Sole aux poivrons doux, Filet de chevreuil en râpé de pommes de terre (juin à janv.). Vins Gris de Toul, Riesling.

XXX **Vieux Moulin,** 135 r. France ✆ 87 98 22 59 – **P**. E VISA
fermé 15 août au 6 sept., mardi et merc. – **R** 110/300 ♁.

BMW Gar. Haas, ZI r. des Frères Lumière ✆ 87 95 06 26 **N** ✆ 87 95 25 31
CITROEN Gar. Herber, 79 r. Clemenceau ✆ 87 98 84 81
CITROEN Gar. Obry, 18 rte de Nancy ✆ 87 98 05 54 **N** ✆ 87 95 25 31
FORD Salon de l'Auto, 29 r. Poincaré ✆ 87 98 49 30
LANCIA-AUTOBIANCHI Sarre Auto, 4 bd Faïenceries ✆ 87 98 05 50
NISSAN Bang Sarreguemines, 17 av. Gare ✆ 87 95 63 93
OPEL S.A.M.A., à Grosbliederstroff ✆ 87 98 10 04
PEUGEOT-TALBOT Derr, r. Gutenberg ZI par ① ✆ 87 95 67 94
RENAULT Gar. Rebmeister, ZI r. Frères-Lumière par ① ✆ 87 95 10 88 **N** ✆ 05 05 15 15
V.A.G Gd Gar. Niederlender, 1 A rte de Nancy ✆ 87 98 54 78

◍ APS, ZI r. Gutenberg ✆ 87 98 16 00
Berwald, Z.I. r. des Frères Lumière ✆ 87 95 06 42
Relais du Pneu, 120 av. Foch ✆ 87 95 18 24

EUROPE on a single sheet
Michelin map nº 970

Paris 408 – ♦Strasbourg 81 – Lunéville 75 – ♦Metz 83 – ♦Nancy 81 – St-Avold 38 – Sarreguemines 25.

🏠 **Au Cheval Noir**, r. Phalsbourg ℰ 88 00 12 71 – ☎ 🅿 – 🍴 80. 🖭 ⓞ ⅇ 𝘝𝘐𝘚𝘈. ℀ ch
⟶ fermé 1er au 21 oct. – **R** (fermé lundi) 45/250 🍷 – ☲ 30 – **20 ch** 95/220 – ½ P 150/300.

CITROEN Gar. Stutzmann ℰ 88 00 10 70 🅽   🅦 Weiss-Pneus, à Diemeringen ℰ 88 00 42 60

Voir Musée du Verre★.
Paris 216 – Avesnes-sur-Helpe 9 – Charleroi 43 – ♦Lille 108 – Maubeuge 19.

🏠 **H. Fleuri** ⑤ sans rest, ℰ 27 61 62 72, ☞, ℀ – ☏ 🅿 ⅇ 𝘝𝘐𝘚𝘈
  fermé 22 déc. au 6 janv. – ☲ 30 – **11 ch** 160/275.

XXX ⚘ **Aub. Fleurie** (Lequy), ℰ 27 61 62 48 – 🅿. 🖭 ⓞ ⅇ 𝘝𝘐𝘚𝘈
  fermé 21 au 31 août, 20 janv. au 15 fév., dim. soir et lundi fériés – **R** (nombre de couverts
  limité - prévenir) 150/300
  Spéc. Huîtres chaudes au curry, Agneau de lait rôti (déc. à mai), Feuilleté de chocolat aux fruits rouges.

Voir Ruines★ du château de Suscinio SE : 3,5 km – Presqu'île de Rhuys★.
🏌 Kerver ℰ 97 45 30 09, O par D 780 : 7 km.
🯁 Syndicat d'Initiative Bâtiment des Trinitaires, r. Gén.-de-Gaulle (saison) ℰ 97 41 82 37.
Paris 470 – Vannes 22 – ♦Nantes 110 – Redon 62.

  à Penvins SE : 7 km par D 198 – ✉ 56370 Sarzeau :

🏠 **Mur du Roy** ⑤, ℰ 97 67 34 08, ≤, ☆, ☞ – ☎ 🅿
  fermé 1er au 31 janv. – **R** (fermé mardi sauf juil. et août) 85/180 – ☲ 28 – **10 ch** 235/265 –
  ½ P 230/245.

  à la Grée-Penvins SE : 7,5 km par D 198 – ✉ 56370 Sarzeau :

XXX **Espadon,** ℰ 97 67 34 26, Fax 97 67 36 06, « Auberge rustique » – 🖭 ⓞ ⅇ 𝘝𝘐𝘚𝘈
  fermé 15 au 30 janv., dim. soir et lundi de nov. à Pâques – **R** 99/320, enf. 70.

CITROEN Clinchard, rte de St-Gildas   RENAULT Pépion, 17 r. Venetes ℰ 97 41 84 12
ℰ 97 41 81 23

Paris 209 – Bolbec 28 – Fécamp 15 – ♦Rouen 64 – St-Valéry-en-Caux 21 – Yvetot 29.

XX **Relais des Dalles,** près château ℰ 35 27 41 83, ☆, « Jardin fleuri » – 🖭 ⅇ 𝘝𝘐𝘚𝘈
  fermé 2 au 22 déc., mardi soir et merc. sauf juil.-août – **R** (dim. prévenir) 110/190.

Paris 545 – Valence 62 – Annonay 14 – Lamastre 37 – Privas 93 – St-Vallier 20 – Tournon 31 – Yssingeaux 54.

🏨 **Gentilhommière** 🅼 ⑤, rte Lalouvesc ℰ 75 34 94 31, Télex 345548, Fax 75 34 91 92, ☆,
  « Parc ombragé », ⍐, 🎾, ℀ – 🛗 📺 ☎ 🏃 🅿 – 🍴 50. ⅇ 𝘝𝘐𝘚𝘈
  24 mars-31 oct.,vend. soir et dim. soir sauf juil.-août – **R** 90/220 🍷, enf. 42 – ☲ 42 – **51 ch**
  290/370 – ½ P 310.

🏠 **Julliat-Roche**, ℰ 75 34 95 86, ☆, ☞ – 🍽 rest 📺 ☎ 🚗. 🖭 ⓞ ⅇ 𝘝𝘐𝘚𝘈
⟶ **R** 68/168 🍷, enf. 45 – ☲ 27 – **11 ch** 200/300 – ½ P 200/260.

  à St-Romain-d'Ay NE : 4,5 km par D 578A et D 6 – ✉ 07290 :

XX **Régis Poinard** avec ch, ℰ 75 34 42 01, ☆, ⍐, ☞, ℀ – ☎. ⅇ 𝘝𝘐𝘚𝘈. ℀ ch
  hôtel : fermé 1er janv. au 30 mars, dim. soir et lundi ; rest. : fermé 15 janv. au 20 fév., dim.
  soir et lundi – **R** 110/280, enf. 60 – ☲ 30 – **8 ch** 220/250 – ½ P 230.

ROVER Géry ℰ 75 34 95 53

🯁 Syndicat d'Initiative à la Mairie ℰ 71 77 84 46.
Paris 513 – Brioude 50 – Mende 74 – Le Puy 44 – St-Chély-d'Apcher 41 – St-Flour 50.

🏠 **La Terrasse,** ℰ 71 77 83 10 – ☎. 🖭 ⅇ 𝘝𝘐𝘚𝘈. ℀ rest
⟶ fermé 14 au 21 oct., 2 janv. au 1er fév. et lundi hors sais. – **R** 65/130, enf. 40 – ☲ 21 –
  17 ch 126/220 – ½ P 150/178.

PEUGEOT-TALBOT Gar. Villedieu ℰ 71 77 84 11   RENAULT Gires ℰ 71 77 80 08 🅽
🅽

17600 Char.-Mar. 🔲🔲 ⑮ – 4 777 h. alt. 5 – Stat. therm.

🏛 Syndicat d'Initiative pl. Ch.-de-Gaulle 🖉 46 02 83 77.

Paris 493 – Royan 11 – ◆Bordeaux 123 – Marennes 22 – Rochefort 32 – La Rochelle 64 – Saintes 26.

🏛 **Commerce,** r. Saintonge 🖉 46 02 80 50, 🍽, – 🕿 🅿 🇪 𝗩𝗜𝗦𝗔
15 mars-15 déc. et fermé dim. soir et lundi hors sais. – **R** 75/145, enf. 40 – ⊊ 26 – **19 ch**
144/268 – ½ P 205/270.

au Gua N : 6 km par D 1 – ✉ **17600** :

🏛🏛 **Moulin de Châlons** Ⓜ, Châlons E : 1 km rte Royan 🖉 46 22 82 72, parc, « Ancien moulin
à marée du 18ᵉ s., belle décoration intérieure » – 🕿 🅿 🇪 𝗩𝗜𝗦𝗔
8 mai-20 sept. et fermé merc. midi et mardi sauf juil.-août – **R** 125/380, enf. 48 – ⊊ 49 –
14 ch 330/450 – ½ P 385/450.

🍴🍴 **La Galiote** avec ch, Châlons O : 1 km rte Royan 🖉 46 22 81 94, 🌳, – 🕿 🅿 🇪 𝗩𝗜𝗦𝗔
R *(fermé 1ᵉʳ au 15 nov.)* 100/140, enf. 50 – ⊊ 30 – **9 ch** 140/290 – ½ P 215/255.

CITROEN Central Gar. 🖉 46 02 80 25   RENAULT Gar. du Parc 🖉 46 02 81 45

26270 Drôme 🔲🔲 ⑪ – 1 210 h. alt. 103.

Paris 591 – Valence 30 – Crest 25 – Montélimar 17 – Privas 26.

🏛 **La Capitelle** 🐾, à Mirmande SE : 3 km 🖉 75 63 02 72, ≤, 🍽, « Demeure ancienne » –
🕿 🅿 🇪 𝗩𝗜𝗦𝗔 🌳 rest – *fermé 15 nov. au 15 janv., merc. midi et mardi* – **R** 140/189, enf. 58
– ⊊ 38 – **9 ch** 230/410 – ½ P 283/388.

🏛 **Clutier,** aux Reys de Saulce S : 1 km sur N 7 🖉 75 63 00 22, Fax 75 63 12 60, 🍽, 🏊, 🌳
🚲 – 🚐 rest 📺 ⇔ 🅿 – 🏧 50. 🇪 𝗩𝗜𝗦𝗔
fermé 15 au 25 oct., 23 déc. au 24 janv., dim. soir hors sais. et lundi – **R** 65/150, enf. 50 –
⊊ 22 – **20 ch** 175/250 – ½ P 210/240.

62870 P.-de-C. 🔲 ⑫ – 233 h. alt. 13.

Paris 190 – ◆Calais 81 – Abbeville 34 – Arras 74 – Berck-sur-Mer 24 – Doullens 44 – Hesdin 18 – Montreuil 15.

🍴🍴 **Val d'Authié,** 🖉 21 90 30 20, 🍽 – 🇪 𝗩𝗜𝗦𝗔 🌳
fermé jeudi du 1ᵉʳ oct. au 30 avril sauf fériés – **R** 75 bc/150 🍷.

53340 Mayenne 🔲🔲 ⑪ G. Normandie Cotentin – 348 h. alt. 80.

Paris 250 – ◆Le Mans 60 – Château-Gontier 40 – La Flèche 48 – Laval 37 – Mayenne 43.

🏛🏛 **Ermitage** Ⓜ 🐾, 🖉 43 90 52 28, Télex 723405, Fax 43 90 56 61, 🍽, 🌳 – 📺 🕿 🅿
🏧 25. 🖭 ⓿ 🇪 𝗩𝗜𝗦𝗔
fermé 15 janv. au 20 fév., dim. soir et lundi du 20 sept. au 25 avril – **R** 85/210 🍷 – ⊊ 32 –
23 ch 235/320 – ½ P 220/280.

21210 Côte-d'Or 🔲🔲 ⑰ G. Bourgogne – 3 183 h. alt. 514 – Voir Basilique St-Andoche★ – Le
Taureau★ par Pompon – 🏛 Maison du Tourisme r. d'Argentine 🖉 80 64 00 21.

Paris 250 ① – ◆Dijon 73 ② – Autun 41 ④ – Avallon 39 ① – Beaune 77 ② – Clamecy 77 ①.

SAULIEU

Marché (R. du) 17

Abattoir (R. de l') 2
Argentine (R. d') 3
Bertin (R. J.) 4
Collège (R. du) 6
Courtépée (R.) 7
Foire (R. de la) 8
Gambetta (R.) 10
Gare (Av. de la) 12
Gaulle (Pl. Ch. de) 14
Grillot (R.) 15
Sallier (R.) 18
Tanneries (R. des) 20
Vauban (R.) 21

Les localités citées dans
le guide Michelin
sont soulignées de rouge
sur les **cartes Michelin**
à 1/200 000.

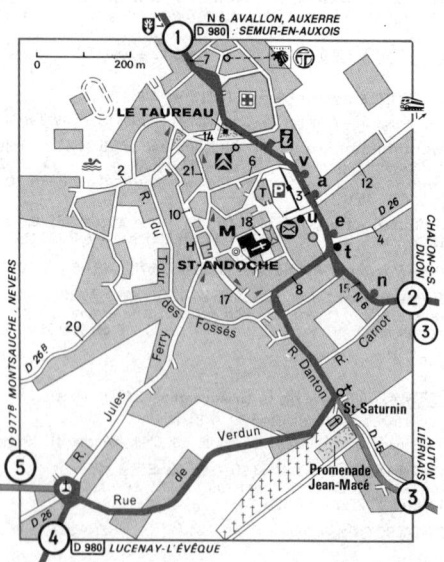

🏨 ❀❀❀ **Côte d'Or** (Loiseau) Ⓜ ⇖, 2 r. Argentine **(e)** 🍴 🕾 80 64 07 66, Télex 350778,
Fax 80 64 08 92, « Élégante hostellerie », 🦐 – ⅍ rest 📺 🕾 ⇦ 🝑, 🖽 ⓞ 🖿 🗡
R 360 (déj.)/620 et carte, enf. 90 – ☲ 80 – **12 ch** 260/600, 10 appart.
Spéc. Grenouilles à la purée d'ail et jus de persil, Sandre rôti au vin rouge, Blanc de volaille et foie gras au
jus de truffes. Vins Savigny-les-Beaune, Chablis.

🏨 **Poste** Ⓜ, 1 r. Grillot **(t)** 🕾 80 64 05 67, Télex 350540, Fax 80 64 10 82, « Salle à manger
Belle Époque » – 🗏 rest 📺 🕾 ఉ 🅿 – 🕭 50. 🖽 ⓞ 🖿 🗡
R 128/298, enf. 60 – ☲ 30 – **48 ch** 160/425 – ½ P 300/350.

🏨 **Tour d'Auxois,** square A. Dumaine **(u)** 🕾 80 64 13 30, 🦐 – 🖿 🗡
fermé 9 au 17 juin, 6 au 14 oct., déc., dim. soir et lundi – **R** 70/160, enf. 40 – ☲ 20 – **25 ch**
60/160.

🍴🍴 **Borne Impériale** avec ch, 16 r. Argentine **(v)** 🕾 80 64 19 76 – 🖿 🗡
fermé 20 nov. au 15 déc., mardi soir et merc. sauf juil.-août – **R** 95/235 bc, enf. 55 – ☲ 30
– **7 ch** 130/245 – ½ P 220/300.

🍴🍴 **Aub. du Relais** avec ch, 8 r. Argentine **(a)** 🕾 80 64 13 16 – 🖽 🖿 🗡
fermé 25 nov. au 6 déc., 16 au 23 janv., merc. soir et jeudi d'oct. à juin – **R** 90/190 bc,
enf. 60 – ☲ 28 – **5 ch** 200/240 – ½ P 200/245.

🍴 **Vieille Auberge** avec ch, 17 r. Grillot **(n)** 🕾 80 64 13 74 – 🅿. 🖿 🗡
fermé 1er déc. au 15 janv., mardi soir et merc. – **R** 65/155 ⅋ – ☲ 28 – **7 ch** 100/265.

CITROEN Gar. de l'Étape 🕾 80 64 17 99   Gar. Moderne, 🕾 80 64 08 08
RENAULT S.C.A.S.A., par ② 🕾 80 64 03 45 🄽

Env. Gorges de la Nesque✶✶ : belvédère✶✶ SO : 11 km par D 942.

🖪 Office de Tourisme av. Promenade (juin-sept.) 🕾 90 64 01 21.

Paris 721 – Digne 93 – Aix-en-Provence 92 – Apt 37 – Avignon 68 – Carpentras 45 – Gap 102.

🏨 **Deffends** ⇖, rte St-Trinit 🕾 90 64 01 41, ≤, 🦐, ⚓, – 📺 🕾 🅿. 🖽 🖿 🗡
hôtel : fermé 20 déc. au 1er fév. ; rest. : fermé 1er janv. au 1er fév. et merc. sauf juin, juil. et
août – **R** 140/190, enf. 80 – ☲ 40 – **10 ch** 320 – ½ P 330.

🏨 **Albion** sans rest, 🕾 90 64 06 22 – 🕾. 🖿 🗡
10 avril-31 oct. – ☲ 28 – **10 ch** 230/250.

à Aurel N : 5 km par D 942 – ⌕ 84390 :

🏨 **Relais du Ventoux** ⇖, 🕾 90 64 00 62 – 🖽 🖿 🗡
fermé 1er janv. au 15 mars, et vend. hors sais. – **R** 85/120 ⅋, enf. 40 – ☲ 30 – **14 ch**
125/170 – ½ P 165/185.

RENAULT Gar. de la Lavande 🕾 90 64 02 41

Voir Château✶✶ : musée d'Arts décoratifs✶✶, musée du Cheval✶, tour du Guet ⚜✶ BZ – Église
N.-D.-de-Nantilly✶ : tapisseries✶✶ BZ – Vieux quartier✶ BY : Hôtel de ville✶ H ,Tapisseries✶ de
l'église St-Pierre – Musée de la Cavalerie✶ AY **M¹** – Musée des Blindés✶ AY **M²**.

🎯 de Loudun (86) 🕾 49 98 78 06, par ③ : 18,5 km.

🖪 Office de Tourisme et Accueil de France (Informations, change et réservations d'hôtels pas plus de
5 jours à l'avance) avec A.C. pl. Bilange 🕾 41 51 03 06, Télex 722386.

Paris 293 ① – Angers 45 ⑥ – Châtellerault 76 ③ – Cholet 66 ③ – ✦Le Mans 94 ① – Poitiers 90 ③ –
✦Tours 67 ①.

Plan page suivante

🏨 **Loire** Ⓜ ⇖, r. Vieux Port 🕾 41 67 22 42, Télex 723279, Fax 41 67 88 80, ≤ – 🛗 🗏 rest
📺 🕾 ఉ ⇦ 🅿 – 🕭 25 à 100. 🖽 ⓞ 🖿 🗡   BY **g**
R 95/250, enf. 55 – ☲ 35 – **45 ch** 260/640 – ½ P 275/375.

🏨 **Roi René** Ⓜ, 94 av. Gén. de Gaulle 🕾 41 67 45 30, Télex 723266 – 🛗 📺 🕾 ⇦ –
🕭 30. 🖽 🖿 🗡   BX **a**
fermé 24 déc. au 3 janv. – **R** (fermé 24 déc. au 2 janv. et sam. midi du 1er nov. au 28 fév.)
90/170, enf. 54 – ☲ 38 – **38 ch** 235/325 – ½ P 265.

🏨 **Anne d'Anjou** Ⓜ sans rest, 32 quai Mayaud 🕾 41 67 30 30, ≤ – 🛗 📺 🕾 ఉ 🅿 – 🕭 50
48 ch.   BY **e**

🏨 **Central** sans rest, 23 r. Daillé 🕾 41 51 05 78 – 📺 🕾 ⇦. 🖽 🖿 🗡   BY **d**
☲ 26 – **27 ch** 200/350.

🏨 **Londres** sans rest, 48 r. Orléans 🕾 41 51 23 98 – 🕾 🅿. 🖽 ⓞ 🖿 🗡   ABY **x**
☲ 24 – **28 ch** 170/260.

🏨 **Croix Verte,** 49 r. Rouen par ① 🕾 41 67 39 31, Fax 41 67 74 98 – 🗏 rest 🕾 🅿. ⓞ 🖿 🗡
fermé 28 oct. au 4 nov., 24 déc. au 6 janv. et dim. soir – **R** 55/165 ⅋, enf. 46 – ☲ 23 –
18 ch 110/200.

SAUMUR

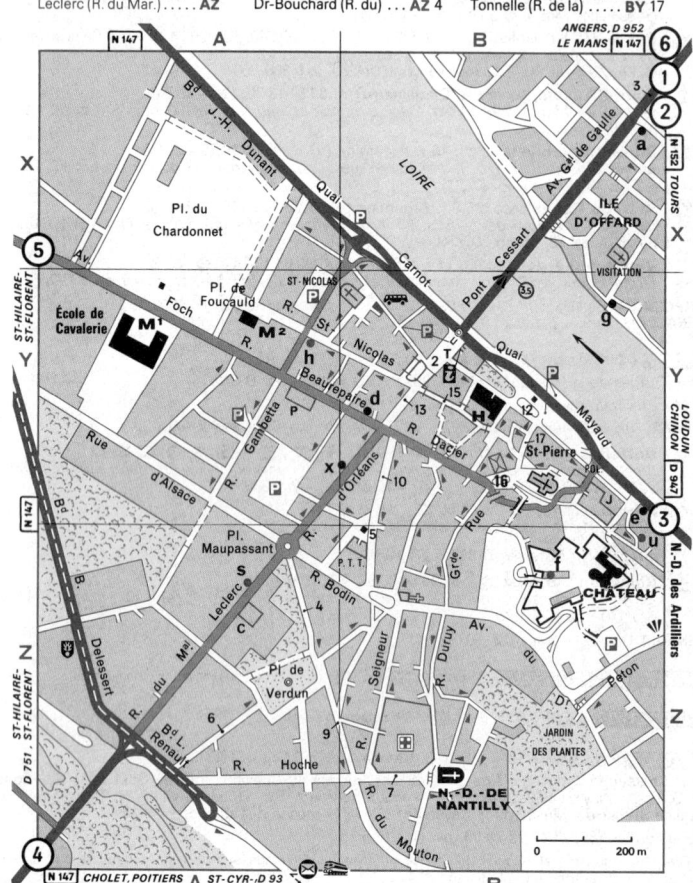

XXX **Délices du Château,** cour du château 🕿 41 67 65 60, 🍴 – 🅿. 🆎 ⑩ 🅴 𝑽𝑰𝑺𝑨   BZ **f**
  fermé 15 déc. au 15 janv., dim. soir et lundi du 1ᵉʳ oct. au 31 mars – **R** 160/250.

XXX **Les Menestrels,** 11 r. Raspail 🕿 41 67 71 10 – 🆎 ⑩ 🅴 𝑽𝑰𝑺𝑨   BZ **u**
  fermé 2 au 17 janv., lundi midi et dim. hors sais. – **R** 155/290, enf. 70.

XX **Les Chandelles,** 71 r. St-Nicolas 🕿 41 67 20 40 – 🆎 🅴 𝑽𝑰𝑺𝑨   AY **h**
  fermé 26 oct. au 9 nov., 17 au 27 déc., 1ᵉʳ au 21 fév. et merc. – **R** 98/280.

XX **L'Escargot,** 30 r. Mar. Leclerc 🕿 41 51 20 88 – 🅴 𝑽𝑰𝑺𝑨   AZ **s**
  fermé 3 au 27 nov., 20 fév. au 10 mars, mardi soir et merc. – **R** 78/112, enf. 38.

  à St-Lambert-des-Levées par ① : 2,5 km – ⊠ **49400** Saumur :

🏠 **Chéops** Ⓜ, N 147 🕿 41 67 17 18, Fax 41 67 18 85, 🍴 – 📺 🕿 🕭 🅿 – 🔏 30. 🆎 ⑩ 🅴
  𝑽𝑰𝑺𝑨
  R *(fermé dim. soir du 1ᵉʳ nov. au 31 mars)* 75/240 ♌, enf. 40 – 🖙 35 – **28 ch** 255/295,
  12 duplex 340/380 – ½ P 260.

  à Bagneux par ④ : 3 km – ⊠ **49400** Saumur :

🏠 **Campanile,** 🕿 41 50 14 40, Télex 722709 – 📺 🕿 🕭 🅿 – 🔏 40. 🅴 𝑽𝑰𝑺𝑨
  R 74 bc/98 bc, enf. 39 – 🖙 27 – **43 ch** 248 – ½ P 225/249.

à *St-Hilaire-St-Florent* par ⑤ et D 751 : 3 km – ✉ 49400 Saumur.

Voir École nationale d'Équitation★.

🏨 **Clos des Bénédictins** Ⓜ ⤸, ℘ 41 67 28 48, Fax 41 67 13 71, ≤, 佘, ⤴, ☞ – ▤ rest 📺 ☎ 🕭 ℗. ⒶⒺ Ⓔ ⱽⁱˢᵃ. ⤸ rest
  fermé 2 janv. au 1ᵉʳ mars, dim. soir et lundi du 15 oct. à Pâques – **R** 130/268, enf. 70 –
  ⊂ 42 – **22 ch** 260/340 – ½ P 294/380.

à *Chênehutte-les-Tuffeaux* par ⑤ et D 751 : 8 km – ✉ 49350 Gennes :

🏨 **Le Prieuré** ⤸, ℘ 41 67 90 14, Télex 720379, Fax 41 67 92 24, ≤, « Site boisé dominant la
  Loire, parc, ⤴ », � – 📺 ☎ ℗ – 🔬 50. ⒶⒺ Ⓔ ⱽⁱˢᵃ
  fermé 5 janv. au 1ᵉʳ mars – **R** 265/390, enf. 150 – **33 ch** ⊂ 500/1250 – ½ P 665/965.

CITROEN Jolly, bd Mar.-Juin par bd J.-H.-Dunant
AX ℘ 41 50 41 01
PEUGEOT-TALBOT Guillemet Automobiles, 103 r.
Pont-Fouchard à Bagneux par ④ ℘ 41 50 11 33
🇳 ℘ 41 50 24 24
PEUGEOT-TALBOT Gar. Guillemet, 5 r. de Rouen
par ① ℘ 41 67 48 68 🇳 ℘ 41 50 24 24

RENAULT Gar. Renard, r. A.-Pottier à Allonnes par
① ℘ 41 52 00 12 🇳

⓪ Godelu-Pneus, rte de Cholet à Distré
℘ 41 50 17 96
Soréval Anjou-Pneus, 1 bd L.-Renault
℘ 41 51 08 46

SAUSSET-LES-PINS 13960 B.-du-R. 🔢 ⑱ G. Provence – 3 876 h. alt. 11.

🅱 Syndicat d'Initiative bd Ch.-roux (juil.-août) ℘ 42 45 16 34 et à la Mairie ℘ 42 44 51 51.

Paris 777 – ◆Marseille 31 – Aix-en-Provence 45 – Martigues 12 – Salon-de-Provence 56.

🏨 **Paradou-Méditerranée** Ⓜ, sur le port ℘ 42 44 76 76, Télex 432407, Fax 42 44 78 48, ≤,
  佘, ⤴ – 🛗 📺 ☎ 🕭 – 🔬 40. ⒶⒺ Ⓔ ⱽⁱˢᵃ
  R 150 – ⊂ 45 – **42 ch** 340/400 – ½ P 300/320.

XXX **Les Girelles,** ℘ 42 45 26 16, ≤, 佘 – ⒶⒺ Ⓔ ⱽⁱˢᵃ
  fermé fév., dim. soir hors sais. et lundi – **R** 150/300 ⅋, enf. 80.

XX **Plage** Ⓜ avec ch, ℘ 42 45 06 31, Fax 42 45 12 65, ≤, ⤴ – ▤ rest 📺 ☎. ⒶⒺ Ⓔ ⱽⁱˢᵃ
  R *(fermé dim. soir et lundi de sept. à juin)* 160/180 carte le dim. – ⊂ 30 – **11 ch** 220/320
  – ½ P 260/320.

SAUSSIGNAC 24240 Dordogne 🔢 ⑭ – 399 h. alt. 123.

Paris 568 – Périgueux 64 – Bergerac 17 – Libourne 52 – Ste-Foy-la-Grande 13.

🏨 **A Saussignac,** ℘ 53 27 92 08, 佘 – ☎ – 🔬 40. Ⓔ ⱽⁱˢᵃ
  fermé vacances de fév. dim. soir et lundi soir d'oct. à mai – **R** 95/150, enf. 50 – ⊂ 25 –
  19 ch 150/240 – ½ P 160/195.

SAUTERNES 33210 Gironde 🔢 ① G. Pyrénées Aquitaine – 578 h.

Paris 627 – ◆Bordeaux 48 – Bazas 19 – Langon 10.

XX **Le Saprien,** ℘ 56 63 60 87, 佘 – ℗ ⒶⒺ Ⓔ ⱽⁱˢᵃ
  fermé 15 au 30 nov., 17 au 28 fév., lundi (sauf juil.-août) et dim. soir – **R** 97/187.

SAUVETERRE 30150 Gard 🔢 ⑪ – 1 161 h. alt. 28.

Paris 674 – Avignon 10 – Alès 73 – Nîmes 49 – Orange 15 – Pont-St-Esprit 34 – Villeneuve-lès-Avignon 8.

XXX **La Crémaillère,** rte Avignon : 1 km ℘ 66 82 55 05, Fax 66 82 52 58, 佘, ☞ – ▤ ℗. ⒶⒺ
  Ⓔ ⱽⁱˢᵃ
  fermé dim. soir et lundi sauf fériés – **R** 135/270, enf. 70.

SAUVETERRE-DE-BÉARN 64390 Pyr.-Atl. 🔢 ④ G. Pyrénées Aquitaine – 1 596 h. alt. 67.

Voir Site★ – ≤★★ du vieux pont.

Paris 785 – Pau 66 – ◆Bayonne 62 – Dax 45 – Mont-de-Marsan 80 – Oloron-Ste-Marie 41.

CITROEN Serres ℘ 59 38 50 21

RENAULT Bidegain ℘ 59 38 52 52

SAUVETERRE-DE-COMMINGES 31510 H.-Gar. 🔢 ① – 654 h. alt. 480.

Paris 813 – Bagnères-de-Luchon 36 – Lannemezan 32 – St-Gaudens 9,5 – Tarbes 68 – ◆Toulouse 100.

🏨 **Host. des 7 Molles** ⤸, à Gesset S : 3 km par D 9 ℘ 61 88 30 87, Télex 533359,
  Fax 61 88 36 42, ≤, 佘, parc, ⤴, ✳ – 🛗 📺 ☎ ℗ – 🔬 30. ⒶⒺ ⓞ Ⓔ ⱽⁱˢᵃ
  mi-mars-fin oct., mi-déc.-mi-janv. – **R** 150/260, enf. 90 – ⊂ 55 – **17 ch** 450/600 –
  ½ P 500/550.

SAUVETERRE-DE-ROUERGUE 12800 Aveyron 🔢 ① G. Gorges du Tarn – 793 h. alt. 460.

Voir Place centrale★.

Paris 644 – Rodez 40 – Albi 54 – Millau 95 – St-Affrique 89 – Villefranche-de-Rouergue 44.

🏨 ✿ **Aub. du Sénéchal** (Truchon) ⤸, ℘ 65 47 05 78, Fax 65 47 02 65, 佘 – ☎. ⒶⒺ Ⓔ ⱽⁱˢᵃ
  ⤸
  1ᵉʳ avril-31 oct. et fermé mardi midi et lundi (sauf juil.-août) – **R** 105/380 ⅋ – ⊂ 50 – **14 ch**
  250/280 – ½ P 280/300
  Spéc. Feuilleté léger au Roquefort, Lapin confit sur foin de trèfles et petits gnocchi, Pavé aux deux chocolats.
  Vins Marcillac, Entraygues.

SAUVIGNY-LES-BOIS 58160 Nièvre 🗓🗓 ④ – 1 722 h. alt. 220.

Paris 248 – Autun 96 – Deuze 27 – Nevers 10.

XX **Moulin de l'Etang**, ℰ 86 37 10 17, 🍴 – 🅿 *VISA*
fermé 2 au 15 janv., merc. soir et lundi – **R** 72/145, enf. 35.

SAUX 65 H.-Pyr. 🗓🗓 ⑥ – rattaché à Lourdes.

SAUXILLANGES 63490 P.-de-D. 🗓🗓 ⑮ **G. Auvergne** – 1 135 h. alt. 448.

Voir Pic d'Usson 🌣★ SO : 4 km.

Paris 463 – ◆Clermont-Ferrand 47 – Ambert 45 – Issoire 12 – Thiers 47 – Vic-le-Comte 19.

X **Chalut** avec ch, ℰ 73 96 80 71 – 🚗, 🄴 *VISA*
◆ fermé 2 au 7 juin, 2 au 17 sept., 4 au 21 fév., dim. soir et lundi – **R** 50 (sauf sam.)/210 ⌖ –
⊒ 22 – **6 ch** 120/200 – ½ P 150/180.

Le SAUZE 04 Alpes-de-H.-P. 🗓🗓 ⑧ – rattaché à Barcelonnette.

SAUZON 56 Morbihan 🗓🗓 ⑪ – voir à Belle-Ile-en-Mer.

☛ *Le località sottolineate in rosso sulle carte stradali Michelin
in scala 1/200 000 figurano in questa guida.
Approfittate di questa informazione,
utilizzando una carta di edizione recente.*

SAVERNE ◁🆂🄿▷ 67700 B.-Rhin 🗓🗓 ⑱ **G. Alsace Lorraine** – 10 484 h. alt. 210.

Voir Château★ : façade★★ B – Maisons anciennes★ B E – St-Jean-Saverne : chapelle St-Michel★,
≤★ N : 4,5 km par D 115 puis 30 mn A – Château du Haut-Barr★ : ≤★★ SO : 5 km par D 102
puis D 171 A – Vallée de la Zorn★ O.

🏢 Office de Tourisme Château des Rohan ℰ 88 91 80 47.

Paris 448 ① – ◆Strasbourg 39 ③ – Lunéville 82 ⑤ – St-Avold 84 ① – Sarreguemines 65 ①.

SAVERNE

	Grand' Rue .... **AB**		Gaulle (Pl. Gén. de)..... **B** 14	
			Joffre (R. Mar.) .... **B** 16	
Clés (R. des) .... **B** 3	Bouxwiller (R. de) ...... **B** 2		Pères (R. des) .... **B** 17	
Églises (R. des) .... **B** 8	Côte (R. de la) .... **A** 5		Poincaré (R.) .... **A** 20	
Gare (R. de la) .... **A** 13	Dettwiller (R. de) ...... **B** 6		Poste (R. de la) .... **B** 22	
	Foch (R. Mar.) .... **A** 12		19-Novembre (R. du) .... **A** 23	

🏨 **Chez Jean,** 3 r. Gare ℰ 88 91 10 19, Fax 88 91 27 45 – 📶 📺 ☎ – 🔥 40. ⓞ Ɛ *VISA*. ⋇
fermé 22 déc. au 10 janv., dim. soir et lundi à juin – **R** 80/198 - **Winstub R** carte
environ 160 ⑃ – ⌧ 35 – **27 ch** 165/300 – ½ P 270
A **d**

🏨 **Geiswiller,** 17 r. Côte ℰ 88 91 18 51, Télex 890901, Fax 88 71 15 36 – 📶 📺 ☎ 🚗 ⓟ. 📧
ⓞ Ɛ *VISA*. ⋇ rest
A **a**
R *(fermé 20 juil. au 10 août, 23 déc. au 3 janv., lundi midi et dim. hors sais.)* 78/260 ⑃ –
⌧ 40 – **40 ch** 180/350.

🏨 **Europe** sans rest, 7 r. Gare ℰ 88 71 12 07, Fax 88 71 11 43 – 📶 📺 ☎ ♿ 📧 ⓞ Ɛ *VISA*
⌧ 30 – **29 ch** 220/320.
A **e**

🏨 **Boeuf Noir,** 22 Gd'rue ℰ 88 91 10 53, Fax 88 71 02 26 – ☎ ⓟ Ɛ *VISA*
A **b**
fermé 1ᵉʳ au 10 mars, 1ᵉʳ au 18 juil., dim. soir et mardi – **R** 88/185 ⑃ – ⌧ 28 – **12 ch**
145/195 – ½ P 175/195.

CITROEN Wallior, 21 r. St-Nicolas ℰ 88 91 17 52 Ⓝ
FORD Saverne-Autos, 40 rte de Paris
ℰ 88 91 12 55
OPEL Gar. Diemer, 32 r. Ermitage ℰ 88 91 19 00

RENAULT Billiar, 116 r. St-Nicolas par ③
ℰ 88 91 22 22 Ⓝ

🔘 Pneus et Services D.K., 26 r. Ermitage
ℰ 88 91 18 22

SAVIGNAC-LES-ÉGLISES 24420 Dordogne 📶 ⑥ – 747 h. alt. 111.
Paris 480 – Périgueux 21 – Brive-la-Gaillarde 64 – ♦Limoges 80.

🏨 **Le Parc** Ⓜ ⋟ (École hôt. sup. d'application), ℰ 53 05 07 60, Fax 53 05 39 65, 🍴, parc,
🏊 – ⋟ ch 📺 ☎ ⓟ – 🔥 50. 📧 ⓞ Ɛ *VISA*
15 mai-30 sept. – **R** *(fermé lundi et le midi sauf dim. et fériés)* 190/300, enf. 80 – ⌧ 55 –
11 ch 480 – ½ P 430.

SAVIGNÉ-L'ÉVÊQUE 72 Sarthe 📶 ⑬ – rattaché au Mans.

SAVIGNY-LÈS-BEAUNE 21420 Côte-d'Or 📶 ⑨ – 1 405 h. alt. 265.
Paris 319 – ♦Dijon 38 – Beaune 6 – Bouilland 10.

🏨 **L'Ouvrée** ⋟, rte Bouilland ℰ 80 21 51 52, 🍴, 🌳 – 📺 ☎ ⓟ – 🔥 25. Ɛ *VISA*
fermé 1ᵉʳ fév. au 10 mars – **R** 90/185, enf. 50 – ⌧ 25 – **22 ch** 200/240 – ½ P 210/234.

🏨 **Lud'H.** Ⓜ ⋟, ℰ 80 21 53 24, Fax 80 21 59 26, 🏊, 🌳 – ☎ ⓟ Ɛ *VISA*. ⋇ ch
R *(fermé lundi d'oct. à mars)* 98/150 – ⌧ 28 – **27 ch** 225/350.

PEUGEOT-TALBOT Gar. Busquin ℰ 80 21 52 06

SAVIGNY-SUR-CLAIRIS 89150 Yonne 📶 ⑬ – 207 h. alt. 165.
Paris 119 – Auxerre 53 – Nemours 43 – Sens 23.

🏨 **Host. du Château de Clairis** ⋟, N : 1 km par D 103 ℰ 86 86 30 01, Fax 86 86 39 40,
🍴, « Château du 19ᵉ siècle dans un parc », ⋇ – ☎ ⓟ – 🔥 100. 📧 Ɛ *VISA*
fermé 22 déc. au 8 janv., dim. soir de nov. au 1ᵉʳ mars – **R** 190/239, enf. 65 – ⌧ 38 – **23 ch**
385/405 – ½ P 484.

RENAULT Gar. Chapuis ℰ 86 86 33 48

SAVIGNY-SUR-ORGE 91 Essonne 📶 ①, 🄰🄰🄰 ㉟㊱ – voir à Paris, Environs.

SAVINES-LE-LAC 05160 H.-Alpes 📶 ⑦ G. Alpes du Sud – 859 h. alt. 810.
Voir Forêt de Boscodon★★ SE : 15 km.
🅱 Office de Tourisme ℰ 92 44 20 44.
Paris 698 – Gap 28 – Barcelonnette 46 – Briançon 59 – Digne 87 – Guillestre 32 – Sisteron 72.

🏨 **Flots Bleus,** ℰ 92 44 20 89, ≤, 🍴, 🌳 – ☎ ⓟ. *VISA*
*ouvert 20 avril-30 sept. (sauf rest. du 20 sept. au 31 oct.) et fermé dim. soir et lundi sauf
de mai à sept.* – **R** 100/130 ⑃ – ⌧ 32 – **21 ch** 240/350 – ½ P 240/275.

🏨 **Eden Lac,** ℰ 92 44 20 53, ≤, 🏊, 🌳 – 📺 ☎ ⓟ. 📧 *VISA*
fermé 25 nov. au 17 déc. et 7 janv. au 3 fév. – **R** 68/160 ⑃, enf. 37 – ⌧ 33 – **23 ch** 250/310
– ½ P 260/300.

🍽🍽 **Relais Fleuri,** ℰ 92 44 20 32, ≤, 🍴 – Ɛ *VISA*
Pâques-1ᵉʳ nov. – **R** 85/200, enf. 50.

SCAER 29390 Finistère 📶 ⑯ – 6 039 h. alt. 185.
Paris 528 – Quimper 36 – Carhaix-Plouguer 37 – Châteaulin 48 – Concarneau 27 – Pontivy 65.

🏨 **Brizeux,** 56 r. J. Jaurès ℰ 98 59 40 59 – 📧 ⓞ Ɛ *VISA*
fermé 3 janv. au 15 fév. – **R** *(fermé dim. soir et lundi du 10 sept. au 15 juin)* 70/195 ⑃,
enf. 48 – ⌧ 27 – **16 ch** 110/210 – ½ P 165/225.

🔘 Ster Pneus ℰ 98 59 44 62

SCEAUX 92 Hauts-de-Seine 📶 ⑩ 🄰🄰🄰 ㉕ – voir à Paris, Environs.

72160 Sarthe 🔟 ⑭⑮ – 463 h. alt. 93.

Paris 174 – ♦Le Mans 33 – La Ferté-Bernard 11 – Nogent-le-Rotrou 32 – St-Calais 35 – Vibraye 15.

    XX **Aub. Panier Fleuri**, N 23 ☏ 43 93 40 08 – **E** 𝗩𝗜𝗦𝗔
    ← *fermé mardi soir et merc.* – **R** 62/169.

SCHIRMECK **67130** B.-Rhin 🔟 ⑧ G. Alsace Lorraine – 2 533 h. alt. 317.

🛈 Syndicat d'Initiative Hôtel de Ville ☏ 88 97 00 02.

Paris 410 – ♦Strasbourg 49 – ♦Nancy 109 – St-Dié 40 – Saverne 53 – Sélestat 56.

    🏠 **La Rubanerie** ⤫, à la Claquette SO : 2 km ☏ 88 97 01 95, Fax 88 47 17 34, « Jardin » –
        📺 ☎ & 🅿, ⚙ ⓪ **E** 𝗩𝗜𝗦𝗔. ⚘ rest
        R *(fermé dim.)* 125/250 ⅓ – ⚏ 42 – **16 ch** 250/335 – ½ P 270/300.

    à Barembach NE : 1,5 km – ✉ **67130** :

    🏠 **Château de Barembach** ⤫, 5 r. Mar. de Lattre de Tassigny ☏ 88 97 97 50,
        Fax 88 47 17 19, ♨, ✿ – 📺 ☎ 🅿 – ⚙ 30. ⚙ ⓪ **E** 𝗩𝗜𝗦𝗔. ⚘ rest
        fermé 18 au 26 déc. et 6 au 30 janv. – **R** 175/400, enf. 60 – ⚏ 50 – **15 ch** 450/780 –
        ½ P 450/615.

CITROEN Gar. Beraud, à la Broque ☏ 88 97 05 43

La SCHLUCHT (Col de) **88** Vosges 🔟 ⑱ G. Alsace Lorraine – alt. 1 139 – Sports d'hiver : 1 140/
1 250 m ✆6 – **Voir Route des Crêtes★★★** N et S.

Paris 425 – Colmar 37 – Épinal 56 – Gérardmer 15 – Guebwiller 46 – St-Dié 39 – Thann 48.

    🏠 **Collet** ⤫, au Collet : 2 km sur rte Gérardmer ✉ 88400 Gérardmer, ☏ 29 60 09 57,
        Fax 29 60 08 77, ≤, – 📺 ☎ 🅿 – ⚘ rest
        fermé 11 nov. au 20 déc. – **R** 80/180 ⅓, enf. 48 – ⚏ 40 – **24 ch** 200/310 – ½ P 200/300.

SCHWEIGHOUSE-SUR-MODER **67** B.-Rhin 🔟 ⑲ – rattaché à Haguenau.

La SÉAUVE-SUR-SEMÈNE **43470** H.-Loire 🔟 ⑧ – 1 018 h. alt. 735.

Paris 534 – ♦St-Étienne 29 – Le Puy 55.

    🏠 **Source**, ☏ 71 61 03 79, ≤ – ☎ 🅿 – **17 ch**.

SEBOURG **59** Nord 🔟 ⑤ – rattaché à Valenciennes.

Le SECHIER **05** H.-Alpes 🔟 ⑯ – rattaché à St-Firmin.

SECLIN **59113** Nord 🔟 ⑯ G. Flandres Artois Picardie – 13 069 h. alt. 26.

Voir Cour★ de l'hôpital.

Paris 212 – ♦Lille 13 – Lens 25 – Tournai 32 – Valenciennes 44.

    XX **Aub. du Forgeron** avec ch, 17 r. Roger Bouvry ☏ 20 90 09 52, Fax 20 32 70 87, ♨ – 📺
        ☎ 🅿 – ⚙ 25. ⚙ **E** 𝗩𝗜𝗦𝗔
        fermé 10 au 18 août, 24 déc. au 2 janv., sam. soir (sauf hôtel) et dim. – **R** 100/400 – ⚏ 35
        – **19 ch** 220/400 – ½ P 320/380.

RENAULT Gar. Wacrenier, bd Hentges   ⊕ Fischbach-Pneu, ZI A, r. Mont-Templemars
☏ 20 90 12 32 **N** ☏ 28 40 35 44   ☏ 20 90 65 54
V.A.G Gar. Mallet, 187 r. Gén.-de-Gaulle à Tem-
plemars ☏ 20 95 90 07

SEDAN **08200** Ardennes 🔟 ⑱ G. Champagne – 24 535 h. alt. 157 – **Voir Château fort★** BY.

🛈 Office de Tourisme parking du Château (fermé matin 16 sept.-14 mars) ☏ 24 27 24 24.

Paris 238 ② – Châlons-sur-Marne 113 ② – Charleville-Mézières 24 ② – Liège 149 ① – Luxembourg 118 ① –
♦Metz 145 ① – Namur 108 ① – ♦Reims 96 ② – Thionville 123 ① – Verdun 80 ①.

Plan page ci-contre

    🏠 **Europe**, 5 pl. Gare ☏ 24 27 18 71, Télex 842863 – 🔋 📺 ☎ 🅿 – ⚙ 25. ⚙ ⓪ **E** 𝗩𝗜𝗦𝗔
        fermé 25 déc. au 6 janv. et dim. soir – **R** 82/190 ⅓ – ⚏ 30 – **20 ch** 170/230 – ½ P 220/280
                                                     AZ **e**

    XX ❀ **Au Bon Vieux Temps** (Leterme), 3 pl. Halle ☏ 24 29 03 70 – ⚙ ⓪ **E** 𝗩𝗜𝗦𝗔. ⚘ BYZ **r**
        fermé 26 janv. au 2 mars, dim. soir et lundi sauf fériés – **R** 115/180
        Spéc. Suprême de turbot à l'oseille, Noisettes de chevreuil sauce "Grand Veneur" (saison), Soufflé glacé au
        nougat.

    à Bazeilles par ① : 3 km – ✉ **08140** :

    🏠 **Aub. du Port** ⤫, bord de Meuse : 1 km au sud de Bazeilles ☏ 24 27 13 89, Télex 840279,
        ♨, ✿ – 📺 ☎ 🅿 – ⚙ 45. ⚙ ⓪ **E** 𝗩𝗜𝗦𝗔
        fermé 21 déc. au 15 janv. – **R** 80/350 ⅓, enf. 50 – ⚏ 32 – **20 ch** 200/230.

    🏠 **Château** Ⓜ ⤫, ☏ 24 27 09 68, Télex 842867, Fax 24 27 64 20, ✿ – 📺 ☎ & 🅿 **E** 𝗩𝗜𝗦𝗔
        L'Orangerie ☏ 24 27 52 11 *(fermé 5 au 12 août, vacances de fév., dim. soir et lundi sauf
        fêtes)* **R** 85/230, enf. 60 – ⚏ 27 – **19 ch** 280/350 – ½ P 250.

SEDAN

Armes (Pl. d') . . . . **BY** 3
Carnot (R.) . . . . **BY** 6
Gambetta (R.) . . . . **BY** 12
Halle (Pl. de la) . . . . . . **BY** 15
Leclerc (Av. du Mar.) . . **BY** 24
Ménil (R. du) . . . . **BY** 30

Alsace-Lorraine (Pl. d') . **BZ** 2
Calonne (Pl.) . . . . **BY** 5

Crussy (Pl.) . . . . **BY** 8
Écossais (Bd des) . . . . . **BY** 9
Fleuranges (R. de) . . . . . **AY** 10
Goulden (Pl.) . . . . **BY** 14
Harcourt (Pl. d') . . . . . . **BY** 17
Jardin (Bd du Gd) . . . . . **BY** 18
La Rochefoucauld (R. de) **BY** 20
Lattre-de-Tassigny
  (Bd Mar.-de) . . . . **AZ** 21
Law (Bd) . . . . **BY** 23
Margueritte (Av. du G.) **ABY** 26

Martyrs-de-la-
  Résistance (Av. des) . **AY** 27
Pasteur (Av.) . . . . **AZ** 32
Promenoir-des-Prêtres . **BY** 33
Rochette (Bd de la) . . . . **BY** 35
Rovigo (R.) . . . . **BY** 36
Strasbourg (R. de) . . . . . **BZ** 39
Turenne (Pl.) . . . . **BY** 41
Vesseron-Lejay (R.) . . . . **AY** 42
Wuidet-Bizot (R.) . . . . . . **BZ** 44
30-Floréal (Bd du) . . . . . **BY** 45

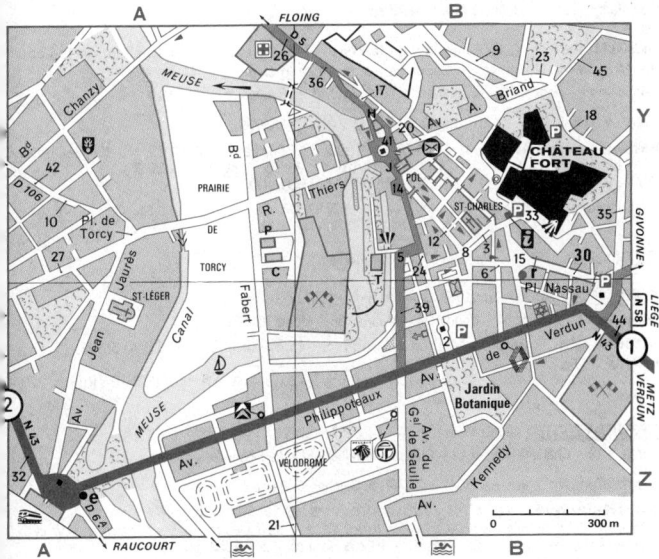

CITROEN Gar. Froussart, 40 av. Philippoteaux
  🖉 24 59 78 58 **N** 🖉 24 33 40 35
OPEL-GM Gar. St-Christophe, 1 av. Philippoteaux
  🖉 24 27 17 89
PEUGEOT-TALBOT S.I.S.A., 6 av. Gén.-de-Gaulle
  🖉 24 27 13 25

RENAULT Ardennes-Autos, 19 av. de Verdun
  🖉 24 27 35 40 **N**
V.A.G Poncelet, 2 pl. de Torcy 🖉 24 27 01 01

🚲 Pneu-Station, 45 av. Ch.-de-Gaulle, Balan
  🖉 24 27 44 22

SEES 61500 Orne **60** ③ G. Normandie Cotentin (plan) – 5 173 h. alt. 188.

Voir Cathédrale★ : choeur et transept★★ – Forêt d'Ecouves★★ SO : 5 km.

🚩 Syndicat d'Initiative pl. Gén.-de-Gaulle (avril-sept.) 🖉 33 28 74 79.

Paris 186 – L'Aigle 43 – Alençon 22 – Argentan 23 – Domfront 65 – Mortagne-au-Perche 33.

🏨 **Normandy Garden H.** ⌂, 12 r. Ardrillers 🖉 33 27 98 27, 🛋 – 🛗 ☎ 📧 **VISA**
  R (fermé 25 déc. au 1er janv. et dim. midi) 45/90 🍴 – ⊇ 20 – **24 ch** 100/180 – ½ P 120.

🍴🍴 **Dauphin** 🅼 avec ch, 31 pl. Halles 🖉 33 27 80 07 – 📺 ☎ 🅰🅴 ⓞ 🅴 **VISA**
  fermé fév., dim. soir et lundi d'oct. à mai – **R** 95/300, enf. 65 – ⊇ 38 – **7 ch** 230/300 –
  ½ P 270/320.

🍴 **Cheval Blanc** avec ch, 1 pl. St-Pierre 🖉 33 27 80 48 – 📺 ☎ 🅴 **VISA** ⚘
  fermé 15 oct. au 15 nov., 27 fév. au 17 mars, jeudi soir en sais., sam. hors sais. et vend.
  sauf midi hors sais. – **R** 60/200 🍴, enf. 38 – ⊇ 21 – **9 ch** 180/240 – ½ P 150/190.

  à Macé : 5,5 km par rte d'Argentan et D 303 – ⊠ 61500 :

🏨 **Ile de Sées** ⌂, 🖉 33 27 98 65, 🍽, parc, ⚘ – ☎ 🅿 – 🔼 100. 🅴 **VISA** ⚘
  fermé 15 janv. au 15 fév., dim. soir et lundi – **R** 90/190, enf. 45 – ⊇ 29 – **16 ch** 245/270 –
  ½ P 270.

CITROEN Gar. Hugeron, 60 r. République
  🖉 33 27 80 13
FORD Gar. Portila ZI la Croix Ragaine
  🖉 33 27 93 76

RENAULT Gar. Herouin, rte de Mortagne
  🖉 33 27 84 10 **N** 🖉 33 27 94 30

Ganz Europa auf einer Karte : Michelin-Karte Nr. **920**

SÉEZ 73700 Savoie 🔢 ⑱ – 1 300 h. alt. 904 – 🛐 Syndicat d'Initiative ℰ 79 41 00 15.
Paris 641 – Albertville 53 – Aosta 83 – Bourg-St-Maurice 3 – Chambéry 104 – Val-d'Isère 28.

🏨 **Malgovert,** ℰ 79 41 00 41, 😤, 🍴 – 🕿 **P**. ⅍ 🖎
15 juin-30 sept., 20 déc.-20 avril, vacances scolaires et week-ends – **R** 82/92 – 🖵 27 –
20 ch 150/260 – ½ P 195/235.

🏨 **Belvédère,** E : 11 km par N 90 ⊠ 73700 Bourg-St-Maurice ℰ 79 41 00 40 – **P**. **E** 🖾
juil.-août et vacances de Noël-vacances de Pâques – **R** 62/150, enf. 27 – 🖵 26 – **28 ch**
228/262 – ½ P 219/246.

SEGOS 32 Gers 🔢 ② – rattaché à Aire-sur-l'Adour.

SEGRÉ 49500 M.-et-L. 🔢 ⑧ G. Châteaux de la Loire – 7 416 h. alt. 31 – Voir Château de la Lorie★
SE : 2 km – 🛐 Syndicat d'Initiative 3 r. Capitaine Hautecloque (mai-sept.) ℰ 41 92 86 83.
Paris 309 – Ancenis 45 – Angers 40 – Châteaubriant 40 – Laval 48 – ◆Rennes 85 – Vitré 59.

au Bourg-d'Iré SO : 10 km par D 775 et D 219 – ⊠ **49780** :

🏰 **Château La Douve** 🐾, ℰ 41 61 54 54, Télex 723039, Fax 41 61 59 29, ≤, 😤, « Château
du 19ᵉ siècle dans un parc », 🏊, 🎾 – 🍴 📺 🕿 🔥 **P** – 🚗 70. ⅍ **E** 🖾
R 150/340, enf. 50 – 🖵 50 – **18 ch** 600/900 – ½ P 900/1500.

CITROEN Gar. Bellanger, 34 r. Lamartine
ℰ 41 92 23 11

PEUGEOT Gar. Chesneau, à Ste-Gemme-d'An-
digne ℰ 41 92 22 52

SÉGURET 84 Vaucluse 🔢 ② – rattaché à Vaison-la-Romaine.

SÉGUR-LES-VILLAS 15300 Cantal 🔢 ③ – 404 h. alt. 1 000.
Paris 510 – Allanche 12 – Aurillac 64 – Condat 18 – Mauriac 56 – Murat 18 – St-Flour 43.

🏨 **Santoire,** à La Carrière du Monteil de Ségur S : 4 km sur D 3 ℰ 71 20 70 68, ≤, 🏊, 🎾 –
📺 🕿 **P** – 🚗 40. **E** 🖾
fermé 7 nov. au 15 déc. – **R** 55/150 🍷, enf. 45 – 🖵 25 – **30 ch** 140/180, 15 studios 220 –
½ P 250.

SEICHES-SUR-LE-LOIR 49140 M.-et-L. 🔢 ① – 2 207 h. alt. 28.
Paris 274 – Angers 19 – Château-Gontier 42 – Château-la-Vallière 52 – La Flèche 28 – Saumur 45.

à Matheflon N : 2 km par VO – ⊠ 49140 Seiches-sur-le-Loir :

🏨 **Host. St-Jacques** 🐾, ℰ 41 76 20 30, 😤 – 🕿 **P**. **E** 🖾
fermé 4 au 18 nov., 23 déc. au 6 janv., lundi sauf le soir de mai à sept. et dim. soir d'oct.
à avril – **R** 60/180 🍷, enf. 35 – 🖵 21 – **10 ch** 95/195 – ½ P 135/185.

SEIGNELAY 89250 Yonne 🔢 ⑤ G. Bourgogne – 1 485 h. alt. 126.
Paris 170 – Auxerre 14 – Chablis 25 – Joigny 21 – Nogent-sur-S. 79 – St-Florentin 18 – Tonnerre 42.

🏨 **Commerce,** ℰ 86 47 71 21 – **E** 🖾
fermé 11 août au 10 sept. (dim. sauf hôtel) et lundi – **R** 45/85 🍷 – 🖵 15 – **9 ch** 90/140.

SEILHAC 19700 Corrèze 🔢 ⑧ – 1 440 h. alt. 490.
Paris 468 – Brive-la-Gaillarde 33 – Aubusson 112 – ◆Limoges 72 – Tulle 16 – Uzerche 16.

🏨 **Relais des Monédières,** à Montargis de Seilhac SE : 1 km ℰ 55 27 04 74, parc, 🎾 –
📺 🕿 ⇔. **E** 🖾 🍴
fermé 15 déc. au 15 janv. – **R** 65/165 🍷 – 🖵 22 – **19 ch** 170/250 – ½ P 190/220.

à St-Salvadour NE : 8 km par D 940, D 44 et D 173E – ⊠ **19700** :

🍴 **Ferme du Léondou,** ℰ 55 21 60 04 – **P**
fermé 11 au 24 nov., fév. et merc. sauf le midi en juil.-août – **R** 55/220 🍷, enf. 55.

SEILLANS 83440 Var 🔢 ⑦, 🔢 ② G. Côte d'Azur – 1 609 h. alt. 366.
Voir N.-D. de l'Ormeau : retable★★ SE : 1 km – 🛐 Syndicat d'Initiative Le Valat ℰ 94 76 85 91.
Paris 894 – Castellane 56 – Draguignan 32 – Fayence 7,5 – Grasse 31 – St-Raphaël 41.

🏨 **France et rest. Clariond** 🐾, ℰ 94 76 96 10, Télex 970530, Fax 94 76 89 20, ≤, 😤, 🏊,
– 📺 🕿 **P**. ⅍ 🖾
fermé 6 janv. au 2 fév. et merc. hors sais. – **R** 170/220 – 🖵 38 – **28 ch** 370/450 –
½ P 370/420.

🍴 **Aub. Mestre Cornille,** ℰ 94 76 87 31, 😤 – ⅍ **O** **E** 🖾
R 108/260.

SEIX 09140 Ariège 🔢 ③ G. Pyrénées Aquitaine – 953 h. alt. 510.
Voir Vallée du Haut Salat★ S – Paris 823 – Ax-les-Thermes 76 – Foix 62 – St-Girons 18.

🍴 **Aub. des Deux Rivières** avec ch, au pont de la Taule S : 5 km ℰ 61 66 83 57, 😤, 🍴
– **E** 🖾 🍴 ch
fermé 1ᵉʳ au 15 oct. et lundi hors sais. – **R** 70/140 🍷, enf. 35 – 🖵 20 – **15 ch** 110/180 –
½ P 130/170.

1114

Voir Vieille ville★ : église Ste-Foy★ BY, église St-Georges★ BY, Bibliothèque humaniste★ BY **M** – Volerie des Aigles : démonstrations de dressage★ au château de Kintzheim : 5 km par ④ puis 30 mn.

Env. Ebermunster : intérieur★★ de l'église abbatiale, 9 km par ①.

🖥 Office de Tourisme La Commanderie, bd Gén.-Leclerc 𝒫 88 92 02 66, Télex 870581.

Paris 429 ① – Colmar 22 ③ – Gérardmer 72 ③ – St-Dié 43 ⑤ – ◆Strasbourg 47 ①.

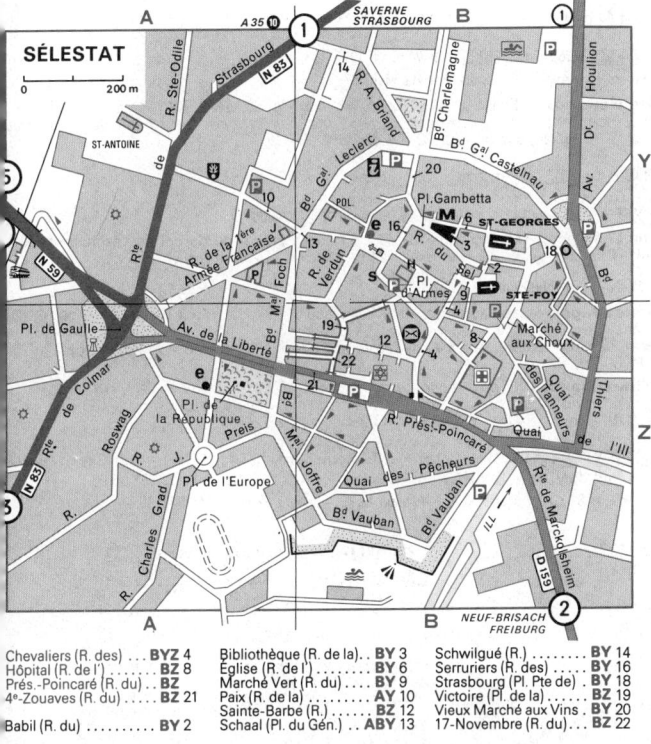

Chevaliers (R. des) ... **BYZ** 4
Hôpital (R. de l') .... **BZ** 8
Prés.-Poincaré (R. du) .. **BZ**
4ᵉ-Zouaves (R. du) ..... **BZ** 21

Babil (R. du) .... **BY** 2

Bibliothèque (R. de la).. **BY** 3
Église (R. de l') .... **BY** 6
Marché Vert (R. du) ... **BY** 9
Paix (R. de la) .... **AY** 10
Sainte-Barbe (R.) ..... **BZ** 12
Schaal (Pl. du Gén.) .. **ABY** 13

Schwilgué (R.) .... **BY** 14
Serruriers (R. des) .... **BY** 16
Strasbourg (Pl. Pte de) . **BY** 18
Victoire (Pl. de la) ..... **BZ** 19
Vieux Marché aux Vins . **BY** 20
17-Novembre (R. du)... **BZ** 22

🏨 **Vaillant** Ⓜ, pl. République 𝒫 88 92 09 46, Télex 871244, Fax 88 82 95 01 – 🛗 📺 ☎ 🗉
◆ 🆅🆂🅰 ⚒ rest   AZ **e**
R (Pâques-fin oct. et fermé lundi midi et dim. sauf juil.-août) 70/250 🍴 – 🖙 40 – **47 ch**
240/370 – ½ P 230/285.

❌❌❌ ⊛ **Edel**, 7 r. Serruriers 𝒫 88 92 86 55, 😤 – 🆀🅴 ⓞ 🅴 🆅🆂🅰   BY **e**
fermé 1ᵉʳ au 14 août, 24 déc. au 1ᵉʳ janv., dim. soir, mardi soir et merc. – **R** 160/380
Spéc. Foie gras frais de canard, Blanc de sandre au Riesling, Mousse au kirsch. **Vins** Pinot blanc,
Riesling.

❌❌ **Vieille Tour**, 8 r. Jauge 𝒫 88 92 15 02 – 🅴 🆅🆂🅰   BY **s**
fermé 4 au 21 juil., dim. soir et lundi – **R** 90/320 🍴.

à **Baldenheim** E : 8,5 km par D 21 - BY - et D 209 – ⊠ **67600** :

❌❌❌ ⊛ **La Couronne**, r. Sélestat 𝒫 88 85 32 22, Fax 88 85 36 27 – 🅿. 🆀🅴 🅴 🆅🆂🅰
fermé 15 au 31 juil, 2 au 10 janv., dim. soir et lundi sauf fériés – **R** 140/360 🍴
Spéc. Foie gras, Strudel de cuisses de grenouilles, Gibier (saison). **Vins** Riesling, Tokay-Pinot gris.

BMW, MAZDA Gar. Walter, 33 rte de Ste-Marie-
aux-Mines à Châtenois 𝒫 88 82 07 22
CITROEN Gar. Ménétré, 89 rte de Strasbourg par
① 𝒫 88 92 08 42
FIAT Gar. Ligner, 24 rte de Sélestat à Châtenois
𝒫 88 82 05 20
PEUGEOT-TALBOT Sélestat Autom., 109 rte de
Colmar par ③ 𝒫 88 82 28 28

RENAULT Centre Alsace Autom., ZI Nord, r. Wes-
trich par ① 𝒫 88 92 88 77
V.A.G Gar. Michel, 49 rte de Strasbourg
𝒫 88 92 10 75

◉ Éts Kautzmann, 28 rte de Colmar 𝒫 88 92 38 00
Pneus et Services D.K., 95 rte de Colmar
𝒫 88 92 14 95

🅷 Syndicat d'Initiative à la Mairie (juin-sept.) ✆ 54 97 40 19.

Paris 222 – Blois 42 – ♦Orléans 100 – Romorantin-Lanthenay 19 – St-Aignan 17 – Valençay 14.

🏦 **Lion d'Or,** 14 pl. Paix ✆ 54 97 40 83, ╦ – 📺 ☎ 🅿 E VISA
fermé 1er au 13 oct., 27 janv. au 16 fév., dim. soir et lundi de sept. à mai – **R** 120/220,
enf. 40 – � 30 – **10 ch** 190/230 – ½ P 165/185.

SELONNET 04 Alpes-de-H.-P. ⃞⃞ ⑦ – rattaché à Seyne.

SEMBADEL 43 H.-Loire ⃞⃞ ⑤ – rattaché à La Chaise-Dieu.

SEMBLANÇAY 37360 I.-et-L. ⃞⃞ ⑭ – 1 124 h. alt. 107.

Paris 251 – ♦Tours 17 – Angers 93 – Blois 68 – ♦Le Mans 67.

🏦 **Mère Hamard,** pl. Église ✆ 47 56 62 04, ╦ – ☎ 🅿 AE ⓞ E VISA ⁂ ch
*fermé vacances de nov., vacances de fév., dim. soir et lundi (sauf hôtel du 15 avril au
15 oct.)* – **R** 95/210, enf. 58 – ☐ 32 – **9 ch** 168/218 – ½ P 218/228.

SEMÈNE 43 H.-Loire ⃞⃞ ⑧ – rattaché à Aurec-sur-Loire.

Le SEMNOZ 74 H.-Savoie ⃞⃞ ⑥⑯ G. Alpes du Nord – ✉ 74000 Annecy.

Voir Crêt de Châtillon ⁂★★★ (accès par D 41 : d'Annecy 20 km ou du col de Leschaux 14 km,
puis 15 mn) – Paris 556 – Annecy 18 – Aix-les-Bains 40 – Albertville 61 – Chambéry 57.

sur D 41 – ✉ 74000 Annecy :

🏔 **Semnoz Alpes** ⑤, au sommet, alt. 1 704 ✆ 50 01 23 17, ≤ Mont-Blanc, ╦ – ☎ 🅿 AE
⬥ E VISA ⁂ rest
15 mai-30 sept., 15 déc.-vacances de printemps – **R** 68/165, enf. 48 – ☐ 28 – **16 ch** 130/260
– ½ P 200/260.

🏔 **Rochers Blancs** ⑤, près du sommet, alt. 1 650 ✆ 50 01 23 60, ≤, ╦ – 🅿 E VISA
⬥ *hôtel : 1er juin-30 sept. et 1er déc.-1er mai ; rest. : 1er juin-30 oct. et 1er déc.-1er mai* –
R 60/178 ⅃, enf. 47 – ☐ 26 – **25 ch** 165/250 – ½ P 220/246.

SEMUR-EN-AUXOIS 21140 Côte-d'Or ⃞⃞ ⑰⑱ G. Bourgogne – 5 364 h. alt. 290 – Voir Site★ – Église
N.-Dame★ – Pont Joly ≤★ – 🅷 Maison du Tourisme avec A.C. 2 pl. Gaveau ✆ 80 97 05 96.

Paris 249 ③ – ♦Dijon 81 ③ – Auxerre 86 ③ – Avallon 42 ③ – Beaune 82 ③ – Montbard 19 ①.

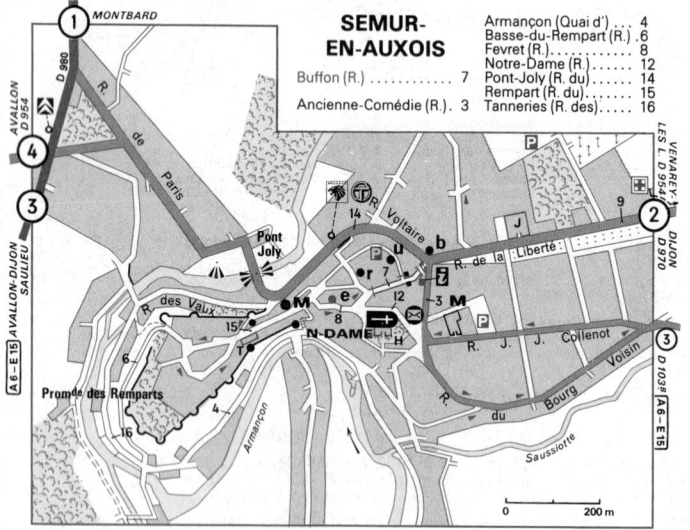

SEMUR-EN-AUXOIS

Buffon (R.) 7
Ancienne-Comédie (R.) . 3
Armançon (Quai d') . . . 4
Basse-du-Rempart (R.) . 6
Fevret (R.) 8
Notre-Dame (R.) 12
Pont-Joly (R. du) 14
Rempart (R. du) 15
Tanneries (R. des) 16

🏨 **Lac** ⑤, au lac de Pont E : 3 km par D 103B ✆ 80 97 11 11 – ☎ 🅿 ⓞ E VISA ⁂ ch
fermé 15 déc. au 1er fév., dim. soir et lundi sauf juil.-août – **R** 82/170 – ☐ 30 – **23 ch**
140/250 – ½ P 240/300.

🏨 **Cymaises** ⑤ sans rest, 7 r. Renaudot **(u)** ✆ 80 97 21 44, ╦ – ☎ 🅿 E VISA
fermé 24 oct. au 3 nov. et vacances de fév. – ☐ 25 – **18 ch** 190/250.

Côte d'Or, (b) ✆ 80 97 03 13 – ☎ ⇔. AE E VISA
fermé 15 nov. au 5 janv., dim. soir de janv. à avril, jeudi midi de mai à nov. et merc. – **R** 80/185, enf. 45 – ☕ 30 – **14 ch** 200/310 – ½ P 210/300.

Gourmets, r. Varenne **(r)** ✆ 80 97 09 41, – ☎ ⇔. AE E VISA
fermé 3 au 11 juin, déc., lundi soir et mardi – **R** (dim. prévenir) 85/200 – ☕ 25 – **15 ch** 100/180.

Cambuse, 8 r. Févret **(e)** ✆ 80 97 06 78 – E VISA
fermé merc. soir et jeudi de sept. à juin – **R** 60/145 🍷, enf. 40.

ITROEN Éts Martin ✆ 80 97 07 89
EUGEOT-TALBOT Cremer, par ② ✆ 80 96 61 23
] ✆ 80 49 63 72
PEUGEOT-TALBOT Pignon ✆ 80 97 07 18
V.A.G Bizouard ✆ 80 97 14 37

ÉNAS **13560** B.-du-R. 84 ② – 3 906 h. alt. 95.

aris 712 – Avignon 36 – Aix-en-Provence 46 – ♦Marseille 66 – St-Rémy-de-Pr. 25 – Salon-de-Pr. 12.

Luberon avec ch, N 7 ✆ 90 57 20 10, – ☎. AE ◑ E VISA
fermé dim. soir – **R** 60/150 🍷 – ☕ 20 – **7 ch** 120/180 – ½ P 190/225.

à Pont-Royal, rte Aix-en-Provence : 9 km – ✉ **13370** Mallemort :

Moulin de Vernègues, N 7 ✆ 90 59 12 00, Télex 401645, Fax 90 59 15 90, , parc, 🏊, 🎾 – TV ☎ P – 🏃 50 à 100. AE ◑ E VISA
R 300/400, enf. 120 – ☕ 60 – **34 ch** 700/1100 – ½ P 800/900.

ENLIS SP **60300** Oise 56 ⑪⑫, 106 ⑧⑨ **G. Ile de France** – 15 280 h. alt. 76.

'oir Cathédrale N.-Dame★★ BY – Vieilles rues★ ABY – Place du Parvis★ BY – Église St-Frambourg★ Y **B** – Jardin du Roy ≤★ AY – Forêt d'Halatte★ 5 km par ① – Butte d'Aumont ☼★ 4,5 km par) puis 30 mn.

18 de Morfontaine (privé) ✆ 44 54 68 27, par ④ : 10 km.

Office de Tourisme pl. Parvis-Notre-Dame ✆ 44 53 06 40.

aris 50 ③ – Compiègne 34 ③ – ♦Amiens 100 ③ – Arras 130 ③ – Beauvais 53 ⑥ – ♦Lille 171 ③ – Mantes-i-Jolie 88 ⑤ – Meaux 38 ③ – Soissons 60 ③.

SENLIS

Halle (Pl. de la) .... BY 12
Apport-au-Pain (R.) .... AY 2
Boutteville (Cours) ..... BY 5
Gaulle (Av. Gén.-de) ... BY 9
Henri-IV (Pl.) .... AY 13
Leclerc (Av. Gén.) ...... BY 15
Moulin Rieul (R. du) .... BY 16
Parvis (Pl. du) .... BY 18
Poterne (R. de la) ...... BZ 24
Ste-Geneviève (R.) ..... BZ 25
Vernois (Av. F.) .... AY 29
Villevert (R. de) .... BY 32

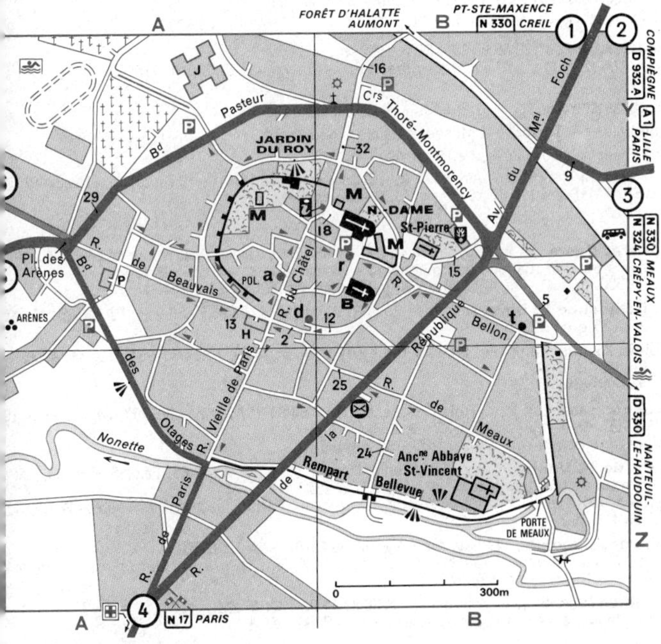

🏨 **Host. de la Porte Bellon,** 51 r. Bellon ℘ 44 53 03 05, 🍽, 🌳 – 📺 🅿 – 🔥 50. **E** VISA
※ ch BY
fermé 23 déc. au 15 janv. et vend. hors sais. – **R** 96/310 – � 28 – **19 ch** 120/380.

✕✕ **Les Gourmandins,** 3 pl. Halle ℘ 44 60 94 01 – VISA AY ●
fermé 5 au 25 août, lundi soir et mardi sauf fêtes – **R** 100 (sauf vend. soir et sam.)/295.

✕✕ **Rôt. de Formanoir,** 17 r. Châtel ℘ 44 53 04 39 – **E** VISA AY ●
R carte 180 à 260.

✕✕ **Scaramouche,** 4 pl. N.-Dame ℘ 44 53 01 26, Fax 44 53 46 14 – ÆE ① **E** VISA BY
fermé vacances de fév. et merc. – **R** 178/320.

✕✕ **Aub. La Mitonnée,** 93 r. Moulin St-Tron par r. Moulin Rieul ℘ 44 53 10 05 – **E** VISA
fermé 19 août au 2 sept., dim. soir et lundi soir. – **R** carte 240 à 330.

par ③ *sur N 324 : 2 km* – ✉ **60300** Senlis :

🏨 Ibis 🅼, ℘ 44 53 70 50, Télex 140101 – 📺 ☎ ⅙ 🅿 – 🔥 100
92 ch.

CITROEN Bernard Therasse Automobiles, angle   RENAULT S.A.C.L.I., 64 av. Gén.-de-Gaulle par ③
av. E.-Audibert/F.-Louat par ③ ℘ 44 60 00 01   ℘ 44 53 08 18 🅽
PEUGEOT-TALBOT Safari-Senlis, 56 av. de Creil   V.A.G Gar. du Valois, 29 rte de Crépy
par ⑥ ℘ 44 53 16 46   ℘ 44 53 02 17

SENLISSE 78720 Yvelines 🔟 ⑨, 🔟🔟 ㉘, 🔟🔟🔟 ③ – 413 h. alt. 103.
Voir Château de Dampierre★★ N : 2,5 km – Vaux de Cernay : site★ SO : 2 km.
Paris 46 – Longjumeau 30 – Rambouillet 15 – Versailles 24.

✕✕✕ **Aub. du Pont Hardi** ⑤, avec ch, ℘ (1) 30 52 50 78, Télex 689473, 🍽, « Beau jardin
fleuri » – ☎ 🅿 ÆE **E** VISA
R *(fermé dim. soir et lundi)* 250/350 – ⊨ 35 – **6 ch** 280/380 – ½ P 400/450.

au SO : 5 km par D 51 et D 24 – ✉ **78720** Dampierre :

🏯 **Abbaye des Vaux de Cernay** ⑤, ℘ (1) 34 85 23 00, Télex 689596, Fax 34 85 11 60, ≤
🍽, parc, « Ancienne abbaye cistercienne du 12e siècle », ※ – ☎ 🅿 – 🔥 500. ÆE ① **E**
VISA ※
R 195/380, enf. 120 – ⊨ 75 – **55 ch** 820/1750, 3 appart. – ½ P 675/1140.

SENNECEY-LÈS-DIJON 21 Côte-d'Or 🔟🔟 ⑫ – rattaché à Dijon.

SENON 55230 Meuse 🔟 ② G. Alsace Lorraine – 246 h. alt. 231.
Paris 296 – ♦Metz 75 – Longuyon 21 – Verdun 29.

✕✕ **La Tourtière,** ℘ 29 85 98 30 – ÆE **E** VISA ※
→ *fermé 1er au 8 sept., 19 au 28 fév., mardi soir et merc.* – **R** 62/250 ♣, enf. 40.

SENS ◁ℙ▷ 89100 Yonne 🔟 ⑭ G. Bourgogne – 26 961 h. alt. 69.
Voir Cathédrale★★ – Trésor★★ – Musée et palais synodal★ M.
🅱 Office de Tourisme pl. J.-Jaurès ℘ 86 65 19 49.
Paris 118 ⑥ – Fontainebleau 53 ⑥ – Auxerre 57 ③ – Châlons-sur-Marne 133 ① – ♦Dijon 205 ③ – Meaux 102 ⑥
– Montargis 51 ④ – ♦Reims 149 ① – Soissons 159 ⑥ – Troyes 65 ②.

Plan page ci-contre

🏯 **Paris et Poste,** 97 r. République **(a)** ℘ 86 65 17 43, Télex 801831, Fax 86 64 48 45, 🍽,
« Salle à manger rustique bourguignon » – 🍽 rest 📺 ☎ ⇦. ÆE ① **E** VISA
R 160/300, enf. 80 – ⊨ 42 – **26 ch** 350/460, 4 appart. 520 – ½ P 330/430.

🏨 **H. Résidence R. Binet** sans rest, 20 r. R. Binet **(b)** ℘ 86 95 21 50 – 📶 📺 ☎ 🅿 ÆE **E** VISA
⊨ 22 – **33 ch** 126/265.

🏨 **Relais Arcade** sans rest, 9 cours Tarbé **(u)** ℘ 86 64 26 99, Télex 801654 – 📶 ☎ ⅙ 🅿 –
🔥 25. ÆE ① **E** VISA
⊨ 33 – **44 ch** 275/350.

🏨 **Brennus** sans rest, 21 r. Trois Croissants **(f)** ℘ 86 64 04 40, Télex 802717, Fax 86 65 44 10
– ※ 📺 ☎ ⅙ 🅿 – 🔥 30. ÆE ① **E** VISA
fermé dim. de nov. à mars – ⊨ 30 – **30 ch** 195/310.

✕✕ **Aub. de la Vanne,** 176 av. de Senigallia par ③ ℘ 86 65 13 63, Fax 86 65 90 85, 🍽,
« Terrasse au bord de l'eau », 🌳 – 🅿 ÆE **E** VISA
fermé 5 au 12 avril, 30 août au 6 sept., 13 déc. au 3 janv., jeudi soir et vend. – **R** 78/205,
enf. 60.

✕✕ **Clos des Jacobins,** 49 Gde rue **(t)** ℘ 86 95 29 70 – 🍽. ÆE **E** VISA
*fermé 1er au 15 mars, 15 au 31 août, 22 déc. au 3 janv., dim. soir (sauf fériés), mardi soir
et merc.* – **R** (prévenir) 125/260.

✕✕ **Soleil Levant,** 51 r. E. Zola par ④ ℘ 86 65 71 82 – ÆE **E** VISA
fermé 15 juil. au 19 août, dim. soir et merc. – **R** 80/120 ♣.

SENS

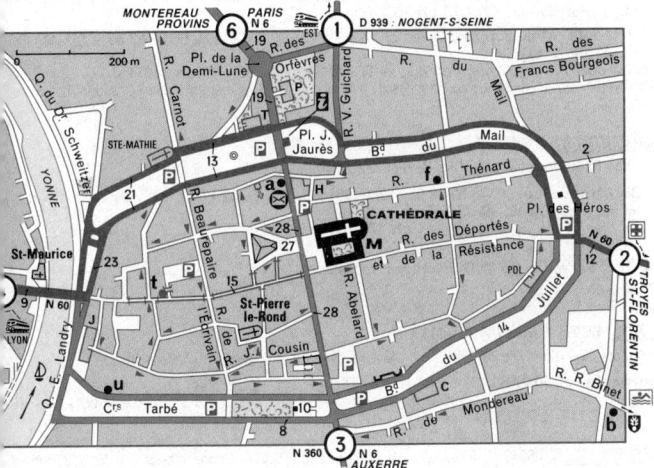

à Soucy par ① : 7 km – ⊠ 89100 :

XX **Aub. du Regain** avec ch, ℰ 86 86 64 62, 🏠 – 🛠 25. **E** 𝐕𝐈𝐒𝐀
fermé 18 août au 12 sept., 3 au 9 fév., dim. soir et lundi – **R** 95/220, enf. 70 – ⊡ 22′– **7 ch**
115/210 – ½ P 170/220.

à Malay-le-Petit par ② : 8 km – ⊠ 89100 :

XX **Aub. Rabelais** avec ch, ℰ 86 88 21 44, 🏠 – ❷. **E** 𝐕𝐈𝐒𝐀
fermé 15 au 31 oct., 15 janv. au 7 fév., merc. soir et jeudi – **R** 100/200 – ⊡ 30 – **7 ch**
135/170.

à Subligny par ④ : 7 km sur N 60 – ⊠ 89100 :

XX **Haie Fleurie,** ℰ 86 88 84 44, 🏠 – ❷. **E** 𝐕𝐈𝐒𝐀
fermé 15 au 30 juil. et 10 au 20 fév. – **R** 110/165.

X **Relais de Subligny,** ℰ 86 88 83 22, 🌲 – ❷. **E** 𝐕𝐈𝐒𝐀
fermé merc. soir, dim. soir et lundi – **R** 80/190, enf. 48.

à Villeneuve-la-Dondagre SO : 12 km par N 60 et D 63 – ⊠ 89150 :

🏰 **Castel Boname** M, ℰ 86 86 04 10, Fax 86 86 08 80, 🏠, parc, 🛝, ℅ – 📺 🕿 ᕃ ❷.
❶ **E** 𝐕𝐈𝐒𝐀
fermé 13 janv. au 20 fév. – **R** 120/320, enf. 70 – ⊡ 40 – **13 ch** 500/650 – ½ P 415/485.

à Villeroy par ④ : 6 km – ⊠ 89100 :

XXX **Relais de Villeroy** M avec ch, ℰ 86 88 81 77, 🌲 – 📺 🕿 ❷. 𝐀𝐄 ❶ **E** 𝐕𝐈𝐒𝐀
fermé 15 déc. au 13 janv., lundi (sauf hôtel) et dim. soir – **R** 120/290 – ⊡ 40 – **8 ch**
220/260.

SEPT-SAULX 51400 Marne 𝟻𝟼 ⑰ – 338 h. alt. 96.

Paris 165 – ♦Reims 23 – Châlons-sur-Marne 26 – Épernay 29 – Rethel 47 – Vouziers 60.

🏠 ❀ **Cheval Blanc** (Robert) ⦿, ℰ 26 03 90 27, Télex 830885, Fax 26 03 97 09, parc, ℅ – 📺
🕿 ❷ 𝐀𝐄 ❶ **E** 𝐕𝐈𝐒𝐀 – *fermé mi-janv. à mi-fév.* – **R** 180/380 – ⊡ 42 – **18 ch** 320/620,
7 appart. 550/1200 – ½ P 540/800
Spéc. Terrine de foie gras poêlé aux artichauts, Feuilleté de saumon et turbot à la gelée de groseilles,
Volaille de Bresse aux queues de langoustines. Vins Coteaux champenois.

SÉREILHAC **87620** H.-Vienne 72 ⑰ – 1 462 h. alt. 312.

Paris 416 – ♦Limoges 20 – Châlus 15 – Confolens 52 – Nontron 49 – Périgueux 81 – St-Yrieix-la-P. 42.

Motel des Tuileries ⛶, aux Betoulles NE : 2 km sur N 21 ✆ 55 39 10 27, ⛱, ☗ – TV ☎ Ⓟ – 🚵 25. E VISA
fermé 11 au 24 nov., 13 janv. au 2 fév., dim. soir et lundi sauf juil.-août – **R** (dim. prévenir) 62/250 ⚲, enf. 50 – ☕ 25 – **10 ch** 200/260 – ½ P 230/260.

XXX ❀ **La Meule** (Mme Jouhaud) avec ch, N 21 ✆ 55 39 10 08, Fax 55 39 19 66 – TV ☎ Ⓟ – 🚵 30. AE ⓓ E VISA
fermé 3 au 23 janv. et mardi en hiver – **R** 190/340 – ☕ 50 – **10 ch** 250/420
Spéc. Eventail de langoustines aux pluches de foie gras, Filet d'agneau en croûte, Chaud-froid aux fruits rouges.

SEREZIN-DU-RHÔNE **69360** Rhône 74 ⑪ – 1 925 h. alt. 164.

Paris 476 – ♦Lyon 16 – ♦Grenoble 104 – Rive-de-Gier 22 – La Tour-du-Pin 55 – Vienne 15.

La Bourbonnaise, ✆ 78 02 80 58, Télex 301456, Fax 78 02 17 39, ⛱, « Jardin fleuri » – TV ☎ Ⓟ – 🚵 30. AE ⓓ E VISA
R 115/275 ⚲, enf. 70 – ☕ 29 – **41 ch** 165/269 – ½ P 220/275.

SERRABONE **66** Pyr.-Or. 86 ⑱ **G. Pyrénées Roussillon.**

Voir Le Prieuré★★.

SERRAVAL **74230** H.-Savoie 74 ⑰ – 313 h. alt. 763.

Paris 569 – Annecy 30 – Albertville 26 – Bonneville 42 – Faverges 10 – Megève 41 – Thônes 10.

Tournette, ✆ 50 27 50 13, ←, ⛱, ☗ – TV 📺 🚗 Ⓟ. E VISA
fermé 21 oct. au 21 nov. et mardi sauf vacances scolaires – **R** 75/115, enf. 60 – ☕ 26 – **18 ch** 95/280 – ½ P 170/240.

SERRE-CHEVALIER **05240** H.-Alpes 77 ⑱ **G. Alpes du Sud** – Sports d'hiver : 1 350/2 830 m ⛷ 58 ⛷.

Voir ✵★★.

De Chantemerle : Paris 672 – Briançon 6 – Gap 93 – ♦Grenoble 110 – Col du Lautaret 22.

à Chantemerle – alt. 1 350 – ✉ **05330** St-Chaffrey.

Voir Col de Granon ✵★★ N : 12 km.

🅸 Office de Tourisme ✆ 92 24 71 88, Télex 400152.

Plein Sud Ⓜ ⛶ sans rest, ✆ 92 24 17 01, Fax 92 24 10 21, ←, ⛱, ☗ – TV ☎ Ⓟ. E VISA. ✻
15 juin-15 sept. et 15 déc.-15 avril – ☕ 42 – **42 ch** 280/440.

La Balme Ⓜ ⛶, ✆ 92 24 01 89, Fax 92 24 07 74, ←, ☗ – TV ☎ 🚗 Ⓟ. AE ⓓ E VISA. ✻ rest
1er juin-30 sept. et 1er déc.-30 avril – **R** snack (dîner seul.) 110 – **25 ch** ☕ 380/450.

X **La Fourchette,** ✆ 92 24 06 66 – E VISA
25 juin-10 sept. et 15 déc.-15 avril – **R** 78/140, enf. 38.

à Villeneuve-la-Salle – alt. 1 452 – ✉ **05240** La-Salle-les-Alpes.

Voir Eglise St-Marcellin★ de La-Salle-les-Alpes.

🅸 Office de Tourisme ✆ 92 24 71 88, Télex 400152.

Vieille Ferme ⛶, ✆ 92 24 76 44, ←, ⛱, « Belle salle voûtée, rôtisserie », ☗ – ☎ Ⓟ. E VISA. ✻ rest
mi-juin-mi-sept. et mi-déc.-mi-avril – **R** 110 ⚲, enf. 65 – ☕ 28 – **30 ch** 280/510 – ½ P 205/400.

Christiania, ✆ 92 24 76 33, ←, ☗ – ☎ Ⓟ. VISA. ✻ rest
22 juin-8 sept. et 15 déc.-1er mai – **R** 90/150, enf. 38 – ☕ 35 – **24 ch** 290/380 – ½ P 245/330

X **Aub. Ensoleillée** ⛶ avec ch, ✆ 92 24 74 04, ⛱ – E VISA
15 juin-15 sept. et 15 déc. au 1er mai – **R** 75/145 ⚲ – ☕ 25 – **8 ch** 170/240 – ½ P 220/260.

au Monetier-les-Bains – 970 h. alt. 1 470 – ✉ **05220** :

Aub. du Choucas Ⓜ ⛶, ✆ 92 24 42 73, Fax 92 24 51 60, « Salle voûtée ancienne » – cuisinette ⇆ ch ☎. E VISA
hôtel: fermé 13 nov. au 20 déc. – **R** *(ouvert 15 juin-29 sept. et 20 déc.-29 avril)* 210/360 enf. 90 – ☕ 59 – **8 ch** 500/750, 4 studios 880/1000.

Europe ⛶, ✆ 92 24 40 03 – ☎. AE ⓓ E VISA
1er juin-30 sept. et 15 déc.-30 avril – **R** 75/150 – ☕ 30 – **31 ch** 300/320 – ½ P 310/330.

Bergerie ⛶, ✆ 92 24 41 20 – AE E VISA
15 juin-15 sept. et 20 déc.-vacances de printemps – **R** 75/100 ⚲, enf. 45 – ☕ 28 – **12 ch** 135/230 – ½ P 190/230.

CITROEN Gar. Puy et Dovetta, à St-Chaffrey ✆ 92 24 00 07

OPEL Gar. du Téléphérique, à St-Chaffrey ✆ 92 24 01 65 N

SERRE-PONÇON (Barrage et Lac de) ★★ 05 H.-Alpes 81 ⑦ G. Alpes du Sud.
Voir Belvédère★★.

SERRES 05700 H.-Alpes 81 ⑤ G. Alpes du Sud – 1 213 h. alt. 663.

🛈 Syndicat d'Initiative pl. du Lac ℰ 92 67 00 67.

Paris 672 – Gap 42 – Die 65 – ♦Grenoble 109 – La Mure 80 – Manosque 87 – Nyons 64.

🏠 **Fifi Moulin** ⌂, ℰ 92 67 00 01, Fax 92 67 07 56, ⤵, 🌳 – ☎ ⇔, 🕮 ⓞ 🗲 VISA
   15 mars-30 nov. et fermé dim. soir et merc. sauf de juin à sept . – **R** 95/158 – ☲ 29 –
   25 ch 230/250 – ½ P 240/250.

CITROEN Gar. du Buech ℰ 92 67 00 28 N   RENAULT Keyser, 4 av. M.-Meyère ℰ 92 67 00 11
PEUGEOT-TALBOT Gonsolin ℰ 92 67 03 60   N
N ℰ 92 67 04 26

SERRIÈRES 07340 Ardèche 77 ① G. Vallée du Rhône – 1 342 h. alt. 139.

🛈 Syndicat d'Initiative quai J.-Roche ℰ 75 34 06 01.

Paris 517 – Annonay 15 – Privas 91 – Rive-de-Gier 40 – ♦St-Étienne 54 – Tournon 37 – Vienne 28.

XXX **Schaeffer** avec ch, ℰ 75 34 00 07, 🌧 – 🗏 ch 📺 ☎ ⇔, ⓞ 🗲 VISA
   fermé janv., lundi soir et mardi sauf juil.-août – **R** 110/290 – ☲ 30 – **12 ch** 160/270.

XX **Parc,** ℰ 75 34 00 08, 🌧 – 🗲 VISA
   fermé 1er au 15 oct., dim. soir en hiver et lundi – **R** 85/185, enf. 65.

V.A.G Gar. Gines ℰ 75 34 02 25 N ℰ 75 59 13 16

☛   Die numerierten Ausfallstraßen auf den Stadtplänen ①, ②, ③
    finden Sie ebenfalls auf den **Michelin-Karten** im Maßstab 1: 200 000.
    Dadurch wird das Auffinden der Anschlußstrecke erleichtert.

SERVOZ 74310 H.-Savoie 74 ⑧ G. Alpes du Nord – 435 h. alt. 815.
Voir Gorges de la Diosaz★ : chutes★★ E : 1 km.

🛈 Syndicat d'Initiative Le Bouchet, pl. Église (saison) ℰ 50 47 21 68.

Paris 604 – Chamonix 14 – Annecy 92 – Bonneville 43 – Megève 23 – St-Gervais-les-Bains 12.

🏠 **Chamois** ⌂ sans rest, ℰ 50 47 20 09, ≤, 🌳 – 📺 ☎ Ⓟ. 🕮 ⓞ 🗲 VISA
   fermé 12 nov. au 2 déc. – ☲ 32 – **7 ch** 220/270.

🏠 **Sauvageonne,** ℰ 50 47 20 40, ≤, 🌧 – ⊛ Ⓟ. 🗲 VISA. ⋘
➡   15 mai-30 oct. et 15 déc.-15 avril – **R** (fermé jeudi hors sais.) 65/190 ⓑ, enf. 45 – ☲ 30 –
   10 ch 210/250 – ½ P 205/220.

SESSENHEIM 67770 B.-Rhin 57 ⑳, 87 ③ G. Alsace Lorraine – 1 530 h. alt. 103.

Paris 497 – ♦Strasbourg 36 – Haguenau 18 – Wissembourg 33.

XX **A L'Agneau,** à Dengolsheim S : sur D 468 ℰ 88 86 95 55 – Ⓟ. 🗲 VISA
   fermé 22 juil. au 19 août, dim. soir et lundi – **R** carte 170 à 220 ⓑ.

SÈTE 34200 Hérault 83 ⑯ G. Gorges du Tarn – 40 466 h. alt. 6.
Voir Circuit★ du Mt-St-Clair ⚶★★ 1,5 km, AZ.

🛈 Office de Tourisme 60 Grand'Rue Mario-Roustan ℰ 67 74 71 71.

Paris 789 ③ – ♦Montpellier 34 ③ – Béziers 46 ② – Lodève 63 ③.

Plan page suivante

🏠🏠 **Grand Hôtel,** 17 quai Mar. de Lattre de Tassigny ℰ 67 74 71 77, Télex 480225,   AY **t**
   Fax 67 74 29 27 – 🛗 🗏 ch 📺 ☎ ⇔ – 🕭 40. 🕮 ⓞ 🗲 VISA. ⋘ rest
   fermé 21 déc. au 5 janv. – **La Rotonde** ℰ 67 46 12 20 (fermé dim. soir et lundi) **R** 150/240
   – ☲ 31 – **47 ch** 250/470, 4 appart..

🏠 **Régina** sans rest, 6 bd D. Casanova ℰ 67 74 31 41 – 🛗 📺 ☎. 🕮 🗲 VISA   AY **u**
   ☲ 25 – **20 ch** 150/250.

🏠 **Hippocampe** sans rest, 3 r. Longuyon ℰ 67 74 51 14 – ☎. 🗲 VISA   BY **s**
   ☲ 23 – **20 ch** 140/230.

XXX **Hermann Facélina,** 14 quai L. Suquet ℰ 67 74 34 74 – 🗏. 🕮 🗲 VISA   ABY **a**
   fermé dim. soir et lundi – **R** carte 220 à 350, enf. 50.

XXX **Les Saveurs Singulières,** 5 quai Ch. Lemaresquier ℰ 67 74 14 41 – 🗏. ⓞ 🗲 VISA. ⋘   BZ **b**
   fermé 20 janv. au 4 fév., 18 août au 5 sept., dim. soir et lundi – **R** 175/290.

XX **La Palangrotte,** rampe P. Valéry ℰ 67 74 80 35, produits de la mer – 🗏. 🗲 VISA   AZ **r**
   fermé 25 nov. au 3 déc., janv., dim. soir et lundi du 15 sept. au 15 juin – **R** 120/280,
   enf. 100.

XX **Le Chalut,** 38 quai M. Licciardi ℰ 67 74 81 52, produits de la mer – ⋘   AZ **f**
   fermé mi-déc. à début fév. – **R** 130.

X **Rest. Alsacien,** 25 r. P. Sémard ℰ 67 74 77 94 – 🗏. 🗲 VISA   BY **e**
   fermé 1er juil. au 15 août, 22 déc. au 3 janv., dim. soir et lundi – **R** 85.

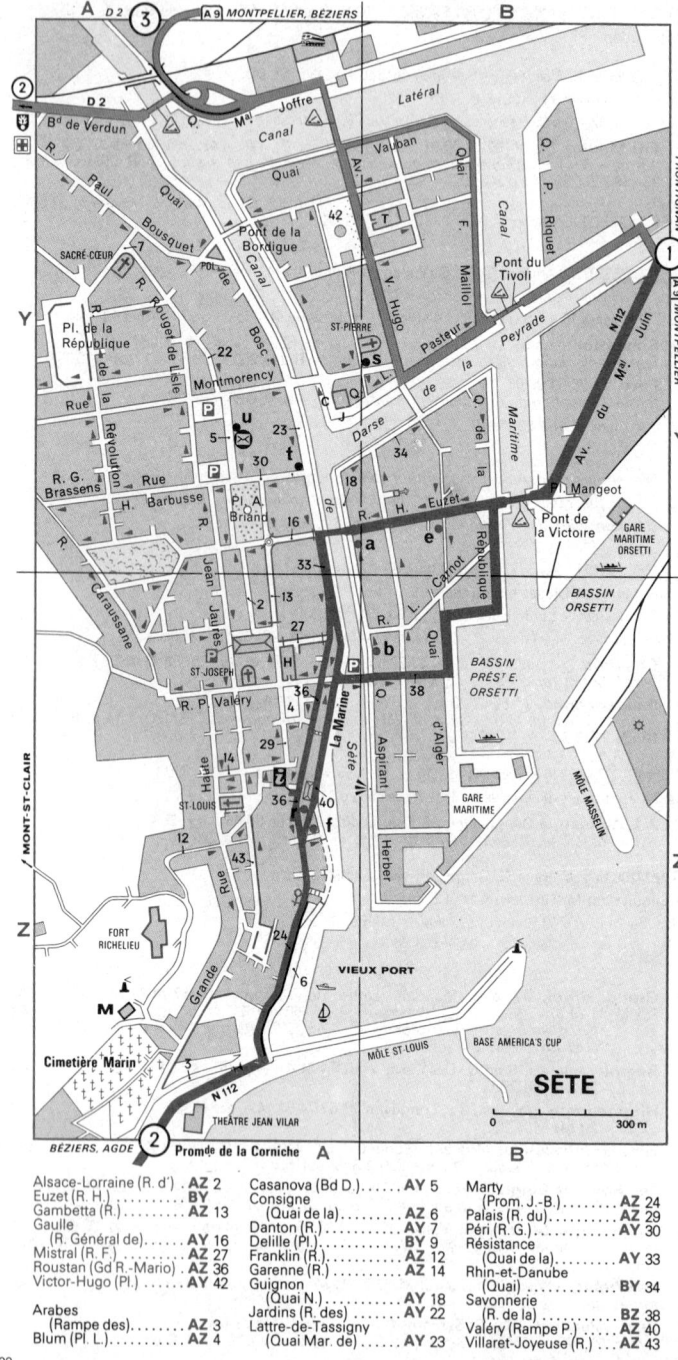

SÈTE

0   300 m

sur la Corniche par ② : 2 km :

Impérial sans rest, pl. É. Herriot ℰ 67 53 28 32, Télex 480046 – 📶 🍴 📺 ☎ 🅿 – 🏛 30. 🖭 🖪 𝕍𝕀𝕊𝔸
☲ 35 – **40 ch** 250/450.

Les Terrasses du Lido Ⓜ, rond-point Europe ℰ 67 51 39 60, 🍃, 🔟 – 🔆 rest 🍴 📺 ☎ ᕤ 🅿 – 🏛 25. 🖭 🕦 🖪 𝕍𝕀𝕊𝔸
fermé 15 janv. au 26 fév. – R (fermé dim. soir et lundi sauf juil.-août) 120/250, enf. 80 – ☲ 45 – **10 ch** 300/660 – ½ P 350/400.

Joie des Sables, plage de la Corniche ℰ 67 53 11 76, Fax 67 53 26 96, 🍃 – 📺 ☎ 🚗 🅿 – 🏛 40. 🍴 ch
R *(fermé 4 au 12/11, 1er au 29/1, lundi sauf le soir du 25 mars au 30 sept. et dim. soir du 30 sept. au 25 mars)* 95/230, enf. 50 – ☲ 25 – **25 ch** 296 – ½ P 268.

Sables d'Or sans rest, pl. É. Herriot ℰ 67 53 09 98 – 📶 📺 ☎. 🖭 🖪 𝕍𝕀𝕊𝔸. 🍴
☲ 26 – **30 ch** 210/297.

Les Tritons sans rest, bd Joliot-Curie ℰ 67 53 03 98, Fax 67 53 38 31, 🍃 – 📶 📺 ☎ 🅿. 🖭 🕦 🖪 𝕍𝕀𝕊𝔸
☲ 25 – **40 ch** 195/245.

La Corniche, pl. É. Herriot ℰ 67 53 03 30, 🍃 – 🖭 🖪 𝕍𝕀𝕊𝔸
fermé 15 janv. au 1er mars., dim. soir (sauf de juin à sept.) et lundi – **R** 87/245.

FIAT Sète-Autom., 46 quai Bosc ℰ 67 74 34 66
MERCEDES MAZDA Sadler, 9 quai Vauban ℰ 67 74 60 52
OPEL France-Auto, ZI des Eaux Blanches ℰ 67 48 48 61
PEUGEOT Automobiles Sètoises, 81 bd C. Blanc par ② ℰ 67 51 33 51
RENAULT Sète-Exploitation-Autos, ZI des Eaux Blanches par ④ ℰ 67 48 79 79

Ⓜ Comptoir Méridional du C/c, 1005 rte de Montpellier ℰ 67 48 80 50
Escoffier-Pneu Plus, 18 quai F. Maillol ℰ 67 51 07 00
Guittard, 2 quai L.-Pasteur ℰ 67 74 08 91
Martinez-Pneus, 24 quai République ℰ 67 74 93 61

SEURRE 21250 Côte-d'Or 🔠 ⑩, 🔟 ② G. Bourgogne – 2 795 h. alt. 181.
Paris 337 – Chalon-sur-Saône 38 – Beaune 26 – ◆Dijon 39 – Dole 41.

Le Castel, av. Gare ℰ 80 20 45 07, 🍃 – ☎ 🅿. 🖪 𝕍𝕀𝕊𝔸
fermé 2 janv. au 6 fév. et lundi du 1er nov. au 1er mai – **R** 95/260 – ☲ 30 – **20 ch** 140/250.

CITROEN Gar. Milan, à Labruyère ℰ 80 21 05 78
CITROEN Gar. François ℰ 80 21 12 84
PEUGEOT-TALBOT Gar. Fuant ℰ 80 20 41 46 Ⓝ

SÉVÉRAC-LE-CHÂTEAU 12150 Aveyron 🔠 ④ G. Gorges du Tarn – 2 838 h. alt. 750.
🚹 Syndicat d'Initiative r. des Douves (juil.-août) ℰ 65 47 67 31.
Paris 610 – Mende 65 – Rodez 49 – Alès 144 – Espalion 47 – Florac 73 – Millau 32 – St-Flour 109.

Commerce, ℰ 65 71 61 04, Fax 65 47 66 01 – 📶 📺 ☎ 🚗. 🖭 🖪 𝕍𝕀𝕊𝔸
fermé janv. et dim. soir du 1er oct. au 1er mai – **R** 60/180 ⅄, enf. 35 – ☲ 25 – **21 ch** 200/265 – ½ P 210.

Moderne Terminus, à Sévérac-gare ℰ 65 47 64 10 – 📶 ⊛ 🚗. 🖪 𝕍𝕀𝕊𝔸
25 mars-30 sept. et fermé vend. soir et sam. (sauf juil.-août) – **R** 58/160 ⅄, enf. 38 – ☲ 30 – **20 ch** 145/260 – ½ P 165/200.

Causses, à Sévérac-gare ℰ 65 71 60 15 – 🅿. 🖪 𝕍𝕀𝕊𝔸
fermé oct., lundi midi, dim. sauf juil. -août – **R** 60/110 ⅄, enf. 38 – ☲ 28 – **13 ch** 110/180 – ½ P 135/170.

PEUGEOT Gar. Delmas, Lapanouse ℰ 65 47 62 17

SÉVIGNACQ-MEYRACQ 64260 Pyr.-Atl. 🔠 ⑥ – 446 h. alt. 469.
Paris 793 – Pau 23 – Lourdes 44 – Oloron-Ste-Marie 19.

Bains de Secours, NE : 3,5 km par D 934 et VO ℰ 59 05 62 11, 🍃, « Cadre champêtre » – 🅿. 🖭 𝕍𝕀𝕊𝔸. 🍴
fermé 1er au 15 janv., dim. soir et lundi – **R** (prévenir) 75/128.

SEVRAN 93 Seine-St-Denis 🔠 ⑩, 🔟 ⑱ – voir à Paris, Environs.

SÈVRES 92 Hauts-de-Seine 🔠 ⑩, 🔟 ㉔ – voir à Paris, Environs.

SÉVRIER 74320 H.-Savoie 🔠 ⑥ G. Alpes du Nord – 2 465 h. alt. 456.
🚹 Office de Tourisme ℰ 50 52 40 56.
Paris 544 – Annecy 5 – Albertville 40 – Megève 55.

Eramotel, ℰ 50 52 43 83, 🍃, 🔟, 🍃 – ☎ 🅿 – 🏛 30. 🖭 🕦 🖪 𝕍𝕀𝕊𝔸. 🍴 rest
R *(fermé 1er oct au 31 janv.)* 98/150 ⅄ – ☲ 30 – **18 ch** 320/360 – ½ P 325/365.

Beau-Séjour, ℰ 50 52 41 06, 🍃 – ☎ 🚗 🅿
saisonnier – **R** (dîner seul.) – **30 ch**.

à *Letraz* : N 2 km sur N 508 – ⊠ **74320** Sévrier :

🏨 ⚘ **Aub. de Létraz** (Collon) Ⓜ, ℰ 50 52 40 36, Télex 309801, Fax 50 52 63 36, ≤, 🍽, 🏊,
🐎 – 🛗 📺 ☎ ₠ 🍴 Ⓟ – 🚗 25 à 80. ⚠ ⓞ ☰ 𝘝𝘐𝘚𝘈
R *(fermé dim. soir et lundi midi d'oct. à mai)* 210/410 – **24 ch** 490/890 – ½ P 460/585
Spéc. Assiette de foie gras et poire caramélisée, Palette de poissons du lac (fév. au 15 oct.), Pigeon en
ballotine au foie gras. **Vins** Chignin-Bergeron, Pinot de Savoie.

🏨 **Beauregard,** rte d'Annecy ℰ 50 52 40 59, Télex 370679, Fax 50 52 44 71, ≤, 🍽, 🐎 – 🛗
📺 ☎ Ⓟ – 🚗 30. ☰ 𝘝𝘐𝘚𝘈
fermé 15 déc. au 15 janv. – **R** 70/170, enf. 55 – 😊 27 – **33 ch** 255/290 – ½ P 254/280.

🏠 **La Fauconnière,** ℰ 50 52 41 18, Fax 50 52 63 33, 🍽, 🐎 – 📺 ☎ Ⓟ ☰ 𝘝𝘐𝘚𝘈 ✗
fermé janv. – **R** 80/190 – 😊 29 – **20 ch** 100/260 – ½ P 230/250.

CITROEN Alp'Auto ℰ 50 52 41 44

Voir Lac d'Alfeld★ O : 4 km, G. Alsace Lorraine.

Paris 437 – ♦Mulhouse 38 – Altkirch 39 – Belfort 32 – Colmar 65 – Thann 30 – Le Thillot 28.

🏠 **Au Relais des Lacs,** ℰ 89 82 01 42, ≤, 🐎 – ☎ Ⓟ ⚠ ⓞ ☰ 𝘝𝘐𝘚𝘈
fermé 28 août au 11 sept., 6 janv. au 6 fév., mardi soir et merc. – **R** 80/250 🍴 – 😊 30 –
16 ch 80/250 – ½ P 160/230.

🏠 **Vosges,** E : 0,5 km ℰ 89 82 00 43, ≤, 🐎 – 📺 ☎ ₠ Ⓟ ☰ 𝘝𝘐𝘚𝘈
fermé 12 nov. au 21 déc., dim. soir et jeudi sauf juil.-août – **R** 78/220 🍴, enf. 50 – 😊 26 –
20 ch 150/230 – ½ P 175/225.

Voir Col du Fanget ≤★ SO : 5 km.

🅱 Syndicat d'Initiative pl. Armes (vacances scolaires) ℰ 92 35 11 00.

Paris 715 – Digne 42 – Gap 45 – Barcelonnette 45 – Briançon 104 – Guillestre 77.

🏠 **Au Vieux Tilleul** 🐎, SE : 1,5 km par D 7 et VO ℰ 92 35 00 04, ≤, 🍽, patinoire, 🏊, 🐎
– ☎ Ⓟ. ⚠ ☰ 𝘝𝘐𝘚𝘈 ✗ rest
30 mars-10 oct. et vacances scolaires d'hiver – **R** 80/200, enf. 50 – 😊 30 – **18 ch** 220/320
– ½ P 250/300.

🏠 **Bellevue,** ℰ 92 35 00 32, ≤, 🍽 – 📺 ☎ Ⓟ. ⚠ ⓞ ☰ 𝘝𝘐𝘚𝘈
fermé 3 nov. au 1er déc. – **R** 75/170 – 😊 30 – **21 ch** 140/310 – ½ P 265/310.

à *Selonnet* NO : 4 km par D 900 – ⊠ **04460** :

🏨 **Relais de la Forge** Ⓜ 🐎, ℰ 92 35 16 98 – ☎ Ⓟ. ⚠ ☰ 𝘝𝘐𝘚𝘈
fermé 18 nov. au 16 déc., dim. soir et lundi sauf vacances scolaires – **R** 65/150 🍴, enf. 35
– 😊 26 – **15 ch** 135/226 – ½ P 165/200.

au *col St-Jean* au N : 12 km par D 900 – alt. 1 333 – Sports d'hiver : 1 340/2 350 m ✓14 ❄ –
⊠ **04140** Seyne :

🏨 **Espace** Ⓜ, ℰ 92 35 37 00, Fax 92 35 14 93, ≤ – 🛗 ☎ ₠ – 🚗 45. ☰ 𝘝𝘐𝘚𝘈
R 62/180 – 😊 32 – **45 ch** 170/240 – ½ P 220/260.

Voir ≤★ de la terrasse du fort Balaguier E : 3 km.

🅱 Office de Tourisme pl. L.-Rollin ℰ 94 94 73 09 et esplanade des Rablettes (10 avril-30 oct.).

Paris 833 – ♦Toulon 7 – Aix-en-Provence 77 – La Ciotat 33 – ♦Marseille 60.

🏠 **Moderne** sans rest, 2 r. L. Blum ℰ 94 94 86 68 – 📺 ☎. ⚠ ☰ 𝘝𝘐𝘚𝘈
😊 30 – **18 ch** 180/320.

✗✗ **Aubergade,** 20 r. Faidherbe ℰ 94 94 81 95 – 🍽. ☰ 𝘝𝘐𝘚𝘈
fermé 14 juil. au 12 août, 1er au 7 janv., dim. et lundi – **R** 110/185, enf. 45.

à *Fabrégas* S : 4 km par D 18 et VO – ⊠ **83500** La Seyne-sur-Mer :

✗✗ **Chez Daniel "rest. du Rivage",** ℰ 94 94 85 13, 🍽, produits de la mer – Ⓟ
fermé fév. et merc. hors sais. – **R** 200/350.

CITROEN SANDRA, quartier Berthe, rte des
Playes ℰ 94 94 71 90
PEUGEOT TALBOT S.O.T.R.A., av. E.-d'Orves, q.
Bregaillon ℰ 94 94 18 95
RENAULT La Seyne Autom., D 26, camp Laurent,
bretelle-autoroute ℰ 94 94 19 55

Auto Sce 83, Centre Commercial Mammouth
ℰ 94 30 13 87

⑩ Aude, 105 av. Gambetta ℰ 94 87 09 38
Vulcanisation Seynoise, 2 r. Mabily ℰ 94 94 83 48

🖪 Office de Tourisme Maison de Pays 🖉 50 59 26 56.

Paris 520 – Annecy 39 – Aix-les-B. 33.

⌂ **Rhône** sans rest, rive droite ⌧ 01420 🖉 50 59 20 30, ≤ – 🕿. 延 ⓪ 🗲 ⅧⅤⅥ
15 fév.-30 sept. et fermé dim. soir – ⌧ 35 – **12 ch** 160/290.

dans le Val du Fier S : 3 km par D 991 et D 14 G. Alpes du Nord – ⌧ **74910** Seyssel.
Voir Val de Fier★.

XXX ❀ **Rôt. du Fier** (Michaud), 🖉 50 59 21 64, 😭, « Jardin fleuri », ❦ – ❶ 🗲 ⅧⅤⅥ. ❦
fermé 2 au 12 sept., 1er au 6 janv., vacances de fév., mardi soir et merc. – **R** (nombre de
couverts limité - prévenir) 130/250, enf. 80
Spéc. Palmier de saumon fumé au caviar, Soupière du lac, Surprise de ris de veau à la fine du Bugey. Vins
Roussette de Savoie.

CITROEN Gar. Rossi 🖉 50 59 21 85 🗋

PEUGEOT-TALBOT Vigouroux 🖉 50 59 22 44
🗋 🖉 50 59 23 74

🖪 Syndicat d'Initiative pl. République 🖉 26 80 51 43.

Paris 111 – Châlons-sur-Marne 57 – Meaux 75 – Melun 90 – Sens 79 – Troyes 60.

🏨 **France** Ⓜ, 25 r. L. Jolly 🖉 26 81 41 48 – 📺 🕿 🚗
25 ch.

🏨 **Ménil** sans rest, 42 bis r. Parisot-Dufour 🖉 26 81 41 11 – 📺 🕿 ❶ 🗲 ⅧⅤⅥ. ❦
fermé dim. soir – ⌧ 27 – **9 ch** 196.

⌂ **Croix d'Or**, 53 r. Notre-Dame 🖉 26 80 61 10, Fax 26 80 65 30 – 🛗 📺 🕿 ❶. 延 ⓪ 🗲 ⅧⅤⅥ
fermé 2 au 18 janv. et lundi sauf hôtel de juin à sept. – **R** 60/140 ♨, enf. 50 – ⌧ 25 –
13 ch 100/240.

⌂ **Relais Champenois,** 157 r. Notre-Dame 🖉 26 80 58 03, Fax 26 81 35 32 – 🕿 ♿ 延 🗲
ⅧⅤⅥ
fermé 1er au 6 mars, 20 déc. au 6 janv., vend. soir et dim. soir – **R** 80/180, enf. 45 – ⌧ 30
– **14 ch** 125/270 – ½ P 210/250.

X **Soleil,** 17 r. Paris 🖉 26 80 63 13, Fax 26 80 67 92, 😭, 🎨 – 延 🗲 ⅧⅤⅥ
fermé 28 nov. au 12 déc., vacances de fév., mardi soir et merc. – **R** 68/190 ♨, enf. 38.

CITROEN Petit Vissuzaine, av. J.-Jaurès
🖉 26 80 50 02
PEUGEOT-TALBOT Gar. Notre-Dame, ZI, rte de
Troyes 🖉 26 80 71 01

RENAULT S.C.A.T., ZI, rte de Troyes
🖉 26 80 57 31

🖘 Fischbach-Pneu, carrefour N 4 Fontainebleau
🖉 26 80 57 78

Voir ≤★ du château fort.

Paris 356 – ◆Metz 45 – Luxembourg 32 – Thionville 18 – Trier 52.

XXX **La Vénerie,** 🖉 82 83 72 41, 😭, parc, « Cadre élégant » – ❶. ⓪ 🗲 ⅧⅤⅥ
fermé 1er au 7 janv., 11 au 29 fév., merc. soir et lundi – **R** 128/230, enf. 50.

à Montenach SE : 3,5 km sur D 956 – ⌧ **57480** :

X **Aub. de la Klauss,** 🖉 82 83 72 38 – 🗲 ⅧⅤⅥ
fermé 24 déc. au 12 janv. et lundi – **R** 85 ♨.

à Manderen E : 7 km par N 153 et D 64 – ⌧ **57480** :

XX **Au Relais du Château Mensberg** avec ch, 🖉 82 83 73 16, 😭 – ❶. 延 ⓪ 🗲 ⅧⅤⅥ
R 58/215 ♨, enf. 45 – ⌧ 28 – **4 ch** 170/200 – ½ P 176.

Paris 548 – ◆Mulhouse 17 – Altkirch 18 – ◆Bâle 18 – Belfort 52 – Colmar 52.

XX **Aub. St-Laurent,** 1 r. Fontaine 🖉 89 81 52 81, Fax 89 81 67 08 – ❶. 🗲 ⅧⅤⅥ
fermé 10 au 28 août, 10 au 25 fév., lundi et mardi – **R** 180/340 ♨, enf. 60.

PEUGEOT TALBOT Gar. Bissel 🖉 89 81 50 00

Paris 204 – Charleville-Mézières 34 – Hirson 40 – Laon 71 – Rethel 23 – Rocroi 31 – Sedan 46.

XX **Aub. de l'Abbaye** avec ch, 🖉 24 52 81 27 – 📺
fermé janv., fév., merc. soir et jeudi – **R** 65/135 ♨, enf. 55 – ⌧ 22 – **12 ch** 120/250 –
½ P 150/220.

CITROEN Gar. Thomassin, rte de Rethel
🖉 24 52 80 24

RENAULT Turquin 🖉 24 52 81 37

SISTERON

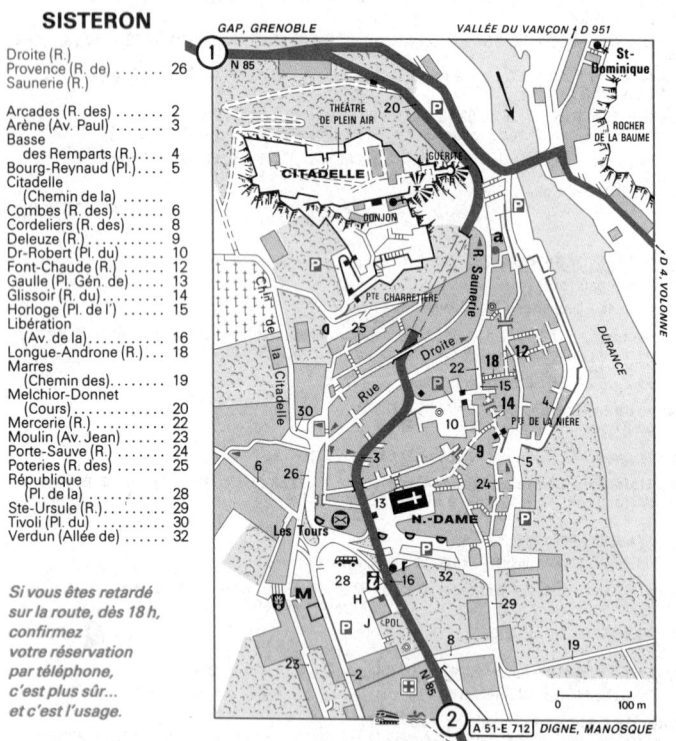

Si vous êtes retardé
sur la route, dès 18 h,
confirmez
votre réservation
par téléphone,
c'est plus sûr...
et c'est l'usage.

ALFA-ROMEO, TOYOTA Alpes-Sud-Autom., av.
Libération ℰ 92 61 01 64 **N** ℰ 92 61 24 64
FIAT Gar. Moderne, rte de Marseille
ℰ 92 61 03 17 **N** ℰ 92 61 39 90
MERCEDES Diffusion-Auto-Grandes-Alpes, ZI de
Proviou-Sud ℰ 92 61 06 66
OPEL Espitallier, 1 av. J.-Jaurès ℰ 92 61 07 09

PEUGEOT-TALBOT Gar. Meyer, rte de Gap par ①
ℰ 92 61 43 77
V.A.G Rocca, ZI de Proviou Sud RN 75
ℰ 92 61 46 61

🅟 Ayme-Pneus, av. Libération ℰ 92 61 08 15

SIX-FOURS-LES-PLAGES 83140 Var **84** ⑭ G. Côte d'Azur – 25 577 h. alt. 30.

Voir Fort de Six-Fours ※★ N : 2 km – Presqu'île de St-Mandrier★ : ※★★ E : 5 km – ※★★ du cimetière de St Mandrier-sur-Mer E : 4 km.

Env. Chapelle N.-D.-du-Mai ※★★ S : 6 km.

🛈 Syndicat d'Initiative plage de Bonnegrâce ℰ 94 07 02 21 et au Brusc quai St-Pierre (juil.-août)
ℰ 94 34 03 88.

Paris 834 – ♦Toulon 11 – Aix-en-Provence 75 – La Ciotat 31 – ♦Marseille 58.

🏨 **Clos des Pins** M, 101 bis r. République ℰ 94 25 43 68, Fax 94 07 63 07, ⌂ – 🛗 📺 ☎
   🕹 ⇔ 🅟 – 🔏 45 à 150. 🖭 ⓞ 🗉 𝘝𝘐𝘚𝘈
   fermé fév. – **R** (fermé sam. et dim.) 75, enf. 35 – ☲ 29 – **34 ch** 200/290 – ½ P 200/250.

XXX **Aub. St-Vincent**, rd-pt Pont du Brusc ℰ 94 25 70 50, Fax 94 25 54 64, ⌂ – 🍽 🅟. 🖭
   ⓞ 🗉 𝘝𝘐𝘚𝘈
   fermé lundi (sauf le soir en sais.) et dim. soir hors sais. – **R** 135/230.

XX **Verdi**, rd-pt Pont du Brusc ℰ 94 25 50 95, Fax 94 25 54 64, ⌂, cuisine italienne, 🏊 – 🅟.
   🖭 ⓞ 🗉 𝘝𝘐𝘚𝘈
   R (fermé dim. soir et lundi) 90/150.

   à la Plage de Bonnegrâce NO : 3 km par rte de Sanary – ✉ 83140 Six-Fours-les-Plages :

🏨 **Ile Rose**, ℰ 94 07 10 56, ≤, ⌂ – 📺 ☎ 🅟. 🖭 ⓞ 🗉 𝘝𝘐𝘚𝘈
   fermé nov. – **R** (fermé dim. soir et lundi d'oct. à Pâques) 75/170, enf. 45 – ☲ 25 – **23 ch**
   175/280 – ½ P 220/260.

   au Brusc S : 4 km – ✉ 83140 Six-Fours-les-Plages :

🏨 **Parc** ⌂, 112 r. Bondil ℰ 94 34 00 15, ⌂ – ☎ 🅟 🗉 𝘝𝘐𝘚𝘈. ⊛
   hôtel ; 29 mars-8 oct. et fermé dim. ; rest. : 1ᵉʳ avril-30 sept. et fermé dim. – **R** 107 – ☲ 28
   – **18 ch** 190/310 – ½ P 230/265.

XX **St-Pierre - Chez Marcel**, ℰ 94 34 02 52, ⌂, produits de la mer – 🖭 ⓞ 🗉 𝘝𝘐𝘚𝘈
   fermé vacances de fév., mardi soir et merc. du 15 sept. à fin mai – **R** 90/200.

XX **Mont-Salva**, chemin Mont Salva ℰ 94 34 03 93, ⌂, 🍴 – 🅟. 🖭 🗉 𝘝𝘐𝘚𝘈
   fermé 21 au 31 oct., 18 fév. au 22 mars, lundi soir et mardi sauf juil.-août – **R** 100/175,
   enf. 68.

🅟 Mendez Pneus, 454 av. Mar.-Juin ℰ 94 74 70 80   Paulhiac, 1745 av. Mer ℰ 94 07 41 07

SIZUN 29450 Finistère **58** ⑤ G. Bretagne – 1 811 h. alt. 113.

Voir Enclos paroissial★ – Bannières★ dans l'église de Locmélar N : 5 km.

🛈 Office de Tourisme pl. Abbé-Broch ℰ 98 68 88 40.

Paris 548 – ♦Brest 37 – Carhaix-Plouguer 52 – Châteaulin 34 – Landerneau 17 – Morlaix 32 – Quimper 57.

🏠 **Voyageurs** (annexe 🏠 ⌂), ℰ 98 68 80 35 – ☎ 🕹 🅟. ⓞ 🗉 𝘝𝘐𝘚𝘈
🔸 fermé 13 sept. au 6 oct. et sam. soir du 1ᵉʳ nov. au 1ᵉʳ mars – **R** 48/100 🍴 – ☲ 24 – **28 ch**
   110/200 – ½ P 133/175.

CITROEN Gar. Jegou ℰ 98 68 80 47   RENAULT Dolou ℰ 98 68 80 38 **N**

SOCHAUX 25600 Doubs **66** ⑧ G. Jura – 5 254 h. alt. 318.

Voir Musée Peugeot★ AX **M2**.

Paris 487 – ♦Mulhouse 54 – Audincourt 4 – Belfort 18 – ♦Besançon 81 – Montbéliard 5.

          Voir plan de Montbéliard agglomération.

🏨 **Campanile** M, r. Collège ℰ 81 95 23 23, Télex 361036, Fax 81 32 21 49, ⌂ – 📺 ☎ &
   🅟 – 🔏 30. 🗉 𝘝𝘐𝘚𝘈
   R 74 bc/98 bc, enf. 39 – ☲ 27 – **62 ch** 248 – ½ P 225/249.

XXX **Luc Piguet**, 9 r. Belfort ℰ 81 95 15 14, 🍴 – 🅟. 🖭 ⓞ 🗉 𝘝𝘐𝘚𝘈   BY z
   fermé 2 au 7 janv., dim. soir et lundi sauf fériés – **R** 105/360, enf. 65.

CONSTRUCTEUR : **S.A. des Automobiles Peugeot**, ℰ 81 91 83 42

Michelin Green Guides in English		
Paris	Dordogne	Normandy Cotentin
Brittany	French Riviera	Normandy Seine Valley
Burgundy	Ile-de-France	Provence
Châteaux of the Loire		

Voir Anc. Abbaye de St-Jean-des-Vignes★★ AZ – Intérieur★★ de la Cathédrale★ AY – Musée de l'anc. abbaye de St-Léger★ BY **M**.

🛈 Office de Tourisme 1 av. Gén.-Leclerc 🖉 23 53 08 27.

Paris 101 ⑥ – Compiègne 38 ⑦ – ◆Amiens 101 ⑦ – Arras 133 ⑦ – Laon 37 ② – ◆Lille 168 ① – Meaux 65 ⑥ – ◆Reims 56 ③ – St-Quentin 59 ① – Senlis 61 ⑥.

SOISSONS

Collège (R. du) . . . . **AY** 5	
Commerce (R. du) . . . . **BY** 6	
St-Christophe (R.) . . . . **AY** 33	
St-Martin (R.) . . . . **BY** 35	
Arquebuse (R. de l') . . . **BZ** 2	
Château-Thierry (Av.) . . **BZ** 4	

Compiègne (Av.) . . . . . **AY** 8	
Desmoulins (Bd C.) . . . . **BZ** 12	
Gambetta (Bd L.) . . . . . **BY** 14	
Intendance (R. de l') . . **BY** 15	
Leclerc (Av. Gén.) . . . . . **BZ** 22	
Marquigny (Pl. F.) . . . . . **BY** 23	
Paix (R. de la) . . . . **BY** 24	
Panleu (R. de) . . . . **AY** 25	
Prés. Kennedy (Av.) . . . . **AZ** 26	
Quinquet (R.) . . . . **ABY** 28	

Racine (R.) . . . . **BZ** 29	
République	
(Pl. de la) . . . . **BZ** 30	
St-Antoine (R.) . . . . . . **BY** 31	
St-Christophe (Pl.) . . . . **AY** 32	
St-Jean (R.) . . . . **AZ** 34	
St-Quentin (R.) . . . . . . **BY** 36	
St-Rémy (R.) . . . . **AY** 37	
Strasbourg (Bd de) . . . . **BY** 38	
Villeneuve (R. de) . . . . **BZ** 39	

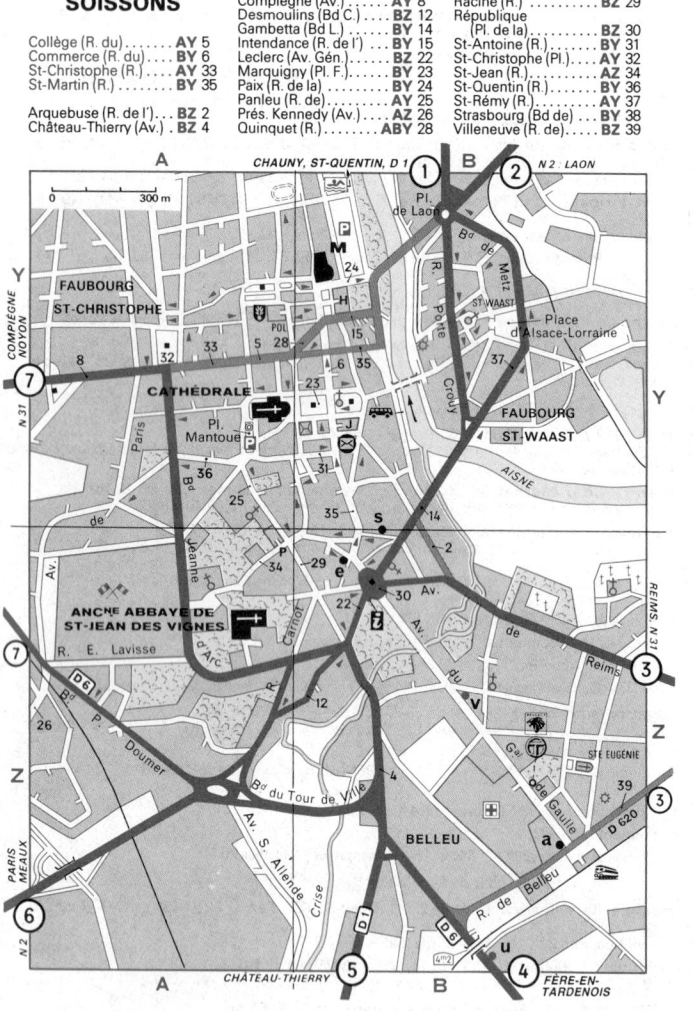

🏨 **Les Lions,** rte Reims par ③ : 3 km 🖉 23 73 29 83, Télex 140568, Fax 23 73 49 60, 🌳, 🛋
– 📺 ☎ 🅿 – 🔬 50. 🆎 ⓞ 🅴 🚾
R *(fermé 21 déc. au 1er janv. et vend. soir du 12 nov. au 15 mars)* 90/140, enf. 42 – ☲ 40 –
28 ch 265/315 – ½ P 238/250.

🏨 **Lion Rouge,** 1 r. G. Alliaume 🖉 23 53 31 52 – 🛗 ☎ 🅿. 🅴 🚾. 🛇 ch — — — — — — — — — — BZ **e**
◆ **R** *(fermé sam. soir et dim.)* 70/180 🍴 – ☲ 35 – **26 ch** 170/290 – ½ P 130/280.

🏨 **Gare** sans rest, pl. Gare 🖉 23 53 31 61 – 🗨. 🚾. 🛇 — — — — — — — — — — — — BZ **a**
fermé lundi – ☲ 20 – **12 ch** 110/170.

XX **Avenue,** 35 av. Gén. de Gaulle ℘ 23 53 10 76 – **E** *VISA* BZ **v**
fermé 3 au 26 août, 22 au 28 déc., vacances de fév., dim. (sauf fêtes) et lundi soir –
R 95/250.

XX **Grenadin,** 19 rte Fère-en-Tardenois ℘ 23 73 20 57, 🍽 – **E** *VISA* BZ **u**
→ *fermé 1er au 28 août, dim. soir et lundi –* **R** 70/140 ♨, enf. 40.

FIAT S.E.V.A., 94 av. de Compiègne ℘ 23 53 31 63
FORD Europ Auto, 55 av. Gén.-de-Gaulle
℘ 23 59 03 29
MERCEDES-BENZ Idoine, 3 av. de Compiègne
℘ 23 53 04 41 **N**
OPEL S.D.A., 10 av. de Compiègne ℘ 23 53 10 69
PEUGEOT-TALBOT Gar. des Lions, 57 av. Gén.-
de-Gaulle BZ ℘ 23 74 52 03
RENAULT Larrinaux, rte de Reims par ③
℘ 23 73 34 34

TOYOTA Gar. Central, 7 r. St-Jean ℘ 23 53 27 57
V.A.G Veltour Automobiles, 96 bd Jeanne-d'Arc
℘ 23 53 59 59
VOLVO Ile-de-France-Autom., 34 r. C.-Desmoulins
℘ 23 53 30 72

⊚ Auto Pneu Savart, 7 av. de Laon ℘ 23 59 42 31
Fischbach-Pneu, 60 av. de Compiègne
℘ 23 53 25 76
Hurand Pneu, r. de Croizy ℘ 23 59 61 40

SOLESMES 72 Sarthe ᠪᠦ ①② – rattaché à Sablé-sur-Sarthe.

SOLLIÈS-TOUCAS 83210 Var ᠪᠦ ⑮ – 2 098 h. alt. 99.
Paris 834 – ♦Toulon 18 – Bandol 35 – Brignoles 33.

XX **Le Sassandra,** ℘ 94 28 80 38, 🍽 – **AE** **①** **E** *VISA*
fermé 4 nov. au 4 déc., dim. soir et lundi sauf juil.-août et fêtes – **R** 120/250.

SOLLIÈS-VILLE 83210 Var ᠪᠦ ⑮ G. Côte d'Azur – 1 193 h. alt. 228.
Voir ≼★ de l'esplanade de la Montjoie.
Paris 843 – ♦Toulon 15 – Brignoles 38 – Draguignan 73 – ♦Marseille 79.

XX **L'Amourié,** pl. J. Aicard ℘ 94 33 74 72 – **E** *VISA*
fermé 10 au 17 janv., 14 au 21 fév. et jeudi – **R** 85/180, enf. 45.

SOMMIÈRES 30250 Gard ᠪᠦ ⑧ G. Gorges du Tarn (plan) – 3 026 h. alt. 34.
🛈 Office de Tourisme passage de Reilhe, pl. des Docteurs Dax ℘ 66 80 99 30.
Paris 737 – ♦Montpellier 28 – Aigues-Mortes 28 – Alès 42 – Lunel 13 – Nîmes 28 – Le Vigan 63.

🏨 **Aub. Pont Romain** 🐾, av. E. Jamais ℘ 66 80 00 58, Fax 66 80 31 52, 🍽, ⊾, ☂, 🎾 – 🛗
☎ **P** – ☖ 80. **AE** **E** *VISA*
fermé 15 janv. au 15 mars – **R** *(fermé merc. sauf juil.-août)* 155/210 – ⇌ 40 – **18 ch**
190/370 – ½ P 295/400.

XX **L'Olivette,** 11 r. Abbé Fabre ℘ 66 80 97 71 – **AE** **①** **E** *VISA*
fermé 3 au 10 juin , 7 au 28 janv. et merc. – **R** 95/205, enf. 45.

⊚ Bourrel-Pneus, rte de Saussines ℘ 66 80 91 31

SOPHIA-ANTIPOLIS 06 Alpes-Mar. ᠪᠦ ⑨ – rattaché à Valbonne.

SORÈDE 66690 Pyr.-Or. ᠪᠦ ⑱ G. Pyrénées Roussillon – 1 896 h. alt. 64.
🛈 Syndicat d'Initiative r. de l'Église ℘ 68 89 31 17.
Paris 937 – ♦Perpignan 23 – Amélie-les-Bains-Palada 32 – Argelès-sur-Mer 7 – Le Boulou 16.

🏠 **St-Jacques** 🐾, 45 r. St-Jacques ℘ 68 89 00 60, ≼, ☂ – ☎ **P**
1er mars-31 oct. – **R** *(résidents seul.)(dîner seul.)* 100, enf. 50 – ⇌ 28 – **15 ch** 240 – ½ P 260.

X **Salamandre,** 3 rte Laroque ℘ 68 89 26 67 – **①** **E** *VISA*
fermé 1 au 19/3, 15 au 29/10, 6/1 au 28/2, lundi sauf le soir en juil.-août et dim. soir de
sept. à juin – **R** 100, enf. 38.

SORGES 24420 Dordogne ᠪᠦ ⑥ G. Périgord Quercy – 911 h. alt. 178.
🛈 Syndicat d'Initiative Maison de la Truffe (fermé matin sauf juil.-août) ℘ 53 05 90 11.
Paris 473 – Périgueux 24 – Brantôme 25 – ♦Limoges 77 – Nontron 45 – Thiviers 13 – Uzerche 74.

🏠 **Aub. de la Truffe,** sur N 21 ℘ 53 05 02 05, Fax 53 05 39 27, 🍽, ☂, 🎾 – 📺 ☎ **P** –
→ ☖ 30. **AE** **E** *VISA*
R *(fermé 25 juin au 4 juil., 15 au 22 oct., 16 au 29 janv. et lundi)* 60/240 ♨, enf. 45 – ⇌ 26
– **19 ch** 175/240 – ½ P 195/225.

🏠 **Mairie,** ℘ 53 05 02 11 – 🍽 rest ☎ **P**. **AE** **E** *VISA*
R *(fermé 18 au 24 juin, 22 au 31 oct., 3 au 18 janv. et merc.)* 80/260, enf. 55 – ⇌ 26 – **8 ch**
170/215 – ½ P 160/210.

SORGUES 84700 Vaucluse ᠪᠦ ⑫ – 14 126 h. alt. 30.
Paris 682 – ♦Avignon 11 – Carpentras 16 – Cavaillon 28 – Orange 18.

🏨 **Davico,** ℘ 90 39 11 02 – 📺 ☎ **E** *VISA*, ⚯ ch
fermé 15 au 31 août (sauf hôtel),17 déc. au 8 janv. et dim. – **R** 96/196 ♨, enf. 64 – ⇌ 35 –
30 ch 178/298 – ½ P 214/274.

à Entraigues-sur-Sorgues E : 4,5 km par D 38 – 5 335 h. – ⊠ **84320** :

🏠 **Le Béal,** 𝒻 90 83 17 22, 🌲 – 📺 ☎ ⑩ 🖪 𝗩𝗜𝗦𝗔
R *(fermé 28 déc. au 5 janv., sam. midi et dim. hors sais.)* 85/240 ⅃, enf. 50 – 🖵 30 – **21 ch**
156/230 – ½ P 190/380.

CITROEN Gar. Rolland, 224 rte d'Orange
𝒻 90 83 30 04
PEUGEOT-TALBOT Sorgues Automobiles, ZAC
Fournalet 2 𝒻 90 83 02 44

PORSCHE Gar. AUPAR, ZI 𝒻 90 39 90 40

🖲 Manu-Pneus, Village d'Entreprises Ero
𝒻 90 39 66 89

SOSPEL 06380 Alpes-Mar. 🟦 ⑳, 🟦🟦🟦 ⑱ G. Côte d'Azur – 2 278 h. alt. 349.

Voir Retable de l'Immaculée Conception★ dans l'église St-Michel – Route★ du col de Brouis ≤★
N – Vallée de la Bévéra★ et gorges de Piaon★★ NO : 4 km.

Paris 974 – Menton 22 – ◆Nice 43.

🏠 **Aub. Provençale** ⑳, rte col de Castillon : 1,5 km 𝒻 93 04 00 31, ≤, 🌲 – ☎ 🅿
fermé 11 nov. au 11 déc. et jeudi midi du 1ᵉʳ oct. au 31 mars – **R** 75/160 – 🖵 25 – **10 ch**
95/270 – ½ P 205/315.

PEUGEOT-TALBOT Rey-Autos-Bévéza-Roya 𝒻 93 04 01 24

La SOTTERIE 79 Deux-Sèvres 🟦🟦🟦 ② – rattaché à Coulon.

SOUBISE 17 Char.-Mar. 🟦🟦🟦 ⑬ ⑭ – rattaché à Rochefort.

SOUCY 89 Yonne 🟦🟦 ⑭ – rattaché à Sens.

SOUDAN 79 Deux-Sèvres 🟦🟦 ⑫ – rattaché à St-Maixent-l'École.

SOUESMES 41300 L.-et-Ch. 🟦🟦 ⑳ – 1 122 h. alt. 127.

Paris 199 – Bourges 49 – Aubigny-sur-Nère 21 – Blois 78 – Cosne-sur-Loire 62 – Gien 51 – Salbris 11.

🏨 **Aub. Croix Verte,** 𝒻 54 98 83 70 – 🅿
fermé 1ᵉʳ au 15 sept., 1ᵉʳ au 15 fév., dim. soir et lundi – **R** 70/120 ⅃ – 🖵 22 – **19 ch**
90/150.

SOUILLAC 46200 Lot 🟦🟦 ⑱ G. Périgord Quercy (plan) – 4 062 h. alt. 104.

Voir Anc. église abbatiale : bas-relief "Isaïe"★★, revers du portail★ – Musée de l'Automate★.

🖪 du Mas del Teil 𝒻 65 37 01 48, N par D 15 : 8 km.

🛈 Office de Tourisme bd L.-J. Malvy 𝒻 65 37 81 56.

Paris 524 – Brive-la-Gaillarde 37 – Sarlat-la-Canéda 29 – Cahors 66 – Figeac 74 – Gourdon 29.

🏨 **Les Granges Vieilles** ⑳, rte Sarlat O : 1,5 km 𝒻 65 37 80 92, 🌲, parc – ☎ 🅿 🖪 𝗩𝗜𝗦𝗔
🛇
fermé 2 janv. au 10 fév. – **R** 78/230 – 🖵 30 – **11 ch** 250/400 – ½ P 285/360.

🏨 **Vieille Auberge** 🅼, pl. Minoterie 𝒻 65 32 79 43, Télex 533715, Fax 65 32 65 19, ⅃₆, ⌇,
🌲 – 📺 ☎ ⇦ – 🔬 60. 🖭 ⑪ 🖪 𝗩𝗜𝗦𝗔
fermé 1ᵉʳ janv. au 15 mars – **R** 120/180, enf. 50 – 🖵 30 – **20 ch** 210/260 – ½ P 280.

🏨 **Le Quercy** sans rest, 1 r. Récège 𝒻 65 37 83 56, Fax 65 37 07 22, ⌇, 🌿 – ☎ ⇦ 🖪
𝗩𝗜𝗦𝗔
15 mars-15 déc. – 🖵 28 – **25 ch** 210/260.

🏨 **Gd Hôtel,** 1 allée Verninac 𝒻 65 32 78 30, Fax 65 32 66 34, 🌲 – 📳 🝖 rest 📺 ☎ 🖭 🖪
𝗩𝗜𝗦𝗔
1ᵉʳ avril-1ᵉʳ nov. et fermé merc. en avril et oct. – **R** 65/300 – 🖵 27 – **30 ch** 180/280 –
½ P 202/255.

🏨 **Puy d'Alon** sans rest, av. J.-Jaurès 𝒻 65 37 89 79, 🌿 – ☎ ⇦ 🖪 𝗩𝗜𝗦𝗔
fermé 15 déc. au 15 janv. – 🖵 29 – **11 ch** 189/273.

🏨 **Ambassadeurs,** 12 av. Gén. de Gaulle 𝒻 65 32 78 36 – ☎ ⇦ 🖪 𝗩𝗜𝗦𝗔
fermé 20 déc. au 20 janv., vacances de fév., vend. soir et sam. d'oct. à Pâques – **R** 72/170,
enf. 52 – 🖵 28 – **28 ch** 190/240 – ½ P 180/245.

🏨 **Périgord,** 31 av. Gén. de Gaulle 𝒻 65 32 78 28, Fax 65 37 07 59, 🌿 – ☎ ⇦ 🅿 🖪
𝗩𝗜𝗦𝗔
1ᵉʳ mai-30 sept. – **R** 68/140, enf. 40 – 🖵 28 – **31 ch** 160/250 – ½ P 155/250.

✕✕ **Le Redouillé,** 28 av. de Toulouse 𝒻 65 37 87 25 – 🍽 🅿 🖭 🖪 𝗩𝗜𝗦𝗔
fermé merc. du 15 sept. au 30 juin – **R** 90/320, enf. 60.

✕✕ **Aub. du Puits** avec ch, 5 pl. Puits 𝒻 65 37 80 32, 🌲 – ☎ 🖪 𝗩𝗜𝗦𝗔 🛇 ch
fermé nov., déc., dim. soir et lundi hors sais. – **R** 65/230 – 🖵 26 – **16 ch** 119/190 –
½ P 210/250.

PEUGEOT-TALBOT Gar. Cadier, rte de Sarlat
𝒻 65 37 82 72
RENAULT Sanfourche, rte de Sarlat 𝒻 65 32 73 03
Ⓝ 𝒻 65 32 76 61

🖲 Pneus-Service, 19 av. J.-Jaurès 𝒻 65 37 81 88

33780 Gironde 🔢 ⑯ G. Pyrénées Aquitaine – 2 590 h. alt. 8 – Casino de la Plage.

🅱 Office de Tourisme r. Plage ✆ 56 09 86 61.

Paris 515 – Royan (bac) 9,5 – Arcachon 134 – ♦Bordeaux 94 – Lesparre-Médoc 30.

à l'Amélie-sur-Mer SO : 4,5 km par VO – ⊠ 33780 Soulac-sur-Mer :

🏨 **Pins** 🕸, ✆ 56 09 80 01, Télex 571398, ㄍ, ☞ – ☎ Ⓟ Ε 𝘝𝘐𝘚𝘈, ⋟ ch
   fermé janv., fév., dim. soir et vend. d'oct. à mars – **R** 100/185 🍴, enf. 48 – ⊇ 32 – **35 ch** 230/330 – ½ P 235/295.

RENAULT Gar. Merlin ✆ 56 09 80 44

12 Aveyron 🔢 ⑬ – rattaché à Laguiole.

64420 Pyr.-Atl. 🔢 ⑦ – 1 028 h. alt. 296.

Paris 779 – Pau 17 – Lourdes 24 – Nay 16 – Pontacq 11 – Tarbes 23.

🏨 **Bearn,** ✆ 59 04 60 09, ㄍ – 🆃🆅 ☎ Ⓟ – 🍴 25. 🅰🅴 ⓞⓑ Ε 𝘝𝘐𝘚𝘈
   fermé 7 janv. au 10 fév., dim. soir et lundi d'oct. à juil. – **R** 62/190 – **14 ch** ⊇ 210/290 – ½ P 207/225.

RENAULT Gar. Grimaud, à Espoey ✆ 59 04 65 17 🅽

77460 S.-et-M. 🔢 ⑫ – 4 358 h. alt. 69.

Paris 90 – Fontainebleau 26 – Melun 42 – Montargis 23 – ♦Orléans 84 – Sens 45.

🏨 **France** Ⓜ, av. Mar. Leclerc ✆ (1) 64 29 81 88, Fax (1) 64 29 82 21, ㄍ, ⋟ – ⋞ ch 🆃🆅 ☎ Ⓟ – 🍴 60. 🅰🅴 ⓞⓑ Ε 𝘝𝘐𝘚𝘈
   R 110/170, enf. 50 – ⊇ 30 – **27 ch** 190/300.

🍴🍴 **La Cassolette,** r. P. Rollin ✆ (1) 64 29 88 77 – Ε 𝘝𝘐𝘚𝘈
   fermé 1er au 15 juil., vacances de fév., dim. soir et lundi – **R** 85/165.

PEUGEOT-TALBOT Gar. du Centre, 52 av. Mar.-Leclerc ✆ 64 29 70 68

RENAULT Souppes Autom., Gar. Cornut, 115 av. Mar.-Leclerc ✆ 64 29 70 32 🅽

40 Landes 🔢 ⑤ – ⊠ 40260 Castets.

Paris 700 – Mont-de-M. 53 – ♦Bordeaux 113 – Castets 12 – Mimizan 38 – St-Julien-en-Born 19 – Tartas 26.

🏨 **Paris-Madrid** 🕸, ✆ 58 89 60 46, ㄍ, 🔵, ㄍ, ⋟ – ☎ Ⓟ Ε 𝘝𝘐𝘚𝘈 ⋟
   10 mars-30 oct. – **R** *(fermé lundi midi du 10 mars au 15 juin et du 1er au 30 oct.)* 96/180, enf. 48 – ⊇ 28 – **16 ch** 210/290 – ½ P 270.

50150 Manche 🔢 ⑨ – 3 582 h. alt. 220.

Voir Vallée de la Sée★ O, G. Normandie Cotentin.

Paris 269 – Avranches 38 – Domfront 36 – Flers 32 – Mayenne 63 – St-Hilaire-du-H. 26 – Vire 13.

🍴 **Le Temps de Vivre,** pl. Rex ✆ 33 59 60 4ı – Ⓟ Ε 𝘝𝘐𝘚𝘈
   fermé 1er au 7 juil., vacances de fév. et lundi – **R** 44/112 🍴, enf. 30.

PEUGEOT-TALBOT Gar. Postel ✆ 33 59 60 35 🅽

46190 Lot 🔢 ⑳ – 1 058 h. alt. 559.

Paris 548 – Aurillac 48 – Cahors 92 – Figeac 40 – Mauriac 73 – St-Céré 16.

🍴🍴 **Au Déjeuner de Sousceyrac** avec ch, ✆ 65 33 00 56, ㄍ – 🆃🆅 Ε 𝘝𝘐𝘚𝘈
   fermé dim. soir et lundi sauf juil.-août – **R** 90/190, enf. 65 – ⊇ 30 – **10 ch** 140/200 – ½ P 185.

17 Char.-Mar. 🔢 ⑦ – rattaché à Montendre.

33 Gironde 🔢 ⑧ – rattaché à Margaux.

40140 Landes 🔢 ⑯ – 5 113 h. alt. 5.

Voir Étang de Soustons★ O : 1 km, G. Pyrénées Aquitaine.

🏌 🏌 de la Côte d'Argent ✆ 58 48 54 65 NO par D 652 puis D 117 : 18 km.

🅱 Maison du Tourisme "La Grange de Labouyrie" (fermé matin hors saison) ✆ 58 41 52 62.

Paris 737 – Biarritz 47 – Mont-de-Marsan 76 – Castets 23 – Dax 28 – St-Vincent-de-Tyrosse 13.

🏨 **La Bergerie** 🕸, av. Lac ✆ 58 41 11 43, « Demeure landaise dans un parc » – ☎ Ⓟ. Ε 𝘝𝘐𝘚𝘈. ⋟
   hôtel : 1er mars-15 nov. ; rest. : 15 mars-15 nov. – **R** (résidents seul.) (dîner seul.) – ⊇ 35 – **12 ch** 230/300 – ½ P 300/320.

🏨 **Château Bergeron** 🕸, r. du Vicomte ✆ 58 41 58 14, parc – ☎ Ⓟ. Ε 𝘝𝘐𝘚𝘈. ⋟
   1er juin-10 oct. – **R** (résidents seul.) (dîner seul.) – ⊇ 35 – **15 ch** 230/300 – ½ P 300/320.

🏠 **Host. du Marensin,** pl. Sterling ✆ 58 41 15 16 – Ε 𝘝𝘐𝘚𝘈. ⋟ ch
   fermé nov. – **R** *(fermé sam. sauf juil.-août)* 52/140 🍴 – ⊇ 20 – **14 ch** 160/206 – ½ P 189/212.

XX **Pavillon Landais** ⟦⟧ avec ch, av. Lac ℰ 58 41 14 49, ⟦⟧, « Belle vue sur lac, parc », ⟦⟧
– ⟦⟧ **P** ⟦AE⟧ **E** ⟦VISA⟧
fermé janv., dim. soir et lundi d' oct. à mai – **R** 150/210 ⟦⟧ – ⟦⟧ 32 – **28 ch** 230/400 –
½ P 280/320.

CITROEN Lartigau, 12 av. Mar.-Leclerc
ℰ 58 41 14 80
PEUGEOT-TALBOT Desbieys, 7 r. d'Aste
ℰ 58 41 10 57

PEUGEOT-TALBOT Gar. Bouyrie, 6 av. Gén.-de-
Gaulle ℰ 58 41 51 75

⟦**La SOUTERRAINE**⟧ **23300** Creuse ⟦72⟧ ⑧ **G. Berry Limousin** – 5 850 h. alt. 366.

Voir Église★.

⟦B⟧ Syndicat d'Initiative pl. Gare (fermé après-midi hors saison) ℰ 55 63 10 06.

Paris 342 – ♦Limoges 56 – Bellac 40 – Châteauroux 73 – Guéret 34.

⟦⟧ **Porte Saint-Jean,** r. Bains ℰ 55 63 03 83, Fax 55 63 27 99 – ⟦TV⟧ **☎.** ⟦AE⟧ **◐ E** ⟦VISA⟧. ⟦⟧ rest
R (fermé 23 déc. au 21 janv.) 77/245 ⟦⟧, enf. 38 – ⟦⟧ 30 – **32 ch** 145/257 – ½ P 184/231.

à St-Étienne-de-Fursac S : 11 km par D 1 – ⟦⟧ **23290** :

⟦⟧ **Nougier,** ℰ 55 63 60 56, ⟦⟧ – ⟦TV⟧ **☎** ⟦⟧. **◐ E** ⟦VISA⟧
fermé déc. à fév., lundi (sauf le soir en juil.-août et fériés) et dim. – **R** 98/240, enf. 65 –
⟦⟧ 32 – **12 ch** 240/280 – ½ P 310.

CITROEN Chambraud ℰ 55 63 08 89
FORD Gar. du Massif Central, à St-Maurice-la-
Souterraine ℰ 55 63 11 34 ⟦N⟧
PEUGEOT TALBOT Gar. Laville, 7 av. République
ℰ 55 63 06 50

⟦⟧ Gilles Pétard, bd de Belmont ℰ 55 63 78 23
Pneus et Caoutchouc, Anc. Ets Rousseau, 22 à 26
r. de Lavaud ℰ 55 63 00 25

⟦**SOUVIGNY**⟧ **03210** Allier ⟦69⟧ ⑭ **G. Auvergne** – 1 929 h. alt. 242.

Voir Prieuré St-Pierre★★ – Calendrier★★ dans l'église-musée St-Marc.

Paris 304 – Moulins 12 – Bourbon-l'Archambault 15 – Montluçon 55.

X **Aub. des Tilleuls,** ℰ 70 43 60 70 – **E** ⟦VISA⟧
fermé 2 au 18 janv., dim. soir du 1ᵉʳ nov. à Pâques et lundi – **R** 95 bc/193, enf. 55.

⟦**SOUVIGNY-EN-SOLOGNE**⟧ **41600** L.-et-Ch. ⟦64⟧ ⑩ – 430 h. alt. 143.

Paris 175 – ♦Orléans 44 – Gien 42 – Lamotte-Beuvron 14 – Montargis 63.

XX **Perdrix Rouge,** ℰ 54 88 41 05, « Jardin » – **E** ⟦VISA⟧
fermé 2 au 10/09, 26/12 au 3/01, 25/02 au 19/03, lundi (sauf le midi du 1ᵉʳ avril au 31 oct.
et fériés) et mardi – **R** (dim. et fêtes prévenir) 75/300.

XX **Aub. Croix Blanche** avec ch, ℰ 54 88 40 08 – **☎** ⟦P⟧ **E** ⟦VISA⟧
fermé 15 janv. au 1ᵉʳ mars, mardi soir et merc. – **R** 75/225 – ⟦⟧ 35 – **9 ch** 180/300 –
½ P 200/250.

RENAULT Gar. Paret ℰ 54 88 43 18

⟦**SOYONS**⟧ **07** Ardèche ⟦77⟧ ⑪⑫ – rattaché à St-Péray.

⟦**SPEZET**⟧ **29540** Finistère ⟦58⟧ ⑯ – 2 076 h. alt. 111.

Voir Chapelle N.-D.-du-Crann★ : vitraux★★ S : 1 km, **G. Bretagne.**

⟦B⟧ Syndicat d'Initiative à la Mairie ℰ 98 93 80 03.

Paris 520 – Carhaix-Plouguer 18 – Châteaulin 32 – Concarneau 51 – Pontivy 67 – Quimper 44.

⟦**STAINS**⟧ **93** Seine-St-Denis ⟦55⟧ ⑪. ⟦101⟧ ⑯ – voir à Paris, Environs.

⟦**STAINVILLE**⟧ **55500** Meuse ⟦62⟧ ① – 416 h. alt. 209.

Paris 225 – Bar-le-Duc 19 – Commercy 36 – Joinville 35 – Neufchâteau 70 – St-Dizier 20 – Toul 59.

XX ⟦⟧ **La Petite Auberge,** ℰ 29 78 60 10 – ⟦AE⟧ **◐ E** ⟦VISA⟧
fermé 20 juil. au 13 août, dim. soir, vend. soir et sam. – **R** (nombre de couverts limité -
prévenir) 140/230
Spéc. Escalope de saumon à l'oseille, Filet de bœuf aux pleurotes, Gâteau au chocolat. **Vins** Côtes de Toul.

X **La Grange** ⟦⟧ avec ch, ℰ 29 78 60 15, ⟦⟧, ⟦⟧ – **E** ⟦VISA⟧
fermé mardi soir du 1ᵉʳ nov. au 1ᵉʳ fév. – **R** 135/175 ⟦⟧, enf. 50 – ⟦⟧ 30 – **9 ch** 165/250 –
½ P 280.

⟦**STEINBRUNN-LE-BAS**⟧ **68** H.-Rhin ⟦66⟧ ⑩ – rattaché à Mulhouse.

⟦**STELLA-PLAGE**⟧ **62** P.-de-C. ⟦51⟧ ⑪ – rattaché au Touquet.

⟦**STIRING-WENDEL**⟧ **57** Moselle ⟦57⟧ ⑥ – rattaché à Forbach.

STRASBOURG Ⓟ **67000** B.-Rhin 🆖 ⑩ **G. Alsace Lorraine** – 252 264 h. **Communauté urbaine 409 161 h** alt. 140.

Voir Cathédrale★★★ : horloge astronomique★, ≤★ CX - ≤★ de la rue Mercière CX **53** – Cité ancienne★★★ BCX : la Petite France★★ BX, Rue du Bain-aux-Plantes★★ BX **7**, Place de la Cathédrale★ CX **17**, – Maison Kammerzell★ CX **e**, Château des Rohan★ CX, Cour du Corbeau★ CX **18**, – Ponts couverts★ BX **B**, Place Kléber★ CV **53** – Barrage Vauban ※★★ BX **D** – Mausolée★★ dans l'église St-Thomas CX **E** – Hôtel de Ville★ CV **H** – Palais de l'Europe★ DU – Orangerie★ DEU – Église St-Pierre-le-Vieux : panneaux peints★, scènes de la Passion★ BVX – Promenades sur l'Ill et les canaux★ CX – Musées : Oeuvre N.-Dame★★★ CX **M1**, au château des Rohan (musées★★) CX, Alsacien★★ CX **M2**, Historique★ CX **M3** – Visite du port★ en bateau CY.

🖈 🖈 à Illkirch-Graffenstaden ℘ 88 66 17 22 FS ; 🖈 de la Wantzenau à Wantzenau ℘ 88 96 39 15, N par D 468 : 12 km.

✈ de Strasbourg-International : ℘ 88 78 40 99, par D 392 : 12 km FR.

🚗 ℘ 88 22 50 50.

🛈 Office de Tourisme et Accueil de France (Informations et réservations d'hôtels, pas plus de 5 jours à l'avance) Palais des Congrès, av. Schutzenberger ℘ 88 37 67 68, Télex 870860 ; 10 pl. Gutenberg ℘ 88 32 57 07 et pl. Gare ℘ 88 32 51 49 – Bureau d'Accueil, Pont Europe (Opération de change) ℘ 88 61 39 23 – A.C. 5 av. Paix ℘ 88 36 04 34.

Paris 490 ① – ◆Bâle 145 ③ – Bonn 360 ③ – ◆Bordeaux 920 ① – Frankfurt 218 ③ – Karlsruhe 81 ③ – ◆Lille 526 ① – Luxembourg 223 ① – ◆Lyon 490 ④ – Stuttgart 157 ③.

Plans : Strasbourg p. 2 à 6

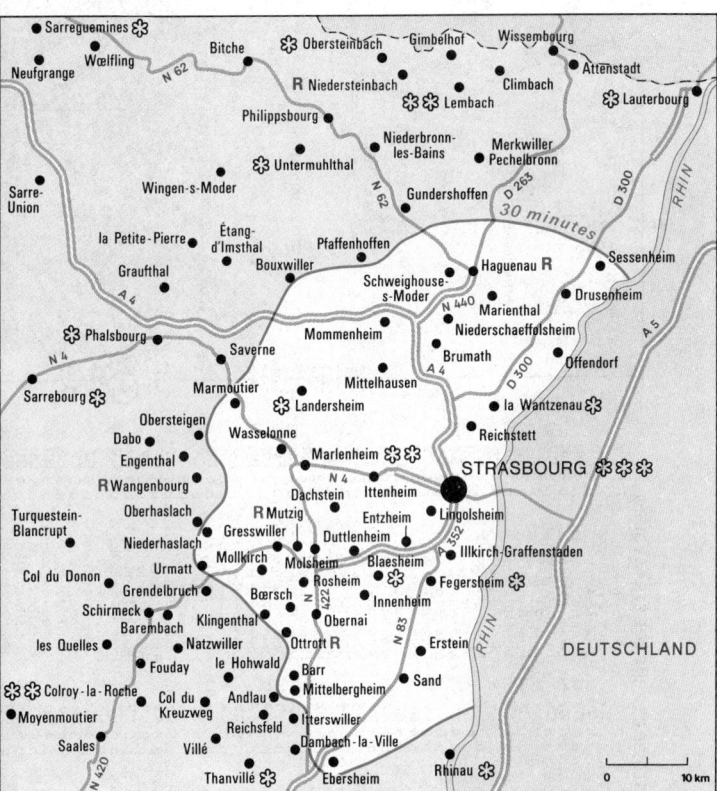

Routes enneigées

Pour tous renseignements pratiques, consultez

les cartes Michelin **« Grandes Routes »** 🔢, 🔢, 🔢 ou 🔢.

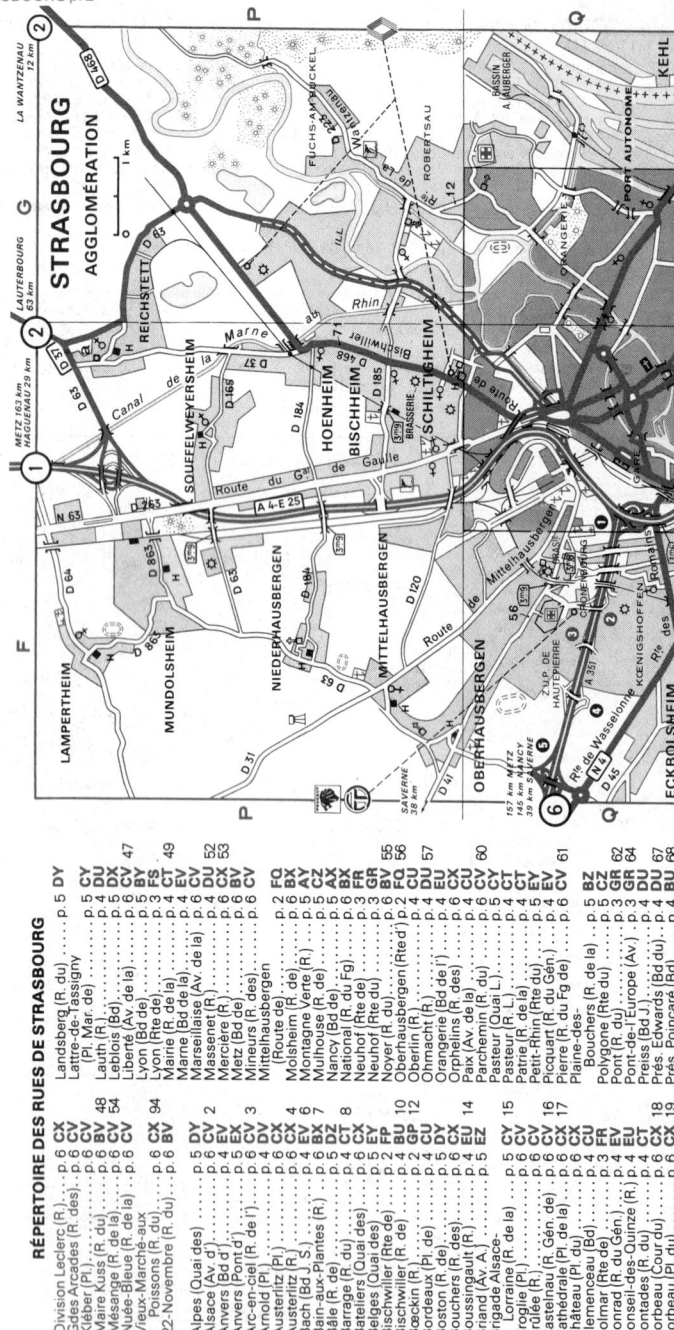

STRASBOURG AGGLOMÉRATION

1134

KARLSRUHE 82 km-FRIBOURG-EN-B. 86 km
AUTOROUTE E 4 A 5 18 km

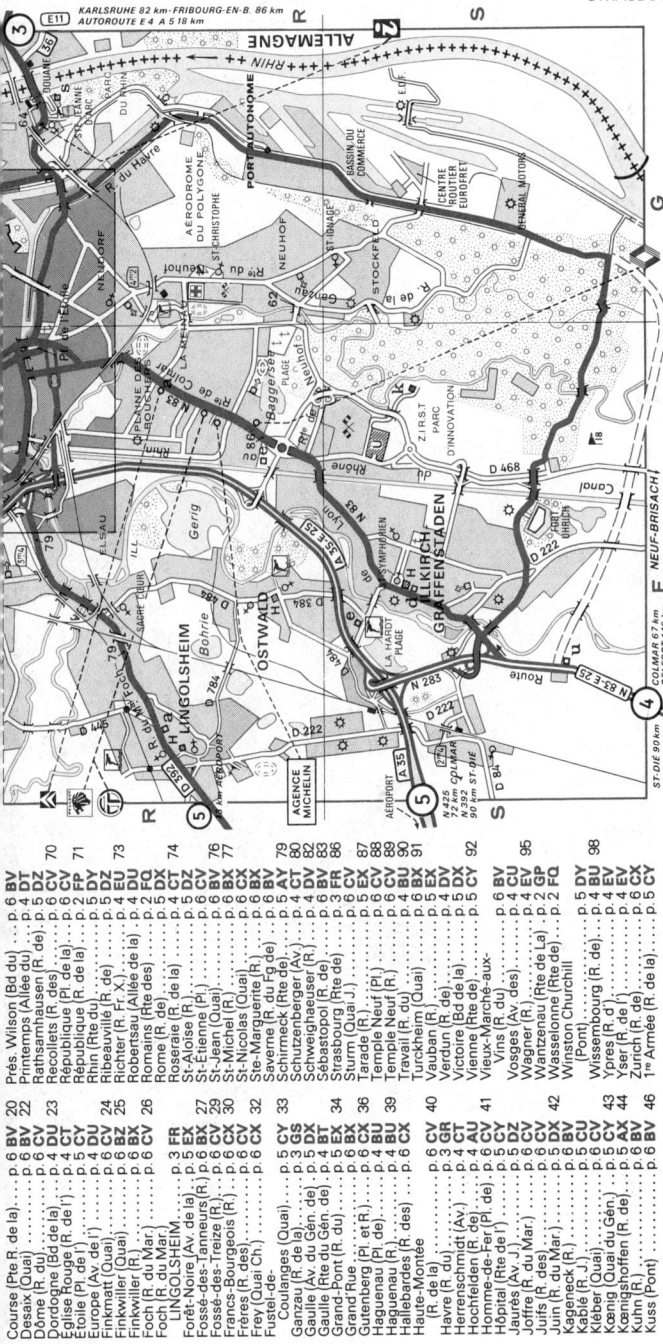

Course (Pte R. de la)	p. 6 BV 20
Desaix (Quai)	p. 6 EV 22
Dôme (R. du)	p. 6 BV
Dordogne (Bd de la)	p. 6 CV 23
Église Rouge (Bd de l')	p. 4 CT
Étoile (Av. de l')	p. 4 DU
Finkmatt (Quai)	p. 6 CU 24
Finkwiller (R.)	p. 6 BZ 25
Finkwiller (Quai)	p. 6 CV
Foch (R. du Mar.)	p. 6 CV 26
LINGOLSHEIM	
Forêt-Noire (Av. de la)	p. 3 FR
Fossé-des-Tanneurs (R.)	p. 6 BX 27
Fossé-des-Treize (R.)	p. 6 CV 29
Francs-Bourgeois (R. des)	p. 6 CX 30
Frères (R. des)	p. 6 CX
Frey (Quai Ch.)	p. 6 CX 32
Fustel-de-Coulanges (Quai de la)	p. 5 CY 33
Ganzau (R. de la)	p. 3 GS
Gaulle (Av. du Gén. de)	p. 4 AU
Gaulle (Rte du Gén. de)	p. 4 BT
Grand-Pont (R. du)	p. 6 BX 34
Grand'Rue	p. 6 BX
Gutenberg (Pl. et R.)	p. 6 CX 36
Haguenau (Pl. de)	p. 4 BU
Hallebardes (R. des)	p. 6 CX 39
Haute-Montée	
Havre (R. du)	p. 6 CV 40
Herrenschmidt (Av.)	p. 3 GR
Hochfelden (R. de)	p. 4 AU
Homme-de-Fer (Pl. de l')	p. 6 BX 41
Hôpital (Rte de l')	p. 5 DZ
Jacques (R. du Mar.)	p. 6 CV
Joffre (R. du Mar.)	p. 6 DX
Juifs (R. des)	p. 6 CV 42
Juin (R. du Mar.)	p. 5 DX
Kageneck (R.)	p. 6 BV
Kablé (R. J.)	p. 5 CU
Kléber (R.)	p. 6 CV
Kœnig (Quai du Gén.)	p. 5 CY 43
Kœnigshoffen (R. de)	p. 5 AX 44
Kuhn (R.)	p. 6 BV
Kuss (Pont)	p. 6 BV 46
Prés. Wilson (Bd du)	p. 6 BV
Printemps (Allée du)	p. 6 DT
Rathsamhausen (R. de)	p. 5 DT
Récollets (R. des)	p. 6 CV 70
République (Pl. de la)	p. 6 CV
République (R. de la)	p. 2 FP 71
Rhin (Rte du)	p. 5 DY
Ribeauvillé (R. de)	p. 5 DZ 73
Richter (R. F. X.)	p. 4 EU
Robertsau (Allée de la)	p. 2 DX
Romains (Rte des)	p. 4 CT 74
Rome (R. de)	p. 5 DZ
Roseraie (R. de la)	p. 5 DZ
St-Aloïse (Pl.)	p. 5 DX 76
St-Étienne (Pl.)	p. 6 BX 77
St-Jean (Quai)	p. 6 BX
St-Michel (R.)	p. 6 BX
St-Nicolas (Quai)	p. 6 BX
Ste-Marguerite (R.)	p. 6 BX
Saverne (R. du Fg de)	p. 6 AY 79
Schirmeck (Rte de)	p. 5 AY 80
Schutzenberger (Av.)	p. 4 CT
Schweighaeuser (R.)	p. 6 DV 82
Sébastopol (R. de)	p. 6 BX 83
Strasbourg (Rte de)	p. 3 FR 86
Sturm (Quai J.)	p. 6 EX
Tarade (R.)	p. 5 EX 87
Temple Neuf (Pl.)	p. 6 CX 88
Temple Neuf (R.)	p. 4 BU 89
Travail (R. du)	p. 6 BU 90
Turckheim (Quai)	p. 6 BX 91
Vauban (R.)	p. 4 DX
Verdun (R. de)	p. 4 DX
Victoire (Bd de la)	p. 5 DX 92
Vienne-Marché-aux-Vins (R. du)	
Vosges (Av. des)	p. 6 CU 95
Wagner (R.)	p. 4 EV
Wantzenau (Rte de La)	p. 2 GP
Wasselonne (Rte de)	p. 2 FQ
Winston Churchill (Pont)	p. 5 DY 98
Wissembourg (R. de)	p. 4 BU
Ypres (R. d')	p. 4 EV
Yser (R. de l')	p. 5 EV
Zürich (R. de la)	p. 6 CX
1re Armée (R. de la)	p. 5 CV

AGENCE MICHELIN

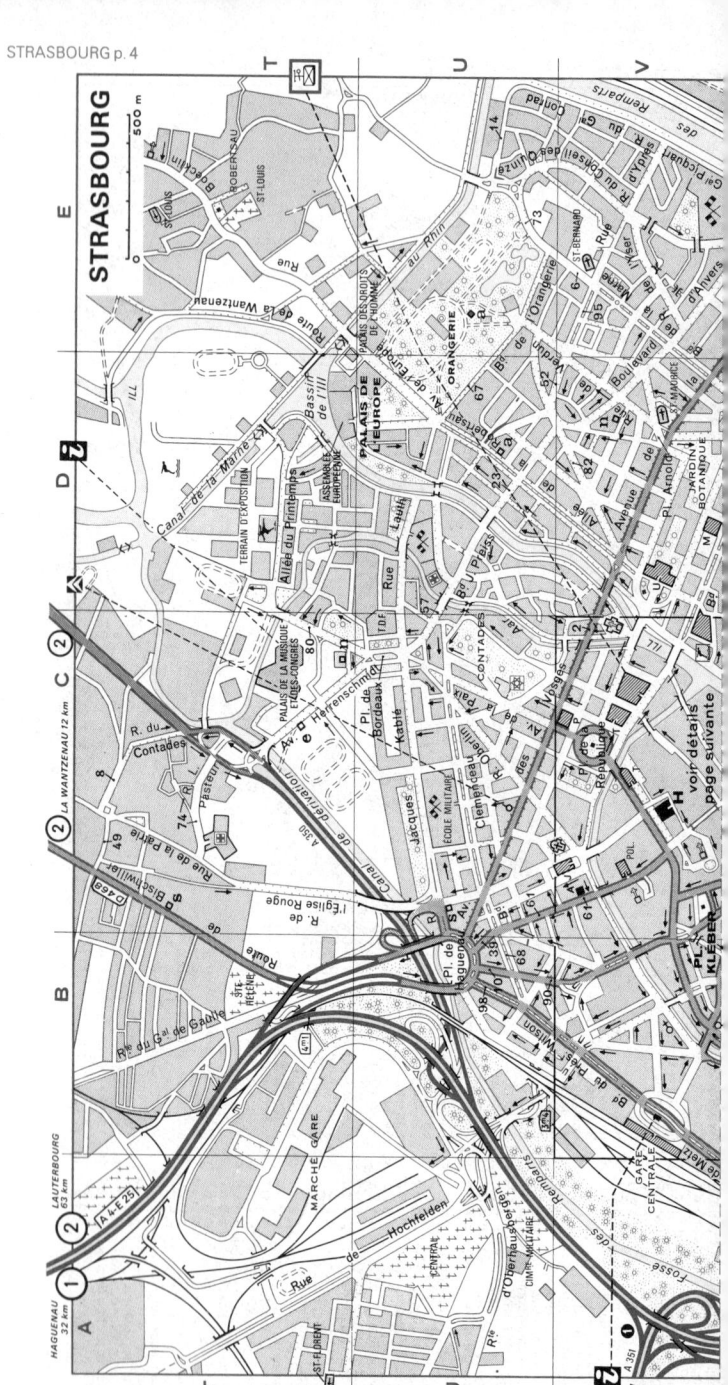

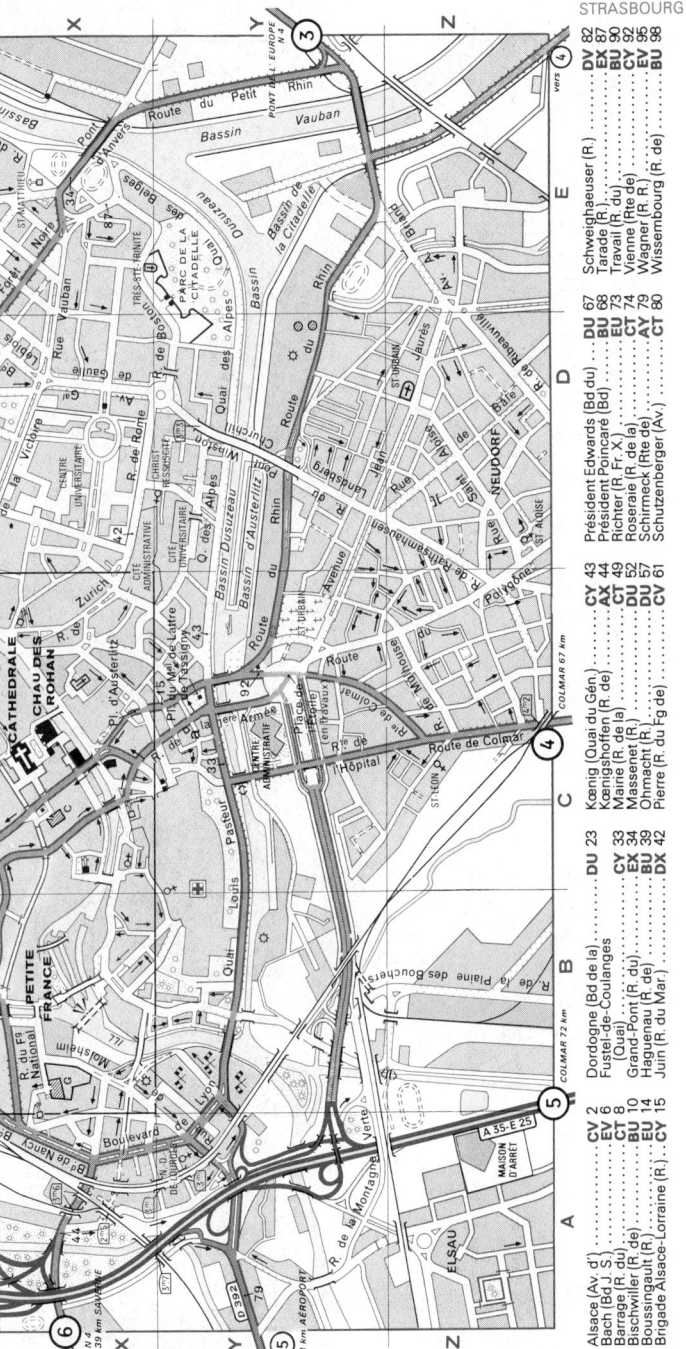

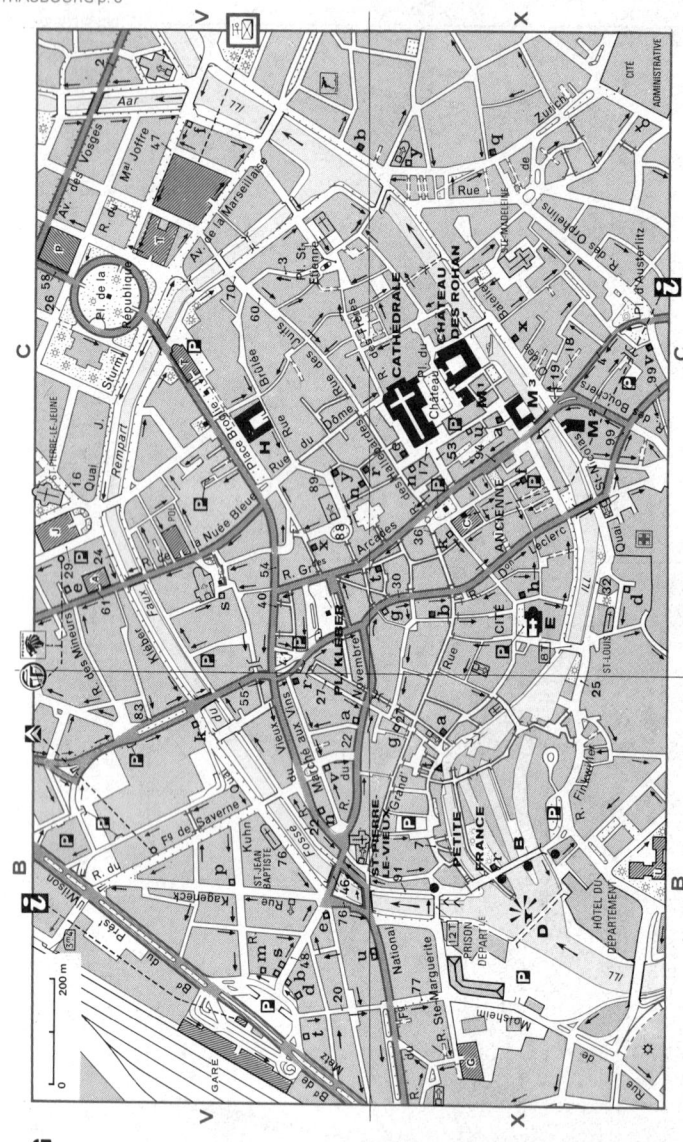

STRASBOURG

1138

🏨🏨🏨 **Hilton** Ⓜ, av. Herrenschmidt ℰ 88 37 10 10, Télex 890363, Fax 88 36 83 27, 🌴 – 📶
cuisinette ⇔ ch 🔲 📺 ☎ 🅿 – 🔬 30 à 350. 🖭 ⓞ Ⓔ 𝘝𝘐𝘚𝘈   CT **e**
La Maison du Bœuf *(fermé 13 juil. au 18 août, 20 fév. au 9 mars, sam. et dim.)* **R** carte 240
à 360 – **Le Jardin R** carte 145 à 225 🍷, enf. 70 – � 80 – **246 ch** 850/950, 5 appart.

🏨🏨🏨 **Sofitel** Ⓜ, pl. St-Pierre-le-Jeune ℰ 88 32 99 30, Télex 870894, Fax 88 32 60 67, 🌴, patio
– 📶 ⇔ ch 🔲 📺 ☎ – 🔬 120. 🖭 ⓞ Ⓔ 𝘝𝘐𝘚𝘈   CV **s**
L'Alsace Gourmande ℰ 88 75 11 10 **R** carte 145 à 230 🍷 – ⊂ 70 – **158 ch** 680/835, 5 appart.

🏨🏨🏨 **Holiday Inn** Ⓜ, 20 pl. Bordeaux ℰ 88 37 80 00, Télex 890515, Fax 88 37 07 04, 🌴, 🏋,
◪ – 📶 ⇔ ch 🔲 📺 ☎ ✦ 🅿 – 🔬 50 à 600. 🖭 ⓞ Ⓔ 𝘝𝘐𝘚𝘈   CT **n**
La Louisiane R carte 170 à 270 🍷, enf. 50 – ⊂ 70 – **170 ch** 695/950.

🏨🏨 **Régent Contades** Ⓜ sans rest, 8 av. Liberté ℰ 88 36 26 26, Télex 890641, Fax 88 37 13 70
– 📶 📺 ☎ 🅿. 🖭 ⓞ Ⓔ 𝘝𝘐𝘚𝘈   CV **f**
fermé Noël au Jour de l'An – ⊂ 60 – **46 ch** 700/1300.

🏨🏨 **Terminus-Gruber,** 10 pl. Gare ℰ 88 32 87 00, Télex 870998, Fax 88 32 16 46 – 📶 📺 🏋
🍷 – 🔬 60. 🖭 Ⓔ 𝘝𝘐𝘚𝘈   BV **m**
R *(fermé 24 déc. au 10 janv.)* 160 🍷 - **La Brasserie R** 85 🍷 – ⊂ 45 – **68 ch** 240/550, 10
appart. 550/650 – ½ P 470/620.

🏨🏨 **Novotel** Ⓜ, quai Kléber ℰ 88 22 10 99, Télex 880700, Fax 88 22 20 92 – 📶 🔲 📺 ☎ 🏋
– 🔬 30 à 200. 🖭 ⓞ Ⓔ 𝘝𝘐𝘚𝘈   BV **k**
R carte environ 130 🍷, enf. 50 – ⊂ 47 – **97 ch** 480/535.

🏨🏨 **France** Ⓜ sans rest, 20 r. Jeu des Enfants ℰ 88 32 37 12, Télex 890084, Fax 88 22 48 08 –
📶 📺 ☎ ✦ – 🔬 30. 🖭 Ⓔ 𝘝𝘐𝘚𝘈   BV **v**
⊂ 31 – **66 ch** 385/545.

🏨🏨 **Monopole-Métropole** sans rest, 16 r. Kuhn ℰ 88 32 11 94, Télex 890366, Fax 88 32 82 55,
« Décor alsacien » – 📶 📺 ☎ ✦ – 🔬 30. 🖭 Ⓔ 𝘝𝘐𝘚𝘈   BV **p**
fermé Noël au Jour de l'An – ⊂ 30 – **94 ch** 310/500.

🏨🏨 **Gd Hôtel** sans rest, 12 pl. Gare ℰ 88 32 46 90, Télex 870011, Fax 88 32 16 50 – 📶 📺 ☎
🏋 – 🔬 25. 🖭 ⓞ Ⓔ 𝘝𝘐𝘚𝘈   BV **m**
⊂ 40 – **90 ch** 400/480.

🏨🏨 **des Rohan** Ⓜ sans rest, 17 r. Maroquin ℰ 88 32 85 11, Télex 870047, Fax 88 75 65 37 –
📶 🔲 📺 ☎. 𝘝𝘐𝘚𝘈   CX **u**
36 ch ⊂ 280/570.

🏨🏨 **Nouvel H. Maison Rouge** sans rest, 4 r. Francs-Bourgeois ℰ 88 32 08 60, Télex 880130,
Fax 88 22 43 73 – 📶 📺 ☎ – 🔬 40. 🖭 ⓞ Ⓔ 𝘝𝘐𝘚𝘈   CX **g**
⊂ 50 – **140 ch** 350/500.

🏨🏨 **Europe** sans rest, 38 r. Fossés des Tanneurs ℰ 88 32 17 88, Télex 890220, Fax 88 75 65 45,
« Maison alsacienne à colombages » – 📶 📺 ☎ – 🔬 40. Ⓔ 𝘝𝘐𝘚𝘈   BX **g**
⊂ 30 – **60 ch** 273/425.

🏨 **Cathédrale** Ⓜ sans rest, 12 pl. Cathédrale ℰ 88 22 12 12, Télex 871054, Fax 88 23 28 00 –
📶 📺 ☎ – 🔬 25. 🖭 ⓞ Ⓔ 𝘝𝘐𝘚𝘈   CX **n**
⊂ 42 – **32 ch** 390/650.

🏨 **La Dauphine** Ⓜ sans rest, 30 r. 1ᵉʳᵉ-Armée ℰ 88 36 26 61, Télex 880766, Fax 88 35 50 07
📶 📺 ☎ ✦. Ⓔ 𝘝𝘐𝘚𝘈   CY **a**
fermé 21 déc. au 2 janv. – ⊂ 35 – **45 ch** 360/400.

🏨 **Royal** Ⓜ sans rest, 3 r. Maire Kuss ℰ 88 32 28 71, Télex 871067, Fax 88 23 05 39, 🏋 – 📶
📺 ☎ – 🔬 40. 🖭 Ⓔ 𝘝𝘐𝘚𝘈. ✨   BV **e**
⊂ 39 – **52 ch** 295/425.

🏨 **Dragon** Ⓜ sans rest, 2 r. Écarlate ℰ 88 35 79 80, Télex 871102, Fax 88 25 78 95 – 📶 📺
☎ 🏋. 🖭 ⓞ Ⓔ 𝘝𝘐𝘚𝘈. ✨   CX **d**
⊂ 45 – **30 ch** 380/510.

🏨 **Forum H.** Ⓜ, 50 rte Bischwiller à Schiltigheim ✉ 67300 ℰ 88 62 55 55, Télex 871253,
Fax 88 62 66 02 – 📶 ⇔ ch 📺 ☎ 🏋 ✦ – 🔬 120. 🖭 ⓞ Ⓔ 𝘝𝘐𝘚𝘈   CT **s**
R 95/160 🍷, enf. 46 – ⊂ 50 – **85 ch** 400/430.

🏨 **Hannong,** 15 r. 22-Novembre ℰ 88 32 16 22, Télex 890551, Fax 88 22 63 87 – 📶 📺 ☎ 🅿
– 🔬 50. 🖭 ⓞ Ⓔ 𝘝𝘐𝘚𝘈   BV **a**
hôtel : fermé 23 au 30 déc. ; rest. : fermé 21 juil. au 16 août, 23 au 30 déc. et dim. –
R carte environ 150 – ⊂ 35 – **70 ch** 330/460.

🏨 **Villa d'Est** Ⓜ sans rest, 12 r. J. Kablé ℰ 88 36 69 02, Télex 870669, Fax 88 37 13 71 – 📶
📺 ☎ 🏋. 🖭 ⓞ Ⓔ 𝘝𝘐𝘚𝘈   CU **s**
fermé 22 déc. au 2 janv. – ⊂ 50 – **48 ch** 395/570.

🏨 **Saint-Christophe** sans rest, 2 pl. Gare ℰ 88 22 30 30, Télex 880136, Fax 88 32 17 11 – 📶
⇔ 📺 ☎. 🖭 ⓞ Ⓔ 𝘝𝘐𝘚𝘈   BV **t**
fermé 25 déc. au 1ᵉʳ janv. – ⊂ 30 – **70 ch** 230/330.

🏨 **Princes** sans rest, 33 r. Geiler ℰ 88 61 55 19, Fax 88 41 10 92 – 📶 📺 ☎. 🖭 Ⓔ 𝘝𝘐𝘚𝘈
⊂ 30 – **43 ch** 315/375.   DV **n**

🏨 **Gutenberg** sans rest, 31 r. Serruriers ℰ 88 32 17 15, Fax 88 75 76 67 – 📶 ☎. Ⓔ 𝘝𝘐𝘚𝘈. ✨
fermé 1ᵉʳ au 10 janv. – ⊂ 27 – **50 ch** 160/320.   CX **k**

🏨 **Relais de Strasbourg,** 4 r. Vieux Marché aux Vins ℰ 88 32 80 00, Télex 871353,
→ Fax 88 23 08 85 – ⇔ ch 🔲 rest 📺 ☎ 🏋 – 🔬 150. 🖭 ⓞ Ⓔ 𝘝𝘐𝘚𝘈   BV **n**
R *(fermé dim. en juil.-août)* 65/135 – ⊂ 40 – **72 ch** 330/380.

🏠 **Urbis** M sans rest, 18 r. fg National ℰ 88 75 10 10, Télex 871107 – 🛗 📺 ☎ ♿ 🗲 VISA
☐ 30 – **72 ch** 285/295.
BVX **u**

🏠 **Trois Roses** M sans rest, 7 r. Zürich ℰ 88 36 56 95, Fax 88 35 06 14 – 🛗 📺 ☎ ♿ 🅿 AE
⓪ 🗲 VISA ⸕
☐ 52 – **33 ch** 270/435.
CX **y**

🏠 **Pax,** 24 r. Fg National ℰ 88 32 14 54, Télex 880506, Fax 88 32 01 16, 🌧 – 🛗 📺 ☎ –
⛛ 25 à 100. AE 🗲 VISA
BVX **u**
fermé Noël au Jour de l'An – **R** (fermé dim. de nov. à mars) 84/160 ⅊, enf. 60 – ☐ 30 –
119 ch 145/285.

🏠 **Continental** M sans rest, 14 r. Maire Kuss ℰ 88 22 28 07, Télex 880881, Fax 88 32 22 25
– 🛗 📺 ☎. AE ⓪ 🗲 VISA
BV **s**
☐ 35 – **48 ch** 287/390.

🏠 **Orangerie** sans rest, 58 allée Robertsau ℰ 88 35 10 69 – 🛗 📺 ☎.
DU **a**
☐ 30 – **25 ch** 200/400.

🏠 **Rhin** sans rest, 8 pl. Gare ℰ 88 32 35 00, Télex 880466, Fax 88 23 51 92 – 🛗 📺 ☎. 🗲 VISA
fermé 24 au 31 déc. – ☐ 30 – **61 ch** 160/330.
BV **d**

🏠 **Vendôme** sans rest, 9 pl. Gare ℰ 88 32 45 23, Télex 890850, Fax 88 32 23 02 – 🛗 📺 ☎. AE
⓪ 🗲 VISA
BV **b**
☐ 52 – **48 ch** 260/320.

🏠 **Couvent du Franciscain** sans rest, 18 r. Fg de Pierre ℰ 88 32 93 93, Fax 88 75 68 46 –
🛗 📺 ☎ ♿ 🅿. 🗲 VISA
CV **e**
fermé 24 déc. au 5 janv. – ☐ 28 – **37 ch** 200/245.

🍴🍴🍴🍴🍴 ⸙⸙⸙ **Le Crocodile** (Jung), 10 r. Outre ℰ 88 32 13 02, Fax 88 75 72 01 – ▤. AE ⓪ 🗲 VISA
fermé 7 juil. au 5 août, 22 déc. au 1er janv., dim. et lundi – **R** 360/580 et carte CV **x**
Spéc. Foie d'oie poêlé à la brunoise confite, Feuilleté de ris de veau aux crêtes de coq, Selle de chevreuil
Saint-Hubert (juin à janv.). Vins Riesling, Tokay-Pinot gris.

🍴🍴🍴🍴 ⸙⸙ **Buerehiesel** (Westermann), dans le parc de l'Orangerie ℰ 88 61 62 24,
Fax 88 61 32 00, « Belle demeure alsacienne dans le parc » – ▤ 🅿. AE ⓪ 🗲 VISA EU **a**
fermé 7 au 22 août, 23 déc. au 2 janv., 18 fév. au 4 mars, mardi (sauf le midi du 1er avril
au 31 oct.) et merc. – **R** 260 (déj.)/480 et carte ⅊, enf. 100
Spéc. Schniederspaetle et cuisses de grenouilles poêlées au cerfeuil, Galette d'anguille aux pommes de
terre et chou blanc, Gourmandise au chocolat fondant. Vins Riesling, Tokay-Pinot gris.

🍴🍴🍴 **Valentin Sorg,** 6 pl. Homme de Fer (14e étage) ℰ 88 32 12 16, ≼ Strasbourg – ▤. AE ⓪
🗲 VISA
BV **r**
fermé 12 au 29 août, vacances de fév., dim. soir et mardi – **R** 150/400.

🍴🍴🍴 **Maison Kammerzell et H. Baumann** M avec ch, 16 pl. Cathédrale ℰ 88 32 42 14,
Télex 891012, Fax 88 23 03 92, « Belle maison alsacienne du 16e siècle » – 🛗 ▤ ch 📺 ☎.
AE ⓪ 🗲 VISA
CX **e**
R 180/250 ⅊, enf. 80 – ☐ 48 – **9 ch** 420/630.

🍴🍴🍴 **Maison des Tanneurs dite ''Gerwerstub'',** 42 r. Bain aux Plantes ℰ 88 32 79 70,
« Vieille maison alsacienne, au bord de l'Ill » – AE ⓪ 🗲 VISA
BX **t**
fermé 15 au 31 juil., 22 déc. au 22 janv., dim. et lundi – **R** carte 150 à 270.

🍴🍴🍴 **Zimmer,** 8 r. Temple Neuf ℰ 88 32 35 01, Fax 88 32 42 28 – AE ⓪ 🗲 VISA
CV **y**
fermé août, 1er au 6 janv., sam. midi et dim. – **R** 130/360.

🍴🍴 **Zeyssolff,** 8 pl. Austerlitz ℰ 88 35 55 75 – ▤. AE ⓪ 🗲 VISA
CX **v**
fermé fin juil. à mi-août, vacances de fév., dim. soir et lundi – **R** 160/285.

🍴🍴 **Buffet Gare,** pl. Gare ℰ 88 32 68 28, Fax 88 32 88 34 – AE ⓪ 🗲 VISA
BV
L'Argentoratum R 85/135 ⅊, enf.28 – **L'Assiette R** 63 ⅊, enf.28.

🍴🍴 **Bec Doré,** 8 quai Pêcheurs ℰ 88 35 39 57 – AE ⓪ 🗲 VISA
CV **b**
fermé vacances de printemps, 1er au 18 août, lundi et mardi – **R** 140 ⅊, enf. 50.

🍴🍴 **Estaminet Schloegel,** 19 r. Krutenau ℰ 88 36 21 98 – 🗲 VISA
CX **q**
fermé 13 au 28 juil., 24 déc. au 6 janv., dim. et lundi – **R** 190/270 ⅊.

🍴🍴 **Au Boeuf Mode,** 2 pl. St-Thomas ℰ 88 32 39 03, (spéc. : viandes) – AE ⓪ 🗲 VISA
CX **h**
fermé dim. – **R** 145/195 ⅊.

🍴🍴 ⸙ **Julien,** 22 quai Bateliers ℰ 88 36 01 54 – AE ⓪ 🗲 VISA
CX **x**
fermé 3 au 25 août, vacances de fév., sam. midi et dim. – **R** 190/290 ⅊
Spéc. Blanc de Saint-Pierre aux aromates, Selle d'agneau en croûte de persil, Millefeuille au chocolat.

🍴🍴 **La Vieille Enseigne,** 9 r. Tonneliers ℰ 88 32 58 50 – ▤. AE ⓪ 🗲 VISA
CX **f**
fermé 15 juil. au 4 août, sam. midi et dim. – **R** 190/250.

🍴🍴 **Au Gourmet Sans Chiqué,** 15 r. Ste Barbe ℰ 88 32 04 07 – ▤. AE ⓪ 🗲 VISA
CX **b**
fermé 17 au 28 mars, 11 au 29 août, lundi soir et dim. – **R** 180/300.

🍴🍴 **La Cambuse,** 1 r. Dentelles ℰ 88 22 10 22, « Joli décor bateau » – VISA ⸕
BX **a**
fermé 28 avril au 14 mai, 11 au 27 août, 22 déc. au 7 janv., dim. et lundi – **R** (prévenir)
180/260.

🍴🍴 **Au Romain,** 6 r. Vieux Marché aux Grains ℰ 88 32 08 54, Télex 871036, Fax 88 23 51 65 –
AE ⓪ 🗲 VISA
CX **t**
fermé Noël au Jour de l'An – **R** 80/180 ⅊.

🍴 **Ami Schutz,** 1 r. Ponts Couverts ℰ 88 32 76 98, Fax 88 32 38 40, 🌧 – ⸖⸗. AE ⓪ VISA
BX **r**
R 158 bc/172 bc.

1140

Les winstubs : Dégustation de vins et cuisine du pays, ambiance typiquement alsacienne

✗ **Zum Strissel,** 5 pl. Gde Boucherie   88 32 14 73, cadre rustique – 🖼. **E** *VISA*   CX **a**
fermé 10 au 31 juil., vacances de fév., dim. et lundi – **R** 50/122 ⅄, enf. 38.

✗ **S'Burjerstuewel (Chez Yvonne),** 10 r. Sanglier   88 32 84 15 – **E** *VISA*   CVX **r**
fermé 12 juil. au 12 août et 22 déc. au 2 janv. – **R** (prévenir) carte 120 à 180 ⅄.

✗ **Le Clou,** 3 r. Chaudron   88 32 11 67 – 🖼. **E** *VISA*   CV **n**
fermé 15 au 28 août, 31 déc. au 7 janv. et dim. – **R** (dîner seul.) carte 150 à 250.

à Reichstett : N du plan par D 468 et D 37 : 7 km – 4 464 h. – ⊠ 67116 :

🏠 **Aigle d'Or** sans rest,   88 20 07 87, Fax 88 81 83 75 – 📺 ☎. 🅰🅴 ⓪ **E** *VISA*   FP **a**
⊡ 34 – **18 ch** 230/315.

🏠 **Paris** [M], sur D 63   88 20 00 23, Fax 88 20 30 60, ⅃ – 🖼 rest 📺 ☎ **Ⓟ** – 🔬 45. **E** *VISA*
R (fermé 9 au 31 août, vend. soir et sam.) 73/200 ⅄, enf. 40 – ⊡ 28 – **17 ch** 220/270 –
½ P 230.

à La Wantzenau NE du plan par D 468 : 12 km – 4 556 h. – ⊠ 67610 :

🏨 **Hôtel Le Moulin** [M] ⚘, S : 1,5 km par D 468   88 96 27 83, Fax 88 96 68 32, <,
« Ancien moulin sur un bras de l'Ill », ⛲ – 🖼 📺 ☎ **Ⓟ**. 🅰🅴 **E** *VISA*
fermé 24 déc. au 2 janv. – **R** voir rest. **Au Moulin** ci-après – ⊡ 36 – **19 ch** 247/340.

🏠 **A la Gare** sans rest, 32 r. Gare   88 96 63 44 – 📺 ☎ **Ⓟ**. **E** *VISA*
fermé 29 juil. au 14 août – ⊡ 22 – **18 ch** 170/245.

✗✗✗ **A la Barrière,** 3 rte Strasbourg   88 96 20 23, 🌳 – **Ⓟ**. 🅰🅴 **E** *VISA*
fermé 6 au 27 août, vacances de fév., mardi soir et merc. – **R** (dim. prévenir) 250 ⅄,
enf. 80.

✗✗✗ **Relais de la Poste** [M] avec ch, 21 r. Gén. de Gaulle   88 96 20 64, Fax 88 96 36 84, 🌳
– 🛗 🖼 rest 📺 ☎ 🕭 **Ⓟ** – 🔬 25. 🅰🅴 ⓪ **E** *VISA*
fermé 1ᵉʳ au 21 janv. – **R** (fermé dim. soir) 250/350 ⅄, enf. 100 – ⊡ 45 – **19 ch** 250/350 –
½ P 420/480.

✗✗✗ **Zimmer,** 23 r. Héros   88 96 62 08 – 🅰🅴 ⓪ **E** *VISA*
fermé 14 juil. au 7 août, 19 janv. au 5 fév., dim. soir et lundi – **R** 135/330 ⅄, enf. 80.

✗✗ **Rest. Au Moulin** - Hôtel Au Moulin, S : 1,5 km par D 468   88 96 20 01, Fax 88 96 68 32,
🌳, « Jardin fleuri » – ⬰ **Ⓟ**. 🅰🅴 ⓪ **E** *VISA*
fermé 27 juin au 22 juil., 5 au 20 janv., dim. soir, fériés le soir et merc. – **R** 140/335 ⅄,
enf. 80.

✗✗ **Schaeffer,** 1 quai Bateliers   88 96 20 29, 🌳 – **Ⓟ**. 🅰🅴 ⓪ **E** *VISA*
fermé 15 juil. au 2 août, 24 déc. au 7 janv., dim. soir et lundi – **R** 130/215 ⅄.

au pont de l'Europe

🏨 **Altéa Pont de l'Europe** [M] ⚘,   88 61 03 23, Télex 870833, Fax 88 60 43 05, 🌳 – 📺
☎ **Ⓟ** – 🔬 100 à 350. 🅰🅴 ⓪ **E** *VISA*   GR **s**
R 69/295 ⅄, enf. 55 – ⊡ 50 – **92 ch** 405/440.

à Illkirch-Graffenstaden par ④ et N 83 : 5 km – ⊠ 67400 :

🏨 **Alsace** [M], 187 rte Lyon   88 66 41 60, Télex 870706 – 🛗 📺 ☎ **Ⓟ** – 🔬 60. **E** *VISA*
fermé 19 juil. au 18 août, 20 déc. au 2 janv. – **R** (fermé sam. midi et dim.) carte environ
170 ⅄ – ⊡ 25 – **40 ch** 260/280 – ½ P 230   FS **d**

🏨 **Domino** ⚘ sans rest, 1 r. Rempart   88 79 12 88, Télex 871356 – 📺 ☎ 🕭 **Ⓟ**. **E** *VISA*.
⚘   FR **e**
⊡ 29 – **24 ch** 260/280.

✗✗ **Au Foyer des Pêcheurs,** chemin du Routoir, 1,2 km   88 66 14 85 – **Ⓟ**. 🅰🅴 **E** *VISA*
fermé 5 au 28 août, 3 au 10 fév., dim. soir et lundi – **R** (nombre de couverts limité, prévenir)
carte 240 à 350   FS **k**

près de l'échangeur de Colmar A 35 10 km - FS

🏨 **Novotel** [M], ⊠ 67400 Illkirch-Graffenstaden   88 66 21 56, Télex 890142, Fax 88 67 21 63,
🌳, ⅃, 🌳 – 🛗 🖼 rest 📺 ☎ 🕭 **Ⓟ** – 🔬 25 à 120. 🅰🅴 ⓪ **E** *VISA*   FS **u**
R carte environ 130 ⅄, enf. 50 – ⊡ 42 – **76 ch** 370/410.

🏨 **Mercure** [M], ⊠ 67540 Ostwald   88 67 32 00, Télex 890277, Fax 88 67 11 26, 🌳, ⅃ –
🛗 🖼 rest 📺 ☎ 🕭 **Ⓟ** – 🔬 25 à 150. 🅰🅴 ⓪ **E** *VISA*   FS **e**
R carte 120 à 200, enf. 40 – ⊡ 50 – **98 ch** 450/500.

à Fegersheim par ④ : 13 km – 3 646 h. – ⊠ 67640 :

🏠 **Aub. Au Chasseur,** 19 r. Liberté   88 64 03 78, Fax 88 64 05 49, 🌳 – 🖼 rest 📺 ☎ **Ⓟ**.
🅰🅴 ⓪ **E** *VISA*
fermé 2 au 25 août et vacances de fév. – **R** (fermé vend. soir et dim.) 50/260 ⅄, enf. 35 –
⊡ 28 – **24 ch** 240 – ½ P 195.

✗✗✗ ❀ **La Table Gourmande** (Reix), 43 rte Lyon   88 68 53 54, Fax 88 64 94 95 – 🅰🅴 ⓪ **E**
VISA
fermé 28 juil. au 17 août, 23 au 30 déc., dim. soir et lundi – **R** (prévenir) 190/370
Spéc. Matelote de saumon et lotte en raviole ouverte, Baeckeoffe de raie et pied de veau, Strudel aux
pommes et glace au pain d'épices. **Vins** Sylvaner, Tokay-Pinot gris.

à Entzheim par ⑤ et D 392 : 12 km – ⊠ **67960** :

🏨 **Père Benoit,** 34 rte Strasbourg ℰ 88 68 98 00, Télex 880378, Fax 88 68 64 56, 🔄, 🍴
🔙 🛏 📺 ☎ & 🅿 **E** 𝘝𝘐𝘚𝘈. ℅ rest
R *(fermé 15 au 30 juin, 15 au 31 janv., dim. et lundi)* 60/145 ⅄ – ⊡ 28 – **30 ch** 250/300.

à Lingolsheim O : 4,5 km – 14 688 h. – ⊠ **67380** :

🏨 **Ramses** Ⓜ sans rest, 59 r. Mar. Foch ℰ 88 76 11 00, Télex 870045, Fax 88 77 39 31 – 📶
📺 ☎ & 🚗 🅿 – 🔬 30. 🖭 ⓞ **E** 𝘝𝘐𝘚𝘈. ℅   FR
⊡ 34 – **41 ch** 300/310.

à Ittenheim par ⑥ : 12,5 km – ⊠ **67117** :

🏠 **Au Boeuf,** ℰ 88 69 01 42, 🍴 – 🔄 📽 🅿 **E** 𝘝𝘐𝘚𝘈. ℅ ch
🔙 fermé 15 juin au 10 juil., 22 déc. au 23 janv. et lundi – **R** 70/160 ⅄ – ⊡ 25 – **14 ch** 200
½ P 250.

MICHELIN, Agence régionale, 9 r. Livio, Strasbourg-Meinau FR ℰ 88 39 39 40

ALFA ROMEO Gar. Boulevards, 42 bd d'Anvers
ℰ 88 61 10 38 Ⓝ ℰ 88 76 50 50
BMW Gar. Le Building Socoma, 27-29 r. de Was-
selonne ℰ 88 75 37 53
CITROEN Succursale, 200 rte de Colmar FR a
ℰ 88 79 99 10
CITROEN Gar. Astoria, 46 av. des Vosges CU
ℰ 88 35 27 04
FIAT-LANCIA Gar. des Halles, 60 r. Marché-Gare
ℰ 88 28 26 10
FORD Gar. Sengler, 59 r. Jean Giraudoux
ℰ 88 30 00 75 Ⓝ ℰ 88 84 08 40
MERCEDES Kroely, 17 r. Fossé-des-Treize
ℰ 88 32 31 31 Ⓝ
PEUGEOT Gar. Werle, 4 rte de Paris à Ittenheim
par ⑥ ℰ 88 69 00 20
PEUGEOT-TALBOT Strasbourg Hautepierre Au-
tom., av. P.-Corneille FQ ℰ 88 28 90 28
Ⓝ ℰ 88 76 50 50

PEUGEOT-TALBOT Strasbourg Meinau Autom.,
270 rte de Colmar FR ℰ 88 79 46 46
RENAULT Succursale, ZAC Hautepierre r. Peguy
FQ ℰ 88 28 78 88 Ⓝ ℰ 05 05 15 15
RENAULT Gar. Wernert, 67 r. Boecklin ET
ℰ 88 31 11 25
SAAB K 67, 15 r. du Fossé des Treize
ℰ 88 22 40 50 Ⓝ
VOLVO Bergmann, 48 rte de l'Hôpital
ℰ 88 34 29 51
Gar. du Quinze, 1 pl. Albert 1er ℰ 88 61 52 19

◉ Kautzmann, 280 rte de Colmar ℰ 88 79 99 20
Louis, 24 r. Mar.-Lefebvre ℰ 88 39 02 93
Metzger, 34 r. Fg-de-Pierre ℰ 88 32 39 20
Vulca-Moderne, 15/17 r. Saglio ℰ 88 39 03 54

Périphérie et environs

RENAULT Succursale, 4 rte de Strasbourg à Ill-
kirch-Graffenstaden FR ℰ 88 79 99 85
RENAULT Gar. Simon, 1 r. Pompiers à
Schiltigheim FP ℰ 88 33 62 22
RENAULT Simon, av. Énergie à Bischeim GP
ℰ 88 83 56 42
V.A.G Gd Gar. du Polygone, N 83 à Illkirch-Graf-
fenstaden ℰ 88 66 66 99
V.A.G Gd Gar. du Polygone, 33 rte de Brumath à
Hoenheim ℰ 88 83 76 40

◉ Metzger, 121 r. Gén.-Leclerc à Ostwald
ℰ 88 30 22 72
Pneus Accessoires Distribution, ZI Sud 1 r. Hoel-
zel à Illkirch ℰ 88 66 21 30
Pneus et Services D.K, 2 rte de Strasbourg à
Illkirch-Graffenstaden ℰ 88 39 21 10
Vulcardan, 58 rte de Brumath à Souffelweyersheim
ℰ 88 20 22 75

LES GUIDES VERTS MICHELIN

Paysages, monuments

Routes touristiques

Géographie,

Histoire, Art

Itinéraires de visite

Plans de villes et de monuments.

SUBLIGNY 89 Yonne ⑥⑪ ⑭ – rattaché à Sens.

SUC-AU-MAY 19 Corrèze ⑦⑤ ⑩ G. Berry Limousin.
Voir ❄ ✱✱✱ 15 mn.

SUCÉ-SUR-ERDRE 44 Loire-Atl. ⑥⑥ ⑰ – rattaché à Nantes.

SUCY-EN-BRIE 94 Val-de-Marne ⑥⑪ ①, ⑩⑪ ㉓ – voir à Paris, Environs.

SULLY-SUR-LOIRE 45600 Loiret ⑥⑥ ① G. Châteaux de la Loire – 5 825 h. alt. 119.
Voir Château★ : charpente★★.
🏌 🏌ₑ ℰ 38 36 52 08, par ⑥ : 4 km.
🛈 Office Municipal de Tourisme pl. Gén.-de-Gaulle ℰ 38 36 23 70.
Paris 139 ① – ◆Orléans 48 ① – Bourges 82 ④ – Gien 25 ① – Montargis 40 ① – Vierzon 74 ④.

SULLY-SUR-LOIRE

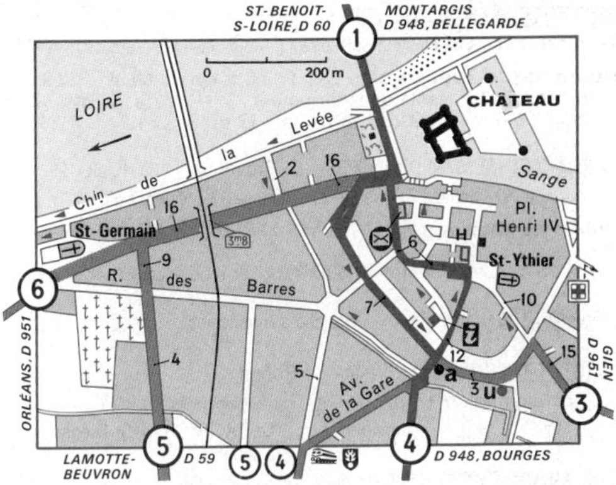

Pont de Sologne, r. Porte de Sologne **(a)** ☎ 38 36 26 34 – TV ☎. E VISA
fermé fév. – **R** 90/200 – ☐ 25 – **27 ch** 100/250.

XXX **Host. Grand Sully** avec ch, bd Champ de Foire **(u)** ☎ 38 36 27 56 – TV ☎ 🚗 P. AE ⓓ E VISA
fermé 24 et 31 déc. – **R** 140/280 – ☐ 38 – **10 ch** 300/350.

aux Bordes par ①, D 948 et D 961 : 6 km – ✉ **45460** :

X **La Bonne Étoile,** rte Gien ☎ 38 35 52 15 – E VISA
fermé 17 au 28 sept., fév., dim. soir, mardi soir et lundi – **R** 68/170 ♨, enf. 35.

SUPER-BESSE **63** P.-de-D. 73 ⑬ – rattaché à Besse-en-Chandesse.

SUPER-EYNE **66** Pyr.-Or. 86 ⑯ – rattaché à Saillagouse.

SUPER-LIORAN **15** Cantal 76 ③ – rattaché au Lioran.

SUPER-SAUZE **04** Alpes-de-H.-P. 81 ⑧ – rattaché à Barcelonnette.

Le SUQUET **06** Alpes-Mar. 84 ⑲, 195 ⑯ – alt. 400 – ✉ **06450** Lantosque.
aris 962 – Levens 17 – ♦Nice 45 – Puget-Théniers 48 – Roquebillière 10 – St-Martin-Vésubie 20.

Aub. Bon Puits M, ☎ 93 03 17 65, ☂ – 🛗 ⇔ ▤ ☎ 🚗 P
fermé 15 déc. à mars et mardi hors sais. – **R** 85/130, enf. 70 – ☐ 25 – **10 ch** 190/250 – ½ P 230/250.

SURESNES **92** Hauts-de-Seine 55 ⑳, 101 ⑭ – voir à Paris, Environs.

SURGÈRES **17700** Char.-Mar. 71 ③ **G. Poitou Vendée Charentes** – 6 491 h. alt. 25.
oir Église Notre-Dame★.
Syndicat d'Initiative, pl. des Martyrs (transfert prévu) (mai-oct.) ☎ 46 07 20 02 et à la Mairie (hors saison) ☎ 46 07 00 23.
aris 441 – La Rochelle 35 – Niort 34 – Rochefort 26 – St-Jean-d'Angély 29 – Saintes 46.

XX **Vieux Puits,** 6 r. P. Bert ☎ 46 07 50 83 – VISA
fermé 1er au 15 mars, 1er au 15 nov. et jeudi – **R** 95/165, enf. 40.

ITROEN Gar. Dupont, 9 rte de La Rochelle ☎ 46 07 01 71
ORD Gar. Thomer, 36 av. St-Pierre ☎ 46 07 10 98
EUGEOT TALBOT Gar. Glénaud, 1 r. Brillouet ☎ 46 07 01 16
RENAULT Gar. Boisseau, 12 av. St-Pierre ☎ 46 07 00 47

SURVILLIERS-ST-WITZ **95470** Val-d'Oise 56 ⑪, 106 ⑧ – 3 701 h. alt. 140.
aris 35 – Compiègne 50 – Chantilly 14 – Lagny-sur-Marne 32 – Luzarches 10 – Meaux 37 – Pontoise 40 – Senlis 14.

Novotel M, sur D 16 par échangeur A1 Survilliers ☎ (1) 34 68 69 80, Télex 605910, Fax (1) 34 68 64 94, ☂, ⛱, 🌳 – TV ☎ P – 🏛 150. AE ⓓ E VISA
R carte environ 150, enf. 50 – ☐ 48 – **79 ch** 420/480.

Mercure M ⛱, sur D 126 près échangeur A1 Survilliers ☎ (1) 34 68 28 28, Télex 605917, Fax (1) 34 68 22 81, ☂, ⛱ – 🛗 ▤ rest TV ☎ ♿ P – 🏛 25 à 180. AE ⓓ E VISA
R 110 bc/200 bc, enf. 40 – ☐ 47 – **115 ch** 480.

ITROEN Gar. de la Liberté, 12 r. Liberté ☎ (1) 34 68 36 26

SURY-AUX-BOIS **45530** Loiret 65 ① – 392 h.
Paris 109 – ◆Orléans 41 – Châteauneuf-sur-Loire 17 – Gien 45 – Montargis 31 – Pithiviers 27.

🏨 **Domaine de Chicamour** 🐕, S : 3,5 km N 60 ✆ 38 59 35 42, Fax 38 59 30 43, ⛱ « Château du 19e siècle dans un parc », 🎾 – ☎ 🅿. E VISA. ✂ rest
1er mars-30 nov. – **R** 90/200 – ☕ 35 – **12 ch** 305/340.

SUZE-LA-ROUSSE **26790** Drôme 81 ② **G. Provence** – 1 396 h. alt. 129.
Paris 645 – Avignon 60 – Bollène 7 – Nyons 28 – Orange 17 – Valence 80.

🏨 **Relais du Château** Ⓜ 🐕, ✆ 75 04 87 07, ←, 🏊, 🌳, 🎾 – |♿ 📺 ☎ 🅿 – 🏋 80. AE ◆ VISA
fermé 20 déc. au 8 janv. – **R** 70/190 🍷, enf. 55 – ☕ 26 – **36 ch** 230/300 – ½ P 240/265.

TAILLECOURT **25** Doubs 66 ⑧ – rattaché à Audincourt.

TAIN-TOURNON 77 ①② **G. Vallée du Rhône.**
Voir Route panoramique★★★ par ④ – ℹ voir à Tain-l'Hermitage et à Tournon.
Paris 547 ② – Valence 18 ② – ◆Grenoble 99 ② – Le Puy 106 ⑤ – ◆St-Étienne 75 ① – Vienne 59 ②.

Tain-l'Hermitage **26600** Drôme – 5 638 h. alt. 124.
Voir Belvédère de Pierre-Aiguille★ N : 4 km par D 241.
ℹ Office de Tourisme 70 av. J.-Jaurès ✆ 75 08 06 81.

TAIN-L'HERMITAGE TOURNON-SUR-RHÔNE

Jaurès (Av. J.) .... **BC**
Beaucaire (Av. de) ...... **B** 2
Dr-P.-Durand (Av.) .... **C** 5
Dumaine (R. A.) .... **B** 6
Faure (R. G.) .... **B** 13
Gare (Av. de la) .... **B** 15
Grande Rue .... **B** 16
Juventon (Av. M.) .... **B** 19
Michel (R.) .... **C** 21
Nicolas (R.) .... **C** 22
Peala (R. J.) .... **B** 24
Prés.-Roosevelt (Av.) .... **C** 29
Seguin (Q. Marc) .... **B** 30
Souvenir-Français (Av. du) .... **C** 32
Thiers (R.) .... **B** 33

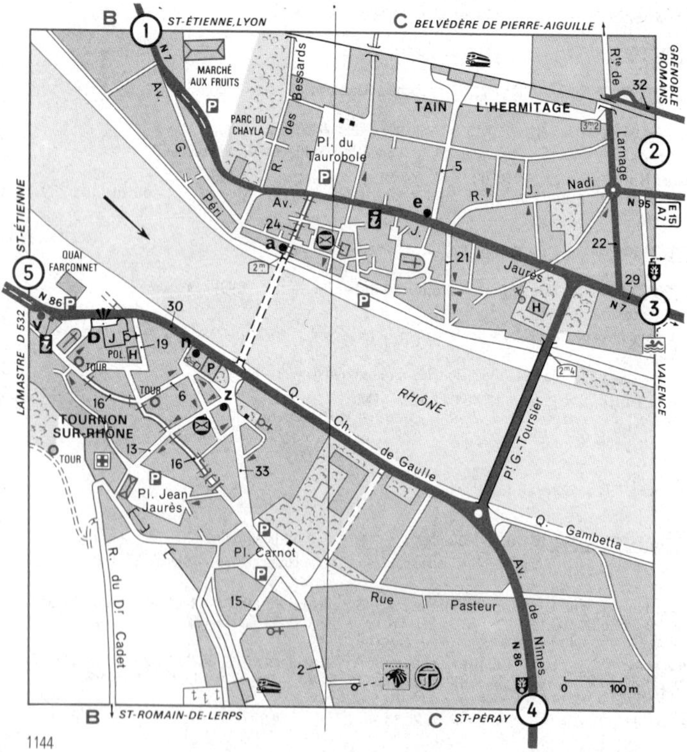

🏨 **Mercure**, 1 av. P. Durand ℰ 75 08 65 00, Télex 345573, Fax 75 08 66 05, 🍴, ⊥ – 📶 ⤢ C e
🎵 📺 📞 🕭 🅿 – 🔥 50. 🆎 ⓘ 🔄 🆚🆂🅰
R 115/210, enf. 60 – ⇱ 48 – **47 ch** 480 – ½ P 340/380.

🏠 **Deux Côteaux** sans rest, 18 r. J. Péala ℰ 75 08 33 01 – 📺 📞 🕭, 🆎 🔄 🆚🆂🅰 B a
fermé 15 au 29 fév., vend. et sam. d'oct. à janv. – ⇱ 25 – **22 ch** 151/268.

🍴🍴🍴 **Reynaud** Ⓜ avec ch, 82 av. Prés. Roosevelt ℰ 75 07 22 10, Fax 75 08 03 53, ≤, 🍴, ⊥,
🍴 – 📞 🅿 🆚🆂🅰. 🍴
fermé 15 au 23 août, janv., dim. soir et lundi – **R** 160/320, enf. 60 – ⇱ 60 – **10 ch** 320/450.

rte de Romans par ② : 4 km – ⊠ 26600 Tain-l'Hermitage :

🏨 **L'Abricotine** ⌂, ℰ 75 07 44 60, 🌿 – ⤢ ch 📞 🅿. 🔄 🆚🆂🅰
➡ *fermé 20 nov. au 10 déc. et dim. de nov. à mars* – **R** (dîner seul.) (résidents seul.) 60/75,
enf. 40 – ⇱ 30 – **10 ch** 238/288.

🅾 Tournaire-Pneus, 8 av. Prés.-Roosevelt ℰ 75 08 28 97

Tournon-sur-Rhône ⟨ⓢⓟ⟩ 07300 Ardèche – 9 707 h.

Voir Terrasses★ du château Y **B**.

🛈 Office de Tourisme Hôtel Tourette ℰ 75 08 10 23.

🏨 **Les Amandiers** Ⓜ sans rest, 13 av. de Nîmes ℰ 75 07 24 10, Télex 346971 – 📶 📺 📞
🅑 🅿 – 🔥 25. 🆎 ⓘ 🔄 🆚🆂🅰
⇱ 30 – **25 ch** 250/300.

🏨 **Château**, 12 quai M. Seguin ℰ 75 08 60 22, Télex 345156, Fax 75 07 02 95, ≤, 🍴 – 📺
📞 🕭 – 🔥 50. 🆎 ⓘ 🔄 🆚🆂🅰 B n
fermé sam. midi – **R** 95/275, enf. 50 – ⇱ 31 – **14 ch** 270/350 – ½ P 300.

🏨 **Paris** sans rest, r. pl. S. Mallarmé ℰ 75 08 01 11 – 📶 📺 📞 🕭, 🆎 ⓘ 🔄 🆚🆂🅰 B z
fermé déc. et janv. – ⇱ 31 – **21 ch** 240/350.

CITROEN Gélibert, quai Farconnet par ⑤   PEUGEOT-TALBOT Fournier, r. V.-d'Indy C
ℰ 75 08 01 33   ℰ 75 08 11 22

TALENCE 33 Gironde 🔢 ⑨ – rattaché à Bordeaux.

TALLOIRES 74290 H.-Savoie 🔢 ⑥ G. Alpes du Nord – 931 h. alt. 447.

Voir Site★★★ – Site★★ de l'Ermitage St-Germain★ E : 4 km.

🏌 du lac d'Annecy ℰ 50 60 12 89, NO : 1 km – 🛈 Office Municipal de Tourisme ℰ 50 60 70 64.

Paris 551 – Annecy 13 – Albertville 33 – Megève 48.

🏨🏨 ✿✿ **Aub. du Père Bise** ⌂, bord du lac ℰ 50 60 72 01, Télex 385812, Fax 50 60 73 05, ≤,
🍴, « Repas sous l'ombrage, face au lac, parc », 🏊 – 📶 📺 📞 🅿 🆎 ⓘ 🔄 🆚🆂🅰
fermé 11 nov. au 15 janv. – **R** *(fermé merc. midi et mardi du 15 oct. au 1ᵉʳ mai)* 420/620 et
carte, enf. 180 – ⇱ 80 – **25 ch** 700/1600, 9 appart. – ½ P 1000/1300
Spéc. Gratin de queues d'écrevisses (saison), Tatin de pommes de terre aux truffes et foie gras, Estouffade
de pigeon aux truffes et épinards.

🏨🏨 **L'Abbaye** ⌂, ℰ 50 60 77 33, Télex 385307, Fax 50 60 78 81, ≤, 🍴, « Abbaye bénédictine
du 17ᵉ siècle, terrasse et jardin ombragés », 🛁, 🏊 – 📞 🅿 – 🔥 25. 🆎 ⓘ 🔄 🆚🆂🅰
🍴 rest
fermé 15 déc. au 15 janv. – **R** *(fermé dim. soir et lundi midi d'oct. à Pâques)* 200/380,
enf. 80 – ⇱ 55 – **30 ch** 520/1100 – ½ P 595/960.

🏨🏨 **Le Cottage** ⌂, ℰ 50 60 71 10, Télex 309454, Fax 50 60 77 51, 🍴, « Terrasse ombragée,
≤ », 🌿 – 📶 📺 📞 🅿 – 🔥 30. 🆎 ⓘ 🔄 🆚🆂🅰. 🍴 rest
25 mars-15 oct. – **R** 180/300, enf. 120 – ⇱ 60 – **35 ch** 650/950 – ½ P 480/780.

🏨🏨 **Les Prés du Lac** Ⓜ ⌂, sans rest, ℰ 50 60 76 11, Télex 309288, Fax 50 60 73 42, ≤, « Parc
au bord du lac », 🏊 – 📺 📞 🅿. 🆎 ⓘ 🔄 🆚🆂🅰
fermé début nov. à début fév. – ⇱ 63 – **15 ch** 750/1000.

🏨🏨 **Lac** ⌂, ℰ 50 60 71 08, Télex 309274, Fax 50 60 72 99, ≤, 🍴, ⊥, 🌿 – 📶 📺 📞 🅿. 🆎
ⓘ 🔄 🆚🆂🅰
hôtel : 20 avril-30 sept. ; rest. : 1ᵉʳ juin-30 sept. – **R** 170/200, enf. 75 – ⇱ 44 – **45 ch** 545/720
– ½ P 430/555.

🏨🏨 **Hermitage** ⌂, chemin de la cascade d'Angon ℰ 50 60 71 17, Télex 385196,
Fax 50 60 77 85, ≤ lac et montagnes, 🍴, parc, ⊥, 🎾 – 📶 📺 📞 🅿 – 🔥 50. 🆎 ⓘ 🔄
🆚🆂🅰. 🍴
fermé 1ᵉʳ nov. au 1ᵉʳ fév. – **R** 160/360, enf. 65 – ⇱ 52 – **34 ch** 335/685 – ½ P 520/615.

🏨🏨 **Beau Site** ⌂, ℰ 50 60 71 04, Fax 50 60 79 22, ≤, « Jardin », 🎾 – 📺 📞 🅿. 🆎 ⓘ 🔄
🆚🆂🅰. 🍴 rest
9 mai-15 oct. – **R** 140/170, enf. 80 – ⇱ 45 – **29 ch** 325/850 – ½ P 350/600.

🏠 **La Charpenterie**, ℰ 50 60 70 47, Fax 50 60 79 07, 🍴 – 📶 📺 📞. 🆎 ⓘ 🔄 🆚🆂🅰
fermé 12 nov. au 20 déc. – **R** *(fermé mardi en mars-avril sauf vacances scolaires)* 90/160,
enf. 45 – ⇱ 30 – **18 ch** 290/320 – ½ P 260/300.

🍴🍴 **Villa des Fleurs** ⌂ avec ch, ℰ 50 60 71 14, 🍴, 🌿 – 📺 📞 🅿. 🔄 🆚🆂🅰
fermé 15 nov. au 15 déc., 15 au 30 janv., dim. soir et lundi – **R** 135/280 – ⇱ 35 – **7 ch**
280/350 – ½ P 315.

à Angon S : 2 km par D 909a – ⊠ 74290 Veyrier-du-Lac :

🏨 **Les Grillons** ⤸, ℰ 50 60 70 31, Fax 50 60 72 19, ≤, 🌭 – 🖵 ☎ 🅿 **E** VISA, � rest
1er avril-12 nov. – **R** 80/160, enf. 50 – ⌒ 30 – **34 ch** 220/360, 4 appart. 480 – ½ P 260/320.

🏯 **La Bartavelle** ⤸, ℰ 50 60 70 68, 🍽
18 mai-15 sept. – **R** *(fermé le midi sauf dim. et fêtes)* carte 115 à 175 – ⌒ 29 – **9 ch**
170/210 – ½ P 180/195.

TALMONT 17120 Char.-Mar. ⏴7⏴1⏴ ⑮ G. Poitou Vendée Charentes – 79 h. alt. 23.

Voir Site★ de l'église Ste-Radegonde★.

Paris 502 – Royan 16 – Blaye 76 – La Rochelle 88 – Saintes 35.

XX **L'Estuaire** avec ch, au Caillaud ℰ 46 90 43 85, ≤, 🌭 – 🅿 **E** VISA, � ch
hôtel : 1er avril-30 sept. et fermé mardi soir (sauf juil.-août) et merc. sauf fériés – **R** *(fermé
23 sept. au 6 oct., 15 janv. au 24 fév. mardi soir (sauf juil.-août) et merc. sauf fériés)* 82/180
– ⌒ 20 – **7 ch** 130/175 – ½ P 152/182.

LA TAMARISSIÈRE 34 Hérault ⏴8⏴3⏴ ⑮ – rattaché à Agde.

TAMNIES 24620 Dordogne ⏴7⏴5⏴ ⑰ – 284 h. alt. 193.

Paris 517 – Brive-la-Gaillarde 51 – Périgueux 59 – Sarlat-la-Canéda 15 – Les Eyzies-de-Tayac 14.

🏨 **Laborderie** ⤸, ℰ 53 29 68 59, Fax 53 29 65 31, ≤, 🍽, parc, ⤵, – ☎ 🅿 **E** VISA,
� rest
23 mars-3 nov. – **R** 100/245 – ⌒ 26 – **32 ch** 180/350 – ½ P 220/310.

TANCARVILLE (Pont routier de) ★ 76430 S.-Mar. ⏴5⏴5⏴ ④ G. Normandie Vallée de la Seine –
1 415 h. alt. 48.

Voir ≤★ sur estuaire.

Péage en 1990 : auto 8 à 11 F (conducteur et passagers compris), remorque 2,50 F, camion de
12 à 28 F, gratuit pour piétons et deux-roues.

Du centre du pont : Paris 175 – ♦Caen 77 – ♦Le Havre 29 – Pont-Audemer 19 – ♦Rouen 59.

à Tancarville-Écluse – ⊠ 76430 St-Romain-de-Colbosc :

XX **Marine** (ch. prévues), au pied du pont D 982 ℰ 35 39 77 15, ≤ pont, 🍽, 🌭 – 🅿 **E**
VISA
fermé 15 juil. au 11 août, vacances de fév., dim. soir et lundi – **R** 130/185, enf. 74.

> *Können Sie wegen Verkehrsstauungen erst nach 18 Uhr*
> *in Ihrem Hotel sein, bestätigen Sie*
> *telefonisch Ihre Zimmerreservierung ;*
> *Sie gehen sicherer… und es ist Gepflogenheit.*

TANINGES 74440 H.-Savoie ⏴7⏴4⏴ ⑦ G. Alpes du Nord – 2 756 h. alt. 640.

🛈 Office de Tourisme av. Thézières ℰ 50 34 25 05.

Paris 575 – Chamonix 52 – Thonon-les-Bains 49 – Annecy 74 – Bonneville 25 – Cluses 10 – ♦Genève 55 – Megève
38 – Morzine 19.

XX **La Crémaillère**, à Flérier SO : 1 km ℰ 50 34 21 98, 🍽, 🌭 – 🅿 AE ⓞ **E** VISA
fermé janv., merc. (sauf juil.-août) et mardi soir – **R** 80/180.

RENAULT Gar. Delfante ℰ 50 34 20 71 🅽

TANUS 81190 Tarn ⏴8⏴0⏴ ⑪ – 565 h. alt. 440.

Paris 669 – Rodez 46 – Albi 32 – Millau 89 – St-Affrique 73.

XX **Voyageurs** avec ch, ℰ 63 76 30 06, 🌭 – 🖵 ☎ 🚗 **E** VISA
fermé 1er au 8 nov., vacances de fév. et vend. soir sauf juil.-août – **R** 75/250 ♨, enf. 45 –
⌒ 40 – **14 ch** 200/260 – ½ P 210.

TAPONAS 69 Rhône ⏴7⏴3⏴ ⑩ – rattaché à Belleville.

TARARE 69170 Rhône ⏴7⏴3⏴ ⑨ G. Vallée du Rhône – 10 935 h. alt. 375.

🛈 Office de Tourisme pl. Madeleine ℰ 74 63 06 65.

Paris 473 – Roanne 41 – ♦Lyon 45 – Montbrison 62 – Villefranche-sur-Saône 32.

🏨 **Git'Otel**, E par N 7 : 1,5 km ⊠ 69490 Pontcharra-sur-Turdine ℰ 74 63 44 01, 🍽 – 🖵
🚗 🅿 – 🛦 40, AE ⓞ **E** VISA
fermé 20 déc. au 6 janv. – **R** *(fermé dim.)* 60/220 ♨, enf. 40 – ⌒ 28 – **34 ch** 210/280.

🏨 **Mère Paul**, O par N 7 : 2 km ℰ 74 63 14 57 – ☎ 🅿 **E** VISA
🚗 *fermé 1er au 7 juil., 1er au 16 sept., mardi soir et merc.* – **R** 65/160 ♨, enf. 35 – ⌒ 22 –
10 ch 130/180.

XXX **Jean Brouilly**, 3 ter r. Paris ℰ 74 63 24 56, parc – 🅿 AE ⓞ **E** VISA
fermé 11 au 20 août, 1er au 15 janv., dim. et lundi – **R** 135/320, enf. 65.

à Pontcharra-sur-Turdine E : 5,5 km par N 7 – ⊠ **69490** :

✗ **Bains,** sur D 33 ℰ 74 05 71 09, ☞ – **ₚ**. **E** *VISA*
━ *fermé 20 fév. au 18 mars et mardi* – **R** 56/110 ⅄.

CITROEN Central Gar., 28 r. République
ℰ 74 63 06 10
FORD Beylier, 17 r. Serroux ℰ 74 63 05 41 **N**
PEUGEOT-TALBOT Dubois, N 7 ℰ 74 63 03 80 **N**
RENAULT Laurent, rte de Valsonne ℰ 74 63 04 07
RENAULT Gar. Vericel, 46-48 av. Ed.-Herriot
ℰ 74 63 15 92

RENAULT Gar. du Mortier, RN 7 à Pontcharra-sur-
Turdine ℰ 74 05 73 08

⊛ Pneumatech, bd de la Turdine ℰ 74 63 44 00

TARASCON 13150 B.-du-R. **81** ⑪ ⑥ **G. Provence** – 11 024 h. alt. 9.

Voir Château★★ : ☀★★ Y – Église Ste-Marthe★ Y.

🛈 Office de Tourisme 59 r. Halles (saison) ℰ 90 91 03 52.
Paris 713 ⑥ – Avignon 23 ① – Arles 18 ③ – ◆Marseille 96 ③ – Nîmes 26 ⑤.

TARASCON

Halles (R. des) ..... **YZ**
Mairie
(Pl. de la) .... **Y** 15
Monge (R.) .... **Y**
Pelletan (R. E.) ..... **Z** 19
Proudhon (R.) .... **Z** 20
Victor-Hugo (Bd) .... **Z**

Aqueduc
(R. de l') .... **Y** 2
Berrurier
(Pl. Colonel) ...... **Z** 3
Blanqui (R.) .... **Z** 4
Briand
(Crs Aristide) .... **Z** 5
Château (Bd du) .... **Y** 6
Château (R. du) ..... **Y** 7
Hôpital (R. de l') .... **Z** 9
Jaurès (R. Jean) .... **Y** 12
Jeu-de-Paume
(R. du) .... **YZ** 14
Millaud (R. Ed.) .... **YZ** 16
Mistral
(R. Frédéric) ...... **Z** 18
Raffin (R.) .... **Y** 23
République
(Av. de la) .... **Z** 24
Salengro (Av. R.) .... **Y** 25

*Le Guide change,
changez de guide
tous les ans.*

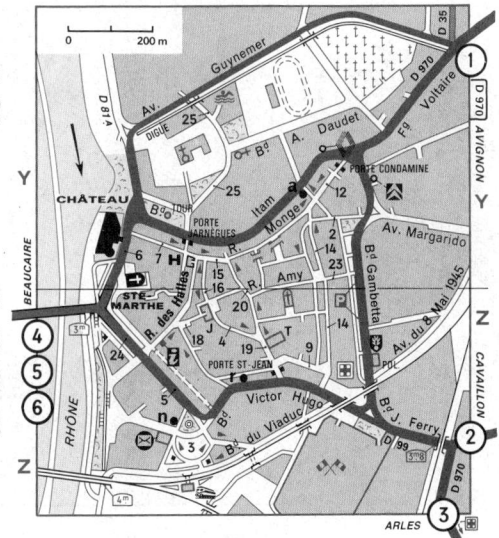

🏨 **Provence** sans rest, 7 bd V. Hugo ℰ 90 91 06 43 – **TV** ☎. **AE** ⓞ **E** *VISA*   Z **r**
fermé 21 déc. au 5 janv. et vend. de nov. à fév. – ⊆ 46 – **11 ch** 340/480.

🏨 **Échevins et rest. Mistral,** 26 bd Itam ℰ 90 91 01 70 – ⧈ ▤ rest ☎ 㐀 ☜. **E** *VISA*
━ *fermé 27 déc. au 10 fév.* – **R** *(fermé lundi midi, sam. midi et dim. soir)* 60/105 – ⊆ 30 –
43 ch 175/280 – ½ P 185/210.   Y **a**

🏨 **Terminus,** pl. Col. Berrurier ℰ 90 91 18 95 – ☎ 㐀 **AE** ⓞ **E** *VISA*   Z **n**
━ *fermé 15 fév. au 14 mars, sam. midi et merc.* – **R** 65/120 carte le sam. soir ⅄ – ⊆ 22 –
24 ch 150/190 – ½ P 150/180.

CITROEN Gar. Chabas, 8 bd Gambetta
ℰ 90 91 12 71 **N** ℰ 90 91 15 55
RENAULT Rostain, 59 bd Itam ℰ 90 91 00 38

⊛ Tarascon-Pneus, 1 pl. E.-Combe ℰ 90 91 54 36

TARASCON-SUR-ARIÈGE 09400 Ariège **86** ④⑤ **G. Pyrénées Roussillon** – 3 848 h. alt. 474.

Voir Grotte de Niaux★★ (dessins préhistoriques) SO : 4 km.

🛈 Office de Tourisme pl. 19 Mars 1962 (fermé matin hors saison) ℰ 61 05 63 46.
Paris 802 – Ax-les-Thermes 26 – Foix 16 – Lavelanet 29.

🏨 **Confort** sans rest, quai A. Sylvestre ℰ 61 05 61 90 – ☎ 㐀 **ₚ**. **E** *VISA*
fermé dim. soir en déc. et janv. – ⊆ 23 – **14 ch** 155/205.

CITROEN Gar. du Stade ℰ 61 05 89 20

TARBES P **65000** H.-Pyr. 85 ⑧ G. Pyrénées Aquitaine – 54 055 h. alt. 304.

Voir Jardin★ et Musée Massey (musée international des Hussards★ AB **M**).

⬡ de Laloubère ℘ 62 96 11 14, par ⑤ : 3 km.

✈ de Tarbes-Ossun-Lourdes : ℘ 62 32 92 22, par ⑥ : 9 km.

🚗 ℘ 62 37 50 50.

🛈 Syndicat d'Initiative pl. Verdun ℘ 62 93 36 62.

Paris 790 ① – Pau 40 ⑦ – ◆Bordeaux 211 ① – Lourdes 19 ⑥ – ◆Toulouse 153 ④.

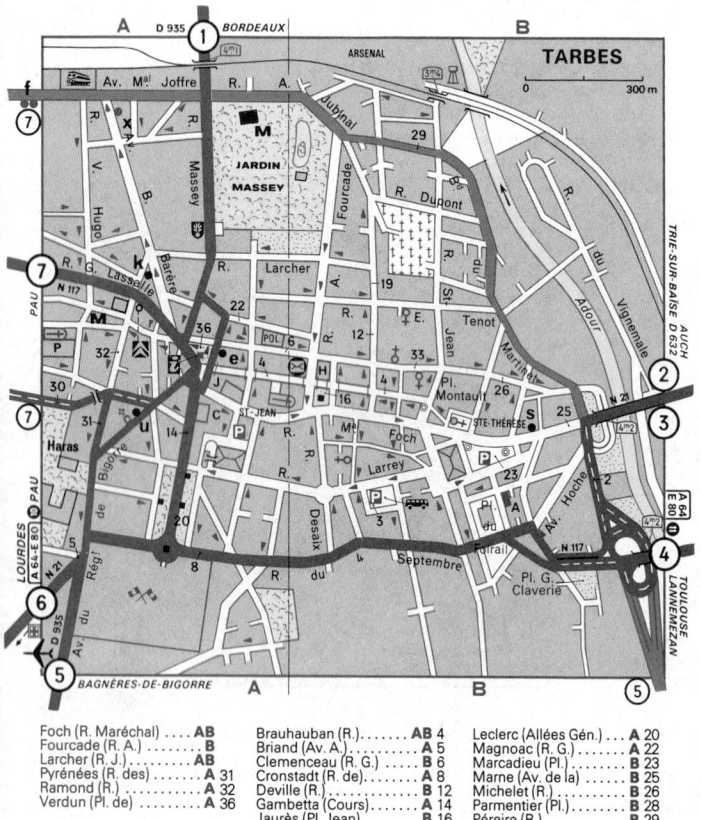

Foch (R. Maréchal) .... **AB**	Brauhauban (R.) .... **AB** 4	Leclerc (Allées Gén.) ... **A** 20
Fourcade (R. A.) .... **B**	Briand (Av. A.) .... **A** 5	Magnoac (R. G.) .... **A** 22
Larcher (R. J.) .... **AB**	Clemenceau (R. G.) .... **B** 6	Marcadieu (Pl.) .... **B** 23
Pyrénées (R. des) ..... **A** 31	Cronstadt (R. de) ...... **A** 8	Marne (Av. de la) ...... **B** 25
Ramond (R.) .... **A** 32	Deville (R.) .... **B** 12	Michelet (R.) .... **B** 26
Verdun (Pl. de) .... **A** 36	Gambetta (Cours) ...... **A** 14	Parmentier (Pl.) .... **B** 28
	Jaurès (Pl. Jean) ...... **B** 16	Péreire (R.) .... **B** 29
Adour (Quai de l') ...... **B** 2	Joffre (Av. Mar.) .... **A** 18	Pradeau (Prom. du) .... **A** 30
Bois (Pl. aux) .... **B** 3	Laporte (R. H.) .... **B** 19	St-Frai (R. Marie) ..... **B** 33

🏤 **Président,** rte Lourdes par ⑥ ℘ 62 93 98 40, Télex 530522, Fax 62 93 64 19, ≼, ⍐ – 🏢
  📺 ☎ 🅿 – ⚖ 80. 🆎 ⓔ 🗷
  Le Toit de Bigorre (au 9ᵉ étage) **R** 90/250 – ☲ 30 – **57 ch** 265/350.

🏤 **Foch** sans rest, 18 pl. Verdun ℘ 62 93 71 58, Fax 62 93 34 59 – 🏢 📺 ☎. 🆎 ⓔ.
  🗷
  fermé 24 déc. au 1ᵉʳ janv. et dim. soir – ☲ 30 – **30 ch** 250/350.
  A e

🏤 **Henri IV** sans rest, 7 av. B. Barère ℘ 62 34 01 68, Fax 62 93 71 32 – 🏢 📺 ☎. 🆎 ⓞ ⓔ
  🗷
  ☲ 30 – **24 ch** 200/300.
  A k

🏠 **Climat de France** Ⓜ, bd Altenkirchen ℘ 62 93 49 34, Télex 533760, ≋ – 📺 ☎ ♿ 🅿.
  🆎 ⓔ 🗷
  R carte environ 120 ⚘, enf. 38 – ☲ 26 – **45 ch** 260.

🏠 **Blason** sans rest, 26 r. Régt de Bigorre ℘ 62 34 48 88 – ☎. 🗷
  ☲ 20 – **15 ch** 150/175.
  A u

🏠 **Marne** sans rest, 4 av. Marne ℘ 62 93 03 64 – 📺 ☎ ⟵. 🆎 ⓔ 🗷
  ☲ 24 – **26 ch** 160/270.
  B s

XX **L'Isard** avec ch, 70 av. Mar. Joffre ℘ 62 93 06 69, 🍴 – 📺 ☎ 🅰🅴 ᴇ VISA. ❀   A f
→ **R** *(fermé sam. soir et dim. soir)* 55/200 – ⊡ 25 – **8 ch** 140/200 – ½ P 190/210.

XX **Toup' Ty,** 86 av. B. Barère ℘ 62 93 32 08 – VISA   A x
fermé 20 juil. au 20 août, dim. soir et lundi – **R** 75/180 ⅃, enf. 40.

XX **Panier Fleuri,** 74 av. Joffre ℘ 62 93 10 80 – 🍽 🅰🅴 ᴇ VISA   A f
→ *fermé 8 juil. au 1ᵉʳ août, lundi soir et mardi* – **R** 69/150, enf. 45.

rte d'Auch par ② – ✉ **65800** Aureilhan :

XX **La Patte d'Oie,** à 1,5 km ℘ 62 36 40 52 – 🅿. 🅰🅴 🅾 ᴇ VISA
fermé dim. soir – **R** 138/198, enf. 88.

XX **Relais d'Orleix,** à 4 km ℘ 62 36 28 99 – 🅿. 🅰🅴 🅾 ᴇ VISA
fermé dim. soir et lundi – **R** 98/145, enf. 40.

rte de Lourdes (par Juillan) par ⑥ :

🏠 **Campanile,** à 4 km ✉ 65310 Laloubère ℘ 62 93 83 20, Télex 530571 – 📺 ☎ ⅃ 🅿. ᴇ
VISA
R 74 bc/98 bc, enf. 39 – ⊡ 27 – **42 ch** 248 – ½ P 225/249.

XX **L'Aragon** avec ch, à 4 km ✉ 65290 Juillan ℘ 62 93 99 33 – 📺 ☎ 🅿 – 🄰 25. 🅰🅴 🅾 ᴇ
VISA
fermé 20 déc. au 16 janv., dim. soir et lundi de juin à oct. – **R** 110/340, enf. 48 – ⊡ 30 –
12 ch 200/285 – ½ P 209/220.

à l'Aéroport par ⑥ : 9 km – ✉ **65290** Juillan :

XXX **La Caravelle,** (1ᵉʳ étage) ℘ 62 32 99 96, Fax 62 32 05 25, ≤ Pyrénées – 🍽. 🅰🅴 🅾 ᴇ VISA
fermé 1ᵉʳ au 16 juil., 6 au 30 janv., dim. soir et lundi – **R** (1ᵉʳ étage) 155/250.

rte de Pau par ⑦ : 6 km – ✉ **65420** Ibos :

🏠 **La Chaumière du Bois** Ⓜ ❀, ℘ 62 90 03 51, 🍴, parc, ⅃ – 📺 ☎ ⅃ 🅿 – 🄰 25. ᴇ
VISA
R *(fermé dim. soir et lundi)* 75/135 ⅃, enf. 45 – ⊡ 32 – **23 ch** 280/350 – ½ P 300/320.

CITROEN Garoby, 23 r. Lassalle ℘ 62 93 31 36
FORD C.-Fabre, bd Kennedy ℘ 62 51 15 11
NISSAN Raoux, bd Kennedy ℘ 62 93 28 97
V.A.G Gar. Tolsan, rte de Pau ℘ 62 34 35 83

Central-Pneu, 1 bd Mar.-de-Lattre-de-Tassigny
℘ 62 34 74 96
Dours, 13 bis cours de Reffye ℘ 62 93 01 84
Saliot, 10 r. Clément ℘ 62 34 52 01

Périphérie et environs

BMW Tarbes-Auto, rte de Pau à Ibos
℘ 62 90 06 00
CITROEN T.D.A., 28 rte de Lourdes à Odos par ⑥
℘ 62 93 94 95 🅽 ℘ 62 93 72 55

PEUGEOT-TALBOT Benoît, rte de Pau à Ibos par
⑦ ℘ 62 90 09 00
RENAULT Pyrénées-Autom., rte de Lourdes à
Odos par ⑥ ℘ 62 34 38 83 🅽 ℘ 62 51 11 00

TARDETS-SORHOLUS 64470 Pyr.-Atl. 🔢 ⑤ – 787 h. alt. 216.
Paris 820 – Pau 60 – Mauléon-Licharre 13 – Oloron-Ste-Marie 27 – St-Jean-Pied-de-Port 53.

XX **Pont d'Abense** ❀ avec ch, à Abense-de-Haut ℘ 59 28 54 60, 🍴, « Jardin fleuri » – ☎
→ 🅿. ᴇ VISA. ❀
fermé 15 nov. au 15 janv. et jeudi hors sais. – **R** 70/180 ⅃, enf. 50 – ⊡ 26 – **11 ch** 180/250
– ½ P 190/210.

PEUGEOT Gar. Larragneguy ℘ 59 28 53 21   Gar. Carrère ℘ 59 28 53 59

TARGASONNE 66 Pyr.-Or. 🔢 ⑱ – rattaché à Font-Romeu.

TARN (Gorges du) ★★★ 48 Lozère 🔢 ⑤ G. Gorges du Tarn.

TARNAC 19170 Corrèze 🔢 ⑳ G. Berry Limousin – 472 h. alt. 700.
Paris 427 – ♦Limoges 69 – Aubusson 49 – Bourganeuf 54 – Eymoutiers 24 – Tulle 72 – Ussel 47.

🏠 **Voyageurs** ❀, ℘ 55 95 53 12, Fax 55 95 40 07 – 🍽 rest 📺 ☎. ᴇ VISA. ❀ rest
*fermé 20/12 au 15/1, 20/2 au 1/3, dim. soir et lundi du 1/10 au 1/6 (sauf vacances scolaires
et fêtes)* – **R** 75/145, enf. 50 – ⊡ 26 – **17 ch** 130/210 – ½ P 182/220.

TASSIN-LA-DEMI-LUNE 69 Rhône 🔢 ⑳ – rattaché à Lyon.

TAULÉ 29670 Finistère 🔢 ⑥ – 2 722 h. alt. 90.
Paris 545 – ♦Brest 57 – Morlaix 7 – Quimper 83 – St-Pol-de-Léon 14.

🏠 **Relais des Primeurs,** à la gare N : 1,5 km ℘ 98 67 11 03, 🌳 – ☎ 🅿. ᴇ VISA. ❀ ch
→ *fermé sept., vend. soir et sam. midi sauf juil.-août* – **R** 57/160 ⅃, enf. 40 – ⊡ 22 – **16 ch**
134/210 – ½ P 205/235.

TAURINYA 66 Pyr.-Or. 🔢 ⑱ – rattaché à Prades.

TAUSSAT 33148 Gironde 🔟🔢 ②.
Paris 628 – ◆Bordeaux 48 – Andernos-les-Bains 4,5 – Arcachon 36.

🏠 **Plage** 🍴, 𝒫 56 82 06 01, ☂ – **E** 𝘝𝘐𝘚𝘈
◆ hôtel : fermé 30 sept. au 31 oct. ; rest. : ouvert Pâques-1er oct. – **R** *(fermé lundi sauf juil.-août)* 60/95 – 🍽 26 – **15 ch** 190/250 – ½ P 180/220.

TAVEL 30126 Gard 🔠🔟 ⑩ – 1 383 h. alt. 80.
Paris 677 – Avignon 14 – Alès 67 – Nîmes 39 – Orange 20 – Pont-St-Esprit 33 – Roquemaure 8,5.

🍴🍴🍴 **Aub. de Tavel** avec ch, 𝒫 66 50 03 41, ☂, 🅹 – 📺 ☎. 🆔 ⓞ **E** 𝘝𝘐𝘚𝘈
fermé 15 janv. au 29 fév., dim. soir et lundi en mars – **R** 225/285, enf. 100 – 🍽 50 – **11 ch** 400/580 – ½ P 420/480.

🍴 **Host. du Seigneur** avec ch, 𝒫 66 50 04 26 – **7 ch.**

TAVERS 45 Loiret 🔟🔢 ⑧ – rattaché à Beaugency.

Le TEIL 07400 Ardèche 🔠🔟 ⑩ **G. Vallée du Rhône** – 8 352 h. alt. 73.
Voir Baptistère★ de l'église de Mélas.
🅱 Office de Tourisme pl. P.-Sémard "Les Sablons" 𝒫 75 49 10 46.
Paris 610 – Valence 54 – Aubenas 37 – Montélimar 6 – Privas 28.

🍴🍴 **L'Ardéchois**, N 86 sortie Sud 𝒫 75 49 21 39 – **E** 𝘝𝘐𝘚𝘈
fermé 15 juil. au 14 août et lundi – **R** 85/200, enf. 55.

Le TEILLEUL 50640 Manche 🔠🔢 ⑨ – 1 542 h. alt. 205.
Paris 271 – Avranches 46 – Domfront 19 – Fougères 38 – Mayenne 38 – St-Lô 77.

🏠 **Clé des Champs**, E : 1 km sur N 176 𝒫 33 59 42 27 – 📺 ☎ 🛏 🅿. 🆔 ⓞ **E** 𝘝𝘐𝘚𝘈
◆ fermé fév. et dim. soir d'oct. à mars – **R** 69/160 🍷 – 🍽 30 – **20 ch** 115/270 – ½ P 198/258.
RENAULT Gar. Bonsens 𝒫 33 59 40 28

TELGRUC-SUR-MER 29560 Finistère 🔟🔢 ⑭ – 1 844 h. alt. 80.
Paris 572 – Quimper 42 – Châteaulin 23 – Douarnenez 33.

🍴🍴 **Aub. du Gerdann**, E : 2 km sur D 887 𝒫 98 27 78 67, 🌳 – 🅿. **E** 𝘝𝘐𝘚𝘈. 🍴
fermé 1er au 22 oct., fév., lundi soir *(sauf juil.-août)* et mardi – **R** 72/215, enf. 38.

TEMPLERIE 35 I.-et-V. 🔠🔢 ⑱ – rattaché à Fougères.

Le-TEMPLE-SUR-LOT 47110 Lot-et-Gar. 🔟🔢 ⑤ – 902 h. alt. 43.
Paris 610 – Agen 33 – ◆Bordeaux 129 – Duras 50 – Fumel 43 – Miramont-de-Guyenne 32.

🏠 **Host. du Plantié** 🍴, NO : 3 km par D 911 et D 13 𝒫 53 84 37 48, Fax 53 84 76 32, parc, 🅹 – 🛏 ch ☎ 🅿. 🆔 ⓞ **E** 𝘝𝘐𝘚𝘈
R 75/165, enf. 55 – 🍽 35 – **10 ch** 320/350 – ½ P 250.

TENCE 43190 H.-Loire 🔢🔢 ⑧ **G. Vallée du Rhône** – 2 733 h. alt. 840.
🅱 Syndicat d'Initiative, pl. Chatiagne 𝒫 71 59 81 99.
Paris 569 – Lamastre 39 – Le Puy-en-Velay 46 – ◆St-Étienne 51 – Yssingeaux 19.

🏠 **Gd H. Placide**, av. Gare 𝒫 71 59 82 76, Fax 71 65 44 46, 🌳 – ☎ 🅿. **E** 𝘝𝘐𝘚𝘈
fermé 15 nov. au 1er fév., dim. soir et lundi du 15 oct. au 30 avril – **R** 120/335, enf. 60 – 🍽 35 – **17 ch** 280/360 – ½ P 320/350.

TENDE 06430 Alpes-Mar. 🔠🔢 ⑳ **G. Côte d'Azur** – 2 045 h. alt. 816.
🎿 de Vievola 𝒫 93 04 61 02, N par N 204 : 4,5 km.
Paris 874 – Cuneo 45 – Menton 57 – ◆Nice 83 – Sospel 40.

🏠 **Centre** sans rest, 𝒫 93 04 62 19 – **E** 𝘝𝘐𝘚𝘈
fermé 1er nov. au 1er déc. – **17 ch** 🍽 130/190.

TENDU 36 Indre 🔢🔢 ⑱ – rattaché à Argenton-sur-Creuse.

TERMES D'ARMAGNAC 32 Gers 🔠🔢 ② – rattaché à Riscle.

TERMIGNON 73500 Savoie 🔢🔢 ⑧ **G. Alpes du Nord** – 344 h. alt. 1 300.
Paris 655 – Albertville 106 – Chambéry 120 – Col du Lautaret 75 – Modane 17 – St-Jean-de-Maurienne 48.

♨ **Doron**, 𝒫 79 20 50 44 – 🛏 🅿. 🍴 rest
◆ 20 juin-10 sept. et vacances scolaires – **R** 65/75 🍷, enf. 45 – 🍽 19 – **16 ch** 100/130 – ½ P 150/155.

TERTENOZ 74 H.-Savoie 🔢🔢 ⑰ – rattaché à Faverges.

TESSÉ-LA-MADELEINE 61 Orne 🔟🔟 ① – rattaché à Bagnoles-de-l'Orne.

La TESTE 33260 Gironde 78 ②⑫ – 19 030 h. alt. 5.

78 ♻ 56 54 44 00, O : 2 km.

🛈 Office de Tourisme pl. J.-Hameau et pl. Marché (saison) ♻ 56 66 45 59.

Paris 646 – ♦Bordeaux 59 – Andernos-les-Bains 35 – Arcachon 4 – Belin-Beliet 39 – Biscarrosse 34.

✗ **Chez Diégo,** Centre Captal La Teste ♻ 56 54 44 32, Fax 56 54 28 20, 🍴 – 🆎 ⓞ 🇪 VISA
  fermé 10 au 27 déc. – **R** 120/250 ⅃.

CITROEN S.A.C.A., RN 650, entrée d'Arcachon
♻ 56 54 86 01
PEUGEOT-TALBOT Estrade, ZI, bd Industrie
♻ 56 54 14 69

RENAULT Gar. de la Côte, 36 bis av. Gén.-de-
Gaulle ♻ 56 66 31 98

🅿 Central Pneu, 62 av. Gén.-Leclerc ♻ 56 54 81 16

TÉTEGHEM 59 Nord 51 ④ – rattaché à Dunkerque.

Le TEULET 19 Corrèze 75 ⑳ – ✉ 19430 Mercoeur.

Paris 536 – Argentat 24 – Aurillac 30.

🏠 **Relais du Teulet,** ♻ 55 28 71 09, 🐎 – ☎ 🅿
➡ fermé sam. du 1er nov. à Pâques – **R** 50/150 ⅃ – 🍽 18 – **10 ch** 100/180 – ½ P 200.

THANN ⬦ 68800 H.-Rhin 66 ⑨ G. Alsace Lorraine (plan) – 7 788 h. alt. 340.

Voir Collégiale St-Thiébaut★★.

🛈 Office de Tourisme 6 pl. Joffre (saison) ♻ 89 37 96 20.

Paris 447 – ♦Mulhouse 22 – Belfort 42 – Colmar 44 – Épinal 88 – Guebwiller 25.

🏨 **Kléber,** 39 r. Kléber ♻ 89 37 13 66 – ☎ ♿ 🅿. 🇪 VISA. ✻
➡ **R** (fermé au 21 juil., 22 déc. au 5 janv., sam. midi et dim.) 55/200 ⅃, enf. 50 – 🍽 30 –
  25 ch 105/270 – ½ P 220.

FIAT, LANCIA Boeglin, 64 rte de Mulhouse,
Vieux-Thann ♻ 89 37 04 03 🅽

PEUGEOT-TALBOT Jeker, 16 rte de Roderen par
D 103 et D 35 ♻ 89 37 81 72

THANNENKIRCH 68590 H.-Rhin 62 ⑱ G. Alsace Lorraine – 367 h. alt. 510.

Voir Route★ de Schaentzel (D 48¹) N : 3 km.

Paris 424 – Colmar 21 – St-Dié 39 – Sélestat 15.

🏨 **Touring,** ♻ 89 73 10 01, Fax 89 73 11 79, ≼ – 🛏 ☎ 🅿. 🇪 VISA. ✻ rest
  Pâques- 1er nov. – **R** 83/173 ⅃, enf. 41 – 🍽 30 – **48 ch** 193/294 – ½ P 224/269.

🏨 **Aub. la Meunière,** ♻ 89 73 10 47, ≼, 🍴, 🐎 – ☎ 🅿. 🆎 🇪 VISA
  15 mars-30 nov. – **R** 90/150 ⅃, enf. 40 – 🍽 20 – **14 ch** 220/280 – ½ P 200/240.

THANVILLÉ 67 B.-Rhin 62 ⑱ – rattaché à Villé.

Le THEIL 15 Cantal 76 ② – rattaché à Salers.

THEIX 56 Morbihan 63 ③ – rattaché à Vannes.

THEIZÉ 69620 Rhône 73 ⑨ – 944 h. alt. 490.

Paris 449 – ♦Lyon 34 – Roanne 65 – Chauffailles 51 – Tarare 23 – Villefranche-sur-Saône 12.

🏠 **Espérance,** près église ♻ 74 71 22 26, ≼ – 🆎 ⓞ 🇪 VISA
  fermé 20 sept. au 20 oct., mardi soir et merc. – **R** (du 20 sept. au 30 avril ouvert seul. dim.
  midi et sam.) 85/130 – 🍽 18 – **9 ch** 85/120.

THÈMES 89 Yonne 61 ⑭ – ✉ 89410 Cézy.

Paris 137 – Auxerre 36 – La Celle-St-Cyr 4 – Joigny 8,5 – Montargis 50 – Sens 27.

✗✗ **P'tit Claridge** 🐛 avec ch, ♻ 86 63 10 92, 🍴, 🐎 – 📺 ☎ 🅿. 🆎 🇪 VISA. ✻ ch
  fermé 2 au 15 sept., 15 au 29 fév., dim. soir et lundi – **R** 90/250, enf. 60 – 🍽 25 – **13 ch**
  100/200 – ½ P 160/230.

THÉOULE-SUR-MER 06590 Alpes-Mar. 84 ⑧, 195 ㉞ G. Côte d'Azur – 1 199 h.

🛈 Office de Tourisme résidence Corniche, av. Lerins ♻ 93 49 28 28 et av. Miramar (saison) ♻ 93 75 48 48.

Paris 906 – Cannes 10 – Draguignan 57 – ♦Nice 41 – St-Raphaël 36.

🏨 **Gd Hôtel** sans rest, ♻ 93 49 96 04 – 🚗 🚙. 🇪 VISA. ✻
  Pâques-10 oct. – 🍽 30 – **24 ch** 280/410.

THÉRONDELS 12600 Aveyron 76 ⑬ – 606 h. alt. 960.

Paris 559 – Aurillac 49 – Chaudes-Aigues 54 – Espalion 68 – Murat 59 – Rodez 88 – St-Flour 57.

🏠 **Miquel,** ♻ 65 66 02 72, 🍵 – 🅿. 🇪 VISA
  fermé 1er janv. au 15 fév. – **R** (fermé lundi sauf le midi en juil. août) 50 bc/210 ⅃, enf. 40 –
  🍽 20 – **20 ch** 180/200 – ½ P 190/210.

Paris 221 – ♦Tours 52 – Blois 34 – Châteauroux 77 – Montrichard 9,5 – Romorantin-Lanthenay 40 – Vierzon 64.

   🏠 **Host. Moulin de la Renne**, ℰ 54 71 41 56, 🚗 – 🕿 🅿 🖻 𝒱𝐼𝒮𝒜
     fermé mi-janv. à mi-mars, dim. soir et lundi hors sais. – **R** 80/180, enf. 48 – 🖙 27 – **15 ch**
     125/283 – ½ P 173/252.

   ✗ **La Mansio** avec ch, ℰ 54 71 40 07 – 🖻 𝒱𝐼𝒮𝒜
   ➡ fermé janv., mardi soir et merc. hors sais. – **R** 55/110 ⅙ – 🖙 23 – **9 ch** 130/145 – ½ P 165.

Paris 158 – Bernay 13 – Brionne 23 – Évreux 56 – Lisieux 17 – Orbec 16 – Pont-Audemer 27.

   🏠 **Levrette**, ℰ 32 46 80 22 – 🅿 🖻 𝒱𝐼𝒮𝒜
   ➡ fermé 16 au 31 août, 20 janv. au 15 fév., dim. soir et jeudi – **R** 70/160 ⅙ – 🖙 20 – **7 ch**
     120/220.

Voir Site★★ – Le Vieux Thiers★ : Maison du Pirou★ YZ **E** – Terrasse du Rempart ☀★ Y – Rocher de Borbes ≤★ S : 3,5 km par D 102.

🅱 Office de Tourisme pl. Pirou ℰ 73 80 10 74.

Paris 385 ③ – ♦Clermont-Ferrand 47 ② – Bourg-en-Bresse 182 ① – Chalon-sur-Saône 231 ① – Issoire 56 ② –
♦Lyon 136 ① – Le Puy 124 ② – Roanne 59 ① – ♦St-Étienne 107 ① – Vichy 36 ③.

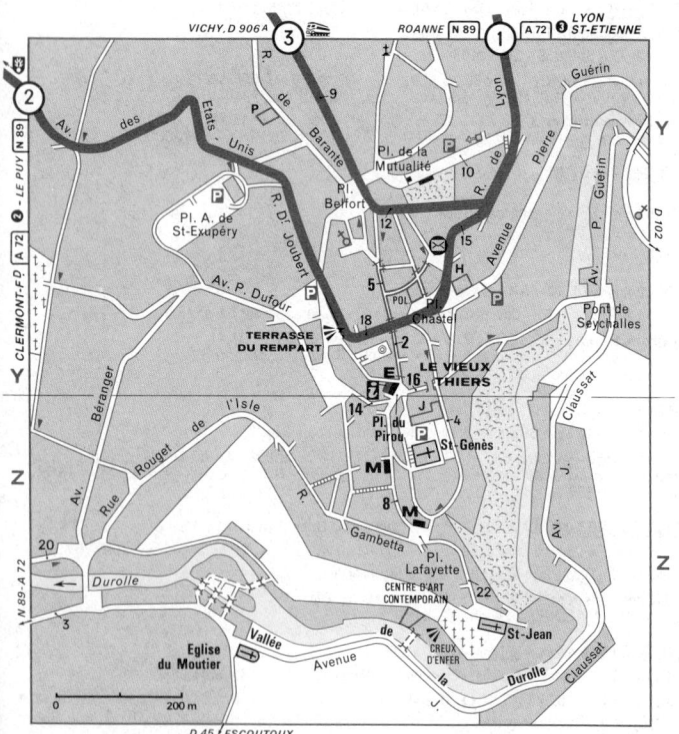

rte de Clermont par ② : 5 km sur N 89 – ✉ 63300 Thiers :

🏨 **Parc de Geoffroy** Ⓜ 🦢, ☎ 73 80 58 88, Fax 73 51 36 28, ☞, parc, ※ – 🛗 📺 ☎ 🕭
🅿 – 🔬 60. ஊ ⊙ ᙍ 𝗩𝗜𝗦𝗔. ※ rest
hôtel : fermé 1ᵉʳ fév. et dim. soir ; rest. : fermé 20 déc. au 1ᵉʳ fév., lundi midi et
dim. – **R** 160/380 – ⌿ 50 – **31 ch** 320/450.

🏨 **Fimotel** Ⓜ, ☎ 73 80 64 40, Télex 392000 – 🛗 📺 ☎ 🕭 🅿 – 🔬 30. ஊ ⊙ ᙍ 𝗩𝗜𝗦𝗔
R 76/98 🎇, enf. 36 – ⌿ 34 – **42 ch** 275/290 – ½ P 250/300.

à Pont-de-Dore par ② : 6 km par N 89 – ✉ 63920 Peschadoires :

🏨 **Avenue,** ☎ 73 80 10 14, ☞ – 🅿 ᙍ 𝗩𝗜𝗦𝗔. ※
fermé 19 au 26 août, 23 déc. au 15 janv., dim. soir et lundi midi – **R** 75/195 🎇 – ⌿ 22 –
20 ch 95/185.

XX **Mère Dépalle** Ⓜ avec ch, ☎ 73 80 10 05 – 📺 ☎ ⇐ 🅿 ᙍ 𝗩𝗜𝗦𝗔
fermé 22 déc. au 2 janv. et dim. soir du 1ᵉʳ oct. au 1ᵉʳ avril – **R** 95/225 🎇 – ⌿ 30 – **10 ch**
250/280.

CITROEN Sauvagnat, Gar. des Molles, 57 av. L.-
Lagrange par ② ☎ 73 80 67 66
FORD Dugat, bd av. L.-Lagrange ☎ 73 80 50 22
PEUGEOT-TALBOT Thiers-Autom., 52 av. L.-La-
grange par ② ☎ 73 80 57 54 🆖 ☎ 73 51 08 32
RENAULT S.A.R.A.C., ZI du Felet par ②
☎ 73 80 55 10

V.A.G Gar. Perron, 79 av. L.-Lagrange
☎ 73 80 20 49

⦿ Estager-Pneu, Zone des Molles, av. L.-Lagrange
☎ 73 80 15 97

THIÉZAC 15450 Cantal 🔟🔢 ②⑬ G. Auvergne – 742 h. alt. 805.

Voir Pas de Compaing★ NE : 3 km.

🮲 Syndicat d'Initiative à la Mairie ☎ 71 47 01 21.

Paris 531 – Aurillac 27 – Murat 24 – Vic-sur-Cère 6.

🏨 **Casteltinet** Ⓜ, ☎ 71 47 00 60, ≤, ☞ – 📺 ☎ 🅿. ᙍ 𝗩𝗜𝗦𝗔. ※ rest
Noël-4 avril et 20 avril-10 oct. – **R** 80/250, enf. 45 – ⌿ 25 – **23 ch** 170/250 – ½ P 200/215.

🏨 **Elancèze** (annexe Belle Vallée 🏡, 14 ch) ☎ 71 47 00 22, ≤, ☞ – 🛗 ☎ 🅿. ஊ ᙍ 𝗩𝗜𝗦𝗔
fermé 12 nov. au 23 déc. – **R** 72/160 🎇, enf. 45 – ⌿ 26 – **44 ch** 150/230 – ½ P 170/210.

🮩 **Commerce,** ☎ 71 47 01 67 – ᙍ 𝗩𝗜𝗦𝗔. ※ rest
fermé 20 nov. au 1ᵉʳ déc. – **R** 58/160 🎇, enf. 40 – ⌿ 19 – **35 ch** 95/150 – ½ P 135/150.

Le THILLOT 88160 Vosges 🔢🔢 ⑧ G. Alsace Lorraine – 4 867 h. alt. 500.

Paris 408 – Belfort 44 – Colmar 81 – Épinal 50 – ◆Mulhouse 59 – St-Dié 63 – Vesoul 63.

au Ménil NE : 3,5 km par D 486 – alt. 515 – ✉ 88160 Le Thillot :

🏨 **Les Sapins** 🦢, ☎ 29 25 02 46, ≤, ☞ – ☎ 🅿. ᙍ 𝗩𝗜𝗦𝗔. ※ rest
fermé 12 nov. au 15 déc. – **R** 80/150 🎇, enf. 55 – ⌿ 22 – **23 ch** 185/205 – ½ P 190/215.

au col des Croix SO : 4 km par D 486 – alt. 678 – ✉ 88160 Le Thillot :

🏨 **Perce-Neige,** ☎ 29 25 02 63 – 📺 ☎ 🅿. ᙍ 𝗩𝗜𝗦𝗔
fermé 12 nov. au 20 déc. – **R** 75/180 🎇, enf. 50 – ⌿ 25 – **16 ch** 140/220 – ½ P 190/280.

RENAULT Gar. du Centre, 20 av. de Verdun ☎ 29 25 01 17 🆖

THIONVILLE ⦾ 57100 Moselle 🔢 ③④ G. Alsace Lorraine – 41 448 h. alt. 155.

Voir Château de la Grange★ par ① : 2 km.

🏌 d'Amneville ☎ 87 71 30 13, S : 15 km par ④, D 953 puis D 47.

🮲 Office de Tourisme 16 r. Vieux-Collège ☎ 82 53 33 18.

Paris 340 ③ – ◆Metz 29 ③ – Luxembourg 35 ⑥ – ◆Nancy 83 ③ – Trier 70 ② – Verdun 87 ③.

Plan page suivante

🏩 **Saint-Hubert** Ⓜ sans rest, 2 r. Convention ☎ 82 51 84 22, Fax 82 53 99 61 – 🛗 🗏 📺
☎ 🕭 ஊ ⊙ ᙍ 𝗩𝗜𝗦𝗔
⌿ 30 – **45 ch** 240/290.
BZ **s**

🏩 **Parc** sans rest, 10 pl. République ☎ 82 53 80 80, Fax 82 82 71 82 – 🛗 📺 ☎ ஊ ᙍ 𝗩𝗜𝗦𝗔
⌿ 35 – **42 ch** 210/295.
AZ **e**

🏨 **Aux Portes de France** sans rest, 1 pl. Gén. Patton ☎ 82 53 30 01 – 🛗 📺 ☎. ஊ ⊙
𝗩𝗜𝗦𝗔. ※
fermé 29 juil. au 18 août et 23 déc. au 2 janv. – ⌿ 25 – **21 ch** 100/270.
BY **v**

XXX **Concorde** avec ch, 6 pl. Luxembourg (14ᵉ étage) ☎ 82 53 83 18, Télex 861338, ✳ Thionville
– 🛗 📺 ☎ ஊ ᙍ 𝗩𝗜𝗦𝗔
R (fermé 1ᵉʳ au 8 janv. et dim. soir) 180/330 – ⌿ 35 – **25 ch** 280/310.
BY **a**

XXX **Noël,** 2 r. Gén. de Castelnau ☎ 82 82 88 22, ☞ – 🅿. ஊ ⊙ ᙍ 𝗩𝗜𝗦𝗔
fermé 29 juil. au 19 août, dim. soir et lundi – **R** carte 250 à 380.
AZ **d**

XX **Vieille Ville,** 8 cours du Mersch ☎ 82 53 67 90, ☞ – 🗏. ⊙ ᙍ 𝗩𝗜𝗦𝗔
fermé sam. midi et lundi – **R** 78/250.
BY **r**

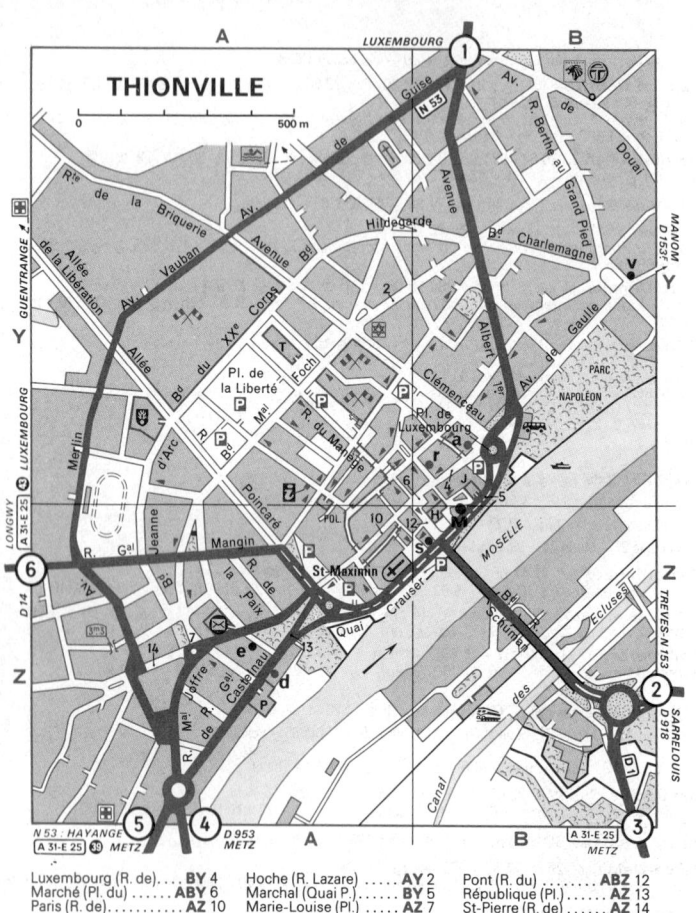

THIONVILLE

0 500 m

LUXEMBOURG

MANOM D 153F

GUENTRANGE

LONGWY A 31-E 25 LUXEMBOURG

METZ A 31-E 25

N 53 : HAYANGE
A 31-E 25 METZ

D 953 METZ

TREVES N 153
SARRELOUIS

Luxembourg (R. de)....	**BY** 4	Hoche (R. Lazare)	**AY** 2	Pont (R. du)	**ABZ** 12
Marché (Pl. du)	**ABY** 6	Marchal (Quai P.)......	**BY** 5	République (Pl.)	**AZ** 13
Paris (R. de)...........	**AZ** 10	Marie-Louise (Pl.)	**AZ** 7	St-Pierre (R. de)	**AZ** 14

au Crève-Coeur : NO par allée de la Libération et allée Bel Air - AY – ⊠ **57100** Thionville :

🏨 **Horizon** ⚛, 50 rte Crève Coeur ℰ 82 88 53 65, Télex 860870, Fax 82 34 55 84, ≤, ☂, ☞
– �📺 ☎ 🅿. ﷼ ⑩ Ɛ *VISA*
fermé janv. et sam. midi – **R** 215/330, enf. 90 – ☲ 52 – **10 ch** 350/660 – ½ P 410/550.

🍴🍴 **Aub. Crève-Coeur,** ℰ 82 88 50 52, ☞ – 🅿. ﷼ ⑩ Ɛ *VISA*
fermé dim. soir et lundi soir – **R** 120/270 ⚜.

CITROEN DM Autos, 36 rte d'Esch-sur-Alzette par
⑥ ℰ 82 88 10 15 N ℰ 82 53 32 46
FORD Central Auto, 1 r. Digue et 62 rte de Metz
ℰ 82 82 42 01
PEUGEOT-TALBOT Gar. Moderne, 10 av. de Douai
ℰ 82 53 30 08 N
ROVER Gar. du Fort, rte de Yutz, Percée Sud
ℰ 82 56 11 74

V.A.G Gar. Diettert, rte de Metz 2-4 allée du
Château de Gassion ℰ 82 34 34 34
N ℰ 82 53 32 46
VOLVO Gar. Vaillant, 18 r. de Verdun
ℰ 82 88 58 81

Ⓟ Leclerc-Pneu, boucle du Ferronnier ZI du Link-
ling 2 ℰ 82 88 43 28

Périphérie et environs

BMW Gar. Burlet, 27 rte de Verdun à Terville
ℰ 82 88 58 83
PEUGEOT-TALBOT Gar. de la Fensch, 14 r. de
Verdun à Florange par ⑤ ℰ 82 58 46 21 N
RENAULT Gd Gar. de la Moselle, 25 r. de Verdun
à Terville par ⑤ ℰ 82 88 49 60 N ℰ 05 05 15 15

Ⓟ Becker Pneus, 22 rte de Metz à Florange
ℰ 82 88 45 45
Terville-Pneus, ZI boucle Ferronnier à Terville
ℰ 82 88 44 89

THIVARS 28 E.-et-L. 60 ⑰, 106 ㊲ – rattaché à Chartres.

THIVIERS 24800 Dordogne 75 ⑥ G. Périgord Quercy – 4 215 h. alt. 253.

🛈 Syndicat d'Initiative pl. Mar.-Foch ℘ 53 55 12 50.

Paris 460 – Périgueux 37 – Brive-la-Gaillarde 82 – ♦Limoges 64 – Nontron 32 – St-Yrieix-la-Perche 31.

🏠 **France et Russie** sans rest, 51 r. Gén. Lamy ℘ 53 55 17 80, 🚗 – ⇥ ☎ ⇦ 🅿. 🖭
   ☑ 35 – **11 ch** 185/350.

CITROEN Beaufils ℘ 53 55 00 74
PEUGEOT-TALBOT Boucher ℘ 53 55 00 86 🅽
RENAULT Gar. Joussely ℘ 53 55 01 24

⚙ Maury-Pneus ℘ 53 55 17 11

THIZY 89420 Yonne 65 ⑥⑦ – 135 h. alt. 303.

Voir Montréal : stalles★ et retable★ de l'église S : 5 km, G. Bourgogne.

Paris 219 – Auxerre 62 – Avallon 17 – Montbard 37 – Tonnerre 45.

✗ **L'Atelier** 🍴 avec ch, ℘ 86 32 11 92, 🚗 – ☎ 🅿. 🇪 𝒱𝒾𝒮𝒜. ✵ ch
   15 mars-15 nov. et fermé merc. et jeudi – **R** 100/200 ⅃, enf. 60 – ☑ 30 – **8 ch** 200/330 –
   ½ P 250/300.

THOIRETTE 39240 Jura 70 ⑭ – 293 h. alt. 292.

Paris 444 – Bourg-en-Bresse 33 – Lons-le-Saunier 54 – Nantua 20 – Oyonnax 16 – St-Claude 40.

♨ **Source,** SO : 1 km sur D 936 ℘ 74 76 80 42 – ☜ 🅿. 🇪 𝒱𝒾𝒮𝒜
   fermé 15 au 30 oct., 1er au 21 janv., dim. soir et lundi du 15 sept. au 15 juin – **R** 60/175 ⅃,
   enf. 40 – ☑ 22 – **10 ch** 110/150 – ½ P 140/155.

PEUGEOT-TALBOT Gar. Sottil ℘ 74 76 83 53 🅽 ℘ 74 76 83 95

THOIRY 01710 Ain 74 ⑤ – 2 117 h.

Paris 525 – Bellegarde-sur-Valserine 26 – Bourg-en-Bresse 97 – Gex 14.

✗ **Marmite Gourmande,** ℘ 50 41 25 30 – 🇪 𝒱𝒾𝒮𝒜
   fermé 31 juil. au 17 août, 25 déc. au 4 janv., merc. soir, dim. soir et lundi – **R** 110/170.

PEUGEOT Gar. Pecora ℘ 50 41 20 91

THOISSEY 01140 Ain 74 ① – 1 481 h. alt. 175.

Paris 414 – Mâcon 16 – Bourg-en-Bresse 37 – Chauffailles 53 – ♦Lyon 56 – Villefranche-sur-Saône 29.

🏨 ❀ **Chapon Fin et rest. Paul Blanc** 🍴, ℘ 74 04 04 74, Télex 305728, Fax 74 04 94 51,
   « Élégante installation », 🚗 – ▤ 📺 ☎ ⇦ 🅿 🖭 🐦 🇪 𝒱𝒾𝒮𝒜
   fermé début janv. à début fév. et mardi sauf le soir de juil. à sept. – **R** 220/400, enf. 85 –
   ☑ 45 – **25 ch** 235/640
   Spéc. Raviole d'écrevisses au beurre de nage (juin à déc.), Fricassée de volaille aux morilles à la crème.
   Assiette du boucher aux trois parfums. Vins Saint-Véran, Morgon.

CITROEN Delorme, à St-Didier-sur-Chalaronne ℘ 74 04 03 26 🅽

THOLLON 74500 H.-Savoie 70 ⑱ G. Alpes du Nord – 416 h. alt. 992 – Sports d'hiver : 1 020/1 960 m
🎿1 🎿17 🏂.

Voir Pic de Mémise ✳★★ 30 mn.

🛈 Syndicat d'Initiative (fermé matin hors saison) ℘ 50 70 90 01.

Paris 599 – Thonon-les-Bains 20 – Annecy 95 – Évian-les-Bains 11.

🏨 **Bon Séjour** 🍴, ℘ 50 70 92 65, 🚗, ✵ – ▤ ☎ ⇦ 🅿. 🇪 𝒱𝒾𝒮𝒜
   fermé 1er nov. au 20 déc. – **R** 95/200 ⅃ – ☑ 30 – **22 ch** 180/270 – ½ P 240/260.

🏠 **Les Gentianes,** au télécabine E : 2 km ℘ 50 70 92 39, ≤ lac et montagnes – ☜ 🅿. 🖭
   🇪 𝒱𝒾𝒮𝒜
   9 juin-22 sept. et 15 déc. au 10 mai – **R** 64/180 – ☑ 32 – **22 ch** 260/270 – ½ P 280/290.

THOLONET 13 B.-du-R. 84 ③ – rattaché à Aix-en-Provence.

Le THOLY 88530 Vosges 62 ⑰ – 1 583 h. alt. 600.

Voir Grande Cascade de Tendon★ NO : 5 km, G. Alsace Lorraine.

🛈 Syndicat d'Initiative à la Mairie ℘ 29 61 81 18.

Paris 390 – Bruyères 21 – Épinal 30 – Gérardmer 10 – Remiremont 18 – St-Amé 10 – St-Dié 40.

🏨 **Gérard,** ℘ 29 61 81 07, Fax 29 61 87 06, ≤, 🔲, 🚗 – ☎ ⇦ 🅿. 🖭 🐦 🇪 𝒱𝒾𝒮𝒜
   fermé oct. et sam. (sauf vacances scolaires) – **R** 55/140 ⅃, enf. 40 – ☑ 25 – **23 ch** 150/280
   – ½ P 220.

🏠 **Grande Cascade,** NO : 5 km sur D 11 ℘ 29 33 21 08, Fax 29 66 37 17 – ☎ ⅙ 🅿. 🖭 🐦
   🇪 𝒱𝒾𝒮𝒜
   fermé 17 au 25 déc. – **R** 65/180 ⅃, enf. 40 – ☑ 25 – **30 ch** 130/190 – ½ P 150/240.

THOMERY 77 S.-et-M. 61 ⑫ – rattaché à Fontainebleau.

THONES 74230 H.-Savoie 🔼 ⑦ G. Alpes du Nord – 4 461 h. alt. 626.

Voir Vallée de Manigod★★ S : 3 km.

🇿 Office de Tourisme pl. Avet ℘ 50 02 00 26.

Paris 559 – Annecy 20 – Albertville 36 – Bonneville 32 – Faverges 20 – Megève 41.

🏠 **Nouvel H. Commerce**, r. Clefs ℘ 50 02 13 66 – 劇 📺 ☎ 🚗. 🖭 🎫
↝ *fermé 15 au 30 avril et 28 oct. au 29 nov.* – **R** *(fermé lundi hors sais.)* 63/200 ♨, enf. 40 –
☲ 32 – **25 ch** 172/355 – ½ P 210/282.

🏠 **Hermitage**, av. Vieux Pont ℘ 50 02 00 31 – 劇 ☎ 🚗 🅿 🖭 🎫. ⚄
↝ *fermé 4 au 13 mai, 20 oct. au 15 nov. et vend. soir hors sais.* – **R** 52/130 ♨, enf. 40 – ☲ 20
– **45 ch** 85/180 – ½ P 135/160.

THONON-LES-BAINS ⟨ℙ⟩ 74200 H.-Savoie 🔼 ⑦ G. Alpes du Nord – 25 894 h. alt. 426 – Stat. therm.
(2 janv.-déc.) – Voir Les Belvédères★★ ABY – Voûtes★ de l'église St-Hippolyte AY – Domaine de
Ripaille★ N : 2 km AY – Env. Gorges du Pont du Diable★★ 15 km par ②.

🇿 Office de Tourisme pl. Marché ℘ 50 71 55 55, Télex 309594.

Paris 569 ③ – Annecy 73 ③ – Chamonix 100 ③ – ◆Genève 33 ④.

Plan page ci-contre

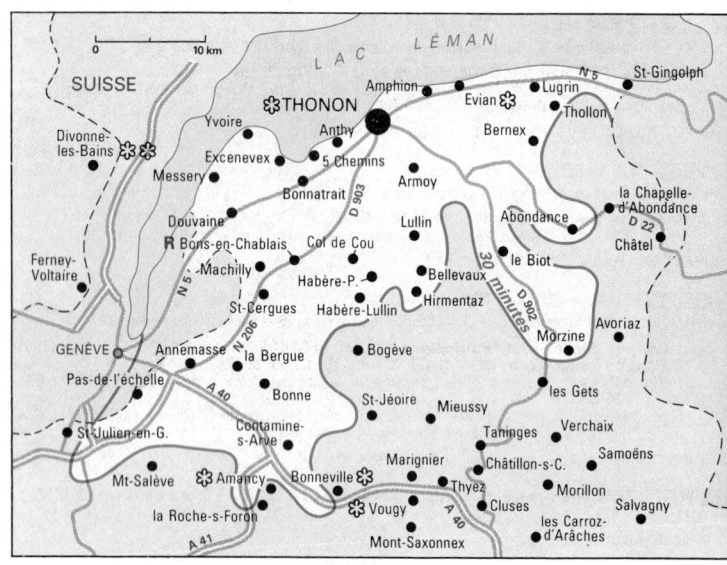

🏠 **Savoie et Léman** (École hôtelière), 2 bd Corniche ℘ 50 71 13 80, Télex 385905, ≼, 🗼 –
劇 📺 ☎ ♨ 🅿. 🖭 ⓘ 🖭 🎫. ⚄ rest   AY **n**
fermé vacances de printemps, sept., vacances de nov., de Noël, de fév., sam. soir et dim.
– **R** 80/200, enf. 60 – **35 ch** ☲ 308/405 – ½ P 280/304.

🏠 **Duché de Savoy**, 43 av. Gén.-Leclerc ℘ 50 71 40 07, Fax 50 71 14 00, 🏕 – 📺 ☎ 🚗.
🖭 ⓘ 🖭 🎫   AY **a**
fermé 15 oct. au 10 nov. – **R** *(fermé dim. soir d'avril à oct. sauf fêtes)* 85/230 ♨, enf. 50 –
☲ 27 – **15 ch** 190/280 – ½ P 250/270.

🏠 **Alpazur H.** sans rest, 8 av. Gén. Leclerc ℘ 50 71 37 25, ≼, 🗼 – 劇 ☎. 🖭 🎫. ⚄
fermé 1er déc. au 15 janv. – ☲ 28 – **26 ch** 150/240.   AY **q**

🏠 **Trianon du Léman** ⚘, av. Corzent ℘ 50 71 25 78, ≼, 🏕, 🗼, ⚄ – ☎ 🅿. 🖭 🎫. ⚄ ch
30 mars-25 sept. – **R** 85/250, enf. 55 – ☲ 30 – **16 ch** 260/330 – ½ P 215/315.   AY **s**

🏠 **Villa des Fleurs** ⚘ sans rest, 4 av. Jardins ℘ 50 71 11 38, 🗼 – 📺 ☎ 🅿 🖭 🎫. ⚄
15 mars-30 sept. et vacances de fév. – ☲ 28 – **11 ch** 230/310.   BZ **d**

🏠 **Climat de France** Ⓜ, rte Geneve par ④ : 3 km ℘ 50 70 36 70, Télex 319017, 🏕 – 📺
☎ ♨ 🅿 – 🔬 40. 🖭 🖭
R 82/150 ♨, enf. 40 – **48 ch** 275/300 – ½ P 250/280.

🏠 **Ibis** Ⓜ, 2 ter av. Evian ℘ 50 71 24 24, Télex 309934, 🏕 – 劇 📺 ☎ ♨ – 🔬 30. 🖭 🎫
R 78/85 ♨, enf. 38 – ☲ 32 – **67 ch** 260/290.   BY **a**

🏠 **A l'Ombre des Marronniers**, 17 pl. Crête ℘ 50 71 26 18 – ☕. 🖭 🎫. ⚄   BZ **d**
↝ *fermé 14 au 22 avril (sauf hôtel) et 5 au 30 nov.* – **R** *(fermé dim. soir et lundi du 1er oct. au
30 avril)* 70/140 ♨, enf. 48 – ☲ 25 – **22 ch** 130/230 – ½ P 170/205.

THONON-
LES-BAINS

Arts (R. des) .... **AZ** 4
Grande-Rue .... **AYZ**

Allobroges
(Av. des) .... **AZ** 2
Granges (R. des) ...... **BY** 5
Léman (Av. du) ...... **BY** 6
Marché (R. du) ...... **AY** 8
Michaud (R.) .... **AY** 10

Ratte (Ch" de la) ...... **BZ** 12
Sous-Préfecture
(Pl. de la) .... **AY** 13
Trolliettes (Bd des) .... **AZ** 15
Ursules (R. des) ...... **BY** 16
Vallées (Av. des) ...... **BZ** 18

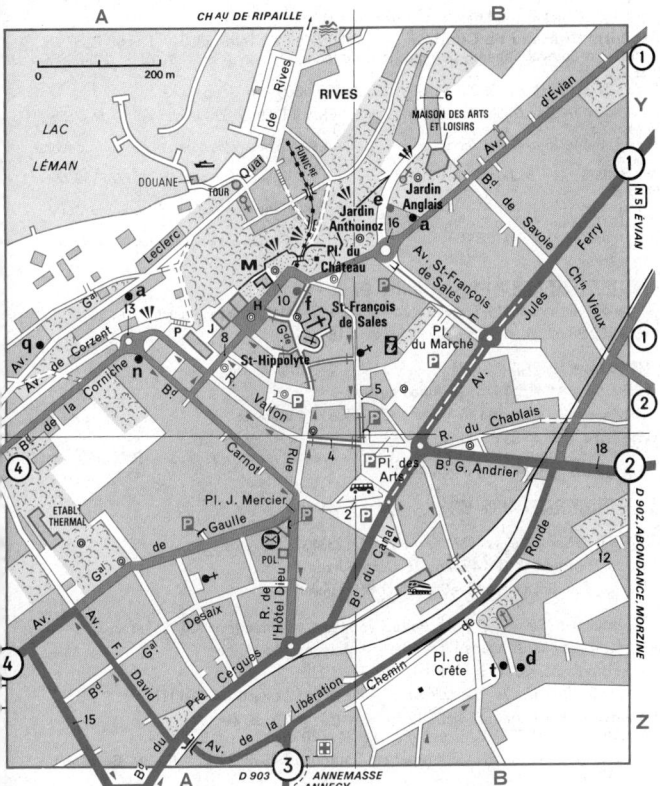

aux Cinq Chemins par ④ : 7 km – ✉ 74200 Thonon-les-Bains :

🏨 **des Cinq Chemins,** ✆ 50 72 63 45, 😤, ⤬ – 🍴 📺 ☎ 🚻 🅿 – 🔥 25. 🝙 𝘝𝘐𝘚𝘈
➡ *fermé 16 au 30 juin et 20 déc. au 20 janv. –* **R** *(fermé dim. soir et lundi midi de sept. à juin)* 67/135 🍴, enf. 45 – **30 ch** 🛏 200/300 – ½ P 185/255.

à Bonnatrait par ④ : 9 km – ✉ 74140 Douvaine :

🏨 **Hôtellerie Château de Coudrée** ⑤, ✆ 50 72 62 33, Télex 309047, Fax 50 72 57 28, 😤, « *Château médiéval dans un parc au bord du lac* », ⤬, 🚣, ⁎ – ☎ 🅿 – 🔥 40 à 100. 🝙 ⑩ 🝙 𝘝𝘐𝘚𝘈
27 avril-31 oct. – **R** 250/350 – 🛏 60 – **19 ch** 750/1600 – ½ P 685/1120.

ALFA-ROMEO, LANCIA Gar. Grillet, av. de Sene-vulaz ✆ 50 71 37 43
FORD Gar. de Thuyset, 16 av. Prés-Verts ✆ 50 71 31 50
MAZDA Gar. de la Source, 5 chemin de Morcy ✆ 50 71 39 78
OPEL Gar. Ricaud, av. Abattoirs ✆ 50 71 02 11
PEUGEOT-TALBOT Lemuet, RN 5 Croisée d'Anthy à Anthy-sur-Léman par ④ ✆ 50 70 34 58 Ⓝ ✆ 50 26 27 99

RENAULT Florin, ZI Marclaz par ④ ✆ 50 26 74 00 Ⓝ
V.A.G Alp'gge, 21 av. de la Fontaine Couverte ✆ 50 71 17 64
VOLVO Millet, RN 5 à Anthy ✆ 50 70 12 12

⬤ Pneus-Service, av. Clos de la Forge, Tully ✆ 50 71 45 23
Quiblier-Pneus, 3 av. de Drance ✆ 50 71 38 72

THORAME-HAUTE-GARE 04170 Alpes-de-H.-P. 🖽 ⑱ – alt. 1 135.
Paris 799 – Digne 54 – Beauvezer 11 – Castellane 32 – Colmars 17 – Manosque 95 – Puget-Th. 56.

🏠 Gare, ✆ 92 89 02 54, ≤, 😤, ⤬, 🌳 – ☎ – **15 ch**.

THORENC 06 Alpes-Mar. 🖽 ⑲. 🗾 ㉓ – alt. 1 250 – ✉ 06750 Andon.
Voir Col de Bleine ≤⋆⋆ N : 4 km, **G. Alpes du Sud**.
Paris 834 – Castellane 35 – Draguignan 65 – Grasse 40 – ♦Nice 79 – Vence 42.

🏠 **Voyageurs** ⑤, ✆ 93 60 00 18, ≤, 😤, 🌳 – ⊛ ⇦ 🅿 🝙 𝘝𝘐𝘚𝘈
1er fév.-31 oct. (sauf rest. du 1er au 15 fév.) et fermé jeudi hors sais. – **R** 86/140, enf. 65 – 🛏 29 – **14 ch** 135/290 – ½ P 245/290.

THORIGNÉ-SUR-DUÉ 72 Sarthe 🖽 ⑭ – rattaché à Connerré.

Le THORONET 83 Var 🖽 ⑥ – 1 087 h. alt. 142 – ✉ 83340 Le Luc.
Voir Abbaye du Thoronet⋆⋆ O : 4,5 km, **G. Côte d'Azur**.
Paris 843 – Brignoles 25 – Draguignan 22 – St-Raphaël 47 – ♦Toulon 64.

THOUARS 79100 Deux-Sèvres 🖽 ⑧ **G. Poitou Vendée Charentes** (plan) – 11 913 h. alt. 87.
Voir Façade⋆⋆ de l'église St-Médard⋆ – Site⋆ – Maisons anciennes⋆.
🇧 Office de Tourisme avec A.C. 17 pl. St-Médard ✆ 49 66 17 65.
Paris 327 – Angers 69 – Bressuire 29 – Châtellerault 69 – Cholet 58 – La Roche-sur-Yon 111.

🏨 **Château,** rte Parthenay ✆ 49 96 12 60, ≤ – 📺 ☎ 🅿 🝙 𝘝𝘐𝘚𝘈. ⁎ ch
➡ *fermé dim. soir –* **R** 55/170 🍴, enf. 45 – 🛏 24 – **20 ch** 210 – ½ P 157/242.

🏠 **Le Relais** Ⓜ sans rest, N : 3 km par rte Saumur ✆ 49 66 29 45 – 📺 ☎ 🅿 🝙 𝘝𝘐𝘚𝘈. ⁎ 🛏 20 – **15 ch** 170/190.

⁂⁂⁂ **Clos St Médard** Ⓜ avec ch, 14 pl. St-Médard ✆ 49 66 66 00, ≤, 😤 – ⇤⇥ rest 📺 ☎. 🝙 🝙 𝘝𝘐𝘚𝘈
fermé vacances de fév., dim. soir et lundi – **R** 90/265, enf. 70 – 🛏 30 – **4 ch** 220/270 – ½ P 270/300.

⁂ Petit Vatel, 35 av. H. Barbusse, près gare ✆ 49 96 21 26.

CITROEN Papin, 56 av. V.-Leclerc ✆ 49 66 21 45
RENAULT Salvra, 41 bd P.-Curie ✆ 49 66 21 78 Ⓝ ✆ 49 94 70 42

⬤ Thouars-Pneus, 24-26 pl. Lavault ✆ 49 66 06 52

THOURON 87140 H.-Vienne 🖽 ⑦ – 344 h. alt. 374 – Paris 387 – ♦Limoges 22 – Bellac 23 – Guéret 73.

⁂⁂ **Pomme de Pin** Ⓜ ⑤ avec ch, étang de Tricherie NE : 2,5 km par VO ✆ 55 53 43 43, 😤, 🌳 – ☎. 🝙 𝘝𝘐𝘚𝘈
fermé 3 au 16 juin, janv.,mardi midi et lundi – **R** 105/220, enf. 48 – 🛏 24 – **4 ch** 210/340 – ½ P 260.

THUEYTS 07330 Ardèche 🖽 ⑱ **G. Vallée du Rhône** (plan) – 1 013 h. alt. 462.
Voir Coulée basaltique⋆.
🇧 Syndicat d'Initiative pl. Champ-de-Mars (fermé matin hors saison) ✆ 75 36 46 79.
Paris 648 – Privas 50 – Le Puy 72.

🏨 **Platanes,** N 102 ✆ 75 93 78 66, 🌳 – 🍴 🟰 rest ☎ ⇦ 🅿. 🝙 𝘝𝘐𝘚𝘈
➡ *fermé 10 nov. au 10 fév. –* **R** 65/170 🍴, enf. 45 – 🛏 22 – **30 ch** 120/220 – ½ P 180/220.

🏨 **Marronniers,** ✆ 75 36 40 16, 😤, ⤬, 🌳 – ☎ 🅿 𝘝𝘐𝘚𝘈. ⁎ rest
fermé 20 déc. au 5 mars, et lundi du 2 oct. au 30 avril – **R** 78/170, enf. 50 – 🛏 25 – **19 ch** 150/230 – ½ P 200/220.

※※ **La Gibecière,** 4 pl. Gén. de Gaulle 𝒫 68 53 12 54, 😤 – **E** 𝘝𝘐𝘚𝘈
→ fermé 4 au 15 oct., 9 fév. au 8 mars, lundi soir en juil-août, dim. soir et lundi de sept. à juin – **R** 70/160 🐔, enf. 45.

THURY-HARCOURT 14220 Calvados 🎍🎍 ⑩ G. Normandie Cotentin – 1 615 h. alt. 46.
Voir Parc et jardins du château★ – Boucle du Hom★ NO : 3 km.
🏌 de Clécy-Cantelou 𝒫 31 69 72 72, S par D 562 et D 133ᴬ : 11 km.
🅱 Office de Tourisme pl. St-Sauveur (Ascension-15 sept.) 𝒫 31 79 70 45.
Paris 264 – ♦Caen 26 – Condé-sur-Noireau 19 – Falaise 26 – Flers 31 – St-Lô 53 – Vire 45.

※※ **Relais de la Poste,** 𝒫 31 79 72 12, 😤 – **℗**. 𝔸𝔼 ⓞ **E** 𝘝𝘐𝘚𝘈
fermé déc. et janv. – **R** 120/285, enf. 65.

à Goupillières N : 8,5 km par D 6 et D 212 – ✉ **14210** :

※※ **Aub. du Pont de Brie** 🦌 avec ch, Halte de Grimbosq E : 1,5 km par D 171 𝒫 31 79 37 84,
←– ☎ **℗**. **E** 𝘝𝘐𝘚𝘈. 🦌
fermé 14 au 28 nov., 2 au 16 janv. et merc. du 1ᵉʳ sept. au 1ᵉʳ juil. – **R** 85/220 – ☲ 28 –
10 ch 120/250 – ½ P 200/250.

CITROEN Hébert 𝒫 31 79 70 74

Paris 570 – Chamonix 49 – Thonon-les-Bains 50 – Annecy 49 – Bonneville 11 – Cluses 4 – Megève 35 – Morzine 34.

※ **Savoyard,** D 19 𝒫 50 98 60 54, ←, 😤, 😤 – **℗**. 🦌 ch
R *(fermé sam.)* 75/130, enf. 30 – ☲ 13 – **25 ch** 160/190 – ½ P 190.

ALFA-ROMEO, MERCEDES Gar. Vallée de l'Arve   FIAT Arve Automobiles 𝒫 50 34 08 50
𝒫 50 98 41 16

Paris 285 – Angers 21 – Château-Gontier 36 – Château-la-Vallière 63 – La Flèche 34 – Saumur 56.

※ **Le Tiercé,** 𝒫 41 42 64 02 – **℗**. 𝔸𝔼 **E** 𝘝𝘐𝘚𝘈
→ **R** 48/78 🐔, enf. 40 – ☲ 21 – **18 ch** 110/170 – ½ P 135/165.

Paris 375 – La Roche-sur-Yon 53 – ♦Nantes 48 – Cholet 20 – Clisson 19 – Montaigu 16.

🏠 **La Barbacane** Ⓜ 🦌 sans rest, pl. Église 𝒫 51 65 75 59, Fax 51 65 71 91, ⤳, 😤 – 📺
☎ 🚻 **E** 𝘝𝘐𝘚𝘈
☲ 25 – **16 ch** 200/305.

🅱 Office de Tourisme au Lac 𝒫 79 06 15 55, Télex 980030.
Paris 668 – Albertville 83 – Bourg-St-Maurice 30 – Chambéry 131 – Val-d'Isère 13.

🏠 **Campanules** 🦌, 𝒫 79 06 34 36, ←, 📺 ☎. **E** 𝘝𝘐𝘚𝘈. 🦌 rest
1ᵉʳ juil.-31 août et 1ᵉʳ déc.-5 mai – **R** 120/150 – **36 ch** ☲ 380/590 – ½ P 420/450.

🏠 **Aiguille Percée** 🦌, 𝒫 79 06 52 22, ←, 📺 ☎. **E** 𝘝𝘐𝘚𝘈. 🦌 rest
1ᵉʳ nov.-13 mai – **R** 125, enf. 65 – ☲ 43 – **38 ch** 510 – ½ P 440.

🏠 **Terril Blanc,** 𝒫 79 06 32 87, ←, 😤 – 📺 ☎ **℗**. 🦌
1ᵉʳ juil.-fin août et 20 déc.-1ᵉʳ mai – **R** 90/130, enf. 70 – ☲ 45 – **25 ch** 380/480 – ½ P 410/430.

🏠 **Paquis** 🦌, 𝒫 79 06 37 33, ←, 📺 ☎. **E** 𝘝𝘐𝘚𝘈. 🦌 rest
1ᵉʳ juil.-10 sept., 20 oct.-10 déc. et 17 déc.-10 mai – **R** 110, enf. 75 – ☲ 40 – **39 ch** 300/500
– ½ P 360/440.

🏠 **Neige et Soleil,** 𝒫 79 06 32 94, Fax 79 06 33 18, ←, 😤 – ☎. **E** 𝘝𝘐𝘚𝘈. 🦌 rest
1ᵉʳ nov.-10 mai – **R** 110/145 – **26 ch** ☲ 350/480 – ½ P 250/420.

au Val Claret SO : 2 km – ✉ **73320** Tignes :

🅱 Office de Tourisme (saison) 𝒫 79 06 50 09.

🏠🏠 **Ski d'Or** Ⓜ 🦌, 𝒫 79 06 51 60, Télex 306254, Fax 79 06 45 49, ← – 📶 📺 ☎. **E** 𝘝𝘐𝘚𝘈
1ᵉʳ déc.-1ᵉʳ mai – **R** 225 – **22 ch** (½ pens. seul.) – ½ P 980.

🏠🏠 **Curling** 🦌 sans rest, 𝒫 79 06 34 34, Télex 309605, Fax 79 06 46 14, ← – 📶 📺 ☎. 𝔸𝔼 ⓞ
E 𝘝𝘐𝘚𝘈
5 juil.-1ᵉʳ sept. et 26 oct.-10 mai – **35 ch** ☲ 550/780.

🏠 **Vanoise** 🦌, 𝒫 79 06 31 90, ←, 🦌 – 📶 📺 ☎. ⓞ **E** 𝘝𝘐𝘚𝘈
fermé juin – **R** 110/150, enf. 65 – **21 ch** ☲ 300/500 – ½ P 370/420.

🏠 **Nevada** 🦌, 𝒫 79 06 50 33, Fax 79 06 45 04, ←– 📺 ☎. 𝔸𝔼 **E** 𝘝𝘐𝘚𝘈. 🦌 rest
29 janv.-24 août et 9 nov.-15 mai – **R** 140 – ☲ 34 – **28 ch** 325/500 – ½ P 390/440.

aux Boisses NE : 5 km – alt. 1 810 – ✉ **73320** Tignes :

🏠 **Mélèzes,** 𝒫 79 06 40 02, ←, 😤 – 😤 **℗**. 🦌
20 déc.-30 avril – **R** 85/125, enf. 45 – ☲ – **18 ch** 190/320 – ½ P 222/257.

21120 Côte-d'Or 🖽 ⑫ G. Bourgogne – 755 h. alt. 284.

Paris 338 – ◆Dijon 26 – Châtillon-sur-Seine 76 – Dole 65 – Gray 42 – Langres 42.

☖ **Poste,** ℘ 80 95 03 53 – 🚗 **E** 𝗩𝗜𝗦𝗔 ✑ ch
→ fermé dim. soir du 1er nov. au 30 avril et sam. sauf le soir du 1er mai au 31 oct. – **R** 60/150
– ☲ 21 – **9 ch** 170/250 – ½ P 250.

TILLÉ 60 Oise 🖾 ⑰ – rattaché à Beauvais.

TILQUES 62 P.-de-C. 🖾 ③ – rattaché à St-Omer.

TINQUEUX 51 Marne 🖽 ⑥ – rattaché à Reims.

TINTÉNIAC 35190 I.-et-V. 🖾 ⑯ G. Bretagne – 2 598 h. alt. 56.

Voir Château de Montmuran★ et église des Iffs★ SO : 5 km.

Paris 373 – ◆Rennes 27 – St-Malo 42 – Avranches 63 – Dinan 24 – Dol-de-Bretagne 60 – Fougères 60.

XX **Voyageurs** avec ch, ℘ 99 68 02 21, 🐎 – 🕿 🅿 🕮 ⓄⒹ **E** 𝗩𝗜𝗦𝗔 ✑ ch
fermé 15 déc. au 15 janv., dim. soir et lundi – **R** 91/185 ⅃, enf. 40 – ☲ 26 – **15 ch** 150/230
– ½ P 175/225.

TOCQUEVILLE-SUR-EU 76910 S.-Mar. 🖾 ⑤ – 146 h. alt. 84.

Paris 179 – Dieppe 20 – Eu 13 – Neufchâtel-en-Bray 44 – ◆ Rouen 81 – Le Tréport 12.

X **Le Quatre Pain,** près église ℘ 35 86 75 40 – **E** 𝗩𝗜𝗦𝗔
fermé fév. et vend. – **R** 75/125 ⅃, enf. 45.

TONNAY-BOUTONNE 17380 Char.-Mar. 🖽🖽 ③ G. Poitou Vendée Charentes – 1 059 h. alt. 24.

Paris 452 – La Rochelle 53 – Niort 52 – Rochefort 21 – Saintes 31 – St-Jean-d Angély 18.

🏠 **Le Prieuré** 🦢, ℘ 46 33 20 18, 🐎 – 📺 🕿 🛆 🅿 **E** 𝗩𝗜𝗦𝗔 ✑ rest
fermé 23 déc. au 3 janv. – **R** (fermé de nov. à fév. et dim. soir hors sais.) carte 250 à 390
– ☲ 45 – **14 ch** 270/450 – ½ P 320/410.

☖ **Beau Rivage,** ℘ 46 33 20 01
→ fermé 5 au 15 avril, 20 sept. au 19 oct. et lundi – **R** 65/170 ⅃ – ☲ 25 – **7 ch** 120/230 –
½ P 140/190.

TONNEINS 47400 L.-et-G. 🗇 ④ – 9 366 h. alt. 39.

🔟 Office Municipal de Tourisme 3 bd Charles-de-Gaulle ℘ 53 79 22 79.

Paris 616 – Agen 41 – ◆Bordeaux 107 – Nérac 37 – Villeneuve-sur-Lot 36.

🏠 **Castel Ferron** 🦢, rte Marmande ℘ 53 84 59 99, 🎋, parc – 📺 🕿 🅿 – 🔏 25. **E** 𝗩𝗜𝗦𝗔
R 120/250 – ☲ 40 – **17 ch** 300/400 – ½ P 300/360.

🏠 **Fleurs** sans rest, ℘ 53 79 10 47 – 📺 🕿 🅿 **E** 𝗩𝗜𝗦𝗔
☲ 21 – **14 ch** 135/195.

CITROEN Sovat, rte de Bordeaux ℘ 53 79 02 16
PEUGEOT-TALBOT Garonne-Auto, rte de Bor-
deaux ℘ 53 79 14 75 🪪
RENAULT Dupouy, rte de Bordeaux ℘ 53 84 50 84
🪪

Ⓦ Delapierre, 46 bd M.-Dormoy ℘ 53 79 02 85
S.P.E.R., bd Sébastopol ℘ 53 84 53 52

TONNERRE 89700 Yonne 🖽 ⑥ G. Bourgogne – 6 181 h. alt. 145.

Voir Ancien hôpital : charpente★ et Mise au tombeau★.

🔟 Office de Tourisme pl. Marguerite-de-Bourgogne (avril-oct.) ℘ 86 55 14 48.

Paris 198 ③ – Auxerre 35 ③ – Châtillon-sur-S. 49 ② – Joigny 54 ① – Montbard 46 ② – Troyes 57 ①.

Plan page ci-contre

🏯 ❀❀ **Abbaye St-Michel** (Cussac) 𝗠 🦢, r. St-Michel, sud du plan, ℘ 86 55 05 99, Télex
801356, Fax 86 55 00 10, ≤, « Ancienne abbaye du 10e siècle dans un parc fleuri », ✗ –
📺 🕿 🅿 🕮 ⓄⒹ **E** 𝗩𝗜𝗦𝗔
fermé 1er janv. au 7 fév. – **R** 290/540 et carte – ☲ 75 – **10 ch** 750/1000, 4 appart. 2000 –
½ P 725/875
Spéc. Soupe de rougets aux champignons, Feuilleté de foie gras à la rhubarbe, Crépinette d'agneau au thym
et pâtes fraîches. Vins Epineuil, Irancy.

🏠 **Fosse Dionne** sans rest, 37 r. H. de Ville **(e)** ℘ 86 55 11 92 – 📺 🕿 🕮 ⓄⒹ **E** 𝗩𝗜𝗦𝗔
☲ 27 – **12 ch** 180/280.

🏠 **Centre,** 65 r. Hôpital **(b)** ℘ 86 55 10 56 – 🚗. **E** 𝗩𝗜𝗦𝗔
→ fermé 2 au 15 janv. et lundi midi hors sais. – **R** 59/280 ⅃, enf. 45 – ☲ 28 – **28 ch** 95/200 –
½ P 130/190.

XX **Le Saint Père,** 2 av. G. Pompidou **(a)** ℘ 86 55 12 84, 🎋 – 𝗩𝗜𝗦𝗔
→ fermé 15 au 30 mars, 9 au 30 sept., mardi soir, merc. soir et jeudi soir d'oct. à mars, dim.
soir et lundi – **R** 60/230 ⅃, enf. 55.

TONNERRE

*Dans la liste des rues
des plans de ville,
les noms en rouge indiquent
les principales voies
commerçantes.*

*Les plans de villes sont
orientés le Nord en haut.*

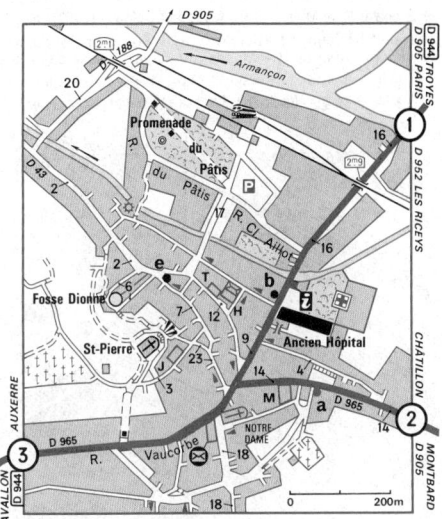

CITROEN Gar. Viard, rte de Paris par ①
℘ 86 55 08 12 Ⓝ ℘ 25 70 02 96
OPEL Gar. Maupois, 86 bis r. G.-Pompidou par ②
℘ 86 55 14 11
PEUGEOT-TALBOT Hérault-Autos, 22 r. Chevalier-
d'Éon par ① ℘ 86 55 08 98

RENAULT Perrot, rte de Paris par ①
℘ 86 55 15 89 Ⓝ ℘ 05 05 15 15
V.A.G Gar. Lambert, 61 r. Vaucorbe ℘ 86 55 01 48

Ⓜ SOVIC, r. G.-Pompidou ℘ 86 55 16 29

TORCY 71 S.-et-L. 69 ⑧ – rattaché au Creusot.

TORCY 77 S.-et-M. 56 ⑫, 101 ⑳ – Voir à Paris, Environs.

TORIGNI-SUR-VIRE 50160 Manche 54 ⑭ G. Normandie Cotentin – 2 967 h. alt. 89.
Paris 295 – ♦Caen 51 – St-Lô 13 – Villedieu-les-Poêles 35 – Vire 26.

XX **Aub. Orangerie** avec ch, ℘ 33 56 70 64 – 🖵 ☎ ⅍ 🄴 VISA
→ fermé fév., dim. soir et lundi hors sais. – **R** 60/170 ⅍, enf. 48 – ☲ 20 – **7 ch** 165/195 –
½ P 144/161.

CITROEN Lemoine ℘ 33 56 71 53 Ⓝ
CITROEN Gar. Burnouf, à Tessy-sur-Vire
℘ 33 56 30 15 Ⓝ ℘ 33 56 33 13

RENAULT Pagnon, à St-Amand ℘ 33 56 72 46

TORNAC 30 Gard 80 ⑰ – rattaché à Anduze.

TOUCY 89130 Yonne 65 ④ G. Bourgogne – 2 865 h. alt. 202.
🛈 Syndicat d'Initiative pl. Frères-Genêt (15 juin-15 oct. après-midi seul.) ℘ 86 44 15 66.
Paris 160 – Auxerre 24 – Avallon 67 – Clamecy 44 – Cosne-sur-Loire 50 – Joigny 30 – Montargis 60.

XX **Ville d'Auxerre** avec ch, bd P. Larousse ℘ 86 44 02 77 – ⇔ 🄴 VISA
fermé 15 déc. au 15 janv., dim. soir et lundi – **R** 80/200 – ☲ 25 – **14 ch** 120/230.

X **Lion d'Or** avec ch, r. L. Cormier ℘ 86 44 00 76 – 🄴 VISA
fermé 5 au 25 janv., dim. soir et lundi – **R** 100/150 – ☲ 26 – **8 ch** 150.

CITROEN Degret ℘ 86 44 11 99

RENAULT Gar. Massot ℘ 86 44 14 63

TOUËT-SUR-VAR 06710 Alpes-Mar. 81 ⑲⑳, 195 ⑭ G. Alpes du Sud – 320 h. alt. 350.
Voir Gorges inférieures du Cians★★ N : 2 km.
Env. Villars-sur-Var : Mise au tombeau★★ du retable du maître-autel★, retable de l'Annonciation★
dans l'église E : 8,5 km – Gorges supérieures du Cians★★★ N : 13 km.
Paris 843 – ♦Nice 55 – Puget-Théniers 10 – St-Étienne-de-Tinée 70 – St-Martin-Vésubie 63.

X **Chasseurs,** ℘ 93 05 71 11, 🍴 – 🄰🄴 ⓸ 🄴 VISA
fermé fév., le soir (sauf vend. et sam. d'oct. à juin) et mardi – **R** 98/169 ⅍, enf. 60.

Voir Cathédrale St-Étienne★★ et cloître★ BZ – Église St-Gengoult★ et cloître★★ BZ – Façade★ de l'ancien palais épiscopal BZ **H** – Musée municipal★ : salle des malades★ BY **M**.

🛈 Office de Tourisme parvis Cathédrale ℰ 83 64 11 69 – A.C. 7 r. Michatel ℰ 83 43 08 27.
Paris 281 ⑤ – ◆Nancy 23 ② – Bar-le-Duc 61 ⑤ – ◆Metz 64 ① – St-Dizier 77 ⑤ – Verdun 81 ①.

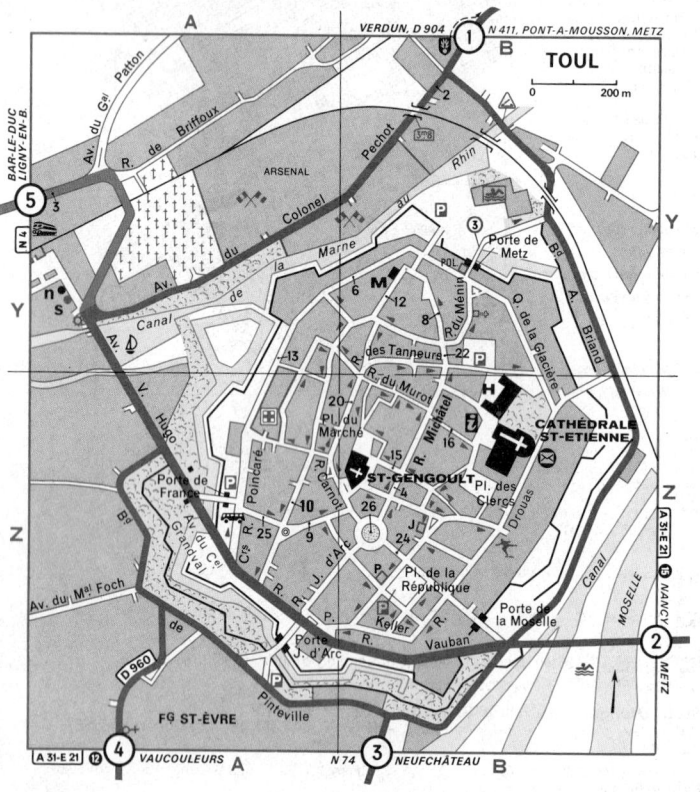

Dr-Chapuis (R. du).... **BZ** 4	Albert-1er (Av.)........ **BY** 2	Hôpital-Militaire
Gambetta (R.)........ **AZ** 9	Clemenceau (Av.)..... **AY** 3	(R. de l')......... **AYZ** 13
Michâtel (R.)......... **BZ**	Écuries (R. des)...... **BY** 6	Lafayette (R.)........ **BZ** 15
République (R. de la).. **BZ** 24	Foy (R. du Gén.)..... **BY** 8	Liouville (R.)........ **BZ** 16
Thiers (R.).......... **AZ** 25	Gengoult (R. du Gén.).. **AZ** 10	Petite-Boucherie (R.).. **ABZ** 20
3-Evêchés (Pl. des).... **BZ** 26	Gouvion St-Cyr (R.).... **BY** 12	Pte-des-Cordeliers (R.). **BY** 22

🏠 **Europe** sans rest, 35 av. V. Hugo ℰ 83 43 00 10 – 📺 ☎ 🚗 🅰🅴 🅴 🆅🅸🆂🅰 AY **n**
  fermé 1er au 15 fév. – ☲ 30 – **21 ch** 145/240.

🍴🍴 **La Belle Époque,** 31 av. V. Hugo ℰ 83 43 23 71 – 🅴 🆅🅸🆂🅰 AY **s**
  fermé 1er au 20 juil., 1er au 10 fév., sam. midi et dim. – **R** (nombre de couverts limité – prévenir) 88/175.

  à la Z. I. Croix de Metz par ① et rte Villey-St-Étienne : 6 km – ⊠ 54200 Toul :

🍴🍴 ✸ **Le Dauphin** (Vohmann), ℰ 83 43 13 46, Fax 83 64 37 01, 🍽, �─ – 🅿. 🅴 🆅🅸🆂🅰
  fermé 29 juil. au 12 août, 22 déc. au 5 janv., dim. soir et lundi – **R** 210/320, enf. 80
  Spéc. Petit pâté chaud d'anguille (automne-hiver), Foie gras rôti aux artichauts et pommes de terre, Feuillantine au chocolat. **Vins** Côtes du Toul.

CITROEN Michel, N 411 ZI Croix-d'Argent par ① ℰ 83 43 08 61
PEUGEOT-TALBOT Mathiot-Meny, av. 1ère-Armée-Française, rte de Troyes par ④ ℰ 83 43 00 74

RENAULT Frémont, rte de Paris à Écrouves par ⑤ ℰ 83 43 11 92 🆔 ℰ 83 43 43 20
V.A.G Gar. St-Martin, 13 av. du Gén.-Leclerc à Dommartin-les-Toul ℰ 83 64 55 05

Une réservation confirmée par écrit est toujours plus sûre.

Voir Rade★★ – Corniche du Mont Faron★★ : ≤★ BCU – Vieille ville★ FY : Atlantes★ de l'ancien hôtel de ville FY **F**, Musée naval★ EY **M** – Port★.

Env. Tour Beaumont (Mémorial du Débarquement★ et ※★★★) au Nord – Baou de 4 Oures ※★★ NO : 7 km par D 62 AU et D 262 – Mont Caume ※★★ NO : 15 km par D 62 AU – Fort de la Croix-Faron ≤★ N : 7 km CU – Gorges d'Ollioules★ par ⑤ : 10 km.

🛬 de Toulon-Hyères : 𝒫 94 38 57 57, par ① : 21 km.

🚆 𝒫 94 91 50 50.

🛳 pour la Corse (3 mars-11 nov.) : Société Nationale Corse-Méditerranée (S.N.C.M.), 21 et 9 av. Infanterie de Marine 𝒫 94 41 25 76 FZ.

🛈 Office de Tourisme et Accueil de France (Informations et réservations d'hôtels, pas plus de 5 jours à l'avance) 8 av. Colbert 𝒫 94 22 08 22, Télex 400479 et pl. Albert-1ᵉʳ, hall gare SNCF 𝒫 94 62 73 87, Télex 430307 – A.C. 1 av. H.-Dunant 𝒫 94 93 01 18.

Paris 837 ④ – Aix-en-Provence 81 ④ – Cannes 128 ① – ◆Marseille 64 ④ – ◆Nice 153 ①.

Plans pages suivantes

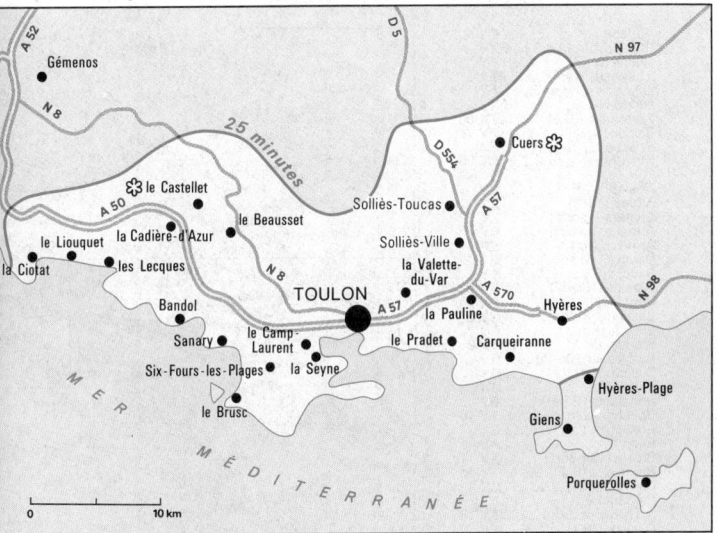

🏨 **Altéa Tour Blanche** Ⓜ ⑤, au pied du téléphérique du Mont Faron ⊠ 83200 𝒫 94 24 41 57, Télex 400347, Fax 94 22 42 25, ≤ Toulon et la rade, 霜, ⊾, 屬 – 🛗 🗐 📺 ☎ ᵴ 🅿 – 🔊 60 à 200. 🖭 ⓞ Ε 𝘝𝘐𝘚𝘈   BU **a**
R 130/170 – 🖙 50 – **92 ch** 390/690.

🏨 **Gd Hôtel** sans rest, 4 pl. Liberté 𝒫 94 22 59 50, Télex 430048 – 🛗 📺 ☎ ⇐. 🖭 ⓞ Ε 𝘝𝘐𝘚𝘈   FX **k**
🖙 45 – **45 ch** 355/450.

🏨 **Nouvel H.** sans rest, 224 bd Tessé 𝒫 94 89 04 22 – 🛗 🗐 📺 ☎. 🖭 𝘝𝘐𝘚𝘈   FX **f**
🖙 24 – **29 ch** 148/270.

🏨 **Dauphiné** sans rest, 10 r. Berthelot 𝒫 94 92 20 28, Fax 94 62 16 69 – 🛗 📺 ☎. 🖭 ⓞ Ε 𝘝𝘐𝘚𝘈   FX **s**
🖙 24 – **57 ch** 210/260.

🏨 **St-Nicolas** sans rest, 49 r. J. Jaurès 𝒫 94 91 02 28 – 🛗 📺 ☎. 🖭 ⓞ Ε 𝘝𝘐𝘚𝘈   EX **n**
🖙 26 – **40 ch** 196/286.

🏨 **Le Jaurès** sans rest, 11 r. J. Jaurès 𝒫 94 92 83 04 – ☎. 🖭 Ε 𝘝𝘐𝘚𝘈   EX **f**
fermé 23 au 29 déc. – 🖙 20 – **16 ch** 105/160.

XX **Bistro des Princes**, 449 av. Franklin Roosevelt 𝒫 94 42 45 31 – 🗐. 🖭 ⓞ Ε 𝘝𝘐𝘚𝘈   ZG **e**
fermé dim. et fériés – **R** 100/150.

XX La Ferme, 6 pl. L. Blanc 𝒫 94 41 43 74 – 🗐   FY **u**

XX **Au Sourd**, 10 r. Molière 𝒫 94 92 28 52, 霜, produits de la mer – Ε 𝘝𝘐𝘚𝘈   FX **w**
fermé 1ᵉʳ au 31 juil., dim. et lundi – **R** 130.

✗ **Le Dauphin**, 21 bis r. J. Jaurès ℰ 94 93 12 07 – 🍽. **E** 𝗩𝗜𝗦𝗔   EX **e**
fermé 27 avril au 1ᵉʳ mai, 4 au 16 août, sam. midi, dim. et fériés – **R** 132/192.

✗ **Pascal ''chez Mimi''**, 83 av. de la République ℰ 94 92 79 60, cuisine tunisienne – **E** 𝗩𝗜𝗦𝗔
fermé lundi – **R** carte 110 à 150.   FY **z**

au Mourillon – ⊠ **83000** Toulon.

Voir Tour royale ❊⋆.

🏛 **Corniche**, 1 littoral F. Mistral ℰ 94 41 35 12, Fax 94 41 24 58, ≤, 🛱 – 🛗 🍽 ch 📺 ☎. 🅰
    ⓘ **E** 𝗩𝗜𝗦𝗔   BV **a**
    R *(fermé dim. soir du 1ᵉʳ sept. au 30 juin et lundi)* 140/320 **Le Bistrot** *(fermé lundi midi de
    sept. à juin et dim.)* **R** environ 150 – ⊡ 40 – **18 ch** 320/450, 4 appart. 520.

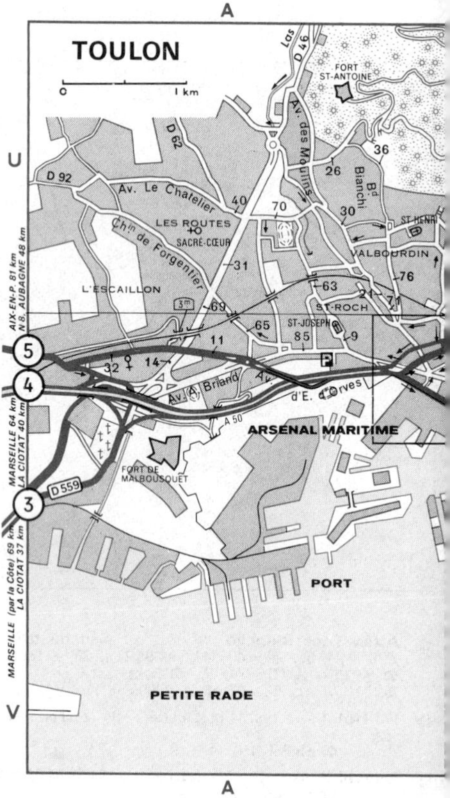

✗✗ **Gros Ventre**, 20 littoral F. Mistral ℰ 94 42 15 42, 🛱 – 🝙 ⓘ **E** 𝗩𝗜𝗦𝗔   BV **e**
fermé jeudi midi et merc. – **R** 125/194 ♨. enf. 55.

TOULON

0   1 km

ARSENAL MARITIME

PORT

PETITE RADE

à la Valette-du-Var par ① : 7 km – 18 432 h. – ⊠ **83160** :

🏠 **Yan's H.** Ⓜ, échangeur La Valette-nord, zone d'activité des Espaluns ℰ 94 08 38 08, Fax 94 08 48 60, 🔽, ☞ – ▤ 📺 ☎ ᖚ ℗ – 🔏 30. 🖭 ⑨ Ɛ 𝒱𝐼𝑆𝐴, ℘ rest
R 75/200, enf. 50 – ☲ 30 – **42 ch** 275/470.

🏠 **Campanile,** échangeur La Valette-nord, zone d'activité des Espaluns ℰ 94 21 13 01, Télex 430978, ☞ – ▤ rest 📺 ☎ ᖚ ℗ – 🔏 25. Ɛ 𝒱𝐼𝑆𝐴
R 74 bc/98 bc, enf. 39 – ☲ 27 – **50 ch** 248 – ½ P 225/249.

à La Pauline par ① et N 98 : 10 km – ⊠ **83130** La Garde :

🏠 **Fimotel** Ⓜ, ℰ 94 75 82 25, Télex 430963, Fax 94 08 42 98, ☞, 🔽 – ▮ 📺 ☎ ᖚ ℗ – 🔏 30. 🖭 ⑨ Ɛ 𝒱𝐼𝑆𝐴
R 78/118 ᖚ, enf. 40 – ☲ 35 – **41 ch** 290/320.

tourner →

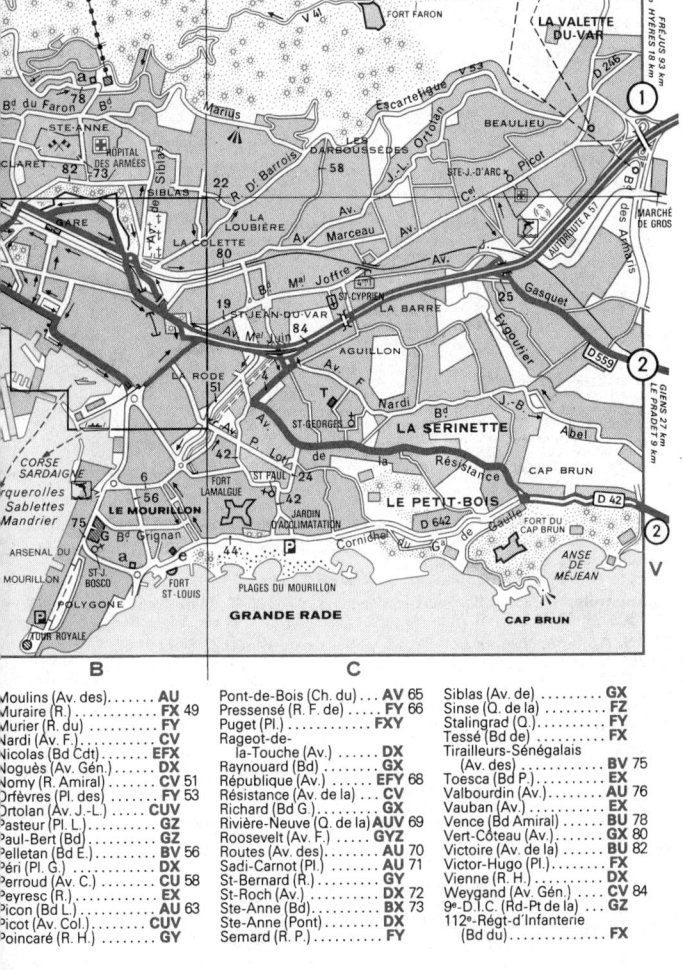

1165

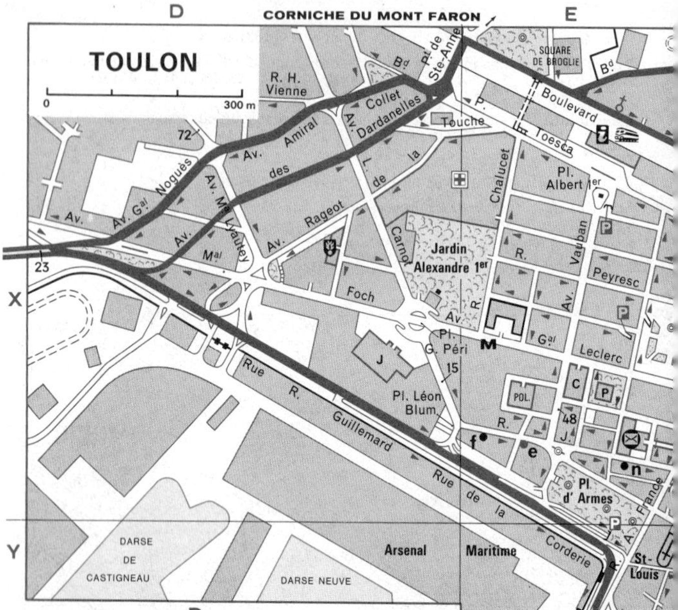

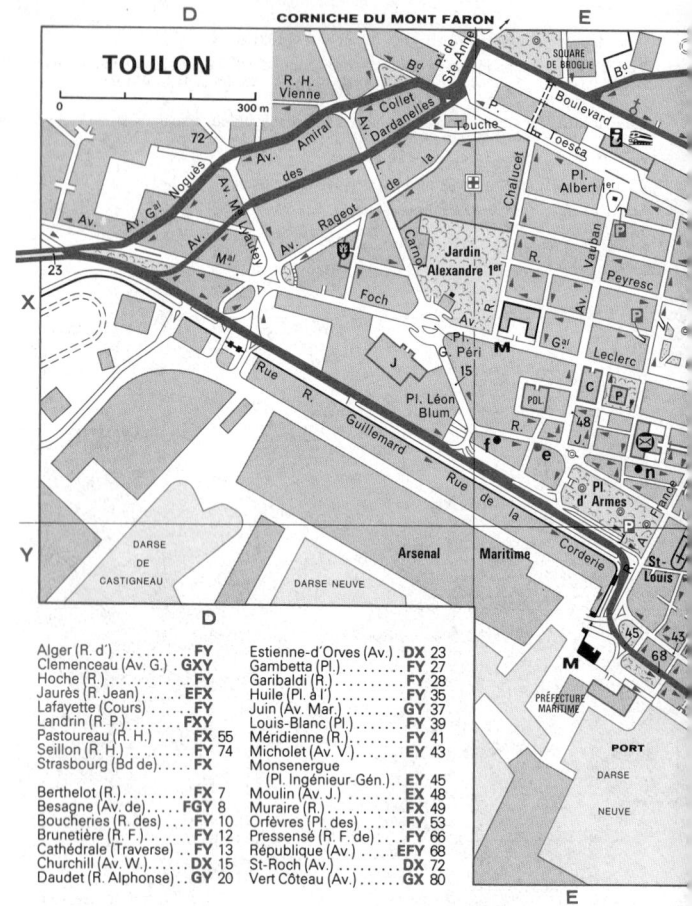

D
CORNICHE DU MONT FARON
E
TOULON
0
300 m
R. H. Vienne
Bd
Pl. de Ste-Anne
SQUARE DE BROGLIE
Bd
Collet
Av. Dardanelles
P.
Touche
Boulevard
Toesca
Av. Amiral
des
Rageot
de
la
L.
Av. Gal Noguès
72
Av. Mal Lyautey
Av.
Av. Mal
Av.
23
Carnot
Jardin Alexandre 1er
Chalucet
Pl. Albert 1er
R.
Vauban
Av.
Peyresc
Foch
Av.
Pl. G. Péri
M
Gal
Leclerc
J
15
X
Rue
R.
Guillemard
Pl. Léon Blum
POL.
C
48
J.
R.
f
e
n
Pl. d' Armes
Rue
de
la
Corderie
France
R.
St-Louis
DARSE DE CASTIGNEAU
Y
Arsenal
Maritime
DARSE NEUVE
D

Alger (R. d') .... FY
Clemenceau (Av. G.) . GXY
Hoche (R.) .... FY
Jaurès (R. Jean) ...... EFX
Lafayette (Cours) ...... FY
Landrin (R. P.) .... FXY
Pastoureau (R. H.) ..... FX 55
Seillon (R. H.) .... FY 74
Strasbourg (Bd de) ..... FX

Berthelot (R.) .... FX 7
Besagne (Av. de) ..... FGY 8
Boucheries (R. des) .... FY 10
Brunetière (R. F.) .... FY 12
Cathédrale (Traverse) .. FY 13
Churchill (Av. W.) ...... DX 15
Daudet (R. Alphonse) .. GY 20

Estienne-d'Orves (Av.) . DX 23
Gambetta (Pl.) .... FY 27
Garibaldi (R.) .... FY 28
Huile (Pl. à l') .... FY 35
Juin (Av. Mar.) .... GY 37
Louis-Blanc (Pl.) .... FY 39
Méridienne (R.) .... FY 41
Micholet (Av. V.) .... EY 43
Monsenergue
(Pl. Ingénieur-Gén.) .. EY 45
Moulin (Av. J.) .... EX 48
Muraire (R.) .... FX 49
Orfèvres (Pl. des) ...... FY 53
Pressensé (R. F. de) .... FY 66
République (Av.) ..... EFY 68
St-Roch (Av.) .... DX 72
Vert Côteau (Av.) ...... GX 80

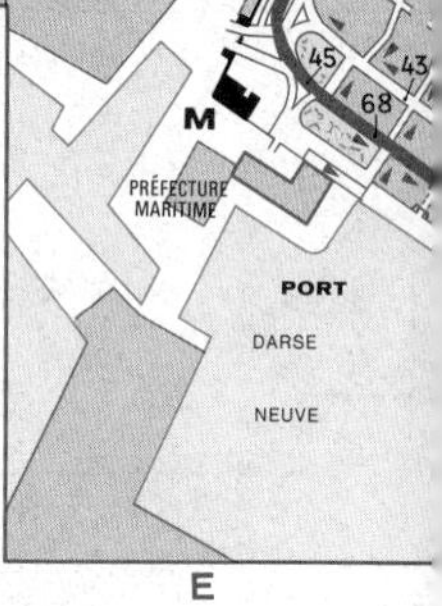

45
43
68
M
PRÉFECTURE MARITIME
PORT
DARSE
NEUVE
E

au Camp Laurent par ④ autoroute A50 sortie Ollioules : 7,5 km – ✉ **83500** La Seyne :

Novotel M, ☏ 94 63 09 50, Télex 400759, Fax 94 63 03 76, – ☎ 🅟 – 40 à 150. AE ⓓ E VISA
R carte environ 150 , enf. 49 – ☕ 45 – **86 ch** 370/390.

Campanile, ✉ 83140 Six-Fours-les-Plages ☏ 94 63 30 30, Télex 404545 – rest TV ☎ 🅟 – 25. E VISA – **R** 78 bc/99 bc, enf. 39 – ☕ 27 – **49 ch** 251.

MICHELIN, Agence, 1824 av. Col.-Picot à La-Valette-du-Var CU ☏ 94 27 01 67

ALFA-ROMEO St-Roch-auto-Sport, 8 av. Gén.-Pruneau ☏ 94 42 53 08
OPEL Champ-de-Mars Autom., Palais Réaltor, pl. Champ-de-Mars ☏ 94 41 74 21
PEUGEOT-TALBOT Gds Gar. du Var, bd Armaris Ste-Musse Aut. Toulon-Est **CU** ☏ 94 23 90 55
N ☏ 94 08 10 20

ROVER Autorex, 13 av. Gén.-Pruneau ☏ 94 41 18 14

Aude, chemin Belle-Visto ☏ 94 24 27 60
Escoffier-Pneu Plus, 704 av. Col.-Picot ☏ 94 20 20 63
Marcel-Pneus, 126 r. Dr-Gibert ☏ 94 42 41 42
Pasero, 26 bd L.-Bourgeois ☏ 94 36 20 01

Périphérie et environs

BMW Bavaria-Motors, ZAC des 4 Chemins à La Garde ☏ 94 08 03 94
CITROEN SOCA, av. A.-Citröen à La Valette-du-Var par ① ☏ 94 21 90 90
FIAT D.I.A.T., La Coupiane à La Valette-du-Var ☏ 94 27 17 41
FORD Gar. d'Azur, av. Université à La Valette-du-Var ☏ 94 21 04 00 N ☏ 94 21 11 83

LANCIA Gar. Cuzin, ZAC des 4 Chemins à la Garde ☏ 94 08 49 49
RENAULT Succursale, ZAC les Espaluns à La Valette-du-Var par ① ☏ 94 61 50 50
N ☏ 05 05 15 15
V.A.G Gar. Foch, Domaine Ste-Claire à La Valette-du-Var ☏ 94 23 24 66
N ☏ 94 27 25 56

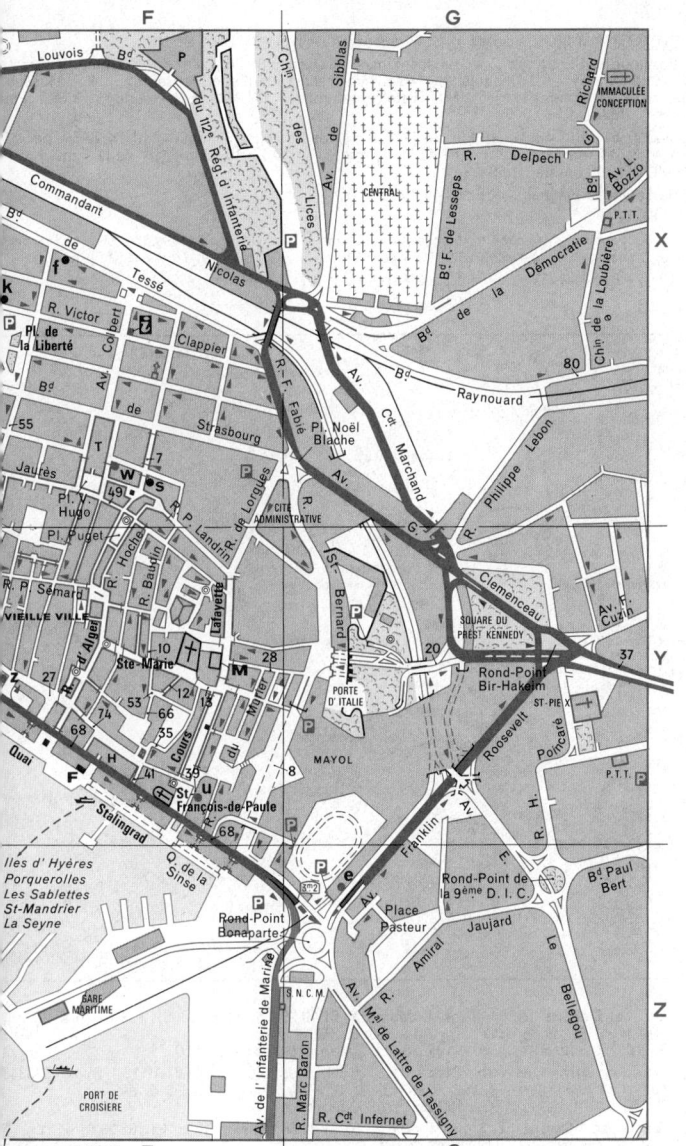

Aude, Les Espaluns, r. Bertholet à La Valette-
du-Var ℰ 94 21 58 02
Guillamon, 80 av. Char.-Verdun à La Valette-du-
Var ℰ 94 27 36 31
Mendez-Pneus, 101 av. Ed.-Herriot, L'Escaillon
ℰ 94 24 54 25

Piot-Pneu, Domaine Ste-Claire, r. P.-et-M.-Curie à
La Valette-du-Var ℰ 94 23 23 46
Pneu Leca, ZI Toulon Est à la Garde ℰ 94 75 83 97

Des pneus mal gonflés s'usent vite, tiennent moins bien la route,
sont moins confortables. Respectez les pressions recommandées.

TOULOUSE Ⓟ **31000** H.-Gar. 82 ⑥ G. Pyrénées Roussillon – 354 289 h. alt. 146.

Voir Basilique St-Sernin★★★ FX – Les Jacobins★★ : vaisseau de l'église★★★ FY – Hôtel d'Assézat★
FY **B** – Cathédrale★ GY – Capitole★ FY – Tour d'escalier★ de l'hôtel de Bernuy FY **S** – Musées
Augustins★★ (sculptures★★★) GY **M1**, Histoire naturelle★★ GY **M2**, St-Raymond★★ FX **M3**, Pau
Dupuy★ GZ **M4**.

🏌 (privé) ℰ 61 73 45 48, S : 10 km par D 4 BV ; 🏌 de Toulouse Palmola ℰ 61 84 20 50, par ③
24 km ; 🏌🏌 de Toulouse-Seilh ℰ 61 42 59 30, par ⑩ sur D 2 : 15,5 km ; 🏌🏌 de la Ramée ℰ 6
07 09 09, SO : 10 km par D 50 AV.

✈ de Toulouse-Blagnac : ℰ 61 42 44 00 AT.

🚗 ℰ 61 62 50 50.

🅱 Office de Tourisme et Accueil de France (Informations et réservations d'hôtels, pas plus de 5 jours
l'avance) Donjon du Capitole ℰ 61 23 32 00, Télex 531541 – A.C. 17 allées J.-Jaurès ℰ 61 62 76 21.

Paris 700 ① – Barcelona 387 ⑦ – ◆Bordeaux 244 ① – ◆Lyon 537 ⑦ – ◆Marseille 404 ⑦.

Plans : TOULOUSE p. 2 à 5

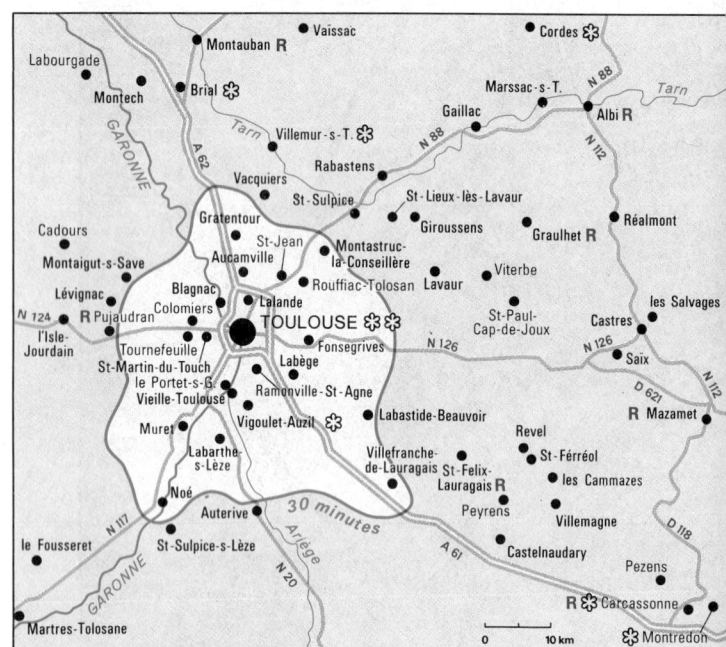

🏨 **Sofitel Centre** 🅼, 84 allées J. Jaurès ℰ 61 10 23 10, Télex 533361, Fax 61 10 23 20 – 📶
〜 ch 🗒 📺 🅰 & 🚗 – 🅰 30 à 150. 🖭 ⓞ ⋿ 𝚟𝚒𝚜𝚊   HX
R 200/250, enf. 80 – 🖵 60 – **105 ch** 750, 14 appart. 1250 – ½ P 950.

🏨 **Holiday Inn Crowne Plaza** 🅼, 7 pl. Capitole ℰ 61 61 19 19, Télex 520348
Fax 61 23 79 96, 🍴 – 📶 〜 ch 🗒 📺 🅰 & – 🅰 30 à 100. 🖭 ⓞ ⋿ 𝚟𝚒𝚜𝚊   FY
R 120 bc/210 bc – 🖵 80 – **160 ch** 750/800.

🏨 **Gd H. de l'Opéra** 🅼, 1 pl. Capitole ℰ 61 21 82 66, Télex 521998, Fax 61 23 41 04, 🕭, 🏊
– 📶 🗒 📺 🅰 – 🅰 100. 🖭 ⓞ ⋿ 𝚟𝚒𝚜𝚊   FY
R voir rest. **Les Jardins de l'Opéra** ci-après – **Gd Café de l'Opéra** ℰ 61 21 82 66 (fermé 1ᵉ
au 15 août) **R** carte 160 à 280 – 🖵 70 – **54 ch** 450/1100, 9 appart. 1400.

🏨 **Gd H. Capoul** 🅼, 13 pl. Wilson ℰ 61 10 70 70, Télex 533077, Fax 61 21 96 70, « Déco
original évocation art-déco » – 📶 🗒 📺 🅰 & – 🅰 100. 🖭 ⓞ ⋿ 𝚟𝚒𝚜𝚊   HY
R carte 155 à 315 – 🖵 55 – **122 ch** 550/590.

🏨 **Novotel** 🅼, 🏊, pl. A. Jourdain ℰ 61 21 74 74, Télex 532400, Fax 61 22 81 22, 🍴 –
〜 ch 🗒 📺 🅰 & 🚗 – 🅰 60 à 120. 🖭 ⓞ ⋿ 𝚟𝚒𝚜𝚊   EX
R carte environ 150, enf. 50 – 🖵 45 – **131 ch** 480/590.

🏨 **Mercure** 🅼, r. St-Jérome (pl. Occitane) ℰ 61 23 11 77, Télex 520760, Fax 61 23 19 38, 🍴
– 📶 〜 ch 🗒 📺 🅰 & – 🅰 25 à 250. 🖭 ⓞ ⋿ 𝚟𝚒𝚜𝚊   GY
R carte 135 à 230 🍴, enf. 40 – 🖵 47 – **170 ch** 600.

🏨 **Mermoz** Ⓜ 🍴 sans rest, 50 r. Matabiau ℰ 61 63 04 04, Télex 532427, Fax 61 63 15 64 –
🛗 cuisinette 🖵 📺 ☎ ℅ ⇔ – 🕍 40. 🖭 ⓪ ᴇ 𝘝𝘐𝘚𝘈   GX **f**
🖵 45 – **52 ch** 460/490.

🏨 **Altéa Wilson** Ⓜ sans rest, 7 r. Labéda ℰ 61 21 21 75, Télex 530550, Fax 61 22 77 64 – 🛗
🖵 📺 ☎ – 🕍 50. 🖭 ⓪ ᴇ 𝘝𝘐𝘚𝘈   GY **y**
🖵 57 – **91 ch** 410/690, 4 appart. 850.

🏨 **Victoria** sans rest, 76 r. Bayard ℰ 61 62 50 90, Télex 521748, Fax 61 99 21 02 – 🛗 🖵 📺
☎ – 🕍 30. 🖭 ⓪ ᴇ 𝘝𝘐𝘚𝘈   GX **s**
fermé 24 déc. au 2 janv. – 🖵 35 – **75 ch** 285/400.

🏨 **Brienne** sans rest, 20 bd Mar. Leclerc ℰ 61 23 60 60, Télex 533031, Fax 61 23 18 94 –
🛗 🖵 📺 ☎ ♿ 🅿 – 🕍 30. 🖭 ⓪ ᴇ 𝘝𝘐𝘚𝘈   EX **n**
🖵 47 – **68 ch** 440/480, 3 appart. 800.

🏨 **d'Occitanie** (École hôtelière), 5 r. Labéda ℰ 61 21 15 92, Télex 532178, Fax 61 21 36 33 –
🛗 📺 ☎. 🖭 ⓪ ᴇ 𝘝𝘐𝘚𝘈. ⛄ rest   GY **y**
fermé vacances scolaires – **R** *(fermé sam. soir, dim. et fériés)* 115/160 – **17 ch** 🖵 175/
360.

🏨 **Altéa Les Capitouls** Ⓜ sans rest, 29 allées J. Jaurès ℰ 61 62 63 33, Télex 533363,
Fax 61 63 15 17 – 🛗 🖵 📺 ☎ ♿ – 🕍 30. 🖭 ⓪ ᴇ 𝘝𝘐𝘚𝘈   GY **g**
🖵 50 – **46 ch** 380/570.

🏨 **Grande Bretagne** Ⓜ, 300 av. Grande Bretagne ⌧ 31300 ℰ 61 31 84 85, Télex 533116,
Fax 61 31 87 12 – 🛗 🖵 📺 ☎ ♿ 🅿 – 🕍 50. 🖭 ⓪ ᴇ 𝘝𝘐𝘚𝘈   AU **r**
R *(fermé sam. midi et dim. midi)* 100 bc/230 – 🖵 40 – **41 ch** 360/650.

🏨 **Paris** Ⓜ sans rest, 18 allées J.-Jaurès ℰ 61 62 98 30, Télex 521901, Fax 61 63 02 39 – 🛗
🖵 📺 ☎. 🖭 ⓪ ᴇ 𝘝𝘐𝘚𝘈   GY **d**
🖵 48 – **40 ch** 410/470.

🏨 **Athénée** Ⓜ sans rest, 13 r. Matabiau ℰ 61 63 10 63, Fax 61 63 87 80 – 🛗 🖵 📺 ☎ ♿
🅿 – 🕍 40. 🖭 ⓪ ᴇ 𝘝𝘐𝘚𝘈   GX **a**
🖵 37 – **35 ch** 310/420.

🏨 **Royal** sans rest, 6 r. Labéda ℰ 61 23 38 70, Fax 61 22 03 90 – 🛗 📺 ☎ – 🕍 25. 🖭 ⓪ ᴇ
𝘝𝘐𝘚𝘈   GY **h**
🖵 43 – **31 ch** 299/445.

🏨 **Vidéotel** Ⓜ, 77 bd Embouchure ⌧ 31200 ℰ 61 57 34 77, Télex 533075, Fax 61 23 54 74,
🏖 – 🛗 ↔ ch 🖵 📺 ☎ ♿ ⇔ 🅿 – 🕍 45. 🖭 ⓪ ᴇ 𝘝𝘐𝘚𝘈   DX **e**
fermé sam. soir et dim. – **R** 75 bc/120 ♿, enf. 45 – 🖵 31 – **93 ch** 298.

🏨 **Orsay** Ⓜ sans rest, 8 bd Bonrepos ℰ 61 62 71 61, Fax 61 62 64 46 – 🛗 📺 ☎ ♿ ⇔. 🖭
⓪ ᴇ 𝘝𝘐𝘚𝘈   GX **n**
🖵 27 – **40 ch** 220/280.

🏨 **Président** Ⓜ 🍴 sans rest, 45 r. Raymond IV ℰ 61 63 46 46, Fax 61 62 83 60 – 📺 ☎ ♿
⇔. 🖭 ⓪ ᴇ 𝘝𝘐𝘚𝘈   GX **k**
🖵 28 – **31 ch** 260/320.

🏨 **Albion** sans rest, 28 r. Bachelier ℰ 61 63 60 36, Fax 61 62 66 95 – 🛗 📺 ☎ ⇔. 🖭 ⓪ ᴇ
𝘝𝘐𝘚𝘈   GY **a**
🖵 25 – **27 ch** 220/240.

🏨 **Raymond IV** sans rest, 16 r. Raymond IV ℰ 61 62 89 41, Télex 533696, Fax 61 62 38 01 –
🛗 📺 ☎ 🅿. 🖭 ⓪ ᴇ 𝘝𝘐𝘚𝘈   GX **d**
🖵 45 – **41 ch** 300/390.

🏨 **Touristic H.** sans rest, 25 pl. V. Hugo ℰ 61 23 14 55 – 🛗 📺 ☎. ᴇ 𝘝𝘐𝘚𝘈   GY **u**
🖵 30 – **38 ch** 180/300.

🏨 **Le Capitole** sans rest, 10 r. Rivals ℰ 61 23 21 28 – 🛗 ☎. 🖭 ⓪ 𝘝𝘐𝘚𝘈   FY **n**
🖵 30 – **33 ch** 190/350.

🏨 **Gascogne** Ⓜ sans rest, 25 allées Ch. de Fitte ⌧ 31300 ℰ 61 59 27 44, Télex 521090,
Fax 61 42 25 52 – 🛗 📺 ☎ ⇔ 🅿. 🖭 ⓪ ᴇ 𝘝𝘐𝘚𝘈   EZ **k**
🖵 30 – **52 ch** 240/300.

🏨 **Bordeaux** Ⓜ, 4 bd Bonrepos ℰ 61 62 41 09, Fax 61 63 06 65 – 🛗 📺 ☎ ♿. 🖭 ⓪ ᴇ.
𝘝𝘐𝘚𝘈   GHX **e**
R snack *(fermé juil., août, sam. et dim.)* 65 – 🖵 30 – **31 ch** 210/230.

🏨 **Victor Hugo** sans rest, 26 bd Strasbourg ℰ 61 63 40 41 – 🛗 📺 ☎. 🖭 𝘝𝘐𝘚𝘈   GY **b**
🖵 28 – **32 ch** 200/260.

🏨 **Trianon** Ⓜ sans rest, 7 r. Lafaille ℰ 61 62 74 74 – 🛗 📺 ☎. 🖭 ᴇ 𝘝𝘐𝘚𝘈   GX **h**
🖵 25 – **28 ch** 195/250.

🏨 **Prado** sans rest, 26 r. Prado par rte St-Simon ⌧ 31100 ℰ 61 40 49 29 – 📺 ☎ 🅿. 🖭 ᴇ
𝘝𝘐𝘚𝘈   AU **f**
🖵 22 – **23 ch** 195/255.

🏨 **Star** sans rest, 17 r. Baqué ⌧ 31200 ℰ 61 47 45 15 – 📺 ☎. ᴇ 𝘝𝘐𝘚𝘈   BT **e**
🖵 24 – **17 ch** 192/260.

🏨 **Taur** sans rest, 2 r. Taur ℰ 61 21 17 54, Télex 520643 – 🛗 📺 ☎. 🖭 ⓪ ᴇ 𝘝𝘐𝘚𝘈   FY **a**
🖵 25 – **40 ch** 195/320.

RÉPERTOIRE DES RUES DU PLAN DE TOULOUSE

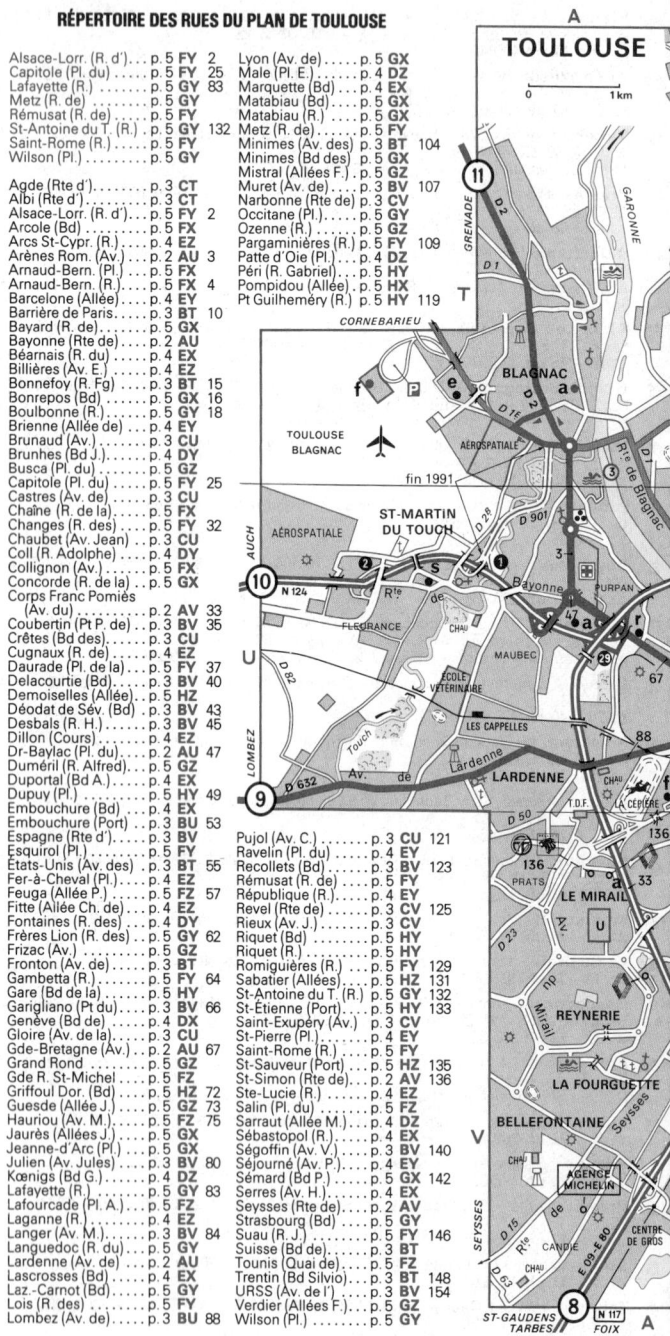

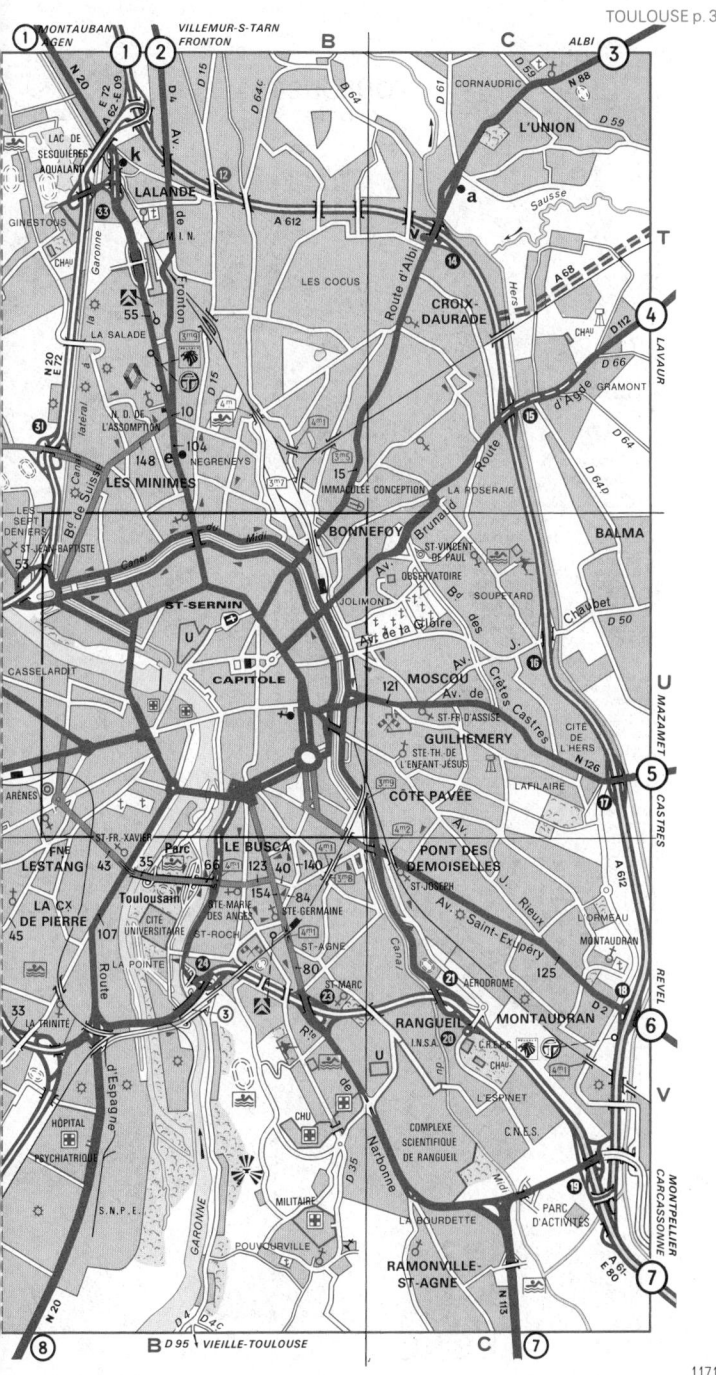

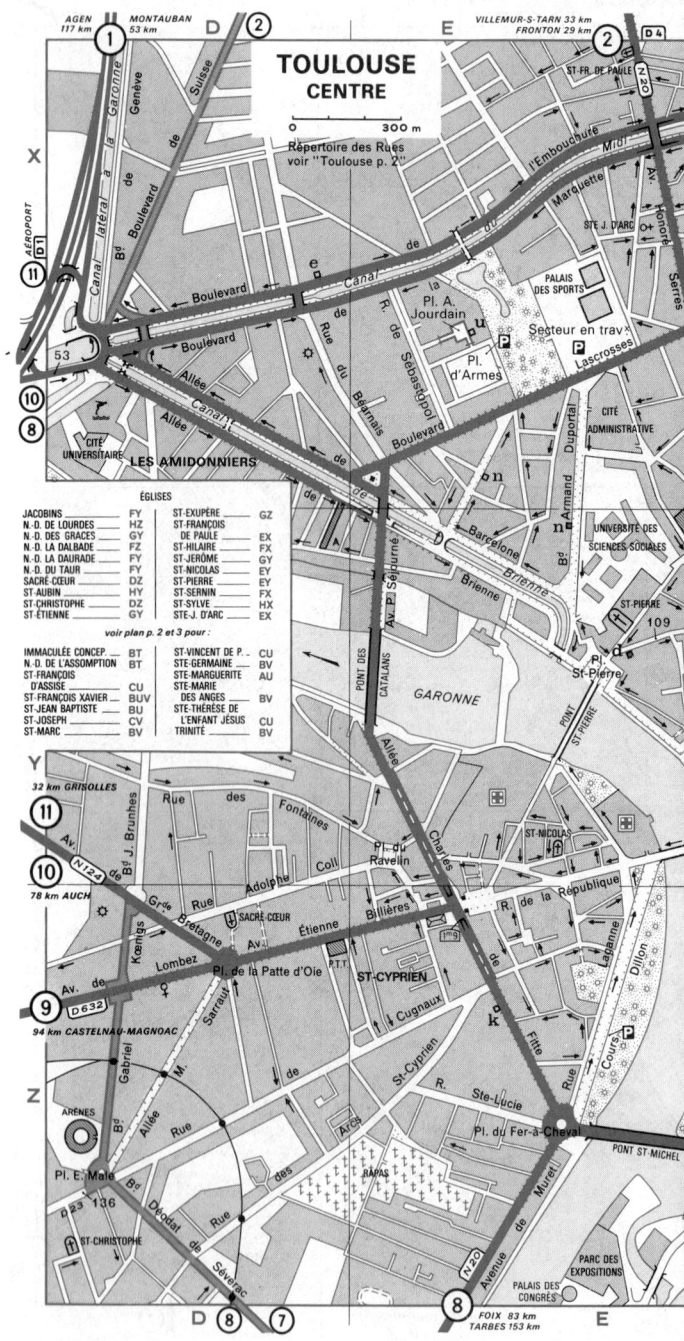

TOULOUSE
CENTRE

0   300 m

Répertoire des Rues
voir "Toulouse p. 2"

ÉGLISES

JACOBINS	FY	ST-EXUPÉRE	GZ
N.-D. DE LOURDES	HZ	ST-FRANÇOIS	
N.-D. DES GRACES	GY	DE PAULE	EX
N.-D. LA DALBADE	FZ	ST-HILAIRE	FX
N.-D. LA DAURADE	FY	ST-JÉRÔME	GY
N.-D. DU TAUR	FY	ST-NICOLAS	EY
SACRÉ-CŒUR	DZ	ST-PIERRE	EY
ST-AUBIN	HY	ST-SERNIN	FX
ST-CHRISTOPHE	DZ	ST-SYLVE	HX
ST-ÉTIENNE	GY	STE-J. D'ARC	EX

voir plan p. 2 et 3 pour :

IMMACULÉE CONCEP.	BT	ST-VINCENT DE P.	CU
N.-D. DE L'ASSOMPTION	BT	STE-GERMAINE	BV
ST-FRANÇOIS		STE-MARGUERITE	AU
D'ASSISE	CU	STE-MARIE	
ST-FRANÇOIS XAVIER	BUV	DES ANGES	BV
ST-JEAN BAPTISTE	BU	STE-THÉRÈSE DE	
ST-JOSEPH	CV	L'ENFANT JÉSUS	CU
ST-MARC	BV	TRINITÉ	BV

AGEN 117 km
MONTAUBAN 53 km

VILLEMUR-S-TARN 33 km
FRONTON 29 km

AÉROPORT

CITÉ UNIVERSITAIRE

LES AMIDONNIERS

Pl. A. Jourdain

PALAIS DES SPORTS

Secteur en trav

Pl. d'Armes

Lascrosses

CITÉ ADMINISTRATIVE

UNIVERSITÉ DES SCIENCES SOCIALES

ST-PIERRE

Pl. St-Pierre

GARONNE

PONT DES CATALANS

32 km GRISOLLES

Rue des Fontaines

Pl. du Ravelin

ST-NICOLAS

78 km AUCH

SACRÉ-CŒUR

ST-CYPRIEN

R. de la République

94 km CASTELNAU-MAGNOAC

Pl. de la Patte d'Oie

ARÈNES

Pl. E. Male

ST-CHRISTOPHE

Pl. du Fer-à-Cheval

PONT ST-MICHEL

RAPAS

PARC DES EXPOSITIONS

PALAIS DES CONGRÈS

FOIX 83 km
TARBES 153 km

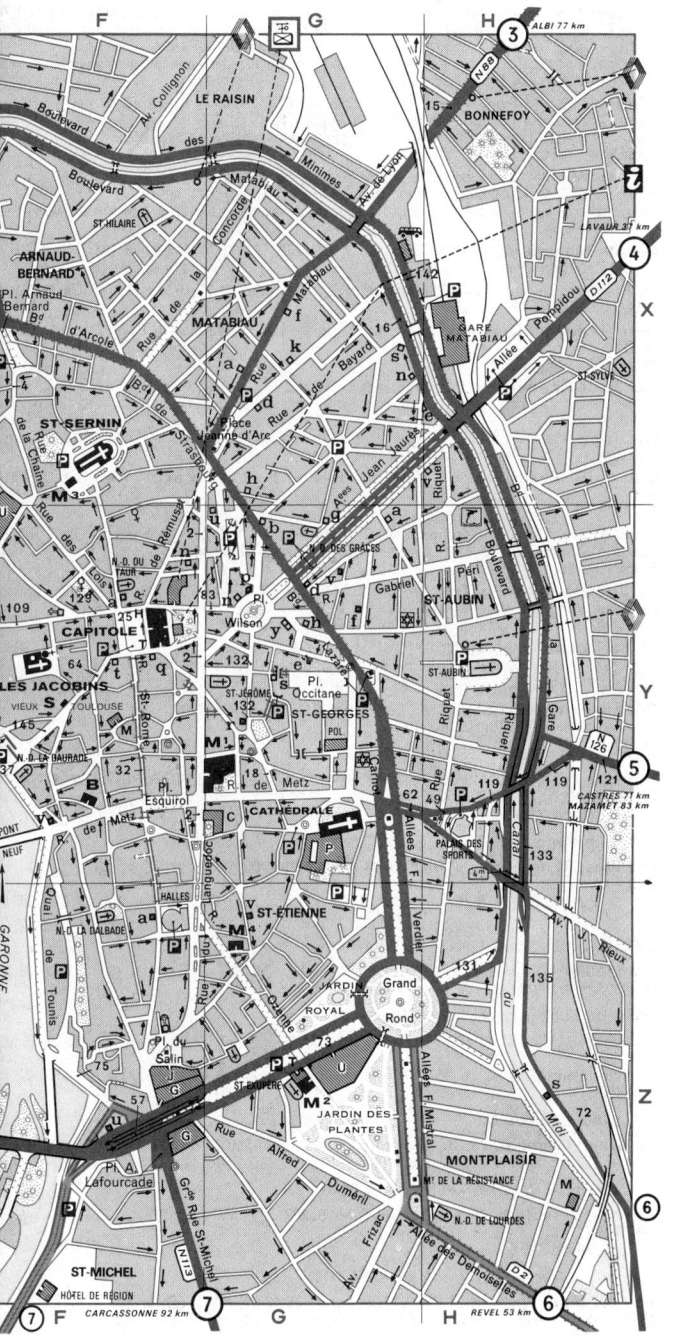

XXX ✸✸ **Les Jardins de l'Opéra** -Gd H. de l'Opéra- (Toulousy), 1 pl. Capitole ℰ 61 23 07 76
Télex 521998, Fax 61 23 41 04, 🍴 – 🔳. 🖭 ⓞ 🗲 𝘝𝘐𝘚𝘈   FY
fermé 11 au 31 août, 2 au 6 janv., dim. et fériés – **R** 300/450 et carte
Spéc. Ravioli de foie gras au jus de truffe, Pigeonneau farci au chou tendre et foie gras, Mignon de veau à
la purée de cèpes. **Vins** Côtes-du-Frontonnais.

XXX ✸ **Vanel**, 22 r. M. Fontvieille ℰ 61 21 51 82, Fax 61 23 69 04 – 🔳. 🖭 ⓞ 🗲 𝘝𝘐𝘚𝘈   GY
fermé 12 au 22 juil., 9 au 19 août, dim. et fériés – **R** 330/450
Spéc. Tête de cèpe farcie et gratinée (saison), Pigeon rôti avec le hachis de champignons, Feuilleté léger au
citron. **Vins** Cahors.

XXX ✸ **Darroze**, 19 r. Castellane ℰ 61 62 34 70 – 🖭 ⓞ 🗲 𝘝𝘐𝘚𝘈. ✻   GY
fermé 27 juil. au 11 août, sam. midi, dim. et fériés – **R** 170 (déj. seul)/330
Spéc. Poêlée de lentins de chêne au foie gras, Poissons de petits bateaux, Gibier (nov. à janv.). **Vins** Côtes-
du-Frontonnais, Madiran.

XXX **Claude Ribardière**, 21 bd A. Duportal ℰ 61 13 91 12, 🍴 – 🔳. 🖭 ⓞ 𝘝𝘐𝘚𝘈   EY
fermé 5 au 19 août et dim. – **R** 170/260.

XXX **La Frégate**, 16 pl. Wilson (2ᵉ étage) ℰ 61 21 59 61, Fax 61 35 19 58 – 🔳. 🖭 ⓞ 🗲 𝘝𝘐𝘚𝘈
R 200 bc/250 bc.   GY

XX **Orsi ''Bouchon Lyonnais''**, 13 r. Industrie ℰ 61 62 97 43, Fax 61 63 00 71 – 🔳. 🖭
𝘝𝘐𝘚𝘈   GY
fermé dim. – **R** 190/200.

XX ✸ **La Belle Époque**, 3 r. Pargaminières ℰ 61 23 22 12 – 🔳. 🖭 ⓞ 𝘝𝘐𝘚𝘈   EY
fermé 13 au 21 juil., 2 au 19 août, sam. midi, lundi midi, dim. et fériés – **R** 190 bc/270,
enf. 120
Spéc. Foie gras cru de canard au sel, Poulette engraissée à l'épinette, Saint-Jacques à la nage de Sauternes
(oct. à mars). **Vins** Gaillac, Coteaux de Gascogne.

XX **Brasserie ''Beaux Arts''**, 1 quai Daurade ℰ 61 21 12 12, Fax 61 21 14 80 – 🔳. 🖭 ⓞ
𝘝𝘐𝘚𝘈   FY
R 132 ♨.

XX **Chez Emile**, 13 pl. St-Georges ℰ 61 21 05 56, Fax 61 21 42 26, 🍴 – 🔳. 🖭 ⓞ 🗲 𝘝𝘐𝘚𝘈
fermé Noël au Jour de l'An, dim. et lundi – **Rez-de-Chaussée** (poissons) **R** 195 ♨ – 1ᵉʳ
étage (viandes) **R** 175 ♨.

XX **La Jonque du Yang Tsé**, bd Griffoul-Dorval ✉ 31400 ℰ 61 20 74 74, 🍴, cuisine
chinoise, « Péniche aménagée » – 🔳. 🖭 🗲 𝘝𝘐𝘚𝘈   HZ
fermé 10 au 24 mars, lundi midi et dim. – **R** 205, enf. 63.

XX **La Barigoude**, 8 r. Mage ℰ 61 53 07 24 – 🖭 ⓞ 🗲 𝘝𝘐𝘚𝘈   GZ
fermé 20 juil. au 20 août, 23 au 29 déc., dim., lundi et fériés – **R** 130/210, enf. 50.

X La Bascule, 14 av. M. Hauriou ℰ 61 52 09 51, 🍴 – 🔳   FZ

X **Rôtisserie des Carmes**, 11 pl. Carmes ℰ 61 52 73 82 – 🗲 𝘝𝘐𝘚𝘈   FZ
fermé dim. soir – **R** 78/118, enf. 35.

à Lalande N : 6 km sur N 20 – ✉ **31200** Toulouse :

🏥 **Hermès** Ⓜ sans rest, 49 av. J. Zay ℰ 61 47 60 47, Télex 533040, Fax 61 47 56 08 – 🛗 🔳
📺 ☎ ♿ 🅿 – 🔬 25. 🖭 ⓞ 🗲 𝘝𝘐𝘚𝘈   BT
☲ 30 – **68 ch** 270/320.

à Aucamville par ① : 7 km – ✉ **31140** :

🏥 **Les Pins**, 94 rte Fronton ℰ 61 70 26 04, Fax 61 70 82 85, 🍴 – 🛗 📺 ☎ 🅿 – 🔬 30 à 80.
🗲 𝘝𝘐𝘚𝘈
fermé 12 au 19 août – **R** (fermé lundi en août et dim. soir) 95/195, enf. 70 – ☲ 30 – **36 ch**
230/300.

à l'Union NE : 6 km – 10 461 h. – ✉ **31240** :

🏨 **Campanile** Ⓜ, sur N 88 ℰ 61 74 00 40, Télex 533884, 🍴 – 📺 ☎ ♿ 🅿 – 🔬 40. 🗲 𝘝𝘐𝘚𝘈
R 74 bc/98 bc, enf. 39 – ☲ 27 – **71 ch** 248 – ½ P 225/249.   CT

à Gratentour : par ② et D 14 : 15 km – ✉ **31150** :

🏨 **Le Barry** Ⓜ ⟍, ℰ 61 82 22 10, Télex 532453, 🍴, 🛋, 🌳 – 📺 ☎ ♿ 🅿. 🖭 ⓞ 🗲 𝘝𝘐𝘚𝘈.
✻ ch
Le Puits Fleuri ℰ61 82 38 98 *(fermé dim. soir et lundi)* **R** 130 enf. 60 – ☲ 28 – **22 ch**
265/330.

à la Croix-Daurade NE : 5 km – ✉ **31200** Toulouse :

XXX **Le Grand Clément**, 233 rte Albi (sortie 14 autoroute) ℰ 61 48 60 60, 🍴 – 🔳. 🗲 𝘝𝘐𝘚𝘈
fermé 1ᵉʳ sept. au 1ᵉʳ oct., dim. et mardi – **R** carte 240 à 415.   CT

à St-Jean par ③ : 9 km – 6 512 h. – ✉ **31240** :

🏥 **Horizon 88** sans rest, ℰ 61 74 34 15, Télex 533071, 🛋, 🌳 – 🛗 📺 ☎ 🚗 🅿 – 🔬 30
ⓞ 🗲 𝘝𝘐𝘚𝘈
☲ 29 – **38 ch** 195/270.

à Rouffiac-Tolosan par ③ : 12 km – ✉ **31180** :

🏥 **Le Clos du Loup**, N 88 ℰ 61 09 28 39, Fax 61 35 13 97, 🍴 – 📺 ☎ 🅿. 🗲 𝘝𝘐𝘚𝘈
R *(fermé dim. soir et lundi)* 95/185, enf. 35 – ☲ 25 – **18 ch** 215 – ½ P 165/210.

à Fonsegrives par ⑤ : 8 km – ⊠ 31130 Balma :

XX **La Grange,** ✆ 61 24 00 55, Fax 61 24 08 73, 🍴 – **P**. **E** VISA
R 98/180, enf. 70.

à Labège Innopole par ⑥ et D 16 : 12 km – ⊠ 31320 :

🏨 **Le Patio** M, ✆ 61 39 29 00, Télex 532057, Fax 61 39 84 38, 🍴, ☞, 🐎, ✵ – 🛗 ⇔ ch 🖃 rest
🖵 ☎ & **P** – 🔏 30. **AE** ⓞ **E** VISA
R 99, enf. 45 – ⊑ 38 – **82 ch** 320/340.

🏨 **Le Sextant** M 🐎, ✆ 61 39 27 27, Télex 532281, Fax 61 39 22 27, 🍴, 🏊 – 🛗 ⇔ ch 🖵
☎ & **P** – 🔏 25 à 50. **AE** **E** VISA
R *(fermé 23 déc. au 1ᵉʳ janv., sam., dim. et fériés)* 75/130 ♨, enf. 35 – ⊑ 30 – **55 ch**
270/340 – ½ P 215.

XX **Aub. de Pouchalou,** ✆ 61 39 89 40, Fax 61 39 23 47, 🍴 – **P**. ⓞ **E** VISA
fermé dim. soir – **R** 105/250, enf. 50.

à Ramonville-St-Agne SE : 8 km – 11 902 h. – ⊠ 31520 :

🏨 **La Chaumière,** 102 av. Tolosane ✆ 61 73 02 02, Télex 520646, 🍴, 🏊, 🐎 – 🛗 🖃 ch 🖵
✈ ⇔ **P** – 🔏 150. **AE** ⓞ **E** VISA
R 70/150 – ⊑ 40 – **43 ch** 310/360 – ½ P 275/355.

à Vigoulet-Auzil par ⑦ sortie Ramonville et D 35 : 12 km – ⊠ 31320 :

XXX ❀ **Aub. de Tournebride** (Nony), ✆ 61 73 34 49, 🍴 – **P**. **AE** ⓞ **E** VISA
fermé 11 au 26 août, 10 au 30 janv., dim. soir et lundi – **R** carte 230 à 320, enf. 60
Spéc. Marmite des pêcheurs, Emincé de veau aux pâtes et foie frais, Steak au pot. **Vins** Madiran, Pacherenc.

à Vieille-Toulouse S : 9 km par D 4 – ⊠ 31320 :

🏨 **La Flânerie** 🐎 sans rest, rte Lacroix-Falgarde ✆ 61 73 39 12, Fax 61 73 18 56, ≤ vallée,
parc, 🏊 – 🖵 ☎ ⇔ **P**. **AE** ⓞ **E** VISA
fermé 23 déc. au 7 janv. – ⊑ 40 – **12 ch** 200/500.

à Portet-sur-Garonne S : 10 km par N 20 – 6 872 h. – ⊠ 31120 :

🏨 **L'Hotan** M, 80 rte d'Espagne ✆ 61 76 76 61, Télex 533929, Fax 61 76 26 79, 🏊 – 🛗 🖃
🖵 ☎ & **P** – 🔏 80. **AE** ⓞ **E** VISA
R *(fermé dim. midi)* 89/145 ♨ – ⊑ 37 – **53 ch** 340/370 – ½ P 330.

au Sud-Ouest : 8 km par D 23 -AV – ⊠ 31100 Toulouse :

🏨 **Diane,** 3 rte St-Simon ✆ 61 07 59 52, Télex 530518, Fax 61 86 38 94, 🍴, 🏊, 🐎 – 🖵 ☎
P – 🔏 30. **AE** ⓞ **E** VISA. ✵ rest
R *(fermé sam. midi et dim.)* 125/160 – ⊑ 39 – **35 ch** 345/450 – ½ P 350/420.

XXX **Les Ombrages,** 48 bis rte St Simon ✆ 61 07 61 28, 🍴 – **P**. **AE** ⓞ **E** VISA
fermé 5 au 20 août, 24 déc. au 6 janv. et lundi – **R** 150/220, enf. 50.

à Tournefeuille par ⑨ : 8,5 km – 13 372 h. – ⊠ 31170 :

🏨 **Les Chanterelles** 🐎 sans rest, S : 1 km par D 63 ✆ 61 86 21 86, « Pavillons dans un
jardin fleuri et ombragé » – 🖵 🐎 ⇔ **P**. ✵
⊑ 25 – **9 ch** 260/350.

à Colomiers par ⑩ : 12 km – 23 583 h. – ⊠ 31770 :

🏨 **Castella et rest. Le Columerin,** près église ✆ 61 78 68 68, Télex 530893 – 🖵 ☎ **P** –
🔏 25. **E** VISA
fermé 1ᵉʳ au 6 mai et 1ᵉʳ au 26 août – **R** *(fermé dim. soir et lundi)* 65/200 ♨, enf. 50 – ⊑ 20
– **33 ch** 220/250 – ½ P 210/225.

à Purpan O : 6 km par N 24 – ⊠ 31300 Toulouse :

🏨 **Novotel** M, ✆ 61 49 34 10, Télex 520640, Fax 61 49 63 37, 🍴, 🏊, 🐎, ✵ – 🛗 ⇔ ch 🖃
🖵 ☎ & **P** – 🔏 150. **AE** ⓞ **E** VISA   AU **a**
R carte environ 130, enf. 45 – ⊑ 45 – **123 ch** 415/440.

à St-Martin-du-Touch O : 8 km par N 124 – ⊠ 31300 Toulouse :

🏨 **Airport H.** M sans rest, 176 rte Bayonne ✆ 61 49 68 78, Télex 521752, Fax 61 49 73 66 –
🛗 🖵 ☎ ⇔ **P**. **AE** ⓞ **E** VISA   AU **s**
⊑ 29 – **45 ch** 279/309.

à Blagnac NO : 7 km AT – 14 942 h. – ⊠ 31700 :

🏨 **Sofitel** M, accès aéroport ✆ 61 71 11 25, Télex 520178, Fax 61 30 02 43, 🍴, 🏊, ✵ – 🛗
⇔ ch 🖃 🖵 ☎ **P** – 🔏 25 à 250. **AE** ⓞ **E** VISA   AT **e**
Le Caouec **R** 150/190 – ⊑ 55 – **100 ch** 700/800.

🏨 **Alliance H.** M, accès aéroport ✆ 61 30 48 49, Télex 533953, Fax 61 71 85 60, 🍴 – 🛗 🖃
🖵 ☎ & **P** – 🔏 30. **AE** **E** VISA
R 75/165, enf. 45 – ⊑ 35 – **44 ch** 300 – ½ P 235.

XXX **Pujol,** 21 av. Gén. Compans ✆ 61 71 13 58, Fax 61 71 69 32, parc, 🍴 – **P**. **AE** ⓞ **E** VISA
fermé 12 au 31 août, dim. soir et sam. – **R** *(nombre de couverts limité - prévenir)* 190/230
AT **a**

XXX **Horizon,** à l'aéroport par D 1ᴱ ✆ 61 30 02 75, ≤ – 🖃. **AE** ⓞ VISA   AT **f**
R carte 210 à 340.

MICHELIN, Agence régionale, ZI, 30 bd de Thibaud AV *?* 61 41 11 54

ALFA ROMEO-SEAT Arquier, rte de Castres, Las-
bordes *?* 61 24 05 92 **N** *?* 61 42 99 11
ALFA-ROMEO Autorama, av. Didier Daurat
? 61 54 14 14
ALFA-ROMEO-FERRARI Autorama, 59-61 av. de
Lombez *?* 61 49 49 49
BMW Pelras, 145 r. N.-Vauquelin *?* 61 41 53 53
BMW Soulié, 15 Gde-Rue-St-Michel
? 61 52 93 75
CITROEN Citroën Occitane, 142 av. des États-Unis
BT e *?* 61 47 67 01 **N**
CITROEN France Auto, 2 av. Crêtes à Ramonville-
St-Agne par N 113 CV *?* 61 73 81 73
CITROEN Samazan, 29 av. 14e-R.I. BV
? 61 52 90 17
CITROEN Carrière, rte de Castres, Lasboulas par
⑤ *?* 61 24 24 27
FIAT, LANCIA-AUTOBIANCHI S.O.M.E.D.A., 58 rte
de Bayonne *?* 61 49 11 12
FIAT, LANCIA-AUTOBIANCHI AUTO NORD, 127
av. des États-Unis *?* 61 47 14 00
FORD Auto-Services, 134 rte de Revel
? 61 36 86 86
FORD S.L.A.D.A., 83 bd Silvio-Trentin
? 61 47 24 24
FORD Auto-Services, 226 rte de Narbonne
? 61 73 26 91
HONDA-SEAT Mondial Auto, 109 av. des États-
Unis *?* 61 57 40 52 **N** *?* 61 42 99 11
JAGUAR Bayard Autos, 143 av. des États-Unis
? 61 76 18 18
LADA Castel Auto, ZA Babinet, 4 r. E. Baudot
? 61 44 95 55
LADA-SKODA Castel-Auto, 3-5 chem. Lapujade
? 61 48 82 01
MERCEDES BENZ Antras Autos, 231 rte d'Albi
? 61 61 33 33 **N**
NISSAN Gar. Fittante, 6 av. 8 Mai 45 à Ramon-
ville-St-Agne *?* 61 75 82 42
NISSAN Languedoc Autos, 24 bd Matabiau
? 61 62 86 48
OPEL Général Autom., 16 allée Ch.-de-Fitte
? 61 42 91 36
OPEL Auto Plus Mirail, 123 r. N.-Vauquelin
? 61 44 22 99
OPEL GM Autefage et Magnoler, ZA r. Branly à
Ramonville-St-Agne *?* 61 73 00 00
PEUGEOT-TALBOT Ramonville Auto, 9 av. Crêtes
à Ramonville-St-Agne par N 113 CV *?* 61 73 23 21
PEUGEOT-TALBOT S.I.A.L., 105 av. des États-Unis
BT a *?* 61 47 67 67 **N** *?* 61 54 60 60

PEUGEOT-TALBOT S.I.A.L., 28 av. Daurat CV
? 61 54 52 52
PEUGEOT-TALBOT S.I.A.L., r. L.-N.-Vauquelin AV
? 61 41 23 33 **N** *?* 61 54 60 60
RENAULT Renault St Aubin, 32 r. Riquet HY
? 61 62 62 21 **N**
RENAULT Succursale, 75 av. des États-Unis BT
? 61 47 79 09
RENAULT Succursale, r. L.-N.-Vauquelin AV a
? 61 41 11 44
RENAULT Gar. Bonnefoy, 22 fg Bonnefoy HX
? 61 48 84 82
RENAULT Puel, 2 r. J.-Babinet AV *?* 61 40 41 40
RENAULT Toulouse Montaudran Autom., 125 rte
de Revel par ⑥ *?* 61 54 42 54 **N**
SAAB Central Garage, 8 r. G.-Péri *?* 61 62 60 45
TOYOTA Laville, 144 av. des États-Unis
? 61 57 52 00
TOYOTA Autos 31, 166 av. de Muret
? 61 42 91 50
V.A.G Centre Mirail Auto, ZA Babinet
? 61 44 44 44
V.A.G Toulouse Autos, à Labège *?* 61 80 30 40
N *?* 61 54 03 95
V.A.G S.C.A.U., 71 av. de Toulouse à l'Union
? 61 74 14 45
V.A.G Toulouse-Automobile, 34 Gde-R.-St-Michel
? 61 52 64 08

⦿ Bellet-Pneus, 26 allées Ch.-de-Fitte
? 61 42 56 56
Bellet-Pneus, 63 bd de Thibault *?* 61 40 11 12
Central Pneu, 71 bd Marquette *?* 61 21 68 13
Central Pneu, 19 av. Thibaud *?* 61 40 28 72
Central Pneu, 82 r. N.-Vauquelin *?* 61 40 36 86
Central Pneu, ZI Montaudran, 10 av. Daurat
? 61 80 19 98
Central-Pneu, 24 r. G.-Péri *?* 61 62 70 90
Central-Pneu, 336 av. Fronton *?* 61 47 59 59
Central-Pneu, av. E.-Serres à Colomiers
? 61 78 15 50
Escoffier-Pneus, 205 av. des États-Unis
? 61 47 80 80
Le Pneu, 1 rte de Bessières à l'Union
? 61 74 23 33
Pons Pneus, ZA Ribaute à Quint *?* 61 24 40 94
Taquinpeu, 45 rte de Paris à Ancamville
? 61 37 10 10
Toulouse-Pneu, ZI de Prat-Gimont, Balma
? 61 48 62 04

TOUQUES 14 Calvados 🅱🅱 ③ – rattaché à Deauville.

Le TOUQUET-PARIS-PLAGE 62520 P.-de-C. 🗾 ⑪ 🄶 Flandres Artois Picardie – 5 425 h. alt. 10
Casinos La Forêt BZ, Quatre saisons AY – **Voir** Phare ≤★★ BY **R** – Vallée de la Canche★ par ①.
🄁 🄁 🄁 *?* 21 05 68 47, S : 2,5 km par ②.
🄰 Office de Tourisme Palais de l'Europe *?* 21 05 21 65, Télex 134955.
Par ① : Paris 220 – ♦Calais 64 – Abbeville 58 – Arras 99 – Boulogne-sur-Mer 32 – ♦Lille 132 – St-Omer 70.

Plan page ci-contre

🏨 **Westminster,** av. Verger *?* 21 05 48 48, Télex 160439, Fax 21 05 45 45, 🔲, 🚗 – 📳 🄱
☎ 🄿 – 🔬 25 à 200. 🄴 🄾 🄴 🆅🅸🆂🅰   BZ
fermé 2 janv. au 21 fév. – **R** (dîner seul.) 190/340 – **Coffee Shop R** 150bc – 🖵 55 – **113 c**
750/950.

🏨 **Le Picardy** 🄼 🏊, av. Mar. Foch *?* 21 06 85 85, Télex 135726, Fax 21 06 85 00, 🍴, 🔲
📳 🔲 🄲 ☎ 🅖 🄿 – 🔬 80. 🄴 🄾 🄴 🆅🅸🆂🅰 🍴 rest   BZ
Le Touquet's *(fermé 2 au 31 janv., merc. midi et mardi)* **R** carte 200 à 360 – **Le Foch** (gril)
R 100/160, enf. 40 – 🖵 60 – **86 ch** 900/990, 9 duplex – ½ P 600/650.

🏨 **Manoir H.** 🏊, aux Golfs par ② : 2,5 km *?* 21 05 20 22, Télex 135565, Fax 21 05 31 26, 🔶
🔲, 🍴 – 🔲 ☎ 🅖 🄿 – 🔬 40. 🄴 🄴 🆅🅸🆂🅰 🍴 rest
R 210/395, enf. 80 – **41 ch** 🖵 695/1110 – ½ P 600/705.

🏨 **Novotel-Thalamer** 🄼 🏊, sur la plage *?* 21 09 85 00, Télex 160480, Fax 21 09 86 10, ◀
centre de thalassothérapie, 🔲 – 📳 🔲 🄲 ☎ 🅖 🄿 – 🔬 25 à 120. 🄴 🄾 🄴 🆅🅸🆂🅰
fermé 5 au 26 janv. – **R** carte environ 170, enf. 58 – 🖵 50 – **95 ch** 485/625.   AZ

🏨 **Bristol** 🄼 sans rest, r. J. Monnet *?* 21 05 49 95, Télex 135506, Fax 21 05 90 93 – 📳 🄱
☎ 🅖 🄴 🄾 🄴 🆅🅸🆂🅰   AZ
🖵 45 – **48 ch** 440/620.

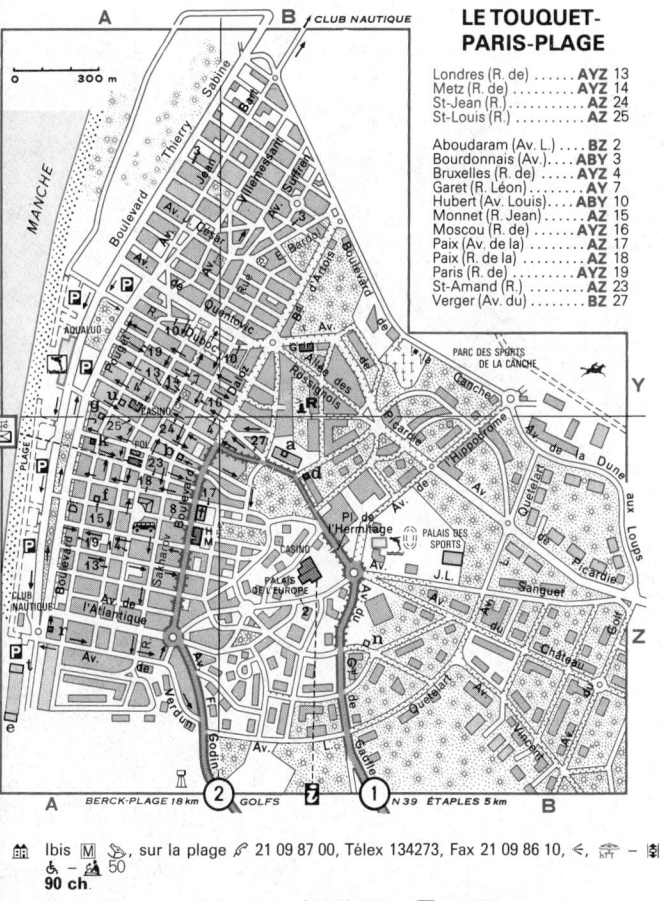

LE TOUQUET-PARIS-PLAGE

🏨 Ibis Ⓜ ☜, sur la plage ℰ 21 09 87 00, Télex 134273, Fax 21 09 86 10, ≼, ☂ – ⧫ 📺 ☎
  ⅙ – 🏛 50   AZ **t**
  90 ch.

🏠 **Nouvel H.** sans rest, 89 r. Paris ℰ 21 05 87 61 – 📺 ☎. 𝘝𝘐𝘚𝘈   AY **u**
  15 mars-15 déc. – � 28 – **20 ch** 130/320.

🏠 **Forêt** sans rest, 73 r. Moscou ℰ 21 05 09 88 – 📺 ☎. 🅰🅴 E 𝘝𝘐𝘚𝘈   AZ **b**
  fermé 29 sept. au 11 oct. et 5 au 23 janv. – ⊇ 23 – **10 ch** 195/230.

XXXX ❀ **Flavio-Club de la Forêt,** av. Verger ℰ 21 05 10 22, Fax 21 05 91 55 – 🅰🅴 ⓞ E.
  𝘝𝘐𝘚𝘈   BZ **d**
  fermé fév. et merc. – **R** 180/620
  Spéc. Foie gras, Poêlée de langoustines et de Saint-Jacques aux artichauts (oct. à mai), Carte des homards.

XXX **Georges II,** bd Dr J. Pouget ℰ 21 05 00 68 – 𝘝𝘐𝘚𝘈   AZ **r**
  fermé du lundi au vend. du 1er sept. au 30 juin – **R** carte 245 à 410.

XX **Café des Arts,** 80 r. Paris ℰ 21 05 21 55 – 🅰🅴 ⓞ E 𝘝𝘐𝘚𝘈   AYZ **g**
  fermé 4 au 26 mars, 17 au 26 déc., mardi (sauf juil.-août) et lundi – **R** 135/260.

X **Diamant Rose,** 110 r. Paris ℰ 21 05 38 10 – E 𝘝𝘐𝘚𝘈   AZ **k**
  fermé 1er au 15 oct., 15 déc. au 1er fév., mardi soir et merc. – **R** 85/120, enf. 75.

  à l'Aéroport E : 2,5 km BZ :

XX **L'Escale,** ℰ 21 05 23 22 – Ⓟ. 🅰🅴 ⓞ E 𝘝𝘐𝘚𝘈
  fermé jeudi soir – **R** 160 - **Brasserie R** 65bc/100,⅃, enf. 35.

  à Stella-Plage par ② : 7 km – ⊠ **62780** Cucq :

🏠 **Dell'Hôtel,** bd E. Labrasse ℰ 21 94 60 86 – ⧫ ☜. E 𝘝𝘐𝘚𝘈
➔ fermé janv. – **R** 68/160 ⅃, enf. 32 – ⊇ 25 – **30 ch** 120/250 – ½ P 160/205.

RENAULT G.C.R., centre commercial de la Canche ℰ 21 94 91 00

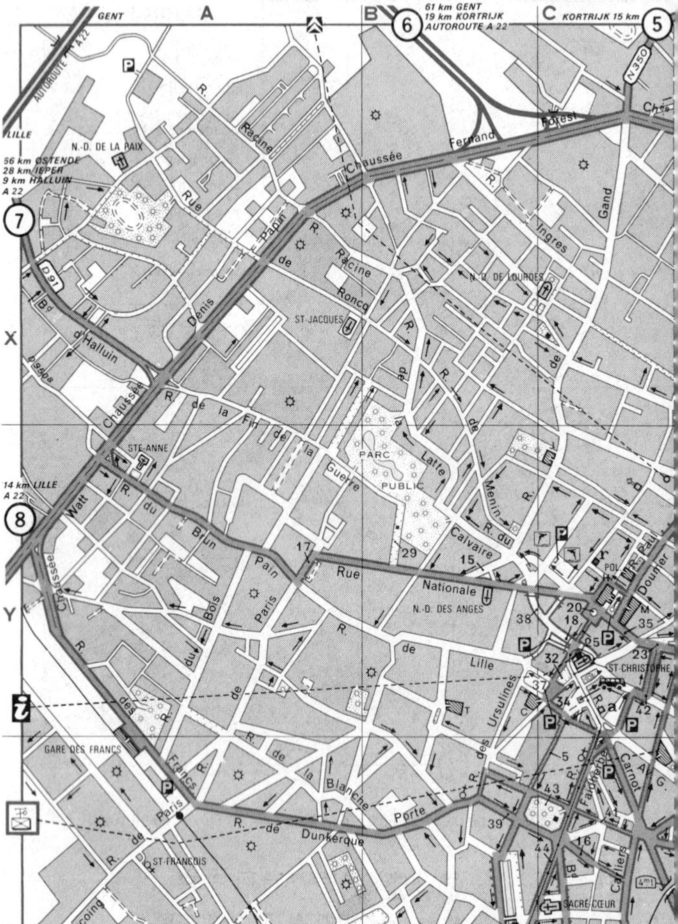

au-dessous, voir plan de Roubaix

Dans ce guide

un même symbole, un même caractère,
imprimés en couleur ou en noir, en maigre ou en **gras**
n'ont pas tout à fait la même signification
Lisez attentivement les pages explicatives.

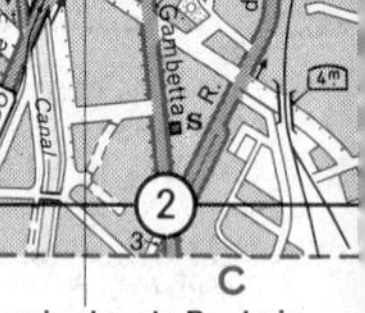

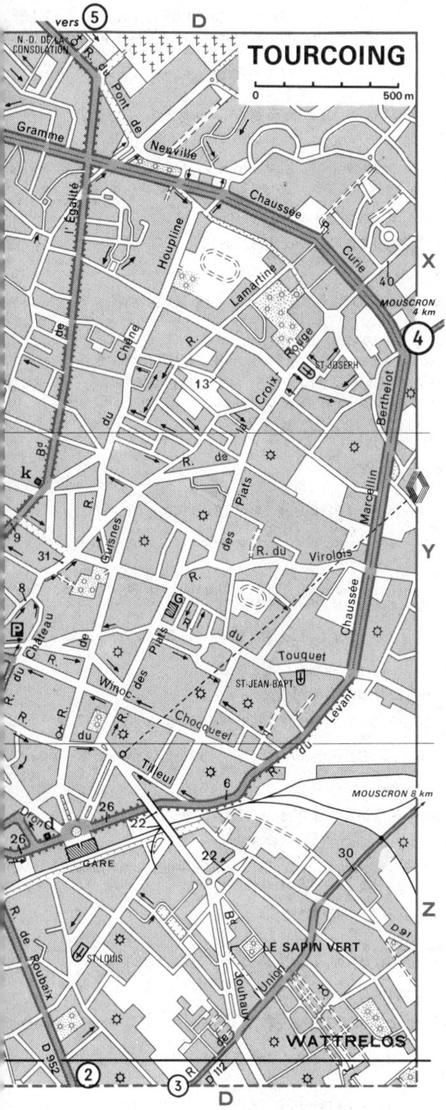

TOURCOING

Die im Michelin-Führer

verwendeten Zeichen und Symbole haben
— dünn oder **fett** gedruckt, in einer Kontrastfarbe
oder schwarz —
jeweils eine andere Bedeutung.
Lesen Sie daher die Erklärungen aufmerksam durch.

TOURCOING **59200** Nord 51 ⑥ **G. Flandres Artois Picardie** – 97 121 h. alt. 42.

des Flandres ✆ 20 72 20 74, par ① : 9,5 km ; du Sart ✆ 20 72 02 51, par ① : 12 km ; de Bondues ✆ 20 23 20 62, SO : 7 km ; de Brigode à Villeneuve d'Ascq ✆ 20 91 17 86 par ⑧ : 16 km.

Syndicat d'Initiative Parvis St-Christophe, pl. République ✆ 20 26 89 03 – A.C. 13 r. Desurmont ✆ 20 26 56 37.

Paris 234 ⑧ – ♦Lille 13 ⑧ – Kortrijk 19 ⑥ – Gent 61 ⑥ – Oostende 66 ⑦ – Roubaix 4 ②.

Plan pages précédentes

Novotel M, au Nord près échangeur de Neuville-en-Ferrain ✉ 59960 Neuville-en-Ferrain ✆ 20 94 07 70, Télex 131656, Fax 20 94 08 80, , , – TV – 30 à 300. AE E VISA plan Lille JKR e
R carte environ 130 , enf. 55 – 50 – **118 ch** 405/470.

Fimotel M, 320 bd Gambetta ✆ 20 70 38 00, Télex 131234, Fax 20 24 42 89, – TV – 50. AE E VISA plan de Roubaix AX e
R 63/98 , enf. 34 – 32 – **40 ch** 270/290.

Ibis M, r. Carnot ✆ 20 24 84 58, Télex 132695 – TV – 25. E VISA CY a
R 76 – 29 – **102 ch** 260/280.

La Saucière, 189 bd Gambetta ✆ 20 26 67 90 – E VISA CZ s
fermé août, vacances de fév., sam. midi et dim. sauf fêtes – **R** 180/250, enf. 80.

P'tit Bedon, 5 bd Égalité ✆ 20 25 00 51, Fax 20 25 00 51 – AE E VISA DY k
fermé 14 au 31 juil., 1er au 20 sept. et lundi – **R** 180 bc/250 bc.

Le Plessy, 31 av. Lefrançois ✆ 20 25 07 73 – AE E VISA DZ d
fermé août, dim. soir et lundi – **R** 92/159.

Milano, 66 r. Haze ✆ 20 26 43 08 – E VISA CY r
fermé août et sam. – **R** carte 130 à 240.

CITROEN Cabour Vancauwenberghe r. du Dronckaert à Roncq ✆ 20 03 23 23 N ✆ 20 75 40 03
FORD Gar. Ponthieux, 147 bis r. Dronckaert ✆ 20 94 14 00 N ✆ 20 75 40 03
PEUGEOT Gar. de L'Autoroute, 13 r. Dronckaert à Roncq par ⑦ ✆ 20 94 33 00
RENAULT D.I.A.N.O.R., 53 r. Dronckaert à Roncq par ⑦ ✆ 20 94 01 35
RENAULT SNAT, 95 r. Tilleul DZ ✆ 20 26 74 18 N ✆ 20 85 33 92
ROVER Gar. Devernay, 203 r. de Dunkerque ✆ 20 26 80 28
V.A.G Beulque, 20 r. Tilleul ✆ 20 24 36 45
VOLVO Schoon Automobiles, 88 r. du Blanc Seau ✆ 20 26 88 60

Nord-Pneu, 9 bis r. F.-Buisson ✆ 20 25 31 78

Le TOUR-DU-PARC **56370** Morbihan 63 ⑬ – 571 h. alt. 16.

Paris 475 – Vannes 22 – Muzillac 22 – Redon 59 – La Roche-Bernard 37.

La Croix du Sud M , ✆ 97 67 30 20, Télex 951948, Fax 97 67 36 06, , , – ch TV – 30. AE E VISA
fermé lundi de nov. à Pâques – **R** 134/380, enf. 65 – 27 – **16 ch** 310/330, 10 appart. – ½ P 313/436.

La TOUR-DU-PIN **38110** Isère 74 ⑭ **G. Vallée du Rhône** – 7 037 h. alt. 339.

Paris 512 – ♦Grenoble 67 – Aix-les-B. 53 – Chambéry 47 – Lyon 55 – Vienne 53.

France et rest. Bec Fin, 12 av. Alsace-Lorraine ✆ 74 97 00 08 – . E VISA
R *(fermé dim. soir)* 65/230 , enf. 40 – 23 – **30 ch** 170/240 – ½ P 150/160.

à St-Didier-de-la-Tour E : 3 km par N 6 – ✉ **38110** :

Lac, ✆ 74 97 25 53, – . AE E VISA
fermé 15 janv. au 15 fév., mardi soir (sauf juil.-août) et merc. – **R** 125/230.

à Cessieu O par N 6 : 6 km – ✉ **38110** :

La Gentilhommière avec ch, ✆ 74 88 30 09, , « Jardin » – TV . AE E VISA. ch
fermé 15 au 30 nov., dim. soir et lundi sauf fériés – **R** 120/280, enf. 50 – 28 – **6 ch** 220/270.

à Faverges-de-la-Tour E par N 516, N 75 et D 145 E : 10 km – ✉ **38110** :

Château de Faverges , ✆ 74 97 42 52, Télex 300372, Fax 74 88 86 40, <, , « Beaux aménagements intérieurs, parc, golf, , » – TV – 100. AE E VISA
début avril -2 janv. – **R** *(fermé lundi sauf juil.-août)* 330/450 – 75 – **34 ch** 850/1500, 4 appart. 1900 – ½ P 830/1155.

CITROEN Gar. Vial, N 6 ZI à St-Jean-de-Soudain ✆ 74 97 30 34
CITROEN Monin, à St-Clair-de-la-Tour ✆ 74 97 10 82
OPEL Gar. du Centre, 1 r. P.-Vincendon ✆ 74 97 04 57
PEUGEOT-TALBOT Brochier, 9 r. Bruyères ✆ 74 97 03 68
RENAULT Tour-Autos, ZI à St-Jean-de-Soudain ✆ 74 97 25 63
Alp'Gar., 23 r. Pasteur ✆ 74 97 09 84

Bargeon-Pneus, 60 av. Alsace-Lorraine ✆ 74 97 32 05

TOURMALET (Col du) 65 H.-Pyr. 🗺 ⑱ G. Pyrénées Aquitaine – alt. 2 114.
Voir ✳✳ – Paris 840 – Luz-St-Sauveur 18 – La Mongie 4.

TOURNAN-EN-BRIE 77220 S.-et-M. 🗺 ② – 4 851 h. alt. 99.
Paris 44 – Brie-Comte-Robert 14 – Meaux 34 – Melun 28 – Provins 49.

XX **Aub. La Tourelle,** 1 r. Melun ℰ (1) 64 25 32 23 – 𝗩𝗜𝗦𝗔
　　fermé août, vacances de fév. et merc. – **R** (déj. seul.) carte 160 à 230.

FORD Gar. de l'Égalité ℰ 64 07 01 60　　　　　NISSAN-SEAT Gar. de la Sécurité ℰ 64 07 04 06

TOURNEFEUILLE 31 H.-Gar. 🗺 ⑦ – rattaché à Toulouse.

TOURNOISIS 45310 Loiret 🗺 ⑱ – 344 h.
Paris 126 – ◆Orléans 28 – Châteaudun 24 – Beaugency 33 – Blois 63.

XX **Relais St-Jacques** avec ch, ℰ 38 80 87 03 – 📺 E 𝗩𝗜𝗦𝗔
⬦　fermé vacances de fév., dim. soir et lundi du 15 sept. au 30 avril – **R** 65/165, enf. 45 – 😄 25
　　– **5 ch** 160/220 – ½ P 200/300.

TOURNON-D'AGENAIS 47370 L.-et-G. 🗺 ⑥ G. Pyrénées Aquitaine – 921 h. alt. 167.
Voir Site⋆.
Paris 603 – Agen 42 – Cahors 46 – Castelsarrasin 56 – Montauban 63 – Villeneuve-sur-Lot 26.

🏠 **Midi** 😄, ℰ 53 40 70 08, ☇ – ⇔
　　fermé 29 août au 23 sept., vacances de fév., vend. soir et sam. sauf juil.-août – **R** 80/100
　　⅄, enf. 35 – 😄 20 – **12 ch** 90/180 – ½ P 180/220.

X **Petite Auberge,** ℰ 53 40 72 51, ⩽
　　fermé 12 au 18 mars, 4 au 10 juin, 12 au 25 nov., le soir de nov. à Pâques, dim. soir et
　　lundi – **R** 80/170.

RENAULT Gar. Mirabel ℰ 53 40 72 07 🅽 ℰ 53 40 73 79

TOURNON-SUR-RHÔNE 07 Ardèche 🗺 ① – rattaché à Tain-Tournon.

TOURNUS 71700 S.-et-L. 🗺 ⑳ G. Bourgogne – 6 704 h. alt. 193.
Voir Ancienne abbaye⋆ : église St-Philibert⋆⋆.
🛈 Office de Tourisme 2 pl. Carnot (mars-oct.) ℰ 85 51 13 10.
Paris 362 ① – Chalon-sur-Saône 27 ① – Bourg-en-Bresse 51 ② – Charolles 63 ③ – Lons-le-Saunier 56 ② –
Louhans 29 ② – ◆Lyon 102 ② – Mâcon 31 ② –
Montceau-les-Mines 65 ①.

🏨 ⚜ **Le Rempart** 🅼, 2 av. Gambetta
　(x) ℰ 85 51 10 56, Télex 351019,
　Fax 85 40 77 22 – 🛗 🗐 🖳 ⇔
　🛗 ⇔ 🅿 – 🔏 60. 🆎 ① E
　𝗩𝗜𝗦𝗔
　R 155/380, enf. 88 – 😄 50 – **31 ch**
　360/780, 6 appart. 750/1100 –
　½ P 405/565
　Spéc. Jambonnette de poulet de Bresse
　au ris de veau et foie gras, Rôti de lotte
　clouté au saumon, Galette de pommes au
　beurre et glace vanille. Vins Mâcon blanc
　et rouge.

🏨 **H. de Greuze** 🅼 😄 sans rest,
　5 r. A. Thibaudet **(e)** ℰ 85 40 77
　77, Télex 351055, Fax 85 40 77 23
　– 🛗 🗐 📺 ☎ 👌 🅿 🆎 ① E
　𝗩𝗜𝗦𝗔
　😄 78 – **19 ch** 595/1150.

🏨 **Le Sauvage,** pl. Champ de Mars
　(u) ℰ 85 51 14 45, Télex 800726,
　Fax 85 32 10 27 – 🛗 🗐 rest 📺 ☎
　⇔ 🅿 🆎 ① E 𝗩𝗜𝗦𝗔
　fermé 12 nov. au 19 déc. – **R** 85/250,
　enf. 45 – 😄 37 – **30 ch** 290/400 –
　½ P 310.

🏨 **Paix,** 9 r. J. Jaurès **(k)**
　ℰ 85 51 01 85, Fax 85 51 02 30 – 📺
　☎ 👌 ⇔ 🆎 ① E 𝗩𝗜𝗦𝗔
　fermé 20 au 30 avril, 19 au 29 oct.,
　11 janv. au 4 fév., merc. midi et
　mardi sauf juil.-août – **R** 75/175 ⅄,
　enf. 46 – 😄 34 – **23 ch** 222/302 –
　½ P 232/270.

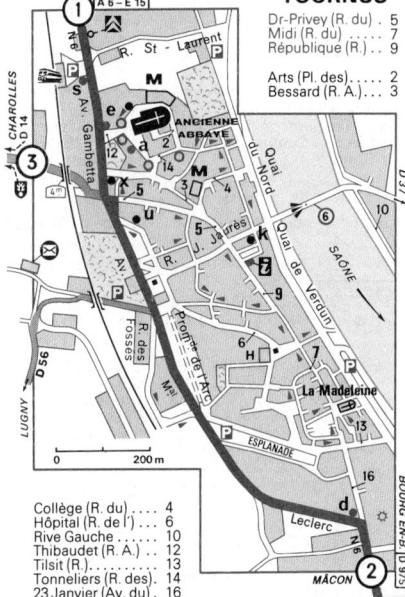

TOURNUS

Dr-Privey (R. du) .. 5
Midi (R. du) 7
République (R.) .. 9

Arts (Pl. des) 2
Bessard (R. A.) ... 3

Collège (R. du) 4
Hôpital (R. de l') .. 6
Rive Gauche 10
Thibaudet (R. A.) .. 12
Tilsit (R.) 13
Tonneliers (R. des) . 14
23 Janvier (Av. du) . 16

11

XXX ۞۞ **Rest. Greuze** (Ducloux), 1 r. A. Thibaudet **(e)** ℰ 85 51 13 52, Fax 85 40 75 42 – ☰. **A**
    E VISA
    fermé 1er au 10 déc. – **R** 260/470 et carte
    Spéc. Pâté en croûte "Alexandre Dumaine", Quenelle de brochet "Henri Racouchot", Entrecôte à la mode
    de Charolles. Vins Mâcon-Clessé, Beaujolais.

XX **Terrasses** M avec ch, 18 av. 23-Janvier **(d)** ℰ 85 51 01 74 – ☎ ⇔ **P**. **E** VISA
↦   *fermé 28 oct. au 4 nov., 7 janv. au 6 fév., dim. soir (sauf juil.-août) et lundi* – **R** 70/190
    enf. 45 – ☲ 26 – **18 ch** 215/260.

XX **Terminus** M avec ch, 21 av. Gambetta **(s)** ℰ 85 51 05 54, � – ☰ rest TV ☎ **P**. **E** VISA
↦   *fermé 14 au 21 nov., 3 au 24 janv., mardi soir et merc. sauf juil.-août* – **R** 68/230 ⅃, enf. 45
    – ☲ 26 – **13 ch** 180/240.

XX **Relais de l'Abbaye**, pl. Abbaye **(a)** ℰ 85 40 72 72, 🌣 – **E** VISA
↦   *fermé jeudi du 1er déc. au 31 mars* – **R** 65/190 ⅃, enf. 40.

    à Lacrost E : 2 km par D 37 – ⊠ **71700** :

X **Petite Auberge**, ℰ 85 51 18 59 – **E** VISA
↦   *fermé 2 au 17 sept., 15 au 30 janv., dim. soir et lundi (sauf fériés)* – **R** 60/160 ⅃.

    à Brancion par ③ D 14 : 14 km – ⊠ **71700** Tournus.

    Voir Donjon du château ≼★.

🏛 **Montagne de Brancion** M 🍴 sans rest, au col de Brancion ℰ 85 51 12 40, ≼ monts
    du Mâconnais, 🏊, 🌳 – ☎ **P** – 🕰 50. AE ⓞ **E** VISA
    15 mars-11 nov. – ☲ 50 – **20 ch** 380/550.

CITROEN Gar. Guillemaut, 4 av. Pasteur
ℰ 85 51 03 17
FORD Gar. Pagneux, 3 av. Gambetta
ℰ 85 51 06 45 🅽 ℰ 85 51 02 03

RENAULT Gar. Pageaud, 3 rte de Paris par ①
ℰ 85 51 07 05

🔧 Bayle Pneumatiques, r. Georges Mazoyer
ℰ 85 51 14 14

TOURRETTES-SUR-LOUP 06140 Alpes-Mar. 🄳🄴 ⑩, 🄹🄹🄵 ㉘ G. Côte d'Azur – 3 053 h. alt. 400.
Voir Vieux village★.
Paris 933 – ◆Nice 28 – Grasse 21 – Vence 6.

🏠 **Aub. Belles Terrasses**, rte Vence : 1 km ℰ 93 59 30 03, ≼ – ⚙ ⇔. **E** VISA
    R *(fermé 12 nov. au 2 déc. et lundi)* 75/125 ⅃ – ☲ 25 – **15 ch** 210 – ½ P 205.

🏠 **Grive Dorée**, rte Grasse ℰ 93 59 30 05, ≼, 🌣 – ☎
    R 98/175, enf. 55 – ☲ 28 – **14 ch** 180/250 – ½ P 205/230.

XX **Petit Manoir**, 21 Grande Rue (accès piétonnier) ℰ 93 24 19 19 – **E** VISA
    *fermé vacances de nov. et de fév., merc. (sauf le soir en juil.-août) et dim. soir de sept. à
    juin* – **R** 120/200.

XX **Chantecler**, rte Vence ℰ 93 59 34 22, ≼, 🌣 – **E** VISA
    fermé nov. et merc. sauf juil.-août – **R** 95/180, enf. 50.

TOURS 🄿 37000 I.-et-L. 🄿🄰 ⑮ G. Châteaux de la Loire – 136 483 h. Communauté urbaine 251 320 h
alt. 48.
Voir Quartier de la cathédrale★★ : Cathédrale★★ CY, musée des Beaux-Arts★★ CY M2, Historial
de Touraine★ (château) CY, La Psalette★ CY F, Place Grégoire de Tours★ CY 20 – Vieux Tours★★ :
Place Plumereau★ AY , hôtel Gouin★ AY M4, rue Briçonnet★ AY 3 – Quartier de St-Julien★ :
musée du Compagnonnage★★ BY M5, Jardin de Beaune-Semblançay★ BY B – Prieuré de
St-Cosme★ O : 3 km V E – Grange de Meslay★ NE : 10 km par ②.

🏌 de Touraine ℰ 47 53 20 28 ; domaine de la Touche à Ballan-Miré par ⑪ : 14 km ; 🏌 d'Ardrée
ℰ 47 56 77 38 par ⑭, N 138 puis D 76 et VC : 14 km.

✈ de Tours-St-Symphorien : T.A.T. ℰ 47 51 94 22, NE : 7 km U.

🖪 Office de Tourisme et Accueil de France (Informations et réservations d'hôtels, pas plus de 5 jours à
l'avance) pl. Mar.-Leclerc (adresse provisoire bd Heurteloup) ℰ 47 05 58 08, Télex 750008 – A.C. 4 pl
J.-Jaurès ℰ 47 05 50 19.

Paris 237 ③ – Angers 109 ⑬ – ◆Bordeaux 347 ⑩ – Chartres 140 ② – ◆Clermont-Ferrand 336 ⑦ – ◆Limoges
220 ⑩ – ◆Le Mans 81 ⑮ – ◆Orléans 114 ③ – ◆Rennes 219 ⑮ – ◆St-Étienne 474 ⑦.

Plans pages suivantes

🏨🏨 ۞۞ **Jean Bardet** M 🍴, 57 r. Groison ⊠ 37100 ℰ 47 41 41 11, Télex 752463
    Fax 47 51 68 72, ≼, « Parc », 🏊 – ☰ rest TV ☎ **P**. AE ⓞ **E** VISA   U 🖩
    fermé 1er au 9 mars – **R** *(fermé lundi sauf le soir d'avril à oct. et dim. soir de nov. à mars
    sauf fériés)* 250/620 et carte, enf. 120 – ☲ 95 – **10 ch** 550/1200, 5 appart. 1600
    Spéc. Saumon mi-fumé en harmonie, Pintadeau fermier truffé, Gésier de canard et homard rôti au coulis de
    vin de Graves. Vins Vouvray, Chinon.

🏨🏨 **Alliance** M, 292 av. Grammont ⊠ 37200 ℰ 47 28 00 80, Télex 750922, Fax 47 27 77 61
    ≼, 🌣, 🌳 – 🛗 ☰ TV ☎ **P** – 🕰 200. AE ⓞ **E** VISA. 🍽 rest   X 🖪
    R carte 180 à 300 – ☲ 55 – **119 ch** 440/515, 6 appart.

🏨🏨 **H. de Groison et rest. Jardin du Castel** M 🍴, 10 r. Groison ℰ 47 41 94 40
    Fax 47 51 50 28, 🌣, « Ancien hôtel particulier du 18e siècle », 🌳 – 🖵 TV ☎ ⇔. AE ⓞ **E**
    VISA   U 🖩
    fermé 8 janv. au 5 fév. – **R** *(fermé sam. midi et merc.)* 210/420 – ☲ 65 – **10 ch** 480/710 –
    ½ P 550/670.

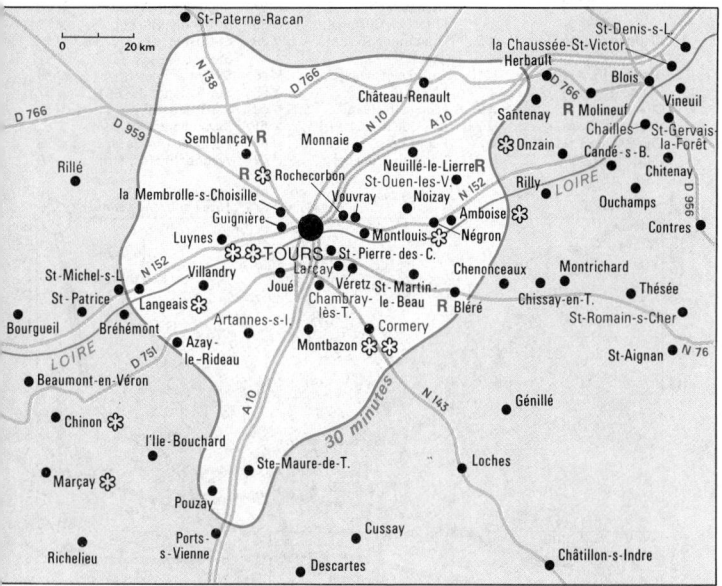

🏨🏨 **Harmonie** M, 15 r. F. Joliot-Curie, ℘ 47 66 01 48, Télex 752587, Fax 47 61 66 38, ⚒ – 📶
📺 ☎ ⇌. 🆎 🇪 *VISA* ⚒ rest
R 99/150 – ☑ 45 – **48 ch** 360/400, 6 appart.   CZ **b**

🏨🏨 **Royal** M sans rest, 65 av. Grammont, ℘ 47 64 71 78, Télex 752006, Fax 47 05 84 62 – 📶
📺 ☎ ໄ. ⇌ – 🔬 40. 🆎 ① 🇪 *VISA* ⚒
☑ 34 – **50 ch** 292/344.   V **s**

🏨🏨 **Univers et rest. La Touraine,** 5 bd Heurteloup, ℘ 47 05 37 12, Télex 751460,
Fax 47 61 51 80 – 📶 📺 ☎ ⇌ – 🔬 30. 🆎 ① 🇪 *VISA*
R *(fermé sam.)* 170/200 – ☑ 45 – **89 ch** 400/690.   BZ **u**

🏨🏨 **Bordeaux,** 3 pl. Mar. Leclerc, ℘ 47 05 40 32, Télex 750414, Fax 47 64 05 72 – 📶 📺 ☎. 🆎
① 🇪 *VISA*
R 120/195 bc ⅃ – ☑ 35 – **56 ch** 305/460 – ½ P 275/350.   BZ **t**

🏨 **Altéa** M, 4 pl. Thiers, ℘ 47 05 50 05, Télex 752740, Fax 47 20 22 07 – 📶 ▤ rest 📺 ☎ ໄ.
⇌ 🅿 – 🔬 70. 🆎 ① 🇪 *VISA* ⚒ rest
R carte 170 à 250, enf. 50 – ☑ 45 – **120 ch** 380/500 – ½ P 405/445.   V **z**

🏨 **Central H.** sans rest, 21 r. Berthelot, ℘ 47 05 46 44, Télex 751173, Fax 47 66 10 26 – 📶 📺
☎ ໄ. ⇌. 🆎 ① 🇪 *VISA*
☑ 35 – **42 ch** 250/350.   BY **k**

🏨 **Criden** M sans rest, 65 bd Heurteloup, ℘ 47 20 81 14 – 📶 📺 ☎. 🆎 ① 🇪 *VISA*
☑ 34 – **33 ch** 273/337.   CZ **g**

🏨 **Mirabeau** sans rest, 89 bis bd Heurteloup, ℘ 47 05 24 60, Fax 47 05 31 09 – 📶 📺 ☎. 🆎
① 🇪 *VISA*
☑ 28 – **25 ch** 265/310.   CZ **e**

🏨 **Châteaux de la Loire** sans rest, 12 r. Gambetta, ℘ 47 05 10 05, Fax 47 20 20 14 – 📶 📺
☎ 🆎 ① 🇪 *VISA*
fermé 20 déc. au 3 fév., sam. et dim. (en nov., déc. et fév.) – ☑ 26 – **32 ch** 180/257.   BZ **x**

🏨 **Relais Bleus** M, 8 r. Giraudeau, ℘ 47 38 18 19, Télex 752394, Fax 47 39 05 38 – 📶 ▤ rest
📺 ☎ ໄ. ⇌ – 🔬 35. 🆎 🇪 *VISA*
R *(fermé dim. soir et sam. du 1er nov. au 15 mars)* 75/170, enf. 42 – ☑ 35 – **56 ch** 295 –
½ P 240/290.   AZ **b**

🏨 **Fimotel** M, 247 r. Giraudeau, ℘ 47 37 00 36, Fax 47 38 50 91 – 📶 📺 ☎ ໄ. 🅿 – 🔬 40. 🆎
① 🇪 *VISA*
R 72/92 ⅃, enf. 34 – ☑ 33 – **45 ch** 260/295, 3 appart. 350 – ½ P 210.   V **g**

🏨 **Colbert** sans rest, 78 r. Colbert, ℘ 47 66 61 56 – 📺 ☎. 🆎 ① 🇪 *VISA*
☑ 30 – **18 ch** 135/295.   BY **f**

🏨 **Cygne** sans rest, 6 r. Cygne, ℘ 47 66 66 41 – 📺 ☎ ⇌. ① 🇪 *VISA*
fermé 22 au 27 déc. – ☑ 25 – **19 ch** 120/320.   BY **a**

TOURS

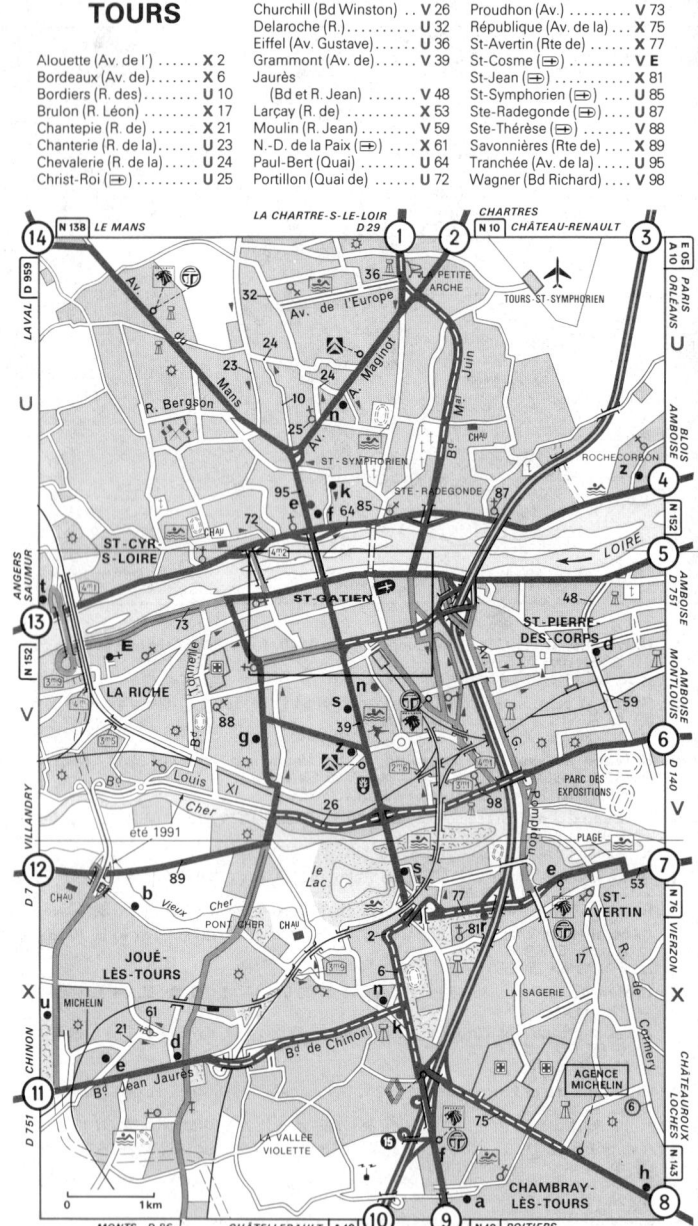

Les localités dont les noms sont soulignés de rouge
sur les cartes Michelin à 1/200 000 sont citées dans ce guide.
Utilisez une carte récente pour profiter de ce renseignement.

TOURS

🏠 **Italia** sans rest, 19 r. Devilde ⌂ 37100 ℰ 47 54 43 01 – 📺 ☎ 🅿 ⋿ VISA U n
⌂ 23 – **20 ch** 160/230.

🏠 **Mondial** sans rest, 3 pl. Résistance ℰ 47 05 62 68 – ☎. ⓄⒹ ⋿ VISA AY a
fermé dim. soir du 1er nov. au 31 mars – ⌂ 24 – **18 ch** 112/235.

🏠 **Arcade** Ⓜ, 1 r. G. Claude ℰ 47 61 44 44, Télex 751201, Fax 47 64 60 79 – 🛗 📺 ☎ ⅋ V f
🚗 – 🅰 30. ⒶⒺ ⋿ VISA
R (fermé sam. et dim.) 65 bc/85 ⅊, enf. 42 – ⌂ 35 – **139 ch** 275/325.

🏠 **Choiseul** sans rest, 12 r. Rôtisserie ℰ 47 20 85 76 – 📺 ☎. ⓄⒹ ⋿ VISA AY n
⌂ 24 – **17 ch** 190/250.

🏠 **Balzac** sans rest, 47 r. Scellerie ℰ 47 05 40 87 – 📺 ☎. ⋿ VISA BY v
⌂ 23 – **20 ch** 85/264.

🏠 **Théâtre** sans rest, 57 r. Scellerie ℰ 47 05 31 29 – 📺 ☎. ⒶⒺ ⓄⒹ ⋿ VISA BY v
⌂ 25 – **14 ch** 185/250.

🏠 **Foch** sans rest, 20 r. Mar. Foch ℰ 47 05 70 59 – ☎. ⋿ VISA AY q
⌂ 22 – **15 ch** 110/260.

XXXX ❀❀ **Barrier,** 101 av. Tranchée ⌂ 37100 ℰ 47 54 20 39, Fax 47 41 80 95 – 🍽 🅿 ⋿ U e
VISA
fermé dim. soir – **R** 210/385 et carte, enf. 80
Spéc. Matelote d'anguilles au Chinon et aux pruneaux, Jeune pigeon en vessie, Selle d'agneau avec son rognon. Vins Montlouis, Saint-Nicolas-de-Bourgueil.

XXX ❀ **La Roche Le Roy** (Couturier), 55 rte St Avertin ⌂ 37200 ℰ 47 27 22 00, Fax 47 28 08 39, X r
🍴 – 🅿. ⒶⒺ ⋿ VISA
fermé 8 au 20 août et dim. – **R** 190/270, enf. 60
Spéc. Dos de sandre rôti en meurette, Grenadin de lapereau au miel de romarin, Parfait café au sorbet cacao. Vins Chinon, Vouvray.

XXX La Rôtisserie Tourangelle, 23 r. Commerce ℰ 47 05 71 21, 🍴 AY z

XX **Les Tuffeaux,** 19 r. Lavoisier ℰ 47 47 19 89 – 📺 ⋿ VISA BY r
fermé 14 au 30 juil., lundi midi et dim. – **R** 150/200.

XX **L'Atlantic,** 59 r. Commerce ℰ 47 64 78 41, poissons et fruits de mer – 🍽. VISA AY t
fermé 28 juil. au 28 août, 18 au 27 fév., dim. soir et lundi – **R** carte 160 à 290.

XX **Les Gais Lurons,** 15 r. Lavoisier ℰ 47 64 75 50 – ⋿ VISA BY e
fermé 12 au 25 août, sam. midi et dim. – **R** 98/185.

XX **L'Odéon,** 10 pl. Mar. Leclerc ℰ 47 20 12 65 – ⒶⒺ ⓄⒹ ⋿ VISA CZ r
fermé dim. – **R** 90/145 ⅊.

XX **Le Lys,** 63 r. B. Pascal ℰ 47 05 27 92 – ⋿ VISA V n
fermé 2 au 15 janv., dim. soir et lundi – **R** 95/145, enf. 70.

X **La Ruche,** 105 r. Colbert ℰ 47 66 69 83 – ⋿ VISA BY a
fermé 23 déc. au 14 janv., lundi midi et dim. – **R** 75/110.

X **Bigarade,** 122 r. Colbert ℰ 47 05 48 81 – 🍽 ⋿ VISA BY b
fermé 1er au 15 août, merc. midi et mardi – **R** 85/200.

à Rochecorbon NE : rte de Blois par ④ – ⌂ 37210 :

🏠 ❀ **Les Hautes Roches** Ⓜ 🐾, 86 quai Loire ℰ 47 52 88 88, Télex 300121, Fax 47 52 81 30, ≤, 🍴, «Anciennes habitations troglodytiques aménagées avec élégance » – 🛗 📺 ☎ 🅿. ⒶⒺ ⋿ VISA
fermé 17 fév. au 12 mars, 10 nov. au 3 déc. – **R** (fermé dim. soir et lundi sauf fériés) 150/250 – ⌂ 60 – **11 ch** 895/1250 – ½ P 585/935
Spéc. Dos de rouget à la lie de vin, Croustifondant de sole, Tarte fine aux pommes caramélisées. Vins Vouvray, Chinon.

🏠 **Les Fontaines St Georges** sans rest, 6 quai Loire ℰ 47 52 52 86, 🍴 – ☎ 🅿. ⒶⒺ ⓄⒹ ⋿ U z
VISA
fermé lundi soir en hiver – ⌂ 30 – **15 ch** 200/300.

XXX **L'Oubliette,** ℰ 47 52 50 49, «Salles troglodytiques » – ⋿ VISA
fermé dim. soir et lundi – **R** 118/255.

XX **La Lanterne,** 48 quai Loire ℰ 47 52 50 02, Fax 47 52 54 46, 🍴 – 🅿. ⒶⒺ ⋿ VISA
fermé mi-janv. à fin fév., dim. soir et lundi sauf fériés – **R** 75/215.

à St-Pierre-des-Corps E : 3,5 km – V – 18 450 h. – ⌂ 37700 :

🏠 **Dancotel** Ⓜ, 10 r. J.-Moulin ℰ 47 44 44 67, Télex 752116 – 🛗 🍽 rest 📺 ☎ 🅿 – 🅰 25 V d
à 100. ⒶⒺ ⓄⒹ ⋿ VISA
R snack (fermé dim. soir en hiver) 69 bc/140 ⅊, enf. 35 – ⌂ 26 – **32 ch** 230/245 – ½ P 255.

à Joué-lès-Tours SO : 5 km par rte de Chinon - X – 35 242 h. – ⌂ 37300 :

🏠 **de l'Espace et rest. les Bretonnières** Ⓜ, parc des Bretonnières ℰ 47 67 54 54, Télex X u
752758, Fax 47 67 54 70, 🍴, 🏊, 🐾 ch 🍽 📺 ☎ ⅋ 🅿. ⒶⒺ ⓄⒹ ⋿ VISA
R 160, enf. 65 – ⌂ 43 – **76 ch** 410/570.

🏠 **Château de Beaulieu** 🐾, rte Villandry ℰ 47 53 20 26, Fax 47 53 84 20, ≤, parc – 📺 ☎ X b
🅿 – 🅰 25. ⒶⒺ ⓄⒹ ⋿ VISA
R 185/380, enf. 100 – ⌂ 45 – **19 ch** 430/650 – ½ P 370/525.

TOURS

*Pour aller loin rapidement,
utilisez les cartes Michelin
à 1/1 000 000.*

*To go a long way quickly,
use Michelin maps
at a scale of 1:1 000 000.*

*Utilizzate,
per lunghi percorsi,
la carte stradali Michelin
in scala 1/1 000 000.*

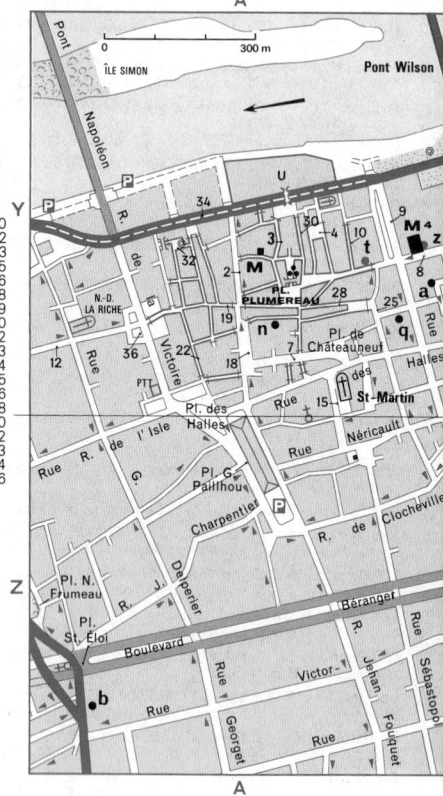

🏨 **Escurial** Ⓜ, 4 r. E. Branly ℰ 47 53 60 00, Télex 752553, Fax 47 67 75 33 – 🛗 📺 ☎ 🕭 🅿
— 🔬 25 à 70. 🖭 Ɛ 𝘝𝘐𝘚𝘈 X v
R 70/185 🍴, enf. 50 – ⬜ 30 – **60 ch** 240/280 – ½ P 250/290.

🏨 **Parc** Ⓜ sans rest, 17 bd Chinon ℰ 47 25 15 38 – 🛗 📺 ☎ 🕭 🅿 Ɛ 𝘝𝘐𝘚𝘈 X n
⬜ 35 – **30 ch** 265/275.

🏨 **Chantepie** 🌚 sans rest, r. Chantepie ℰ 47 53 06 09, Fax 47 67 89 25 – 📺 ☎ 🕭 Ɛ.
𝘝𝘐𝘚𝘈 X e
fermé vacances de Noël – ⬜ 26 – **28 ch** 250/270.

🏨 **Chéops** Ⓜ, bd J. Jaurès ℰ 47 67 72 72, Fax 47 67 85 38 – 🛗 📺 ☎ 🕭 🕭 ⟷ – 🔬 30. 🖭
Ⓞ Ɛ 𝘝𝘐𝘚𝘈 X d
R 85/135, enf. 43 – ⬜ 35 – **58 ch** 280/300 – ½ P 255.

🏠 **Ariane** Ⓜ sans rest, 8 av. Lac par ⑪ ℰ 47 67 67 60 – 📺 ☎ 🕭 🅿 – 🔬 25. 🖭 Ɛ.
𝘝𝘐𝘚𝘈
fermé 25 déc. au 1ᵉʳ janv. – ⬜ 28 – **31 ch** 239/259.

🏠 **Lac**, av. Lac par ⑪ ℰ 47 67 37 87 – 📺 ☎ 🕭 🅿 – 🔬 25. 🖭 Ɛ 𝘝𝘐𝘚𝘈
fermé vacances de nov., dim. soir en hiver et lundi sauf hôtel – **R** 65/145 🍴, enf. 40 –
21 ch ⬜ 259.

🍴🍴 **Le Ronsard**, 47 av. Bordeaux (N 10) ℰ 47 25 13 44 – 🕭 Ɛ 𝘝𝘐𝘚𝘈 🛇 X k
fermé 30 juil. au 20 août, vacances de fév., dim. soir et lundi – **R** 98/255.

à Chambray-lès-Tours S : 6,5 km par rte de Poitiers - X – 7 526 h. – ⊠ **37170** :

🏨 **Novotel** Ⓜ, Z.I. La Vrillonnerie - N 10 ℰ 47 27 41 38, Télex 751206, Fax 47 27 60 03, 🌇,
🏊 – 🛗 🍴 📺 ☎ 🕭 🅿 – 🔬 25 à 300. 🖭 Ⓞ Ɛ 𝘝𝘐𝘚𝘈
R carte environ 150 🍴, enf. 50 – ⬜ 48 – **125 ch** 410/490.

🏠 **Afitel** Ⓜ, rte Châteauroux N 143 ℰ 47 48 17 17, Télex 752014, 🌇 – 📺 ☎ 🕭 🅿 –
🔬 40. 🖭 Ⓞ Ɛ 𝘝𝘐𝘚𝘈 🛇 rest X h
fermé 20 déc. au 2 janv., dim. midi et sam. – **R** 68/190 🍴, enf. 48 – **34 ch** ⬜ 250/270 –
½ P 259.

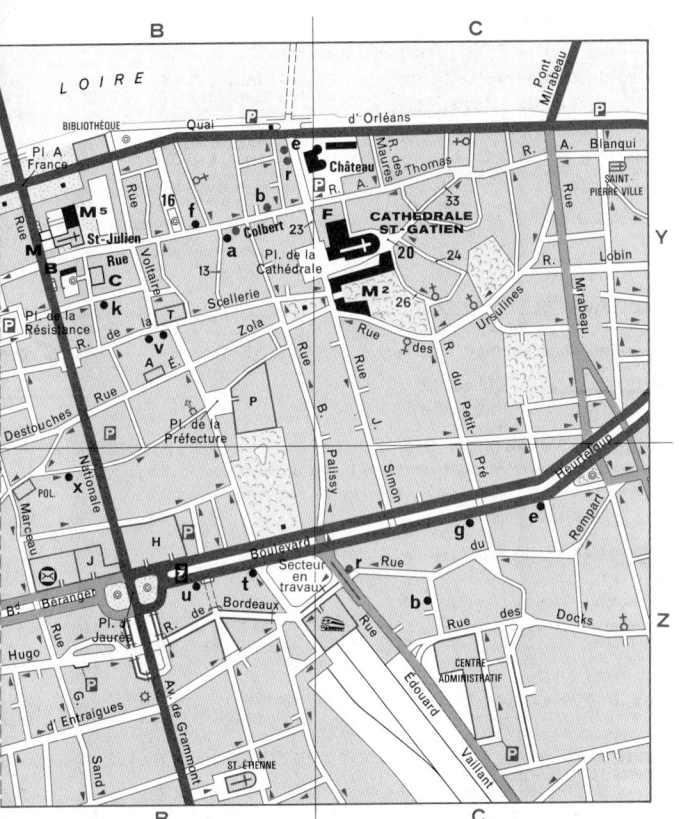

à *Larçay* par ⑦ : 9 km sur rte de Vierzon – ✉ **37270** :

XX **Chandelles Gourmandes,** ℘ 47 50 50 02 – 🗏 , 🖭 *VISA*
fermé dim. soir et lundi – **R** 120/210.

rte de Savonnières par ⑱ : 10 km sur D 7 – ✉ **37510** Joué-lès-Tours :

🏨 **Cèdres** ⊗ sans rest, ℘ 47 53 00 28, Télex 752074, Fax 47 67 26 20, « Parc fleuri », 🏊 –
🕌 📺 ☎ 🅿. 🖭 *VISA* – ⊆ 44 – **40 ch** 275/525, 3 appart. 765.

XX **Rest. des Cèdres,** ℘ 47 53 37 58, Fax 47 67 26 20 – 🅿 🗉 *VISA*
fermé janv., dim. soir et lundi d'oct. à mai – **R** 160/260 bc, enf. 80.

à *Guignière* O : rte de Saumur par ③ – ✉ **37230** Luynes :

🏨 **Le Manoir** sans rest, ℘ 47 42 04 02, ≤ – 📺 ☎ ⇐⇒. 🗉 *VISA*   V **t**
⊆ 20 – **16 ch** 165/205.

à *La Membrolle-sur-Choisille* NO : 6 km par ⑭ – ✉ **37390** :

🏨 **Host. du Château de l'Aubrière,** rte Fondettes ℘ 47 51 50 35, Fax 47 51 34 69, ≤, 🎋,
parc, 🏊 – 📺 ☎ 🅿 – ⚐ 50 à 80. 🗉 *VISA*. ✻ rest
fermé lundi – **R** 145/260, enf. 100 – **9 ch** ⊆ 400/700, 3 appart. 700 – ½ P 500.

Périphérie et environs

ALFA ROMEO Gar. Stela, à Chambray-les-Tours
℘ 47 48 21 00
BMW Gar. St-Simon, av. Fontaines à St-Avertin
℘ 47 27 28 24
FORD Gar. Pont, r. Coulomb-la-Vrillonnerie à
Chambray-les-Tours ℘ 47 48 69 00
OPEL Touraine Automobiles, 240 av. Mans à St-
Cyr-sur-Loire ℘ 47 49 12 12
OPEL-GM Gar. Salva, 151 bd de Chinon à Joué-
lès-Tours ℘ 47 67 35 83

PEUGEOT-TALBOT Gds Gar. de Touraine, 207 av.
du Mans à St-Cyr U ℘ 47 51 52 53 Ⓝ ℘ 47 41 15
15 et 13 rte de Bordeaux à Chambray-lès-Tours X f
℘ 47 27 66 66 Ⓝ ℘ 47 41 15 15
PEUGEOT-TALBOT Gar. Cazin, 31 r. Grandmont à
St-Avertin X e ℘ 47 27 02 44

◍ La Maison du Pneu, 55 bd de Chinon à Joué-
lès-Tours ℘ 47 25 13 66
Perry Pneus, 14 r. J.-Perrin à Chambray-lès-Tours
℘ 47 28 18 55
Tours-Pneus, 83 rte de Bordeaux, Chambray-lès-
Tours ℘ 47 28 25 89

TOURS-SUR-MARNE 51150 Marne 🔠 ⑯⑰ – 1 207 h. alt. 79.
Paris 154 – ♦Reims 27 – Châlons-sur-Marne 22 – Épernay 13.

⚑ **Touraine Champenoise,** r. du Pont ℘ 26 58 91 93, Fax 26 58 95 47 – ☎ ⇦ ⚏ ⓪ 🅴
🆅🅸🆂🅰 ⚘ ch
R 85/240 ⒧ – ⚏ 34 – **10 ch** 165/275 – ½ P 188/310.

RENAULT Gar. Croizy av. de Champagne ℘ 26 58 90 99

TOURTOIRAC 24 Dordogne 🔠 ⑯⑰ G. Périgord Quercy – 756 h. alt. 140 – ⊠ **24390** Hautefort.
Env. Château de Hautefort★★ : charpente★★ de la tour du Sud-Ouest E : 9,5 km.
Paris 471 – Brive-la-Gaillarde 55 – Lanouaille 20 – ♦Limoges 76 – Périgueux 37 – Uzerche 67.

CITROEN Bourrou ℘ 53 51 12 16

TOURTOUR 83690 Var 🔠 ⑯ G. Côte d'Azur – 384 h. alt. 633.
Voir Église ❄★.
Paris 846 – Aups 10 – Draguignan 20 – Salernes 11.

🏨 **La Bastide de Tourtour** Ⓜ ⚘, rte Draguignan ℘ 94 70 57 30, Fax 94 70 54 90, ≤ massif
des Maures, 🍽, parc, ᗜ, ⚘ – ⚐ 📺 ☎ ◐ – 🔬 30. ⚏ ⚏ ⓪ 🅴 🆅🅸🆂🅰
9 mars- 1er nov. – **R** (fermé lundi hors sais. et mardi midi) 270/380, enf. 130 – ⚏ 70 – **25 ch**
450/1200 – ½ P 620/910.

🏨 **Aub. St-Pierre** ⚘, E : 3 km par D 51 et VO ℘ 94 70 57 17, ≤, ᗜ, 🍽 – ☎ ◐ – 🔬 25
1er avril-15 oct. – **R** (fermé jeudi) (dîner pour résidents seul.) 160/180 – ⚏ 42 – **18 ch**
330/490 – ½ P 400/445.

🏠 **Petite Auberge** ⚘, S : 1,5 km par D 77 ℘ 94 70 57 16, Fax 94 70 54 52, ≤ massif des
Maures, 🍽, ᗜ – 📺 ☎ ◐ 🅴 🆅🅸🆂🅰
1er avril-30 sept. fermé mardi – **R** (résidents seul.) – ⚏ 30 – **11 ch** 320/390 – ½ P 320/355.

🍴🍴 ✿ **Chênes Verts** (Bajade), O : 2 km sur rte Villecroze ℘ 94 70 55 06, 🍽 – ◐
fermé du 1er janv. au 15 fév., mardi soir et merc. – **R** (nombre de couverts limité, prévenir)
200/650
Spéc. Feuillantine de caille au foie gras, Mesclun de homard tiède au citron, Truffe du pays en feuilleté.
Vins Bandol, Côteaux Varois.

TOURVES 83170 Var 🔠 ⑮ – 2 137 h. alt. 290.
Paris 802 – Aix-en-Pr. 47 – Aubagne 35 – Brignoles 12 – Draguignan 65 – Rians 30 – ♦Toulon 47.

🍴🍴 **Lou Paradou** avec ch, E : 2 km sur N 7 ℘ 94 78 70 39, 🍽, ⚘ – ◐ – 🔬 30. 🅴 🆅🅸🆂🅰
fermé 1er au 14 nov., 15 au 28 fév., dim. soir et lundi – **R** 105/158, enf. 55 – ⚏ 20 – **6 ch**
145/197 – ½ P 170/180.

TOURY 28390 E.-et-L. 🔠 ⑱ – 2 493 h. alt. 134.
Paris 100 – ♦Orléans 34 – Chartres 48 – Châteaudun 51 – Étampes 33 – Pithiviers 26 – Voves 30.

⚑ **Parc,** ℘ 37 90 50 06, 🍽, ⚘ – ⇦ 🅴 🆅🅸🆂🅰
⟵ fermé 10 au 25 sept., 15 au 28 fév. et merc. hors sais. – **R** 60/150 ⒧ – ⚏ 25 – **9 ch** 110/170.

CITROEN Denizet ℘ 37 90 50 25 Ⓝ ℘ 37 21 94 39   ◍ La Centrale du Pneu ℘ 37 90 51 61
RENAULT Gar. Georges ℘ 37 90 50 35

La TOUSSUIRE 73 Savoie 🔠 ⑯⑰ G. Alpes du Nord – alt. 1 690 – Sports d'hiver : 1 800/2 400 m ⚡18 ⚡
– ⊠ **73300** Fontcouverte-la-Toussuire.
🅱 Office de Tourisme ℘ 79 56 70 15.
Paris 627 – Albertville 77 – Chambéry 89 – St-Jean-de-Maurienne 18.

🏨 **Les Soldanelles** ⚘, ℘ 79 56 75 29, Fax 79 83 02 99, ≤, ᗜ, ⚘ – ⚐ ☎ ⚒ ◐ 🅴 🆅🅸🆂🅰.
⚘ rest
juil.-août et vacances de Noël-vacances de printemps – **R** 82/250, enf. 48 – ⚏ 29 – **33 ch**
175/198, 6 appart. 208/280 – ½ P 175/194.

🏨 **Les Airelles,** ℘ 79 56 75 88, ≤ – ⚐ ☎ ◐ 🅴 🆅🅸🆂🅰. ⚘ rest
juil.-août et 15 déc.-25 avril – **R** 80/165, enf. 48 – ⚏ 32 – **31 ch** 126/178 – ½ P 180/280.

OUZAC 46 Lot 79 ⑥ – rattaché à Puy-l'Évêque.

RAÎNEL 10 Aube 61 ④ – rattaché à Nogent-sur-Seine.

a TRANCHE-SUR-MER 85360 Vendée 171 ⑪ Ⓖ G. Poitou Vendée Charentes – 2 071 h. alt. 7.

Office de Tourisme pl. Liberté ℘ 51 30 33 96.

aris 462 – La Rochelle 61 – La Roche-sur-Yon 40 – Luçon 32 – Niort 93 – Les Sables-d'Olonne 38.

🏠 **Océan,** ℘ 51 30 30 09, Fax 51 27 70 10, ≤, ≅, ☴ – ☎ 㐁 ㊰, 🅿 ⬛ ⓞ Ⓔ 𝘝𝘐𝘚𝘈, ❀ rest
1ᵉʳ avril-30 sept. – **R** 100/150, enf. 50 – ☷ 30 – **50 ch** 335/490 – ½ P 310/347.

🏠 **Dunes,** ℘ 51 30 32 27 – ☎ 🅿 Ⓔ 𝘝𝘐𝘚𝘈, ❀
↤ 29 mars-20 sept. – **R** 70/160, enf. 50 – ☷ 29 – **50 ch** 150/295 – ½ P 195/290.

✕✕ **Milouin,** av. M. Samson ℘ 51 27 49 49 – 🅿 ⬛ ⓞ Ⓔ 𝘝𝘐𝘚𝘈
1ᵉʳ mars-30 sept. et fermé mardi sauf juil.-août – **R** 85/145, enf. 45.

à la Grière E : 2 km par D 46 – ⊠ 85360 La Tranche-sur-Mer :

🏠 **Cols Verts,** ℘ 51 27 49 30, Fax 51 27 48 82 – ㈮ ☎ ⬛ Ⓔ 𝘝𝘐𝘚𝘈
29 mars-11 nov. – **R** 73/230, enf. 40 – ☷ 32 – **40 ch** 170/330 – ½ P 220/298.

🏠 **Mer,** ℘ 51 30 30 37 – 🅿 ⬛ Ⓔ 𝘝𝘐𝘚𝘈
↤ fermé janv. et fév. – **R** 70/150, enf. 40 – ☷ 22 – **36 ch** 145/180 – ½ P 170/210.

TROEN Gar. du Château d'Eau, 14 rte de La
oche-sur-Yon à Angles ℘ 51 97 50 57
EUGEOT-TALBOT Gar. Vrignaud, rte de la
ranche à Angles ℘ 51 97 52 27

RENAULT Gar. Byrotheau, à Angles ℘ 51 97 50 57
Ⓝ
V.A.G Gar. du Maupas ℘ 51 30 38 43

Le TRAYAS 83 Var 84 ⑧, 195 ㉞ Ⓖ G. Côte d'Azur – ⊠ 83700 St-Raphaël.

oir Pointe de l'Observatoire ≤⋆ S : 2 km – Rocher de St-Barthélemy ≤⋆⋆ SO : 4 km puis
0 mn.

aris 894 – Fréjus 27 – Cannes 20 – Draguignan 52 – St-Raphaël 20.

✕ **La Cigale,** N 98 ℘ 94 44 14 17 – ⬛ ⓞ Ⓔ 𝘝𝘐𝘚𝘈
fermé 25 oct. au 8 nov. – **R** 115/230.

TRÈBES 11 Aude 83 ⑫ – rattaché à Carcassonne.

TRÉBEURDEN 22560 C.-d'Armor 59 ① Ⓖ G. Bretagne – 3 228 h. alt. 80.

oir Le Castel ≤⋆ 30 mn – Pointe de Bihit ≤⋆ SO : 2 km.

de St-Samson ℘ 96 23 87 34, NE : 7 km.

Office de Tourisme pl. Crech'Héry (fermé après-midi hors saison) ℘ 96 23 51 64.

aris 524 – St-Brieuc 72 – Lannion 9 – Perros-Guirec 13.

🏨 **Ti al-Lannec** ⟡, ℘ 96 23 57 26, Télex 740656, Fax 96 23 62 14, ≤, parc – 📺 ☎ 🅿 –
🛗 25. ⬛ ⓞ Ⓔ 𝘝𝘐𝘚𝘈, ❀ rest
15 mars-12 nov. – **R** 175/330, enf. 75 – ☷ 50 – **29 ch** 325/820 – ½ P 465/615.

🏨 ❀ **Manoir de Lan-Kerellec** ⟡, ℘ 96 23 50 09, Télex 741172, Fax 96 23 66 88, ≤, ☴ –
❀ rest 📺 ☎ 🅿 ⬛ ⓞ Ⓔ 𝘝𝘐𝘚𝘈
15 mars-15 nov. – **R** (fermé lundi midi et mardi midi du 15 sept. au 15 juin sauf fériés)
200/360, enf. 85 – ☷ 55 – **18 ch** 450/1350 – ½ P 475/910
Spéc. Homard braisé au beurre de corail, Filet de Saint-Pierre au cidre et pommes-fruits, Tournedos de
saumon au vin rouge.

🏨 **Du Toëno** Ⓜ, rte Trégastel NO : 2 km sur D 788 ℘ 96 23 68 78, ≤ – ☎ 㐁 🅿 ⬛ Ⓔ 𝘝𝘐𝘚𝘈
R 80/100 ㊰ – ☷ 28 – **17 ch** 240/270 – ½ P 228/258.

🏠 **Family,** ℘ 96 23 50 31, Télex 741897, Fax 96 23 65 64 – ☎ 🅿 ⬛ Ⓔ 𝘝𝘐𝘚𝘈, ❀ rest
hôtel : fermé nov. et lundi ; rest. : Pâques-oct. et fermé lundi hors sais. – **R** 85/150 – ☷ 30
– **25 ch** 148/285 – ½ P 295/330.

🏠 **Ker-an-Nod,** ℘ 96 23 50 21, ≤ – ㊰. ⬛ ⓞ Ⓔ 𝘝𝘐𝘚𝘈
15 mars-15 nov., vacances de Noël et de fév. – **R** (fermé merc. midi sauf du 15 juin au
15 sept.) 85/135, enf. 55 – ☷ 30 – **20 ch** 130/300 – ½ P 205/275.

✕✕ **Glann Ar Mor** avec ch, 12 r. Kerariou, au bourg ℘ 96 23 50 81, ☴ – 🅿 Ⓔ 𝘝𝘐𝘚𝘈, ❀ ch
fermé 8 au 12 juin, 17 fév. au 2 mars, jeudi midi de janv. à mars et merc. (sauf le soir en
juil.-août) – **R** 84/185, enf. 58 – ☷ 27 – **8 ch** 110/120 – ½ P 170.

TRÉBOUL 29 Finistère 58 ⑭ – rattaché à Douarnenez.

Pour vos voyages, en complément de ce guide utilisez :

    – Les **guides Verts Michelin** régionaux

      paysages, monuments et routes touristiques.

    – Les **cartes Michelin** à 1/1 000 000 grands itinéraires

                1/200 000 cartes détaillées.

TRÉGASTEL-PLAGE 22730 C.-d'Armor 🟨 ① **G. Bretagne** (plan) – 2 063 h.

Voir Rochers★★ – Ile Renote★★ NE – Table d'Orientation ≤★.

🔟 de St-Samson ℘ 96 23 87 34, S : 3 km.

🇮 Office de Tourisme pl. Ste-Anne ℘ 96 23 88 67.

Paris 528 – St-Brieuc 76 – Lannion 13 – Perros-Guirec 7 – Trébeurden 11 – Tréguier 27.

Armoric, ℘ 96 23 88 16, Fax 96 23 83 75, ≤, ⚄ – 📶 ☎ 🅿 🗈 VISA. ⚄ rest
hôtel : 20 avril-30 sept. ; rest. : 1ᵉʳ juin-30 sept. – **R** 140/200, enf. 70 – ⊆ 38 – **50 ch** 380/50
– ½ P 320/450.

Belle Vue ≫, ℘ 96 23 88 18, Fax 96 23 89 91, ≤, « Jardin fleuri » – ☎ 🅿 AE 🗈 VISA
hôtel : 29 mars-31 nov. ; rest. : 18 avril-14 oct. et fermé jeudi midi – **R** 100/290, enf. 60
⊆ 40 – **33 ch** 300/380 – ½ P 310/425.

Beau Séjour, ℘ 96 23 88 02, ≤ – 📺 ☎ 🅿 AE ⓞ 🗈 VISA
1ᵉʳ avril-30 sept. – **R** 85/180 – ⊆ 30 – **17 ch** 265/300 – ½ P 285/310.

Aub. Vieille Église, à Trégastel-Bourg S : 2,5 km ℘ 96 23 88 31 – 🅿 🗈 VISA
fermé fév., dim. soir et lundi du 1ᵉʳ sept. au 30 juin – **R** (prévenir) 65/250.

Gar. de la Corniche, ℘ 96 23 88 70

TRÉGUIER 22220 C.-d'Armor 🟨 ② **G. Bretagne** (plan) – 3 400 h. alt. 46.

Voir Cathédrale St-Tugdual★★.

Env. chapelle St-Gonéry★ N : 6 km – Le Gouffre★ N : 10 km puis 15 mn.

🇮 Syndicat d'Initiative à la Mairie ℘ 96 92 30 19.

Paris 510 – St-Brieuc 60 – Guingamp 30 – Lannion 18 – Paimpol 15.

Kastell Dinec'h ≫, SO : 2 km par rte Lannion et VO ℘ 96 92 49 39, « Jardin fleuri »
⟱, – ☎ 🅿 🗈 VISA. ⚄ rest
fermé 12 au 26 oct., 1ᵉʳ janv. au 15 mars, mardi soir et merc. hors sais. – **R** (dîner seul
98/270 – ⊆ 42 – **15 ch** 280/380 – ½ P 280/380.

Estuaire avec ch, pl. Gén.-de-Gaulle ℘ 96 92 30 25 – ☎ 🗈 VISA. ⚄ ch
fermé dim. soir et lundi du 1ᵉʳ sept. au 30 juin – **R** 74/185 ⟱, enf. 45 – ⊆ 22 – **15 ch**
95/220 – ½ P 126/165.

PEUGEOT-TALBOT Sté de Vente Automobile du Trégor, 1 r. Gambetta ℘ 96 92 32 52 🔳 ℘ 96 92 36 55

TRÉGUNC 29910 Finistère 🟨 ⑮⑯ – 5 919 h. alt. 41.

Paris 533 – Quimper 28 – Concarneau 6,5 – Pont-Aven 8,5 – Quimperlé 26.

Aub. Les Gdes Roches ≫, NE : 0,6 km par V 3 ℘ 98 97 62 97, « Fermes aménagée
dans un parc fleuri » – ☎ 🕹 🅿 – 🔬 30. 🗈 VISA. ⚄ ch
hôtel : fermé vacances de Noël et de fév. ; rest. : 1ᵉʳ mars-15 nov. – **R** (fermé lundi et l
midi sauf sam., dim. et fériés) 115/225, enf. 50 – ⊆ 32 – **20 ch** 260/350 – ½ P 280/400.

Le Menhir, ℘ 98 97 62 35 – ☏ 🅿 🗈 VISA. ⚄ ch
1ᵉʳ avril-1ᵉʳ oct. et fermé lundi sauf juil.-août – **R** 72/195 – ⊆ 30 – **28 ch** 120/280
½ P 190/240.

TRÉLISSAC 24 Dordogne 🟨 ⑤ – rattaché à Périgueux.

TRELLY 50660 Manche 🟨 ⑫ – 507 h.

Paris 337 – Avranches 39 – Bréhal 13 – Coutances 12 – Granville 23 – St-Lô 39 – Villedieu-les-P. 24.

Verte Campagne ≫ avec ch, SE : 1,5 km par D 539 et VO ℘ 33 47 65 33, « Ferme
normande ancienne », ☞ – ☏ 🅿 🗈 VISA. ⚄
fermé 12 nov. au 2 déc., 15 fév. au 1ᵉʳ mars, dim. soir et lundi du 1ᵉʳ oct. à Pâques –
R 105/125, enf. 60 – ⊆ 30 – **8 ch** 180/320.

La TREMBLADE 17390 Char.-Mar. 🟨 ⑭ **G. Poitou Vendée Charentes** – 4 687 h. alt. 8.

🇮 Office de Tourisme bd Pasteur (saison) ℘ 46 36 02 35.

Paris 498 – Royan 22 – Marennes 11 – Rochefort 32 – La Rochelle 66.

Mounière sans rest, rte Ronce-les-Bains : 1,5 km ℘ 46 36 09 19 – ☎ 🕹 🅿 🗈 VISA. ⚄
⊆ 25 – **16 ch** 200/270.

Phoébus sans rest, 13ter r. Foran ℘ 46 36 29 85 – 📺 ☎. VISA
⊆ 28 – **10 ch** 200/250.

TREMBLAY 35460 I.-et-V. 🟨 ⑰ **G. Bretagne** – 1 653 h. alt. 82.

Paris 346 – St-Malo 54 – Combourg 23 – Fougères 23 – ◆Rennes 42.

Roc-Land ≫, ℘ 99 98 20 46, parc, ⚄ – 📺 ☎ 🅿 – 🔬 30. VISA. ⚄ ch
fermé 15 au 31 oct., 15 au 29 fév., dim. soir et lundi – **R** 88/178 – ⊆ 35 – **26 ch** 220/300
½ P 250/280.

TREMBLAY-EN-FRANCE 93 Seine-St-Denis 🟨 ⑪, 🟨 ⑧ – voir à Paris, Environs.

e TREMBLAY-SUR-MAULDRE 78490 Yvelines 🔟 ⑨ , 🔟🔟🔟 ㉘ – 798 h. alt. 110.

aris 43 – Houdan 24 – Mantes 34 – Rambouillet 18 – Versailles 22.

🏛 **Chateau-H. Tremblay-sur-Mauldre** ⍉, 𝒫 (1) 34 87 92 92, Télex 689535, Fax (1) 34 87 88 23, ≤, « Demeure du 17e siècle dans un parc » – 📺 ☎ 🄿 – 🛗 40. 🄰🄴 ⓞ 🄴 𝘝𝘐𝘚𝘈. ⍉ rest
R 190/300, enf. 100 – ⊡ 45 – **28 ch** 450/1100 – ½ P 595/845.

XXX ❀ **La Gentilhommière** (Brun), 𝒫 (1) 34 87 80 96 – 🄰🄴 ⓞ 🄴 𝘝𝘐𝘚𝘈
fermé 4 au 12 mars, 5 août au 6 sept., lundi soir et mardi – **R** carte 240 à 420
Spéc. Foie gras chaud au caramel, Ris de veau en croûte de sel, Ballotine aux cinq chocolats.

REMEUR 22250 C.-d'Armor 🔟🔟 ⑮ – 595 h. alt. 75.

aris 411 – ◆Rennes 59 – St-Malo 00 – Dinan 24 – Loudéac 51 – St-Brieuc 46.

XX **Les Dineux** Ⓜ avec ch, voie express N 12, sortie Trémeur 𝒫 96 84 65 80, Fax 96 84 76 35 – 📺 ☎ 🕭 🄿 – 🛗 25. 🄴 𝘝𝘐𝘚𝘈
fermé 1er fév. au 1er mars – **R** (fermé sam. de sept. à juin) 90/170 ♨, enf. 50 – ⊡ 30 – **15 ch** 240/290 – ½ P 210/250.

RÉMINIS 38710 Isère 🔟🔟 ⑮ G. Alpes du Nord – 191 h. alt. 959.

oir Site★.

aris 639 – Gap 74 – ◆Grenoble 74 – Monestier-de-Clermont 41 – La Mure 31 – Serres 57.

🏔 **Alpes** ⍉, à Château-Bas 𝒫 76 34 72 94, 🚁 – 🄿. ⍉ rest
🔶 fermé nov. – **R** 50/88 ♨ – ⊡ 17 – **13 ch** 80/95 – ½ P 140/145.

RÉMOLAT 24510 Dordogne 🔟🔟 ⑯ G. Périgord Quercy – 543 h.

oir Belvédère de Racamadou★★ N : 2 km.

aris 547 – Périgueux 54 – Bergerac 34 – Brive-la-Gaillarde 86 – Sarlat-la-Canéda 45.

🏛 ❀ **Vieux Logis** ⍉, 𝒫 53 22 80 06, Télex 541025, Fax 53 22 84 89, ≤, 🌣, « Jardin fleuri ouvert sur la campagne », 🛋 – 📺 ☎ 🕭 🄿 – 🛗 30. 🄰🄴 ⓞ 🄴 𝘝𝘐𝘚𝘈
fermé 7 janv. au 18 fév. – **R** (fermé merc. midi et mardi d'oct. à juin) 210/300, enf. 85 – ⊡ 65 – **14 ch** 595/780, 8 appart. 930/960 – ½ P 630/815
Spéc. Tarte aux cèpes rôtis, Grosse pomme de terre au four farcie de ris de veau et truffe, Millas sarladais.

rte du Cingle de Trémolat NO : 2 km par D 31E – ✉ 24510 Ste-Alvère.

Voir Cingle★★.

🏛 **Le Panoramic** ⍉, 𝒫 53 22 80 42, ≤ – ☎ 🄿. 🄴 𝘝𝘐𝘚𝘈. ⍉ rest
fermé 4 janv. au 24 fév. – **R** (fermé dim. soir et lundi du 15 oct. au 1er avril) 75/168, enf. 48 – ⊡ 24 – **24 ch** 160/260 – ½ P 250/300.

CITROEN Gar. Imbert, rte du Cingle 𝒫 53 22 80 10

TRÉMONT-SUR-SAULX 55 Meuse 🔟🔟 ⑩ – rattaché à Bar-le-Duc.

TREMUSON 22 C.-d'Armor 🔟🔟 ③ – rattaché à St-Brieuc.

TRÉPASSÉS (Baie des) 29 Finistère 🔟🔟 ⑬ – rattaché à Pointe-du-Raz.

Le TRÉPORT 76470 S.-Mar. 🔟🔟 ⑤ G. Normandie Vallée de la Seine – 6 555 h. alt. 6 – Casino Z .

Voir Calvaire des Terrasses ≤★.

🄹 Office de Tourisme Esplanade de la Plage L.-Aragon 𝒫 35 86 05 69.

Paris 171 – Abbeville 37 – Beauvais 94 – Blangy 26 – Dieppe 30 – ◆Rouen 91.

XX **Homard Bleu**, 45 quai François 1er 𝒫 35 86 15 89 – 🄰🄴 🄴 𝘝𝘐𝘚𝘈
R 95/350 ♨.

XX **Le St Louis**, 43 quai François 1er 𝒫 35 86 20 70 – 🄰🄴 ⓞ 🄴 𝘝𝘐𝘚𝘈
fermé merc. soir du 1er nov. au 28 fév. – **R** 95/200.

RENAULT Gar. Moderne, 9 quai S.-Carnot 𝒫 35 86 13 90   Gar. Lemercier, 23 r. Falaise 𝒫 35 86 30 67

TRETS 13530 B.-du-R. 🔟🔟 ④ – 4 735 h. alt. 242.

Paris 778 – ◆Marseille 44 – Aix-en-Provence 23 – Brignoles 38 – ◆Toulon 72.

🏠 **Vallée de l'Arc** sans rest, 1 r. J. Jaurès 𝒫 42 61 46 33 – ☎ 🚘 ⓞ 🄴 𝘝𝘐𝘚𝘈
⊡ 25 – **20 ch** 160/250.

FIAT Gar. Icardi, av. Gén.-de-Gaulle 𝒫 42 29 20 36   PEUGEOT-TALBOT Gar. Arnaud et Mège, 15 bis av. Mirabeau 𝒫 42 29 20 23

TRÉVEZEL (Roc) 29 Finistère 🔟🔟 ⑥ G. Bretagne.

Voir ☀★★ de la D 785 : 30 mn.

Env. Église★ de Commana O : 6 km – Allée Couverte★ de Mougau-Bian O : 6 km.

Paris 535 – Huelgoat 16.

TRÉVOU-TRÉGUIGNEC 22660 C.-d'Armor 59 ① – 1 312 h. alt. 70.

Paris 518 – St-Brieuc 64 – Guingamp 37 – Lannion 14 – Paimpol 29 – Perros-Guirec 12 – Tréguier 14.

🏠 **Ker Bugalic** ⑤, ℰ 96 23 72 15, ≤, ☞ – ☜ ℗ E VISA ⅋ rest
29 mars-2 avril, 19 avril-30 sept. et vacances de nov. – **R** *(prévenir)* 85/280, enf. 50 – ☎ 3
– **18 ch** 210/297 – ½ P 260/280.

🏠 **Trestel-Bellevue** ⑤, ℰ 96 23 71 44, ≤, ☞ – ⅍ ☜ ℗ VISA ⅋ rest
Pâques-fin sept. – **R** 85/150, enf. 55 – ☎ 27 – **12 ch** 250 – ½ P 250.

TRIE-SUR-BAÏSE 65220 H.-Pyr. 85 ⑨ – 1 075 h. alt. 240.

Paris 798 – Auch 48 – Lannemezan 29 – Mirande 24 – Tarbes 30.

🏠 **Tour,** ℰ 62 35 52 12, ☞ – ☜. E VISA
✦ *fermé 12 au 21 avril et 12 au 21 oct. –* **R** *(fermé lundi midi)* 58/90 ⅃ – ☎ 24 – **11 c**
140/210 – ½ P 163/190.

TRIGANCE 83840 Var 84 ⑥⑦ – 122 h. alt. 734.

Paris 819 – Digne-les-Bains 74 – Castellane 20 – Comps-sur-Artuby 12 – Draguignan 44 – Grasse 7
– Manosque 91.

🏰🏰 **Château de Trigance** ⑤, accès par voie privée ℰ 94 76 91 18, Fax 94 47 58 99, « Cadr
médiéval, terrasse avec ≤ sur vallée et montagnes » – 🆃🆅 ☎ ℗. ᴀᴇ ⓞ E VISA
18 mars-11 nov. – **R** *(fermé merc. midi sauf de mai à sept.)* 170/280 – ☎ 52 – **10 c**
510/730 – ½ P 450/600.

🏠 **Ma Petite Auberge** ⑤, ℰ 94 76 92 92, ≤, ☞, ⬙ – ☎ ⅃ ℗. E VISA
✦ *fermé 2 janv. au 5 fév. et merc. d'oct. à mai –* **R** 60/230, enf. 40 – ☎ 30 – **12 ch** 170/270
½ P 200/240.

La TRINITÉ-SUR-MER 56470 Morbihan 63 ⑫ G. Bretagne – 1 478 h. alt. 3.

Voir Pont de Kerisper ≤★.

🛈 Office de Tourisme Môle L.-Caradec ℰ 97 55 72 21.

Paris 485 – Vannes 30 – Auray 12 – Carnac 4,5 – Lorient 41 – Quiberon 22 – Quimperlé 58.

🏠🏠 **Le Rouzic,** ℰ 97 55 72 06, ≤ – 🛄 ☎ ᴀᴇ ⓞ E VISA
fermé 15 nov. au 15 déc. et du 2 au 12 janv. – **R** *(fermé dim. soir et lundi du 15 sept. a
15 juin)* 79/103 – ☎ 28 – **32 ch** 180/286 – ½ P 227/280.

🍴🍴🍴 **L'Azimut,** ℰ 97 55 71 88, ☞ – E VISA
fermé 2 janv. au 10 fév. – **R** 195/360, enf. 65.

🍴🍴 **Les Hortensias,** ℰ 97 55 73 69, ≤, ☞ – E VISA
fermé 2 janv. au 15 fév., mardi et merc. du 16 sept. au 14 juin – **R** 170/290, enf. 75.

🍴🍴 **Ostréa** avec ch, ℰ 97 55 73 23, ≤, ☞ – 🆃🆅 ☎ ℗. E VISA. ⅋ ch
23 mars-23 sept. et fermé mardi sauf juil.-août – **R** 128/280, enf. 55 – ☎ 30 – **11 cℎ**
190/350.

à **St-Philibert** E : 2,5 km par D 781 – ⊠ 56470 :

🏠 **Panorama** ⑤, ℰ 97 55 00 56, « Jardin fleuri » – ☜ ℗. VISA
fin mars-fin sept. – **R** 88/152 – ☎ 26 – **25 ch** 195/240 – ½ P 225/255.

TRIZAC 15400 Cantal 76 – 921 h. alt. 935.

🛈 Office de Tourisme à la Mairie ℰ 71 78 60 37.

Paris 490 – Aurillac 78 – ✦Clermont-Ferrand 105 – Mauriac 23 – Murat 52.

🏡 **Les Cimes,** ℰ 71 78 60 30, ☞ – ☜. ⅋
✦ **R** 50/110 – ☎ 20 – **12 ch** 80/120 – ½ P 145/160.

Les TROIS-ÉPIS 68410 H.-Rhin 62 ⑱ G. Alsace Lorraine – alt. 658.

🛈 Syndicat d'Initiative (fermé matin) ℰ 89 49 80 56.

Paris 439 – Colmar 12 – Gérardmer 50 – Munster 17 – Orbey 12.

🏰🏰🏰 **Grand Hôtel** ⑤, ℰ 89 49 80 65, Télex 880229, Fax 89 49 89 00, ≤ forêt vosgienne e
plaine d'Alsace, ☞, parc, Ⅼ�, ◻ – 🛄 🆃🆅 ☎ ℗ – 🔬 80. ᴀᴇ ⓞ E VISA
R carte 250 à 370 – ☎ 65 – **45 ch** 630/980, 5 appart. – ½ P 570/830.

🏰🏰 **Marchal** ⑤, ℰ 89 49 81 61, Fax 89 78 90 48, ≤ forêt vosgienne et plaine d'Alsace, parc –
🛄 🆃🆅 ☎ ℗ – 🔬 30. E VISA ⅋
fermé 10 déc. au 15 janv. – **R** 145/250 ⅃, enf. 52 – ☎ 35 – **40 ch** 280/420 – ½ P 280/360.

🏰🏰 **La Chêneraie** ⑤, ℰ 89 49 82 34, parc – ☎ ℗. E VISA ⅋
fermé 20 déc. au 1ᵉʳ fév. (sauf hôtel du 25 déc. au 1ᵉʳ janv.) et merc. – **R** carte 140 à 250
⅃ – ☎ 35 – **20 ch** 200/260 – ½ P 235/260.

🏡 **Villa Rosa,** ℰ 89 49 81 19, ≤, Ⅼ⁺, ⬙ – ⅍ ☎ E VISA. ⅋
15 fév.-15 nov. et fermé jeudi – **R** *(dîner seul.)* 85/150 ⅃, enf. 50 – ☎ 35 – **9 ch** 200/260 –
½ P 210/240.

🍴🍴 **L'Auberge,** ℰ 89 49 80 79, Fax 89 49 89 00, ≤ forêt vosgienne et plaine d'Alsace, ☞,
parc – ℗. ᴀᴇ ⓞ E VISA
R 80/150 dîner à la carte ⅃, enf. 50.

TROISGOTS 50420 Manche 🔲 ⑬ G. Normandie Cotentin – 366 h. alt. 128.

Voir Roches de Ham ≤** NE : 5 km puis 15 mn.

Paris 304 – Avranches 54 – ♦Caen 60 – St Lô 15 – Vire 31.

XX **Aub. de la Chapelle-sur-Vire**, à la Chapelle-sur-Vire SE : 2 km ℰ 33 56 32 83 – ⁂ E
━ VISA
  fermé 15 au 30 sept., dim. soir et lundi – **R** 60/160 ⅃, enf. 45.

TRONÇAIS 03 Allier 🔲 ⑫ – ⊠ 03360 St-Bonnet-Tronçais.

Voir Forêt de Tronçais*** – Étang de St-Bonnet* NO : 4 km – Étang de Saloup* S : 5 km,
G. Auvergne.

Paris 299 – Moulins 56 – Bourges 61 – Montluçon 43 – St-Amand-Montrond 24.

🏠 **Le Tronçais** 📭, ℰ 70 06 11 95, «Dans un parc au bord d'un étang», ⁂ – ☎ 🅿 –
  🕭 40. E VISA ⁂ rest
  1ᵉʳ mars-30 nov., et fermé dim. soir et lundi sauf du 1ᵉʳ juin au 30 sept. – **R** 98/170, enf. 60
  – ⊑ 25 – **12 ch** 147/270 – ½ P 192/228.

La TRONCHE 38 Isère 🔲 ⑤ – rattaché à Grenoble.

Le TRONCHET 35540 I.-et-V. 🔲 ⑥ – 827 h. alt. 46.

Paris 396 – St-Malo 27 – Dinan 19 – ♦Rennes 50.

🏠 **Host. l'Abbatiale** 📭, ℰ 99 58 93 21, Télex 741629, Fax 99 58 12 16, ⃒, 🌿, ⁂ – 📺 ☎
  ♿ 🅿 – 🕭 30 à 60. E VISA ⁂ rest
  fermé 1ᵉʳ janv. au 15 fév. et lundi du 15 oct. au 30 avril – **R** 100/180, enf. 50 – ⊑ 40 –
  72 ch 185/500 – ½ P 325/390.

Dans ce guide

un même symbole, un même caractère
*imprimé en couleur ou en noir, en maigre ou en **gras***
n'ont pas tout à fait la même signification.
Lisez attentivement les pages explicatives.

TROO 41800 L.-et-Ch. 🔲 ⑤ G. Châteaux de la Loire – 337 h. alt. 65.

Voir La "butte" ⁂* – St-Jacques des Guérets : peintures murales* de l'église S : 1 km.

Paris 203 – ♦Le Mans 62 – Château-du-Loir 33 – ♦Tours 48 – Vendôme 25.

XX **Cheval Blanc** avec ch, r. A.-Arnault ℰ 54 72 58 22, ⌖ – 📺 ☎. E VISA
  fermé lundi soir et mardi – **R** 105/260 – ⊑ 32 – **9 ch** 260/350.

TROSLY-BREUIL 60 Oise 🔲 ③, 🔲 ⑪ – rattaché à Compiègne.

TROUVILLE-SUR-MER 14360 Calvados 🔲 ③ G. Normandie Vallée de la Seine – 6 012 h. alt. 5 –
Casino AY.

Voir Corniche ≤* BX **B**.

🏌 🔲 de St-Gatien-Deauville ℰ 31 65 19 99, E : 9 km par D 74 BZ

✈ de Deauville-St-Gatien : ℰ 31 88 31 28, par D 74 : 7 km BZ

🛈 Office de Tourisme 32 bd F.-Moureaux ℰ 31 88 36 19.

Paris 206 ② – ♦ Caen 43 ③ – ♦ Le Havre 74 ② – Lisieux 28 ② – Pont-L'évêque 11 ②.

Plan page suivante

🏨 **Beach H.** Ⓜ, 1 quai Albert 1ᵉʳ ℰ 31 98 12 00, Télex 171269, Fax 31 87 30 29, ≤, ⃒ – 🛗
  📺 ☎ ♿ ☎ – 🕭 40. ⁂ ⓞ VISA ⁂ rest   AY **e**
  fermé janv. – **R** 145, enf. 55 – ⊑ 40 – **102 ch** 570/640, 8 appart. 1000/1200 – ½ P 490.

🏨 **Mercure** Ⓜ, pl. Foch ℰ 31 87 38 38, Télex 772494, Fax 31 87 35 41, ⌖ – 🛗 ≤⁼⁼ ch 🛏 rest
  📺 ☎ ♿ – 🕭 25 à 80. ⁂ ⓞ E VISA   AY **k**
  R carte 160 à 300, enf. 45 – ⊑ 50 – **80 ch** 535/620.

🏠 **Central**, 158 bd F.-Moureaux ℰ 31 88 13 68, ⌖ – 🛗 📺 ☎ ♿ ☎. E VISA   AY **n**
  fermé 10 au 25 déc. et jeudi hors vacances scolaires – **R** 78/115 – ⊑ 30 – **20 ch** 250/350.

🏠 **Maison Normande** sans rest, 4 pl. Mar. de Lattre de Tassigny ℰ 31 88 12 25 – ☎ E
  VISA   AY **h**
  mars-30 sept., vacances scolaires et week-ends d'hiver – ⊑ 31 – **20 ch** 210/380.

🏠 **Carmen**, 24 r. Carnot ℰ 31 88 35 43 – 📺 ☎ ⁂ ⓞ E VISA ⁂   AY **a**
  fermé 8 au 14 avril, 14 au 28 oct., 7 au 31 janv. et 1ᵉʳ, au 7 fév. – **R** *(fermé lundi soir et*
  mardi sauf vacances scolaires) 80/160, enf. 55 – ⊑ 26 – **16 ch** 150/290 – ½ P 260.

🏠 **Les Sablettes** sans rest, 15 r. P.-Besson ℰ 31 88 10 66 – ☎. E VISA ⁂   AY **r**
  fermé est. et janv. – ⊑ 23 – **18 ch** 170/300.

🏠 **Paris-Trouville** sans rest, 1 r. Thiers ℰ 31 98 45 48, Fax 31 81 13 21 – 📺 ☎ ☎. ⁂ ⓞ
  E VISA   AY **b**
  ⊑ 28 – **18 ch** 140/350.

1193

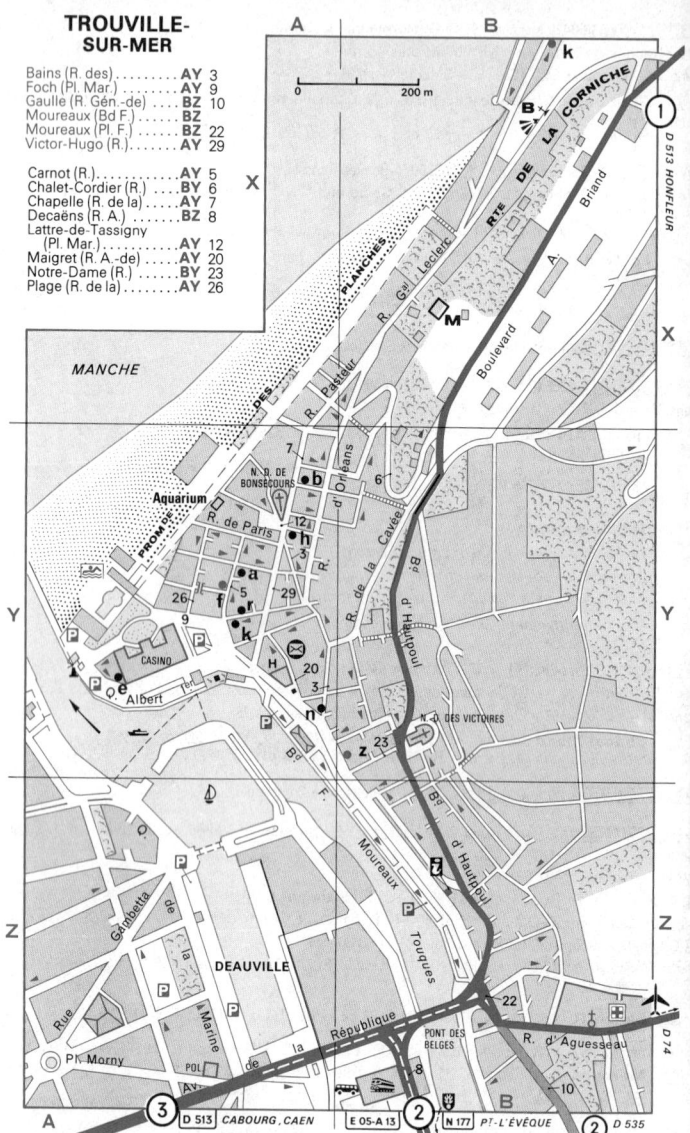

TROUVILLE-SUR-MER

XXX **La Régence,** 132 bd F. Moureaux ℰ 31 88 10 71 – AE ① E VISA   BY z
  fermé 6 au 28 déc., mardi soir et merc. hors sais. – **R** 125 (sauf sam. soir)/290.

XX **La Petite Auberge,** 7 r. Carnot ℰ 31 88 11 07 – AE E VISA   AY f
  *fermé 17 au 22 juin, 14 au 20 oct., 2 au 31 janv., merc. (sauf août) et mardi soir de sept. à
  juin* – **R** (prévenir) 95/145.

X **Les Roches Noires,** 16 bd L. Bréguet ℰ 31 88 12 19, ≤, 🌣 – E VISA   BX k
  *fermé 27/2 au 16/3, lundi et mardi de mi-nov. à Pâques sauf vac. scolaires, mardi soir de
  Pâques au 30/6 et merc.* – **R** 170 ♨.

Dans la liste des rues des plans de villes,

les noms en rouge indiquent les principales voies commerçantes.

Voir Cathédrale★★ : trésor★ CY – Le vieux Troyes★★ BZ – Jubé★★ de l'église Ste-Madeleine★ BZ
– Basilique St-Urbain★ BYZ **B** – Église St-Pantaléon★ BZ **E** – Pharmacie★ de l'Hôtel-Dieu CY **M4**
– Musées : Art Moderne★★ CY **M5**, Historique de Troyes et Champagne★ dans l'hôtel de
Vauluisant★ BZ **M1**, Beaux-Arts et archéologie★ CY **M3**, Maison de l'Outil et de la Pensée
ouvrière★ dans l'hôtel de Mauroy★ BZ **M2**.

ᵇ⁄₈ de Troyes-La Cordelière (privé), près Chaource ℘ 25 40 18 76 par ④ : 31 km.

ᴮ Office de Tourisme et Accueil de France (Informations, change et réservations d'hôtels, pas plus de
3 jours à l'avance) 16 bd Carnot ℘ 25 73 00 36, Télex 840216 et 24 quai Dampierre (juil.-15 sept.) ℘ 25 73
86 88 – A.C. 24 quai Dampierre ℘ 25 73 42 28.

Paris 163 ⑦ – ◆Amiens 276 ⑦ – ◆Dijon 152 ④ – ◆Metz 234 ① – ◆Nancy 185 ②.

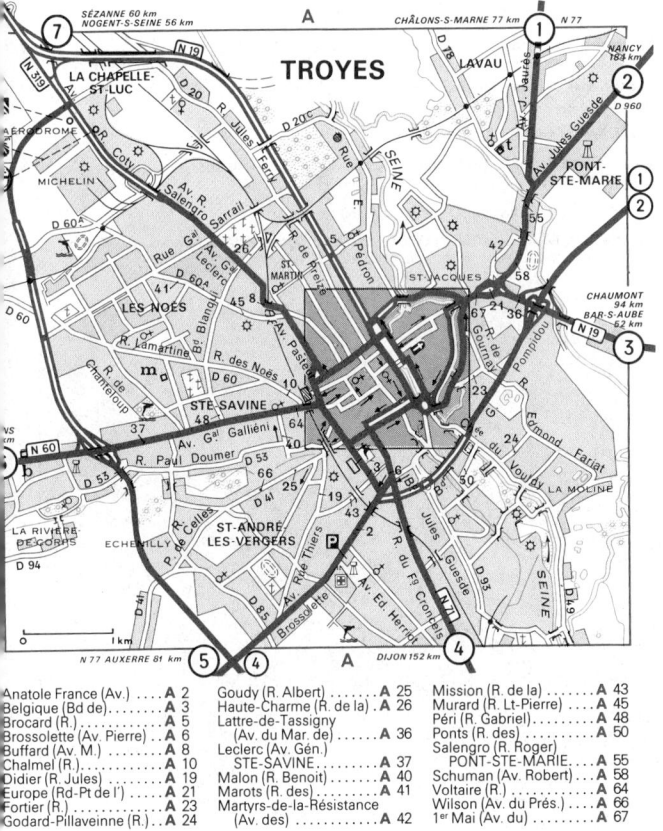

Anatole France (Av.) .... **A** 2	Goudy (R. Albert) .... **A** 25	Mission (R. de la) .... **A** 43
Belgique (Bd de)........ **A** 3	Haute-Charme (R. de la) . **A** 26	Murard (R. Lt-Pierre) .... **A** 45
Brocard (R.)............ **A** 5	Lattre-de-Tassigny	Péri (R. Gabriel)......... **A** 48
Brossolette (Av. Pierre) .. **A** 6	(Av. du Mar. de) ..... **A** 36	Ponts (R. des) .... **A** 50
Buffard (Av. M.) .... **A** 8	Leclerc (Av. Gén.)	Salengro (R. Roger)
Chalmel (R.)........... **A** 10	STE-SAVINE........ **A** 37	PONT-STE-MARIE.... **A** 55
Didier (R. Jules) .... **A** 19	Malon (R. Benoit)....... **A** 40	Schuman (Av. Robert) ... **A** 58
Europe (Rd-Pt de l') .... **A** 21	Marots (R. des)......... **A** 41	Voltaire (R.) .... **A** 64
Fortier (R.) .... **A** 23	Martyrs-de-la-Résistance	Wilson (Av. du Prés.) .... **A** 66
Godard-Pillaveinne (R.).. **A** 24	(Av. des) .... **A** 42	1ᵉʳ Mai (Av. du) .... **A** 67

🏨 **Relais St Jean** M sans rest, 51 r. Paillot de Montaubert ℘ 25 73 89 90, Télex 842962,
Fax 25 73 88 60 – 🛗 🗐 🖵 🖥 🕿 ⅙ ⟵ 🅰🅴 ⓪ 🖿 𝐕𝐈𝐒𝐀   BZ **s**
⌑ 53 – **22 ch** 380/620.

🏨 **H. de la Poste** M, 35 r. E. Zola ℘ 25 73 05 05, Télex 840995, Fax 25 73 80 76 – 🛗 🗐 rest
🖵 🕿 ⅙ – 🔏 45. 🅰🅴 𝐕𝐈𝐒𝐀   BZ **a**
Rest de la Poste (fermé dim. soir et lundi) **R** 165/350 – **La Marée** ℘25 73 80 78, produits
de la mer (fermé août et sam. midi) **R** carte 190 à 320 ⅊ – **la Pizzeria** R 60 ⅊ Enf. 34 –
⌑ 45 – **26 ch** 360/490.

🏨 **Grand Hôtel**, 4 av. Mar. Joffre ℘ 25 79 90 90, Télex 840582, Fax 25 78 48 93 – 🛗 cuisinette
🖵 🕿 – 🔏 400. 🖿 𝐕𝐈𝐒𝐀   BZ **u**
Le Champagne R 110/170 ⅊ – **Grill Jardin de la Louisiane R** 80/140 ⅊ – Pizzéria Grill
Aquarius ℘25 78 23 20 **R** 55/160 ⅊, enf. 40 – ⌑ 35 – **100 ch** 205/400, 6 appart. 500 –
½ P 275.

tourner →

🏨 **Royal H.,** 22 bd Carnot ℰ 25 73 19 99, Télex 842964, Fax 25 73 47 85 – 🛗 📺 ☎. 🅰🅴 ⓘ
E 🆅🅸🆂🅰 BZ
fermé 14 déc. au 6 janv. – **R** *(fermé dim. soir et lundi midi)* 90/165, enf. 60 – �juː 35 – **37 ch**
245/320.

🏨 **Patiotel** Ⓜ, 6 r. Ravelin ℰ 25 79 90 90, Télex 840582, Fax 25 78 48 93, 😑 – 🛗 📺 ☎ 🅳
– 🅰 400. E 🆅🅸🆂🅰 BZ
R voir Gd Hôtel – �juː 30 – **50 ch** 205/290.

🏨 **Le Champenois** 😑 sans rest, 15 r. P. Gauthier ℰ 25 76 16 05 – ☎ Ⓟ. 🅰🅴 🆅🅸🆂🅰 BY n
�juː 26 – **26 ch** 96/236.

🏛🏛🏛 ⚜ **Le Bourgogne** (Dubois), 40 r. Gén. de Gaulle ℰ 25 73 02 67 – E 🆅🅸🆂🅰 BY
fermé 28 juil. au 27 août, lundi soir et dim. – **R** carte 180 à 260
Spéc. Mousseline de brochet aux épinards, Aiguillette de canard au Bouzy, Escalope de foie gras au vinaigr
de framboises. Vins Rosé des Riceys, Epineuil.

🏛🏛 **Chanoine Gourmand,** 32 r. Cité ℰ 25 80 42 06 – 🅰🅴 E 🆅🅸🆂🅰 CY
fermé 11 au 18 mars, 12 au 19 août, 23 déc. au 13 janv., dim. soir et lundi – **R** 148/230.

🏛 **Grand Café,** 4 r. Champeaux (1ᵉʳ étage) ℰ 25 73 25 60 – 🍽. 🆅🅸🆂🅰 BZ
R carte 130 à 230 🍷.

à Pont-Ste-Marie N : 3 km par N 77 – A – 5 136 h. – ✉ **10150** :

🏛🏛 **Host. ''Chez Jules'',** près église ℰ 25 81 13 09, 😑 – 🅰🅴 🆅🅸🆂🅰 A
fermé 15 janv. au 15 fév., dim. soir et lundi – **R** 95/169 🍷.

à Ste-Maure N : 7 km par D 78 – ✉ **10150** :

🏛🏛 **Aub. de Ste Maure,** ℰ 25 81 06 85, 😑, « En bordure de rivière » – Ⓟ. E 🆅🅸🆂🅰
fermé 23 déc. au 20 janv., dim. soir et lundi – **R** 100/175.

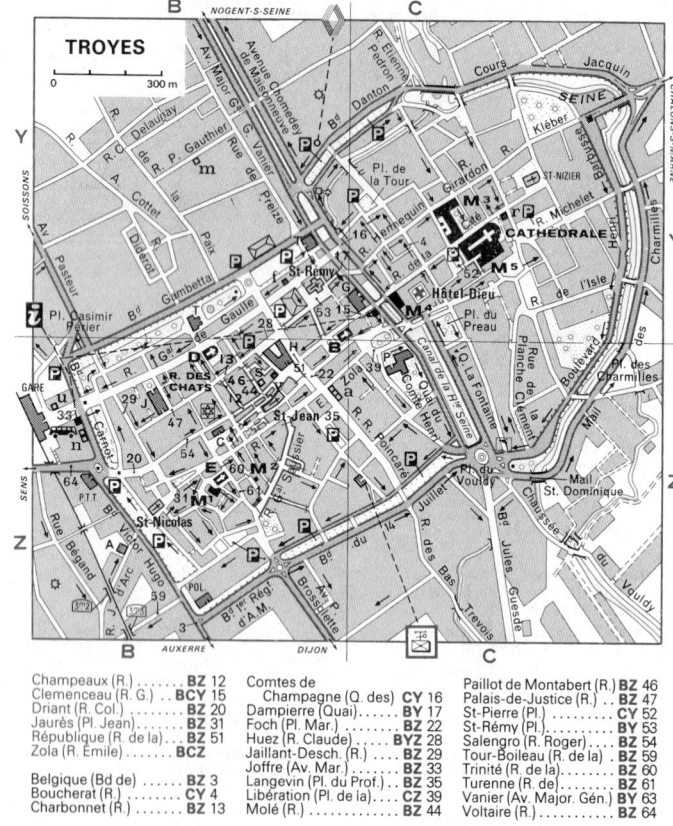

à Ste-Savine O : 3 km par N 60 - A – 10 768 h. – ✉ **10300** :

Chantereigne Ⓜ sans rest, N 60 ✆ 25 74 89 35, Télex 841096 – TV ☎ ♿ P. E. VISA — A **b**
fermé 24 déc. au 1er janv. – ☕ 27 – **30 ch** 208/260.

Motel Savinien, 87 r. La Fontaine ✆ 25 79 24 90, Télex 842504, ▢, 🎾 – TV ☎ ♿ P – 🏛 30. E VISA — A **m**
R *(fermé 22 déc. au 8 janv. et lundi midi)* 70/200 🍷, enf. 45 – ☕ 26 – **90 ch** 160/210 – ½ P 190/246.

à Bréviandes par ④ : 5 km – ✉ **10800** :

Pan de Bois Ⓜ, ✆ 25 75 02 31, Fax 25 49 67 84, 🌳 – TV ☎ ♿ P – 🏛 50. E VISA. ✗ ch
fermé lundi (sauf hôtel) et dim. soir – **Grill R** 82/155 🍷 – ☕ 31 – **31 ch** 210/240.

à Buchères par ④ : 7 km – ✉ **10800** :

Campanile Ⓜ, ✆ 25 49 67 67, Télex 840840, 🌳 – TV ☎ ♿ P. E VISA
R 74 bc/98 bc, enf. 39 – ☕ 27 – **55 ch** 248.

à St-André-les-Vergers par ⑤ : 5 km – 10 692 h. – ✉ **10120** :

Les Épingliers Ⓜ sans rest, 180 rte d'Auxerre ✆ 25 75 05 99 – TV ☎ P. VISA
fermé en août et dim. soir en hiver – ☕ 20 – **15 ch** 150/190.

à Barberey-St-Sulpice par ⑦ : 5 km – ✉ **10600** :

Novotel Ⓜ, ✆ 25 74 59 95, Télex 840759, Fax 25 78 05 73, 🌳, ⛱ – ▤ TV ☎ ♿ P – 🏛 100. AE ⓓ E VISA — A **e**
R carte environ 140 🍷, enf. 50 – ☕ 42 – **83 ch** 350/395.

Confortel Ⓜ, ✉ 10600 La Chapelle-St-Luc ✆ 25 78 12 75, Fax 25 79 93 13 – TV ☎ ♿ P – 🏛 50. AE E VISA
R 75 bc/100 🍷, enf. 37 – ☕ 30 – **39 ch** 220/240.

FORD Est-Autos, 19 bd Danton ✆ 25 80 02 70
RENAULT STAR, 15 bd Danton ✆ 25 80 02 87
N ✆ 25 75 99 71
V.A.G Gar. Scala, 20 bd Pompidou ✆ 25 81 36 30

Ⓜ Devliegher, 8 bd V.-Hugo ✆ 25 73 19 94
La Centrale du pneu, 11 r. Paix ✆ 25 73 35 24
Lohly Pneus, 71 av. P.-Brossolette ✆ 25 73 19 23
Rémy, 94 Mail Charmilles ✆ 25 81 04 10

Périphérie et environs

AUSTIN, ROVER Gar. Juszak, 37 rte d'Auxerre à St-André-les-Vergers ✆ 25 82 56 87
BMW Gar. Sud-Autom., 132 bd de Dijon à St-Julien-les-Villas ✆ 25 82 03 76
CITROEN La Cité de l'Auto, N 19 à La Chapelle-St-Luc ✆ 25 74 46 98
DATSUN-NISSAN-MERCEDES-BENZ Ets Craeye, 50 av. Martyrs-du-24-Août à Buchères ✆ 25 82 38 78
OPEL Girost, N 60 à Pont-Ste-Marie ✆ 25 81 26 26

PEUGEOT-TALBOT Gds Gar. de l'Aube, N 19 à La Chapelle-St-Luc ✆ 25 79 09 56
SAAB SEAT Gar. Bruillon, rte d'Auxerre N 77 à Rosières ✆ 25 75 69 50
VOLVO-LADA Rel. Europe Autom, r. R.-Salengro à Pont-Ste-Marie ✆ 25 81 12 45

Ⓜ Barniche-Pneus, 61 av. Gén.-Leclerc à La Rivière-de-Corps ✆ 25 79 36 09
Lohly Pneus, N 77 à St-Germain ✆ 25 75 68 54

TULLE

P **19000** Corrèze **75** ⑨ **G. Berry Limousin** – 20 642 h. alt. 212.

Voir Maison de Loyac★ B **B** – Clocher★ de la cathédrale B **D**.

Env. Ste-Fortunade : chef reliquaire★ dans l'église 9 km par ③.

B Office de Tourisme quai Baluze ✆ 55 26 59 61.

Paris 483 ① – Brive-la-Gaillarde 28 ⑤ – Albi 209 ③ – Aurillac 82 ③ – ♦ Clermont-Ferrand 149 ② – Guéret 137 ① – ♦Limoges 88 ① – Montluçon 173 ② – Périgueux 101 ⑤ – Rodez 166 ③.

Plan page suivante

Limouzi, 16 quai République ✆ 55 26 42 00 – ⇕ TV ☎ ♿ – 🏛 40 à 150. AE ⓓ E VISA. ✗ — B **s**
fermé 1er au 6 janv. et dim. soir – **R** 79/180 🍷, enf. 50 – ☕ 24 – **50 ch** 160/260.

Gare, 25 av. W. Churchill ✆ 55 20 04 04, Fax 55 20 15 87 – TV. E VISA — A **k**
fermé 1er au 15 sept. et vacances de fév. – **R** 85/120 🍷, enf. 50 – ☕ 22 – **13 ch** 120/240.

Royal sans rest, 70 av. V. Hugo ✆ 55 20 04 52 – ☎ P. AE ⓓ E VISA. ✗ — A **e**
☕ 23 – **14 ch** 110/220.

Bon Accueil, 10 r. Canton ✆ 55 26 70 57 — B **y**
fermé 20 déc. au 3 janv., 25 fév. au 3 mars, 8 au 12mai, sam. soir et dim. – **R** 65/120 🍷, enf. 35 – ☕ 25 – **13 ch** 100/150 – ½ P 150/160.

XXX **Toque Blanche** avec ch, pl. M. Brigouleix ✆ 55 26 75 41 – ▤ rest TV ☎. AE E VISA
fermé 13 au 20 oct. et dim. hors sais. sauf fériés – **R** 120/265 🍷, enf. 50 – ☕ 26 – **10 ch** 150/190 – ½ P 230/250 — B **z**

XX **Central,** 32 r. J. Jaurès ✆ 55 26 24 46 – ▤. E VISA — AB **a**
fermé 22 juil. au 12 août, dim. soir et sam. – **R** 100/260.

TULLE

Baluze (Quai) . . . . **B**
Gambetta (Pl.) . . . . **B** 8
Gaulle (Av. Ch.-de) . . . . . . **B**
Jaurès (R. Jean) . . . . **B**
République (Quai de la) . . . **B** 15
Victor-Hugo (Av.) . . . . **A** 22
Zola (Pl. Émile) . . . . **B** 24

Briand (Quai A.) . . . . **B** 2
Brigouleix (Pl. Martial) . . . . **B** 3
Chammard (Quai A.-de) . . . **B** 4
Chivallier (R.) . . . . **A** 5
Dunant (R. Henri) . . . . **A** 6
Faucher (Pl. Albert) . . . . . . **A** 7

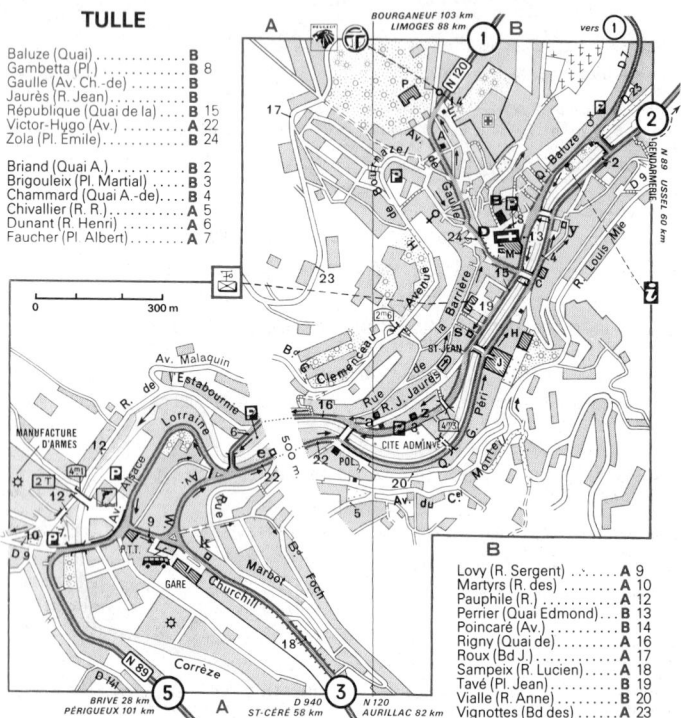

Lovy (R. Sergent) . . . . **A** 9
Martyrs (R. des) . . . . **A** 10
Pauphile (R.) . . . . **A** 12
Perrier (Quai Edmond) . . . . **B** 13
Poincaré (Av.) . . . . **B** 14
Rigny (Quai de) . . . . **B** 16
Roux (Bd J.) . . . . **A** 17
Sampeix (R. Lucien) . . . . . . **B** 18
Tavé (Pl. Jean) . . . . **B** 19
Vialle (R. Anne) . . . . **B** 20
Vignottes (Bd des) . . . . . . **A** 23

CITROEN Bru, r. A.-Audubert par ③ $\mathcal{P}$ 55 26 18 82
FIAT, LANCIA-AUTOBIANCHI Veyres-Périè,
Cueille $\mathcal{P}$ 55 20 01 75
FORD Éts Carles, rte de Brive $\mathcal{P}$ 55 20 08 05
MERCEDES-BENZ, OPEL Gar. de l'Oasis, rte de
Brive $\mathcal{P}$ 55 20 10 61

PEUGEOT-TALBOT Gar. Bigeargeas, rte de
Limoges par ① $\mathcal{P}$ 55 20 22 18
V.A.G Gar. de St-Abrian, ZI Est $\mathcal{P}$ 55 20 03 31

@ Cammas Vidalie, 3 av. Alsace-Lorraine
$\mathcal{P}$ 55 20 06 48
Pneu 2 000, 11 quai Continsouza $\mathcal{P}$ 55 26 16 40

TULLINS 38210 Isère 🟥 ④ – 6 106 h. alt. 201 – 🚩 Syndicat d'Initiative à la Mairie $\mathcal{P}$ 76 07 00 05.
Paris 548 – ♦Grenoble 32 – Bourgoin-Jallieu 44 – La Côte-St-André 27 – St-Marcellin 23 – Voiron 13.

🏠 **Aub. de Malatras,** S : 2 km sur N 92 $\mathcal{P}$ 76 07 02 30, 🌰 – ☎ 🅿 – 🔏 30. **E** 𝗩𝗜𝗦𝗔
fermé vacances de nov. et de fév. – **R** 132/260, enf. 75 – 🖃 35 – **23 ch** 170/280 –
½ P 250/280.

CITROEN Roudet $\mathcal{P}$ 76 07 03 40
OPEL Gar. de la Plaine $\mathcal{P}$ 76 07 03 67

PEUGEOT-TALBOT Gar. Penon $\mathcal{P}$ 76 07 01 25
RENAULT Baboulin $\mathcal{P}$ 76 07 02 74

La TURBALLE 44420 Loire-Atl. 🟥 ⑭ G. Bretagne – 3 276 h. alt. 7.
🚩 Office de Tourisme pl. de Gaulle $\mathcal{P}$ 40 23 32 01.
Paris 465 – ♦Nantes 85 – La Baule 13 – Guérande 7 – La Roche-Bernard 32 – St-Nazaire 27.

🏠 **Chants d'Ailes,** 11 bd Bellanger $\mathcal{P}$ 40 23 47 28, ≤ – ☎ **E** 𝗩𝗜𝗦𝗔
➤ **R** (fermé dim. soir du 1er oct. au 15 mars) 70/180, enf. 47 – 🖃 28 – **17 ch** 220/320 –
½ P 198/248.

🍽 Terminus, quai St-Paul $\mathcal{P}$ 40 23 30 29, ≤.

La TURBIE 06320 Alpes-Mar. 🟥 ⑩, 🟥 ㉗ G. Côte d'Azur (plan) – 1 969 h. alt. 480.
Voir Trophée des Alpes★ : ✳★★★ – Intérieur★ de l'église St-Michel-Archange – Place Neuve ≤★.
Paris 948 – Monaco 7.5 – Eze 4,5 – Menton 13 – Monte-Carlo 8 – ♦Nice 18 – Roquebrune-Cap-Martin 7.

🏠 **Le Napoléon,** $\mathcal{P}$ 93 41 00 54, 🌰 – 🆅 ☎. 🆀🅴 ⓪ **E** 𝗩𝗜𝗦𝗔 ✻ ch
fermé 17 fév. au 20 mars – **R** (fermé mardi d'oct. à avril) 105 (déj.)/180 – 🖃 28 – **23 ch**
300/350 – ½ P 300.

🍽 **Moulin d'Alsace,** NO : 1,5 km par D 2 204 A ✉ 06340 Laghet, $\mathcal{P}$ 93 41 11 60, 🌰,
cuisine alsacienne – 🅿. **E** 𝗩𝗜𝗦𝗔
fermé sept. et jeudi – **R** 88 (déj.)/160 🍷, enf. 55.

1198

TURCKHEIM 68230 H.-Rhin 62 ⑱ ⑲ G. Alsace Lorraine (plan) – 3 510 h. alt. 225.

Paris 441 – Colmar 6,5 – Gérardmer 45 – Munster 12 – St-Dié 55 – le Thillot 65.

🏨 **Au Vieux Turckheim** sans rest, 17 r. Vignerons ℰ 89 27 50 78 – cuisinette 🕿 🅿 ⅇ 𝘝𝘐𝘚𝘈
23 mars-15 nov. – ☲ 40 – **11 ch** 290/450.

🏨 **Berceau du Vigneron** Ⓜ sans rest, pl. Turenne ℰ 89 27 23 55 – 🕿 ⅇ 𝘝𝘐𝘚𝘈 ⚒
1ᵉʳ mars-31 oct. – ☲ 24 – **16 ch** 185/330.

▶PEUGEOT-TALBOT Bertrand ℰ 89 27 00 56

TURENNE 19500 Corrèze 75 ⑧ G. Périgord Quercy – 718 h. alt. 350.

Voir Site★ du château et ⚒★★ de la tour de César.

Paris 503 – Brive-la-Gaillarde 16 – Cahors 95 – Figeac 82.

✕ **Maison des Chanoines**, ℰ 55 85 93 43
15 fév.-12 nov. et fermé mardi soir et merc. sauf juil.-août – **R** (nombre de couverts limité-prévenir) 125/180.

TURINI (Col de) 06440 Alpes-Mar. 84 ⑲, 195 ⑰ G. Côte d'Azur – Voir Forêt de Turini★★ –
Monument aux Morts ⚒★ NE : 4 km – Env. Pointe des 3-Communes ⚒★★ NE : 6,5 km – Pierre
Plate ⚒★★ S : 7 km – Cime de Peira Cava ⚒★★ S : 8,5 km puis 30 mn.

Paris 899 – L'Escarène 26 – ◆Nice 47 – Roquebillière 19 – St-Martin-Vésubie 28 – Sospel 24.

🏨 **Trois Vallées** ⚒, ℰ 93 91 57 21, Fax 93 79 53 62, ≤, ⚒ – 📺 🕿 🅿 ⒜ ⓞ ⅇ 𝘝𝘐𝘚𝘈
R 80/250, enf. 75 – ☲ 35 – **20 ch** 260/380 – ½ P 250/320.

🏨 **Les Chamois** ⚒, ℰ 93 91 57 42, ≤, ⚒ – 🅿 𝘝𝘐𝘚𝘈
R 65/120 ⚒, enf. 38 – ☲ 25 – **11 ch** 200/220 – ½ P 180.

TURQUESTEIN-BLANCRUPT 57560 Moselle 62 ⑧ – 25 h. alt. 365.

Paris 392 – ◆Strasbourg 73 – Lunéville 56 – ◆Metz 107 – Sarrebourg 25 – Saverne 49.

🏨 **Aub. du Kiboki** ⚒, sur D 993 ℰ 87 08 60 65, Fax 87 08 65 26, ≤, ⚒, parc, ⚒, ⚒ – 📺
🕿 🅿 ⅇ 𝘝𝘐𝘚𝘈 ⚒
fermé 15 au 30 nov., 27 janv. au 15 mars et mardi – **R** carte 150 à 200 ⚒, enf. 52 – ☲ 32 –
15 ch 250/420 – ½ P 260/320.

TURRIERS 04250 Alpes-de-H.-P. 81 ⑥ – 286 h. alt. 1 040.

Paris 705 – Gap 35 – Digne 76 – Sisteron 63.

🏨 **Roche Cline,** ℰ 92 55 11 38, ≤, ⚒, ⚒ – 🕿 🅿 ⅇ 𝘝𝘐𝘚𝘈 ⚒
fermé 20 déc. au 10 janv. et lundi d'oct. à mai – **R** 65/160, enf. 55 – ☲ 26 – **22 ch** 150/190
– ½ P 220/240.

Gar. Taranger ℰ 92 55 14 66 Ⓝ

TY-SANQUER 29 Finistère 58 ⑮ – rattaché à Quimper.

Les ULIS 91 Essonne 60 ⑩, 101 ㉝ – voir à Paris, Environs.

UNAC 09 Ariège 86 ⑮ – rattaché à Ax-les-Thermes.

UNTERMUHLTHAL 57 Moselle 57 ⑱ – rattaché à Niederbronn-les-Bains.

URÇAY 03360 Allier 69 ⑪⑫ – 324 h. alt. 169.

Paris 296 – Moulins 67 – La Châtre 58 – Montluçon 34 – St-Amand-Montrond 15.

✕ **Étoile d'Or** avec ch, ℰ 70 06 92 66 – 🅿 𝘝𝘐𝘚𝘈 ⚒ ch
fermé 15 au 31 oct., dim. soir et merc. – **R** 65/150 ⚒, enf. 48 – ☲ 20 – **6 ch** 115/170 –
½ P 150.

✕ **Lion d'Or,** ℰ 70 06 92 04
fermé nov., lundi soir et mardi – **R** 60/180 ⚒.

URCEL 02000 Aisne 56 ⑨ – 470 h. alt. 88.

Paris 125 – ◆Reims 58 – Fère-en-Tardenois 41 – Laon 13 – Soissons 22 – Vailly-sur-Aisne 12.

✕✕ **Host. de France,** rte Nationale ℰ 23 21 60 08, ⚒ – 🅿 ⅇ 𝘝𝘐𝘚𝘈
fermé 19 août au 6 sept., 19 fév. au 6 mars, mardi soir et merc. – **R** 125/200.

URCUIT 64990 Pyr.-Atl. 85 ③ – 1 718 h. alt. 32.

Paris 766 – Biarritz 20 – ◆Bayonne 14 – Dax 44 – Orthez 60 – Pau 106.

✕ Au Goût des Mets, O : 4 km sur D 261 ℰ 59 42 95 64, ⚒ – 🅿.

URDOS 64490 Pyr.-Atl. 85 ⑯ – 162 h. alt. 760.

Env. Col du Somport★★ SE : 14 km, G. Pyrénées Aquitaine.

Paris 863 – Pau 74 – Jaca 46 – Oloron-Ste-Marie 41.

🏨 **Voyageurs-Somport,** ℰ 59 34 88 05, ⚒ – 🕿 🅿 ⅇ 𝘝𝘐𝘚𝘈
fermé 12 nov. au 2 déc. – **R** 65/135, enf. 50 – ☲ 22 – **41 ch** 120/220 – ½ P 160/200.

URIAGE-LES-BAINS 38410 Isère ⁷⁷ ⑤ G. Alpes du Nord – alt. 414 – Stat. therm. (avril-10 nov.).

Voir Forêt de Prémol★ SE : 5 km par D 111.

🏌 🏌 de Grenoble ℰ 76 89 03 47, S : 1 km par D 524.

Paris 577 – ◆Grenoble 10 – Vizille 9.

    🏨 **Grand Hôtel** Ⓜ, ℰ 76 89 10 80, Fax 76 89 00 62, ≤, 🍃 – 🛗 🏧 ☎ 🅿 – 🔬 30. ⋸ 𝚅𝙸𝚂𝘼
      ❄ rest
      R (fermé dim. soir et lundi) 150/230, enf. 100 – � 40 – **44 ch** 385/455 – P 446/660.

    🏠 **Le Manoir,** ℰ 76 89 10 88, 🍃 – ☎ 🅿 ⋸ 𝚅𝙸𝚂𝘼
    ✦ fermé 20 nov. au 1ᵉʳ fév., dim. soir et lundi sauf du 1ᵉʳ avril au 15 nov. – **R** 65/195 ⓖ
      enf. 55 – ⊷ 25 – **15 ch** 100/350 – P 220/350.

URMATT 67280 B.-Rhin ⁶² ⑧ ⑨ – 1 121 h. alt. 240.

Voir Église★ de Niederhaslach NE : 3 km, G. Alsace Lorraine.

Paris 421 – ◆Strasbourg 39 – Molsheim 17 – Saverne 36 – Sélestat 46 – Wasselonne 22.

    🏠 **Poste,** ℰ 88 97 40 55, 🍃 – 🏧 ☎ 🅿 🆎 ⓞ ⋸ 𝚅𝙸𝚂𝘼. ❄ ch
      fermé 11 au 25 mars, 1ᵉʳ au 8 juil., 18 nov. au 2 déc. et lundi – **R** 75/320 ⓖ, enf. 60 – ⊷ 23
      – **13 ch** 180/250 – ½ P 215/240.

    🏠 **Chez Jacques,** ℰ 88 97 41 35 – 🏧 ☎ 🅿 🆎 ⓞ ⋸ 𝚅𝙸𝚂𝘼
    ✦ fermé lundi) 50/155 ⓖ – ⊷ 24 – **14 ch** 170/215 – ½ P 177/187.

    🏠 **A la Chasse,** ℰ 88 97 42 64 – 🏧 ☎ 🅿. 𝚅𝙸𝚂𝘼
    ✦ fermé 15 fév. au 10 mars et vend. – **R** 55/210 ⓖ – ⊷ 22 – **10 ch** 140/190 – ½ P 150/165.

URRUGNE 64122 Pyr.-Atl. ⁸⁵ ② G. Pyrénées Aquitaine – 4 925 h. alt. 33.

Paris 797 – Biarritz 22 – ◆Bayonne 26 – Hendaye 8 – San Sebastián 30.

    ✗ **Chez Maïté,** ℰ 59 54 30 27 – 🆎 ⋸ 𝚅𝙸𝚂𝘼
      fermé 15 au 31 janv., dim. soir hors sais. et lundi – **R** 75/95.

URT 64270 Pyr.-Atl. ⁷⁸ ⑱ – 1 120 h. alt. 42.

Paris 761 – Biarritz 22 – ◆Bayonne 14 – Cambo-les-Bains 28 – Pau 97 – Peyrehorade 25 – Sauveterre-de-Béarn 42.

    ✗✗✗ ❀ **Aub. de la Galupe** (Parra), au port de l'Adour ℰ 59 56 21 84 – ⋸ 𝚅𝙸𝚂𝘼
      fermé 14 au 29 oct., 17 fév. au 16 mars, dim. soir (sauf juil.-août) et lundi – **R** (nombre de
      couverts limité - prévenir) 240
      Spéc. Saumon sauvage de l'Adour (15 mars à fin juil.), Boudin noir, Petits piments farcis à la morue. Vins
      Jurançon, Madiran.

URY 77 S.-et-M. ⁶¹ ⑪ ⑫ – rattaché à Fontainebleau.

USSAC 19 Corrèze ⁷⁵ ⑧ – rattaché à Brive-La-Gaillarde.

USSEL ⟨SP⟩ 19200 Corrèze ⁷³ ⑩ G. Berry Limousin – 11 989 h. alt. 631.

🄑 Office de Tourisme pl. Voltaire ℰ 55 72 11 50.

Paris 437 – Aurillac 104 – ◆Clermont-Ferrand 86 – Guéret 101 – ◆Limoges 114 – Tulle 63.

    🏨 **Les Gravades** Ⓜ, à St Dézery NE : 4 km par rte Clermont Ferrand ℰ 55 72 21 53,
      Fax 55 72 82 49, ≤, 🍃, ⌷, 🍃 – 🏧 ☎ 🅿. ⋸ 𝚅𝙸𝚂𝘼
      R (fermé 20 déc. au 2 janv., vend. soir et sam. midi hors sais.) 120/160 ⓖ, enf. 50 – ⊷ 30
      – **20 ch** 250/360.

    🏠 **Gd H. Gare,** av. P. Sémard (près gare) ℰ 55 72 25 98 – 🏧 ☎ 🅿 ⋸ 𝚅𝙸𝚂𝘼
      fermé 25 août au 10 sept., vacances de fév. et vend. sauf juil.-août – **R** 105/210, enf. 55 –
      ⊷ 26 – **25 ch** 230/250.

    🏠 **Teillard** sans rest, 26 av. Thiers ℰ 55 72 12 54 – ⇆ 🚗. 𝚅𝙸𝚂𝘼
      Pâques-1ᵉʳ nov. – ⊷ 22 – **26 ch** 80/200.

CITROEN N.G.A., 6 rte de Clermont ℰ 55 72 17 81
FIAT, LANCIA Gar. du Centre, 5 r. A.-Chavagnac
ℰ 55 72 11 54
OPEL Gar. Barbier, 20 bd Dr-Goudounèche
ℰ 55 96 23 59
PEUGEOT Gar. du Collège, RN 89 Eybrail
ℰ 55 96 10 68
RENAULT Ussel Autom., N 89 Eybrail
ℰ 55 72 40 11 🅽

SEAT BMW MAZDA SANTANA Gar. Thiers, 20 av.
Thiers ℰ 55 96 11 01 🅽 ℰ 55 96 14 59
V.A.G Gar. du Stade, 23 bd Dr-Goudounèche
ℰ 55 72 12 66
Gar. Salagnac, 56 av. Gén.-Leclerc ℰ 55 96 23 23

⓪ Estager Pneu, 61 av. Gén.-Leclerc ℰ 55 72 15 83
Pneu 2 000, 21 av. Gambetta ℰ 55 72 33 55

USSON-EN-FOREZ 42550 Loire ⁷⁶ ⑦ G. Vallée du Rhône – 1 358 h. alt. 910.

Paris 473 – ◆St-Étienne 47 – Ambert 39 – Montbrison 50 – Le Puy 51 – St-Bonnet-le-Château 14.

    🏠 **Rival,** ℰ 77 50 63 65 – ☎ 🚗. ⓞ ⋸ 𝚅𝙸𝚂𝘼
    ✦ fermé 23 au 30 juin, vacances de fév. et lundi sauf juil.-août – **R** 53/200, enf. 45 – ⊷ 22 –
      13 ch 120/270 – ½ P 158/230.

CITROEN Gar. Biron, Le Pin Mallet ℰ 77 50 62 15
🅽

RENAULT Gar. Colombet ℰ 77 50 60 53

64480 Pyr.-Atl. 85 ② – 3 814 h. alt. 14.

Paris 783 – Biarritz 16 – ♦Bayonne 12 – Cambo-les-Bains 7 – Pau 119 – St-Jean-de-Luz 25.

XX **La Patoula** ⏚ avec ch, ℰ 59 93 00 56, ≤, 🌿, « Terrasse en bordure de rivière » , 🚲 –
☎ ♿ ❷. E 𝗩𝗜𝗦𝗔
fermé 7 janv. au 21 fév., dim. soir et lundi du 16 sept. au 14 juin – **R** 130/250, enf. 70 –
☑ 50 – **9 ch** 320/450 – ½ P 320/395.

RENAULT Gar. Etchegaray, à Larressore ℰ 59 93 04 37 🅽 ℰ 59 29 80 02

06 Alpes-Mar. 84 ⑲, 195 ⑯ G. Côte d'Azur – 398 h. alt. 800 – ⌧ 06450 Lantosque.

Voir Retable★ de l'église.

Env. Madone d'Utelle ❄★★★ SO : 6 km.

19140 Corrèze 75 ⑧ G. Berry Limousin (plan) – 3 185 h. alt. 333.

Voir Ste-Eulalie ≤★ E : 1 km.

🛈 Office de Tourisme pl. Lunade (avril-oct.) ℰ 55 73 15 71.

Paris 452 – Brive-la-Gaillarde 35 – Aubusson 102 – Bourganeuf 85 – Limoges 56 – Périgueux 94 – Tulle 32.

🏠 **Teyssier,** r. Pont Turgot ℰ 55 73 10 05 – ☎ ❷. E 𝗩𝗜𝗦𝗔
fermé 12 au 20 juin, 13 au 25 nov., 8 janv. au 8 fév. et merc. sauf le soir en juil.-août –
R 99/250, enf. 63 – ☑ 28 – **17 ch** 130/250 – ½ P 210/245.

à Vigeois SO : 9 km par N 20 et D 3 – ⌧ 19410 :

XX **Les Semailles** avec ch, rte Brive-la-Gaillarde ℰ 55 98 93 69 – ☎. 𝗩𝗜𝗦𝗔. ℅ ch
fermé déc., janv., dim. soir et lundi hors sais. – **R** 80/220 – ☑ 25 – **7 ch** 110/220 –
½ P 180/220.

PEUGEOT-TALBOT Gar. Mériguet ℰ 55 73 26 35   RENAULT Gar. Bachellerie ℰ 55 73 15 75
                                                      🅽 ℰ 55 73 15 75

30700 Gard 80 ⑲ G. Provence – 7 826 h. alt. 138.

Voir Duché★ : ≤★ de la Tour Bermonde A – Orgues★ de la Cathédrale B V – Tour Fenestrelle★
B B.

🛈 Office de Tourisme av. Libération ℰ 66 22 68 88.

Paris 685 ② – Alès 33 ④ – ♦Montpellier 85 ② – Arles 61 ② – Avignon 38 ② – Montélimar 81 ① –
Nîmes 25 ②.

UZÈS

Alliés (Bd des)....... **A** 2	Boucairie (R.)........... **B** 4	Marronniers (Prom.)..... **B** 16
Gambetta (Bd)......... **A**	Chauvin (Av. G.)........ **A** 5	Pascal (Av. M.)........ **B** 17
Gide (Bd Ch.)......... **AB**	Collège (R. du)......... **B** 6	Pelisserie (R.).......... **A** 18
République (R.)....... **A** 23	Dampmartin (Pl.)....... **A** 7	Plan-de-l'Oume (R.).... **B** 19
Uzès (R.J.-d')........ **A** 29	Dr-Blanchard (R.)...... **B** 8	Rafjn (R.).............. **B** 20
Vincent (Av. Gén.)..... **A**	Duché (Pl. du)......... **A** 9	St-Etienne (R.)......... **A** 25
	Entre-les-Tours (R.).... **A** 10	St-Julien (R.).......... **B** 26
Belle-Croix (Pl.)........ **A** 3	Évêché (R. de l')....... **B** 12	St-Théodorit........... **B** 27
	Foch (Av.)............. **A** 13	Verdun (Pl. de)........ **B** 30
	Foussat (R. Paul)...... **A** 14	Victor-Hugo (Bd) .... **A** 32
	Herbes (Pl. aux)........ **A** 15	4-Septembre (R.)....... **A** 35

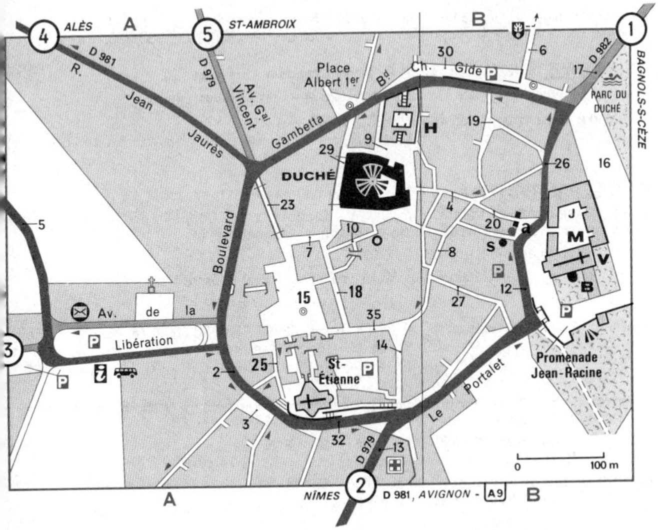

🏨 **d'Entraigues** ⬦, pl. Évêché 🎯 66 22 32 68, Fax 66 22 57 01, ☎, « Ancien hôtel particulie
du 15ᵉ siècle » – 📺 ☎ ⟷ – 🏛 30. 🖭 ⓪ 🗲 𝘝𝘐𝘚𝘈   B s
R voir rest. **Jardins de Castille** ci-après – ☲ 35 – **22 ch** 275/385 – ½ P 312/372.

🏠 **St-Géniès** ⬦ sans rest, rte St-Ambroix par ⑤ : 1,5 km 🎯 66 22 29 99, 🚗 – ☎ ⓟ. 🖽
𝘝𝘐𝘚𝘈
fermé janv. – ☲ 28 – **18 ch** 200/240.

✕✕ **Jardins de Castille**, pl. Évêché 🎯 66 22 32 68, Fax 66 22 57 01, ☎ – ▣. 🖭 ⓪ 🗲 𝘝𝘐𝘚𝘈
fermé merc. midi et mardi hors sais. – **R** 160.   B a

à St-Maximin par ② et D 981 : 5,5 km – ✉ 30700 :

✕✕ **Aub. St-Maximim**, 🎯 66 22 26 41, Fax 66 22 90 71, ☎ – 🖭 ⓪ 🗲 𝘝𝘐𝘚𝘈
1ᵉʳ mars-11 nov. – **R** (dîner seul.) 145/220, enf. 80.

à Arpaillargues-et-Aureillac par ③ : 4,5 km – ✉ 30700 :

🏛 **H. d'Agoult, Château d'Arpaillargues** ⬦, 🎯 66 22 14 48, Télex 490415,
Fax 66 22 56 10, ☎, « Demeure du 18ᵉ siècle, parc, ⚘, ⌿ » – 📺 ☎ ⓟ – 🏛 50. 🖭 ⓪
🗲 𝘝𝘐𝘚𝘈. ⚘ rest
15 mars-15 nov. – **R** *(fermé merc. hors sais.)* 195, enf. 100 – ☲ 48 – **25 ch** 450/700 –
½ P 425/705.

CITROEN Gar. Mandon, Champs-de-Mars par ②   RENAULT SUVRA, rte d'Alès par ④ 🎯 66 22 60 99
🎯 66 22 22 64
PEUGEOT-TALBOT Laborie, av. Gare par ③   ⊙ Rome-Pneus, rte Remoulins pt des Charrettes
🎯 66 22 59 01   🎯 66 22 26 65

VACQUEYRAS 84190 Vaucluse 🗓 ⑫ – 833 h. alt. 117.
Paris 667 – Avignon 35 – Nyons 34 – Orange 19 – Vaison-la-Romaine 18.

🏠 **Le Pradet** 🅼 ⬦ sans rest, 🎯 90 65 81 00, Fax 90 65 80 27 – ☎ & ⓟ. 🗲 𝘝𝘐𝘚𝘈
☲ 30 – **20 ch** 190/300.

VACQUIERS 31340 H.-Gar. 🗓 ⑧ – 736 h. alt. 230.
Paris 681 – ♦Toulouse 26 – Albi 67 – Castres 75 – Montauban 35.

🏨 **Villa des Pins** 🅼 ⬦, O : 2 km par D 30 🎯 61 84 96 04, ≤, ☎, parc – ☎ ⓟ – 🏛 60.
🗲 𝘝𝘐𝘚𝘈
R 75/200 ⚘, enf. 42 – ☲ 30 – **15 ch** 160/275 – ½ P 200/290.

VAIGES 53480 Mayenne 🗓 ⑪ – 969 h. alt. 91.
Paris 253 – Château-Gontier 37 – Laval 22 – ♦Le Mans 53 – Mayenne 32.

🏨 **Commerce** 🅼, 🎯 43 90 50 07, Télex 722520, Fax 43 90 57 40, 🚗 – 📺 ☎ ⓟ – 🏛 30.
🖭 ⓪ 🗲 𝘝𝘐𝘚𝘈
R 95/200 ⚘, enf. 60 – ☲ 32 – **30 ch** 240/360 – ½ P 260.

VAILLY-SUR-AISNE 02370 Aisne 🗓 ④⑤ – 1 883 h. alt. 48.
Paris 119 – ♦Reims 49 – Fère-en-Tardenois 29 – Laon 24 – Soissons 18.

✕ **Cheval d'Or** avec ch, 🎯 23 54 70 56 – ⓟ. 🗲 𝘝𝘐𝘚𝘈
⟷ *fermé dim. soir* – **R** 70/230 ⚘, enf. 45 – ☲ 28 – **21 ch** 190/260 – ½ P 200/300.

VAILLY-SUR-SAULDRE 18260 Cher 🗓 ⑫ G. Berry Limousin – 875 h. alt. 200.
Paris 181 – Bourges 53 – Aubigny-sur-Nère 17 – Cosne-sur-Loire 24 – Gien 37 – Sancerre 26.

✕✕ **Aub. Lièvre Gourmand**, 🎯 48 73 80 23 – 🗲 𝘝𝘐𝘚𝘈
fermé 2 janv. au 28 fév., dim. soir et merc. – **R** (nombre de couverts limité, prévenir)
90/190.

VAISON-LA-ROMAINE 84110 Vaucluse 🗓 ②③ G. Provence – 5 864 h. alt. 200.
Voir Les ruines romaines★★ Y : théâtre romain★ Y – Cloître★ Y **B** – Chapelle de St-Quenin★ Y D
– Maître-autel★ de l'anc. cathédrale N.-D. de Nazareth Y – Musée★ Y **M**.
🛈 Office de Tourisme pl. Chanoine Sautel 🎯 90 36 02 11.
Paris 669 ④ – Avignon 47 ③ – Carpentras 28 ② – Montélimar 65 ④ – Pont-St-Esprit 41 ④.

Plan page ci-contre

🏨 **Le Beffroi** ⬦, Haute Ville 🎯 90 36 04 71, Télex 306022, Fax 90 36 24 78, ≤, ☎, « Belle
demeure du 16ᵉ siècle », 🚗 – 📺 ☎ ⓟ, 🖭 ⓪ 🗲 𝘝𝘐𝘚𝘈. ⚘ rest   Z a
fermé 5 janv. au 20 mars, lundi (sauf le soir en été) et mardi midi – **R** 170/205, enf. 55 –
☲ 39 – **20 ch** 350/550 – ½ P 400/480.

🏠 **Les Aurics** sans rest, rte Avignon par ③ : 2 km 🎯 90 36 03 15, ⌿ – ☎ ⓟ. 🗲 𝘝𝘐𝘚𝘈. ⚘
15 mars-10 nov. et fermé merc. d'oct. à juin – ☲ 26 – **14 ch** 230/270.

🏠 **Burrhus**, 2 pl. Montfort 🎯 90 36 00 11, ☎ – ☎. ⓪ 🗲 𝘝𝘐𝘚𝘈   Y n
fermé nov. – **R** (dîner seul. table d'hôtes) 100 bc – ☲ 29 – **14 ch** 240/320.

✕ **Le Bateleur**, pl. Th. Aubanel 🎯 90 36 28 04 – 🗲 𝘝𝘐𝘚𝘈   Z k
fermé oct., dim. soir et lundi – **R** (prévenir) 105/150.

VAISON-LA-ROMAINE

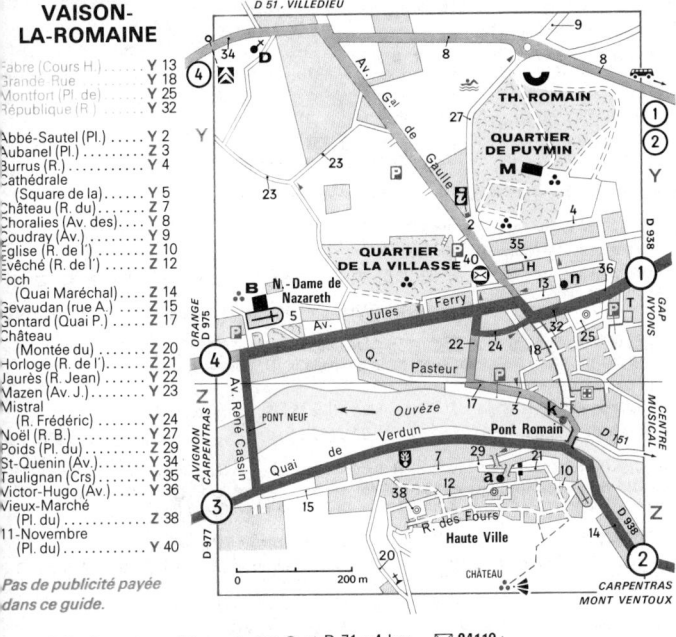

Fabre (Cours H.) .... Y 13
Grande-Rue .... Y 18
Montfort (Pl. de) .... Y 25
République (R.) .... Y 32

Abbé-Sautel (Pl.) ..... Y 2
Aubanel (Pl.) .... Z 3
Burrus (R.) .... Y 4
Cathédrale
  (Square de la) ..... Y 5
Château (R. du) ...... Y 7
Choralies (Av. des) ... Y 8
Coudray (Av.) .... Y 9
Eglise (R. de l') ...... Z 10
Evêché (R. de l') ..... Z 12
Foch
  (Quai Maréchal) .... Y 14
Gevaudan (rue A.) .... Y 15
Gontard (Quai R.) .... Z 17
Château
  (Montée du) .... Z 20
Horloge (R. de l') ..... Z 21
Jaurès (R. Jean) ...... Y 22
Mazen (Av. J.) .... Y 23
Mistral
  (R. Frédéric) ...... Y 24
Noël (R. B.) .... Y 27
Poids (Pl. du) .... Z 29
St-Quenin (Av.) ...... Y 34
Taulignan (Crs) ...... Y 35
Victor-Hugo (Av.) .... Y 36
Vieux-Marché
  (Pl. du) .... Z 38
11-Novembre
  (Pl. du) .... Y 40

*Pas de publicité payée
dans ce guide.*

à St-Romain-en-Viennois par ① et D 71 : 4 km – ⊠ **84110** :

✗ **L'Amourié** avec ch, 𝒸 90 46 43 72, 😊, – 📺 🅴 𝗩𝗜𝗦𝗔 ✕ ch
R *(fermé mi-déc. à fin janv., lundi soir et mardi du 15 sept. au 15 juin)* 75/140, enf. 50 –
🖙 22 – **5 ch** 195/220 – ½ P 292.

à Entrechaux par ② et D 54 : 7 km **G. Alpes du Sud** – ⊠ **84340** :

✗✗ **St-Hubert**, 𝒸 90 46 00 05, 😊, 🚗 – 🅿. ✕
→ *fermé 30 sept. au 12 oct., fév., lundi soir d'oct. à janv., mardi soir et merc. –* **R** 60/240 🍴,
enf. 55.

à Séguret par ③ et D 88 : 9,5 km – ⊠ **84110** :

🏨 **Domaine de Cabasse** ⑧, rte Sablet 𝒸 90 46 91 12, Fax 90 46 94 01, ≤, 😊, 🏊, 🚗 –
📺 ☎ 🅿 𝗩𝗜𝗦𝗔. ✕
16 mars-3 nov. et fermé dim. soir et lundi hors sais. – **R** 120/195, enf. 60 – **10 ch**
(½ pens. seul.) – ½ P 450/470.

✿✿✿ ❀ **La Table du Comtat** (Gomez) ⑧ avec ch, 𝒸 90 46 91 49, ≤ plaine, 🏊 – ❖✕ rest
▤ rest ☎ 🅿 🅰🅴 ⑩ 🅴 𝗩𝗜𝗦𝗔 ✕ rest
fermé fév., mardi soir et merc. sauf vacances scolaires – **R** 275/450, enf. 100 – 🖙 60 –
8 ch 450/600
Spéc. Soupe de petits gris au pistou (été), Julienne de truffe soufflée en coque d'oeuf, Pavé de loup rôti à
la moelle de boeuf. **Vins** Côtes du Ventoux, Coteaux du Tricastin.

à Rasteau par ④ et D 69 : 9 km – ⊠ **84110** :

🏨 **Bellerive** Ⓜ ⑧, sur D 69 𝒸 90 46 10 20, Fax 90 46 14 96, ≤, 😊, « Au milieu des
vignes », 🏊, 🚗 – 📺 ☎ 🅿. 🅴 𝗩𝗜𝗦𝗔
fermé 2 janv. au 16 mars – **R** 118/200, enf. 55 – 🖙 40 – **20 ch** 470 – ½ P 350/380.

CITROEN Gar. de France, la Rocade
𝒸 90 36 10 90
OPEL-GM Adage, 7 cours Taulignan
𝒸 90 36 01 50
PEUGEOT, TALBOT, RENAULT Gar. Lagneau, à
Entrechaux par ② 𝒸 90 36 07 95

PEUGEOT-TALBOT De Luca, rte de Nyons par ①
𝒸 90 36 24 33 N

Ⓜ Valerian Pneus, ZA de la Gravière
𝒸 90 36 34 89 N 𝒸 90 51 55 65

VAÏSSAC 82800 T.-et-G. 🟦🟨 ⑱ – 654 h. alt. 142.

Paris 648 – ♦Toulouse 76 – Albi 59 – Montauban 23 – Villefranche-de-Rouergue 69.

🏠 **Terrassier**, 𝒸 63 30 94 60, 😊, 🏊 – ☎ 🅿 🅴 𝗩𝗜𝗦𝗔
→ *fermé 1er au 15 janv., vend. soir sauf juil.-août et vend. soir d'oct. à Pâques –* **R** 60/220 🍴,
enf. 30 – 🖙 25 – **12 ch** 130/240 – ½ P 180/230.

VALADY 12330 Aveyron 🔢 ② – 957 h. alt. 340.

Paris 624 – Rodez 18 – Decazeville 19.

🏠 **Combes,** ℰ 65 72 70 24, 🍴, 🛋 – ☎. Ε *VISA*
　　fermé fév. – **R** *(fermé lundi du 15 sept. au 30 juil.)* 75/140 🍷, enf. 55 – 🖵 21 – **16 ch**
　　135/250 – ½ P 190/215.

　　à Nuces SE : 2,5 km – ✉ 12330 Valady :

💥 **La Diligence,** ℰ 65 72 60 20, 🍴, 🛋 – ❷ *VISA*
　　fermé début janv. à mi-fév., dim. soir et lundi (sauf été et fériés) – **R** 72/270, enf. 50.

Le VAL-ANDRÉ 22 C.-d'Armor 🔢 ④ – voir à Pléneuf-Val-André.

VALAURIE 26230 Drôme 🔢 ①② – 365 h.

Paris 626 – Montélimar 21 – Nyons 31 – Pierrelatte 13.

💥💥💥 **Valle Aurea** 🌿 avec ch, ℰ 75 98 56 40, Fax 75 98 59 59, 🍴, 🛋 – 📺 ☎ ❷ Ε *VISA*
　　🍸 ch
　　fermé vacances de fév. et mardi – **R** 145/255, enf. 65 – 🖵 45 – **4 ch** 300/350 – ½ P 320/355

VALBERG 06 Alpes-Mar. 🔢 ⑨⑲, 🔢 ④ **G. Alpes du Sud** – alt. 1 669 – Sports d'hiver : 1 430/2 025 m
⚡27 🎿 – ✉ 06470 Péone – **Voir** Intérieur★ de la chapelle N.-D.-des-Neiges.

🛈 Office de Tourisme ℰ 93 02 52 77.

Paris 851 – Barcelonnette 77 – Castellane 71 – Digne 109 – ♦Nice 85 – St-Martin-Vésubie 59.

🏠 **Adrech de Lagas,** ℰ 93 02 51 64, Fax 93 02 52 33, ≤, 🍴 – ▮ 📺 ☎ ❷. 🅰 ⓞ Ε *VISA*
　　🍸
　　10 juil.-31 août. et 24 déc-15 avril – **R** 195/250, enf. 50 – 🖵 30 – **20 ch** 450 – ½ P 390/420.

🏠 **La Clé des Champs** 🌿, ℰ 93 02 51 45, ≤, 🍴 – 📺 ☎ 🛏 ❷ Ε *VISA*. 🍸 ch
　　7 juil.-20 sept. et 20 déc.-15 avril – **R** 85 – 🖵 35 – **18 ch** 260 – ½ P 270.

VALBONNE 06560 Alpes-Mar. 🔢 ⑨, 🔢 ㉘㉟ **G. Côte d'Azur** – 4 032 h. alt. 202.

🖥 Opio-Valbonne ℰ 93 42 00 08, NE : 2 km ; 🖥 du Val Martin ℰ 93 42 07 98, S : 4 km par D 3,
puis D 103 – 🛈 Office de Tourisme bd Gambetta ℰ 93 42 04 16.

Paris 911 – Cannes 13 – Antibes 17 – Grasse 9 – Mougins 6,5 – ♦Nice 30 – Vence 21.

🏠 **La Cigale,** rte Opio ℰ 93 40 24 43, 🍴 – 📺 ☎ ❷ Ε *VISA*
　　R grill *(fermé sam. midi et dim. soir)* 90/150 – 🖵 32 – **14 ch** 300/400 – ½ P 260.

💥💥 **Moulin des Moines,** pl. Église ℰ 93 42 03 41, 🍴 – ❷ Ε *VISA*
　　fermé 10 au 25 nov., dim. soir de sept. à juin, sam. midi en juil.-août et lundi sauf le soir
　　en juil.-août – **R** 95/180.

💥💥 **Bistro de Valbonne,** 11 r. Fontaine ℰ 93 42 05 59 – ▤. Ε *VISA*
　　fermé dim. et lundi – **R** 145/230.

💥💥 **Caves St-Bernardin,** 8 r. Arcades ℰ 93 42 03 88 – 🅰 Ε *VISA*
　　fermé 2 janv. au 20 févr., dim. et lundi – **R** (nombre de couverts limité - prévenir) 120/150.

💥 **Le Poëlon,** 21 r. E. Giraud ℰ 93 42 17 86 – Ε *VISA*
　　fermé sam. midi et mardi – **R** 165.

💥 **Lou Cigalon,** 4 bd Carnot ℰ 93 40 27 07 – ▤. Ε *VISA*
　　fermé nov., dim. soir et lundi de sept. à juin – **R** (nombre de couverts limité, prévenir)
　　98/148.

　　au val de Cuberte SO : 1,5 km sur D 3 – ✉ 06560 Valbonne :

💥💥 **Aub. Fleurie,** ❷ ℰ 93 42 02 80, 🍴 – ❷ Ε *VISA*
　　fermé 11 déc. au 25 janv. et merc. – **R** 95/155 🍷.

💥💥 **Val de Cuberte,** ℰ 93 42 01 82, 🍴 – ❷. Ε *VISA*
　　fermé 12 nov. au 13 déc. et lundi hors sais. – **R** 125/185.

　　au Sud : 3 km par D 3 et D 103 – ✉ 06560 Valbonne :

💥💥 **Bois Doré,** rte Antibes ℰ 93 40 26 25, 🍴 – ❷. 🅰 Ε *VISA*
　　fermé 6 janv. au 3 fév. et lundi – **R** 98/150, enf. 55.

　　à Sophia-Antipolis SE : 7 km par D 3 et D 108 – ✉ 06560 Valbonne :

🏨 **Mercure** Ⓜ 🌿, r. A. Caquot ℰ 92 96 04 04, Télex 462624, Fax 92 96 05 05, 🍴, ⚓, 🛋
　　– ▮ 🍸 ch ▤ 📺 ☎ ♿ ❷ – 🛎 250. 🅰 ⓞ Ε *VISA*
　　R 140, enf. 45 – 🖵 63 – **104 ch** 410/680.

🏨 **Novotel** Ⓜ 🌿, r. Dostoïevski ℰ 93 65 40 00, Télex 970914, Fax 93 95 80 12, 🍴, ⚓, 🛋,
　　🍸 – ▮ 🍸 ch ▤ 📺 ☎ ♿ ❷ – 🛎 200. 🅰 Ε *VISA*
　　R carte environ 160, enf. 63 – 🖵 47 – **97 ch** 435/565.

🏨 **Médiathel** Ⓜ, rte Crêtes ℰ 92 94 68 00, Télex 461072, Fax 93 65 43 41, 🍴, ⚓ – ▮ 🍸 ch
　　▤ 📺 ☎ ♿ ❷ – 🛎 150. 🅰 ⓞ Ε *VISA*
　　le Bellet **R** 200/250 – l'Ensoleïade grill **R** 115/140 enf. 60 – 🖵 45 – **100 ch** 450/650 –
　　½ P 330/450.

🏠 **Ibis** Ⓜ, r. A. Cacquot ℰ 93 65 30 60, Télex 461363, Fax 93 95 83 99, 🍴, ⚓, 🛋 – ▤ ch
　　📺 ☎ ♿ ❷ – 🛎 25 à 40. 🅰 Ε *VISA*
　　R 93 🍷, enf. 39 – 🖵 35 – **99 ch** 315/380.

RENAULT Gar. Cuberte ℰ 93 42 02 24

VALCEBOLLÈRE 66340 Pyr.-Or. 86 ⑯ – alt. 1 470.
Paris 892 – Bourg-Madame 9 – ◆Perpignan 105 – Prades 62.

🏡 **Les Écureuils** ⑤, 𝒫 68 04 52 03 – ☎. *VISA*
    1ᵉʳ juin-10 oct. et 20 déc.-30 avril – **R** 95/210, enf. 49 – �a 30 – **9 ch** 160/210 – ½ P 195/215.

VAL CLARET 73 Savoie 74 ⑲ – rattaché à Tignes.

VALDAHON 25800 Doubs 66 ⑯ – 4 472 h. alt. 649.
Paris 445 – ◆Besançon 31 – Morteau 33 – Pontarlier 32.

🏨 **Relais de Franche Comté** M ⑤, 𝒫 81 56 23 18, Fax 81 56 44 38, ≤, 🌧 – ⇥ ch 📺
    ☎ ℗ – 🔬 30. 🖭 ⓪ ∈ *VISA*
    fermé 20 déc. au 15 janv., vend. soir et sam. midi sauf juil.-août – **R** 78/220 ⅃, enf. 42 –
    �a 28 – **20 ch** 190/230 – ½ P 205/240.

    à Chevigney NE : 3 km par D 50 – ⊠ 25530 :

🏡 **Promenade,** 𝒫 81 56 24 76, 🌧 – ☎ ℗ – 🔬 30. ∈ *VISA* ⅍ rest
➥ fermé 15 nov. au 1ᵉʳ déc, dim. soir et lundi du 15 sept. au 1ᵉʳ mai – **R** 47/160 ⅃, enf. 30 –
    �a 25 – **11 ch** 140/170 – ½ P 130.

CITROEN Gar. Pétot 𝒫 81 56 27 12 N 𝒫 81 56 26 19

Le VAL-D'AJOL 88340 Vosges 62 ⑯ G. Alsace Lorraine – 5 293 h. alt. 346.
🚩 Office de Tourisme 93 Grande-Rue 𝒫 29 30 66 69 et pl. Hôtel de Ville (15 juin-15 sept.) 𝒫 29 30 61 55.
Paris 375 – Épinal 44 – Luxeuil-les-Bains 16 – Plombières-les-Bains 9 – Remiremont 17 – Vittel 75.

🏡 **Résidence,** r. Mousses 𝒫 29 30 68 52, Fax 29 66 53 00, « Parc » – ☎ ℗ – 🔬 100. 🖭 ⓪
➥ ∈ *VISA*
    fermé 12 nov. au 12 déc. – **R** 55/320 ⅃, enf. 35 – �a 30 – **60 ch** 100/315 – ½ P 175/265.

VALDEBLORE (Commune de) 06420 Alpes-Mar. 84 ⑱⑲, 195 ⑥ G. Côte d'Azur – 599 h. alt. 1 100
– Sports d'hiver à la Colmiane : 1 500/1 800 m ⅛8.
Paris 903 – Cannes 91 – ◆Nice 73 – St-Étienne-de-Tinée 46 – St-Martin-Vésubie 11.

    à La Bolline :

🏔 **Valdeblore,** 𝒫 93 02 81 05, ≤ – ☎. 🖭 ∈ *VISA*
    fermé 15 nov. au 20 déc, dim. soir et lundi – **R** 85 ⅃, enf. 60 – �a 25 – **17 ch** 170/240 –
    ½ P 200/235.

    à St-Dalmas-Valdeblore – alt. 1300 – ⊠ 06420 St-Sauveur-de-Tinée.

    Voir Pic de Colmiane ⅍★★ E 4,5 km accès par télésiège.

🏨 **Aub. des Murès** ⑤, 𝒫 93 02 80 11, ≤, 🌧 – ☎ ℗. ∈ *VISA*
    1ᵉʳ juin-15 oct. et 20 déc.-30 avril – **R** 95/145 – �a 30 – **9 ch** 280/315 – ½ P 300/330.

🏡 **Lou Mercantour** ⑤, 𝒫 93 02 80 21, ≤ – ☎ ℗ ⅍ ch
    1ᵉʳ juin-15 sept. et vacances de fév. – **R** 90/120 – �a 25 – **22 ch** 180/280 – ½ P 200/280.

VAL-D'ISÈRE 73150 Savoie 74 ⑲ G. Alpes du Nord – 1 698 h. alt. 1 840 – Sports d'hiver : 1 850/3 450 m
⅛12 ⅍87.
Voir Rocher de Bellevarde ⅍★★★ par téléphérique.
🚩 Office de Tourisme Maison de Val d'Isère 𝒫 79 06 10 83 avec Val Hôtel (Réservations d'hôtels) 𝒫 79 06
18 90, Télex 980077.
Paris 669 – Albertville 85 – Briançon 158 – Chambéry 132.

🏨 **Sofitel** M ⑤, 𝒫 79 06 08 30, Télex 980558, Fax 79 06 04 41, ≤, 🌧, ⅃ – 🛗 📺 ☎ ⇔
    – 🔬 50. 🖭 ⓪ ∈ *VISA*
    6 juil.-25 août et 1ᵉʳ déc.-11 mai – **R** 240/270 – **48 ch** �a 730/1300, 5 appart. – ½ P 820/
    860.

🏨 **Latitudes** M, 𝒫 79 06 18 88, Télex 319113, Fax 79 06 18 87, 🌧 – 🛗 📺 ☎ ⅃ ⇔ –
    🔬 100. 🖭 ⓪ ∈ *VISA* ⅍
    juil.-août et début déc. à mai – **R** 180, enf. 65 – **94 ch** �a 1000/1400, 15 appart. 1700 –
    ½ P 800/850.

🏨 **Christiania** ⑤, 𝒫 79 06 08 25, Télex 309782, Fax 79 41 11 10, ≤ – 🛗 ☎ ℗. ∈ *VISA*
    ⅍ rest
    1ᵉʳ déc.-15 mai – **R** carte 210 à 330 – **66 ch** �a 1086/1552, 5 appart. – ½ P 796/916.

🏨 **La Savoyarde** M ⑤, 𝒫 79 06 01 55, Télex 309274, Fax 79 41 11 29, ≤ – 🛗 📺 ☎ ℗. 🖭
    ⓪ ∈ *VISA*
    ouvert 10 au 25 août (sauf rest.) et 1ᵉʳ déc.-15 mai – **R** 170/220, enf. 80 – �a 55 – **44 ch**
    570/830 – ½ P 550/640.

🏨 **Gd Paradis** M, 𝒫 79 06 11 73, Télex 309731, Fax 79 41 11 13, ≤, ⅍ – 🛗 📺 ☎ ℗ –
    🔬 25. 🖭 ∈ *VISA* ⅍ rest
    ouvert 1ᵉʳ au 28 juil. et 1ᵉʳ déc.-12 mai – **R** 210/240, enf. 60 – **36 ch** (½ pens. seul.), 4 appart.
    – ½ P 550/880.

🏨 **Tsanteleina,** ℰ 79 06 12 13, Télex 980175, Fax 79 41 14 16, ≤, ⌂, ✖ – 🛗 📺 ☎ 🅿 🕮 ⓞ 🄴 ⱽⁱˢᵃ, ✖ rest
29 juin-25 août et 1ᵉʳ déc.-12 mai – **R** 115/255 – 🖙 60 – **70 ch** 450/650 – ½ P 550/750.

🏨 **Mercure Village** Ⓜ, ℰ 79 06 12 93, Télex 309150, Fax 79 41 11 12, ≤, ⌂ – 🛗 📺 ☎ –
🆔 40. 🕮 ⓞ 🄴 ⱽⁱˢᵃ, ✖ rest
fermé mai – **R** *(fermé dim. en juin et de sept. à déc.)* 95/180 ⑂ – 🖙 55 – **41 ch** 620/840
– ½ P 620/710.

🏨 **Blizzard,** ℰ 79 06 02 07, Télex 309662, Fax 79 06 04 94, ≤, ⌂ – 🛗 📺 ☎ – 🆔 50. 🕮 ⓞ
🄴 ⱽⁱˢᵃ, ✖ rest
déc.-mai – **R** 130/220, enf. 100 – **70 ch** 🖙 1100, 5 appart. 2000 – ½ P 750.

🏨 **Altitude** Ⓜ ≫, ℰ 79 06 12 55, Fax 79 41 11 09, ≤, ⌂, ⌿ – 🛗 ☎ 🅿 🄴 ⱽⁱˢᵃ, ✖
1ᵉʳ juil.-31 août et 1ᵉʳ déc.-10 mai – **R** 125, enf. 80 – **42 ch** 🖙 430/790 – ½ P 400/520.

🏨 **Bellier** ≫, ℰ 79 06 03 77, Télex 306022, Fax 79 41 14 11, ≤, ⌿ – 📺 ☎ 🅿 🕮 ⓞ 🄴 ⱽⁱˢᵃ
1ᵉʳ mars-8 mai, 1ᵉʳ juil.-31 août et déc. – **R** (dîner seul.) carte 140 à 205 – 🖙 50 – **20 ch**
350/680 – ½ P 350/690.

🏨 **La Galise,** ℰ 79 06 05 04 – ☎. 🄴 ⱽⁱˢᵃ, ✖ rest
15 déc.-30 avril – **R** (dîner seul.) 110/160, enf. 60 – 🖙 50 – **30 ch** 524/720 – ½ P 470.

🏨 **Chamois d'Or** ≫, ℰ 79 06 00 44, ≤ – ☎ 🅿 🄴 ⱽⁱˢᵃ, ✖
1ᵉʳ juil.-28 août et 15 déc.-3 mai – **R** 88 ⑂, enf. 58 – 🖙 34 – **24 ch** 340/450 – ½ P 360/432.

🏨 **L'Avancher,** rte Fornet ℰ 79 06 02 00, Fax 79 41 16 07, ≤, ⌿ – ☎. 🄴 ⱽⁱˢᵃ
1ᵉʳ juil.-31 août et 1ᵉʳ déc.-10 mai – **R** (dîner seul. en hiver) 110/125 ⑂, enf. 68 – 🖙 35 –
16 ch 212/440 – ½ P 270/372.

à la Daille NO : 2 km – ✉ **73150** Val-d'Isère.

🛈 Office de Tourisme (déc.-fin avril) ℰ 79 06 14 93.

🏨 **Samovar,** ℰ 79 06 13 51, Fax 79 41 11 08, ≤ – 📺 ☎ 🄴 ⱽⁱˢᵃ, ✖ rest
hôtel : 1ᵉʳ déc.-1ᵉʳ mai ; rest. : 20 déc.-20 avril – **R** (dîner seul.) 170/240, enf. 90 – 🖙 75 –
18 ch 450/750 – ½ P 360/600.

VALDOIE 90 Ter.-de-Belf. 🗺 ③ – rattaché à Belfort.

VALENÇAY 36600 Indre 🗺 ⑱ G. Châteaux de la Loire (plan) – 3 139 h. alt. 140.
Voir Château★★.

🛈 Office de Tourisme à l'Hôtel de Ville ℰ 54 00 14 33 et av. Résistance (15 juin-15 sept.) ℰ 54 00 04 42.
Paris 237 – Blois 55 – Bourges 74 – Châteauroux 43 – Loches 48 – Vierzon 49.

🏨 ❀ **Espagne** (Fourré) ≫, 9 r. du Château ℰ 54 00 00 02, Télex 751675, Fax 54 00 12 63, ⌂,
« Terrasse fleurie » – 📺 ☎ 🅿 🕮 ⓞ 🄴 ⱽⁱˢᵃ
fermé janv., fév., dim. soir et lundi d'oct. à mars – **R** 180/250, enf. 100 – 🖙 65 – **8 ch**
450/650, 6 appart. 900/1000 – ½ P 600/800
Spéc. Escalope de brochet au beurre d'échalote, Ris de veau en papillote, Croquant au chocolat noir. **Vins**
Reuilly, Valençay.

à Veuil S : 6 km par D 15 et VO – ✉ **36600** :

✖✖ **St Fiacre,** ℰ 54 40 32 78, ⌂, intérieur rustique – ↩. 🄴 ⱽⁱˢᵃ
fermé en janv., mardi soir et merc. sauf fériés – **R** 150, enf. 60.

à Vicq-sur-Nahon S : 7,5 km par D 15 – ✉ **36600** :

✖ **Aub. du Nahon,** ℰ 54 40 35 26 – 🄴 ⱽⁱˢᵃ, ✖
fermé dim. soir et lundi – **R** 90/180, enf. 50.

CITROEN Huard ℰ 54 00 05 35   RENAULT Caisel ℰ 54 00 02 24
PEUGEOT-TALBOT Debrais ℰ 54 00 17 99

VALENCE 🅿 26000 Drôme 🗺 ⑫ G. Vallée du Rhône – 68 157 h. alt. 123.
Voir Maison des Têtes★ BY – Intérieur★ de la cathédrale AZ – Champ de Mars ≤★ AZ – Sanguines
de Hubert Robert★★ au musée AZ **M**.

✈ de Valence-Chabeuil : ℰ 75 85 28 63, par D 68 : 5 km BYZ.

🛈 Office de Tourisme pl. Leclerc ℰ 75 43 04 88, Télex 345265 – A.C. 33 bis av. F.-Faure ℰ 75 43 61 07.
Paris 560 ① – Aix-en-Provence 196 ④ – Avignon 125 ④ – ♦Clermont-Ferrand 243 ① – ♦Grenoble 100 ② – ♦Lyon
100 ① – ♦Marseille 212 ④ – Nîmes 150 ④ – Le Puy 113 ⑥ – ♦St-Étienne 93 ①.

Plan pages suivantes

🏨 **Novotel** Ⓜ, 217 av. Provence par ④ près échangeur Valence-Sud ℰ 75 42 20 15, Télex
345823, Fax 75 43 56 29, ⌂, ⌿, ⌂ – 🛗 📺 ☎ 🆓 🅿 – 🆔 25 à 300. 🕮 ⓞ 🄴
ⱽⁱˢᵃ
R carte environ 130 ⑂, enf. 50 – 🖙 45 – **107 ch** 410/450.

🏨 **Hôtel 2000** Ⓜ, rte Grenoble par ② : 1 km ℰ 75 43 73 01, Télex 345873, Fax 75 55 00 95,
⌂, ⌿ – 🛗 📺 ☎ 🚗 🅿 – 🆔 25. 🕮 ⓞ 🄴 ⱽⁱˢᵃ
R *(fermé dim. de nov. à mars)* 100/300 ⑂ – 🖙 40 – **31 ch** 280/450 – ½ P 325.

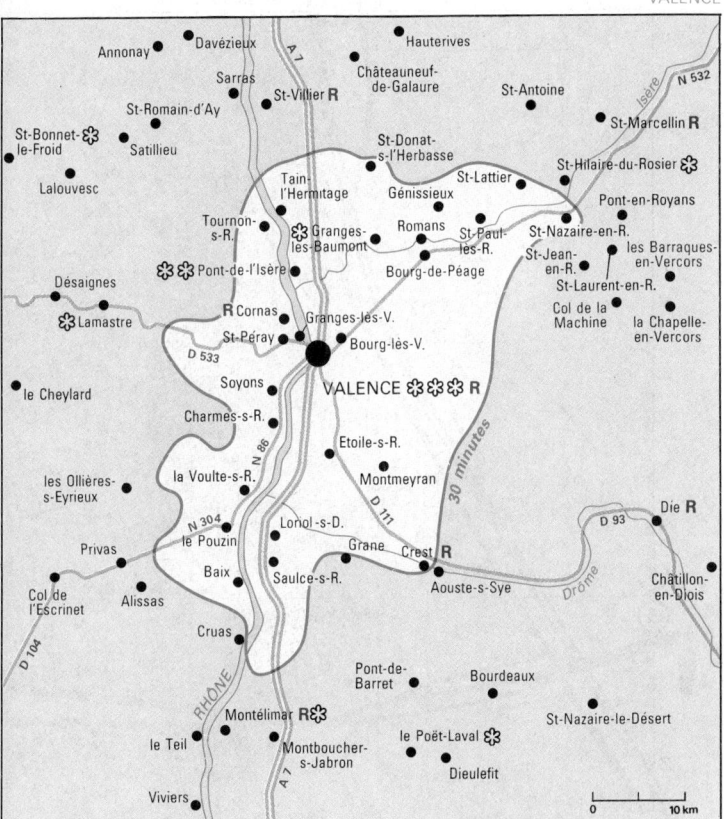

🏨 **Yan's H.** Ⓜ, par ③ et D 561 près centre hospitalier 𝒫 75 55 52 52, Fax 75 42 27 37, ⬛, 🍴 – 🖥 ch 📺 ☎ 🕭 🅿. 🖭 **E** *VISA*
R grill (juin-15 sept.) carte environ 160 – ☲ 35 – **38 ch** 290/370.

🏨 **Valsud** Ⓜ, sortie autoroute Valence-sud 𝒫 75 40 80 70, Télex 346506, Fax 75 44 39 20, 🍴, ⬛ – 🖥 🖥 ch 📺 ☎ 🕭 🅿 – 🔬 30 à 80. 🖭 ⓞ **E** *VISA*
R 95 ⬧, enf. 43 – ☲ 31 – **75 ch** 265/305.

🏨 **France** sans rest, 16 bd Gén. de Gaulle 𝒫 75 43 00 87, Fax 75 55 90 51 – 🖥 🖥 📺 ☎
⊃ – 🔬 25. 🖭 ⓞ **E** *VISA*   BZ **w**
☲ 26 – **34 ch** 210/290.

🏨 **Park-H.** sans rest, 22 r. J. Bouin 𝒫 75 43 37 06, Fax 75 42 43 55 – 📺 ☎ ⊃. 🖭 ⓞ **E**
VISA   AY **u**
fermé 24 déc. au 10 janv. – ☲ 27 – **22 ch** 215/265.

🏨 **Paris** sans rest, 30 av. P. Sémard 𝒫 75 44 02 83, Fax 75 41 49 61 – 🖥 📺 ☎. 🖭 ⓞ **E** *VISA*
                                                                                                                              BZ **h**

🏨 **Primevère** Ⓜ, rte Grenoble par ② : 3 km 𝒫 75 56 50 00, Télex 651530 – 📺 ☎ 🕭 🅿 –
🔬 50. 🖭 ⓞ **E** *VISA*
R 70/100 ⬧, enf. 38 – ☲ 28 – **41 ch** 220/240 – ½ P 190/210.

🏨 **Lyon** sans rest, 23 av. P. Sémard 𝒫 75 41 44 66, Fax 75 44 72 32 – 🖥 ☎ – 🔬 50. **E** *VISA*
☲ 22 – **56 ch** 140/220.   BZ **e**

🏨 **Négociants,** 27 av. P. Sémard 𝒫 75 44 01 86, Télex 305551, Fax 75 44 77 57 – 🖥 ✂ rest
📺 ☎ 🖭 ⓞ **E** *VISA*   BZ **f**
fermé 22 déc. au 5 janv. – **R** (fermé dim.) 49/180 ⬧ – ☲ 25 – **37 ch** 140/280 – ½ P 175/225.

🏨 **Gd St-Jacques,** 9 fg St-Jacques 𝒫 75 42 44 60, Fax 75 42 70 88 – 🖥 ☎ 🅿. 🖭 **E** *VISA*
R (fermé dim.) 69/220 ⬧, enf. 58 – ☲ 24 – **32 ch** 210/245 – ½ P 147/215.   CY **n**

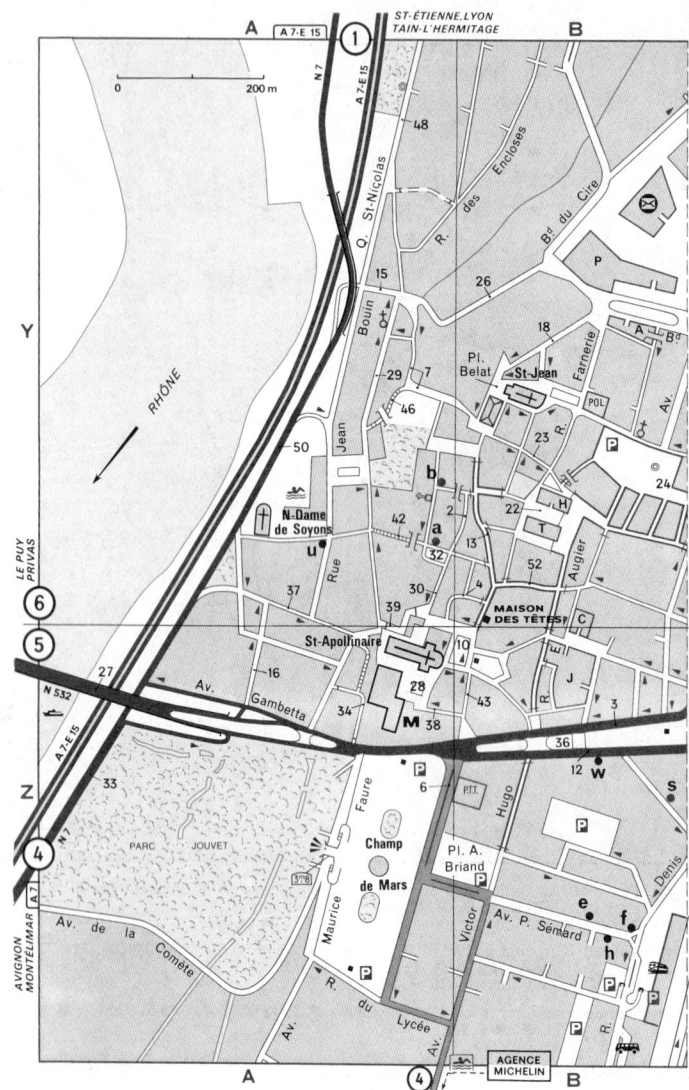

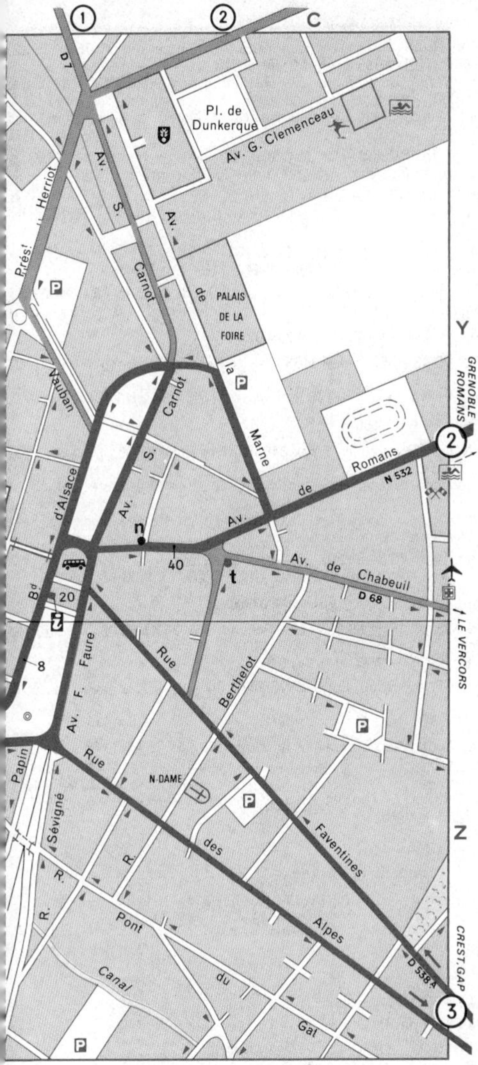

VALENCE

*Dans la liste
des rues
des plans de villes
les noms en rouge
indiquent
les principales
voies commerçantes.*

XXXX ✿✿✿ **Pic** avec ch, 285 av. V. Hugo - ABZ - sortie autoroute Valence-sud 🖉 75 44 15 32, 🍴, «Jardin ombragé » – 🛗 🗐 📺 ☎ 🚗 🅿 🖭 ⓪ 🖃 *VISA*
fermé août, vacances de fév., dim. soir et merc. – **R** *(dim. prévenir)* 450/550 et carte, enf. 140 – 🖵 80 – **4 ch** 550/1000
Spéc. Galette de truffes et céleris au foie de canard, Filet de loup au caviar, Strate de boeuf au Cornas. Vins Condrieu, Hermitage.

XX **La Licorne,** 13 r. Chalamet 🖉 75 43 76 83 – 🗐 🖭 ⓪ 🖃 *VISA*   BZ s
↝ *fermé 1er août au 1er sept., sam. midi et dim. –* **R** *(prévenir)* 70/260, enf. 48.

XX **Le Saint Ruf,** r. Sabaterie 🖉 75 43 48 64 – *VISA*   AY Y
fermé 4 au 26 août, 1er au 6 janv., dim. (sauf le midi d'oct. à mai) et lundi – **R** 150/310, enf. 45.

XX **La Petite Auberge,** 1 r. Athènes 🖉 75 43 20 30 – 🖭 🖃 *VISA*   CY t
fermé 31 juil. au 19 août, merc. soir et dim. sauf fêtes – **R** 90/185, enf. 55.

X **Le Coelacanthe,** 3 pl. de la Pierre 🖉 75 42 30 68, 🍴, produits de la mer – 🖭 ⓪ 🖃 *VISA*
fermé vacances de nov., vacances de fév., lundi midi, sam. midi et dim. – **R** 85/200. AY a

à Bourg-lès-Valence par ① : 1 km – 18 977 h. – ✉ **26500** :

🏨 **Seyvet,** 24 av. Marc-Urtin 🖉 75 43 26 51, Télex 346338 – 🛗 🗐 rest 📺 ☎ 🅿 – 🔥 30. 🖭
⓪ 🖃 *VISA*
R *(fermé dim. soir de mi-oct. à mi-avril)* 80/190 ⅛, enf. 45 – 🖵 28 – **34 ch** 210/300.

à Pont de l'Isère par ① : 9 km – ✉ **26600** :

XXX ✿✿ **Chabran** Ⓜ avec ch, N 7 🖉 75 84 60 09, Télex 346333, Fax 75 84 59 65, 🍴 – ⇜ rest
🗐 📺 ☎ 🖭 ⓪ 🖃 *VISA*
fermé 19 nov. au 11 déc., dim. soir et lundi sauf juil.-août – **R** 210/430 et carte, enf. 150 –
🖵 60 – **12 ch** 330/660
Spéc. Salade de homard au museau de porc sauce soja, Dos de saumon aux senteurs drômoises, Selle d'agneau rôtie à la gousse d'ail. Vins Crozes-Hermitage, Hermitage.

XX **Aub. Chalaye,** 17 r. 16-août-44 🖉 75 84 59 40, 🍴, 🌳 – 🖭 🖃 *VISA*
fermé 1er au 10 sept., 5 au 12 janv., lundi soir et mardi – **R** 160/280, enf. 60.

à Granges-lès-Valence (Ardèche) par ⑤ : 3 km – ✉ **07500** :

🏨 **National,** SO : 2 km par N 533 🖉 75 41 65 33, Télex 345744, Fax 75 41 69 05 – 🛗 📺 ☎
🚗 🅿 – 🔥 30 à 100. 🖃 *VISA*
R 73/165, enf. 41 – 🖵 29 – **52 ch** 190/275 – ½ P 185/215.

🏨 **Alpes-Cévennes** sans rest, 641 av. République 🖉 75 44 61 34 – 🛗 📺 ☎ 🚗 🖭 ⓪ 🖃
VISA
🖵 22 – **26 ch** 165/240.

MICHELIN, Agence, allée Joule, ZI des Auréats par av. V. Hugo ABZ 🖉 75 41 30 66

BMW Fourel, 37 av. de Marseille 🖉 75 44 20 97
CITROEN Minodier, 126 rte de Beauvallon par av.
V. Hugo ABZ 🖉 75 44 31 24 Ⓝ 🖉 75 57 23 43
PEUGEOT-TALBOT SOVACA, 125 av. M.-Faure et
268 av. V.-Hugo par av. V.-Hugo ABZ
🖉 75 44 11 66

⚙ Barrial-Pneus, 106 av. V.-Hugo 🖉 75 44 24 43
Dorcier, 15 à 19 av. des Beaumes 🖉 75 44 11 40
Piot-Pneu, av. de Provence, Pont-des-Anglais
🖉 75 44 13 40

Périphérie et environs

CITROEN Gar. Pélissier, 82 av. J.-Jaurès à Portes-
lès-Valence par l'av. V. Hugo ABZ 🖉 75 57 30 00
Ⓝ
PEUGEOT-TALBOT Vinson et Verd, 35 r. Cartou-
cherie à Bourg-lès-Valence par ① 🖉 75 43 01 92

RENAULT Succursale, rte de Lyon à Bourg-lès-
Valence par ① 🖉 75 79 01 01

VALENCE 82400 T.-et-G. 🔟 ⑯ – 4 734 h. alt. 69.

🏌 Golf Club d'Espalais 🖉 63 29 04 56, S par D 11 : 3 km.

Paris 673 – Agen 26 – Cahors 66 – Castelsarrasin 25 – Moissac 17 – Montauban 48.

🏨 **Tout va bien,** 35 r. République 🖉 63 39 54 83, Fax 63 39 08 30 – 📺 ☎ 🖃 *VISA*
R *(fermé 7 au 28 janv., dim. soir et lundi midi)* 80/125 ⅛, enf. 50 – 🖵 30 – **21 ch** 140/260
– ½ P 190/245.

XXX **La Campagnette,** NE : 2 km par rte Cahors (D 953) 🖉 63 39 65 97, 🍴, 🌳 – 🅿. *VISA*
fermé 3 juin, 2 au 14 sept., 1er au 7 janv., dim. soir et lundi – **R** 150/280, enf. 70.

RENAULT Mosconi 🖉 63 39 52 42
RENAULT Semenadisse 🖉 63 29 03 03
Ⓝ 🖉 63 39 67 54

Maggiori 🖉 63 39 50 60

VALENCE-SUR-BAÏSE 32310 Gers 🔠 ④ – 1 218 h. alt. 110.

Voir Abbaye de Flaran★ NO : 2 km, G. Pyrénées Aquitaine.

Paris 682 – Auch 35 – Agen 49 – Condom 9.

🏨 **Ferme de Flaran,** rte Condom 🖉 62 28 58 22, 🍴, 🏊, 🌳 – ☎ 🅿 – 🔥 25. 🖃 *VISA*
fermé fin fév. à mi-mars et jeudi de nov. à mai – **R** 90/230, enf. 60 – 🖵 30 – **12 ch** 210/250
– ½ P 240/310.

Voir Musée des Beaux-Arts★ BY **M**.

📍 𝒫 27 46 30 10, E : 1,5 km CV.

🏢 Office de Tourisme 1 r. Askièvre (fermé matin hors saison) 𝒫 27 46 22 99 – A.C. 2 r. Mons 𝒫 27 46 34 32.

Paris 208 ⑥ – ✦Lille 51 ⑦ – ✦Amiens 108 ⑥ – Arras 71 ⑥ – Bruxelles 104 ② – Charleroi 84 ② – Charleville-Mézières 130 ③ – ✦Reims 170 ③ – St-Quentin 79 ⑥.

Plans page suivante

🏰 **Gd Hôtel**, 8 pl. Gare 𝒫 27 46 32 01, Télex 110701, Fax 27 29 65 57 – 🛗 📺 ☎ – 🔏 25 à 100. 🖭 ⓞ ⒠ 𝘝𝘐𝘚𝘈
R 97/217 – ☷ 45 – **92 ch** 350/435, 6 appart. 508/550.
AX **d**

🏠 **Aub. du Bon Fermier**, 66 r. Famars 𝒫 27 46 68 25, Télex 810343, « Maison du 17ᵉ siècle » – 📺 ☎. 🖭 ⒠ 𝘝𝘐𝘚𝘈
R 140 bc/200 bc, enf. 60 – ☷ 45 – **16 ch** 380/580.
AY **a**

🏨 **Notre Dame** ⋙ sans rest, 1 pl. Abbé Thellier de Poncheville 𝒫 27 42 30 00, Fax 27 45 12 68 – 📺 ☎. ⒠ 𝘝𝘐𝘚𝘈
☷ 25 – **39 ch** 160/300.
BY **s**

🏨 **Bristol** sans rest, 2 av. de Lattre-de-Tassigny 𝒫 27 46 58 88 – 🛗 📺 ☏. 🖭 ⒠ 𝘝𝘐𝘚𝘈
☷ 25 – **20 ch** 130/215.
AX **u**

🏨 **H. La Coupole** sans rest, pl. Gare 𝒫 27 46 37 12 – 🛗 📺 ☎. 🖭 ⓞ ⒠ 𝘝𝘐𝘚𝘈
☷ 20 – **38 ch** 120/220.
AX **e**

🏨 **Modern'H** sans rest, 92 r. Lille 𝒫 27 46 20 70 – 📺 ☎. ⒠ 𝘝𝘐𝘚𝘈
☷ 18 – **33 ch** 125/195.
AX **n**

❌❌❌ **L'Alberoi (Buffet-Gare)**, 𝒫 27 46 86 30 – 🖭 ⓞ ⒠ 𝘝𝘐𝘚𝘈
fermé dim. soir – **R** 140/280.
AX

par l'échangeur Valenciennes-Ouest, Z.I. de Prouvy-Rouvignies, sorties ⑤ ou ⑥ – ✉ **59300** Valenciennes :

🏰 **Novotel** Ⓜ, SO : 5 km par N 30 𝒫 27 21 12 12, Télex 120970, Fax 27 12 06 02, 🛋, 🏊, 🎾 – 🗏 rest 📺 ☎ ⅋ ❾ – 🔏 25 à 200. 🖭 ⓞ ⒠ 𝘝𝘐𝘚𝘈
R carte environ 120 🍷, enf. 50 – ☷ 50 – **76 ch** 410/465.

🏨 **Campanile**, SO : 5 km par N 30 𝒫 27 21 10 12, Télex 810288, Fax 27 31 41 33 – 📺 ☎ ⅋ ❾ – 🔏 60. ⒠ 𝘝𝘐𝘚𝘈
R 74 bc/98 bc, enf. 39 – ☷ 27 – **106 ch** 248 – ½ P 225/249.

🏨 **Primevère**, SO : 5 km par N 30 𝒫 27 21 15 55 – 📺 ☎ ⅋ ❾. ⒠ 𝘝𝘐𝘚𝘈
R 69/93 🍷, enf. 38 – ☷ 26 – **42 ch** 215/235.

à Raismes NO : 5 km par D 169 – AV – 15 623 h. – ✉ **59590** :

❌❌❌ **La Grignotière**, 𝒫 27 36 91 99 – 🖭 ⓞ ⒠ 𝘝𝘐𝘚𝘈
fermé 5 août au 2 sept., 27 janv. au 3 fév., dim. soir et lundi sauf fériés le midi – **R** 110/200.

à Haulchin SO : 10 km par ⑤ et N 30 – ✉ **59121** :

❌❌❌ **Clos St Hugues**, 3 r. P. Vaillant-Couturier 𝒫 27 43 80 83, 🛋, 🎾 – ❾. 🖭 𝘝𝘐𝘚𝘈
fermé 1ᵉʳ au 14 août, 21 fév. au 11 mars et dim. soir – **R** 120/310, enf. 68.

à Sebourg par ③ : 11 km par D 934 et D 250 – ✉ **59990** :

❌❌ **Jardin Fleuri** ⋙ avec ch, D 250 𝒫 27 26 53 44, 🛋, « Jardin » – 📞 ❾. 🖭 ⓞ ⒠ 𝘝𝘐𝘚𝘈
fermé 27 janv. au 9 fév. – **R** *(fermé dim. soir et fériés le soir)* 95/150, enf. 60 – ☷ 20 – **11 ch** 170/220 – ½ P 195/215.

à Quiévrechain par ② : 12 km – 7 190 h. – ✉ **59920** :

❌❌ **Petit Restaurant**, 182 r. J.-Jaurès 𝒫 27 45 43 10 – ❾. ⒠ 𝘝𝘐𝘚𝘈
fermé 1ᵉʳ au 15 août et lundi – **R** 75/160 🍷, enf. 50.

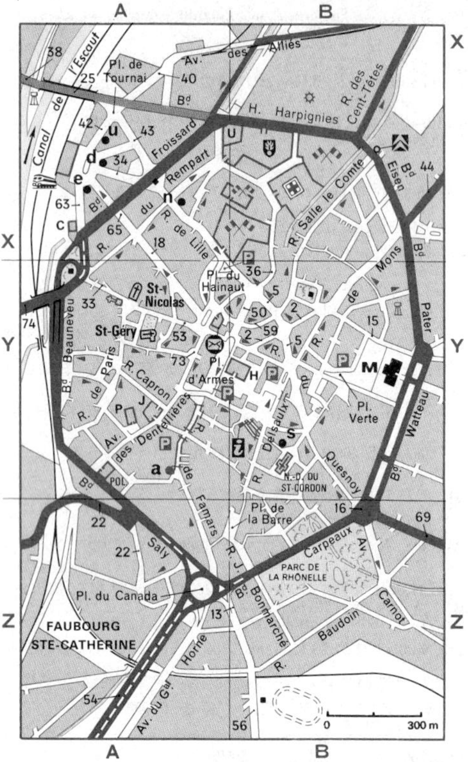

VALENCIENNES

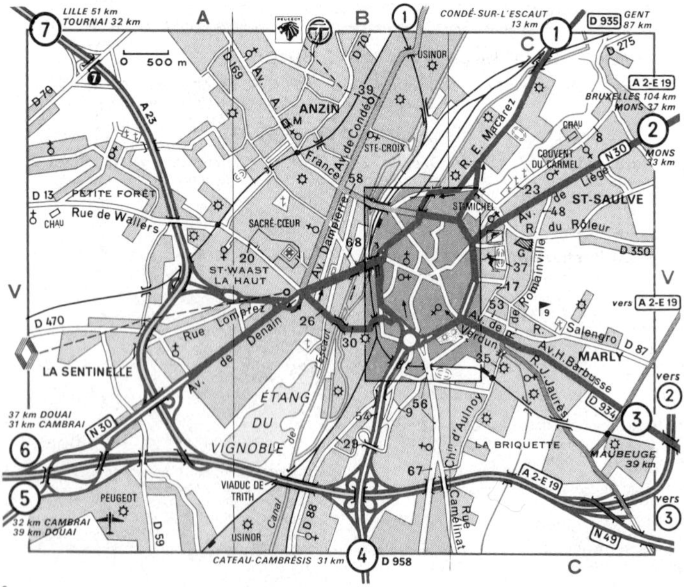

VALENSOLE **04210** Alpes-de-H.-P. 81 ⑯ **G. Alpes du Sud** – 1 944 h. alt. 569.
Paris 760 – Digne 47 – Brignoles 71 – Castellane 77 – Forcalquier 30 – Manosque 21 – Salernes 58.

Piès ⑧, ☎ 92 74 83 13, ←, ⛱, ⛱ – TV ☎ P. E VISA
fermé 6 janv. au 6 fév. – **R** 75/180 ⑧, enf. 50 – ☐ 30 – **16 ch** 250 – ½ P 250.

CITROEN Tardieu ☎ 92 74 80 43
PEUGEOT TALBOT Meyer ☎ 92 74 92 21
RENAULT Taix ☎ 92 74 80 15

VALENTIGNEY **25700** Doubs 66 ⑱ – 14 370 h. alt. 340.
Paris 487 – •Bâle 69 – Belfort 23 – •Besançon 82 – Montbéliard 9 – Morteau 67.

Voir plan de Montbéliard agglomération

OPEL S.A.C.M.A., 1 rte de Belchamp ☎ 81 30 66 11
CONSTRUCTEUR : **S.A. Peugeot Motocycles,** à Beaulieu-Mandeure CZ ☎ 81 91 83 21

VALENTON **94** Val-de-Marne 61 ①, 101 ㉗ – voir à Paris, Environs.

La VALETTE-DU-VAR **83** Var 84 ⑮ – rattaché à Toulon.

VALFLEURY **42320** Loire 73 ⑲ – 446 h. alt. 720.
Paris 510 – •St-Étienne 22 – •Lyon 53 – Montbrison 58 – Roanne 99 – St-Chamond 10.

Host. de la Vallée ⑧, ☎ 77 20 85 72, ← – P. AE ⓞ E VISA. ✻ ch
fermé 4 au 14 janv. – **R** *(fermé dim. soir et lundi)* 85/150 ⑧, enf. 45 – ☐ 15 – **4 ch** 110/190 – ½ P 150.

VALGORGE **07110** Ardèche 80 ⑧ **G. Vallée du Rhône** – 433 h. alt. 561.
Paris 668 – Alès 86 – Aubenas 38 – Langogne 52 – Privas 68 – Le Puy 85 – Vallon-Pont-d'Arc 43.

Le Tanargue ⑧, ☎ 75 88 98 98, ←, parc – |‡| TV ☎ ⇔ P. E VISA
fermé 2 janv. au 2 mars – **R** (en saison prévenir) 90/180, enf. 50 – ☐ 35 – **25 ch** 240/330 – ½ P 240/310.

Entrate nell'albergo o nel ristorante con la Guida alla mano,
dimostrando in tal modo la fiducia in chi vi ha indirizzato.

VALLAURIS **06220** Alpes-Mar. 84 ⑨, 195 ㉟㊴ **G. Côte d'Azur** – 21 217 h. alt. 122.
Voir Musée National "La Guerre et la Paix"★ (Château) V **D** – Musée de l'Automobiliste★ NO : 4 km V.
Office de Tourisme square 8-Mai-1945 ☎ 93 63 82 58.
Paris 912 – Cannes 6 – Antibes 7,5 – Le Cannet 4,5 – Grasse 18 – •Nice 31.

Voir plan de Cannes-le Cannet-Vallauris

Gousse d'Ail, 11 av. Grasse ☎ 93 64 10 71 – ▤. VISA V **y**
fermé 12 nov. au 19 déc., lundi soir du 1er oct. au 30 juin et mardi – **R** 105/210.

VALLERAUGUE **30570** Gard 80 ⑯ **G. Gorges du Tarn** – 1 041 h. alt. 438.
Paris 780 – Mende 105 – Millau 94 – Nîmes 91 – Le Vigan 22.

Host. Les Bruyères, ☎ 67 82 20 06, ⛱ – ☎ ⇔. ⓞ E VISA
Pâques-15 oct. – **R** 76/180, enf. 40 – ☐ 22 – **28 ch** 140/260 – ½ P 160/190.

Petit Luxembourg, ☎ 67 82 20 44 – ☎. AE E VISA
fermé janv., dim. soir et lundi hors sais. – **R** 68/180 ⑧, enf. 45 – ☐ 22 – **10 ch** 140/230 – ½ P 200/220.

VALLET **44330** Loire-Atl. 67 ④ – 5 796 h. alt. 53.
Syndicat d'Initiative 4 pl. Ch.-de-Gaulle (mai-sept.) ☎ 40 36 35 87.
Paris 376 – •Nantes 24 – Ancenis 26 – Cholet 33 – Clisson 9.

Don Quichotte M avec ch, 35 rte Clisson ☎ 40 33 99 67, ⛱ – TV ☎ ♿ P. ⓞ E VISA
fermé 1er au 7 janv. – **R** *(fermé dim. soir et fériés le soir)* 78/245 – ☐ 30 – **12 ch** 245/275 – ½ P 185.

CITROEN Gar. Herbreteau ☎ 40 33 92 39
PEUGEOT TALBOT Gar. Marchais ☎ 40 36 32 44
N ☎ 40 33 99 33
RENAULT Gar. Leray ☎ 40 36 24 11

VALLOIRE **73450** Savoie 77 ⑦ **G. Alpes du Nord** – 943 h. alt. 1 430 – Sports d'hiver : 1 430/2 600 m ⛷1 ⛷31 ⛷.
Voir Col du Télégraphe ←★ N : 5 km.
Altiport de Bonnenuit ☎ **79 59 02 00**.
Office de Tourisme ☎ 79 59 03 96, Télex 980553.
Paris 638 – Albertville 89 – Briançon 53 – Chambéry 101 – Lanslebourg-Mont-Cenis 57 – Col du Lautaret 24 – St-Jean-de-Maurienne 31.

🏨 Gd Hôtel Valloire et Galibier, 🖋 79 59 00 95, Télex 980553, Fax 79 59 09 66, ≤, 🚗 –
🖳 📺 ☎ 🅿 – 🛄 40, 🄰🄴 🅾 🄴 💳
15 juin-15 sept. et 15 déc.-15 avril – **R** 78/170 – ☲ 38 – **46 ch** 300/400, 4 appart. 800 –
½ P 380/460.

🏨 La Sétaz et rest. Le Gastilleur, 🖋 79 59 01 03, ≤, 🏊, 🚗 – ☎ 🅿 🄴 💳 ✗ rest
9 juin-22 sept., 21 déc.-15 avril et 28 avril-12 mai – **R** 98/160, enf. 47 – ☲ 33 – **22 ch**
260/330 – ½ P 305/335.

🏨 Club les Carrettes Ⓜ, 🖋 79 59 00 99, Fax 79 59 05 60, ≤, 🏊, 🚗 – ⇔ ch ☎ 🅿 🄴 💳
→ ch
1er juil.-31 août et 20 déc.-15 avril – **R** 70/145, enf. 36 – ☲ 30 – **30 ch** 340/420 – ½ P 370/414

🏨 Christiania, 🖋 79 59 00 57 – 📺 ☎ 🄴 💳 ✗ rest
→ *20 juin-10 sept. et 15 déc.-30 avril* – **R** 70/140, enf. 40 – ☲ 28 – **26 ch** 160/280 – ½ P 220/330

🏠 Centre, 🖋 79 59 00 83, Fax 79 59 09 66, 🚗 – ☎ 🄴 💳 ✗ rest
15 juin-15 sept. et 15 déc.-mi-avril – **R** 60/115 ⅃, enf. 40 – ☲ 25 – **38 ch** 120/240 –
½ P 175/235.

🏡 Gentianes, 🖋 79 59 03 66, 🚗 – 🅿, 💳 ✗ rest
3 juil.-20 sept. et 20 déc.-5 avril – **R** 72/110 – ☲ 25 – **24 ch** 160/250 – ½ P 175/260.

aux Verneys S : 2 km – ⊠ 73450 Valloire

🏠 Relais du Galibier, 🖋 79 59 00 45, ≤, 🚗 – ☎ 🅿 🄴 💳 ✗ rest
20 juin-15 sept. – **R** 75/140, enf. 45 – ☲ 30 – **26 ch** 150/280 – ½ P 220/280.

🏠 Crêt Rond, 🖋 79 59 01 64, ≤ – ☎ 🅿 🄴 💳
1er juil.-1er oct. et 15 déc.-15 mai – **R** 95, enf. 30 – ☲ 28 – **19 ch** 140/210 – ½ P 180/210.

Gar. Bouvet 🖋 79 59 02 40

VALLON-PONT-D'ARC 07150 Ardèche 🔟 ⑨ **G. Provence** – 1 823 h. alt. 118.
Voir Gorges de l'Ardèche★★★ au SE – Arche★★ de Pont d'Arc SE : 5 km.
Paris 663 – Alès 51 – Aubenas 33 – Avignon 79 – Carpentras 95 – Mende 119 – Montélimar 57.

🏨 Tourisme, 🖋 75 88 02 12, 🚗 – 🖳 ☎ 🄴 💳
→ *fermé 15 déc. au 1er fév. et merc. du 15 sept. au 31 mars* – **R** 70/120, enf. 47 – ☲ 25 –
29 ch 220/380 – ½ P 220/305.

🏠 Parc, 🖋 75 88 02 17 – ✗ ch
→ *fermé 3 janv. au 3 fév. et vend. d'oct. à mai* – **R** 60/160 – ☲ 25 – **20 ch** 130/180 –
½ P 200/220.

VALLORCINE 74660 H.-Savoie 🔟 ⑨ **G. Alpes du Nord** – 303 h. alt. 1 261 – Sports d'hiver : 1 500
1 605 m ⳾2.
🛈 Syndicat d'Initiative pl. Gare (saison) 🖋 50 54 60 71.
Paris 630 – Chamonix 16 – Annecy 112 – Thonon-les-Bains 117.

🏠 Ermitage ⌂, au Buet SO : 2 km par N 506 et VO 🖋 50 54 60 09, ≤, 🌳, 🚗 – 🅿 🄴
💳 ✗ rest
mai, mi-juin-fin-sept. et 20 déc.-fin-avril – **R** 95/110, enf. 50 – ☲ 30 – **15 ch** 150/260 –
½ P 200/240.

🏡 Mont-Blanc, 🖋 50 54 60 02, ≤, 🚗 – 🅿 🄴 💳
→ *16-21 mai, 16 juin-15 sept., 22 déc.-3 janv. et 31 janv.-31 mars* – **R** 70/115 – ☲ 26 – **24 ch**
165/280 – ½ P 182/242.

VALLOUX 89 Yonne 🔡 ⑯ – rattaché à Avallon.

VALMOREL 73 Savoie 🔟 ⑰ **G. Alpes du Nord** – alt. 1 400 – Sports d'hiver : 1 400/2 550 m ⳾2 ⳾28 –
⊠ 73260 Aigueblanche – Paris 624 – Albertville 40 – Chambery 87 – Moutiers 19.

🏨 Planchamp Ⓜ ⌂, 🖋 79 09 83 91, Fax 79 09 83 93, ≤ – 📺 ☎ 🄰🄴 🅾 🄴 💳 ✗ rest
1er juil.-30 août et 20 déc.-20 avril – **R** 130/250 – ☲ 60 – **25 ch** 410/500 – ½ P 550.

VALOGNES 50700 Manche 🔢 ② **G. Normandie Cotentin** – 6 963 h. alt. 35.
🏌 de Fontenay-sur-Mer 🖋 33 21 44 27, par ② : 11 km.
✈ de Cherbourg-Maupertus 🖋 33 22 91 32, par ① : 18 km par D 24.
🛈 Syndicat d'Initiative pl. Château (saison) 🖋 33 40 11 55.
Paris 338 ② – ◆Caen 100 ② – Cherbourg 20 ⑤ – Coutances 55 ③ – St-Lô 58 ②.

Plan page ci-contre

🏨 Haut Gallion Ⓜ, rte Cherbourg par ⑤ 🖋 33 40 40 00 – 📺 ☎ 🕭 🅿 🄰🄴 🅾 🄴 💳
→ *fermé 20 déc. au 6 janv.* – **R** *(fermé vend. soir d'oct. à mai et sam. midi)* 65/220, enf. 40 –
☲ 30 – **40 ch** 245.

🏠 Louvre, 28 r. Religieuses **(e)** 🖋 33 40 00 07 – ☎ ⇔ 🅿 🄴 💳
→ *fermé déc. au 5 janv.* – **R** *(fermé sam. sauf le soir en juil.-août)* 52/85 ⅃ – ☲ 18 –
20 ch 85/200 – ½ P 135/200.

✗ Le Carillon, 13 r. Officialité **(a)** 🖋 33 40 30 40 – 🄴 💳
fermé 7 au 23 juil., 22 déc. au 4 janv., dim. soir et lundi – **R** *(prévenir)* 75/170.

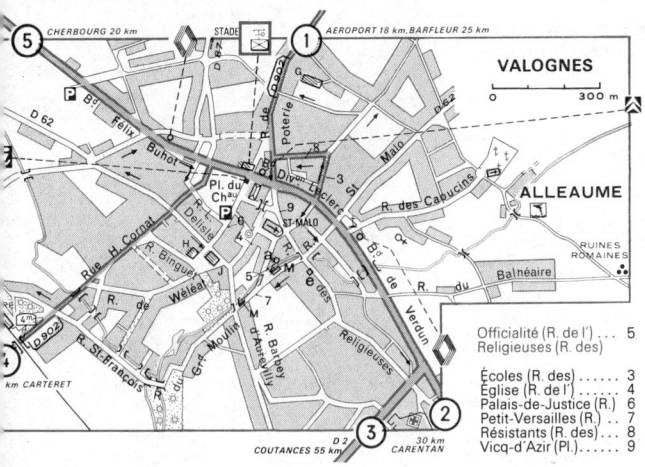

Officialité (R. de l') ... 5
Religieuses (R. des)

Écoles (R. des) 3
Église (R. de l') 4
Palais-de-Justice (R.) .. 6
Petit-Versailles (R.) ... 7
Résistants (R. des) ... 8
Vicq-d'Azir (Pl.) 9

CITROEN Gar. Jacqueline, bd Division-Leclerc
 𝄖 33 40 17 59
OPEL Gar. Luce, Tapotin à Yvetot-Bocage
 𝄖 33 40 29 09

PEUGEOT-TALBOT Valognes Autom., N 13 par ②
 𝄖 33 40 09 38
RENAULT Gar. Mangon, 10 bd F.-Buhot
 𝄖 33 95 05 20 N 𝄖 05 05 15 15

VALRAS-PLAGE 34350 Hérault 𝟴𝟯 ⑮ G. Gorges du Tarn – 2 590 h. – Casino .

🛈 Office de Tourisme pl. R.-Cassin 𝄖 67 32 36 04.

Paris 827 – ◆Montpellier 72 – Agde 26 – Béziers 15.

🏠 **Albizzia** M sans rest, bd Chemin Creux 𝄖 67 37 48 48, ⌁ – ☎ ⅙ 🅿 E 𝘝𝘐𝘚𝘈
 ⌷ 35 – **28 ch** 300/385.

🏠 **La Chaumière,** 𝄖 67 32 04 78, 🏡 – ☎ E 𝘝𝘐𝘚𝘈
◆ fermé 15 janv. au 15 fév., lundi soir et mardi du 15 oct. au 15 avril – **R** 57/240, enf. 35 –
 ⌷ 26 – **14 ch** 230/300 – ½ P 235/245.

🏠 **Moderne,** 𝄖 67 32 25 86, Fax 67 32 51 21, 🏡 – ☎. 𝖠𝖤 E 𝘝𝘐𝘚𝘈. ⅏ rest
◆ 20 mai-20 sept. – **R** 58/125, enf. 31 – ⌷ 27 – **31 ch** 200/285 – ½ P 220/245.

XX **Au Fer à Cheval,** 𝄖 67 37 44 00, Fax 67 37 45 00, 🏡 – E 𝘝𝘐𝘚𝘈
 fermé 1er janv. au 15 mars, lundi et mardi sauf du 1er juin au 15 sept. – **R** 130/290, enf. 40.

XX **Méditerranée** avec ch, 𝄖 67 32 38 60 – ▤ rest ☎. 𝖠𝖤 E 𝘝𝘐𝘚𝘈
◆ hôtel : Pâques-fin oct. ; rest. : fermé vacances de nov., de fév., le soir du 11 nov. à Pâques
 et lundi – **R** 70/230 – ⌷ 26 – **12 ch** 220/250 – ½ P 230.

VALRÉAS 84600 Vaucluse 𝟴𝟭 ② G. Provence (plan) – 8 796 h. alt. 270.

🛈 Office de Tourisme, pl. A.-Briand 𝄖 90 35 04 71.

Paris 641 – Avignon 65 – Crest 56 – Montélimar 37 – Nyons 14 – Orange 35 – Pont-St-Esprit 38.

🏠🏠 **Grand Hôtel,** 28 av. Gén. de Gaulle 𝄖 90 35 00 26, 🏡, ⋧ – 📺 ☎ E 𝘝𝘐𝘚𝘈
 fermé 22 déc. au 30 janv., dim. (sauf hôtel de mars à oct.) et sam. soir d'oct. à mars –
 R 95/195 ⅙, enf. 50 – ⌷ 34 – **15 ch** 240/380 – ½ P 250/320.

X **L'Étrier,** 2 cours Tivoli 𝄖 90 35 05 94 – E 𝘝𝘐𝘚𝘈
 fermé 1er au 7 juil., 5 au 30 nov., mardi soir et merc. du 1er oct. au 8 juil. – **R** 95/210,
 enf. 55.

CITROEN Gar. Giai, rte d'Orange 𝄖 90 35 14 60   🅐 Ayme Pneus, 3 r. Marie-Vierge 𝄖 90 35 19 08
                                                  Plantin-Pneus, av. J. Moulin 𝄖 90 35 04 27

VALROS 34290 Hérault 𝟴𝟯 ⑮ – 1 003 h. alt. 75.

Paris 817 – ◆Montpellier 62 – Agde 15 – Béziers 16 – Pézenas 7.

🏠 **Aub. de la Tour,** N 113 𝄖 67 98 52 01, ⌁, ⋧ – 📺 ☎ 🅿 E 𝘝𝘐𝘚𝘈
 fermé 15 déc. au 1er fév. – **R** (fermé merc. du 15 sept. au 15 juin) 85/195 ⅙, enf. 60 – ⌷ 30
 – **19 ch** 220/250 – ½ P 225/240.

Pleasant hotels and restaurants
are shown in the Guide by a red sign.

Please send us the names
of any where you have enjoyed your stay.

Your Michelin Guide will be even better.

🏨🏨🏨 ... 🏠

XXXXX ... X

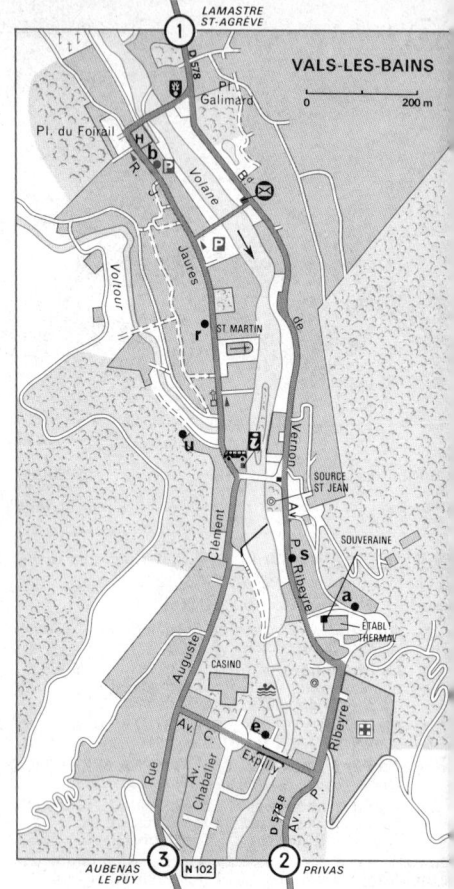

VALS-LES-BAINS 07600 Ardèche 🔟🔟 ⑲ G. Vallée du Rhône – 3 976 h.
alt. 248 – Stat. therm. – Casino .

🛈 Office de Tourisme et du Thermalisme r. J.-Jaurès ℘ 75 37 49 27.

Paris 634 ② – Aubenas 6 ③ – Langogne 58 ③ – Privas 34 ② – Le Puy 87 ③.

VALS-LES-BAINS

0   200 m

- 🏨 **Gd H. des Bains, (a)** ℘ 75 94 65 55, Télex 346637, 🚶, parc – 🛗 ☎ 🅿 – 🔥 30. ⅍ ⓸ 🅴 𝘝𝘐𝘚𝘈
  1er avril-15 déc. – **R** 145/240, enf. 65 – 🖃 47 – **55 ch** 270/510 – P 420/530.

- 🏨 **Vivarais,** av. C. Expilly **(e)** ℘ 75 94 65 85, Télex 345866, Fax 75 37 65 47, 🚶, 🏊 – 🛗 📺 ☎ 🅿 ⅍ ⓸ 🅴 𝘝𝘐𝘚𝘈. 🦞 rest
  R *(fermé fév.)* 100/250, enf. 65 – 🖃 45 – **40 ch** 285/420 – ½ P 300/380.

- 🏨 **Lyon,** av. P. Ribeyre **(s)** ℘ 75 37 43 70, Fax 75 37 59 11 – 🛗 ☎ 🚗 ⅍ ⓸ 🅴 𝘝𝘐𝘚𝘈
  28 mars-5 oct. – **R** 95/165, enf. 45 – 🖃 33 – **35 ch** 250/350 – P 270/380.

- 🏨 **Europe,** r. J. Jaurès **(r)** ℘ 75 37 43 94, Télex 346256 – 🛗 📺 ☎ ⅍ ⓸ 🅴 𝘝𝘐𝘚𝘈. 🦞 rest
  20 avril-20 oct. – **R** (en sais. prévenir) 95/160, enf. 45 – 🖃 33 – **34 ch** 210/300 – ½ P 230/260.

- 🏨 **St-Jean** 🦞, **(u)** ℘ 75 37 42 50 – 🛗 ☎ 🅿 ⓸ 🅴 𝘝𝘐𝘚𝘈
  25 avril-3 nov. – **R** 70/160 🖉, enf. 49 – 🖃 26 – **32 ch** 200/260 – P 265/280.

- 🍴🍴 **Runel,** r. J. Jaurès **(b)** ℘ 75 37 48 57, 🚶, 🏕 – 🅴 𝘝𝘐𝘚𝘈 – fermé *1er au 8 sept., vacances de fév., dim. soir et lundi sauf juil.-août* – **R** 118/300.

VAL-SUZON 21121 Côte-d'Or 🔟🔟 ⑪ G. Bourgogne – 178 h. alt. 363.
Paris 297 – ♦ Dijon 16 – Auxerre 144 – Avallon 100 – Châtillon-sur-S. 67 – Montbard 58 – Saulieu 68.

- 🍴🍴🍴 **Host. Val-Suzon** 🦞 avec ch, N 71 ℘ 80 35 60 15, Télex 351454, Fax 80 35 61 36, 🚶, «Jardin fleuri avec volière » – ☎ 🅿 ⅍ ⓸ 🅴 𝘝𝘐𝘚𝘈. 🦞 rest
  fermé 20 nov. au 5 janv., jeudi midi et merc. – **R** (nombre de couverts limité, prévenir). enf. 85 – 🖃 45 – **7 ch** 320/350 – ½ P 345/390.
  Annexe Chalet de la Fontaine aux Geais 🏠 🦞, ℘ 80 35 61 19, Télex 351454, Fax 80 35 61 36 – ☎ 🅿 ⅍ ⓸ 🅴 𝘝𝘐𝘚𝘈
  fermé 20 nov. au 5 janv. et merc. – 🖃 45 – **9 ch** 500/550 – ½ P 465/490.

VAL-THORENS 73 Savoie 🔟🔟 ⑧ – alt. 2 300 – Sports d'hiver : 1 840/3 300 m 🚡4 🚠26 – ✉ 73440
St-Martin-de-Belleville – 🛈 Office de Tourisme ℘ 79 00 08 08, Télex 980572.
Paris 646 – Albertville 62 – Chambéry 109 – Moûtiers 36.

- 🏨 **Fitz Roy H.** Ⓜ 🦞, ℘ 79 00 04 78, Télex 309707, Fax 79 00 06 11, ≤, 🚶, 🎣, 🏊 – 🛗 ⅏= ch 📺 ☎ 🕭 – 🔥 50. ⅍ 🅴 𝘝𝘐𝘚𝘈. 🦞 rest – hôtel : *1er nov.-8 mai* ; rest. : *15 déc.-8 ma.* – **R** 220/480 – **30 ch** (½ pens. seul.), 3 appart., 3 duplex – ½ P 750/1100.

- 🏨 **Le Val Thorens** Ⓜ 🦞, ℘ 79 00 04 33, Télex 309142, Fax 79 00 09 40, ≤, 🚶, 🎣 – 🛗 📺 ⅍ ⓸ 🅴 𝘝𝘐𝘚𝘈. 🦞 rest
  23 nov.-4 mai – **R** 160/190, enf. 60 – 🖃 50 – **74 ch** 400/830 – ½ P 390/643.

- 🏨 **Novotel** Ⓜ 🦞, ℘ 79 00 04 04, Télex 980230, Fax 79 00 05 93, ≤, 🚶 – 🛗 📺 ☎ – 🔥 120. ⅍ ⓸ 🅴 𝘝𝘐𝘚𝘈
  1er déc.-1er mai – **R** carte environ 180 🖉, enf. 70 – 🖃 50 – **104 ch** 830 – ½ P 590.

- 🏨 **Bel Horizon** Ⓜ 🦞, ℘ 79 00 04 77, Télex 305551, ≤, 🚶, 🎣 – 🛗 📺 ☎ 🕭 – 🔥 25. 🅴 𝘝𝘐𝘚𝘈. 🦞 rest – *14 déc.-9 mai* – **R** 140 – 🖃 40 – **24 ch** 350/1000 – ½ P 390/620.

🏨 **Le Sherpa** Ⓜ ⤳, ✆ 79 00 00 70, Télex 309279, Fax 79 00 08 03, ≤, 🗠 – 📶 ☎ ❀ rest
  15 déc.-1er mai – **R** 154 – ⊡ 55 – **40 ch** (½ pens. seul.) – ½ P 325/517.

🏨 **Trois Vallées** Ⓜ ⤳, ✆ 79 00 01 86, Fax 79 00 04 08, ≤ – ☎ 🄴 𝘝𝘐𝘚𝘈 ❀ rest
  1er juil.-1er sept. et 25 oct.-15 mai – **R** (dîner seul.) 90/120, enf. 42 – ⊡ 32 – **28 ch** 200/450
  – ½ P 270/430.

🏨 **La Marmotte** ⤳, ✆ 79 00 00 07, ≤ – 📺 ☎ 🄴 𝘝𝘐𝘚𝘈
  1er juil.-31 août et mi-nov.-12 mai – **R** 80/130 – ⊡ 40 – **23 ch** 245/600 – ½ P 255/425.

Le VALTIN 88230 Vosges 62 ⑱ – 87 h. alt. 760.

Paris 413 – Colmar 40 – Épinal 54 – Guebwiller 52 – St-Dié 28 – Col de la Schlucht 8,5.

🏨 **Le Vétiné** Ⓜ ⤳ sans rest, S sur D 23ᴴ ✆ 29 60 99 44, ≤ – cuisinette ☎ 🅿 – 🄰 30 à
  50. 🄰🄴 🄴 𝘝𝘐𝘚𝘈
  fermé 8 au 26 avril, 15 nov. au 20 déc., dim. soir et merc. sauf vacances scolaires – ⊡ 24
  – **14 ch** 135/190, 14 studios.

✗ **Aub. Val Joli** ⤳ avec ch, ✆ 29 60 91 37, 🈺, 🈷 – ☎ 🅿 🄰🄴 ⑩ 🄴 𝘝𝘐𝘚𝘈
✦ *fermé 19 nov. au 16 déc., dim. soir et lundi sauf vacances scolaires* – **R** 53/126 ⅃ – ⊡ 23
  – **12 ch** 126/237 – ½ P 142/195.

Prévenez immédiatement l'hôtelier
si vous ne pouvez pas occuper la chambre que vous avez retenue.

VANNES ℗ 56000 Morbihan 63 ③ G. Bretagne – 45 397 h. alt. 22.

Voir Vieille ville★ AZ : Place Henri-IV★ AZ 10, Cathédrale★ AZ B, Remparts★, Promenade de la
Garenne ≤★★ BZ – Musée archéologique★ dans le château Gaillard AZ **M** – Aquarium océanique
et tropical★ au Sud – Golfe du Morbihan★★ en bateau.

🏌 de Baden ✆ 97 57 18 96, par ④ puis D 101 : 14 km.

🛈 Office de Tourisme avec A.C. 1 r. Thiers ✆ 97 47 24 34.

Paris 456 ② – Quimper 115 ④ – ✦Rennes 108 ② – St-Brieuc 106 ① – St-Nazaire 76 ③.

Plan page suivante

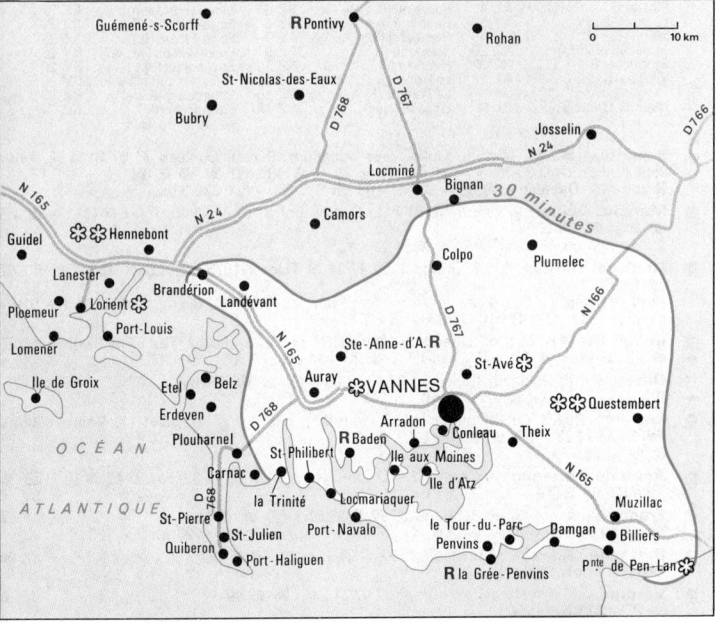

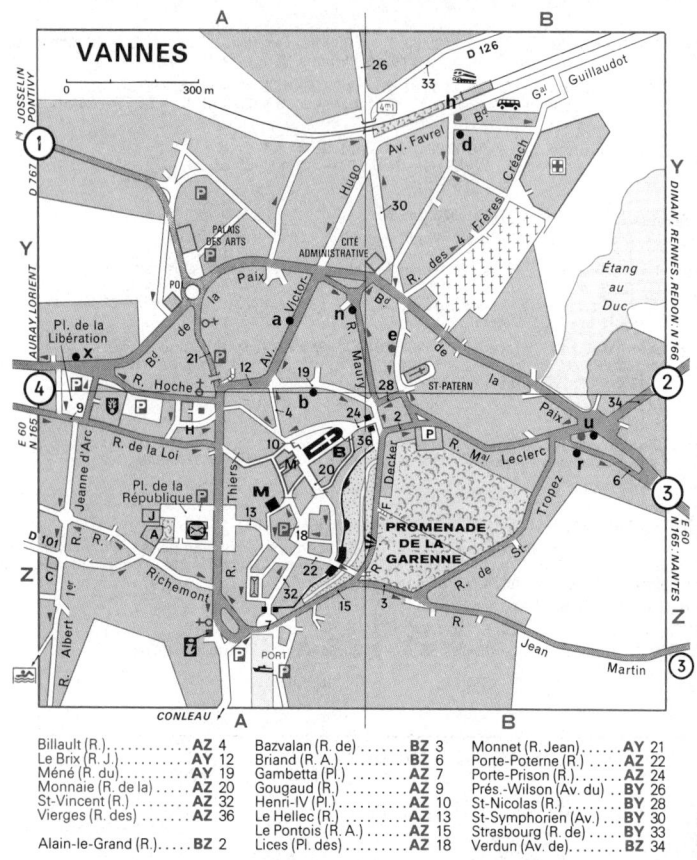

VANNES

Aquarium H. Ⓜ, parc du Golfe, près aquarium, SO rte Conleau ℘ 97 40 44 52, Télex 950826, Fax 97 63 03 20, ≤ – 📶 📺 ☎ ⅗ ❷ – 🔬 40 à 60. 🆎 ⓞ ⋿ 𝑉𝐼𝑆𝐴
R voir rest. **Dauphin** ci-après – 🖃 42 – **48 ch** 310/380 – ½ P 328/335.

Manche Océan Ⓜ sans rest, 31 r. Lt-Col. Maury ℘ 97 47 26 46, Télex 951811 – 📶 📺 ☎ ⟵ 🆎 ⓞ ⋿ 𝑉𝐼𝑆𝐴   AY **n**
🖃 30 – **42 ch** 195/280.

La Marébaudière, 4 r. A. Briand ℘ 97 47 34 29, Télex 951975 – 📶 📺 ☎ ❷ – 🔬 150. 🆎 ⓞ ⋿ 𝑉𝐼𝑆𝐴   BZ **r**
fermé 19 déc. au 6 janv. et dim. soir du 11 nov. au 12 avril – **R** voir rest. **La Marée Bleue** ci-après – 🖃 30 – **41 ch** 232/300 – ½ P 230/245.

Image Ste-Anne, 8 pl. Libération ℘ 97 63 27 36, Télex 950352, Fax 97 40 97 02 – 📶 📺 ☎ ❷. ⋿ 𝑉𝐼𝑆𝐴 – **R** 70/160 ⅜, enf. 45 – 🖃 35 – **32 ch** 270/360 – ½ P 250   AY **x**

Oasis, SO rte Conleau, 1,5 km ℘ 97 40 82 05 – 📺 ☎ ❷. 🆎 𝑉𝐼𝑆𝐴
R 70/240, enf. 50 – 🖃 28 – **37 ch** 190/300 – ½ P 225/275.

Ibis Ⓜ, Z.U.P de Ménimur (r. E.-Jourdan) par ① ℘ 97 63 61 11, Télex 950521, Fax 97 63 21 33 – 📺 ☎ ❷ – 🔬 50. ⋿ 𝑉𝐼𝑆𝐴
R 76 ⅛, enf. 39 – 🖃 23 – **59 ch** 260/300.

Anne de Bretagne sans rest, 42 r. O. de Clisson ℘ 97 54 22 19, Fax 97 42 69 10 – 📺 ☎ ⟵. 🆎 ⓞ ⋿ 𝑉𝐼𝑆𝐴 – 🖃 27 – **20 ch** 130/260   BY **d**

France sans rest, 57 av. V. Hugo ℘ 97 47 27 57 – 📺 ☎. ⋿ 𝑉𝐼𝑆𝐴   AY **a**
fermé 23 déc. au 6 janv. et dim. du 15 nov. à Pâques – 🖃 27 – **25 ch** 220/260.

Bretagne sans rest, 34 r. Mené ℘ 97 47 20 21 – ☎. ⓞ ⋿ 𝑉𝐼𝑆𝐴   AYZ **b**
🖃 22 – **12 ch** 145/190.

Verdun sans rest, 10 av. Verdun ℘ 97 47 21 23 – ☎. ⋿ 𝑉𝐼𝑆𝐴   BZ **u**
🖃 23 – **24 ch** 100/200.

XXX ❀ **Régis Mahé,** pl. Gare ☎ 97 42 61 41 – 🖭 🗉 *VISA*   BY **h**
fermé 18 nov. au 2 déc., 19 fév. au 4 mars, dim. soir et lundi sauf fériés – **R** 100/320
Spéc. Biscuit de sardines et tapenade d'olives, Vinaigrette de filets de rouget aux épices, Poivrade de bar et
pommes de terre sauce marchand de vin.

XX **Dauphin** -Aquarium Hôtel-, parc du Golfe, près aquarium, SO rte Conleau ☎ 97 40 68 08,
Fax 97 63 03 20 – 🛗 🖃 🅿. 🖭 ⑩ 🗉 *VISA*
fermé dim. soir du 1er oct. au 15 avril – **R** 130/245, enf. 75.

XX **Marée Bleue** -Hôtel La Marébaudière-, 8 pl. Bir-Hakeim ☎ 97 47 24 29, Télex 951975 – 🅿. 🖭
◆ ⑩ 🗉 *VISA*   BZ **u**
fermé 19 déc. au 6 janv. et dim. soir du 11 nov. au 12 avril – **R** 67 bc/252 ⅃.

X **La Morgate,** 21 r. La Fontaine ☎ 97 42 42 39 – ⟨⟩. 🗉 *VISA*   BY **e**
fermé 1er au 15 fév. dim. soir et lundi – **R** 90/175, enf. 58.

à St-Avé NE : 5 km par ① et D 135 près centre hospitalier – 7 772 h. – ⊠ **56890** :

XXX ❀ **Pressoir** (Rambaud), ☎ 97 60 87 63 – 🅿. 🖭 ⑩ 🗉 *VISA*
fermé 4 au 14 mars, 1er au 10 juil., 4 au 22 oct., dim. soir et lundi – **R** 160/350, enf. 85
Spéc. Galette de rougets aux pommes de terre et romarin, Huîtres tièdes aux œufs de caille et caviar,
Homard rôti au beurre de corail (avril-sept.)..

rte Plumelec NE : 5 km par D 126 BY et VO – ⊠ **56890** St-Avé :

🏠 **Moulin de Lesnuhé** Ⓜ ⟨⟩ sans rest, ☎ 97 60 77 77, 🚗 – 📺 ☎ 🅿. ⑩ 🗉 *VISA*
fermé 15 déc. au 15 janv. – ⊂⊃ 21 – **12 ch** 190/220.

à Theix par ③ : 9,5 km – 3 523 h. – ⊠ **56450** :

🏠 **Poste** sans rest, centre bourg ☎ 97 43 01 18 – ☎. *VISA*. ⟨⟩
⊂⊃ 22 – **18 ch** 95/254.

à Conleau SO : 4,5 km – ⊠ **56000** Vannes.

Voir Ile Conleau★ 30 mn.

🏠 **Le Roof** Ⓜ ⟨⟩, ☎ 97 63 47 47, Télex 951843, Fax 97 63 48 10, ⟨, 🏤, 🚗 – 🛗 📺 ☎ ♿
🅿 – ⛽ 100. 🖭 🗉 *VISA*
R 140/350, enf. 70 – ⊂⊃ 40 – **42 ch** 350/620 – ½ P 315/430.

à Arradon par ④ : 7 km ou par D 101 – 3 935 h. – ⊠ **56610**

Voir ⟨★.

🏠 **Les Vénètes** ⟨⟩, à la pointe : 2 km ☎ 97 44 03 11, ⟨ golfe et les îles – 📺 ☎. 🗉 *VISA*.
⟨⟩
28 mars-28 sept. – **R** *(fermé mardi)* 125/175, enf. 85 – ⊂⊃ 35 – **12 ch** 272/404 – ½ P 336/402.

AUSTIN-ROVER Gar. du Golfe, ZA de Kerlann
Nord, rte de Ste-Anne-d'Auray ☎ 97 40 73 20
BMW Auto-Diffusion, ZA de Parc Lann, rte de
Ste-Anne-d'Auray ☎ 97 40 74 75
CITROEN S.A.V.V.A., rte de Nantes à Séné par ③
☎ 97 54 22 74 🆕 ☎ 97 46 00 00
CITROEN Gar. Borgat, rte de Pontivy par ①
☎ 97 47 43 77
FIAT Le Poulichet, 13 r. A.-Briand ☎ 97 47 45 46
FORD Autorep, 41 r. du Vincin ☎ 97 63 10 35
OPEL Gar. Mahéo, ZC Kerthomas ☎ 97 40 78 78
🆕 ☎ 97 63 23 45
PEUGEOT-TALBOT Gar. Lainé, 9 av. Marne par ④
☎ 97 63 27 27 🆕 ☎ 97 46 00 00

RENAULT S.V.D.A., 95 av. E.-Herriot par ③
☎ 97 54 20 70
RENAULT Gar. Le Goff, rte d'Auray par ④
☎ 97 63 14 73
V.A.G Auto-Golfe, 8 bd de Montsabert
☎ 97 63 49 14

⬢ Foucaud, 13 r. 5e Cuir ☎ 97 47 42 57
Jahier, 2 r. 65e-R.I., rte de Pontivy ☎ 97 47 18 50
Morbihannaise de Pneus, ZAC du Poulfanc à Séné
☎ 97 54 02 32

Les VANS 07140 Ardèche 🔟🔟 ⑧ G. Gorges du Tarn – 2 098 h. alt. 175.

🏢 Office de Tourisme pl. Ollier (saison) ☎ 75 37 24 48.

Paris 666 – Alès 43 – Aubenas 36 – Pont-St-Esprit 65 – Privas 66 – Villefort 24.

🏠 **Château le Scipionnet,** NE : 3 km par D 104ª et VO ☎ 75 37 23 84, Fax 75 37 26 83, ⟨,
« ⟨⟩ dans un parc », 🏊, 🎾 – ☎ 🅿. 🖭 🗉 *VISA*
fermé 15 nov. au 15 déc. – **R** 200/260, enf. 90 – ⊂⊃ 60 – **16 ch** 300/700, 6 appart. 1100 –
½ P 470.

🏠 **Cévennes,** ☎ 75 37 23 09, 🚗 – 🅿. *VISA*
fermé 1er au 6 oct., fév. et lundi – **R** (dim. prévenir) 80/160 ⅃ – **17 ch** ⊂⊃ 110/130 –
½ P 160.

XX **Le Grangousier,** ☎ 75 94 90 86 – 🗉 *VISA*
2 mars-15 nov. et fermé dim. soir et merc. (sauf juil.-août) – **R** 110/240, enf. 45.

au SE : 6 km par D 901 – ⊠ **07140** Les Vans :

🏠 **Mas de l'Espaïre** ⟨⟩, ☎ 75 94 95 01, Télex 346632, 🏊, 🚗 – 📺 ☎ ♿ 🅿. 🖭 ⑩ 🗉 *VISA*
1er mars-30 nov. – **R** 95/200, enf. 50 – ⊂⊃ 30 – **35 ch** 250/450 – ½ P 220/290.

CITROEN Brueyre ☎ 75 37 22 39 🆕 ☎ 75 37 35 76
PEUGEOT-TALBOT Boissin ☎ 75 37 21 41

RENAULT Coste ☎ 75 37 21 19

VARCES 38 Isère 🔟🔟 ④ – rattaché à Grenoble.

VARENGEVILLE-SUR-MER 76119 S.-Mar. 52 ④ G. Normandie Vallée de la Seine – 1 048 h. alt. 83.

Voir Site★ de l'église – Parc des Moustiers★ – Colombier★ du manoir d'Ango S : 1 km –
Ste-Marguerite : arcades★ de l'église O : 4,5 km – Phare d'Ailly ≼★ NO : 4 km.

Paris 173 – Dieppe 8 – Fécamp 57 – Fontaine-le-Dun 17 – ◆Rouen 63 – St-Valéry-en-Caux 25.

    La Terrasse ⑤, à Vasterival NO : 3 km par D 75 et VO 13 ℰ 35 85 12 54, ≼, ☞, ℁ –
    ☎ **ℙ**. **E** VISA ℁ rest
       hôtel : 15 mars-11 nov. et vacances de fév. ; rest. : 15 mars-7 oct. – **R** 71/160, enf. 45 –
       ☲ 27 – **25 ch** 260 – ½ P 205/230.

La VARENNE-ST-HILAIRE 94 Val-de-Marne 61 ①. 101 ㉘ – voir à Paris, Environs.

VARENNES-EN-ARGONNE 55270 Meuse 56 ⑩⑳ G. Champagne – 700 h. alt. 155.

Paris 251 – Bar-le-Duc 64 – Dun-sur-Meuse 25 – Ste-Menehould 30 – Verdun 37 – Vouziers 39.

    Gd Monarque, ℰ 29 80 71 09 – ℁ ch
    fermé oct. et lundi – **R** (dîner seul.) 53/85 δ – ☲ 20 – **10 ch** 95/120 – ½ P 145.

VARENNES-JARCY 91480 Essonne 61 ①. 106 ㉜㉝. 101 ㊳ – 1 243 h. alt. 55.

Paris 29 – Brunoy 8,5 – Évry 13 – Melun 20.

    Host. de Varennes, ℰ (1) 69 00 97 03, ☞, parc – **ℙ**. AE **E** VISA
    fermé août, mardi soir et merc. – **R** 105/185.

    Moulin de Jarcy ⑤ avec ch, au NO : 1 km ℰ (1) 69 00 89 20, ≼, ☞, « Ancien moulin,
    terrasse au bord de l'eau » – **ℙ**. **E** VISA ℁ ch
       fermé 1er au 18 août, janv., lundi et mardi (sauf rest.), merc. et jeudi – **R** (dim. prévenir)
       90/160 – ☲ 35 – **5 ch** 150/180.

VARENNES-SUR-ALLIER 03150 Allier 69 ⑭ – 4 917 h. alt. 248.

🏛 Syndicat d'Initiative à la Mairie (juil.-août après-midi seul.) ℰ 70 45 00 29.

Paris 322 – Moulins 30 – Digoin 58 – Lapalisse 20 – St-Pourçain-sur-Sioule 11 – Vichy 27.

    Aub. de l'Orisse, SE : 2 km sur N 7 ℰ 70 45 05 60, Fax 70 45 18 55, ≼, ☞, parc, ⊐, ℁
    – TV ☎ **ℙ** – ☵ 50. AE ⓞ **E** VISA
    fermé 1er au 14 janv., dim. soir et lundi midi de nov. à Pâques – **R** 95/230, enf. 65 – ☲ 30
    – **23 ch** 230/290 – ½ P 300/325.

    Central, pl. de la Mairie ℰ 70 45 05 07 – VISA
    fermé 1er au 18 juil., 1er au 15 nov., dim. soir et lundi – **R** 75/180 δ, enf. 50.

    à St-Loup N : 3,5 km sur N 7 – ✉ 03150 :

    Route Bleue, ℰ 70 45 07 73, Fax 70 45 06 36 – ☎ **ℙ** – ☵ 40. ⓞ **E** VISA
    fermé 15 déc. au 15 janv., dim. soir et lundi midi de nov. à mars – **R** 63/145, enf. 40 –
    ☲ 25 – **22 ch** 145/220 – ½ P 205.

    La Locaterie, N : 1 km par N 7 ℰ 70 45 13 90, « Auberge rustique », ☞ – **ℙ**
    fermé 5 au 30 janv. et dim. soir – **R** 125/290.

    au SE : 8,5 km par N 209 et D 214 – ✉ 03150 Varennes-sur-Allier :

    Château de Theillat M ⑤, ℰ 70 99 86 70, Télex 393007, Fax 70 99 86 33, ≼, « Château
    du 19e siècle dans un parc », ⊐, ℁ – ☲ TV ☎ **ℙ** – ☵ 25 à 100. AE **E** VISA
    R 260/350 – ☲ 70 – **18 ch** 650/1100 – ½ P 1930/2380.

CITROEN Muet, 37 av. de Lyon ℰ 70 45 00 19 🅽
FORD Mantin, 58 av. de Chazeuil ℰ 70 45 06 08
PEUGEOT-TALBOT Central Gar., 26 r. 4-Sep-
tembre ℰ 70 45 05 02 🅽

RENAULT Sabot, 13 r. Hôtel de Ville
ℰ 70 45 05 23

VARETZ 19 Corrèze 75 ⑧ – rattaché à Brive-la-Gaillarde.

VARILHES 09120 Ariège 86 ⑤ – 2 007 h. alt. 330.

Paris 777 – Carcassonne 71 – Foix 9,5 – Pamiers 9 – St-Girons 53 – ◆Toulouse 72.

    Relais d'Esclarmonde, av. Pamiers ℰ 61 60 70 08 – AE **E** VISA
    fermé vacances de fév., dim. et lundi – **R** 90/205, enf. 50.

VARREDDES 77 S.-et-M. 56 ⑬. 106 ㉓ – rattaché à Meaux.

VARS 05560 H.-Alpes 77 ⑱ G. Alpes du Sud – 897 h. alt. 1 639.

De Ste-Marie-de-Vars : Paris 735 – Gap 72 – Barcelonnette 37 – Briançon 47 – Digne 124.

    à Ste-Marie-de-Vars – alt. 1 658 – ✉ 05560 Vars :

    Le Vallon ⑤, ℰ 92 46 54 72, ≼, ☞ – ☎ **ℙ** – ☵ 30. **E** VISA ℁ rest
    29 juin-31 août et 21 déc.-20 avril – **R** 92, enf. 52 – ☲ 33 – **34 ch** 295/345 – ½ P 252/294.

    La Mayt ⑤, ℰ 92 46 50 07, ≼ – ☎ **ℙ** **E** VISA ℁ rest
    juil.-août et 25 déc.-10 avril – **R** 78/100, enf. 60 – ☲ 32 – **21 ch** 195/270 – ½ P 250/330.

    Édelweiss, ℰ 92 46 50 51, ≼ – ☎ **ℙ** **E** VISA ℁ rest
    15 juin-15 sept. et 15 déc.-Pâques – **R** (en juin et sept. dîner seul) 85/105, enf. 50 – ☲ 30
    – **19 ch** 160/290 – ½ P 250/275.

aux Claux – alt. 1 900 – Sports d'hiver : 1 650/2 750 m ≰2 ≴50 ≰ – ⊠ **05560** Vars.

🛈 Office de Tourisme cours Fontanarosa ☎ 92 46 51 31, Télex 420671.

🏨 **Caribou** ⯌, ☎ 92 46 50 43, Fax 92 46 59 92, ≼ – 🛗 TV ☎ ⇔ ⓟ 🗜 VISA ⯑ rest
15 juin-15 sept. et 20 déc.-11 mai – **R** 140/170, enf. 80 – ⇔ 42 – **37 ch** 250/574 – ½ P 300/480.

🏨 **Les Escondus,** ☎ 92 46 50 35, ≼, 🈱, 🈱, ⯌ – ☎ ⓟ ⓞ 🗜 VISA ⯑
1er juil.-9 sept. et 20 déc.-11 mai – **R** 70/140 🖌, enf. 55 – ⇔ 35 – **22 ch** 290/400 – ½ P 289/375.

🏨 **L'Écureuil** M ⯌ sans rest, ☎ 92 46 50 72, ≼ – TV ☎ 🖐 ⓟ – *saisonnier* – **17 ch**.

🗴 **Chez Plumot,** ☎ 92 46 52 12 – 🗜 VISA
7 juil.-10 sept. et 10 déc.-10 mai – **R** (dîner seul en été) carte 160 à 270, enf. 60.

VARZY 58210 Nièvre 🖫🖫 ⑭ **G. Bourgogne** – 1 595 h. alt. 229.

Paris 213 – La Charité-sur-Loire 36 – Clamecy 16 – Cosne-sur-Loire 42 – Nevers 53.

🏨 **H. Poste** sans rest, fg Marcy ☎ 86 29 41 89 – TV ☎. 🗜 VISA
fermé 22 déc. au 6 janv. et dim. soir (sauf du 15 juin au 15 sept. et fêtes) – ⇔ 28 – **10 ch** 110/230.

🗴🗴 **Aub. de la Poste,** ☎ 86 29 41 72, 🈱 – ⅍ 🗜 VISA
fermé fév., lundi du 15 nov. au 1er avril et dim. soir – **R** 90/230.

CITROEN Gar. Lebault ☎ 86 29 43 41　　　　RENAULT Gar. Moreau ☎ 86 29 42 10

VASSIVIÈRE (Lac de) 87 H.-Vienne 🖪🖪 ⑲ – rattaché à Peyrat-le-Château.

VATAN 36150 Indre 🖫🖫 ⑧ ⑨ **G. Berry Limousin** – 2 052 h. alt. 132.

🛈 Syndicat d'Initiative (juil.-août) ☎ 54 49 71 69 et à la Mairie (hors saison) ☎ 54 49 76 31.

Paris 235 – Bourges 50 – Blois 78 – Châteauroux 31 – Issoudun 21 – Vierzon 27.

🗴🗴 **France** avec ch, ☎ 54 49 74 11, 🈱 – TV ☎ ⇔ ⓟ 🗜 VISA
fermé 1er au 8 sept., 12 fév. au 13 mars, mardi soir et merc. de sept. à juin sauf fériés – **R** 80/200 🖌 – ⇔ 26 – **11 ch** 110/315.

CITROEN Thibault ☎ 54 49 75 27 🅽　　　　🚲 Leseche ☎ 54 49 74 02
FIAT Gar. Rault ☎ 54 49 76 58

VAUCHOUX 70 H.-Saône 🖫🖫 ⑤ – rattaché à Port-sur-Saône.

VAUCIENNES-LA-CHAUSSÉE 51 Marne 🖫🖫 ⑯ – rattaché à Épernay.

VAUCOULEURS 55140 Meuse 🖫🖸 ③ **G. Alsace Lorraine** – 2 511 h. alt. 254.

Paris 270 – ◆Nancy 46 – Bar-le-Duc 49 – Commercy 20 – Neufchateau 31.

🗴🗴 **Relais de la Poste** avec ch, ☎ 29 89 40 01 – TV ☎ ⇔. 🗜 VISA ⯑
fermé 20 déc. au 20 janv., dim. soir et lundi – **R** (prévenir) 72/150 🖌 – ⇔ 25 – **10 ch** 200/220 – ½ P 200.

VAUCRESSON 92 Hauts-de-Seine 🖸🖸 ⑩, ⅟🅾⅟ ㉓ – voir à Paris, Environs.

VAUDEURS 89320 Yonne 🖫🖧 ⑮ – 515 h. alt. 160 – Paris 143 – Auxerre 42 – Sens 24 – Troyes 55.

🗴🗴 **La Vaudeurinoise** ⯌ avec ch, ☎ 86 96 28 00, 🈱 – ⇔ ⓟ 🗜 VISA
fermé fév., merc. soir et jeudi de sept. à mai – **R** (dim. prévenir) 85/168, enf. 55 – ⇔ 30 – **7 ch** 175/250 – ½ P 240/300.

VAUGNERAY 69670 Rhône 🖧🖧 ⑲ – 3 318 h. alt. 430.

Paris 466 – ◆Lyon 17 – L'Arbresle 18 – Montbrison 59 – Roanne 88 – Thiers 118.

🗴🗴 **Au Petit Malval,** au Col de Malval alt. 732 O : 7 km par D 50 ☎ 78 45 82 66, ≼, 🈱, « Jardin » – ⓟ. 🗜 VISA – **R** 120/290, enf. 60.

VAUJANY 38114 Isère 🖫🖫 ⑥ **G. Alpes du Nord** – 419 h. alt. 1 253.

Voir Site★ – Cascade de la Fare★ E : 1 km – Collet de Vaujany ≼★★ NO : 5 km.

Paris 618 – ◆Grenoble 53 – Allemond 8 – Le Bourg-d'Oisans 18 – Vizille 36.

🏨 **du Rissiou** ⯌, ☎ 76 80 71 00, ≼, 🈱 – ⓟ. 🗜 VISA ⯑ rest
15 mai-15 sept. et 20 déc.-30 avril – **R** 65/125 🖌, enf. 35 – ⇔ 28 – **15 ch** 180/260 – ½ P 200/220.

Le VAULMIER 15380 Cantal 🖧🖦 ② – 148 h. alt. 840.

Voir Vallée du Falgoux★ E et O – Gorge de St-Vincent★ O : 3 km, **G. Auvergne**.

Paris 506 – Aurillac 70 – Mauriac 22 – Murat 42 – Salers 24.

🏨 **Aub. du Mars,** ☎ 71 69 50 54, ≼, 🈱 – 🗜 VISA
fermé 1er oct. au 1er nov. – **R** 65/150 – ⇔ 25 – **16 ch** 150/250 – ½ P 150/205.

VAUVERT 30600 Gard 🖫 ⑧ – 9 107 h. alt. 32.

🛈 Syndicat d'Initiative pl. E.-Renan 𝒫 66 88 28 52.

Paris 731 – ◆Montpellier 39 – Aigues-Mortes 19 – Arles 34 – Beaucaire 41 – Nîmes 22.

    rte de Lunel O : 4 km par N 572 – ⊠ **30740** Le Cailar :

🏠 **Mas Sauvage,** 𝒫 66 88 05 40, Télex 485565, Fax 66 88 01 33, 😤 , 🏊 , 🐎 – 🕿 🅿 🔵 🗉
    <u>VISA</u> 🍴
    fermé dim. soir et lundi du 1er oct. au 31 mars – **R** 60/170 – ⊆ 45 – **28 ch** 240/300 –
    ½ P 240.

FIAT Gar. Domergue, av. P. Falgairolle   RENAULT Gasc, r. Pasteur 𝒫 66 88 22 09
𝒫 66 88 24 18
PEUGEOT Gar. Charbois, rte de Nîmes   🔘 Velasquez, 92 r. Carnot 𝒫 66 88 42 78
𝒫 66 88 21 34

VAUX 89 Yonne 🖫 ⑤ – rattaché à Auxerre.

VAUX (Monts de) 39 Jura 🗗🗖 ④ – rattaché à Poligny.

VAUX-LE-PÉNIL 77 S.-et-M. 🖸🗖 ②, 🗖🗖🗖 ⑤ – rattaché à Melun.

VAUX-LE-VICOMTE (Château de) 77 S.-et-M. 🖸🗖 ②, 🗖🗖🗖 ⑫⑭ G. Ile de France – ⊠ **77950** Maincy.
Voir Château★★ et jardins★★★.
Env. Église★ de Champeaux NE : 7 km.

VAUX-SUR-MER 17 Char.-Mar. 🗗🗖🗖 ⑮ – rattaché à Royan.

    Le Guide change,
    changez de guide tous les ans.

VEAUCHE 42340 Loire 🗗🗖 ⑱ G. Vallée du Rhône – 7 357 h. alt. 387.
Voir Bras reliquaire★ dans l'église.
Paris 508 – ◆St-Étienne 15 – ◆Lyon 76 – Montbrison 23 – Roanne 61.

  XX **Relais de l'Etrier,** N 82 𝒫 77 54 60 11, Fax 77 94 87 74, 😤 – 🗉 🅿 <u>VISA</u>
    fermé 1er au 18 août, 15 au 28 fév., dim. soir et lundi – **R** 135/280 ⅃, enf. 50.

VEILLAC 15 Cantal 🗗🖫 ② – rattaché à Bort-les-Orgues.

VELARS-SUR-OUCHE 21 Côte-d'Or 🖫🖫 ⑪ – rattaché à Dijon.

VELIZY-VILLACOUBLAY 78 Yvelines 🖸🗖 ⑩, 🗖🗖🗖 ㉓ – voir à Paris, Environs.

VELLUIRE 85 Vendée 🗗🗖🗖 ⑪ – rattaché à Fontenay-le-Comte.

VENAREY-LES-LAUMES 21150 Côte-d'Or 🖫🖫 ⑧⑱ G. Bourgogne – 3 547 h. alt. 248.
Voir Mont Auxois★ : 💥★ E : 4 km.
Paris 262 – ◆Dijon 67 – Avallon 55 – Montbard 14 – Saulieu 43 – Semur-en-Auxois 13 – Vitteaux 19.

  🏠 **Gare,** 𝒫 80 96 00 46, 🐎 – 📺 🕿 ⇔, 🗉 <u>VISA</u>
    R 90/110, enf. 60 – ⊆ 30 – **24 ch** 180/210 – ½ P 180.

VENASQUE 84210 Vaucluse 🖸🗖 ⑬ G. Provence – 656 h. alt. 320.
Voir Baptistère★ – Gorges★ E : 5 km par D 4.
Paris 690 – Avignon 35 – Apt 33 – Carpentras 12 – Cavaillon 32 – Orange 35.

  🏠 **Aub. de la Fontaine** Ⓜ 🕭, 𝒫 90 66 02 96, Fax 90 66 13 14, ambiance guest house –
    cuisinette 🔳 ch 📺 🕿 🗉 <u>VISA</u>
    hôtel: fermé vacances de fév.; rest.: fermé mi-nov. à mi-déc. et vacances de fév. – **R** *(fermé*
    merc. et le midi sauf dim.) (nombre de couverts limité, prévenir) 190, enf. 80 – ⊆ 40,
    5 appart. 690.

VENCE 06140 Alpes-Mar. 🖾🗖 ⑨, 🗖🗖🗖 ㉕ G. Côte d'Azur – 13 428 h. alt. 325.
Voir Chapelle du Rosaire★ (chapelle Matisse) A – Place du Peyra★ B 13 – Stalles★ de la cathédrale
B E – Musée Carzou★ B M – ≼★ de la terrasse du château N. D. des Fleurs NO : 2,5 km par
D 2210.
Env. Col de Vence 💥★★ NO : 10 km par D 2 A.
🛈 Office de Tourisme pl. Grand-Jardin 𝒫 93 58 06 38.
Paris 928 ① – ◆Nice 22 ① – Antibes 19 ① – Cannes 19 ① – Grasse 25 ②.

Alsace-Lorr. (R.) . **B** 3
Évêché (R. de l') . **B** 5
Hôtel-de-Ville (R.) **B** 6
Place-Vieille (R.) . **B** 14
Résistance (Av.) . . . . **A, B** 17
Juin (Pl. Mar.) . . . **A** 8
Marché (R. du) . . . **B** 10
Meyère (Av. Col.) **B** 12
Peyra (Pl. du) . . . . **B** 13
Poilus (Av. des) . . **A** 15
Portail-Levis (R.) . **B** 16
Rhin-et-Dan. (Bd) **A** 18
St-Lambert (R.) . . **B** 19
Tuby (Bd) . . . . **A** 21

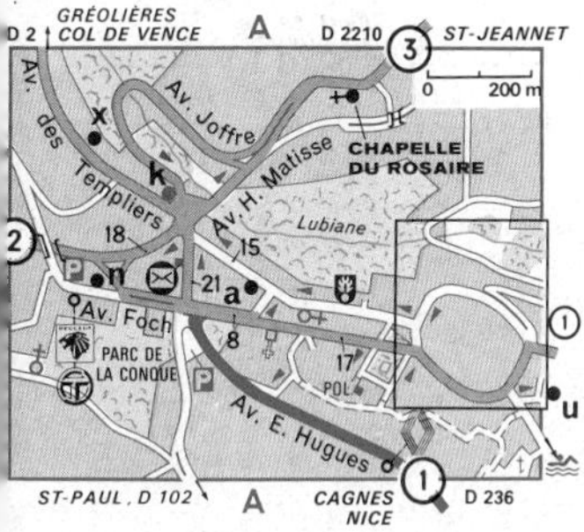

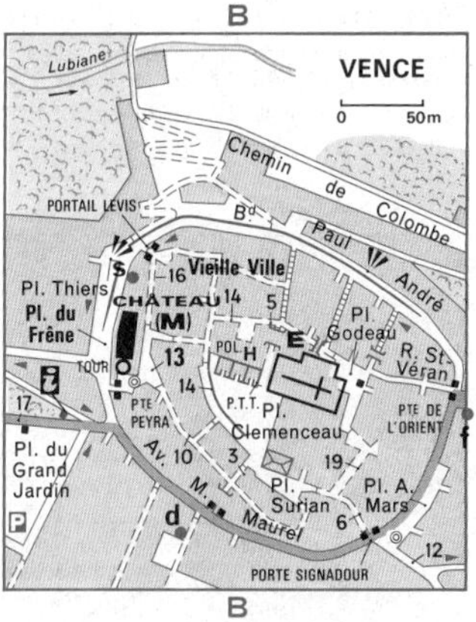

Château du Domaine St-Martin M, N : 2,5 km rte Coursegoules par D 2 - A - 93 58 02 02, Télex 470282, Fax 93 24 08 91, ← Vence et littoral, parc, – TV P. AE E VISA
10 mars-20 nov. – **R** *(fermé merc. hors sais.)* 390/450 – 105 – **15 ch** 1560/2250, 10 appart. 2900/3200 – ½ P 2510/3200
Spéc. Fleurs de courgettes aux truffes, Filets de rouget du pays en verdurette, Carré d'agneau de Sisteron persillé. Vins Bellet, Bandol.

Relais Cantemerle M, 258 chemin Cantemerle par av. Col. Meyère, SE du plan 93 58 08 18, Fax 93 58 32 89, – TV P. AE E VISA
15 mars-30 oct. – **R** *(fermé merc.)* 200, enf. 100 – 60 (½ pens. seul.), 18 duplex 830 – ½ P 525/665.

Le Floréal M sans rest, 440 av. Rhin et Danube par ② 93 58 64 40, Télex 461613, Fax 93 58 79 69, – TV P – 30. E VISA
40 – **43 ch** 515/545.

Diana sans rest, av. Poilus 93 58 28 56, Fax 93 24 64 06 – cuisinette TV. AE E VISA. A **a**
35 – **25 ch** 320/340.

Mas de Vence M, 539 av. E. Hugues 93 58 06 16, Télex 462811, Fax 93 24 04 21, – P – 30. AE E VISA. rest
R 116/130, enf. 60 – 30 – **41 ch** 305/365 – ½ P 325.

Miramar sans rest, plateau St-Michel 93 58 01 32, ←, – P. AE E. VISA A **u**
1er mars-25 oct. – 30 – **17 ch** 300/380.

La Roseraie sans rest, rte de Coursegoules 93 58 02 20, Fax 93 58 99 31, – TV P. AE E VISA A **x**
fermé janv. – 38 – **12 ch** 330/395.

Parc H. sans rest, 50 av. Foch 93 58 27 27, – . AE E VISA. A **n**
15 mars-15 oct. – 30 – **13 ch** 220/320.

XXX **Le Vieux Couvent,** 68 av. Gén. Leclerc 93 58 78 58 – E VISA B **f**
fermé mi-nov. à mi-déc. et merc. – **R** (nombre de couverts limité, prévenir) 170/240.

XX **Aub. des Seigneurs** avec ch, pl. Frêne 93 58 04 24, auberge provençale – . AE E VISA B **s**
fermé 15 oct. au 2 déc., dim. soir et lundi sauf fériés – **R** 160/180 – 40 – **10 ch** 250/280.

XX **Aub. des Templiers,** 39 av. Joffre 93 58 06 05, – E VISA A **k**
fermé 10 au 26 mars, 20 déc. au 10 janv., lundi midi (en juil.-août), dim. soir et lundi hors sais. – **R** 110/260.

X **Closerie des Genets** avec ch, 4 imp. M. Maurel 93 58 33 25, – . AE E. VISA B **d**
R *(fermé mardi sauf juil.-août et dim. soir)* 100/140, enf. 50 – **10 ch** 150/255 – ½ P 165/223.

CITROEN Gar. Jouve, 129 av. Gén.-Leclerc 93 58 07 29
MERCEDES-BENZ, PEUGEOT TALBOT Gar. Simondi, 39 av. Foch 93 58 01 21 N
RENAULT Gar. de la Rocade, 840 av. E.-Hugues, la Rocade 93 58 00 29
RENAULT Gar. Mistral, 711 rte de Grasse A 93 24 03 60

VENDEUIL 02 Aisne 53 ⑭ – rattaché à la Fère.

VENDÔME <SP> 41100 L.-et-Ch. 64 ⑥ G. Châteaux de la Loire – 18 218 h. alt. 82.

Voir Anc. abbaye de la Trinité★ : église abbatiale★★ BZ – Musée★ dans les bâtiments conventuels – Château : terrasses ≤★ ABZ – ⌐ de la Bosse ℰ 54 23 02 60, par ② D 917 : 20 km.

🛈 Office de Tourisme le Saillant 47/49 r. Poterie ℰ 54 77 05 07.

Paris 171 ① – Blois 32 ③ – Lisieux 185 ① – ◆Le Mans 77 ⑥ – ◆Orléans 74 ① – ◆Tours 56 ④.

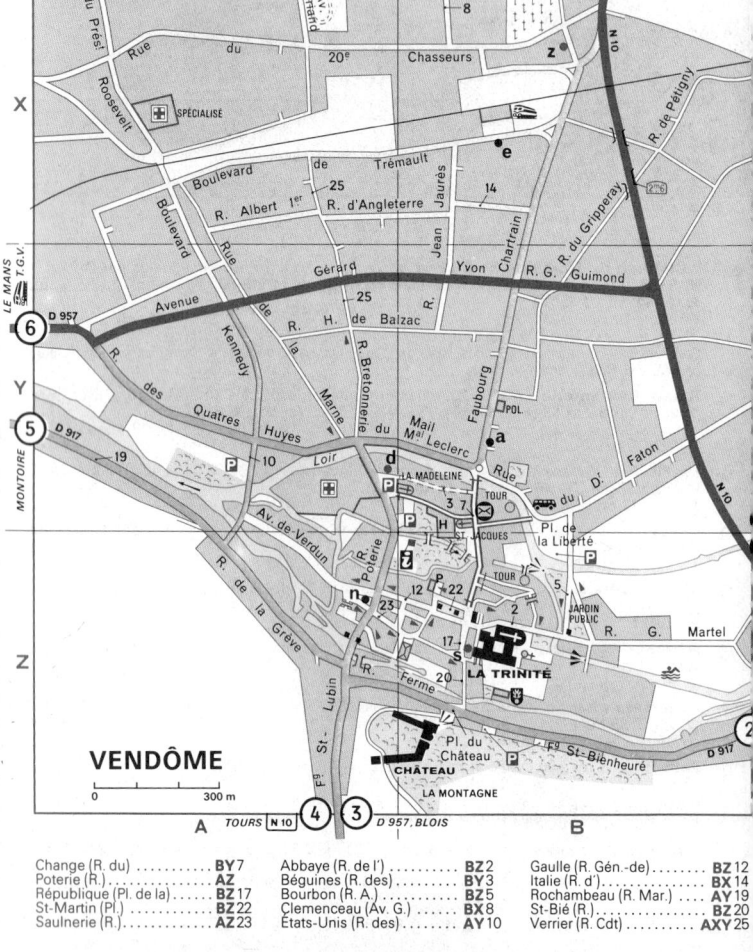

VENDÔME

0   300 m

Change (R. du) .... **BY** 7	Abbaye (R. de l') .... **BZ** 2	Gaulle (R. Gén.-de) .... **BZ** 12
Poterie (R.) .... **AZ**	Béguines (R. des) .... **BY** 3	Italie (R. d') .... **BX** 14
République (Pl. de la) ...... **BZ** 17	Bourbon (R. A.) .... **BZ** 5	Rochambeau (R. Mar.) .... **AY** 19
St-Martin (Pl.) .... **BZ** 22	Clemenceau (Av. G.) ...... **BX** 8	St-Bié (R.) .... **BZ** 20
Saulnerie (R.) .... **AZ** 23	États-Unis (R. des) .... **AY** 10	Verrier (R. Cdt) .... **AXY** 25

🏨 **Vendôme** Ⓜ, 15 fg Chartrain ℰ 54 77 02 88, Télex 750383 – 🕴 🆅 ☎ ⟨⟩. 🔄 𝗩𝗜𝗦𝗔 BY **a**
hôtel :fermé 15 déc. au 5 janv., et week-ends du 1er nov. au 15 déc. et 5 janv. au 28 fév. –
R (1er mars-31 oct.) 85/175, enf. 55 – � 45 – **35 ch** 235/395 – ½ P 350/410.

🏨 **Gd. H. St-Georges**, 14 r. Poterie ℰ 54 77 25 42, Télex 752319 – 🕴 🆅 ☎. 🅰🅴 𝗩𝗜𝗦𝗔
R (fermé sam. midi) 80/150, enf. 70 – ⊏ 28 – **34 ch** 130/280 – ½ P 280/320.   AZ **n**

🏨 **Capricorne**, face gare ℰ 54 80 27 00, Télex 750147, 🌂 – 🙵ch 🆅 ☎ ﭏ 🅿. 🅰🅴 ⓪ 🔄
𝗩𝗜𝗦𝗔 ❄ rest   BX **e**
R 89/173, enf. 50 - **Resto 7** snack **R** 55/68 – ⊏ 28 – **35 ch** 190/250 – ½ P 160/190.

🏨 **Bonne Étoile**, rte Blois par ③ : 1,5 km ℰ 54 72 28 38, Télex 750496, Fax 54 77 73 88 – 🆅
◆ ☎ ﭏ 🅿 – 🛦 40 à 150. 🔄 𝗩𝗜𝗦𝗔
R 70/95 ⅙, enf. 35 – ⊏ 27 – **56 ch** 200/230 – ½ P 185.

XX **Le Paris,** 1 r. Darreau $\mathscr{E}$ 54 77 02 71, Fax 54 73 14 22 – 🆅🅸🆂🅰 BX **z**
fermé 1er au 21 août, 25 au 31 janv., dim. soir et lundi – **R** 85/240, enf. 46.

XX **Jardin du Loir** avec ch, pl. Madeleine $\mathscr{E}$ 54 77 20 79 – 📺 ⬧ **E** 🆅🅸🆂🅰 AY **d**
➡ *fermé vacances de fév.* – **R** *(fermé merc.)* 70/190, enf. 40 – �p 25 – **9 ch** 180/240 –
½ P 195/210.

par ① : 3 km sur N 10 – ⬧ **41100** Vendôme :

🏠 **Bel air,** $\mathscr{E}$ 54 72 20 20 – 📺 ☎ ⬧ 🅿 – ⬧ 30. **E** 🆅🅸🆂🅰
➡ *fermé 20 déc. au 5 janv. et dim. soir* – **R** 68/95, enf. 40 – �p 25 – **32 ch** 172/192 – ½ P 170.

aux Fontaines par ① *et N 10 : 15 km* – ⬧ **41100** Vendôme :

XX **Aub. de la Sellerie,** $\mathscr{E}$ 54 23 41 43, ⬧ – 🅿 ⬧ ⓘ **E** 🆅🅸🆂🅰
fermé 26 août au 8 sept., 23 fév. au 4 mars, mardi soir et merc. sauf juil.-août – **R** 85/340.

CITROEN Gar. Granger, N 10, St-Ouen par ①
$\mathscr{E}$ 54 77 13 06
FORD Coutrey, 19 rte de Paris, St-Ouen par ①
$\mathscr{E}$ 54 77 14 40
PEUGEOT-TALBOT Nlle Sté Automobile-
Vendômoise, 33 rte de Paris, St-Ouen par ①
$\mathscr{E}$ 54 77 13 50

RENAULT Denis Gibaud, N 10 Les Grouets à St-
Ouen par ① $\mathscr{E}$ 54 77 16 38 🄽 $\mathscr{E}$ 54 73 01 14
Gar. du Temple, rte de Blois $\mathscr{E}$ 54 77 49 24

⬧ Moreau, 192 fg Chartrain $\mathscr{E}$ 54 77 58 04
Perry-Pneus, 10 r. d'Italie $\mathscr{E}$ 54 77 77 35

VENEUX-LES-SABLONS 77 S.-et-M. 🖲 ⑫, 🔟🔢 ⑯ – rattaché à Moret-sur-Loing.

VENOY 89 Yonne 🖲🖲 ⑤ – rattaché à Auxerre.

VENTABREN 13122 B.-du-R. 🖲🖲 ② **G. Provence** – 2 717 h. alt. 218.

Voir le ★ des ruines du Château – Paris 749 – ◆ Marseille 32 – Aix-en-Provence 15 – Salon-de-Provence 25.

XX **Petite Auberge,** $\mathscr{E}$ 42 28 80 01, ⬧, ⬧ – ⬧
fermé 1er au 15 sept., 15 au 31 janv., mardi soir et merc. soir en hiver, dim. (sauf le midi en hiver) et lundi – **R** 140.

VENTOUX (Mont) 84 Vaucluse 🖲🖲 ③ **G. Provence et Alpes du Sud** – alt. 1 912 – **Voir ⸎★★★.**

VENTRON 88310 Vosges 🖲🖲 ⑰ – 970 h. alt. 680.

Env. Grand Ventron ⸎★★ NE : 7 km, **G. Alsace Lorraine.**
Paris 416 – ◆ Mulhouse 51 – Épinal 57 – Gérardmer 26 – Remiremont 30 – Thann 30 – Le Thillot 13.

🏠 **Les Bruyères,** $\mathscr{E}$ 29 24 18 63 – ☎ 🅿 – ⬧ 25. ⬧ **E** 🆅🅸🆂🅰
➡ *fermé 17 au 24 juin et 2 au 15 déc.* – **R** *(fermé lundi hors sais.)* 68/180 ⬧, enf. 36 – �p 20
– **19 ch** 150/190 – ½ P 195.

X **Frère Joseph** avec ch, $\mathscr{E}$ 29 24 18 23
R 90/120 ⬧ – �p 23 – **11 ch** 120/130 – ½ P 170.

à l'Ermitage du Frère Joseph S : 5 km par D 43 et D 43E – alt. 850 – Sports d'hiver : 900/
1 100 m ⬧ 8 – ⬧ **88310** Cornimont :

🏨 **Les Buttes** ⬧, $\mathscr{E}$ 29 24 18 09, Télex 850490, Fax 29 24 16 57, ⬧, 🔲, ⬧ – 🔲 📺 ☎ 🅿
– ⬧ 50. ⬧ **E** 🆅🅸🆂🅰. ⬧ rest
fermé 15 nov. au 20 déc. – **R** 115/210 ⬧ – �p 35 – **30 ch** 210/395 – ½ P 300/340.

🏨 **Ermitage** ⬧, $\mathscr{E}$ 29 24 18 29, ⬧, ⬧ – 🔲 cuisinette 📺 ☎ 🅿 – ⬧ 25 à 80. ⬧ ⓘ **E** 🆅🅸🆂🅰
fermé 15 oct. au 15 nov. – **R** 95/170 ⬧, enf. 50 – �p 30 – **60 ch** 150/380 – ½ P 190/305.

VERBERIE 60410 Oise 🖲🖲 ②, 🔟🔢 ⑩ – 2 298 h. alt. 33.
Paris 68 – Compiègne 14 – ◆ Beauvais 61 – Clermont 35 – Senlis 18 – Villers-Cotterêts 30.

XX **Aub. de Normandie,** $\mathscr{E}$ 44 40 92 33 – 🅿 **E** 🆅🅸🆂🅰
fermé 28 août au 6 sept., 14 fév. au 3 mars, dim. soir et lundi – **R** 128/180.

VERCHAIX 74 H.-Savoie 🖲🖲 ⑧ – rattaché à Samoëns.

VERDON (Grand Canyon du) ★★★ 04 Alpes-de-H.-P. 🖲🖲 ⑰ **G. Alpes du Sud.**
Ressources hôtelières : voir à **Aiguines, Cavaliers (Falaise des), Trigance, Point Sublime, La Palud-sur-Verdon.**

Le VERDON-SUR-MER 33123 Gironde 🔟🔢🔢 ⑮ **G. Pyrénées Aquitaine** – 1 616 h. alt. 10.
Voir Pointe de Grave : dune ⬧★ N : 4 km.
Bac: de la Pointe de Grave : renseignements $\mathscr{E}$ 56 09 60 84.
🄱 Syndicat d'Initiative r. F.-Lebreton $\mathscr{E}$ 56 09 61 78 et à la Pointe de Grave (juil.-août) $\mathscr{E}$ 56 09 65 56.
Paris 508 – Arcachon 142 – ◆ Bordeaux 98 – lesparre-Médoc 34 – Royan (bac) 4.

XX **Côte d'Argent,** $\mathscr{E}$ 56 09 60 45, ⬧ – 🅿 ⬧ ⓘ **E** 🆅🅸🆂🅰
➡ *fermé 15 au 30 nov., 15 au 31 janv., lundi soir et mardi d'oct. à mars* – **R** 70/200 ⬧, enf. 45.
CITROEN Daniel $\mathscr{E}$ 56 09 60 28

Voir Ville Haute★ : Cathédrale★ (cloître★) Z **E**, Palais épiscopal★ Z **R** – Les champs de bataille à l'Est par N 3.

🖪 Office de Tourisme pl. Nation ✆ 29 84 18 85, Télex 961976 – A.C. 17 pl. A.-Maginot ✆ 29 86 06 56.

Paris 262 ⑤ – ✦Metz 66 ③ – Châlons-sur-M. 87 ⑤ – ✦Nancy 110 ③ – ✦Reims 119 ⑤.

VERDUN

Foch (Pl. Mar.) . . . . **Z** 15	
Mazel (R.) . . . . **Y** 29	
Belle-Vierge (R.) . . . . **Y** 2	
Boulhaut (R. Frères) . . . . . **Y** 5	

Chaussée (R. et P.) . . . . . . **Y** 6	
Douaumont (Av. de) . . **YZ** 8	
Driant (Av. du Col.) . . . . . . **Y** 10	
Fort-de-Vaux (R. du) . . . . . **Z** 16	
Jeanne-d'Arc (Pl.) . . . . . . **Y** 22	
Lattre-de-T. (R. de) . . . . . **Y** 24	
Legay (Pont-F.) . . . . **Z** 25	
Mautroté (R.) . . . . **YZ** 27	

Montgaud (R.) . . . . **YZ** 33	
Pont Lilette (R. du) . . . . . . **Z** 35	
Prés.-Poincaré (R. du) . . **Z** 36	
République (Quai) . . . . . **YZ** 39	
St-Paul (R.) . . . . **Y** 42	
Victoire (Av. de la) . . . . . **Y** 47	
7ᵉ-Div.-Blindée-U.S.A.	
(R. de la) . . . . **Y** 50	

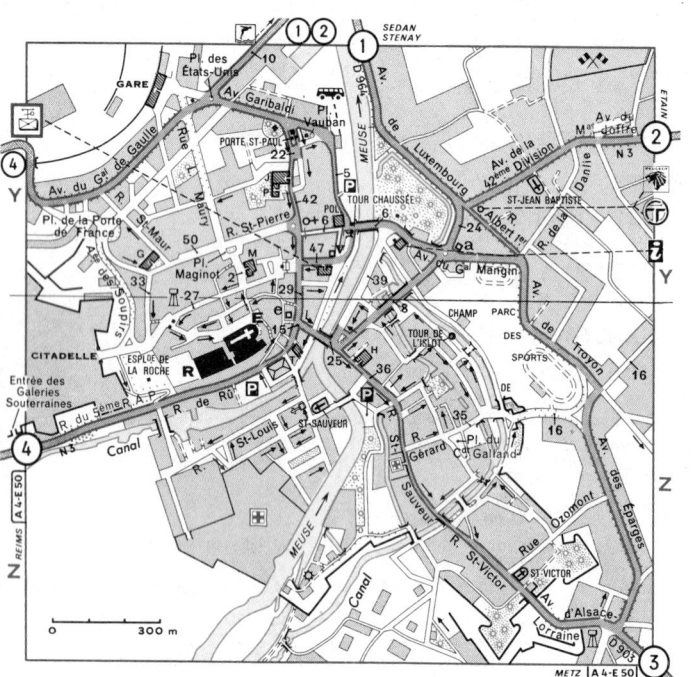

🏨🏨 ❀ **Host. Coq Hardi,** 8 av. Victoire ✆ 29 86 36 36, Télex 860464, Fax 29 86 09 21 – 🛗 📺
   ☎ 🕭 – 🔬 40. 🖭 ⓪ 🗲 *VISA*   Y **v**
   fermé janv. – **R** *(fermé vend. sauf fériés)* 170/370, enf. 85 – 🖵 38 – **40 ch** 160/450, 5 appart.
   800
   Spéc. Salade "Coq Hardi", Canard de Challans au vinaigre de framboises, Mirabelles flambées au caramel.
   Vins Chardonnay, Bouzy rouge.

🏨🏨 **Bellevue,** rd-pt de Lattre-de-Tassigny ✆ 29 84 39 41, Télex 860464, Fax 29 86 09 21 – 🛗
   📺 ☎ 🖙 🅿 – 🔬 100 à 500. 🖭 ⓪ 🗲 *VISA*   Y **a**
   janv. (sauf rest.) et Pâques-31 oct. – **R** 95/160, enf. 80 – 🖵 35 – **72 ch** 160/350.

🏠 **du Tigre,** 22 av. Paris, par av. Gén. de Gaulle Y ✆ 29 86 34 47, Fax 29 86 17 14 – 📺 ☎
✦ 🕭 🅿 – 🔬 80. 🗲 *VISA*
   R 66/130 🍴, enf. 40 – 🖵 29 – **48 ch** 170/190 – ½ P 200/260.

🏠 **Montaulbain** sans rest, 4 r. Vieille-Prison ✆ 29 86 00 47 – 📺 ☎. 🖭 🗲 *VISA*   Z **e**
   🖵 21 – **10 ch** 115/180.

aux Monthairons par ④ et D 34 : 13 km – ⊠ **55320** :

🏨🏨 **Host. du Château des Monthairons** 🦢, ✆ 29 87 78 55, Télex 850552, Fax 29 87 73 49,
   ≼, 🏰, parc – 📺 ☎ 🕭 🖙 🅿 – 🔬 25. 🖭 ⓪ 🗲 *VISA*
   fermé 2 janv. au 28 fév. – **R** 155/350, enf. 80 – 🖵 50 – **8 ch** 450/600, 3 appart. 900 –
   ½ P 400/500.

AUSTIN-ROVER Gar. Trévisan, bd de l'Europe à
Haudainville $\mathscr{E}$ 29 84 41 79
CITROEN Gd Gar. de la Meuse, av. Col.-Driant
$\mathscr{E}$ 29 86 44 05
FIAT Gar. du Rozelier, bd J. Monnet à Haudain-
ville par ③ $\mathscr{E}$ 29 84 33 47 **N**
FORD Rochette-Auto, 22 r. V.-Schleiter
$\mathscr{E}$ 29 86 50 49
PEUGEOT-TALBOT Verdun Auto Loisirs, 2 av. 42ᵉ
Division $\mathscr{E}$ 29 84 32 63

RENAULT Friob, av. d'Étain par ② $\mathscr{E}$ 29 84 40 72
N
V.A.G Gar. Voie Sacrée, N 3 Regret $\mathscr{E}$ 29 86 04 51

ⓦ Frattini, 21 av. Douaumont $\mathscr{E}$ 29 86 04 36
Leclerc-Pneu, 13 av. Col.-Driant $\mathscr{E}$ 29 86 29 55
Legros Marceau et Cie, 21 r. Fort de Vaux
$\mathscr{E}$ 29 84 61 70

VERDUN-SUR-LE-DOUBS 71350 S.-et-L. **7⓪** ② G. Bourgogne – 1 139 h. alt. 180.

🛈 Syndicat d'Initiative Capitainerie (saison) $\mathscr{E}$ 85 91 87 52.

Paris 331 – Chalon-sur-Saône 22 – Beaune 22 – Chagny 24 – Dole 48 – Lons-le-Saunier 55 – Mâcon 80.

XXX **Host. Bourguignonne** avec ch, rte Ciel $\mathscr{E}$ 85 91 51 45, ☞ – **☎ ℗** **ⒶⒺ ⓞ E** **𝘝𝘐𝘚𝘈**
fermé 1ᵉʳ au 7 oct., 4 fév. au 14 mars, mardi soir (sauf juil.-août) et merc. – **R** 110/360 –
☲ 40 – **14 ch** 200/400 – ½ P 280/350.

à Chaublanc NO : 10 km par D 184 et D 183 – ✉ 71350 Verdun-sur-le-Doubs :

🏛 **Moulin d'Hauterive** 🍴, $\mathscr{E}$ 85 91 55 56, Télex 801391, Fax 85 91 89 65, ☞, parc, ⤢, ⚒
– **TV ☎ ℗** – 🔬 25. **ⒶⒺ E** **𝘝𝘐𝘚𝘈**. ⚒ rest
fermé 22 déc. au 1ᵉʳ fév., dim. soir et lundi sauf juil.-août – **R** 220/350 bc, enf. 80 – ☲ 55
– **19 ch** 450/700, 4 appart. 800, 5 duplex – ½ P 530/670.

CITROEN Gar. Guenot $\mathscr{E}$ 85 91 51 70 **N**   RENAULT Gar. du Port $\mathscr{E}$ 85 91 52 67

VÉRETZ 37270 I.-et-L. **6⓸** ⑯ G. Châteaux de la Loire – 2 834 h. alt. 45.

Paris 244 – ♦Tours 10 – Bléré 15 – Blois 52 – Chinon 52 – Montrichard 32.

🏠 **Grand Repos** 🍴 sans rest, 18 chemin Acacias $\mathscr{E}$ 47 50 35 34, Fax 47 50 58 58, ⤢ – **☎**
🔥 ⟷ **℗** **ⒶⒺ E** **𝘝𝘐𝘚𝘈**
1ᵉʳ avril-30 oct. – ☲ 25 – **25 ch** 170/200.

XX **St-Honoré** avec ch, $\mathscr{E}$ 47 50 30 06 – **TV** 🖧. **E** **𝘝𝘐𝘚𝘈**
fermé 2 au 31 janv., dim. soir et lundi hors sais. – **R** 80/200 ⚖ – ☲ 25 – **9 ch** 150/200 –
½ P 165/190.

L'Atlas Routier FRANCE de Michelin, c'est :

– toute la cartographie détaillée (1/200 000) en un seul volume,

– des dizaines de plans de villes,

– un index de repérage des localités...

Le copilote indispensable dans votre véhicule.

VERGÈZE 30310 Gard **8⓸** ⑧ – 2 563 h. alt. 20.

Paris 740 – ♦Montpellier 36 – Nîmes 19.

🏠 **Passiflore** 🍴, $\mathscr{E}$ 66 35 00 00, ☞ – 🍽 ch **☎. ⒶⒺ E** **𝘝𝘐𝘚𝘈**
R (26 mars-12 oct. et fermé mardi sauf juil. août) (dîner seul.) 115, enf. 40 – ☲ 30 – **9 ch**
240/275 – ½ P 220/270.

X **Au Veri Gourmand,** pl. République $\mathscr{E}$ 66 35 36 68 – 🍽. **ⓞ E** **𝘝𝘐𝘚𝘈**
→ fermé vacances de nov., de fév., dim. soir et lundi – **R** 70/180 ⚖, enf. 38.

PEUGEOT-TALBOT Gar. Rhony $\mathscr{E}$ 66 35 04 33

VERMELLES 62980 P.-de-C. **5⓸** ② – 4 339 h.

Paris 206 – ♦Lille 32 – Arras 27 – Béthune 10 – Lens 10.

XXX **Le Socrate,** N 43 $\mathscr{E}$ 21 26 24 63 – **℗. E** **𝘝𝘐𝘚𝘈**
fermé lundi (sauf le midi de sept. à juin) et dim. soir – **R** 92/220.

VERMENTON 89270 Yonne **6⓹** ⑤ G. Bourgogne – 1 166 h. alt. 125.

Paris 189 – Auxerre 24 – Avallon 28 – Vézelay 28.

X **Aub. Espérance,** $\mathscr{E}$ 86 81 50 42 – **E** **𝘝𝘐𝘚𝘈**
fermé 2 janv. au 2 fév., dim. soir et lundi – **R** 82/190 ⚖, enf. 45.

VERNET-LES-BAINS 66820 Pyr.-Or. **8⓺** ⑰ G. Pyrénées Roussillon – 1 442 h. alt. 650 – Stat. therm.
(28 janv.-22 déc.).

Voir Site★ – Église★ de Corneilla-de-Conflent 2,5 km par ①.

🛈 Office de Tourisme pl. Mairie $\mathscr{E}$ 68 05 55 35.

Paris 964 ① – ♦Perpignan 55 ① – Montlouis 36 ① – Prades 12 ①.

🏨 **Résidence des Baüs et Mas Fleuri** Ⓜ ⑊ sans rest, bd Clemenceau **(a)** ℰ 68 05 51 94, Fax 68 05 60 33, « Parc ombragé », ⊐, – ☎ 🅿 🄰🄴 ⓪ 🄴 ⱽ𝕀𝕊𝔸. ⋇
1ᵉʳ avril-31 oct. – ⊡ 38 – **35 ch** 263/500.

🏨 **Princess** ⑊, r. Lavandières **(k)** ℰ 68 05 56 22, Fax 68 05 62 45, ≤, 🎇 – 🛗 cuisinette ☎ ᚴ, ⇔ 🅿 🄰🄴 🄴 ⱽ𝕀𝕊𝔸. ⋇ rest
fermé 3 janv. au 3 fév. – **R** _(fermé lundi du 1ᵉʳ nov. au 1ᵉʳ avril)_ 80/170, enf. 60 – ⊡ 30 – **40 ch** 170/290 – ½ P 230/235.

🏠 **Eden,** prom. Cady **(n)** ℰ 68 05 54 09 – 🛗 📺 ☎ 🅿 🄴
ⱽ𝕀𝕊𝔸
24 mars-31 oct. – **R** _(fermé lundi)_ 68/126 bc ⓙ, enf. 45 – ⊡ 25 – **23 ch** 140/270 – ½ P 175/230.

🏠 **Angleterre,** av. Burnay **(f)** ℰ 68 05 50 58, 🚿 – 🕾 🄴 ⱽ𝕀𝕊𝔸. ⋇ ch
2 mai-26 oct. – **R** 85 – ⊡ 18 – **20 ch** 100/200 – ½ P 150/185.

🍴🍴🍴 **Comte Guifred de Conflent** Ⓜ avec ch collège d'application hôt., av. Thermes **(u)** ℰ 68 05 51 37, Fax 68 05 64 11, 🎇, 🚿 – 🛗 📺 ☎ – ⓜ 40. 🄰🄴 ⓪ 🄴 ⱽ𝕀𝕊𝔸
fermé mi-nov. à fin déc. – **R** 75/200, enf. 40 – ⊡ 32 – **8 ch** 270/330 – ½ P 291/310.

à Casteil S : 2 km par D 116 – alt. 730 – ⊠ 66820 :

🏠 **Molière** ⑊, ℰ 68 05 50 97, 🎇, 🚿 – 🅿 🄴 ⱽ𝕀𝕊𝔸
fermé janv., mardi soir et merc. de nov. à Pâques – **R** 75/140, enf. 40 – ⊡ 28 – **12 ch** 115/145 – ½ P 175/185.

à Sahorre SO : 3,5 km par D 27 – ⊠ 66360 :

🏠 **Châtaigneraie** ⑊, ℰ 68 05 51 04, ≤, 🚿 – 🅿 ⱽ𝕀𝕊𝔸. ⋇ ch
début mai-30 sept. – **R** 66/110, enf. 50 – ⊡ 23 – **10 ch** 145/230 – ½ P 173/220.

PEUGEOT-TALBOT Gar. Villacèque ℰ 68 05 51 14   RENAULT Gar. Pous ℰ 68 05 52 81

VERNEUIL-SUR-AVRE 27130 Eure 🖸🖸 ⑥ G. Normandie Vallée de la Seine – 6 926 h. alt. 175.
Voir Église de la Madeleine⋆ – Statues⋆ de l'église N.-Dame.
🅱 Syndicat d'Initiative 129 pl. Madeleine (fermé matin) ℰ 32 32 17 17.
Paris 116 ② – Alençon 75 ④ – Argentan 77 ⑤ – Chartres 56 ③ – Dreux 35 ② – Évreux 39 ①.

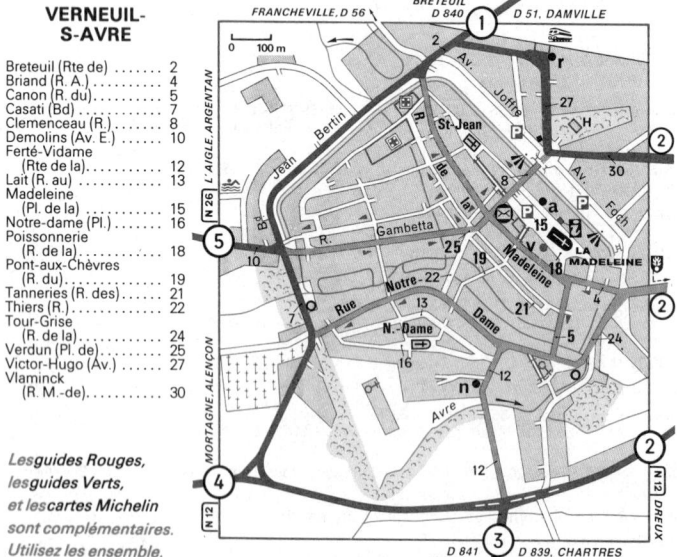

VERNEUIL-S-AVRE

Les guides Rouges,
les guides Verts,
et les cartes Michelin
sont complémentaires.
Utilisez les ensemble.

Host. du Clos 🦢, 98 r. Ferté-Vidame **(n)** ℰ 32 32 21 81, Télex 172770, Fax 32 32 21 36, 🏨, ☞, ※ – 📺 ☎ 🔥 🅿 ﾒ ⊙ 🗨 ⅤⅠⅮⅮ. ※ rest
fermé déc., janv. et lundi (sauf hôtel d'avril à sept.) – **R** 180/320, enf. 80 – ☞ 60 – **8 ch** 650/850, 3 appart. 1200 – ½ P 750/1000.

🛏 **Saumon** (annexe 🏨 Ⓜ 🦢), 89 pl. Madeleine **(a)** ℰ 32 32 02 36 – 📺 ☎ 🔥 – ﾒ 25. 🇪 ⅤⅠⅮⅮ
Fermé 23 déc. au 5 janv. – **R** 80/150 ⅃, enf. 50 – ☞ 30 – **29 ch** 110/260.

🛎 **Gare,** pl. Gare **(r)** ℰ 32 32 12 72, ☞ – ☎ 🅿 🇪 ⅤⅠⅮⅮ
R 75/100 ⅃ – ☞ 28 – **13 ch** 135/3250.

XX **Gd Sultan,** 30 r. Poissonnerie **(v)** ℰ 32 32 13 41 – 🇪 ⅤⅠⅮⅮ
↤ *fermé lundi* – **R** 69/95.

CITROEN Heurtaux, rte de Paris par ③   VOLVO Gar. Moderne, rte de Paris ℰ 32 32 00 45
ℰ 32 32 14 83
RENAULT Gar. Poilvez, 228 av. R.-Zaigue par ①
ℰ 32 32 17 54

Paris 446 – Baume-les-Dames 37 – ♦Besançon 32 – Morteau 43 – Pontarlier 27.

🛏 **Chez Ninie** 🦢, ℰ 81 60 04 64 – ☎. ﾒ 🇪 ⅤⅠⅮⅮ ※
↤ *fermé 1er au 31 oct.* – **R** 50/116 ⅃, enf. 33 – ☞ 21 – **10 ch** 105/231 – ½ P 146/231.

Voir Église N.-Dame★ BY – Château de Bisy★ 2 km par ③.
🗓 Office de Tourisme 36 r. Carnot ℰ 32 51 39 60.
Paris 82 ② – ♦Rouen 63 ③ – Beauvais 66 ⑤ – Évreux 31 ③ – Mantes-la-Jolie 25 ②.

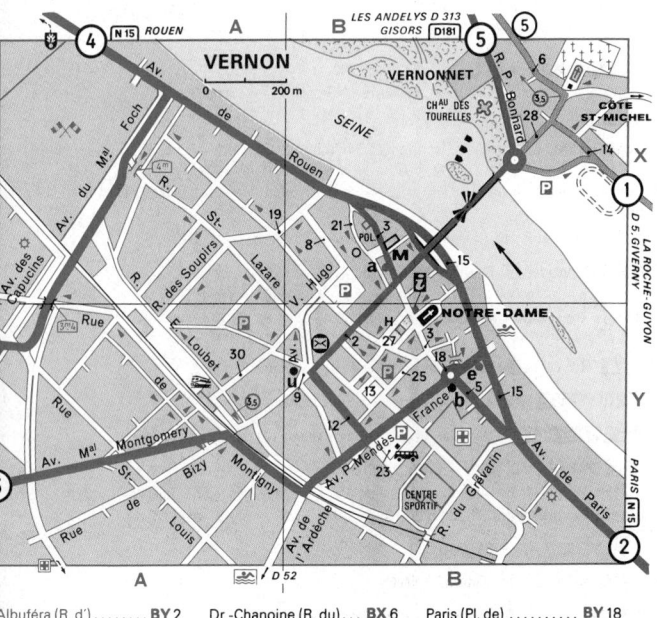

🛏 **Normandy** Ⓜ, 1 av. P. Mendès-France ℰ 32 51 97 97, Fax 32 21 01 66 – 🛗 ☞ ch 📺 ☎ 🔥 ☞ – ﾒ 70. ﾒ 🇪 ⅤⅠⅮⅮ   BY **b**
R 135/360, enf. 120 – ☞ 50 – **47 ch** 410/455 – ½ P 460/490.

🛏 **Arianotel** Ⓜ, rte de Rouen à St-Marcel par ④ ⊠ 27950 ℰ 32 21 55 56, Fax 32 51 11 18 –
↤ 📺 ☎ 🔥 🅿 – ﾒ 50. 🇪 ⅤⅠⅮⅮ
R *(fermé dim. soir)* 64/134 ⅃, enf. 41 – ☞ 28 – **37 ch** 230/255 – ½ P 240.

🏠 **Strasbourg,** 6 pl. Évreux ☎ 32 51 23 12 – TV ☎ P. E VISA BY **u**
R *(fermé 23 déc. au 10 janv., dim. soir et lundi)* 135/175 – ☕ 26 – **22 ch** 140/300.

🏠 **Haut Marais** M sans rest, 2 rte Rouen à St-Marcel par ④ ✉ 27950 ☎ 32 51 41 30 – ☎ P. E VISA
☕ 25 – **34 ch** 125/240.

XX **Les Fleurs,** 71 r. Carnot ☎ 32 51 16 80 – E VISA. ✻ BX **a**
fermé 2 au 10 mars, 21 juil. au 19 août, dim. soir et lundi – **R** 98 bc/180 bc ♁.

X **Beau Rivage,** 13 av. Mar. Leclerc ☎ 32 51 17 27 – AE ⓪ E VISA BY **e**
fermé 1er au 15 fév., 1er au 15 oct., dim. soir et lundi – **R** 75/160 ♁, enf. 60.

à Port-Villez par ② : 4 km – ✉ **78270**.
Voir N.-D. de la mer <* S : 2 km – Signal des Coutumes <* S : 3 km.

XXX **La Gueulardière,** ☎ (1) 34 76 22 12, ⛱, ⛺ – P. E VISA
fermé dim. soir et lundi sauf fériés – **R** 150/230 carte le dim..

CITROEN S.C.A.E., N 15 à St-Just par ④ ☎ 32 51 74 51 N ☎ 32 51 40 24
FORD Auto-Normandie, r. Industrie, ZI ☎ 32 51 59 39
PEUGEOT-TALBOT Gervilliers, 10 av. de Paris par ② ☎ 32 51 50 14
Sube-Pneurama, 11 bd Isambard ☎ 32 51 08 95
◉ Marsat Pneus, ZI 11 r. de la Garenne à St-Marcel ☎ 32 21 68 04
Marsat-Pneus Vernon-Pneus, 121 r. Carnot ☎ 32 21 26 52

VERNOUILLET **78540** Yvelines 55 ⑲ G. Ile de France – 7 777 h. alt. 39.
Voir Clocher* de l'église.
Paris 43 – Mantes-la-Jolie 26 – Pontoise 19 – Rambouillet 52 – St-Germain-en-Laye 14 – Versailles 26.

🏠 **Aub. les Charmilles** sans rest., 38 r. P. Doumer ☎ (1) 39 71 64 02, ⛱, ⛺ – ☎ P VISA
☕ 25 – **10 ch** 180/300.

◉ Marsat Pneus, ZI Plein Sud, r. de Rome ☎ (1) 37 42 02 98

La VERPILLIÈRE **38290** Isère 74 ⑫ – 5 327 h. alt. 300.
Paris 490 – ♦Lyon 29 – Bourgoin-Jallieu 12 – Crémieu 15 – ♦Grenoble 77 – Vienne 30.

au Nord : direction Lyon

XX **Pascal Grivel,** 57 impasse Granges ☎ 74 95 52 11, ⛱, ⛺ – AE E VISA
fermé 1er au 15 août, sam. midi et dim. sauf fériés – **R** 119/259.

CITROEN Gar. des Maisons-Neuves, ☎ 74 94 00 01
◉ Bargeon Pneus, ☎ 74 94 03 44

VERQUIÈRES **13** B.-du-R. 84 ① – rattaché à St-Rémy-de-Provence.

La VERRIE **85130** Vendée 67 ⑤ – 3 306 h. alt. 125.
Paris 373 – Angers 75 – La Roche-sur-Yon 52 – Bressuire 46 – Cholet 16 – ♦Nantes 59.

X **La Malle Poste** pl. Ch.-de-Gaulle, ☎ 51 65 46 14 – P. E VISA. ✻
◆ *fermé 1er au 15 août, 1er au 15 fév. et lundi* – **R** 54/105 ♁, enf. 41.

VERSAILLES **78** Yvelines 60 ⑨⑩, 101 ㉒ – voir à Paris, Environs.

VER-SUR-LAUNETTE **60** Oise 56 ⑫ – rattaché à Ermenonville.

VERT-BOIS (Plage du) **17** Char. Mar. 71 ⑭ – voir à Oléron (Ile d').

VERTOLAYE **63480** P.-de-D. 73 ⑯ – 623 h. alt. 512.
Paris 422 – ♦Clermont-Ferrand 76 – Ambert 14 – Cunlhat 27 – Feurs 65 – Issoire 67 – Thiers 41.

🏠 **Voyageurs,** près gare ☎ 73 95 20 16, ⛱, ⛺ – ☎ 🚗 P. VISA. ✻ rest
◆ *fermé 5 au 26 oct., 30 déc. au 6 janv. et sam. sauf juil.-août* – **R** 60/170 ♁, enf. 50 – ☕ 25 – **27 ch** 200/230 – ½ P 180/210.

VERTOU **44** Loire-Atl. 67 ③ – rattaché à Nantes.

VERTUS **51130** Marne 56 ⑯ G. Champagne – 2 870 h. alt. 107.
Voir Mont Aimé* S : 5 km.
Paris 138 – ♦Reims 47 – Châlons-sur-Marne 30 – Épernay 20 – Fère Champenoise 17 – Montmirail 38.

🏨 **Host. Reine Blanche,** av. Louis Lenoir ☎ 26 52 20 76, Fax 26 52 16 59 – TV ☎ P – 🏛 50. AE ⓪ E VISA
R 125/230 – ☕ 35 – **23 ch** 305/325 – ½ P 300.

à Bergères-les-Vertus S : 3,5 km par D 9 – ✉ **51130** Vertus :

🏠 **Mont-Aimé** ⛰, ☎ 26 52 21 31, Fax 26 52 21 39, ⛱, ⛺ – TV ☎ P – 🏛 60. AE ⓪ E VISA
R 75/260 ♁, enf. 50 – ☕ 32 – **29 ch** 160/290 – ½ P 200/230.

CITROEN Dieryckxvisschers, 15 pl. Grande Fontaine ☎ 26 52 13 31

VERVINS ◁𝒮𝒫▷ 02140 Aisne 53 ⑯ G. Flandres Artois Picardie – 2 989 h. alt. 174.

🛈 Office de Tourisme pl. Gén.-de-Gaulle (juin-sept.) ✆ 23 98 11 98.

Paris 174 – Charleville-Mézières 69 – Laon 36 – ♦Reims 83 – St-Quentin 50 – Valenciennes 79.

🏨 ❀ **Tour du Roy** (Mme Desvignes), ✆ 23 98 00 11, Télex 155445, Fax 23 98 00 72, 🍽, 🎐
– 📺 🕾 🅿. 🆎 ⓪ 🅴 𝖵𝖨𝖲𝖠
fermé 15 janv. au 15 fév. – **R** *(fermé dim. soir et lundi midi hors sais.)* (dim.- et fêtes
prévenir) 150/350 bc – ☲ 50 – **15 ch** 220/450 – ½ P 350/500
Spéc. Flan de crabe aux crevettes roses, Ris de veau aux morilles, Gibier (saison). Vins Avize.

CITROEN Gar. Carlier, La Chaussée de Fontaine
✆ 23 98 00 08
OPEL Legoc Macogne, N 2 à Fontaine-lès-Vervins
✆ 23 98 10 49

🅰 Fischbach Pneu, N 7 rte de Guise à Fontaine-
lès-Vervins ✆ 23 98 30 79

VERZÉ 71960 S.-et-L. 69 ⑱ – 579 h.

Paris 396 – Mâcon 14 – Charolles 49 – Cluny 11 – ♦Lyon 82 – Tournus 33.

✗ **Rest. de Verchizeuil**, E : 4 km par D 434 et D 134 ✆ 85 33 32 12, 🍽 – 🅿
➡ *fermé 15 août au 3 sept., 25 déc. au 8 janv., jeudi soir et vend.* – **R** 70/160 🍷, enf. 40.

Le **VÉSINET** 78 Yvelines 55 ⑳, 101 ⑬ – voir à Paris, Environs.

Ne prenez pas la route sans connaître votre temps de parcours.
La carte Michelin n° 911 c'est " la carte du temps gagné ".

VESOUL 🄿 70000 H.-Saône 66 ⑤⑥ G. Jura – 20 269 h. alt. 220.

Voir Colline de la Motte ⁂★ 30 mn.

🛈 Office de Tourisme r. Bains ✆ 84 75 43 66, Télex 361250 – A.C. 1 quai Y.-Barbier (transfert prévu)
✆ 84 76 08 23.

Paris 375 ① – Belfort 64 ① – ♦Besançon 48 ② – ♦Dijon 113 ① – Dole 96 ① – Épinal 84 ① – Langres 75 ① –
Neufchâteau 103 ① – St-Dié 112 ① – Vittel 85 ①.

VESOUL

	Leblond (R.) 22	Grand-Puits (Pl. du) 21
	Morel (R. Paul) 26	Kennedy (Bd) 23
Alsace-Lorraine (R. d') 3	Aigle-Noir (R. de l') 2	République (Pl. de la) 29
Gaulle (Bd Ch.-de)........ 6	Annonciades (R. des) 4	St-Georges (R.) 30
Genoux (R. Georges)..... 8	Faure (R. Edgar).......... 5	Salengro (R. Roger) 31
Girardot (R. du Cdt) 20	Gevrey (R.) 9	Tanneurs (R. des) 32
		Vendémiaire (R.) 33

🏨 **Relais N 19** Ⓜ, rte Paris par ① : NO 3 km 𝒫 84 76 42 42, Télex 361766, 🌳, 🚗 – 📺 ☎
ⓟ **E** 𝘝𝘐𝘚𝘈
fermé 21 déc. au 5 janv., sam. et dim. en hiver – **R** 135/250 🍴, enf. 60 – 🖙 35 – **22 ch**
250/390.

🏠 **Vendanges de Bourgogne,** 49 bd Ch. de Gaulle 𝒫 84 75 12 09 – 📺 ☎ **ⓟ**. 🖭 ⓞ **E**
↔ 𝘝𝘐𝘚𝘈
R *(fermé 15 août au 1ᵉʳ sept.)* 65/150 🍴 – 🖙 22 – **31 ch** 150/220.

🏠 **Lion** Ⓜ sans rest, 4 pl. République (a) 𝒫 84 76 54 44, Télex 361773 – 📲 📺 ☎ **ⓟ**. 🖭 **E**
𝘝𝘐𝘚𝘈
🖙 22 – **19 ch** 145/214.

à Frotey-lès-Vesoul par ① : 2 km – ✉ **70000** :

🏨 **Eurotel,** rte Luxeuil 𝒫 84 75 49 49, Fax 84 76 55 78 – 📺 ☎ **ⓟ**. **E** 𝘝𝘐𝘚𝘈. 🍽 rest
R *(fermé 4 au 19 août, dim. soir et lundi)* 78/300, enf. 50 – 🖙 30 – **22 ch** 310/335.

FORD Dormoy, rte de Paris 𝒫 84 75 46 34
LANCIA Goudey, 1 r. Gén.-Leclerc à Navenne
𝒫 84 75 21 79
OPEL Gar. de la Rocade, N 19 𝒫 84 76 50 30
PEUGEOT Succursale, rte de Gray à Noidans-lès-
Vesoul par ② 𝒫 84 76 51 52
RENAULT Gar. Bougueret, ZI à Noidans-lès-Ve-
soul par ② 𝒫 84 76 27 11

TOYOTA Gar. Konecny, ZA du Petit Montmarin, r.
du Talerot 𝒫 84 75 67 96

🅟 Hyper-Pneus, av. Gare 𝒫 84 76 46 47
PAD Pneu, 22 bd Charles-de-Gaulle 𝒫 84 75 34 32
Pneus et Services D.K., N 19 ZAC Petit Montmarin
𝒫 84 75 23 29

VEUIL 36 Indre 🔢 ⑧ – rattaché à Valençay.

VEULES-LES-ROSES 76980 S.-Mar. 🔢 ③ G. Normandie Vallée de la Seine – 686 h. alt. 42 –
Casino – 🄳 Syndicat d'Initiative r. Dr-Girard (saison) 𝒫 35 97 63 05.
Paris 196 – Dieppe 24 – Fontaine-le-Dun 8 – ♦Rouen 57 – St-Valéry-en-Caux 8.

✕✕✕ 🌸 **Les Galets** (Plaisance), à la plage 𝒫 35 97 61 33 – 🖭 ⓞ 𝘝𝘐𝘚𝘈
fermé 25 au 31 nov., 5 janv. au 5 fév., dim. soir du 1ᵉʳ nov. à fin fév., mardi soir et merc. –
R (nombre de couverts limité - prévenir) 220/370, enf. 130
Spéc. Filets de sole en chaud-froid, Rosace de pommes de terre au foie gras de canard, Blanquette de
Saint-Jacques.

MAZDA Gar. Swynen 𝒫 35 97 63 66

VEULETTES-SUR-MER 76450 S.-Mar. 🔢 ②③ G. Normandie Vallée de la Seine – 404 h. alt. 2 –
Casino – 🄳 Syndicat d'Initiative esplanade du Casino (juil.-août) 𝒫 35 97 51 33.
Paris 210 – Fécamp 26 – ♦Rouen 66 – Yvetot 33.

✕✕ **Les Frégates** avec ch, 𝒫 35 97 51 22, ≤ – 📺 ☎ – 🛄 25. ⓞ **E** 𝘝𝘐𝘚𝘈
R *(fermé 20 déc. au 5 janv., dim. soir et lundi midi du 1ᵉʳ oct au 30 juin)* 87/180 🍴, enf. 45
– 🖙 25 – **16 ch** 185/210 – ½ P 200.

Le VEURDRE 03320 Allier 🔢 ③ G. Auvergne – 651 h. alt. 190.
Paris 269 – Bourges 65 – Moulins 34 – Montluçon 68 – Nevers 31 – St-Amand-Montrond 52.

🏨 **Pont-Neuf,** 𝒫 70 66 40 12, Télex 392978, Fax 70 66 44 15, 🌳, parc, 🏊 – ☎ ይ **ⓟ**. 🖭
↔ ⓞ **E** 𝘝𝘐𝘚𝘈
fermé 2 au 10 nov., 2 au 30 janv. et dim. soir du 15 oct. au 30 mars – **R** 68/205 🍴, enf. 50
– 🖙 30 – **31 ch** 190/260 – ½ P 230/250.

VEYRIER-DU-LAC 74290 H.-Savoie 🔢 ⑥ G. Alpes du Nord – 1 770 h. alt. 504.
🄳 Syndicat d'Initiative pl. Mairie 𝒫 50 60 22 71.
Paris 544 – Annecy 5,5 – Albertville 40 – Megève 55 – Thônes 15.

au col de Bluffy E : 4 km par D 909 – ✉ **74290** Veyrier-du-Lac :

✕ **Dents de Lanfon** avec ch, 𝒫 50 02 82 51, 🌳 – ☎ **ⓟ**. **E** 𝘝𝘐𝘚𝘈
fermé 27 mai au 4 juin, 2 au 31 janv., dim. soir et lundi sauf juil-août – **R** 94/158 🍴, enf. 40
– 🖙 22 – **7 ch** 208/242 – ½ P 209/226.

VÉZAC 24 Dordogne 🔢 ⑰ – rattaché à Beynac et Cazenac.

VÉZELAY 89450 Yonne 🔢 ⑮ G. Bourgogne – 582 h. alt. 302 Pèlerinage (22 juillet).
Voir Basilique Ste-Madeleine★★★ : tour ※★.
Env. Site★ de Pierre-Perthuis SE : 6 km.
🄳 Syndicat d'Initiative r. St-Pierre (avril-1ᵉʳ nov.) 𝒫 86 33 23 69.
Paris 217 – Auxerre 51 – Avallon 15 – Château-Chinon 60 – Clamecy 23.

🏨 **Poste et Lion d'Or,** 𝒫 86 33 21 23, Télex 800949, Fax 86 32 30 92, ≤, 🚗 – ☎ **ⓟ** –
🛄 100. 🖭 **E** 𝘝𝘐𝘚𝘈
23 mars-3 nov. – **R** *(fermé mardi midi et lundi)* 108/280 – 🖙 40 – **48 ch** 240/590 –
½ P 260/450.

🏨 **Le Pontot** 🌿 sans rest, 𝒫 86 33 24 40, ≤, 🚗 – ☎. 🖭 ⓞ **E** 𝘝𝘐𝘚𝘈
29 mars-4 nov. – 🖙 50 – **10 ch** 500/850.

à St-Père SE : 3 km par D 957 – alt. 148 – ✉ **89450**.

Voir Église N.-Dame★.

🏨 ✿✿✿ **L'Espérance** (Meneau) 🐦, ☎ 86 33 20 45, Télex 800005, Fax 86 33 26 15, ≤, « Jardin dans la campagne » – ▤ rest TV ☎ P. AE ⊕ E VISA
fermé début janv. à début fév. – **R** *(fermé merc. midi et mardi sauf fériés)* (prévenir) 300 (déj.)/550 et carte, enf. 180 – ☕ 90 – **18 ch** 600/1200, 4 appart.
Spéc. Soupe de raie aux herbes, Homard rissolé aux gousses d'ail, Pastilles d'agneau "Léonel". **Vins** Vézelay, Chablis.

au NO : 12 km par D 36, VO et chemin privé – ✉ **89660** Montillot :

🏨 **Sofora** 🐦, ☎ 86 32 42 33, 🌳, « Dans les bois », 🏊 – P. AE ⊕ E VISA
fermé oct. et 12 au 25 fév. – **R** (dîner seul) *(fermé lundi) (résidents seul.)* 130 – **6 ch** 350/550.

VEZELS-ROUSSY **15130** Cantal **76** ⑫ – 124 h. alt. 630.
Paris 584 – Aurillac 21 – Entraygues-sur-Truyère 49.

🏠 **La Bergerie** 🐦, ☎ 71 49 42 90, ≤, 🏊 – P. VISA
◆ **R** 55/95 🍼, enf. 25 – **15 ch** ☕ 120/140 – ½ P 135/150.

VÉZÉNOBRES **30360** Gard **80** ⑱ G. Gorges du Tarn – 1 346 h. alt. 219.
Voir ✳★ du sommet du village – **i** Syndicat d'Initiative à la Mairie (saison) ☎ 66 83 62 02.
Paris 714 – Alès 11 – Nîmes 33 – Uzès 29.

🏨 **Le Sarrasin,** N 106 ☎ 66 83 55 55, 🌳 – |♦| TV ☎ P. AE ⊕ E VISA
◆ **R** 55/150 🍼, enf. 35 – ☕ 25 – **24 ch** 190/250 – ½ P 200.

VIA **66** Pyr.-Or. **86** ⑯ – rattaché à Font-Romeu.

VIALAS **48220** Lozère **80** ⑦ – 421 h. alt. 607.
Paris 630 – Alès 41 – Florac 40 – Mende 77.

XXX ✿ **Chantoiseau** (Pagès) 🐦 avec ch, ☎ 66 41 00 02, Fax 66 41 04 34, ≤ – ☎ P. AE ⊕ E VISA. ✗
15 mars-15 nov., et fermé mardi soir et merc. sauf juil.-août – **R** 150/650, enf. 65 – ☕ 40 – **15 ch** 350/420 – ½ P 300/350
Spéc. Escabeth de caille flanqué d'airelles, Noisette d'agneau "à l'aigue bouillide" et haricots blancs de pays, Déclinaison gourmande de châtaigne et de chocolat. **Vins** Costières de Nîmes, Faugères.

VIAUR (Viaduc du) ★ **12** Aveyron **80** ⑪ G. Gorges du Tarn – NE de Carmaux 27 km – alt. 500 – ✉ **12800** Naucelle.
Paris 664 – Rodez 41 – Albi 37 – Millau 96 – St-Affrique 78 – Villefranche-de-Rouergue 65.

🏨 **Host. du Viaduc du Viaur** 🐦, par D 574 ☎ 65 69 23 86, ≤ viaduc et vallée, 🌳, 🏊 – ☎ 🚗 P. AE ⊕ E VISA. ✗ rest
1er mai-1er oct. et fermé merc. midi et mardi hors sais. – **R** 90/160 🍼, enf. 60 – ☕ 25 – **10 ch** 210/250 – ½ P 190/240.

VIBRAC **16** Charente **72** ⑬ – rattaché à Jarnac.

VIBRAYE **72320** Sarthe **60** ⑯ – 2 593 h. alt. 124.
Paris 169 – ♦Le Mans 45 – Brou 40 – Châteaudun 55 – Mamers 47 – Nogent-le-R. 37 – St-Calais 16.

🏨 **Chapeau Rouge,** pl. H. de Ville ☎ 43 93 60 02 – ☎ P – 🎤 50. E VISA. ✗ ch
fermé 15 au 30 août, 15 au 30 janv., dim. soir et lundi – **R** 72/260, enf. 60 – ☕ 25 – **10 ch** 160/240 – ½ P 180/250.

CITROEN Guillard ☎ 43 93 60 22 **N** ☎ 43 93 74 25

VIC-EN-BIGORRE **65500** H.-Pyr. **85** ⑧ – 5 064 h. alt. 215.
Paris 773 – Auch 62 – Pau 42 – Aire-sur-l'Adour 52 – Mirande 37 – Tarbes 17.

🏨 **Le Tivoli,** pl. Gambetta ☎ 62 96 70 39, Fax 62 96 29 74, 🌳 – TV ☎. E VISA
◆ **R** *(fermé 9 au 23 sept., 20 au 27 janv. et lundi)* 50/170 🍼, enf. 35 – ☕ 19 – **26 ch** 90/210 – ½ P 120/170.

XX **Le Réverbère** M avec ch, r. Alsace ☎ 62 96 78 16, 🌳 – TV ☎. AE E VISA
◆ **R** *(fermé lundi)* 52/180 🍼, enf. 40 – ☕ 22 – **10 ch** 180 – ½ P 164.

VICHY <SP> **03200** Allier **73** ⑤ G. Auvergne – 30 554 h. alt. 264 – Stat. therm. (fév.-nov.) – Casinos Élysée Palace BCY, Grand Casino BZ
Voir Parc des Sources★ BYZ – Parcs de l'Allier★ BZ – Site des Hurlevents ≤★ 4,5 km par ②.
🏌 ☎ 70 32 39 11 A – ✈ de Vichy-Charmeil : ☎ 70 32 34 09, par ⑥ : 6 km.
i Office de Tourisme et de Thermalisme et Accueil de France (Informations, change et réservations d'hôtels, pas plus de 5 jours à l'avance) 19 r. Parc ☎ 70 98 71 94, Télex 990278.
Paris 349 ① – ♦Clermont-Ferrand 54 ③ – Chalon-sur-Saône 160 ① – ♦Limoges 214 ④ – ♦Lyon 160 ① – Mâcon 149 ① – Montluçon 91 ⑥ – Moulins 57 ① – Roanne 74 ① – ♦St-Étienne 142 ②.

VICHY

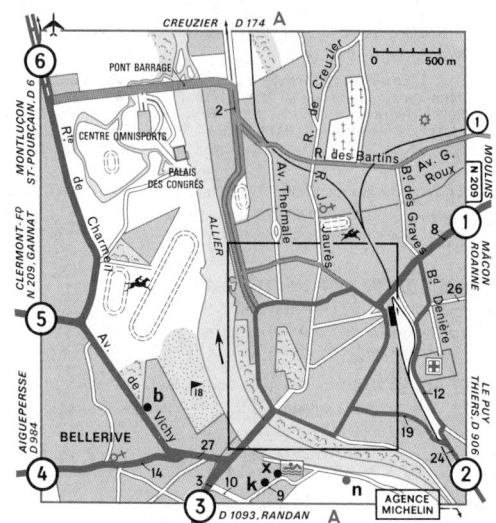

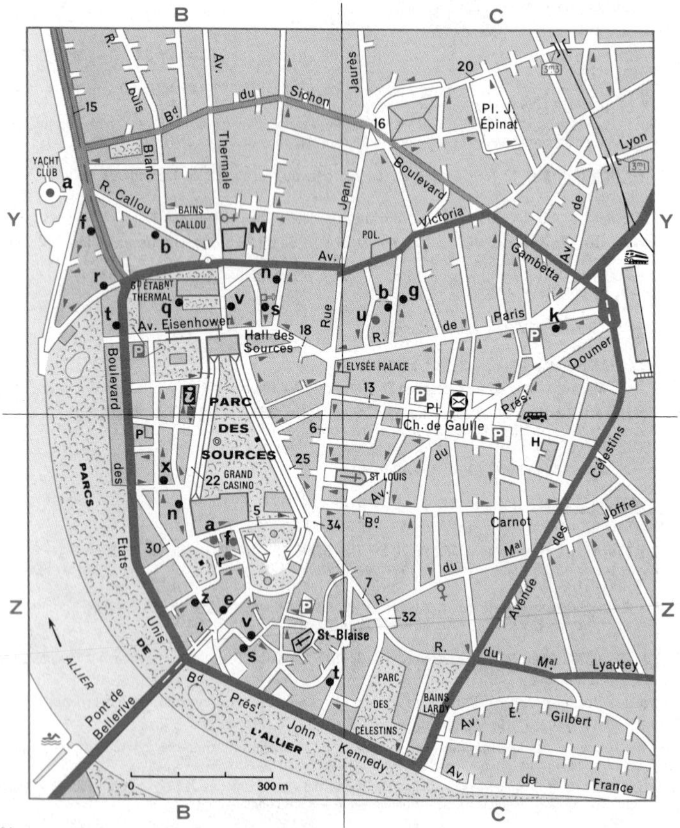

🏨 ❀ **Pavillon Sévigné**, 10 pl. Sévigné ℰ 70 32 16 22, Télex 392370, Fax 70 59 97 37, 🍴, « Dans un jardin à la française, ancienne demeure de Madame de Sévigné » – 📳 📺 ☎ 🕭 ❶ – 🔏 25. 🖭 ❶ 🗲 **VISA**. 🛇 rest BZ **s**
fermé fév. – **R** 200/360 – 🖵 50 – **41 ch** 510/1150 – P 800/890
Spéc. Crêpinette de lapereau, Enrubanné de chocolat aux poires caramélisées. Vins Saint-Pourçain.

🏨 **Pullman Vichy**, 3 pl. J. Aletti ℰ 70 31 78 77, Télex 393033 – 📳 📺 ☎. 🖭 ❶ 🗲. **VISA** BZ **n**
1er juin-15 nov. – **R** 145/280 – 🖵 62 – **119 ch** 465/690, 14 appart. 920/1290 – ½ P 410/440.

🏨 **Régina**, 4 av. Thermale ℰ 70 98 20 95, Fax 70 98 60 05, 🍃 – 📳 ▤ rest 📺 ☎. 🖭 **VISA**. 🛇 rest BY **v**
15 avril-15 oct. – **R** 115/190, enf. 60 – 🖵 40 – **80 ch** 320/500 – ½ P 400/460.

🏨 **Novotel Thermalia** Ⓜ, 1 av. Thermale ℰ 70 31 04 39, Télex 990547, Fax 70 31 08 67, ⌇ – 📳 ▤ 📺 ☎ 🕭 ❶ – 🔏 100 à 200. 🖭 ❶ 🗲 **VISA** BY **q**
R 140 🍴, enf. 50 – 🖵 44 – **128 ch** 472/520.

🏨 **Magenta**, 23 av. W. Stucki ℰ 70 31 80 99 – 📳 📺 ☎. 🖭 **VISA**. 🛇 rest BY **r**
début mai-fin sept. – **R** 120/180 – 🖵 35 – **62 ch** 300/410 – P 350/550.

🏨 **Portugal**, 121 bd États-Unis ℰ 70 31 90 66 – 📳 📺 ☎ 🖭 **VISA**. 🛇 rest BY **t**
hôtel : 15 mars-25 oct. ; rest. : 15 avril-15 oct. – **R** 120/180, enf. 65 – 🖵 34 – **50 ch** 200/430 – ½ P 315/420.

🏨 **Pavillon d'Enghien** Ⓜ, 32 r. Callou ℰ 70 98 33 30, 🍴, 🎇, 🍃 – 📳 📺 ☎ – 🔏 25. 🖭 ❶ 🗲 **VISA** BY **b**
fermé 22 déc. au 31 janv. – **Jardins d'Enghien** *(fermé dim. soir et lundi)* **R** 100 /140 – 🖵 32 – **24 ch** 345/450 – ½ P 500/325.

🏨 **de Grignan** Ⓜ, 7 pl. Sévigné ℰ 70 32 08 11, Télex 392357, Fax 70 32 47 07 – 📳 ⇔ rest ▤ rest 📺 ☎ 🕭 ❶ – 🔏 30. 🖭 ❶ 🗲 **VISA**. 🛇 BZ **v**
fermé 18 oct. au 17 nov. – **R** 65/140, enf. 40 – 🖵 30 – **121 ch** 190/320 – P 270/285.

🏨 **Lutétia**, 5 r. Belgique ℰ 70 97 45 45 – 📳 📺 ☎ – 🔏 30 à 50. 🖭 ❶ 🗲 **VISA**. 🛇 rest BZ **x**
R 105 🍴, enf. 45 – 🖵 40 – **50 ch** 320/360 – ½ P 320/340.

🏨 **Venise** sans rest, 25 av. A. Briand ℰ 70 31 83 23, Télex 392362 – 📳 cuisinette 📺 ☎ – 🔏 50. 🖭 ❶ 🗲 **VISA** BZ **e**
🖵 29 – **27 ch** 200/320.

🏨 **Louvre**, 15 r. Intendance ℰ 70 98 27 71, Télex 393014 – 📳 ☎. 🖭 ❶ 🗲 **VISA** BY **n**
R 75 bc/100 🍴 – 🖵 30 – **45 ch** 185/350 – P 223/308.

🏨 **Chambord et rest. Escargot qui Tête**, 82 r. Paris ℰ 70 31 22 88 – 📳 📺 ☎. 🖭 ❶ 🗲 **VISA** CY **k**
fermé fév. – **R** *(fermé dim. soir et lundi sauf Juil.-août)* 80/240, enf. 68 – 🖵 28 – **29 ch** 175/250 – P 255/305.

🏨 **Moderne**, 8 r. M. Durand-Fardel ℰ 70 31 20 21 – 📳 ☎. 🗲 **VISA**. 🛇 BY **s**
29 avril-13 oct. – **R** 95 – **37 ch** 🖵 190/350 – P 220/350.

🏨 **Arverna H.** Ⓜ sans rest, 12 r. Desbrest ℰ 70 31 31 19, Fax 70 97 86 43 – 📳 ☎ – 🔏 25. 🖭 ❶ 🗲 **VISA** CY **g**
fermé 20 déc. au 6 janv. – 🖵 25 – **28 ch** 210/330.

🏨 **Arcade** sans rest, 11 av. P. Coulon ℰ 70 98 18 48, Fax 70 97 72 63 – 📳 📺 ☎ 🕭 ❶ – 🔏 25. 🖭 🗲 **VISA** BY **f**
🖵 35 – **48 ch** 250/300.

🏨 **Fréjus** 🌭, 6 r. Presbytère ℰ 70 32 17 22, Fax 70 32 42 10, 🍴 – 📳 📺 ☎. 🖭 ❶ 🗲. **VISA** BZ **t**
1er avril-31 oct. – **R** 70/155 🍴, enf. 50 – 🖵 25 – **31 ch** 180/300 – ½ P 200/255.

🏨 **Trianon** sans rest, 9 r. Desbrest ℰ 70 97 95 96 – 📳 ☎. 🖭 ❶ 🗲 **VISA** CY **b**
fermé 26 oct. au 4 nov. et 14 déc. au 6 janv. – 🖵 22 – **36 ch** 100/200.

🏨 **Londres** sans rest, 7 bd Russie ℰ 70 98 28 27 – ☎. 🗲 **VISA** BZ **z**
25 mars-25 oct. – 🖵 24 – **20 ch** 110/242.

🏨 **Les Amandiers** 🌭 sans rest, 16 r. Masset ℰ 70 59 96 92 – cuisinette ⇔ ☎. 🗲. CZ **s**
fermé vacances de nov. – 🖵 25 – **18 ch** 150/240.

🍽🍽🍽 **Rotonde du Lac**, bd de Lattre de Tassigny ℰ 70 98 72 46, ≤ – ▤. 🖭 ❶ 🗲 **VISA** BY **a**
fermé mardi d'oct. à mai – **R** 160/220.

🍽🍽 **L'Alambic**, 8 r. N. Larbaud ℰ 70 59 12 71 – 🗲 **VISA** CY **u**
fermé 19 août au 3 sept., 4 au 27 fév., mardi midi et lundi – **R** (nombre de couverts limité, prévenir) 160/280.

🍽🍽 **Brasserie du Casino**, 4 r. Casino ℰ 70 98 23 06 – 🖭 🗲 **VISA** BZ **a**
fermé nov., jeudi midi et merc. – **R** carte 140 à 230 🍴.

🍽 **De l'Opéra**, 6 passage Noyer ℰ 70 98 36 17, 🍴 – 🗲 **VISA**. 🛇 BZ **r**
1er mai-30 sept. et fermé lundi – **R** carte 200 à 330.

🍽 **Temps des Cerises**, 13 r. Banville ℰ 70 97 72 00, 🍴 – 🗲 **VISA**. 🛇 BZ **f**
fermé 15 janv. au 28 fév. et jeudi – **R** (dîner seul. d'oct. à avril) 110/195.

à *Bellerive-sur-Allier* : rive gauche - A – 8 535 h. – ⊠ **03700** :

🏨 **Marcotel et rest. Le Châteaubriand** ⟋, r. Grange aux Grains ℰ 70 32 34 00, Télex 990665, Fax 70 32 54 10, ≤, 斧 – 🛗 ▤ rest 📺 ☎ ❷ – 益 40 à 200. 歴 ⓞ Ε 𝘝𝘐𝘚𝘈   A x
fermé au 25 déc. et dim. soir du 20 oct. au 24 mars – **R** 120/165, enf. 60 – ⊅ 37 – **35 ch**
295/402, 3 appart. 616 – ½ P 332.

🏨 **Résidence** sans rest, r. Grange aux Grains ℰ 70 32 37 11, Fax 70 32 36 59, ≤ – 🛗
cuisinette 📺 ☎ ❷ Ε 𝘝𝘐𝘚𝘈   A k
⊅ 30 – **114 ch** 205/230.

🏠 **Campanile,** 74 av. Vichy ℰ 70 59 32 33, Télex 392985, Fax 70 59 81 90, 斧 , 𝑚 – 📺 ☎
氐 – 益 40. Ε 𝘝𝘐𝘚𝘈   A b
R 74 bc/98 bc, enf. 39 – ⊅ 27 – **49 ch** 248 – ½ P 225/249.

✕ **Chez Mémère** ⟋ avec ch, Chemin de Halage ℰ 70 32 35 22, ≤, 斧 , 𝑚 – ❷ 𝘝𝘐𝘚𝘈
29 mars-15 sept. – **R** *(dîner seul. du lundi au vend. sauf juil.-août)* 96/180, enf. 55 – ⊅ 30
– **8 ch** 160/230.   A n

à *Vichy-Rhue* N : 5 km par D 174 – ⊠ **03300** Cusset :

✕✕ **La Fontaine,** ℰ 70 31 37 45, 斧 – ❷ 歴 ⓞ Ε 𝘝𝘐𝘚𝘈
fermé 15 au 30 oct., 23 déc. au 20 janv., mardi soir et merc. – **R** carte 115 à 235 ♨.

à *Abrest* par ② : 4 km – ⊠ **03200** :

✕✕ **La Colombière** avec ch, SE : 1 km sur D 906 ℰ 70 98 69 15, ≤, « Jardin ombragé en
terrasses » – ☏ . 歴 ⓞ Ε 𝘝𝘐𝘚𝘈
fermé mi-janv. à mi-fév., dim. soir et lundi hors sais. – **R** 85/250 – ⊅ 23 – **4 ch** 160/240.

à *St-Yorre* par ② : 8 km – 3 103 h. – ⊠ **03270** :

✕✕ **Aub. Bourbonnaise** avec ch, 2 av. Vichy ℰ 70 59 41 79, 斧 – 📺 ☎ ❷ Ε 𝘝𝘐𝘚𝘈
◆ *fermé mi-déc. à fin fév.,* – **R** 65/230 ♨, enf. 39 – ⊅ 25 – **10 ch** 160/300 – ½ P 170/230.

à *l'aéroport de Vichy-Charmeil* par ⑥ : 8 km – ⊠ **03110** Charmeil :

✕ **Aéroport,** dans l'aérogare ℰ 70 32 48 09, 斧 – ❷ Ε 𝘝𝘐𝘚𝘈
fermé mi-fév.-début mars, mi-sept.-début oct., dim. soir et lundi – **R** 98/160, enf. 50.

ALFA-ROMEO, AUSTIN-ROVER Vichy Automo-
bile, 6 r. de Paris ℰ 70 98 62 73
BMW Auto-Contrôle, ZI Vichy Rhue à Creuzier-le-
Vieux ℰ 70 98 65 80
CITROEN Vichy Thermal Automobiles, rte de Paris
à Cusset par ① ℰ 70 59 16 55
DATSUN Gar. Jean-Jaurès, 63/65 r. J.-Jaurès
ℰ 70 31 42 00
LANCIA-AUTOBIANCHI, MERCEDES-BENZ Per-
fect-Gar., rte de l'Aéroport à Charmeil
ℰ 70 32 51 34

PEUGEOT TALBOT Olympic Garage, rte de St-
Pourçain à Charmeil par ⑥ ℰ 70 32 42 84
RENAULT Sodavi, 18 av. de Vichy à Bellerive-sur-
Allier ℰ 70 32 22 77 🅽
V.A.G Vichy Auto Sport, 53 r. de Vingré
ℰ 70 31 05 75

⊚ Briday-Pneus, 40 bd Hôpital ℰ 70 98 10 69
Métifiot, 46 bd Gambetta ℰ 70 31 18 41

VIC-LE-COMTE 63270 P.-de-D. 🏷 ⑮ G. Auvergne – 3 787 h. alt. 473.

Voir Ste-Chapelle★ – Paris 417 – ◆Clermont-Ferrand 23 – Ambert 57 – Issoire 17 – Thiers 39.

à *Longues* NO : 4 km par D 225 – ⊠ **63270** Vic-le-Comte :

✕✕ **Le Comté,** ℰ 73 39 90 31, 斧 – ❷ Ε 𝘝𝘐𝘚𝘈
fermé vacances de fév., dim. soir et lundi sauf fériés – **R** 120/350.

à *Parent-Gare* SO : 5 km – ⊠ **63270** Vic-le-Comte :

🏠 **Mon Auberge,** ℰ 73 96 62 06 – 📺 ☎ Ε 𝘝𝘐𝘚𝘈
fermé 3 au 11 juin, déc. et lundi sauf juil.-août – **R** 75/200 ♨ – ⊅ 22 – **7 ch** 120/240 –
½ P 150/200.

VICQ-SUR-NAHON 36 Indre 🏷 ⑧ – rattaché à Valençay.

VIC-SUR-AISNE 02290 Aisne 🏷 ③ – 1 685 h. alt. 50.
Paris 105 – Compiègne 23 – Laon 52 – Noyon 27 – Soissons 17.

✕✕ Lion d'Or, ℰ 23 55 50 20.

VIC-SUR-CÈRE 15800 Cantal 🏷 ⑫ G. Auvergne (plan) – 2 113 h. alt. 681.
🚩 Office de Tourisme av. Mercier ℰ 71 47 50 68.
Paris 537 – Aurillac 21 – Murat 30.

🏨 **Family H.** 🅼, ℰ 71 47 50 49, Fax 71 47 51 31, ≤, parc, 🏊, ℀ – 🛗 ☎ 氐 ❷ 歴 ⓞ Ε
𝘝𝘐𝘚𝘈 . ℀ rest
fermé 12 nov. au 20 déc. – **R** 77/109, enf. 33 – ⊅ 30 – **53 ch** 235/380 – ½ P 250/295.

🏨 **Bains** ⟋, ℰ 71 47 50 16, ≤, 斧 , 🏊, 𝑚 – ☎ ❷ Ε 𝘝𝘐𝘚𝘈
1ᵉʳ mai-15 oct., vacances de Noël, de fév. et de printemps – **R** 80/180, enf. 50 – ⊅ 28 –
38 ch 200/250, 17 studios 300/600 – ½ P 300.

🏨 **Vialette,** ℰ 71 47 50 22, 🏊, 𝑚 – 🛗 ☎ ⊜ 歴 Ε 𝘝𝘐𝘚𝘈 . ℀ rest
fermé nov., déc. et lundi de janv. à mai sauf vacances scolaires – **R** 80/180, enf. 50 – ⊅ 35
– **49 ch** 230/300 – ½ P 220/250.

🏨 **Bel Horizon,** ℰ 71 47 50 06, ≤, 🎿 – ☎ 🅿. ﹒Ⅲ ⑩ ᴇ 𝚅𝙸𝚂𝙰
→ fermé 5 nov. au 10 déc. – **R** 65/240, enf. 40 – ⌿ 23 – **30 ch** 160/220 – ½ P 170/190.

🏨 **Beauséjour,** ℰ 71 47 50 27, parc, ⬙ – ▯ ☎ 🅿. ﹒Ⅲ ᴇ 𝚅𝙸𝚂𝙰, ⁎⁎ rest
→ début mai-30 sept. – **R** 65/110 ⬙ – ⌿ 25 – **73 ch** 150/290 – ½ P 165/240.

🏨 **Sources,** ℰ 71 47 50 30 – ☎ 🅿. ᴇ 𝚅𝙸𝚂𝙰, ⁎⁎ rest
→ 19 mai-30 sept., vacances de Noël, de fév. et week-ends en hiver – **R** 70/140, enf. 52 –
⌿ 25 – **38 ch** 200/220 – ½ P 160/210.

au Col de Curebourse SE : 6 km par D 54 – ⊠ 15800 Vic-sur-Cère :

🏨 **Aub. du Col** ᔑ, ℰ 71 47 51 71, ≤ montagne et vallée, parc – ☎ 🅿. ᴇ 𝚅𝙸𝚂𝙰
→ 20 avril-30 sept. et 28 déc.-1ᵉʳ avril – **R** 68/120, enf. 35 – ⌿ 26 – **27 ch** 255/265 –
½ P 235/245.

Autres ressources hôtelières : Voir *Thiézac* NE : 6 km.

CITROEN Gar. Borel ℰ 71 47 50 53 🄽   RENAULT Dameron ℰ 71 47 50 32 🄽

VIDAUBAN 83550 Var ⓼④ ⑦ – 3 811 h. alt. 56.
🛈 Syndicat d'Initiative pl. F.-Maurel (juil.-août) ℰ 94 73 00 07.
Paris 844 – Fréjus 29 – Cannes 65 – Draguignan 17 – ♦Toulon 64.

🏨 **Château les Lonnes** Ⓜ ᔑ sans rest, O : 3,5 km par D84 ℰ 94 73 65 76, Télex 460016,
Fax 94 73 14 97, ≤, parc, Ⅰ⑥, ⬙, ⁎⁎ – ▯ 📺 ☎ ⬙ 🅿 – 🔬 25 à 60. ﹒Ⅲ ⑩ ᴇ 𝚅𝙸𝚂𝙰
15 mars-1ᵉʳ nov. – ⌿ 100 – **12 ch** 1400/1650.

🍴🍴 **Concorde,** pl. G. Clemenceau ℰ 94 73 01 19, 🌳 – ᴇ 𝚅𝙸𝚂𝙰
fermé 1ᵉʳ au 19 oct., mardi soir et merc. sauf juil.-août – **R** 115/220.

VIEIL ARMAND 68 H.-Rhin ⓺⓺ ⑨ G. Alsace Lorraine – alt. 956.
Voir Monument national près D 431 puis ⁎⁎⁎⁎ (1 h) – Paris 456 – Guebwiller 20.

VIEILLE-TOULOUSE 31 H.-Gar. ⓼② ⑱ – rattaché à Toulouse.

VIEILLEVIE 15120 Cantal ⓻⓺ ⑫ G. Gorges du Tarn – 197 h. alt. 212.
Paris 614 – Rodez 50 – Aurillac 51 – Entraygues-sur-Truyère 15 – Figeac 57 – Montsalvy 13.

🏨 **Terrasse** Ⓜ, ℰ 71 49 94 00, 🌳, ⬙, 🎿, ⁎⁎ – ☎ ⬙ 🅿. ﹒Ⅲ ⑩ ᴇ 𝚅𝙸𝚂𝙰
→ Pâques-1ᵉʳ nov. – **R** 68/170 ⬙ – ⌿ 30 – **32 ch** 200/220 – ½ P 190/250.

VIELLE-AURE 65 H.-Pyr. ⓼⑤ ⑲ – rattaché à St-Lary-Soulan.

VIENNE ◈◈ 38200 Isère ⓻⓸ ⑪⑫ G. Vallée du Rhône – 29 050 h. alt. 158.
Voir Site★ – Cathédrale St-Maurice★★ BY – Temple d'Auguste et de Livie★★ B B – Théâtre
romain★ CY – Église★ et cloître★ de St-André-le-Bas BY – Esplanade du Mont Pipet ≤★ CY –
Anc. église St-Pierre★ : musée lapidaire★ AZ – Groupe sculpté★ de l'église de Ste-Colombe AY.
🛈 Office de Tourisme 3 cours Brillier ℰ 74 85 12 62 – Paris 490 ① – ♦Lyon 31 ② –
♦Grenoble 90 ② – Le Puy 123 ① – Roanne 116 ① – ♦St-Étienne 49 ⑤ – Valence 71 ⑤ – Vichy 191 ①.

Plan pages suivantes

🏨 ⁑ **La Pyramide** Ⓜ, 14 bd F. Point par ④ ℰ 74 53 01 96, Télex 308058, Fax 74 85 69 73,
🌳, 🐾 – ▯ ▤ 📺 ☎ 🖘 🅿 – 🔬 25. ﹒Ⅲ ⑩ ᴇ 𝚅𝙸𝚂𝙰, ⁎⁎ ch   AZ **a**
fermé fév. – **R** (fermé jeudi midi et merc.) 250/460, enf. 95 – ⌿ 70 – **22 ch** 760, 4 appart.
1200
Spéc. Gratin de queues d'écrevisses (15 juin à nov.), Homard à la "Cornouaillaise", Piano au chocolat. Vins
Saint-Joseph blanc, Côtes du Rhône.

🏨 **La Résidence de la Pyramide** sans rest, 41 quai Riondet AZ ℰ 74 53 16 46, 🌳 – ☎
🅿. ﹒Ⅲ ᴇ 𝚅𝙸𝚂𝙰
fermé 1ᵉʳ nov. au 19 déc. – ⌿ 28 – **15 ch** 175/310.

🏨 **Central** sans rest, 7 r. Archevêché ℰ 74 85 18 38 – ▯ 📺 ☎ 🖘. ﹒Ⅲ ᴇ 𝚅𝙸𝚂𝙰   BY **u**
fermé 21 déc. au 6 janv. – ⌿ 28 – **27 ch** 210/310.

🍴🍴🍴 **Bec Fin,** 7 pl. St-Maurice ℰ 74 85 76 72 – ▤. ᴇ 𝚅𝙸𝚂𝙰   AY **r**
fermé dim. soir et lundi – **R** 95/260, enf. 70.

à St Romain-en-Gal (69 Rhône) – ⊠ 69560 .

Voir Cité gallo-romaine★ AY.

🍴🍴🍴 **Gallo Romain,** rive droite ℰ 74 53 19 72 – ⁎⁑ ▤. ﹒Ⅲ ⑩ ᴇ 𝚅𝙸𝚂𝙰   AY **z**
fermé 5 au 31 août, 2 au 6 janv., dim. soir et lundi sauf fêtes – **R** 130/350.

à Pont-Évêque par ② : 4 km – 5 542 h. – ⊠ 38780 :

🏨 **Midi** ᔑ sans rest, pl. Église ℰ 74 85 90 11, Fax 74 57 24 99, 🌳 – 📺 ☎ 🅿. ﹒Ⅲ ⑩ ᴇ 𝚅𝙸𝚂𝙰
fermé 21 déc. au 13 janv. – ⌿ 29 – **16 ch** 275/370.

à Estrablin par ② : 9 km – ⊠ 38780 :

🏨 **La Gabetière** sans rest, sur D 502 ℰ 74 58 01 31, parc – 📺 ☎ 🅿. ﹒Ⅲ ⑩
⌿ 26 – **12 ch** 180/270.

VIENNE

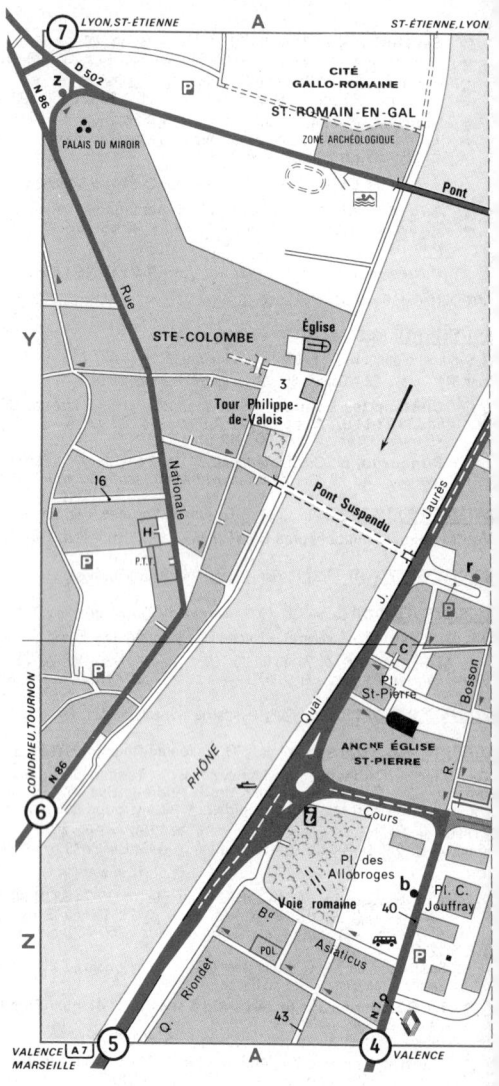

à Chonas l'Amballan au Sud par ④ et N 7 : 9 km – ⊠ 38121 :

🏨🏨 **Host. Marais St Jean** ⟫, 𝒫 74 58 83 28, Fax 74 58 81 96, 🍴, 🌳 – 🕾 🅿 ⅯⒺⓄⒺ
VISA – fermé 11 nov. au 2 déc., fév., mardi soir et merc. – **R** 150/320, enf. 65 – 🖵 55 –
10 ch 500/550.

🏨 **Domaine de Clairefontaine** ⟫, 𝒫 74 58 81 52, Télex 308132, Fax 74 58 80 93, ≤, parc,
🍴, 🎾 – 🕾 🅿 Ⓔ **VISA**. 🞉 rest
fermé déc., janv., dim. soir hors sais. et lundi midi – **R** 115/300, enf. 75 – 🖵 35 – **16 ch**
160/400 – ½ P 280/450.

à Chasse-sur-Rhône par ① : 8 km (Échangeur A7 - sortie Chasse-sur-Rhône) – 4 414 h. –
⊠ 38670 :

🏨🏨 **Mercure** Ⓜ, 𝒫 72 24 29 29, Télex 300625, Fax 78 07 04 43 – 🛗 🔲 📺 🕾 🅗 🅿 – 🔏 25
à 180. ⅯⒺⓄⒺ **VISA**
R 95, enf. 45 – 🖵 45 – **115 ch** 460/480.

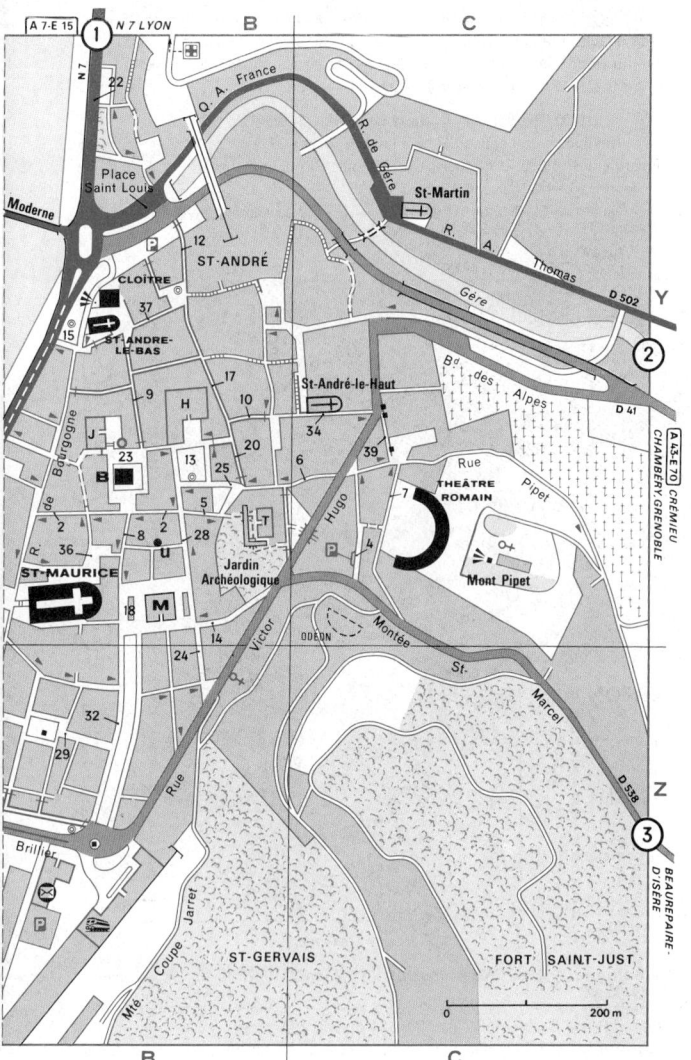

VIERVILLE-SUR-MER 14710 Calvados 🔢 ④ G. Normandie Cotentin – 292 h. alt. 39.

Voir Omaha Beach : plage du débarquement du 6 juin 1944 E : 2,5 km.

Env. Pointe du Hoc★★ O : 7,5 km – Cimetière de St-Laurent-sur-Mer E : 7,5 km.

Paris 289 – Bayeux 22 – ◆Caen 50 – Carentan 32 – St-Lô 40.

VIERZON ⟨SP⟩ 18100 Cher 🔢 ⑩⑳ G. Berry Limousin – 34 886 h. alt. 122.

Env. Brinay : fresques★ de l'église SE : 7,5 km par ④ et D27.

🏌 de la Picardière 🖋 48 75 21 43, par ②, D 926 puis RF : 8 km.

🛈 Office de Tourisme pl. M.-Thorez 🖋 48 75 20 03.

Paris 209 ① – Bourges 33 ③ – Auxerre 141 ② – Blois 74 ⑤ – Châteauroux 58 ④ – Châtellerault 143 ④ – Guéret 141 ④ – Montargis 112 ② – ◆Orléans 85 ① – ◆Tours 114 ⑤.

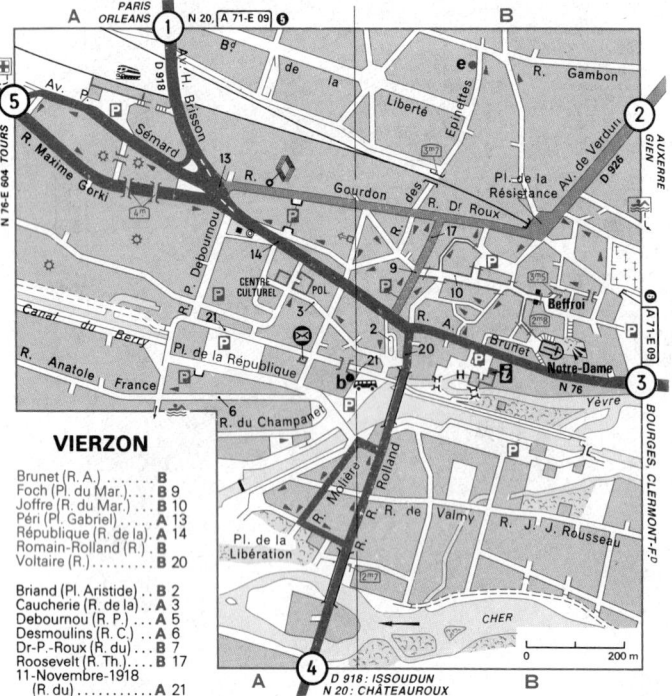

VIERZON

Brunet (R. A.) . . . . **B**
Foch (Pl. du Mar.) . . . **B** 9
Joffre (R. du Mar.) . . . **B** 10
Péri (Pl. Gabriel) . . . . . **A** 13
République (R. de la) . . **A** 14
Romain-Rolland (R.) . . **B**
Voltaire (R.) . . . . **B** 20

Briand (Pl. Aristide) . . **B** 2
Caucherie (R. de la) . . **A** 3
Debournou (R. P.) . . . . **A** 5
Desmoulins (R. C.) . . . **A** 6
Dr-P.-Roux (R. du) . . . **B** 7
Roosevelt (R. Th.) . . . **B** 17
11-Novembre-1918
(R. du) . . . . **A** 21

🏨 **Le Sologne** ⤴, rte Châteauroux par ④ : 2 km 🖋 48 75 15 20, 🍽, « Beau mobilier » –
☎ 🅿 🖸 ⱽⁱˢᵃ
La Grillade 🖋 48 71 01 89 *(fermé 27 sept. au 7 oct., vacances de Noël et de fév., sam. midi et dim.)* **R** 86/160 ⅄ Enf. 64 – ⥥ 30 – **24 ch** 210/280.

🏨 **Continental,** rte Paris par ① 🖋 48 75 35 22 – 🛗 📺 ☎ 🅿 – 🔬 35. ① 🖸 ⱽⁱˢᵃ
R snack *(fermé week-ends et fériés)* (dîner seul.) (résidents seul.) carte environ 90 ⅄ –
⥥ 25 – **37 ch** 170/255.

🏠 **Arche H.** Ⓜ, Forum République 🖋 48 71 93 10 – 🛗 📺 ☎ 🕭 🕿 🅿 🖸 🖸 ⱽⁱˢᵃ   A b
⟵ fermé dim. – **R** snack 55/75 ⅄, enf. 35 – ⥥ 25 – **40 ch** 188/350.

🍴🍴 **Grange des Epinettes,** 40 r. Épinettes 🖋 48 71 68 81, 🍽 – 🅿. 🔤 ① 🖸 ⱽⁱˢᵃ   B e
⟵ **R** 65/250 ⅄, enf. 50.

rte de Tours par ⑤ : 3 km – ☒ 18100 :

🍴🍴 **Champêtre,** 🖋 48 75 87 18 – 🅿. 🖸 ⱽⁱˢᵃ
fermé 15 janv. au 7 fév., lundi soir et mardi – **R** 90/185, enf. 60.

CITROEN Gén. Autom. du Berry, 47 av. 14-Juillet
par ④ 🖋 48 71 43 22 Ⓝ
FIAT Vierzon Centre Auto, 37 av. République
🖋 48 71 70 61
FORD Gar. Delouche, 50 r. Breton 🖋 48 71 00 32
PEUGEOT Paris-Gar., 6 av. E.-Vaillant par ①
🖋 48 71 23 56

RENAULT Gar. du Centre, 41 r. Gourdon
🖋 48 71 03 33 Ⓝ 🖋 05 05 15 15

🛞 Estager-Pneu, 24 r. Pasteur 🖋 48 75 15 02
Pneus Europe Service, 24 rte de Brinay
🖋 48 75 06 34

🐚🏖 de la Côte d'Argent ℰ 58 48 54 65 N par D 652 puis D 117 : 10 km.

🛈 Office de Tourisme Le Mail Port d'Albret ℰ 58 48 13 47.

Paris 745 – Biarritz 44 – Mont-de-Marsan 84 – ♦Bayonne 38 – Castets 31 – Dax 36 – Mimizan 55.

- 🏠 **Côte d'Argent,** ℰ 58 48 13 17, 🍴 – ❷. 🗲 𝒱𝒾𝒮𝒜. ✇ ch
  fermé 1er oct. au 15 nov. et lundi du 15 nov. au 31 mai – **R** 89/160 – ⌷ 27 – **41 ch** 170/300
  – ½ P 198/275.

- 🏠 **La Maremne,** ℰ 58 48 12 70 – ❷. 🗲 𝒱𝒾𝒮𝒜
- ➡ 20 mars-30 oct. – **R** 65/180 – ⌷ 25 – **38 ch** 150/250 – ½ P 200/280.

CITROEN Duchon ℰ 58 48 10 42   RENAULT Gar. Canicas ℰ 58 48 15 31
PEUGEOT-TALBOT Gar. Lafarie ℰ 58 48 10 82

Paris 487 – Angoulême 43 – Périgueux 42 – Brantôme 15 – ♦Limoges 91 – Ribérac 31.

- 🏰 **Château de Vieux Mareuil** M ⌂, SE : 1 km par D 939 ℰ 53 60 77 15, Fax 53 56 49 33,
  « Demeure du 15e siècle dans un parc », 🍸 – 🆃🆅 ☎ ❷. 🅰🅴 🅾 🗲 𝒱𝒾𝒮𝒜
  fermé 15 janv. au 1er mars, dim. soir et lundi du 1er oct. à Pâques – **R** 120/280, enf. 100 –
  ⌷ 50 – **14 ch** 500/800 – ½ P 450.

- 🍴🍴 **L'Étang Bleu** ⌂ avec ch, N : 2 km par D 93 ℰ 53 60 92 63, ≤, 🍴, parc, 🛶 – ☎ ❷.
  🅰🅴 🅾 🗲 𝒱𝒾𝒮𝒜
  fermé 15 janv. au 15 mars, dim. soir d'oct. à Pâques et lundi – **R** 110/350, enf. 80 – ⌷ 35 –
  11 ch 280/300 – ½ P 280/290.

Voir Musée Cévenol★.

🛈 Office de Tourisme pl. Marché ℰ 67 81 01 72.

Paris 770 – ♦ Montpellier 62 – Alès 65 – Lodève 52 – Mende 112 – Millau 72 – ♦Nîmes 79.

- 🏠 **Commerce** sans rest, 26 r. Barris ℰ 67 81 03 28 – ☎ ❷. 𝒱𝒾𝒮𝒜. ✇
  fermé oct. et dim. hors sais. – ⌷ 23 – **15 ch** 75/165.

  au Rey E : 5 km par D 999 – ⊠ **30570** Valleraugue :

- 🏰 **Château du Rey** ⌂ sans rest, ℰ 67 82 40 06, parc – ☎ ❷. 🗲 𝒱𝒾𝒮𝒜
  15 avril-1er déc. – ⌷ 34 – **12 ch** 295/360.

  à Pont d'Hérault E : 6 km par D 999 – ⊠ **30570** Valleraugue :

- 🏰 **Maurice,** ℰ 67 82 40 02, ≤, 🍴, ✇ – 🆃🆅 ☎ ❷. 🅰🅴 𝒱𝒾𝒮𝒜. ✇ ch
  R (fermé dim. soir en hiver) 145/380 – ⌷ 35 – **18 ch** 210/270 – ½ P 250/300.

  à Aulas NO : 7 km par D 48 et D 190 – ⊠ **30120** :

- 🏰 **Mas Quayrol** ⌂, ℰ 67 81 12 38, ≤, 🍸 – 🆃🆅 ☎ ❷. 🅰🅴 🗲 𝒱𝒾𝒮𝒜
  25 avril-4 nov. – **R** 128/230, enf. 55 – ⌷ 32 – **16 ch** 300/340.

CITROEN Gar. Teissonnière ℰ 67 81 03 11   PEUGEOT-TALBOT Gar. Arnal ℰ 67 81 03 77
                                                  🅽 ℰ 67 81 01 27

Env. Roc des Hourtous ≤★★ NE : 8 km puis 30 mn.

Paris 631 – Mende 53 – Florac 52 – La Malène 12 – Millau 31 – Sévérac-le-Château 21 – Le Vigan 88.

- 🏠 **Gévaudan,** ℰ 66 48 81 55, ≤, 🍴 – ❷. 🅰🅴 🗲 𝒱𝒾𝒮𝒜
- ➡ 1er mars-15 nov. – **R** 60/120 ⅃, enf. 35 – ⌷ 25 – **18 ch** 83/190 – ½ P 157/160.

Paris 218 – Bourges 25 – Cosne-sur-Loire 68 – Gien 70 – Issoudun 37 – Vierzon 8.

- 🍴🍴 **Le Prieuré** M ⌂ avec ch, rte St-Laurent (D 30) ℰ 48 51 58 80, 🍴, 🍸, ✿ – 🆃🆅 ☎ ❷.
  🗲 𝒱𝒾𝒮𝒜 ✇ ch
  fermé 1er au 15 août, mardi soir et merc. – **R** 90/180 – ⌷ 35 – **7 ch** 300/350.

33730 Gironde **78** ① G. Pyrénées Aquitaine – 914 h. alt. 31.

Voir Château★ – Collégiale d'Uzeste★ SE : 5 km.

Paris 642 – ◆Bordeaux 64 – Arcachon 79 – Bazas 14 – Langon 17.

 ☎ **Goth,** ℰ 56 25 31 25, ☞ – ☎, **E** _VISA_, ℀ ch
 ← fermé 15 nov. au 15 janv., vend. soir et sam. midi du 1ᵉʳ oct. au 31 mai – **R** 65/175 ⅃,
  enf. 45 – ☑ 27 – **8 ch** 175/260 – ½ P 185/215.

 ✗ **La Crémaillère,** ℰ 56 25 30 67, ☞ – **E** _VISA_
  fermé 20 au 27 fév. et merc. – **R** 83/189 bc, enf. 49.

37510 I.-et-L. **64** ⑭ – 742 h. alt. 94.

Voir Château★★ : jardins★★★, G. Châteaux de la Loire.

Paris 252 – ◆Tours 20 – Azay-le-Rideau 10 – Chinon 31 – Langeais 13 – Saumur 52.

 🏨 **Cheval Rouge,** ℰ 47 50 02 07 – ▤ rest ☎ **ℙ**. **E** _VISA_
  fermé 15 déc. à début mars et lundi sauf de mai à août – **R** 145/225, enf. 50 – ☑ 30 –
  20 ch 285/295 – ½ P 370/380.

05480 H.-Alpes **77** ⑦ – 184 h. alt. 1 650.

Paris 645 – Briançon 36 – Le Bourg-d'Oisans 31 – Gap 123 – La Grave 3 – ◆Grenoble 80 – Col du Lautaret 8.

 ☎ **Le Faranchin,** N 91 ℰ 76 79 90 01, ≤, – ☎ **ℙ**. _VISA_
 ← 15 juin-2 nov. et 20 déc.-20 mai – **R** 58/140 ⅃, enf. 40 – ☑ 28 – **39 ch** 95/235 – ½ P 140/220.

38250 Isère **77** ④ G. Alpes du Nord – 3 713 h. alt. 1 023 – Sports d'hiver : 1 150/
2 170 m ⟨ 2 ≴ 35 ≵ – Voir Gorges de la Bourne★★★ – Route de Valchevrière★ O par D 215ᶜ.

🏢 Office de Tourisme pl. Mure-Ravaud ℰ 76 95 10 38, Télex 320125.

Paris 587 ① – ◆Grenoble 34 ① – Die 68 ② – ◆Lyon 125 ① – Valence 69 ② – Voiron 48 ①.

VILLARD-DE-LANS

_Les plans de villes sont orientés
le Nord en haut._

 🏨 **Christiania et rest. Le Tétras,** av. Prof. Nobecourt **(k)** ℰ 76 95 12 51, ≤, ☞, ⌿, ☞
  – 📶 ☎ ⇔ **ℙ**. **AE** ⓪ **E** _VISA_. ℀ rest
  1ᵉʳ juin-20 sept. et 15 déc.-Pâques – **R** 149/250, enf. 68 – ☑ 39 – **26 ch** 260/410 –
  ½ P 305/405.

 🏨 **Eterlou, (e)** ℰ 76 95 17 65, ≤, ⌿, ☞, ℀ – 📶 📺 ☎ **ℙ**. **AE** ⓪ **E** _VISA_. ℀ rest
  9 juin-8 sept. et 21 déc.-1ᵉʳ avril – **R** 160/295, enf. 90 – ☑ 40 – **24 ch** 300/500 – ½ P 450/500.

 🏨 **H. Le Dauphin,** av. Gén. de Gaulle **(r)** ℰ 76 95 11 43, Fax 76 95 55 89, ☞ – 📶 📺 ☎
  ℙ. **AE** ⓪ **E** _VISA_
  R 80/180, enf. 45 – ☑ 35 – **21 ch** 300/550 – ½ P 303.

 🏨 **Pré Fleuri** ⍒, rte Cochettes **(t)** ℰ 76 95 10 96, ≤, ☞ – 📺 ☎ ⇔ **ℙ**. **E** _VISA_. ℀
  1ᵉʳ juin- 1ᵉʳ oct. et 20 déc.-30 avril – **R** 95/180 – ☑ 34 – **20 ch** 280/330 – ½ P 280/290.

 🏨 **Georges,** av. Gén. de Gaulle **(u)** ℰ 76 95 11 75, ⌿, ☞, ℀ – 📺 ☎ **ℙ**. **E** _VISA_. ℀ rest
  1ᵉʳ juin-25 sept. et 20 déc.-5 mai – **R** 90/105, enf. 65 – ☑ 35 – **20 ch** 200/260 – ½ P 205/255.

 🏠 **Villa Primerose,** quartier Bains **(d)** ℰ 76 95 13 17, ≤, ☞ – ☎ **ℙ**. **E** _VISA_
  hôtel: fermé 1ᵉʳ nov. au 20 déc.; rest.: fermé 1ᵉʳ avril au 20 déc. – **R** (dîner seul.) (résidents
  seul.) 80/90 – ☑ 35 – **18 ch** 162/240 – ½ P 190/230.

 ✗ **Petite Auberge,** r. J. Masson **(b)** ℰ 76 95 11 53
  fermé 15 mai au 20 juin, 30 oct. au 15 déc., mardi soir et merc. hors sais. – **R** - 80/190 ⅃,
  enf. 45.

au Balcon de Villard SE : 4 km par D 215 et D 215B – ✉ **38250** Villard-de-Lans :

Playes ♨, ☎ 76 95 14 42, ←, 🍽, 🌳, 🎾 – ☎. **P**. AE **E** VISA. ✗
15 juin-15 sept. et 15 déc.-20 avril – **R** 92/140 – ☐ 33 – **20 ch** 190/275 – ½ P 250/280.

à Corrençon-en-Vercors S : 6 km – alt. 1 110 – ✉ **38250** :

du Golf M ♨, Les Ritons ☎ 76 95 84 84, ←, 🍽, 🌳 – TV ☎ **P**. ⊕ **E** VISA. ✗
fermé nov. – **R** *(fermé mardi)* 98/162 – ☐ 40 – **12 ch** 300/530 – ½ P 350/415.

PEUGEOT-TALBOT Rolland, à la Conterie ☎ 76 95 12 69
RENAULT Chavernoz, av. Professeur Nobecourt ☎ 76 95 15 61
V.A.G Stat. des Olympiades ☎ 76 95 11 49

VILLARD-ST-SAUVEUR **39** Jura 70 ⑮ – rattaché à St-Claude.

VILLARS-LES-DOMBES **01330** Ain 74 ② **G. Vallée du Rhône** – 2 832 h. alt. 286.

Voir Vierge à l'Enfant★ dans l'église – Parc ornithologique★ S : 1 km.

18 du Clou ☎ 74 98 19 65, S : 3 km par N 83.

Paris 433 – ♦Lyon 34 – Bourg-en-Bresse 28 – Villefranche-sur-Saône 27.

Ribotel M, rte Lyon ☎ 74 98 08 03, Fax 74 98 29 55, 🍽 – |♦| TV ☎ ♿ **P** – 🏛 90. AE ⊕ **E** VISA
R *(fermé 20 déc. au 6 janv., dim. soir et lundi)* 155/295 – ☐ 38 – **49 ch** 220/260 – ½ P 245.

à Bouligneux NO : 4 km par D 2 – ✉ **01330** :

XX ✿ **Aub. des Chasseurs** (Dubreuil), ☎ 74 98 10 02, 🍽, 🌳 – **P**. **E** VISA
fermé 20 déc. au 30 janv., mardi soir et merc. – **R** (nombre de couverts limité - prévenir) 110/280
Spéc. Salade royale de l'Auberge, Cassolette de ravioles aux écrevisses (juin à oct.), Colvert rôti aux petits navets (oct. à janv.). **Vins** Beaujolais blanc, Bugey.

VILLARS-SOUS-DAMPJOUX **25190** Doubs 66 ⑱ – 393 h. alt. 363.

Paris 491 – Baume-les-Dames 45 – ♦Besançon 74 – Montbéliard 23 – Morteau 48.

XX **Sur les Rives du Doubs,** à Dampjoux S : 1 km ☎ 81 96 93 82, ← – **P**. **E** VISA. ✗
fermé 15 déc. au 15 janv., mardi soir et merc. – **R** carte 130 à 210 🍷.

VILLÉ **67220** B.-Rhin 62 ⑧⑨ **G. Alsace Lorraine** – 1 616 h.

i Office de Tourisme à la Mairie ☎ 88 57 11 57 et pl. Marché (vacances scolaires) ☎ 88 57 11 69.

Paris 416 – ♦Strasbourg 54 – Lunéville 80 – St-Dié 36 – Ste-Marie-aux-Mines 25 – Sélestat 15.

Bonne Franquette, 6 pl. Marché ☎ 88 57 14 25 – ☎. **E** VISA. ✗
fermé 24 déc. au 2 janv., 8 fév. au 15 mars, merc. soir et jeudi – **R** 50/150 🍷 – ☐ 25 – **10 ch** 160/240 – ½ P 190/220.

à Thanvillé SE : 6 km sur D 424 – ✉ **67220** :

XX ✿ **Au Valet de Coeur,** ☎ 88 85 67 51 – AE ⊕ **E** VISA
fermé dim. soir et lundi – **R** (nombre de couverts limité - prévenir) 150/350 🍷
Spéc. Nage de foie de canard, Petit château de boeuf et moelle à la coque, Pomme rôtie et glace au fromage. **Vins** Tokay-Pinot gris, Riesling.

CITROEN Gar. Jost ☎ 88 57 15 44

La VILLE-AUX-CLERCS **41160** L.-et-Ch. 64 ⑥ – 969 h. alt. 143.

Paris 167 – Brou 40 – Châteaudun 34 – ♦Le Mans 73 – ♦Orléans 68 – Vendôme 16.

Manoir de la Forêt ♨, à Fort-Girard E : 1,5 km par VO ☎ 54 80 62 83, ←, 🍽, parc – TV ☎ **P** – 🏛 30. **E** VISA
fermé dim. soir et lundi d'oct. à mars – **R** 130/240, enf. 100 – ☐ 28 – **17 ch** 260/320 – ½ P 387/405.

VILLEBON-SUR-YVETTE **91** Essonne 60 ⑩, 101 ㉞ – voir à Paris, Environs.

VILLECOMTAL-SUR-ARROS **32730** Gers 82 ⑬ – 678 h. alt. 177.

Paris 786 – Auch 49 – Pau 56 – Aire-sur-l'Adour 65 – Tarbes 24.

XX **Rive Droite,** ☎ 62 64 83 08, 🍽, 🌳 – 🏛 30. AE ⊕ **E** VISA
fermé 2 janv. au 1er fév., dim. soir et lundi – **R** 100/190.

Circulez autour de Paris avec les **cartes Michelin**

101 à 1/50 000 - Banlieue de Paris
196 à 1/100 000 - Environs de Paris
237 à 1/200 000 - Ile de France

VILLECROZE 83690 Var 🔳 ⑥ G. Côte d'Azur – 867 h. alt. 350.

Voir Belvédère★ N : 1 km.

Paris 840 – Aups 8 – Brignoles 41 – Draguignan 21.

🍴🍴 **Le Colombier,** rte Draguignan ℰ 94 70 63 23 – 🅟
fermé 25 nov. au 15 déc. et lundi du 15 sept. au 30 juin – **R** 90/250, enf. 65.

au SE 3,5 km par D 557 et VO – ⊠ **83690** Salernes :

🍴 **Bien Être** 🦢 avec ch, ℰ 94 70 67 57, 🍽, 🔄, 🐴 – 📺 ☎ 🅟 🖪 𝓥𝓘𝓢𝓐 ⚘
fermé vacances de nov. et de fév. – **R** *(fermé dim. soir, mardi et merc. sauf juil.-août)*
95/300, enf. 50 – ☲ 35 – **6 ch** 260/280 – ½ P 260/270.

VILLEDIEU-LES-POÊLES 50800 Manche 🔢 ⑧ G. Normandie Cotentin (plan) – 4 971 h. alt. 103.

🅗 Office de Tourisme pl. Costils (juin-sept.) ℰ 33 61 05 69 et à la Mairie (hors saison) ℰ 33 61 00 16.

Paris 321 – Alençon 134 – Avranches 22 – ◆Caen 78 – Flers 59 – St-Lô 34.

🏨 **Le Fruitier,** pl. Gostils ℰ 33 51 90 00, Fax 33 51 90 01 – 🏨 ☎ 👄. 🖪 𝓥𝓘𝓢𝓐 ⚘ ch
fermé 15 au 28 fév. et sam. du 15 oct. au 31 mars sauf fériés – **R** 55/145 ⅃, enf. 40 – ☲ 28
– **40 ch** 145/220 – ½ P 174/220.

🏨 **St-Pierre et St-Michel,** pl. République ℰ 33 61 00 11 – ☎ 👄. 🖪 𝓥𝓘𝓢𝓐
fermé 23 déc. au 20 janv. et vend. du 15 nov. au 15 mars – **R** 90/190 – ☲ 26 – **22 ch**
130/260 – ½ P 180/220.

🍴🍴 **Manoir de l'Acherie** 🦢 avec ch, à l'Acherie E : 3,5 km par déviation N 175 ℰ 33 51 13 87,
« dans la campagne », 🍽 – ☎ 🔄 🅟 – 🦌 100. 🖪 𝓥𝓘𝓢𝓐 ⚘
*fermé 24 juin au 8 juil., vacances de fév., dim. soir du 1er nov. à Pâques et lundi (sauf hôtel
en juil.-août)* – **R** 70/190, enf. 50 – ☲ 27 – **10 ch** 270/320 – ½ P 300/330.

CITROEN Pichon, av. Mar.-Leclerc ℰ 33 61 06 20   RENAULT Villedieu, rte d'Avranches
PEUGEOT Jouenne, 10 rte de Vire ℰ 33 61 00 35   ℰ 33 61 00 70
🅽 ℰ 33 61 09 60
PEUGEOT-TALBOT Auto-Normandie, 11 rte de
Caen ℰ 33 61 00 33

VILLE-EN-TARDENOIS 51170 Marne 🔳 ⑮ G. Champagne – 332 h. alt. 147.

Paris 125 – ◆Reims 20 – Châlons-sur-Marne 58 – Château-Thierry 42 – Épernay 25 – Fère-en-Tardenois 25 –
Soissons 52.

🍴 **Le Postillon,** D 380 ℰ 26 61 83 67 – 🖪 𝓥𝓘𝓢𝓐
fermé 19 août au 4 sept., vacances de fév., mardi soir et merc. – **R** 80/180 ⅃, enf. 40.

VILLEFORT 48800 Lozère 🔳 ⑦ G. Gorges du Tarn – 791 h. alt. 605.

Env. Belvédère du Chassezac★★ N : 9 km puis 15 mn.

🅗 Office de Tourisme r. Église (juil.-août) ℰ 66 46 87 30.

Paris 603 – Alès 55 – Aubenas 60 – Florac 67 – Mende 59 – Pont-St-Esprit 89 – Le Puy 91.

🏠 **Balme,** ℰ 66 46 80 14, 🍽 – ☎ 👄. 𝖠𝖤 ⓞ 🖪 𝓥𝓘𝓢𝓐
fermé 1er au 5 oct., 12 nov. au 31 janv., dim. soir et lundi hors sais. – **R** 90/230 ⅃, enf. 55
– ☲ 27 – **23 ch** 95/240 – ½ P 180/250.

à la Garde Guérin N : 8 km par D 906 – ⊠ **48800** Villefort.

Voir Donjon ⚜★.

🏠 **Aub. Regordane** 🦢, ℰ 66 46 82 88, 🍽 – ☎ 🖪 𝓥𝓘𝓢𝓐
vacances de printemps et 1er mai-1er oct. – **R** 100/155, enf. 50 – ☲ 23 – **16 ch** 160/230 –
½ P 215/235.

CITROEN Bedos ℰ 66 46 80 07 🅽

VILLEFRANCHE-DE-CONFLENT 66500 Pyr.-Or. 🔳 ⑰ G. Pyrénées Roussillon – 294 h. alt. 432.

Voir Ville forte★.

🅗 Syndicat d'Initiative pl. Église (saison) ℰ 68 96 22 96.

Paris 959 – ◆Perpignan 49 – Mont-Louis 30 – Olette 10 – Prades 6 – Vernet 5,5.

🏠 **Vauban** sans rest, 5 pl. Église ℰ 68 96 18 03 – ☎ 🖪 𝓥𝓘𝓢𝓐
fermé nov. à mi-déc. et janv. à mi-fév. – ☲ 20 – **16 ch** 150/175.

🍴 **Au Grill,** r. St-Jean ℰ 68 96 17 65 – 🖪 𝓥𝓘𝓢𝓐
fermé de nov. à janv., dim. soir et lundi – **R** 70/120 ⅃, enf. 40.

VILLEFRANCHE-DE-LAURAGAIS 31290 H.-Gar. 🔳 ⑲ – 3 127 h. alt. 175.

Paris 740 – ◆Toulouse 33 – Auterive 26 – Castelnaudary 22 – Castres 56 – Gaillac 67 – Pamiers 40.

🏠 **France,** r. République ℰ 61 81 62 17 – 📺 ☎ 👄. 𝖠𝖤 ⓞ 🖪 𝓥𝓘𝓢𝓐
fermé 8 au 30 juil., 19 janv. au 4 fév. et lundi (sauf fériés le midi) – **R** 65/150 ⅃ – ☲ 18 –
19 ch 145/185 – ½ P 170/195.

PEUGEOT-TALBOT Gar. Moderne ℰ 61 81 60 41   RENAULT Fontez ℰ 61 81 60 08
🅽 ℰ 61 27 03 31

Voir La Bastide★ : place Notre-Dame★, église Notre-Dame★ E – Ancienne chartreuse St-Sauveur★ par ③.

🛈 Office de Tourisme Promenade Guiraudet ✆ 65 45 13 18, Télex 530315.

Paris 613 ⑥ – Rodez 57 ⑥ – Albi 72 ③ – Aurillac 106 ⑥ – Cahors 61 ④ – Montauban 73 ④.

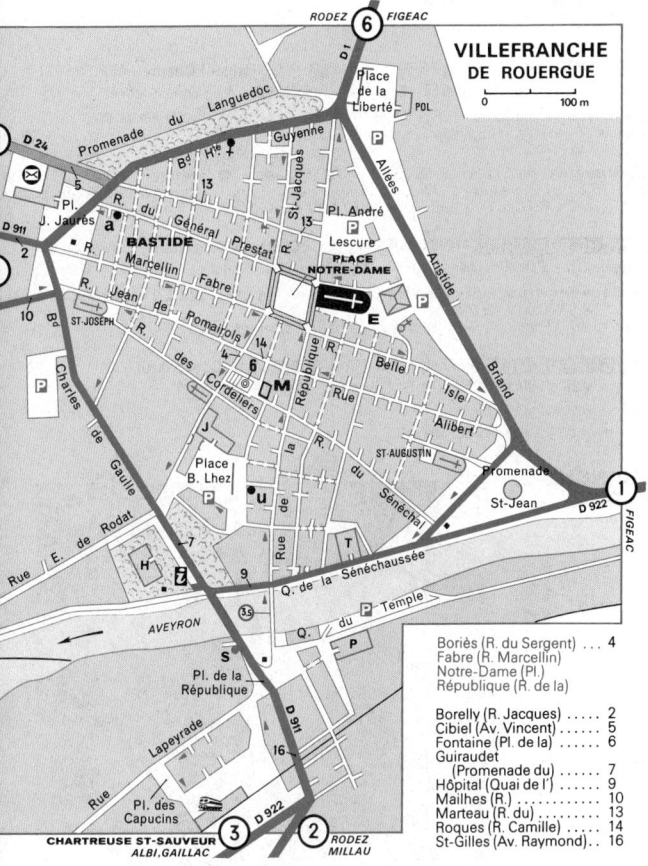

| Boriès (R. du Sergent) ... 4 |
| Fabre (R. Marcellin) |
| Notre-Dame (Pl.) |
| République (R. de la) |
| |
| Borelly (R. Jacques) ..... 2 |
| Cibiel (Av. Vincent) ...... 5 |
| Fontaine (Pl. de la) ...... 6 |
| Guiraudet |
| (Promenade du) ...... 7 |
| Hôpital (Quai de l') ...... 9 |
| Mailhes (R.) .... 10 |
| Marteau (R. du) .... 13 |
| Roques (R. Camille) ..... 14 |
| St-Gilles (Av. Raymond).. 16 |

🏠 **Confortel** Ⓜ, Centre Escale ✆ 65 81 17 22, Fax 65 45 56 09, ⤴, – 🛗 📺 ☎ ₺ Ⓟ –
🏊 100. ⒶⒺ Ⓔ 𝓥𝓘𝓢𝓐
R 48/70 ₰, enf. 40 – ☲ 25 – **43 ch** 230/265, 17 duplex 335 – ½ P 210/295.

🏠 **Lagarrigue,** pl. B. Lhez **(u)** ✆ 65 45 01 12 – ⤢ ch 📺 ☎ ⒶⒺ Ⓞ Ⓔ 𝓥𝓘𝓢𝓐
fermé 1ᵉʳ au 15 fév. – **R** (fermé dim. sauf vacances scolaires) 65/240 ₰, enf. 45 – ☲ 30 –
20 ch 110/270 – ½ P 130/200.

🏠 **Poste,** 45 r. Gén. Prestat **(a)** ✆ 65 45 13 91 – 𝓥𝓘𝓢𝓐
fermé dim. du 1ᵉʳ nov. au 30 avril – **R** 70/120 ₰, enf. 45 – ☲ 28 – **23 ch** 140/250 –
½ P 150/190.

🏵🏵 **Univers** avec ch (annexe 🏠Ⓜ 15 ch), pl. République (1ᵉʳ étage) **(s)** ✆ 65 45 15 63,
Fax 65 45 02 21, 🍽 – 🛗 📺 ☎ ⒶⒺ Ⓔ 𝓥𝓘𝓢𝓐
R (fermé 8 au 23 mars, 17 au 22 juin, 29 nov. au 15 déc., vend. soir et sam. d'oct. à juin)
65/270 ₰, enf. 55 – ☲ 30 – **30 ch** 185/325 – ½ P 220/260.

🏵 **Bellevue** avec ch, 5 av. du Ségala par ② ✆ 65 45 23 17 – ☎ Ⓔ 𝓥𝓘𝓢𝓐
fermé 15 au 31 janv. – **R** (fermé merc. du 15 sept. au 15 juin) 72/195, enf. 45 – ☲ 18 –
11 ch 80/180 – ½ P 120/150.

1245

au Farrou par ⑥ : 4 km ou par ① : 5 km – ✉ **12200** Villefranche-de-Rouergue :

Relais de Farrou Ⓜ, ✆ 65 45 18 11, Fax 65 45 32 59, ⛱, 🏊, 🎾 – 📺 ☎ Ⓟ. E VISA
hôtel : fermé 16 au 27/12 ; rest. : fermé 7 au 19/3, 20 au 31/10, 16 au 27/12, dim. soir e lundi du 16/9 au 30/6 – **R** 90/270 🍷 – ☕ 32 – **25 ch** 220/335 – ½ P 225/275.

CITROEN Lizouret, rte de Toulonjac par ⑤ ✆ 65 45 01 74
FIAT-LANCIA-AUTOBIANCHI MERCEDES Gaubert Ch., rte de Montauban ✆ 65 45 19 65
N ✆ 65 45 33 11

Central-Pneu, Les Plantades, rte Hte du Farrou ✆ 65 45 24 64

VILLEFRANCHE-DU-PÉRIGORD **24550** Dordogne 75 ⑰ **G. Périgord Quercy** – 800 h. alt. 270.
Paris 573 – Sarlat-la-Canéda 45 – Bergerac 65 – Cahors 40 – Périgueux 85 – Villeneuve-sur-Lot 49.

Commerce, ✆ 53 29 90 11, Fax 53 29 49 89, ⛱ – ☎ – 🚶 40. AE ⓓ E VISA
15 mars-30 nov et fermé sam. midi d'oct. à avril – **R** 70/250, enf. 40 – ☕ 30 – **23 ch** 195/235 – ½ P 200/225.

Les Bruyères, rte Cahors ✆ 53 29 97 97, ⛱, 🏊, 🎾 – ☎. VISA
fermé 15 au 31 mars, 15 au 30 nov., 15 au 31 déc. 15 au 31 janv., 15 au 29 fév. et lund d'oct. à avril – **R** 60/220 🍷, enf. 40 – ☕ 30 – **10 ch** 180/200 – ½ P 190/210.

VILLEFRANCHE-SUR-CHER **41200** L.-et-Ch. 64 ⑱ **G. Châteaux de la Loire** – 2 064 h. alt. 98.
Paris 219 – Bourges 65 – Blois 49 – Châteauroux 58 – Montrichard 48 – Romorantin-Lanthenay 8 – Vierzon 25.

Les Deux Pierrots, à **St-Julien-sur-Cher** au S : 1 km par D 922 ✉ 41320 Mennetou-sur Cher ✆ 54 96 40 07 – E VISA
fermé 15 au 30 nov., 14 janv. au 4 fév., lundi soir et mardi – **R** 123/173.

VILLEFRANCHE-SUR-MER **06230** Alpes-Mar. 84 ⑨⑩ 195 ㉗ **G. Côte d'Azur** – 7 411 h. alt. 22.
Voir Rade★★ – Vieille ville★ – Chapelle St-Pierre★ **B** – Musée Volti★ **M**[1].
Office de Tourisme square F.-Binon ✆ 93 01 73 68.
Paris 937 ③ – ♦Nice 6 ③ – Beaulieu-sur-Mer 4 ④.

VILLEFRANCHE-SUR-MER

Cauvin (Av. V.)	2
Corderie (Quai de la)	3
Corne-d'Or (Bd de la)	5
Courbet (Quai Amiral)	6
Église (R. de l')	7
Foch (Av. du Maréchal)	8
Gallieni (Av. Général)	9
Gaulle (Av. Général-de)	10
Grande-Bretagne (Av. de)	12
Joffre (Av. du Maréchal)	14
Leclerc (Av. Général)	15
Marinières (Promenade des)	16
May (R. de)	18
Obscure (R.)	19
Paix (Pl. de la)	20
Poilu (R. du)	22
Pollonais (Pl. A.)	24
Ponchardier (Quai Amiral)	25
Poullan (Pl. F.)	26
Sadi-Carnot (Av.)	28
Settimelli-Lazare (Bd)	30
Soleil d'Or (Av. du)	31
Verdun (Av. de)	32
Victoire (R. de la)	34
Wilson (Pl.)	35

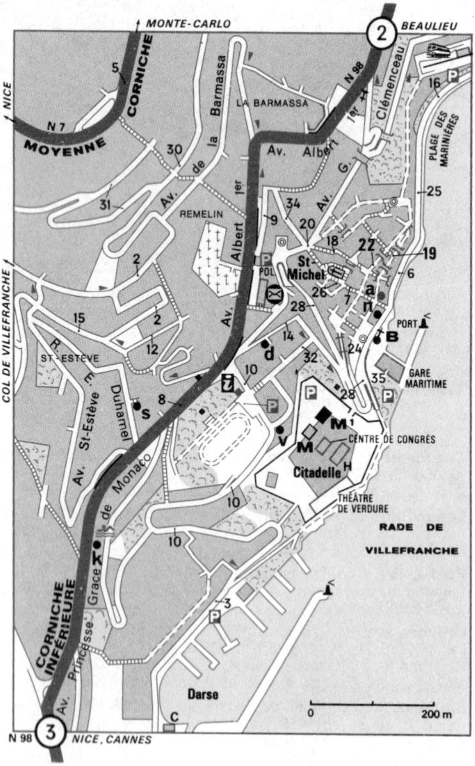

Les cartes Michelin sont constamment tenues à jour.

Michelin maps are kept up to date.

🏨🏨 **Versailles,** av. Princesse Grace **(k)** ℰ 93 01 89 56, Télex 970433, Fax 93 01 97 48, ≤ rade, 🛵, ⬩⬩⬩, – 🕴 ■ 📺 ☎ ♿ ❻. ⒶⒺ ⓞ Ⅎ 🆅🆂🅰
fermé nov. et déc. – **R** 160/260, enf. 100 – ⬜ 50 – **46 ch** 490/720, 3 appart. 880 – ½ P 435/550.

🏨🏨 **Welcome et rest. St-Pierre,** 1 quai Courbet **(n)** ℰ 93 76 76 93, Télex 470281, Fax 93 01 88 81, ≤, 🛵 – 🕴 ■ 📺 ☎ ⒶⒺ ⓞ Ⅎ 🆅🆂🅰. 🍴 *rest*
fermé 20 nov. au 20 déc. – **R** 110 – ⬜ 40 – **32 ch** 610/760.

🏨🏨 **Bahia** Ⓜ, av. Albert 1er par ② ℰ 93 01 32 32, Télex 462688, Fax 93 01 29 77, ≤, 🛵, « Piscine panoramique » – 🕴 ■ ch 📺 ☎ ♿ ⇦ ❻. ⒶⒺ ⓞ Ⅎ 🆅🆂🅰
fermé janv. – **R** 140/190 – ⬜ 72 – **58 ch** 680/1560 – ½ P 450/840.

🏨 **Olivettes,** av. Léopold II par ② ℰ 93 01 03 69, Fax 93 76 67 25, ≤ rade, ⬩⬩⬩, 🚗 – ■ ch 📺 ☎ ❻
R (dîner seul.)(résidents seul.) – **21 ch**.

🏨 **Vauban** sans rest, 11 av. Gén. de Gaulle **(v)** ℰ 93 01 71 20, Fax 93 01 85 74, 🚗 – ☎. Ⅎ 🆅🆂🅰
fermé 1er au 15 déc. – ⬜ 40 – **12 ch** 380/450.

🏠 **Provençal,** 4 av. Mar. Joffre **(d)** ℰ 93 01 71 42, Fax 93 76 96 00, ≤, 🚗 – 🕴 📺 ☎. ⒶⒺ ⓞ Ⅎ 🆅🆂🅰. 🍴 *rest*
fermé 1er nov. au 23 déc. – **R** 70/120, enf. 60 – ⬜ 40 – **45 ch** 200/380 – ½ P 200/320.

🏠 **St-Estève** sans rest, r. Duhamel **(s)** ℰ 93 01 72 59 – 📺 ☎ ⇦. ⒶⒺ Ⅎ 🆅🆂🅰. 🍴
fermé 15 nov. au 15 déc. – ⬜ 25 – **12 ch** 285/360.

XXX **Le Massoury,** av. Léopold II par ② ℰ 93 01 03 66, ≤, 🛵 – ❻. ⒶⒺ ⓞ Ⅎ 🆅🆂🅰
fermé 2 janv. au 10 fév. et lundi – **R** 330/440.

XX **Mère Germaine,** quai Courbet **(a)** ℰ 93 01 71 39, ≤, 🛵 – ⒶⒺ Ⅎ 🆅🆂🅰
fermé 18 nov. au 31 déc. et merc. du 30 sept. au 2 mai – **R** 180/280.

VILLEFRANCHE-SUR-SAÔNE ⬛⟨SP⟩ **69400** Rhône 🔢 ① G. Vallée du Rhône – 29 066 h. alt. 191.

⬛ Office de Tourisme avec A.C. 290 rte Thizy ℰ 74 68 05 18.

aris 433 ③ – ✦Lyon 31 ③ – Bourg-en-Bresse 51 ② – Mâcon 41 ③ – Roanne 73 ⑤.

Plan page suivante

🏨🏨 **Plaisance** sans rest, 96 av. Libération ℰ 74 65 33 52, Télex 375746, Fax 74 62 02 89 – 🕴 ■ 📺 ☎ ⇦ ❻ – 🔏 50. ⒶⒺ ⓞ Ⅎ 🆅🆂🅰   AZ **n**
fermé 24 déc. au 1er janv. – ⬜ 30 – **68 ch** 250/330.

🏨 **Newport** Ⓜ, av. de l'Europe Z.I. Nord-Est par ② ℰ 74 68 75 59, Télex 375733, 🛵, 🚗 – 📺 ☎ ♿ ❻ – 🔏 35. ⒶⒺ Ⅎ 🆅🆂🅰. 🍴 *rest*
fermé 23 au 31 déc. – **R** (fermé dim. soir) 68/190 🍷 – ⬜ 28 – **34 ch** 225/250.

🏠 **Ibis,** par ③ échangeur A 6 (péage Villefranche) ℰ 74 68 22 23, Télex 370777, Fax 74 60 41 67, 🛵 – 🕴 📺 ☎ ❻ – 🔏 25 à 70. Ⅎ 🆅🆂🅰
R 79 🍷, enf. 37 – ⬜ 30 – **115 ch** 243/277.

XXX **Aub. Faisan-Doré,** NE : 2,5 km par bd Burdeau et rte Beauregard BY ℰ 74 65 01 66, 🛵, 🚗 – ❻. ⒶⒺ ⓞ Ⅎ 🆅🆂🅰
fermé 4 au 24 mars, 16 au 26 août, lundi sauf fériés et dim. soir – **R** 170/350, enf. 100.

XXX **Ferme du Poulet,** 180 r. Mangin, Z.I. Nord-Est par ② ℰ 74 62 19 07, 🛵 – ❻. Ⅎ 🆅🆂🅰
fermé 12 au 26 août, Noël au Jour de l'An, dim. soir et lundi – **R** 160/320, enf. 80.

XX **La Fontaine Bleue,** 18 r. J. Moulin ℰ 74 68 10 37 – ❻. ⒶⒺ ⓞ Ⅎ 🆅🆂🅰. 🍴   AZ **n**
fermé 21 déc. au 15 janv., sam. midi du 1er sept. au 30 juin et dim. midi en juil.-août – **R** 80/195 🍷, enf. 50.

X **Le Cèdre,** 196 r. Roncevaux ℰ 74 68 03 69, 🛵 – Ⅎ 🆅🆂🅰   AY **e**
fermé 29 juil. au 1er sept., mardi soir et merc. – **R** 77/165.

X **Au Bec Fin,** 35 r. Barmondière ℰ 74 65 38 99 – Ⅎ 🆅🆂🅰. 🍴   AZ **s**
fermé 5 au 25 août et dim. – **R** 78/90 🍷, enf. 30.

X **Colonne** avec ch, 6 pl.Carnot ℰ 74 65 43 69 – Ⅎ 🆅🆂🅰   BZ **a**
fermé 22 au 31 août, sam. midi et dim. midi en saison, dim. soir et sam. hors sais. sauf fériés – **R** 52/150 🍷, enf. 45 – ⬜ 23 – **13 ch** 98/155 – ½ P 165/185.

à Beauregard NE : 3 km par D 44 - BY – ✉ **01480**.

Voir Château de Fléchères★ N : 3,5 km.

XX **Aub. Bressane,** ℰ 74 60 93 92, 🛵 – ❻. ⒶⒺ Ⅎ 🆅🆂🅰
fermé mardi soir et merc. – **R** 120/175.

ALFA-ROMEO Devaux, 361 r. d'Anse
ℰ 74 65 12 00
BMW Auto Benoit, 996 r. Ampère ℰ 74 60 30 60
CITROEN Gar. Thivolle, 695 av. T.-Braun par ③
ℰ 74 65 26 09 🆖 ℰ 74 65 27 10
DATSUN-NISSAN Technic'Auto, 176 bd L.-Blanc
ℰ 74 68 05 83
FIAT Mata, ZI av. de l'Europe ℰ 74 62 90 65
OPEL Brun-Automn., 246 r. V.-Hugo ℰ 74 65 51 30
PEUGEOT-TALBOT Nomblot, 1193 av. de l'Europe
par D 44 BY ℰ 74 65 22 50 🆖 ℰ 74 62 29 91
RENAULT Longin, 15 r. Bointon ℰ 74 65 25 66 🆖

RENAULT Villefranche Automobile, 19 av. E.-Herriot à Limas par ③ ℰ 74 65 33 02
🆖 ℰ 74 65 27 10
TOYOTA Gar. J.-J. Brochette, 113 av. Gare
ℰ 74 65 41 75
V.A.G Gar. de l'Europe, 1050 r. Ampère
ℰ 74 65 50 59

⬩ Métifiot, av. de Joux, ZI Nord à Arnas
ℰ 74 65 21 92
Piot-Pneu, ZI, av. E.-Herriot ℰ 74 65 29 75
Tessaro-Pneus, 629 r. d'Anse ℰ 74 65 41 98

VILLEFRANCHE-SUR-SAÔNE

Nationale (R.) . . . . **BYZ**

Ampère (R.) . . . . **BZ** 2
Anse (R. d') . . . . **BZ** 3
Belleville (R. de) . . . . **BY** 5

Berthier (R. P.) . . . . **BZ** 6
Burdeau (Bd) . . . . **BY** 7
Carnot (Pl.) . . . . **BZ** 9
Faucon (R. du) . . . . **BY** 10
Fayettes (R. des) . . . . **BZ** 12
Gare (Av. de la) . . . . **BZ** 13
Grange-Blazet (R.) . . . . . **BZ** 14
Grenette (R.) . . . . **BY** 16
Jaurès (Bd J.) . . . . **AZ** 17
Libération (Pl. de la) . . . . **AZ** 18

Marais (Pl. des) . . . . **BZ** 19
Morin (R. Pierre) . . . . **AZ** 20
Paix (R. de la) . . . . **AZ** 22
Rolland (R.) . . . . **BZ** 23
Roncevaux (R.) . . . . **AY** 25
Salengro (Bd R.) . . . . **AY** 27
Savigny (R. J.M.) . . . . **AZ** 28
Sous-Préfecture (Pl.) . . . . **AZ** 30
Sous-Préfecture (R.) . . . . **AZ** 32
Stalingrad (R. de) . . . . . . **BZ** 34

Find out how long your journey will take before setting out.
The Michelin Map no 🔢🔢🔢 helps you gain time.

VILLEJUIF **94** Val-de-Marne 🔢🔢 ① . 🔢🔢🔢 ㉖ – voir à Paris, Environs.

VILLEMAGNE **11310** Aude 🔢🔢 ⑳ – 260 h. alt. 450.
Paris 779 – ∗Toulouse 75 – Carcassonne 31 – Castelnaudary 16 – Mazamet 44.

  🏨 **Castel de Villemagne** ♨, 🖉 68 94 22 95, parc – ☎, 🅴 𝓥𝓘𝓢𝓐, ⁂ rest
   hôtel : 15 mars-15 nov. ; rest. : 1er avril-15 oct. – **R** *(fermé midi sauf week-ends et fêtes*
   (résidents seul du 15 mars au 1er avril et du 15 oct. au 15 mars) 90/175, enf. 40 – ⌷ 35 –
   7 ch 250/385 – ½ P 255/310.

VILLEMOMBLE **93** Seine-St-Denis 🔢🔢 ⑪ . 🔢🔢🔢 ⑱ – voir à Paris, Environs.

VILLEMUR-SUR-TARN 31340 H.-Gar. 🔲🔲 ⑧ G. Pyrénées Roussillon – 4 456 h. alt. 99.

Paris 671 – ♦Toulouse 33 – Albi 62 – Castres 73 – Montauban 26.

ХХХ ❀ **La Ferme de Bernadou** (Voisin), rte Toulouse 🖉 61 09 02 38, ≤, 🍴, parc – **❷**. 🎗️ **E** 𝖵𝖨𝖲𝖠
  fermé 2 au 20 janvier, dim. soir du 1ᵉʳ oct. au 31 mars et lundi – **R** 165/280, enf. 60
  Spéc. Ravioles d'aiglefin au basilic, Fricassée de ris de veau à la truffe en aumônière, Feuillantine aux deux chocolats.

CITROEN Vacquie 🖉 61 09 01 60

PEUGEOT-TALBOT Terral, à Pechnauquié
🖉 61 09 00 70

VILLENEUVE 04 Alpes-de-H.-P. 🔲🔲 ⑮ – rattaché à Manosque.

VILLENEUVE 12260 Aveyron 🔲🔲 ⑩ G. Gorges du Tarn – 1 649 h. alt. 421.

Paris 602 – Rodez 52 – Cahors 72 – Figeac 25 – Villefranche-de-Rouergue 11.

🏠 **Poste,** 🖉 65 81 62 13, 🍴 – ⟺
  fermé 15 déc. au 15 janv. – **R** 55 bc/120 bc – 🖵 20 – **14 ch** 95/200 – ½ P 125/170.

VILLENEUVE D'ASCQ 59 Nord 🔲🔲 ⑯ – rattaché à Lille.

VILLENEUVE-DE-MARSAN 40190 Landes 🔲🔲 ①② – 2 035 h. alt. 90.

Paris 700 – Mont-de-Marsan 17 – Aire-sur-l'Adour 21 – Auch 87 – Condom 64 – Roquefort 16.

🏨 ❀ **Francis Darroze** Ⓜ ⑤, 🖉 58 45 20 07, Télex 560164, Fax 58 45 57 12, 🍴, 🏊, 🎾 –
  📺 ☎ ❷ – 🔏 25. 🎗️ ⓪ **E** 𝖵𝖨𝖲𝖠
  fermé 2 au 22 janv., dim. soir et lundi d'oct. à juin sauf fériés – **R** 260/320, enf. 90 – 🖵 60
  – **30 ch** 400/750, 3 appart. 950 – ½ P 600/700
  Spéc. Surprise des trois foies gras cuits au torchon, Civet de homard aux petits crustacés, Gibier (saison). Vins Pacherenc du Vic Bilh, Madiran.

🏨 **Europe,** 🖉 58 45 20 08, 🏊, 🎾 – ☜ ❷ – 🔏 100. 🎗️ ⓪ **E** 𝖵𝖨𝖲𝖠
  R 80/250 – 🖵 35 – **15 ch** 200/300 – ½ P 220.

CITROEN Roumégoux 🖉 58 45 22 05

RENAULT Avezac 🖉 58 45 80 39

VILLENEUVE-DE-RIVIÈRE 31 H.-Gar. 🔲🔲 ⑩ – rattaché à St-Gaudens.

VILLENEUVE-DES-ESCALDES 66760 Pyr.-Or. 🔲🔲 ⑯ – 457 h. alt. 1 350.

Paris 882 – Ax-les-Thermes 54 – Bourg-Madame 6 – Perpignan 102 – Prades 59.

🏠 **Relais du Belloch,** 🖉 68 30 07 24, ≤, 🎾 – ❷
  fermé 5 nov. au 15 déc. – **R** 63/120 – 🖵 24 – **26 ch** 140/190 – ½ P 168/198.

VILLENEUVE-LA-DONDAGRE 61 Orne 🔲🔲 ⑬ – rattaché à Sens.

VILLENEUVE-LA-GARENNE 92 Hauts-de-Seine 🔲🔲 ⑳, 🔲🔲🔲 ⑮ – voir à Paris, Environs.

VILLENEUVE-LA-SALLE 05 H.-Alpes 🔲🔲 ⑧⑱ – voir à Serre-Chevalier.

VILLENEUVE-LE-COMTE 77174 S.-et-M. 🔲🔲 ②, 🔲🔲🔲 ㉒ – 1 181 h. alt. 126.

Paris 40 – Lagny-sur-Marne 13 – Meaux 21 – Melun 39.

ХХХ **Bonne Marmite,** 🖉 (1) 60 25 00 10, 🍴 – 🎗️ ⓪ **E** 𝖵𝖨𝖲𝖠
  fermé 12 au 29 août, vacances de fév., mardi et merc. – **R** 220/310, enf. 75.

VILLENEUVE-LÈS-AVIGNON 30400 Gard 🔲🔲 ⑪⑫ G. Provence (plan) – 9 535 h. alt. 24.

Voir Fort St-André★ : ≤★★ X – Tour Philippe-le-Bel ≤★★ X F – Vierge en ivoire★★ et couronnement de la Vierge★★ au musée municipal X M – Chartreuse du Val-de-Bénédiction★ X R.

🛈 Office de Tourisme 1 pl. Ch.-David 🖉 90 25 61 33.

Paris 683 ② – Avignon 3 – Nîmes 44 ⑥ – Orange 24 ⑦ – Pont-St-Esprit 43 ⑥.

Plan : voir à Avignon

🏨 **Le Prieuré,** pl. Chapître 🖉 90 25 18 20, Télex 431042, Fax 90 25 45 39, 🍴, parc, « Jardins et terrasse ombragés », 🏊, 🎾 – 🛗 🔳 📺 ☎ ❷ – 🔏 50. 🎗️ **E** 𝖵𝖨𝖲𝖠 ⌧ rest   AV **t**
  15 mars-11 nov. – **R** 295/400 – 🖵 75 – **26 ch** 480/1000, 10 appart. 1200/1600 – ½ P 735/830.

🏨 **La Magnaneraie** Ⓜ ⑤, 37 r. Camp de Bataille 🖉 90 25 11 11, Télex 432640, Fax 90 25 46 37, 🍴, « Beaux aménagements dans une ancienne demeure du 15ᵉ siècle », 🏊, 🎾, ⌧ – 📺 🔳 ch ❷ – 🔏 25. 🎗️ ⓪ **E** 𝖵𝖨𝖲𝖠   AV **b**
  R 190/380, enf. 90 – 🖵 55 – **25 ch** 500/900 – ½ P 650/750.

🏨 **Atelier** sans rest, 5 r. Foire 🖉 90 25 01 84, Fax 90 25 80 06, « Maison 16ᵉ siècle, patio » – 📺 ☎ 🎗️ ⓪ **E** 𝖵𝖨𝖲𝖠   AV **e**
  🖵 30 – **19 ch** 220/400.

🏠 **Résidence Les Cèdres,** à Bellevue, 39 av. Pasteur ⌧ 30400 Villeneuve-lès-Avignon 🖉 90 25 43 92, Télex 432868, 🍴, 🏊, 🎾 – 📺 ☎ ❷. **E** 𝖵𝖨𝖲𝖠   AV **a**
  15 mars-15 nov. – **R** (dîner seul.) 114, enf. 70 – 🖵 31 – **24 ch** 290/320 – ½ P 250/270.

🏠 **Coya** sans rest, impasse Rhône 🖉 90 25 52 29, Fax 90 25 68 90 – 📺 ☎ **E** 𝖵𝖨𝖲𝖠
  🖵 27 – **23 ch** 188/297.

Voir Musée de l'Art culinaire★ (fondation Auguste Escoffier) Y **M2**.

Paris 922 ⑤ – Cannes 23 ⑤ – ◆Nice 16 ③ – Antibes 12 ④ – Cagnes-sur-Mer 3 – Grasse 23 ⑥ – Vence 12 ①.

Voir plan de Cagnes-sur-Mer-Villeneuve-Loubet

🏨 **Aub. Franc-Comtoise** ≫, Grange Rimade, rte La Colle ℰ 93 20 97 58, Télex 462852,
🔟, 🐾 – 📶 📺 ☎ ℗ 🅴 𝘝𝘐𝘚𝘈 ⋘ ch
fermé 15 oct. au 1ᵉʳ déc. – **R** *(fermé merc. hors sais)* 120/135 – ⊑ 25 – **30 ch** 300 –
½ P 270.

🏨 **Green Sea** Ⓜ, S : 1 km sur D 2 ℰ 93 22 47 39, Fax 97 22 91 94, ≋, 🔟 – 📶 📺 ☎ ℗.
🅰🅴 🅴 𝘝𝘐𝘚𝘈 – **R** 95/135 – ⊑ 30 – **28 ch** 340/375 – ½ P 305   Y **m**

✕ **Mail-Post**, 12 av. Libération ℰ 93 20 89 53 – 📟. 🅴 𝘝𝘐𝘚𝘈
fermé 23 sept. au 31 oct. et mardi midi – **R** 92/130.   Y **u**

à Villeneuve-Loubet-Plage :

🏨 **Bahia** Ⓜ sans rest, rte bord de mer ℰ 93 20 21 21, Télex 970922, Fax 93 20 96 96, 🔟,
🐜 – 📶 📟 📺 ☎ ⇔ ℗ 🅰🅴 ⓞ 🅴 𝘝𝘐𝘚𝘈   Z **a**
⊑ 42 – **53 ch** 435/645.

🏨 **Syracuse** sans rest, av. Batterie ℰ 93 20 45 09, ≤, 🐜 – 📶 cuisinette 📺 ☎ ℗. 🅴 𝘝𝘐𝘚𝘈
fermé 20 déc. au 20 janv. – ⊑ 35 – **27 ch** 270/395.   Z **x**

MERCEDES-BENZ Succursale, av. Baumettes, N 7 ℰ 93 73 06 11

🏌🏌 de Castelnaud ℰ 53 01 74 64, par ① N 21 : 12,5 km.

🖪 Office de Tourisme bd République ℰ 53 70 31 37.

Paris 618 ① – Agen 29 ⑤ – Bergerac 60 ① – ◆Bordeaux 143 ⑥ – Brive-la-Gaillarde 144 ③ – Cahors 75 ③ –
Libourne 110 ⑥ – Mont-de-Marsan 123 ⑥ – Pau 183 ⑥.

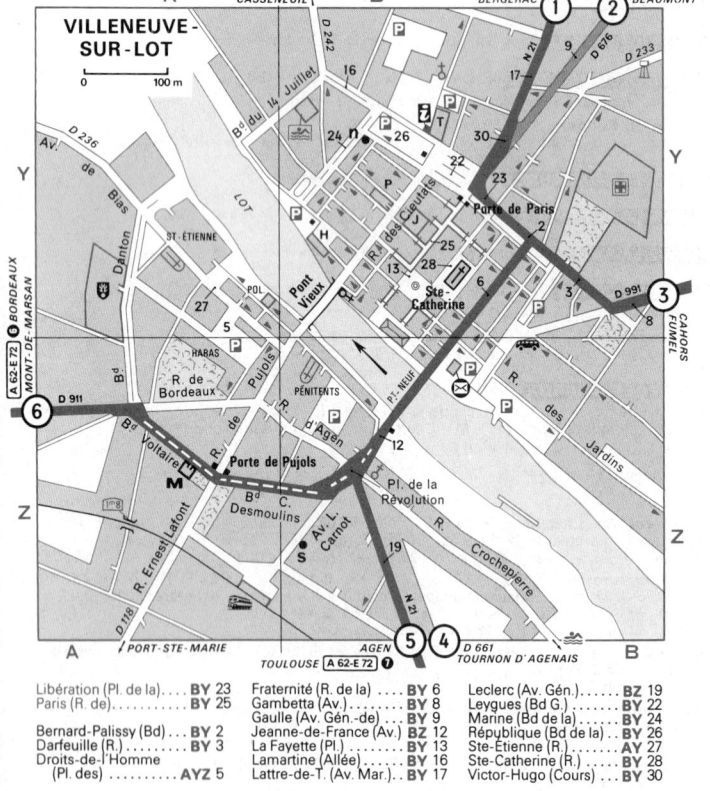

Libération (Pl. de la).... **BY 23**	Fraternité (R. de la) .... **BY 6**	Leclerc (Av. Gén.).... **BZ 19**
Paris (R. de)............. **BY 25**	Gambetta (Av.)........ **BY 8**	Leygues (Bd G.) .... **BY 22**
	Gaulle (Av. Gén.-de) ... **BY 9**	Marine (Bd de la)...... **BY 24**
Bernard-Palissy (Bd)... **BY 2**	Jeanne-de-France (Av.) **BZ 12**	République (Bd de la).. **BY 26**
Darfeuille (R.)......... **BY 3**	La Fayette (Pl.)........ **BY 13**	Ste-Étienne (R.)....... **AY 27**
Droits-de-l'Homme	Lamartine (Allée)...... **BY 16**	Ste-Catherine (R.) .... **BY 28**
(Pl. des) .... **AYZ 5**	Lattre-de-T. (Av. Mar.).. **BY 17**	Victor-Hugo (Cours) ... **BY 30**

🏠 **Les Platanes** sans rest, 40 bd Marine ℰ 53 40 11 40 – ☎. 🇪 𝘝𝘐𝘚𝘈   BY **n**
fermé 22 déc. au 3 janv. – 🖵 20 – **21 ch** 90/210.

🏠 **La Résidence** sans rest, 17 av. L. Carnot ℰ 53 40 17 03 – ☎ 🚙 🇪 𝘝𝘐𝘚𝘈   BZ **s**
🖵 23 – **18 ch** 90/230.

%%% **Host. du Rooy,** chemin de Labourdette par ④ ℰ 53 70 48 48, 🍽, parc – 🅿 🄰🄴 ⓞ 🇪
𝘝𝘐𝘚𝘈 🦌
fermé vacances de fév., dim. soir et merc. – **R** 110/280, enf. 75.

à **Pujols** SO : 4 km par D 118 et CC 207 – AZ – 3 411 h. – ⊠ **47300** .

Voir ≼★.

🏛 ❀ **Chênes** Ⓜ 🦌 sans rest, ℰ 53 49 04 55, Fax 53 49 22 74, ≼, 🅹, – 📺 ☎ 🅿 – 🔏 30. 🄰🄴
ⓞ 🇪 𝘝𝘐𝘚𝘈
🖵 35 – **21 ch** 310/360.

%%% ❀ **La Toque Blanche** (Lebrun), ℰ 53 49 00 30, ≼, 🍽 – ≍🚙 🅿. 🄰🄴 ⓞ 🇪 𝘝𝘐𝘚𝘈
fermé 25 juin au 8 juil., 25 nov. au 2 déc., dim. soir et lundi sauf juil.-août et fêtes –
R 145/395, enf. 80
Spéc. Escalope de foie de canard à l'échalote et vinaigre de Xérès, Choux farcis aux langoustines et beurre
de caviar, Croustillant de pigeon parfumé aux cèpes. **Vins** Buzet, Côtes de Duras.

%% **Aub. Lou Calel,** ℰ 53 70 46 14, ≼ Villeneuve, 🍽 – 🇪 𝘝𝘐𝘚𝘈
fermé 9 au 17 avril, 8 au 23 janv., mardi soir et merc. (sauf août et fêtes) – **R** 135/200,
enf. 70.

à **Castelnaud-de-Gratecambe** par ① : 10 km – ⊠ **47290** :

🏛 **du Golf** Ⓜ 🦌, SE : 2 km ℰ 53 01 60 19, Télex 572786, Fax 53 01 78 99, ≼, 🍽, parc, 🅹,
🦌 – 🍴 rest 📺 ☎ 🕭 🅿 – 🔏 50. 🄰🄴 🇪 𝘝𝘐𝘚𝘈
R 120/250, enf. 65 – 🖵 45 – **40 ch** 340/410 – ½ P 345/370.

AUSTIN, ROVER, TOYOTA, VOLVO Gar. Franco,
38 av. de Fumel ℰ 53 70 14 54
CITROEN S.E.D.E.A.C., av. de Bordeaux à Bias par
⑥ ℰ 53 49 17 17 🔃 ℰ 53 01 43 19
NISSAN Lompech, 29-31 bd Voltaire
ℰ 53 70 88 22 🔃
PEUGEOT-TALBOT Gar. de Bordeaux, rte de Bor-
deaux à Bias par ⑥ ℰ 53 40 56 05

RENAULT Villeneuve-Auto, 33 av. d'Agen par ⑤
ℰ 53 40 55 55

⬤ Central Pneu, 41 av. de Bordeaux ℰ 53 70 12 57
Stat. Moderne du Pneu, 7 av. de Bordeaux
ℰ 53 70 65 75
Villeneuve Pneus, rte de Bordeaux à Bias
ℰ 53 40 28 55

VILLENEUVE-SUR-YONNE 89500 Yonne 🔠 ⑭ G. Bourgogne (plan) – 4 980 h. alt. 74.
Paris 133 – Auxerre 44 – Joigny 17 – Montargis 45 – Nemours 57 – Sens 13 – Troyes 72.

%% **Le Dauphin** avec ch, ℰ 86 87 18 55 – ☎. 🦌
fermé 1er au 14 oct., vacances de fév., dim. soir et lundi hors sais. – **R** 98/240 – 🖵 32 –
11 ch 170/420 – ½ P 320/390.

PEUGEOT-TALBOT Lesellier, 23 fg St-Nicolas ℰ 86 87 04 24

VILLEPINTE 93 Seine-St-Denis 🔠 ⑪ – voir à Paris, Environs.

VILLEQUIER 76490 S.-Mar. 🔠 ⑤ G. Normandie Vallée de la Seine – 769 h. alt. 60.
Voir Site★ – Musée Victor-Hugo★.
Paris 171 – ◆Rouen 41 – Bourg-Achard 27 – Lillebonne 16 – Yvetot 17.

% **Gd Sapin** avec ch, ℰ 35 56 78 73, 🍽, « Terrasse au bord de la Seine », 🌲 – 📺 ☎ 🅿.
◆
fermé 19 nov. au 4 déc., vacances de fév., mardi soir et merc. sauf juil.-août – **R** 60/170 –
🖵 23 – **5 ch** 230/280.

VILLERAY 61 Orne 🔠 ⑮ – rattaché à Nogent-le-Rotrou.

VILLERÉAL 47210 L.-et-G. 🔠 ⑤ G. Pyrénées Aquitaine – 1 340 h. alt. 120.
🄸 Maison du Tourisme pl. Halle (fermé après-midi 15 sept.-15 juin) ℰ 53 36 00 37.
Paris 565 – Agen 61 – Bergerac 35 – Cahors 81 – Marmande 57 – Sarlat-la-Canéda 65 – Villeneuve-sur-Lot 30.

🏛 **Lac** 🦌, rte Issigeac ℰ 53 36 01 39, 🅹, 🌲 – ☎ 🅿. 🇪 𝘝𝘐𝘚𝘈
15 avril-30 sept. – **R** (fermé midi sauf juil.-août, dim. et fêtes) 75/110 🍸, enf. 40 – 🖵 25 –
26 ch 190/210 – ½ P 185/195.

VILLEROY 89 Yonne 🔠 ⑬ – rattaché à Sens.

VILLERS-BOCAGE 14310 Calvados 🔠 ⑮ G. Normandie Cotentin – 2 623 h. alt. 140.
🄸 Syndicat d'Initiative pl. Petit Marché (saison) ℰ 31 77 16 14.
Paris 268 – ◆Caen 26 – Argentan 70 – Avranches 75 – Bayeux 25 – Flers 43 – St-Lô 35 – Vire 34.

%% **Trois Rois** avec ch, ℰ 31 77 00 32, 🌲 – 📺 ☎ 🅿. 🄰🄴 ⓞ 🇪 𝘝𝘐𝘚𝘈
fermé 25 juin au 1er juil., fév., dim. soir et lundi sauf fériés – **R** 115/220 – 🖵 30 – **14 ch**
185/310.

CITROEN Gar. Breville ℰ 31 77 17 98
FORD Gar. Simon ℰ 31 77 00 51

PEUGEOT-TALBOT Gar. Duthé ℰ 31 77 00 81 🔃
PEUGEOT-TALBOT David ℰ 31 77 00 33

VILLERS-BRETONNEUX 80380 Somme 📖 ⑩ G. Flandres Artois Picardie – 3 347 h. alt. 91.
Paris 137 – ◆Amiens 17 – Arras 68 – St-Quentin 57.

🏨 **Victoria**, rte Péronne ℰ 22 48 02 00 – ☎ 🚙 – 🏄 25. 🖻 *VISA* ⍰ rest
➡ **R** *(fermé vend. soir et sam.)* 65/160 – �️ 20 – **18 ch** 180/290 – ½ P 150/180.

VILLERS-COTTERÊTS 02600 Aisne 📖 ③ G. Flandres Artois Picardie – 8 402 h. alt. 133.
Voir Grand escalier★ du château – Forêt de Retz★ E par D 973.
🛈 Syndicat d'Initiative 2 pl. A.-Briand ℰ 23 96 30 03.
Paris 78 – Compiègne 29 – Laon 58 – Meaux 42 – Senlis 38 – Soissons 23.

🏨 **Régent** ⬞ sans rest, 26 r. Gén. Mangin ℰ 23 96 01 46, Télex 150747, Fax 23 96 37 57
📺 ☎ 🅿 ⅁ ⊕ 🖻 *VISA*
⊡ 27 – **16 ch** 179/295.

✕✕ **Commerce**, 17 r. Gén. Mangin ℰ 23 96 19 97 – 🖻 *VISA*
fermé 12 au 28 août, 20 janv. au 10 fév., fériés le soir, dim. soir et lundi – **R** (dim. prévenir)
80/120, enf. 50.

CITROEN Gar. des Sablons, 52 av. de la Ferté-
Milon ℰ 23 96 04 96
PEUGEOT-TALBOT Féry, 75 r. Gén.-Leclerc
ℰ 23 96 19 64 🆖

V.A.G Vag France Services, rte de la Ferté-Milon
ℰ 23 72 60 55

🅖 Fischbach-Pneu, 6 r. V.-Hugo ℰ 23 96 13 64
Hurand-Pneu, av. de la Ferté-Milon ℰ 23 96 13 84
CONSTRUCTEUR : V.A.G-France, à Pisseleux, par av. de la Gare ℰ 23 96 08 03

VILLERSEXEL 70110 H.-Saône 📖 ⑥⑦ – 1 675 h. alt. 265.
Paris 465 – Belfort 40 – ◆Besançon 61 – Lure 18 – Montbéliard 37 – Vesoul 26.

🏨 **Terrasse**, rte Lure ℰ 84 20 52 11, ⍥, 🌣 – 📺 ☎ 🅿 🖻 *VISA*
➡ *fermé 13 déc. au 2 janv., vend. soir et dim. soir hors sais.* – **R** 57/230 ₰, enf. 35 – ⊡ 24
15 ch 150/230 – ½ P 160/210.

✕✕ **Commerce** avec ch, ℰ 84 20 50 50 – ☎ 🅿 🖻 *VISA*
➡ *fermé 7 au 13 oct., 1er au 12 janv. et lundi soir* – **R** 49/210 ₰, enf. 35 – ⊡ 28 – **17 ch**
85/195 – ½ P 160/180.

VILLERS-LE-LAC 25130 Doubs 📖 ⑦ G. Jura – 4 142 h. alt. 746.
Voir Saut du Doubs★★★ – Lac de Chaillexon★.
🛈 Syndicat d'Initiative r. Berçot (15 juin-10 sept.) ℰ 81 68 00 98.
Paris 486 – ◆Bâle 122 – ◆Besançon 73 – La Chaux-de-Fonds 16 – Morteau 6 – Pontarlier 37.

🏨 **France**, pl. Nationale ℰ 81 68 00 06, Fax 81 68 09 22, collection de montres anciennes
📺 ☎ 🅿 🖻 *VISA*
fermé 15 nov. au 15 janv. – **R** *(fermé dim. soir et lundi)* 140/320 ₰, enf. 70 – ⊡ 40 – **14 ch**
230/300 – ½ P 240/270.

PEUGEOT-TALBOT Gar. Franco-Suisse, Les Terres Rouges ℰ 81 68 03 47 🆖

VILLERS-LES-POTS 21 Côte-d'Or 📖 ⑬ – rattaché à Auxonne.

VILLERS-SEMEUSE 08 Ardennes 📖 ⑩ – rattaché à Charleville-Mézières.

VILLERS-SUR-MER 14640 Calvados 📖 ③ G. Normandie Vallée de la Seine – 1 853 h. alt. 38 –
Casino – 🛈 Office de Tourisme pl. Mermoz (vacances scolaires, fin mars-mi nov.) ℰ 31 87 01 18.
Paris 214 – ◆Caen 35 – Cabourg 11 – Deauville-Trouville 8 – Lisieux 30 – Pont-l'Évêque 19.

🏨 **Bonne Auberge**, ℰ 31 87 04 64 – 📺 ☎ 🅿 🖻 *VISA*
15 mars-30 sept. et week-ends d'oct. à janv. – **R** 90/200, enf. 60 – **15 ch** ⊡ 320/445
½ P 308/338.

🏨 **Frais Ombrages** ⬞, ℰ 31 87 40 38, ⍏, 🌣 – 📺 ☎
1er mars-15 nov. et fermé mardi, merc. hors sais. et vacances scolaires – **R** 105/150 – ⊡ 30
– **13 ch** 180/290 – ½ P 230/310.

PEUGEOT TALBOT Gar. du Méridien ℰ 31 87 02 13

VILLEURBANNE 69 Rhône 📖 ⑪⑫ – rattaché à Lyon.

VILLEVALLIER 89127 Yonne 📖 ⑭ – 421 h. alt. 90.
Paris 133 – Auxerre 36 – Montargis 46 – Sens 21 – Troyes 80.

🏨 **Pavillon Bleu**, ℰ 86 91 12 17, ⍥ – ☎ 🅿 🏄 30 à 50. 🖻 *VISA*
➡ *fermé 2 au 25 janv., dim. soir et lundi du 15 sept. au 15 mars* – **R** 68/175 – ⊡ 30 – **20 ch**
125/195 – ½ P 220/250.

La carta stradale Michelin è costantemente aggiornata.

69910 Rhône 🟨🟨 ① – 1 592 h. alt. 290.

Paris 418 – Mâcon 23 – ♦Lyon 55 – Villefranche-sur-Saône 27.

🏨 **Le Villon** Ⓜ, ℰ 74 69 16 16, Télex 340797, Fax 74 69 16 81, 🛋, ㈜, ⚒ – 📺 ☎ ♿ ⓟ. ⓞ Ⓔ 𝘝𝘐𝘚𝘈
fermé 2 janv. au 5 fév. – **R** *(fermé dim. soir et lundi midi)* 100/160, enf. 60 – 🖃 35 – **45 ch** 240/350 – ½ P 305/330.

🏠 **Parc** sans rest, ℰ 74 04 22 54
8 ch.

PEUGEOT-TALBOT Granger ℰ 74 04 23 24 🅽

91 Essonne 🟦🟦 ⑩, 🔟🔟🔟 ㉝ – voir à Paris, Environs.

94 Val-de-Marne 🟦🟦 ①, 🔟🔟🔟 ㉘ – voir à Paris, Environs.

61120 Orne 🟦🟦 ⑬ G. Normandie Vallée de la Seine – 5 063 h. alt. 100.

🅱 Office de Tourisme 10 av. Gén.-de-Gaulle ℰ 33 39 30 29.

Paris 182 – ♦Caen 56 – l'Aigle 43 – Alençon 63 – Argentan 31 – Bernay 38 – Falaise 37 – Lisieux 27.

🏨 **H. Escale du Vitou** 🐾, centre de loisirs, rte Argentan : 2 km par D 916 ℰ 33 39 12 04, ≼, ㈜, parc, ⚒ – cuisinette 📺 ☎ ⓟ – 🔬 80. Ⓔ 𝘝𝘐𝘚𝘈
Le Vitou ℰ 33 39 13 37 *(fermé janv., dim. soir et lundi)* **R** 62/178, enf. 50 – 🖃 30 – **17 ch** 170/220 – ½ P 155/190.

🏠 **Soleil d'Or**, 16 pl. Mackau ℰ 33 39 07 15 – Ⓔ 𝘝𝘐𝘚𝘈
fermé 31 janv. au 8 mars – **R** *(fermé vend. sauf de juil. à sept.)* 65/155 ⓙ, enf. 45 – 🖃 24 – **17 ch** 100/160 – ½ P 230/260.

CITROEN Goubin, 8 av. Foch ℰ 33 39 01 95
PEUGEOT Noël-Gérard, 15 av. Dr-Dentu
ℰ 33 39 00 27

RENAULT Letourneur, 17 r. d'Argentan
ℰ 33 39 03 65

51 Marne 🟦🟦 ⑯ – rattaché à Épernay.

94 Val-de-Marne 🟦🟦 ⑪, 🔟🔟🔟 ⑰ – voir à Paris, Environs.

88 Vosges 🟦🟦 ⑮ – rattaché à Charmes.

41 L.-et-Ch. 🟦🟦 ⑦ – rattaché à Blois.

83560 Var 🟦🟦 ④ – 2 196 h. alt. 284.

Paris 777 – Digne-les-Bains 68 – Aix-en-Provence 43 – Brignoles 57 – Castellane 88 – Cavaillon 75 – Draguignan 75.

🏨 **Olivier** Ⓜ 🐾, rte aérodrome ℰ 92 78 86 99, ≼, ㈜, 🛋, ㈜, ⚒ – cuisinette 📺 ☎ ⓟ
30 ch.

RENAULT Gar. Ramu ℰ 92 78 80 35 🅽 ℰ 92 78 83 87

84150 Vaucluse 🟦🟦 ② – 1 198 h. alt. 96.

Paris 670 – Avignon 31 – Carpentras 17 – Nyons 32 – Orange 13 – Vaison-la-Romaine 16.

❌❌ **Mas de Bouvau** 🐾 avec ch, N : 2 km rte Cairanne ℰ 90 70 94 08, ㈜, ㈜ – 📺 ☎ ⓟ. Ⓔ 𝘝𝘐𝘚𝘈 ⚒ ch
fermé 28 août au 10 sept., 20 au 30 déc., vacances de fév., le soir hors sais., dim. soir et lundi de mai à oct. – **R** 105/220 ⓙ – 🖃 32 – **5 ch** 280/325.

47 L.-et-G. 🟨🟨 ③ – rattaché à Marmande.

◈ **14500** Calvados 🟦🟦 ⑨ G. Normandie Cotentin – 13 827 h. alt. 134.

🅱 Office Municipal de Tourisme square Résistance *(fermé matin sauf avril-sept.)* ℰ 31 68 00 05.

Paris 302 ④ – ♦Caen 60 ① – Flers 31 ④ – Fougères 67 ⑤ – Laval 101 ⑤ – Rennes 114 ⑤ – St-Lô 39 ①.

Plan page suivante

🏨 **France**, 4 r. Aignaux ℰ 31 68 00 35 – 🛗 🖥 📺 ☎ ♿ 🚗 – 🔬 50. 🅰🅴 Ⓔ 𝘝𝘐𝘚𝘈   A a
fermé 23 déc. au 13 janv. – **R** 60/180 ⓙ, enf. 45 – 🖃 30 – **20 ch** 160/260 – ½ P 220/300.

🏨 **St-Pierre** Ⓜ sans rest, 20 r. Gén. Leclerc ℰ 31 68 05 82 – 🛗 📺 ☎ ♿. 🅰🅴 Ⓔ 𝘝𝘐𝘚𝘈
fermé 23 déc. au 8 janv. – 🖃 30 – **29 ch** 145/260.   B n

🏠 **Voyageurs**, av. Gare ℰ 31 68 01 16 – 📺 ☎ 🚗 ⓟ. Ⓔ 𝘝𝘐𝘚𝘈   B k
R 65/180 ⓙ, enf. 45 – 🖃 25 – **13 ch** 130/200 – ½ P 150/200.

❌❌❌ **Manoir de la Pommeraie**, par ④ : 2,5 km sur D 524 ℰ 31 68 07 71, ㈜, « Jardin » – ⓟ. 🅰🅴 ⓞ Ⓔ 𝘝𝘐𝘚𝘈
fermé 22 juil. au 5 août, vacances de fév., dim. soir et lundi – **R** 106/300, enf. 70.

à St-Germain-de-Tallevende par ⑤ : 5 km – 🖂 **14500** :

❌ **Aub. St.-Germain** avec ch, pl. Église ℰ 31 68 24 13, ㈜ – Ⓔ 𝘝𝘐𝘚𝘈 ⚒ ch
fermé 22 sept. au 14 oct., dim. soir et lundi – **R** 58/168 ⓙ, enf. 40 – 🖃 18 – **4 ch** 130/160.

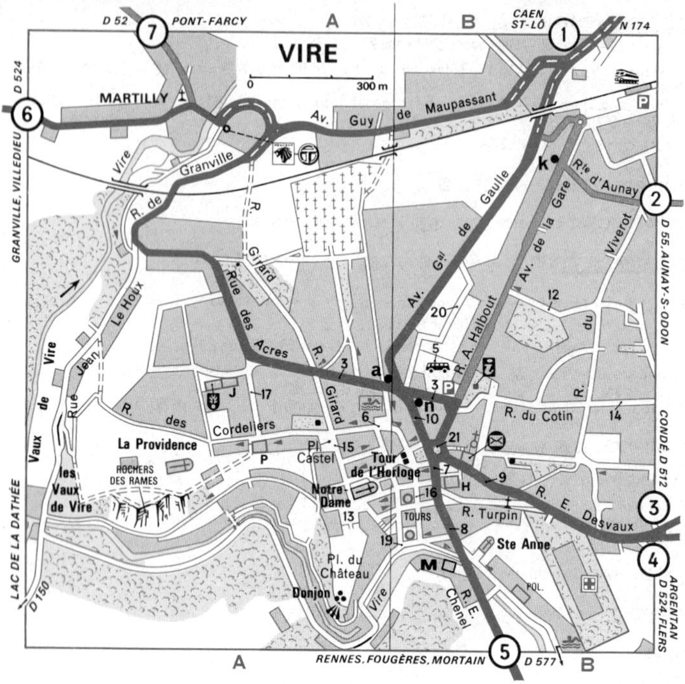

Deslongrais (R.)	B	7	Gasté (R. A.)............	B	8	Notre-Dame (R.)........	A	15
6-Juin (Pl. du)	B	21	Haut-Chemin (R. du)	B	9	Remparts (R. des).......	B	16
			Leclerc (R. Gén.)	B	10	Sous-Préfecture (R. de la)	A	17
Aignaux (R. d')	AB	3	Morgan (R. A.)...........	B	12	Valhérel (R. du)	AB	19
Champ-de-Foire (Pl. du) .	B	5	Nationale (Pl.)	A	13	Vieux-Collège (R. du)....	B	20
Chénedollé (R.).........	A	6	Noes-Davy (R. des)	B	14			

CITROEN Gar. Prunier, rte de Caen par ①
✆ 31 68 33 87
FIAT-LANCIA B.M.J. Onésime, 1 rte de Caen
✆ 31 68 09 98
FORD Gar. Thibaut, rte de Caen ✆ 31 68 01 59
PEUGEOT-TALBOT Gournay, 19 rte de Granville
✆ 31 68 11 86
RENAULT S.N.A.V., rte de Caen par ①
✆ 31 68 02 33 **N** ✆ 31 25 93 44

V.A.G Gar. Lemauviel, 12 r. d'Aunay
✆ 31 68 00 78
Gar. Duchemin, 1 r. E.-Desvaux ✆ 31 68 01 46

Colin-Pneus, r. de Paris ✆ 31 68 38 65
Vire-Pneus, 28 rte d'Aunay ✆ 31 68 26 75

VIRIEU-LE-GRAND **01510** Ain 74 ④ – 920 h. alt. 267.
Paris 499 – Aix-les-Bains 39 – Annecy 67 – Belley 12 – Bourg-en-B. 70 – Meximieux 55 – Nantua 52.

✕ **Michallet** avec ch, ✆ 79 87 80 97 – **P**. **E** VISA
fermé 14 au 21 juin, 13 sept. au 6 oct., vacances de fév. et vend. du 1er sept. au 30 juin – **R** 68/250 ♨, enf. 50 – ☕ 28 – **10 ch** 106/182 – ½ P 140/175.

PEUGEOT-TALBOT Gar. de la Gare ✆ 79 87 82 76 **N**

VIROFLAY **78** Yvelines 60 ⑩ 106 ⑯ – voir à Paris, Environs.

VIRONVAY **27** Eure 55 ⑰ – rattaché à Louviers.

VIRY **71** S.-et-L. 69 ⑱ – rattaché à Charolles.

VIRY-CHATILLON **91** Essonne 61 ① 101 ㊱ – voir à Paris, Environs.

VITERBE **81** Tarn 82 ⑩ – rattaché à St-Paul-Cap-de-Joux.

Au service de l'automobiliste :
les pneus, les cartes, les guides Michelin.

VITRAC **24200** Dordogne **75** ⑰ – 757 h. alt. 150.

Voir Site★ du château de Montfort NE : 2 km – Cingle de Montfort★ NE : 3,5 km, G. Périgord Quercy.

Paris 546 – Brive-la-Gaillarde 63 – Sarlat-la-Canéda 7 – Cahors 54 – Gourdon 22 – Lalinde 52 – Périgueux 76.

🏨 **Plaisance,** au port 🕿 53 28 33 04, Fax 53 28 19 24, 😤, 🏊, 🐎, 🛎 – 🛗 📺 🕿 🅿 –
🕯 60, 🖭 🖪 𝖵𝖨𝖲𝖠
fermé 20 nov. au 1er fév. – **R** *(fermé vend. soir en nov. et de fév. à Pâques)* 70/220 – 🖙 30
– **42 ch** 170/350 – ½ P 210/260.

🟏🟏 **La Sanglière,** Les Veyssières, NO : 3 km par VO 🕿 53 28 33 51, 🏊, 🐎 – 🅿. 🖪 𝖵𝖨𝖲𝖠
24 mars-1er oct. et fermé dim. soir et lundi sauf juil.-août – **R** 90/165, enf. 45.

à *Caudon-de-Vitrac* E : 3 km par D 703 et VO – ⌧ **24200** Sarlat-la-Canéda :

🟏 **La Ferme,** 🕿 53 28 33 35 – 🅿
fermé oct., 17 au 25 déc. et lundi – **R** 80/150, enf. 48.

VITRAC **15220** Cantal **76** ⑪ – 347 h. alt. 550.

Paris 572 – Aurillac 25 – Figeac 56 – Rodez 92.

🏨 **Aub. de la Tomette,** 🕿 71 64 70 94, 😤, 🏊, 🐎 – cuisinette 📞. 🖪 𝖵𝖨𝖲𝖠 🦐 rest
fermé 1er janv. au 15 mars – **R** 60/150 🖧, enf. 48 – 🖙 25 – **12 ch** 200/260 – ½ P 225/235.

VITRÉ **35500** I.-et-V. **59** ⑱ G. Bretagne – 13 491 h. alt. 90.

Voir ≤★★ des D178 et D857 A – Château★★ : tour de Montalifant ≤★ A – La Ville★ : rue Beaudrairie★★ A, remparts★ B, église Notre-Dame★ B – Tertres noirs ≤★★ par ⑤ – Jardin public★ par ④.

Env. Château des Rochers-Sévigné★ 6,5 km par ③ – Champeaux : place★, stalles★ et vitraux★ de l'église 9 km par ⑤.

🛈 Office de Tourisme pl. St-Yves 🕿 99 75 04 46.

Paris 310 ② – Châteaubriant 51 ④ – Fougères 30 ⑥ – Laval 37 ② – ✦Rennes 37 ⑤.

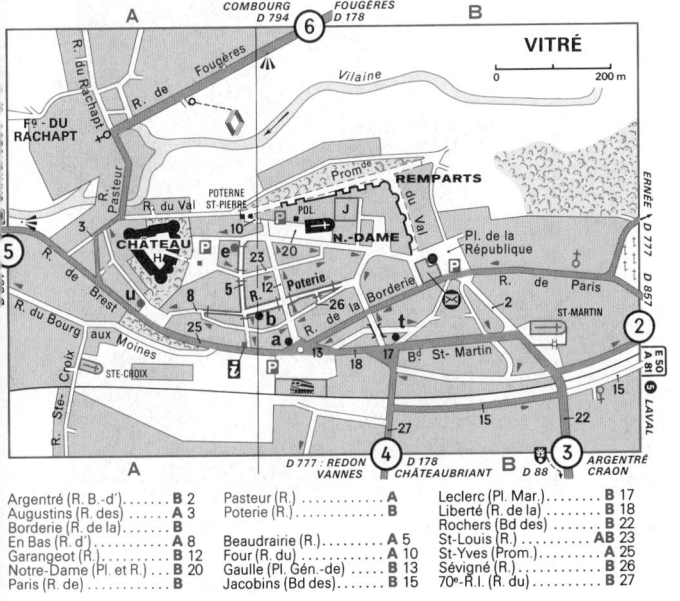

Argentré (R. B.-d')....... **B** 2	Pasteur (R.) .... **A**	Leclerc (Pl. Mar.)....... **B** 17
Augustins (R. des) ...... **A** 3	Poterie (R.)............. **B**	Liberté (R. de la) .... **B** 18
Borderie (R. de la)...... **B**		Rochers (Bd des) .... **B** 22
En Bas (R. d').......... **A** 8	Beaudrairie (R.)......... **A** 5	St-Louis (R.) .... **AB** 23
Garangeot (R.)......... **B** 12	Four (R. du) .... **A** 10	St-Yves (Prom.)......... **A** 25
Notre-Dame (Pl. et R.) .. **B** 20	Gaulle (Pl. Gén.-de) .... **B** 13	Sévigné (R.) .... **B** 26
Paris (R. de) .... **B**	Jacobins (Bd des)....... **B** 15	70e-R.I. (R. du) .... **B** 27

🏨 **H. Petit-Billot** sans rest, 5 pl. Mar. Leclerc 🕿 99 75 02 10, Fax 99 74 72 96 – 📺 🕿 🖪
𝖵𝖨𝖲𝖠   B t
fermé 22 déc. au 5 janv. et dim. du 1er nov. au 30 avril – 🖙 24 – **22 ch** 140/235.

🏨 **Minotel** Ⓜ sans rest, 47 r. Poterie 🕿 99 75 11 11 – 📺 🕿 🖭 🖪 𝖵𝖨𝖲𝖠   A b
🖙 28 – **16 ch** 200/270.

🏨 **Chêne Vert,** pl. Gén. de Gaulle 🕿 99 75 00 58 – 📞 🚙 🖪 𝖵𝖨𝖲𝖠 🦐 ch   B a
fermé 22 sept. au 22 oct., vend. soir hors sais. et sam. sauf fériés – **R** 65/160, enf. 40 –
🖙 25 – **22 ch** 90/260.

XX **Le Pichet,** 17 bd Laval par ② ℰ 99 75 24 09, ☞ – 𝑉𝐼𝑆𝐴
fermé 4 au 19 août, 5 au 25 fév., dim. soir et lundi – **R** 90/170 ♣.

XX **Taverne de l'Écu,** 12 r. Beaudrairie ℰ 99 75 11 09, « Vieille maison du 17ᵉ siècle » – **E**
➜ 𝑉𝐼𝑆𝐴   A e
fermé 1ᵉʳ au 15 mars, 26 juil. au 5 août, dim. soir et lundi – **R** 70/120.

XX **Rest. Petit-Billot,** 5 pl. Mar. Leclerc ℰ 99 74 68 88 – **E** 𝑉𝐼𝑆𝐴   B t
➜ *fermé 19 au 26 août, 21 déc. au 15 janv., vend. soir (hors sais.) et sam. –* **R** 70/110 ♣.

par ② : 10 km, aire d'Erbrée sur E 50 – ⊠ **35500** Vitré :

🏨 **Patio Vert** Ⓜ sans rest, ℰ 99 49 49 99, Télex 790821, Fax 99 00 75 76 – **℗**. **AE ⓞ E 𝑉𝐼𝑆𝐴**
⌂ 30 – **48 ch** 195/260.

CITROEN Gar. Pinel, rte de Laval par ②
ℰ 99 75 06 52
PEUGEOT-TALBOT Gar. Gendry, av. d'Helmstedt
par ③ ℰ 99 75 00 57
PEUGEOT-TALBOT Gar. Beaugendre-Sauvée, ZA
Le Chalet par ⑤ ℰ 99 75 29 62
RENAULT Gar. Martin, 18 r. de Fougères
ℰ 99 75 01 74

RENAULT Gar. Guimault, rte de Laval par ②
ℰ 99 75 00 53 🅽 ℰ 99 74 91 55
V.A.G Mouton, rte de la Guerche ℰ 99 74 54 00

● Vallée Pneus, av. d'Helmstedt ℰ 99 75 17 75

During the season, particularly in resorts, it is wise to book in advance.

VITROLLES 13 B.-du-R. 🟦🟦 ② – rattaché à Marignane.

VITRY-LE-FRANÇOIS ◁🆂🅿▷ **51300** Marne 🟦🟦 ⑥ G. Champagne – 18 829 h. alt. 105.
🅱 Office de Tourisme pl. Giraud ℰ 26 74 45 30.
Paris 176 ⑤ – Châlons-sur-Marne 32 ① – Meaux 144 ⑤ – Melun 154 ⑤ – St-Dizier 29 ③ – Sens 141 ⑤ – Troyes
78 ⑤ – Verdun 94 ②.

VITRY-LE-FRANÇOIS

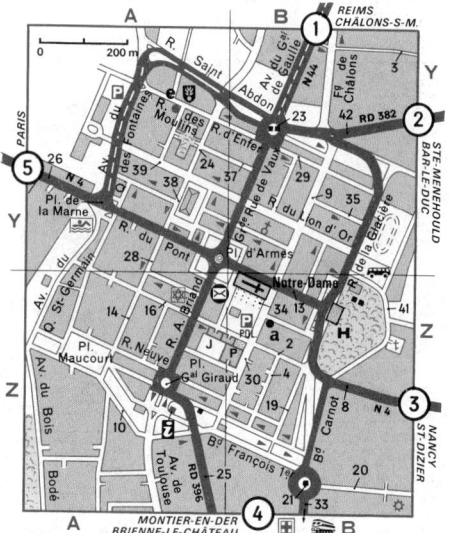

🏨 **Poste,** pl. Royer-Collard ℰ 26 74 02 65, Fax 26 74 54 71 – ⓘ **TV** ☎ – ⚄ 60. **AE ⓞ E 𝑉𝐼𝑆𝐴**
R *(fermé 5 au 18 août, 23 déc. au 4 janv. et dim.)* 105/230 – ⌂ 38 – **31 ch** 340.   BZ a
XX **Vieille École,** 19 r. Ste Barbe ℰ 26 72 08 36 – **AE E 𝑉𝐼𝑆𝐴**   AY e
fermé 16 au 31 août, 13 fév. au 1ᵉʳ mars, dim. soir et lundi – **R** 120/280, enf. 55.

à St-Amand-sur-Fion par ① : 11 km par N 44 et D 260 – ⊠ **51300**.
Voir Église★.

XX **Moulin de la Commanderie,** ℰ 26 73 96 27, « Ancien moulin dans un jardin » – **℗ E**
𝑉𝐼𝑆𝐴 *– fermé dim. soir et lundi sauf fériés –* **R** 82/208, enf. 40.

à Thiéblemont-Farémont par ③ : 10 km – ⊠ **51300** :

XX **Le Champenois** avec ch, ℰ 26 73 81 03 – ☜ **℗. AE ⓞ E 𝑉𝐼𝑆𝐴**
fermé 15 au 30 sept., 15 au 28 fév., dim. soir et lundi – **R** 145/325, enf. 75 – ⌂ 30 – **10 ch**
160/260 – ½ P 240/300.

CITROEN Blacy Auto., N 4 à Blacy par ⑤
℘ 26 74 15 29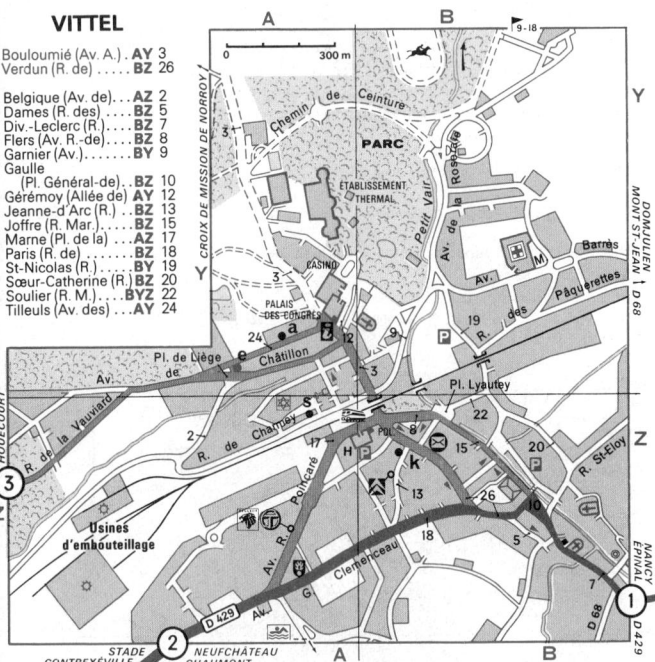
OPEL-GM Gar. Labroche, 201 av. de Champagne
à Frignicourt ℘ 26 74 13 58
PEUGEOT-TALBOT Vitry-Champagne-Autom., 2
av. de Paris par ⑤ ℘ 26 74 11 47 **N**

V.A.G Gar. Ruffo, 10 fg St-Dizier ℘ 26 74 39 33

⚙ Auto-Pneu-Marché, 14 av. de Paris
℘ 26 74 04 14
Fischbach Pneu, 138 av. Gén.-Leclerc à Frignicourt
℘ 26 72 27 33

VITTEAUX 21350 Côte-d'Or 🆖 ⑱ **G**. Bourgogne – 1 138 h. alt. 325.

Paris 261 – ◆Dijon 48 – Auxerre 100 – Avallon 56 – Beaune 67 – Montbard 33 – Saulieu 34.

× **Vieille Auberge,** ℘ 80 49 60 88 – **E** *VISA*. ⌘ rest
◆ *fermé 4 au 8 oct., 21 fév. au 7 mars, merc. sauf le midi en juil.-août et mardi soir –*
R 65/170 ♣, enf. 45.

VITTEL 88800 Vosges 🆖 ⑭ **G**. Alsace Lorraine – 6 440 h. alt. 324 – Stat. therm. (2 janv.-24 déc.) – Casino
ABY – **Voir** Parc★ BY – 🅿 🅿 🅿 ℘ 29 08 18 80 (mai-sept.) et ℘ 29 08 70 00 (hors saison).
🚩 Syndicat d'Initiative av. Bouloumié ℘ 29 08 08 88 et 385 r. Verdun ℘ 29 08 16 59.
Paris 344 ② – Belfort 123 ① – Chaumont 82 ② – Épinal 43 ① – Langres 72 ② – ◆Nancy 70 ①.

VITTEL

Bouloumié (Av. A.) . **AY** 3
Verdun (R. de) . . . . . **BZ** 26

Belgique (Av. de). . . **AZ** 2
Dames (R. des) . . . . **BZ** 5
Div.-Leclerc (R.) . . . . **BZ** 7
Flers (Av. R.-de) . . . . **BZ** 8
Garnier (Av.) . . . . . . **BY** 9
Gaulle
   (Pl. Général-de) . **BZ** 10
Gérémoy (Allée de) **AY** 12
Jeanne-d'Arc (R.) . . **BZ** 13
Joffre (R. Mar.) . . . . **BZ** 15
Marne (Pl. de la) . . . **AZ** 17
Paris (R. de) . . . . . . **BZ** 18
St-Nicolas (R.) . . . . . **BY** 19
Sœur-Catherine (R.) **BZ** 20
Soulier (R. M.) . . . **BYZ** 22
Tilleuls (Av. des) . . . **AY** 24

🏨 **Angleterre,** r. Charmey ℘ 29 08 08 42, Télex 961988, Fax 29 08 07 48, ☞ – 🛗 📺 ☎ 🅿
– 🛁 60. 🖭 ⓓ **E** *VISA*. ⌘ rest   AZ **s**
fermé 20 déc. au 10 janv. – **R** 110/160 – � 29 – **63 ch** 260/340 – ½ P 250/280.

🏨 **Castel Fleuri** ⌘, 37 r. Jeanne d'Arc ℘ 29 08 05 20, ☞ – ☎ 🅿   BZ **k**
20 mai-20 sept. – **R** 95/100 – ⊐ 24 – **42 ch** 93/285 – ½ P 165/210.

🏨 **Beauséjour,** 160 av. Tilleuls ℘ 29 08 09 34 – ☎. **E** *VISA*   AY **a**
◆ *15 avril-30 sept.* – **R** 67/120 ♣, enf. 35 – ⊐ 23 – **37 ch** 130/280 – ½ P 195/295.

××× **L'Aubergade** Ⓜ avec ch, 265 av. Tilleuls ℘ 29 08 04 39 – 📺 ☎ 🖭 **E** *VISA*   AY **e**
R *(fermé 23 déc. au 1ᵉʳ fév., dim. soir et lundi sauf juil.-août)* 180/285 – ⊐ 38 – **9 ch**
250/390 – ½ P 400/490.

par ③ : 3 km rte Hippodrome – ✉ **88800** Vittel :

🏨 **Orée du Bois,** ℘ 29 08 13 51, Fax 29 08 01 61, ≤, 🍴, ☞, ⌘ – 🛗 ☎ 🅿 – 🛁 40. 🖭 **E**
◆ *VISA*. ⌘ ch
R *(fermé dim. soir de nov. à avril)* 54/159 ♣, enf. 37 – ⊐ 30 – **36 ch** 194/232 – ½ P 270/278.

CITROEN Villeminot, 106 av. Jeanne-d'Arc
℘ 29 08 19 44 **N**

PEUGEOT-TALBOT Rambaud, 288 av. Poincaré
℘ 29 08 05 24 **N**

VIVÈS 66 Pyr.-Or. 86 ⑲ – rattaché au Boulou.

VIVIERS 07220 Ardèche 80 ⑩ G. Vallée du Rhône (plan) – 3 287 h. alt. 71.

Voir Vieille ville★ – Cathédrale St-Vincent : réseau★ des nervures du chœur – Sommet de la colline la "Jouannade" ≼★ 15 mn – Défilé de Donzère★★ au S.

Paris 619 – Valence 62 – Aubenas 41 – Montélimar 11 – Pont-St-Esprit 29 – Privas 41 – Vallon-Pont-d'Arc 44.

 ✕ **Relais du Vivarais** avec ch, NO : 2 km sur N 86 ℰ 75 52 60 41, 🍴, 🏤 – **P**
    fermé 20 déc. au 1er mars et merc. – **R** (prévenir) 75/155 🍷, enf. 50 – ☐ 22 – **10 ch** 120/185
    – ½ P 175.

PEUGEOT-TALBOT Sabadel ℰ 75 52 62 70 **N**

VIVIERS-DU-LAC 73 Savoie 74 ⑮ – rattaché à Aix-les-Bains.

Le VIVIER-SUR-MER 35960 I.-et-V. 59 ⑥ – 914 h.

Paris 346 – St-Malo 21 – Dinan 34 – Dol-de-Bretagne 8 – Fougères 59 – Le Mont-St-Michel 31.

 🏨 **Bretagne,** ℰ 99 48 91 74 – ☎ **P.** 🅰🅴 ⓞ **E** **VISA**
    vacances de fév.-fin nov. et fermé dim. soir et lundi sauf juil.-août – **R** 95/200, enf. 47 –
    ☐ 28 – **28 ch** 220/240 – ½ P 230/270.

VIVONNE 86370 Vienne 68 ⑬ G. Poitou Vendée Charentes – 2 817 h. alt. 83.

Paris 353 – Poitiers 19 – Angoulême 90 – Confolens 61 – Niort 63 – St-Jean-d'Angély 89.

 ✕ **La Treille,** av. Bordeaux ℰ 49 43 41 13, 🏤 – 🅰🅴 ⓞ **E** **VISA**
 ➤ *fermé vacances de fév. et merc. sauf le midi en sais.* – **R** 67/194, enf. 40.

PEUGEOT-TALBOT Babeau ℰ 49 43 41 29 **N**

VOGELGRUN 68 H.-Rhin 62 ⑳ – rattaché à Neuf-Brisach.

VOGLANS 73 Savoie 74 ⑮ – rattaché à Chambéry.

VOIRON 38500 Isère 77 ④ G. Alpes du Nord – 19 658 h. alt. 290.

Voir Caves de la Chartreuse★ BZ.

🅱 Office de Tourisme 3 r. P.-Vial ℰ 76 05 00 38.

Paris 539 ① – ◆Grenoble 27 ④ – Bourg-en-Bresse 108 ① – Chambéry 44 ② – ◆Lyon 88 ④ – Romans-sur-Isère 62 ④ – Valence 80 ④ – Vienne 71 ④.

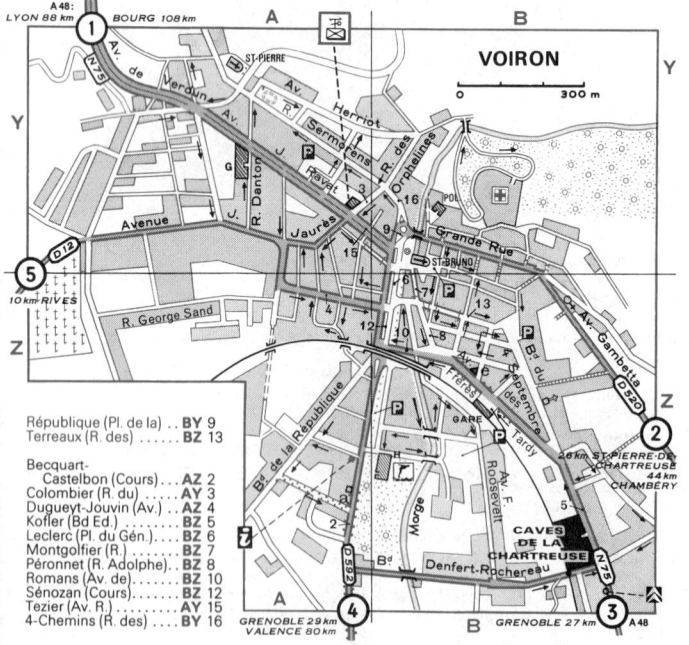

République (Pl. de la)	**BY** 9
Terreaux (R. des)	**BZ** 13

Becquart-Castelbon (Cours)	**AZ** 2
Colombier (R. du)	**AY** 3
Dugueyt-Jouvin (Av.)	**AZ** 4
Kofler (Bd Ed.)	**BZ** 5
Leclerc (Pl. du Gén.)	**BZ** 6
Montgolfier (R.)	**BZ** 7
Péronnet (R. Adolphe)	**BZ** 8
Romans (Av. de)	**BZ** 10
Sénozan (Cours)	**BZ** 12
Tezier (Av. R.)	**AY** 15
4-Chemins (R. des)	**BY** 16

🏦 **Abelia** Ⓜ, 72 cours Becquart Castelbon ℰ 76 65 90 00, Télex 308475, Fax 76 65 71 22 – 📶
　　🍽 📺 ☎ 🅰 – 🔒 60. 🄰🄴 ⓞ 🗲 𝕍𝕀𝕊𝔸　　　　　　　　　　　　　　　　　　　　　　　AZ **a**
　　R *(fermé 24 au 31 déc.)* 87 bc/275 🍴, enf. 35 – 🍽 30 – **42 ch** 267/288 – ½ P 247.

🏠 **La Chaumière,** r. Chaumière (par bd République - AZ) ℰ 76 05 16 24, Fax 76 05 13 27 –
　📺 ☎ 🅿. 🗲 𝕍𝕀𝕊𝔸, ⛽
　　fermé 1ᵉʳ au 15 janv., vend. soir et sam. sauf vacances scolaires – **R** 65/140 🍴, enf. 45 –
　　🍽 25 – **24 ch** 120/250 – ½ P 280/380.

🍽🍽🍽 **Serratrice,** 3 av. Tardy ℰ 76 05 29 88, Fax 76 05 45 62 – 🄰🄴 ⓞ 🗲 𝕍𝕀𝕊𝔸　　　　　BZ **e**
　　fermé 22 juin au 10 sept., dim. soir et lundi – **R** 125/420, enf. 60.

🍽🍽 **Eden,** par ② : 1 km ℰ 76 05 17 40, ≤, 😊, 🏕 – 🅿. 🄰🄴 ⓞ 🗲 𝕍𝕀𝕊𝔸
　　fermé 2 au 8 sept., 18 nov. au 2 déc., dim. soir et lundi – **R** 89/265.

CITROEN Gar. de Chartreuse, 22 bd E.-Kofler
ℰ 76 05 03 16
CITROEN SA Roussillon, ZI les Blanchisseries par
① ℰ 76 65 92 33
OPEL GM Gar. de la Gare, 5 bis av. Tardy
ℰ 76 05 03 49

PEUGEOT-TALBOT Guilmeau, ZI des Blanchisseries, N 75 par ① ℰ 76 05 85 33

🛢 Piot-Pneu, bd Denfert-Rochereau ℰ 76 05 06 39

VOISINS-LE-BRETONNEUX 78 Yvelines 🌀 ⑨ – voir à St-Quentin-en-Yvelines.

VOLLORE-MONTAGNE 63120 P.-de-D. 🔢 ⑯ – 450 h. alt. 840.
Paris 416 – ♦Clermont-Fd 63 – Roanne 57 – Ambert 45 – L'Arbresle 98 – Montbrison 54 – Thiers 21.

🏨 Touristes, ℰ 73 53 77 50, ≤, 🏕 – 🚗 🅿
　12 ch

VOLVIC 63530 P.-de-D. 🔢 ⑭ G. Auvergne – 3 936 h – **Voir** Coulée de lave★ dans la maison de la
Pierre – Ruines du château de Tournoël★★ : ✳★ 1,5 km au N.
Paris 380 – Aubusson 85 – ♦ Clermont-Ferrand 21 – Riom 7.

🏠 **Commerce,** 3 pl. Eglise ℰ 73 33 60 64 – 📶 ☎. 🄰🄴 ⓞ 🗲 𝕍𝕀𝕊𝔸
　　fermé 2 au 31 janv., dim. soir d'oct. à mars et sam. – **R** 85/215 🍴, enf. 60 – 🍽 32 – **21 ch**
　　190/210 – ½ P 195.

VONNAS 01540 Ain 🔢 ② – 2 505 h. alt. 189.
Paris 411 – Mâcon 19 – Bourg-en-Bresse 24 – ♦Lyon 66 – Villefranche-sur-Saône 39.

🏨🏨 ❀❀❀ **Georges Blanc** Ⓜ ⚜, ℰ 74 50 00 10, Télex 380776, Fax 74 50 08 80, « Elégante
hostellerie au bord de la Veyle, jardin fleuri », ⅃, 🏊 – 📶 ↔ rest 🍽 📺 ☎ 🚗 🅿. 🄰🄴
　ⓞ 🗲 𝕍𝕀𝕊𝔸
　　fermé 2 janv. au 9 fév. – **R** *(fermé jeudi sauf le soir du 15 juin au 15 sept. et merc. sauf
　　fériés)* (nombre de couverts limité - prévenir) 380/580 et carte, enf. 150 – 🍽 75 – **34 ch**
　　850/1500, 7 appart. 4000/3000
　　Spéc. Crêpe parmentier au saumon et caviar, Soupe de haricots blancs aux truffes noires (hiver-printemps),
　　Poularde de Bresse aux gousses d'ail et foie gras. **Vins** Mâcon-Azé, Chiroubles.

🍽 **L'Ancienne Auberge,** ℰ 74 50 11 13, 🏕 – 🄰🄴 ⓞ 🗲 𝕍𝕀𝕊𝔸
　　fermé 2 janv. au 10 fév., dim. soir et lundi – **R** 130/180.

CITROEN Ferrand ℰ 74 50 00 27
NISSAN Gautret ℰ 74 50 02 41 🅽

PEUGEOT-TALBOT Mousset ℰ 74 50 06 02
RENAULT Morel ℰ 74 50 15 66 🅽

VOUGEOT 21640 Côte-d'Or 🔢 ⑫ – 197 h. alt. 225.
Voir Château du Clos de Vougeot★ O, G. Bourgogne
Paris 327 – ♦Dijon 18 – Beaune 23.

　à Gilly-lès-Cîteaux E : 2 km par D 251 – ✉ 21640 :

🏨🏨 **Château de Gilly** Ⓜ ⚜, ℰ 80 62 89 98, Télex 351467, Fax 80 62 82 34, « Ancien palais
abbatial cistercien, jardins à la française », 🐎 🏊 – 📶 📺 ☎ 🅿 – 🔒 150. 🗲 𝕍𝕀𝕊𝔸. ⛽ rest
　8 mars au 26 janv. – **R** 190/390, enf. 150 – 🍽 70 – **38 ch** 600/950, 8 appart. 1300/1500 –
　½ P 570/930.

VOUGY 74130 H.-Savoie 🔢 ⑦ – 597 h. alt. 351.
Paris 568 – Chamonix 48 – Thonon-les-Bains 53 – Annecy 49 – Bonneville 8 – Cluses 7 – ♦Genève 38.

🍽🍽🍽 ❀ **Capucin Gourmand** (Barbin), rte Bonneville ℰ 50 34 03 50 – 🅿. 🄰🄴 ⓞ 🗲 𝕍𝕀𝕊𝔸
　　fermé 1ᵉʳ au 22 août, dim. soir et lundi – **R** 180/350
　　Spéc. Filet de féra à l'Ayze (mai à oct.), Feuilleté de foie gras à l'essence de truffe, Truffe au chocolat et
　　sorbet cacao. **Vins** Roussette de Seyssel, Mondeuse.

VOUILLÉ 86190 Vienne 🔢 ⑬ – 2 835 h. alt. 107.
Paris 340 – Poitiers 17 – Châtellerault 39 – Parthenay 33 – Saumur 84 – Thouars 52.

🍽 **Cheval Blanc** avec ch, ℰ 49 51 81 46 – 🅿. – 🔒 25 à 80. 🄰🄴 ⓞ 🗲 𝕍𝕀𝕊𝔸, ⛽
　R 60/160 🍴, enf. 40 – 🍽 25 – **12 ch** 120/160 – ½ P 145/165.
　　Annexe Le Clovis 🏠 Ⓜ sans rest, – 📺 ☎. 🄰🄴 ⓞ 🗲 𝕍𝕀𝕊𝔸
　　🍽 25 – **25 ch** 180/250.

La VOULTE-SUR-RHÔNE 07800 Ardèche 🗷🗷 ⑩ G. Vallée du Rhône – 5 301 h. alt. 92.

Voir Corniche de l'Eyrieux★★★ NO : 4,5 km – Plan d'eau du Rhône★.

Paris 583 – Valence 19 – Crest 23 – Montélimar 33 – Privas 20.

🏛 **Musée**, pl. 4-Septembre ℰ 75 62 40 19, 😱 – ☎ 🚗 – 🛴 30. 🗉 VISA
   fermé 1er fév. au 1er mars et sam. du 15 sept. au 15 avril – **R** 80/200 ⅃, enf. 50 – ⊇ 25 –
   15 ch 130/260 – ½ P 160/250.

🏛 **Vallée**, quai A. France ℰ 75 62 41 10, ≼, 😱 – ☎ 🚗 🅿. 🗉 VISA
   fermé janv. et sam. sauf juil.-août – **R** 65/220 ⅃, enf. 40 – ⊇ 25 – **17 ch** 110/250 –
   ½ P 200/250.

CITROEN Gar. Coutton ℰ 75 62 00 82

VOUVANT 85120 Vendée 🗷🗷 ⑯ G. Poitou Vendée Charentes – 798 h. alt. 70.

Voir Eglise★ – Château : tour Mélusine★ (❄★).

Paris 397 – Bressuire 43 – Fontenay-le-Comte 15 – Parthenay 53 – La Roche-sur-Yon 62.

❌❌ **Aub. Maître Pannetier** avec ch, ℰ 51 00 80 12 – 📺 ☎. 🗉 VISA
 ➡ fermé 4 au 24 nov., vacances de fév., dim. soir et lundi sauf juil.-août – **R** 58/280, enf. 38 –
   ⊇ 22 – **7 ch** 180/230 – ½ P 200/220.

VOUVRAY 37210 I.-et-L. 🗷🗷 ⑮ G. Châteaux de la Loire – 2 598 h. alt. 60.

Paris 233 – ◆Tours 10 – Amboise 16 – Blois 49 – Château-Renault 26.

❌❌ **Le Grand Vatel** avec ch, av. Brûlé ℰ 47 52 70 32, 😱 – ☎ 🅿. VISA. ❀ ch
   fermé 1er au 15 mars, 1er au 15 déc., dim. soir et lundi – **R** 120/200 – ⊇ 25 – **7 ch**
   (½ pens. seul.) – ½ P 230/265.

❌❌ **Au Virage Gastronomique**, 25 av. Brûlé ℰ 47 52 70 02, 😱 – 🅿. 🗉 VISA
   fermé 15 au 26 juil., vacances de Noël, de fév. et dim. soir – **R** 105/230 ⅃, enf. 65.

   à Noizay E : 8,5 km par D 46 et D 1 – ☒ 37210 :

🏰🏰 **Château de Noizay** 🐾, ℰ 47 52 11 01, Télex 752715, Fax 47 52 04 64, ≼, 😱, ⊾, 🌳,
   ❀ – 📺 ☎ 🅿 – 🛴 30. 🗛 🗉 VISA
   15 mars-18 nov. – **R** 195/250, enf. 60 – ⊇ 55 – **14 ch** 770/980 – ½ P 615/795.

RENAULT Gar. des Sports ℰ 47 52 73 36

VOUZERON 18330 Cher 🗷🗷 ⑳ – 394 h. alt. 226.

Paris 214 – Bourges 32 – Gien 61 – ◆Orléans 83 – Vierzon 13.

🏛 **Relais de Vouzeron** 🐾, ℰ 48 51 61 38, 😱, « Bel intérieur » – 📷. 🗛 🅾 🗉 VISA. ❀ ch
   fermé août, dim soir et lundi – **R** carte 180 à 250 – ⊇ 40 – **9 ch** 250/390 – ½ P 500.

VOVES 28150 E.-et-L. 🗷🗷 ⑱ – 2 853 h. alt. 145.

Paris 97 – Ablis 34 – Bonneval 22 – Chartres 24 – Châteaudun 36 – Étampes 52 – ◆Orléans 58.

❌❌ **Aux Trois Rois** avec ch, ℰ 37 99 00 88 – 🗉 VISA
 ➡ fermé dim. soir – **R** 65/185, enf. 40 – ⊇ 22 – **5 ch** 100/145.

CITROEN Jeannot ℰ 37 99 01 70 🅽   RENAULT Nadler ℰ 37 99 17 82
PEUGEOT-TALBOT Poupaux ℰ 37 99 10 55 🅽

La VRINE 25 Doubs 🗷🗷 ⑥ – alt. 836 – ☒ 25520 Goux-les-Usiers.

Paris 462 – ◆Besançon 49 – Morteau 36 – Mouthier-Hte-Pierre 11 – Pontarlier 9 – Salins-les-Bains 42.

🏛 **Ferme H.**, ℰ 81 39 47 74 – ☎ 🚗 🅿. 🗉 VISA
   R (fermé lundi sauf le soir en sais. et dim. soir) 75/200 ⅃, enf. 35 – ⊇ 30 – **35 ch** 180/200
   – ½ P 220.

WAHLBACH 68 H.-Rhin 🗷🗷 ⑩ – rattaché à Altkirch.

WANGENBOURG 67710 B.-Rhin 🗷🗷 ⑧⑨ G. Alsace Lorraine – 224 h. alt. 452.

Voir Site★.

Env. Château et cascade du Nideck★★ SO : 9 km puis 1 h 15.

🛈 Syndicat d'initiative rte Gén.-de-Gaulle (juil.-août) ℰ 88 87 32 44.

Paris 467 – ◆Strasbourg 41 – Molsheim 29 – Sarrebourg 38 – Saverne 20 – Sélestat 62.

🏛 **Parc** 🐾, ℰ 88 87 31 72, Fax 88 87 38 00, ≼, « Joli parc ombragé », ⊾, ❀ – 🛗 ☎ 🅿 –
   🛴 50. 🗉 VISA. ❀
   fermé 4 nov. au 20 déc., janv. et fév. – **R** 98/190 ⅃, enf. 58 – ⊇ 28 – **34 ch** 210/306 –
   ½ P 253/267.

🏛 **Scheidecker-Fruhauff**, ℰ 88 87 30 89 – 🅿. 🗉 VISA
 ➡ 1er mars-30 nov. et fermé lundi soir et mardi en hiver – **R** 60/150 ⅃, enf. 40 – ⊇ 25 – **26 ch**
   100/200 – ½ P 150/180.

   à Engenthal N : 2 km carrefour D 218 - D 224 – ☒ 67710 Wangenbourg-Engenthal :

❌❌ **Vosges** 🐾 avec ch, ℰ 88 87 30 35, ≼, 😱, ❀ – ☎ 🅿 🅾 🗉 VISA
   fermé mardi soir et merc. hors sais. – **R** 90/160 ⅃ – ⊇ 24 – **11 ch** 100/230 – ½ P 240.

La WANTZENAU 67 B.-Rhin 62 ⑩ – rattaché à Strasbourg.

WASSELONNE 67310 B.-Rhin 62 ⑨ G. Alsace Lorraine – 4 862 h. alt. 200.

🏢 Office de Tourisme pl. Gén.-Leclerc (15 juin-15 sept.) ℰ 88 87 17 22 et à la Mairie (hors saison) ℰ 88 87 03 28.

Paris 461 – ◆Strasbourg 25 – Haguenau 39 – Molsheim 13 – Saverne 14 – Sélestat 46.

　XX　**Au Saumon** avec ch, r. Gén. de Gaulle ℰ 88 87 01 83 – ☎ 🄿. 🆔 🅾 🄴 *VISA*
　　　fermé vacances de fév., dim. soir hors sais. et lundi – **R** 85/180 🍷, enf. 45 – ☖ 27 – **18 ch** 95/180 – ½ P 180/220.

CITROEN Gar. Bohnert ℰ 88 87 03 72　　　　　　　RENAULT Gar. Kern ℰ 88 87 01 92
　　　　　　　　　　　　　　　　　　　　　　　　　Ⓝ ℰ 88 87 27 27

WESTHALTEN 68250 H.-Rhin 62 ⑱ G. Alsace Lorraine – 745 h. alt. 240.

Paris 460 – Colmar 21 – Guebwiller 11 – ◆Mulhouse 29 – Thann 29.

　XXX　⊛ **Aub. Cheval Blanc** (Koehler) Ⓜ 🦌 avec ch, 20 r. Rouffach ℰ 89 47 01 16, Fax 89 47 64 40 – 🅿 🆃🅅 ☎ 🕿 🄿 – 🄰 30. 🄴 *VISA*
　　　fermé 1er au 12 juil. et 10 fév. au 6 mars – **R** *(fermé dim. soir et lundi)* 115/400 🍷, enf. 60
　　　– ☖ 35 – **12 ch** 290/400 – ½ P 360/360
　　　Spéc. Foie gras d'oie, Saint-Pierre à l'oseille, Gibier (juin à janv.). Vins Tokay-Pinot gris, Riesling.

WETTOLSHEIM 68 H.-Rhin 62 ⑱ – rattaché à Colmar.

WIHR-AU-VAL 68230 H.-Rhin 62 ⑱ – 1 051 h. alt. 320.

Voir Soultzbach-les-Bains : autels★★ dans l'église S : 2 km, G. Alsace Lorraine.

Paris 448 – Colmar 15 – Gérardmer 38 – Guebwiller 34 – Munster 5.

　　　sur D 417 E : 2 km – ⊠ 68230 Turckheim :

　🏨　**Motel la Prairie** sans rest, ℰ 89 71 10 00 – �†🌂 ☎ 🄿. 🆎 🅾 🄴 *VISA*
　　　☖ 28 – **20 ch** 230/250.

RENAULT Meyer et Philippe ℰ 89 71 11 09

　　　　Si vous êtes retardé sur la route, dès 18 h,
　　　　confirmez votre réservation par téléphone,
　　　　c'est plus sûr... et c'est l'usage.

WIMEREUX 62930 P.-de-C. 51 ① G. Flandres Artois Picardie – 7 023 h.

🏌 ℰ 21 32 43 20, N : 2 km.

Paris 250 – ◆Calais 31 – Arras 121 – Boulogne-sur-Mer 6,5 – Marquise 10.

　🏠　**Centre,** 78 r. Carnot ℰ 21 32 41 08, 🍽 – 🆃🅅 ☎ 🄿. 🄴 *VISA*
　　　fermé 3 au 10 juin et 15 déc. au 15 janv. – **R** *(fermé lundi)* 80/150 🍷 – ☖ 25 – **25 ch** 140/280.

　🏠　**Paul et Virginie,** 19 r. Gén. de Gaulle ℰ 21 32 42 12, 🍽 – ☎. 🆎 🅾 🄴 *VISA*
　　　fermé 15 déc. au 20 janv. – **R** *(fermé dim. soir sauf juil.-août)* 83/238, enf. 60 – ☖ 30 –
　　　16 ch 170/320 – ½ P 396/476.

　🏠　**Aramis** sans rest, 1 r. Romain ℰ 21 32 40 15 – ☎. 🆎 🄴 *VISA*
　　　fermé vacances de Noël, de fév., et dim. d'oct. à mars – ☖ 21 – **16 ch** 116/196.

　XX　**Atlantic H.** avec ch, digue de mer (1er étage) ℰ 21 32 41 01, Fax 21 87 46 17, ⩽ – 🅿 🆃🅅
　　　☎ 🄿 – 🄰 90. 🄴 *VISA*. ⬩
　　　fermé fév. – **R** *(fermé dim. soir et lundi)* 140/270 – ☖ 32 – **11 ch** 285/320 – ½ P 332/360.

RENAULT Coquart, 5 pl. O.-Dewavrin ℰ 21 32 40 02

WIMILLE 62 P.-de-C. 51 ① – rattaché à Boulogne-sur-Mer.

WINGEN-SUR-MODER 67290 B.-Rhin 57 ⑱ – 1 550 h. alt. 220.

Paris 437 – ◆Strasbourg 57 – Bitche 20 – Haguenau 35 – Sarreguemines 42 – Saverne 31.

　🏨　**Wenk,** ℰ 88 89 71 01, 🍽 – ☎ ⇔ 🄿. 🄴 *VISA*
　←　*fermé 1er janv. au 7 fév., mardi soir et lundi* – **R** 55/210 🍷 – ☖ 27 – **19 ch** 140/200 –
　　　½ P 210/240.

PEUGEOT Gar. Schmitt, 60B r. Gare à Winneau ℰ 88 89 71 39

WINTZENHEIM 68 H.-Rhin 62 ⑱⑲ – rattaché à Colmar.

WISEMBACH 88520 Vosges 62 ⑱ – 356 h. alt. 475.

Paris 399 – Colmar 44 – Épinal 64 – St-Dié 14 – Ste-Marie-aux-Mines 10 – Sélestat 32.

　XX　**Blanc Ru** 🦌 avec ch, ℰ 29 51 78 51, 🍽, 🍽 – ☎ 🄿. 🅾 🄴 *VISA*
　　　fermé 16 au 25 sept., fév., dim. soir (sauf juil.-août) et lundi sauf hôtel en juil.-août –
　　　R 86/160 🍷 – ☖ 27 – **7 ch** 215/280 – ½ P 195/220.

WISSEMBOURG <SP> **67160** B.-Rhin 57 ⑲ G. Alsace Lorraine – 6 536 h. alt. 160.

Voir Vieille ville★ : église St-Pierre et St-Paul★ A E – Col du Pigeonnier ≤★ 5 km par ④.

Env. Village★★ d'Hunspach 11 km par ②.

🛈 Office de Tourisme pl. République ℰ 88 94 10 11.

Paris 476 ④ – ◆Strasbourg 64 ② – Haguenau 32 ② – Karlsruhe 42 ② – Sarreguemines 81 ④.

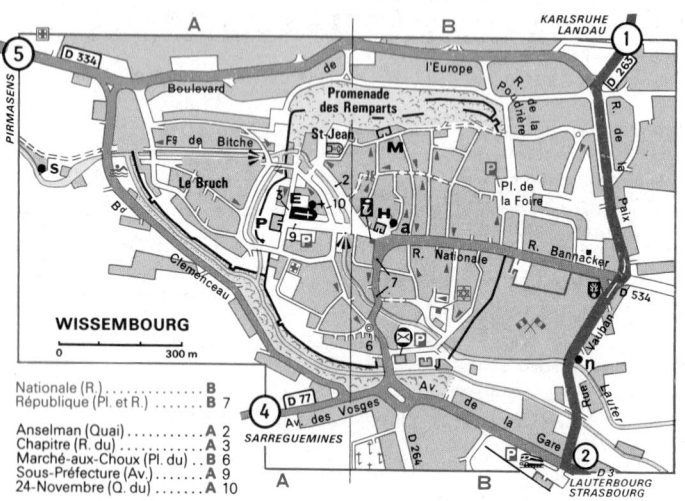

Nationale (R.) . . . . **B**
République (Pl. et R.) . . . . **B** 7

Anselman (Quai) . . . . **A** 2
Chapitre (R. du) . . . . **A** 3
Marché-aux-Choux (Pl. du) . . **B** 6
Sous-Préfecture (Av.) . . . . . . **A** 9
24-Novembre (Q. du) . . . . . **A** 10

🏨 **Alsace** M sans rest, 16 r. Vauban ℰ 88 94 98 43, Télex 870995, Fax 88 94 19 60 – ☎ ᚛
  ℗. ⯑ ⓞ E VISA
  fermé 22 déc. au 2 janv. – � 26 – **41 ch** 196/250.   B n

🏨 **Cygne**, 3 r. Sel ℰ 88 94 00 16, Fax 88 54 38 28, 😄 – 📺 ☎. E VISA. ⅏ ch   B a
  fermé 1er au 20 juil., 1er au 28 fév., jeudi midi et merc – **R** 100/250, enf. 60 – � 30 – **16 ch**
  175/300 – ½ P 250/270.

🏨 **Walck** ⑊, ℰ 88 94 06 44, Fax 88 54 38 03, 😄, ⅏, – 📺 ☎ ℗ – ⚒ 40. ⓞ E VISA. ⅏ ch
  fermé 15 au 30 juin, 15 au 30 janv., dim. soir et lundi – **R** carte 180 à 260 ⅃ – �
transp 28 –
  15 ch 210/250 – ½ P 250   A s

  à Altenstadt par ② : 2 km – ⊠ **67160** Wissembourg :

🍴🍴 **Rôtisserie Belle Vue**, ℰ 88 94 02 30 – ℗. E VISA
  fermé 12 août au 4 sept., 15 au 30 fév, lundi soir et mardi – **R** 85/230 ⅃.

RENAULT Gar. Grasser, allée Peupliers par ②   Gar. Badina ℰ 88 94 00 25
ℰ 88 94 96 00 N

WOELFLING-LÈS-SARREGUEMINES 57 Moselle 57 ⑰ – rattaché à Sarreguemines.

XONRUPT-LONGEMER 88 Vosges 62 ⑰ – rattaché à Gérardmer.

YENNE **73170** Savoie 74 ⑮ G. Alpes du Nord – 2 359 h. alt. 231.

Paris 514 – Aix-les-B. 22 – Bellegarde-sur-Valserine 55 – Belley 12 – Chambéry 24 – La Tour-du-Pin 35.

🍴🍴 **La Diligence**, ℰ 79 36 80 78 – ⯑ ⓞ VISA
  ⟵ fermé 15 au 30 nov., 15 au 31 janv., dim. soir et lundi sauf fêtes – **R** 65/200 ⅃, enf. 35.

CITROEN Gar. Gache ℰ 79 36 90 08   RENAULT Gar. Clément ℰ 79 36 72 32
PEUGEOT-TALBOT Gar. Berger ℰ 79 36 70 20   N ℰ 79 36 86 83

YEU (Ile d') ★★ **85350** Vendée 67 ⑪ G. Poitou Vendée Charentes – 4 896 h.

Accès par transports maritimes, pour **Port-Joinville** (retenir passage autos très longtemps à
l'avance, surtout pour juil.-août) écrire Gare de Port-Joinville ou ℰ 51 58 36 66.

🚢 depuis **Fromentine**. En 1990 : en saison, 2 à 6 services quotidiens ; hors saison, 1 à
4 services quotidiens - Traversée 1 h 15 mn – Voyageurs 108 F (AR), autos de 273 à 378 F par
Régie Départementale des Passages d'Eau ℰ 51 68 52 32 (La Barre de Monts).

> **Port-de-la-Meule**
>
> Voir Côte Sauvage★★ : ≤★★ E et O – Pointe de la Tranche★ SE.

Port-Joinville – alt. 5.
Voir Vieux Château★ : ≤★★ SO : 3,5 km – Grand Phare ≤★ SO : 3 km.
Office de Tourisme pl. Marché ☏ 51 58 32 58.

Flux H. ⑤, 27 r. P.-Henry ☏ 51 58 36 25, ≤, – TV ☎ P. E VISA
R *(fermé mi-nov. à mi-déc. et dim. soir de sept. à juin sauf fériés)* 70/220, enf. 45 – ☕ 28 – **15 ch** 225/289 – ½ P 255/273.

Grand Large sans rest, 1 r. Courseau ☏ 51 58 36 77 – ☎. E VISA
fermé 1er au 10 janv. et dim. soir du 12 nov. au 30 mars – **22 ch** ☕ 215/310.

RENAULT Gar. Cantin 55 r. de la Saulzaie ☏ 51 58 33 80 N

YFFINIAC 22 C.-d'Armor 59 ③ – rattaché à St-Brieuc.

YSSINGEAUX SP 43200 H.-Loire 76 ⑧ G. Vallée du Rhône – 6 718 h. alt. 860.
Paris 560 – Ambert 72 – Privas 112 – Le Puy 27 – ♦St-Étienne 51 – Valence 100.

H. et rest. Cygne, 7 et 8 r. Alsace-Lorraine ☏ 71 59 01 87, – TV ☎. E VISA
fermé sept., 22 déc. au 9 janv., dim. soir et lundi d'oct. à juin – **R** 80/210 ⅓, enf. 60 – ☕ 29 – **18 ch** 175/210 – ½ P 270/290.

Le Bourbon avec ch, 5 pl. Victoire ☏ 71 59 06 54 – ☎ – 25. AE E VISA
fermé oct., dim. soir et lundi sauf juil.-août – **R** 75/220 – ☕ 38 – **11 ch** 170/240 – ½ P 180/230.

CITROEN Gar. de Bellevue, rte de Retournac ☏ 71 59 00 68 N
CITROEN Gar. Surrel, r. de Verdun Sud par D 7 ☏ 71 59 07 46 N ☏ 71 59 09 44
PEUGEOT-TALBOT Gar. Berlier, rte de Saint-Étienne ☏ 71 59 06 65 N
RENAULT Renault Yssingeaux, La Guide ☏ 71 59 13 31
RENAULT Gar. Sagnard, ZI La Guide ☏ 71 59 03 39
Chapuis, av. Mar.-de-Vaux ☏ 71 59 05 24 N ☏ 71 59 15 80

YVETOT 76190 S.-Mar. 52 ⑬ G. Normandie Vallée de la Seine – 10 895 h. alt. 144.
Voir Verrières★★ de l'église E.
Syndicat d'Initiative pl. V.-Hugo (avril-sept.) ☏ 35 95 08 40.
Paris 176 ② – ♦Rouen 36 ② – Dieppe 53 ② – Fécamp 34 ⑤ – ♦Le Havre 51 ⑤ – Lisieux 85 ⑤.

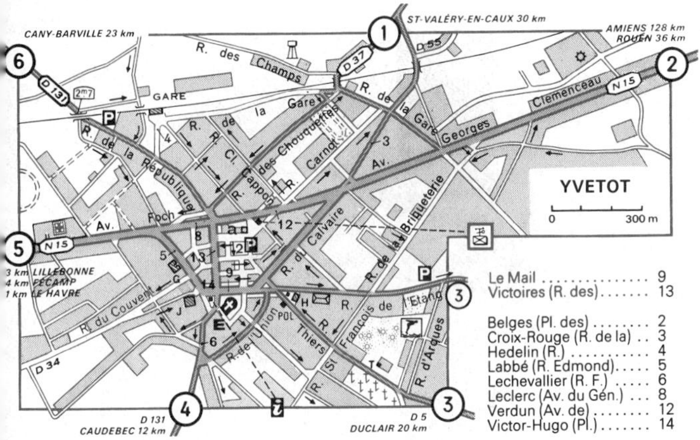
ST-VALÉRY-EN-CAUX 30 km
CANY-BARVILLE 23 km
AMIENS 128 km
ROUEN 36 km
YVETOT
300 m
3 km LILLEBONNE
4 km FÉCAMP
1 km LE HAVRE
D 131
CAUDEBEC 12 km
D 5
DUCLAIR 20 km
Le Mail 9
Victoires (R. des) 13
Belges (Pl. des) 2
Croix-Rouge (R. de la) 3
Hedelin (R.) 4
Labbé (R. Edmond) 5
Lechevallier (R. F.) 6
Leclerc (Av. du Gén.) 8
Verdun (Av. de) 12
Victor-Hugo (Pl.) 14

Havre, pl. Belges **(a)** ☏ 35 95 16 77, Télex 771683 – TV ☎ P. E VISA
R *(fermé 20 déc. au 10 janv., vend. soir et dim. sauf fériés)* 100/150 ⅓ – ☕ 28 – **28 ch** 185/300.

à Croix-Mare par ② N 15 : 8 km – ✉ **76190** Yvetot :

Aub. de la Forge, ☏ 35 91 25 94, – P. AE E VISA
fermé 4 au 15 mars, mardi soir et merc. – **R** 93/240 bc, enf. 70.

FIAT, LANCIA Guillot, ZI d'Yvetot à Ste-Marie-des-Champs ☏ 35 95 18 44
FORD Viking Auto, av. Gén.-Leclerc ☏ 35 95 12 99
PEUGEOT-TALBOT Leroux N 15 bis à Valliquerville par ⑤ ☏ 35 95 16 66
Gar. Perchey, av. G.-Clemenceau ☏ 35 95 01 75
Aubé, ZI ☏ 35 56 89 89
Central Pneu, 58 r. F.-Lechevalier ☏ 35 95 42 13
Rouen Pneus Caux, à Ourville-en-Caux ☏ 35 27 60 35

YVOIRE 74140 H.-Savoie 📖 ⑯ ⑰ G. Alpes du Nord – 357 h. alt. 390.

Voir Village médiéval★★.

🅱 Syndicat d'Initiative pl. Mairie (saison) ℰ 50 72 80 21 et au Port de Plaisance (saison) ℰ 50 72 87 06.

Paris 568 – Thonon-les-Bains 16 – Annecy 71 – Bonneville 40 – ◆Genève 26.

🏨 **Pré de la Cure** Ⓜ ⌘, ℰ 50 72 83 58, ≤, ☆, ☞ – 🛗 📺 ☎ 🅿 Ⓔ 🆚🆂🅰
    21 mars-fin oct. – **R** *(fermé merc. hors sais.)* 72/260 – � 32 – **20 ch** 265 – ½ P 280.

🏠 **Vieux Logis,** ℰ 50 72 80 24, ☆ – ☎ 🄰🄴 ⓌⒹ Ⓔ 🆚🆂🅰
    28 mars-31 oct. et fermé lundi – **R** 80/220, enf. 40 – ⊨ 35 – **11 ch** 230/310.

✕✕ **Port,** ℰ 50 72 80 17, ≤, ☆, « Terrasse au bord du lac » – 🄰🄴 Ⓔ 🆚🆂🅰
    début mars-début nov. – **R** 140/220.

✕✕ **Flots Bleus** ⌘ avec ch, ℰ 50 72 80 08, ≤, ☆, « Terrasse ombragée face au port » –
    📺 ☎. 🄰🄴 Ⓔ 🆚🆂🅰
    1er avril-15 oct. – **R** 92/190 – ⊨ 30 – **11 ch** 260/330.

✕✕ **Aub. Porte d'Yvoire,** ℰ 50 72 80 14, ≤, ☆, « Façade fleurie » – Ⓔ 🆚🆂🅰
    23 mars-3 nov. et fermé lundi – **R** 100/250, enf. 45.

YZEURES-SUR-CREUSE 37290 I.-et-L. 📖 ⑤ – 1 820 h. alt. 80.

Paris 315 – Poitiers 54 – Châteauroux 71 – Châtellerault 29 – ◆Tours 90.

🏨 **La Promenade,** ℰ 47 94 55 21 – ⇆ rest 📺 ☎. Ⓔ 🆚🆂🅰
    fermé 14 nov. au 8 déc. – **R** 97/250 – ⊨ 39 – **17 ch** 230/270 – ½ P 250.

ZELLENBERG 68 H.-Rhin 📖 ⑲ – rattaché à Riquewihr.

ZOUFFTGEN 57330 Moselle 📖 ③ – 664 h. alt. 250.

Paris 357 – Luxembourg 20 – ◆Metz 48 – Thionville 17.

✕✕ **La Lorraine,** ℰ 82 83 40 46 – 🅿. Ⓔ 🆚🆂🅰
    fermé 15 au 31 déc., mardi soir et merc. – **R** 160/360, enf. 70.

D'OÙ VIENT CETTE AUTO ?
WHERE DOES THAT CAR COME FROM ?

Voitures françaises :

Le régime normal d'immatriculation en vigueur comporte :
— un numéro d'ordre dans la série (1 à 3 ou 4 chiffres)
— une, deux ou trois lettres de série (1re série : A, 2e série : B,... puis AA, AB,... BA,...)
— un numéro représentant l'indicatif du département d'immatriculation.

Exemples : 854 BFK **75** : Paris — 127 HL **63** : Puy-de-Dôme.

Voici les numéros correspondant à chaque département :

01 Ain	**24** Dordogne	**48** Lozère	**72** Sarthe
02 Aisne	**25** Doubs	**49** Maine-et-Loire	**73** Savoie
03 Allier	**26** Drôme	**50** Manche	**74** Savoie (Hte)
04 Alpes-de-H.-Pr.	**27** Eure	**51** Marne	**75** Paris
05 Alpes (Hautes)	**28** Eure-et-Loir	**52** Marne (Hte)	**76** Seine-Mar.
06 Alpes-Mar.	**29** Finistère	**53** Mayenne	**77** Seine-et-M.
07 Ardèche	**30** Gard	**54** Meurthe-et-M.	**78** Yvelines
08 Ardennes	**31** Garonne (Hte)	**55** Meuse	**79** Sèvres (Deux)
09 Ariège	**32** Gers	**56** Morbihan	**80** Somme
10 Aube	**33** Gironde	**57** Moselle	**81** Tarn
11 Aude	**34** Hérault	**58** Nièvre	**82** Tarn-et-Gar.
12 Aveyron	**35** Ille-et-Vilaine	**59** Nord	**83** Var
13 B.-du-Rhône	**36** Indre	**60** Oise	**84** Vaucluse
14 Calvados	**37** Indre-et-Loire	**61** Orne	**85** Vendée
15 Cantal	**38** Isère	**62** Pas-de-Calais	**86** Vienne
16 Charente	**39** Jura	**63** Puy-de-Dôme	**87** Vienne (Hte)
17 Charente-Mar.	**40** Landes	**64** Pyrénées-Atl.	**88** Vosges
18 Cher	**41** Loir-et-Cher	**65** Pyrénées (Htes)	**89** Yonne
19 Corrèze	**42** Loire	**66** Pyrénées-Or.	**90** Belfort (Ter.-de)
2A Corse-du-Sud	**43** Loire (Hte)	**67** Rhin (Bas)	**91** Essonne
2B Hte-Corse	**44** Loire-Atl.	**68** Rhin (Haut)	**92** Hauts-de-Seine
21 Côte-d'Or	**45** Loiret	**69** Rhône	**93** Seine-St-Denis
22 Côtes d'Armor	**46** Lot	**70** Saône (Hte)	**94** Val-de-Marne
23 Creuse	**47** Lot-et-Gar.	**71** Saône-et-Loire	**95** Val-d'Oise

Voitures étrangères :

Des lettres distinctives variant avec le pays d'origine, sur plaque ovale placée à l'arrière du véhicule, sont obligatoires (F pour les voitures françaises circulant à l'étranger).

A	Autriche	**DZ**	Algérie	**L**	Luxembourg	**RCH**	Chili
AND	Andorre	**E**	Espagne	**MA**	Maroc	**RL**	Liban
AUS	Australie	**F**	France	**MC**	Monaco	**S**	Suède
B	Belgique	**FL**	Liechtenstein	**MEX**	Mexique	**SF**	Finlande
BG	Bulgarie	**GB**	Gde-Bretagne	**N**	Norvège	**SU**	U.R.S.S.
BR	Brésil	**GR**	Grèce	**NL**	Pays-Bas	**TN**	Tunisie
CDN	Canada	**H**	Hongrie	**P**	Portugal	**TR**	Turquie
CH	Suisse	**I**	Italie	**PE**	Pérou	**ROU**	Uruguay
CS	Tchécoslovaquie	**IL**	Israël	**PL**	Pologne	**USA**	États-Unis
D	Allemagne	**IR**	Iran	**RO**	Roumanie	**YU**	Yougoslavie
DK	Danemark	**IRL**	Irlande	**RA**	Argentine	**ZA**	Afrique du Sud

Immatriculations spéciales :

CMD Chef de mission diplomatique (orange sur fond vert)

CD Corps diplomatique ou assimilé (orange sur fond vert)

D Véhicules des Domaines

C Corps consulaire (blanc sur fond vert)

K Personnel d'ambassade ou de consulat ou d'organismes internationaux (blanc sur fond vert)

TT Transit temporaire (blanc sur fond rouge)

W Véhicules en vente ou en réparation

WW Immatriculation de livraison

Distances
entre principales villes

QUELQUES PRÉCISIONS

Au texte de chaque localité vous trouverez la distance des villes environnantes et celle de Paris. Lorsque ces villes sont celles du tableau ci-contre, leur nom est précédé d'un losange ♦.

Les distances sont comptées à partir du centre-ville et par la route la plus pratique, c'est-à-dire celle qui offre les meilleures conditions de roulage, mais qui n'est pas nécessairement la plus courte.

Distances
between major towns

COMMENTARY

The text on each town includes its distance from its immediate neighbours and from Paris. Those cited opposite are preceded by a lozenge ♦ in the text.

Distances are calculated from centres and along the best roads from a motoring point of view – not necessarily the shortest.

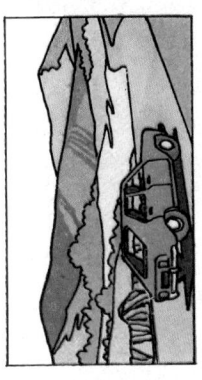

Tableau des distances

Diagonal (villes) : Amiens · Bâle · Bayonne · Besançon · Bordeaux · Brest · Caen · Calais · Clermont-Ferrand · Dijon · Genève · Grenoble · Le Havre · Lille · Limoges · Lyon · Le Mans · Marseille · Metz · Montpellier · Mulhouse · Nancy · Nantes · Nice · Orléans · Paris · Perpignan · Reims · Rennes · Rouen · Saint-Étienne · Strasbourg · Toulon · Toulouse · Tours

Marseille – Strasbourg   **801 km**

Ville	Distances aux villes précédentes
Bâle	578
Bayonne	921, 1023
Besançon	487, 151, 868
Bordeaux	611, 1096, 815, 683
Brest	237, 783, 749, 963, 621
Caen	148, 684, 1063, 555, 706, 333
Calais	574, 478, 543, 589, 869, 358, 372
Clermont-Ferrand	461, 244, 816, 328, 83, 1122, 544, 621
Dijon	684, 259, 951, 177, 682, 767, 857, 726, 199
Genève	715, 403, 831, 284, 656, 1018, 690, 549, 310, 144
Grenoble	178, 746, 817, 603, 623, 1094, 753, 694, 508, 730, 151
Le Havre	116, 611, 992, 518, 623, 692, 109, 353, 496, 645, 887, 294
Lille	548, 614, 414, 467, 220, 798, 452, 114, 690, 480, 105, 425, 619
Limoges	611, 401, 722, 255, 538, 1018, 694, 753, 178, 193, 730, 599, 682, 354
Lyon	333, 704, 621, 571, 427, 402, 151, 496, 405, 476, 762, 808, 425, 626, 354
Le Mans	921, 711, 704, 565, 648, 1211, 1005, 1063, 272, 551, 786, 969, 682, 587, 808, 771
Marseille	359, 267, 1098, 268, 904, 922, 572, 463, 643, 658, 105, 992, 425, 313, 530, 697
Metz	908, 698, 535, 552, 486, 1107, 815, 1050, 429, 368, 730, 956, 368, 643, 461, 300, 751
Montpellier	542, 35, 1009, 1094, 692, 885, 646, 460, 599, 193, 956, 602, 429, 462, 205, 587
Mulhouse	380, 209, 1046, 210, 852, 546, 484, 483, 622, 219, 443, 656, 410, 472, 399, 189
Nancy	512, 847, 517, 750, 323, 297, 282, 675, 717, 402, 514, 510, 613, 746, 303
Nantes	1081, 737, 857, 603, 808, 1370, 1164, 1223, 332, 726, 1128, 1025, 1152, 350
Nice	150, 554, 773, 395, 456, 597, 260, 421, 522, 301, 555, 204, 340, 283
Orléans	1058, 846, 433, 407, 579, 292, 301, 426, 566, 86, 283, 567
Paris	170, 412, 909, 702, 451, 1072, 1006, 1200, 455, 640, 1025, 347
Perpignan	413, 849, 624, 317, 715, 733, 274, 562, 618, 470, 285, 342
Reims	115, 682, 713, 430, 558, 509, 618, 833, 716, 152, 878
Rennes	669, 458, 691, 536, 616, 495, 211, 211, 441, 666, 86
Rouen	516, 145, 1113, 313, 507, 946, 694, 811, 147, 251, 716, 543, 1033, 149, 543
Saint-Étienne	986, 776, 762, 239, 919, 1079, 729, 620, 548, 332, 693, 526, 688
Strasbourg	847, 934, 299, 630, 713, 1275, 1069, 1128, 324, 537, 1033, 872, 1057
Toulon	385, 656, 540, 790, 245, 864, 799, 989, 475, 728, 850, 670, 918, 861
Toulouse	514, 346, 469, 232, 527, 336, 420, 568, 373, 675, 299, 81, 456
Tours	592

1267

PRINCIPALES ROUTES

N4 — Numéro de route
14 — Distances partielles
⊙ — Distances entre principales villes : *voir tableau page précédente*
Carte de voisinage : *voir à la ville choisie*

MAIN ROADS

N4 — Road number
14 — Intermediary distances
⊙ — Distances between major towns : *see table on preceding page*
Town with a local map

1268

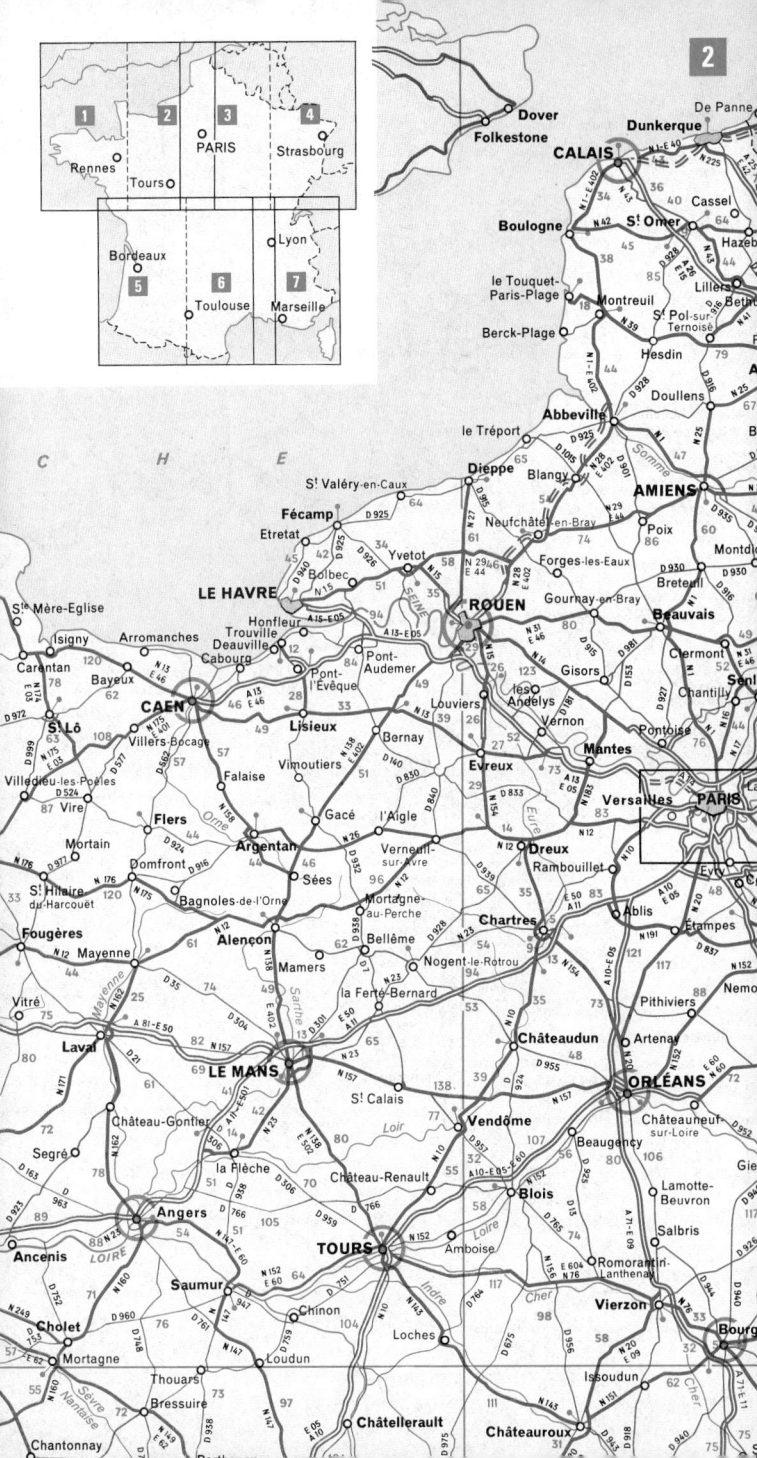

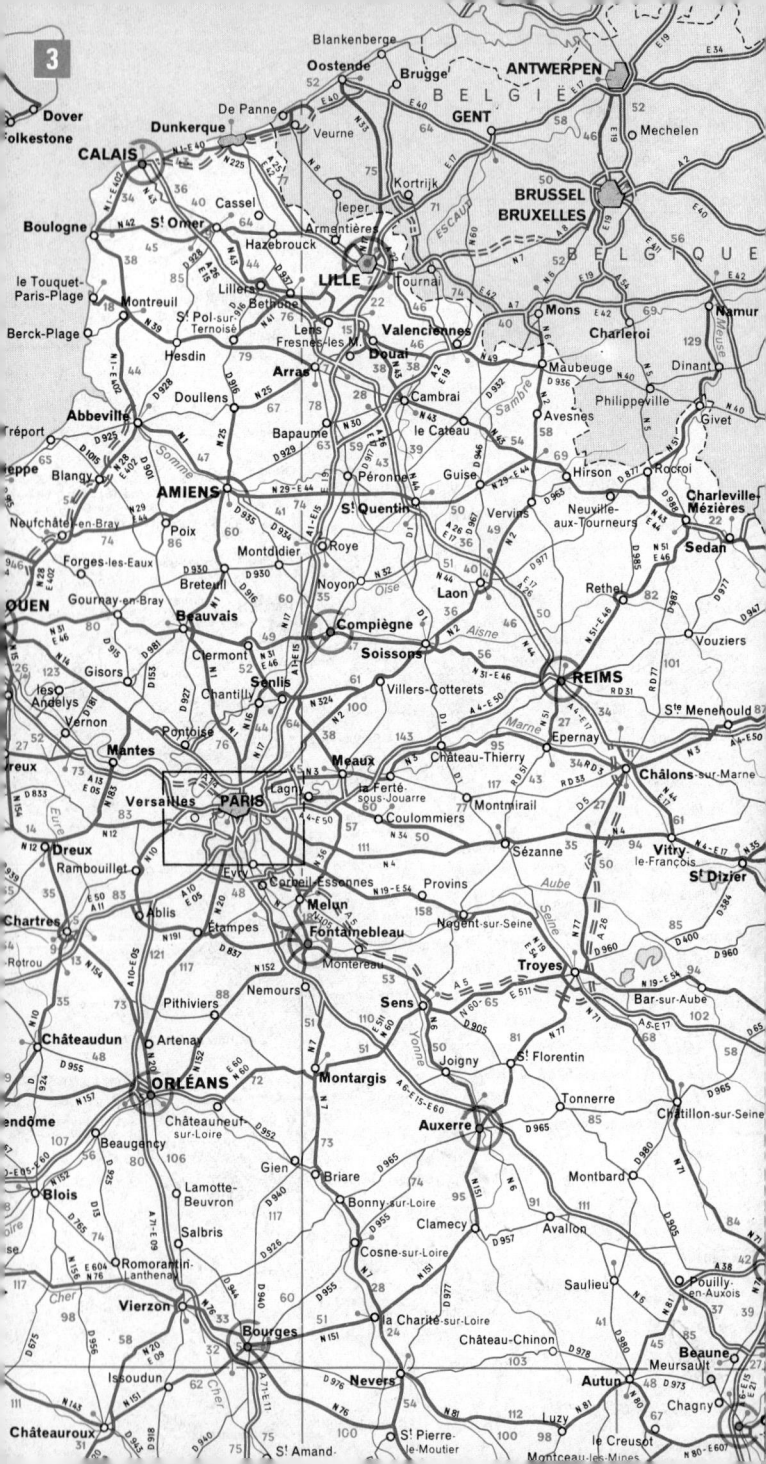

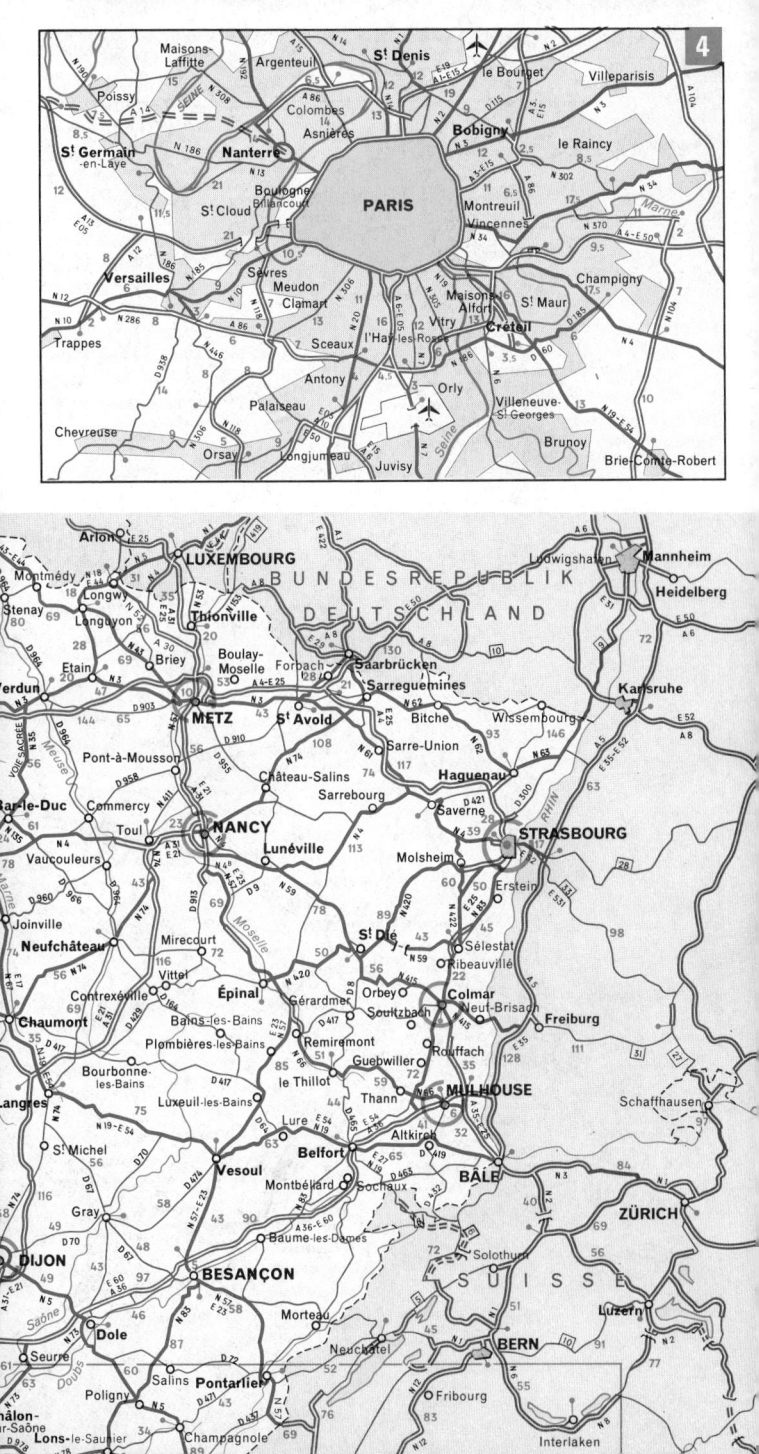

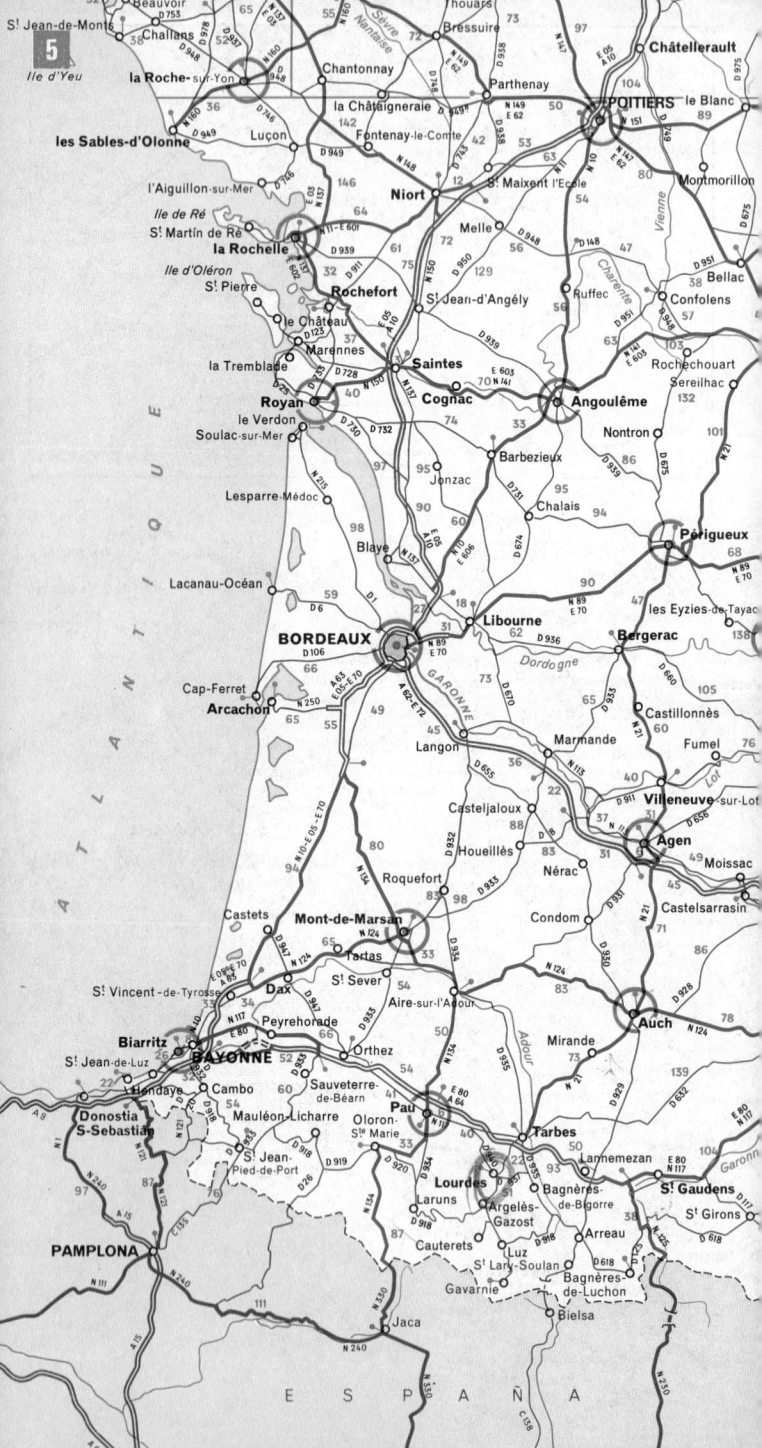